《中華大典》前言

《中華大典》是運用我國歷代漢文古籍編纂的一部大型工具書。其目的是爲學術界及願意瞭解中國古代珍貴文化典籍的人士提供準確詳實、便於檢索的漢文古籍分類資料。

中國是世界文明古國之一，幾千年來纂寫和聚集的文化典籍浩如烟海。我國歷代都有編纂類書的優良傳統，具有代表性的《永樂大典》等大多已佚失，現存《古今圖書集成》編就距今也已數百年。爲了適應今天和以後研究和檢索的需要，一九八八年海内外三百多位專家學者和各古籍出版社同仁倡議，在已有類書的基礎上，用現代科學方法編纂一部新的類書《中華大典》。

國務院在關於編纂《中華大典》問題的批覆中指出，編纂《中華大典》『是我國建國以來最大的一項文化出版工程』。本書所收漢文古籍上起先秦，下迄清末，約三萬種，達七億多字，分爲二十四個典，近百個分典，内容廣博，規模宏大，前所未有。

《中華大典》的編纂工作堅持科學態度和百花齊放、百家争鳴方針。儘量採用古精校精刻本，優先採用我國建國後文獻學和考古學的優秀成果。對傳統文化中重要的不同學派的資料，兼收并蓄。運用現代圖書分類的方法，對收集到的資料，精選、精編，力求便於檢索、準確可信。

這項工作從開始起就受到中共中央、國務院和有關部門的重視和支持。國家主席江澤民、國務院總理李鵬分别爲《中華大典》題詞。江澤民的題詞是：『同心同德，群策群力，認真編好中華大典，爲建設有中國特色的社會主義服務。』李鵬的題詞是：『繼承和弘揚民族優秀傳統文化。』全國政協主席李瑞環、國務委員李鐵映也作了重要指示，要求抓緊辦理。一九九〇年五月，國務院批准《中華大典》爲國家重點古籍整理項目。一九九二年九月，正式成立了《中華大典》工作委員會和《中華大典》編纂委員會，召開了《中華大典》工作、編纂會議。自此，《中華大典》的編纂工作由試點轉入正式啓動，逐步鋪開。

編纂《中華大典》，學術性很强，工作量很大，工程十分艱巨，全賴廣大專家學者和全國各有關高等院校、科研院所、圖書館、出版單位的鼎力支持與積極參與。大家本着弘揚中華民族優秀文化的心願，發揚奉獻精神，克服各種困難，團結協作，給這部巨大類書的出版提供了根本保證。在此謹表示誠摯的謝意。

對本書的批評與建議，我們將十分歡迎。

《中華大典》編纂委員會

一九九七年四月

二〇〇六年十一月修訂

《中華大典》編纂通則

一、性質：《中華大典》（以下簡稱《大典》）是對漢文古籍（含已翻譯成漢文的少數民族古籍）進行全面的、系統的、科學的分類整理和彙編總結的新型類書，是在繼承歷代類書優良傳統、考慮漢文古籍固有特點的基礎上，借鑒和參照近代編纂百科全書的經驗和方法編纂而成。編纂《大典》的目的，是爲學術界及願意瞭解中國古代珍貴文化典籍的人士提供各種分門別類的、準確詳細的古代漢文專題資料。

二、規模和體例：《大典》所收古籍的時限，上自先秦，下迄辛亥革命。全書共收各類漢文古籍三萬餘種，七億多字。全書體例，着重汲取清代《古今圖書集成》所採用的經目和緯目相交織這一統一框架結構的模式，同時參照現代科學的學科、目録分類方法，并根據各類學科内容的實際情况，一般將每一大類學科輯爲一典，也有將幾個相關學科共輯爲一典的。對各典名稱，均以現代學科命名，對於所收入的各種古籍資料，亦儘可能納入現代科學分類體系之中。

三、經目：大典共分二十四個典，即哲學典、宗教典、政治典、軍事典、經濟典、法律典、教育典、語言文字典、文學典、藝術典、歷史典、歷史地理典、民俗典、數學典、物理化學典、天文典、地學典、生物學典、醫藥衛生典、農業典、林業典、工業典、交通運輸典、文獻目録典。典以下以分典、總部、部、分部分級，分部之下的標目根據各學科特點由各典自行擬定。

四、緯目：共設置九項緯目，用以包容各級經目的具體内容。

①題解：對有關學科的名稱、概念、含義、特點等作總體介紹的資料。

②論説：有關理論部分的資料。

③綜述：有關學科或事物的系統性資料，凡有關學科或事物的性狀、制度、範疇、特點及學科地位、發展情况等具體内容均編入此緯目中。

④傳記：有關人物的傳記資料。

⑤紀事：有關學科或事物的具體活動或事例的資料。

⑥著録：重要人物或文獻的有關著作資料，如專集介紹、序跋、藏書題記，以及有關著作的成書經過、版本源流等。

⑦藝文：有關屬於文學欣賞性的散文或韻文。

⑧雜録：凡未收入以上各緯目，而又有較高參考價值的資料，均入雜録。

⑨圖表：根據有關經目的内容需要，圖與表附於相關專題之下，或集中匯總於某級經目之後。

《大典》以内容分類安排各級緯目，各級緯目的正文，一般以原書爲單位，按時代順序排列。每一條資料前標明出處，包括書名或作者名、篇名或卷次，以利讀者核對原書。

五、書目：每分典後附有該分典所收書之書目，書目包括書名、作者、時（年）代、版本等内容。時代以成書時代爲準，成書時代不詳者，以作者主要活動時代爲準，并遵從歷史習慣。

六、版本：《大典》在選用版本時儘量採用古人的精校精刻本，亦採用學術界通用的近、現代整理圈點本及現代學者校點整理本。

七、校點：爲儘可能保存古籍原貌，《大典》衹對底本中明顯的脱、訛、衍、倒進行勘正。古本中的避諱字一般不作改動，衹對缺筆字補足筆畫。後人刻書時避當朝人諱而改動的字，據古本改回。《大典》採用新式標點法。

一九九六年八月

二〇〇六年十一月修訂

《中華大典·藝術典》編纂委員會

《中華大典·藝術典》總序

金維諾

《中華大典》是一部沿襲古代傳統而按現代學科分類的新型類書,《藝術典》是其二十四個學科典之一。《中華大典·藝術典》運用現代科學的觀念和方法,輯録一九一一年以前有關藝術方面的文獻資料,進行全面系統的科學分類整理之后加以彙編。

一、本典編纂之目的,在於爲藝術理論研究和藝術實踐提供詳細、準確的專題資料,資料之輯録彙編遵循如下原則:

對於歷史上重要的不同學派、不同觀點的資料,在輯録時兼收并蓄,并做到客觀、完整和全面。

注意版本的選擇,精選古本和善本。做到精心分類、選編,使所收資料不漏不濫。儘可能地吸收和運用近現代學者的研究成果,遵守學術規範,認真點校,防止轉録失誤。

凡藝術活動涉及的制度、政策、設施、思想、理論、現象、範疇等,均在收編之列。

收録的範圍和對象爲一九一一年以前刊印的文獻資料,爲力求全面不遺,除各類藝術專書,包括經、史、子、集諸書,旁及碑傳、石刻中的有關部分。

經目與緯目相交織,統一框架結構。在最小經目之下酌情設置若干緯目,在緯目之下按類别編排資料。

本典屬《中華大典》二級經目,下設的分典屬三級經目。分典之下的經目稱部,按門類劃分。部下設條目,條目爲最小經目。在部與條目之間,根據實際需要可酌情增設分部。受制於藝術類學科專業性强、相關古籍資料分佈廣泛而零散、編纂難度大等各種實際困難,本典擬設定《陶瓷藝術分典》《戲曲文藝分典》《服飾藝術分典》《書法藝術分典》《音樂藝術分典》《繪畫藝術分典》《工藝美術分典》等七个分典。

本典共設如下九个一級緯目:

題解:對本典的名稱、概念、含義、特點等作概括性介紹。

論説:系統歸納和滙集本典中有關理論部分不同學派及觀點的資料。

綜述:全面、系統、準確地滙集有關本典的主要資料。表述學科特點、地位、發展情况。

傳記:真實、全面收録本典有關代表人物的傳記資料。

紀事:真實、全面收録本典有關活動和重大事件。

著録：收録本典中重要人物或文獻的有關著作資料，如專集、序跋、史籍、藏書題記，以及各種著作的成書經過、版本源流等。

藝文：收録本典相關重要的散文和韻文。

雜録：凡未收入題解、論説、綜述、傳記、紀事、藝文，而又具有較高參考價值的資料，一律收入雜録。

圖表：注意《藝術典》的特色，重視各分典的圖表收録。

資料交叉處理原則。各分典内部和各分典之間，可能有交叉、重復問題。處理原則是，以藝術性質、活動的具體特點爲基本選擇原則，儘量安排一處，避免重復。

二、本典編纂工作分爲以下四個步驟：

首先，擬定引用書目。引用書目要在審查基礎上擬定，分人分段起草初稿，廣泛徵求意見，集中討論，由主編最後定稿。引用書目，要注明所採版本，并應選善本作底本；根據工作實際情況，亦可選用適當的常見易得本。

其次，建立數據庫。把引用書目中的全部資料做成電子數據庫，直接爲《藝術典》編纂服務。引用書目中，已有電子數據的，充分加以利用；無電子數據的，則須重新録入。二者都要根據底本認真校對，準確標點，使數據庫的資料可以直接引作依據。爲了便於與底本核對，數據庫做成文字録入和掃描圖像相互對照形式。編委會委托有關人員負責數據庫的施工，同時由編委會和出版社聯合組成數據庫工作小組，全程跟踪和監理數據庫工作，負責學術指導、資料供應和質量檢查。

再次，爲避免重復勞動，材料普查工作打破分典界限，由主編統一安排，分段分類把任務分配到分典，任務落實到參加編纂的工作人員，實行主編與個人雙重負責制。

凡屬框架所設置的部及緯目專題範圍者，均在收集之列，不得重此輕彼。所收資料，均按各分典、部的細目，予以分類。

工作開展前，分片組織研討，選取有代表性的文獻，做查閲、分輯、點校、建卡之樣板，使參加人員掌握工作的各項要求。

材料以複印件或原書數碼複製者爲准，儘量避免手抄轉録。不得已祇能手抄者，應覆校兩次以上，以保證質量。

所選材料，儘量保持完整，但不宜分製過於瑣細。

每則資料，建立一卡，把資料粘貼在統一規格的紙張上，并按統一要求，填好題目、類别、出處、時代等項。

經常進行檢查，嚴格把好質量關。

最后，分類編排。

分類編排以分典爲單位進行。材料普查後，集中到典辦公室，典辦公室按類分到各分典；各分典主編再把材料按部分給個人，實行兩級負責制。

各分典在全面展開工作以前，選擇一兩個部編寫樣稿，全典組織討論、交流，明確要求，統一認識，然後全面鋪開。

在鋪開編寫之前，由典辦公室組織各分典編寫人員，對全書框架細目進行再一次的審核和考訂，并規定相應字數，然後再按分典、部分派具體編纂任務。

編寫人員對收到的各部材料，要進行篩選，對引用書目以外散見其他典籍的重要材料，亦應收集和補充。

編寫人員對單元中入選的材料，第一步按緯目分類，第二步各緯目下材料按時間順序排列，即『以類相從，以時爲序』。

在全書的編排上，正文之前有目録和序（或提要），正文之後有書目和索引，具體要求詳見《通則》。

在編寫過程中，分典主編應經常抽查所屬人員工作，典主編和辦公室人員亦應經常抽查各分典工作。

三、審查定稿時，按照《中華大典》編纂審定制度進行，詳見《中華大典》編纂工作總則、審定制度及校點通則。

中華大典·藝術典

服飾藝術分典

《中華大典·藝術典·服飾藝術分典》編纂委員會

主　編：李之檀
副主編：謝大勇
編　委：張鳴鳴　管曉悦

《中華大典·藝術典·服飾藝術分典》編纂説明

一、《服飾藝術分典》是《中華大典·藝術典》七個分典之一。根據《中華大典》的編纂通則和本分典的具體情況，制訂了相應的編纂體例。中國服飾文化不僅追求服飾造型、色彩、紋飾等外在形式之美，而且追求其内在神韻之美，把外在的儀容修飾與内在的道德修養，把現實生活與美好願望聯繫在一起，達到外在美與内藴美的和諧統一。

二、依據《中華大典》的編纂規範，本分典經目設服飾制度總部、服飾通史總部、世俗風尚總部、名物考釋總部、服飾文化交流總部、服飾專題總部等六個總部。各總部下面，酌情設立若干個部，必要時部下又設分部。

1.服飾制度總部下設三禮服飾制度部、春秋戰國服飾制度部、秦漢服飾制度部、魏晉南北朝服飾制度部、隋唐五代服飾制度部、宋代服飾制度部、遼代服飾制度部、金代服飾制度部、元代服飾制度部、明代服飾制度部、清代服飾制度部等十一個部。三禮服飾制度部：選録《周禮》《儀禮》《禮記》中有關冠、婚、喪、祭、射、饗、朝、聘等方面的服飾禮儀及其注疏的内容。春秋戰國服飾制度部：設服飾會要與胡服騎射兩個條目，選録相關資料。秦漢以下各斷代服飾制度部：選録歷代皇帝、皇子、后妃、命婦、文武百官、内臣、士庶等不同社會階層有關服飾制度方面的資料。

2.服飾通史總部下設歷史沿革部、職官職責部、形制服色部、禮儀服飾部等四個部。歷史沿革部：選録歷代服飾制度演變、款式演變等方面的資料。職官職責部：選録歷代與服飾相關的職官建置、設計製作、管理服務等方面的資料。形制服色部：選録歷代君臣服章服色、君臣冠冕巾幘、后妃命婦服飾、士庶服章及佩飾等方面的資料。禮儀服飾部：下設吉禮分部、嘉禮分部、賓禮分部、軍禮分部及凶禮分部等五個分部，選録吉禮、嘉禮、賓禮、軍禮、凶禮等儒家五禮服飾文化方面的資料。

3.世俗風尚總部下設服飾習俗部、婦女服飾部兩個部。服飾習俗部：選録有别於官方服飾體系的風習時俗、節慶時令、冠禮、婚俗、禁令禁忌、奇裝異服、燕居野服、洗滌保養等方面的資料。婦女服飾部：選録豐富多彩的婦女服裝、妝飾等方面的資料。

4.名物考釋總部下設服裝部、佩飾部兩個部。服裝部：下設冠冕巾幘分部、衣衫袍帔分部、裳袴裙褌分部、鞋靴履舄分部等四個分部，選録古人考釋幞頭、巾幘、帽、冠冕、質孫、半臂、裘、帔、衣衫、袍、皇后六服、袴、裙、裳、蔽膝、靴、襪、履、鞋、屩、屐、舄、屨、行縢等服裝名物的相關資料。佩飾部：選録古人考釋帶、綬、笏板、佩囊、玉佩、魚袋等佩飾名物的相關資料。

5.服飾文化交流總部下設異域見聞部、朝貢賞賜部、民間交融部等三個部。異域見聞部：選録與服飾有關的北地風情、東部風貌、南方風尚、西域風采等資料。朝貢賞賜部：選録歷代朝貢與賞賜中有關服飾、織物、皮毛等方面的資料。民間交融部：選録與服飾相關的地域風俗及方言稱謂等資料。

6.服飾專題總部下設少數民族服飾部、軍戎服飾部、佛道服飾部、演出服飾部、深衣部、喪葬服飾部、纏足部、服飾材料部、服飾工藝部、服飾色彩部、服飾紋飾部、冕服部等十二個部。少數民族服飾部：下設東北地區、西北地區、西南地區、中南東南地區四个條目，選録相關少數民族服飾資料。軍戎服飾部：選録甲冑、侍衛、儀衛等方面與軍戎相關的服飾資料。佛道服飾部：選録與佛教法服、佛教戒律、佛教禮儀、佛教制衣、道教法服等相關的服飾資料。演出服飾部：選録樂舞服飾、戲劇服飾、教坊司等方面的相關資料。深衣部：選録關於深衣的形成、剪裁及樣式特征、穿著場合等方面的資料。喪葬服飾部：選録喪儀和喪服方面的服飾資料。纏足部：選録有關纏足的歷史淵源、風俗逸事、款式樣式等方面的資料。服飾材料部：選録麻、毛、絲、棉、皮等多種服飾材料的相關資料。服飾工藝部：選録刺繡、織染、尺度、工具等與服飾工藝相關的資料。服飾色彩部：選録色彩觀念、染色材料、五行五色、用色習慣等方面的相關資料。服飾紋飾部：選録十二章紋、補服圖飾兩方面的相關資料。冕服部：選録各服通論、沿革、冕服、弁服、朝服、端服、后服、褖衣、冠制、裘制、帶制、韍類、履類、佩飾等方面的相關資料。

三、依據《中華大典》的編纂規範，本分典的條目（拓展經目）下設題解、論説、綜述、傳記、紀事、著録、藝文、雜録、圖表等九個緯目。以上緯目，根據資料的實際情況，有則設，無則闕。

四、本分典所收資料，儘可能據善本複製，或採用可靠的排印本，對底本中明顯的脱、訛、衍、倒的文字予以改正。

五、本分典爲集體編纂。主編李之檀總領全書，特别是負責内容最爲艱澀之冕服部的編纂和標點工作，用力頗深。副主編謝大勇出力最多，其工作内容涉及本分典編纂工作的方方面面。編委張嗚嗚負責服飾制度總部之後半部分、名物考釋總部、服飾文化交流總部、少數民族服飾部的書稿編纂及初校工作，編委管曉悦負責服飾制度總部之前半部分、世俗風尚總部、服飾專題總部之一部分的書稿編纂及初校工作。見世君同志亦曾參與部分書稿編纂工作，雖因工作變動中途退出而未列名編委，特此説明，以示感謝。在編纂過程中，北京東城區第一圖書館肖佐剛館長對編纂工作高度重視，視為己任，在人力、物力、財力等多方面給予大力支持，特此表示深深的感謝。在編輯出版過程中，湖南省新聞出版發展基金會曾給予大力支持，特此致謝。

目次

服飾制度總部

名物考釋總部

附録

服飾制度總部

三禮服飾制度部

《周禮》

綜述

漢・鄭玄注、唐・賈公彦疏《周禮注疏》卷一《天官冢宰第一》 屨人,下士二人,府一人,史一人,工八人,徒四人。音義:屨,紀具反。疏:釋曰:在此者,案其職云掌王及后之服屨,故從内官衣服,亦連類在此。若然,追師專掌婦人首服,此屨人兼男子。屨舄在下體,賤,故男子、婦人同在此官也。

又卷六 玉府掌王之金玉、玩好、兵器,凡良貨賄之藏。【略】共王之服玉、佩玉、珠玉。注:佩玉者,王之所帶者。《玉藻》曰:君子於玉比德焉。天子佩白玉而玄組綬。《詩傳》曰:佩玉上有葱衡,下有雙璜、衝牙,蠙珠以納其間。鄭司農云:服玉,冠飾十二玉。【略】疏:注釋曰:佩玉者,王之所帶者,謂佩於革帶之上者也。《玉藻》曰:君子於玉比德焉者。《詩》云言念君子,温其如玉,是比德於玉。引此者,證王必服玉之意。云天子佩白玉而玄組綬者,此亦《玉藻》文。所佩白玉,謂衡、璜、琚、瑀。玄組綬者,用玄組條穿連衡璜等,使相承受。引《詩傳》曰,謂是《韓詩》。佩玉上有葱衡者,衡,横也,謂葱玉爲横梁。下有雙璜、衝牙者,謂以組懸於衡之兩頭,兩組之末皆有半璧曰璜,故曰雙璜。又以一組懸於衡之中央,於末著衝牙,使前後觸璜,故言衝牙。案《毛詩傳》,衡璜之外别有琚瑀。其琚瑀所置,當於懸衝牙組之中央,又以二組穿於琚瑀之内角,斜繫於衡之兩頭,於組末繫於璜。云蠙珠以納其間者,蠙,蚌也。珠出於蚌,故言蠙珠。納其間者,組繩有五,皆穿珠於其間,故云以納其間。鄭司農云服玉,冠飾十二玉者,案《弁師》掌五冕,衮冕十二旒,鷩冕九旒,毳冕七旒,絺冕五旒,玄冕三旒,皆十二玉。冕則冠也。《弁師》又有皮弁、韋弁、冠弁,亦皆十二玉,故云冠飾十二玉也。

又卷七 司裘掌爲大裘,以共王祀天之服。注:鄭司農云:大裘,黑羔裘,服以祀天,示質。疏:釋曰:言爲大裘者,謂造作黑羔裘。裘言大者,以其祭天地之服,故以大言之,非謂裘體侈大,則義同於大射也。云以共王祀天之服者,謂四時所有祀天之事皆共之,不限六天之大小,直言祀天。案《孝經緯・鉤命決》云:祭地之禮與天同,牲玉皆不同。言同者,唯據衣服,則知崑崙神州亦用大裘可知。注釋曰:先鄭知大裘黑羔裘者,祭服皆玄上纁下,明此裘亦羔裘之黑者,故知大裘黑羔裘。又云服以祀天,示質者,以其衮已下皆有采章,爲此大裘更無采章,故云質。案《鄭志》大裘之上又有玄衣,與裘同色,亦是無文采。

論說

清・江永《周禮疑義舉要》卷四《春官》 大裘之冕亦必有冕服,《經》不言者,省文與。《記》云:王被衮以象天,則亦當服衮冕。

先儒以爵弁爲冕之次者,其服用絲,其蔽膝用韎韐,其屨飾用繡次,皆是次於冕服也。而舊説謂以木爲體,以布染爲爵頭色而覆之,亦略似於冕。但冕之板前俛後仰,爵弁則平置之,故不得冕之名。舊説相傳如此。然而弁字上鋭,象形。爵弁與皮弁同名弁,而爵弁有覆板,何以名弁。且《夏官・弁師》何以有韋弁無爵弁。陳祥道《禮書》則考之詳矣。陳云《周禮》有韋弁無爵弁,《書》與《冠禮》、《禮記》有爵弁無韋弁,士之服止於爵弁。而荀卿曰:士韋弁。孔安國曰:雀,韋弁也。劉熙《釋名》亦曰:以爵韋爲之,謂之韋弁耳。觀《弁師》、《司服》韋弁先於皮弁,《書》雀弁先於綦弁,士冠次加皮弁,三加爵弁,而以爵弁爲尊。《聘禮》上卿贊禮服皮弁,及歸,饔餼服韋弁,而以韋爲敬。則皮弁之上,非韋弁即爵弁耳。此所以疑其爲一物也。爵弁,士之祭服。而王服之者,王哭諸侯,服爵弁,而即戎亦服之耳。爵弁雖士之祭服,而天子、諸侯、大夫皆服之。鄭氏謂爵弁如冕而無繅。然古文弁象形,則其制上鋭,若合手。然非如冕也。韋,其質也。爵,其色也。按陳氏此説甚有據。王即戎以韋弁服,即爵弁服。其服纁裳朱芾,臣之貴者以朱,卑者以韎韐。故《詩》言:方叔將兵,服其命服,朱芾斯皇。又云:韎韐有奭,以作六師。皆爵弁之韠也。鄢陵之戰,郤至見楚子,衣韎韋之跗。注,即朱芾韎韐之謂也。豈非爵弁即戎之證乎。凡謂爵弁如冕者,皆非是。

又 凡邦之皮事，掌之。歲終則會，唯王之裘與其皮事不會。

掌皮掌秋斂皮，冬斂革，春獻之。注：皮革踰歲乾久乃可用。獻之，獻其良者於王，以入司裘，給王用。疏：釋曰：云秋斂皮，冬斂革，春獻之者，許氏《説文》獸皮治去其毛曰革。秋斂皮者，鳥獸毛毨之時，其皮善，故秋斂之。革乃須治，用功深，故冬斂之。乾久成善乃可獻，故春獻之也。注釋曰：知良者入司裘者，以其司裘掌爲王大裘以下，故知良者入司裘也。

又 閽人掌守王宫之中門之禁。【略】喪服、凶器不入宫，潛服、賊器不入宫，奇服怪民不入宫。注：喪服，衰絰也。凶器，明器也。潛服，若衷甲者。賊器，盗賊之任器兵物皆有刻識。奇服，衣非常。《春秋傳》曰：尨奇無常，怪民狂易。【略】疏：注釋曰：鄭云喪服，衰絰也者，案下《曲禮》云苞屨、扱衽、厭冠不入公門。苞屨謂杖齊衰。扱衽，斬衰初死服。厭冠，緦小功冠。《檀弓》云士唯公門脱齊衰，《服問》云大功免絰，鄭云衰絰，義出於彼也。云凶器，明器也者，案《士喪禮》，主人所造曰明器，賓客所致曰就器。此經凶器亦應兼有就器，而云凶器明器者，以主人明器爲主也。云潛服，若衷甲者，謂若襄公二十七年將盟于宋西門之外，楚人衷甲是也。云兵物皆有刻識者，案定十年，侯犯以郈叛，叔孫氏之甲有物是也。云奇服，衣非常。《春秋傳》曰尨奇無常者，案閔二年，晉使大子申生伐東山皋落氏，衣以偏衣，佩之金玦。罕夷曰：尨奇無常，金玦不復。先丹木曰狂夫阻之是也。

又卷八 典婦功掌婦式之灋，以授嬪婦及内人女功之事齎。注：婦式，婦人事之模範。灋，其用財舊數。嬪婦，九嬪、世婦。言及以殊之者，容國中婦人賢善工于事者。事齎，謂以女功之事來取絲枲。故書齎爲資，杜子春讀爲資。鄭司農云：内人謂女御，女功事資謂女功絲枲之事。音義：齎，音諮，本又作粢。疏：注釋曰：云灋，其用財舊數者，此即典絲、典枲所授絲枲多少並有舊數，依而授之。云嬪婦，九嬪、世婦者，案《内宰》以作二事及婦功，唯據九御而言，不見九嬪世婦有絲枲之事。此言嬪婦者，但三夫人無職，九嬪已下皆有之。但女御四德不備，須教之。九嬪世婦素解，不須教之，其實有婦職也。是以《魯語》云：王后織玄紞，公侯夫人紘綖，卿之内子大帶，則貴賤皆職事也。

又 典絲掌絲入而辨其物，以其賈楬之。注：絲入，謂九職之嬪婦所貢絲。疏：釋曰：云辨其物者，典絲唯受絲入，而云辨其物，謂絲有善惡麤細不同，非謂别有餘物也。注釋曰：后宫所蠶之絲，自于后宫用之，以爲祭服，不入典絲。其歲之常貢之絲，若《禹貢》兖州貢漆絲之等，且餘官更無絲入之，文亦當入此典絲也。

又 内司服掌王后之六服，褘衣，揄狄，闕狄，鞠衣，展衣，緣衣，素沙。注：鄭司農云：褘衣，畫衣也。《祭統》曰：君卷冕立于阼，夫人副褘立于東房。揄狄、闕狄，畫羽飾。展衣，白衣也。《喪大記》曰：復者朝服，君以卷，夫人以屈狄，世婦以襢衣。屈者音聲與闕相似，襢與展相似，皆婦人之服。鞠衣，黄衣也。素沙，赤衣也。玄謂狄當爲翟。翟，雉名。伊雒而南，素質，五色皆備成章曰翬。江淮而南，青質，五色皆備成章曰摇。王后之服，刻繒爲之形而采畫之，綴於衣以爲文章。褘衣畫翬者，揄翟畫摇者，闕翟刻而不畫，此三者皆祭服。從王祭先王則服褘衣，祭先公則服揄翟，祭群小祀則服闕翟。今世有圭衣者，蓋三翟之遺俗。鞠衣，黄桑服也，色如鞠塵，象桑葉始生。《月令》：三月薦鞠衣于先帝，告桑事。展衣以禮見王及賓客之服，字當爲襢，襢之言亶。亶，誠也。《詩·國風》曰：玼兮玼兮，其之翟也。下云：胡然而天也，胡然而帝也。言其德當神明。又曰：瑳兮瑳兮，其之展也。下云：展如之人兮，邦之媛也。言其行配君子。二者之義與禮合矣。《雜記》曰：夫人脱税衣、揄狄。又《喪大記》曰：士妻以禒衣。言禒者甚衆，字或作税。此緣衣者，實作禒衣也。禒衣，御于王之服，亦以燕居。男子之禒衣黑，則是亦黑也。六服備於此矣。褘、揄、狄、展，聲相近，緣，字之誤也。以下推次其色，則闕狄赤，揄狄青，褘衣玄。婦人尚專一，德無所兼，連衣裳不異其色。素沙者，今之白縳也。六服皆袍制，以白縳爲裏，使之張顯。今世有沙縠者，名出於此。

又 縫人掌王宫之縫線之事，以役女御，以縫王及后之衣服。注：線，縷也。女御裁縫王及后之衣服，則爲役助之。宫中餘裁縫事則專爲焉。鄭司農云：以役女御，以縫王及后之衣服，則爲役助之者，釋《經》以役女御，縫王及后之衣服之文也。云宫中餘裁縫事則專爲焉者，釋《經》云王宫之縫線之事也。疏：釋曰：云掌王宫之縫線之事者，謂在王宫須裁縫者，皆縫人縫之。以役女御，以縫王及后之衣服者，役女御，謂爲女御所使役，而縫王及后衣服也。注釋曰：云女御裁縫王及后之衣服，則爲役助之者，釋《經》以役女御，縫王及后之衣服之文也。云宫中餘裁縫事則專爲焉者，釋《經》云王宫之縫線之事也。

又 染人掌染絲帛。凡染，春暴練，夏纁玄，秋染夏，冬獻功。注：暴練，練其素而暴之。故書纁作纁。鄭司農云：纁讀當爲纁，纁謂絳也。夏，大也，秋乃大染。玄謂纁玄者，謂始可以染此色者。玄纁者，天地之色，以爲祭服。石染當及盛暑熱潤始湛研之，三月而後可用。

又 追師掌王后之首服，爲副編次，追衡笄，爲九嬪及外内命婦之首服，以待祭祀賓客。注：鄭司農云：追，冠名。《士冠禮》記曰：委貌，周道也。章甫，殷道也。毋追，夏后氏之道也。追師，掌冠冕之官，故并主王后之首服。副者，婦人之首服。《祭統》曰：君卷冕立於阼，夫人副褘立于東房。衡，維持冠者。《春秋傳》曰：

衡紞紘綖。玄謂副之言覆，所以覆首爲之飾，其遺象若今步繇矣，服之以從王祭祀。編，編列髮爲之，其遺象若今假紒矣，服之以桑也。次，次第髮長短爲之，所謂髲髢，服之以見王。王后之燕居，亦纚笄總而已。追猶治也。《詩》云：追琢其璋。王后之衡笄皆以玉爲之。唯祭服有衡，垂于副之兩旁，當耳，其下以紞縣瑱。《詩》云：玼兮玼兮，其之翟也。鬒髮如雲，不屑髢也。玉之瑱也，是之謂也。笄，卷髮者。外内命婦衣鞠衣、襢衣者服編，衣緣衣者服次。外内命婦非王祭祀賓客佐后之禮，自於其家則亦降焉。《少牢饋食禮》曰：主婦髲鬄，衣侈袂。《特牲饋食禮》曰：主婦纚笄，綃衣是也。《昏禮》：女次純衣，攝盛服耳。主人爵弁以迎。侈袂，褖衣之袂。凡諸侯夫人於其國，衣服與王后同。

又卷一八　以九儀之命，正邦國之位。【略】壹命受職。【略】再命受服。注：鄭司農云：受服，受祭衣服，爲上士。玄謂此受玄冕之服，列國之大夫再命，於子男爲卿。卿大夫自玄冕而下，如孤之服。王之中士亦再命，則爵弁服。

又卷二一　司服掌王之吉凶衣服，辨其名物與其用事。注：用事，祭祀、視朝、甸、凶吊之事，衣服各有所用。疏：釋曰：此一經與下文爲總目。王吉服有九，大裘已下是也。凶服，即下文凶事與吊是也。云辨其名物者，衣服有名，則物色有異同也。注釋曰：云用事，祭祀、視朝、甸、凶吊之事者，是其事各異。云衣服各有所用者，謂若祀昊天用大裘之等是也。

又　守祧掌守先王先公之廟祧，其遺衣服藏焉。注：廟，謂大祖之廟及三昭三穆。遷主所藏曰祧。先公之遷主，藏于后稷之廟。先王之遷主，藏于文武之廟。遺衣服，大斂之餘也。故書祧作濯。鄭司農濯讀爲祧。此王者之宫而有先公，謂大王以前爲諸侯。疏：【略】云遺衣服，大斂之餘也者，案《士喪禮》云：小斂十九稱，不必盡服。則小斂亦有餘衣。必知據大斂之餘者，小斂之餘，至大斂更用之，大斂餘，乃留之，故知其遺衣服無小斂餘也。

又卷二八《夏官司馬第四》　司甲，下大夫二人，中士八人，府四人，史八人，胥八人，徒八十人。注：甲，今之鎧也。司甲，兵戈盾官之長。【略】疏：釋曰：在此者，其職雖闕，但甲者軍師所用，在此宜也。言甲今之鎧者，今古用物不同，其名亦異。古用皮謂之甲，今用金謂之鎧，從金爲字也。云司甲兵戈盾官之長者，以其此官下大夫，又在上，已下皆士官，故云長也。

又卷三一　節服氏掌祭祀朝覲衮冕，六人維王之太常。注：服衮冕者，從王服也。維，維之以縷。王旌十二旒，兩兩以縷綴連，旁三人持之。禮，天子旌曳地。鄭司農云：維，持之。疏：注釋曰：云服衮冕者，從王服也者，以其節服氏者，世能節王之衣服，明節服所服與王同，故云從王服也。云維，維之以縷者，以其言維，維是連綴之名，故知用縷連綴之也。

又卷三二　弁師掌王之五冕，皆玄冕，朱裏，延紐。注：冕服有六，而言五冕者，大裘之冕蓋無旒，不聯數也。延，冕之覆在上，是以名焉。紐，小鼻在武上，笄所貫也，今時冠卷當簪者，廣袤以冠縰，其舊象與。【略】疏：釋曰：云皆玄冕者，古者績麻三十升布染之，上以玄，下以朱，衣之於冕之上下。云延者，即是上玄者。紐者，綴於冕，兩旁垂之，武兩旁作孔，以笄貫之，使得其牢固也。凡冕體，《周禮》無文。叔孫通作《漢禮器制度》，取法於周，今還取彼以釋之。按彼文，凡冕以版，廣八寸，長尺六寸，以此上玄下朱覆之，乃以五采繅繩貫五采玉，垂於延前後，謂之邃延。故《玉藻》云天子玉藻，前後邃延，龍卷以祭是也。注釋曰：云冕服有六者，按《司服》祭祀六服，皆連冕言之。今此惟云五冕者，但此弁師所掌冕，以旒爲主。祭天用大裘，取質，其冕亦當無旒爲質，故此不數之，惟有五冕耳。故云王之五冕也。云延，冕之覆，在上者，按《玉藻》注：延，冕上覆。言雖不同，義則不異，皆以玄表覆之在冕上也。以爵弁前後平，則得弁稱。冕則前低一寸餘，得冕名。冕則俛也，以低爲號也。云紐，小鼻在武上，笄所貫也，今時冠卷當簪者，廣袤以冠縰，其舊象與者，古之紐武，笄貫之處，若今漢時冠卷當簪所貫者。於上下之廣及隨縰之袤以冠縰者，貫簪之處，當冠縰之中央。云舊象者，是周冕垂紐於武，貫笄之舊象也。言與者，以無正文，故云與以疑之。

又卷四〇　終歲御，衣衽不敝。注：衽，謂裳也。【略】疏：注釋曰：《禮記・深衣》續衽鉤邊者，據在旁屬帶處，至於《問喪》云扱上衽及《曲禮》云苞屨扱衽不入公門。此皆據深衣十二幅要間之裳，皆是衽。故此注云衽謂裳也。

又　函人爲甲，犀甲七屬，兕甲六屬，合甲五屬。注：屬讀如灌注之注，謂上旅下旅札續之數也。革堅者札長。鄭司農云：合甲，削革裏肉，但取其表，合以爲甲。

《儀禮》

綜述

漢・鄭玄注、唐・賈公彥疏《儀禮注疏》卷一《士冠禮第一》 主人玄冠，朝服，緇帶，素韠，即位於門東，西面。注：主人，將冠者之父兄也。玄冠，委貌也。朝服者，十五升布衣而素裳也。衣不言色者，衣與冠同也。筮必朝服，尊蓍龜之道也。緇帶，黑繒帶也。士帶博二寸，再繚四寸，屈垂三尺。素韠，白韋韠也。長三尺，上廣一尺，下廣二尺，其頸五寸，肩革帶博二寸。天子與其臣，玄冕以視朔，皮弁以日視朝。諸侯與其臣，皮弁以視朔，朝服以日視朝。凡染黑，五入爲緅，七入爲緇，玄則六入與。【略】疏：【略】云玄冠，委貌者，此云玄冠，下記云委貌，彼云委貌，見其安正容體。此云玄冠，見其色，實一物也。云朝服者，十五升布衣者，《雜記》云朝服十五升布也。云素裳者，雖經不言裳，裳與韠同色，既云素韠者，故知裳亦積白素絹爲之也。云衣不言色者，衣與冠同也者，禮之通例。衣與冠同色，故《郊特牲》云黄衣黄冠是也。裳與韠同色，故下爵弁服，纁裳，韎韐，韎韐即纁之類是也。經直云朝服不言色，與冠同可知也。若然，鄭不言裳與韠同色者，舉衣與冠同，裳與韠同亦可知，故不言也。其衣冠色異，經即別言之。是以下文爵弁服純衣是也。云筮必朝服，尊蓍龜之道也者，此決正冠時，主人服玄端爵韠，不服此服，乃服朝服，是尊蓍龜之道也。若然，下文云有司如主人服，又宿賓，賓如主人服，又宿贊冠者，及夕爲期，皆朝服。云尊蓍龜者，案《鄉飲酒》主人朝服，則此有司賓主朝服，自是尋常相見所服，非特相尊敬之禮。此筮而朝服，決正冠時與。士之祭禮，入廟常服玄端。今此筮亦在廟，不服玄端，故云尊蓍龜之道。此筮唯有蓍草，言龜者，按《周禮》小事徒筮而已。若大事，先筮而後卜。龜筮是相將之物，同著朝服，故兼言龜，是以《雜記》卜筮皆朝服也。案《特牲禮》筮日與祭同服玄端，《少牢》筮日與祭同服朝服，不特尊蓍龜者。彼爲祭事，龜不可尊於先祖，故同服。此爲冠事。龜可尊於子孫，故服異也。云緇帶黑繒帶者，案《玉藻》云：君素帶，終裨。大夫素帶，裨垂。士練帶，率下裨。注云：大夫裨其紐及末，士裨其末而已。又云：雜帶，君朱綠，大夫玄華，士緇裨。鄭云：君裨帶上以朱，下以綠終之。大夫裨垂外以玄，內以華。士裨垂之下，外內皆以緇，是謂緇帶。鄭彼云是謂者，指此文也。若然，天子、諸侯帶繞腰及垂者皆裨之，大夫則不裨。其繞腰者，直裨垂之三尺屈而垂者。士則裨其末繞三尺，所垂者不裨。若然，大帶所用物：大夫已上用素，士練繒爲帶體，所裨者用緇。則此言緇，據裨者而言也。云士帶博二寸，再繚四寸，屈垂三尺者，此亦《玉藻》文。大夫已上大帶博四寸，此士卑降於大夫已上，博二寸，再繚共爲四寸，屈垂三尺。則大夫已上亦屈垂三尺同矣。云素韠，白韋韠者，案《玉藻》云：韠，君朱，大夫素，士爵韋。彼以韠爲總目，而云君朱，大夫素，士爵韋，是韠色不同。下云韋者，是君、大夫同用韋也。但彼是玄端服之韠，此士用素韋爲之，故鄭云白韋韠也。又云韠長三尺至博二寸，亦皆《玉藻》。鄭玄彼注云：頸五寸，亦謂廣也。頸中央，肩兩角皆上接革帶，肩與革帶廣同。此韠即韍也。祭服謂之韍，朝服謂之韠也。云天子與其臣玄冕以視朔，皮弁以日視朝者，此約《玉藻》而知。案彼云天子玄端，聽朔於南門之外，皮弁以日視朝。又云諸侯皮弁以聽朔於大廟，朝服以日視朝於內朝，彼注云：端當爲冕。謂天子以玄冕聽朔於南門之外、明堂之中。彼皆不言臣，此鄭兼言臣者，欲見在朝君臣同服。引之者，證此玄冠朝服而筮者是諸侯之士。則諸侯與其臣與子加冠，同服皮弁以筮日。天子與其臣與子加冠，同服玄冕以筮日矣。知天子服玄冕、諸侯服皮弁以筮日者，鄭既取君臣同服，明筮時還君臣同服。若然，天子用玄冕、諸侯同皮弁，其臣不得上同于君，君下就臣同朝服也。云凡染黑，五入爲緅，七入爲緇，玄則六入與者，案《爾雅》一染謂之縓，再染謂之赬，三染謂之纁。此三者皆是染赤法。《周禮・鍾氏》染鳥羽云三入爲纁，五入爲緅，七入爲緇。此是染黑法。故云凡染黑也。但《爾雅》及《周禮》無四入六入之文，《禮》有朱玄之色，故注此玄則六入，下經注云朱則四入，無正文，故皆云與以疑之。但《論語》有紺緅連文，紺又在緅上，則以纁入赤爲朱，若以纁入黑則爲紺。故《淮南子》云：以涅染緅則黑于涅。又以紺入黑汁則爲緅。故紺緅連言也。若然，玄爲六入，緇爲七入，深淺不同。而鄭以衣與冠同，以緇與玄同色者，大同小異，皆是黑色，故云同也。

又 陳服于房中西墉下，東領北上。注：墉，牆。疏：釋曰：自此至東面，論陳設衣服器物之等，以待冠者。《喪大記》與《士喪禮》服或西領，或南領，此東領者，此嘉禮異於凶禮，故士之冠時先用卑服。北上，便也。爵弁服，纁裳，純衣，緇帶，韎韐。注：此與君祭之服。《雜記》曰：士弁而祭於公。爵弁者，冕之次，其色赤而微黑，如爵頭然，或謂之緅。其布三十升。纁裳，淺絳裳。凡染絳，一入謂之縓，再入謂之赬，三入謂之纁，朱則四入與。純衣，絲衣也。餘衣皆用布，唯冕與爵弁服用絲耳。先裳後衣者，欲令下近緇，明衣與帶同色。韎韐，緼韍也。士緼韍而幽衡，合韋爲之。士染以茅蒐，因以名焉。今齊人名蒨爲韎韐。韍之制似韠。冠弁者不與衣陳而言於上，以冠名服耳。今文纁皆作熏。【略】疏：釋曰：此所陳從北而南，故先陳爵弁服。注釋曰：士禮玄端，自祭以爵弁服助君祭，故云與君祭之服也。云爵弁者，冕之次者。凡冕以木爲體，長尺六寸，廣八寸，績麻三十升布，上以玄，下以纁，前後有旒。其爵弁制大同，唯無旒，又爲爵色爲異。又名冕者，俛也，低前一寸二分，故得冕稱。其爵弁則前後平，故不得冕名。以其尊卑次於冕，故云爵弁冕之次也。云其色赤而微黑，如爵頭然，或謂之緅者，五入爲緅，若以纁入黑則爲紺，以紺入黑則爲緅，是三入赤，再入黑，故云其色赤而微黑也。云如爵頭然者，以目驗爵頭，赤多黑少，故以爵頭爲喻也。以緅再入黑汁，與爵同，故取《鍾氏》緅色解之。故鄭注《鍾氏》云：緅，今《禮》俗文作爵，言如爵頭色也。鄭此言赤者，對文爲赤。若將緅比纁，則又黑多矣。故《淮南子》云：以涅染紺則黑於涅。況更一入黑爲緅乎。故《巾車》云雀飾，鄭注云：雀，黑多赤少之色是也。云其布三十升者，取冠倍之義。是以《喪服》衰三升，冠六升，朝服十五升，故冕三十升也。云纁裳淺絳裳者，絳則一染至三染，同云淺絳。《詩》云：我朱孔陽。毛傳云：朱，深纁也。故從一染至三染皆謂之淺絳也。云朱則四入與者，《爾雅》及《鍾氏》皆無四入之文。經有朱色，故鄭約之。若以纁入黑則爲紺，若以纁入赤則爲朱，無正文，故云與以疑之也。然上注以解玄緇，故引《鍾氏》染黑法，此注解纁，故引《爾雅》染赤法也。云純衣絲衣也者，案鄭解純字或爲絲，或爲色，兩解不同者，皆望經爲注。若色理明者，以絲解之，若絲理明者，以色解之。此經玄衣與纁裳相對，上玄下纁，色理自明。絲理不明，則以絲解之。《昏禮》女次純衣，注云絲衣，以下文有女從者畢袗玄，色理自明，則亦絲理不明，故亦以絲理解之。《周禮・媒氏》云：純帛無過五兩。注云：純，實緇字也。古緇以才爲聲，納幣用緇，婦人陰也。以經云純帛，絲理自明，故爲色解之。《祭統》云：蠶於北郊，以共純服。絲理自明，故鄭亦以色解也。《論語》云：麻冕，禮也。今也純，儉。以純對麻，絲理自明，故鄭亦以色解之。是純有不同之事，但古緇、紂二字並色。若據布爲色者，則爲緇字。若據帛爲色者，則爲紂字。但緇布之緇多在，本字不誤，紂帛之紂，則多誤爲純。云餘衣皆用布者，此據朝服、皮弁服、玄端服及深衣、長衣之等，皆以布爲之，是以《雜記》云朝服十五升布。玄端亦朝服之類，則皮弁亦是天子朝服。深衣或名麻衣，故知用布也。云唯冕與爵弁服用絲耳者，《祭統》云：王后蠶於北郊，以供純服。爵弁服是冕服之次，故知亦用絲也。云先裳後衣者，欲令下近緇，明衣與帶同色者，衣在上，宜與冠相近，應先言衣。今退衣在裳下者，若衣與冠同色者，先言衣，後言裳。今爵弁與衣異，故退純衣於下，使與帶同色也。云韎韐緼韍也者，此經云韎韐，《玉藻》云緼韍，二者一物，故鄭合爲一物解之也。云士緼韍而幽衡者，《玉藻》文。言幽衡者，同繫於革帶，故連引之也。云合韋爲之者，鄭即因解明緼韍之事，言韐者韋旁著合，謂合韋爲之，故名韐也。云士染以茅蒐，因以名焉者，案《爾雅》云：茹藘，茅蒐。孫氏注：一名蒨，可以染絳。若然，則一草有此三名矣。但周公時名蒨草爲韎草，以此韎染韋合之爲韐，因名韍爲韎韐也。云韍之制似韠者，案上注已釋韠制，其韍之制亦如之，但有飾無飾爲異耳。祭服謂之韍，其他服謂之韠。《易・困卦》：九二，困於酒食，朱韍方來，利用亨祀。是祭服之韍也。又案《明堂位》云：有虞氏服韍，夏后氏山，殷火，周龍章。鄭云：後王彌飾，天子備焉。諸侯火而下，卿大夫山，士韎韋而已。是士無飾則不得單名韍，一名韎韐，一名緼韍而已。是韍有與韠異，以制同飾異。故鄭云韍之制似韠也。但染韋爲韍之體，天子與其臣及諸侯與其臣有異。《詩》云朱芾斯黃。鄭云：天子純朱，諸侯黃朱。《詩》又云赤芾在股，是諸侯用黃朱。《玉藻》再命、三命皆云赤韍，是諸侯之臣亦用赤韍。《易・困卦》九二云：困於酒食，朱韍方來，利用亨祀。鄭注云：二據初辰在未，未爲土，此二爲大夫有地之象。未上值天廚酒食，象困於酒食者，采地薄，不足己用也。二與日爲體，離爲鎮霍爻。四爲諸侯有明德，受命當王者。離爲火，火色赤。四爻辰在午時，離氣赤，又朱是也。文王將王，天子制用朱韍，故《易乾鑿度》云：孔子曰：天子、三公、諸侯同色。《困卦》：困於酒食，朱韍方來。又云天子、三公、大夫皆朱韍。諸侯亦同色者，其染之法，同以淺絳爲名，是天子與其臣純朱，諸侯與其臣黃朱爲異也。云冠弁不與衣陳而言於上，以冠名服耳者，案此文上下陳服，則於房緇布冠及皮爵弁，在堂下是冠弁，不與服同陳。今以弁在服上並言之者，以冠弁表明其服耳，不謂同陳之也。云今文纁皆作熏者，纁是色，當從絲旁爲之，故疊今文不從熏，從經文古纁也。皮弁服，素積，緇帶，素韠。注：此與君視朔之服也。皮弁者，以白鹿皮爲冠，象上古也。積猶辟也，以素爲裳，辟蹙其要中。皮弁之衣用布亦十五升，其色象焉。【略】疏：釋曰：此皮弁服卑於爵弁，故陳之次在爵弁之南。上爵弁服、下玄端服皆言衣，此獨不言衣者，以其上爵弁服與爵弁異，故言衣。下玄端服，但冠時用緇布冠，不用玄冠，既不言冠，故言衣也。今此皮弁之服用白布，衣與冠同色，故不言衣也。注釋曰：案《玉藻》云：諸侯皮弁，聽朔於大廟。又案《鄉黨》說孔子之服云素衣，麑裘。鄭云視朔之服。視朔之時，君臣同服也。云皮弁者，以白鹿皮爲冠，象上古也者，謂三皇時以白鹿皮冒覆頭，鉤頷繞項，至黃帝則有冕，故《世本》云黃帝作冕旒。《禮運》云先王未有宮室，又云食草木之實，鳥獸之肉，未有麻絲，衣其羽皮。鄭云此上古之時。則此象上古謂象三皇時，以五帝爲太古，以三皇爲上古也。若然，黃帝雖有絲麻、布帛、皮弁，至三王不變，是以下記云三王共皮弁，鄭注云：質不變。鄭注《郊特牲》云：所不易於先代。故《孝經緯》云百王同之不改易也。案《禮圖》仍以白鹿皮爲冠，故云：以白鹿皮爲冠，象上古也。云積，猶辟也，以素爲裳，辟蹙其要中者，經典云素者有三義：若以衣裳言素者，謂白繒也，即此文之等是也。畫繢言素者，謂白色，即《論語》云繪事後素之等是也。器物無飾亦曰素，則《檀弓》云奠以素器之等是也。是以鄭云以素爲裳，辟蹙其要中也。知皮弁之衣亦用十五升布者，《雜記》云朝服十五升，此皮弁亦天子之朝服，故亦十五升布也。然《喪服》注云祭服、朝服，辟積無數。則祭服、皮弁，皆辟積無數。餘不云者，舉皮弁可知，不並言也。唯《喪服》裳幅三袧有數耳。云其色象焉者，謂象皮弁之色用白布也。以此言之，《論語》注云素用繒者，彼上服裼衣用素也。玄端，玄裳、黄裳、雜裳可也。緇帶，爵韠。注：此莫夕於朝之服。玄端即朝服之衣易其裳耳。上士玄裳，中士黄裳，下士雜裳。雜裳者，前玄後黄。《易》曰：夫玄黄者，天地之雜也，天玄而地黄。士皆爵韋爲韠，其爵同。不以玄冠名服者，是爲緇布冠陳之。《玉藻》曰：韠，君朱，大夫素，士爵韋。【略】疏：釋曰：此玄端服，服之下，故後陳於皮弁之南。陳三等裳者，凡諸侯之下皆有二十七士，公侯伯之士一命，子男之士不命，不問一命、不命，皆分爲三等，故服分爲三等之裳以當之。上下經三等之服同用緇帶者，以其士唯有一緇裨之帶，故三服共用之。大帶，所以束衣。革帶，所以佩韠及佩玉之等。不言革者，舉韠有革帶可知，故略不言耳。三裳之下云可也者，欲見三等之士各有所當。當者即服之，故言可以許之也。注釋曰：云此莫夕於朝之服者，當是莫夕於君之朝服也。案《玉藻》云：君朝服以日視朝於内朝。夕深衣，祭牢肉。是君朝服，朝服、夕服，深衣矣。下又云朝玄端，夕深衣。朝時不朝服，與君不同，故鄭注云謂大夫、士也。則彼朝玄端、夕深衣，是大夫、士家私朝也。若然，大夫、士既服玄端、深衣以聽私朝矣。此服注云莫夕於朝之服，是士向莫之時，夕君之服。必以莫爲夕者，朝禮備，夕禮簡，故以夕言之也。若卿大夫莫夕於君，當亦朝服矣。案《春秋左氏傳》成十二年晉郤至謂子反曰：百官承事，朝而不夕。此云莫夕者，無事則無夕法，若夕有事，須見君則夕。故昭十二年子革云夕，襄十四年子我亦云夕者，皆是有事見君，非常朝夕之事也。云玄端即朝服之衣易其裳耳者，上云玄冠，朝服，緇帶，素韠，此玄端亦緇帶。彼云朝服，即此玄端也。但朝服亦得名端，故《論語》云端章甫，鄭云：端，諸侯視朝之服耳。皆以十五升布爲緇色，正幅爲之同名也。云易其裳耳者，彼朝服素韠，韠同裳色，則裳亦素。此既易其裳，以三等裳同爵韠，則亦易之矣。不言者，朝服言素韠，不言裳，故須言易。彼言素韠，此云爵韠，於文自明，故不須言易也。云上士玄裳，中士黄裳，下士雜裳者，此無正文，直以諸侯之士皆有三等之裳，故還以三等之士配之。但玄是天色，黄是地色，天尊而地卑，故上士服玄，中士服黄，下士當雜裳。雜裳者，還用此玄黄，但前陽後陰，故知前玄後黄也。云《易》曰者，是《文言》文，引之者，證此裳等是天地二色爲之。云士皆爵韋爲韠，其爵同者，三裳同云爵韠，故知三等之士同用爵韋爲韠也。其爵韋者，所引《玉藻》文是也。云不以玄冠名服者，是爲緇布冠陳之者，今不以玄冠表此服者，此爲冠時緇布冠陳之冠，既不用玄冠，故不言也。云《玉藻》者，案彼注云：此玄端服之韠也。云韠者，與下君、大夫、士爲總目。韋者，又總三者用韋爲之。言君朱，大夫素，士爵者，韠之韋色也。云君朱者，見五等諸侯，則天子亦朱矣。韠同裳色，則天子諸侯朱裳。士言爵，則此經爵韠亦一也。以其裳有三等，爵亦雜色，故同爵韠。若然，大夫素裳則與朝服不異者，禮窮則同也。緇布冠缺項，青組纓屬于缺。緇纚廣終幅，長六尺，皮弁笄，爵弁笄，緇組紘，纁邊，同篋。注：缺，讀如有頍者弁之頍。緇布冠無笄者，著頍圍髮際，結項中，隅爲四綴以固冠也。項中有緇，亦由固頍爲之耳。今未冠笄者著卷幘，頍象之所生也。滕、薛名蔮爲頍。屬猶著。纚，今之幘梁也。終，充也。纚一幅長六尺，足以韜髮而結之矣。笄，今之簪。有笄者，屈組爲紘，垂爲飾。無笄者，纓而結其絛。纁邊，組側赤也。同篋，謂此上凡六物。隋方曰篋。【略】疏：注釋曰：云缺讀如有頍者弁之頍者，讀從《頍弁》詩，義取在首。頍者，弁貌之意也。云緇布冠無笄者，案經皮弁、爵弁言笄，緇布冠不言笄，故云無笄也。云著頍圍髮際者，無正文，約漢時卷幘亦圍髮際，故知也。云結項者，此亦無正文，以經云頍，明于項上結之也。云隅爲四綴以固冠也者，此亦無正文，以義言之。既武以下别有頍項，明于首四隅爲綴，上綴于武，然後頍項得安穩也。云項中有緇，亦由固頍爲之耳者，此亦無正文，以義言之。頍之兩頭皆爲緇，别以繩穿緇中結之，然後頍得牢固，故云亦由固頍爲之也。云今之未冠笄者著卷幘，頍象之所生者，此舉漢法以況義耳。漢時男女未冠笄者，首著卷幘。卷幘之狀雖不可知，既言頍圍髮際，故以冠之，明漢時卷幘亦以布帛之等圍繞髮際爲之矣。云頍象之所生者，漢時卷幘是頍之遺象所生，至漢時，故云頍象之所生也。云滕、薛名蔮爲頍者，此亦舉漢時事以況之。漢時滕、薛二國云蔮。蔮，卷幘之類，亦遺象，故爲況也。云纚，今之幘梁者，亦舉漢法爲況耳。幘梁之狀，鄭目驗而知，至今久遠，亦未審也。云纚一幅長六尺，足以韜髮而結之矣者，人髮之長者不過六尺，纚六尺，故云足以韜髮。既云韜髮，乃云結之，則韜訖乃爲紒矣。云有笄者，即經云皮弁及爵弁皆云笄者，是有笄也。云屈組爲紘者，經緇組紘，纁邊，是爲有笄者而設。言屈組，謂以一條組於左笄上繫定，遶頤下，右相向上仰屬于笄，屈繫之有餘，因垂爲飾也。云無笄者，纓而結其絛者無笄，即經緇布冠是也，則以二條組兩相屬于頍，故經云組纓屬于頍也。既屬訖，則所垂條于頤下結之，故云纓而結其條也。云纁邊，組側赤也者，纁是三入之赤色，又云邊，則于邊側赤也。若然，以緇爲中，以纁爲邊，側而織之也。云同篋，謂此上凡六物者，緇布至屬于頍共爲一物，纚長六尺，二物，皮弁笄，三物，爵弁笄，四物，其緇組紘纁邊，皮弁、爵弁各有一，爲二物，通前四爲六物。云隋方曰篋者，《爾雅》無文，此對笥方而不隋也。隋謂狹而長也。案《周禮·弁師》云掌五冕，而云玉笄朱紘，則天子以玉爲笄，以朱爲紘。又案《祭義》云天子冕而朱紘，諸侯冕而青紘。諸侯之笄亦當用玉矣。又案《弁師》韋弁與皮弁同科，皮弁有笄，則二者亦有笄矣。又爲笄者屬纓，不見有緌，則六冕無緌矣。然士緇布冠無緌，故下記云：孔子曰：其緌也，吾未之聞也。若諸侯亦以緇布冠爲始冠之冠，則有緌。故《玉藻》云：緇布冠繢緌，諸侯之冠也。鄭注云尊者飾，其大夫紘。案《禮器》云管仲鏤簋朱紘，鄭注云大夫、士當緇組紘纁邊是也。其笄亦當用象耳。

又　爵弁、皮弁、緇布冠各一匴，執以待于西坫南，南面，東上。賓升則東面。注：爵弁者，制如冕，黑色，但無繅耳。《周禮》：王之皮弁，會五采玉璂，象邸，玉笄。諸侯及孤卿大夫之冕，皮弁，各以其等爲之。則士之皮弁，又無玉象邸飾。緇布冠，今小吏冠其遺象也。匴，竹器名，今之冠箱也。執之者，有司也。【略】疏：釋曰：此一節論使有司三人各執其一，豫在階，以待冠事。賓未入，南面以向賓，在堂，亦以向賓。言升則東面，據終言之也。注釋曰：云爵弁者，制如冕而黑色，但無繅耳者，已於上解説，今復言之者，上文直舉冠以表服，其冠實不陳，故略言其冠。至此專爲冠言之，是以注并引皮弁以下之事。案《弁師》言冕有五采繅玉，皮弁有五采玉璂，象邸，玉笄，下云諸侯及孤卿大夫之冕，韋弁、皮弁、弁絰，各以其等爲之。鄭注云：各以其等，繅斿玉璂如其命數也。但上文已言上公之法，故此諸侯唯據侯伯子男，是以鄭云：冕則侯伯繅七就，用玉九十八，子男繅五就，用玉五十，繅玉皆三采。孤繅四就，用玉三十二，三命之卿繅三就，用玉十八，再命之大夫繅再就，用玉八，藻玉皆朱緑。韋弁、皮弁則侯伯璂飾七，子男璂飾五，玉亦三采。孤則璂飾四，三命之卿璂飾三，再命之大夫璂飾二，玉亦二采。弁絰之弁，其辟積如冕繅之就。然庶人吊者素委貌，一命之大夫冕而無斿，士變冕爲爵弁。其韋弁、皮弁之會無結飾，弁絰之弁不辟積。彼經文具言之，今此注略引以證士皮弁無玉，以象爲飾之意，不取於韋弁、弁絰乃依命數之事，故不具引之。云緇布冠，今小吏冠其遺象也者，但緇布冠，士爲初加之冠，冠訖則弊之不用，庶人則常著之。故《詩》云臺笠緇撮，是庶人以布冠常服者。以漢之小吏亦常服之，故舉爲況。云匴，竹器名，今之冠箱也者，此亦舉漢法爲況。云執之者有司也者，則上云有司如主人服，有司不主一事，故知此亦有司也。

又　主人玄端爵韠，立于阼階下，直東序，西面。注：玄端，士入廟之服也。阼猶酢也。東階，所以答酢賓客也。堂東西牆謂之序。【略】疏：釋曰：上文已陳衣冠器物，自此以下至外門外，論賓主兄弟等著服及位處也。云玄端爵韠者，主人之服與上所陳子加冠玄端服亦一也。云立于阼階下者，時欲與賓行禮之事也。云直東序者，直，當也。謂當堂上東序牆也。注釋曰：案《特牲》士禮祭服用玄端，此亦士之加冠在廟，故與祭同服，故云士入廟之服也。云東西牆謂之序者，《爾雅·釋宫》文。兄弟畢袗玄，立于洗東，西面，北上。注：兄弟，主人親戚也。畢猶盡也。袗，同也。玄者，玄衣、玄裳也。緇帶韠。位在洗東，退於主人，不爵韠者，降於主人也。古文袗爲均也。【略】疏：釋曰：此論兄弟來觀禮之服也。注釋曰：云兄弟，主人親戚也者，既云兄弟，故是主人親戚。云袗，同也，玄者，玄衣、玄裳也，緇帶韠者，以其同玄，故知上下皆玄。云緇帶韠者，緇亦玄之類，因士有緇帶，故韠亦言緇，實亦玄也。云位在洗東，退於主人者，主人當序南，西面，洗當東榮，兄弟又在洗東，故云退於主人也。云不爵韠者，降於主人也者，韠弁同色，主人尊，故也。兄弟用緇韠，不用爵韠，兄弟卑，故云降於主人也。

又　將冠者采衣，紒，在房中，南面。注：采衣，未冠者所服。《玉藻》曰：童子之節也，緇布衣，錦緣，錦紳并紐，錦束髪，皆朱錦也。紒，結髪。古文紒爲結。【略】疏：釋曰：將冠者，即童子二十之人也。以其冠事未至，故言將冠者也。注釋曰：云緇布衣，錦緣者，以其童子不帛襦袴，不衣裘裳，故云緇布衣，以錦爲緇布衣之緣也。云錦紳者，以錦爲大帶也。云并紐者，亦以錦爲紐紳之垂也。云錦束髪者，以錦爲總。云皆朱錦也者，童子之錦皆朱錦也。云紒，結髪者，則《詩》曰總角丱兮是也。以童子尚華飾，故衣此也。

又　賓右手執項，左手執前，進容，乃祝。坐如初，乃冠。興，復位。贊者卒。注：進容者，行翔而前鶬焉，至則立祝。坐如初，坐筵前。興，起也。復位，西序東面。卒，謂設缺項、結纓也。【略】疏：【略】云卒，謂設缺項、結纓也者，下文皮弁，贊者卒紘，此謂緇布冠，無笄紘，直頍項，青組纓屬於頍，故卒者終頍項與結纓也。若然，經云右手執項，謂冠後爲項，非頍項。其下皮弁、爵弁無頍項，皆云執項，故知非頍項也。冠者興，賓揖之。適房，服玄端爵韠。出房，南面。注：復出房南面者，一加禮成，觀衆以容體。【略】疏：【略】案《郊特牲》論加冠之事，云加有成也，故此鄭云一加禮成也。云觀衆以容體者，以其既去緇布衣錦緣童子服，著此玄端成人之服，使衆觀知，故云觀衆以容體也。賓揖之，即筵坐。櫛，設笄。賓盥，正纚如初。降二等，受皮弁，右執項，左執前，進祝，加之如初，復位。贊者卒紘。注：如初，爲不見者言也。卒紘，謂繫屬之。【略】疏：釋曰：此當第二加皮弁之節。云即筵坐，櫛者，坐訖，當脱緇布冠，乃更櫛也。云設笄者，凡諸設笄有二種：一是紒內安髮之笄，一是皮弁、爵弁及六冕固冠之笄。今此櫛訖，未加冠即言設笄者，宜是紒內安髮之笄也。若安髮之笄，則緇布冠亦宜有之。前櫛訖不言設笄者，以其固冠之笄。緇布冠無笄，而皮弁、爵弁有笄，上文已陳訖。今若緇布冠亦言設笄，即與皮弁、爵弁相亂，故緇布冠不言設笄，其實亦有也。若然，緇布冠不言設笄而言設纚，皮弁冠言設笄不言設纚，互見爲義，明皆有也。其於固冠之笄，則於賓加弁之時自設之可知。注釋曰：云如初，爲不見者言也者，上加緇布冠時，有賓降主人降，賓辭主人對，賓盥卒一揖一讓升，主人升復初位，賓筵前坐之等相次，此皆不見，故設經省文如之而已，故云爲不見者言也。云卒紘，謂繫屬之者，即上注云有笄者，屈組以爲紘，伸屬之左相，繫定右相，屈繫，擬解時易，爲繫屬之也。興，賓揖之。適房，服素積素韠，容，出房，南面。注：容者，再加彌成，其儀益繁。疏：釋曰：興，謂冠者加皮弁訖，起而賓揖之也。云適房，服素積素韠者，上陳服皮弁云緇帶素韠，此不言緇帶者，上惟有一帶，不言可知，故不言也。注釋曰：此對上加緇布冠時，直言出房南面，不言容，此則言容，以再加彌成，其儀益繁，故言容。其實彼出亦是容，故鄭注云觀衆以容體也。賓降三等，受爵弁，加之。服纁裳韎韐。其他如加皮弁之儀。注：降三等，下至地。他謂卒紘容出。疏：注釋曰：云降三等，下至地者，據士而言。云他謂卒紘容出者，以其自餘皆緇布冠見訖，皮弁如之而已。至卒紘容出，唯皮弁有之，故知他謂此二者也。徹皮弁、冠、櫛、筵，入于房。注：徹者，贊冠者，主人之贊者爲之。疏：釋曰：冠即緇布冠也，不言緇布冠者，可知故也。皮弁具言者，以有爵弁之嫌。然不言爵弁者，著之以受醴，至見母兄弟姑姊訖，乃易服故也。注釋曰：云徹者，贊冠者，主人之贊者爲之者，以其贊冠者奠櫛，主人之贊者設筵，故知還遣之也。

又 乃易服，服玄冠、玄端、爵韠，奠摯見於君。遂以摯見於鄉大夫、鄉先生。注：易服不朝服者，非朝事也。摯，雉也。鄉先生，鄉中老人爲卿大夫致仕者。【略】疏：釋曰：云易服者，爵弁既助祭之服，不可服見君與先生等，故易服服玄端也。注釋曰：云易服不朝服者，非朝事也者，此乃因加冠以成人之禮，見君非立朝之節，故不朝服。經直云玄端，則兼玄冠矣。今更云玄冠者，以初冠時服玄端爲緇布冠服，緇布冠非常著之冠，冠而弊之。易服宜服玄冠配玄端，故兼云玄冠也。朝服與玄端同，玄端則玄裳、黄裳、雜裳、黑屨者，朝服玄冠、玄端雖同，但裳以素而屨色白也。以其但正幅，故朝服亦得端名。然六冕皆正幅，故亦名端。是以《樂記》云魏文侯端冕而聽古樂，又《論語》云端章甫。鄭云：端，玄端，諸侯視朝之服。則玄端以朝得名爲玄端也。云摯，雉也者，士執雉是其常，故知摯是雉也。云鄉先生，鄉中老人爲卿大夫致仕者，此即《鄉飲酒》與《鄉射》禮先生及《書傳》父師，皆一也。先生亦有士之少師，鄭不言者，經云鄉大夫不言士，故先生亦略不言，其實亦當有士也。

又 屨，夏用葛。玄端黑屨，青絇繶純，純博寸。注：屨者順裳色，玄端黑屨，以玄裳爲正也。絇之言拘也，以爲行戒，狀如刀衣鼻，在屨頭。繶，縫中紃也。純，緣也。三者皆青。博，廣也。【略】疏：釋曰：自此至繐屨，論三服之屨。不於上與服同陳者，一則屨用皮用葛，冬夏不同，二則屨在下，不宜與服同列，故退在於此。此言夏用葛，下云冬皮，則春宜從夏，秋宜從冬，故舉冬夏寒暑極時而言。《詩・魏風》以葛屨履霜，刺褊也。注釋曰：云屨者順裳色者，禮之通例。衣與冠同，屨與裳同，故云順裳色也。云玄端黑屨，以玄裳爲正也者，以其玄端有玄裳、黄裳、雜裳，經唯云玄端黑屨，與玄裳同色，不取黄裳、雜裳，故云以玄裳爲正也。云絇之言拘也，以爲行戒者，以拘者自拘持之意，故云以爲行戒也。云狀如刀衣鼻，在屨頭者，此以漢法言之。今之屨頭見有下鼻，似刀衣鼻，故以爲況也。云繶，縫中紃也者，謂牙底相接之縫中有絛紃也。云純，緣也者，謂繞口緣邊也。云皆青者，以經三者同云青也。云博，廣也者，謂純所施廣一寸也。素積白屨，以魁柎之，緇絇繶純，純博寸。注：魁，蜃蛤。柎，注者。【略】疏：釋曰：以魁蛤灰柎之者，取其白耳。注釋曰：云魁，蜃蛤者，魁即蜃蛤一物。是以《周禮・地官・掌蜃》掌共白盛之蜃，鄭司農云謂蜃炭，引此士冠白屨以魁柎之，某謂今東萊用蛤，謂之叉灰云是也。云柎，注者，以蛤灰塗注於上，使色白也。爵弁纁屨，黑絇繶純，純博寸。注：爵弁屨以黑爲飾，爵弁尊，其屨飾以繢次。【略】疏：釋曰：案此三服見屨不同，何者。玄端以衣見屨，以玄端有黄裳之等，裳不得舉裳見屨，故舉玄端見屨也。皮弁以素積見屨，屨裳同色，是其正也。爵弁既不舉裳，又不舉衣，而以爵弁見屨者，上陳服已言纁裳，裳色自顯，以與六冕同。玄衣纁裳，有冕服之嫌，故不以衣裳而以首服見屨也。注釋曰：云爵弁屨以黑爲飾，爵弁尊，其屨飾以繢次者，案《冬官》畫繢之事云：青與白相次，赤與黑相次，玄與黄相次。鄭云：此言畫繢六色所象及布采之第次，繢以爲衣。又云：青與赤謂之文，赤與白謂之章，白與黑謂之黼，黑與青謂之黻。鄭云：此言刺繡采所用，繡以爲裳。此是對方爲繢次，比方爲繡次。案鄭注《屨人》云：複下曰舄，禪下曰屨。又注云：凡舄之飾，如繢之次。凡屨之飾，如繡之次也。此即上黑屨以青爲絇繶純，白屨以黑爲絇繶純，則白與黑，黑與青爲繡次之事也。今次爵弁纁屨，纁，南方之色赤，不以西方白爲絇繶純，而以北方黑爲絇繶純者，取對方繢次爲飾。與舄同者，尊爵弁是祭服，故飾與舄同也。冬，皮屨可也。疏：釋曰：冬時寒，許用皮，故云可也。不屨繐屨。注：繐屨，喪屨也。縷不灰治曰繐。【略】疏：注釋曰：案《喪服》記云：繐衰四升有半。繐衰既是喪服，明繐屨亦是喪屨，故鄭云喪屨也。云縷不灰治曰繐者，斬衰冠六升，《傳》云鍛而勿灰，則四升半，不灰治可知。言此者，欲見大功，未可以冠子，恐人以冠子，故於屨末因禁之也。記。疏：釋曰：凡言記者，皆是記經不備，兼記經外遠古之言。鄭注《燕禮》云：後世衰微，幽、厲尤甚，禮樂之書，稍稍廢棄。蓋自爾之後有記乎。又案《喪服》記子夏爲之作傳，不應自造，還自解之。記當在子夏之前，孔子之時，未知定誰所録。又鄭注《禮記·冠義》云冠義者，記子冠中之義也者，記時不同，故有二記。此則在子夏前。其《周禮·考工記》，六國時所録，故遭秦燔滅典籍，有《韋氏》、《雕氏》闕，其記則在秦漢之際儒者加之，故《王制》有正聽之棘木之下，異時所記，故其言亦殊也。《冠義》：始冠，緇布之冠也。大古冠布，齊則緇之。其緌也，孔子曰：吾未之聞也，冠而敝之可也。注：大古，唐、虞以上。緌，纓飾。未之聞，大古質，無飾。重古，始冠冠其齊冠。白布冠，今之喪冠是也。【略】疏：釋曰：此經直言加緇布冠，不言有緌無緌，又不言加冠之後此緇布冠更著與不，故言不緌，不更著之事也。云大古冠布者，謂著白布冠也。云齊則緇之者，將祭而齊則爲緇者，以鬼神尚幽闇也。云其緌也，孔子曰：吾未之聞也者，孔子時有緌者，故非時人緌之，諸侯則得著緌，故《玉藻》云：緇布冠繢緌，諸侯之冠也。鄭云：尊者飾也。士冠不得緌也。云冠而敝之可也者，據士以上冠時用之，冠訖，則敝之不復著也。若庶人猶著之，故《詩》云：彼都人士，臺笠緇撮。是用緇布冠籠其髮，是庶人常服之矣。注釋曰：云大古，唐、虞以上者，此記與《郊特牲》皆陳三代之冠，云牟追、章甫、委貌之等。鄭注《郊特牲》云：三代改制，齊冠不復用也。以白布冠質，以爲喪冠也。三代既有此，明大古是唐、虞已上可知。云緌纓飾未之聞，大古質，無飾者，此經據孔子時非其著緌，未知大古有緌以否，故鄭云大古質，無飾也。云重古，始冠冠其齊冠者，以經云始冠緇布之冠，即云大古冠布則齊冠一也，故鄭云冠其齊冠也。云白布冠者今之喪冠是也者，以其大古時，吉凶同服白布冠，未有喪冠。三代有牟追之等，則以白布冠爲喪冠。若然，喪服起自夏禹以下也。

又 適子冠於阼，以著代也。醮於客位，加有成也。三加彌尊，諭其志也。【略】疏：釋曰：此記人説夏、殷法，可兼于周。以其於阼及三加皆同，唯醮禮有異，故知舉一以見二也。冠而字之，敬其名也。注：名者質，所受於父母，冠成人，益文，故敬之。疏：注釋曰：案《内則》云，子生三月，父名之，不言母。今云受於父母者，夫婦一體，受父即是受於母，故兼言也。云冠成人，益文者，對名是受於父母，爲質，字者受於賓，爲文。故君父之前稱名，至於他人稱字也。是字敬名也。

又 委貌，周道也。章甫，殷道也。毋追，夏后氏之道也。注：或謂委貌爲玄冠，委猶安也，言所以安正容貌。章，明也。殷質，言以表明丈夫也。甫，或爲父，今文爲斧。毋，發聲也。追猶堆也。夏后氏質，以其形名之。二冠皆所常服以行道也，其制之異同未之聞。【略】疏：釋曰：記人歷陳此三代冠者，上緇布冠，是諸侯已下始加之冠。此委貌之等，記人以經有緇布冠、皮弁、爵弁、玄冠，故還記緇布冠以下四種之冠，以解經之四者。此委貌即解經易服服玄冠是也。注釋曰：云今文爲斧者，義無取，故疊之不從也。云毋，發聲也者，若在上謂之發聲，在下謂之助句，義無取，則是發聲也。云三冠皆所常服以行道者，以釋經三代皆言道，是諸侯朝服之冠，在朝以行道德者也。云其制之異同未之聞者，委貌、玄冠於禮圖有制，但章甫、毋追相與異同未聞也。周弁，殷冔，夏收。注：弁名出於槃。槃，大也，言所以自光大也。冔名出於幠。幠，覆也，言所以自覆飾也。收，言所以收斂髮也。齊所服而祭也，其制之異未聞。【略】疏：釋曰：又歷陳此三者，欲見三代加冠皆有弁。云周弁者，弁是古冠之大號，非直言爵弁，亦兼含六冕於其中。見士之三加之冠，周爲爵弁，故歷陳此三者也。注釋曰：云弁名出於槃，槃，大也者，無正文，鄭以意解之。《論語》云服周之冕，以五色繅服有文飾，則知有德，故云言所以自光大也。云冔名出於幠，幠，覆也，言所以自覆飾也，收，言所以收斂髮也者，皆以意解之也。云制之異亦未聞者，案《漢禮器制度》弁冕，《周禮》弁冕相參考之冕，以木爲體，廣八寸，長尺六寸，績麻三十升布爲之。上以玄，下以纁，前後有旒，尊卑各有差等。天子玉笄朱紘，其制可聞。云未聞者，但夏、殷之禮亡，其制與周異，亦如上未聞也。三王共皮弁、素積。注：質不變。疏：釋曰：此亦三代自天子下至士皆是再加，當在周弁三加之上，退之在下者，欲見此是三代之冠，百王同之，無别代之稱也。故《郊特牲》云三王共皮弁。注云：所不易於先代。故《孝經》亦云百王同之，不改易也。若然，百王同之，言三王共者，以損益之極，極於三王。又上三冠亦據三代，故云三王其皮弁。其實先代後代皆不易，是以鄭云質不變也。

又卷二《士昏禮第二》 下達，納采用鴈。【略】使者玄端至。注：使者，夫家之屬，若群吏使往來者。玄端，士莫夕之服，又服以事其廟。有司緇裳。【略】疏：注釋曰：云使者，夫家之屬者，案《士冠》贊者於中士、下士差次爲之。此云夫家之屬，亦當然。假令主人是上士，屬是中士，主人是中士，屬是下士，主人是下士，屬亦當是下士，禮窮則同也。云玄端，士莫夕之服，又服以事其廟者，此亦如《士冠禮》玄端，士莫夕於朝之服也。但士以玄端祭廟，今使者服玄端至，亦於主人廟中行事，故云又服以事其廟也。云有司緇裳者，案士唯有三等之裳：玄裳、黄裳、雜裳。此云緇裳者，即玄裳者矣，以其緇、玄大同小異也。然士有三等裳，今直言玄裳者，據主人是上士而言。案《士冠》云：有司如主人服。則三等士之有司，亦如主人服也。

又 納徵，玄纁束帛、儷皮，如納吉禮。注：徵，成也。使使者納幣以成昏禮。用玄纁者，象陰陽備也。束帛，十端也。《周禮》曰：凡嫁子娶妻，入幣純帛無過五兩。儷，兩也。執束帛以致命。兩皮爲庭實。皮，鹿皮。今文纁皆作熏。【略】疏：釋曰：此納徵無雁者，以有束帛爲贄故也。是以《孝經鉤命決》云五禮用雁是也。案《春秋左氏》莊公二十二年：冬，公如齊納幣。不言納徵者，孔子制《春秋》，變周之文，從殷之質，故指幣禮而言周文，故以義言之。徵，成也，納此則昏禮成，故云徵也。注釋曰：云用玄纁者，象陰陽備也。束帛，十端也者，《周禮》：凡嫁子娶妻，入幣緇帛無過五兩。鄭彼注云：納幣用緇，婦人陰也。凡於娶禮，必用其類。五兩，十端也。必言兩者，欲得其配合之名。十者，象五行十日相成也。士大夫乃以玄纁束帛，天子加以穀圭，諸侯加以大璋。《雜記》云：納幣一束，束五兩，兩五尋。然則每端二丈。若彼據庶人直用緇色，無纁，故鄭云用緇婦人陰。此玄纁俱有，故云象陰陽備也。案《玉人》：穀圭，天子以聘女。大璋，諸侯以聘女。故鄭據而言焉。玄纁束帛者合言之，陽奇陰耦，三玄二纁也。其大夫無冠禮而有昏禮，若試爲大夫及幼爲大夫者，依士禮。若五十而爵改娶者，大夫昏禮，玄纁及鹿皮則同於士。餘有異者，無文以言也。

又 主人爵弁，纁裳，緇袘。從者畢玄端。乘墨車，從車二乘，執燭前馬。注：主人，壻也，壻爲婦主。爵弁而纁裳，玄冕之次。大夫以上親迎冕服。冕服迎者，鬼神之，鬼神之者，所以重之親之。纁裳者，衣緇衣，不言衣與帶而言袘者，空其文，明其與袘俱用緇。袘，謂緣。袘之言施，以緇緣裳，象陽氣下施。從者，有司也。【略】疏：釋曰：自此至俟于門外，論壻親迎之節。注釋曰：云主人，壻也者，以其親迎向女家。女父稱主人，男稱壻，已下皆然。今此未至女家，仍據男家而言，故云主人是壻。爲婦主，故下親迎至男家，壻還稱主人也。云爵弁而纁裳者，以爵弁亦冕之類，故亦纁裳也。云玄冕之次者，鄭注《周禮・弁師》云：一命之大夫冕而無旒，士變冕爲爵弁。故云冕之次也。云大夫以上親迎冕服者，士家自祭服玄端，助祭用爵弁。今爵弁用助祭之服親迎，以爲攝盛，則卿大夫朝服以自祭，助祭用玄冕，親迎亦當玄冕攝盛也。若上公有孤之國，孤絺冕，卿大夫同玄冕。侯伯子男無孤之國，卿絺冕，大夫玄冕也。孤卿大夫士爲臣卑，須攝盛取助祭之服以親迎，則天子諸侯爲尊，則尊矣不須攝盛，宜用家祭之服。則五等諸侯玄冕以家祭，則親迎不過玄冕，天子親迎當服衮冕矣。是以《禮記・郊特牲》云：玄冕齋戒，鬼神陰陽也，將以爲社稷主。以社稷言之，據諸侯而説，故知諸侯玄冕也。其孤卿，雖絺冕以助祭，至於親迎，亦用玄冕，臣乃不得過君故也。云冕服迎者，鬼神之，鬼神之者，所以重之親之者，約《郊特牲》文。云纁裳者，衣緇衣，不言衣與帶而言袘者，空其文，明其與袘俱用緇者，鄭言纁裳者，衣緇衣，言緇衣即玄衣，大同故也。上《士冠》陳爵弁服云緇衣緇帶，此文有緇袘無衣帶二字，故云空其文。以袘著緇者，欲見袘與衣帶色同，故云俱用緇也。云袘謂緣者，謂純緣於裳，故字從衣。云袘之言施者，義取施及於物，故作施也。云以緇緣裳，象陽氣下施者，男陽女陰，男女相交接，示行事有漸，故云象陽氣下施，故以衣帶上體同色之物下緣於裳也。

又 女次，純衣纁袡，立于房中，南面。注：次，首飾也，今時髲也，《周禮・追師》掌爲副編次。純衣，絲衣。女從者畢袗玄，則此衣亦玄矣。袡，亦緣也。袡之言任也。以纁緣其衣，象陰氣上任也。凡婦人不常施袡之衣，盛昏禮，爲此服。《喪大記》曰復衣不以袡，明非常。【略】疏：釋曰：不言裳者，以婦人之服不殊裳，是以《内司服》皆不殊裳。彼注云：婦人尚專一德，無所兼，連衣裳不異其色是也。注釋曰：云次，首飾也，今時髲也，《周禮・追師》掌爲副編次者，案彼注云：副之言覆，所以覆首爲之飾，其遺象若今步繇矣。編，編列（髲）[髮]爲之，其遺象若今假紒矣。次，次第髮長短爲之，所謂髲髢。言所謂，謂如《少牢》主婦髲鬄也。又云外内命婦衣鞠衣、襢衣者服編，衣褖衣者服次。其副唯於三翟祭祀服之。士服爵弁助祭之服以迎，則士之妻亦服褖衣助祭之服也。若然，案《内司服》：王后之六服，褘衣、揄翟、闕翟、鞠衣、展衣、褖衣，素沙。素沙與上六服爲裏，五等諸侯、上公夫人與王后同侯伯夫人，自揄翟而下，子男夫人自闕翟而下。案《玉藻》有鞠衣、襢衣、褖衣，注云：諸侯之臣皆分爲三等，其妻以次受此服。公之臣，孤爲上，卿大夫次之，士次之。侯伯子男之臣，卿爲上，大夫次之，士次之。其三夫人已下内命婦，則三夫人自闕翟而下，九嬪自鞠衣而下，世婦自襢衣而下，女御自褖衣而下，嫁時以服之。諸侯夫人無助天子祭，亦各得申上服，與祭服同也。云純衣，絲衣者，此經純亦是絲，理不明，故見絲體也。云女從者畢袗玄，則此衣亦玄矣者，此鄭欲見既以純爲絲，恐色不明，故云女從袗玄，則此絲衣亦同玄色矣。云袡，亦緣也者，上纁裳緇袘，袘爲緣，故云袡亦緣也。云袡之言任也，以纁緣其衣，象陰氣上任也者，婦人陰，象陰氣上交於陽，亦取交接之義也。云凡婦人不常施袡之衣，盛昏禮，爲此服者，此純衣即褖衣，是士妻助祭之服，尋常不用纁爲袡，今用之，故云盛昏禮，爲此服。云《喪大記》曰復衣不以袡，明非常者，以其始死，招魂復魄用生時之衣。生時無袡，知亦不用袡，明爲非常所服，爲盛昏禮故服之。引之者，證袡爲非常服也。然鄭言凡婦人服不常施袡者，鄭欲見王后已下初嫁皆有袡之意也。姆纚、笄、宵衣，在其右。注：姆，婦人年五十無子，出而不復嫁，能以婦道教人者，若今時乳母。纚，縚髮。笄，今時簪也。纚亦廣充幅，長六尺。宵，讀爲《詩》素衣朱綃之綃，《魯詩》以綃爲綺屬也。姆亦玄衣，以綃爲領，因以爲名，且相別耳。姆在女右，當詔以婦禮。【略】疏：釋曰：此經欲見女既在房，須有傳命者之事也。注釋曰：云姆，婦人年五十無子，出而不復嫁，能以婦道教人者，婦人年五十陰道絶，無子，乃出之。案《家語》云：婦人有七出：不順父母出，淫出，無子出，妬出，惡疾出，多言出，竊盜出。又莊二十七年何休注《公羊》云：無子棄，絶世也。淫佚棄，亂類也。不事舅姑棄，悖德也。口舌棄，離親也。盜竊棄，反義也。嫉妬棄，亂家也。惡疾棄，不可奉宗廟也。又《家語》有三不去：曾經三年喪，不去。休云：不忘恩也。賤取貴，不去。休云：不背德也。有所受無所歸，不去。休云：不窮窮也。休又云：喪父長女不娶，無教戒也。世有惡疾不娶，棄於天也。世有刑人不娶，棄於人也。亂家女不娶，類不正也。逆家女不娶，廢人倫也。是五不娶。又案《易·同人》六二，鄭云：天子諸侯后夫人，無子不出。則猶有六出。其天子之后雖失禮，鄭云：嫁於天子，雖失禮，無出道，遠之而已。若其無子不廢，遠之，后尊如故，其犯六出則廢之。然就七出之中餘六出，是無德行，不堪教人，故無子出。能以婦道教人者，以爲姆，既教女，因從女向夫家也。云若今時乳母者，漢時乳母與古時乳母别。案《喪服》乳母者，據大夫子有三母：子師、慈母、保母。其慈母闕，乃令有乳者養子，謂之爲乳母，死爲之服緦麻。師教之乳母，直養子而已。漢時乳母則選德行有乳者爲之，并使教子，故引之以證姆也。云纚，縚髮者，此纚亦如《士冠》纚，以繒爲之，廣充幅，長六尺，以縚髮而結之。姆所以異於女者，女有纚，兼有次，此姆則有纚而無次也。云笄，今時簪者，舉漢爲況義也。云宵，讀爲《詩》素衣朱綃之綃者，引《詩》以爲證也。云姆亦玄衣，以綃爲領，因以爲名者，此衣雖言綃衣，亦與純衣同是褖衣，用綃爲領，故因得名綃衣也。必知綃爲領者，《詩》云素衣朱綃，《詩》又云素衣朱襮，《爾雅·釋器》云黼領謂之襮。襮既爲領，明朱綃亦領可知。案上文云女褖衣，下文云女從者畢袗玄，皆是褖衣，則此綃衣亦褖衣矣。女與女從禪黼領，此姆以玄綃爲領也。若然，《特牲》云綃衣者，謂以綃（繪）[繒]爲衣。知此綃爲領者，以下女從者云被穎黼據領，明此亦據領也。云姆在女右，當詔以婦禮者，案《禮記·少儀》云贊幣自左，詔辭自右。地道尊右之義，故姆在女右也。

女從者畢袗玄，纚笄，被穎黼，在其後。注：女從者，謂姪娣也。《詩》[云]：諸娣從之，祁祁如雲。袗，同也，同玄者，上下皆玄也。穎，禪也。《詩》云：素衣朱襮。《爾雅》云：黼領謂之襮。《周禮》曰：白與黑謂之黼。天子、諸侯后夫人狄衣，卿大夫之妻，刺黼以爲領，如今偃領矣。士妻始嫁，施禪黼於領上，假盛飾耳。言被，明非常服。【略】疏：釋曰：此是女從之人，在女後爲尊卑威儀之事也。注釋曰：知女從是姪娣者，案下文云雖無娣媵，先鄭云：古者嫁女，必姪娣從，爲之媵。即此女從。故云女從者，謂姪娣也。云《詩》者，《韓奕》篇，引之證娣姪之義也。云袗，同也，同玄者，上下皆玄者，此袗讀從《左氏》袀服振振一也。故云同玄上下皆玄也。同者，即婦人之服不殊裳。云穎，禪也者，此讀如《詩》云褧衣之褧，故爲禪也。引《詩》、《爾雅》、《周禮》者，證黼得爲領之義也。黼謂刺之在領爲黼文，名爲襮，故云黼領謂之襮。云天子諸侯后夫人狄衣者，案《周禮·内司服》云：掌王后之六服：褘衣、揄狄、闕狄。又注云：侯伯之夫人揄狄，子男之夫人亦闕狄，唯二王後褘衣。故云后夫人狄衣也。云卿大夫之妻，刺黼以爲領者，以士妻言被，明非常，故知大夫之妻，刺之常也。不於后夫人下言領，於卿大夫妻下乃云刺黼爲領，則后夫人亦同刺黼爲領也。但黼乃白黑色爲之，若於衣上則畫之，若於領上則刺之。以爲其男子冕服，衣畫而裳繡，繡皆刺之。其婦人領雖在衣，亦刺之矣。然此士妻言被禪黼，謂於衣領上别刺黼文，謂之被，則大夫以下刺之，不别被之矣。案《禮記·郊特牲》云：綃黼丹朱中衣，大夫之僭禮也。彼天子諸侯中衣有黼領，上服則無之。今此婦人事華飾，故於上服有之，中衣則無也。云如今偃領矣者，舉漢法，鄭君目驗而知，至今已遠，偃領之制，亦無可知也。云士妻始嫁，施禪黼於領上，假盛飾耳。言被，明非常服者，對大夫已上妻則常服有之，非被也。主人玄端，迎於門外。【略】婦乘以几，姆加景，乃驅。御者代。注：乘以几者，尚安舒也。景之制，蓋如明衣，加之以爲行道禦塵，令衣鮮明也。景亦明也。驅，行也。行車輪三周，御者乃代壻。今文景作憬。【略】疏：注釋曰：云乘以几者，謂登車時也。几所以安體，謂若尸乘以几之類。以重其初昏，與尸同也。云景之制，蓋如明衣者，案《既夕禮》：明衣裳用布，袂屬幅，長下膝。鄭注云：長下膝，又有裳於蔽下體深也。此景之制無正文，故云蓋如明衣，不直云制如明衣。此嫁時尚飾，不用布。案《詩》云：衣錦褧衣，裳錦褧裳。鄭云：褧，禪也。蓋以禪縠爲之中衣，裳用錦而上加禪縠焉，爲其文之大著也。庶人之妻嫁服也。士妻紂衣纁袡。彼以庶人用禪縠，連引士妻紂衣，則此士妻衣上亦用禪縠。《碩人》是國君夫人，亦衣錦褧衣，則尊卑同用禪縠。庶人卑，得與國君夫人同用錦，爲文大著。此士妻不用錦，不爲文大著，故云行道禦風塵也。

又　主人入，親説婦之纓。注：入者，從房還入室也。婦人十五許嫁，笄而禮之，因著纓，明有繫也。蓋以五采爲之，其制未聞。【略】疏：注釋曰：知從房還入室者，夫前出説服于房，今言入，明從房入室也。云婦人十五許嫁，笄而禮之，因著纓者，案《曲禮》云女子許嫁纓，又云女子許嫁笄而字，鄭據此嫁文而言。但言十五許嫁，則以十五爲限，則自十五已上皆可許嫁也。云明有繫也者，纓是繫物爲之，明有繫也。云蓋以五采爲之者，以《周禮·巾車職》五路，皆有繁纓就數，鄭注：纓皆用五采罽爲之。此纓雖用絲爲之，當用五采。但無文，故云蓋以疑之也。云其制未聞者，此纓與男子冠纓異，彼纓垂之兩傍，結其絛。此女子纓，不同於彼，故云其制未聞。但纓有二，時不同。《內則》云：男女未冠笄者，總角衿纓，皆佩容臭。鄭注云：容臭，香物也。以纓佩之，爲迫尊者給小使也。此是幼時纓也。《內則》又云：婦事舅姑，子事父母，衿纓綦屨。注云：衿，猶結也。婦人有纓，示繫屬也。是婦人、女子有二時之纓。《內則》示有繫屬之纓，即許嫁之纓，與此說纓一也。若然，笄亦有二等。案《問喪》親始死，笄纚，據男子去冠仍有笄，與婦人之笄並是安髮之笄也。爵弁、皮弁及六冕之笄，皆是固冠冕之笄，是其二也。

又　夙興，婦沐浴。纚笄宵衣以俟見。注：夙，早也。昏，明日之晨。興，起也。俟，待也，待見於舅姑寢門之外。古者命士以上年十五父子異宫。【略】疏：釋曰：自此至授人，論婦見舅姑之事。云纚笄宵衣者，此則《特牲》主婦宵衣也。不著純衣纁袡者，彼嫁時之盛服。今已成昏之後，不可使服，故退從此服也。注釋曰：言昏，明日之晨者，以昨日昏時成禮，此經言夙興，故知是昏之晨旦也。云興，起也，俟，待也，待見於舅姑寢門之外者，因訓即解之也。云古者命士以上年十五父子異宫者，案《內則》云由命士以上父子異宫，不云年限。今鄭知十五爲限者，以其十五成童，是以鄭注《喪服》亦云子幼謂年十五以下，故知十五以後乃異宫也。鄭言此限者，欲見不命之士父子同宫，雖俟見，不得言舅姑寢門外也。

又　庶母及門內，施鞶，申之以父母之命，命之曰：敬恭聽，宗爾父母之言。夙夜無愆，視諸衿鞶。注：庶母，父之妾也。鞶，鞶囊也。男鞶革，女鞶絲，所以盛帨巾之屬，爲謹敬。申，重也。宗，尊也。愆，過也。諸，之也。示之以衿鞶，皆託戒使識之也。不示之以衣笄者，尊者之戒，不嫌忘之。視乃正字，今文作示，俗誤行之。【略】疏：注釋曰：云男鞶革，女鞶絲者，《內則》文。男女用物不同，故并引男子鞶革，於經無所當也。云所以盛帨巾之屬，爲謹敬者，案《內則》云箴管線纊，施鞶袠，鄭云：鞶袠言施，明爲箴管線纊有之，是鞶以盛帨巾之屬。此物所以供事舅姑，故云謹敬也。云不示之以衣笄者，尊者之戒，不嫌忘之者，前文父戒以衣笄，此經母施衿結帨，庶母直示之以衿鞶，不示以衣笄，故鄭決之也。云視乃正字，今文作示，俗誤行之者，案《曲禮》文童子常視毋誑。

又卷四《鄉飲酒禮第四》　明日，賓服鄉服以拜賜。注：拜賜，謝恩惠。鄉服，昨日與鄉大夫飲酒之朝服也。不言朝服，未服以朝也。今文曰賓服鄉服。【略】疏：注釋曰：鄭知鄉服是朝服者，下記云朝服而謀賓介是也。此賓言鄉服，其《鄉射》賓言朝服不同者，案《鄉射》記云：大夫與，則以公士爲賓。謂在朝著朝服是其常，此賓是鄉人子弟，未仕，雖著朝服，仍以鄉服言之，故鄭云不言朝服，未服以朝也。主人如賓服以拜辱。注：拜賓復自屈辱也。《鄉射禮》曰：賓朝服以拜賜於門外，主人不見。如賓服，遂從之，拜辱於門外，乃退。【略】疏：注釋曰：引《鄉射》者，於此文不具，故引以爲證，明彼此賓主皆不相見，造門外拜謝而已。

又　主人釋服，注：釋朝服，更服玄端也。古文釋作舍。疏：釋曰：自此已下至鄉樂唯所欲，論後日息司正，徵唯所欲，更行飲酒之禮。注釋曰：言釋朝服，更服玄端也者，以其昨日正行賓舉飲酒之禮相尊敬，故朝服。此乃燕私輕，故玄端勞也。乃息司正。注：息，勞也。勞賜昨日贊執事者。獨云司正，司正，庭長也。

又　記。鄉朝服而謀賓介，皆使能，不宿戒。注：鄉，鄉人，謂鄉大夫也。朝服，冠玄端，緇帶，素韠，白屨。今郡國行鄉飲酒之禮，玄端而衣皮弁服，與禮異。再戒爲宿戒，禮，將有事，先戒而復宿戒。【略】疏：釋曰：上經直云主人與先生謀賓介，不云服衣，不云使能及不宿戒之事，故記之也。注釋曰：鄉，鄉人，謂鄉大夫者，以鄉大夫爲主人，故知鄉大夫。知朝服，冠玄端，緇帶，素韠，白屨者，玄端即朝服之衣，裳又與韠同色，屨亦同裳色，故知義然也。云再戒爲宿戒，禮，將有事，先戒而又宿戒者，此即《士冠》先戒賓及宿是也。此直戒而不宿，與冠禮異。

又卷五《鄉射禮第五》　主人朝服，乃速賓。賓朝服出迎，再拜。主人答，再拜。退，賓送，再拜。注：速，召也。射賓輕也，戒時玄端。今郡國行此鄉射禮，皮弁服，與禮爲異。【略】疏：釋曰：自此至當楣北面答，再拜，論主召賓從己之事。此主人與賓俱朝服，案《鄉飲酒》賓主俱不言服者，以彼賓禮重，故戒與速賓俱朝服，故不言。此習禮輕，是故戒時玄端，召時乃朝服，故須言之也。注釋曰：必此戒時玄端者，見《公食大夫》云：賓朝服，即位於大門外，如聘。注云：於是朝服，則初時玄端。宜與彼同，皆是戒時不言服，後速時朝服，故知此亦戒時玄端矣。且《鄉飲酒》戒速俱不言服，知皆朝服者，下記云鄉朝服而謀賓戒是也。云今郡國已下，引之者，欲見與周異也。

又　司射適堂西，袒、決、遂，取弓于階西，兼挾乘矢，升自西階。階上北面告于賓，曰：弓矢既具，有司請射。注：司射，主人之吏也。於堂西袒、決、遂者，主人無次，隱蔽而已。袒，左免衣也。決猶闓也，以象骨爲之，著右大擘指以鉤弦闓體也。遂，射韝也，以韋爲之，所以遂弦者也。其非射時，則謂之拾，拾，斂也，所以蔽膚斂疏：注釋曰：不見，不褻禮者，禮不欲數，數則瀆。今主人不見，恐相褻，故不見也。主人釋服，乃息司正。注：釋服，説朝服，服玄端也。息猶勞也。勞司正，謂賓之與之飲酒，以其昨日尢勞倦也。《月令》曰：勞農以休息之。【略】疏：釋曰：【略】上文主人如賓服，則主人亦朝服矣。今言釋服，謂釋去朝服。朝服之下，衣則次玄端，故知釋服説朝服服玄端也。玄端即朝服之衣易其裳爲異也。《月令》者，彼是十月農功畢，勞農以休息之，爲息田夫之臘祭，引之者，證息勞爲休息之義也。

又　君在，大夫射則肉袒。注：不袒纁襦，厭於君也。今文無射。【略】疏：注釋曰：上云大夫與士射袒纁襦，今與君射爲厭，與士同，故肉袒也。

又卷六《燕禮第六》　賓反入，及卿大夫皆説屨，升就席。公以賓及卿大夫皆坐，乃安。注：凡燕坐必説屨，屨賤，不在堂也。禮者尚敬，敬多則不親。燕安坐，相親之心。【略】疏：注釋曰：凡在堂立行禮，不説屨，安坐則説屨，故鄭云凡燕坐必説屨。以其屨在足，賤，不宜在堂，陳於尊者之側也。云禮者尚敬，敬多則不親，燕安坐，相親之心者，《左氏傳》云饗以訓恭儉，設几而不倚，爵盈而不飲，燕以示慈惠，饗在廟立行禮，是敬多則不親者也。燕在寢，以醉爲度，是相親之心者也。若然，直云賓及卿大夫説屨，不云君降説屨，則君説之屨在堂上席側，是以《禮記・少儀》云：排闔説屨於户内者，一人而已矣。彼據尊者坐在室，則尊者一人説屨在户内。今此燕在堂上，則君尊説屨於席側可知也。

又　記。燕，朝服於寢。注：朝服者，諸侯與其群臣日視朝之服也。謂冠玄端、緇帶、素韠，白屨也。燕於路寢，相親昵也。今辟雍十月行此燕禮，玄冠而衣皮弁服，與禮異也。【略】疏：釋曰：凡記皆記經不具者，以經不言燕服及燕處，故記人言之也。注釋曰：云謂冠玄端，緇帶、素韠、白屨者，皆《士冠禮》文。案《屨人》注：天子諸侯吉事皆舄。諸侯朝服素裳、素韠，應白舄，而云白屨者，引《士冠禮》成文。其實諸侯當白舄，其臣則白屨也。鄭注《周禮・屨人》云：複下曰舄，禪下曰屨。下謂底，以此爲異也。云燕於路寢，相親昵也，知燕於寢者，以其饗在廟，明燕在寢私處可知也。引漢法，欲見與古異者。周時玄冠服則緇布衣，今衣皮弁服，是其異也。

又卷七《大射儀第七》　司射適次，袒、決、遂，執弓，挾乘矢於弓外，見鏃於弣，右巨指鉤弦。注：司射，射人也。次，若今時更衣處，張幃席爲之。耦次在洗東南。袒，左免衣也。決，猶闓也，以象骨爲之，著右巨指，所以鉤弦而闓之。遂，射韝也，以朱韋爲之，著左臂，所以遂弦也。方持弦矢曰挾。乘矢，四矢。弣，弓把也。見鏃焉，順其射也。右巨指，右手大擘，以鉤弦，弦在旁，挾由便也。古文挾皆作接。【略】

衣也。方持弦矢曰挾。乘矢，四矢也。《大射》曰：挾乘矢於弓外，見鏃於弣，右巨指鉤弦。古文挾皆作接。【略】疏：【略】云袒，左免衣也，知袒左者，凡事無問吉凶，皆袒左，是以《士喪》主人左袒，此及《大射》亦皆袒左，不以吉凶相反。唯有受刑袒右，故《覲禮》云：乃右肉袒於廟門之東。注云右肉袒者，刑宜施於右是也。云決猶闓也，以象骨爲之者，《大射》注亦然。案《繕人》云：掌王之用弓弩矢箙繒弋決拾。鄭注云：《士喪禮》決用正，王棘若檡棘，則天子用象骨與。無正文，故引《士喪禮》，又言與以疑之。若然，諸侯及大夫生用象，死用棘。天子無問死生，皆用象者，蓋取其滑也。云著右大擘指以鉤弦闓體也，知者，以右巨指鉤弦，故知著於右大擘指也。以右擘著極，是以《大射》云朱極三，注云以朱韋爲之三者，食指、將指、無名指是也。云遂，射韝也，以朱韋爲之，以遂弦者也者，《大射》注亦云，遂，射韝也，以朱韋爲之，著左臂所以遂弦也。云其非射時，則謂之拾，拾，斂也，所以蔽膚斂衣也者，此篇及《大射》將射云袒、決、遂，射訖，則云説、決、拾，於公雖射亦謂之拾。故《大射》云：公就物，小射正奉決拾以笥，大射正執弓，皆以從於物。彼亦臨時而云拾，以公射袒朱襦，言拾以見斂衣，故變文以見義也。云所以蔽膚斂衣也者，言蔽膚，據士，斂衣，據大夫已上。是以下記大夫與士射袒纁襦。《燕禮》記云君射袒朱襦，若對君，大夫亦與士同，亦蔽膚也。云方持弦矢曰挾，知者，下記云：凡挾矢，於二指之間横之。是言其方可知。引《大射》挾乘矢於弓外，見鏃於弣，是其方也。注云：側持弓矢曰執。面猶尚也，并矢於弦，尚其鏃是也。云乘矢，四矢也者，下云司射搢三挾一个，又《詩》云四矢反兮，是四矢曰乘，凡物四皆曰乘也。引《大射》者，欲見挾爲方持弦矢。

又　主人以賓揖讓，説屨，乃升。大夫及衆賓皆説屨，升，坐。注：説屨者，將坐空，屨褻賤，不宜在堂也。説屨則摳衣，爲其被地。【略】疏：【略】云説屨則摳衣，爲其被地者，《曲禮》云摳衣趨隅，彼謂升席時，引之證説屨，低身亦然。若不摳衣，恐衣被地履之。但對文上曰衣，下曰裳，散文衣裳通，此衣即裳也。案《少儀》云：排闔説屨於户内，一人而已矣。鄭注云：雖衆敵，猶有所尊也。彼尊卑在室，則尊者説屨在户内，其餘説屨於户外。若尊卑在堂，則亦尊者一人説屨在堂，其餘説屨於堂下。是以《燕禮》、《大射》臣皆説屨於階下。公不見説屨之文，明公舄在堂矣。此乃鄉射，非臣禮，賓主人行敵禮，故皆説屨於堂下也。

又　明日，賓朝服以拜賜于門外。注：拜賜，謝恩惠也。【略】主人不見，如賓服，遂從之，拜辱于門外，乃退。注：不見，不褻禮也。拜辱，謝其自屈辱。

疏：釋曰：自此至于次，論射事將至，誓射者及比三耦之事。注釋曰：云司射，射人也者，案《燕禮》射人告具，注云：射人主此禮，以其或射。又云：射人納賓。又云：射人請立司正，公許，射人遂爲司正。則射人、司正一人也。又云：乃薦司正與射人一人。注：天子射人、司士皆下大夫二人，諸侯則上士，其人數亦如之。又曰：若射，則大射正爲司射。注：大射正，射人之長。此篇云射人告具，又曰大射正擯，自此以後皆止云擯。擯者自阼階下請立司正，公許，遂爲司正，則此篇司正與大射正爲一人也。下云：公就物，小射正奉決，拾以笥，大射正執弓。注云：大射正舍司正，親其職。乃薦司正，注云：司正，大射正是也。云耦次在洗東南者，此無正文，案《鄉射》記云：設楅横奉之，南面坐奠之，南北當洗。此下云三耦出次，西行拾取矢，又當北行向楅，則次在洗東南矣。云方持弦矢曰挾者，以矢横爲方，《鄉射》記云凡挾矢，於二指間横之是也。

又　司馬正袒、決、遂，執弓，右挾之，出，與司射交于階前，相左。注：出，出于次也。袒時亦適次。疏：釋曰：自此至興反位，論取矢設楅之事。注釋曰：云出于次也，袒時亦適次者，以此而言，則袒時入次，今更出次。知不在位上袒而入次取弓者，凡袒襲皆於隱處。《鄉射》無次，司馬適堂西袒，執弓矢，不在位。此《大射》有次，明入次袒，不在位可知。

又　小臣正贊袒，公袒朱襦，卒袒。小臣正退俟于東堂，小射正又坐取拾，興。贊設拾，以笥退奠于坫上，復位。注：既袒乃設拾。拾，當以韝襦上。疏：注釋曰：案上文設決訖，乃云公袒朱襦，始云小臣正贊設拾，拾當拾斂膚體，宜在朱襦之上。故鄭云既袒乃設拾，拾當以韝襦上。《鄉射》云袒決遂，以其無襦，故遂與決得俱時設。若大夫對士射，袒纁襦，設遂亦當在袒後。

又　諸公卿取弓矢于次中，袒、決、遂，執弓，搢三挾一个，出，西面揖，揖如三耦，升射。卒射，降如三耦。適次，釋弓，説決、拾，襲，反位。衆皆繼射，釋獲皆如初。注：諸公卿言取弓矢，衆言釋獲，互言也。

又卷八《聘禮第八》　使者朝服，帥衆介夕。【略】宰入，告具于君。君朝服出門左，南鄉。注：入告，入路門而告。

又　厥明，賓朝服釋幣于禰。注：告爲君使也。賓，使者謂之賓，尊之也。天子諸侯將出，告群廟，大夫告禰而已。凡釋幣，設洗盥如祭。【略】疏：釋曰：自此盡亦如之，論賓與上介將行告禰之事。云朝服者，卿大夫朝服祭，故還服朝服告也。

又　君朝服，南鄉。卿大夫西面，北上。君使卿進使者。注：進之者，使者謙，不敢必君之終使己。

又　賓至于近郊，張旜。君使下大夫請行，反。君使卿朝服，用束帛勞。注：請行，問所之也。雖知之，謙不必也。士請事，大夫請行，卿勞，彌尊賓也。其服皆朝服。疏：釋曰：自此盡遂以賓入，論主君使大夫及卿行請勞之事。入近郊張旜者，示將有事以自表也。知皆朝服者，以卿勞禮重，尚朝服，明以外士大夫輕者，朝服可知也，故舉後以明前也。

又　賓皮弁聘，至于朝，賓入于次。注：服皮弁者，朝聘主相尊敬也。諸侯視朔皮弁服。入于次者，俟辨也。次在大門外之西，以帷爲之。【略】疏：注釋曰：云服皮弁者，朝聘主相尊敬也者，《周禮・大行人》諸侯朝天子，各服冕服，廟中將幣三享。《覲禮》亦云侯氏裨冕，在廟覲天子。此諸侯待四方朝聘皆皮弁者，入天子廟，得申其上服，入己廟，不可以冕服，又不可服常朝之服，故服天子之朝服，諸侯以爲視朔之服，在廟視朝聘之賓，是相尊敬故也。知此皮弁是諸侯視朔服者，以其《玉藻》云諸侯皮弁以聽朔於大廟是也。云次在大門外之西，以帷爲之者，下記云：宗人授次，次以帷，少退于君之次。以賓位在西，故知也。

又　上介不襲，執圭，屈繅，授賓。注：上介北面受圭，進西面授賓。不襲者，以盛禮不在於己也。屈繅，并持之也。《曲禮》曰：執玉，其有藉者則裼，無藉者則襲。疏：注釋曰：上介裼於賈人處，垂繅受得圭而不襲者，鄭云以盛禮不在於己故也，以賓執圭，升堂致命，爲盛禮在己者也。云上介北面受圭，進西面授賓者，以上介本位北面，故北面受圭，賓東面，故上介西面授賓。引《曲禮》者，彼記人據此絢組尺爲繅藉，不據韋皮衣木板畫以五采之繅藉也。云執玉，其有藉者則裼，據此，賈人垂繅以授上介，上介不襲受之時也。云其無藉者，則襲者據此上介屈繅以授賓，賓襲受之時也。記人直記裼襲之義，不論盛禮在己之意，故各舉一邊而言也。賓襲，執圭。注：執圭盛禮，而又盡飾，爲其相蔽敬也。《玉藻》曰：服之襲也，充美也。是故尸襲，執玉龜襲也。【略】疏：注釋曰：云執圭盛禮者，《玉藻》云執玉龜襲，注：重寶瑞也。若然，云盛禮者，以其圭瑞以行禮，故爲盛禮也。云又盡飾，爲其相蔽敬也者，《玉藻》又云：君在則裼盡飾也。注云：臣於君所。今聘賓於主君，亦是臣於君所，合裼以盡飾。今既執圭，以瑞爲敬，君又盡飾而裼，則掩執玉之敬，故不得裼也。云服之襲也，充美也者，彼注云：充猶覆也。云是故尸襲者，爲尸尊，故去飾不裼也。云執玉龜襲也者，彼注云：重寶瑞也。以龜玉爲寶瑞，若裼，則盡飾爲蔽敬，故引之證不裼也。

又　裼，降立。注：裼者，免上衣，見裼衣。凡當盛禮者，以充美爲敬。非盛禮者，以見美爲敬。禮尚相變也。《玉藻》曰：麛裘青豻褎，絞衣以裼之。《論語》曰：素衣，麛裘。皮弁時或素衣，其裘同可知也。裘者爲温，表之，爲其褻也。寒暑之服，冬則裘，夏則葛。凡禮裼者左，降立，俟享也。亦於中庭。古文裼皆作賜。【略】疏：注釋曰：云裼者，免上衣，見裼衣者，案《玉藻》云：君衣狐白裘，錦衣以裼之。注云：君衣狐白毛之裘，則以素錦爲衣覆之使可裼也。袒而有衣曰裼，必覆之者，裘褻也。《詩》云：衣錦絅衣，裳錦絅裳。然則錦衣復有上衣明矣。天子狐白之上衣，皮弁服與。凡裼衣象裘色也。若然，凡服四時不同，假令冬有裘，襯身禪衫，又有襦袴，襦袴之上有裘，裘上有裼衣，裼衣之上又有上服、皮弁、祭服之等。若夏則以絺綌，絺綌之上則有中衣，中衣之上復有上服、皮弁、祭服之等。若春秋二時，則衣袷褶，袷褶之上加以中衣，中衣之上加以上服也。言見裼衣者，謂袒衿前，上服見裼衣也。故《玉藻》云：裘之裼也，見美也。襲者掩之，故《玉藻》云襲充美是也。云凡當盛禮者，以充美爲敬。非盛禮者，以見美爲敬。禮尚相變也者，《玉藻》云執玉龜襲，是禮之盛者，充美爲敬。《玉藻》又云：君在則裼，盡飾也。是非盛禮者，以見美爲敬。據此二者，是禮尚有相變也。引《玉藻》者，證禮不盛者，以裼見美也。又曰麛裘青豻褎，絞衣以裼之，引《論語》素衣麛裘，又云皮弁時或素衣，其裘同，可知也，鄭一并引二文者，欲見諸侯與其臣視朔與行聘禮，皆服麛裘，但君則麛裘還用麛褎，臣則不敢純如君，麛裘則青豻褎裼衣，君臣亦有異時。若在國視朔，君臣同素衣爲裼，故《鄉黨》云素衣麛裘，彼一篇是孔子行事。鄭兼言君臣視朔之服，是其君臣同用素裼可知。若聘禮，亦君臣同用麛裘，但主君則用素衣爲裼，使臣則用絞衣爲裼，是以鄭總云皮弁時或素衣，其裘同可知也。言或素衣者，在國則君臣同素衣，聘時主君亦素衣，唯臣用絞衣爲裼也。案《雜記》云朝服十五升布，皮弁亦天子朝服，與諸侯朝服同用十五升布，亦同素積以爲裳，白舄，臣用白屨也。云裘者爲温，表之，爲其褻者，案《月令》云孟冬天子始裘。是裘爲温。云表之者，則裼衣是也。裼衣象裘色，復與上服色同也。云凡禮裼者左，吉凶皆袒左是也，是以《士喪禮》主人左袒，《檀弓》云吴季札左袒右還其封，《大射》亦左袒。若受刑，則袒右，故《覲禮》侯氏袒右受刑是也。知降立俟享也者，下文賓行享是也。

又　君使卿韋弁，歸饔餼五牢。注：變皮弁，服韋弁，敬也。韋弁，韎韋之弁，兵服也。而服之者，皮韋同類，取相近耳。其服蓋韎布以爲衣，而素裳。牲，殺曰饔，生曰餼。今文歸或爲饋。【略】疏：釋曰：自此盡無儐，論主君使卿歸饔餼於賓介之事。注釋曰：云變皮弁，服韋弁，敬也者，案《周禮・春官・司服》王之吉服有九，祭服之下先云兵事韋弁服，後云視朝皮弁服，則韋弁尊於皮弁。今行聘享之事等皆皮弁，至歸饔餼則韋弁，故云敬也。云韋弁，韎韋之弁，兵服也者，鄭知弁用韎韋者，案《司服》注，鄭引《春秋傳》曰：晉郤至衣韎韋之跗。注又云：今時五伯緹衣，古兵服之遺色。故知用韎韋也。韎即赤色，以赤韋爲弁也。云兵服者，《司服》云凡兵事韋弁服，故云兵服也。云服之者，皮韋同類，取相近耳，有毛則曰皮，去毛熟治則曰韋，本是一物，有毛無毛爲異，故云取相近耳。云其服蓋韎布以爲衣，而素裳者，此無正文，但正服則鄭注《司服》云韋弁，以韎韋爲弁，又以爲衣裳，又晉郤至衣韎韋之跗注，鄭志解此跗注，以跗爲幅，以注爲屬，謂制韋如布帛之幅，而連屬爲衣及裳。今此鄭云以韎布爲衣而素裳，全與兵服異者，鄭以意量之。此爲賓館於大夫士之廟，既爲入廟之服，不可純如兵服，故爲韎布爲衣而素裳。鄭志兵服以其與皮弁同白舄，故以素裳解之。此言素裳，又與鄭志同。若然，唯變其衣耳。

又　夕，夫人使下大夫韋弁歸禮。注：夕，問卿之夕也。使下大夫，下君也，君使之。云夫人者，以致辭當稱寡小君。

又　君使卿皮弁，還玉于館。注：玉，圭也。君子於玉比德焉。以之聘，重禮也。還之者，德不可取於人，相切厲之義也。皮弁者，始以此服受之，不敢不終也。疏：釋曰：自此盡賓送不拜，論主君使卿詣館還玉及報享之事。注釋曰：云玉，圭也者，舉聘君之圭。云君子於玉比德焉。以之聘，重禮也。並相切厲之義，並《聘義》文。案《聘義》云：天子制諸侯，比年小聘，三年大聘，相厲以禮。又云：已聘而還圭璋，此輕財而重禮之義。又云：夫昔者君子比德於玉焉。是其義也。云還之者，德不可取於人，相切厲之義也者，既以玉比德，德在於身，不取於人，彼既將玉來，似將德於己，己不可取彼之德，故還之，不取德也。既不得取，而將玉往來者，相切磋，相磨厲以德，而尊天子，故用之也。云皮弁者，始以此服受之，不敢不終也者，始謂受聘享在廟時，今還，以皮弁還玉，是終之也。賓皮弁，襲，迎于外門外，不拜，帥大夫以入。注：迎之不拜，示將去，不純爲主也。帥，道也。今文曰迎于門外，古文帥爲率。疏：釋曰：云帥大夫以入者，大夫即卿，卿亦大夫也。注釋曰：云不純爲主也者，客在館如主人，卿往如賓，今不拜迎，是不純爲主也，決上君使卿歸饔餼時，賓拜迎，是純爲主人故也。

又　賓裼，迎。大夫賄用束紡。注：賄，予人財之言也。紡，紡絲爲之，今之縳也，所以遺聘君，可以爲衣服，相厚之至也。【略】疏：注釋曰：此則未知何用之財，若是報享之物，不應在禮玉之上。今言此束紡者，以其上圭璋是彼國之物，下云禮玉束帛，報聘君之享物，彼君厚禮於此，此亦當厚禮於彼，故特加此束紡，是以鄭云相厚之至也。云賄，予人財之言也者，案下記云賄，在聘于賄，又云無行則重賄反幣。鄭注《周禮》云：布帛曰賄。是賄爲財物，是與人財物謂之賄也。云紡，紡絲爲之者，因名此物爲紡。云今之縳也者，鄭注《周禮・内司服》亦云素紗者，今之白縳也。則此束紡者，素紗也，故據漢法況之。

又　使者歸，及郊，請反命。【略】朝服，載旜。注：行時稅舍於此郊，今還至此，正其故行服以俟君命，敬也。古文旜作膳。禳，乃入。注：禳，祭名也。爲行道累歷不祥，禳之以除災凶。

又　遭喪，將命于大夫，主人長衣練冠以受。注：遭喪，謂主國君薨，夫人、世子死也。此三者，皆大夫攝主人。長衣，素純布衣也。去衰易冠，不以純凶接純吉也。吉時在裏爲中衣，中衣、長衣，繼皆掩尺，表之曰深衣，純袂寸半耳。君喪不言使大夫受，子未君，無使臣義也。【略】疏：注釋曰：此經總説上三人死，主君不得受命，故使將命於大夫，主人即大夫，故鄭云此三者，皆大夫攝主人也。云長衣，素純布衣也者，此長衣則與深衣同布，但袖長素純爲異，故云長衣素純布衣也。此長衣之緣以素爲之，故云素純也。去衰易冠者，謂脱去斬衰之服，而著長衣，脱去六升、九升之冠，而著練冠，故云去衰易冠也。云不以純凶接純吉也者，《聘禮》是純吉禮，爲君三升衰裳六升冠，爲夫人、世子，六升衰裳九升冠，是純凶禮。麻絰與屨不易，直去衰易冠而已，故云不以純凶接純吉。云吉時在裏爲中衣，中衣、長衣，繼皆掩尺，表之曰深衣，純袂寸半耳，鄭言此者，欲廣解長衣、中衣、深衣三者之義。此三者之衣，皆用朝服十五升布，六幅分爲十二幅而連衣裳，袖與純緣則異，故云吉時在裏爲中衣。中衣與長衣繼皆掩尺者，案《玉藻》云長中繼揜尺，鄭注云：其爲長衣、中衣，則繼袂揜一尺。此鄭云吉時之服純袂寸半者，純爲衣裳之側，袂爲口緣，皆寸半，表裏共三寸。案《深衣目録》云：深衣，連衣裳而純以綵。純素曰長衣，有表則謂之中衣。以此言之，則長衣、中衣皆用素純。云君喪不使大夫受，子未君，無使臣義也者，其疏見於上。若然，臣爲君斬，爲夫人、世子期，輕重不同。今受鄰國之聘禮，同用長衣練冠者，但接鄰國者，禮不可以純凶，故權制此服，略爲一節耳。向來所釋，皆是君主始薨。假令君薨踰年，嗣子即位，鄰國朝聘，以吉禮受之於廟，故成十七年經書邾子貜且卒，十八年邾宣公來朝，《傳》云即位而來見，踰年可以朝他國，他國來朝亦得以吉禮受之於廟矣。雖踰年而未葬，則不得朝人。人來朝己，亦使人受之於廟。於夫人、世子亦然，以其本爲死者來故也。

又卷九《公食大夫禮第九》　賓朝服，即位于大門外，如聘。注：於是朝服，則初時玄端。如聘，亦入于次俟。疏：釋曰：云大門外，如聘者，則賓主設擯介以相待，如聘時。注釋曰：云於是朝服，則初時玄端者，初時，謂賓發館時服玄端。若《鄉射》主人朝服乃速賓，鄭注云：射，賓輕也。戒時玄端。以此言之，前賓在館拜所戒大夫即玄端，賓遂從大夫至君大門外，入次，乃去玄端，著朝服，出次，即位也。云如聘，亦入於次俟者，案《聘禮》：賓皮弁聘，至於朝，賓入于次。注云：入于次者，俟辨。則此入次，亦俟主人辨也。若然，《聘禮》重賓，發館即皮弁。此食禮輕，及大門乃朝服。

又　使大夫各以其爵朝服以侑幣致之。【略】賓朝服以受，如受饔禮。注：朝服，食禮輕也。疏：注釋曰：云朝服，食禮輕者，以其歸饔餼時，卿韋弁，賓皮弁。受此食禮，賓朝服，受不皮弁，故云食禮輕。【略】明日，賓朝服以拜賜于朝。訝聽命。

又卷一〇《覲禮第十》　至于郊，王使人皮弁用璧勞。侯氏亦皮弁迎于帷門之外，再拜。注：【略】皮弁者，天子之朝朝服也。璧無束帛者，天子之玉尊也。

又　侯氏裨冕，釋幣于禰。注：將覲，質明時也。裨冕者，衣裨衣而冠冕也。裨之爲言埤也。天子六服，大裘爲上，其餘爲裨，以事尊卑服之，而諸侯亦服焉。上公衮無升龍，侯伯鷩，子男毳，孤絺，卿大夫玄。此差司服所掌也。【略】疏：【略】云裨之爲言埤者，讀從《詩》政事一埤益我，取裨陪之義。云天子六服，大裘爲上，其餘爲埤者，天子吉服有九，而言六服者，據六冕而言，以大裘爲上，無埤義，衮冕以下，皆爲裨，故云其餘爲裨。云以事尊卑服之者，即《司服》所云王祀昊天上帝，則大裘而冕，祀五帝亦如之，祀先王則衮冕以下，至群小祀則玄冕，舉天子而言，故云以事尊卑服之。云而諸侯亦服焉者，亦據《司服》而言，諸侯唯不得有大裘，上公則衮冕以下，故鄭云此差司服所掌也。云上公衮無升龍者，案《白虎通》引《禮記》曰：天子乘龍，載大旗，象日月升龍。《傳》曰：天子升龍，諸侯降龍。以此言之，上得兼下，下不得僭上，則天子升降俱有，諸侯直有降龍而已。若然，彼升龍文承大旗之下，知不施於旌旗而據衣服者，案《司常》云交龍爲旂，又云諸侯建旂，注云：諸侯畫交龍，一象其升朝，一象其下復。則旌旗升降俱有。而《白虎通》云諸侯降龍者，據衣服而言。案《玉藻》諸侯玄冕以祭，不得服衮冕以下，是以鄭注《司服》云諸侯自祭於其家則降。若然，諸侯自家祭降，魯與二王之後，皆不得用衮冕、鷩冕、毳冕，則此等及孤卿大夫絺冕、玄冕者，是入君廟及入天子之廟，故服也。今云諸侯告禰用裨冕者，將入天子之廟，故服以告禰，謂若《曾子問》云諸侯裨冕以朝，鄭注云爲將廟受，亦斯之類也。云禰，謂行主遷主矣者，案《禮記・曾子問》云：師行必以遷廟主行乎。孔子曰，天子巡守，以遷廟主行，載于齊車，言必有尊也。

又　天子衮冕，負斧依。注：衮衣者，裨之上也。繢之，繡之爲九章。其龍，天子有升龍，有降龍。衣此衣而冠冕，南鄉而立，以俟諸侯見。【略】疏：釋曰：云負斧依者，負謂背之南面也。注釋曰：云衮衣者，裨之上也者，但裨衣者，自衮冕至玄冕，五者皆裨衣，故云裨之上也。上文云裨衣者，總五等諸侯，指其衣有三等，不得定其衣號，故言總裨衣。此據天子一身，故指其衣體言袞冕。云績之，繡之爲九章者，衣績而裳繡，衣在上爲陽，陽主輕浮，故對方爲績次。裳在下爲陰，陰主沈深，故比方刺之爲繡次。是以《尚書》衣言作績，裳言紩繡，爲九章首，鄭注《司服》云：冕服九章，登龍於山，登火於宗彝，尊其神明也。九章：初一曰龍，次二曰山，次三曰華蟲，次四曰火，次五曰宗彝，皆畫以爲績。次六曰藻，次七曰粉米，次八曰黼，次九曰黻，皆絺以爲繡。則袞之衣五章，裳四章，凡九也。云南鄉而立者，此文及《司几筵》雖不云立，案下《曲禮》云天子當宁而立，又云當扆而立，在朝、在廟皆云立，故知此南面而立，以俟諸侯之見也。

又 乃右肉袒于廟門之東。乃入門右，北面立，告聽事。注：右肉袒者，刑宜施於右也。凡以禮事者左袒，入更從右者，臣益純也。告聽事者，告王以國所用爲罪之事也。《易》曰：折其右肱，無咎。疏：釋曰：自此盡降出，論侯氏受刑，王免之降出之事。注釋曰：刑袒於右者，右是用事之便，又是陰，陰主刑，以不能用事，故刑袒於右也。云凡以禮事者左袒，左袒者，無問吉凶禮，皆袒左。知者，《士喪禮》云：主人出南面，左袒，扱諸面之右。《檀弓》云：延陵季子葬其子於嬴、博之間，葬訖，左袒。故云凡以該之。引《易》曰折其右肱無咎者，案《易·豐卦》九三云折其右肱，無咎，凡卦爻，二至四，三至五，兩體交互，各成一卦，先儒謂之互體，故鄭隨其義而注云：三，艮爻，艮爲手，互體爲巽。巽又爲進退，手而便於進退，右肱也，猶大臣用事於君，君能誅之，故無咎。引之者，證刑理宜於右之義。云告聽事者，告王以國所用爲罪之事也者，加得字解之，當云告王以國所用爲者有得罪之事也。正是罪之一辭，解擬受刑之意，又解云告王以己無罪，引下文伯父無事，解之不辭之甚也。

又 天子賜侯氏以車服。迎於外門外，再拜。注：賜車者，同姓以金路，異姓以象路。服則袞也，鷩也，毳也。【略】疏：【略】云服則袞也，鷩也，毳也，據《司服》而言。案《司服》上陳王之吉服有九，下云公之服自袞冕而下，如王之服，侯伯自鷩冕而下，如公之服，子男自毳冕而下，如侯伯之服也。

又卷一一《喪服第十一》 斬衰裳，苴絰、杖、絞帶，冠繩纓，菅屨者。注：者者，明爲下出也。凡服，上曰衰，下曰裳，麻在首、在要皆曰絰。絰之言實也，明孝子有忠實之心。首絰象緇布冠之缺項，要絰象大帶，又有絞帶象革帶。齊衰以下用布。【略】疏：釋曰：言斬衰裳者，謂斬三升布以爲衰裳。不言裁割而言斬者，取痛甚之意。知者，案《三年問》云：創鉅者，其日久，痛甚者，其愈遲。《雜記》：縣子云：三年之喪如斬，期之喪如剡。謂哀有深淺，是斬者痛深之義，故云斬也。若然，斬衰先言斬，下疏衰後言齊者，以斬衰先斬布，後作之，故先言斬。疏衰，先作之，後齊之，故後云齊。斬齊既有先後，是以作文有異也。云苴絰、杖、絞帶者，以一苴目此三事，謂苴麻爲首絰、要絰，又以苴竹爲杖，又以苴麻爲絞帶。知此三物皆同苴者，以其冠繩纓不得用苴，明此三者皆用苴。又《喪服小記》云苴杖，竹也，記人解此杖是苴竹也。又絞帶與要絰象大帶與革帶，二者同在要。要絰既苴，明絞帶與要絰同用苴可知。又《喪服四制》云苴衰不補，則衰裳亦同苴矣。云冠繩纓者，以六升布爲冠，又屈一條繩爲武，垂下爲纓。冠在首，退在帶下者，以其衰用布三升，冠六升。冠既加飾，故退在帶下。又齊衰冠纓用布，則知此繩纓不用苴麻，用枲麻，故退冠在下，更見斬義也。云菅屨者，謂以菅草爲屨，《詩》云：白華菅兮，白茅束兮。鄭云：白華已漚名之爲菅，濡韌中用。則此菅亦是已漚者也。已下諸章並見年月，唯此斬章不言三年者，以其喪之痛極，莫甚於斬，故不言年月，表創鉅而已。是以衰説人功之疏，絰又言麻之形體，至於齊衰已下，非直見人功之疏，又見絰去麻之狀貌。舉齊衰云三年，明上斬衰三年可知。然此一經爲次若此者，以先喪而後服，故服在喪下。又先斬，後乃爲衰裳，故斬文在衰裳之上。絰、杖、絞帶俱蒙於苴，故苴又在前。經中絰有二事，仍以首絰爲主，故絰文在上。杖者各齊其心，故在絞帶之前。冠纓雖加於首，以其不蒙於苴，故退文在下。屨乃服中之賤，最後爲宜，聖人作文倫次然。注釋曰：云者者，明爲下出也者，周公設經，上陳其服，下列其人。此經所陳服者，明爲下人所出，故服下出者，明臣子爲君父等所出也。案下諸章皆言者，鄭君一解，餘皆不釋，義皆如此也。云凡服，上曰衰，下曰裳者，言凡者，鄭欲兼解五服。案下記云：衰廣四寸，長六寸。綴之於心，總號爲衰。非止當心而已，故諸言衰皆與裳相對。至於吊服三者，亦謂之爲衰也。云麻在首、在要皆曰絰，知一絰而兼二者，以子夏《傳》要、首二絰俱解，《禮記》諸文亦首、要並陳，故《士喪禮》云要絰小焉，故知一絰而兼二文也。云絰之言實也，明孝子有忠實之心者，《檀弓》云絰也者實也，明孝子有忠實之心，故爲制此服焉。案《問喪》云斬衰貌若苴，齊衰貌若枲之等，皆是心内苴惡，貌亦苴惡，服亦苴惡，是服以象貌，貌以象心，是孝子有忠實之心。若服苴而貌美，心不苴惡者，是中外不相稱，無忠實之心者也。云首絰象緇布冠之缺項者，案《士冠禮》：緇布冠，青組纓，屬於缺，鄭注云：缺，讀如有頍者弁之頍，緇布冠之無笄者，著頍圍髮際，結項中隅爲四綴，以固冠也。此所象無正文，但喪服法吉服而爲之，吉時有二帶，凶時有二絰，以要絰象大帶，明首絰象頍項可知。以彼頍項爲吉時，緇布冠無笄，故用頍項以固之。今喪之首絰與冠繩纓，别材而不相綴，今言象之者，直取絰法象頍項而爲之。至於喪冠，亦無笄，直用六升布爲冠，一條繩爲纓，與此全異也。云要絰象大帶者，案《玉藻》云，大夫以下大帶用素，天子朱裏，終裨以玄黃，士則練帶，裨下末三尺，用緇，是大帶之制。今此要絰，下《傳》名爲帶，明象吉時大帶也。云又有絞帶象革帶者，案《玉藻》韠之形制，云肩革帶博二寸，吉備二帶，大帶申束衣，革帶以佩玉佩及事佩之等。今於要絰之外，別有絞帶，明絞帶象革帶可知。案《士喪禮》云：苴絰大搹，要絰小焉。又云：婦人之帶牡麻，結本。注云：婦人亦有苴絰，但言帶者，記其異。此齊衰婦人、斬衰婦人亦有苴絰。以此而言，則婦人吉時，雖云女鞶絲，以絲爲帶，而無頍項。今於喪禮哀痛甚，亦有二絰與絞帶，以備喪禮。故此經具陳於上，男女俱言於下，明男女共有此服也。云齊衰以下用布者，即下《齊衰》章云削杖布帶是也。若然，案此經，凶服皆依舊名，唯衰與絰特制別名者，案《禮記・檀弓》云有以故興物者，鄭云：衰絰之制。以絰表孝子忠實之心，衰明孝子有哀摧之義，故制此二者而異名，見其哀痛之甚故也。《傳》曰：斬者何。不緝也。苴絰者，麻之有蕡者也。苴絰大搹，左本在下，去五分一以爲帶。齊衰之絰，斬衰之帶也，去五分一以爲帶。大功之絰，齊衰之帶也，去五分一以爲帶。小功之絰，大功之帶也，去五分一以爲帶。緦麻之絰，小功之帶也，去五分一以爲帶。【略】注：盈手曰搹。搹，扼也。中人之扼圍九寸，以五分一爲殺者，象五服之數也。爵，謂天子諸侯卿大夫士也。無爵，謂庶人也。擔猶假也。無爵者假之以杖，尊其爲主也。非主，謂衆子也。【略】疏：《傳》釋曰：云斬者何，問辭，以執所不知，故云者何。云不緝者也，答辭，此對下疏衰裳齊，齊是緝，此則不緝也。云苴絰者，麻之有蕡者也，案《爾雅・釋草》云蕡，枲實，孫氏注云：蕡，麻子也。以色言之謂之苴，以實言之謂之蕡。下言牡者，對蕡爲名，言枲者，對苴生稱也。是以云斬衰貌若苴，齊衰貌若枲也。若然，枲是雄麻，蕡是子麻，《爾雅》云蕡，枲實者，舉類而言，若圓曰簞，方曰笥。鄭注《論語》云：簞，笥，亦舉其類也。下《傳》云：牡麻者，枲麻也。不連言絰，此苴連言絰者，欲見苴絰別於苴杖。故下《傳》別云苴杖，後《傳》牡麻不連言絰，此苴連言絰者，彼無他物之嫌，獨有絰，故不須連言絰也。云苴絰大搹，左本在下者，《士喪禮》文與此同，彼此皆云苴絰大搹，連言苴者，但經連言苴絰，絰中有此二者，絰大搹，先據首絰而言也。雷氏以搹，搤不言寸數，則各從其人大小爲搤，非鄭義。據鄭注：無問人之大小，皆以九寸圍之爲正。若中人之跡，尺二寸也。云左本在下者，本謂麻根，案《士喪禮》鄭注云：下本在左，重服統於內，而本陽也。以其父是陽，左亦陽，言下是內，故云重服統於內，以言痛從心內發故也。此對爲母右本在上，輕服統於外，而本陰也。云去五分一以爲帶者，以其首絰圍九寸，取五寸，去一寸，得四寸。餘四寸，寸爲五分，總二十分，去四分，餘十六分，取十五分，五分爲寸，爲三寸。添前四寸，爲七寸，并一分，總七寸五分寸之一也。云齊衰之絰，斬衰之帶也者，以其大小同，故疊而同之也。云去五分一以爲帶者，謂七寸五分寸之一，中五分去一，爲齊衰之帶，今計之以七寸中取五寸，去一寸，得四寸，餘二寸，寸分爲二十五分，二寸合爲五十分，餘一分者，又破爲五分，添前爲五十五分，亦五分去一，總去一十一分，餘四十四分在。又二十五分爲一寸，餘十九分在，齊衰之帶，總五寸二十五分寸之十九也。云大功之絰，齊衰之帶也，去五分一以爲帶者，就五寸中去一寸，得四寸。前二十五分破寸，今大功百二十五分破寸，則以十九分者各分破爲五分，十九分總破爲九十五，與百二十五分破寸相當，就九十五分中五分去一，去十九餘七十六，則大功之絰五寸二十五分寸之十九，帶則四寸百二十五分寸之七十六。又云小功之絰，大功之帶也，去五分一以爲帶者，又就四寸百二十五分寸之七十六中五分去一，前百二十五分破寸，今亦四倍加之，以六百二十五分破寸，然後五分去一，爲小功帶。又云緦麻之絰，小功之帶，去五分一以爲帶，則亦四倍加之，前六百二十五分破寸，今則三千一百二十五分破寸，五分去一取四，以爲緦麻之帶。絰帶之等皆以五分破寸，既有成法，何假盡言。然斬衰有二，齊衰有四，大功、小功成人與殤各有二等，緦麻殤與成人章又不別，若使絰帶各依升數，則參差難等。是以子夏作《傳》，五服各爲一節計之。似《周禮・掌客》云群介行人宰史，各以爵等爲牢禮之數。鄭云：以命數則參差難等，略於臣，用爵而已。此經亦然也。《士喪禮》云：苴絰大搹，下本在左，要絰小焉。鄭注云：絰帶之差，自此出焉。謂子夏言絰帶之差，出於《士喪》之絰，故鄭指而言之也。但斬衰之絰圍九寸者，首是陽，故欲取陽數極於九，自齊衰以下，自取降殺之義，無所法象也。

又　絞帶者，繩帶也。冠繩纓，條屬，右縫。冠六升，外畢，鍛而勿灰。衰三升。菅屨者，菅菲也，外納。注：屬猶著也。通屈一條繩爲武，垂下爲纓，著之冠也。布八十縷爲升，升字當爲登。登，成也。今之《禮》皆以登爲升，俗誤已行久矣。《雜記》曰：喪冠條屬，以別吉凶。三年之練冠，亦條屬，右縫，小功以下左縫。外畢者，冠前後屈而出，縫於武也。【略】疏：《傳》釋曰：云絞帶者，繩帶也者，以絞麻爲繩作帶，故云絞帶也。王肅以爲絞帶如要絰焉，鄭不言，當依王義。雷氏以爲絞帶在要絰之下言之，則要絰五分去一爲絞帶。但首絰象頍項之布，又在首，要絰象大帶，用繒，又在要，故須五分去一以爲帶。今絞帶象革帶，與要絰同在要，一則無上下之差，二則無麤細可象，而云去要絰五分一爲絞帶，失其義也。但絰帶至虞後，變麻服葛。絞帶虞後雖不言所變，案公士衆臣爲君服布帶，又齊衰已下亦布帶，則絞帶虞後變麻服布，於義可也。云冠繩纓，條屬者，喪用繩，爲纓屬，著也，著之冠，垂之爲纓也。云外畢者，前後兩畢之末而向外攝之也。云鍛而勿灰者，以冠爲首飾，布倍衰裳而用六升，又加以水濯，勿用灰而已。

冠六升勿灰，則七升已上故灰矣。故《大功章》鄭注云：大功布者，其鍛治之功麤沾之，則七升已上皆用灰也。云衰三升者，不言裳，裳與衰同，故舉衰以見裳。爲君義服衰三升半，不言者，以縷如三升半，成布三升，故直言三升，舉正以包義也。云菅屨者，菅菲也者，周公時謂之屨，子夏時謂之菲。云外納者，案《士喪禮》屨外納，鄭注云：納，收餘也。王謂正向外編之。

又 布總，箭笄，髽，衰，三年。注：此妻妾女子子喪服之異於男子者。總，束髮。謂之總者，既束其本，又總其末。箭笄，篠也。髽，露紒也，猶男子之括髮。斬衰括髮以麻，則髽亦用麻也。蓋以麻者自項而前，交於額上，卻繞紒，如著幓頭焉。《小記》曰：男子冠而婦人笄，男子免而婦人髽。凡服，上曰衰，下曰裳。此但言衰不言裳，婦人不殊裳，衰如男子衰，下如深衣，深衣則衰無帶，下又無衽。【略】疏：釋曰：上文不言布，不言三年，至此言之者，上以哀極，故没其布名與年月，至此須言之故也。以其笄既用箭，則總不可不言用布。又上文經至練有除者，此經三者既與男子有殊，並終三年乃始除之矣。案《喪服小記》云婦人帶惡笄以終喪，彼謂婦人期服者，帶與笄終喪。此斬衰，帶亦練而除笄，亦終三年矣，故以三年言之。注釋曰：云此妻妾女子子喪服之異於男子者，鄭據經上下婦人服斬者而言。若然，周公作經，越妻妾而在女子子之下言之者，雷氏云：服者本爲至情，故在女子之下爲文也。若然，經之體例皆上陳服，下陳人，此服之異在下言之者，欲見與男子同者如前，與男子異者如後，故設文與常不例也。以上陳服下陳人，則上服之中亦有女子子，今更言女子子，是言其異者。若然，上文列服之中，冠繩纓非女子所服，此布總笄髽等，亦非男子所服，是以爲文以易之也。云謂之總者，既束其本，又總其末者，鄭解此經云布總者，只爲出紒後垂爲飾者，而言以其布總六升，與男子冠六升相對，故知據出見者而言，是以鄭云謂之總者，既束其本又總其末也。云箭笄，篠也者，案《尚書·禹貢》云篠簜既敷，孔云：篠，竹箭。是箭篠爲一也。又云髽，露紒也，猶男子之括髮者，髽有二種，案《士喪禮》曰婦人髽於室，注云：始死，婦人將斬衰者，去笄而纚。將齊衰者，骨笄而纚。今言髽者，亦去笄纚而紒也。齊衰以上至笄猶髽，髽之異於括髮者，既去纚而以髮爲大紒，如今婦人露紒其象也。其用麻布，亦如著幓頭，然是婦人髽之制也。二種者：一是未成服之髽，即《士喪禮》所云者是也，將斬衰者用麻，將齊衰者用布，二者成服之後露紒之髽，即此經注是也。云斬衰括髮以麻，則髽亦用麻者，案《喪服小記》云斬衰括髮以麻，免而以布，男子髻髮與免用布，有文；婦人髽用麻布，無文。鄭以男子髻髮，婦人髽，同在小斂之節，明用物與制度亦應不殊。但男子陽，以外物爲名，名爲括髮。婦人陰，以内物爲稱，稱爲髽，爲異耳。鄭引漢法幓頭況者，古之括髮，其髽之狀亦如此，故鄭注《士喪禮》云：其用麻布亦如著幓頭也。引《喪服小記》者，彼男子冠，婦人笄，相對有二時：一者男子二十而冠，婦人許嫁而笄，吉時相對也。一者成服後，男子喪冠，婦人箭笄，喪中相對也。今此《小記》所云，參上下文，是據喪中冠笄相對而言。引之者，證經箭笄是與男冠相對之物也。云男子免而婦人髽者，亦《小記》之文。此免既齊衰已下，用布爲免，則髽是齊衰以下，亦同用布爲髽，相對而言也。但男子陽多變，斬衰名括髮，齊衰以下名免耳。婦人陰少變，故齊、斬婦人同名髽。案《士喪禮》鄭注云：衆主人免者，齊衰將袒，以免代冠。免之制未聞，舊説以爲如冠狀，廣一寸，亦引《小記》括髮及漢幓頭爲説。則括髮及免與髽，三者雖用麻布不同，皆如著幓頭不别。若然，成服以後，斬衰至緦麻皆冠如著幓頭，婦人皆露紒而髽也。云凡服，上曰衰，下曰裳。此但言衰不言裳，婦人不殊裳者，以其男子殊衣裳，是以衰綴於衣，衣統名爲衰，故衰裳並見。案《周禮·内司服》王后六服，皆單言衣不言裳，以連衣裳，不别見裳。則此喪服亦連裳於衣，衰亦綴於衣而名衰，故直名衰，無裳之别稱也。云衰如男子衰者，婦人衰亦如下記所云凡衰外削幅，以下之制如男子衰也。云下如深衣者，如深衣六幅，破爲十二，闊頭鄉下，狹頭鄉上，縫齊倍要也。云深衣則衰無帶，下者，案下記云衣帶下尺，注云：衣帶下尺者，要也。廣尺，足以掩裳上際也。今此裳既縫著衣，不見裏衣，故不須要以掩裳上際，故知無要也。云又無衽者，又案下記云衽二尺有五寸，注云：衽，所以掩裳際也。彼據男子陽多變，故衣裳别制。裳又前三幅，後四幅，開兩邊，露裏衣，是以須衽。屬衣兩旁垂之，以掩交際之處。此既下如深衣，縫之以合前後，兩邊不開，故不須衽以掩之也。案《深衣》云續衽鉤邊，注云：續猶屬也。衽，在裳旁者也。屬連之，不殊裳前後也。鉤邊，如今曲裾也。彼吉服深衣，須有曲裾之衽。此婦人凶服之衰，下連裳，雖如深衣，不得盡如深衣并有衽，故鄭總云下無衽，則非直無喪服之衽，亦無吉服深衣之衽也。

《傳》曰：總六升，長六寸，箭笄長尺，吉笄尺二寸。注：總六升者，首飾象冠數。長六寸，謂出紒後所垂爲飾也。【略】疏：《傳》釋曰：云箭笄長尺，吉笄尺二寸者，此斬之笄用箭，下記云：女子子適人爲父母，婦爲舅姑，用惡笄。鄭以爲榛木爲笄，則《檀弓》南宫縚之妻之姑之喪，云蓋榛以爲笄，是也。吉時，大夫士之妻用象，天子諸侯之后、夫人用玉爲笄。今於喪中，唯有此箭笄及榛二者。若言寸數，亦不過此二等。以其斬衰尺，吉笄尺二寸。《檀弓》南宫縚之妻爲姑，榛以爲笄，亦云一尺。則大功以下，不得更容差降。鄭注《小記》云：笄所以卷髮。既直同卷髮，故五服略爲一節，皆用一尺而已。是以女子子爲父母既用榛笄，卒哭之後，折吉笄之首歸於夫家。以榛笄之外，無可差降，故用吉笄也。若然，總不言吉，而笄言之者，以其喪中有用吉笄之法，故《小記》

折吉笄之首是也。注釋曰：云總六升者，首飾象冠數也者，上云男子冠六升，此女子子總用布，當男子冠用布之處，故同六升，以同首飾故也。十五升首飾尊，故吉服之冕三十升，亦倍於朝服十五升也。云長六寸，謂出紒後所垂爲飾也，鄭知者，若據其束本，人所不見，何寸數之有乎。故鄭以六寸據垂之者，此斬衰六寸。南宫縚妻爲姑總八寸，以下雖無文，大功當與齊同八寸，緦麻、小功同一尺，吉總當尺二寸，與笄同也。

又 公士大夫之衆臣，爲其君布帶、繩屨。注：士，卿士也。公卿大夫厭於天子諸侯，故降其衆臣布帶繩屨，貴臣得伸，不奪其正。【略】疏：注釋曰：云士，卿士也者，以其在公之下，大夫之上，尊卑當卿之位，故知是卿士也。不言公卿言士者，欲見公無正職，大夫又承副於卿士之言事，卿有職事之重，故變言士，見斯義也。云公卿大夫厭於天子諸侯，故降其衆臣布帶繩屨者，鄭解公卿大夫、天子諸侯並言之者，欲見天子諸侯下皆有公卿大夫，公卿大夫下皆有貴臣衆臣。若然，天子下公卿大夫，《周禮・典命》及《大宰》具有其文，此諸侯下公卿，《典命》大國立孤一人是也。以其諸侯無公，故以孤爲公卿。《燕禮》云：若有諸公，則先卿獻之。鄭注云：諸公者，大國之孤也。孤一人，言諸者，容牧有三監。是以其孤爲公，言厭於天子諸侯，故除其衆臣布帶、繩屨二事，其餘服杖、冠、絰則如常也。其布帶則與齊衰同，其繩屨則與大功等也。云貴臣得伸，不奪其正者，下《傳》云室老士貴臣，故云貴臣得伸。得伸者，依上文絞帶、菅屨，故云不奪其正也。

又 疏衰裳齊、牡麻絰、冠布纓、削杖、布帶、疏屨三年者。注：疏猶麤也。【略】疏：釋曰：此《齊衰三年》章，以輕於斬，故次斬後。疏猶麤也，麤衰者，案上《斬衰》章中爲君三升半麤衰，鄭注《雜記》云微細焉，則屬於麤，則三升正服斬不得麤名，三升半成布三升微細則得麤稱。麤衰爲在三升斬内，以斬爲正，故没義服之麤。至此四升，始見麤也。若然，爲父哀極，直見深痛之斬，不見人功之麤。至於義服斬衰之等，乃見麤稱，至於大功、小功，更見人功之顯，緦麻極輕，又表細密之事，皆爲哀有深淺，故作文不同也。斬衰先言斬者，一則見先斬其布，乃作衰裳，二則見爲父極哀，先表斬之深重。此齊衰稍輕，直見造衣之法。衰裳既就，乃始緝之，是以斬衰，斬在上，齊衰，齊在下。牡麻絰者，斬衰絰不言麻，此齊衰絰見麻者，彼有杖，杖亦苴，故不得言麻。此絰文孤不兼杖，故得言麻也。云冠布纓者，案斬衰冠繩纓，退在絞帶下，使不蒙苴齊，冠布纓，無此義，故進之使與絰同處。此布纓亦如上繩纓，以一條爲武，垂下爲纓也。云削杖布帶者，並不取蒙苴之義，故在常處。但杖實是桐，不言桐者，以斬衰杖不言竹，使蒙苴故闕竹字。此既不取蒙苴，亦不言桐者，欲見母比父削殺之義，故亦没桐文也。布帶者，亦象革帶，以七升布爲之，此即下章帶緣各視其冠是也。齊斬不言布，此纓帶言布者，以對斬衰纓帶用繩，故此須言用布之事也。疏屨者，疏取用草之義，即《爾雅》云疏不熟之疏。若然，注云疏猶麤者，直釋經疏衰而已，不釋疏屨之疏。若然，《斬衰》章言菅屨，見草體者，以其重，故見草體，舉其惡貌。此言疏以其稍輕，故舉草之總稱。自此以下，各舉差降之宜，故《不杖》章言麻屨，《齊衰三月》與《大功》同繩屨，《小功》緦麻輕，又没其屨號。言三年者，以其爲母稍輕，故表其年月。若然，父在爲厭降至期，今既父卒，直申三年之衰，猶不伸斬者，以天無二日，家無二尊也。是以父雖卒後，仍以餘尊所厭，直伸三年，不得伸斬也。云者者，亦如《斬衰》章文，明者爲下出也。《傳》曰：齊者何，緝也。牡麻者，枲麻也。牡麻絰，右本在上，冠者沽功也。疏屨者，藨蒯之菲也。注：沽猶麤也。冠尊，加其麤。麤功，大功也。齊衰不書受月者，亦天子諸侯卿大夫士虞卒哭異數。【略】疏：《傳》釋曰：緝則今人謂之爲緶也。上章《傳》先云斬者何不緝也，此章言齊對斬，故亦先言齊者何緝也。云牡麻者枲麻也者，此枲對上章苴，苴是惡色，則枲是好色。故《閒傳》云斬衰貌若苴，齊衰貌若枲也。云牡麻絰右本在上者，上章爲父，左本在下者，陽統於内；則此爲母，陰統於外，故右本在上也。云疏屨者藨蒯之菲也者，藨是草名，案《玉藻》云屨蒯席，則蒯亦草類。注釋曰：云冠尊加其麤，麤功大功也者，此鄭雖據齊衰三年而言，冠尊加服皆同，是以衰裳升數恒少，冠之升數恒多。冠在首尊，既冠從首尊，故加飾而升數恒多也。斬冠六升，不言功者，六升雖是齊之末，未得沽稱，故不見人功。此三年齊冠七升，初入人功之境，故言沽功，始見人功。沽，麤之義，故云麤功，見人功麤大不精者也。云齊衰不書受月者，亦天子諸侯卿大夫士虞卒哭異數者，其義説與《斬》章同，故云亦也。

又 大功布衰裳、牡麻絰，無受者。注：大功布者，其鍛治之功麤沽之。疏：釋曰：章次此者，以其本服齊衰期，爲殤死，降在大功，故在正大功之上，義齊衰之下也。不云月數者，下文有纓絰、無纓絰，須言七月、九月，彼已見月，故於此略之。且此經與前不同，前《期》章具文，於前《杖》章下《不杖》章直言其異者，此殤《大功》章首爲文略，於正具文者，欲見殤不成人，故前略後具，亦見相參取義。云無受者，以《傳》云殤文不縟，不以輕服受之。注釋曰：云大功布者，其鍛治之功麤沽之者，斬齊皆不言布與功，以其哀痛極，未可言布體與人功，至此輕，可以見之。言大功者，《斬衰》章《傳》云冠六升不加灰，則此七升言鍛治，可以加灰矣，但麤沽而已。若然，言大功者，用功麤大，故沽疏，其言小者，對大功是用功細小。

又 小功布衰裳、澡麻帶絰五月者。注：澡者，治去莩垢，不絶其本也。《小記》曰：下殤小功，帶澡麻，不絶其本，屈而反以報之。【略】疏：釋曰：此《殤小功》章在此者，本齊衰大功之親，爲殤降在小功，故在成人小功之上也。但言小功者，對大功是用功麤大，則小功是用功細小精密者也。自上以來，皆帶在絰下，今此帶在絰上者，以大功已上，絰、帶有本，小功以下，斷本。此殤小功中，有下殤，小功帶不絶本，與大功同，故進帶於絰上，倒文以見重，故與常例不同也。且上文多直見一絰包二，此別言帶者，亦欲見帶不絶本，與絰不同，故兩見之也。又殤大功直言無受，不言月數，此直言月，不言無受者，聖人作經，欲互見爲義。大功言無受，此亦無受，此言五月，彼則九月、七月可知。又且下章言即葛，此章不言即葛，亦是兼見，無受之義也。又不言布帶與冠，文略也。不言屨者，當與下章同吉屨無絇也。注釋曰：云澡者，治去莩垢者，謂以枲麻，又治去莩垢，使之滑凈，以其入輕竟故也。引《小記》者，欲見下殤小功中有本，是齊衰之喪，故特言下殤。若大功下殤，則入緦麻，是以特據下殤。云屈而反以報之者，謂先以一股麻不絶本者爲一條，展之爲繩。報，合也。以一頭屈而反，鄉上合之，乃絞垂必屈而反以合者，見其重故也。引之者，證此帶亦不絶本，屈而反以報之也。若然，此章亦有大功長殤，在小功者，未知帶得與斬衰下殤小功同，不絶本不。案《服問》云小功無變也，又云麻之有本者，變三年之葛，彼云小功無變，據成人小功無變，三年之葛有本，得變之，則知大功殤長中在小功者，經帶無本也。以此而言，經注專據齊衰下殤小功重者而言，其中兼有大功之殤在小功帶麻絶本者，似若《斬衰》章兼有義服，《傳》直言衰三升，冠六升，不言義服衰三升半者也。若然，姑、姊妹出適降在小功者，以其成人非所哀痛，帶與大功之殤同，亦無本也。

又《傳》曰：緦者，十五升抽其半，有事其縷，無事其布，曰緦。謂之緦者，治其縷，細如絲也。或曰有絲，朝服用布，何衰用絲乎。抽猶去也。《雜記》曰：緦冠繰纓。【略】疏：《傳》釋曰：云緦者十五升抽其半者，以八十縷爲升，十五升千二百縷，抽其半六百縷，縷麤細如朝服，數則半之，可謂緦而疏，服最輕故也。云有事其縷，無事其布曰緦者，案下記云大夫吊於命婦錫衰，《傳》曰：錫者十五升抽其半，無事其縷，有事其布曰錫，鄭注云：謂之錫者，治其布使之滑易也。錫者，不治其縷，哀在內也。緦者，不治其布，哀在外也。若然，則二衰皆同升數，但錫衰重，故治布不治縷，哀在內故也。此緦麻衰，治縷不治布，哀在外故也。注釋曰：云謂之緦者，治其縷細如絲也者，以其麤細與朝服十五升同，故細如絲也。云或曰有絲者，有人解有用絲爲之，故云緦。又曰朝服用布，何衰用絲乎者，此鄭以義破，或解朝服，謂諸侯朝服緇布衣，及天子朝服皮弁服白布衣，皆用布，至於喪衰，何得反絲乎，故不可也。引《雜記》緦冠繰纓者，以其斬衰纓，纓重於冠，齊衰已下纓，纓與冠等。上《傳》曰：齊衰大功，冠其受也。緦麻小功，冠其衰也。則此云緦冠者，冠與衰同用緦布，但繰纓者，以灰繰治布爲纓，與冠別，以其冠與衰皆不治布縷，則繰治以其輕，故特異於上也。

又卷一二《士喪禮第十二》 復者一人，以爵弁服，簪裳于衣，左何之，扱領于帶。注：復者，有司招魂復魄也。天子則夏采、祭僕之屬，諸侯則小臣爲之。爵弁服，純衣纁裳也，禮以冠名服。簪，連也。【略】疏：釋曰：言復者一人者，諸侯之士一命與不命並皆一人。案《雜記》云復西上者，鄭注云：北面而西上，陽長左也。復者多少，各如其命之數。若然，案《典命》諸侯卿大夫三命、再命、一命，天子三公八命，其卿六命，大夫四命，上士三命，中士再命，下士一命，上公九命，侯伯七命，子男五命，皆依命數，九人以下。則天子宜十二爲節，當十有二人也。注釋曰：云復者，有司者，案《喪大記》復者小臣，則士家不得同僚爲之，則有司府史之等也。不言所著衣服者，案《喪大記》小臣朝服，下記亦云復者朝服，則尊卑皆朝服可知。必著朝服者，鄭注《喪大記》云：朝服而復，所以事君之衣也。復者庶其生氣，復既不蘇，方始爲死事耳。愚謂朝服平生所服也。云招魂復魄也者，出入之氣謂之魂，耳目聰明謂之魄，死者魂神去，離於魄，今欲招取魂來復歸於魄，故云招魂復魄也。云天子則夏采、祭僕之屬者，案《周禮・天官・夏采職》云：大喪以冕服復於大祖，以乘車建綏復於四郊。鄭注云：求之王平生嘗所有事之處。乘車玉路於大廟，以冕服不出宮也。又《夏官・祭僕職》云：大喪復於小廟。鄭注云：小廟，高祖以下也。始祖曰大廟。又《隸僕》云大喪復於小寢，鄭注云：小寢，高祖以下廟之寢也。始祖曰大寢。此不言隸僕，以其隸僕與祭僕同僕官之屬中兼之。案《檀弓》：君復於小寢、大寢、小祖、大祖、庫門、四郊。鄭注云：尊者求之備也，亦他日所嘗有事。是諸侯復法。言庫門，據魯制説，若凡平諸侯，則皋門，舉外門而言，三門俱復。則天子五門及四郊皆復。不言者，文不具。卿大夫以下，復自門以內廟及寢而已。婦人無外事，自王后以下，所復處亦自門以內廟及寢而已。云諸侯則小臣爲之者，《喪大記》文也。云爵弁服，純衣纁裳也者，案《士冠禮》云陳服於房中西墉下，東領北上。爵弁，服纁裳，純衣是也。士用爵弁者，案《雜記》云：士弁而祭於公，冠而祭於己。是士服爵弁，助祭於君玄冠，自祭於家廟，士復用助祭之服。則諸侯以下皆用助祭之服可知。故《雜記》云：復，諸侯以褒衣冕服，爵弁服。鄭注云：復，招魂復魄也。冕服者，上公五，侯伯四，子男三。褒衣亦始命爲諸侯，及朝覲見加賜之衣也。褒猶進也。則衮冕之類。若然，冕服者有六，除大裘，有衮冕、鷩冕、毳冕、絺冕、玄冕，上公衮冕而下，侯伯鷩冕而下，子男袞冕而下，皆爵弁。若然，孤自絺冕而下，卿大夫玄冕，爵弁，士爵弁而已。天子孤卿大夫士，其衣亦與之同。三公執璧，與子男同，其服亦同。若然，大裘是祭天地之服，又於四郊建綏，而復不用大裘，而冕則門及廟寢等用衮冕以下，與上公同。但復者依命數，衣服不足覆，取上服重用之，以充其數。王后以下，案《雜記》云復衣夫人褖衣揄狄，鄭注云：自褖衣上至揄狄，是侯伯夫人。案《周禮·內司服》掌王后六服，褘衣、揄狄、闕狄、鞠衣、展衣、褖衣。王后及上公夫人，二王後及魯之夫人，皆用褘衣下至褖衣。侯伯夫人與王之三夫人，同揄翟以下至褖衣。子男夫人與三公夫人，自闕狄以下至褖衣。孤之妻與九嬪，鞠衣、展衣、褖衣。卿大夫妻與王之世婦，展衣、褖衣。士妻與女御，褖衣而已。云禮以冠名服者，案《士冠禮》皮弁、爵弁，並列於階下執之，而空陳服於房，云皮弁服、爵弁服，是以冠名服。鄭言此者，欲見復時唯用緇衣纁裳，不用爵弁。而經言爵弁服，是禮以冠名服也。云簪，連也者，若凡常時，衣服、衣裳各別，今此招魂，取其便，故連裳於衣。

又　陳襲事于房中，西領，南上，不綪。注：襲事謂衣服也。綪讀爲絳，屈也。襲事少，上陳而下不屈。江沔之間，謂縈收繩索爲絳。古文綪皆爲精。【略】疏：釋曰：自此至繼陳不用，論陳襲所用之事。注釋曰：云襲事謂衣服也者，此先陳之，至下文商祝襲時乃用之。但用者三稱而已，其中庶襚之等雖不用，亦陳之，以多爲貴。案下小斂、大斂先陳先用，後陳後用，依次第而陳。此襲事，以其初死，先成先陳，後成後陳，喪事遽，備之而已，故不依次也。云襲事少，上陳而下不屈者，所陳之法，房户之內，於户東西領南上，以衣裳少，從南至北則盡，不須絳屈。知户東陳之者，取之便故也。云江沔之間者，案《禹貢》云：嶓冢導漾，東流爲漢。《孔傳》云：泉始出山爲漾水，南東流爲沔水，至漢中東行爲漢水。南有江水，北有沔水，故云江沔之間，以縈收繩索爲絳。引之證取絳爲屈義也。明衣裳，用布。注：所以親身，爲圭潔也。疏：釋曰：案下記云明衣裳，用幕布，注云：幕布，帷幕之布。則此布用帷幕之布，但升數未聞。注釋曰：知親身者，下浴訖，先設明衣，故知親身也。云爲圭潔也者，以其言明，明者潔淨之義，故知取圭潔者也。鬠笄用桑，長四寸，纋中。注：桑之爲言喪也。用爲笄，取其名也。長四寸，不冠故也。纋，笄之中央以安髮。【略】疏：釋曰：以髻爲鬠，義取以髮會聚之意。注釋曰：云桑之爲言喪也者，爲喪所用，故用桑以聲名之，是以云取其名也。云長四寸，不冠故也者，凡笄有二種：一是安髮之笄，男子、婦人俱有，即此笄是也。一是爲冠笄、皮弁、爵弁笄，唯男子有而婦人無也。此二笄皆長，不唯四寸而已。今此笄四寸者，僅取入髻而已，以其男子不冠，冠則笄長矣。此注及下注知死者不冠者，下記云：其母之喪，鬠無笄。注云：無笄，猶丈夫之不冠也。以此言之，生時男子冠，婦人笄。今死婦人不笄，則知男子亦不冠也。《家語》云孔子之喪，襲而冠者。《家語》王肅之增改，不可依用也。云纋，笄之中央以安髮者，兩頭闊，中央狹，則於髮安，故云以安髮也。布巾，環幅，不鑿。注：環幅，廣袤等也。不鑿者，士之子親含，反其巾而已。大夫以上，賓爲之含，當口鑿之，嫌有惡。古文環作還。【略】疏：釋曰：此爲飯含而設，所以覆死者面。注釋曰：云廣袤等也者，布幅二尺二寸，鄭計布廣狹例，除邊幅二寸，以二尺爲率，則此廣袤等亦二尺也。云不鑿者，士之子親含，反其巾而已者，下經云主人左扱米實于右，三實一貝，左中亦如之，是士之子親含。此經云不鑿，明反其巾而已也。又知大夫以上賓爲之含，當口鑿之，嫌有惡者，案《雜記》云：鑿巾以飯，公羊賈爲之也。鄭云：記士失禮所由始也。士親飯必發其巾，大夫以上，賓爲飯焉，則有鑿巾。以此巾云不鑿，則大夫以上鑿，謂若士月半不殷奠，則大夫以上月半殷奠可知。以其大夫以上有臣，臣爲賓，賓飯含嫌有惡，故鑿之也。

又　瑱，用白纊。注：瑱，充耳。纊，新綿。【略】疏：釋曰：案下記云瑱塞耳，《詩》云充耳，充即塞也。生時人君用玉，臣用象。又《著》詩云充耳以素、充耳以黄之等，注云所以懸瑱，則生時以黄以素，又以玉象等爲之，示不聽讒。今死者直用纊塞耳而已，異於生也。注釋曰：云纊，新綿者，案《禹貢》豫州貢絲纊，故知纊新綿，對緼是舊綿也。幎目用緇，方尺二寸，䞓裏，著，組繫。注：幎目，覆面者也。幎，讀若《詩》曰葛藟縈之之縈。䞓，赤也。著，充之以絮也。組繫，爲可結也。【略】疏：注釋曰：鄭讀從葛藟縈之之縈者，以其葛藟縈於樹木，此面衣亦縈於面目，故讀從之也。云組繫，爲可結也者，以四角有繫於後結之，故有組繫也。

又　爵弁服，純衣。注：謂生時爵弁所衣之服也。純衣者，纁裳。古者以冠名服，死者不冠。【略】疏：注釋曰：云謂生時爵弁之服也者，凡襲斂之服，無問尊卑，皆先盡上服生時服，即士之常服，以助祭者也。云纁裳者，《士冠禮》文。云古者以冠名服，死者不冠者，以死者不冠，而經云爵弁、皮弁，此直取以冠名服，不用其冠，故云此也。皮弁服。注：皮弁所衣之服也。其服，白布衣素裳也。疏：注釋曰：云皮弁所衣之服也者，亦見死者不冠，不用皮弁，今直取以名冠服，是皮弁所衣著之服也。知其服，白布衣素裳者，《士冠禮》注：衣與冠同色，裳與屨同色。以皮弁白而白屨，故《士冠禮》云素積白屨是也。《雜記》云：朝服十五升。則皮弁天子朝服與諸侯朝服同十五升布也。褖衣。注：黑衣裳，赤緣之謂褖。褖之言緣也，所以表袍者也。《喪大記》曰：衣必有裳，袍必有表，不禪，謂之一稱。古文褖爲緣。【略】疏：注釋曰：知此褖衣是黑衣裳者，此褖衣則玄端。知者，以其是《士冠禮》陳三服，玄端、皮弁、爵弁，有玄端，無褖衣。

此《士喪》襲亦陳三服，與彼同。此無玄端，有褖衣，故知此褖衣則玄端者也。玄端有三等裳，此喪禮質，略同玄裳而已。但此玄端連衣裳，與婦人褖衣同，故變名褖衣也。若然，連衣裳者，以其用之以表袍，袍連衣裳故也。是以《雜記》云：子羔之襲也，繭衣裳與税衣纁衻。曾子曰：不襲婦服。彼曾子譏用纁衻，不譏其税衣，是税衣以表袍，故連衣裳而名褖衣。引《喪大記》者，欲見褖衣以表袍之意。若然，《雜記》云繭衣，《大記》云袍，不同者，《玉藻》云：纊爲繭，緼爲袍。鄭云：衣有著之異名也。其實連衣裳一也。云赤緣謂之褖者，《爾雅》文。彼釋婦人嫁時褖衣，此引之者，證此褖衣雖不赤緣，褖衣之名同，故引爲證也。緇帶。注：黑繒之帶。疏：釋曰：上雖陳三服同用一帶者，以其士唯有此一帶而已。注釋曰：案《玉藻》云士練帶緇辟，是黑繒之帶據裨者而言也。但生時著服不重各設帶，此襲時三服俱著共一帶爲異也。韎韐。注：一命緼韍。【略】疏：釋曰：韎者據色而言，以韎草染之，取其赤韐者，合韋而爲之，故名韎韐也。注釋曰：云一命緼韍者，《玉藻》文。但祭服謂之韍，他服謂之韠，士一命名爲韎韐，亦名緼韍，不得直名韍也。但《士冠禮》玄端爵韠，皮弁素韠，爵弁服，韎韐，今亦三服共設韎韐者，以其重服，亦如帶矣。竹笏。注：笏，所以書思對命者。《玉藻》曰：笏，天子以球玉，諸侯以象，大夫以魚須文竹，士以竹本象可也。又曰：笏度二尺有六寸，其中博三寸，其殺六分而去一。又曰：天子搢珽，方正於天下也。諸侯荼，前詘後直，讓於天子也。大夫前詘後詘，無所不讓。今文笏作忽。【略】疏：注釋曰：云笏所以書思對命者，亦《玉藻》文。引《玉藻》者，證天子以下，笏之所用物不同，及長短廣狹有異。言公侯，不言伯子男，亦與公侯同。案彼鄭云：謂之珽，珽之言挺然無所屈也。或謂之大圭長三尺。或者，或《玉人職》文。鄭又云荼讀爲舒遲之舒，舒懦者，所畏在前也。詘謂圜殺其首，不爲椎頭。諸侯唯天子詘焉，是以謂笏爲舒。大夫前詘後詘無所不讓也，鄭注云：大夫奉君命出入者也。上有天子，下有己君，又殺其下而圜。前後皆詘，故云無所不讓。彼雖不言士，士與大夫同。夏葛屨，冬白屨，皆繶緇絇純，組綦繫于踵。注：冬皮屨變言白者，明夏時用葛，亦白也。此皮弁之屨，《士冠禮》曰：素積白屨，以魁柎之。緇絇、繶、純，純博寸。綦，屨係也，所以拘止屨也。綦，讀如馬絆綦之綦。【略】疏：注釋曰：云變言白者，明夏時用葛，亦白也者，案《士冠禮》云：屨，夏用葛，冬用皮。今此變言白者，欲互見其義，以夏言葛，冬當用皮，冬言白，明夏亦用白。又《士冠禮》云爵弁纁屨，素積白屨，玄端黑屨。以三服各自用屨，屨從裳色，其色自明。今死者重用其服，屨唯一，故須見色。若然，三服相參，帶用玄端，屨用皮弁，韎韐用爵弁，各用其一，以當三服而已。云此皮弁之屨者，以其色白，即所引《士冠禮》曰素積白屨者爲證是也。引緇絇繶純者，欲解《士冠禮》繶絇純同用緇，此經繶雖在緇上，明亦用緇可知。繶謂條在牙底相接之縫中，絇在屨鼻，純爲緣口，皆以條爲之，但舄則對方爲繢次，屨則比方爲繡次爲異耳。云綦屨係也者，經云繫于踵，則綦當屬於跟後，以兩端向前，與絇相連於脚跗之上合結之，名爲繫於踵也。云讀如馬絆綦之綦者，此無正文，蓋俗讀馬有絆名爲綦，拘止馬，使不得浪去，此屨綦亦拘止屨，使不縱誕也。

又 商祝襲祭服，褖衣次。注：商祝，祝習商禮者。商人教之以敬，於接神宜。襲，布衣牀上。祭服，爵弁服、皮弁服，皆從君助祭之服。大蜡有皮弁素服而祭，送終之禮也。襲衣於牀，牀次含牀之東，衽如初也。《喪大記》曰：含一牀，襲一牀，遷尸於堂又一牀。疏：注釋曰：云商祝，祝習商禮者，雖同是周祝，仰習夏禮則曰夏祝，仰習商禮則曰商祝也。云商人教之以敬，於接神宜者，案《表記》云：殷人尊神，率民以事神。尊而不親言尊敬，故知殷人教以敬，是以使之習，於接神宜。若然，此篇及《既夕》以夏人教忠，從小斂奠，大斂奠及朔、半、薦新、祖奠，大遣奠，皆是夏祝爲之，其間雖不言祝名，亦夏祝可知。其徹之者，皆不言祝名，則周祝徹之也。殷人教以敬，但是接神皆商祝爲之，其間行事，若祝取銘之類，不言祝名者，亦周祝可知。唯《既夕》開殯時，以周祝徹饌，而堂下二事不可並使周祝，故夏祝取銘置于重。案《周禮》有大祝、小祝、喪祝、詛祝、甸祝，此篇及《既夕》言夏祝、商祝，周禮以喪祝行事，皆當喪祝者也。天子以下喪禮，亦當喪祝行事也。云襲，布衣牀上者，《喪大記》云襲一牀，故知襲時布衣牀上也。此雖布衣未襲，待飯含訖，乃襲，下經爲次是也。云祭服，爵弁服、皮弁服，皆從君助祭之服者，以其爵弁從君助祭宗廟之服，《雜記》云士弁而祭於公是也。皮弁，從君聽朔之服，《玉藻》云皮弁以聽朔於大廟是也。云大蜡有皮弁素服而祭，送終之禮也者，《郊特牲》文。引之者，證皮弁之服有二種：一者皮弁時白布衣素積爲裳，是天子朝服，亦是諸侯及臣聽朔之服。二者皮弁時衣裳皆素葛帶榛杖，大蜡時送終之禮，凶服也。此士之襲及《士冠禮》與聽朔者，不用此素服，引者欲見《郊特牲》皮弁素服是大蜡送終之服，此非襲時所用者也。知襲衣於牀，牀次含牀之東者，以其死於北墉下，遷尸於南牖下，沐浴而飯含。引《大記》云含一牀，襲一牀，遷尸於堂又一牀者，喪事所以即遠，故知襲牀次含牀之東。云衽如初也者，衽卧席下莞上簟，彼一牀之下，又云皆有枕席，君、大夫、士一也，故知衽如初含時也。

又 苴絰，大鬲，下本在左，要絰小焉。散帶垂，長三尺。牡麻絰，右本在上，亦散帶垂。皆饌于東方。注：苴絰，斬衰之絰也。苴麻者，其貌苴，以爲絰。服重者尚麤惡，絰之言實也。鬲，搤也。中人之手搤圍九寸。絰帶之差，自此出焉。下本在左，重服統於内而本陽也。要絰小焉，五分去一。牡麻絰者，齊衰以下之絰也。牡麻絰者其貌易，服輕者宜差好也。右本在上，輕服本於陰而統於外。散帶之垂者，男子之道，文多變也。饌于東方東坫之南，苴絰爲上。【略】疏：釋曰：此陳絰帶者，以其小斂訖，當服未成服之麻故也。云亦散帶垂者，不言尺寸，亦與苴絰同垂三尺。注釋曰：云苴絰，斬衰之絰也者，案《喪服·斬衰》章云：喪服，斬衰裳，苴絰杖。故知此苴絰，斬衰之絰。云苴麻者，其貌苴，以爲絰者，案《禮記·閒傳》云斬衰貌若苴，彼據人之形貌若苴麻，明麻之形貌亦苴可知，故此指麻之貌苴者以爲絰。云服重者尚麤惡者，對齊衰已下服輕，不尚麤惡，故《閒傳》云齊衰貌若枲，大功貌若止，是不尚麤惡也。云絰之言實也者，《檀弓》云：絰也者，實也。鄭注《喪服》云：明孝子有忠實之心。是明孝子之心與服相稱，不虚服此服也。云鬲，搤也，中人之手搤圍九寸者，此無正文，《喪服》及此皆言苴絰大鬲，鬲是搤物之稱，故據中人一搤，而言大者，據大拇指與大巨指搤之，故言大也。云絰帶之差，自此出焉者，案《喪服傳》云：苴絰大搹，左本在下，去五分一以爲帶。齊衰之絰，斬衰之帶也。自此斬衰之帶差至緦麻之帶，故云絰帶之差自此出焉。云下本在左，重服統於内而本陽也者，謂斬衰統於内以解本在下，而本陽以解在左，對齊衰之絰，右本在上，輕服本於陰而統外。案《雜記》云親喪外除，鄭云：日月已竟而哀未忘。兄弟之喪内除，注云：日月未竟而哀已殺。此言統内統外者，亦據哀在内外而言。本陽本陰者，亦據父者子之天，爲陽，母者子之地，爲陰而言也。云要絰小焉，五分去一者，亦據《喪服傳》而言。首絰圍九寸，五分之五寸正去一寸，得四寸。餘四寸每寸爲五分，四寸爲二十分，去四分，得十六分，取十五分爲三寸，餘一分在，總得七寸五分寸之一。彼《傳》因即分之至緦麻。云齊衰之絰，斬衰之帶也，以其俱七寸五分寸之一，又去五分一以爲帶。【略】大功之帶以下，仍有小功之帶，但小功之帶以小功之絰又五分去一，下至緦麻之帶，皆以五倍破寸，計之可知耳。云牡麻絰者，齊衰以下之絰也者，案《喪服》齊衰、大功皆言牡麻絰，小功又言澡麻，則齊衰以下皆牡麻絰。《傳》曰：牡麻者，枲麻也。對苴絰爲麻之有蕡色如苴黎，則此雄麻色好者，故《閒傳》云齊衰貌若枲，是以鄭云牡麻絰者其貌易，服輕者宜差好也。云散帶之垂者，男子之道，文多變也者，此小斂，絰有散麻帶垂之，至三日成服。絞之，對婦人陰質，初而絞之，與小功以下男子同。知饌于東方東坫之南，苴絰爲上者，以其對下牀第夷衾之等在西坫南，故此亦在東坫南也。若然，經直言東方，知不在東堂下東方者，以其小斂陳饌皆在東堂下，若此亦在東堂下，當言陳于饌東饌北，何須言東方乎。明此非東堂下也。知苴絰爲上者，以其經先言苴絰，明依此爲首南陳之也。

婦人之帶，牡麻結本，在房。注：婦人亦有苴絰，但言帶者，記其異。此齊衰婦人，斬衰婦人亦苴絰也。疏：注釋曰：知婦人亦有苴絰者，《喪服》首云苴絰杖，下經男子婦人俱陳，則婦人亦有苴絰。《禮記·服問》之等每云婦人麻絰之事，故知婦人亦有苴絰。今此經不言婦人苴絰者，記其異。謂男子帶有散麻，婦人則結本，是其異者。且男子小功緦麻，小斂有帶則絞之，亦結本，婦人帶結本，可以兼之矣。云此齊衰婦人者，以其牡麻宜言齊衰，以下至緦麻皆同牡麻也。云斬衰婦人亦苴絰也者，此亦據帶而言，以其帶亦名絰，則《喪服》云苴絰杖，鄭云：麻在首在要皆曰絰。杖絰既兼男女，則婦人有苴麻爲帶絰可知。經不言者，以義可知，故省文也。此帶牡麻兼男子小功以下，陳之則别處，以其男子陳之于坫南，此經云在房，明知異處也。

又 主人髻髮，袒，衆主人免于房。注：始死，將斬衰者雞斯，將齊衰者素冠。今至小斂變，又將初喪服也，髻髮者，去笄纚而紒。衆主人免者，齊衰將袒，以免代冠。冠，服之尤尊，不以袒也。免之制未聞。舊説以爲如冠狀，廣一寸。《喪服小記》曰：斬衰髻髮以麻，免而以布。此用麻布爲之，狀如今之著幓頭矣。自項中而前，交於額上，卻繞紒也。于房于室釋髻髮，宜於隱者。今文免皆作絻，古文髻作括。【略】疏：注釋曰：知始死，將斬衰者雞斯者，案《禮記·問喪》云：親始死，雞斯徒跣。鄭注云：雞斯當爲笄纚。以成服乃斬衰，是始死未斬衰，故云始死，將斬衰者雞斯也。云將齊衰者素冠者，《喪服小記》云：男子冠而婦人笄。冠笄相對。《問喪》親始死，男子云笄纚，明齊衰男子素冠可知。云今至小斂變者，謂服麻之節，故云變也。云又將初喪服也，髻髮者，去笄纚而紒者，此即《喪服小記》云：斬衰髻髮以麻，爲母髻髮以麻，免而以布。是母雖齊衰，初亦髻髮，與斬衰同，故云去笄纚而紒，紒上著髻髮也。云衆主人免者，齊衰將袒，以免代冠者，此亦小斂節與斬衰髻髮同時，此皆據男子。若婦人，斬衰，婦人以麻爲髽，齊衰，婦人以布爲髽。髽與髻髮皆以麻布自項而向前，交於額上，卻繞紒如著幓頭焉。免亦然，但以布廣一寸爲異也。云于房于室釋髻髮，宜於隱者，并下文婦人髽于室，兼言之也。

又 厥明，滅燎。陳衣于房，南領，西上，綪。絞，紟，衾二。君襚、祭服、散衣、庶襚，凡三十稱。紟不在算，不必盡用。注：紟，單被也。衾二者，始死斂衾，今又復制也。小斂衣數，自天子達，大斂則異矣。《喪大記》曰：大斂，布絞，縮者三，横者三。【略】疏：釋曰：云君襚、祭服、散衣者，士祭服有助祭爵弁服，自家祭玄端服，散衣非祭服、朝服之等。云庶襚者，謂朋友兄弟之等來襚者也。云紟不在算者，案《喪大記》紟五幅，無紞，鄭云今之單被也。以其不成稱，故不在數内。云不必盡用者，案《周禮·守祧職》云其遺衣服藏焉，鄭云：遺衣服，大斂之餘也。即此不盡用者也。

注釋曰：云衾二者，始死斂衾，今又復制者，此大斂之衾二：始死幠用斂衾，以小斂之衾當陳之，故用大斂衾，小斂已後，用夷衾覆尸，故知更制一衾，乃得二也。云小斂衣數，自天子達者，案《喪大記》君大夫小斂已下，同云十九稱，則天子亦十九稱，鄭注云：十九稱，法天地之終數也。案《易・繫辭》生成之數，從天一地二，天三地四，天五地六，天七地八，天九地十，是十九爲天地之終數。云大斂則異矣者，案此文，《士喪》大斂三十稱，《喪大記》士三十稱，大夫五十稱，君百稱。不依命數，是亦喪數略，則上下之大夫及五等諸侯各同一節，則天子宜百二十稱。此鄭雖不言襲之衣數，案《雜記》注云：士襲三稱，大夫五稱，公九稱，諸侯七稱，天子十二稱與。以其無文，推約爲義，故云與以疑之。

又卷一三《既夕第十三》 丈夫髽，散帶垂，即位如初。注：爲將啓變也，此互文以相見耳。髽，婦人之變。《喪服小記》曰：男子免而婦人髽，男子冠而婦人笄。如初，朝夕哭門外位。【略】疏：注釋曰：云爲將啓變也者，凡男子免與括髮，散帶垂，婦人髽，皆當小斂之節。今於啓殯時，亦見尸柩，故變同小斂之時，故云爲將啓變也，云此互文以相見耳。髽，婦人之變者，髽既是婦人之變，則免是男子之變。今丈夫見其人不見免，則丈夫當免矣。婦人見其髽不見人，則婦人當髽矣。故云互文以相見耳。引《喪服小記》者，證見未成服已前，男子免而婦人髽，既成服已後，男子冠婦人笄。若然，小斂之時，斬衰男子括髮，齊衰以下男子免，不言男子括髮者，欲見啓殯之後，雖斬衰亦免而無括髮。知者，按《喪服小記》云：緦小功，虞卒哭則免。注云：棺柩已藏，嫌恩輕，可以不免也。言則免者，則既殯先啓之間，雖有事不免。以此而言，先啓不免，則啓當免矣。又《喪服小記》云：君弔，雖不當免時也，主人必免，不散麻，雖異國之君，免也。親者皆免。注云：不散麻者，自若絞垂，爲人君變，貶於大斂之前，既啓之後也。親者，大功以上也。注直言不散麻，貶於既啓之後，則主人著免不貶矣。以此言之，啓後主人免可知。若啓後著免，亦是貶矣。若然，後至卒哭，其服同矣。以其反哭之時，更無變服之文，故知同也。云婦人髽及婦人笄者，若未成服之時，婦人髽無笄，故空云髽。成服之後，婦人髽即有笄，故《喪服・斬衰》婦人云箭笄。《檀弓》云：南宫縚之妻之姑之喪，夫子誨之髽。蓋榛以爲笄，是成服有笄明矣，是以婦人成服云笄也。云散帶垂者，小斂節大功以上，男子皆然。若小功以下及婦人，無問輕重，皆初而絞之。云如初，朝夕哭門外位者，但經直云即位如初，知如門外位者，以下經始云主人拜賓，入即位袒，明知此未入門，在門外如朝夕哭位也。

又 復者朝服，左執領，右執要，招而左。注：衣朝服，服未可以變。【略】疏：釋曰：云招而左者，以左手執領，還以左手以領招之。必用左者，招魂所以求生，左陽，陽主生，故用左也。復者，士之有司，著朝服。左執領，謂爵弁服也。注釋曰：云衣朝服，服未可以變者，謂始死，未可以變之服凶服，以其復所以求生故也。《喪大記》小臣復，復者朝服，彼言小臣，據君，則上下尊卑復者，皆朝服也。

又 既殯，主人説髦。【略】三日，絞垂。注：成服日。絞，要絰之散垂者。【略】疏：釋曰：以經小斂曰要絰，大功以上散帶垂，不言成服之時絞之，故記人言之。注釋曰：云成服日者，士禮生與來日，則除死三日，則經云三日成服，此云三日絞垂之日也。小功緦麻，初而絞之，不待三日也。冠六升，外縪，纓條屬，厭。注：縪，謂縫著於武也。外之者，外其餘也。纓條屬者，通屈一條繩爲武，垂下爲纓，屬之冠。厭，伏也。【略】疏：釋曰：云冠六升者，據斬衰者而言。齊衰以下，冠衰各有差降。注釋曰：云縪謂縫著於武者，古者冠吉凶皆冠，武別材，武謂冠卷，以冠前後皆縫著于武。若吉冠，則從武上鄉内縫之，縪餘在内謂之内縪。若凶冠，從武下鄉外縫之，謂之外縪。故云外之者，外其餘也。云纓條屬者，通屈一條繩爲武，垂下爲纓，屬之冠者，吉冠則纓武別材，凶冠則纓武同材，以一繩從前額上以兩頭鄉項後交通，至耳各綴之於武，使鄉下纓結之。云屬之冠者，先爲纓武訖，乃後以冠屬著武，故云屬也。云厭，伏也者，以其冠在武下過，鄉上反縫著冠，冠在武下，故云厭也。五服之冠皆厭，但此冠據斬衰而言也。衰三升。注：衣與裳也。疏：注釋曰：經直云衰，鄭兼言裳者，以其衰裳升數同，故經舉衰而通裳。但首對身，首爲尊，故冠六升，衰三升，衰裳同三升也。是以吉時朝服十五升，至於麻冕，鄭亦爲三十升布，與服一倍而解之。屨外納。注：納，收餘也。疏：釋曰：案《喪服・斬衰》而言，此菅屨也。云外納者，謂收餘末鄉外爲之，取醜惡不事飾故也。

又 道車，載朝服。注：道車，朝夕及燕出入之車。朝服，日視朝之服也，玄衣素裳。疏：注釋曰：知道車，朝夕及燕出入之車者，但士乘棧車，更無別車，而上云乘車，下云稾車，此云道車，雖有一車，所用各異，故有乘車、道車、稾車之名。知道車，朝夕者，案《玉藻》云朝玄端，夕深衣，鄭注云：謂大夫士私朝之朝。《春秋左氏傳》云朝而不夕，據朝君於是有朝無夕。若然，云朝夕者，士家朝朝暮夕當家私朝之車。又云及燕出入者，謂士家游燕出入之車。案《周禮・夏官》有道右、道僕，皆據象路而言道。又案《司常》云道車載旞，鄭注云王以朝夕燕出入，與此道車同，則士乘棧車與王乘象路同名道。云朝服，日視朝之服者，案《鄉黨》云緇衣羔裘，是孔子所服，鄭注云諸侯視朝之服。是君臣同服，故《玉藻》云諸侯朝服以日視朝，士之道車而用朝君之服，不用私朝玄端服者，乘車既載孤卿之旜，故道車亦載朝君之服，攝盛也。云玄衣素裳者，《士冠禮》云主人玄冠朝服，緇帶，素韠，注云不云衣，衣象冠色。則不云裳，裳象韠色可知。故云玄衣素裳也。

轏車，載簑笠。注：轏猶散也。散車以田以鄙之車。簑笠，備雨服。今文轏爲潦。凡道車、轏車之纓轡及勒，亦縣于衡也。【略】疏：注釋曰：云轏猶散也者，案上乘車、道車，皆據人之乘用爲名，不取車上生稱，則此散車亦據人乘爲號。知散車以田以鄙之車者，案《司常》云斿車載旌，注云斿車，木路也，王以田以鄙，謂王行小田獵巡行縣鄙，此散車與彼斿車同是斿散所乘，故與斿車同解。若然，士亦與王同有以田以鄙者，亦謂從王以田以鄙也。若正田獵，自用冠弁服，乘棧車也。云簑笠，備雨服者，案《無羊》詩云：爾牧來思，何簑何笠。彼注云：簑所以備雨，笠所以備暑。而此并云備雨者，非直簑以御雨，笠亦以備雨，故《都人士》詩注云：笠所以御雨，喪事不避暑。是以并云備雨之服。云今文轏爲潦者，案《周禮·輪人》爲蓋，鄭云：禮所謂潦車，謂蓋車與。若然，彼注此文則爲潦車者，義亦通矣。凡道車、轏車之纓轡及勒，亦縣於衡者，以車三乘皆當有馬，有馬則有此三者，但記人舉上以明下，乘車云纓轡，貝勒縣於衡，即此三者亦縣於衡可知。

又卷一五《特牲饋食禮第十五》 及筮日，主人冠端玄，即位于門外，西面。注：冠端玄，玄冠、玄端。下言玄者，玄冠有不玄端者。門謂廟門。疏：注釋曰：云冠端玄，玄冠、玄端，下言玄者，玄冠有不玄端者，不玄端則朝服，下記云助祭者朝服，不著玄端故也。若然，玄端一冠，冠兩服也。對文則玄端有纁裳、玄裳、黄裳、雜裳，若朝服，緇布衣而素裳。但六入爲玄，七入爲緇，大判言之。緇衣亦名玄，是以散文言之。朝服亦名玄端，故《論語》云端章甫，鄭云：端，玄端也。諸侯日視朝之服，以端是正幅，非直服稱端。六冕亦有端稱，故《禮記》魏文侯曰：吾端冕而聽古樂，則唯恐卧。是冕服正幅亦名端也。云門謂廟門，知者，《士冠禮》云筮於廟門，彼冠禮筮尚在廟門，此謂祭廟，筮在廟門可知。若然，《士冠》言廟非祭，恐不在廟，故言廟。此不言廟者，爲祭廟筮可知，不須言廟也。子姓兄弟如主人之服，立于主人之南，西面北上。注：所祭者之子孫，言子姓者，子之所生。小宗祭而兄弟皆來與焉，宗子祭則族人皆侍。【略】疏：注釋曰：云子姓者，子之所生者，案鄭注《喪大記》云：姓之言生也。云子之所生，則孫是也。云小宗祭而兄弟皆來與焉者，案《喪服小記》云：繼别爲宗，繼禰者爲小宗。鄭注云：小宗有四：或繼高祖，或繼曾祖，或繼祖，或繼禰。皆至五世則遷。若然，繼禰者，長者爲小宗，親弟等雖異宫，皆來祭。繼祖者，從父昆弟皆來祭，繼曾祖者，從祖昆弟皆來祭，繼高祖者，族祖昆弟皆來祭。是皆據小宗而言也。云宗子祭則族人皆侍者，此鄭據《書傳》而言，案《書傳·康誥》云天子有事，諸侯皆侍，尊卑之義。注云：事謂祭祀。又云宗室有事，族人皆侍終日，大宗已侍於賓奠，然後燕私。注云：謂卿大夫以下。宗室，大宗之家。引《禮記》别子爲祖，繼别爲大宗，繼禰爲小宗，賓寮友助祭者。若然，大宗子祭，一族之内皆來助祭。引之者，證經子姓兄弟，若據小宗有服者，若據大宗兼有絶服者也。有司群執事如兄弟服，東面北上。注：士之屬吏也。疏：注釋曰：云如兄弟服者，如主人冠端玄。《左傳》云士有隸子弟，謂此言爲屬吏而已。

又 記。特牲饋食，其服皆朝服，玄冠，緇帶，緇韠。注：於祭服此也。皆者，謂賓及兄弟，筮日、筮尸、視濯亦玄端，至祭而朝服。朝服者，諸侯之臣與其君日視朝之服，大夫以祭。今賓兄弟，緣孝子欲得嘉賓尊客以事其祖禰，故服之。緇韠者，下大夫之臣。夙興，主人服如初，則固玄端。疏：釋曰：此退玄冠在朝服下者，欲令近緇色。士冠在朝服上，服從而正也。注釋曰：云皆者，謂賓及兄弟，筮日、筮尸、視濯亦玄端者，見上經云筮日主人冠玄端，子姓兄弟如主人之服，有司群執事如兄弟服，筮尸云如求日之儀，至於視濯又不見異服，故知皆玄端。至祭日夙興，云主人服如初，初即玄端，明其餘不如初，是朝服可知。是以此注云皆者謂賓及兄弟也。云朝服者，諸侯之臣與其君日視朝之服，大夫以祭者，案《玉藻》云諸侯朝服，以日視朝，下《少牢》云主人朝服是也。緇韠者，下大夫之臣者，《士冠禮》云：主人玄冠朝服，緇帶素韠。韠與裳同色，此朝服緇韠，大夫之臣朝服素韠，此緇韠，故云下大夫之臣。云夙興，主人服如初，則固玄端，引上經者，直言皆朝服，恐主人亦在其中，故引證主人服玄端，與兄弟異也。唯尸、祝、佐食玄端，玄裳、黄裳、雜裳可也，皆爵韠。注：與主人同服。《周禮》士之齊服，有玄端、素端。然則玄裳，上士也，黄裳中士，雜裳下士。【略】疏：注釋曰：《周禮》士之齊服有玄端、素端，《司服》文。引之者，欲見士之齊服有一玄端，而裳則異，故鄭云然則玄裳以下，見玄端一而裳有三也。彼注云素端者，亦謂札荒有所禱請服之，於此經無所當而連引之耳。若然，士冠亦有玄端三等裳，而引《司服》者，以此特牲祭祀時，彼據齊時四命已上齊祭異冠，大夫齊祭同冠，故就此祭祀引齊時冠服爲證也。

又卷一六《少牢饋食禮第十六》 筮於廟門之外。主人朝服，西面于門東。史朝服，左執筮，右抽上韇，兼與筮執之，東面受命于主人。注：史，家臣主筮事者。【略】疏：釋曰：云主人朝服，西面于門東者，此爲將筮，故西面。案下文爲期于廟門外，主人門東，南面，注云主人不西面者，大夫尊，於諸臣有君道也，彼不爲卜筮之事，故主人南面也。又主人朝服者，爲祭而筮，還服祭服。是以上篇《特牲》筮亦服祭服，玄端。以此而言，天子諸侯爲祭，卜筮亦服祭服。案《司服》云：享先王則衮冕。《祭義》云：易抱龜南面，天子衮冕北面。雖有明知之心，必進斷其志焉。是爲祭而卜，還服祭服，則諸侯爲祭卜筮，服祭服可知。若爲他事卜筮，則異於此。《孝經》注云：

卜筮，冠皮弁，衣素積，百王同之，不改易。《士冠》主人朝服，注云尊蓍龜之道是也。注釋曰：云史，家臣主筮事者，案《雜記》大夫士筮，亦云史練冠長衣，是史主筮事也。

又　主婦被錫，衣侈袂，薦自東房，韭菹、醓醢，坐奠于筵前。主婦贊者一人，亦被錫，衣侈袂，執葵菹、蠃醢以授主婦。主婦不興，遂受，陪設于東，韭菹在南，葵菹在北。主婦興，入于房。注：被錫，讀爲髲鬄。古者或剔賤者刑者之髮，以被婦人之紒爲飾，因名髲鬄焉。此《周禮》所謂次也。不纚笄者，大夫妻尊，亦衣綃衣，而侈其袂耳。侈者，蓋半士妻之袂以益之，衣三尺三寸，祛尺八寸。【略】疏：釋曰：云主婦贊者一人，亦被錫者，此被錫侈袂與主婦同。既一人與主婦同，則其餘不得如主婦，當與士妻同，纚笄綃衣。若士妻與婦人助祭，一皆纚笄綃衣，以綃衣下更無服，服窮則同。故《特牲》云凡婦人助祭者同服是也。注釋曰：云被錫讀爲髲鬄者，欲見髲取人髮爲之之義也。云古者或剔賤者刑者之髮，以被婦人紒爲飾，因名髲鬄焉者，此解名髲鬄之意。按哀公十七年《左傳》：衛莊公登城望戎州，見己氏之妻髮美，使髡之，以爲呂姜髢。是其取賤者髮爲鬄之事也。云此《周禮》所謂次也者，案《周禮·追師》云掌王后以下副編次。三翟者，首服副，鞠衣禮衣，首服編，褖衣，首服次。鄭彼注：副，首飾，若今步摇。編，編列髮爲之，若今假紒。次，次第髮長短爲之，所謂髲鬄。鄭云所謂髲鬄者，指此文也。是彼此相曉也。云不纚笄者，大夫妻尊者，此決《特牲》主婦纚笄，士妻卑故也。云亦衣綃衣者，亦如《特牲》士妻主婦綃衣也。綃衣者，六服外之下者。云而侈其袂耳，侈者蓋半士妻之袂以益之，衣三尺三寸，祛尺八寸者，士妻之袂二尺二寸，祛尺二寸，三分益一，故衣三尺三寸，祛尺八寸也，故《内司服》注亦爲此解也。或云衣三尺三寸，或云袂，倶合義，是以《喪服》記亦名袂爲衣也。

《禮記》

綜　述

漢·戴德《大戴禮記》卷一《王言》　五十里而封，百里而有都邑，乃爲畜積衣裘焉，使處者恤行者有與亡。案，與他本訛作興，今從方本。是以蠻夷諸夏雖衣冠不同，言語不合，莫不來至朝覲于王。

又《哀公問五儀》　魯哀公問于孔子曰：吾欲論吾國之士，與之爲政，何如者取之。孔子對曰：生乎今之世，志古之道。居今之俗，服古之服。舍此而爲非者，不亦鮮乎。哀公曰：然則今夫章甫、句屨、紳帶而搢笏者，案，句《荀子》作絇。此皆賢乎。孔子曰：否，不必然。今夫端衣、玄裳、冕而乘路者，志不在于食葷。斬衰、菅屨、杖而歠粥者，案，菅他本訛作萠。考《荀子》作菅，今從方本。志不在于飲食。故生乎今之世，志古之道，居今之俗，服古之服。舍此而爲非者，雖有，不亦鮮乎。

又《哀公問于孔子》　哀公問于孔子曰：大禮何如。【略】孔子曰：丘聞之也，民之所由生，禮爲大。【略】有成事，然後治其雕鏤文章黼黻以嗣。其順之，然後言其喪葬，案，《小戴》作喪算。備其鼎俎，設其豕腊，修其宗廟，歲時以敬祭祀，以序宗族，則安其居處，案，《小戴》作即安其居節。醜其衣服，卑其宮室，車不雕幾，器不刻鏤，食不二味，以與民同利。昔之君子之行禮者如此。

又卷三《保傅》　天子居處出入不以禮，冠帶衣服不以制，御器在側不以度，案，此下各本衍縱字，今從方本。上下雜采不以章，惑于朱紫不以典章，忿怒説喜不以義，賦與集讓案，集《通解》云當作譙。不以節，凡此其屬，少傅之任也。

又卷四《曾子立事》　君子入人之國，不稱其諱，不犯其禁。諱，國諱。禁，國禁。不服華色之服。服，法服。不稱懼惕之言，故曰與其奢也寧儉，與其倨也寧句。倨，猶慢也。句，以喻敬。

又卷七《五帝德》　黄黼黻衣，案，黄下各本衍帝字，今據後文訂正。大帶黼裳，乘龍扆雲，以順天地之紀，幽明之故，死生之説，存亡之難。

春秋戰國服飾制度部

服飾會要

綜述

《墨子》卷四《兼愛中第十五》　昔者晉文公好士之惡衣，故文公之臣皆牂羊之裘，韋以帶（錢）[劍]，練帛之冠，入以見於君，出以踐朝。是其故何也。君説之，故臣爲之也。【略】是故子墨子言曰：乃若夫少食、惡衣、殺身而爲名，此天下百姓之所皆難也。

又卷六《節用上第二十》　其爲衣裘何以爲。冬以圉寒，夏以圉暑。凡爲衣裳之道，冬加温，夏加清者，芋䱙。不加者，去之。【略】凡其爲此物也，無加用而爲者，是故用財不費，民德不勞，其興利多。

又《節用中第二十一》　古者聖王制爲衣服之法曰：冬服紺緅之衣輕且暖，夏服絺綌之衣輕且（清）[凊]，則止諸。加費不加于民利者，聖王弗爲。

又卷一二《公孟第四十八》　公孟子戴章甫，搢（忍）[忽]，儒服，而以見子墨子，曰：君子服然後行乎，其行然後服乎。子墨子曰：行不在服。公孟子曰：何以知其然也。子墨子曰：昔者齊桓公高冠博帶，金劍木盾，以治其國，其國治。昔者晉文公大布之衣，牂羊之裘，韋以帶劍，以治其國，其國治。昔者楚莊王鮮冠組纓，縫衣博袍，以治其國，其國治。昔者越王句踐剪髮文身，以治其國，其國治。此四君者，其服不同，其行猶一也。翟以是知行之不在服也。公孟子曰：善。吾聞之曰，宿善者不祥，請舍（忍）[忽]，易章甫，復見夫子，可乎。子墨子曰：請因以相見也。若不將舍（忍）[忽]易章甫而後相見，然則行果在服也。

晉・杜預注、唐・孔穎達疏《春秋左傳注疏》卷一二　秋七月乙酉，伯姬卒。注：無傳。《公羊》、《穀梁》曰：未適入，故不稱國。已許嫁，則以成人之禮，書不復殤也。婦人許嫁而笄，猶丈夫之冠。【略】疏：《正義》曰：《公羊傳》曰：此未適人，何以卒。許嫁矣。婦人許嫁，字而笄之。死則以成人之喪治之。《穀梁傳》意亦與之同。嫁於大夫，死不書卒。此許嫁者嫁於國君也。但未往彼國，不成彼國之婦，故不稱國也。《喪服小記》曰：男子冠而婦人笄，其義一也。是許嫁而笄，猶丈夫之冠也。禮，男子冠而不爲殤，婦人笄而不爲殤，故以成人之喪治之，爲之服成人之服。

又卷一四　鄭子華之弟子臧出奔宋，【略】好聚鷸冠。注：鷸，鳥名。聚鷸羽以爲冠，非法之服。【略】疏：《正義》曰：《釋鳥》云：翠鷸。李巡曰：鷸一名爲翠，其羽可以爲飾。樊光云：青羽出交州。郭璞云：似燕，紺色，生鬱林。《説文》云：翠，青羽雀也。案《漢書》尉佗獻文帝翠鳥毛。然則鷸羽可以飾器物，聚此鷸羽以爲冠也。

又卷一五　賜之大輅之服，戎輅之服。注：大輅，金輅。戎輅，戎車。二輅各有服。【略】疏：《正義》曰：【略】二輅各有服者，《周禮・司服》侯伯之服，自鷩冕而下，凡兵事，韋弁服。金輅，祭祀所乘。其大輅之服，當謂鷩冕之服，戎輅之服，當謂韋弁服也。

又　初，楚子玉自爲瓊弁玉纓，未之服也。注：弁，以鹿子皮爲之。瓊，玉之别名，次之以飾弁及纓。《詩》云會弁如星。【略】疏：《正義》曰：《禮》稱皮弁，明其用皮也。知以鹿子皮者，相傳爲然，至今仍用之。《詩》毛傳云：瓊，玉之美者。則瓊亦玉也，選美者飾弁，以惡者飾纓耳。《周禮・弁師》掌王之皮弁，會五采玉璂。鄭玄云：會，縫中也。璂讀如綦。綦，結也。皮弁之縫中，每貫結五采玉以爲飾，謂之綦。又諸侯及孤卿大夫之皮弁，各以其等爲之。鄭玄云：孤則璂飾四，三命之卿璂飾三，再命之大夫璂飾二。是諸侯之臣，其皮弁得以玉爲飾也。《弁師》又云：王五采，諸侯三采。鄭玄云：王璂飾十二，上公九，侯伯七，子男五，卿大夫皆二采，璂飾各如其命數。鄭又云：三采朱白蒼，二采朱緑。其纓之飾，則無以言之，蓋以玉飾纓之末耳。《詩》云會弁如星，《衛風・淇澳》篇也。鄭箋云：會謂弁之縫中，飾之以玉，皪皪而處，狀似星也。

又卷二九《傳》：三年春，楚子重伐吴，【略】使鄧廖帥組甲三百，被練三千。注：組甲、被練，皆戰備也。組甲，漆甲成組文。被練，練袍。疏：《正義》曰：賈逵云：組甲，以組綴甲，車士服之。被練，帛也，以帛綴甲，步卒服之。凡甲所以爲固者，以盈竅也。帛盈竅而任力者半，卑者所服。組盈竅而盡任力，尊者所服。馬融云：組甲，以組爲甲裹，公族所服。被練，以練爲甲裹，卑者所服。然則甲貴牢固，組、練俱用絲也。練若不固，宜俱用組。何當尚不牢之甲，而令步卒服之。豈欲其被傷，故使甲不牢也。若練以綴甲，何以謂之被也。又組是絛繩，不可以爲衣服，安得以爲甲裹。杜言組甲，漆甲成組文，今時漆甲有爲文者。被練文不言甲，必非甲名。被是被覆衣著之名，故以爲練袍，被於身上。雖並無明證而杜要惬人情。

又　國人逆喪者皆髽。魯於是乎始髽。注：髽，麻髮合結也。遭喪者多，故不能備凶服，髽而已。【略】疏：《正義》曰：髽之形制，《禮》無明文。先世儒者，各以意説。鄭衆以爲枲麻，與髮相半結之。馬融以爲屈布爲巾，高四寸，著於顙上。鄭玄以爲去纚而紒。案《檀弓記》稱：南宫縚之妻，孔子之兄女也。縚母喪，孔子誨之髽曰：爾毋從從爾，爾毋扈扈爾。鄭玄云：從從謂太高，扈扈謂太廣。若布高四寸，則有定制，何當慮其從從，扈扈而謂之哉。如鄭玄去纚而空露其紒，則髮上本無服矣。《喪服》：女子在室，爲父髽衰三年。空露紒髮，安得與衰共文而謂之髽衰也。魯人逆喪皆髽，豈直露紒迎喪哉。凶服以麻表。髽字從髟，是髮之服也。杜以鄭衆爲長，故用其説。言麻髮合結，亦當麻髮半也。於時魯師大敗，遭喪者多，婦人迎子迎夫，不能備其凶服，唯髽而已。同路迎喪，以髽相吊。《傳》言魯於是始髽者，自此以後，遂以髽爲吊服。雖有吉者，亦髽以吊人。《檀弓》曰：魯婦人之髽而吊也，自敗於臺駘始也。鄭玄云：時家家有喪，髽而相吊。知於是始髽者，始用髽相吊也。髽者，依《喪服》婦人爲斬衰三年者髽。故《喪服》云：女子子在室，箭笄髽衰三年是也。其齊衰期亦髽。於《檀弓》云南宫縚之妻之姑之喪，夫子誨之髽是也。其婦人吊服則鄭注《檀弓》云大夫之妻錫衰，士之妻則疑衰皆吉笄，無首素總也。

又卷三〇　國君十五而生子。冠而生子，禮也。注：冠，成人之服，故必冠而後生子。【略】君可以冠矣。大夫盍爲冠具。武子對曰：君冠必以裸享之禮行之。【略】疏：《正義》曰：冠是嘉禮之大者，當祭以告神，故有裸享之禮，以祭祀也。國君無故不徹縣，故有金石之樂，行冠禮之時，爲舉動之節也。冠必在廟，故先君之祧處之也。既行裸享，祭必有樂。所言金石節之，謂冠時之樂，非祭祀之樂也。諸侯之冠禮亡，唯有《士冠禮》在耳。其禮亦行事於廟，而不爲祭祀。士無樂可設，而唯處祧同耳。士冠必三加：始加緇布冠，次加皮弁，次加爵弁。公則四，《大戴禮・公冠篇》於士三冠後，更加玄冕是也。案此《傳》文，則諸侯十二加冠也。文王十三生伯邑考，則十二加冠，親迎于渭，用天子禮。則天子十二冠也。《晉語》柯陵會，趙武冠見范文子，冠時年十六七，則大夫十六冠也。士庶則二十而冠，故《曲禮》云：二十曰弱冠是也。

又卷三二　衛獻公戒孫文子、甯惠子食，【略】皆服而朝。注：服朝服，待命於朝。疏：《正義》曰：言服而朝，明朝服也。諸侯每日視朝，其君與臣皆服玄冠，緇布衣，素積以爲裳。《禮》通謂此服爲朝服。宴食雖非大禮，要是以禮見君，故服朝服。公食大夫之禮，賓朝服，則臣於君，雖非禮食，亦當服朝服也。【略】日旰不召，【略】而射鴻於囿，二子從之。【略】不釋皮冠而與之言。注：皮冠，田獵之冠也。既不釋冠，又不與食。疏：《正義》曰：此公射鴻於囿，而冠皮冠，明皮冠是田獵之冠也。且虞人掌獵。昭二十年《傳》曰：皮冠以招虞人。又十二年《傳》言雨雪，楚子皮冠以出，出田獵也。是諸侯之禮，皮冠以田獵。《周禮・司服》云：凡甸，冠弁服。鄭玄云：甸，田獵也。冠弁，委貌也。其服緇布衣，素積以爲裳。是服諸侯視朝之服也。彼天子之禮，故以諸侯朝服而田，異於此也。昭十二年《傳》又云：右尹子革夕，王見之，去皮冠。杜云：敬大臣。是若敬大臣，宜釋皮冠。既不釋皮冠，又不與食，二子所以怒也。二子怒。

又　余狐裘而羔袖。注：言一身盡善，唯少有惡。喻己雖從君出，其罪不多。【略】疏：《正義》曰：《玉藻》云：君衣狐白裘，錦衣以裼之。又曰：錦衣狐裘，諸侯之服也。是裘之用皮，狐貴於羔也。

又卷三三　齊晏桓子卒，注：晏嬰父也。晏嬰麤縗斬。注：斬，不緝之也。縗在胸前。麤，三升布。【略】疏：《正義》曰：《喪服》：斬衰裳。《傳》曰：斬者何，不緝也。馬融云：不緝，不緶也。謂斬布用之，不緶其端也。衰用布爲之，廣四寸，長六寸，當心，故云：在胸前也。《喪服傳》曰：衰三升。鄭玄云：布八十縷爲升。然則《傳》以三升之布，布之最麤，故謂之麤也。以麤布爲衰而斬之，故以麤縗斬爲文之次。苴絰、帶、杖，菅屨。注：苴，麻之有子者。取其麤也。杖，竹杖。菅屨，草屨。【略】疏：《正義》曰：《喪服》云：苴絰、杖、絞帶。此《傳》帶不言絞，亦當爲絞帶也。若要帶，則謂之絰。故《喪服》注云：麻在首在要皆曰絰。《喪服傳》曰：苴絰者，麻之有蕡者也。杖，竹杖也。絞帶者，繩帶也。馬融云：蕡者枲實。枲麻之有子者，其色麤惡，故用之。苴者，麻之色。鄭玄《士喪禮》注云：苴麻者，其貌苴。服重者，尚麤惡。《喪服》及此《傳》絰、帶、杖，三者皆在苴下，言其色皆苴也。絰帶用麻，杖用竹，麻竹雖異，而其苴則同，故三者共蒙苴也。鄭玄云：麻在首在要皆曰絰。此言絰者，謂首絰也。凡喪服冠纓帶屨，皆象吉時常服，但變之使麤惡耳。其衰與絰，是新造以明義，故特爲立其名。衰之言摧也，絰之言實也。明孝子之心實摧痛，故制此服，立此名也。衰當心，絰在首，獨立名於心首者，心是發哀之主，首是四體所先，故制服以表之。要絰之下，又有絞帶。絰殺首絰五分之一，絞帶殺要絰亦然。雖大小有三等，而同用苴麻。《喪服》，杖在帶上。此《傳》杖在帶下者，《喪服》具明其服，故杖在上。然後言絞帶，冠繩纓。此《傳》略言其禮，欲明帶與絰俱用麻，故杖在帶下。《喪服傳》云：菅屨者，菅菲也。菲者，屨之別名，故杜注云草屨也。

又卷三四　方暑，闕地，下冰而牀焉。重繭衣裘，鮮食而寢。注：繭，綿衣。【略】疏：《正義》曰：《玉藻》曰：纊爲繭，緼爲袍。鄭玄云：衣有著之異名也。纊謂今之新綿，緼謂今纊及舊絮也。然則繭是袍之別名，謂新綿著袍，故云綿衣也。置冰牀下，使有寒氣，其上加綿衣，暑月多衣，所以示疾。

又卷三六　鄭子産獻捷于晉，【略】戎服將事。注：戎服，軍旅之衣，異於朝服。疏：《正義》曰：《周禮·司服》云：凡兵事，韋弁服。鄭玄云：韋弁以韎韋爲弁，又以爲衣裳也。諸侯之朝服，玄冠緇布衣，素積以爲裳。是戎服異於朝服也。

又卷三八　公喪之，如稅服，終身。注：稅即繐也。《喪服》：繐，繐裳，縷細而希，非五服之常，本無月數。痛愍子鮮，故特爲此服。此服無月數，而獻公尋薨。故言終身。【略】疏：《正義》曰：《傳》云公喪之者，言公爲之服喪服也。《禮》無稅服之名，如稅服者，不知何服也。服虔云：衰麻已除，日月已過，乃聞喪而服，是爲稅服。稅服，服之輕者。案《禮記》：過而追服，實名爲稅。以聞凶之日爲服喪之始，其服過追而服之衰麻，不爲有異，何云服之輕者。公若依彼稅服法，其兄弟之服，則還是齊衰期耳，何以得云如也。杜以言義不通，故云稅即繐也，當是聲相近而字改易耳。《喪服》有繐衰裳，牡麻絰，既葬除之，其章唯有諸侯大夫爲天子以外，無人服此服也。《喪服傳》曰：繐衰者，小功之繐也。鄭玄云：治縷如小功而成布四升半，細其縷者，以恩輕。升數少者，以服至尊。凡布細而疏者謂之繐是繐者，縷細而希疏也。《喪服》之文，在大功之下，小功之上，是非五服之常也。既葬除之，是本無月數也。《禮》，天子諸侯絶旁期，計公於子鮮不應爲之服，獻公痛愍子鮮，特爲服此服也。此服既無月數，獻公服之，不自云幾月當止，獻公尋自身薨，至死未釋此服，故云終身也。兄弟之服本服期耳。獻公驕淫之君，不應過其常月。杜言獻公尋薨，謂此子鮮之卒，差在獻公前耳。

又卷四一　吾與子弁冕端委以治民，臨諸侯，禹之力也。注：弁冕，冠也。端委，禮衣。言今得共服冠冕有國家者，皆由禹之力。【略】疏：《正義》曰：冠者，首服之總名。弁冕，冠中之小別。弁冕是首服，端委是身服。言弁冕端委，總舉冠衣而言，非謂定公，趙孟身所自衣也。哀七年《傳》云：大伯端委以治。《周禮》：仲雍嗣之，斷髮文身。以文身從彼之俗，知端委是依禮之衣。杜直言：端委，禮衣，不知是何衣也，名曰端委，又無所說。《周禮·司服》於士服之下云：其齊服有玄端、素端。鄭玄云：謂之端者，取其正也。謂士之衣袂，皆二尺二寸而屬幅，是廣袤等也。其袪尺二寸，大夫以上侈之。侈之者，蓋半而益一焉。半而益一，則其袂三尺三寸，袪尺八寸。如鄭此言，唯士服當端制，大夫以上不復端也。服虔云：禮衣端正無殺，故曰端。文德之衣尚褒長，故曰委。案《論語·鄉黨》：非帷裳，必殺之。鄭康成云：帷裳，謂朝祭之服。其制正幅如帷，非帷裳者，謂深衣削其幅，縫齊倍要。《禮記》深衣制，短不見膚，長不被土。然則朝祭之服當曳地，服言是也。

又卷五三　季孫練冠，麻衣，跣行。【略】疏：《正義》曰：練冠，蓋如喪服斬衰，既練之後布冠也。麻衣，當是布深衣也。《問喪》云：親始死，徒跣。跣行不屨，以其不得事君，示己憂戚之深也。

又卷五八　大伯端委以治周禮，仲雍嗣之，斷髮文身，贏以爲飾，豈禮也哉。有由然也。注：大伯，周大王之長子。仲雍，大伯弟也。大伯、仲雍讓其弟季歷，俱適荆蠻，遂有民衆。大伯卒，無子。仲雍嗣立，不能行禮致化，故效吳俗。言其權時制宜以辟灾害，非以爲禮也。端委，禮衣也。【略】疏：《正義》曰：《吳世家》云：大伯及仲雍皆周大王之子，而王季歷之兄也。季歷賢，而有聖子昌。大王欲立季歷以及昌，於是大伯、仲雍二人乃奔荆蠻，文身斷髮，示不可用。大伯之奔荆蠻，自號句吳。荆蠻義之，從而歸之千餘家，立爲吳大伯。大伯卒，無子，弟仲雍立。是說大伯、仲雍適吳之由也。魯人不堪吳責，故舉吳之上祖以訐之。二人同時適吳，而大伯端委，仲雍斷髮者，大伯初往，未爲彼君，故服其本服，自治周禮。及仲雍，民歸稍多，既爲彼君，宜從彼俗。《曲禮》云：君子行禮，不求變俗。仲雍爲彼人主，不能行周人之禮，致中國之化，故文身斷髮，放效吳俗。言其權時制宜以辟灾害，非以爲禮也。《漢書·地理志》云：越人文身斷髮，以辟蛟龍之害。應劭曰：常在水中，故斷其髮，文其身，以象龍子，故不見傷害。杜言辟害，辟此蛟龍之害。大伯之時，未有《周禮》，言治周禮者，謂治其本國岐周之禮，非周公所制禮也。贏以爲飾者，贏其身體，以文身爲飾也。端委禮衣者，王肅云：委貌之冠，玄端之衣也。此《傳》言大伯端委，仲雍斷髮，《史記》云二人皆文身斷髮，然則文身斷髮，自辟害耳。《史記》以爲示不可用，二人亡去，遠適荆蠻，則周人不知其處，何以須示不可用也。皆馬遷謬耳。

又卷五九　旨酒一盛兮，余與褐之父睨之。注：一盛，一器也。睨，視也。褐，寒賤之人。言但得視，不得飲。【略】疏：《正義》曰：酒盛於器，故謂一器爲一盛。《說文》云：睨，邪視也。《詩》云：無衣無褐，何以卒歲。鄭玄云：褐，毛布也。人之貴者無衣，賤者無褐。是褐者寒賤人之衣服也。

又卷六〇　良夫乘衷甸兩牡，【略】紫衣狐裘。注：紫衣，君服。疏：《正義》曰：賈逵云然，杜從之。紫衣爲君服，禮無明文，要此云紫衣，言良夫不合服之。《玉藻》云：玄冠紫緌，自魯桓公始也。鄭玄云：蓋僭宋王者之後服也。《管子》稱齊桓好服紫衣，齊人尚之，五素而易一紫。孔子云惡紫之奪朱。蓋當時人主好服紫衣，君既服紫，則臣不得僭。今《傳》言紫衣爲良夫之罪，明紫是君服，良夫僭之，故言紫衣君服也。大夫狐裘非僭，言之者，爲袒裘張本。至，袒裘，不釋劍而食。注：食而熱，故偏袒，亦不敬。【略】疏：《正義》曰：《禮》，裘上有衣，謂之裼。《玉藻》云：君衣狐白裘，錦衣以裼之。如此之類，皆是裘上之裼衣也。裼衣之上，乃有朝祭正服。裘上有兩衣也。如此兩衣，裏則二衣皆重之，裼則袒正服露裼衣。《玉藻》云：裘之裼也，見美也。君在則裼，盡飾也。服之襲也，充美也。然則在君之所，於法唯有露裼衣耳，無露裘之時。今良夫爲食熱之故，偏袒其裘，則并裘亦袒，是不敬也。劍是害物之器，不得近至尊，故近君則解劍。良夫與君食而不釋劍，亦不敬也。

宋·朱熹《楚辭集注》卷一《離騷》 製芰荷以爲衣兮，集芙蓉以爲裳。不吾知其亦已兮，苟余情其信芳。【略】上曰衣，下曰裳，言被服益潔，修善益明也。此與下章，即所謂脩吾初服也。

又卷二《九歌·東皇太一》 吉日兮良辰，穆將愉兮上皇。撫長劍兮玉珥，璆鏘鳴兮琳琅。【略】璆鏘，皆玉聲。《孔子世家》云：環珮，玉聲璆然。《玉藻》云：古之君子必佩玉。進則揖之，退則揚之。然後玉鏘鳴也。琳琅，美玉名，謂佩玉也。此言主祭者卜日齋戒，帶劍佩玉，以禮神也。

又《九歌·東君》 青雲衣兮白霓裳，舉長矢兮射天狼。【略】青衣白裳，日出東方入西方，故用其方色以爲飾也。

又卷四《九章·涉江》 余幼好此奇服兮，年既老而不衰。帶長鋏之陸離兮，冠切雲之崔嵬。【略】奇服，奇偉之服，以喻高潔之行，下冠劍被服，皆是奇服也。鋏，劍把，或曰刀身，劍鋒也。長鋏見《史記》。切雲，當時高冠之名。

宋·吕祖謙《紫微雜説》 《鄉黨》記孔子衣服之制，當時衣服自當如此。但周衰禮壞，君臣上下差亂無别，獨聖人從容有常，不改其制，故學者記之。

明·胡廣《四書大全·論語集注大全》卷八 子曰：禹，吾無間然矣。菲飲食而致孝乎鬼神，惡衣服而致美乎黻冕，卑宮室而盡力乎溝洫。禹，吾無間然矣。【略】衣服，常服。黻，蔽膝也，以韋爲之。朱子曰：韋，熟皮也。祭服謂之黻，朝服謂之韠。厚齋馮氏曰：黻其色皆赤，尊卑以深淺爲異。天子純朱，諸侯黄朱，大夫赤。冕，冠也。胡氏曰：冕冠上板前低後高，因俯以得名。皆祭服也。

又卷九 子曰：麻冕，禮也。今也純，儉，吾從衆。麻冕，緇莊持反。布冠也。純，絲也。儉謂省約。緇布冠以三十升布爲之。升，八十縷。隴主反。則其經二千四百縷矣，細密難成，不如用絲之省約。

又 子見齊衰者、冕衣裳者與瞽者，見之，雖少必作，過之必趨。【略】齊衰，喪服。邢氏曰：言齊衰，則斬衰從可知也。冕，冠也。衣，上服。裳，下服。冕而衣裳，貴者之盛服也。《禮·玉藻》曰：衣正色，裳間色。鄭曰：冕服玄上纁下。【略】問：作與趨者，敬之貌也，何爲施之於齊衰與瞽者。朱子曰：作與趨固是敬，然敬心之所由發則不同。見冕衣裳者，敬心生焉，而因用其敬。見齊衰者、瞽者，則哀矜之心動於中，而自加敬也。

又卷一〇 見齊衰者，雖狎必變。見冕者與瞽者，雖褻必以貌。狎，謂素親狎。褻，謂燕見。貌，謂禮貌。餘見形甸反。前篇。南軒張氏曰：狎謂與習熟者，褻謂見之頻數者。洪氏曰：雖少必作，過之必趨，謂不相識者也。雖狎必變，雖褻必以貌，謂素所親比者也。

又卷一一 宗廟之事，如會同，端章甫。【略】端，玄端服。章甫，禮冠。慶源輔氏曰：禮有玄端而冕，若《玉藻》天子龍衮以祭，玄端朝日，諸侯玄端以祭是已。有玄端而冠，若朝玄端夕深衣是已。有玄端而章甫，如此章端章甫是已。有玄端而委貌，若晏平仲端委立於虎門是已。鄭云：端取其正。謂士之衣袂皆二尺二寸，而屬幅廣袤等也。然則玄端之服，古者君臣皆得服之。章甫，緇布冠也。夏曰毋追，音牟堆，商曰章甫，周曰委貌。其制相比，皆以漆布爲之，蓋三代常服行道之冠也。

又卷一四 子曰：【略】微管仲，吾其被髮左衽矣。【略】微，無也。衽，衣衿也。被髮左衽，夷狄之俗也。【略】時楚之勢駸駸可畏，治之少緩，則中國爲夷狄，故曰微管仲，吾其被髮左衽矣。

又卷一五 子曰：行夏之時。【略】乘殷之輅。【略】服周之冕。周冕有五，祭服之冠也，冠上有覆，敷救反。前後有旒，音流。黄帝以來蓋已有之，而制度儀等至周始備。何晏曰：《世本》云黄帝作冕，《周禮》弁師掌王五冕，其制蓋以木爲幹，以布衣之。上玄下朱，取天地之色。阮諶《三禮圖》云：長尺六寸，廣八寸。天子以下皆同。前圓後方，前垂四寸，後垂三寸。鄭云：天子之衮冕十二旒，鷩冕九旒，毳冕七旒，絺冕五旒，玄冕三旒，旒各十二玉。公之衮冕九旒九玉，侯伯七旒七玉，子男五旒五玉，孤三旒三玉，大夫二旒二玉，士以弁，庶人以冠。《周禮·春官·司服》王之吉服，祀昊天上帝則服大裘而冕，祀五帝亦如之。享先王則衮冕，享先公饗射則鷩冕，祀四望山川則毳冕，祭社稷五祀則絺冕，祭羣小祀則玄冕。六服同冕者，首飾尊也。大裘，羔裘也。衮冕，卷龍衣也。九章初一曰龍，次二曰山，次三曰華蟲，次四曰火，次五曰宗彝，皆畫以爲繢。次六曰藻，次七曰粉米，次八曰黼，次九曰黻，皆絺以爲繡。則衮之衣五章，裳四章，凡九章也。鷩，畫以雉謂華蟲也，其衣三章，裳四章，凡七章也。毳，畫虎蜼謂宗彝也，其衣三章，裳二章，凡五章也。絺，刺粉米，無畫也，其衣一章，裳二章，凡三章也。玄者衣無文，裳刺黻而已，是以謂之玄焉。凡冕服皆玄衣纁裳。 然其爲物小而加於衆體之上，故雖華而不爲靡，雖費而不及奢。夫子取之，蓋亦以爲文而得其中也。 或問：周冕之不爲侈，何也。朱子曰：加之首則體嚴而用約，詳其制則等辨而分明，此周冕所以雖文而不爲過也。夏商之制雖不可考，然意其必有未備者矣。雲峯胡氏曰：周尚文則有過於文者，周之冕則得乎文之中者也。

又卷一七 子曰：惡紫之奪朱也，惡鄭聲之亂雅樂也，惡利口之覆邦家者。 惡，去聲。覆，芳服反。 朱正色，紫間去聲。色。 新安陳氏曰：朱，南方赤之正色，合黑赤而成紫，北方之間色。

明・劉績《三禮圖》卷二 《士冠禮》緇纚，廣終幅，長六尺。 後世謂之幓頭，即今之包紗。 所以斂髮，束于頂上爲髻。

又 毋追，即變緇布冠去缺項爲武而有緌者也。 鄭司農作牟，古毋牟通用，如敦牟之牟，追如追師之追。

又 周弁，有五天文弁星，亦中穹而兩端直如笄。《釋名》曰：弁如兩手相合抃持也。 以爵韋爲之謂之爵弁，以鹿皮爲之謂之皮弁。

明・陳士元《論語類考》卷一八《冠服考第二》 紳帶。 邢昺氏曰：以帶束腰，垂其餘以爲飾，謂之紳。 朱子曰：紳，大帶之垂者。 陳祥道氏曰：《玉藻》天子素帶朱裏，終辟。 諸侯素帶，終辟。 大夫素帶，辟垂。 士練帶，率，下辟。 并紐約用組三寸，長齊於帶。 紳長制：士三尺，有司二尺五寸，大夫大帶四寸。 雜帶，君朱緑，大夫玄華，士緇辟，二寸，再繚四寸。凡帶，有率無箴功。 辟，猶冠裳之辟積也，率，縫合之也。 天子、諸侯大帶終辟，則竟帶之身辟之。 大夫辟其垂，士辟其下而已。 雜，飾也。 飾帶，君朱緑，大夫玄華，士緇，故《儀禮・士冠》主人朝服緇帶，冠者爵弁、皮弁、緇布冠，皆緇帶，則士帶練而飾以緇也。 士辟下二寸，則所辟其下端二寸也。再繚四寸，則結處再繚屈之四寸也。 天子至士，帶皆合帛爲之，或以素，或以練，或終辟，或辟垂，或辟下。 其飾或朱緑，或玄華。 蓋素得於自然，練成於人功。 終辟，則所辟者備，辟垂、辟下，則所積者少。 朱者正陽之色，緑者少陽之雜。 玄與緇者陰之體，華者文之成。 天子體陽而兼乎下，故朱裏而裨以朱緑。 諸侯雖體陽而不兼乎上，故飾以朱緑而不朱裏。 大夫體陰而有文，故飾以玄華。 士則體陰而已，故飾以緇。 然於大夫言帶廣四寸，則其上可知，而士不必四寸。 於士言紳三尺，則其上可知，而有司止於二尺五寸也。 凡帶，有率無箴功，則帶繂而已，無刺繡之功也。 以至并紐約組三寸，再繚四寸，紳韠結三齊，皆天子至士所同也。 夫所束長於飾，則失之太拘，所飾長於束，則失之太文。 紳韠結三齊，然後爲稱。 則有司之約韠，蓋亦長二尺五寸也。 古者於物言華，則五色備矣。 於文稱凡，則衆禮該矣。 鄭氏以華爲黄，以凡帶爲有司之帶，以率爲士與有司之帶，以辟爲裨，以二寸爲士帶廣，大夫以上用合帛，士以下禪而不合，皆非經據之論也。

元按，古人之帶二，有革帶，有大帶。 革帶以皮爲之，用以懸佩，亦以繫韍在裳之上衣之内。《易》云鞶帶，《内則》云男鞶革，《玉藻》云革帶博二寸，《士喪禮》云韐帶搢笏，《左傳》云鞶厲游纓，揚子云綉其帨鞶是也。既服革帶，然後於衣上加以大帶。 大帶以繒爲之，圍於腰，結於前，其兩頭垂在下者曰紳，即今深衣之帶。《詩》云垂帶而厲，毛萇、杜預皆以厲爲帶之垂者是也。《玉藻》：子游曰：參分帶下，紳居一焉，紳韠結三齊。 注云：紳謂紳帶，韠謂蔽膝，結謂約紐餘組。 三者俱長三尺，故爲三齊也。 革帶與韠，其用相因，則革帶之色當與韠同，而大帶施於衣上，其朝祭常服之制及君臣貴賤之等，必有不同也。 故公西赤之束帶立朝，與孔子之朝服拖紳，皆朝服之帶。 而子張所書之紳，非居士之錦帶，則弟子之縞帶耳。

又 佩。 朱子曰：君子無故，玉不去身。 觿礪之屬，亦皆佩也。 許謙氏曰：凡佩，有德佩，有事佩，德佩則有琚、瑀、珩、璜、衝牙。《玉藻》云：古之君子必佩玉，無故，玉不去身。 君子於玉比德焉。 天子佩白玉而玄組綬，公侯佩山玄玉而朱組綬，大夫佩水蒼玉而純組綬，世子佩瑜玉而綦組綬，士佩瓀玟而緼組綬。 凡帶必有佩玉，唯喪否。 若事佩，則如《内則》所謂左佩紛帨、刀礪、小觿、金燧，右佩玦、捍、管、遰、大觿、木燧是也。 紛帨，拭物之巾也。 刀礪，小刀及礪石也。 小觿解小結，大觿解大結，狀如錐鋭，以象骨爲之。 金燧，取火於日，木燧所以鑽火。 玦，發弦者也。 捍，拾也。管，筆彄。 遰，刀鞸也。《玉藻》又云：孔子佩象環五寸而綦組綬。《鹽鐵論》云子思銀佩。

元按,《釋名》云:佩,倍也。言其非一物,有倍二也。君子居喪則去佩。君在不佩玉,左結佩,右設佩。居則設佩,朝則結佩,齊則綪結佩而爵韠,去喪則無所不佩,《詩》云雜佩是也。其制上有折衡,下有雙璜,中有琚瑀,下有衝牙,貫之以組綬,納之以蠙珠,而其色有白、蒼、赤之辨,其聲有角、徵、宫、羽之應,其行有采、齊、肆、夏之節,其象有仁、智、禮、樂、忠、信、道、德之備。故非僻之心,無自入也。然古制佩綬長短無所考,見漢制,貴者綖長三尺二寸,卑者綖長三尺,佩之縫曰綖,所以貫玉也。蓋與紳相比矣,豈古制亦若此與。

又 寢衣。孔融氏曰:今之被也。朱子曰:齊主於敬,不可解衣而寢,又不可著明衣而寢,故別有寢衣。其半蓋以覆足。

元按,齊寢不以衾,致嚴也。謂之寢衣,其制或與衣相類,但長半以覆足,可寢而不可行。專爲齊之寢衣而已,豈可以爲今之被哉。

又 袗絺綌。朱子曰:袗,單也。葛之精者曰絺,麤者曰綌。表而出之,謂先著裏衣,表絺綌而出之於外,欲其不見體也。《詩》所謂蒙彼縐絺是也。

元按,《鄘風·君子偕老》章:瑳兮瑳兮,其之展也,蒙彼縐絺,是紲袢也。注云:蒙,覆也。縐絺,絺之蹙蹙者,當暑之服也。以展衣蒙絺綌,而爲之紲袢,所以自斂飾也。夫展衣者,禮衣也。禮衣蒙於絺衣之上,則絺衣之内必有中衣以表絺衣也。綌乃麄葛,而縐絺則葛之極細靡者。然《論語》表絺綌,絺綌在外也。《詩》蒙縐絺,縐絺在内也。《説文》云:袗,玄服也。若以絺綌染爲玄服,即當爲表,不宜別有禮衣以蒙之矣。

又 緇衣羔裘。邢昺氏曰:中衣外裘,其色皆相稱,緇衣、羔裘謂朝服也。朱子曰:緇,黑色。羔裘,用黑羊皮。

元按,朱子謂衣以裼裘,欲其相稱。以單衣加裘上而見其美,曰裼。以全衣蒙之,曰襲。古者衣裘不欲其文之著,故裼以單衣,故曰裘之裼也見美,服之襲也充美,不文餙不裼是也。

又 敝緼袍。朱子曰:敝,壞也。緼,枲著也。袍,衣有著者也。

元按,《玉藻》云:纊爲繭,緼爲袍。鄭玄注云:繭袍,衣有著之異名也。纊,謂今之新綿。緼,謂今纊及舊絮也。是緼袍者,乃以纊與舊絮爲之,非枲著也。枲,牡麻也。枲著者,用枲捶細以當綿,而著於袷衣之中也。孔安國謂緼爲枲著,是異於《玉藻》之緼袍矣。蓋因其與衣狐貉者立,故云緼爲枲著,以見其貧而不恥也。《説文》云:袍,繭也。注引《論語》云:衣弊緼袍。而弊、敝字不同。

又 褻服。朱子曰:紅紫間色不正,且近於婦人女子之服也。褻服,私居服也。言此則不以爲朝祭之服可知。又曰青、黄、赤、白、黑,五方之正色也。緑、紅、碧、紫、騮,五方之間色也。蓋以木之青克土之黄,合青黄而成緑,爲東方之間色。以金之白克木之青,合青白而成碧,爲西方之間色。以火之赤克金之白,合赤白而成紅,爲南方之間色。以水之黑克火之赤,合赤黑而成紫,爲北方之間色。以土之黄克水之黑,合黑黄而成騮,爲中央之間色。

元按,齊夢龍云:後世朝祭,服緑、服紫、服緋,制度服色盡變於拓跋魏。杜佑云:以紫、緋、緑、青爲命服,倣於隋帝巡游之時,而其制遂定於唐。然夏侯勝謂取青紫如拾地芥,揚雄謂紆青拖紫,則漢時貴官之服已尚青紫,非始於魏與隋也。今考漢制,百官服玄,無服青紫者,豈漢時章服尚玄,而青紫乃貴官燕居之服,非微賤者可得服耶。不然何勝、雄之致羡也。夫謂紅紫不以爲褻服,則當時褻服或有用紅紫者,而孔子獨不用耳。紅紫間色,《禮記》注作姦色。

又 攝齊。朱子曰:攝,摳也。齊,衣下縫也。禮將升堂,兩手摳衣,使去地尺,恐躡之而傾跌失容也。

元按,《曲禮》云:兩手摳衣,去齊尺。鄭玄注云:齊,裳下緝也。蓋衣裳對言,則上爲衣,下爲裳,偏言衣則可以兼裳。《記》謂摳衣者,乃摳裳也。提挈裳齊,使去地一尺,則可升階,無顛仆之患。《集注》以齊爲衣下縫,然齊實裳下縫也。

又 左衽。朱子曰:衽,衣衿也。被髮左衽,夷狄之俗也。

元按,衽有二義,一爲衽席之衽,《禮記》云請衽何趾,又云玉府衽席,《儀禮》云御衽於奥,《中庸》云衽金革是也。故朱子《中庸集注》云衽,席也。然衽從衣,而以爲席者,蓋席緣以帛耳。其一爲襟衽之衽,史云楚必斂衽而朝,又云連衽成帷,與此左衽是也。衽本衣衿,然《集韻》以衽爲裳際,而《通義》又以衿爲衣帶,俱非。蓋衿與襟同,襟,胷衣也。中夏胷衣掩幅向右,惟夷俗向左,故謂之左衽。

清・姚培謙《春秋左傳杜注》卷四　大子帥師，公衣之偏衣，偏衣，左右異色，其半似公服。衣之，去聲。下衣身之偏、衣之純、衣之尨服同。佩之金玦，以金爲玦。狐突御戎，先友爲右。狐突，伯行，重耳外祖父也。爲申生御。申生以大子將上軍。梁餘子養御罕夷，先丹木爲右，罕夷，晉下軍卿也。梁餘子養爲罕夷御。羊舌大夫爲尉。羊舌大夫，叔向祖父也。尉，軍尉。先友曰：衣身之偏，偏半也。握兵之要，謂佩金玦，將上軍。在此行也，子其勉之。偏躬無慝，分身衣之半，非惡意也。兵要遠災，威權在己，可以遠害。遠，去聲，下同。親以無災，又何患焉。狐突嘆曰：時，事之徵也。嘆，以先友爲不知君心。衣，身之章也。章貴賤。佩，衷之旗也。旗，表也，所以表明其中心。故敬其事，則命以始。賞以春夏。服其身，則衣之純。必以純色爲服。用其衷，則佩之度。衷，中也。佩玉者，士君子常度。顧氏炎武曰：佩之合法度也。《記》云：世子佩瑜玉而綦組綬。今命以時卒，閟其事也。冬十二月，閟盡之時。衣之尨服，遠其躬也。尨，雜色。尨，莫江反。佩以金玦，棄其衷也。服以遠之，時以閟之。尨涼，冬殺，金寒，玦離，胡可恃也。寒、涼、殺、離，言無溫潤。玦如環而缺，不連。林氏堯叟曰：衣之尨雜則有凉薄之意，命以窮冬則有肅殺之意。金屬秋方，其性剛而寒。玦如環而缺離，不相連屬。雖欲勉之，狄可盡乎。梁餘子養曰：帥師者，受命於廟，受脤於社。脤，宜社之肉，盛以脤器。脤，市軫反。以蜃飾器出兵祭社名爲宜。有常服矣。不獲而尨，命可知也。韋弁服，軍之常也。尨，偏衣。死而不孝，不如逃之。罕夷曰：尨奇無常，雜色奇怪，非常之服。金玦不復。顧氏炎武曰：人臣賜玦則去，故曰不復。雖復何爲。君有心矣。有害大子之心。先丹木曰：是服也，狂夫阻之。阻，疑也。言雖狂夫猶知有疑。

又　衛文公大布之衣，大帛之冠，大布，麤布。大帛，厚繒。蓋用諸侯諒闇之服。繒，疾陵反。務材訓農，通商惠工，加惠於百工，賞其利器用。敬教勸學，授方任能。方，百事之宜也。

又卷六　鄭子華之弟子臧出奔宋，十六年殺子華故。好聚鷸冠。鷸，鳥名。聚鷸羽以爲冠，非法之服。鷸，尹橘反，翠鳥也。鄭伯聞而惡之，惡其服非法。使盜誘之。八月，盜殺之于陳宋之閒。君子曰：服之不衷，身之災也。衷，猶適也。

又卷一九　吳公子札來聘。【略】聘於鄭，見子産，如舊相識，與之縞帶，子産獻紵衣焉。大帶也。吳地貴縞，鄭地貴紵。故各獻己所貴，示損己而不爲彼貨利。縞，古老反，繒也。紵，直吕反。

又卷二六　公賜公衍羔裘，使獻龍輔於齊侯，龍輔，玉名。遂入羔裘，齊侯喜，與之陽穀。陽穀，齊邑。

又卷二七　蔡昭侯爲兩佩與兩裘，佩，佩玉也。以如楚，獻一佩一裘於昭王。昭王服之，以享蔡侯。蔡侯亦服其一。子常欲之，弗與。三年止之。

又卷三〇　太之聞之，懼，下石乞、盂黶敵子路。二子，蒯聵黨。敵，當也。黶，於減反。以戈擊之，斷纓。子路曰：君子死，冠不免。不使冠在地。結纓而死。

清・焦循《孟子正義》卷二《梁惠王章句上》　五畝之宅，樹之以桑，五十者可以衣帛矣。注：廬井、邑居各二畝半以爲宅，冬入保城二畝半，故爲五畝也。樹桑墻下，古者年五十，乃衣帛矣。疏：【略】注古者年五十乃衣帛。《正義》曰：任氏大椿《深衣釋例》云大司徒六曰同衣服，注：民雖有富者，衣服不得獨異。按《雜記》注，麻衣，白布深衣。《深衣》注，庶人吉服，深衣。《管子・立政篇》云刑餘戮民不敢服絲，然則非刑餘戮民可以服絲矣。《春秋繁露・服制篇》散民不敢服采，刑餘戮民不敢服絲，然則散民不敢服采耳，絲得服也。又《繁露・度制篇》古者庶人衣縵，縵，無文帛也。《尚書大傳》命民得乘飾車軿馬，衣文軿錦，未有命者不得衣，不得乘，庶人墨車單馬，衣布帛。然則命民亦得衣文，不命之民亦得衣帛，與鄭注庶人白布深衣異說。今考《士昏禮》注，士而乘墨車，攝盛。蓋士、庶人往往有攝盛之事。鄭注：深衣爲庶人之服，言其常服，皆布也。若行盛禮或當攝盛，則衣絲也。刑餘戮民，並不得攝盛矣。《周禮・閭師》凡庶民不蠶者，不帛，疏引《孟子》曰五十可以衣帛，以不蠶故，身不得衣帛。然則不蠶雖五十，不得衣帛，蠶而未五十，亦不得衣帛。則庶人布深衣，其常也。《鹽鐵論》古者庶人耄老而後衣絲，其餘則麻枲而已，故命曰布衣。

又卷一七《離婁章句下》　西子冒臭，醜人潔服，供事上帝，明當脩飾，惟義爲常也。疏：明當脩飾，《正義》曰：《鹽鐵論・殊路章》云，蒙以不潔，鄙人掩鼻，惡人盛飾，可以宗祀上帝。

又　今有同室之人鬭者，救之，雖被髮纓冠而救之可也。鄉鄰有鬭者，被髮纓冠而往救之，則惑也，雖閉户可也。注：纓冠者，以冠纓貫頭也。鄉鄰，同鄉也。同室相救，是其理也。

又卷二四《告子章句下》　堯舜之道，孝弟而已矣。子服堯之服，誦堯之言，行堯之行，是堯而已矣。子服桀之服，誦桀之言，行桀之行，是桀而已矣。注：孝弟而已，人所能也。堯服，衣服不踰禮也。堯言，仁義之言。堯行，孝弟之行。桀服，譎詭非常之服。桀言，不行仁義之言。桀行，淫虐之行也。爲堯似堯，爲桀似桀。

清·方玉潤《詩經原始》卷五《國風·鄭》《出其東門》：不慕非禮色也。出其東門，有女如雲。雖則如雲，匪我思存。縞衣綦巾，聊樂我員。一章。出其闉闍，有女如荼。雖則如荼，匪我思且。縞衣如藘，聊可與娛。二章。【略】集釋：縞，白繒也。孔氏穎達曰：《廣雅》云，縞，細繒也。《戰國策》云，强弩之餘不能穿魯縞。然則縞是薄繒，不染，故色白也。綦者，青色之小別，青而微白，爲艾草之色。巾，馮氏復京曰：案《禮記》左佩粉帨，粉帨即巾也。此巾宜爲佩巾，或以爲婦人裹頭之巾。

又卷一二《小雅·都人士之什》《采緑》：婦人思夫，期逝不至也。終朝采緑，不盈一匊。予髮曲局，薄言歸沐。一章。終朝采藍，不盈一襜。五日爲期，六日不詹。二章。【略】集釋：緑，王芻也。【略】藍，染草也。孔氏穎達曰：藍可以染青。故《淮南子》云青出於藍。《月令》仲夏無刈藍，是可以染之草。襜，衣蔽前謂之襜，即蔽膝也。詹，與瞻同。

清·王先謙《荀子集解》卷六《富國篇第十》 禮者，貴賤有等，長幼有差，貧富輕重，皆有稱者也。【略】故天子袾裷衣冕，袾，古朱字。裷，與衮同。畫龍於衣謂之衮。朱衮，以朱爲質也。衣冕，猶服冕也。諸侯玄裷衣冕，謂上公也。《周禮》：公之服，自衮冕而下如王之服也。大夫裨冕，衣裨衣而服冕，謂祭服也。天子六服，大裘爲上，其餘爲裨。裨之言卑也，以事尊卑服之。諸侯以下亦服焉。鷩冕、絺冕皆是也。士皮弁服。皮弁，謂以白鹿皮爲冠，象上古也。素積爲裳，用十五升布爲之。積猶辟也，辟蹙其腰中，故謂之素積也。

又卷一二《正論篇第十八》 天子者執至重而形至佚，心至愉而志無所詘，而形不爲勞，尊無上矣。衣被則服五采，雜閒色，衣被，謂以衣被身。服五采，言備五色也。閒色，紅碧之屬。《禮記》曰：衣正色，裳閒色也。重文繡，加飾之以珠玉。

又卷一三《禮論篇第十九》 卑絻、黼黻、文織、資麤、衰絰、菲繐、菅屨，是吉凶憂愉之情，發於衣服者也。【略】兩情者，人生固有端焉。

又卷二〇《哀公篇第三十一》 魯哀公問舜冠於孔子，孔子不對。哀公不問舜德，徒問其冠，故不對也。三問不對，哀公曰：寡人問舜冠於子，何以不言也。孔子對曰：古之王者有務而拘領者矣，其政好生而惡殺焉。務讀爲冒，拘與句同，曲領也。言雖冠衣拙朴，而行仁政也。《尚書大傳》曰，古之人衣上有冒而句領者，鄭康成注云：言在德不在服也。古之人，三皇時也。冒，覆項也。句領，繞頸也。《禮》正服，方領也。

又 魯哀公問於孔子曰：紳、委、章甫，有益於仁乎。紳，大帶也。委，委貌，周之冠也。章甫，殷冠也。鄭注《儀禮》云：委，安也。所以安正容貌。章，表明也。殷質，言所以表明丈夫也。孔子蹴然曰：君號然也。《莊子音義》崔譔云：蹴然，變色貌。號讀爲胡，聲相近，字遂誤耳。《家語》作君胡然也。資衰苴杖者，不聽樂，非耳不能聞也，服使然也。資與齊同。苴，杖竹也。苴謂蒼白色自死之竹也。黼衣黻裳者，不茹葷，非口不能味也，服使然也。

清·王先謙《莊子集解》卷五《外篇·田子方第二十一》 莊子見魯哀公，【略】哀公曰：魯多儒士，少爲先生方者。【略】莊子曰：魯少儒。哀公曰：舉魯國而儒服，何謂少乎。莊子曰：周聞之，儒者冠圜冠者，知天時。履句屨者，知地形。李云：句，方也。緩佩玦者，事至而斷。成云：緩者，五色條繩穿玉玦以飾佩也。玦，決也。君子有其道者，未必爲其服也。爲其服者，未必知其道也。公固以爲不然，何不號於國中曰：無此道而爲此服者，其罪死。於是哀公號之五日，而魯國無敢儒服者。獨有一丈夫儒服而立乎公門，公即召而問以國事，千轉萬變而不窮。莊子曰：以魯國而儒者一人耳，可謂多乎。

又卷八《雜篇·盗跖第二十九》 今子修文武之道，掌天下之辯，以教後世。成云：辯說仁義，爲後世之教。縫衣淺帶，《釋文》：縫作摓。郭慶藩云：《列子·黄帝篇》注引向秀云：摓衣，儒服，寬而長大。《釋文》：摓又作縫。縫衣，大衣也。或作逢，《禮·儒行》逢掖之衣，鄭注：逢，猶大也。《釋文》：淺帶，縫帶使淺狹。矯言僞行，以迷惑天下之主，而欲求富貴焉，盗莫大於子。

清·王先慎《韓非子集解》卷七《説林上第二十二》 魯人身善織屨，妻善織縞，先慎曰：《禮·王制》正義云：生絹曰縞。而欲徙於越。或謂之曰：子必窮矣。魯人曰：何也。曰：屨爲履之也，先慎曰：《說文》屨，履也。履，足所依也。是履爲足踐之通稱。而越人跣行。縞爲冠之也，先慎曰：《禮·王制》鄭注，殷尚白而縞衣裳，是周以前衣裳皆用縞。《玉藻》縞冠素紕，既祥之冠也。則周人惟冠用縞耳。而越人被髮。以子之所長，游於不用之國，欲使無窮，其可得乎。

又卷一一《外儲説左上第三十二》 齊桓公好服紫，一國盡服紫。當是時也，五素不得一紫。先慎曰：乾道本無得字。顧廣圻云：藏本、今本不下有得字。先慎案，《御覽》三百八十九、八百十四兩引有得字。今據補。桓公患之，謂管仲曰：寡人好服紫，紫貴甚，先慎曰：乾道本不重紫字。顧廣圻云：藏本、今本重紫字。今據補。一國百姓好服紫不已，寡人奈何。管仲曰：君欲止之，何不試勿衣紫也。先慎曰：乾道本無止之二字。顧廣圻云：藏本同，今本無欲字。案，欲下有脱文。先慎案，《御覽》三百八十九引，欲下有止之二字，是也。今據補。八百十四引，無欲何不試四字，節文也。今本不審，並刪欲字，不可從。謂左右曰吾甚惡紫之臭。於是左右適有衣紫而進者，公必曰少卻，吾惡紫臭。公曰：諾。於是日，郎中莫衣紫。其明日，國中莫衣紫。三日，境内莫衣紫也。

又 鄒君好服長纓，左右皆服長纓，纓甚貴。先慎曰：乾道本不重纓字。《御覽》三百八十九、六百八十六《事類賦》十二引並重。今據增。鄒君患之，問左右。左右曰：君好服，百姓亦多服，是以貴。君因先自斷其纓而出，國中皆不服長纓。君不能下令爲百姓服度以禁之，乃斷纓出以示民，先慎曰：乾道本乃斷二字作長字，民上有先字。顧廣圻云：今本作乃斷纓出以示民。案，句有誤。先慎案，今本語極明顯。今據改。是先戮以莅民也。

胡服騎射

綜述

漢・劉向《戰國策》卷一九《武靈王平晝閒居》 武靈王平晝閒居，肥義侍坐，曰：王慮世事之變。權甲兵之用。念簡、襄之迹，計胡、狄之利乎。王曰：嗣立不忘先德，君之道也。【略】今吾將胡服騎射以教百姓，而世必議寡人矣。

肥義曰：臣聞之，疑事無功，疑行無名。今王即定負遺俗之慮，殆毋顧天下之議矣。【略】王曰：寡人非疑胡服也，吾恐天下笑之。狂夫之樂，知者哀焉。愚者之笑，賢者戚焉。世有順我者，則胡服之功未可知也。雖敺世以笑我，胡地中山吾必有之。

王遂胡服。使王孫緤告公子成曰：寡人胡服，且將以朝，亦欲叔之服之也。家聽於親，國聽於君，古今之公行也。子不反親，臣不逆主，先王之通誼也。今寡人作教易服，而叔不服，吾恐天下議之也。夫制國有常，而利民爲本，從政有經，而令行爲上。故明德在於論賤，行政在於信貴。今胡服之意，非以養欲而樂志也。事有所出，功有所止。事成功立，然後德且見也。今寡人恐叔逆從政之經，以輔公叔之議。且寡人聞之，事利國者行無邪，因貴戚者名不累。故寡人願募公叔之義，以成胡服之功。使緤謁之叔，請服焉。

公子成再拜曰：臣固聞王之胡服也，不佞寢疾，不能趨走，是以不先進。王今命之，臣固敢竭其愚忠。臣聞之：中國者，聰明叡知之所居也，萬物財用之所聚也，賢聖之所教也，仁義之所施也，詩書禮樂之所用也，異敏技藝之所試也，遠方之所觀赴也，蠻夷之所義行也。今王釋此，而襲遠方之服，變古之教，易古之道，逆人之心，畔學者，離中國，臣願大王圖之。

使者報王。王曰：吾固聞叔之病也。即之公叔成家，自請之曰：夫服者，所以便用也。禮者，所以便事也。是以聖人觀其鄉而順宜，因其事而制禮，所以利其民而厚其國也。被髮文身，錯臂左衽，甌越之民也。黑齒雕題，鯷冠秫縫，大吴之國也。禮服不同，其便一也。是以鄉異而用變，事異而禮易。是故聖人苟可以利其民，不一其用。果可以便其事，不同其禮。儒者一師而禮異，中國同俗而教離，又況山谷之便乎。故去就之變，知者不能一，遠近之服，賢聖不能同。窮鄉多異，曲學多辨，不知而不疑，異於己而不非者，公於求善也。今卿之所言者，俗也。吾之所言者，所以制俗也。今吾國東有河、薄洛之水，與齊、中山同之，而無舟檝之用。自常山以至代、上黨，東有燕、東胡之境，西有樓煩、秦、韓之邊，而無騎射之備。故寡人且聚舟檝之用，求水居之民，以守河、薄洛之水，變服騎射，以備其參胡、樓煩、秦、韓之邊。且昔者簡主不塞晉陽，以及上黨，而襄王兼戎取代，以攘諸胡，此愚知之所明也。先時中山負齊之强兵，侵掠吾地，係累吾民，引水圍鄗，非社稷之神靈，即鄗幾不守。先王忿之，其怨未能報也。今騎射之服，近可以備上黨之形，遠可以報中山之怨。而叔也順中國之俗以逆簡、襄之意，惡變服之名而忘國事之恥，非寡人所望於子。

公子成再拜稽首曰：臣愚不達於王之議，敢道世俗之聞。今欲斷簡、襄之意，以順先王之志，臣敢不聽令。再拜，乃賜胡服。

又 趙文曰：當世輔俗，古之道也。衣服有常，禮之制也。循法無愆，民之職也。三者，先聖之所以教。今君釋此，而襲遠方之服，變古之教，易古之道，故臣願王之圖之。王曰：子言世俗之間。常民溺於習俗，學者沉於所聞。此兩者所以成官而順政也，非所以觀遠而論始也。且夫三代不同服而王，五伯不同教而政。知者作教，而愚者制焉。賢者議俗，不肖者拘焉。夫制於服之民，不足與論心。拘於俗之衆，不足與致意。故勢與俗化，而禮與變俱，聖人之道也。承教而動，循法無私，民之職也。知學之人，能與聞遷，達於禮之變，能與時化。故爲己者不待人，制今者不法古，子其釋之。

又 趙造曰：臣聞之，聖人不易民而教，知者不變俗而動。因民而教者，不勞而成功。據俗而動者，慮徑而易見也。今王易初不循俗，胡服不顧世，非所以教民而成禮也。且服奇者志淫，俗辟者亂民。是以莅國者不襲奇辟之服，中國不近蠻夷之行，非所以教民而成禮者也。且循法無過，脩禮無邪，臣願王之圖之。

王曰：古今不同俗，何古之法。帝王不相襲，何禮之循。宓戲、神農教而不誅，黄帝、堯舜誅而不怒。及至三王，觀時而制法，因事而制禮，法度制令，各順其宜。衣服器械，各便其用。故禮世不必一其道，便國不必法古。聖人之興也，不相襲而王。夏、殷之衰也，不易禮而滅。然則反古未可非，而循禮未足多也。且服奇而志淫，是鄒、魯無奇行也。俗辟而民易，是吴越無俊民也。是以聖人利身之謂服，便事之謂教，進退之謂節，衣服之制，所以齊常民，非所以論賢者也。故聖與俗流，賢與變俱。諺曰：以書爲御者，不盡於馬之情。以古制今者，不達於事之變。故循法之功，不足以高世，法古之學，不足以制今，子其勿反也。

《史記》卷四三《趙世家》 十九年春正月，大朝信宫，召肥義與議天下，五日而畢。【略】今中山在我腹心，北有燕，東有胡，西有林胡、樓煩、秦、韓之邊，而無彊兵之救。是亡社稷，奈何。夫有高世之名，必有遺俗之累。吾欲胡服。

宋・司馬光《資治通鑑》卷三《周紀三・赧王上》 趙武靈王北略中山之地，至房子，遂至代，北至無窮。西至河，登黄華之上。與肥義謀胡服騎射以教百姓，曰：愚者所笑，賢者察焉。雖驅世以笑我，胡地中山，吾必有之。遂胡服。

明・董説《七國考》卷一一《胡服騎射》 按《春秋傳》秦晉韓原之戰，惠公乘小駟。昭公元年，晉中行穆子毁車崇卒，敗戎大鹵。而單騎自此始矣。《國策》注曰：武靈王破原陽以爲騎邑者，蓋始教一邑，然後行于境内。漢劉向曰：戰國有騎無騎射。騎射，胡兵也。趙武靈王用之。又按惠文王三十二年，使趙奢將擊秦，大破秦軍閼與下，賜號馬服軍。虞喜《志林》曰：馬服者，言能服馬也。郭氏曰：馬，騎也。服，便也。言便於騎射。《廉頗傳》：廉頗思復用趙，見趙使者，爲之一飯斗米，肉十斤，被甲上馬。郭氏曰：趙尚騎射，故被甲上馬。《李牧傳》：李牧居代雁門，備匈奴。日擊數牛饗士，習騎射。武靈以下，世世勿失矣。

雜録

唐・蘇鶚《蘇氏演義》卷下 貂蟬，胡服也。貂者取其有文采而不炳焕，外柔易而内剛勁也。蟬者取其清虚識變也。在位者有文而不自耀，有武而不示人，清虚自牧，識時而動也。

宋・張邦基《墨莊漫録》卷二 杜子美《秦州詩》云：馬驕珠汗落，胡舞白題斜。題或作蹄，莫曉白題之語。《南史》：宋武帝時，有西北遠邊有滑國遣使入貢，莫知所出。裴子野云：漢潁陰侯胡白題將一人。服虔注曰：白題，胡名也。又，漢定遠侯擊虜，入滑從之，此其後乎。人服其博識。予常疑之。蓋白題其胡下馬捨之，始悟白題乃胡人爲氈笠也。子美所謂胡舞白題斜，胡人多爲旋舞，笠之斜，似乎謂此也。

宋・程大昌《演繁露》卷一一 犀毗。趙武靈王賜周紹胡服衣冠，具帶黄金師比。注云：《史記・匈奴傳》漢遺單于有黄金飾具帶一。《漢書要義》曰腰中大帶黄金胥紕一。徐廣曰或作犀毗。注引《戰國策》趙武靈王賜周紹具帶黄金師比。延篤云：胡革帶鈎也，則帶鈎亦名師比。胥、犀與師并聲相近，而説各異耳。

明・周祈《名義考》卷一一 犀比、犀毗。《楚辭・招魂》：晉制犀比，費白日些。王逸注：犀比，博著比集犀角以爲飾也。前《匈奴傳》黄金犀毗一。顔師古注：犀毗，胡帶鈎。

秦漢服飾制度部

皇帝服飾

綜述

漢·衛宏《漢官舊儀·補遺》　皇帝惟八月酎，車駕夕牲，牛以絳衣之。皇帝暮視牲，以鑒燧取水於月，以火燧取火於日，爲明水火。左袒，以水沃牛右肩，手執鸞刀，以啓牛毛薦之，而即更衣巾，待牛熟，乃祀之。《禮儀志》注

孝文皇帝時，博士七十餘人，朝服，玄端，章甫冠。

漢·應劭《漢官儀》卷下　天子東耕之日，親率三公九卿，戴青幘，冠青衣，載青旗，駕青龍，公卿以下車駕如常法，往出種堂。

宋·徐天麟《西漢會要》卷二四《輿服下·天子冠服》　高祖以竹皮爲冠，令求盗之薛治，時時冠之，及貴常冠，所謂劉氏冠也。八年，令爵非公乘以上毋得冠劉氏冠。《本紀》。臣天麟按，後漢《輿服志》云：劉氏冠，楚冠制也，祀宗廟諸祀，則冠之。此冠高祖所造，故以爲祭服，尊敬之謂也。高皇帝所述，書天子所服第八。天子衮服之制也。於施行詔書第八。曰大謁者臣章受詔長樂宮，曰：令群臣議天子所服。相國臣何等議曰：春夏秋冬，天子所服當法天地之數，中得人和，臣請法之。中謁者趙堯舉春，李舜舉夏，兒湯舉秋，貢禹舉冬，四人各職一時。大謁者襄奏，制曰可。《魏相傳》服虔曰：主一時衣服禮物朝祭百事。

文帝身衣弋綈。本贊又賈誼云，帝之身自衣皂綈。

孝文身衣弋綈，足履革舄，以韋帶劍，莞蒲爲席，兵木無刃，衣緼無文。《東方朔傳》。

聖文躬服節儉，綈衣不敝，革鞜不穿。《揚雄傳》。

昭帝元鳳四年，帝加元服。《本紀》師古曰：元，尊也。冠者首之所著，故曰元服。

皇太后賜御府衣迎宣帝。《紀》。按少府屬官有御府令，主天子衣服。

元帝初元五年罷齊三服官。《紀》李斐曰：齊國舊有三服官，春獻冠幘（縰）[縱] 爲首服，（綺）[紈] 素爲（令）[冬] 服，輕綃爲夏服。臣天麟按，《貢禹傳》禹奏故齊三服官輸物不過十笥，方今齊三服官作工各數千人，一歲費數鉅萬。天子納其言，罷齊三服官。

清·孫楷《秦會要》卷九《輿服·天子冠服》　御府令丞，掌供御服。《通典職官》八。

公子高上書曰：御府之衣，臣得賜之。《李斯列傳》。

秦置六尚，有尚冠、尚衣。《通典職官》八。

秦除六冕之制，唯爲玄衣絳裳，一具而已。《御覽》六百九十引摯虞《決疑要注》。

通天冠，天子常服。漢服受之秦，禮無文。《獨斷》。案《通典·禮》十七：秦制通天冠，其狀遺失。

昭王服太阿之劍，阿縞之衣。李斯上書云云。

復陶。昭公十二年《左傳》：楚子次於乾谿，雨雪，王冠秦復陶。杜注：復陶，秦所遺羽衣也。

始皇九年四月己酉，王冠，帶劍。《始皇本紀》。

始皇二十六年，衣服上黑，法冠皆六寸。同上。

始皇以布開胯，名曰衫，用布者，尊女工之尚不忘本也。《中華古今注》。

靸，蓋古之履也。秦始皇常靸望仙鞋，衣䕩雲短褐，以對隱逸，求神仙。同上。

紀事

漢·劉珍《東觀漢記》卷五《車服志》　天子行有罼罕。

永平二年正月，公卿議（舉）[春] 南北郊，東平王蒼議。曰：孔子曰，行夏之時，乘殷之輅，服周之冕。爲漢制法。高皇帝始受命創業，制長冠以入宗廟。光武受命中興，建明堂，立辟雍，陛下以聖明奉遵，以禮服龍衮祭五帝。禮缺樂崩，久無祭天地冕服之制。案尊事神祇，潔齋盛服，敬之至

也。日月星辰山龍華藻，天王衮冕，十有二旒，以則天數。旗有龍章日月，以備其文。今祭明堂、宗廟，圓以法天，方以則地，服以華文，象其物宜，以降神明，肅雍備思，博其類也。天地之祀，冕冠、裳衣，宜如明堂之制。案司馬彪《輿服志》：漢承秦，故郊祀之服，皆以袀玄。至顯宗初服旒冕，衣裳文章，赤舄絇履，以祠天地。其議實自東平發之。

武冠，俗謂之大冠。案司馬彪《輿服志》：武冠環纓無蕤，以青系爲緄，加雙鶡尾豎左右，亦名鶡冠，五中郎將、羽林左右監、虎賁武騎，皆冠之。

雜録

晉・郭璞《穆天子傳》卷一 天子命吉日戊午。《詩》曰吉日庚午。天子大服：冕禕、冕，冠。禕，衣，蓋王后之上服。今帝服之所未詳。禕，音暉。帗帶、帗，韠也，天子赤。帗音弗。搢曶、曶長三尺，杼上鋌頭，一名珽，亦謂之大圭。搢猶帶也。曶音忽。夾佩。左右兩佩。

宋・陸游《老學庵筆記》卷五 利州武后畫像，其長七尺。成都有孟蜀時后妃祠堂，亦極修偉，絶與今人不類。福州大支提山有吴越王紫袍，寺僧升椅子舉其領猶拂地，兩肩有汗迹。

元・釋覺岸《釋氏稽古略》卷一《文帝》 諱恒，高祖第三子，封代王。陳平、周勃既誅諸吕，遣使迎王至長安，即帝位十六年，又後元七年在位，共二十三年，壽四十六崩。帝除去肉刑，務行寬大。身衣弋綈，帷帳無文繡。

皇子服飾

綜述

《晉書》卷二五《輿服志》 遠游冠，傅玄云秦冠也。似通天而前無山述，有展筩横于冠前。其官之冠服，諸王加官者自服弟帝之子封郡王者服之。皇太子及王者後、帝之兄惟太子及王者後常冠焉。太子則以翠羽爲緌，綴以白珠。其餘但青絲而已。

后妃命婦服飾

綜述

漢・劉珍《東觀漢記》卷六《明德馬皇后傳》 后長七尺二寸，青白色，方口，美髮。爲四起大髻，但以髮成尚有餘，繞髻三匝。眉不施黛，獨左眉角小缺，補之如粟。常稱疾，而終身得意。【略】袍極粗疏。諸主朝見望，反以爲綺，后曰此繒染色好，故直用之。

后曰【略】時上欲封諸舅，【略】太因詔曰：吾萬乘之主，身衣大練縑裙，食不求所甘，左右旁人皆無熏香之飾。

晉・王嘉《拾遺記》卷六《前漢下》 漢成帝好微行，於太液池傍起宵游宮，以漆爲柱，鋪黑綈之幕，器服乘輿，皆尚黑色。既悦於暗行，憎燈燭之照。宮中美御，皆服皂衣，自班婕妤已下，咸帶玄綬，簪珮雖如錦綉，更以木蘭紗綃罩之。至宵游宮，乃秉燭。宴幸既罷，静鼓自舞，而步不揚塵。好夕出游，造飛行殿，方一丈，如今之輦，選羽林之士，負之以趨。帝於輦上，覺其行快疾，聞其中若風雷之聲，言其行疾也，名曰雲雷宮。所幸之宮，咸以氈綈藉地，惡車轍馬迹之喧。雖惑於微行昵宴，在民無勞無怨。每乘輿返駕，以愛幸之姬寶衣珍食，捨於道傍，國人之窮老者皆歌萬歲。是以鴻嘉、永始之間，國富家豐，兵戈長戢。故劉向、谷永指言切諫，於是焚宵游宮及飛行殿，罷宴逸之樂，所謂從繩則正，如轉圜焉。

《後漢書》卷四〇《輿服志下》 太皇太后、皇太后入廟服，紺上皂下，蠶，青上縹下，皆深衣制，徐廣曰：即單衣。隱領袖緣以絛。剪氂蔮，簪珥。珥，耳璫垂珠也。簪以瑇瑁爲擿，長一尺，端爲華勝，上爲鳳皇爵，以翡翠爲毛羽，下有白珠，垂黄金鑷。左右一横簪之，以安蔮結。諸簪珥皆同制，其擿有等級焉。

皇后謁廟服，紺上皂下，蠶，青上縹下，皆深衣制。隱領袖緣以絛。假結，步摇，簪珥。步摇以黄金爲山題，貫白珠爲桂枝相繆，一爵九華，熊、虎、赤羆、天鹿、辟邪、南山豐大特六獸，《詩》所謂副笄六珈者。《毛詩》傳曰：副者，后夫人之首飾，編髮爲之。笄，衡笄也。珈，笄飾之最盛者，所以别尊卑。鄭玄曰：珈之言加也。副既笄而加飾，如今步摇上飾，古之制所未聞。諸爵獸皆以翡翠爲毛羽。金題，白珠璫繞，以翡翠爲華雲。

貴人助蠶服，純縹上下，深衣制。大手結，墨瑇瑁，又加簪珥。長公主見會衣服，加步摇。公主大手結，皆有簪珥，衣服同制。自公主封君以上皆帶綬，以采組爲緄帶，各如其綬色。黄金辟邪，首爲帶鐍，飾以白珠。

公、卿、列侯、中二千石、二千石夫人，紺繒蔮，黄金龍首銜白珠，魚須擿，長一尺，爲簪珥。入廟佐祭者皂絹上下，助蠶者縹絹上下，皆深衣制，緣。自二千石夫人以上至皇后，皆以蠶衣爲朝服。

公主、貴人、妃以上，嫁娶得服錦綺羅縠繒，采十二色，重緣袍。特進、列侯以上錦繒，采十二色。六百石以上重練，采九色，禁丹紫紺。三百石以上五色采，青絳黄紅緑。二百石以上四采，青黄紅緑。賈人，緗縹而已。《博物記》曰：交州南有蟲，長減一寸，形似白英，不知其名，視之無色，在陰地多緗色，則赤黄之色也。

公、列侯以下皆單緣襈，制文綉爲祭服。自皇后以下，皆不得服諸古麗圭襂閨緣加上之服。司馬相如《大人賦》曰：垂旬始以爲襂。注云：葆下旒也。則襂之容如旌旒也。建武、永平禁絶之。建初、永元又復中重，于是世莫能有制其裁者，乃遂絶矣。蔡邕《表志》曰：永平初，詔書下車服制度，中宫皇太子親服重繒厚練，浣已復御，率下以儉化起機。諸侯王以下至于士庶，嫁娶被服，各有秩品。當傳萬世，揚光聖德。臣以爲宜集舊事儀注本奏，以成志也。

《宋書》卷一八《禮志五》 漢制，太后入廟祭神服，紺上皂下，親蠶，青上縹下，皆深衣。深衣，即單衣也。首飾剪氂幗。

漢制，皇后謁廟服，紺上皂下。親蠶，青上縹下。首飾，假髻，步摇，八雀，九華，加以翡翠。晉《先蠶儀注》，皇后十二鐏，步摇，大手髻，衣純青之衣，帶綬佩。今皇后謁廟服袿襹大衣，謂之褘衣。公主三夫人大手髻，七鐏，蔽髻。九嬪及公夫人五鐏。世婦三鐏。公主會見，大手髻。其長公主得有步摇。公主封君以上皆帶綬，以采組爲緄帶，各如其綬色。公特進列侯夫人，卿校世婦，二千石命婦年長者，紺繒幗。佐祭則皂絹上下。助蠶則青絹上下。自皇后至二千石命婦，皆以蠶衣爲朝服。

宋・徐天麟《東漢會要》卷一〇《輿服下・后夫人服》 太皇太后、皇太后入廟服，紺上皂下，蠶，青上縹下，皆深衣制，隱領袖緣以絛，剪氂蔮，簪珥耳璫垂珠，簪以瑇瑁爲擿，長一尺，端爲華勝，上爲鳳凰爵，以翡翠爲毛羽，下有白珠，垂黄金鑷。左右一横簪之，以安蔮結，諸簪珥皆同制，其擿有等級焉。

皇后謁廟服，紺上皂下。蠶，青上縹下，皆深衣制，隱領袖緣以絛，假結，步摇，簪珥。步摇以黄金爲山題，貫白珠爲桂枝相繆。一爵九華，熊、虎、赤羆、天鹿、辟邪、南山豐大特六獸，《詩》所謂副笄六珈者。諸爵獸皆翡翠爲毛羽，金題，白珠璫繞，以翡翠爲華雲。

貴人助蠶服，純縹上下，深衣制，大手結，墨瑇瑁，又加簪珥。

長公主見會衣服，加步摇，公主大手結，皆有簪珥，衣服同制。

自公主封君以上，皆帶綬，以采組爲緄帶，各如其綬色，黄金辟邪，首爲帶鐍，飾以白珠。

公、卿、列侯、中二千石、二千石夫人，紺繒蔮，黄金龍首銜白珠，魚須擿，長一尺，爲簪珥。入廟佐祭者，皂絹上下。助蠶者，縹絹上下皆深衣制，緣。自二千石夫人以上至皇后，皆以蠶衣爲朝服。公主、貴人、妃以上，嫁娶得服錦綺羅縠繒，采十二色，重緣袍。特進、列侯以上錦繒，采十二色。六百石以上重練，采九色，禁丹紫紺。三百石以下五色采，青絳黄緑紅。二百石以上四采，青黄紅紺。賈人緗縹而已。公、卿、列侯以下，皆單緣襈，制文繡爲祭服。自皇后以下皆不得服諸古麗圭襂閨緣加上之服。建武、永平禁絶之。建初、永元又復中重，于是世莫能有制其裁者，乃遂絶矣。

雜録

漢・佚名《漢雜事秘辛》 后服紺上玄下，假髻步摇，八雀九華十二鏷，加以翡翠朱舄襪。

清・孫楷《秦會要》卷九《輿服・皇后妃嬪宫人冠服》 釵子，古笄之遺制也。至秦穆公，以象牙爲之。始皇又以金銀作鳳頭，以玳瑁爲脚，號曰鳳釵。《中華古今注》。

粉，自三代以鉛爲粉。秦穆公女弄玉，有容德，感僊人簫史爲燒水銀作粉與塗，亦名飛雲丹。傳以簫，曲終而同上昇。同上。

冠子者，秦始皇之制也。令三妃九嬪當暑戴芙蓉冠子，以碧羅爲之，插五色通草蘇朵子，披淺黄藂羅衫，把雲母小扇子，靸蹲鳳頭履，以侍從。令宫人當暑戴黄羅髻，蟬冠子，五花朵子，披淺黄銀泥飛雲帔，把五色羅小扇子，靸金泥飛頭鞋。同上。

花子。秦始皇好神仙，常令宫人梳仙髻，帖五色花子，畫爲雲鳳虎飛昇。同上。

始皇元年，詔宫人令服衫子，并五色花羅裙。同上。

麻鞋。周文王以麻爲之，名曰麻鞋。至秦，以絲爲之，令宫人侍從著之。庶人不可。《中華古今注》。

文武百官服飾

綜述

漢・劉珍《東觀漢記》卷五《車服志》 貴人、相國緑綬，三采，緑紫白，案司馬彪《輿服志》作緑紫紺。純緑圭。公、卿、將軍紫綬，二采，紫白，純紫圭。公主封君同。九卿、中二千石青綬，三采，青白紅，純青圭。千石、六百石黑綬，二采，青紺，案司馬彪《輿服志》作三采青赤紺。純青圭。四百、三百、二百石黄綬，純黄圭，一采。百石青紺綬，一采，宛轉繆織[圭]。

漢・衛宏《漢官舊儀》卷上 御史，員四十五人，皆六百石。其十五人衣絳，給事殿中，爲侍御史，宿廬（左右）[在石]渠門外。二人尚璽，四人持書，給事二人，按：《漢書・百官公卿表》：僕射、御史、治書、尚符璽者，有印綬。《續漢書・百官志》：治書侍御史二人。此文持字疑當作治。侍中丞一人領。按《漢書》表志：漢改御史大夫爲司空，別留中丞，爲御史臺率，而侍中乃列侯以下入侍禁中者所加官名，并無侍中丞之官。侍字疑衍文。餘三十人留寺，按：寺，御史署也，在司馬門内。《前漢書・蕭望之傳》注作三十人留守者，非。理百官也。

漢・應劭《漢官儀》卷上 司空騎吏以下皁袴，因秦水行，今漢家火行，宜絳褌。《太平御覽・服章部》。

又 文帝，博士七十餘人，爲待詔博士，朝服，元端、章甫冠。《唐六典》二十一。

又 謁者皆著緗績大冠、白絹單衣。《北堂書鈔・衣冠部》、《太平御覽・服章部》。

又 太醫令，周官也，兩梁冠。秩千石丞三百石。《北堂書鈔・設官部》、《太平御覽・職官部》。

又 侍中金蟬左貂。案：《藝文類聚》引作有貂，誤。金取堅剛，百鍊不耗。蟬居高食潔，案《晉書・輿服志》引作飲清。目在腋下，案《續漢志補注》引作口在口腋下。貂内勁悍而外温潤。案《晉書・輿服志》引温潤作柔縟。貂蟬不見傳記者，因物論義，案：者上當有説字，論當作生，依《續漢志補注》引。予覽《戰國策》，乃知趙武靈王胡服也。其後秦始皇破趙，得其冠，以賜侍中。高祖滅秦，亦復如之。孝桓末，案：《北堂書鈔》引有孝桓二字。侍中皇權參乘。問貂蟬何法，不知其説。復問地震，云不爲災。還宫，左遷議郎。《續漢志補注》、《晉書・輿服志》、《北堂書鈔・設官部》、《初學記》職官部、器物部，《藝文類聚・職官部》、《太平御覽》職官部、服章部。

侍中冠武弁大冠，亦曰惠文冠。加金璫，附蟬爲文，貂尾爲飾，謂之貂蟬。《初學記・職官部》。

侍中左蟬右貂，本秦丞相史往來殿中，故謂之侍中，分掌乘輿服物，下至褻器虎子之屬。

又 中常侍，秦官也。漢興，或用士人，銀璫左貂。光武以後，專任宦者，右貂金璫。《後漢書・朱穆傳》注、《太平御覽・服章部》。

又 侍御史，周官也，爲柱下史，冠法冠。一曰柱後，以鐵爲之。或説古有獬豸獸，觸邪佞，故執憲者以其角形爲冠耳。余覽奏事云：案：奏當作秦，見《通典》。始皇滅楚，以其君冠賜御史。漢興襲秦，因而不改。《後漢書·何敞傳》注，《初學記》職官部、服食部、《太平御覽》職官部、服章部。

柱史以鐵爲冠。張武曰：當以柱史惠文冠治之。《錦綉萬花谷》十一。

柱後冠，《左傳》南冠而縶，則楚冠也。秦滅楚，以其冠賜近臣，御史服之，即今獬豸冠也。古有獬廌獸，案：此豸、廌二字，皆當作廌。觸不直者。故執憲以其形用爲冠，令觸人也。《左氏正義·成公》。

柱下史，老聃爲之。秦改爲御史。柱下史，一名柱後史，謂冠以鐵爲柱，言其審，案：當有固字。不橈也。《北堂書鈔·設官部》。

又 鼓吏赤幘行縢，帶劍佩刀，持楯被甲，設矛戟，習射。設十里一亭，亭長、亭候。五里一郵，郵間相去二里半，司奸盜。亭長持二尺版以劾賊，索繩以收執賊。《續漢志補注》。案，此條亦見《漢舊儀》。

又卷下 正月旦，天子御德陽殿，臨軒。公、卿、大夫、百官各陪位朝賀。蠻、貊、胡、羌朝貢畢，見屬郡計吏，皆陛覲。宗室諸劉雜會，皆冠兩梁冠，單衣。

唐·李林甫《唐六典》卷一《三師三公尚書都省》 太師一人，正一品；太傅一人，正一品；太保一人，正一品。【略】《漢書》云：太師、太傅、太保皆古官，金印、紫綬。《漢官儀》云：俸月三百五十斛。《齊職儀》云：品第一，金章、紫綬、進賢三梁冠，絳朝服，佩山玄玉。

又卷八《門下省》 侍中二人，正三品。【略】董巴《輿服志》：侍中冠武弁大冠，亦曰惠文冠，加金璫，附蟬爲文，貂尾爲飾。侍中服之則左貂，常侍則右貂。金取堅剛，百煉不耗；蟬取居高飲清；貂取内勁悍，外温潤。本趙武靈王胡服之制，秦滅趙，得其冠，賜侍中焉。漢制分乘輿服物，功高者一人爲正僕射。【略】《獻帝起居注》云：【略】晉令侍中品第三，武官，絳朝服，佩水蒼玉。

又卷一六《衛尉宗正寺》 衛尉寺卿一人，從三品。《漢書·百官表》云：衛尉，秦官也，掌宫門衛屯兵。【略】漢荀綽《百官表》：衛尉，品第三，銀章，青綬，五時朝服，武冠，佩水蒼玉。

又卷二一《國子監》 國子監祭酒一人，從三品。【略】《百官志》：祭酒，皂朝服，介幘，進賢兩梁冠，佩水蒼玉。

宋·徐天麟《西漢會要》卷二四《輿服下·百官冠服》 爵非公乘以上，毋得冠劉氏冠。

又 皁衣。《谷永傳》曰：陛下擢之皂衣之吏。蕭望之曰：張敞備皁衣二十餘年。如淳曰：雖有五時服，至朝皆著皂衣。

直指使者衣繡衣持斧。武紀。

柱後惠文。《張敞傳》：當以柱後惠文彈治之耳。晉灼曰：漢時，法冠也，一號柱後惠文，以纚裹鐵柱卷。秦制執法服，今御史服之，獬廌，一角。今冠兩角，以獬廌爲名耳。師古曰：纚，即今日方紗也，山爾反。卷，去權反。

郎、侍中皆鵕鸃冠，貝帶。《佞幸傳》，師古曰：以鵕鸃毛羽飾冠。《司馬相如傳》，師古曰：鵕鸃，鷩鳥也，似山鷄而小。鵕背毛黄，腹下赤，項緑色，其尾毛紅赤，光彩鮮明，今俗呼爲山鷄，其實非也。

貂羽，黄金附蟬。《燕王旦傳》注云：侍中之飾。

司隸冠，進賢冠。《百官表》。

仄注冠。《五行志》，李奇注云：仄注冠曰高山冠，齊冠也，謁者服。

方山冠。《五行志》，鄧展曰：方山冠以五綵縠爲之，樂舞人所服。

皮弁素績。《孝平王后傳》：劉歆以下四十九人，賜皮弁素績。師古曰：皮弁，以鹿皮爲冠，形如人手之弁合也。素績謂素裳也。朱衣而素裳。字或作積。積謂襞積之，若今之襈爲也。

明·吕毖《事物初略》卷一四 朝服。晉《輿服志》曰：漢置五郊，天子與各執事服，各如其方色，百官無執事者，服常服，絳衣以從。魏秦静曰：漢承秦，乃改六冕之制，但無冠，絳衣而已，魏以來始名朝服。

清·孫楷《秦會要》卷九《輿服·百官冠服》 簡公六年，令吏初帶劍。《秦本紀》。

司空騎吏皂袴，因秦水行。《御覽》六百九十五引應劭《漢官儀》。

高山冠，齊冠也，一曰側注。高九寸，鐵爲卷梁，不展筩，無山。秦制，行人使者所冠。《獨斷》。

胡廣曰：高山冠，蓋齊王冠也。秦滅齊，以其冠賜謁者。同上。

法冠，楚冠也。一曰柱後惠文，一曰獬豸冠。柱高五寸，以纚裹鐵柱卷。秦制，執法服之。《獨斷》。按《漢書·張敞傳》：秦時獄法吏，冠柱後惠文。

胡廣曰：《左氏傳》有南冠而縶者。《國語》曰：南冠以如夏姬。是知南冠，蓋楚之冠。秦滅楚，以其冠賜御史。同上。

《通典·禮》十七：秦采楚制，楚莊王通梁組纓，似通天冠，而無山述，有展筩橫之于前。

武冠，或曰繁冠，武官服之。侍中、中常侍，加黄金，附貂蟬鼠尾飾之。

胡廣曰：趙武靈王效胡服，始施貂蟬之飾。秦滅趙，以其君冠賜侍中。《獨斷》。

董巴《輿服志》云：武冠加雙鶡尾，爲鶡冠，羽林虎賁冠之。鶡鷄勇，鬭死乃止。故趙武靈王以表武士，秦施用焉。《御覽》六百八十五引。

袍者，有虞氏即有之，故《國語》曰袍以朝見也。秦始皇制，三品以上，緑袍深衣，庶人白袍，皆以絹爲之。《中華古今注》。

荆軻逐秦王，其後謁者持匕首，以備不虞。從此侍官持刀劍。《御覽》六百九十二引周遷《車服雜事》應仲遠云云。

秦始皇東巡，有猛獸突於帝前。有武士戴狸皮白首，獸畏而遁。遂軍仗儀服，皆戴作狸皮白首，以威不虞也。《中華古今注》。

始皇巡狩，至海濱，亦有海神來朝，皆戴袜額緋衫大口袴，以爲軍容禮。同上。

古者有冠無幘，秦加其武將首飾爲絳幘，以表貴賤，其後稍稍作顏題。《御覽》六百八十七引董巴《輿服志》。《續漢・輿服志》同，唯絳幘作絳柏。

紀事

宋・徐天麟《西漢會要》卷二四《輿服下・百官冠服》 景帝中六年，詔曰：吏者，民之師也，車駕衣服宜稱。亡度者或不吏服，出入閭里，與民無異。令長吏車騎從者不稱其官衣服下吏，出入閭巷亡吏體者，二千石上其官屬，三輔舉不如法令者。《紀》。

又 朱博爲刺史，敕功曹：官屬多褒衣大袑，不中節度，自今掾吏衣皆令去地三寸。《傳》。

又 婁敬見高祖，虞將軍欲與鮮衣，敬曰：臣衣帛，衣帛見，衣褐，衣褐見，不敢易衣。《婁敬傳》。

雜録

漢・劉珍《東觀漢記》卷一《世祖光武皇帝紀》 光武皇帝，諱秀，高帝九世孫也，承文景之統，出自長沙定王發。【略】諸李遂與南陽府掾史張順等連謀。帝深念良久，天變已成，遂市兵弩，絳衣赤幘。【略】攻南陽，暮聞冢上有哭聲，後有人著大冠絳單衣。案：此有闕文，考范書殺新野尉即在是時。【略】東迎洛陽者見更始諸將過者已數十輩，皆冠幘，衣婦人衣，諸于繡擁䙌，大爲長安所笑。知者或畏其衣，奔亡入邊郡避之。及見司隸官屬，皆相指視之，極望老吏或垂涕曰：粲然復見漢官儀體。

又卷一八《王阜》 王阜，案阜，范書作追，附見《南蠻西南夷傳》。字世公，蜀郡人。【略】大將軍竇憲貴盛，以絳罽襜褕與阜，不受。

漢・衛宏《漢官舊儀》卷下 縣户口滿萬，置六百石令，多者千石。户口不滿萬，置四百石、三百石長。大縣兩尉，小縣一尉，丞一人。三百石丞、縣長黄綬，皆大冠。亡新令長爲宰，皆小冠，號曰夫子。亡新時有五百石，八百石。府下置詔獄。本注曰：府，河南府也。鄧展曰：舊洛陽有兩獄。

漢・衛宏《漢官舊儀補遺》 孝文皇帝時，博士七十餘人，朝服元端，章甫冠。

晉・葛洪《西京雜記》卷二 公孫弘起家徒步，爲丞相，故人高賀從之。弘食以脱粟飯，覆以布被。賀怨曰：何用故人富貴爲。脱粟布被，我自有之。弘大慚，賀告人曰：公孫弘内服貂蟬，外衣麻枲，内厨五鼎，外膳一肴，豈可以示天下。於是朝廷疑其矯焉。弘嘆曰：寧逢惡賓，無逢故人。

又 成帝好蹴踘，群臣以蹴踘爲勞體，非至尊所宜。帝曰：朕好之，可擇似而不勞者奏之。家君作彈棋以獻，帝大悦，賜青羔裘、紫絲履，服以朝覲。

宋・馬永卿《嬾真子》卷五 或問漢臣朝服，僕云：張敞議云：敞備皁衣二十餘年。注云：雖有五等服，至朝皆著皁衣。又谷永書云：擢之皁衣之吏，則之諍臣之末。則知漢朝之服皆皁衣也。《周禮》衮冕九章，鷩冕七章，毳冕五章，絺冕三章，玄冕衣無文，裳刺黻而已。故曰：卿大夫之服，自玄冕而下如孤之服，則皁衣者，乃周之卿大夫玄冕也。漢之皁衣，蓋本於此。

宋·徐天麟《西漢會要》卷二四《輿服下·百官冠服》 武安侯田恬坐衣襜褕入宮，不敬，免。《外戚表》。師古曰：襜褕，直裾禪衣。

又 叔孫通儒服，漢王憎之，迺變其服，服短衣楚製。《傳》。

又 江充召見，願以所常被服冠見。武帝許之。充衣紗縠禪衣，曲裾後垂交輸，冠禪纚步摇冠，飛翮之纓。《傳》。

又 雋不疑見暴勝之，冠進賢冠，帶櫑具劍，佩環玦，褒衣博帶，盛服至門上謁。《傳》。

又 董偃緑幘傅韝。《東方朔傳》。應劭曰：宰人服也。韋昭曰：韝，形如射韝，以縛左右手，於事便也。師古曰：緑幘，賤人之服也。傅，著也。即今之臂韝也。

宋·王楙《野客叢書》卷三《東漢呼萬歲》 東漢臣下多呼萬歲。耿恭於虜圍中拜井得泉，衆皆稱萬歲。馮魴既降羣盗，赦其罪，各返農桑，皆稱萬歲。馬援曰：今賴士大夫之力，蒙被大恩，紆佩青紫。吏士皆稱萬歲。

又卷一八《漢臣僕衣皁白》 漢官吏著皁，其給使賤役著白。按谷永曰：擢之皁衣之吏。張敞曰：敞備皁衣二十餘年。注云：雖有四時服，至朝皆著皁衣。《兩龔傳》曰：聞之白衣，戒君勿言。注：白衣，給使官府趨走賤人，若今諸司亭長掌内之屬。晉陶淵明謂白衣送酒是也。

明·楊慎《秇林伐山》卷一四《藻衣花綬》 《漢官儀》曰：衣裳，卿大夫藻衣。又曰：綬青地桃花。

明·周嬰《巵林》卷九《諗胡·伍佰》 按宋程氏《演繁露》載，後漢《虞詡傳》注《續漢志》伍伯，公八人，中二千石六人，千石、六百石皆四人，自百石以下皆二人，黄綬。武官伍伯六人，辟車、鈴下、侍閣、門蘭、部署、街走卒，皆有程品。多少隨所典領，率皆赤幘絳褠，即今行鞭杖者。然則伍伯之名漢世已有矣。

内臣服飾

綜述

漢·衛宏《漢官舊儀》卷下 庶子、舍人五日一移主，率更長三不會，輒斥官奴，擇給書計，從侍中以下爲倉頭，青幘，與百官從事從入殿中。省中待使令者，皆官婢，擇年八歲以上衣緣，按緣字疑緑字之訛。曰宦人，不得出省門。

紀事

晉·王嘉《拾遺記》卷六《後漢》 靈帝初平三年，游於西園，起裸游館千間，采緑苔而被堦，引渠水以繞砌，周流澄澈。乘船以游漾，使宫人乘之，選玉色輕體，以執篙楫，摇漾於渠中。其水清澄，以盛暑之時，使舟覆没，視宫人玉色者。又奏《招商》之歌，以來凉氣也。歌曰：凉風起兮日照渠，青荷晝掩葉夜舒。惟日不足樂有餘，清絲流管歌玉鳧，千年萬歲喜難踰。渠中植蓮，大如蓋，長一丈，南國所獻。其葉夜舒晝卷，一莖有四蓮叢生，名曰夜舒荷；亦云月出則舒也，故曰望舒荷。帝盛夏避暑於裸游館，長夜飲宴。帝嗟曰：使萬歲如此，則上仙也。宫人年二七已上，三六已下，皆靚粧，解其上衣，惟著内服，或共裸浴。西域所獻茵墀香，煮以爲湯，宫人以之浴浣，使以餘汁入渠，名曰流香渠。又使内豎爲驢鳴於館北，又作鷄鳴堂，多畜鷄，每醉迷于天曉，内侍競作鷄鳴，以亂真聲也。乃以炬燭投於殿前，帝乃驚悟。及董卓破京師，散其美人，焚其宫館。至魏咸熙中，先所投燭處，夕夕有光如星。後人以爲神光，於此地立小屋，名曰餘光祠，以祈福。至魏明末，稍掃除矣。

士庶服飾

論説

宋·徐天麟《西漢會要》卷二四《輿服下·臣庶衣服》 文帝時，賈誼上疏言，今民賣僮者，爲之繡衣絲履偏諸緣，内之閑中，是古天子后服，所以廟而不宴者也，而庶人得以衣婢妾。白縠之表，薄紈之裏，緁以偏諸，美者黼繡，是古天子之服，今富人大賈嘉會召客者以被牆。庶人屋壁，得爲帝服，倡優下賤，得爲后飾，帝之身自衣皁綈，而富民牆屋被文繡，天子之后以緣其領，庶人孽妾緣其履，此臣所謂舛也。《傳》。

綜述

宋·吴曾《能改齋漫録》卷一《民曰黔首》 《史記·秦紀》：秦命民曰黔首。然《禮·祭義篇》宰我問孔子，而孔子曰：因物之精，制爲之極，明命鬼神，以爲黔首則。然則以黔首命民，久矣。

宋·徐天麟《西漢會要》卷二四《輿服下·臣庶衣服》 漢初定，與民無禁。叙傳。師古曰：國家不設車旗衣服之禁。

又 高祖八年，賈人毋得衣錦繡綺縠絺紵罽。《紀》。

又 成帝永始四年詔，公卿列侯多畜奴婢，被服綺縠，車服過制，申敕有司，以漸禁之。青緑民所常服，且勿止。《紀》。

又 成帝微行，私奴客皆白衣袒幘，帶刀持劍。《百官志》。白衣。《龔勝傳》師古曰：白衣，給官府趨走賤人，若今諸司亭長掌固之屬。

服制服色

論説

宋·徐天麟《東漢會要》卷一〇《輿服下》 臣天麟按：上天下澤，而尊卑之分以明，觀象審數，而輿服之儀以備。古先聖王所以制爲車蓋旗常之文，冕弁采章之飾者，豈徒以備一代之制，彰斧藻之美而已，所以明尊卑，辨等列，使之不得以相踰者也。故五車之制一定，則乘墨棧者不得擬於篆縵。五冕之制一立，則服希玄者不得僭于驚毳。所以檢抳人心，維持名分者，蓋於此乎寓焉。三代既衰，六籍焚蕩，秦人徒知尊君卑臣，而不知有禮制，是以古人輿服制度，浸以弗存。西京禮文，本與秦儀雜就，而車服之制，因陋就簡，是以班史無傳焉。東京自顯宗致意于明堂辟雍靈臺之事，而輅車衮冕，其制始備。故范蔚宗序次《本紀》，載永平二年宗祀明堂，帝及公卿列侯始服冠冕衣裳，玉佩絇屨以行事。其序《儒林傳》曰，光武初建三雍，明帝即位，親行其禮，天子始冠通天，衣日月，備法物之駕，盛清道之儀，蓋自周衰，歷數百年之後，東京之制，始仿佛乎三代之舊。史氏嚴而志之，蓋亦幸其能復古矣。然其間名物度數，或仍秦、漢之舊，而未能盡加釐正，君子亦不能無遺憾也。

綜述

漢·應劭《漢官儀》卷下 衣裳，公侯華蟲，卿大夫藻火。《太平御覽·職官部》案：與《續漢志·輿服》不合，此當有誤。

周冕與古冕略等，周加垂旒，天子前後垂真白珠各十二。《太平御覽·服章部》。

冕廣七寸，長八寸。《左氏正義・桓公》。

天子冠通天，諸侯王冠遠游，三公、諸侯冠進賢三梁，卿、大夫、尚書、二千石、博士冠兩梁，二千石以下至小吏冠一梁。案：《志》引作：平帝元始五年，令公、卿、列侯冠三梁，二千石兩梁，千石以下一梁。《三禮圖》引亦作千石。此作二千石，誤。天子、公、卿、特進、諸侯祀天地明堂，皆冠平冕，天子十二旒，三公、九卿，案《三禮圖》引作九旒。諸侯七旒，其纓各如其綬色，玄衣纁裳。《後漢書・明帝紀》注、《張宗傳》注、《隋書・禮儀志》、聶崇義《三禮圖》。

幘者，古之卑賤執事不冠者之所服也。《後漢書・光武紀》注、《初學記・服食部》、《藝文類聚・服飾部》、《太平御覽・服章部》。

孝武時，天子以下未有幘。元帝額上有壯髮，不欲使人見，乃使進幘，群寮隨焉。《太平御覽・皇王部》。

幘本無巾，如今半幘而已。王莽無髮，因爲施巾，故裏語曰：王莽頭禿施幘屋。《太平御覽・皇王部》。

又 綬者，有所承受也。長一丈二尺，法十二月；闊三尺，案：《廣韵》四十四有注引作廣三尺。法天地人。舊用赤韍，示不忘古也。秦漢易之以綵，今綬如此。《北堂書鈔・儀飾部》。

乘輿綬，黄地，案《初學記》引下有骨字。白羽，青絳緑，五采，四百首，長二丈三尺。《北堂書鈔・儀飾部》、《初學記・器物部》。

諸王綬，四采，絳地，案：《初學記》引下有骨字。白羽，案《北堂書鈔》引作黄地黄羽，誤。青黄緑。案：緑上當有去字。赤圭，二百六十首，長二丈一尺。侯綬，絳地，縹紺，百二十首，長二丈案：二當作一。八尺。《北堂書鈔・儀飾部》、《初學記・器物部》。

公、侯、將軍，三采，案三當作二，下當有紫白純三字，見《通典・禮》。紫圭，長有一丈七尺，百八十首。公主同封君。《北堂書鈔・儀飾部》。案《初學記・器物部》引丞相、御史大夫、匈奴亦同。

九卿、中二千石，青綬，三采，青白紅，純青圭，一丈七尺，一百廿首。《北堂書鈔・儀飾部》。

二千石，綬羽青地，桃花縹，三采，百二十首，長丈七尺。黄綬，黄絲，一采，八十首，長丈七尺。民織綬皆如式，不如式，没入官也。《北堂書鈔・儀飾部》、《初學記・器物部》。

墨綬，白案：白字當衍。羽青地，絳二采，長丈七尺。初學記・器物部》。

四百石丞、尉，皆黄綬大冠。《北堂書鈔・設官部》。

又 蕭何爲相國，佩緑綬，公侯紫，卿、二千石青，令長千石黑。《隋書・禮儀志》。

漢・劉蒼《南北郊冕服議》 孔子曰：行夏之時，乘殷之輅，服周之冕。爲漢制法。高皇帝始受命創業，制長冠以入宗廟。光武受命中興，建明堂，立辟雍。陛下以聖明奉遵，以礼服龍兖，祭五帝。禮缺樂崩，久無祭天地冕服之制。按尊事神祇，絜齋盛服，敬之至也。日月星辰，山龍華藻，天王兖冕十二有旒，以則天數；旂有龍章日月，以備其文。今祭明堂宗廟，圓以法天，方以則地，服以華文，象其物宜，以降神明，肅雍備思，博其類也。天地之禮，冕冠裳衣，宜如明堂之制。

《後漢書》卷四〇《輿服志下》 天子、三公、九卿、特進侯、侍祠侯，祀天地明堂，皆冠旒冕，衣裳玄上纁下。《東觀書》曰：永平二年正月，公卿議春南北郊，東平王蒼議曰：孔子曰：行夏之時，乘殷之路，服周之冕。爲漢制法。高皇帝始受命創業，制長冠以入宗廟。光武受命中興，建明堂，立辟雍。陛下以聖明奉遵，以禮服龍衮，祭五帝。禮缺樂崩，久無祭天地冕服之制。（接）[按]尊事神（禮）[祇]，絜齋盛服，敬之至也。日月星辰，山龍華藻，天王衮冕十有二旒，以則天數。旗有龍章日月，以備其文。今祭明堂宗廟，圓以法天，方以則地，服以華文，象其物宜，以降神[明]，肅雍備思，博其類也。天地之禮，冕冠裳衣，宜如明堂之制。乘輿備文，日月星辰十二章，三公、諸侯用山龍九章，九卿以下用華蟲七章，皆備五采，大佩，赤舄絇履，以承大祭。百官執事者，冠長冠，皆祇服。五岳、四瀆、山川、宗廟、社稷諸沾秩祠，皆袀玄長冠，五郊各如方色云。百官不執事，各服常冠袀玄以從。

宋・徐天麟《西漢會要》卷一四《禮八・祭服》 文帝郊見五帝祠，衣皆上赤。《郊祀志》。按是時雖尚水德，以有赤帝子之符，故祠衣上赤。

武帝祠后土祠，衣皆上黄。《郊祀志》。按黄者，土之色也。

秦一祝宰，衣紫及繡，五帝各如其色，日赤月白。同上。

紀事

宋・徐天麟《西漢會要》卷二四《輿服下》 元帝初元五年，罷齊三服官。《紀》。李斐曰：齊國舊有三服官。春獻冠幘縰爲首服，紈素爲冬服，輕綃爲夏服。臣天麟按：《貢禹傳》，禹奏故齊三服官，輸物不過十笥，方今齊三服官，作工各數千人，一歲費數鉅萬。天子納其言，罷齊三服官。

雜録

宋・徐天麟《東漢會要》卷一〇《輿服下・車服雜録》 光武行司隸校尉時，更始諸將皆冠幘而服婦人衣，諸于繡䘿，莫不笑之。及見司隸僚屬，皆歡喜曰，不圖今日復見漢官威儀。《紀》。

凡冠衣諸服，旒冕、長冠、委貌、皮弁、爵弁、建華、方山、巧士，衣裳文繡，赤舄，服絇履，大佩，皆爲祭服。其餘悉爲常用朝服，唯長冠，諸王國謁者以爲常朝服云。宗廟以下祠祀皆冠長冠，皁繒袍單衣，絳緣領袖中衣，絳袴袜，五郊各從其色焉。

安帝立皇太子，太子謁高祖廟、世祖廟，門大夫從，冠兩梁進賢，洗馬冠高山。罷廟，侍御史任方奏請非乘從時皆冠一梁，不宜以爲常服。事下有司，尚書陳忠奏：門大夫職如諫大夫，洗馬職如謁者，故皆服其服。先帝之舊也，方言可寢。奏可。謁者，古者一名洗馬。并本《志》。

又 及將祀天郊，報地功。乃整法服，正冕帶，珩紞紘綖，玉笄綦會。火龍黼黻，藻繂鞶厲。結飛雲之袷輅，植翠羽之高蓋，建辰旒之太常，紛颾悠以容裔。六玄虬之奕奕，齊騰驤而沛艾。龍輈華轙，金鍐亡犯反鏤鍚。方釳左纛，鉤膺玉瓖。鑾聲噦噦，和鈴鉠鉠。重輪貳轄，疏轂飛軨。羽蓋葳蕤，葩瑵曲莖。順時服而設副，咸龍旗而繁纓。立戈迆戛，農輿輅木。屬車九九，乘軒并轂。輀伏弩重旃，朱旄青屋。奉引既畢，先輅乃發。鑾旗皮軒，通帛綪旆。雲罕九斿，闟戟轇轕。髶珥。髦被綉，虎夫戴鶡，駙承華之蒲梢，馬名飛流蘇之騷殺。總輕武于後陳，奏嚴鼓之嘈囋才達反。戎士介而揚揮，載金鉦而建黄鉞。《東京賦》。

安帝永初四年，以并凉饑饉，正旦朝會，不陳充庭車。《紀》。

郭賀爲荆州刺史，顯宗賜以三公服，勑行部去襜帷，使百姓見其容服，以章有德。《蔡茂傳》。

靈帝時，賈琮拜冀州刺史，舊典，傳車驂駕，垂赤帷裳，迎於州界。及琮之部，升車言曰，刺史當遠視廣聽，糾察美惡，何有反垂帷裳自掩塞乎。乃命御者褰之。《賈琮傳》。

光武賜東海王彊虎賁旄頭。《紀》。

又 安帝賜馮石駮、犀、貝劍、佩刀、紫艾綬、玉玦各一。《紀》下同。

祭遵薨，贈以朱輪容車、介士。

又 梁冀改易輿服之制，作平輧車，埤幘狹冠，折上巾，擁身扇，狐尾單衣。《傳》。

銀艾。張奂《前後十要》銀艾注云，銀印緑綬也。以艾草染之，故曰艾也。

佩戴用品

論説

《後漢書》卷四〇《輿服志下》 古者君臣佩玉，尊卑有度。上有韍，徐廣曰：韍如（巾）[仝]蔽膝。貴賤有殊。佩，所以章德，服之衷也。韍，所以執事，禮之共也。故禮有其度，威儀之制，三代同之。五霸迭興，戰兵不息，佩非戰器，韍非兵旗，於是解去韍佩，留其係璲，徐廣曰：今名璲爲縌。以爲章表。故《詩》曰鞙鞙佩璲，此之謂也。鞙鞙，佩玉貌。璲，瑞也。鄭玄《箋》曰：佩璲者，以瑞玉爲佩，佩之鞙鞙然。韍佩既廢，秦乃以采組連結於璲，光明章表，轉相結受，故謂之綬。漢承秦制，用而弗改，故加之以雙印佩刀之飾。至孝明皇帝，乃爲大佩，衝牙雙瑀璜，皆以白玉。詩云：雜佩以贈之。毛萇曰：珩、璜、琚、瑀，衝牙之類。《月令章句》曰：佩上有雙衡，下有雙璜，琚瑀以雜之，衝牙蠙珠以納其閒。《玉藻》曰：右徵角，左宫羽，進則揖之，退則揚之，然後玉瑲鳴焉。《纂要》曰：琚瑀所以納閒，在玉之閒，今白珠也。乘輿落以白珠，公卿諸侯以采絲，其［玉］視冕旒，爲祭服云。

綜述

《後漢書》卷四〇《輿服志下》 乘輿黄赤綬，四采，黄赤（紺）縹［紺］，淳黄圭，長［二］丈九尺九寸，五百首。《漢舊儀》曰：璽皆白玉螭虎紐，文曰皇帝行璽、皇帝之璽、皇帝信璽、天子行璽、天子之璽、天子信璽，凡六璽。皇帝行璽，凡封之璽賜諸侯王書；信璽，發兵徵大臣；天子行璽，策拜外國，事天地鬼神。璽皆以武都紫泥封，青囊白素裏，兩端無縫，尺一板中約署。皇帝帶綬，黄地六采，不佩璽。璽以金銀縢組，侍中組負以從。秦以前民皆佩綬，金、玉、銀、銅、犀、象爲方寸璽，各服所好。奉璽書使者乘馳傳。其驛騎也，三騎行，晝夜千裏爲程。《吴書》曰：漢室之亂，天子北詣河上，六璽不自隨，掌璽者投井中。孫堅北討董卓，頓軍城南，官署有井，每旦有五色氣從井出。堅使人浚得傳國璽。其文曰：受命于天，既壽永昌。方圜四寸，上有紐文槃五龍，瑨七寸管，龍上一角缺。《獻帝起居注》曰：時六璽不自隨，及還，於閣上得。《晉陽秋》曰：冉閔大將軍蔣幹以傳國璽付河南太守戴施，施獻之，百僚皆賀。璽光照洞徹，上蟠螭文隱起，書曰：（旻）［昊］天之命，皇帝壽昌。秦舊璽也。徐廣曰：傳國璽文曰受天之命，皇帝壽昌。

諸侯王赤綬，徐廣曰：太子及諸王金印，龜紐，纁朱綬。四采，赤黄縹紺，淳赤圭，長二丈一尺，三百首。荀綽《晉百官表注》曰：皇太子朱綬，三百二十首。

太皇太后、皇太后，其綬皆與乘輿同，皇后亦如之。

長公主、天子貴人與諸侯王同綬者，加特也。

諸國貴人、相國皆緑綬，三采，緑紫紺，淳緑圭，長二丈一尺，二百四十首。《前書》曰：相國、丞相皆秦官，金印紫綬。高帝相國緑綬。徐廣曰：金印緑綟綬。綟音戾，草名也。以染似緑，又云似紫。紫綬名緺綬，［緺］音瓜，其色青紫。綟字亦（盩）［盭］，音同也，傳寫者誤作䋈。公加殊禮，皆服之。何承天云：緺音蝸。青紫色綬。綟，紫色也。

公、侯、將軍紫綬，二采，紫白，淳紫圭，長丈七尺，百八十首。《前書》曰：太尉金印紫綬。御史大夫位上卿，銀印青綬，成帝更名大司空，金印紫綬。將軍亦金印。《漢官儀》曰：馬防爲車騎將軍，銀印青綬，在卿上，絶席。和帝以竇憲爲車騎將軍，始加金紫，次司空。公主封君服紫綬。

九卿、中二千石、二千石青綬，三采，青白紅，淳青圭，長丈七尺，百二十首。一號青緺綬。自青綬以上，縌皆長三尺二寸，與綬同采而首半之。縌者，古佩璲也。佩綬相迎受，故曰縌。紫綬以上，縌綬之閒得施玉環鐍云。《通俗文》曰：缺環曰鐍。《漢舊儀》曰其斷獄者印爲章也。

千石、六百石黑綬，三采，青赤紺，淳青圭，長丈六尺，八十首。四百石、三百石長同。《漢官》曰：尚書僕射，銅印青綬。

四百石、三百石、二百石黄綬，［一采］，淳黄圭，（一采）。長丈五尺，六十首。自黑綬以下，縌綬皆長三尺，與綬同采而首半之。

百石青紺（綸）［綬］，一采，宛轉繆織［圭］，長丈二尺。丁孚《漢儀》載太僕、太中大夫襄言：乘輿綬，黄地冒白羽，青絳緑五采，四百首，長二丈三尺。詔所下王綬，冒亦五采，上下無差。諸王綬四采，絳地冒白羽，青黄去（緑）［緣］，二百六十首，長二丈一尺。公主綬如王。侯，絳地，紺縹三采，百二十首，長丈八尺。二千石綬，羽青地，桃華縹三采，百二十首，長丈八尺。黑綬，羽青地，絳二采，八十首，長一丈七尺。黄綬一采，八十首，長丈七尺。以爲常式。民織綬不如式，没入官，犯者爲不敬。二千石綬以上，禁民無得織以粉組。皇太后詔可，王綬如所下。

雜録

漢・衛宏《漢官舊儀》卷上 皇帝帶綬，黄地六采，按：六采舊作赤采，似誤。又考《宋書禮志》引漢制：皇帝黄赤綬，四采，黄赤縹紺。亦與此互異。今據《續漢書・輿服志》注校正。不佩璽。按：《續漢書》志注引此文，璽下重一璽字。以金銀縢組，侍中組負以從。秦以前民皆佩綬，以金、玉、銀、銅、犀、象爲方寸璽，各服所好。

魏晉南北朝服飾制度部

皇帝服飾

論説

《宋書》卷一八《禮志五》 泰始四年八月甲寅，詔曰：車服之飾，象數是遵。故盛皇留範，列聖垂制。朕近改定五路，酌古代今，修成六服，沿時變禮。所施之事，各有條叙。便可付外，載之典章。朕以大冕純玉繅，玄衣黄裳，乘玉輅，郊祀天，宗祀明堂。又以法冕五綵繅，玄衣絳裳，乘金路，祀太廟，元正大會諸侯。又以飾冠冕四彩繅，紫衣紅裳，乘象輅，小會宴饗，餞送諸侯，臨軒會王公。又以繡冕三彩繅，朱衣裳，乘革路，征伐不賓，講武校獵。又以紘冕二綵繅，青衣裳，乘木輅，耕稼，饗國子。又以通天冠，朱紗袍，爲聽政之服。

綜述

晉・陸翽《鄴中記》 石虎正會于正殿，南面臨軒，施流蘇帳，皆竊擬禮制。整法服，冠通天，佩玉璽，玄衣纁裳，畫日月火龍黼黻華蟲粉米。尋改車服，著遠游冠，前安金博山，蟬翼丹紗裏服，大曉行禮，公執珪，卿執羔，大夫執雁，士執雉，一如舊禮。充庭車馬、金根、玉輅、革輅數十。《太平御覽》。

《宋書》卷一八《禮志五》 天子禮郊廟，則黑介幘，平冕，今所謂平天冠也。皁表朱緑裏，廣七寸，長尺二寸，垂珠十二旒。以朱組爲纓，衣皁上絳下，前三幅，後四幅，衣畫而裳繡，爲日、月、星辰、山、龍、華、蟲、藻、火、粉米、黼、黻之象，凡十二章也。素帶廣四寸，朱裏，以朱緑裨飾其側。中衣以絳緣其領袖。赤皮蔽膝。蔽膝，古之韍也。絳袴，絳襪，赤舄。未加元服者，空頂介幘。其釋奠先聖，則皁紗裙，絳緣中衣，絳袴襪，黑舄。其臨軒亦袞冕也。其朝服，通天冠，高九寸，金博山顔，黑介幘，絳紗裙，皁緣中衣。其拜陵，黑介幘，蔆單衣。其雜服，有青赤黄白緗黑色介幘，五色紗裙，五梁進賢冠，遠游冠，平上幘，武冠。其素服，白帢單衣。《漢儀》，立秋日獵服緗幘。晉哀帝初，博士曹弘之等議：立秋御讀令，不應緗幘，求改用素。詔從之。宋文帝元嘉六年，奉朝請徐道娱表：不應素幘。詔門下詳議，帝執宜如舊。遂不改。

《晉書》卷二五《輿服志》 魏明帝以公卿袞衣黼黻之飾，疑於至尊，多所減損，始制天子服刺繡文，公卿服織成文。及晉受命，遵而無改。天子郊祀天地明堂宗廟，元會臨軒，黑介幘，通天冠，平冕。冕，皁表，朱緑裏，廣七寸，長二尺二寸，加於通天冠上，前圓後方，垂白玉珠，十有二旒，以朱組爲纓，無緌。佩白玉，垂珠黄大旒，綬黄赤縹紺四采，衣皁上，絳下，前三幅，後四幅，衣畫而裳繡，爲日、月、星辰、山、龍、華蟲、藻、火、粉米、黼、黻之象，凡十二章。素帶廣四寸，朱裏，以朱緑裨飾其側。中衣以絳緣其領袖。赤皮爲韍，絳袴襪，赤舄。未加元服者，空頂介幘。其釋奠先聖，則皁紗袍，絳緣中衣，絳袴襪，黑舄。其臨軒，亦袞冕也。其朝服，通天冠高九寸，金博山顔，黑介幘，絳紗袍，皁緣中衣。其拜陵，黑介幘，單衣。其雜服，有青赤黄白緗黑色，介幘，五色紗袍，五梁進賢冠，遠游冠，平上幘武冠。其素服，白帢單衣。後漢以來，天子之冕，前後旒用真白玉珠。魏明帝好婦人之飾，改以珊瑚珠。晉初仍舊不改。及過江，服章多闕，而冕飾以翡翠珊瑚雜珠。侍中顧和奏：舊禮，冕十二旒，用白玉珠。今美玉難得，不能備，可用白璇珠。從之。

清・朱銘盤《南朝梁會要・輿服》 冠服。鞶佩劍囊。御冠服。梁制，乘輿郊天、祀地、禮明堂、祠宗廟、元會臨軒，則黑介幘，通天冠平冕，俗所謂平天冠者也。其制，玄表，朱緑裏，廣七寸，長尺二寸，加於通天冠上。前垂四寸，後垂三寸，前圓而後方。垂白玉珠，十有二旒，其長齊肩。以組爲纓，各如其綬色，傍垂黈纊，充珠以玉瑱。其衣，皁上絳下，前三幅，後四幅。衣畫而裳繡。衣則日、月、星辰、山、龍、華蟲、火、宗彝，畫以爲繢。裳則藻、粉米、黼、黻，以爲繡。凡十二章。素帶，廣四寸，朱裏，以朱繡裨飾其側。中衣以絳緣領袖。赤皮爲韠，蓋古之韍也。絳袴袜，赤舄。佩白玉，垂朱黄大綬，黄赤縹紺四采，革帶，帶劍，緄帶以組爲之，如綬色。黄金辟邪首爲帶鐍，而飾以白玉珠。又有通天冠，高九寸，前加金博山、述，黑介幘，絳紗袍，皁緣中衣，黑舄，是爲朝服。元正賀畢，還儲更衣，出所服也。其釋奠先聖，則皁紗袍，絳緣中衣，絳袴袜，黑舄。臨軒亦服衮冕，未加元服，則空頂介幘。拜陵則箋布單衣，介幘。又有五梁進賢冠、遠游、平上幘武冠。單衣，黑介幘，宴會則服之。《隋書·禮儀志六》。下同。

清·朱銘盤《南朝宋會要·輿服》 冠服。子冠服。天子禮郊廟，則黑介幘，平冕，今所謂平天冠也。皂表朱緑裏，廣七寸，長尺二寸，垂珠十二旒。以朱組爲纓，衣皁上絳下，前三幅，後四幅，衣畫而裳繡，爲日、月、星辰、山、龍、華、蟲、藻、火、粉米、黼、黻之象，凡十二章也。素帶廣四寸，朱裏，以朱緣裨飾其側。中衣以絳緣其領袖。赤皮蔽膝。蔽膝，古之韍也。絳袴，絳襪，赤舄。未加元服者，空頂介幘。其釋奠先聖，則皁紗裙，絳緣中衣，絳袴襪，黑舄。其臨軒亦衮冕也。其朝服，通天冠，高九寸，金博山顔，黑介幘，絳紗裙，皁緣中衣。其拜陵，黑介幘，箋單衣。其雜服，有青赤黄白緗黑色介幘，五色紗裙，五梁進賢冠，遠游冠，平上幘，武冠。其素服，白帢單衣。《禮志五》。

又 南郊，致齋之朝，御著絳紗袍，黑介幘，通天金博山冠。郊之日，御服龍衮，平天冠。《禮志一》。

南郊親奉儀注。皇帝初著平天冠，火龍黼黻之服。還，變通天冠，絳紗袍。廟祠親奉，舊儀，皇帝初服與郊不異，而還變著黑介幘，單衣即事，乖體。謂宜同郊還，亦變著通天冠，絳紗袍。《禮志五》。

殷祠，致齋之日，御著絳紗袍，黑介幘，通天金博山冠。祠之日，著平冕龍衮之服。《禮志一》。

耕籍，御著通天冠，青幘，朝服青衮，帶佩蒼玉。《禮志一》。

《籍田儀注》，皇帝冠通天冠，朱紘，青介幘，衣青紗袍。大明四年，荀萬秋奏，宜冠冕，璪十二旒，朱紘，黑介幘，衣青紗袍。《禮志五》。

校獵，皇帝著黑介幘單衣。若躬親射禽，變御戎服。三嚴後二刻，仍著黑介幘單衣。《禮志一》。

大明七年二月甲寅，輿駕巡南豫、兖二州，冕服，御玉路，辭二廟。改服通天冠。《禮志五》。

清·汪兆鏞《稿本晉會要》卷一四《禮十二·皇帝冠服》 天子郊祀天地明堂宗廟，元會臨軒，介幘，通天冠，平冕。冕，皁表，朱緑裏，廣七寸，長二尺二寸，加於通天冠上，前圓後方，垂白玉珠，十有二旒，以朱組爲纓，無緌。佩白玉，垂珠黄大旒，衣皁上絳下，前三幅，後四幅，衣畫而裳繡，爲日、月、星辰、山、龍、華、蟲、藻、火、粉米、黼、黻之象，凡十二章。素帶廣四寸，朱裏，以朱緣裨飾其側。中衣以絳緣其領袖，赤皮爲韍，絳袴襪，赤舄。未加元服者，空頂介幘。其釋奠先聖，則皁紗袍，絳緣中衣，絳袴襪，黑舄。其臨軒亦衮冕也。其朝服，通天冠，高九寸，金博山顔，黑介幘，絳紗袍，皁緣中衣。其拜陵，黑介幘，單衣。其雜服，有青赤黄白緗黑色介幘，五色紗袍，五梁進賢冠，遠游冠，平上幘，武冠。其素服，白帢單衣。後漢以來，天子之冕，前後旒用真白玉珠。魏明帝好婦人之飾，改以珊瑚珠，晉初仍舊不改。《典服志》。

魏明帝制天子服刺繡文，公卿服織成文。晉遵而無改。《輿服志》。

泰始四年八月，詔曰：車服之制，象數是遵。故盛王留範，列聖垂制。朕近改定五路，修成六服，沿時變禮。所施之事，各有條叙；便可付外，載之典章。朕以大冕純玉繅，元衣黄裳，乘玉輅，郊祀天，宗祀明堂。又以法冕五綵繅，元衣絳裳，乘金輅，祀太廟，元正大會諸侯。又以飾冠冕四彩繅，紫衣紅裳，乘象輅，小會宴饗，餞送諸侯，臨軒會王公。又以肅冕三彩繅，朱衣裳，乘革輅，征伐不賓，講武校獵。又以宏冕二綵繅，青衣裳，乘木輅，耕稼，饗國子。又以通天冠，朱紗袍，爲聽政之服。《宋書·禮志》。

中興過江，服章多闕，而冕旒飾以翡翠珊瑚雜珠。侍中顧和奏：舊禮，冕十二旒，用白玉珠。今美玉難得，不能備，用雜珠等非禮，可用白璇珠。成帝于是始下太常改之。《顧和傳》。

元帝郊祀天地明堂宗廟，元會臨軒，改服黑介幘，通天，平冕，皁表，朱緑裏，廣七寸，長一尺二寸，加于通天冠上，垂珠十二旒，以朱組爲纓，無緌。《通典》五十七。

哀帝從博士曹宏之等議，立秋御讀令，用素白帢。《志》。

通天冠。晉依漢制。加金博山述，乘輿常服。《通典》五十七原注：述即鷸也。《輿服志》通天冠，本秦制，高九寸，正竪，頂少斜卻乃直下，鐵爲卷梁，前有展筩，冠前加金博山述。

天子始加元服，冠五梁進賢冠。《輿服志》。

皮弁，以鹿皮淺毛黃白色者爲之，《禮》：王皮弁，會五采玉口，象玉邸玉笄，謂合爲弁。其縫中名曰會，以采玉珠爲璂。璂，結也。天子五采，諸侯三采。天子則縫十二，公侯伯七，子男五，孤四，卿大夫三。《典服志》。

紀事

《宋書》卷一五《禮志二》 太史每歲上其年曆。先立春立夏大暑立秋立冬，常讀五時令。皇帝所服，各隨五時之色。帝升御坐，尚書令以下就席位。尚書三公郎以令著録案上，奉以入，就席伏讀訖，賜酒一巵。官有其注。傅咸曰：立秋一日，白路光於紫庭，白旂陳于玉階。然則其日旂、路皆白也。

晉成帝咸和五年六月丁未，有司奏讀秋令。兼侍中散騎侍郎荀弈、兼黃門侍郎散騎侍郎曹宇駁曰：尚書三公曹奏讀秋令儀注。新荒以來，舊典未備。臣等參議，光禄大夫臣華恒議，武皇帝以秋夏盛暑，常闕不讀令，在春冬不廢也。夫先王所以從時讀令者，蓋後天而奉天時。正服，尊嚴之所重，今服章多闕如。比熱隆赫，臣等謂可如恒議，依故事闕而不讀。詔可。六年三月，有司奏：今月十六日立夏。案五年六月三十日門下駁，依武皇夏闕讀令。今正服漸備，四時讀令，是祇述天和隆赫之道。謂今故宜讀夏令。奏可。

宋文帝元嘉六年六月辛酉朔，駙馬都尉奉朝請徐道娱上表曰：謹案晉博士曹弘之議，立秋御讀令，上應著緗幘，遂改用素，相承至今。臣淺學管見，竊有惟疑。伏尋《禮記・月令》，王者四時之服正云駕倉龍，載赤旂，衣白衣，服黑玉。季夏則黃，文極於此，無白冠則某履某舄也。且幘又非古服，出自後代。上附於冠，下不屬衣。冠固不革，而幘豈容異色。愚謂應恒與冠同色，不宜隨節變彩。土令在近，謹以上聞。如或可采，乞付外詳議。太學博士荀萬秋議：伏尋幘非古者冠冕之服，《禮》無其文。案蔡邕《獨斷》云：幘是古卑賤供事不冠人所服。又董仲舒《止雨書》曰：其執事皆赤幘。知並不冠之服也。漢元始用，衆臣率從。故司馬彪《輿服志》曰：尚書幘名曰納言。迎氣五郊，各如其色，從章服也。

又卷一八《禮志五》 大明七年二月甲寅，輿駕巡南豫、兗二州，冕服，御玉路，辭二廟。改服通天冠，御木路，建大麾，備春蒐之典。

《隋書》卷一二《禮儀志六》 十一年，尚書參議：按《禮》，跣韈，事由燕坐，屨不宜陳尊者之側。今則極敬之所，莫不皆跣。清廟崇嚴，既絶恒禮，凡有履行者，應皆跣韈。詔可。

又 宣帝即位，受朝於路門，初服通天冠，絳紗袍。群臣皆服漢、魏衣冠。大象元年，制冕二十四旒，衣服以二十四章爲準。二年下詔，天臺近侍及宿衛之官，皆著五色衣，以錦綺繢繡爲緣，名曰品色衣。有大禮則服冕。內外命婦皆執笏，其拜俛伏方興。

《周書》卷七《宣帝紀》 辛巳，詔曰：【略】改大成元年爲大象元年。帝於是自稱天元皇帝，所居稱天臺，冕有二十四旒，（室）［軍］服旗鼓，皆以二十四爲節。

清・朱銘盤《南朝陳會要・輿服》 冠服。陳永定元年，武帝即位，徐陵曰：所定乘輿御服，皆採梁之舊制。又以爲冕旒，後漢用白玉珠，晉過江，服章多闕，遂用珊瑚雜珠，飾以翡翠。侍中顧和奏：今不能備玉珠，可用白旋。從之。蕭驕子云：白旋，蚌珠是也。帝曰：形制依此。今天下初定，務從節儉。應用繡、織成者，并可彩畫，金色宜塗，珠玉之飾，任用蚌也。至天嘉初，悉改易之，定令俱依天監舊事，然亦往往改革。今不同者，皆隨事於注言之；不言者，蓋無所改制云。

清・朱銘盤《南朝梁會要・輿服》 七年，周捨議：詔旨以王者袞服，宜畫鳳皇，以示差降。按《禮》：有虞氏皇而祭，深衣而養老。鄭玄所言，皇則是畫鳳皇羽也。又按《禮》所稱雜服，皆以衣定名，猶如袞冕，則是袞衣而冕。明有虞言皇者，是衣名，非冕，明矣。畫鳳之旨，事實灼然。制可。又王僧崇云：今祭服，三公衣身畫獸，其腰及袖，又有青獸，形與獸同，義應是蜼，即宗彝也。兩袖各有禽鳥，形類鸞鳳，似是華蟲。今畫宗彝，即是周禮。但鄭玄云：蜼，蜽屬，昂鼻長尾。是獸之輕小者。謂宜不得同獸。尋冕服無鳳，應改爲雉。又裳有圓花，於禮無礙，疑是畫師加葩蘤耳。藻米黼黻，并乖古制，今請改正，并去圓花。帝曰：古文日月星辰，此以一辰攝三物也。山龍華蟲，又以一山攝三物也。藻火粉米，又以一藻攝三物也。是爲九章。今袞服畫龍，則宜應畫鳳，明矣。孔安國云：華者，花也。則爲花非疑，若一向畫雉，差降之文，復將安寄。鄭義是所未允。又帝曰：《禮》：王者祀昊天上帝，則大裘而冕，祀五帝亦如之。又云：莞席之安，而蒲越稿秸之用。斯皆至敬無文，貴誠重質。今郊用陶匏，與古不異，而大裘蒲秸，獨不復存，其於質敬，恐有未盡。且一獻爲質，其劍佩之飾及公卿所著冕服，可共詳定。五經博士陸瑋等并云：祭天猶存掃地之質，而服章獨取黼黻爲文，於義不可。今南郊神座，皆用莙席，此獨莞類，未盡質素之理。宜以稿秸爲下藉，蒲越爲上席。又《司服》云王祀昊天，服大裘，明諸臣禮不得同。自魏以來，皆用衮服，今請依古，更制大裘。制可。瑋等又尋大裘之制，唯鄭玄注《司服》云大裘，羔裘也，既無所出，未可爲據。案六冕之服，皆玄上纁下。今宜以玄繒爲之。其制式如裘，其裳以纁，皆無文繡。冕則無旒。詔可。

又乘輿宴會，服單衣，黑介幘。舊三日九日小會，初出乘金輅服之。八年，帝改去還皆乘輦，服白紗帽。

又《吉禮》 明堂。武帝天監十年，許懋轉太子家令。宋、齊舊儀，郊天祀帝皆用衮冕，至天監七年，懋始請造大裘。至是，有事于明堂，儀注猶云服衮冕。懋駁云：《禮》云大裘而冕，祀昊天上帝亦如之。良由天神尊遠，須貴誠質。今泛祭五帝，理不容文。改服大裘，自此始也。《懋傳》

清·朱銘盤《南朝宋會要·輿服》 冠服。文帝元嘉六年，奉朝請徐道娛表：御讀令不應素幘。詔門下詳議，帝執宜如舊。緗幘遂不改。《禮志五》。

泰始四年八月甲寅，詔曰：朕以大冕純玉繅，玄衣黄裳，乘玉輅，郊祀天，宗祀明堂。又以法冕五綵繅，玄衣絳裳，乘金輅，祀太廟。又以飾冠冕四彩繅，紫衣紅裳，乘象輅，小會宴饗，餞送諸侯，臨軒會王公。又以繡冕三彩繅，朱衣裳，乘革輅，征伐不賓，講武校獵。又以紘冕二綵繅，青衣裳，乘木輅，耕稼，饗國子。又以通天冠，朱紗袍，爲聽政之服。《禮志五》

又 遺服器。初，武帝微時，貧陋過甚，嘗自往新洲伐荻，有納布衫襖等衣，皆敬皇后手自作。帝既貴，以此衣付會稽公主曰：後世若有驕奢不節者，可以此衣示之。《徐湛之傳》。

雜録

晉·陸翽《鄴中記》 石虎三月三日臨水會公主妃嬪，名家婦女無不畢出，臨水施帳幔，車服燦爛，走馬步射，飲宴終日。

石虎臨軒大會，著碧紗袍。案《太平御覧》載此條作丹紗袍。

石虎改虎頭鞶囊爲龍頭鞶囊。

元·釋覺岸《釋氏稽古略》卷二 高祖孝文帝宏即位，年五歲。在位二十九年。遷都洛陽。去胡衣冠，絶虜語，尊華風，初服衮冕朝饗。定户籍，制五等公服，起明堂辟雍。

太和十五年馮太后崩。孝文依古禮服喪三年。太和十六年命群臣議行次。

元·念常《佛祖歷代通載》卷九 天監三年【略】是歲詔隱士何點，點以巾褐入見帝。

又卷一〇 周武帝邕改保定，小字彌羅。宇文之第四子。登位唯布衣帔，無金寶飾。

又 臺宗三祖惠思禪師【略】春秋六十有四，師奉菩薩三聚净戒。至如繒纊皮革，多由損生，故其服章率皆以布。寒則艾衲，用犯風霜。至於所被法衣，都無蠶服。

又 周武天和四年，謡言黑衣。武以猜爲心，有道士張賓之等，譎詐罔上，私構其黨，以黑釋爲國忌，以黄老爲國祥。帝納其言，信道輕釋，親受符録，躬服衣冠。

清·朱銘盤《南朝梁會要·嘉禮》 侍中奏中嚴，王公卿尹各執珪璧入拜。侍中乃奏外辦，皇帝服衮冕，乘輿以出。侍中扶左，常侍扶右，黄門侍郎一人，執曲直華蓋從。至階，降輿，納舄升坐。有司御前施奉珪藉。王公以下，至阼階，脱舄劍，升殿，席南奉贄珪璧畢，下殿，納舄佩劍，詣本位。

又《輿服》 天子冠服。壽寂之等殞廢帝於後堂。建安王休仁便稱臣奉迎明帝升西堂，登御坐，召見諸大臣。于時事起倉卒，上失履，跣至西堂，猶著烏帽。坐定，休仁呼主衣以白帽代之。《明紀》

皇子服飾

論說

《宋書》卷一八《禮志五》 泰始六年正月戊辰，有司奏：被敕皇太子正冬朝賀，合著衮冕九章衣不。儀曹郎丘仲起議：案《周禮》，公自衮冕以下。鄭注：衮冕以至卿大夫之玄冕，皆其朝聘天子之服也。伏尋古之上公尚得服衮以朝，皇太子以儲副之尊，率土瞻仰。愚謂宜式遵盛典，服衮冕九旒以朝賀。兼左丞陸澄議：服冕以朝，實著經典。秦除六冕之制，至漢明帝始與諸儒還備古章。自魏、晉以來，宗廟行禮之外，不欲令臣下服衮冕，故位公者，每加侍官。今皇太子承乾作副，禮絶群后，宜遵聖王之盛典，革近代之陋制。臣等參議，依禮，皇太子元正朝賀，應服衮冕九章衣。以仲起議爲允，撰載儀注。詔可。

後廢帝即位，尊所生陳貴妃爲皇太妃，輿服一如晉孝武太妃故事，唯省五牛旗及赤旂。

綜述

《隋書》卷一一《禮儀志六》 皇太子，金璽龜鈕，朱綬，三百二十首。朝服，遠游冠，金博山，佩瑜玉翠綏，垂組，朱衣，絳紗袍，皁緣白紗中衣，白曲領，帶鹿盧劍，火珠首，素革帶，玉鉤燮，獸頭鞶囊。其大小會、祠廟、朔望、五日還朝，皆朝服，常還上宫則朱服。若釋奠，則遠游冠，玄朝服，絳緣中單，絳袴袜，玄舄。講，則著介幘。又有三梁進賢冠。其侍祀則平冕九旒，衮衣九章，白紗絳緣中單，絳繒韠，赤舄，絳韈。若加元服，則中舍執冕從。皇太子舊有五時朝服，自天監之後則朱服。在上省則烏帽，永福省則白帽云。

又 皇太子平冕，黑介幘，垂白珠九旒，飾以三采玉，以組爲纓，色如其綬。金璽，朱綬，四采，赤黄縹紺。綬朱質，長二丈一尺，三百二十首，廣九寸。小綬長三尺二寸，與綬同色，而首半之。衮服，同乘輿而九章，絳紱，佩瑜玉，玉具劍，火珠標首，絳袴袜，赤舄。非謁廟則不服。未加元服，則空頂黑介幘，雙童髻，雙玉導。中舍人執遠游冠以從。其遠游三梁冠，黑介幘，翠綏纓，絳紗袍，皁緣中單，黑舄。大朝所服，亦服進賢三梁冠，黑介幘，皁朝服，絳緣中單，玄舄。爲宫臣舉哀，白帢，單衣，烏皮履。未加元服，則素服。

《晉書》卷二五《輿服志》 皇太子金璽龜鈕，朱黄綬，四采，赤黄縹紺。給五時朝服，遠游冠，介幘，翠綏。佩瑜玉，垂組。朱衣絳紗襮，皂緣白紗，其中衣白曲領。帶劍，火珠素首。革帶，玉鉤燮獸頭鞶囊。其大小會祠宗廟朔望五日還朝皆朝服，常還上宫則朱服，預上宫正會則於殿下脱劍舄。又有三梁進賢冠。其侍祀則平冕九旒，衮衣九章，白紗絳緣中單，絳繒韠，采畫織成衮帶，金辟邪首，紫緑二色帶，采畫廣領、曲領各一，赤舄絳袜。若講，則著介幘單衣；釋奠，則遠游冠，玄朝服，絳緣中單，絳袴袜，玄舄。若未加元服，則中舍人執冕從，介幘單衣玄服。

清·朱銘盤《南朝宋會要·輿服》 皇太子冠服。泰始六年，皇太子出東宫。又制太子元正朝賀，服衮冕九章衣。《後廢帝紀》。

清·朱銘盤《南朝梁會要·輿服》 天監十四年，冠太子于太極殿。舊制，太子著遠游冠，金蟬翠綏纓；至是，加金博山。《昭明太子傳》。

皇太子朝，請服冕。自宋以下，始定此儀。簡文之爲太子，嫌於上逼，還冠遠游。《隋書·禮儀志七》。

元帝太子方矩，公服中著碧絲布袴，帝見之大怪。《南史》本傳。

清·汪兆鏞《稿本晉會要》卷一四《禮十二·皇太子冠服》 遠游冠。傅玄云：秦冠也。似通天而前無山述，有展筩横于冠前。皇太子及王者後、帝之兄弟、帝之子封郡王者服之。諸王加官者自服其官之冠服，惟太子及王者後常冠焉。太子則以翠羽爲綏，綴以白珠，其餘但青絲而已。《輿服志》。

紀事

清・朱銘盤《南朝梁會要・嘉禮》 冠儀。皇太子冠。武帝天監十四年正月朔旦，臨軒，冠皇太子於太極殿。舊制，太子著遠游冠，金蟬翠緌纓。至是，加金博山。《昭明太子傳》。

后妃命婦服飾

綜述

《隋書》卷一一《禮儀志六》 皇后謁廟，服袿襡大衣，蓋嫁服也，謂之禕衣，皁上皁下。親蠶則青上縹下。皆深衣制，隱領袖緣以絛。首飾則假髻，步摇，俗謂之珠松是也。簪珥步摇，以黄金爲山題，貫白珠，爲桂枝相繆。八爵九華，熊、獸、赤羆、天鹿、辟邪、南山豐大特六獸。諸爵獸皆以翡翠爲［毛羽。金題，白珠璫繞，以翡翠爲］華。綬佩同乘輿。

貴妃、貴嬪、貴姬，是爲三夫人，金章龜紐，紫綬，八十首。佩于闐玉，獸頭鞶。

淑媛、淑儀、淑容、昭華、昭儀、昭容、修華、修儀、修容，是爲九嬪，金章龜鈕，青綬，八十首。獸頭鞶，佩采璸玉。

婕妤、容華、充華、承徽、列榮五職，亞九嬪，銀印珪鈕，艾綬，獸頭鞶。

美人、才人、良人三職，散位，銅印環鈕，墨綬，獸頭鞶。

皇太子妃，金璽龜鈕，纁朱綬，一百六十首。佩瑜玉，獸頭鞶。

良娣，銀印珪鈕，佩采璸玉，青綬，八十首。獸爪鞶。

保林，銀印珪鈕，佩水蒼玉，青綬，八十首。獸爪鞶。

諸王太妃、妃、諸長公主、公主、封君，金印龜鈕，紫綬，八十首。佩山玄玉，獸頭鞶。

開國公、侯太夫人，銀印珪鈕，青綬，八十首。佩水蒼玉，獸頭鞶。

公主、三夫人，大手髻，七鈿蔽髻。九嬪及公夫人，五鈿；世婦，三鈿。其長公主得有步摇。公主、封君已上，皆帶綬。以綵組爲緄帶，各以其綬色。金辟邪，首爲帶玦。

公，特進、列侯、卿、校、中二千石夫人，紺繒幗，黄金龍首銜白珠，魚須擿，長一尺，爲簪珥。入廟佐祭者，皁絹上下，助蠶者，縹絹上下，皆深衣制緣。自二千石夫人已上至皇后，皆以蠶衣爲朝服。

又 皇后衣十二等。其翟衣六，從皇帝祀郊禖，享先皇，朝皇太后，則服翬衣。素質，五色。祭陰社，朝命婦，則服褕衣。青質，五色。祭群小祀，受獻繭，則服鷩衣。赤色。采桑則服鳪衣。黄色。從皇帝見賓客，聽女教，則服鵫衣。白色。食命婦，歸寧，則服翷衣。玄色。俱十有二等，以翬雉爲領褾，各有二。臨婦學及法道門，燕命婦，有時見命婦，則蒼衣。春齋及祭還，則青衣。夏齋及祭還，則朱衣。采桑齋及采桑還，則黄衣。秋齋及祭還，則素衣。冬齋及祭還，則玄衣。自青衣而下，其領褾以相生之色。

諸公夫人九服，其翟衣雉皆九等，俱以褕雉爲領褾，各九。自褕衣已下五，曰褕衣、鷩衣、鳪衣、鵫衣、翷衣，并朱衣、黄衣、素衣、玄衣而九。自朱衣而下，其領褾亦同用相生之色。

諸侯夫人，自鷩而下八。其翟衣雉皆八等，俱以鷩雉爲領褾。無褕衣。

諸伯夫人，自鳪而下七。其翟衣雉皆七等，俱以鳪雉爲領襟，又無鷩衣。

諸子夫人，自鵫而下六。其翟衣俱以鵫雉爲領褾。又無鳪衣。

諸男夫人，自翷而下五。其翟衣雉皆五等，俱以翷雉爲領褾。又無鵫衣。

三妃，三公夫人之服九：一曰鳪衣，二曰鵫衣，三曰翷衣，四曰青衣，五曰朱衣，六曰黄衣，七曰素衣，八曰玄衣，九曰髾衣似夔。華皆九樹。其雉衣亦皆九等，以鳪雉爲領褾，各九。

三妣，三孤之内子，自鵫衣而下八。雉衣皆八等，以鵫雉爲領褾，各八。

六嬪，六卿之内子，自翷衣而下七。雉衣皆七等，以翷雉爲領褾，各七。

上媛，上大夫之孺人，自青衣而下六。

中媛，中大夫之孺人，自朱衣而下五。

下媛，下大夫之孺人，自黄衣而下四。

御婉士之婦人，自素衣而下三。

中宫六尚，緅衣。其色赤而微玄。

諸命秩之服，曰公服，其餘常服，曰私衣。皇后華皆有十二樹。諸侯之夫人，亦皆以命數爲之節。三妃，三公夫人已下，又各依其命。一命再命者，又俱以三爲節。

皇后及諸侯夫人之服，皆舄履。三妃，三公夫人已下，翟衣則舄，其餘皆屨。舄、履各如其裳之色。

皇后之凶服，斬衰、齊衰，降旁朞已下弔服。爲妃、嬪、三公之夫人、孤卿内子之喪，錫衰。錫者，十五升去其半。無事其縷，有事其布，哀在内也。爲諸侯夫人之喪，緦衰。緦亦十五升去其半。有事其縷，無事其布，哀在外也。爲媛、御婉及大夫孺人、士之婦人之喪，疑衰。十四升，疑於吉。皆吉笄，無首。象笄，去首飾。太陰虧則素服。蕩天下之陰事。諸侯之夫人及三妃與三公之夫人已下凶事，則五衰。自緦已上皆服之。其弔，諸侯夫人於卿之内子、大夫孺人，錫衰。於己之同姓之臣，緦衰。於士之婦人，疑衰。皆吉笄，無首。其三妃已下及媛，三公夫人已下及孺人，其弔服錫衰。御婉及士之婦人，弔服疑衰，疑衰同笄。九族已下皆骨笄。

《晉書》卷二五《輿服志》 皇后謁廟，其服皁上皁下，親蠶則青上縹下，皆深衣制，隱領袖緣以縧。首飾則假髻，步摇，俗謂之珠松是也，簪珥。步摇以黄金爲山題，貫白珠爲支相繆。八爵九華，熊、獸、赤羆、天鹿、辟邪、南山豐大特六獸，諸爵獸皆以翡翠爲毛羽，金題白珠璫，繞以翡翠爲華。元康六年，詔曰：魏以來皇后蠶服皆以文繡，非古義也。今宜純服青，以爲永制。

貴人、夫人、貴嬪，是爲三夫人，皆金章紫綬。章文曰貴人、夫人、貴嬪之章。佩于寘玉。淑妃、淑媛、淑儀、修華、修容、修儀、婕妤、容華、充華，是爲九嬪，銀印青綬，佩采瓄玉。貴人、貴嬪、夫人助蠶，服純縹爲上與下，皆深衣制。太平髻，七鏌蔽髻，黑玳瑁，又加簪珥。九嬪及公主、夫人五鏌，世婦三鏌。助蠶之義，自古而然矣。

皇太子妃金璽龜鈕，纁朱綬，佩瑜玉。

諸王太妃、妃、諸長公主、公主、封君金印紫綬，佩山玄玉。長公主、公主見會，太平髻，七鏌蔽髻。其長公主得有步摇，皆有簪珥，衣服同制。

自公主、封君以上皆帶綬，以彩組爲緄帶，各如其綬色，金辟邪首爲帶玦。

郡公侯縣公侯太夫人、夫人銀印青綬，佩水蒼玉，其特加乃金紫。公特進侯卿校世婦、中二千石二千石夫人紺繒幗，黄金龍首銜白珠，魚須擿長一尺爲簪珥。入廟佐祭者皁絹上下，助蠶者縹絹上下，皆深衣制緣。

自二千石夫人以上至皇后，皆以蠶衣爲朝服。

清・朱銘盤《南朝宋會要・輿服》 皇后至二千石命婦服。皇后謁廟服袿襹大衣，謂之禕衣。公主、三夫人大手髻，七鏌，蔽髻。九嬪及公夫人五鏌。世婦三鏌。公主會見，大手髻。其長公主得有步摇。公主、封君以上皆帶綬，以采組爲緄帶，各如其綬色。公特進列侯夫人、卿校世婦、二千石命婦年長者，紺繒幗。佐祭則皁絹上下。助蠶則青絹上下。自皇后至二千石命婦，皆以蠶衣爲朝服。《禮志五》。下同。

貴嬪、夫人、貴人，佩于闐玉。

淑妃、淑媛、淑儀、修華、修容、修儀、婕妤、容華、充華，佩五采瓊玉。

皇太子妃，佩瑜玉。

諸王太妃、妃、諸長公主、公主、封君，佩山玄玉。

郡公侯太夫人、夫人，佩水蒼玉。

黄羅襹，乳母服也。《南史・褚彦回傳》。

清・汪兆鏞《稿本晉會要》卷一四《禮十二・太后皇后服飾》 太后、皇后白玉珮。《御覽》六百九十二引晉宋舊事。

皇后謁廟，其服皁上皁下，親蠶則青上縹下，皆深衣制，隱領，袖緣以縧。首飾則假髻，步摇，俗謂之珠松也，簪珥。步摇以黄金爲山題，貫白珠爲支相繆。八爵九華，熊、虎、赤羆、天鹿、辟邪、南山豐大特六獸，諸爵獸皆以翡翠爲毛羽，金題白珠璫，繞以翡翠爲華。元康三年，詔曰：魏以來皇后蠶服皆文繡，非古義也。今宜純服青，以爲永制。《輿服志》。

后服有瑇瑁釵三十隻。《御覽》七百一十八引晉山陵故事。

又《妃嬪服飾》 貴人、夫人、貴嬪，爲三夫人，佩于闐玉。淑妃、淑媛、淑儀、修華、修容、修儀、婕妤、容華、充華，爲九嬪，佩采瓄玉。貴人、貴嬪、夫人助蠶，服純縹，皆深衣制。太平髻，七鏌蔽髻，黑玳瑁，又加簪珥。九嬪五鏌，世婦三鏌。《輿服志》。

又《太子妃公主王妃服飾》 皇太子妃，佩瑜玉。《輿服志》

長公主、公主，佩山玄玉，見會，太平髻，七鏌蔽髻。其長公主得有步搖，皆有簪珥，衣服同制。

諸王太妃、妃、封君佩山玄玉。

又《諸命婦服飾》 封君，佩山玄玉。《輿服志》

郡公侯、縣公侯太夫人，夫人佩水蒼玉。

公，特進、侯、卿、校，中二千石二千石夫人紺繒幗，黃金龍首銜白珠，魚須擿長一尺爲簪珥。入廟佐祭者皁絹上下。助蠶，縹絹上下，皆深衣制。自二千石夫人以上至皇后，皆以蠶衣爲朝服。

晉令，六品以下得服金釵以蔽髻。三品以上服爵釵。《北堂書鈔・儀飾部》。

文武百官服飾

論說

清・朱銘盤《南朝宋會要・輿服》 江左公府長史無朝服，縣令止單衣幘。後廢帝元徽四年，司徒右長史王儉議公府長史應服朝服，曰《春秋》、《國語》云：貌者情之華，服者心之文。巖廊盛禮，衣冠爲大。是故軍國異容，內外殊序，而自頃承用，每有乖違。府職掌人，教四方是則，臣居毗佐，志在當官，永言先典，載懷夕惕。

綜述

《晉書》卷二五《輿服志》 諸王金璽龜鈕，纁朱綬，四采朱黃縹紺。五時朝服，遠遊冠介幘，亦有三梁進賢冠。朱衣絳紗襮皁緣，中衣表素，革帶，黑舄，佩山玄玉，垂組，大帶。若加餘官，則服其加官之服也。

唐・李林甫《唐六典》卷一《三師三公尚書都省》 太尉一人，正一品。【略】《齊職儀》云：太尉，品第一，金章，紫綬，進賢三梁冠，絳朝服，佩山玄玉。郊廟冕服七旒，玄衣纁裳，服七章。

又《尚書都省》 尚書令一人，正二品。【略】晉氏尚書令假銅印、墨綬，冠進賢兩梁，納言幘，五時朝服，佩水蒼玉。

又 左丞一人，正四品。上右丞一人，正四品下。【略】魏晉宋已來，左右丞銅印、黃綬，絳朝服，進賢一梁冠。【略】皇朝左丞，正四品上，右丞正四品下，服絺冕，六旒三章，兩梁冠。

又 左司郎中一人，右司郎中一人，並從五品上。【略】其服章與諸司郎中並同，玄冕五旒，衣無章，裳刺黻一章，兩梁冠。

又 都事六人，從七品上。【略】《齊職儀》云：自魏、晉、宋、齊，正令史書令史，皆有品秩，朱衣執版，進賢一梁冠。

又卷二《尚書吏部》 吏部尚書一人，正三品。【略】《晉令》：吏部尚書五時朝服，納言幘，進賢兩梁冠，佩水蒼玉，乘軺車皁輪。《袁子正書》曰：尚書佩契刀囊，執版，加簪筆焉。

又 正五品上曰中散大夫。後漢有中散大夫，六百石，無員。魏、晉因之。《齊職儀》：品第七，絳朝服，進賢一梁冠。梁班第十，陳秩千石。皇朝爲散官。

又卷五《尚書兵部》 正三品曰冠軍大將軍。【略】《齊職儀》云：品秩第三。《晉令》云：金章紫綬，給五時服，武冠，佩水蒼玉。《梁令》：第三品，陳品第四，秩中二千石。《隋令》：正六品下，皇朝改焉。

又 郎中一人。掌考試武官之勳禄品。【略】《齊職儀》云：驃騎品秩第二，金章紫綬，武冠，絳朝服，佩水蒼玉。

又卷八《門下省》 給事中四人，正五品上。【略】《晉令》云：品第五，武冠，絳朝服。

又卷九《中書省》 中書令二人，正三品。【略】晉氏監、令並第三品，秩千石，銅印、墨綬，進賢兩梁冠，絳朝服，佩水蒼玉，軺車。

又 中書侍郎二人，正四品上。【略】《晉令》：中書侍郎四人，品第四，給五時朝服，進賢一梁冠。

又卷一〇《秘書省》 秘書省監一人，從三品。【略】《晉令》云：品第五，絳朝服，銅印、墨綬，進賢兩梁冠，佩水蒼玉。宋、齊同晉氏，梁改爲省。

又 丞一人，從五品上。【略】《晉令》：秘書丞品第六，銅印，墨綬，進賢一梁冠，絳朝服。《晉書》稱桓石綏爲秘書丞、啓校四部圖書。宋、齊並一人，品服同晉氏。梁增品第五，秩六百石，銅印黄綬。陳依梁。

又 秘書郎四人，從六品上。【略】《晉令》：秘書郎中，品第六。進賢一梁冠，絳朝服。

又 著作局，著作郎二人，從五品上。【略】《晉令》：著作郎品第六，進賢一梁冠，絳朝服。

又 著作佐郎四人，從六品上。【略】《晉令》：著作佐郎，品第六。進賢一梁冠，絳朝服。

又卷一四《太常寺》 太常寺卿一人，正三品。【略】晉太常置功曹主簿五官等員，品第三，銀章、青綬，進賢兩梁冠，五時朝服，佩水蒼玉。

又 丞二人，從五品上。【略】魏晉宋置一人，宋百官春秋，太常丞視尚書郎，銅印、黄綬，一梁冠，品第七，掌舉陵廟非法。

又 太祝三人，正九品上。【略】晉、宋皆有太祝令、丞。《齊職儀》：太祝令，品第七，四百石，銅印、墨綬，進賢一梁冠，絳朝服，用三品勳位。

又 齋郎一百一十人。【略】獻陵、昭陵、乾陵、定陵、橋陵、恭陵署令各一人，從五品上。【略】《齊職儀》：每陵令一人，品第七，秩四百石，銅印、墨綬，進賢一梁冠，絳朝服。

又 太醫署令二人，從七品下。【略】晉氏宗正屬官有太醫令、丞，銅印、墨綬，進賢一梁冠，絳朝服，品第七。

又 廩犧署令一人，從八品下。【略】《齊職儀》：令，品第七，秩四百石，銅印、墨綬，進賢一梁冠，絳朝服。今用三品勳位。

又卷一七《太僕寺》 太僕寺卿一人，從三品。【略】晉太僕銀章、青綬，五時朝服，進賢兩梁冠，佩水蒼玉。

又卷一九《司農寺》 丞六人，從六品上。【略】晉亦品第七，進賢一梁冠，介幘，皁衣，銅印、黄綬。宋齊梁陳司農丞墨綬。

又卷二一《國子監》 國子監祭酒一人，從三品。【略】《百官志》：祭酒皁朝服，介幘，進賢兩梁冠，佩水蒼玉，官品第三。

又 國子博士二人，正五品上。【略】晉官品第六，介幘，兩梁冠，服，佩同祭酒。

又卷二二《少府軍器監》 少府監，監一人，從三品。【略】晉置功曹、主簿、五官等員，少府銀章青綬，五時朝服，進賢兩梁冠，絳朝服，佩水蒼玉。品第三。

又卷二四《諸衛》 左右衛大將軍各一人，正三品。【略】武帝受命，分爲左右二衛各大將軍一人，品第四，銀章、青綬，武冠，絳朝服，佩水蒼玉。

又 左右領軍衛大將軍各一人，正三品。【略】晉因之，領軍與中領三將軍，並置領軍，品第三，金章、紫綬。中領軍將軍，第四品，銀章、青綬，武冠，絳朝服，佩水蒼玉。

又卷二五《諸衛府》 左右羽林軍衛大將軍各一人，正三品。【略】晉光禄勳屬官有羽林郎將、羽林左右監，品第五，銅印、墨綬，武冠，絳朝服。其侍陛殿，著鶡尾冠，紗縠單衣。

又卷二六《太子三師三少詹事府左右春坊内官》 太子太師一人，太傅一人，太保一人，並從一品。【略】《晉令》：太子太保，品第三，進賢兩梁冠，絳朝服，佩水蒼玉，銀章，青綬。

又 太子詹事府詹事一人，正三品。【略】《晉令》：詹事，品第三，銀章、青綬，絳朝服，兩梁冠。

又 丞二人，正六品上。【略】《晉令》：詹事丞一人，品第七，銅印、墨綬，進賢一梁冠，皁朝服。

又 太子左春坊左庶子二人，正四品上。【略】晉太子詹事有中庶子、庶子各四人，局擬散騎常侍，品第五，班同三令、四率，次中書侍郎下，絳朝服，武冠，平巾幘。

又 司經局洗馬二人，從五品下。【略】晉太子詹事屬官太子洗馬八人，掌皇太子圖籍經書，職如謁者，局準秘書郎，品第七，班同舍人，次中舍人下，絳朝服，進賢一梁冠，黑介幘。

又 太子通事舍人八人，正七品下。《齊職儀》：中庶子下有門下通事守舍人四人，三品勳祿敘，武冠，朱服。

又卷二七《家令率更僕寺》 太子家令寺家令一人，從四品上。【略】晉家令品第五，銅印，墨綬，進賢兩梁冠，絳朝服。

又 太子率更寺令一人，從四品上。【略】晉詹事屬官，有太子率更令一人。銅印，墨綬，進賢兩梁冠，絳朝服。

又 太子僕寺僕一人，從四品上。【略】晉詹事屬官有太子僕，銅印，墨綬，進賢兩梁冠，絳朝服。

《隋書》卷一一《禮儀志六》 諸王，金璽龜鈕，纁朱綬，一百六十首。朝服，遠游冠，介幘，朱衣，絳紗袍，皁緣中衣，素帶，黑舄。佩山玄玉，垂組，大帶，獸頭鞶，腰劍。若加餘官，則服其加官之服。

開國公，金章龜鈕，玄朱綬，一百四十首。朝服，紗朱衣，進賢三梁冠，佩山玄玉，獸頭鞶，腰劍。

開國侯、伯，金章龜鈕，青朱綬，一百二十首。朝服，紗朱衣，進賢三梁冠，佩水蒼玉，獸頭鞶，腰劍。

開國子、男，金章龜鈕，青綬，一百首。朝服，紗朱衣，進賢三梁冠，佩水蒼玉，獸頭鞶，腰劍。

縣、鄉、亭、關內、關中及名號侯，金印龜鈕，紫綬，朝服，進賢二梁冠，獸頭鞶，腰劍。關內、關中及名號侯則珪鈕。

關外侯，銀印珪鈕，青綬，朝服，進賢二梁冠，獸頭鞶，腰劍。

諸王嗣子，金印珪鈕，紫綬，八十首。朝服，進賢二梁冠，佩山玄玉，獸頭鞶，腰劍。

開國公、侯嗣子，銀印珪鈕，青綬，八十首。朝服，進賢二梁冠，佩水蒼玉，獸頭鞶，腰劍。

太宰、太傅、太保，司徒，司空，金章龜鈕，紫綬，八十首。朝服，進賢三梁冠，佩山玄玉，獸頭鞶，腰劍。《陳令》加有相國丞相，服制同。

大司馬、大將軍、太尉、諸位從公者，金章龜鈕，紫綬，八十首。朝服，武冠，佩山玄玉，獸頭鞶，腰劍。直將軍則不帶劍。

凡公及位從公，言以將軍及以左右光祿、開府儀同者，各隨本位號。其文則曰某位號儀同之章。五等諸侯，助祭郊廟，皆平冕九旒，青玉爲珠，有前無後。各以其綬色爲組纓，旁垂黈纊。衣，玄上纁下，畫山龍已下九章，備五采，大佩，赤舄，絇履。録尚書無章綬品秩，悉以餘官總司其任，服則餘官之服，猶執笏紫荷。其在都坐，則東面最上。

尚書令、僕射、尚書，銅印墨綬，朝服，納言幘，進賢冠，佩水蒼玉，尚書則無印綬。腰劍，紫荷，執笏。陳尚書令、僕射，金章龜鈕，紫綬，八十首，獸頭鞶。尚書無印綬及鞶。餘並同梁。

侍中散騎常侍、通直常侍、員外常侍，朝服，武冠貂蟬，侍中左插，常侍右插。皆腰劍，佩水蒼玉。其員外常侍不給佩。舊至尊朝會登殿，侍中常侍夾御，御下輿，則扶左右。侍中驂乘，則不帶劍。

中書監、令，秘書監，銅印墨綬，朝服，進賢兩梁冠，佩水蒼玉，腰劍，獸頭鞶。陳制，銀章龜鈕，青綬，八十首，獸頭鞶，腰劍。餘同梁。

左、右光祿大夫，皆與加金章紫綬同。其但加金紫者，謂之金紫光祿，但加銀青者，謂之光祿大夫。《陳令》有特進，進賢二梁冠，朝服，佩水蒼玉，腰劍。《梁令》不載。

光祿、太中、中散大夫，太常、光祿、弘訓太僕、太僕，廷尉，宗正、大鴻臚、大司農、少府、大匠諸卿，丹陽尹，太子保、傅，大長秋，太子詹事，銀章龜鈕，青綬，獸頭鞶。朝服，進賢冠二梁，佩水蒼玉。卿大夫助祭，則冠平冕五旒，黑玉爲珠，有前無後。各以其綬采爲組纓，旁垂黈纊。衣，玄上纁下，畫華蟲七章，皆佩五采大佩，赤舄，絇履。陳宮卿改云慈訓，餘皆同梁。又有太舟卿，服章同。

驃騎、車騎、衛將軍，中軍、冠軍、輔國將軍，四方中郎將，金章紫綬，中郎將則青綬。朝服，武冠，佩水蒼玉。《陳令》：鎮、衛、驃騎、車騎、中軍、中衛、中撫軍、中權、四征、四鎮、四安、四翊、四平將軍，金章獸鈕。其冠軍、四方中郎將，金章豹鈕，並紫綬，八十首，獸頭鞶，朝服，武冠，佩水蒼玉。自中軍已下諸將軍及冠軍、四方中郎將，並官不給佩。

領、護軍，中領、護軍，五營校尉，銀印青綬，朝服，武冠，佩水蒼玉，獸頭鞶。其屯騎，夾御日假給佩，餘校不給。《陳令》：領、護，金章龜鈕，紫綬，八十首。中領、護，銀章龜鈕，青綬，八十首。其五營校尉，銀印珪鈕，青綬，八十首。官不給佩。餘並同梁。

弘訓衛尉，衛尉，陳宮卿云慈訓，服同諸卿，但武冠。司隸校尉，陳無官服。左右衛、驍騎、游擊、前，左、右、後軍將軍，龍驤、寧朔、建威、振威、奮威、揚威、廣威、武威、建武、振武、奮武、揚武、廣武等將軍，積弩、積射、强弩將軍，監軍，銀章青綬，朝服，武冠，佩水蒼玉，獸頭鞶。驍、游已下，並不給佩。驍、游夾侍日，假給。《陳令》：左、右衛，銀章龜鈕，不給劍。左右驍騎、游擊、雲騎、游騎，前、左、右、後軍將軍，左右中郎將，銀印珪鈕。餘服飾同梁，亦官不給佩。其驍、游、雲騎，夾御日，假給。其積弩、積射、强弩，銅印環鈕，墨綬，帶劍。餘服同梁。又有忠武、軍師、武臣、爪牙、龍騎、雲麾、鎮兵、翊師、宣惠、宣毅、智威、仁威、勇威、信威、嚴威、智武、仁武、勇武、信武、嚴武，金章豹鈕，紫綬，八十首。官不給。輕車、鎮朔、武旅、貞毅、明威、寧遠、安遠、征遠、振遠、宣遠等將軍，金章貔鈕，紫綬，並獸頭鞶，朝服，武冠，佩水蒼玉。

國子祭酒，皁朝服，進賢二梁冠，佩水蒼玉。

御史中丞、都水使者，銀印，墨綬，朝服，進賢二梁冠，獸頭鞶，腰劍，佩水蒼玉。陳中丞，銀章龜鈕，青綬，八十首，二梁冠。餘同梁。其都水，陳、梁改爲太舟卿，服在諸卿中見。

謁者僕射，銅印環鈕，墨綬，八十首。朝服，高山冠，獸頭鞶，佩水蒼玉，腰劍。

諸軍司，銀章龜鈕，青綬，朝服，武冠，獸頭鞶。

給事中、黄門侍郎、散騎通直員外、散騎侍郎、奉朝請、太子中庶子、庶子、武衛將軍、武騎常侍，朝服，武冠，腰劍。《陳令》：庶子已上簪筆。其武衛不劍，正直夾御，白布袴褶。

中書侍郎，朝服，進賢一梁冠，腰劍。冗從僕射、太子衛率，銅印，墨綬，獸頭鞶，朝服，武冠。陳衛率，銀章龜鈕，青綬，不劍。冗從，銅印環鈕，墨綬，腰劍。餘並同梁。

武賁中郎將、羽林監，銅印環鈕，墨綬，朝服，武冠，獸頭鞶，腰劍。其在陛牙及備鹵簿，著髦尾，絳紗縠單衣。

護匈奴中郎將，護羌、戎、夷、蠻、越、烏丸、西域校尉，銀印珪鈕，青綬，朝服，武冠，獸頭鞶。《陳令》無此官。其庶子，鎮蠻、寧蠻、平戎、西戎校尉，平越中郎將，服章同。

安夷、撫夷護軍，州郡國都尉，奉車、駙馬、騎都尉，諸護軍，銀印珪鈕，青綬，獸頭鞶，朝服，武冠。陳安遠、鎮蠻護軍，州、郡、國都尉，奉車、駙馬、騎都尉，諸護軍，服章同。無餘文。

州刺史，銅印，墨綬，獸頭鞶，腰劍，絳朝服，進賢二梁冠。陳銅章龜鈕，青綬。餘同梁。

郡國太守、相、内史，銀章龜鈕，青綬，獸頭鞶，單衣，介幘。加中二千石，依卿尹冠服劍佩。

尚書左、右丞，秘書丞，銅印環鈕，黄綬，獸爪鞶，朝服，進賢一梁冠。

尚書，秘書著作郎，太子中舍人、洗馬、舍人，朝服，進賢一梁冠，腰劍。

諸王友、文學，朱服，進賢一梁冠。《陳令》：諸王師服同。

治書侍御史、侍御史，朝服，腰劍，法冠。治書侍御史，則有銅印環鈕，墨綬。陳又有殿中、蘭臺侍御史，朝服，法冠，腰劍，簪筆。

諸博士，給皁朝服，進賢兩梁冠，佩水蒼玉。

太學博士，正限八人，著佩，限外六人不給。

廷尉律博士，無佩。並簪筆。

國子助教，皁朝服，進賢一梁冠，簪筆。

公府長史，獸頭鞶。諸卿尹丞，黄綬，獸爪鞶，簪筆。

諸縣署令，秩千石者，獸爪鞶，銅印環鈕，墨綬，朝服，進賢兩梁冠。長史朱服，諸卿尹丞、建康令，玄服。

公府掾屬、主簿、祭酒，朱服，進賢一梁冠。公府令史亦同。

領、護軍長史，朱服，獸頭鞶。諸軍長史，單衣，介幘，獸頭鞶。

諸卿部丞、獄丞，並皁朝服，一梁冠，黄綬，獸爪鞶，簪筆。

太子保、傅、詹事丞，皁朝服，一梁冠，簪筆，獸爪鞶，黄綬。

郡國相、内史丞、長史，單衣，介幘。長史，獸頭鞶，其丞，黄綬，獸爪鞶。

諸縣署令、長、相，單衣，介幘，獸頭鞶，銅印環鈕，墨綬，朝服，進賢一梁冠。

諸署令，朱衣，武冠。州都大中正、郡中正，單衣，介幘。

太子門大夫，獸頭鞶，陵令、長，獸爪鞶，銅印環鈕，墨綬，朝服，進賢一梁冠。令、長朱服，率更、家令、僕，朝服，兩梁冠，獸頭鞶，腰劍。

黄門諸署令、僕、長丞，朱服，進賢一梁冠，銅印環鈕，墨綬。丞，黄綬。

黄門冗從僕射監、太子寺人監，銅印環鈕，墨綬，朝服，武冠，獸頭鞶。

公府司馬，領、護軍司馬，諸軍司馬，護匈奴中郎將，護羌、戎、夷、蠻、越、烏丸、戊己校尉長史、司馬，銅印環鈕，墨綬，獸頭鞶，朝服，武冠。諸軍司馬，單衣，平巾幘。長史，介幘。《陳令》：公府司馬，領、護軍司馬，諸軍司馬，鎮安蠻安遠護軍，蠻、戎、越校尉中郎將長史、司馬，其服章與梁官同。

公府從事中郎，朱服，進賢一梁冠。諸將軍開府功曹、主簿，單衣，介幘，革帶。廷尉，建康正、監平，銅印環鈕，墨綬，皁零辟朝服，法冠，獸爪鞶。

左、右衛司馬，銅印環鈕，墨綬，單衣，帶，平巾幘，獸頭鞶。

諸府參軍，單衣，平巾幘。

諸州別駕、治中、從事、主簿、西曹從事，玄朝服，進賢一梁冠，簪筆。常公事，單衣，介幘，朱衣。

直閣將軍，朱服，武冠，銅印珪鈕，青綬，獸頭鞶。

直閣將軍、諸殿主帥，朱服，武冠。正直絳衫，從則裲襠衫。

諸開國郎中令、大農、公、傅、中尉，銅印環鈕，青綬，朝服，進賢兩梁冠，中尉武冠，皆獸頭鞶。

諸開國三將軍，銅印環鈕，青綬，朝服，武冠。限外者不給印。陳制：墨綬，餘並同梁。

開國掌書中尉、司馬，陵廟食官，廐牧長，典醫典府丞，銅印。

常侍、侍郎、世子、庶子、謁者、中大夫、舍人，不給印。典書、典祠、學官令，典膳丞、長，銅印。限外者不給印。

左右常侍、侍郎，典衛中尉司馬，朝服，武冠。典書、典祠、學官令，朝服，進賢一梁冠。餘悉朱服，一梁冠。常侍、侍郎、典書、典祠、學官令，簪筆，腰劍。

太子衛率、率更、家令丞，銅印環鈕，黄綬，皁朝服，進賢一梁冠，獸爪鞶。

太子常從武賁督，銅印環鈕，墨綬，朝服，武冠，獸爪鞶。

殿中將軍，員外將軍，朱服，武冠。

州郡國都尉司馬，銅印環鈕，墨綬，朱服，武冠，獸頭鞶。

諸謁者，朝服，高山冠。

中書通事舍人門下令史，主書典書令史，門下朝廷局書令史，太子門下通事守舍人，主書典守舍人，二宮齋內職左右職局齋幹已上，朱服，武冠。

殿中內外局監，太子內外監，殿中守舍人，銅印環鈕，朱服，武冠。

內外監典事書吏，朱服，進賢一梁冠。內監朝廷人領局典事、外監統軍隊咨詳發遣局典事，武冠。外監及典事書吏，悉著朱衣，唯正直及齋監并受使，不在例。

其東宮內外監，殿典事書吏，依臺格。五校、三將將軍主事，內監主事，外監主事，三校主事，朱服，武冠。

尚書都令史，都水參事，門下書令史，集書、中書、尚書、秘書、著作、掌書、主書、主圖、主譜、典客令史，書令史，監、令、僕射、省事，蘭臺殿中、蘭臺謁，都水令史，公府令史，書令史，太子導客、次客守舍人及諸省典事，朱衣，進賢一梁冠。

尚書都算、度支算、左右校吏，朱服，進賢一梁冠。

諸縣署丞、太子諸署丞、王公侯諸署及公主家令、丞、僕，銅印環鈕，黄綬，朱服，進賢一梁冠。太官、太醫丞，武冠。

諸縣尉，銅印環鈕，單衣，介幘，黄綬，獸爪鞶。節騎郎，朱服，武冠。其在陛列及備鹵簿者，髦尾，絳紗縠單衣。御節郎、黄鉞郎，朝服，赤介幘，簪筆。典儀、唱警、唱奏事、持兵、主麾等諸職，公事及備鹵簿，朱服，武冠。

城門侯，銅印環鈕，墨綬，朱服，武冠，獸頭鞶。

部曲督，司馬吏，部曲將，銅印環鈕，朱服，武冠。司馬吏，假墨綬，獸爪鞶。

太中、中散、諫議大夫，議郎、中郎、郎中、舍人，朱服，進賢一梁冠。

諸門郎、僕射、佐吏，東宮門吏，其郎朱服，僕射皁零辟朝服，進賢冠，吏却非冠，佐吏著進賢冠。

總章協律，銅印環鈕，艾綬，獸爪鞶，朱服，武冠。

黄門後閣舍人、主書、齋帥、監食、主食、主客、扶侍、鼓吹，朱服，武冠。鼓吹進賢冠，齋帥墨綬，獸頭鞶。

殿中司馬，銅印環鈕，墨綬，朱服，武冠，獸頭鞶。

總章監、鼓吹監，銅印環鈕，艾綬，朱服，武冠。

諸四品將兵都尉、牙門將、崇毅、材官、折難、輕騎、揚烈、威遠、寧遠、宣威、光威、驤威、威烈、威虜、平戎、綏遠、綏狄、綏邊、綏戎、獸威、威武、烈武、毅武、奮武、討寇、討虜、殄難、討難、討夷、厲武、横野、陵江、鷹揚、執訊、蕩寇、蕩虜、蕩難、蕩逆、殄虜、掃虜、掃難、掃逆、掃寇、厲鋒、武奮、武牙、廣野，領兵滿五十人，給銀章，不滿五十，除板而已，不給章，朱服，武冠。以此官爲刺史、太守，皆青綬。此條已下，皆陳制，與梁不同。

典儀但帥、典儀正帥，朱衣，武冠。其本資有殿但、正帥，得帶艾綬，獸頭鞶。殿但帥、正帥，艾綬，獸頭鞶，朱服，武冠。殿帥、羽儀帥，員外帥，朱衣，武冠。

威雄、猛、烈、振、信、勝、略、風、力、光等十威將軍，武猛、略、勝、力、毅、健、烈、威、鋭、勇等十武將軍，並銀章熊鈕，青綬，獸頭鞶，武冠，朝服。

猛毅、烈、威、鋭、震、進、智、武、勝、駿等十猛將軍，銀章羆鈕，青綬，獸頭鞶，武冠，朝服。

壯武、勇、烈、猛、鋭、威、毅、志、意、力等十壯將軍，驍雄、桀、猛、烈、武、勇、鋭、名、勝、迅等十驍將軍，雄猛、威、明、烈、信、武、勇、毅、壯、健等十雄將軍，並銀章羔鈕，青綬，獸頭鞶，武冠，朝服。

忠勇、烈、猛、鋭、壯、毅、捍、信、義、勝等十忠將軍，明智、略、遠、勇、烈、威、勝、進、鋭、毅等十明將軍，光烈、明、英、遠、勝、鋭、命、勇、武、野等十光將軍，飇勇、猛、烈、鋭、奇、决、起、略、勝、出等十飇將軍，並銀章鹿鈕，青綬，獸頭鞶，武冠，朝服。

龍驤、武視、雲旗、風烈、電威、雷音、馳鋭、進鋭、羽騎、突騎、折衝、冠武、和戎、安壘、起猛、英果、掃虜、掃狄、武鋭、摧鋒、開遠、略遠、貞威、决勝、清野、堅鋭、輕鋭、拔山、雲勇、振旅等三十號將軍，銀印（菟）[兔]鈕，青綬，獸頭鞶，朝服，武冠。

超武、鐵騎、樓船、宣猛、樹功、剋狄、平虜、稜威、戎昭、威戎、伏波、雄戟、長劍、衝冠、雕騎、佽飛、勇騎、破敵、剋敵、威虜、前鋒、武毅、開邊、招遠、全威、破陣、蕩寇、殄虜、横野、馳射等三十號將軍，銅印環鈕，墨綬，獸頭鞶，朝服，武冠。並左十二件將軍，除並假給章印綬，板則止朱服，武冠而已。其勳選除，亦給章印。

建威、牙門、期門已下諸將軍，並銅印環鈕，墨綬，獸頭鞶，朱服，武冠。板則無印綬，止冠服而已。其在將官，以功次轉進，應署建威已下諸號，不限板除，悉給印綬。若武官署位轉進，登上條九品馳射已上諸戎號，亦不限板除，悉給印綬。

千人督、校督、司馬武賁督、牙門將、騎督、督守、將兵都尉、太子常從督别部司馬、假司馬，假銅印環鈕，朱服，武冠，墨綬，獸頭鞶。

武猛中郎將、校尉、都尉，銅印環鈕，朱服，武冠。其以此官爲千人司馬、道賁督已上及司馬，皆假墨綬，獸頭鞶。已上陳制，梁所無及不同者。

陛長、甲僕射、主事吏將騎、廷上五牛旗假吏武賁，在陛列及備鹵簿，服錦文衣，武冠，髦尾。陛長者，假銅印環鈕，墨綬，獸頭鞶。

假旄頭羽林，在陛列及備鹵簿，服絳單衣，上著韋畫腰襦，假旄頭。輿輦、迹禽、前驅、由基强弩司馬，給絳科單衣，武冠。其本位佩武猛都尉已上印者，假墨綬，别部司馬已下假墨綬，並獸頭鞶。

殿中冗從武賁、殿中武賁、持鈒戟冗從武賁，假青綬，絳科單衣，武冠。《陳令》：絳科單衣，其本位職佩武猛、都尉等印，假鞶綬，依前條。

持椎斧武騎武賁、五騎傳詔武賁、殿中羽林、太官尚食武賁，稱飯宰人、諸宫尚食武賁，假墨綬，給絳褠，武冠。其佩武猛、都尉等位印，皆依上條假鞶綬之例。

其在陛列及備鹵簿，五騎武賁，服錦文衣，髦尾。宰人服離支衣。領軍捉刃人，烏總帽，袴褶，皮帶。

絓是羽葆毦鼓吹，悉改著進賢冠，外給系毦。鼓吹著武冠。諸官鼓吹，尚書廊下都坐門下使守藏守閤，殿中威儀騶，武賁常直殿門雲龍門者，門下左右部武賁羽林騶，給傳事者諸導騶，門下中書守閤，尚書門下武賁羽林騶，蘭臺五曹節藏僕射廊下守閤，威儀發符騶，都水使者廊下守給騶，謁者威儀騶，諸宫謁者騶，絳褠，武冠，衣服如舊。大誰、天門士，皁科單衣，樊噲冠。衛士，涅布褠，却敵冠。

諸將軍、使持節、都督執節史，朱衣，進賢一梁冠。自此條已下皆陳制，梁所無。

持節史，單衣，介幘。其纂戎戒嚴時，同使持節。制假節節史，單衣，介幘。凡節趺，以石爲之。持節皆刻爲鞶螭形，假節及給鑾夷節，皆刻爲狗頭趺。

諸王典籤帥，單衣，平巾幘。典籤書史，袴褶，平巾幘。

諸王書佐，單衣，介幘。

公府書佐，朱衣，進賢冠。

諸王國舍人、司理、謁者、閤下令史、中衛都尉，朱衣，進賢一梁冠。司理假銅印，謁者高山冠，令史已下武冠。

太子太傅五官功曹、主簿，皁朝服，進賢一梁冠。

太子二傅門下主記、録事、功曹書佐，門下書佐，記室帳下督、都督省事，法曹書佐，太傅外都督，皁衣，進賢一梁冠。

太子妃家令，絳朝服，進賢一梁冠。

太子三校、二將，積弩，殿中將軍，衣服皆與上宫官同。

太子正員司馬督，題閣監，銅印墨綬。三校内主事，主章，扶侍，守舍人，衣帶仗局，服飾衣局，珍寶朝廷主衣統，奏事幹，内局内幹，朱衣，武冠。

諸公府御屬及省事，録尚書省事，太子門下及内外監丞，典事，導客，算書吏，次功，典書函，典書，典經，五經典書諸守宫舍人，市買清慎食官督，内直兵吏，宣華，崇賢二門舍人，諸門吏，朱衣，進賢一梁冠。

太子妃傳令，朱衣，武冠，執刀，烏信幡。

太子二傅騎吏，玄衣，赤幘，武冠，常行則袴褶。執儀，齋帥，殿帥，典儀帥，傳令，執刀戟，主蓋扇麾傘，殿上持兵，車郎，扶車，注疏，萌牀，齋閣食司馬，唱導飯，主食，殿前帥，殿前威儀，武賁威儀，散給使，閣將，鼓吹士帥副，武冠，絳褠。案軛、小輿、持車、軺車給使，平巾幘，黄布袴褶，赤罽帶。

太子諸門將，涅布褠，樊噲冠。

太子鹵簿戟吏，赤幘，武冠，絳褠。廉帥，整陣，禁防，平巾幘，白布袴褶。

輓角五音帥，長麾，青布袴褶，岑帽，絳絞帶。都伯，平巾幘，黄布袴褶。

文官曹幹，白紗單衣，介幘。尚書二臺曹幹亦同。

武官問訊，將士給使，平巾幘，白布袴褶。

又 諸公卿平冕，黑介幘，青珠爲旒，上公九，三公八，諸卿六，以組爲纓，色如其綬。衣皆玄上纁下。三公山龍八章，降皇太子一等，九卿藻火六章，唯郊祀天地宗廟服之。

遠游三梁，諸王所服。其未冠，則空頂黑介幘。開國公、侯、伯、子、男及五等散爵未冠者，通如之。

進賢冠，文官二品已上，並三梁，四品已上，並兩梁，五品已下，流外九品已上，皆一梁。致事者，通著委貌冠。主兵官及侍臣，通著武弁。侍臣加貂璫。御史大理著法冠。諸謁者、太子中導客舍人，著高山冠。宫門僕射、殿門吏、亭長、太子率更寺、宫門督、太子内坊察非吏、諸門吏等，皆著却非冠。羽林、武賁，著鶡。録令已下，尚書以上，著納言幘。又有赤幘，卑賤者所服。救日蝕，文武官皆免冠，著赤介幘，對朝服。賤者平巾，赤幘，示威武，以助於陽也。止雨亦服之。請雨則服緗幘，東耕則服青幘，庖人則服緑幘。

又 諸公之服九：一曰方冕。二曰衮冕，九章，宗彝已上五章在衣，藻已下四章在裳。三曰山冕，八章，衣、裳各四章，衣重宗彝，爲九等。四曰鷩冕，七章，衣三章，裳四章，衣重火與宗彝。五曰火冕，六章，衣、裳各三章，衣重宗彝及藻，裳重黻。六曰毳冕，五章，衣三章，裳二章，衣重藻、粉米，裳重黼黻。山冕已下俱九等，皆以山爲領褾，冕俱九旒。七曰韋弁。八曰皮弁。九曰玄冠。

諸侯服，自方冕而下八，無衮冕。山冕八章，衣、裳各四章。鷩冕七章，衣三章，裳四章，衣重宗彝。火冕六章，衣、裳各三章，衣重藻，裳重黻。毳冕五章，衣三章，裳二章，衣重粉米，裳重黼黻。鷩冕已下俱八等，皆以華蟲爲領褾，冕俱八旒。

諸伯服，自方冕而下七，又無山冕。鷩冕七章，衣三章，裳四章。火冕六章，衣、裳各三章，裳重黻。毳冕五章，衣三章，裳二章，裳重黼黻。火冕已下俱七等，皆以火爲領褾。冕俱七旒。

諸子服，自方冕而下六，又無鷩冕。火冕六章，衣、裳各三章。毳冕五章，衣三章，裳二章，裳重黻。毳冕已下俱六等，皆以宗彝爲領褾。冕俱六旒。

諸男服，自方冕而下五，又無火冕。毳冕五章，衣三章，裳二章，以藻爲領褾。冕五旒。

三公之服九：一曰祀冕。二曰火冕，六章，衣、裳各三章，衣重宗彝與藻，裳重黻。三曰毳冕，五章，衣三章，裳二章，衣重藻與粉米，裳重黼黻。四曰藻冕，四章，衣、裳俱二章，衣重藻與粉米，裳重黼黻。五曰繡冕，三章，衣一章，裳二章，衣重粉米，裳重黼黻，俱九等，皆以宗彝爲領褾。六曰爵弁。七曰韋弁。八曰皮弁。九曰玄冠。

三孤之服，自祀冕而下八，無火冕。毳冕五章，衣三章，裳二章，衣重粉米，裳重黼黻。藻冕四章，衣、裳各二章，衣重藻與粉米，裳重黼黻，俱八等，皆以藻爲領褾。繡冕三章，衣一章，裳二章，衣重粉米，裳重黼黻，爲八等。

公卿之服，自祀冕而下七，又無毳冕。藻冕四章，衣、裳各二章，衣重粉米，裳重黼黻，爲七等。皆以粉米爲領褾，各七。繡冕三章，衣一章，裳二章，衣重粉米，裳重黼黻，爲七等。

上大夫之服，自祀冕而下六，又無藻冕。繡冕三章，衣一章，裳二章，衣重粉米，裳重黼，爲六等。

中大夫之服，自祀冕而下五，又無皮弁。繡冕三章，衣一章，裳二章，衣重粉米，爲五等。

下大夫之服，自祀冕而下四，又無爵弁。繡冕三章，衣一章，裳二章，衣重粉米，爲四等。

士之服三：一曰祀弁，二曰爵弁，三曰玄冠。玄冠皆玄衣。其裳，上士以玄，中士以黄，下士雜裳，謂前玄後黄也。庶士之服一：玄冠。庶士，庶人在官，府史之屬。其服緇衣裳。

後令文武俱著常服，冠形如魏帢，無簪有纓。其凶服皆與庶人同。其弔服，諸侯於其卿大夫，錫衰；同姓，緦衰；於士，疑衰。其當事則弁絰，否則皮弁。公孤卿大夫之弔服，錫衰弁絰，皮弁亦如之。士之弔服，疑衰素裳，當事弁絰，否則徒弁。

清・朱銘盤《南朝宋會要・輿服》 王公百官冠服。耕籍，藩王以下至六百石皆衣青。唯三臺武衛不耕，不改服章。《禮志一》。下同。

校獵之官著袴褶，有帶武冠者，脱冠者上纓。

百官非校獵之官著朱衣。皇帝若親射禽，變御戎服，内外從官以及虎賁悉變服，如校獵儀。奏嚴，從官還著朱衣。

宫臣見至尊，皆著朱衣。《禮志二》。

武冠。侍臣則加貂蟬，侍中左貂，常侍右貂。《禮志五》。下同。

法冠。

謁者高山冠。

樊噲冠。

乘輿鼓吹，黑幘武冠。

畋獵巡幸，唯從官戎服，帶鞶革。文官不下纓，武官脱冠。文帝元嘉中，巡幸蒐狩皆如之；救宫廟水火，亦如之。

南譙王司空長史、南郡太守張暢出射堂簡人，著黄韋袴褶。本《傳》。

内外戒嚴，普著袴褶。《巴陵王休若傳》。

劉湛被收之夕，上開門召殿中將軍沈慶之，慶之戎服履靺縛袴入，上見而驚曰：卿何意乃爾急裝。慶之曰：夜半喚隊主，不容緩服。《沈慶之傳》。

舊制車駕出行，衛尉丞直門，常戎服。孝武時，沈伯玉遷衛尉丞，上特聽直門服玄衣。《自序》。

諸王，給五時朝服，遠游冠，亦有三梁進賢冠。佩山玄玉。《禮志五》。下同。

郡公，給五時朝服，進賢三梁冠，佩山玄玉。太宰、太傅、太保、丞相、司徒、司空，給五時朝服，進賢三梁冠，佩山玄玉。相國、大司馬、大將軍、太尉、凡將軍位從公者，給五時朝服，武冠，佩山玄玉。郡侯，給五時朝服，進賢三梁冠，佩水蒼玉。驃騎、車騎衛將軍、凡諸將軍加大者，征、鎮、安、平、中軍、鎮軍、撫軍、前、左、右、後將軍，征虜、冠軍、輔國、龍驤將軍，給五時朝服，武冠，佩水蒼玉。

諸王世子，五時朝服，進賢兩梁冠。佩山玄玉。

郡公侯世子，給五時朝服，進賢兩梁冠。佩水蒼玉。

侍中、散騎常侍及中常侍，給五時朝服，武冠。貂蟬，侍中左，常侍右。皆佩水蒼玉。

尚書令、僕射、尚書，給五時朝服，納言幘，進賢兩梁冠。佩水蒼玉。

中書監令，秘書監，光禄大夫，卿，尹，太子保，傅，大長秋，太子詹事，給五時朝服，進賢兩梁冠。佩水蒼玉。

衛尉，則武冠。衛尉，江左不置。孝武孝建初始置，不檢晉服制，止以九卿皆文冠及進賢兩梁冠，非舊也。

司隸校尉、武尉、左右衛、中堅、中壘、驍騎、游擊、前軍、左軍、右軍、後軍、寧朔、建威、振威、奮威、揚威、廣威、建武、振武、奮武、揚武、廣武、左右積弩、强弩諸將軍，監軍，領軍，護軍，城門五營校尉，東南西北中郎將，給五時朝服，武冠。佩水蒼玉。

縣、鄉、亭侯，朝服，進賢三梁冠。

鷹揚、折衝、輕車、揚烈、威遠、寧遠、虎威、材官、伏波、凌江諸將軍，奮武護軍、安夷撫軍、護軍、軍州郡國都尉、奉車、駙馬、騎都尉、諸護軍將兵助郡都尉、水衡、典虞、牧官、典牧都尉、度支中郎將、校尉、都尉、司鹽都尉、材官校尉、王國中尉、宜禾尹吾都尉、監淮南津都尉，五時朝服，武冠。

州刺史，給絳朝服，進賢兩梁冠。

御史中丞、都水使者，給五時朝服，進賢兩梁冠。佩水蒼玉。

謁者僕射，給四時朝服，高山冠。佩水蒼玉。

諸軍司馬，朝服，武冠。

給事中、黃門侍郎、散騎侍郎、太子中庶子、庶子，給五時朝服，武冠。

中書侍郎，給五時朝服，進賢一梁冠。

冗從僕射、太子衛率，給五時朝服，武冠。

虎賁中郎將、羽林監，給四時朝服，武冠。其在陛列及備鹵簿，鶡尾，絳紗縠單衣。

北軍中候、殿中監，給四時朝服，武冠。

護匈奴中郎將、護羌夷戎蠻越烏丸西域戊己校尉，朝服，武冠。

郡國太守、相、內史，朝服，進賢兩梁冠。江左止單衣幘。其加中二千石者，依卿、尹。

牙門將、騎都督，守，朝服，武冠。

尚書左右丞、秘書丞、尚書秘書郎、太子中舍人、洗馬、舍人，朝服，進賢一梁冠。

諸博士，給皁朝服，進賢兩梁冠。佩水蒼玉。

關內、關中名號侯，朝服，進賢兩梁冠。

黃沙治書侍御史、侍御史，朝服，法冠。

公府長史、諸卿尹丞、諸縣署令秩千石者，朝服，進賢兩梁冠。江左公府長史無朝服，縣令止單衣幘。後廢帝元徽四年，司徒右長史王儉議公府長史應服朝服。曰《春秋》、《國語》云：貌者情之華，服者心之文。巖廊盛禮，衣冠爲大。是故軍國異容，內外殊序。而自頃承用，每有乖違。府職掌人，教四方是則。臣居毗佐，志在當官，永言先典，載懷夕惕。按晉令，公府長史，官品第六，銅印，墨綬，朝服，進賢兩梁冠。掾屬，官品第七，朝服，進賢一梁冠。晉官表注，亦與《令》同。而今長史、掾屬，但著朱服而已，此則公違明文，積習成謬。謂宜依舊制，長史兩梁冠，掾屬一梁冠，並同備朝服。中單韋舄，率由舊章。若所上蒙允，并請班司徒二府及諸儀同三府，通爲永準。又尋舊事，司徒公府領步兵者職僚悉同降朝不領兵者。主簿祭酒，中單韋舄并備，令史以下，唯著玄衣。今府既開公，謹遵此制。其或有署臺位者，玄服爲疑。按《令》稱諸有兼官，皆從重官之例。尋內官爲重，其署臺位者，悉宜著位之服，不在玄服之例。若署諸卿寺位兼府職者，雖三品，而卿寺爲卑，則宜依公府玄衣之制。服章事重，禮儀所先，請臺詳服。儀曹郎中沈俣之議曰：制珪象德，損替因時，裁服象功，施用隨代。車旗變於商、周，冠佩革於秦、漢，豈必殊代襲容，改尚沿物哉。夫邊貂假幸侍之首，賤幘登尊極之顏，一適時用，便隆後制。況朱裳以朝，緬傾百祀，韋舄不加，浩然惟舊。服爲定章，事成永則。其儉之所秉，會非古訓。青素相因，代有損益，何事弃盛宋之興法，追往晉之頹典。變改空煩，謂不宜革。儉又上議曰：自頃服章多闕，有違前準，近議依令文，被報不宜改革，又稱左丞劉議，按令文，凡有朝服，今多闕亡。然則文存服損，非唯鉉佐，用捨既久，即爲舊章。如下旨。伏尋皇宋受終，每因晉舊制，律令條章，同規在昔。若事有宜，必合懲改，則當上關詔書，下由朝議，縣諸日月，垂則後昆。豈得因外府之乖謬，以爲盛宋之興典，用晉氏之律令，而謂其儀爲頹法哉。順違從失，非所望於高議；申明舊典，何改革之可論。又左丞引令史之闕服，以爲鉉佐之明比。夫名位不同，禮數異等，令史從省，或有權宜；達官簡略，爲失彌重。又主簿、祭酒，備服於王庭，長史、掾屬，朱衣以就列。於是倫比，自成矛盾。此而可忍，孰不可安。將引令以遵舊，臺據失以爲例，研詳符旨，良所未譬。當官而行，何强之有，制令昭然，守以無貳。俣之又議：雲火從物，沿損異儀，帝樂五殊，王禮三變，豈獨大宋造命，必咸仍於晉舊哉。夫宗社疑文，庭廟闕典，或上降制書，下協朝議，何乃鉉府佐屬裳韍，稍改白虎之詔，斷宣室之疇咨乎。又許令史之從省，咎達官之簡略。律苟可遵，固無辨於貴賤；規若必等，亦何關於權宜。一用一舍，彌增其滯。且佐非韋舄之職，吏本朝服之官，凡在班列，罔不如一，此蓋前令違而遂改，今制允而長用也。爵異服殊，寧會矛盾之譬；討論疑制，焉取强弱之辨。府執既革之餘文，臺據永行之成典，良有期於無固，非所望於行迷。參詳並同儉，議遂寢。

諸軍長史、諸卿尹丞、獄丞、太子保傅詹事丞、郡國太守相內史、丞、長史、諸縣署令長相、關穀長、王公侯諸署令、長、司理、治書、公主家僕，朝服，進賢一梁冠。

公車司馬、太史、太醫、太官、御府、內省令、太子諸署令、僕、門大夫、陵令，朝服，進賢一梁冠。太子率更、家令、僕，給五時朝服，進賢兩梁冠。

黄門諸署令、僕、長，四時朝服，進賢一梁冠。

黄門冗從僕射監、太子寺人監，給四時朝服，武冠。

公府司馬、諸軍城門五營校尉司馬、護匈奴中郎將、護羌戎夷蠻越烏丸戊己校尉長史、司馬，朝服，武冠。

廷尉正、監、平，給皁零辟朝服，法冠。

王郡公侯郎中令、大農，朝服，進賢兩梁冠。

北軍中侯丞，朝服，進賢一梁冠。

太子常從虎賁督、千人督、校督、司馬虎賁督，朝服，武冠。

殿中將軍，四時朝服，武冠。

門下中書通事舍人令史，門下主事令史，給四時朝服，武冠。

諸謁者，朝服，高山冠。

水衡、典虞、牧官、典牧、材官、州郡國都尉、司馬，朝服，武冠。

尚書典事、都水使者參事、散騎集書中書尚書令史、門下散騎中書尚書令史、録尚書中書監令僕省事史、秘書著作治書、主書、主璽、主譜令史、蘭臺殿中蘭臺謁者都水使者令史、書令史，朝服，進賢一梁冠。

節騎郎，朝服，武冠。其在陛列及備鹵簿，著鶡尾，絳紗縠單衣。

殿中中郎將校尉、都尉，黄門中郎將校尉，殿中太醫校尉、都尉，四時朝服，武冠。

關外侯，朝服，進賢兩梁冠。

左右都侯、閶闔司馬、城門候、王郡公侯中尉，朝服，武冠。

部曲督護、司馬史、部曲將，朝服，武冠。

太中中散諫議大夫、議郎、郎中、舍人，朝服，進賢一梁冠。秩千石者，兩梁。

城門令史，朝服，武冠。

諸門僕射佐史、東宫門吏，皁零辟朝服。僕射東宫門吏，卻非冠。佐史，進賢冠。

宫内游徼、亭長，皁零辟朝服，武冠。

太醫校尉、都尉、總章協律中郎將校尉、都尉，朝服，武冠。

小黄門，給四時朝服，武冠。

黄門謁者，給四時朝服，進賢一梁冠。朝賀通謁時，著高山冠。

黄門諸署史，給四時朝服，武冠。

中黄門、黄門諸署從官寺人，給四時科單衣，武冠。

殿中司馬及守陵者、殿中太醫司馬，給四時朝服，武冠。

太醫司馬，朝服，武冠。

總章監鼓吹監司律司馬，朝服。鼓吹監總章協律司馬，武冠。總章監司律司馬，進賢一梁冠。

諸縣署丞、太子諸署丞、王公侯諸署及公主家丞、太醫丞，朝服，進賢一梁冠。

黄門諸署丞，給四時朝服，進賢一梁冠。

黄門稱長、園監，給四時朝服，武冠。

諸縣尉、關谷塞護道尉，朝服，武冠。

洛陽卿有秩，朝服，進賢一梁冠。

宣威將軍以下至裨將軍、平虜武猛中郎將、校尉、都尉、別部司馬、軍假司馬、圖像都匠行水中郎將、校尉、都尉、羽林長郎，佩武猛都尉以上印者，別部司馬以下，朝服，武冠。其長郎壯士，武弁冠。在陛列及鹵簿，服絳縠單衣。

陛下甲僕射主事吏將騎、廷上五牛旗假使虎賁，在陛列及備鹵簿，服錦文衣，武冠，鶡尾。陛長，旄頭。

羽林在陛列及備鹵簿，服絳科單衣，上著韋畫要襦。假旄頭。

舉輦迹禽前驅由基强弩司馬、守陵虎賁，佩武猛都尉以上印者，別部司馬以下，守陵虎賁，給絳科單衣，武冠。

殿中冗從虎賁、殿中虎賁及守陵者持鈒戟冗從虎賁，佩武猛都尉以下印者，別部司馬以下，給絳科單衣，武冠。

持椎斧武騎虎賁、五騎傳詔虎賁、殿中羽林及守陵者太官尚食虎賁、稱飯宰人、諸宫尚食虎賁，佩武猛都尉以上印者，別部司馬以下，給絳褠，武冠。其在陛列及備鹵簿，五騎虎賁，服錦文衣，鶡尾。宰人服離支衣。

黄門鼓吹及釘官僕射，黄門鼓吹史主事、諸官鼓吹、尚書廊下都坐門下守閣、殿中威儀騶、虎賁常直殿黄雲龍門者、門下左右部虎賁羽林騶、給傳事者諸導騶、門下中書守閣，給絳褠，武冠。南書門下虎賁羽林騶，蘭臺五曹節藏射廊下守閣、威儀、發符騶，都水使者黄沙廊下守閣、謁者、録事、威儀騶，河隄謁者騶，諸官謁者騶，絳褠，武冠。給其衣服，自如故事。大誰士皁科單衣，樊噲冠。衛士墨布褠，却敵冠。凡此前衆職，江左多不備，又多闕朝服。

諸應給朝服、佩玉，而不在京都者，給朝服。非護烏丸羌夷戎蠻諸校尉以上及刺史、西域戊己校尉，皆不給佩玉。其來朝會，權時假給，會罷輸還。凡應朝服者，而官不給，聽自具之。尊卑共服

武帝諸子旦問起居，入閤脱公服，止著裙帽。《本紀》。

清・朱銘盤《南朝陳會要・輿服》 梁太宰、太傅、太保、司徒、司空，朝服，進賢三梁冠，佩山玄玉，獸頭鞶，腰劍。《陳令》加有相國，丞相，服制同。

陳尚書令、僕射，獸頭鞶。尚書無鞶，餘並同梁。

陳中書監、令，秘書監，腰劍，獸頭鞶，餘同梁。

《陳令》有特進，進賢二梁冠，朝服，佩水蒼玉，腰劍。《梁令》不載。

陳宮卿改云慈訓，餘皆同梁。又有太舟卿，服章同。

《陳令》：鎮、衛、驃騎、車騎、中軍、中衛、中撫軍、中權、四征、四鎮、四安、四翊、四平將軍，冠軍、四方中郎將，並獸頭鞶，朝服，武冠，佩水蒼玉。自中軍已下諸將軍及冠軍、四方中郎將，並官不給佩。

《陳令》：領、護，中領、護，五營校尉，官不給佩。餘並同梁。

陳宮卿云慈訓，服同諸卿，但武冠。司隸校尉，陳無官服。《陳令》：左、右衛，不給劍。左右驍騎、游擊、雲騎、游騎，前、左、右、後軍將軍，左右中郎將，餘服同梁，亦官不給佩。其驍、游、雲騎，夾禦日假給。其積弩、積射，强弩，帶劍。餘服同梁。又有忠武、軍師、武臣、爪牙、龍騎、雲麾、鎮兵、翊師、宣惠、宣毅、智威、仁威、勇威、信威、嚴威、智武、仁武、勇武、信武、嚴武，官不給。輕車、鎮朔、武旅、貞毅、明威、寧遠、安遠、征遠、振遠、宣遠等將軍，並獸頭鞶，朝服，武冠，佩水蒼玉。

陳中丞，二梁冠。餘同梁。其都水，陳，梁改爲太舟卿，服在諸卿中見。

《陳令》：武衛不劍，正直夾御，白布袴褶。

陳衛率，不劍。冗從，腰劍。餘並同梁。

梁護匈奴中郎將，護羌、戎、夷、蠻、越、烏丸、西域校尉，朝服，武冠，獸頭鞶。《陳令》無此官。其庶子，鎮蠻、寧蠻、平戎、西戎校尉，平越中郎將，服章同。

陳安遠、鎮蠻護軍，州、郡、國都尉，奉車、駙馬、騎都尉，諸護軍，服章同。無餘文。

梁州刺史，獸頭鞶，腰劍，絳朝服，進賢二梁冠。陳同梁。

梁諸王友、文學，朱服，進賢一梁冠。《陳令》：諸王師服同。

陳又有殿中、蘭臺侍御史，朝服，法冠，腰劍。

《陳令》：公府司馬，領、護軍司馬，諸軍司馬，鎮安蠻安遠護軍，蠻、戎、越校尉中郎將長史、司馬，其服章與梁官同。

梁諸開國三將軍，朝服，武冠。陳制同梁。

諸四品將兵都尉、牙門將、崇毅、材官、折難、輕騎、揚烈、威遠、寧遠、宣威、光威、驤威、威烈、威虜、平戎、綏遠、綏狄、綏邊、綏戎、獸威、威武、烈武、毅武、奮武、討寇、討虜、殄難、討難、討夷、厲武、横野、陵江、鷹揚、執訊、蕩寇、蕩虜、蕩難、蕩逆、殄虜、掃虜、掃難、掃逆、掃寇、厲鋒、武奮、武牙、廣野，朱服，武冠。

典儀但帥、典儀正帥，朱衣，武冠。其本資有殿但、正帥，得帶艾綬，獸頭鞶。殿但帥、正帥，獸頭鞶，朱服，武冠。殿帥、羽儀帥、員外帥，朱衣，武冠。

威雄、猛、烈、振、信、勝、略、風、力、光等十威將軍，武猛、略、勝、力、毅、健、烈、威、鋭、勇等十武將軍，並獸頭鞶，武冠，朝服。

猛毅、烈、威、鋭、震、進、智、武、勝、駿等十猛將軍，獸頭鞶，武冠，朝服。壯武、勇、烈、猛、鋭、威、毅、志、意、力等十壯將軍，驍雄、桀、猛、烈、武、勇、鋭、名、勝、迅等十驍將軍，雄猛、威、明、烈、信、武、勇、毅、壯、健等十雄將軍，並獸頭鞶，武冠，朝服。

忠勇、烈、猛、鋭、壯、毅、捍、信、義、勝等十忠將軍，明智、略、遠、勇、烈、威、勝、進、鋭、毅等十明將軍，光烈、明、英、遠、勝、鋭、命、勇、武、野等十光將軍，飈勇、猛、烈、鋭、奇、决、略、勝、出等十飈將軍，並獸頭鞶，武冠，朝服。

龍驤、武視、雲旗、風烈、電威、雷音、馳鋭、進鋭、羽騎、突騎、折衝、冠武、和戎、安壘、超猛、英果、掃虜、掃狄、武鋭、摧鋒、開遠、略遠、貞威、决勝、清野、堅鋭、輕鋭、拔山、雲勇、振旅等三十號將軍，獸頭鞶，朝服，武冠。

又 超武、鐵騎、樓船、宣猛、樹功、剋狄、平虜、稜威、戎昭、威戎、伏波、

雄戟、長劍、衝冠、雕騎、佽飛、勇騎、破敵、剋敵、威虜、前鋒、武毅、開邊、招遠、全威、破陣、蕩寇、殄虜、横野、馳射等三十號將軍，獸頭鞶，朝服，武冠。并左十二件將軍，板則止朱服，武冠而已。

建威、牙門、期門已下諸將軍，並獸頭鞶，朱服，武冠。板則止冠服而已。

千人督、校督司馬、武賁督、牙門將、騎督督、守將兵都尉、太子常從督別部司馬、假司馬，武冠，獸頭鞶。

武猛中郎將、校尉、都尉，朱服，武冠。其以此官爲千人司馬、道賁督已上及司馬，皆獸頭鞶。

陛長、甲僕射、主事吏將騎、廷上五牛旗假吏武賁，在陛列及備鹵簿，服錦文衣，武冠，髦尾。陛長者，假獸頭鞶。

假旄頭羽林，在陛列及備鹵簿，服絳單衣，上著韋畫腰襦，假旄頭。輿輦、迹禽、前驅、由基强弩司馬，給絳科單衣，武冠。其本位別部司馬已下者，假獸頭鞶。

殿中冗從武賁、殿中武賁、持鈒戟冗從武賁，絳科單衣，武冠。《陳令》：絳科單衣，其本位職佩武猛、都尉等印，假鞶綬，依前條。

持椎斧武騎武賁、五騎傳詔武賁、殿中羽林、太官尚食武賁、稱飯宰人、諸宫尚食武賁，給絳褠，武冠。其佩武猛、都尉等位印，皆依上條假鞶綬之例。

其在陛列及備鹵簿，五騎武賁，服錦文衣，髦尾。宰人服離支衣。領軍捉刃人，烏總帽，袴褶，皮帶。

絓是羽葆毦鼓吹，悉改著進賢冠，外給系毦，鼓吹著武冠。

諸官鼓吹，尚書廊下都坐門下使守藏守閣，殿中威儀騶，武賁常直殿門雲龍門者，門下左右部武賁羽林騶，給傳事者諸導騶，門下中書守閣，尚書門下武賁羽林騶，蘭臺五曹節藏僕射廊下守閣，威儀發符騶，都水使者廊下守給騶，謁者威儀騶，諸宫謁者騶，絳褠，武冠，衣服如舊。大誰、天門士，阜科單衣，樊噲冠。衛士，涅布褠，却敵冠。

諸將軍、使持節、都督執節史，朱衣，進賢一梁冠。

持節節史，單衣，介幘。其纂戎戒嚴時，同使持節。制假節節史，單衣，介幘。

諸王典籤帥，單衣，平巾幘。典籤書吏，袴褶，平巾幘。

諸王書佐，單衣，介幘。

公府書佐，朱衣，進賢冠。

諸王國舍人、司理、謁者、閤下令史、中衛都尉，朱衣，進賢一梁冠。司理假銅印，謁者高山冠，令史已下武冠。

太子太傅五官功曹、主簿，阜朝服，進賢一梁冠。

太子二傅門下主記、録事、功曹書佐、門下書佐，記室賬下督、都督省事，法曹書佐，太傅外都督，阜衣，進賢一梁冠。

太子妃家令，絳朝服，進賢一梁冠。

太子三校、二將，積弩、殿中將軍，衣服皆與上宫官同。

太子正員司馬督、題閤監，三校内主事、主章、扶持、守舍人，衣帶仗局、服飾衣局，珍寶朝廷主衣統、奏事幹，内局内幹，朱衣，武冠。

諸公府屬及省事，録尚書省事，太子門下及内外監丞、典事、導客、算書吏，次功、典書函、典書、典經、五經典書諸守宫舍人，市買清慎食官督，内直兵吏，宣華、崇賢二門舍人，諸門吏，朱衣，進賢一梁冠。

太子妃傳令，朱衣，武冠，執刀，烏信幡。

太子二傅騎吏，玄衣，赤幘，武冠，常行則袴褶。執儀、齋帥、殿帥、典儀帥，傳令、執刀戟、主蓋扇麾傘、殿上持兵、車郎、扶車、注疏、萌牀、齋閤食司馬、唱導飯、主食、殿前帥、殿前威儀、武賁威儀、散給使、閤將、鼓吹士帥副，武冠，絳褠。案軛、小輿、持車、軺車給使，平巾幘，黄布袴褶，赤罽帶。

太子諸門將，涅布褠，樊噲冠。

太子鹵簿戟吏，赤幘，武冠，絳褠。廉帥、整陣、禁防，平巾幘，白布袴褶。鞔角五音帥、長麾，青布袴褶，岑帽，絳絞帶。都伯，平巾幘，黄布袴褶。

文官曹幹，白紗單衣，介幘。尚書二臺曹幹亦同。

武官問訊、將士給使，平巾幘，白布袴褶。

清・朱銘盤《南朝梁會要・輿服》 王公百官冠服。諸王，朝服，遠游冠，介幘，朱衣，絳紗袍，皁緣中衣，素帶，黑舃。佩山玄玉，垂組，大帶，獸頭鞶，腰劍。若加餘官，則服其加官之服。《隋書・禮儀志六》。下同。

開國公，朝服，紗朱衣，進賢三梁冠，佩山玄玉，獸頭鞶，腰劍。

開國侯、伯，朝服，紗朱衣，進賢三梁冠，佩水蒼玉，獸頭鞶，腰劍。

開國子、男，朝服，紗朱衣，進賢三梁冠，佩水蒼玉，獸頭鞶，腰劍。

縣、鄉、亭、關內、關中及名號侯，朝服，進賢二梁冠，獸頭鞶，腰劍。

關外侯，朝服，進賢二梁冠，獸頭鞶，腰劍。

諸王嗣子，朝服，進賢二梁冠，佩山玄玉，獸頭鞶，腰劍。

開國公、侯嗣子，朝服，進賢二梁冠，佩水蒼玉，獸頭鞶，腰劍。

太宰、太傅、太保、司徒、司空，朝服，進賢三梁冠，佩山玄玉，獸頭鞶，腰劍。

大司馬、大將軍、太尉、諸位從公者，朝服，武冠，佩山玄玉，獸頭鞶，腰劍。直將軍則不帶劍。

凡公及位從公、五等諸侯，助祭郊廟，皆平冕九旒，青玉爲珠，有前無後。各以其綬色爲組纓，旁垂黈纊。衣，玄上纁下，畫山龍已下九章，備五采，大佩，赤舄，絇履。録尚書無章綬品秩，悉以餘官總司其任，服則餘官之服，猶執笏紫荷。其在都坐，則東面最上。

尚書令、僕射、尚書，朝服，納言幘，進賢冠，佩水蒼玉，腰劍，紫荷，《劉杳傳》周捨問杳：尚書官著紫荷橐，相傳云挈囊，竟何所出。杳答曰：《張安世傳》曰，持橐簪筆，事孝武皇帝數十年。韋昭、張晏注並云橐，囊也。執笏。

侍中散騎常侍、通直常侍、員外常侍，朝服，武冠貂蟬，侍中左插，常侍右插。皆腰劍，佩水蒼玉。其員外常侍不給佩。舊至尊朝會登殿，侍中常侍夾御，御下輿，則扶左右。侍中驂乘，則不帶劍。

中書監、令，秘書監，朝服，進賢兩梁冠，佩水蒼玉，腰劍，獸頭鞶。

光祿、太中、中散大夫，太常、光祿、弘訓太僕、太僕、廷尉、宗正、大鴻臚、大司農、少府、大匠諸卿，丹陽尹，太子保、傅，大長秋，太子詹事，獸頭鞶，朝服，進賢冠二梁，佩水蒼玉。卿大夫助祭，則冠平冕五旒，黑玉爲珠，有前無後。各以其綬采爲組纓，旁垂黈纊。衣，玄上纁下，畫華蟲七章，皆佩五采大佩，赤舄，絇履。

驃騎、車騎、衛將軍、中軍、冠軍、輔國將軍、四方中郎將，朝服，武冠，佩水蒼玉。

領、護軍，中領、護軍，五營校尉，朝服，武冠，佩水蒼玉，獸頭鞶。其屯騎，夾御日假給佩，餘校不給。

弘訓衛尉，衛尉，司隸校尉，左右衛、驍騎、游擊，前、左、右、後軍將軍，龍驤、寧朔、建威、振威、奮威、揚威、廣威、武威、建武、振武、奮武、揚武、廣武等將軍，積弩、積射、強弩將軍，監軍，朝服，武冠，佩水蒼玉，獸頭鞶。驍、游已下，並不給佩。驍、游夾侍日，假給。

國子祭酒，皁朝服，進賢二梁冠，佩水蒼玉。

御史中丞、都水使者，朝服，進賢二梁冠，獸頭鞶，腰劍，佩水蒼玉。

謁者僕射，朝服，高山冠，獸頭鞶，佩水蒼玉，腰劍。

諸軍司，朝服，武冠，獸頭鞶。

給事中、黃門侍郎、散騎侍郎、奉朝請、太子中庶子、庶子、武衛將軍、武騎常侍，朝服，武冠，腰劍。

中書侍郎，朝服，進賢一梁冠，腰劍。冗從僕射、太子衛率，獸頭鞶，朝服，武冠。

武賁中郎將、羽林監，朝服，武冠，獸頭鞶，腰劍。其在陛牙及備鹵簿，著毦尾，絳紗縠單衣。

護匈奴中郎將，護羌、戎、夷、蠻、越、烏丸、西域校尉，朝服，武冠，獸頭鞶。

安夷、撫夷護軍，州郡國都尉，奉車、駙馬、騎都尉，諸護軍，獸頭鞶，朝服，武冠。

州刺史，獸頭鞶，腰劍，朝服，進賢二梁冠。

郡國太守、相、內史，獸頭鞶，單衣，介幘。加中二千石，依卿尹冠服劍佩。

尚書左、右丞，秘書丞，獸爪鞶，朝服，進賢一梁冠。

尚書，秘書著作郎，太子中舍人、洗馬、舍人，朝服，進賢一梁冠，腰劍。

諸王友、文學，朱服，進賢一梁冠。

治書侍御史、侍御史，朝服，腰劍，法冠。

諸博士，給皁朝服，進賢兩梁冠，佩水蒼玉。

太學博士，正限八人，著佩，限外六人不給。

廷尉律博士，無佩。並簪筆。

國子助教，皁朝服，進賢一梁冠，簪筆。

公府長史，獸頭鞶。諸卿尹丞，黃綬，獸爪鞶，簪筆。

諸縣署令、秩千石者，獸爪鞶，朝服，進賢兩梁冠。長史朱服，諸卿尹丞、建康令，玄服。

公府掾屬、主簿、祭酒，朱服，進賢一梁冠。公府令史亦同。

領、護軍長史，朱服，獸頭鞶。諸軍長史，單衣，介幘，獸頭鞶。

諸卿部丞、獄丞，並皁朝服，一梁冠，獸爪鞶，簪筆。

太子保、傅、詹事丞，皁朝服，一梁冠，簪筆，獸爪鞶。

郡國相、内史丞、長史，單衣，介幘。長史，獸頭鞶。其丞，獸爪鞶。

諸縣署令、長、相，單衣，介幘，獸頭鞶，朝服，進賢一梁冠。諸署令，朱衣，武冠。州都大中正、郡中正，單衣，介幘。

太子門大夫，獸頭鞶，陵令、長，獸爪鞶，朝服，進賢一梁冠。令、長朱服，率更、家令、僕，朝服，兩梁冠，獸頭鞶，腰劍。

黄門諸署令、僕、長、丞，朱服，進賢一梁冠，黄門冗從僕射監、太子寺人監，朝服，武冠，獸頭鞶。

公府司馬，領、護軍司馬，諸軍司馬，護匈奴中郎將、護羌、戎、夷、蠻、越、烏丸、戊己校尉、長史、司馬，獸頭鞶，朝服，武冠。諸軍司馬，單衣，平巾幘。長史，介幘。

公府從事中郎，朱服，進賢一梁冠。諸將軍開府功曹、主簿，單衣，介幘，革帶。廷尉，建康正、監平，皁零辟朝服，法冠，獸爪鞶。

左、右衛司馬，單衣，帶，平巾幘，獸爪鞶。

諸府參軍，單衣，平巾幘。

諸州別駕、治中、從事、主簿、西曹從事，公事，玄朝服，進賢一梁冠，簪筆。常公事，單衣，介幘，朱衣。

直閤將軍，朱服，武冠，獸頭鞶。

直閤將軍，諸殿主帥，朱服，武冠。正直絳衫，從則裲襠衫。

諸開國郎中令、大農，公，傅中尉，朝服，進賢兩梁冠，中尉武冠，皆獸頭鞶。

諸開國三將軍，朝服，武冠。限外者不給印。

左右常侍，侍郎，典衛中尉司馬，朝服，武冠。典書，典祠，學官令，朝服，進賢一梁冠。餘悉朱服，一梁冠。常侍、侍郎、典書、典祠、學官令，簪筆，腰劍。

太子衛率、率更、家令丞，皁朝服，進賢一梁冠，獸爪鞶。

太子常從武賁督，朝服，武冠，獸爪鞶。

殿中將軍、員外將軍，朱服，武冠。

州郡國都尉司馬，朱服，武冠，獸頭鞶。

諸謁者，朝服，高山冠。

中書通事舍人門下令史、主書典書令史、門下朝廷局書令史、太子門下通事守舍人、二宫齋内職左右職局齋幹已上，朱服，武冠。

殿中内外局監、太子内外監、殿中守舍人，朱服，武冠。

内外監典事書吏，朱服，進賢一梁冠。内監朝廷人領局典事、外監統軍隊咨詳發遣局典事，武冠。外監及典事書吏，悉著朱衣，唯正直及齋監并受使，不在例。其東宫内外監、殿典事書吏，依臺格。五校、三將將軍主事，内監主事，外監主事，三校主事，朱服，武冠。

尚書都令史，都水參事，門下書令史，集書、中書、尚書、秘書著作掌書主書主圖主譜典客令書令史，監、令、僕射省事，蘭臺殿中、蘭臺謁、都水令史，公府令史書令史，太子導客、次客守舍人及諸省典事，朱衣，進賢一梁冠。

尚書都算、度支算、左户校吏，朱服，進賢一梁冠。

諸縣署丞、太子諸署丞、王公侯諸署及公主家令丞、僕，朱服，進賢一梁冠。太官、太醫丞，武冠。

諸縣尉，單衣，介幘，獸爪鞶。節騎郎，朱服，武冠。其在陛列及備鹵簿者，髦尾，絳紗縠單衣。御節郎、黄鉞郎，朝服，赤介幘，簪筆。典儀、唱警、唱奏事，持兵，主麾等諸職，公事及備鹵簿，朱服，武冠。

殿中中郎將、校尉、都尉，朱服，武冠，獸頭鞶。

城門候，朱服，武冠，獸頭鞶。

部曲督、司馬吏、部曲將，朱服，武冠。司馬吏，獸爪鞶。

太中、中散、諫議大夫，議郎、郎中、舍人，朱服，進賢一梁冠。

諸門郎、僕射、佐吏、東宫門吏，其郎朱服，僕射皁零辟朝服，進賢冠，吏却非冠，佐吏著進賢冠。

總章協律，獸爪鞶，朱服，武冠。

黄門後閤舍人、主書、齋帥、監食、主食、主客、扶侍、鼓吹，朱服，武冠。鼓吹進賢冠，齋帥，獸頭鞶。

又 殿中司馬，朱服，武冠，獸頭鞶。

又　總章監、鼓吹監，朱服，武冠。

廷尉官屬皁衣。《南史·昭明太子傳》。

大同五年，詔張纘可尚書僕射。在職議印綬官備朝服，宜並著綬，時並施行。《本傳》。下同。

尚書左丞賀琛，遷員外散騎常侍。尚書南坐無貂，貂自琛始也。

尚書官著紫荷橐。《劉杳傳》。

清·汪兆鏞《稿本晉會要》卷一四《禮十二·諸王公冠服》　諸王五時朝服，遠游冠，介幘，亦有三梁進賢冠，朱衣絳紗襮，皁緣中衣，表素革帶，黑舄，佩山玄玉，垂組大帶，若加餘官，則服其加官之服也。《輿服志》。

諸王將之國，博士孫毓等議曰：《禮》：公之服自袞冕而下，侯伯自鷩冕而下，皆如王之服，祭服宜玄冕朱裏，玳玉三采九旒，藻三色九就，丹組纓，玄衣纁裳，畫九章，以事宗廟。其祀社稷山川，及其群臣助祭者，皆長冠玄衣。其位不從公者，皆以七爲節，其他則同諸王。朝服依漢魏故事，皆遠游冠，五時朝服，佩山玄玉，不復以國大小爲差。其群臣侍從冠服，皆宜如服制令也。諸王公應助祭。按司服之職：王祀昊天上帝，則大裘而冕，享先王則袞冕，先公則鷩冕。公之服，自袞冕而下，如王之服；侯伯之服，自鷩冕而下，如公之服。《禮記·王制》曰：制，三公一命袞。謂三公八命，復加一命，則服袞龍，與王者之後服同。然則九命及二王之後，乃服袞衣無升龍。三公之服，當從鷩冕而下。太尉三公助祭，宜服鷩冕七章，冕繅九旒，赤舄。三公助導從外官不與齊祭者，自可如舊。《通典》七十一。

又　公卿百官冠服。平冕，王公卿助祭於郊廟服之。王公九旒，卿七旒，王公衣山龍以下九章，卿衣華蟲以下七章。《輿服志》。

丞相，袞冕，綠綟綬。《通典》二十。

郡公、太宰、太傅、太保、太尉、司空、大司馬、大將軍，佩山玄玉，進賢三梁冠，介幘，絳朝服。

若郊廟，冕服七旒，玄衣纁裳七章。《通典》二十。《御覽》六百九十二。

尚書令，進賢兩梁冠，納言幘，五時朝服，佩水蒼玉。中書監令，進賢兩梁冠，絳朝服，佩水蒼玉。《通典》二十。

僕射，五時朝服，納賢幘，進賢冠，佩水蒼玉。《初學記·職官部》引《晉百官表注》。

太常，進賢兩梁冠，絳朝服，佩水蒼玉。《通典》二十四。

衛尉，五時朝服，武冠，佩水蒼玉。《通典》二十五。

秘書監，進賢兩梁冠，絳朝服，佩水蒼玉。《通典》二十六。

秘書丞，進賢一梁冠，絳朝服。《通典》二十六。

著作郎，進賢兩梁冠，介幘，絳朝服。《通典》二十六。

三品將軍，武冠，平上黑幘，五時朝服，佩水蒼玉。《通典》二十七。

漢制一歲五郊，天子與執事者所服皆如方色，百官不執事者，常服絳衣以從。魏以來，名爲五時朝服，又有四時朝服，自皇太子以下，隨官受給，百官雖服五時朝服，實止四時朝服，闕秋服，三年一易。《輿服志》。

特進冠，進賢兩梁，黑介幘，五時朝服，佩水蒼玉，左右光禄大夫，與特進同。《職官志》。

祭酒以下，令史以上，皆皁零辟朝服。太尉雖不加兵者，吏屬皆絳服。《職官志》。

王渾爲日後加兵，渾以司徒文官吏屬，絳衣非舊典，仍令皁服。《王渾傳》。

大司馬將軍，驃騎、車騎、衛軍、諸大將軍，開府從公者著武冠，平上幘。《續漢·輿服志》注引晉公卿禮秩。

蘭臺寺，正令史，朱衣執版。《通典》三十五。

郡國守相內史，進賢兩梁冠。《文獻通考·職官十七》。

縣令，進賢兩梁冠。《文獻通考·職官十七》。

國子生見祭酒、博士，單衣角巾，執經一卷以代手板。《通典》五十三。

晉令，朝服，皂緣中單衣。《御覽》六百九十一。

晉令，六品以下，得服羅綃。《初學記·寶器部》。

紀事

《隋書》卷一一《禮儀志六》　單衣、白帢，以代古之疑衰、皮弁爲吊服，爲群臣舉哀臨喪則服之。

天監三年，何佟之議：公卿以下祭服，裏有中衣，即今之中單也。案

《後漢・輿服志》明帝永平二年，初詔有司采《周官》、《禮記》、《尚書》乘輿服，從歐陽説；公卿以下服，從大、小夏侯説。祭服，絳緣領袖爲中衣，絳袴襪，示其赤心奉神。今中衣絳緣，足有所明，無俟於袴。既非聖法，謂不可施。遂依議除之。

四年，有司言：平天冠等一百五條，自齊以來，隨故而毁，未詳所送。何佟之議：《禮》祭服敝則焚之。于是並燒除之，其珠玉以付中署。

又 九年，司馬筠等參議：《禮記・玉藻》云：諸侯玄冕以祭，裨冕以朝。《雜記》又云：大夫冕而祭于公，弁而祭于己。今之尚書，上異公侯，下非卿士，止有朝衣，本無冕服。但既預齋祭，不容同在於朝，宜依太常及博士諸齋官例，著皁衣，絳襈，中單，竹葉冠。若不親奉，則不須入廟。帝從之。

十一年，尚書參議：按《禮》，跣襪，事由燕坐，屨不宜陳尊者之側。今則極敬之所，莫不皆跣。清廟崇嚴，既絶恒禮，凡有履行者，應皆跣襪。詔：可。

雜録

晉・陳壽《益都耆舊傳》 郭賀拜荆州刺史，明帝巡狩到南陽，特見嗟嘆，賜以三公之服，黼黻旒冕，敕去幨露冕，使百姓見此衣服，以彰其德。

晉・陸翽《鄴中記》 石虎從出行有女鼓吹，尚書官屬皆著錦袴佩玉。案此條見《太平御覽》。

唐・劉餗《隋唐嘉話》卷上 洛陽南市，即隋之豐都市也。初築外垣之時，掘得一塚，無甎甓，棺中有屍，上着平上幘、朱衣，銘云：筮言居朝，龜言近市，五百年間，於斯見矣。校其年月，當魏黄初二年。

南朝宋・劉義慶《大業雜記》 諸王、公主及三品以下坐，給黄衣夫艘別四十人，三樓舡一百二十艘。四品官人及四道場玄壇僧尼道士坐，給黄衣夫舡別三十人，又有二樓舡二百五十艘。五品已上及諸國蕃官乘，黄衣夫舟別二十五人，板艒二百艘，載羽儀服飾。

宋・李昉《太平廣記》卷六〇《女仙傳・麻姑》 漢孝桓帝時，神仙王遠，字方平，降於蔡經家。將至，一時頃聞金鼓簫管人馬之聲，及舉家皆見，王方平戴遠游冠，著朱衣，虎頭鞶囊，五色之綬，帶劍，少鬚，黄色，中形人也。出《神仙傳》。

明・焦竑《焦氏類林》卷七《冠服》 梁中丞給威儀十人，其八人武冠絳鞲，執青儀囊在前。《梁典》。

中丞銅印墨綬，進賢兩梁冠，佩水蒼玉，介幘，絳朝服。《通典》。

何敬容爲吏部尚書，性矜莊，衣冠鮮麗。梁武帝雖衣浣衣，而左右衣必須鮮潔，嘗有侍臣衣冠卷摺，帝怒曰：卿衣帶如繩，欲何所縛。敬容希旨，常以膠清刷鬢，衣裳不整，伏床熨之，暑月背爲之焦。

士庶服飾

論説

清・朱銘盤《南朝宋會要・輿服》 車服禁制。孝武即位，中軍參軍周朗上書：凡厥庶民，制度日侈，商販之室，飾等王侯，傭賣之身，製均妃后。凡一袖之大，足斷爲兩，一裙之長，可分爲二。見車馬不辨貴賤，視冠服不知尊卑。尚方今造一物，小民明已睥睨。宮中朝制一衣，庶家晚已裁學。侈麗之原，實先宮閫。又妃主所賜，不限高卑，自今以去，宜爲節目。金魄翠玉，錦繡縠羅，奇色異章，小民既不得服，在上亦不得賜。若工人復造奇伎淫器，則皆焚之，而重其罪。《本傳》。

雜録

《魏書》卷二一上《獻文六王列傳》 靈太后感忠保護之勛，不問其罪。增雍封一千户，除侍中、太師，又加使持節，以本官領司州牧。雍表請：王公以下賤妾，悉不聽用織成錦繡、金玉珠璣，違者以違旨論；奴婢悉不得衣綾綺纈，止于縵繒而已；奴則布服，並不得以金銀爲釵帶，犯者鞭一百。太后從之，而不能久行也。詔雍乘步挽出入掖門。又以本官録尚書事。雍頻表辭遜，優答不許，詔侍中敦諭。詔雍朝夕侍講。

清・汪兆鏞《稿本晉會要》卷一四《禮十二・士庶冠服》《晉令》：第三品已下，得服雜杯之綺。第六品已下，得服七綵綺。《御覽》八百一十六。

士人宴居，皆著帢。以下《輿服志》。

巾以葛爲之，尊卑共服也。

帽，自來與宴居，下至庶人、無爵者，皆服之。

《晉令》：綾，第六品已下不得服。《令》：縝綾錦有私織者，録付尚方。《藝文類聚・布帛部》。《御覽》八百十六。《晉令》：第六品已下不得服羅綃。

《晉令》：山鹿、白狗游毛狐、白貂領、黄貂、斑白鼲子、渠搜裘，皆禁物。《初學記・服飾部》。

《晉令》：士庶百工履色無過緑、青、白。奴婢履色無過純青。《初學記・服飾部》。《御覽》引作紅青，紅當是純之誤。

《晉令》：儈賣者，皆當著巾，白帖額，題所儈賣者及姓名，一足著黑履，一足著白履。《御覽》八百二十八。

咸甯四年，太醫令司馬程據獻雉頭裘，帝以奇技異服，典禮所禁，焚之於殿前，敕内外敢有犯者罪之。《武紀》。

太康中，王宏爲司隸校尉，於是檢察士庶，使車服異制，庶人不得衣紫絳及綺緑錦織。帝嘗遣左右微行，觀察風俗，宏緣此復遣吏科檢婦人袙服，至褰發道路，論者以爲暮年謬妄，坐免官。《良吏傳》。

泰始初，衣服上儉下豐，著衣者皆厭褄，此君衰弱，臣放縱，下掩上之象也。至元康末，婦人出兩襠，加乎交領之上，此内出外也。爲車乘者苟貴輕細，又數變易其形，皆以白篾爲純蓋，蓋古喪車之遺象也。夫乘者，君子之器。蓋君子立心無恒，事不崇實也。干寶以爲晉之禍徵也。及惠帝踐阼，權制在於寵臣，下掩上之象也。永嘉末，六宮才人流没戎狄，内出外之應也。及天下撓亂，軍輔方伯多負其任，又數改易，不崇實之應也。以下《五行志》。

初作屐者，婦人頭圓，男子頭方。圓者順之義，所以别男女也。至太康初，婦人屐乃頭方，與男無别。此賈后專妬之徵也。

惠帝元康初，婦人之飾有五兵佩，又以金、銀、瑇瑁之屬爲斧、鉞、戈、戟以當笄。干寶以爲男女之别，國之大節，故服物異等，贄幣不同。今婦人而以兵器爲飾，此婦人妖之甚者，於是遂有賈后之事，終亡天下。是時婦人結髮者，既成，以繒急束，其環名曰擷子紒，始自中宫，天下化之。其後賈后廢害太子之應也。

初魏造白祫，横縫其前以别後，名之曰顔祫，傳行之。至永嘉之間，稍去其縫，名無顔祫。而婦人束髮，其緩彌甚，紒之堅不能自立，髮被於額，目出而已。無顔者，愧之言也。覆額者，慚之貌也。其緩彌甚者，言天下亡禮與義，及其終極，至於大恥也。永嘉之後，二帝不反，天下愧焉。

懷帝永嘉中，士大夫競服生篓單衣。識者指之曰：此古者繐衰，諸侯所以服天子也。今無故服之，殆有應乎。其後遂有胡賊之亂，帝遇害焉。

孝武太元中，人不復著帩頭。天戒若曰，頭者元首，帩者助元首爲儀飾者也。今忽廢之，若人君獨立無輔佐，以至危亡也。至安帝而桓元篡位焉。太元中公主婦女必緩鬢傾髻以爲盛飾，用髲既多，不可恒戴，乃先於木及籠上裝之，名曰假髻，或名假頭，至於貧家，不能自辦，自號無頭，就人借頭。遂布天下，亦服妖也。無幾時，孝武晏駕而天下騷動，刑戮無數，多喪其元。至於大殮，皆刻木及蠟或縛菰草爲頭，是假頭之應云。

舊爲屐者，齒皆達楄上，名曰露卯。太元中忽不徹，名曰陰卯。識者以爲卯，謀也，必有陰謀之事。至烈宗末，袁悦之始攬構内外，隆安中遂謀詐相傾，以致大亂。

桓玄篡立，殿上施絳帳，鏤黄金爲顔，四角金龍銜五色羽葆流蘇，羣下相謂曰：頗類轜車。尋而玄敗，此服妖也。

晉末皆冠小而衣裳博大，風流相放，輿臺成俗。識者曰：上小而下大，此禪代之象也。尋而宋受終焉。

清・朱銘盤《南朝宋會要・輿服》 黄羅襬，乳母服也。《南史・褚彦回傳》。

服制服色

論說

《南齊書》卷一七《輿服志》　史臣曰：黼黻之設，經緯爲用，故五色六章十二衣還相爲質也。歷代龍衮，織以成文，今體不勝衣，變易舊法，豈致美黻冕之謂乎。

平冕黑介幘，今謂平天冠。皁表朱緣裏，廣七尺，長尺二寸，垂珠十二旒，以朱組爲纓，如其綬色。衣皁上絳下，裳前三幅，後四幅。衣畫而裳繡，爲日、月、星辰、山、龍、華蟲、藻、火、粉米、黼、黻十二章。素帶廣四寸，朱裏，以朱緑裨飾其側，要中以朱，垂以緑，垂三尺。中衣，以絳緣其領袖，赤皮韍，絳袴襪，赤舄，郊廟臨朝所服也。漢世冕用白玉珠爲旒。魏明帝好婦人飾，改以珊瑚珠。晉初仍舊，後乃改。江左以美玉難得，遂用蚌珠，世謂之白旋珠。

衮衣，漢世出陳留襄邑所織。宋末用繡及織成，建武中，明帝以織成重，乃采畫爲之，加飾金銀薄，世亦謂爲天衣。

通天冠，黑介幘，金博山顔，絳紗袍，皁緣中衣，乘輿常朝所服。舊用駁犀簪導，東昏改用玉。其朝服，臣下皆同。

黑介幘，單衣，無定色，乘輿拜陵所服。其白帢單衣，謂之素服，以舉哀臨喪。

遠游冠，太子諸王所冠。太子朱纓，翠羽緌珠節。諸王玄纓，公侯皆同。

平冕，各以組爲纓，王公八旒，衣山、龍九章，卿七旒，衣華蟲七章，竝助祭所服。皆畫皁絳繒爲之。

進賢冠，諸開國公、侯，鄉、亭侯，卿，大夫，尚書，關内侯，二千石，博士，中書郎，丞、郎，秘書監、丞、郎，太子中舍人、洗馬、舍人，諸府長史，卿，尹、丞，下至六百石令長小吏，以三梁、二梁、一梁爲差，事見《晉令》。

武冠，侍臣加貂蟬，餘軍校武職，黄門，散騎，太子中庶子、二率、朝散、都尉，皆冠之。唯武騎虎賁服文衣，插雉尾於武冠上。

史臣曰：應劭《漢官》釋附蟬，及司馬彪志竝不見侍中與常侍有異，唯言左右珥貂而已。案項氏説，云漢侍中蟬，刻爲蟬像，常侍但爲璫而不蟬，未詳何代所改也。

法冠，廷尉等諸執法者冠之。

高山冠，謁者冠之。

樊噲冠，殿門衛士冠之。

黑介幘冠，文冠，平幘冠，武冠。尚書令、僕射、尚書納言幘，後飾爲異。

童子空頂幘，施假髻，貴賤同服。

救日蝕，文武官皆免冠，著赤介幘對朝服。赤幘，示威武也。

袴褶，車駕親戎、中外纂嚴所服。黑冠，帽綴紫褾，以絡帶代鞶帶。中官紫褾，外官絳褾。其纂嚴戎服不綴褾，行留悉同。校獵巡幸，從官戎服革帶鞶帶，文官不纓，武官脱冠。

袿襹大衣，謂之褘衣，皇后謁廟所服。公主會見大首髻，其燕服則施嚴雜寶爲佩瑞。袿襹用繡爲衣，裳加五色，鏁金銀校飾。

又　三臺五省二品文官，皆簪白筆。王公五等及武官不簪，加内侍乃簪。

又　百官執手板，尚書令、僕、尚書，手板頭復有白筆，以紫皮裹之，名曰笏。漢末仲長統謂百司皆宜執之。其肩上紫袷囊，名曰契囊，世呼爲紫荷。

又　佩玉，自乘輿以下，與晉、宋制同。建元四年，制王公侯卿尹珠水精，其餘用牙蚌。太官宰人服離支衣，後定。

綜述

《宋書》卷一八《禮志五》　進賢冠，前高七寸，後高三寸，長八寸，梁數隨貴賤，古之緇布冠也。文儒者之所服。上公、卿助祭於郊廟，皆平冕，王公八旒，卿七旒，以組爲纓，色如其綬。王公衣山龍以下，九章也，卿衣華蟲以下，七章也。行鄉射禮，則公卿委貌冠，以皁絹爲之，形如覆杯，與皮弁同制。長七寸，高四寸。衣黑而裳素。其中衣以皁緣領袖。其執事之人皮弁，以鹿皮爲之。

武冠，昔惠文冠，本趙服也，一名大冠。凡侍臣則加貂蟬。應劭《漢官》曰：説者以金取堅剛，百煉不耗；蟬居高食潔，口在腋下；貂内勁悍而外温潤。此因物生義，非其實也。其實趙武靈王變胡，而秦滅趙，以其君冠賜侍臣，故秦、漢以來，侍臣有貂蟬也。徐廣《車服注》稱其意曰：北土寒凉，本以貂皮煗額，附施於冠，因遂變成首飾乎。侍中左貂，常侍右貂。

法冠，本楚服也。一名柱後，一名獬豸。説者云：獬豸獸知曲直，以角觸不正者也。秦滅楚，以其君冠賜法官。

謁者高山冠，本齊服也。一名側注冠。秦滅齊，以其君冠賜謁者。魏明帝以其形似通天、遠游，乃毁變之。

樊噲冠，廣九寸，制似平冕，殿門衛士服之。漢將樊噲常持鐵盾。鴻門之會，項羽欲害漢王，乃裂裳以苞盾，戴入見羽。漢承秦制，冠有十三種，魏、晉以來，不盡施用。今志其施用者也。

幘者，古賤人不冠者之服也。漢元帝額有壯髮，始引幘服之。王莽頂秃，又加其屋也。《漢注》曰：冠進賢者宜長耳，今介幘也。冠惠文者宜短耳，今平上幘也。知時各隨所宜，後遂因冠爲别。介幘服文吏，平上服武官也。童子幘無屋者，示未成人也。又有納言幘，後收，又一重，方三寸。又有赤幘，騎吏、武吏、乘輿鼓吹所服。救日蝕，文武官皆免冠，著赤幘，對朝服，示威武也。宋乘輿鼓吹，黑幘武冠。

漢制，祀事五郊，天子與執事所服各如方色；百官不執事者，自服常服以從。常服，絳衣也。

魏秘書監秦静曰：漢氏承秦，改六冕之制，俱玄冠絳衣而已。晉名曰五時朝服；有四時朝服，又有朝服。

又 朝服一具，冠幘各一，絳緋袍、皁緣中單衣領袖各一領，革帶袷袴各一，舃、袜各一量，簪導餉自副。四時朝服者，加絳絹、黄緋、青緋、皁緋袍單衣各一領；五時朝服者，加給白絹袍單衣一領。

諸受朝服，單衣七丈二尺，科單衣及褠五丈二尺，中衣絹五丈，緣皁一丈八尺，領袖練一匹一尺，絹七尺五寸。給袴練一丈四尺，縑二丈。袜布三尺。單衣及褠袷帶，縑各一段，長七尺。江左止給絹各有差。宋元嘉末，斷不復給，至今。山鹿、豽、柱豽、白豽、施毛狐白領、黄豹、斑白鼲子、渠搜裘、步摇、八鑷、蔽結、多服蟬、明中、櫂白，又諸織成衣帽、錦帳、純金銀器、雲母從廣一寸以上物者，皆爲禁物。

諸在官品令第二品以上，其非禁物，皆得服之。第三品以下，加不得服三鑷以上、蔽結、爵叉、假真珠翡翠校飾纓佩、雜采衣、杯文綺、齊繡黼、鏑離、袿袍。第六品以下，加不得服金鐶、綾、錦、錦繡、七緣綺、貂豽裘、金叉鐶鉺及以金校飾器物、張絳帳。第八品以下，加不得服羅、紈、綺、縠，雜色真文。騎士卒百工人，加不得服大絳紫襈、假結、真珠璫珥、犀、瑇瑁、越疊、以銀飾器物、張帳、乘犢車，履色無過緑、青、白。奴婢衣食客，加不得服白幘、蒨、絳、金黄銀叉、鐶、鈴、鏑、鉺，履色無過純青。諸去官及罷卒不禄物故，家人所服，皆得從故官之例。諸王皆不得私作禁物，及罽碧校鞍，珠玉金銀錯刻鏤彫飾無用之物。

又 魏武以天下凶荒，資財乏匱，擬古皮弁，裁縑帛以爲帢，合乎簡易隨時之義，以色别其貴賤。本施軍飾，非爲國容也。徐爰曰：俗説帢本未有歧，荀文若巾之，行觸樹枝成歧，謂之爲善，因而弗改。通以爲慶吊服。巾以葛爲之，形如帢，而横著之，古尊卑共服也。故漢末妖賊以黄爲巾，時謂之黄巾賊。今國子太學生冠之，服單衣以爲朝服，執一卷經以代手板。居士野人，皆服巾焉。

徐爰曰：帽名猶冠也。義取於蒙覆其首。其本纚也。古者有冠無幘，冠下有纚，以繒爲之。後世施幘於冠，因裁纚爲帽。自乘輿宴居，下至庶人無爵者，皆服之。史臣案晉成帝咸和九年制，聽尚書八座丞郎、門下三省侍郎乘車白帢低幘出入掖門。又二宫直官著烏紗帢。然則士人宴居，皆著帢矣。而江左時野人已著帽，士人亦往往而然，但其頂圓耳。後乃高其屋云。

古者人君有朝服，有祭服，有宴服，有弔服。弔服皮弁疑衰，今以單衣黑幘爲宴會服，拜陵亦如之。以單衣白帢爲弔服，修敬尊秩亦服之也。單衣，古之深衣也。今單衣裁製與深衣同，唯絹帶爲異。深衣絹帽以居喪。單衣素帢以施吉。

又 宋孝武孝建元年，丞相南郡王義宣，二年，雍州刺史武昌王渾，又有異圖。世祖嫌侯王强盛，欲加減削。其年十月己未，大司馬江夏王義恭、驃騎大將軍竟陵王誕表改革諸王車服制度，凡九條，表在《義恭傳》。上因諷有司更增廣條目。奏曰：車服以庸，《虞書》茂典；名器慎假，《春秋》明誡。是以尚方所制，禁嚴漢律，諸侯竊服，雖親必罪。自頃以來，下僭彌盛。器服裝飾，樂舞音容，通於王公，達於衆庶。上下無辨，民志靡一。今表之所陳，實允禮度。九條之格，猶有未盡，謹共附益，凡二十四條。聽事不得南向坐，施帳并蜡。蕃國官正冬不得跣登國殿，及夾侍國師傳令及油戟。公主王妃傳令，不得朱服。輿不得重杠。鄣扇不得雉尾。劍不得鹿盧形。槊毦不得孔雀白鷺。夾轂隊不得絳襖。平乘誕馬不得過二匹。胡伎不得彩衣。舞伎正冬著袿衣，不得莊面蔽花。正冬會不得鐸舞、杯柈舞。長蹻伎、透舒、丸劍、博山伎、緣大橦伎、升五案伎，自非正冬會奏舞曲，不得舞。諸妃主不得著衮帶。信幡，非臺省官悉用絳。郡縣内史相及封内官長，於其封君，既非在三，罷官則不復追敬，不合稱臣，正宜上下官敬而已。諸鎮常行，車前後不得過六隊，白直夾轂，不在其限。刀不得過銀銅爲裝。諸王女封縣主、諸王子孫襲封王、王之妃及封侯者夫人行，並不得鹵簿。諸王子繼體爲王者，婚葬吉凶，悉依諸國公侯之禮，不得同皇弟皇子。車輿不得油幢，軺車不在其限。平乘舫皆平兩頭作露平形，不得擬像龍舟，悉不得朱油。帳鏽不得作五花及竪笱形。若先有器物者，悉輸送臺臧。書到後二十日期，若有竊玩犯禁者，及統司無舉糾，並臨時議罪。詔可。

車前五百者，卿行旅從，五百人爲一旅。漢氏一統，故去其人，留其名也。

宋孝武孝建二年十一月乙巳，有司奏，侍中祭酒何偃議：自今臨軒，乘輿法服，羃華蓋，登殿宜依廟齋以夾御，侍中、常侍夾扶上殿，及應爲王公興，又夾扶，畢，還本位。求詳議。曹郎中徐爰參議：宜如省所稱，以爲永准。詔可。

孝建三年五月壬戌，有司奏：案漢胡廣、蔡邕並云古者諸侯貳車九乘，秦滅六國，兼其車服，故王者大駕屬車八十一乘。尚書、御史乘之。最後一車，懸豹尾。法駕則三十六乘。檢晉江左逮至于今，乘輿出行，副車相承五乘。尚書令建平王宏參議：八十一乘，義兼九國，三十六乘無所准，並不出經典。自邕、廣傳説，又是從官所乘，非帝者副車正數。江左五乘，儉不中禮。案《周官》云：上公九命，貳車九乘。侯伯七命，車七乘。子男五命，車五乘。然則帝王十二乘。詔可。

大明元年九月丁未朔，有司奏：未有皇太后出行副車定數，下禮官議正。博士王燮之議：《周禮》，后六服五路之數，悉與王同，則副車之制，不應獨異。又《記》云：古者后立六宮、三夫人、九嬪、二十七世婦、八十一御妻，以聽天下之内治。天子立六官、三公、九卿、二十七大夫、八十一元士，以聽天下之外治。鄭注云：后象王立六宮而居之，亦正寢一，燕寢五。推所立每與王同，禮無降亦明矣。皇太后既禮均至極，彌不應殊。謂並應同十二乘。通關爲允。詔可。

又 **《南齊書》卷一七《輿服志》** 《虞書》曰：予欲觀古人之象，日、月、星辰、山、龍、華蟲作繢，宗彝、藻、火、粉米、黼、黻絺繡，以五采章施于五色。天子服備日、月以下，公山、龍以下，侯伯華蟲以下，子男藻、火以下，卿大夫粉米以下。天子六冕，王后六服，著在《周官》。公侯以下，咸有名則，佩玉組綬，竝具禮文，後代沿革，見《漢志》、《晉服制令》，其冠十三品，見蔡邕《獨斷》，竝不復具詳。宋明帝泰始四年，更制五輅，議修五冕，朝會饗獵，各有所服，事見《宋注》。舊相承三公以下冕七旒，青玉珠，卿大夫以下五旒，黑玉珠。永明六年，太常丞何諲之議，案《周禮》命數，改三公八旒，卿六旒。尚書令王儉議，依漢三公服，山、龍九章，卿華蟲七章。從之。

平冕黑介幘，今謂平天冠。皁表朱緣裏，廣七尺，長尺二寸，垂珠十二旒，以朱組爲纓，如其綬色。衣皁上絳下，裳前三幅，後四幅。衣畫而裳繡，爲日、月、星辰、山、龍、華蟲、藻、火、粉米、黼、黻十二章。素帶廣四寸，朱裏，以朱緑裨飾其側，要中以朱，垂以緑，垂三尺。中衣，以絳緣其領袖，赤皮韍，絳袴襪，赤舄，郊廟臨朝所服也。漢世冕用白玉珠爲旒。魏明帝好婦人飾，改以珊瑚珠。晉初仍舊，後乃改。江左以美玉難得，遂用蚌珠，世謂之白琁珠。

衮衣，漢世出陳留襄邑所織。宋末用繡及織成，建武中，明帝以織成重，乃采畫爲之，加飾金銀薄，世亦謂爲天衣。

又 通天冠，黑介幘，金博山顔，絳紗袍，皁緣中衣，乘輿常朝所服。舊用駮犀簪導，東昏改用玉。其朝服，臣下皆同。

又 黑介幘，單衣，無定色，乘輿拜陵所服。其白帢單衣，謂之素服，以舉哀臨喪。

又　遠游冠，太子諸王所冠。太子朱纓，翠羽緌珠節。諸王玄纓，公侯皆同。

平冕，各以組爲纓，王公八旒，衣山、龍九章，卿七旒，衣華蟲七章，竝助祭所服。皆畫皂絳繒爲之。

進賢冠，諸開國公、侯，鄉、亭侯，卿，大夫，尚書，關内侯，二千石，博士，中書郎，丞、郎，秘書監，丞、郎，太子中舍人、洗馬、舍人，諸府長史，卿，尹、丞，下至六百石令長小吏，以三梁、二梁、一梁爲差，事見《晉令》。

武冠，侍臣加貂蟬，餘軍校武職、黄門、散騎、太子中庶子、二率，朝散、都尉，皆冠之。唯武騎虎賁服文衣，插雉尾於武冠上。

史臣曰：應劭《漢官》釋附蟬，及司馬彪志竝不見侍中與常侍有異，唯言左右珥貂而已。案項氏説云，漢侍中蟬，刻爲蟬像，常侍但爲璫而不蟬，未詳何代所改也。

法冠，廷尉等諸執法者冠之。

高山冠，謁者冠之。

樊噲冠，殿門衛士冠之。

黑介幘冠，文冠；平幘冠，武冠。尚書令、僕射、尚書納言幘，後飾爲異。

童子空頂幘，施假髻，貴賤同服。

救日蝕，文武官皆免冠，著赤介幘對朝服。赤幘，示威武也。

袴褶，車駕親戎、中外纂嚴所服。黑冠，帽綴紫摽，以絡帶代鞶帶。中官紫摽，外官絳摽。其纂嚴戎服不綴摽，行留悉同。校獵巡幸，從官戎服革帶鞶帶，文官不纓，武官脱冠。

袿襡大衣，謂之褘衣，皇后謁廟所服。公主會見大首髻，其燕服則施嚴雜寶爲佩瑞。袿襡用繡爲衣，裳加五色，鏁金銀校飾。

又　三臺五省二品文官，皆簪白筆。王公五等及武官不簪，加内侍乃簪。

百官執手板，尚書令、僕、尚書，手板頭復有白筆，以紫皮裹之，名曰笏。漢末仲長統謂百司皆宜執之。其肩上紫袷囊，名曰契囊，世呼爲紫荷。

佩玉，自乘輿以下，與晉、宋制同。建元四年，制王公侯卿尹珠水精，其餘用牙蜯。太官宰人服離支衣，後定。

贊曰：文物煌煌，儀品穆穆。分別禮數，莫過輿服。

《魏書》卷一〇八之四《禮志四》　肅宗熙平元年六年，**【略】**太常卿穆紹，少卿元瑞，博士鄭六、劉臺龍等議：**【略】**孔子云：其或繼周者，雖百世可知也。以其法不可踰。以此言之，後王興服典章，多倣周式。雖文質時變，略名宜存，彫飾雖異，理無全捨。當今聖后臨朝，親覽庶政，輿駕之式，宜備典禮。

又　太祖天興元年冬，詔儀曹郎董謐撰朝覲、饗宴、郊廟、社稷之儀。六年，又詔有司制冠服，隨品秩各有差，時事未暇，多失古禮。世祖經營四方，未能留意，仍世以武力爲事，取於便習而已。至高祖太和中，始考舊典，以制冠服，百僚六宮，各有差次。早世升遐，猶未周洽。肅宗時，又詔侍中崔光、安豐王延明及在朝名學更議之，條章粗備焉。

熙平元年九月，侍中儀同三司崔光表：奉詔定五時朝服，案北京及遷都以來，未有斯制，輒勒禮官詳據。太學博士崔瓚議云：《周禮》及《禮記》，三冠六冕，承用區分，璪玉五彩，配飾亦別，都無隨氣春夏之異。唯《月令》有青旂、赤玉、黑衣、白輅，隨四時而變，復不列弁冕改用之玄黄。以此而推，五時之冠，《禮》既無文，若求諸正典，難以經證。案司馬彪《續漢書・輿服》及《祭祀志》云：迎氣五郊，自永平中以《禮讖》并《月令》迎氣服色，因采元始故事，兆五郊于洛陽。又云五郊衣幘，各如方色。又《續漢・禮儀志》：立春，京都百官，皆著青衣，闕服青幘。秋夏悉如其色。自漢逮于魏晉，迎氣五郊，用幘從服，改色隨氣。斯制因循，相承不革，冠冕仍舊，未聞有變。今皇魏憲章前代，損益從宜。五時之冠，愚謂如漢晉用幘爲允。靈太后令曰：太傅博學洽通，多識前載，既綜朝儀，彌悉其事，便可咨訪，以決所疑。二年九月，太傅、清河王懌，給事黄門侍郎韋延祥奏：謹案前敕，制五時朝服，嘗訪國子議其舊式。太學博士崔瓚等議：自漢逮于魏晉，迎氣五郊，用幘從服，改色隨氣。斯制因循，相承不革，冠冕仍舊，未聞有變。今皇魏憲章前代，損益從宜。五時之冠，謂如漢晉用幘爲允。尚書以禮式不經，請訪議事，奉敕付臣，令加考決。臣以爲帝王服章，方爲萬世則，不可輕裁。請更集禮官下省定議，蒙敕聽許。謹集門下及學官以上四十三人，尋考史傳，量古校今，一同國子前議。幘隨服變，冠冕弗改。又四門博士臣王僧奇、蔣雅哲二人，以爲五時冠冕，宜從衣變。臣等謂從國子前議爲允。靈太后令曰：依議。

《周書》卷七《宣帝紀》 既自比上帝，不欲令人同己。嘗自帶綬及冠通天冠，加金附蟬，顧見侍臣武弁上有金蟬，及王公有綬者，竝令去之。

《隋書》卷一一《禮儀志六》 天監三年，何佟之議：公卿以下祭服，裹有中衣，即今之中單也。案後漢《輿服志》明帝永平二年，初詔有司采《周官》、《禮記》、《尚書》，乘輿服，從歐陽説；公卿以下服，從大、小夏侯説。祭服，絳緣領袖爲中衣，絳袴袜，示其赤心奉神。今中衣絳緣，足有所明，無俟於袴。既非聖法，謂不可施。遂依議除之。

四年，有司言：平天冠等一百五條，自齊以來，隨故而毀，未詳所送。何佟之議：《禮》祭服敝則焚之。於是並燒除之，其珠玉以付中署。

七年，周捨議：詔旨以王者袞服，宜畫鳳皇，以示差降。按《禮》：有虞氏皇而祭，深衣而養老。鄭玄所言，皇則是畫鳳皇羽也。又按《禮》所稱雜服，皆以衣定名，猶如袞冕，則是袞衣而冕。明有虞言皇者，是衣名，非冕，明矣。畫鳳之旨，事實灼然。制：可。又王僧崇云：今祭服，三公衣身畫獸，其腰及袖，又有青獸，形與獸同，義應是蜼，即宗彝也。兩袖各有禽鳥，形類鸞鳳，似是華蟲。今畫宗彝，即是周禮。但鄭玄云：蜼，蝺屬，昂鼻長尾。是獸之輕小者。謂宜不得同獸。尋冕服無鳳，應改爲雉。又裳有圓花，於禮無礙，疑是畫師加葩蘤耳。藻米黼黻，並乖古制，今請改正，并去圓花。帝曰：古文日月星辰，此以一辰攝三物也。山龍華蟲，又以一山攝三物也。藻火粉米，又以一藻攝三物也。是爲九章。今袞服畫龍，則宜應畫鳳，明矣。孔安國云：華者，花也。則爲花非疑。若一向畫雉，差降之文，復將安寄。鄭義是所未允。又帝曰：《禮》：王者祀昊天上帝，則大裘而冕，祀五帝亦如之。又云：莞席之安，而蒲越稿秸之用。斯皆至敬無文，貴誠重質。今郊用陶匏，與古不異，而大裘蒲秸，獨不復存，其於質敬，恐有未盡。且一獻爲質，其劍佩之飾及公卿所著冕服，可共詳定。五經博士陸瑋等並云：祭天猶存掃地之質，而服章獨取黼黻爲文，於義不可。今南郊神座，皆用茵席，此獨莞類，未盡質素之理。宜以稿秸爲下藉，蒲越爲上席。又《司服》云王祀昊天，服大裘，明諸臣禮不得同。自魏以來，皆用袞服，今請依古，更制大裘。制：可。瑋等又尋大裘之制，唯鄭玄注《司服》云大裘，羔裘也，既無所出，未可爲據。案六冕之服，皆玄上纁下。今宜以玄繒爲之。其制式如裘，其裳以纁，皆無文繡。冕則無旒。詔：可。

又乘輿宴會，服單衣，黑介幘。舊三日九日小會，初出乘金輅服之。八年，帝改去還皆乘輦，服白紗帽。

九年，司馬筠等參議：《禮記·玉藻》云：諸侯玄冕以祭，裨冕以朝。《雜記》又云：大夫冕而祭於公，弁而祭於己。今之尚書，上異公侯，下非卿士，止有朝衣，本無冕服。但既預齋祭，不容同在於朝，宜依太常及博士諸齋官例，著皁衣，絳襈，中單，竹葉冠。若不親奉，則不須入廟。帝從之。

十一年，尚書參議：按《禮》，跣韤，事由燕坐，屨不宜陳尊者之側。今則極敬之所，莫不皆跣。清廟崇嚴，既絶恒禮，凡有履行者，應皆跣韤。詔：可。

通天冠。高九寸，正竪頂，少斜却，乃直下，鐵爲卷梁，前有展筩，冠前加金博山、述。乘輿所常服。

遠游冠。制似通天，而前無山、述，有展筩，横于冠前。皇太子及王者後、諸王服之。諸王加官者，自服其官之冠服，唯太子及王者後常冠焉。太子則以翠羽爲緌，綴以白珠。其餘但青絲而已。

進賢冠。古緇布冠遺象也，斯蓋文儒者之服。前高七寸，後高三寸，長八寸。有五梁、三梁、二梁、一梁之別。五梁唯天子所服，其三梁已下，爲臣高卑之別云。

武冠。一名武弁，一名大冠，一名繁冠，一名建冠，今人名曰籠冠，即古惠文冠也。天子元服，亦先加大冠。今左右侍臣及諸將軍武官通服之。侍中常侍，則加金璫附蟬焉，插以貂尾，黄金爲飾云。

高山冠。一名側注，高九寸，鐵爲卷梁。制似通天，頂直竪，不斜，無山述展筩。高山者，取其矜莊賓遠，中外謁者、僕射服之。

法冠。一名柱後，或謂之獬豸冠，高五寸，以縰爲展筩，鐵爲柱卷，取其不曲撓也。侍御史、廷尉正監平，凡執法官皆服之。

鶡冠。猶大冠也，加雙鶡尾，竪插兩邊，故以名焉。武賁中郎將、羽林監、節騎郎，在陛列及鹵簿者服之。

長冠。一名齋冠，高七寸，廣三寸，漆纚爲之。制如版，以竹爲裏。漢高祖微時，以竹皮爲此冠，所謂劉氏冠。後除竹，用漆纚焉。司馬彪曰：長冠，楚制也。人間或謂之鶡尾冠，非也。後代以爲祭服，尊敬之也。至天監三年，祠部郎沈宏議：案竹葉冠，是高祖爲亭長時所服，安可緜代爲祭服哉。《禮》：士弁祭于公。請令太常丞、博士奉齋之服，宜改用爵弁。明山賓同宏議。司馬褧云：若必遵三王，則懼所改非一。長冠謂宜仍舊。案今之宗丞博士之服，未有可非。帝竟不改。

建華冠。以鐵爲柱卷，貫大銅珠九枚。祀天地、五郊、明堂，舞人服之。

樊噲冠。廣九寸，高七寸，前後出各四寸，制似平冕。凡殿門司馬衛士服之。

却敵冠。高四寸，通長四寸，後高三寸，制似進賢冠。凡宮殿門衛士服之。

却非冠。高五寸，制似長冠。宮殿門吏、僕射冠之。

幘。尊卑貴賤皆服之。文者長耳，謂之介幘；武者短耳，謂之平上幘。各稱其冠而制之。尚書令、僕射、尚書幘，收方三寸，名曰納言。未冠童子幘，無屋，施假髻者，示未成人也。

帢。《傅子》云：先未有歧，荀文若巾觸樹成歧，時人慕之，因而弗改。今通爲慶吊之服。白紗爲之，或單或裌。初婚冠送餞亦服之。

巾。國子生服，白紗爲之。晉太元中，國子生見祭酒博士，單衣，角巾，執經一卷，以代手版。宋末，闕其制。齊立學，太尉王儉更造。今形如之。

帽。自天子下及士人，通冠之。以白紗者，名高頂帽。皇太子在上省則烏紗，在永福省則白紗。又有繒皁雜紗爲之，高屋下裙，蓋無定準。

袴褶。近代服以從戎。今纂嚴，則文武百官咸服之。車駕親戎，則縳袴，不舒散也。中官紫褶，外官絳褶，腰皮帶，以代鞶革。

又 入殿門，有籠冠者著之，有纓則下之。緣厢行，得提衣。省閤內得著履、烏紗帽。入齋閤及橫度殿庭，不得人提衣及捉服飾。入閤則執手板，自摳衣。凡席不得入齋正閤。介幘不得上正殿及東、西堂。儀仗傘扇，有幰牽車，不得入臺門。臺官問訊皇太子，亦皆朱服，著襪；謁諸王，單衣，幘；庶姓，單衣，帢。詣三公，必衣帢。至黃閤，下履，過閤還，著履。

又 乘輿，平冕，黑介幘，垂白珠十二旒，飾以五采玉，以組爲纓，色如其綬，黈纊，玉笄。白玉璽，黃赤綬，五采，黃赤縹綠紺，純黃質，長二丈九尺，五百首，廣一尺二寸。小綬長三尺二寸，與綬同采，而首半之。衮服，皁衣，絳裳，裳前三幅，後四幅，織成爲之，十二章，緣絳中單，織成緄帶，朱紱，佩白玉，帶鹿盧劍，絳袴袜，赤舄。未加元服，則空頂介幘。又有通天金博山冠，則絳紗袍，皁緣中單。其五時服，則五色介幘，進賢五梁冠，五色紗袍。又有遠遊五梁冠，並不通于下。四時祭廟、圓丘、方澤、明堂、五郊、封禪、大雩、出宮行事、正旦受朝及臨軒拜王公，皆服衮冕之服。還宮及齋，則服通天冠。籍田則冠冕，璪十二旒，佩蒼玉，黃綬，青帶，青袜，青舄。拜陵則黑介幘，白紗單衣。釋奠則服通天金博山冠，玄紗袍。春分朝日，則青紗朝服，青舄，秋分夕月，則白紗朝服，緗舄，俱冠五梁進賢冠。合朔，服通天金博山冠，絳紗袍。季秋講武、出征告廟，冠武弁，黃金附蟬，左貂。禡類宜社，武弁，朱衣。纂嚴升殿，服通天金博山冠，絳紗袍。入溫、涼室，冠武弁，右貂附蟬，絳紗服。征還飲至，服通天冠。廟中遣上將，則衮冕，還宮則通天金博山冠。賞祖罰社，則武弁，左貂附蟬。元日、冬至大小會，皆通天金博山冠。四時畋、出宮，服通天冠，並赤舄。明堂則五時俱通天冠，各以其色服。東、西堂舉哀，服白帢。

又 韠，皇帝三章，龍、火、山；諸侯二章，去龍；卿大夫一章，以山。皆織綵以成之。

《晉書》卷二五《輿服志》 漢儀，立秋日獵，服緗幘。及江左，哀帝從博士曹弘之等議，立秋御讀令，改用素白帢。案漢末王公名士多委王服，以幅巾爲雅，是以袁紹、崔鈞之徒，雖爲將帥，皆著縑巾。魏武以天下凶荒，資財乏匱，擬古皮弁，裁縑帛以爲帢，合乎簡易隨時之義，以色別其貴賤，本施軍飾，非爲國容也。徐爰曰：俗説帢本未有岐，荀文若巾之行，觸樹枝成岐，謂之爲善，因而弗改。今通以爲慶弔服。

巾，以葛爲之，形如帢而橫著之，古尊卑共服也。故漢末妖賊以黃爲巾，世謂黃巾賊。

帽名猶冠也，義取于蒙覆其首，其本纚也。古者冠無幘，冠下有纚，以繒爲之。後世施幘於冠，因或裁纚爲帽。自乘輿宴居，下至庶人無爵者皆服之。成帝咸和九年制，聽尚書八座丞郎、門下三省侍官乘車，白帢低幃，出入掖門，又二宮直官著烏紗帢。然則往往士人宴居皆著帢矣。而江左時野人已著帽，人士亦往往而然，但其頂圓耳。後乃高其屋云。

又 袴褶之制，未詳所起，近世凡車駕親戎、中外戒嚴服之。服無定色，冠黑帽，綴紫標，標以繒爲之，長四寸，廣一寸，腰有絡帶以代鞶。中官紫標，外官絳標。又有纂嚴戎服而不綴標，行留文武悉同。其畋獵巡幸，則惟從官戎服帶鞶革，文官不下纓，武官脱冠。

明・楊慎《秇林伐山》卷一四《紫攝》　《梁書・職官志》云：袴褶之制，未詳所起，冠黑帽，綴紫攝，攝以繒爲之，長四寸，廣一寸，腰有絡帶以代鞶，中官紫攝，外官絳攝。

清・朱銘盤《南朝陳會要・輿服》　服物禁制。文帝天嘉元年八月戊子，詔非兵器及國容所須，金銀珠玉，衣服雜玩，悉皆禁斷。《南史》本紀。

後主詔：鏤金銀薄，庶物化生，土木人，彩華之屬，及布帛短狹輕疏者並傷財廢業，尤成蠹患。詳爲條制，並皆禁絶。同上。

清・朱銘盤《南朝齊會要・輿服》　冠服。五冕相承三公以下冕七旒，青玉珠，卿大夫以下五旒，黑玉珠。永明六年，太常丞何諲之議，案《周禮》命數，改三公八旒，卿六旒。尚書令王儉議，依漢三公服，山、龍九章，卿華蟲七章。從之。《輿服志》。

平冕，黑介幘，今謂平天冠。同上。

衮衣，宋末用繡及織成。建武中，明帝以織成重，乃采畫爲之，加飾金銀薄，世亦謂爲天衣。同上。

通天冠，黑介幘，金博山顏，絳紗袍，皂緣中衣，乘輿常朝所服。舊用駮犀簪導。《南史・高紀》：高帝主衣中有玉介導，命打破之。東昏改用玉。其朝服，臣下皆同。同上。

黑介幘，單衣，無定色，乘輿拜陵所服。其白帢單衣，謂之素服，以舉哀臨喪。同上。

黄綸帽。《南史・茹法亮傳》：徐龍駒著黄綸帽，被貂裘，代帝畫敕。

遠游冠，太子諸王所冠。太子朱纓，翠羽緌珠節。諸王玄纓，公侯皆同。《輿服志》。

平冕，各以組爲纓，王公八旒，衣山、龍九章，卿七旒，衣華蟲七章，並助祭所服。皆畫皂絳繒爲之。同上。

進賢冠，諸開國公、侯、卿、亭侯、卿、大夫、尚書、關内侯，二千石，博士，中書郎，丞、郎，秘書監、丞、郎，太子中舍人、洗馬、舍人，諸府長史，卿，尹、丞，下至六百石令長小吏，以三梁、二梁、一梁爲差。同上。

武冠，侍臣加貂蟬，餘軍校武職、黄門、散騎、太子中庶子、二率、朝散、都尉，皆冠之。唯武騎虎賁服文衣，插雉尾於武冠上。同上。

法冠，廷尉等諸執法者冠之。同上。

高山冠，謁者冠之。同上。

樊噲冠，殿門衛士冠之。同上。

黑介幘冠，文冠；平幘冠，武冠。尚書令、僕射、尚書納言幘，後飾爲異。同上。

童子空頂幘，施假髻，貴賤同服。同上。

救日蝕，文武官皆免冠，著赤介幘對朝服。赤幘，示威武也。同上。

袴褶，車駕親戎、中外纂嚴所服。黑冠，帽綴紫標，以絡帶代鞶帶。中官紫標，外官絳標。其纂嚴戎服不綴標，行留悉同。校獵巡幸，從官戎服革帶鞶帶，文官不纓，武官脱冠。同上。

永明四年，平北將軍、兗州刺史，吕安國徵爲光禄大夫，加散騎常侍。安國欣有文授，謂其子曰：汝後勿作袴褶驅使，單衣猶恨不稱，當爲朱衣官也。本傳。

八年，何胤單作祭酒，疑所服，陸澄博古多該，亦不能據，遂以玄服臨試，爾後詳議，乃用朱服，祭酒朱服，自此始也。《南史・胤傳》。

垣崇祖，著白紗帽，上城。本傳。

袿襹大衣，謂之褘衣，皇后謁廟所服。公主會見大首髻，其燕服則施嚴雜寶爲佩瑞。袿襹用繡爲衣，裳加五色，鏁金銀校飾。《輿服志》。

高帝宫人，著紫皮履。本紀。

進賢冠，古緇布遺象也，蓋文儒之服。前高七寸，後高三寸，長八寸，有五梁，三梁，二梁，一梁。入主元服，始加則冠五梁，三公及封郡公、縣公、郡侯、縣侯、鄉亭侯，則冠三梁。卿大夫、八座、尚書、關中、内侯、二千石及千石以上，則冠兩梁。中書郎、秘書丞郎、著作郎、尚書郎、太子洗馬、舍人六百石以下至于令史、門郎、小吏，並冠一梁。以下《輿服志》。

行鄉飲禮，則公卿委貌冠，以皂絹爲之，形如覆杯，與皮弁同制，長七寸，高四寸。衣黑而裳素，其中衣以皂緣領袖。其執事之人皮弁，以鹿皮爲之。

緇布冠。蔡邕云即委貌冠也。太古冠布，齊則緇之。緇布冠，始冠之冠也。其制有四形：一似武冠。又一似進賢。其一上方，其下如幘顔。其一剌上而方下。

武冠。一名武弁，一名大冠，一名繁冠，一名建冠，一名籠冠，即古之惠文冠。或曰趙惠文王所造，因以爲名。亦云，惠者蟪也，其冠文輕細如蟬翼，故名。左右侍臣及諸將軍、武官通服之。侍中、常侍則加金璫，附蟬爲飾，插以貂毛，黄金爲竿，侍中插左，常侍插右。

法冠。一名柱後，或謂獬豸冠。高五寸，以縰爲展筩，鐵爲柱卷，取其不曲撓也。侍御史、廷尉正監平，凡執法官皆服之。獬豸，一角，性别曲直。見人鬥，觸不直者，聞人争，咋不正者。

長冠。一名齊冠，高七寸，廣三寸，漆纚爲之，制如版，以竹爲裏。漢高祖微時，以竹皮爲此冠，世因謂之劉氏冠。後除竹用漆纚，救日蝕則冠之。

高山冠。一名側注，高七寸，鐵爲卷梁，制如通天。頂直竪，不斜卻，無山述展筩。中外官、謁者、謁者僕射所服。傅子曰：魏明帝以其制似通天、遠游，故改令卑下。

韋弁。制如皮弁，頂上尖，韎草染之色如淺絳。

建華冠。以鐵爲柱卷，貫大銅珠九枚，古用雜木珠。祀天地、五郊、明堂，樂人服之。

方山冠。制似進賢，鄧展曰：以五采縠爲之。天子八佾，樂人所服，冠衣各如其行方之色而舞焉。

巧士服。前高七寸，要後相通，直竪。此冠不常用，漢氏惟郊天黄門從官四人冠之。在鹵簿中，夾乘輿，以備宦者四星。

卻非冠。高五寸，制似長冠，宫殿門吏僕射冠之。負赤幡，青翅燕尾，諸僕射幡亦如之。

卻敵冠。前高四寸，通長四寸，後高三寸，制如進賢。凡當殿門衛士服之。

樊噲冠。廣九寸，高七寸，前後出各四寸，制如平冕。項籍圖危高祖，樊噲嘗持鐵楯，聞急，乃裂裳包楯，戴以爲冠排入，高祖乘間得脱，後人壯其意，乃制冠象焉。凡殿門司馬衛士服之。

鶡冠。加雙鶡尾，竪插兩邊。鶡鳥性果勇，其鬥到死不止。上黨貢之，趙武靈王以表顯壯士。漢以來施之武人。

爵弁。一名廣冕，高八寸，長二寸，如爵形，前小後大，增其上似爵頭色。祀天地、五郊、明堂，翿舞樂人服之。

幘者，古賤人不冠者之服也。漢元帝額有壯髮，始引幘服之。王莽頂秃，又加其屋。《漢》注曰，冠進賢者宜長耳，今介幘也。冠惠文者宜短耳，今平上幘也。始時各隨所宜，遂因冠爲别。介幘服文吏，平上幘服武官也。童子幘無屋者，示不成人也。又有納言幘，幘後收又一重，方三寸，又有赤幘，騎吏、武吏、乘輿鼓吹所服。救日蝕，文武官皆免冠著幘，對朝服，示武威也。

帢。漢末王公名士多委王服，以幅巾爲雅，魏武擬古皮弁，裁縑帛以爲帢，合乎簡易隨時之義，漢民立秋服緗幘，哀帝立秋讀令，改用素白帢，今通以爲慶吊之服。成帝咸和九年，制，聽尚書八座丞郎、門下三省侍官，乘車白帢低幃出入掖門，又二宫直官著烏紗帢，然則往往士人宴居皆著帢矣。

巾以葛爲之，形如帢，而横著之，尊卑共服也。

帽，猶冠也，義取于蒙覆其首，其本纚也。古者冠無幘，冠下有纚，以繒爲之。後世施幘於冠，因或裁纚爲帽。自乘輿宴居，下至庶人無爵者皆服之。

袴褶之制，未詳所起。近世凡車駕親戎、中外戒嚴服之。服無定色，冠黑帽，綴紫摽，摽以繒爲之，長四寸，廣一寸，腰有絡帶以代鞶。中官紫摽，外官絳摽，又有纂嚴戎服而不綴摽，行留文武悉同。其畋獵巡幸，則惟從官戎服帶鞶革，文官不下纓，武官脱冠。

孫盛《晉陽秋》論曰：晉爲金行，而服色尚赤，考之古道，乖違甚矣。《通典》五十五。《通典》又載，魏服尚黄，晉服色依前代，而此云服尚赤，互異。

清・錢儀吉《三國會要》卷九《禮三・正朔服色》 魏文帝雖受禪于漢，而以夏數爲得天，故黄初元年詔曰：孔子稱行夏之時，乘殷之輅，服周之冕，樂則《韶舞》，此聖人集群代之美事，爲後王制法也。《傳》曰夏數爲得天。朕承唐、虞之美，至於正朔，當依虞、夏故事。若殊徽號，異器械，制禮樂，易服色，用牲幣，自當隨土德之數。每四時之季月，服黄十八日，臘以丑，牲用白，其飾節旄自當赤，但節幡黄耳。其餘郊祀天地、朝會四時之服，宜如漢制。宗廟所服，一如《周禮》。尚書令桓階等奏：據三正周復之義，國家承漢氏人正之後，當受之以地正，犧牲宜用白，今從漢十三月正，則犧牲不得獨改。今新建皇統，宜稽古典先代，以從天命，而告朔犧牲，壹皆不改，非所以明革命之義也。詔曰：服色如所奏。《文紀》注引《魏書》云：服色尚黄。其餘宜如虞承唐，但臘日用丑耳。此亦聖人之制也。《宋書·禮志》。

又 明帝即位，便有改正朔之意，朝議多異同，故持疑不决。久乃下詔曰：黄初以來，諸儒共論正朔，或以改之爲宜，或以不改爲是，意取駁異，於今未决。朕在東宫時聞之，意常以爲夫子作《春秋》，通三統，爲後王法。正朔各從色，不同因襲。自五帝三王以下，或父子相繼，同體異德；或納大麓，受終文祖；或尋干戈，從天行誅。雖遭遇異時，步驟不同，然未有不改正朔，用服色，表明文物，以章受命之符也。由此言之，何必以不改爲是邪。於是公卿以下博議。《明紀》注引《魏書》曰：帝在東宫著論，以爲五帝三王，雖同氣共祖，禮不相襲。正朔自宜改變，以明受命之運。及即位，優游者久之。史官復著言宜改，乃詔三公、特進、九卿、中郎將、大夫、博士、議郎、千石、六百石博議。侍中高堂隆議曰：按自古有文章以來，帝王之興，受禪之與干戈，皆改正朔，所以明天道，定民心也。《易》曰：革，元亨利貞。有孚，改命吉。湯武革命，應乎天，從乎人。其義曰：水火更用事，猶王者必改正朔，易服色也。《易通卦驗》曰：王者必改正朔，易服色，以應天地三氣三色。《書》曰：若稽古帝舜曰重華，建皇授政改朔。初，高陽氏以十一月爲正，薦玉以赤繒；高辛氏以十三月爲正，薦玉以白繒。《尚書傳》曰：舜定鐘石，論人聲，乃及鳥獸，咸變於前。故更四時，改堯正。《詩》曰：一之日觱發，二之日栗烈，三之日于耜。《傳》曰：一之日，周正月，二之日，殷正月，三之日，夏正月。《詩推度災》曰：如有繼周而王者，雖百世可知。以前檢後，文質相因，法度相改。三而復者，正色也，二而復者，文質也。以前檢後，謂軒轅、高辛、夏后氏、漢皆以十三月爲正，少昊、有唐、有殷皆以十二月爲正，高陽、有虞、有周皆以十一月爲正。後雖百世，皆以前代三而復也。《禮·大傳》曰：聖人南面而治天下，必正度量，考文章，改正朔，易服色，殊徽號。《樂·稽曜嘉》曰：禹將受位，天意大變，迅風雷雨，以明將去虞而適夏也。是以舜禹雖繼平受禪，猶制禮樂，改正朔，以應天從民。夏以十三月爲正，法物之始，其色尚黑；殷以十二月爲正，法物之牙，其色尚白；周以十一月爲正，法物之萌，其色尚赤。能察其類，能正其本，則嶽瀆致雲雨，四時和，五稼成，麟凰翔集。《春秋》：十七年夏六月甲子朔，日有蝕之。《傳》曰：當夏四月，是謂孟夏。《春秋元命苞》曰：王者受命，昭然明於天地之理，故必移居處，更稱號，改正朔，易服色，以明天命聖人之寶，質文再而改，窮則相承，周則復始，正朔改則天命顯。凡典籍所記，不盡於此，略舉大較，亦足以明也。太尉司馬懿，尚書僕射衛臻，尚書薛悌，中書監劉放，中書侍郎刁幹，博士秦静、趙怡，中侯中詔季岐以爲宜改。侍中繆襲、散騎常侍王肅、尚書郎魏衡、太子舍人黄史嗣以爲不宜改。《通典》。《宋書·禮志》。

清·楊晨《三國會要》卷一三《禮下·輿服》 後漢明帝采《周官》、《禮記》、《尚書》及諸儒説，備衮冕之服。天子冕服從歐陽氏説，公卿以下從夏侯氏説。自秦變古制，郊祭之服皆以袀玄。漢承秦故，二百餘年未有所制。《通典》云：光武郊祀始用冕服。按《續漢志》，其説蓋非。蜀用漢制，冕服當同。 祀天地明堂皆冠旒冕，衣裳皆玄上纁下，五冕之制，一服而已。天子備十二章，三公諸侯用山龍九章，九卿以下用華蟲七章，皆具五采。魏明帝以公卿衮衣黼黻之飾疑于至尊，多所減損，始制天子服刺繡文，公卿用織成文。《通志》。按《續漢志》：孝明帝制冕服乘輿刺繡文，公卿以下織成文。據《晉志》云魏明帝。未詳孰是。

《宋志》：自魏以來，宗廟行禮之外，不欲令臣下服衮冕，故位公者每加侍官。

梁博士陸瑋等言：王祀昊天，服大裘，明諸臣禮不得同，自魏以來皆用衮服。

漢制：一歲五郊，天子與執事者所服各如方色，百官不執事者服常服絳衣以從。魏秘書監秦静曰：漢氏承秦，改六冕之制，但玄冠絳衣而已。魏以來名爲五時朝服，又有四時朝服，又有朝服。自皇太子以下隨官受給，百官雖給五時朝服，據令止給四時朝服，闕秋服。三年一易。《晉志》。

諸王朝服皆遠游冠，五時服佩山玄玉，不以國大小爲差。《通典》。晉孫毓稱：魏故事。按曹植疏言：辭遠游，戴武弁，解朱組，佩青紱。又言：上歷玄冕，俯愧朱紱。

《宋志》：司馬彪曰：尚書幘名曰納言，迎氣五郊，各如其色，從章服也。自茲相承，迄于有晉。《隋志》裴正奏，言《續漢志》立春日，京都皆著青衣，秋夏悉如其色。魏、晉迎氣五郊，行禮之人皆同此制，考尋故事，唯幘同衣色。

後漢以來，天子冕前後旒用真白玉珠。魏明帝好婦人之飾，改用珊瑚珠。

《漢官儀》云：乘輿冠高山之冠，飛翮之纓。《傅子》曰：魏明帝以其制似通天遠游，改令卑下，行人使者服之。按《續漢志》：通天冠高九寸，正竪頂少邪卻，乃直下爲鐵卷梁，前有山展筩爲述，乘輿所常服。遠游冠制如通天，無山述，諸王所服也。高山冠一名側注，制如通天，不邪卻，直竪，無山述，展筩，中外官謁者僕射所服。劉昭引《漢舊儀》言，亦通於天子。侍臣附蟬，武臣戴鶡。見《曹植集》。《大觀本草》引魏武《鶡雞賦》序曰：鶡雞猛氣，鬬期必死。今人以鶡爲冠，像此也。

《通鑒》注：晉因魏制，文官公及位從公冠進賢三梁，黑介幘。武官公及位從公皆武冠平上，黑幘。

漢末，王公名士多委王服，以幅巾爲雅。袁紹、崔鈞之徒雖爲將帥，皆著縑巾。魏武以天下凶荒，資財匱乏，擬古皮弁裁縑帛以爲帢，以色別其貴賤，本施軍飾，非爲國容。徐爰曰：俗説帢本未有歧，荀文若巾之，觸樹成歧，人謂爲善，因而弗改。今通以爲慶弔服。帢與帢同，《宋志》作帢。《廣韻》：帢，士服，如弁缺四角，魏武帝制。

《傅子》云：白紗爲之，或單或袷，初婚冠送餞亦服之。《博物志》：漢中興士人皆冠葛巾，漢安中，魏武帝造白帢，於是遂廢，惟二學書生猶著之。崔豹《古今注》：魏武制帢，初以軍中服之輕便，又作五色帢以表方面也。

馬縞《中華古今注》：大帽子本草野之服，魏文帝詔百官常以立冬日貴賤通戴，謂之温帽。

《通鑒》注：漢、魏士庶以巾褠爲禮服。《吴書》：虞翻請被褠葛巾相見。

《宋志》：漢承秦制，冠有十三種，魏、晉以來，不盡施用。袴褶之制，未詳所起，近世凡車駕親戎，中外戒嚴服之。服無定色，冠黑帽，綴紫標。標以繒爲之，長四寸，廣一寸。中官紫標，外官絳標。又有戎服而不綴標。《江表傳》：吕範釋褠著袴褶執鞭，自稱領都督。

《魏文帝集》與劉曄書曰：帽裁兩段，製微不長，有似里父之服。

《管寧傳》：嘗著阜帽。

《陸遜傳》：孫權脱翠帽賜之。

張津好鬼神事，常著絳帕頭。

《楊阜傳》：常見明帝著繡帽，縹綾半褎，阜問帝曰：此於禮何法服也。自是不法服不以見阜。

紀事

《宋書》卷一八《禮志五》 魏文帝黄初三年，詔賜漢太尉楊彪几杖，侍以客禮。延請之日，使挾杖入朝。又令著鹿皮冠。彪辭讓，不聽。乃使服布單衣皮弁以見。《傅玄子》曰：漢末王公名士，多委王服，以幅巾爲雅。是以袁紹、崔鈞之徒，雖爲將帥，皆著縑巾。

又 晉武帝泰始三年，詔太宰安平王孚服侍中之服，賜大司馬義陽王望袞冕之服。四年，又詔趙、樂安、燕王服散騎常侍之服。十年，賜彭城王袞冕之服。

僞楚桓玄將篡，亦加安帝母弟太宰琅邪王袞冕服。

宋興以來，王公貴臣加侍中、散騎常侍，乃得服貂璫也。

清・朱銘盤《南朝梁會要・輿服》 車服禁制。天監十六年三月丙子，敕公家織官紋錦飾，并斷仙人鳥獸之形，以爲褻衣。《南史》本紀。

清・朱銘盤《南朝宋會要・輿服》 宋孝武孝建元年，丞相南郡王義宣，二年，雍州刺史武昌王渾，又有異圖。孝武嫌侯王强盛，欲加减削。其年十月己未，大司馬江夏王義恭、驃騎大將軍竟陵王誕表改革諸王車服制度，凡九條，表在《義恭傳》。上因諷有司更增廣條目。奏曰：車服以庸，《虞書》茂典；名器慎假，《春秋》明誡。是以尚方所制，禁嚴漢律，諸侯竊服，雖親必罪。自頃以來，下僭彌盛。器服裝飾，樂舞音容，通於王公，逹於衆庶。上下無辨，民志靡一。今表之所陳，實允禮度。九條之格，猶有未盡。謹共附益，凡二十四條。聽事不得南向坐，施帳并蜡。蕃國官正冬不得跣登國殿，及夾侍國師傳令及油戟。公主王妃傳令，不得朱服。輿不得重杠。鄣扇不得雉尾。劍不得鹿盧形。槊毦不得孔雀白鷺。夾轂隊不得絳襖。平乘誕馬不得過二匹。胡伎不得綵衣。舞伎正冬著袿衣，不得莊面蔽花。正冬會不得鐸舞、杯柈舞。長蹻伎、趫舒、丸劍、博山伎、緣大橦伎、升五案伎，自非正冬會奏舞曲，不得舞。諸妃主不得著衮帶。信幡，非臺省官悉用絳。郡縣内史相及封内官長，於其封君，既非在三，罷官則不復追敬，不合稱臣，正宜上下官敬而已。諸鎮常行，車前後不得過六隊，白直夾轂，不在其限。刀不得過銀銅爲裝。諸王女封縣主、諸王子孫襲封王、王之妃及封侯者夫人行，並不得鹵簿。諸王子繼體爲王者，婚葬吉凶，悉依諸國公侯之禮，不得同皇弟皇子。車輿不得油幢，軺車不在其限。平乘舫皆平兩頭作露平形，不得擬像龍舟，悉不得朱油。帳鏞不得作五花及豎筍形。若先有器物者，悉輸送臺臧。書到後二十日期，若有竊玩犯禁者，及統司無舉糾，並臨時議罪。詔可。《禮志五》。

佩戴用品

綜　述

《宋書》卷一八《禮志五》　劉向曰：古者天子至于士，王后至于命婦，必佩玉，尊卑各有其制。《禮記》曰：天子佩白玉而玄組綬。公侯山玄玉而朱組綬，卿大夫水蒼玉而緇組綬，士佩瓀玟而緼組綬。緼，赤黄色。綬者，所貫佩相承受也。上下施韍如蔽膝，貴賤亦各有殊。五霸之後，戰兵不息，佩非兵器，韍非戰儀，於是解去佩韍，留其繫襚而已。秦乃以采組連結于襚，轉相結受，謂之綬。漢承用之，至明帝始復制佩，而漢末又亡絶。魏侍中王粲識其形，乃復造焉。今之佩，粲所制也。皇后至命婦所佩，古制不存，今與外同制，秦組綬，仍又施之。

漢制，自天子至于百官，無不佩刀。司馬彪志具有其制。漢高祖爲泗水亭長，拔劍斬白蛇。雋不疑云：劍者，君子武備。張衡《東京賦》：紓黄組，腰干將。然則自人君至士人，又帶劍也。自晉代以來，始以木劍代刃劍。

又　漢制，皇帝黄赤綬，四采，黄、赤、縹、紺。皇后金璽，綬亦如之。於禮，士綬之色如此，後代變古也。

又　皇太子，金璽，龜紐，纁朱綬，四采，赤、黄、縹、紺。給五時朝服，遠游冠，亦有三梁進賢冠。佩瑜玉。

諸王，金璽，龜紐，纁朱綬，四采，赤、黄、縹、紺。給五時朝服，遠游冠，亦有三梁進賢冠。佩山玄玉。

郡公，金章，玄朱綬。給五時朝服，進賢三梁冠，佩山玄玉。太宰、太傅、太保、丞相、司徒、司空，金章，紫綬。給五時朝服，進賢三梁冠。佩山玄玉。相國則緑綟綬，三采，緑、紫、紺。綟，草名也，其色緑。大司馬、大將軍、太尉、凡將軍位從公者，金章，紫綬。給五時朝服，武冠。佩山玄玉。郡侯，金章，青朱綬。給五時朝服，進賢三梁冠。佩水蒼玉。

驃騎、車騎將軍、凡諸將軍加大者，征、鎮、安、平、中軍、鎮軍、撫軍、前、左、右、後將軍，征虜、冠軍、輔國、龍驤將軍，金章，紫綬。給五時朝服，武冠。佩水蒼玉。

貴嬪、夫人、貴人，金章，文曰貴嬪、夫人、貴人之章。紫綬。佩于闐玉。淑妃、淑媛、淑儀、修華、修容、修儀、婕妤、容華、充華，銀印，文曰淑妃、淑媛、淑儀、修華、修容、修儀、婕妤、容華、充華之印。青綬，佩五采瓊玉。

皇太子妃，金璽，龜紐，纁朱綬。佩瑜玉。

諸王太妃、妃、諸長公主、公主、封君，金印，紫綬。佩山玄玉。

諸王世子，金印，紫綬。五時朝服，進賢兩梁冠。佩山玄玉。

郡公侯太夫人、夫人，銀印，青綬。佩水蒼玉。

郡公侯世子，銀印，青綬。給五時朝服，進賢兩梁冠。佩水蒼玉。

侍中、散騎常侍及中常侍，給五時朝服，武冠。貂蟬，侍中左，常侍右。皆佩水蒼玉。

尚書令、僕射，銅印，墨綬。給五時朝服，納言幘，進賢兩梁冠。佩水蒼玉。

尚書，給五時朝服，納言幘，進賢兩梁冠。佩水蒼玉。

中書監令、秘書監，銅印，墨綟綬。給五時朝服，進賢兩梁冠。佩水蒼玉。

光禄大夫、卿、尹，太子保、傅，大長秋，太子詹事，銀章，青綬。給五時朝服，進賢兩梁冠。佩水蒼玉。

衛尉，則武冠。衛尉，江左不置。宋孝武孝建初始置，不檢晉服制，止以九卿皆文冠及進賢兩梁冠，非舊也。

司隸校尉、武尉、左右衛、中堅、中壘、驍騎、游擊、前軍、左軍、右軍、後軍、寧朔、建威、振威、奮威、揚威、廣威、建武、振武、奮武、揚武、廣武，左右積弩、强弩諸將軍，監軍，銀章，青綬。給五時朝服，武冠。佩水蒼玉。

領軍、護軍、城門五營校尉、東南西北中郎將，銀印，青綬。給五時朝服，武冠。佩水蒼玉。

縣、鄉、亭侯，金印，紫綬。朝服，進賢三梁冠。

鷹揚、折衝、輕車、揚烈、威遠、寧遠、虎威、材官、伏波、凌江諸將軍，銀章，青綬。給五時朝服，武冠。

奮武護軍、安夷撫軍、護軍、軍州郡國都尉，奉車、駙馬、騎都尉，諸護軍將兵助郡都尉，水衡、典虞、牧官、典牧都尉，度支中郎將，校尉、都尉，司鹽都尉，材官校尉，王國中尉，宜禾伊吾都尉，監淮南津都尉，銀印，青綬。五時朝服，武冠。

州刺史，銅印，墨綬。給絳朝服，進賢兩梁冠。

御史中丞、都水使者，銅印，墨綬。給五時朝服，進賢兩梁冠。佩水蒼玉。

謁者僕射，銅印，墨綬。給四時朝服，高山冠。佩水蒼玉。

諸軍司馬，銀章，青綬。朝服，武冠。

給事中、黄門侍郎、散騎侍郎、太子中庶子、庶子，給五時朝服，武冠。

中書侍郎，給五時朝服，進賢一梁冠。

冗從僕射、太子衛率，銅印，墨綬。給五時朝服，武冠。

虎賁中郎將、羽林監，銅印，墨綬。給四時朝服，武冠。其在陛列及備鹵簿，鶡尾，絳紗縠單衣。鶡鳥似鷄，出上黨，爲鳥强猛，鬭不死不止。復著鶡尾。

北軍中候、殿中監，銅印，墨綬。給四時朝服，武冠。

護匈奴中郎將、護羌夷戎蠻越烏丸西域戊己校尉，銅印，青綬。朝服，武冠。

郡國太守、相、内史，銀章，青綬。朝服，進賢兩梁冠。江左止單衣幘。其加中二千石者，依卿、尹。

又　牙門將，銀章，青綬。朝服，武冠。

又　騎都督、守，銀印，青綬。朝服，武冠。

又　尚書左右丞、秘書丞，銅印，黄綬。朝服，進賢一梁冠。

又　尚書秘書郎、太子中舍人、洗馬、舍人，朝服，進賢一梁冠。

又　黄沙治書侍御史，銀印，墨綬。朝服，法冠。

又　侍御史，朝服，法冠。

又　關内、關中名號侯，金印，紫綬。朝服，進賢兩梁冠。

又　諸博士，給皁朝服，進賢兩梁冠。佩水蒼玉。

又　公府長史、諸卿尹丞、諸縣署令秩千石者，銅印，墨綬。朝服，進賢兩梁冠。江左公府長史無朝服，縣令止單衣幘。宋後廢帝元徽四年，司徒右長史王儉議公府長史應服朝服。曰：《春秋國語》云：貌者情之華，服者心之文。巖廊盛禮，衣冠爲大。是故軍國異容，内外殊序。而自頃承用，每有乖違。府職掌人，教四方是則。臣居毗佐，志在當官，永言先典，載懷夕惕。按《晉令》，公府長史，官品第六，銅印，墨綬，朝服，進賢兩梁冠。掾、屬，官品第七，朝服，進賢一梁冠。晉官表注，亦與《令》同。而今長史、掾、屬，但著朱服而已，此則公違明文，積習成謬。謂宜依舊制，長史兩梁冠，掾、屬一梁冠，並同備朝服。中單韋舄，率由舊章。若所上蒙允，并請班司徒二府及諸儀同三府，通爲永準。又尋舊事，司徒公府領步兵者職僚悉同降朝不領兵者。主簿祭酒，中單韋舄並備，令史以下，唯著玄衣。今府既開公，謹遵此制。其或有署臺位者，玄服爲疑。按《令》稱諸有兼官，皆從重官之例。尋内官爲重，其署臺位者，悉宜著位之服，不在玄服之例。若署諸卿寺位兼府職者，雖三品，而卿寺爲卑，則宜依公府玄衣之制。服章事重，禮儀所先，請臺詳服。儀曹郎中沈俁之議曰：制珪象德，損替因時；裁服象功，施用隨代。車旗變於商、周，冠佩革於秦、漢，豈必殊代襲容，改尚沿物哉。夫邊貂假幸侍之首，賤幘登尊極之顔，一適時用，便隆後制。况朱裳以朝，緇傾百祀，韋舄不加，浩然惟舊。服爲定章，事成永則。其儉之所秉，會非古訓。青素相因，代有損益，何事棄盛宋之興法，追往晉之頽典。變改空煩，謂不宜革。儉又上議曰：自頃服章多闕，有違前準，近議依令文，被報不宜改革，又稱左丞劉議，按令文，凡有朝服，今多闕亡。然則文存服損，非唯鉉佐，用捨既久，即爲舊章。如下旨。伏尋皇宋受終，每因晉舊制，律令條章，同規在昔。若事有宜，必合懲改，則當上關詔書，下由朝議，縣諸日月，垂則後昆。豈得因外府之乖謬，以爲盛宋之興典，用晉氏之律令，而謂其儀爲頽法哉。順違從失，非所望於高議；申明舊典，何改革之可論。又左丞引令史之闕服，以爲鉉佐之明比。夫名位不同，禮數異等，令史從省，或有權宜；達官簡略，爲失彌重。又主簿、祭酒，備服于王庭，長史、掾、屬，朱衣以就列。於是倫比，自成矛盾。此而可忍，孰不可安。將引令以遵舊。臺據失以爲例，研詳符旨，良所未譬。當官而行，何强之有，制令昭然，守以無貳。俣之又議：雲火從物，沿損異儀，帝樂五殊，王禮三變，豈獨大宋造命，必咸仍于晉舊哉。夫宗社疑文，庭廟闕典，或上降制書，下協朝議，何乃鉉府佐屬裳黻，稍改白虎之詔，斷宣室之疇咨乎。又許令史之從省，咎達官之簡略。律苟可遵，固無辨於貴賤；規若必等，亦何關於權宜。一用一舍，彌增其滯。且佐非韋烏之職，吏本朝服之官，凡在班列，罔不如一，此蓋前令違而遂改，今制允而長用也。爵異服殊，寧會矛盾之譬；討論疑制，焉取强弱之辨。府執既革之餘文，臺據永行之成典，良有期於無固，非所望於行迷。參詳並同儉，議遂寢。

諸軍長史、諸卿尹丞、獄丞、太子保傅詹事丞、郡國太守相内史、丞、長史、諸縣署令長相、關穀長、王公侯諸署令、長、司理、治書、公主家僕，銅印，墨綬。朝服，進賢一梁冠。江左太子保傅卿尹詹事丞，皁朝服。郡丞、縣令長，止單衣幘。

公車司馬、太史、太醫、太官、御府、内省令、太子諸署令、僕、門大夫、陵令，銅印，墨綬。朝服，進賢一梁冠。

太子率更、家令、僕，銅印，墨綬。給五時朝服，進賢兩梁冠。

黄門諸署令、僕、長，銅印，墨綬。四時朝服，進賢一梁冠。

黄門冗從僕射監、太子寺人監，銅印，墨綬。給四時朝服，武冠。

公府司馬、諸軍城門五營校尉司馬、護匈奴中郎將護羌戎夷蠻越烏丸戊己校尉長史、司馬，銅印，墨綬。朝服，武冠。江左公府司馬無朝服，餘止單衣幘。

廷尉正、監、平，銅印，墨綬。給皁零辟朝服，法冠。

王郡公侯郎中令、大農，銅印，青綬。朝服，進賢兩梁冠。

北軍中候丞，銅印，黄綬。朝服，進賢一梁冠。

太子常從虎賁督、千人督、校督、司馬虎賁督，銅印，墨綬。朝服，武冠。

殿中將軍，銀章，青綬。四時朝服，武冠。宋末不復給章綬。

水衡、典虞、牧官、典牧、材官、州郡國都尉、司馬，銅印，墨綬。朝服，武冠。

又 諸謁者，朝服，高山冠。

又 門下中書通事舍人令史、門下主事令史，給四時朝服，武冠。

又 尚書典事、都水使者參事、散騎集書中書尚書令史、門下散騎中書尚書令史、録尚書中書監令僕省事史、秘書著作治書、主書、主璽、主譜令史、蘭臺殿中蘭臺謁者都水使者令史、書令史，朝服，進賢一梁冠。江左凡令史無朝服。

節騎郎，朝服，武冠。其在陛列及備鹵簿，著鶡尾，絳紗縠單衣。

殿中中郎將校尉、都尉，黄門中郎將校尉，殿中太醫校尉、都尉，銀印，青綬。四時朝服，武冠。

關外侯，銀印，青綬。朝服，進賢兩梁冠。

左右都候、閶闔司馬、城門候，銅印，墨綬。朝服，武冠。

王郡公侯中尉，銅印，墨綬。朝服，武冠。

部曲督護，司馬史、部曲將，銅印。朝服，武冠。司馬史，假墨綬。

太中中散諫議大夫、議郎、郎中、舍人，朝服，進賢一梁冠。秩千石者，兩梁。

城門令史，朝服，武冠。江左凡令史無朝服。

諸門僕射佐史、東宫門吏，皁零辟朝服。僕射東宫門吏，卻非冠。佐史，進賢冠。

宫内游徼、亭長，皁零辟朝服，武冠。

太醫校尉、都尉，總章協律中郎將校尉、都尉，銀印，青綬。朝服，武冠。

小黄門，給四時朝服，武冠。

黄門謁者，給四時朝服，進賢一梁冠。朝賀通謁時，著高山冠。

黄門諸署史，給四時朝服，武冠。

中黄門黄門諸署從官寺人，給四時科單衣，武冠。

殿中司馬及守陵者、殿中太醫司馬，銅印，墨綬。給四時朝服，武冠。

太醫司馬，銅印。朝服，武冠。

總章監鼓吹監司律司馬，銅印，墨綬。朝服。鼓吹監總章協律司馬，武冠。

總章監司律司馬，進賢一梁冠。

諸縣署丞、太子諸署丞、王公侯諸署及公主家丞，銅印，黄綬。朝服，進賢一梁冠。

太醫丞，銅印。朝服，進賢一梁冠。

黄門諸署丞，銅印，黄綬。給四時朝服，進賢一梁冠。

黄門稱長、園監，銅印，黄綬。給四時朝服，武冠。

諸縣尉、關谷塞護道尉，銅印，黄綬。朝服，武冠。江左止單衣幘。

洛陽鄉有秩，銅印，青綬。朝服，進賢一梁冠。

宣威將軍以下至裨將軍，銅印。朝服，武冠。其以此官爲刺史、郡守、若萬人司馬虎賁督以上及司馬史者，皆假青綬。

平盧武猛中郎將、校尉、都尉，銀印。朝服，武冠。其以此官爲千人司馬虎賁督以上及司馬史者，皆假青綬。

別部司馬、軍假司馬，銀印。朝服，武冠。

圖像都匠行水中郎將、校尉、都尉，銀印，青綬。朝服，武冠。若非以工伎巧能特加此官者，不加綬。羽林郎、羽林長郎，佩武猛都尉以上印者，假青綬。別部司馬以下，假墨綬。朝服，武冠。其長郎壯士，武弁冠。在陛列及鹵簿，服絳縠單衣。

陛下甲僕射主事吏將騎、廷上五牛旗假使虎賁，在陛列及備鹵簿，服錦文衣，武冠，鶡尾。陛長，假銅印，墨綬。旄頭。

羽林在陛列及備鹵簿，服絳科單衣，上著韋畫要襦。假旄頭。

舉輦迹禽前驅由基强弩司馬、守陵虎賁，佩武猛都尉以上印者，假青綬。別部司馬以下，假墨綬。守陵虎賁，給絳科單衣，武冠。

殿中冗從虎賁、殿中虎賁及守陵者持鈒戟冗從虎賁，佩武猛都尉以下印者，假青綬。別部司馬以下，假墨綬。絳科單衣，武冠。

持椎斧武騎虎賁、五騎傳詔虎賁、殿中羽林及守陵者太官尚食虎賁、稱飯宰人、諸宮尚食虎賁，佩武猛都尉以上印者，假青綬。別部司馬以下，假墨綬。給絳褠，武冠。其在陛列及備鹵簿，五騎虎賁，服錦文衣，鶡尾。宰人服離支衣。

黄門鼓吹及釘官僕射、黄門鼓吹史主事、諸官鼓吹、尚書廊下都坐門下守閤、殿中威儀騶、虎賁常直殿黄雲龍門者、門下左右部虎賁羽林騶、給傳事者諸導騶、門下中書守閤，給絳褠，武冠。南書門下虎賁羽林騶、蘭臺五曹節藏射廊下守閤、威儀、發符騶、都水使者黄沙廊下守閤、謁者、録事、威儀騶、河隄謁者騶、諸官謁者騶，絳褠，武冠。給其衣服，自如故事。大誰士皁科單衣，樊噲冠。衛士墨布褠，却敵冠。凡此前衆職，江左多不備，又多闕朝服。

諸應給朝服佩玉，而不在京都者給朝服，非護烏丸羌夷戎蠻諸校尉以上及刺史、西域戊己校尉，皆不給佩玉。其來朝會，權時假給，會罷輸還。凡應朝服者，而官不給，聽自具之。諸假印綬而官不給鞶囊者，得自具作。其但假印不假綬者，不得佩綬。

鞶，古制也。漢代著鞶囊者，側在腰間。或謂之傍囊，或謂之綬囊。然則以此囊盛綬也。或盛或散，各有其時乎。

又 古者貴賤皆執笏，其有事則搢之於腰帶，所謂搢紳之士者，搢笏而垂紳帶也。紳垂三尺。笏者有事則書之，故常簪筆，今之白筆，是其遺象。三臺五省二品文官簪之。王公侯伯子男卿尹及武官不簪。加内侍位者，乃簪之。手板，則古笏矣。尚書令、僕射、尚書手板頭復有白筆，以紫皮裹之，名笏。朝服肩上有紫生袷囊，綴之朝服外，俗呼曰紫荷。或云漢代以盛奏事，負荷以行，未詳也。

《南齊書》卷一七《輿服志》 綬，乘輿黄赤綬，黄赤縹緑紺五采。太子朱綬，諸王纁朱綬，皆赤黄縹紺四采。妃亦同。相國緑綟綬，三采，緑紫紺。郡公玄朱，侯伯青朱，子男素朱，皆三采。公世子紫，侯世子青，鄉、亭、關内侯墨綬，皆二采。郡國太守、内史青，尚書令、僕，中書監、令，秘書監皆黑，丞皆黄，諸府丞亦黄。皇后與乘輿同赤，貴嬪、夫人、貴人紫，王太妃、長公主、封君亦紫綬，六宮青綬，青白紅，郡公、侯夫人青綬。

《隋書》卷一一《禮儀志六》 腰皮帶，以代鞶革。

又 笏，中世以來，唯八座尚書執笏。笏者白筆綴其頭，以紫囊裹之。其餘公卿，但執手版。荷紫者，以紫生爲裌囊，綴之服外，加於左肩。周遷云：昔周公負成王，制此衣，至今以爲朝服。蕭驕子云：名契囊。案《趙充國傳》云：張子孺持囊簪筆，事孝武帝。張晏雲：囊，契囊也。近臣負囊簪筆，從備顧問，有所記也。

又 古者君臣佩玉，尊卑有序，綬者，所以貫佩相承受也。又上下施韍如蔽膝，貴賤亦各有殊。五霸之後，戰兵不息，佩非兵器，韍非戰儀，於是解去佩韍，留其繫襚而已。韍佩既廢，秦乃以采組連結于襚，轉相結受，又謂之綬。漢承用之。至明帝始復制佩，而漢末又亡絶。魏侍中王粲識其形，乃復造焉。今之佩，粲所制也。

又 印綬，二品已上，並金章，紫綬；三品銀章，青綬；三品已上，凡是五省官及中侍中省，皆爲印，不爲章。四品得印者，銀印，青綬；五品、六品得印者，銅印，墨綬；四品已下，凡是開國子、男及五等散品名號侯，皆爲銀章，不爲印。七品、八品、九品得印者，銅印，黄綬。金銀章印及銅印，並方一寸，龜鈕。東西南北四藩諸國王章，上藩用中金，中藩用銀，並方寸，龜鈕。佐官唯公府長史、尚書二丞，給印綬。六品已下，九品已上，唯當曹爲官長者給印。餘自非長官，雖位尊，並不給。

諸王纁朱綬，四采，赤黄縹紺，純朱質，纁文織，長二丈一尺，二百四十首，廣九寸。開國郡縣公、散郡縣公，玄朱綬，四采，玄赤縹紺，朱質，玄文織，長一丈八尺，百八十首，廣八寸，開國縣侯伯、散縣侯伯，青朱綬，四采，青赤白縹，朱質，青文織，長一丈六尺，百四十首，廣七寸。開國縣子男、散縣子男、名號侯、開國鄉男，素朱綬，三采，青赤白，朱質，白文織，長一丈四尺，百二十首，廣六寸。一品、二品，紫綬，三采，紫黄赤，純紫質，長一丈八尺，百八十首，廣八寸。三品、四品，青綬，三采，青白紅，純青質，長一丈六尺，百四十首，廣七寸。五品、六品，墨綬，二采，青紺，純紺質，長一丈四尺，百首，廣六寸。七品、八品、九品，黄綬，二采，黄白，純黄質，長一丈二尺，六十首，廣五寸。官品從第二已上，小綬間得施玉環。凡綬，先合單紡爲一絲，絲四爲一扶，扶五爲一首，首五成一文。采純爲質。首多者絲細，首少者絲粗。官有綬者，則有紛，皆長八尺，廣三寸，各隨綬色。若服朝服則佩綬，服公服則佩紛。官無綬者，不合佩紛。

鞶囊，二品已上金縷，三品金銀縷，四品銀縷，五品、六品綵縷，七、八、九品綵縷，獸爪鞶。官無印綬者，並不合佩鞶囊及爪。

一品，玉具劍，佩山玄玉。二品，金裝劍，佩水蒼玉。三品及開國子男、五等散品名號侯雖四、五品，並銀裝劍，佩水蒼玉。侍中已下，通直郎已上，陪位則像劍。帶真劍者，入宗廟及升殿，若在仗内，皆解劍。一品及散郡公、開國公侯伯，皆雙佩。二品、三品及開國子男、五等散品名號侯，皆隻佩。綬亦如之。

百官朝服公服，皆執手板。尚書録令、僕射、吏部尚書，手板頭復有白筆，以紫皮裹之，名曰笏。朝服綴紫荷，録令、左僕射左荷，右僕射、吏部尚書右荷。七品已上文官朝服，皆簪白筆。正王公侯伯子男，卿尹及武職，並不簪。朝服，冠，幘各一，絳紗單衣，白紗中單，皁領袖，皁襈，革帶，曲領，方心，蔽膝，白筆，舄，襪，兩綬，劍佩，簪導，鉤艓，爲具服。七品已上服也。公服，冠，幘，紗單衣，深衣，革帶，假帶，履襪，鉤艓，謂之從省服。八品已下，流外四品已上服也。

流外五品已下，九品已上，皆著褠衣爲公服。

皇后璽，綬，佩同乘輿，假髻，步摇，十二鈿，八雀九華。助祭朝會以褘衣，祠郊禖以褕狄，小宴以闕狄，親蠶以鞠衣，禮見皇帝以展衣，宴居以褖衣。六服俱有蔽膝，織成緄帶。皇太后、皇后璽，並以白玉爲之，方一寸二分，螭獸鈕，文各如其號。璽不行用，有令，則太后以宫名衛尉印，皇后則以長秋印。

内外命婦從五品已上，蔽髻，唯以鈿數花釵多少爲品秩。二品已上金玉飾，三品已下金飾。内命婦、左右昭儀、三夫人視一品，假髻，九鈿，金章，紫綬，服褕翟，雙佩山玄玉。九嬪視三品，五鈿蔽髻，銀章，青綬，服鞠衣，佩水蒼玉。世婦視四品，三鈿，銀印，青綬，服展衣，無佩。八十一御女視五品，一鈿，銅印，墨綬，服褖衣。又有宫人女官服制，第二品七鈿蔽髻，服闕翟；三品五鈿，鞠衣；四品三鈿，展衣；五品一鈿，褖衣；六品褖衣；七品青紗公服。俱大首髻。八品、九品，俱青紗公服，偏髾髻。

皇太子妃璽，綬，佩同皇太子，假髻，步摇，九鈿，服褕翟。從蠶則青紗公服。

又 郡長公主、公主，王國太妃、妃，纁朱綬，髻章服佩同内命婦一品。郡長君七鈿蔽髻，玄朱綬，闕翟，章佩與公主同。郡君、縣主，佩水蒼玉，餘與郡長君同。太子良娣視九嬪服。縣主青朱綬，餘與良娣同。女侍中五鈿，假金印，紫綬，服鞠衣，佩水蒼玉。縣君銀章，青朱綬，餘與女侍中同。太子孺人同世婦。太子家人子同御女。鄉主、鄉君，素朱綬，佩水蒼玉，餘與御女同。外命婦章印綬佩，皆如其夫。若夫假章印綬佩，妻則不假。一品、二品，七鈿蔽髻，服闕翟。三品五鈿，服鞠衣。四品三鈿，服展衣。五品一鈿，服褖衣。内外命婦、宫人女官從蠶，則各依品次，還著蔽髻，皆服青紗公服。如外命婦，綬帶鞶囊，皆準其夫公服之例。百官之母詔加太夫人者，朝服公服，各與其命婦服同。

又 皇帝之組綬，以蒼，以青，以朱，以黄，以白，以玄，以纁，以紅，以紫，以緅，以碧，以緑，十有二色。諸公九色，自黄以下。諸侯八色，自白以下。諸伯七色，自玄以下。諸子六色，自纁已下。諸男五色，自紅已下。三公之綬，如諸公。三孤之綬，如諸侯。六卿之綬，如諸伯。上大夫之綬，如諸子。中大夫之綬，如諸男。下大夫綬，自紫已下。士之綬，自緅已下。其璽印之綬，亦如之。

《晉書》卷二五《輿服志》 漢制，自天子至於百官，無不佩劍，其後惟朝帶劍。晉世始代之以木，貴者猶用玉首，賤者亦用蚌、金銀、玳瑁爲雕飾。

又 革帶，古之鞶帶也，謂之鞶革，文武衆官牧守丞令下及騶寺皆服之。其有囊綬，則以綴於革帶，其戎服則以皮絡帶代之。八坐尚書荷紫，以生紫爲袷囊，綴之服外，加於左肩。昔周公負成王，制此服衣，至今以爲朝服。或云漢世用盛奏事，負之以行，未詳也。

又 諸假印綬而官不給鞶囊者，得自具作，其但假印不假綬者，不得佩綬。鞶，古制也。漢世著鞶囊者，側在腰間，或謂之傍囊，或謂之綬囊，然則以紫囊盛綬也。或盛或散，各有其時。

笏，古者貴賤皆執笏，其有事則搢之於腰帶，所謂搢紳之士者，搢笏而垂紳帶也。紳垂長三尺。笏者，有事則書之，故常簪筆，今之白筆是其遺象。三臺五省二品文官簪之，王、公、侯、伯、子、男、卿尹及武官不簪，加内侍位者乃簪之。手版即古笏矣。尚書令、僕射、尚書手版頭復有白筆，以紫皮裹之，名曰笏。

清·朱銘盤《南朝梁會要·輿服》 璽印章綬。皇太子。皇太子，金璽龜鈕，朱綬。三百二十首。

又 王公百官。

諸王，金璽龜鈕，纁朱綬。一百六十首。

開國公，金章龜鈕，玄朱綬。一百四十首。

開國侯、伯，金章龜鈕，青朱綬。一百二十首。

開國子、男，金章龜鈕，青綬。二百首。

縣、鄉、亭、關内、關中及名號侯，金印龜鈕，紫綬，關内、關中及名號侯則珪鈕。

關外侯，銀印珪鈕，青綬。

諸王嗣子，金印珪鈕，紫綬。八十首。

開國公、侯嗣子，銀印珪鈕，青綬。八十首。

太宰、太傅、太保、司徒、司空，金章龜鈕，紫綬。八十首。

大司馬、大將軍、太尉、諸位從公者，金章龜鈕，紫綬。八十首。

凡公及位從公，言以將軍及以左右光禄、開府儀同者，各隨本位號。其文則曰某位號儀同之章。五等諸侯，助祭，各以其綬色爲組纓。

尚書令、僕射、尚書，銅印墨綬。尚書則無印綬。

中書監、令，秘書監，銅印墨綬。

左、右光禄大夫，皆與加金章紫綬同。其但加金紫者，謂之金紫光禄，但加銀青者，謂之光禄大夫。

光禄、太中、中散大夫、太常、光禄、弘訓太僕、太僕、廷尉、宗正、大鴻臚、大司農、少府、大匠諸卿、丹陽尹，太子保、傅，大長秋，太子詹事，銀章龜鈕，青綬，助祭，則各以其綬采爲組纓。

驃騎、車騎、衛將軍、中軍、冠軍、輔國將軍、四方中郎將，金章紫綬，中郎將則青綬。

領、護軍，中領、護軍，五營校尉，銀印青綬。

弘訓衛尉，衛尉，司隸校尉，左右衛、驍騎、游擊，前、左、右、後軍將軍，龍驤、寧朔、建威、振威、奮威、揚威、廣威、武威、建武、振武、奮武、揚武、廣武等將軍，積弩、積射、强弩將軍，監軍，銀章青綬。

御史中丞、都水使者，銀印墨綬。

謁者僕射，銅印環鈕，墨綬。八十首。

諸軍司，銀章龜鈕，青綬。

中書侍郎，冗從僕射，太子衛率，銅印，墨綬。

武賁中郎將，羽林監，銅印環鈕，墨綬。

護匈奴中郎將，護羌、戎、夷、蠻、越、烏丸、西域校尉，銀印珪鈕，青綬。

安夷、撫夷護軍，州郡國都尉，奉車、駙馬、騎都尉，諸護軍，銀印珪鈕，青綬。

州刺史，銅印，墨綬。

郡國太守，相、内史，銀章龜鈕，青綬。

尚書左、右丞，秘書丞，銅印環鈕，黃綬。

治書侍御史，銅印環鈕，墨綬。

公府長史，諸卿尹丞，黃綬。

諸縣署令、秩千石者，銅印環鈕，墨綬。

領、護軍長史，諸軍長史，諸卿部丞、獄丞，並黃綬。

郡國相、內史丞，黃綬。

諸縣署令、長、相，銅印環鈕，墨綬。

太子門大夫，陵令、長，銅印環鈕，墨綬。

黃門諸署令、僕、長、丞，銅印環鈕，墨綬。丞，黃綬。黃門冗從僕射監、太子寺人監，銅印環鈕，墨綬。

公府司馬，領、護軍司馬，諸軍司馬，護匈奴中郎將，護羌、戎、夷、蠻、越、烏丸、戊己校尉長史、司馬，銅印環鈕，墨綬。

公府從事中郎，諸將軍開府功曹、主簿，廷尉，建康正、監平，銅印環鈕，墨綬。

左、右衛司馬，銅印環鈕，墨綬。

直閤將軍，銅印珪鈕，青綬。

直閤將軍，諸殿主帥，諸開國郎中令、大農、公、傅、中尉，銅印環鈕，青綬。

諸開國三將軍，銅印環鈕，青綬。限外者不給印。

開國掌書中尉，司馬，陵廟食官，廄牧長，典醫典府丞，銅印。常侍、侍郎，世子、庶子、謁者、中大夫、舍人，不給印。典書、典祠、學官令、典膳丞、長，銅印。限外者不給印。

太子衛率、率更、家令丞，銅印環鈕，黃綬。

太子常從武賁督，銅印環鈕，墨綬。

州郡國都尉司馬，銅印環鈕，墨綬。

殿中內外局監、太子內外監、殿中守舍人，銅印環鈕，諸縣署丞、太子諸署丞，王公侯諸署及公主家令丞、僕，銅印環鈕，黃綬。

諸縣尉，銅印環鈕。

殿中中郎將、校尉、都尉，銀印珪鈕，青綬。

城門候，銅印環鈕，墨綬。

部曲督，司馬吏、部曲將，銅印環鈕。

總章協律，銅印環鈕，艾綬。

黃門後閤舍人、主書、齋帥、監食、主食、主客、扶持、鼓吹、齋帥墨綬。

殿中司馬，銅印環鈕，墨綬。

總章監、鼓吹監，銅印環鈕，艾綬。

諸四品將兵都尉，牙門將、崇毅、材官、折難、輕騎、揚烈、威遠、寧遠、宣威、光威、驤威、威烈、威虜、平戎、綏遠、綏狄、綏邊、綏戎、獸威、威武、烈武、毅武、奮武、討寇、討虜、殄難、討難、討夷、厲武、橫野、陵江、鷹揚、執訊、蕩寇、蕩虜、蕩難、蕩逆、殄虜、掃虜、掃難、掃逆、掃寇、厲鋒、武奮、武牙、廣野，領兵滿五十人，給銀章，不滿五十，除板而已，不給章，以此官爲刺史、太守皆有綬。

典儀但帥、典儀正帥，其本資有殿但、正帥，得帶艾綬。

威雄、猛、烈、振、信、勝、略、風、力、光等十威將軍，武猛、略、勝、力、毅、健、烈、威、鋭、勇等十武將軍，並銀章熊鈕，青綬。

猛毅、烈、威、鋭、震、進、智、武、勝、駿等十猛將軍，銀章羆鈕，青綬。

壯武、勇、烈、猛、鋭、威、毅、志、意、力等十壯將軍，驍雄、桀、猛、烈、武、勇、鋭、名、勝、迅等十驍將軍，雄猛、威、明、烈、信、武、勇、毅、壯、健等十雄將軍，並銀章羔鈕，青綬。

忠勇、烈、猛、鋭、壯、毅、捍、信、義、勝等十忠將軍，明智、略、遠、勇、烈、威、勝、進、鋭、毅等十明將軍，光烈、明、英、遠、勝、鋭、命、勇、武、野等十光將軍，飇勇、猛、烈、鋭、奇、決、起、略、勝、出等十飇將軍，並銀章鹿鈕，青綬。

龍驤、武視、雲旗、風烈、電威、雷音、馳鋭、進鋭、羽騎、突騎、折衝、冠武、和戎、安壘、起猛、英果、掃虜、掃狄、武鋭、摧鋒、開遠、略遠、貞威、決勝、清野、堅鋭、輕鋭、拔山、雲勇、振旅等三十號將軍，銀印菟鈕，青綬。

超武、鐵騎、樓船、宣猛、樹功、剋狄、平虜、稜威、戎昭、威戎、伏波、雄戟、長劍、衝冠、雕騎、佽飛、勇騎、破敵、剋敵、威虜、前鋒、武毅、開邊、招遠、全威、破陣、蕩寇、殄虜、橫野、馳射等三十號將軍，銅印環鈕，墨綬。

建威、牙門、期門已下諸將軍，並銅印環鈕，墨綬。板則無印綬。其在將官，以功次轉進，應署建威已下諸號，不限板除，悉給印綬。若武官署位轉進，登上條九品馳尉已上諸戎號，亦不限板除，悉給印綬。

又　千人督、校督司馬、武賁督、牙門將、騎督督、守將兵都尉、太子常從督別部司馬、假司馬，假銅印環鈕，墨綬。

武猛中郎將、校尉、都尉，銅印環鈕。其以此官爲千人司馬、道賁督已上及司馬，皆假墨綬。

陛長、甲僕射、主事吏將騎、廷上五牛旗假吏武賁，在陛列及備鹵簿。陛長者，假銅印環鈕，墨綬。

假旄頭羽林，在陛列及備鹵簿，假旄頭。輿輦、迹禽、前驅、由基强弩司馬，其本位佩武猛都尉已上印者，假墨綬，別部司馬已下假墨綬。

殿中冗從武賁、殿中武賁、持鈒戟冗從武賁，假青綬。

持椎斧武騎武賁、五騎傳詔武賁、殿中羽林、太官尚食武賁、稱飯宰人、諸宮尚食武賁，假墨綬。其佩武猛、都尉等位印，皆依上條假綬之例。

王妃國夫人。

武帝詔吴平國太夫人禮如王國太妃，假金章，紫綬。《蕭景傳》。

清・朱銘盤《南朝齊會要・輿服》　佩。佩玉，自乘輿以下，與晉、宋制同。建元四年，制王公侯卿尹珠水精，其餘用牙蚌。太官宰人服離支衣，後定。《輿服志》。

簪筆、手板、笏。三臺五省二品文官，皆簪白筆。，王公五等及武官不簪，加内侍乃簪。《輿服志》。

百官執手板，尚書令、僕，尚書，手板頭復有白筆，以紫皮裹之，名曰笏。其肩上紫袷囊，名曰契囊，世呼爲紫荷。同上。

清・朱銘盤《南朝宋會要・輿服》　皇太子璽綬。皇太子，金璽，龜紐，纁朱綬，四采。

諸王璽綬。諸王，金璽，龜紐，纁朱綬，四采，赤、黄、縹、紺。《禮志五》。下同。

諸公諸從公印綬。郡公，金章，玄朱綬。太宰、太傅、太保、丞相、司徒、司空，金章，紫綬。相國則緑綟綬，三采，緑、紫、紺。綟，草名也，其色緑。大司馬、大將軍、太尉，凡將軍位從公者，金章，紫綬。郡侯，金章，青朱綬。驃騎、車騎將軍，凡諸將軍加大者，征、鎮、安、平、中軍、鎮軍、撫軍，前、左、右、後將軍，征虜，冠軍，輔國，龍驤將軍，金章，紫綬。

三夫人以下璽綬。貴嬪、夫人、貴人，金章，文曰貴嬪、夫人、貴人之章。紫綬。

淑妃、淑媛、淑儀、修華、修容、修儀、婕妤、容華、充華，銀印，文曰淑妃、淑媛、淑儀、修華、修容、修儀、婕妤、容華、充華之印。青綬。

皇太子妃，金璽，龜紐，纁朱綬。

諸王太妃、妃、諸長公主、公主、封君，金印，紫綬。

王侯、王侯世子印綬。諸王世子，金印，紫綬。

郡公侯世子，銀印，青綬。

百官印綬。尚書令、僕射，銅印，墨綬。

中書監令、秘書監，銅印，墨綟綬。

光禄大夫，卿，尹，太子保、傅，大長秋，太子詹事，銀章，青綬。

司隸校尉，武尉，左右衛，中堅、中壘，驍騎，游擊，前軍、左軍、右軍、後軍，寧朔、建威、振威、奮威、揚威、廣威、建武、振武、奮武、揚武、廣武、左右積弩、强弩諸將軍，監軍，銀章，青綬。

領軍、護軍、城門五營校尉、東南西北中郎將，銀印，青綬。

縣、鄉、亭侯，金印，紫綬。

鷹揚、折衝、輕車、揚烈、威遠、寧遠、虎威、材官、伏波、凌江諸將軍，銀章，青綬。

奮武護軍，安夷撫軍，護軍，軍州郡國都尉、奉車、駙馬、騎都尉、諸護軍將兵助郡都尉，水衡、典虞，牧官、典牧都尉，度支中郎將，校尉，都尉，司鹽都尉，材官校尉，王國中尉，宜禾尹吾都尉，監淮南津都尉，銀印，青綬。

州刺史、御史中丞、都水使者、謁者僕射，銅印，墨綬。

諸軍司馬，銀章，青綬。

冗從僕射、太子衛率、虎賁中郎將、羽林監、北軍中侯、殿中監，銅印，墨綬。

護匈奴中郎將、護羌夷戎蠻越烏丸西域戊己校尉，銅印，青綬。

郡國太守、相、内史、牙門將，銀章，青綬。

騎都督、守，銀印，青綬。

尚書左右丞、秘書丞，銅印，黄綬。

黄沙治書侍御史，銀印，墨綬。

關内、關中名號侯，金印，紫綬。

公府長史、諸卿尹丞、諸縣署令秩千石者，銅印，墨綬。後廢帝元徽四年，司徒右長史王儉議，按《晉令》，公府長史，官品第六，銅印，墨綬。晉官表注，亦與《令》同。謂不宜革。

諸軍長史、諸卿尹丞、獄丞、太子保傅詹事丞、郡國太守相内史、丞、長史，諸縣署令長相，關谷長，王公侯諸署令、長、司理、治書，公主家僕、公車司馬、太史、太醫、太官、御府、内省令、太子諸署令、僕、門大夫、陵令、太子率更、家令、僕，黄門諸署令、僕、長，黄門冗從僕射監、太子寺人監、公府司馬，諸軍城門五營校尉司馬、護匈奴中郎將、護羌戎夷蠻越烏丸戊己校尉、長史、司馬，廷尉正、監、平，銅印，墨綬。

王郡公侯郎中令、大農，銅印，青綬。

北軍中侯丞，銅印，黄綬。

太子常從虎賁督、千人督、校督，司馬虎賁督，銅印，墨綬。

殿中將軍，銀章，青綬。宋末不復給章綬。

水衡、典虞、牧官、典牧、材官，州郡國都尉、司馬，銅印，墨綬。

殿中中郎將校尉、都尉，黄門中郎將校尉，殿中太醫校尉、都尉，關外侯，銀印，青綬。

左右都侯、閶闔司馬、城門候、王郡公侯中尉，銅印，墨綬。

部曲督護、司馬史、部曲將，銅印。司馬史，假墨綬。

太醫校尉、都尉，總章協律中郎將校尉、都尉，銀印，青綬。

殿中司馬及守陵者、殿中太醫司馬，銅印，墨綬。

太醫司馬，銅印。

總章監鼓吹監司律司馬，銅印，墨綬。

諸縣署丞、太子諸署丞、王公侯諸署及公主家丞，銅印，黄綬。

太醫丞，銅印。

黄門諸署丞、黄門稱長、園監、諸縣尉、關谷塞護道尉，銅印，黄綬。

洛陽卿有秩，銅印，青綬。

宣威將軍以下至裨將軍，銅印。其以此官爲刺史、郡守、若萬人司馬虎賁督以上及司馬史者，皆假青綬。

平虜武猛中郎將、校尉、都尉，銀印。其以此官爲千人司馬虎賁督以上及司馬史者，皆假青綬。

别部司馬、軍假司馬，銀印。

圖象都匠行水中郎將、校尉、都尉，銀印，青綬。若非以工伎巧能特加此官者，不加綬。羽林郎、羽林長郎，佩武猛都尉以上印者，假青綬。别部司馬以下，假墨綬。

陛下甲僕射主事吏將騎、廷上五牛旗假使虎賁，在陛列及備鹵簿，服錦文衣，武冠，鶡尾。陛長，假銅印，墨綬。

舉輦迹禽前驅由基强弩司馬、守陵虎賁，佩武猛都尉以上印者，假青綬。别部司馬以下，假墨綬。

殿中冗從虎賁、殿中虎賁及守陵者持鈒戟冗從虎賁，佩武猛都尉以下印者，假青綬。别部司馬以下，假墨綬。

持椎斧武騎虎賁、五騎傳詔虎賁、殿中羽林及守陵者、太官尚食虎賁、稱飯宰人、諸宫尚食虎賁，佩武猛都尉以上印者，假青綬。别部司馬以下，假墨綬。

諸假印綬而官不給鞶囊者，得自具作。其但假印不假綬者，不得佩綬。

清·朱銘盤《南朝陳會要·輿服》 百官印綬。金章龜鈕紫綬。八十首。相國、丞相、太宰、太傅、太保、司徒、司空、大司馬、大將軍、太尉、諸位從公者、尚書令、僕射、領、護軍。《隋書·禮儀志六》。下同。

銀章龜鈕青綬。八十首。中書監、令、秘書監、中領、護軍。

銀章龜鈕青綬。光禄、太中、中散大夫，太常、光禄、慈訓太僕、太僕、廷尉、宗正、大鴻臚、大司農、少府、大匠諸卿、太舟卿，丹陽尹，太子保、傅，大長秋、太子詹事。

金章獸鈕。鎮、衛、驃騎、車騎、中軍、中衛、中撫軍、中權、四征、四鎮、四安、四翊、四平將軍。

金章豹鈕紫綬。八十首。冠軍、四方中郎將。忠武、軍師、武臣、爪牙、龍騎、雲麾、鎮兵、翊師、宣惠、宣毅、智威、仁威、勇威、信威、嚴威、智武、仁武、勇武、信武、嚴武。

清·楊晨《三國會要》卷一三《禮下·輿服》 《魏臺訪議》曰：五采玉，一玉有五色者也。邸以象骨周緣弁下根柢，如魏武帝所作弁柢，凡有笄無纓。《初學記》。

魏制：貴人、夫人以下助蠶，皆大首髻，按《續漢志》作大手結，即假髻。

七鏌，蔽髻黑玳瑁，又加簪珥；九嬪以下五鏌；世婦三鏌；諸王妃長公主大首髻七鏌蔽髻，其長公主得有步摇，皆有簪珥。公、特進、列侯、卿、校、中二千石、世婦以下，夫人紺繒幗。黄金龍首銜白珠、魚須擿一尺爲簪珥。《通典》。按《通典》所言魏制，多據《晉志》，此文亦見《晉志》，未言魏制。惟董巴《輿服志》云：公卿列侯二千石夫人助蠶，縹絹上下。又《通典》不載皇后首飾，據《續漢志》、《晉志》云：皇后假髻，步摇，簪珥。步摇以黄金爲山題，貫白珠，爲桂枝相繆，八爵九華，熊虎，赤羆、天鹿、辟邪、南山豐、大特六獸諸爵，獸以翡翠爲毛羽，金題白珠璫，繞以翡翠爲華。則魏制亦可想見矣。

《魏臺訪議》：以玉爲笄，古曰笄，今曰簪。《文選注》。

古者天子至於士，皇后至於命婦，必佩玉，尊卑各有其制；上下施韍如蔽膝，貴賤亦各有殊。五霸之後，戰兵不息，於是解去佩韍，留其繫璲而已。秦乃以采組連結于璲，轉相結受，謂之綬。漢承用之，至明帝始復制佩，漢末又亡絶。魏王粲識其形，乃復造焉。《宋志》：今之佩，粲所制也。皇后至命婦所佩，古制不存，今與外同制，組綬仍施。《通考》引秦静曰：諸假印綬而官不給鞶囊者，得自具作；其但假印不假綬者，不得佩綬鞶。

《隋志》：按禮，天子佩白玉。今參用杜夔之法，天子白玉，太子瑜玉，王山玄玉，自公以下皆水蒼玉。

魏武爲魏公，位在諸侯王上，改授金璽赤紱。司馬昭爲相國，加緑綟綬。按漢諸侯王金璽綟綬，公侯金印紫綬，九卿至二千石銀印青綬。《文選注》引《魏晉官品》曰：相國丞相緑綟綬。《吴書》：孫權賜薛綜紫綬囊，綜陳謝：紫色非所宜服。時爲太子太傅。陸遜破曹休，孫權解禦金帶賜之。魏文帝賜劉楨廓落帶。《漢書·匈奴傳注》：鮮卑郭落帶，瑞獸名也。

清·汪兆鏞《稿本晉會要》卷一四《禮十二·笏手版》 笏，古者貴賤皆執笏，其有事則搢之於腰帶，所謂搢紳之士者，搢笏而垂紳帶也。紳垂長三尺。笏者，有事則書之，故常簪筆，今之白筆是其遺象。三臺五省二品文官簪之，王、公、侯、伯、子、男、卿尹及武官不簪，加内侍位者乃簪之。手版即古笏矣。尚書令、僕射、尚書手版頭復有白筆，以紫皮裹之，名曰笏。《輿服志》。《左傳》桓公正義引徐廣《車服儀制》云：古者貴賤皆執笏，即今手版也。

又 劍佩。漢制自天子至於百官，無不佩劍，其後惟朝帶劍，晉世始代之以木，貴者猶用玉首，賤者亦用蚌、金銀、玳瑁爲雕飾。《輿服志》。《通典》六十三晉制，盛服則雜寶，爲佩金銀飾。

革帶古之鞶帶也，文武衆官牧守丞令下及騶寺皆服之。其有囊綬，則以綴於革帶，其戎服則以皮絡帶代之。八座尚書荷紫，以生紫爲袷囊，綴之服外，加於左肩。昔周公負成王，制此服，至今以爲朝服。或云漢世用盛奏事，負之以行也。《輿服志》。

紀事

《隋書》卷一一《禮儀志六》 保定四年，百官始執笏，常服上焉。宇文護始命袍加下襴。

清·汪兆鏞《稿本晉會要》卷一四《禮十二·笏手版》 彬詣相府計事，於時僚佐皆當世英彦，帝問參軍孔顗，忌其能，良久不答。陳騫在坐，斂版而稱曰：彬之爲人勝騫甚遠，因辟彬爲鎧曹屬。《唐彬傳》。

簡文帝崩，桓温入赴山陵，止新亭，大陳兵衛，呼謝安及王坦之至，既見温，坦之流汗沾衣，倒執手版，安從容就席。《謝安傳》。

王徽之爲車騎，桓冲騎兵參軍，冲謂曰：卿在府日久，比當相料理。徽之初不酬答，直高視，以手版拄頰云：西山朝來致有爽氣耳。《王徽之傳》。

隋唐五代服飾制度部

皇帝服飾

綜述

唐・徐堅、蕭嵩《唐開元禮》卷三 衣服。凡大裘以黑羔皮爲之。冕無旒，金飾，玉簪導，以組爲纓，色如其綬。白紗中單，革帶，玉鉤艓，大帶。鹿盧玉具劍，火珠鏢首。白玉雙佩，玄組，雙大綬，六采，朱韈，赤舄，祀天地神祇則服之。衮冕，垂白珠十二旒，黈纊充耳，玉簪導，玄衣纁裳，十二章，白紗中單，革帶，大帶，劍玉佩綬，襪與上同，舄加金飾，享廟、謁廟及朝遣上將，征還、飲至、踐阼、加元服、納后，若元日受朝及臨軒册拜王公則服之。鷩冕，服七章，餘同衮冕，有事遠至則服之。毳冕，服五章，餘同鷩冕，祭海岳則服之。絺冕，服三章，餘同毳冕，祭社稷、先農則服之。玄冕，服三章，餘同絺冕，蠟祭百神，朝日夕月則服之。通天冠，加金博山，附蟬十二首，施珠翠，黑介幘，組纓翠緌，玉犀簪導，絳紗袍，白紗中單，白裙襦，絳紗蔽膝，白假帶，方心曲領，其革帶、劍珮、綬與上同，白襪，黑舄，諸祭還及冬至受朝，元旦朝會，則服之。武弁，金附蟬，平巾幘，餘同前服，講武、出征、四時蒐狩、大射、禡、類、宜社、賞祖、罰社、纂嚴則服之。弁服，十有二璂，玉簪導，絳紗衣，素裳，革帶，白玉雙珮，鞶囊小綬，白韈，烏皮履，朔日受朝則服之。黑介幘，白紗單衣，白裙襦，革帶，素韈，烏皮履，拜陵則服之。白紗帽，白裙襦，白韈，烏皮履，視朝聽訟及宴見賓客則服之。平巾幘，金寶飾。導簪冠支皆以玉，紫褶，白袴，玉具裝，真珠寶鈿帶，靴，乘馬則服之。翼善冠，其常服及白練裙襦通著之，若服袴褶，則與平巾幘通著之。

唐・李林甫《唐六典》卷四《尚書禮部》 皇帝衮冕臨軒，展宮縣之樂，陳歷代寶玉、輿輅，備黃麾仗。二王後及百官、朝集使、皇親、諸王並朝服陪位。

又 大會之日，陳設亦如之。皇帝服通天冠。皇太子稱觴獻壽，次上公稱觴獻壽，侍中宣賜束帛有差。其日，外命婦朝中宮，爲皇后稱觴獻壽，司宮宣賜束帛有差。凡冬至大陳設如元正之儀，其異者，皇帝服通天冠，無諸州表奏、祥瑞、貢獻。

《隋書》卷一二《禮儀志七》 皇帝臨臣之喪，三品已上，服錫衰；五等諸侯，緦衰；四品已下，疑衰。

《舊唐書》卷四五《輿服志》 唐制，天子衣服，有大裘之冕、衮冕、鷩冕、毳冕、繡冕、玄冕、通天冠、武弁、黑介幘、白紗帽、平巾幘、白帢，凡十二等。

大裘冕，無旒，廣八寸，長一尺六寸，玄裘纁裏，已下廣狹准此。金飾，玉簪導，以組爲纓，色如其綬。裘以黑羔皮爲之，玄領、褾、襟緣。朱裳，白紗中單，皁領，青褾、襈、裾，革帶，玉鉤艓，大帶，素帶朱裏，紕其外，上以朱，下以緑，紐用組也。蔽膝隨裳。鹿盧玉具劍，火珠鏢首。白玉雙珮，玄組雙大綬，六綵，玄、黄、赤、白、縹、緑，純玄質，長二丈四尺，五百首，廣一尺。小雙綬長二尺一寸，色同大綬而首半之，間施三玉環。朱韈，赤舄。祀天神地祇則服之。

衮冕，金飾，垂白珠十二旒，以組爲纓，色如其綬，黈纊充耳，玉簪導。玄衣纁裳，十二章，八章在衣，日、月、星、龍、山、華蟲、火、宗彝，四章在裳，藻、粉米、黼、黻。衣褾、領爲升龍，織成爲之也。各爲六等，龍、山以下，每章一行，十二。白紗中單，黼領，青褾、襈、裾，黻。繡龍、山、火三章，餘同上。革帶、大帶、劍、珮、綬與上同。舄加金飾。諸祭祀及廟、遣上將、征還、飲至、踐阼、加元服、納后、若元日受朝，則服之。

鷩冕，服七章，三章在衣，華蟲、火、宗彝，四章在裳，藻、粉米、黼、黻。餘同衮冕，有事遠主則服之。

毳冕，服五章，三章在衣，宗彝、藻、粉米，二章在裳，黼、黻也。餘同鷩冕，祭海岳則服之。

繡冕，服三章，一章在衣，粉米，二章在裳，黼、黻。餘同毳冕，祭社稷、帝社則服之。

玄冕服，衣無章，裳刺黼一章。餘同繡冕，蠟祭百神、朝日夕月則服之。

通天冠，加金博山，附蟬十二首，施珠翠，黑介幘，髮纓翠緌，玉若犀簪導。絳紗裏，白紗中單，領，褾，飾以織成。朱襈、裾，白裙，白裙襦。亦裙衫也。絳紗蔽膝，白假帶，方心曲領。其革帶、珮、劍、綬、襪、舄與上同。若未加元服，則雙童髻，空頂黑介幘，雙玉導，加寶飾。諸祭還及冬至朔日受朝、臨軒拜王公、元會、冬會則服之。

武弁，金附蟬，平巾幘，餘同前服。講武、出征、四時蒐狩、大射、禡、類、宜社、賞祖、罰社、纂嚴則服之。

弁服，弁以鹿皮爲也。十有二琪，琪以白玉珠爲之。玉簪導，絳紗衣，素裳，革帶，白玉雙珮，鞶囊，小綬，白襪，烏皮履，朔日受朝則服之。

黑介幘，白紗單衣，白裙襦，革帶，素襪，烏皮履，拜陵則服之。

白紗帽，亦烏紗也。白裙襦，亦裙衫也。白襪，烏皮履。視朝聽訟及宴見賓客則服之。

平巾幘，金寶飾。導簪冠文皆以玉，紫褶，亦白褶。白袴，玉具裝，真珠寶帶，乘馬則服之。

白帢，臨大臣喪則服之。

太宗又制翼善冠，朔、望視朝，以常服及帛練裙襦通著之。若服袴褶，又與平巾幘通用。著於令。

其常服，赤黃袍衫，折上頭巾，九環帶，六合靴，皆起自魏、周，便於戎事。自貞觀已後，非元日、冬至受朝及大祭祀，皆常服而已。

顯慶元年九月，太尉長孫無忌與修禮官等奏曰：

准武德初撰《衣服令》天子祀天地，服大裘冕，無旒。臣無忌、志寧、敬宗等謹按《郊特牲》云：周之始郊，日以至。被衮以象天，戴冕藻十有二旒，則天數也。而此二禮，俱説周郊，衮與大裘，事乃有異。按《月令》：孟冬，天子始裘。明以禦寒，理非當暑，若啓蟄祈穀，冬至報天，行事服裘，義歸通允。至於季夏迎氣，龍見而雩，炎熾方隆，如何可服。謹尋歷代，唯服衮章，與《郊特牲》義旨相協。按周遷《輿服志》云，漢明帝永平二年，制採《周官》、《禮記》，始制祀天地服，天子備十二章。沈約《宋書》志云：魏、晉郊天，亦皆服衮。又王智深《宋紀》曰：明帝制云，以大冕純玉藻、玄衣、黃裳郊祀天地。後魏、周、齊，迄于隋氏，勘其禮令，祭服悉同。斯則百王通典，炎凉無妨，復與禮經事無乖舛。今請憲章故實，郊祀天地，皆服衮冕，其大裘請停，仍改禮令。又檢《新禮》，皇帝祭社稷服繡冕，四旒，三章。祭日月服玄冕，三旒，衣無章。謹按：令文是四品五品之服，此則三公亞獻，皆服衮衣，孤卿助祭，服毳及鷩，斯乃乘輿章數，同於大夫，君少臣多，殊爲不可。據《周禮》云：祀昊天上帝則服大裘而冕，五帝亦如之。享先王則衮冕，享先公則鷩冕，祀四望山川則毳冕，祭社稷五祀則絺冕，諸小祀則玄冕。又云：公侯伯子男孤卿大夫之服，衮冕以下，皆如王之服。所以《三禮義宗》，遂有二釋。一云公卿大夫助祭之日，所著之服，降王一等。又云悉與王同。求其折衷，俱未通允。但名位不同，禮亦異數。天子以十二爲節，義在法天，豈有四旒三章，翻爲御服。若諸臣助祭，冕與王同，便是貴賤無分，君臣不別。如其降王一等，則王著玄冕之時，群臣次服爵弁，既屈天子，又貶公卿。《周禮》此文，久不施用。亦猶祭祀之立尸侑，君親之拜臣子，覆巢設硩蔟之官，去鼃置蟈氏之職，唯施周代，事不通行。是故漢、魏以來，下迄隋代，相承舊事，唯用衮冕。今《新禮》親祭日月，仍服五品之服，臨事施行，極不穩便。請遵歷代故實，諸祭並用衮冕。制可之。

無忌等又奏曰：皇帝爲諸臣及五服親舉哀，依禮著素服。今令乃云白帢，禮令乖舛，須歸一塗。且白帢出自近代，事非稽古，雖著令文，不可行用。請改從素服，以會禮文。制從之。自是鷩冕已下，乘輿更不服之，白帢遂廢，而令文因循，竟不改削。

開元十一年冬，玄宗將有事於南郊，中書令張説又奏稱：准令，皇帝祭昊天上帝，服大裘之冕，事出《周禮》，取其質也。永徽二年，高宗親享南郊用之。明慶年修禮，改用衮冕，事出《郊特牲》，取其文也。自則天已來用之。若遵古制，則應用大裘，若便於時，則衮冕爲美。令所司造二冕呈進，上以大裘樸略，冕又無旒，既不可通用於寒暑，乃廢不用之。自是元正朝會依禮令用衮冕及通天冠，大祭祀依《郊特牲》亦用衮冕。自餘諸服，雖在於令文，不復施用。十七年，朝拜五陵，但素服而已。朔、望常朝，亦用常服，其翼善冠亦廢。

《新唐書》卷二四《車服志》　唐初受命，車服皆因隋舊。武德四年，始著車輿衣服之令，上得兼下，下不得儗上。

又　凡天子之服十四：大裘冕者，祀天地之服也。廣八寸，長一尺二寸，以板爲之，黑表，纁裏，無旒，金飾玉簪導，組帶爲纓，色如其綬，黈纊充耳。大裘，繒表，黑羔表爲緣，纁裏，黑領、褾、襟緣，朱裳，白紗中單，皂領，青褾、襈、裾，朱襪，赤舄。鹿盧玉具劍，火珠鏢首，白玉雙佩。黑組大雙綬，黑質，黑、黃、赤、白、縹、緑爲純，以備天地四方之色。廣一尺，長二丈四尺，五百首。紛廣二寸四分，長六尺四寸，色如綬。又有小雙綬，長二尺六寸，色如大綬，而首半之，間施三玉環。革帶，以白皮爲之，以屬佩、綬、印章。鞶囊，亦曰鞶帶，博三寸半，加金鏤玉鉤䚢。大帶，以素爲之，以朱爲裏，在腰及垂皆有裨，上以朱錦，貴正色也，下以緑錦，賤間色也，博四寸。紐約，貴賤皆用青組，博三寸。韍以繒爲之，隨裳色，上廣一尺，以象天數，下廣二尺，以象地數，長三尺，朱質，畫龍、火、山三章，以象三才，其頸五寸，兩角有肩，廣二寸，以屬革帶。朝服謂之韠，冕服謂之韍。

衮冕者，踐祚、饗廟、征還、遣將、飲至、加元服、納后、元日受朝賀、臨軒册拜王公之服也。廣一尺二寸，長二尺四寸，金飾玉簪導，垂白珠十二旒，朱絲組帶爲纓，色如綬。深青衣纁裳，十二章：日、月、星辰、山、龍、華蟲、火、宗彝八章在衣；藻、粉米、黼、黻四章在裳。衣畫，裳繡，以象天地之色也。自山、龍以下，每章一行爲等，每行十二。衣、褾、領，畫以升龍，白紗中單，黻領，青褾、襈、裾，韍繡龍、山、火三章，舄加金飾。

鷩冕者，有事遠主之服也。八旒，七章，華蟲、火、宗彝三章在衣，藻、粉米、黼、黻四章在裳。

毳冕者，祭海嶽之服也。七旒，五章，宗彝、藻、粉米在衣，黼、黻在裳。

絺冕者，祭社稷、饗先農之服也。六旒，三章，絺、粉米在衣，黼、黻在裳。

玄冕者，蜡祭百神，朝日，夕月之服也。五旒，裳刺黼一章。自衮冕以下，其制一也，簪導、劍、佩、綬皆同。

通天冠者，冬至受朝賀、祭還、燕群臣、養老之服也。二十四梁，附蟬十二首，施珠翠、金博山，黑介幘，組纓翠緌，玉、犀簪導，絳紗袍，朱裏紅羅裳，白紗中單，朱領、褾、襈、裾，白裙、襦，絳紗蔽膝，白羅方心曲領，白韈，黑舄。白假帶，其制垂二條帛，以變祭服之大帶。天子未加元服，以空頂黑介幘，雙童髻，雙玉導，加寶飾。三品以上亦加寶飾，五品以上雙玉導，金飾，六品以下無飾。

緇布冠者，始冠之服也。天子五梁，三品以上三梁，五品以上二梁，九品以上一梁。

武弁者，講武、出征、蒐狩、大射、禡、類、宜社、賞祖、罰社、纂嚴之服也。有金附蟬，平巾幘。

弁服者，朔日受朝之服也。以鹿皮爲之，有攀以持髮，十有二璂，玉簪導，絳紗衣，素裳，白玉雙佩，革帶之後有鞶囊，以盛小雙綬，白韈，烏皮履。

黑介幘者，拜陵之服也。無飾，白紗單衣，白裙、襦，革帶，素韈，烏皮履。

白紗帽者，視朝、聽訟、宴見賓客之服也。以烏紗爲之，白裙、襦，白韈，烏皮履。

平巾幘者，乘馬之服也。金飾，玉簪導，冠支以玉，紫褶，白袴，玉具裝，珠寶鈿帶，有韡。

白帢者，臨喪之服也。白紗單衣，烏皮履。

雜録

宋・王銍《默記》卷上 藝祖初自陳橋推戴入城，周恭帝即衣白襴，乘轎子出居天清寺。天清，世宗節名，而寺其功德院也。

又 徐鉉歸朝，爲左散騎常侍，遷給事中。太宗一日問：曾見李煜否。鉉對以臣安敢私見之。上曰：卿第往，但言朕令卿往相見可矣。鉉遂徑往其居，望門下馬，但一老卒守門。徐言願見太尉。卒言：有旨不得與人接，豈可見也。鉉云：我乃奉旨來見。老卒往報，徐入立庭下久之，老卒遂入取舊椅子相對。鉉遥望見，謂卒曰：但正衙一椅足矣。頃間，李主紗帽道服而出。

宋・陶穀《清異録》卷下《衣服門》 蒸黄透繡襖子。明宗天資恭儉，嘗因苦寒，左右進蒸黄透繡襖子，不肯服，索托羅氈襖衣之。

宋・葉夢得《石林燕語》卷七 故事：南郊，車駕服通天冠、絳紗袍；赴青城祀日，服韡袍；至大次臨祭，始更服衮冕。元豐中，詔定奉祀儀，有司建言：《周官》祀昊天上帝，則服大裘而冕，《禮記》郊祭之日，王被衮以象天。王肅援《家語》臨燔祭，脱衮冕，蓋先衮而後裘。因請更製大裘，以衮用於祀日，大裘用于臨祭。議者頗疑《家語》不可據，黜之。則《周官》、《禮記》所載相牴牾。時陸右丞佃知禮院，乃言古者衣必有裘，故緇衣羔裘，黄衣狐裘，素衣麑裘。所謂大裘不裼者，止言不裼，宜應有襲。襲者，裏也。蓋中裘而表衮，乃請服大裘，被以衮，遂爲定制。大裘，黑羔皮爲之，而緣以黑繒，乃唐制也。

元・釋覺岸《釋氏稽古略》卷二　隋王受册璽入臨光殿，服衮冕如元會之儀。大赦建元開皇，除周六官，依漢魏之舊封周帝爲介公，九歲薨。《隋書》。

清・張岱《夜航船》卷六《選舉部・諫官》　瓦爲油衣。谷那律博洽群書，褚遂良稱曰九經庫。從太宗出獵，遇雨，因問：油衣若何而不漏耶。那律曰：以瓦爲之，當不漏。上嘉其直。

皇子服飾

綜　述

唐・徐堅、蕭嵩《大唐開元禮》卷三　皇太子衮冕垂珠，《通典》亦作垂白珠。九旒，青纊充耳，犀簪導。玄衣纁裳，九章。白紗中單，革帶金鉤䚢，大帶，玉具劍瑜，玉雙珮，朱組雙大綬，朱韈，赤舄。侍從祭祀及謁廟，加元服，納妃則服之，具服遠游三梁冠，加金附蟬，九首施珠翠，黑介幘，髮纓翠緌，犀簪導，絳紗袍，白紗中單，白裙襦，白假帶，方心曲領，絳紗蔽膝，其革帶，劍珮與上同。白韈黑舄。未韈則雙童髻，空頂黑介幘，雙玉導，加寶飾。謁廟還宮，元日冬至朔日入朝，釋奠則服之。其朔日入朝，通服袴褶，五日常朝亦准此。公服遠遊冠，簪導以上並同前。絳紗單衣，白裙襦，革帶金鉤䚢，假帶，瑜玉雙珮，方心，紛鞶囊。白韈，烏皮履。五日常朝，元日冬至，受朝則服之。烏紗帽，白裙襦，白韈，烏皮履。視事及宴見賓客則服之。弁服，犀簪導，組纓，玉璂九，絳紗衣，素裳，革帶鞶囊，小綬，雙珮，白韈，烏皮履。朔日及視事則兼服之。平巾幘，金飾，犀簪導，紫褶，白袴，玉梁珠鈿帶靴，乘馬則服之。進德冠，九璂加金飾，其常服及白練裙襦通著之。若服袴褶，則與平巾幘通著之。

唐・杜佑《通典》卷六一《君臣服章制度》　隋文帝即位，將改後周制度。【略】皇太子衮服，玄衣纁裳。衣山、龍、華蟲、火、宗彝五章，裳藻、粉米、黼、黻四章。織成爲之。白紗內單，黼領，青褾、襈、裾。革帶，金鉤䚢；大帶，素帶不朱裏，亦紕以朱緑。韍隨裳色，火、山二章。玉具劍，火珠鏢首。瑜玉雙佩，朱組。雙大綬，四綵，赤白縹紺，純朱質，長丈八尺，三百二十首，廣九寸；小雙綬，長二尺六寸，色同大綬，而首半之，間施二玉環。朱韈，赤舄，以金飾。侍從皇帝祭祀及謁廟、加元服、納妃，則服之。遠遊冠服，絳紗袍，白紗內單，皂領、褾、襈、裾，白假帶，方心曲領，絳紗蔽膝，韈，舄。其革帶、劍、佩、綬，與上同。謁廟、還宮、元日朔日入朝、釋奠則服之。遠遊冠公服，絳紗單衣，革帶，金鉤䚢，假帶，方心。紛長六尺四寸，廣二寸四分，色同其綬。金縷鞶囊，襪履。五日常朝，則服之。

《隋書》卷一二《禮儀志七》　皇太子衮冕，垂白珠九旒，青纊充耳，犀笄。玄衣纁裳。衣山、龍、華蟲、火、宗彝五章，裳藻、粉米、黼、黻四章。織成爲之。白紗內單，黼領，青褾、襈、裾。革帶，金鉤䚢，大帶，素帶不朱裏，亦紕以朱緑。黻隨裳色，火、山二章。玉具劍，火珠鏢首。瑜玉雙佩，朱組。雙大綬，四采，赤白縹紺，純朱質，長一丈八尺，三百二十首，廣九寸；小雙綬，長二尺六寸，色同大綬，而首半之，間施二玉環。朱韈，赤舄，以金飾。侍從皇帝祭祀及謁廟、元服、納妃，則服之。

遠游三梁冠，加金附蟬，九首，施珠翠，黑介幘，纓翠緌，犀簪導。絳紗袍，白紗內單，皁領、褾、襈、裾，白假帶，方心曲領，絳紗蔽膝，韈，舄。其革帶、劍、佩、綬與上同。未冠則雙童髻，空頂黑介幘，雙玉導，加寶飾。謁廟、還宮、元日朔日入朝、釋奠，則服之。

遠遊冠，公服，絳紗單衣，革帶，金鉤䚢，假帶，方心。紛長六尺四寸，廣二寸四分，色同其綬。金縷鞶囊，韈，履。五日常朝，則服之。

白帢，單衣，烏皮履，爲宮臣舉哀，則服之。

又　皇太子臨弔三師、三少，則錫衰；宮臣四品已上，緦衰；五品已下，疑衰。

又　皇太子服六等，衮冕九旒，朱組纓，青纊琇耳，犀簪導。紺衣纁裳，去日月星辰爲九章。白紗內單，黼黻領，青褾、襈、裾。革帶，金鉤䚢，大帶，韍二章，玉具劍。侍從祭祀，及謁廟、加元服、納妃，則服之。據晉咸寧四年故事，衣色用玄，改用紺。舊章用織成，降以繡。玉具劍，故事以火珠鏢首，改以白珠。開皇中，皇太子冕同天子，貫白珠。及仁壽元年，煬帝爲太子，以白珠太逼，表請從青珠。于是太子衮冕，與三公王等，皆青珠九旒。旒短不及髆，降天子二寸。

遠游冠，金附蟬，加寶飾珠翠，九首，珠纓翠緌，犀簪導。絳紗袍，白紗内單，皁領，褾、襈、裾。白假帶，方心曲領，絳紗蔽膝。韈，舄，革帶，劍，佩，綬同衮冕。未冠則雙童髻，空頂黑介幘，雙玉導，加寶飾珠翠，二首。謁廟還，元日、朔旦入朝，釋奠，則服之。

又 遠游三梁冠，從省服，絳紗單衣，革帶，金鈎䚢，假帶，方心，佩一隻，紛長六尺四寸，闊二寸四分，色同於綬。金縷鞶囊，白韈，烏皮履，金飾。五日常朝則服之。

鹿皮弁，九琪，服絳羅襦，白羅裙，革帶，履，韈，佩，紛，如從省服。在宫聽政則服之。

平巾，黑幘，玉冠枝，金花飾，犀簪導，紫羅褶，南布袴，玉梁帶，長靿靴。侍從田狩則服之。

白帢，素單衣，烏皮履。爲宫臣舉哀弔喪則服之。

《舊唐書》卷四五《輿服志》《武德令》：皇太子衣服，有衮冕、具服遠游三梁冠、公服遠游冠、烏紗帽、平巾幘五等。貞觀已後，又加弁服、進德冠之制。

衮冕，白珠九旒，以組爲纓，色如其綬，青纊充耳，犀簪導。玄衣纁裳，九章。五章在衣，龍、山、華蟲、火、宗彝，四章在裳，藻、粉米、黼、黻。織成爲之。白紗中單，黼領，青褾、襈、裾。革帶，金鈎䚢，大帶，素帶朱裏，亦紕以朱緑，皆用組。黻。隨裳色，火、山二章也。玉具劍，金寶飾也。玉鏢首。瑜玉雙珮，朱組雙大綬，四綵，赤、白、縹、紺，純朱質，長一丈八尺，三百二十首，廣九寸。小雙綬長二尺六寸，色同大綬而首半之，施二玉環也。朱韈，赤舄。舄加金飾。侍從皇帝祭祀及謁廟、加元服、納妃則服之。

具服遠游三梁冠，加金附蟬九首，施珠翠，黑介幘，髮纓翠緌，犀簪導。絳紗袍，白紗中單，皁領，褾、襈、裙，白裙襦，白假帶，方心曲領，絳紗蔽膝。其革帶，劍，珮，綬，襪，舄與上同。後改用白襪、黑舄。未冠則雙童髻，空頂黑介幘，雙玉導，加寶飾。謁廟還宫、元日、冬至、朔日入朝，釋奠則服之。

公服遠游冠，簪導以下並同前也。絳紗單衣，白裙襦，革帶，金鈎䚢，假帶，方心，紛，鞶囊，長六尺四寸，廣二寸四分，色同大綬。白襪，烏皮履。五日常服，元日冬至受朝則服之。

烏紗帽，白裙襦，白襪，烏皮履，視事及宴見賓客則服之。平巾幘，紫褶，白袴，寶鈿起梁帶。乘馬則服之。

弁服，弁以鹿皮爲之。犀簪導，組纓，玉琪九，絳紗衣，素裳，革帶，鞶囊，小綬，雙珮，白襪，烏皮履。朔望及視事則兼服之。

進德冠，九琪，加金飾，其常服及白練裙襦通著之。若服袴褶，則與平巾幘通著。

自永徽已後，唯服衮冕，具服，公服而已。若乘馬袴褶，則著進德冠，自餘並廢。若讌服、常服，紫衫袍與諸王同。

《新唐書》卷二四《車服志》皇太子之服六：衮冕者，從祀、謁廟、加元服、納妃之服也。白珠九旒，紅絲組爲纓，犀簪導，青纊充耳。黑衣纁裳，凡九章：龍、山、華蟲、火、宗彝在衣，藻、粉米、黼、黻在裳。白紗中單，黼領，青褾、襈、裾。革帶金鈎䚢，大帶，瑜玉雙佩。朱組雙大綬，朱質，赤、白、縹、紺爲純，長一丈八尺，廣九寸，三百二十首。黻隨裳色，有火、山二章。白韈，赤舄，朱履，加金塗銀釦飾。鹿盧玉具劍如天子。

遠游冠者，謁廟、還宫、元日朔日入朝、釋奠之服也。以具服遠游冠三梁，加金博山，附蟬九首，施珠翠，黑介幘，髮纓翠緌，犀簪導，絳紗袍，紅裳，白紗中單，黑領、褾、襈、裾，白裙襦，白假帶，方心曲領，絳紗蔽膝，白韈，黑舄。朔日入朝，通服袴褶。

公服者，五日常朝、元日冬至受朝之服也。遠游冠，絳紗單衣，白裙襦，革帶金鈎䚢，假帶，瑜玉隻佩，方心，紛，金縷鞶囊，純長六尺四寸，廣二寸四分，色如大綬。

烏紗帽者，視事及燕見賓客之服也。白裙襦，烏皮履。

弁服者，朔望視事之服也。鹿皮爲之，犀簪導，組纓九琪，絳紗衣，素裳，革帶，鞶囊，小綬，雙佩。自具服以下，皆白韈，烏皮履。

平巾幘者，乘馬之服也。金飾，犀簪導，紫裙，白袴，起梁珠寶鈿帶，韡。

進德冠者，亦乘馬之服也。九琪，加金飾，有袴褶，常服則有白裙襦。

紀事

《隋書》卷一二《禮儀志七》 始後周采用《周禮》，皇太子朝賀，皆衮冕九章服。開皇初，自非助祭，皆冠遠游冠。至此，牛弘奏云：皇太子冬正大朝，請服衮冕。帝問給事郎許善心曰：太子朝謁，著遠游冠，有何典故。對曰：晉令皇太子給五時朝服、遠游冠。至宋泰始六年，更議儀注，儀曹郎丘仲起議：案《周禮》，公自衮冕已下，至卿大夫之玄冕，皆其朝聘之服也。伏尋古之公侯，尚得服衮，以入朝見，況皇太子儲副之尊，謂宜式遵盛典，服衮朝賀。兼左丞陸澄議：服冕以朝，實著經典，自秦除六冕之制，後漢始備古章。魏、晉以來，非祀宗廟，不欲令臣下服於衮冕，位爲公者，必加侍官，故太子入朝，因亦不著。但承天作副，禮絶群後，宜遵前王之令典，革近代之陋制，皇太子朝，請服冕。自宋以下，始定此儀。至梁簡文之爲太子，嫌於上逼，還冠遠游，下及于陳，皆依此法。後周之時，亦言服衮入朝。至于開皇，復遵魏、晉故事。臣謂衮冕之服，章玉雖差，一日而觀，頗欲相類。臣子之道，義無上逼。故晉武帝太始三年，詔太宰安平王孚著侍内之服，四年，又賜趙、燕、樂安王等散騎常侍之服。自斯以後，臺鼎貴臣，並加貂璫武弁，故皇太子遂著遠游，謙不逼尊，於理爲允。帝曰：善。竟用開皇舊式。

《舊唐書》卷四五《輿服志》 開元二十六年，肅宗升爲皇太子，受册，太常所撰《儀注》有服絳紗袍之文。太子以爲與皇帝所稱同，上表辭不敢當，請有以易之。玄宗令百官詳議。尚書左丞相裴耀卿、太子太師蕭嵩等奏曰：謹按《衣服令》，皇太子具服，有遠游冠，三梁，加金附蟬九首，施珠翠，黑介幘，髮纓綏，犀簪導，絳紗袍，白紗中單，皁領、褾、襈，白裙襦，方心曲領，絳紗蔽膝，革帶，劒，珮，綬等，謁廟還宮、元日冬至朔日入朝、釋奠則服之。其絳紗袍則是冠衣之内一物之數，與裙襦、劒、珮等無別。至於貴賤之差，尊卑之異，則冠爲首飾，名制有殊，并珠旒及裳綵章之數，多少有別，自外不可事事差異。亦有上下通服，名制是同，禮重則具服，禮輕則從省。今以至敬之情，有所未敢，衣服不可減省，稱謂須更變名。望所撰《儀注》，不以絳紗袍爲稱，但稱爲具服，則尊卑有差，謙光成德。議奏上，手敕改爲朱明服，下所司行用焉。

宋・王溥《唐會要》卷二六《皇太子加元服》 皇太子加元服。貞觀八年二月三日，皇太子加元服。

永徽六年二月五日，皇太子加元服，内外文武官爲父後者，賜爵一級。

顯慶四年十月十二日，皇太子加元服。

開元八年正月十二日，皇太子加元服，十二日太子謁太廟，十三日宴百官於太極殿。

后妃命婦服飾

綜述

唐・徐堅、蕭嵩《唐開元禮》卷三 皇后服，首飾花十二樹，小花如大花之數，并兩博鬢。褘衣，素紗中單，蔽膝，大帶，青衣革帶，青襪，舄，白玉雙珮，玄組雙大綬，受册助祭朝會諸大事則服之。鞠衣，黄羅爲表，其蔽膝、大帶及衣革帶，舄並隨衣色，餘與褘衣同，唯無翟，親蠶則服之。鈿釵禮衣，十二鈿，服通用雜色，制與上同，加以雙珮小綬。去舄加履。宴見賓客則服之。

又 皇太子妃，首飾花九樹。小花如大花之數，并兩博鬢。褕翟，素紗中單，蔽膝，大帶，青衣革帶，青襪，舄。瑜玉雙珮，純朱雙大綬，受册助祭朝會諸大事則服之。鞠衣，黄羅爲表，其蔽膝、大帶、革帶並隨衣色，餘與褕衣同，唯無翟，從蠶則服之。鈿釵禮衣，九鈿，服通用雜色，制與上同，加雙珮小綬。去舄加履。宴見賓客則服之。

又 内外命婦，花釵。施兩博鬢，寶鈿飾，一品九樹，二品八樹，三品七樹，四品六樹，五品五樹，寶鈿准花樹。翟衣青質，羅爲之，繡爲翟，編次於衣及裳，一品翟九等，二品八等，三品七等，四品六等，五品五等。並素紗中單，蔽膝，大帶，以青衣革帶，青襪，舄，珮綬，内命婦受册、從蠶、朝會則服之。其外命婦嫁及受册、從蠶、大朝會亦准此。

鈿釵，一品九鈿，二品八鈿，三品七鈿，四品六鈿，五品五鈿。禮衣，通用雜色，制與上同，加雙珮小綬，内命婦尋常參見、外命婦朝參辭見及禮會則服之。六尚、寶林、御女、采女及女官等服禮衣，通用雜色，制與上同，唯無首飾、珮綬，七品已上有大事則服之，尋常供奉則公服。公服去中單、蔽膝、大帶。九品已上大事及尋常供奉並公服，東宫准此，女史則半袖裙襦。凡公主、王妃，珮綬同諸郡、縣主，内命婦各准品服，外命婦各從夫及子，而加邑號者，亦准此品。

花釵，覆笄而已，并兩博鬢，裝以金銀雜寶飾。大袖連裳，青質，素紗中單，蔽膝，大帶，以青革帶，韈，履。六品已下，九品已上妻及九品已上女，嫁則服之。

花釵，以金銀塗瑠璃等飾。連裳青質，以青衣革帶，韈，履。庶人女嫁則服之。凡百官女嫁，聽服母服廟見本生蔭高者准兄弟。凡王公已下及婦人服飾等級，上得兼下，下不得僭上。

唐·李林甫《唐六典》卷二《尚書吏部》 王母、妻爲妃。一品及國公母、妻爲國夫人，三品已上母、妻爲郡夫人，四品、若勳官二品有封，母、妻爲郡君；五品、若勳官三品有封，母、妻爲縣君。散官並同職事。勳官四品有封，母、妻爲鄉君。其母邑號皆加太字。各視其夫及子之品，若兩有官爵者，皆從高。若内命婦一品之母爲正四品郡君，二品母爲從四品郡君，三品、四品母並爲正五品郡君。凡婦人不因夫及子而别加邑號，夫人云某品夫人，郡君爲某品郡君，縣君、鄉君亦然。【略】晉封虞潭母孫氏武昌侯太夫人，加金章，紫綬。【略】晉令式云郡公侯太夫人、夫人，銀印青綬，佩水蒼玉，宋齊之後，多用其制，至隋氏始定品格，皇朝因之。）

《隋書》卷一二《禮儀志七》 皇后首飾，花十二樹。皇太子妃，公主，王妃，三師、三公及公夫人，一品命婦，並九樹。侯夫人，二品命婦，並八樹。伯夫人，三品命婦，並七樹。子夫人，世婦及皇太子昭訓，四品已上官命婦，並六樹。男夫人，五品命婦，五樹。女御及皇太子良娣，三樹。自皇后已下，小花並如大花之數，並兩博鬢也。

皇后褘衣，深青織成爲之。爲翬翟之形，素質，五色，十二等。青紗内單，黼領，羅縠褾、襈，蔽膝，隨裳色，用翟爲章，三等。大帶，隨衣色，朱裏，紕其外，上以朱錦，下以緑錦。紐約用青組。以青衣，革帶，青韈，舄，舄加金飾。白玉佩，玄組、綬。章采尺寸，與乘輿同。祭及朝會，凡大事則服之。

鞠衣，黄羅爲之。應服者皆同。其蔽膝、大帶及衣、革帶、舄，隨衣色。餘與褘衣同，唯無雉。親蠶則服之。應服者皆以助祭。

青衣，青羅爲之，制與鞠衣同。去花、大帶及佩綬。以禮見皇帝，則服之。

朱衣，緋羅爲之，制如青衣。宴見賓客則服之。

皇太后服，與皇后同。

皇太子妃褕翟，青織成爲之。爲搖翟之形，青質，五色，九等。青紗内單，黼領，羅縠褾、襈，蔽膝，隨衣色，以搖翟爲章，三等。大帶，隨衣色，下朱裏，紕其外，上以朱錦，下以緑錦。紐約用青組。以青衣，革帶，青韈，舄，舄加金飾。瑜玉佩，純朱綬。章采尺寸，與皇太子同。助祭朝會，凡大事則服之。亦有鞠衣。

又 公主，王妃，三師、三公及公侯伯夫人，服褕翟。繡爲之。公主，王妃，三師三公及公夫人爲九等，侯夫人八等，伯夫人七等。助祭朝會，凡大事則服之。亦有鞠衣。

子、男夫人，服闕翟。緋羅爲之。刻赤繒爲翟形，不繡，綴於服上。子夫人六等，男夫人五等。助祭朝會，凡大事則服之。亦有鞠衣。

諸王、公、侯、伯、子、男之母，與妃、夫人同。其郡縣君，各視其夫及子。若郡縣君品高及無夫、子者，準品。

嬪及從三品已上官命婦，青服。制與褕翟同，青羅爲之，唯無雉。助祭朝會，凡大事則服之。亦有鞠衣。

世婦及皇太子昭訓，從五品已上官命婦，服青服。助祭從蠶朝會，凡大事則服之。

女御及皇太子良媛，朱服。制與青服同，去佩綬。助祭從蠶朝會，凡大事則服之。

六尚，朱絲布公服。助祭從蠶朝會，凡大事則服之。

六司、六典及皇太子三司、三典、三掌，青紗公服。助祭從蠶朝會，凡大事則服之。

佩綬，嬪同九卿，世婦及皇太子昭訓同五品，公主、王妃同諸王，三師、三公、五等國夫人及從五品已上官命婦，皆準其夫。無夫者準品。

又 皇后服四等，有褘衣、鞠衣、青服、朱服。

褘衣，深青質，織成領袖，文以翬翟，五采重行，十二等。首飾花十二鈿，小花毦十二樹，并兩博鬢。素紗內單，黼領，羅縠褾、襈，色皆以朱。蔽膝隨裳色，以緅爲緣，用翟三章。大帶隨衣裳，飾以朱緑之錦，青緣。革帶，青韤，舄，舄以金飾。白玉佩，玄組，綬，章采尺寸同於乘輿。祭及朝會，凡大事皆服之。

鞠衣，黄羅爲質，織成領袖，小花十二樹。蔽膝，革帶及舄，隨衣色。餘準褘衣，親蠶服也。

青服，去花、大帶及佩綬，金飾履。禮見天子則服之。

朱服，制如青服。宴見賓客則服之。

又 貴妃、德妃、淑妃，是爲三妃。服褕翟之衣，首飾花九鈿，并二博鬢。金章龜鈕，文從其職。紫綬，一百二十首，長一丈七尺，金縷織成獸頭鞶囊，佩于闐玉。

順儀、順容、順華、修儀、修容、修華、充儀、充容、充華，是爲九嬪。服闕翟之衣，首飾花八鈿，并二博鬢。金章龜鈕，文從其職。紫綬，一百首，長一丈七尺，金縷織成獸頭鞶囊，佩采瓄玉。

婕妤，銀縷織成獸頭鞶囊，首飾花七鈿。他如嬪服。

美人、才人，服鞠衣，首飾花六鈿，并二博鬢。銀印珪鈕，文從其職。青綬，八十首，長一丈六尺。綵縷織成獸爪鞶囊，佩水蒼玉。

寶林，服展衣，首飾花五鈿，并二博鬢。銀印環鈕，文如其職。艾綬，八十首，長一丈六尺。鞶囊，佩玉，同於婕妤。

承衣刀人、采女，皆服褖衣，無印綬。參準宋泰始四年及梁、陳故事，增損用之。

皇太子妃，服褕翟之衣，青質，五采織成爲摇翟，以備九章。首飾花九鈿，并二博鬢。金璽龜鈕，文如其職。素紗內單，黼領，羅褾、襈，色皆用朱，蔽膝二章。大帶，同褘衣，青緑革帶，朱韤，青舄，舄加金飾。佩瑜玉，纁朱綬，一百六十首，長二丈，獸頭鞶囊。凡大禮見皆服之。唯侍親桑，則用鞠衣之服，花鈿佩綬，與褕衣同。準宋孝建二年故事而增損之。

良娣，鞠衣之服，銀印珪鈕，文如其職。佩采瓄玉，青綬，八十首，長一丈六尺，獸爪鞶囊。餘同世婦。

保林、八子，展衣之服，銅印環鈕，文如其職。佩水蒼玉，艾綬，八十首，長一丈六尺，獸爪鞶囊。自良娣等，準宋大明六年故事而損益之。

諸王太妃、妃、長公主、公主、三公夫人、一品命婦，褕翟之服，繡爲九章。首飾花九鈿，佩山玄玉，獸頭鞶囊。綬同夫色。

公夫人，縣主，二品命婦，亦服褕翟，繡爲八章。首飾八鈿。侍從親桑，同用鞠衣。自此之下，佩皆水蒼玉。

侯、伯夫人，三品命婦，亦服褕翟，繡爲七章。首飾七鈿。

子夫人，四品命婦，服闕翟之衣，刻赤繒爲翟，綴于服上，以爲六章。首飾六鈿。

男夫人，五品命婦，亦服闕翟之衣，刻繒爲翟，綴于服上，以爲五章。首飾五鈿。若當從侍親桑，皆同鞠衣。

《舊唐書》卷四五《輿服志》《武德令》：皇后服有褘衣、鞠衣、鈿釵禮衣三等。

褘衣，首飾花十二樹，并兩博鬢，其衣以深青織成爲之，文爲翬翟之形。素質，五色，十二等。素紗中單，黼領，羅縠褾、襈，褾、襈皆用朱色也。蔽膝，隨裳色，以緅爲領，用翟爲章，三等。大帶，隨衣色，朱裏，紕其外，上以朱錦，下以緑錦，紐約用青組。以青衣，革帶，青韤，舄，舄加金飾。白玉雙珮，玄組雙大綬。章綵尺寸與乘輿同。受册、助祭、朝會諸大事則服之。

鞠衣，黄羅爲之。其蔽膝、大帶及衣革帶，舄隨衣色。餘與褘衣同，唯無雉也。親蠶則服之。

鈿釵禮衣，十二鈿，服通用雜色，制與上同，唯無雉及珮綬，去舄，加履。宴見賓客則服之。

皇太子妃服，首飾花九樹，小花如大花之數，并兩博鬢也。褕翟，青織成爲之，文爲摇翟之形，青質，五色，九等也。素紗中單，黼領，羅縠褾、襈，褾、襈皆用朱也。蔽膝，隨裳色，用緅爲領緣，以摇翟爲章，二等也。大帶，隨衣色，朱裏，紕其外，上以朱錦，下以緑錦，紐用青組。以青衣，革帶，青韤，舄，舄加金飾。瑜玉珮，紅朱雙大綬。章綵尺寸與皇太子同。受册、助祭、朝會諸大事則服之。鞠衣，黄羅爲之，其蔽膝、大帶及衣革帶隨衣色。餘與褕翟同，唯無雉也。從蠶則服之。鈿釵禮衣，九鈿，服通用雜色，制與上同，唯無雉及珮、綬，去舄，加履。宴見賓客則服之。

內外命婦服花釵，施兩博鬢，寶鈿飾也。翟衣青質，羅爲之，繡爲雉，編次於衣及裳，重爲九等而下。第一品花鈿九樹，寶鈿准花數，以下准此也。翟九等。第二品花鈿八樹，翟八等。第三品花鈿七樹，翟七等。第四品花鈿六樹，翟六等。第五品花鈿五樹，翟五等。並素紗中單，黼領，朱褾，襈，亦通用羅縠也。蔽膝，隨裳色，以緅爲領緣，加以文繡，重雉爲章二事，一品已下皆同也。大帶，隨衣色，緋其外，上以朱錦，下以緑錦，紐同青組。青衣，革帶，青襪，舄，珮，綬。内命婦受册、從蠶、朝會則服之；其外命婦嫁及受册、從蠶、大朝會亦準此。鈿釵禮衣，通用雜色，制與上同，唯無雉及珮綬。去舄，加履。第一品九鈿，第二品八鈿，第三品七鈿，第四品六鈿，第五品五鈿。内命婦尋常參見，外命婦朝參辭見及禮會則服之。六尚、寶林、御女、采女、女官等服，禮衣通用雜色，制與上同，惟無首飾。七品已上，有大事服之，尋常供奉則公服。公服去中單、蔽膝、大帶。九品已上，大事及尋常供奉，並公服。東宫準此。女史則半袖裙襦。諸公主、王妃珮綬同，諸王縣主、内命婦準品。外命婦五品已上，皆準夫、子，即非因夫、子别加邑號者，亦準品。婦人宴服，準令各依夫色，上得兼下，下不得僭上。既不在公庭，而風俗奢靡，不依格令，綺羅錦繡，隨所好尚。上自宫掖，下至匹庶，遞相倣效，貴賤無别。

《新唐書》卷二四《車服志》　皇后之服三：禕衣者，受册、助祭、朝會大事之服也。深青織成爲之，畫翬，赤質，五色，十二等。素紗中單，黼領，朱羅縠褾、襈，蔽膝隨裳色，以緅領爲緣，用翟爲章，三等。青衣，革帶、大帶隨衣色，裨、紐約，佩、綬如天子，青韈，舄加金飾。

鞠衣者，親蠶之服也。黄羅爲之，不畫，蔽膝、大帶、革帶、舄隨衣色，餘同禕衣。

鈿釵禮衣者，燕見賓客之服也。十二鈿，服用雜色而不畫，加雙佩小綬，去舄加履，首飾大小華十二樹，以象袞冕之旒，又有兩博鬢。

又　皇太子妃之服有三：褕翟者，受册、助祭、朝會大事之服也。青織成。文爲摇翟，青質，五色九等。素紗中單，黼領，朱羅縠褾、襈，蔽膝隨裳色，用緅爲領緣，以翟爲章二等。青衣，革帶、大帶隨衣色，不朱裏，青韈，舄加金飾，佩、綬如皇太子。

鞠衣者，從蠶之服也。以黄羅爲之，制如褕翟，無雉，蔽膝、大帶隨衣色。

鈿釵禮衣者，燕見賓客之服也。九鈿，其服用雜色，制如鞠衣，加雙佩，小綬，去舄加履，首飾花九樹，有兩博鬢。

又　命婦之服六：翟衣者，内命婦受册、從蠶、朝會，外命婦嫁及受册、從蠶、大朝會之服也。青質，繡翟，編次於衣及裳，重爲九等。青紗中單，黼領，朱縠褾、襈、裾，蔽膝隨裳色，以緅爲領緣，加文繡，重雉爲章二等。大帶隨衣色，以青衣，革帶，青韈，舄，佩，綬，兩博鬢飾以寶鈿。一品翟九等，花釵九樹；二品翟八等，花釵八樹；三品翟七等，花釵七樹；四品翟六等，花釵六樹；五品翟五等，花釵五樹。寶鈿視花樹之數。

鈿釵禮衣者，内命婦常參、外命婦朝參辭見、禮會之服也。制同翟衣，加雙佩、小綬，去舄，加履。一品九鈿，二品八鈿，三品七鈿，四品六鈿，五品五鈿。

禮衣者，六尚、寶林、御女、采女、女官七品以上大事之服也。通用雜色，制如鈿釵禮衣，唯無首飾、佩、綬。

公服者，常供奉之服也。去中單、蔽膝、大帶，九品以上大事、常供奉亦如之。半袖裙襦者，東宫女史常供奉之服也。公主、王妃佩、綬同諸王。

花釵禮衣者，親王納妃所給之服也。

大袖連裳者，六品以下妻，九品以上女嫁服也。青質，素紗中單，蔽膝、大帶、革帶，韈、履同裳色，花釵，覆笄，兩博鬢，以金銀雜寶飾之。庶人女嫁有花釵，以金銀琉璃塗飾之。連裳，青質，青衣，革帶，韈，履同裳色。

婦人燕服視夫。百官女嫁，廟見攝母服。五品以上媵降妻一等，妾降媵一等，六品以下妾降妻一等。

又　婦人服從夫，子，五等以上親及五品以上母、妻，服紫衣，腰襻褾緣用錦繡。九品以上母、妻，服朱衣。流外及庶人不服綾、羅、縠、五色線鞾、履。凡襇色衣不過十二破，渾色衣不過六破。

紀事

宋・王溥《五代會要》卷二《婚禮》　後唐同光二年七月，太常禮院奏，按本朝舊儀，自一品至三品，婚姻得服袞冕劍佩衣九章。今皇子興聖宫使繼岌雖未封建，官是檢校太尉，合准一品婚姻施行。其妃準禮婦人從夫之爵，亦准一品命婦禮。至親迎日，太常鹵簿鼓吹前導，乘輅車。其妃花釵九枝，博鬢，褕翟衣九等。其日平明，皇帝差官告親廟一室，宗正卿攝婚主行禮。其夕親迎，興聖宮使乘輅車，鹵簿鼓吹前導，至女氏之門，以結綵車御輪交率一作車。從之。

雜　録

明·楊慎《丹鉛總録》卷七《冠服類·鶉鳩字》　後周皇后服制，受繭則服鶩衣，聽女教則服鶉衣，音罩。歸寧則服翔衣。音秩。鶉鳩字惟見此，蓋蘇綽所制也。

文武百官服飾

綜　述

唐·徐堅、蕭嵩《唐開元禮》卷三　羣官，服衮冕，垂青珠九旒。以組爲纓，青纊充耳，角簪導，青衣纁裳，服九章，白紗中單，革帶，鉤鰈，大帶，金玉飾劍，山玄玉珮，緑綟綬，朱韈，赤舄。第一品服之。親王，朱綬。鷩冕八旒，服七章，水蒼玉珮，紫綬，金飾劍，餘同衮冕。第二品服之。毳冕，七旒，服五章，水蒼玉珮，紫綬，金飾劍，餘同衮冕。第三品服之。絺冕，六旒，服三章，水蒼玉珮，青綬，金飾劍，餘同衮冕。第四品服之。玄冕，五旒，衣無章，裳刺黻一章。水蒼玉珮，黑綬，金飾劍，餘同衮冕。第五品服之。爵弁，色同爵，無旒，無章，玄纓簪導，青衣纁裳，白紗中單，革帶鉤鰈，大帶，爵韠，韈，赤履，九品以上服之。凡冕服及爵弁服，助祭及親迎則服之。若私家祭祀，三品已上及褒聖侯祭孔宣父，服玄冕，五品已上服爵弁，六品已下服進賢冠，遠游冠三梁，黑幘，青綏。凡文官，皆青綏。諸王服之，親王即加金附蟬。進賢冠，三品已上三梁，五品已上兩梁，九品已上一梁。三公、太子三師三少、五等爵，尚書省、秘書省、諸寺監、太子詹事府、三寺及散官，親王傅友、文學，若諸州縣關津岳瀆等流内九品已上服之。

武弁，平巾幘，武官及中書門下省、殿中省、内侍省，諸衛及太子諸坊諸率府，及鎮戍流内，九品已上服之。若侍中、中書令，左右散騎常侍則加貂蟬，侍左者左珥，侍右者右珥。

法冠，一名獬豸冠，一角爲獬豸之形，御史大夫已下監察御史已上服之。高山冠，内侍省，内謁者監，内謁者服之。却非冠，亭長、門僕服之。凡應冠而未冠者，並雙童髻，空頂幘。五品已上雙玉導，金飾。三品已上加寶飾，六品已下無飾。

朝服。亦名具服。冠，幘，纓，簪導，絳紗單衣，白紗中單，白裙襦，革帶鉤鰈，假帶，曲領方心，絳紗蔽膝，韈，舄，劍，雙綬。一品已下，五品已上，陪祭，朝亨，拜表大事則服之。六品已下去劍、珮、綬，餘並同。

公服。亦名從省服。冠，幘，纓，簪導，絳紗單衣，白裙襦，赤裙衫，革帶，鉤鰈，假帶，方心，韈，履，紛，鞶囊，雙珮。一品已下，五品已上，朔望朝謁，見東宮則服之。其六品已下，去紛、鞶囊、雙珮，餘並同。若致仕官，以理去官，被召謁見，皆服前冠從省服。

弁服，弁以鹿皮爲之，通用烏紗，牙簪導。五品以上通用犀。纓，玉璂，朱衣，素裳，革帶，鞶囊，小綬，雙珮，白韈，烏皮履。一品九璂，二品八璂，三品七璂，四品六璂，五品五璂，六品以下去璂及鞶囊，綬珮。文官職事九品已上尋常公事服之，泥雨則通著常服，平巾幘，簪導，五品已上通用犀，六品已下通用角。冠支皆金飾。五品已上通用玉。紫褶五品已上緋褶，七品已上緑褶，九品已上碧褶。並白大口袴，起梁帶，三品已上玉梁寶鈿，五品已上金梁寶鈿，六品已上金飾隱起。烏皮靴，武官及衛官尋常公事服之。文官乘馬又通服之。武官陪位大仗，加騰蛇裲襠。

進德冠，五品以上附山雲，璂數准弁，以金飾梁及花靴，三品以上加金絡，内外百官文武九品已上，十月以後，二月已前，常服，及白練裙襦通著之。五品已上行六品已下冠，去璂珠。若服袴褶，非陪位大仗，則與平巾幘者通着。袴褶，五品已上通用細綾及羅，六品已下服小綾。凡典謁，武弁，絳公服。學生黑介幘，青襟服。齋郎，介幘，絳褠服。自外品子等皆平巾幘，緋衫，大口袴。朝集從事則服之。若外官拜表受制皆朝服。凡職事官三品已上，有公爵者，嫡子婚聽假以四品冕服。若五品以下，子孫九品以上，子及五等爵，皆聽假以爵弁服。若庶人婚聽假以絳公服，若刻漏生漏童服，青袴褶總角之服。

唐・韋絢《劉賓客嘉話録》 舊官人所服，惟黄紫二色。貞觀中始令三品以上服紫，四品、五品以朱，六品、七品以緑，八品、九品以青。

唐・劉餗《隋唐嘉話》卷中 舊官人所服，唯黄紫二色而已。貞觀中，始令三品以上服紫，四品以上朱，六品七品緑，八品九品以青焉。

唐・李林甫《唐六典》卷一《三師三公尚書都省》 左司員外郎一人，右司員外郎、人，並從六品上。【略】神龍元年省，二年又置，其職務與郎中分掌，其朝服與諸司員外郎並爵弁，玄纓，簪導，青衣纁裳，一梁冠。

又卷二《尚書吏部》 正三品曰，金紫光禄大夫。本兩漢光禄大夫也。至魏、晉，有加金章紫綬者，則謂爲金紫光禄大夫。晉則金紫、銀青、左、右四職並置，假金章紫綬及加金章紫綬並秩第二，禄賜、班位、冠幘、車服、佩玉，及諸所賜給皆與特進同。自晉已後，皆爲兼官，少有正授。梁金紫光禄大夫爲第十四班，陳爲中二千石，北齊從二品，隋氏因爲散官，煬帝爲正三品。皇朝因之。從三品曰銀青光禄大夫。本末與金紫同，晉有銀青光禄大夫王翘之。宋、齊之後，或置或省。梁、陳無職。北齊三品。隋正三品，散官，煬帝改爲從三品。皇朝因之，然而加金章紫綬及銀章青綬，則尊崇之，合居光禄之上，隋氏定令誤，遂因仍不改。

又 十轉爲上護軍，比正三品，九轉爲護軍，比從三品。【略】晉中護軍、將軍護軍、將軍等並銀章青綬，武冠，絳朝服，品第四。宋、齊、梁、陳並有護軍將軍、中護軍之職。梁武廬江置鎮蠻護軍，武陵置安遠護軍。皇朝採之，爲勳官品職。

又卷四《尚書禮部》 凡千秋節，皇帝御樓設九部之樂，百官袴褶，陪位上公，稱觴獻壽。

又卷八《門下省》 左散騎常侍二人，從三品。秦置散騎，又置中常侍。其散騎傍乘輿，專獻可替否；中常侍得出入禁中，常侍左右。漢因之，並用士人，無常員，皆加官，所加或列侯、將軍、卿大夫等。冠武冠，皆銀璫附蟬爲文，貂尾爲飾，謂之貂蟬。【略】方今喉舌之要則任在門下，表章詔命則取之散騎，殊無事復立中書也。晉代此官選任愈重，時與黄門侍郎謂之黄散。《晉令》云：散騎常侍品第三，冠右貂、金蟬，絳朝服，佩水蒼玉。【略】顯慶二年，又置員外，隸中書省，始有左、右之號。並金蟬、珥貂，左散騎與侍中左貂；右散騎與中書令右貂，謂之八貂。龍朔二年改爲左常侍，咸亨元年復舊。

唐・杜佑《通典》卷六一《嘉禮六・君臣服章制度》 衮冕服，九章，同皇太子。王、公、開國公初受册，執贄，入朝，祭祀，親迎，則服之。三公助祭者亦服之。鷩冕服，七章。衣，華蟲、火、宗彝三章；裳，藻、粉米、黼、黻四章。侯、伯初受册，執贄，入朝，祭祀，親迎，則服之。毳冕服，五章。衣，宗彝、藻、粉米三章；裳，黼、黻二章。子、男初受册，執贄，入朝，祭祀，親迎，則服之。絺冕服，三章。正三品以下，從五品以上，助祭則服之。自王公以下服章，皆繡爲之。祭服冕，皆簪導、青纊充耳。玄衣纁裳，白紗内單，黼領，絺冕以下，内單青領。青褾、襈、裾。革帶，鉤䚢，大帶，王、三公及公侯伯子男，素帶，不朱裏，皆紕其外，上以朱，下以緑。正三品以下，從五品以上，素帶，紕其垂，外以玄，内以黄。紐約皆用青組。朱韍，凡韍皆隨裳色。衮、鷩、毳，火、山二章；絺，山一章。劍，佩，綬，韈，赤舄。爵弁服，從九品以上，助祭則服之。其制服，玄衣纁裳，無章。白絹内單，青領、褾、襈、裾，革帶，大帶，練帶紕其垂，内外以緇。紐約用青組。爵韠，韈，赤履。白帢，白紗單衣，烏皮履，上下通服之。委貌冠，未冠則雙童髻，空頂黑介幘，皆深衣，青領，烏皮履。國子太學四門生服之。朝服，亦名具服。絳紗單衣，白紗内單，皁領、袖，皁襈，革帶，鉤䚢，假帶，曲領方心，絳紗蔽膝，韈，舄，綬，劍，佩。從五品以上，陪祭、朝饗、拜表，凡大事則服之。六品以下，從七品以上，去劍、佩、綬，餘並同。自餘公事，皆從公服。亦名從省服。絳紗單衣，革帶，鉤䚢，假帶，方心，韈，履，紛，鞶囊。從五品以上服之。絳褠衣公服，褠衣即單衣不垂胡者也。袖狹，形直如褠内，餘同，從省也。流外五品以上服之。左右衛、左右武衛、左右武候大將軍、領左右大將軍，竝武弁，絳朝服，劍、佩、綬。侍從則平巾幘，紫衫，大口袴褶。左右衛、左右武衛、左右武候將軍、領左右將軍、左右監門衛將軍、太子左右衛、左右宗衛、左右内率等、左右監門郎將及諸副率，並武弁，絳朝服，劍，佩，綬。侍從則平巾幘，紫衫，大口袴。直閤將軍、直寢、直齋、太子直閤，武弁，絳朝服，劍、佩，綬。侍從則平巾幘，絳衫，大口袴褶。

《隋書》卷一二《禮儀志七》 衮冕，青珠九旒，以組爲纓，色如其綬。自此已下，纓皆如之。服九章，同皇太子。王、國公、開國公初受册，執贄，入朝，祭，親迎，則服之。三公助祭者亦服之。

鷩冕，侯八旒，伯七旒。服七章。衣，華蟲、火、宗彝三章，裳，藻、粉米、黼、黻四章。八旒者，重宗彝。侯、伯初受册，執贄，入朝，祭，親迎，則服之。

毳冕，子六旒，男五旒。服五章。衣，宗彝、藻、粉米三章，裳，黼、黻二章。六旒者裳重黻。子、男初受册，執贄，入朝，祭，親迎，則服之。

絺冕，三品七旒，四品六旒，五品五旒。服三章。七旒者，衣粉米一章爲三重，裳黼、黻二章各二重。六旒者，減黼一重。五旒，又減黻一重。正三品已下，從五品已上，助祭則服之。

自王公已下服章，皆繡爲之。祭服冕，皆簪導、青纊充耳。玄衣纁裳，白紗内單，黼領，絺冕已下，内單青領。青褾、襈、裾。革帶，鉤艓，大帶，王、三公及公、侯、伯、子、男，素帶，不朱裏，皆紕其外，上以朱，下以緑。正三品已下，從五品已上，素帶，紕其垂，外以玄，内以黄。紐約皆用青組。朱韍，凡韍皆隨裳色，衮、鷩、毳，火、山二章。絺，山一章。劍，佩，綬，韈，赤舄。

爵弁，玄纓無旒，從九品已上，助祭，則服之。其制服簪導，玄衣纁裳，無章，白絹内單，青領、褾、襈、裾，革帶，大帶，練帶紕其垂，内外以緇。紐約用青組。爵韠，韈，赤履。

武弁，平巾幘，諸武職及侍臣通服之。侍臣加金璫附蟬，以貂爲飾，侍左者左珥，右者右珥。

遠游三梁冠，黑介幘，諸王服之。

進賢冠，黑介幘，文官服之。從三品已上三梁，從五品已上兩梁，流内九品已上一梁。

法冠，一名獬豸冠，鐵爲柱，其上施珠兩枚，爲獬豸角形。法官服之。

高山冠，謁者服之。

却非冠，門者及禁防伺非服之。

黑介幘，平巾黑幘，應服者，並上下通服之。庖人則緑幘。

白帢，白紗單衣，烏皮履，上下通服之。

委貌冠，未冠則雙童髻，空頂黑介幘，皆深衣，青領，烏皮履。國子太學四門生服之。

朝服，亦名具服。冠，幘，簪導，白筆，絳紗單衣，白紗内單，皂領、袖，皂襈，革帶，鉤艓，假帶，曲領方心，絳紗蔽膝，韈，舄，綬，劍，佩。從五品已上，陪祭、朝饗、拜表，凡大事則服之。六品已下，從七品已上，去劍、佩、綬，餘並同。

自餘公事，皆從公服。亦名從省服。冠，幘，簪導，絳紗單衣，革帶，鉤艓，假帶，方心，韈，履，紛，鞶囊。從五品已上服之。

絳褠衣公服，褠衣即單衣之不垂胡也。袖狹，形直如褠内。餘同從省。流外五品已下、九品已上服之。

又 年高致仕及以理去官，被召謁見，皆服前官從省服。州郡秀孝，試見之日，皆假進賢一梁冠，絳公服。

隱居道素之士，被召入謁見者，黑介幘，白單衣，革帶，烏皮履。

左右衛、左右武衛、左右武候大將軍、領左右大將軍，並武弁，絳朝服，劍，佩，綬。侍從則平巾幘，紫衫，大口袴褶，金玳瑁裝兩襠甲。唯左右武衛大將軍執赤樫杖。左右衛、左右武衛、左右武候將軍、領左右將軍、左右監門衛將軍、太子左右衛、左右宗衛、左右内等率、左右監門郎將及諸副率，並武弁，絳朝服，劍，佩，綬。侍從則平巾幘，紫衫，大口袴，金裝兩襠甲。唯左右武衛將軍、太子左右宗衛率，執白檀杖。

直閤將軍、直寢、直齋、太子直閤，武弁，絳朝服，劍，佩，綬。侍從則平巾幘，絳衫，大口袴褶，銀裝兩襠甲。

又 諸王三公已下，爲服之制，衮冕九章服。三公攝祭及諸王初受册、[執]贄、入朝、助祭、親迎，則服之。綬各依其色。

鷩冕，案《禮圖》：王祭先公及卿之服。天子九旒，用玉二百一十六。侯伯服以助祭，七旒，用玉八十。新制依此。服七章。三品及公侯助祭則服之。

毳冕，案《禮圖》：王祀四望山川之服。天子七旒，用玉百六十八。子男服以助祭，五旒，用玉五十。新制依此。服五章。四品及伯助祭則服之。

絺冕，案《禮圖》：王者祭社稷五祀之服。天子五旒，用玉百二十。孤卿服以助祭，四旒，用玉三十二。新制依此。服三章。五品及子男助祭則服之。

玄冕，案《禮圖》：王祭群小祀及視朝服。天子四旒，用玉三十二。諸侯服以祭其宗廟，三旒，用玉十八。新制依此。服三章。通給庶姓。一品已下，五品已上，自製于家，祭其私廟。三品省衣粉米，加三重；裳黼、黻，加二重。四品減黼一重，五品減黻一重。禮自玄冕以上，加旒一等，天子祭祀，節級服之。

開皇以來，天子唯用衮冕，自鷩之下，不施於尊，具依前式。而六等之冕，皆有黈纊，黄綿爲之，其大如橘。自皇太子以下，三犀導，青纓爵弁。案董巴《志》：同於爵形，一名冕，有收持笄，所謂夏收、殷冔者也。祠天地、五郊、明堂，《雲翹》舞人服之。《禮》云：朱干玉戚，冕而舞《大夏》。此之謂也。《禮圖》云：士助君祭服之，色如爵頭，無旒有纊。新制依此。角爲簪導，衣青，裳纁，並縵，無章。六品已下，皆通服之。

遠遊冠服，王所服也。衣裳内單，如皇太子。佩山玄玉，金章龜鈕。宋孝建故事亦謂之璽，今文曰印。又並歸于官府，身不自佩，例以銅易之。大綬四采，小綬同色，施二玉環。玉具劍，烏皮舄，舄加金飾。唯帝子宗室封國王者服之。

進賢冠，案《漢官》云：平帝元始五年，令公卿列侯冠三梁，二千石兩梁，千石以下一梁。梁别貴賤，自漢始也。董巴釋曰：如緇布冠，文儒之服也。前高七寸而却，後高三寸而立。王莽之時，以幘承之。新制依此。内外文官通服之。三品已上三梁，五品已上兩梁，九品已上一梁，用明尊卑之等也。其朝服，亦名具服。絳紗單衣，白紗内單，玄領、裾、襈、袖，革帶，金鉤鰈，假帶，曲領方心，絳紗蔽膝，白韈，烏皮舄。雙佩，綬，如遠遊之色。自一品已下，五品已上，衣服盡同，而綬依其品。陪祭朝饗拜表，凡大事皆服之。六品、七品，去劍、佩、綬。八品、九品，去白筆、内單，而用履代舄。其五品已上，一品已下，又有公服，亦名從省服。並烏皮履，去曲領、内單、白筆、蔽膝。開皇故事，亦去鞶囊、佩、綬。何稠請去大綬，而偏垂一小綬，綴於獸頭鞶囊，獨一隻佩，正當於後。詔從之。一品已下，五品已上，同。

高山冠，案董巴《志》云：一曰側注，謁者僕射之所服也。胡伯始以爲齊王冠，秦滅齊，以賜謁者。《傅子》曰：魏明帝以高山冠似通天，乃毁變其形，除去卷筩，令如介幘。幘上加物，以象山峰，行人使者，通皆服之。新制參用其事，形如進賢，於冠前加三峰，以象魏制。謁者大夫已下服之。梁依其品。

獬豸冠，案《禮圖》曰：法冠也，一曰柱後惠文。如淳注《漢官》曰：惠，蟬也，細如蟬翼。今御史服之。《禮圖》又曰：獬豸冠，高五寸，秦制也。法官服之。董巴《志》曰：獬豸，神羊也。蔡邕云：如麟，一角。應劭曰：古有此獸，主觸不直，故執憲者，爲冠以象之。秦滅楚，以其冠賜御史。此即是也。開皇中，御史戴却非冠，而無此色。新制又以此而代却非。御史大夫以金，治書侍御史以犀，侍御史已下，用羚羊角，獨御史、司隸服之。

《舊唐書》卷四五《輿服志》 隋制【略】衣裳有常服、公服、朝服、祭服四等之制。

平巾幘，牛角簪，紫衫，白袍，靴，起梁帶。五品已上，金玉鈿飾，用犀爲簪，是爲常服，武官盡服之。六品已下，衫以緋。至于大仗陪立，五品已上及親侍加兩襠縢蛇，其勳侍去兩襠。

弁冠，朱衣裳，素革帶，烏皮履，是爲公服。其弁通用烏漆紗爲之，象牙爲簪導。五品已上，亦以鹿胎爲弁，犀爲簪導者。加玉琪之飾：一品九琪，二品八琪，三品七琪，四品六琪。三品兼有紛、鞶囊，佩於革帶之後，上加玉珮一。鞶囊：二品以上金縷，三品以上銀縷，五品以上綵縷，文官尋常入内及在本司常服之。

親王，遠游三梁冠，金附蟬，犀簪導，白筆。三師三公、太子三師三少、尚書秘書二省、九寺、四監、太子三寺、諸郡縣關市、親王文學、藩王嗣王、公侯，進賢冠。三品以上三梁，五品以上兩梁，犀簪導。九品以上一梁，牛角簪導。門下、内書、殿内三省，諸衛府，長秋監，太子左右庶子、内坊、諸率，宫門内坊，親王府都尉，府鎮防戍九品以上，散官一品已下，武弁幘。侍中、中書令，加貂蟬，珮紫綬。散官者，白筆。御史、司隸二臺，法冠。一名獬豸冠。謁者臺大夫以下，高山冠，並絳紗單衣，白紗内單，皁領、褾、襈、裾，白練裙襦，絳蔽膝，革帶，金飾鉤鰈，方心曲領，紳帶，玉鏢金飾劍，亦通用金鏢，山玄玉佩，綬，襪，烏皮舄。是爲朝服。玉佩，纁朱綬，施二玉環。三品以上綠綬，四品、五品青綬。二品以下去玉環，六品以下去劍、珮、綬。八品以下，冠去白筆，衣省内單及曲領、蔽膝，著烏皮履。五品加紛、鞶囊。其綬纁朱者，用四綵，赤、紅、縹、紺紅。朱質，纁文織，長一丈八尺，二百四十首，闊九寸。綠綬用四綵，綠、紫、黄、朱紅。綠質，長一丈八尺，二百四十首，闊九寸。紫綬用四綵，紫、黄、赤、紅。紫質，長一丈六尺，一百八十首，闊八寸。青綬三綵，白、青、紅。青質，長一丈四尺，一百四十首，闊七寸。

玄衣纁裳冕而旒者，是爲祭服，綬、珮、劍各依朝服之數。其章自七品以下，降二爲差，六品以下無章。

文武之官皆執笏，五品以上，用象牙爲之，六品以下，用竹木。

是時，內外群官，文物有序，僕御清道，車服以庸。於是貴賤士庶，較然殊異。

又 《武德令》，侍臣服有衮、鷩、毳、繡、玄冕，及爵弁，遠遊、進賢冠，武弁，獬豸冠，凡十等。

衮冕，垂青珠九旒，以組爲纓，色如其綬，以下旒、纓皆如之也。青纊充耳，簪導。青衣纁裳，服九章。五章在衣，龍、山、華蟲、火、宗彝，爲五等。四章在裳，藻、粉米、黼、黻。皆絳爲繡，徧衣而已，下皆如之。白紗中單，黼領，繡冕以下，中單青領。青褾、襈、裾。革帶，鉤艓，大帶，三品已上，素帶朱裏，皆紕其外，上以緑。五品帶，紕其垂，外以玄黃。紐皆用青組之。黻，凡黻皆隨裳色。毳冕以上，山、火二章。繡冕，山一章。玄冕無章。劍，珮，綬，朱襪，赤舄，第一品服之。

鷩冕，七旒，服七章，三章在衣，華蟲、火、宗彝；四章在裳，藻、粉米、黼、黻也。餘同衮冕，第二品服之。

毳冕，五旒，服五章，三章在衣，宗彝、藻、粉米；二章在裳，黼、黻也。餘同鷩冕，第三品服之。

繡冕，四旒，服三章，一章在衣，粉米；二章在裳，黼，黻。餘並同毳冕，第四品服之。

玄冕，衣無章，裳刻黻一章，餘同繡冕，第五品服之。

爵弁，色同爵，無旒無章。玄纓，簪導，青衣，纁裳，白紗中單，青領，褾、裙，革帶，鉤艓，大帶，練帶，紕其垂，內外以繡，紐約用青組。爵韠，襪，赤履，九品已上服之。

凡冕服，助祭及親迎若私家祭祀皆服之，爵弁亦同。凡冕，制皆以羅爲之，其服以紬。爵弁用紬爲之，其服用繒。

遠游三梁冠，黑介幘，青綬。凡文官皆青綬，以下准此也。皆諸王服之，親王則加金附蟬。

進賢冠，三品以上三梁，五品以上兩梁，九品以上一梁。皆三公、太子三師三少、五等爵、尚書省、秘書省、諸寺監學、太子詹事府、三寺及散官，親王師友、文學、國官，若諸州縣關津岳瀆等流內九品以上服之。

武弁，平巾幘，侍中、中書令則加貂蟬，侍左者左珥，侍右者右珥。皆武官及門下、中書、殿中、內侍省、天策上將府、諸衛領軍武候監門、領左右太子諸坊諸率及鎮戍流內九品已上服之。其親王府佐九品以上，亦準此。

法冠，一名獬豸冠，以鐵爲柱，其上施珠兩枚，爲獬豸之形。左右御史臺流內九品以上服之。

高山冠者，內侍省內謁者及親王下司閤等服之。

却非冠者，亭長、門僕服之。

諸應冠而未冠者，並雙童髻，空頂幘。五品已上雙玉導，金飾，三品以上加寶飾，六品以下無飾。

朝服，亦名具服。冠，幘，纓，簪導，絳紗單衣，白紗中單，皁領，襈，裙，白裙襦，亦裙衫也。革帶，鉤艓，假帶，曲領方心，絳紗蔽膝，襪，舄，劍，珮，綬。一品已下，五品以下，陪祭、朝饗、拜表大事則服之。七品已上，去劍、珮、綬，餘並同。

公服，亦名從省服。冠，幘，纓，簪導，絳紗單衣，白裙襦，亦裙衫也。革帶，鉤艓，假帶，方心，襪，履，紛，鞶囊。一品以下，五品以上，謁見東宮及餘公事則服之。其六品以下，去紛、鞶囊，餘並同。

諸珮綬者，皆雙綬。親王纁朱綬，四綵，赤、黃、縹、紺。純朱質，纁文織。長一丈八尺，二百四十首，廣九寸。一品緑綟綬，四綵，紫、黃、赤。純緑質，長一丈八尺，二百四十首，廣九寸。二品、三品紫綬，三綵，紫、黃、赤。純紫質。長一丈六尺，一百八十首，廣八寸。四品青綬，三綵，青、白、紅。純青質。長一丈四尺，一百四十首，廣七寸。五品黑綬，二綵，青、紺。純紺質。長一丈二尺，一百首，廣六寸。自王公以下皆有小雙綬，長二尺六寸，色同大綬而首半之。正第一品佩二玉環，自外不同也。有綬者則有紛，皆長六尺四寸，廣二尺四分，各隨綬色。諸鞶囊，二品以上金鏤，三品金銀鏤，四品銀鏤，五品綵鏤。諸珮，一品珮山玄玉，二品以下、五品以上，佩水蒼玉。

諸文官七品以上朝服者，簪白筆，武官及爵則不簪。諸舄履並烏色，舄重皮底，履單皮底。別注色者，不用此色。

諸勳官及爵任職事官者，散官、散號將軍同職事。正衣本服，自外各從職事服。諸致仕及以理去官，被召謁見，皆服前官從省服。

平巾幘，簪箄導，冠支，五品以上紫褶，六品以下緋褶，加兩襠縢蛇，並白袴，起梁帶。五品以上，金玉雜鈿。六品以下，金飾隱起。靴，武官及衛官陪立大仗則服之。若文官乘馬，亦通服之，去兩襠縢蛇。諸視品府佐，武弁，平巾幘。國官，進賢一梁冠，黑介幘，簪導。其服各準正品，其流外官，亦依正品流外之例。參朝則服之。若謁見府公，府佐平巾黑幘，國官黑介幘，皆白紗單衣，烏皮履。

諸流外官行署，三品以上黑介幘，絳公服，用緋爲之，制同絳紗單衣。方心，革帶，鉤觻，假帶，襪，烏皮履。九品以上絳褠衣，制同絳公服，袖狹，形直如溝，不垂。去方心、假帶，餘同絳公服。其非行署者，太常寺謁者、卜博士、醫助教，祝史、贊引，鴻臚寺掌儀、諸典書、典學，内侍省内典引，太子門下坊典儀，内坊導客舍人，諸贊者，王公以下舍人，公主謁者等，各準行署，依品服。自外及民任雜掌無官品者，皆平巾幘，緋衫，大口袴。朝集從事則服之。諸典謁，武弁，絳公服。其齋郎，介幘，絳褠衣。自外品子任雜掌者，皆平巾幘，緋衫，大口袴。朝集從事則服之。

黑介幘，簪導，深衣，青褾領，革帶，烏皮履。未冠則雙童髻，空頂黑介幘，去革帶。國子、太學、四門學生參見則服之。書算學生、州縣學生，則烏紗帽，白裙襦，青領。諸外官拜表受詔皆服。本品無朝服者則服之。其餘公事及初上，並公服。諸州大中正，進賢一梁冠，絳紗公服，若有本品者，依本品參朝服之。諸州縣佐史、鄉正、里正、岳瀆祝史、齋郎，並介幘，絳褠衣。

平巾幘，緋褶，大口袴，紫附褠，尚食局主食、典膳局主食、太官署食官署掌膳服之。平巾緑幘，青布袴，尚食局主膳、典膳局典食、太官署食官署供膳服之。平巾五辮髻，青袴褶，青耳屩，羊車小史服之。總角髻，青袴褶，漏刻生、漏童服之。

《新唐書》卷二四《車服志》 群臣之服二十有一：衮冕者，一品之服也。九旒，青瑧爲珠，貫三采玉，以組爲纓，色如其綬。青纊充耳，寶飾角簪導。青衣纁裳，九章：龍、山、華蟲、火、宗彝在衣，藻、粉米、黼、黻在裳，皆絳爲繡遍衣。白紗中單，黼領，青褾、襈、裾。朱襪，赤舄。革帶鉤觻，大帶，黻隨裳色。金寶玉飾劍鏢首，山玄玉佩。緑綟綬，緑質，緑、紫、黃、赤爲純，長一丈八尺，廣九寸，二百四十首。郊祀太尉攝事亦服之。

鷩冕者，二品之服也。八旒，青衣纁裳，七章：華蟲、火、宗彝在衣，藻、粉米、黼、黻在裳，銀裝劍，佩水蒼玉，紫綬，紫質，紫、黃、赤爲純，長一丈六尺，廣八寸，一百八十首。革帶之後有金鏤鞶囊，金飾劍，水蒼玉佩，朱襪，赤舄。

毳冕者，三品之服也。七旒，寶飾角簪導，五章：宗彝、藻、粉米在衣，黼、黻在裳。紫綬如二品，金銀鏤鞶囊，金飾劍，水蒼玉佩，朱襪，赤舄。

絺冕者，四品之服也。六旒，三章：粉米在衣，黼、黻在裳，中單，青領。韍，山一章。銀鏤鞶囊。自三品以下皆青綬，青質，青、白、紅爲純，長一丈四尺，廣七寸，一百四十首，金飾劍，水蒼玉佩，朱襪，赤舄。

玄冕者，五品之服也。以羅爲之，五旒，衣、韍無章，裳刺黻一章。角簪導，青衣纁裳，其服用紬。大帶及裨，外黑内黃，黑綬紺質，青紺爲純，長一丈二尺，廣六寸，一百二十首。象笏，上圓下方，六品以竹木，上挫下方。金飾劍，水蒼玉佩，朱襪，赤舄。三品以下私祭皆服之。

平冕者，郊廟武舞郎之服也。黑衣絳裳，革帶，烏皮履。

爵弁者，六品以下九品以上從祀之服也。以紬爲之，無旒，黑纓，角簪導，青衣纁裳，白紗中單，青領、褾、襈、裾，革帶鉤觻，大帶及裨内外皆緇，爵韠，白襪，赤履。五品以上私祭皆服之。

武弁者，武官朝參、殿庭武舞郎、堂下鼓人、鼓吹案工之服也。有平巾幘，武舞緋絲布大袖，白練褴襠，螣蛇起梁帶，豹文大口綺，烏皮靴。鼓人朱褠衣，革帶，烏皮履。鼓吹案工加白練褴襠。

弁服者，文官九品公事之服也。以鹿皮爲之，通用烏紗，牙簪導。纓一品九瑧，二品八瑧，三品七瑧，四品六瑧，五品五瑧，犀簪導，皆朱衣素裳，革帶，鞶囊，小綬，雙佩，白韈，烏皮履。六品以下去瑧及鞶囊，綬，佩。六品、七品緑衣，八品、九品青衣。

進賢冠者，文武朝參、三老五更之服也。黑介幘，青緌。紛長六尺四寸，廣四寸，色如其綬。三品以上三梁，五品以上兩梁，九品以上及國官一梁，六品以下私祭皆服之。侍中、中書令、左右散騎常侍有黃金璫，附蟬，貂尾。侍左者左珥，侍右者右珥。諸州大中正一梁，絳紗公服。殿庭文舞郎，黃紗袍，黑領，襈，白練褴襠，白布大口綺，革帶，烏皮履。

遠游冠者，親王之服也。黑介幘，三梁，青緌，金鉤觻大帶，金寶飾劍，玉鏢首，纁朱綬，朱質，赤、黃、縹、紺爲純，長一丈八尺，廣九寸，二百四十首。黃金璫，附蟬，諸王則否。

法冠者，御史大夫、中丞、御史之服也。一名解廌冠。

高山冠者，内侍省内謁者、親王司閤、謁者之服也。

委貌冠者，郊廟文舞郎之服也。有黑絲布大袖，白練領、褾，絳布大口袴，革帶，烏皮履。

却非冠者，亭長、門僕之服也。

平巾幘者，武官、衛官公事之服也。金飾，五品以上兼用玉，大口袴，烏皮鞾，白練裙、襦，起梁帶。陪大仗，有裲襠、螣蛇。朝集從事、州縣佐史、岳瀆祝史、外州品子、庶民任掌事者服之，有緋褶、大口袴，紫附褠。文武官騎馬服之，則去裲襠、螣蛇。袴褶之制，五品以上，細綾及羅爲之，六品以下，小綾爲之，三品以上紫，五品以上緋，七品以上緑，九品以上碧。裲襠之制，一當胸，一當背，短袖覆膊。螣蛇之制，以錦爲表，長八尺，中實以綿，象蛇形。起梁帶之制，三品以上，玉梁寶鈿，五品以上，金梁寶鈿，六品以下，金飾隱起而已。

黑介幘者，國官視品、府佐謁府、國子大學四門生俊士參見之服也。簪導，白紗單衣，青襟、褾、領，革帶，烏皮履。未冠者，冠則空頂黑介幘，雙童髻，去革帶。書算律學生、州縣學生朝參，則服烏紗帽，白裙、襦，青領。未冠者童子髻。

介幘者，流外官、行署三品以下、登歌工人之服也。絳公服，以縵緋爲之，制如絳紗單衣，方心曲領，革帶鉤觻，假帶，韈，烏皮履。九品以上則絳褠衣，制如絳公服而狹，袖形直如溝，不垂，緋褶大口袴，紫附褠，去方心曲領，假帶。登歌工人，朱連裳，革帶，烏皮履。殿庭加白練䄅襠。

平巾緑幘者，尚食局主膳，典膳局典食，太官署、食官署供膳，奉觶之服也。青絲布袴褶。羊車小史，五辮髻，紫碧腰襻，青耳屩。漏刻生、漏童，總角髻，皆青絲布袴褶。

具服者，五品以上陪祭、朝饗、拜表、大事之服也，亦曰朝服。冠幘，簪導，絳紗單衣，白紗中單，黑領、袖，黑褾、襈、裾，白裙、襦，革帶金鉤觻，假帶，曲領方心，絳紗蔽膝，白韈，烏皮舄，劍，紛，鞶囊，雙佩，雙綬。六品以下去劍、佩、綬，七品以上以白筆代簪，八品、九品去白筆，白紗中單，以履代舄。

從省服者，五品以上公事、朔望朝謁、見東宮之服也，亦曰公服。冠幘纓，簪導，絳紗單衣，白裙、襦，革帶鉤觻，假帶，方心，韈，履，紛，鞶囊，雙佩，烏皮履。六品以下去紛、鞶囊、雙佩。三品以上有公爵者，嫡子之婚，假絺冕。五品以上子孫，九品以上子，爵弁。庶人婚，假絳公服。

宋・王應麟《困學紀聞》卷四《周禮》 鄭康成因《左氏》三辰旂旗之文，謂王與公同服九章之衮。考之經無所見，《司服》云，公自衮冕而下，如王之服，則衮冕而上之章，日月星辰也。冕十二旒，取法天數，豈同服九章，無君臣之別哉。《郊特牲》王被衮以象天，注：謂有日月星辰之章，此魯禮也。豈有周服九章，而魯乃服十二章者乎。明帝采《周官》、《禮記》、《尚書・皋陶》篇乘輿服，從歐陽氏説，備十二章，得古制矣。

五刑之法，疏謂：宫刑至隋乃赦，崔浩《漢律序》，文帝除肉刑而宫不易。《書正義》隋開皇之初，始除宫刑。按《通鑑》西魏大統十三年三月除宫刑，非隋也。

元・釋覺岸《釋氏稽古略》卷三《高宗・萬回法雲公》 甲戌上元元年。帝稱天皇，后稱天后。秋八月敕文武官，三品以上服紫金玉帶，四品服深緋金帶，五品服淺緋金帶，六品服深緑，七品服淺緑並銀帶，八品服深青，九品服淺青並鍮石帶。庶人服黃銅鐵帶，自非庶人不聽服黃。《唐書・車服志》

紀事

唐・裴庭裕《東觀奏記》卷中 牛藂任拾遺、補闕五年，瀕上封事，上密記之。後藂自司勳員外爲睦州刺史，中謝，上命至軒砌，問曰：卿頃任諫官，頗能舉職，今忽爲遠郡，得非宰臣以前事爲懲否。藂曰：陛下新有德音，未任刺史、縣令，不得任近侍官。宰臣以是獎擢，非嫌忌也。上曰：賜卿紫。藂退謝畢，前曰：臣所衣緋衣，是刺史借服，不審陛下便賜紫，爲復別有進止。上遽曰：且賜緋。且賜緋。上慎重名器，未嘗容易，服色之賜，一無所濫。李藩自司勳郎中遷駕部郎中、知制誥，衣緑如故。鄭裔綽自給事中以論駁楊漢公忤旨，出商州刺史，始賜緋衣銀魚。沈詢自禮部侍郎爲浙東觀察使，方賜金綬。苗恪自司勳員外除洛陽令，藍衫赴任。裴處權自司封郎中出河南少尹，到任，本府奏薦賜緋，給事中崔罕駁還。上手詔褒奬，曰：有事不當，卿能駁還，職業既修，朕何所慮。

唐・劉餗《隋唐嘉話》卷下　武后游龍門，命群官賦詩，先成者賞錦袍。左史東方虬既拜賜，坐未安，宋之問詩復成，文理兼美，左右莫不稱善，乃就奪袍衣之。

唐・段成式《酉陽雜俎》前集卷一《忠志》　三月三日，賜侍臣細柳圈，言帶之免蠆毒。

宋・王讜《唐語林》卷一《政事上》　盧元公鈞鎮北都，推官李璋幕中飲酒醉，決主酒軍職衙前虞候。明日，元公出赴行香，其徒百八十人横街見公，論無小推巡決得衙前虞候例，元公命收禁責狀，至衙，命李推官所決者，更決配外鎮，其餘虞候各罰金，内外不測。璋惶恐，衣公服求見。公問，何事公服，請十郎袴衫麻鞋相見。璋欲引咎，公語皆不及。臨去曰，十郎不決衙前虞候，只決所由。假使錯誤，亦不可縱。況太原邊鎮，無故二百虞候横攔節度使，須當挫之。璋後爲尚書右丞。

又卷四《容止》　開元中，燕公張説當朝文伯，冠服以儒者自處，明皇嫌其異己，賜内樣巾子，長脚羅襆頭，燕公服之入謝，明皇大喜。

宋・陶穀《清異録》卷下《衣服門》　千重韈。唐制，立冬進千重韈。其法用羅帛十餘層，錦夾絡之。

宋・洪邁《容齋三筆》卷五《緋紫假服》　唐宣宗重惜服章，牛叢自司勳員外郎爲睦州刺史，上賜之紫，叢既謝，前言曰：臣所服緋，刺史所借也。上遽曰：且賜緋。然則唐制借服色得於君前服之，國朝之制，到闕則不許。

宋・王溥《唐會要》卷三一《輿服上》　章服品第。舊儀有朝服亦名具服，一品已下，五品已上，陪祭朝亭，拜表大事，則服之。六品已下，唯無劍佩綬。又有公服，亦名從省服。一品已下，五品已上，朔望朝謁，及見東宮，則服之。六品已下，去紛、鞶囊，皆雙綬。又九品已上，朔望朝參者，十月一日已後，二月三十日已前，並服袴褶。五品已上，著珂傘。

貞觀四年八月十四日，詔曰：冠冕制度，以備令文，尋常服飾，未爲差等。於是三品已上服紫，四品五品已上服緋，六品七品以緑，八品九品以青。婦人從夫之色，仍通服黄。至五年八月十一日，敕七品以上，服龜甲雙巨十花綾，其色緑。九品以上，服絲布及雜小綾，其色青。至龍朔二年九月二十三日，孫茂道奏稱，準舊令，六品七品著緑，八品九品著青。深青亂紫，非卑品所服。望請改，六品七品著緑，八品九品著碧。朝參之處，聽兼服黄。從之。

咸亨五年五月十日敕：如聞在外官人百姓，有不依令式，遂於袍衫之内，著朱紫青緑等色短衫襖子。或於閭野，公然露服，貴賤莫辨，有斁彝倫。自今以後，衣服下上，各依品秩。上得通下，下不得僭上。仍令有司嚴加禁斷。

上元元年八月二十一日敕：一品已下文官，並帶手巾、算袋、刀子、礪石。其武官欲帶者，亦聽之。文武三品已上服紫，金玉帶十三銙。四品服深緋，金帶十一銙。五品服淺緋，金帶十銙。六品服深緑，七品服淺緑，並銀帶，九銙。八品服深青，九品服淺青，並鍮石帶，九銙。庶人服黄銅鐵帶，七銙。前令九品已上，朝參及視事，聽服黄。以洛陽縣尉柳延服黄夜行，爲部人所毆，上聞之，以章服紊亂，故以此詔申明之。朝參行列，一切不得著黄也。

文明元年七月五日詔：八品已下，舊服青者，並改爲碧。

神龍二年九月二十七日敕：停京官六品已下著緋袴褶令，各依本品爲定。

景雲二年四月二十四日制：令内外官，依上元元年敕。文武官咸帶七事，謂佩刀、刀子、礪石、契苾真、噦厥針筒、火石袋、鞊鞢等。其腰帶一品至五品，並用金。六品至七品，並用銀。八品九品，並用鍮石。

開元二年七月二十四日敕：百官所帶跨巾算袋等，每朔望朝參日著，外官衙日著。餘日停。其年七月二十五日敕：珠玉錦繡，既令禁斷。準式，三品已上飾以玉，四品已上飾以金，五品已上飾以銀者，宜於腰帶及馬鐙酒杯杓依式。自外悉斷。

十九年六月敕：應諸服袴褶者，五品已上，通用紬綾及羅。六品已下小綾。除襆頭外，不得服羅縠及著獨窠繡綾。婦人服飾，各依夫子。五等以上諸親婦女，及五品已上母妻，通服紫。九品已上母妻，通服朱。五品已上母妻，衣腰襻褾，緣用錦繡。流外及庶人，不得著紬綾羅縠，五色線韡履。凡襇色衣不過十二破，渾色衣不過六破。帽子皆大露面，不得有掩蔽。正朝會及大禮陳設事，緣供奉官攝官者，並依攝官服之。

元和十二年六月九日，太子少師鄭餘慶奏：內外官服朝服入祭服者，其中五品，多有疑誤。約職事宜。自今已後，其職事官是五品者，雖帶六品已下散官，即有劍佩綬。其六品已下職事官，縱有五品已下散官，并不得服劍佩綬。

龍紀元年十一月，將有事圜丘，上宿齋於武德殿，宰臣百寮，朝服於位。時兩軍中尉楊復恭及兩樞密皆朝服侍上。太常博士錢珝、李綽等奏曰：今皇帝赴齋，內臣朝服。竊詳國朝故事及近代禮令，並無內官朝服助祭之文。若須要冠服，請各依所兼正官，隨資品，依令式，服本官之服。從之。

內外官章服。舊制，凡授都督刺史，皆未及五品者，並聽著緋佩魚。離任則停之。若在軍賞緋紫魚袋者，在軍則服之，不在軍不在服限。若經叙録不合得者，在軍亦停之。

開元三年四月敕：宰臣自朝廷出鎮，請朝官至侍御史已上者，即許兼受章服，便爲久例。

其年八月詔：駙馬都尉，從五品階，自今已後，宜準令式，仍借紫金魚袋。駙馬都尉借紫，自此始也。

四年二月二十三日詔：彰施服色，分別貴賤，苟容僭濫，則有乖儀式。如聞內外絶無官者，皆許著緑，不以爲事。又軍將在陣，賞借緋紫，本是從戎缺胯之服。一得之後，遂别造長袍，遞相倣效。又入蕃使，别敕借緋紫者，使回合停。自今已後，衙內宜專定殿中侍御史糾察。天授二年八月二十日，左羽林大將軍建昌王攸寧，賜紫金帶。九月二十六日，除納言，依舊著紫帶金龜。借紫自此始也。

八年二月二十日敕：都督刺史品卑者，借緋及魚袋。永爲常式。

二十五年五月三日敕：緋紫之服，班命所崇。以賞有功，不可僭濫。如聞諸軍賞借，人數甚多，曾無甄別，是何道理。自今已後，除灼然有戰功外，餘不得輒賞。

大中元年，中書門下奏，幕府遷授章服。貞元元年之間，使府奏職至侍御史，然後許兼省官，至章服皆計考效。近日奏行殿中及戎卒，便請朱紫，數事俱行，其中自緑腰金，皆非典故。今請自侍御史待年月足後，更奏始與省官。至於朱紫，許於本使府有事績尤異者，然後許奏請。惟副使行軍，奏職特加，先著緑便許緋。餘不在此限。

三年五月，中書門下奏：增秩賜金紫，雖有故事，如觀察使奏刺史善狀，並須指事而言，不得虛爲文飾。其諸道副使判官，如事績尤異，然後許奏論。惟副使行軍，先著緑便許賜緋。其餘不在此限者，諸使奏請，或資品尚淺，即請章服。或賜緋未幾，又請賜紫。準令。入仕十六考職事官、散官皆至五品，始許著緋。三十考職事官四品，散官三品，然後許衣紫。除臺省清要，牧守常典，自今已後，請約官品爲例。判官上檢校五品者，雖欠階考，量許奏緋。副使行軍，俱官至侍御史已上者，縱階考未至，亦許奏緋。如已檢校四品官，兼中丞，先賜緋。經三周年已上者，兼許奏紫。其有職事尤異，關錢穀者，須指事上言。監察已下，量與減年限，進改殿中已上，然後可許賜章服。公事尋常者，不在奏限。依奏。

宋・王溥《五代會要》卷四《緣祀裁製》　四年二月，太常博士路航奏：比來小祠已上，公卿皆著祭服行事。近日唯郊廟、太微宫具祭服，五郊迎氣、日月諸祠，並衹常服行事，兼本司執事人等，皆著隨事衣裝，狼藉鞋屨，便隨公卿升降於壇壝。按祠部令，中祠已上，應齋郎等升壇行事者，並入給潔服，事畢收納。今後中祠已上，公卿請具祭服行事，執事升壇人並著履，具緋衣幘子。又，臣檢《禮閣新儀》，太微宫使卯時行事。近年依諸郊廟例，五更行事，今後請依舊以卯時。從之。

又卷六《內外官章服》　周顯德元年正月一日敕，節文：今後升朝官四任以上著緑，十五周年者與賜緋。凡州縣官歷任內曾經五度參選者，雖未及十六考，與授朝散大夫階。年七十已上合授優散官者，並賜緋。非時特恩，不拘此例。

《新唐書》卷二四《車服志》　二十五年，御史大夫李適之建議：冬至、元日大禮，朝參官及六品清官服朱衣，六品以下通服絝褶。天寶中，御史中丞吉溫建議：京官朔、望朝參，衣朱絝褶，五品以上有珂傘。德宗嘗賜節度使時服，以鶻銜綬帶，謂其行列有序，牧人有威儀也。元和十二年，太子少師鄭餘慶言：百官服朝服者多誤。自今唯職事官五品兼六品以上散官者，則有佩、劍、綬，其餘皆省。

宋・王楙《野客叢書》卷二六《唐袍服用花綾》　唐人袍服用花綾。僕觀白樂天《謝裴常侍贈鶻銜瑞草緋袍魚袋詩》曰：魚綴白金隨步躍，鶻銜紅綬繞腰飛。弟行簡《賜章服詩》曰：榮傳錦帳花聯萼，彩動綾袍鴈趁行。注：緋多以鴈銜瑞莎爲之。《喜劉蘇州賜金紫詩》曰：魚佩茸鱗光照地，鶻銜瑞草勢冲天。《方鎮詩》曰：通犀排帶胯，瑞草勒袍花。白詩多言此。按《唐會要》德宗詔：頃來賜衣，文綵不常，非制也。今宜有定制：節度使宜以鶻銜綬帶，取其武毅，以靖封内；觀察使宜以鴈銜威儀，取其行列有序，牧人有威儀也。威儀謂瑞草也。《唐志》亦詳。

明・顧起元《客座贅語》卷四《乘馬衣冠》 唐景龍二年，皇太子將親釋奠於國學，有司草儀注，令從臣皆乘馬衣冠。左庶子劉知幾進議非之，内云：江左官至尚書郎而輒輕乘馬，則爲御史所彈。又顔延年罷官後，好騎馬出入閭里，當時稱其放誕。此則專車憑軾，可擐朝衣，單馬御鞍，宜從褻服。求之近古，灼然之明驗也。褒衣博帶，大履高冠，本非馬上所施，自是車中之服。且長裾廣袖，襜如翼如，鳴珮紆組，鏘鏘奕奕，儻馬有驚逸，人從顛隊，遂使遺履不收，絓驂相續，因以受嗤行路，有損威儀。乘馬衣冠，宜從廢改，皇太子付外施行，且著爲式。今留都百官送表，朝服乘馬，陰雨時甚慄慄。有咨及舊典者，檢此答之。

雜録

唐・裴庭裕《東觀奏記》卷中 京兆府參軍盧甚昇進士第，入官，甚孤貧，有文學。京兆尹遣巡館驛，左補闕崔瑄婚姻迴，與甚長亭相遇，爭廳。甚以官雖卑，乃公行，略不讓瑄。瑄責其不遜，遂相詆訶。甚來，下御史臺按問，吏云：當服白衫。甚曰：非國恤，不素服。上聞之，以甚言涉大不敬，除籍爲民，投之嶺表。行至洛源驛，賜死。瑄左遷河南府陽翟縣令。

唐・鄭處誨《明皇雜録》卷上 潤州刺史韋詵，自以族望清華，嘗求子壻，雖門地貴盛，聲名藉甚者，詵悉以爲不可。遇歲除，日閑無事，妻孥登城眺覽，見數人，方於園圃有所瘞。詵異之，召吏指其所，訪求焉。吏還白曰：所見乃參軍裴寬所居也。令與寬俱來，詵詰其由，寬曰：某常自戒，義不以苞苴污其家，今日有人遺鹿，置之而去，既不能自欺，因與家僮瘞于後園，以全其所守，不謂太守見之。詵因降階曰：某有息女，願授君子。裴拜謝而去。歸謂其妻曰：嘗求佳壻，今果得之。妻問其誰，即向之城上所見瘞物者。明日，復召來，韋氏舉家視其簾下。寬衣碧衫，疎瘦而長，舊制，八品以下衣碧。入門，其家大噱，呼爲鸛鵲。詵妻涕泣于帷下。既退，詵謂其妻曰：愛其女，當令作賢公侯之妻，奈何白如瓠者，人奴之材。詵竟以女妻之，而韋氏與寬偕老，其福壽貴盛，親族莫有比焉。故開元、天寶推名家舊望，以寬爲稱首。

又 天寶末，群賊陷兩京，大掠文武朝臣及黄門宫嬪、樂工、騎士，每獲數百人，以兵仗嚴衛，送於洛陽。至有逃於山穀者，而卒能羅捕追脅，授以冠帶。禄山尤致意樂工，求訪頗切，於旬日獲梨園弟子數百人。群賊因相與大會于凝碧池，宴僞官數十人，大陳御庫珍寶，羅列於前後。樂既作，梨園舊人不覺歔欷，相對泣下。群逆皆露刃持滿以脅之，而悲不能已。有樂工雷海清者，投樂器於地，西向慟哭。逆黨乃縛海清于戲馬殿，支解以示衆。聞之者莫不傷痛。王維時爲賊拘於菩提寺中，聞之賦詩曰：萬户傷心生野烟，百官何日更朝天。秋槐落葉空宫裏，凝碧池頭奏管弦。

唐・劉肅《唐新語》卷一二 左司員外霍獻可嘗以頭觸玉階，請殺狄仁傑、裴行本。行本，獻可之舅也。既損額，以緑帛裹之襆頭下，常令露出，冀則天見之。時人方之李子慎，子慎誣告其舅以獲五品，其母見其著緋衫，覆床涕淚曰，此是汝舅血染者也。

五代・孫光憲《北夢瑣言》卷三《鄭愚尚書錦半臂》 唐鄭愚尚書，廣州人，雄才奥學，擢進士第，敭歷清顯，聲稱烜然。而性本好華，以錦爲半臂。崔魏公鉉鎮荆南，滎陽除廣南節制，經過，魏公以常禮延遇。滎陽舉進士時，未嘗以文章及魏公門，此日於客次換麻衣，先贄所業，魏公覽其卷首，尋已，賞歎至三四，不覺曰：真銷得錦半臂也。又以魏公故相，合具軍儀廷參，不得已而授之。魏公曰：文武之道，備見之矣。其欽服形於辭色也。或曰：滎陽因醉眠，左右見一白豬。蓋杜征南蛇吐之類。

宋・曾敏行《獨醒雜志》卷六 後四年，始得召，復歸班。元章喜服唐衣冠，寬袖博帶，人多怪之。又有潔疾，器用不肯令人執持。嘗衣冠出謁，帽簷高不可以乘肩輿，乃徹其蓋，見者莫不驚笑。所爲類多如此。

宋・袁褧《楓窗小牘》卷上 余邸寓于錢氏之舊鄉，蒼山碧樹，想見衣錦風烟，因念余昔家京邑，每過南宫城太學左方禮賢宅，未嘗不欽仰忠懿之賢，雖喬木垂楊，朱門雕砌宛若猶在。于時子姓貧寒，至有衣食不周者。

嘗讀《兩朝供奉録》，太祖、太宗雖所賜金器六萬四千七百餘兩，銀器四千萬八千八百餘兩，玉石器皿一萬七千事，寶玉帶四十二條，錦綺一十六萬六千三百餘疋，然忠懿入貢，如赭黄犀、龍、鳳、龜、魚、仙人、鰲山、寶樹等，通犀帶凡七十餘條，皆希世之寶也。玉帶二十四，紫金獅子帶一，金九萬五千餘兩，銀一百一十萬二千餘兩，錦綺二十八萬餘疋，色絹七十九萬七千餘疋，金飾玳瑁器一千五百餘事，水晶瑪瑙玉器凡四千餘事，珊瑚十萬三尺五寸，金銀飾陶器一千四萬餘事，金銀飾龍鳳船舫二百艘，銀粧器械七十萬事，白龍腦二百餘斤。及歸國之初，舉朝文武、閹寺，皆有饋遺，蓋有國已來所積一空矣。

宋・趙令畤《侯鯖録》卷六　舊制，官人所服唯黄紫二色而已。貞觀中，始令三品以上服紫，四五品朱，六七品緑，八九品青。

宋・張舜民《畫墁録》　唐制，五品階不著緋，三品不著紫，今參知政事宰臣，皆著緋也。

宋・程大昌《演繁露》卷一五《唐緋章服以花綾爲之》　白樂天聞白行簡服緋有詩云：榮傳錦帳花聯萼，彩動綾袍鴈趁行。注云：緋多以鴈銜瑞莎爲之，則知唐章服以綾且用織花者，與今制不同。

宋・王楙《野客叢書》卷二七《唐階官之制》　唐制：服色不視職事官，而視階官之品。至朝散大夫，方换五品服色，衣銀緋，封贈蔭子。未至朝散，雖職事官高，未許易服色。

元・釋覺岸《釋氏稽古略》卷三　庚寅，帝謂常服未有差等，八月詔自今三品以上服紫，四品五品服緋，六品七品服緑，八品服青。婦人從其夫色。《唐書》。

又　則天諱曌，之少反。姓武氏。高宗后。生中宗、睿宗、太平公主三人。高宗崩，中宗立，尊爲皇太后。中宗元年二月戊午，后廢中宗爲廬陵王，幽於别所。己未立豫王旦睿宗也。爲皇帝，政事决於太后，居帝於别殿。夏四月遷廬陵王於房州，又遷均州。九月甲寅赦天下，改元光宅，旗幟皆從金色，八品以下舊青者更服碧色。

又　中宗神龍元年二月，復國號唐，郊廟社稷陵寢百官旗幟服色文字，皆如永淳以前故事。

明・于慎行《穀山筆麈》卷一三《冠服》　隋煬帝定輿服制度：五品以上，文官乘車，武官馬加珂。可見文官乘車有所自也。珂者，螺屬，生海中，其骨潔白，以飾馬勒，世所謂鳴珂者，此也。《三都賦》流離珂戎，即此。

隋時，百官從戎者皆戎服，五品以上通著紫袍，六品以下兼用緋緑，胥史以青，庶人以白，屠、商以皂，士卒以黄。自是文武常服遂以爲品，至唐而稍潤色之，以爲采章矣。

高宗上元元年始定章服：三品以上服紫，金玉帶；四品服深緋，金帶；五品服淺緋，金帶；六品服深緑，七品服淺緑，并銀帶；八品深青，九品淺青，并鍮石帶；庶人服黄，銅鐵帶；其工商雜户不聽服黄。武后在位，改八品九品皆服碧。此一代之制也。貞觀以前尚沿隋制，稍有不同。今晝十八學士服色，當以貞觀中制度考之，即得其真矣。鍮不似銅，不知何物。一云石也，當俟詳考。世圖十八學士，武德中所服尚沿隋制。

明・謝肇淛《五雜組》卷一二《物部四》　唐時文武官，三品以上金玉帶，四品、五品竝金帶，六品、七品竝銀帶，八品、九品竝鍮石帶，庶人銅鐵帶。五品以上皆賜魚袋，飾以銀。三品以上，賜金裝刀子、礪石一具。其衣，紫爲上，緋次之，緑爲下。綬則紫爲上，艾墨次之，黄爲下。至於天子之服色尚黄，則自漢以來然矣。

唐時百官，隨身魚符，左一右一，左者進内，右者隨身，皆盛以袋，則似今京官之牙牌耳。

內臣服飾

綜述

清・方絢《方氏五種》《新室志》，唐褚遂良撰。方絢曰：褚河南《新室志》，予從穋軒先生作。皆新莽時官制，地理沿革，衣冠圖讖，凡□一卷，總得十二卷。筆意遠不如補史□□所□。茲宫人履襪諸式圖載第九卷，□□官儀，劉聖考履皆足徵漢宫遺制。□□□下餙。所遺宫人婦女鞋襪各式，其帛者俱已毁腐，僅存圖于左。

豹屨昭容之履。

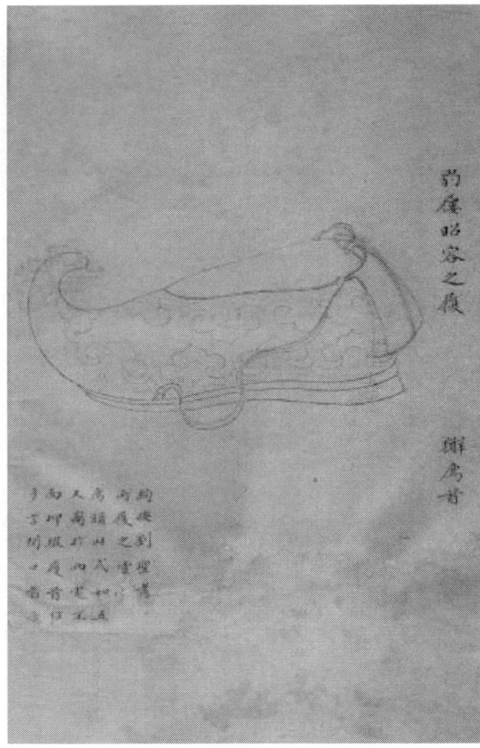

婢舄常侍之履。

花屬木質淑人以下。

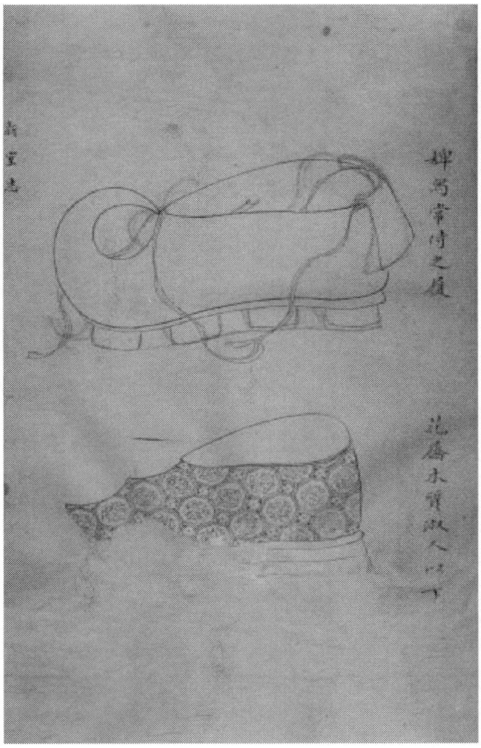

嬖舄氈底。

雁屬短頭木底散□。

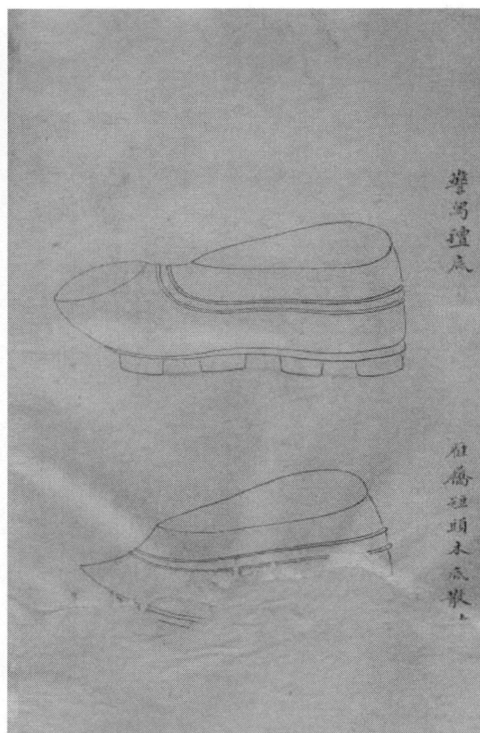

革襪皆準今尺長尺有六寸。

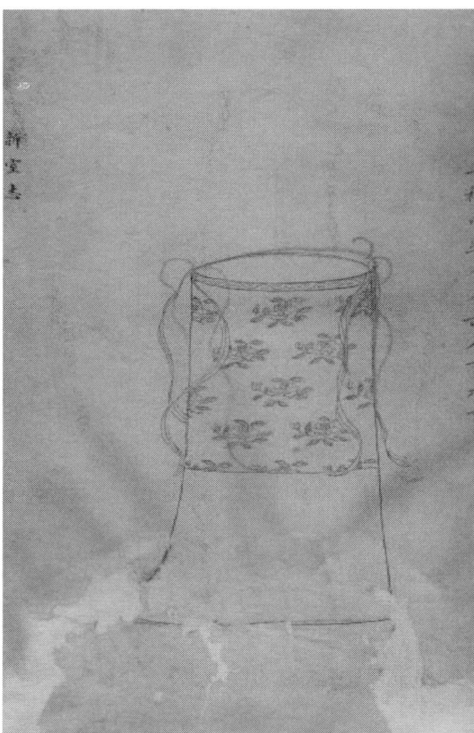

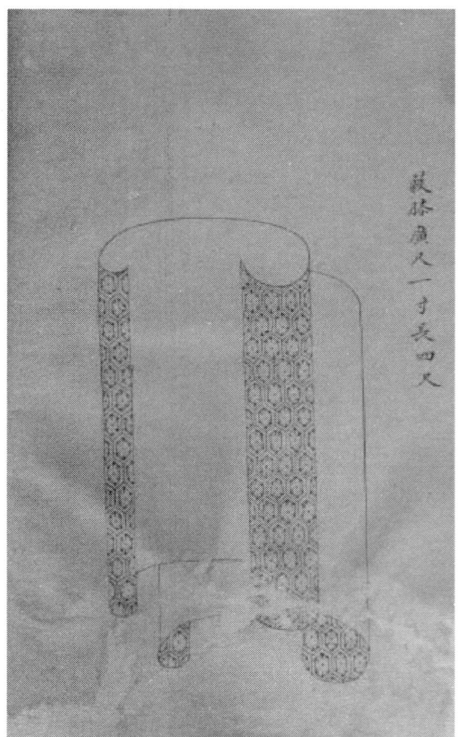

蔽膝廣尺一寸長四尺。

膝衣長尺二寸上口廣尺下口廣八寸。

今制悉非，然不知今宮壺何似俟。博識者更別定之，餘所未詳。

唐·劉肅《唐新語》卷一〇《釐革第二十一》 武德貞觀之代宮人騎馬者依《周禮》舊儀多著冪羅，雖發目戎夷，而全身障蔽。永徽之後，皆用帷帽，施裙到頸爲淺露。顯慶中，詔曰百官家口，咸厠士流，至於衢路之間，豈可全無障蔽，比來多着帷帽，遂弃羃羅。曾不乘車，只坐檐子，過於輕率，深失禮容，自今已後，勿使如此。神龍之末，羃羅始絶。

雜録

唐・馮贄《雲仙雜記》卷二《臨光宴》 正月十五夜，玄宗於常春殿張臨光宴。白鷺轉花，黄龍吐水，金凫銀燕，浮光洞，攢星閣，皆燈也。奏《月分光曲》，又撒閩江錦。荔支千萬顆，令宮人争拾，多者賞以紅圈帔、緑暈衫。《影燈記》。

又卷七《諢衣》 穆宗以玄綃、白書、素紗、墨書爲衣服，賜承幸宮人，皆淫鄙之詞，時號諢衣。至廣明中，猶有存者。《史諱録》。

士庶服飾

綜述

《舊唐書》卷四五《輿服志》 武德、貞觀之時，宮人騎馬者，依齊、隋舊制，多著羃羅，雖發自戎夷，而全身障蔽，不欲途路窺之。王公之家，亦同此制。永徽之後，皆用帷帽，拖裙到頸，漸爲淺露。尋下敕禁斷，初雖暫息，旋又仍舊。咸亨二年又下敕曰：百官家口，咸預士流，至于衢路之間，豈可全無障蔽。比來多著帷帽，遂弃羃羅，曾不乘車，別坐檐子。遞相倣效，浸成風俗，過爲輕率，深失禮容。前者已令漸改，如聞猶未止息。又命婦朝謁，或將馳駕車，既入禁門，有虧肅敬。此並乖于儀式，理須禁斷，自今已後，勿使更然。則天之後，帷帽大行，羃羅漸息。中宗即位，宮禁寬弛，公私婦人，無復冪羅之制。

開元初，從駕宮人騎馬者，皆著胡帽，靚粧露面，無復障蔽。士庶之家，又相倣效，帷帽之制，絶不行用。俄又露髻馳騁，或有著丈夫衣服靴衫，而尊卑内外，斯一貫矣。

又 武德來，婦人著履，規制亦重，又有線靴。開元來，婦人例著線鞋，取輕妙便於事。侍兒乃著履，臧獲賤伍者皆服襴衫。太常樂尚胡曲，貴人御饌，盡供胡食，士女皆竟衣胡服，故有范陽羯胡之亂，兆于好尚，遠矣。

服制服色

雜録

五代・孫光憲《北夢瑣言》卷七《李學士賦讖》 先是永安監竈户陳小奴掉空船下瞿塘，見崖下有一人，裹四縫帽，穿白缺衫，皁義襴青袴，執鐵蒺藜，問李公之行邁，自云迎候。

論説

《舊唐書》卷四五《輿服志》 景龍二年七月，皇太子將親釋奠於國學，有司草儀注，令從臣皆乘馬著衣冠。太子左庶子劉子玄進議曰：古者自大夫已上皆乘車，而以馬爲騑服。魏、晉已降，迄于隋代，朝士又駕牛車，歷代經史，具有其事，不可一二言也。至如李廣北征，解鞍憩息；馬援南伐，據鞍顧眄。斯則鞍馬之設，行於軍旅，戎服所乘，貴於便習者也。案江左官至尚書郎而輒輕乘馬，則爲御史所彈。又顔延之罷官後，好騎馬出入閭里，當代稱其放誕。此則專車憑軾，可擐朝衣，單馬御鞍，宜從褻服。求之近古，灼然之明驗矣。

自皇家撫運，沿革隨時。至如陵廟巡幸，王公册命，則盛服冠履，乘彼輅車。其士庶有衣冠親迎者，亦時以服箱充馭。在於他事，無復乘車，貴賤所行，通鞍馬而已。臣伏見比者鑾輿出幸，法駕首途，左右侍臣皆以朝服乘馬。夫冠履而出，止可配車而行，今乘車既停，而冠履不易，可謂唯知其一而未知其二。何者。褒衣博帶，革履高冠，本非馬上所施，自是車中之服。必也襪而升鐙，跣以乘鞍，非惟不師古道，亦自取驚今俗，求諸折中，進退無可。且長裙廣袖，襜如翼如，鳴珮紆組，鏘鏘弈弈，馳驟於風塵之内，出入于旌棨之間，儻馬有驚逸，人從顛墜，遂使屬車之右，遺履不收，清道之傍，絓驂相續，固以受嗤行路，有損威儀。

今議者皆云秘閣有《梁武帝南郊圖》，多有衣冠乘馬者，此則近代故事，不得謂無其文。臣案此圖是後人所爲，非當時所撰。且觀當今有古今圖畫者多矣，如張僧繇畫群公祖二疎，而兵士有著芒屩者；閻立本畫昭君入匈奴，而婦人有著帷帽者。夫芒屩出於水鄉，非京華所有；帷帽創於隋代，非漢宫所作。議者豈可徵此二畫以爲故實者乎。由斯而言，則梁武南郊之圖，義同於此。又《傳》稱義惟因俗，禮貴緣情。殷輅周冕，規模不一；秦冠漢珮，用舍無恆。況我國家道軼百王，功高萬古，事有不便，資於變通。其乘馬衣冠，竊謂宜從省廢。臣此異議，其來自久，日不暇給，未及推揚。今屬殿下親從齒胄，將臨國學，凡有衣冠乘馬，皆憚此行，所以輒進狂言，用申鄙見。

皇太子手令付外宣行，仍編入令，以爲恆式。

《新唐書》卷二四《車服志》 時皇太子將釋奠，有司草儀注，從臣皆乘馬著衣冠，左庶子劉子玄議曰：古大夫乘車，以馬爲騑服，魏、晉朝士駕牛車。如李廣北征，解鞍憩息；馬援南伐，據鞍顧眄。則鞍馬行於軍旅，戎服所便。江左尚書郎乘馬，則御史治之。顔延年罷官，騎馬出入，世稱放誕。近古專車則衣朝服，單馬則衣褻服。皇家巡謁陵廟，册命王公，則盛服冠履，乘路車。士庶有以衣冠親迎者，亦時服箱。其餘貴賤，皆以騎代車。比者，法駕所幸，侍臣朝服乘馬。今既舍車，而冠履不易，何者。褒衣、博帶、革履、高冠，車中之服也。韈而鐙，跣而乘，非唯盭古，亦自取驚蹶。議者以秘閣梁《南郊圖》，有衣冠乘馬者，此圖後人所爲也。古今圖畫多矣，如畫群公祖二疏，而有曳芒屩者；畫昭君入匈奴，而婦人有施帷冒者。夫芒屩出於水鄉，非京華所有；帷冒創於隋代，非漢宫所用。豈可因二畫以爲故實乎。謂乘馬衣冠宜省。太子從之，編於令。

開元初，將有事南郊，中書令張説請遵古制用大裘，乃命有司製二冕。玄宗以大裘樸略，不可通寒暑，廢而不服。自是元正朝會用衮冕、通天冠，百官朔、望朝參，外官衙日，則佩筭袋，餘日則否。玄宗謁五陵，初用素服，朔、望朝顒用常服。弁服、翼善冠皆廢。

綜述

《舊唐書》卷四五《輿服志》 及大業元年，煬帝始制詔吏部尚書牛弘、工部尚書宇文愷，兼内史侍郎虞世基，給事郎許善心、儀曹郎袁朗等憲章古則，創造衣冠，自天子逮于胥吏，章服皆有等差。始令五品以上，通服朱紫。是後師旅務殷，車駕多行幸，百官行從，雖服袴褶，而軍間不便。六年，復詔從駕涉遠者，文武官等皆戎衣，貴賤異等，雜用五色。五品已上，通著紫袍，六品已下，兼用緋緑。胥吏以青，庶人以白，屠商以皁，士卒以黄。

武德初，因隋舊制，天子讌服，亦名常服，唯以黄袍及衫，後漸用赤黄，遂禁士庶不得以赤黄爲衣服雜飾。四年八月敕：三品已上，大科紬綾及羅，其色紫，飾用玉。五品已上，小科紬綾及羅，其色朱，飾用金。六品已上，服絲布，雜小綾，交梭，雙紃，其色黄。六品、七品飾銀。八品、九品鍮石。流外及庶人服紬、絁、布，其色通用黄。飾用銅鐵。五品已上執象笏。三品已下前挫後直，五品已上前挫後屈。自有唐已來，一例上圓下方，曾不分別。六品已下，執竹木爲笏，上挫下方。其折上巾，烏皮六合靴，貴賤通用。

又 梁制云，袴褶，近代服以從戎，今纘嚴則文武百官咸服之。車駕親戎，則縛袴不舒散也。中官紫褶，外官絳褶，舄用皮。服冠衣朱者，紫衣用赤舄，烏衣用烏舄。唯褶服以靴。靴，胡履也，取便於事，施於戎服。

舊制，乘輿案褥、牀褥、牀帷，皆以紫爲飾。天寶六載，禮儀使太常卿韋縚奏請依御袍色，以赤黄爲飾。從之。

《新唐書》卷二四《車服志》 文宗即位，以四方車服僭奢，下詔準儀制令品秩勳勞爲等級。職事官服緑、青、碧，勳官諸司則佩刀、礪、紛、帨。諸親朝賀宴會之服，一品、二品服玉及通犀，三品服花犀、班犀。車馬無飾金銀。衣曳地不過二寸，袖不過一尺三寸。婦人裙不過五幅，曳地不過三寸，襦袖不過一尺五寸。袍襖之制，三品以上服綾，以鶻銜瑞草，鴈銜綬帶及雙孔雀。四品、五品服綾，以地黄交枝。六品以下服綾，小窠無文及隔織、獨織。一品導從以七騎，二品、三品以五騎，四品以三騎，五品以二騎，六品以一騎。五品以上及節度使册拜、婚會，則車有幰。外命婦一品、二品、三品乘金銅飾犢車，檐舁以八人，三品舁以六人。四品、五品乘白銅飾犢車，檐舁以四人。胥吏、商賈之妻老者乘葦軬車，兜籠舁以二人。度支、户部、鹽鐵門官等服細葛布，無紋綾，緑闇銀藍鐵帶，鞍、轡、銜、鐙以鍮石。未有官者，服粗葛布，官施，緑銅鐵帶，乘蜀馬，鐵鐙。行官服紫粗布，絁，藍鐵帶。中官不衣紗縠綾羅，諸司小兒不服大巾，商賈、庶人、僧、道士不乘馬。婦人衣青碧纈，平頭小花草履，彩帛縵成履，而禁高髻、險妝、去眉、開額及吴越高頭草履。王公之居，不施重栱、藻井。三品堂五間九架；門三間五架，五品堂五間七架，門三間兩架；六品、七品堂三間五架，庶人四架，而門皆一間兩架。常參官施懸魚、對鳳、瓦獸、通栿乳梁。詔下，人多怨者。京兆尹杜悰條易行者爲寬限，而事遂不行。唯淮南觀察使李德裕令管内婦人衣袖四尺者闊一尺五寸，裙曳地四五寸者減三寸。

明・吕毖《事物初略》卷一四　服色差等。隋《禮儀志》曰，大業元年，煬帝詔牛弘等創造章服，五品以上，通著紫袍，六品以下，兼用緋緑，胥吏以青，庶人以白，屠商以皂，士卒以黄。《二儀實録》曰，煬帝詔牛弘等衣冠皆有等差云云，則是服色之分始於隋也。

清・周象明《事物考辯》卷六〇《冠裳・唐章服》　《玉海》、《唐書》貞觀四年詔，三品以上服紫，四品五品服緋，六品七品以緑，八品九品以青。龍朔二年孫茂道奏，八品九品衣碧。從之。高宗上元元年勅文武三品以上服紫，金玉帶。四五品緋，金帶。六七品緑，銀帶。八九品青，鍮石帶。庶人黄，銅鐵帶。開元以後百官賞緋紫必兼魚袋。

紀事

《隋書》卷一二《禮儀志七》　三年正月朔旦，大陳文物。時突厥染干朝見，慕之，請襲冠冕。帝不許。明日，率左光禄大夫、褥但特勤阿史那職御，左光禄大夫、特勤阿史那伊順，右光禄大夫、意利發史蜀胡悉等，並拜表，固請衣冠。帝大悦，謂弘等曰：昔漢制初成，方知天子之貴。今衣冠大備，足致單于解辮，此乃卿等功也。弘、愷、善心、世基、何稠、閻毗等賜帛各有差，並事出優厚。

是後師旅務殷，車駕多行幸。百官行從，唯服袴褶，而軍旅間不便。至六年後，詔從駕涉遠者，文武官等皆戎衣。貴賤異等，雜用五色。五品已上，通著紫袍，六品已下，兼用緋緑，胥吏以青，庶人以白，屠商以皁，士卒以黄。

又　後周警衛之制，置左右宫伯，掌侍衛之禁，各更直于内。小宫伯貳之。臨朝則分在前侍之首，並金甲，各執龍環金飾長刀。行則夾路車左右。中侍，掌御寢之禁，皆金甲，左執龍環，右執獸環長刀，並飾以金。次左右侍，陪中侍之後，並銀甲，左執鳳環，右執麟環長刀。次左右前侍，掌御寢南門之左右，並銀甲，左執師子環，右執象環長刀。次左右後侍，掌御寢北門之左右，並銀甲，左執犀環，右執兕環長刀。左右騎侍，立于寢之東西階，並銀甲，左執羆環，右執熊環長刀，十二人，兼執師子彤楯，列左右侍之外。自左右侍以下，刀並以銀飾。左右宗侍，陪左右前侍之後，夜則衛於寢庭之中，皆服金塗甲，左執豹環，右執貔環長刀，並金塗飾，十二人，兼執師子彤楯，列於左右騎侍之外。自左右中侍已下，皆行則兼帶黄弓矢，巡田則常服，帶短刀，如其長刀之飾。左右庶侍，掌非皇帝所御門閤之禁，並服金塗甲，左執獬豸環，右執獜環長劍，並金飾，十二人，兼執師子彤楯，列於左右宗侍之外。行則兼帶皓弓矢，左右勳侍，掌陪左右庶侍而守出入，則服金塗甲，左執吉良環，右執猙環長劍，十二人，兼執師子彤楯，列於左右庶侍之外。行則兼帶盧弓矢，巡田則與左右庶侍，俱常服，佩短劍，如其長劍之飾。諸侍官，大駕則俱侍，中駕及露寢半之，小駕三分之一。

又　左右武伯，掌内外衛之禁令，兼六率之士。皇帝臨軒，則備三仗於庭，服金甲，執金釦杖，立於殿上東西階之側。行則列兵於帝之左右，從則服金甲，被繡袍。左右小武伯各二人，貳之，服執同於武伯，分立於大武伯下及露門之左右塾。行幸則加錦袍。左右武賁，率掌武賁之士，其隊器服皆玄，以四色飾之，各總左右持鈒之隊。皇帝臨露寢，則立於左右三仗第一行之南北。出則分在隊之先後。其副率貳之。左右旅賁，率掌旅賁士，其隊器服皆青，以朱爲飾，立於三仗第二行之南北。其副率貳之。左右射聲，率掌射聲之士，其器服皆朱，以黄爲飾，立於三仗第三行之南北。其副率貳之。左右驍騎，率掌驍騎之士，器服皆黄，以皓爲飾，立於三仗第四行之南北。其副率貳之。左右羽林，率掌羽林之士，其隊器服皆皓，以玄爲飾，立於三仗第五行之南北。其副率貳之。左右游擊，率掌游擊之士，其器服皆玄，以青爲飾。其副率貳之。武賁已下六率，通服金甲師子文袍，執銀釦檀杖。副率通服金甲獸文袍。各有倅長、帥長，相次陪列。行則引前。倅長通服銀甲豹文袍，帥長通服銀甲鶡文袍。自副率已下，通執獸環銀飾長刀。凡大駕則盡行，中駕及露寢則半之，小駕半中駕。常行軍旅，則衣色尚烏。

高祖受命，因周、齊宫衛，微有變革。戎服臨朝大仗，則領左右大將軍二人，分在左右廂。左右直寢、左右直齋、左右直後、千牛備身、左右備身等，夾侍供奉於左右及坐後。左右衛大將軍、左右直閤將軍，以次左右衛將軍，各領儀刀，爲十二行。内四行親衛，行别以大都督領。次外四行勳衛，以帥都督領。次外四行翊衛，以都督領。行各二人執金花師子楯、猨刀。一百四十人，分左右，帶横刀。後監門直長十二人，左青龍旗，右白獸旗。左右武衛開府，各領三仗六行，在大仗内，行别六十人，大都督一人領之，帥都督一人後之。大駕則執黄麾仗。其次戟二十四，左青龍幢，右白獸幢，罕、畢各一，鈒金二十四，金節十二道，蓋獸，又絳引幡，朱幢，爲持鈒前隊，應蹕，大都督二人領之，在御前横街南。左右武衛大將軍，領大仗左右廂，各六行，行别三百六十人，大都督一人領之。

《**舊唐書**》**卷四五**《**輿服志**》　貞觀四年又制，三品已上服紫，五品已下服緋，六品、七品服緑，八品、九品服以青，帶以鍮石。婦人從夫色。雖有令，仍許通著黄。五年八月敕，七品已上，服龜甲雙巨十花綾，其色緑。九品已上，服絲布及雜小綾，其色青。十一月，賜諸衛將軍紫袍，錦爲褾袖。八年五月，太宗初服翼善冠，貴臣服進德冠。

龍朔二年，司禮少常伯孫茂道奏稱：舊令六品、七品著緑，八品、九品著青，深青亂紫，非卑品所服。望請改八品、九品著碧。朝參之處，聽兼服黄。從之。總章元年，始一切不許著黄。上元元年八月又制：一品已下帶手巾、算袋，仍佩刀子、礪石，武官欲帶者聽之。文武三品已上服紫，金玉帶。四品服深緋，五品服淺緋，並金帶。六品服深緑，七品服淺緑，並銀帶。八品服深青，九品服淺青，並鍮石帶。庶人並銅鐵帶。

文明元年七月甲寅詔：旗幟皆從金色，飾之以紫，畫以雜文。八品已下舊服者，並改以碧。京文官五品已上，六品已下，七品清官，每日入朝，常服袴褶。諸州縣長官在公衙，亦准此。

景雲中又制，令依上元故事，一品已下帶手巾、算袋，其刀子、礪石等許不佩。武官五品已上佩鞊韘七事。七謂佩刀、刀子、礪石、契苾真、噦厥針筒、火石袋等也。至開元初復罷之。

則天天授二年二月，朝集使刺史賜繡袍，各於背上繡成八字銘。長壽三年四月，敕賜岳牧金字銀字銘袍。延載元年五月，則天内出緋紫單羅銘襟背衫，賜文武三品已上。左右監門衛將軍等飾以對師子，左右衛飾以麒麟，左右武威衛飾以對虎，左右豹韜衛飾以豹，左右鷹揚衛飾以鷹，左右玉鈐衛飾以對鶻，左右金吾衛飾以對豸，諸王飾以盤龍及鹿，宰相飾以鳳池，尚書飾以對鴈。

武德已來，始有巾子，文官名流，上平頭小樣者。則天朝，貴臣内賜高頭巾子，呼爲武家諸王樣。中宗景龍四年三月，因内宴賜宰臣已下内様巾子。開元已來，文官士伍多以紫皁官絁爲頭巾、平頭巾子，相效爲雅製。玄宗開元十九年十月，賜供奉官及諸司長官羅頭巾及官樣巾子，迄今服之也。

天寶十載五月，改諸衛旗幡隊仗，先用緋色，並用赤黄色，以符土德。

宋・王溥《**唐會要**》**卷三一**《**輿服上・裘冕**》　舊制，天子之服，則有大裘冕、衮冕、鷩冕、毳冕、絺冕、玄冕、通天冠、武弁、黑介幘、白紗帽、平凖帽、翼善冠之服。並出于殿中省。皇后之服，則有褘衣、鞠衣、鈿釵禮衣之服。並出于内侍省。太子之服，則有衮冕，具服遠游冠、公服遠游冠、烏紗帽、弁服、平巾幘、進德冠之服。並出于左春坊。凡王公第一品，服衮冕。二品服鷩冕。三品服毳冕。四品服絺冕。五品服玄冕。六品至九品服爵弁。

武德四年七月定制，凡衣服之令，天子之服有十二等。大裘冕、衮冕、鷩冕、毳冕、絺冕、玄冕、通天冠、武弁、黑介幘、白紗帽、平巾幘、白帢是也。

顯慶元年九月十九日，修禮官臣無忌、志寧、敬宗等言：准武德初撰衣服令，乘輿祀天地，服大裘冕，無旒。臣勘前件令，是武德初撰。雖憑《周禮》理極未安。謹按《郊特牲》云：周之始郊，日南至，被衮以象天，戴冕藻十有二旒，則天數也。而此二禮，俱説周郊，衮與大裘，事乃有異。按《月令》，孟冬，天子始裘，明以禦寒，理非當暑。若啓蟄祈穀，冬至報天，行事服裘，義歸通允。至於夏季迎氣，龍見而雩，炎熾方隆，如何服之。謹尋歷代，唯服衮章，與《郊特牲》義旨相協。按周遷《輿服志》云，漢明帝永平二年，詔採《周官》、《禮記》，始制祀天地服，惟天子備十二章。沈約《宋書》志云：魏晉郊天，亦皆服衮。宋魏周齊隋，禮令祭服，悉同斯則。百王通典，炎涼無妨。復與禮經，事無乖舛。今請憲章故實，郊祭天地，皆服衮冕。其大裘請停，仍改禮令。又撿新禮，皇帝祭社稷，絺冕四旒，衣三章。祭日月，服玄冕三旒，衣無章。謹按令文，是四品五品之服。此三公亞獻，皆服衮衣。孤卿助祭，服毳及鷩，斯乃乘輿章數，同於大夫。君少臣多，殊爲不可。《周禮》云：祀昊天上帝，則服大裘而冕，祀五帝亦如之。享先王則衮冕，享先公則鷩冕，祀四望山川則毳冕，祭社稷五祀則絺冕，祀諸小祀則玄冕。又云：公侯伯子男孤卿大夫之服，衮冕已下，皆如王之服。所以《三禮義宗》，遂有二釋。一云公卿大夫助祭之日，所服之服，降王一等。又云。悉與王同。求其折衷，俱未通允。但名位不同，禮亦異數。天子以十二爲節，義在法天。豈有四旒三章，翻爲御服。若諸臣助祭，冕與王同，便是貴賤無分，君臣不別。如其降王一等，則王著玄冕之時，群臣次服爵弁，既屈天子，又貶公卿。《周禮》此文，久不施用。是故漢魏以來，下迄隋代，相承舊事，唯用衮冕。今新禮，親祭日月，仍服五品之服，臨事施行，極不穩便。請遵歷代故實。諸祭並用衮冕。制可之。無忌等又奏曰：皇帝爲諸臣及五服親舉哀，依禮著素服，今令乃云白帢，禮令乖舛，須歸一塗。且白帢出自近代，事非稽古，雖著令文，不可行用。請改從素服，以合禮文。制從之。

儀鳳二年，太常博士蘇知機又上表，以公卿以下冕服，請別立節文。敕下有司詳議。崇文館學士校書郎楊炯議曰：今表請制大明冕十二章，乘輿服之者。謹按日月星辰，已施於旌旗矣。龍虎火山，又不逾於古矣。而云麟鳳有四靈之名，玄龜有負圖之應。雲有紀官之號，水有感德之祥。此蓋別表休徵。終是無逾比象。然則皇王受命，天地興符。仰觀則璧合珠連，俯察則銀黄玉紫。盡南宮之粉壁，不足寫其形狀。罄東觀之鉛黄，無以紀其名實。固不可畢陳於法服也。雲也者，從龍之氣也。水也者，藻之自生也。又不假別爲章目也。鷩冕八章，三公服之。鷩者，太平之瑞也，非三公之德也。鷹鸇者，鷙鳥也，適可以辨祥刑之職也。熊羆者，猛獸也，適可以旌武臣之力也。又稱藻爲水草，無所法象。引張衡賦云，蔕倒茄于藻井，披江葩之狎獵，謂爲蓮花，取其文采者。夫茄蓮也，若以蓮花代藻，變古從今，既不知木草之名，亦未達文章之意。又毳冕六章，三品服之者，按此王者祀四望服之名也。今三品乃得同王之毳冕。而三公不得同王之衮名，豈惟顛倒衣裳，抑亦自相矛盾。又黼冕四章，五品服之。考之於古，則無其名。驗之於今，則非章首。此則不經之甚也。夫禮惟從俗，則命爲制，令爲詔。乃秦王之故事，猶可以適於今矣。若乃義取隨時，則出稱警，入稱蹕，乃漢朝之舊儀，猶可以行於代矣。亦何取變周公之軌物，改宣尼之法度者哉。由是竟寢知機所請。

開元十一年冬，將有事于南郊，中書令張説奏稱：准令，皇帝祭昊天上帝，服大裘之冕。事出《周禮》，取其質也。永徽二年，高宗享南郊用之。顯慶元年修禮，改用衮冕，事出《郊特牲》，取其文也。自則天已來用之。若遵古制，則應用大裘。若便於時，則衮冕爲美。令所司造二冕呈進，上以大裘樸略，冕又無旒。既不可通用於寒暑，乃廢而不用之。自是，元正朝會，用衮冕及通天冠。大祭祀依《郊特牲》，亦用衮冕。自餘諸服，雖著在令文，不復施用。

二十六年，肅宗爲皇太子，受册。太常所撰《儀注》，有服絳紗衮之文，太子以爲與皇帝所稱同，上表辭不敢當，請有司易之。上令百官詳議。尚書左丞相裴耀卿、太子太師蕭嵩等奏曰：謹按《衣服令》，皇太子具服，有遠游冠，三梁，加金附蟬九首。施珠翠，黑介幘，髮纓綏，犀簪，導絳紗衮。白紗中單，皁領，褾襈，白裙襦。方心曲領，絳紗蔽膝，革帶，劍佩，綬等。謁廟還宮，元日冬至朔日，入朝釋奠則服之。其絳紗衮，則是冠衣之内。一物之數，與裙襦劍佩等無別。至於貴賤之差，尊卑之異，則冠爲首飾，名制有殊，並珠旒及裳綵章之數，多少有別，自外不可事事差異。亦有上下通服，名制是同，禮重則具服，禮輕則從省。今以至敬之情，有所不敢。衣服不可減省，稱謂須更變名，望所撰《儀注》不以絳紗衮爲稱，但稱爲具服，則尊卑有差，謙光成德。議奏，上手敕改爲朱明服。下所司行用焉。

又《冠》 唐制，親王服遠游三梁冠。五品已上，兩梁冠。九品已上，一梁冠。武官及中書門下九品已上，服武弁平巾幘。御史服法冠。武德四年七月敕。折上巾，軍旅所服，即今襆頭是也。自後紗帽漸廢，貴賤用之。故事，全復皁而向後幞髮，俗謂之襆頭。周武建德中，裁爲四脚。

其年十二月，高祖問秘書丞令狐德棻曰：丈夫冠，婦人髻，競爲高大，何也。對曰：在人之身，冠髻爲上，所以古人方諸君子。昔東晉之末，君弱臣强，江左之士，莫不衣小而裳大。及宗武正位之後，君尊而臣卑，俄亦變改。此即近事之徵。

貞觀八年五月七日，太宗初服翼善冠，賜貴臣進德冠。因謂侍臣曰：襆頭起於周武帝，蓋取便於軍容耳。今四方無虞，當偃武事，此冠頗採古法，兼類襆頭，乃宜常服。至開元十七年，廢不行用。

開元十九年六月敕：應五品已上，行六品冠，去琪珠。

二十五年，工部太常寺，衣冠祭服并幘。諸司供奉官衣冠履舄等，所司七年一替，三年一給。未滿三年，有損壞者，並自修理。

乾元元年十月一日，知司天臺事韓穎奏：五官正，奉敕創置，其官職配五方，上稽五緯。臣請冠上加一星珠，衣從本方正色。每至元日冬至朔望朝會，及諸大禮，即服以朝見。仍望永爲恒式。敕旨依。

貞元七年十一月，上問冠冕于宰臣。時董晉對曰：古之人服冠冕者，動有佩玉之響，以節步也。故大禹惡衣服而致美于黻冕。上然之。

又《巾子》 武德初始用之，初尚平頭小樣者。

天授二年，則天内宴，賜群臣高頭巾子，呼爲武家諸王樣。景龍四年三月内宴，賜宰臣已下内樣巾子，其樣高而踣，皇帝在藩時所冠，故時人號爲英王踣樣。

開元十九年十月，賜供奉及諸司長官羅頭巾，及官樣圓頭巾子。

永泰元年，裴冕爲左僕射，自創巾，號曰僕射樣。

太和三年正月，宣令諸司小兒，勿許裹大巾子入内。

又《魚袋》 永徽二年四月二十九日，開府儀同三司及京官文武職事四品、五品，並給隨身魚袋。

五年八月十四日敕：恩榮所加，本緣品命，帶魚之法，事彰要重，豈可生平在官，用爲褒飾。纔至亡没，便即追收。尋其始終，情不可忍。自今已後，五品已上有薨亡者，其隨身魚袋，不須追收。

咸亨三年五月三日，始令京官四品、五品職事，佩銀魚。是日，出内魚袋賜之。

垂拱二年正月二十日敕文：諸州都督刺史，並準京官帶魚袋。

天授元年九月二十六日，改内外官所佩魚爲龜。至神龍二年二月四日，京文武官五品已上，依舊式佩魚袋。

久視元年十月十三日，職事三品已上龜袋，宜用金飾。四品用銀飾。五品用銅飾。上守下行，皆依官給。

神龍元年六月十七日敕文，嗣王郡王有階級者，許佩金魚袋。至開元元年八月二十日，諸親王長子，先帶郡王官階級者，亦聽著紫，佩魚袋。

二年八月制，京文官五品已上，依舊式佩銀魚袋。

景龍三年八月，令特進佩魚。散職佩魚，自兹始也。

蘇氏《記》曰：自永徽以來，正員官始佩魚。其離任及致仕，即去魚袋。員外判試并檢校等官，並不佩魚。至開元九年九月十四日，中書令張嘉貞奏曰：致仕官及内外官五品已上檢校試判，及内供奉官，見占闕者，聽準正員例，許終身佩魚，以爲榮寵。以理去任，亦許佩魚。自後恩制賞緋紫，例兼魚袋，謂之章服。

景雲二年四月二十四日敕文：魚袋，著紫者金裝，著緋者銀裝。

開元二年閏二月敕：承前諸軍人，多有借緋及魚袋者。軍中卑品，此色甚多。無功濫賞，深非道理。宜敕諸軍鎮，但是從京借，並軍中權借者，並委敕封收取。待立功日，據功合德，即將以上者，委先借後奏。其靈武、和戎、大武、幽州鎮軍，赤水、河源、瀚海、安西、定遠等軍，既臨賊衝，事藉懸賞。量軍大小，各封金魚袋一二十枚，銀魚袋五十枚。並委軍將，臨時行賞。

又卷三二《輿服下・異文袍》 武德四年八月十六日，敕三品已上，服大料紬綾及羅，其色紫，飾用玉。五品已上，服小料紬綾及羅，其色朱，飾用金。六品已上，服絲布雜小綾，交梭及雙紃，其色黃。六品七品飾銀。八品九品鍮石。流外及庶人，服紬絹絁布，其色通用黄白，飾用銅鐵。

天授三年正月二十二日，内出繡袍，賜新除都督刺史。其袍皆刺繡作山形，繞山勒回文銘曰：德政惟明，職令思平。清慎忠勤，榮進躬親。自此每新除都督刺史，必以此袍賜之。

延載元年五月二十二日，出繡袍以賜文武官三品已上，其袍文仍各有訓誡。諸王則飾以盤龍及鹿，宰相飾以鳳池，尚書飾以對雁，左右衛將軍飾以對麒麟，左右武衛飾以對虎，左右鷹揚衛飾以對鷹，左右千牛衛飾以對牛，左右豹韜衛飾以對豹，左右玉鈐衛飾以對鶻，左右監門衛飾以對獅子，左右金吾衛飾以對豸。文銘皆各爲八字回文，其辭曰：忠貞正直，崇慶榮職。文昌翊政，勳彰慶陟。懿沖順彰，義忠慎光。廉正躬奉，謙感忠勇。

開元十一年六月，敕諸衛大將軍、中軍郎將袍文。千牛衛瑞牛文，左右衛瑞馬文，驍衛虎文，武衛鷹文，威衛豹文，領軍衛白澤文，金吾衛辟邪文，監門衛獅子文。每正冬陳設，朝日著甲，會日著袍。

貞元三年三月，初賜節度觀察使等新制時服。上曰：頃來賜衣，文綵不常，非制也。朕今思之，節度使文，以鶻銜綬帶，取其武毅，以靖封内。觀察使以鴈銜儀委，取其行列有序，冀人人有威儀也。

其年十一月九日，令常參官服衣綾袍，金玉帶。至八年十一月三日，賜文武常參官大綾袍。

太和六年六月，敕三品已上，許服鶻銜瑞草，雁銜綬帶，及對孔雀綾袍襖。四品、五品，許服地黄交枝綾。六品已下常參官，許服小團窠綾及無紋綾，隔織獨織等充。除此色外，應有奇文異制袍襖綾等，並禁斷。其中書門下省、尚書省、御史臺及諸司三品官，並勒下後，許一月日改易。應諸司常參官，限敕下後兩月日改易。除非常參官及供奉官，外州府四品已上官，許通服絲布，仍不得有花文，一切禁斷。其花絲布及繚綾，除供御服外，委所在長史禁毁訖聞奏。其不可服絲布者，敕下後限一月並須改易。

藝文

宋・洪邁《容齋隨筆》卷一《唐人重服章》 唐人重服章，故杜子美有銀章付老翁、朱紱負平生、扶病垂朱紱之句。白樂天詩言銀緋處最多，七言如大抵著緋宜老大、一片緋衫何足道、闇淡緋衫稱我身、酒典緋花舊賜袍、假著緋袍君莫笑、腰間紅綬繫未穩、朱紱仙郎白雪歌、腰佩銀龜朱兩輪、便留朱紱還鈴閣、映我緋衫渾不見、白頭俱未著緋衫、緋袍著了好歸田、銀魚金帶繞腰光、銀章暫假爲專城、新授銅符未著緋、徒使花袍紅似火、似挂緋袍衣架上。五言如：未換銀青綬，唯添雪白鬚。笑我青袍故，饒君茜綬新。老逼教垂白，官科遣著緋。那知垂白日，始是著緋年。晚遇何足言，白髮映朱紱。至於形容衣魚之句，如魚綴白金隨步躍，鵠銜紅綬繞身飛。

宋・龐元英《文昌雜録》卷二 禮部王員外因言：和詩最爲難，唯唐賢尤工於此。賈至《早朝大明宮》曰：銀燭朝天紫陌長，禁城春色曉蒼蒼。千條弱柳垂青瑣，百囀流鶯繞建章。劍珮聲隨赤墀步，衣冠氣染御爐香。共沐恩波鳳池裏，終朝染翰侍君王。王維和云：絳幘鷄人送曉籌，尚衣方進翠雲裘。九天閶闔開宫殿，萬國衣冠拜冕旒。日色纔臨仙掌動，香煙欲傍衮龍浮。朝罷須裁五色詔，佩聲歸向鳳池頭。杜甫和云：五夜漏聲催曉箭，九重春色醉仙桃。旌旗日煖龍蛇動，宫殿風微燕雀高。朝罷香烟携滿袖，詩成珠玉在揮毫。欲知世掌絲綸美，池上於今有鳳毛。三篇皆用鳳池事，唯工部尤出於二公。昨建三省待漏院，書此詩爲屏風焉。

雜録

宋・王溥《唐會要》卷三一《輿服上・雜録》 乾封二年二月，禁工商不得乘馬。

神龍二年九月，《儀制令》：諸一品已下，食器不得用渾金玉。六品已下，不得用渾銀。

太和元年五月敕：衣服車乘，器用宫室，侈儉之制，近日頗差。宜準儀制，令品秩勳勞，仍約今時所宜，撰等級，送中書門下參酌奏聞。

三年九月敕：兩軍諸司内官，不得著紗縠綾羅等衣服。

六年六月敕：詳度諸司制度條件等禮部式，親王及三品已上，若二王後，服色用紫，飾以玉。五品已上，服色用朱，飾以金。七品已上，服色用緑，飾以銀。九品已上，服色用青，飾以鍮石。應服緑及青人，謂經職事官成及食禄者，其用勳官及爵，直司依出身品，仍聽佩刀礪紛帨。流外官及庶人，服色用黄，飾以銅鐵。其諸親朝賀宴會服飾，各依所凖品。又請一品、二品許服玉，及通犀。三品許服花犀斑犀及玉。又服青碧者，許通服緑。餘依禮部式。又應三省、御史臺、兩京諸司，及諸道在城職掌官等，諸不許用本官本品例，仍並不得服犀玉，及車馬不得飾以金銀。又袍襖衫等，曳地不得長二寸已上，衣袖不得廣一尺三寸已上。婦人制裙，不得闊五幅已上，裙條曳地，不得長三寸已上，襦袖等不得廣一尺五寸已上。又六典及禮部式，諸文武官赴朝，諸府道從職事。一品及開府儀同三司，聽七騎。二品及特進，聽五騎。三品及散官，三騎。四品五品，二騎。六品已下，一騎。其散官及以理去官，五品已上，將從不得過兩騎。若京城外，不在此限。今約品秩，職事官一品職七騎。二品及中書門下三品五騎。三品及中書門下御史臺五品，尚書省四品三騎，四品五品兩騎，鞍通用銀裝。六品一騎，通用鍮石裝。其散官及以理去官者，五品已上，不得過一騎。其若在京城外，及勳績顯著，職事繁重者，不在此限。七品已下，非常參官，並不得以馬從。未任者聽乘蜀馬，鞍用烏漆裝。又請一品、二品九騎，三品七騎，四品五騎，五品兩騎，六品一騎，其京城内應職事繁重者，不在此限。六品以下，非常參官，不得馬從。其六品已上，非常參官，周親未任者，聽乘馬。餘未任者，聽乘蜀馬、小馬，鞍用烏漆裝。其胥吏雜色人，不在此限。其鞍轡裝飾，據所司條流，得用銀者，四品已下，並得許用垂頭押胯。其用銀及鍮石者，並不得用鬧裝。其軍容隊伍，要資華飾，不在此限。餘並請依所司條流。又制，節度使，准儀制令，諸軍一品已下，五品已上，皆通用幰。六品已下，皆不得用幰。令非册拜及婚會，並不得用幰。又准少府式，公主出降，犢車兩乘，一金銅裝。郡主犢車兩乘，一銅裝。縣主犢車兩乘，一銅裝。又准鹵簿令，外命婦一品，厭翟車，從車六乘。二品、三品，白銅飾犢車一乘，從車四乘。四品白銅飾犢車一乘，從車兩乘者，今此附前件令式，參酌今時之宜。且婦人本合乘車，近來率用檐子，事已成俗，教在因人。今請外命婦一品、二品，中書門下三品母妻，金銅飾犢車檐子，舁不得過八人。三品金銅飾犢車檐子，舁不得過六人。非尚書省、御史臺，即以白銅飾檐子，舁不得過四人。四品、五品，白銅飾犢車，白銅飾檐子，舁不得過四人。六品以下，畫奚車檐子，舁不得過四人。胥吏及商賈妻，並不得乘奚車及檐子，其老疾者，聽乘葦輿車及篼籠，舁不得過二人。庶人准此。右伏緣白銅先已禁斷，今請應合用白銅者，通用鍮石。其胥吏及商賈妻女老病者，聽乘座車及葦輿車。餘並准所司條流處分。敕旨：並依奏。又奏：婦人高髻險妝，去眉開額，甚乖風俗，頗壞常儀。費用金銀，過爲首飾，並請禁斷。其妝梳釵篦等，伏請敕依貞元中舊制。仍請敕下後，諸司及州府榜示，限一月内改革。又吴越之間，織造高頭草履，亦請切加禁絶。其以彩帛縵成高頭履，及平頭小花草履，既任依舊，餘請准所司條流。又奏：商人乘馬，前代所禁。近日得以恣其乘騎，雕鞍銀鐙，裝飾焕爛，從以童騎，最爲僭越。請一切禁斷。庶人準此。師僧道士，除綱維及兩街大德，餘並不得乘馬，請依所司條流處分。諸部曲客女奴婢，服絁絹布，色通用黄白，飾以銅鐵。客女及婢，通服青碧，聽同庶人，兼許夾纈。丈夫許通服黄白，如屬諸軍諸使諸司，及屬諸道，任依本色目流例。其女人不得服黄紫爲裙，及銀泥罨畫錦繡等。餘請依令式。又制度衣服車乘器用宫室等，其諸軍使職掌官等，並請約文武官例，各委本道本軍本使，以職掌高下，約爲等第，比類聞奏。又應諸色條流，請委御史臺知彈御史、兩巡使、京兆尹、東都留守、河南尹、留臺御史、外州府長吏，準條流月日切加糾察，如違越，没入所犯物，仍量加决責。其常參官具名聞奏。其在城諸軍使，各委本司句當，不及者，委臺司覺察聞奏。敕旨：理道所關，制度最切。其喪葬婚嫁，吉凶禮物，雖不在條件之内，亦委所司，準令式句當，仍加捉搦。其禁軍仗衛雜飾，及諸道節鎮等使，軍裝衣服，即不在此限。餘並依奏。

其年七月，度支户部鹽鐵三司奏：准今年六月敕，令三司官典，及諸色場庫所由等，其孔目、句檢、句覆、支對、句押、權遣、指引進庫官、門官等，請許服細葛布折造，及無紋綾充衫及袍襖，依前通服緑，闇銀藍鐵充腰帶。不得乘毛色大馬，鞍轡踏鐙用鍮石。其驅使官，有正官，及在城及諸色倉場官等，請許服細葛布折造，及庶人紋綾充衫袍，依前服緑，藍鐵充腰帶。乘小馬，鞍轡銜鐙用鍮石。其驅使官，未有正官，及與行按令史等，請許麤葛布及官絁等充衫襖，亦請依前通服緑，銅鐵腰帶。乘蜀馬，其鞍用烏漆鐵踏鐙。聽於每司，各許三人著緑布衫。其不行按令史並書手，服白，仍並不許乘馬及馬從。通引官許依前麤紫絁及紫布充衫袍，藍鐵腰帶。乘小馬，鞍用烏漆鐵踏鐙。其行官門子等，請許依前服紫麤絁充衫襖，藍鐵腰帶，仍不許乘馬。其騾綱車綱等，緣常押驢騾于諸州府搬運，及送遠軍衣賜，須應程期，請許依前麤紫絁充襖，藍鐵腰帶。乘驢車，出塞即請許乘麤牡馬，餘並不得違元敕。揀子及諸色小所由，並請服白布衫。及應向外監院職掌所由，請敕下後，約省使條流，遞減一等處分。除此外，餘並準元敕處分。依奏。

七年八月九日敕：今年十月，服冬裘後，其衣服輿馬，並宜準太和六年六月十七日敕處分。如固違制度，九品已上，量加黜責。其布衣，五年不得選舉。

開成四年二月，淮南觀察使李德裕奏：臣管内婦人，衣袖先闊四尺，今令闊一尺五寸。裙先曳地四五寸，今令減五寸。從之。

五年六月，御史中丞黎植奏：伏以朝官出使，自合驛馬，不合更乘檐子。自此請不限高卑，不得輒乘檐子。如病，即任所在陳牒，仍申中書門下及御史臺，其檐夫自出錢雇。節度使有病，亦許乘檐子，不得便乘卧輿。宰相三公師保尚書令正省僕射，及致仕官疾病者，許乘之。餘官並不在乘限。其檐子任依漢魏故事，準載步輿，步輿之制，不得更務華飾。其三品已上官，及刺史赴任，有疾亦任所在陳牒，許暫乘。病瘥日停，不得驛中停止，人夫並須自雇。又中書門下奏：臺司所奏條流檐子事，更須商量。其常參官或諸司長史，品秩高者，有疾及筋力綿怯，不能控馭，望許牒臺，暫乘檐子，患損勒停。其出使郎官，中路遇疾，令自雇夫者，若所詣稍遠，計費極多，制下檢身，不合貸借。輕齎則不濟所要，無偏則不可支持。如中路遇疾者，所在飛牒申奏，差替去。以此商量，庶爲折衷，餘請依御史臺所奏。

宋・王溥《五代會要》卷二《雜録》 梁開平三年十一月，南郊禮儀使，奏：今檢詳禮文，皇帝赴南郊，服通天冠，絳紗袍，登玉輅，法駕鹵簿。自清游逐已下，諸衛將軍平巾幘，緋兩襠，大口袴，錦縢蛇銀隱起，金帶刀，弓箭似飛，執旗人引駕，三衛竝武弁緋兩襠、大口袴。供奉官竝武弁服色，各一人步從，餘文武官及導駕士絳衣，平巾幘，餘竝戎服。准式，近侍導駕官自三引車從。本縣令州府御史大夫即朝服，各乘輅車前導。其引駕官員，不總備車輅。自中書令、侍中已下則公服。内諸司使竝常服。内人服色，禮文不載。其年，自東京赴洛都行郊天禮。自石橋備前件儀仗至郊壇。天成四年九月，太常禮院奏，來年二月十八日致齋于明堂，准舊儀，皇帝服通天冠，絳紗袍。文武五品已上，著袴褶，陪臣近侍，祇著朝服從之。

又卷六《雜録》 梁開平二年七月敕：車服以庸，古之制也，貴賤無別，罪莫大焉。應内外將相，許以銀飾鞍勒，其刺史都將内諸司使以上祇許用銅飾，仍永爲定式。

四年五月敕：奇衺亂正，假僞奪真，既典刑之不容，宜犯違而莫赦。應東、西兩京，及諸州府製造假犀玉，真珠、腰帶，簪珥，并諸色售用者等，一切禁斷，應公私人家先已有者，所在送納長吏面前毁棄。

後唐天成二年正月。敕：今後三京及諸道州使職員名目，是押衙兵馬使指揮使已上，騎馬得有暖坐，諸都將衙官使下係名目者，祇得衣紫皂衣，庶人商旅祇著白衣。庶人有富户，或投名於勢要，以求影庇，或希假於攝貴，以免丁徭，如此色人，仰所在禁勘，以肅姦欺。

元・釋覺岸《釋氏稽古略》卷三 八月，吴主下詔禪位于齊王，徐知誥即皇帝位于建康，大赦，國號曰唐。南唐也。年曰昇元，尊吴主曰讓皇，宫室乘輿服御皆如故，宗廟正朔徽章服色悉從吴制。

清・王士禛《香祖筆記》卷五 隋時天子及貴臣多著黄紋綾袍、烏紗帽，百官皆著黄袍及衫，出入殿省。見《大唐新語》。臣下得著黄，亦太凌僭矣。至唐始有紫緋青緑之別。

佩戴用品

綜述

唐・劉餗《隋唐嘉話》卷下 朝儀：魚袋之飾，唯金銀二等。至武后乃改五品以銅。中宗反正，從舊。

唐・李林甫《唐六典》卷八《門下省》 凡國有大事則出納符節，辨其左右之異，藏其左而班其右，以合中外之契焉。一曰銅魚符，所以起軍旅，易守長。兩京留守，若諸州、諸軍、折衝府諸處捉兵鎮守之所及宮總監，皆給銅魚符。二曰傳符，所以給郵驛，通制命。兩京留守及諸州、若行軍所，並給傳符。諸應給魚符及傳符者，皆長官執之。其長官若被告謀反大逆，其魚符付以次官，無次官付受告之司。三曰隨身魚符，所以明貴賤，應徵召。親王及二品已上散官、京官文武職事五品已上都督、刺史、大都督府長史、司馬、諸都護、副都護並給隨身魚符。四曰木契，所以重鎮守，慎出納。車駕巡幸，皇太子監國，有兵馬受處分者爲木契。若王公以下、兩京留守及諸州有兵馬受處分，并行軍所及領兵五百人以上、馬五百匹以上征討，亦各給木契。其在内在外及行用法式並准魚符。五曰旌節。《周禮·掌儀職》曰：凡邦國之使節，山國用獸節，土國用人節，澤國用龍節，皆金也。又云：道路用旌節。注云：今漢使所擁是也。《漢書》曰：戾太子遭巫蠱事不自明，取漢使節發兵，與丞相劉屈氂戰。初漢節純赤，以太子持赤節，故更爲黄旄加以相别，蘇武在匈奴執漢節毛落並其事也。

《隋書》卷一二《禮儀志七》 鞶囊，二品已上金縷，三品金銀縷，四品及開國男銀縷，五品綵縷。官無綬者，則不合劍佩。一品及五等諸侯，並佩山玄玉。五品已上，佩水蒼玉。

又 巾。案《方言》云：巾，趙、魏間通謂之承露。《郭林宗傳》曰：林宗嘗行遇雨，巾沾角折。又袁紹戰敗，幅巾渡河。此則野人及軍旅服也。制有二等。今高人道士所著，是林宗折角；庶人農夫常服，是袁紹幅巾。故事，用全幅皁而向後襆髮，俗人謂之襆頭。自周武帝裁爲四脚，今通於貴賤矣。

簪導。案《釋名》云：簪，建也，所以建冠於髮也。一曰笄。笄，係也，所以拘冠使不墜也。導所以導擽鬢髮，使入巾幘之裏也。今依《周禮》，天子以玉笄，而導亦如之。又《史記》曰：平原君誇楚，爲玳瑁簪。班固與弟書雲：今遺仲升以黑犀簪。《士燮集》云：遺功曹史貢皇太子通天犀導。故知天子獨得用玉，降此通用玳瑁及犀。今並準是，唯弁用白牙笄導焉。

貂蟬，案《漢官》：侍内金蟬左貂，金取剛固，蟬取高潔也。董巴《志》曰：内常侍，右貂金璫，銀附蟬，内書令亦同此。今宦者去貂，内史令金蟬右貂，納言金蟬左貂。開皇時，加散騎常侍在門下者，皆有貂蟬，至是罷之。唯加常侍聘外國者，特給貂蟬，還則輸納於内省。

白筆，案徐氏《雜注》云：古者貴賤皆執笏，有事則書之，故常簪筆。今之白筆，是遺象也。《魏略》曰：明帝時大會而史簪筆。今文官七品已上，通耗之。武職雖貴，皆不耗也。

又 纓，案《儀禮》曰：天子朱纓，諸侯丹組纓。今冕，天子已下皆朱纓。又《尉繚子》曰：天子玄纓，諸侯素纓。别尊卑也。今不用素，並從冠色焉。

佩，案《禮》，天子佩白玉。董巴、司馬彪云：君臣佩玉，尊卑有序，所以章德也。今參用杜夔之法，天子白玉，太子瑜玉。王山玄玉。自公已下，皆水蒼玉。

綬，案《禮》：天子玄組綬，侯伯朱組綬，大夫純組綬，世子綦組綬。《漢官》云：蕭何爲相國，佩緑綬，公侯紫，卿二千石青，令長千石黑。今大抵準此。天子以雙綬，六采，玄黄赤白縹緑，純玄質，長二丈四尺，五百首，闊一尺；雙小綬，長二尺六寸，色同大綬，而首半之，間施四玉環。開皇用三，今加一。皇太子，朱雙綬，四采，赤白縹紺，純朱質，長一丈八尺，三百二十首，闊九寸；雙小綬，長一尺六寸，色同大綬，而首半之，間施三玉環。開皇用二，今加一。三公，緑綟綬，四采，緑黄縹紫，純緑質，黄文織之，長一丈八尺，二百四十首，闊九寸。與親王綬，俱施二玉環。諸王，纁朱綬，四采，赤黄縹紺，純朱質，纁文織之，長一丈八尺，二百四十首，闊九寸。公，玄朱綬，四采，赤縹玄紺，純朱質，玄文織之，長一丈八尺，二百四十首，闊九寸。侯、伯，青朱綬，四采，青赤白縹，純朱質，青文織，長一丈六尺，百八十首，闊八寸。子、男，素朱綬，三采，青赤白，純朱質，素文織之，長一丈四尺，百四十首，闊七寸。二品已上，纁紫綬，四采，纁紫赤黄，純紫質，纁文織之，長一丈四尺，百四十首，闊八寸。三品，紺紫綬，四采，紫紺黄縹，純紫質，紺文織之，長一丈六尺，百八十首，闊八寸。四品，青綬，三采，青白紅，純青質，長一丈四尺，百四十首，闊七寸。五品，墨綬，二采，青紺，純紺質，長一丈二尺，百二十首，闊六寸。自王公已下，皆有小綬二枚，色同大綬，而首半之。正，從一品，施二玉環。凡有綬者，皆有紛，并長六尺四寸，闊二寸四分，隨於綬色。

又 鞶囊，案《禮》：男鞶革，女鞶絲。《東觀書》：詔賜鄧遵獸頭鞶囊一枚。班固與弟書：遺仲升獸頭旁囊，金錯鉤也。古佩印皆貯懸之，故有囊稱。或帶於旁，故班氏謂爲旁囊，綬印鈕也。今雖不佩印，猶存古制，有佩綬者，通得佩之。無佩則不。今采梁、陳、東齊制，品極尊者，以金織成，二品以上服之。次以銀織成，三品已上服之。下以綖織成，五品已上服之。分爲三等。

革帶，案《禮》博二寸。《禮圖》曰：璿綴於革帶。阮諶以爲有章印則於革帶佩之。《東觀記》：楊賜拜太常，詔賜自所著革帶。故知形制尊卑不別。今博三寸半，加金縷鞢，螳蜋鉤，以相拘帶。自大裘至于小朝服，皆用之。

劍，案漢自天子至于百官，無不佩刀。蔡謨議云：大臣優禮，皆劍履上殿。非侍臣，解之。蓋防刃也。近代以木，未詳所起。東齊著令，謂爲象劍，言象於劍。周武帝時，百官燕會，並帶刀升座。至開皇初，因襲舊式，朝服登殿，亦不解焉。十二年，因蔡徵上事，始制，凡朝會應登殿坐者，劍履俱脱。其不坐者，勑召奏事及須升殿，亦就席解劍，乃登。納言、黄門、内史令，侍郎、舍人，既夾侍之官，則不脱。其劍皆真刃，非假。既合舊典，弘制依定。又準晉咸康元年定令故事，自天子已下，皆衣冠帶劍。今天子則玉具火珠鏢首，餘皆玉鏢首。唯侍臣帶劍上殿，自王公以下，非殊禮引升殿，皆就席解而後升。六品以下，無佩綬者，皆不帶。

曲領，案《釋名》，在單衣内襟領上，横以雍頸。七品已上有内單者則服之，從省服及八品已下皆無。

又 珽，案《禮》，天子搢珽，方正於天下也。又《五經異義》天子笏曰珽，珽直無所屈也。今制準此，長尺二寸，方而不折，以球玉爲之。

笏，案《禮》，諸侯以象，大夫魚須文竹，士以竹，本象可也。凡有指畫於君前，受命書于笏，笏畢用也。《五經要義》曰：所以記事，防忽忘。《禮圖》云：度二尺有六寸，中博二寸，其殺六分去一。晉宋以來謂之手板，此乃不經，今還謂之笏，以法古名。自西魏以降，五品已上，通用象牙，六品已下兼用竹木。

又 履，舄，案《圖》云：複下曰舄，單下曰履，夏葛冬皮。近代或以重皮而不加木，失於乾臘之義。今取乾臘之理，以木重底，冕服者色赤，冕衣者色烏。履同烏色，諸非侍臣，皆脱而升殿。凡舄，唯冕服及具服著之，履則諸服皆用。唯褶服以靴。靴，胡履也，取便於事，施於戎服。

諸建華、鵕鸃、鶡冠、委貌、長冠、樊噲、却敵、巧士、術氏、却非等，前代所有，皆不採用。

又 文武之官皆執笏，五品以上，用象牙爲之，六品以下，用竹木。

《舊唐書》卷四五《輿服志》 諸珮綬者，皆雙綬。親王纁朱綬，四綵，赤、黄、縹、紺。純朱質，纁文織。長一丈八尺，二百四十首，廣九寸。一品緑綟綬，四綵，紫、黄、赤，純緑質，長一丈八尺，二百四十首，廣九寸。二品、三品紫綬，三綵，紫、黄、赤，純紫質，長一丈六尺，一百八十首，廣八寸。四品青綬，三綵，青、白、紅，純青質，長一丈四尺，一百四十首，廣七寸。五品黑綬，二綵，青、紺，純紺質，長一丈二尺，一百首，廣六寸。自王公以下皆有小雙綬，長二尺六寸，色同大綬而首半之。正第一品佩二玉環，自外不同也。有綬者則有紛，皆長六尺四寸，廣二尺四分，各隨綬色。諸鞶囊，二品以上金縷，三品金銀縷，四品銀縷，五品綵縷。諸珮，一品珮山玄玉，二品以下、五品以上，佩水蒼玉。

宋・李上交《近事會元》卷一《襆頭巾子》 唐制云：武德已來，始有巾子。文官名流，尚平頭小樣者。則天朝貴臣，内賜高頭巾子，呼爲武家諸王樣。中宗景龍四年三月，因内宴，賜宰臣已下内樣巾子。開元以來，文官仕任，多以紫皂官絁，爲頭巾平頭子，相效爲雅製。開元十九年十月，賜内供奉官，及諸司長官羅頭巾及宮樣巾子，迄今服之也。今宋朝所謂頭巾，乃古之幅巾，賤者之服，非此所論者也。

又《金銀銅魚帶　龜帶　特進佩魚　散職佩魚》 唐高宗永徽二年五月，開府儀同三司及京官文武職事，四品、五品並給隨身魚帶。至咸亨三年五月，五品已上賜新魚帶，並飾以銀。三品已上各賜金帶、刀子、礪石。至垂拱二年正月，諸州都督刺史，並準京官帶魚帶。至天授元年九月，改内外所佩魚作龜。久視元年十月，職事三品已上龜帶並用金飾，四品用銀飾，五品用銅飾。上守下行，皆從官給。神龍元年，内外官五品已上依舊魚帶。六月，嗣王、郡王特許佩金魚帶。景龍三年八月，令特進佩魚。散職佩魚，自此始也。自武德已來，皆從正員帶闕官，始佩魚帶。員外判試檢校，自則天、中宗後始有之，皆不佩魚。雖正員官得佩，亦去任及致仕，即解去。魚帶，至開元九年，張嘉貞爲中書令，奏諸致仕，許終身佩以爲榮寵，以理去任，亦聽佩魚帶。自後恩制，賜賞緋紫，例兼魚帶，謂之章服。因之，佩魚帶服朱紫者甚衆。

又《改銅魚帶》 唐則天嗣聖元年，詔五品佩銅魚帶。中宗返正從舊。

又《佩龜》 唐則天天授元年九月，改内外官所佩魚作龜。

又《銀菟符》 隋義寧二年三月，封唐祖爲相國，總百揆。四月，停竹使符，頒銀菟符於郡國。

又《銀魚符》 唐高祖武德元年九月，改銀菟符爲銀魚符。

又《笏囊》 唐傳云：故事皆搢笏於帶，而後乘馬。開元二十四年，宰相張九齡體羸，常使人持之，因設笏囊。笏囊之設，自九齡始也。

宋・王溥《五代會要》卷六 梁開平二年七月敕：車服以庸，古之制也。貴賤無別，罪莫大焉。應内外將相，許以銀飾鞍勒，其刺史都將内諸司使以上，祇許用銅飾，仍永爲定式。

四年五月敕：奇衺亂正，假僞奪真，既典刑之不容，宜犯違而莫赦。應東西兩京及諸州府，製造假犀玉、真珠、腰帶、簪珥，并諸色售用者等，一切禁斷，應公私人家先已有者，所在送納長吏面前毁棄。

後唐天成二年正月敕：今後三京及諸道州使職員名目，是押衙兵馬使指揮使已上，騎馬得有暖坐，諸都將衙官使下係名目者，祇得衣紫皂衣，庶人，商旅，祇著白衣，庶人有富户或投名于勢要，以求影庇或希假於攝貴以免丁徭，如此色人，仰所在禁勘，以肅姦欺。

又 初，高祖入長安，罷隋竹使符，班銀菟符，其後改爲銅魚符，以起軍旅，易守長，京都留守、折衝府、捉兵鎮守之所及左右金吾、宮苑總監、牧監皆給之。畿内則左三右一，畿外則左五右一，左者進内，右者在外，用始第一，周而復始。宮殿門、城門，給交魚符、巡魚符。左廂、右廂給開門符、閉門符。亦左符進内，右符監門掌之。蕃國亦給之，雄雌各十二，銘以國名，雄者進内，雌者付其國。朝貢使各賫其月魚而至，不合者劾奏。

傳信符者，以給郵驛，通制命。皇太子監國給雙龍符，左右皆十。兩京、北都留守給麟符，左二十，右十九。東方諸州給青龍符，南方諸州朱雀符，西方諸州騶虞符，北方諸州玄武符，皆左四右三。左者進内，右者付外。行軍所亦給之。

隨身魚符者，以明貴賤，應召命，左二右一，左者進内，右者隨身。皇太子以玉契召，勘合乃赴。親王以金，庶官以銅，皆題某位姓名。官有貳者加左右，皆盛以魚袋，三品以上飾以金，五品以上飾以銀。刻姓名者，去官納之，不刻者傳佩相付。有傳符、銅魚符者，給封符印，發驛，封符及封魚函用之。有銅魚而無傳符者，給封函，還符、封函用之。

《新唐書》卷二四《車服志》 初，職事官三品以上賜金裝刀、礪石，一品以下則有手巾、算袋、佩刀、礪石。至睿宗時，罷佩刀、礪石，而武官五品以上佩鞊韘七事，佩刀、刀子、礪石、契苾真、噦厥、針筒、火石是也。

又 高宗給五品以上隨身魚銀袋，以防召命之詐，出内必合之。三品以上金飾袋。垂拱中，都督、刺史始賜魚。天授二年，改佩魚皆爲龜。其後三品以上龜袋飾以金，四品以銀，五品以銅。中宗初，罷龜袋，復給以魚。郡王、嗣王亦佩金魚袋。景龍中，令特進佩魚，散官佩魚自此始也。然員外、試、檢校官，猶不佩魚。景雲中，詔衣紫者魚袋以金飾之，衣緋者以銀飾之。開元初，附馬都尉從五品者假紫、金魚袋，都督、刺史品卑者假緋、魚袋，五品以上檢校、試、判官皆佩魚。中書令張嘉貞奏，致仕者佩魚終身，自是百官賞緋、紫，必兼魚袋，謂之章服。當時服朱紫、佩魚者衆矣。

紀事

《舊唐書》卷四五《輿服志》 高祖武德元年九月，改銀菟符爲銀魚符。高宗永徽二年五月，開府儀同三司及京官文武職事四品、五品，並給隨身魚。咸亨三年五月，五品已上賜新魚袋，並飾以銀，三品已上各賜金裝刀子礪石一具。垂拱二年正月，諸州都督刺史，並准京官帶魚袋。天授元年九月，改内外所佩魚並作龜。久視元年十月，職事三品已上龜袋，宜用金飾，四品用銀飾，五品用銅飾，上守下行，皆從官給。神龍元年二月，内外官五品已上依舊佩魚袋。六月，郡王、嗣王特許佩金魚袋。景龍三年八月，令特進佩魚。散職佩魚，自此始也。自武德已來，皆正員帶闕官始佩魚袋，員外、判試、檢校自則天、中宗後始有之，皆不佩魚。雖正員官得佩，亦去任及致仕即解去魚袋。至開元九年，張嘉貞爲中書令，奏諸致仕許終身佩魚，以爲榮寵，以理去任，亦聽佩魚袋。自後恩制賜賞緋紫，例兼魚袋，謂之章服，因之佩魚袋、服朱紫者衆矣。

宋・王溥《唐會要》卷三二《輿服下・笏》 武德四年八月十六日，

詔五品已上執象笏,已下執竹木笏。舊制,三品已下,前挫後直。五品已上,前挫後屈。武德已來,一例上圓下方。其日敕,凡笏周制七,《周禮》。諸侯以象,大夫以魚須文竹。晉宋以來,謂之手板。自西魏後,五品已上,通用象牙,六品以下,兼用竹木。近唯尚書郎執笏,公卿但以手板。後周保定四年,百官始執笏。至晉宣時,内外婦人執笏,其拜俛伏興俱執之。

開元八年九月敕:諸笏,三品已上,前屈後直。五品已上,前屈後挫。並用象。九品已上,竹木,上挫下方。男以上聽依品爵執笏,假板官亦依例。

宋·趙彦衛《雲麓漫鈔》卷三　玄宗優人服緋,求賜魚。玄宗曰:魚袋者,五品以上入閤則合符,汝則不可。

雜録

唐·張鷟《朝野僉載》卷三　上元年中,令九品已上佩刀礪等袋,彩帨爲魚形,結帛作之。取魚之象,强之兆也。至天后朝乃絶。景雲之後又復前,結白魚爲餠。

宋·王讜《唐語林》卷二《政事下》　開元始年,上悉出金銀珠玉錦繡之物,於朝堂若山積,皆焚之,示不復御用。

宋·李上交《近事會元》卷一《笏》　唐高祖武德四年八月敕,五品已上象笏。三品已上,前挫後直;五品已上,前挫後屈。自有唐已來,一例上員下方,曾不分别。六品已下執竹木爲笏,上挫下方。

又《手巾　筭帶　刀子　礪石　鞊韘》　唐高宗上元元年八月制,凡一品已下並帶之,武官欲帶者聽之。睿宗景雲元年七月詔,一品已下,帶手巾、筭帶,其刀子、礪石等,不許佩。武官五品已上佩鞊韘七事,七事謂佩刀、刀子、礪石、契苾真、噦厥、針筒、火石帶等也。開元初復四龍之。

宋·楊侃《兩漢博聞》卷八《黄綬》　師古曰:縣丞尉職卑皆黄綬。朱博傳。

宋·洪邁《容齋四筆》卷一〇《賞魚袋出處》　《隨筆》書衡山唐碑别駕賞魚袋,云名不可曉。今按,《唐職林·魚帶門》叙金玉銀鐵帶及金銀魚袋云:開元勑,非灼然有戰功者,餘不得輒賞魚袋。斯明文也。

宋·程大昌《演繁露》卷一《花犀帶》　《唐會要》章服:大和六年,敕一品二品服色,許服犀玉及斑犀。按斑犀者,犀文之黑黄相間者也。此時止云斑犀,至近世其辨益詳,黑質中或黄或白則爲正,透外暈皆黄而中涵黑文則名倒透,透即通也。唐世概名通天犀,若正透、倒透之别,出于近世也。今世士夫便服而繫犀帶,惟兩府始服正透,從斑已下即服倒透。本無定制,直是以正透爲重耳。

又卷七《黄銀》　唐太宗賜房玄齡黄銀帶,欲及杜如晦,而如晦已不在。帝曰:世傳黄銀鬼神畏之。更取金帶遣玄齡送其家。夫不賜黄銀,而别賜金帶,則改賜之帶必爲黄金無疑矣。然則先賜之帶命爲黄銀者,果何物也。世有鍮石者,質實爲銅,而色如黄金,特差淡耳。則太宗之謂黄銀者,其殆鍮石也已。鍮,金屬也。而附石爲字者,爲其不皆天然自生,亦有用盧甘石煮煉而成者,故兼舉兩物而合爲之名也。

又卷一一《紫荷》　《通典》:尚書令、僕射、尚書,銅印,墨綬,朝服,佩水蒼玉,腰劍,紫荷,執笏。梁制也。

又卷一二《唐時三品得服玉帶》　韓退之詩不知官高卑,玉帶垂金魚。若從國朝言之,則極品有不得兼者,然唐制不爾也。唐制五品已上皆金帶,至三品則兼金玉帶。《通鑑》明皇開元初敕,百官所服帶,三品以上聽飾以玉。是退之之客,皆三品之上,亦足詫矣。本朝玉帶雖出特賜,須得閤門關子許服,方敢用以朝謁,則體益以重,然唐裴晉公得特賜,乃于闐玉也。暨病亟具表返諸上方,其自占辭曰:内府之珍,先朝所賜。既不合將歸地下,又不敢留在人間,謹以上進。不知故事當進如隨身魚符之類耶,抑晉公自以意創爲此舉也。

宋·朱翌《猗覺寮雜記》卷下　唐太宗賜房玄齡黄銀帶,曰如晦與公同輔朕,今獨見公,泣曰:世傳黄銀鬼神畏之。更取金帶送其家。《唐本草》注云:有黄銀,本經不載。俗云爲器,辟惡,乃爲瑞物。始知黄銀自一種銀,非金也。

明·楊慎《丹鉛總録》卷二一《金魚金龜》　佩魚始于唐永徽二年,以鯉爲李也。武后天授元年改佩龜,以玄武爲龜也。杜詩:金魚换酒來。蓋開元中復佩魚也。李白憶賀知章詩:金龜换酒處。蓋白弱冠遇賀知章尚在中宗朝，未改武后之制。

明・張岱《夜航船》卷六《選舉部・州縣》 黄綬。唐朝縣尉之綬黄色。陳子昂《送齊少府序》：黄綬位輕而青雲望重。

清・梁紹壬《兩般秋雨盦隨筆》卷三《龜魚佩》 唐百官佩金魚，武后朝佩金龜，或曰：唐姓李，故以鯉魚爲瑞；后姓武，故以玄武爲瑞也。其説甚新。

彰功表德

綜述

唐・李肇《唐國史補》卷中 德宗幸金鑾院，問學士鄭餘慶曰：近日有衣作否。餘慶對曰：無之。乃賜百縑，令作寒服。

宋・吴曾《能改齋漫録》卷一四《武后製賜狄仁傑袍金字》《新唐史・狄仁傑傳》載仁傑轉幽州都督，賜錦袍龜帶。后自製金字十二於袍，以旌其忠。其十二字史不著。予按，《家傳》云：以金字環繞五色雙鸞，其文曰：敷政術，守清勤。昇顯位，勵相臣。乃命録之。新史不惟不著十二字，雖五色雙鸞亦不録也。《家傳》云：喪親，有白烏、連理枝繞於墓側。新史止云：有白鵲馴擾之祥。

紀事

五代・潘遠《西墅記譚》 骰子緋賜。明皇與楊妃彩戰將北，惟重四可解，連叱之，果重。上悦顧高力士，令賜緋之，遂不易。

宋・王讜《唐語林》卷一《言語》 牛叢任拾遺補闕五年，多論事，上密記之。後自司勛員外郎爲睦州刺史，入謝，上命至軒砌，問曰：卿頃任諫官，頗能舉職，今忽爲遠郡，得非宰臣以前事爲懲否。叢曰：新制：未任刺史、縣令，不得任近侍官。宰臣以是奬擢，非嫌忌也。上曰：賜紫。叢謝畢，前曰：臣所衣緋衣是刺史借服，不審陛下便賜臣紫，爲複别有進止。上遽曰：且賜緋。上慎重名器，未嘗容易，服章之賜，一朝無濫邀者。

李藩自司勛郎中知制誥，衣緑如故。鄭裔綽自給事以論駁楊漢公忤旨，出商州刺史，始賜緋。沈自禮部侍郎爲浙東觀察，方賜紫。苗恪自司勛員外郎，除洛陽縣令，藍衫赴任。裴處權自司封郎中出河南少尹，到任，本府奏薦賜緋，給事中崔罕駁還。手詔褒之，曰：有不當，卿能駁還，職業既修，朕何所慮。

雜録

宋・洪邁《容齋四筆》卷四《唐明皇賜二相物》 唐明皇以李林甫爲右相，顓付大政，而左相牛仙客、李適之、陳希烈前後同列，皆拱手備員。林甫死，楊國忠代之，其寵遇愈甚。天寶十三載，上御躍龍殿門，張樂宴群臣，賜右相絹一千五百疋，綵羅三百疋，綵綾五百疋，而賜左相絹三百，羅、綾各五十而已。其多寡不侔，至於五倍。如希烈庸才，知上恩意，安得不奴事之乎。宜其甘心臣於禄山也。

宋・王讜《唐語林》卷一《政事上》 武宗將賜杜悰之子無逸衣，所司條列其目衫色奉進。上曰不可賜曰衣，又其年幼未有官，不可假以服色，但賜青衣無衫可也。

又卷七《補遺》 宣宗在藩邸，常爲諸王所法。一日不豫，鄭太后奏上苦心疾。文宗召見，熟視上貌，以玉如意撫背，曰：我家他日英主，豈疾乎。即賜御馬、金帶。

明・張岱《夜航船》卷五《倫類部・君臣》 詩奪錦袍。宋之問與楊炯分直習藝館。武后游終南門，詔從臣賦詩。左史東方虬詩先成，後賜錦袍。之問俄頃獻，後覽之嗟賞，更奪袍以賜之。

宋代服飾制度部

皇帝服飾

論說

宋・王應麟《困學紀聞》卷二〇《雜識》 先聖冕服。祥符二年，賜曲阜文宣王廟冕九旒，服九章。熙寧八年，國子監言唐開元中，尊孔子爲文宣王，内出王者衮冕之服以衣之，宜用天子之制，禮院議依官品衣服，令用九旒。崇寧二若璩按：二當作四。年，改用冕十二旒，服九章。

宋・歐陽修《太常因革禮》卷二三《總例二十三・輿服三》 天子之制。《通禮》：衮冕、鷩冕、毳冕、絺冕、玄冕，皆垂白珠十二旒，黈纊充耳，玉簪導，玄衣纁裳，十二章，白紗中單，革帶，玉鉤鰈，大帶，鹿盧玉具劍，大珠鏢首，白玉雙佩，玄組，雙大綬六采玄黄，朱襪，舄加金飾。

國朝《會要》：衮冕廣尺二寸，長二尺四寸，前後十二旒，二纊并貫真珠。又有翠旒十二，碧鳳銜之，在珠旒外。冕版以龍鱗錦表，上綴玉爲七星，旁施琥珀缾犀缾各二十四，周綴金絲網，鈿以真珠，雜寶玉，加紫雲白鶴錦裏。四柱飾以七寶，紅綾裏。金飾玉簪導，紅絲縧組帶，亦謂之平天冠。衮龍服青色，日、月、星、山、龍、雉、虎蜼七章。紅裙，藻、火、粉米、黼、黻五章。紅蔽膝，升龍二並織成，間以雲朵，飾以金鈒花，鈿窠，裝以真珠、琥珀雜寶玉。紅羅襦裙，繡五章，青褾、襈、裾，六采綬一，小綬三，結玉環三，素大帶，朱裏，青羅四神帶二，繡四神盤結。綬帶飾並同衮服。白羅中單，青羅襪帶，紅羅勒帛。鹿盧玉具劍，玉標首，鏤白玉雙佩，金飾貫真珠。金龍鳳革帶，紅襪，赤舄。金鈒花，四神玉鼻。祭天地宗廟，饗玉清、昭應宮，景靈宮，受册尊號，元日受朝，册皇太子則服之。通天冠，二十四梁，犀簪導，紅絲組帶，金鈒花鈿以珠寶，施博山附蟬，絳紗袍，織成雲龍，紅金條紗爲之，紅裏，皁褾、襈、裙，白羅中單，蔽膝，以紅紗、紅羅裏。飾與袍同。紅羅裙，紅紗裏，白羅方心曲領。餘同冕服。大祭祀致齋，出乘玉輅，入乘金輅。正冬大會、五月朔受朝則服之。

衮服，通天冠，絳紗袍。舊制，並内中尚少府監主之。

《禮閣新編》：建隆元年二月九日，太常禮院狀申，準敕追尊四廟者，皇帝御崇元殿，命使行册寶受朝之禮，衮龍服一副。五月一日，御殿受文武百僚朝，通天冠、絳紗袍一副。狀請下内中尚少府監牒，請具衮龍衣、絳紗袍、通天冠令式制度。垂服製造者，準令式。製冕，垂白珠十有二旒，以組爲纓，色如其綬，黈纊充耳，玉簪導，玄衣纁裳，十二章。八章在衣，日、月、星辰、山、龍、華蟲、藻火、宗彝。四章在裳，藻火、粉米、黼、黻。衣褾領如上，爲升龍。皆織就爲之。山、龍以下，每章一行，重以爲等，每章行十二。白紗中單，黼領，青褾、襈、裾，蔽膝，加龍、山、火三章。革帶、玉鉤鰈、大帶。素帶，朱裏，紕其外，上以朱，下以緑，紐約用組。鹿盧玉具劍，大珠鏢首，白玉雙佩，玄組。雙大綬，六彩，玄、黄、赤、白、縹、緑，純玄質，長二丈四尺五寸，首廣一尺。小雙綬長二尺六寸，色同綬，而首半之，間施三玉環。朱襪，赤舄，加金飾。通天冠，加金博山附蟬十二首，施朱翠，黑介幘，髮纓翠緌，玉犀簪導。絳紗袍，白紗中單，朱領、褾、襈、裾，白裙襦，絳紗蔽膝，白羅帶，方心曲領，其帶紐佩綬與上同。白襪，黑舄。

《三禮圖》：建隆二年，太子詹事尹拙議：衮冕而下，君臣合畫充耳，天子黈纊，諸臣青纊。工部尚書竇儀議曰：謹案《周禮》，弁師掌王之五冕，皆玄冕朱裏延紐，五采。繅十有二就，皆五采。玉十有二，玉笄朱紘。諸侯之繅斿九就，瑉玉三采。其餘如王之事，繅斿皆就，玉瑱、玉笄。注：侯當作公字之誤。其餘謂延紐，皆玄覆朱裏，與王同也。玉瑱，塞耳者。疏云王不言玉瑱，于此言之者，王與諸侯互見爲義，是以王言玄冕朱裏延紐及朱紘，明諸侯亦有之，諸公言玉瑱，明王亦有之，是其互有也。詳此經注疏之文，則是本有充耳，今請令君臣衮冕已下並畫充耳，以合正文。

《禮閣新編》：淳化二年十月九日，禮院奏皇帝服，凡衣服之制，三代已降，損益不同，今據《衣服令》及《開元禮》，皇帝之冕服十有三焉，一大裘，二衮冕，三鷩冕，四毳冕，五絺冕，六玄冕，七通天冠，八武弁冠，九弁服，十黑介幘，十一白紗帽，十二平巾幘，十三翼善冠。又云：翼善冠，其常服白練裙襦，通著之，若服袴褶則與平巾幘通著之。案《衣服令》：翼善冠，其常服及白練裙襦通著之，若服袴褶則與平巾幘通著之。案《開寶義纂》

云：翼善冠，先儒未詳所服，説者云明有善行，以冠表德也。又案，《通典》云：翼善冠，大唐貞觀中，朔望視朝常服之。又與平巾幘通用。注云：太宗初服翼善冠，賜貴臣進德冠，因謂侍臣曰：襆頭起于周武帝，蓋取便于軍容耳。今四海無虞，此冠頗採古法，兼類襆頭，乃宜常服。至開元十七年廢而不用。乾元元年十月，知司天臺事韓穎奏：五官正奉敕創製，其官職配五方，上稽五緯。臣請冠上加一星珠，衣從本方正色。每至正冬、朔望、朝會及諸大禮，即服以朝見，仍望永爲定式，敕依今檢仿古今制度，伏乞依稟施行。詔可。

《宋史》卷一五一《輿服志三》 天子之服，皇太子附。后妃之服，命婦附。

天子之服：一曰大裘冕。二曰衮冕。三曰通天冠、絳紗袍。四曰履袍。五曰衫袍。六曰窄袍，天子祀享、朝會、親耕及視事、燕居之服也。七曰御閲服，天子之戎服也，中興之後則有之。

大裘之制。神宗元豐四年，詳定郊廟奉祀禮文所言：《周禮·司裘》：掌爲大裘，以供王祀天之服。《司服》：王祀昊天上帝，則服大裘而冕，祀五帝亦如之。享先王則衮冕。而《禮記》云：郊祭之日，王被衮以象天，戴冕璪十有二旒，則天數也。王肅據《家語》，以爲臨燔柴，脱衮冕，著大裘。則是《禮記》被衮，與《周禮》大裘，郊祀並用二服，事不相戾，但服之有先後耳。是以《開寶通禮》：皇帝服衮冕出赴行宫，祀日，服衮冕至大次，質明，改服大裘而冕出次。蓋衮冕盛服而文之備者，故於郊之前期被之，以至大次。既臨燔柴，則脱衮冕服裘，以明天道至質，故被裘以體之。今儀注：車駕赴青城，服通天冠、絳紗袍。祀之日，乃服鞾袍至大次，服衮冕臨祭。非尚質之義。乞並依《開寶通禮》。詔詳定所參議。

又言：臣等詳大裘之制，本以尚質，而後世反以尚文，故冕之飾大爲不經。而禮書所載，上有垂旒加飾，又異大裘不裼之説。今參考諸説，大裘冕無旒，廣八寸，長一尺六寸，前圜後方，前低寸二分，玄表朱裏，以繒爲之。玉笄以朱組爲紘，玉瑱以玄紞垂之。爲裘以黑羔皮，領袖以黑繒，纁裳朱紱而無章飾。佩白玉，玄組綬。革帶，博二寸，玉鈎觵，以佩紱屬之。素帶，朱裏，絳純其外，上朱下緑。白紗中單，皂領，青褾、襈、裾。朱韈，赤舄，黑絇、繶、純。乞下所屬製造。其當暑奉祠之服，乞降梁陸瑋議以黑繒爲裘，及《唐·輿服志》以黑羔皮爲緣。詔重詳定。

光禄寺丞、集賢校理陸佃言：臣詳冕服有六。《周官》弁師云：掌王之五冕，則大裘與衮同冕。故《禮記》云郊之日，王被衮以象天。又曰：服之襲也，充，美也。禮不盛，服不充，故大裘不裼。此明王服大裘，以衮衣襲之也。先儒或謂周祀天地皆服大裘，而大裘之冕無旒，非是。蓋古者裘不徒服，其上必皆有衣，故曰緇衣羔裘，黄衣狐裘，素衣麑裘。如郊祀徒服大裘，則是表裘以見天地。表裘不入公門，而乃欲以見天地，可乎。且先王之服，冬裘夏葛，以適寒暑，未有能易之者也。郊祀天地，有裘無衮，則夏祀赤帝與至日祭地祇，亦將被裘乎。然則王者冬祀昊天上帝，中裘而表衮，明矣。至于夏祀天神地祇，則去裘服衮，以順時序。《周官》曰：凡四時之祭祀，以宜服之，明夏不必衣裘也。或曰，祭天尚質，故徒服大裘，被衮則非尚質。臣以爲尚質者，明有所尚而已，不皆用質也。今欲冬至禋祀昊天上帝，服裘被衮，其餘祀天及祀地祇，並請服衮去裘，各以其宜服之。

於是詳定所言：裘不可徒服。《禮記》曰：大裘不裼，則襲可知。所謂大裘之襲者，衮也，與衮同冕。伏請冬祀昊天與黑帝，皆服大裘，被以衮。其餘非冬祀天及夏至祭地，則皆服衮。

六年，尚書禮部言：經有大裘而無其制，近世所爲，惟梁、隋、唐爲可考。請緣隋制，以黑羔皮爲裘，黑繒爲領袖及裏、緣，袂廣可運肘，長可蔽膝。按皇侃説，祭服之下有袍繭，袍繭之下有中衣。朝服，裼衣之下有裘，裘之下有中衣。然則今之親郊，中單當在大裘之下，其袂之廣狹，衣之長短，皆當如裘。伏乞改製。於是神宗始服大裘，而加衮冕焉。

哲宗元祐元年，禮部言：元豐所造大裘，雖用黑羔皮，乃作短袍樣，襲於衮衣之下，仍與衮服同冕，未合典禮。下禮部、太常寺共議。上官均、吴安詩、常安民、劉唐老、龔原、姚勔請依元豐新禮，丁騭請循祖宗故事，王愈請倣唐制，朱光庭、周秩請以玄衣襲裘。獨禮部員外郎何洵直在元豐中嘗預詳定，以陸佃所議有可疑者八。

按《周禮·節服氏》掌祭祀朝覲，衮冕六人，惟王之太常。郊祀，裘冕二人。既云衮冕，又云裘冕，是衮與裘各有冕。乃云裘與衮同冕，當以衮襲之。裘既無冕，又襲於衮，中裘而表衮，何以示裘、衮之别哉。古人雖質，不應以裘爲夏服，蓋冬用大裘，當暑則以同色繒爲之。《記》曰：郊祭之日，王被袞以象天。若謂裘上被袞，以被爲襲，則《家語》亦有被裘象天之文。諸儒或言臨燔柴，脱袞冕，著大裘，或云脱裘服袞，蓋裘袞無同冕兼服之理。今乃以二服合爲一，可乎。

且大裘，天子吉服之最上，若大圭、大路之比，是裘之在表者。《記》曰：大裘不裼。説者曰，無別衣以裼之，蓋他服之裘褻，故表裘不入公門。事天以報本復始，故露質見素，不爲表褻，而冕亦無旒，何必假他衣以藩飾之乎。凡裘上有衣謂之裼，裼上有衣謂之襲，襲者，裘上重二衣也。大裘本不裼，《鄭志》乃云：裘上有玄衣，與裘同色。蓋趙商之徒，附會爲説，不與經合。襲之爲義，本出于重沓，非一衣也。

古者齋祭異冠，齋服降祭服一等。祀昊天上帝、五帝，以裘冕祭，則袞冕齋。故鄭氏云：王齋服袞冕。是袞冕者，祀天之齋服也。唐《開元》及《開寶禮》始以袞冕爲齋服，裘冕爲祭服，兼與張融臨燔柴脱袞服裘之義合。請從唐制，兼改製大裘，以黑繒爲之。

佃復破其説曰：

夫大裘而冕，謂之裘冕，非大裘而冕，謂之袞冕。則裘冕必服袞，袞冕不必服裘。今特言裘冕者，主冬至言之。《周禮・司裘》：掌爲大裘，以供王祀天之服。則祀地不服大裘，以夏日至，不可服裘故也。今謂大裘當暑，以同色繒爲之，尤不經見。

兼裼、襲，一衣而已，初無重沓之義。被裘而覆之則曰襲，袒而露裘之美則曰裼。所謂大裘不裼，則非袞而何。《玉藻》曰：禮不盛，服不充，故大裘不裼。則明不裼而襲也，充，美也。鄭氏謂大裘之上有玄衣，雖不知覆裘以袞，然尚知大裘不可徒服，必有玄衣以覆之。《玉藻》有尸襲之義。《周禮》裘冕注云：裘冕者，從尸服也。夫尸服大裘而襲，則王服大裘而襲可知。且裘不可以徒服，故被以袞，豈借袞以爲飾哉。

今謂祭天用袞冕爲齋服，裘冕爲祭服，此乃襲先儒之謬誤。後漢顯宗初服日、月、星辰十二章，以祀天地。自魏以來，皆用袞服。則漢、魏祭天，嘗服袞矣。雖無大裘，未能盡合於禮，固未嘗有表裘而祭者也。且裘，内服也，與袍同。袍褻矣，而欲褌以祭天，以明示質，是欲衩衣以見上帝也。洵直復欲爲大裘之裳，纁色而無章飾，夫裘安得有裳哉。請從先帝所志。

其後詔如洵直議，去黑羔皮而以黑繒製焉。

政和議禮局上：大裘，青表纁裏，黑羔皮爲領、褾、襈，朱裳，被以袞服。冬至祀昊天上帝服之，立冬祀黑帝，立冬後祭神州地祇亦如之。中興之後，無有存者。

紹興十三年，禮部侍郎王賞等言：郊祀大禮，合依《禮經》，皇帝服大裘被袞行禮。據元豐詳定郊廟禮文，何洵直議以黑繒創作大裘如袞，惟領袖用黑羔。乞如洵直議。詔有司如祖宗舊制，以羔製之。禮部又言：關西羊羔，係天生黑色。今有司涅白羔爲之，不中禮制，不如權以繒代。又元祐中，有司欲爲大裘，度用百羔。哲宗以爲害物，遂用黑繒，請依太常所言。從之。遂以袞襲裘，冕亦十二旒焉。

綜　述

《宋史》卷一五一《輿服志三》　太祖建隆元年，太常禮院言：準少府監牒，請具袞龍衣，絳紗袍、通天冠制度令式。袞冕，垂白珠十有二旒，以組爲纓，色如其綬，黈纊充耳，玉簪導。玄衣纁裳，十二章：八章在衣，日、月、星辰、山、龍、華蟲、火、宗彝。四章在裳，藻、粉米、黼、黻。衣褾領如上，爲升龍，皆織就爲之。山、龍以下，每章一行，重以爲等，每行十二。白紗中單，黼領，青褾、襈、裾。蔽膝加龍、山、火三章。革帶，玉鉤鰈。大帶，素帶朱裏，紕其外，上朱下緑，紐約用組。鹿盧玉具劍，大珠鏢首，白玉雙佩，玄組。雙大綬六采，玄、黄、赤、白、縹、緑，純玄質，長二丈四尺五寸，首廣一尺。小雙綬長二尺六寸，色同大綬，而首半之，間施三玉環。朱襪，赤舄，加金飾。詔可。

二年，太子詹事尹拙、工部尚書竇儀議：謹按《周禮》：弁師掌王之五冕，朱裏延紐，五采繅，十有二就，皆五采玉十有二，玉笄朱紘。諸侯之繅旒九就，瑉玉三采，其餘如王之事，繅斿皆就，玉瑱、玉笄。疏云：王不言玉瑱，於此言之者，王與諸侯互相見爲義。是以王言玄冕、朱裏延紐及朱紘，明諸侯亦有之。諸公言玉瑱，明王亦有之。詳此經、疏之文，則是本有充耳。今請令君臣袞冕以下並畫充耳，以合正文。從之。

又　嘉祐元年，王洙奏：天子法服，冕旒形度重大，華飾稍繁，願集禮官參定。詔禮院詳典禮上聞，而禮院繪圖以進。因敕御藥院更造，其後，冕服稍增侈如故。

英宗治平二年，知太常禮院李育奏曰：

郊廟之祭，本尚純質，衮冕之飾，皆存法象，非事繁侈、重奇玩也。冕則以《周官》爲本，凡十二旒，間以采玉，加以紘、綖、笄、瑱之飾。衮則以《虞書》爲始，凡十二章，首以辰象，別以衣裳繪繡之采。東漢至唐，史官名儒記述前制，皆無珠翠犀寶之飾，何則，鷸羽蚌胎，非法服所用。琥珀犀缾，非至尊所冠。龍錦七星，已列采章之内。紫雲白鶴，近出道家之語。豈被衮戴璪、象天則數之義哉。自大裘之廢，顓用衮冕，古樸稍去，而法度尚存。夫明水大羹，不可以衆味和。《雲門》、《咸池》不可以新聲間。衮冕之服，不宜以珍怪累也。若魏明之用珊瑚，江右之用翡翠，侈靡衰播之餘，豈足爲聖朝道哉。

且太祖建隆元年，少府監所造冕服，及二年，博士聶崇義所進《三禮圖》，嘗詔尹拙、竇儀參校之，皆倣虞、周、漢、唐之舊。至四年冬服之，合祭天地于圜丘，用此制也。太宗亦嘗命少府製於禁中，不聞改作。及真宗封泰山，禮官請服衮冕。帝曰：前王服羔裘，尚質也。今則無羔裘而有衮冕，可從近制。是豈有意於繁飾哉。蓋後之有司，率意妄增，未嘗確議，遂相循而用。故仁宗嘗詔禮官章得象等詳議之，其所減過半，然不經之飾，重者多去，輕者尚存，不能盡如詔書之意。故至和三年，王洙復議去繁飾，禮官畫圖以獻，漸還古禮，而有司所造，復如景祐之前。

又按《開寶通禮》及《衣服令》，冕服皆有定法，悉無寶錦之飾。夫太祖、太宗富有四海，豈乏寶玩，顧不可施之郊廟也。臣竊謂，陛下肇祀天地，躬饗祖禰，服周之冕，觀古之象，願復先王之制，祖宗之法。其衮冕之服，及韠、綬、佩、舄之類，與《通禮》、《衣服令》、《三禮圖》制度不同者，宜悉改正。

詔太常禮院、少府參定，遂合奏曰：

古者冕服之用，郊廟殊制。唐典，天子之服有二等，而大裘尚存。顯慶初，長孫無忌等采《郊特牲》之説，獻議廢大裘。自是郊廟之祭，一用衮冕，然旒章之數，止以十二爲節，亦未聞有餘飾也。國朝冕服，雖倣古制，然增以珍異巧縟，前世所未嘗有。夫國之大事，莫大於祀，而祭服違經，非以肅祀容、尊神明也。臣等以謂宜如育言，參酌《通禮》、《衣服令》、《三禮圖》及景祐三年減定之制，一切改造之。

孔子曰：麻冕，禮也，今也純儉，吾從衆。純者，絲也，變麻用絲，蓋已久矣。則冕服之制，宜依舊以羅爲之。冕廣一尺二寸，長二尺二寸，約以景表尺，前圓後方，黝上朱下，以金飾版側，以白玉珠爲旒，貫之以五采絲繩。前後各十二旒，旒各十二珠，相去一寸，長二尺。朱絲組爲纓，黈纊充耳，金飾玉簪導。青衣纁裳，十二章：八章繪之於衣，日、月、星辰、山、龍、華蟲、火、宗彝也。四章繡之於裳，藻、粉米、黼、黻也。錦龍褾、領，織爲升龍。山、龍而下，一章爲一行，重以爲等，行十二。別製大帶，素表朱裏，朱綠終辟。韠、紱、舄、大小綬，亦去珠玉、鈿窠、琥珀、玻瓈之飾。其中單、革帶、玉具劍、玉佩、朱韈之制，已中禮令，無復改爲，則法服有稽，祭禮增重。

復詔禮院再詳以聞，而内侍省奏謂：景祐中已裁定，可因而用也。從之。

神宗元豐元年，詳定郊廟禮文所言：

凡冕版廣八寸，長尺六寸，與古制相合，更不復議。今取少府監進樣，如以青羅爲表，紅羅爲裏，則非《弁師》所謂玄冕朱裏者也。上用金稜天板，四周金絲結網，兩旁用真珠、花素墜之類，皆不應禮。伏請改用朱組爲紘，玉笄、玉瑱，以玄紞垂瑱，以五采玉貫于五色藻爲旒，以青、赤、黄、白、黑五色備爲一玉，每一玉長一寸，前後二十四旒，垂而齊肩，以合孔子所謂純儉之義。

又古者祭服、朝服之裳，皆前三幅，後四幅，前爲陽以象奇，後爲陰以象偶。惟深衣、中襌之屬連衣裳，而裳復不殊前後，然以六幅交解爲十二幅，象十二月。其制作莫不有法，故謂之法服。今少府監衮服，其裳乃以八幅爲之，不殊前後，有違古義。伏請改正祭服之裳，以七幅爲之，殊其前後。以今太常周尺度之，幅廣二尺二寸，每幅兩旁各縫殺一寸，謂之削幅，腰間辟積無數。裳側有純，謂之綼。裳下有純，謂之緆。綼、緆之廣各寸半，表裏合爲三寸。群臣祭服之裳，倣此。從之。

政和議禮局更上皇帝冕服之制：冕版廣八寸，長一尺六寸，前高八寸五分，後高九寸五分。青表朱裏，前後各十有二旒，五采藻十有二就，就間相去一寸。青碧錦織成天河帶，長一丈二尺，廣二寸。朱絲組帶爲纓，黈纊充耳，金飾玉簪導，長一尺二寸。衮服，青衣八章，繪日、月、星辰、山、龍、華蟲、火、宗彝。纁裳四章，繡藻、粉米、黼、黻。蔽膝隨裳色，繡升龍二。白羅中單，皂褾、襈，紅羅勒帛，青羅袜帶。緋白羅大帶，革帶，白玉雙佩。大綬六采，赤、黄、黑、白、縹、緑。小綬三色，如大綬，間施玉環三。朱韈、赤舄，緣以黄羅。

中興仍舊制，延，以羅衣木，玄表朱裏，長尺有六寸，前低一寸二分，四旁緣以金，覆於卷武之上，纓以五色絲貫五色玉，前後各十二，凡用二百八十有八。玉笄，充耳用黄綿，紘以朱組，以其一屬於左笄上垂下，又屈而屬於右笄，繫之而垂其餘。衣玄，八章，升龍於山，繪。裳纁四章，繡。幅前三後四，斷而不屬，兩旁殺縫，腰辟積，綼、緆之廣皆如舊。大帶以緋白羅合而紩之，以朱緑飾其側，上朱下緑，其束處以組爲紐約，下垂三尺。通天冠、絳紗袍亦如之。白羅中單，領、褾、襈以黻，服衮則以皂。絳紗袍則衣用白紗，領、褾、襈以朱。綬大小各一，大綬織以六采，青、黄、黑、白、縹、緑，下垂青絲網，上有結，垂玉環三，小綬制如大綬，惟三色。大衮、絳鈔袍皆用之。革帶，博二寸，革爲裏，緋羅爲表，飾以玉銙，鈕以玉鈎䚢。通天冠、絳紗袍亦用之。韍從裳色，上有紕，下有純，去上五寸，繪以山、龍、火，上接革帶繫之。佩有衡，有琚瑀，有衝牙，繫於革帶，左右各一。上設衡，衡下垂三帶，貫以蠙珠。次則中有金獸面，兩旁夾以雙璜，又次設琚瑀。下則衝牙居中央，兩旁有玉滴子，行則擊牙而有聲。舄有約，有純，有繶，有綦，以緋羅爲之，首加金飾。服通天冠、絳紗袍則用黑舄，以烏皮爲之。常服則用白舄，以絲爲之。韈，羅表繒裏，施勒著綦以繫之，赤舄以朱，黑舄以白，白舄同。

通天冠。二十四梁，加金博山，附蟬十二，高、廣各一尺。青表朱裏，首施珠翠，黑介幘，組纓翠緌，玉犀簪導。絳紗袍，以織成雲龍紅金條紗爲之，紅裏，皂褾、襈、裾。絳紗裙，蔽膝如袍飾，並皂褾、襈。白紗中單，朱領、褾、襈、裾。白羅方心曲領。白韈，黑舄，佩綬如衮。大祭祀致齋，正旦、冬至、五月朔大朝會，大册命，親耕籍田皆服之。

仁宗天聖二年，南郊，禮儀使李維言：通天冠上一字，準敕迴避。詔改承天冠。中興之制，冠高九寸，服用並同。

乾道九年，又用履袍。袍以絳羅爲之，折上巾，通犀金玉帶。繫履，則曰履袍。服鞾，則曰鞾袍。履、鞾皆用黑革。四孟朝獻景靈宮、郊祀、明堂，詣宫，宿廟，進胙，上壽兩宫及端門肆赦，並服之。大禮畢還宫，乘平輦，服亦如之。若乘大輦，則服通天、絳紗如常儀。

衫袍。唐因隋制，天子常服赤黄、淺黄袍衫，折上巾，九還帶，六合鞾。宋因之，有赭黄、淡黄袍衫，玉裝紅束帶，皂文鞾，大宴則服之。又有赭黄、淡黄褛袍，紅衫袍，常朝則服之。又有窄袍，便坐視事則服之。皆皂紗折上巾，通犀金玉環帶。窄袍或御烏紗帽。中興仍之。初，高宗踐祚於南都，隆祐太后命内臣上乘輿服御，有小冠。太后曰：祖宗閒居之所服也，自神宗始易以巾。願即位後，退朝上戴此冠，庶幾如祖宗時氣象。後殿早講，皇帝服帽子，紅袍，玉束帶，講讀官公服繫鞵。晚講，皇帝服頭巾，背子，講官易便服。此嘉定四年講筵之制也。

御閲服。以金裝甲，乘馬大閲則服之。

清·徐松《宋會要輯稿·輿服四》 天子服。太祖建隆元年二月九日，太常禮院言準敕追尊四廟，皇帝御崇元殿，命使行册禮，衮龍服。五月一日，御殿受朝，通天冠、絳紗袍。伏請下内中尚司，與少府監計會修製。詔可。

十九日，太常禮院言准，少府監牒，請具衮龍衣、絳紗袍、通天冠制度令式，衮冕垂白珠十有二旒，以組爲纓，色如其綬，黈纊充耳，玉簪導。玄衣纁裳，十二章：八章在衣，日、月、星辰、山、龍、華蟲、火、宗彝。四在裳，藻、粉米、黼、黻。衣褾、領如上，爲升龍，皆織就爲之。山、龍以下，每章一行，重以爲等，每行十二。白紗中單，黼領，青褾、襈、（裙）[裾]。蔽膝加龍、山、火三章。革帶，玉鈎䚢。大帶，素帶，朱裏，紕其外，上下緑紐約用組。鹿盧玉具劍，大珠鏢首，白玉雙佩，玄組。雙大綬六采，玄、黄、赤、白、縹、緑，純玄質，（天）[長]二（杖）[丈]四尺五寸，首廣一尺。小雙綬長二尺六寸，色同大綬，而首半之，間施三玉環。朱襪、赤舄，加金飾。詔可。

又《輿服五》 絳紗袍。乘輿服制，天子絳紗袍，以織成雲龍紅金條爲之，紅裏，皂褾、襈、裾，白羅中單，蔽膝，以紅紗紅羅裏，飾與袍同。紅羅裙，紅紗裏，白羅方心曲領，餘同冕服。大祭祀，至齋，出乘玉輅，入乘金輅，正冬大會，五月朔受朝則服之。

太祖建隆元年二月九日，太常禮院言：準敕追尊四廟，皇帝御崇元殿，命使行册禮，衮龍服。五月一日，御殿受朝，通天冠，絳紗袍。伏請下内中尚司與少府監計會修製。詔可。

十九日太常禮院言：準少府監牒請具衮龍衣、絳紗袍、通天冠制度令式，通天冠加金博山，附蟬十二首，施朱翠，黑介幘，髮纓翠緌，玉簪導，絳紗袍，白紗中單，朱領、褾、襈、裾，白裙襦，絳紗蔽膝，白假帶，方心曲領。其帶、劍、珮、綬，與上同。白韈，黑舄。詔可。

孝宗紹興三十二年未改元。七月十二日，禮部太常寺言：奉上光堯壽聖太上皇帝聖壽，太上皇后册寶行禮日，太上皇帝合服通天冠、絳紗袍。皇帝亦服通天冠、絳紗袍。績御藥院，狀竊慮行禮日近，製辦不及，有旨將來上上皇帝受册寶禮日，恭請服履袍。

徽宗政和三年四月二十九日，議禮局上皇帝冕服之制：通天冠，二十四梁，加金博山，附蟬，高一尺，廣一尺，犀簪導，朱絲組帶爲纓，絳紗袍，織成雲龍，皂羅（縹）［褾］、（綶）［襈］，紅羅爲裏，絳紗裙，蔽膝如袍飾，並皂褾、襈繡雲龍，白羅方心曲領，革帶，餘同冕服。大祭祀，致齋，詣景靈宮、太廟，行宮，禮畢還宮，元正、冬至大朝會，臨軒册命皇后、皇太后、諸王大臣，親耕籍田，服之。詔頒行。

乾道七年二月十二日，禮部大常寺言：續討論到禮例，皇帝服通天冠、絳紗袍。御大慶殿，册皇太子及謁大廟、别廟行禮，合服衮冕。從之。晨祼，皇帝服通天冠、絳紗袍至大次。

興隆二年十月三日，禮部大常寺言，勘會逐次郊祀大禮，皇帝自青城至大次，並禮畢自大次還青城，並係服通天冠、絳紗袍，乘大輦，今來欲乞並服通天冠、絳紗袍，乘平輦。詔從之。

籍田。太宗端拱元年正月十五日，帝齋於乾元殿，翌日鑾駕出宮，備大駕鹵薄於丹鳳門外，帝服通天冠、絳紗袍，執圭，乘玉輅，赴東郊行宮齋宿。十七日，親耕禮畢，解嚴還行宮，百官稱賀，帝改御大輦，服通天冠、絳紗袍，鼓吹振作而還，御乾元門，肆赦改元，文武遞進官有差。

神宗元豐二年四月二十三日，詳定正旦御殿儀注，乞元日受朝賀，服通天冠、絳紗袍。從之。四年十月二十二日，詳定郊廟奉祀禮文，所言今儀注車駕赴青城，服通天冠、絳紗袍。祀之日，乃服靴袍，至大次，服衮冕。臨祭非尚質之義。

哲宗紹聖三年十月七日，工部侍郎高遵惠言：準朝旨，祀北郊，通天冠、絳紗袍。慮當暑月，合行裁制，（接）［按］天聖《衣服令》衮冕大綬六（綬）［色］，黑、黄、［赤］、白、縹、緑，小綬三色，同大綬，間施三玉環，所有減去摺迴，大綬一重，只長二尺五寸，即於禮典别無制度，伏乞量宜製造。

徽宗政和元年八月，議禮所條具者八事，一乞躬耕之服，止用通天冠、絳紗袍。百官並服朝服。

六年閏正月二十七日，詔親耕，籍以玉輅載耒耜，乘大輦，用法駕黄麾仗，道駕官朝服，結佩，耕籍使以儀仗，二千人護衛。耒耜質明，先詣壇所，詣籍田，服靴袍，平輦，耕籍服通天冠、絳紗袍，至思文殿進食後，行禮畢，放仗，常服還內。令修定儀注。

高宗十五年十一月，禮部太常寺言：將來親耕籍田，是日車駕，服履袍，乘平輦，詣思文殿進膳畢，服通天冠、絳紗袍，行親耕之禮。從之。

雜録

宋・朱弁《曲洧舊聞》卷一　仁宗儉德，殆本於天性，尤好服浣濯之衣。當未明求衣之時，嬪御私易新衣以進，聞其聲，輒推去之。遇浣濯，隨破隨補，將徧，猶不肯易，左右指以相告，或以爲笑，不恤也。當時不惟化行六宮，凡命婦入見，皆以盛飾爲耻，風動四方，民日以富。比之崇儉之詔屢挂墻壁，而汰侈不少衰，蓋有間也。

宋・司馬光《涑水記聞》卷一　建隆元年正月辛丑朔，鎮、定奏契丹與北漢合勢南侵，太祖時爲歸德軍節度使、殿前都點檢，受周恭帝詔，將宿衛諸軍禦之。癸卯發師，宿陳橋，將士陰相與謀曰：主上幼弱，未能親政，今我輩出死力爲國家破賊，誰則知之。不若先立點檢爲天子，然後北征，未晚也。甲辰，將士皆擐甲執兵仗，集於驛門，歡噪突入驛中。太祖尚未起，太宗時爲内殿祗候供奉官都知，入白太祖，太祖驚起，出視之。諸將露刃羅立于庭，曰：諸軍無主，願奉太尉爲天子。太祖未及答，或以黄袍加太祖之身，衆皆拜于庭下，大呼稱萬歲，聲聞數里。

又　周恭帝之世，有右拾遺、直史館鄭起上宰相范質書，言太祖得衆心，不宜使典禁兵，質不聽。及太祖入城，諸將奉登明德門，太祖命將士皆釋甲還營，太祖亦歸公署，釋黄袍。

又 太祖性節儉，寢殿設布緣幃簾，常出麻屨布衫以示左右，曰：此吾故時所服也。右出《聖政録》。

宋・蔡絛《鐵圍山叢談》卷二 國朝故事，天子誕節，則宰臣率文武百僚班紫宸殿下，拜舞稱慶。宰相獨登殿捧觴，上天子萬壽，禮畢，賜百官茶湯罷，於是天子還内。則宰臣夫人在内亦率執政夫人以班福寧殿下，拜而稱賀。宰臣夫人獨登殿捧觴，上天子萬壽，仍以紅羅銷金鬚帕繫天子臂，退復再拜，遂燕坐于殿廊之左。此儒臣之至榮。

宋・龐元英《文昌雜録》卷四 十一月十二日，大慶殿遣上仁宗皇帝、英宗皇帝玉册玉寶。上服絳紗袍，再拜廷中，跪授册寶。使既出大慶門，禮儀使奏禮畢，上猶立廷中。册寶升輅既遠，從官方前導歸御幄云。

宋・周密《武林舊事》卷八《車駕幸學》 上乘輦鳴鞭入崇化堂，降輦，入幄更衣。上所至皆設御幄。禮官、國子監官、三學官、三學生並於堂下分東西立，次引執經官、講書官於堂下東壁面西立，宰臣、執政以下北向立，閤門奏班齊，上服帽，紅上蓋，玉束帶，絲鞋，出崇化堂坐。【略】翰林司供御茶訖，宰臣已下並兩廊官贊喫茶，宰臣已下降階，北向立，御藥傳旨不拜，引兩廊官北向各再拜訖出，皇帝起易服，襆頭上蓋，玉帶綫鞋，乘輦鳴鞭出學，百官諸生迎駕如前。

明・郎瑛《七修類稿》卷四六《事物類・徽欽被擄略》 二月十一日，車駕出城幸虜營。十七日，帝還宫。三月初三日，再幸虜營。次早，帝見太上皇亦至虜。初四日至十五，皇族、后妃、諸王陸續到營。十六日，粘罕令以青袍易帝服，以常人女服易二后服，侍衛番奴以男女呼帝。

清・徐松《宋會要輯稿・輿服五》 黄袍。高宗紹興五年四月二十九日，禮部大常寺言得旨，五月二日車駕詣廟，别廟，行款，謁禮，緣其日章懷皇后忌前一日，皇帝合服黄袍，參酌禮例，是日，皇帝自内中先服紅袍，詣大廟，别廟，行禮畢，還内，俟至宫中，易忌前之服。從之。

皇子服飾

綜述

宋・歐陽修《太常因革禮》卷二五《總例二十五・輿服五》 皇太子之制。《通禮》不著。皇太子車輅之制，《國朝會要》：皇太子車輅，唐制三等，一曰金輅，二曰軺車，三曰四望車。至道初，真宗爲皇太子，謁太廟，乘金輅，常朝則乘馬。天禧中，仁宗爲皇太子，亦同此制。

《通禮》不著皇太子之服，《國朝會要》：皇太子之服，衮冕，青羅表，緋羅紅綾裏，塗金銀鈒花飾。犀簪導，紅絲組，前後九旒二纊，貫水晶珠，青羅衣繡山、龍、雉、火、虎蜼五章，紅羅裳繡藻、粉米、黼、黻四章，紅羅蔽膝繡山、火二章。白紗中單，青褾、襈、裾，革帶，塗金銀鈎韘，瑜玉雙佩，四彩織成大綬，結二玉環，金塗銀鈒花飾，青羅抹帶，紅羅勒帛。玉具劍，金塗銀鈒花，玉標首。白羅襪，朱紅履，金塗銀釦。從祀則服之。遠游冠十八梁，青羅表，金塗銀鈒花飾。犀簪導，紅絲組博山，朱明服，紅花金條紗衣，紅紗裏，皂褾、襈。紅紗裳、紅紗蔽膝並紅紗裏。白花羅中單，皁褾、襈，白羅方心曲領。白羅襪，黑舄，革帶，佩綬劍，餘同衮服。襪帶勒帛，受册，謁廟，朝會則服之。

《禮閣新編》：至道元年十月二十五日，太常禮院狀，來年二月南郊準禮例，皇太子侍從皇帝，充亞獻行禮，所有合著祭祀服色，伏乞下少府監修製，仍開陳古今制度者，衮冕垂白珠九旒，以組爲纓，色如其綬，青纊充耳，犀簪導，玄衣纁裳，服九章，每章一行，重以爲等，每行九。五章在衣，山、龍、華蟲、火、宗彝。四章在裳，藻、粉米、黼、黻。皆織爲之，白紗中單，黼領，青褾，襈，裾，革帶，金鈎韘，大帶，素帶，不朱裏，亦紕以朱緣鈎，紐約用組，韍隨裳色，火、山二章，玉具劍，金寶爲飾，玉鏢首，瑜玉雙佩，朱組，雙大綬四采，赤，白，縹，紺，純朱質，長一丈八尺，三百二十首廣九寸。小雙綬，長二尺六寸，色同大綬，而首半之，間施二玉環，朱襪，赤舄，舄加金飾。侍從皇帝祭祀及謁廟，加元服，納妃則服之。詔令文思院依禮院所申製造。

《禮閣新編》：至道二年，册命皇太子，禮官上言：《周禮》天子執鎮圭，公執桓圭，無太子執圭之文。所謂公者，三恪及上公也。《晉書》：太子出位在三恪之下，三公之上，請定制皇太子服、遠游冠、朱明衣，執桓圭以受册，朝會，謁廟亦如之，宴坐在王公上。詔可。

《宋史》卷一五一《輿服志》 皇太子之服。一曰衮冕，二曰遠游冠、朱明衣，三曰常服。衮冕，青羅表，緋羅紅綾裏，塗金銀鈒花飾，犀簪導，紅絲組，前後白珠九旒，二纊貫水晶珠。青羅衣，繡山、龍、雉、火、虎蜼五章。紅羅裳，繡藻、粉米、黼、黻四章。紅羅蔽膝，繡山、火二章。白紗中單，青褾、襈、裾。革帶，塗金銀鉤䚢，瑜玉雙佩。四采織成大綬，結二玉環，金塗銀鈒花飾。青羅襪帶，紅羅勒帛。玉具劍，金塗銀鈒花，玉鏢首。白羅韈，朱履，金塗銀釦。從祀則服之。遠游冠，十八梁，青羅表，金塗銀鈒花飾，犀簪導，紅絲組爲纓，博山，政和加附蟬。朱明服，紅花金條紗衣，紅紗裏，皂褾、襈。紅紗裳，紅紗蔽膝，並紅紗裏。白花羅中單，皂褾、襈，白羅方心曲領。羅襪，黑舄，革帶，劍，佩，綬。餘同衮服。袜帶，勒帛。執桓圭。受册，謁廟，朝會則服之。常服，皂紗折上巾，紫公服，通犀金玉帶。

太宗至道元年，太常禮院言：南郊，皇太子充亞獻，合著祭祀服。準制度，衮冕以組爲纓，色如其綬，青纊充耳，玄衣纁裳，凡九章，每章一行，重以爲等，皆織爲之。白紗中單，黻領，青褾、襈、裾。革帶，金鉤䚢。大帶，素帶，不朱裏，亦紕以朱綠，紐約用組。黻隨裳色，二章。朱組，雙大綬四采，赤白縹紺，純朱質，長一丈八尺，三百二十首，廣九寸。小雙綬，長二尺六寸，色同大綬，而首半之，間施二玉環。朱韈，赤舄，舄加金飾，餘同舊制。侍從祭祀及謁廟、加元服、納妃則服之。詔依上製造。政和議禮局更上皇太子服制，衮冕惟青纊充耳，餘並同國初之制。加元服、從祀、納妃、釋奠文宣王服之。中興並同。

其皇子之服，紹興三十二年十月，禮官言：皇子鄧、慶、恭三王，遇行事服朝服，則七梁額花冠，貂蟬籠巾，金塗銀立筆，真玉佩、綬，金塗銀革帶，烏皮履。若服祭服，則金塗銀八旒冕，真玉佩、綬，緋羅履韈。詔文思院製造。

清·徐松《宋會要輯稿·輿服四》 皇太子之服。衮冕，青羅表，緋羅紅綾裏，塗金銀鈒花飾，犀簪導，紅絲組，前後九旒二纊，冠水晶珠。青羅衣，繡山、龍、雉、火、虎蜼五章。紅羅裳，繡藻、粉米、黼、黻四章。紅羅蔽膝，繡山、火二章。白紗中單，青褾、襈。革帶，塗金銀鉤䚢，瑜玉雙佩。四采織成大綬，結二玉環，金塗銀鈒花飾。青羅襪帶，紅羅勒帛。玉具劍，金塗銀鈒花，玉鏢首。白羅襪，紅朱履，金塗銀釦。從則服之。遠游冠十八梁，青羅衣，金塗銀鈒花飾，犀簪導，紅絲組，博山朱明服，紅花金條紗衣，紅紗裏，皂褾、襈。紅紗裳，紅紗蔽膝，並紅紗裏。白花羅中單，皂褾、襈，白羅方心曲領。白羅襪，黑舄，帶，劍，佩，綬，(劔)[餘]同衮服。襪帶，勒(白)[帛]。受册，謁廟，朝會則服之。常服皁紗折上巾，紫公服，通犀金玉帶。

太宗至道元年八月二十五日，册命皇太子。太常禮院言：《周禮》天子執鎮圭，公執桓圭。無太子執圭之文。所謂公者，三恪及上公也。《晉書》太子出會，在三恪之下，三公之上，請定制皇太子服，遠游冠，朱明衣，執桓圭，以受册。朝會，謁廟亦如之。詔可。

十二月二十五日，太常禮院言：將來南郊准禮例，皇太子侍，從皇帝，充亞獻行禮，合著祭祀服色，準制度衮冕，垂白珠九旒，以組爲纓，色如其綬，青纊充耳，犀簪導，玄衣纁裳，服九章，每章一行，重以爲等，每行五章在衣，山、龍、華蟲、火、宗彝。四章在裳，藻、粉米、黼、黻，皆織爲之。白紗中單，黼領，青褾、襈、裾。革帶，金鉤䚢。大帶，素帶，不朱裏，亦純以朱緣，紐約用組。黼隨裳色，火、山二章，玉具劍，金寶爲飾，玉鏢首，瑜玉雙珮，朱組雙大綬，四(綬)[綵]赤、白、縹、紺，純朱質，長一丈八尺，三百二十首，廣九寸。小雙綬，長二尺六寸，色同大綬，而首半之，間施二玉環，朱襪，赤舄，舄加金飾。侍從皇帝，祭祀及謁廟，加元服，納妃則服之。詔令文思院製造。

徽宗政和三年四月二十九日，議禮局上皇太子冠服之制，衮冕垂白珠九旒，紅絲組爲纓，青纊充耳，犀簪導，青衣朱裳，九章，五章在衣，山、龍、華蟲、火、宗彝。四(裳)[章]在裳，藻、粉米、黼、黻。白紗中單，青褾、襈、裾。革帶，塗金銀鉤䚢。蔽膝隨裳色，爲火、山二章，瑜玉雙佩，四采織成大綬，間施玉環三，白襪朱舄，舄加金塗銀釦。加元服、從祀、納妃、釋奠文宣王，服之。具服遠游冠十八梁，金塗銀花飾。博山附蟬，紅絲組爲纓，犀簪導，朱明服，紅裳白紗中單，方心曲領，絳紗蔽膝，白襪黑舄，餘同衮冕。受册、謁太廟、朝會，服之。詔頒行。

政和三年四月二十九日，又上皇太子妃冠服之制。首飾，花九株，小花如大花之數，并兩博鬢。褕翟，青織成爲之，文爲摇翟之形，青質，五色九等，素紗中單，黼領，羅縠褾、襈。褾、襈皆以朱色。蔽膝，隨裳色，以緅爲領緣，以摇翟爲章，二等。大帶隨衣色，不（失）［施］裏，紕其外，上以朱錦，下以緑錦，紐約用青組，以青衣，革帶，白玉雙佩，純朱雙大綬。章采尺寸與皇太子同。受册、朝會服之。鞠衣，黄羅爲之，蔽膝，大帶，革帶，隨衣色。餘與褕翟同，唯無翟，從蠶服之。詔頒行。

孝宗紹興三十二年即位後未改元。十月三日，禮部太常寺言祇候庫申已降指揮，新除皇子都王、慶王、恭王，每遇行事，若服朝服，合服七梁額花冠，貂［蟬］籠巾，金鍍銀立筆，真玉佩綬，金鍍銀革帶，烏皮履。若服祭服，合服金鍍銀八旒冕，真玉佩綬，緋羅襪履。乞下文思院，各如法製造。有旨，依（龍）［隆］興二年十月二十九日，詔（王）［皇］子鄧王愭、慶王愷、恭王光宗廟諱。將來大禮，合用朝、祭服，玉佩綬，令祇候庫供見管真玉佩綬，無專一椿，管日後遇有禮，依此供納。

乾道元年八月十七日，詔工部下文思院，依禮部太常寺定到制度，製造皇太子冠服。禮部太常寺狀勘會依禮例，皇太子服遠游冠，朱明衣，執桓圭，及合服冠冕等，今討論申請，桓圭，檢會《太常因革禮》：至道二年，册命皇太子，禮官上言：《周禮》天子執鎮圭，公執桓圭，無太子執圭之文。所謂公者，三恪上公也。《晉書》太子出會，在三恪之下，三公之上，請定制皇太子服遠游冠，朱明衣，執桓圭，以受册、朝會、謁廟亦服之。按，《禮·玉人》云：命圭九寸，謂之桓圭，雙植謂之桓，博三寸，厚半寸，剡上左右各寸半玉也。一依《政和五禮新儀》制度名件，遠游冠十八梁，金鍍銀花飾。博山附蟬，紅絲組爲纓，犀簪導，朱明服，紅裳，白紗中單，方心曲領，絳紗蔽膝，白襪，黑舄。餘同衮冕。衮冕垂白珠九旒，紅絲組爲纓，青纊充耳，犀簪導，青衣朱裳，九章，五章在衣，山、龍、華蟲、火、宗彝。四章在裳，藻、粉米、黼、黻。白紗中單，青褾、襈，裾，革帶，塗金銀鉤䚢，蔽膝隨色，爲火、山二章，瑜玉雙佩，四采織成，大綬，間施玉環三，白襪，朱舄。舄加金塗銀釦。從之。仍令工部行下文思院，照應上件冠服，疾速修製。二十九日有旨，皇太子桓圭，用元降下，見成玉圭，時作一尺製造。先是，提點修製册寶禮服等，都大主管所狀，准工部侍郎王劄子，文思院修製皇太子桓圭爲無玉材，遂降下全成玉圭一，長一尺三寸，本部同太常寺看詳得，雖與典故不同，緣已成之圭，今隨宜碾造雙植，剡上，左右各半，續據監宫鄭昺按典禮，鎮圭尺有二寸，係天子守之。命圭九寸，謂之桓圭，係公守之。切於禮經未安，今來本部照得，御前别降玉材頗大，見令解製，依典禮修製，可及九寸，本所遂具奏聞，故有是命。七年二月十二日，禮部太常寺言續討論到禮例。皇帝服通天冠，絳紗袍，御大慶殿，册皇太子，皇太子受册，合服遠游冠，朱明衣，執桓圭。及謁太廟、别廟行禮，合服衮冕。從之。

三月七（十）［日］，禮部太常寺言：將來（王）［皇］太子受册畢，朝謁太廟、别廟，依典故係冠服外，所有朝謁景靈宫，所服依故典，即無該載。今欲乞依禮例服常服。有旨：依。

雜録

宋·蔡絛《鐵圍山叢談》卷五　皇太子始册拜，將廟見，其禮儀甚盛。禮應乘金輅，建大旂，而議者從中大不然。於是東宫遽辭而至，獨前一夕設鹵簿於左掖門外，翌日質明，但常服御馬入太廟，更禮衣，冠遠游，執九寸圭而款祖宗焉。

后妃命婦服飾

綜述

宋·李廌《師友談記》　敬之曰：吕相夫人，乃中表親也，爲某言禁中禮數甚詳。曰：御宴惟五人，上居中，寶慈在東，長樂在西，皆南向，太妃暨中宫皆西向。寶慈暨長樂皆白角團冠，前後惟白玉龍簪而已，衣黄背子，衣無華彩。太妃暨中宮皆縷金雲月冠，前後亦白玉龍簪，而飾以北珠。珠甚大，衣紅背子，皆用珠爲飾。中宮雖預坐，而婦禮甚謹，惟內顧寶慈，坐不敢安，雖廣樂在廷，未嘗一視也。上前後供侍，固多女使，皆天下奇色，唯有四人一樣粧梳，衣服之類無少異。俄至上側，未移刻，又忽四人至。凡十有六番，其服飾珠翠之盛，信天下之所未覩。上天顔穆然，敬奉二宮，有不邇聲色之意。

《宋史》卷一五一《輿服志三》　后妃之服。一曰禕衣，二曰朱衣，三曰禮衣，四曰鞠衣。妃之緣用翟爲章，三等。大帶隨衣色，朱裏，紕其外，上以朱錦，下以緑錦，紐約用青組，革帶以青衣之，白玉雙佩，黑組，雙大綬，小綬三，間施玉環三，青韈，舄，舄加金飾。受册、朝謁景靈宫服之。鞠衣，黄羅爲之，蔽膝、大帶、革舄隨衣色，餘同禕衣，唯無翟文，親蠶服之。妃首飾花九株，小花同，并兩博鬢，冠飾以九翬、四鳳。褕翟，青羅繡爲揺翟之形，編次於衣，青質，五色九等。素紗中單，黼領，羅縠褾、襈，蔽膝隨裳色，以緅爲領緣，以揺翟爲章，二等。大帶隨衣色，不朱裏，紕其外。餘倣皇后冠服之制，受册服之。

皇太子妃首飾花九株，小花同，并兩博鬢。褕翟，青織爲揺翟之形，青質，五色九等。素紗中單，黼領，羅縠褾、襈，皆以朱色。蔽膝隨裳色，以緅爲領緣，以揺翟爲章，二等。大帶隨衣色，不朱裏，紕其外，上以朱錦，下以緑錦，紐約用青組。革帶，以青衣之，白玉雙佩，純朱雙大綬，章采尺寸與皇太子同。受册、朝會服之。鞠衣，黄羅爲之，蔽膝、大帶、革帶隨衣色，餘與褕翟同，唯無翟，從蠶服之。

中興，仍舊制。其龍鳳花釵冠，大小花二十四株，應乘輿冠梁之數，博鬢，冠飾同皇太后，皇后服之，紹興九年所定也。花釵冠，小大花十八株，應皇太子冠梁之數，施兩博鬢，去龍鳳，皇太子妃服之，乾道七年所定也。其服，后惟備禕衣、禮衣，妃備褕翟，凡三等。其常服，后妃大袖，生色領，長裙，霞帔，玉墜子，背子、生色領皆用絳羅，蓋與臣下不異。

命婦服。政和議禮局上：花釵冠，皆施兩博鬢，寶鈿飾。翟衣，青羅繡爲翟，編次於衣及裳。第一品，花釵九株，寶鈿準花數，翟九等。第二品，花釵八株，翟八等。第三品，花釵七株，翟七等。第四品，花釵六株，翟六等。第五品，花釵五株，翟五等。並素紗中單，黼領，朱褾、襈，通用羅縠，蔽膝隨裳色，以緅爲領緣，加文繡重雉，爲章二等。二品以下準此。大帶，革帶，青韈，舄，佩，綬。受册、從蠶服之。七年，臣僚言：今文臣九品，殊以三品之服，至於命婦，已釐八等之號，而服制未有名稱。詔有司視其夫之品秩，而定其服飾。詔送禮制局定之。其儀闕焉。

紀事

清・徐松《宋會要輯稿・輿服四》　皇后服。皇后之服，唐制有三等：一曰禕衣，朝會服之。二曰鞠衣，親蠶服之。三曰禮衣，宴見服之。國朝存其名。常服龍鳳珠，翠冠霞帔。

仁宗天聖二年正月十一日，中書門下言：皇太后禮服，按典禮具有明（堂）［文］，望令所司預先修製。詔太常禮院檢詳典禮以聞。禮院言：按《開寶禮》，首飾花十二株，小花如大花之數，並兩博鬢。禕衣。素紗中單，蔽膝，大帶，以青衣革帶，青襪、舄，白玉雙珮，黝組，雙大綬，受册、親蠶、朝會諸大事則服之。又按：《開九禮儀》羅曰，隋朝（置）［制］后服四等，其四曰朱衣，緋羅爲之。宴見賓客［則服］之。今參詳每遇朝謁聖容，往還於輦中，服此朱衣，加蔽膝、革大帶、珮、綬、襪，金飾履並隨衣色。如常程視事，則亦服朱衣，用大帶綬，金飾履，或去綬，只用大帶亦可。即去蔽膝、革帶、珮、襪。或用黄羅爲衣，如鞠衣之色，亦無妨礙，仍用大帶綬、金飾履。其首飾依十二株花。奏可。仍命入内，内侍省副都知周文質管勾修製，五月製成，上之。

十年九月十五日，太常禮院上言：准詔出兩宫衣冠畫樣，參詳製造。今請皇太后革帶、襪、舄並隨衣青色，仍加金飾，不用劍，餘如畫樣修製。奏可。

明道元年十二月三日，詔將來皇太后恭謝宗廟，有司製后妃禮衣、祭服及重翟等六車。太常禮院言：禮衣請准皇帝衮服減二章，衣去宗彝，裳去藻，不用劍，九龍十六株花，前後垂珠翠各二十旒，以衮衣爲名。詔冠名儀天。九日，太常禮院言：皇太后赴太廟，乘玉輅，服禕衣，九龍花釵冠，行禮服、衮衣、儀天冠。皇太妃、皇后乘重翟車，服鈿釵、禮衣，以絲羅爲之。蔽膝，革帶，佩、綬、履，其冠用十二株花釵，太廟行禮並服禕衣。詔可之。敕有司製禮衣及重翟以下六車，太后遂以車服謁太廟。

神宗元豐八年八月八日，禮部言皇太妃冠服之屬，減皇后五分之一。詔翰林學士給舍禮部太常寺同詳定以聞。後翰林學士鄧温伯等言：參詳皇太妃冠服禮，今不載，亦無故事，請參詳裁定，損皇后五分之一。詔依所定。內官朵用牙魚。

徽宗大觀四年十一月十六日，宰臣何執中奏皇后受册冠服當辦具者，上曰：比有司畫一來上，內頭（官）［冠］合用珠子。中言一見，輒自陳曰，方今朝廷未豐，不當以服飾費耗邦財，頭冠用珠數多，請以爲妃時所服冠命工改造，增篦插三枝足矣，朕喜其能躬儉節用，亦既許之。執中奏曰：此陛下克勤克儉，風化所及。尚書右丞鄧洵仁請紀次其事，宣付史館。從之。

雜録

宋·葉夢得《石林燕語》卷七　故事，太皇太后繖皆用黄，太妃用紅。國朝久虚太妃宫。元祐間，仁宗臨御，上元出幸寺觀，欽聖太后、欽成太妃始皆從行，都人謂之三殿。蘇子容太妃閣春帖云：新春游豫祈民福，紅繖雕輿從兩宫。

清·俞樾《茶香室三鈔》卷七《宋命婦亦佩魚》　宋姚寬《西溪叢話》云：婦人孺人至夫人凡八人，皆佩魚，乃張崇棨請。

按：《宋史·職官志》載群臣妻封號，有國夫人、郡夫人、郡君、縣君、淑人、孺人，止六等，而《楓窗小牘》言宋婦人封號自夫人以下凡八等，如侍郎以上封碩人，大中大夫以上封令人，通直郎以上封孺人。據此，則又有碩人、令人之名，合之適八等矣。可補史闕。

文武百官服飾

綜述

宋·宋敏求《春明退朝録》卷下　尚書省舊制，尚書侍郎官，不得著鞍韉過都堂門。唐兵部、吏部侍郎官選限內不朝。今審官東西院、三班院皆預內朝，而流內銓止趨五日起居，疑循舊制也。

又　李西樞憲成爲知制告，尚衣緋，出守荆南，召爲學士，閤門舉例賜金帶，而不可加於緋衣，乃並賜三品服。

太宗命製毬路笏帶賜輔臣，後雖罷免，亦服焉。趙文定罷參知政事，頃之，除景靈宫副使，賜以御仙帶。自後罷宰相，仍服笏帶，罷參樞，皆止服御仙帶。

宋·吕希哲《吕氏雜記》卷上　舊制，自差除待制，即賜銀緋。昭陵晚年，張友直除待制，賜銀緋，尋出補外，六年還朝。一日宴，從官班張下者皆金紫。上問之，有司以答，遂賜金紫。

舊制，自差除知制誥即賜銀緋。熙寧中，許門下冲元將著緑，除知制誥，未賜銀緋。王介甫以手柬問宋次道敏求云：知制誥有著緑者否。宋答云：先公除知制誥，賜銀緋。蓋言宣獻公綬也，許遂賜銀緋。元豐末年，蔡元長、王子發皆自著緑，除中書舍人，賜銀緋。元祐中，劉器之著緑，除右諫議大夫，至紹聖中葉濤著緑，除中書舍人。時章子厚爲相，以從官銀緋爲元祐故事，乃賜金紫，迄今爲例。

宋·洪邁《容齋四筆》卷一二《仕宦捷疾》　唐傳游藝以期年之中，歷衣青、緑、朱、紫，時人謂之四時仕宦，言其速也。國朝惟緑、緋、紫三等。而紫袍者，除武臣外，文官之制其別有六：庶僚黑角帶，佩金魚。未至侍從，而特賜帶者，爲荔枝五子，不佩魚。中書舍人、諫議、待制、權侍郎，紅鞓黑犀帶，佩魚。權尚書、御史中丞、資政、端明殿閣學士、直學士、正侍郎、給事中，金御仙花帶，不佩魚，謂之橫金。翰林學士以上正尚書，御仙帶，佩魚，謂之重金。執政官宰相，方團毬文帶，俗謂之笏頭者是也。其敘如此。若猛進躐得者則不然。紹興中，宋樸自侍御史遷中丞，施鉅自中書檢正，鄭仲熊自右正言並遷權侍郎，三人皆受告日易服，以正謝日拜執政。樸、鉅以緋，仲熊以緑，服紫之次日，而賜球文帶。蓋侍從以下，俟正謝乃易帶，而執政命才下，即遣中使齎賜，遂服之而赴都堂供職，可謂捷疾矣。若李綱則又異於是，宣和七年十二月二十九日，自太常少卿除兵部侍郎，未謝間。靖康元年正月四日，胡騎將至京城，綱以邊事求見。宰執奏事未退，綱語知閤門事朱孝莊曰：有急切公事，欲與宰執廷辯。孝莊曰：舊例，未有宰執未退而從官求對者。綱曰：此何時，而用例邪。孝莊即具奏。詔引綱立於執政之末。時宰執議欲奉鑾輿出狩襄、鄧，綱請固守，上曰：誰可將者。綱曰：願以死報，第人微官卑，恐不足以鎮服士卒。白時中乞以爲禮部尚書，綱曰：亦只是侍從。即命除尚書右丞。綱曰：臣未正謝，猶衣緑，非所以示中外。即面賜袍帶並笏，綱服之以謝，且言：方時艱難，臣不敢辭。此爲不經緋紫而極其服章，未之有也。

宋・王闢之《澠水燕談録》卷五《官制》 升朝官，每歲誕辰、端午、初冬賜時服，止于單袍。太祖訝方冬猶賜單衣，命易以夾服。自是，士大夫公服，冬則用夾。

宋・歐陽修《太常因革禮》卷二五《總例二十五・輿服五》 群臣之制上。【略】一品九旒，二品八旒，三品七旒，四品六旒。其鞶纓就數皆準此。

宋・王栐《燕翼詒謀録》卷一 國初，選人有服緋紫，或加階至大夫，故人以爲榮，雖老於選調不悔。乾德二年六月庚寅，中書詳定陶穀等議：防禦團練軍事推官、軍事判官，今從事郎。三考加將仕郎，試祕書省校書郎。留守、兩府、節度推官，今文林郎。三考加承奉郎，試大理評事。掌書記、防禦團練判官，今儒林郎。二考加宣德郎，依前試大理評事兼監察御史。留守、兩府、節度、觀察判官，今承直郎。一考加朝散大夫，試大理司直，依前監察御史，又轉而爲諸府少尹，申奏加檢校官或加憲銜。觀察判官以上服緋，又十五年服紫，但不佩魚，謂之階緋、階紫，非有勞績而歷任無過失者，並不改官，故改官之法亦優。

舊制，借緋、借紫皆不佩魚。王詔爲刑部侍郎，上奏云：與胥吏無別，非所以示觀瞻，乞與賜服人同佩魚。從之。然既許其佩魚袋，則當改其銜爲借紫金魚袋、借緋魚袋，今尚仍舊銜，此有司失于申明也。詔，化基之孫，舉元之子，終工部尚書，享年七十九。

又 前代賜時服，惟將相、翰林學士至諸軍大校而止。建隆三年，太祖皇帝謂宰相曰：時服不賜百官，甚無謂也，宜並賜之。乃以冬十月乙酉朔，賜文武常參官時服，自後遂爲定制。

唐制，爲刺史者並借緋。太平興國二年二月戊戌，詔常參官知節鎮並借紫，防禦、團練、刺史州借緋，候回日依舊服色。其服緋人任諸州亦借紫，惟軍壘則否。

又 舊制品官服緋、紫，皆以品格，故選人久次多服緋、紫，京朝遷轉之速者，反多服緑。太平興國六年十一月冬至，郊祀赦文：令常參官衣緋、緑二十年，於吏部投狀，具履歷以聞。始以實歷。後以應格者少，改用莅事日爲始，遂爲定制。

舊制，中書舍人、諫議大夫權侍郎，並服黑帶，佩金魚。霍端友爲中書舍人，奏事，徽宗皇帝顧其帶問云：何以無別于庶官。端友奏：非金玉無用紅鞓者。乃詔四品從官改服紅鞓、黑犀帶，佩金魚。今武臣大使臣以上，紅鞓不知何所從始也。

宋・趙彦衛《雲麓漫鈔》卷三 直省官，舊制補諸州别駕司馬。故事：上佐借緋，當時號爲朱衣。自改官制，不復補别駕司馬，而仍舊衣緋。軍人之衣緋、紫，亦是别其軍號。今厢、禁軍皆衣紫，惟浙漕司兵士獨衣緋衲，頗存往制。

宋・王得臣《麈史》卷一《禮儀》 笏，衣緋紫者以象，上詘下直。服緑者以槐，上詘下方。其制無度，象初短而厚，俄易長闊。皇祐間，極大而差薄，其勢向身微曲，謂之抱身，後復用直而中者。其木笏，始亦甚厚，今則薄，又非槐。

又 國家朝祭，百官冠服多用周制，每大朝會、侍祠則服之。襪有帶，履用皂革，袴衣中單，勒帛裙，蔽膝袍，大帶，革帶，方心曲領，佩則用石以代珠玉。冠有三梁、五梁之别，言官、刑法官則加獬豸。所執各用其笏。如導駕，除御史大夫、開封牧、開封令出各乘車外，他官具冠服而騎。永泰紹聖乙亥季秋，大享明堂。余時貳軍器，從百官服朝服。前一日，皇帝致齋。御史臺吏具行禮次第，人印給一本。至是日，則曰緒其佩，仍注云屈而結之。在廷之臣，亦有莫能音其緒者，或讀曰青，曰菁。余潛告曰，當爲争。有相顧而笑者。按：《儀禮》作綪字，音義與此同。

《宋史》卷一五二《輿服志四》 諸臣服上。諸臣祭服。唐制，有衮冕九旒，鷩冕八旒，毳冕七旒，絺冕六旒，玄冕五旒。宋初，省八旒、六旒冕。九旒冕：塗金銀花額，犀、玳瑁簪導，青羅衣繡山、龍、雉、火、虎蜼五章，緋羅裳繡藻、粉米、黼、黻四章，緋蔽膝繡山、火二章。白花羅中單，玉裝劍、佩，革帶，暈錦綬，二玉環，緋白羅大帶，緋羅韈、履。親王、中書門下奉祀則服之。其冕無額花者，玄衣纁裳，悉畫，小白綾中單，師子錦綬，二銀環，餘同上，三公奉祀則服之。七旒冕：犀角簪導，衣畫虎蜼、藻、粉米三章，裳畫黼、黻二章，銀裝佩、劍，革帶，餘同九旒冕，九卿奉祀則服之。五旒冕：青羅衣裳，無章，銅裝佩、劍，革帶，餘同七旒冕，四品、五品爲獻官則服之，六品以下無劍、佩、綬，紫檀衣，朱裳，羅爲之，皁大綾綬，銅裝劍、佩，御史、博士服之。平冕無旒，青衣纁裳，無劍、佩、綬，餘同五旒冕，太祝、奉禮服之。

慶曆三年，太常博士余靖言：《周禮》司服之職，掌王之吉服，大裘而冕無旒，以祀昊天上帝，祀五帝亦如之。衮冕十有二旒，其服十有二章，以享先王。鷩冕八旒，其服七章，以享先公，亦以饗射。毳冕七旒，其服五章，以祀四望、山川。絺冕六旒，其服三章，以祭社稷、五祀。玄冕五旒，其服無章，以祭小祀。此皆天子親行祠事所服，冕服悉因所祀大小神鬼以爲制度。今大祠、中祠所遣獻官並用上公九旒、九章冕服，以爲初獻。其餘公卿亦皆七旒冕服，全無等降。小祠則公服行事，乖戾舊典。宜詳《周禮》，因所祭鬼神，以爲獻官冕服之制。詔下禮官議。奏曰：聖朝之制，唯皇帝親祠郊廟及朝會大禮服衮冕外，餘冕皆不設。其每歲常祀，遣官行事，攝公則服一品九旒冕，攝卿則服三品七旒冕，自從品制爲服，不以祠之大小爲差。至于小祠獻官，舊以公服行事，則有違典禮。案《衣服令》：五旒冕，衣裳無章，皁綾綬，銅裝劍、佩，四品以下爲獻官則服之。今小祠獻官，既不攝公、卿，則盡屬四品以下，當有祭服。請除公、卿祭服仍舊從本品外，小祠所遣獻官，並依令文祭服行事。若非時告祭，用香幣禮器行事之處，亦皆準此。詔施行焉。

皇祐四年，同知太常禮院邵必言：伏見監祭使、監禮各冠五旒冕，衣裳無章，色以紫檀。案《周禮》六冕之制，凡有旒者，衣裳皆有章，惟大裘冕無旒，衣裳無章。一命大夫之冕無旒，衣裳亦無章。今監祭、監禮所服冕五旒，侯伯之冕也，而衣無章，深所不稱，色以紫檀，又無經據。竊詳監祭、監禮既非祠官，則御史、博士爾，而服用五等，蓋非所宜，而且有旒無章。况國家南郊大禮，太常卿止服朝服，前導皇帝，明非祠官也。今後監祭者請冠獬豸，監禮者冠進賢爲稱。詔不允。

元豐元年，詳定禮文所言：國家服章，視唐尤爲不備。於令文，祀儀有九旒冕、七旒冕、五旒冕，今既無冕名，而有司仍不制七旒冕，乃有四旒冕，其非禮尤甚。又服之者不以官秩上下，故分獻四品官皆服四旒冕，博士、御史則冕五旒而衣紫檀，太祝、奉禮則服平冕而無佩玉，此因循不講之失也。且古者朝、祭異服，所以别事神與事君之禮。今皇帝冬至及正旦御殿，服通天冠、絳紗袍，則百官皆服朝服，乃禮之稱。至親祠郊廟，皇帝嚴裘冕以事神，而侍祠之官止以朝服，豈禮之稱哉。至於景靈宮分獻官，皆服朝服，尤爲失禮。伏請親祠郊廟、景靈宮，除導駕、贊引、扶侍、宿衛之官，其侍祠及分獻者，並服祭服。如所考制度，修製五冕及爵弁服，各正冕弁之名。又國朝祀儀，祭社稷，朝日，夕月，風師、雨師皆服衮冕，其蜡祭、先蠶、五龍亦如之。祭司命、户、竈、門、厲、行皆服鷩冕。壽星、靈星、司中、司寒、中霤、馬祭皆服毳冕，皆非是。今天子六服，自鷩冕而下，既不親祠，廢而不用，則諸臣攝事，自當從王所祭之服。伏請依《周禮》，凡祀四望、山川，則以毳冕。祭社稷、五祀則以絺冕。朝夕日月，風師、雨師，司命，司中則以玄冕。若七祀，蜡祭百神、先蠶、五龍，靈星、壽星，司寒、馬祭，蓋皆群小祀之比，當服玄冕。從之。

哲宗元祐元年，太常寺言：舊制，大禮行事、執事官並服祭服，餘服朝服。至元豐七年，吕升卿始有行事及陪祠官並服祭服之議。今欲令行事、執事官並服祭服，其贊引、行事、禮儀使、太常卿、太常博士、閤門使、樞密院官進接圭，殿中監止供奉皇帝，其陪位官止導駕、押宿及主管事務，并他處行事官仍服朝服。從之。

徽宗大觀元年，議禮局言：太社、太學獻官祝禮，皆以法服奉祠，至郡邑則用常服，乞降祭服。詔頒制度於州郡，然未明使製造。後政和間，始詔：州縣冠服，形制詭異，令禮制局造樣頒下轉運司，轉運司製以給州縣焉。

二年，議禮局檢討官俞㮚言：玄以象道，纁以象事，故凡冕皆玄衣纁裳，今太常寺祭服，則衣色青矣。前三幅以象陽，後四幅以象陰，故裳制不相連屬，今之裳則爲六幅而不殊矣。冕玄表而朱裏，今乃青羅爲覆，以金銀飾之。佩用綬以貫玉，今既有玉佩矣，又有錦綬以銀、銅二環，飾之以玉。宗彝，宗廟之彝也，乃爲虎蜼之狀，而不作虎彝、蜼彝。粉米，散利以養人也，乃分爲二章，而以五色圓花爲藉。其餘不合古者甚多。乞下禮局，博考古制，畫太常寺及古者祭服樣二本以進。至於損益裁成，斷自聖學。詔令議禮局詳議。

四年，議禮局官宇文粹中議改衣服制度曰：凡冕皆玄衣纁裳，衣則繪而章數皆奇，裳則繡而章數皆偶，陰陽之義也。今衣用深青，非是。欲乞視冕之等，衣色用玄，裳色用纁，以應典禮。古者蔽前而已，芾存此象，以韋爲之。今蔽膝自一品以下，並以緋羅爲表緣，緋絹爲裏，無復上下廣狹及會、紕、純、紃之制，又有山、火、龍章。案《明堂位》：有虞氏服韍，夏後氏山，商火，周龍章。韍者乃黻冕之黻，非赤芾之芾也。且芾在下體，與裳同用，而山、龍、火者，衣之章也。周既繢於上衣，不應又繢於芾。請改芾制，去山、龍、火章，以破諸儒之惑。又祭服有革帶，今不用皮革，而通裏以緋羅，又以銅爲飾。其綬或錦或皁，環或銀或銅，尤無經據，宜依古制除去。至佩玉、中單、赤舄之制，則全取元豐中詳定官所議行之。

粹中又上所編《祭服制度》曰：古者，冕以木版爲中，廣八寸，長尺六寸，後方前圓，後仰前低，染三十升之布，玄表朱裏。後方者不變之體，前圓者無方之用，仰而玄者，升而辨於物，俛而朱者，降而與萬物相見。後世以繒易布，故純儉。今群臣冕版長一尺二寸，闊六寸二分，非古廣尺之制，以青羅爲覆，以金塗銀稜爲飾，非古玄表朱裏之制，乞下有司改正。古者，冕之名雖有五，而繅就、旒玉則視其命數以爲等差。合綵絲爲繩，用以貫玉，謂之繅。以一玉爲一成，結之使不相並，謂之就。就間相去一寸，則九玉者九寸，七玉者七寸，各以旒數長短爲差。今群臣之冕，用藥玉、青珠、五色茸線，非藻玉三采、二采之義，每旒之長各八寸，非旒數長短爲差之義。又獻官冕服，雜以諸侯之制，而一品服衮冕，臣竊以爲非宜。元豐中，禮官建言：請資政殿大學士以上侍祠服鷩冕，觀察使以上服毳冕，監察御史以上服絺冕，朝官以上服玄冕，選人以上爵弁。詔許之，而不用爵弁。供奉官以下至選人，盡服玄冕無旒。臣竊謂依此參定，乃合禮制。古者，三公一命衮，則三公在朝，其服當鷩冕。蓋出封則遠君而伸，在朝則近君而屈。今之攝事及侍祠皆在朝之臣也，在朝之臣乃與古之出封者同命數，非先王之意。乞下有司制鷩冕八旒、毳冕六旒、絺冕四旒、玄冕三旒，其次二旒，又其次無旒。依元豐詔旨，參酌等降，爲侍祠及攝祭之服，長短之度、采色之别，皆乞依古制施行。

又案：《周禮》，諸侯爵有五等，而服則三，所謂公之服自衮冕而下，侯、伯自鷩冕而下，子、男自毳冕而下是也。古者，諸侯有君之道，故其服以五、七、九爲節。今之郡守，雖曰猶古之侯、伯，其實皆王臣也。欲乞只用群臣之服，自鷩冕而下，分爲三等：三都、四輔爲一等，初獻鷩冕八旒。經略、安撫、鈐轄爲一等，初獻毳冕六旒，亞獻並玄冕二旒，終獻無旒。節鎮，防，團軍事爲一等，初獻絺冕四旒，亞、終獻並玄冕無旒。其衣服之制，則各從其冕之等。

又曰：今之紘組，仍綴兩繒帶而結於頤，冕旁仍垂青纊而不以瑱，以犀爲簪而不以玉笄、象笄，並非古制，乞下有司改正。從之。

政和議禮局言：大觀中，所上群臣祭服制度，已依所奏修定，乞付有司依圖畫製造。既又上群臣祭服之制：正一品，九旒冕，金塗銀稜，有額花，犀簪，青衣畫降龍，朱裳，蔽膝，白羅中單，大帶，革帶，玉佩，錦綬，青絲網，玉環，朱韈，履。革帶以金塗銀，玉佩以金塗銀裝，綬以天下樂暈。親祠大禮使、亞獻、終獻、太宰、少宰、左丞，每歲大祠宰臣、親王、執政官、郡王充初獻服之。奏告官並依本品服，已下准此。從一品，九旒冕，無額花，白綾中單，紅錦綬，銀環，金塗銀佩，餘如正一品服。親祠吏部、户部、禮部、兵部、工部尚書，太廟進受幣爵，奉幣爵宗室，每歲大祠捧俎官，大祠、中祠初獻官服之。二品，七旒冕，角簪，青衣無降龍，餘如從一品服。親祠吏部侍郎、殿中監、大司樂、光禄卿、讀册官，太廟薦俎、贊進飲福宗室，七祀、配享功臣分獻官，每歲大祀，謂用宫架者，大司樂，大祠、中祠亞終獻，大祠禮官、小祠獻官，朔祭太常卿服之。三品，五旒冕，皁綾綬，銅環，金塗銅革帶，佩，餘如二品服。親祠舉册官、大樂令、光禄丞、奉俎饌籩豆簠簋官、分獻官分獻壇壝從祀，太廟奉瓚盤，薦香燈，安奉神主，奉毛血槃，蕭蒿篚，肝膋豆宗室，每歲祭祠大樂令，大、中祠分獻官服之。無旒冕，素青衣，朱裳，蔽膝，無佩綬，餘如三品服。奉禮協律郎、郊社令、太祝太官令、親祠擡鼎官、進摶黍官、太廟供亞終獻金斝、供七祀獻官、執爵官服之。五旒冕，紫檀絁衣，餘如三品服，監察御史服之。

州郡祭服：三都初獻，八旒冕。經略、安撫、鈐轄初獻，六旒冕。亞獻並二旒冕，終獻無旒。節鎮、防、團軍事初獻四旒冕，亞、終獻並無旒冕。

中興之後，省九旒、七旒、五旒冕，定爲四等：一曰鷩冕，八旒。二曰毳冕，六旒。三曰絺冕，四旒。四曰玄冕，無旒。其義以公、卿、大夫、士皆北面爲臣，又近尊者而屈，故其節以八，以六，以四，從陰數也。先是，紹興四年五月，國子監丞王普奏言：臣嘗攷諸經傳，具得冕服之制。蓋王之三公八命，鷩冕八旒，衣裳七章，其章各八。孤卿六命，毳冕六旒，衣裳五章，其章各六。大夫四命，絺冕四旒，衣裳三章，其章各四。上士三命，玄冕三旒。中士再命，玄冕二旒。下士一命，玄冕無旒。衣皆無章。裳，韍視其命數，自三而下。其繅至笄、衡、紘、紞、瑱、纊、帶、佩、芾、舄、中衣，皆有等差。

又　鷩冕：八旒，每旒八玉，三采，朱、白、蒼，角笄，青纊，以三色紞垂之，紘以紫羅，屬於武。衣以青黑羅，三章，華蟲、火、虎蜼彝，裳以纁表羅裏，繒七幅，繡四章，藻、粉、黼、黻。大帶，中單，佩以珉，貫以藥珠，綬以絳錦，銀環。韍上紕下純，繪二章，山、火。革帶，緋羅表，金塗銀裝。韈、舄並如舊制。宰相、亞終獻、大禮使服之，前期，景靈宮、太廟亞終獻，明堂滌濯、進玉爵酒官亦如之。

毳冕：六玉，三采，衣三章，繪虎蜼彝、藻、粉米，裳二章，繡黼、黻。佩藥珠、衡、璜等，以金塗銅帶，韍繪以山。革帶以金塗銅。餘如鷩冕。六部侍郎以上服之。前期，景靈宮、太廟進爵酒幣官、奉幣官、受爵酒幣官、薦俎官，明堂受玉爵、受玉幣、奉徹籩豆、進飲福酒、徹俎祝腥、贊引、亞終獻，禮儀使，亞終獻爵并盥洗官四員，並如之。前二日奏告初獻，社壇九宮壇分祭初獻、亞獻亦如之。

絺冕：四玉，二采，朱、緑。衣一章，繪粉米，裳二章，繡黼、黻。綬以皁綾，銅環。餘如毳冕。光禄卿、監察御史、讀册官、舉册官、分獻官以上服之。前期，景靈宮、太廟奏奉神主官、明堂太府卿、光禄卿、沃水舉册官、讀册官、押樂太常卿、東朶殿三員、西朶殿二員、東廊二十八員、西廊二十五員、南廊二十七員、軷門祭獻官，前二日奏告亞獻終獻官、監察御史，並如之。社壇九宮壇分祭終獻官、監察御史、兵、工部，光禄卿丞亦如之。

玄冕：無旒，無佩綬，衣純黑，無章，裳刺黼而已，韍無刺繡，餘如絺冕。光禄丞、奉禮郎、協律郎、進摶黍官、太社令、良醖令、太官令、奉俎饌等官，供祠執事官內侍以下服之。明堂光禄丞、奉禮郎、良醖令、太祝摶黍官、宮架協律郎、登歌協律郎、奉御官、內侍供祠執事官、武臣奉俎官，軷門祭奉禮郎、太祝令、太官令，社壇九宮壇分祭太社、太祝、太官令、奉禮郎，並如之。

紫檀冕：四旒，服紫檀衣，博士、御史服之。

外州軍祭服：鷩冕，八旒，三都初獻服之。毳冕，六旒，經略、安撫、鈐轄初獻服之。絺冕，四旒，經略、安撫、鈐轄亞獻服之。節鎮、防、團軍事初獻亦如之。玄冕，無旒，節鎮、防、團軍事亞、終獻服之。

又卷一五三《輿服志五》　諸臣服下、士庶人服。公服。凡朝服謂之具服，公服從省，今謂之常服。宋因唐制，三品以上服紫，五品以上服朱，七品以上服緑，九品以上服青。其制，曲領大袖，下施横襴，束以革帶，幞頭，烏皮鞾。自王公至一命之士，通服之。

太宗太平興國二年，詔朝官出知節鎮及轉運使、副，衣緋、緑者並借紫。知防禦、團練、刺史州，衣緑者借緋，衣緋者借紫，其爲通判、知軍監，止借緋。其後，江淮發運使同轉運，提點刑獄同知刺史州。雍熙初，郊祀慶成，始許升朝官服緋、緑二十年者，叙賜緋、紫。

真宗登極，京朝官亦聽叙，及東封、西祀赦書，京朝官並以十五年爲限。後每帝登極，亦如例。景德三年，詔內諸司使以下出入內庭，不得服皂衣，違者論其罪，內職亦許服窄袍。

仁宗景祐元年，詔軍使曾任通判者借緋，曾任知州者借紫。慶曆元年，龍圖閣直學士任布言：欲望自今贈官至正郎者，其畫像許服緋，至卿監許服紫。從之。嘉祐三年，詔三品轉運使朝辭上殿日，與賜章服，諸路轉運使候及十年，即與賜章服。

神宗熙寧元年，中書門下奏：六品以上犯贓濫或私罪徒重者，不得因本品改章服。從之。元豐元年，去青不用，階官至四品服紫，至六品服緋，皆象笏，佩魚，九品以上則服緑，笏以木。武臣、內侍皆服紫，不佩魚。假版官及伎術若公人之人入品者，並聽服緑。官應品而服色未易，與品未及而已易者，或以年格，或以特恩。五年，詔六曹尚書依翰林學士例，六曹侍郎、給事中依直學士例，朝謝日不以行、守、試並賜服佩魚，罷職除他官日，不帶行。

徽宗重和元年，詔禮制局自冠服討論以聞，其見服鞾，先改用履。禮制局奏：履有絇、繶、純、綦，古者舃、履各隨裳之色，有赤舃、白舃、黑舃。今履欲用黑革爲之，其絇、繶、純、綦並隨服色用之，以倣古隨裳色之意。詔以明年正旦改用。禮制局又言：履隨其服色。武臣服色一等，當議差別。詔文武官大夫以上具四飾，朝請郎、武功郎以下去繶，並稱履。從義郎、宣教郎以下至將校、伎術官去繶、純，並稱履。當時議者以鞾不當用之中國，實廢釋氏之漸云。

中興，仍元豐之制，四品以上紫，六品以上緋，九品以上緑。服緋、紫者必佩魚，謂之章服。非官至本品，不以假人。若官卑而職高，則特許者有三：自庶官遷六部侍郎，自庶官爲待制，或出奉使者是也。又有以年勞而賜者，有品未及而借者。升朝官服緑，大夫以上服緋，莅事至今日以前及二十年歷任無過者，許磨勘改授章服，此賜者也。或爲通判者，許借緋，爲知州、監司者，許借紫，任滿還朝，仍服本品，此借者也。又有出於恩賜者焉。紹興十二年九月，以皇太后回鑾，詔承務郎以上服緋、緑，莅事至今日以前十七年者，並改轉服色。

三十二年六月，孝宗即位，詔承務郎以上服緋、緑及十五年者，並許改轉服色。然計年之法，亦不輕許。無出身人自年二十出官服緑日起理，服緋人亦自年二十服緋日起理，有出身人自賜出身日起理，内並除豁丁憂年、月，日不理外，歷任無過者方許焉。先是，殿中侍御史張震奏：今日之弊，在於人有僥倖。能革其俗，然後天下可治。且改轉服色，常赦自升朝官以上服緑，大夫以上服緋，莅事及二十年，方得改賜。今赦日承務郎以上服緋、緑及十五年，便與改轉。比之常赦，不惟年限已減，而又官品相絶，蓋已爲異恩矣。今竊聞省、部欲自補官日便理歲月，即是嬰孩授命，年纔十五者今遂服緋，而貴近之子，或初年賜緋，年纔及冠者今遂賜紫。朱紫紛紛，不亦濫乎。况靖康、建炎恩赦，亦不曾以補官日爲始。若始於出官之日，頗爲折衷，蓋比之莅事所減已多，而比之初補粗爲有節。帝從其言，故有是命。

又有出於特賜者，旌直臣則賜之，勸循吏則賜之，廣孝治則賜之，優老臣則賜之，此皆非常制焉。内品未至而賜服及借者，並於銜内帶賜及借。

又 時服。宋初因五代舊制，每歲諸臣皆賜時服，然止賜將相、學士、禁軍大校。建隆三年，太祖謂侍臣曰：百官不賜，甚無謂也。乃偏賜之。歲遇端午、十月一日，文武群臣將校皆給焉。是歲十月，近臣、軍校增給錦襯袍，中書門下、樞密、宣徽院、節度使及侍衛步軍都虞候以上，皇親大將軍以上，天下樂暈錦。三司使、學士、中丞、内客省使、駙馬、留後、觀察使，皇親將軍、諸司使、廂主以上，簇四盤鵰細錦。三司副使、宮觀判官，黄師子大錦。防禦團練使、刺史、皇親諸司副使，翠毛細錦。權中丞、知開封府、銀臺司、審刑院及待制以上，知檢院鼓院、同三司副使、六統軍、金吾大將軍，紅錦。諸班及諸軍將校，亦賜窄錦袍。有翠毛、宜男、雲雁細錦，師子、練鵲、寶照大錦、寶照中錦，凡七等。

應給錦袍者，皆五事。公服、錦寬袍、綾汗衫、褲、勒帛，丞郎、給舍、大卿監以上不給錦袍者，加以黄綾繡抱肚。大將軍、少卿監、郎中以上，樞密諸房副承旨以上，諸司使，皇親承制、崇班，皆四事，無錦袍。將軍至副率、知雜御史至大理正、入内都知、内侍都知、皇親殿直以上，皆三事。無袴。通事舍人、承制、崇班、入内押班、内侍副都知押班、内常侍、六尚奉御以下，京官充館閣、宗正寺、刑法官者，皆二事。無勒帛，内職汗衫以綾，文臣以絹。閤門祗候、内供奉官至殿直，京官編修、校勘，止給公服。端午亦給。應給錦袍者，汗衫以黄縠，別加繡抱肚、小扇。誕聖節所給，如時服。京師禁廂軍校、衛士、内諸司胥史、工巧人，並給服有差。

朝官、京官、内職出爲外任通判、監押、巡檢以上者，大藩府監務者，亦或給之。每歲十月時服，開寶中，皆賜窄錦袍。太平興國以後，文官知制誥、武官上將軍、内職諸司使以上，皆賜錦。藩鎮觀察使以上，天下樂暈錦。尚書及步軍都虞候以上及知益州，并州，次暈錦，皆五事。學士、丞郎，簇四盤鵰錦。刺史以上及知廣州，翠毛錦，皆三件。待制以上、横班諸司使，翠毛錦。知代州，御仙花錦。諸司使領郡，宜男錦。諸司使，雲雁錦。駙馬，錦如丞郎，增至四事。益州鈐轄，錦從本官，增綾袴。朝官供奉官以上，皆賜紫地皂花欹正。京官殿直以下，皆賜紫大綾。在外禁軍將校，亦賜窄錦袍，次賜紫綾色絹。景德元年，始詔河北、河東、陝西三路轉運使、副，並給方勝練鵲錦。校獵從官兼賜紫羅錦、旋襴、暖鞾。

雍熙四年，令節度使給皂地金線盤雲鳳鹿胎旋襴，侍衛步軍都虞候以上給皂地金線盤花鴛鴦。

親王、宰相、使相生日，並賜衣五事，錦綵百匹，金花銀器百兩，馬二匹，金塗銀鞍勒一。宰相、樞密使、參知政事、樞密副使、宣徽使初拜、加恩中謝日，并賜衣五事，金帶一，舊荔支帶，淳化後，宰相、參知政事、文臣任樞密副使，改賜方團胯毬路金帶，加以金魚。塗金銀鞍勒馬一。三司使、學士、御史中丞初拜中謝日，賜衣五事，荔支金帶一，塗金銀鞍勒馬一。文明學士以下，初賜金裝犀帶，後改賜金帶。中書舍人，賜襲衣，犀帶。宰相以下對御擡賜，樞密直學士、中書舍人謝訖，中使押賜，再入謝于別殿。中書舍人或告謝日已改賜章服，則罷中使押賜。

郊禋禮畢，親王、宰相至龍圖閣直學士、禁軍將校，各賜襲衣、金帶，親王、中書門下、樞密、宣徽、三司使、四廂都指揮使以上，加鞍勒馬一。其後宫觀副使、天書扶侍使，並同學士。同中謝日。雍熙元年，兩省五品以上，御史臺、尚書省四品以上，各賜襲衣，犀帶，魚袋。其爲五使，則皆賜金帶，仍各加器幣。文武行事官，各賜金帛。牧伯在外者，遇大禮，不賜。大中祥符元年，詔節度、觀察、防禦、團練使，刺史，因東封爲諸州部署鈐轄者，並特賜焉。

使相、節度使自鎮來朝入見日，賜衣五事，金帶，鞍馬。朝辭日，賜窄衣六事，金束帶，鞍勒馬一，散馬二，節度使減散馬。爲都部署者，别賜帶甲鞍勒馬一。觀察使爲都部署、副都部署赴本任、知州，賜窄衣三事，金束帶，鞍勒馬。防禦團練使、刺史爲部署、鈐轄，賜窄衣三事，金束帶。赴本任，賜窄衣三事，塗金銀腰帶。爲知州、都監，賜窄衣三事，絹三十匹。諸司爲鈐轄者，賜窄衣、金束帶。文武官内職出爲知州軍、通判、發運、轉運使副、提點刑獄、都監、巡檢、砦主、軍使及任使繁要者，僕射賜窄衣三事，絹五十匹。尚書、丞郎、學士、諫舍、待制、大卿監及統軍、上將軍、諸司使，減絹二十匹。少卿監至五官正、大將軍至副率、諸司副使，減絹一十匹。中郎將、京官内殿承制至借職、内常侍，減衣二事，又減絹一十匹。窄衣，起二月給紫羅衫，起十月給紫畝正綿襖。給公服者，單夾亦然。諸道衙内指揮使、都虞候入貢辭日，賜紫羅窄衫，金塗銀帶。

紀事

宋·葉寘《愛日齋叢鈔》卷五　淳熙二年冬，程尚書大昌以大蓬西掖假大宗伯，押伴北使赤岸御筵服重金，周益公有詩云：五日尹京非細事，四時仕宦固多般。自注：泰之，今春服緑，夏間階緋，今借金紫，真傅游藝也。按：游藝在唐迎合武后，朞年歷衣青、緑、朱、紫，時人謂之四時仕宦，以此方擬出於雅謔，故不以爲嫌也。

宋·周密《癸辛雜識》前集《誤著祭服》　余爲國局，嘗祠禮，充奉禮郎兼大祝。同行事官有老謬者，乃加中單於祭服之上，而以蔽膝係於肩間。一時見者，掩鼻忍笑不禁，幾致失禮，竟爲監察御史所劾。王明清《玉照志》載元符間有太學博士論奏云：自來冠冕前仰後俯，此必是本官行禮之時倒戴差誤。哲宗顧宰臣笑曰：如此等豈可作學官，可與閒慢差遣。遂改端王府記室。未幾，感會龍飛，遂揆序云。

又後集《知州借紫》　故事，知州軍皆例借紫魚袋。先子爲衢倅時，外舅楊彦贍知郡，既而除工部郎官，交郡事甫畢，則自便門至倅廳相謝，則已衣緋矣。余時在侍旁，不曉所謂，先子語之曰：蓋知州則許借紫，今既滿任交事，法當仍還元服故也。因言今浙西憲亦許借紫，若聖節隨班上壽，則仍元服也。獨帥漕居輦下者，則雖聖節朝謁，亦許服所借耳。若元爲知州軍而既除本路監司者，仍舊帶借，或除别路，則不可就矣。然亦莫曉立法之意也。

宋·陸游《老學庵筆記》卷二　予童子時，見前輩猶繫頭巾帶於前，作胡桃結，背子背及腋下皆垂帶。長老言，背子率以紫勒帛繫之，散腰則謂之不敬。至蔡太師爲相，始去勒帛。及祖妣楚國鄭夫人有先左丞遺服一篋，袴有繡者，白地白繡，鵝黄地鵝黄繡，裹肚則紫地皁繡。祖妣云：當時士大夫皆然也。

宋·吳曾《能改齋漫録》卷一《事始·導駕官朝服》　政和元年十二月戊戌詔：自今後導駕官並朝服結佩。應親祠，除祭服外，餘並朝服，不得常服。

又卷一四《類對・袞衣赤舄》《晁氏客話》云：富鄭公在延，潞公請純夫作致語云：袞衣繡裳，迎周公之歸老。安車駟馬，奉漢相之罷朝。富公大喜。近時王岐公自宫祠起知紹興府，有以啓賀之者云：赤舄几几，方遲周旦之居東。緑竹猗猗，行跂武功之入相。亦文矣。

宋・周煇《清波雜志》卷一〇 嘉祐赦，敕服緑，莅事十五年改緋。光禄卿王端建議：公卿子弟襁褓得官，未嘗從事，而錫命與年勞者等，何以示勸，請以莅事日爲始。遂著爲令，時以爲當。推此類而言，亦有合舉行者。

宋・洪邁《容齋五筆》卷二《官階服章》 唐憲宗時，因數赦，官多汎階。又，帝親郊，陪祠者授三品、五品，不計考，使府軍吏以軍功借賜朱紫率十八。近臣謝，郎官出使，多所賜與。每朝會，朱紫滿庭，而少衣緑者，品服太濫，人不以爲貴，帝亦惡之。詔太子少師鄭餘慶條奏懲革。淳熙十六年、紹熙五年，連有覃霈，轉官賜服者衆。紹熙元年，予自當塗徙會稽，過闕，遇起居舍人莫仲謙于漏舍，仲謙云：比赴景靈行香，見朝士百數，無一緑袍者。又，朝議、中奉皆直轉行，故五品官不勝計，頗類元和也。

雜録

宋・徐度《却掃編》 舊制，借服不佩魚，故繫銜止稱借紫、借緋。政和中，王詔延康始建請借服皆佩魚如賜者，從之。然差敕止仍舊云，可特差某職任，仍借緋或借紫而已。而其後繫銜者多自稱借紫金魚袋，若借緋魚袋，然終無所據也。

宋・魏泰《東軒筆録》卷二 舊制，學士以上，並有一人朱衣吏引馬，所服帶，用黄金而無魚，至入兩府，則朱衣二人引馬，謂之雙引金帶，懸魚謂之重金矣。世傳館閣望爲學士者賦詩云：眼裏何時赤，腰間甚日黄。及爲學士，又作詩曰：眼赤何時兩，腰黄幾日重。謂雙引重金也。眼前何日赤，腰下幾時黄。白樂天詩也。

又卷五 翰林故事，學士每白事於中書，皆公服靸鞋坐玉堂，使院吏入白，學士至，丞相出迎，然此禮不行久矣。章惇爲制誥直學士院，力欲行之。會一日，兩制俱白事於中書，其中學士皆鞾足秉笏，而惇獨散手繫鞋。翰林故事，十廢七八，忽行此禮，大喧物議，而中丞鄧綰尤肆抵毁。既而罷惇直院，而繫鞋之禮，後亦無肯行之者。

又卷一一 唐坰知諫院，成都人費孝先爲作卦影，畫一人衣金紫，持弓箭，射落一鷄。坰語人曰：持弓者我也，王丞相生於辛酉，即鷄也，必因我射而去位，則我亦從而貴矣。翊日，抗疏以彈荆公，又乞留班，頗諠于殿陛。主上怒，降坰爲太常寺大祝，監廣州軍資庫，以是年八月被責，坰歎曰：射落之鷄乃我也。

李璋嘗令費孝先作卦影，畫鳳立于雙劍上，又畫一鳳據廳所，又畫一鳳于城門，又畫一鳳立重屋上，其末畫一人，紫綬，偃卧，四孝服卧于旁。及璋死，其事皆驗，劍上雙鳳者，璋爲鳳寧軍節度使也。廳所者嘗知鳳翔府，末年謫官郢州，召還，卒於襄州鳳臺驛，襄州有鳳林闕也。兩子侍行，璋既病久，復有二子解官省疾。至襄之次日，璋薨，四子縗服之應也。

宋・袁褧《楓窗小牘》卷下 岳少保既死，獄籍其家。僅金玉犀帶數條，及鎖鎧、兜鍪、南蠻銅弩、鑌刀、弓劍、鞍轡、布絹三千餘疋，粟、麥五千餘斛，錢十餘萬，書籍數千卷而已。視同時諸將，如某某輩，莫不寶玩滿堂寢，田園佔畿縣，享樂壽考，妻兒滿前，禍福頓懸，不意如此，天道亦自有不可知者。

宋・樂史《廣卓異記》卷八《臣下顯達之速者・四時改服飾傅游藝》 右按《唐書》：傅游藝天授中自合宫主簿遷監察，超拜給事中，同鳳閣鸞臺平章事，一年之内，位至宰相，時人謂之四時仕宦，言春著青，夏著緑，秋著緋，冬著紫。

宋・王明清《揮麈録》卷三 錢宣靖、吕文靖知制誥，衣緑。張益之，友直鄧公子也，爲天章閣待制，勾當三班院，侍宴集英殿，猶衣緋。仁宗顧見，即賜金紫。吕文穆、李仲詢及許沖元爲兩制，衣緋。蔡元長、王子發官制行後，爲中書舍人，皆衣緋。賈季華琰爲樞密直學士正諫大夫，衣緑。

宋・陸游《老學庵筆記》卷一 淳熙己酉十月二十八日，車駕幸候潮門外大校場大閲。是日，上早膳畢出郊，從駕臣僚及應奉官竝戎服擫帶子著靴。大閲畢，丞相、親王以下賜茶。是日，駕出麗正門，入和寧門，沿路官司免起居。

又卷二　往時執政簽書文字卒，著帽，衣盤領紫背子，至宣和猶不變也。

又　先左丞平居，朝章之外，惟服衫帽。歸鄉，幕客來，亦必著帽與坐，延以酒食。伯祖中大夫公每赴官，或從其子出仕，必著帽，遍別鄰曲。民家或留以酒，亦爲盡歡，未嘗遺一家也。其歸亦然。

又卷五　曾子宣、林子中在密院，爲哲廟言：章子厚以隱士帽、紫直裰，繫絛見從官，從官皆朝服。其强肆如此。上曰：彼見蔡京亦敢爾乎。京時爲翰林學士，不知何以得人主待之如此，真奸人之雄也。

又卷八　白樂天詩云：四十著緋軍司馬，男兒官職未蹉跎。一爲州司馬，三見歲重陽。本朝太宗時，宋太素尚書自翰苑謫鄜州行軍司馬，詩雲：鄜州軍司馬，也好畫爲屏。又云：官爲軍司馬，身是謫仙人。蓋此音司字作入聲讀。

故事，謫散官雖別駕司馬，皆封賜如故。故宋尚書在鄜時詩云：經時不巾櫛，慵更佩金魚。東坡先生在儋耳，亦云鶴髮驚全白，犀圍尚半紅是也。至司户參軍，則奪封賜。故世傳寇萊公謫雷州，借録事參軍緑袍拜命，袍短纔至膝。又予少時，見王性之曾夫人言，曾丞相謫廉州司户，亦借其姪緑袍拜命云。

又卷一〇　蔡太師作相時，衣青道衣，謂之太師青。出入乘樓頂轎子，謂之太師轎子。秦太師作相時，裹頭巾，當面偶作一摺，謂之太師錯。摺樣第中窓上下及中一二眼作方眼，餘作疎櫺，謂之太師窓。

又　先太傅慶歷中賜紫章服，赴閤門拜賜，乃塗金魚袋也，豈官品有等差歟

宋・王闢之《澠水燕談録》卷二《名臣》　狄武襄公青，初以散直爲延州指使，是時西邊用兵，公以才勇知略，頻立戰功。常被髮，面銅具，馳突賊圍，敵人畏懾，無敢當者。公識度宏遠，士大夫翕然稱之，而尤爲韓公、范文正公所深知，稱爲國器。文正以《春秋》、《漢書》授之曰：將不知古今，匹夫之勇，不足尚也。公於是博覧書史，通究古今。已而立大功，登輔弼。書史策，配享宗廟，爲宋名將，天下稱其賢公。初爲延州指使，後顯貴，天下獨呼公爲狄天使。

又　康定中，趙元昊既虜劉平，遂約吐蕃毋與中國通，陰相爲援。朝廷患之，擇能使絶域者，將以恩信譙讓唃氏。尚書屯田員外郎劉涣上書請行，閒道馳至青唐城譙唃氏。皆頓首悔謝，請以死扞邊。因盡圖其地形，并誓書還奏。仁宗嘉歎，進直昭文館。俄而元昊臣服，再加刑部郎中，賜金紫。初，涣之奉使也，或數日不得食，於佩囊中得風藥數粒咀潤咽喉。下疑有脱文。唃嘶囉吐蕃呼佛曰唃，如厮囉譯爲兒子二字，稱佛之兒子。更鼓自昏達旦，三撾而已。每有公事，量大小以綿裹其訟牒，物多者爲有理。

宋・葉夢得《石林燕語》卷三　服色凡言賜者，謂于官品未合服而特賜也。故職事官服紫，雖侍從以上官，未當其品，亦皆言賜。若官當其品，雖非侍從，如磨勘告便，不帶賜矣。告不帶賜，則亦不當入銜。近見士大夫有悮以賜爲正服之名，雖官及品，而銜猶沿習言賜，此不惟不知所應服，亦自讀其告不審也。

又　舊制，襆頭巾皆折而斂前。神宗嘗謂近臣，此製有承上之意。紹聖後，始有改而偃後者，一時宗之，謂前爲歛巾，遂不復用。此雖非古服，隨時之好，然古者爲冕，皆前俯而後仰，斂巾尚有遺意也。

又　唐至五代、國初，京師皆不禁打纈。五代始命御史服裁帽。本朝淳化初，又命公卿皆服之。既有纈，又服帽，故謂之重戴。自祥符後始禁，惟親王、宗室得打纈。其後通及宰相、樞密、參政，則重戴之名有别矣。今席帽、裁帽分爲兩等，中丞至御史，與六曹郎中，則於席帽前加全幅皂紗，僅圍其半爲裁帽。非臺官及自郎中而上，與員外而下，則無有爲席帽。不知何義，而裁與席之名，亦不可曉。

宋次道記，金帶曾經賜者皆許繫。宰相罷免，雖散官，並依舊服笏帶。因宣獻公爲學士，以玉清、昭應宫灾，落職爲中書舍人，仍繫遇仙花帶。李文定天聖中自秘書監來朝，除刑部侍郎，仍繫笏頭帶，以爲經賜許服。景祐中著於詔令。近歲，前執政官到闕，止繫遇仙花帶。從官非見帶學士，亦不敢繫。待制自如本品，無職則隨本官，在庶官班中皆繫皂帶，蓋閤門之制，不知衡改始何時。余建炎中召至揚州行在，以杭州變罷職，官朝請大夫，親如上制。

又卷九　太宗時，陳文忠公廷試第一，曾會第二，皆除光禄寺丞，直史館。會繼遷殿中丞，知宣州，賜緋衣銀魚，前無此比。

又卷一〇　劉丞相摯，家法儉素，閨門雍睦。凡冠巾衣服制度，自其先世以來，常守一法，不隨時增損。故承平時，其子弟雜處士大夫間，望而知

其爲劉氏也。數十年來，衣冠詭異，雖故老達官，亦不免從俗，與市井喧浮署同，而不以爲非。

宋·葉紹翁《四朝聞見録》卷一《大臣衩衣見百官》 大臣見百官，主賓皆用朝服。時暑伏甚，丞相淮體弱不能勝，悶至絶。上亟召醫疾，有間，復有詔許百官以衩衣見丞相，自淮始。

又卷三《逆曦僞服印》 開禧逆曦既誅，僞内史安公丙函其首與僞服、宮號來，上以首付棘寺，僞服與印付臨安府軍資庫。時吴鋼爲倅，吏胥未以入庫，急持來視。紹翁亦因以識其物。袍僭黄，領僭赭。袍僭赭，領僭黄。宮號用黄絹折角爲四，文曰出入殿門。敵授以印，鑄用今文曰蜀王之印。僅如今文思院給降式，曦自鑄塗金印，文云蜀國制勑之印。

宋·龐元英《文昌雜録》卷一 新定儀制：宰相、兩省侍郎、尚書左右丞，皆朱衣吏兩人雙引。樞密院官，紫衣吏一人前導。御史中丞、知雜御史亦朱衣吏兩人雙引。尚書、侍郎、學士、待制、兩省給舍已上，並朱衣吏一人引。

宋·程大昌《演繁露》卷九《朱衣非舊制》 王儉爲司右長史，《晉令》：公府長史著朝服。宋大明以來著朱衣，儉言宜復舊制，時不許。

宋·張世南《游宦紀聞》卷二 今之作倅者，皆借緋，堂除知縣亦借緋，太守則借紫。謂已經賜緋，則借。軍監則仍緋。邊郡節鎮，不俟賜緋，可借紫，謂之隔借。先作州，曾借紫，後得軍，則仍服緋。此皆甲令定制。比年，張嵩先知嘉興府，後知建昌軍，遂申朝廷云：前任已蒙恩借紫，今任欲乞仍舊旨。從之，遂爲定例。

宋·釋文瑩《玉壺清話》卷二 真宗喜談經，一日，命馮元談《易》，非經筵之常講也。謂元曰：朕不欲煩近侍久立，欲於便齋亭閣選純孝之士數人，一作三人。上直司人，上直司人一作如同人。便裘頂帽，横經竝坐，暇則薦茗果，盡笑談，削去進説之儀，遇疲則罷。遇一作過。

内臣服飾

綜述

清·方絢《方氏五種》《熙寧新定時服式》。方絢曰：此宋神宗朝所定服制也。余亦□章道□先生借觀顧所載婦人下飾，僅有宮人履式二等，軍民婦履各一等，其羅襪、膝衣之制，悉皆□略。若后、妃、公主、宗藩及百僚命婦如何，紀官並不一言，即宮人履繐，許照品級銜珠，亦勿詳其銜珠何□。雖宋槧舊本，閨裝絶無成憲，得此不殊，滄海寸珠，上林一葉，亟圖左帙，用締蓮盟。

熙寧初，定宮人履，勿用五色。式高二寸，底高五分，帶長三。其履曳如其高，繐長四寸，而人披之，結高二分，繐共重二錢。

宮人履式一。

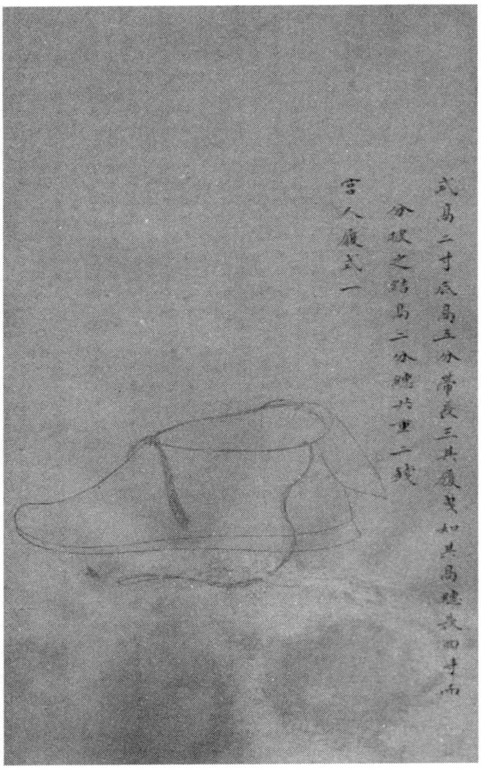

宫人履式二。

宫人繐式。

宫人繐許照品級銜珠。

宫人曳式。

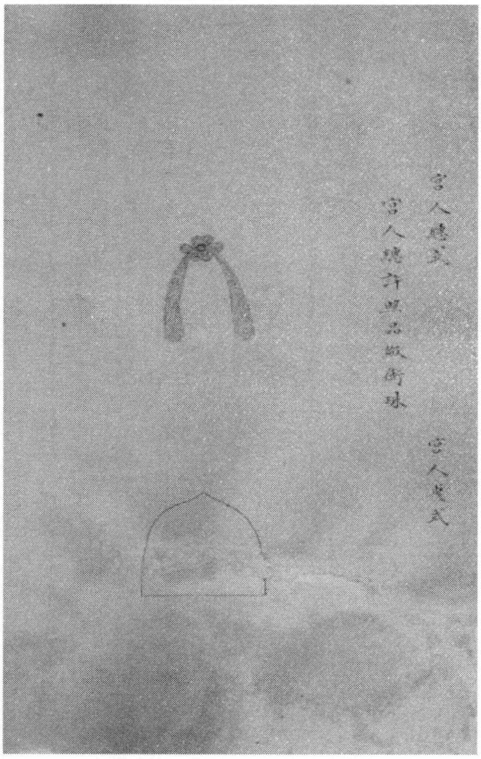

宫人綦式。

軍妻履式，圓頭、方曳，身之適，各聽其便。

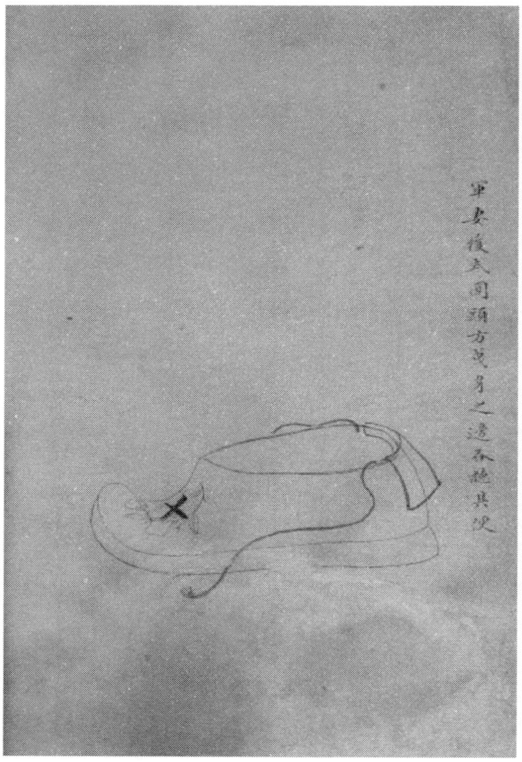

軍妻曳式。

帶式。

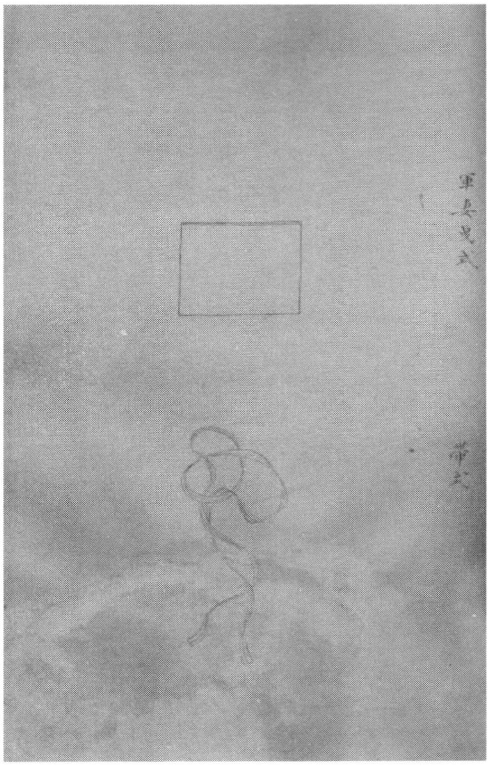

民婦履式，鋭首圓曳，帶同軍式。

民婦曳式。

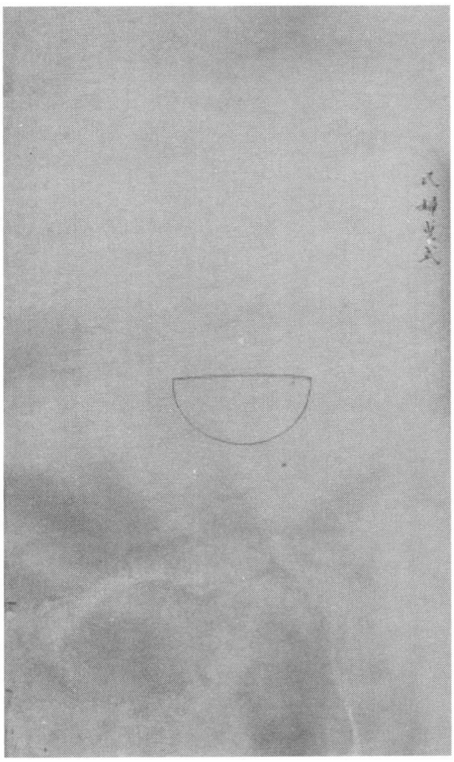

今世沿口有三：一網口，綫踈網者。一鎖口，綫密鎖者。一布沿，口布繫綫綴口上。曳帶舊有刺綉者。方絢曰：右二則論似不全，凡天潢之外，不許著滿花。

紀事

宋·蘇軾《東坡志林》卷七 某倅武林日，夢神宗召入禁中，宫女圍侍，一紅衣女童捧紅靴一隻，命某銘之。覺而記其一聯云：寒女之絲，銖積寸累。天步所臨，雲蒸雷起。既畢進御，上極歎其敏，使宫女送出。睇眎裙帶間有六言詩一首，云：百疊漪漪風皺，六銖縱縱雲輕。植立含風廣殿，微聞環珮摇聲。

雜録

宋·曾敏行《獨醒雜志》卷九 建炎末，吕丞相頤浩以勤王復辟之功進登相位，嘗在中書怒一堂吏，命去其巾幘，吏對祖宗以來，宰相無去堂吏巾幘法。公曰：去堂吏巾幘，當自我始。吏不能對。

宋·蔡絛《鐵圍山叢談》卷一　國朝禁中稱乘輿及后妃多因唐人故事，謂至尊爲官家，謂后爲聖人，嬪妃爲娘子，至謂母后亦同臣庶家，曰娘娘。又呼掌書命者，別本者并作之首二字。曰內侍省次直筆。內官之貴者，則有曰御侍，曰小殿直，此率親近供奉者也。御侍頂龍兒特髻衣襜，小殿直皂軟巾裹頭，紫義襴窄衫，金束帶，而作男子拜，乃有都知、押班、上名、長行之號。唐陸宣公《榜子集》諫令渾瑊訪裹頭內人者是也，知其來舊矣。

明·焦竑《焦氏類林》卷七《冠服》　宋徽宗宮人衣裙，多以麝香色爲鏤金羅。見元祐之詩：北去窮廬千萬裏，畫羅休鏤麝香金。

明·楊慎《秇林伐山》卷一四《麝香鏤金羅》　宋徽宗宮人多以麝香色爲鏤金羅爲衣裙，元裕之詩：北去穹廬千萬裏，畫羅休鏤麝香金。

士庶服飾

綜　述

宋·王栐《燕翼詒謀録》卷一　國初，進士尚仍唐舊制，每歲多不過二三十人。太平興國二年，太宗皇帝以郡縣闕官頗多，放進士幾五百人，比舊二十倍。正月己巳，宴新進士呂蒙正等於開寶寺，賜御制詩二首。故事，唱第之後，醵錢於曲江爲聞喜之飲。近代於名園佛廟，至是官爲供帳，歲以爲常。先是，進士參選，方解褐衣緑，是歲錫宴後五日癸酉詔，賜新進士并諸科人緑袍、靴、笏。自後以唱第日賜之，惟賜袍、笏，不復賜靴。

又　國初，士庶所服革帶未有定制，大抵貴者以金，賤者以銀，富者尚侈，貧者尚儉。太平興國七年正月壬寅，詔三品以上銙以玉，四品以金，五品、六品銀銙金塗，七品以上并未常參官并內職武官以銀。上所特賜，不拘此令。八品、九品以黑銀，今世所謂藥點烏銀是也。流外官、工、商、士人、庶人以鐵角二色。其金荔枝銙，非三品以上不許服，太宗特新此銙，其品式無傳焉。其後毬文笏頭御仙，又出於太宗，特製以別貴賤。而荔枝反爲御仙之次，雖非從官特賜，皆許服。初品京官特賜帶者，即服紫矣。鞍轡之別，亦始於太宗時，太平興國七年正月，詔常參官銀裝鞍、絲韁，六品以下不得鬧裝，仍不得用刺繡金皮飾韉。未仕者烏漆素鞍。則是一命以上皆可以銀裝鞍也。近歲惟郡太守猶存銀裝、絲韁之制，此外無敢用者。若烏漆則庶人通用，而鞍皮之巧，無所不至，其用素鞍者，鮮矣。

《宋史》卷一五三《輿服志五》　士庶人車服之制。太宗太平興國七年，詔曰：士庶之間，車服之制，至于喪葬，各有等差。近年以來，頗成踰僭。宜令翰林學士承旨李昉詳定以聞。昉奏：今後富商大賈乘馬，漆素鞍者勿禁。近年品官緑袍及舉子白襴下皆服紫色，亦請禁之。其私第便服，許紫皂衣、白袍。舊制，庶人服白，今請流外官及貢舉人、庶人通許服皂。工、商、庶人家乘檐子，或用四人、八人，請禁斷，聽乘車，兜子，舁不得過二人。並從之。端拱二年，詔縣鎮場務諸色公人并庶人、商賈、伎術、不係官伶人，只許服皂、白衣，鐵角帶，不得服紫。文武升朝官及諸司副使、禁軍指揮使、廂軍都虞候之家子弟，不拘此限。幞頭巾子，自今高不過二寸五分。婦人假髻並宜禁斷，仍不得作高髻及高冠。其銷金、泥金、真珠裝綴衣服，除命婦許服外，餘人並禁。至道元年，復許庶人服紫。

真宗咸平四年，禁民間造銀鞍瓦、金線、盤蹙金綫。大中祥符元年，三司言：竊惟山澤之寶，所得至難，儻縱銷釋，實爲虛費。今約天下所用，歲不下十萬兩。俾上幣棄於下民，自今金銀箔線，貼金、銷金、泥金、蹙金線裝貼什器土木玩用之物，並請禁斷，非命婦不得以爲首飾。冶工所用器，悉送官。諸州寺觀有以金箔飾尊像者，據申三司，聽自齎金銀工價，就文思院换給。從之。二年，詔申禁鎔金以飾器服。又太常博士知温州李邈言：兩浙僧求丐金銀珠玉錯末，和泥以爲塔像，有高袤丈者。毁碎珠寶，寖以成俗，望嚴行禁絶，違者重論。從之。

七年，禁民間服銷金及鈸遮那纈。八年，詔內庭自中宮以下，並不得銷金、貼金、間金、戭金、圈金、解金、剔金、陷金、明金、泥金、楞金、背影金、盤金、織金、金線撚絲，裝著衣服，並不得以金爲飾。其外庭臣庶家，悉皆禁斷。臣民舊有者，限一月許回易。爲真像前供養物，應寺觀裝功德用金箔，須具殿位真像顯合增修創造數，經官司陳狀勘會，詣實聞奏，方給公憑，詣三司收買。其明金裝假果、花板、樂身之類，應金爲裝彩物，降詔前已有者，更不毁壞，自餘悉禁。違者，犯人及工匠皆坐。是年，又禁民間服皂班纈衣。

仁宗天聖三年，詔在京士庶不得衣黑褐地白花衣服，并藍、黄、紫地撮暈花樣。婦女不得將白色、褐色毛段并淡褐色匹帛製造衣服，令開封府限十日斷絶。婦女出入乘騎，在路披毛褐以禦風塵者，不在禁限。七年，詔士庶、僧道無得以朱漆飾牀榻。九年，禁京城造朱紅器皿。

景祐元年，詔禁錦背、繡背、遍地密花透背采段，其稀花團窠、斜窠雜花不相連者非。二年，詔市肆造作縷金爲婦人首飾等物者禁。三年，臣庶之家，毋得採捕鹿胎製造冠子。又屋宇非邸店、樓閣臨街市之處，毋得爲四鋪作鬧鬭八，非品官毋得起門屋，非宫室、寺觀毋得彩繪棟宇及朱黝漆梁柱窗牖、雕鏤柱礎。凡器用毋得表裏朱漆、金漆，下毋得襯朱。非三品以上官及宗室、戚里之家，毋得用金稜器，其用銀者毋得塗金。玳瑁酒食器，非宫禁毋得用。純金器若經賜者，聽用之。凡命婦許以金爲首飾，及爲小兒鈴鋜、釵篸、釧纏、珥環之屬，仍毋得爲牙魚、飛魚、奇巧飛動若龍形者。非命婦之家，毋得以真珠裝綴首飾、衣服，及項珠、纓絡、耳墜、頭須、抹子之類。凡帳幔、繳壁、承塵、柱衣、額道、項帕、覆旌、牀裙，毋得用純錦遍繡。宗室、戚里茶檐、食合，毋得以緋紅蓋覆。豪貴之族所乘坐車，毋得用朱漆及五彩裝繪，若用黝而間以五彩者聽。民間毋得乘檐子，及以銀骨朵、水罐引喝隨行。

慶曆八年，詔禁士庶倣契丹服及乘騎鞍轡、婦人衣銅緑兔褐之類。皇祐元年，詔婦人冠高毋得踰四寸，廣毋得踰尺，梳長毋得逾四寸，仍禁以角爲之。先是，宫中尚白角冠梳，人争倣之，至謂之内樣。冠名曰垂肩等，至有長三尺者，梳長亦踰尺。議者以爲服妖，遂禁止之。七年，初，皇親與内臣所衣紫，皆再入爲黝色。後士庶寖相效，言者以爲奇衺之服，於是禁天下衣黑紫服者。

神宗熙寧九年，禁朝服紫色近黑者，民庶止令乘犢車，聽以黑飾，間五彩爲飾，不許呵引及前列儀物。哲宗紹聖二年，侍御史翟思言：京城士人與豪右大姓，出入率以轎自載，四人舁之，甚者飾以棲蓋，徹去簾蔽，翼其左右，旁午於通衢，甚爲僭擬，乞行止絶。從之。

徽宗大觀元年，郭天信乞中外並罷翡翠裝飾，帝曰：先王之政，仁及草木禽獸，今取其羽毛，用於不急，傷生害性，非先王惠養萬物之意。宜令有司立法禁之。政和二年，詔後苑造纈帛。蓋自元豐初，置爲行軍之號，又爲衛士之衣，以辨姦詐，遂禁止民間打造。令開封府申嚴其禁，客旅不許興販纈板。

七年，臣僚上言：輦轂之下，奔競侈靡，有未革者，居室服用以壯麗相誇，珠璣金玉以奇巧相勝，不獨貴近，比比紛紛，日益滋甚。臣嘗考之，申令法禁雖具，其罰尚輕，有司玩習，以至於此。如民庶之家不得乘轎，今京城内暖轎，非命官至富民、娼優、下賤，遂以爲常。竊見近日有赴内禁乘以至皇城門者，奉祀乘至宫廟者，坦然無所畏避。臣妄以爲僭禮犯分，禁亦不可以緩。於是詔非品官不得乘暖轎。先是，權發遣提舉淮南東路學事丁璀言：衣服之制，尤不可緩。今閭閻之卑，倡優之賤，男子服帶犀玉，婦人塗飾金珠，尚多僭侈，未合古制。臣恐禮官所議，止正大典，未遑及此。伏願明詔有司，嚴立法度，酌古便今，以義起禮。俾閭閻之卑，不得與尊者同榮；倡優之賤，不得與貴者並麗。此法一正，名分自明，革澆偷以歸忠厚，豈曰小補之哉。是歲，又詔敢爲契丹服若氈笠、釣墪之類者，以違御筆論。釣墪，今亦謂之韤袴，婦人之服也。

中興，士大夫之服，大抵因東都之舊，而其後稍變焉。一曰深衣，二曰紫衫，三曰凉衫，四曰帽衫，五曰襴衫。淳熙中，朱熹又定祭祀、冠婚之服，特頒行之。凡士大夫家祭祀、冠婚，則具盛服。有官者襆頭、帶、韡、笏，進士則襆頭、襴衫、帶，處士則襆頭、皂衫、帶，無官者通用帽子、衫、帶，又不能具，則或深衣，或凉衫。有官者亦通用帽子以下，但不爲盛服。婦人則假髻、大衣、長裙。女子在室者冠子、背子。衆妾則假紒、背子。

又 紫衫。本軍校服。中興，士大夫服之，以便戎事。紹興九年，詔公卿、長吏服用冠帶，然迄不行。二十六年，再申嚴禁，毋得以戎服臨民，自是紫衫遂廢。士大夫皆服凉衫，以爲便服矣。

凉衫。其制如紫衫，亦曰白衫。乾道初，禮部侍郎王曮奏：竊見近日士大夫皆服凉衫，甚非美觀，而以交際、居官、臨民，純素可憎，有似凶服。陛下方奉兩宫，所宜革之。且紫衫之設以從戎，故爲之禁，而人情趨簡便，靡而至此。文武並用，本不偏廢，朝章之外，宜有便衣，仍存紫衫，未害大體。於是禁服白衫，除乘馬道塗許服外，餘不得服。若便服，許用紫衫。自後，凉衫祇用爲凶服矣。

帽衫。帽以烏紗，衫以皁羅爲之，角帶，繫鞵。東都時，士大夫交際常服之。南渡後，一變爲紫衫，再變爲凉衫，自是服帽衫少矣。惟士大夫家冠昏、祭祀猶服焉。若國子生，常服之。

襴衫。以白細布爲之，圓領大袖，下施横襴爲裳，腰間有辟積。進士及國子生、州縣生服之。

紹興五年，高宗謂輔臣曰：金翠爲婦人服飾，不惟靡貨害物，而侈靡之習，實關風化。已戒中外，及下令不許入宮門，今無一人犯者。尚恐士民之家未能盡革，宜申嚴禁，仍定銷金及採捕金翠罪賞格。淳熙二年，孝宗宣示中宮禕衣曰：珠玉就用禁中舊物，所費不及五萬，革弊當自宮禁始。因問風俗，龔茂良奏：由貴近之家，倣傚宮禁，以致流傳民間。粥簪珥者，必言内樣。彼若知上崇尚淳樸，必觀感而化矣。臣又聞中宮服澣濯之衣，數年不易。請宣示中外，仍敕有司嚴戢奢僭。寧宗嘉泰初，以風俗侈靡，詔官民營建室屋，一遵制度，務從簡樸。又以宮中金翠，燔之通衢，貴近之家，犯者必罰。

清・徐松《宋會要輯稿・輿服四》 臣庶服。太宗太平興國七年正月九日，詔曰：士庶之間，車服之制，至于喪葬，咸有等差。近年以來，頗成踰僭，宜令翰林學士承旨李昉等詳定以聞。既而，昉等上言，今參詳伏請今後富商大賈乘馬，漆素鞍者勿禁。近年品官緑袍及舉子白襴下，皆服紫色，亦請禁斷。其私第便服許紫皁，衣白袍。舊制，庶人服白，今請通許服皁。又參詳近年工商庶人家乘檐子，或用四人、八人，今請禁斷，聽乘車兜子，舁不得過二人。並從之。

端拱二年十一月九日，詔曰：國家先定車服制度，如聞士庶尚有奢僭，今後應文武升朝官及武臣内職、禁軍指揮使、諸班押班、廂軍都虞候、防團副使以上，並得乘銀裝條子鞍轡，其正五品以上即許鬧裝，餘人悉禁。恩［賜］不拘此限。京官充知州軍及通判者，許權依六品以下升朝官例，乘銀裝條子鞍轡，迴日依舊。其品官所服帶，已有條制，今後縣鎮場務、諸色公子，并庶人、商賈、伎術不係官伶人，只得服皁白衣，鐵角帶，不得服紫。至道元年六月，復許庶人服紫，帝以時俗所好，冒法者衆，故除其禁。文武升朝官及諸司副使、禁軍指揮使、廂軍都虞候之家子弟，不拘此限。襆頭巾子，自今高不過二寸五分，婦人假髻並宜禁斷，仍不得作高髻及高冠。其銷金、泥金及真珠裝綴衣服，除命婦許服外，餘人並禁。

至道元年六月二十四日詔詔字下似有闕文。先是，端拱二年十一月乙酉詔書，申明車服制度，士庶工商，先不許服紫，自今許。所在不得禁之，餘悉如前詔。

真宗咸平二年正月，詔曰：服用之制，典册具存，儻奢僭以不懲，則耗蠹之滋甚。先禁士庶之家，不得服銷金、泥金，如聞尚有踰越，宜令御史臺衙司巡察斷絶，犯者嚴斷，違禁之物給與巡促人充賞。其鋪户敢製造者，亦令捕捉科罪，諸道、州、軍準此。

大中祥符元年二月十五日，三司言準詔，開封府民違制，造蹙金、泥金、銷金，已從别處分，令申明舊制者，竊以山澤之寶，所得至難，儻縱銷鎔，實爲虚廢，今約天下所用，歲不下于萬兩，比上弊棄於下民，自今金銀箔線，貼金、銷金、泥金、蹙金線貼什器土木玩用之物，並請禁斷。非命婦不得以爲首飾。冶工所用器悉送官。違者所由捉搦，許人糾告，並以違制論，告者給賞錢，仍以犯人家財充諸州。寺觀有以金箔飾尊像者，據申三司，聽自齎金銀工價，就文思院換給。從之。先是，真宗謂輔臣曰：近者士庶頗事侈靡，衣服器玩多鎔金爲飾，工人鍊金爲箔者，其徒日繁。當今禁止，據其數歲費用甚多，壞不可復，寖以成風，此深可戒，乃命條約焉。五月二十九日詔：朕自肅膺纘服，慎守詒謀，循法度，以建中屏紛華弗御，聿修檢德，以導化源，而穹昊顧懷，靈符羡錫，載翼大中之道，宜師清净之風，姑務德先宜張理。本眷言，宗室爰暨寀僚，當取實以革華庶，上行而下效。自今除衮冕、儀仗、法服，及宴會所設，一依舊例外，其宴會陳設，雖許依舊，自今製造，亦不得偏地文綉。其餘外朝官，禁應乘輿服御供帳。并皇親臣僚之家，進奉之物，并不得用銷金、金綫、文繡，有司所闕須創造者，即許依例施行，諸司不得專擅起樣進呈。其常所御物有不如詔者，令皇城使劉承珪、龍圖閣待制戚綸變製以聞。其晏會陳設如重製造，亦不得徧地文繡，庶成敦樸，漸復清淳，允符上帝之靈心，永奉混元之至實。帝謂宰臣王旦等曰：清净節儉，貴在躬行，亦當自家利國也。此詔，親王、公主及貴戚等，宜各賜一本。六月八日，禁皇親諸親召募工匠，造侈靡服。

二年正月十日詔：申禁鎔金以飾器服，犯者重繩之。

景祐元年五月一日，詔曰：織文之奢，不鬻於國市。纂組之作，寔害於女功。朕稽若令，猶務先儉，化深爲抑末，緬冀還淳然，猶杼軸之家相矜，靡麗衣服之制弗戒，紛華浮費，居多踰侈，斯甚宜懲，俗尚用謹。邦彝內，自掖庭外及宗戚，當奉循於明令，無輕犯于禁科。其錦背、繡背、遍地密花、透背段子，並從禁止。見製造成者，與限百日擘劃變轉，如有違犯，並根勘收禁，奏裁衣服没官。諸色人告捉，賞錢五十貫。以犯人家充財皇親、宮院、公主宅勾當，使臣覺察，無得違犯。在京、西川，見織造上工者，並停。閏六月二十一日，梓州轉運使張從革乞申明條貫，禁絶秀背段子。詔密地、密花、錦背、透背段子，織成遍地密花、錦背、透背衣物，並禁斷。其稀花、團窠、雜花不相連者，更不禁止。

二年五月七日，詔曰：幣品之興金鎰爲重，制財藝貢邦用賴焉。洪惟先朝深監治本，特嚴塗鑠之禁，以杜奢僭之萌。而宵人末工放利矜巧，如聞比日潛冒舊防，縻壞至珍，崇華首服，寖相貿鬻，陰長奇衺，官司因循，曾未可糾。宜申布於前令，俾大革其非心。尚或弗悛，罔有攸赦，敦風遠罪，當稱朕懷。應市肆造作縷金，爲婦人首飾等物，並嚴行禁絶。

三年二月十三日，詔曰：夫儉守則固，約失則鮮，典籍之格訓也。貴不福下，賤不擬上，臣庶之定分也。如聞輦轂之間，士民之衆，罔遵矩度，爭尚僭奢。服玩纖華，務極珠金之飾。室居宏麗，交窮土木之工。儻懲革之弗嚴，恐因循而滋甚。況歷代之制，甲令備存，宜命攸司，參爲定式，庶幾成俗，靡蹈非彝。其令兩制，與太常禮院，同詳定制度以聞。

六月十五日，中書門下言：臣庶之家，多刳鹿胎以爲冠飾，比來寖盛。欲令刑部布告，一切禁斷，不得采捕鹿胎製造冠子。如違許人陳告。奏可。

八月三日，詔曰：天下士庶之家，凡屋宇非邸店樓閣臨街市之處，毋得爲四鋪作鬧鬬八。非品官，毋得起門屋。非宮室寺觀，毋綵繪棟宇，及間朱黑漆梁柱窻牖，雕鏤柱礎。凡器用表裏，毋得用朱漆、金漆，下毋得襯朱。非三品以上官及宗室、戚里之家，毋得用金稜器，其用銀稜者毋得鍍金，玳瑁酒食器，非宮禁毋得用純金器。若經賜者聽用之。凡命婦許以金爲首飾及爲小兒鈴鋜，餘以爲釵篸、釧纏、珥環者聽之。仍毋得爲牙魚、飛魚、奇巧飛動若龍形者，其用銀仍毋得鍍金。非命婦之家，毋得以真珠裝綴首飾、衣服及項珠、纓絡、耳墜、頭鬚、抹子之類。凡帳幔、繳壁、承塵、柱衣、額道、項帕、覆旌、牀裙，毋得用純錦偏繡。宗室、戚里茶擔、食合，毋得以緋紅蓋覆。豪貴之族所乘坐舁子，毋得用朱漆及五綵裝繪。若用黑漆而間以五綵者聽之。民間毋得乘檐子及以銀骨朵、水罐子引喝隨行，其用兜子者，所舁毋得過二人。違者物主、工匠並以違制論，工匠刺配他州。有陳告者賞錢五萬。其過百日而不變毁者，坐之。宜令宣徽院、御史臺、閤門左右金吾、街伏司、開封府，覺察以聞。

慶曆八年二月二十七日，詔曰：聞士庶倣傚胡人衣裝，裹番樣頭巾，著青緑及乘騎番鞍轡。婦人多以銅緑兔褐之類爲衣。宜令開封府限一月內止絶，如違並行重斷，仍仰御史臺、閤門彈糾以聞。

又 神宗元豐五年正月十七日，大宗正司言：宗室高年抱疾，恩許私家乘垂簾肩輿，出入門擁從猥多，驕不可長，欲乞許乘肩輿者，量出踏引，籠燭照夜，毋得過兩對。如有違犯，從本司察舉。從之。

哲宗紹聖二年六月二十六日，侍御史翟思言：近者京城士人與豪右大姓，出入往來率以轎自載，四人舁之，甚者飾以椶蓋，徹去簾蔽，翼其左右，旁午於通達之衢，甚爲僭擬，乞行止絶。從之。

又 六月十四日，知樞密院事鄧洵武奏：今大臣九品以三等之服，至於命婦，陛下親灑宸翰，釐爲八等，而服制未有名稱。詔送禮制局。

宣和元年正月五日詔：先王之法，懷胡亂中華，遂服胡服，習尚既久，人不知耻，未之有禁，非用夏變夷之道，應敢胡服，若氈笠、釣墪之類者，以違御筆論。

高宗紹興八年八月二十八日，宰執奏舉行禁止塗金鋪翠，造作服用，及爲婦人首飾事，上宣諭曰：宮中禁之甚急，久當民俗自化，不必過爲刑禁也。可令刑部檢坐前後累降罪賞條法，指揮申嚴行下，仍仰州縣守二令佐悉力奉行，毋致有犯，常切督責，巡捕官用心緝捕，如敢依前弛慢，縱令違戾，仰監司按劾以聞。

九年八月十七日，臣僚言：凡品服有章，貴賤以别，衣冠不易之法也。異時擾攘未遑，文治上下大小，例衣紫窄衫，以從簡便。至今循習，輿臺皂隸混爲一區，漢官威儀，有時而廢。臣願自軍旅外申嚴有司，討論官帶之制，俾公卿大夫、監司守令以臨吏民，有則象焉。從之。其後，二十五年十二月十八日，參知政事魏良臣言：除諸軍將校許服紫衫外，自餘並依承平服冠帶之制。

二十六年二月九日，臣僚言：乞申嚴紫衫之禁。並從之。權尚書禮部侍郎王曮奏：觀自古衣服所尚，載於史志，所繫甚大，不可不謹也。漢光武爲司隸時，諸將過雒陽者數十輩，皆冠幘而衣婦人衣，諸于繡堀，見者莫不笑之，或有畏而走者。及見司隸僚屬，皆歡喜不自勝，或垂泣曰：不圖今日復見漢官威儀。由是識者皆歡喜焉。光武所以奄有四海，紹開中興者，此之謂助多矣。然則聖王之興，豈可以爲此細故微事而不垂意哉。切見近日士大夫皆服涼衫，比肩叠迹，習以成風，甚不足觀也。既以代冠裳而交際，亦以居官制而聽理，處民物之上，而躬賈客之衣，有金珠之意，而爲游士之飾，居平安之時而從征役之裝，至乃聚數十而錯立，環一堂而團坐，色皆淺素，極焉可憎。其詳則不敢悉言。恭惟陛下聖意，有默喻者矣。然今之衣之，非不知惡之也。前者議臣以謂紫衫之設施於用武，故爲之禁，而人情終趨簡便，是以靡而至此，且文武並用，本不偏廢，朝章之外，宜有便衣，仍存紫衫，未害大體。故詔從之。

九年十二月十五日，詳定三司勑令所狀乾道重修儀制，令諸中書舍人、左右諫議大夫，龍圖、天章、寶文、顯謨、徽猷、敷文閣待制，權侍郎，許服紅鞓排安黑犀帶，仍佩魚。改修下條，諸中書舍人、左右諫議大夫，龍圖、天章、寶文、顯謨、徽猷、敷文閣待制、權侍郎，許服紅鞓排方黑犀帶，仍佩魚。諸狨毛座職事官、權六曹侍郎，寄禄官太中大夫以上及學士待制、或經恩賜者，許乘一銜，或節度使曾任執政官者，準此。諸凶服不入公門，居喪而奪情從職者，照依本品，唯以淺色，去金玉飾。在家即如喪制。改修下條，諸凶服不入公門，居喪而奪情從職者，服依本品，唯色淺去金玉飾，在家即如喪制。諸文武升朝官及伎術官大夫以上並用履。學生同内朝請武功郎以下減繶，學生減綦。從義宣教郎以下並用履。伎術官翰林良醫以下及將校亦同。改修下條，諸文武及伎術官並用靴。將校同朝請武功郎以上減繶。從義宣教郎、伎術官翰林良醫以下，將校各減繶純。學生服者減綦。諸州職員及職級許履袍執笏。經略、安撫、總管、鈐轄、發運鹽司職級準此。改修下條，諸州職員及職級許靴、袍、執笏。靴減繶。經略、安撫、總管鈐轄、發運鹽司職級準此。乾道重修儀制式履。用黑革，以絇繶純，綦飾之，各隨服色。學生履以綦純繶純，用青，減繶者亦名履，減繶、純者名屨。絇，履上飾。繶，飾底。純，緣也。綦，履帶。改修下條，靴用黑革，以麻底一重，皮底一重，白絹納氈爲裹，自底至鞠口高八寸，以絇、繶、純、綦飾之，各隨服色。學生絇、純並用青。詔從之。

大中祥符二年，詔申禁鎔金以飾器服。又太常博士，知温州李邈言：兩浙僧求丐金銀珠玉錯末，和泥以爲塔像，有高袤丈者，毀碎珠寶，寖以成俗。望嚴行禁絶，違者重論。從之。

七年，禁民間服銷金及跋遮那纈。

八年，詔内庭自中宫以下並不得銷金、貼金、間金、戭金、圈金、解金、剔金、陷金、明金、泥金、楞金、背影金、盤金、織金、金線、撚絲裝著衣服，並不得以金爲飾。其外庭臣庶家悉得禁斷。臣民舊有者，限一月許回易。爲真像前供養物，應寺觀裝功德用金箔，須具殿位真像顯合增修創造數，經官陳狀，狀勘會詣實聞奏，方給公據，詣三司收買。其明金裝假果花板樂身之類，應金爲裝彩物，降詔前已有者，更不毀壞，自餘悉禁，違者犯人及工匠皆坐。是年，又禁民間服皂班纈衣。

仁宗天聖三年，詔在京士庶不得衣黑褐地白花衣服，并藍、黄、紫地撮暈花樣，婦女不得將白色、褐色毛段，并淡褐色匹帛製造衣服。令開封府限十日斷絶。婦女出入乘騎，在路披毛褐以禦風塵者不在禁限。

七年，詔士庶、僧道無得以朱漆飾床榻。

九年，禁京城造朱紅器皿。

神宗熙寧九年，禁朝服紫色近黑者。民庶止令乘犢車，聽以黑色間五彩爲飾。不許呵引及前列儀物。

徽宗大觀元年，郭天信乞中外並罷翡翠裝飾。帝曰：先王之政，仁及草木禽獸，今取其羽毛，用於不急，傷生害性，非先王惠養萬物之意，宜令有司立法禁之。

政和二年詔：後苑造纈帛，蓋自元豐，初置爲行軍之號，又爲衛士之衣，以辨姦詐。遂禁止民間打造，令開封府申嚴其禁，客旅不許興販纈板。

七年，臣僚上言：輦轂之下競侈靡，有未革者，居室服用以壯麗相誇，珠璣金玉以奇巧相勝，不獨貴近比比紛紛，日益滋甚。臣嘗考之甲令，法禁雖具，其罰尚輕，有司玩習，以至於此。如民庶之家不得乘轎，今京城内暖轎非命官至富民，倡優下賤遂以爲常。竊見近日有赴内禁乘以至皇城門者，奉祀乘至宫廟者，坦然無所畏避。臣妄以爲僭禮犯分，禁亦不可以緩。於是詔非品官不得乘暖轎。

是歲又詔：敢爲契丹服若氈笠、釣墩之類者，以違御筆論。釣墩，今亦謂之韈袴，婦人之服也。中興，士大夫之服大抵因東都之舊而其後稍變焉。一曰深衣，二曰紫衫，三曰凉衫，四曰帽衫，五曰襴衫。淳熙中，朱熹又定祭祀、冠婚之服，時頒行之。凡士大夫家祭祀、冠婚則具盛服。有官者襆頭、帶、鞾、笏。進士則襆頭、襴衫、帶。處士則襆頭、皂衫、帶。無官者通用帽子、衫、帶。又不能具，則或深衣，或凉衫，有官者亦通用帽子。以下但不爲盛服。婦人則假髻、大衣、長裙。女子在室者冠子、背子。衆妾則假紒背子。冠禮三加冠服：初加緇布冠、深衣、大帶、納履。再加帽子、皂衫、革帶、繫鞵。三加帽頭、公服、革帶、納鞾。其品官嫡庶子，初加折上巾、公服，再加二梁冠、朝服，三加平冕服。若以巾帽折上巾爲三加者，聽之。用白細布，度用指尺，全四幅，其長過脇，下屬於裳，裳交解十二幅，上屬於衣，其長及踝。圓袂、方領、曲裾、黑緣大帶、緇冠、幅巾、黑履。士大夫家冠、婚、祭祀、宴居、交際服之。紫衫本軍校服，中興士大夫服之，以便戎事。紹興九年，詔公卿、長吏復用冠帶，然迄不行。二十六年，再申嚴禁，毋得以戎服臨民，自是紫衫遂廢。士大夫皆服凉衫，以爲便服矣。凉衫，甚非美觀，而以交際、居官臨民純素可憎，有似凶服，陛下方奉兩宫，所宜革之。且紫衫之設，以從戎爲之，禁而人情終趨簡便，靡而至此。文武並用，本不偏廢，朝章之外，宜有便衣，仍存紫衫，未害大體，於是禁服白衫，除乘馬道塗許服外，餘不得服，若便服許用紫衫，自後凉衫祇用爲凶服矣。帽衫，帽以烏紗，衫以皂羅爲之，角帶繫鞵，東都時，士大夫交際常服之。南渡後，一變爲紫衫，再變爲凉衫，自是服帽衫少矣，惟士大夫家冠、婚、祭祀猶服焉。若國子生常服之襴衫，以白細布爲之，圓領大袖，下施横襴爲裳，腰間有辟積。進士及國子生、州縣生服之。

紹興五年，高宗謂輔臣曰：金翠爲婦人服飾，不惟靡貨害物，而侈靡之習，實關風化，已戒中外及下令不許入宫門，今無一人犯者。尚恐士民之家，未能盡革，宜申嚴禁，仍定銷金及採捕金翠罪賞格。

淳熙二年，孝宗宣示中宫褘衣曰：珠玉就用禁中舊物，所費不及五萬，革弊當自宫禁始。因問風俗，龔茂良奏：由貴近之家，倣傚宫禁，以致流傳民間，鬻簪珥者，必言内樣。彼若知上崇尚淳樸，必觀感而化矣。臣又聞中宫服澣濯之衣，數年不易。請宣示中外，仍勑有司嚴戢奢僭。寧宗嘉泰初，以風俗侈靡，詔官民營建室屋，一遵制度，務從簡樸，又以中宫金翠幡之通衢，貴近之家犯者必罰。

二年閏九月七日，中書門下省言：見今朝靴樣制不一，得旨降下樣制。鞾高九寸，鞾口可改作四直，工部勘當，欲參用履制度。絇、今抹。繶、今裏底。純、今緣。綦，今束。文武官各隨其服色，大夫以上具四飾，用抹口緣束裏底。朝請郎、武功郎以下去繶，用抹口緣束。從義郎、宣教郎以下至將校、伎術官去繶、純。用抹口束。仍用麻底二重，皮一重，裏用白絹納氈，表用皂皺羊皮底。鞾口高八寸，准尺大小隨宜增減，各隨服色。詔工部畫樣頒下。

服制服色

綜述

宋·王栐《燕翼詒謀録》卷四　江南初下，李後主朝京師，其羣臣隨才任使，公卿將相多爲小官，惟任州縣官者仍舊。至於服色，例令服緑，不問官品高下，以示别於中國也。

太宗淳化元年正月戊寅赦文：應諸路僞授官，先賜緋人止令服緑，今並許仍舊。其先衣紫人，任常參官亦許仍舊。遂得與王朝官齒矣。

《宋史》卷一五二《輿服志四》　朝服。一曰進賢冠，二曰貂蟬冠，三曰獬豸冠，皆朱衣朱裳。宋初之制，進賢五梁冠，塗金銀花額，犀、玳瑁簪導，立筆。緋羅袍，白花羅中單，緋羅裙，緋羅蔽膝，並皂縹襈，白羅大帶，白羅方心曲領，玉劍、佩，銀革帶，暈錦綬，二玉環，白綾韈，皂皮履。一品、二品侍祠朝會則服之。中書門下則冠加籠巾貂蟬。三梁冠，犀角簪導，無中單，銀劍、佩，師子錦綬，銀環，餘同五梁冠。諸司三品、御史臺四品、兩省五品侍祠朝會則服之。御史大夫、中丞則冠有獬豸角，衣有中單。兩梁冠，犀角簪導，銅劍，佩，練鵲錦綬，銅環，餘同三梁冠。四品、五品侍祠朝會則服之。六品以下無中單，無劍，佩，綬。御史則冠有獬豸角，衣有中單。袴褶紫、緋、緑，各從本服色，白綾中單，白綾袴，白羅方心曲領，本品官導駕，則騎而服之。

袴褶之制。建隆四年，范質與禮官議：袴褶制度，先儒無説，惟《開元雜禮》有五品以上用細綾及羅，六品以下用小綾之制。注：褶衣，複衣也。又案令文：武弁，金飾平巾幘，簪導，紫褶白袴，玉梁珠寶鈿帶，鞾，騎馬服之。金飾，即附蟬也。詳此，即是二品、三品所配弁之制也。附蟬之數，蓋一品九，二品八，三品七，四品六，五品五。又侍中、中書令、散騎加貂蟬，侍左者左珥，侍右者右珥。又《開元禮》導駕官並朱衣，冠，履依本品。朱衣，今朝服也。故令文三品以上紫褶，五品以上緋褶，七品以上緑褶，九品以上碧褶，並白大口袴，起梁帶，烏皮鞾。今請造袴褶如令文之制，其起梁帶形制，檢尋未是，望以革帶代之。奏可。是歲，造成而未用。乾德六年，郊禋始服，而冠未造，乃取朝服，進賢冠、帶、韈、履參用焉。

又 隋、唐冠服皆以品爲定，蓋其時官與品輕重相準故也。今之令式，尚或用品，雖因襲舊文，然以官言之，頗爲舛謬。概舉一二，太子中允、贊善大夫與御史中丞同品，太常博士品卑於諸寺丞，太子中舍品高於起居郎，内常侍纔比内殿崇班，而在尚書諸司郎中之上，是品不可用也。若以差遣，則有官卑而任要劇者，有官品高而處之冗散者，有一官而兼領數局者，有徒以官奉朝請者，有分局莅職特出於一時隨事立名者，是差遣又不可用也。以此言之，用品及差遣定冠，綬之制，則未爲允當。伏請以官爲定，庶名實相副，輕重有準，仍乞分官爲七等，冠，綬亦如之。

貂蟬籠巾七梁冠，天下樂暈錦綬，爲第一等。蟬，舊以玳瑁爲蝴蝶狀，今請改爲黄金附蟬，宰相、親王、使相、三師、三公服之。七梁冠，雜花暈錦綬，爲第二等，樞密使、知樞密院至太子太保服之。六梁冠，方勝宜男錦綬，爲第三等，左右僕射至龍圖、天章、寶文閣直學士服之。五梁冠，翠毛錦綬，爲第四等，左右散騎常侍至殿中、少府、將作監服之。四梁冠，簇四鵰錦綬，爲第五等，客省使至諸行郎中服之。三梁冠，黄獅子錦綬，爲第六等，皇城以下諸司使至諸衛率府率服之。内臣自内常侍以上及入内省、内侍省内東西頭供奉官、殿頭前班、東西頭供奉官、左右侍禁、左右班殿直，京官秘書郎至諸寺監、主簿，既預朝會，亦宜朝服從事。今參酌自内常侍以上，冠服各從本等。寄資者如本官，入内内侍省内東西頭供奉官、殿頭三班使臣、陪位京官爲第七等，皆二梁冠，方勝練鵲錦綬。高品以下服色依古者，韠，韍、舄，履並從裳色。

今制，朝服用絳衣，而錦有十九等。其七等綬，謂宜純用紅錦，以文采高下爲差别。惟法官綬用青地荷蓮錦，以别諸臣。《後漢志》：法冠一曰柱後，執法者服之，侍御史、廷尉正監平也，或謂之獬豸冠。《南齊志》亦曰：法冠，廷尉等諸執法者冠之。今御史臺自中丞而下至監察御史，大理卿、少卿、丞，審刑院、刑部主判官，既正定厥官，真行執法之事，則宜冠法冠，改服青荷蓮錦綬，其梁數與佩準本品。從之。

其後，又詔冬正朝會，諸軍所服衣冠，廂都軍都指揮使、都虞候、領團練使、刺史服第五等，軍都指揮使、都虞候服第六等，指揮使、副指揮使服第七等，並班於庭。副都頭以上常服，班殿門外。其朝會，執事高品以下，並服介幘，絳服，大帶，革帶，韈，履，方心曲領。

政和議禮局更上群臣朝服之制：七梁冠，金塗銀稜，貂蟬籠巾，犀簪導，銀立筆，朱衣裳，白羅中單，並皂褾，襈，蔽膝隨裳色，方心曲領，緋白羅大帶，金塗銀革帶，金塗銀裝玉佩，天下樂暈錦綬，青絲網間施三玉環，白韈，黑履，三公、左輔、右弼、三少、太宰、少宰、親王、開府儀同三司服之。七梁冠，無貂蟬籠巾，銀裝玉佩，雜花暈錦綬，餘同三公以下服，執政官，東宫三師服之。六梁冠，白紗中單，銀革帶，佩，方勝宜男錦綬，銀環，餘同七梁冠服，大學士、學士、直學士、東宫三少、御史大夫、中丞、六曹尚書、侍郎，殿中監、大司成、散騎常侍，特進，金紫、銀青光禄大夫，光禄大夫，太尉、節度使、左右金吾衛、左右衛上將軍服之。五梁冠，翠毛錦綬，餘同六梁冠服，太子賓客、詹事，給事中、中書舍人、諫議大夫、待制、九寺卿、大司樂、秘書監、殿中少監、國子祭酒、宣奉、正奉、通奉、通議、太中、中大夫、中奉、中散大夫，上將軍、節度、觀察、留後、觀察使、通侍大夫、樞密都承旨服之。四梁冠，簇四盤鵰錦綬，餘同五梁冠服，九寺少卿、大晟典樂、秘書少監，國子、辟廱司業，少府、將作、軍器監，都水使者，起居舍人、侍御史、太子左右庶子、少詹事、諭德，尚書左右司郎中、員外，六曹諸司郎中，朝議、奉直、朝請、朝散、朝奉大夫，防禦、團練使，刺史、大將軍、正侍、中侍、中亮、中衛、拱衛、左武、右武大夫，駙馬都尉，帶遥郡武功大夫以下，樞密副都承旨服之。三梁冠，金塗銅革帶，佩，黄獅子錦綬，鍮石環，餘同四梁冠服，殿中侍御史、監察御史，司諫、正言，尚書六曹員外郎，外符寳郎，少府、將作、軍器少監，太子侍讀、侍講，中書舍人，親王府翊善、侍讀、侍講，九寺、秘書、殿中監，辟廱丞、大晟樂令、兩赤縣令，大理正，司直、評事，著作郎，秘書郎，著作佐郎，太常、宗學、國子、辟廱博士，太史局令、正丞，五官正，朝請、朝散、朝奉、承議、奉議、通直郎，中亮、中衛、拱衛、左武、右武郎，諸衛將軍，衛率府率，武功、武德、武顯、武節、武略、武經、武義、武翼大夫郎，醫職翰林醫正以上，内符寳郎，閤門通事舍人，敦武郎、修武郎服之。二梁冠，角簪，方勝練鵲錦綬，餘同三梁冠服，在京職事官，閤門祗候，看班祗候，率府副率，升輦輅立侍内臣服之。御史大夫、中丞，刑部尚書、侍郎，大理卿、少卿，侍御史，刑部郎中，大理寺正、丞，司直，評事並冠獬豸冠，服青荷蓮綬。詔悉頒行。六年，詔導駕官朝服結佩。七年，詔夏祭百官朝、祭服用紗。

中興，仍舊制。行事、執事官則服祭服，導引、陪祠官則服朝服，從紹興三年太常寺請也。祠畢駕回，若服通天、絳紗袍，乘大輦，則百官從駕服朝服，或服履袍，乘平輦，則百官從駕服常服，自隆興二年洪適請始也。

進賢冠以漆布爲之，上縷紙爲額花，金塗銀銅飾，後有納言。以梁數爲差，凡七等，以羅爲纓結之。第一等七梁，加貂蟬籠巾，貂鼠尾，立筆，第二等無貂蟬籠巾，第三等六梁，第四等五梁，第五等四梁，第六等三梁，第七等二梁，並如舊制，服同。貂蟬冠一名籠巾，織藤漆之，形正方，如平巾幘。飾以銀，前有銀花，上綴玳瑁蟬，左右爲三小蟬，銜玉鼻，左插貂尾。三公、親王侍祠大朝會，則加於進賢冠而服之。獬豸冠即進賢冠，其梁上刻木爲獬豸角，碧粉塗之，梁數從本品。立筆，古人臣簪筆之遺象。其制削竹爲幹，裹以緋羅，以黄絲爲毫，拓以銀縷葉，插於冠後。舊令，文官七品以上服朝服者，簪白筆，武官則否，今文武皆簪焉。

清·周象明《事物考辯》卷六〇《冠裳·宋公服》 《宋史》宋因唐制爲公服，三品以上服紫，五品以上服朱，七品以上服緑，九品以上服青。其制曲領大袖，下施横襴，束以革帶，襆頭，烏皮靴。自公卿至一命之士通服之。

清·徐松《宋會要輯稿·輿服四》 公服。公服，唐制謂之常服。色同袴褶，曲領垂胡，加襴折上巾，今常服之。太宗雍熙初，郊祀慶成，始許升朝官服緋緑二十年者，叙賜緋紫。真宗登極，京朝官亦聽叙。後東封西祀赦書，京朝官並以十五年爲限。仁宗、英宗、神宗登極亦如例。其特恩賜紫衣犀帶，緋衣塗金寳銙帶。太宗太平興國二年二月（三）［八］日，詔朝官出知節鎮及轉運使，副衣緋緑者，並借紫。知防禦、團練、刺史州衣緑者，借緋，衣緋者，借紫。其爲通判知軍監止借緋。後江淮發運使同轉運，提點刑獄同知刺史州。七年正月九日，翰林學士承旨李昉言：準詔定車服制度，禮部式，三品已上服紫，五品以上服朱，七品以上服緑，九品以上服青，流外官及庶人並衣黄。參詳除服青服黄。久已寢廢，自今流外官及貢舉人、庶人許通服皂衣白袍。從之。真宗景德三年六月十三日，詔内諸司使以下，出入内庭，不得服皂衣，違者論其罪。内職亦許服窄袍。仁宗明道二年十月九日，詔審刑院詳議官，省府推判官，群牧判官，舊例合賜緋者，造謝日閤門取旨。景祐元年六月十二日，詔軍使曾任通判者借緋，曾任知州者借紫。慶歷元年二月二十八日，龍圖閣直學士任布言：欲望自今贈官至正郎者，其畫像許服緋，至卿監許服紫。從之。七年五月十一日，侍御史吴鼎臣言：武班及諸執司人吏，曾因親喪出入禁門，甚有裹素紗襆頭者，殊失肅下尊上之體。欲乞文武兩班，除以官品起復，許裹素紗外，其餘臣僚并諸職司人吏，雖有親喪服未除並須光紗加首，不得更裹素紗。詔送太常禮院，而禮官言：準《令》文，凶服不入公門。其遭喪被起，在朝叅處常服。各依品服，惟色以淺，無金玉飾，在家者依其服制。其被起者及期喪以下，居式假者，衣冠朝集，皆聽不預。今鼎臣所奏有礙令文，詔依所定。如遇筵宴，其服淺色素紗人，更不令祗應。嘉祐三年三月十三日，詔自後知雜御史衣緑者，告謝日閤門取旨。紹興五年閏二月十九日，右奉議郎葛與時言：切見去歲九月明堂恩，宣教郎以下，父母年九十以上，與官封。與時父世長年九十五，先已叙封宣教郎致仕，乞將前項恩上與父改换五品服色。特從之。紹興三十二年，孝宗已即位未改元。六月十三日赦，應承務郎以上服緑，服緋及十五年，並與改轉服色。二十九日，詔今後無出身人自年二十，依今出官服緑日起理，服緋人亦自年二十服緋日起理。有出身人自賜出身（人）［日］起理，内除豁丁憂年月日不理外，歷任無贓濫私罪至徒過犯，至赦前及十五年依赦改轉施行。殿中侍御史張震奏：今日之弊，在于人有僥倖之心，能革其俗而後天下可治。且改轉服色，常赦自升朝官已上服緑，大夫以上服緋，莅事及二十年方得改賜。今赦自承務郎以上服緑，服緋及十五年便與改轉，比之常赦，不惟年限已減，而又官品相絶，蓋已爲異恩矣。今竊聞省部欲自補官日便理歲月，即是嬰孩授命年，繞十五者，今遂服緋，而貴近之子，或初年賜緋，年纔及冠者，今遂賜紫，朱紫紛然，不亦濫乎。竊聞靖康、建炎恩赦，亦不曾以補官日爲始。若始於出官之日，頗爲折衷。蓋比之莅事，所減已多。而比之初補，粗爲有節。乞下禮部条酌施行。禮部看詳奏聞，故有是命。隆興二年六月十八日，詔少傅保康軍節度使充醴泉觀使大寧郡王吴益依韋淵例，賜花羅公服，許服著趁赴朝參。乾道四年正月十一日，詔太學上舍生黄倫釋褐，特與補左承務郎，依唱名例給賜袍笏，於國子監敦化堂祇受，自後釋謁並如之。

九年十二月十日，詔太學上舍鄭鑑釋褐，補左承務郎，候太學録有闕日取旨，差下祇侯庫依唱名例給賜袍笏，令於國子監敦化堂祇受。以上乾道《會要》。乾道四年十二月十三日，詔太尉保信軍節度使充萬壽觀使鄭藻，賜花羅公服，許令著赴朝參。

嘉祐三年，詔三品轉（使）［運］使朝辭上殿日，與賜章服。諸路轉運使，候及十年，即與賜章服。徽宗重和元年，詔禮制局自冠服討論以聞，其見服鞾，先改用履。禮制局奏：履有絇、繶、純、綦，古者舄履，各隨裳之色，有赤舄、白舄、黑舄。今履欲用黑革爲之，其絇、繶、純、綦，並隨服色用之，以倣古隨裳色之意。詔以明年正旦改用。禮制局又言：履隨其服色，武臣服色一等，當議差別。詔文武官大夫以上具四飾，朝請郎、武功郎以下去繶並稱履。從義郎、宣教郎以下，至將校、伎術官去繶、純，並稱屨。當時議者以鞾不常用之中國，實廢釋氏之漸云。中興仍元豐之制，四品以上紫，六品以上緋，九品以上緑。服緋、紫者必佩魚，謂之章服。非官至本品，不以假人。若官卑而職高則特許者有三，自庶官遷六部侍郎，自庶官爲待制，或出爲奉使者，是也。又有以年勞而賜者，有品未及而借者，升朝官服緑，大夫以上服緋，莅事至今日以前及二十年，歷仕無過者，許磨勘改授章服。此賜者也，或爲通判者許借緋，爲知州監司者許借紫，任滿還朝，仍服本品。此借者也。又有出于恩賜者焉。紹興十二年九月，以皇太后回鑾，詔承務郎以上服緋緑，莅事至今日以前十七年者，並改轉服色。

又《輿服五》 鞾袍。孝宗乾道九年十二月十七日，禮部太常寺狀：勘會將來正旦、朝賀，今欲比附《政和五禮新儀》月朔視朝儀，皇帝御大慶殿，服鞾袍，即御座。皇太子、文武百僚並服常服稱賀，所有合設黄麾半仗，乞令兵部排辦施行。有旨：依宫中導從。

儀仗錦袍。鹵簿中道，金吾本司，纛稍、佩儀刀、執𥎞稍、錦帽、寶照錦袍、錦臂鞲、革帶、烏皮鞾。大駕鹵簿，内巾服之制，執金吾，𥎞稍，服錦袍，帽臂鞲，銀帶，烏皮鞾。

文綾袍。宫中導從，唐以前無聞焉。五代漢乾祐中，始置主輦十六人、捧足一人、掌扇四人、持踏牀一人，並服文綾袍、銀葉弓脚襆頭。

高鬢青袍。宫中導從，五代漢乾祐中，始置新婦二人，高鬢青袍。

緋袍。宫中導從，捧真珠七寶翠毛華株，二人衣緋袍。

又 黄繡袍。宫中導從，執拂翟四人，鬅頭，衣黄繡袍，舊衣綾袍、紫衣者，悉易以銷金及繡。復增司簿一人，内增司簿一人、内省一人、司儀一人、司給一人，皆分左右前導，凡十七，每至冬御殿，祀郊廟，步輦出入，至垂拱殿，即用之。

緑繡袍。宫中導從，捧金寶山二人，衣緑繡袍。

又 緋繡對鳳袍。六引内巾服之制，持掆鼓者，服平巾幘、緋繡對鳳袍、大口袴、白袜帶、錦臘蛇。

又 皂衣白袍。公服。太宗太平興國七年正月九日，翰林學士承旨李昉言：準詔定車服制度禮部式，三品以上服紫，五品以上服朱，七品以上服緑，九品以上服青，流外官及庶人並衣黄。參詳除服青、服黄久已寢廢，自今流外官及貢舉人、庶人，詳通服皂衣、白袍。從之。

賜進士袍。乾道四年十二月二十一日，詔特賜同進士出身魏掞之，補左迪功郎太學録，仍令有司給賜袍笏。

釋褐賜袍。乾道四年正月十一日，詔太學上舍生黄綸釋褐，特與補左承務郎，依唱名例，給賜袍笏，於國子監敦化堂祇受。自後釋褐並如之。

緋銷金袍。宫中導從，捧龍腦合二人，衣緋銷金袍，并高脚襆頭。

紀事

《宋史》卷一五二《輿服志四》 康定二年，少府監言：每大禮，法物庫定百官品位給朝服。今兩班内，有官卑品高、官高品卑者，難以裁定，願敕禮院詳其等第。詔下禮院參酌舊制以聞。奏曰：

準《衣服令》，五梁冠，一品、二品侍祠大朝會則服之，中書門下則加籠巾貂蟬。準《官品令》，一品，尚書令、太師、太傅、太保、太尉、司徒、司空，二品，中書令、侍中、左右僕射，太子少師、少傅、少保，諸州府牧，左右金吾衛上將軍。又準《閤門儀制》，以中書令、侍中、同中書門下平章事爲宰臣，親王、樞密使、留守、節度使、京尹兼中書令、侍中、同中書門下平章事爲使相，樞密使、知樞密院事、參知政事、樞密副使、同知樞密院事、宣徽南北院使、僉書樞密院事並在東宫三司之上。以上品位職事，宜準前法給朝服。宰臣、使相則加籠巾貂蟬，其散官勳爵不繫品位，止從正官爲之服。

三梁冠，諸司三品，御史臺四品，兩省五品侍祠大朝會則服之。御史中丞則冠獬豸。準《官品令》，諸司三品，諸衛上將軍，六軍統軍，諸衛大將軍，神武、龍武大將軍，太常、宗正卿，秘書監，光禄、衛尉、太僕、大理、鴻臚、司農、太府卿，國子祭酒，殿中、少府、將作、司天監，諸衛將軍，神武、龍武將軍，下都督，三京府尹，五大都督府長史，親王傅，御史臺三品、四品，御史大夫，中丞，兩省三品、四品、五品，左右散騎常侍，門下、中書侍郎，諫議大夫，給事中，中書舍人，尚書省三品、四品，六尚書左右丞，諸行侍郎，東宫三品、四品，賓客，詹事，左右庶子，少詹事，左右諭德。節度使，文明殿學士，資政殿大學士，三司使，翰林學士承旨，翰林學士，資政殿學士，端明殿學士，翰林侍讀、侍講學士，龍圖閣學士，樞密直學士，龍圖、天章閣直學士，次中書侍郎，節度、觀察、留後，次六尚書、侍郎，知制誥，龍圖、天章閣待制，觀察使，次中書舍人，内客省使，次太府卿，客省使，次將作監，引進使，防禦、團練、三司副使，次左右庶子。以上品位職事，宜準前法給朝服。

兩梁冠，四品、五品侍祠大朝會則服之，六品則去劍、佩、綬，御史則冠獬豸。準《官品令》，諸司四品，太常、宗正少卿，秘書少監，光禄等七寺少卿，國子司業，殿中、少府、將作、司天少監，三京府少尹，太子率更令、家令、僕，諸衛率府率、副率，諸軍衛中郎將，諸王府長史、司馬，大都督府左右司馬，内侍，尚書省五品，左右司諸行郎中，諸司五品，國子博士，經筵博士，太子中允、左右贊善大夫、都水使者，開封祥符、河南洛陽、宋城縣令，太子中舍、洗馬，内常侍，太常、宗正、秘書、殿中丞，著作郎，殿中省五尚奉御，大理正，諸王友，諸軍衛郎將，諸王府咨議參軍，司天五官正，太史令，内給事，諸升朝官六品以下起居郎、起居舍人、侍御史，尚書省諸行員外郎，殿中侍御史，左右司諫，左右正言，監察御史，太常博士，通事舍人。四方館使，次七寺少卿，諸州刺史，次太子僕，謂正任不帶使職者。東西上閤門使，次司天少監，客省，引進，閤門副使，次諸行員外郎。已上品位職事，據令文，但言四品、五品，亦不分班叙上下。今請自尚書省五品以上及諸州刺史已上，準前法給朝服。其諸司五品已上，實有官高品卑及品高官卑者，宜自諸司五品、國子博士至内給事，並依六品以下例去劍、佩、綬，御史則冠獬豸，衣有中單。其諸司使、副使以下至閤門祇候，如有攝事合請朝服者，並同六品。詔從所請。

雜録

宋・歐陽修《歸田録》卷下 朝廷之制，有因偶出一時而遂爲故事者。契丹人使見辭賜宴，雜學士員雖多皆赴坐，惟翰林學士祇召當直一員，一作人。餘皆不赴。諸王宮教授入謝，祖宗時偶因便殿不御袍帶見之，至今教授入謝，必俟上入内解袍帶復出見之。有司皆以爲定制也。

宋・莊綽《雞肋編》卷上 本朝借緋紫服者，皆不佩魚。紹聖中，有引白樂天《罷忠州刺史還朝》詩云：無奈嬌痴三歲女，繞腰啼哭覓銀魚。自是始并魚皆借。然未赴、已替、在朝皆不服，出國門乃衣。而唐牛叢以司勳員外郎爲睦州刺史，帝面賜金紫。謝曰：臣今衣刺史所假緋，即賜紫爲越等。乃賜銀緋。豈唐制赴日許服于朝，罷日則否，與今爲異乎。

佩戴用品

綜述

宋·徐度《却掃編》卷上　舊制，執政以上始服毬文，帶佩魚。侍從之臣止服遇仙帶，世謂之横金。元豐官制，始詔六曹尚書、翰林學士並服遇仙帶，佩魚。故東坡《謝翰林學士表》曰：寶帶重金佩，元豐之新渥。蓋謂是也。然武臣節度使班翰林學士上、六曹尚書下，至今止横金。迨拜太尉，則毬文，佩魚，蓋恩禮視執政故也。

元豐官制，侍從官給事中以上，乃服金帶，中書舍人以下皂帶，佩魚，與庶官等。大觀間，始詔中書舍人、諫議大夫、待制皆許服紅鞓犀帶，佩魚。建炎間，復置權六曹侍郎，亦如之。

宋·趙與時《賓退録》卷一　熙寧間，賜岐王顥、嘉王頵玉帶各一。二王固辭，不聽。請加佩金魚以别嫌，詔并以玉魚賜之。王仲言明清。《揮麈録》謂玉帶爲朝儀始此。其後嘗賜王安石，安石力辭不從，不得已受詔，次日即釋去。至徽宗朝以賜蔡京，京請佩金魚以自别於諸王，從之。自是何執中、鄭居中、王黼、蔡攸、童貫皆受賜。余按：唐永徽二年，勑開府儀同三司及京官文武職事四品、五品並給隨身魚。上元初，敕文武官三品以上服金玉帶。開元中，敕珠玉錦繡，既令禁斷，準式三品以上飾以玉，四品以上飾以金，五品以上飾以銀者，宜於腰帶及馬鐙、酒杓，餘悉禁斷。《董晉傳》謂五品而上金玉帶。所以盡飾以奉上。《史》傳載：賜玉帶，及臣下私以玉帶相贈遺者，班班可考。韓文公詩亦云：不知官高卑，玉帶懸金魚。則知唐已然矣。五代漢隱帝嘗以賞郭威之功，既又召楊邠輩數人悉賜之。然不足稽也。楊文公《談苑》載：國朝賜帶之制，謂駙馬都尉初選尚，賜白玉帶，親王、皇族皆許通服雕玉、白玉等帶，則不始於岐、嘉二王審矣。玉魚，安重榮亦嘗自爲之。

宋·宋敏求《春明退朝録》卷中　太宗製笏頭帶以賜輔臣，其罷免尚亦服之。至祥符中，趙文定罷參知政事爲兵部侍郎，後數載，除景靈宫副使，真宗命廷賜御仙花帶與繡韉，遂服御仙帶。自後二府罷者，學士與散官通服此帶，遂以爲故事。予親見蔡文忠罷參知政事爲户部侍郎服此帶，蓋曾爲學士，用詔文金帶，曾經賜者，許繫之。先公爲翰林及侍讀兩學士，清灾落職，爲中書舍人，仍舊服金帶，舊例皆如此。景祐三年八月，方著詔。其宰相罷免，雖散官，並依舊服笏帶。李文定天聖中自祕書監來朝，除刑部侍郎，並服笏帶。近有罷參政者，黑帶佩魚而入，非故事也。入兩府，自黑帶賜笏帶者，太宗朝例甚多。祥符中，張文節自待制爲中丞而參政事，天聖中，姜侍郎自三司副使爲諫議大夫而樞密，並賜如上。

宋·樂史《廣卓異記》卷一九《舉選·門生先於座主佩金魚李石》　右按《唐書》，李石元和十三年及第，後二年賜緋，又二年賜紫，自釋褐四年内賜緋又賜金紫，至長慶二年，座主庾承宣内艱，服闋，除尚書左丞，始賜金紫，石乃選紫衫鑄金魚獻焉，議者稱之。模按：原本承字下空白一字，據《摭言》補。

宋·王明清《揮麈録》卷二　蒲傳正在翰林，因入對，神宗曰：學士職清地近，非他官比，而官儀未寵，自今宜加佩魚。遂著爲令。見於《神宗實録》。東坡先生《謝入翰林表》曰：玉堂賜篆，仰淳化之彌文。寶帶重金，佩元豐之新渥。中書舍人繫紅鞓犀帶，自葉少藴始，見姚令威《叢語》，而《石林自記》却不及。舊假服色，不佩魚，崇寧末，王照尚書詳定勅令啓請，許之，自是爲例。仍許入銜，具載詔書。其後以除勑中不載，多不署魚袋二字。

宋·沈括《夢溪補筆談》卷一　國朝儀制，親王玉帶不佩魚。元豐中，上特制玉魚袋，賜揚王、荆王施於玉帶之上。

又　舊制，侍從官學士以上方腰金。元豐初，授陳子雍以館職，使高麗還，除集賢殿修撰，賜金帶。館職腰金出特恩，非故事也。

宋·吴曾《能改齋漫録》卷二《製玉魚袋》　宋敏求蒐後，因討論典故，帝考初製玉魚袋，欲賜荆、揚二王，疑非故實。丞相王文恭公召宋公次道詰之，宋曰：按《唐六典》，親王三品以上，二王後服用紫，飾以玉帶及魚袋。文恭公挾策以進，議遂定。

又卷一三《賜服帶》　元豐官制，寄禄官四品以上服紫，六品以上服緋，皆准式佩魚，未至而賜服，於衙内帶賜。今人爲文，尚仍舊制，云賜三品服，賜五品服，非也。又著令，侍郎、直學士以上，服御仙花金帶，人或誤指爲荔枝。近年賜帶者多，匠者務爲新巧，遂以御仙花枝葉稍繁，改鈒荔枝，而葉極省。非故事，然莫有以爲非者。

宋·姚寬《西溪叢語》卷上　石子惠云：中書舍人繫紅鞓犀帶，自葉少藴始有。舊服色不佩魚，後王照請於朝，方佩。婦人孺人至夫人凡八人皆佩魚，乃張崇啓請。

宋·王栐《燕翼詒謀録》卷四　祖宗重堂後官，更用士人，其叙遷至員外郎者，與外任，其後多不願出，惟求子孫恩澤，遂以爲例。仁宗嘉祐八年，中書奏：今後願留人，雖許供職，其諸房提點並須擇才，候職事修舉方補。如不職，與堂除知州。蓋猶以士流之故，優之也。新法既行，增置宰屬，而士流不復爲堂後官，因是朘削。舊制，堂後官外任止於通判，不得爲知州。先是，皇祐三年四月，詔堂後官無得佩魚，若士人選用而至提點五房，方許佩魚，以示別也，今雖非士人選用，皆佩之矣。

宋·王明清《玉照新志》卷二　明清《揮麈前録》載中書令舍人紅鞓，自葉少藴始。出於姚令威《叢話》。近觀孫仲益所作《霍端友仁仲行狀》云：以大觀元年十一月除通直郎，試中書舍人，賜三品服。故事，三品服角帶，佩金魚爲飾。一日，徽宗顧見公，謂左右曰：給、舍等耳，而服色相絶如此。詔令太中大夫以上，犀帶垂魚，自公始也。與姚所記少異。

宋·王得臣《麈史》卷一《禮儀》　國朝祖宗，創金毬文，方團帶，亦名笏頭帶，以賜二府，乃佩魚。又爲御仙花帶，亦名荔枝，以賜禁從。元豐四年，董正官制，自觀文殿大學士以上至三師，並服毬文。觀文殿學士至龍圖閣直學士、六曹尚書、翰林學士、御史中丞並給御仙花，皆許佩魚。岐、嘉二王服玉，佩金魚，至賜玉魚以異之。

舊制，大宴百官，通籍者人賜花兩枝，正郎三枝。故有詠外郎遷前行詩曰：衣添三疋絹，宴剩一枝花。熙寧以來，皆給四花，郎官六枝。自行官制，若寄禄，階雖未至大夫，而職事爲郎中，即宴皆得六花。

宋·吴自牧《夢粱録》卷六《孟冬行朝饗禮遇明禋歲行恭謝禮》　每歲孟冬，例於上旬行孟冬禮，遇明禋行恭謝禮。係先一日朝饗，次日方行恭謝。百官與宰相起居，在學士院伺候駕出景靈宮。待旦催班入帝廷，殿中椽燭徹空明。衛軍拱立聽宣輦，華炬金蓮引駕行。駕前教樂所伶工導行，作樂逍遥，輦後鈞容直動鼓吹從後，詣景靈宮行恭謝禮。禮成，就西齋殿賜平章、執政、親王、百官宴，盞次食品，並如朝會，聖節同凡，群臣飲量，内侍先奏定，酒斟淺深，每盞用平尺量，分數各有定數，不得留殘。前筵華，上降輦轉御屏，百官小歇，傳宣賜群臣以下簪花，從駕、衛士、起居官、把路軍士人等並賜花。檢《會要》：嘉定四年十月十九日降旨：遇大朝會、聖節大宴，及恭謝回鑾，主上不簪花。又條具遇聖節、朝會宴，賜群臣通草花。遇恭謝親饗，賜羅帛花。其臣僚花朵，各依官序賜之。宰臣、樞密使合賜大花十八朵，欒枝花十朵。樞密使、同簽書樞密使院事，賜大花十四朵，欒枝花八朵。敷文閣學士賜大花十二朵，欒枝花六朵。知閤官係正任承宣觀察使賜大花十朵，欒枝花八朵。正任防禦使至刺史各賜大花八朵，欒枝花四朵。横行使、副賜大花六朵，欒枝花二朵。待制官大花六朵，欒枝花二朵。横行正使賜大花八朵，欒枝花四朵。武功大夫至武翼賜大花六朵，正使皆欒枝花二朵。帶遥郡賜大花八朵，欒枝花二朵。閤門宣贊舍人大花六朵，簿書官加欒枝花二朵。閤門祇候大花六朵，欒枝花二朵。樞密院諸房逐房副使承旨大花六朵，大使臣大花四朵，諸色祗應人等各賜大花二朵。自訓武郎以下，武翼郎以下，並帶職人並依官序賜花簪戴。快行官帽花朵細巧，並隨柳條。教樂所伶工、雜劇色渾裹上高簇花枝，中間裝百戲，行則動轉。諸司人員如局幹、殿幹及百司下親事等官，多有珠翠花朵、裝成花帽者。惟獨至尊不簪花，止平等輦後面黄羅扇影花而已。都人瞻仰天表，御街遠望如錦。向有朝臣吟二十八字曰：景靈行駕到和寧，頭上宮花射綵雲。歸向慈嚴誇盛事，誓殫忠力報吾君。又有恭謝一二詞咏之，名《滿庭芳》：鳳閣祥烟，龍城佳氣，明禋恭謝時豐。綺羅争看，簾幕捲南風。十里仙儀寶仗，暖紅翠，玉碾玲瓏。鑾回也，簫韶緩奏，聲在五雲中。千官迎萬乘，絲綸叠叠，錦繡重重。聽鳴稍輦路，宴罷蓬宮。瞻仰天顔有喜，君恩霈，寰宇雍容。生平願，洪基鞏固，聖壽永無窮。《慶清朝》：銀漏花殘，紅消燭泪。九重魚鑰，韶聲沸奏，萬乘祥曦門外。蓋聖君恭謝靈休，謹訪景明嘉禮。天意好，祥風瑞月，時正當小春天氣，禁街十里香中，御輦萬紅影裏，千官花底。控繡勒寶鞭摇曳，看萬年永慶吾皇，撚指又瞻三載。《御街行》：時康三載昇平世，恭謝三朝禮。群臣禁衛戴花回，鬬巷兒郎精鋭。戰袍新樣團雕擁，重隘圍子隊。繡衣花帽挨排砌，錦仗天街裏，有如仙隊玉京來，妙樂鈞天盈耳。都民觀望時，果是消灾滅罪。《瑞鶴仙》：歡聲盈萬户，慶景靈禮畢，鑾輿游步，西郊煖風布。喜湖山深鎖，非烟非霧，傳收繡羽，驊騮馳驟絨縷。望彤芳，穩穩金鑾，衮鸞翔舞。雲馭近回天㕒，錫宴瓊津，洪恩均顧，霞天向暮。翠華動，舞韶舉，絳紗籠千點，星飛清禁，銀燭交輝輦路。瑞光中，渺祝無疆，太平聖主。車駕還内，后妃殿閣蒙頒犒餅胾，高裝數百重，均給隨鑾禁衛士狼餐，皆有喜歡容。

《宋史》卷一五一《輿服志三》 圭。宋初，凡大祭祀、大朝會，天子皆執圭。元豐二年，詳定儀注所言：《周禮》，王執鎮圭。釋者曰：祭天地宗廟及朝日、夕月，則執之。若朝覲，諸侯授玉於王，王受玉，撫玉而已。《考工記》：天子執冒四寸，以朝諸侯。蓋天子以冒圭邪刻之處，冒諸侯之圭，以齊瑞信也。未有臨臣子而執鎮圭者。《唐六典》：殿中監掌服御之事，凡大祭祀，則搢大圭，執鎮圭，若大朝會，止進爵。《開寶通禮》始著元會執圭，出自西房。淳化中，上壽進酒，又令内侍奉圭，於周制、唐禮皆不合。其元會受朝賀，請不執鎮圭上壽。詔可。

三年，詔議大圭尺度，詳定所言，《考工記》：鎮圭尺有二寸，天子守之。大圭長三尺，杼上終葵首，天子服之。後魏以降，以白玉爲之，長尺有二寸，西魏以來皆然。方而不折，雖非古制，蓋後世以所得之玉，隨宜爲之。今請揆玉之有無制之。

又言：唐禮，親祀天地神祇，皆搢大圭，執鎮圭。有事宗廟，則執鎮圭而已。王涇《郊祀録》曰：大圭，質也，事天地之禮質，故執而搢之。鎮圭，文也，宗廟之禮亦文，故無兼執之義。不知大圭，天子之笏也，通用於郊廟。請自今皇帝親祠郊廟，搢大圭，執鎮圭。奉祀之時，既接神再拜，則奠鎮圭爲摯，大圭爲笏。

又言：《開元》及《開寶通禮》，皇帝升輅，不言執圭。祀日，質明，至中壝門外，殿中監進大圭，尚衣奉御，又以鎮圭授殿中監以進。於是始搢大圭，執鎮圭。今皇帝乘玉輅，執鎮圭，赴景靈宫及太廟、青城，皆乘輅執圭，殊不應禮。請自今乘輅不執圭，還内御大輦亦如之。

詳定所又言大圭中必之制，請製薦玉繅藉，以木爲幹，廣袤如玉，以韋衣之。韋上畫五采文，前後垂之。又製約圭繅藉長尺，上玄下絳爲地，五采五就，因以爲飾。每奠圭，則以薦玉之繅陳于地，執圭，則以約圭之繅備失墜，因垂之爲飾。況大圭搢之紳帶之間，不可無中必，明矣。俟明堂服大圭，宜依鎮圭所約之組，令可繫之。

哲宗元祐元年，禮部言：元豐新禮，皇帝祀天，搢大圭，其制圓首前詘，於禮未合。今欲仿西魏、隋、唐玉笏之制，方而不折，上下皆博三寸，長尺二寸，其厚以鎮圭爲約。從之。

清・徐松《宋會要輯稿・輿服五》 帶制。凡新除恩慶宰臣、樞密使、知樞密院事、參知政事、樞密副使、同知、樞密院簽書、同簽書、樞密院事，賜金笏頭二十五兩帶，副以魚袋。武臣，御花仙帶，無魚袋。使相、節度使、宫觀使、觀文殿大學士曾任宰相者，即賜金笏頭二十五兩帶，副以魚袋，餘只賜御仙花帶，無魚袋。三司使、權及權使公事同。觀文殿學士，資政殿大學士、翰林學士、承旨、翰林學士，資政殿、端明殿翰林侍讀、侍講，龍圖、天章、寶文閣樞密直學士，御史中丞，兼守並同。並賜金御仙花二十兩帶，知制誥賜牯犀帶，副以金魚。凡出使見任中書樞密使，曾任宰相，並使相節度使，賜金御仙花二十五兩束帶。宣徽使，曾任中書樞密院充諸路都總管安撫使，賜金御仙花二十兩束帶。正任防禦使至刺史，内客省使至閤門使，延福宫使至昭宣使，充諸路分一州總管、鈐轄，沿邊知州軍安撫，賜金御仙花二十兩束帶。諸司使充者，十五兩。客省引進閤門副使，諸司副使，内侍省内侍押班，充諸路沿邊路分鈐轄，賜金御仙花十五兩束帶。文臣换武臣，並賜塗金銀寶瓶十五兩帶。御前軍班换前班，並賜塗金銀帶。諸司使，寶瓶二十兩。副使至崇班，寶瓶十五兩。供奉官至殿直，荔枝十兩。奉職、借職，雙鹿八兩。堂後官新除，賜塗金銀寶瓶十五兩帶。伎術官雖服紫緑，皆給銀帶。駙馬都尉初選尚，賜白玉帶。宗室許通服工夫金帶，雕玉、白玉、通犀、牯犀等帶。

開寶元年二月十九日，皇弟晉王及吴越國王錢俶，其子惟濬射苑中。俶進御衣、金器、壽星通犀帶以謝。

高宗紹興三年正月六日，詔自今年二月一日，侍從官依舊繫金帶，如製造不前，許權於于左藏庫關借，候製造了日回納。二十八日，詔管軍百僚并帶御器械官，朝謝日，武臣授差遣朝辭日，依格該賜金帶，并許繫，並宗室外正任，依舊許繫金帶。已賜花犀帶及見繫花犀帶臣僚，除宗室依條外，餘不許服。二月十三日，詔神武右軍統制官楊沂中，爲收李成有功，曾經賜金帶，特令許繫赴朝。參其後，提舉宿衛親軍張宗彦，詔特如沂中。五月十六日，詔應殿庭供職，横行，依舊許繫金帶赴朝參。十八日，詔閤門官依舊許繫金帶赴朝，内闕者，令於左藏庫權借。六年八月十四日，三省行首司言：宰執秦檜，昨係資政殿大學士，今來除觀文殿學士到闕朝見，閤門稱不合繫笏頭毬文帶。詔許。服繫舊賜帶，宰執因降黜不帶職，並同庶官復職者，恩數並合，依舊以閤門誤認法意，有司申明，故降是命。九年四月七日，詔太常寺應奉兼祗應使臣，自今可特依閤門兼祗應例，服繫紅鞓帶。

紹興三十一年六月十九日，孝宗已即位未改元。詔鄂州駐劄御前諸軍都統制郭振，並給賜金帶。九月十七日，詔差帶御器械梁珂，前去賜吴璘玉帶，並傳宣撫問喝，賜立功將士，其合用錢物，令四川總領所應副候，見數具申尚書省，取旨撥還。

孝宗隆興元年八月十七日，池州駐劄御前諸軍統制邵宏淵入見，服在軍中日上遣人所賜帶，閤門奏：宏淵官不該賜，既經特賜，閤門初無承受開報，於是宏淵始申詔會。十月十四日，詔步軍司後軍權統領王世祖，乞依關德等例，賜金帶。指揮更不施行，令淮東總領所寄敦以中書舍人胡銓奏世祖授關德等例給，賜金帶。照得關德等三人，係一特恩給賜，今世祖所乞，依逐人例，顯是澆濫。若例與給賜，切慮自餘五十餘人，攀援浸多，僥求不已，難以止絶，故有是命。乾道元年八月二十一日，詔皇太子繫通犀玉帶，不佩魚。先是，有旨：皇太子合繫帶，令禮部太常寺日下論矜。續檢照典禮，皇太子合繫通犀玉帶。其典故所載，通犀金玉帶，即無制度，及佩魚之文，故有是命。九月二十三日，詔今後除環衛官，如係小臣，帶左右郎將，許繫紅鞓帶，趁赴朝參。二年四月十九日，詔寧武軍節度使、開府儀同三司、尤萬壽觀使吴蓋，乞賜玉帶，可依例繫赴朝參等。五月七日，詔閤門簿書王正臣、鄭立之，爲久在殿陛，應奉有勞，逐人見關借到左藏庫金帶，並與賜，賜令繫赴朝參。三年二月二十一日，權工部侍郎姜詵，狀前任漕臣蒙恩賜金御仙花帶，許令繫赴朝參，令假攝之，初難以僭踰。詔免繫赴朝參等，只依本班服帶。四年十二月十日，詔永陽郡王居廣三，賜玉帶，許令繫赴朝參等。八年八月十九日，詔左諫議大夫姚憲元，係六曹侍郎，已賜金帶，可令依舊繫赴朝參等，今後準此。九年正月二十五日，詔賜三士輵已賜玉帶，許令繫赴朝參等。十月十八日，詔恩平郡王璩已賜玉帶、金魚，許繫赴朝參等。十二月五日，詔中書舍人、左右諫議大夫，龍圖、天章、寶文、顯謨、徽猷、敷文閣侍制、權侍郎，許服紅鞓排方黑犀帶，仍佩魚。

淳熙七年三月四日，詔新知明州范成大朝見，許服繫昨賜笏頭金帶。以成大曾任參知（知）〔政〕事，今赴闕奏事，上繫黑帶佩金魚，有司取旨，故有是命。九年九月十七日，詔趙伯圭除少保封郡王，（仍）〔乃〕賜玉帶。十年十月十六日，詔權侍郎以上，罷任不帶職名，許服紅鞓排方黑犀帶。十二年二月二十三日，詔武臣知州軍，官未升朝者，可依文臣守倅借服色例，許權繫紅鞓角帶，候回日依舊。十三年二月四日，詔新授太傅、保寧軍節度使、致仕魏國公史浩，賜玉帶，令繫赴朝參。淳熙十六年七月十一日，詔閤門宣贊舍人，帶（玉）〔禦〕器械霍漢臣，昨在殿陛應奉日久，所有左藏庫元關借到金帶一條，特令就賜。紹熙元年正月，閤門宣贊舍人張進之，十月，閤門宣贊舍人潘師稷，二年六月，閤門宣贊舍人、帶（玉）〔禦〕器械郭抃，並以應奉日久，亦有是賜。十六日，詔成忠郎吴□特除閤門祗候，令祗候庫關金帶一條，許令服繫，仍與家便差遣。紹熙二年正月一日，宰執進呈四川制置使京鏜因任，上曰：且與加寶文閣（侍）〔待〕制令再任。特賜帶。嘉定二年十一月十一日，樞密院劄子：勘會已降指揮，鎮江軍統制馮栂、盧彦，各特賜金腰帶一條，許令服繫，所合具申，取自指揮。詔令左藏封樁庫證應取撥給付。四年三月十五日，樞密院奏：檢會已降指揮，鎮江都統司統制官盧彦特賜金束帶一條，詔令封樁庫於見管金束帶内支撥給賜。七年二月十一日，樞密院奏：勘會鎮江都統司統制蔣世顯，赴都堂禀覆職事訖。詔蔣世顯特改差楚州駐劄御前武鋒軍統制，填見闕。特賜金束帶一條，許令服繫。仍於封樁庫日下支給盤纏錢二千貫，付蔣世顯起發歸司，疾速前去本州，管幹軍馬。各具知禀申樞密院。十二年正月十（二）〔九〕日，樞密院關檢會已降指揮節文：李全特賜金腰帶一條，許令服繫。詔令封樁庫日下取撥給賜，具知禀申樞密院。十二月二十六日，詔鄭莊孫昨任閤門看班祗候，曾於户部關借金腰帶一條，可特與就賜，許令服繫。十四年五月二十三日，奉直大夫、直寶謨閣主管建康府崇禧觀趙不愧，詔以不愧行尊年高，中外屢更事任，自爲司農卿，今已十二年，理宜優異。可特換授保康軍承宣使，提舉祐神觀，仍奉朝請，賜金帶一條，許令服繫。

紀事

宋・徐度《却掃編》卷上　國朝故事，文臣必帶直學士職，乃服金帶。熙寧中，薛師正樞密方以商利被眷，自天章閣待制權三司使，始特賚是賜。未幾，韓莊敏丞相以龍圖閣待制爲樞密都承旨繼得之。政和、宣和之間，至有以庶官被賜者，紛紛甚多，不可殫紀，名器之濫，於是爲極云。

宋・葉夢得《石林燕語》卷七　國朝親王皆服金帶。元豐中官制行，上欲寵嘉、岐二王，乃詔賜方團玉帶，著爲朝儀。先是，乘輿、玉帶皆排方，故以方團別之。二王力辭，乞寶藏于家而不服用。不許，乃請加佩金魚，遂詔以玉魚賜之。親王玉帶佩玉魚，自此始。故事，玉帶皆不許施於公服，然熙寧中收復熙河，百官班賀，神宗特解所繫帶賜王荆公，且使服以入賀。荆公力辭，久之不從，上待服而後進班，不得已受詔，次日即釋去。大觀中收復青唐，以熙河故事，復賜蔡魯公，而用排方。時公已進太師，上以爲三師禮當異，特許施於公服。辭，乃乞琢爲方團，既又以爲未安。或誦韓退之詩，有玉帶懸金魚之語，告公請因加佩金魚。自是何伯通、鄭達夫、王將明、蔡居安、童貫，非三師而以恩特賜者，又五人云。

宋・蔡絛《鐵圍山叢談》卷二　大觀初，魯公進師臣，及後又第邊功賞，無官可遷。時當寧意嚮有魚水之歡，遂以玉帶錫之，其錫乃排方玉帶也。排方玉帶，近乘輿所御，於是魯公惶懼，力辭不能得，因誦韓退之詩：不知官高卑，玉帶懸金魚。謂唐人有此，遂奏請改製，爲方團帶而佩金魚焉，不惟不敢近乘輿，且諸親王佩玉魚亦有間。別本並作例。上始可之，繇是悉爲故事。諸王佩玉魚乃裕陵朝所創。裕陵別本並作祐陵。

明・曹昭《新增格古要論》卷一二《雜考中》　天子、親王、文武官員服帶之制考。王佐。《宋制》乘輿，東宮繫玉帶，親王、勳舊間賜玉帶，大臣金帶，其次則犀帶、角帶，此不易之制。考之典故，乘輿以排方，東宮不佩魚，親王佩玉魚，大臣、勳舊佩金魚。金帶有六種：毬路、御仙花、荔枝、師蠻、海捷、寶藏。金塗帶九種：天王、八仙、犀、寶餅、師蠻、海捷、雙鹿、行虎、窪面。金束帶八種：荔枝、師蠻、戲童、海捷、犀牛、胡荽、鳳子、寶相花。金塗束帶四種：犀牛、雙鹿、野馬、胡荽。犀帶有二種，以牯、牸爲別。宋初，凡新除恩慶宰臣，樞密使、知樞密院事、參知政事、樞密副使、同知樞密院簽書、同簽書樞密院事，賜金笏頭二十五兩帶，副以魚袋。武臣御仙花帶，無魚袋。使相節度使、宮觀使、觀文殿大學士曾任宰相者，即賜金頭笏二十五兩帶，副以魚袋，餘只賜御仙花帶，無魚袋。三司使、觀文殿大學士、資政殿大學士，翰林學士承旨，翰林學士，資政殿、端明殿翰林侍讀、侍講，龍圖、天章、寶文閣學士，樞密直學士，龍圖、天章、寶文閣直學士，御史中丞及權兼守等官，並賜金御二十兩帶。知制誥賜牯犀帶，副以金魚。凡出使見任中書樞密使曾任宰相，並使相、節度使，賜金御仙花二十五兩束帶。宣徽使曾任中書樞密院充諸路都總管、安撫使，賜金御仙花二十兩束帶。節度、轉運、留後觀察使賜金御仙花二十兩束帶。正任防禦使、至刺史，內客省使至閤門使，延福宮使至昭宣使，充諸路分一州總管、鈐轄，沿邊知州、軍安撫，賜金御仙花二十兩束帶。諸司使充者十五兩，客省引進閤門副使，諸司副使，內侍省內侍押班充諸路沿邊路分鈐轄，賜金御仙花十五兩束帶。文臣換武臣並賜塗金銀寶餅十五兩帶。御前軍班換前班並賜塗金銀帶，諸司使寶餅二十兩，副使至崇班寶瓶十五兩，供奉官至殿直荔枝十兩，奉職、借職雙鹿八兩，堂後官新除賜塗金銀寶餅十五兩帶，伎術官雖服紫、緑，皆給銀帶。

元豐改官制，五年正月二十九日，詔三師、三公、宰相執政官、開府儀同三司、節度使嘗任宰相者，觀文殿大學士以上，金毬文方團帶，佩魚。觀文殿大學士至寶文閣直學士、節度使，御史大夫、中丞，六曹尚書、侍郎，散騎常侍，御仙花帶。內御史大夫，六曹尚書、翰林學士以上及資政大學士、特班翰林學士、上者，仍佩魚。大觀二年五月十七日，詔中書舍人、諫議大夫、待制、殿中少監許繫紅鞓犀帶，更不佩魚。

乾道九年十二月五日，詔中書舍人、左右諫議大夫，龍圖、天章、寶文、顯謨、徽猷、敷文閣待制，權侍郎，許服紅鞓排方黑犀帶，仍佩魚。於是其制始定。

太平興國七年正月九日，翰林學士承旨李昉言：準詔，詳定車服制度六。荔枝帶，本是內出以賜將相，在於庶僚，豈合僭服，望非恩賜者官至三品乃得服，則是荔枝帶其初固以賜將相矣，而今則惟武臣用之也。

慶歷八年十一月二十九日，彰信節度使兼侍中李用和言：伏見張耆兼侍中日，特賜笏頭金帶，以爲榮異。詔如耆例。王貽永見任樞密使同平章事，亦令閤門就賜。則是笏頭帶其初雖武臣爲見任樞密使，若使相者，皆未嘗得賜，而今則凡使相皆通服也。

又有笏頭毬文帶。熙寧十年十二月八日，崇信軍節度使同中書門下平章事宗旦、集慶軍節度使同中書門下平章事宗諤，以郊禮加恩告謝，特賜金笏頭腰帶，加魚袋。自是宗室帶同平章事者，始得服其帶也。

又有花犀帶。

紫雲樓金帶。考。王佐。蔡絛《鐵圍山叢談》曰：太宗得巧匠，因親督視於紫雲樓下造金帶，得三十條，匠者爲之神耗而死。以一賜曹彬，一以自御，後以隨葬。餘二十八條，貯之於庫，號鎮庫帶焉。後人徒傳其名，而宗戚有服金帶、異花精緻者，往往指目此紫雲樓帶，其實非也。徽宗以賜童貫諸人，欽宗追復還庫。高宗十三年，有客來自海外，忽出紫雲樓帶，上以四胯出示。岳珂：蓋虜騎再入，適紛紜時欽宗所追不及者，其金紫磨也。光艷溢目異常金。又，其文作醉拂菻，人皆突起，長不及寸，眉目宛若生動，雖吳道子畫所弗及。若其華紋，則又六七級層層爲之，鏤篆之精，其細微之像，殆入於鬼神而不可名。且往時諸帶，方胯不若此帶，迺獨大至十二稻，是在往時爲窮極巨寶，珂不覺爲之再拜。

唐賜紫金魚袋，賜緋銀魚袋、魚符考。王佐。宋岳珂按劉昫《會要》：高宗永徽二年四月二十九日開府儀同三司及京官文武職事，四品、五品並給隨身魚袋。祁唐舊史《輿服志》爲五月。歐陽修：宋祁新史《輿服志》不著年月，以爲三品、五品有飾金與銀之別，且出内必合，以防召命之詐。還考《會要》。

永徽五年八月十四日，敕恩榮所加，本緣品命帶魚之法，事彰要重，豈可生平在官，用爲褒飾，纔正亡歿，即便追收，尋其終始，情不可忍。自今以後，五品以上有薨亡者，其隨身魚不須追收。如此則魚袋本以褒飾，恐不專以防詐僞也。《會要》又載高宗咸亨三年五月三日，始令京官四品職事佩銀魚，是日，内出魚袋遍賜之。舊史亦載是年月五品以上賜新魚袋，並飾以銀。三品以上各賜金裝刀子、礪石一具。參之新史，魚袋之賜與分品賜飾，年月迥別，本非一時事。又，初無金飾、魚袋之制，所謂金飾者，乃刀子、礪石耳。斷文紀事，固已失實。又按《會要》：武后垂拱二年正月二十日，敕諸州都督、刺史並準京官帶魚，新、舊唐史所載無訛。按：外鎮都督、刺史，自有魚符，初不假魚袋以信召命，蓋驗褒飾之説爲可據，所以給之者，欲以均内外之寵而已。又按《會要》：武后天授元年九月二十六日，改内外官所佩魚爲龜。久視元年十月十三日，職事三品以上龜袋，宜用金飾，四品用銀飾，五品用銅飾，上守下行，皆依官給。

中宗神龍元年二月四日，在京文武官五品以上，依舊式佩魚袋。九月十七日，敕嗣王、郡王有階卑者許佩金魚袋。玄宗開元元年八月二十日，諸親王長子先帶郡王，官階卑者，亦聽著紫佩魚袋。又神龍二年八月制，在京文官五品以上，依舊式佩銀魚。睿宗景龍三年八月，令特進佩魚。則散職佩魚自此始。新、舊史雖有詳略，其事互同，則改魚爲龜，正武后革命時事。而中宗反正，不俟淹時，即復其制，要必有深意，不直爲外飾。蘇氏記又曰：自永徽以來，正員官始佩魚，其離任及致仕即去魚袋。員外、判試、檢校等官，並不佩魚。至開元八年九月十四日，中書令張嘉貞請致仕官及内外官五品以上，檢校、試判及内供奉官見占闕者，聽准正員例許終身佩魚，以爲榮寵。以理去任，亦許佩魚。自後恩制賞緋、紫例兼魚袋，謂之章服。又《會要》：睿宗景雲二年四月二十四日，敕魚袋著紫者金裝，著緋者銀裝。新史：開元初，駙馬都尉從五品者，假紫金魚袋。都督、刺史品卑者，假緋銀魚袋。參稽並觀則散官員外、判試、檢校皆佩魚，又許終身雖去任亦佩魚。益驗褒飾之説爲不誣，而防詐之制爲已變也。假紫、假緋，正今日借服之所自始，而金、銀、銅之飾，雖肇於武后之久視，而用以假紫、假緋而無間内外品秩者，蓋至於景雲而後定。新史官品魚褒飾謂在高宗朝，益見其非。珂後因閱《朝野僉載》，有曰唐高宗上元年中，令九品以上佩刀、礪、算袋，紛帨爲魚形，結帛作之，取魚之衆鯉彊之兆也。至天后朝乃絶，景雲之後，又準前結帛魚爲飾，竊疑魚袋之始意或出此。武后既廢帛魚，亦改龜佩，正一意度耳。乃考《雜傳記》，見唐李淳風《讖書》有江中鯉魚十八子之説，爲唐受命之符。又《酉陽雜俎》載唐律，取得鯉魚即宜放，仍不得喫，號赤鱓公，賣者決六十。程文簡《大昌演繁露》載武后以玄武爲龜，故改龜佩。稡此數説，始信所疑爲有據依。

新史又載唐高祖初入長安，罷隋竹使符，班銀菟符，其後改爲銅魚符，以起軍旅，易守長，京都留守、折衝府捉兵鎮守之所及左右金吾，宮苑總監、收監，皆給銅魚符。宮殿城門給交魚符、巡魚符。左厢、右厢給開門符、閉門符。蕃國亦給符，雄、雌各十二，銘以國名。雄者進內，雌者付其國朝貢使，各齎其月魚而至，不合者劾奏。

又新史載魚袋顛末，曰隨身魚符者，以明貴賤，應召命，左二右一。左者進內，右者隨身。皇太子以玉契召，勘合乃赴，親王以金，庶以銅，皆題某位姓名，官有貳者，加左右，皆盛以魚袋。三品以上飾以金，五品以上飾以銀。去官納之不刻者傳佩相付。復考《帝紀》，高祖以隋義寧元年十一月甲子入京師，二年四月辛巳停竹使符，班銀菟符，五月甲子受禪，改元武德，九月癸丑改銀菟符爲銅魚符，則草昧之初，所以汲汲易之者，正以爲開國之兆，而其他一切之用符契皆以魚，意尤不待辨而可察也。在隋之先，雖亦嘗用魚符矣，特偶然以爲飾。至唐用讖，正指此以神其革命，又不當以隋爲比。新史雜載之説，正防僞之源流，要是符盛以袋，雖出初意，而袋飾以魚，本爲寵章金銀之初無年月，自當以《紀》爲正。後雖不合符者，亦得佩魚，意亦顯然，其不可泥初創之制，亦明矣。然則國朝因之，可乎。

洪文敏邁《容齋四筆》載《隨筆》書衡山唐碑刻別駕賞魚袋之名不可曉，今按：《唐職林·魚袋帶門》叙金、玉、銀、鐵帶及金、銀魚袋，云開元敕非灼然有戰功，餘不得輒賞魚袋，斯文明也。珂按：以魚袋充賞，蘇氏記，新、舊史皆有賞緋、紫例兼魚袋之文。《會要》：開元二年閏二月，敕承前諸軍人多有借緋及魚袋者，無功借賞，深非道理，宜敕收取，即將以上先借後奏，其靈武和戎、天武幽州鎮軍，赤水、河源、瀚海、安西、定遠等軍，既臨賊衝事藉垂賞，量軍大小，各賜金魚袋一二十枚，銀魚袋五十枚，並委軍將臨時行賞，則賞魚袋出處亦可與《職林》參見也。馬永卿《嬾真子録》載陝府平陸主簿張貽孫問魚袋製度，而答以今之魚袋乃古魚符，必以魚者，蓋分左右可以合符，唐人用袋盛魚，今人以魚飾袋，爲非古制，要亦未詳考其所由云。詳見《愧郯録》。

佐按：宋狀元陳堯咨善射，號小由基，母夫人怒以杖擊之，其金魚墜地。以此觀之，則金魚必刻木爲之，而飾以金也。姑記于此，以俟考古君子詳焉。出《氏族大全》。

宋魚袋考。王佐。宋初承五季草創，官儀未備，太宗既卒伐功，垂意右文，章服稽古，以爲後則。雍熙元年十一月丁卯祀南郊，大赦，初許升朝官服緋、紫及二十年者，叙賜緋、紫，内出魚袋以賜近臣，自是内外升朝文武皆帶魚袋。凡服紫者飾以金，服緋者飾以銀。京朝官幕職，州、縣官賜緋紫者，亦帶魚袋。親王、武官内職、將校皆不帶魚袋。宋朝魚袋之制自此始。岳珂云：嘗以歐陽文忠公修、劉昫新舊唐史、唐要考訂，其由雖詳創革，然其所以創者，抑寓他説，殆非國朝所當因也。

宋制服章入銜考。王佐。宋之賜章服入銜者，服紫者曰賜紫金魚袋，服緋者曰賜緋銀魚袋，其爲連率職司，節鎮支郡倅貳，服色未至，而應隔借，若序借者，服紫者止曰借紫，服緋者止曰借緋，所借魚袋不以入銜，而實得佩魚如正賜者。岳珂按：唐故事，假紫者金魚袋，假緋者銀魚袋，見于新史開元之制。本朝雍熙郊赦，雖服賜魚而不及借服者。考之《續會要》，徽宗政和元年十一月十七日，尚書兵部侍郎王詔奏：今監司、守、倅等並許借服色而不佩魚，即是有服而無章，殆與吏無別，乞今後應借緋、紫，臣僚並許隨服色佩魚，仍各許入銜，候回日依舊服色。從之。則借服得佩魚蓋自是年始也。然當時詔所奏，既許以借佩，又許以入銜，凡今之結銜者，皆當全書金魚、銀魚袋，而有司給告敕例不帶行，則被借者無緣敢自以入銜。高宗南渡而後掌故散訛之失也。又有位登法從而未至八座者，於法止賜金帶，不復佩魚。而每於官職封賜金，銜猶帶賜紫金魚袋，被賜者亦不敢削去，則是借服本有佩魚不得入銜，賜帶雖無佩魚，迺循誤例名實有無於是舛矣。蓋凡除授，率中書，關尚書賜敕，或下天官給告因襲，前此不復檢覈，士大夫亦忽而不考云。

佩金銀牌考。王佐。宋洪文敏邁《容齋三筆》曰：金國每遣使出外，貴者佩金牌，次者佩銀牌，俗呼爲金牌、銀牌郎君。北人以爲，契丹時如此牌上若篆字六七，或云阿骨打花押也。殊不知此本中國之制，五代以來，庶事草創，凡乘置奉使於外，但給樞密院牒。宋太宗太平興國三年，因李飛雄矯乘厩馬，詐稱使者，欲作亂，既捕誅之，乃詔：自今乘驛者，皆給銀牌。國史云始復舊制，然則非起於虜也。太宗端拱二年，復詔：先是，馳驛使臣給篆書、銀牌，自今宜罷之，復給樞密院牒。岳珂按：三朝國史《輿服志》曰：銀牌，唐制，差發驛遣，則門下省給傳符，以通天下之信。宋朝符券皆樞密院主之，舊有銀牌以給乘驛者，闊一寸半，長五寸，面刻隸字曰敕走馬銀牌，凡五字。首爲竅，實以韋帶。其後罷之，樞密院給券，謂之顯子。太平興國三年，李飛雄詐乘驛謀亂，伏誅，罷樞密院券，别制新牌，闊二寸半，長六寸，易以分書，上鈒二飛鳳，下鈒二麒麟，兩邊年月貫以紅絲絛。端拱中，使臣護邊，兵多遺失之者，又罷銀牌，復給樞密院頭子。然則所謂舊制者，唐制也。考之《唐六典》，門下省符寶郎之掌，一曰傳符，所以給郵驛通制命，而注其下曰：兩京留守及諸州若行軍所並給傳符，諸應給魚符及傳符者，皆長官執。其長官若被告謀反大逆，其魚符付以次官，無次官，付受告之司。傳符之制，太子監國曰雙龍之符，左右各十。京都留守曰麟符，左二十，其右一十有九。東方曰青龍之符，西方曰騶虞之符，南方曰朱雀之符，北方曰玄武之符。左四右三，又注其下曰：左者進内，右者付外，應執符入，其兩京留守符並進内。若車駕巡幸，留右符付留守人。歷考其事，皆無以銀爲牌之制，豈沿襲至季世，不復分左右符，以從簡便耶。鳳、麟之像，是亦雙龍、四獸之遺規也。蔡絛《鐵圍山叢談》曰：徽宗政和以來，道家者流始盛，群羽士因援江南故事，林靈素等多賜號，金門羽客道士居上者，必賜以塗金銀牌，上有天篆，咸使佩之，以爲外飾，被寵異則又得金牌焉。及後女真亂華，群酋長皆佩金牌爲號，始悟前兆之不祥，蓋此又一時崇尚異教之制，非前比云。

雜録

宋·范鎮《東齋記事·補遺》 毬路金帶，俗謂之笏頭帶，非二府文臣不得賜。武臣而得賜者，惟張耆爲樞密使，李用和以元舅，王貽永爲駙馬都尉，李昭亮亦以戚里，四人者皆兼侍中，出于特恩。

宋·馬永卿《嬾真子》卷一《魚袋》 陝府平陸主簿張貽孫子訓，嘗問僕魚袋制度，僕曰：今之魚袋，乃古之魚符也。必以魚者，蓋分左右可以合符，而唐人用袋盛此魚，今人乃以魚爲袋之飾，非古制也。《唐車服志》曰：隨身魚符，左二右一。左者進内，右者隨身，皆盛以袋。三品以上飾以金，五品以上飾以銀。景雲中，詔衣紫者以金飾之，衣緋者以銀飾之。謂之章服，蓋有據也。

宋·陸游《老學庵筆記》卷一 國初士大夫戲作語云：眼前何日赤，腰下幾時黄。謂朱衣吏及金帶也。宣和間，親王、公主及他近屬戚里，入宫輒得金帶關子。得者旋填姓名賣之，價五百千。雖卒伍屠酤，自一命以上皆可得。方臘破錢唐時，朔日，太守客次有服金帶者數十人，皆朱勔家奴也。時諺曰：金腰帶，銀腰帶，趙家世界朱家壞。

又 靖康末，括金賂虜，詔羣臣服金帶者權以通犀帶易之，獨存金魚。又執政則正透，從官則倒透。至建炎中興，朝廷草創，猶用此制。吕好問爲右丞，特賜金帶。高宗面諭曰：此帶朕自視上方工爲之。蓋特恩也。紹興三年，兵革初定，始詔依故事服金帶。

宋·葉夢得《石林燕語》卷三 給事中、中書舍人雖皆四品，給事中自服緋，除受告日，便自易服，蓋品應得也。惟中書舍人必俟後殿正謝面賜，乃易服。後殿不常坐，或待數日，則或緋或緑，猶仍其舊服。祖宗時，知制誥皆然，而亦有不賜者。李憲成公咨自知制誥出守荆南，尚服緋，以學士召還，并賜紫，而後服金帶是也。

又卷五 舊制，學士以上賜御仙花帶而不佩魚，雖翰林學士亦然，惟二府服笏頭帶，佩魚，謂之重金。元豐官制行，始詔六曹尚書、翰林學士、雜學士皆得佩魚。故蘇子瞻《謝翰林學士表》云：玉堂賜篆，仰淳化之彌文。寶帶重金，佩元豐之新渥。

宋·孔平仲《談苑》卷四 國朝翰林學士佩金帶，朱衣吏一人前道，兩府則兩人，笏頭帶佩魚曰重金。居兩制久者，則曰眼前何日赤，腰下甚時黄。處内庭久者，又曰眼赤何時兩，腰黄甚日重。

宋·史繩祖《學齋佔畢》卷二《酒價緋魚》 又蔡嶷廷試第一，俄召對。徽宗問：唐京官五品方賜緋佩魚，借緋即不佩，國朝因循其制。嶷對曰：在唐借緋亦佩魚。因誦白居易詩爲證，曰：親朋相慶問何如，服色恩光盡反初。投老喜拋黄草峽，眼明驚拆紫泥書。便將朱紱還鈴閣，却著青袍侍玉除。無奈嬌癡三歲女，遶腰啼哭覓銀魚。上尤喜其對之捷。

宋·程大昌《演繁露》卷四《魚袋》 今之魚袋，本唐制也。《六典》：符寶即隨身魚符之制，曰：所以明貴賤，應宣召。左二右一，其飾有玉、金、銀三等，其符題云某位姓名。案：此之謂符者，初用一本對中，書其人官位姓名，書已，乃析而二之，右付其人，所謂右一者是也。左則藏之於内，或有宣召，即内出左契以與右合，參驗而同，乃始得入。其在古制，則官得通籍禁中者，至入宫門，案牒省驗其人年貌、官位皆同乃入者也。武后時，改魚爲龜，故崔神慶曰：今五品以上佩龜者，爲别敕宣召，恐有詐妄。故内出龜合之，然後應命。通鑒二百十。即此制也。隨身魚符，其用蓋如此也。今世之制，但襲唐舊，案官品而授之，使得佩帶爲飾焉耳，而合符之制不復舉用也。於是案今制以求古，則魚袋之上設爲魚形者，唐謂以玉、金、銀爲飾者也。魚飾之下有黑韋渾裹方木附身以垂者，唐制謂書其官姓名於木，而中分爲二者也。服章有紫、朱、黑三異，而魚飾之下盛符之囊皆有黑韋者，明其爲用而不爲飾也。唐制左符乃遂有二，或其人在外，則出半符爲信，召之使來也。或此符已往而其人聞命先至，則尚有一符可以爲驗也，此其所以右一而左二也。宣召太子，則用玉契，事起武后時，亦崔神慶所建也。此之創建玉契制，亦本於隨身魚袋也。《通鑒》二百十。

清・張岱《夜航船》卷一一《日用部・衣裳》 牙牌。宋太祖始制牙牌，給賜立功武臣懸帶，令朝參官皆用之。顗項制絲滌。湯制鞶囊。

彰功表德

論　説

宋・歐陽修《歸田録》卷下 國朝之制，自學士已上賜金帶者，例不佩魚。若奉使契丹及館伴北使則佩，事已復去之。惟兩府之臣則賜佩，謂之重金。初，太宗嘗曰：玉不離石，犀不離角，可貴者惟金也。

綜　述

唐・蘇特《衣冠盛事》 德宗幸金鑾殿，問學士鄭餘慶曰：近日有衣作否。餘慶對曰：無之。乃賜百縑，令作寒服。

宋・莊綽《雞肋編》卷中 建炎之後，以國用窘匱，凡故例群臣錫予，多從廢省，惟從官初除，鞍馬對衣之賜猶存，而省其半。紹興二年，黎確由諫議大夫除吏部侍郎，見其賜目，後用御寶，而云馬半匹，公服半領，金帶半條，汗衫半領，袴一隻，甚可笑也。然皆計直給錢，但當減半計數可矣。時有司之陋，大抵多類此。

紀　事

宋・沈括《夢溪補筆談》卷一 故事，初授從官、給諫未衣紫者，告謝日面賜金紫。何聖從在陝西就任除待制，仍舊衣緋，後因朝闕，值大宴，殿上獨聖從緋衣，仁宗問所以，中筵起，乃賜金紫，遂服以就坐。近歲許沖元除知制誥猶著緑，告謝日面賜銀緋，後數日别因對，方賜金紫。

宋・曾敏行《獨醒雜志》卷四 天聖中，毛應佺守寶州，朝廷賜慮囚敕書云：【略】故兹示諭，想宜知悉。夏熱，汝比好否，遣書指不多及。又《賜衣敕書》云：敕毛應佺，汝外分憂寄，善布化條。眷言守土之良，適及頒裘之候。特申渥賜，用洽朝儀。今賜汝紫乾色大綾綿旋襴衫一領，至可領也，故兹示諭，想宜知悉。冬寒，汝比好否，遣書指不多及。時應佺官止太子中舍，祖宗重郡守之寄，雖遠方小郡，敕書亦宜遍賜，今帥守皆無之，不知是何時廢也。

宋・莊綽《雞肋編》卷中 《常衮集》有《謝賜緋表》云：内給事潘某奉敕旨，賜臣緋衣一副，并魚袋、玉帶、牙笏等。臣學愧聚螢，才非倚馬。典墳未博，謬陳良史之官。辭翰不工，叨辱侍臣之列。唯知待罪，敢望殊私。銀章雪明，朱紱電映。魚須在手，虹玉横腰。祗奉寵榮，頓忘驚惕。蜉蝣之咏，恐刺國風。螻蟻之誠，難酬天造。則知唐世玉帶施於緋衣，而銀魚亦懸於玉帶也。

宋・沈括《夢溪筆談》卷二二《謬誤譎詐附》 丁晉公從車駕巡幸，禮成，有詔賜輔臣玉帶。時輔臣八人，行在祗候庫止有七帶，尚衣有帶，謂之比玉，價直數百萬。上欲以賜輔臣，以足其數。晉公心欲之，而位在七人之下，度必不及己，乃諭有司，不須發尚衣帶，自有小私帶，且可服之以謝，候還京別賜可也，有司具以此聞。既各受賜，而晉公一帶僅如指闊，上顧謂近侍曰：丁謂帶與同列大殊，速求一帶易之。有司奏唯有尚衣御帶，遂以賜之。其帶熙寧中復歸内府。

宋·李廌《師友談記》 國朝面賜緋即四䙆、義襴衫、寶瓶、銀帶，例服三日。元祐七年春末，陳祥道學士進《禮圖儀注》，已除館閣校勘。明年，用爲太常博士，乃賜緋。衣四䙆袍、銀帶往謝禮部蘇尚書。公爲言：頃石參政中立爲館閣時，亦賜緋，仍繫銀帶。石滑稽，服之無怍色，過司天監，馬驚，墜地，銀帶頗傷。衆吏曰：何星也。石曰：吾不善推步，但怪土犯寶瓶耳。一時士人莫不以爲笑也。祥道聞之亦甚笑。祥道，許少張榜登科。禮學通博，一時少及。仕宦二十七年，而官止於宣義郎。蓋初仕時，父毆公人死，而祥道任其罪，久廢。中間爲太學博士，亦坐累。故屯蹇至老。嘗爲《禮圖》一百五十卷，《儀禮説》六十餘卷，内相范公爲進之，乞送秘閣及太常寺，故有是命。没齒困窮而不遇賞音也。自賜緋，不餘旬而卒。或曰雖不土犯寶瓶，臨行年也。

清·徐松《宋會要輯稿·輿服四》 章服。嘉祐三年十二月十一日，詔今後三路轉運使朝辭上殿日，與賜章服。諸路轉運使候及十年，即與賜章服。

神宗元豐五年四月二十七日，詔六曹尚書依翰林學士例，六曹侍郎給事中依直學士例，朝謝日不以行守試，並賜服佩魚，罷職除他官日不帶行。

高宗建炎元年七月二十八日，詔借通直郎直龍圖閣河北西路招撫使張所上殿，賜章服遣行。四年六月三十日，詔自庶官除侍郎，如遇服緋綠，依待制告謝日，改賜章服。

紹興五年三月十七日，左通直郎周葵言：乞將減三年磨勘恩例，回授文裕章服。特從之。自後内外官僚，或以所得減磨勘無恩賞，或實歷磨勘，或轉一官及郊恩，合改服色，乞回授父改章服者，皆特從其請。六年八月五日，詔三司諫陳公輔論奏，深得諫臣之體，可賜紫章服。七年二月十六日，詔范直方差充川陝宣諭，特與賜紫章服。二十九日，詔比引對知無錫縣李德鄰訪以民間疾苦，頗見留心，可賜緋章服。九年二月十三日，詔方庭實差充三京淮北宣諭，依轉運使例，借紫章服，回日依舊。八月十三日，詔權四川宣撫使司計議軍事賈暉賜紫章服，以暉在任被檄赴行在稟議引對，特賜之。十二年九月十三日，以太母回鑾，赦應承務郎以上，服綠、服緋莅事，至今日已前及十七年，無贓濫，若私罪徒以上情理稍輕者，並與改轉服色。十三年四月十八日，吏部言承務郎以上，遇赦改（遇）［敘］章服。近有元係武臣，後因試換文資，並特恩換授文資者，内自使臣莅事以後，至換文資以前，歷過月日，即未曾申明，許如何收使，緣自來使臣換官者，遇陳乞奏薦，係以兩日比當一日，至換授文資上再理年限通理，止爲奏薦，今承務郎以上，陳乞服色，欲依奏薦，已得指揮施行。從之。二十八年十二月二十七日，詔吴撝特與轉承議郎除軍器監承，仍賜紫章服，録撝父之功，故有是命。隆興元年十一月七日，詔右承務郎直秘閣江淮都督府主管書寫機宜文字張拭，特賜紫章服。二年三月二日，詔右通直郎兩浙西路安撫司准備差遣充奉使通問國信審議官胡昉，賜緋章服。二十三日，詔若承事郎利州西路安撫司主管機宜文字吴掞，賜紫章服。九月二十一日，詔右宣義郎權通判階州吴揔，特與轉右朝奉郎賜紫章服，除太府寺丞。乾道二年十一月十五日，詔諸王宫大小學教授胡百能，特賜章服，以供職一考，年老乞致仕也。三年四月十八日，詔右朝散大夫充秘閣修撰權發遣臨安府王炎，特賜章服。閏七月二十七日，詔右中奉大夫直龍圖閣兩浙計度轉運副使姜詵，賜紫章服。十月二十三日，詔右朝請郎直秘閣兩浙東路提點刑獄公事張津，已奉太上皇聖旨賜金帶，特賜紫章服。十一月二日，大禮，赦應見任并致仕升朝官服綠，大夫以上服緋莅事，至今日以前及二十年歷任無贓濫，若私罪徒以上情理稍輕者，並許於所屬投狀磨勘，改賜章服。十四日，詔右朝請大夫直龍圖閣權發遣臨安府周淙，賜紫章服。十二月七日，詔右通直郎直敷文閣權發遣和州主管淮南路安撫司公事胡昉，特賜紫章服。四年二月十四日，詔右承議郎直秘閣韋璞，特賜紫章服。十二月六日，詔恭奉太上皇帝聖旨，秀王夫人長孫師夔，特賜紫章服。六年十月十一日，詔右朝散大夫直顯謨閣權發遣臨安府姚憲，賜紫章服。

淳熙元年十二月十七日，慶壽，赦應見任并致仕升朝官服綠，大夫以上服緋，及十年該今赦日年及七十以上，並改賜章服。十年，太上皇后慶壽同十三年慶壽赦内，年八十並致仕官，大夫以上，雖未及十年，亦與改賜。四年二月五日，詔國子祭酒林光朝，賜紫章服。以車駕幸大學，光朝講《禮記·中庸》篇，故有是賜。五年九月十三日，詔秘書監陳騤、少監鄭丙，並賜紫章服。以車駕幸省特賜。七年三月二十八日，詔敷文閣直學士韓（産）［彦］直，特令佩魚。十年十月十六日，詔權侍郎以上罷任不帶職名，許服紅鞓排方黑犀帶，仍佩魚。十一月二日，詔朝奉郎任紳，賜紫章服。以湖州保奏紳自任處州通判，不磨勘三十餘年，先因母經兵火陷虜中，奉母歸侍養十七年，母死廬墓，孝行顯著，故有是命。十二年十一月二十八日，詔承議郎張宗尹，可特與賜章服。以（宋）［宗］尹係恩平郡王長女夫，特有是賜。十五年六月十八日，詔直秘閣特添差兩浙轉運司主管文字賜緋魚袋吴琯，改賜紫章服。以琯係皇太后親姪，特有是賜。淳熙十六年二月四日，登極，赦承務郎以上服緑、服緋，及十五年，並與改轉。紹熙二年八月八日，詔知潭州趙善俊，特賜紫章服。以善俊招軍數足，特轉一官，更減二年磨勘，爲礙正法，故有是賜。十一月二十七日，南郊赦見任並致仕升朝官服緑、大夫以上服緋及二十年並改賜章服。三年七月二十四日，詔通直郎直秘閣特添差兩浙轉運司主管文字韲務吴錡，特與賜紫章服。以錡係壽聖皇太后親姪孫，故有是賜。五年正月一日慶壽赦，文臣致仕官，朝奉大夫八十以上，與賜紫章服，京朝官年八十以上服緑、服緋各及十年，與改賜章服。嘉定十三年十月五日，詔淮東制置副使賈涉，可特賜紫章服，仍賜金腰帶一條，許令服繫。

雜録

宋·陳世崇《隨隱漫録》卷四 毛吾竹鈞天云【略】賜汝紫綬黄金章，衮衣赤舄坐廟堂。燮調萬化躋時康，凌轢周漢超虞唐。

宋·姚寬《西溪叢語》卷上 李嘉祐《守臺州》詩云：春塘露冕歸。《華陽國志》云：郭賀爲荆州刺史，百姓歌之，曰：厥德仁明郭喬卿。明帝到南陽巡狩，賜三公之服，去襜露冕，使百姓見之，以彰有德。

遼代服飾制度部

遼服

綜述

宋・葉隆禮《重訂契丹國志》卷二三　衣服制度。太后與蕃官皆國服，帝與漢官即漢服。蕃官戴氈冠，上以金花爲飾，或以翠珠玉翠毛，蓋漢、魏時遼人步摇冠之遺象也。額後垂金花織成夾帶，中貯髮一總。服紫窄袍，加義襴，繫鞊鞢帶，以黄紅色絛裹革爲之，用金、玉、水晶、碧石綴飾。又有紗冠制如烏紗帽，無簷，不擫雙耳，額前綴金花，上結紫帶，帶末綴珠。或紫皂幅巾，紫窄袍束帶。丈夫或緑巾，緑花窄袍，中單多紅緑色。貴者被貂裘，貂以紫黑色爲貴，青色爲次。又有銀鼠，尤潔白。賤者被貂毛、羊、鼠、沙狐裘。弓以皮爲弦，箭削樺爲幹。鞦勒輕快，便於馳走。以貂鼠或鵝項、鴨頭爲扞腰。宋真宗景德中，太常博士王曙、户部員外郎李維來賀帝生辰，還，言帝見漢使則服衣冠，事已，即幅巾雜蕃騎出射獵矣。

《遼史》卷五六《儀衛志二》　契丹轉居薦草之間，去邃古之風猶未遠也。太祖仲父述瀾，以遥輦氏于越之官，占居潢河沃壤，始置城邑，爲樹藝、桑麻、組織之教，有遼王業之隆，其亦肇迹於此乎。太祖帝北方，太宗制中國，紫銀之鼠，羅綺之篚，麋載而至。纖麗耎毳，被土綢木。於是定衣冠之制，北班國制，南班漢制，各從其便焉。詳國服以著厥始云。

祭服。遼國以祭山爲大禮，服飾尤盛。

大祀，皇帝服金文金冠，白綾袍，紅帶，懸魚，三山紅垂。飾犀玉刀錯，絡縫烏鞾。

小祀，皇帝硬帽，紅克絲龜文袍。皇后戴紅帕，服絡縫紅袍，懸玉佩，雙同心帕，絡縫烏鞾。

臣僚、命婦服飾，各從本部旗幟之色。

朝服。太祖丙寅歲即皇帝位，朝服衷甲，以備非常。其後行瑟瑟禮、大射柳，即此服。聖宗統和元年册承天皇太后，給三品以上用漢法服，三品以下用大射柳之服。

皇帝服實里薛衮冠，絡縫紅袍，垂飾犀玉帶錯，絡縫鞾，謂之國服衮冕。太宗更以錦袍、金帶。

臣僚戴氈冠，金花爲飾，或加珠玉翠毛，額後垂金花，織成夾帶，中貯髮一總。或紗冠，制如烏紗帽，無簷，不擫雙耳。額前綴金花，上結紫帶，末綴珠。服紫窄袍，繫鞊鞢帶，以黄、紅色絛裹革爲之，用金玉、水晶、靛石綴飾，謂之盤紫。太宗更以錦袍、金帶。會同元年，群臣高年有爵秩者，皆賜之。

公服。謂之展裹，著紫。興宗重熙二十二年，詔八房族巾幘。道宗清寧元年，詔非勳戚之後及夷離菫副使并承應有職事人，不帶巾。

皇帝紫皂幅巾、紫窄袍、玉束帶，或衣紅襖，臣僚亦幅巾、紫衣。

常服。《辛相中謝儀》帝常服。《高麗使入見儀》臣僚便衣，謂之盤裹。緑花窄袍，中單，多紅緑色。貴者披貂裘，以紫黑色爲貴，青次之。又有銀鼠，尤潔白。賤者貂毛、羊、鼠、沙狐裘。

田獵服。皇帝幅巾，擐甲戎裝，以貂鼠或鵝項、鴨頭爲扞腰。蕃漢諸司使以上並戎裝，衣皆左衽，黑緑色。

弔服。太祖叛弟剌哥等降，素服受之。

素服。乘赭白馬。

漢服

綜述

《遼史》卷五六《儀衛志二》　漢服。黄帝始制冕冠章服，後王以祀，以祭，以享。夏收、殷冔、周弁以朝，冠端以居，所以別尊卑、辨儀物也。厥後唐以冕冠、青衣爲祭服，通天、絳袍爲朝服，平巾幘、袍襴爲常服。大同元年正月朔，太宗皇帝入晉，備法駕，受文武百官賀于汴京崇元殿，自是日以爲常。是年北歸，唐、晉文物，遼則用之。左右采訂，摭其常用者有諸篇。

祭服。終遼之世，郊丘不建，大裘冕服不書。

衮冕。祭祀宗廟、遣上將出征、飲至、踐阼、加元服、納后，若元日受朝則服之。金飾，垂白珠十二旒，以組爲纓，色如其綬，黈纊充耳，玉簪導。玄衣纁裳，十二章，八章在衣，日、月、星、龍、華蟲、火、山、宗彝，四章在裳，藻、粉米、黼、黻。衣褾、領，爲升龍織成文，各爲六等。龍、山以下，每章一行，行十二，白紗中單，黼領，青褾、襈、裾，黻革帶、大帶，劍、佩、綬，舄加金飾。《元日朝會儀》，皇帝服衮冕。

朝服。乾亨五年，聖宗册承天太后，給三品以上法服。《雜禮》，册承天太后儀，侍中就席，解劍脱履。重熙五年，尊號册禮，皇帝服龍衮，北、南臣僚並朝服，蓋遼制，會同中，太后、北面臣僚國服，皇帝、南面臣僚漢服。乾亨以後，大禮雖北面三品以上亦用漢服。重熙以後，大禮並漢服矣。常朝仍遵會同之制。

皇帝通天冠，諸祭還及冬至、朔日受朝，臨軒拜王公，元會、冬會服之。冠加金博山，附蟬十二，首施珠翠。黑介幘，髮纓翠緌，玉若犀簪導。絳紗袍，白紗中單，褾領，朱襈，裾，白裙襦，絳蔽膝，白假帶方心曲領。其革帶、佩、劍、綬，韈舄。若未加元服，則雙童髻，空頂，黑介幘，雙玉導，加寶飾。《元日上壽儀》，皇帝服通天冠，絳紗袍。

皇太子遠遊冠，謁廟還宫，元日、冬至、朔日入朝服之。三梁冠，加金附蟬九，首施珠翠。黑介幘，髮纓翠緌，犀簪導。絳紗袍，白紗中單，皂領、褾、襈、裾，白裙襦，白假帶方心曲領，絳紗蔽膝。其革帶、劍、佩、綬、韈、舄與上同，後改用白韈、黑舄。未冠，則雙童髻，空頂，黑介幘，雙玉導，加寶飾。《册皇太子儀》，皇太子冠遠游，服絳紗袍。

親王遠游冠，陪祭、朝饗、拜表、大事服之。冠三梁，加金附蟬。黑介幘，青緌導。絳紗單衣，白紗中單，皂領、襈、裾，白裙襦。革帶、鉤䚢，假帶曲領方心，絳紗蔽膝，韈，舄，劍，佩，綬。二品以上同。

諸王遠游冠，三梁，黑介幘，青緌。

三品以上進賢冠，三梁，寶飾。

五品以上進賢冠，二梁，金飾。

九品以上進賢冠，一梁，無飾。

七品以上去劍佩綬。

八品以下同公服。

公服。勘箭儀，閤使公服，繫履。遼國嘗用公服矣。

皇帝翼善冠，朔視朝用之。柘黄袍，九環帶，白練裙襦，六合鞾。

皇太子遠游冠，五日常朝、元日、冬至受朝服。絳紗單衣，白裙襦，革帶，金鉤䚢，假帶方心，紛鞶囊，白韈，烏皮履。

一品以下、五品以上，冠幘纓簪導，謁見東宫及餘公事服之。絳紗單衣，白裙襦，帶鉤䚢，假帶方心，韈、履，紛鞶囊。

六品以下，冠幘纓簪導，去紛鞶囊，餘並同。

常服。遼國謂之穿執。起居禮，臣僚穿執。言穿鞾、執笏也。

皇帝柘黄袍衫，折上頭巾，九環帶，六合鞾，起自宇文氏。唐太宗貞觀已後，非元日、冬至受朝及大祭祀，皆常服而已。

皇太子進德冠，九琪，金飾，絳紗單衣，白裙襦，白韈，烏皮履。

五品以上，襆頭，亦曰折上巾，紫袍，牙笏，金玉帶。文官佩手巾、算袋、刀子、礪石、金魚袋，武官鞊鞢七事：佩刀、刀子、磨石、契苾真、噦厥、針筒、火石袋，烏皮六合鞾。

六品以下，襆頭，緋衣，木笏，銀帶，銀魚袋，佩，鞾同。

八品九品，襆頭，緑袍，鍮石帶，鞾同。

雜録

元·釋覺岸《釋氏稽古略》卷三 丁未年春正月，遼兵至大梁，晉帝與太后已下上表乞降。迎於封邱門外，遼主辭不見。封晉帝爲負義侯，置於黄龍府，即慕容燕之和龍城也。遼主改服中國衣冠，百官起居皆如舊制。

金代服飾制度部

皇帝服飾

綜　述

金·張暐《金集禮》卷二九《輿服上·冠服》　天眷三年正月，以車駕將幸燕京，合用通天冠、絳紗袍。據見闕名件，咨行省依樣成造。元畫禮服圖本内名件：袍、裳、方心曲領、中單、蔽膝、革帶、大帶、玉具劍、綬、佩、舄、襪。乘輿服，大綬六采，黑、黄、赤、白、縹、青黄色曰縹。緑。小綬三，色同大綬，間施三玉環。大綬五百首，小綬半之。白玉雙珮，革帶，玉鈎䚢。

皇統元年十月，奏禀太常寺申：竊見古禮，天子黄屋，説者爲御蓋，以黄爲裏。今來供御繖，表裏紅羅，於古制未合，欲乞自今後御紅繖並用黄綾爲裏，以應古制。

皇統九年十月二十四日，禮部下太常寺，畫到鎮圭式樣，呈大禮使照驗，據《三禮圖》長一尺二寸，廣三寸，厚半寸，剡上左右各寸半，以四鎮山爲瑑飾，用古尺。

大定十一年，太常寺檢討《周禮·考工記》，大圭長三尺，杼上終葵首，天子服之。説者曰，王所搢大圭也，或謂之珽，自西魏、隋、唐以來，大圭長尺二寸，與鎮圭同，鎮圭以鎮天下，蓋以四鎮山爲瑑飾，舊有鎮圭，已依得古制，外有大圭，依《周禮》制度，杼上終葵首。杼，殺也。終葵，椎也。今御府有白圭，是白玉素圓圭，無上殺及首如椎樣。按《隋書》志：天子笏曰球。長尺二寸，以球玉爲之。唐志亦云：天子之珽，相承舊制，以白玉爲之，長尺二寸。《熙豐奏議》云：西魏以來，所制玉笏，皆長尺二寸，方而不折，雖非先王之法，蓋以後世難得，隨宜爲之也。今御府所藏白玉圭，首如笏樣，蓋宋日所製大圭也。將來行禮擬就用。

大定十一年九月，大禮使劄付禮部，下宣徽院前所奏稟：衮冕有無創造，通天冠、絳紗袍，亦合修飾，計問得内藏庫奉聖旨已制成造，祕書監見收冠服圖樣，下項，冕，天板長一尺六寸，廣八寸，前高八寸五分，後高九寸五分，身圍一尺八寸三分，並納言，並用青羅爲表，紅羅爲裏，周廻用金稜，天板下有四柱，四面珍珠網結子，花素墜子。舊用金絲網子，今減輕，用真珠結造。前後珠旒共二十四，旒各長一尺二寸，青碧線織造。天河帶一條，長一丈二尺，闊二寸，兩頭各有真珠金碧旒三節，玉滴子節花全。紅線組帶二條，上有真珠金翠旒，玉滴子節花全，下有金鐸子二箇。梅紅線款慢帶一條，黈纊二箇，真珠垂繫上用金萼子二箇，簪窠、款幔組帶鈿窠各二，内組帶窠四，並玉鏤塵碾造。玉簪一，頂方二寸，道長一尺二寸。簪頂係鏤塵雲龍。衮服。衣用青羅夾造，上五彩間金，繪畫日、月、星辰、山、龍、華蟲、火、宗彝，正面日一，月一，升龍四，山十二，上下襟華蟲、火各六對，虎蜼各六對，背面星一，升龍四，山十二，華蟲、火各十二對，虎蜼各六對。中單一，白羅單造領、褾、襈。裳一，腰帶、褾、襈全，紅羅八幅夾造。上繡出藻、粉、黼、黻。藻三十二，粉十六，米十六，黼三十二，黻三十二。蔽膝一，腰帶、褾、襈全，並紅羅夾造，上繡升龍二條。綬一幅，六彩織造。紅羅托裏，小綬三，色同大綬。銷金黄羅綬頭全，上間施三玉環，並碾雲龍造，緋白大帶一條，銷金黄羅帶頭全。鈿窠二十四。紅羅勒帛一，青羅抹帶一，佩二玉，上、中、下璜各一，半月各二，並碾雲龍造。玉滴子各二，並真珠穿造。金篦鈎，獸面水葉環子釘子全。涼帶一條，紅羅裏，縷金造，上有玉鵝七箇，撻尾束子各一，金攀龍口，玳瑁襯釘脚全。舄一對，重底，紅羅面，白綾托裏，如意頭造，銷金黄羅緣口，玉鼻人真珠全。緋羅綿襪一，繫帶全。

金·宇文懋昭《重訂金國志》卷三三　陵廟制度。金初不設宗廟，自平遼後，執政大臣言，天子之孝在尊祖，尊祖之事在建宗廟，遂立太廟。【略】國初無郊祀之禮，至海陵徙燕，太廟、元廟告成，始有尊祖之議，時奏議多陳郊祀、配天之事，海陵令簡便討論，禮官再進以三年一祫，五年一禘，乃上古之制，禘當取夏四月，祫當取冬十月。海陵從之，詔告天下。遂令太常寺備大樂，其九節儀從，待期往焉。先期一夕，宿於正殿。次日凌晨，令導從之人各服五色畫衣，執旌幢、斧鉞、幡蓋、羽扇，自内城至廟，夾道駢肩而立。徐布九節儀從，奏樂及歌者皆乘馬，迨御座衣玄纁服，衮冕，執圭，乘玉輅。至廟禮畢，易金輅，服遠游冠，絳紗袍，奏樂而回。逮世宗立，因而行之。

《金史》卷四三《輿服志中》 天眷三年，有司以車駕將幸燕京，合用通天冠、絳紗袍，據見闕名件，依式成造。禮服。袍、裳、方心曲領、中單、蔽膝、革帶、大帶、玉具劍、綬、佩、舄、韈。乘輿服。大綬六采，黑、黄、赤、白、縹、緑，小綬三色，同大綬，間施三玉環，大綬五百首，小綬半之。白玉雙佩、革帶、玉鈎鰈。

又 視朝之服。初，太宗即位，始服赭黄，自後視百官朝御袍帶。章宗即位，以世宗之喪，有司請御純吉，不從，乃服淡黄袍、烏犀帶。常朝則服小帽、紅襴、偏帶或束帶。

皇子服飾

綜述

金·張暐《金集禮》卷二九《輿服上·皇太子車服》 大定二年五月十一日，皇太子合用冠冕制度，檢定下項，奏奉敕旨：委内藏官監造。衮冕，白珠九旒，紅絲組爲纓，青纊充耳，犀簪導，青衣朱裳，九章，五章在衣，山、龍、華蟲、火、宗彝，四章在裳，藻、粉米、黼、黻。白紗中單，青褾、襈、裾，革帶，塗金銀鈎鰈，蔽膝隨裳色，爲火、山二章。瑜玉雙佩，四采織成大綬，間施玉環三，白襪、朱舄。舄如金塗銀釦。謁太廟服之。遠游冠，十八梁，金塗銀花飾。博山附蟬，絲組爲纓，犀簪導。朱明服，紅裳，白紗中單，方心曲領，絳紗蔽膝，白襪，黑舄。餘同衮冕。冊寶服之。《太常因革禮》，皇太子宜服桓圭，長九寸，廣三寸，厚半寸，用白玉，若屋之桓楹，琢爲二稜，于禮爲當。袍帶、傘轅、交椅、唾盂等，具皇太子門。

《金史》卷四三《輿服志中》 皇太子冠服。冕用白珠九旒，紅絲組爲纓，青纊充耳，犀簪導。衮，青衣朱裳，五章在衣，山、龍、華蟲、火、宗彝，四章在裳，藻、粉米、黼、黻。白紗中單，青褾、襈、裾。革帶，塗金銀鈎鰈，蔽膝，隨裳色，爲火、山二章。瑜玉雙佩，四采織成大綬，間施玉環三。白襪、朱舄，舄加金塗銀釦。謁廟則服之。

遠游冠，十八梁，金塗銀花，飾博山附蟬，紅絲組爲纓，犀簪導。朱明服，紅裳，白紗中單，方心曲領，絳紗蔽膝，白襪、黑舄。餘同衮冕。冊寶則服之。

桓圭，長九寸，廣三寸，厚半寸，用白玉，若屋之桓楹，爲二稜。

太子入朝起居及與宴則朝服，紫袍、玉帶、雙魚袋。其視事及見師少賓客，則服小帽、皂衫、玉束帶。

后妃命婦服飾

綜述

金·張暐《金集禮》卷二九《輿服上·皇后車服》 大定十九年，【略】冠服，花珠冠，用盛子一。青羅表，青羅襯金紅羅托裏，用九龍、四鳳，前面大龍銜穗毬一朵，前後有花珠各一十二。及鸂鶒、孔雀、雲鶴、王母仙人隊、浮動插（辨）［瓣］等，後有納言，上有金蟬鑻金兩博鬢。已上並用鋪翠滴粉縷金裝真珠結造。下有金圈口，上用七寶鈿窠，後有金鈿窠二箇，穿紅羅鋪金款幔帶一條。褘衣，深青羅織成翬翟之形，素質，十二等，領、褾、袖、襈，並紅羅織成雲龍。青紗中單，素青紗製造，領織成黼形十二。褾、袖、襈織成雲龍，並織紅縠造。裳八幅，深青羅織成翟文，六等。褾、襈織成紅羅雲龍。明金腰帶。蔽膝，深青羅織成翟文，三等。領、緣緅色羅織成雲龍，明金帶綬一副。大綬一，長五尺，闊一尺，黄、白、赤、黑、縹、緑等六采織成。小綬三，色同大綬，間七寶鈿窠，施三玉環，上碾雲龍，撚金線織成大小綬頭，紅羅花襯。大帶，青羅朱裏，紕其外，上以朱錦，下以緑錦，紐約用青組，撚金線織成帶頭。玉珮二朵，每朵上、中、下璜各一，半月墜子各二，並玉碾。縷金打鈒獸面、篦、鈎、佩子各一，水葉子全，真珠穿綴。青衣革帶，縷金，用青羅裏造，上用金打鈒水地龍，鵝眼銙尾，共八事，玳瑁襯金脚釘造，龍口攀束子。金抹帶二條，並明金造，各長一尺五寸。紅羅一條，青羅一條。青羅舄一量，白綾裏，如意頭，明金黃羅，準上用玉鼻仁真珠裝綴，繫帶全。襪一量，青羅表裏造，繫帶全。頭冠匣一具，鹿頂卸塵連梯，朱紅漆造，五綵縷金裝束腰花板，上用銀鍍金葉子裝釘，金鍍銀手鈀。鋜鉞、戀攀、水葉、鏁鑰全。梅紅細法大綾花裏，上有梔黃羅夾四幅，蓋帕一條，內有天下樂暈錦可底褥子一片，兩幅全。梅紅羅蓋襯帕一條。頭冠子匣子內罩子一座，方眼造，梅紅紗糊，綠羅、綠貼提板一，梅紅細法大綾糊造，上有雕木蓮花座子，上雕五層蓮花，下雕起突草山水盤龍。五彩帕，縷金裝造，上有鍍金銀打鈒圍子一箇。犀冠子一頂，減撥花樣，金縷裝造，上有玉簪一條，下有闕。稜玳瑁盤子一面，腰暈一擎，並用朱紅漆造，上用天下樂暈錦可面襯褥一片，銀鍍金葉段釘子裝釘。四竿，銀鍍金打龍頭四箇，銀鍍金坐龍，拴寨、鋜鉞、索子全。天下樂暈錦看褥八片，緋羅繫帶全。鍍金裹鐵胎簾鈎二對，上有梅紅扁索全。行馬一對，朱紅漆造，以銀鍍金葉段釘子裝釘。衣匣一具，四幅梔黃夾蓋帕一條，明金蓋襯三幅，帕一條。腰舁一擎，行馬一對，以上共用梔黃羅四幅夾蓋帕一條。舄匣一具，內有梅紅羅明金一副，半蓋襯夾帕一條，腰舁一擎，行馬一對。

《金史》卷四三《輿服志中》 皇后冠服。花株冠，用盛子一，青羅表，青絹襯金紅羅托裏，用九龍、四鳳，前面大龍銜穗毬一朵，前後有花株各十有二，及鸂鶒、孔雀、雲鶴、王母仙人隊、浮動插瓣等，後有納言，上有金蟬鑻金兩博鬢，以上並用鋪翠滴粉縷金裝珍珠結製，下有金圈口，上用七寶鈿窠，後有金鈿窠二，穿紅羅鋪金款幔帶一。

褘衣，深青羅織成翬翟之形，素質，十二等，領、褾、襈並紅羅織成雲龍。中單以素青紗製，領織成黼形十二，褾、袖、襈織成雲龍，並織紅穀造。裳，八副，深青羅織成翟文，六等，褾、襈織成紅羅雲龍，明金帶腰。蔽膝，深青羅織成翟文，三等，領緣，緅色羅織成雲龍。明金帶大綬一，長五尺，闊一尺，黃、赤、白、黑、縹、綠六彩織成。小綬三，色同大綬，間七寶鈿窠，施三玉環，上碾雲龍，撚金線織成大小綬頭，紅羅花襯。大帶，青羅朱裏，紕其外，上以朱錦，下以綠錦，紐約用青組，撚金線織成帶頭。玉佩二朵，每朵上、中、下璜各一，半月墜子各二，並玉碾。縷金打鈒獸面、篦、鈎、佩子各一，水葉子真珠穿綴。青衣革帶，用縷金青羅裹造，上用金打鈒水地龍，鵝眼銙尾，龍口攀束子，共八事，以玳瑁襯金釘脚。抹帶二，紅羅、青羅各一，並明金造，各長一丈五寸。舄，以青羅製，白綾裏，如意頭，明金、黃羅準上用，玉鼻仁真珠裝，綴繫帶。韈，青羅表裏，綴繫帶。

犀冠，減撥花樣，縷金裝造，上有玉簪一，下有玳瑁盤一。

又 宗室及外戚并一品命婦，衣服聽用明金，期親雖別籍、女子出嫁並同。又五品以上官母、妻，許披霞帔。唯首飾、霞帔、領袖、腰帶，許用明金、籠金、間金之類。其衣服止用明銀、象金及金條壓繡。正班局分承應帶官人，雖未出職係班，其祖母及母、妻、子孫之婦、同籍兄弟之妻，及在室女孫、姊妹並同。又禁私家用純黃帳幕陳設，若曾經宣賜鸞輿服御，日月雲肩、龍文黃服、五箇鞘眼之鞍皆須更改。

文武百官服飾

綜　述

金・張暐《金集禮》卷三〇《輿服下・臣庶車服》 貞元元年，遷都燕京，儀仗內攝官四員，并導駕官四十二員，所用法服下項，正一品四員。侍中二，中書令二。貂蟬籠巾，七梁額花冠，貂鼠立筆，銀立筆，犀簪，佩劍，緋羅大袖一，緋羅裙一，緋羅蔽膝一，緋白羅大帶一，天下樂暈錦玉環綬一，白羅方心曲領一，白紗中單一，銀褐勒帛一，玉琳佩二，朵金鍍銀革帶一，烏皮履一對，白綾襪一對。正二品五員。門下、中書侍郎各二，大興牧一。七梁冠，銀立筆，犀簪，緋羅大袖一，緋羅裙一，緋羅蔽膝一，緋白羅大帶一，雜花暈錦玉環綬一，白羅方心曲領一，白紗中單一，銀褐勒帛一，玉琳佩二，朵金鍍銀革帶一，烏皮履一對，白綾襪一對。正四品一十六員。御史中丞二，給事中四，中書舍人六，左右諫議大夫各一。五梁冠，銀立筆，犀簪，內御史中丞獬豸冠。緋羅大袖一，緋羅裙一，緋羅蔽膝一，緋白羅大帶一，白獅子錦銀環綬一，內御史中丞青荷蓮綬。白羅方心曲領一，白紗中單一，銀褐勒帛一，珠珮二，朵銀革帶一，烏皮履一對，白綾襪一對。正五品一十四員。夾輅大將軍二，陪輅將軍二，中道隊大將軍一，龍旗隊大將軍一，僚佐八。四梁冠，銀立筆，犀簪，緋羅大袖一，緋羅裙一，緋羅蔽膝一，緋白羅大帶一，簇四金鵰錦銀環綬一，白羅方心曲領一，白紗中單一，銀褐勒帛一，珠珮二，尖銀革帶一，烏皮履一對，白綾襪一對。正六品至七品四十三員。正六品，侍御史二，大興令一。從六品，修起居注四。正七品，左右拾遺二，左右補闕二，殿中侍御史二十四。從七品，通事舍人八。三梁冠，銀立筆，犀簪，緋羅大袖一，緋羅裙一，緋羅蔽膝一，緋白羅大帶一，黄獅子錦銅環綬一，白羅方心曲領一，白紗中單一，銀褐勒帛一，銅珠珮二，尖銅革帶一，烏皮履一對，白綾襪一對。

大定二十二年，祫享，攝官并導駕官所用法服下項：攝官，二品已上九員。終獻一，大禮使一，太尉一，司徒一，侍中三，門下侍郎一，中書侍郎一。七梁貂蟬籠巾冠服。三品七員，翰林學士一，太常卿一，光禄卿二，太僕卿一，殿中監一。四品四員，七祀獻官一，功臣獻官二，大司樂一。並用六梁冠服，有金花。五品一十三員，太府少監一，户部郎中一，符寶郎四，東上閤門使一，奉瓚等官四，舉册官二。五梁冠服。六品官二十八員，尚輦一，夾侍四，從升護衛四，尚舍二，光禄丞一，大樂令一，太尉令一，司尊彝十四。四梁冠服。七品官二十四員，助奠官六，博士四，監祭二，太官令四，通事舍人七，大廟丞一。三梁冠服。內監祭獬豸青綬。八品官二百六十九員，太祝一十六，祝史二十八，奉禮郎二七，祀祝史一，協律郎二，齋郎二百八，大官丞一，良醖令二，廩犧令一，亞、終獻執事官八。九品官一百一十員，內侍八，宫闈令一十七，別廟內侍二，禮直官一十，贊者二十七，祀祝史三，七祀功臣進饌四十七，祀爵洗執事已下共一十。並二梁冠服。導駕官四十員，其冠服與攝官同。如內有御史臺官，合依本職品從，服豸冠青綬。

大定官制，諸服飾佩帶，文資五品已上服紫，六品、七品服緋，八品、九品服緑。若職事高于散官者，並從職事，借本品服色，隨職俱降，如職事低於散官者並從散官服色。應武官並服紫。皇太子，玉帶，佩玉雙魚袋。親王，玉帶，佩玉魚。一品，玉帶，佩金魚。二品笏頭毬文金帶，佩金魚。三品、四品，荔枝或御仙花金帶，佩金魚。餘服紫者，紅鞓烏犀帶，佩金魚。服緋者，並紅鞓烏犀帶，佩銀魚。服緑者，並皁鞓烏犀帶。武官一品、二品，佩帶與文官同。三品、四品金帶，五品、六品、七品紅鞓烏犀帶，皆不佩魚。八品已下並皁鞓烏犀帶，應殿庭祗應五品已下官，如閤門橫班六尚之類。非入內不許金帶。又展紫入殿庭者，皆許服紅鞓，不佩魚。又二品已上，許兼服通犀帶。三品官若治事及見賓客，許兼服花犀帶。又品官帶上得兼下，下不得僭上。

大定二年，條約，趨朝不得服花犀。

十年，省批，學士院官并修注等，當直服金帶。

十一年，奏定東宫左右衛率，僕正、副典贊儀，內直郎、丞，當直服金帶。具《雜儀式》卷上。壽王不合佩玉魚。具宗室門。

大定十一年四月五日，奏稟，太常寺檢討到唐《車服志》并宋《會要》，該品官服，各有綾羅花樣，等第不同，今參酌擬三師、三公、親王、宰相、一品官服大獨科花羅，直徑不過五寸。執政官服獨科花羅，直徑不過三寸。二品、三品服散搭花頭羅，謂枝葉者。直徑不過一寸半。四品、五品服小雜花羅，謂花頭碎小者。直徑不過一寸。六品、七品服芝麻羅。八品、九品服無紋羅。已上職事散官從一高，皆上得兼下，下不得僭上，窄紫亦同服色，各依官制品格，其諸局分承應人，並服無紋素羅。外據官民常服，不在此限。從之。

大定十五年五月三日，奏稟，朝日，百官公服，有襴無襴，制度不同，檢討到《唐書》馬周上議：禮無服衫之文，三代之制有深衣，請加襴袖。長孫無忌議：服袍者下加襴，若依上項典故，袍不加襴，即非古制，有虧禮體。奉敕旨，文資官公服加襴。

大定三年三月十七日，詹事奏，奉敕旨，皇太子三位妃，傘用青表紫裹金浮圖。

大定制，文五品已上官及母、妻，許用傘蓋。官職從一高，駙馬都尉依本品。即在都無職事官，并母、妻皆不得用，若致仕及曾任五品已上職事身故官，母、妻并不因夫、子別加邑號者，不在禁限。

大定儀制，親王、公主、王妃，傘金鍍銀浮圖，青表紫裹。郡主、縣主、夫人，金花銀浮圖，青表紫裹。三師、三公、宰相、樞密使、郡王、一品執政官、樞密副使、御史大夫，銀浮圖，青表紫裹。一品官爵，銀浮圖，青表朱裹。執政官、樞密副使、御史大夫，朱紅浮圖，青表紫裹。已上並用羅。二品，朱紅浮圖，青表朱裹。三品朱紅浮圖，青表碧裹。四品、五品青浮圖，青表碧裹。已上並用絹。品官母、妻各從夫、子用傘，前宰執任外路，執事傘蓋仍舊。大定四年三月二十三日，奏稟，檢討到典故，宋太宗製笏頭帶以賜輔臣，其罷免者，尚亦服之，此蓋前代優待勳舊之禮，兼見行儀制內。前宰執在外路，長官見佐貳官，并經過州縣，迎送禮數，比之庶僚，亦是優異。其真定尹翟永固，係前宰執，傘蓋擬仍舊。從之。吏職入品與朝參帶五品官者，並許用傘蓋，親王赴朝，鞍轡，及圈背銀交椅。具親王門。宰執等并內外官制度，及親王、宰執治事，服帽帶，餘展皁。見《雜儀式》卷下。

大定制文諸車，一品用銀螭頭、涼棚、杆子、月板，並許以銀裝飾。三品以上，螭頭，不得施銀，涼棚、杆子、月板，亦聽用銀裝飾。五品以上，獅頭。六品以下，雲頭。庶人，平頭。又宗室及外戚，謂皇家小功以上親，太皇太后、皇太后大功已上親，皇后期已上親也。并一品官，及官職俱至三品以上者，許用金花鞍轡。餘並禁斷，若經賜，或御毬場內打毬者，不在此限。百姓并奴僕，不得用玉較具鞍轡。又五品以上官職從一高。母、妻許披霞帔。又宗室及外戚并一品命婦，衣服聽用明金釵，使品官之家婦女，同籍不限親疏，期親雖別籍亦是，出嫁同。唯首飾、霞帔、領袖、繫腰，許用明金。軟金籠金間金之類亦同。衣服止用金條壓。正班局分承應帶官人，雖未出職係班，其祖母及母、妻，子孫之婦，在室之女，孫女、姊妹，同籍兄弟之妻，亦准此。只令本家成造，如無工匠，即許雇貨。餘並禁斷。又禁私家用純黃帳幕陳設，若曾經宣賜鑾輿、服禦、車馬，日月雲肩、龍文黃服，五箇鞘眼之鞍，皆須更改。謂龍去一角，鞍填一眼之類。即服用物上造獸似龍形者，及諸用物上有龍文而存留者，並禁斷。大定八年十月初三日，奉旨，應官員百姓之家，舊器物上有獸似龍文者，不須毀壞，仰自今後不得創行成造。

大定十三年十一月二十三日，左司郎中奏過前來，尚書省集議鑄錢利害等事，吏部尚書梁肅議：民間錢難，蓋由風俗奢華所致，今則吏卒、屠販、奴僕之賤，各衣羅紈綺繡，服帶金魚，以致錢貨盡入富商大賈及兼并之家，擬乞嚴行禁約，明定服色，自然民有餘財。送禮部勘當到除制條內已有立定禁約之物，其餘服用之物，若擬立定隨色等第，別行禁斷。見得繁碎難行，本部所見，止合仍舊。臣等商量，自國家有天下到今，凡法度皆緣民情，中間恐風俗僭侈，遂以車輿傘蓋，明金衣物，金花鞍轡，玉較具鞦轡，各限品級，以至純黃帳幕陳設，銀褐油子雨衣，及應用諸物上有龍文者，皆有禁斷。條理行之已久，愚民不曉，尚有違犯，若准所言，將屠販、奴僕等衣著服帶之物，更行創立等第，恐所禁繁細，徒生詞訟，若只依舊，似爲長便。當日，奉都堂臺旨，連入卷付架閣。

太常寺元擬，庶人之家，單户同。只許服絁紬絹布、毛褐花紗、無紋素羅、絲綿，其頭巾、繫腰、領帕，許用芝麻羅，條子用絨織。其餘綾羅、綺縠、錦繡、紵絲、熟綾、綫羅大物，織罽繪畫之類，並不得服用。裀褥，帡帳，車氈繹之類同。仍不得以金玉犀象諸寶物謂瑪瑙、玻璃之類。爲器皿，及裝飾刀靶鞘，并銀裝釘床榻之類。婦人首飾不許用珠翠鈿子等物，翠毛除許裝飾花環冠子，餘外並禁。假者同。兵卒許服無紋素壓羅，絁紬絹布毛褐。充引接本被，在公門承應，自從儀制內服飾。兵、奴、婢只許服絁紬絹布毛褐，士人士人，未得鄉薦，及係學籍者，及實有才學，雖不得鄉薦，不係學籍者並同。及僧道有師號，尼女同。并良閑官八品以上，許服花紗綾羅絲紬。士人及良閑官家屬，并其餘僧道，與庶人同。在官承應，有出身人，帶八品以下官，未帶官亦同，帶七品以上官，與品官同。許服花紗、綾羅、紵絲、絲紬。家屬同。婦人許用珠子爲首飾。無出身人，正九品與良閑八品以上同，遇入宮承應日，或從駕出入，衣服承舊。東宮承應人同。帶正六品以上官與有出身同。

《金史》卷四三《輿服志中》 臣下朝服。凡導駕及行大禮，文武百官皆服之。正一品，貂蟬籠巾，七梁額花冠，貂鼠立筆，銀立筆，犀簪導，佩劍，緋羅大袖、緋羅裙、緋羅蔽膝各一，緋白羅大帶，天下樂暈錦玉環綬一，白羅方心曲領、白紗中單、銀褐勒帛各一，玉珠佩二，金塗銀革帶，烏皮履，白綾韤。正二品，七梁冠，銀立筆，犀簪導，不佩劍，緋羅大袖，雜花暈錦玉環綬，餘並同。正四品，五梁冠，銀立筆，犀簪，白獅錦銀環綬，珠佩，銀革帶，御史中丞則獬豸冠、青荷蓮綬，餘並同。正五品，四梁冠，簇四金鵰錦銅環綬，銀珠佩，餘並同。正六品至七品，三梁冠，黃獅錦銅環綬，銅珠佩，銅束帶，餘並同。

大定二十二年，袷享，攝官、導駕二品冠七梁，三品、四品冠六梁，服有金花，五品冠五梁，六品冠四梁，七品冠三梁，監察御史獬豸冠，青綬，八品、九品冠二梁，餘製並同。

又《輿服志下》 明昌六年制，文武官六貫石以上承應人并及蔭者，許用牙領、紫圓板、皁條、羅帶、皂靴，上得兼下。係籍儒生止服白衫領，繫背帶並以紫圓條羅帶，乾皂靴。餘人用純紫領，不得用緣，雜色圓板條羅帶，不得用紫，靴用黃及黑油皂蠟等，婦人各從便。

泰和四年，以親王、品官既分領、緣，而復有皂靴之禁，似涉太煩，遂聽親王用銀褐領紫緣，品官皆紫領白緣，餘從明昌制。

士庶服飾

綜述

金·張暐《金集禮》卷三〇《輿服下·臣庶車服》 京府州縣司吏，與庶人同。都孔目官，與良閑八品同。倡優遇迎接宣詔、聖節賜宴，及公筵承應，許暫服繪畫之服，私服與庶人同。外車馬鞍轡，除制條該載，諸車庶人平頭，及百姓、奴僕不得用玉較具鞦轡外，擬庶人坐車只用一色黑油，馬鞍許用黑漆，以骨角鐵爲飾，不得用焰銀銜鐙，鍍金鞘眼及金、銀、犀、象、寶物等裝飾鞍轡。假者同。

大定二十四年五月，以言事者乞限約民間衣服佩飾，使有等差，送太常寺檢討，本寺具申，前議禮部勘當，雖大定十三年擬定，止合依舊，隨其貧富，任意服用。羅綺、錦繡、紵絲、繪畫等物，緣人情爭尚無厭，若不定立等差，見得已久風俗奢靡，以致困弊，申呈都省，自後別無施行。

金·宇文懋昭《重訂金國志》卷三九《男女冠服》 金俗好衣白。辮髮垂肩，與契丹異。垂金環，留顱後髮，繫以色絲。富人用金珠飾。婦人辮髮盤髻，亦無冠。自滅遼侵宋，漸有文飾。婦人或裹逍遥巾，或裹頭巾，隨其所好。至於衣服，尚如舊俗。土産無桑蠶，惟多織布，貴賤以布之麄細爲別。又以不毛之地，非皮不可禦寒，所以無貧富皆服之。富人春夏多以紵絲、綿紬爲衫裳，亦間用細布。秋冬以貂鼠、青鼠、狐貉皮或羔皮爲裘，或作紵絲、絁紬。貧者春夏並用爲衫裳，襪、袴皆以皮。婦人衣，曰大襖子，下領，如男子道服，裳曰錦裙。裙去左右各闕二尺許，以鐵條爲圈，裹以綉帛，上以單裙籠之。

《金史》卷四三《輿服志下》 金人之常服四：帶、巾、盤領衣、烏皮靴。其束帶曰吐鶻。

巾之制，以皂羅若紗爲之，上結方頂，折垂于後。頂之下際兩角各綴方羅，徑二寸許，方羅之下各附帶長六七寸。當横額之上，或爲一縮襵積。貴顯者於方頂，循十字縫飾以珠，其中必貫以大者，謂之頂珠。帶旁各絡珠結綬，長半帶垂之，海陵賜大興國者是也。

其衣色多白，三品以皁，窄袖，盤領，縫腋，下爲襵積，而不缺袴。其胸臆肩袖，或飾以金繡。其從春水之服則多鶻捕鵝，雜花卉之飾。其從秋山之服則以熊、鹿、山林爲文，其長中骭，取便於騎也。

吐鶻，玉爲上，金次之，犀、象骨角又次之。銙周鞓，小者間置於前，大者施於後，左右有雙鉈尾，納方束中，其刻琢多如春水秋山之飾。左佩牌，右佩刀。刀貴鑌，柄尚鷄舌木，黄黑相半，有黑雙距者爲上，或三事、五事。室飾以醬瓣樺，鐔口飾以鮫，或屑金鍮和漆，塗鮫隙而礲平之。醬瓣樺者，謂樺皮班文色殷紫，如醬中豆瓣也，産其國，故尚之。

初，女直人不得改爲漢姓及學南人裝束，違者杖八十，編爲永制。

婦人服襜裙，多以黑紫，上編繡全枝花，周身六襵積。上衣謂之團衫，用黑紫或皂及紺，直領，左衽，掖縫，兩傍復爲雙襵積，前拂地，後曳地尺餘。帶色用紅黄，前雙垂至下齊。年老者以皂紗籠髻如巾狀，散綴玉鈿於上，謂之玉逍遥。此皆遼服也，金亦襲之。許嫁之女則服綽子，製如婦人服，以紅或銀褐，明金爲之，對襟彩領，前齊拂地，後曳五寸餘。

服制服色

論說

《金史》卷四三《輿服志中》 泰和元年八月，禮官言：祭服所以接神，朝服所以事君，雖歷代損益不同，然未嘗不有分別。是以衮冕十二旒，玄衣纁裳備十二章，天子之祭服也。通天冠、絳紗袍、紅羅裳，天子之視朝服也。臣下之服則用青衣朱裳以祭，朱衣朱裳以朝。國朝惟天子備衮冕、通天冠二等之服，今群臣但有朝服，而祭服尚闕，每有祀事，但以朝服從事，實於典禮未當。請依漢、唐故事，祭服冕旒畫章，然君臣冕服雖章數各殊，而俱飾龍名衮，而唐孫茂道已有尊卑相亂之論。然三公法服有龍，恐涉於僭，國初禮官亦嘗駁議。乞參酌古今，改置祭服，其冠則如朝冠，而但去其貂蟬、竪筆，其服用青衣、朱裳、白襪、朱履，非攝事者則用朝服，庶幾少有差別。上曰：朝、祭之服，固宜分也。

又《輿服下・衣服通制》 君子之服，以稱德也，故德之備者其文備。古者王公及士庶人莫不各有一定之制，而不敢相逾者，蓋風俗之奢儉，法令之齊一，必于是而觀焉。《詩》曰：彼都人士，狐裘黄黄。其容不改，出言有章。其三章曰：彼都人士，充耳琇實。彼君子女，謂之尹吉。此言都邑之盛，人物之懿也。明昌間，章宗謂宰臣曰：今風俗侈靡，莫若律以制度，使貴賤有等。其令禮部具典故以聞。他日又謂參知政事張萬公曰：山東風俗如何。萬公對以奢。左丞守貞因言衣服之制，上曰：如卿所言，正恐失人心耳。守貞曰：止是商賈有不悦者。萬公曰：乞寬與之期，三年之内當如制矣。於是，上以禮部所擬太繁，以尚書省所擬而行之。嗟乎，人君以風俗爲言，其亦知所務矣。

綜述

宋・張棣《金虜圖經》 冠服。金虜君臣之服，大率與中國相似，止左衽異焉，雖虜主服亦左衽。其臣下之服不從乎職而從乎官，如五品官便可衣五品服，雖職上下並不改易。至于服緋紫，亦無歲月可限，但官與服色等則服焉。如武臣至四品皆横金，文臣則加魚，不待錫賜而自許服焉。

金・宇文懋昭《重訂金國志》卷三四《服色》 服色各以官品論，如五品官便可服五品服，如武臣至四品，皆横金，文臣則加魚，不待錫賜而許自服焉。

皇帝視朝服。純紗襆頭，窄袖赭袍，玉匾帶，黄滿頭。如遇祭祀、册封、告廟，則加衮冕、法服。平居閑暇，皂巾雜服，與士庶無别。

太子服。純紗襆頭、紫羅寬袖袍、象簡、玉帶、佩雙玉魚。

王公服，謂親王及三公服。紫羅寬袖袍、紗製襆頭、象簡、玉帶，佩玉魚。

正一品，謂左右丞相、左右平章事、開府儀同三司。服紫羅袍，象簡、玉帶，佩金魚。

從一品，謂左右丞、左右參知政事、崇進、特進、樞密察院使。服紫羅袍、象簡、金帶，佩金魚。

二品，謂自金紫光禄大夫至榮禄大夫。服紫羅袍、象簡，御仙金帶，佩金魚。

三品至四品，謂文臣資德大夫至少中大夫，武臣龍虎衛上將軍至懷遠大將軍。并服紫羅袍、象簡、荔枝金帶，文臣則加佩金魚。按：原書少中大夫作中大夫，懷遠大將軍作定遠大將軍。據後《千官品列》及《金史・百官志》改正。又按《金史・輿服志》：三品笏頭毬文金帶，三品、四品荔枝或御仙花金帶，與此不同。

五品，謂文臣中議大夫按：原書作中散大夫，據後《千官品列》及《金史》改正。至朝列大夫，武臣廣威將軍至宣武將軍，按：《金史・百官志・從五品下》曰宣武將軍，與此合。而此後所載《千官品列》從五品顯武將軍爲下，未知孰是。並服紫羅袍、象笏、紅鞓烏犀帶，文臣則帶金魚。

六品至七品，謂文臣奉政大夫至儒林郎，武臣武節將軍按：原書作武功將軍，據後《千官品列》及《金史》改正。至忠顯校尉。文臣則服緋，武臣則服紫並象笏、紅鞓烏犀帶，文臣佩銀魚。

八品至九品，謂文臣文林郎至登仕佐郎，按：原書作將仕郎，據《千官品列》及《金史》文從九品至將仕佐郎止，今改正。武臣忠勇校尉至進義副尉，按：原書作進義校尉，據《千官品列》及《百官志》，武臣九品至進義副尉止，今改正。文臣則服緑，武臣則服紫，並象笏、黑鞓角帶。

《金史》卷四三《輿服志中》 祭服。皇統七年，太常寺言：太廟成後，奉安神主，祫享行禮，凡行事、執事、助祭、陪位官，准古典當服衮冕、九章畫降龍，隨品各有等差。《通典》云：虞、夏、殷並十二章，日、月、星辰、山、龍、華蟲作繪於衣，宗彝、藻、火、粉米、黼、黻絺繡於裳。周升三辰於旂，登龍於山，登火於宗彝，作九章之服，龍、山、華蟲、火、宗彝繪於衣，藻、粉米、黼、黻繡於裳。公之服自衮冕而下如王之服，侯伯之服自鷩冕而下如公之服。又後魏帝服衮冕，與祭者皆朝服。又《開元禮》一品服九章。又《五禮新儀》正一品服九旒冕、犀簪、青衣畫降龍。今汴京舊禮直官言：自宣和二年已後，一品祭服七旒冕、大袖無龍。唐雖服九章服，當時司禮少常伯孫茂道言：諸臣之章雖殊，然飾龍名衮，尊卑相亂，請三公服鷩冕八章爲宜。臣等竊謂歷代衣服之制不同，若從後魏，則止服朝服，或用宋服，則爲七章，若遵唐九章，則有飾龍名衮尊卑相亂之議。尚書省乃奏用後魏故事，止用燕京大册禮時所服朝服以祭。

又 公服。大定官制，文資五品以上官服紫。三師、三公、親王、宰相一品官服大獨科花羅，徑不過五寸，執政官服小獨科花羅，徑不過三寸。二品、三品服散搭花羅，謂無枝葉者，徑不過寸半。四品、五品服小雜花羅，謂花頭碎小者，徑不過一寸。六品、七品服緋芝蔴羅。八品、九品服緑無紋羅。應武官皆服紫。凡散官、職事皆從一高，上得兼下，下不得僭上，窄紫亦同服色，各依官制品格。其諸局分承應人並服無紋素羅。十五年制曰：袍不加襴，非古也。遂命文資官公服皆加襴。

紀事

《金史》卷四三《輿服志中》 大定三年八月，詔遵皇統制，攝官則朝服，散官則公服，以皇太子爲亞獻，服衮冕。

十四年，用唐制，若祭遇雨雪，則服常服，謂今之公服也。

佩戴用品

綜述

《金史》卷四三《輿服志中》 帶制，皇太子玉帶，佩玉雙魚袋。親王玉帶，佩玉魚。一品玉帶，佩金魚。二品笏頭毬文金帶，佩金魚。三品、四品荔枝或御仙花金帶，並佩金魚。五品，服紫者紅鞓烏犀帶，佩金魚，服緋者紅鞓烏犀帶，佩銀魚，服緑者並皂鞓烏犀帶。武官，一品、二品佩帶同，三品、四品金帶，五品、六品、七品紅鞓烏犀帶，皆不佩魚，八品以下並皂鞓烏犀帶。司天、太醫、內侍、教坊，服皆同文武官，惟不佩魚。應殿庭承應五品以下官，非入內不許金帶，又展紫入殿庭者，並許服紅鞓，不佩魚。又二品以上官，許兼服通犀帶，三品官若治事及見賓客，許兼服花犀帶。

大定二年制，百官趨朝、赴省，並須裹帶。五品以上官，趨朝則朝服，赴省則展皂，雨雪沾衣則從便。凡朝參，主寶、主符展紫，御仙花或太平花金束帶。近侍給使、供御筆硯、直長、符寶吏紫襖子，塗金束帶。輪直，則近侍給使並常服，常服則展紫。閤門六尚，遇朝參侍立則服本品服，若宮中當直則服窄紫、金帶。學士院官、修起居注、補闕、拾遺、秘書丞、秘書郎，朝參侍立則服本品服，色帶，當直則窄紫、金帶。東宮左右衛率、僕正、副僕正、典儀、贊儀、內直郎、丞，當直亦許服之。太子太師出入宮中則展紫，至東宮則展皂，三少則展紫。

紀事

《金史》卷四三《輿服志中》 鎮圭，大圭。皇統九年十月二十四日，禮部下太常，畫鎮圭式樣，大禮使據《三禮圖》以進，用之。大定十一年，太常寺按《禮》，大圭長三尺，抒上終葵首，天子服之。自西魏、隋、唐以來，大圭長尺二寸，與鎮圭同。蓋鎮圭以鎮天下，以四鎮山爲飾，今其圭已依古制，惟無大圭。今御府有故宋白玉圭，圓，無上剡及終葵首。自西魏以來，所制玉笏皆長尺有二寸，方而不折，雖非先王之法，蓋後世玉難得隨宜故也。擬合以御府所藏，行禮就用。

又《輿服志下》 書袋之制。大定十六年，世宗以吏員與士民之服無別，潛入民間受賕鬻獄，有司不能檢察，遂定懸書袋之制。省、樞密院令、譯史用紫紵絲爲之，臺、六部、宗正、統軍司、檢察司以黑斜皮爲之，寺、監、隨朝諸局并州縣，並黄皮爲之，各長七寸，闊二寸，厚半寸，並于束帶上懸帶，公退則懸於便服，違者所司糾之。

元代服飾制度部

皇帝服飾

綜　述

《元史》卷七八《輿服志一》　冕服。天子冕服，衮冕，制以漆紗，上覆曰綖，青表朱裏。綖之四周，匝以雲龍。冠之口圍，縈以珍珠。綖之前後，旒各十二，以珍珠爲之。綖之左右，繫黈纊二，繫以玄紞，承以玉瑱，纊色黄，絡以珠，冠之周圍，珠雲龍網結，通翠柳調珠。綖上横天河帶一，左右至地。珠鈿窠網結，翠柳朱絲組二，屬諸笄，爲纓絡，以翠柳調珠。簪以玉爲之，横貫於冠。

衮龍服，制以青羅，飾以生色銷金帝星一，日一，月一，升龍四，複身龍四，山三十八，火四十八，華蟲四十八，虎蜼四十八。

裳，制以緋羅，其狀如裙，飾以文繡，凡一十六行。每行藻二，粉米一，黼二，黻二。

中單，制以白紗，絳緣，黄勒帛副之。

蔽膝，制以緋羅，有褾。緋絹爲裏，其形如襜，袍上著之，繡複身龍。

玉佩，珩一，琚一，瑀一，衝牙一，璜二。衝牙以繫璜，珩下有銀獸面，塗以黄金，雙璜夾之。次又有衡，下有衝牙。傍別施雙的以鳴，用玉。

大帶，制以緋白二色羅，合縫爲之。

玉環綬，制以納石失。金錦也。上有三小玉環，下有青絲織網。

紅羅鞾，制以紅羅爲之，高勒。

履，制以納石失，有雙耳二，帶鉤，飾以珠。

韈，制以紅綾。

右按《太常集禮》：至元十二年十一月，博士議擬：冕天板長一尺六寸，廣八寸，前高八寸五分，後高九寸五分，身圍一尺八寸三分，并納言，用青羅爲表，紅羅爲裏，周迴緣以黄金。天板下四面，珠網結子，花素墜子，前後共二十有四旒，以珍珠爲之。青碧線織天河帶，兩頭各有珍珠金翠旒三節，玉滴子節花全。紅線組帶二，上有珍珠金翠旒，玉滴子，下有金鐸二。梅紅繡款幔帶一，黈纊二，珍珠垂繫，上用金萼子二。簪窠款幔組帶鈿窠各二，内組帶窠四，並鏤玉爲之。玉簪一，頂面鏤雲龍。衮衣，用青羅夾製，五采間金，繪日、月、星辰、山、龍、華蟲、宗彝。正面日一，月一，升龍四，山十二，上下襟華蟲、火各六對，虎蜼各鬬對，背星一，升龍四，山十二，華蟲、火各十二對，虎蜼各六對。中單，用白羅單製，羅領、褾、襈。裳一，帶、褾、襈全，紅羅八幅夾造。上繡藻、粉米、黼、黻，藻三十，粉米十六，黼三十二，黻三十二。蔽膝一，帶、褾、襈，紅羅夾造八幅，上繡升龍二。綬一幅，六采織造，紅羅托裏。小綬三，色同大綬，銷金黄羅綬頭全，上間施三玉環，並碾雲龍。緋白大帶一，銷金黄帶頭，鈿窠二十有四。紅羅勒帛一，青羅抹帶一。佩二，玉上、中、下璜各一，半月各二，並碾玉爲雲龍文。玉滴子各二，並珍珠穿造。金篦鈎，獸面，水葉環釘全。凉帶一，紅羅裏，鏤金爲之，上爲玉鵝七，撻尾束各一，金攀龍口，玳瑁襯釘。舄一，重底，紅羅面，白綾托裏，如意頭，銷金黄羅緣口，玉鼻人飾以珍珠。金緋羅錦襪一兩。

大德十一年九月，博士議：唐制，天子衮冕，垂白珠十有二旒，以組爲纓，色如其綬，黈纊充耳，玉簪導。玄衣纁裳，凡十二章，八章在衣，日、月、星辰、山、龍、華蟲、火、宗彝，四章在裳，藻、粉米、黼、黻。褾、領爲升龍，皆織成之。龍章以下，每章一行，每行十二。白紗中單，黼領，青褾、襈、裾，黻加龍、山、火三章。毳冕以上，火、山二章。繡冕，山一章。玄冕無章。革帶、大帶、玉佩、綬、襪，與上同。舄加金飾。享廟、謁廟及朝遣上將征還飲至，踐阼加元服，納后，元日受朝及臨軒册拜王公則服之。又宋制，天子服有衮冕，廣尺二寸，長［二尺］四寸，前後十有二旒，二纊，並貫珍珠。又有（珠）［翠］旒十二，碧鳳銜之，在珠旒外。冕板，以龍鱗錦表，上綴玉爲七星，傍施琥珀（餅）［缾］、犀［缾］各二十四，周綴金絲網鈿，以珍珠雜寶玉，加紫雲白鶴錦裏。四柱飾以七寶，紅綾裏。金飾玉簪導，紅絲條組帶。亦謂之平天冠。衮服，青色，日、月、星、山、龍、雉、虎蜼七章。紅裙，藻、火、粉米、黼、黻五章。紅蔽膝，升龍二，並織成，間以雲彩，飾以金鈒花鈿窠，裝以珍珠、琥珀、雜寶玉。紅羅襦裙，繡五章，青褾、襈、裾。六采綬一，小綬三，結三，玉環三。素大帶，朱裏。青羅四（紳）［神］帶二，綉四（紳）［神］

盤結，綬帶飾並同衮服。白（帶）[羅]中單，青羅（袾）[抹]帶，紅羅勒帛，鹿盧玉具劍，玉（縹）[鏢]首鏤白玉雙佩，金飾，貫珍珠。金龍鳳革帶，紅襪、赤舄，金鈒花，四神玉鼻。祭天地宗廟、受册尊號、元日受朝、册皇太子則服之。事未果行。

至延祐七年七月，英宗命禮儀院使八思吉斯傳旨，令省臣與太常禮儀院速製法服。八月，中書省會集翰林、集賢、太常禮儀院官講議，依秘書監所藏前代帝王衮冕法服圖本，命有司製如其式。

又 天子質孫，冬之服凡十有一等，服納石失、金錦也。怯綿裏，剪茸也。則冠七寶重頂冠。服紅黄粉皮，則冠紅金答子暖帽。服白粉皮，則冠白金答子暖帽。服銀鼠，則冠銀鼠暖帽，其上並加銀鼠比肩。俗稱曰襻子答忽。夏之服凡十有五等，服答納都納石失，綴大珠於金錦。則冠寶頂金鳳鈸笠。服速不都納石失，綴小珠於金錦。則冠珠子捲雲冠。服納石失，則帽亦如之。服大紅珠寶里紅毛子答納，則冠珠緣邊鈸笠。服白毛子金絲寶里，則冠白藤寶貝帽。服駝褐毛子，則帽亦如之。服大紅、緑、藍、銀褐、棗褐、金繡龍五色羅，則冠金鳳頂笠，各隨其服之色。服金龍青羅，則冠金鳳頂漆紗冠。服珠子褐七寶珠龍答子，則冠黄牙忽寶貝珠子帶後簷帽。服青速夫金絲闌子，速夫，回回毛布之精者也。則冠七寶漆紗帶後簷帽。

百官質孫，冬之服凡九等，大紅納石失一，大紅怯綿里一，大紅官素一，桃紅、藍、緑官素各一，紫、黄、鴉青各一。夏之服凡十有四等，素納石失一，聚線寶里納石失一，棗褐渾金間絲蛤珠一，大紅官素帶寶里一，大紅明珠答子一，桃紅、藍、緑、銀褐各一，高麗鴉青雲袖羅一，駝褐、茜紅、白毛子各一，鴉青官素帶寶里一。

紀事

元·楊瑀《山居新語》卷二 至元六年冬仲，皇帝親祀太廟。期迫，創製衮冕，猝不能辦。

明·孫承澤《元朝典故編年考》卷四《冕衮之制》 至元十二年十一月，博士議擬：冕天版長一尺六寸，廣八寸，前高八寸五分，後高九寸五分，身圍一尺八寸三分，并納言，用青羅爲表，紅羅爲裏，周迴緣以黄金。天板下四面，珠網結子，花素墜子，前後共二十有四旒，以珍珠爲之。青碧線織天河帶，兩頭各有珍珠金翠旒三節，玉滴子節花全。紅線組帶二，上有珍珠金翠旒，玉滴子，下有金鐸二。梅紅繡款幔帶一，黈纊二，珍珠垂繫，上用金萼子二。簪窠、款幔組帶、鈿窠各二，内組帶窠四，並鏤玉爲之。玉簪一，頂面鏤雲龍。衮衣，用青羅夾制，五采間金，繪日、月、星辰、山、龍、華蟲、宗彝。正面日一，月一，升龍四，山十二，上下襟華蟲、火各六對，虎蜼各六對，背星一，升龍四，山十二，華蟲、火各十二對，虎蜼各六對。中單，用白羅單製，羅領、褾、襈。裳一，帶褾、襈全，紅羅八幅夾造。上繡藻、粉米、黼、黻，藻三十二，粉米十六，黼三十二，黻三十二。蔽膝一，帶褾、襈，紅羅夾造八幅，上繡升龍二。綬一幅，六采織造，紅羅托裏。小綬三，色同大綬，銷金黄羅綬頭全，上間施二玉環，並碾雲龍。緋白大帶一，銷金黄帶頭，鈿窠二十有四。紅羅勒帛一，青羅抹帶一。佩二，玉上、中、下璜各一，半月各二，並碾玉爲雲龍文。玉滴子各二，並珍珠穿造。金篦鈎，獸面，水葉環釘全。凉帶一，紅羅裹，鏤金爲之，上爲玉鵝七，撻尾束各一，金攀龍口，玳瑁襯釘。舄一，重底，紅羅面，白綾托裏，如意頭，銷金黄羅緣口，玉鼻人飾以珍珠。金緋羅錦襪一兩。

又卷五《重製衮冕》 大德十一年九月，博士議：唐制，天子衮冕，垂白珠十有二旒，以組爲纓，色如其綬，黈纊充耳，玉簪導。玄衣纁裳，凡十二章。[八章] 在衣，日、月、星辰、山、龍、華蟲、火、宗彝，四章在裳，藻、粉米、黼、黻。褾、領爲升龍，皆織成之。龍章以下，每章一行，每行十二。白紗中單，黼領，青褾、襈、裾，黼加龍、山、火三章。毳冕以上，火、山二章。繡冕，山一章。玄冕無章。革帶、大帶、玉佩、綬、襪，與上同。舄加金飾。享廟、謁廟及朝遣上將征還飲至、踐阼加元服、納后、元日受朝及臨軒册拜王公則服之。又宋制，天子服有衮冕，廣尺二寸，長二尺四寸，前後十有二旒，二纊，並貫珍珠。又有珠旒十二，碧鳳銜之，在珠旒外。冕板，以龍鱗錦表，上綴玉爲七星，傍施琥珀（餅）[缾]、犀[缾]各二十四，周綴金絲網鈿，以珍珠雜寶玉，加紫雲白鶴錦裏。四柱飾以七寶，紅綾裏。金飾玉簪導，紅絲條組帶。亦謂之平天冠。衮服青色，日、月、星、山、龍、雉、虎蜼七章。紅裙，藻、火、粉米、［黼］、黻五章。紅蔽膝，升龍二，並織成，間以雲彩，飾以金鈒花鈿窠，裝以珍珠、琥珀，雜寶玉。紅羅襦裙，繡五章，青褾、襈、裾。六采綬一，小綬三，結三，玉環三。素大帶，朱裏。青羅四（紳）［神］帶二，繡四（紳）［神］盤結，（自帶）［白羅］中單，青羅（袜）［抹］帶，紅羅勒（錦）［帛］，鹿盧玉具劍，玉（縹）［鏢］首，鏤白玉雙佩，金飾，貫珍珠。金龍鳳革帶，紅襪赤舄，金鈒花，四（紳）［神］玉鼻。祭天地宗廟，受册尊號，元日受朝，册皇太子則服之。事未果行。

至延祐七年七月，英宗命禮儀院使速製法服。八月，中書省會集翰林、集賢、太常禮儀院官講議，依秘書監所藏前代帝王衮冕法服圖本，命有司製如其式。

皇子服飾

綜　述

《元史》卷七八《輿服志一》　皇太子冠服，衮冕，玄衣纁裳，中單，蔽膝，玉佩，大綬，朱韈，赤舄。

按《太常集禮》：至元十二年，博士擬衮冕制，用白珠九旒，紅絲組爲纓，青纊充耳，犀簪導。青衣、朱裳，九章，五章在衣，山、龍、華蟲、火、宗彝，四章在裳，藻、粉米、黼、黻。白紗中單，青褾、襈、裾。革帶，塗金銀鉤艓。蔽膝隨裳色，爲火、山二章。瑜玉雙佩，四采織成大綬，間施玉環三。白韈、朱舄，舄加金塗銀釦。

大德十一年九月，照擬前代制度。唐制，皇太子衮冕，垂白珠九旒，紅絲組爲纓，青纊充耳，犀簪導。玄衣纁裳，九章，五章在衣，龍、山、華蟲、火、宗彝，四章在裳，藻、粉米、黼、黻，織成之，每行一章，黼、黻重以爲等，每行九。白紗中單，黼領，青、褾、襈，裾，革帶，金鉤艓，大帶，蔽膝隨裳色，火、山二章，玉具劍，金寶飾玉（縹）［鏢］首，瑜玉雙佩。朱組帶，大綬四采，赤、白、縹、紺，純朱質，長丈八尺，首廣九寸。小雙綬，長二尺六寸，色同大綬，而首半之，間施玉環三。朱韈、赤舄，加金飾。侍從祭祀及謁廟、加元服，納妃服之。宋制，皇太子衮冕，垂白珠九旒，紅絲組爲纓，青纊充耳，犀簪導。青衣朱裳，九章，五章在衣，山、龍、華蟲、火、宗彝，四章在裳，藻、粉米、黼、黻。白紗中單，青褾、襈、裾，革帶，塗金銀鉤艓，蔽膝隨裳（衣）［色］，火、山二章。瑜玉雙佩，四采織成大綬，間施玉環三。白韈、朱舄，舄加塗金銀飾。加元服、從祀、受册、謁廟、朝會服之。已擬其制，未果造。

后妃命婦服飾

綜　述

明・孫承澤《元朝典故編年考》卷三《婦女衣飾之制》　命婦衣服，一至三品服渾金，四、五品服金答子，六品以下惟服銷金，并金紗答子。首飾一品至三品許用金珠寶玉，四品五品許用金玉珍珠，六品以下用金，惟耳環用珠玉。同籍不限親疏，期親雖别籍，并出嫁同。庶人許用翠花，并金釵各一，事惟耳環用金珠碧玉，餘並用銀。娼家出入，止服皂褙子，亦不得乘坐車馬。

雜　録

《元史》卷一一四《后妃列傳》　后嘗於太府監支繒帛表裏各一，帝謂后曰：此軍國所需，非私家物，后何可得支。后自是率宫人親執女工，拘諸舊弓弦練之，緝爲紬，以爲衣，其韌密比綾綺。宣徽院羊臑皮置不用，后取之合縫爲地毯。其勤儉有節而無棄物，類如此。

明・葉子奇《草木子》卷三《雜制篇》　元朝后、妃及大臣之正室，皆帶姑姑衣大袍，其次即帶皮帽。姑姑高圓二尺許，用紅色羅蓋。唐金步摇冠之遺制也。

清・高士奇《天禄識餘》卷四《鞠弋流踣》 元成宗春暮命宫人掃落花，鋪蘭茗殿，施金帳，諸嬪衣碧鸞朱綃半袖衫，頭纏吉貝錦，臂繫秋雲紫絛帕，著白氈褲，成群相逐，滚蕊翻花，戲狎彌日。帝曰：上燦黄金，下設葶席，使美人爲鞠弋流踣之戲。

文武百官服飾

綜　述

元・王惲《秋澗集》卷八九《烏臺筆補》《論外任官展裹公服事狀》：竊念古人製作冠服，蓋所以别上下、立尊嚴也。今者隨朝百官與隨路管民官，上自宰相、總府官，下至簿、尉，其品、從、散官，俸禄、公田、子孫蔭叙等事略皆備具。獨公服展裹之禮，未見施行。合無照依舊例，使各官自備冠服，公廳展裹，事理如此，不惟見國家禮文有漸，其於官府威儀，實爲尊崇。

《元史》卷七八《輿服志一》 三獻官及司徒、大禮使祭服，籠巾貂蟬冠五，青羅服五，領、袖、襴俱用皂綾。紅羅裙五，皂綾爲襴。紅羅蔽膝五，其羅花樣俱係牡丹。白紗中單五，黄綾帶。紅組金綬紳五，紅組金，譯語曰納石失，各佩玉環二。象笏五，銀束帶五，玉佩五，白羅方心曲領五，赤革履五對，白綾韈五對。

助奠以下諸執事官冠服，貂蟬冠、獬豸冠、七梁冠、六梁冠、五梁冠、四梁冠、三梁冠、二梁冠二百，青羅服二百，領、袖、襴俱用皂綾。紅綾裙二百，皂綾爲襴。紅羅蔽膝二百，紫羅公服二百，用梅花羅。白紗中單二百，黄綾帶。織金綬紳二百，紅一百九十八，青二，各佩銅環二。銅束帶二百，白羅方心曲領二百，銅佩二百，展角襆頭二百，塗金荔枝帶三十，烏角帶一百七十，皂鞾二百對，赤革履二百對，白綾韈二百對，象笏三十，銀杏木笏一百七十。

凡獻官、諸執事行禮，俱衣法服。惟監察御史二，冠獬豸，服青綬，凡迎香、讀祝及祀日遇陰雨，俱衣紫羅公服。六品以下皆得借紫。

都監庫、祠祭局、儀鸞局、神厨局頭目長行人等，交角襆頭五十，窄袖紫羅服五十，塗金束帶五十，皂靴五十對。

又 百官公服。公服，制以羅，大袖，盤領，俱右衽。一品紫，大獨科花，徑五寸。二品小獨科花，徑三寸。三品散答花，徑二寸，無枝葉。四品、五品小雜花，徑一寸五分。六品、七品緋羅小雜花，徑一寸。八品、九品緑羅，無文。

襆頭，漆紗爲之，展其角。

又 服色等第。仁宗延祐元年冬十有二月，定服色等第，詔曰：比年以來，所在士民，靡麗相尚，尊卑混淆，僭禮費財，朕所不取。貴賤有章，益明國制。儉奢中節，可阜民財。命中書省定立服色等第于後：一、蒙古人不在禁限，及見當怯薛諸色人等，亦不在禁限，惟不許服龍鳳文。龍謂五爪二角者。一、職官除龍鳳文外，一品、二品服渾金花，三品服金答子，四品、五品服雲袖帶襴，六品、七品服六花，八品、九品服四花。職事散官從一高。繫腰，五品以下許用銀，并減鐵。一、命婦衣服，一品至三品服渾金，四品、五品服金答子，六品以下惟服銷金，并金紗答子。首飾，一品至三品許用金珠寶玉，四品、五品用金玉珍珠，六品以下用金，惟耳環用珠玉。同籍不限親疏，期親雖别籍，并出嫁同。【略】一、内外有出身，考滿應入流，見役人員服用，與九品同。【略】一、庶人除不得服赭黄，惟許服暗花紵絲、細綾羅、毛毳，帽笠不許飾用金玉，靴不得裁制花樣。首飾許用翠花，并金釵錍各一事，惟耳環用金珠碧甸，餘并用銀。酒器許用銀壺瓶臺盞盂鏇，餘并禁止。帳幕用紗絹，不得赭黄。車輿黑油，齊頭平頂，皂幔。一、諸色目人，除行營帳外，其餘并與庶人同。一、諸職官致仕，與見任同。解降者，依應得品級。不叙者，與庶人同。一、父祖有官，既没年深，非犯除名不叙之限，其命婦及子孫與見任同。一、諸樂藝人等服用，與庶人同。凡承應妝扮之物，不拘上例。一、皂隷、公使人，惟許服紬絹。一、娼家出入，止服皂褙子，不得乘坐車馬，餘依舊例。一、今後漢人、高麗、南人等投充怯薛者，并在禁限。一、服色等第，上得兼下，下不得僭上。違者，職官解見任，期年後降一等叙，餘人決五十七下。違禁之物，付告捉人充賞。有司禁治不嚴，從監察御史、廉訪司究治。御賜之物，不在禁限。

紀事

元・拜柱《通制條格》卷八《儀制・公服私賀》 皇慶二年十一月初二日，中書省、御史臺呈：皇慶二年正月二十六日，本臺官朵兒赤中丞等奏：殿中司文字裏說有昨前拜年時分，徽政院裏僉院忽都小名的人，皇帝根底拜了之後，大殿裏穿著公服，月魯帖木兒知院根底跪著與手帕來。俺商量來，穿公服與人厮跪呵，無體例一般。俺省家與文字教立个體例呵，怎生奏呵，那般者麽道聖旨了也。欽此。禮部議得：公服乃臣子朝若之禮，今後百官凡遇正旦朝賀，候行大禮畢，脱去公服，方許與人相賀。都省准擬。

又《臣子避忌》 至元八年十一月十五日，大司農、御史中丞兼領侍儀司事奏：每遇聖節、元日，詔赦并各官受宣勅，除沿邊把軍官再行定奪外，諸路官員，合無令各官照依本品，自造公服，迎拜行禮。欽奉聖旨：除沿邊把軍官外，那般行者。欽此。

又 一、公服俱右衽。上得兼下，下不得僭上。

壹品官紫羅服，大獨科花直徑伍寸。

貳品官紫羅服，小獨科花直徑叁寸。

叁品官紫羅服，散答花謂無枝葉者，直徑貳寸。

肆品、伍品官紫羅服，小雜花，直徑壹寸伍分。

陸品、柒品緋羅服，小雜花，直徑壹寸。

捌品、玖品緑羅服，無文羅。

一、偏帶俱係紅鞓。上得兼下，下不得僭上。

壹品官玉帶。

貳品官花犀帶。

叁品、肆品荔枝金帶。

伍品、陸品、柒品、捌品、玖品俱烏犀角帶。

至元九年三月，中書，吏、禮部：濮州申，本州不設知事，如遇詔赦，其提領、案牘合無製造公服。本部議得，散府上、中、下州所設提領、案牘、都目、吏目，俱係未入流品人員，如遇行禮，權擬衣檀褐羅窄衫、黑角束帶、舒脚襆頭。都省准擬。

大德七年九月，中書省：江西行省咨，未入流品人員，權擬檀褐羅窄衫、烏角束帶、舒脚襆頭，即目各處典史，擬於應得都吏目人員内選差，未審合無製造。禮部議得，在前司縣典史，路、府自行遷調，目今腹裏省部裏注，其江南者行省定奪。所據公服，雖無通例，却緣臣下致敬之儀，理合嚴謹，合准製造。都省准擬。

大德十年五月，中書省：四川行省咨，重慶路儒學正塗慶安呈，春秋釋奠，天壽聖節行禮，諸儒各服唐巾襴帶。學正師儒之官，却以常服列班陪拜，照得吏目、巡檢，俱蒙上司定例製造公服，學正亦係省府設立人員，合無依上製造。禮部議得，學正、學録、教諭係師儒之職，俱受省部劄付，若與諸生同服，似失尊卑之序，合准所申製造。都省准擬。

明・孫承澤《元朝典故編年考》卷三《百官公服》 至元五年定公服，制以羅，大袖，盤領，俱右衽。一品紫，大獨科花，徑五寸。二品小獨科花，徑三寸。三品散答花，徑二寸，無枝葉。四品、五品小雜花，徑一寸五分。六品、七品緋羅小雜花，徑一寸。八品、九品緑羅，無文。

襆頭，漆紗爲之，展其角。

笏，制以牙，上圓下方。或以銀杏木爲之。

偏帶，正、從一品以玉，或花，或素。二品以花犀。三品、四品以黄金爲荔枝。五品以下以烏犀。并八胯，鞓用朱革。

鞾，以皂皮爲之。

又卷五《獻官法服》 初，憲宗壬子年秋八月，祭天於日月山，用冕服自此始。成宗大德六年春三月，祭天於麗正門外丙地，命獻官以下諸執事，各具公服行禮。是時，大都未有郊壇，大禮用公服自此始。九年冬至祭享，用冠服，依宗廟見用者製。其後節次祭祀，或合祀天地，增配位從祀，獻攝職事，續置冠服，於法服庫收掌。法服二百九十有九，公服二百八十，（容）[窄]紫二百九十有五。至大間，太常博士李之紹、王天佑疏陳，親祀冕(九)[無]旒，服大裘而加衮，裘以黑羔皮爲之。臣下從祀冠服，歷代所尚，其制不同。集議得依宗廟見用冠服制度。

凡獻官、諸執事行禮，俱衣法服。惟監察御史二，冠獬豸，服青綬。凡迎香、讀祝及祀日遇陰雨，俱衣紫羅公服。六品以下皆得借紫。

士庶服飾

綜述

元・佚名《元典章》卷二九《禮部卷之二・服色》 秀才祭丁，當備唐巾襴帶。至元十年二月，中書，吏、禮部承奉中書省判送，大司農御史中丞兼領侍儀司呈：至聖文宣王，用王者之禮樂，御王者之衣冠，南面當坐。天子供祠，其於萬世之絶尊，千載之通祀者，莫如吾夫子也。切見外路官員，提學、教授，每遇春秋二丁，不變常服，以供執事，於禮未宜。及照得漢、唐以來，祭文廟，享祖稷，無非具公服，執手板，行諸祭享之禮。且鄉人儺，孔子猶朝服而立於阼階，況先聖先師，安得不備禮儀者乎。釋、老二家，與儒一例。彼皆黄冠緇衣以别其徒，獨彼孔門衣服混然，無以異於常人者。自今以往，擬合令執事官員，各依品序穿著公服。外據陪位諸儒，亦合衣襴帶，冠唐巾，以行釋采之禮，似爲相應。批奉都堂鈞旨，送吏部議得，衣冠所以彰貴賤，表誠敬。況國家大祀先聖先師，不必援釋、老二家之例。凡預執事官員，及陪位諸儒，自當謹儀禮以行其事。參詳如准侍儀司所呈，似爲相應，乞賜遍行合屬，春秋二丁，除執事官已有各依品序製造公服外，據陪位諸儒，自備襴帶、唐巾，以行釋菜之禮。呈奉都堂鈞旨：送本部就牒翰林院議擬，回准牒該照得貴部所擬，是爲相應。呈奉都堂鈞旨，送本部准呈施行。

大德十年六月，湖廣行省准中書省咨，御史臺呈會驗。至元十年三月，吏部奉省判大司農御史中丞呈：至聖文宣王用王者禮樂，御王者衣冠，南面當坐。天子供祠，其於萬世之絶尊，千載之通祀者，莫如吾夫子也。春秋二丁，除執事官已有各依品序製造公服外，據陪位諸儒，自備襴帶、唐巾，以行釋菜之禮。牒翰林院議擬，相應呈奉都堂鈞旨，准呈行下合屬依上施行外，今見建康路學祭祀，陪位諸儒，未嘗置備襴帶、唐巾，乞賜遍行各道，一體施行。本臺看詳，自平江南以來，凡遇春秋朔望釋奠，諸儒各衣深衣，執事陪位，行之已久。考之於古，允協禮文，南北士服，宜從其便。具呈照詳得此，送據禮部呈，議得釋奠先聖，禮尚誠敬，除腹裏已有循行體制外，有江南路分合，令獻官與祭官員依品序各具公服，執事齋郎人員衣襴帶，冠唐巾行禮，陪位諸儒如准行臺所擬。南北士服，各從其便，於禮爲宜。具呈照詳，都省准擬咨，請依上施行。

又　娼妓服色。二款。至元五年十月，平陽路承奉中書右三部符文，該准中書省劄付，娼妓之家，多與官員、士庶同著衣服，不分貴賤。今擬娼妓各分等第穿著紫皂衫子，戴著冠兒。娼妓之家家長并親屬男子裹青頭巾。婦女帶抹子。俱要各各常川裹戴，仍不得戴笠子并穿著帶金衣服，及不得騎坐馬匹。違者許諸色人捉拿到官，將馬匹給付拿住的人爲主。仰行下各路總管府出榜，嚴切省諭，如有違犯之人，就便究治事。仰照驗速爲遍榜依上禁治施行。

至元八年，尚書省准中書省咨，今有忽都魯吾四業，先納傳奉聖旨，隨路娼妓不戴冠兒者，中書省家官人每行文書教戴去者。欽此。都省照得先爲娼妓之家，多與官員、士庶同著衣服，不分貴賤，已經行下出榜省諭去訖。據此，咨請欽依聖旨及已行事理施行。

紀事

元・拜柱《通制條格》卷九《衣服・服色》 至元八年正月，中書省照得娼妓之家，多與官員、士庶同著衣服，不分貴賤。擬將娼妓各分等第，穿皂衫子，戴角冠兒。娼妓之家長、親屬，裹青頭巾，婦女紫抹子，俱要各各常川穿戴。仍不得戴笠子，穿金衣服，騎坐馬匹，諸人捉拿到官，將馬給付吉人充賞。

服制服色

綜　述

元·拜柱《通制條格》卷九《衣服·服色》 延祐元年十二月，欽奉聖旨：節該諭內外百司大小官吏、軍民諸色人等，朕臨寶御，勵志儉勤，思與普天同臻至治。比年以來，所在士民，靡麗相尚，尊卑混淆，僭禮費財，朕所不取。貴賤有章，益明國制，儉奢中節，可阜民財。命中書省定立服色等第于後：

一、蒙古人并不在禁限，及見當怯薛諸色人等，亦不在禁限，惟不許服龍鳳文。龍謂王爪貳角者。

一、職官除龍鳳文外，壹品、貳品服渾金花，叁品服金答子，肆品、伍品服雲袖帶襴，陸品、柒品服陸花，捌品、玖品服肆花。職事散官從一高。繫腰。伍品以下許用銀并減鐵。

一、命婦。衣服壹品至叁品服渾金，肆品、伍品服金答子，陸品以下惟服銷金并金紗答子。首飾壹品至叁品許用金珠寶玉，肆品、伍品用金玉珍珠，陸品以下用金，惟耳環許用珠王。同籍不限親疏，期親雖别籍并出嫁同。【略】

一、內外有出身考滿應入流品見役人員，服用與玖品同。

一、授各投下令旨、鈞旨有印信見任勾當人員，亦與玖品同。

一、庶人，除不得服赭黄，惟許服暗花紵絲、絲紬、綾羅、毛毳，帽、笠不許飾用金玉，靴不得裁置花樣。首飾許用翠花并金釵鎞各一事，惟耳環用金珠碧甸，餘并用銀。【略】

一、諸職官，致仕與見任同，解降者依應得品級，不叙者與庶人同。

一、父、祖有官既没年深，非犯除名不叙之限，其命婦及子孫與見任同。

一、諸樂藝人等，服用與庶人同，凡承應粧扮之物不拘上例。

一、皂隸、公使人惟許服紬絹。

一、娼家出入，止服皂褙子，不得乘坐車馬，餘依舊例。

一、今後漢人、高麗、南人等投充怯薛者，並在禁限。

一、服色等第，上得兼下，下不得僭上。違者職官解見任，期年後降壹等叙，餘人決伍拾柒下。違禁之物，付告捉人充賞。有司禁治不嚴，從監察御史、肅政廉訪司糾治。御賜之物，不在禁限。

元·佚名《元典章》卷二九《禮部卷之二·服色》 文武品從服帶。至元二十四年閏二月，樞密院咨准中書省劄付來呈：軍官服色，未見定到體例，具呈照詳事，爲此送禮部與大常寺、翰林國史院官一同議得，故太保相公老的每商量來，奏准文資官定例三等服色，軍官再行定奪，今收附諸國數年所據軍官，擬合依隨朝官員一體製造，具呈照詳事，都省准呈除外，可照會依例施行。

一、公服俱右紝，上得兼下，下不得僭上。

一品紫羅服大獨科花，直徑五寸。

二品紫羅服小獨科花，直徑三寸。

三品紫羅服散答花，謂無枝葉，直徑二寸。

四品五品紫羅服小雜花，直徑一寸五分。

六品七品緋羅服小雜花，直徑一寸。

八品九品緑羅服無紋羅。

一、偏帶俱係紅鞓。

一品玉帶，二品花犀帶，三品、四品荔枝金帶，五品、六品、七品、八品、九品俱烏犀角帶。

貴賤服色等第。延祐二年二月，欽奉聖旨：諭內外百官大小官吏、軍民諸色人等，朕臨寶御，勵志儉勤，思與普天同臻至治。比年以來，所在士民糜麗相尚，尊卑混殽，僭禮費財，朕所不取。貴賤有章，國制儉奢中節，可阜民財，命中書省立定服色等第於後：

一、蒙古人不在禁限，及見當怯薛諸色人等亦不在禁限，惟不許服龍鳳文。龍謂五爪二角者。

一、職官除龍鳳文外，一品、二品服渾金花，三品服答子，四品、五品服雲袖帶襴，六品、七品服六花，八品、九品服四花，職事散官，從一高。繫腰，五品以下許用銀并減鐵。

一、命婦。衣服一品至三品服渾金，四品、五品服答子，六品以下惟服銷金并金紗答子。首飾一品至三品許用金珠寶玉，四品、五品金玉珍珠，六品以下用金，惟耳環用珠玉。同籍不限親疏，期親雖別籍并出嫁同。【略】

一、内外有出身考滿應入流、見役人員服用，與九品同。

一、授各投下令旨、鈞旨有印信見任人員，亦與九品同。

一、庶人除不得服赭黄，惟許服暗花注絲、絲紬、綾羅、毛毳，帽、笠不許飾用金玉，靴不得裁置花樣，首飾許用翠毛，並金釵、錍各一事，惟耳環用金珠碧甸，餘並用銀，酒器許用銀壺、瓶、臺盞、盂鏇，餘並禁止。帳幕用紗絹，不得赭黄。車輿黑油，齊頭平頂皂幔。

一、諸色目人除行營帳外，其餘並與庶人同。

一、諸職官致仕與見任同，解降者依應得品級不叙與庶人同。

一、父、祖有官，既没年深，非犯除名不叙之限，其命婦及子孫與見任同。

一、諸樂藝人等服用與庶人同，凡承應粧扮之物，不拘上例。

一、皂隸、公使人惟許服紬絹。

一、娼家出入，止服皂褙子，不得乘坐車馬，餘依舊例。

一、今後漢人、高麗、南人等，投充怯薛者，並在禁限。

一、服色等第，上得兼下，下不得僭上。違者職官解見任，期年後降一等叙，餘人決五十七下。違禁之物，付告捉人充賞。有司禁治不嚴，從監察御史、肅政廉訪司糾治，御賜之物，不在禁限。

提控都吏目公服。至元九年，中書、禮部：近據濮州申，本州如遇捧接詔赦，其提領、案牘，合無製造公服，乞照詳省部議得諸路摠管府并散府上、中、下州所設提領、按牘、都吏目，俱係未入流品人員，難擬製造公服。如遇行禮，權擬衣檀褐羅窄衫、黑角束帶、舒脚襆頭，呈奉中書省劄付准呈，仍遍行合屬，依上施行。

禮生公服。至元十年，中書、吏、禮部：河間路申爲定奪禮生公服事，本部議得各路禮生，不須創設，擬合於見設司吏内，不妨委差一名勾當外，據合穿公服，比及通行定奪以來，權擬穿茶褐羅窄衫、舒脚襆頭、黑角束帶。呈奉都堂鈞旨：准呈，送本部行下照會施行。

典史公服。大德七年十月二十一日，江西行省准中書省咨，該來咨江州路瑞昌縣典史范昇，照得先准都省咨，未入流品人員，權擬檀褐羅窄衫，烏角帶，舒脚襆頭。即目各處典史，擬於應得都吏目人員内選差，未審合無製造，咨請照驗，准此，送禮部呈。議得在前司縣典史，路府自行遷調，自今腹裏省部擬注，其江南者行省定奪，所據公服，雖無通例，却緣臣下致敬之儀，禮合嚴謹，如准製造，相應得此都省准擬，咨請行下合屬，依上施行。

巡檢公服。大德八年六月二十二日，江西省准中書省咨，禮部呈大名路備開州濮陽縣申，卜州鎮巡檢瓮古久牒，切見各處典史、都吏目製造檀褐羅窄衫，烏角帶，舒脚襆頭。在前司縣典史，路府自行遷調，自今腹裏省部擬注。所據公服，雖無通例，却緣臣下致敬之儀，理合嚴謹。都省准擬，照得都吏目即係祇受吏部劄付人員，卑職見受都省劄付充巡檢，合無一體製造公服相應，府司看詳。巡檢之名品，係流外之職，所掌從九品印信，專以警捕盗賊，不爲不重，合依前例，准令製造相應，然係通例，乞明降得此。本部議得腹裏江南巡檢與院務倉庫官，皆受省劄，行省劄付、吏部劄付，俱無公服，參詳比依提控、案牘、都吏目、典史例，製造相應。如蒙准呈，遍行以爲通例。具呈照詳得此。都省議得，除巡檢公服依准製造外，據院務、倉庫等官，近後定奪，咨請依上施行。

又 儒官服色。大德十年六月，湖廣行省准中書省咨，四川省咨，重慶路備全州儒學申學正塗慶安呈：近蒙州官詣學行香，仰卑學諸儒置備唐巾、襴帶。卑職尋思，今後春秋釋奠、天壽聖節行禮，諸儒各服唐巾、襴帶，學正師儒之官，却以常服列班陪拜，似無旌別，有失觀瞻。照得吏目、巡檢，俱蒙上司定例，製造服色。學正亦係省府設立人員，合無依上製造。府司看詳，路、府、州學正，亦受省劄人員，合無與巡檢、案牘、吏目、典史一體製造服色，咨請定奪。得此，送據禮部呈，參詳學正、學録、教諭，係師儒之職，俱受省部劄付，若與諸生同服，似失尊卑之序，合准所申，一體製造相應。都省准呈施行。

站官服色。延祐五年正月，江浙行省准中書省咨，來咨杭州路在城水站申，本站提領陳玉，比依院務官、典史、都目一體製造檀褐羅窄衫、烏角帶、舒脚襆頭穿用。本省看詳，合依院務等官一體製造相應，送禮部議得隨處站官，既受省部劄付，合用公服，如准江浙行省所擬比例製造相應。得此，都省准擬除外咨請依上施行

《元史》卷七八《輿服志一》 儀衛服色。交角襆頭，其制，巾後交折

其角。鳳翅襆頭，制如唐巾，兩角上曲，而作雲頭，兩旁覆以兩金鳳翅。學士帽，制如唐巾，兩角如匙頭下垂。唐巾，制如襆頭，而撱其角，兩角上曲作雲頭。控鶴襆頭，制如交角，金縷其額。花角襆頭，制如控鶴襆頭，兩角及額上，簇象生雜花。錦帽，制以漆紗，後幅兩旁，前拱而高，中下，後畫連錢錦，前額作聚文。平巾幘，黑漆革爲之，形如進賢冠之籠巾，或以青，或以白。武弁，制以皮，加漆。甲騎冠，制以皮，加黑漆，雌黄爲緣。抹額，制以緋羅，綉寶花。巾，制以絁，五色，畫寶相花。兜鍪，制以皮，金塗五色，各隨其甲。襯甲，制如雲肩，青錦質，緣以白錦，衷以氈，裏以白絹。雲肩，制如四垂雲，青緣，黄羅五色，嵌金爲之。裲襠，制如衫。襯袍，制用緋錦，武士所以裼裲襠。士卒袍，制以絹絁，繪寶相花。窄袖袍，制以羅或絁。辮線襖，制如窄袖衫，腰作辮線細摺。控鶴襖，制以青、緋二色錦，圓答寶相花。窄袖襖，長行輿士所服，紺緅色。樂工襖，制以緋錦，明珠琵琶窄袖，辮線細摺。甲，覆膊、掩心、扞背、扞股，制以皮，或爲虎文、獅子文，或施金鎧鎖子文。臂鞲，制以錦，緑絹爲裏，有雙帶。錦螣蛇，束麻長一丈一尺，裹以紅錦。束帶，紅鞓雙獺尾，黄金塗銅胯，餘同腰帶而狹小。絛環，制以銅，黄金塗之。汗胯，制以青錦，緑以銀褐錦，或繡撲獸，間以雲氣。行縢，以絹爲之。鞋，制以麻。鞾鞋，制以皮爲履，而長其鞠，縛於行縢之內。雲頭鞾，制以皮，幫嵌雲朵，頭作雲象，鞾束于脛。

紀事

元·拜柱《通制條格》卷九《衣服·服色》 大德元年三月十二日，中書省：奏街市賣的段子，似上位穿的御用大龍，則少壹箇爪兒，肆箇爪兒的織著賣有。奏呵，暗都剌右丞相、道興尚書兩箇欽奉聖旨：胸背龍兒的段子織呵，不礙事，教織者似咱每穿的段子織纏身大龍的。完澤根底説了，隨處遍行文書禁約，休教織者。

佩戴用品

綜述

元·王惲《秋澗集》卷八四《烏臺筆補》《論品官懸帶弓箭事狀》：竊見國家往年禁斷弓箭，事久弊生，中間似有未盡者。今體訪得軍户、幹脱、弓手、打捕、回回等人，皆得懸帶，而外任三品至七品以下官員，皆不許懸帶。據上項官員，重則控制數州，小則肅清百裏，其間懸佩符命，赴任在官，往返道路，緩急有虞，無寸刃隻矢以禦强暴，是國家命官不若打捕等户之有備也。且此法之行止能禁絶良民，近年所在失事，多係挾持弓箭馬賊，其擅助賊威，奪去民救，莫此爲甚。

又卷九五《玉堂嘉話卷三》 唐《車服志》：帶駝尾，取順下之義。魚袋取其清潔，魚目不瞑，勤而不懈也。

《元史》卷七八《輿服志一》 笏，制以牙，上圓下方，或以銀杏木爲之。偏帶，正、從一品以玉，或花，或素。二品以花犀。三品、四品以黄金爲荔枝。五品以下以烏犀，並八胯，鞓用朱革，鞾以皂皮爲之。

紀事

元·拜柱《通制條格》卷二七《雜令·控鶴等服帶》 至元二十一年九月，中書省：宣徽院呈，議得控鶴除輪番上都當役外，據大都落後并還家人等，元關只孫襖子、裏肚、帽帶，官爲收掌。如遇承應，却行關取。舊只孫襖子、裏肚，不得將行貨賣。并織造只孫人匠，除正額織造外，無得附餘夾帶織造，暗遞發賣。如有違犯之人，嚴行治罪。及不係控鶴人等，若有穿繫裏肚、束帶，各處官司，盡數拘收。若有詐粧控鶴，搔擾官府、百姓之人，許諸人捉拿到官，嚴行懲戒。行下拱衛司，依上拘收禁約。都省准擬。

至元二十一年十二月，中書省：蒙古文字譯該，中書省官人每根底，伯顏言語：咱每根底行的祇候，繫著只孫裹肚、繫腰，定當外頭民户每有。麽道他每的裹肚、繫腰拘收來。如今諸王、諸子、官人每根底祇候，每繫著裹肚，繫腰，説咱每根底行的祇候，定當民户的一般。説有麽道，奏呵，安童根底説了，教行文字拘收者。一就休教繫者，麽道聖旨了也。欽此。

皇慶二年四月，中書省：禮部呈拱衛司呈，爲拿住私織上位祇候每一般只孫的人，奉聖旨：私織的人根底，和造假鈔一般有，教刑部家好生的問者。今後教省家遍行文字，除我根底，皇太后根底，更合穿的穿繫者，不合穿的，拿將來好生問，重要了罪過，休教穿繫者。麽道聖旨了也。欽此。

清·趙翼《陔餘叢考》卷三三《帽頂》 《輟耕録》記元大德間，有回回巨商賣紅剌石一塊於官，重一兩三錢，直中統鈔十四萬錠，用嵌帽頂上。累朝皇帝正旦及天壽節大朝賀則服用之。又河南王卜憐吉歹嘗郊行，天暖欲易涼帽，左右捧笠侍，風吹墮石上，跌碎御賜玉頂，王不嗔責。又有猴盜者，使所畜猴入人家竊物。在韶州旅邸服繡衣，琢玉爲帽頂。又《元史》，仁宗爲皇太子時，淮東宣慰使撒都獻七寶帽頂，却之。據此，則帽之有頂，元制已然，《遼史·重元傳》：興宗賜重元四頂帽、二色袍。則帽頂之制，并始於遼也。

彰功表德

綜　述

元·虞集《道園學古録》卷二三《句容郡王世績碑》 冬入朝，召至榻前親慰勞之，賜以白金百兩，金壺、盤、盂各一，白金甕一，椀十，金織衣段九，海東白鶻一。國家侍内宴者，每宴必各有衣冠，其制如一，謂之只孫，悉以賜之。

又 聚諸王軍，將問戰勝功狀，於是親王以下至於諸軍，咸以爲王功第一，無異辭。於是安西王與王衣一，鶻一，騾二十。晉王與王衣一，金椀二，獨峰駝四。而武皇命王尚雅忽禿楚王公主察吉兒，賞以尚衣貂裘。使者以功簿奏上，出御衣遣使臨賜之。詔曰：邊圉事重，少留鎮之。七年秋入朝，上親諭之，曰：自卿在邊累建大功，事績昭著，周飾卿身，以兼金猶不足，以盡朕意。遂賜御衣一，帽一，玉頂笠一，盤珠金衣一，履雙，珠三囊，黄金百兩，白金五百兩，鈔十萬貫，鶻一。拜驃騎衛上將軍、樞密副使、欽察親軍都指揮使、左衛親軍都指揮使、太僕少卿。賜其親軍萬人、鈔四千萬貫。

又 武皇納其説，即日南邁，以裕宗皇帝舊服玉花衣賜之，副以玉帶一，寶珠一，海東白鶻一，常御幄殿一，服用之具咸備。行至和林，又賜鈔五萬貫、衣段百。五月達上都，武宗皇帝即位，賜王尚服七，寶笠一，大寶珠衣一，盤珠衣一，黄金五百兩，白金五千兩，鈔二十五萬貫，先帝所御大武帳一，豹一，加賜公主珍寶尤厚。

紀　事

元·虞集《道園學古録》卷二三《句容郡王世績碑》 二十一年，賜金虎符，以河南等路蒙古軍子弟四千六百隸之，又賜尚方金貂裘帽、玉帶、青鶻。

又 二十八年，王奏哈剌赤之軍，數已盈萬，足以備用。詔賜珠帽、珠衣、玉帶、金帶、名鶻、細氅，縑素萬匹。

又 元貞元年春，還守北邊。二年秋，諸王從海都者皆來降，邊民驚動，王帥兵金山之玉龍海備之，資饋畢給民用不擾。親導岳木忽等主以朝，上解御衣以賜。

又 至大元年，遣使賜金衣三十，對衣千。二年，入朝封句容郡王，賜金印、玉手印一，七寶笠一，珠帽一，七寶帶一，玉帶一，七寶束帶一，黄金二百五十兩，白金一千五百兩，鈔一萬貫，鶻四，豹二。上曰：世祖征大理時所御武帳及所服珠寶之衣，今以賜卿，其勿辭。翌日，又以世祖所乘安輿賜王，上曰：以卿有足疾，故賜此。王叩頭泣涕，固辭而言曰：世祖所御之帳，所服之衣，固亦非臣所敢當，而乘輿尤非所宜蒙也，貪寵過當，臣實不敢。上顧左右曰：他人不知辭此。別命有司置馬轎賜之，俾得乘。至殿門下，仁宗在東宮，有衣帽、金寶之賜。太后又有加賜。還邊。仁宗皇帝即位，入朝，賜尚服衣一，襲金束帶一，黄金百兩，白金千兩，鈔五十萬，金對衣三十，金玉馬鞍一。太后加賜夏衣二十，鈔一十萬，氈帳一，穹廬十。

明代服飾制度部

皇帝服飾

綜　述

明・申時行等《明會典》卷六〇《禮部十八・冠服一》 國朝上下冠服，皆損益前代之制，具載《大明集禮》及《職掌》。嘉靖初，又釐正袞冕及朝祭等服，而武弁、燕弁、保和、忠静等冠服，特出創制，今備列焉。

皇帝冕服。 袞冕，凡祭天地、宗廟及正旦、冬至、聖節則服袞冕。見《職掌》。祭社稷、先農、册拜亦如之。見《集舊》。洪武十六年定，冕前圓後方，玄表纁裏。前後十二旒，每旒五采玉十二珠。五采繅十有二就，就相去一寸。紅絲組爲纓，黈纊充耳，玉簪導。 袞，玄衣黄裳，十二章，日、月、星辰、山、龍、華蟲六章，織在衣，宗彝、藻、火、粉米、黼、黻六章，綉在裳。白羅大帶，紅裏。蔽膝隨裳色，綉龍、火、山文。玉革帶，玉佩。大綬六采，赤、黄、黑、白、縹、緑。小綬三色，同大綬，間施三玉環。白羅中單，黻領，青緣襈。黄襪，黄舄，金飾。 二十六年定，袞冕十二章，冕，版廣一尺二寸，長一尺四寸，冠上有覆，玄表朱裏。前後各有十二旒，旒五采，玉珠十二。玉簪導，朱纓。 圭長一尺二寸。 袞，玄衣纁裳。衣六章，織日、月、星辰、山、龍、華蟲。裳六章，織宗彝、藻、火、粉米、黼、黻。 中單以素紗爲之。 紅羅蔽膝，上廣一尺，下廣二尺，長三尺，織火、龍、山三章。 革帶佩玉，長三尺三寸。 大帶，素表朱裏，兩邊用緣，上以朱錦，下以緑錦。 大綬六采，用黄、白、赤、玄、縹、緑織成，純玄質，五百首。 小綬三色，同大綬，間織三玉環。 朱襪，赤舄。 永樂三年定，冕冠十有二旒，冠以皂紗爲之。 上覆曰綖，桐板爲質。 衣之以綺，玄表朱裏。 前圓後方，廣一尺二寸，長二尺四寸。用周尺。 前後各十有二旒，每旒各五采繅十有二就，貫五采玉珠十二，赤、白、青、黄、黑相次。 以玉衡維冠，玉簪貫紐，紐與冠武開繫纓處，皆飾以金，綖以左右垂黈纊充耳。用黄玉。 繫以玄紞，承以白玉瑱、朱紘。 玉圭，長一尺二寸。 剡其上，刻山四，蓋周鎮圭之制。以黄綺約其下，别以袋韜之，金龍文。

袞服十有二章，玄衣八章，日、月、龍在肩，星辰、山在背，火、華蟲、宗彝在袖，每袖各三。皆織成，本色領褾襈裾。 纁裳四章，織藻、粉米、黼、黻各二。前三幅，後四幅，前後不相屬。 共腰有襞積，本色綼裼。 中單以素紗爲之，青領褾襈裾，領織黻文十三。 蔽膝隨裳色，四章，織藻、粉米、黼、黻各二。 本色緣，有紃施于縫中，其上玉鈎二。 玉佩二，各用玉珩一，瑀一，琚二，衝牙一，璜二。 瑀下有玉花，玉花下又垂二玉滴，瑑飾雲龍文，描金。自珩而下繫組五，貫以玉珠，行則衝牙二滴與璜相觸有聲。 其上金鈎二，有二小綬，六采，以副之。 六采，黄、白、赤、玄、縹、緑，纁質。 大帶，素表朱裏。 在腰及垂皆有綼，上綼以朱，下綼以緑，紐約用素組。 大綬六采，黄、白、赤、玄、縹、緑，纁質。 小綬三色同大綬，間施三玉環，龍文，皆織成。 襪、舄皆赤色，舄用黑絇純，以黄飾舄首。 嘉靖八年定，冠制，以圓匡烏紗冒之。冠上有覆板，長二尺四寸，廣二尺二寸。 玄表朱裏，前圓後方。 前後各七采玉珠十二旒，以黄、赤、青、白、黑、紅、緑爲之。 玉珩，玉簪導，朱纓，青纊充耳，綴以玉珠二。 凡尺皆以周尺爲度。 衣玄色，凡織六章，日月在肩，各徑五寸。 星山在後，龍、華蟲在兩袖。 長不掩裳之六章。 裳黄色，爲幅七，前三幅，後四幅，連屬如帷。 凡綉六章，分作四行。 火、宗彝、藻爲二行。 米、黼、黻爲二行。 中單素紗爲之。 青緣領，織黻文十二。 蔽膝隨裳色，羅爲之。 上綉龍一，下綉火三，繫于革帶。 大帶，素表朱裏。 上緣以朱，下以緑，不用錦。 革帶，前用玉，其後無玉，以佩綬繫而掩之。 圭，白玉爲之，長尺二寸。 剡其上，下以黄綺約之。 上刻山形四，盛以黄綺囊，藉以黄錦。 朱襪，赤舄。 黄縧緣，玄纓結。

皮弁服。 凡朔望、視朝、降詔、降香、進表四夷朝貢、朝覲則服皮弁服。見《集禮》。 嘉靖間，令祭太歲山川等神皆服，洪武二十六年定，皮弁，用烏紗冒之，前後各十二縫，每縫中綴五采玉十二以爲飾。 玉簪導，紅組纓，其服絳紗衣。 蔽膝隨衣色，白玉佩，革帶，玉鈎艓，緋白大帶。 白襪，黑舄。 永樂三年定，皮弁，用黑紗冒之，前後各十二縫，其中各綴五采玉十二。 縫及冠武并貫簪繫纓處，皆飾以金。 玉簪、朱紘纓。 玉以赤、白、青、黄、黑相次。 玉圭，長如冕服之圭，有脊并雙植文，剡其上，黄綺約其下。 及有韜，金龍文。 絳紗袍，本色領褾襈裾。 紅裳，如冕服内裳制，但不織章數。 中單以素紗爲之，如深衣制。紅領褾襈裾，領織黻文十三。蔽膝隨裳色，本色緣，有玉鉤二。玉佩、大帶、大綬、襪、舃，俱如冕服內制。

常服。洪武三年定。常服，烏紗，折角向上巾。盤領窄袖袍。束帶，間用金玉、琥珀、透犀。永樂三年定，冠以烏紗冒之。折角向上今名翼善冠。袍，黃色。盤領窄袖。前後及兩肩各金織盤龍一，帶用玉，靴以皮爲之。

武弁服。國初行親征、遣將禮則服武弁，乘革輅，其制未詳。詳定自嘉靖初年始。嘉靖八年定，弁，上鋭，色用赤。上十二縫，中綴五采玉，落落如星狀。韎衣、韎裳、韎韐俱赤色，如常制。佩綬革帶，如常制。佩綬及韎韐，俱上繫于革帶。舃如其裳之色。玉圭，視鎮圭差小，剡上方下，有篆文曰討罪安民。

燕弁冠服。嘉靖七年定。冠如皮弁之制，以烏紗冒之，分十有二瓣，各以金綫壓之。前飾五采玉雲各一，後列四山。朱絛爲組纓，雙玉簪。服如古玄端之制。身用玄，邊緣以青。兩肩綉日月，前蟠圓龍一，後蟠方龍二，邊加龍文八十一。領與兩袪，共龍文五九。衽同前後齊，共龍文四九。襯用深衣之制，黃色。袂圓袪方，下齊負繩及踝十二幅。素帶，朱裏青表，緑緣邊，腰圍飾以玉龍九片。履玄爲之，朱緣，紅纓，黃結。襪用白。

明·張鹵《明制書》卷四《諸司職掌·冠服》 皇帝冕服。衮冕十二章。冕版廣一尺二寸，長二尺四寸，冠上有覆，玄表朱裏，前後各有十二旒，旒五采玉珠十二，玉簪導，朱纓。圭長一尺二寸。玄衣，纁裳。衣六章，織日，月，星辰，山，龍，華蟲。裳六章，織宗彝、藻、火、粉米、黼、黻。中單以素紗爲之。紅羅蔽膝，上廣一尺，下廣二尺，長三尺，織火、龍、山三章。革帶佩玉，長三尺三寸。大帶，素表朱裏，兩邊用緑，上以朱錦，下以緑錦。大綬六采，用黃、白、赤、玄、縹、緑織成，純玄質，五百首。小綬三色，同大綬，間織三玉環。朱襪，赤舃。祭天地、宗廟及正旦、冬至、聖節則服之。

又 皮弁服。皮弁服，其皮弁用烏紗冒之，前後各十二縫，每縫中綴五采玉十二以爲飾。玉簪導，紅組纓。其服絳紗衣，蔽膝隨衣色，白玉佩、革帶，玉鉤𩍐，緋白大帶，白襪，黑舃。

明·史玄《舊京遺事》卷一 皇上所御冠，向以內府監局成造。烈皇儉德，每冠只用金箔胡同巾肆製用。冠如晉冠，飾兩金龍以爲異。宮中小皇子，舊制戴玄青縐紗瓜瓣有頂圓帽，名瓜拉冠。烈皇時一概用金箔胡同冠也。

明·俞汝楫《禮部志稿》卷一八《儀制司職掌·冠服》 國朝上下冠服，具載《大明集禮》及諸司《職掌》。嘉靖初，又釐正衮冕及朝祭等服，而武弁、燕弁、保和、忠靜等冠服特出創制，今備列焉。

又《皇帝冕服》 衮冕。凡祭天地、宗廟及正旦、冬至、聖節則服衮冕。見《職掌》。祭社稷、先農、册拜亦如之。見《集禮》。洪武十六年定冕前圓後方，玄表纁裏，前後十二旒，每旒五采玉十二珠，五采繅有十二就，相去一寸，紅絲組爲纓，黈纊充耳，玉簪導。衮，□衣黃裳，十二章，日、月、星辰、山、龍、華蟲六章織在衣，宗彝、藻、火、粉米、黼、黻六章綉在裳。白羅大帶，紅裏。蔽膝隨裳色，繡龍、火、山、文。玉革帶。玉佩。大綬六采，赤、黃、黑、白、縹、緑。小綬三色，同大綬，間施三玉環。白羅中單，黻領青緣襈。黃襪、黃舃，金飾。二十六年定衮冕十二章。冕，版廣一尺二寸，長二尺四寸。冠上有覆，玄表朱裏。前後各有十二旒，旒五采，玉珠十二。玉簪導，朱纓。圭長一尺二寸。衮，玄衣纁裳。衣六章，織日、月、星辰、山、龍、華蟲。裳六章，織宗彝、藻、火、粉米、黼、黻。中單以素紗爲之。紅羅蔽膝，上廣一尺，下廣二尺，三寸，織火、龍、山三章。革帶，珮玉長三尺三寸。大帶，素表朱裏，用緣，上以朱錦，下以緑錦。大綬六采，用黃、白、赤、玄、縹、緑織成，純玄質，五百首。小綬三色同大綬，間織三玉環。朱襪，赤舃。永樂三年定冕冠十有二旒。冠以皂紗爲之，上覆曰綖，桐板爲質。衣之以綺，素表朱裏，前圓後方。廣一尺二寸，長二尺四寸。用周尺。前後各十有二旒，每旒各五采，繅十有二就，貫五采玉珠十二，赤、白、青、黃、黑相次。以玉衡維冠，玉簪貫紐，紐與冠武玄并繫纓處，皆飾以金。綖以左右垂黈纊充耳，用黃玉。繫以玄紞，承以白玉瑱、朱紘。玉圭，長一尺二寸，剡其上，刻山四，蓋周鎮圭之制，以黃綺約其下，別以袋韜之，金龍文。衮服十有二章。玄衣八章，日、月、龍在肩，星辰、山在背，火、華蟲、宗彝在袖。每袖各三。皆織成。本色領褾襈裾。纁裳四章，織藻、粉米、黼、黻各二。前三幅，後四幅，前後不相屬。共腰有襞積，本色綼錫。中單以素紗爲之。青領褾襈裾，領織文十三。蔽膝隨裳色，四章，織藻、粉米、黼、黻各二。本色緣有紃施于縫中，其上玉鉤二，玉珮二，各用玉珩一，瑀一，琚二，衝牙一，璜二。瑀下有玉花，下垂玉花，下又垂二玉滴。瑑飾雲龍文，描金。自珩而下，繫組五，貫以玉珠，行則衝牙二滴，與璜相觸有聲。其上金鈎二。有二小綬，六綵，以副之。六采，黄、白、赤、玄、縹、緑，纁質。大帶，素表朱裏。在腰及垂皆有紳，上紳以朱，下紳以緑。紐約用素組。大綬六采，黄、白、赤、玄、縹、緑，纁質。小綬三色同大綬，間施三玉環，龍文，皆織成。襪、舄皆赤色。舄用黑絇純，以黄飾舄首。

嘉靖八年定，冠制以圓匡烏紗冒之，冠上有覆板，長二尺四寸，廣二尺二寸。玄表朱裏，前圓後方。前後各七采玉珠十二旒，以黄、赤、青、白、黑、紅、緑爲之。玉珩、玉簪導、朱纓，青纊充耳，綴以玉珠二。凡尺皆以周尺爲度。衣玄色，凡織六章，日月在肩，各徑五寸，星山在後，龍、華蟲在兩袖。長不掩裳之六章。裳黄色，爲幅七，前三幅，後四幅，連屬如帷。凡繡六章，分作四行，火、宗彝、藻爲二行，米、黼、黻爲三行。中單素紗爲之。青緣領，織黻文十三。蔽膝隨裳色，羅爲之，上繡龍一，下繡火三，繫于革帶。大帶，素表朱裏。上緣以朱，下以緑，不用錦。革帶，前用玉，其後無玉，以佩綬繫而掩之。圭，白玉爲之，長一尺二寸，剡其上，下以黄綺約之。上刻山形四，盛以黄綺囊，藉以黄錦。朱襪，赤舄，黄絛緣，玄纓結。

皮弁服。【略】洪武二十六年定，皮弁服，用烏紗冒之，前後各十二縫，每縫中綴五采玉十二以爲飾。玉簪導，紅組纓。其服絳紗衣。蔽膝隨衣色。白玉佩。革帶、玉鈎觿，緋白大帶。白襪，黑舄。永樂三年定，皮弁，用烏紗冒之，前後各十二縫，其中各綴五采玉十二，縫及冠武并貫簪繫纓處，皆飾以金。玉簪，朱紘纓。玉以赤、白、青、黄、黑，相次。玉圭，長如冕服之圭，有脊并雙植文剡其上，黄綺約其下，及有韜，金龍文。絳紗袍，本色領褾襈裾，紅裳，如冕服内裳制，但不織章數。中單以素紗爲之，如深衣制。紅領褾襈裾，領織黼文十三。蔽膝隨裳色，本色緣，有玉鈎二。玉佩、大帶、大綬、襪、舄，俱如冕服内制。

常服。洪武三年定，常服，烏紗折角向上巾，盤領窄袖袍。束帶，間用金玉、琥珀、透犀。永樂三年定冠，以烏紗冒之，折角向上。今名翼善冠。袍，黄色，盤領窄袖，前後及兩肩，各金織盤龍一。帶，用玉。靴，以皮爲之。

武弁服。國初行親征遣將禮，則服武弁。乘輅，其制未詳，定自嘉靖初年始。嘉靖八年定弁，上鋭，色用赤。上十二縫，中綴五采玉，落落如星狀。韎衣、韎裳、韎鞈俱朱色，如常制。佩、綬、革帶如常制。佩、綬及韎鞈，俱上繫于革帶。舄，如其裳之色。玉圭，視鎮圭差小，剡上方下。有篆文，曰討罪安命。

燕弁冠服。嘉靖七年定，冠，匡如皮弁之制，以烏紗冒之，分有十二瓣，各以金線壓之。前飾五采玉雲各一，後列四山。朱絛爲組纓，雙玉簪。服，如古玄端之制。身用玄，邊緣以青。兩肩繡日月，前蟠圓龍一，後蟠方龍二。邊加龍文八十一。領與兩袪，共龍文五九。衽同前後齊，共龍文四九。襯用深衣之制，黄色。袂圓袪方，下齊負繩及踝十二幅。素帶，朱裏青表，緑緣邊，腰圍飾以玉龍九片。履，玄爲之，朱緣，紅纓、黄結。襪用白。

明・徐一夔《明集禮》卷三九《冠服・乘輿冠服》 黄帝始作冕，垂旒，充纊，衣玄而裳黄。有虞氏乃有十二章之服，故《尚書》云：予欲觀古人之象，日、月、星辰、山、龍、華蟲、宗彝作繪，藻、火、粉米、黼、黻絺綉。六章畫於衣，六章繡於裳。周制，弁師掌王之五冕，司服掌王之六服。冕亦有六而曰五者，以大裘冕與衮冕同一冕制但無旒耳。祭昊天上帝則服大裘冕，祭五帝亦如之。大裘。用黑羊皮象天色也，玄冕無旒，朱裏，延紐。饗先王則服衮冕，冕十二旒，每旒十二玉繅，玉皆五采。玄衣纁裳，龍、山、華蟲、火、宗彝畫於衣，藻、粉米、黼、黻繡於裳。凡九章。衮，卷也，以畫卷龍爲首，故曰衮冕。饗先公則服鷩冕，冕九旒，旒十二玉繅，玉皆五采，玄衣纁裳，華蟲以下七章，三章在衣，四章在裳。以畫鷩雉爲首，故曰鷩冕。祀四望則服毳冕，冕七旒，旒十二玉繅，玉皆五采，玄衣纁裳，宗彝以下五章，三章在衣，二章在裳，以畫虎蜼爲首，故曰毳冕。祭社稷五祀則絺冕，冕五旒，旒十二玉繅，玉皆五采，玄衣纁裳，粉米以下三章，一章在衣，二章在裳，皆綉而無畫，故曰絺冕。祭群小祀則玄冕，冕三旒，旒十二玉繅，玉皆五采，玄衣纁裳，綉黻一章在裳，以衣無章，故曰玄冕。凡兵事則韋弁服，以韎韋爲弁，又以爲衣。眂内外朝則皮弁服，弁，會五采玉璂，象邸，玉笄，以十二升布爲衣，積素以爲裳。田獵則冠弁，弁，委貌也。其服緇布衣，亦積素爲裳。凶事則服弁服，喪冠也，其服斬衰、齊衰。弔事則服弁絰服。如爵弁而素，加環絰。燕居則服玄端。玄衣朱裳。

秦滅禮學，郊社服用皆以袀玄，冕旒前後邃延。漢高祖制長冠以入宗廟，至光武始祀天地明堂，皆冠旒冕，玄衣纁裳。明帝永平中，始備文十二章，刺繡文，其常服則用通天冠。高九寸，犀簪導。魏氏多因漢法，其所損益之制無聞。晉制，祀天、宗明堂以大冕，玄衣黄裳。祀太廟、正旦、大朝會，諸侯以法冕，玄衣絳裳，小會、宴享、送諸侯、臨軒、會王公以飾冕。紫衣紅裳。征伐、講武、校獵以綉冕，朱衣朱裳。耕稼、饗國子以紘冕。青衣青裳。聽政以通天冠。朱紗袍。齊因其制，郊廟則用平天冠服。舊衮服用織成，明帝以織太重，乃彩畫爲之，加金飾銀薄。臨朝則用通天冠、絳紗袍、皂緣中衣。拜陵則服黑介幘，舉哀臨喪則服白帢單衣。梁因制平天冠，衣畫，裳綉，十二章。素帶，朱裏，以朱緣裨飾其側，更名赤皮。韍爲韠，餘同舊制。其朝服則通天冠服，絳紗袍，皂緣中衣，黑舄。其釋奠先聖則皂紗袍，絳緣中衣，絳褲襪，黑舄。拜陵則箋布單衣。陳因梁制，務從節儉，應用織成及綉者，并用采畫。後周設司服之官，掌皇帝十二服。祀昊天上帝則用蒼衣，五方上帝則各隨方色，朝日則用青衣，祭皇地祇則用黄衣，夕月則用素衣，神州社稷則用玄衣。享先皇、加元服、納后、朝諸侯則用十二章。享諸先帝、食三老五更、耕籍田則用自龍以下九章。祀星辰、視朝、大饗群臣則用八章。群祀、臨太學、入道法門、燕射、養庶老、適諸侯家則用七章。巡兵、即兵則以韎韋爲衣裳，田獵則皮弁、白布衣、素裳。隋制，衮冕服祭祀天地及感生帝、明堂、五郊、雩、禘、封禪、朝日、夕月、宗廟、社稷、籍田、廟，遣上將、征還、飲至、加元服、納后、正旦受朝及臨軒拜王公則服之。冕□白珠十二旒，以組爲纓，色如其綬，黈纊充耳，玉笄，服玄衣纁裳，山、龍、華蟲、宗彝、火五章在衣，藻、粉米、黼、黻四章在裳，衣重宗彝，裳重黼黻，爲十二等，衣褾領織成升龍。白紗内單，黼領，青褾襈裾，革帶，玉鉤艓，大帶，素帶朱裏，紕其外，上以朱，下以緑。韍隨裳色，龍、火、山三章。鹿盧，玉具劍，火珠鏢首。白玉雙佩，黑組。雙大綬六采，黑、黄、赤、白、縹、緑，純黑質，長二丈四尺，五百首，廣一尺。小雙綬，長二尺六寸，色同大綬而首半之，間施三玉環。朱襪，赤舄，舄加金飾。通天冠，朔日受群臣朝及凡正旦大會、冬至大會、諸祭祀，還則服之。冠加金博山，附蟬十二首，施珠翠，黑介幘，玉簪導。絳紗袍，深衣製，白紗内單，皂領褾襈裾，絳紗蔽膝，白假帶，方心曲領，其革帶劍佩綬舄與上同。若未加元服，則雙童髻，空頂黑介幘，雙玉導，加寶飾。武弁服，凡講武、出征、搜狩、大射、禡類、宜社、賞祖、罰社、纂嚴則服之。金附蟬，平巾幘。黑介幘服，凡拜陵則服之。白紗單衣，烏皮履。白紗帽服，凡視朝、聽訟及宴見賓客則服之。白練裙襦，烏皮履。白帢服，凡舉哀則服之。白紗單衣，烏皮履。其宴私則著白高帽，其朔日受朝則服皮弁。用漆烏紗，前後兩傍如蓮葉，四面空處，又安拳花，頂上當縫，安金梁，梁上加真珠十二，犀簪導。其常聽朝則服赭黄袍。文綾爲之，烏紗折上巾，六合靴。唐制十有四等。大裘冕者，祀天地之服也。廣八寸，長一尺二寸，以板爲之，黑表纁裏，無旒，金飾，玉簪導，組帶爲纓，色如其綬，黈纊充耳。大裘，繒表，黑羔表爲緣，纁裏，黑領褾襟緣，朱裳。白紗中單，皂領青褾襈裾，朱襪，赤舄。鹿盧，玉具劍，火珠鏢首，白玉雙珮，黑組，大雙綬，黑質，黑、黄、赤、白、縹、緑爲純，以備天地四方之色，廣一尺，長二丈四尺，五百首，紛廣二寸四分，長六尺四寸，色如綬。又有小雙綬，長二尺六寸，色如大綬，而首半之，間施三玉環。革帶以白皮爲之，以屬佩綬印章鞶囊，亦曰革帶，博三寸半，如金鐻，玉鉤艓。大帶以素爲之，以朱爲裏，在腰垂皆有裨，上以朱錦，貴正色也，下以緑錦，賤間色也，博四寸。鈕約，貴賤皆用青組，博三寸。黼，以繒爲之，隨裳色也，上廣一尺以象天數，下廣二尺以象地數，長三尺，朱質，畫龍、火、山三章，以象三才，其頸五寸，兩角有肩，廣二寸，以屬革帶。衮冕者，踐祚、享廟、征還、遣將、飲至、加元服、納后、元日受朝賀、臨軒冊拜王公之服也。廣一尺二寸，長二尺四寸，金飾，玉簪導，垂白珠十二旒，朱絲組帶爲纓，色如綬。深青衣纁裳，十二章，日、月、星、辰、山、龍、華蟲、火、宗彝八章在衣，藻、粉米、黼、黻四章在裳。衣畫裳綉，以象天地之色也。自山、龍以下，每章一行爲等，每行十二。衣褾領畫以升龍。白紗中單，黻領青褾襈裾，韍繡龍、山、火三章。舄加金飾。鷩冕者，有事遠主之服也。八旒七章，華蟲、火、宗彝三章在衣，藻、粉米、黼、黻在裳。毳冕者，祭海岳之服也。七旒五章，宗彝、藻、粉米在衣，黼、黻在裳。絺冕者，祭社稷、饗先農之服也。六旒三章，絺粉米在衣，黼、黻在裳。玄冕者，蠟祭百神、朝日夕月之服也。五旒，裳刺黼一章。自衮冕以下，其制一也，簪導、劍、佩、綬皆同。通天冠者，冬至受朝賀、祭還、燕群臣、養老之服也。二十四梁，附蟬十二首，施朱翠，金博山，黑介幘，組纓，翠玉，犀簪導，絳紗袍，朱裏，紅羅裳。白紗中單，朱領褾襈裾，白裙襦，絳紗蔽膝，白羅方心曲領，白襪，黑舄。白假帶，其制垂二緣帛以變祭服之大帶。天子未加元服，以空頂黑介幘，雙童髻，雙玉導，加寶飾。緇布冠者，始冠之服也。五梁。武弁者，講武、出征、搜狩、大射、禡類、宜社、賞祖、罰社、纂嚴之服也。有金附蟬，平巾幘。弁服者，朔日受朝之服也。以鹿皮爲之，有襻以持髪，十有二琪，玉簪導。絳紗衣，素裳。白玉雙佩。革帶之後有鞶囊，以盛小雙綬。白襪，烏皮履。黑介幘者，拜陵之服也。無飾。白紗單衣，白裙襦，革帶。素襪，烏皮履。白紗帽者，視朝、聽訟、宴見賓客之服也。以烏紗爲之，白裙襦，白襪，烏皮履。平巾幘者，乘馬之服也。金飾，玉簪導，冠支以玉。紫褶白袴。玉具裝珠寶鈿帶，有靴。白帢者，臨喪之服也。白紗單衣，烏皮履。宋天子之服有七。大裘冕者，祀天之服也。太祖開寶初，服大裘祀天，以黑羔皮爲之，其冕無旒。神宗元豐中，用陸佃議，冬祭則用裘而加衮冕十二旒，夏祭則去裘而服衮冕。哲宗時用何洵直議，以黑繒制裘，領袖用羔皮，而以衮爲齋服。中興以後，亦用黑繒制衮，而以衮襲之冕，亦十有二旒。衮冕者，祭天地宗廟、受册尊號、元日受朝、册拜之服也。冕廣一尺二寸，長二尺四寸，前後垂白珠十有二旒，以組爲纓，色如其綬，黈纊充耳，玉簪導。玄衣纁裳，十二章，八章在衣，日、月、星辰、山、龍、華蟲、火、宗彝；四章在裳，藻、粉米、黼、黻，衣褾領爲升龍，皆織就爲之。山龍以下每章一行，重以爲等，每行十二。白紗中單，黼領，青褾襈裾。蔽膝加龍、山、火三章。革帶，玉鈎觽。大帶，素帶朱裏，紕其外，上朱，下緑，紐約用組。鹿盧，玉具劍，大珠標首。白玉雙佩，玄組。雙大綬六采，玄、黄、赤、白、縹、緑，純玄質，長二丈四尺五寸，首廣一尺。小雙綬，長二尺六寸，色同大綬而首半之，間施三玉環。朱襪，赤舄，加金飾。通天冠者，正旦宴會、冬至朝賀、五月朔視朝、大祭祀致齋、親耕籍田之服也。冠二十四梁，犀簪導，紅絲組帶，金鈒花，鈿以珠寶，施博山，附蟬。絳紗袍，以紅金條紗織成，龍文紅裏，皂褾襈裾。白羅中單，紅羅蔽膝，紅羅裏織文與袍同。紅羅裙，紅紗裏。白羅方心曲領，餘同冕服之制。履袍者，四孟朝獻景靈宫、郊祀明堂、詣宫宿廟、進胙上壽兩宫及端門肆赦之服也。袍以絳羅爲之，折上巾，通犀金玉帶。繫履則曰履服，靴則曰靴袍，皆用黑革。衫袍者，大宴及常朝之服也。大宴服赭黄袍衫，玉裝紅束帶，皂紋靴。常朝服赭黄淡黄褛袍，紅衫袍，皆皂紗折上巾，通犀金玉環帶。窄袍者，便坐視事之服也。巾、帶如衫袍，或禦烏紗帽。御閲服者，大閲之服也。以金裝甲，乘馬。其後殿早講則服帽子，紅袍，玉束帶，晚講則服頭巾，背子。此嘉定講筵之制。其圭、笏之制，則宋初大祭祀、大朝會皆執玉。至元豐，禮官議云：《周禮》王執鎮圭，釋者謂祭天地宗廟及朝日夕月則執之，若朝覲，諸侯授玉于王，王受玉撫玉而已。《考工記》：天子執冒四寸以朝諸侯。蓋天子以冒圭斜刻之處，冒諸侯之圭，以齊瑞信也。未有臨臣子而執鎮圭者。《唐六典》：殿中監掌服御之事，凡大祭祀則搢大圭，執鎮圭，大朝會不言執圭。請自今親祠郊廟，搢大圭，執鎮圭。奉祀之時，既接神再拜，則奠鎮圭爲贄，執大圭爲笏。從之。元祐制，鎮圭、大圭皆長一尺二寸，博三寸。中興，仍舊制，大祭祀執大圭以爲笏，上太上皇、皇太后册寶亦如之。元制，祀天則服大裘而加衮。其冕無旒。正旦、聖節朝賀以常服，不被衮冕，惟祀宗廟則服之。其制，冕以漆紗，上覆曰綖，青表朱裏。綖之四周匝以雲龍，冠之口圍以真珠。綖之前後旒各十二，以真珠爲之。綖之左右繫黈纊二，繫以玄紞，承以玉瑱，纊色黄，絡以珠。冠之周圍珠雲龍網結通翠柳調珠。綖上横天河帶一，左右至地，珠鈿窠網結翠柳朱絲組二，屬諸笄爲纓，絡以翠柳調珠，簪以玉爲之，横貫于冠。服以青羅，飾以生色銷金帝星，日、月、山、龍、華蟲、火、虎蜼。裳以緋羅，飾以文繡，藻、粉米、黼、黻。白紗中單，緋羅蔽膝，白玉雙佩，緋白羅大帶。納石失綬，上有三小玉環，下有青絲網。紅羅高勒韈、紅綾襪，納石失履。内庭大宴則服質孫。質孫者，漢言一色服也。冬之服凡十有一等，服納石失怯綿裏。納石失者，金錦也。怯綿裏者，剪茸也。則冠金錦暖帽。服大紅、桃紅、紫、藍、緑寶裏，則冠七寶重頂冠。寶裏者，服之有襴者也。服紅黄粉皮，則冠紅金荅子暖帽。服白粉皮，則冠白金荅子暖帽。服銀鼠，則冠銀鼠暖帽。其上並加銀鼠比肩。比肩者，俗稱曰襻子荅護。夏之服凡十有五等，服荅納都納石失，則冠寶頂金鳳鈸笠。都納石失者，綴大珠於金錦。服速不都納石失，則冠珠子捲雲冠。都納石失者，綴小珠於金錦。服納石失，則帽亦如之。服大紅珠寶裏紅毡子荅納，則冠珠緣邊鈸笠。白毛子金絲寶裏，則冠白藤寶貝帽。服駝褐毛子，則帽亦如之。服大紅、緑、藍、銀褐、棗褐、金繡龍五色羅，則冠金鳳頂笠，各隨其服之色。服金龍青羅，則冠金鳳頂漆紗冠。服珠子褐七寶珠龍荅子，則冠黄牙忽寶貝珠子帶後檐帽。服青速夫金絲闌子，則冠七寶漆紗帶後檐帽。速夫者，回回毛布之精者也。其常服則服本俗衣冠。國朝，祀天不用大裘，但服衮冕，其祭天地、宗廟、社稷、先農及正旦、冬至、聖節、朝會、册拜皆服衮冕，玄衣纁裳。其制，冕，板廣一尺二寸，長二尺四寸，冠上有覆，玄表朱裏，前後各十有二旒，每旒五采玉珠十二，玉簪導，朱纓。衣六章，畫日、月、星辰、山、龍、華蟲。裳六章，繡宗彝、藻、火、粉米、黼、黻。中單以素紗爲之。紅羅蔽膝，上廣一尺，下廣二尺，長三尺，繡龍、火、山三章。革帶佩玉，長三尺三寸。大帶，素表朱裏，兩邊用緣，上以朱錦，下以緑錦。大綬六采，黄、白、赤、玄、縹、緑，純玄質，五百首。小綬三色同大綬，間施三玉環。朱襪，赤舄。其朔望視朝、降詔、降香、進表，四夷朝貢、朝覲，則服皮弁。其制，用烏紗冒之，前後各十二縫，每縫中綴五采玉十二以爲飾，玉簪，紅組纓。其服絳紗衣，及蔽膝隨衣色，白玉佩，革帶，玉鈎觽，緋白大帶，白襪，黑舄。其常服，則烏紗折角向上巾，盤領窄袖袍，束帶，間用金玉琥珀透犀。

明・王圻《三才圖會・衣服》卷二　御用冠服。國朝祀天不用大裘，但服衮冕，其祭天、地、宗廟、社稷、先農及正旦、冬至、聖節、朝會、册拜，皆服衮冕，玄衣纁裳。其制，冕，板廣一尺二寸，長二尺四寸，冠上有覆，玄表朱裏，前後各十有二旒，每旒五采玉珠十二。玉簪導，朱纓。衣六章，畫日、月、星辰、山、龍、華蟲。裳六章，繡宗彝、藻、火、粉米、黼、黻。中單以素紗爲之。紅羅蔽膝，上廣一尺，下廣二尺，長三尺，繡龍、火、山三章。革帶佩玉，長三尺三寸。大帶，素表朱裏，兩邊用緣，上以朱錦，下以緑錦。大綬六采，黄、白、赤、玄、縹、緑，純玄質，五百首。小綬三，色同大綬，間施三玉環。朱襪，赤舄。其朔望視朝、降詔、降香、進表，四夷朝貢、朝覲，則服皮弁。其制，用烏紗冒之，前後各十二縫，每縫中綴五采玉十二以爲飾。玉簪導，紅組纓。其服絳紗衣，及蔽膝隨衣色，白玉佩革帶，玉鉤觿，緋白大帶，白襪、黑舄。其常服，則烏紗折角向上巾，盤領窄袖袍，束帶，間用金玉琥珀透犀。

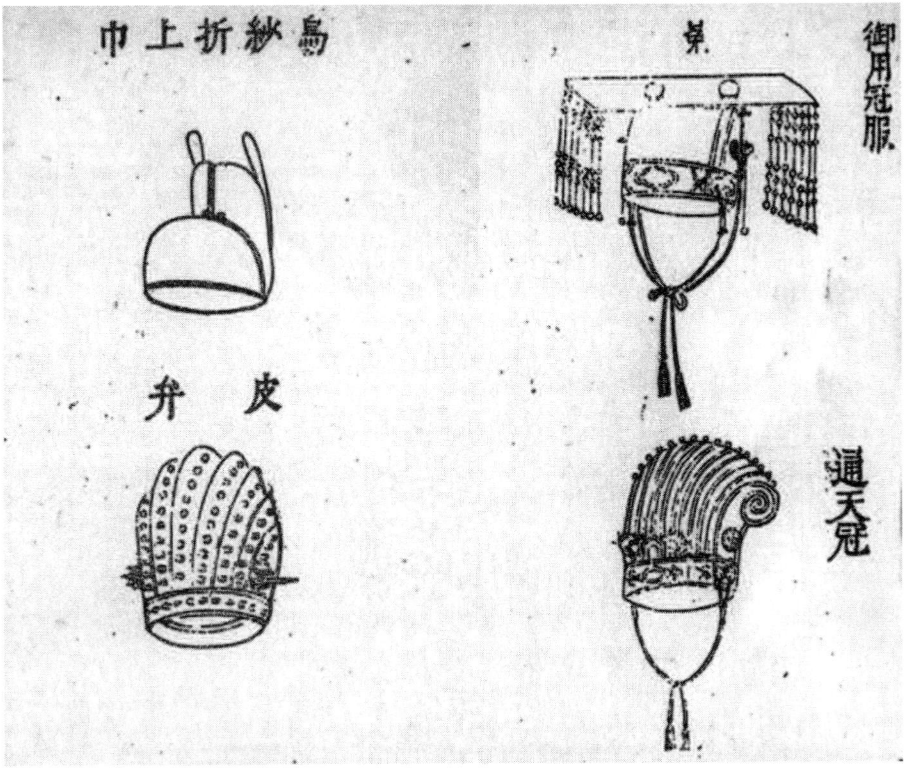

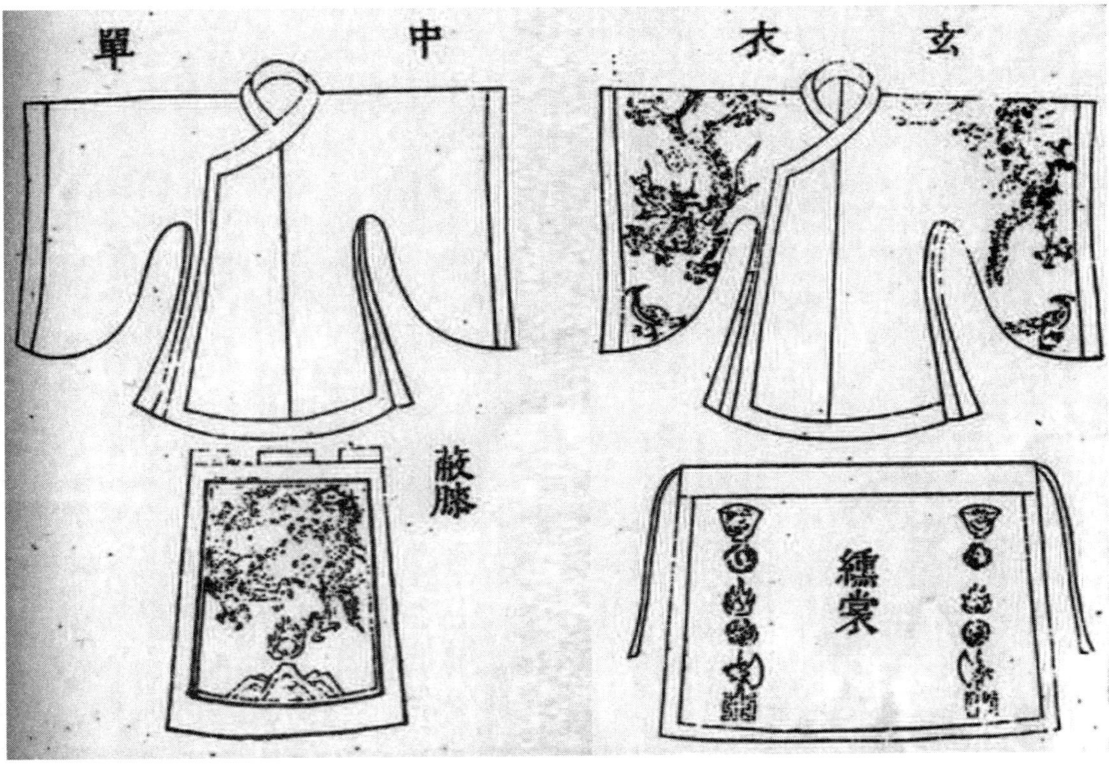

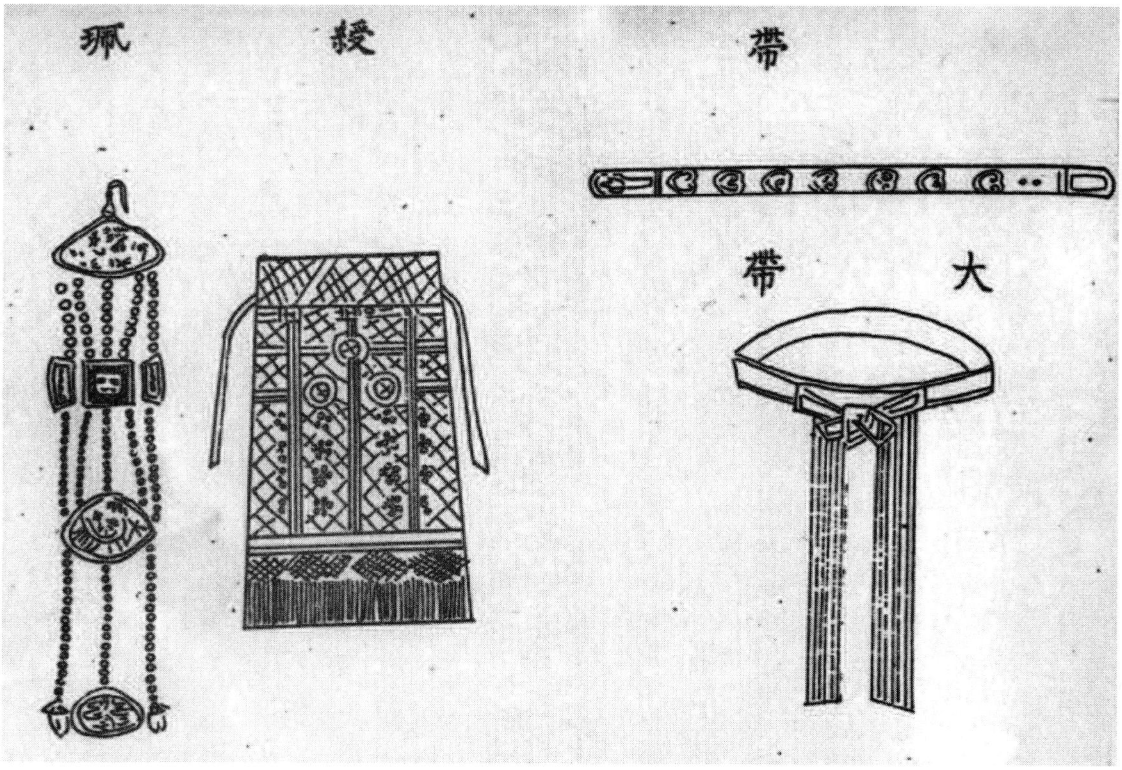
珮
綬
帶
大帶

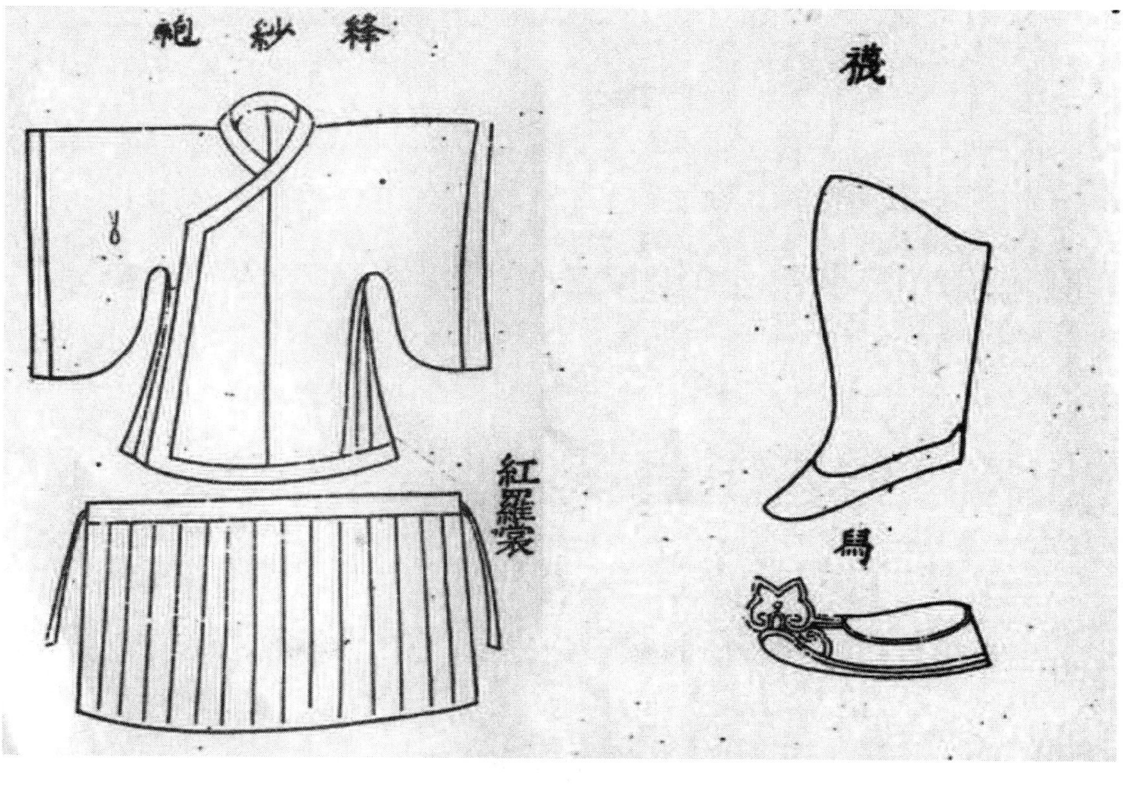
絳紗袍
紅羅裳
襪
舄

明・佚名《諸司職掌・禮部・冠服》 皇帝冕服。衮冕十二章。冕，版廣一尺二寸，長二尺四寸，冠上有覆，玄表朱裏。前後各有十二旒，旒五采，玉珠十二。玉簪導，朱纓，圭長一尺二寸，玄衣纁裳。衣六章，織日、月、星辰、山、龍、華蟲。裳六章，織宗彝、藻、火、粉米、黼、黻。中單以素紗爲之，紅羅蔽膝，上廣一尺，下廣二尺，長三尺，織火、龍、山三章。革帶佩玉，長三尺三寸。大帶，素表朱裏，兩邊用緣，上以朱錦，下以緑錦。大綬六采，用黄、白、赤、玄、縹、緑織成，純玄質，五百首。小綬三色，同大綬，間織三玉環。朱襪、赤舄。祭天地、宗廟及正旦、冬至、聖節則服之。皮弁服，其皮弁用烏紗冒之，前後各十二縫，每縫中綴五采，玉十二以爲飾，玉簪導，紅組纓。其服絳紗衣，蔽膝隨衣色，白玉佩革帶，玉鈎艓緋白大帶。白襪、黑舄。

清・傅維鱗《明書》卷七八《服璽志一》 衮冕，凡祭天地宗廟及正旦、冬至、聖節則服衮冕，祭社稷、先農，册拜亦如之。

洪武十六年定，冕，前圓後方，縠表纁裏。前後十二旒，每旒五采玉十二珠，五采繅十有二就，就相去一寸。紅絲組爲纓，黈纊充耳，玉簪導。衮，玄衣黄裳，十二章，日、月、星辰、山、龍、華蟲六章織在衣，宗彝、藻、火、粉米、黼、黻六章綉在裳。白羅大帶，紅裏。蔽膝隨裳色，綉龍、火、山文。玉革帶，玉佩。大綬六采，赤、黄、黑、白、縹、緑。小綬三，色同大綬，間施三玉環。白羅中單，黻領，青緣襈。黄襪、黄舄，金飾。

二十六年定，衮十二章。冕，版廣一尺二寸，長二尺四寸。冠上有覆，玄表朱裏，前後各有十二旒，旒五采玉珠十二，玉簪導，朱纓。圭長一尺二寸。衮，玄衣纁裳。衣六章，織日、月、星辰、山、龍、華蟲。裳六章，織宗彝、藻、火、粉米、黼、黻。中單以素紗爲之。紅羅蔽膝，上廣一尺，下廣二尺，長三尺，織火、龍、山三章。革帶佩玉，長三尺三寸。大帶，素表朱裏，兩邊用緣，上以朱錦，下以緑錦。大綬六采，用黄、白、赤、玄、縹、緑織成，純玄質，五百首。小綬三，色同大綬，間織三玉環。朱襪、赤舄。

永樂三年定，冕冠十有二旒。冠以皂紗爲之，上覆曰綖，桐板爲質，衣之以綺，玄表朱裏，前圓後方，廣一尺二寸，長二尺四寸。前後各十有二旒，每旒各五采，繅十有二就，貫五采玉珠十二，赤、白、青、黄、黑相次。以玉衡維冠，玉簪貫紐，紐與冠武并繫纓處，皆飾以金。綖以左右垂，黈纊充耳，用黄玉。繫以玄紞，承以玉瑱，朱紘。玉圭長一尺二寸，剡其上，刻山四，蓋周鎮圭之制。黄綺約其下，别以袋韜之，金龍文。

衮服十有二章。玄衣八章，日、月、龍在肩。星辰、山在背，火、華蟲、宗彝在袖，每袖各三，皆織成本色領襟襈裾。纁裳四章，織藻、粉米、黼、黻各二，前三幅，後四幅，前後不相屬，其腰有襞積，本色綼緆。中單以素紗爲之。青領褾裾，領織黻文十三。

蔽膝隨裳色，四章，織藻、粉米、黼、黻各二。本色緣，有紃，施於縫中。其上玉鈎二，玉佩二，各用玉珩一，瑀一，琚二，衝牙一，璜二。瑀下有玉花，玉花下又垂二玉滴，琢飾雲龍文描金。自珩而下繫組五，貫以玉珠。行則衝牙、二滴與璜相觸有聲。其上金鈎二，有二小綬六采以副之，六采，黄、白、赤、玄、縹、緑，纁質。大帶，素表朱裏，在腰及垂皆有綼，上綼以朱，下綼以緑，紐約用素組。大綬六采，黄、白、赤、玄、縹、緑，纁質。小綬三，色同大綬，間施三玉環，龍文，皆織成。襪，舄皆赤色，舄用黑絇純，以黄飾舄首。

嘉靖八年定，冠制，以圓匡烏紗冒之，冠上有覆板，長二尺四寸，廣二尺二寸。玄表朱裏，前圓後方，前後各七采玉珠十二旒，以黄、赤、青、白、黑、紅、緑爲之，玉珩，玉簪導，朱纓，青纊充耳，綴以玉珠二。凡尺，皆以周尺爲度。衣玄色，凡織六章。日月在肩，各徑五寸。星、山在後。龍、華蟲在兩袖，長不掩裳之六章。裳黄色，爲幅七，前三幅，後四幅，連屬如帷，凡綉六章，分作四行，火、宗彝、藻爲二行，米、黼、黻爲二行。中單素紗爲之，青緑領，織黻文十三。蔽膝隨裳色，羅爲之，上綉龍一，下綉火三，繫于革帶。大帶，素表朱裏，上緣以朱，下以緑，不用錦。革帶，前用玉，其後無玉，以佩綬繫而掩之。圭白玉爲之，長尺二寸，剡其上，下以黄綺約之，上刻山形四，盛以黄綺囊，藉以黄錦。朱襪、赤舄，黄縧緣，玄纓結。皇帝。皮弁服，凡朔望視朝、降詔、降香、進表、四夷朝貢、朝覲則服皮弁服。嘉靖間，命祭太歲、山川等神皆服。

洪武二十六年定，皮弁，用烏紗冒之，前後各十二縫，每縫中綴五采玉十二以爲飾，玉簪導，紅組纓。其服絳紗衣，蔽膝隨衣色，白玉佩革帶、玉鈎艓，緋大白帶。白襪、黑舄。

永樂三年定，皮弁，用黑紗冒之，前後各十二縫，其中各綴五采玉十二。縫及冠武及貫簪繫纓處，皆飾以金。玉簪，朱紘纓，玉以赤、白、青、黄、黑相次。玉圭長如冕服之圭,有脊并雙植文,剡其上,黄綺約其下,及有韜,金龍文。絳紗袍,本色領褾襈裾。紅裳,如冕服内裳制,但不織章數。中單以素紗爲之,如深衣制,紅領褾襈裾,領織黻文十三。蔽膝隨裳色,本色緣,有玉鈎二。玉佩、大帶、大綬、襪、舄,俱如冕服内制。

常服。洪武三年定常服,烏紗折角向上巾,盤領窄袖袍,束帶,間用金、玉、琥珀、透犀。永樂三年定冠以烏紗冒之,折角向上,今名翼善冠。袍黄色,盤領窄袖,前後及兩肩各金織盤龍一。帶用玉,靴以皮爲之。

武弁服。國初,行親征、遣將禮,則服武弁。乘革輅,其制未詳。詳定自嘉靖初年始。

嘉靖八年定弁,上鋭,色用赤,上十二縫,中綴五采玉,落落如星狀。韎衣、韎裳,韎韐,俱赤色,如常制。佩、綬、革帶,如常制。佩、綬及韎韐,俱上繫于革帶。舄如其裳之色。玉圭視鎮圭差小,剡上方,下有篆文,曰討罪安民。

燕弁冠服。嘉靖七年定冠匡如皮弁之制,以烏紗冒之,分十有二瓣,各以金綫壓之,前飾五采玉雲各一,後列四山,朱絛爲組纓,雙玉簪。服如古玄端之制,身用玄,邊緣以青,兩肩綉日月,前蟠圓龍一,後蟠方龍二,邊加龍文八十一,領與兩袪共龍文五九。衽同前後齊,共龍文四九。襯用深衣之制,黄色。袂圓袪方,下齊負繩及踝,十二幅。素帶,朱裏青表,緑緣邊,腰圍飾以玉龍九片。履玄爲之,朱緣、紅纓、黄結,襪用白。皇后冠服。皇后受册,謁廟,朝會服禮服,燕居則常服。

紀事

明・余繼登《典故紀聞》卷二 洪武三年六月,太祖以天久不雨,素服草履徒步出,詣山川壇,設藁席露坐。晝曝于日,頃刻不移,夜坐于地,衣不解帶。令皇后與妃親執爨,爲昔日農家之食。皇太子捧榼,雜麻麥菽粟以進,凡三日始還宫。仍齋宿于西廡,出内帑紗彩一萬四千匹賜將校,于常例外給軍士薪米。令法司决獄,復命有司訪求天下儒術深明治道者。遂大雨,四郊沾足。

又卷一七 嘉靖十四年秋,世宗諭禮部尚書夏言:朕宫左右小殿,東貯冕弁,西藏書史,欲懸以額,卿可擬名來聞。言擬左曰端凝,右曰懋勤以進。世宗覽而悦之,曰:卿所擬取端冕凝旒,懋學勤政,意義甚善。遂遣中使賜言白金彩幣。

明・郭正域《明典禮志》卷一八《冠服志》 皇帝衮冕。洪武元年二月,翰林院學士陶安等奏:古者天子五冕,祭天地、宗廟、社稷、諸神,各有所用,請製之。上曰:五冕禮太繁,今祭天地、宗廟則服衮冕,社稷等祀則服通天冠、絳紗袍,餘不用。元年十一月詔定:乘輿以下冠服之制,凡祭天地、宗廟,及正旦、冬至、聖節則服衮冕,祭社稷、先農,册拜亦如之。十六年,詔更定冕服之制。永樂三年重定。嘉靖八年五月,上疑冕弁未合典制,諭大學士張璁,以制有革帶之文,今何不見于用。璁對曰:按陳祥道《禮書》,古革帶、大帶,皆謂鞶。革帶以繫佩韍然後加以大帶,而笏搢于二帶之間。夫革帶前繫韍,後繫綬,左右繫佩。自古冕弁,未嘗不用之。今不用革帶,前後佩服,皆無所繫,遂附屬裳。要之間失古禮制矣。上曰:禮服不備,非齋明盛服之意。《會典》載蔽膝用羅上織火、山、龍三章,并大帶緑用錦,皆與今不合,且衣裳分上下,而今衣掩裳,裳制如帷幔,而今兩幅。朕意衣但當與裳要下齊,而露裳之六章,何如。已又諭:璁以更祖制,爲疑。璁對曰:臣考禮制,衣不掩裳,與聖意合。夫衣六章,裳六章,上下適均,自不容掩。考之《集禮》、《會典》與古不異。今衣八章,裳四章,衣常掩裳,國朝典籍皆無所見。内閣圖注,蓋因官司織造循習訛謬,今訂正之,乃爲復祖。上意决,因復諭璁曰:兹求至當,一一與卿訂定衣六章。古曰繪者畫也,今當織之。查國初冕服,日月各徑五寸,今當從之。日月在兩肩,星山在後,華蟲在兩袖仍玄色裳。六章,古曰綉,今從之。古色用黄,玄黄取象天地。今裳用纁,義無取,其從之古。其六章作四行,以火、宗彝、蜼虎、藻爲二行。米、黼、黻爲二行。革帶即束帶,後當用玉以佩綬繫之。蔽膝隨裳色,其綉上龍一,下火三,不用山。卿其詳議。璁以聖裁至當爲對。上乃諭内閣諸臣同考訂,于是大學士楊一清、桂萼、翟鑾,同禮部、翰林院詹事府禮科詳議太祖皇帝十二章之制:司造之官,徇習近訛,弗諳古義,遂至失真。

皇上博稽古典，遠會聖祖之心，不失乾坤之義，乞一一更正，萬代遵守。得旨：擇吉更正。各王府并内外文武官一體更正。冕，洪武十六年定。前圓後方，玄表纁裏，前後十二旒，每旒五采玉十二珠，五采繅十有二就，就相去一寸，紅絲組爲纓。黈纊充耳，玉簪導。

二十六年定冕版廣一尺二寸，長二尺四寸。冠上有覆，玄表朱裏。永樂三年定冠以皂紗爲之，上覆曰綖，桐板爲質。衣以錦綺。以玉衡維冠，玉簪貫紐，紐與冠武，并繫纓處，皆飭以金，係以玄紞，承以白玉瑱、朱紘。

嘉靖八年定冠制，以圓匡烏紗冒之，覆板廣二尺二寸，前後玉珠七采，十二旒，以黄、赤、青、白、黑、紅、緑爲之。玉珩、玉珠導，青纊充耳朱纓，綴玉珠二，尺以周尺爲度。

衮，洪武十六年定玄衣黄裳，十二章，日、月、星辰、山、龍、華蟲六章織在衣，宗彝、藻、火、粉米、黼、黻六章綉在裳。二十六年定玄衣纁裳。

永樂三年定玄衣八章，日、月、龍在肩，星辰、山在背，火、華蟲、宗彝在袖，織成，本色領，褾襈裾纁裳四章，織藻、粉米、黼、黻各二，前三幅，後四幅，前後不相屬。共腰有襞積，本色裨裼。

嘉靖八年定衣玄色六章，日、月在肩，各徑五寸。星、山在後，龍、華蟲在袖，長不掩裳之六章。裳黄色，爲幅七，前三後四，連屬如帷，凡綉六章，分四行，火、宗彝、藻三行，米、黼、黻三行。白羅大帶紅裏。二十六年定兩邊用緑，上朱錦，下緑錦。

永樂三年定在腰及垂皆有綼，上朱下緑，紐約用素紐。嘉靖八年不用錦，蔽膝隨裳色，綉龍、火、山文。二十六年定。上廣一尺，下廣二尺，長三尺。永樂三年定。隨裳色，四章織藻、粉米、黼、黻各二。本色有紃，施于縫中，其上玉鈎二。嘉靖八年定隨裳色，羅爲之，上綉龍一，下綉火三，繫于革帶。

玉革帶，玉佩。二十六年定，長三尺三寸。永樂三年定玉佩二，各用玉珩一，瑀一，琚二，衝牙一，璜二，瑀下玉花垂二玉滴，瑑飾雲龍文，自珩而下繫組五貫，以玉珠行則衝牙二滴，與璜相觸有聲。其上有小二綬六采以副之，黄、白、赤、玄、縹、緑，纁質。

嘉靖八年定，革帶前用玉，後無玉，以佩、綬繫而掩之。大綬六采，赤、黄、黑、白、縹、緑，小綬三色，同大綬，間施三玉環。二十六年定六采，黄、白、赤、玄、縹、緑織成，純玄質，五百首織三玉環。永樂三年定六采纁質，施三玉環，龍文織成。白羅中單，黻領青緣。二十六年以素紗爲之。

永樂三年定素紗青領褾，領織黻文十三，黄襪，黄舄金飾。二十六年定朱襪，朱舄。永樂三年定赤色舄用黑約，純黄飾舄首。嘉靖八年定朱襪，赤舄，黄條緣，玄纓結。玉圭長一尺二寸。永樂三年刻山四。

通天冠服。洪武元年定郊廟省牲，皇太子、諸王冠婚禮，醮戒之類，則服通天冠，絳紗袍，加金博山，附蟬十二首。施朱翠黑介幘、組纓、玉簪導。絳紗袍，深衣製，白紗内單，皂領褾襈裾，絳紗蔽膝，白假帶，方心曲領，白襪，赤舄，革帶佩綬與衮服同。

皮弁服。洪武二十四年六月，上以百官侍朝皆公服，而己獨便服，非以示表儀，命仿古制爲皮弁服。絳袍玄圭，以臨群臣。凡朔望、視朝、降詔、降香、進表，四夷朝貢、朝覲，則服皮弁服。

嘉靖間，令祭太歲、山川等神皆服皮弁。洪武二十六年定，用烏紗冒之，前後各十二縫，每縫綴五采玉十二以爲飾，玉簪導。

永樂三年定縫及冠武，并貫繫纓處，皆飾以金紅組纓，其服絳紗衣。蔽膝隨衣色，白玉佩，革帶，玉鈎鰈，緋白大帶，白襪，黑舄。玉圭長如冕服之圭，有脊并雙植文，剡其上，黄綺約其下，及有韜，金龍文。絳紗袍，本色領、褾襈裾。紅裳如冕服，内裳制不織章數。中單以素紗爲之，如深衣製，紅領褾襈裾，領織黻文十三。蔽膝隨裳本色，緣有玉鈎二。玉佩、大帶、大綬、襪舄，俱如冕服内制。

常服。洪武三年定常服，烏紗折角向上巾，今名翼善冠，盤領窄袖袍，束帶，間用金玉、琥珀、透犀。永樂三年定，袍黄色，前後及兩肩，各金織盤龍一，帶用玉，靴以皮爲之。

武弁。嘉靖八年九月，上諭大學士張璁：《會典》有親征之條，類造宜禡之祭，皆曰具武弁服，卿爲朕言之。璁對：《周禮》司服，凡兵事韋弁服。釋之者曰，韋弁以韎韋爲弁，又以爲衣裳。孔穎達謂，韎蒨染赤色韋爲弁。杜祐謂，頂少鋭，爲車駕親征、中外戒嚴之服，是韋弁者，武弁也。國朝視古損益爲皮弁之制，有定式矣。武弁如皮弁之制，皮弁冒以黑紗，武弁冒以縫紗，隨具圖説進覽。上報曰：覽圖制，足見博考，所繪有韡形，無繫處。冠制古鋭今圓，朕惟上鋭者，取其徑利如古可也。又依裳、韠，舄皆赤色，何謂，且佩、綬俱無，而于祭用之可乎。璁對：自古服冕弁，未有不用革帶者，革帶前繫韍，後繫綬，韋之弁韠止繫于革帶耳。武事尚威烈，故色多周赤，《詩》韎韐有奭乃天子講武之章。奭，赤貌。韎舄從裳色，故皆赤。佩、綬于禮制不可缺，據《采芑》詩曰：服其命服，朱芾斯皇，有瑲葱珩。此詩爲鄉士南征而作，其戎服尚備佩玉如此，則天子武弁可推。惟聖明裁定。上復諭璁：武弁冠服衣裳韠舄，俱如古制，增革帶、佩、綬及圭。諭禮部擇吉行，乃定弁制。上鋭色用赤，十二縫中綴五采玉，落落如星。韎衣、韎裳、韎韐，俱如赤色，如常制。佩、綬、革帶，如常制，俱上繫于革帶，舄如其裳之色，玉圭視鎮圭差小，剡上方下，文曰討罪安民。

燕弁服。嘉靖七年二月丁巳，上製燕弁服，仿古玄端制，襯用深衣色，用黃。初，上以燕居冠服未雅，諭輔臣張璁：考古帝王燕居法服之制。璁采輯禮書，玄端深衣之文圖注以進，上爲參定其制示璁，且諭璁成朕志。璁對曰：古服玄端深衣二者，其用最廣。玄端自天子達于士，蓋國家之命服。深衣自天子達于庶人，蓋聖賢之法服。今皇上于玄端，但加文飾于深衣，但易黃色，誠得損益之道。上敕禮部曰：常情多修治于明顯，怠忽于幽居，古聖王治玄端爲燕居服。玄取其玄邃，端取其方正，朕酌古玄端之制，更名曰燕弁，庶幾深宫獨處，以燕安爲戒也。因敕尚衣監著爲式，其制如皮弁，以烏紗冒之。分十有二瓣，金綫壓之，前飾五采玉雲各一，後列四山，朱絛爲組纓雙玉簪服。身玄緣以青，兩肩綉日月。前蟠圓龍一，後蟠方龍二，邊加龍文四九，襯用深衣制，黃色。袂圓袪方，下齊負繩及踝，十二幅素帶，朱裏青表，緑緣邊，腰圍飾以玉龍九片。履玄爲之，朱緣，紅纓，黃結，襪用白。

《明史》卷六六《輿服志二》 皇帝冕服。洪武元年，學士陶安請製五冕。太祖曰：此禮太繁。祭天地、宗廟，服衮冕。社稷等祀，服通天冠，絳紗袍。餘不用。三年，更定正旦、冬至、聖節并服衮冕，祭社稷、先農，册拜亦如之。十六年，定衮冕之制。冕，前圓後方，玄表纁裏。前後各十二旒，旒五采，玉十二，珠五，采纈十有二就，就相去一寸。紅絲組爲纓，黈纊充耳，玉簪導。衮，玄衣黃裳，十二章，日、月、星辰、山、龍、華蟲六章織于衣，宗彝、藻、火、粉米、黼、黻六章綉于裳。白羅大帶，紅裏。蔽膝隨裳色，繡龍、火、山文。玉革帶，玉佩。大綬六采，赤、黃、黑、白、縹、緑，小綬三，色同大綬，間施三玉環。白羅中單，黻領，青緑襈。黃襪，黃舄，金飾。二十六年，更定衮冕十二章。冕版廣一尺二寸，長二尺四寸。冠上有覆，玄表朱裏，餘如舊制。圭長一尺二寸。衮，玄衣纁裳，十二章，如舊制。中單以素紗爲之。紅羅蔽膝，上廣一尺，下廣二尺，長三尺，織火、龍、山三章。革帶佩玉，長三尺三寸。大帶素表朱裏，兩邊用緣，上以朱錦，下以緑錦。大綬，六采黃、白、赤、玄、縹、緑。織成，純玄質五百首。凡合單紡爲一系，四系爲一扶，五扶爲一首。小綬三，色同大綬，間織三玉環。朱襪，赤舄。永樂三年定。冕冠以皂紗爲之，上覆曰綖，桐板爲質，衣之以綺，玄表朱裏，前圓後方。以玉衡維冠，玉簪貫紐，紐與冠武足前體下曰武，綏在冠之下，亦曰武。并繫纓處，皆飾以金。綖以左右垂黈纊充耳，用黃玉。繫以玄紞，承以白玉瑱朱紘。餘如舊制。玉圭長一尺二寸，剡其上，刻山四，以象四鎮之山，蓋周鎮圭之制，異于大圭不瑑者也。以黃綺約其下，別以囊韜之，金龍文。衮服十有二章。玄衣八章，日、月、龍在肩，星辰、山在背，火、華蟲、宗彝在袖，每袖各三。皆織成本色領褾襈裾。褾者袖端，襈者衣緣。纁裳四章，織藻、粉米、黼、黻各二，前三幅，後四幅，前後不相屬，共腰，有辟積，本色綼裼。裳側有純謂之綼，裳下有純謂之裼，純者緣也。中單以素紗爲之。青領褾襈裾，領織黻文十三。蔽膝隨裳色，四章，織藻、粉米、黼、黻各一。本色緣，有紃，施於縫中。玉鈎二，玉佩二，各用玉珩一，瑀一，琚二，衝牙一，璜二。瑀下垂玉花一，玉滴二，瑑飾雲龍文描金。自珩而下繫組五，貫以玉珠。行則衝牙、二滴與璜相觸有聲。金鈎二。有二小綬，六采黃、白、赤、玄、縹、緑。纁質。三小綬，色同大綬，間施三玉環，龍文，皆織成。襪舄皆赤色，舄用黑鈎純，以黃飾舄首。

嘉靖八年，諭閣臣張璁：衮冕有革帶，今何不用。璁對曰：按陳祥道《禮書》，古革帶、大帶，皆謂之鞶。革帶以繫佩韍，然後加以大帶，而笏搢于二帶之間。夫革帶前繫韍，後繫綬，左右繫佩，自古冕弁恒用之。今惟不用革帶，以至前後佩服皆無所繫，遂附屬裳要之間，失古制矣。帝曰：冕服祀天地，享祖宗，若闕革帶，非齊明盛服之意。及觀《會典》載蔽膝用羅，上織火、山、龍三章，并大帶緣用錦，皆與今所服不合。卿可并革帶繫蔽膝、佩、綬之式，詳考繪圖以進。又云：衣裳分上下服，而今衣恒掩裳。裳制如帷，而今兩幅。朕意衣但當與裳要下齊，而露裳之六章，何如。已，又諭璁以變更祖制爲疑。璁對曰：臣考禮制，衣不掩裳，與聖意允合。夫衣六章，裳六章，義各有取，衣自不容掩裳。《大明集禮》及《會典》與古制不異。今衣八章，裳四章，故衣常掩裳，然於典籍無所準。內閣所藏圖注，蓋因官司織造，循習訛謬。今訂正之，乃復祖制，非有變更。帝意乃決。因復諭璁曰：衣有六章，古以繪，今當以織。朕命織染局考國初冕服，日月各徑五寸，當從之。裳六章，古用繡亦當從之。古色用玄黄，取象天地。今裳用纁，于義無取，當從古。革帶即束帶，後當用玉，以佩綬繫之于下。蔽膝隨裳色，其繡上龍下火，可不用山。卿與内閣諸臣同考之。於是楊一清等詳議：衮冕之服，自黄、虞以來，玄衣黄裳，爲十二章。日、月、星辰、山、龍、華蟲，其序自上而下，爲衣之六章。宗彝、藻、火、粉米、黼、黻，其序自下而上，爲裳之六章。自周以後寖，變其制，或八章，或九章，已戻于古矣。我太祖皇帝復定爲十二章之制，司造之官仍習舛訛，非製作之初意。伏乞聖斷不疑。帝乃令擇吉更正其制。冠以圓匡烏紗冒之，旒綴七采玉珠十二，青纊充耳，綴玉珠二，餘如舊制。玄衣黄裳，衣裳各六章。洪武間舊制，日月徑五寸，裳前後連屬如帷，六章用繡。蔽膝隨裳色，羅爲之，上綉龍一，下綉火三，繫于革帶。大帶素表朱裏，上緣以朱，下以緑。革帶前用玉，其後無玉，以佩綬繫而掩之。中單及圭，俱如永樂間制。朱襪，赤舄，黄緣緣，玄纓結。

皇帝通天冠服。洪武元年定，郊廟、省牲，皇太子諸王冠婚，醮戒，則服通天冠、絳紗袍。冠加金博山，附蟬十二，首施朱翠，黑介幘，組纓、玉簪導。絳紗袍，深衣製。白紗内單，皂領褾襈裾。絳紗蔽膝，白假帶，方心曲領。白襪、赤舄。其革帶、佩綬，與衮服同。

皇帝皮弁服。朔望視朝、降詔、降香、進表、四夷朝貢、外官朝覲、策士傳臚皆服之。嘉靖以後，祭太歲、山川諸神亦服之。其制自洪武二十六年定。皮弁用烏紗冒之，前後各十二縫，每縫綴五采玉十二以爲飾，玉簪導、紅組纓。其服絳紗衣，蔽膝隨衣色，白玉佩革帶，玉鉤艓，緋白大帶，白襪、黑舄。永樂三年定，皮弁如舊制，惟縫及冠武并貫簪繫纓處，皆飾以金玉。圭長如冕服之圭，有脊，并雙植文。絳紗袍，本色領褾襈裾。紅裳，但不織章數。中單，紅領褾襈裾。餘俱如冕服内制。

皇帝武弁服。明初親征遣將服之。嘉靖八年諭閣臣張璁云：《會典》紀親征、類禡之祭，皆具武弁服，不可不備。璁對：《周禮》有韋弁，謂以韎韋爲弁，又以爲衣裳。國朝視古損益，有皮弁之制。今武弁當如皮弁，但皮弁以黑紗冒之，武弁當以絳紗冒之。隨具圖以進。帝報曰：覽圖有韠形，但無繫處。冠制古象上尖，今皮弁則圓。朕惟上鋭取其輕利，當如古制。又衣裳韠舄皆赤色，何謂。且佩綬俱無，于祭用之，可乎。璁對：自古服冕弁俱用革帶，以前繫韍，後繫綬。韋弁之韠，正繫於革帶耳。武事尚威烈，故色純用赤。帝復報璁：冠服、衣裳、韠舄俱如古制，增革帶、佩綬及圭。乃定制，弁上鋭，色用赤，上十二縫，中綴五采玉，落落如星狀。韎衣、韎裳、韎韐，俱赤色。佩、綬、革帶，如常制。佩綬及韎韐，俱上繫于革帶。舄如裳色。玉圭視鎮圭差小，剡上方下，有篆文曰討罪安民。

皇帝常服。洪武三年定，烏紗折角向上巾，盤領窄袖袍，束帶間用金、琥珀、透犀。永樂三年更定，冠以烏紗冒之，折角向上，其後名翼善冠。袍黄，盤領，窄袖，前後及兩肩各織金盤龍一。帶用玉，韡以皮爲之。先是，洪武二十四年，帝微行至神樂觀，見有結網巾者。翼日，命取網巾，頒示十三布政使司，人無貴賤，皆裹網巾，于是天子亦常服網巾。又《會典》載皇太孫冠禮有云：掌冠跪加網巾，而皇帝、皇太子冠服，俱闕而不載。

嘉靖七年，更定燕弁服。初，帝以燕居冠服，尚沿習俗，諭張璁考古帝王燕居法服之制。璁乃采《禮書》玄端深衣之文，圖注以進。帝爲參定其制，諭璁詳議。璁言：古者冕服之外，玄端深衣，其用最廣。玄端自天子達于士，國家之命服也。深衣自天子達於庶人，聖賢之法服也。今以玄端加文飾，不易舊制，深衣易黄色，不離中衣，誠得帝王損益時中之道。帝因諭禮部曰：古玄端上下通用，今非古人比，雖燕居，宜辨等威。因酌古制，更名曰燕弁，寓深宫獨處、以燕安爲戒之意。其制，冠匡如皮弁之制，冒以烏紗，分十有二瓣，各以金綫壓之，前飾五采玉雲各一，後列四山，朱絛爲組纓，雙玉簪。服如古玄端之制，色玄，邊緣以青，兩肩綉日月，前盤圓龍一，後盤方龍二，邊加龍文八十一，領與兩袪共龍文五九。衽同前後齊，共龍文四九。襯用深衣之制，色黄。袂圓袪方，下齊負繩及踝十二幅。素帶，朱裏青表，緑緣邊，腰圍飾以玉龍九。玄履，朱緣紅纓黄結。白韈。

藝　文

明・余繼登《典故紀聞》卷一〇　宣宗謂侍臣曰：朕嘗歷田野，見織婦采桑，育蠶繅絲，製帛累寸而後成匹，亦甚勞苦。出所賦《織婦》詞以示，曰：朕非好爲詞章，昔真西山有言，農桑衣食之本，爲君者當詔儒臣以農夫、紅女耕蠶勞勤之狀，作爲歌詩，使人誦于前。又繪爲圖，揭于宫掖，布之戚裏，使皆知民事之艱，衣食之所自。朕所以賦此也。其詞曰：昔嘗歷田野，親睹織婦勞。春深蠶作繭，五月絲可繅。繅絲准擬織爲帛，兩手理絲精揀擇。理之有緒纔上機，弄杼抛梭窗下織。斯螽動股織未停，鷄聲三號先夙興。機梭軋軋不暫息，辛勤累日帛始成。嗚呼，育蠶作繭，未必如瓮盎。累絲由寸積爲丈，上供公府次豪家，織者冬寒無挾纊。紛紛當時富貴人，綺羅燁燁華其身。安知織婦最辛苦，我獨沈思一憐汝。

雜　録

明・余繼登《典故紀聞》卷一　太祖視事東閣，天熱甚，汗濕衣，左右更衣以進，皆經浣濯者。參軍宋思顔曰：主公躬行節儉，真可示法子孫。臣恐今日如此，而後或不然，願始終如此。太祖喜曰：此言甚善。他人能言，或惟及於目前，而不能及於久遠，或能及於已然，而不能及於將然。今思顔見我能行於前，而慮我不能行於後，信能盡忠於我也。乃賜之幣。

又卷四　太祖諭侍臣曰：保國之道，藏富于民，民富則親，民貧則離，民之貧富，國家之存亡係焉。自昔昏主恣意奢欲，使百姓困乏，至于亂亡。朕思微時，兵荒饑饉，日食藜藿，今日貴爲天子，富有天下，未嘗一日忘於懷。故宫室器用，一從樸素，飲食衣服，皆有常供，惟恐過奢，傷財害民也。

又卷五　太祖嘗命儒臣歷考舊章，上自朝廷，下至臣庶，冠婚喪祭之儀，服舍器用之制，各有等差，著爲條格。書成，賜名《禮制集要》。其目十有三，曰冠服、房屋、器皿、傘蓋、床帳、弓矢、鞍轡、儀從、奴婢、俸禄、奏啓本式、署押體式，頒布中外，使各遵守。

又　太祖于奉天門見散騎舍人衣極鮮麗，問製用幾何，曰：五百貫。責之曰：農夫寒耕暑耘，早作夜息，蠶婦繅絲緝麻，縷積寸成，其勞既已甚矣。及登場下機，公私逋索交至，竟不能爲己有，食惟粗糲，衣惟垢敝而已。今汝席父兄之庇，生長膏粱紈綺之下，農桑勤苦，邈無聞知。一衣製及五百貫，此農民數口之家一歲之資也，而爾費之于一衣，驕奢若此，豈不暴殄。自今切戒之。

又卷六　成祖靖難，師自紫荆，所服素紅絨袍，忽見白花如雪色，凝爲龍紋，鱗鬣皆具，美如刺綉。諸將見者駭異，以爲嘉兆。成祖曰：冰花偶然所凝，豈可遽言嘉應，況當戒慎之際，不可以此爲喜而有怠心。

又卷七　成祖嘗坐右順門，所服裏衣袖敝垢，納而復出。侍臣有贊聖德者，成祖嘆曰：朕雖日十易，新衣未嘗無，但自念當惜福，故每浣濯更進。昔皇妣躬補緝故衣，皇考見而喜曰：皇后居富貴，勤儉如此，正可以爲子孫法。故朕常守先訓不敢忘。言已愴然。

又卷一〇　夏原吉爲人有雅量，從吏嘗污金織賜衣懼欲逃者，原吉曰：污可浣，何懼爲。有吏壞所實硯石，匿不敢見，召諭之曰：物皆有壞，吾未嘗惜此。慰遣之。

又　宣宗嘗諭右都御史熊概曰：朝廷優恤軍士，給以衣食，欲其得所。比聞官旗吏胥人等，妄意誅求，多立名目，裒取月糧，剋減冬衣綿花。亦有都指揮、指揮假托公事，遍歷取財，乃以軍糧布花，變易金銀饋送，所以軍士衣食不充，多致逃竄。朝廷任彼撫綏，乃更肆爲刻削，俾恩不下究，情不上通，欲便按法行誅，則是不教而殺。爾都察院即揭榜禁戒，仍令巡按、御史及按察司巡察，有再犯者處死，家屬戍邊。

又卷一三　天順五年夏，英宗召内閣臣李賢，謂曰：朕自復位以來，每日五鼓初即起，拜天畢，閲奏牘，處分訖乃朝廟，出視朝，退朝母后，還宫復閲奏牘罷進膳。飲食隨分，未嘗揀擇。衣服并隨便，雖著布衣，人豈以爲非天子也。賢曰：如此節儉，益見盛德。上節儉，則下民自然富矣。英宗曰：《四書》、《尚書》，朕嘗讀遍，如二典、三謨，真是格言，帝王修身、齊家、敬天、勤民、用人，爲政之道，盡在其中矣。賢曰：然願陛下體而行之，幸甚。曰：朕在宫中，雖極熱不揮扇，雖隆寒不近火。賢曰：陛下聖質，所禀堅厚，體備中和之氣，故能如此。臣聞宋仁宗亦然。英宗曰：朕聞景泰不與大臣接言。賢曰：自古明君，未嘗一日不與大臣論治天下之道，所以天下常安。先儒謂接賢士大夫之時多，于君德大有益。英宗曰：然。

明·朱國禎《湧幢小品》卷一《凱旋之盛》 永樂廿一年北征，也先土干來降，賜名全忠，封忠勇王，隨入京。十一月戊寅朔，駕次懷來，在京諸司遣官迎見。辛巳，駕入居庸關，邊軍、京軍，左抵宣府黃花鎮，右抵涿州，凡三百裏，布滿極目。是日，天氣清明，上服袞龍金綉袍。

又《戎服出郊》 穆廟立，值南郊，以戎服出，蓋上喜習武服，此自便，非登郊壇者。群臣具諫，徐文貞止之，進密揭，上笑曰：此服原非見上帝者，何慮之過。

明·談遷《棗林雜俎》仁集《逸典·金陵對泣録》 丁未昧爽，市人云宮女出西華門，或傳聖駕昨出城。辰刻宣武門、北順城門有内臣戎服可千騎云。王太監救火，呼開門，答以鑰在中府。曰亟碎其鎖，擊之未碎。或云前門正陽門開，遂沿前門，弘商親見至則被矢炮，不可近。自公生門入長安右門還宮。已刻，賊入宣武門，肆殺掠，内臣被禍尤慘。李自成射承天門題榜，矢中天上，馳入宮。午刻，僞示五城購車駕。戊申，午前内傳先帝自盡于煤山。僞諭明朝文武大小官員，俱限次日赴各將軍帳下具職名，彙册送覽。願復官者量才擢用，不願復官者革職爲民，准給路引，即放回籍。敢有匿而不報，兩鄰不舉，長班、房主一并誅戮。特諭。自是各官俱分投職名。權將軍李友家，自已至酉共報七十三人。劉斯球等其去者，以革職回籍也。主賊録職名、籍貫、履歷、寓舍、僮婢、長班，録訖皆驅對廳錮之。工部侍郎陳必謙不即入，擊以輿杠。己酉，先帝后移東華門席舍，兵部武選主事大足劉養貞出私錢八千，得柳棺殯之。先帝不幸時，首露綱，右足靴，身布短後衣。胸題朕既喪國，無顔冠冕見人。是日同先后長椅舁出。先后衣笄甚肅，鼻微傷，其裳紉結。越三日賊出梓宮，一丹漆，一黝漆，改殯焉。先帝冲天冠，龍袍，玉帶，添金靴。先后袍帶亦如之。定王騎騾來臨，不敢哭而去。次東宮亦騾至，青衣褻帽，頭觸地良久。雖不哭，隱痛不能起，賊擁去。諸臣臨哭可四十餘人，臨而不哭者三十餘人。養貞日侍側，哀毀，被執至李友處。友據丘字胡同許錦衣宅，年五十餘，性凶悍。所錮各官，許家人傳餐，印其面而入，出即去之。

清·俞樾《茶香室續鈔》卷八《明代帝王簪翠花》 明張萱《疑耀》云：今制冕旒，綴以珠寶，不用翠。福府畢姻，余見王簪翠花兩枝，頗以爲疑，及詢諸内侍，云朝廷嘗簪之。明沈德符《野獲編》云：子游都下，見中官輩談主上視朝，必用粉傅面及頸，以表睟穆意。其言或不妄，按此，則知明帝皆簪翠花傅粉，抑何可笑。

皇子服飾

綜述

明·申時行等《明會典》卷六〇《冠服一》 皇太子冠服。皇太子陪祀天地、宗廟，及正旦、冬至、朝會，則服袞冕。見《職掌》。從祭社稷及受册、納妃亦如之。朔望朝、降詔、降香、進表，四夷朝貢、朝覲，則服皮弁。見《集禮》。

袞冕。洪武二十六年定袞冕九章，冕九旒，旒九玉。金簪導，紅組纓，兩玉瑱。圭長九寸五分。玄衣纁裳。衣五章，織山、龍、華蟲、宗彝、火。裳四章，織藻、粉米、黼、黻。

白紗中單，黻領。蔽膝隨裳色，織火、山二章。革帶，金鈎艓，玉佩。綬五采，用赤、白、玄、縹、緑織成，純赤質，三百三十首。小綬三，色同大綬，間織三玉環。大帶，白表朱裏。上緣以紅，下緣以緑。白襪、赤舄。

永樂三年定冕冠，玄表朱裏，前圓後方，前後各九旒，每旒各五采繅九就，貫五采玉九，赤、白、青、黄、黑相次。玉衡金簪，玄紞垂，青纊充耳。用青玉。承以白玉瑱，朱紘纓。玉圭長九寸五分，以錦約其下，并韜。袞服九章，玄衣五章，龍在肩，山在背，火、華蟲、宗彝在袖，每袖各三。皆織成。本色領褾襈裾。纁裳四章，織藻、粉米、黼、黻各二，前三幅，後四幅，不相屬。共腰，有襞積。本色綼裼。中單以素紗爲之。青領褾襈裾，領織黻文十一。蔽膝隨裳色，四章，織藻、粉米、黼、黻，本色緣，有紃施于縫中，其上玉鈎二。

玉佩二，各用玉珩一，瑀一，琚一，衝牙一，璜二。瑀下有玉花，花下垂二玉滴，瑑雲龍文，描金。自珩而下繫組五，貫以玉珠。上有金鈎，小綬四采以副之，四采，赤、白、縹、緑，纁質。大帶，素表朱裏，在腰及垂皆有綼，上綼以朱，下綼以緑。紐約用青組。大綬四采，赤、白、縹、緑，纁質。小綬三采，間施二玉環，龍文，皆織成。襪，舄皆赤色，舄用黑鈎純，黑飾舄首。皮弁服，永樂三年定。皮弁，用烏紗冒之。前後各九縫，每縫中綴五采玉九。縫及冠武并貫簪繫纓處，皆飾以金。金簪朱纓。玉圭如冕服内制。絳紗袍，本色領褾襈裾。紅裳，如冕服内裳制，但不織章數。中單以素紗爲之，如深衣制。紅領褾襈裾。領織黻文十一。蔽膝隨裳色，本色緣，有紃施于縫中，其上玉鈎二。玉佩，如冕服内制，但無雲龍文。有小綬四采以副之。大帶、大綬，襪、舄赤色，皆如冕服内制。

常服，洪武元年定。烏紗折上巾，永樂三年定冠，烏紗折角向上巾。亦名翼善冠，親郡王及世子俱同。袍，赤色，盤領窄袖，前後及兩肩，各金織蟠龍一。帶用玉，靴，皮爲之。册寶册用金二片，長闊規制，盝匣妝飾，悉與皇后册同。寶用金，龜鈕，朱綬。文用篆書，曰皇太子寶。方厚規制，池匣妝飾，亦與皇后寶同。

明·俞汝楫《禮部志稿》卷一八《儀制司職掌·皇太子冠服册寶附》 皇太子陪祀天地、宗廟及正旦、冬至、朝會，則服衮冕。見《諸司職掌》。從祭社稷及受册、納妃亦如之。朔望朝、降詔、降香、進表，四夷朝貢、朝覲則服皮弁。見《集禮》。

衮冕。洪武二十六年定衮冕九章。冕，九旒。旒，九玉。金簪導。紅組纓。兩玉瑱圭，長九寸五分。玄衣，纁裳，衣五章，織山、龍、華蟲、宗彝、火。裳四章，織藻、粉米、黼、黻。白紗中單，黻領，蔽膝隨裳色，織火、山二章。革帶，玉鈎鰈，玉佩，綬五采，用赤、白、玄、縹、緑織成，純赤質，三百三十首。小綬三色，同大綬，間織三玉環。大帶，白表朱裏，上緣以紅，下緣以緑。白襪，赤舄。

永樂三年定冕冠，玄表朱裏，前圓後方。前後各九旒，每旒各五綵繅九就，貫五采玉九，赤、白、青、黃、黑相次。玉衡、金簪，玄紞，垂青纊充耳，用青玉。承以白玉瑱，朱紘纓。玉圭，長九寸五分，以錦約其下，并韜。衮服九章，玄衣五章，龍在肩，山在背，火、龍、華蟲、宗彝在袖，每袖各三。皆織成，本色領褾襈裾。纁裳四章，織藻、米粉、黼、黻各二，前三幅，後四幅，不相屬。共腰有襞積，本色綼裼。中單以青紗爲之，青領褾襈裾，領織黻文十一。蔽膝隨裳色，四章，織藻、粉米、黼、黻。本色緣，有紃施于縫中，其上玉鈎二，玉佩二，各用玉珩一，瑀一，琚一，衝牙一，璜二，瑀下有玉花，花下垂二玉滴，瑑雲龍文，描金。自珩而下繫組五，貫以玉珠，上有金鈎。小綬四采以副之，四采，赤、白、縹、緑，纁質。大帶，素表朱裏。在腰及垂皆有綼，上綼以朱，以綼以緑，紐約用青組。大綬四采，赤、白、縹、緑，纁質。小綬三采，間施二玉環，龍文，皆織成。襪舄皆赤色，舄用黑鈎純，黑飾舄首。

皮弁服。永樂三年定皮弁用烏紗冒之，前後各九縫，每縫中綴五采玉九。縫及冠武弁貫簪繫纓處，皆飾以金。金簪，朱纓。玉圭，如冕服内制，絳紗袍，本色領褾襈裾。紅裳，如冕服内裳制，但不織章數。中單以素紗爲之，如深衣制。紅領褾襈裾，領織黻文十一。蔽膝隨裳色，本色緣，有紃施于縫中，其上玉鈎二。玉佩，如冕服内制，但無雲龍文。有小綬四采以副之，大帶、大綬、襪舄，赤色，皆如冕服内制。

常服。洪武元年定烏紗折上巾。永樂三年定冠，烏紗折角向上巾。亦名翼善冠，親郡王及世子俱同。袍，赤色。盤領窄袖，前後及兩肩，各金織蟠龍一，帶，用玉。靴，皮爲之。册寶册用金二片，長闊規制，盝匣妝飾，悉與皇后册同。寶用金，龜紐，朱綬，文用篆書，曰皇太子之寶。方厚規制，池匣妝飾，亦與皇后寶同。

明·徐一夔《明集禮》卷三九《冠服·皇太子冠服》 《周禮》有王世子之服，而不載其制。漢皇太子服玄冠絳衣，魏服五時朝服，晉服遠游冠，介幘，翠緌，綴以白珠，珮瑜玉，垂組。朱衣絳紗褾，皂緣白紗，中單，白曲領，帶劍，火珠素首，革帶，玉鈎鰈，獸頭鞶囊。至明帝泰始六年，始服衮冕九章朝賀。儀曹郎丘仲起議：按《周禮》，上公尚得服衮冕，況皇太子以儲副之尊，宜服衮冕九章，正冬朝賀。梁助祭則服衮冕九章，朝會則朱衣絳紗袍。隋皇太子從皇帝祭祀、謁廟，加元服，納妃則服衮服玄衣纁裳。衣山、龍、華蟲、火、宗彝五章，裳藻、粉米、黼、黻四章，織成爲之。白紗内單，黼領，青褾襈裾。革帶，金鈎鰈。大帶素，表朱裏赤，紕以朱緣。韍隨裳色，火、山二章。玉具劍，火珠鏢首。瑜玉雙珮，朱組綬。大綬四彩，赤、白、縹、紺，純朱質，長丈八尺，三百二十首，廣九寸。小雙組，長二尺六寸，色同大綬而首半之，間施二玉環。朱襪，赤舄，以金飾。謁廟還宮，元日、朔日入廟，釋奠則服遠游冠、絳紗袍。白紗内單，皂領褾襈裾。白假帶、方心曲領、絳紗蔽膝，襪舄、革帶、劍、珮、綬與上同。五日常朝則服常服，遠游冠。絳紗單衣，革帶，金鈎䚢，假帶，方心組，長六尺四寸，廣二寸四分，色同其綬，金縷鞶囊，襪履。唐皇太子之服有六，衮冕者從祀，謁廟加元服，納妃之服也。白珠九旒，紅絲組爲纓，犀簪導，青纊充耳。黑衣纁裳，凡九章，龍、山、華蟲、火、宗彝在衣，藻、粉米、黼、黻在裳。白紗中單，黼領，青褾裾。革帶，金鈎䚢。大帶，瑜玉雙珮，朱組。雙大綬，朱質，赤、白、縹、紺爲純，長一丈八尺，廣九寸，三百二十首。黻隨裳色，有火、山二章。白襪，赤舄，朱履加金塗銀扣飾。鹿盧玉具劍，如天子。遠游冠者，謁廟、還宫、元日、朔日、入朝、釋奠，五日常服，元日、冬至受朝之服也。其制有具服，有公服。具服者，遠游冠，三梁加金博山，附蟬九首，施朱翠，黑介幘，髮纓翠緌，犀簪導。絳紗袍，白紗中單，黑領，褾襈裾，白裙襦，白假帶，方心曲領，絳紗蔽膝，白襪，黑舄。元日、朔日入朝，釋奠則服之。公服者，遠游冠，絳紗單衣，白裙襦，革帶，金鈎䚢，假帶，瑜玉雙珮，方心紛，金縷鞶囊。紛表六尺四寸，廣二寸四分，色如大綬。烏紗帽者，視事及宴見賓客之服也。白裙襦，烏皮履。弁服者，朔、望視事之服也。鹿皮爲之，犀簪導，組纓九璂，絳紗衣，素裳，革帶，鞶，小綬，璂珮，白襪，烏皮履。平巾幘者，乘馬之服也。金飾，犀簪導，紫褶白褲，起梁，珠玉鈿帶靴。進德冠者，亦乘馬之服也。九璂加金飾，有袴褶，常服則有白裙襦。宋皇太子從皇帝祭天地、宗廟，服衮冕，九章。其冠制與唐同，衮服則青衣朱裳，白襪朱舄，餘同唐制。其朝會，服遠游冠，冠十八梁，青羅表金塗銀，鈒花飾，犀簪導，紅絲組，博山。朱明服，紅花金縧紗衣，紅紗裏，皂褾襈，紅紗裳，紅紗蔽膝，并紅紗裏。白紗中單，皂褾襈。方心曲領，白羅襪，黑舄，革帶，珮綬，劍，襪，帶，勒帛。服其常服，皂紗折上巾。紫公服，通犀金玉帶。其執圭之制。至道二年，冊皇太子，禮官上言：《周禮》天子執鎮圭，公執桓圭，無太子執圭之文。《晉書》太子出會在三恪之下，三公之上，請皇太子執圭以受册。從之。元皇太子初用國俗之服，後嘗議服衮冕九章而未之服。國朝皇太子從皇帝祭天地、宗廟、社稷及受册，正旦、冬至、聖節朝賀，納妃皆被衮冕，其制九旒，每旒九玉，紅絲組纓，金簪導，兩玉瑱。衮服九章，玄衣畫山、龍、華蟲、火、宗彝五章。纁裳繡藻、粉米、黼、黻四章。白紗中單，黼領。蔽膝隨裳色，繡火、山二章。革帶，金鈎䚢。玉佩五采綬，赤、白、玄、縹、緑，純赤質，三百二十首。小綬三色，同大綬，間施三玉環。大帶，白表朱裏，上緣以紅，下緣以緑。白襪，赤舄。其朔望朝、降詔、降香、進表、四夷朝貢、朝覲則服皮弁。

明・王圻《三才圖會・衣服》卷二　皇太子冠服。國朝皇太子從皇帝祭天地、宗廟、社稷及受册，正旦、冬至、聖節朝賀，納妃皆被衮冕。其制九旒，每旒九玉，紅絲組纓，金簪導，兩玉瑱。衮服九章，玄衣畫山、龍、華蟲、火、宗彝五章，纁裳綉藻、粉米、黼、黻四章，白紗中單、黼領，蔽［膝］隨裳色，綉火、山二章，葷帶，金鈎玉佩，五采綬，赤、白、玄、縹、緑，純赤質，三百二十首。小綬三色，同大綬，間施三玉環。大帶，白表朱裏，上緣以紅，下緣以緑。白襪、赤舄。其朔望朝、降詔、降香、進表，四夷朝貢、朝覲，則服皮弁。

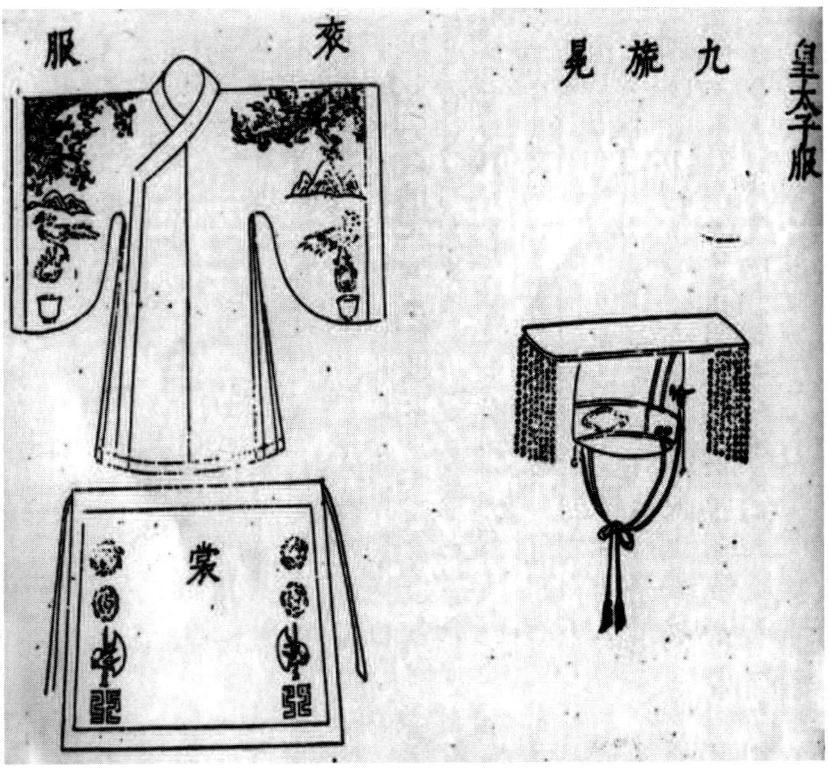

中單

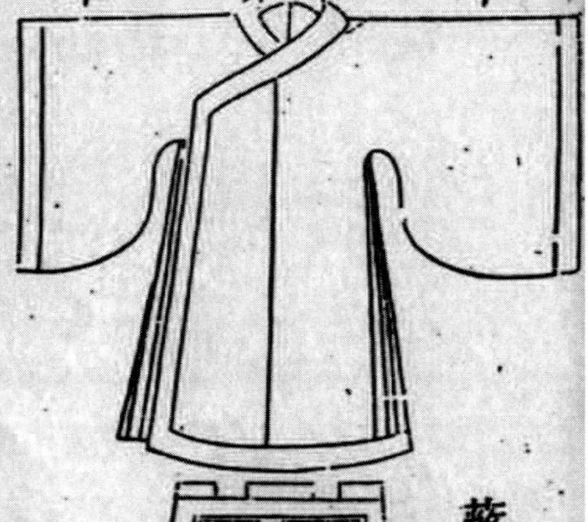

蔽膝

玉珮

綬

白中單

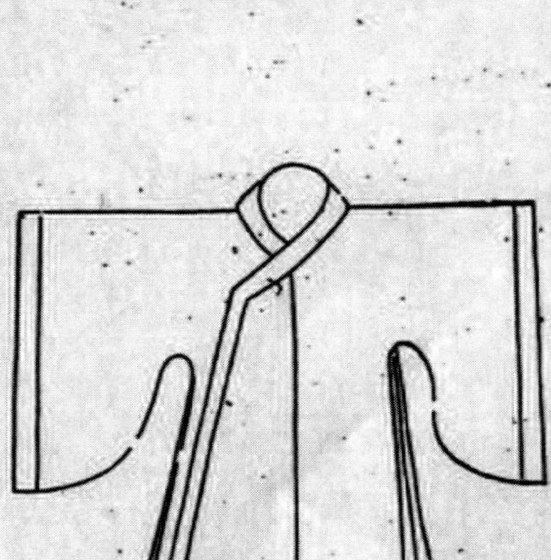

方心曲領

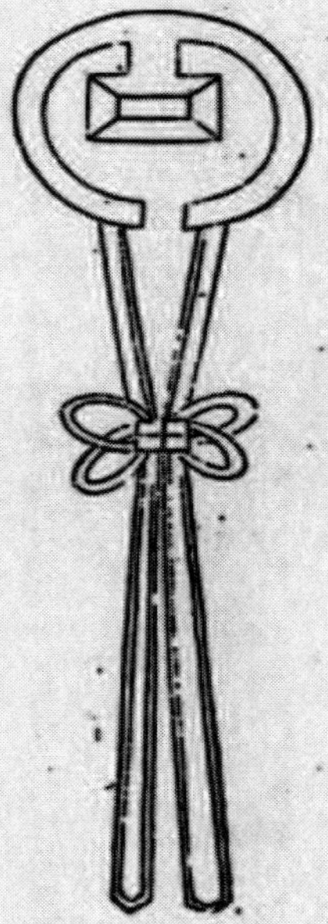

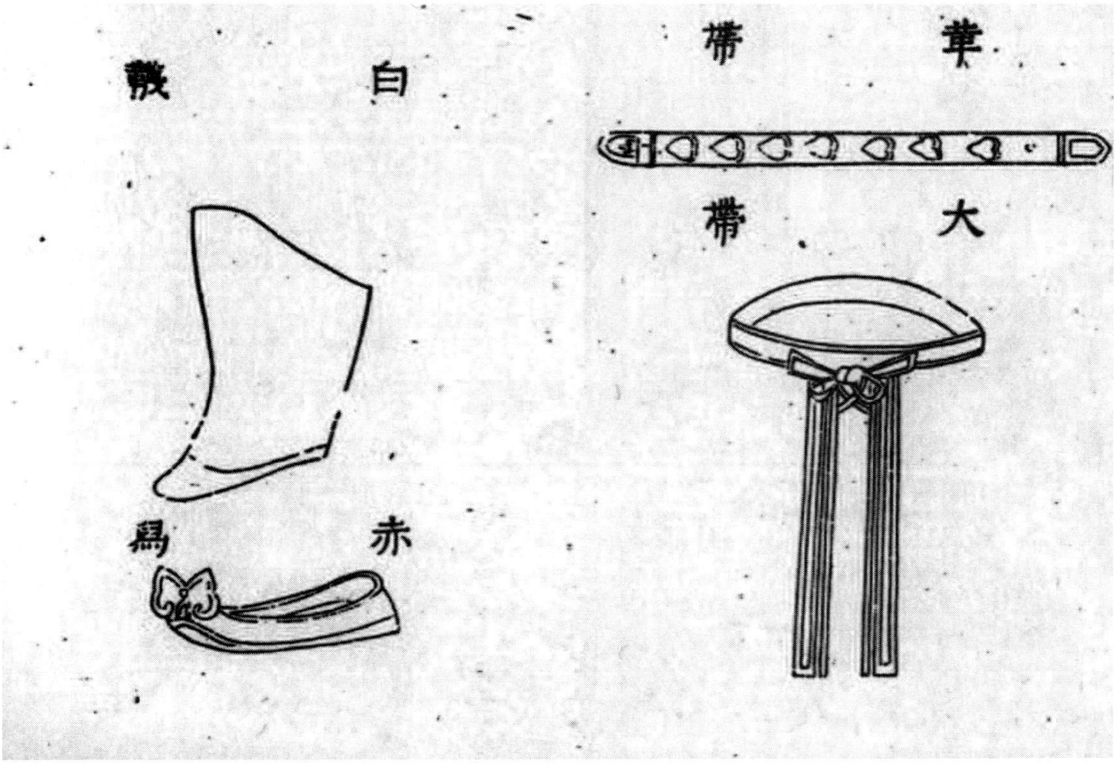

清・傅維鱗《明書》卷七八《服璽志一》 皇太子皮弁服。永樂三年定皮弁，用烏紗冒之，前後各九縫，每縫中綴五采玉九，縫及冠武并貫簪繫纓處，皆飾以金。金簪朱纓。玉圭，如冕服内制。絳紗袍，本色領褾襈裾。紅裳，如冕服内裳制，但不織章數。中單以素紗爲之，如深衣制。紅領褾襈裾，領織黻文十一。蔽膝隨裳色，本色緣，有紃，施于縫中，其上玉鈎二，玉佩如冕服内制，但無雲龍文，有小綬四采以副之。大帶、大綬、襪舄赤色，皆如冕服内制。

皇太子常服。洪武元年定烏紗折上巾。永樂三年定冠烏紗折角向上巾。亦名翼善冠，親郡王及世子俱同。袍赤色，盤領窄袖，前後及兩肩各金織蟠龍一。帶用玉。靴，皮爲之。

紀事

明・郭正域《明典禮志》卷一八《冠服志》 皇太子冠服。洪武元年定皇太子從皇帝祭天地、宗廟、社稷、受册、正旦、冬至、聖節朝賀，加元服，納妃被衮冕九章，冕九旒，每旒九玉，紅組纓，金簪導，兩玉瑱。

永樂三年定冠玄表朱裏，前圓後方，每旒各玉采繅九就，貫五采玉九，赤、白、青、黄、黑相次。玉衡、金簪、玄紞，垂青纊充耳，用青玉，承以白玉瑱，朱紘纓。玉圭，長九寸五分，以錦約其下并韜。衮服九章，玄衣五章，畫山、龍、華蟲、火、宗彝。纁裳四章，綉藻、粉米、黼、黻。

永樂三年定龍在肩，山在背，火、華蟲、宗彝在袖。每袖各三。皆織成，本色領褾。纁裳，織藻、粉米、黻、黼各二，前三幅，後四幅，不相屬，共腰有臂積。本色紳褑。白紗中單，黻領。

永樂三年定青領褾，領織黻文十一。蔽膝隨裳色，綉火、山二章。永樂三年定。四章，織藻、粉米、黼、黻。本色緣，有紃，施于縫中，其上玉鈎二，革帶，金鈎鰈。玉佩二，各用玉珩一，瑀一，衝牙一，璜二，瑀下玉花，垂二玉滴，瑑雲龍文，描金。自珩而下繫組五，貫以玉珠，小綬四采以副之，四采，赤、白、縹、緑，纁質。大帶，素表朱裏，在腰及垂，皆有紳，上紳朱，下紳緑，紐約用青組，大綬五采，赤、白、玄、縹、緑，織成，純赤質，三百三十首。小綬三色，同大綬，間施三玉環。

永樂三年定大綬四采，青、白、縹、緑，纁質。小綬三采，間施二玉環。龍文，皆織成，白襪，赤舄。

永樂三年定赤色舄，用黑鉤純，黑飾舄首。遠游冠，凡從皇帝郊廟省牲及册封公主，則服遠游冠，絳紗袍，白紗中單，黑領褾裾，朱裳白裾，襦白假帶，方心曲領，紅紗蔽膝，白襪，黑舄。

皮弁服，洪武元年定朔望朝，四夷朝貢、朝覲則服皮弁。

永樂三年更定烏紗冒之，前後各九縫，每縫中綴五采玉九。縫及冠武并貫簪繫組處，皆飾以金，金簪，朱纓，玉圭，如冕服内制。絳紗袍，本色領褾。紅裳如冕服内裳制，不織章數。中單以素紗爲之，如深衣制，紅領褾，領織黻文十一。蔽膝隨裳色，本色緣，有紃施于縫中，其上玉鉤三，玉佩如冕服内制，無雲龍文。有小綬四采以副之。大帶、大綬、襪舄皆赤色，皆如冕服内制。

常服。洪武元年定烏紗折上巾，亦名翼善冠。永樂三年袍赤色，盤領窄袖，前後及兩肩，各金織蟠龍一，帶用玉。靴，皮爲之。

明·朱勤美《王國典禮》卷二《冠服》 世子冠服。衮冕凡遇聖節、千秋節并正旦、冬至，進賀表箋及其父王生日諸節慶賀則服之。

洪武二十六年定冕，三采玉珠，七旒。紅組纓，青纊充耳，金簪導。圭長九寸。青衣纁裳，衣三章，織華蟲、火、宗彝。裳四章，織藻、粉米、黼、黻。素紗中單，青領，赤韍。革帶，佩白玉，玄組綬，綬紫質。用紫、黄、赤三采織成，間織三白玉環，白襪，赤舄。

永樂三年定冕冠玄表朱裏，前圓後方，前後各八旒，每旒五采繅八就，各貫三采玉珠八。赤、白、青色相次。玉衡、金簪，玄紞，垂青纊充耳。用青玉。朱紘纓，承以白玉瑱。玉圭，長九寸，以錦約其下并韜。青衣纁裳，七章。青衣三章，火一在肩，其二與華蟲、宗彝各三，在兩袖，皆織成。本色領褾襈裾。纁裳四章，織藻、粉米、黼、黻各二，前三幅，後四幅，不相屬。共腰有襞積，本色綼裼。中單以素紗爲之，青領褾襈裾。領織黻文九。蔽膝隨裳色，四章，織藻、粉米、黼、黻各二，本色緣，有紃施于縫中，其上玉鉤二，玉佩二，如親王之佩制。珩以下，雲龍文，上有金鉤，以小綬四采副之，四采，赤、白、縹、緑，纁質。大帶，素表朱裏，在腰及垂皆有綼，上綼以朱，下綼以緑。紐約用青組。大綬四采，赤、白、縹、緑，纁質。小綬三采，間施二玉環，皆織成。襪舄皆赤色，舄用黑絇純，黑飾舄首。

皮弁服，永樂三年定皮弁，用烏紗冒之，前後各八縫，每縫中綴三采玉八，縫及冠武、并貫簪繫纓處，皆飾以金，金簪，朱纓。玉圭，如冕服内制，絳紗袍，本色領褾裾，紅裳，如冕服内裳制，但不織章數。中單以素紗爲之，如深衣制。紅領褾襈，領織黻文九，蔽膝隨裳色，本色緣，有紃施于縫中，其上玉鉤二，玉佩，如冕服内佩制，但無雲龍文，有小綬四采以副之。大帶、大綬、襪舄，俱如冕服内制。

常服，永樂三年定冠、帶、靴俱與親王同。保和冠服與親王同，惟冠八襊。

郡王冠服。衮冕，永樂三年定冕冠，玄表朱（履）［裏］，前圓後方。前後七旒，每旒五采繅七就，各貫玉珠七，赤、白、青色相次。玉衡、金簪、玄紞，垂青纊充耳。用青玉。朱紘纓，承以白玉瑱。玉圭，長九寸，以錦約其下，并韜。青衣纁裳，五章。青衣三章，粉米一在肩，其二并藻、宗彝各三，在兩袖，皆織成。本色領褾襈。纁裳二章，織黼黻各二，前三幅，後四幅，不相屬。共腰有襞積，本色綼裼。中單以白紗爲之，青領褾襈，領織黻文七。蔽膝隨裳色，二章，織黼黻各二，本色緣，有紃施于縫中，其上玉鉤二。玉佩，如親王佩制，珩以下瑑雲龍文，上有金鉤，以小綬四采副之，四采，赤、白、縹、緑，纁質。大帶，素表朱裏，在腰及垂皆有綼，上綼以朱，下綼以緑，紐約用青組。大綬四采，赤、白、縹、緑，纁質。小綬三采，間施二玉環，皆織成。襪舄皆赤色，舄用黑鉤純，黑飾舄首。

皮弁服。永樂三年定皮弁，用烏紗冒之，前後各七縫，每縫中綴三采玉七。縫及冠武并貫簪繫纓處，皆飾以金，金簪，朱纓。玉圭，如冕服内制。并紗袍，本色領褾。紅裳，如冕服内裳制，但不織章數。中單以素紗爲之，如深衣制。紅領褾襈裾，領織黻文七。蔽膝隨裳色，本色緣，有紃施于縫中，其上二鉤，二玉佩，如冕服内制，但無雲龍文，有小綬四采以副之。大帶、大綬、襪舄俱如冕服内制。

常服。永樂三年定冠袍帶靴俱與親王同。保和冠服與世子同，惟冠七襊。

《明史》卷六六《輿服志二》 皇太子冠服。陪祀天地、社稷、宗廟及大朝會，受册，納妃，則服衮冕。

洪武二十六年定衮冕九章。冕九旒，旒九玉，金簪導，紅組纓，兩玉瑱。圭，長九寸五分。玄衣纁裳，衣五章，織山、龍、華蟲、宗彝、火。裳四章，織藻、粉米、黼、黻。白紗中單，黻領，蔽膝隨裳色，織火、山二章。革帶，金鈎觼，玉佩。綬五采赤、白、元、縹、緑織成，純赤質，三百三十首。小綬三，色同大綬，間織三玉環。大帶，白表朱裏，上緣以紅，下緣以緑。白襪，赤舄。

永樂三年定冕冠，玄表朱裏，前圓後方，前後各九旒。每旒五采繅九就，貫五采玉九，赤、白、青、黄、黑，相次。玉衡、金簪，玄紞，垂青纊充耳。用青玉。承以白玉瑱，朱紘纓。玉圭，長九寸五分，以錦約其下，并韜。衮服九章。玄衣五章。龍在肩，山在背，火、華蟲、宗彝在袖，每袖各三。皆織成，本色領褾襈裾。纁裳四章，織藻、粉米、黼、黻各二，前三幅，後四幅，不相屬。共腰有襞積，本色綼裼。中單以素紗爲之，青領褾襈裾，領織黻文十二。蔽膝隨裳色，四章，織藻、粉米、黼、黻，本色緣，有紃施於縫中，上玉鈎二，玉佩二，各用玉珩一，瑀一，琚一，衝牙一，璜二，瑀下垂玉花一，玉滴二，瑑雲龍文，描金。自珩而下，繫組五，貫以玉珠，上有金鈎。小綬四采赤、白、縹、緑。以副之，纁質。大帶，素表朱裏，在腰及垂，皆有綼，上綼以朱，下綼以緑。紐約用青組。大綬四采，赤、白、縹、緑。纁質。小綬三采，間施二玉環，龍文，皆織成。襪舄皆赤色，舄用黑鈎純，黑飾舄首。朔望朝，降詔、降香，進表，外國朝貢、朝覲，則服皮弁。

永樂三年定皮弁，冒以烏紗，前後各九縫，每縫綴五采玉九，縫及冠武并貫簪繫纓處，皆飾以金，金簪，朱纓。玉圭，如冕服内制。絳紗袍，本色領褾襈裾。紅裳，如冕服内裳制，但不織章數。中單以素紗爲之，如深衣制，紅領褾襈裾，領織黻文十一章。蔽膝隨裳色，本緣，有紃，施於縫中，其上玉鈎二，玉佩如冕服内制，但無雲龍文，有小綬四采以副之。大帶、大綬、襪舄赤色，皆如冕服内制。

其常服，洪武元年定烏紗折上巾。永樂三年定冠烏紗折角向上巾，亦名翼善冠，親王、郡王及世子俱同。袍赤，盤領窄袖，前後及兩肩各金織盤龍一。玉帶，韡，以皮爲之。

后妃命婦服飾

綜　述

明・申時行等《明會典》卷六〇《冠服一》 皇后冠服。皇后受册，謁廟，朝會，服禮服。燕居，則常服。見《集禮》。

禮服。洪武三年定冠爲圓匡，冒以翡翠，上飾以九龍四鳳，大花十二樹，小花如大花之數。兩博鬢，十二鈿。服禕衣，深青爲質，畫翟，赤質，五色十二等。素紗中單。黻領，朱羅縠褾襈裾。蔽膝隨衣色。以緅爲領緣，用翟爲章三等。大帶隨衣色，朱裏，紕其外，上以朱錦，下以緑錦。紐約用青組。玉革帶。青襪，青舄以金飾。

永樂三年定九龍四鳳冠。漆竹絲爲圓匡，冒以翡翠，上飾翠龍九，金鳳四，正中一龍銜大珠一。上有翠蓋，下垂珠結，餘皆口銜珠滴，珠翠雲四十片，大珠花十二樹，皆牡丹花，每樹花二朵，蓋頭二個，翠花九葉。小珠花如大珠花之數。皆穰花飄枝，每枝花一朵，豐開一朵，翠葉玉葉。三博鬢，左右共六扇。飾以金龍、翠雲，皆垂珠滴。翠口圈一副，上飾珠寶鈿花十二，翠鈿如其數。托裏金口圈一副，珠翠面花五事，珠排環一對。皂羅額子一，描金龍文，用珠二十一顆。翟衣，深青爲質，織翟文十有二等。凡一百四十八對。間以小輪花。紅領褾襈裾，織金雲龍文。紵絲紗羅隨用。中單，玉色紗爲之，紅領褾襈裾，領織黻文十三，或用綫羅。蔽膝隨衣色，織翟爲章三等，間以小輪花四，以緅爲領、緣，織金雲龍文。紵絲紗羅隨用。玉穀圭，長七寸。周尺。剡其上，瑑穀文，黄綺約其下，別以黄袋韜之，金龍文。玉革帶，青綺鞓，描金雲龍文，玉事件十，金事件四。大帶，表裏俱青紅相半，其末純紅，而下垂織金雲龍文，上以朱緣，下以緑緣，并青綺副帶一。綬五采，黄、赤、白、縹、緑，纁質，間施二玉環，皆織成。小綬三，色同大綬。玉佩二，各用玉珩一，瑀一，琚二，衝牙一，璜二，瑀下有玉花，玉花下又垂二玉滴，瑑飾雲龍文，描金。自珩而下，繫組五，貫以玉珠，行則衝牙二蘭與二璜相觸有聲。上有金鈎，有小綬五采以副之，五采，黄、赤、白、縹、緑，纁質，織成。青襪舄，襪以青羅爲之，舄用青綺，飾以描金雲龍文。皂綫純，每舄首加珠五顆。

常服。洪武三年定雙鳳翊龍冠。首飾釧鐲，金玉、珠寶、翡翠隨用。諸色團衫，金繡龍鳳文。帶用金玉。四年定龍鳳珠翠冠。真紅大袖衣霞帔，紅羅長裙，紅褙子。冠制如特髻，上加龍鳳飾。衣用織金龍鳳文，加綉飾。

永樂三年定雙鳳翊龍冠，以皂縠爲之，附以翠博山，上飾金龍一，翊以二珠翠鳳，皆口銜珠滴。前後珠牡丹花二朵，蕊頭八個，翠葉三十六葉。珠翠穰花鬢二朵，珠翠雲二十一片。翠口圈一副，金寶鈿花九，上飾珠九顆，金鳳一對，口銜珠結。三博鬢，左右共六扇。飾以鸞鳳，金寶鈿二十四，邊垂珠滴，金簪一對，珊瑚鳳冠觜一副。大衫霞帔，衫用黄色，紵絲紗羅隨用，霞帔，深青爲質，織金雲霞龍文，或綉，或鋪翠，圈金飾以珠，紵絲紗羅隨用，玉墜子瑑龍文。四䙆襖子，即褙子。深青爲質，金綉團龍文，紵絲紗羅隨用。

鞠衣，紅色，胸背雲龍文，用織金，或綉，或加鋪翠圈金，飾以珠，或素紵絲紗羅并餘色隨用。大帶，紅綫羅爲之，有緣，餘或青或緑，各隨鞠衣色。緣襈襖子，黄色，紅領褾襈裾，皆織金采色雲龍文，紵絲紗羅隨用。緣襈裙，紅色。緑緣襈，織金采色雲龍文，紵絲紗羅隨用。玉帶，青綺鞓，描金雲龍文。玉事件十，金事件三，玉花采結綬，以紅緑綫羅爲結，上有玉綬花一，瑑雲龍文。綬帶上玉墜珠六顆，并金垂頭花板四片，小金葉六個，紅綫羅繫帶一。白玉雲樣玎璫二，如佩制，每事上有金鈎一，金如意雲蓋一件。兩面鈒雲龍文，下懸紅組五，貫金方心雲板一件。兩面亦鈒雲龍文，俱襯以紅綺。下垂金長頭花四件。中有小金鐘一個，末綴白玉雲朵五。青襪舄，與翟衣内制同。

又 皇妃冠服。凡皇妃受册、助祭、朝會，則服禮服。燕居常服。見《集禮》。

禮服。洪武三年定冠飾以九翬四鳳、花釵九樹，小花如大花之數。兩博鬢，九鈿。翟衣青質，綉翟編次于衣及裳，重爲九等。青紗中單，黻領，朱縠褾襈裾。蔽膝隨裳色，加文綉重雉爲章二等，以緅爲領緣。大帶隨衣色，玉革帶，青襪舄。佩綬，永樂三年定九翟冠二頂。冠以皂縠爲之，附以翠博山，飾以大珠翟二，小珠翟三，翠翟四，皆口銜珠滴。冠中寶珠一座，前後珠牡丹花二朵，蕊頭八個，翠葉三十六葉，珠翠穰花鬢二朵，承以小連雲六片。翠頂雲一座，上飾珠五顆，珠翠雲十一片。翠口圈一副，金寶鈿花九個，上用珠九顆。金鳳一對，口銜珠結。金簪一對。珠翠牡丹花、穰花各二朵，面花二對。梅花環四珠環、各一對。大衫、霞帔，衫用紅色，紵絲紗羅隨用。霞帔，深青爲質，織金雲霞鳳文，或綉，或鋪翠，圈金，飾以珠，紵絲紗羅隨用。玉墜子，瑑鳳文。四䙆襖子。即褙子。桃花色，金綉團鳳文，紵絲紗羅隨用。鞠衣，青色，胸背鸞鳳雲文。用織金，或綉，或加鋪翠，圈金飾以珠。燕居服用素，除黄外，餘色及紵絲紗羅隨用。大帶，青綫羅爲之，有緣，餘或紅或緑，各隨鞠衣色。緣襈襖子，青色，紅領褾襈裾，織金雲鳳文，紵絲紗羅隨用。緣襈裙，紅色，緑緣襈，織金花鳳文，紵絲紗羅隨用。玉縠圭，長七寸，剡其上，瑑縠文，以錦約其下并韜。玉革帶，青綺鞓，描金雲鳳文。玉事件十。金事件三。玉花采結綬，以紅緑綫羅爲結，上有玉綬花一，瑑寶相花文。綬帶上玉墜珠六顆，并金垂頭花板四片，金葉兒六個，紅綫羅繫帶一，玉佩二，如中宫佩制。珩以下瑑飾雲鳳文，描金，上有金鈎。青襪舄，襪以青綫羅爲之，舄用青綺，飾以描金雲鳳文，皂綫純，每舄首加珠三顆。

常服。洪武三年定鸞鳳冠，首飾、釧鐲，用金玉珠寶翠諸色團衫。金綉鸞鳳不用黄，帶用金玉犀。又定山松特髻假鬢花鈿，或花釵、鳳冠。真紅大袖衣、霞帔、紅羅裙、紅羅褙子。衣用織金及綉鳳文。

又 内命婦冠服。洪武五年定三品以上用花釵翟衣，四品、五品用山松特髻。大衫爲禮服，貴人視三品，以皇妃燕居冠及大衫、霞帔爲禮服，珠翠慶雲冠、鞠衣褙子、緣襈襖裙爲常服。

又 親王妃冠服。王妃受册、助祭、朝會則服禮服。見《集禮》。禮服。洪武三年定，冠飾以九翬四鳳，花釵九樹，小花如大花之數。兩博鬢，九鈿。翟衣青質，五色，九等，綉翟編次于衣及裳。素紗中單，黻領，朱縠褾、襈、裾。蔽膝隨裳色，以緅爲領緣，綉翟爲章二等。大帶隨衣色，玉革帶，青襪舄，佩綬。

永樂三年定九翟冠二頂，冠以皂縠爲之，附以翠博山，飾以大珠翟二，小珠翟三，翠翟四，皆口銜珠滴。冠中寶珠一座，前後珠牡丹花二朵，蕊頭八個，翠葉三十六葉。珠翠穰花鬢二朵，承以小連雲六片，翠頂雲一座，上飾珠九顆，珠翠雲十一片，翠口圈一副，金寶鈿花九個，上用珠九顆，金鳳一對，口銜珠結。金簪一對，珠翠牡丹花、穰花各二朵。面花二對。梅花環、四珠環各一雙。大衫、霞帔，衫用大紅，紵絲紗羅隨用。霞帔以深青爲質，金綉雲霞鳳文，紵絲紗羅隨用。金墜子，亦鈒鳳文。四襈襖子，即褙子。桃紅色，金綉團鳳文，紵絲紗羅隨用。鞠衣，青色，如深衣制，胸背金綉雲鳳文，紵絲紗羅并各色隨用，惟不用黄。燕居服，用素大帶，青綫羅爲之。有緣，或用紅羅玉穀圭，長七寸，剡其上，瑑穀文，以錦約其下，并韜。公主不用圭。玉革帶，青綺韡，描金雲鳳文，玉事件十，金事件三。玉花采結綬，以紅綠綫羅爲結，上有玉綬花一，瑑寶相花文。綬帶上玉墜珠六顆，并金垂頭花板四片，小金葉六個，紅綫羅繫帶一，玉佩二，如東宫妃佩制。珩以下瑑雲鳳文，描金，上有金鈎，青襪舄，襪以青綫羅爲之，舄用青綺，飾以描金雲鳳文，皂綫純，每舄首加珠三顆。常服。洪武三年定犀冠，刻以花鳳。首飾釧鐲，用金玉珠寶翠。諸色團領衫，金綉花鳳，惟不用黄帶，用金玉犀，洪武四年定，與皇妃同。

又　公主冠服與親王妃同，册印同，用銀二片，長闊規制悉與親王册同。印用金，龜鈕，依周尺，方五寸二分，厚一寸五分，其文曰某國公主之印。綬用朱，印池用金，池匣妝飾亦與親王同，但親王飾蟠螭，公主則用飾蟠鳳。

又　鎮國將軍夫人冠服與長子夫人同。

又　輔國將軍夫人冠服與鎮國將軍夫人同，惟冠用四翟，抹金銀墜頭。

又　奉國將軍淑人冠服與輔國將軍夫人同，惟褙子、霞帔金綉孔雀文。

又　鎮國中尉恭人冠服與奉國將軍淑人同。

又　輔國中尉宜人冠服與鎮國中尉恭人同，惟冠用三翟，褙子、霞帔金綉鴛鴦文，銀墜頭。

又　輔國中尉宜人冠服與鎮國中尉宜人同，惟大衫用丹礬紅褙子，霞帔金綉練鵲文。

又　縣主冠服。珠翠五翟冠，大紅紵絲大衫，深青紵絲金綉孔雀褙子，青羅金綉孔雀霞帔，抹金銀墜頭。郡君冠服與縣主同，惟冠用四翟，褙子、霞帔金綉鴛鴦文。

明・張鹵《明制書》卷四《諸司職掌・冠服》　命婦冠服。一品冠用金事件，珠翟五箇，珠牡丹開頭二箇，珠半開三箇，翠雲二十四片，翠牡丹葉一十八片，翠口圈一付，上帶金寶鈿花八箇，金翟二箇，口銜珠結二箇。二品至四品冠用金事件，珠翟四箇，珠牡丹開頭二箇，珠半開四箇，翠雲二十四片，翠牡丹葉一十八片，翠口圈一付，上帶金寶鈿花八箇，金翟二箇，口銜珠結二箇。一品至四品，霞帔用雲霞紋，鈒花金墜子，褙子用雲霞文。五品至六品，冠用抹金銀事件，珠翟三箇，珠牡丹開頭二箇，珠半開五箇，翠雲二十四片，翠牡丹葉一十八片，翠口圈一付，上帶抹金銀寶鈿花八箇，抹金銀翟二箇，口銜珠結子二箇，霞帔用雲霞文。五品，鍍金鈒花銀墜子。六品，鈒花銀墜子。七品至九品，冠用抹金銀事件，珠翟二箇，珠月桂開頭二箇，珠半開六箇，翠雲二十四片，翠月桂葉一十八片，翠口圈一付，上帶抹金銀寶鈿花八箇，抹金銀翟二箇，口銜珠結子二箇，七品霞帔、褙子與六品同。八品、九品，霞帔用繡纏枝花墜子，與七品同。褙子繡枝團花。

明・俞汝楫《禮部志稿》卷一八《儀制司職掌・皇后冠服册寶附》　皇后受册、謁廟、朝會服禮服。燕居則常服。見《集禮》。

禮服。洪武三年定冠爲圓匡，帽以翡翠，上飾以九龍四鳳。大花十二樹，小花如大花之數，兩搏鬢十二鈿。服褘衣，深青爲質，畫翟赤質五色十二等。素紗中單，黼黻，領朱羅縠褾襈裾。蔽膝隨衣色，以緅爲領緣，用翟爲章三等。大帶隨衣色，朱裏，紕其外，上以朱錦，下以綠錦，紐約用青組，玉革帶，青襪青舄，以金飾。

永樂三年定九龍四鳳冠，膝竹絲爲圓匡，冒以翡翠，上飾翠龍九，金鳳四，正中一龍銜大珠一，上有翠蓋，下垂珠結，餘皆口銜珠滴，珠翠雲四十片，大珠花十二樹，皆牡丹花，每樹花二朵，蕊頭二個，翠花九葉。小珠花如大珠花之數。皆穰花飄枝，每枝花一朵半開一朵翠葉五葉。三搏鬢，左右共六扇。飾以金龍翠雲，皆垂珠滴，翠口圈一幅，上飾珠寶、鈿花十二。翠鈿如其數，托裹金口圈一幅，珠翠面花五事，珠排環一對。皂羅額子一，描金龍文，用珠二十一顆。翟衣，深青爲質，織翟文十有二等，凡一百四十八對。間以小輪花。紅領褾襈裾，織金雲龍文，紵絲紗羅隨用。中單，玉色紗爲之，紅領褾襈裾，領織黻文十三，或用線羅蔽膝，隨衣色。織翟爲章三等，間以小輪花四，以緅爲領緣，織金雲龍文，紵絲紗羅隨用。玉穀圭，長七寸，周尺。剡其上，瑑穀文，黄綺約其下，別以黄袋韜之，金龍文。玉革帶，青綺韡，描金雲龍文。玉事件十，金事件四。大帶，表裏俱表青紅相半，其末純紅，而下垂織金雲龍文，上以朱緣，下以緑緣，并青綺副帶一。綬五采，黄、赤、白、縹、緑，纁質，間施二玉環，皆織成。小綬三色，同大綬。玉佩二，各用玉珩一，瑀一，琚二，衝牙一，璜二，瑀下有玉花，玉花下又垂玉二滴，瑑飾雲龍文，描金。自珩而下繫組五，貫以玉珠。行則衝牙、二滴與二璜相觸有聲，上有金鉤、小綬五綵以副之，五采，赤、黄、白、縹，緑，纁質，織文。青襪舄，襪以青羅爲之，舄用青綺，飾以描金雲龍文，皂線純。每舄首加珠五顆。

常服。洪武三年定雙鳳翊龍冠，首飾鐲釧，金玉、珠寶、翡翠隨用。諸色團衫，金繡龍鳳文，帶用金玉。十四年定龍鳳珠翠冠，真紅大袖衣霞帔，紅羅長裙，紅褙子。冠制如特髻，上加龍鳳飾，衣用織金龍鳳文，加綉飾。

永樂三年定雙鳳翊龍冠，以皂縠爲之，附以翠博山，上飾金龍一，翊以二珠。翠鳳皆口銜珠滴，前後珠牡丹花二朵，蕊頭八個，翠葉三十六葉，珠翠穰花二朵，珠翠雲二十一片，翠口圈一副，金寶鈿花九，上飾珠九顆，金鳳一對，口銜珠結。三博鬢，左右共六扇。飾以鸞鳳金寶鈿二十四，邊垂珠滴金簪一對，珊瑚鳳冠觜一副。大衫，霞帔，衫用黄色，紵絲紗羅隨用。霞帔，深青爲質，織金雲霞龍文，或綉或鋪翠圈金飾以珠，紵絲紗羅隨用。玉墜子，瑑龍文四䙆襖子，即褙子。深青爲質，金繡團龍文，紵絲紗羅隨用。鞠衣，紅色，胸背雲龍文，用織金，或綉，或加鋪翠圈金，飾以珠或紵絲紗羅，并餘色隨用。大帶，紅線羅爲之，有緣，餘或青或緑，或隨鞠衣色。緣襈襖子，黄色，紅領褾襈裾，皆織金彩色雲龍文，紵絲紗羅隨用。緣襈裙紅色，緑緣襈，織金采色雲龍文，紵絲紗羅隨用。玉帶，青綺鞓，描金雲龍文，玉事件十，金事件三。玉色彩結綬，以紅緑綫羅爲結，上有玉綬花一，瑑雲龍文，綬帶上玉墜珠六顆，并金垂頭花板四片，小金葉六個，紅綫羅繫帶一，白玉雲樣玎璫二，如佩制，每事上有金鉤一，金如意雲蓋一件，兩面鈒雲龍文，下懸紅組五，貫金方心雲板一件，兩面亦鈒雲龍文，俱襯以紅綺。下垂金長頭花四件，中有小金鐘一箇，末綴白玉雲朵五。青襪舄，與翟衣内制同。

册寶。册用金二片，每片依周尺長一尺二寸，闊五寸，厚二分五釐。鐫刻真書。每片側邊上下有竅，用紅絛聯貫開闔，如今書帙之狀。背各用紅錦嵌護，藉以紅錦小褥。册盝以木爲之，飾以渾金瀝粉蟠龍，用紅紵絲襯裏，内以紅羅銷金小袱裹册，外以紅羅銷金夾袱裹之，五色小絛縈於匣外。寶用金，龜紐，朱綬，文用篆書曰皇后之寶，依周尺方五寸九分，厚一寸七分。寶池用金，澗取容寶。寶匣二副，每副三重。外匣用木，飾與册盝同。中匣用金，級造蟠龍。内小匣仍用木，與外匣同。小匣内置一寶座，四角雕蟠龍，飾以渾金。座上用小錦袱、褥上一置寶池，用銷金紅羅小夾袱裹寶，其匣外各用紅羅銷金大夾袱覆之。

又《皇妃冠服册印附、皇嬪命婦附》 凡皇妃受册、助祭、朝會用禮服，燕居常服。

禮服。洪武三年定冠飾以九翬四鳳，花釵九樹，小花如大花之數。兩博鬢，九鈿。翟衣，青質，綉翟編次于衣及裳，重爲九等。青紗中單，黻領，朱縠縹襈裾，蔽膝隨裳色，文綉重雉，爲章三等，以緅爲領緣，大帶隨衣色，玉革帶，青襪舄，佩綬。

永樂三年定九翬冠二頂。冠以皂縠爲之，附以翠博山，飾以大珠翟二，小珠翟三，翠翟四，皆口銜珠滴。冠中寶珠一座，前後珠牡丹花二朵，蕊頭八個，翠葉三十六葉，珠翠穰花二朵，承以小連雲六朵。翠頂雲一座，上飾珠五顆，珠翠雲十一片，翠口圈一副，金寶鈿花九箇，上用珠九顆。金鳳一對，口銜珠結。金簪一對，珠翠牡丹花、穰花各二朵，面花二對，梅花環、四珠環各一對。大衫、霞佩，衫用紅色，紵絲紗羅隨用。霞帔深青爲質，織金雲霞鳳文，或繡，或鋪翠，圈金，飾以珠，紵絲紗羅隨用。玉墜子，瑑鳳文四䙆襖子，即褙子。桃花色，金繡團鳳文，紵絲紗羅隨用。鞠衣，青色，胸背鸞鳳雲文，用織金，或繡，或加鋪翠，圈金，飾以珠。燕居，服用素，除黄外，餘色及紵絲紗羅隨用。大帶，青綿羅爲之，有緣，餘或紅或緑，各隨鞠衣色。緣襈襖子，青色，紅領褾襈裾，織金雲龍文，紵絲紗羅隨用。緣襈裾，紅色，緑緣襈，織金花鳳文，紵絲紗羅隨用。玉縠圭，長七寸，剡其上，瑑縠文，以錦約其下，并韜。玉鞓帶、青綺鞓，描金雲鳳文。玉事件十，金事件三。玉花采結綬，以紅緑綫羅爲結，上有玉綬花一，瑑寶相花文。綬帶上玉墜珠六顆，并金垂頭花板四片，金葉兒六個，紅綫羅繫帶一，玉佩二，如中宫佩制。珩以下瑑飾雲鳳文，描金，上有金鉤。青襪舄，襪以青綫羅爲之，舄用青綺，飾以描金雲鳳文，皂緣純，每舄首加珠三顆。

常服。洪武三年定鸞鳳冠，首飾釧鐲，用金玉、珠寶、翠。朱色團衫，金綉鸞鳳，不用黄，帶用金玉犀。又定，山松特髻假鬢花佃、鳳冠。真紅大袖衣，霞帔、紅羅裙，紅羅褙子，衣用織金及繡鳳文。

冊印。冊用鍍金銀冊二片，其長短濶厚與諸王冊同。冊盝飾以渾金瀝粉蟠龍鳳，其物用裹覆皆與諸王同。印用金，龜紐，其尺寸與諸王寶同。文曰皇妃之印。其餘制度，皆與諸王同。匣皆飾以蟠鳳，皇貴妃有寶，餘無寶。

又《皇嬪冠服册附》 嘉靖十年定冠用九翟，次皇妃之鳳，大衫、鞠衣如皇妃制，圭用次玉穀文。

冊。冊用銀，少殺于皇妃五分之一，以金飾之。

內命婦冠服。洪武五年定三品以上用花，翟衣。四品、五品用山松特髻、大衫爲禮服。貴人視三品，以皇妃燕居冠及大衫、霞帔爲禮服。珠翠慶雲冠、鞠衣、褙子，緣襈裾裙爲常服。

又《命婦冠服》 禮服。凡命婦入內朝見君后，在家見舅姑并夫及祭祀則服禮服。洪武五年定凡命婦，團衫以紅羅爲之，繡重雉爲等第，一品九等，二品八等，三品七等，四品六等，五品五等，六品四等，七品三等，其餘不用繡雉。

二十四年定命婦朝服，公侯伯與一品同，大袖衫用真紅色。一品至五品，紵絲綾羅隨用。六品至九品，綾羅隨用并紬絹。霞帔、褙子皆用深青。緞疋。公侯及一品、二品金繡雲霞翟文。三品、四品金繡雲霞孔雀文。五品繡雲霞鴛鴦。六品、七品綉雲霞練雀文。大袖衫，領闊三寸，兩領直下一尺，間綴子三。前身長四尺一寸二分，後身長五尺一寸，內九寸八分，行則摺起，末綴鈕子二，鈕在掩鈕之下，拜則放之。袖長三尺二寸二分，根濶一尺，口濶三尺五分，落褶一尺一寸五分。掩鈕二，就用衫料，連尖長二寸七分，闊二寸五分，各于領下一尺六寸九分處綴之。于掩下各綴紐門一，以紐住摺起後身之餘者。兜子，亦用衫料兩塊斜剪，上尖下平，連尖長一尺六寸三分，每塊下平處，各闊一尺五分，縫合，于領下一尺七分處綴之。上綴尖皆縫合，以藏霞帔後垂之末者。霞珮二條，各長五尺七寸，闊三寸二分，各綉禽七，隨品級用，前四後三各綉。臨末左右取尖長二寸七分，前後分垂，横綴青羅襻子，牽連并之。前垂三尺三寸五分，尖綴墜子一，後垂二尺三寸五分，臨末插兜子內藏之。墜子中鈒花禽一，四面雲霞文，禽如霞帔，隨品級用。笏，以象牙爲之，圓首方脚，長六寸四分，闊一寸五分，厚一分五釐。二十六年定一品冠，用金事件，珠翟五箇，珠牡丹開頭二箇，珠半開三箇，翠雲二十四片，翠牡丹葉十八片，翠口圈一副，上帶金寶鈿花八箇，金翟二箇，口銜珠結二箇。二品至四品，冠用金事件，珠翟四箇，珠牡丹開頭二箇，珠半開四箇，翠雲二十四片，翠牡丹葉一十八片，翠口圈一副，上帶金寶鈿花八箇，金翟二箇，口銜珠結二箇。一品至二品，霞帔用雲霞翟文，鈒花金墜子，褙子用雲霞翟文。三品至四品，霞帔用雲霞孔雀文，鈒花金墜子，褙子用雲霞孔雀文。五品至六品，冠用抹金銀事件，珠翟三箇，珠牡丹開頭二箇，珠半開五箇，翠雲二十四片，翠牡丹葉一十八片，翠口圈一副，上帶抹金銀寶鈿花八箇，抹金銀翟二箇，口銜珠二箇。五品，霞帔用雲霞鴛鴦文，鍍金鈒花銀子墜，褙子用雲霞鴛鴦文。六品，霞帔用雲霞練鵲文，鈒花銀墜子，褙子用雲霞練鵲文。七品至九品，冠用抹金銀事件，珠翟二箇，珠月桂開頭二個，珠半開六箇，翠雲二十四片，翠月桂葉一十八片，翠口圈一副，上帶抹金銀寶鈿花八箇，抹金銀翟二箇，口銜珠結子二箇。七品，霞帔、墜子、褙子與六品同。八品、九品霞帔用繡纏枝花，墜子與七品同，褙子繡摘枝團花。

常服。洪武二十四年定命婦常服用顔色團領衫。

明·徐一夔《明集禮》卷三九《冠服·皇后冠服》 周制，追師掌王后之首服，爲副編次，追衡笄。鄭玄云：副者，覆也。覆首爲飾，若今步摇也。編者，編髮爲之，若今假紒也。次者，次第髮長短爲之，所謂髮髢追治也。衡、笄皆以玉爲之，衡于副之兩旁，當耳，其下以紞懸瑱笄卷髮者。內司服掌王后之六服，褘衣、褕翟、闕翟、鞠衣、展衣、褖衣。《三禮圖》云：褘衣，色玄，刻繒爲翟形，以五綵畫之，綴於衣，以爲文章。褕翟，青衣，刻繒爲摇雉，畫以五色。褕音摇。闕翟，色赤，刻翟形而不畫，三者皆王后助祭之服也。鞠衣，色黄如麴塵，王后親蠶之服也。展衣，色白，展與亶同。亶，誠也。王后以禮見王及賓客之服也。褖衣，色黑，王后接御于王之服也。漢皇后首飾用假結，步摇簪耳，步摇以黄金爲山題，貫白珠爲桂枝相繆，八爵九華。熊、虎、赤羆、天禄、辟邪、南山豐大特六獸，諸爵獸皆用翡翠爲毛羽金題，白珠璫繞，以翡翠爲花，入廟所用服，紺上皂下，朝會用蠶服，青上縹下。隋皇后首飾用大小花十二樹，褘衣、鞠衣、青衣、朱衣四等。褘衣，深青色，織成領袖，文以翬翟五采，重行十二等。素紗中單，黼領，羅縠褾襈，色皆以紅，蔽膝隨裳色，以緅爲緣，用翟三章。大帶隨衣裳，飾以朱緑之錦，青緣革帶，白玉佩玄，組綬，青襪舄，舄加金飾，助祭及朝會受册、大事則服之。鞠衣，黄羅爲質，織成領袖，蔽膝、革帶及舄隨衣色，餘同禕衣，親蠶則服之。青衣，去大帶及佩綬，金飾履，朱衣如青衣，禮見天子則服之。唐皇后首飾用大小花各十二樹，服禕衣、鞠衣、鈿釵禮衣三等。禕衣，深青色，畫翬，赤質，五色十二等，素紗中單，黼領，朱羅縠褾襈，蔽（色）［膝］隨裳色，以緅爲領，緣爲翟章三等。青衣，革帶，大帶隨衣色，朱裏，紕其外，上以朱錦，及懸以白玉雙佩，黑組，大綬，青襪舄，舄加金飾，朝會、受册及助祭則服之。鞠衣，黄羅爲之，蔽膝、大帶、革帶，舄隨衣色，親蠶則服之。鈿釵禮衣十二鈿，兼用雜色，宴見賓客則服之。龍鳳珠翠冠，泥金霞帔，常服之。

宋皇后首飾用大小花各十二樹，兩博冠，飾以九龍四鳳，其服禕衣，深青織成，翟文，素質，五色十二等。青紗中單，餘同唐制，朝會、受册、助祭則服之。鞠衣，色黄，蔽膝、革帶、舄皆隨衣色，親蠶則服之。其常服真紅大袖，紅羅生色爲領，紅羅長裙，龍鳳珠翠紅霞帔，藥玉爲墜，紅羅背子，紅黄紗衫子，白紗襦褲，明黄裙，紅粉紗短衫。

元皇后，用本俗冠服。國朝，皇后首飾冠爲圓匡，冒以翡翠，上飾以九龍四鳳，大花十二樹，小花如大花之數，兩博鬢，十二鈿。服禕衣，深青爲質。畫翠，赤質，五色十二等。素紗中單，黼領朱羅縠褾襈裾，蔽膝隨衣色，以緅爲領緣，用翟爲章，三等。大帶隨衣色，朱裏，紕其外，上以朱錦，下以絲錦，紐約用青組，玉革帶，青襪、青舄，舄以金飾，凡朝會、受册、謁廟皆服之。燕居則服雙鳳翊龍冠，首飾釧鐲，以金玉、珠寶、翡翠隨用。諸色團衫，金綉龍鳳文，帶用金玉。

又《皇妃冠服》　古者王后之下爲夫人，次嬪，次世婦，次御女，則夫人即皇妃之位也。周制，内司服掌六服，禕衣、褕翟、闕翟之下，嬪服鞠衣，世婦服展衣，御女服褖衣。鄭玄以爲九嬪服鞠衣，則夫人服闕翟乎。闕翟者，王后第三等服也。玄以九嬪服鞠衣，故以類推而以夫人服闕翟，周制無明文可見。漢貴人首飾皆大手髻，墨玳瑁，加簪珥。妃以上又得服錦綺羅縠繒，采十二色，重緣袍。唐首飾兩博，飾以寶鈿，花釵九樹，翟衣九等，青質，繡翟，編次於衣及裳，重爲九等。青紗中單，黼領朱縠褾襈裾。蔽膝隨裳色，以緅爲領、緣皆文綉，重雉爲章，二等。大帶隨衣色，青衣、革帶，青襪舄，佩綬。宋首飾，大小花各九株，兩博冠，飾以九翬、四鳳。褕翟，青羅綉爲摇雉之形，編次爲衣，青質，五色九等。素紗中單，黼領，羅縠褾襈。蔽膝隨裳色，褕翟爲章，二等。以緅爲領緣。大帶隨衣色，朱裏，紕其外，上以朱錦，下以緑錦。紐約用青組，青衣革帶，白玉雙佩，黑組雙，大綬，小綬三，間施三玉環，青襪舄，舄加金飾。元服本俗服，國朝參用唐宋之制，冠飾以九翬、四鳳，花釵九樹，小花如大花之數，兩博鬢，九鈿。翟衣青質，編次于衣及裳，重爲九等。青紗中單，黼領朱縠褾襈裾。蔽膝隨裳色，加文綉，重雉爲章，二等。以緅爲領緣，大帶隨衣色，玉革帶，青襪舄，佩綬，凡受册、助祭、朝會、諸大事服之。鸞鳳冠首飾釧鐲用金玉、珠寶、翠。諸色團衫，金綉鸞鳳，不用黄。束帶用金玉犀，燕居則服之。

又《皇太子妃冠服》　北齊，首飾假髻步摇，花釵九鏌，服用褕翟。隋首飾花九樹，服用褕翟，衣九章。素紗中單，黼領羅褾襈，色皆以朱。蔽膝二章，大帶以青，用青緣，革帶，朱襪、青舄，舄加金飾。佩瑜玉，纁朱綬，獸頭鞶囊。唐首飾花九樹，小花如大花之數，并兩博鬢，服用褕翟，青織成爲文，爲摇翟之形，青質，五色九等。素紗中單，黼領，朱羅縠褾襈。蔽膝隨裳色，用緅爲領緣，以翟爲章，二等。大帶隨衣色，不朱裏，紕其外，上以朱錦，下以緑錦，紐約用青組，以青衣革帶，青襪舄，舄加金飾，玉佩，朱綬。鞠衣，色黄，餘同褕翟，從蠶則服之。鈿釵禮衣，九鈿服，兼用雜色，宴見賓客則服之。宋制與唐同。元用本俗服。國朝冠飾，九翬四鳳，花釵九樹，小花如大花之數，兩博鬢，九鈿。翟衣青質，繡翟，編次於衣及裳，重爲九等。青紗中單，黼領朱縠褾襈。蔽膝隨裳色，以緅爲領緣，加文繡，重雉爲章，二等。大帶隨衣色，青襪舄，佩綬，受册、助祭、朝會、大事則服之。犀冠刻以花鳳首飾，釧鐲，金玉、珠寶、翠隨用，服諸色團衫，金綉鸞鳳，唯不用黄。帶用金玉犀，燕居則服之。

又《王妃冠服公主同》　漢諸王妃首飾，大手髻、七鏌、蔽髻、簪珥，服用文繡。隋王妃首飾，花用九樹，服用褕翟，綉爲九章，佩山玄玉，獸頭鞶囊，綬同夫色。唐首飾，花釵九樹，兩博髻，飾以寶鈿。翟衣青質，繡翟編次於衣及裳，重爲九等。青紗中單，黼領朱褾襈裾。蔽膝隨裳色，以緅爲領緣，加文繡，重翟爲章，二等。大帶隨衣色，青衣革帶，青襪舄，佩。宋親王夫人冠服與唐同。元用本俗服。國朝冠飾以九翬四鳳，花釵九樹，小花如大花之數，兩博鬢，九鈿。翟衣青質，五色九等，繡翟編次於衣及裳。素紗中單，黼領朱縠褾襈裾。蔽膝隨裳色，以緅爲領，緣繡翟爲章，二等。大帶隨衣色，玉革帶，青襪舄，佩綬，受册、助祭、朝會、大事則服之。犀冠，刻以花鳳首飾，釧鐲用金玉、珠寶、翡翠，服諸色團衫，金綉花鳳，唯不用黄帶、金玉犀。

又《内外命婦冠服》 周制，追師爲内外命婦之首服，曰副、編次，追衡、笄。司服辯内外命婦之服，曰鞠衣、展衣、褖衣。其内命婦、九嬪服鞠衣，世婦服展衣，女御服褖衣。其外命婦，孤之妻服鞠衣，卿大夫之妻服展衣，士之妻服褖衣。服鞠衣、展衣者，首服以編。服褖衣者，首服以次。漢公卿列侯中二千石、二千石夫人，首飾紺繒幗（音國，與幗同，包覆于髻也。）黄金，龍首銜白珠魚須，擿長一尺爲簪珥，自二千石夫人以上，皆以蠶衣爲朝服。入廟助祭者服皂絹上下，助蠶者縹絹上下。隋一品命婦，花釵九樹，褕翟綉爲九章，佩山玄玉。二品命婦花釵八樹，褕翟綉爲八章，佩水蒼玉。三品命婦，花釵七樹，褕翟繡爲七章。四品命婦，花釵六樹，闕翟刻繒爲翟六章。五品命婦，花釵五樹，闕翟五章，皆佩水蒼玉。唐外内命婦，首飾并兩博鬢飾以寶鈿。一品花釵九樹，衣翟九等。二品花釵八樹，翟八等。三品花釵七樹，翟七等。四品花釵六樹，翟六等。五品花釵五樹，翟五等。寶鈿視花釵之數。唐内命婦尋常供奉所服并公服。公服者，鈿釵雜色禮衣，不用中單、蔽膝、大帶。及内命婦常服白角冠服，泥金、銷金、真珠裝綴衣服。元無内外命婦冠服之制。國朝命婦，一品冠花釵九樹，兩博鬢，九鈿，服用翟衣，色隨夫，用紫綉翟九重。素紗中單，黼領朱縠褾襈裾。蔽膝隨裳色，以緅爲領緣，加文綉重翟爲章，二等。大帶隨衣色，革帶用玉，青襪舄，佩綬。二品冠花釵八樹，兩博鬢，八鈿，服用翟衣八等，其色隨夫，用紫。革帶用犀角，并同一品。三品冠花釵七樹，兩博鬢，七鈿，翟衣七等，其色隨夫，用紫。革帶用金，餘同二品。四品冠花釵六樹，兩博鬢，六鈿，翟衣六等，其色隨夫，用紫。革帶用金，餘同三品。五品冠花釵五樹，兩博鬢，五鈿，翟衣五等，其色隨夫，用紫。革帶用烏角，餘同四品。六品冠花釵四樹，兩博鬢，四鈿，翟衣四等，其色隨夫，用緋。革帶用烏角，餘同五品。七品花釵三樹，兩博鬢，三鈿，翟衣三等，其色隨夫，用緋，革帶用烏角，餘同六品。

明·王圻《三才圖會·衣服》卷二 皇后冠服。國朝皇后首飾。冠爲圓匡，冒以翡翠，上飾以九龍四鳳，大花十二樹，小花如大花之數，兩博鬢，十二鈿。服褘衣，深青爲質，畫翠，赤質，五色十二等。素紗中單，黼領朱羅縠褾襈，蔽膝隨衣色，以緅爲領緣，用翟爲章，三等。大帶隨衣色，朱裏，紕其外，上以朱錦，下以絲錦，紐約用青組。玉革帶，青襪、青舄，舄以金飾，凡朝會、受册、謁廟皆服之。燕居則服雙鳳翊龍冠，首飾釧鐲以金玉、珠寶、翡翠隨用。諸色團衫，金繡龍鳳文，帶用金玉。

皇后冠服

九龍四鳳冠

束帶

褘衣

又　皇妃冠服。國朝參用唐宋之制，冠飾以九翬四鳳，花釵九樹，小花如大花之數，兩博鬢，九鈿。翟衣青質，綉翟編次于衣及（掌）［裳］，重爲九等。青紗中單，黼領朱縠縹襈裾。蔽膝隨裳色，加文綉，重雉爲章，二等。以緅爲領緣。大帶隨衣色，玉革帶，青襪舄，佩綬，凡受册，助祭、朝會、諸大事服之。鸞鳳冠首飾釧鐲，用金玉珠寶翠。諸色團衫，金綉鸞鳳，不用黄束帶，用金玉犀，燕居則服之。

又　皇太子妃冠服。國朝冠飾九翬四鳳，花釵九樹，小花如大花之數，兩博鬢，九鈿。翟衣青質，繡翟編次於衣及裳，重爲九等。青紗中單，黼領朱縠縹襈。蔽膝隨裳色，以緅爲領緣，加文繡，重雉爲章，二等。大帶隨衣色，青襪舄，佩綬，受册、助祭、朝會、大事則服之。犀冠刻以花鳳首飾，釧鐲金玉、珠寶、翠隨用。服諸色團衫金，綉鸞鳳，唯不用黄，帶用金玉犀，燕居則服之。

又　公主冠服。國朝冠飾以九翬四鳳，花釵九樹，小花如大花之數，兩博鬢，九鈿。翟衣青質，五色九等，綉翟編次于衣及裳。素紗中單，黼領朱縠縹襈裾。蔽膝隨裳色，以緅爲領緣，綉翟，爲章二等。大帶隨衣色，玉革帶，青襪舄，佩綬，受册、助祭、朝會、大事則服之。犀冠刻以花鳳首飾，釧鐲用金玉、珠寶、翡翠，服諸色團衫金，綉花鳳，唯不用黄，帶金玉犀。

又卷三　内外命婦冠服。國朝命婦，一品冠花釵九樹，兩博鬢，九鈿，服用翟衣，色隨夫，用紫，綉翟九重。素紗中單，黼領朱縠縹襈裾。蔽膝隨裳色，以緅爲領緣，加文綉重翟，爲章二等。大帶隨衣色，革帶用玉，青襪舄，佩綬。二品冠花釵八樹，兩博鬢，八鈿。服用翟衣八等，其色隨夫，用紫。革帶用犀角，并同一品。三品冠花釵七樹，兩博鬢，七鈿。翟衣七等，其色隨夫，用紫。革帶用金，餘同二品。四品冠花釵六樹，兩博鬢，六鈿。翟衣六等，其色隨夫，用紫。革帶用金，餘同三品。五品冠花釵五樹，兩博鬢，五鈿，翟衣五等，其色隨夫，用紫。革帶用烏角，餘同四品。六品冠花釵四樹，兩博鬢，四鈿。翟衣四等，其色隨夫，用緋。革帶用烏角，餘同五品。七品花釵三樹，兩博鬢，三鈿。翟衣三等，其色隨夫，用緋。革帶用烏角，餘同六品。

明・朱勤美《王國典禮》卷二《冠服》　郡王長子夫人冠服。珠翠五翟冠，大紅紵絲大衫，深青紵絲金綉翟鷄褙子，青羅金綉翟鷄霞帔，金墜頭。鎮國將軍冠服，與郡王長子同。鎮國將軍夫人冠服，與長子夫人同。【略】輔國將軍夫人冠服，與鎮國將軍夫人同，惟冠用四翟，抹金銀墜頭。【略】奉國將軍淑人冠服，與輔國將軍夫人同，惟褙子、霞帔金綉孔雀文。【略】鎮國中尉恭人冠服，與奉國將軍淑人同。【略】輔國中尉宜人冠服，與鎮國中尉恭人同，惟冠用三翟，褙子、霞帔金綉鴛鴦文，銀墜頭。【略】奉國中尉安人冠服，與輔國中尉宜人同，惟大衫用礬丹紅，褙子、霞帔金綉練鵲文。嘉靖七年製。【略】郡主冠服。永樂三年定，與郡王妃同，惟不用圭，及少四珠環一對。縣主冠服。珠翠五翟冠。大紅紵絲大衫，深青紵絲金綉孔雀褙子，青羅金綉孔雀霞帔，抹金銀墜。頭郡君冠服與縣主同，惟冠用四翟。褙子、霞帔金綉鴛鴦文。縣君冠服與郡君同，惟冠用三翟。鄉君冠服與縣君同，惟大衫用丹礬紅，褙子、霞帔金綉練鵲文。【略】親王妃世子妃同。册盝袱褥銷鑰服匣一副，翠珠九翟冠一頂，用藍青冠蓋、大紅羅冠罩，事件全。玉穀圭一枝，匣全。玉綬花一副，玉革帶一條，玉佩玎璫一副，玉禁步一副，合香串一副，錫合一個，舄料一副，珍珠全。禮服匣一座。以上内官監辦。金册一副，金鳳一對，金簪一對，金墜頭一個，金寶鈿花九個，九翟冠頂上用。玉革帶事件一副，玉佩玎璫鈎二個，彩結垂頭花葉一副。玉綬花葉。以上銀作局辦。大衫大紅素紵絲一件，表紵絲一匹零一丈，裏熟絹一匹零一丈。大紅素綫羅一件，表素綫羅一匹，裏生絹一匹。深青素綫羅一件，表素綫羅一匹，裏生絹一匹。鞠衣實金綉鸞鳳彩綉雲夾四件，大紅素紵絲一件，表素紵絲一匹裏生絹一匹。大紅素銀絲紗一件，表素銀絲紗一匹，裏生絹一匹。大紅素綫羅一件，表素綫羅一匹，裏生絹一匹。深青素綫羅一件，表素綫羅一匹，裏生絹一匹。各色熟絲綫大紅一兩三錢五分，青三錢。青綫羅綉鸞鳳夾霞帔二副，各色素綫羅大帶，大紅三條深青一條。大紅綿布包袱一條。以上俱針工局辦。郡王册盝袱褥銷鑰服匣一副。内官監辦。鍍金銀册一副，銀事件一副。以上銀作局辦。如初封，加銀印池一個。銀作局辦。印匣一個，内官監辦。郡王妃册盝袱褥銷鑰服匣一副，内官監辦。鍍金銀册一副。銀作局辦。嘉靖七年議定，郡王、將軍、中尉，郡、縣、鄉主君冠服，通行裁革，止給價銀，惟親王、世子及妃仍舊。鎮國將軍冠服，銀三十三兩五錢四分。夫人冠服，銀二十兩五錢二分。輔國將軍冠服，銀二十八兩八錢四分。夫人冠服，銀一十七兩五錢六分。奉國將軍冠服，銀四十三兩四錢九分。淑人冠服，銀一十六兩五錢八分。鎮國中尉冠服，銀四十兩四錢九分。恭人冠服，銀一十五兩二錢二分。輔國中尉冠服，銀二十八兩五錢。宜人冠服，銀一十二兩五錢六分。奉國中尉冠服，銀二十三兩六錢。安人冠服，銀一十二兩五錢六分。定擬價銀，遇有該府便差人員，給與印信領狀，赴部關領勘合，各回本布政司支領自辦。該司每歲終，將給過緣由，造册繳報。

四十年定郡王、將軍、中尉，郡、縣、鄉主君冠服，價銀一概免給。

明・佚名《諸司職掌・禮部・冠服》 命婦冠服。一品冠用金事件，珠翟五個，珠牡丹開頭二個，珠半開三個，翠雲二十四片，翠牡丹葉一十八片。翠口圈一付，上帶金寶鈿花八個。金翟二個，口銜珠結二個。二品至四品，冠用金事件，珠翟四個，珠牡丹開頭二個，珠半開四個，翠雲二十四片，翠牡丹葉一十八片。翠口圈一付，上帶金寶鈿花八個。金翟二個，口銜珠結二個。一品至四品，霞帔用雲霞紋，鈒花金墜子，褙子用雲霞文。五品至六品，冠用抹金銀事件，珠翟三個，珠牡丹開頭二個，珠半開五個，品鍍金鈒花銀墜子。七品至九品，冠用抹金銀事件，珠翟二個，珠月桂開頭二個，珠半開六個，翠雲二十四片，翠月桂葉一十八片。翠口圈一付，上帶抹金銀寶鈿花八個，抹金銀翟二個，口銜珠結子二個。七品霞帔、褙子與八品同。八品、九品，霞帔用綉纏枝花，墜子與七品同，褙子綉枝團花。

清・傅維鱗《明書》卷七八《服璽志一》 皇后禮服。洪武三年定冠爲圓匡，冒以翡翠，上飾以九龍四鳳，大花十二樹，小花如大花之數。兩博鬢，十二鈿。褘衣，深青爲質，畫翟，赤質，五色十二等。素紗中單，黻領朱羅縠褾襈裾。蔽膝隨衣色，以緅爲領，緣用翟，爲章三等。大帶隨衣色，朱裏，紕其外，上以朱錦，下以緑錦，紐約用青組。玉革帶、青襪，青舄，以金飾。

永樂三年定九龍四鳳冠，漆竹絲爲圓匡，冒以翡翠，上飾翠龍九，金鳳四，正中一龍，銜大珠一，上有翠蓋，下垂珠結，餘皆口銜珠滴。翠雲四十片，大珠花十二樹。皆牡丹花，每樹花二朵，蕊頭二箇，翠花九葉。小珠花如大珠花之數。皆穰花飄枝，每枝花一朵半開，一朵翠葉五葉。三博鬢，左右共六扇。飾以金龍、翠雲，皆垂珠滴。翠口圈一幅，上飾珠寶鈿花十二，翠鈿如其數。托裏金口圈一幅，珠翠面花五事，珠排環一對。皂羅額子一，描金龍文，用珠二十一顆。翟衣，深青爲質，織翟文十有二等，凡一百四十八對。間以小輪花。紅領褾襈裾，織金雲龍，絲紵紗羅隨用。中單，玉色紗爲之，紅領褾襈裾，領織黻文十三，或用綫羅。蔽膝隨衣色，織翟爲章，三等。間以小輪花四，以緅爲領緣，織金雲龍文，紵絲紗羅隨用。玉穀圭，長七寸。周尺。剡其上，琢穀文，黄綺約其下，别以黄袋韜之，金龍文。玉革帶、青綺鞓，描金雲龍文，玉事件十，金事件四。大帶，表裏俱青紅相半，其末純紅，而下垂織金雲龍文，上以朱緣，下以緑緣，并青綺副帶一。綬五采，黄、赤、白、縹、緑，纁質，間施二玉環，皆織成。小綬三，色同大綬。玉佩二，各用玉珩一，瑀一，琚二，衝牙一，璜二，瑀下有玉花，玉花下又垂二玉滴，琢飾雲龍文，描金。自珩而下，繫組五，貫以玉珠，行則衝牙二滴與二璜相觸有聲。上有金鈎，有小綬五采以副之，五采，黄、赤、白、縹、緑，纁質，織成。青襪舄，襪以青羅爲之，舄用青綺，飾以描金雲龍文，皂綫純，每舄首加珠五顆。

皇后常服。洪武三年定雙鳳翊龍冠，首飾釧鐲，金玉、珠寶、翡翠隨用。諸色團衫，金繡龍鳳文。帶用金玉。

四年定龍鳳珠翠冠，真紅大袖衣，霞披，紅羅長裙，紅褙子。冠制如特髻，上加龍鳳飾。衣用織金龍鳳文，加綉飾。

永樂三年定雙鳳翊龍冠，以皂縠爲之，附以翠博山，上飾金龍一，翊以二珠。翠鳳，皆口銜珠滴。前後珠牡丹花二朵，蕊頭八箇，翠葉三十六葉。珠翠穰花鬢二朵，珠翠雲二十一片，翠口圈一副。金寶鈿花九，上飾珠九顆。金鳳一對，口銜珠結。三博鬢，左右共六扇。飾以鸞鳳。金寶鈿二十四，邊垂珠滴。金簪一對，珊瑚鳳冠嘴一副。大衫、霞帔，衫用黄色，紵絲紗羅隨用，霞帔深青爲質，織金雲霞龍文，或綉，或鋪翠圈金，飾以珠，紵絲紗羅隨用。玉墜子，琢龍文。四䙆襖子，即褙子。深青爲質，金綉團龍文，紵絲紗羅隨用。鞠衣，紅色，胸背雲龍文，用織金，或綉，或加鋪翠圈金。飾以珠，或素紵、絲、紗、羅，並餘色隨用。大帶，紅綫羅爲之，有緣，餘或青，或緑，各隨鞠衣色。緣襈襖子，黄色，紅領褾襈裾，皆織金采色雲龍文，紵絲紗羅隨用。緣襈裙，紅色，緑緣襈，織金采色雲龍文，紵絲紗羅隨用。玉帶、青綺鞓，描金雲龍文，玉事件十，金事什三。玉花采結綬，以紅緑綫羅爲結，上有玉綬花一，琢雲龍文。綬帶上玉墜珠六顆，并金垂頭花板四片，小金葉六個。紅綫羅繫帶一，白玉雲樣玎璫二，如佩制，每事上有金鈎一，金如意雲蓋一件，兩面鈒雲龍文，下懸紅組五貫，金方心雲板一件，兩面亦鈒雲龍文，俱襯以紅綺，下垂金長頭花四件，中有小金鐘一個，末綴白玉雲朵五。青襪舄，與翟衣内制同。

皇妃冠服。凡皇妃受册、助祭、朝會用禮服，燕居常服。禮服。洪武三年定冠飾以九翬四鳳，花釵九樹，小花如大花之數。兩博鬢，九鈿。翟衣，青質，綉翟，編次于衣及裳，重爲九等。青紗中單，黻領朱縠褾襈裾。蔽膝隨裳色，加文繡重雉，爲章二等。以緅爲領緣。大帶隨衣色，玉革帶，青襪舄，佩綬。

永樂三年定九翟冠二頂，冠以皂縠爲之，附以翠博山，飾以大珠翟二，小珠翟三，翠翟四，皆口銜珠滴。冠中寶珠一座，前後珠牡丹花二朵，蕊頭八箇，翠葉三十六葉。珠翠穰花鬢二朵，承以小連雲六片，翠頂雲一座，上飾珠五顆，珠翠雲十一片，翠口圈一副，金寶鈿花九箇，上用珠九顆，金鳳一對，口銜珠結。金簪一對。珠翠牡丹花、穰花各二朵，面花二對，梅花環四，珠環各一對。大衫，霞帔，衫用紅花，紵絲紗羅隨用。霞帔，深青爲質，織金雲霞鳳文，或繡，或鋪翠圈金，飾以珠，紵絲紗羅隨用。玉墜子，瑑鳳文。四襖子，即褙子。桃花色，金綉團鳳文，紵絲紗羅隨用。鞠衣，青色，胸背鸞鳳雲文，用織金，或綉，或加鋪翠圈金，飾以珠。燕居服用素，除黄外，餘色及紵絲紗羅隨用。大帶，青綫羅爲之，有緣，餘或紅或緑，各隨鞠衣色。緣襈襖子，青色，紅領褾襈裾，織金雲鳳文，紵絲紗羅隨用。緣襈裾，紅色，緑緣襈，織金花鳳文，紵絲紗羅隨用。玉穀圭，長七寸，剡其上，瑑穀文，以錦約其下，并韜。玉革帶，青綺鞓，描金雲鳳文，玉事件十，金事件三。玉花采結，綬以紅緑綫羅爲結，上有玉綬花一，瑑寶相花文，綬帶上玉墜珠六顆并金垂頭花板四片，金葉兒六個，紅綫羅繫帶一，玉佩二，如中宮佩制。珩以下瑑飾雲鳳文，描金，上有金鉤。青襪舄，襪以青綫羅爲之，舄用青綺，飾以描金雲鳳文，皂綫純，每舄首加珠三顆。

皇妃常服。洪武三年定，鸞鳳冠，首飾釧鐲用金玉、珠寶、翠。諸色團衫，金綉鸞鳳，不用黄，帶用金玉犀。又定山松特髻，假鬢花鈿或花釵鳳冠。真紅大袖衣、霞帔、紅羅裙、紅羅褙子，衣用織金及繡鳳文。

皇嬪冠服。嘉靖十年定冠用九翟，次皇妃之鳳。大衫、鞠衣，如皇妃制。圭用次玉穀文。

內命婦冠服。洪武五年定三品以上用花釵、翟衣。四品、五品用山松特髻，大衫爲禮服。貴人視三品，以皇妃燕居冠及大衫、霞帔爲禮服。珠翠慶雲冠，鞠衣、褙子、緣襈襖裙爲常服。

皇太子冠服。皇太子陪祀天地、宗廟及正旦、冬至朝會，則服衮冕。從祭社稷及受册、納妃亦如之。朔望朝、降詔、降香、進表，四彝朝貢，朝覲，則服皮弁。

衮冕。洪武二十六年定衮冕九章，冕九旒，旒九玉，金簪導，紅組纓，兩玉瑱。圭長九寸五分。玄衣纁裳，五章，織山、龍、華蟲、宗彝、火。裳四章，織藻、粉米、黼、黻。白紗中單，黻領。蔽膝隨裳色，織火、山二章。革帶、金鉤鰈、玉佩。綬五采，用赤、白、玄、縹、緑織成，純赤質，三百三十首。小綬三，色同大綬，間織三玉環。大帶，白表朱裏，上緣以紅，下緣以緑。白襪、赤舄。

永樂三年定冕冠，玄表朱裏，前圓後方，前後各九旒，每旒各五采繅九就，貫五采玉九，赤、白、青、黄、黑相次。玉衡金簪，玄紞垂青纊充耳，用青玉。承以白玉瑱，朱紘纓。玉圭，長九寸五分，以錦約其下，并韜。衮服九章，玄衣五章，龍在肩，山在背，火、華蟲、宗彝在袖，每袖各三。皆織成。本色領褾襈裾。纁裳四章，織藻、粉米、黼、黻各二，前三幅，後四幅，不相屬，其腰有襞積，本色綼裼。中單以素紗爲之，青領褾襈裾，領織黻文十一。蔽膝隨裳色，四章，織藻、粉米、黼、黻。本色緣，有紃施于縫中。其上玉鉤二，玉佩二，各用玉珩一，瑀一，琚一，衝牙一，璜二，瑀下有玉花，花下垂二玉滴，瑑雲龍文，描金。自珩而下，繫組五，貫以玉珠，上有金鉤，小綬四采以副之，四采，赤、白、縹、緑，纁質。大帶，素表朱裏，在腰及垂，皆有綼，上綼以朱，下綼以緑，紐約用青組。大綬四采，赤、白、縹、緑，纁質。小綬三采，間施二玉環，龍文，皆織成。襪舄皆赤色，舄用黑絇純，黑飾舄首。

皇太子妃。冠服禮服。洪武三年定與皇妃同。永樂三年定九翬四鳳冠，漆竹絲爲圓匡，冒以翡翠，上飾翠翬九，金鳳四，皆口銜珠滴。珠翠雲四十片，大珠花九樹，皆牡丹花，每樹花一朵半開，一朵蕊頭二箇，翠葉九葉。小珠花如大珠花之數。皆穰花飄枝，每枝花一朵半開，一朵翠葉五葉。雙博鬢，左右共四扇。飾以鸞鳳，皆垂珠滴。翠口圈一副，上飾珠寶鈿花九，翠鈿如其數。托裹金口圈一副，珠翠面花五事，珠排環一對，珠皂羅額子一，描金鳳文，用珠二十一顆。翟衣，深青爲質，織翟文九等。凡一百三十八對。間以小輪花。

紅領褾襈裾，織金雲鳳文，紵絲紗羅隨用。

中單，玉色紗爲之，紅領褾襈裾，領織黻文十一，或用綫羅。蔽膝隨衣色，織翟，爲章二等，間以小輪花三，以緅爲領緣，織金雲鳳文。紵絲紗羅隨用。玉穀圭長七寸，剡其上，琢穀文，以錦約其下，並韜。玉革帶，青綺鞓，描金雲鳳文，玉事件十，金事件四。大帶，表裏俱青紅相半，其末純紅而下垂，織金雲鳳文，上以朱緣，下以緑緣，并青綺副帶一。綬四采，赤、白、縹、緑，纁質，皆織成，間施二玉環。小綬三，色同大綬。玉佩二，珩以下琢飾雲鳳文，描金，上有金鉤，以小綬四采副之，四采，赤、白、縹、緑，纁質，織成。青襪舄，襪以青綫羅爲之，舄用青綺，飾以描金雲鳳文，皂綫純，每舄首加珠三顆。

常服。洪武三年定犀冠，刻以花鳳。首飾釧鐲，用金玉、珠、寶、翠。諸色團領衫，金綉鸞鳳，惟不用黄，帶用金玉犀。四年又定與皇妃同。

永樂三年定燕居冠，以皂縠爲之，附以翠博山，上飾寶珠一座，翊以二珠翠鳳，皆口銜珠滴。前後珠牡丹花二朵，蕊頭八箇，翠葉三十六葉，珠翠穰花鬢二朵。珠翠雲十六片翠口圈一副，金寶鈿花九，上飾珠九顆。金鳳一對，口銜珠結。雙博鬢，左右共四扇。飾以鸞鳳。金寶鈿十八，邊垂珠滴。金簪一對。珊瑚鳳冠嘴一副。大衫，霞帔，衫用紅色，紵絲紗羅隨用。霞帔，深青爲質，織金或鑽，或鋪翠圈金，飾以珠，紵絲紗羅隨用。玉墜子，琢鳳文。四䙆襖子，即背子。桃花色，金綉團鳳文，紵絲紗羅隨用。鞠衣，青色，胸背鸞鳳雲文，用織金，或綉，或加鋪翠圈金，飾以珠或素，除黄外，餘色并紵絲紗羅隨用。大帶，青綫羅爲之，有緣，餘或紅或緑，各隨鞠衣色。緣襈襖子，青色，紅領褾襈裾，織金采色雲鳳文，紵絲紗羅隨用。緣襈裙，紅色緑緣襈，織金采色花鳳文，紵絲紗羅隨用。玉帶，青綺鞓，描金雲鳳文，玉事件十，金事件三，玉花采結綬，以紅緑綫羅爲結，上有玉綬花一，琢雲鳳文。綬帶上玉墜珠六顆，并金垂頭花瓣四片，小金葉六個，紅綫羅繫帶一。白玉雲樣玎璫二，如佩制，每事上有金鉤一，金如意雲蓋一件，兩面鈒雲鳳文，下懸紅組五，貫金方心雲板一件，兩面鈒雲鳳文，俱襯以紅綺，下垂金長頭花四件，中有小金鐘一個，末綴白玉雲朵五。青襪舄，與前翟衣内制同。

親王冠服。親王助祭、謁廟、正旦、冬至等朝賀則服衮冕。受册、納妃亦如之。朔望朝、降詔、降香、進表，四夷朝貢、朝覲，則服皮弁。

親王妃冠服。禮服。洪武三年定冠飾以九翬四鳳，花釵九樹，小花如大花之數，兩博鬢，九鈿。翟衣，青質，五色，九等。繡翟編次於衣及裳。素紗中單，黻領朱縠褾襈裾。蔽膝隨裳色，以緅爲領緣，繡翟，爲章二等。大帶隨衣色，玉革帶，青襪舄，佩綬。

永樂三年定九翟冠二頂，冠以皂縠爲之，附以翠博山，飾以大珠翟二，小珠翟三，翠翟四，皆口銜珠滴。冠中寶珠一座，前後珠牡丹花二朵，蕊頭八箇，翠葉三十六葉，珠翠穰花鬢二朵，承以小連雲六片，翠頂雲一座，上飾珠九顆，珠翠雲十一片，翠口圈一副，金寶鈿花九箇，上用珠九顆，金鳳一對，口銜珠結。金簪一對。珠翠牡丹花，穰花各二朵，面花二對，梅花環四，珠環各一雙。大衫，霞帔，衫用大紅，紵絲紗羅隨用。霞帔以深青爲質，金繡雲霞鳳文，紵絲紗羅隨用，金墜子，亦鈒鳳文。四䙆襖子，即禙子。桃紅色，金繡團鳳文，紵絲紗羅隨用。鞠衣，青色，如深衣制，胸背金綉雲鳳文，紵絲紗羅并各色隨用，惟不用黄。燕居服用素。大帶，青綫羅爲之，有緣，或用紅羅。玉穀圭，長七寸，剡其上，琢穀文，以錦約其下，並韜。公主不用圭。玉革帶，青綺鞓，描金雲鳳文，玉事件十，金事件三。玉花采結綬，以紅緑綫羅爲結，上有玉綬花一，瑑寶相花文，綬帶上玉墜珠六顆，并金垂頭花板四片，小金葉六個，紅綫羅繫帶一，玉佩二，如東宮妃佩制，珩以下，瑑雲鳳文，描金，上有金鉤。青襪舄，襪以青綫羅爲之，舄用青綺，飾以描金雲鳳文，皂綫純，每舄首加珠三顆。

常服。洪武三年定犀冠，刻以花鳳，首飾釧鐲，用金玉、珠寶、翠。諸色團領衫，金綉花鳳，惟不用黄，帶用金、玉、犀。

洪武四年定，與皇妃同。

公主冠服，與親王妃同。

世子冠服。世子遇聖節、千秋節，并正旦、冬至進賀、表箋及其父王生日諸節慶賀，皆服衮冕。

世子妃冠服。永樂三年定，與親王妃同，惟冠用七翟。

紀事

明・郭正域《明典禮志》卷一八《冠服志》　皇后冠服。洪武元年十一月定，皇后冠圓匡，冒以翡翠，九龍四鳳，大花十二樹，小花如大花數，博鬢，十二鈿。服褘衣，深青質，畫翟，赤質，五色十二等。素紗中單，黻領，朱羅縠褾裾，蔽膝隨衣色，緅爲領緣，翟爲章三等。大帶隨衣色，朱裏，紕其外，上朱錦，下緑錦，紐約青組。玉革帶，青襪，青舄，舄以金飾，凡朝會、受册謁廟皆服之。

永樂三年定冠上飾翠龍九，金鳳四，中一龍銜大珠一，上有翠蓋，下垂珠結，餘皆口銜珠滴，珠翠雲四十片，大珠花、小珠花如故。三博鬢，飾以金龍、翠雲，皆垂珠滴。翠口圈，上飾珠寶鈿花十二，翠鈿如其數。翟衣，深青質，織翟文十有二等，凡一百四十八對，間以小輪花。紅領褾裾，織金雲龍文。中單，玉色紗爲之，紅領褾裾，領織文十三。蔽膝隨衣色，織翟，爲章三等。間以小輪花四，緅爲領緣，織金雲龍文。玉穀圭，長七寸，周尺。剡其上，瑑穀文，黄綺約其下，別以黄袋韜之，金龍文。玉革帶，青綺鞓，描金雲龍文，玉事件十，金事件四。大帶，表裏青紅相半，末純紅，而下垂織金雲龍文，上朱緣，下緑緣，并青綺副帶一。綬五采，黄、赤、白、縹、緑，纁質，間施二玉環，皆織成。小綬三，色同大綬。玉佩二，各用玉珩一，瑀一，琚二，衝牙一，璜二，瑀下玉花、玉滴二，瑑飾雲龍文。自珩而下，繫組五，貫以玉花珠，有小綬五采以副之，五采，黄、赤、白、縹、緑，纁質，織成。青襪舄，襪以青羅爲之，舄用青綺，描金雲龍文，皂綫純，每舄首加珠五。

常服。洪武三年定，皇后燕居，雙鳳翊龍冠，首飾釧鐲，金玉、珠寶、翡翠。諸色團紗，金綉龍鳳文。帶用金玉。四年定，龍鳳珠翠冠，真紅大袖衣霞帔，紅羅長裙，紅褙子，制如特髻，上加龍鳳飾，衣用織金龍鳳文，加綉飾。永樂三年定，雙鳳翊龍冠，以皂縠爲之，附以翠博山，上以飾金龍一，翊以二珠。翠鳳，皆口銜珠滴，前後珠牡丹二，蕊頭八，翠葉三十六，珠翠穰花鬢二，珠翠雲二十一，翠口圈一。金寶鈿花九，上飾珠九，金鳳二，口銜珠結。三博鬢，飾以鸞鳳。金寶鈿二十四，邊垂珠滴。金簪二，珊瑚鳳冠觜一副。大衫，霞帔，衫黄色，霞帔深青質，織金雲霞龍文，或鋪翠金，飾以珠玉墜子，瑑龍文。四褛襖子。即褙子。深青質，金綉團龍文。鞠衣紅色，胸背雲龍文，織金綉翠，飾以珠。大帶紅綫羅爲之，有緣，餘青緑，隨鞠衣色。緣襖子，黄色，紅領褾裾，皆織金采色雲龍文。緣裙，紅色，緑緣，織金采色雲龍文。玉帶，青綺鞓，描金雲龍文，玉事件十，金事件三。玉花采結綬，紅緑綫羅爲結，上有玉綬花一，瑑雲龍文。綬帶上玉墜珠六顆，并金垂頭花板四片，小金葉六個，紅綫羅繫帶一，白玉玎璫二，如佩制。金如意雲蓋一，鈒雲龍文，下懸紅組五，貫金方心雲板一，鈒雲龍文，俱襯以紅綺，下垂金花四件，中有小金鍾一，末綴白玉雲五。青襪舄，與翟衣内制同。

皇妃冠服。洪武元年十一月詔定，皇妃服九翬四鳳冠，大花釵九樹，小花如大花之數，兩博鬢，九鈿。翟衣，青質綉翟，編次于衣及裳，重爲九等。青紗中單，黻領，朱縠褾裾。蔽膝如裳色，加文綉重雉，爲章三等，以緅爲領緣。大帶隨衣色。玉革帶，青襪舄，佩綬。凡受册、助祭朝會諸大事則服之。永樂三年定，九翟冠二，頂冠以皂縠爲之，附以翠博山，飾以大珠翟二，小珠翟三，翠翟四，皆口銜珠滴。冠中寶珠一座，前後珠牡丹花二，蕊頭八，翠葉三十六，珠翠穰花鬢二，承以小連雲六。翠頂雲一，上飾珠五，珠翠雲十一，翠口圈一付，金寶鈿花九，上用珠九，金鳳二，口銜珠結，金簪二，珠翠牡丹花、穰花各二，面花二，梅花環四，珠環各二。大衫，霞帔衫紅色，霞帔，深青質，織金雲霞鳳文，或綉與鋪翠。飾以珠，玉墜子，瑑鳳文。四褛襖子，即褙子。桃花色，金綉團鳳文。鞠衣青色，胸背鸞鳳雲文，飾以珠。燕居服不用黄。大帶，青綫羅爲之，有緣。餘紅緑，各隨鞠衣色。緣襖子，青色，紅領褾裾，織金雲鳳文。緣襈裙，紅色，緑緣襈，織金花鳳文。玉穀圭，長七寸，剡其上，瑑穀文，以錦約其下，并韜。玉革帶，青綺鞓，描金雲鳳文。玉事件十，金事件三，玉花采結綬，以紅緑綫羅爲結，上有玉綬花一，瑑寶相花文。綬帶上玉墜珠六，并金花板四，金葉六，紅綫羅繫帶上玉佩二，如中宮佩制。珩以下瑑飾雲鳳文。青襪舄，襪以青綫羅爲之，舄用青綺，飾描金雲鳳文，皂綫純，每舄首加珠三。

常服。洪武三年定鸞鳳冠，首飾、釧鐲，用金玉，珠寶、翠。諸色團衫，金綉鸞鳳，不用黄。帶用金玉犀。山松特髻，假鬢花鈿，或花釵鳳冠，真紅大袖衣，霞帔、紅羅裙、紅羅褙子，衣用織金及綉鳳文。

皇嬪冠服。嘉靖十年定，用九翟，次皇妃之鳳。大衫、鞠衣，如皇妃制。圭用次玉穀文。

內命婦冠服。洪武五年六月丁酉定。內命婦服制增設貴人一等，才人二等。參酌唐、宋之制，自三品以上，用花釵翟衣。四品、五品用山松特髻、大衫爲禮服。貴人視三品，以後燕居及大衫、霞帔爲朝會禮服，珠翠慶雲鞠衣、褙子、緣襈裙爲常服。

又 親王妃冠服。王妃受册、助祭、朝貢則服禮服。洪武元年定，冠九翬四鳳，翟衣，青質，五色九等，俱如東宮妃制。永樂三年定，九翟冠二頂，如皇妃制。大衫、霞帔如皇妃制，但墜不用金，四䙆襖子、鞠衣、大帶、玉穀圭、玉革帶、玉花采結綬、玉佩，青襪舄俱如皇妃。

常服。洪武三年，犀冠如皇妃。天順二年九月甲辰，敕荆王祁鎬曰：爾奏，照母妃珠冠乞博鬢與妃魏氏。祖宗定制，親王妃冠用九翟而無博鬢，蓋博鬢惟皇后及東宮妃得用，中尚有差等。爾母妃冠有博鬢者，乃一時特賜，豈可爲例。且以己妃上同于母，既非敬親，又取僭違禮甚矣，所奏不允，自後毋妄作，以損令名。

又 公主冠服，與親王妃同，惟不用圭。

又 世子妃冠服。永樂三年定，與親王妃同，惟冠用七翟。

郡王妃冠服。永樂三年定冕冠，玄表朱裏，前後七旒，每旒五采，繅七就，各貫玉珠七，赤、白、青色相次，餘如王世子。青衣纁裳五章。青衣三章，粉米一在肩，其二并藻、宗彝各三在兩袖，皆織成。本色領褾。纁裳二章，織黼、黻各二。中單素紗爲之，領織黻文七。蔽膝隨裳色，二章，織黼、黻各二，玉佩，大綬四采，襪舄赤色，皆如王世子。

皮弁服。永樂三年定，皮弁前後各七縫，每縫中綴三采玉七。玉圭絳紗袍紅裳，中單，領織黻文七，蔽膝，玉佩、大帶、大綬、襪舄俱如王世子。

常服。永樂三年定，冠袍帶襪如王世子。

保和冠服。嘉靖七年冠准燕弁，用七襊。

郡王妃冠服。永樂三年定，七翟冠頂冠金寶鈿花八，上有珠八，金翟二，餘如親王妃。大衫、霞帔衫用紅霞帔，深青質，金綉雲霞翟文，金墜子鈒翟文。四䙆襖子，金綉翟文。鞠衣，胸背金綉雲翟文。大帶，青紅綫羅爲之，有緣。玉穀圭，長七寸，剡其上，瑑穀文。玉革帶，描金雲翟文，玉花采結綬，如王妃。玉佩二，如親王妃佩制。瑑雲翟文。青襪、舄襪用青綺，飾翟文，皂綫純，餘如王妃。

又 宗室冠服。宣德元年五月丙子定，宗室將軍、中尉、郡主、縣主、郡君、縣君、鄉君儀賓品級、冠服儀式。其冠服儀式，各依禮制，榜册內所載。又永樂中封藍田縣主，造五翟冠，以此爲准則，郡君、縣君當用四翟冠，鄉君用三翟冠。鎮國將軍冠服與長子同，夫人冠服與長子夫人同。輔國將軍以下冠服俱與鎮國將軍同，惟冠六梁，帶用犀。其夫人冠用四翟，抹金銀墜頭。奉國將軍冠五梁，帶用金鈒花，常服大紅織金虎豹。其淑人冠服，與夫人同，惟褙子、霞帔金綉孔雀文。鎮國中尉冠四梁，帶用素金，佩用藥玉。其恭人冠服與淑人同。輔國中尉冠三梁，帶用銀鈒花，綬用盤雕，公服用深青素羅，常服紅織金熊羆。其宜人冠三翟，褙子、霞帔金綉鴛鴦文，銀墜頭。奉國中尉冠二梁，帶用素銀，綬用練鵲，襆頭黑漆，常服紅織金彪。其安人大衫用丹礬紅，褙子、霞帔金綉練鵲文。儀賓朝服、公服、常服俱照品級，與文武官同，惟笏皆用象牙，常服花樣視武官。縣主冠服，珠翠五翟冠，大紅紵絲大衫，深青紵絲金綉孔雀褙子，青翟金綉孔雀霞帔，抹金銀墜頭。郡君冠用四翟，褙子、霞帔金綉鴛鴦文。縣君冠服與郡君同，惟冠用三翟。鄉君大衫用丹礬紅，褙子、霞帔金綉練鵲文。弘治十三年定，郡主儀賓鈒花金帶，胸背獅子。縣主儀賓鈒花銀帶，郡主儀賓素金帶，胸背俱虎豹。縣君儀賓鈒花銀帶，鄉君儀賓素銀帶，胸背俱彪。僭用者革冠帶，戴平巾，于本處儒學讀書習禮三年。復職忠靜冠服，凡將軍、中尉，俱以品官制服之，儀賓不得服。

又 內外命婦冠服。洪武元年定，命婦一品，冠花釵九樹，兩博鬢，九鈿。服用翟衣，紫綉翟九重。素紗中單，黼領，朱縠襈褾裾。蔽膝隨裳色，緅爲領緣，加文綉重翟，爲章二等。大帶隨衣色，玉革帶，青襪舄，佩綬。二品，冠花釵八樹，兩博鬢，八鈿。服用翟衣八等，紫色，犀革帶，餘如一品。三品，冠花釵七樹，兩博鬢，七鈿。翟衣七等，色紫，金革帶，餘如二品。四品，冠花釵六樹，兩博鬢，六鈿。翟衣六等，色紫，金革帶，餘如三品。五品，冠花釵五樹，兩博鬢，五鈿。翟衣五等，色紫，烏角革帶，餘如四品。六品，花釵四樹，兩博鬢，四鈿。翟衣四等，色緋，烏角革帶，餘如五品。七品，花釵三樹，兩博鬢，三鈿。翟衣三等，色緋，烏角革帶，餘如六品。

洪武四年五月定外命婦朝服之制。先是，上以古者天子、諸侯服衮冕，后與夫人褘翟，今群臣既以梁冠降衣爲朝服，不敢用冕，則外命婦亦不當服翟衣以朝，命禮部議之。至是，禮部奏：外命婦以山松特髻、假鬢花鈿、真紅大袖衣、珠翠蹙金霞帔爲朝見之服，以珠翠角冠、金珠花釵闊袖、雜色緑緣爲燕居之服。一品衣金綉文霞帔，金珠翠妝飾，玉墜子。二品衣金綉雲肩大雜花霞帔，金珠翠妝飾，金墜子。三品衣金綉大雜花霞帔，珠翠妝飾，金墜子。四品衣綉小雜花霞帔，翠妝飾，金墜子。五品衣銷金大雜花霞帔，生色畫絹起花妝飾，金墜子。六品、七品衣銷金小雜花霞帔，生色畫絹起花妝飾，鍍金銀墜子。八品、九品衣大紅素羅霞帔，生色畫絹妝飾，銀墜子。首飾，一品、二品金玉珠翠，三品、四品金珠翠，五品金翠，六品以下金鍍銀，間用珠。制曰：可。

洪武五年四月己亥，禮部奏更定品定命婦冠服制度：一品命婦禮服，用山松特髻，翠松五株，金翟八，口銜珠結，正面珠翟一，珠翠花四，珠翠雲喜花三。後鬢珠梭球一，珠翠飛翟一，珠翠梳四，金雲頭連三釵一，珠簾梳一，金簪二，珠梳環一雙。大袖衫用真紅色，霞帔、褙子俱深青色，霞帔上施蹙金綉雲霞翟文，鈒花金墜子，褙子上施金綉雲霞翟文。常服，珠翠慶雲，珠翠翟三，金翟一，口銜珠結，鬢邊珠翠花二，小珠翠梳一雙，金雲頭連三釵一，金壓鬢雙頭釵二，金腦梳一，金二，金脚珠翠佛面環一雙，鐲釧皆金。長襖、長裙，長襖緣或紫或緑，上施蹙金綉雲霞翟文。長裙横襴金綉纏枝花文。二品特髻上金翟七，口銜珠結，餘如一品，常服如一品。三品特髻上金孔雀六，口銜珠結，正面珠翠孔雀一，後鬢翠孔雀二，霞帔上施蹙金雲霞孔雀文，鈒花金墜子。褙子上施金綉雲霞孔雀文，餘如二品。常服，上珠翠孔雀三，金孔雀二，口銜珠結。長襖看帶或紫或緑，并綉雲孔雀文。長裙横襴并綉纏枝花文，餘如二品。四品特髻上鍍金銀鴛鴦四，口銜珠結，正面珠翠鴛鴦一，小珠鋪翠雲喜花三朵，後鬢翠鴛鴦二，鍍金銀雲頭連三釵一，小珠翠簾梳一，鍍金銀簪二，小珠梭環一雙。霞帔上施綉金雲霞鴛鴦文，鍍金銀鈒花墜子。褙子上施綉雲霞鴛鴦文，餘如三品。常服，冠上小珠翠鴛鴦三，鍍金銀鴛鴦二，桃珠牌，鬢邊小珠花二朵，鍍金銀連三釵一，梳一，鍍金銀壓鬢雙頭釵二，鍍金銀簪二，銀脚珠翠佛面環十雙，鐲釵皆用鍍金銀。長襖緣綉雲霞鴛鴦，長裙横襴綉纏枝花文，餘如三品。五品特髻上鍍金雲鴛鴦三，口銜珠結，餘如四品，常服如四品。六品特髻上翠松三枝，鍍金銀練鵲四，口銜珠結。正面鍍金銀練鵲一，小翠花四，後鬢翠梳球一，翠練鵲，玉翠梳四，連三釵一，翠簾梳一，銀二。霞帔施綉雲霞練鵲文，鈒花銀墜子。褙子上施綉雲霞練鵲文，餘如五品。常服上鍍金銀練鵲三，又鍍金銀練二，桃小珠牌，鐲釧皆用銀。長裙横襴綉纏枝花文，餘如五品。七品禮服、常服俱如六品。其八品、九品禮服，惟用大袖衫、霞帔、褙子，大衫如七品。霞帔上綉纏枝花，鈒花銀墜子。褙子上綉摘枝團花，通用小珠慶雲冠。常服亦用小珠慶雲，銀間鍍金雲頭連三釵一，銀間鍍金壓鬢雙頭釵二，銀間鍍金腦梳一，銀間鍍金簪二，長襖緣看帶并綉纏枝花，餘如七品。

洪武五年十一月定命婦圓衫之制，以紅羅爲之，綉重雉爲等第。一品九等，二品八等，三品七等，四品六等，五品五等，六品四等，七品三等，其餘不用綉雉。洪武十八年六月戊戌，頒命婦翠雲制于天下，其制飾以珠翠，前用菊花三，珠菊蕊二，翠雲葉二十七，葉上翠雲五，雲上用大珠五，後用珠菊花一，珠菊蕊三，翠葉二十四，兩旁插金翟，口銜珠結一雙。金翟惟公侯一品、二品命婦用之。三品、四品金孔雀。五品銀鴛鴦。六品、七品銀練鵲，俱鍍金，銜珠結一雙。八品、九品銀練鵲金間抹之，銜小珠桃牌一雙。

凡命婦入内朝見君、后，在家見舅姑并夫及祭祀，則服禮服。二十四年定命婦冠服，公、侯、伯與一品同，大袖衫用真紅色。一品至五品，紵絲綾羅。六品至九品，綾羅紬絹。霞帔、褶子皆用深青段。公、侯及一品、二品，金綉雲霞孔雀文。五品，綉雲霞鴛鴦文。六品、七品，綉雲霞練鵲文。

大袖衫，領闊三寸，兩領直下一尺間綴紐子三。前身長四尺一寸二分，後身長五尺一寸，内九寸八分，行則摺起，末綴紐子二，紐在掩紐之下，拜則放之。袖長三尺二寸二分，根闊一尺，口闊三尺五分。落摺一尺一寸五分，掩紐二，就用衫料，連尖長二寸七分，闊二寸五分，各于領下一尺六寸九分處綴之。于掩下各綴紐門一，以紐住摺起後身之餘者。兜子，亦用衫料兩塊斜裁，上尖下平，連尖長一尺六寸三分，每下平處，各闊一尺五分，縫合，于領下一尺七分處綴之。上綴尖皆縫合，以藏霞帔後垂之者。霞帔二條，各長五尺七寸，闊三寸二分，各綉禽七，隨品級用。前四後三各綉，左右取尖長二寸七分，前後分垂，横青羅襻子，牽聯并之。前垂三尺三寸五分，尖綴墜子一。後垂二尺三寸五分，臨末揷兜子内藏之。墜子，中鈒花禽一。

四面雲霞文禽如霞帔，隨品級用。笏以象牙爲之，圓首方脚，長六寸四分，闊一寸五分，厚一分五釐。

二十六年定，一品冠用金事件，珠翟五，珠牡丹開頭二，珠半開三，翠雲二十四片，翠牡丹葉一十八片，翠口圈一副，上帶金寶鈿花八，金翟二，口銜珠結二個。二品至四品，用金事件，珠翟四，珠丹開頭二，珠半開四，翠雲二十四片，翠牡丹葉一十八片，翠口圈一副，上帶金寶花八，金翟二個，口銜珠結二。一品至二品，霞帔用雲霞翟文，鈒花金墜子，褙子用雲霞孔雀文。五品至六品，冠用抹金銀事件，珠翟三，珠牡丹開頭二，珠半開五翠雲二十四片，翠丹葉一十八片，翠口圈一副，上帶抹金銀寶鈿花八，抹金銀翠二，銜珠結子二。五品霞帔用雲霞鴛鴦文，鈒金鈒花銀墜子，褙子用雲霞鴛鴦文。六品霞帔用雲霞練鵲文，鈒花銀墜子，褙子用雲霞練鵲文。七品至九品，用抹金銀事件，珠翟二，珠月桂開頭二，珠半開六，翠雲二十四片，翠月桂葉一十八片，翠口圈一副，上帶抹金銀寶鈿花八，抹金銀翟二個，口銜珠結子二。七品，霞帔、墜子、褙子與六品同。八品、九品，霞帔用綉纏枝花墜子與七品同。

命婦牙牌。嘉靖九年二月定命婦牙牌式視陪祀官殺三之一。

明・俞汝楫《禮部志稿》卷六四《章服備考・文武冠服》 命婦霞帔。洪武五年詔，中書省臣及禮部所擬文武官命婦服飾用大衣、霞帔，既合古制，霞帔以金綉之文爲等第，若民間婦人禮服，惟以素染色絁，不用文繡。

外命婦冠服。洪武四年五月定外命，婦朝服之制。先是，上以古者天子、諸侯服衮冕，后與夫人褘翟，今群臣既以梁冠、絳衣爲朝服，不敢用冕，則外命婦亦不當服翟衣以朝，命禮部議之。至是，禮部奏：外命婦以山松特髻，假鬢花鈿，真紅大袖衣，珠翠蹙金霞帔爲朝見之服，以珠翠角冠、金珠花釵，闊袖雜色彩緣爲燕居之服。洪武五年十一月定，命婦團衫之制，以紅羅爲之，綉重雉爲等第，一品九等，二品八等，三品七等，四品六等，五品五等，六品四等，七品三等，其餘不用綉雉。

明・朱勤美《王國典禮》卷二《冠服》 親王妃冠服。禮服凡受册、祭朝會則服之。見《集禮》。洪武三年定，冠飾以九翬四鳳，花釵九樹，小花如大花之數，兩博鬢，九鈿。翟衣青質，五色，九等。綉翟編次于衣及裳。素紗中單，黻領，朱縠褾襈裾。蔽膝隨裳色，以緅爲領緣，綉翟，爲章二等。大帶隨衣色，玉革帶，青襪舄，佩綬。

永樂三年定九翟冠二頂，冠以皂縠爲之，附以翠博山，飾以大珠翟二，小珠翟三，翠翟四，皆口銜珠滴。冠中寳珠一座，前後珠牡丹花二朵，蕊頭八個，翠葉三十六葉，珠翠穰花鬢二朵，承以小連雲六片。翠頂雲一座，上飾珠九顆，珠翠雲十一片，翠口圈一副，金寳鈿花九個，上用珠九顆。金鳳一對，口銜珠結。金簪一對，珠翠牡丹花、穰花各二朵。面花二對。梅花環、四珠環各一雙。大衫、霞帔，衫用大紅，紵絲紗羅隨用。霞帔以深青爲質，金綉雲霞鳳文，紵絲紗羅隨用。金墜子，亦鈒鳳文。四襖襖子，即褙子。桃紅色，金綉圖鳳文，紵絲紗羅隨用。鞠衣，青色，如深衣制，胸背金綉雲鳳文，紵絲紗羅并各色隨用，惟不用黄。燕居服用素大帶，青綫羅爲之，有緣，或用紅羅。玉穀圭，長七寸，剡其上，瑑穀文，以錦約其下，并韜。玉革帶，青綺鞓，描金雲鳳文，玉事件十，金事件三。玉花采結綬，以紅緑綫羅爲結，上有玉綬花一，瑑寳相花文，綬帶上玉墜珠六顆，并金垂頭花板四片，小金葉六個，紅綫羅繫帶一，玉佩二，珩以下瑑雲鳳文，描金，上有金鈎。青襪舄，襪以青綫羅爲之，舄用青綺，飾以描金雲鳳文，皂綫純，每舄首加珠三顆。

常服。洪武三年定犀冠，刻以花鳳。首飾釧鐲，用金、玉珠寳翠。諸色團領衫，金綉花鳳，惟不用黄。帶用金玉犀。

洪武四年定，山松特髻，假鬢花鈿，或花釵鳳冠。真紅大袖衣、霞帔、紅羅裙、紅羅衣用織金及綉鳳文。

親王次妃冠服。洪武四年定，九翬二鳳冠一頂，皂羅額珠眉心全珠牌環一雙，翟衣三襲，綉翟八等。青紵絲翟衣、青紵絲綉蔽膝、玉色羅綉黼領中單各一。青羅綉翟衣、青羅綉蔽膝、玉色羅綉黼領中單各一。青紗綉翟衣，青紗綉蔽膝，玉色紗綉黼領中單各一。青紅羅銷金大帶一，青紵絲副帶一，五色綫錦綬一副，玉環二，彩結金玉佩一副，金鈎二，玉革帶一，嵌珠青舄、青羅襪各一。

又 郡王妃冠服。永樂三年定，七翟冠二頂，冠以皂縠爲之，附以翠博山，飾以大珠翟二，小珠翟三，翠翟四，皆口銜珠滴。冠中寳珠一座，前後珠牡丹花二朵，蕊頭八個，翠葉三十六葉，珠翠穰花鬢二朵，承以小連雲六片。翠頂雲一座，飾以珠五顆，珠翠雲十一片，翠口圈一副，金寳鈿花八個，上用珠八顆。金翟一對，口銜珠結。金簪一對，珠翠牡丹花、穰花各二朵，面花二對，梅花環、四珠環各一對。大衫、霞帔，衫用大紅，紵絲紗羅隨用。霞帔以深青爲質，金綉雲霞翟文，紵絲紗羅隨用。金墜子，亦鈒翟文。四禊襖子，（郎）[即]褙子。桃紅色，金綉翟文，紵絲紗羅隨用。鞠衣，青色，胸背金綉雲翟文，紵絲紗羅并各色隨用，惟不用黄。燕居服，用素大帶，青綫羅爲之，有緣，或用紅羅。玉穀圭，長七寸，剡其上，瑑穀文，錦約其下，并韜。玉革帶，青綺鞓，描金，雲翟文。玉事件十，金事件三。玉花采結綬，以紅綠綫羅爲結，上有玉綬花一，瑑寶相花文。綬帶上玉墜珠六顆，并金垂頭花板四片，小金葉六個，紅綫羅繫帶一，玉佩二，如親王妃佩制。珩以下瑑雲翟文，描金，上有金鈎。青襪舄，襪以青綫羅爲之，舄用青綺，飾以描金翟文，皂綫純，每舄首加珠三顆。《會典》。

《明史》卷六六《輿服志二》 皇后冠服。洪武三年定，受册、謁廟、朝會，服禮服。其冠，圓匡冒以翡翠，上飾九龍四鳳，大花十二樹，小花數如之。兩博鬢，十二鈿。褘衣，深青，繪翟，赤質，五色十二等。素紗中單，黻領，朱羅縠褾襈裾。蔽膝隨衣色，以緅爲領緣，用翟爲章三等。大帶隨衣色，朱裏紕其外，上以朱錦，下以綠錦，紐約用青組。玉革帶。青襪、青舄，以金飾。

永樂三年定制，其冠飾翠龍九，金鳳四，中一龍銜大珠一，上有翠蓋，下垂珠結，餘皆口銜珠滴，珠翠雲四十片，大珠花、小珠花數如舊。三博鬢，飾以金龍、翠雲，皆垂珠滴。翠口圈一副，上飾珠寶鈿花十二，翠鈿如其數。托裏金口圈一副。珠翠面花五事。珠排環一對。皂羅額子一，描金龍文，用珠二十一。翟衣，深青，織翟文十有二等，間以小輪花。紅領褾襈裾，織金雲龍文。中單，玉色紗爲之，紅領褾襈裾，織黻文十三。蔽膝隨衣色，織翟爲章三等，間以小輪花四，以緅爲領緣，織金雲龍文。玉穀圭，長七寸，剡其上，瑑穀文，黄綺約其下，韜以黄囊，金龍文。玉革帶，青綺鞓，描金雲龍文，玉事件十，金事件四。大帶，表裏俱青紅相半，末純紅，下垂織金雲龍文，上朱緣，下綠緣，青綺副帶一。綬五采，黄、赤、白、縹、綠，纁質，間施二玉環，皆織成。小綬三，色同大綬。玉佩二，各用玉珩一，瑀一，琚二，衝牙一，璜二，瑀下垂玉花一，玉滴二，瑑飾雲龍文描金。自珩而下，繫組五，貫以玉珠，行則衝牙二滴與二璜相觸有聲。上有金鈎，有小綬五采以副之，纁質，織成。青襪舄，飾以描金雲龍，皂純，每舄首加珠五顆。

皇后常服。洪武三年定，雙鳳翊龍冠，首飾釧鐲用金玉、珠寶、翡翠。諸色團衫，金繡龍鳳文，帶用金玉。四年更定，龍鳳珠翠冠，真紅大袖衣霞帔，紅羅長裙，紅褙子。冠制如特髻，上加龍鳳飾，衣用織金龍鳳文，加綉飾。

永樂三年更定，冠用皂縠，附以翠博山，上飾金龍一，翊以珠。翠鳳二，皆口銜珠滴。前後珠牡丹二，花八蕊，翠葉三十六。珠翠穰花鬢二，珠翠雲二十一，翠口圈一。金寶鈿花九，飾以珠。金鳳二，口銜珠結。三博鬢，飾以鸞鳳。金寶鈿二十四，邊垂珠滴。金簪二。珊瑚鳳冠觜一副。大衫霞帔，衫黄，霞帔深青，織金雲霞龍文，或綉或鋪翠圈金，飾以珠玉墜子，瑑龍文。四禊襖子，即褙子。深青，金繡團龍文。鞠衣紅色，前後織金雲龍文，或繡或鋪翠圈金，飾以珠。大帶紅綫羅爲之，有緣，餘或青或綠，各隨鞠衣色。緣襈襖子，黄色，紅領褾襈裾，皆織金采色雲龍文。緣襈裙，紅色，綠緣襈，織金采色雲龍文。玉帶，如翟衣內制，第減金事件一。玉花采結綬，以紅綠綫羅爲結，玉綬花一，瑑雲龍文。綬帶玉墜珠六，金垂頭花瓣四，小金葉六。紅綫羅繫帶一，白玉雲樣玎璫二，如佩制，有金鈎，金如意雲蓋一，下懸紅組五，貫金方心雲板一，俱鈒雲龍文，襯以紅綺，下垂金長頭花四，中小金鐘一，末綴白玉雲朵五。青襪舄，與翟衣內制同。 皇妃、皇嬪及內命婦冠服。洪武三年定，皇妃受册、助祭、朝會禮服。冠飾九翬、四鳳花釵九樹，小花數如之。兩博鬢，九鈿。翟衣，青質繡翟，編次於衣及裳，重爲九等。青紗中單，黻領，朱縠褾襈裾。蔽膝隨裳色，加文繡重雉，爲章二等，以緅爲領緣。大帶隨衣色。玉革帶。青襪舄、佩綬。常服，鸞鳳冠，首飾釧鐲用金玉、珠寶、翠。諸色團衫，金綉鸞鳳，不用黄。帶用金玉犀。又定，山松特髻，假鬢花鈿，或花釵鳳冠。真紅大袖衣，霞帔，紅羅裙，褙子，衣用織金及繡鳳文。

永樂三年更定，禮服，九翟冠二，以皂縠爲之，附以翠博山，飾大珠翟二，小珠翟三，翠翟四，皆口銜珠滴。冠中寶珠一座，翠頂雲一座，其珠牡丹、翠穰花鬢之屬，俱如雙鳳翊龍冠制，第減翠雲十。又翠牡丹花、穰花各二，面花四，梅花環四，珠環各二。其大衫、霞帔、燕居佩服之飾，俱同中宮，第織金綉瑑，俱雲霞鳳文，不用雲龍文。

九嬪冠服。嘉靖十年始定，冠用九翟，次皇□之鳳。大衫、鞠衣，如皇妃制。圭用次玉穀文。

吕内命婦冠服。洪武五年定，三品以上花釵、翟衣，四品、五品山松特髻，大衫爲禮服。貴人視三品，以皇妃燕居冠及大衫、霞帔爲禮服，以珠翠慶雲冠，鞠衣、褙子、緣襈襖裙爲常服。宫人冠服，制與宋同。紫色，團領，窄袖，徧刺折枝小葵花，以金圈之，珠絡縫金帶紅裙。弓樣鞵，上刺小金花。烏紗帽，飾以花，帽額綴團珠，結珠鬢梳，垂珠耳飾。

又 皇太子妃冠服。洪武三年定，禮服與皇妃同。永樂三年更定，九翬四鳳冠，漆竹絲爲匡，冒以翡翠，上飾翠翬九、金鳳四，皆口銜珠滴。珠翠雲四十片，大珠花九樹，小珠花數如之。雙博鬢，飾以鸞鳳，皆垂珠滴。翠口圈一副，上飾珠寶鈿花九，翠鈿如其數。托裏金口圈一副。珠翠面花五事。珠排環一對。珠皂羅額子一，描金鳳文，用珠二十一。翟衣，青質，織翟文九等，間以小輪花。紅領褾襈裾，織金雲龍文。中單，玉色紗爲之。紅領褾襈裾，領織黻文十一。蔽膝隨衣色，織翟爲章二等，間以小輪花三，以緅爲領緣，織金雲鳳文。其玉圭、帶綬、玉佩、襪舄之制，俱同皇妃。洪武三年又定常服。犀冠，刻以花鳳。首飾、釧鐲、衫帶俱同皇妃。四年定，冠亦與皇妃同。永樂三年定燕居冠，以皂縠爲之，附以翠博山，上飾寶珠一座，翊以二珠翠鳳，皆口銜珠滴。前後珠牡丹二，花八蕊，翠葉三十六，珠翠穰花鬢二，珠翠雲十六片，翠口圈一副。金寶鈿花九，上飾珠九。金鳳一對，口銜珠結。雙博鬢，飾以鸞鳳。金寶鈿十八，邊垂珠滴。金簪一對，珊瑚鳳冠觜一副。其大衫、霞帔、燕居佩服之飾，俱同皇妃。

又 親王妃冠服。受册、助祭、朝會服禮服。洪武三年定九翬四鳳冠。永樂三年又定九翟冠，制同皇妃。其大衫、霞帔、燕居佩服之飾，同東宫妃，第金事件減一，玉綬花，瑑寶相花文。公主冠服，與親王妃同，惟不用圭。

又 郡王妃冠服。永樂三年定，冠用七翟，與親王世子妃同。其大衫、霞帔、燕居佩服之飾，俱同親王妃，第綉雲霞翟文，不用盤鳳文。

又卷六七《輿服志三》 命婦冠服。洪武元年定，命婦一品，冠花釵九樹，兩博鬢，九鈿。服用翟衣，繡翟九重。素紗中單，黼領，朱縠褾襈裾。蔽膝隨裳色，以緅爲領緣，加文繡重翟，爲章二等。玉帶，青襪舄，佩綬。二品，冠花釵八樹，兩博鬢，八鈿。服用翟衣八等，犀帶，餘如一品。三品，冠花釵七樹，兩博鬢，七鈿，翟衣七等，金革帶，餘如二品。四品，冠花釵六樹，兩博鬢，六鈿，翟衣六等，金革帶，餘如三品。五品，冠花釵五樹。兩博鬢，五鈿。翟衣五等，烏角帶，餘如四品。六品，冠花釵四樹，兩博鬢，四鈿。翟衣四等，烏角帶，餘如五品。七品，冠花釵三樹。兩博鬢，三鈿。翟衣三等，烏角帶，餘如六品。自一品至五品，衣色隨夫用紫。六品、七品，衣色隨夫用緋。其大帶如衣色。四年，以古天子、諸侯服衮冕，后與夫人亦服褘翟。今群臣既以梁冠、絳衣爲朝服，不敢用冕，則外命婦亦不當服翟衣以朝。命禮部議之。奏定，命婦以山松特髻、假鬢花鈿、真紅大袖衣、珠翠蹙金霞帔爲朝服。以朱翠角冠、金珠花釵、闊袖雜色緑緣爲燕居之服。一品，衣金繡文霞帔，金珠翠妝飾，玉墜。二品，衣金繡雲肩大雜花霞帔，金珠翠妝飾，金墜子。三品，衣金繡大雜花霞帔，珠翠妝飾，金墜子。四品，衣繡小雜花霞帔，翠妝飾，金墜子。五品，衣銷金大雜花霞帔，生色畫絹起花妝飾，金墜子。六品、七品，衣銷金小雜花霞帔，生色畫絹起花妝飾，鍍金銀墜子。八品、九品，衣大紅素羅霞帔，生色畫絹妝飾，銀墜子。首飾，一品、二品，金玉珠翠。三品、四品，金珠翠。五品，金翠。六品以下，金鍍銀間用珠。五年，更定品官命婦冠服。一品，禮服用山松特髻，翠松五株，金翠八，口銜珠結。正面珠翠翟一，珠翠花四朵，珠翠雲喜花三朵，後鬢珠梭球一，珠翠飛翟一，珠翠梳四，金雲頭連三釵一，珠簾梳一，金簪二，珠梭環一雙。大袖衫，用真紅色。霞帔、褙子，俱用深青色，紵絲綾羅紗隨用。霞帔上施蹙金繡雲霞翟文，鈒花金墜子。褙子上施金繡雲霞翟文。常服用珠翠慶雲冠，珠翠翟三，金翟一，口銜珠結。鬢邊珠翠花二，小珠翠梳一雙，金雲頭連三釵一，金壓鬢雙頭釵二，金腦梳一，金簪二，金脚珠翠佛面環一雙，鐲釧皆用金。長襖長裙，各色紵絲綾羅紗隨用。長襖緣襈，或紫或緑，上施蹙金繡雲霞翟文。看帶用紅緑紫，上施蹙金繡雲霞帔文。長裙，横竪金綉纏枝花文。二品，特髻上金翟七，口銜珠結，餘同一品。常服亦與一品同。三品，特髻上金孔雀六，口銜珠結。正面珠翠孔雀一，後鬢翠孔雀二。霞帔上施蹙金雲霞孔雀文，鈒花金墜子。褙子上施金繡雲霞孔雀文，餘同二品。常服，冠上珠翠孔雀三，金孔雀二，口銜珠結。長襖緣襈。看帶，或紫或緑，並繡雲霞孔雀文。長裙，横竪襴并綉纏枝花文，餘同二品。四品，特髻上金孔雀五，口銜珠結，餘同三品。常服亦與三品同。五品，特髻上銀鍍金鴛鴦四，口銜珠結。正面珠翠鴛鴦一，小珠鋪翠雲喜花三朵，後鬢翠鴛鴦二，銀鍍金雲頭連三釵一，小珠簾梳一，鍍金銀簪二，小珠梳環一雙。霞帔上施繡雲霞鴛鴦文，鍍金銀鈒花墜子。褙子上施雲霞鴛鴦文，餘同四品。常服冠上小珠翠鴛鴦三，鍍金銀鴛鴦二，挑珠牌。鬢邊小珠翠花二朵，雲頭連三釵一，梳一，壓鬢雙頭釵二，鍍金簪二，銀脚珠翠佛面環一雙。鐲釧皆用銀鍍金。長襖緣襈，繡雲霞鴛鴦文。長裙，横竪襴綉纏枝花文，餘同四品。六品，特髻上翠松三枝，銀鍍金練鵲四，口銜珠結。正面銀鍍金練鵲一，小珠翠花四朵，後鬢翠梭球一，翠練鵲二，翠梳四，銀雲頭連三釵一，珠緣翠簾梳一，銀簪二。大袖衫，綾羅紬絹隨所用。霞帔施繡雲霞練鵲文，鈒花銀墜子。褙子上施雲霞練鵲文，餘同五品。常服冠上鍍金銀練鵲三，又鍍金銀練鵲二，挑小珠牌，鐲釧皆用銀。長襖緑襈。看帶，或紫或緑，繡雲霞練鵲文。長裙，横竪襴綉纏枝花文，餘同五品。七品，禮服、常服俱同六品。其八品、九品禮服，惟用大袖衫、霞帔、褙子，大衫同七品。霞帔上繡纏枝花，鈒花銀墜子。褙子上繡摘枝團花。通用小珠慶雲冠。常服亦用小珠慶雲冠，銀間鍍金銀練鵲三，又銀間鍍金銀練鵲二，挑小珠牌，銀間鍍金雲頭連三釵一，銀間鍍金壓鬢雙頭釵二，銀間鍍金腦梳一，銀間鍍金簪二。長襖緣襈，看帶並繡纏枝花，餘同七品。又定命婦團衫之制，以紅羅爲之，綉重雉爲等第。一品九等，二品八等，三品七等，四品六等，五品五等，六品四等，七品三等，其餘不用繡雉。二十四年定制，命婦朝見君后，在家見舅姑并夫及祭祀則服禮服。公侯伯夫人與一品同。大袖衫，真紅色。一品至五品，紵絲綾羅，六品至九品，綾羅紬絹。霞帔、褙子皆深青段。公侯及一品、二品，金繡雲霞翟文。三品、四品，金繡雲霞孔雀文。五品，繡雲霞鴛鴦文。六品、七品，繡雲霞練鵲文，大袖衫，領闊三寸，兩領直下一尺，間綴紐子三，末綴紐子二，紐在掩紐之下，拜則放之。霞帔二條，各繡禽七，隨品級用，前四後三。墜子中鈒花禽一，四面雲霞文，禽如霞帔，隨品級用。笏以象牙爲之。二十六年定，一品，冠用金事件，珠翟五，珠牡丹開頭二，珠半開三，翠雲二十四片，翠牡丹葉一十八片，翠口圈一副，上帶金寶鈿花八，金翟二，口銜珠結二。二品至四品，冠用金事件，珠翟四，珠牡丹開頭二，珠半開四，翠雲二十四片，翠牡丹葉一十八片，翠口圈一副，上帶金寶鈿花八，金翟二，口銜珠結二。一品、二品，霞帔、褙子俱雲霞翟文，鈒花金墜子。三品、四品，霞帔、褙子俱雲霞孔雀文，鈒花金墜子。五品、六品，冠用抹金銀事件，珠翟三，珠牡丹開頭二，珠半開五，翠雲二十四片，翠牡丹葉一十八片，翠口圈一副，上帶抹金銀寶鈿花八，抹金銀翟二，口銜珠結子二。五品，霞帔、褙子俱雲霞鴛鴦文，鍍金鈒花銀墜子。六品，霞帔、褙子俱雲霞練鵲文，鈒花銀墜子。七品至九品，冠用抹金銀事件，珠翟二，珠月桂開頭二，珠半開六，翠雲二十四片，翠月桂葉一十八片，翠口圈一副，上帶抹金銀寶鈿花八，抹金銀翟二，口銜珠結子二。七品，霞帔、墜子、褙子與六品同。八品、九品，霞帔用繡纏枝花，墜子與七品同，褙子繡摘枝團花。

雜録

明·史玄《舊京遺事》卷一 毅宗烈皇周氏，鍾祥茂苑，天啓中選于龍邸，時皇太后崩，神廟劉昭妃主太后事，中宫之政，稟成于張皇后。烈皇后聖質端凝，少頎頎之美，張皇后欽遲之意見于色端。昭妃曰：今信王殿下，睿質方中，黄花女得婚姻配合，自然長大，合得配信王。贊襄之下，乾坤因而定位矣。初，嘉定伯以窮售醫，而醫頗不售，家尤日窮。皇后玉體，從容而定。籍之時無錦衣綉巾之飾，升車上路，蕭然縞綦。嘉定初，無金張四姓之心，及進謁至尊之前，神人佑助，國色朝酣，見者識其有鳳翥之貴矣。崇禎元年，聖上即祚，皇后正位宸極。甲申之變，遂爲一代烈母。體泉芝草，豈偶然哉。按：凡聖上選婚，一后以二貴人陪升，中選之時，皇太后幕以青紗手帕，以金玉跳脱等事繫其臂焉。若不中選，則還其年月帖子于淑女之袖，仍侑銀四十兩，幣八匹，登時送回。此祖宗常制矣。

明·沈德符《萬曆野獲編》卷三《宫闈·國初納妃》 天順五年七月，上致書含山大長公主云：高皇祖所生，惟祖姑享高壽，誠爲難得。近者承諭，用度有缺，朕心惻然。特遣太監藍忠，賫送珠翠九翟，博鬢冠一頂，白金三百兩，鈔一萬貫，紵紗羅各十匹，生熟絹三十匹，以表親親之義。按，博鬢惟皇后得用之，國初，王妃亦許用，永樂間革之，親藩曾有請而不許。今特以賜含山，蓋異數也。

明·朱國禎《湧幢小品》卷一《宫妃》 去吴江可二十裏，地名八尺。

余詢之縣人，問名起之義，皆不可得。後考之，則憲廟選妃江南，嘉禾以姚氏女應。女髮素種種，不盈尺。過平望二十裏。一夕，髮委地可長八尺，入宮拜安妃，因以名。妃生壽王，貤恩父母，皆物故。其弟福，負販菜市中，即授錦衣衛指揮同知。

清·劉鑾《五石瓠·珠冠價》 明朝皇后，一珠冠費至六十萬金。珠之大者，每顆重八分，然亦無幾也。及其上賓，則此冠藏之太廟，盡中官盜毀之，朝廷不問，豈非暴殄哉。山東尚書張忻夫人陳氏，珠冠首飾，一副費八千金，每旦悉妝設鬢髻間，不以爲勞且贅也。行步出户，婢女呵導如官儀，則宮庭不足異矣。李賊陷京師，夫婦受刑辱，冠飾皆被拷掠而去。鼎革後，益富益吝，益妒益壽。

文武百官服飾

綜述

明·朱勤美《王國典禮》卷二《冠服》 親王冠服。衮冕，凡助祭、謁廟、正旦、冬至、聖節則服之，見《職掌》。受册納妃亦同。見《集禮》。

洪武二十六年定衮冕服九章。冕，五采玉珠九旒，紅組纓，青纊充耳，金簪導。圭，長九寸二分五釐。青衣纁裳。衣五章，織山、龍、華蟲、火、宗彝。裳四章，織藻、粉米、黼、黻。白紗中單，黻領，青緣。蔽膝隨裳色，織火、山二章。革帶，金鉤觻，佩玉。綬五采，赤、白、玄、縹、緑，織成，純赤質，三百二十首。小綬三，色同大綬，間織三玉環。大帶，表裏白羅，朱緑緣。白襪，朱履。

永樂三年定冕冠，玄表朱裏，前圓後方，前後各九旒，每旒各五采繅九就，貫五采玉九，赤、白、青、黄、黑相次。玉衡、金簪，玄紞垂青纊充耳。用青玉。承以白玉瑱，朱紘纓。玉圭，長九寸二分五釐。以錦約其下，并韜。衮服九章，青衣五章，龍在肩，山在背，火、華蟲、宗彝在袖，每袖各三。皆織成，本色領褾襈裾。纁裳四章，織藻、粉米、黼、黻各二。前三幅，後四幅，不相屬，共腰有襞積，本色綼裼。中單，以素紗爲之，青領褾裾，領織黻文十一。蔽膝隨裳色，四章，織藻、粉米、黼、黻各二，本色緣。有紃施于縫中，其上玉鉤二，玉佩二，各用玉珩一，瑀一，琚一，衝牙一，璜二。瑀下有玉花，花下垂二玉滴，瑑雲龍文，描金。自珩而下，繫組五，貫以玉珠，上有金鉤。小綬四采以副之，四采，赤、白、縹、緑，纁質。大帶，素（衣）[表]朱裏，在腰及垂皆有綼，上綼以朱，下綼以緑。紐約用青組。大綬四采，赤、白、縹、緑。小綬三采，間施二玉環，龍文，皆織成，纁質。襪舄皆赤色，舄用黑絇純，黑飾舄首。

嘉靖九年，禮部題各王府所用。衮冕冠服，當改正者如中單之制，則領不宜用織黼，而親王、世子、郡王當有等級錦綬之制，則當以玉爲環，施之綬間，不宜以織絲代玉。蔽膝之制，親王、世子四章，織藻、粉米、黼、黻各二，而郡王章二，無藻、粉米。其冕冠、玉圭、中單、大帶、蔽膝，大小襪舄各領舊，惟青衣纁裳係應禁之物，當造自内府，奏請頒給。而玉帶、玉環、玉珮，聽自爲之。

皮弁服。凡祭祀、親迎及進賀中宮東宮箋文則服之。見《會典》。

永樂三年定，皮弁用烏紗冒之，前後各九縫，每縫中綴五采玉九。縫及冠武并貫簪繫纓處，皆飾以金，金簪、朱纓、玉圭，如冕服内制。絳紗袍，本色領褾襈裾。紅裳，如冕服内裳制，但不織章數。中單，以素紗爲之，如深衣制，紅領褾襈裾，領織黻文十一。蔽膝隨裳色，本色緣，有紃施于縫中，其上玉鉤二。玉佩，如冕服内制，但無雲龍文，有小綬四采以副之。大帶、大綬、襪舄赤色，皆如冕服内制。

常服。洪武元年定，烏紗折上巾。永樂三年定，冠烏紗折角向上巾。亦名翼善冠。袍，赤色，盤領窄袖，前後及兩肩各金織蟠龍一。帶用玉，紅鞓，靴皂皮爲之金綫。保和冠服。嘉靖七年定冠制，以燕弁爲准。親王用九，服用青身，青緣，前後方龍補各一。身用素地，邊用雲。采妝襯用深衣。玉色帶，青表緑裏，緑緣。履用皂，緑結，白襪。

明·申時行等《明會典》卷六〇《冠服一》 親王冠服。册寶附。親王助祭、謁廟、正旦、冬至等朝賀則服衮冕。見《職掌》。受册納妃亦如之，朔望朝、降詔、降香、進表，四夷朝貢，朝覲則服皮弁。見《集禮》。

衮冕。洪武二十六年定衮冕九章，冕五采玉珠兒旒，紅組纓，青纊充耳，金簪導。圭長九寸二分五釐。青衣，纁裳。衣五章，織山、龍、華蟲、火、宗彝。裳四章，織藻、粉米、黼、黻。白紗中單，黻領，青緣。蔽膝隨裳色，織火、山二章，革帶，金鈎𩋾，佩玉。綬五采，赤、白、玄、縹、緑，織成，純赤質，三百二十首。小綬三色，同大綬，間織三玉環。大帶，表裏白羅，朱緑緣，白襪，朱履。

永樂三年定冕冠，玄表朱裏，前圓後方，前後各九旒，每旒各五采繅九就，貫五采玉九，赤、白、青、黄、黑相次。玉衡、金簪、玄紞、垂青纊充耳。用青玉。承以白玉瑱、朱紘纓。玉圭，長九寸二分五釐，以錦約其下，并韜。衮服九章，青衣五章，龍在肩，山在背，火、華蟲、宗彝在袖，每袖各三。皆織成，本色領褾襈裾。纁裳四章，織藻、粉米、黼、黻各二，前三幅，後四幅，不相屬，共腰有襞積，本色綼裼。中單以素紗爲之，青領褾襈裾，領織黻文十一。蔽膝隨裳色，四章，織藻、粉米、黼、黻各二，本色緣，有紃施于縫中，其上玉鈎二，玉佩如東宫佩制。自珩以下，瑑雲龍文，上有金鈎，小綬四采以副之，四采，赤、白、縹、緑，纁質。大帶素表朱裏，在腰及垂皆有綼，上綼以朱，下綼以緑，紐約用青組。大綬四采，赤、白、縹、緑。小綬三采，間施二玉環，龍文，皆織成，纁質。襪舄皆赤色，舄用黑絇純，黑飾舄首。

皮弁服。永樂三年定皮弁用烏紗冒之，前後各九縫，每縫中綴五采玉。九縫及冠武并貫簪繫纓處，皆飾以金，金簪、朱纓。玉圭，如冕服内制。絳紗袍，本色領褾襈裾。紅裳如冕服内裳制，但不織章數。中單以素紗爲之，如深衣制，紅領褾襈裾，領織黻文十一。蔽膝隨裳色，本色緣，有紃施于縫中，其上玉鈎二，玉佩如冕服内佩制，但無雲龍文。有小綬四采以副之，大帶、大綬，襪舄俱如冕服内制。

常服。永樂三年定，冠、袍、帶、靴俱與東宫同。

保和冠服。嘉靖七年定，冠制以燕弁爲准，親王用九，世子用八，郡王用七，俱去簪與五玉。後山皆一扇爲之，分畫爲四。郡王長子冠如忠静之制，用五，服用青身，青緣，前後方龍補各一，身用素地，邊用雲。其補子，郡王以上采妝。郡王長子織金爲之襯用深衣。玉色帶，青表緑裏，緑緣，履用皂，緑結，白襪。

又 世子冠服。世子遇聖節、千秋節，并正旦、冬至、進賀表箋及其父王生日，諸節慶賀，皆服衮冕。衮冕。洪武二十六年定，衮冕七章，冕三采玉珠，七旒，紅組纓，青纊充耳，金簪導。圭長九寸。青衣纁裳。衣三章，織華蟲、火、宗彝。裳四章，織藻、粉米、黼、黻。素紗中單，青領褾，赤韍，革帶，佩白玉，玄組綬。綬紫質，用紫、黄、赤三采織成，間織三白玉環，白襪、赤舄。永樂三年定冕冠，玄表朱裏，前圓後方，前後各八旒，每旒五采，繅八就，各貫三采玉珠八，赤、白、青色相次。玉衡、金簪、玄紞，垂青纊充耳，用青玉。朱紘纓，承以白玉瑱。玉圭，長九寸，以錦約其下，并韜。青衣纁裳，七章。青衣三章，火一在肩，其二與華蟲、宗彝各三在兩袖，皆織成，本色領褾襈裾。纁裳四章，織藻、粉米、黼、黻各二，前三幅，後四幅，不相屬。共腰有襞積，本色綼裼。中單以素紗爲之，青領褾襈裾，領織黻文九。蔽膝隨裳色，四章，織藻、粉米、黼、黻各二，本色緣，有紃施于縫中，其上玉鈎二，玉佩二，如親王之佩制。珩以下瑑雲龍文，上有金鈎，以小綬四采副之，四采，赤、白、縹、緑，纁質。大帶素表朱裏，在腰及垂皆有綼，上綼以朱，下綼以緑，紐約用青組。大綬四采，赤、白、縹、緑，纁質。小綬三采，間施二玉環，皆織成。襪舄皆赤色，舄用黑絇純，黑飾舄首。

皮弁服。永樂三年定，皮弁用烏紗冒之，前後各八縫，每縫中綴三采玉八。縫及冠武并貫簪繫纓處，皆飾以金。金簪、朱纓。玉圭，如冕服内制。絳紗袍，本色領褾襈裾，紅裳如冕服内裳制，但不織章數。中單以素紗爲之，如深衣制，紅領褾襈裾，領織黻文九。蔽膝隨裳色，本色緣，有紃施于縫中，其上，玉鈎二，玉佩如冕服内佩制，但無雲龍文，有小綬四采以副之。大帶、大綬、襪舄俱如冕服内制。

常服。永樂三年定，冠、袍、帶、靴俱與親王同。保和冠服。制見前。

又 郡王冠服。衮冕。永樂三年定，冕冠，玄表朱裏，前圓後方，前後十旒，每旒五采繅七就，各貫玉珠七，赤、白、青色相次。玉衡、金簪、玄紞、垂青纊充耳。用青玉。朱紘纓，承以白玉、瑱玉。圭長九寸，以錦約其下，并韜。青衣纁裳，五章。青衣三章，粉米一在肩，其二并藻、宗彝各三在兩袖，皆織成，本色領褾襈裾。纁裳二章，織黼、黻各二，前三幅，後四幅，不相屬，共腰有襞積，本色綼裼。中單以素紗爲之，青領褾襈裾，領織黻文七。蔽膝隨裳色，二章織黼、黻各二，本色緣，有紃施于縫中，其上玉鈎二，玉佩如親王佩制。珩以下瑑雲龍文，上有金鈎，以小綬四采副之，四采，赤、白、縹、綠，纁質。大帶素表朱裏，在腰及垂皆有綼，上綼以朱，下綼以綠，紐約用青組。大綬四采，赤、白、縹、綠，纁質。小綬三采，間施二玉環，皆織成。襪舄皆赤色，舄用黑絇純，黑飾舄首。

皮弁服。永樂三年定，皮弁用烏紗冒之，前後各七縫，每縫中綴三采玉七。縫及冠武并貫簪繫纓處，皆飾以金，金簪、朱纓，玉圭如冕服内制。絳紗袍，本色領褾襈裾。紅裳如冕服内裳制，但不織章數。中單以素紗爲之，如深衣制，紅領褾襈裾，領織黻文七。蔽膝隨裳色，本色緣，有紃施于縫中，其上玉鉤二，玉佩如冕服内制，但無雲龍文，有小綬四采以副之。大帶、大綬、襪舄俱如冕服内制。

常服。永樂三年定，冠、袍、帶、靴俱與親王同。保和冠服。制見前。

又 鎮國將軍冠服。與長子同。

又 輔國將軍冠服。與鎮國將軍同，惟冠六梁，帶用犀。

又 奉國將軍冠服。與輔國將軍同，惟冠五梁，帶用金鈒花，常服大紅織金虎豹。

又 鎮國中尉冠服。與奉國將軍同，惟冠四梁，帶用素金，佩用藥玉。

又 輔國中尉冠服。與鎮國中尉同，惟冠三梁，帶用銀鈒花，綬用盤雕。公服用深青素羅，常服，紅織金熊羆。

又 縣君冠服與［郡君］同，惟冠用三翟。鄉君冠服與縣君同，惟大衫用丹礬紅。褙子、霞帔金綉練鵲文。

又卷六一《冠服二》 文武官冠服。朝服，凡大祀慶成、正旦、冬至、聖節及頒降開讀詔赦、進表、傳制，則文武官各服朝服。見《職掌》。其武官應直守衛者，不拘此服。洪武二十六年定，文武官朝服，梁冠。赤羅衣，白紗中單，俱用青飾領緣。赤羅裳，青緣。赤羅蔽膝。大帶用赤白二色絹。革帶、佩綬、白襪、黑履。一品至九品，俱以冠上梁數分等第。公冠，八梁，加籠巾貂蟬，立筆五折。四柱，香草五段，前後用玉爲蟬。侯冠，七梁，加籠巾貂蟬，立筆四折。四柱，香草四段，前後用金爲蟬。伯冠，七梁，加籠巾貂蟬，立筆二折。四柱，香草二段，前後玳瑁爲蟬。俱左插雉尾。駙馬冠，與侯同，不用雉尾。一品冠，七梁，不用籠巾貂蟬，革帶與佩俱用玉。綬用綠黄赤紫四色絲，織成雲鳳四色花錦，下結青絲網，綬環二，用玉，笏用象牙。二品冠，六梁，革帶、綬環用犀，餘同一品。三品冠，五梁，革帶用金，佩用玉，綬用黄綠赤紫四色絲，織成雲鶴花錦，下結青絲網。綬環二，用金，笏用象牙。四品冠，四梁，革帶用金，佩用藥玉，餘同三品。五品冠，三梁，革帶用銀鈒花，綬用黄綠赤紫四色絲，織成盤雕花錦，下結青絲網。綬環二，用銀鍍金。笏用象牙。六品、七品冠，二梁，御史加獬廌。革帶用銀，佩用藥玉。綬用黄綠赤三色絲，織成練鵲花錦，下結青絲網。綬環二，用銀，笏用槐木。八品、九品冠，一梁，革帶用烏角，佩用藥玉，綬用黄綠二色絲，織成鸂鶒花錦，下結青絲網，綬環二用銅，笏用槐木。雜職、未入流品人員，若遇大朝賀、進表、隨班行禮，止用公服。三十年奏准，亦照九品官，具朝服行禮。

嘉靖八年定，梁冠照舊式，上衣用赤羅青緣，其長過腰指寸七寸，毋掩下裳。中單白紗爲之，青緣。下裳七幅，前三後四，每幅三襞積，赤羅青緣。蔽膝綴革帶綬，各照品級花樣。革帶之後，佩綬繫而掩之。其環亦各照品級，用玉犀金銀銅爲之，不以織于綬、大帶，表裏俱素，惟兩耳及下垂緣以綠色，又用青組約之。革帶，一品玉，二品犀，三品、四品金，五品銀鈒花，六品、七品銀，八品、九品烏角，俱照舊式珮玉一，如《詩》傳之制。去雙滴及二珩。其三品以上用玉，四品以下用藥玉，各照舊。襪履俱照舊式。祭服。凡上視祀郊廟社稷，文武官分獻陪祀，則服祭服。見《集禮》。洪武二十六年定，文武官陪祭服，一品至九品，青羅衣，白紗中單，俱用皂領緣。赤羅裳，皂緣。赤羅蔽膝，方心曲領。其冠帶佩綬等第，并同朝服。又令品官家用祭服。三品以上，去方心曲領。四品以下，并去佩綬。又令雜職祭服，與九品同。

嘉靖八年定，上衣用青羅皂緣，長與朝服同。下裳用赤羅皂緣，制與朝服同。蔽膝、綬環、大帶、革帶、佩玉、襪、履，俱與朝服同。去方心曲領。

公服。在京文武官每日早晚朝奏事及侍班，謝恩、見辭則服公服，在外文武官每日清早公座亦服之。見《職掌》。後常朝止便服，惟朔望具公服朝參。其武官應直守衛者，不拘此服。

洪武二十六年定，文武官公服用盤領右衽袍，或紵絲紗羅絹從宜製造，袖寬三尺。一品至四品緋袍，五品至七品青袍，八品、九品綠袍，未入流雜職官袍笏帶與八品以下同。公服花樣，一品用大獨科花，徑五寸。二品小獨科花，徑三寸。三品散答花無枝，葉徑二寸。四品、五品小雜花紋，徑一寸五分。六品、七品小雜花，徑一寸。八品以下無紋襆頭，用漆紗二等，展角各長一尺二寸，其雜職官員襆頭用垂帶。笏，依朝服爲之。腰帶，一品用玉，或花或素。二品用犀，三品、四品用金荔枝，五品以下用烏角。鞓用青革，仍垂撻尾於下。靴用皂。凡公、侯、駙馬、伯公服，服色、花樣、腰帶與一品同。凡文武官公服花樣，如無從織買，用素隨宜。又令凡内外未入流雜職官，襆頭、展角與入流官同，不用垂帶。

常服。洪武三年定，凡文武官常朝視事，以烏紗帽、團領衫、束帶爲公服。一品玉帶，二品花犀帶，三品金鈒花帶，四品素金帶，五品銀鈒花帶，六品、七品素銀帶，八品、九品烏角帶。二十六年定，公、侯、駙馬、伯，麒麟、白澤。文官一品、二品，仙鶴、錦鷄。三品、四品，孔雀、雲雁。五品，白鷴。六品、七品，鷺鷥、鸂鶒。八品、九品，黄鸝、鵪鶉、練鵲。風憲官用獬廌。武官一品、二品獅子，三品、四品虎豹，五品熊羆，六品、七品彪，八品，九品，犀牛、海馬。凡常服制度，洪武二十三年，令官員人等，衣服寬窄，以身爲度。文職官衣長自領至裔去地一寸，袖長過手復回至肘，袖椿廣一尺，袖口九寸，公、侯、駙馬與文職官同。武職官，衣長去地五寸，袖長過手七寸，袖椿廣一尺，袖口僅出拳。凡束帶，洪武二十四年定，公侯、駙馬、伯與一品同。雜職，未入流官，與八品、九品同。凡服色禁制，洪武二十六年，令品官常服，用雜色紵絲綾羅彩綉，庶民止用綢絹紗布，不許別用。又令官吏及軍民、僧道人等，衣服帳幔并不許用玄、黄、紫三色，并織綉龍鳳文，違者罪及染造之人。其朝見人員，四時并用顔色衣服，不許純素。景泰四年，令錦衣衛指揮侍衛者，得衣麒麟服色。天順二年，令官民人等衣服不得用蟒、龍、飛魚、斗牛、大鵬、像生獅子、四寶相花、大西番蓮、大雲花樣，并玄、黄、紫及玄色樣黑緑、柳黄、薑黄、明黄等色。成化二年，令官民人等不許僭用服色花樣。弘治十三年奏准，今後公、侯、伯及文武大臣各處鎮守、守備等官，敢有違例奏討蟒衣、飛魚等項衣服者，該科參駁，科道糾劾，該部執奏，治以重罪。嘉靖六年令，在京、在外官民人等，不許濫服五彩妝花織造違禁顔色，及將蟒龍造爲女衣，或加飾妝彩，圖利貨賣。其朝貢夷人，不許擅買違式衣服，如違，將買者、賣者一體拏問治罪。十六年題准，今後在京、在外文武官員，除本等品級服色及特賜外，不許擅用蟒衣、飛魚、斗牛等項違禁華異服色。其大紅紵絲紗羅服，惟四品以上官，及在京九卿，翰林院、詹事府、春坊、司經局、尚寶司、光禄寺、鴻臚寺五品堂上官，經筵講官，方許穿用。其餘衙門，雖五品官，及五品以下官，經筵不係講官者，俱穿青緑錦綉，遇有吉禮，止許穿紅布絨褐，品官花樣，照依品級。公、侯、駙馬、伯，麒麟白澤。文官一品仙鶴，二品錦鷄，三品孔雀，四品雲雁，五品白鷴，六品鷺鷥，七品鸂鶒，八品黄鸝，九品鵪鶉。雜職官練鵲，風憲官獬廌。武官一品、二品獅子，三品、四品虎豹，五品熊羆，六品、七品彪，八品犀牛，九品海馬，不許混同穿用。錦衣衛指揮侍衛者，得衣麒麟服色。其餘帶俸，及不係侍衛人員，及千、百户等官，雖係侍衛，俱不許僭用。凡致仕罷閑官員服色，洪武三年，令年老致仕及侍親辭閑官，許用紗帽束帶，若爲事無降者，服與庶人同。三十年，令致仕官服色與見任同，若遇朝賀及謝恩見辭，一體具服行禮。忠静冠服。嘉靖七年定忠静冠即古玄冠，冠如制以烏紗冒之，兩山俱列于後，冠頂仍方，中微起三梁，各壓以金綫，邊以金緣之。四品以下，去金邊以淺色絲綫緣之。忠静服即古玄端服色改用深青，以紵絲紗羅爲之。三品以上用雲，四品以下用素，邊緣以藍青，前後飾以本等花樣，補子，深衣，用玉色素帶，如古大夫之帶制，青表，緑緣邊并裏素。履色用青，緑縧結，白襪。凡王府將軍、中尉及左右長史、審理、正副紀善、教授等官，俱以品官之制服之。儀賓不得概服。在京七品以上官，及八品以下翰林院、國子監、行人司官，在外方面官、各府堂官、州縣正官、儒學教官，及武官都督以上許服，其餘不許。

儀賓冠服。儀賓朝服、公服、常服，俱照品級，與文武官同，惟笏皆用象牙。常服花樣，視武官。弘治十三年定。郡主儀賓，鈒花金帶，胸背獅子。縣主儀賓，鈒花金帶。郡君儀賓，光素金帶，胸背俱虎豹。縣君儀賓，鈒花銀帶。鄉君儀賓，光素銀帶，胸背俱彪。故違僭用者，革去冠帶，戴平頭巾，於本處儒學讀書習禮三年，方許復職。

明・俞汝楫《禮部志稿》卷一八《儀制司職掌・親王冠服册寶附》 親王助祭、謁廟、正旦、冬至等朝服則服衮冕。見《諸司職掌》。受册，納妃亦如之。朔望朝、降詔、降香、進表、四夷朝貢、朝覲則服皮弁。見《集禮》。

衮冕。洪武二十六年定，衮冕九章，冕，五采玉，珠九旒，紅組纓，青纊充耳，金簪導。圭長九寸二分五釐。青衣纁裳，衣五章，織山、龍、華蟲、火、宗彝，裳四章，織藻、粉米、黼、黻。白紗中單，黻領，青緣，蔽膝隨裳色，織火、山二章，革帶、金鈎艓，佩玉。綬五采，赤、白、玄、縹、緑，織成，純赤質，三百二十首。小綬三色，同大綬，間織三玉環。大帶，表裏白羅，朱緣綠。白襪，朱履。

永樂三年定冕冠，玄表朱裏，前圓後方，前後各九旒，每旒各五采繅九就，貫五采玉九，赤、白、青、黄、黑相次。玉衡、金簪、玄紞、垂青纊充耳。用青玉。承以白玉瑱，朱紘纓。玉圭，長九寸二分五釐，以錦約其下，并韜。衮服九章，青衣五章，龍在肩，山在背，火、華蟲、宗彝在袖，每袖各三，皆織成，本色領褾襈裾。纁裳四章，織藻、粉米、黼、黻各二，前三幅，後四幅，不相屬，共腰有襞積，本色綼裼。中單，以素紗爲之，青領褾襈裾，領織黻文十一。蔽膝隨裳色，四章，織藻、粉米、黼、黻各二，本色緣，有紃施於縫中，其上玉鈎二，玉佩如東宮佩制。自珩以下瑑雲龍文，上有金鈎，小綬四采以副之，四采，赤、白、縹、綠，纁質。大帶，素表朱裏，在腰及垂皆有綼，上綼以朱，下綼以綠，紐約用青組。大綬四采，赤、白、縹、綠。小綬三采，間施二玉環。龍文皆織成，纁質。襪舄皆赤色，舄用黑鈎純，黑飾舄首。

皮弁服。永樂三年定，皮弁用烏紗冒之，前後各九縫，每縫中綴五采玉九。縫及冠武并貫簪繫纓處，皆飾以金。金簪朱纓，玉圭如冕服内制，絳紗袍，本色領褾襈裾，紅裳如冕服内裳制，但不織章數。中單，以素紗爲之，如深衣制，紅領褾襈裾，領織黻文十一。蔽膝隨裳色，本色緣，有紃施于縫中，其上玉鈎二，玉佩如冕服内佩制，但無雲龍文，有小綬四采以副之。大帶、大綬、襪舄俱如冕服内制。

常服。永樂三年定，冠袍帶靴，俱與東宮同。

保和裳服。嘉靖七年定，冠制以燕弁爲準，親王用九禩，世子用八禩，郡王用七禩，俱去簪與五玉。後山皆一扇爲之。分畫爲四郡王長子冠，如忠静之制。用五禩服，用青身、青緣，前後方龍補各一。身用素地，邊用雲。其補子郡王長子織金爲之，襯用深衣，玉色帶，青表綠裏，綠緣。履用皂，綠結，白襪。

又《長子冠服》 朝服。七梁冠，大紅素羅衣，白素紗中單，大紅素羅裳及蔽膝，大紅素羅白素紗二色夾帶，玉朝帶，丹礬紅花錦，錦鷄綬，玉佩，象牙笏，白絹襪，皂雲皮頭履鞋。

公服。皂縐紗襆頭，大紅素紵絲衣，玉革帶。

常服。烏紗冒，大紅紵絲織金獅子開褉圓領，玉束帶，皂皮銅線靴。

又《將軍以下冠服》 鎮國將軍冠服與長子同。鎮國將軍夫人冠服與長子夫人同。輔國將軍冠服與鎮國將軍同，惟冠六梁，帶用犀。輔國將軍夫人冠服與鎮國將軍夫人同，惟冠用四翟，抹金銀墜頭。奉國將軍冠服與輔國將軍同，惟冠五梁，帶用金鈒花，常服大紅織金虎豹。奉國將軍淑人冠服與輔國將軍夫人同，惟褙子、霞帔金綉孔雀文。鎮國中尉冠服與奉國將軍同，惟冠四梁，帶用素金，佩用藥玉。鎮國中尉恭人冠服與奉國將軍淑人同。輔國中尉冠服與鎮國中尉同，惟冠三梁，帶用銀鈒花，綬用盤雕，公服用深青素羅，常服用紅織金熊羆。輔國中尉宜人冠服與鎮國中尉恭人同，惟冠用翟，褙子，霞帔金繡鴛鴦文，銀墜頭。奉國中尉冠服與輔國中尉同，惟冠二梁，帶用素銀，綬用練雀，襆頭黑膝，常服紅織金彪。奉國中尉安人冠服與輔國中尉宜人同，惟大衫用丹礬紅，褙子、霞佩金綉練雀文。縣主冠服，珠翠五翟冠，大紅紵絲大衫，深青紵絲金繡孔雀褙子，青羅金繡孔雀霞帔，抹金銀墜子頭。郡君冠服同縣主，惟冠用四翟，褙子、霞帔繡鴛鴦文。縣君冠服與郡君同，惟冠用三翟。鄉君冠服與縣君同，惟大衫用丹礬紅，褙子、霞帔金繡練雀文。儀賓冠服，凡朝服、公服、常服俱照品級與文武官同，惟笏皆用象牙。常服花樣視武官。弘治十三年定，郡主儀賓鈒花金帶，胸背獅子。縣主儀賓鈒花金帶。郡君儀賓光素金帶，胸背俱虎豹。縣君儀賓鈒花銀帶，鄉君儀賓光素銀帶，胸背俱彪。故違僭用者，革去冠帶，戴平頭巾，與本處儒學讀書習禮三年，方許復職。

又《文武官冠服》 朝服。凡大祀、慶成、正旦、冬至、聖節及頒降、開讀、詔赦、進傳制，則文武官各服朝服。見《諸司職掌》。其武官應直守衛者，不拘此服。洪武二十六年定，文武官朝服梁冠，赤羅衣，白紗中單，俱用青單飾領緣，赤羅裳青緣，赤羅蔽膝。大帶，用赤白二色絹。革帶、佩綬，白襪、黑履。一品至九品，俱以冠上梁數分等第。公冠八梁，加籠巾貂蟬、立筆五折，四柱，香草五段，前後用玉爲蟬。侯冠七梁，加籠巾貂蟬、立筆四折，四柱，香草四段，前後用金爲蟬。伯冠七梁，加籠巾貂蟬、立筆二折，四柱，香草二段，前後二瑁爲蟬。俱左插雉尾。駙馬冠與侯冠同，不用雉尾。一品七梁，不用籠巾貂蟬，革帶與佩俱用玉，綬用綠、黄、赤、紫色四，織成雲鳳四色花錦，下結青絲網。綬環二，用玉。笏用象牙。二品官，冠六梁，革帶，綬環用犀，餘同一品。三品，冠五梁，革帶用金，佩用玉，綬用黄、綠、赤、紫四色，織絲成雲鶴花錦，下結青絲網。綬環二，用金。笏用象牙。四品，冠四梁，革帶用金，佩用藥玉，餘同三品。五品，冠三梁，革帶，用銀鈒花，綬用黄、緑、赤、紫四色，織成盤雕花錦，下結青絲網，綬環二，用銀鍍金，笏用象牙。六品、七品，冠二梁，御史加獬豸，革帶用銀，佩用藥玉，綬用黄、緑、赤三色，絲織成練鵲花錦，下結青絲網。綬環二，用銀。笏用槐木。八品、九品，冠一梁，革帶用烏角，佩用藥玉，綬用黄、緑二色，絲織成鸂鶒花錦，下結青絲網。綬環二，用銅。笏用槐木。雜職未入流品人員，若遇大朝慶賀、進表、隨班行禮，止用公服。三十年奏准，亦照九品官，具朝服行禮。

嘉靖八年定，梁冠照舊式，上衣用赤羅青緑，其長過腰指七寸，毋掩下裳。中單白紗爲之，青緣。下裳七幅，前三後四，每幅三襞積，羅青緣。蔽膝綴革帶，綬，各照品級花樣。革帶之後佩綬，繫而飾掩之。其環亦各照品級，用玉犀金銀銅爲之，不以織于綬。大帶，表裏俱青，惟兩耳及下垂緣以緑色，用青組約之。革帶一品玉，二品犀，三品、四品金，五品銀鈒花，六品、七品銀，八品、九品烏角，俱照舊式，珮玉一如《傳》之制，去雙滴及二珩。其三品以上用玉，四品以下用藥玉，各照舊。襪、履俱照舊式。

祭服。凡上親祀郊廟、社稷，文武官分獻陪祀，則服祭服。見《集禮》。洪武二十六年定，文武官陪祭服，一品至九品，青羅衣，白紗中單，俱用皂領緣。赤羅裳，皂緣。赤羅蔽膝，方心曲領。其冠帶、佩綬等第，并同朝服。又令品官家用祭服，三品以上，去方心曲領。四品以下，并去佩綬。又令雜職祭服與九品同。嘉靖八年定，凡上衣用青羅，皂緣，長與朝服同。下裳用赤羅，皂緣，制與朝服同。蔽膝、綬環、大帶、革帶、佩玉、襪履俱與朝服同。去方心曲領。

公服。在京文武官，每日晚朝奏事及侍班、謝恩、見辭則服公服。在外文武官，每日清晨公座亦服之。見《諸司職掌》。後常朝止便服，惟朔望俱公服朝參。其武官應直守衛者，不拘此服。

洪武二十六年定，文武官公服，用盤領右衽袍，或紵絲紗羅絹從宜製造，袖寬三尺。一品至四品，緋袍。五品至七品，青袍。八品九品，緑袍。未入流雜職官，袍、笏、帶與八品以下同。公服花樣：一品用大獨科花，徑五寸。二品，小獨科花，徑三寸。三品，散答花無枝葉，徑二寸。四品、五品，小雜花紋，徑一寸五分。六品、七品，小雜花，徑一寸。八品以下，無紋襆頭，黑漆紗二等，展角長一尺二寸。其雜職官員襆頭，用垂帶，笏依朝服爲之。腰帶，一品用玉，或花或素，二品用犀，三品、四品用金荔枝，五品以下用烏角。鞓用青革，仍垂撻尾於下。靴用皂。凡公、侯、駙馬、伯公服，服色花樣，腰帶與一品同。凡文武官公服，花樣如無從織買，用素隨宜。又令，凡内外未入流雜職官，襆頭、展角，與入流官不用垂帶。

常服。洪武三年定，凡文武官常朝視事，以烏紗帽、圓領衫、束帶爲公服。一品玉帶，二品花犀帶，三品金鈒花帶，四品素金帶，五品銀鈒花帶，六品、七品素銀帶，八品、九品烏角帶。二十六年定，公、侯、駙馬、伯麒麟、白澤。文官一品二品仙鶴、錦雞。三品四品孔雀、雲雁。五品白鷴。六品七品鷺鷥、鸂鶒，八品九品黄鸝、鵪鶉、練雀。風憲官獬豸。武官一品二品獅子，三品四品虎、豹，五品熊羆，六品七品彪，八品九品犀牛海馬。

凡常服制度。洪武二十三年定，令官員人等衣服寬窄以身爲度，文職官衣長自領至裔去地一寸，袖長過手復回至肘，袖樁廣一尺，袖口九寸。公、侯、駙馬與文職官同。武職官衣長去地五寸，袖長過手七寸，袖樁一尺，袖口僅出拳。

凡束帶。洪武二十四年定，公、侯、駙馬、伯與一品同。雜職未入流官與八品九品同。

凡服色禁制。洪武二十六年定，令品官常服用雜色紵絲綾羅彩綉，庶民止用綢絹紗布，不許别用。又令官吏及軍民、僧道人等衣服，幔帳并不許用玄、黄、紫三色，并織就龍文。違者罪及染造之人。其朝見人員四時並用顔色衣服，不許純素。

景泰四年，令錦衣衛指揮侍衛者，得衣麒麟服色。天順二年，令官民人等衣服不得用龍蟒、飛魚、斗牛、大鵬、像生獅子、四寶相花、西番蓮、大雲花樣，并玄、黄、紫及玄色樣，黑、緑、柳黄、薑黄、明黄等色。

成化二年，令官民人等不許僭用服色花樣。弘治十三年奏准，今後公、侯、伯及文武大臣，各處鎮守、守備等官，敢有違例奏討蟒衣、飛魚等項衣服者，該科參駁，科道糾劾，該部執奏治以重罪。

嘉靖六年令，在京、在外官民人等，不許濫服五彩妝花，織造違禁顔色，及將蟒龍造爲女衣，或加飾妝彩圖利貨賣。其朝貢夷人，不許擅買違式衣服，如違將買者、賣者一體拿問治罪。

十六年，題准令後，在京、在外文武官員，除本等品級服色及特賜外，不許擅用蟒衣、飛魚、斗牛等項違禁華異物色。其大紅紵絲紗羅服，惟四品以上官及在京九卿，翰林院、詹事府、春坊、司經局、尚寶司、光禄寺、鴻臚寺五品堂上官，經筵講官方許穿用，其餘衙門雖五品官及五品以下官，經筵不係講官，俱穿青緑錦綉。遇有吉禮，止許穿紅布絨褐，品官花樣照依品級。公、侯、駙馬、伯，麒麟、白澤。文官一品仙鶴，二品錦鷄，三品孔雀，四品雲雁，五品白鷴，六品鷺鷥，七品鸂鶒，八品黄鸝，九品鵪鶉。雜職官練鵲。風憲官獬豸。武官一品二品獅子，三品四品虎豹，五品熊羆，六品七品彪，八品犀牛，九品海馬，不許混同穿用。錦衣衛侍衛指揮者，得衣麒麟服色，其餘帶俸及不係侍衛人員及千百户等官，雖係侍衛，俱不許僭用。

凡致仕罷閒官員服色。洪武三年，令年老致仕及侍親辭閒官，許用紗帽束帶。若為事無降者，服與庶人同。三十年，令致仕官服色與見任同。若遇朝賀及謝恩、見辭，一體具服行禮。

忠静冠服。嘉靖七年定忠静冠，即古玄冠，冠匡如制，以烏紗冒之，兩山俱列於後，冠頂仍方，中微起三梁，各壓以金綫，邊以金緣之。四品以下去金，邊以淺色絲綫緣之。忠静服，即古玄端服。色改用深青，以紵絲紗羅為之。三品以上用云，四品以下用素。邊緣以藍青，前后飾以本等花兼補子。深衣，用玉色。素帶，如古大夫之帶制。青表，緑緣邊并裏。素履，色用青，緑緣結。白袜。凡王府將軍中尉，及左右長史、審理、正副紀善、教授等官，俱以品官之制服之。儀賓不得概服。在京七品以上官，及八品以下翰林院、國子監、行人司官，在外方面官，各府堂官、州縣正官、儒學教官，及武官都督以上，許服。其餘不許。

明・劉若愚《明宮史》卷二《内府職掌・司禮監掌》 蘇杭織造太監一員，亦有勅諭關防，秩視秉筆。東廠成祖即位，永樂十八年始置，其外署在東安門外迤北。提督太監一員，關防一顆，其勅諭最爲隆重。凡内官奉差關防，皆曰某處内官關防，惟此處篆文曰：欽差總督東廠官校辦事太監關防。至天啓四年，因避御諱，改鑄官旗，本廠設有掌貼刑千、百户二員，掌班、領班、司房四十餘名，圓帽，皂靴，穿直身。十二顆管事圓帽、衪襒、皂靴。其擋頭辦事百餘名，分子丑寅卯十二顆，圓帽，旋褶，白靴。

又《都知監》 掌印太監一員，不甚顯貴，餘者皆本監寫字、長隨，各有青紅執事衣服。凡聖駕出朝，謁廟等項，在前警蹕清御者，即此監之官也。手執骨朵，身穿鸚鵡等補子，戴平巾或官帽，亦有穿圓領衪者。其人極寒苦，難以陞轉，下下衙門也。

明・徐一夔《明集禮》卷三九《冠服・諸王冠服》 周制，王子皆封建爲諸侯，其服隨所封爵。至漢，封諸子爲王，用遠游冠，上衣下裳，玉佩，絇履。唐親王服遠游冠，黑介幘，三梁，青緌，金鈎鰈，大帶，金寶飾劍，玉鏢首，纁朱綬，朱質，赤黄縹紺爲純，長一丈八尺，廣九寸，二百四十首。黄金璫附蟬，絳紗單衣，白紗内單，皂領袖，皂褾襈，革帶，鈎鰈，假帶，曲領方心，絳紗蔽膝，白襪，烏皮舄。宋親王服七梁冠，用金塗銀稜，貂蟬籠巾，蟬舊以玳瑁爲胡蝶狀，今改用金。犀簪導，銀立筆，朱衣、朱裳，白衣中單，并皂褾襈。蔽膝隨裳色，方心曲領，緋白羅大帶，玉珮，暈錦綬，青絲網，間施三玉環，白襪，黑履。革帶以金塗銀，玉佩以金，塗銀裝。國朝受册、助祭、謁廟，元旦、冬至、聖節朝賀，納妃則服衮冕九章。冕，用五采玉，珠九旒，紅絲組爲纓，青纊充耳，金簪導。衮，衣青衣纁裳，畫山、龍、華蟲、火、宗彝五章在衣，綉藻、粉米、黼、黻四章在裳。白紗中單，黼領，青緣。蔽膝纁色，綉火、山二章。革帶，金鈎鰈。佩綬，大帶，表裏白羅，朱緑緣。白襪，朱履。其朔望朝、降詔、降香、進表，四夷朝貢、朝覲則服皮弁。

又《群臣冠服》《周官・司服》：公之服，自衮冕而下如王之服。侯、伯之服，自鷩冕而下如公之服。子、男之服，自毳冕而下如侯、伯之服。孤之服，自絺冕而下如子、男之服。卿、大夫之服，自玄冕而下如孤之服。皆玄衣纁裳。凡大祭祀、大賓客共其衣服而奉之。又曰：朝天子則上公衮冕九章，侯、伯鷩冕七章，子、男毳冕五章。是周制朝祭皆服冕服也。又曰：燕居則玄端玄衣，卿、大夫素裳，上士玄裳，中士黄裳，下士雜裳。大夫已上朝夕服之，唯士夕服之，此玄端爲燕居之服也。《禮》曰：公執桓圭，侯執信圭，信音申。伯執躬圭，子執穀璧，男執蒲璧，此諸侯朝于天子執以合瑞者也。又曰：史進象笏書思對命。此臣朝于君，必執笏以記忽忘也。其制，諸侯以象，大夫以魚須，文竹，士以竹本而象飾。秦滅禮學制度，不聞其郊祀，君臣皆服袀玄。西漢服章之制，無所考見，至明帝時始制衮冕，公卿、列侯朝觀，皆玄冠絳衣。其助祭則三公、諸侯用山、龍九章。九卿以下用華蟲七章。皆備五采大佩、赤舄、絇履、玄衣纁裳，冕皆廣七寸，長一尺二寸，前圓後方，朱緑裏玄上，前垂四寸，後垂三寸，係白玉珠爲九旒，以其綬采色爲組纓。三公、諸侯青玉爲珠，卿大夫五旒，黑玉爲珠，皆有前無後，各以其綬采爲組纓，旁垂黈纊。郊天地，祀明堂，則冠之衣裳、玉佩備章采。其大佩則衝牙、雙瑀、璜，皆以白玉。公卿、諸侯以采絲。百官執事者冠長冠，皆衹服。五岳、四瀆、山川、宗廟、社稷諸沾秩祠皆衸玄，服絳緣領袖爲中衣，絳襪。其五郊迎氣，衣幘褲襪各如方色。百官不執事者，各服長冠、衸玄，以從大射于辟雍。公卿、諸侯大夫行禮者，冠委貌，衣玄端素裳。執事者冠布弁，衣緇麻衣，皂領，袖下素裳。唐群臣助祭之服，則一品服衮冕。垂青珠，九旒，以組爲纓，色如其綬，青纊充耳，角簪導。青衣纁裳，服九章。五章在衣，山、龍、華蟲、火、宗彝。四章在裳，藻、粉米、黼、黻。白紗中單，黼領，青褾襈裾。革劍、鈎鰈，大帶，黻隨裳色，山玄，玉佩，緑綟綬，金玉飾劍，朱履、赤舄。二品鷩冕，八旒，服七章。三章在衣，華蟲、火、宗彝。四章在裳，藻、粉米、黼、黻。水蒼玉佩紫綬，金飾劍，餘同衮冕。三品毳冕，七旒，服五章。三章在衣，宗彝、藻、粉米。二章在裳，黼、黻。水蒼玉佩，餘同鷩冕。四品綉冕，六旒，服三章，一章在衣，粉米。二章在裳，黼、黻。水蒼玉佩，青綬。金飾劍，餘與毳冕同。五品玄冕，五旒，衣無章，裳刺黻一章。水蒼玉珮，黑綬。金飾劍，餘與繡冕同。六品至九品爵弁。色如爵，無旒，衣無章，玄纓，角簪導，青衣纁裳，白紗中單，青領褾襈裾。革帶、劍鰈、大帶、爵韠韍、赤履。其朝服，凡陪祭、朝會大事則服之。亦名具服，冠幘纓、簪導，絳紗單衣，白紗中單，白裙襦，赤裙衫。革帶、鈎鰈、假帶，曲領方心，絳紗蔽膝，襪舄、劍、雙綬。一品已下五品已上，陪祭、朝饗、拜表大事則服之。六品以下去劍、珮、綬，餘并同也。公服，凡朔望朝、謁見皇太子則服之。亦名從省服，冠幘纓、簪導，絳紗單衣，白裙衫、革帶、鈎鰈、假帶方心，襪履，紛鞶囊，雙珮一品已下五品已上，朔望朝、謁見東宮則服之。其六品已下去紛鞶囊，雙珮并同。若致仕官、以理去官被召謁見，皆服前官從省服也。弁服，凡文官尋常公事則服之。弁以鹿皮爲之，兼用烏紗，牙簪導。五品已上用犀纓玉琪，朱衣素裳，革帶，鞶囊。小綬，雙珮，白襪，烏皮履。一品九琪，二品八琪，三品七琪，四品六琪，五品五琪，六品以下去琪及鞶囊、珮、綬，泥雨則許常服之也。平巾幘、褲褶，武官尋常公事則服之。幘制，五品已上用犀簪導，六品已下用角簪導，冠支皆飾以金。五品以上兼用玉。褶制，三品以上紫褶，五品以上緋褶，七品以上緑褶，九品以上碧褶。并白大口褲起梁帶，三品以上玉梁寶鈿，五品以上金梁寶鈿，六品以下金鈿，隱起烏皮靴，武官陪位大仗加縢蛇裲襠。其常服，三品以上服用紫，飾以玉。五品以上服用朱，飾以金。七品以上服用緑，飾以銀。九品以上服用青，飾以鍮石。庶人服用黄，飾以銅鐵。凡百官笏制，三品以上前詘後直，五品以上前詘後挫，并用象，九品以上任用竹木，上挫下方。宋群臣助祭之服，一曰九旒冕，親王、中書、門下奉祀則服之。冕塗金銀花額，犀、玳瑁簪導，青羅衣，綉山、龍、雉、火、虎蜼五章。緋羅裳，綉藻、粉米、黼、黻四章。緋蔽膝，綉山、火二章。白花羅中單，玉裝劍、珮、革帶，暈錦綬，二玉環。緋白羅大帶，緋羅襪履。九旒冕無額花者，三公奉祀則服之。玄衣纁裳，悉畫小白綾。中單，師子錦綬二，銀環同。二曰七旒冕，九卿奉祀則服之。犀角簪導，衣畫虎蜼、粉米三章，裳畫黼、黻二章。銀裝珮劍、革帶，餘同九旒冕。三曰五旒冕，四品、五品爲獻官則服之。青羅衣裳，無章，銅裝珮劍、革帶，餘同七旒冕。五品以下無劍、珮、綬，紫檀羅衣及朱羅裳，皂大綾綬，銅劍珮，御史、博士服之。四曰平冕，無旒，大祝奉禮服之。冕無旒，青衣纁裳，無劍、珮、綬，餘同五旒冕。中興之後，改定四等：其曰鷩冕，宰相、亞終獻、大禮使服之。前期，景靈宮、太廟亞終獻，明堂滌濯、進玉爵酒官亦如之。冕八旒，每旒八玉，三采，朱、白、蒼角笄，青纊，以三色紞垂之，紘以紫羅，屬於武。衣以青黑羅三章，華蟲、火、虎蜼、[宗]彝。裳以纁衣羅裏繒七幅，綉四章，藻、粉、黼、黻。大帶、中單，佩以瑁，貫以藥珠。綬以絳錦銀環，韍上紕下，純繒，二章，山、火。革帶，緋羅表，金塗銀裝，襪舄并依舊制。毳冕，六部侍郎以上服之。前期，景靈宮、太廟進爵酒幣官、奉幣官、受爵酒幣官、薦俎官，明堂受玉爵，受玉幣，奉徹籩豆，進飲福酒，徹俎，祝腥，贊引，亞終獻禮儀使，亞終獻爵并盥洗官四員并如之。前二日奏告初獻，社壇、九宮壇分祭初獻，亞獻亦如之。冕六旒，每旒六玉三采，衣三章，繪虎蜼、彝、藻、粉米，裳二章，綉黼、黻。佩藥珠、衡、璜等，以金塗銅帶韍，繪以山。革帶，以金塗銅，餘如鷩冕。希冕，光禄卿、監察御史、讀册官、舉册官、分獻官以上服之。前期，景靈宮、太廟奏奉神主官，明堂太府卿、光禄卿，沃水舉册官、讀册官，押樂太常卿，東朵殿三員，西朵殿二員，東廊二十八員，西廊二十五員，南廊二十七員。軷門祭獻官前二十日奏告亞獻、終獻官、監察御史并如之。社壇、九宮壇分祭終獻官、監察御史，兵工部光禄卿、丞亦如之。冕四旒，每旒四玉二采，朱緑衣一章，繪粉米，裳二章，綉黼、黻。綬以皂綾，銅環，餘如毳冕。玄冕，光禄丞、奉禮郎、協律郎、進搏黍官、太社令、良醴令、太官令，奉俎饌等官，供祠執事官内侍以下服之。明堂光禄丞、奉禮郎、良醖令、太祝、搏黍官、宮架協律郎、登歌協律郎、奉御官、内侍供祠執事官，武臣奉俎官、軷門祭奉禮郎、太祝令、太官令，社壇、九宮壇分祭太社、太祝、太官令，奉禮郎并如之。冕無旒，無佩，綬。衣純黑，無章，裳刺黼而已。韍無刺綉，餘如希冕。其朝服，一曰五梁冠，一品、二品侍祠、朝會則服之。冠塗金銀花額，犀、玳瑁簪導，立筆。緋羅袍，白花羅中單，緋羅裙，緋羅蔽膝并皂褾襈，白羅大帶，白羅方心曲領，玉劍珮，銀革帶，暈錦綬，二玉環，白綾襪，皂皮履。二曰三梁冠，諸司三品、御史臺四品，兩省五品，侍祠、朝會則服之。冠犀角簪導，無中單，銀劍佩，師子錦綬，銀環，餘同五梁冠。三曰兩梁冠，四品、五品侍祠、朝會則服之。冠犀角簪導，銅劍佩，練鵲錦綬，銅環，餘同三梁冠。中書門下則五梁冠加籠巾貂蟬。御史大夫中丞則三梁冠，有獬豸、角衣，有中單。六品以下則兩梁，無中單，無劍、佩、綬。御史則冠有獬豸、角衣，有中單。其常朝公服，舊制，一品至三品服紫，玉帶。四品、五品服緋，金帶。六品、七品服緑，銀帶。八品、九品服青，鍮石帶。元豐之制，去青，服紫者佩金魚，服緋者佩銀魚。其武臣內侍皆服紫，不佩魚。公服之制，曲領大袖，下施横襴，幞頭，烏皮靴。其百官笏制，文官五品以上用象，九品以上用木。武臣內職并用象。千牛衣緑，亦用象。廷賜緋緑者給之。元群臣助祭之服，三獻官，司徒，大禮使則服籠巾貂蟬冠御史則服獬豸冠，其助奠以下諸執事官冠制如貂蟬而無籠巾，有六梁、五梁、四梁、三梁、二梁之異，以爲之等。其服則白紗中單，青羅袍，紅羅裙，紅羅蔽膝，紅錦綬，藍銀束帶，玉佩。御史以下銅佩，白羅方心曲領，白綾襪，赤革舄。其朝會之服，則用唐宋公服。一品紫玉帶，二品紫犀帶，三品、四品紫金帶，五品紫角帶，六品、七品緋角帶，八品、九品緑角帶。其京官賜宴則有質孫。一色服也。其制，冬之服凡九等。大紅納石失，大紅怯綿裹，大紅官素一，桃紅藍緑官素各一，紫黄雅青各一。國朝群臣服制，凡上位親祀郊廟、社稷，群臣分獻陪祀，則具祭服。一品七梁冠，衣青色，白紗中單，俱用皂領飾緣。赤羅裳，皂緣。赤羅蔽膝。大帶用白赤二色，革帶用玉鈎艓，白襪，黑履。錦綬上用緑黄紫赤四色絲，織成雲鳳四色花樣。青絲網小綬二，用玉環二。若三公與左右丞相、左右大都督，左右御史大夫，功臣一品，加籠巾貂蟬。二品六梁冠，衣裳，中單，蔽膝，大帶，襪履同上。革帶用犀鈎艓，其錦綬同一品。小綬二，犀環二。三品五梁冠，衣裳，中單，蔽膝，大帶，襪履同上。革帶用金鈎艓，其錦綬用緑黄赤紫四色織成雲鶴花樣。青絲網小綬二，金環二。四品四梁冠，衣裳，中單，蔽膝，大帶，襪履同上。革帶用金鈎艓，其錦綬同三品，小綬二金環二。五品三梁冠，衣裳，中單，蔽膝，大帶，襪履同上。其革帶用鍍金鈎艓，其錦綬用緑黄赤紫四色織成盤雕花樣。青絲網小綬二，銀環二。六品、七品二梁冠，衣裳，中單，蔽膝，大帶同上。革帶用銀鈎艓，其錦綬用緑黄赤三色絲織成練鵲花樣。青絲網小綬二，銀環二。八品、九品一梁冠，衣裳，中單，蔽膝，大帶，襪履同上。其革帶用銅鈎艓，錦綬用黄緑二色織成鸂鶒花樣。青絲網小綬二，用銅環二。其笏五品以上用象，九品以上用槐木爲之。凡賀正旦、冬至、聖節、國家大慶會則用朝服。一品七梁冠，衣赤色，白紗中單，俱用皂領飾緣。赤羅裳，皂緣。赤羅蔽膝。大帶用白赤二色，革帶用玉鈎艓。白襪，黑履。錦綬上用緑黄赤紫四色絲織成雲鳳四色花樣。青絲網小綬二，用玉環二。若三公并左右丞相、左右大都督、左右御史大夫，功臣一品，皆加籠巾貂蟬。二品六梁冠，衣裳，中單，蔽膝，大帶，襪履同上。革帶用犀鈎艓，其錦綬同一品。小綬二，犀環二。三品五梁冠，衣裳，中單，蔽膝，大帶，襪履同上。革帶用金鈎艓，其錦綬用緑黄赤紫四色織成雲鶴花樣。青絲網小綬二，金環二。四品四梁冠，衣裳，中單，蔽膝，大帶，襪履同上。革帶用金鈎艓，其錦綬同三品。小綬二，金環二。五品三梁冠，衣裳，中單，蔽膝，大帶，襪履同上。其革帶用鍍金鈎艓，其錦綬用緑黄赤紫四色織成盤雕花樣。青絲網小綬二，銀環二。六品、七品二梁冠，衣裳，中單，蔽膝，大帶，襪履同上。革帶用銀鈎艓，其錦綬用緑黄赤三色絲織成練鵲花樣。青絲網小綬二，銀環二。八品、九品一梁冠，衣裳，中單，蔽膝，大帶，襪履同上。其革帶用銅鈎艓，錦綬用黄緑二色織成鸂鶒花樣。青絲網小綬二，用銅環二。其笏五品以上用象，九品以上用槐木。其朔望朝見及拜詔，降香，侍班，有司拜表，朝覲則服公服。一品服赤色，大獨科花，直徑五寸，玉帶。二品服赤色，小獨科花，直徑三寸，花犀帶。三品服赤色，散答花，直徑二寸，金帶鏤葵花一，蟬八。四品、五品服赤色，小雜花，直徑一寸五分，金帶鏤。四品葵花一，蟬六。五品葵花一，蟬四。六品、七品服赤小雜花，直徑一寸，光素銀帶。六品鍍金葵花一，蟬三。七品光素銀帶，鍍金葵花一，蟬二。八品、九品服赤，無花，通用光素銀帶。其笏五品以上用象牙，九品以上用槐木。其幞頭、靴，并依舊制。

明・朱之瑜《舜水先生文集》卷一五　問：老師所服大明禮服否。

對：巾，道袍，大明謂之褻衣，不敢施於公廷之上。下者非上命不敢服此見上人，上人亦不敢衣此見秀才，惟燕居爲可耳。今來日本乃以此爲禮衣，實非也。大明宰相極尊，不敢坐受秀才一揖，不敢以便服見秀才。大明衣冠之製，以文官言之，有朝冠，冠有簪，冠中有梁，有金綫，分别官職高下。武官以纓，纓有曲，有朝衣，不論大小，韍鞸、珮玉俱全。有圭有笏，拜則搢之，笏有牙有板，五品以上用牙，謂之象簡。圭有五等，公侯伯子男，有桓圭、躬圭、信圭、蒲璧、穀璧之别。有襆頭，著公服用之。有紗帽，著圓領用之。公服有紅有青，五品以上紅公服，五品以下青公服。有軟帶，文武有别。圓領有紅，有青，有油緑，有緑，有藍，有白，有玄色。有蟒衣，有麒麟，有斗牛，有緋魚，有坐龍。以上五種，惟一品、二品得賜。以下官不敢服，不賜不敢服。補服（圓領中之補子也）。一品仙鶴，二品錦鷄，三品孔雀，四品雲雁，五品白鷴，六品鷺鷥，七品鸂鶒，八品鵪鶉，九品練雀，雜職官黄鸝。武官不同，帶有玉有犀，三品花金，四品光金，五品雕花影金，六品花銀，七品光銀，八、九品并雜職用黑角帶。武官稍異，有朝履，舄，有皂靴，有忠靖冠，有忠靖衣，有截褶，有巾，不同隨品職服之帽，有直裰，道袍，長衣，海青，（一種異名，高下皆得）服。有裳，有蔽膝，有行縢，其他弁冕鞋纊之類更煩，尚不在此數。明朝制度極備，極精，極雅，比前代製不同。

又卷二二 問：聞朝廷之官三品已上赤衣，四品已下青衣云云。然則三品已上均是赤衣乎，所謂一品、二品、三品，何以分别乎。翰林學士其位級如何。答：所言三品已上紅公服者，但言公服而已，至于錦綉、花樣、帶，逐品分别，一毫不容混也。翰林學士，京官五品，兼左右春坊者四品，兼正、少詹事者三品。

明·沈德符《萬曆野獲編》卷五《勳戚·服色之僭》 天下服飾，僭擬無等者有三種。其一則勳戚，如公侯伯支子勛衛，爲散騎舍人，其官止八品耳，乃家居或廢罷者，皆衣麟服，繫金帶，頂褐蓋，自稱勛府。其他戚臣，如駙馬之庶子，例爲齊民。曾見一人，以白身納外衛指揮空銜，其衣亦如勛衛，而衷以四爪象龍，尤可駭怪。其一爲内官，在京内臣稍家温者，輒服似蟒，似斗牛之衣，名爲草獸，金碧晃目，揚鞭長安道上，無人敢問。至於王府承奉，曾奉旨賜飛魚者不必言，他即未賜者，亦被蟒腰玉，與撫、按、藩、臬往還宴會，恬不爲怪也。其一爲婦人，在外士人妻女，相沿襲用袍帶，固天下通弊，若京師則異極矣。至賤如長班，至穢如教坊，其婦外出，莫不首戴珠箍，身被文綉，一切白澤、麒麟、飛魚、坐蟒，靡不有之。且乘坐肩輿，揭簾露面，與閣部公卿，交錯于康逵，前騶既不呵止，大老亦不詰責，真天地間大灾孽。嘉靖間霍南海、近年沈商邱，俱抗疏昌言，力禁僭侈，而獨不及此三種，何耶。

明·朱國禎《湧幢小品》卷八《品服》 唐制，三品服紫，四品、五品朱，六品、七品緑，八品、九品青。今皆以青，而辨以補。

明·程良孺《讀書考定》卷二二《服飾·朝服》 今朝服乃戎服，蓋自隋煬帝數出幸，因令百官以戎服從。一品紫，次朱，次青。皂靴，乃馬鞋也。後世循襲，遂爲朝服。然唐人朝服猶著禮服，襆頭，圓頂，軟脚。今吏人所冠者，是桶頂帽子，乃隱士冠。京師人士行道間猶著衫帽，至渡江，戎馬乃變爲白凉衫，紹興猶然，後來軍興，又變爲紫衫，皆戎服也。

明·張鹵《明制書》卷四《諸司職掌·冠服》 親王冠服。衮冕九章。冕五采玉珠，九旒，紅組纓，青纊充耳，金簪導。圭長九寸二分五釐。青衣纁裳。衣五章，織山、龍、華蟲、火、宗彝。裳四章，織藻、粉米、黼、黻。白紗中單，黼領青緣。蔽膝隨裳色，織火、山二章。革帶，金鈎鰈，佩玉。綬五采，赤、白、玄、縹、緑，織成，純赤質，三百二十首。小綬三色，同大綬，間織三玉環。大帶，表裏白羅，朱緑緣。白襪、朱履。助祭、謁廟，正旦、冬至等朝賀，則服之。

又 文武官冠服。

一、文武官朝服，梁冠，赤羅衣，白紗中單，俱用青飾領緣。赤羅裳，青緣。赤羅蔽膝。大帶，用赤白二色絹。革帶、佩、綬，白襪、黑履。一品至九品，俱以冠上梁數分等第。

公，冠八梁，加籠巾貂蟬，立筆五折四柱，香草五段，前後用玉爲蟬。侯冠七梁，加籠巾貂蟬，立筆四折四柱，香草四段，前後用金爲蟬。伯冠七梁，加籠巾貂蟬，立筆二折四柱，香草二段，前後玳瑁爲蟬，俱左插雉尾。駙馬冠與侯同，不用雉尾。一品冠七梁，不用籠巾貂蟬。革帶與佩俱用玉，綬用緑黄赤紫四色絲織成雲鳳四色花錦，下結青絲網，綬環二，用玉。笏用象牙。二品冠六梁，革帶，綬環用犀，餘同一品。三品冠五梁，革帶用金，佩用玉，綬用黄、緑、赤、紫四色織成雲鶴花錦，下結青絲網，綬環二用金。笏用象牙。四品冠四梁，革帶用金，佩用藥玉，餘同。五品冠三梁，革帶用銀鈒花，綬用黄緑赤紫四色織成盤雕花錦，下結青絲網，綬環二，用銀鍍金。笏用象牙。六品、七品冠二梁，御史加獬梁，革帶用銀，佩用藥玉，綬用黃綠赤三色絲織成。練鵲花錦，下結青絲網，綬環二，用銀。笏用槐木。八品、九品冠一梁，革帶用烏角，佩用藥玉，綬用黃綠二色絲，織成鸂鶒花錦，下結青絲網，綬環二，用銅。笏用槐木。一、文武官朝服于大祀、慶成、正旦、冬至、聖節及頒降、開讀、詔赦、進表、傳制則服之。

又 公服。文武官公服，用盤領右衽袍，或紵絲紗羅絹從宜製造，袖寬三尺。一品至四品緋袍，五品至七品青袍，八品、九品綠袍。未入流雜職官袍、笏、帶與八品以下同。

公服花樣。一品用大獨科花，徑五寸。二品用小獨科花，徑三寸。三品散搭花，無枝葉，徑二寸。四品、五品小雜花紋，徑一寸五分。六品、七品小雜花，徑一寸。八品以下無紋。襆頭用漆紗，二等展角各長一尺二寸。其雜職官員襆頭用垂帶。笏依朝服爲之。

腰帶。一品用玉，或花或素。二品用犀。三品、四品用金荔枝。五品以下用烏角，鞓用青革，仍垂撻尾于下。鞾用皂。其在京文武官，于每日早晚朝奏事及侍班、謝恩、見辭則服之。在外文武官員，每日清早公座服之。凡各處雜職未入流品人員，若遇大朝賀、進表等，陪班行禮，止用公服。

又 祭服。文武官陪祭服，一品至九品青羅衣，白紗中單，俱用皂領緣。赤羅裳，皂緣。赤羅蔽膝，方心曲領。其冠、帶、佩、綬等第，并同朝服。

又 常服。品官常服，用雜色紵絲綾羅綵繡。庶民止用綢絹紗布，不許別用。花樣，公、侯、駙馬用麒麟、白澤。文官一品、二品，仙鶴、錦鷄。三品、四品，孔雀、雲鴈。五品，白鷴。六品、七品，鷺鷥、鸂鶒。八品、九品，黃鸝、鵪鶉、練鵲。風憲官用獬豸。武官一品、二品，獅子。三品、四品，虎豹。五品，熊羆。六品、七品，彪。八品、九品，犀牛、海馬。官員及軍民、僧道人等，衣服、帳幔并不許玄、黃、紫三色，并織綉龍鳳紋，違者罪及染造之人。其朝見人員四時並用顏色衣服，不許純素。

明・王圻《三才圖會・衣服》卷二 諸王冠服。國朝受册、助祭、謁廟，元旦、冬至、聖節朝賀，納妃則服衮冕九章。冕用五采玉珠，九旒，紅絲組爲纓，青纊充耳，金簪導。衮衣，青衣纁裳。畫山、龍、華蟲、火、宗彝五章在衣。綉藻、粉米、黼、黻四章在裳。白紗中單，黼領，青緣。蔽膝纁色，繡火、山二章。革帶，金鉤觶、佩綬。大帶，表裏白羅，朱綠緣。白襪、朱履。其朔望朝、降詔、降香、進表，四夷朝貢、朝覲則服皮弁。

諸王冠服

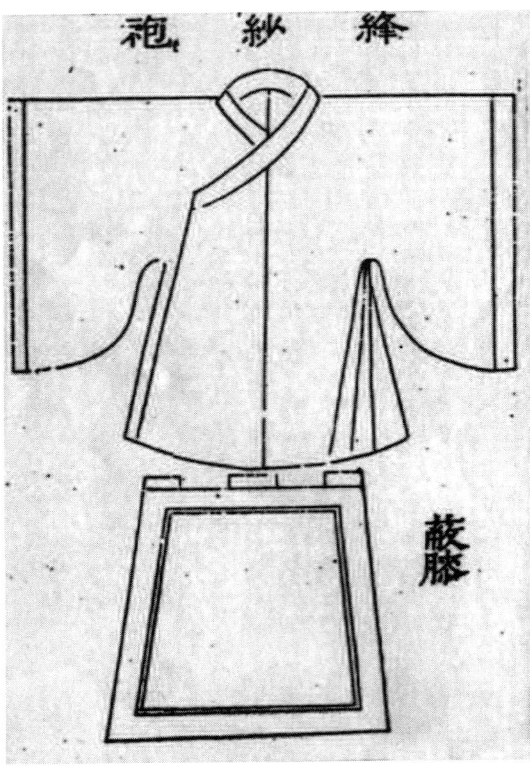

中單

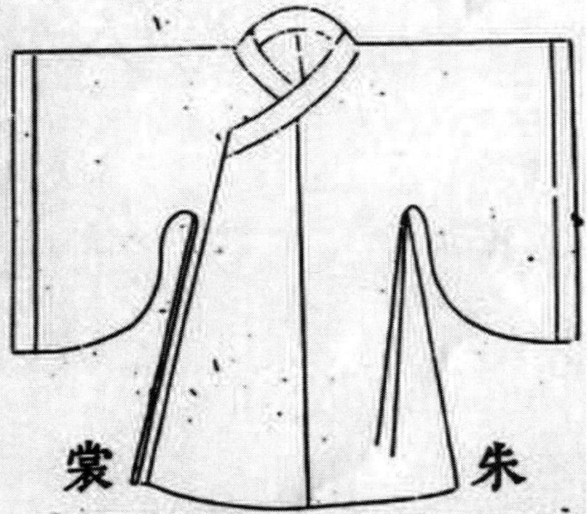

朱裳

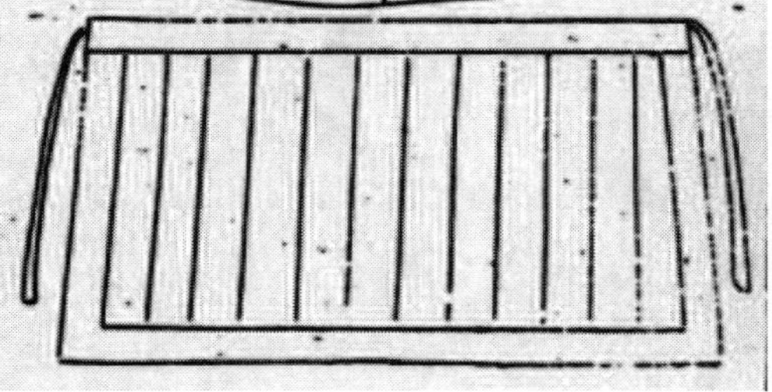

革帶

假帶

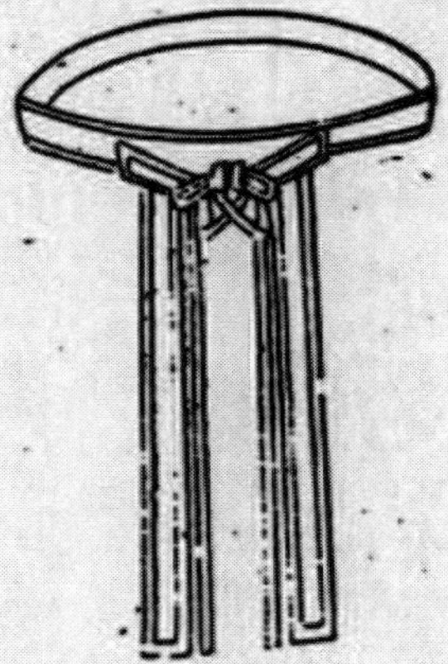

佩

綬

白襪

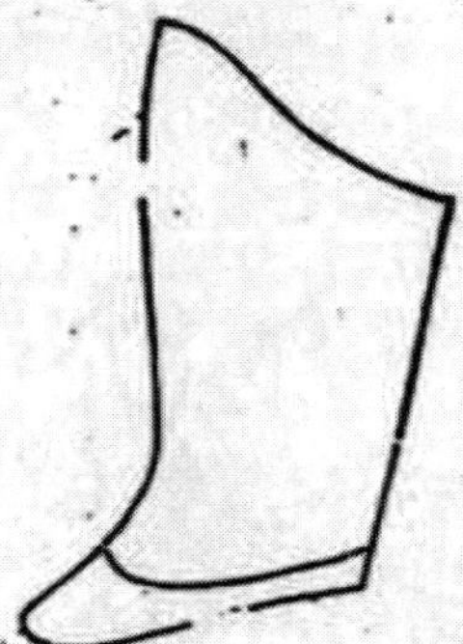

黑舄

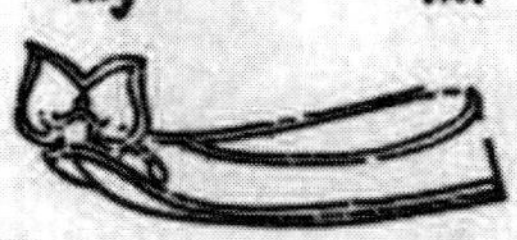

又　群臣冠服。國朝群臣服制，凡上位親祀郊廟、社稷，群臣分獻陪祀，則具祭服。一品，七梁冠。服青色，白紗中單，俱用皂領飾緣。赤羅裳，皂緣。赤羅蔽膝。大帶，用白赤二色。革帶，用玉鈎艓。白襪、黑履。錦綬，上用緑黄赤紫四色絲織成雲鳳四色花樣，青絲網。小綬二，用玉環二。二品，六梁冠。衣裳，中單、蔽膝、大帶、襪履同上。革帶，用犀鈎艓，其錦綬同一品。小綬二，犀環二。三品，五梁冠。衣裳，中單、蔽膝、大帶、襪履同上。革帶，用金鈎艓，其錦綬用緑黄赤紫四色織成雲鶴花樣，青絲網。小綬二，金環二。四品，四梁冠。衣裳，中單，蔽膝、大帶，襪履同上。革帶，用金鈎艓，其錦綬同三品。小綬二，金環二。五品，三梁冠。衣裳，中單、蔽膝、大帶，襪履同上。其革帶用度金鈎艓，其錦綬用緑黄赤紫四色織成盤雕花樣，青絲網。小綬二，銀環二。六品、七品，二梁冠。衣裳，中單、蔽膝、大帶同上。革帶，用銀鈎艓，其錦綬用緑、黄、赤三色絲織成練鵲花樣，青絲網。小綬二，銀環二。八品、九品，一梁冠。衣裳，中單，蔽膝、大帶、襪履同上。其革帶用銅鈎艓，錦綬用黄、緑二色織成鸂鶒花樣，青絲網。小綬二，用銅環二。其笏，五品以上用象，九品以上用槐木爲之。凡賀正月、冬至、聖節，國家大慶會，則用朝服。一品，七梁冠。衣赤色，白紗中單，俱用皂領飾緣。赤羅裳，皂緣。赤羅蔽膝。大帶用白赤二色。革帶用玉鉤艓。白襪、黑履。錦綬，上用緑黄赤紫四色絲織成雲鳳四色花樣，青絲網。小綬二，用玉環二。二品，六梁冠。衣裳，中單、蔽膝、大帶、襪履同上。革帶用犀鈎艓，其錦綬同一品。小綬二，犀環二。三品，五梁冠。衣裳，中單、蔽膝、大帶、襪履同上。革帶用金鈎艓，其錦綬用緑黄赤紫四色織成雲鶴花樣，青絲網。小綬二，金環二。四品，四梁冠。衣裳，中單、蔽膝、大帶、襪履同上。革帶用金鈎艓，其錦綬同三品。小綬二，金環二。五品，三梁冠。衣裳，中單、蔽膝、大帶，襪履同上。其革帶用鍍金鈎艓，其錦綬用緑黄赤紫四色織成盤雕花樣，青絲網。小綬二，銀環二。六品、七品，二梁冠。衣裳，中單、蔽膝、大帶同上。革帶用銀鈎艓，其錦綬用緑、黄、赤三色絲織成練鵲花樣，青絲網。小綬二，銀環二。八品、九品，一梁冠。衣裳，中單、蔽膝、大帶、襪履同上。其革帶用銅鈎艓，錦綬用黄、緑二色織成鸂鶒花樣，青絲網。小綬二，用銅環二。其笏五品以上用象，九品以上用槐木。其朔望朝見及拜詔、降香、侍班，有司拜表、朝覲則用公服。一品服赤色，大獨科花，直徑五寸，玉帶。二品服赤色小獨科花，直徑三寸，花犀帶。三品服赤色散答花，直徑二寸，金帶，鏤葵花一，蟬八。四品、五品服赤色小雜花，直徑一寸五分，金帶，鏤四品葵花一，蟬六。五品葵花一，蟬四。六品、七品服赤小雜花，直徑一寸，光素銀帶。六品鍍金葵花一，蟬三。七品光素銀帶，鍍金葵花一，蟬二。八品、九品服赤，無花，通用光素銀帶。其笏五品以上用象牙，九品以上用槐木。其襆頭、靴并依舊制。

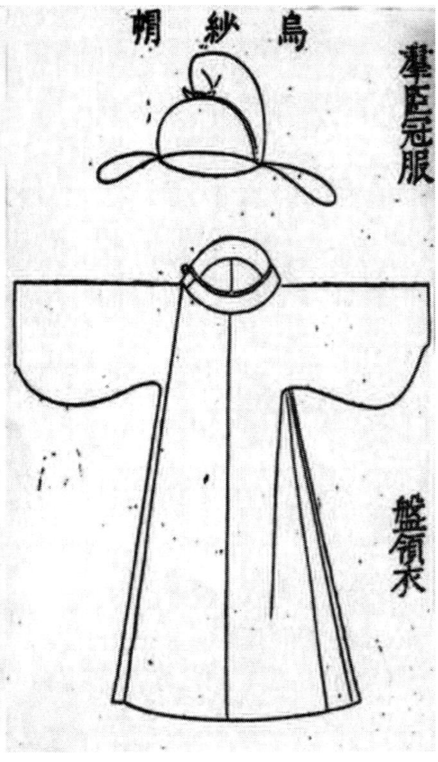

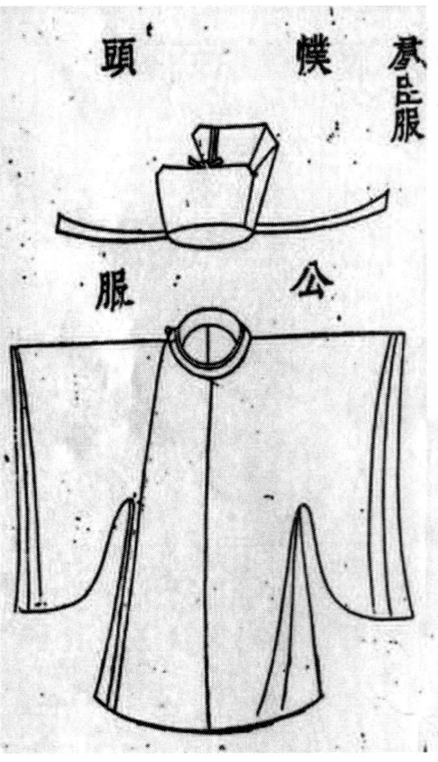

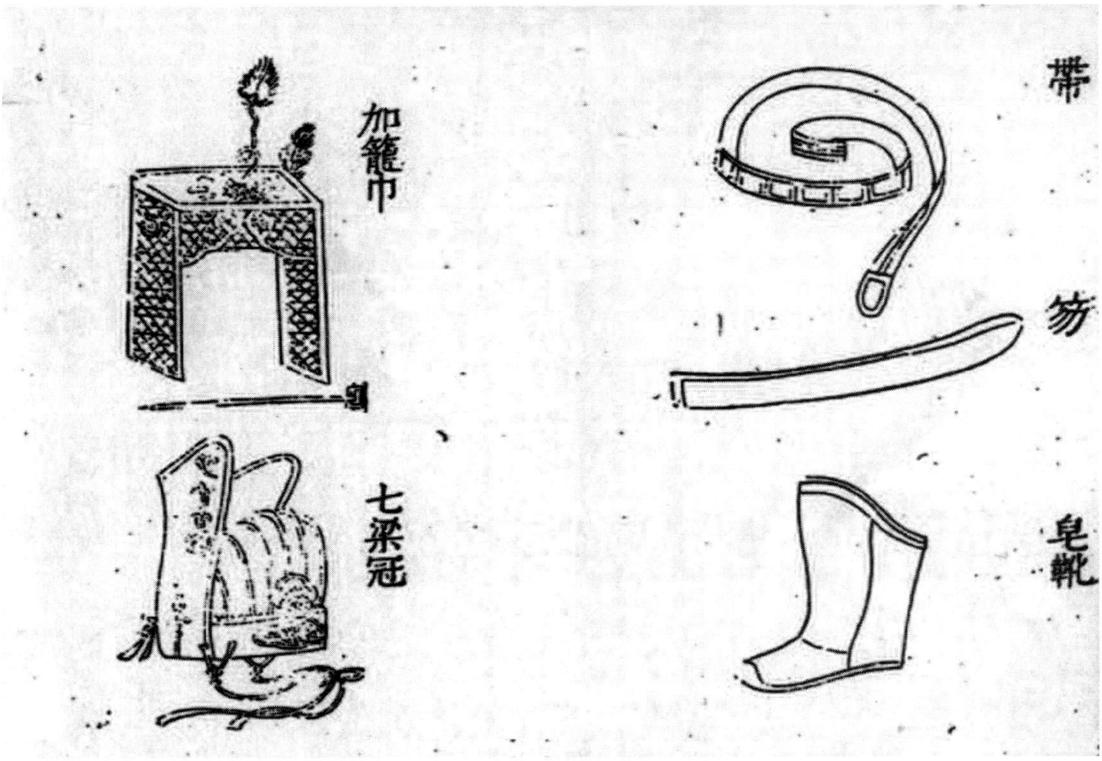
帶
笏
皂靴
加籠巾
七梁冠

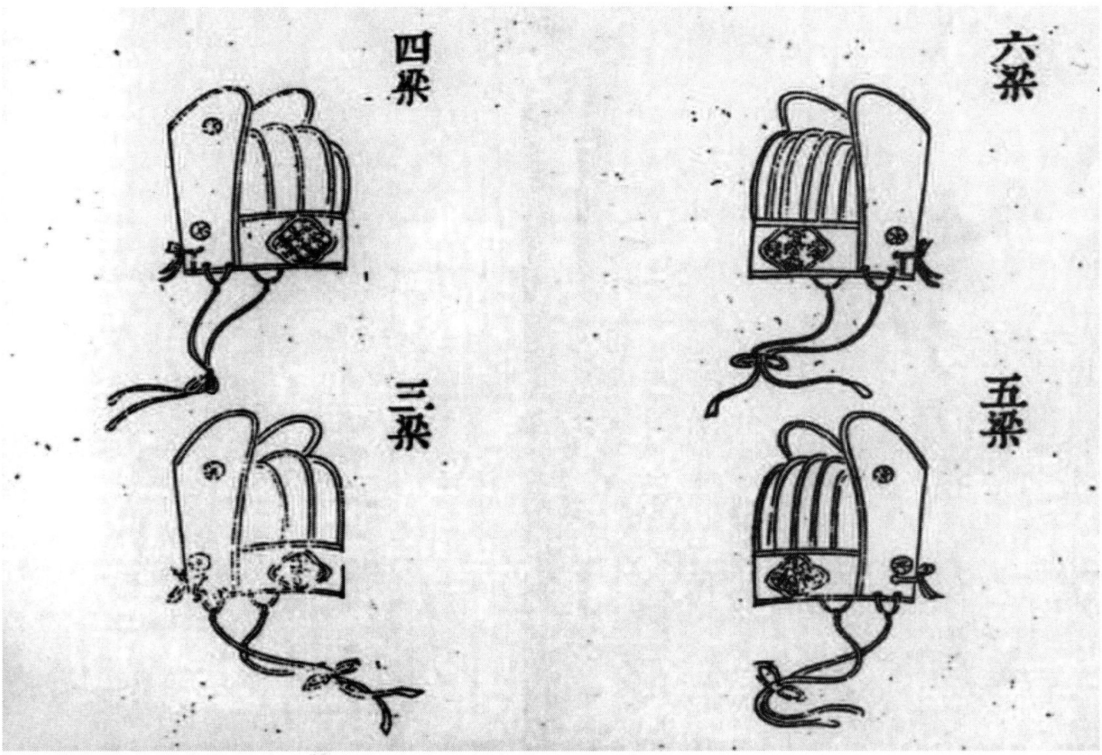
六梁
五梁
四梁
三梁

二梁

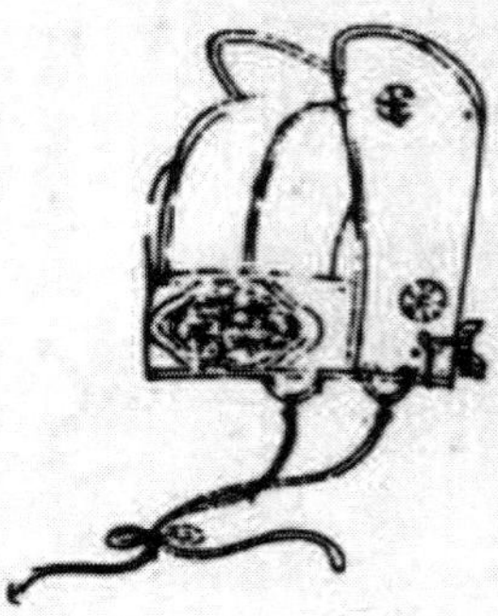

一梁

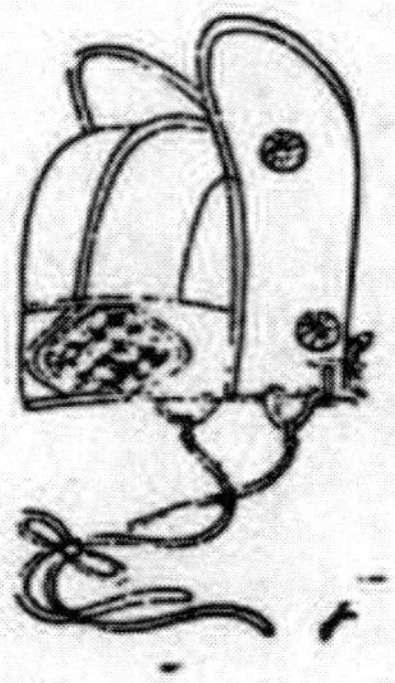

青衣

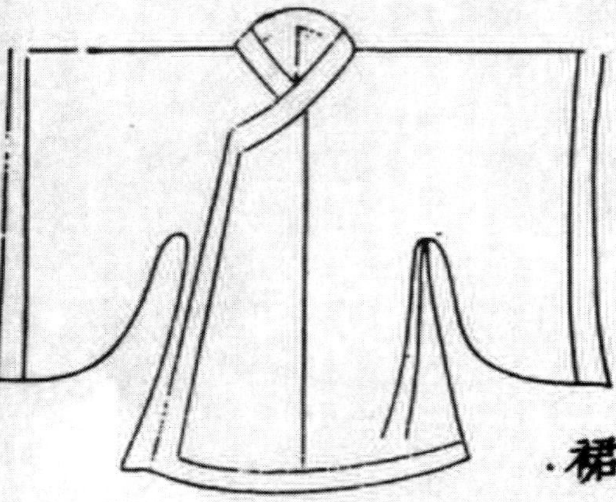

裙

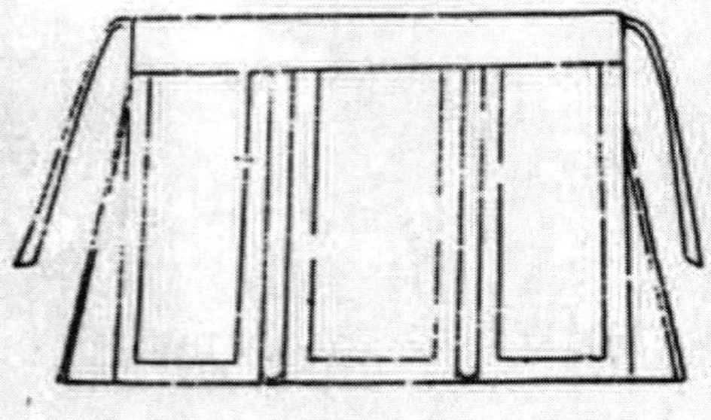

中單

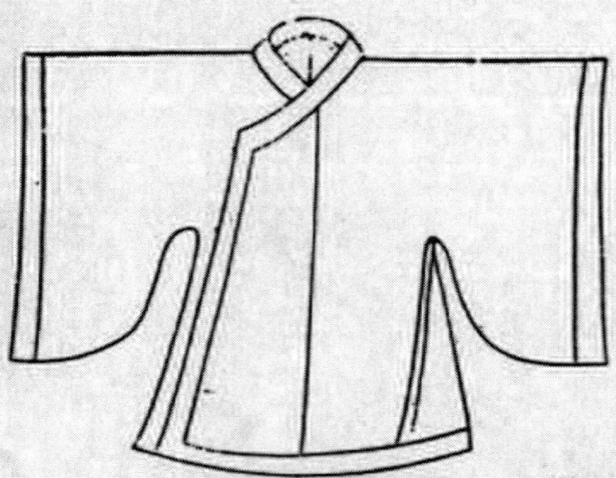

蔽膝

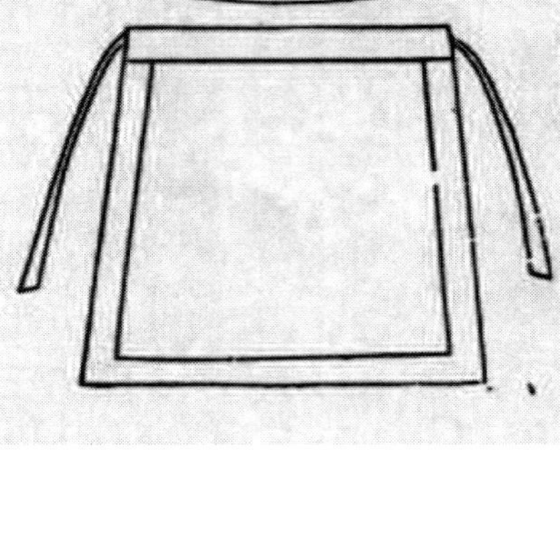

綬

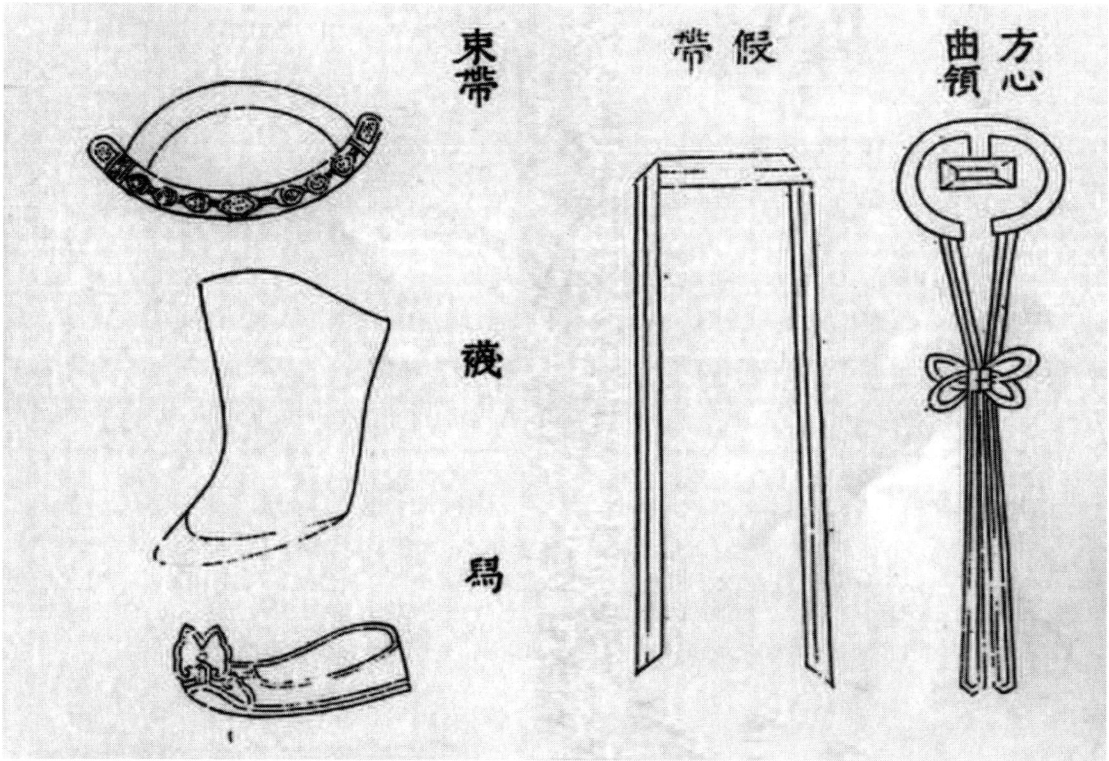

明·佚名《諸司職掌·禮部·冠服》 文武官冠服。一、文武官朝服。梁冠。赤羅衣、白紗中單，俱用青飾領緣。赤羅裳，青緣。赤羅蔽膝。大帶用赤白二色絹。革帶、佩綬、白襪、黑履。一品至九品，俱以冠上梁數分等第。公冠八梁，加籠巾貂蟬、立筆五折，四柱，香草五段，前後用玉爲蟬。侯冠七梁，加籠巾貂蟬、立筆四折，四柱，香草四段，前後用金爲蟬。伯冠七梁。加籠巾貂蟬、立筆二折，四柱，香草二段，前後玳瑁爲蟬，俱左插雉尾。駙馬冠，與侯同，不用雉尾。一品冠七梁。不用籠巾貂蟬。革帶與佩俱用玉，綬用緑黄赤紫四色絲織成雲鳳四色花錦，下結青絲網。綬環二，用玉。笏用象牙。二品冠六梁，革帶，綬環用犀，餘同一品。三品冠五梁，革帶用金，佩用玉。綬用黄緑赤紫四色織成雲鶴花錦，下結青絲網。綬環二，用金。笏用象牙。四品冠四梁。革帶用金，佩用藥玉，餘同。五品冠三梁。革帶用銀鈒花，綬用黄緑赤紫四色織成盤雕花錦，下結青絲網。綬環二，用銀鍍金。笏用象牙。六品、七品冠二梁。御史加獬豸。革帶用銀，佩用藥玉，綬用黄緑赤三色絲織成練鵲花錦，下結青絲網。綬環二，用銀。笏用槐木。八品、九品冠一梁。革帶用烏角，佩用藥玉，綬用黄緑二色絲織成鸂鶒花錦，下結青絲網。綬環二，用銅。笏用槐木。

一、文武官朝服，於大祀、慶成、正旦、冬至、聖節及頒降、開讀詔赦，進表、傳制則服之。

一、文武官公服，用盤領右衽袍，或紵絲紗羅絹從宜製造，袖寬三尺。一品至四品緋袍，五品至七品青袍，八品、九品緑袍，未入流雜職官袍、笏、帶與八品以下同。公服花樣，一品用大獨科花，徑五寸。二品小獨科花，徑三寸。三品散答花，無枝葉，徑二寸。四品、五品小雜花紋，徑一寸五分。六品、七品小雜花，徑一寸。八品以下無紋襆頭，用漆紗二等，展角各長一尺二寸。其雜職官員襆頭用垂帶。笏，依朝服爲之。腰帶，一品用玉，或花或素。二品用犀。三品、四品用金荔枝。五品以下用烏角。鞓用青革，仍垂撻尾於下。靴用皂。其在京文武官於每日早晚朝奏事及侍班、謝恩、見辭則服之。在外文武官員，於每日清早公座服之。

一、凡各處雜職未入流品人員，若遇大朝賀、進表等陪班行禮，止用公服。

一、文武官陪祭服，一品至九品，青羅衣、白紗中單，俱用皂領緣。赤羅裳，皂緣。赤羅蔽膝，方心曲領。其冠帶佩綬等第並同朝服。

一品官常服，用雜色紵絲綾羅綵繡。庶民止用紬絹紗布，不許別用。

一、花樣，公、侯、駙馬、伯，麒麟、白澤。文官一品、二品，仙鶴、錦雞。三品、四品，孔雀、雲雁。五品，白鷴。六品、七品，鷺鷥、鸂鶒。八品、九品，黃鸝、鵪鶉、練鵲。風憲官用獬豸。武官一品、二品，獅子。三品、四品，虎、豹。五品，熊、羆。六品、七品，彪。八品、九品，犀牛、海馬。

一、官員及軍民、僧道人等，衣服、帳幔，並不許玄、黃、紫三色，並織綉龍鳳文，違者罪及染造之人。其朝見人員，四時並用顔色衣服，不許純素。

又 親王冠服。衮冕九章。冕，五采玉珠，九旒，紅組纓，青纊充耳，金簪導。圭，長九寸二分五釐。青衣纁裳。衣五章，織山、龍、華蟲、火、宗彝。裳四章，織藻、粉米、黼、黻。白紗中單，黼領，青緣。蔽膝隨裳色，織火、山二章。革帶，金鉤䚢，佩玉。綬五采，赤、白、玄、縹、緑織成，純赤質，三百二十首。小綬三色，同大綬，間織三玉環。大帶，表裏白羅，朱緑緣，白襪，朱履。助祭、謁廟，正旦、冬至等朝賀則服之。

清・阮葵生《茶餘客話》卷四 《明會典》：禮部題百官衣服，自十月初四日至次年三月初三日穿紵絲，自三月初四日至四月初三日穿羅，自四月初四日至九月初三日窄紗，自九月初四日至十月初三日穿羅。王錫爵《請戴暖耳疏》云：連日雪後風寒，百官尚未蒙恩傳戴暖耳。在聖主身居暖閣，不知外寒，微臣歷事先朝，頗諳舊典，祖宗二百年來歲傳暖耳，示體恤于等威之外，乃故事中之特恩。所以百官傳衣不謝，而傳暖耳獨謝。此燔肉醴酒之類，物微而禮重也。

《明史》卷六六《輿服志二》 親王冠服。助祭、謁廟、朝賀、受册、納妃服衮冕，朔望朝、降詔、降香、進表、四夷朝貢、朝覲服皮弁。洪武二十六年定，冕服俱如東宮，第冕旒用五采，玉圭長九寸二分五釐，青衣纁裳。永樂三年又定冕服、皮弁制，俱與東宮同，其常服亦與東宮同。嘉靖七年諭禮部：朕仿古玄端，自爲燕弁冠服，更制忠静冠服，錫于有位，而宗室諸王制猶未備。今酌燕弁及忠静冠之制，復爲式具圖，命曰保和冠服，自郡王長子以上，其式已明。鎮國將軍以下至奉國中尉及長史、審理、紀善、教授、伴讀，俱用忠静冠服，依其品服之。儀賓及餘官不許概服。夫忠静冠服之異式，尊賢之等也。保和冠服之異式，親親之殺也。等殺既明，庶幾乎禮之所保，保斯和，和斯安，此錫名之義也。其以圖説頒示諸王府，如敕遵行。保和冠制，以燕弁爲準，用九襊，去簪與五玉，後山一扇，分畫爲四。服，青質青緣，前後方龍補，身用素地，邊用雲。襯用深衣，玉色。帶青表緑裏，緑緣。履用皂緑結，白韈。

又 親王世子冠服。聖節、千秋節并正旦、冬至、進賀表箋及父王生日諸節慶賀，皆服衮冕。洪武二十六年定，衮冕七章，冕三采玉珠，七旒。圭長九寸。青衣三章，織華蟲、火、宗彝，纁裳四章，織藻、粉米、黼、黻。素紗中單，青領褾，赤韍。革帶，佩白玉，玄組綬。綬紫質，用三采紫、黄、赤。織成，間織三白玉環。白襪，赤舄。永樂三年更定，冕冠前後各八旒，每旒五采繅八就，貫三采玉珠八，赤、白、青色相次。玉圭長九寸。青衣三章，火在肩，華蟲、宗彝在兩袖，皆織成，本色領褾襈裾。其纁裳、玉佩、帶、綬之制，俱與親王同，第領織黻文減二。皮弁用烏紗冒之，前後各八縫，每縫綴三采玉八，餘制如親王。其圭佩、帶綬、襪舄如冕服内制。常服亦與親王同。嘉靖七年定保和冠服，以燕弁爲準，用八襊，去簪玉，後山以一扇分畫爲四，服與親王同。

又 郡王冠服。永樂三年定，冕冠前後各七旒，每旒五采繅七就，貫三采玉珠七。圭長九寸。青衣三章，粉米在肩，藻、宗彝在兩袖，皆織成。纁裳二章，織黼、黻各二。中單，領織黻文七，餘與親王世子同。皮弁，前後各七縫，每縫綴三采玉七，餘與親王世子同。其圭佩、帶綬、襪舄如冕服内制。常服亦與親王世子同。嘉靖七年定保和冠服，冠用七襊，服與親王世子同。

又 郡王長子朝服。七梁冠，大紅素羅衣，白素紗中單，大紅素羅裳及蔽膝，大紅素羅白素紗二色夾帶，玉朝帶，丹礬紅花錦，錦雞綬，玉佩，象笏，白絹襪，皂皮雲頭履鞋。公服，皂縐紗襆頭，大紅素紵絲衣，玉革帶。常服，烏紗帽，大紅紵絲織金獅子開衩，圓領，玉束帶，皂皮銅線靴。其保和冠，如忠静之制，用五襊，服與郡王同，補子用織金方龍。

又 鎮國將軍冠服，與郡王長子同。鎮國將軍夫人冠服，與郡王長子夫人同。輔國將軍冠服，與鎮國將軍同，惟冠六梁，帶用犀。輔國將軍夫人冠服，與鎮國將軍夫人同。惟冠用四翟，抹金銀墜頭。奉國將軍冠服，與輔國將軍同，惟冠五梁，帶用金銀花，常服大紅織金虎豹。奉國將軍淑人冠服，與輔國將軍夫人同。惟褙子、霞帔，金繡孔雀文。鎮國中尉冠服，與奉國將軍同，惟冠四梁，帶用素金，佩用藥玉。鎮國中尉恭人冠服，與奉國將軍淑人同。輔國中尉冠服，與鎮國中尉同，惟冠三梁，帶用銀鈒花，綬用盤雕，公服用深青素羅，常服紅織金熊羆。輔國中尉宜人冠服，與鎮國中尉恭人同，惟冠用三翟，褙子、霞帔，金繡鴛鴦文，銀墜頭。奉國中尉冠服，與輔國中尉同。惟冠二梁，帶用素銀，綬用練鵲，襆頭黑漆，常服紅織金彪。奉國中尉安人冠服，與輔國中尉宜人同，惟大衫用丹礬紅，褙子、霞帔，金繡練鵲文。縣主冠服，珠翠五翟冠，大紅紵絲大衫，深青紵絲金繡孔雀褙子，青羅金繡孔雀霞帔，抹金銀墜頭。郡君冠服，與縣主同，惟冠用四翟，褙子、霞帔，金繡鴛鴦文。縣君冠服與郡君同，惟冠用三翟。鄉君冠服與縣君同，惟大衫用丹礬紅，褙子、霞帔，金繡練鵲文。

又卷六七《輿服志三》 羣臣冠服。洪武元年命制公服、朝服，以賜百官。時禮部言：各官先授散官，與見任職事高下不同。如御史董希哲前授朝列大夫、澧州知州，而任七品職事。省司郎中宋冕前授亞中大夫、黄州知府，而任五品職事。散官與見任之職不同，故服色不能無異，乞定其制。乃詔省部臣定議。禮部復言：唐制，服色皆以散官爲準。元制，散官職事各從其高者，服色因之。國初服色依散官，與唐制同，乃定服色準散官，不計見職，于是所賜袍帶亦并如之。三年，禮部言：歷代異尚，夏黑，商白，周赤，秦黑，漢赤，唐服色黄，旗幟赤。今國家承元之後，取法周、漢、唐、宋服色所尚，于赤爲宜。從之。

文武官朝服。洪武二十六年定，凡大祀、慶成、正旦、冬至、聖節及頒詔、開讀、進表、傳制，俱用梁冠，赤羅衣，白紗中單，青飾領緣。赤羅裳，青緣。赤羅蔽膝。大帶，赤、白二色絹。革帶、佩綬，白襪，黑履。一品至九品，以冠上梁數爲差。公冠八梁，加籠巾貂蟬，立筆五折，四柱，香草五段，前後玉蟬。侯七梁，籠巾貂蟬，立筆四折，四柱，香草四段，前後金蟬。伯七梁，籠巾貂蟬，立筆二折，四柱，香草二段，前後玳瑁蟬。俱插雉尾。駙馬與侯同，不用雉尾。一品，冠七梁，不用籠巾貂蟬，革帶與佩俱玉，綬用黄、緑、赤、紫織成雲鳳四色花錦，下結青絲網，玉綬環二。二品，六梁，革帶，綬環犀，餘同一品。三品，五梁，革帶金，佩玉，綬用黄緑赤紫織成雲鶴花錦，下結青絲網，金綬環二。四品，四梁，革帶金，佩藥玉，餘同三品。五品，三梁，革帶銀，鈒花，佩藥玉，綬用黄緑赤紫織成盤雕花錦，下結青絲網，銀鍍金綬環二。一品至五品，笏俱象牙。六品、七品，二梁，革帶銀，佩藥玉，綬用黄緑赤織成練鵲三色花錦，下結青絲網，銀綬環二。獨御史服獬廌。八品、九品，一梁，革帶烏角，佩藥玉，環用黄、緑織成鸂鶒二色花錦，下結青絲網，銅綬環二。六品至九品，笏俱槐木。其武官應直守衛者，別有服色。雜職未入流品者，大朝賀、進表行禮止用公服。三十年，令視九品官用朝服。嘉靖八年更定朝服之制。梁冠如舊式，上衣赤羅青緣，長過腰指七寸，毋掩下裳。中單，白紗青緣。下裳七幅，前三後四，每幅三襞積，赤羅青緣。蔽膝綴革帶。綬，各從品級花樣。革帶之後佩綬，繫而掩之。其環亦各從品級，用玉犀金銀銅，不以織於綬。大帶，表裏俱素，惟兩耳及下垂緣緑，又以青組約之。革帶俱如舊式。珮玉一如《詩》傳之制，去雙滴及二珩。其三品以上玉，四品以下藥玉，及韈履俱如舊式。萬歷五年，令百官正旦朝賀，毋僭躡朱履。故事，十一月百官戴煖耳。是年，朝覲外官及舉人、監生，不許戴煖耳入朝。凡親祀郊廟、社稷，文武官分獻陪祀，則服祭服。洪武二十六年定，一品至九品，青羅衣，白紗中單，俱皂領緣。赤羅裳，皂緣。赤羅蔽膝，方心曲領。其冠、帶、佩、綬等差，并同朝服。又定品官家用祭服。三品以上，去方心曲領。四品以下，并去佩綬。嘉靖八年更定百官祭服。上衣青羅，皂緣，與朝服同。下裳赤羅，皂緣，與朝服同。蔽膝，綬環，大帶，革帶，佩玉，襪履俱與朝服同。其視牲、朝日夕月、耕耤、祭歷代帝王，獨錦衣衛堂上官，大紅蟒衣，飛魚，烏紗帽，鸞帶，佩綉春刀。祭太廟、社稷，則大紅便服。

文武官公服。洪武二十六年定，每日早晚朝奏事及侍班、謝恩、見辭則服之。在外文武官，每日公座服之。其制，盤領右衽袍，用紵絲或紗羅絹，袖寬三尺。一品至四品，緋袍。五品至七品，青袍。八品、九品，緑袍。未入流雜職官，袍、笏、帶與八品以下同。公服花樣，一品，大獨科花，徑五寸。二品，小獨科花，徑三寸。三品，散答花，無枝葉，徑二寸。四品、五品，小雜花紋，徑一寸五分。六品、七品，小雜花，徑一寸。八品以下無紋。襆頭，漆紗二等，展角長一尺二寸。雜職官襆頭垂帶，後復令展角，不用垂帶，與入流官同。笏依朝服爲之。腰帶，一品玉，或花或素。二品犀。三品、四品金荔枝。五品以下烏角。鞓用青革，仍垂撻尾於下。鞾用皂。其後，朝常止便服，惟朔望具公服朝參。凡武官應直守衛者，別有服色，不拘此制。公、侯、駙馬、伯服色花樣、腰帶，與一品同。文武官花樣，如無從織造，則用素。百官入朝，雨雪許服雨衣。奉天、華蓋、武英諸殿奏事，必躡履鞋，違者皂史糾之。萬曆五年，令常朝俱衣本等錦繡服色，其朝覲官見辭、謝恩，不論已未入流，公服行禮。

文武官常服。洪武三年定，凡常朝視事，以烏紗帽、團領衫、束帶爲公服。其帶，一品玉，二品花犀，三品金鈒花，四品素金，五品銀鈒花，六品、七品素銀，八品、九品烏角。凡致仕及侍親辭閑官，紗帽、束帶。爲事黜降者，服與庶人同。至二十四年，又定公、侯、伯、駙馬束帶與一品同，雜職官與八品、九品同。朝官常服禮鞵，洪武六年定。先是，百官入朝，遇雨皆躡釘鞾，聲徹殿陛，侍儀司請禁之。太祖曰：古者入朝有履，自唐始用鞾。其令朝官爲軟底皮鞋，冒于靴外，出朝則釋之。禮部言近奢侈越制。詔中禁之，仍參酌漢、唐之制，頒行遵守。凡職官一品、二品用雜色文綺、綾羅、綵繡，帽頂、帽珠用玉。三品至五品用雜色文綺、綾羅，帽頂用金，帽珠除玉外，隨所用。六品至九品用雜色文綺、綾羅，帽頂用銀，帽珠瑪瑙、水晶、香木。一品至六品穿四爪龍，以金繡爲之者聽。禮部又議：品官見尊長，用朝君公服，於理未安。宜別製梁冠，絳衣、絳裳、革帶、大帶、大白襪、烏舄、佩綬，其衣裳去緣襈。三品以上佩綬，三品以下不用。從之。二十二年，令文武官遇雨戴雨帽，公差出外戴帽子，入城不許。二十三年定制，文官衣自領至裔，去地一寸，袖長過手，復回至肘。公、侯、駙馬與文官同。武官去地五寸，袖長過手七寸。二十四年定，公、侯、駙馬、伯服，繡麒麟、白澤。文官一品仙鶴，二品錦鷄，三品孔雀，四品雲雁，五品白鷴，六品鷺鷥，七品鸂鶒，八品黃鸝，九品鵪鶉。雜職練鵲。風憲官獬廌。武官一品、二品獅子，三品、四品虎豹，五品熊羆，六品、七品彪，八品犀牛，九品海馬。又令品官常服用雜色紵絲、綾羅、綵繡。官吏衣服、帳幔，不許用玄、黃、紫三色，并織綉龍鳳文，違者罪及染造之人。朝見人員，四時並用色衣，不許純素。三十年，令致仕官服色與見任同，若朝賀、謝恩、見辭，一體具服。景泰四年，令錦衣衛指揮侍衛者，得衣麒麟。天順二年，定官民衣服不得用蟒龍、飛魚、斗牛、大鵬、像生獅子、四寶相花、大西番蓮、大雲花樣，并玄、黃、紫及玄色、黑、緑、柳黃、薑黃、明黃諸色。弘治十三年奏定，公、侯、伯、文武大臣及鎮守、守備，違例奏請蟒衣、飛魚衣服者，科道糾劾，治以重罪。正德十一年，設東、西兩官廳，將士悉衣黃罩甲，中外化之。金緋盛服者，亦必加此於上。都督江彬等承日紅笠之上，綴以靛染天鵝翎，以爲貴飾，貴者飄三英，次者二英。兵部尚書王瓊得賜一英，冠以下教場，自謂殊遇。其後巡狩所經督餉侍郎、巡撫都御史無不衣罩甲見上者。十三年，車駕還京，傳旨，俾迎候者用曳撒大帽、鸞帶，尋賜羣臣大紅紵絲羅紗各一。其服色，一品斗牛，二品飛魚，三品蟒，四品麒麟，五、六、七品虎、彪。翰林科道不限品級，皆與焉，惟部曹五品下不與。時文臣服色亦以走獸，而麒麟之服逮於四品，尤異事也。十六年，世宗登極詔云：近來冒濫玉帶，蟒龍、飛魚、斗牛服色，皆庶官雜流并各處將領僉緣奏乞，今俱不許。武職卑官僭用公、侯服色者，亦禁絶之。嘉靖六年，復禁中外官，不許濫服五彩裝花織造違禁顏色。七年既定燕居法服之制，閣臣張璁因言：品官燕居之服未有明制，詭異之徒，競爲奇服以亂典章。乞更法古玄端，别爲簡易之制，昭布天下，使貴賤有等。帝因復製忠靜冠服圖頒禮部，敕諭之曰：祖宗稽古定制，品官朝祭之服，各有等差。第常人之情，多謹於明顯，怠於幽獨。古聖王慎之，制玄端以爲燕居之服。比來衣服詭異，上下無辨，民志何由定。朕因酌古玄端之制，更名忠靜，庶幾乎進思盡忠，退思補過焉。朕已著爲圖說，如式製造。在京許七品以上官及八品以上翰林院、國子監、行人司，在外許方面官及各府堂官、州縣正堂、儒學教官服之。武官止都督以上，其餘不許濫服。禮部以圖説頒布天下，如敕奉行。按，忠靜冠仿古玄冠，冠匡如制，以烏紗冒之，兩山俱列于後。冠頂仍方中微起三梁，各壓以金綫，邊以金緣之。四品以上，去金線，以淺色絲線。忠靜服仿古玄端服，色用深青，以紵絲紗羅爲之。三品以上雲，四品以上素，緣以藍青，前後飾本等花樣補子。深衣用玉色。素帶，如古大夫之帶制，青表緑緣邊并裹。素履，青緑絛結。白襪。十六年，羣臣朝於駐蹕所，兵部尚書張瓚服蟒。帝怒，諭閣臣夏言曰：尚書二品，何自服蟒。言對曰：瓚所服，乃欽賜飛魚服，鮮明類蟒耳。帝曰：飛魚何組兩角，其嚴禁之。于是禮部奏定，文武官不許擅用蟒衣、飛魚、斗牛，違禁華異服色。其大紅紵絲紗羅服，惟四品以上官及在京五品堂上官、經筵講官許服。五品官及經筵不爲講官者，俱服青緑錦繡。遇吉禮，止衣紅布絨褐。品官花樣，並依品級。錦衣衛指揮、侍衛者，仍得衣麒麟，其帶俸非侍衛，及千户雖侍衛，不許僭用。

歷朝賜服。文臣有未至一品而賜玉帶者，自洪武中學士羅復仁始。衍聖公秩正二品，服織金麒麟袍、玉帶，則景泰中入朝拜賜。自是以爲常。內閣賜蟒衣，自弘治中劉健、李東陽始。麒麟本公、侯服，而內閣服之，則嘉靖中嚴嵩、徐階皆受賜也。仙鶴，文臣一品服也，嘉靖中成國公朱希忠、都督陸炳服之，皆以元壇供事。而學士嚴訥、李春芳、董份以五品撰青詞，亦賜仙鶴。尋諭供事壇中乃用，于是尚書皆不敢衣鶴。後敕南京織閃黄補麒麟、仙鶴，賜嚴嵩，閃黄乃上用服色也。又賜徐階教子升天蟒。萬歷中，賜張居正坐蟒，武清侯李偉以太后父，亦受賜。

儀賓朝服、公服、常服。俱視品級，與文武官同，惟笏皆象牙，常服花樣視武官。〔弘〕治十三年定，郡主儀賓鈒花金帶，胸背獅子。縣主儀賓鈒花金帶，郡君儀賓光素金帶，胸背俱虎豹。縣君儀賓鈒花銀帶，鄉君儀賓光素銀帶，胸背俱彪。有僭用者，革去冠帶，戴平頭巾，於儒學讀書，習禮三年。

狀元及諸進士冠服。狀元冠二梁，緋羅圓領，白絹中單，錦綬，蔽膝，紗帽，槐木笏，光銀帶，藥玉佩，朝靴，氈襪，皆御前頒賜，上表謝恩日服之。進士巾如烏紗帽，頂微平，展角闊寸餘，長五寸許，系以垂帶，皂紗爲之。深藍羅袍，緣以青羅，袖廣而不殺。槐木笏，革帶，青鞓，飾以黑角，垂撻尾於後，廷試後頒於國子監，傳臚日服之。上表謝恩後，謁先師行釋菜禮畢，始易常服，其巾袍仍送國子監藏之。

又 皂隸公人冠服。洪武三年定，皂隸，圓頂巾，皂衣。四年定，皂隸公使人，皂盤領衫，平頂巾，白褡縛，帶錫牌。十四年，令各衙門祇禁，原服皂衣改用淡青。二十五年，皂隸伴當不許著靴，止用皮札鞥。

清・傅維鱗《明書》卷七八《服璽志一》 親王袞冕。洪武二十六年定袞冕九章。冕，五采玉珠，九旒，紅組纓，青纊充耳，金簪導。圭長九寸二分五釐。青衣纁裳。衣五章，織山、龍、華蟲、火、宗彝。裳四章，織藻、粉米、黼、黻。白紗中單，黻領青緣。蔽膝隨裳色，織火、山二章。革帶，金鉤觿，佩玉。綬五采，赤、白、玄、縹、綠，織成，純赤質，三百二十首。小綬三色，同大綬，間織三玉環。大帶，表白羅，朱綠緣。白襪，朱履。

永樂三年定，冕冠，朱表朱裏，前圓後方，前後各九旒，每旒各五采繅九就，貫五采玉九，赤、白、青、黄、黑相次。玉衡，金簪，玄紞垂青纊充耳，用青玉，承以白玉瑱，朱紘纓。玉圭長九寸二分五釐，以錦約其下，並韜。袞服九章。青衣五章，龍在肩，山在背，火、華蟲、宗彝在袖，每袖各三，皆織成，本色領、褾、襈、裾。纁裳四章，織藻、粉米、黼、黻各二，前三幅，後四幅，不相屬，其腰有襞積，本色綼緆。中單，以素紗爲之，青領褾襈裾，領織黻文十一。蔽膝隨裳色，四章，織藻、粉米、黼、黻各二，本色緣，有紃施于縫中，其上玉鉤二。玉佩，如東宮佩制，自珩以下，琢雲龍文，上有金鉤。小綬四采以副之，四采，赤、白、縹、綠，纁質。大帶，素表朱裏，在腰及垂皆有綼，上綼以朱，下綼以綠，紐約用青組。大綬四采，赤、白、縹、綠。小綬三采，間施二玉環，龍文，皆織成，纁質。襪舄皆赤色，舄用黑絇純，黑飾舄首。

親王皮弁服。永樂三年定，皮弁，用烏紗冒之，前後各九縫，每縫中綴五采玉九，縫及冠武并貫簪繫纓處，皆飾以金，金簪、朱纓。玉圭如冕服內制。絳紗袍，本色領褾襈裾。紅裳，如冕服內裳制，但不織章數。中單以素紗爲之，如深衣制，紅領褾襈裾，領織黻文十一。蔽膝隨裳色，本色緣，有紃施於縫中，其上玉鉤二。玉佩，如冕服內佩制，但無雲龍文，有小綬四采以副之。大帶、大綬、襪舄，俱如冕服內制。

親王常服。永樂三年定，冠、袍、帶、靴，俱與東宮同。

親王保和冠服。

嘉靖七年定，冠制以燕弁爲準，親王用九禩，世子用八禩，郡王用七禩，俱去簪與五玉，後山皆一扇爲之，分畫爲四。郡王長子冠，如忠靖之制，用五禩，服用青，身青緣，前後方龍補各一身，用素地，邊用雲，其補子郡王以上采妝，郡王長子織金爲之。襯用深衣，玉色帶，青表綠緣裏，綠緣。履用皂，綠結，白韈。

親王妃冠服。王妃受册、助祭、朝會則服禮服。

世子袞冕。洪武二十六年定袞冕七章，冕，三采玉珠，七旒。紅組纓，青纊充耳，金簪導。圭長九寸。青衣纁裳。衣三章，織華蟲、火、宗彝。裳四章，織藻、粉米、黼、黻。素紗中單，青領襈，赤韍。革帶，佩白玉，玄組綬。綬紫質，用紫、黄、赤三采織成，間織三白玉環。白襪，赤舄。

永樂三年定，冕冠，玄表朱裏，前圓後方，前後各八旒，每旒五采繅八就，各貫三采玉珠八，赤、白、青色相次。玉衡，金簪，玄紞垂青纊充耳，用青玉，朱紘纓，承以白玉瑱。玉圭長九寸，以錦約其下，並韜。青衣纁裳，七章。青衣三章，火一在肩，其二與華蟲、宗彝各三，在兩袖，皆織成，本色領襟褾襈裾。纁裳四章，織藻、粉米、黼、黻各二，前三幅，後四幅，不相屬，其腰有襞積，本色綼裼。中單以素紗爲之，青領褾襈裾，領織黻文九。蔽膝隨裳色，四章，織藻、粉米、黼、黻各二，本色緣，有紃施於縫中，其上玉鉤二，玉佩二，如親王之佩制。珩以下瑑雲龍文，上有金鉤，以小綬四采副之，四采，赤、白、縹、緑，纁質。大帶，素表朱裏，在腰及垂皆有綼，上綼以朱，下綼以緑，紐約用青組。大綬四采，赤、白、縹、緑，纁質。小綬三采，間施二玉環，皆織成。襪舄皆赤色，舄用黑絇純，黑飾舄首。

世子皮弁服。永樂三年定，皮弁用烏紗冒之，前後各八縫，每縫中綴三采玉八，縫及冠武并貫簪繫纓處，皆飾以金，金簪，朱纓。玉圭如冕服内制。絳紗袍，本色領褾襈裾。紅裳，如冕服内裳制，但不織章數。中單以素紗爲之，如深衣制，紅領褾襈裾，領織黻文九。蔽膝隨裳色，本色緣，有紃施于縫中，其上玉鉤二。玉佩如冕服内佩制，但無雲龍文，有小綬四采以副之。大帶、大綬、襪舄，俱如冕服内制。

世子常服。永樂三年定，冠、袍、帶、靴，俱與親王同。

世子保和冠服。制見前。

又卷七九《服璽志二》　郡王冠服。郡王衮冕。永樂三年定，冕冠，玄表朱裏，前圓後方，前後七旒，每旒五采繅七就，各貫玉珠七，赤、白、青色相次。玉衡、金簪，玄紞垂青纊充耳，用青玉。朱紘纓，承以白玉瑱。玉圭長九寸，以錦約其下，并韜。青衣纁裳，五章。青衣三章，粉米一在肩，其二并藻、宗彝各三在兩袖，皆織成，本色領褾襈裾。纁裳二章，織黼、黻各二，前三幅，後四幅，不相屬。其腰有襞積，本色綼裼。中單以素紗爲之，青領褾襈裾，領織黻文七。蔽膝隨裳色，二章，織黼、黻各二，本色緣，有紃施於縫中，其上玉鉤二。玉佩如親王佩制，珩以下瑑雲龍文，上有金鉤，以小綬四采副之，四采，赤、白、縹、緑，纁質。大帶，素表朱裏，在腰及垂皆有綼，上綼以朱，下綼以緑，紐約用青組。大綬四采，赤、白、縹、緑，纁質。小綬三采，間施二玉環，皆織成。韈、舄皆赤色，舄用黑絇純，黑飾舄首。

郡王皮弁服。永樂三年定，皮弁用烏紗冒之，前後各七縫，每縫中綴三采玉七，縫及冠武并貫簪繫纓處，皆飾以金，金簪，朱纓。玉圭如冕服内制。絳紗袍，本色領褾襈裾。紅裳，如冕服内裳制，但不織章數。中單以素紗爲之，如深衣制，紅領褾襈裾，領織黻文七。蔽膝隨裳色，本色緣，有紃施於縫中，其上玉鉤二。玉佩如冕服内制，但無雲龍文，有小綬四采以副之。大帶、大綬、韈、舄，俱如冕服内制。

郡王常服。永樂三年定，冠、袍、帶、靴，俱與親王同。

郡王保和冠服。制見前。

郡王長子冠服。朝服，七梁冠，大紅素羅衣，白素紗中單，大紅素羅裳及蔽膝，大紅素羅白素紗二色大帶，玉朝帶，丹礬紅花錦，錦鷄綬，玉佩，象牙笏，白絹韈，皂皮雲頭履鞋。公服皂皺紗幞頭，大紅素紵絲衣，玉革帶。常服，烏紗帽，大紅紵絲織金獅子開褉圓領，玉束帶，皂皮銅綫靴。保和冠服。制見前。

文武官冠服。文武官朝服。凡大祀、慶成、正旦、冬至、聖節及頒降、開讀、詔赦、進表、傳制，則文武官各服朝服。其武官應直守衛者，不拘此服。洪武二十六年定，文武官朝服，梁冠、赤羅衣，白紗中單，俱用青飾領緣。赤羅裳，青緣。赤羅蔽膝，大帶用赤、白二色絹。革帶，佩綬，白襪，黑履。一品至九品，俱以冠上梁數分等第。公冠八梁，加籠巾貂蟬，立筆五折，四柱，香草五段，前後用玉爲蟬。侯冠七梁，加籠巾貂蟬，立筆四折，四柱，香草四段，前後用金爲蟬。伯冠七梁，加籠巾貂蟬，立筆二折，四柱，香草二段，前後玳瑁爲蟬，俱左挿雉尾。駙馬冠與侯同，不用雉尾。一品，冠七梁，不用籠巾貂蟬，革帶與佩俱用玉，綬用緑黄赤紫四色絲織成雲鳳四色花錦，下結青絲網，綬環二，用玉。笏用象牙。二品，冠六梁，革帶，綬環用犀，餘同一品。三品，冠五梁，革帶用金，佩用玉，綬用黄緑赤紫四色絲織成雲鶴花錦，下結青絲網，綬環二，用金。笏用象牙。四品，冠四梁，革帶用金，佩用藥玉，餘同三品。五品，冠三梁，革帶用銀鈒花，綬用黄緑赤紫四色絲織成盤雕花錦，下結青絲網，綬環二，用銀鍍金。笏用象牙。六品、七品，冠二梁，御史加獬豸，革帶用銀，佩用藥玉，綬用黄緑赤三色絲織成練鵲花錦，下結青絲網，綬環二，用銀。笏用槐木。八品、九品，冠一梁，革帶用烏角，佩用藥玉，綬用黄緑二色絲織成鸂鶒花錦，下結青絲網，綬環二，用銅。笏用槐木。雜職未入流品人員，若遇大朝賀、進表、隨班行禮止用公服。三十年奏准，亦照九品官具朝服行禮。

嘉靖八年定，梁冠照舊式。上衣用赤羅青緣，其長過腰指寸七寸，毋掩下裳。中單白紗爲之，青緣。下裳七幅，前三後四，每幅三襞積，赤羅青緣。

蔽膝綴革帶。綬，各照品級花様。革帶之後佩綬，繫而掩之。其環亦各照品級，用玉、犀、金、銀、銅爲之，不以織於綬。大帶，表裏俱素，惟兩耳及下垂緣以緑色，又用青組約之。革帶，一品玉，二品犀，三品、四品金，五品銀鈒，六品、七品銀，八品、九品烏角，俱照舊式。佩玉一如《詩》傳之制，去雙滴及二珩，其三品以上用玉，四品以下用藥玉，各照舊。襪、履俱照舊式。

文武官祭服。凡上親祀郊廟、社稷，文武官分獻陪祀，則服祭服。洪武二十六年定，文武官陪祭服，一品至九品，青羅衣，白紗中單，俱用皂領緣。赤羅裳，皂緣。赤羅蔽膝，方心曲領。其冠帶、佩綬等第，並同朝服。又令品官家用祭服，三品以上去方心曲領，四品以下并去佩綬。又令雜職祭服與九品同。嘉靖八年定，上衣用青羅，皂緣，長與朝服同。下裳用赤羅，皂緣，制與朝服同。蔽膝、綬環、大帶、革帶、佩玉、襪履俱與朝服同。去方心曲領。

文武官公服。在京文武官，每日早晚朝奏事及侍班、謝恩、見辭則服公服。在外文武官，每日清早公座亦服之。後常朝止便服，惟朔望具公服朝參，其武官應直守衛者，不拘此服。

洪武二十六年定，文武官公服，用盤領右衽袍，或紵絲紗羅絹從宜製造，袖寬三尺。一品至四品，緋袍。五品至七品，青袍。八品九品，緑袍。未入流雜職官，袍、笏、帶與八品以下同。公服花樣。一品用大獨科花，徑五寸。二品小獨科花，徑三寸。三品散答花，無枝葉，徑二寸。四品、五品小雜花紋，徑一寸五分。六品、七品小雜花，徑一寸。八品以下無紋。幞頭，用漆紗二等，展角各長一尺二寸。其雜職官幞頭，用垂帶。笏依朝服爲之。腰帶，一品用玉，或花或素。二品用犀。三品、四品用金荔枝。五品以下用烏角。鞓用青革，仍垂撻尾於下。靴用皂。凡公、侯、駙馬、伯公服，服色花樣、腰帶與一品同。凡文武官公服花樣，如無從織買，用素隨宜。又令，凡内外未入流雜職官，幞頭，展角與入流官同，不用垂帶。

文武官常服。洪武三年定，凡文武官當朝視事，以烏紗帽、圓領衫、束帶爲公服。一品玉帶，二品花犀帶，三品金鈒花帶，四品紫金帶，五品銀鈒花帶，六品、七品素銀帶，八品、九品烏角帶。二十六年定，公、侯、駙馬、伯麒麟、白澤，文官一品、二品仙鶴錦鷄，三品、四品孔雀、雲雁，五品白鷴，六品、七品鷺鷥、鸂鶒，八品、九品黄鸝、鵪鶉、練雀。風憲官用獬豸。武官一品、二品獅子，三品、四品虎、豹，五品熊、羆，六品、七品彪，八品、九品犀牛、海馬。

紀事

明・餘繼登《典故紀聞》卷四　洪武間，御史連楹劾應天府尹曾朝佐，祭歷代忠臣不具祭服，有乖典禮。太祖顧問廷臣，吏部尚書阮畯言：祭前代之臣，不具祭服，相承已久。乃命翰林院考證以聞。翌日，翰林院奏：祭前代忠臣，便服行禮爲宜。遂詔以爲常式。

又卷五　洪武間，既定公服之制，令文武官于早朝奏事及侍班、見辭、謝恩則服之，遇雨雪則易便服，今不然矣。

又卷六　永樂二年十二月，賜六部尚書、侍郎金織文綺衣各一襲，特賜翰林學士解縉，侍讀黄淮、胡廣，侍講楊榮、楊士奇、金幼孜衣與尚書同。縉等入謝，成祖曰：朕與卿等非偏厚，代言之司，機密所寓，況卿六人旦夕在朕左右，勤勞助益，不在尚書下，故于賜賚，必求稱其事功，何拘品級。又曰：朕皇考初制翰林長官，品級與尚書同，卿等但盡心職任。孔子云：君使臣以禮，臣事君以忠。君臣各盡其道耳。縉等稽首而退。

又卷一一　正統十二年春，英宗謂工部臣曰：官民服式舊有定制，今聞有僭用織綉蟒、龍、飛魚、斗牛及違禁花樣者，爾工部其通諭之，此後敢有仍蹈前非者，工匠處斬，家口發充邊軍，服用之人，重罪不宥。

又卷一六　國朝品官服色無蟒衣之制，蓋蟒蛇屬無角無足，乃其後内外官多乞蟒衣，大類龍形。弘治元年，允都御史邊鏞奏，始禁不許再乞。

明・王世貞《觚不觚録》卷一　余于萬曆甲戌，以太僕卿入陪祀太廟，見上由東階上，而大璫四人，皆五梁冠祭服以從。竊疑之，夫高帝製内臣常服紗帽，與群臣不同，亦不許用朝冠服及襆頭公服，豈有服祭服禮。曾與江陵公言及，以爲此事起于何年，江陵亦不知也。後訪之前輩，云嘉靖中亦不見内臣用祭服。而考之累朝實録，皆遣内臣祭中霤之神。此必隆、萬間大璫内遣行中霤禮，輒自製祭服以從祀耶。惜乎言官不能舉正，坐成其僭妄耳。

又　大朝賀，文武羣臣皆具朝冠服，獨錦衣衛官，衣緋綉袍、紗、帽、靴、帶，蓋以便于承旨捕執人，百年來未之改。獨陸忠誠炳加保傅，遂以己意製朝冠服，巋然本班之首，當時莫敢問也。

明・郭正域《明典禮志》卷一八《冠服志》　諸王冠服。洪武元年十一月，詔定諸王冠服制。凡受册、祭謁廟，元旦、冬至、聖節、朝賀，加元服、納妃，服衮冕九章。冕用五采玉珠，九旒，紅組纓，青纊充耳，金簪導。永樂三年，定冕冠，如東宫。玉圭長九寸二分五釐。衮服九章，青衣五章，纁裳四章。中單、蔽膝，玉佩、大帶、綬，白襪，俱如東宫制。

皮弁服。洪武元年朔望，進表，四夷朝貢、朝覲，則服皮弁。絳紗袍，俱如東宫制。常服，永樂三年定，冠袍帶靴俱如東宫。

又　王世子冠服。洪武二十二年九月戊寅，詔定王世子冠服，凡遇天壽、聖節，皇太子千秋節，并正旦、冬至進賀表箋，告天、祝壽，世子冕服隨班行禮。其父王生日及諸節慶賀，則于宫中行禮。冕，繅七就，前後各七旒，旒七玉繅五，各朱白蒼三采。二十六年定，紅組纓，青纊充耳。永樂三年定，玄表朱裏，前圓後方，前後各八旒，每旒玉采繅八就，各貫三采玉珠八，赤白青色相次。玉衡、金簪、玄紞，垂青纊充耳。用青玉。朱紘纓，承以白玉瑱。玉圭長九寸，闊三寸，厚半寸，剡上，左右各半寸。永樂三年定，長九寸。青衣纁裳，七章。青衣三章，火、宗彝、華蟲爲文。永樂三年定，火一在肩，其二與華蟲、宗彝各三，織在兩袖，本色領褾襈裾。纁裳四章，織藻、粉米、黼、黻各二。中單素紗爲之，青領褾襈裾。領織黻文九。蔽膝，永樂三年定，隨裳色，四章，織藻、粉米、黼、黻各二，本色緣，有紃施于縫中，其上玉鈎二，玉佩二，白玉而玄組綬。永樂三年定，如親王制。大帶，素表朱裏，如親王制。大綬四采，赤、白、縹、緑，纁質。小綬三采，間施二玉環，皆織成。白襪，青舄。永樂三年定，如親王。

皮弁服。永樂三年定，皮弁前後各八縫，每縫中綴三采玉八。金簪、朱纓，玉圭，絳紗袍，紅裳。中單，領織黻文九。蔽膝、大帶、大綬，襪，俱如親王。

常服。永樂三年定，帶靴，如親王保和冠服，冠准燕弁用八。

又　長子冠服。朝服，七梁冠，紅素羅衣。白素紗中單、紅素羅裳及蔽膝。紅素羅白素紗二色夾帶，玉朝帶，丹紅花錦鷄綬。玉佩。象牙笏。白絹襪。皂皮雲頭履鞋。

公服。皂皺紗襆頭，大紅素紵絲衣，玉革帶。

常服。烏紗帽。大紅紵絲織金獅子開襟圓領，玉束帶，皂皮銅綫靴。

保和冠服。嘉靖七年，如忠静之制。

明・俞汝楫《禮部志稿》卷六四《章服備考・文武冠服》　官員家屬冠服。洪武元年十二月癸未，詔定官員親屬冠服之制，禮部尚書崔亮等議：凡内外官員，父兄、伯叔、子孫、弟侄，用烏紗帽，軟脚垂帶，圓領衣，烏角帶。在外閽者，圓領衣，烏角帶，帽四角稍垂。内外衙門隸卒，烏紗平頂巾，雙環圓領衣，用綢絹布繫腰，黑革帶，銅鐵骨角束子。軍士隨軍裝。撬手與隸卒，曾經委用閑良官員，用烏紗帽，軟脚垂帶，圓領衣，烏角束帶。從之。

雜録

明・葉子奇《草木子》卷三《雜制篇》　朝服，一品、二品用犀玉帶，大團花紫羅袍。三品至五品用金帶，紫羅袍。六品、七品用緋袍，八品、九品用緑袍。皆以羅。流外授省札，則用襌褐。其襆頭、皂靴，自上至下皆同也。

明・于慎行《穀山筆麈》卷一《制典下》　唐制，中官服色，即中尉、樞密，皆襆衿侍從。僖宗之世，始具襴笏。至昭宗即位，大祀圜丘，又命以冕服劍佩侍祠，蓋楊復恭恃援立之功，威稜震主，故以是假之也。按唐初，士人服衿，馬周上言，請加襴綢褾襈，爲士人上服。開胯者，爲缺胯衫，庶人服之，想即所謂襈衫也。衣裙分，謂之襈。如今邊將箭衣之製袍，施横幅於下，謂之襴，今之襴衫。本朝中官，貴極於四品，其後多賜蟒玉，爲一品之服，而朝服則不以服，此亦襈衫之遺也。惟司禮之長，遣祭中霤，則有祭服，其徒多圖之畫像以爲榮觀。可見冠冕法服不施暬御，自昔然矣。

又卷三《恩澤》　唐制，文武朝臣五時賜衣，皆以製成之衣賜之也。杜詩云：意内稱長短，終身荷聖情。又云：賜分雙管筆，恩降五銖衣是矣。又，其時百官遷轉賜緋，皆出内府，不知宋制如何，本朝絶無此典。惟百官月俸有折絹之名，而輔臣、侍從，間有匪頒之賜，亦内帑文綺，非有成衣也。新中進士，國子監給羅襴，猶有古意。

明·史玄《舊京遺事》卷一 所謂會官處决也，每臨决重囚之時，有紅棍四對導引駕帖，獄官素服角帶送之。

明·沈德符《萬曆野獲編》卷九《内閣三·貂帽腰輿》 京師冬月，例用貂及暖耳。每遇沍寒，上普賜内外臣工，次日俱戴以廷謝。惟近來主上息止此詔業已數年，百寮出入省署，殊以爲苦，而近閣輔臣爲甚。蓋侵晨向北步入，朔風劈面，不啻霜刀，蹣跚顛躓，數裏而遥，比至已半僵矣。蓋賜貂之日，禁中例費數萬緡，故今上靳之。然又有異者，張江陵當國，以餌房中藥過多，毒發於首，冬月遂不御貂帽。大臣自六卿至科道，每朝退見閣，必手摘暖耳藏之，江陵亦不以爲訝。此已拜賜而違命不用者。又嘉靖中葉，西苑撰元諸老，奉旨得内府乘馬，已爲殊恩。獨翟石門、夏桂洲二公，自製腰輿，舁以出入，上大不懌。其後翟至削籍，夏乃極刑，則此事亦掇禍之一端也。此未得賜而違命擅用者。宰相爲百辟師表，而自行其意如此，功名安得終。四明杜門時歸德，公已老，偶獨進閣，正值嚴寒，項縶回脖，冠頂數貂，而涕洟垂鬚，盡結冰箸，儼似琉璃光明佛，真是可憐。若西苑路本無多，自無逸殿直廬，至上齋宫，不過步武間，即寒暑時乘馬皆可，何必腰輿。

明·謝肇淛《五雜俎》卷一二《物部四》 國朝服色，以補爲别，皆用鳥獸，蓋取古人以鳥紀官之意。文官，惟法官服豸，其餘皆鳥，武官皆獸。至於帶，則以犀居金之上，皆有不可曉者。國朝服色之最濫者，内臣與武臣也。内官衣蟒腰玉者，禁中殆萬人，而武臣萬户以上即腰金，計亦不下萬人。至於邊帥緹騎，冒功邀賞，腰玉者又不知其幾也。

明·朱國禎《湧幢小品》卷一九《祭用常服》 歷代忠臣廟皆府尹致祭，凡祭必用祭服，獨此用常服。想當時請旨未下，府官草草行事，遂以爲例，今當改正者。

明·余繼登《典故紀聞》卷一六 南京禮部尚書黎淳性耿介，患流俗奢侈，凡婚喪燕飲皆有則，取予不苟。有門生尹華亭以紅雲布寄淳，淳不受，即書其封識上曰：古之爲令，拔茶植桑。今之爲令，織布添花。吾不用此妖服也。

明·崔銑《洹詞》卷一一《三仕集·漫記九條》 一日入朝，百官俱青衣角帶，小臣肩貴僚而行，及辯貌乃驚而遜，若他日緋衣刺補，腰帶金玉，品次自章，卑不抗尊。《易》曰：黄帝、堯、舜垂衣裳而天下治。則辯者也。

明·彭孫貽《茗齋雜記》 侍御公衣冠整潔，公服必極鮮明，作令滕縣，黄方伯克纘極重之，每對屬吏曰：守令官評，清濁莫掩，每見有司敝衣壞冠以爲廉，不知朝廷衣服有章，如彭滕縣衣冠甚偉，亦何減其清望邪。粤兵紅布巾首，日與滇兵出戰，敵用間雜之，入門者戲批之，巾墜地，則辯者也。

明·曹臣《舌華録·慧語第一》 王守仁初封新建伯，入朝謝，戴冕服，有帛蔽耳，或戲曰：先生耳冷耶。王曰：是先生眼熱。

明·黄尊素《説略》 洪南池，初任福寧州守，頗致温飽，後歷郡藩臬，刻意清矯，累舉卓異。至光禄卿入朝，衣必補綴，淺深殊色，不良于行。應對上前甚苦，胡掌科諷以懸車之義，怏怏出門。

明·鄭瑄《昨非菴日纂》 河間王政，傲不奉法，帝以沈景相之，景至，王方野服箕踞殿上，景峙不爲禮，佯問曰，王何在，虎賁指曰：是非王耶。景曰：王不御服，與常人同，相誤謂平等輩耳。王慚爲更服。梁陶弘景，脱朝服挂神武門，自號陶隱居。

明·談遷《棗林雜俎》智集《逸典·閣臣賜蟒服》 弘治十五年十二月乙巳，始賜閣臣蟒服。

又《傳戴煖耳》 癸巳閏十一月十二日，輔臣王錫爵請傳戴煖耳。故事，十一月朔傳戴煖耳，百官傳衣不謝，傳煖耳獨謝。

又仁集《逸典·御容儀注》 五月甲寅，以武英殿所奉二祖、后御容遷奉先殿。二祖御容五軸，命文武大臣五人恭捧。二后御容，内守備及司禮監官恭捧。各青綉服行禮，殿外侍班，候主祭官祭告畢，更吉服，進武英殿，拜叩如前，請御容至龍亭内，移奉先殿。叩首出，隨更青綉服侍班，候主祭官祭告而退。

清·俞樾《茶香室四鈔》卷二四《明制每年衣服之制》 國朝孫承澤《春明夢餘録》云：百官衣服，自十月初四日至次年三月初三日穿紵絲，自三月初四日至四月初三日穿羅，自四月初四日至九月初三日穿紗，自九月初四日至十月初三日穿羅。俱司禮監豫題以中旨行之。

内臣服飾

論説

明・徐一夔《明集禮》卷三九《冠服・内使冠服》 周官設閽人、寺人，以掌宫門之禁，其冠服之制無所考。漢置大長秋，後漢置中常侍，初服銀璫左貂，後改服金璫右貂。隋置内侍省，唐亦置内侍省及内謁者監，其服則隨其品職。至貞觀中，内官但在閤門守御黄衣廪食而已。開元以後，多衣朱紫，其常服則烏紗帽，盤領窄袖衫，束帶。宋置内給使監，從駕出入，亦服平巾幘，緋衫大口袴，元謂之火者，其服從其國俗。國朝置内使監，冠烏紗，描金曲脚帽，胸背花盤領窄袖衫，角束帶。其各官火者服則與庶人同。

綜述

明・李詡《戒菴老人漫筆》卷一《宫女護領》 宫女衣皆以紙爲護領，一日一换，欲其潔也。

明・吕毖《明宫史》卷三《内臣服佩》 貼裏，其制如外廷之披褶。司禮監掌印、秉筆、隨堂，乾清宫管事牌子、各執事近侍，都許穿紅貼裏綴本等補，以便侍從御前。凡二十四衙門、山陵等處官，長隨、内使、小火者，俱得穿青貼裡。又有雙袖襴蟒衣，凡左右袖上，裡外有蟒二條。自正旦燈景，以至冬至陽生、萬壽聖節，各有應景蟒紵。自清明秋千與九月重陽菊花，俱有應景蟒羅。自端陽五毒至八月月仙、玉兔，俱有蟒紗。又舊制，自十月初四日至次年三月初三日，穿紵紗。自三月初四日至四月初三日，穿羅。自四月初四日至九月初三日，穿紗。自九月初四日至十月初三日，穿羅。該司禮監預先題奏傳行。凡婚慶吉典，則雖遇夏秋，亦必穿紵紗供事。若羊絨衣服，則每歲小雪之後，立春之前，隨紵絲穿之。凡大忌辰穿青素，值廟者穿青緑花樣，遇修省亦穿青素。

裡襯，其制後襟不斷，而兩傍有擺，前襟兩截，而下有馬面褶，兩傍有耳。自司禮監寫字以至提督正，並各衙門總理、管事，方敢服之。紅者綴本等補，青者否。

圓領襯擺，與外廷同，各按品級。凡司禮監掌印、秉筆，及乾清宫管事與有勞者，其補皆得坐蟒，次則斗牛，及都知監，有牙牌者，鷺哥雜禽補。

官帽，以竹絲作胎，真青縐紗蒙之，自奉御至太監皆戴之，俗所謂剛義帽也。

平巾，以竹絲作胎，真青羅蒙之，長隨、内使、小火者戴之。制如官帽，而無後山，然有羅一幅垂於後，長尺餘，俗所謂砂鍋片是也。

牙牌，内官監題本于内承運庫領討，象牙牙製造。每升奉御或長隨，即給與一面，將原帶烏木牌换收。按，御用監等衙門，各有號數，一邊刻忠字若干號，一邊刻某監某銜，亦間有私買者、私造者，從來不禁。其制有雲尖，下方微闊而上圓，可重六七兩不等。

烏木牌，其制荷葉頭，圓徑二寸許。一面刻内使或小火者字樣，一面用長方火印於中，其篆文四字曰關防出入。而火印兩傍，分刻小字或内字若干號。此系官物，無敢私造者。凡遇失落，必題知懲處另給。

牌穗，其制用象牙或牛骨作管，青緑綿結寶蓋三層，圓可徑二寸。下垂紅線，長八寸許。内懸牙牌或烏木牌，上有牌系青絛。凡穿圓領隨侍，及有公差私假出外，本等帶之左，即懸此牌穗。如平居在宫，穿裡襯者、貼裏者，俱不帶牌穗，有絛。

帶，凡内使小火者，烏木牌、平巾者，無穿圓領束帶之理。惟請轎長隨，並都知監長隨，各獅子等補，束角帶。其升有牙牌官帽，便謂之奉御正六品，得服麟補，束金厢玳瑁或犀帶。自奉禦而上，左右監丞五品，左右少監從四品，太監正四品，自太監而上，方敢穿斗牛補。如再升，則膝襴之飛魚也。斗牛也，蟒衣也。再升，則受賞也。特升，方賜玉帶。冬則光素，夏則玲瓏；三月、九月則頂妝玉帶也。再升，内府騎馬。再升，每歲禄米十二石。如再升，但凡一級止歲加禄米十二石耳。

朝服、朝冠、帶履，與外廷同。冠七梁或五梁，只許司禮監掌印，於祭中霤之神之夜，服此祭之。

笏，以象牙爲之，與外廷同。

鐸針、金、銀、珠、翠、珊瑚皆可制。年節則大吉葫蘆、萬年吉慶。元宵則燈籠，端午則天師，中秋則月兔，頒歷則寶歷萬年。其制則八寶荔枝、卍字鯰魚也。冬至則陽生，綿羊太子，梅花。重陽則菊花。萬壽聖節則萬萬壽、洪福齊天之類。洪福者于齊天字之兩傍，各有紅色蝙蝠一枚，以取意耳。凡遇誕生、婚禮，及尊上徽號、册封大典，皆萬萬喜，所謂鐸針者，單一枝，有鐏居官帽中央者是也。

枝個，其制隨景如鐸針，但咸小偏向成對耳。

挑板，亦隨景如前。而珍珠、珊瑚，自鐏端下垂，或間以寶石、金方勝、字耳下垂脚。世廟時亦間將三種賜輔臣大臣，神廟初年亦間賜宰相張居正云。

披肩，貂鼠制一圓圈，高六七寸不等，大如帽。兩傍各制貂皮二，長方，毛向裏，至耳即用鉤帶斜掛於官帽之後山子上。

直身，制與道袍相同，惟有襬在外，綴本等補。聖上有大紅直身袍，凡遇大事，若過司房，或秉筆私自下直房，始穿此。凡見尊長則不穿。其色止有天青、黑緑、玄青，不敢做大紅者，或亦開襬加襯衣而束本等帶者。

道袍，如外廷道袍之制，惟加子領耳，間有綴補。

氅衣，有如道袍袖者，舊制本不縫袖，故名曰氅。彩素不拘。

大褶，前後或三十六，或三十八褶不等，間亦綴本等補。

順褶，如貼裡之制。向褶之上不穿細紋，俗爲馬牙褶，即外廷之褷褶也，間亦綴本等補。

束髮冠，其制如戲子所戴者，用金累絲造，上嵌晴碌珠石，每一座有直數百金或千餘金、二千金者。四爪蟒龍在上蟠繞，下加額子一件，亦如戲子所戴，左右插長雉羽焉。

唐朝帽，此古制，如畫上綿羊太子所戴者也。以貂鼠、銀鼠皮制之，凡冬月隨駕出獵戴之而不寒。

煙墩帽，亦古制也。冬則天鵞羢或紵絲紗，夏則馬尾所結成者，上綴金蟒珠石，其式如大帽，直簷而頂稍細。

二色衣，近御之人所穿之衣。自外第一層謂之蓋面，如裖襶、貼裏、圓領之類。第二層謂之襯道袍。第三層謂之綴領道袍，其白領以漿布爲之，如玉環在頂而缺其前，稍油垢即換之。非入過皇城者不敢綴也。自此三層之内，或褂或襖，俱不許露白色袖口。凡脖領亦不許外露，亦不得綴鈕口。只宫人脖領則綴鈕扣，是以切避忌之。凡外廷講幄召對之臣，不可不曉二色衣之妙處者。如夏則以葛布爲上身，以深藍或玉色紗作下褶，並按兩袖各數寸，又緣子領寸許，一則恐於君前露白色，一則省費省福，以便拆澣。

一把蓮，宫壺中，凡掌印、秉筆、管事牌子俱在乾清宫内各直房居住，每夜除名，該正管事牌子在殿内直宿，其餘者候聖駕已安寢，磕過安置頭，寢殿門已闔，則始散歸各直房，或酒或茶，自已用過便各安歇，絶無敢私相會飲者，以杜朋比欺蒙之弊。其各家經管衣帽宫人，即將宫帽一頂，貼裏、道袍、大襖或掛，共上一條領者一副總緻兩道冠之，將褆系條牌總亦掛得停當，名曰一把蓮，並硬抹口羢韈，靴、護膝一雙，俱緊安於所歇床傍。伺候暗燈及燭于桌上，立銅箍頭攢竹五尺一根于桌。司房宫人伺候筆袋一件，空紙數幅，本色紙花一袋。紙花者，即白紙裁成方葉如碗口大，以備寫字、唾痰、擦手之用。凡猝然夜間御前有事，忽有傳召，或值火災意外之警，便立可衣冠，手持五尺，速赴聖駕之前，以防衛之。

長者巾，制如東坡巾，而後垂兩方帶如程子巾式。神廟恒尚長者巾，冠前縫綴一大西洋珠，兩傍金五爪龍戲之，而後垂兩葉之中亦各蟠蒼龍。凡内臣高年之人亦有戴者，或金線、黑線，緑厢，然只不敢綴雲龍也。忠靖巾、六合巾、方巾、九華巾，晉唐等制，皆如外廷，熹廟恒尚九華巾。

圓帽，凡内臣皇城之内，除宫帽、平巾之外，即帶圓帽。冬則以羅或紵爲之，夏則馬尾、牛尾、人髮爲之。有極細者，一頂可值五六兩或七八兩、十餘兩者，名曰瓜拉，或瓜嗹絶不稱帽子，想有所避忌也。

椶鞁，巾帽局製造。每年冬雪第一次，即送司禮監掌印、掌東廠秉筆每二雙，管事牌子每一雙，冰雪穿之，以便趨走不滑跌也。

撒扇，其制用木柄，長尺餘，合竹作小骨二十餘根，用藍絹糊表，兩面皆撒大塊金箔。放則遮日，收則入囊。自司禮監掌印至管事牌子皆于宫中夏間用之，只可取陰不可取風，其式如外之竹涼扇而不曲，長可二三尺，上闊下窄。宣廟有詠撒扇六言詩一首：湘浦煙霞交翠，剡溪花雨生香。掃卻人間炎暑，招回天上清涼。

靴，皂皮爲之，似外廷之制，而底軟襯薄，其裏則布也。與聖上履式同，而前縫少菱角，各縫少金線耳。頻加粉飾，敝則易之。凡當差內使小火者不敢概穿，但單臉青布鞋、青布襪而已。或雨雪之日，油靴則不禁也。

扁辮，用不堪之羢，紫色，青綠色織如大帶子，微鬆軟耳。長可丈餘不等，闊可三四寸。凡遇雨雪，將衣摟束，離地八九寸，以防泥污，晴天不用。如冬雪之月，亦得穿皮氅衣。夏暑之夜，亦得用摺疊竹架各支紗絹帳以禦蚊蚋也。

雨衣、雨帽，玉色、深藍、官綠，杭紬或好油絹爲之，亦有蠶繭紙爲者。有斗體式，有道袍式加掛者。御前大內臣值穿紅之日有紅雨衣，彩畫蟒衣方補，爲貼裏式者。雨帽則如方巾，周圍加簷三寸許耳，亦有竹胎絹糊黑油漆如高麗帽式者，惟御前大內臣戴之。

又卷四《飲食好尚》 正月。初一日正旦節。自年前臘月二十四日祭竈之後，宮眷內臣即穿葫蘆景補子及蟒衣。【略】立春之時，無貴賤皆嚼蘿蔔，名曰咬春。互相請讌，喫春餅和菜。以綿塞耳，取其聰也。自歲暮正旦，咸頭戴鬧娥，乃烏金紙裁成，畫顔色裝成者，亦有用真草蟲、蝴蝶者，咸簪于首，以應節景。仍有真正小葫蘆如豌豆大者，名曰草裏金。二枚可值二三十兩不等，皆貴尚焉。

二月。初二日，各宮門撤出所安彩粧，各家用黍麵、棗糕，以油煎之，或以麵和稀，攤爲餅，名曰薰虫。是月也，分菊花、牡丹，凡花木之窨藏者，開隙放風。清明之前，收藏貂鼠帽套領，狐狸等皮衣，食河豚，飲蘆芽湯以解熱。各家煮過夏之酒，此時喫鮓，名曰桃花鮓。

三月。初四日，宮眷內臣換穿羅衣。清明則鞦韆節也，戴柳枝于鬢，坤寧宮後，及各宮皆安鞦韆一架。

四月。初四日宮眷內臣換穿紗衣，欽賜京官扇柄。

五月。初一日起，至三十日，宮眷內臣穿五毒艾虎補子、蟒衣，門兩傍安菖蒲、艾盆。

七月。初七日，宮眷穿鵲橋補子。宮中設七巧子，兵仗局伺候乞巧針。

十月。初一日，頒歷。初四日，宮眷內臣換穿紵絲。

十一月。是月也，百官傳戴煖耳。冬至節，宮眷內臣皆穿陽生補子、蟒衣。室中多掛綿羊。

明・劉若愚《酌中志》卷一九《內臣佩服紀略》 祖宗設立內官，其巾帽服佩自有一定制度，其名色多非外廷所曉。而舊制醇雅，每寓等威節省之誼。自逆賢擅政，創古今未有之制，服之不衷，身之灾也。以今驗昔，良然。

貼裏，其製如外廷之旋褶。司禮監掌印、秉筆、隨堂，乾清宮管事牌子、各執事近侍，都許穿紅帖裏綴本等補，以便侍從御前。凡二十四衙門、山陵等處官、長隨、內使、小火者，俱穿青貼裏。自逆賢擅政，改蟒貼裏，膝襴之下，又加一襴，名曰三襴貼裏，最貴近者方蒙欽賞服之。又有雙袖襴蟒衣，凡左右袖上裏外有蟒二條。自正旦燈景以至冬至陽生、萬壽聖節，各有應景蟒紵。自清明鞦韆與九月重陽菊花，俱有應景蟒紗。逆賢又創造滿身金虎、金兔之紗，又滿身金葫蘆、燈籠、金壽字、喜字紵，或貼裏每褶有朝天小蟒者。然圓領亦有金壽字、喜字，遇聖壽及千秋，或國喜，或印公等生日，搬移則穿之。惟逆賢之服，奢僭更甚，及籍没，皆賞給鐘鼓司，凡承應則穿之，光熖耀目。今上聖主天性素儉，每爲切齒，或笑其越分折福，終何用也。祖宗以來，青貼裏原不綴補，惟紅貼裏有補。逆賢偶欲異其親信者，遂自印公起，請小輴止，俱於青貼裏綴補。紛更多事，人咸不便。又按，舊制，自十月初四日至次年三月初三日穿紵絲，自三月初四日至四月初三日穿羅，該司禮監預先題奏傳行。凡婚慶吉典，則雖遇夏秋，亦必穿紵絲供事。若羊絨衣服，則每歲小雪之後，立春之前，隨紵絲穿之。凡大忌辰穿青素，祧廟者穿青綠花樣，遇修省則穿青素。祖宗時，夏穿青素，則屯絹也，冬穿青素，則玄色之紵絲也。逆賢擅政，則王體乾等夏穿真青、油綠懷素紗，内以玉色素紗襯之，滿身活文，如水之波，如木之理。而冬則天青、竹綠、油綠懷素紗，光耀射目，爭相誇尚，以艷麗爲美，然於忌辰之義何居，於臣子之心何安乎。

曳撒，其制後襟不斷，而兩傍有擺，前襟兩截，而下有馬面褶，往兩旁起。惟自司禮監寫字以至提督止，并各衙門總理、管理，方敢服之。紅者綴本等補，青者否。

圓領襯襬，與外廷同，各按品級。凡司禮監掌印、秉筆及乾清宮管事之耆舊有勞者，皆得賜坐蟒補，次則斗牛補，又次俱麒麟。補凡請大輴長隨及都知監，戴平巾。有牙牌者，穿獅子鸚哥雜禽補。逆賢名下，凡掌印、提督者，皆濫穿坐蟒，可嘆也。

官帽，以竹絲作胎，真青縐紗蒙之。自奉御至太監皆戴之，俗所謂剛叉帽也。

平巾，以竹絲作胎，真青羅蒙之，長隨、內使、小火者戴之。制如官帽，而無後山，然有羅一幅垂於後，長尺餘，俗所謂紗鍋片也。

牙牌，內官監題本，於內承應庫領討，象牙製造。每陞奉御或長隨，即給一面，將原帶烏木牌換收。按，御用監等衙門，各有號數，一邊刻忠字若干號，一邊刻某監某銜。亦間有私買者、私造者，從來不禁。其製有雲尖，下方微闊而上圓，可重六七兩不等。近將舊牙牌不用，另換給新製牙牌，一面横用篆文其衙門，卜書銜，一面載不許借失等字。爲官物也，無私造者。

烏木牌，其製荷葉頭，圓徑二寸許。一面刻內使或小火者字樣，一面用長方火印於中，其篆文四字曰關防出入。而火印兩旁，分刻小字或內字若干號。此係官物，無敢私造者。凡遇失落，必題知懲處另給。

牌繐，其製用象牙或牛骨作管，青緑綫結寶蓋三層，圓可徑二寸，下垂紅綫長八寸許，內懸牙牌或烏木牌，上有提繫青絛。凡穿圓領隨侍及有公差，私假出入，本等帶之左，即懸此牌繐。如平居在官，穿衪襒者、貼裏者，俱帶牌繐有絛。逆賢時，將牌繐紅綫長至尺餘，而懸繐之提繫，舊制大可二寸許，不過銅、銀、玉等爲之，上有鉤。逆賢時改造大様，提繫長六寸、五寸，闊三寸或二寸半，鑲嵌絶好珠石晴緑之類，有一件可值千金、六七百金者。各按節令巧様，將見帶者懸挂滿壁，不帶而聚蓄者盈箱充櫃，亦賞及名下諸人。又令絛作織五色五毒絛子，創造珍珠牌繐，以玉作管，去牙牌而懸白玉或碧玉玲瓏牌。五毒絛遍綴小珍珠，其色疑近喪間服飾，又加青紅寶石、珊瑚、黄緑琉璃珠以間之，其實不雅，皆逆賢掌家王朝用逢迎造辦。有識者竊嘆曰：帶珠者，待誅也。謂非服妖而何。又創造玉管天青綫印綬，如外廷印綬，夏則內懸玉牌，冬則金牌或金魚二尾，中外鑰焉。凡掌一印者帶一綬，如王體乾三綬，李永貞則二綬矣。雖不掌印者，凡出禁城有事，則亦帶一綬於玉帶之左焉，冒濫可笑極矣。

帶，凡內使小火者，烏木牌、平巾者，無穿圓領束帶之理，惟請轎長隨并都知監長隨，各獅子等補，束角帶。其陞有牙牌官帽，便謂之奉御正六品，得服麟補，束金鑲玳瑁或犀帶。自奉御而上，左右監丞五品，左右少監從四品，太監正四品，自太監而上，方敢穿斗牛補。再加陞，則膝襴之飛魚也，斗牛也，蟒服也。再陞，則受賞也。特陞，方賜玉帶。冬則光素，夏則玲瓏，三月、九月則頂妝玉帶也。再陞，內府騎馬。再陞，每歲禄米十二石。如再陞，但凡一級，止歲加禄米十二石耳。逆賢時，有孩孺而至禄米若干者，有陞賞一次曾頓加禄米至一千二百石，不一也。

騎馬，凡內府有名騎馬者，自東西下馬門起，至北安、西安門柵欄，東上北門止，又東上南門起，至南內西上南門及寶鈔司止。凡遇萬壽聖節、正旦節，內府騎馬者各進馬一匹。若遇大婚禮、誕生慶典亦然。凡進馬有例，司禮監管掌寫字，預先於思善等門，曉示一帖曰：某日進馬。各家將馬之毛色并己之官銜、姓名，開送司禮監總辦黄本處，各酬銀二錢或三錢不等，以爲買筆之用，此舊規也。臨期請旨，如聖駕親覽所進之馬，便都於乾清宫門裏伺候，覽過交御馬監。不堪者，該監不收，換補之。逆賢擅政時，因山海關等處缺馬，遂將皇城內官人稍堪辦進者，躐陞數百人騎馬，每次各進一匹。又派各監局司場庫進十匹至五十匹者，每歲傳進十餘次，每次不下數百匹。驗收之日，黎明時，逆賢於北上門中一間，朝北正坐，盛服示威。內外侍衛者數百十人列於兩旁，按職名牽馬魚貫而過。或有不係夷産，及瘤瘦老病者，必重責其人，如牌子王心悦幾斃杖下，所以馬價踊貴焉。及解馬到於本處，聽其瓜分，又苦無應時芻豆，隨至倒死者相望，軍士啖馬者比比也。按，舊制，禁門中間係御路，無臣子敢正坐者。曾記萬曆二十九年，纍臣同選入者四十餘人，於七月內先監矩奉神廟聖旨，於北上門撥散於各衙門。先監在北上門東一空門限之北，坐東朝西，可謂得宜。至天啓二年六月內，王體乾、史賓、張文元，奉先帝聖旨，選內操官人時，便已在北上門。居中朝北正坐者，體乾也。左右并列坐者，賓與文元也。孔子立不中門，况坐以臨下乎。是干天之位，懵然可笑者，又不止驕横逆惡之魏忠賢矣。凡賞過禄米者，遇萬壽聖節及各節，隨進鹿一隻，交南海子。未賞禄米者則否。又冬至之前，印公、秉筆、隨堂、管事牌子，各進子母羊四角、六角，羊交牲口房。凡藩府所進之羊，亦交牲口房。所進之馬，則交御馬監也。

凳杌，凡司禮監掌印、秉筆之年高最有寵眷者，方能得此。其製如靠背椅，而加兩杆於旁，用皮繼如轎，前後各用一横杠。然抬者不在轅內，只在杆外斜插扛擡，而正行之。所以曰杌者，禁地不敢乘轎之意也。

朝服，朝冠帶履與外廷同，冠七梁或五梁。舊制只有司禮監掌印，於祭中霤之神之夜，服此祭之。自逆賢擅政，加至九梁。凡遇先帝聖節、年節、冬至節，王體乾起，至牌子止，俱朝服朝冠，於乾清宮大殿或丹陛上服之，照外廷儀注行慶賀山呼禮，贊禮官大聲鳴贊，如鴻臚寺焉。班首亦致詞焉。自魏良卿晉封後，逆賢即改戴公侯伯爵簪纓，出班行禮致詞，位在體乾上。至今上初登大寶，舊例，宮中内外各執事印公，行禮磕頭慶賀。逆賢欲仍戴簪纓，照先帝時朝服行禮，憚聖主英明未果，止本等服色磕頭呼萬歲禮也。

笏，以象牙爲之，與外廷同。

抹布，非布也，是素紵絲或綾，染黄，長五寸，闊三尺，雙層方角，如大帶子之式而無繐。凡乾清宮管事牌子，暖閣、御藥房管櫃子，御司房管庫、管弓箭，請小轎四執事牌子，欽安殿、隆德殿、英華殿陳設近侍，須蒙賜過者，乃敢佩於貼裏之右，而蟠結綵上雙垂之，露半條於外，垂與衣齊。

刀兒，小牙箸一雙，小尖刀一把，長六七寸不等。銀鑲鯊魚皮等鞘，以紅絨辮繫束於衣左牌繐之上，以昭近臣殊寵。非外衙門之所敢望也，惟司禮監是禮儀衙門，斯不屑抹布、刀兒也。

鐸針，金銀、珠翠、珊瑚皆可爲之。年節則大吉葫蘆，萬年吉慶。元宵則燈籠，端午則天師，中秋則月兔。萬曆則寶曆萬年，其製則八寶茘枝、卍字鮎魚也。冬至則陽生，綿羊引子，梅花。重陽則菊花。遇萬壽聖節則萬萬壽、洪福齊天之類。洪福者，於齊天字之傍，左右各有紅蝙蝠一枚，以取意耳。凡遇誕生、婚禮及尊上徽號、册封大典，皆萬萬喜。此所謂鐸針者，單一枚，有錞居官帽中央者是也。按，蟒衣貼裏之内，亦有喜相逢色名，比尋常樣式不同。前織一黄色蟒在大襟向左，後有一藍色蟒由左背而向前，兩蟒恰如偶遇相望戲珠之意。此萬曆年間新式，非逆賢創造。凡婚禮時，惟宮中貴近者，穿此衣也。

桃杖，亦隨景如前。而珍珠、珊瑚自錞端下垂，或間以寶石、金方勝、卍字耳，下有垂脚。世廟時亦間以三種賜輔臣大臣，神廟初年亦間賜江陵相公云。

披肩，貂鼠製一圓圈，高六七寸不等，大如帽，兩傍各製貂皮二，長方，毛向裏至耳，即用鈎帶斜挂於官帽之後山子上。舊制，自印公公等至牌子，暖殿方敢戴。其餘常行近侍，只戴暖耳。其製用玄色素紵，作一圓箍，二寸高，兩傍綴貂皮，長方如披肩。凡司禮監寫字起，至提督止，亦只戴暖耳，不甚戴披肩也。凡二十四衙門内官、内使人等，則止許戴絨紵圍脖，似風領而緊小焉。凡聖上臨朝講，亦尚披肩。至於外廷，如今所戴帽套，謂之曰雲字披肩。聞今上登極後，令左右漸次改戴雲字披肩隨待，然古制似已頓易也。

直身，製與道袍相同，惟有擺在外，綴本等補。聖上有大紅直身袍。凡印公公若過司房，或秉筆私自下直房始穿此，凡見尊長則不穿。其色止有天青、黑緑、玄青，不敢做大紅者，或亦開擺如襯衣而束本等帶者。

道袍，如外廷道袍之製，惟加子領耳，間有綴補。然逆賢時，其袖有大至二尺七八寸者，可笑莫此爲甚。

氅衣，有如道袍袖者，近年陋製也。舊製原不縫袖，故名曰氅也。綵素不拘。

大褶，前後或三十六、三十八不等，間有綴本等補。

順褶，如貼裏之製，而褶之上不穿細紋，俗爲馬牙褶，如外廷之𧛾褶也。間有綴本等補。世人所穿𧛾子，如女群之製者，神廟亦間尚之，曰襯褶袍。想即古人下裳之義也。

罩甲，穿窄袖戎衣之上，加此，束小帶，皆戎服也。有織就金甲者，有純綉、灑綉、透風紗不等。

束髮冠，其制如戲子所戴者，用金纍絲造，上嵌睛緑珠石，每一座值數百金，或千餘金、二千金者。四爪蟒、龍在上蟠繞，下加額子一件，亦如戲子所戴，左右插長雉羽焉。凡遇出外游幸，先帝聖駕尚此冠，則自王體乾起，至暖殿牌子止，皆戴之。各穿窄袖，束玉帶，佩茄袋、刀帨，如唱咬臍郎打圍故事。惟涂文輔、高永壽年少相稱，其年老如裴昇、史賓等戴之，便不雅觀。

唐朝帽，此古制，如畫上綿羊太子所戴者。貂鼠皮爲之，凡冬月隨駕出獵帶之，耳不寒。

烟墩帽，亦古制也。冬則天鵝絨或紵縐紗，夏則馬尾所結成者。上綴金蟒珠石，其式如大帽，真檐而頂稍細。

二色衣，近御之人所穿之衣。自外第一層謂之蓋面，如䙆襒、貼裏、圓領之類。第二層謂之襯道袍，第三層曰𧝓領道袍。其白領以漿布爲之，如玉環在項，而缺其前，稍油垢即换之，非入過皇城者不敢綴也。自此三層之内，或褂或襖，俱不許露白色袖口，凡脖領亦不許外露，亦不得綴鈕扣，只宮人脖領則綴鈕扣，是以切避忌之。凡外廷講幄召對之臣，不可不曉。二色衣之妙處者，如夏則以葛布爲上身，以深藍或玉色紗作下褶，并接兩袖各數寸，又緣子領寸許，一則露白色，一則省費惜福，以便拆浣。此從古制也，自逆賢專政，凡近御之人概得穿白色生紗、生羅、葛布及白綾、絲紬，領袖襟縫公然顯露，不忌憚也。

一把蓮，宫壺中舊制，凡掌印、秉筆、管事牌子，在殿内直宿。其餘者候聖駕已安寢，磕頭安置過，寢殿門已闔，則始散歸各直房，或酒或茶，自己用過，便各安歇，絶無敢私相會飲者。其各家經管衣帽官人，即將官帽一頂，貼裏、道袍、大襖或褂其上一條領者一付，總綴兩條帶子，將提繫緣牌繐亦挂得停當，名曰一把蓮。并硬抹口絨襪、靴、護膝一雙，俱緊安於所歇床傍。伺候暗燈及燭於桌上，立銅箍頭攢竹五尺一根於桌傍。司房官人伺候筆袋一分，空紙數幅，本色紙花一袋。紙花者，即白紙裁成方葉，如碗大，備寫字、唾痰、擦手之用。凡猝然夜間御前有事，忽有傳召，或值火灾意外之警，便立可衣冠，手持五尺，速赴聖駕防衛。此從來貴近大臣之體，亦内臣小心敬慎分内事也。至逆賢時，此制盡廢，甚有沉醉解衣赤身而睡者。曾遇半夜有事，如先時逆賢、王國臣之哄於殿内，并一號殿兩次火灾，寧遠兩次口警，及天啓六年六月初五日夜半地震，凡赴御前之人，多零星遲緩，不濟事矣。又先是，各直房飲食都從河邊等處做成，擡入宫，以炭火熱食之，不敢煤竈也。至逆賢時，直房各具寬大茶厨房，雙煤竈，訪善烹調内官答應，似麪店、酒鋪，煤火烈焰，爆炒煎炸，互相請召。而上下因循，日甚一日，全不以火燭爲戒，非逆賢創始，衆亦不敢屑越至此也。

長者巾，製如東坡巾，而後垂兩方葉，如程子巾式。神廟恒尚之，曰長者冠。前綴一大西洋珠，兩傍金五爪龍戲之，而後垂兩葉之中，亦各蟠蒼龍。凡内臣高年之人，亦有戴者。或金綫、黑綫緣鑲，然不敢綴雲龍也。忠靖冠、六合巾、九華巾、晉巾等製，皆如外廷。先帝恒尚九華巾。

圓帽，皇城内内臣除官帽、平巾之外，即戴圓帽。冬則以羅或紵爲之，夏則馬尾、牛尾、人髮爲之。有極細者，一頂可值五六兩，或七八兩、十餘兩，名曰爪拉，或瓜喇，絶不稱帽子，想有所避忌云。

棕靸，巾帽局製造。每年大雪第一次，即送司禮監掌印、掌東廠秉筆每二隻，管事牌子每一隻，冰雪穿之，以便趨走，不滑跌也。

撒扇，其制用木柄，長尺餘，合竹作小骨二十餘根，用藍絹糊裱，兩面皆撒大塊金箔。放則遮日，收則入囊。自司禮監掌印至管事牌子，皆於宫中夏日用之，只可取陰，不能取風。其扇式如外之竹涼扇而不曲，長可二三尺，上闊下窄。《損齋備忘録》載宣廟六言詩三首，其一咏撒扇者，曰：湘浦烟霞交翠，剡溪花雨生香。掃却人間炎暑，招回天上清涼。以天地萬物爲一體，真聖帝之言也。

靴，皂皮爲之，似外廷之制，而底軟襯薄，其裏則布也。與聖上履仝式，但前縫少菱角，各縫少金綫耳。頻加粉飾，敝則易之。凡當差内使、小火者不敢穿，但單臉青布鞋、青布襪而已。或雨雪之日，油靴則不禁也。

扁辮，用不堪紫色絨或青緑色，織如大帶子，微鬆軟耳。長可丈餘不等，闊可三四寸。凡遇雨雪，將衣搊束，離地八九寸，以防泥污，晴天不用。如冬寒之月，亦得穿皮氅衣，夏暑之夜亦用折疊竹架，各支紗絹帳，以御蚊蚋也。

雨衣、雨帽，用玉色、深藍、官緑杭紬或好絹，油爲之。先年亦有蠶繭紙爲之，今亡矣。斗鉢式，有道袍式加挂者。御前大臣直穿紅之日，有紅雨衣，彩畫蟒龍方補，爲貼裏式者。雨帽則如方巾，周圍加檐三寸許，亦有竹胎絹糊黑油漆如高麗帽式者，惟御前大臣戴之。祖宗以來，凡帝后、皇子女晴天各用絹裏青紗窄檐傘，制不甚大也，以蔽下面之日色。宫中從來禁傘，自逆賢擅政，凡掌印、秉筆、管事牌子，如王體乾等，王朝用等，皆雨雪打傘，直至乾清宫大殿檐下，無復奴僕體矣，良可太息。又神廟時，凡宣召太監田義等，皆值指其名，曰叫某人來。如值聖怒，則曰采某人來。至逆賢，則凡遇先帝傳召，衆必接聲，或數十人讙聲齊跪曰：叫老公哩。蓋於君前臣名之義何居，而乃恬不爲異，可乎。

明・王圻《三才圖會・衣服》卷三 宫人冠服。宫人衣用紫色團領窄袖，徧刺折枝小葵花，以金圈之。珠絡縫金束帶、紅裙。弓樣鞋，上刺小金花。烏紗帽飾以花，帽額綴團珠，結珠鬢梳，垂珠耳飾。

《明史》卷六七《輿服志三》 内使冠服。明初置内使監，冠烏紗描金曲脚帽，衣胸背花盤領窄袖衫，烏角帶，靴用紅扇面黑下樁。各宫火者，服與庶人同。洪武三年，諭宰臣，内使監未有職名者，當别制冠，以别監官。禮部奏定，内使監凡遇朝會，依品具朝服、公服行禮。其常服，葵花胸背團領衫，不拘顔色。烏紗帽，犀角帶。無品從者，常服團領衫，無胸背花，不拘顔色。烏角帶，烏紗帽，垂軟帶。年十五以下者，惟戴烏紗小頂帽。按《大政記》，永樂以後，宦官在帝左右，必蟒服，制如曳撒，繡蟒於左右，系以鸞帶，此燕閑之服也。次則飛魚，惟入侍用之。貴而用事者，賜蟒，文武一品官所不易得也。單蟒面皆斜向，坐蟒則面正向，尤貴。又有膝襴者，亦如曳撒，上有蟒補，當膝處横織細雲蟒，蓋南郊及山陵扈從，便於乘馬也。或召對燕見，君臣皆不用袍而用此，第蟒有五爪、四爪之分，襴有紅、黄之別耳。弘治元年，都御史邊鏞言：國朝品官無蟒衣之制。夫蟒無角，無足，今內官多乞蟒衣，殊類龍形，非制也。乃下詔禁之。十七年，諭閣臣劉健曰：內臣僭妄尤多。因言服色所宜禁，曰蟒、龍、飛魚、斗牛，本在所禁，不合私織。間有賜者，或久而敝，不宜輒自織用。玄、黄、紫、皂乃屬正禁，即柳黄、明黄、薑黄諸色，亦應禁之。孝宗加意鉗束，故申飭者再，然內官驕姿已久，積習相沿，不能止也。初，太祖制內臣服，其紗帽與群臣異，且無朝冠、襆頭，亦無祭服。萬曆初，穆宗主入太廟，大榼冠進賢，服祭服以從，蓋內府祀中霤、竈井之神，例遣中官，因自創爲祭服，非由廷議也。

紀事

明·郭正域《明典禮志》卷一八《章服備考》 內使冠衣。洪武元年十二月定，內使冠服制，凡內使冠用烏紗描金曲角帽，衣用胸背花團領窄袖衫，烏角束帶，靴用紅扇面黑下椿。外人不許相同。

明·俞汝楫《禮部志稿》卷六四《章服備考·文武冠服》 內使冠衣。洪武元年十二月定，內使冠服制，凡內使冠服，烏紗描金曲角帽，衣用背花團衫窄袖衫，烏角束帶。靴用紅扇面黑，下椿。外人不許相同。洪武三年冬十月壬戌，重定內使服飾之制，上諭宰臣，凡內使監未有職名者，當別製冠，以別監官。禮部定擬，內使監凡遇朝會，依品具朝服、公服行禮。其常服，葵花胸背團衫，不拘顔色，烏角束帶，烏紗帽，犀角帶。其內使無品從者，常服，團領衫，無胸背花，不拘顔色，烏角束帶，烏紗帽，垂軟帶。年十五以下者，惟戴烏紗小帽。從之。

雜録

明·郎瑛《七修類稿》卷一三《國事類·內官冠帽》 今太監之冠帽，即高麗王之制也。聞國初高麗未服，太祖令內侍戴之，而給使令於高麗使者之前。使歸，舉國降。

清·俞樾《茶香室三鈔》卷二五《明宮人鞋》 國朝禮親王昭槤《嘯亭雜録》云：西什庫中尚餘明宮人鞋數十箱，皆以珠寶飾之，其糜費若此。

士庶服飾

綜述

明·張鹵《明制書》卷一《大明令·禮令》 庶民男女衣服，並不得僭用金繡，許用紵絲、綾羅、紬絹、素紗，金首飾一件，金耳環一對，餘止用銀、翠。帽頂、帽珠並不得用金、玉、珊瑚、琥珀。靴不得製造花樣，金綫粧飾。

明·王圻《三才圖會·衣服》卷二 士庶冠服。士庶戴四角巾，今改四方平定巾，雜色盤領，衣不許用黄。皂隸冠圓頂巾，衣皂衣。樂藝冠青卍字頂巾，繫紅緑褡禣。

圖略。

國朝置內使監，冠烏紗描金曲脚帽，衣胸背花盤領窄袖衫，角束帶，其各官火者，服則與庶人相似。

又 士庶妻冠服。國朝首飾許用銀鍍金，耳環用金、珠，釧、鐲用銀。服淺色團衫，許用紵絲綾羅紬絹。其樂妓則戴明角冠，皂褙子，不許與庶民同。

明・申時行等《明會典》卷六一《冠服二》 士庶巾服。公使人等附。洪武三年定，士庶初戴四帶巾，今改四方平定巾。雜色盤領衣，不許用黄。執仗之士，首服鏤金額交脚帕頭。服諸色辟邪寶相花裙襖。銅葵花束帶。皁紋鞾。刻期，冠方頂巾。衣胸背鷹鷂花腰綫襖子。諸色闊絲匾縧。象牙雕花環。行縢八帶鞋。皁隸冠圓頂巾，衣皁衣。又令庶民男女衣服，并不得僭用金綉、錦綺、紵絲、綾羅，許用紬絹素紗。其首飾釧鐲，并不許用金玉珠翠，止用銀。靴不得裁制花樣，金綫妝飾。四年定，皁隸公使人穿皁盤領衫，戴平頂巾，系白褡縛，帶錫牌。六年，令庶民巾環，不得用金玉、瑪瑙、珊瑚、琥珀。未入流品者，并同庶民，帽不得用頂，帽珠許用水晶香木。校尉，只孫束帶，帕頭，靴鞋。刻期雕刻雜花、象牙縧環外，餘同庶民。十四年，令農民之家許穿紬紗絹布，商賈之家止許穿絹布。如農民之家但有一人為商賈者，亦不許穿紬紗。令校尉用金鵝帽，黑漆，戧金荔枝，改作銅釘樣，每五釘攢就，四面稍起邊欄，鞓用青，緊束之。各衙門祇禁原穿皁衣，改用淡青。又令僧，道服色，禪僧，茶褐常服，青縧玉色袈裟。講僧，玉色常服，綠縧淺紅袈裟。教僧，皁常服，黑縧淺紅袈裟。僧官皆如之。道士，常服青。法服、朝服，皆用赤色。道官亦如之。惟僧録司官袈裟，道録司官法服、朝服，皆綠紋、飾以金。二十二年，令將軍、力士、校尉、旗軍，常戴頭巾或褡腦。官下舍人并儒士、吏員、民人，常戴本等頭巾。鄉村農夫，許戴斗笠、蒲笠，出入市井不禁，不親農業者不許。二十三年，令耆民、儒士、生員，衣制同文職，惟袖長過手復回不及肘三寸。庶民衣長去地五寸，袖長過手六寸，袖椿廣一尺，袖口五寸。軍人衣長去地七寸，袖長過手五寸，袖椿廣不過一尺，窄不過七寸，袖口僅出拳。二十五年，令文武官同籍、父、兄、伯、叔，弟、侄、子、婿，及儒士、生員、吏典、知印、承差，欽天監天文生、太醫院醫士、瑜珈僧、正一道士，將軍、散騎舍人帶刀之人，正五馬軍并馬軍小旗、教讀，大誥師生，許穿靴。校尉、力士，遇上直許穿，出外不許。其庶民、商賈、技藝、步軍及軍下餘丁、管步軍總、小旗，官下家人火者、皁隸、伴當，在外醫卜陰陽人，皆不許，止許穿皮扎𩊱。其北平、山西、山東、陝西、河南，并直隸徐州，地寒人民，許穿牛皮直縫靴。二十六年，禁官民、步卒人等，不許服對襟衣，惟騎士不拘。正德元年，禁商販、吏典、僕役、倡優下賤，皆不許服用貂裘。僧、道、隸、卒下賤之人，俱不許服用紵絲、紗羅、綾綿。十六年，禁軍民人等如有穿紫花罩甲等服，或禁門，或四外游走者，許緝事并地方人等擒拏。

萬曆二年，禁舉人、監生、生儒，下至民庶奴隸之輩，有僭戴忠静金綫冠、巾，穿錦綺鑲履，及張傘蓋、戴暖耳者，聽五城御史嚴拏重責枷示，仍送問。

士庶妻冠服。婢使人等附。洪武三年定，士庶妻首飾，許用銀鍍金，耳環用金、珠，釧、鐲用銀。服淺色團衫，許用紵絲、綾羅紬絹。

五年，令凡民間婦人禮服，惟用紫染色絁，不用金綉。凡婦人袍衫，止用紫綠桃紅及諸淺淡顔色，不許用大紅、鴉青、黄色。帶用藍絹布。凡女子在室者，服飾之制，皆作三小髻，金釵，珠頭帮，窄袖褙子。凡婢使人等，綰高頂髻，用絹布狹領長襖、長裙。小婢使綰雙髻，用長袖短衣、長裙。

成化十年，令禁官民人等婦女，不許僭用渾金衣服、寶石首飾。

正德元年，令軍民婦女，不許用銷金衣服帳幔，寶石首飾、鐲、釧，及娼妓不許用金首飾、銀鐲釧。犯者本身、家長、夫男、匠作，各治重罪。

明・俞汝楫《禮部志稿》卷一八《儀制司職掌・士庶巾服公使人等附》 洪武三年定，士庶初帶四帶巾，今改四方巾，用雜色盤領衣，不許用黄。執仗之士，首服鏤金額交脚幞頭，服諸色辟邪寶相花裙襖，銅葵花束帶，皁紋靴。刻期冠方頂巾，衣胸背鷹鷂花腰線襖子，諸色澗絲匾縧，象牙雕花環。行縢八帶鞋。皁隸冠圓頂巾，衣皁衣。又令庶民男女衣服，並不得僭用金繡、錦綺、紵絲、綾羅，許用紬絹素紗。其首飾、釧鐲，並不許用金玉珠翠，止用銀。鞋不得裁製花樣，金錦妝飾。四年定，皁隸公使人穿皁盤領衫，戴平頂巾，繫白褡縛，帶、牌。六年，令庶民巾環，不得用金玉、瑪瑙、珊瑚、琥珀。未入流品者，並同庶民。帽不得用頂，帽珠許用水晶、香木。校尉，只孫束帶、幞頭、靴、鞋。刻期雕刻雜花象牙縧環外，餘同庶民。十四年，令農民之家，許穿紬紗絹布。商賈之家，止許穿絹布。如農民之家，但有一人爲商賈者，亦不許穿紬紗。又令校尉用金鵞帽，黑漆。戧金荔枝，改作銅釘樣，每五釘攢就，四面稍起邊欄。鞓用青，緊束之。各衙門祇禁，原穿皁衣，改用淡青。又令僧道服色，禪僧茶褐常服，青縧玉色伽裟。講僧玉色常服，綠縧淺紅伽裟。教僧皁常服，黑縧淺紅袈裟。僧官皆如之。道士常服青，法服、朝服，皆用赤色。道官亦如之。惟僧録司官袈裟，道録司官法服，朝服，皆緑紋，飾以金。二十二年，令將軍、力士、校尉、旗軍，常戴頭巾或䙌腦。官下舍人并儒士、吏員、民人，常戴本等頭巾。鄉村農夫，許戴斗笠、蒲笠，出入市井不禁。不親農業者不許。二十三年，令耆民、儒士、生員衣制同文職，惟袖長過手復回不及肘三寸。庶民衣長去地五寸，袖長過手六寸，袖椿廣一尺，袖口五寸。軍人衣長去地七寸，袖長過手五寸，袖椿廣不過一尺，窄不過七寸，袖口僅出拳。二十五年，令文武官同籍父、兄、伯、叔、弟、姪、子、壻，及儒士、生員、吏典、知印、承差，欽天監天文生、太醫院醫士、瑜珈僧、正一道士，將軍、散騎舍人帶刀之人，正五馬軍小旗、教讀，大誥師生，許穿靴。校尉、力士遇上直許穿，出外不許。其庶民、商賈、技藝，步軍及軍下餘丁、管步軍總小旗官、下家人火者、皂隸伴當、在外醫卜陰陽人，皆不許，止許穿皮札𩌦。其北平、山西、山東、陝西、河南、并直隸、徐州，地寒人民，許穿牛皮直縫靴。二十六年，禁官民、步卒人等，不許服對襟衣。惟騎士不拘。

正德元年，禁商販、吏典、僕役、倡優下賤，皆不許服用貂裘。僧、道、隸，卒下賤之人，俱不許服用紵絲、紗羅、綾錦。十六年，禁軍民人等，如有穿紫花罩甲等服，或禁門，或四外遊走者，許緝事并地方人等擒拏。

萬曆二年，禁舉人、監生、生儒，下至民庶奴隸之輩，有僭戴忠靖金線冠巾，穿錦綺鑲履，及張傘蓋，戴煖耳者，聽五城御史嚴拏重責枷示，仍送問。

又《士庶妻冠服婢使人等附》　洪武三年定，士庶妻首飾，許用銀鍍金，耳［環］用金、珠，釧、鐲用銀。服淺色團衫，許用紵絲、綾羅、紬絹。

五年，令凡民間婦人禮服，惟用紫染色絁，不用金繡。凡婦人袍衫，止用紫緑桃紅及諸淺淡顔色，不許用大紅、鴉青、黄色。帶用藍絹布。凡女子在室者，服飾之制，皆作三小髻，金釵，珠頭𩭾，窄袖褙子。凡婢使人等，綰高頂髻，用絹布狹領長襖、長裙。小婢使綰雙髻，用長袖短衣、長裙。

成化十年，令禁官民人等婦女，不許僭用渾金衣服、寶石首飾。

正德元年，令軍民婦女，不許用銷金衣服、帳幔，寶石首飾、鐲釧，及娼妓不許用金首飾，銀鐲釧，犯者本身、家長、夫男、匠作，各治重罪。

明・徐一夔《明集禮》卷三九《冠服・士庶冠服》　周制，士服深衣，賤者衣褐。秦漢六朝，士庶無常服，南方則有巾褐裙襦之衣，北方則雜以戎狄之服。隋大業中，創造貴賤章服，胥吏以青，庶人以白，屠商以皂，士卒以黄，士庶不得以赤黄爲衣服雜飾。唐初，士人以棠苧襴衫爲上服，一命以黄，再命以黑，三命以纁，四命以緑，五命以紫，士服短褐，庶人以白。後以襴、袖、褾、襈爲士人上服。開骻者，名曰缺骻衫，庶人服之。宋士夫頭巾褙子。工商、技術，不系官樂人，通服皂白。至道間，許士庶、工商通服紫。元士庶皆戴帽，醫儒戴笠，其服通用紵絲、綾羅、紗絹，不拘顔色。國朝士庶，初戴四角巾，今改四方平定巾，雜色盤領衣，不許用黄。皂隸冠圓頂巾，衣皂衣。樂藝冠青卍字頂巾，系紅緑搭膊。

又《士庶妻冠服》　古者士庶衣服有禁令，而其制則各隨其南北土俗之宜。秦漢而下，貴賤不分，王后之爲衣者，庶民以之緣履。六朝、隋唐之間，雜衣胡服。唐庶人女嫁，有花釵，以金銀、瑠琉塗飾之，連裳青質，青衣革帶，襪履同裳色。宋制，庶民首飾用銀鍍金，項珠、耳環用珠。服不許用銷金，及不許效四夷服。元首飾許用銀鍍金，耳環用金，釧鐲用銀。服用暗花紵絲、綾羅、紬絹。國朝首飾許用銀鍍金，耳環用金珠，釧鐲用銀。服淺色團衫，許用紵絲、綾羅、紬絹。其樂妓則戴明角冠，皂褙子，不許與庶民妻同。

又《宮人冠服》　唐宮人衣諸色團領窄袖，胸背繡團花，金束帶，白錦汗胯，弓樣鞋，烏紗帽。宋宮人衣用紫色團領窄袖，徧刺折枝小葵花，以金圈之，珠絡縫，金束帶，紅裙，弓樣鞋，上刺小金花，烏紗帽，飾以花帽額，綴團珠，結珠鬢，梳垂珠耳飾。國朝與宋同。

清・佚名《研堂見聞雜記》　士在明朝，多方巾大袖，雍容儒雅。至本朝定鼎，亂離之後，士多戴平頭小帽，以自晦匿，而功令嚴敕，方巾爲世大禁，士遂無平頂帽者。雖巨紳、孝廉，出與齊民無二。間有惜餼羊遺意，私居獨戴方巾，一夫窺瞷，慘禍立發。琴川二子，于按公行香日，方巾雜衆中，按公瞥見，即杖之數十。題疏上聞，將二士梟斬於市。又其初，士皆大袖翩翩，既而嚴革禁，短衫窄袖，一如武裝。間有鄉愚不知法律，偶入城市，仍服其衣，蹩躠行道中，無不褫衣陵逼，赤身露歸，即爲厚幸，後幸禁少弛。

紀事

明・郭正域《明典禮志》卷一八《冠服志》 内外官員親屬冠服。漢武元年十二月癸未，詔定官員親屬服之制。禮部尚書崔亮等定議：凡内外官員父兄、伯叔、子孫、弟侄，用烏紗帽軟脚垂帶，圓領衣烏角帶。在外閣者，圓領衣烏角帶，帽四角稍垂。

凡品官祖母及母與子孫同居親弟侄婦女禮服，合依本官所居官職品級，通用漆紗珠翠慶雲冠、大衫、霞帔、褙子、緣襈襖裙，惟山松特髻止許受封誥敕者用之。品官次妻，許用本品珠翠慶雲冠、褙子為禮服，銷金闊領、長襖、長裙為常服。婢使人等綰高頂髻，用絹布狹領，長襖，長裙。小婢使綰雙髻，用長袖、短衣、長裙。制曰：可。

又 士庶巾服。公使人等附。洪武三年定，士庶初戴四帶巾，今改四方平定巾。雜色盤領衣，不許用黄。執仗之士，首服鏤金額交脚帕頭，服諸色辟邪寶相花裙襖，銅葵花束帶，皂紋靴。刻期冠方頂巾，衣胸背鷹鷂花腰綫襖子，諸色闊絲匾縧，象牙雕花環，行縢八帶鞋。皂隸，冠圓頂巾，衣皂衣。又令庶民男女衣服，并不得僭用金綉、錦綺、紵絲、綾羅。許用綢絹、素紗。其首飾，釧鐲，并不許用金玉、珠翠，止用銀。靴，不得裁制花樣，金綫妝飾。四年定，皂隸，公使人，穿皂盤領衫，戴平頂巾，系白褡縛，帶錫牌。六年，令庶民巾環不得用金玉、瑪瑙、珊瑚、琥珀。未入流品者，并同庶民。帽不得用頂，帽珠許用水晶、香木。校尉，只孫束帶，帕頭，靴，鞋。刻期雕刻雜花、象牙縧環外，餘同庶民。十四年，令農民之家許穿綢紗絹布。商賈之家，止許穿絹布。如農民之家，但有一人爲商賈者，亦不許穿綢紗。

永樂四年九月戊午，命禮部申明民間巾服之制。上以京師軍民狃于習俗，多戴圓帽，䯻頭，非本等巾服，乖于禮制，故有是命。

正德元年，禁商販、吏典、僕役、倡優下賤不得服用貂裘。僧、道、隸、卒下賤之人俱不得服用紵絲、紗羅、綾錦。

士庶妻冠服。冠漆紗慶雲冠，銀首飾。服大袖衫，桃紅綢絹布素霞帔，藍青綢絹布隨用褙子，緑色綢絹布。洪武三年定，士庶妻首飾許用銀鍍金，耳環用金珠，釧鐲用銀。服淺色團衫，許用紵絲、綾羅、綢絹。

五年，令凡民間婦人禮服，惟用紫染色絁，不用金綉。凡婦人袍衫，止用紫緑桃紅，及諸淺淡顔色，不許用大紅、鴉青、黄色。帶用藍絹布。凡女子在室者，服飾之制，皆作三小髻，金釵，珠頭髻，窄袖褙子。凡婢使人等，綰高頂髻，用絹布狹領長襖、長裙。小婢使綰雙髻，用長袖短衣、長裙。

成化十年，令禁官民人等婦女，不許僭用渾金衣服、寶石首飾。

服制服色

論說

明・徐一夔《明集禮》卷三九《冠服・總叙》 《傳》曰：冠，首服也。首服既加，然後人道備。故君子重之。戰國以來，人自爲禮，家自爲俗，豈知古之司服有制哉。天子之服章十有二，日、月、星辰，在天成者也；山、龍、華蟲、宗彝、藻、火、粉米、黼、黻，在地成形者也。十二章備者，則天數也。公之服自衮冕而下，如王之服。侯伯之服自鷩冕而下，如公之服。子、男、侯、伯、孤大夫、士其降各有差。王侯、公卿衮衣、祭服，后之六服，三夫人、九嬪、世婦、女御，侯、伯、子、男夫人，諸侯大夫之妻，見於《三禮圖》，而行於古今者，不可廢也。庶民冠服，其變也，則隨時王之制，於是著《冠服篇》。

綜述

明・徐學聚《明朝典彙》卷一一一《冠服制》 宫至傳輸馬器用附。洪武元年二月，學士陶安等奏：古者天子五冕，祭天地、宗廟、社稷諸神，各有所用，請製之。上曰：五冕禮太繁，今祭天地宗廟則服衮冕，社稷等祭皆用皮弁，羣臣陪祭各服本品梁冠、祭服。

命省部官會太史令劉基，参考歷代朝服、公服之制，凡大朝會，天子衮冕，御殿則服朝服，見皇太子則服公服，仍命制公服、朝服，以賜百官。三月，給賜各朝臣袍帶凡二千八百一十三人。先是，禮部言：各官先授散官與見任職事高下不同，如御史董希哲，前授朝列大夫澧州知府，而任七品職事，省司郎中宋冕，前授亞中大夫黄州知府，而任五品職事散官，與見任之職不同。故其服色不能無異，乞定其制。乃詔省部臣定議，禮部奏：唐制，服色皆以散官爲準。元制，散官職事各從其高者，故服色亦因之。國初服色，竝依所授散官，蓋與唐制同。上曰：自今服色宜準所授散官，不當計見任之職，於是所賜袍帶，皆從原授散官給。十一月，詔定乘輿以下冠服之制。

三年二月，命製四方平定巾式頒行天下。以士民所服四帶巾未盡善，復制此，令士人、吏民服之，皂隸、伶人如初所定，以異其式。

五月，禮部言：歷代異尚，夏尚黑，商尚白，周尚赤，秦尚黑，漢尚赤。唐服飾尚黄，旗幟尚赤。今國家承元之後，取法周漢唐宋以爲治，服色所尚，於赤爲宜。從之。令士庶妻首飾許用銀鍍金，耳環用金、珠，釧鐲用銀，服淺色團衫，許用紵絲羅紬絹。

命製軍士戰衣，表裏異色，令各變更服之，以新軍號，謂之鴛鴦戰襖。

四年正月，詔定親祀圓丘、方丘、宗廟及朝日、夕月，服衮冕。祭星辰、社稷、太歲、風雲雷雨、嶽瀆山川、先農，皆用皮弁服。隨祭官各服本品梁冠、祭服。

五年三月，詔庶民婦女袍衫，止以紫、緑、桃紅及諸淺淡顔色，其大紅、鴉青、黄色悉禁勿用。帶以藍絹布爲之。凡女子在室者，服飾之制，皆作三小髻，金釵，珠頭髻，窄袖褙子。凡婢使人等綰高頂髻，用絹布狹領長襖、長裙。小婢使綰雙髻，用長袖短衣、長裙。九月，定命婦冠服之制。十一月，定命婦團衫之制，以紅羅爲之，繡重雉爲等第，一品九等，二品八等，三品七等，四品六等，五品五等，六品四等，七品三等，其餘不用繡雉。

六年閏十一月，禮臣議品官之見尊長，而用朝君公服，於理未安，宜别製梁冠、絳衣絳裳、革帶、大帶、大白襪、烏舄、佩綬，其衣裳去緣襈。三品以上用佩綬，三品以下不用。其祭服，三品以上去方心曲領，三品以下并去佩綬。從之。仍令如式製祭服賜公侯各一襲，以爲祭家廟之用。

十二年正月，始令伶人常服緑色巾，以别士庶之服，以國初伶人皆戴青巾也。

十四年，令農民之家許穿紗紬絹布。商賈之家止許穿絹布。如農民之家但有一人爲商賈者，亦不許穿紬紗。

十六年七月，詔更定冕服之制。

二十一年十一月，諸王在宫中服飾有擬太子者，給事中卓敬乘間白於上曰：宫中朝廷視效紀綱攸先，今陛下於諸王不蚤辨等威，而使在宫中服飾有與太子等嫡庶相亂尊卑無序，然則何以令天下耶。上笑曰：卿言是吾慮未及此耳。

二十二年十二月令，凡文武官除本等紗帽外，遇雨許戴雨帽。公差出外，許戴帽子，入城不許。其公差人員出外者亦如之。將軍、力士、校尉、旗軍常戴頭巾或䙡腦。下官、舍人并儒生、吏員、人民常戴本等頭巾。鄉村農夫，許戴斗笠、蒲笠，出入市井不禁。不親農業者不許。

二十三年三月，先是上見朝臣衣多短窄，恭酌禮制，詔禮部尚書李原名，司業龔敩參酌事宜，俾存古意。原名等議定：凡官員衣服寬窄，以身爲度。文官衣自領至裳去地一寸，袖長過手，復回至肘，袖椿廣一尺，袖口九寸。公、侯、駙馬與文職同。耆民、儒士、生員制同文職，惟袖過手，復回不及肘三寸。庶民衣長去地五寸。武職官衣去地五寸，袖長過手，袖椿廣一尺，袖口僅七寸。衆軍人衣長去地七寸，袖過手五寸，袖椿廣不過一尺，窄不過七寸，袖口僅出拳。從之，命頒示中外。

二十四年十月，上以學校爲國儲材，而士子巾服無異吏胥，宜甄别之，令工部制式以進。上親視，必求典雅，凡三易之。自命爲玉色，絹布爲之，寬袖皂緣，皂縧，軟巾，垂帶，謂之襴衫。又聞常親服試之，至今藏内府，蓋無取於前朝之式。及其以貢舉入監，國初不變所服，洪武末許戴遮陽帽，遂因私戴之。洪熙中，上問着藍衣者何人，左右以監生對。上曰教着青衣好看。乃易青圓領。

二十六年，定文武官朝服。梁冠、赤羅衣、白紗中單，俱用青飾領緣。赤羅裳，青緣，赤羅蔽膝。大帶，用赤白二色絹。革帶、佩綬、白襪、黑履。一品至九品俱以冠上梁數分等第。三月，禁官民步卒人等服對襟衣，惟騎士許服。其不應服而服者，罪之。

二十九年七月，鹽城縣教諭王孟言：公服以朝，祭服以祀。今在外凡祀山川諸神，流官具祭服，未入流者具公服。然公服既於朝賀、迎接諸禮用之，而又服以祀神，禮有未宜。且未入流官公服之制，自八品以下皆同其祭服，亦宜與之同。上是其言。

三十五年十一月，製陪祭服二百襲。樂舞生紅羅袍服二百一十四襲。

永樂三年，更定衮冕、皮弁之製。

二十二年十一月，户部主事吴璘奏教坊司樂人靴帽衣服違式等事，乞嚴禁止。從之。

宣德初，朝鮮國王言：國初賜王九章冕服，陪臣一等者比朝臣三等，得五梁冠服。今世子冠五梁與朝臣等，乞爲定制。乃命世子冠六梁。

正統十二年春，上謂工部臣曰：官民服式舊有定制，今聞有僭用織繡蟒龍、飛魚、斗牛及違禁花樣者，爾工部其通諭之，此後敢有仍蹈前非者，工匠處斬，家口發充邊軍，服用之人，重罪不宥。

景泰四年，令錦衣衛指揮侍衛者，得衣麒麟服色。

天順初，禁服大雲、柳黄、江黄、明黄等服。京衛指揮等官李春等服大雲、柳黄、紵絲衣，爲錦衣衛所捕獲，命各追紵絲二十匹，然後罪之。

成化二年，令官民人等，不許僭用服色、花樣。

十年，禁官民人等，婦女不許僭用渾金衣服、寶石首飾。

十二年，九卿以灾異陳言，内一款：軍民服色器用，近多僭越。服用則僭大紅織金羅段遍地錦，騎坐則僭描金鞍鞊減銀鞦轡，首飾則僭寶石珠翠。今四方金貴絲少，率皆坐此，宜嚴加禁約，違者即重罪而没入之。此侈風在今更甚，尤宜禁止。

弘治元年，國朝品官服色無蟒衣之制，蓋蟒蛇屬無角無足，乃其後内官多乞蟒衣，大類龍形，至是允都御史邊鏞奏，始禁，不許再乞。

十七年八月，上謂輔臣劉健等曰：在外文職官讀書明理，猶不敢僭爲。内官不知道理，尤多僭妄。皆對曰：誠如聖諭，然臣等不知内府該禁花樣。上歷數其應用花樣甚詳，且曰：若蟒龍、飛魚、斗牛皆不許用，亦不許私織。間有賜者，或久而損壞，亦自織用，均爲不可。又曰：玄黄紫皂乃是正禁。若柳黄、明黄、江黄等色，亦須禁之。又曰：玄色可禁，黑緑乃人間常服，不必禁，乃内府人不許用耳。皆諾而退。

正德元年，令軍民婦女不許用銷金衣服、帳幔、寶石、首飾、鐲釧，及娼妓不許用金首飾，銀鐲釧。犯者本身、家長、夫男、匠作各治重罪。禁商販、吏典、僕役、娼優下賤，皆不許服用貂裘。僧、道、隸、卒下賤之人，俱不許服用紵絲、紗羅、綾綿。禁官員人等勿得用玄、黄、紫三色。民庶之家，不許用紗羅、紵絲。

嘉靖六年三月，上問武弁之制，大學士楊一清等對以盔頭衣甲之服也。一日閱《會典》，又問曰：太宗、宣宗或親征，或巡邊，其禡祭皆服武弁，亦是此武士之服乎。一清等言，按《詩·洛矣》之篇曰：韎韐有奭，以作六師。注曰：韎，所染絳色也。韐，合韋爲之，所謂韠也。《六月》篇曰：載是常服。注曰：常服，戎事之常服，以韎韋爲弁，又以爲衣，而素裳、白舄也。其制與皮弁同，惟赤色。韎，赤色也。凡衣同冠色，衣到韋，則弁亦韎也。昔帝王舉戎事，而宜於大社，飭兵器而束於黄、蚩，則服韎韋之弁。我朝《大明集禮》内，武弁凡九，講武、出征、蒐狩、大射、禡類、宜社、賞祖、罰社、纂嚴則服之。皇帝親征，祭告天地，服武弁之制，則韎韋也，結五彩玉爲飾，其詳如此。

上諭大學士張璁考定武弁之制，增入《會典》。璁對：《周禮·司服》，凡兵事韋弁服，即武弁也。因圖弁形，并疏其義進覽。上報曰：覽卿注繪《武弁圖制》，足見博考。所繪有韠形，但無繫處，想亦有失。冠制，古象上尖，今皮弁則圓，朕惟上鋭者取其經，利當如古製可也。又衣、裳、韠、舄皆赤色，何謂。且佩綬俱無，而於祭用之，可乎。璁對：自古服冕弁未有不用革帶者，革帶巾前繫韍，後繫綬，韋弁之韠，止繫於革帶耳。武事尚威，故色多用赤。《詩》：韎收有奭。乃天子講武之章，奭，赤貌。韠、舄從裳色，故皆赤。佩綬於禮制不可缺，但未有明據。《采芑》詩曰：服其命服，朱芾斯皇，有瑲葱珩。此詩爲卿士方叔南征而作，其戎衣尚備佩玉，如此則天子武弁，從亦可推。惟聖明裁定，以備一代之典可也。乃命造武弁、冠服、衣裳、韠、舄，俱如古制，增革帶、佩綬及圭。仍諭禮部曰：我聖祖定制，天子親征，必有大祭等，祭皆具武弁服行禮。今國家承平，制度久缺，朕已與輔臣璁詳加考定，今欲令該衙門成造，以備一代聖制，爾部擇吉行。

七年二月，上以燕居冠服多俗制不雅，諭輔臣張璁考古帝王燕居法服之制，璁乃采輯《禮書》玄端、深衣之文，圖注以進。上爲參定其制示璁，且諭之曰：古道尚儉，今道尚華，且古玄端之服，通於上下，茲故爲等威之制，以酌古今，别上下，卿其詳加訂議，成朕志焉。璁對曰：古服除冕服外，玄端、深衣，二者其用最廣。玄端，自天子達於士，蓋國家之命服。深衣，自天子達於庶人，蓋聖賢之法服。今皇上於玄端但加之文飾，不易舊制。於深衣但易以黄色，不雜衣。誠得帝王損益時中之道，及照品官冠服固有制度，其餘燕居之服，緣未有明制，詭異之徒，競爲奇服，以亂典章。乞更如古玄端，别爲簡易之制，以昭布天下，使貴賤有等。上從之。

上製忠静冠服，併以圖册頒示禮部，諭之曰：比來衣服詭異，雖達官顯士，未免淪俗，與市井同。走卒役厮，乃敢濫服，與儒流並上下。無所辨，民志何由定乎。《禮》曰：衣服在躬不知其名，曰罔。又曰：不學雜服，不能安禮。故欲警於有位，自難混於無名。因復酌古玄端之制，更名曰忠静。庶幾進斯盡忠，退斯補過也。朕已著爲《圖説》告之祖考，示不敢專，頒之天下，傳之後世，示不可私，許在京七品以上及翰林、國學、行人官八品以下者，在外方面官及府、州、縣正官，學校官，武職都督以上官服之。令禮部頒圖式於天下，如勑遵守。因賜輔臣楊一清等冠服各一副。令在京、在外官民人等，不許濫服五彩妝花織造，違禁顔色及將蟒龍造爲女衣，或加飾妝衫，圖利貨賣。其朝貢夷人，不許擅買違式衣服，如違，將買者、賣者一體治罪。

遼府光澤王寵瀼奏：聖製燕弁、忠静冠服，中外臣工受賜得服者，咸以爲榮，乞併賜宗親官屬，使之因服思義，雖在幽獨，不忘敬戒。章下，禮部議：宗室至親與品官稍異，宜别降成式，或於燕弁上遞從减殺，以賜親王、郡王、世子，於忠静冠上，遞加增飾，以賜將軍、中尉及長史、審理、紀善、教授，伴讀，俱輔導職，宜比在外府、州、縣儒學官令皆服之，儀賓雖有品級，非儒流，不宜濫及。上曰：光澤王所請，謹德慎獨至意，待朕别有定制頒行。

十二月，諭禮部：朕酌古玄端之制，爲忠静冠服，錫於有位。朕已嘗念及宗室諸王，其制尚未之備，今光澤王所請，實獲朕心，因酌燕弁及忠静冠服之制，復爲製式，名曰保和冠服，俾將軍、中尉、王府等官服之。

八年五月初，上疑弁冕之制未令典制，諭大學士張璁，以制有革帶之文，今何不見於用。璁對曰：按陳祥道《禮書》，古革帶皆謂之鞶帶，以繫佩韍，然後加以大帶，而笏搢於二帶之間。夫革帶，前繫韍，後綬，左右繫佩，自古冕弁皆用之。今惟不用革帶，以至前後佩服，皆無所繫，遂附屬裳要之間，失古禮制矣。上曰：冕弁用以祀天地，享祖親，若闕革帶，則禮服不備。非齋明盛服，以承祭祀之意。及觀《會典》，載蔽膝用羅，上織火、山、龍三章，并大帶，緣用錦，皆與今所服不合，卿可併革帶，繫蔽膝、佩綬之式，詳明繪圖進覽。且衣裳分上下服，而今衣通掩其裳，裳制如帷幔，而今兩幅，朕意衣但當與裳要下齊，而露裳之六章，何如。已，又諭璁以變更祖制爲疑。璁對曰：古制，衣不掩裳。考之《大明集禮》及《會典》，實與古制不異。其後，官司織造，直習前代訛謬，今訂正之，乃是遵復祖制，無有變更。上意乃决，因復諭璁曰：茲事既必行，須求至當，朕仍一一與卿訂定。一衣六章，古曰繪者，畫也，今當織之，朕命織染局，查國初冕服，日、月各徑五寸，今當從之。日、月在兩肩，星、山在後，華蟲在兩袖，仍玄色。一裳六章，古曰繡，今當從之。古色用黄玄，黄取象天地。今裳用纁，於義無取，當從古。其六章作四行，以火、宗彝、蜼虎、藻爲二行，米、黼、黻爲二行。一革帶，即束帶，後當用玉，以佩綬繫之於下。一蔽膝隨裳色，其繡物，上龍一，下火三，不用三可也，卿其詳加思議以告。璁以聖裁至當爲對。上乃諭令内閣諸臣同考訂行。

十二月，上更制衮冕，先出《圖説》示閣臣，下禮官儀定，併行各王府及中外百官更正，而百官承訛如故。會聖旦，給事中戴儒請明降定式，以便習儀禮官按秘圖、《會典》，酌以今上所定冕服，説草上圖注不稱旨，上乃諭内閣親定公服，所用革帶照舊，朝祭服大帶表裏俱素，兩耳及下垂緣以緑色就，以蔽膝、珮綬係之，珮玉更復古制，裳併三齊，如禮官所言，且令議方心曲領名義。禮官言：方心曲領始於隋時，非古也。上曰：方心曲領古制不傳，况始自隋，豈可襲用，宜革之。餘如圖注，通行中外職官遵行，毋得違越。仍令各王府官一體更正。

十四年，直隸提學御史方一桂請禁革冠服之非制者。上善其言，詔都察院出榜曉諭，但有犯禁并製鬻者，執送法司問罪，仍通行南京及各巡按御史一體嚴禁之。

十六年清明節，駕發京師扈蹕，諸臣朝上於駐蹕所。兵部尚書張瓚服蟒衣，上怒諭輔臣夏言曰：朕惟名器不可輕擅，尚書二品也，何自服蟒，張瓚非不讀書之比，朝廷之上，恐未可肆，卿可面問之。仍示科道，知言等對：瓚所服乃欽賜飛魚衣，但鮮明類蟒耳。上曰：爾等説是飛魚，何組以兩角，朝廷所問，以大臣不可不先敬忌，汝等但行回護，如朕未見者。今後文武官，除本等品級服用及特賜者，不許僭分，自恣華異服色，還加禁約。給事中高擢等、御史沈一定等，復以爲言。上罪擢等不蚤舉奏，乃於降問之後，以巧佞辭對，跡涉回護，各奪俸五月。已，瓚具疏引罪。上諭禮部曰：瓚以通敏之才，原出簡用，兹誤私衣於朝所，朕所以下問者非罪其人，乃禁僭肆之端也。令盡心供職，力贊兵戎，以副簡任。

禮部奉旨查奏，文武官服色花樣俱因《會典》不會分戴，因而互用，殊非法制，乞嚴加禁約。除本等品級及特賜者，毋得僭分，自恣擅用蟒衣、飛魚、斗牛違禁華異服色。其大紅紵絲紗羅，惟四品以上官及在京九卿，翰林院、詹事府、春坊、司經局、尚寶司、光禄寺、鴻臚寺五品堂上官，經筵講官，其餘俱青緑錦繡，遇有吉禮，止服紅布絨褐。品官花樣，一循品級。公、侯、駙馬、伯，麒麟、白澤。文官一品仙鶴，二錦雞，三孔雀，四雲雁，五白鷳，六鷺鶿，七鸂鶒，八黄鸝，九鵪鶉，雜職練雀。風憲官用獬豸。武官，二品獅子，三四虎豹，五品熊羆，六七彪，八西牛，九海馬。得衣麒麟者，爲錦衣衛指揮。乞嚴爲禁約，庶免僭差。得旨如擬，命即出榜文曉諭。

二十二年，禮部言：近日士民冠服詭異，制爲凌雲等巾，競相馳逐，凌僭多端，有乖禮制，詔中外所司禁之。時内閣嚴嵩、徐階、李本皆賜服麒麟。麒麟，公、侯服也。而成國公朱希忠、京山侯崔元、左都督陸炳等，以玄壇供事，特賜服仙鶴。仙鶴，文臣一品服也。成化以後，文臣賜麟不爲異，而公、侯，伯，武臣，賜鶴則異矣。六臣出入朝行殆不可復辨，學士嚴訥、李春芳、董份，以五品撰玄詞，特賜仙鶴袍。既而上悔之，下諭謂玄壇供事，可用鶴，餘則不可，意蓋爲三臣也。而尚書皆自疑，不敢衣鶴，亟市錦雞爲飾。而三學士之衣鶴自若也。

萬曆二年，禁舉人、監生、生儒，下至民庶、奴隸之輩，有僭戴忠静金綫冠巾，穿錦綺鑲鞋及張傘蓋，戴煖耳者，聽五城御史嚴拏，重責，枷示，仍送問。

明·張鹵《明制書》卷一《大明令·禮令》 凡在朝班次，各依品從，毋得差錯，違者從糾，儀官舉罰。凡文武官員公服，各依品從，不得僭用。公服俱右衽。一品紫羅服，大獨科花，直徑五寸。二品紫羅服，小獨科花，直徑三寸。三品紫羅服，散搭花，直徑二寸。四品、五品紫羅服，小雜花，直徑一寸五分。六品、七品緋羅服，小雜花，直徑一寸。八品、九品緑羅服，無花紋。未入流品，檀褐緑窄衫。帶俱用紅鞓。一品玉帶。二品花犀帶。三品、四品荔枝金帶。五品至九品烏角帶。未入流品者，黑角束帶。以上俱展角幞頭。

又 凡官民服色、冠帶、房舍、鞍馬，貴賤各有等第。上可以兼下，下不可以僭上。官員任滿、致仕與見任同。其父祖有官身没非犯除名不叙，子孫許居父祖房舍，衣服、車馬，比父祖同。有官者依品級。其御賜者及軍官、軍人服色，不在禁例。

又 衣服並不得用金繡五爪龍紋。官一品、二品服渾金花，三品、四品服金搭子，五品服金袖膝襴，六品以上許服四爪龍，七品以下文官不許龍鳳文，止服金六花，八品、九品服金四花。

又卷七《洪武禮制·服色》 文武官朝服。凡文武官朝見服梁冠，赤羅衣，白紗中單，俱用青飾領緣。赤羅裳，青緣，赤羅蔽膝，大帶用赤白二色絹。革帶、佩綬、白襪，黑履。一品至九品，俱以冠上梁數、帶、綬分等第。一品，冠八梁，加籠巾、貂蟬。封公者服之。冠七梁，加籠巾、貂蟬。封侯者服之。已上革帶與佩俱用玉。綬，緑、黄、赤、紫四色絲織成雲鳳四色花錦，下結青絲網，綬環二，用玉。笏用牙笏。二品，冠六梁，革帶，綬環用犀，餘同一品。三品，冠五梁，革帶用金，佩用玉，綬用黄、緑、赤、紫四色絲織成雲鶴花錦，下結青絲網，綬環二，用金。笏用象牙。四品，冠四梁，佩用藥玉，餘並同。五品，冠三梁，革帶用銀鍍金，佩用菜玉，綬用黄、緑、赤、紫四色絲織成盤鵰花錦，下結青絲網，綬環二，用銀鍍金。笏用象牙。六品、七品，御史冠上加獬豸。冠二梁，革帶用銀，佩用菜玉，綬用黄、緑、赤三色絲織成練鵲花錦，下結青絲網，綬環二，用銀。笏用槐木。八品、九品，冠一梁，革帶用銅，佩用菜玉，綬用黄、緑二色絲織成鸂鶒花錦，下結青絲網，綬環二，用銅。笏用槐木。

文武官陪祭服。凡文武官，一品至九品，青羅衣，白紗中單，俱用皂領緣。赤羅裳，皂緣。赤羅蔽膝，方心曲領。其冠、帶、佩、綬等第，並同朝服。凡各處雜職未入流品人員，若遇朝賀、進表箋、陪班行禮，止用烏紗帽，圓領衫，黑角束帶。凡文武官常朝視事，以烏紗帽、圓領衫、束帶爲公服。一品玉帶，二品花犀帶，三品金鈒花帶，四品素金帶，五品銀鈒花帶，六品、七品素銀帶，八品、九品烏角帶。凡年老致仕及侍親辭閑官員，許用紗帽，束帶。若爲事黜降者，服與庶人同。凡官員人等衣服，不得用玄、黄、紫三等顔色，其餘青、緑、緋、碧及淺淡顔色，聽從穿着。其朝參官員，四時並用顔色衣服，不純素。

又卷八《禮儀定式》 官員冠帶。凡二條。凡公冠八梁，加籠巾、貂蟬、立筆五折四柱，香草五段，前後用玉爲蟬。侯冠七梁，加籠巾、貂蟬、立筆四折四柱，香草四段，前後用金爲蟬。伯，冠七梁，加籠巾、貂蟬、立筆二折四柱，香草二段，前後用玳瑁爲蟬，俱左插雉尾。駙馬冠與侯同，不用雉尾。一品冠七梁，不用籠巾、貂蟬，二品冠六梁，三品冠五梁，四品冠四梁，五品冠三梁，六品、七品冠二梁。風憲官加獬豸。八品、九品冠一梁。

凡公、侯、駙馬、一品用玉帶，二品用犀帶，三品鈒花金帶，四品素金帶，五品鈒花銀帶，六品、七品素銀帶，八品、九品烏角帶。務依品級服用，不許僭越，并束玳瑁、瑪瑙等帶，有亂品級。

又 官員服色。凡二條。凡衣服花樣，公、侯、駙馬用麒麟、白澤。文官一品、二品仙鶴、錦雞。三品、四品孔雀、雲鴈。五品白鷴。六品、七品鷺鷥、鸂鶒。八品、九品黄鸝、鵪鶉、練鵲。風憲官用獬豸。武官一品、二品獅子。三品、四品虎豹。五品熊羆。六品、七品彪。八品、九品犀牛、海馬。

凡文武百官、軍民、僧道人等，衣服、帳幔並不許用玄、黄、紫三色，并織繡龍鳳文。

清·傅維鱗《明書》卷七九《服璽志二》 凡常服制度，洪武二十三年令，官員人等衣服寬窄以身爲度。文職官衣長自領至裔去地一寸，袖長過手，復回至肘，袖椿廣一尺，袖口九寸。公、侯、駙馬與文職官同。武職官衣長去地五寸，袖長過手七寸，袖椿廣一尺，袖口僅出拳。

凡束帶，洪武二十四年定，公、侯、駙馬、伯與一品同。雜職未入流官與八品九品同。

凡服色禁制，洪武二十六年令，品官常服，用雜色紵絲綾羅綵繡。庶民止用紬絹紗布，不許别用。又令官吏及軍民、僧道人等衣服帳幔，並不許用玄、黄、紫三色，并織繡龍鳳文，違者罪及染造之人。其朝見人員，四時並用顔色衣服，不許純素。

景泰四年令，錦衣衛指揮侍衛者，得衣麒麟服色。

天順二年令，官民人等衣服不得用蟒、龍、飛魚、斗牛、大鵬、像生獅子、四寶相花、大西番蓮、大雲花樣，并玄、黄、紫及玄色樣黑緑，柳黄、姜黄、明黄等色。

成化二年令，官民人等不許僭用服色花樣。弘治十三年奏准，今後公、侯、伯及文武大臣，各處鎮守、守備等官，敢有違例奏討蟒衣、飛魚等項衣服者，該科糸駁，科道糾劾，該部執奏，治以重罪。

嘉靖六年令，在京、在外官民人等，不許濫服五彩妝花，織造違禁顔色及將蟒龍造爲女衣，或加飾妝彩，圖利貨賣。其朝貢夷人，不許擅買違式衣服，如違，將買者、賣者一體拿問治罪。

十六年題准，今後在京、在外文武官員，除本等品級服色及特賜外，不許擅用蟒衣、飛魚、斗牛等項違禁華異服色。其大紅紵絲紗羅服，惟四品以上官及在京九卿，翰林院、詹事府、春坊司、經局、尚寶司、光禄寺、鴻臚寺五品堂上官，經筵講官方許穿用，其餘衙門，雖五品官及五品以下官經筵不係講官者，俱穿青緑錦繡。遇有吉禮，止許穿紅布絨褐。品官花樣照依品級，公、侯、駙馬、伯，麒麟、白澤，文官一品仙鶴，二品錦鷄，三品孔雀，四品雲雁，五品白鷴，六品鷺鷥，七品鸂鶒，八品黄鸝，九品鵪鶉。雜職官練鵲。風憲官獬廌。武官一品、二品獅子，三品、四品虎豹，五品熊羆，六品、七品彪，八品犀牛，九品海馬，不許混同穿用。錦衣衛指揮侍衛者，得衣麒麟服色。其餘帶俸及不係侍衛人員，及千百户等官，雖係侍衛，俱不許僭用。

凡致仕罷閒官員服色，洪武三年令，年老致仕及侍親辭閒官，許用紗帽、束帶。若爲事黜降者，服與庶人同。三十年令，致仕官服色與見任同。若遇朝賀及謝恩、見辭，一體具服行禮。

忠靖冠服。嘉靖七年定，忠靖冠，即古玄冠，冠匡如制，以烏紗冒之，兩山俱列於後，冠頂仍方中微起，三梁，各壓以金綫，邊以金緣之。四品以下，去金，邊以淺色絲綫緣之。忠靖服即古玄端服，色改用深青，以紵絲紗羅爲之。三品以上用雲，四品以下用素，邊緣以藍青，前後飾以本等花樣補子。深衣用玉色。素帶，如古大夫之帶制，青表緑緣邊並裏。素履，色用青緑絲結。白襪。凡王府將軍、中尉及左右長史、審理、正副紀善、教授等官，俱以品官之制服之，儀賓不許概服。在京七品以下官及八品以下翰林院、國子監、行人司官，在外方面官、各府堂官、州縣正官、儒學教官及武官都督以上許服。其餘不許。

儀賓冠服。儀賓朝服、公服、常服，俱照品級，與文武官同，惟笏皆用象牙。常服花樣視武官。

弘治十三年定，郡主儀賓，鈒花金帶，胸背獅子。縣主儀賓，鈒花金帶。郡君儀賓，光素金帶，胸背俱虎豹。縣君儀賓，鈒花銀帶。鄉君儀賓，光素銀帶，胸背俱彪。故違僭用者，革去冠帶，戴平頭巾，於本處儒學讀書，習禮三年，方許復職。

命婦冠服。命婦。禮服，凡命婦入内朝見君后，在家見舅姑并夫及祭祀則服禮服。

洪武五年定，凡命婦圓衫，以紅羅爲之，繡重雉爲等第。一品九等，二品八等，三品七等，四品六等，五品五等，六品四等，七品三等，其餘不用繡雉。

二十四年定，命婦冠服，公侯伯與一品同，大袖衫，用真紅色。一品至五品，紵絲綾羅隨用。六品至九品，綾羅紬絹隨用，霞帔、褙子皆用深青緞匹。公侯及一品、二品，金繡雲霞翟文。三品、四品，金繡雲霞孔雀文。五品，繡雲霞鴛鴦文。六品、七品，繡雲霞練鵲文。大袖衫，領闊三寸，兩領直下一尺，間綴紐子三。前身長四尺一寸三分，後身長五尺一寸，内九寸八分，行則摺起，末綴紐子二，紐在掩紐之下，拜則放之。袖長三尺二寸二分，根闊一尺，口闊三尺五分，落摺一尺一寸五分，掩紐二，就用衫料，連尖長二寸七分，濶二寸五分，各於領下一尺六寸九分處綴之，於掩下，各綴紐門一，以紐住摺起後身之餘者。兜子亦用衫料兩塊斜裁，上尖下平，連尖長一尺六寸三分，每塊下平處，各濶一尺五分，縫合於領下一尺七分處綴之，上綴尖皆縫合，以藏霞帔後垂之末者。霞帔二條，各長五尺七寸，濶三寸二分，各繡禽七，隨品級用，前四後三，各繡臨末左右，取尖長二寸七分，前後分垂，横綴青羅襻子，牽連並之。前垂三尺三寸五分，尖綴墜子一。後垂二尺三寸三分，臨末插兜子内藏之。墜子中鈒花禽一，四面雲霞文，禽如霞帔，隨品級用。笏以象牙爲之，圓首方脚，長六寸四分，濶一寸五分，厚一分五釐。

二十六年定，一品，冠用金事件，珠翟五箇，珠牡丹開頭二箇，珠半開三箇，翠雲二十四片，翠牡丹葉一十八片，翠口圈一副，上帶金寶鈿花八箇，金翟二箇，口啣珠結二箇。二品至四品，冠用金事件，珠翟四箇，珠牡丹開頭二箇，珠半開四箇，翠雲二十四片，翠牡丹葉一十八片，翠口圈一副，上帶金寶鈿花八箇，金翟二箇，口啣珠結二箇。一品至二品，霞帔用雲霞翟文，鈒花金墜子。褙子用雲霞翟文。三品至四品，霞帔用雲霞孔雀文鈒花金墜子。褙子用雲霞孔雀文。五品至六品，冠用抹金事件，珠翟三箇，珠牡丹開頭二箇，珠半開五箇，翠雲二十四片，翠牡丹葉一十八片，翠口圈一副，上帶抹金銀寶鈿花八箇，抹金銀翟二箇，口啣珠結子二箇。五品，霞帔用雲霞鴛鴦文，鍍金鈒花銀墜子。褙子用雲霞鴛鴦文。六品霞帔用雲霞練鵲文，鈒花銀墜子。褙子用雲霞練鵲文。七品至九品，冠用抹金銀事件，珠翟二箇，珠月桂開頭二箇，珠半開六箇，翠雲二十四片，翠月桂葉一十八片，翠口圈一副，上帶抹金銀寶鈿花八箇，抹金銀翟二箇，口啣珠結子二箇。七品，霞帔、墜子、褙子與六品同。八品、九品霞帔用繡纏枝花墜子，與七品同。褙子繡摘枝團花。

命婦。常服，洪武二十四年定，命婦常服，用顔色團領衫。進士巾服，洪武初定，進士巾如命，烏紗帽之製，頂微平，展角闊寸餘，長五寸許，系以垂帶，皂紗爲之。深色藍羅袍，緣以青羅，袖廣而不殺。革帶，青鞓，飾以黑角，垂撻尾於後。笏用槐木。廷試後，赴國子監，領出傳臚日，服之。至上表謝恩後，謁先師孔子，行釋菜禮畢，始易常服。其巾、袍等仍送國子監交收。

狀元冠服，朝冠，二梁。朝服，緋羅爲之，圓領，白絹中單，錦綬，蔽膝全，槐笏一把，紗帽一頂，光素銀帶一條，藥玉佩一副，朝靴、氈襪各一雙，俱内府製造。禮部官引至御前頒賜，上表、謝恩日服之。

吏員巾服，洪武四年定，各衙門椽史、令史、書吏、司吏、典吏，穿皂盤領衫，繫絲縧，戴四方平定巾。十四年定皂衣改用青色。三十年定，令史、典吏，皆服吏巾，巾樣不與庶民同。

士庶巾服，公使人等府。

洪武三年定，士庶初戴四帶巾，今改四方平定巾。雜色盤領衣，不許用黃。執仗之士，首服鏤金額交脚幞頭。服諸色辟邪、寶相花裙襖、銅葵花束帶，皂紋靴。刻期冠、方頂巾。衣胸背鷹鷂花腰綫襖子，諸色闊匾絲縧，象牙雕花環，行縢八帶鞋。皂隸，冠圓頂巾，衣皂衣。又令庶民男女衣服，並不得僭用金繡、錦綺、紵絲、綾羅，許用紬絹素紗，其首飾、釧鐲並不許用金玉、珠翠，止用銀。靴不得裁製花樣，金綫飾妝。四年定，皂隸、公使人，穿皂盤領衫，戴平頂巾，繫白［褡］膊帶錫綼。

六年令庶民巾環，不得用金玉、瑪瑙、珊瑚、琥珀。未入流品者並同。庶民帽，不得用頂，帽珠許用水晶、香木。校尉衣只孫束帶、幞頭、靴鞋。刻期雕刻雜花象牙綠環外，餘同庶民。

十四年令農民之家許穿紬、紗、絹、布，商賈之家止許穿絹布。如農民之家但有一人爲商賈者，亦不許穿紬紗。又令校尉用金鵞帽，黑漆戧金荔枝，改作銅釘樣，每五釘攢就，四面稍起邊欄，鞓用青，緊束之。各衙門祇禁原穿皂衣，改用淡青。又令僧道服色，禪僧茶褐常服，青絛玉色袈裟。講僧玉色常服，緑絛淺紅袈裟。教僧皂常服，黑絛，淺紅袈裟。僧官皆如之。道士常服，青法服。朝服皆用赤色。道官亦如之。惟僧録司袈裟，道録司官法服，朝服，皆緑紋，飾以金。

二十二年令，將軍、力士、校尉、旗軍，常戴頭巾或䙡腦。官下舍人並儒士、吏員、民人，常戴本等頭巾。鄉村農夫，許戴斗笠、蒲笠，出入市井不禁。不親農業者不許。

二十三年令，耆民、儒士、生員衣制同文職，惟袖長過手，復回不及肘三寸。庶民衣長，去地五寸，袖長過手六寸，袖樁廣一尺，袖口五寸。軍人衣長去地七寸，袖長過手五寸，袖樁廣不過一尺，窄不過七寸，袖口僅出拳。

二十五年令，文武官同籍父兄、伯叔、弟侄、子壻及儒士、生員、吏典、知印、承差、欽天監天文生、太醫院醫士、瑜珈僧、正一道士，將軍、散騎舍人帶刀之人，正五馬軍並馬軍小旗教讀、大誥師生許穿靴。校尉、力士，遇上直許穿，出外不許。其庶民、商賈、技藝、步軍及軍下餘丁、管步軍總、小旗官、下家人火者、皂隸、伴當，在外醫卜、陰陽人皆不許，止許穿皮扎䩺。其北平、山西、山東、陝西、河南，并直隸、徐州地寒，人民許穿牛皮直縫靴。

二十六年，禁官民、步卒等，不許服對襟衣。惟騎射士不拘。正德元年，禁商販、吏典、僕役、倡優下賤皆不許服用貂裘。僧道、隸卒下賤之人，俱不許服用紵絲紗羅錦。

十六年，禁軍民人等，如有穿紫花罩甲等服，或禁門或四外遊走者，許緝事並地方人等擒拿。

萬曆二年，禁舉人、監生、生儒下至民庶、奴隸之輩，有僭戴忠靖金綫冠巾，穿錦綺鑲履及張傘蓋、戴煖耳者，聽五城御史嚴拿，重責，枷示，仍送問。

士庶妻冠服，婢使人等附。洪武三年定，士庶妻首飾許用銀鍍金，耳環用金珠，釧鐲用銀，服淺色團衫，許用紵絲綾羅紬絹。五年令凡民間婦人禮服，惟用紫染色絁，不用金繡。凡婦人袍衫，止用紫、緑、桃紅及諸淺淡顔色，不許用大紅、鴉青、黄色。帶用藍絹布。凡女子在室者，服飾之制，皆作三小髻，金釵，珠頭𩭐，窄袖褙子。凡婢使人等，綰高頂髻，用絹布狹領長襖、長裙。小婢使，綰雙髻，用長袖短衣、長裙。

成化十年令禁官民人等婦女不許僭用渾金衣服、寶石首飾。

正德元年令軍民婦女不許用銷金衣服、帳幔，寶石首飾，鐲釧，及娼妓不許用金首飾、銀鐲釧，犯者本身、家長、夫男、匠作各治重罪。

清·查繼佐《罪惟録·志》卷四《冠服志》 洪武元年，學士陶安請製五冕分用。上以太繁，定天地、宗廟用衮冕，社稷等祀服通天冠、絳紗袍，御殿服朝服。子服公服。皇太子冠禮三加，初折上巾，次遠遊冠，又次九旒冕。

二年，嚴定品官朝服、公服之制。初製成，賜百官二千八百一十二人，皆從授散官。製内臣常服，紗帽與群臣不同，並不許僭用朝服，乃頭公服。統定衣冠制，略視唐令，士民束髮於頂。網髮之制。上嘗詣神，無見道士頂此，怪問之，伏對曰：裹此則萬髮皆齊。上關治體，遂令永爲式，名曰網巾。比□□韜髮□麗以之，後易以馬尾。官用烏紗帽，圓領大襬，寬帶，皂靴。圓領前後有補，文武分，文從禽，武從獸，惟風憲官用豸補。士庶用四帶巾，雜色盤領衣，不得用大紅、黄、玄。其妻首飾，只許用銀或鍍金，服淺色團衣，只許紬、絹，不得僭用錦綺紵綾。帶用藍絹布。統不許用兩截胡衣。伶人載緑色巾，其妻不許加冠、著褙子。樂工戴卍青一字頂巾，繫紅緑絹帶，承應則穿靴。諸司官有不由科薦，堪任用者，或令民服蒞政時有平頭、祭酒等稱，或科薦有過稍輕，罰去冠帶。以後列朝多行之。喪服制依朱文公《家禮》，又准楊復附注喪禮，有斬衰，有齊衰，各有冠式、首絰式、腰絰式、絞帶式。杖式，父喪用竹，本則下，母用桐，上圓下方。菅履、疏履、繩履三式。婦人不杖，用竹釵、麻鞋。五年，詔定服色，色尚赤。凡科甲監貢生員，除法服外，兼晉漢唐巾而不用元頂，貢舉入監，中襴無所變置，至當選後，方易命服。定吏人服色用皂。

二十二年，復申前禁。文武官除紗帽外，遇雨許戴雨帽，奉差許戴笠子。侍衛、旗軍，常用頭巾或褡膊。農夫許戴斗笠，非農不許。笠子即遮陰帽。

二十三年，定文員衣，去地一寸，袖回至肘□九寸。耆老、儒士、生員同文員，惟袖迴不及肘三寸。庶民衣去地五寸。武員衣亦去地五寸，袖長過手七寸，□只容拳。軍人衣去地七寸，袖長過手五寸，□只容拳。各部皂隸，俱漆巾，惟禮部絲帽。

二十四年，裁定軟巾□□。禮部奏：小民往往成造破爛不堪紗羅，或用紙粘裹，竹絲漆布，混同造賣，有禮制，遂申飭與受皆罪。先是，會稽楊維禎燕見，上問所頂何制，對曰：四方平定巾，以定字易頂字。上悦其義，勅通行。或云，上以手握平定巾之後，如民字樣，遂以爲監生、生員法服，益於士子，三易其制矣。襴衫用玉色，惟絹布，寬袖，皂絲縧。六部都察院同。翰林院諸儒臣，並參考歷代四民男女衣服式樣，與各器用制度，飭行之。凡常朝官，懸帶腰牌，專事關防，非古魚袋之制，面刻官銜，其背刻出京不用。但有牙理烏木牌，以别貴賤。

清源洪文科嘗作記，以譏蔭襲巾之弊。明興，除法服外，凡科甲監貢生員，燕居間用晉漢唐巾而不用元頂，非此只用圓帽。後至書繪謄寫者亦僭用此巾，甚至細民不識一丁，輒峩冠曳大袖。一人科第，姻族咸儒巾招摇。俗唤之曰蔭襲巾。復勅太廟經筵拜裀，俱用紅紵絲，中紵圓裹，特棲紅布於其上。蓋相沿令□□。

三邊將員出塞，裝束與士率同，大卒衣尚皂色。弘治十七年，詔禮部嚴服色之禁，且以内官僭妄更甚，語劉捷，凡蟒、龍、飛魚、斗牛不許用，併不許織。雖受賜，只許原賜，不得擅製，如玄、黄、紫、皂應禁外，柳黄、明黄、薑黄，總不宜用。黑緑，人間常服，内官需特禁。嘉靖七年，上自製燕弁，酌古玄端，襯深衣，色用黄，曰以戒燕也。按，忠靖冠，大臣得服之，不概許四庶、幾進思盡忠者矣。頒保和冠服，郡王長子以上，其將軍、中尉、長史以下，一用忠靖如例。明年五月，更定冕、弁及群臣朝、祭服，復國初體制。十五年，製大成龍威冠服。三品所束帶，雜用金鑲雕花銀母、象牙、明角、沉香等。四品多用金鑲玳瑁、鶴頂、銀母、明角、伽楠、沉速等。五品多用銀鑲雕花、象牙、銀母、明角等。六品、七品用素帶，亦如之。又武職三品，織補僭用獅子。上嘗視朝，尚寶謝敏先行，風高，所佩與上佩勾結不解，敏伏謝，弗罪。命中外官咸製佩囊，惟太常寺官所佩，不用囊，如故。上郊，寺丞董弘業從，所佩勾昇耳，倉猝口嚙斷之，上不悦，未幾，許弘業老去。上近體衣，用松江三紡飛花布爲常。隆慶初，申飭各宫所繫帶，惟金銀花素二色及角帶，餘不許任意雜辦。時士大夫忽以曳撒爲誇，争相製用。

四年，奏革雜流舉監擅用忠靖冠。士庶不許用宋錦雲鶴綾緞紗羅，女衣不許花鳳通袖。

萬曆中，嘗享太廟，大璫四人，皆五梁冠、祭服以從，非制，始於先朝，或令大璫代祭中霤。因私製相沿，江南縉紳子弟及舉監生員便服，多以白絹緑領，庶民不敢犯。非有名庠序，不用朱履。

紀事

明・吕本《明世宗肅皇帝寶訓》卷五《定服制》 嘉靖七年二月丁巳，上以燕居冠服多俗制，不雅，諭輔臣張璁考古帝王燕居法服之制。璁乃采輯《禮書》玄端、深衣之文，圖注以進。上覽之稱善，遂命工如法制燕弁服，稍加文采，襯用深衣，色用黄。令尚衣監收貯，著爲式。因諭璁曰：古道尚華，且古玄端、衣服，通於上下，兹故爲等威之制，以酌古今，别上下。卿其上下訂議，成朕志焉。璁對：如聖諭爲當，但今品官冠服固有制度，其餘燕居之服，緣未有明制。詭異之徒，競爲奇服，以亂典章。乞更如古玄端，别爲簡易之制，以昭布天下，使貴賤有等。上從之。因復製忠靜冠服，併以圖册頒示禮部，勅諭之曰：朕惟治天下莫大於禮，禮莫明於分，故服之有章，所以辨上下、定民制也。

明・俞汝楫《禮部志稿》卷六四《章服備考・冠服禁令》 服色禁制。洪武二十二年十二月申嚴巾帽之禁，凡文武官除本等紗帽外，遇雨許戴雨帽。公差出外，許戴帽子，入城不許。其公差人外，出外者亦如之。

天順二年，令官民人等衣服勿用蟒龍、飛魚、斗牛、大鵬、像生獅子、四寶相花、大西番蓮、大雲花樣。

成化三年令官民人等勿僭用服色花樣。

嘉靖六年，令在京、在外官民人等不得濫服五彩粧花織造，違禁顔色及將蟒龍造女衣，夷人不許擅買違式衣服。

洪武二十四年七月壬申，申明靴禁。先是，常禁民間製靴，不許裁爲花樣及以金線裝飾。

《明史》卷六七《輿服志三》 十六年，世宗登極，詔云：近來冒濫玉帶，蟒龍、飛魚、斗牛服色，皆庶官雜流并各處將領夤緣奏乞，今俱不許。武職卑官僭用公、侯服色者，亦禁絶之。嘉靖六年，複禁中外官，不許濫服五彩裝花織造違禁顔色。七年，既定燕居法服之制，閣臣張璁因言：品官燕居之服未有明制，詭異之徒，競爲奇服以亂典章。乞更法古玄端，别爲簡易之制，昭布天下，使貴賤有等。帝因複製《忠静冠服圖》頒禮部，敕諭之曰：祖宗稽古定制，品官朝祭之服，各有等差。第常人之情，多謹于明顯，怠于幽獨，古聖王慎之，制玄端以爲燕居之服。比來衣服詭異，上下無辨，民志何由定。朕因酌古玄端之制，更名忠静，庶幾乎進思盡忠，退思補過焉。朕已著爲《圖説》，如式製造。在京許七品以上官及八品以上翰林院、國子監、行人司，在外許方面官及各府堂官、州縣正堂、儒學教官服之。武官止都督以上，其餘不許濫服。禮部以《圖説》頒布天下，如敕奉行。按忠静冠仿古玄冠，冠匡如制，以烏紗冒之，兩山俱列于後。冠頂仍方中微起，三梁各壓以金綫，邊以金緣之。四品以下，去金，緣以淺色絲綫。忠静服仿古玄端服，色用深青，以紵絲紗羅爲之。三品以上雲，四品以下素，緣以藍青，前後飾本等花樣補子。深衣用玉色，素帶，如古大夫之帶制，青表緑緣邊并裏。素履，青緑絛結。白襪。

十六年，群臣朝于駐蹕所，兵部尚書張瓚服蟒。帝怒，諭閣臣夏言曰：尚書二品，何自服蟒。言對曰：瓚所服，乃欽賜飛魚服，鮮明類蟒耳。帝曰：飛魚何組兩角，其嚴禁之。于是禮部奏定，文武官不許擅用蟒衣、飛魚、斗牛、違禁華異服色。其大紅紵絲紗羅服，惟四品以上官及在京五品堂上官、經筵講官許服。五品官及經筵不爲講官者，俱服青緑錦綉。遇吉禮，止衣紅布絨褐。品官花樣，并依品級。錦衣衛指揮侍衛者仍得衣麒麟，其帶俸非侍衛，及千百户雖侍衛，不許僭用。

雜録

明·田藝蘅《留青日札》卷二二《我朝服制》 洪武改元，詔衣冠悉服唐制。士民束髮于頂，官則烏紗帽、圓領、束帶、皂靴。士庶則服四帶巾、雜色盤領，衣不得用黄玄。士庶妻首飾許用銀鍍金，耳環用金珠，釧環用銀，服淺色團衫，用紵絲綾羅紬絹。樂妓則帶明角、皂褙，不許同。二十二年，申嚴巾帽之禁。儒生、吏員、人民常戴本等頭巾。鄉村農夫許戴斗笠，出入市井不禁，不親農業者不許。二十四年，生員玉色絹布襴衫，寬袖皂綫絛，軟巾、垂巾。農家許着紬紗絹布。商賈之家，止許着絹布。如農民之家，但有一人爲商賈者，亦不許着紬紗。農民許戴斗笠、蒲笠，累朝遞有禁革。隆慶四年，奏革雜流、舉監忠靖冠服。士庶男女，宋錦雲鶴綾段紗羅，女衣花鳳通袖，機坊不許織造。今宋錦禁而漢錦出矣，吾不知夏、商、周之錦又何如也。

明·陸容《菽園雜記》卷九 《癸辛雜識》云：官品有金紫、銀青之目，蓋金至於紫，銀至於青，爲絶品也。此説殆非。蓋金銀謂印，青紫謂綬，或謂所佩魚袋及服色耳。古人有金章、紫綬、紫袍，今時文武極品官，俱無金印，印亦無綬。又紫爲禁色，臣下無敢服者，惟四品以上緋袍，金帶。七品以上青袍，銀帶。此即金紫、銀青之遺制也。

明·朱之瑜《舜水先生文集》卷二四 齊景公飲酒而樂，釋衣冠自鼓缶。公曰：速駕迎晏子。晏子朝服以至，公曰：寡人甚樂此樂也，願與夫子共之，請去禮。禮非晏子之家禮，景公猶不敢公言去之，而曰請去。然則景公猶有可爲也，若今人便以朝服而至，爲可厭可惡矣。

明·沈德符《萬曆野獲編》卷一四《禮部一·仕宦謁歸服飾》 今大小臣削籍爲民者，例得辭朝。往時成化三年，故相商淳安召還時，尚未復官，及詣闕，投榜子於鴻臚，稱浙江某府縣爲民，臣商輅行取到。見朝及陛見，戴方巾，穿圓領，繫絲絛，蓋用楊廉夫見太祖故事。想當時大臣編氓者，其體皆然。頃今上甲申，刑部尚書潘季馴爲民，辭朝，頭戴平巾，亦布袍絲絛。其巾如吏人之製，而無展翅。今六部及藩司知印尚戴之，已非方巾矣。比來聞朝士得譴斥削者，皆小帽青衣，雖曰貶損思咎之意，恐未妥。此蓋輿皂之服，充軍者方衣之，而充軍重譴，例不辭朝，若爲民者，奉旨云回籍當差，猶然隴畝良民，固未嘗有罪。國初糧長，例得用平巾，則潘司寇所戴，似爲得之。又冠帶閑住者，必先云革了職，蓋已奪爵秩，無品級高卑可分，一切頭踏儀從，俱不得用，僅予以仕服耳。以故嘉靖辛酉，高安吴宗伯。以閑住歸時，已拜少保，其見客止青衣角帶，并侍衛亦無之，真深諳祖制，得大臣之體。今俱以章服，裹居皆蟒玉金紫，呵殿赫奕，與居官無異，失之遠矣。今上乙酉年，右通政梁子琦以議壽宫不合，奉旨降本司參議閑住。丁亥年，在籍兵部尚書凌雲翼，以毆諸生被訐，奉旨革去宫保，以尚書閑住。夫既罷閑住，又何秩可降，乃復從貶謫，是無官者反得官矣。揆地如此票擬，不滿諳練者一笑耳。先朝故老，决不冬烘至此。

佩戴用品

綜　述

明·王世貞《觚不觚録》卷一　世廟晚年不視朝，以故羣臣服飾不甚依分。若三品所繫，則多金鑲雕花、銀母、象牙、明角、沉檀帶。四品則皆用金鑲玳瑁、鶴頂、銀母、明角、伽楠、沉速帶。五品則皆用雕花、象牙、明角、銀母等帶。六七品用素帶亦如之，而未有用本色者。今上頗注意朝儀，申明服式，于是一切不用，惟金銀花素二色而已，此亦不觚而觚之一也。

又　主事署郎中、員外郎，不得繫花帶。而武臣自都督、同知以至指揮、僉事，凡署職者，皆得繫其帶。此國初以來，沿襲之久，遂成故事矣。獨會典所載服色，武職三品以下，有虎豹熊羆彪海馬犀牛之制。而今則通用獅子，畧不之禁，此不可曉也。

明·張鹵《明制書》卷一《大明令·禮令》　冠帶。職官一品至四品，帽頂、帽珠，繫腰通用金玉、珠寶粧飾。五品、六品，帽頂許用金玉，帽珠用珊瑚、琥珀。繫腰用金銀犀角。七品至九品帽頂許用銀或鍍金，帽珠用水晶、琥珀，繫腰用銀減鐵。以上帽子、帽花許用製造字樣及龍鳳紋，靴子通用金綫花樣。

職官妻女，一品至三品服渾金衣，首飾釧鐲用金玉珠寶。四品、五品妻女服金搭子衣，首飾用金玉珠。六品至九品服銷金衣，并金紗搭子，首飾用金珠，惟耳環許用玉珠。以上通用綵繡。

明·田藝蘅《留青日札》卷二三《金》　大中祥符元年，詔金箔、金銀綫、貼金、銷金、間金、蹙金綫裝貼什器、土木玩弄之物，并行禁斷。非命婦不得以金爲首飾。飾，許人糾告，并以違制論。寺觀飾塑像者，賫金銀并工價，就文思院换易。四年，又詔宫院苑囿等止用丹白裝飾，不得用五彩，皇親、士庶之家亦不得用。春幡勝，除宣賜外，許用綾，不得用羅，諸般花用通草，不得用縑。又，八年，詔自中宫以下，衣服并不得以金爲飾，應銷金、貼金、綴金、間金、戭金、圈金、解金、剔金、撚金、陷金、明金、泥金、榜金、背金、影金、闌金、盤金、織金、金綫，皆不許造。慶曆二年，申嚴其禁，上自宫掖悉皆屏。臣庶之家犯者，必置于法。仁宗明道二年，詔册寶法物，凡用金者，并改用銀，以金塗之。洪武元年，有司奏造乘輿、服御諸物應用金者，命皆以銅爲之。有司言費小，不足靳。上曰：朕富有天下，豈吝于此。然所謂儉約者，非身先之，何以率下。小用不節，大費必至。開奢汰之源，啓華靡之漸，未必不由小而至大也。二年，詔禁庶民之家，不得用金綉、錦綺、紵絲、綾羅。止許用紬絹。其首飾釧鐲并不許用金玉珠翠，止用銀花。

明·葉盛《水東日記》卷二三《銀青金紫》　歐陽文忠公云：漢以來有銀青、金紫之號。青紫，綬也。金銀，其所佩印章。綬所以繫印者也。後世官不佩印，此名虚設矣。隋唐以來，有隨身魚，而青紫爲服色。所謂金紫者，乃服紫衣而佩金魚爾。唐李宗閔謂崔能賜紫衣金印，曰金印，繆也。今世自以賜緋服魚袋、賜紫金魚袋結入官御矣。今有階至金紫光禄大夫者，遂於結御去賜紫金魚袋，皆流俗相承，不復討正也。予嘗於今容縣拓得元次山小像，其衣腋垂一物，似鹿皮紋而長，蓋即魚袋也。

明·沈德符《萬曆野獲編》卷一三《禮部一·牙牌》　唐宋士人，腰帶之外，又懸魚袋，爲金爲銀，以别等威。本朝在京朝士，俱佩牙牌，然而大小臣僚皆一色，惟刻官號爲别耳。如公侯伯則爲勛字號，駙馬則爲親字號，文臣則文字號，武臣則武字號，伶官則樂字號。惟內臣又別爲一式。其後工匠等官，雖非朝參官員，以出入內廷，難以稽考，乃製官字號牌與之。若英宗、世宗兩朝，俱有王府儀賓在京，得懸牙牌，想俱用親字無疑矣。惟道官如協律郎、奉祀之類，亦得用文字號，似爲僭擬，宜以道字別之。又，文臣章服，各以禽鳥定品級，此本朝獨創。向聞教坊官綉補俱圓，其實正方，與朝臣無異，且亦衣練鵲如士夫，此更當改他禽，無溷清流可也。

紀事

明·王世貞《觚不觚録》 隆慶即位，恩詔文職五品以上以禮致仕者，進階一級。于是致仕尚書、左右都御史，皆腰玉。侍郎至按察使，皆腰犀。僉都御史至知府皆腰花金。而僉事郎中、府同知皆腰金戴褐。蓋事稍稍聞于內，一時八座諸公尤不平，謂我輩未滿闕載尚不得玉，而彼坐不稱而退者，乃玉耶。于是言官申明其事，謂尚書未滿初考進一階，止當曰資政大夫。滿考授資政者，止當曰資德大夫。授資德者，方可曰榮禄大夫，得換服色。以下皆倣此。因通行天下裁正，而腰玉與犀金之徒如故也。余竊不敢以爲然。以爲階者，所稱大夫也。級者，品級也。必隔品而謂之級，若只在本階，則所謂陞一級與陞俸一級者，當何處耶。且考之祖宗恩典皆然。間與故相華亭公及之，公即草是詔者，答曰：公言是也。當時實以爲國家曠蕩之恩，第所謂被彈劾考察致仕者不當援耳。自後新鄭草赦詔，第云進本一階，則林下之臣被恩者無幾，而諸公之自相貴者，復自若也。一南兵部署員外主事以考察去者，一知州被革者，忽兩進其階，曰朝列大夫。一府同知後恩詔半歲而考察去者，亦署曰朝列大夫。金紫塞途，見者扼腕，而無如之何。所謂知州者，以進階高會，其乃弟亦大僚也，忽莞然曰：恨世宗不數赦，則吾兄且腰玉也。又聞舊一輸粟指揮使凡四覩恩詔，輒刻一牙章，最後曰特進光禄大夫柱國。此二事可爲進階者助捧腹。

明·郭正域《明典禮志》卷一八《冠服志》 牙牌。洪武十一年三月丁酉，始制牙牌給文武朝臣。其制象牙爲之，刻官稱於上，凡朝參佩以出入，有不佩者門者卻之。私相借者，論如律。有故則納之內府，兵在外來朝百司官無牌者，則於各門附名以入。勛臣以勛字，親臣以親字，文臣以文字，武臣以武字。文武官之與陪祀郊廟及執事人亦給牙牌，有圓花、長花、花素之別。凡諸得給牌者，有故則檢籍而納之。正德十六年九月，禮部覆禮科都給事中邢寰奏，牙牌惟常朝職官得以懸帶，正德以來，權奸竊柄傳陞官，乞清查以重名器。得旨：文職不朝參者，不得濫給牙牌。武官進御侍班佩刀執金爐者給與。嘉靖二十四年十一月丙申，禮科都給事中陳邦修言：百官出入禁門，帶牙牌以妨奸僞。今虛銜帶俸及雜流供事者，如文思院大使趙成等十餘人，皆得關領朝參牙牌，宜查奪。上以名器當慎，令禮部尚寶司禮科查奪，有違例者以名聞。

雜録

明·于慎行《穀山筆麈》卷三《恩澤》 唐初，三品以上賜金裝刀、礪石，一品以下則有手巾、算袋。開元以後，百官朔望朝參則佩算袋，各隨其所服之色，餘日則否。此則宋時魚袋之製也。本朝文武大臣扈從車駕，則賜綉春刀、椰瓢、茄帶，亦是此意。但唐、宋通服以爲章彩，今止以充賜近臣，而不以爲法服爾。

明·史玄《舊京遺事》卷二 外臣張蓋，京朝官張扇，自一品至四品大小卿皆用貼金黑扇，次翰林六科黑扇，又次十三道御史、六部屬及中行評博等黃油扇。

明·顧起元《客座贅語》卷九《腰玉四人》 南京文臣，官一品繫玉帶者，惟太子太保王襄敏公以旗一人而已。又王公敞，正德中官太子少保、兵部尚書，亦以管理戎政，賜蟒衣，賜玉帶。又公爲給事中時，與前倪尚書謙，今朱宗伯之蕃，皆以使朝鮮賜一品服。計二百四十餘年，南都之得繫玉者，生前惟四公而已。

明·陸容《菽園雜記》卷二 常朝官懸帶牙牌，專主關防出入，與古所佩魚袋之制不同。觀其正面，刻各衙門官名，背面刻出京不用字及禁令可知。天順三年，浙江鄉試策門及之，而終無決斷。蓋見之不明也。凡在內府出入者，貴賤皆懸牌，以別嫌疑。如內使火者烏木牌，校尉、力士、勇士，小斷銅牌，匠人木牌，內官及諸司常朝官牙牌。若以爲榮美之飾，則朝廷待兩京爲一體，何在京伶官之卑亦有之，而南京諸司，尊官不以此榮美之邪。況古者金魚之佩，未必出京不用也。

明・沈德符《萬曆野獲編》卷一三《禮部一・笏囊佩袋》 古今制度，有一時創獲，其後循用不可變者，如前代之笏囊與本朝之佩袋是也。凡大朝會時，百寮俱朝服佩玉，殿陛之間，聲韻甚美。嘉靖初年，世宗升殿，尚寶卿謝敏行以故事捧寶逼近宸旒，其佩忽與上佩相糾結，賴中官始得解。敏行惶怖伏罪，上特宥之，命自今普用佩袋，以紅紗囊之，雖中外稱便，而廣除中清越之音減矣。惟郊天大禮，不敢用袋，登壇時惟太常侍儀進爵，中涓輩俱不得從。萬曆丙戌年，今上南郊，寺臣董宏業所佩，忽爲鼎耳所絓，上立待許久，始得成禮。然祠官之不袋，至今猶然。蓋敬天又特重云。

按郊天不使貂璫得侍，最合古禮，而今太廟祭祀，則大璫輩俱得法官祭服，在上左右，蓋起於中葉宦官恣横時，非祖制也。又，先朝太常卿，多以黃冠充之，如蔣守約、崔志端之屬。至列銜宗伯，亦以此輩嫻習科儀，進止合節，儒臣或倉惶失措耳。嘉靖以後，始限羽流，官止寺丞，專供駿奔，如董宏業即起家道士者，尚失禮至此，則不習者可知矣。又，尚寶卿捧寶，爲御前第一璽，其文曰皇帝奉天之寶，此高皇制也，今正殿正門，盡削奉天之名，何居。

彰功表德

綜　述

明・史玄《舊京遺事》卷一 京朝官過十月朔傳旨賜貂，東貂紫，西貂青，然以金貂爲貴。金貂黃，非上不御也。憲廟有金貂裘一，色濃毛厚，久廢御庫中，烈皇儉德，裁爲帽套二具，非大朝會不御，平居御門，仍是紫貂耳。

明・沈德符《萬曆野獲編》補遺卷一《列朝・聖諭門工》 嘉靖丁巳，三殿及朝殿及朝門俱災，時上急於門工，謂朝會之地，觀瞻不雅，急欲先立奉天門樓。時長工部者爲趙文華，惶窘無計，支詞以對，上怒逐之，而門工迄無建期。上乃諭大學士嚴嵩：昨徐杲言，門樓不敢以杉材代，深恐不堅，欲俟材至，又慮延久。昨工部所獲門樓之料已有，所少者殿材耳。今其言又如此，若輩第弄紙筆支調，安有力任君事者。夫楠材堅矣，昨至大之質，未二日毁之，與燒材不異。久近非物可定，惟天神垂佑，葦亦可久。於是門工不數月而就緒。聖諭真切，葦亦可久一語，真萬世至言，令古來峻宇雕牆之主，愧汗入地。至辛酉年冬，萬壽宮災，次輔徐階身任其事，僅三閱月告成。時永順致仕，宣慰使彭明輔、其子宣慰彭翼南，各以獻大材濟急用。上喜甚，進明輔湖廣都指揮使，賜以蟒衣。翼南進雲南右布政使，賜飛魚服。此二服惟寵司禮大璫，其後乃及輔臣，間有特賜部院大臣者，以爲異數。今二酋父子兼得之，最爲殊典，且非軍功之賞，尤特恩也，及門工時聖諭所云負別矣。

晉府交城王表，先以庶孽，納賄故輔嚴嵩，冒襲郡爵。迨《宗藩條例》頒行，表爲濫封之首，應革，乃表進白鹿，自言得之平陽府藐姑射山仙洞中，且撰頌以獻，其言俱妄也。上大悦，賜白金百兩，大紅金彩衮龍袍三襲。自來人臣賜服，以坐蟒爲極，時猶以爲逼上，至衮龍二字，非至尊不敢稱。永樂間，始有賜親王及他王者，以爲非常之典，然皆親皇弟侄也。自英宗以來，間及疏屬郡王，最爲濫典，而無人救正。世宗英主，亟宜釐革，反以寵貢諛裨王，時乙丑年事，正大小臣工相率獻瑞時也。穆宗以後，藩府之得此賜者少矣。賜夷王者止稱蟒龍。

又卷二《內閣・閣臣賜蟒之始》 蟒衣爲象龍之服，與至尊所御袍相肖，但減一爪耳。正統初，始以賞虜酋，其賜司禮大璫，不知起自何時，想必王振、汪直諸閹始有之，而閣部大臣，固未之及也。自弘治十六年二月，孝宗久違豫獲安，適大祀天地，視朝誓戒。時內閣爲劉健、李東陽、謝遷，俱拜大紅蟒衣之賜。輔弼得蟒衣自此始。最後賜坐蟒，更爲僭擬。嘉、隆間，閣臣徐、張諸公俱受賜。至三至四，沿襲至今，此前代所未有也。至於飛魚、斗牛等服，亞於蟒衣，古亦未聞。今以頒及六部大臣，及出鎮視師大帥，以至各王府內臣名承奉者，其官僅六品，但爲王保奏，亦以賜之。濫典極矣。

大帥得賜蟒，始於尚書王驥。正統六年，南征麓川時，次年即封拜。此雖邊功，實係恩澤，且出自王振，不可訓也。

明·朱國禎《湧幢小品》卷七《并賜袍帶》 豐學士熙，弘治己未廷對，初擬第一，已，易置第二，以倫文叙爲第一，均賜狀元袍、帶，蓋異數也。

紀事

《明史》卷六七《輿服志三》 歷朝賜服。文臣有未至一品而賜玉帶者，自洪武中學士羅複仁始。衍聖公秩正二品，服織金麒麟袍、玉帶，則景泰中入朝拜賜，自是以爲常。内閣賜蟒衣，自弘治中劉健、李東陽始。麒麟本公、侯服，而内閣服之，則嘉靖中嚴嵩、徐階皆受賜也。仙鶴，文臣一品服也，嘉靖中，成國公朱希忠、都督陸炳服之，皆以玄壇供事。而學士嚴訥、李春芳、董份以五品撰青詞，亦賜仙鶴。尋諭供事壇中乃用，于是尚書皆不敢衣鶴。後敕南京織閃黄補麒麟、仙鶴，賜嚴嵩，閃黄乃上用服色也。又賜徐階教子升天蟒。萬曆中，賜張居正坐蟒。武清侯李偉以太后父，亦受賜。

儀賓朝服、公服、常服，俱視品級，與文武官同，惟笏皆象牙。常服花樣視武官。弘治十三年定，郡主儀賓鈒花金帶，胸背獅子。縣主儀賓鈒花金帶，郡君儀賓光素金帶，胸背俱虎豹。縣君儀賓鈒花銀帶，鄉君儀賓光素銀帶，胸背俱彪。有僭用者，革去冠帶，戴平頭巾，于儒學讀書習禮三年。

雜録

明·沈德符《萬曆野獲編》補遺卷一《内監·陪臣飛魚服》 正德初年横賜，如武弁自參、游以下，俱得飛魚服，此出劉瑾右武，已爲濫恩。至湖廣荆州知府王綬者，貪暴一方，遇朝覲時，都察院署其考曰：兩司畏其脅制，而考語欺天。百姓苦其誅求，而怨聲動地。時以爲實録。然爲劉瑾所厚，終不敢去也。綬自陳有捕盗功乞恩，上命賜以飛魚服。日衣以坐堂，愈肆其虐。以郡守得此，真異事矣。其時有日本國使臣宋素卿者入貢，賂瑾黄金千金，亦得飛魚。則本朝外夷陪臣未有賜者。尤奇之奇者也，素卿名朱縞，本浙之鄞人。至嘉靖間，遂啓倭賊入犯之禍。

生員服飾

綜述

明·張鹵《明制書》卷四《諸司職掌·冠服》 進士巾服。洪武初定進士巾，如今烏紗帽之製，頂微平，展角闊寸餘，長五寸許，系以垂帶，皂紗爲之。深色藍羅袍，緣以青羅，袖廣而不殺。革帶、青鞓。飾以黑角，垂撻尾於後。笏用槐木。廷試後，赴國子監領出，傳臚日服之。至上表謝恩後，謁先師孔子，行釋菜禮畢，始易常服。其巾、袍等，仍送國子監交收。

狀元冠服。朝冠，二梁。朝服，緋羅爲之，圓領，白絹中單，錦綬，蔽膝全。槐笏一把，紗帽一頂，光素銀帶一條，藥玉佩一副。朝靴、氈襪各一雙。俱内府製造。禮部官引至御前頒賜，上表謝恩日服之。

生員巾服。洪武二十四年定生員襴衫，用玉色布絹爲之。寬袖，皂緣，皂絛，軟巾，垂帶。

明·朱國禎《湧幢小品》卷七《常服入試》 安福劉師泉先生邦采，以諸生外艱不出。嘉靖七年，督學趙淵檄之入棘，强起應命。及門，遥望趙尚未下席，却步不進，趙亟起延之。先生以棘圍故事，令諸生脱巾露體，非待士體，不願應。於是御史儲良才令十三郡諸生并以常服入，免其檢察。是秋先生中式，後官郡丞，以理學名。卒時若有所遇，奇秘不言。嗟乎，當時士風如此，待士如此，今不可再見矣。

明·佚名《諸司職掌·禮部·冠服》 進士巾服。洪武初定進士巾，如烏紗帽之製。頂微平，展角闊寸餘，長五寸許，繫以垂帶，皂紗爲之。深青藍羅，緣以青羅，袖廣而不殺。革帶、青鞓，飾以黑角，垂撻尾於後。笏用槐木。廷試後，赴國子監領出，傳臚日服之。至上表謝恩後，謁先師孔子，行釋菜禮畢，始易常服。其巾袍等，仍送國子監交收。

生員巾服。洪武二十四年冬十月定生員巾服之制，襴衫，用玉、絹、布爲之。寬袖，皂緣，皂絛，軟巾，垂帶。上以學校爲國儲材，而士子巾服無異吏胥，宜有以甄別之，命工部製式以進。上親視，必求典雅，凡三易，其制始定，自是士子衣冠綽有古風。

《明史》卷六七《輿服志三》 狀元及諸進士冠服。狀元冠二梁，緋羅圓領，白絹中單，錦綬，蔽膝，紗帽，槐木笏，光銀帶，藥玉佩，朝鞾，氊襪，皆御前頒賜，上表謝恩日服之。進士巾如烏紗帽，頂微平，展角闊寸餘，長五寸許，系以垂帶皂紗爲之。深藍羅袍，緣以青羅，袖廣而不殺。槐木笏，革帶、青鞓，飾以黑角，垂撻尾於後。廷試後頒於國子監，傳臚日服之。上表謝恩後，謁先師，行釋菜禮畢，始易常服，其巾袍仍送國子監藏之。

清・傅維鱗《明書》卷七九《服璽志二》 生員巾服。洪武二十四年定生員襴衫，用玉色布、絹爲之，寬袖，皂緣皂絛，軟巾，垂帶。

清・查繼佐《罪惟録・志》卷四《冠服志》 洪熙中，貢士入朝，以洪武中常許戴遮陰帽，遂頂之入，衣藍袍。上問，左右以實對，上特令易貴袍，帽如故。

宣德中，詔各貢士，勿同於歲貢衣青袍，或下第送國子監，仍着藍衫。後監生多用青袍。定宗室子女，分品級冠服儀式。

清代服飾制度部

皇帝服飾

綜　述

清・允禄《清朝禮器圖式》卷四《冠服》　皇帝冬朝冠。謹按本朝定制，九月十五日或二十五日，皇帝御冬朝冠，薰貂爲之。十一月朔至上元用黑狐，上綴朱緯，頂三層，貫東珠各一，皆承以金龍各四，飾東珠，如其數，上銜大珍珠一。

皇帝冬朝冠

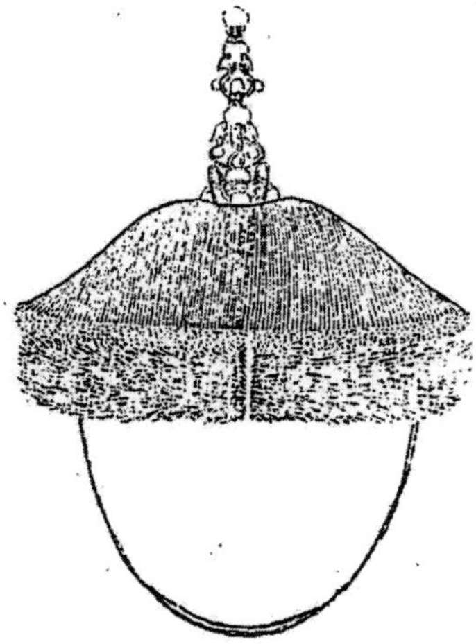

皇帝夏朝冠。謹按本朝定制，三月十五日或二十五日，皇帝御夏朝冠，織玉草或藤絲竹絲爲之。緣石青、片金二層，裏用紅片金或紅紗，上綴朱緯。前綴金佛，飾東珠十五。後綴舍林，飾東珠七。頂如冬朝冠。

皇帝夏朝冠

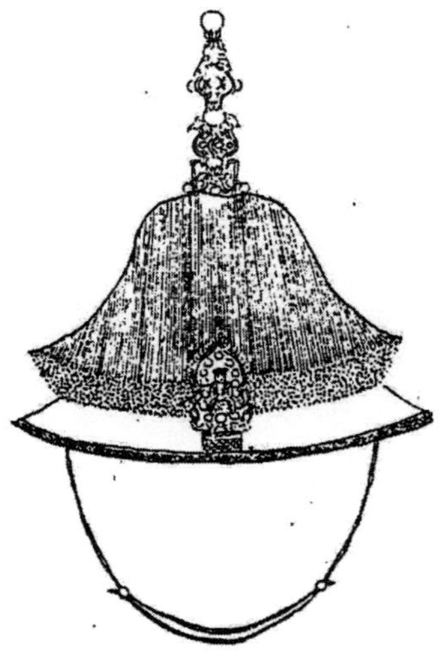

紀　事

清・佚名《乾隆二十一年穿戴檔》　正月初九日，是日玉皇上帝聖誕，九洲清晏有供。【略】戴本色貂皮緞臺冠，穿藍寧紬面黑狐膁袍，貂皮尋常端罩，有栓扮黄綫碎松石尋常鞓帶，紅寶石鑲嵌數珠裹，白布綿襪，厚綿套褲。青緞羊皮裹皂靴。【略】至晚戴琥珀數珠裹。

正月十五日，戴大毛熏貂緞臺蒼龍教子珠頂冠，穿黄刻絲萬字錦地黑狐膁龍袍，貂皮端罩松石大鞓帶，正珠數珠裹，白布綿襪，厚錦套褲。青緞羊皮裹皂靴。

二月初十日，祭社稷壇，親詣行禮。回來，至承光殿更衣，進早膳後，駕幸圓明園。是日，皇后千秋，據知會王以下文武官員，俱穿蟒袍補褂一天。

戴熏貂朝冠，穿醬色寧紬面青𧜉袍，外套黃緞繡五彩染銀鼠邊袷祭服，紅青緞繡二色金四團金龍黑狐𧜉褂。琥珀方祭帶，此二日帶扣俱放一扣，因套祭服。東珠數珠，白布綿襪，厚綿套褲，藍緞羊皮裏皂靴。

三月二十九日，從三家店回程，駕幸圓明園。是日，換涼冠，戴天鵞絨竹襯冠，穿醬色寧紬綿巡幸袍，倭緞領綿袖紅青緞面中毛羊皮巡幸褂，黃綫巡幸軟帶，栓納紗珊瑚雲大荷包，左邊大荷包內裝黃寶石古錢盒，白布綿襪，薄綿套褲，青緞緑牙縫涼裏尖靴。

四月初七日，是日午初三刻四分立夏，生秋亭有供。戴得勒蘇草拆紝纓冠，穿藍寧紬厚綿袍，倭緞領綿袖紅青緞面小毛羊皮褂，有栓扮黃綫漢玉尋常鞓帶，白布綿襪，薄綿套褲，青緞涼裏皂靴。

四月二十一日，是日穿綿紗袍褂，初次。戴得勒蘇草拆紝纓冠，穿醬色袷緞袍，紅青緞薄綿褂，有栓扮黃綫碎松石尋常鞓帶，白布綿襪，袷套褲，青緞涼裏皂靴。

四月二十三日，是日靜明園祈雨，親詣拈香，穿戴尋常。戴得勒蘇草拆紝纓冠，穿藍綿紗袍，紅青袷緞褂，有栓扮黃馬尾漢玉尋常鞓帶，白布綿襪，紡絲單套褲要，青緞涼裏皂靴。

五月初一日，是日演鬥龍舟。四月十八日如意傳旨，以後每年五月初一日起掛五毒荷包。戴得勒蘇草拆紅纓冠，穿駝絨色袷紗袍，紅青緞薄綿褂，有栓扮黃馬尾金剛石尋常鞓帶，拴藍緞搨金銀綫蝠兜珊瑚雲大荷包、五毒小荷包、龍舟船小荷包，白布綿襪，紡紗單套褲，青緞涼裏皂靴。少時，換紅青緞厚綿褂。後碼頭乘船至。

五月初五日，端陽令節，是日鬥龍舟。是日請皇太后。戴得勒蘇草拆紝纓冠，代艾尖。穿醬色袷紗袍，紅青袷紗繡二色金四團金龍褂，有栓扮黃馬尾金剛石尋常鞓帶，栓納紗龍舟船珊瑚雲大荷包、五毒小荷包、龍舟船小荷包。雕伽楠香數珠，白布綿襪，紡絲單套褲，青緞涼裏皂靴。

六月初六日，初次遊湖。戴雙層輕涼南紝纓冠，穿藍直地單紗袍，紅青直地單紗褂，松石馬尾鈕子帶，拴刀子、火鐮，青緞鞋襪。

六月二十八日，是日理事。戴雙層輕涼南紝纓冠，穿兼絲葛袍，紅青直地紗褂，紅寶石馬尾鈕子帶，拴刀子、火鐮，青緞鞋襪。

七月初七日，七夕令節。戴雙層輕涼南紝絨纓正珠珠頂冠，穿黃刻絲金龍單袍，紅青實地單紗繡二色金金龍褂，松石大鞓帶，雕伽楠香數珠，青緞鞋襪。後碼頭乘船，至西峰秀色供前拈香畢，更換雙層輕涼南紝纓冠，駝絨芝蔴地單紗袍，紅青芝蔴地單紗褂，漢玉馬尾昭文袋。拴小荷包、火鐮袋。

七月十二日，是日未初二刻七分立秋，生秋亭有供。

戴雙層輕涼南紝纓冠，穿藍袷紗袍，紅青袷紗褂，松石馬尾鈕子帶，拴刀子、火鐮。青緞鞋、襪。乘四人亮轎至金魚池喂魚畢，仍乘轎至勤政殿，換藍芝蔴地紗袍，金剛石馬尾鈕子帶，拴刀子、小荷包，仍穿袷紗褂。進早膳，換紅青芝蔴地單紗褂，辦事畢，換駝絨色直徑地單紗衫，二號漢玉鈎環黃綫絛，拴刀子、小荷包。乘四人亮轎至等處遊行畢，至九洲清晏少坐，沐浴，換穿戴仍前，換青羽緞皂鞋。至未初二刻七分，換醬色芝蔴地單紗袍，紅青芝蔴地單紗金龍褂，珐瑯馬尾帶雕伽楠香數珠。乘四人亮轎至生秋亭供前拈香畢，仍回至九洲清晏，金龍褂數珠下來，換藍屯絹衫三號絛子拴刀子、小荷包。進。

七月十五日，中元令節，放河燈。戴雙層清涼南紝纓冠，穿藍袷紗袍，紅青袷紗繡二色金金龍褂，金剛石馬尾鈕子帶，拴刀子、火鐮。雕伽楠香數珠，青緞鞋襪。

八月初九日，是日，太宗文皇帝忌辰。戴雙層輕涼南紝纓冠，穿藍袷紗袍，遞青袷紗褂，有栓扮黃綫漢玉尋常鞓帶，拴搨金銀絲雲大荷包，青緞鞋襪。

八月初十日，是日，穿金龍袍褂起，戴雙層輕涼南紝纓冠，穿駝絨綿紗袍，紅青綿紗褂，二色金金龍褂，有栓扮黃綫珊瑚尋常鞓帶，松石數珠裏，青緞鞋襪。

八月十五日，中秋令節，戴得勒蘇草南紝纓冠，穿駝絨寧紬薄綿袍，紅青厚綿緞繡二色金金龍褂，有栓扮黃綫珊瑚尋常鞓帶，紅寶石五方佛數珠裏，白布綿襪，紡絲單套褲，青緞涼裏皂靴。【略】換紅青緞厚綿褂，【略】換紅青緞厚綿繡二色金金龍褂，松石數珠，裏邊。至月供前拈香。

乾隆二十一年八月十七日，從圓明園啟程駕幸木蘭。是日，奉三無私有供。戴籐子兩纓冠，穿藍寧紬薄綿巡幸袍，藍綫緞袷套袖。紅青緞厚綿巡幸褂，黃綫巡幸軟帶，拴繡花摺金綫珊瑚雲大荷包，大荷包內裝黃寶石古錢盒，左邊。白布綿襪，紡絲單套褲，青緞緑牙縫涼裏尖靴。至供前磕頭畢。乘船至含經堂進早膳畢。繫醬色褡褳袷都什希裝紅黄緞火鐮袱。出大東門。

閏九月二十五日，戴海龍緞臺冠，穿藍寧紬上身羊皮接灰鼠皮袍，黄面黑狐大腿褂，有栓扮黄綫漢玉尋常鞓帶，白布綿襪，魚白春紬薄綿套褲，青緞涼裏皂靴。

清·佚名《咸豐四年穿戴檔》 正月初一日，元旦令節。上戴黑狐皮緞臺朝冠，穿黄緯絲面白狐膁接青白膁朝袍，黄面黑狐皮芝麻花朝端罩，戴東珠朝珠，係自鳴鐘。束金鑲珠鬆石四塊瓦圓朝帶，穿藍緞氈韉狼皮裏皂靴。卯正三刻，【略】朝冠、朝袍、端罩、朝珠、朝帶、藍皂靴下來，換戴大毛貂尾緞臺蒼龍教子正珠珠頂冠，穿黄緯絲面黑狐膁金龍袍、黄面黑狐皮芝麻花褂，戴正珠朝珠，係內殿。束金鑲紅藍寶石綫鈕帶，掛帶挎。穿青緞氈韉羊皮裏皂靴畢，上同皇后等位看戲。

正月初三日，是日拜門。高宗純皇帝忌辰。上戴大毛貂尾緞臺冠，穿藍江綢面青頦袍，青江綢面青頦褂，束金帶頭綫鈕帶，掛帶挎。穿青緞氈韉羊皮裏皂靴。至壽皇殿行禮畢，至關帝廟拈香畢，還養心殿辦事。進早膳，見大人。

申正二刻，青褂下來，換石青江綢面烏雲豹褂。至門壇拜門畢，還養心殿。戌初二刻，仍穿石青江綢面烏雲豹褂，朝珠，上未戴。至明殿拜門畢，還後殿。上未換青褂子。

正月初七日，是日，巳初三刻六分立春。世祖章皇帝忌辰，齋戒期內不倫辰。上戴中毛本色貂皮緞臺冠，穿駝色江綢面青頦袍，貂皮黄面褂，束銅鑲珠碟綫鈕帶，穿青緞氈裏皂靴。辦事後，戴鬆石朝珠，係內殿。至乾清宮西暖閣閲春畢，至延慶殿春供前拈香畢，還養心殿，朝珠下來。

正月十五日，上戴中毛熏貂緞臺正珠珠頂冠，穿黄緯絲二色金面黑狐膁金龍袍，石青緯絲面貂皮金龍褂，戴正珠朝珠，係內殿。束金鑲碧玡玹綫鈕帶，掛帶挎。穿青緞氈裏皂靴。還養心殿，朝珠，金龍褂下來，換貂皮黄面褂，戴紅寶石朝珠。係裏邊。辦事，進早膳，見大人畢，黄面褂下來，換石青緯絲面天馬皮金龍褂。

二月初三日，是日拜門。上戴黑狐腿緞臺冠，穿醬色江綢面青白膁袍，石青江綢面洋灰鼠皮褂，束金鑲古錢綫鈕帶，穿青緞氈裏皂靴。申正二刻，褂子下來，換石青緯絲面洋灰鼠皮金龍褂，戴菩提朝珠，係內殿。至門壇拜門畢，還養心殿。戌初二刻，袍子下來，換藍緯絲二色面天馬皮金龍袍，仍穿石青緯絲面洋灰鼠皮金龍褂，仍戴菩提朝珠，係內殿。至明殿拜門畢，還後殿，朝珠下來。

二月二十三日，是日卯初三刻九分春分，祭朝日壇，遣官行禮。上戴黑羊皮緞臺冠，穿醬色緞面中毛羊皮袍，石青緞面銀鼠皮褂，束金鑲碧玡玹綫鈕帶，穿青緞氈裏皂靴。

三月初二日，祭歷代帝王廟，遣官行禮。上戴青氈緞臺冠，穿藍緞棉袍，石青緞面小毛羊皮褂，束金帶頭綫鈕帶，穿青緞氈裏皂靴。辦事後，至壽康宮康慈皇貴太妃母前請安畢，還養心殿。

三月初八日，巳正一刻十一分清明，上戴柳花。

上戴青氈緞臺冠，穿醬色江綢棉袍，石青緯絲棉金龍褂，戴菩提朝珠，[係]內殿。束金帶頭綫鈕帶，穿青緞氈裏皂靴。【略】還養心殿，朝珠、金龍褂下來，換石青緞棉褂，辦事，進早膳，見大人。

三月十二日，祭先農壇。

上戴天鵝絨緞臺正珠珠頂冠，穿藍江綢棉袍，套穿黄緯絲片金邊夾朝袍，石青緯絲棉金龍褂，戴金鑲鬆石齋戒牌，戴東珠、朝珠，係自鳴鐘，束金鑲珠鬆石四塊瓦圓朝帶，穿青緞氈裏皂靴。拜佛後，珠頂冠下來，換戴海龍皮緞臺朝冠。至壇內祭畢，至太歲壇拈香畢，至具服殿，朝冠、藍袍、朝袍、金龍褂、齋戒牌、朝珠、朝帶下來，更換天鵝絨緞臺正珠珠頂冠，穿藍緯絲棉金龍褂、繡石青江綢棉金龍褂，戴碧玡玹朝珠，係內殿。束銅鑲珠三塊瓦綫鞓帶，仍穿青緞氈裏皂靴。進早膳畢，金龍褂下來。上扶犁畢，至觀耕臺，仍穿繡石青江綢棉金龍褂，觀耕受賀畢。至關帝廟菩薩殿，拈香畢，還養心殿。珠頂冠、金龍袍褂、朝珠、鞓帶下來，更換天鵝絨緞臺冠，穿駝色江綢棉袍，石青江綢棉褂，束金鑲古錢綫鈕帶，仍穿青緞氈裏皂靴。辦事，見大人。

三月二十五日，換戴涼冠。上戴絨草面綫纓冠，綴珠重一錢九分。穿駝色棉紗袍，石青氈夾褂，束金鑲珠碟子綫鈕帶，穿青緞涼裏皂靴。戌初三刻，袍褂下來，更換繡黄實地紗棉金龍袍，石青緯絲夾金龍褂，戴菩提朝珠，係內殿。至明殿拜門畢，還後殿，朝珠、金龍褂下來。

四月初一日，孟夏時享祭太廟。上戴輕涼絨纓朝冠，穿黄緯絲片金邊夾朝袍，石青緯絲夾金龍褂，戴金鑲鬆石齋戒牌，戴東珠、朝珠，係自鳴鐘。

束金鑲珠琥珀四塊瓦方祭帶，穿藍緞涼裏皂靴。至太廟祭畢，還弘德殿，朝冠、朝袍、金龍褂、齋戒牌、朝珠、方祭帶、藍皂靴下來，更換絨草面綫纓冠，綴珠重一錢七分九釐。穿藍氈夾袍，石青緙絲夾金龍褂，戴伽楠香朝珠，内殿。束銅鑲珠綫鈕帶，穿青緞涼裏皂靴。至欽安殿、門壇、天穹殿拈香畢，還養心殿辦事，進早膳，見大人畢，至中正殿等處拈香畢，還養心殿。藍袍、金龍褂、朝珠、鈕帶下來，換灰色江綢大袂襖，束金鑲藍晶馬尾鈕帶。

四月初十日，是日寅正三刻十三分立夏。上戴絨草面綫纓正珠珠頂冠，綴珠重一錢九分。穿藍緙絲五彩單金龍袍，石青實地紗繡洋金金龍褂，戴裏邊齋戒牌，戴菩提朝珠，係内殿。束金帶頭綫鈕帶，穿青緞涼裏皂靴。見大人畢，珠頂冠、金龍袍褂、朝珠下來，更換白羅面生絲纓冠，綴珠重一錢六分二釐。穿藍夾紗袍，石青夾紗褂，戴裏邊齋戒牌，束金帶頭綫鈕帶，穿青緞涼裏皂靴。

四月十一日，祭天於圜丘壇。上戴絨草面綫纓正珠珠頂冠，綴珠重一錢九分。穿藍緙絲描金邊夾朝袍，石青緙絲單金龍褂，戴金鑲鬆石齋戒牌，戴東珠、朝珠，係自鳴鐘。束金鑲珠青金四塊瓦方祭帶，穿藍緞涼裏皂靴。拜佛後，珠頂冠下來，更換輕涼絨纓朝冠。還養心殿，朝冠、朝袍、金龍褂、齋戒牌、朝珠、方祭帶、藍皂靴下來，更換白羅面生絲纓冠，綴珠重一錢六分二釐。穿醬色江綢單袍，石青江綢單褂，束金鑲紅緑碧玡玹馬尾鈕帶，穿青緞涼裏皂靴。辦事，進早膳，見大人畢，換醬色江綢單衫。

四月二十日，是日大高殿、時應宫祈雨。上戴萬絲雨纓冠，綴珠重一錢二分三釐。穿藍江綢單袍，青羽緞夾褂，束金鑲碧玡玹馬尾鈕帶，穿青緞涼裏尖靴。

五月初五日，端陽節。

上戴萬絲生絲纓冠，綴珠重一錢九分。穿藍芝地紗袍，石青直地紗納繡洋金金龍褂，戴伽楠香朝珠，係内殿。束金帶頭馬尾鈕帶，穿青緞涼裏皂靴。【略】至静怡軒，朝珠、金龍褂下來，換石青直地紗褂，辦事，進早膳畢。

五月十九日，天神壇祈雨。上戴萬絲雨纓冠，綴珠重一錢二分。穿藍實地紗袍，青羽緞單褂，戴裏邊齋戒牌，束金帶頭綫鈕帶，穿青緞涼裏皂靴。至天神壇祈雨拈香畢，至關帝廟拈香畢，還養心殿，雨纓冠、青褂下來，更換萬絲生絲纓冠，綴珠重一錢九分。穿石青芝地紗褂。辦事，進早膳，見大人畢，換藍直地紗衫，束金鑲碧玡玹馬尾鈕帶。

五月二十七日，夏至，祭地於方澤壇。是日拜門。

上戴絨草面綫纓蒼龍教子正珠珠頂冠，綴珠重一錢九分。穿黄直地納紗織金紗邊朝袍，石青直地紗納繡洋金金龍褂，戴金鑲鬆石齋戒牌，戴東珠、朝珠，係自鳴鐘。束金鑲珠琥珀四塊瓦方祭帶，穿藍緞涼裏皂靴。至壇内更衣幄次，珠頂冠下來，換戴輕涼絨纓朝冠。至壇内祭畢，至齋宫，朝冠、朝袍、金龍褂、齋戒牌、朝珠、方祭帶、藍皂靴下來，換戴萬絲生絲纓冠，綴珠重一錢九分。穿藍葛紗袍，石青葛紗褂，戴菩提朝珠，係内殿。束白玉鈎馬尾鈕帶，穿青緞涼裏皂靴。【略】還養心殿，朝珠下來，換醬色葛紗衫。戌正三刻，更換藍直地紗袍，繡石青芝地紗金龍褂，戴伽楠香朝珠，係内殿。至明殿拜門畢，還後殿，朝珠、金龍褂下來。

六月初九日，萬壽聖節。上戴絨草面生絲纓蒼龍教子正珠珠頂冠，綴珠重一錢五分。穿醬色直地納紗金龍袍，石青直地納紗金龍褂，戴正珠、朝珠，係内殿。束白漢玉四塊瓦馬尾鞓帶，穿青緞涼裏皂靴。【略】至静怡軒，更換萬絲生絲纓，冠綴珠重一錢六分五釐。穿米色葛紗衫，束白玉鈎馬尾鈕帶。戌正二刻，更換醬色直地納紗金龍袍，石青直地納紗金龍褂，戴正珠、朝珠，係裏邊。至明殿拜門畢，還後殿，朝珠、金龍褂下來。

七月十一日，是日，御門聽政辦事。上戴萬絲生絲纓冠，綴珠重一錢六分五釐。穿醬色直地紗袍，石青實地紗褂，束青白玉三塊瓦馬尾鞓帶，穿青緞涼裏皂靴。至御門聽政辦事畢，還養心殿辦事，進早膳，見大人畢，換藍芝地紗衫，束金鑲珠紅寶石馬尾鈕帶。

七月十五日，卯正一刻十一分立秋。是日，上戴秋葉。上戴萬絲生絲纓冠，綴珠重一錢六分五釐。穿藍葛紗袍，石青直地紗納繡洋金金龍褂，戴菩提朝珠，係内殿。束銅鑲珠三塊瓦綫鞓帶，穿青緞涼裏皂靴。

八月初一日，是日祭先師孔子廟，遣官行禮。從今日爲始，致齋二日，初一、初二日二天齋戒，初二日秋分，祭夕月壇，遣官行禮。上戴白羅面生絲纓冠，綴珠重一錢三分二釐。穿藍緞單袍，繡石青江綢夾金龍褂，戴金鑲鬆石齋戒牌，戴蜜蠟朝珠，係内殿。束銅鑲珠三塊瓦綫鞓帶，穿青緞涼裏皂靴。

八月初二日，是日酉初三刻四分秋分，祭夕月壇，遣官行禮。同日祭社稷壇，親詣行禮。上戴輕涼絨纓朝冠，穿黄緙絲片金邊夾朝袍，繡石青江鈕夾金龍褂，戴金鑲鬆石齋戒牌，戴東珠、朝珠，係自鳴鐘。束金帶頭綫鈕帶，隨帶挎。穿藍緞涼裏皂靴。

八月十五日，中秋令節。上戴天鵝絨紗臺冠，穿醬色江綢夾袍，石青緯絲棉金龍褂，戴鬆石朝珠，係内殿。束金帶頭綫鈕帶，穿青緞涼裏皂靴。至天穹殿、鍾粹宮。【略】。酉時，更換繡石青江綢棉金龍褂，戴鬆石朝珠，係内殿。至月供前拈香畢，朝珠、金龍褂下來。

九月初一日，祭帝王廟，遣官行禮。上戴青氈緞臺冠，穿藍江綢棉袍，石青氈面小毛羊皮褂，套穿繡石青江綢單金龍褂，戴琥珀根朝珠，係内殿。束金帶頭綫鈕帶，穿青緞涼裏皂靴。

九月十八日，丑初三刻立冬。上戴青氈緞臺冠，穿醬色江綢棉袍，石青緯絲面小毛羊皮金龍褂，戴菩提朝珠，係内殿。束黄綫軟帶，穿青緞涼裏皂靴。丑正，至延慶殿冬供前拈香畢，還養心殿，朝珠、金龍褂下來，換石青氈面小毛羊皮褂。

十月初一日，孟冬時享祭太廟，坤寧宮祭天神。是日，乾清宮西暖閣閲時憲書。上戴海龍皮緞臺正珠珠頂冠，穿黄緯絲面染銀鼠皮邊羊皮接銀鼠皮朝袍，石青緯絲面灰鼠皮金龍褂，戴金鑲鬆石齋戒牌，戴東珠、朝珠，係自鳴鐘。束金鑲珠琥珀四塊瓦方祭帶，穿藍緞涼裏皂靴。拜佛後，珠頂冠下來，更換海龍皮緞臺朝冠。至太廟祭畢，至乾清宮西暖閣閲視時憲書畢，至坤寧宮神前磕頭畢，至東暖閣。朝冠、朝袍、金龍褂、齋戒牌、朝珠、方祭帶、藍皂靴下來，更換海龍皮緞臺冠，穿醬色江綢面中毛羊皮袍，石青緯絲面灰鼠皮金龍褂，戴藍寶石朝珠，係内殿。束金帶頭綫鈕帶，穿青緞氈裏皂靴。【略】還養心殿。朝珠、金龍褂下來，更換石青緞面中毛羊皮褂。

十月十二日，是日御門聽政辦事。上戴黑狐腿緞臺冠，穿藍江綢面大毛羊皮袍，石青緞面青白膁褂，束黄綫軟帶，穿青緞氈裏皂靴。

十月二十七日，是日拜門。上戴小毛本色貂皮緞臺冠，穿醬色緞面天馬皮袍，黄面貂皮褡□，束黄縐綢褡包，穿青緞氈裏皂靴。申正，戴緑碧玡玜朝珠，係内殿。至門壇拜門畢，還養心殿。戌初，至明殿拜門畢，朝珠下來，還後殿。

十一月初三日，冬至令節。祭天於圜丘壇。是日拜門。上戴中毛熏貂緞臺蒼龍教子正珠珠頂冠，穿藍緯絲面貂皮邊白狐膁接青白膁朝袍，黄面黑狐皮芝麻花朝端罩，戴金鑲鬆石齋戒牌，戴東珠、朝珠，係自鳴鐘。束黄縐綢褡包，掛帶挎。穿藍緞狼皮裏皂靴。拜佛後，珠頂冠下來，更換黑狐皮緞臺朝冠。還養心殿，朝冠、朝袍、端罩、齋戒牌、朝珠、藍皂靴下來，更換戴中毛本色貂皮緞臺冠，穿藍江綢面貂皮袍，貂皮黄面如意端罩，戴緑碧玡玜朝珠，係内殿。仍束黄縐綢褡包，穿青緞氈裏皂靴。申正二刻，戴鬆石朝珠，係内殿。至門壇拜門畢，還養心殿。酉正一刻，至明殿拜門畢，還後殿，朝珠下來。

十二月初九日，是日中正殿送歲。上戴大毛本色貂皮緞臺冠，穿醬色江綢面染狐膁袍，貂皮黄面褂，束黄縐綢褡包，穿青緞氈裏皂靴。午初，戴椰子嗎呢字朝珠，係内殿。至中正殿拈香送歲畢，還養心殿，朝珠下來。

十二月十八日，是日申初二刻十一分立春。上戴中毛本色貂皮緞臺冠，穿藍江綢面染狐膁袍，貂皮黄面褂，束黄縐綢褡包，穿青緞羊皮裏尖靴。辦事後，養心殿閲春。申初二刻，穿繡石青緞面黑狐膁金龍褂，戴雕珊瑚朝珠，係内殿。至延慶殿春供前拈香畢，至鍾粹宮，朝珠、金龍褂下來，仍穿貂皮黄面褂，還養心殿。

十二月二十三日，是日，西廠子蒙古包内賞蒙古王公等飯吃。上戴大毛本色貂皮緞臺冠，穿醬色江綢面青頦袍，貂皮黄面褂，戴催生石朝珠，係内殿。束黄縐綢褡包，穿青緞氈裏皂靴。酉時，更換石青緯絲面烏雲豹金龍褂，戴催生石朝珠，係内殿。至坤寧宮竈君前拈香、送焚化畢，朝珠下來，還養心殿，金龍褂下來，仍穿貂皮黄面褂。

十二月三十日，除夕。上戴中毛本色貂皮緞臺蒼龍教子正珠珠頂冠，穿黄緯絲二色金面青白膁金龍袍，貂皮黄面褂，戴菩提朝珠，係内殿。束金帶頭綫鈕，帶掛帶挎。穿青緞氈裏皂靴。更換小毛本色貂皮緞臺正珠珠頂冠，戴血珀朝珠。係内殿。申正三刻，換戴珊瑚朝珠，係内殿。至天地前、西佛堂、東佛堂拈香畢，至乾清宮西暖閣拜門畢，還養心殿、明殿，同皇后等位看戲。進酒膳畢，還後殿，朝珠下來。

皇子服飾

綜　述

清・允祹《清會典則例》卷六五《禮部・冠服》　皇太子冠服。康熙十四年定，冠頂用東珠十有三，禮服用秋香等色，五爪、三爪龍段，滿翠八團龍等，段帶用玉，版以金銜之，飾以東珠。

清・崑岡、劉啓端《清會典圖》卷六一《禮服五》　皇子冬朝冠圖。

【略】

皇子冬朝冠，有薰貂有青狐，惟其時，簷上仰，上綴朱緯長出簷，頂全龍二層，飾東珠十，上銜紅寶石樑二，在頂左右，簷下兩旁垂帶交項下，親王冬朝冠制同。

皇子夏朝冠圖。

【略】

皇子夏朝冠，織玉草或藤絲、竹絲爲質，表以羅，緑石青、片金二層。裏用紅片金或紅紗，簷敞，上綴朱緯，内加圈，帶屬於圈。前綴舍林飾東珠五，後綴金花，飾東珠四，餘制如冬朝冠。親王夏朝冠制同。

皇子端罩圖。

【略】

皇子端罩，紫貂爲之，全黄緞裏。親王、郡王、貝勒、貝子、固倫、額駙用青狐，月白緞裏。親王曾賜用金黄色者，緞裏亦得用金黄。鎮國公、輔國公，和碩額駙用紫貂，月白緞裏。民公侯伯下至文三品、武二品官，輔國將軍、縣主、額駙、男、京堂、翰詹、科道等官，應服端罩者，均用貂皮，藍緞裏，凡端罩皆左右垂帶各二，下廣而鋭，色與裏同。

皇子龍褂圖。

【略】

皇子龍褂，色用石青，繡五爪正面金龍四團，兩肩前後各一，間以五色雲，緜袷紗裘惟其時。

皇子冬朝服圖一。

【略】

皇子冬朝服，色用金黄。披領及裳俱表以紫貂，袖端薰貂，繡文兩肩前後正龍各一，襞積行龍六，間以五色雲。親王郡王冬朝服，制同，惟色用藍及石青。曾賜用金黄色者，亦得用之。

皇子冬朝服圖二。

【略】

皇子冬朝服，色用金黄。披領及袖俱石青，片金加海龍緣，繡文兩肩前後正龍各一，腰帷行龍四，中有襞積，裳行龍八，披領行龍二，袖端正龍各一，下幅八寶平水。親王、郡王冬朝服制同，惟色用藍及石青。曾賜用金黄色者，亦得用之。

皇子夏朝服圖。

【略】

皇子夏朝服，色用金黄。披領及袖俱石青，片金緣，餘制如冬朝服二。親王、郡王夏朝服制同，惟色用藍及石青。曾賜用金黄色者，亦得用之。

皇子朝珠圖。

【略】

皇子朝珠，不得用東珠，餘隨所用，雜飾惟宜。絛金黄色，親王、郡王朝珠制同。貝勒下至文五品、武四品官，奉恩將軍、縣君、額駙、京堂、翰詹、科道、侍衛及禮部、國子監、太常寺、光禄寺、鴻臚寺所屬官應用朝珠者，絛皆石青色，吉服朝珠制同。

皇子朝帶圖。

【略】

皇子朝帶，金銜玉方版四，每版飾東珠四，中飾貓睛石一，帶及左右佩絛用金黄色，帶帉下廣而鋭，親王朝帶制同，凡帶色宗室用黄，覺羅用紅，餘皆石青或藍色。

又卷七三《吉服三》　皇子冬吉服冠圖。

【略】

皇子冬吉服冠，有海龍，有薰貂，有紫貂，惟其時。簷上仰，上綴朱緯，長及於簷，紅絨結頂，不加梁，簷下兩旁垂帶文項下。

皇子夏吉服冠圖。

【略】

皇子夏吉服冠，織玉草或藤絲、竹絲爲質，表以羅，紅紗綢裏，石青、片金緣，簷敞，上綴朱緯，内加圈，帶屬於圈，餘制如冬吉服冠。

皇子蟒袍圖。

【略】

皇子蟒袍，色用金黄，片金緣，通繡九蟒，裾四開。親王、郡王蟒袍制同，惟色用藍及石青。曾賜用金黄色者，亦得用之。裾四開之制，凡宗室皆如之。

皇子吉服帶圖。

【略】

皇子吉服帶，帶色佩絛，如朝服帶之制，版飾惟宜，佩帉下直而齊。親王以下文武品官吉服帶制皆如之，帶色各如其朝服帶。

又卷七六《雨服》 皇子雨冠圖。

【略】

皇子雨冠，用全紅色，氈及羽紗、油綢惟時，藍布帶。

皇子雨衣圖一。

【略】

皇子雨衣，用紅色，氈及羽紗、油綢惟時，制如常服袍而袖端平，前施掩襠。

皇子雨衣圖二。

【略】

皇子雨衣，用紅色，氈及羽紗、油綢惟時。制如常服褂而加領，長與坐齊，前施掩襠。

皇子雨裳圖。

【略】

皇子雨裳，用紅色，氈及羽紗、油綢惟時。前爲完幅，腰爲横幅，用石青布。

紀事

清·吴振棫《養吉齋叢録》卷二二 皇子冠。冬夏皆用紅絨結頂，而雨纓帽不用頂，無以別於平人。嘉慶四年，命雨纓帽用寶石頂。

又 舊例，皇子在宫中時，服四團龍補褂。分封後，視其爵秩服用。乾隆二十四年，改定俸糈官屬，各依封爵，其章服仍依在宫中時服用。

又 謹按：宣宗以惇恪親王無嗣，以皇五子繼之，襲封惇郡王。丙午三月移居，命章服仍依皇子例服用。

雜録

清·佚名《松下雜鈔》 箆頭房近侍十餘員，專習爲皇子女請髮、留髮、入囊、整容之事。凡誕生皇子女，彌月剪胎髮，百日命名後，按期請髮者，如外之每次剃頭者然，一莖不留，如佛子焉。皇子戴玄清縐紗，六瓣有頂圓帽，名曰瓜拉冠。至十餘齡留髮，約年餘，又擇吉入囊，總束於後。冬用玄色紵，夏用玄色紗作囊，闊二寸許，長尺餘，垂於後。至選婚有妃，始擇吉行冠禮，此皇子事也。皇女戴寸許闊小頭箍，至十餘齡留髮。

后妃命婦服飾

綜述

清·福格《聽雨叢談》卷六《鈿子》 八旗婦人彩服，有鈿子之制，製同鳳冠，以鐵絲或籐爲骨，以皂紗或線網冒之。前如鳳冠，施七翟，周以珠旒，長及於眉。後如覆箕，上穹下廣，垂及於肩，施五翟，各銜垂珠一排，每排三衡，每衡貫珠三串，雜以璜、瑱之屬，負垂於背，長尺有寸。左右博鬢，間以珠翠花葉，周以穿珠纓絡，自額而後，迤邐聯於後旒，補空處相度稀稠，以珠翠、雲朵、雜花飾之，謂之鳳鈿。又有常服鈿子，則珠翠滿飾或半飾，不具珠旒，此與古婦人冠子之制相似也。《宋史·輿服志》云：皇祐元年，禁婦人冠高毋得踰四寸，廣毋得踰尺。先是，宮中內樣冠名曰垂肩，有長至三尺者，自是禁之云云。是鈿子之制，實唐宋花釵冠子之遺製也。

按《宋史·輿服志》：花釵冠子。一品花釵九，寶鈿九，二品花、翟各八，三品各七，四品各六，五品以下各五，亦與今制略同。

清·鄂爾泰、張廷玉《清朝宮史》卷九《典禮五·冠服》 皇太后。

薰貂朝冠，青絨朝冠，并綴紅纓。正中頂一座，三層，貫三等東珠各一，皆承以金鳳。飾二等東珠各三，三等珍珠各一，小珍珠各十六。上銜三等大東珠一。紅纓上周綴金鳳七，飾二等東珠各九，小珍珠各二十一，猫睛石各一。後金翟一，飾小珍珠十六，猫睛石一。翟尾垂珠，五行二就，共四等珍珠三百有二，每行二等珍珠一。中間金桃花一，銜青金石，兩面飾二等東珠六，三等珍珠六，末綴珊瑚。冠後護領垂明黄縧二，末綴寶石。青緞為帶。

金約周圍金雲十三，銜二等東珠各一，間以青金石，紅片金為裏。後系金銜松石結，珠下垂，五行三就，共四等珍珠三百二十四，每行二等珍珠一。中間青金石方勝二，兩面銜二等東珠各八，三等珍珠各八，末綴珊瑚。

珥，左右各三，以金為龍形，末鋭下曲，各銜頭等東珠二。

領約周圍金雲十一，銜二等東珠各一，間以珊瑚及三等東珠、二等珍珠各四。垂明黄縧二，中貫珊瑚、背雲各一。末綴松石各二。

朝珠，中左右共三盤，中以三等東珠，左右以珊瑚、佛頭、記念、背雲、大小墜、珠寶、雜飾惟其宜。縧俱明黄色。

彩帨，以綠色綢為之，綉五穀豐登。佩箴管、鞶袠之屬。縧俱明黄色。

綿緞有褶朝褂，石青色，片金緣，上綉立龍四，下通襞積為行龍及萬福萬壽，四層相間。領後垂明黄縧。

綿緞朝褂，紗朝褂，并用石青色，片金緣，前綉行龍四，後正龍一、行龍二。下幅八寶平水。領後垂明黄縧。

黄貂皮緣緞朝袍、海龍皮緣緞朝袍、綿緞朝袍、紗朝袍，并用明黄色，披領及袖俱石青色，片金緣，以黄貂、海龍緣者加于外。前後綉正龍各一，兩肩行龍各二，下幅行龍五。間以五色雲，周圍八寶平水。披領行龍二，袖端正龍一。袖相接處行龍各二。領後垂明黄縧。

海龍皮緣灰鼠皮裏緞朝裙、綿緞朝裙、紗朝裙，并用紅色織金壽字，下鑲石青行龍妝緞，紗亦如之。片金緣，以海龍皮緣者加于外，皆正幅，有襞積。

薰貂吉服冠、青絨吉服冠，并綴紅纓，頂銜三等東珠一。

吉服褂，用石青色，綉八團金龍。下幅五色八寶平水。袖端行龍各二。

吉服袍，用明黄色，領袖俱石青色，綉金龍九。間以五色雲、福壽文。下幅八寶平水。領前後正龍各一，左右及交襟處行龍各一。袖如朝袍，左右開裾，以襲吉服褂。緞綢紗裘，隨時所宜。

春秋以緞綢，夏以紗，冬以裘，隨時所宜。

皇后。

薰貂朝冠、青絨朝冠并綴紅纓，正中頂一座，三層，貫三等東珠各一，皆承以金鳳。飾二等東珠各三，四等珍珠各一，小珍珠各十六。上銜三等大東珠一。紅纓上周綴金鳳七，飾二等東珠各九，小珍珠各二十一，猫睛石各一。後金翟一，飾小珍珠十六，猫睛石一。翟尾垂珠，五行二就，共四等珍珠三百有二，每行二等珍珠一。中間金桃花一，銜青金石，兩面飾二等東珠六，三等珍珠六，末綴珊瑚。冠後護領垂明黄縧二，末綴寶石。青緞為帶。

金約周圍金十三，銜二等東珠各一，間以青金石，紅片金為裏。後系金銜松石結，珠下垂，五行三就，共四等珍珠三百二十四，每行二等珍珠一。中間青金石方勝二，兩面銜二等東珠各八，三等珍珠各八。末綴珊瑚。

珥左右各三，以金為龍形，末鋭下曲，各銜頭等東珠二。

領約周圍金雲十一，銜二等東珠各一，間以珊瑚及三等東珠、二等珍珠各四。垂明黄縧二，中貫珊瑚、背雲各一，末綴松石各二。

朝珠，中、左、右共三盤，中以三等東珠，左右以珊瑚、佛頭、記念、背雲、大小墜、珠寶、雜飾惟其宜。縧俱明黄色。

彩帨，以綠色綢為之，綉五穀豐登。佩箴管、鞶袠之屬。縧皆明黄色。

綿緞有褶朝褂，石青色，片金緣，上綉立龍四，下通襞積為行龍及萬福萬壽，四層相間。領後垂明黄縧。綿緞朝褂、紗朝褂并用石青色，片金緣，前繡行龍四，後正龍一、行龍二，下幅八寶平水。領後垂明黄縧。

黄貂皮緣緞朝袍、海龍皮緣緞朝袍、綿緞朝袍、紗朝袍，并用明黄色，披領及袖俱石青色，片金緣，以黄貂、海龍緣者加于外。前後繡正龍各一，兩肩行龍各二，下幅行龍五。間以五色雲，周圍八寶平水。披領行龍二，袖端正龍一。袖相接處行龍各二，領後垂明黄縧。

海龍皮緣灰鼠皮裏緞朝裙、綿緞朝裙、紗朝裙，并用紅色織金壽字，下鑲石青行龍妝緞，紗亦如之。片金緣，以海龍皮緣者加于外，皆正幅，有襞積。

薰貂吉服冠、青絨吉服冠，并綴紅纓，頂銜三等東珠一。

吉服褂，用石青色，繡八團金龍。下幅五色八寶平水。袖端行龍各二。春秋以緞綢，夏以紗，冬以裘，隨時所宜。

吉服袍，用明黄色，領袖俱石青色，繡金龍九。間以五色雲、福壽文。下幅八寶平水。領前後正龍各一，左右及交襟處行龍各一。袖如朝袍，左右開裾，以襲吉服褂。緞綢紗裘，隨時所宜。

皇貴妃。薰貂朝冠、青絨朝冠，并綴紅纓，正中頂一座，三層，貫三等東珠各一，皆承以金鳳。飾二等東珠各三，四等珍珠各一，小珍珠各十六。上銜三等大珍珠一。紅纓上周綴金鳳七，共飾二等東珠十九，三等東珠四十四，小珍珠各二十一。後金翟一，飾小珍珠十六，猫睛石一。翟尾垂珠，三行二就，共四等珍珠二百五十五。中間金桃花一，銜青金石，兩面飾二等東珠四，二等珍珠四，末綴珊瑚。冠後護領垂明黄縧二，末綴寶石。青緞為帶。

金約周圍金雲十二，銜二等東珠各一，間以珊瑚，紅片金為裏。後系金銜松石結，珠下垂，三行三就，共四等珍珠二百四十九。中間青金石方勝二，兩面銜二等東珠各六，二等珍珠各六。末綴珊瑚。珥，左右各三，以金為龍形，末鋭下曲，各銜二等東珠二。

領約周圍金雲七，銜二等東珠各一，間以珊瑚。垂明黄縧二，中貫珊瑚、背雲各一，末綴珊瑚各二。朝珠中左右共三盤，中以三等珍珠，左右以青金石、佛頭、記念、背雲、大小墜、珠寶，雜飾惟其宜。縧俱明黄色。

彩帨，以緑色綢為之，繡五穀豐登。佩箴管，鞶袠之屬。縧俱明黄色。

綿緞有褶朝褂石青色，片金緣，上繡立龍四，下通襞積為行龍及萬福萬壽，四層相間。領後垂明黄縧。綿緞朝褂、紗朝褂并用石青色，片金緣，前繡行龍四，後正龍一、行龍二。下幅八寶平水。領後垂明黄縧。

黄貂皮緣緞朝袍、海龍皮緣緞朝袍、綿緞朝袍、紗朝袍，并用明黄色，披領及袖俱石青色，片金緣，以黄貂、海龍緣者加于外。前後繡正龍各一，兩肩行龍各二，下幅行龍五，間以五色雲，周圍八寶平水。披領行龍二，袖端正龍一。袖相接處行龍各二。領後垂明黄縧。

海龍皮緣灰鼠皮裏緞朝裙、綿緞朝裙、紗朝裙，并用紅色織金壽字，下鑲石青行龍妝緞，紗亦如之。片金緣，以海龍皮緣者加于外，皆正幅，有襞積。

薰貂吉服冠、青絨吉服冠并綴紅纓，頂銜三等東珠一。

吉服褂，用石青色，繡八團金龍。下幅五色八寶平水。袖端行龍各二。春秋以緞綢，夏以紗，冬以裘，隨時所宜。

吉服袍，用明黄色，領袖俱石青色。繡金龍九，間以五色雲、福壽文。下幅八寶平水。領前後正龍各一，左右及交襟處行龍各一。袖如朝袍，左右開裾，以襲吉服褂。緞綢紗裘，隨時所宜。

貴妃。薰貂朝冠、青絨朝冠并綴紅纓，正中頂一座，三層，貫三等東珠各一，皆承以金鳳。飾二等東珠各三，四等珍珠各一，小珍珠各十六。上銜三等大珍珠一。紅纓上周綴金鳳七，共飾二等東珠十九，三等東珠四十四，小珍珠各二十一。後金翟一，飾小珍珠十六，猫睛石一。翟尾垂珠，三行二就，共四等珍珠二百五十五。中間金桃花一，銜青金石，兩面飾二等東珠四，二等珍珠四，末綴珊瑚。冠後護領垂金黄縧二，末綴寶石。青緞為帶。

金約周圍金雲十二，銜二等東珠各一，間以珊瑚，紅片金為裏。後系金銜松石結，珠下垂，三行三就，共四等珍珠二百四十九。中間青金石方勝二，兩面銜二等東珠各六，二等珍珠各六。末綴珊瑚。

珥左右各三，以金為龍形，末鋭下曲，各銜二等東珠二。領約周圍金雲七，銜二等東珠各一，間以珊瑚。垂金黄縧二，中貫珊瑚、背雲各一，末綴珊瑚。

朝珠，中左右共三盤，中以三等珍珠，左右以青金石、佛頭、記念、背雲、大小墜、珠寶，雜飾惟其宜。縧俱金黄色。

彩帨，以緑色綢為之，繡五穀豐登。佩箴管、鞶袠之屬。縧俱金黄色。

錦緞有褶朝褂，石青色，片金緣，上綉立龍四，下通襞積為行龍及萬福萬壽，四層相間。領後垂金黄縧。

綿緞朝褂、紗朝褂，并用石青色，片金緣，前綉行龍四，後正龍一、行龍二。下幅八寶平水。領後垂金黄縧。

黄貂皮緣緞朝袍、海龍皮緣緞朝袍、綿緞朝袍、紗朝袍并用金黄色，披領及袖俱石青色，片金緣，以黄貂、海龍緣者加于外。前後綉正龍各一，兩肩行龍各二，下幅行龍五，間以五色雲，周圍八寶平水。披領行龍二，袖端正龍一，袖相接處行龍各二。領後垂金黄縧。

海龍皮緣灰鼠皮裏緞朝裙、綿緞朝裙、紗朝裙，并用紅色織金壽字，下鑲石青行龍妝緞，紗亦如之。片金緣，以海龍皮緣者加于外，皆正幅，有襞積。

薰貂吉服冠、青絨吉服冠并綴紅纓，頂銜三等東珠一。

吉服褂，用石青色，綉八團金龍，下幅五色八寶平水。袖端行龍各二。春秋以緞綢，夏以紗，冬以裘，隨時所宜。

吉服袍，用金黄色，領袖俱石青色。綉金龍九，間以五色雲、福壽文，下幅八寶平水。領前後正龍各一，左右及交襟處行龍各一。袖如朝袍，左右開裾，以襲吉服褂。緞綢紗裘，隨時所宜。

妃。薰貂朝冠、青絨朝冠，并綴紅纓，正中頂一座，二層，貫五等東珠各一，皆承以金鳳。飾三等東珠各三，四等珍珠各一，小珍珠各十六。上銜猫睛石一。紅纓上周綴金鳳五，飾三等東珠各七，小珍珠各二十一。後金翟一，飾小珍珠十六，猫睛石一。翟尾垂珠，三行二就，共四等珍珠一百八十八。中間金桃花一，銜青金石，兩面飾三等東珠四，二等珍珠四，末綴珊瑚。冠後護領垂金黄縧二，末綴寶石。青緞為帶。

金約周圍金雲十一，銜三等東珠各一，間以青金石，紅片金為裏。後系金銜松石結，珠下垂，三行三就，共四等珍珠一百九十七。中間青金石方勝二，兩面銜三等東珠各六，二等珍珠各六。末綴珊瑚。

珥，左右各三，以金為龍形，末鋭下曲，各銜三等東珠二。

領約周圍金雲七，銜三等東珠各一，間以珊瑚。垂金黄縧二，中貫珊瑚、背雲各一，末綴珊瑚各三。

朝珠，中左右共三盤，中以珊瑚，左右以琥珀、佛頭、記念、背雲、大小墜，珠寶，雜飾惟其宜。縧俱金黄色。

彩帨，以緑色綢為之，綉雲芝瑞草。佩箴管、鞶袠之屬。縧皆金黄色。

緞有褶朝褂，石青色，片金緣，上綉立龍四，下通襞積為行龍及萬福萬壽，四層相間。領後垂金黄縧。綿緞朝褂、紗朝褂并用石青色，片金緣，前綉行龍四，後正龍一、行龍二。下幅八寶平水。領後垂金黄縧。

黄貂皮緣緞朝袍、海龍皮緣緞朝袍、綿緞朝袍、紗朝袍，并用金黄色，披領及袖俱石青色，片金緣，以黄貂、海龍緣者加于外。前後綉正龍各一，兩肩行龍各二，下幅行龍五。間以五色雲，周圍八寶平水。披領行龍二，袖端正龍一。袖相接處行龍各二。領後垂金黄縧。

海龍皮緣灰鼠皮裏緞朝裙、綿緞朝裙、紗朝裙，并用紅色織金壽字，下鑲石青行龍妝緞，紗亦如之。片金緣以海龍皮緣者加于外，皆正幅，有襞積。

薰貂吉服冠、青絨吉服冠，并綴紅纓，頂銜碧[石亞]玒。

吉服褂，用石青色，綉八團金龍，下幅五色八寶平水。袖端行龍各二。春秋以緞綢，夏以紗，冬以裘，隨時所宜。

吉服袍，用金黄色，領袖俱石青色，綉金龍九，間以五色雲、福壽文。下幅八寶平水。領前後正龍各一，左右及交襟處行龍各一。袖如朝袍，左右開裾，以襲吉服褂。緞綢紗裘，隨時所宜。

嬪。薰貂朝冠、青絨朝冠，并綴紅纓，正中頂一座，二層，貫無光東珠各一，皆承以金翟。飾無光東珠各三，四等珍珠各一，小珍珠各十六。上銜果子一。紅纓上綴金翟五，飾無光東珠各五，小珍珠各十九。後金翟一，飾小珍珠十六，翟尾垂珠，三行二就，共四等珍珠一百七十二。中間金桃花一，銜青金石，兩面飾無光東珠三，二等珍珠三，末綴珊瑚。冠後護領垂金黄縧二，末綴寶石。青緞為帶。

金約周圍金雲八，銜無光東珠八，間以青金石，紅片金為裏。後系金銜松石結，珠下垂，三行三就，共珍珠一百七十七。中間青金石方勝二，兩面銜無光東珠各四，次等珍珠各四，末綴珊瑚。

珥，左右各三，以金為龍形，末鋭下曲，各銜四等東珠三。

領約周圍金雲七，銜無光東珠各一，間以珊瑚。垂金黄縧二，中貫珊瑚、背雲各一，末綴珊瑚各二。

朝珠，中左右共三盤，中以珊瑚，左右以琥珀、佛頭、記念、背雲、大小墜、珠寳、雜飾惟其宜。縧俱金黄色。

綿緞有褶朝褂，石青色，片金緣，上綉立龍四，下通襞積為行龍及萬福萬壽，四層相間。領後垂金黄縧。綿緞朝褂、紗朝褂，并用石青色，片金緣，前綉行龍四，後正龍一、行龍二。下幅八寳平水。領後垂金黄縧。

黄貂皮緣緞朝袍、海龍皮緣緞朝袍、綿緞朝袍、紗朝袍，并用香色，披領及袖俱石青色，片金緣，以黄貂、海龍緣者加于外。前後綉正龍各一，兩肩行龍各二，下幅行龍五，間以五色雲，周圍八寳平水。披領行龍二，袖端正龍一，袖相接處行龍各二，領後垂金黄縧。

海龍皮緣灰鼠皮裏緞朝裙、綿緞朝裙、紗朝裙，并用紅色織金壽字，下鑲石青行龍妝緞，紗亦如之。片金緣以海龍皮緣者加于外，皆正幅，有襞積。

薰貂吉服冠、青絨吉服冠，并綴紅纓，頂銜碧砥玒。

吉服褂，用石青色，上綉金龍四團，下綉夔龍四團。春秋以緞綢，夏以紗，冬以裘，隨時所宜。

吉服袍，用香色，領袖俱石青色，綉金龍九，間以五色雲、福壽文。下幅八寳平水。領前後正龍各一，左右及交襟處行龍各一。袖如朝袍，左右開裾，以襲吉服褂。緞綢紗裘，隨時所宜。

貴人。吉服褂，用石青色，綉八團夔龍，春秋以緞綢，夏以紗，冬以裘，隨時所宜。

吉服袍，用香色，領袖俱石青色，綉金龍九，間以五色雲、福壽文，下幅八寳平水。領前後正龍各一，左右及交襟處行龍各一。袖如朝袍，左右開裾，以襲吉服褂。緞綢紗裘，隨時所宜。

皇子福晉。薰貂朝冠、青絨朝冠，并綴紅纓，正中金龍頂一座，二層，飾五等東珠十，上銜紅寳石。紅纓上周綴金孔雀五，飾五等東珠各七，小珍珠共三十九。後金翟一，翟尾垂小珍珠，三行二就。不計粒數，共重一兩六錢。中間金桃花一，銜青金石，末綴珊瑚。冠後護領垂金黄縧二，末亦如之。青緞為帶。

金約周圍金雲九，銜五等東珠各一，間以青金石，紅片金為裏。後系金銜青金石結，珠下垂，三行二就。用小珍珠不計粒數，共重一兩六錢。中間青金石方勝二，末綴珊瑚。

珥，左右各三，用金，銜五等東珠各二。

領約周圍金雲七，銜五等東珠各一，間以珊瑚，垂金黄縧二，中貫珊瑚、背雲各一，末綴珊瑚各二。

朝珠，中左右共三盤，中以珊瑚，左右以琥珀、佛頭、記念、背雲、大小墜、珠寳、雜飾惟其宜。縧俱金黄色。

彩帨，以月白綢為之，不綉花文，結佩惟宜。縧俱金黄色。

綿緞有褶朝褂，石青色，片金緣，上綉立龍四，下通襞積為行龍及萬福萬壽，四層相間。領後垂金黄縧。

綿緞朝褂、紗朝褂，并用石青色，片金緣，前綉行龍四，後正龍一、行龍二，下幅八寳平水。領後垂金黄縧。

黄貂皮緣緞朝袍、海龍皮緣緞朝袍、綿緞朝袍、紗朝袍，并用香色，披領及袖俱石青色，片金緣，以黄貂、海龍緣者加于外。前後綉正龍各一，兩肩行龍各二，下幅行龍五，間以五色雲，周圍八寳平水。披領行龍二，袖端正龍一。袖相接處行龍各二。領後垂金黄縧。

海龍皮緣灰鼠皮裏緞朝裙、綿緞朝裙、紗朝裙，并用紅色織金壽字，下鑲石青行龍妝緞，紗亦如之。片金緣以海龍皮緣者加于外，皆正幅，有襞積。

薰貂吉服冠、青絨吉服冠，并綴紅纓，頂銜碧砥玒。

吉服褂，用石青色，綉四團龍。春秋以緞綢，夏以紗，冬以裘，隨時所宜。

吉服袍，用香色，領袖俱石青色，綉金龍九，間以五色雲、福壽文，下幅八寳平水。領前後正龍各一，左右及交襟處行龍各一。袖如朝袍，左右開裾，以襲吉服褂，緞綢紗裘，隨時所宜。

皇子側室福晉。薰貂朝冠、青絨朝冠，并綴紅纓，正中金龍頂一座，二層，飾五等東珠九，上銜紅寳石。紅纓上周綴金孔雀五，飾五等東珠各五，小珍珠共三十九。後金翟一，翟尾垂小珍珠，三行二就。不計粒數，共重一兩六錢。中間金桃花一，銜青金石，末綴珊瑚。冠後護領垂金黄縧，末亦如之。青緞為帶。

金約周圍金雲八，銜五等東珠各一，間以青金石，紅片金為裏。後系金銜青金石結，珠下垂，三行三就。用小珍珠不計粒數，約重一兩六錢。中間青金石方勝二，末綴珊瑚。

珥，左右各三，用金，銜五等東珠各二。

領約周圍金雲七，銜五等東珠各一，間以珊瑚，垂金黄絛二，中貫珊瑚、背雲各一，末綴珊瑚各二。

朝珠，中左右共三盤，中以珊瑚，左右以琥珀、佛頭、記念、背雲、大小墜、珠寶，雜飾惟其宜。絛俱金黄色。

綿緞有褶朝褂，石青色，片金緣，上綉立龍四，下通襞積，為行龍及萬福萬壽，四層相間。領後垂金黄絛。

綿緞朝褂、紗朝褂，并用石青色，片金緣，前綉行龍四，後正龍一，行龍二，下幅八寶平水。領後垂金黄絛。

黄貂皮緣緞朝袍、海龍皮緣緞朝袍、綿緞朝袍、紗朝袍，并用香色，披領及袖俱石青色，片金緣，以黄貂、海龍緣者加于外。前後綉正龍各一，兩肩行龍各二，下幅行龍五，間以五色雲，周圍八寶平水。披領行龍二，袖端正龍一，袖相接處行龍各二，領後垂金黄絛。

海龍皮緣灰鼠皮裏緞朝裙、綿緞朝裙、紗朝裙，并用紅色織金壽字，下鑲石青行龍妝緞，紗亦如之。片金緣以海龍皮緣者加于外。皆正幅。有襞積。

薰貂吉服冠、青絨吉服冠，并綴紅纓，頂銜碧砑砬。

吉服褂，用石青色，綉四團龍，春秋以緞綢，夏以紗，冬以裘，隨時所宜。

吉服袍，用香色，領袖俱石青色，綉金龍九，間以五色雲、福壽文，下幅八寶平水。領前後正龍各一，左右及交襟處行龍各一。袖如朝袍，左右開裾，以襲吉服褂，緞綢紗裘，隨時所宜。

清·慶桂《清朝宫史續編》卷四九《冠服》 臣等謹案：《周官》追師，掌王後之首服，内司服掌王後之六服。凡朝祭令典，各准其式用之。我朝彤闈法服，定制詳明，具載前編宫史。兹臣等參考皇朝禮器圖式及欽定宫中現行則例，與前編所載小異者，謹續於後，以一儀式焉。

又 皇太后冠服。冬朝冠，薰貂爲之，綴朱纓。中安金纍絲三鳳冠頂一座，上銜三等大東珠一，二等東珠九，三等東珠四，三等珍珠三，小珍珠四十八。金鳳七，飾二等東珠六十三，小珍珠一百四十八，貓睛石七。金翟一，飾小珍珠十六，貓睛石一。金箍一，鑲青金石一，飾二等東珠十三。金垂掛二。一金桃花，鑲青金石，兩面飾二等東珠六，次等珍珠五，三等珍珠六，四等珍珠三百有二，末綴珊瑚。一鑲青金松石，飾二等東珠十六，次等珍珠五，三等珍珠十六，四等珍珠三百二十四。冠後護領，垂明黄絛二，末綴寶石，青緞爲帶。夏朝冠，鵝絨爲之，餘製悉如冬朝冠。金領約週圍金雲十三，飾二等東珠十一，三等東珠四，次等珍珠四，明黄絛，貫珊瑚背雲二，松石墜角四。金珥，左右各三，貫頭等東珠十二。朝服、朝珠，中左右共三盤，一東珠，一珊瑚，一蜜珀。吉服朝珠一盤，各色珠身、佛頭、記念、背雲、大小墜、珠寶，雜飾隨所御，俱用明黄絛。綵帨，緑，繡五穀豐登，佩箴管、縏袠之屬，絛俱明黄色。朝褂，石青色，片金緣，前後繡立龍四，下通襞積，四層相間，上爲正龍四，下爲萬福萬壽。領後垂明黄絛，其飾珊瑚墜角。又朝褂，無襞積，石青色，緣金繡龍如前，下幅八寶平水。領後垂明黄絛，其飾，珊瑚各色墜角惟宜。緞紗單袷各惟其時。冬朝袍，明黄色，披領及袖俱石青色，片金加貂緣，肩上下襲朝褂處亦加緣。繡文金龍九，間以五色雲。中無襞積。下幅八寶平水，披領行龍二，袖端正龍各一。袖相接處，行龍各二。領後垂明黄絛，其飾，珊瑚墜角。又朝袍，明黄色，片金加海龍緣，中無襞積，裾後開，餘均如前。夏朝袍，明黄色，片金緣，中無襞積，裾後開。緞紗單袷各惟其時。餘製如冬朝袍。冬朝裙，片金加海龍緣，上用紅色織金壽字緞，下鑲石青行龍妝緞，皆正幅，有襞積。夏朝裙，片金緣，緞紗各惟其時。餘製如冬朝裙。吉服褂，八團龍石青緞袍，九龍鵝黄緞。

又 皇后冠服。冬朝冠，薰貂爲之。夏朝冠，鵝絨爲之。三鳳冠頂所銜之三等東珠四，定爲四等珍珠三。金箍，定爲三等珍珠十三。餘與皇太后同。冬夏朝褂、朝袍、朝裙、吉服，均與皇太后同。

又 皇貴妃冠服。冬朝冠，薰貂爲之。夏朝冠，鵝絨爲之。三鳳冠，頂所銜之三等大東珠一，定爲三等大珍珠一。金鳳七，二等東珠十九，三等東珠四十四。金箍，二等東珠十二。垂掛二：一用二等東珠四，次等珍珠四，四等珍珠二百五十五。一用二等東珠十二，次等珍珠十二，四等珍珠二百四十九。領約，二等東珠七。珥，二等東珠十二。朝珠三，中用三等珍珠一盤，青金石二盤，並綵帨所佩之屬，俱用明黄絛。餘與皇后同。冬夏朝褂、朝袍、朝裙，與皇后同。吉服、袍，用金黄緞。

又 貴妃冠服。冬朝冠，薰貂爲之。夏朝冠，鵝絨爲之。金鳳七，二等東珠十一，三等東珠五十有二。金箍，三等東珠十二。垂褂二：一用四等珍珠一百九十有二，一用四等珍珠二百有四。朝珠三，珊瑚二盤，蜜珀一盤，並綵帨所佩之屬，俱用金黄絛。餘與皇貴妃同。冬夏朝褂，領後垂金黄絛。朝袍用金黄色。餘與皇貴妃同。

又 妃冠服。冬朝冠，薰貂爲之。夏朝冠，鵝絨爲之。三鳳冠，頂銜貓睛石一，三等東珠九，五等東珠二，四等珍珠二，小珍珠三十二。金鳳五，三等東珠三十五，小珍珠一百有五。垂褂二：一用三等東珠四，四等珍珠一百八十有八。一用三等東珠十二，四等珍珠一百九十有七。領約，三等東珠七。珥，三等東珠十二。綵帨，緑，繡雲芝瑞草。餘與貴妃同。冬夏朝褂、朝袍、朝裙、吉服，均與貴妃同。

又 嬪冠服。冬朝冠，薰貂爲之。夏朝冠，鵝絨爲之。三鳳冠，頂用二翟鳥，銜硃子石一，無光東珠八，四等珍珠二，小珍珠三十二。金翟五，無光東珠二十有五，小珍珠九十有五。又，金翟一，小珍珠十六。金箍，無光東珠八。垂褂二：一用無光東珠三，次等珍珠三，四等珍珠一百七十有二。一用無光東珠八，次等珍珠八，四等珍珠一百七十有七。領約，無光東珠七。珥，四等東珠十二。綵帨，緑色，不繡花文。餘與妃同。冬夏朝袍，用香色。吉服，石青褂，上四團龍，下四團夔龍袍，九龍香色緞。餘與妃同。

又 貴人服色。吉服，石青褂，八團夔龍。袍與嬪同。

又 常在服色。吉服，褂、袍，與貴人同。

又 皇子福晉冠服。冬朝冠，薰貂爲之。夏朝冠，鵝絨爲之。冠頂銜紅寶石一，五等東珠十，金孔雀五，五等東珠二十有五，小珍珠三十有九。金翟一。金箍，五等東珠九。垂褂二，均用小珍珠，一兩六錢。領約，五等東珠七。珥，五等東珠十二。朝珠三，珊瑚一盤，蜜珀二盤。綵帨，緑色，不繡花文。凡所佩之屬，均用金黄絛。朝褂，石青色，片金緣，前繡行龍四，後行龍三，領後垂金黄絛，雜飾惟宜。冬夏朝袍，均用香色，朝裙如制。吉服、石青褂，四團龍。袍，九龍，香色緞。

清・陳康祺《郎潛紀聞》卷一〇《孝賢純皇后慈儉》 孝賢純皇后富察氏，文忠公姊也，性慈儉，正位中宫十三載，未嘗佩服珠翠。向例宫中多用金銀絲索緝成荷包，后以爲暴殄，歲時進呈純皇帝，惟以鹿羔氄毧緝爲佩囊，蓋仿先世關外之製，以寓不忘本之意。上深加敬愛，故文忠父子，蒙被恩寵，視他戚畹尤摯且久也。

清・紀昀《八旗通志》卷八四《典禮志七・八旗冠服》 公主、王妃等冠服。固倫公主，冠頂金佛、簪，項圈用東珠十，服色用翟鳥五爪四團龍補。

和碩公主，冠頂金佛、簪，項圈用東珠九，服色視和碩大福晉例。

郡主冠服，崇德元年定，冠頂大簪、舍林，項圈各嵌東珠六顆。

和碩格格，帽頂大簪、金佛，項圈各嵌東珠八顆。耳墜、項圈、金佛、大簪所用東珠，重五分。衣服不許繡鳳及用黄緞。和碩格格即郡主。

和碩郡主，冠頂金佛、簪，項圈用東珠八，服色用翟鳥蟒緞。帽頂大簪、金佛，項圈各嵌東珠七顆。

縣主，冠頂金佛、簪，項圈用東珠七，服色蟒緞、粧緞，各色緞俱許酌用。帽頂大簪、金佛，項圈各嵌東珠六顆。

郡君，冠頂金佛、簪，項圈用東珠六，服色與縣主同。

縣君，冠頂金佛、簪，項圈用東珠五，服色與郡君同。

鄉君，冠頂金佛、簪，項圈用東珠四，服色與縣君同。

貝子、公等側室女，降等冠服。王、貝勒側室女，封授比嫡女既降二等，冠服各項俱照所降品級服用。

貝子、鎮國公、輔國公側室女，雖降等，食五品、六品俸，其冠頂服色與縣君同。

和碩親王大福晉，冠頂金佛、簪，項圈用東珠十。服五爪龍滿粧緞四補衣，用翟鳥蟒緞、粧緞、補子等緞。

世子大福晉，冠頂金佛、簪，項圈用東珠九。服色俱視和碩大福晉例。

郡王大福晉，冠頂金佛、簪，項圈用東珠八。服色用翟鳥蟒緞、粧緞、補子等緞。

貝勒大福晉，冠頂金佛、簪，項圈用東珠七。服色蟒緞、粧緞，各色緞俱許酌用。

貝子大福晉，冠頂金佛、簪，項圈用東珠六。服色與貝勒福晉同。

鎮國公夫人，冠頂金佛、簪，項圈用東珠五。服色蟒緞、粧緞，各色緞俱許酌用。

輔國公夫人，冠頂金佛、簪，項圈用東珠四。服色與鎮國公夫人同。

婦女冠服，命婦照伊夫品級服用。

皇后侍從婦女，冠用金頂，上銜紅寶石。

貴妃侍從婦女，冠用金頂，上銜藍寶石。

妃侍從婦女，冠用金頂，上銜水晶石。

親王妃、郡王妃侍從婦女，與妃侍從婦女同。

貝勒夫人侍從婦女，冠用金頂。

貝子夫人侍從婦女，冠不許用頂。各樣首飾俱許嵌珍珠、寶石、緑松石。

清・允祹《大清會典則例》卷六五《禮部・冠服》 皇后冠服。國初定，凡慶賀大典，冠用東珠飾頂，禮服用黄色、秋香色，鳳凰、翟鳥及五爪龍文一。

皇貴妃、貴妃、妃、嬪冠服。國初定，凡慶賀大典，皇貴妃、貴妃冠頂用東珠十有二，妃用東珠十有一。禮服均用鳳凰、翟鳥、五爪龍段，糚段，八團龍段。若黄色秋香色不得用。嬪冠頂用東珠十，禮服用翟鳥、五爪龍段，糚段，四團龍段一。

清・崑岡、劉啓端《清會典圖》卷五八《冠服二》 皇太后、皇后冬朝冠圖。

【略】

皇太后、皇后冬朝冠，薰貂爲之，上綴朱緯，頂三層，貫東珠各一，皆承以金鳳，飾東珠各三，珍珠各十七，上銜大東珠一，朱緯，上周綴金鳳七，飾東珠各九，貓睛石各一，珍珠各二十一，後金翟一，飾貓睛石一，小珍珠十六，翟尾垂珠，五行二就，共珍珠三百有二，每行大珍珠一，中間金銜青金石結一，飾東珠、珍珠各六，末綴珊瑚。冠後護領，垂明黄條二，末綴寶石，青緞爲帶。

皇太后、皇后夏朝冠圖。

【略】

皇太后、皇后夏朝冠，青絨爲之，餘制如冬朝冠。

皇太后、皇后金約圖。

【略】

皇太后、皇后金約，鏤金雲十三，飾東珠各一，間以青金石，紅片金裏，後金銜緑松石結，貫珠下垂，五行三就，共珍珠三百二十四，每行大珍珠一，中間金銜青金石結二，每結飾東珠、珍珠各八，末綴珊瑚。

皇太后、皇后耳飾圖

皇太后、皇后耳飾，左右各三，每具金龍銜一等東珠各二。

皇貴妃、貴妃耳飾，用二等東珠。

妃耳飾，用三等東珠。嬪耳飾，用四等東珠，餘制同。

皇太后、皇后朝褂圖一

皇太后、皇后朝褂，色用石青，片金緣，繡文。前後立龍各二，下通襞積，四層相間，上爲正龍各四，下爲萬福萬壽，領後垂明黄條，其飾珠寶惟宜。皇貴妃朝褂制同。

貴妃、妃、嬪朝褂，領後條用金黄色，餘同。

皇太后、皇后朝褂圖二。

【略】

皇太后、皇后朝褂，色用石青，片金緣，繡文，前後正龍各一，腰帷行龍四，中有襞積。下幅行龍八，領後垂明黄條，其飾珠寶惟宜，綴紗單袷惟其時。

皇貴妃朝褂制同。貴妃、妃、嬪朝褂，領後條用金黄色，餘同。

皇太后、皇后朝褂圖三。

【略】

皇太后、皇后朝褂，色用石青，片金緣，繡文。前後立龍各二，中無襞積，下幅八寶平水，領後垂明黄條，其飾珠寶惟宜，緞、紗單袷惟其時。

皇貴妃朝褂制同。貴妃、妃、嬪朝褂，領後條用金黄色，餘同。

又卷五九《冠服三》 皇太后、皇后冬朝袍圖一。

【略】

皇太后、皇后冬朝袍，色用明黄，披領及袖俱石青，片金加貂緣，肩上下襲朝褂處亦加緣，繡文，金龍九，間以五色雲，中無襞積，下幅八寶平水。披領行龍二，袖端正龍各一，袖相接處行龍各二，領後垂明黄條，其飾珠寶惟宜。

皇貴妃冬朝袍制同。貴妃、妃冬朝袍，用金黄色。

嬪冬朝袍用香色，領後條皆用金黄色，餘同。

皇太后、皇后冬朝袍圖二。

【略】

皇太后、皇后冬朝袍，色用明黄，片金加海龍緣，繡文，前後正龍各一，兩肩行龍各一，腰帷行龍四，中有襞積，下幅行龍八，餘制如冬朝袍一。

皇貴妃冬朝袍制同。貴妃、妃冬朝袍，用金黄色。嬪冬朝袍用香色，領後條皆用金黄色，餘同。

皇太后、皇后冬朝袍圖三。皇貴妃、貴妃、妃、嬪冬朝袍附見。

【略】

皇太后、皇后冬朝袍，色用明黄，片金加海龍緣，裾後開，餘制如冬朝袍一。皇貴妃冬朝袍制同。

貴妃、妃冬朝袍用金黄色。嬪冬朝袍，用香色，領後條皆用金黄色，餘同。

皇太后、皇后夏朝袍圖一。

【略】

皇太后、皇后夏朝袍，色用明黄，片金緣，緞、紗單袷惟其時，餘制如冬朝袍二。

皇貴妃夏朝袍制同。

貴妃、妃夏朝袍，用金黄色。嬪夏朝袍，用香色，領後條皆用金黄色，餘同。

皇太后、皇后夏朝袍圖二。

【略】

皇太后、皇后夏朝袍，色用明黄，片金緣，緞、紗單袷惟其時，餘制如冬朝袍三。

皇貴妃夏朝袍制同。貴妃、妃夏朝袍，用金黄色。嬪夏朝袍，用香色，領後條皆用金黄色，餘同。

皇太后、皇后領約圖。

【略】

皇太后、皇后領約，鏤金爲之，飾東珠十一，間以珊瑚，兩端垂明黄條二，中各貫珊瑚，末綴緑松石各二。

皇太后、皇后朝珠圖。

【略】

皇太后、皇后朝服，御朝珠三盤，東珠一，珊瑚二。吉服御朝珠一盤，佛頭、記念、背雲、大小墜、珠寶、雜飾惟宜，條皆明黄色。

皇貴妃朝服用朝，珠三盤，蜜珀一，珊瑚二。吉服，用朝珠一盤，佛頭、記念、背雲、大小墜、珠寶、雜飾惟宜，條亦明黄色。貴妃、妃朝珠條用金黄色，餘與皇貴妃同。嬪朝服，用朝珠三盤，珊瑚一，蜜珀二。吉服，用朝珠一盤，餘與皇貴妃同。

皇太后、皇后綵帨圖。

【略】

皇太后、皇后綵帨，緑色，繡文爲五穀豐登，佩箴管縏之屬，條明黄色。

皇貴妃綵帨制同。貴妃綵帨，結佩惟宜，條金黄色，餘同。

皇太后、皇后冬朝裙圖。

【略】

皇太后、皇后冬朝裙，片金加海龍緣，上用紅織金壽字緞，下石青行龍粧緞，皆正幅，有襞積。

皇貴妃、貴妃、妃、嬪冬朝裙制同。

皇太后、皇后夏朝裙圖。

【略】

皇太后、皇后夏朝裙，片金緣，緞、紗惟其時，餘制如冬朝裙。

皇貴妃、貴妃、妃、嬪夏朝裙制同。

又卷六〇《冠服四》 皇貴妃冬朝冠圖。

【略】

皇貴妃冬朝冠，薰貂爲之，上綴朱緯，頂三層，貫東珠各一，皆承以金鳳，飾東珠各三，珍珠各十七，上銜大珍珠一。朱緯，上周綴金鳳七，飾東珠各九，珍珠各二十一。後金翟一，飾貓睛石一，小珍珠十六，翟尾垂珠，三行二就，共珍珠一百九十二，中間金銜青金石結一，飾東珠、珍珠各四，末綴珊瑚。冠後護領，垂明黄條二，末綴寶石，青緞爲帶。

貴妃冬朝冠，護領條用金黄色，餘同。

皇貴妃夏朝冠圖。

【略】

皇貴妃夏朝冠，青絨爲之，餘制如冬朝冠。

貴妃夏朝冠，護領絛用金黄色，餘同。

皇貴妃金約圖。

【略】

皇貴妃金約，鏤金雲十二，飾東珠各一，閒以珊瑚，紅片金裏，後繫金銜緑松石結，貫珠下垂，三行三就，共珍珠二百有四，中閒金銜青金石結二，每結飾東珠、珍珠各六，末綴珊瑚。

貴妃金約制同。

皇貴妃領約圖。

【略】

皇貴妃領約，鏤金爲之，飾東珠七，閒以珊瑚，兩端垂明黄絛二，中各貫珊瑚，末綴珊瑚各二。

貴妃、妃、嬪領約，絛用金黄色，餘同。

妃冬朝冠圖。

【略】

妃冬朝冠，薰貂爲之，上綴朱緯，頂二層，貫東珠各一，皆承以金鳳，飾東珠共九，珍珠各十七。上銜貓睛石，朱緯，上周綴金鳳五，飾東珠各七，珍珠各二十一。後金翟一，飾貓睛石一，小珍珠十六，翟尾垂珠，三行二就，共珍珠一百八十八。中閒金銜青金石結一，飾東珠、珍珠各四，末綴珊瑚。冠後護領，垂金黄絛二，末綴寶石，青緞爲帶。

妃夏朝冠圖。

【略】

妃夏朝冠，青絨爲之，餘制如冬朝冠。

妃金約圖。

【略】

妃金約，鏤金雲十一，飾東珠各一，閒以青金石，紅片金裏，後繫金銜緑松石結，貫珠下垂，三行三就，共珍珠一百九十七，中閒金銜青金石結二，每結飾東珠、珍珠各六，末綴珊瑚。

妃綵帨圖。

【略】

妃綵帨，緑色，繡文爲雲芝瑞草，結佩惟宜，絛金黄色。

嬪冬朝冠圖。

【略】

嬪冬朝冠，薰貂爲之，上綴朱緯，頂二層，貫東珠各一，皆承以金翟。飾東珠共九，珍珠各十七。上銜礶子，朱緯，上周綴金翟五，飾東珠各五，珍珠各十九，後金翟一，飾小珍珠十六，翟尾垂珠，三行二就，共珍珠一百七十二。中閒金銜青金石結一，飾東珠、珍珠各三，末綴珊瑚。冠後護領，垂金黄絛二，末綴寶石，青緞爲帶。

嬪夏朝冠圖。

【略】

嬪夏朝冠，青絨爲之，餘制如冬朝冠。

嬪金約圖。

【略】

嬪金約，鏤金雲八，飾東珠各一，閒以青金石，紅片金裏，後繫金銜緑松石結，貫珠下垂，三行三就，共珍珠一百七十七。中閒金銜青金石結二，每結飾東珠、珍珠各四，末綴珊瑚。

嬪綵帨圖。

【略】

嬪綵帨，緑色，不繡花文，結佩惟宜，絛金黄色。

又卷六八《冠服十二》 皇子福晉冬朝冠圖。

【略】

皇子福晉冬朝冠，薰貂爲之，上綴朱緯，頂鏤金三層，飾東珠十，上銜紅寶石，朱緯，上周綴金孔雀五，飾東珠各七，小珍珠三十九。後金孔雀一，垂珠，三行二就，中閒金銜青金石結一，飾東珠各三，末綴珊瑚。冠後護領，垂金黄絛二，末亦綴珊瑚，青緞爲帶。親王福晉、固倫公主冬朝冠，制同。

皇子福晉夏朝冠圖。

【略】

皇子福晉夏朝冠，青絨爲之，餘制如冬朝冠。親王福晉、固倫公主夏朝冠制同。

皇子福晉金約圖。

【略】

皇子福晉金約，鏤金雲九，飾東珠各一，間以青金石，紅片金裏，後繫金銜青金石結，貫珠下垂，三行三就，中間金銜青金石結二，每結飾東珠、珍珠各四，末綴珊瑚。親王福晉、固倫公主金約，制同。

皇子福晉耳飾圖。

【略】

皇子福晉耳飾，左右各三，每縣金雲，銜珠各二，親王福晉、固倫公主，下至七品命婦耳飾，制同。

皇子福晉朝褂圖。

【略】

皇子福晉朝褂，色用石青，片金緣，繡文前行龍四，後行龍三，領後垂金黃條，雜飾惟宜。親王福晉、固倫公主、和碩公主、郡王福晉、郡主、縣主朝褂，制同。

皇子福晉冬朝袍圖。

【略】

皇子福晉冬朝袍，用香色，披領及袖俱石青，片金加海龍緣，繡文前後正龍各一，兩肩行龍各一，襟行龍四，披領行龍二，袖端正龍各一，袖相接處行龍各二。裾後開，領後垂金黃條，雜飾惟宜。親王福晉、固倫公主、和碩公主、郡王福晉、郡主、縣主冬朝袍，制同。

皇子福晉夏朝袍圖。

【略】

皇子福晉夏朝袍，用香色，片金緣，餘制如冬朝袍。親王福晉、固倫公主、和碩公主、郡王福晉、郡主、縣主夏朝袍，制同。

皇子福晉領約圖。

【略】

皇子福晉領約，鏤金爲之，飾東珠七，間以珊瑚，兩端垂金黃條二，中各貫珊瑚，末綴珊瑚各二。親王福晉、固倫公主、和碩公主、郡王福晉、郡主、縣主領約，制同。貝勒夫人，下至鄉君領約，制亦同，惟條用石青色。

皇子福晉朝珠圖。

【略】

皇子福晉朝服，用朝珠三盤，珊瑚一，蜜珀二。吉服，用朝珠一盤，雜飾惟宜。條皆金黃色，親王福晉、固倫公主、和碩公主、郡王福晉、郡主、縣主朝珠，制同。貝勒夫人，下至鄉君朝珠，制亦同，惟條用石青色。民公侯伯夫人，下至五品命婦，朝珠三盤，珊瑚、青金石、緑松石、蜜珀隨所用，雜飾惟宜，條皆石青色。

皇子福晉綵帨圖。

【略】

皇子福晉綵帨，月白色，不繡花文，結佩惟宜，條金黃色。親王福晉、固倫公主、和碩公主、郡王福晉、郡主、縣主綵帨，制同。貝勒夫人，下至七品命婦綵帨，制亦同，惟條用石青色。

皇子福晉冬朝裙圖。

【略】

皇子福晉冬朝裙，片金加海龍緣，上用紅緞，下石青行龍糚緞，皆正幅，有襞積。親王福晉、固倫公主，下至鄉君冬朝裙，制同。

皇子福晉夏朝裙圖。

【略】

皇子福晉夏朝裙，片金緣，緞、紗惟其時，餘制如冬朝裙。親王福晉、固倫公主，下至鄉君夏朝裙，制同。

又卷六九《冠服十三》 和碩公主冬朝冠圖。

【略】

和碩公主冬朝冠，頂鏤金二層，飾東珠九，朱緯，上周綴金孔雀五，飾東珠各六，不飾小珍珠，餘制如皇子福晉冬朝冠。

和碩公主夏朝冠圖。

【略】

和碩公主夏朝冠，青絨爲之，餘制如冬朝冠。

和碩公主金約圖。

【略】

和碩公主金約，鏤金雲八，餘制如皇子福晉金約。

郡王福晉冬朝冠圖。

【略】

郡王福晉冬朝冠，頂鏤金二層，飾東珠八，朱緯，上周綴金孔雀五，飾東珠各五，不飾小珍珠、石結，不飾東珠，餘制如皇子福晉冬朝冠。郡主冬朝冠制同。

郡王福晉夏朝冠圖。

【略】

郡王福晉夏朝冠，青絨爲之，餘制如冬朝冠。郡主夏朝冠制同。

郡王福晉金約圖。

【略】

郡王福晉金約，鏤金雲八，石結，不飾東珠、珍珠，餘制如皇子福晉金約。

貝勒夫人冬朝冠圖。

【略】

貝勒夫人冬朝冠，頂鏤金二層，飾東珠七，朱緯，上周綴金孔雀五，飾東珠各三，不飾小珍珠、石結，不飾東珠。冠後護領垂石青條二。餘制如皇子福晉冬朝冠。縣主冬朝冠制同。

貝勒夫人夏朝冠圖。

【略】

貝勒夫人夏朝冠，青絨爲之，餘制如冬朝冠。縣主夏朝冠制同。

貝勒夫人金約圖。

【略】

貝勒夫人金約，鏤金雲七，石結，不飾東珠、珍珠，餘制如皇子福晉金約。縣主金約制同。

貝勒夫人朝褂圖。

【略】

貝勒夫人朝褂，色用石青，片金緣，繡文，前行蟒四，後行蟒三，領後垂石青條，雜飾惟宜。貝子夫人、郡君，下至鄉君朝褂，制同。

貝勒夫人冬朝袍圖。

【略】

貝勒夫人冬朝袍，藍及石青諸色隨所用。通繡蟒文四爪，領後垂石青條。餘制如皇子福晉冬朝袍。貝子夫人、郡君，下至三品命婦、奉國將軍淑人冬朝袍，制同。

貝勒夫人夏朝袍圖。

【略】

貝勒夫人夏朝袍，藍及石青諸色隨所用，片金緣，餘制如冬朝袍。貝子夫人、郡君，下至三品命婦、奉國將軍淑人夏朝袍，制同。

貝子夫人冬朝冠圖。

【略】

貝子夫人冬朝冠，頂鏤金二層，飾東珠六，朱緯，上周綴金孔雀五，飾東珠各三，不飾小珍珠、石結，不飾東珠，冠後護領，垂石青條二，餘制如皇子福晉冬朝冠。郡君冬朝冠，制同。

貝子夫人夏朝冠圖。

【略】

貝子夫人夏朝冠，青絨爲之，餘制如冬朝冠。郡君夏朝冠，制同。

貝子夫人金約圖。

【略】

貝子夫人金約，鏤金雲六，石結，不飾東珠、珍珠，餘制如皇子福晉金約。郡君金約，制同。

鎮國公夫人冬朝冠圖。

【略】

鎮國公夫人冬朝冠，頂鏤金二層，飾東珠五，朱緯，上周綴金孔雀五，飾東珠各三，不飾小珍珠、石結，不飾東珠，冠後護領，垂石青條二，餘制如皇子福晉冬朝冠。縣君冬朝冠，制同。

鎮國公夫人夏朝冠圖。

【略】

鎮國公夫人夏朝冠，青絨爲之，餘制如冬朝冠。縣君夏朝冠，制同。

鎮國公夫人金約圖。

【略】

鎮國公夫人金約，鏤金雲五，石結，不飾東珠、珍珠，餘制如皇子福晉金約。縣君金約，制同。

輔國公夫人冬朝冠圖。

【略】

輔國公夫人冬朝冠，頂鏤金二層，飾東珠四，朱緯，上周綴金孔雀五，飾東珠各三，不飾小珍珠、石結，不飾東珠，冠後護領垂石青條二，餘制如皇子福晉冬朝冠。鎮國公女鄉君冬朝冠，制同。

輔國公夫人夏朝冠圖。

【略】

輔國公夫人夏朝冠，青絨爲之，餘制如冬朝冠。鎮國公女鄉君夏朝冠，制同。

輔國公夫人金約圖。

【略】

輔國公夫人金約，鏤金雲四，石結，不飾東珠、珍珠，餘制如皇子福晉金約。鎮國公女鄉君金約，制同。

輔國公女鄉君冬朝冠圖。

【略】

輔國公女鄉君冬朝冠，頂鏤金二層飾東珠三，朱緯，上周綴金孔雀五，飾東珠各三，不飾小珍珠、石結，不飾東珠，冠後護領垂石青條二，餘制如皇子福晉冬朝冠。

輔國公女鄉君夏朝冠圖。

【略】

輔國公女鄉君夏朝冠，青絨爲之，餘制如冬朝冠。

輔國公女鄉君金約圖。

【略】

輔國公女鄉君金約，鏤金雲三，石結，不飾東珠、珍珠，餘制如皇子福晉金約。

又卷七〇《冠服十四》　民公夫人冬朝冠圖。

【略】

民公夫人冬朝冠，薰貂爲之，上綴朱緯，頂鏤花金座，中飾東珠四，上銜紅寶石，前綴金簪三，飾以珠寶，護領垂條石青色。

民公夫人夏朝冠圖。

【略】

民公夫人夏朝冠，青絨爲之，餘制如冬朝冠。

民公夫人金約圖。

【略】

民公夫人金約，青緞爲之，紅片金裏，中綴鏤金火焰，飾珍珠一，左右金龍鳳各一，後垂青緞帶二，亦紅片金裏。侯伯夫人，下至七品命婦金約，制同。

民公夫人朝褂圖。

【略】

民公夫人朝褂，色用石青，片金緣，繡文前行蟒二，後行蟒一，領後垂石青條，雜飾惟宜。侯伯夫人，下至七品命婦朝褂，制同。

民公夫人領約圖。

【略】

民公夫人領約，鏤金爲之，飾紅藍小寶石五，兩端垂石青條二，中各貫珊瑚，末綴珊瑚各二，侯伯夫人，下至七品命婦領約，制同。

民公夫人冬朝裙圖。

【略】

民公夫人冬朝裙，片金加海龍緣，上用紅緞，下石青行蟒粧緞，皆正幅，有襞積，侯伯夫人，下至三品命婦、奉國將軍淑人冬朝裙，制同。

民公夫人夏朝裙圖。

【略】

民公夫人夏朝裙，片金緣，緞、紗惟其時，餘制如冬朝裙。侯伯夫人，下至三品命婦、奉國將軍淑人夏朝裙，制同。四品命婦、奉恩將軍恭人，下至七品命婦朝裙，上用綠緞，下石青行蟒粧緞，餘制如民公夫人夏朝裙，冬夏用之。

侯夫人冬朝冠圖。

【略】

侯夫人冬朝冠，頂飾東珠三，餘制如民公夫人冬朝冠。

侯夫人夏朝冠圖。

【略】

侯夫人夏朝冠，青絨爲之，餘制如冬朝冠。

伯夫人冬朝冠圖。

【略】

伯夫人冬朝冠，頂飾東珠二，餘制如民公夫人冬朝冠。

伯夫人夏朝冠圖。

【略】

伯夫人夏朝冠，青絨爲之，餘制如冬朝冠。

一品命婦冬朝冠圖。

【略】

一品命婦冬朝冠，頂飾東珠一，餘制如民公夫人冬朝冠，鎮國將軍夫人、子夫人冬朝冠，制同。二品命婦、輔國將軍夫人、男夫人，上銜珊瑚。三品命婦、奉國將軍淑人，上銜藍寶石。皆中飾小紅寶石一。四品命婦、奉恩將軍恭人，上銜青金石。五品命婦，上銜水晶。六品命婦，上銜硨磲。皆中飾小藍寶石一。七品命婦，中飾小水晶一，上銜素金，餘同。

一品命婦夏朝冠圖。

【略】

一品命婦夏朝冠，青絨爲之，餘制如冬朝冠。鎮國將軍夫人、子夫人、二品命婦、輔國將軍夫人、男夫人、三品命婦、奉國將軍淑人、四品命婦、奉恩將軍恭人，五六七品命婦夏朝冠，青絨爲之，餘各如其冬朝冠。

【略】

四品命婦朝袍圖。

【略】

四品命婦朝袍，藍及石青諸色隨所用，披領及袖俱石青，片金緣，繡文前後行蟒各二，領後垂石青絛，雜飾惟宜，冬夏用之。奉恩將軍恭人，五六七品命婦朝袍，制同。

又卷七二《冠服十六》 皇太后、皇后吉服冠圖。

【略】

皇太后、皇后吉服冠，薰貂爲之，上綴朱緯，頂用東珠。皇貴妃、貴妃吉服冠，制同。妃、嬪吉服冠，頂用碧瑶玐。

皇太后、皇后龍褂圖一。

【略】

皇太后、皇后龍褂，色用石青，繡文五爪金龍八團，兩肩前後正龍各一，襟行龍四，下幅八寶立水，袖端行龍各二，緙袷紗裘惟其時。

皇貴妃、貴妃、妃龍褂，制同。

皇太后、皇后龍褂圖二。

【略】

皇太后、皇后龍褂，色用石青，袖端及下幅不施采章，餘制如龍褂一。

皇太后、皇后龍袍圖一。

【略】

皇太后、皇后龍袍，色用明黄，領袖俱石青，繡文金龍九。間以五色雲，福壽文采惟宜。下幅八寶立水，領前後正龍各一，左右及交襟處行龍各一，袖如朝袍，裾左右開，緙袷紗裘惟其時。

皇貴妃龍袍，制同。貴妃、妃龍袍用金黄色。嬪龍袍用香色。

皇太后、皇后龍袍圖二。

【略】

皇太后、皇后龍袍，色用明黄，繡文五爪金龍八團，兩肩前後正龍各一，襟行龍四，下幅八寶立水，餘制如龍袍一。

皇太后、皇后龍袍圖三。

【略】

皇太后、皇后龍袍，色用明黄，下幅不施采章，餘制如龍袍二。

嬪龍褂圖。

【略】

嬪龍褂，色用石青，繡文兩肩前後正龍各一，襟夔龍四，緙袷紗裘惟其時。

又卷七四《冠服十八》 皇子福晉吉服冠圖。

【略】

皇子福晉吉服冠，薰貂爲之，頂用紅寶石。親王福晉、固倫公主，下至鄉君吉服冠，制同。民公侯伯夫人，一品命婦、鎮國將軍夫人、子夫人，頂用珊瑚。三品命婦、奉國將軍淑人，用藍寶石。四品命婦、奉恩將軍恭人，用青金石。五品命婦，用水晶。六品命婦，用硨磲。七品命婦，用素金，餘同。

皇子福晉吉服褂圖。

【略】

皇子福晉吉服褂，色用石青，繡文五爪正龍四團，前後兩肩各一。

皇子福晉蟒袍圖。

【略】

皇子福晉蟒袍，用香色，通繡九蟒。親王福晉、固倫公主、和碩公主、郡王福晉郡主縣主蟒袍制同。

親王福晉吉服褂圖。

【略】

親王福晉吉服褂，色用石青，繡文五爪金龍四團，前後正龍，兩肩行龍。固倫公主、和碩公主、郡主吉服褂，制同。

郡王福晉吉服褂圖。

【略】

郡王福晉吉服褂，色用石青，繡文五爪行龍四團，前後兩肩各一。縣主吉服褂，制同。

貝勒夫人吉服褂圖。

【略】

貝勒夫人吉服褂，色用石青，繡文前後四爪正蟒各一團。郡君吉服褂，制同。

貝勒夫人蟒袍圖。

【略】

貝勒夫人蟒袍，藍及石青諸色隨所用，通繡九蟒四爪。貝子夫人、郡君，下至三品命婦、奉國將軍淑人蟒袍，制同。

貝子夫人吉服褂圖。

【略】

貝子夫人吉服褂，色用石青，繡文前後四爪行蟒各一團。縣君吉服褂，制同。

鎮國公夫人吉服褂圖。

【略】

鎮國公夫人吉服褂，色用石青，繡花八團。輔國公夫人、鄉君，下至七品命婦吉服褂，制同。

二品命婦吉服冠圖。

【略】

二品命婦吉服冠，薰貂爲之，頂用鏤花珊瑚。輔國將軍夫人、男夫人吉服冠，制同。

四品命婦蟒袍圖。

【略】

四品命婦蟒袍，藍及石青諸色隨所用，通繡八蟒四爪，奉恩將軍恭人，五六品命婦蟒袍，制同。

七品命婦蟒袍圖。

【略】

七品命婦蟒袍，藍及石青諸色隨所用，通繡五蟒四爪。

文武百官服飾

綜述

清・陳康祺《郎潛紀聞》卷一〇《軍機處行走用全紅帽罩》 全紅帽罩，惟三品以上入内廷者准服。四五品官，雖内直不用也。高廟時，軍機章京帶領引見，值天雨，冠纓盡濕。上問其故，金壇于文襄公以體制對。上曰：遇雨暫用何妨。自是行走軍機處者，冠罩無不全紅矣。

清・紀昀《八旗通志》卷八四《典禮志七・八旗冠服》 八旗冠服。

宗室王公冠服。親王吉服，冠頂用紅寶石。賜紅絨結頂者，亦得用之。冬用海龍薰貂、紫貂，夏織玉草或藤竹絲爲之。紅紗綢裏，石青、片金緣，上綴朱緯。下至貝勒皆同。帶用金鑲玉板四片，共嵌東珠四顆，端罩青狐爲之，月白緞裏。曾賜金黄色者，亦得用之。左右垂帶各二。下至貝子、固倫、額駙皆同。補服色用石青，五爪四團龍補，前後正龍，兩肩行龍。朝服、蟒袍，藍及石青諸色隨所用。曾賜金黄者，亦得用之。坐褥，冬用猞猁猻緣貂皮，夏用五爪龍紅緞襯紅白氊。

親王世子朝冠，頂金龍，二層飾東珠九。上啣紅寶石。夏朝冠，前綴舍林，飾東珠五，後綴金花，飾東珠四，帶金鑲用金黃色，銜玉方版四，每具飾東珠三。左右佩絛如帶色。補服、朝服、蟒袍與親王同。坐褥，冬用貂皮緣猞猁猻，夏用四爪蟒紋藍緞。

郡王朝冠，頂金龍，二層飾東珠八，上銜紅寶石。夏朝冠，前綴舍林，飾東珠四，後綴金花，飾東珠三。帶用金黃色，金銜玉方版四，每具飾東珠二，貓睛石一。補服，色用石青，繡五爪行龍，兩肩前後各一，餘皆如親王世子。

貝勒朝冠，頂金龍，二層飾東珠七，上銜紅寶石。夏朝冠，前綴舍林，飾東珠三，後綴金花，飾東珠二。帶用金黃色，金銜玉方版四，每具飾東珠二。補服，色用石青，前後繡四爪正蟒各一團。朝服、蟒袍均不得用金黃色。朝服之制如郡王，通繡蟒紋，皆四爪。蟒袍如之。坐褥，冬用猞猁猻皮，夏用藍粧花緞，餘如郡王。

貝子朝冠，頂金龍，二層飾東珠六，上銜紅寶石，戴三眼孔雀翎。夏朝冠，前綴舍林，飾東珠二，後綴金花，飾東珠一。帶用金黃色，金銜玉方版四，每具飾東珠一。補服，色用石青，前後繡四爪行蟒各一團。坐褥，冬用豹皮，夏用藍緞，緣以粧緞。

鎮國公朝冠，頂金龍，二層飾東珠五，上銜紅寶石，戴雙眼孔雀翎。夏朝冠，前綴舍林，飾東珠一，後綴金花，飾綠松石一。端罩紫貂爲之。帶用金銜玉方版四，每具飾貓睛石一。補服，色用石青，前後繡四爪正蟒方補。坐褥，冬用紅豹皮，夏用紅閃緞襯紅氊。朝服，藍及石青諸色隨用。披領及袖，俱石青片金緣，冬加海龍緣。兩肩前後正蟒各一，要帷行蟒四，中有襞積，裳行蟒八。十一月朔至上元，披領及裳，俱表以紫貂，袖端薰貂，兩肩前後正蟒各一。襞積，行蟒四，皆四爪。袍，通繡九蟒，皆四爪。曾賜五爪蟒緞者，亦得用之。侯伯子男同。

輔國公朝冠，頂金龍，二層飾東珠四，上銜紅寶石，戴雙眼孔雀翎。坐褥，冬用紅豹皮去首尾，夏用青閃緞。餘與鎮國公同。

鎮國將軍朝冠，頂鏤金花，座上銜紅寶石，中飾東珠一。吉服冠，用珊瑚頂。帶用金銜方玉版，每具嵌紅寶石一。補服，前後繡麒麟。餘與鎮國公同。

輔國將軍朝冠，頂鏤金花，座上銜鏤花珊瑚，中飾小紅寶石一。帶用圓金版，每具嵌紅寶石一。補服，前後繡獅。餘與鎮國公同。

奉國將軍朝冠，頂鏤金花，座上銜藍寶石，中飾紅寶石一。吉服冠，用藍寶石頂。帶用起花金圓版。補服，前後繡豹。朝服，兩肩前後正蟒各一，要帷行蟒四，中有襞積，裳行蟒八。餘與鎮國公同。

奉恩將軍朝冠，頂鏤金花，座上銜青金石，中飾藍寶石一。吉服冠，用青金石頂。帶用起花金鑲銀圓版。補服，前後繡虎。蟒袍，通繡八蟒，皆四爪。餘與鎮國公同。

閑散宗室四品官頂，准其穿用四品武職補服。

王、貝勒、貝子入八分公之子應封者，親王之子，給頭品官頂。郡王、貝勒之子，給二品官頂。貝子入八分公之子，給三品官頂。王、貝勒、貝子入八分公承繼之子例不應封者，戴用三品官頂。

盛京宗室與在京宗室，一體給與官頂。

親王以下，宗室以上，俱繫金黃帶，覺羅繫紅帶。

又 品官等冠服。民公朝冠，頂鏤金花，座上銜紅寶石，中飾嵌東珠四。吉服冠，用珊瑚頂。端罩，貂皮爲之。補服，前後繡四爪正蟒。朝服，兩肩前後正蟒各一，要帷行蟒四，中有襞積，裳行蟒八。蟒袍，通繡九蟒四爪。帶用金鑲圓玉版四，每片嵌貓睛一顆。坐褥，冬用虎皮，夏用閃緞襯紅氊。

侯、伯朝冠，頂鏤金花，座上銜紅寶石。侯飾東珠三顆，伯飾東珠二顆。吉服冠，用珊瑚頂。帶用金鑲圓玉版四。侯每具飾綠松石一，伯飾紅寶石一。坐褥，冬用虎皮去首尾。夏，侯用青色綠花閃緞，伯用藍雲緞。餘與民公同。

子朝冠，頂鏤金花，座上銜紅寶石，中飾東珠一。吉服冠，用珊瑚頂。補服，前後繡麒麟。帶用金銜方玉版四，每具飾紅寶石一。餘皆視一品。

男朝冠，頂鏤金花，座上銜鏤花珊瑚，中飾紅寶石一。吉服冠，用鏤花珊瑚頂。補服，前後繡獅。帶用鏤金圓版四，每具飾紅寶石一。餘皆視二品。

固倫公主額駙冠服與貝子同。若原係貝勒以上，各照封爵服用。吉服冠用珊瑚頂。

和碩公主額駙冠服與鎮國公同。如封爵在公上者，各照封爵服用。

郡主額駙冠服，視武一品。帶用金銜圓玉版四，每具飾緑松石一。餘與侯、伯同。

縣主額駙冠服，視武二品。餘與輔國將軍同。坐褥，冬用獾皮，夏用青布緣，紅布襯紅氊。

郡君額駙冠服，視武三品。坐褥，冬用貉皮，夏用青布襯紅氊。餘與奉國將軍同。

縣君額駙冠服，視武四品。帶用鍍金方鐵板四。坐褥，冬用青山羊皮，夏用藍布襯白氊。餘與奉恩將軍同。

鄉君額駙冠服，視武五品。帶用鍍金圓鐵板四。坐褥，冬用鹿皮，夏用白氊。

官員頂帶，都統、尚書冠頂，上銜紅寶石。帶用金圓版四，飾紅寶石四。

內大臣、大學士、副都統、護軍統領、前鋒統領、侍郎冠頂，上銜藍寶石。帶用金圓版四。

一等侍衛、護衛參領、前鋒參領、學士、滿啟心郎、郎中冠頂，上銜水晶。帶用鍍金鐵版四。

二等、三等侍衛，護衛、佐領、員外郎冠用金頂。帶用鍍金圓鐵板四。

護軍校、主事冠用金頂。帶用鍍金圓鐵板二。

清·查慎行《人海記》卷下《傳戴煖耳》 每年十一月朔，傳戴煖耳。百官傳衣不謝，傳煖耳獨謝。

清·袁棟《書隱叢説》卷一一 換季，本朝制度，冬用暖帽，夏用涼帽，以立冬、立夏爲限，名曰換季，如至期寒熱有過不及處，稍爲斟酌，或半月，或十日，臨時請旨定奪。

清·震鈞《天咫偶聞》卷一《皇城》 諸王、貝勒、貝子、公皆於丹墀上行禮。行禮處，横布棕毯，由東而西，一字列之。元日皆貂服，二品以上同，三品以下朝服，餘日則皆朝服。召對、引見皆服天青褂、藍色袍。雜色袍概不得服，羊皮亦不得服，惡其近喪服也。故朝服但有海龍、猞利孫貂、灰銀鼠，而無羊皮。夏不得服亮紗，惡其見膚也，以實地紗代之。皆所以崇敬，此定制也。

清·福格《聽雨叢談》卷一《紅絨結頂》 御用常冠、皇子常冠皆用紅絨結頂。俗謂算盤結。國初未定常冠頂戴之制，時品官及士族子弟，皆用紅絨不結頂。俗謂菊花頂。舊制，曰尖纓冠，其製如江南楊梅半顆。今外省誤以菊花頂爲紅絨結頂，非也。《通禮·冠服制》云：民人冬夏帽上不得用紅絨大結頂。是閑散旗人可用也。

上賜大臣御用冠服，私家尊藏，不能服用。乾隆四十一年，先文肅七十壽辰，蒙御用冠服之賜，并未敢衣而入謝。嘉慶庚辰四月，英煦齋參知和五十壽辰，亦蒙賜冠服，泥於衣而入謝之義，一時非之。

康熙三十二年，雲督范承勳在口外迎鑾，蒙賜貂帽、貂褂、狐腋袍，并命次日服之來謝，但未悉次日果戴御冠入謝否，應俟考。

又《花翎》 本朝最重花翎，如古之珥貂也。其例應隨秩戴翎者，宗室中貝勒、貝子三眼花翎，鎮國公雙眼花翎，輔國公、鎮國將軍、輔國將軍單眼花翎。親郡王爵秩雖崇，非蒙特賜，轉不能戴。雖已賜有花翎，遇朝冠仍不戴用。凡皇子分封之親郡王，皆不賜翎也。

《明·輿服志》載，公侯伯朝服，皆加籠巾貂蟬，插雉尾。公玉蟬，侯金蟬，伯玳瑁蟬。又，都督江彬等承日紅笠之上，綴以靛染天鵝翎，以爲貴飾。貴者飄三英，次者二英。兵部尚書王瓊得賜一英，冠以下教場，自謂殊遇。似與今三眼、雙眼、單眼花翎之制相同，惟雉尾、鵝翎，不及本朝之孔翠壯觀多矣。

品官之例有翎者，內廷王、御前大臣、領侍衛內大臣、直省將軍、內大臣、各城參贊辦事領隊大臣、散秩大臣、武備院卿、上駟院卿，頭二三四等侍衛、前鋒護軍健鋭精捷各營之統領、參領、副參領、委參領、鑾儀衛之滿洲鑾儀使、冠軍使、雲麾使、治儀正、漢軍官無翎。御茶膳房之尚膳正、尚茶正、二三等侍衛、上虞備用處之三四五品官，皆准戴花翎。各項藍翎侍衛、六品苑丞、滿洲整儀尉、鳴贊鞭官、前鋒校、護軍校、藍翎長、各府邸四五六品護衛，皆准戴藍翎。善馬射、善鵠射、十五善射及善撲營各官，均在侍衛之列，例准戴翎。

此外翎枝最爲難得，非軍功不准保薦。若建績大臣及賞賜王公宗室大員子弟，并行圍、較射、射牲、贊禮嫻熟等項，皆出自特恩，非臣下所可擬請者也。道光二十八年，恭修玉牒告成，提調官宗室增慶，經定親王載銓奏獎賞戴花翎，此爲別項勞績保翎之始。此例一開，則山陵奉安、海運事宜、勸捐、抽釐，均相率奉行矣。

按，從前無捐花翎之例，廣東洋商伍崇曜、潘仕成捐輸十數萬金，無可加奬，始蒙賞戴花翎，一時榮之。自海疆軍興以來，乃有捐翎之例，花翎實銀一萬兩，藍翎五千兩。後又援照捐官之項折扣，其數甚少，捐者遂多。自咸豐九年，又條奏捐翎改爲實銀，不准折扣，花翎七千兩，藍翎四千兩。

按，從前各省兼提督銜之巡撫，皆准戴用花翎，升調他缺後，即撤去，謂之例翎。道光二十年，兩江總督宗室耆英奏稱：兼提督之巡撫既有花翎，而直省提督轉無花翎，似未允協，應請將江南提督尤渤，賞換花翎，以肅觀瞻。奉旨：尤渤准其賞換花翎。直省兼提督之巡撫應否戴翎，於放缺後臨時請旨。此後未聞有請旨者，遂一概不敢戴用。其有戴者，皆軍功特賜者也。

又《羽纓冠》 羽纓耐風雨，夏日行裝用之，無職庶人不准戴緯帽者亦用之。其纓以犀牛毛用茜草染成，佳者鮮澤柔細，望之如絨，一纓可值白金二十兩。若尋常傔從所冠者，只值數百文耳，其低昂懸殊之價如此。品官羽纓帽，照常戴頂，庶人則束其根如菊花頂。御用冠用黄菊花頂，以别於衆也。

又《黄馬褂》 巡行扈從大臣，如御前大臣、內大臣、內廷王大臣、侍衛什長，皆例准穿黄馬褂，用明黄色。正黄旗官員、兵丁之馬褂，用金黄色。勳臣軍功有賞給黄馬褂、賞穿黄馬褂之分，賞給只所賜一件，賞穿則可按時自做服用，亦明黄色。

又《黄面褂》 賞給御用貂褂，須拆下黄面恭繳。若有賞給御用黄面褂字樣，即不必拆繳。

又卷二《帽頂》 帽頂之制，始於崇德元年二月。其時惟固山額真、各部承政用寶石嵌金頂，其餘品官皆金頂。四年，重定冠制，親王冠頂三層，上銜紅寶石，中嵌東珠八顆。夏日朝冠，前舍林嵌東珠四顆，後金花嵌東珠四顆。順治元年，定諸王帽頂嵌東珠十顆，夏朝冠前金佛嵌東珠五顆，後金花嵌東珠四顆。二年，改上下坐各嵌東珠四顆，上下飾各嵌東珠一顆，金佛嵌珠五顆，帽後金花嵌珠四顆。郡王冠頂三層，共嵌東珠八顆，舍林嵌東珠四顆，後花嵌東珠三顆。貝勒冠頂三層，共嵌東珠七顆，前舍林三顆，後花二顆。貝子冠頂三層，嵌珠均減一顆。鎮國公帽頂二層，共嵌東珠五，前嵌東珠一，后嵌松石一顆。輔國公減一顆。鎮國將軍以下帽頂均一層，涼朝冠無前後花佛，上銜中嵌，各按品級，不備載。超等公帽頂一層，上銜紅寶石，中嵌東珠三顆。民公侯伯嵌東珠一顆，品官各照其銜遞殺，此皆朝冠之制也。平時帽頂，至雍正五年始刱。初制，一二三品皆用珊瑚，四品用青金石，五六品均用水晶，七品以下俱用金頂，生、監用銀頂。雍正八年，始定今制。雍正五年以前，三品以上朝冠皆紅寶石頂，亦於五年改定。諸王、貝勒之朝冠，用紅寶石，一品大臣亦用紅寶石，其分别處在一用長圓如苞，一用六楞。凡異姓世爵，無論滿漢，皆曰民公侯。

又卷五《朝珠》 素珠之制，以雜寶及諸香穿綴。惟東珠、珍珠者，上用而外，餘皆禁之。諸王用珊瑚朝珠、珍珠記念。一品大臣許用珊瑚朝珠、五色記念。文職五品、武職四品以上，許用雜寶諸香朝珠，珊瑚寶石記念。雍正六年，特准內務府六品主事等官挂朝珠。乾隆二年，特准翰林院修撰、編修、檢討一體懸帶素珠。五年，奏准京官禮部司務，今增爲主事司務。太常寺博士、典簿、讀祝官、贊禮郎，鴻臚寺鳴贊，光禄寺署正、署丞，國子監監丞、博士、助教、學正、學録、典簿等官，恭遇壇廟執事、殿陛侍儀，俱准懸挂素珠，平時仍不准用。今平時戴用者，非也。

按，武職中五六品侍衛，親軍營、護軍營五品委參領，京營守備、八旗滿洲雲騎尉，文職中六品贊善、七品內閣漢中書，各園庭七八九品苑丞、苑副，太醫院等官，鴻臚序班，各府典儀，皆准挂帶朝珠，不知從何所始。嘉慶年間，中書非兼軍機、批本兩處，尚不見有挂用朝珠者也。又稽查上諭處各官，亦帶朝珠，不知始自何年。

又按，宫內太監，有頂戴即有朝珠，然非御前太監，必須當差已逾三十年，方准得頂戴。而御前太監，又必須自幼净身，方准充當，可謂慎矣。

清・趙慎畛《榆巢雜識》卷上《紅雨衣》 諸王以外，惟一品大臣及御前行走之御前侍衛准穿紅雨衣。乾隆八年九月特旨定。

【略】

清・崑岡、劉啓端《清會典圖》卷六二《冠服六》 親王補服圖。

親王補服，繡五爪金龍四團，前後正龍，兩肩行龍，色用石青，凡補服色皆如之。

郡王冬朝冠圖。

【略】

郡王冬朝冠，頂飾東珠八，餘制如皇子冬朝冠。

郡王夏朝冠圖。

【略】

郡王夏朝冠，前綴舍林，飾東珠四，後綴金花，飾東珠三，頂如冬朝冠。

郡王補服圖。

【略】

郡王補服，繡五爪行龍四團，前後兩肩各一。

郡王朝帶圖。

【略】

郡王朝帶，每版飾東珠二，貓睛石一，餘制如皇子朝帶。

貝勒冬朝冠圖。

【略】

貝勒冬朝冠，頂飾東珠七，餘制如皇子冬朝冠。

貝勒夏朝冠圖。

【略】

貝勒夏朝冠，前綴舍林，飾東珠三，後綴金花，飾東珠二，頂如冬朝冠。

貝勒補服圖。

【略】

貝勒補服，繡四爪正蟒二團，前後各一。

貝勒冬朝服圖一。

【略】

貝勒冬朝服，不得用金黃，餘隨所用，通繡蟒文四爪，餘制如皇子冬朝服一。貝子、固倫額駙，鎮國公、輔國公、和碩額駙冬朝服制同。

貝勒冬朝服圖二。

【略】

貝勒冬朝服，不得用金黃，餘隨所用，通繡蟒文四爪，餘制如皇子冬朝服二。貝子、固倫額駙，鎮國公、輔國公、和碩額駙冬朝服制同。

貝勒夏朝服圖。

【略】

貝勒夏朝服，不得用金黃，餘隨所用，通繡蟒文四爪，餘制如皇子夏朝服。貝子、固倫額駙、鎮國公、輔國公、和碩額駙夏朝服制同。

貝勒朝帶圖。

【略】

貝勒朝帶，每版飾東珠二，餘制如皇子朝帶。

又卷六三《冠服七》 貝子冬朝冠圖。

【略】

貝子冬朝冠，頂飾東珠六，戴三眼孔雀翎，餘制如皇子冬朝冠，固倫額駙冬朝冠制同。

貝子夏朝冠圖。

【略】

貝子夏朝冠，前綴舍林，飾東珠二，後綴金花，飾東珠一，戴三眼孔雀翎，頂如冬朝冠，固倫額駙夏朝冠制同。

貝子補服圖。

【略】

貝子補服，繡四爪行蟒二團，前後各一，固倫額駙補服制同。

貝子朝帶圖。

【略】

貝子朝帶，每版飾東珠一，餘制如皇子朝帶，鎮國公輔國公飾貓睛石一，餘同。

固倫額駙朝帶圖。

【略】

固倫額駙朝帶，金銜玉圓版四，每版飾東珠一，和碩額駙朝帶制同。

鎮國公冬朝冠圖。

【略】

鎮國公冬朝冠，頂飾東珠五，戴雙眼孔雀翎。餘制如皇子冬朝冠。和碩額駙冬朝冠制同。

鎮國公夏朝冠。

【略】

鎮國公夏朝冠，前綴舍林，飾東珠一，後綴金花，飾緑松石一，戴雙眼孔雀翎，頂如冬朝冠。和碩額駙夏朝冠制同。

鎮國公補服圖。

【略】

鎮國公補服，繡四爪正蟒二方，前後各一。輔國公、和碩額駙、民公侯伯補服制同。前後方補之制，下達庶官皆如之。

輔國公冬朝冠圖。

【略】

輔國公冬朝冠，頂飾東珠四，戴雙眼孔雀翎。餘制如皇子冬朝冠。

輔國公夏朝冠圖。

【略】

輔國公夏朝冠，前綴舍林，飾東珠一，後綴金花，飾緑松石一，戴雙眼孔雀翎，頂如冬朝冠。

又卷六四《冠服八》 民公冬朝冠圖。

【略】

民公冬朝冠，有薰貂，有青狐，頂鏤花金座，中飾東珠四，上銜紅寶石。

民公夏朝冠。

【略】

民公夏朝冠，頂如冬朝冠。

民公冬朝服圖一。

【略】

民公冬朝服，藍及石青諸色隨所用。披領及裳俱表以紫貂，袖端薰貂，繡文兩肩前後正蟒各一。襞積行蟒四，侯伯下至文三品、武二品，官有職掌大臣，輔國將軍、縣主額駙男、一等侍衛冬朝服，制同。

民公冬朝服圖二。

【略】

民公冬朝服，藍及石青諸色隨所用。披領及袖，片金加海龍緣，繡文兩肩前後正蟒各一，腰帷行蟒四，中有襞積，裳行蟒八，披領行蟒二，袖端正蟒各一。下幅八寶平水。侯伯下至（丈）[文]武四品官，奉恩將軍、縣君額駙冬朝服，制同。

民公夏朝服圖。

【略】

民公夏朝服，藍及石青諸色隨所用。片金緣，餘制如冬朝服二。侯伯下至文武四品官、奉恩將軍、縣君額駙夏朝服，制同。

民公朝帶圖。

【略】

民公朝帶，鏤金銜玉圓版四，飾貓睛石一。侯飾緑松石一，伯飾紅寶石一，郡主額駙飾緑松石一，餘同。

侯冬朝冠圖。

【略】

侯冬朝冠，頂飾東珠三，餘制如民公冬朝冠。

侯夏朝冠圖。

【略】

侯夏朝冠，頂如冬朝冠。

伯冬朝冠圖。

【略】

伯冬朝冠，頂飾東珠二，餘制如民公冬朝冠。

伯夏朝冠圖。

【略】

伯夏朝冠，頂如冬朝冠。

文一品官冬朝冠圖。

【略】

文一品官冬朝冠，頂飾東珠一，餘制如民公冬朝冠。武一品官、鎮國將軍、郡主額駙、子冬朝冠，制同。

文一品官夏朝冠圖。

【略】

文一品官夏朝冠，頂如冬朝冠。武一品官、鎮國將軍、郡主額駙、子夏朝冠，頂各如其冬朝冠。

文一品官補服圖。

【略】

文一品官補服，繡鶴。

文一品官朝帶圖。

【略】

文一品官朝帶，鏤金銜玉方版四，每版飾紅寶石一。武一品官、鎮國將軍、子朝帶，制同。

都御史補服圖。

【略】

都御史補服，繡獬豸。副都御史、給事中、監察御史、按察使各道補服，制同。

武一品官補服圖。

【略】

武一品官補服，繡麒麟。鎮國將軍、郡主額駙、子補服，制同。

文二品官冬朝冠圖。

【略】

文二品官冬朝冠，有薰貂，有貂尾，頂中飾小紅寶石一，上銜珊瑚，餘制如民公冬朝冠。武二品官、輔國將軍、縣主額駙、男、文三品官冬朝冠，制同。

文二品官夏朝冠圖。

【略】

文二品官夏朝冠，頂如冬朝冠。武二品官、輔國將軍、縣主額駙、男、文三品官夏朝冠，頂各如其冬朝冠。

文二品官補服圖。

【略】

文二品官補服，繡錦雞。

文二品官朝帶圖。

【略】

文二品官朝帶，鏤金圓版四，每版飾紅寶石一。武二品官、輔國將軍、縣主額駙、男朝帶，制同。

武二品官補服圖。

【略】

武二品官補服，繡獅。輔國將軍、縣主額駙、男補服，制同。

【略】

文三品官補服圖。

【略】

文三品官補服，繡孔雀。

文三品官朝帶圖。

【略】

文三品官朝帶，鏤花金圓版四。武三品官、奉國將軍、郡君額駙、一等侍衛朝帶，制同。

武三品官冬朝冠圖。

【略】

武三品官冬朝冠，薰貂爲之，頂中飾小紅寶石一，上銜藍寶石，餘制如民公冬朝冠。奉國將軍、郡君額駙冬朝冠，制同。文武四品官、奉恩將軍、縣君額駙，上銜青金石。文武五品官、鄉君額駙，上銜水晶。文武六品官，上銜硨磲，皆中飾小藍寶石一。文武七品官，中飾小水晶一，上銜素金，餘同。

武三品官夏朝冠圖。

【略】

武三品官夏朝冠，頂如冬朝冠。奉國將軍、郡君額駙、文武四品官、奉恩將軍、縣君額駙、文武五品官、鄉君額駙、文武六七品官夏朝冠，頂各如其冬朝冠。

武三品官補服圖。

【略】

武三品官補服，繡豹。奉國將軍、郡君額駙、一等侍衛補服，制同。

一等侍衛冬朝冠圖。

【略】

一等侍衛冬朝冠，不用貂尾，餘制如文三品，戴孔雀翎。二等侍衛如文四品，三等侍衛如文五品，俱戴孔雀翎。五品以上官有翎者翎亦如之。

一等侍衛夏朝冠圖。

【略】

一等侍衛夏朝冠，頂翎如冬朝冠。二、三等侍衛，頂翎各如其冬朝冠。五品以上官有翎者翎亦如之。

一等侍衛端罩圖。

【略】

一等侍衛端罩，用猞猁猻，間以豹皮，月白緞裏。

又卷六五《冠服九》 文四品官補服圖。

【略】

文四品官補服，繡雁。

文四品官朝帶圖。

【略】

文四品官朝帶，銀銜鏤花金圓版四。武四品官、奉恩將軍、二等侍衛朝帶，制同。

武四品官補服圖。

【略】

武四品官補服，繡虎。奉恩將軍、縣君額駙、二等侍衛補服，制同。

縣君額駙朝帶圖。

【略】

縣君額駙朝帶，鏤金方鐵版四，鄉君額駙朝帶，制同。

二等侍衛端罩圖。

【略】

二等侍衛端罩，用紅豹皮，素紅緞裏。

二等侍衛朝服圖。

【略】

二等侍衛朝服，色用石青，翦絨緣，通身雲緞，前後方襴，行蟒各一，腰帷行蟒四。中有襞積，領袖俱石青粧緞，冬夏用之。

文五品官補服圖。

【略】

文五品官補服，繡白鷳。

文五品官朝服圖。

【略】

文五品官朝服，色用石青，片金緣，通身雲緞，前後方襴，行蟒各一，中有襞積，領袖俱石青粧緞，冬夏用之。武五品官、鄉君額駙、文武六七品官朝服，制同。

文五品官朝帶圖。

【略】

文五品官朝帶，銀銜素金圓版四。武五品官、三等侍衛朝帶制同。文武六品官、藍翎侍衛，銀銜玳瑁圓版四。文武八品官，銀銜明羊角圓版四。文武九品、未入流官，銀銜烏角圓版四。舉人、貢生、監生公服帶，同八品。生員公服帶，同九品。

武五品官補服圖。

【略】

武五品官補服，繡熊。鄉君額駙、三等侍衛補服，制同。

三等侍衛端罩圖。

【略】

三等侍衛端罩，用黄狐皮，月白緞裏，藍翎侍衛端罩，制同。

三等侍衛朝服圖。

【略】

三等侍衛朝服，色用石青，翦絨緣，餘制如文五品官朝服，藍翎侍衛朝服，制同。

文六品官補服圖。

【略】

文六品官補服，繡鷺鷥。

武六品官補服圖。

【略】

武六品官補服，繡彪。藍翎侍衛補服，制同。

藍翎侍衛冬朝冠圖。

【略】

藍翎侍衛冬朝冠，制如文六品，戴藍翎。六品以下官有翎者翎亦如之。

藍翎侍衛夏朝冠圖。

【略】

藍翎侍衛夏朝冠，頂翎如冬朝冠，六品以下官有翎者翎亦如之。

又卷六六《冠服十》 文七品官補服圖。

【略】

文七品官補服，繡鸂鶒。

文七品官朝帶圖。

【略】

文七品官朝帶，素銀圓版四，武七品官朝帶，制同。

武七品官補服圖。

【略】

武七品官補服，繡犀。武八品官補服，制同。

文八品官冬朝冠圖。

【略】

文八品官冬朝冠，薰貂爲之，上銜陰文鏤花金頂，餘制如民公冬朝冠。武八品官冬朝冠，制同。

文八品官夏朝冠圖。

【略】

文八品官夏朝冠，頂如冬朝冠。武八品官夏朝冠，頂亦如其冬朝冠。

文八品官補服圖。

【略】

文八品官補服，繡鵪鶉。

文八品官朝服圖。

【略】

文八品官朝服，石青雲緞，無蟒領袖俱青倭緞，中有襞積，冬夏用之。武八品、文武九品、未入流官朝服，制同。

文九品官冬朝冠圖。

【略】

文九品官冬朝冠，薰貂爲之，上銜陽文鏤花金頂，餘制如民公冬朝冠。武九品、未入流官冬朝冠，制同。

文九品官夏朝冠圖。

【略】

文九品官夏朝冠，頂如冬朝冠。武九品、未入流官夏朝冠，頂各如其冬朝冠。

文九品官補服圖。

【略】

文九品官補服，繡練雀，未入流官補服，制同。

武九品官補服圖。

【略】

武九品官補服，繡海馬。

進士冬朝冠圖。

【略】

進士冬朝冠，頂鏤花金座，上銜金三枝九葉。

進士夏朝冠圖。

【略】

進士夏朝冠，頂如冬朝冠。

舉人公服冬冠圖。

【略】

舉人公服冬冠，頂鏤花銀座，上銜金雀。貢生、監生公服冬冠，制同。生員公服冬冠，上銜銀雀，餘同。

舉人公服夏冠圖。

【略】

舉人公服夏冠，頂如公服冬冠。貢生、監生、生員公服夏冠，頂各如其公服冬冠。

舉人公服袍圖。

【略】

舉人公服袍，青綢爲之，藍緣。貢生、監生公服袍，制同。生員公服袍，藍緞青緣，披領飾各如袍。

又卷七五《冠服十九》 親王冬行冠圖。

【略】

親王冬行冠，制如冬吉服冠。郡王以下文武品官冬行冠，各如其冬吉服冠，頂翎各從其所得用。

親王夏行冠圖。

【略】

親王夏行冠，織玉草或藤絲、竹絲爲之，上綴朱氂，郡王以下文武品官夏行冠，制同。頂翎各從其所得用。

親王行褂圖。

【略】

親王行褂，色用石青，長與坐齊，袖長及肘，緜袷紗裘惟其時。郡王以下文武品官行褂，制同。領侍衛内大臣、御前大臣、侍衛班領、護軍統領、健鋭營翼長行褂，色用明黄，諸臣之賜穿黄馬褂者同。八旗之四正旗副都統行褂，正黄旗色用金黄，正白旗、正紅旗、正藍旗各如旗色。前鋒參領、護軍參領、火器營官皆如之。

親王行袍圖。

【略】

親王行袍，制如常服袍，長減十之一，右裾短一尺，色隨所用，綿袷紗裘惟其時。郡王以下文武品官行袍，制同。

親王行帶圖。

【略】

親王行帶，色如吉服帶，佩帉素布，視常服帶帉微闊而短，服飾惟宜，絛皆圓結。郡王以下文武品官行帶，制同。

親王行裳圖。

【略】

親王行裳，藍及諸色隨所用，左右各一幅，前直，後上斂中豐下削，並屬橫幅，氈袷惟時，冬以皮爲表。郡王以下文武品官行裳制同。

又卷七六《冠服二十》　文四品官雨冠圖。

【略】

文四品官雨冠，用紅色，前加青色緣二寸五分，後五寸，氈及羽紗、油綢惟時。藍布帶，武四五六品，文五、六品官雨冠，制同。文武七八九品官，凡有頂戴人員雨冠，用青色，前加紅色緣二寸五分，後五寸，餘同。

紀事

清・阮葵生《茶餘客話》卷四《順康朝大臣體制》　順治四年，諭范文程、剛林、祁充格曰：文職衙門不可無領袖，今爾衙門較前改大，爾三人可用珠頂、玉帶。見《本傳》。亦異數也。順治九年，禮部定凉暖帽上圓月，有官者用紅片金，無官者用紅素緞。凉帽裏及沿邊，四品以上俱用片金，五品以下用紅裏、青藍倭緞邊。無官者帽裏用别色，不許用錦裏紅色裏，沿邊用青藍素緞。

又　乾隆二年議准，凡官員入朝及在公署，不許戴雨纓凉帽。凡官員及護軍等，不許著大衫入紫禁城。康熙初年，御史李秀奏請，百官佩刀上殿奏事，以肅朝儀，後御史李棠奏罷之。

又　康熙三十三年，刑科魏象樞奏：屬員謁上臺，不許穿朝服頂帽。部議：凡朝賀、祭祀及到任，許著朝服，其餘皆不許。所云祭祀，指與祭郊壇，非私祀也。康熙五十一年，准吏科潘錦奏，外官到任，拜牌、開印、封印，丁祭入壇，着朝服。其送迎上臺止穿補褂。雍正八年，奉旨：蟒袍乃華燦之衣，組織非易，衣著之日太多，非愛惜物力之道。嗣後元旦、萬壽節仍穿七日，上元節仍穿三日。又，微員奉有不必蟒袍但穿補褂亦可之。恩旨。

清・梁章鉅《歸田瑣記》卷五《年羹堯》　羹堯以康熙三十九年翰林出身，歷充四川、廣東試差。不十年，擢爲四川巡撫。西藏軍興，請親赴松潘協理軍務，以功晉四川總督，旋授定西將軍。西藏平，入覲賜弓矢，授四川陜西總督，封三等公，加太保。青海軍興，授撫遠大將軍，督奮威將軍岳鍾琪進剿，凡百有五日而青海平，進一等公，加太傅。父遐齡如其爵，長子斌給子爵。入覲，賜雙眼花翎、四團補服、黄帶紫轡。【略】時已逮羹堯來京嚴鞫，議政大臣、三法司、九卿等奏言：羹堯罪迹昭彰，彈章交至，其大逆之罪五。【略】其欺罔之罪九。【略】其僭越之罪十六：一、出門黄土填道，官員補服净街。一、驗看武官，用緑頭牌引見。一、設座當會府龍牌正座。一、穿用四衩衣服，鵝黄佩刀荷囊。一、擅用黄袱。一、官員饋送曰恭進。一、縱子穿四團龍補服。一、與屬員物件，令北面叩頭。一、令總督李維鈞、巡撫范時捷跪道迎送。一、令蒙古扎薩克郡王、額駙阿寶下跪。一、行文督撫書官書名。一、進京，沿途填道叠橋，市肆俱令閉户。一、館舍墻壁彩畫四爪龍。一、轅門鼓廳畫龍，鼓吹樂人蟒服。一、私造大將軍令箭，將頒發令箭毁壞。一、賞賚動至于萬，提鎮叩頭謝恩。其狂悖之罪十三。【略】其專擅之罪六。【略】其忌刻之罪六。【略】其殘忍之罪四。【略】其貪黷之罪十八。【略】掠各番衣服爲己有。【略】其侵蝕之罪十五。

又《和珅》 和珅之敗，余適在京師，而尚未登朝，無由悉其罪狀。後二十年，入軍機，乃從檔簿中得其梗概，與外間所傳，頗無歧異。此本朝一大案，不可不覼列之，以爲負國營私者戒也。【略】籍其家，更多人臣不應有之物。【略】所藏珍珠手串二百餘串，較大内多至數倍，并有大珠，較御用冠頂尤大，大罪十五。真寶石頂，非所應戴，乃藏數十餘顆，并有整塊大寶石，爲内府所無者，不計其數，大罪十六。家内銀兩、衣飾等物，數逾千萬，大罪十七。夾墻藏赤金二萬六千餘兩，私庫赤金六千餘兩，地窖埋銀百餘萬，大罪十八。通、薊地方當鋪、錢鋪資本十餘萬，與民争利，大罪十九。家人劉全資産亦二十餘萬，且有大珠及珍珠手串，大罪二十。【略】尤可怪者，籍没後，續查出真珠朝珠一挂，訊其家人，言往往燈下無人時，私自懸挂，對鏡徘徊談笑，低聲自語，人不得聞。窺其心，又不僅封殖貪黷之可罪矣。其金銀庫内賬，及大櫃内珠玉等項什物賬簿，有好女子四名掌管，每年太監羅玉持出查對一次。

清・周壽昌《思益堂日札》卷四《成哲親王五十歲賜壽物單》 嘉慶六年二月初六日，臣永瑆五十生辰，上賜御筆匾一面，御筆對聯一副，御制詩挂屏一張，無量壽佛九尊瓷像，金番字經一部，五彩瓷七珍八寶一分，五彩瓷輪一對，銀曼達一件，藏香九束，薰貂帽一頂，珊瑚朝珠一盤，青金石佛頭、松石記念、碧霞，背雲大小墜角。石青段綉金龍貂皮補褂一件，金黄段綉金龍貂皮蟒袍一件，隨月白紬綿襖。石青段白狐嗛皮褂一件，醬色二則段白狐嗛皮袍一件隨月白紬綿襖石青段銀鼠皮褂一件，藍二則段銀鼠皮袍一件，隨月白紬綿襖。石青段織金龍綿補褂一件，金黄段織金龍綿蟒袍一件，隨月白紬袷襖。石青段綿褂二件，醬色段綿袍一件，隨月白紬袷襖。藍段綿袍一件，隨月白紬袷襖。石青紗綉金龍袷補褂一件，金黄紗綉金龍袷蟒袍一件，隨紡絲衫。石青紗袷褂二件，醬色紗袷袍一件，隨紡絲衫。藍紗袷袍一件，隨紡絲衫。金如意九柄，元寶二十七錠，鑲玉竹嵌玻璃如意九柄，玉壽生一件，玉硯屏一件，玉爐一件，玉連環蓋卣一件，玉蟠螭三喜花插一件，玉四環蕉葉瓶一件，玉出戟方瓶一件，玉卮一件，玉四螭杯一件，五彩瓷壽星一件，定窑爐一件，汝窑蟠桃洗一件，哥窑蔡花瓶一件，冬青釉觚一件，均窑大吉瓶一件，宣窑龍紋把碗一件，成窑青花壺一件，成窑紫花雙管瓶一件，雕漆圓盒一對，雕漆海棠盒一對，雕漆方盒一件，雕漆筆筒一對，雕漆茶盤二件，玻璃插瓶二對，嵌玉插屏一對，嵌鸂鶒木插屏一對，嵌玉挂屏三對，緙絲挂屏一對，納紗挂屏一對，吴鎮《墨竹》一軸，申時行書《天池》詩一軸，陸治《秋山携杖》一軸，婁堅自書詩一軸，文伯仁《草芝堂圖》一軸，陳道復《杏林春燕》一軸，周道行《歲朝圖》一軸，陳鶴《花卉》一軸，吴歷《溪山無盡》一軸，錦九匹，石青一、金黄一、藍二、緑五。片金九匹，石青二、紅三、藍四。上用段九匹，（石青四，醬色二、藍二、駝色一。官用段九匹，醬色四、藍三、香色二。大捲寧紬九匹，石青四，醬色三、灰色二。小捲寧紬九匹，石青五，醬色一、藍二、灰色一。春紬九匹，縐紬九匹，綾九匹，紡絲九匹。右爲成哲親王五十賜壽物單也。

又《和相籍没》 乾隆末，和珅當國，貪横無比，睿廟新政，暴其罪，籍没之，天下稱快。其家藏寶物，有内廷所無者，嘗見其籍没單，一紙録之。正屋十三進，七百三十間。【略】當鋪七處，本銀八十萬兩。赤金，四萬八千兩。元寶銀。五萬五千六百個。【略】龍眼大珠，十枚。金珠手串，二百三十挂。英紅寶石，十塊，重二十八斤。小英紅寶石，四十塊。黄藍寶石，四十塊。珊瑚樹，七枝，高三尺六寸。珊瑚頂，八十枚。紅寶石頂金盤。八十枚。【略】皮服，一千三百件。綿夾單紗衣服，共五千六百二十四件。冬帽箱，十三個，計帽五十四頂。各靴箱。六百個計一百二十四雙。綢段庫，十三批，共計一萬四千副。瓷器庫，二十批，九萬六千百餘件。洋貨庫，大呢八百板，五色呢四百餘板，羽毛六百板，五色嗶嘰二千餘板。【略】皮張庫，六十批，玄狐五十張，白狐五百張，白貂五十張，紫貂八百張，其餘粗細五萬六千百餘張。應用庫，内紫檀、琉璃各物共九千四百五十餘件。内用庫，金銀、珠寶、花飾、簪鐲共二萬八千百餘件。文房庫，二十三批，不計件。方地。八千頃。

清・吴振棫《養吉齋叢録》卷二二 順治二年，定百官冠制。一、二、三品冠，皆起花金頂，上銜紅寶石。四品上銜藍寶石。五、六品上銜水晶。七品則起花金頂，中嵌小藍寶石。八品起花金頂。九品起花銀頂。此言朝冠也，餘未議及。雍正五年，議凉帽、暖帽，皆照朝冠頂用。親王、郡王、貝勒、貝子、入八分公用紅寶石頂。未入八分公、固倫公主額駙、和碩公主額駙、民公侯伯、鎮國將軍、一品官用珊瑚頂。輔國將軍、奉國將軍、多羅額駙，二品、三品官用起花珊瑚頂。奉恩將軍、固山額駙、四品官用青金石頂。五品、六品官員用水晶石頂。七品官以下及進士、舉人、貢生用金頂。生、監用銀頂。其時六品未用硨磲，而三品得用珊瑚頂。六年，七品官用鏤花水晶頂。至八年，改定三品官用藍寶石或藍色明玻璃。六品官用硨磲或白色涅玻璃。七品仍用金頂。凉帽、暖帽皆同之。而冠頂之制始定。

又 按，順治四年，諭范文程、剛林、祁充格曰：文職衙門不可無領袖。今爾衙門較前改大，爾三人可用珠頂、玉帶。見本傳。康熙四十九年，以正卿噶世圖帽頂嵌東珠，御史亦嵌東珠，敕部查禁。又奉諭，定一品官員及大學士、尚書應嵌東珠。此外官員，加級則嵌紅寶石。此皆言朝冠之制。又乾隆間，有奏七品以下官不遵定制，概用素金，請令編、檢、知縣等官改用蜜蠟頂者。以事涉煩瑣，未允行。

又 皇子分封親王、郡王，朝帽頂照所封爵用，如封貝子、貝勒，仍用郡王朝帽，金黄朝衣，乾隆間定。閒散宗室，准用四品官頂并四品武職補服，始於乾隆四十七年。其有官而職分小者，亦准用四品頂帶。

又 皇子、親王、郡王、親王世子，用四團龍補服，有賞四團正龍補服者，特恩也。貝勒補服，綉正蟒二團。貝子補服，綉行蟒二團。公則用綉蟒方補。附録：國初嘗賜和碩額駙尚之隆黄帶。雍正間，隆科多、年羹堯賜四團龍補服、黄帶、紫繮。又嘗賜鄂文端團龍袍褂。松江提督高其位進漁船所得玉寶，賞四團龍補服等物。鶴麗鎮總兵張耀祖以剿平米貼夷人，賜團龍袍褂。當時總兵有署總督者，崇明鎮總兵李燦，於雍正九年署浙江總督，恩眷既隆，固不以階級論。又，乾隆間，大學士黄廷桂以定准噶爾功，賜寶石頂、四團龍補。將軍明瑞以征緬甸功，賜寶石頂、金黄帶、四團龍補。阿文成以平金川功，賜四團龍補、金黄帶、四開衩袍、紫繮、紅寶石頂。皆殊禮也。又，嘉慶初，嘗以高宗遺服四團龍補褂、四開衩袍賜朱文正珪。若乾隆間，安南國王阮光平入覲，請遵用天朝服色，因賜紅寶石頂、三眼花翎、金黄色蟒袍、四團龍褂。尤恩禮之逾於常格者。

又 舊制，武官一、二品皆用獅子補服。康熙元年，題准一品用麒麟補。又，舊制，三品用虎，四品用豹。康熙三年，改三品用豹，四品用虎。乾隆間，侍郎金簡補服，錦鷄旁綉小獅子。降旨：飭將此樣撤改。蓋以章身之具，名器所關，即有文武兼銜，惟當用其職分之最大者。若因文兼武職，翻新綉樣，以示顯榮，非體制也。

又 一品大臣及御前侍衛等衣紅雨衣，乾隆八年始。巡撫衣紅雨衣，乾隆二十七年始。又乾隆九年，定一品至三品，用紅雨帽。四品至六品，紅色青緣。七品以下，青色紅緣。御前侍衛、乾清門侍衛、南書房、上書房翰林、起居注官，文淵閣校理，奏事處、批本處行走人員，不論本職品級，均用紅雨帽。三十五年，軍機章京准用紅雨帽。

又 三品以上始服貂朝衣，惟兼起居注銜者不論。四品以上服貂褂，惟翰詹、科道不論。其批本奏事軍機處章京及凡内廷行走之員，非四品亦准穿貂褂，自乾隆三十七年始。軍機大臣准穿緑押縫靴，自嘉慶二十一年始。時蒙賜者，托相國津、盧相國蔭溥。

又 按，嘉慶七年，賜協辦大學士朱珪緑押縫靴，異數也。

又 大臣立勛，賞黄馬褂，亦有行圍隨扈而賞者，滿、蒙一、二品多有之。漢文職大臣而蒙賞，則自乾隆十一年大學士于敏中始。此後，五十一年陝甘總督畢沅、嘉慶七年直隸總督顔檢、十三年直隸總督温承惠、二十三年直隸總督方受疇、道光二十六年大學士潘世恩，皆蒙特賞。咸豐軍興以後，以戰功被賜者，指不勝屈矣。

又 裘服以玄狐爲最貴。王公大臣有賜玄狐端罩者，亦曰褡膊。既殁，其子孫即恭繳，若更以賜，乃敢服。若仁宗朝賜朱文正珪玄狐毳袍，則又在端罩之外者。

雜録

清・俞樾《茶香室續鈔》卷八《京官可便服見外吏》 國朝王大夫之《識小録》云：京官可便服以見外吏，惟部郎及冗散接見巡撫、藩伯、憲長，資深望重者，必官服耳。或假歸，或致仕，在途俱可以便服接品官、外吏，雖藩伯二品之尊，則以官服來者，必以官服接之，雖生儒服巾衫見者亦必然。

清・阮葵生《茶餘客話》卷五　雍正七年，浙督李衛丁内艱，回籍治喪百日，赴浙，上諭：凡請安拜本，皆常服帶素珠，即同從吉，不過不著綵色耳。至元旦朝會，群工齊集之期，大典攸關，非朝衣不可。大學士朱軾數年來從未素服入宫廷也，上諭：凡内外大臣官員在任守制，皆准其素服二十七個月。若遇朝賀、筵宴、祭祀、典禮齊集之處，委屬員代行。倘遇風寒之疾或肢體等患，亦著代替行。嗚呼，是皆爲吏治民生不得已之苦心也。

清・汪景祺《讀書堂西征隨筆》卷六《詼諧之語》　任御史弘嘉，字葵尊，宜興人。疏定朝服，等級非三品以上不得衣貂鼠、舍利猻。冬夜入朝，雪夜寒甚，新城戲爲詩云：京堂銓翰兩衙門，齊脱貂裘舍利猻。昨夜五更寒透骨，滿朝誰不怨葵尊

清・沈初《西清筆記》卷一《紀典故》　凡初入南書房者，入冬賜貂褂。内廷臣工於冬至前始常服貂褂，惟元旦則易補褂，至元宵後則稀穿貂褂矣。

又《紀文獻》　《欽定禮器圖》一書，成于王文莊公之手。先是，内廷三品以上皆穿紅衣，仿御前從臣之例。公時爲侍郎，以二、三品官穿紅雨衣，非定制，不入于禮器圖説中，即自易青雨衣以爲式焉。

清・王士禛《香祖筆記》卷四　宜興任弘嘉，字葵尊，康熙丙辰進士，以行人改授御史，上疏請定服色，於是三品已上始許衣貂及舍利猻。

清・趙慎畛《榆巢雜識》卷下《居家帽頂》　雍正五年冬十月，增王公及大小官員居家帽頂之制。

又《花翎黄褂》　漢文職大臣由鼎甲出身者，無賞花翎、黄褂之例。乾隆四十一年，征剿金川功成，大學士于敏中蒙恩賞賚，並與諸功臣繪像紫光閣中，異數也。

清・朱克敬《暝庵二識》卷一　和珅當國時，京朝官趨之如鶩。珅每至公署，司官夾階立伺，惟恐後期，時稱爲補子衚衕。有無名子詠補子衚衕云：繡衣成巷接公衙，曲曲灣灣路不差。莫笑此間街道窄，有門能達相公家。

士庶服飾

綜　述

清・崑岡等《清會典》卷三〇《禮部・冠服》　士庶公服。狀元頂帶視六品。會試中式貢士冠用裹金三枝九葉頂，服均如常制。舉人、官生、貢生、監生冠帶視八品，服皂繒，緣青。生員冠帶視九品，服青繒，緣皂。外郎耆老冠頂以錫。

公侯伯子男及品官已受封父母冠服，並得從子，婦冠服從其夫。

清・福格《聽雨叢談》卷一《四衩袍》　滿、漢士庶常袍，皆前後兩開衩，便於乘騎也。御用袍、宗室袍，俱用四開衩，前後衩開二尺餘，左右則一尺有餘。若缺襟袍，惟御用四開衩，宗室亦用兩衩。

按，明季庶人非騎馬，不准穿對襟褂，以其便於乘騎云云。然則前後開衩之袍，勝國固已行之，且非仕宦不准濫用矣。

又按，今喪服惟御用者四開衩，宗室亦兩開衩。

清・趙慎畛《榆巢雜識》卷上《會試皮衣》　乾隆十年會試，奉諭停止皮衣去面、氈衣去裏之例。

服制服色

綜　述

清・陳康祺《郎潛紀聞》卷五《國初衣冠尚沿明制》　國初，周監殷

禮，衣冠服物，尚有沿襲明制者。順治四年，諭范文程、剛林、祁充格曰：文職衙門不可無領袖，今爾衙門較前改大，爾三人可用珠頂、玉帶。

清・允祹《清會典則例》卷二〇《吏部・考功清吏司・服飾》 服飾違例。康熙十一年議準，凡違例越分僭用服色者，褫官革職，其違禁之物入官。如該管官不行稽察，被旁人獲首，到官審實，將違禁之物給與獲首之人。其族長褫官，罰俸三月。若家下奴僕違禁者，奴僕之主褫官，罰俸三月。其五城司坊官失察者，每事罰俸三月。該城滿、漢御史失察者，每事犯二次，罰俸三月。直隸各省軍民違禁，該督撫失察三次，罰俸三月。司道失察二次，罰俸三月。府州縣官每事，罰俸三月。

又卷六五《禮部・冠服》 冠服通例。崇德元年定親王以下至臣民等，均不得用黄色及五爪龍鳳，黄色段，其馬飾等禁例同。又定親王以下，宗室以上，皆束金黄帶，覺羅束紅帶，其金黄帶、紅帶，不得給與異姓，若上賜者不在禁例。又定戴翎之制。貝子戴三眼孔雀翎，根綴藍翎。鎮國公、輔國公戴雙眼孔雀翎，根綴藍翎。護軍統領、護軍叅領戴單眼孔雀翎，根綴藍翎。護軍校戴染藍鷺鷥翎。又定命婦冠服，各照夫品用。

清・袁棟《書隱叢説》卷一一 袍用緊身窄袖，袖如馬蹄，俗謂之馬蹄袖。當前下縫拆，曰跨馬，以便於上馬，故也謂之馬衣，亦曰箭衣袍。外衣曰罩甲，又曰外套，袖寬而短，身亦短於袍一尺至五六寸不等。袍每束帶，謁上者必用焉。前後左右四塊銅鑲板或金玉等，有品級，不可僭用。

紀事

清・紀昀《八旗通志》卷八四《典禮志七・八旗冠服》 崇德二年，諭曰：昔金熙宗及金主亮廢其祖宗時衣冠儀度，循漢人之俗，遂服漢人衣冠，盡忘本國言語。迨至世宗，始復舊制衣冠，凡言語及騎射之事，時諭子孫勤加學習。如元王馬大郭遇漢人訟事，則以漢語訊之。有女直人訟事，則以女直語訊之。世宗聞之，以其未忘女直之言，甚爲嘉許。此本國衣冠、言語不可輕變也。我國家以騎射爲業，今若不時親弓矢，惟耽宴樂，則田獵行陣之事，必致疎曠，武備何由而得習乎。蓋射獵者，演武之法。服制者，立國之任。朕欲爾等時時不忘騎射，勤練士卒。凡出師、田獵，許服便服。其餘俱令遵照國初之制，仍服朝衣。且諄諄訓諭者，非爲目前起見也。及朕之身，豈有習於漢俗之理。正欲爾等識之於心，轉相告誡，使後世子孫遵守，毋變棄祖宗之制耳。

雍正元年五月，奉上諭：大小官員，有一定之品級，即有一定之服式，所以重名器也。近多不按品級，輒帶數珠，馬項懸纓，前用導馬，更有將綢爲坐具者，尤爲僭越。嗣後，應各按品級，遵奉定例而行。著八旗大臣、步軍統領衙門、都察院衙門嚴行稽查。如有此等之人，即行指參。若大臣官員等徇情疎忽，經朕查出，將伊等一併議處。再，舊例諸王等以數珠、鞍轡賞伊屬下者，許其服用。此等人員，難於稽查，嗣後，著將賞用之處，行文該旗存案，年底彙奏。如此則等威有辨，而僭越者少矣。

乾隆十七年三月二十日，奉上諭：朕恭閲《太宗文皇帝實録》，内載崇德元年十一月癸丑日，上御翔鳳樓，集諸親王、郡王、貝勒、固山額真、都察院官，命宏文院大臣讀大金《世宗本紀》。上諭衆曰：爾等審聽之。世宗者，蒙古、漢人諸國聲名顯著之賢君也，故當時後世咸稱爲小堯舜。朕批覽此書，悉其梗槩，殊覺心往神馳，耳目倍加明快，不勝嘆賞。朕思金太祖、太宗法度詳明，可垂久遠。至熙宗合喇及完顔亮之世盡廢之，躭於酒色，盤樂無度，效漢人之陋習。世宗即位，奮圖法祖，勤求治理，惟恐子孫仍效漢俗，預爲禁約。屢以無忘祖宗爲訓，衣服、語言悉遵舊制。時時練習騎射，以備武功。垂訓如此，後世之君漸至懈廢，忘其騎射。至於哀宗，社稷傾危，國遂滅亡。乃知凡爲君者，耽於酒色，未有不亡者也。先時，儒臣巴克什達海、庫爾纏，屢勸朕改滿洲衣冠，效漢人服飾制度。朕不從，輒以爲朕不納諫。朕試設爲比喻，如我等於此聚集，寛衣大袖，左佩矢，右挾弓，忽遇碩翁科羅巴圖魯勞薩，挺身突入，我等能御之乎。若廢騎射，寛衣大袖，待他人割肉而後食，與尚左手之人何以異耶。朕發此言，實爲子孫萬世之計也，在朕身豈有更變之理。恐日後子孫忘舊制，廢騎射，以效漢俗，故常切此慮耳。我國士卒，初有幾何，因嫻於騎射，所以野戰則克，攻城則取，天下人稱我兵曰立則不動摇，進則不回顧。威名震懾，莫與爭鋒。此番往征燕，兵出邊，我之兵威竟爲八大臣所累矣。故諭爾等其謹識朕言。欽此。朕每敬讀聖謨，不勝欽凜感慕。深惟國家開創之時，待我祖宗躬親勞瘁，勤求治理，矩矱相傳，罔敢踰越。以立萬世之丕基，至於今咸受無疆之福者，皆仰遵明訓所致也。我朝滿洲光正遺風，自當永遠遵循，守而勿替。是以朕常躬率八旗臣僕，行圍較獵。時時以學習國語，熟練騎射，操演技勇，諄切訓誨，無非率由舊章，期以傳之奕禩，永縣福祚。惟是我皇祖太宗聖訓所垂，載在《實録》，若非刊刻宣示，則累朝相傳之家法，外庭臣僕何由共悉。且自古顯謨令典，多勒之金石，曉諭羣工。我皇祖太宗之睿聖，特申誥誡，昭示來兹，益當敬勒貞珉，永垂法守。著於紫禁箭亭、御園引見樓，及侍衛教場、八旗教場，各立碑刊刻，以昭朕紹述推廣至意，俾我後世子孫臣庶，咸知滿洲舊制。敬謹遵循，學習騎射，嫻熟國語。敦崇淳樸，屏去浮華。毋忽稍有怠惰，式克欽承彝訓，冀億萬世子孫，共用無疆之庥焉。

三十七年十月，奉上諭：朕閲三通館進呈所纂《嘉禮考》，内于遼、金、元各代冠服之制，叙次殊未明晰。遼、金、元衣冠，初未嘗不循其國俗，後乃改用漢、唐儀式，其因革次第，原非出於一時。即如金代朝祭之服，其先雖加文飾，未至盡去其舊。至章宗乃槩爲更制，自應詳考詮次，以徵蔑棄舊典之由，並酌入按語，俾後人知所鑒戒。於輯書關鍵，方爲有當，若遼及元，可例推矣。前因編訂《皇朝禮器圖》，曾親製序文，以衣冠必不可輕言改易。及批《通鑑輯覽》又一一發明其義。誠以衣冠爲一代昭度，夏收殷冔，本不相沿襲，凡一朝所用，原各自有法程，所謂不忘其本也。自北魏始有易服之説，至遼、金、元諸君，浮慕好名，一再世輒改衣冠，盡失其淳樸素風，傳之未久，國勢寖弱，洊及淪胥。蓋隱本忘先，而變患中之。覆轍具在，甚可畏也。況揆其所以議改者，不過云衮冕備章，文物足觀耳，殊不知潤色彰身，即取其文，亦何必僅沿其式。如本朝所定朝祀之服，山、龍、藻、火，燦然具列，悉皆義本《禮經》，更何通天絳紗之足云耶。且祀莫尊於天祖，禮莫隆於郊廟，溯其昭格之本要，在乎誠敬感通，不在乎衣冠規製。夫萬物本乎天，人本乎祖，推原其義，實天遠而祖近，設使輕言改服，即已先忘祖宗，將何以上祀天地。《經》言：仁人饗帝，孝子饗親。試問仁人孝子，豈二人乎。不能饗親，顧能饗帝乎。朕確然有見於此，是以不憚諄復教戒，俾後世子孫，知所法守。是創論實格論也，所願奕葉子孫，深維根本之計，毋爲流言所惑，永永恪遵朕訓。庶幾不爲獲罪祖宗之人，方爲能享上帝之主於以永綿，國家億萬年無疆之景祚，實有厚望焉。其《嘉禮考》仍交館臣，悉心確核遼、金、元改制時代先後，逐一臚載，再加擬按語證明，改繕進呈，候朕鑒定，昭示來許，並將此申諭中外，仍録一通，懸勒上書房。謹案：我國家肇興東土，風尚樸淳，衣冠服飾，聿昭一代制度之宜。列聖相承，世守罔替。我皇上恪遵家法，防微杜漸，洵足垂億萬年法守，謹將祖諭聖訓，具載於八旗冠服之次。

佩戴用品

綜述

清・百一居士《壺天録》卷中　國家典章之設，惟名與器，不可以假，故雖風兜一事，亦以顔色判等威，所以明有尊也。一、二品者全紅，三品用紅加鑲黑細邊，四、五品亦用紅則加鑲闊黑邊，六、七品頂用黑，邊闊紅，八、九品頂亦黑，邊則細紅。庶民則全黑。此雖一定之制，竟不服用。惟州縣營汛、監視行刑用之，然竟不論品級，概用全紅，相沿成習，不知其何所本也。庶民亦復濫用，其稍知禮法者，或用紫色，或用藍色，猶可言也。若所謂玫瑰紫者，與葵緑相惡，實屬可哂。此等顔色，能作頂上圓光耶。近日上洋無不風兜，而且無不全紅者，豈非僭越之甚哉，然亦無人顧問焉。所尤幻者，松江府城中素有火神廟，住持道士，名曰保瑞，與其師福中，皆法師也。保瑞亦戴全紅風兜，穿舍猁猻馬褂。一日行經府署，皂役見之，争向言曰：法師大老爺，請給賞錢。法師怒曰：無錢。衆曰：既無錢，則將風兜、馬褂借與我等穿戴耳。遂群起扯之粉碎，法師倉皇遁去，不復前之衣冠齊楚矣。噫，名器僭妄，在士庶猶于例禁，彼登壇作法羽衣之流，乃亦事此華美耶，其遭辱也宜哉。服之不衷，身之灾也，故君子慎之。

清・陳康祺《郎潛紀聞》卷三《新進士簪花禮》　新進士釋褐於國子監，祭酒、司業皆坐彝倫堂，行拜謁簪花禮。故事，三鼎甲皆簪金花，外有備用一枝，爲總理監事所携歸。乾隆辛丑，長洲錢棨適占三頭，於是總理監事者，爲漳浦蔡文勤公，新司業則翁覃谿學士方綱也。文勤戲謂今科狀元是翁公上年所得士，此花應歸翁公。學士因携歸櫝藏之，鎸銘其上，并撰《三元考》、《三元喜宴》詩四律。京師士大夫及四方詩人，和者數百家，録梓爲《三元詩集》。

又卷一〇《内閣中書挂珠》 内閣中書挂數珠，自嚴侍讀長明始。嚴官中書時，充方略館官，以書局在内廷，例許挂珠也。見《潛研堂文集・嚴侍讀傳》中。今中書不兼館差者，無不挂珠矣。并舉、貢之議叙中書銜、捐職雙月中書者，亦靡所區别。即數十金捐納之科中書，亦且一串牟尼項下垂矣。展轉僭用，又不知始於何時。

清・陸以湉《冷廬雜識》卷二《銀頂》 道光戊子年，言官奏請改正服色，以混戴金頂者甚衆，飭令遵例，惟七品官及進士、舉人得戴素金頂，八、九品官及貢生戴起花金頂，生、監戴銀頂。一時購頂更易，肆中賴以獲利。寒士皆購錫頂代之，肆工雜之以鉛，歷時未久，色即黯黑。有力者以銀鑄實心頂，約重一兩許，加以磨琢，望之與六品硨磲頂無異，往往於酒筵酣飲之時爲人竊去。行之年餘，仍沿舊習，間有守法之儒猶戴銀頂，則群嘩笑之。甚矣，習俗之難更也。

清・袁棟《書隱叢説》卷一 便頂，嘗見友人家《家譜圖》，有元時仕宦，其衣帽略如今制，而帽上有頂，如彈丸者。雍正年間，定文武品官及舉貢生監便頂，立式頒行，迴憶友《家譜圖》之如彈丸者，恰如今便頂之制也。《元史》亦不載，未知果與今同否。書之以俟博考。

清・周壽昌《思益堂日札》卷四《本朝花翎之兆》 明武宗自操禁軍，軍中悉衣黄罩甲遮陽帽，上飄靛染天鵝翎以爲飾，貴者飄三英，如江彬許泰之類，次二英，兵部尚書王瓊得賜一英。冠以下教場，自謂殊遇。我朝軍功賞戴孔雀翎，至貴者三眼，次雙眼，次單眼，又次則雕翎，蓋正德時已爲之兆云。

清・吴振棫《養吉齋叢録》卷二二 暖帽，初用熏獺皮，國語謂獺曰海龍，冬至則用紫貂，見《乾隆御製詩注》。

清・陸心源《儀顧堂集》卷二《翎頂考》 翎頂，我朝定制也。而不知前明已爲之兆。敬案《會典》：貝子、固倫額駙，戴三眼孔雀翎。鎮國公、輔國公、和碩額駙，雙眼孔雀翎。此爵翎也。其職任之戴翎者，領侍衛内大臣、侍衛、鑾儀衛、滿洲鑾儀使、冠軍使、雲麾使、治儀正、整儀衛、前鋒營、護軍營、火器營、圓明園護軍營、健鋭營官，十五善射、善騎射、善射鵠人，宗室覺羅獻爵官、護衛、將軍、提督、陵寢總管、提督銜之巡撫，派往西北兩路换班大臣，五品以上花翎，六品以下藍翎。去任則除。品官若軍功，若射布吧，得賞花藍翎者，非降革越品則不除。品官功高者，亦得特賞雙眼孔雀翎，此本朝翎支之制也。又《會典》：親王、郡王、貝勒、貝子，頂用紅寶石。固倫額駙、和碩額駙，不入八分鎮國公、輔國公，民公侯伯子，鎮國將軍、郡主額駙，文武一品，朝頂用紅寶石，吉服冠，頂用素珊瑚。輔國將軍、郡君額駙，文武二品官，頂用鏤花珊瑚。奉國將軍、郡君額駙，文武三品官，頂用藍寶石。奉恩將軍、縣君額駙，文武四品官，頂用青金石。文武五品官，頂用水晶。六品，頂用車渠。七品及進士，用素金。八品及舉貢，用鏤花陰文金頂。九品及未入流，用鏤花陽文金頂。監生、生員，用素銀頂。此本朝冠頂之制也。竊考《明史・輿服志》，正德十一年，設東西兩廳官，都督江彬等，承日紅笠之上，綴以靛染天鵝翎，以爲貴飾。貴者飄三英，次者兩英。兵部尚書王瓊得賜一英，冠以下教場，自謂殊遇。案，靛染天鵝翎，即今之藍翎。此乃翎支之肇端。又《輿服志》，文武官常服，洪武六年定凡職官一品、二品，帽頂、帽珠用珠玉。三品至五品，帽頂用金，帽珠除玉外，隨所用。六品至九品，帽頂用銀，帽珠用瑪瑙、水晶、香木。此即頂珠之肇端。敬案《會典事例》：頂翎之制，始於崇德元年，我朝創制顯庸，原非襲前明之舊，而天與人歸，明人已先爲之兆矣。

清・劉廷璣《在園雜志》卷一 戴孔雀翎所以壯軍威，分近侍也。《分甘餘話》所載，本朝侍衛，皆於冠上戴孔雀翎，以目暈之多寡爲品之等級。武臣提督及總兵官，亦有賜者。後文臣督撫亦或蒙賜，得之者以爲幸。是已，然總未分晰詳明。《大清會典》所定，貝子戴三眼孔雀翎，根綴藍翎。鎮國公、輔國公戴二眼孔雀翎，根綴藍翎。内大臣，一等、二等、三等侍衛，入内大臣、額駙、前鋒統領、護軍統領、前鋒參領、護軍參領、諸王府長史、一等護衛，戴一眼孔雀翎，根綴藍翎。貝勒府司儀長，王府、貝勒府二等、三等護衛，貝子公府護衛及護軍校，俱戴染藍翎。内外額駙俱不許戴。諸王府散騎郎，有阿達哈哈番以上世職，許戴一眼孔雀翎，根綴藍翎。其餘雖加級不准戴。再查各省駐防之將軍、副都統并督撫提鎮，蒙賜孔雀翎者，止戴一眼。

又 皇上祀祈穀壇，見卿貳及御史頂上嵌東珠，因其僭越，下部議。嗣後各官七品、八品、九品加級者，頂帶不准過五品，［五品］、六品不准過四品，三品、四品不准過二品，二品不准過一品。蓋一品頂嵌東珠，二品大學士、尚書亦嵌東珠，三品紅頂，四品藍頂，各有等威，不准過也。今予降補僉事，實係五品，莅任後，奉旨補給前江西按察使，誥命授通議大夫，故用三品頂帶、坐褥，非敢僭也。

紀事

清・吴振棫《養吉齋叢録》卷二二 舊制，翰林院官，惟入直内廷。康熙間，南書房、武英殿行走，編修、檢討、庶吉士准懸珠。及充補講官，始懸珠。乾隆二年，以御門舊制，修撰、編、檢侍班在科道上，科道懸珠，翰林不懸珠，未能畫一，遂命皆懸珠。乾隆五年奏准，京官禮部司務，今增爲主事司務，太常寺博士、典簿、讀祝官、贊禮郎，鴻臚寺鳴贊，光禄寺署正、署丞，國子監監丞、博士、助教、學正、學録等官，遇壇廟執事、殿陛侍儀時，准懸珠，常日不得擅用。其後非執事侍儀，亦懸珠矣。乾隆二十七年，巡幸江南，嚴長明以召試賜舉人，授内閣中書，充方略館纂修官，以在内廷，許懸珠。其後雖非内廷，亦懸珠矣。庶吉士未授職，非有史館等差使，不准懸珠。然庶常乞假，一出都門，亦無不懸珠者。

又 軍機處行走、章京、筆帖式均准懸珠，自雍正七年始。

又 孔雀翎始甚貴重，非藍翎比，有單眼、雙眼、三眼之别，皆定制。詳見《會典》。有例不應用雙眼、三眼而特賜者，異數也。康熙間，施琅爲内大臣，嘗戴翎，後以平海功授靖海將軍，封靖海侯。琅疏辭侯爵，而乞如内大臣例，仍戴翎。下部議，駁，言在外將軍、提、鎮，無給翎例。特旨允之。其時，雖將軍不戴翎也。乾隆四十二年，定將軍舊未賞翎者，准戴用，改官，則去之。又新疆辦事領隊大臣，以示威外藩，准戴翎。非特旨賞給者，换班他往，即不得戴用。

又 山東、江西、河南、山西巡撫，兼提督銜，舊無花翎。嘉慶十一年，江西巡撫張公師誠入覲，賞戴花翎。兼提督之巡撫戴翎，蓋自此始。迨道光二十八年，命嗣後於簡放時請旨，是時徐公澤醇擢山東巡撫，即未賞戴。

又 道光二十年後，以經費支絀，官員有輸銀萬兩以上蒙賞花翎者，此則已爲異數。近年，部臣奏定納銀若干，准戴翎。蓋捐而非賞矣。

又 按前明江彬等承日紅笠遮陽帽之上，植靛染天鵝翎爲貴飾，貴者三翎，次二翎。兵尚王瓊得賜一翎，自謂殊遇。是翎之名，始於明。而植立笠上，與今之曳於冠後，其製迥異。

雜録

清・俞樾《茶香室四鈔》卷二四《戴煖耳》 國朝查慎行《人海記》云：每年十一月朔，傳戴煖耳。百官傳衣不謝，傳煖耳獨謝。按此，知國初有戴煖耳之制，今無其物矣。

清・姚元之《竹葉亭雜記》卷一 端門樓舊貯腰刀、撒袋一萬八千分，梅針箭十八萬枝，爲乾隆四十六年從給事阿那布之奏，照大閱合操時用盔甲一萬八千餘副之數備製收存者。八旗各營用則領取，畢則交回。嘉慶庚申二月，西司空成復請官造八旗兵應用箭枝、撒袋、腰刀等件。據稱此項器械向係兵丁自備，并無照驗之例，官既不加督責，兵丁乃多不整齊。大學士等議八旗應照點驗軍器之親軍、前鋒、護軍披甲等，共六萬三千有餘，若每名官給梅針箭六十枝或八十枝，撒袋一副，腰刀一把，爲數過多，不特需費浩繁，亦無公所存貯，若令兵丁自貯，更易滋弊。定親王因言門樓收貯事，遂如舊例。西司空之爲此奏，蓋不知舊行事例也。尋駁曰：腰刀爲行兵要件，自當隨時練習，於别營挑選，未免紛煩，應毋庸議。

彰功表德

綜述

清・曹申吉《澹餘筆記》 賜大臣子。順治乙未冬，先外大父扈從南苑，忽召男忞之入見。命坐，賜茶，解貂服一襲賜之。即上所常御者，真異典也。

又 賜蟒。蟒衣之賜，舊惟大臣閒有之。順治乙未科修撰史大成，編修戴王綸、秦鉽、庶起士、馮源濟、陳□家、田種玉、綦汝楫、田逢吉、党以讓、王澤弘、鄧鍾麟、胡簡敬，及不佞申吉，俱獲賜蟒衣一襲，中有兩被賜者，異典，從來未有。

清・震鈞《天咫偶聞》卷二《南城》 夏給扇，早啓封而遲錮之，守者加嚴。衣一，褲一，秋夾而冬綿，絮多敗，布多粗，縫綴多疏，多垢膩，多縲絏磨刮，則皆易敝。御一寒必二三易，厚厥直，倍厥數，施乃不窮。巾襪不具，冬即寒皴。首所覆，足所藉，皆給焉，惟察所乏。

清・平步青《霞外攟屑》卷一 又云：端午節進書扇，頒賞葛紗、羽扇、葵扇、香珠、香囊、曹扇、香藥等，至節日加賞小香囊。內廷每歲例賞，三月芽茶，四月帽緯，冬則哈密瓜、葡萄乾、柿餅、石花魚、木瓜、石榴、廣柑、福橘、佛手、密羅。除夕荷包、貂皮手帕，加賞大小荷包。

紀事

清・王士禛《池北偶談》卷二《賜衣》 《翰林記》載洪武十四年，賜翰林官羅衣各一襲。永樂中，賜內閣七人二品織金紵絲衣。康熙中，每冬賜內閣及學士、日講起居注官貂裘，人一襲。自癸丑後，滇、黔用兵，輟賜。

雜録

清・震鈞《天咫偶聞》卷二《南城》 札史，字彬如，蒙古貢生，篤於內行。乾隆三年，八旗公舉孝友，特賜六品頂帶以旌之。

服飾通史總部

歷史沿革部

制度演變

論說

《宋書》卷一八《禮志五》　周監二代，典制詳密，故弁師掌六冕，司服掌六服，設擬等差，各有其序。《禮記·冠義》曰：冠者禮之始，嘉事之重者也。太古布冠，齊則緇之。夏曰毋追，殷曰章甫，周曰委貌，此皆三代常所□□周之祭冕，繅采備飾，故夫子曰服周之冕，以盡美稱之。至秦，以戰國即天子位，滅去古制，郊祭之服，皆以袀玄。至漢明帝，始采《周官》、《禮記》、《尚書》諸儒説，還備袞冕之服。魏明帝以公卿袞衣黼黻之文，擬於至尊，復損略之。晉以來無改更也。

《隋書》卷三《禮儀志七》　高祖元正朝會，方御通天服，郊丘宗廟，盡用龍袞衣，大裘毳襁，皆未能備。至平陳，得其器物，衣冠法服，始依禮具。然皆藏御府，弗服用焉。百官常服，同於匹庶，皆著黄袍，出入殿省。高祖朝服亦如之，唯帶加十三環，以爲差異。蓋取於便事。及大業元年，煬帝始詔吏部尚書牛弘、工部尚書宇文愷、兼内史侍郎虞世基、給事郎許善心、儀曹郎袁朗等，憲章古制，創造衣冠，自天子逮于胥皂，服章皆有等差。若先所有者，則因循取用，弘等議定乘輿服，合八等焉。

大裘冕之制，案《周禮》，大裘之冕，無旒。《三禮衣服圖》：大裘而冕，王祀昊天上帝及五帝之服。至秦，除六冕，唯留玄冕。漢明帝永平中，方始創制。董巴《志》云：漢六冕同制，皆闊七寸，長尺二寸，前圓後方。於是遂依此爲大裘冕制，青表，朱裏，不施旒纊，不通於下。其大裘之服，案《周官注》：羔，裘也。其制，准《禮圖》，以羔正黑者爲之，取同色繒以爲領袖。其裳用纁，而無章飾，絳襪，赤舄。祀圓丘、感帝、封禪、五郊、明堂、雩、蜡，皆服之。

袞冕之制，案《禮·玉藻》：十有二旒。《大戴禮》云：冕而加旒，以蔽明也。[illegible]以黈纊，不聽讒也。三王之冕，既不通制，故夫子云：行夏之時，服周之冕。今以采綖貫珠，爲旒十二。邃延者，出冕前後而下垂之，旒齊於髆，纊齊於耳，組爲纓，玉笄導。其爲服之制，案《釋名》云：袞，卷也。謂畫龍於上也。是時虞世基奏曰：後周故事，升日月於旌旗，乃闕三辰，而章無十二。但有山、龍、華蟲作繪，宗彝、藻、火、粉米、黼、黻，乃與三公不異。開皇中，就裏欲生分別，故衣重宗彝，裳重黼黻，合重二物，以就九章，爲十二等。但每一物，上下重行。袞服用九，鷩服用七，今重此三物，乃非典故。且周氏執謙，不敢負於日月，所以綴此三象，唯施太常，天王袞衣，章乃從九。但天子譬日，德在照臨，辰爲帝位，月主正后，負此三物，合德齊明，自古有之，理應無惑。周執謙道，殊未可依，重用宗彝，又乖法服。今准《尚書》：予欲觀古人之服，日、月、星辰、山、龍、華蟲作繪，宗彝、藻、火、粉米、黼、黻絺繡。具依此，於左右髆上爲日月各一，當後領下而爲星辰，又山、龍九物，各重行十二。又近代故實，依《尚書大傳》：山龍純青，華蟲純黄，作會；宗彝純黑，藻純白，火純赤。以此相間，而爲五采。鄭玄議已自非之，云：五采相錯，非一色也。今并用織成於繡，五色錯文。准孔安國，衣質以玄，加山、龍、華蟲、火、宗彝等，并織成爲五物，裳織以纁，加藻、粉米、黼、黻之四。衣裳通數，此爲九章，兼上三辰，而備十二也。衣褾、領上各帖升龍，漢、晉以來，率皆如此。既是先王法服，不可乖於夏制，徵而用之，理將爲允。墨敕曰：可。承以單衣。又案董巴《輿服志·宗廟冕服》云：絳領、袖爲内單衣。又《車服雜記》曰：天子釋奠、郊祭而單衣，以絳緣。今用白紗爲内單，黼領，絳褾，青裾及襈。革帶，玉鉤䚢，大帶朱裏，紕其外。紐約用組，上加朱韍。又案《説文》：韠，韍也。所以蔽前。《禮記》曰：有虞氏韍，夏后氏山，殷火，周龍章。鄭玄曰：冕之韍也，舜始作之，以尊祭服。禹、湯至周，增以文飾。《禮記》曰：君朱韠。鄭曰：韠象裳色。今依《白武通注》，以蔽裳前，上闊一尺，象天數也；下闊二尺，象地數也；長三尺，象三才也；加龍章山火，以備三代之法也。於是制袞冕之服，玄衣，纁裳，合九章爲十二等。白紗内單，黼領，青褾、襈。革帶，玉鉤䚢，大帶，韍，鹿盧玉具劍，火珠鏢首，白玉雙佩，玄組，大、小綬。朱襪，赤舄，舄飾以金。宗廟、社稷、籍田、方澤、朝日、夕月、遣將授律、征還飲至、加元服、納后、正冬受朝、臨軒拜爵，皆服之。

通天冠之制，案董巴《志》：冠高九寸，形正竪，頂少邪却，後乃直下爲鐵卷梁，前有高山。故《禮圖》或謂之高山冠也。《晉起居注》：成帝咸和五年，制詔殿内曰：平天、通天冠，并不能佳，可更修理之。雖在《禮》無文，故知天子所冠，其來久矣。又徐氏《輿服注》曰：通天冠，高九寸，黑介幘，金博山。徐爰亦曰：博山附蟬，謂之金顔。今制依此，不通於下，獨天子元會臨軒服之。其服絳紗袍，深衣制，白紗内單，皂領、褾、裾、襈，絳紗蔽膝，白假帶，方心曲領。其劍、佩、綬、舄、革帶，皆與上同。元冬饗會、諸祭還，則服之。四時視朔，則内單、領、襈，各隨其方色。唯秋方色白，以緑代之。

遠游冠之制，案《漢雜事》曰：太子諸王服之。故《淮南子》曰：楚莊王冠通梁，組纓。注云：通梁，遠游也。《晉令》：皇太子諸王，給遠游冠。徐氏《雜注》曰：天子雜服，遠游五梁。太子諸王三梁。董巴《志》曰：制如通天，有展筒，横之幘上。今制依此，天子加金博山，九首，施珠翠，黑介幘，金緣，以承之。翠緌纓，犀簪導。太子親王加金附蟬，宗室王去附蟬，并不通於庶姓。其乘輿遠游冠服，白紗單衣，承以裙襦，烏皮履。拜山陵則服之。

武弁之制，案徐爰《宋志》，謂籠冠是也。《禮圖》曰：武士服之。董巴《輿服志》云：諸常侍、内常侍，加黄金附蟬，貂尾，謂之惠文冠。今制，天子金博山，三公已上玉冠枝，四品已上金枝。侍臣加附蟬，毦豐貂，文官七品已上毦白筆，八品已下及武官，皆不毦筆。其乘輿武弁之服，衣、裳、綬如通天之服。講武、出征、四時蒐狩、大射、禡、類、宜社、賞祖、罰社、纂嚴，皆服之。

弁之制，案《五經通義》：高五寸，前後玉飾。《詩》云：璯弁如星。董巴曰：以鹿皮爲之。《尚書·顧命》：四人綦弁，執戈。故知自天子至于執戈，通貴賤矣。《魏臺訪議》曰：天子以五采玉珠十二飾之。今參准此，通用烏漆紗而爲之。天子十二琪，皇太子及一品九琪，二品八琪，三品七琪，四品六琪，五品五琪，六品已下無琪。唯文官服之，不通武職。案《禮圖》有結纓而無笄導。少府少監何稠，請施象牙簪導。詔許之。弁加簪導，自兹始也。乘輿鹿皮弁服，緋大襦，白羅裙，金烏皮履，革帶，小綬長二尺六寸，色同大綬，而首半之，間施三玉環，白玉佩一隻。視朝聽訟則服之。凡弁服，自天子已下，内外九品已上，弁皆以烏爲質，并衣袴褶。五品已上以紫，六品已下以絳。宿衛及在仗内，加兩襠，螣蛇絳褠衣，連裳。典謁贊引，流外冗吏，通服之，以縵。後制鹿皮弁，以賜近臣。

帽，古野人之服也。董巴云：上古穴居野處，衣毛帽皮。以此而言，不施衣冠，明矣。案宋、齊之間，天子宴私，著白高帽，士庶以烏，其制不定。或有卷荷，或有下裙，或有紗高屋，或有烏紗長耳。後周之時，咸著突騎帽，如今胡帽，垂裙覆帶，蓋索髮之遺象也。又文帝項有瘤疾，不欲人見，每常著焉。相魏之時，著而謁帝，故後周一代，將爲雅服，小朝公宴，咸許戴之。開皇初，高祖常著烏紗帽，自朝貴已下，至于冗吏，通著入朝。今復制白紗高屋帽，其服，練裙襦，烏皮履。宴接賓客則服之。

白帢，案《傅子》：魏太祖以天下凶荒，資財乏匱，擬古皮弁，裁縑帛以爲之。蓋自魏始也。《梁令》：天子爲朝臣等舉哀則服之。今亦准此。其服，白紗單衣，承以裙襦，烏皮履。舉哀臨喪則服之。

幘，案董巴云：起於秦人，施於武將，初爲絳袙，以表貴賤焉。至漢孝文時，乃加以高顔。孝元帝額有壯髮，不欲人見，乃始進幘。又董偃召見，緑幘傅韝。《東觀記》云：詔賜段熲赤幘大冠一具。故知自上已下，至于皂隸，及將帥等，皆通服之。今天子畋獵御戎，文官出游田里，武官自一品已下，至于九品，并流外吏，色皆同烏。厨人以緑，卒及馭人以赤，舉輦人以黄。駕五輅人，逐其車色。承遠游、進賢者，施以掌導，謂之介幘。承武弁者，施以笄導，謂之平巾。其乘輿黑介幘之服，紫羅褶，南布袴，玉梁帶，紫絲鞋，長靿韈。畋獵豫游則服之。

唐·杜佑《通典》卷五七《禮十七》 君臣冠冕巾幘等制度：上古衣毛帽皮，後代聖人見鳥獸冠角，乃作冠纓。黄帝造旒冕，始用布帛，冕者，冠之有旒。唐虞以上，冠布無緌，緌，纓飾。夏后以牟追，音丁回反。以收，所以收斂髮。殷制章甫，或以冔，章，明也，言以表明丈夫。甫或爲父。冔，覆也，自覆飾。冔音況甫反。形制并無文。至周六冕，章數始備，故孔子曰服周之冕，言中禮也。洎乎幽厲衰微，秦焚六籍，圖寫紛雜，記注混淆。今徵其實録，捃拾沿革爲《冠冕篇》云。

又卷六一《禮二十一》 君臣服章制度：上古穴處衣毛，未有制度，代以麻易之。先知爲上以制其衣，後知爲下復制其裳，衣裳始備。

《舊唐書》卷四五《輿服志》 昔黄帝造車服，爲之屏蔽，上古簡儉，未立等威。而三、五之君，不相沿習，乃改正朔，易服色，車有輿輅之别，服有衮冕之差，文之以染繢，飾之以絺繡，華蟲象物，龍火分形，於是典章興矣。周自夷王削弱，諸侯自恣。窮孔翬之羽毛，無以供其侈，極隨和之掌握，不足慊其華。則皮弁革舄之容，非珠履鷸冠之玩也。迨秦誅戰國，斟酌舊儀，則有鹵簿、金根、大駕、法駕，備千乘萬騎，異《舜典》、《周官》。漢氏因之，號乘輿三駕，儀衛之盛，無與比隆。東京帝王，博雅好古，明帝始令儒者考《曲臺》之説，依《周官》五輅六冕之文，山龍藻火之數，創爲法服。雖有制作，竟寢不行。輿駕乘金根而已，服則衮冕，冠則通天。其後所御，多從袍服。事具前志。而衮冕之服，歷代不行。後魏、北齊，輿服奇詭，至隋氏一統，始復舊儀。

又 顯慶元年九月，太尉長孫無忌與修禮官等奏曰：准武德初撰《衣服令》，天子祀天地，服大裘冕，無旒。臣無忌、志寧、敬宗等謹按《郊特牲》云：周之始郊，日以至。被衮以象天，戴冕藻十有二旒，則天數也。而此二禮，俱説周郊，衮與大裘，事乃有異。按《月令》：孟冬，天子始裘。明以禦寒，理非當暑。若啓蟄祈穀，冬至報天，行事服裘，義歸通允。至於季夏迎氣，龍見而雩，炎熾方隆，如何可服。謹尋歷代，唯服衮章。與《郊特牲》義旨相協。按周遷《輿服志》云：漢明帝永平二年，制采《周官》《禮記》，始制祀天地服，天子備十二章。沈約《宋書志》云：魏、晉郊天，亦皆服衮。又王智深《宋紀》曰：明帝制云，以大冕純玉藻、玄衣、黄裳郊祀天地。後魏、周、齊，迄于隋氏，勘其禮令，祭服悉同。斯則百王通典，炎涼無妨，復與禮經事無乖舛。今請憲章故實，郊祀天地，皆服衮冕，其大裘請停，仍改禮令。又檢《新禮》，皇帝祭社稷服繡冕，四旒，三章。祭日月服玄冕，三旒，衣無章。謹按令文是四品五品之服，此則三公亞獻，皆服衮衣，孤卿助祭，服毳及鷩，斯乃乘輿章數，同於大夫，君少臣多，殊爲不可。據《周禮》云：祀昊天上帝則服大裘而冕，五帝亦如之。享先王則衮冕，享先公則鷩冕，祀四望山川則毳冕，祭社稷五祀則絺冕，諸小祀則玄冕。又云：公侯伯子男孤卿大夫之服，衮冕以下，皆如王之服。所以《三禮義宗》遂有二釋。一云公卿大夫助祭之日，所著之服，降王一等。又云悉與王同。求其折衷，俱未通允。但名位不同，禮亦異數。天子以十二爲節，義在法天，豈有四旒三章，翻爲御服。若諸臣助祭，冕與王同，便是貴賤無分，君臣不别。如其降王一等，則王著玄冕之時，群臣次服爵弁，既屈天子，又貶公卿。《周禮》此文，久不施用。亦猶祭祀之立尸侑，君親之拜臣子，覆巢設硩蔟之官，去蛙置蟈氏之職，唯施周代，事不通行。是故漢、魏以來，下迄隋代，相承舊事，唯用衮冕。今《新禮》親祭日月，仍服五品之服。臨事施行，極不穩便。請遵歷代故實，諸祭并用衮冕。制可之。

無忌等又奏曰：皇帝爲諸臣及五服親舉哀，依禮著素服。今令乃云白帢，禮令乖舛，須歸一塗。且白帢出自近代，事非稽古，雖著令文，不可行用。請改從素服，以會禮文。制從之。自是鷩冕已下，乘輿更不服之。白帢遂廢。而令文因循，竟不改削。

開元十一年冬，玄宗將有事於南郊，中書令張説又奏稱：准令，皇帝祭昊天上帝，服大裘之冕，事出《周禮》，取其質也。永徽二年，高宗親享南郊用之。明慶年修禮，改用衮冕，事出《郊特牲》，取其文也。自則天已來用之。若遵古制，則應用大裘，若便於時，則衮冕爲美。令所司造二冕呈進，上以大裘樸略，冕又無旒，既不可通用於寒暑，乃廢不用之。自是元正朝會依禮令用衮冕及通天冠，大祭祀依《郊特牲》亦用衮冕。自餘諸服，雖在於令文，不復施用。十七年，朝拜五陵，但素服而已。朔、望常朝，亦用常服，其翼善冠亦廢。

又 龍朔二年九月戊寅，司禮少常伯孫茂道奏稱：諸臣九章服，君臣冕服，章數雖殊，飾龍名衮，尊卑相亂。望諸臣九章，衣以雲及麟代龍，昇山爲上，仍改冕。當時紛議不定。儀鳳年，太常博士蘇知機又上表，以公卿以下冕服，請别立節文。敕下有司詳議。崇文館學士校書郎楊炯奏議曰：古者太昊庖犧氏，仰以觀象，俯以察法，造書契而文籍生。次有黄帝軒轅氏，長而敦敏，成而聰明，垂衣裳而天下理。其後數遷五德，君非一姓。體國經野，建邦設都，文質所以再而復，正朔所以三而改。夫改正朔者，謂夏后氏建寅，殷人建丑，周人建子。至於以日繫月，以月繫時，以時繫年，此則三王相襲之道也。夫易服色者，謂夏后氏尚黑，殷人尚白，周人尚赤。至於山、龍、華蟲、宗彝、藻、火、粉米、黼、黻，此又百代可知之道也。謹按《虞書》曰：予欲觀古人之象，日、月、星辰、山、龍、華蟲作繪，宗彝、藻、火、粉米、黼、黻絺繡。由此言之，則其所從來者尚矣。

夫日月星辰者，明光照下土也。山者，布散雲雨，象聖王澤沾下人也。龍者，變化無方，象聖王應機布教也。華蟲者，雉也，身被五采，象聖王體兼文明也。宗彝者，武蜼也，以剛猛制物，象聖王神武定亂也。藻者，逐水上下，象聖王隨代而應也。火者，陶冶烹飪，象聖王至德日新也。米者，人恃以生，象聖王物之所賴也。黼能斷割，象聖王臨事能決也。黻者，兩己相背，象君臣可否相濟也。逮有周氏，乃以日月星辰爲旌旗之飾，又登龍於山，登火於宗彝，於是乎制衮冕以祀先王也。九章者，法於陽數也。以龍爲首章者，衮者卷也，龍德神異，應變潛見，表聖王深沈遠智，卷舒神化也。又制鷩冕以祭先公也。鷩者雉也，有耿介之志，表公有賢才，能守耿介之節也。又制毳冕以祭四望也。四望者，岳瀆之神也。武蜼者，山林所生也，明其象也。制絺冕以祭社稷也。社稷，土穀之神也，粉米由之成也，象其功也。又制玄冕以祭群小祀也。百神異形，難可遍擬，但取黻之相背異名也。夫以周公之多才也，故化定制禮，功成作樂。夫以孔宣之將聖也，故行夏之時，服周之冕。先王之法服，乃此之自出矣。天下之能事，又於是乎畢矣。

今表狀請制大明冕十二章，乘輿服之者。謹按日月星辰者，已施旌旗矣，龍武山火者，又不逾於古矣。而云麟鳳有四靈之名，玄龜有負圖之應，雲有紀官之號，水有感德之祥，此蓋別表休徵，終是無逾比象。然則皇王受命，天地興符，仰觀則璧合珠連，俯察則銀黄玉紫。盡南宫之粉壁不足寫其形狀，罄東觀之鉛黄無以紀其名實。固不可畢陳於法服也。雲也者，從龍之氣也，水也者，藻之自生也，又不假别爲章目也。此蓋不經之甚也。

又鷩冕八章，三公服之者。鷩者，太平之瑞也，非三公之德也。鷹鸇者，鷙鳥也，適可以辨祥刑之職也。熊羆者，猛獸也，適可以旌武臣之力也。又稱藻爲水草，無所法象，引張衡賦云：蔕倒茄於藻井，披江葩之狎獵。謂爲蓮花，取其文采者。夫茄者蓮也，若以蓮花代藻，變古從今，既不知草木之名，亦未達文章之意。此又不經之甚也。

又毳冕六章，三品服之者。按此王者祀四望服之名也。今三品乃得同王之毳冕，而三公不得同王之衮名。豈惟顛倒衣裳，抑亦自相矛盾。此又不經之甚也。

又黼冕四章，五品服之。考之於古，則無其名，驗之於今，則非章首。此又不經之甚也。

若夫禮惟從俗，則命爲制，令爲詔，乃秦皇之故事，猶可以適於今矣。若乃義取隨時，則出稱警，入稱蹕，乃漢國之舊儀，猶可以行於代矣。亦何取於變周公之軌物，改宣尼之法度者哉。由是竟寢知機所請。

宋·徐天麟《東漢會要》卷一〇《輿服下》 總叙冠服：秦以戰國即天子位，滅去禮樂，郊祀之服，皆以袀玄。漢承秦故，至世祖踐祚，都于土中，始修三雍，正兆七郊。顯宗遂就大業，初服旒冕，衣裳文章，赤舄絇屨，以祀天地，養三老五更於三雍，于時致治平矣。天子、三公、九卿、特進侯、侍祠侯，祀天地明堂，皆冠旒冕，衣裳玄上纁下。乘輿備文，日月星辰十二章，三公、諸侯用山龍九章，九卿以下用華蟲七章，皆備五彩，大佩，赤舄絇屨，以承大祭。百官執事者，冠長冠，皆祗服。五嶽、四瀆、山川、宗廟、社稷諸沾秩祠，皆袀玄長冠，五郊各如方色云。百官不執事，各服常冠袀玄以從。《志》。

袁宏曰：自三代服章，皆有典禮。周衰而其制漸微，至戰國時，各爲靡麗之服。秦有天下而收用之，上以供至尊，下以賜百官，而先王服章於是殘毁矣。漢初，文學既缺，時亦草創，輿服旂幟，一承秦制，故雖少改，所用尚多。至是天子依《周官》、《禮記》制度，冠冕衣裳，佩玉乘輿，擬古式者矣。袁《紀》。

又 佩玉：古者君臣佩玉，尊卑有度，上有韍，貴賤有殊。佩所以章德，服之衷也。韍所以執事，禮之共也。故禮有其度，威儀之制，三代同之。五霸迭興，戰兵不息，佩非戰器，韍非兵旂，於是解去韍佩，留其係璲，以爲章表。故《詩》曰：鞙鞙佩璲。此之謂也。韍佩既廢，秦乃以采組連結於璲，光明章表，轉相結受，故謂之綬。漢承秦制，用而弗改，故加之以雙印佩刀之飾。至孝明皇帝，乃爲大佩，衝牙雙瑀璜，皆以白玉。乘輿落以白珠，公卿諸侯以采絲，其玉視冕旒，爲祭服云。《志》。

《遼史》卷五六《儀衛志二·漢服》 黄帝始制冕冠章服，後王以祀以祭以享。夏收、殷冔、周弁以朝，冠端以居，所以别尊卑，辨儀物也。厥後唐以冕冠、青衣爲祭服，通天、絳袍爲朝服，平巾幘、袍襴爲常服。大同元年正月朔，太宗皇帝入晉，備法駕，受文武百官賀于汴京崇元殿，自是日以爲常。是年北歸，唐晉文物，遼則用之。左右采訂，摭其常用者存諸篇。

《金史》卷四三《輿服志中》 昔者聖人制爲玄黄黼黻之服，以象天地之德，以章貴賤之儀，夏、商損益，至周大備，不可以有加矣。自秦滅棄禮法，先王之制靡敝不存。漢初猶服袀玄以從大祀，歷代雖漸復古，終亦不純而已。金制，皇帝服通天、絳紗、衮冕、偪舄，即前代之遺制也。其臣有貂蟬法服，即所謂朝服者。章宗時，禮官請參酌漢、唐，更製祭服，青衣朱裳，去貂蟬豎筆，以別於朝服。惟公朝則又有紫、緋、緑三等之服，與夫窄紫、展皂等事，悉著于篇云。

《宋史》卷一五二《輿服志四》 中興之後，省九旒、七旒、五旒冕，定爲四等：一曰鷩冕，八旒。二曰毳冕，六旒。三曰絺冕，四旒。四曰玄冕，無旒。其義以公、卿、大夫、士皆北面爲臣，又近尊者而屈，故其節以八、以六、以四，從陰數也。先是，紹興四年五月，國子監丞王普奏言：臣嘗考諸經傳，具得冕服之制。蓋王之三公八命，鷩冕八旒，衣裳七章，其章各八。孤卿六命，毳冕六旒，衣裳五章，其章各六。大夫四命，絺冕四旒，衣裳三章，其章各四。上士三命，玄冕三旒。中士再命，玄冕二旒。下士一命，玄冕無旒，衣皆無章。裳，韍視其命數，自三而下。其繅至笄、衡、紘、紞、瑱、纊、帶、佩、芾、舄、中衣，皆有等差。

近世冕服制度，沿襲失真，多不如古。夫後方而前圓，後昂而前俛，玄表而朱裏，此冕之制也。今則方圓俛仰，幾於無辨，且以青爲表，而飾以金銀矣。其衣皆玄，其裳皆纁，裳前三而後四幅，此衣裳之制也。今則衣色以青，裳色以緋，且以六幅而不殊矣。山以章也，今則以墮。火以圜也，今則以銳。宗彝，宗廟虎蜼之彝也，乃畫虎蜼之狀，而不爲虎蜼彝。粉米，米而粉之者也，乃分爲二章，而以五色圓花爲藉。佩有衡、璜、琚、瑀、衝牙而已，乃加以雙滴，而重設二衡。綬以貫佩玉而已，乃別爲錦綬，而間以雙環。以至帶無紐約，芾無肩頸，舄無絇繶，中衣無連裳。臣伏讀《國朝會要》郊廟奉祀禮文，祖宗以來，屢嘗講究，第以舊服無有存者。欲乞因茲改作，是正訛繆，一從周制，以合先聖之言。尋禮部契勘，奏言：衣服之制，或因時王而爲之損益，事雖變古，要皆一時制作，不無因革。或考之先王而有繆戾者，雖行之已久，不應承誤襲非，憚於改正。案《周官》，自上公服衮，王之三公服鷩，以至士服玄冕，凡五等。唐制自一品服衮冕九旒，至五品服玄冕無旒，亦五等。國家承唐之舊，初有五旒之名，其後去三公衮冕及絺冕，但存七旒鷩冕、五旒毳冕與無旒玄冕，凡三等而已。衮服非三公所服，去之可也。乃并絺冕去之，自尚書服毳冕，以至光禄丞亦服焉，貴賤幾無差等。此皆一時制作，不無因革。今合增鷩冕爲八旒，增毳冕爲六旒，復置絺冕爲四旒，并及無旒玄冕，共四等，庶幾稍合周制。若冕之方圓低昂至於無辨，則制造之差也。以青爲表，非不用玄也，爲玄而不至者也。以緋爲裳，非不用纁也，爲纁而太過者也。山止而靜者也，今象其墮，是得山之勢而不知其性。火圜而神者也，今象其銳，是得火之形而不得其神也。至於宗彝、粉米、佩綬、帶紐、芾屨之屬，皆宜改正施行。是時，諸臣奏請討論雖詳，然終以承襲之久，未能盡革也。

又 元豐二年，詳定朝會儀注所言：古者制禮上物，不過十二，天之數也。自上而下，降殺以兩。畿外諸侯，遠於尊者而伸，則以九、以七、以五，從陽奇之數。王朝公卿大夫，近於尊者而屈，則以八、以六、以四，從陰偶之數。本朝《衣服令》，通天冠二十四梁，爲乘輿服，以應冕旒前後之數。若人臣之冠，則自五梁而下，與漢、唐少異矣。至於綬，則乘輿及皇太子以織成，諸臣用錦爲之。一品、二品冠五梁，中書門下加籠巾貂蟬。諸司三品三梁，四品、五品二梁，御史臺四品、兩省五品亦三梁，而綬有暈錦、黄獅子、方勝、練鵲四等之殊。六品則去劍、佩、綬。

元・馬端臨《文獻通考》卷一一一《王禮考六》 君臣冠冕服章：上古衣毛冒皮，後代聖人見鳥獸冠角，乃作冠纓。

《元史》卷七八《輿服志一》 若稽往古，黄帝、堯、舜垂衣裳而天下治，蓋取諸乾坤。服牛乘馬，引重致遠，蓋取諸大壯。冕服車輿之制，其來尚矣。《虞書》舜作十二章，五服以命有德，車服以賞有功。《禮記》虞鸞車，夏鉤車，商大輅。至周，損益前代，弁師掌王之五冕，巾車掌王之五輅，而儀文始備。然孔子論治天下之大法，於殷輅取其質而得中，周冕取其文而得中也。至秦併天下，兼收六國車旗服御，窮極侈靡，有大駕、法駕以及鹵簿。漢承秦後，多因其舊。由唐及宋，亦效秦法，以爲盛典。於文質適中之義，君子或得而議焉。

元初立國，庶事草創，冠服車輿，並從舊俗。世祖混一天下，近取金、宋，遠法漢、唐。至英宗親祀太廟，復置鹵簿。今考之當時，上而天子之冕服，皇太子冠服，天子之質孫，天子之五輅與腰輿、象轎，以及儀衛隊仗，下而百官祭服、朝服，與百官之質孫，以及於士庶人之服色，粲然其有章，秩然其有序。大抵參酌古今，隨時損益，兼存國制，用備儀文。於是朝廷之盛，宗廟之美，百官之富，有以成一代之制作矣。作《輿服志》，而儀衛附見于後云。

明・周祈《名義考》卷一一《物部・帢鞮幱》 古者以緇布爲冠，止於斂髮。魏武帝裁縑帛以爲帢，按頭使下，今帽也。以皮爲履，止於拘足。趙武靈王作胡服，變履爲鞮，連脛服之，今靴也。上衣下裳以隱形自蔽障。後魏胡俗，欲便於鞍馬，施裙於衣爲橫幅而綴於下，謂之幱，今長衫也。帢本軍容，鞮與幱皆胡服，古人冠裳之制，於是盡變矣。

清・吴振棫《養吉齋叢録》卷二二 我朝服飾，列祖所定。太宗嘗誡後世衣冠儀制，永遵勿替。高宗重申訓諭，刻石大内之箭亭，垂示久遠。

綜述

《宋書》卷一八《禮志五》 秦滅禮學，事多違古。漢初崇簡，不存改作，車服之儀，多因秦舊。至明帝始乃修復先典，司馬彪《輿服志》詳之矣。魏代唯作指南車，其餘雖小有改易，不足相變。晉立服制令，辨定衆儀，徐廣《車服注》，略明事目，並行於今者也。故復叙列，以通數代典事。

《隋書》卷一一《禮儀志六》 梁制，乘輿郊天、祀地、禮明堂、祠宗廟、元會臨軒，則黑介幘，通天冠平冕，俗所謂平天冠者也。其制，玄表，朱緑裏，廣七寸，長尺二寸，加於通天冠上。前垂四寸，後垂三寸，前圓而後方。垂白玉珠，十有二旒，其長齊肩。以組爲纓，各如其綬色，傍垂黈纊，琉珠以玉瑱。其衣，皂上絳下，前三幅，後四幅。衣畫而裳繡。衣則日、月、星辰、山、龍、華蟲、火、宗彝，畫以爲繢。裳則藻、粉米、黼、黻，以爲繡。凡十二章。素帶，廣四寸，朱裏，以朱緑裨飾其側。中衣以絳緣領袖。赤皮爲韠，蓋古之韍也。絳袴襪，赤舄。佩白玉，垂朱黄大綬，黄赤縹紺四采，革帶，帶劍，緄帶以組爲之，如綬色。黄金辟邪首爲帶鐍，而飾以白玉珠。又有通天冠，高九寸，前加金博山、述，黑介幘，絳紗袍，皂緣中衣，黑舄，是爲朝服。元正賀畢，還儲更衣，出所服也。其釋奠先聖，則皂紗袍，絳緣中衣，絳袴襪，黑舄。臨軒亦服袞冕，未加元服，則空頂介幘。拜陵則箋布單衣，介幘。又有五梁進賢冠、遠游、平上幘武冠。單衣，黑介幘，宴會則服之。單衣、白帢，以代古之疑衰、皮弁爲吊服，爲群臣舉哀臨喪則服之。

又 自晉左遷，中原禮儀多缺。後魏天興六年，詔有司始制冠冕，各依品秩，以示等差，然未能皆得舊制。至太和中，方考故實，正定前謬，更造衣冠，尚不能周洽。及至熙平二年，太傅、清河王懌，黄門侍郎韋廷祥等，奏定五時朝服，準漢故事，五郊衣幘，各如方色焉。及後齊因之。河清中，改易舊物，著令定制云。

又 後周設司服之官，掌皇帝十二服。祀昊天上帝，則蒼衣蒼冕。祀東方上帝及朝日，則青衣青冕。祀南方上帝，則朱衣朱冕。祭皇地祇、祀中央上帝，則黄衣黄冕。祀西方上帝及夕月，則素衣素冕。祀北方上帝，祭神州、社稷，則玄衣玄冕。享先皇、加元服、納后、朝諸侯，則象衣象冕。十有二章，日、月、星辰、山、龍、華蟲六章在衣，火、宗彝、藻、粉米、黼、黻六章在裳，凡十二等。享諸先帝、大貞於龜、食三老五更、享諸侯、耕籍，則服袞冕，自龍已下，凡九章十二等。宗彝已下五章在衣，藻、火已下四章在裳，衣重宗彝。祀星辰、祭四望、視朔、大射、饗群臣、巡犧牲、養國老，則服山冕，八章十二等。衣裳各四章，衣重火與宗彝。群祀、視朝、臨太學、入道法門、宴諸侯與群臣及燕射、養庶老、適諸侯家，則服鷩冕，七章十二等。衣三章，裳四章，衣重三章。袞、山、鷩三冕，皆裳重黼、黻，俱十有二等。通以升龍爲領褾。冕通十有二旒。巡兵即戎，則服韋弁，謂以韎韋爲弁，又以爲裳衣也。田獵行鄉畿，則服皮弁，謂以鹿子皮爲弁，白布衣而素裳也。皇帝凶服斬衰。父母之喪上下達。其吊服，錫衰以哭三公，緦衰以哭諸侯，皆十五升抽其半。錫者，浣其布，不浣其縷，哀在内。緦者，浣其縷，不浣其布，哀在外也。疑衰以哭大夫，十四升。皆素弁，如爵弁之數。環絰。一服纏絰。凡大疫、大荒、大灾則素服縞冠。凡疫病，荒饑，年灾水旱也。

又卷一二《禮儀志七》 高祖初即位，將改周制，乃下詔曰：宣尼制法，云行夏之時，乘殷之輅。弈葉共遵，理無可革。然三代所尚，衆論多端，或以爲所建之時，或以爲所感之瑞，或當其行色，因以從之。今雖夏數得天，歷代通用，漢尚於赤，魏尚於黄，驪馬玄牲，已弗相踵，明不可改，建寅歲首，常服於黑。朕初受天命，赤雀來儀，兼姬周已還，於兹六代。三正迴復，五德相生，總以言之，並宜火色。垂衣已降，損益可知，尚色雖殊，常兼前代。

其郊丘廟社，可依衮冕之儀，朝會衣裳，宜盡用赤。昔丹烏木運，姬有大白之旂，黄星土德，曹乘黑首之馬，在祀與戎，其尚恒異。今之戎服，皆可尚黄，在外常所著者，通用雜色。祭祀之服，須合禮經，宜集通儒，更可詳議。太子庶子、攝太常少卿裴政奏曰：竊見後周制冕，加爲十二，既與前禮數乃不同，而色應五行，又非典故。謹案三代之冠，其名各别。六等之冕，承用區分，璪玉五采，隨班異飾，都無迎氣變色之文。唯《月令》者，起于秦代，乃有青旂赤玉，白駱黑衣，與四時而色變，全不言於弁冕。五時冕色，《禮》既無文，稽於正典，難以經證。且後魏已來，制度咸闕。天興之歲，草創繕修，所造車服，多參胡制。故魏收論之，稱爲違古，是也。周氏因襲，將爲故事，大象承統，咸取用之，輿輦衣冠，甚多迂怪。今皇隋革命，憲章前代，其魏、周輦輅不合制者，已勑有司盡令除廢，然衣冠禮器，尚且兼行。乃有立夏衮衣，以赤爲質，迎秋平冕，用白成形，既越典章，須革其謬。謹案《續漢書·禮儀志》云：立春之日，京都皆著青衣。秋夏悉如其色。逮于魏、晉，迎氣五郊，行禮之人，皆同此制。考尋故事，唯幘從衣色。今請冠及冕，色並用玄，唯應著幘者，任依漢、晉。制曰：可。

於是定令，採用東齊之法。乘輿衮冕，垂白珠十有二旒，以組爲纓，色如其綬，黈纊充耳，玉笄，玄衣，纁裳。衣，山、龍、華蟲、火、宗彝五章。裳，藻、粉米、黼、黻四章。衣重宗彝，裳重黼黻，爲十二等。衣褾、領織成升龍，白紗内單，黼領，青褾、襈、裾。革帶，玉鉤鰈，大帶，素帶朱裏，紕其外，上以朱，下以緑。韍隨裳色，龍、火、山三章。鹿盧玉具劍，火珠鏢首。白玉雙佩，玄組。雙大綬，六采，玄黄赤白縹緑，純玄質，長二丈四尺，五百首，廣一尺。小雙綬，長二尺六寸，色同大綬，而首半之，間施三玉環。朱襪，赤舄，舄加金飾。祀圓丘、方澤、感帝、明堂、五郊、雩、蜡、封禪、朝日、夕月、宗廟、社稷、籍田、廟遣上將、征還飲至、元服、納后、正月受朝及臨軒拜王公，則服之。通天冠，加金博山，附蟬十二首，施珠翠，黑介幘，玉簪導。絳紗袍，深衣制，白紗内單，皂領、褾、襈、裾，絳紗蔽膝，白假帶，方心曲領。其革帶、劍、佩、綬、舄，與上同。若未加元服，則雙童髻，空頂黑介幘，雙玉導，加寶飾。朔日受朝、元會及冬會、諸祭還，則服之。武弁，金附蟬，平巾幘，餘服具服。講武、出征、四時蒐狩、大射、禡、類、宜社、賞祖、罰社、纂嚴，則服之。黑介幘，白紗單衣，烏皮履，拜陵則服之。白紗帽，白練裙襦，烏皮履，視朝、聽訟及宴見賓客，皆服之。白帢，白紗單衣，烏皮履，舉哀則服之。

《晉書》卷二五《輿服志》 《周禮》：弁師掌六冕，司服掌六服。自后王之制爰及庶人，各有等差。及秦變古制，郊祭之服皆以袀玄，舊法掃地盡矣。漢承秦弊，西京二百餘年猶未能有所制立。及中興後，明帝乃始採《周官》、《禮記》、《尚書》及諸儒記説，還備衮冕之服。天子車乘冠服從歐陽氏説，公卿以下從大小夏侯氏説，始制天子、三公、九卿、特進之服，侍祠天地明堂，皆冠旒冕，兼五冕之制，一服而已。天子備十二章，三公諸侯用山龍九章，九卿以下用華蟲七章，皆具五采。

唐·劉肅《唐新語》卷一〇《釐革第二十二》 故事：江南，天子則白帢帽，公卿則巾褐裙襦。北朝雜以戎狄之製。北齊有長帽、短靴、合袴襖子，朱紫玄黄，各隨其好。天子多服緋袍。隋代帝王貴臣，多服黄紋綾袍、烏紗帽、九環帶、烏皮六合靴。百官常服，同於走庶，皆著黄袍及衫，出入殿省。後烏紗帽漸廢，貴賤通用折上巾以代冠，用靴以代履。折上巾，戎冠也。靴，胡履也。咸便於軍旅。昔袁紹與魏武帝戰於官渡，軍敗，復巾渡河，遞相倣傚，因以成俗。初用全幅皂向後幞髮，謂之幞頭。周武帝纔爲四脚，武德以來，始加巾子。至貞觀八年，太宗初服翼善冠，賜貴臣進德冠，因謂侍臣曰：幞頭起自周武帝，蓋取便於軍容。今四海無虞，當息武事。此冠頗采古法，兼類幞頭，乃宜常服，可取服。袴褶通用，此冠亦尋廢矣。

《舊唐書》卷四五《輿服志》 讌服，蓋古之褻服也，今亦謂之常服。江南則以巾褐裙襦，北朝則雜以戎夷之制。爰至北齊，有長帽短靴，合袴襖子，朱紫玄黄，各任所好。雖謁見君上，出入省寺，若非元正大會，一切通用。高氏諸帝，常服緋袍。隋代帝王貴臣，多服黄文綾袍，烏紗帽，九環帶，烏皮六合靴。百官常服，同於匹庶，皆著黄袍，出入殿省。天子朝服亦如之，惟帶加十三環以爲差異，蓋取於便事。其烏紗帽漸廢，貴賤通服折上巾，其製周武帝建德年所造也。晉公宇文護始命袍加下襴。

宋·龐元英《文昌雜録》卷四 《晉志》云：袴褶之制，未詳所起。近代車駕親戎，中外戒嚴，則服之。唐制：三品以上紫褶，五品已上緋褶，通用細綾。七品已上緑褶，九品已上碧褶，通用小綾。《玉藻》云：禪爲絅，音扃。引急也。帛爲褶，今袷也。鄭云：單爲絅，有衣裳而無裏者也。帛爲褶，有表裏而無著者也。周遷《輿服雜事》云：趙武靈王縵胡之纓，戎服有袴褶之制，始有漢武。近世服以從戎。隋制：纘嚴，文武百官咸服之。車駕親戎，則縛袴，使不舒散。皇朝導駕官袴褶，蓋馬上之服也。

宋・葉夢得《避暑録話》卷下　唐以金紫、銀青光禄大夫皆爲階官，此沿襲漢制金印紫綬、銀印青綬之稱也。漢丞相、太尉皆金印紫綬，御史大夫銀印青綬，此三府官之極崇者。夏侯勝云：經術苟明，取青紫如拾地芥。蓋謂此也。顔師古誤以青紫爲卿大夫之服，漢卿大夫蓋未服青紫，此但據師古當時所見爾。古者官必佩印，有印則有綬。魏晉後既無佩印之法，唐爲此名固已非矣，而品又在光禄大夫之下。漢光禄大夫秩比二千石，本以掌宫門爲職，初非所貴重，何以是爲升降乎。古今名號沿革顛倒錯忤，蓋不勝言，獨怪元豐官制，諸儒考核古今甚詳，亦循而弗悟，故遂爲階官之冠。

宋・李上交《近事會元》卷一《帝王服赤黄袍衫》　唐太宗貞觀中，制翼善冠，朔望視朝，以常服及白練裙襦通著之。若服袴褶，又與平巾幘通用。著於令。其常服赤黄袍衫，折上頭巾，九環帶，六合靴，皆起自魏周，便於戎事。貞觀已後，非元日、冬至受朝及大祭，皆常服而已。《志》云：中宗景龍二年七月，太子左庶子劉子元進議曰：燕服，蓋古之褻服也，今亦謂之常服，江南則以巾褐裙襦，北朝則雜以戎衣之制。爰自北齊，有長帽短鞾，合袴襖子，朱紫元黄，各任所好。雖謁見君上、出入省寺，若非元正大會，一切通用。高氏諸帝，嘗服緋袍。隋代帝王貴臣，多黄服、文綾袍、烏紗帽、九環帶、烏皮六合靴。百官常服，同於匹庶，皆著黄袍出入殿省。天子朝服亦如之，惟帶加十三環以爲差異，蓋取其便事。其烏紗帽漸廢，貴賤通服折上巾。其制，周武帝建德年所造也。晉公宇文護始命袍加下襴。及大業元年，煬帝始制詔吏部尚書牛弘等，憲章古則，創造衣冠。自天子逮於胥吏，章服皆有等差。始令五品以上，通服朱紫。已後用兵，及車駕行幸，百官雖服袴褶，而軍間不便。六年，復詔從駕遠者，皆戎衣，貴賤異等，雜用五色。五品已上，通著紫袍，六品已下，兼用緋緑，胥吏以青，庶人白，屠商皂，士赤黄。武德初，因隋舊制，天子燕服，亦名常服。唯以黄袍及衫後漸用赤黄，遂禁士庶不得以赤黄爲衣服雜飾。

宋・魏了翁撰、元・方回補輯《古今考》卷一《高祖爲亭長以竹皮爲冠及貴常冠所謂劉氏冠》　鶴山先生曰：古者衣冠不貳，所以同風俗，壹民德。春秋以後，如鷸冠翠被胡服之屬已，皆先王之所禁。今以亭長自爲竹皮冠，亦見王制之不明，人皆得以率情妄作。其後爵公乘以上方得冠劉氏冠。一時之爲，一人之見，而遂以僭先王之命服服之。日更月變而不復先王之舊，蓋日改月化，民由之而不知。可勝歎夫。

《宋史》卷一五一《輿服志三》　衮冕之制。宋初因五代之舊，天子之服有衮冕，廣一尺二寸，長二尺四寸，前後十二旒，二纊，並貫真珠。又有翠旒十二，碧鳳銜之，在珠旒外。冕版以龍鱗錦表，上綴玉爲七星，旁施琥珀瓶、犀瓶各二十四，周綴金絲網，鈿以真珠、雜寶玉，加紫雲白鶴錦裏。四柱飾以七寶，紅綾裏。金飾玉簪導，紅絲絛組帶。亦謂之平天冠。衮服青色，日、月、星、山、龍、雉、虎蜼七章。紅裙，藻、火、粉米、黼、黻五章。紅蔽膝，升龍二並織成，間以雲朶，飾以金鈒花鈿窠，裝以真珠、琥珀、雜寶玉。紅羅襦裙，繡五章，青襟、襈、裾。六采綬一，小綬三，結玉環三。素大帶朱裏，青羅四神帶二，繡四神盤結。綬帶飾並同衮服。白羅中單，青羅抹帶，紅羅勒帛。鹿盧玉具劍，玉鏢首，鏤白玉雙佩，金飾貫真珠。金龍鳳革帶，紅襪赤舄，金鈒花，四神玉鼻。祭天地宗廟、朝太清宫、饗玉清昭應宫景靈宫、受册尊號、元日受朝、册皇太子則服之。

又　乾德元年閏十二月，少府監楊格、少監王處訥等上新造皇帝冠冕。先是，郊祀冠冕，多飾以珠玉，帝以華而且重，故命改製之。

仁宗景祐二年，又以帝后及群臣冠服，多沿唐舊而循用之，久則有司寖爲繁文，以失法度。詔入内侍省、御藥院與太常禮院詳典故，造冠冕，蠲減珍華，務從簡約，俾圖以進。續詔通天冠、絳紗袍更不修製。由是改製衮冕。天版元闊一尺二寸，長二尺四寸，今製廣八寸，長一尺六寸。減翠旒並鳳子，前後二十四珠旒並合典制。天板頂上，元織成龍鱗錦爲表，紫雲白鶴錦爲裏，今製青羅爲表，采畫出龍鱗，紅羅爲裏，采畫出紫雲白鶴。所有犀餠、琥珀餠各二十四，今減不用。金絲結網子上，舊有金絲結龍八，今減四，亦減絲令細。天板四面花墜子、素墜子依舊，減輕造。冠身并天柱，元織成龍鱗錦，今用青羅，采畫出龍鱗。金輪等七寶，元真玉碾成，今更不用，如補空部，以雲龍細窠。分旒玉鈎二，今減去之。天河帶、組帶、款慢帶依舊，減輕造。納言，元用玉製，今用青羅，采畫出龍鱗錦。金稜上稜道，依舊用金，即減輕製。黈纊，玉簪。衮服八章，日、月、星辰、山、龍、華蟲、火、宗彝，青羅身，紅羅襈，繡造。所有雲子，相度稀稠補空，更不用細窠，亦不使真珠裝綴。中單，依舊皂白製造。裙用紅羅，繡出藻、粉米、黼、黻，周回花樣仍舊，減稀製之。蔽膝用紅羅，繡升龍二，雲子補空，減稀製之，周回依舊，細寀不用。六采綬依舊，減絲織造。所有玉環亦減輕。帶頭金葉減去，用銷金。四神帶不用。劍、佩、梁、帶、襪、舄並依舊。

明・朱之瑜《舜水先生文集》卷二二《雜著三》 問：凡國家之禮制，飲食、衣服、器用之法，尚文則其弊爲豪奢矣。尚質以示節儉，則其弊欲至鄙吝矣。傳所謂與其奢，寧儉。然又質勝文則野，不可不使文質並行也乎。乃於斯二物，如何防其弊乎。

答：凡爲天下國家之禮，在乎有制。有制則貴賤有等，上下有章，文不至於奢華，儉不至於固陋。古之人繪衣繡裳，山龍華蟲，燦然可觀。豢豕爲酒，賓主百拜，始終秩秩，何嘗無文，何嘗非質。質而至於野，文而至於靡者，皆無制之禮也。國家必欲崇儉，當自本根始。紛紛末制，何益於事乎。

明・王世貞《弇州四部稿》卷一五五《説部・藝苑巵言附録四》 郭若虛因之云：漢魏以前，始戴幅巾。晉宋之世，方用冪䍦。後周以三尺皂絹向後幞髮，名折上巾，通謂之幞頭，武帝時裁成四角。後魏、隋朝貴臣黄綾袍、烏紗帽、九環帶、六合靴，次用桐木黑漆爲巾子，裹於幞頭内，前繫二脚，後垂二脚，貴賤服之。唐太宗常服翼善冠，貴臣服進賢冠。至則天朝以絲葛爲幞頭巾子，以賜百官。開元間始易以羅。又別賜供服官内臣圓頭宫樸巾子，唐末用漆紗裹之，乃今幞頭也。三代皆衣襴衫。秦始皇時，以紫緋緑袍爲三等服，庶人以白。此未爲定據。唐高宗以後，百官紫服、金玉帶。深淺緋服，金帶。緑服，銀帶。青服，鍮石帶。庶人黄銅鐵帶。五品以上佩魚，後爲龜，尋復爲魚。又文官一品以下，帶手巾、算袋、刀子、礪石。睿宗朝，武官五品以上，帶七事跕蹀。開元初罷之。晉處士馮翼，衣布大袖，周緣以皂，下加襴，前繫二長帶。隋唐朝野服之。三代以前皆跣足，後人始服木屐。伊尹爲草履。秦世參用絲革靴。唐代宗朝，凡在宫人左右者，紅錦鞾靴。此郭若虛論畫衣冠異制也。彼謂三代以前皆跣足，非也。冠履之制，詳自軒轅，何言跣也。

明・董説《七國考》卷八《秦器服》 帶劍。《史記》：秦簡公六年，令吏初帶劍。《正義》曰：春秋官吏各得帶劍，劍有二。一佩劍，所謂衣冠帶劍是也。一兵劍，持以相格殺者也。《秦別紀》作簡公七年，百姓初帶劍。

又《魏器服》 端冕。陳氏《禮書》：武王端冕以奉丹書。則天子齋而端冕，信矣。諸侯昏禮玄冕齋戒。魏文侯端冕聽古樂，則昏以玄冕，攝盛也。魏文侯之端冕非攝盛，則僭也。

又《燕器服》 后服。《通鑑》：燕王賜樂毅妻以后服，賜其子以公子之服。

又 羽衣。《拾遺記》云：燕昭王徹色減味，居乎正寢，賜甘需羽衣一襲，表其墟爲明真里也。

明・董斯張《廣博物志》卷三八《服飾》 袍者，自有虞氏即有之，故《國語》曰袍以朝見也。秦始皇，三品以上緑袍深衣，庶人白袍，皆以絹爲之。《古今注》。

披襖子，蓋袍之遺象也。漢文帝以立冬日賜宫侍承恩者及百官披襖子，多以五色繡羅爲之，或以錦爲之，始有其名。煬帝宫中有雲鶴金銀泥披襖子。

布衫。三皇及周末，庶人服短褐，（孺）［儒］服深衣。秦始皇以布開袴，名曰衫。用布者，尊女工之尚，不忘本也。

汗衫，蓋三代之襯衣也。《禮》曰中單。漢高祖與楚交戰，歸帳中，汗透，遂改名汗衫。至今亦有中單，但不緶而不開。

袜肚，蓋文王所制也，謂之腰巾，但以繒爲之。宫女以綵爲之，名曰腰綵。至漢武帝，以四帶，名曰袜肚。至靈帝，賜宫人蹙金絲合勝袜肚，亦名齊襠。

裩，古之前制，衣裳相連。至周文王，令女人服裩，裩上加翟衣，皆以絹爲之。始皇元年，宫人令服五色花羅裩，至今禮席有短裩焉。

裩，三代不見所述。周文王所制裩，長至膝，謂之弊衣。賤人不（下）［可］服，曰良衣，蓋良人之服也。至魏文帝，賜宫人緋交襠，即今之裩也。

袴，蓋古之裳也。周武王以布爲之，名曰褶。敬王以繒爲之，名曰袴，但不縫口而已。庶人衣服也。至漢章以綾爲之，加下緣，名曰口。常以端午日賜百官水紋綾袴。若百官母及妻妾等承恩者，則別賜羅紋勝袴，取其名曰勝。今太常二人，服紫絹袴褶，緋衣，執永籥以舞之。並上。

明・王三聘《古今事物考》卷六《冠服・衮》 《内傳》曰：黄帝伐蚩尤，乃服衮冕，至舜始備十二章。周登日月于太常，九章而已，餘五服俱周制也。大明《諸司職掌》云：皇帝衮十二章，玄衣六章，織日、月、星辰、山、龍、華蟲。纁裳六章，織宗彝、藻、火、粉米、黼、黻。中單以素紗爲之，蔽膝，革帶，大帶，佩綬，襪舄。東宫衮九章，玄衣五章，織山、龍、華蟲、宗彝、火。纁裳四章，織藻、粉米、黼、黻。親王衮九章，但上衮用青。世子衮九章，青衣三章，織華蟲、火、宗彝。纁裳四章，織藻、粉米、黼、黻。郡王衮五章，青衣三章，織粉米、藻、宗彝。纁裳二章，織黼、黻。

朝服：晉《輿服志》曰：漢制，五郊，天子與執事服各如方色，百官不執事者，服常服（縫）[絳]衣以從。魏秦静曰：漢氏承秦，改六冕之制，但無冠（縫）[絳]衣而已。魏以來，名朝服。大明《諸司職掌》云：文武官朝服，（亦）[赤]羅衣，白紗中單，俱用青飾領緣，青羅裳，青緣蔽膝，革帶，大帶，佩綬，襪履。凡遇大祀慶成，正旦冬至聖節，及頒降開讀詔赦、進表，傳制，則服。未入流官，照九品官具朝服行禮。

公服：《筆譚》曰：中國衣冠，自北齊以來，全用胡服，窄袖緋緑。唐武德、貞觀間猶爾，開元後，稍衰博矣。《通典》曰：宇文護始袍加下襴，遂爲後制，即今公服也。大明《諸司職掌》云：文武官公服，用盤領右衽袍，或紵絲、紗、羅、絹，從宜製造，袖寬三尺。在京官朝見奏事謝辭，及在外官清晨公座，則用公服、幞頭。

祭服：大明《諸司職掌》云：文武官陪祭服，一品至九品，青羅衣，白紗中單，俱用皂領緣，赤羅裳，皂緣，赤羅蔽膝，方心曲領。其官帶佩綬等第，並同朝服。

又 佩：董巴《輿服志》曰：古者君臣皆佩玉，三代同之，蓋起于夏后氏。至周，始制其等，天子佩白玉，公侯山玄，大夫水蒼，世子瑜玉，士瓀玟，是也。大明《諸司職掌》云：皇帝衮冕佩玉長三尺三寸，弁服白玉佩。東宫、親王、世子、郡王衮、弁俱玉佩。文武官朝服，一品佩用玉，二品用犀，三品至九品用藥玉。

綬：《禮·玉藻》曰：天子佩白玉而玄組綬，公侯山玄玉而朱組綬。則綬貫佩玉而相承受者。董巴《輿服志》曰：戰國解去韍佩，留其絲襚，以采（紺）[組]相連結于襚，轉相綬。蓋帶綬起于七國而名之自三代也。

又 大帶：前《郊祀志》云：搢紳，插笏于紳。紳，大帶也。大明《諸司職掌》云：皇帝衮冕大帶，素表朱裏，兩邊用緑，上以朱錦，下以緑錦。弁服大帶，緋白。東宫衮冕大帶，白表朱裏，上緣以紅，下緣以緑。親王衮冕大帶，表裏白羅，朱緑緣。弁服大帶同。文武官朝服大帶，用赤白二色絹。

帶：《實録》曰：自古有革帶及插垂頭，秦二世始名腰帶。唐高祖令向下插垂頭，取順下之義，名鉈尾。一品至三品金銙，四品、六品花犀爲銙，七品、九品銀銙，庶人鐵銙。大明《諸司職掌》云：皇帝衮冕革帶，長三尺三寸。弁服革帶，玉鈎鰈。東宫、親王衮冕革帶，金鈎鰈。文武官朝服革帶，一品用玉，二品用犀，三、四品用金，五品用銀鈒花，六、七品用銀，八、九品用烏角。公服腰帶，一品用玉，或花或素，二品用犀，三品、四品用金荔枝，五品以下用烏角。鞓用青革，仍垂撻尾於下，靴用皂。常服腰帶，一品玉，二品花犀，三品金鈒花，四品素金，五品銀鈒花，六、七品素銀，八、九品烏角。

服御：《二儀實録》曰：唐高祖初用隋制，天子常服，黄袍及衫，後漸用赤黄，謂之赭黄。《唐會要》曰：玄宗時，韋韜奏，御案牀褥，去紫用赤黄。自武德時，禁止士庶不得服，而天子服御之以黄，自韋韜之請也。

服色：《二儀實録》曰：隋煬帝詔牛洪等造章服差等。三、四品紫，五品朱，六品以下緑，官吏青，庶人白，商皂，服色之分，疑自此始。唐《馬周傳》曰：三品紫，四、五品朱，六、七品緑，八、九品青。大明《諸司職掌》云：文武官公服，一品至四品緋袍，五品至七品青袍，八品、九品緑袍，未入流雜職官袍與八、九品同。

花樣：國朝，公、侯、駙馬、伯麒麟，白澤，文官一品、二品仙鶴、錦鷄，三品、四品孔雀、雲雁，五品白鷴，六品、七品鷺鷥、鸂鶒，八品、九品黄鸝、鵪鶉、練鵲，風憲官用獬豸。武官，一品、二品獅子，三品、四品虎豹，五品熊羆，六品、七品彪，八品、九品犀牛、海馬。儀賓視武官。

又 笏：《唐會要》曰：笏，周制也。《周禮》：諸侯象，大夫魚鬚，士以竹。晉、宋以來，謂之手板。西魏以後，五品以上通用象。舊制，三品以上，前挫後直，五品以上，前挫後屈。唐高祖詔，五品以上象笏，六品以下竹木笏。國朝文武官笏，五品以上象牙，六品以下用槐木。

明黄廣《禮樂合編》卷一六《章服之禮統紀一》 《漢官儀》：天子冠通天，諸侯王冠遠遊，諸侯冠進賢三梁，卿大夫、尚書、二千石、博士冠兩梁，二千石以下小吏冠一梁。天子、公卿、特進、諸侯祀天地明堂，皆冠平冕，天子十二旒，三公九卿、諸侯七，其纓各如其綬色。《漢書》。

漢宣帝謁者奏定服制，趙堯舉春，李舜舉夏，倪湯舉秋，貢禹舉冬，四人各職一時。制曰可。《漢書》。

漢天子之冕，前後旒用真白玉珠。魏明帝好婦人之飾，改以珊瑚珠。晉元帝初過江，服章多闕，而冕飾以翡翠、珊瑚、雜珠。後郊祀、元會、臨軒，改服黑介幘，朱組爲纓，無緌。重白玉珠十二旒，王公八旒，卿七旒。《晉書》。

隋文帝始服黄，百官常服同於庶人，皆著黄袍。

唐太宗貞觀四年，詔三品以上服紫，四品、五品服緋，六品、七品以緑，八品、九品以青。

高宗上元元年，敕文武三品以上服紫，金玉帶，四品、五品服緋，金帶。六品、七品緑，銀帶，八品、九品青，鍮石帶，庶人黄，銅鐵帶。

高宗永徽二年，五品以上隨身魚銀袋，以防召命之詐，出内必合之，三品以上金飾袋。

中宗咸亨三年，五品以上改賜新魚袋，並飾以銀，三品以上各賜金裝、刀子、礪石一具。

又卷一九《冠帶之禮本紀》 始冠緇布冠，自諸侯下達，冠而敝之可也。玄冠，朱組纓，天子之冠也。緇布冠，繢緌，諸侯之冠也。玄冠，丹組纓，諸侯之齊冠也。玄冠，綦組纓，士之齊冠也。縞冠玄武，子姓之冠也。縞冠素紕，既祥之冠也。垂緌五寸，惰游之士也。玄冠縞武，不齒之服也。

居冠屬武，自天子下達，有事然後緌。

冠而後服備，服備而後容體正，顔色齊，辭令順，故冠者，禮之始也。

聖王重冠，筮日筮賓，所以敬冠事。敬冠事所以重禮，重禮所以爲國本也。

適子冠於阼，以著代也。醮於客位，加有成也。三加彌尊，喻其志也。冠而字之，敬其名也。

見於母，母拜之，見於兄弟，兄弟拜之，成人而與爲禮也。玄冠玄端，奠摯於君，遂以摯見於卿大夫、鄉先生，以成人見也。

責成人禮焉者，將責爲人子、爲人弟、爲人臣、爲人少者之禮行焉。將責四者之行於人，其禮可不重與。故曰冠者，嘉禮之重者也。故行之於廟。《冠義》。

《士冠禮》：筮於廟門，主人玄冠朝服，緇帶素韠，即位於門東，西面。有司如主人即位於西方。筮賓如求日之儀，筮人執策抽上韇，受命主人東南旅占。卒進告吉。若不吉，則筮遠日如初。《儀禮》。

《冠義》：始冠之緇布之冠也。大古冠布，齊則緇之。其緌也，孔子曰：吾未之聞也。冠而敝之可也。

委貌，周道也。章甫，殷道也。毋追，夏后氏之道也。周弁、殷冔、夏收，三王共皮弁素積。

無大夫冠禮，而有其昏禮，古者五十而後爵，何大夫冠禮之有。諸侯之冠禮，夏之末造也。《郊特牲》。

又 女子許嫁，笄而字。女雖未許嫁，年二十而笄，禮之。婦人執其禮，燕則鬈首。《大戴》。

又 歲星爲年紀，十二月而一周於天。天道備，故人君子十二可冠。夏殷天子皆十二而冠。《大戴》。

孔子曰：王教之本，不可以童子之道治焉。此人君早冠之義也。《冠頌》。

又《冠帶之禮志統紀》 漢改皇帝冠爲加元服，用正月甲子若丙子爲吉。乘輿初加緇布，進賢，次爵弁，次武弁，次通天冠，皆於高廟，如儀謁見。

又 東晉諸帝冠儀，一加幘冕。將冠，金石宿設，百僚陪位。先於殿上鋪大牀，御府令奉冕、幘、簪導、衮服，以［授］侍中、常侍，太尉加幘，太保［加冕］。將加冕，太尉讀祝，侍中繫玄紞，脱帝絳紗服，加衮服。冠事畢，太（祝）［保］率羣臣奉觴上壽，王公以下三稱萬歲，乃退。《晉書》。

北齊制，皇帝加元服，以玉帛告圓丘方澤，以幣告廟，擇日臨軒。中嚴，羣官位定，皇帝著空頂介幘以出。太尉盥訖，升，脱空頂幘，以黑介幘奉加訖，太尉進太保之右，北面讀祝訖，太保加冕，侍中繫玄紞，脱絳紗袍，加衮服。事畢，太保上壽，羣官三稱萬歲，皇帝入温室，移御座而不上壽。後日，文武羣官朝服上禮，酒十二鍾，米十二囊，牛十二頭。又擇日親拜圓丘方澤，謁廟。《北齊史》。

漢成帝五鳳元年，皇太子以正月冠，賜丞相以下帛，赦徒作杜陵，諸王遣使行事。《漢書》。

晉惠帝爲太子，將冠，武帝臨軒，使兼司徒高陽王珪加冠，兼光禄大夫、屯騎校尉華廙贊冠。遣使冠諸王，非古典。於是制儀，王十五而冠，遂革使命。《晉史》。

齊武帝孫南郡王昭業冠，從尚書令王儉議，使太常持節一加冠，大鴻臚爲贊，醮酒之儀，國官陪位，拜賀如常。其日内外二品清官以上，詣公車門集賀，并詣東宮南門通牋。別日上禮，宮臣亦詣門稱慶。冠後剋日謁廟。《齊書》。

後魏孝文帝冠皇太子恂於廟，詔曰：司馬彪《漢志》，漢帝有四加冠，一緇布，二進賢，三武弁，四通天。朕見《家語·冠頌篇》四加冠，公也。《家語》與正經何異。諸儒忽司馬彪《志》，致使天子之子而行士冠。朕以爲有賓，諸儒皆以爲無賓。《魏史》。

唐貞觀五年正月，有司上書：皇太子將冠，禮宜用二月爲吉，請遣官備儀注。太宗曰：今東作方興，恐妨農事。令改用十月。太子少保蕭瑀奏稱：准陰陽家，用二月爲勝。上曰：陰陽拘忌，朕所不行。若動静必依陰陽，不顧禮義，欲求福祐，其可得乎。若所行皆遵正道，自然當與吉會。且吉凶在人，豈假陰陽拘忌。農時甚要，不可暫失。《唐書》。

穆帝將冠，臺符問：修復未畢，吉凶不相干。爲可加元服否。太常王彪之議：禮雖有喪冠，當是應冠之年，服制未終。若須服制終，便失應冠之年也。禮所以冠無定時月。今便准喪冠，闕饗樂而行事。然加衮冕，火龍焕然，以准喪儀，情有不體。若別有事，必速加元服，權諸輕重，不須修復畢者，便當准喪冠。

又《冠帶之禮引統紀》 成王將冠，周公使祝雍祝王曰：達而勿多也。祝雍曰：使王近於民，遠於佞，嗇於時，惠於財，任賢使能。祝辭四加，而後退。見於祖廟，曰：令月吉日，加子元服，去爾幼志，順爾成德。冠禮十九，見正而冠，古之通禮也。《周書》。

孟懿子曰：始冠加以緇布之冠，何也。孔子曰：示不忘古也。

孟懿子曰：天子未冠即位，長亦冠乎。孔子曰：古者王世子雖幼，其即位則尊爲人君，以爲成人之事者也。何冠之有。懿子曰：然則諸侯之冠異天子與。孔子曰：君薨而世子主喪，是冠也，與人君無異也。懿子曰：今邾君之冠，非禮也。孔子曰：諸侯之冠，禮也，夏之未造也，有自來矣。今無譏焉。《家語》二則。

魯襄公送晉侯，晉侯以公宴于河上，問公年。季武子對曰：會于沙隨之歲，寡君以生。晉侯曰：十二年矣，是謂一終，一星終也。國君十五而生子，冠而生子，禮也。君可冠矣。大夫盍爲冠具。武子對曰：君冠，必以祼享之禮行之，以金石之樂節之，以先君之祧處之。今寡君在行，未可具也。請及兄弟之國而假備焉。晉侯曰：諾。公還及衛，冠于成公之廟，假鍾磬焉。禮也。

趙文子冠，見欒武子，武子曰：美哉，昔吾逮事莊王，華則榮矣，實之不知。請務實乎。見中行宣子，宣子曰：美哉，惜也。吾老矣。見范文子，文子曰：而今可以戒矣。夫賢者寵至而益戒，不足者爲寵驕。故興王賞諫臣，逸王罰之。吾聞古之王者，德政既成，又聽于民。于是乎使工誦諫于朝，在列者獻詩，使勿兜。風聽臚言于市，辨妖祥于謡，考百事于朝，問謗譽于路，有邪而正之，盡戒之術也。先王疾是驕也。見郤駒伯，駒伯曰：美哉，然而壯不若老者多矣。見韓獻子，獻子曰：戒之，此謂成人，成人在始與善。始與善，善進善，不善蔑由至矣。始與不善，不善進不善，善亦蔑由至矣。如草木之産也，各以其物。人之有冠，猶宮室之有牆屋也。糞除而已，何又加焉。見知武子，武子曰：吾子勉之。成、宣之後，而老爲大夫，非恥乎。成子之文，宣子之忠，其可忘乎。夫成子道前志以佐先君，道法而卒以政，可不謂文乎。夫宣子盡諫於襄、靈，以諫取惡，不憚死進也。可不謂忠乎。吾子勉之。有宣子之忠，而納之以成子之文，事君必濟。見苦成叔子，叔子曰：抑年少而執官者衆，吾安容子。見温季子，季子曰：誰之不如，可以求之。見張老而語之，張老曰：善矣，從欒伯之言，可以滋。范叔之教，可以大。韓子之戒，可以成。物備矣，志在子。若夫三郤，亡人之言也。何稱述焉。知子之道善矣，是先主覆露子也。《晉語》。

紀事

《宋書》卷一四《禮志一》 魏文帝雖受禪于漢，而以夏數爲得天，故黄初元年詔曰：孔子稱行夏之時，乘殷之輅，服周之冕，樂則《韶舞》。此聖人集群代之美事，爲後王制法也。《傳》曰：夏數爲得天。朕承唐、虞之美，至於正朔，當依虞、夏故事。若殊徽號，異器械，制禮樂，易服色，用牲幣，自當隨土德之數。每四時之季月，服黄十八日，臘以丑，牲用白，其飾節旄，自當赤，但節幡黄耳。其餘郊祀天地朝會四時之服，宜如漢制。宗廟所服，一如《周禮》。尚書令桓階等奏：據三正周復之義，國家承漢氏人正之後，當受之以地正，犧牲宜用白，今從漢十三月正，則犧牲不得獨改。今新建皇統，宜稽古典先代，以從天命，而告朔犧牲，壹皆不改，非所以明革命之義也。詔曰：服色如所奏。其餘宜如虞承唐，但臘日用丑耳，此亦聖人之制也。

明帝即位，便有改正朔之意，朝議多異同，故持疑不决。久乃下詔曰：黄初以來，諸儒共論正朔，或以改之爲宜，或以不改爲是，意取駁異，于今未决。朕在東宮時聞之，意常以爲夫子作《春秋》，通三統，爲後王法。正朔各從色，不同因襲。自五帝、三王以下，或父子相繼，同體異德。或納大麓，受終文祖。或尋干戈，從天行誅。雖遭遇異時，步驟不同，然未有不改正朔，用服色，表明文物，以章受命之符也。由此言之，何必以不改爲是邪。

於是公卿以下博議。侍中高堂隆議曰：按自古有文章以來，帝王之興，受禪之與干戈，皆改正朔，所以明天道，定民心也。《易》曰：革，元亨利貞。有孚改命吉。湯武革命，應乎天，從乎人。其義曰，水火更用事，猶王者必改正朔易服色也。《易通卦驗》曰：王者必改正朔，易服色，以應天地三氣三色。《書》曰：若稽古帝舜曰重華，建皇授政改朔。初高陽氏以十一月爲正，薦玉以赤繒。高辛氏以十三月爲正，薦玉以白繒。《尚書傳》曰：舜定鍾石，論人聲，乃及鳥獸，咸變於前。故更四時，改堯正。《詩》曰：一之日觱發，二之日栗烈，三之日于耜。《傳》曰：一之日，周正月，二之日，殷正月，三之日，夏正月。《詩推度灾》曰：如有繼周而王者，雖百世可知。以前檢後，文質相因，法度相改。三而復者，正色也。二而復者，文質也。以前檢後，謂軒轅、高辛、夏后氏、漢皆以十三月爲正，少昊、有唐、有殷皆以十二月爲正。高陽、有虞、有周皆以十一月爲正。後雖百世，皆以前代三而復也。《禮大傳》曰：聖人南面而治天下，必正度量，考文章，改正朔，易服色，殊徽號。《樂稽曜嘉》曰：禹將受位，天意大變，迅風雷雨，以明將去虞而適夏也。是以舜禹雖繼平受禪，猶制禮樂，改正朔，以應天從民。夏以十三月爲正，法物之始，其色尚黑。殷以十二月爲正，法物之牙，其色尚白。周以十一月爲正，法物之萌，其色尚赤。能察其類，能正其本，則嶽瀆致雲雨，四時和，五稼成，麟皇翔集。《春秋》：十七年夏六月甲子朔，日有蝕之。《傳》曰：當夏四月，是謂孟夏。《春秋元命苞》曰：王者受命，昭然明於天地之理，故必移居處，更稱號，改正朔，易服色，以明天命聖人之寶，質文再而改，窮則相承，周則復始，正朔改則天命顯。凡典籍所記，不盡於此，略舉大較，亦足以明也。

藝　文

宋·吴曾《能改齋漫録》卷一三《討論屨制度》 政和八年十二月，編類御筆所禮制局奏：今討論到屨制度下項絇、屨上飾也。繶、飾底也。純、緣也。綦。屨帶也。古者，舄屨各隨裳之色，有赤舄、白舄、黑舄，今屨欲用黑革爲之。其絇繶純綦，並隨服色用之，以倣古隨裳色之意。奉聖旨依議定，仍令禮制局造三十副，下開封府，給散鋪户爲樣制賣。禮制局奏：先議定屨，各隨服色。緣武臣服色止是一等，理宜有別。奉聖旨：文武官大夫以上，四飾全。朝請武功郎以上，減去一繶，並稱屨。從義宣教郎以下，至將校伎術官，減去二繶純，並稱屨云。

明·張之象《唐詩類苑》卷一八五《服食部·章服》

《初着緋戲贈元九》　白居易

晚遇緣才拙，先衰被病牽。那知垂白日，始是着緋年。身外名徒爾，人間事偶然。我朱君紫綬，猶未得差肩。

《同諸公袁郎中宴筵喜加章服》　劉長卿

手詔來筵上，腰金向粉闈。勳名傳舊閣，蹈舞着新衣。白社同遊在，滄洲此會稀。寒笳發後殿，秋草送西歸。世難常摧敵，時閒已息機。魯連功可讓，千載一相輝。

《奉餞元侍郎加豫章採訪兼賜章服》　劉長卿

任重兼烏府，時平偃豹韜。澄清湘水變，分別楚山高。花對彤襜發，霜和白雪操。黄金裝舊馬，青草換新袍。嶺暗猨啼月，江寒露映濤。豫章生宇下，無使翳蓬蒿。

《答賀客》 白居易

銀章暫假爲專城，賀客來多懶起迎。似挂緋衫衣架上，朽株枯竹有何榮。

《和蔣學士新授章服》 王建

五色箱中絳服春，笏花成就白魚新。看宣賜處驚迴眼，着謝恩時便稱身。瑞草唯承天上露，紅鸞不受世間塵。翰林同賀文章出，驚動茫茫下界人。

《初除官蒙裴常侍贈鶻銜瑞草緋袍魚袋因謝惠貺兼抒離情》 白居易

新授銅符未着緋，因君裝束始光輝。惠深范叔綈袍贈，榮過蘇秦佩印歸。魚綴白金隨步躍，鶻銜紅綬遶身飛。明朝戀別朱門淚，不敢多垂恐汙衣。

《初授秘監并賜金紫閒吟小酌偶寫所懷》 白居易

紫袍新秘監，白首舊書生。鬢雪人間壽，腰金世上榮。子孫無可念，産業不能營。酒引眼前興，詩留身後名。閒傾三數酌，醉詠十餘聲。便是羲皇代，先從心太平。

《和楊六尚書喜兩地漢公轉吴興魯士賜章服賓命開宴用慶恩榮賦長句見示》 白居易

華筵賀客日紛紛，劒外歡娱洛下聞。朱紱寵光新照地，彤襜喜氣遠凌雲。榮聯花萼詩難和，樂助埧篪酒易醺。感羨料應知我意，今生此事不如君。

《聞行簡恩賜章服喜成長句寄之》 白居易

吾年五十加朝散，爾亦今年賜服章。齒髮恰同知命歲，官銜俱是客曹郎。榮傳錦帳花聯萼，綵動綾袍鴈趁行。大抵着緋宜老大，莫嫌秋鬢數經霜。

《賀淮南節度盧員外賜緋》 羅隱

臉蓮高貴九霄聞，燦燦朱衣降五雲。驄馬早年曾避路，銀魚今日且從軍。銜題綵服垂天眷，袍展花心透縠紋。應笑當年老萊子，鮮華都自降明君。

《賀淮南節度盧員外賜緋》 徐商

朱紫花前賀故人，兼榮此會頗關身。同年座上聯賓榻，宗姓亭中布錦裀。晴日照旗紅灼爍，韶光入隊影玢璘。芳菲解助今朝喜，嫩蘂青條滿眼新。

《賀盧員外賜緋》 段成式

雲雨軒懸鶯語新，一篇佳句占陽春。銀黄年少偏欺酒，金紫風流不讓人。連壁座中斜日滿，貫珠歌裏落花頻。莫辭倒戴吟歸去，看欲東山又吐茵。

《賀羅員外賜緋》 王傳

朱紫聯輝照日新，芳菲全屬斷金人。華筵重處宗盟地，白雪飛時郢曲春。仙府色饒攀桂侶，蓮花光讓握蘭身。自憐亦是膺門客，吟想恩榮氣益振。

《喜劉蘇州恩賜金紫遥想賀讌以詩慶之》 白居易

海内姑蘇太守賢，恩加章綬豈徒然。賀賓喜色欺杯酒，醉妓歡聲遏管絃。魚珮葺鱗光照地，鶻銜瑞草勢沖天。莫嫌鬢上些些白，金紫由來稱長年。

《初着刺史緋答友人見贈》 白居易

故人安慰善爲辭，五十專城道未遲。徒使花袍紅似火，其如蓬鬢白成絲。且貪薄俸君應惜，不稱衰容吾自知。銀印可憐將底用，只堪歸舍嚇妻兒。

雜録

清・趙翼《陔餘叢考》卷三一《着靴》 朝會着靴，蓋起於唐中葉以後。《唐書》：皇甫鎛以故繒給邊兵，軍士焚之。裴度奏其事，鎛在憲宗前引其足曰：此靴亦内府物，堅韌可用。韋斌每朝會，不敢離立。嘗大雪立庭中，不徙足，雪幾没靴。崔戎爲華州刺史，徙兖海，民遮留不得行，抱持取其靴，戎單騎遁去。温造節度興元，殺倡亂者八百人，監軍楊叔元擁造靴祈哀，乃免之。是唐時已多着靴。歐陽公《歸田録》：和凝以二千錢買靴，問馮道靴價若干。道舉左足曰一千，凝遂嗔其僕。道徐舉其右足曰此亦一千。是又五代着靴之證。宋以後則朝靴，且形之歌詠，而《朱文公家禮》内冠儀一條，并有襴衫帶靴之制，則靴固久爲公服矣。按靴本北俗，自趙武靈王始用之，然秦、漢、魏、晉尚罕有着靴者。《晉書·儒林劉兆傳》：有人着靴騎驢，至門外問劉延世。又《毛寶傳》：寶與祖焕戰，血流滿靴。此蓋騎者用之。靴字從革，蓋皆皮爲之，便於騎也。惟齊豫章王嶷不樂聞人過，有告訐者，輒置靴中不視。梁王儉宴客樂遊苑，蕭琛着虎皮靴，直造其坐。陳徐陵爲吏部，陳暄袍拂髁，靴至膝，亦直上其坐。南朝之着靴見於史者，止此數事而已。其時多着屐。齊明帝輔政時，百官皆脱屐到席，蔡約獨躡屐不改。則其時見尊長，尚以脱屐爲敬，固無論於着靴也。而是時北朝則靴已盛行。《北史》：慕容永被擒入長安，夫妻常賣靴自給。北齊婁太后病，童謡有紫綖靴之語。徐之才曰：紫者，此下絲，綖者熟，當在四月中。太后果崩。高澄被刺時，楊愔逃出，遺一靴。《任城王湝傳》：有婦人浣衣，一乘馬者以舊靴换其新靴而去。又樂陵王百年被害，後有人于其處掘得一足有靴。琅琊王儼被害，亦不脱靴而埋之。及北齊亡後，嬪妃入周，亦以賣靴爲業。是北朝着靴累代盛行，蓋自劉、石之亂，繼以燕、秦、元魏、齊、周，各從其本俗，故中土久以着靴爲常服。沿及于唐，遂浸尋爲朝制耳。風會所趨，隨時而變。古以脱襪爲敬，其後不脱襪而但脱履，又其後則不脱履，最後則靴爲朝服，而履反爲褻服。設有着履入朝會及見長官者，反爲大不敬，更無論於跣而見也。或疑古人脱襪而登，近於裸褻。然常見暹羅國人入朝拜舞，以行縢裹足，頗斑斕可愛。想古人邪幅在下，亦復如是，則亦未爲污瀆也。按《明史》，洪武初定制朝服祭服，皆白襪黑履，惟公服則用皂靴，故有賜狀元朝靴之制。洪武二十五年，令文武官父兄子弟及婿皆許穿靴。校尉力士上直穿靴，出外不許。庶人不許穿靴，止許穿皮扎𩋆。北地苦寒，許穿牛皮直縫靴。

清·俞樾《茶香室續鈔》卷二二《裘非臣服》 吴謝承《會稽先賢傳》云：魏朗字少英，爲郡功曹佐。正旦，掾史顧翕被裘以加朝服，朗以裘非臣服，翕不敬，敕卒撤去。翕恚不聽。朗右手鳴鼓，左手撤裘以聞。府君遂退翕，以朗代之，辭病不就。按古朝服不禁裘，不知何以言非臣服也。

款式演變

論說

清·俞樾《茶香室四鈔》卷二四《幞頭垂脚不垂脚》 宋程大昌《演繁露》云：幞頭起於後周，其制裁紗覆首，盡韜其髮，兩脚繫腦後。故唐裝悉垂脚，其改爲硬脚，不載所始。沈存中《筆談》謂唐惟人主得服硬脚，晚季方鎮始有僭服者。《宣和重修鹵簿圖》言唐制皆垂脚，其後帝服則脚上曲，五代漢後漸變平直。

按今梨園中紗帽，即古幞頭也，有硬翅、軟翅之分。硬翅者即古所謂硬脚也，軟翅者即古所謂垂脚也。宰相紗帽則兩翅上曲，即古所謂脚上曲也。脚上曲最尊，硬脚次之，垂脚又次之。梨園中制雖不盡如古，然亦約略得其遺意。

國朝沈自南《藝林彙考》引《燕談録》云：五代帝王多裹朝天幞頭，二脚上翹。四方僭僞之主各創新樣，或翹上而反折於下，或如團扇蕉葉之狀，合抱於前。僞孟蜀始以漆紗爲之。湖南馬希範二角左右長丈餘，謂之龍角。人或誤觸之，則終日頭痛。至劉漢祖始仕晉爲并州衙校，裹幞頭脚左右長尺餘，横直之，不復上翹，迄今不改其制。按如團扇蕉葉，即今梨園中所載圓翅紗帽也。

又引《席上腐談》云：周武所製，不過如今之結巾，垂兩角，初無帶。唐人添四帶，以兩角垂前，兩角垂後。宋又横兩角，以鐵綫張之，庶免朝見之時偶語。按《燕談録》所載横角，不始於宋也。或至宋又張以鐵綫乎，以此防人偶語。或亦冕旒蔽明、黈纊塞耳之遺意。

宋沈括《筆談》云：幞頭一謂之四脚，乃四帶也。本朝幞頭有直脚、局脚、交脚、朝天、順風，凡五等，惟直脚貴賤通服之。又庶人所載頭巾，唐人亦謂之四脚，蓋兩脚繫腦後，兩脚繫頷下，取其服勞不脱也。今人不復繫頷下，兩帶遂爲虛設。

綜述

宋・王得臣《麈史》卷一《禮儀》 幞頭，後周武王爲四脚，謂之折上巾。隋大業中牛弘請著巾子，以桐木爲之，內外皆漆。唐武德初置平頭小樣巾子，武后賜百僚絲葛巾子，中宗賜宰相內樣巾子，蓋于裹頭帛下著巾子耳。然折上巾以餘帛折之而上繫，今謂之幞頭小脚，其所垂兩脚稍屈而上，曰朝天巾。後又爲兩闊脚短而鋭者，名牛耳幞頭，唐謂之軟裹。至中末以後，浸爲展脚者，今所服是也。然則制度靡一，出於人之私好而已。其巾子先以結藤爲之，名曰藤巾子，加楮皮數層爲之裹。亦有草巾子者，以其價廉，士人鮮服。後取其輕便，遂徹其楮，作粘紗巾。近年如藤巾、草巾俱廢，止以漆紗爲之，謂之紗巾，而粘紗亦不復作矣。其巾之樣，始作前紐，謂之斂巾。久之，作微斂而已。後爲稍直者，又變而後抑，謂之偃巾。已而，又爲直巾者，又爲上下差狹而中大者，謂之梭巾。今乃製爲平直巾矣。其兩脚始則全狹後而長，稍變又闊而短，今長短闊狹僅得中矣。

又 古人以紗帛冒其首，因謂之帽，然未聞其何制也。魏晉以來始有白紗、烏紗等帽。至唐，汝陽王璡猶服砑絹帽，後人遂有仙桃、隱士之別。今貴賤通爲一樣，但狥所尚，而屢變耳。始時，惟以幞頭光紗爲之，名曰京紗帽。其制甚質，其簷有尖而如杏葉者，後爲短簷，才二寸許者。慶歷以來方服南紗者，又曰翠紗帽者，蓋前其頂與簷皆圓故也。久之，人增其身與簷，俱抹上竦，俗戲呼爲筆帽，然書生多戴之，故爲人嘲曰：文章若在尖簷帽，夫子當年合裹鎗。已而，又爲方簷者，其制自頂上闊簷，高七八寸，有書生步于通衢，過門爲風折其簷者。比年復作短簷者，簷一二寸，其身直高而不爲鋭勢。今則漸爲四直者。

又 古以韋爲帶，反插垂頭，至秦乃名腰帶。唐高祖令下插垂頭，今爲之撻尾是也。今帶止用九胯，四方五圓，乃九環之遺制。胯且留一眼，號曰古眼，古環象也。通以黑韋爲常服者，金玉犀則用紅韋，著令品制有差等。豪貴侈僭，雖非經賜，亦多自服。及至和、皇祐間，爲方胯，無古眼。其稀者目曰稀方，密者目曰排方，始于常服之。比年士大夫朝服，亦服撻尾。始甚短，後稍長，浸有垂至膝者。今則条用，出於人之所好而已。

宋・郭若虛《圖畫見聞志》卷一《論衣冠異制》 自古衣冠之制，荐有變更，指事繪形，必分時代，衮冕瀍服，三禮備存，物狀實繁，難可得而載也。漢魏已前，始戴幅巾，晉宋之世，方用冪䍦。後周以三尺皂絹，向後幞髮，名折上巾，通謂之幞頭。武帝時裁成四脚。隋朝惟貴臣服黄綾紋袍、烏紗帽、九環帶、六合靴，起於後魏。次用桐木黑漆爲巾子，裹於幞頭之內，前繫二脚，後垂二脚，貴賤服之，而烏帽漸廢。唐太宗嘗服翼善冠，貴臣服進德冠。至則天朝以絲葛爲幞頭巾子，以賜百官。開元間始易以羅，又別賜供奉官及內臣圓頭宫樣巾子。至唐末方用漆紗裹之，乃今幞頭也。三代之際皆衣襴衫，秦始皇時以紫緋緑袍爲三等品服，庶人以白。《國語》曰：袍者，朝也，古公卿上服也。至周武帝時下加襴。唐高宗朝，給五品已上隨身魚，又勅品官紫服金玉帶，深淺緋服並金帶，深淺緑服並銀帶，深淺青服並鍮石帶，庶人服黄銅鐵帶，一品已下文官帶手巾、筭帒、刀子、礪石，武官亦聽。睿宗朝制，武官五品已上帶七事鞊韘。佩刀、刀子、磨石、契苾真、噦厥、針筒、火石袋也。開元初復罷之。晉處士馮翼，衣布大袖，周緣以皂，下加襴，前繫二長帶，隋唐朝野服之，謂之馮翼之衣，今呼爲直裰。《禮記・儒行篇》：魯哀公問於孔子曰：夫子之服，其儒服與。孔子對曰：丘少居魯，衣逢掖之衣。長居宋，冠章甫之冠。注云：逢，大也。大掖大袂，禪衣也。逢掖與馮翼音相近。又《梁志》有袴褶以從戎事。三代已前人皆跣足，三代已後，始服木屐。伊尹以草爲之，名曰履。秦世參用絲革。靴本胡服，趙靈王好之，制有司衣袍者宜穿皂靴。唐代宗朝，令宫人侍左右者穿紅錦靿靴。凡在經營，所宜詳辯。至如閻立本圖《昭君妃音配虜》，戴帷帽以據鞍，王知慎畫《梁武南郊》，有衣冠而跨馬。殊不知帷帽創從隋代，軒車廢自唐朝，雖弗害爲名蹤，亦丹青之病爾。帷帽如今之席帽，周回垂網也。

宋・吴曾《能改齋漫録》卷七《麻鞵見天子》 王叡《炙轂子》云：夏商以草爲屩。左氏曰：菲，屨也。至周以麻爲之，謂之麻鞵，貴賤通著。晉永嘉中，以絲爲之，宫中妃嬪皆著。故杜子美《述懷詩》云：麻鞵見天子，衣袖露兩肘。

宋・王楙《野客叢書》卷七《紫荷囊》 前輩謂尚書紫荷囊事，案

《晉志》：八坐尚書荷紫，以生紫爲袷，綴之外服，加於肩上。又《梁史》：周捨問劉杳：尚書著紫荷橐，竟何所出。杳曰：《張安世傳》持橐囊也。荷乃負荷之荷，人讀爲平聲，遂有此誤。雖歐陽文忠公、宋景文公有所不免。僕謂不然，紫荷囊事，其説已久，非歐、宋之誤也。觀《唐類表》有云佩蒼玉，負紫荷，歐、宋之語，豈無自邪。僕因考之沈約《宋志》、蕭子顯《齊志》，皆謂紫袷囊，俗呼曰紫荷，或曰負荷以行。《隋志》曰：朝服綴紫荷，録令、左僕射左荷，右僕射、尚書右荷。是則紫荷之説，自晉宋以來有之。劉杳謂持橐簪筆出《張安世傳》，不知出於《趙充國傳》，《漫録》謂左荷右荷出《隋樂志》，不知出於《禮志》。

宋・李上交《近事會元》卷一《幞頭　帽子　腰帶　靴　公服》　右五事，上官詳前帝王服色赤黄之説，下文幞頭乃烏紗帽耳。當時必垂其帽之餘者，故前説云漸廢，是廢其制度也。又云貴賤通服折上巾，只是以其帽之餘帛，折而上繫之，俗謂幞頭小脚，以便事也。似謂無巾子時爲帽冒其頭也，有巾子時爲巾也。今之小紗帽子者，亦以因幞頭而生其制，又去其巾子耳。何者。其帽之餘帛，亦折而上綴之，俗曰帽簷是也。腰帶，乃是九環、十三環帶也。言環，即今之帶上金玉等名具也，俗曰袴具，言在袴具之上。有眼目曰左眼，是不忘其本，存古之環象也。環以佩魚龜、筭俗等也。靴即六合靴也，以六片縫合而成。公服即宇文護加襴之袍也。

宋・史繩祖《學齋佔畢》卷二　飲食衣服今皆變古飲食衣服，有生之所不免也。去古愈遠，錯謬日甚。姑夷考而筆其一二，以免學者。【略】至如衣裳冠屨，則又乖甚。古者有冠而無巾，非無巾也，蓋巾止以冪尊罍瓜果之用，不加於首也。故六經止言冠，下至於虞人，亦以皮冠，野老亦以黄冠，是有簪導方爲冠也。至於罪人，方去其冠，而加黑幪。漢世之冠，貴者則有通天、遠遊、方山之類，武夫則有鵕鸃，閒居則有竹皮、鹿皮之類，皆冠也，以簪附之。而所謂巾幘，稍稍施於執事賤人之首，如庖人緑幘是也。至晉人輕浮，方有接羅白葛漉酒之巾，然起於後漢郭林宗折角巾矣。至於近代，反以巾爲禮，而戴冠不巾者爲非禮。又朝服幞頭，乃後魏狄製，及後唐而施長脚，以同伶優之賤。以至於今，士夫安之，曾莫議其非者。以至於履舄，則古有舄有履有屨而無靴，故靴字不見於經。至趙武靈王作胡服，方變履爲靴，而至今服之。本朝徽宗政宣間，嘗變靴爲履矣。至高宗時，務反政宣之失，仍變履爲靴。此由秦檜不知書而止知有北敵爲國爺也。然冠履兩事，反使今之道流得竊其似，以堅執不變。凡閒居則以巾覆冠，及謁見士夫并行科升章，則簪冠而徹巾。穿舄是三代之制，尚於羽士見之。至如上衣下裳，各爲長短之制，衣纔至膝，裳乃裙也，今之祭服是也。後魏胡服，便於鞍馬，遂施裙於衣，爲横幅而綴於下，謂之襴，今之公裳是也。則外域之服也，是數者學士、大夫皆安之，而莫或建議革之，匪惟不欲革之。至如慶元間四凶劾朱文公之疏，以深衣冠履而爲怪服妖服。嗚呼，可不哀哉，痛哉。姑筆之，以俟好古博雅知禮通方之士而正焉。

宋・林越《兩漢雋言》卷七《三服篇》　飛翮纓。《江充傳》：冠飛翮之纓。服虔曰：以鳥羽作纓也。臣瓚曰：飛翮之纓，謂如蟬翼者也。褌纚。又冠褌纚步摇。服虔曰：冠褌纚，故行步則摇。師古曰：纚，織絲爲之，即今方目紗是也。纚音，山爾反。

又　牛衣。《王章傳》：卧牛衣中。師古曰：牛衣，編亂麻爲之，即今俗呼爲龍具者。

又　窮絝。《上官后傳》：宫人使令皆爲窮絝，多其帶。服虔曰：窮絝有前後，當不得交通也。師古曰：窮絝即今之緄襠絝也。緄，下昆反。

又　方領。《廣川王傳》：刺方領繡。晉灼曰：今之婦人直領也。《王莽傳》曰：有人著赤繢方領。方領，上服也。

又　犢鼻褌。《相如傳》：相如身自著犢鼻褌。師古曰：即今之衳也，形似犢鼻，故以名云。衳音，之容反。

宋・錢易《南部新書》卷丙　永泰初，乃詔左僕射裴冕等一十三人同於集賢院待制，特給飧錢，繕修廨宇，以優其禮。自後遷者非一。

隋制桐木巾子，蓋取便於事。武德初使用絲麻爲之，頭初上平小，至則天時内宴，賜羣臣高頭巾子，號爲武家樣。後裴冕自創巾子，尤奇妙，長安謂之僕射樣。

宋・畢仲詢《幕府燕閒録》　古之幞頭，自隋以前只是皁絹幕其首，唐馬周始制四脚繫於上，二脚垂於後。又加巾子，制度不一。武后時賜臣下巾子，謂之武家樣。又有高頭巾子，明皇賜臣下内樣巾子。又裴冕嘗自制巾子僕射巾。自唐中葉以後，謂諸帝改製，其垂二脚，或圓或潤，周絲弦爲骨，稍翹矣。臣庶多效之，然亦不妨就枕。余家有陳宏畫《明皇裹頭坦腹仰卧吹玉笛圖》。又鄭谷詩云：玉階春冷未催班，楚拂塵衣就笏眠。其便如此。唐末喪亂，自乾符後，宮娥宦官皆用木圍頭，以紙絹爲襯，脚用銅錢爲骨，就其製成而戴之，取其緩急之便，不暇如平時對照繫裹也。僖宗愛，遂製成而進御。五代帝王多裹朝天幞頭，二脚上翹。四方僭位之主各創新樣，或翹上而反折於下，或如團扇蕉葉之狀，合抱於前。僞孟蜀始以漆沙爲之。湖南馬希範二角左右長丈餘，謂之龍角。人或誤觸之，則終日頭痛。至劉漢祖始任晉爲并州衙校，裹幞頭脚左右長尺餘，横直之不復上翹，迄今不改其制。予幼年嘗見先相文簡公舊物中有幞頭羅一段，織出花額花界道，必是臨時裁剪而爲之。文簡公畏漆，應舉時猶裹羅幞頭。其後服紗漆者須隔年製下乃可戴。今時以垂脚素紗者爲纏，不知起於甚時。

元・俞琰《席上腐談》卷上　唐人幞頭，初以皂紗爲之，後以其軟，遂折桐木山子在前襯起，名曰舉容頭，以爲起于魚朝恩，五代相承用之。至宋乃易以藤織者，仍易以紗，後又易以漆紗。周武所製，不過如今之結巾，就垂兩角，初無帶，唐人添四帶，以兩角垂前，兩角垂後。宋又横兩角，以鐵線張之，庶免朝見之時偶語。近時涼緇巾，以竹絲爲骨，如涼帽之狀，而覆以皂紗，易脱易戴，夏月最便。以此見幞頭之製，亦是展轉翻騰，故其様古今不同如此。

明・文震亨《長物志》卷九《衣飾》　衣冠製度，必與時宜。吾儕既不能披鶉帶索，又不當綴玉垂珠，要須夏葛冬裘，被服嫻雅，居城市有儒者之風，入山林有隱逸之象。若徒染五采，飾文繢，與銅山金穴之子侈靡鬬麗，亦豈詩人粲粲衣服之旨乎。至於蟬冠朱衣、方心曲領、玉珮朱履之爲漢服也，幞頭大袍之爲隋服也，紗帽圓領之爲唐服也，簷帽襴衫、申衣幅巾之爲宋服也，巾環襈領、帽子繫腰之爲金元服也，方巾團領之爲國朝服也，皆歷代之制，非所敢輕議也。

《元史》卷一一四《后妃傳》　胡帽舊無前檐，帝因射日色炫目，以語后，后即益前檐。帝大喜，遂命爲式。又製一衣，前有裳無衽，後長倍於前，亦無領袖，綴以兩襻，名曰比甲，以便弓馬，時皆倣之。后性明敏，達於事機，國家初政，左右匡正，當時與有力焉。

明・王世貞《弇州四部稿》卷一五七《説部・宛委餘編二》　今文臣冠，即古進賢冠也。然古前高七寸，後高三寸，與今稍不同。今則後高而前低。梁制，人主始加元服五梁，三公及公侯三梁，卿大夫、關内侯、千石以上兩梁，餘一梁。今一品七梁，二品六梁，三品五梁，以次而殺，至九品雜流一梁，於前綴一小粧金。獬豸曰豸冠，内外臺臣得戴之。按古獬豸冠，高五寸，以縱爲展筩，鐵爲柱卷，亦似不同也。

明・董説《七國考》卷八《秦器服》　武幘。《物原》云：秦孝公作武幘。《後漢書・輿服志》云：古者有冠無幘，其戴也，加首有頍，所以安物。故《詩》曰：有頍者弁。此之謂也。三代之世，法制滋彰，下至戰國，文武并用。秦雄諸侯，乃加其武將首飾爲絳帕，以表貴賤。其後稍稍作顏題。《炙轂子》云：上古被髮服皮，三代即有衣冠，皆列品命，無敢惑黔首之服，以三尺皂絹裹髮，名折上巾。《説畧》云：《儀禮》士冠，庶人巾。則古者以上有冠無巾幘，唯庶人戴之。秦謂民爲黔首。

又《田齊器服》　側注冠。《通典》云：齊君冠曰側注冠，形如通天冠，頂不斜却，直竪，鐵爲卷梁，高九寸，無山展筩，一名高山冠。其曰側注冠者，冠體側立而曲注，故名。秦滅齊以賜近臣，中外謁者、僕射、行人、使者等所服。

又《趙器服》　貂服。《竹書紀年》：慎靚王十三年，邯鄲命將軍、大夫、適子、（代史）[戍吏]皆貂服。余按趙武靈王貂服騎射，詳見《兵制》。即此事也。貂，北地所産，當時無肯服者，後世極貴重之，實始於周末云。

又　爪牙帽子。《中華古今注》云：搭耳帽本北服，以韋爲之，以羔毛絡縫。趙武靈王更以綾絹皂色爲之，始竝立其名爪牙帽子。蓋軍戎之服也。

皂靴。《典略》云：三代以前，人皆跣足。三代以後，始服木屐。伊尹以草爲之，名曰履。秦世參用絲革。靴本趙武靈王，武靈王好胡服，令有司衣袍者宜皂靴。《實録》云：靴，胡履也。趙武靈王好服短靿靴，黄皮爲之，漸以長靿靴，軍戎通服之。皂靴之制，自武靈王始也。《學齋佔畢》云：古有履無靴，趙武靈王乃變履爲靴。徽宗世嘗變靴爲履，高宗世又變履爲（鞋）[靴]。

明・董斯張《廣博物志》卷三八《服飾》　儒者冠圓冠者知天時，履方履者知地形，緩佩玦者，事至而斷。《莊子》。

又　六國時趙魏之間通謂巾爲承露，用全幅向後幞髮，謂之頭巾。俗人謂之幞頭。《古今注》。

《實録》曰：羌人首服以羊毛爲之，謂之氈帽，即今氈笠。秦漢競服之，後故以蓆爲骨而鞔之，謂之蓆帽。

又 燧人始爲笄，女媧之女以荆杖及竹爲笄以貫髮。至堯以銅爲之，且横貫焉。舜雜以象牙玳瑁。《實録》。

又 女媧作竹簪，堯作銅簪，舜作象牙簪、玳瑁釵，桀作金玉釧，紂作翠翹、金鈿步摇、寶幹指環，吕后制五采通草花，晉郭隗始剪綵爲花。《物原》。

釵子，蓋古笄之遺象也。至秦穆公以象牙爲之，敬王以玳瑁爲之，始皇又金銀作鳳頭，以玳瑁爲脚，號曰鳳釵。又至東晉有童謡言，織女死時，人插白骨釵子，白粒，爲織女作孝。至隋煬帝，宫人插鈿頭釵子，常以端午日賜百僚玳瑁釵冠。《後漢書》：貴人助簪玳瑁釵。《中華古今注》。

又 軒轅臣于則作屨制襪，周公造偪履屧舄，晉文帝造屐，趙武靈王始效北蕃造靴。

《實録》曰：履，夏商皆以草爲之，周以麻，晉永嘉中以絲。或云馬周始以麻爲之，名鞋也。《古今注》曰：魏文帝絶寵段絲，猶以之爲履。則非晉始以絲爲鞋矣。按《禮·少儀》云：國雖靡敝，君子不履絲屨。則周人已用爲屨也。

《文子》曰：文王伐崇，襪繫解。則其物已見於商代。《實録》曰：自三代有之，謂之角襪，前後兩隻相承，中心繫帶。魏文帝吴妃始裁縫，以綾羅紬絹爲之。《洛神賦》羅襪生塵是也。

秦始皇有望仙鞋。漢有伏虎頭履、繡鴛鴦履。東晉有鳳頭履、聚雲履、五朵履。南宋有重臺履，梁有笏頭履、分稍履、立鳳履、五色雲霞履。漢履，婦人圓頭，男子方頭。晉太康後，婦人皆方頭。

伊尹始爲草履。周文王以麻爲之，至秦以絲爲屩，令宫人侍從着之。《中華古今注》。

明·張岱《夜航船》卷一一《日用部·衣裳》 唐太宗制，朝參拜表朝服，公事謁見公服，始分别。北齊入中國，始胡服，窄袖。唐玄宗始公服，褒博大袍。

伏羲制裘，一云黄帝。禹制披風，如背子制較長而袖寬于衫。制襦。短衣。伊尹制裌襖，漢高祖制汗衫，小僅覆胸背，即古中單。帝與楚戰，汗透，因名。唐高祖制半臂，隋文帝時半臂餘，即長袖也。高祖減爲禿袖，如背心。馬周制開骻。即今四骻衫。周文王制褌，禹始制袴。周武王改爲褶以布，敬王以繒，漢章帝以綾，始加下緣。

又 魚袋，即古魚符。刻魚盛之以袋，而飾金銀玉。三代爲等袋，用韋。唐高祖始制魚袋，飾金銀。武后改制龜，蓋爲别。後復爲魚，加用銅。宋仁宗加用玉。唐玄宗敕品卑者借緋及魚袋。

清·顧炎武《日知録》卷二八《冠服》 《漢書·五行志》曰：風俗狂慢，變節易度，則爲剽輕奇怪之服，故有服妖。余所見五六十年，服飾之變，亦已多矣。故録其所聞，以視後人焉。

《豫章漫鈔》曰：今人所戴小帽，以六瓣合縫，下綴以簷如箭。閻憲副閎謂予言，亦太祖所製，若曰六合一統云爾。楊維楨廉夫以方巾見太祖，問其製，對曰：四方平定巾。上喜，令士人皆得戴之。商文毅用自編民，亦以此巾見。

《太康縣志》曰：國初時，衣衫褶，前七後八。弘治間，上長下短，褶多。正德初，上短，下長三分之一，士夫多中停。冠則平頂，高尺餘，士夫不減八九寸。嘉靖初，服上長下短，似弘治時。市井少年，帽尖長，俗云邊鼓帽。弘治間，婦女衣衫僅掩裙腰，富者用羅緞紗絹織金彩通袖，裙用金彩膝襴。髻高寸餘。正德間，衣衫漸大，裙褶漸多，衫唯用金彩補子，髻漸高。嘉靖初，衣衫大至膝，裙短褶少。髻高如官帽，皆鐵絲胎，高六七寸，口周回尺二三寸餘。

《内丘縣志》曰：萬歷初，童子髮長猶總角，年二十餘始戴網。天啟間，則十五六便戴網，不使有總角之儀矣。萬歷初，庶民穿腃靸，儒生穿雙臉鞋。非鄉先生首戴忠靖冠者，不得穿廂邊雲頭履。俗呼朝鞋。至近日，而門快輿皂無非雲履，醫卜星相莫不方巾。又有晉巾、唐巾、樂天巾、東坡巾者。先年，婦人非受封不敢戴梁冠，披紅袍，繫拖帶，今富者皆服之。又或著百花袍，不知創自何人。萬歷間，遼東興冶服，五彩炫爛，不三十年而遭屠戮。兹花袍幾二十年矣，服之不衷，身之災也。兵荒之咎，其能免與。

清·葉夢珠《閲世編》卷八《冠服》 一代之興，必有一代冠服之製。其間隨時變更，不無小有異同，要不過與世遷流，以新一時耳目，其大端大體，終莫敢易也。如前朝職官公服，則烏紗帽，圓領袍，腰帶，皂靴。紗帽前低後高，兩傍各插一翅，通體皆圓，其內施網巾以束髮，則無分貴賤，公私之服皆然。圓領則背有錦繡，方補品級，式樣與今之命服同，但裏必有方領襯襬，不單着耳。腰帶用革爲質，外裹青綾，上綴犀玉、花青、金銀不等，正面方片一兩，傍有小輔二條，左右又各列三圓片，此帶之前面也。向後各有插尾，見于袖後，後面連綴七方片以足之，帶寬而圓，束不著腰，圓領兩脇，各有細鈕貫帶于巾而懸之，取其嚴重整飭而已。一、二品金鑲犀角，三品花金，四品素金，五品花銀，六、七品素銀，八品以下用明角。烏角玉帶惟帝后及太子、親王、郡王用之，其餘大臣必賜而後敢服，則與今制異也。其舉人、貢、監、生員則俱服黑鑲藍袍，其後舉、貢服黑花緞袍，監生服黑鄧絹袍，皆不鑲，惟生員照舊式。然進士殿試後，猶服鑲藍袍，入謝畢，始易冠帶，則知花素緞袍乃後人假借，未必皆命服矣。聞舉人前輩俱帶圓帽，如笠而小，亦以烏紗添裏爲之。予所見舉人與貢、監、生員同帶儒巾，儒巾與紗帽俱以黑縐紗爲表，漆藤絲或蔴布爲裏，質堅而輕，取其端重也。舉、貢而下，腰束俱藍絲絲條。皂靴與職官同。典吏則戴吏巾，如今之神廟中所塑施相公巾式，黑素絹圓領，條靴。舉、貢、監生同。其上臺門下，則有中軍巡捕官，冠棕結草帽，如笠而高，服大紅斗牛錦繡以壯觀。其衙門雜役，如皂隸則漆布冠岸幘，而網巾外見，旁插孔雀翎毛，服下截細褶青布衣，腰束紅布織帶。捕快則小帽青衣，加紅布背甲于外，腰束青絲織帶。輿隸之屬，則戴氈笠，上插鷺尾，威儀秩秩矣。其便服，自職官大僚而下至于生員，俱戴四角方巾，服各色花素綢紗綾緞道袍。其華而雅重者，冬用大絨繭綢，夏用細葛，庶民莫敢效也。其樸素者，冬用紫花細布或白布爲袍，隸人不敢擬也。其後巾式時改，或高或低，或方或扁，或倣晉、唐，或從時製，總非士林，莫敢服矣。其非紳士而巾服或擬于紳士者，必縉紳子弟也。不然，則醫生、星士、相士也。其後能文而未入泮雍者，不屑與庶人伍，故亦間爲假借，士流亦優容之，然必詩禮之家，父兄已列衣冠者，方不爲世俗所指摘。不然將羣起而譁之，使無顔立于人世矣。其市井富民，亦有服紗綢綾羅者，然色必青黑，不敢從新艷也。良家清白者，領上以白綾或白絹護之，示與僕隸異。所戴之冠，夏則結棕，六版圓幅，價值數金。貧者或用漆單紗，其色同。冬則絨氈小帽。其內衣，冬夏無不服裙，不分貧富貴賤皆然。道袍大概綢用單做，羢褐繭綢用夾裏，後則俱以花紗白裏爲之。單綢若將不屑，不獨士林爲然矣。花雲素緞，向來有之，宜于公服。其便服，則惟有路綢、甌綢、綾地、秋羅、松羅、杭綾、縐紗、軟綢以及湖綢、綿綢，夏惟有生紗、硬紗、生羅、杭羅而已。其後有軟機紗、番紗、線紗、永紗，皆因一時好尚，羣相和從耳。若寒士則惟以白布袍爲常服，加以烏巾朱履，較之盛服而冠庶人之帽者自貴，縉紳接見，亦自起敬，列于峨冠博帶之中，容相安也。其僕隸、樂户，止服青衣，領無白護，貴賤之別，望而知之。公私之服，予幼見前輩長垂及履，袖小不過尺許，其後衣漸短而袖漸大，短才過膝，裙拖袍外。袖至三尺，拱手而袖底及靴，揖則堆于靴上，表裏皆然。履初深而口幾及踵，後至極淺，不逾寸許。此余所及見前朝冠服之制也。

本朝于順治二年五月克定江南時，郡邑長吏，猶循前朝之舊，仍服紗帽圓領，升堂視事，士子公服、便服，皆如舊式。惟營兵則變服滿裝，武弁臨戎亦然，平居接客則否。故薙髮之後，加冠者必仍帶網巾于內，髮頂亦大，無辮髮者但小帽改用尖頂，士流亦間從之。至三年丙戌春暮，招撫內院大學士亨九洪公承疇刊示嚴禁云：豈有現爲大清臣子而敢故違君父之命，放肆藐玩，莫此爲甚。于是各屬凛凛奉法，始加錢頂辮髮，上去網巾，下不服裙邊，衣不裝領，煖帽用皮，涼帽用簟，俱上覆紅緯，或涼帽覆紅纓，一如滿州之制。然而細緞織錦，僭及龍衮，遍身刺繡，或施鸞鳳，誇多鬭靡，競爲華麗，上下無章，公私無別，草昧之初，莫知禁令也。至六、七年間，始頒命服之制，冠加高頂，一品裝以紅玉，鑲嵌東珠三顆，二品藍玉，東珠一顆，三品紅寶石，四品藍寶石，五、六品水晶，皆用金鑲，高低不等。七品金，八品以下銀，下至典吏，則用明角葫蘆，以章貴賤。其舉、貢、監生、生員則用金銀飛雀，以期其飛鳴之意。帶則緊束于腰，綴以金玉銀角，方圓四片，一、二品玉，三、四品金，五品花銀，六、七品素銀，八品銀鑲烏角，九品而下烏角不鑲。舉、貢、監生，銀鑲明角，生員銀鑲烏角。其命服則即滿袍加以前後繡補，一如前代之式，文臣一、二品仙鶴、錦鷄，三、四品孔雀、雲雁，五品白鷳，六、七品鷺鷥、鸂鶒，八、九品以逮雜職，則鵪鶉、練鵲、黃鸝而已。武臣公、侯、伯則麒麟、白澤，一、二品獅，三、四品虎、豹，五品熊，六、七品彪，八、九品以下海馬、犀牛。其銜加宮保者，則如文臣一品之服。凡龍鳳錦繡織文，一概禁止，如有僭干者，罪及製造之家。于是命服始有定式，莫敢僭越。然而便服裘帽，惟取華麗，或娼優而僭擬帝后，或隸僕而上同職官，貴賤混淆，上下無別。迨康熙九、十年間，復申明服飾之禁，命服悉照前式。貉裘、猞猁猻，非親王大臣不得服。天馬、狐裘、裝花緞，非職官不得服。貂帽、貂領、素花緞，非士子不得服。花素綾綢紗及染色鼠狐帽，非良家不得服。所不禁者，獺皮、黃鼠帽，素綢羅絹及繭綢葛布、三梭細布而已。其職官及舉、貢、監生、生員之父，除公服而外，俱得並從子服。職官及舉、貢、監生、生員之子，除公服而外，俱得並從父服。禁令初頒，一時翕然儆畏，恪守凛遵。但舊服尚存，新不及製，好事之徒，或挾仇舉首，或借端索詐，或恣肆搶奪，獄訟紛起，京師尤甚。當事患之，不逾年而遂弛其禁。于是服飾之華麗，又復惟力是視，而守禮謹飭者，或自知循分焉。袍服，初尚長，順治之末短才及膝，今則又没髁矣。煖帽之初，即貴貂鼠，次則海獺，再次則狐，其下者濫惡，無皮不用。然當日所謂海獺，即今之染黑狸皮，但初用時皆精選，故價至每頂紋銀二兩，戴者甚少。其後日漸濫惡，乃以黃狼皮染黑名曰騷鼠，毛細而潤，老者類貂，一時爭用。騷鼠貴而海獺賤，無人非海獺帽。今騷鼠之闊口者，每頂亦值銀二兩，然無人非騷鼠冠，而海獺非鄉愚極貧之人不冠矣。康熙十五、六年之間，江甯新製剪絨帽，色黑而細密，長闊宛如騷鼠，其價最精者不過值銀三四錢一頂，士林往往用之。康熙二十三年，京師始尚海龍皮，毫短而勁，色黝而明，初價每頂四五金，年來減半，意即真海獺皮所染也。緞袍外套，向俱裝錦緞，用色裏夾做。康熙而後，大半皆單，時小戧已不用，即繭綢亦單做矣。花緞初用團龍，禁後用大小雲朵，今用大小團花，飛雀山水景。夏布初用滿龍、團龍紗，禁後用官紗、宮紗，既而用素幅秋絹紗，今用廣絹、廣紗、絨紗、葛紗、巧紗、漏地紗，大概俱尚整矗，雖便服無異于公服也。涼帽初尚扁而大，後尚高而小，既又尚高而大，旋復尚扁而大，今則又尚高而小矣。帽胎，順治三年始也，未有賣者，俱剪藤編篾席爲之，後用細草編成，造自北方，至南而加裏發販。京師有同類而最精細潔者，名曰得勒粟，每頂銀三四兩，而紅緯不與焉，外省罕有。今或以白紗綾爲表者，庶乎似之而價不過與常帽等，亦用純代麻之意耳。帽頂，大紅絲緯，初用拆緞，取大紅緞拆其經，取其不易亂，拆絲一兩，值銀一兩。後徑以散緯或雙絲染大紅，每兩價銀二三錢者亦佳。涼帽頂或用紅纓，初價不甚貴，而纓亦粗硬，後用皮纓、胎纓，價始貴矣。胎纓一兩有值銀七八錢者，皮纓平之。今有西甯長纓，細潤而真正大紅色久不變者，涼帽一頂，值銀三十餘兩，惟當途顯者用之。第恐習俗移人，幾年之後，染販者廣，價必漸減，效顰者又將爭起耳。

清・劉廷璣《在園雜志》卷三　温處觀察駐劄，定以温州府城。城之北有松臺山，上有望闕亭。傍山下有賓綸閣，爲前明贈太師張文忠孚敬之相府也。【略】今子孫雖式微，其府第猶存。家藏遺像二軸，予親見之。一爲張公坐像，戴紗帽而兩翅尖鋭，服大紅紵絲仙鶴背胸，腰圍玉帶。一畫世宗皇帝像，上坐。兩傍各畫太監十數人，窄袖軟帶，牽馬而立。張公遠來朝謁，戴長扁翅紗帽，如今戲中扮官長所戴者，服蟒衣玉帶，皂靴，全不似今戲中所戴丞相幞頭上面皆方，而兩翅扁方曲長以向上者。蟒衣係長領，非如戲上之圓領。予甚訝其不同。及見《草木子》所載：蟬冠、朱衣，漢制也。幞頭、大袍，隋制也。今用蟬冠、朱衣，方心曲領，玉珮、朱履，是革隋而用漢也。此則公裳紗帽圓領，唐服也，仕者用之。巾笠、襴衫，宋服也。巾環、襈領，金服也。帽子繫腰，元服也。方巾、團領，明服也，庶民用之。朝服一品二品，用犀玉帶、大團花紫羅袍。三品至五品，用金帶紫羅袍。六品七品，用緋袍。八品九品，用緑袍。皆以羅。流外授省劄，則用檀褐，其幞頭皂靴，自上至下皆同也。閱此想明時尚沿前制，未盡改歟。幞頭始於後周，而畫漢時之像，竟有用幞頭者，又不知何解也。

《明史》卷六七《輿服志三》　內外官親屬冠服：洪武元年，禮部尚書崔亮奏詔議定：內外官父兄、伯叔、子孫、弟侄用烏紗帽，軟脚垂帶，圓領衣，烏角帶。【略】二十五年，令文武官父兄、伯叔、弟侄、子壻許穿鞾。

內使冠服：明初置內使監，冠烏紗描金曲脚帽，衣胸背花，盤領窄袖衫，烏角帶，鞾用紅扇面黑下樁。各宮火者，服與庶人同。洪武三年諭宰臣，內使監未有職名者，當別製冠，以別監官。禮部奏定：內使監凡遇朝會，依品具朝服、公服行禮。其常服，葵花胸背團領衫，不拘顔色，烏紗帽，犀角帶。無品從者，常服團領衫，無胸背花，不拘顔色，烏角帶，烏紗帽，垂軟帶。年十五以下者，惟帶烏紗小頂帽。按《大政記》永樂以後，宦官在帝左右，必蟒服，製如曳撒，繡蟒於左右，繫以鸞帶，此燕閑之服也。次則飛魚，惟入侍用之。貴而用事者賜蟒，文武一品官所不易得也。單蟒面皆斜向，坐蟒則面正向，尤貴。又有膝襴者，亦如曳撒，上有蟒補，當膝處橫織細雲蟒，蓋南郊及山陵扈從，便於乘馬也。或召對燕見，君臣不用袍而用此。

第蟒有五爪、四爪之分，襴有紅黄之别耳。弘治元年，都御史邊鏞言：國朝品官無蟒衣之制。夫蟒無角無足，今内官多乞蟒衣，殊類龍形，非制也。乃下詔禁之。十七年，諭閣臣劉健曰：内臣僭妄尤多。因言服色所宜禁，曰：蟒、龍、飛魚、斗牛，本在所禁，不合私織。間有賜者，或久而敝，不宜輒自織用。玄、黄、紫、皁乃屬正禁，即柳黄、明黄、薑黄諸色，亦應禁之。孝宗加意鉗束，故申飭者再，然内官驕恣已久，積習相沿，不能止也。初，太祖制内臣服，其紗帽與羣臣異，且無朝冠、幞頭，亦無祭服。萬曆初，穆宗主入太廟，大璫冠進賢，服祭服以從。蓋内府祀中霤、竈井之神，例遣中官，因自創爲祭服，非由廷議也。

侍儀舍人冠服：洪武二年，禮官議定：侍儀舍人導禮，依元制，展脚幞頭，窄袖紫衫，塗金束帶，皁紋韡。常服，烏紗唐帽，諸色盤領衫，烏角束帶，衫不用黄。四年，中書省議定：侍儀舍人併御史臺知班，引禮執事，冠進賢冠，無梁，服絳色衣，其蔽膝、履、襪、帶、笏，與九品同。惟不用中單。

清·惲敬《大雲山房文稿》二集卷二《古今首服圖説序》 古者，有冒有冠有纚。纚者，所以韜髮也。《士冠禮》緇纚是也。纚之變爲幘，幘之覆爲巾，巾之變爲幅巾、爲帢。三代加冠於纚，後世加於幘，若幅巾、帢，則不加焉。帢之變爲葛巾，幅巾之變爲幞頭，常冠也，幞頭之變爲翼善冠。自纚至翼善冠，凡八物，皆非冠也。而幞頭，翼善，則冒冠名焉。冠者，冠也，冠於紒也。冠之别，一曰緇布冠，太古冠布，齋則緇之是也。一曰元冠，周委貌，殷章甫，夏牟追，皆元冠也。一曰爵弁，士冕也。周弁，殷冔，夏收，皆爵弁也。一曰冕，夏后氏收而祭，商人冔而祭，周人冕而祭，皆冕也。一曰皮弁，三王共皮弁素積是也。一曰韋弁，凡兵事，韋弁服是也。自緇布冠至韋弁，凡六物，皆冠也，而名皆别焉。冒者，冒也。《通典》上古冒皮，冒之名所繇起是也。其制先於冠冕，後世庶人無爵者服之。北魏朝臣皆服，便乘騎也。江左君臣則私居服之。夫三代之時，爲制備矣，而首服益嚴。觀《禮經》記載，其用劃然者也。自漢以後，士大夫喜趨於苟簡，三代首服之制，以意增損之。增損既久，與古全乖。其燕間所服，更無故實。牽彼就此，以古合今。故《禮圖》所繪，不能無失。敬考各家經注及史傳，參伍始終，錯綜正變，爲《圖説》若干卷。冠之類從冠以著其儀，纚之類從纚以推其等，冒之類從冒以盡其便。立乎千載之後，以言乎千載之前，豈敢謂出於盡是。然浮假之説，歧雜之言，則不敢及焉。若夫朝祭之用，則經史具有明文。考古者可自得之矣。

清·華胥大夫《南浦秋波録》 自秦漢至唐，宫人衣多窄，入畫亦然，諸姬所衣，向皆此習，殊不足觀。

清·俞樾《茶香室續鈔》卷二二《古衣裳遺制》 國朝張爾岐《蒿庵閒話》云：古人上衣下裳，後世以有衣無裳爲男子之服，殊衣裳爲女子之服，不知始自何時。四五十年前，野老聚會，猶有上著短衣、下曳布裳者。自道袍盛行，而此種遂不見矣。

按張稷若入國朝而卒，顧亭林曾與之友，則其所云四五十年前者，當在明季也。

《續漢書·五行志》云：獻帝建安中，男子之衣好爲長躬，而下甚短，女子好爲長裙，而上甚短。時益州從事莫嗣以爲服妖，是陽無下而陰無上也。按此當是變更古制之始，然《明德馬皇后紀》云裙不加緣，則婦人之裙，由來久矣。

又 明初衣服制：明郎瑛《七修類稿》云：洪武二十三年三月，上見朝臣衣服多取便易，命禮部尚書李源名等參酌時宜。凡官員衣服寬窄隨身，文官自領至裔去地一寸，袖長過手復回至肘，袖椿廣一尺，袖口九寸。耆民生員亦同，惟袖過手復回不及肘三寸。庶民衣長去地五寸。武職官去地五寸，袖長過手七寸，袖椿廣一尺，袖口僅出拳。軍人去地七寸，袖長[過]手五寸，袖椿七寸，袖口出拳。

清·俞樾《茶香室四鈔》卷二四《公服不得用紗》 宋趙與時《賓退録》云：故人楊晉翁天桂嘗語予，昔爲瀧水令，初謁郡，時盛暑，德慶林守會衣紗公服出延客，謂遐陬僻郡，敢於縱肆，其野如此。後閲《初寮外制集》，有朝散郎劉繹朝見著紗公服，特降一官，蓋政和間。又江鄰幾休復《嘉祐雜志》云：一朝士五月起居，衣緋紗公服，爲臺司所糾。三司使包拯亦衣紗公服，閤門使易之。按此知宋時公服不得用紗也。

按《周禮·内司服》素沙注：素沙者，今之白縳也。六服皆袍，制以白縳爲裏，使之張顯。今世有紗縠者，名出於此。是紗亦古人禮服所用，但以爲裏耳。《漢書·江充傳》：請以常被服冠見上，許之。充衣紗縠襌衣。可知紗縠惟便服用之，若公服宜絺綌，不宜紗縠也。然《宋史·輿服志》

有絳紗袍，大祭祀致齋，正旦、冬至、五月朔大朝會、大册命，親耕藉田，皆服之，則天子且服紗矣，何不可以爲公服乎。此未詳也。

明廖道南《殿閣詞林記》云：洪武元年，陶安等奏定天子冕服之制。上曰：古禮太繁，今祭天地宗廟則衮冕，社稷等祀則服通天冠、絳紗袍，餘不用。是明制亦有絳紗袍也。

考矣。

紀事

唐・李匡乂《資暇集》卷下《席帽》 永貞之前，組藤爲蓋，曰席帽，取其輕也。後或以太薄，冬則不禦霜寒，夏則不障暑氣，乃細色罽代藤，曰氊帽，貴其厚也。非崇貴莫戴，而人亦未尚。元和十年六月，裴晉公之爲臺丞，自化理第早朝。時青鎮一帥拒命，朝廷方參議兵計，而晉公預焉。二帥俾捷步張晏等，傳刃伺便謀害。至里東門，導炬之下，霜刃欻飛。時晉公繄帽是賴，刃不即及，而帽折其簷。既脱禍，朝貴乃尚之。近者布素之士，亦皆戴焉折簷帽尚在裴氏私帑中。大和末，又染繒而復代罽，曰疊綃帽，雖示其妙，與氊帽之庇懸矣。會昌已來，吴人衒巧，抑有結絲帽若網。其巧之淫者，織花鳥相厠焉。近又染藤爲紫，復以輕相尚。

宋・龐元英《文昌雜録》卷二 工部范郎中出古畫一軸，云是韓滉筆。其畫作村夫子教學生，夫子帶烏紗折上巾。按幞頭起於周武帝，蓋取便於軍容。至唐始有巾子，兩帶以繫巾，兩帶垂以爲飾。至僖宗時，因伶人以銀綫撚二帶。帝曰：亦與朕作一頂來。自此方應折上。後又以木刻頭圍，裁烏紗爲之。所謂與我斫一軍容頭之類是也。方韓滉時，未有此製，恐非韓畫。諸君皆以爲然。

清・俞樾《茶香室續鈔》卷二二《履屨》 宋吴曾《能改齋漫録》云：政和八年十二月，奉聖旨，文武官大夫以上四飾全，朝請、武功郎以上減去一繶，並稱履。從義、宣教郎以下至將校伎術官，減去二繶、純，並稱屨。按四飾者，絇也、繶也、純也、綦也。減去繶、純，則止有二飾矣。絇，履上飾。繶，飾底。純，緣。綦，履帶。

又按《周禮・屨人》，王與后皆稱屨。乃以屨爲賤稱，足見宋制之不

職官職責部

職官建置

綜述

清・紀昀《歷代職官表》卷一五《歷代建置下・明》《明史・職官志》：工部尚書一人。正二品。【略】皮作局大使一人，正九品。副使二人。從九品，後革。【略】織染所雜造局大使一人，正九品。副使一人，從九品。【略】凡織造冕服、誥敕、制帛、祭服、浄衣諸幣布，移内府、南京、浙江諸處，周知其數而慎節之。

又卷二六《舊唐書・職官志》：【略】内直局，内直郎二人，丞二人，掌符璽、繖扇、几案、衣服之事。

又《金》《金史・百官志》：【略】典儀、贊儀、司贊禮儀、侍正、侍丞，掌冠帶衣服，左右給使之事。

又卷二七《太常寺・國朝官制》 司庫，滿洲一人，庫使，滿洲二人。掌祭器、儀服之屬，各以其物，而分貯之。

又《北齊》《隋書・百官志》：後齊，太常寺置卿、少卿丞各一人，有功曹、五官、主簿、録事等員，掌陵廟羣祀、禮樂儀制、天文術數衣冠之屬。其屬有博士四人，掌禮制，統太祝署令、丞，掌郊廟贊祝、祭祀衣服等事。

又《宋》《宋史・職官志》：【略】提點管幹郊廟祭器所，南郊太廟祭器庫，提點朝服法物庫所，朝服法物庫，南郊什物庫，太廟什物庫，掌藏其器服，以待祭祀、朝會之用。凡冠服，視其等而頒於執事之臣。

又卷二九《陵寢各官・隋》《唐六典》：隋每陵令一人，丞一人，有主衣、主輦、主藥等員。

又《唐》《新唐書・百官志》：【略】大歷二年復舊，陵臺有録事各一人，府各二人，史各四人，主衣、主輦、主藥各四人。

又 謹案，自漢以後，惟唐代山陵之制最爲崇重，其於陵上各起寢宮，具衣冠嬪御之制，亦即漢諸陵各有寢便殿之遺意。

又卷三七《内務府上・國朝官制》 内務府總管大臣無定員。【略】國初置内務府，順治十一年改置十三衙門，曰司禮監、尚方司、御用監、御馬監、内官監、尚衣監、尚膳監、尚寶監、司設監、兵仗局、惜薪司、鐘鼓司、織染局。十八年並裁，仍設内務府，以大臣總管。

又 織造監督江寧府、蘇州府、杭州府各一人。【略】司庫各一人，筆帖式各二人，庫使各二人，掌分司所駐劄地方供奉上用緞疋及應用官用緞疋，皆監視而督理之。【略】順治初年，設三處織造官監督、筆帖式、庫使各一人，三年一代。十八年，定一年更代。康熙元年，各增庫使一人。二年，奏定三處織造不限年更代，各增筆帖式一人。六年，各增庫使一人。

又《秦》杜佑《通典》：秦置六尚，謂尚冠、尚衣、尚食、尚沐、尚席、尚書，若今殿中之任。

秦有御府令、丞，掌供御服，而屬少府。

又《漢》《漢書・百官公卿表》：【略】成帝河平元年，省東織，更名西織爲織室。

又 謹案，漢官既有東織、西織供天子服御，而又有三服官主作首服、冬服、夏服以給衮龍之用，於齊設之。今内務府所轄有江寧、蘇州、杭州三織造官，正漢三服官之遺制也。

又《後漢書・百官志》：少府卿一人，中二千石。本注曰：掌中服御諸物，衣服、寶貨、珍膳之屬。

又《宋齊梁陳》《宋書・百官志》：少府一人，丞一人，掌中服御之物。

又《玉海》：梁始置太府卿掌府庫，少府專爲供服御之官。

又《册府元龜》：後魏殿中監，從五品下，又有掌服郎，從六品上。

又卷三八《内務府下・唐》《唐書・百官志》：殿中省監一人，從三品，少監二人，從四品上，丞二人，從五品上，監掌天子服御之事。其屬有六局，曰尚食、尚藥、尚衣、尚乘、尚舍、尚輦，少監爲之貳。【略】尚衣局奉御二人，直長四人，掌供冕服、几案。

又《唐書・百官志》：少府監一人，從三品，少監二人，從四品下，掌百工技巧之政，總中尚、左尚、右尚、織染、掌冶五署及諸冶、鑄錢、互市等。監供天子器御、后妃服飾及郊廟圭玉、百官儀物。凡武庫袍襦，皆識其輕重乃藏之。【略】中尚署令一人，從七品下，丞二人，從八品下，掌供郊祀圭璧及天子器玩、后妃服飾彫文錯綵之制。

又《元》《元史·百官志》：將作院秩正二品。掌成造金玉、珠翠、犀象、寶貝、冠佩、器皿、織造、刺繡、段匹、紗羅、異様百色造作。至元三十年，始置諸路金玉人匠總管府，秩正三品。掌造寶貝、金玉、冠帽、繫腰束帶、金銀器皿。

設計製作

綜述

唐·李林甫《唐六典》卷四　凡服飾尚黄，旗幟尚赤。乘輿之服則有大裘冕、衮冕、鷩冕、毳冕、絺冕、玄冕、通天冠、武弁、弁服、黑介幘、白紗帽、平巾幘、翼善冠之服。並出於殿中省。皇后之服則有褘衣、鞠衣、鈿釵禮衣之制。並出於内侍省。皇太子之服則有衮冕、具服遠游冠、公服遠游冠、烏紗帽、弁服、平巾幘、進德冠之服。並出於左春坊。皇太子妃之服則有褕翟、鞠衣、鈿釵禮衣。並出於右春坊。

凡王公，第一品服衮冕，垂青珠九旒，以組爲纓，色如其綬，青纊充耳，角簪導。青衣，纁裳，服九章，每章一行，重以爲等，每行九。白紗中單，黼領，青褾、襈、裾，革帶、鈎䚢，大帶，韍，劍，珮，綬，朱襪，赤舄。二品服鷩冕，八旒，七章，餘同衮冕。三品服毳服，七旒，五章，餘同鷩冕。四品服絺冕，六旒，三章，餘同毳冕。五品服玄冕，五旒，無章，餘同絺冕。六品至九品服爵弁。玄纓，簪導，青衣，纁裳，白紗中單，青領，褾、襈、裾，革帶，鈎䚢，大帶，爵韠，白襪，赤履之服。凡冕服及爵弁服，助祭、親迎則服之。若私家祭祀，三品已上，及褒聖侯祭孔子，皆服玄冕。五品已上，服爵弁。六品已下，通服進賢冠之服。若職事官三品已上有公爵者，嫡子婚，聽假絺冕。五品已上孫、九品已上子及五等爵婚，皆假以爵弁服。庶人婚，假以絳公服。凡百官朝服，陪祭、朝會，大事則服之。冠，幘，纓，簪導，絳紗單衣，白紗中單，皂領、褾、襈、裾，白裙、襦，革帶、鈎䚢，假帶，曲領，方心，絳紗蔽膝，襪，舄，劍，雙珮，雙綬。六品已下去劍、珮、綬。公服，朔望朝謁見皇太子則服之。冠，幘，纓，簪導，絳紗單衣，白裙、襦，革帶，鈎䚢，假帶，方心，襪，履，紛，鞶囊，隻珮。六品已下去紛，鞶囊，隻珮。凡綬，親王纁朱綬，一品緑綟綬，二品、三品紫綬，四品青綬，五品黑綬。凡有綬則有紱。弁服，尋常公事則服之。牙簪導，纓，玉琪，朱衣，素裳，革帶，鞶囊，小綬，隻珮，白襪，烏皮履。一品九琪，二品八琪，三品七琪，四品六琪，五品五琪，六品已下去琪及鞶囊，隻綬。平巾幘之服，武官及衛官尋常公事則服之。冠及褶依本品色，並大口袴，起梁帶，烏皮靴。若武官陪位大仗，加螣蛇褶襠。袴褶之服，朔望朝會則服之。五品已上通用細綾及羅，六品已下用小綾，應著袴褶，並起十月一日，至二月三十日已前。

凡百僚冠，笏，遠游三梁冠，黑介幘，青綏，皆諸王服之。親王即加金附蟬。若進賢冠，三品已上三梁，五品已上兩梁，九品已上一梁，三師、三公、太子三師三少、五等爵、尚書省，秘書省，諸寺監，詹事府，東宫三寺及散官，親王傅友文學，並關、津、岳、瀆等流内九品已上服之。武弁，平巾幘，文武官及中書門下殿中内侍省、諸衛及太子諸坊諸率府，及鎮，戍流内九品已上服之。侍中、中書令、散騎常侍加貂蟬。法冠，一名獬豸，監察御史已上服之。高山冠，内侍省内謁者等服之。却非冠，亭長、門僕服之。進德冠，五品已上附山雲加琪，如弁服之制。三品已上笏前詘後直，五品已上前詘後挫，並用象。九品已上任用竹、木，上挫下方。男以上，聽依爵品執笏。傘、幰，若職事官五品已上，上及散官三品已上，爵國公已上及縣令，並用傘。一品青油纁通幰，朱裏。三品已上青通幰，朱裏。五品已上青偏幰，碧裏。珂、珮珂，三品已上九子，四品七子，五品五子。珮，一品山玄玉，五品已上水蒼玉。各有差。凡常服亦如之。親王、三品已上、二王後服用紫，飾以玉。五品已上服用朱，飾以金。七品已上服用緑，飾以銀。九品已上服用青，飾以鍮石。流外、庶人服用黄，飾以銅、鐵。凡凶服不入公門。遭喪被起在朝者，各依本品著淺色絁縵。周已下慘者，朝參起居亦依品色，無金玉之飾。起復者，朝會不預。周喪未練，大功未葬，則亦准比例。

凡外命婦之服，若花釵翟衣，外命婦受册、從蠶、朝會、婚嫁則服之。第一品，花釵九樹，翟九等。二品，花釵八樹，翟八等。三品，花釵七樹，翟七等。四品，花釵六樹，翟六等。五品，花釵五樹，翟五等。其服並素紗中單，黼領，朱褾、襈，蔽膝，青衣，革帶，青襪，舄，珮，綬。其衣通用羅縠充。鈿釵禮衣，外命婦朝參、辭見及禮會則服之。一品九鈿，二品八鈿，三品七鈿，四品六鈿，五品五鈿，並通用雜色，制與翟衣同。加隻珮，小綬，去舄加履。凡婚嫁花釵禮衣，六品已下妻及女嫁則服之。其釵覆笄而已。其兩博鬢任以金、銀，雜寶爲飾。禮衣則大袖連裳，青質。素紗中單，朱褾、襈；蔽膝，大帶；以青衣帶、革履，襪。其次花釵禮衣，庶人女嫁則服之。釵以金、銀塗，琉璃等飾。連裳青質，以青衣帶、革履，襪，皆自制也。凡婚嫁之服，若資蔭高者，皆從高。女初嫁，聽攝母服廟見，已後准常。親王孺人服依本品。五品已上媵，降妻一等；妾，降媵一等。凡婦人常服五等已上諸親女、婦及五品已上母、妻通服者，從多給，服已終則不給。

又卷一一　殿中省：監一人，從三品。【略】少監二人，從四品上。【略】丞二人，從五品上。【略】主事二人，從九品上。【略】殿中監掌乘輿服御之政令，總尚食、尚藥、尚衣、尚乘、尚舍、尚輦六局之官屬，【略】備其禮物，而供其職事。少監爲之貳。【略】

尚衣局：奉御二人，從五品上；《周禮》有司服中士二人，掌王吉凶衣服，辨其名物與其用事。戰國有尚衣、尚冠之職。秦、漢少府屬官有御府令、丞，掌供御服。後漢又掌宦者，典官婢作中衣服及補浣之事。魏因之。晉屬光禄勛，東晉省。宋大明中，改尚方曰左、右御府，各置令、丞一人。後廢帝初，省御府，置中署，隸右尚方；其後又置。至齊高祖省，文帝又置。初，宋氏用三品勛位，明帝改用二品，准南臺御史，掌金銀，綵帛，凡諸造作，以供奉，及妃、主、六宫。梁、陳無御府，其職隸在尚方。後魏有掌服郎，從六品上。北齊門下省統主衣局都統，子統各二人。後周有司服上士二人、中士二人。隋門下省有御府局監二人，大業三年分屬殿内省，其後又改爲尚衣局。皇朝因之。龍朔二年改爲奉冕大夫，咸亨元年復舊。直長四人，正七品下。隋改御府爲尚衣局，始置直長，領主衣。皇朝因之。主衣十六人。隋置，皇朝因之。尚衣奉御掌供天子衣服，詳其制度，辨其名數，而供其進御。直長爲之貳。

凡天子之冕服十有三：一曰大裘冕，二曰衮冕，三曰鷩冕，四曰毳冕，五曰絺冕，六曰玄冕，七曰通天冠，八曰武弁，九曰弁服，十曰黑介幘，十一曰白紗帽，十二曰平巾幘，十三曰翼善冠。

大裘冕，無旒，冕廣八寸，長一尺六寸，玄表纁裏。以下廣狹准此。金飾，玉簪導，以組爲纓，色如其綬。裘以黑羔皮爲之，玄領、褾、襟緣。朱裳，白紗中單，皂領，青褾、襈、裾。革帶，玉鉤鰈，大帶，素帶朱裏，紕其外，上以朱，下以緑，紐約用組。韍。韍，蔽膝也。凡韍皆隨裳色。鹿盧玉具劍，火珠鏢首，白玉雙佩，玄組雙大綬，六綵，玄、黃、赤、白、縹、緑，純玄質，長二丈四尺，五百首，廣一尺。小雙綬，長二尺六寸，色同大綬，而首半之，間施三玉環。朱襪，赤舄。祀天神地祇則服之。

衮冕，垂白珠十有二旒，以組爲纓，色如其綬，黈纊充耳，玉簪導。玄衣，纁裳，十二章。八章在衣，日，月，星辰，龍，山，華蟲，火，宗彝；其四章在裳，藻，粉米，黼，黻。衣褾、領爲升龍，皆織成爲之。龍、山以下，每章一行，重以爲等，每行十二。白紗中單，黼領，青褾、襈、裾。韍、革帶、大帶、劍、玉珮、綬、襪與上同，舄加金飾。享廟、謁廟及廟遣上將、征還、飲至、踐阼、加元服、納后、若元日受朝及臨軒册拜王公則服之。

鷩冕，服七章，三章在衣：華蟲，火，宗彝；四章在裳：藻，粉米，黼，黻。餘同衮冕。有事遠主則服之。

毳冕，服五章，三章在衣：宗彝，藻，粉米；二章在裳：黼，黻。餘同鷩冕。祭海、嶽則服之。

絺冕，服三章，一章在衣：粉米。二章在裳：黼，黻。餘同毳冕。祭社稷、帝社則服之。

玄冕服，衣無章，裳刺黻一章。餘同絺冕。蜡祭百神、朝日、夕月則服之。

通天冠，加金博山，附蟬十二首，施珠翠，黑介幘，髮纓翠緌，玉若犀簪導。絳紗袍，白紗中單，朱領、褾、襈，白裙襦，亦裙衫。絳紗蔽膝，白假帶，方心曲領，其革帶、劍、珮、綬與上同，白襪，黑舄。若未加元服，則雙童髻，空頂黑介幘，雙玉導，加寶飾。諸祭還及冬至受朝、元會、冬會則服之。

武弁，金附蟬，平巾幘。餘同前服。講武、出征、四時蒐狩、大射、禡、類、宜社、賞祖、罰社、纂嚴則服之。

弁服，弁以鹿皮爲之。十有二琪，琪以白玉珠爲之。玉簪導，絳紗衣，素裳，革帶，白玉雙珮，鞶囊，小綬，白襪，烏皮履。朔日受朝則服之。

黑介幘，白紗單衣，白裙襦，革帶，素襪，烏皮履。拜陵則服之。

白紗帽，亦烏紗。白裙襦，白襪，烏皮履。視朝聽訟及燕見賓客則服之。

平巾幘，金寶飾。導簪、冠支皆以玉，紫褶，亦白褶。白袴，玉具裝，真珠寶鈿帶，著靴。乘馬則服之。

翼善冠，其常服及白練裙襦通著之。若服袴褶，則與平巾幘通著。已上並古服，有事及見賓客則服之。自隋文帝制柘黃袍及巾、帶以聽朝，至今遂以爲常。

凡天子之大圭曰珽，長三尺，鎮圭長尺有二寸。有事于郊廟、社稷，則出之于内。將享，至于中壝門，則奉鎮圭于監而進。既事，復受而藏之。凡大朝會則設御案，朝畢而徹焉。

又卷一二 尚功局，尚功二人，正五品。司製二人，正六品。典製二人，正七品。掌製二人，正八品。司珍二人，正六品。典珍二人，正七品。掌珍二人，正八品。司綵二人，正六品。典綵二人，正七品。掌綵二人，正八品。司計二人，正六品。典計二人，正七品。掌計二人，正八品。

尚功掌女工之程課，總司製、司珍、司綵、司計四司之官屬。

司製掌衣服裁製縫綫之事，司珍掌金玉寶貨之事，司綵掌綵物、繒錦、絲枲之事，司計掌支度衣服、飲食、薪炭之事。

又卷二二 少府監：監一人，從三品。【略】至隋煬帝大業五年，始分太府爲少府監，置監一人，從三品；少監一人，從四品；丞二人；統左尚、右尚、内尚、司織、司染、鎧甲、弓弩、掌冶等署。其後又改監爲令，少監爲少令，併司織、司染爲織染署，廢鎧甲、弓弩二署。皇朝因爲監。龍朔二年改爲内府監，咸亨元年復爲少府監。光宅元年改爲尚方監，神龍元年復舊。【略】少監二人，從四品下。【略】少府監之職，掌百工伎巧之政令，總中尚、左尚、右尚、織染、掌冶五署之官屬，庀其工徒，謹其繕作。少監爲之貳。凡天子之服御，百官之儀制，展采備物，率其屬以供焉。

又 中尚署：令一人，從六品上。【略】中尚署令掌供郊祀之圭璧，及歲時乘輿器玩，中宫服飾，雕文錯綵，珍麗之制，皆供焉。

又 織染署：令一人，正八品上。《周官》九職，嬪婦化理絲帛。《考工記》：理絲麻而成之，謂之婦功。漢少府屬官有東織、西織，成帝河平元年省東織，更名西織曰織室。後漢有織室丞一人，此後無聞。北齊中尚方領涇州、雍州絲局丞，定州紬綾局丞。後周有司織下大夫一人，掌凡機材之工。隋煬帝置司織署令、丞，後與司染署併爲織染署。《周禮》天官有染人，掌染絲帛。凡染，春暴練，夏纁玄。冬官有設色之工五，謂畫、繢、鍾、筐、㡛也。韋昭《辨釋名》云：平准令主染，有常平之法，故准而酌之。兩漢並隸司農。晉平准令有監染吏六人，初隸司農，後屬少府。宋順帝名准，始改曰染署令。齊復爲平准令，梁、陳爲平水令。北齊太府寺有司染署，長秋寺有染局丞。後周有染工上士一人，又有司色下大夫一人。隋初有司染署，隸太府寺，煬帝分屬少府。大業五年，合司織、司染爲織染署，令二人。皇朝置一人。丞二人，正九品上。漢、魏已來，並具於本署。隋併司織、司染爲一署，丞四人。皇朝因之，置二人。監作六人，從九品下。織染署令掌供天子、皇太子及群臣之冠冕，辨其制度，而供其職務。丞爲之貳。

天子之冠二，一曰通天冠，二曰翼善冠。冕六，一曰大裘冕，二曰袞冕，三曰鷩冕，四曰毳冕，五曰絺冕，六曰玄冕。弁二，一曰武弁，二曰皮弁。幘二，一曰黑介幘，二曰平巾幘。帽一，曰白紗帽。太子之冠三，一曰三梁冠，二曰遠游冠，三曰進德冠。冕二，一曰袞冕，二曰玄冕。弁一，曰皮弁。幘一，曰平巾幘。臣下之冠五，一曰遠游冠，二曰進賢冠，三曰獬豸冠，四曰高山冠，五曰却非冠。冕五，一曰袞冕，二曰鷩冕，三曰毳冕，四曰絺冕，五曰玄冕。弁二，一曰爵弁，二曰武弁。幘三，一曰介幘，二曰平巾幘，三曰平巾緑幘。

凡織紝之作有十，一曰布，二曰絹，三曰絁，四曰紗，五曰綾，六曰羅，七曰錦，八曰綺，九曰繝，十曰褐。組綬之作有五，一曰組，二曰綬，三曰絛，四曰繩，五曰纓。紬綫之作有四，一曰紬，二曰綫，三曰弦，四曰網。練染之作有六。一曰青，二曰絳，三曰黄，四曰白，五曰皂，六曰紫。凡染大抵以草木而成，有以花、葉，有以莖、實，有以根、皮，出有方土，采以時月，皆率其屬而修其職焉。

又 甲坊署：令一人，正八品下。《周禮·考工記》曰：函人爲甲，犀甲七屬，兕甲六屬，合甲五屬。凡爲甲，先必爲容，然後制革，權其上旅與其下旅，而重若一。隋少府有甲鎧署，皇朝改焉。

又卷二六 太子内官：《漢書》曰：太子有妃，有良娣，有孺子，妻妾凡三等。歷代因之。至宋明帝，更爲太子置内職二等，有寶林、良娣。齊建元中，太子宫置三内職：良娣比關内侯，寶林比五等侯，才人比駙馬都尉。隋初始定制，皇朝因之。【略】

司則，從六品。掌禮儀參見，以總掌嚴、掌縫、掌藏，而領其事。

掌嚴，從八品。掌首飾、衣服，巾櫛，膏沐，服玩、仗衛。

掌縫，從八品。掌裁縫衣服、織績。

掌藏，從八品。掌金玉、珠寶、財貨、綿繒、縑綵出入。

明·張鹵《明制書》卷五《諸司職掌·工部》 織造：段疋。凡供用袍服段疋及祭祀制帛等項，須於内府置局，如法織造，依時進送。每歲公用段疋，務要會計歲用數目，并行外局織造。所用物料，除蘇木、明礬官庫支用，蚕絲、紅花、藍靛於所産去處税糧内折收，槐花、梔子、烏梅於所産令民採取，按歲差人進納該庫支用。

又 冠服。凡製造皇帝、皇太子、親王袞冕、袍服，務要擇日興工，仍擇日以進。其餘婚禮、粧奩、并太常司祭服、净衣及給賜衣服、冠帶，喪禮衫巾，並行移針工、巾帽二局，如法製造。其給賜衣服、冠帶，須要預先多辦，以備不時賞賜。給賜衣服、冠帶：圓領、貼裏、紗帽、角帶。

明・申時行等《明會典》卷二〇一《織造》 兩京織染，内外皆置局，内局以應上供，外局以備公用。南京又有神帛堂、供應機坊，蘇州、杭州等府亦各有織染局。每歲造解有定數，數内有奉欽降花樣改織者，然未嘗增派。後於歲造之外，奉旨題派織解者，曰坐派。一時急缺，令部買辦者，曰召買。間一行之，以非舊制，不具載。若制帛誥敕，乃織造一事，及冠服器用，斛斗秤尺，各有法式，今備列焉。

又《段疋》 内織染局。本局如遇織造冬至大祀上用十二章衮服、皮弁服，題行欽天監擇日，禮部題請，遣大臣祭告。其工匠間有於外府取用者。嘉靖四十四年，題行蘇松二府，各取織羅匠二十名，隨帶家小，赴部審實送局。隆慶元年題准，凡有傳奉急用龍袍等件，本局果難獨支，方許奏行南局織造，不得違例陳請。

又《冠服》 洪武二十六年定，凡製造皇帝、皇太子、親王衮冕袍服，務要擇日興工，仍擇日以進。其餘婚禮粧奩，并太常寺祭服净衣，及給賜衣服冠帶，喪禮衫巾，并行移鍼工、巾帽二局，如法製造。其給賜衣服冠帶圓領、貼裏、紗帽、角帶。須要預先多辦，以備不時賞賜。

明・沈德符《萬曆野獲編》補遺卷一《内監》 内府諸司：内宫十二監、四司、八局，總謂之二十四衙門，俱在禁地，惟浣衣局則在皇城之外爲異耳。【略】又洗白廠，一名絛作，即織造兜羅羢之所，不許外人窺視傳出者。

明・劉若愚《酌中志》卷一六《内府衙門職掌》 《皇明祖訓》所載，設立内府衙門，職掌品級，立法垂後，亦盡善盡美。惟是間有《祖訓》所未及載，或載而未詳者，謹譜次梗概于左。按内府十二監：曰司禮，曰御用，曰内官，曰御馬，曰司設，曰尚寶，曰神宫，曰尚膳，曰尚衣，曰印綬，曰直殿，曰都知。又四司：曰惜薪，曰寳鈔，曰鐘鼓，曰混堂。又八局：曰兵仗，曰巾帽，曰針工，曰内織染，曰酒醋麪，曰司苑，曰浣衣，曰銀作。以上總謂之曰二十四衙門也。此外，有内府供用庫、司鑰庫、内承運庫等處，亦臚列於後。

又 尚衣監：掌印太監一員，管理、僉書、掌司等數十員。掌造御用冠冕、袍服、履舄、靴襪之事。兵仗局之南，舊監庫之北，即本監裁縫匠役成造御用之袍房也，又名曰西直房。萬曆時，凡造上用袍服之裹，合用杭紬等絹，例具尺寸數目，于東廠太監處取辦之。不知今尚如此否也。萬曆三十三年冬，御前偶失珍珠袍一件，神廟震怒，命先監矩親至袍房拷問數次。時掌管内官王乾、王進、王保三人素不睦，而互訐陷之。先監怒其愚狡，察其實冤，竟不爲嚴旨所拘，再四揆鞫，了無盗袍證據。時王進孱弱，被掠病亡，王乾等奉旨降净軍結局。其後數年，宫中有人云此袍是一貴顯宫女偷出，付其荅應内官拆碎變賣，人始追感先監之明允淑問也。

又 内織染局：掌印太監一員，總理、僉書等數十員。掌染造御用及宫内應用緞匹絹帛之類。有外廠在朝陽門外，澣濯袍服之所。又有藍靛廠，在都城西，亦本局之外署也。

又 絛作，即洗帛廒。掌作官一員，協同内官數十員。經手織造各色兜羅羢、五毒等絛，花素勒甲板絛及長隨火者牌穗絛。惟兜羅羢織法傳自西域，外無敢私織者。此作與甜食房皆屬御用監轄管，最寒苦可憫。

明・吕毖《明宫史》卷二《浣衣局》 掌印太監一員，僉書等十員。惟此署不在皇城内，在德勝門之西，俗所稱漿家房是也。凡宫人年老及有罪退廢者，發此局居住。内官監例有供給米鹽，待其自斃，以防漏洩大内之事，法至善也。

又《篦頭房》 近侍十餘員，專習爲皇子、皇女請髮、留髮、入囊、整容之事。凡誕生皇子女，彌月剪胎髮，百日命名後，按期請髮者，即如外之每次剃頭，然一根不留，如佛子焉。皇子戴玄青綯紗六瓣有頂圓帽，名曰瓜拉冠，至十餘齡留髮。約年餘，又擇吉入囊，總束于後。冬用玄色紵、夏用玄色紗作囊，濶二寸許，長尺餘，垂于後。至選婚有妃，始擇吉行冠禮。此皇子事也。皇女戴寸許濶小頭箍，至十餘齡留髮。約年餘，又擇吉行扒角。至選婚有駙馬，始擇吉上頭。此皇女事也。

清・戴震《考工記圖》卷上 國有六職，百工與居一焉。或坐而論道，或作而行之，或審曲面執，以飭五材，以辨民器，或通四方之珍異以資之，或飭力以長地財，或治絲麻以成之。坐而論道，謂之王公。作而行之，謂之士大夫。審曲面執，以飭五材，以辨民器，謂之百工。通四方之珍異以資之，謂之商旅。飭力以長地財，謂之農夫。治絲麻以成之，謂之婦功。

清・朱銘盤《南朝宋會要・帝系》 内職：官品第六。【略】綵製帥、裝飾帥、繡帥、織帥。並置，人無定數。

又《職官》 少府：少府一人，丞一人，掌中服御之物。晉哀帝末，省并丹陽尹。孝武世復置。大明五年十一月，增置少府丞一人。

雜録

晉・陸翽《鄴中記》 石虎中尚方、御府中巧工作錦，織成署皆數百人。

清・劉獻廷《廣陽雜記》卷一 明世宗命内臣蘇杭織造，大學士楊廷和曰：歷考洪武、永樂，下及天順，竝無此。有之惟成、弘間一行耳。可謂織造爲累朝故事乎。廷和由此致仕。

管理服務

綜述

唐・杜佑《通典》卷七一《禮三十一》 《虞書》曰：明試以功，車服以庸。周制，春官小宗伯掌衣服、車旗、宫室之賞賜。王以賞賜有功者。

唐・李林甫《唐六典》卷一二 尚服局：尚服二人，正五品。《周禮》：内司服掌王后六服：禕衣、褕翟、闕翟、鞠衣、展衣、褖衣、素紗。司馬彪《續漢志》：皇后謁廟，服紺上、皂下。蠶，青上、縹下。皆深衣制，隱領，袖緣以絛。假結，首飾步摇、簪珥。步摇以黄金爲山題，貫白珠爲桂枝相摎。八爵、九華，熊、虎、赤羆、天鹿、辟邪、南山豐大特六獸。諸爵、獸皆以翡翠爲毛羽。金題，白珠璫繞，以翡翠爲華。綬，佩同乘輿。魏、晉、宋、齊、梁、陳略同。後魏、北齊皇后璽、綬、佩同乘輿，假髻，步摇，十二鏌，八爵、九華。助祭、朝會以禕衣，郊、禖以褕翟，小宴以闕翟，親蠶以鞠衣，見皇帝以展衣，宴居以褖衣，俱有蔽膝、織成緄帶。後周皇后衣十二等。翟衣六：從祀，郊，禖，享先皇，服翬衣。祭陰社，朝命婦，服褕衣。獻繭，服鷩衣。采桑，服鳪衣。聽女教，服鵫衣。歸寧，服翐衣。以翬雉爲領、褾。臨婦學，燕命婦，蒼衣。春齋、祭還，青衣。夏齋、祭還，朱衣。采桑齋、采桑還，黄衣。秋齋、祭還，素衣。冬齋、祭還，玄衣。其褾、領以相生色，華皆十二樹。隋初，皇后首飾花十二樹。禕衣，青紗内單，黼領，羅縠褾、襈，蔽膝，大帶，以青衣，革帶，青襪、舄，金飾，白玉佩，玄組綬，祭及朝會則服。鞠衣，黄羅爲之，蔽膝、大帶、舄，革帶隨衣色，餘同禕衣，親蠶則服。青衣，青羅爲之，制同鞠衣，去華、大帶，佩、綬，見帝則服。朱衣，緋羅爲之，制如青衣，宴賓則服。煬帝令牛弘等制皇后服四等：禕衣，以翬翟，五綵重行，十二等。首飾花十二鈿，小花毦十二樹，兩博鬢。素紗内單，黼領。羅縠褾，襈，皆以朱。蔽膝隨裳色，以緅爲緣，用翟三章。大帶隨衣色，飾以朱，緑之錦，青緣。革帶，青襪，舄，以金飾。白玉佩，玄組綬，章采、尺寸同乘輿，祭及朝會則服。鞠衣，小花十二樹。青衣，朱服，皆參准宋太始及梁、陳故事，增損用之。皇朝因之。司賓二人，正六品。【略】典賓二人，正七品。掌賓二人，正八品。司衣二人，正六品。典衣二人，正七品。掌衣二人，正八品。司飾二人，正六品。典飾二人，正七品。掌飾二人，正八品。司仗二人，正六品。典仗二人，正七品。掌仗二人，正八品。

尚服掌供内服用采章之數。凡皇后之衣服，一曰禕衣，二曰鞠衣，三曰禮衣。首飾花十二樹，小花如大花之數，並兩博鬢。禕衣，深青織成爲之，文爲翬雉之形，素質，五色，十二等。素紗中單，黼領。羅縠褾，襈，皆用朱色。蔽膝隨裳色，以緅爲領緣，用翟爲章，三等。大帶隨衣色，朱裏，紕其外，上以朱錦，下以緑錦，紐約用青組。以青衣，革帶，青襪，舄，舄加青飾。白玉雙佩，玄組雙大綬，章采，尺寸與乘輿同。受册、助祭、朝會則服之。鞠衣，黄羅爲之，其蔽膝、大帶及衣革帶、襪、舄隨衣色。餘與禕衣同，唯無翟。親蠶則服之。鈿釵禮衣，十二鈿，服通用雜色，制與上同。雙佩，小綬。去舄，加履。宴見賓客則服之。内命之服：花釵，施兩博鬢，寶鈿飾。翟衣，青質，羅爲之，繡爲翟，編次於衣及裳，重爲九等而下。第一品花釵九樹。寶鈿准花數，下准次。翟九等。第二品花釵八樹，翟八等。第三品花釵七樹，翟七等。第四品花釵六樹，翟六等。第五品花釵五樹，翟五等。并素紗中單，黼領。朱褾、襈，亦通用羅縠。蔽膝隨裳色，以緅爲領緣，加以文繡，重翟爲章二等，一品已下皆同。大帶，紕其外，上以朱錦，下以緑錦，紐約用青組。以青衣，革帶，青襪，舄，佩，綬。内命服受册、從蠶、朝會則服之。鈿釵禮衣，通用雜色，制與上同，加雙佩，小綬，絇履。第一品九鈿，第二品八鈿，第三品七鈿，第四品六鈿，第五品五鈿，内命婦常參見則服之。凡六尚、寶林、御女、采女及女官之服，禮衣通用雜色，制與上同，唯無首飾、佩、綬。七品已上有大事則服之。尋常供奉則公服，去中單、蔽膝、大帶。

九品已上，大事及尋常供奉並公服。東宮准此。女史則半袖裙襦。惣司寶、司衣、司飾、司仗四司之官屬。

司寶掌琮寶、符契、圖籍。【略】司衣掌衣服、首飾。

又 內給事掌判省事，凡元正、冬至群官朝賀中宫，則出入宣傳。凡宫人之衣服、費用，則具其品秩，計其多少，春秋二時，宣送中書。若用府藏物所造者，每月終，門司以其出入曆爲二簿聞奏。一簿留內，一簿出付尚書比部勾之。

又 內府令掌中宫藏寶貨給納名數，丞爲之貳。凡朝會五品已上賜絹及雜綵、金銀器於殿庭者，並供之。諸將有功，并蕃酋辭還，賜亦如之。

又卷二六 內直局：內直郎二人，從六品下。《齊職儀》：太子有內直兵局，內直兵史二人，五品勛位。梁有齋內、主璽、主衣、扶持等局，各置有司，以承其事。陳因之。北齊門下坊領殿內局，有內直監二人，正六品下。隋門下坊領內直局，置內直監二人，品同北齊。皇朝因之，職擬尚輦奉御。龍朔二年改曰太子內直郎。丞二人，正八品下。北齊殿內局有副直監四人，從六品下。隋內直局有副監二人，品同北齊。皇朝因改爲丞。內直郎掌符璽、傘扇、几案、衣服之事。丞爲之貳。

凡皇太子之服：衮冕，垂白珠九旒，以組爲纓，色如其綬；青纊充耳；犀簪導；玄衣，纁裳，九章，每章一行，重以爲等，每行九；五章在衣：山、龍、華蟲、火、宗彝。四章在裳：藻、粉米、黼、黻。織成爲之。白紗中單，黼領，青褾、襈，裾；革帶，金鈎䚢，大帶；素帶不朱裏，亦純以朱緑，紐約用組。韍。隨裳色，火，山二章。玉具劍，金寶飾。玉鏢首；瑜玉雙佩；朱組雙大綬，四綵，赤、白、縹、紺，純朱質，長一丈八尺，三百二十首，廣九寸；小雙綬長二尺六寸，色同大綬，而首半之，間施二玉環。朱襪，赤舄。加金飾。侍從皇帝祭祀及謁廟、加元服、納妃則服之。

具服遠游三梁冠，加金附蟬九首，施珠翠；黑介幘，髮纓翠緌，犀簪導；絳紗袍；白紗中單，皂領、褾、襈、裾；白裙襦；白假帶；方心，曲領；絳紗蔽膝；其革帶、劍、珮、綬與上同。白襪，黑舄；未冠則雙童髻，空頂黑介幘，雙玉導，加寶飾；謁廟還宫，元日、冬至、朔日入朝，釋奠則服之。其朔、望日入朝通服袴褶，五日常朝亦准此。

公服遠游冠，簪導以上並同前。絳紗單衣；白裙襦；革帶，金鈎䚢，假帶；瑜玉隻佩；方心；紛；鞶囊；長六尺四寸，廣二寸四分，色同大綬。白襪，烏皮履；五日常朝、元日、冬至受朝則服之。

烏紗帽，白裙襦，白襪，烏皮履；視事及宴見賓客則服之。

弁服，弁以鹿皮爲之。犀簪導，組纓，玉琪九；絳紗衣，素裳；革帶；鞶囊；小綬，隻佩；白襪，烏皮履；朔、望及視事則兼服之。

平巾幘，金飾。犀簪導；紫褶，白袴；玉梁珠寶鈿帶；著靴；乘馬則服之。

進德冠，九琪，加金飾，其常服及白練裙襦通著之；若服袴褶，則與平巾幘通著。

宋·陸游《老學庵筆記》卷二 禁中舊有絲鞋局，專挑供御絲鞋，不知其數。嘗見蜀將吴珙被賜數百緉，皆經奉御者。壽皇即位，惟臨朝服絲鞋，退即以羅鞋易之。遂廢此局。

宋·楊侃《兩漢博聞》卷五 三服官：《元帝紀》。元初五年罷齊三服官。李斐曰：齊國舊有三服之官，春獻冠幘，縰爲首服，紈素爲冬服，輕綃爲夏服，凡三。縰與纚同，音山爾反。

明·張鹵《明制書》卷五《諸司職掌·工部》 軍器、軍裝：凡軍器，專設軍器局，軍裝設針工局，鞍轡設鞍轡局掌管，時常整點。若有缺少件數，隨即行下本局，筭計物料，委官監督，定立工程，如法造完，差人進赴內府該庫收貯。

又 軍器局造：水磨鐵帽，水磨頭盔，水磨鎖子，護項頭盔，紅漆齊腰甲，水磨齊腰鋼甲，水磨柳葉鋼甲，水銀摩挲長身甲，併鎗馬赤甲。

針工局造：長胖襖，袒扒袴。

明·胡應麟《少室山房筆叢》卷一二《周禮屨人》 《周禮》屨人掌王及后之服屨。噫，王后之屨，而使人造之，不亦褻乎。古之婦工何所用也。夫爲絺爲綌，服之無斁，周之所以興也。婦無公事，休其蠶織，周之所以亡也。曾謂周公制禮，而設一官爲婦女作屨乎。曹操猶使妾賣屨，周公不如曹操乎。

案《周禮》大宰有內司服，奄一人，女御二人，奚八人，凡王后之六服皆掌之。蓋王有外司服，而后則有內司服也。首服則弁人、追師分掌，獨屨人王與后共，意頗疑之。既歷考漢、唐、五代，得婦人纏足所自始載。讀《周禮》屨人所掌王與后及命夫命婦屨，名號形色俱同，因釋然頓悟。三代以前，男女屨舄無大異者，屨人并掌職此之由。且古人履以配冠，其階級斬然，非内飾下裳比也。楊不深考，以晚近世弓鞿狀律之故。極言其褻，而周公不免矣。今録《周禮》原文并考各代屨制于後。

屨人掌王及后之服屨，爲赤舄、黑舄、赤繶、黄繶、青句、素屨、葛屨。辨外内命夫命婦之命屨、功屨、散屨。凡四時之祭祀，以宜用之。蓋古者婦人屨與男子同，自后妃以至命婦，制度質采，咸有等差，不得踰僭，故成周特設官掌之。後世驕寵恣行，倡優后飾，以此職廢也。昔人以《周禮》爲致太平之書，即此可見，豈淺識所窺哉。《史記》：男女同席，履舄交錯。亦似不甚别也。餘詳後條。

又追師掌后之首服，爲副、編、次、追、衡。疏曰：掌后首服，對弁師掌男子之首服也。夫首服，男子婦人異，故二官分掌之。履舄，婦人男子同，故屨人並掌之云。疏：第以弁尊舄卑爲解，蓋疏出唐人，其時女子未有纏札之俗，屨之同異，亡從知也。

又内司服掌后之六服，褘衣、褕狄、鞠衣、展衣、緣衣、素紗，辨内命婦之服。夫衣視冠則稍褻，視屨則較殊，故自有内司服掌之。然每條之下，必繫以祭祀賓客則用之者，明各司所掌，非燕居之服也。使婦人屨猶今世，則其事自當職之縫人，而内司服且弗與矣，夫典絲、典枲，皆太宰官屬，以考婦工者甚密也，孰謂休其蠶織哉。

明·沈德符《萬曆野獲編》補遺卷一《宫闈》 女官：宫中六尚之職，國初凡三定，最後則洪武二十八年重定者爲准。先是分局，曰尚宫，曰尚儀，曰尚服，曰尚食，曰尚寢，曰尚功。【略】尚服之屬，有司寶、司衣、司飾、司仗。

明·劉若愚《酌中志》卷一六《内府衙門職掌》 巾帽局：掌印太監一員，管理、僉書等數十員。職掌内官、内使小火者平巾官帽。每年入夏，據見在員數，具題移文工部，至冬初即于節慎庫領銀十餘萬，分散内官、内使人等靴料。凡有羨餘，繳進御前。凡新陞秉筆，即送朝衣冠笏帶鞋一分。凡選中駙馬冠靴，中使之家正帽，閹者之猪嘴帽，插柳跑馬勇士之圓帽，藩王之國，其旗帽靴帶若干分，皆本局造送，奏于工部支領工價。

又 針工局：掌印太監一員，餘與巾帽局同。職掌内官人等冬衣、夏衣，每年遞散一次。遇辰年、戌年冬，散鋪蓋銀一次。凡宫中做法事，揚幡桌圍等件皆隸焉。凡内官曾賜蟒衣退出官及病故者，各具本交還本局收也。

又 丙字庫：每歲浙江辦納絲棉，合六絲串五絲荒絲，以備各項奏討。而山東、河南、順天等處歲供棉花絨，則内官之冬衣、軍士之布衣，皆取于此。

又 承運庫：職掌浙江、四川、湖廣等省黄白生絹，以備奏討欽賞夷人，并内官冬衣、樂舞生浄衣等項用。

明·呂毖《明宫史》卷二《織染所》 掌關防太監一員，僉書十餘員，職掌内承運所用色絹。其署向南，德勝門内三座橋之北，内有空地，堪爲園圃。其染成之絹，赴内承運庫交納。此所亦有監督，有所大使，有供辦顔料諸項商人。此所不隸内織染局。

清·閻鎮珩《六典通考》卷三二《宫政考·染采》 明兩京織染内外皆置局，内局以應上供，外局以備公用。南京有神帛堂、供應機房，蘇、杭等府亦各有織染局，歲造有定數。洪武時，置四川、山西諸行省，浙江紹興織染局，又置藍靛所，於儀真、六合種青藍以供染事。未幾悉罷。又罷天下有司歲織段疋。有賞賚給以絹帛，於後湖置局織造。永樂中，復設歙縣織染局，令陝西織造駝毼。正統時，置泉州織造局。天順四年，遣中官往蘇、松、杭、嘉、湖五府，於常額外增造綵段七千疋。工部侍郎翁世資請減之，下錦衣獄，謫衡州知府。增造坐派於此始。孝宗初立，停免蘇、杭、嘉、湖、應天織造，其後復設，乃給中官鹽引鬻於淮以供費。正德元年，尚衣監言：内庫所貯諸色紵絲紗羅織金閃色蟒龍、斗牛、飛魚、麒麟、獅子通袖膝襴並胸背斗牛、飛仙、天鹿，俱天順間所織，欽賞已盡。乞令應天、蘇、杭諸府依式織造。帝可之。乃造萬七千餘匹。蓋成、弘時頒賜甚謹。自劉瑾用事，倖璫陳乞漸廣，有未束髮而僭冒章服者，濫賞日增。中官乞鹽引、關鈔無已，監督織造，威劫官吏。至世宗時，其禍未訖。即位未幾，即令中官監織於南京、蘇、杭、陝西。穆宗登極，詔撤中官，已而復遣。

萬曆七年，蘇、松水灾，給事中顧九思等請取回織造内臣，帝不聽。大學士張居正力陳年饑民疲，不堪催督。乃許之。未幾復遣中官。居正卒，添織漸多，蘇、杭、松、嘉、湖五府歲造之外，又令浙江、福建、常、鎮、徽、寧、揚、廣德諸府州分造，增萬餘匹。陝西織造羊絨七萬四千有奇，南直、浙江紵絲、紗羅、綾紬、絹帛，山西潞紬，皆視舊制加丈尺。二三年間，費至百萬，取給户、工二部，搜括庫藏，扣留軍國之需。部臣科臣屢争，皆不聽。末年，復令税監兼司，姦弊日滋矣。明初設南北織染局，南京供應機房，各省直歲造供用，蘇、杭織造，間行間止。自萬曆中，頻數派造，歲至十五萬疋，相沿日久，遂以爲常。陝西織造絨袍，弘、正間偶行，嘉、隆時復遣，亦遂沿爲常例。

雜録

明·田藝蘅《留青日札》卷二二《貢服》《周官》九貢，有服貢。《左傳》則云：諸侯不貢車服。若今之絲、葛、錦、紵出于方物，諸侯安得不貢。苟不貢，則天子將自織之邪。我朝蘇之致仕朱隆希以獻太極衣于今上而遂被寵，何其諂佞也。夫以文彦博而獻燈籠錦，則尚何怪于小人也哉。不貢者，命之貢也。

明·董説《七國考》卷一《韓職官·典冠》《韓非子》：韓昭侯醉而寢，典冠者見君之寒也，故加衣於君之上。覺而問左右曰：誰加衣者。左右對曰：典冠。君因罪典衣與典冠。其罪典衣，以爲失其事也。其罪典冠，以爲越其職也。

形制服色部

君臣服章服色

論説

唐·杜佑《通典》卷六一《禮二十一》 君臣服章制度：天監三年，何佟之議：公卿以下祭服，裏有中衣，即今中單也。後漢從夏侯氏説，祭服絳緣領袖爲中衣，絳袴襪，示其赤心奉神也。今中衣絳緣，足有所明，無俟於袴。既非聖法，謂不可施。遂依議除之。七年，周舍議：按《禮》有虞氏皇而祭，深衣而養老。鄭玄云，皇是畫鳳皇羽也。又按《禮》如衮冕，則衮是衣。有虞氏言皇，皇亦是衣，非冕。今衮服宜畫鳳皇，以示差降。又王僧崇云：尋冕服無鳳，應改爲翟。又裳有圓花，於禮無礙，是畫餙加葩蘤耳。蘤音於美反。藻米黼黻，并乖古制，今請改正，并去圓花。帝曰：古文日月星辰，此以一辰攝三物也。山龍華蟲，又以一山攝三物也。藻火粉米，又以一藻攝三物也。是爲九章。今衮服畫龍，則宜畫鳳。孔安國云華者花也，則爲花非疑。若一向畫翟，差降之文，復將安寄。帝又曰：《禮》王祀昊天，服大裘而冕。大裘不存，其於質敬，恐未有盡。五經博士陸瑋等并云：王祀昊天服大裘，明諸臣禮不得同。自魏以來，皆用衮服。今請依古，更制大裘。詔可。瑋等又按鄭玄注《司服》云，大裘，羔裘也，既無所出，未爲可據。按六冕之服，皆玄上纁下。今宜以繒爲之，其制式如裘，其裳以纁，皆無文繡。詔可。又制黑幘單衣，宴會服之。九年，司馬筠等議云：按《玉藻》：諸侯玄冕以祭，裨冕以朝。《雜記》又云：大夫冕而祭於公，弁而祭於己。今之尚書，上異公侯，下非卿士，止有朝衣，本無冕服。既從齋祭，不容同於在朝。宜依太常及博士諸齋官例，著皂衣，絳襈，中單，竹葉冠。

又 顯慶元年，修禮官臣無忌、志寧、敬宗等言：准武德初撰《衣服令》，乘輿祀天地，服大裘冕，無旒。臣勘前件令，是武德初撰，雖憑《周禮》，理極未安。謹按《郊特牲》云：周之始郊，日以至。被衮以象天，戴冕藻十有二旒，則天數也。而此二禮，俱説周郊，衮與大裘，事乃有異。按《月令》：孟冬，天子始裘。明以禦寒，理非當暑。若啓蟄祈穀，冬至報天，行事服裘，義歸通允。至於季夏迎氣，龍見而雩，炎熾方盛，如何可服。謹尋歷代，唯服衮章，與《郊特牲》義旨相協。周遷《輿服志》云：漢明帝永平二年，詔采《周官》、《禮記》，始制祀天地服，唯天子備十二章。沈約《宋書·志》云：魏晉郊天，亦皆服衮。宋、魏、周、齊、隋禮令，祭服悉同。斯則百王通典，炎涼無妨，復與禮經，事無乖舛。今請憲章故實，郊祭天地，皆服衮冕，其大裘請停，仍改禮令。又檢《新禮》，皇帝祭社稷黼冕，四旒，衣三章。祭日月服玄冕，三旒，衣無章。謹按令文，是四品五品之服，此三公亞獻，皆服衮衣，孤卿助祭，服毳及鷩，斯乃乘輿章數，同於大夫，君少臣多，殊爲不可。據《周禮》云：祀昊天上帝，則服大裘而冕，五帝亦如之。享先王則衮冕，享先公則鷩冕，祀四望山川則毳冕，祭社稷五祀則絺冕，諸小祀則玄冕。又云：公侯伯子男孤卿大夫之服，衮冕以下，皆如王之服。所以《三禮義宗》遂有二釋。一云公卿大夫助祭之日，所著之服，降王一等。又云悉與王同。求其折衷，俱未通允。但名位不同，禮亦異數。天子以十二爲節，義在法天，豈有四旒三章，翻爲御服。若諸臣助祭，冕與王同，便是貴賤無分，君臣不別。如其降王一等，則王著玄冕之時，群臣次服爵弁，既屈天子，又貶公卿。《周禮》此文，久不施用。是故漢魏以降，相承舊事，皆服衮冕。今《新禮》親祭日月，乃服五品之服，唯臨事施行，極不穩便。請遵歷代故實，諸祭并用衮冕。制可之。無忌等又奏曰：皇帝爲諸臣及五服親舉哀，依禮著素服。今令乃云白袷，禮令乖舛，須歸一途。且白袷出自近代，事非稽古，雖著令文，不可行用。請改素服，以會禮文。從之。

又卷七一《禮三十一》 諸王公城國宮室章服車旗議：禮，公之服自衮冕而下，侯伯自鷩冕而下，皆如王之服。祭服宜玄冕朱裏，玳玉三采九旒，繅三色九就，丹組纓，玄衣纁裳，畫九章，以事宗廟。其祀社稷山川，及其群臣助祭者，皆長冠玄衣。其位不從公者，皆以七爲節，其他則同諸王。朝服依漢魏故事，皆遠游冠，五時服，佩山玄玉，不復以國大小爲差。其群臣侍從冠服，皆宜如服制令也。諸王公應助祭。按《司服》之職：王祀昊天上帝，則大裘而冕，享先王則衮冕，先公則鷩冕。公之服，自衮冕而下，如王之服。侯伯之服，自鷩冕而下，如公之服。《禮記王制》曰：制，三公一命衮。謂三公八命，復加一命，則服衮龍，與王者之後同。然則九命及二王之後，乃服衮衣無升龍。三公之服，當從鷩冕而下。太尉三公助祭，宜服鷩冕七章，冕纓九旒，赤舄。三公助導從外官不與齊祭者，自可如舊。

元・馬端臨《文獻通考》卷一一一《王禮考六》　君臣冠冕服章：上古衣毛冒皮，後代聖人見鳥獸冠角，乃作冠纓。黄帝造旒冕，始用布帛。冕者，冠之有旒。唐虞以上，冠布無緌。緌，纓飾。《郊特牲》：太古冠布，齋則緇之。其緌也，孔子曰：吾未之聞也。【略】冠而敝之可也。【略】周氏曰緇布冠加之以緌，孔子以爲吾未之聞。然非天子不議禮，雖孔子亦不得不從當世之所尚，則冠之加緌雖非禮，但冠而棄之可也，故曰冠而敝之。敝有棄意。

黄帝作冕，垂旒，目不邪視也。充纊，示不聽讒言也事出《世本》。《虞書》：帝曰：子欲觀古人之象，日、月、星辰、山、龍、華蟲作會，宗彝、藻、火、粉米、黼、黻絺繡，以五采彰施於五色，作服汝明。【略】汝當明大小尊卑之等差也。

有虞氏皇而祭，深衣而養老。夏后氏收而祭，燕衣而養老。殷人冔而祭，縞衣而養老。周人冕而祭，元衣而養老。皇，冕屬也，畫羽飾焉。凡冕屬其服皆元上纁下。有虞氏十二章，周九章，夏、殷未聞。凡養老之服，皆其時與群臣燕之服。有虞氏質，深衣而已。夏而改之，尚黑而黑衣裳。殷尚白而縞衣裳。周則兼用之，元衣素服，其冠則毋追。章甫，委貌也。諸侯以天子之燕服爲朝服。【略】

《通典》：有虞氏皇而祭，其制無文，蓋爵弁之類。夏后氏因之，曰收，純黑，前小後大。殷因之，曰冔，黑而微白，前大後小。周因制爵弁，爵弁，冕之次，赤而微黑，如爵頭然，前小後大。三代以來，皆廣八寸，長尺二寸，如冕無旒，皆三十升布爲之。《士冠禮》三加，成人服之。陳氏《禮書》曰：鄭氏曰：皇，冕屬，畫羽飾焉。《周禮》掌次之皇邸，樂章之皇舞，皆以鳳凰之羽爲之，則皇冕畫羽飾可知也。《王制》以皇、收、冔對冕言之。又孔子稱禹致美乎黻冕，《詩》稱商之孫子，常服黼冔。黼冔云者，所謂猶黼冕也。然《郊特牲》與《冠禮》記云周弁、商冔、夏收，又以收、冔對弁言之。夫三王其皮弁素積，夏、商而上，非無弁也，然世之文質煩簡不同，故夏、商之用冕者，周或用弁而已。

又曰：《周禮》有韋弁，無爵弁。《書》二人雀弁。《儀禮》、《禮記》有爵弁，無韋弁，士之服止於爵弁。而荀卿則曰：士韋弁。孔安國則曰：雀，韋弁也。則爵弁即韋弁耳。又曰：古文弁象形，則其制上鋭，如合手然，非如冕也。韋，其質也。爵，其色也。《士冠禮》：再加皮弁，三加爵弁，而以爵弁爲尊。《聘禮》：主卿贊禮，服皮弁，及歸饔餼，服韋弁，而以韋爲敬。靺色赤，爵色亦赤，亦即一物耳。

楊氏曰：愚按冕弁之制，上得以兼下，下不得以兼上，故爵弁、皮弁、冠弁之服，爲上下之通用。冠弁，委貌也。又曰：元冠而其服又分爲二，朝服也，元端也，而元端之用爲尤多。以祭服言之，大夫爵弁而祭於己，士爵弁而祭於公，此以爵弁爲祭服也。《少牢》主人朝服筮日，朝服以祭。《特牲》元端筮日，朝服以祭。此以朝服、元端爲祭服也。惟皮弁之服不爲祭服。然《祭義》君皮弁素積，朔月月半巡牲，是致敬於祭牲而用皮弁之禮也。《祭義》君皮弁素積，卜三宫之夫人、世婦，使入於蠶室，是致敬於祭服而用皮弁之禮也。《大學》始教皮弁祭菜，是致敬於祭菜，而用皮弁之禮也。及按《春官・司服》士之服自皮弁以下如大夫之服，以《儀禮・士冠》《士喪》考之，則皮弁之上有爵弁。以《司服》考之，則皮弁之上有韋弁。今特云士之服自皮弁而下何也。皮弁之用，多於爵弁、韋弁也。蓋人爲者多變，自然者不易，皮弁因其自然而已。此所以三王共皮弁素積，而周天子至士共用之也。

按，周以前冠冕衣裳之制，其詳不可得而聞。所可考者，惟《虞書》言服章，戴《記》言冠制耳。然冠之制有三：曰冕，曰弁，曰冠。冕者朝祭之服，所謂十二旒、九旒而下是也，惟有位者得服之。弁亞於冕，所謂周弁、殷冔、夏收是也。冠亞於弁，所謂委貌、章甫、毋追是也。弁與冠，自天子至於士，皆得服之。冕始於黄帝，至有虞氏以爲祭服，所謂皇而祭。夏、殷之祭則用弁，蓋未以弁爲殺於冕也。至周而等級始嚴，故大夫雖可以服冕，而私家之祭不得用之，天子不妨服弁，而雖小祀必以冕，蓋冕、弁之尊卑始分矣。然弁有二：曰皮弁，以白鹿皮爲之，其制最古。曰爵弁，則其制下員上方，如冕而無旒。古者冠禮三加，始緇布冠，次皮弁，次爵弁，皆士服也。大夫則服冕矣。古者雖重冠禮，而於服章之際，視之彌重，故雖天子之元子始冠，亦服士之冠，至爵弁而止，而不敢僭用冕，所謂天下無生而貴者。其嚴如此。

又按，冕則卿大夫以上服之，而可以兼服弁，弁則士以下服之，而不可以僭服冕，固也。然冕服之用，非惟位有尊卑，不可躐服，而事有大小，亦不可以例服。故天子之冕以之奉祀，其次則初即位服之。伊尹以冕服奉太甲，康王麻冕黼裳是也。納後妃服之，冕而親迎是也。養老服之，冕而總干是也。躬耕籍田服之，冕而朱紘躬秉耒是也。至於日視朝等事，則服皮弁而已。卿大夫之冕，則以之朝王及助祭，其次則受遺奉册服之。卿士、邦君，麻冕蟻裳，一人冕執劉，一人冕執鉞之類是也。至其私家，則雖奉祀，亦服皮弁而已。蓋於其所不當服也，則雖天子之視朝，卿大夫之奉祀，亦不果服；於其所當服也，則雖服之以總干，服之以秉耒，服之以執劉、執鉞，亦無嫌也，適禮之宜而已。

又 林氏曰：黄帝始備衣裳之制，舜觀古人之象，繪日、月、星辰、山、龍、華蟲於衣，繡宗彝、藻、火、粉米、黼、黻於裳，以法乾坤，以昭象物，所以彰天子之盛德。能備此十二物者也，使服者當須有是服之盛德焉。繪以三辰，所以則天之明，尤爲君德之光。自黄帝以來，歷代之制，莫不然也。周人特備以斿繅之數爾。《周禮》乃無十二章之文，《司服》惟有衮冕至元冕。説者謂周登三辰於旗，冕服惟有九章。嗚呼，何説之異也。自堯、舜至於三代，文物日以盛，名分日以嚴，儀章日以著，夫子於四代禮樂，特曰服周之冕，取其文之備、尊卑之有辨也。何得至周反去三辰之飾文乃不足乎。蓋不過據左氏三辰旂旗之文。左氏謂旗有三辰，何嘗謂衣無三辰邪。豈有王者象三辰之明，歷代皆飾於衣，周人特飾於旗，有何意乎。况又謂上公冕服九章，而王服亦九章，將何所别。周公制禮防亂，萬世乃至於無别與。《郊特牲》曰：祭之日，王被衮以象天，則十二章備矣。鄭氏曰：謂有日、月、星辰之章，此魯禮也。夫被衮以象天，周制固然也，何魯之足云。豈有周制止九章，魯乃加以十二章之禮乎。

宋兩朝《輿服志》：皇祐三年，詔問冠韋弁何服，所執何玉。太常禮院奏，謂《周禮・司服》凡兵事韋弁服。釋之者曰：韋弁以韎韋爲弁，又以爲衣裳，《春秋傳》晉郤至衣韎韋之跗注是也。今伍伯緹衣，古兵服之遺色。孔穎達以韎蒨染，謂以赤色韋爲弁。杜佑《通典》：韋弁之制，晉以韋爲之，頂少尖。宋因之，爲車駕親戎中外戒嚴之服。後周巡兵即戎則服之。自此以來，無復其制。《三禮圖》：韋弁服，王及諸侯、卿大夫之兵服，天子亦以五采玉十二飾之。詳此，則韋弁服蓋天子、諸侯、卿大夫臨戎所通服。古者非祭祀、朝聘、會同不執玉，今韋弁既爲戎服，於經無執玉之文，而《三禮圖》繪爲執玉，斯一時之誤，不足爲據也。

又 陳氏曰：《司服》之服六而《弁師》之冕五者，大裘、衮衣同冕，猶后首服同副也。

又曰：《弁師》：王之五冕皆朱紘。《禮記》：天子爲藉，冕而朱紘。諸侯爲藉，冕而青紘。《士冠禮》緇衣冠，青組纓，皮弁笄，爵弁笄，緇組紘纁邊。蓋朱者正陽之色，天子以爲紘。青者少陽之色，諸侯以爲紘。緇者陰之色，而士以爲紘。卿大夫冕弁之紘，無所經見。《禮器》曰：管仲鏤簋朱紘，君子以爲濫。鄭氏謂大夫、士當緇組紘纁邊，理或然也。一組系於左笄，繞頤而上，屬於右笄，垂餘以爲飾，謂之二紘。又曰：冕約之以武，設之以紐，貫之以笄，固之以紘。

又曰：瑱以充耳，紞以垂瑱。《周官・弁師》：王之五冕皆玉瑱。《詩》於衛夫人言玉之瑱也，於衛武公言充耳琇瑩，於衛之臣子言褎如充耳，《齊詩》言充耳以素、以青、以黄，尚之以瓊華、瓊瑩、瓊英。則瑱不特施於男子也，婦人亦有之。不特施於冕也，弁亦有之。故《詩》言充耳琇瑩，繼之以會弁如星。《喪禮》士無冕而瑱用白纊，則弁亦有之可知也。士瑱用白纊，即《詩》所謂充耳以素者也。人君用黈纊，即《詩》所謂充耳以黄者也。毛氏以充耳以素爲士之服，充耳以青爲卿大夫之服，充耳以黄爲人君之服，其説是也。《春秋傳》曰：縛之如一瑱。則縛纊以爲瑱，自古然也。其制蓋皆元紞以垂之，瓊玉以承之。承之，《詩》所謂尚之也。《檀弓》：小祥用角瑱。《楚語》曰：巴浦之犀犛兕象，其可盡乎。則古者之瑱，亦以象與角爲之。

又曰：《周官》追師掌王后之首服，爲副、編、次、追、衡笄。《左傳》曰：衡紞紘綖，昭其度也。鄭司農曰：衡，維持冠者。鄭康成曰：王后之衡笄，皆玉爲之。惟祭服有衡，垂於副之兩旁當耳，其下以紞垂瑱。孔穎達曰：婦人首服有衡，則男子首服亦然。王后之衡以玉，則天子之衡亦玉，諸侯以下未聞。然則《左傳》言衡，則繼以紞。《弁師》、《士冠禮》言笄，則繼以紘。

朱子曰：禮家載，祀先王服衮冕，祀先公服鷩冕。諸侯之服，蓋雖上祀先公以天子之禮，然不敢以天子之服臨其先公。但鷩冕旒玉，與諸侯不同。天子之旒十二玉，蓋雖與諸侯同是九旒，但天子九旒十二玉，諸侯九旒九玉耳。

楊氏曰：愚按六服而冕，注説恐未安，當從陳氏大裘、衮衣同冕之説。蓋祀天、祀先王皆十二旒，旒十二玉。祀先公鷩冕則九旒，旒十二玉。祀四望山川毳冕則七旒，旒十二玉。禮有輕重，則繅旒有隆殺。惟祀天、祀先王皆致其隆，不容有所輕重也。

按，先儒疑服有六而冕止於五，遂謂大裘、衮衣二服而同冕。然按《郊特牲》祭之日，王被衮以象天，《玉藻》天子龍卷以祭，《家語》曰：郊之日，天子大裘，以黼之被裘象天，既至泰壇，王脱裘矣，服衮以臨，燔柴戴冕璪，十有二旒，則天數也。陳祥道以爲王之祀天，内服大裘，外被龍衮。龍衮，所以襲大裘也。然則祭天之服亦龍衮，特内襲大裘，而宗廟之祭則龍衮内無裘，故以大裘而冕。在衮冕之前，非謂衮冕之上復有大裘之服也。蓋大裘、衮衣不可分而爲二服，而服與冕皆五，未嘗有六服矣。禮家又謂大裘之冕無旒，如此則是以大裘爲一服，無旒者爲一冕，是有六服，亦有六冕。然冕之無旒者，乃一命之服。蓋子、男之國爲大夫者服之，其秩至卑，以天子祀天之冕，而下同於子、男之大夫，可乎。其義不通矣。

又 陳氏《禮書》曰：《司服》言及諸侯、孤、卿大夫、士之服，而繼之以其齋服，有元端、素端，則元端、素端，非特士之齋服而已。鄭氏曰：端者，取其正也。士之衣袂皆二尺二寸，而屬幅，是廣袤等也。其袪尺二寸，大夫以上侈之。侈之者，蓋半而益一，則其袂三尺三寸，袪尺八寸。然謂之端，則衣袂與袪廣袤等矣，無大夫、士之辨也。果士之袪殺於袂尺，非端也。大夫之袪，侈以半而益一，亦非端也。深衣之袪圜，長衣之袪長，弔祭及餘衣之袪侈，《司服》：凡吊事，弁絰服。《雜記》：凡弁絰服，其衰侈。《少牢》：主婦衣，宵衣侈袂。《儒行》曰：孔子衣逢掖之衣。荀卿曰：其衣逢。則元端之袂端可知矣。古者端衣或施之於冕，或施之於冠。《大戴記》曰：武王端冕而受丹書。《樂記》曰：魏文侯端冕而聽古樂。荀卿曰：端衣元裳，絻而乘路。此施於冕者也。《冠禮》：冠者元端，緇布冠。既冠，易服，服元冠、元端。《特牲禮》：主人冠端元。《内則》：子事父母，冠，緌纓、端、韠，紳。劉定公曰：吾端委以治民。董安于曰：臣端委以隨宰人。公西華曰：宗廟之事，如會同，端章甫。以至晉侯端委以入武宫，晏平仲端委以立於虎門，此施之於冠者也。蓋元端，齋服也，諸侯與士以爲祭服，《玉藻》元端以祭，《特牲》冠端元是也。大夫、士以爲私朝之服，《玉藻》朝元端是也。天子至士，亦以爲燕服，《玉藻》天子卒食，元端而居，《内則》事父母端韠是也。然則端衣所用，固不一矣。《記》曰：齋之元也，以陰幽思也，故祭之。冕服皆元，齋之端衣，亦元。若夫朝服，天子以素，諸侯以緇，未聞以元端也。《儀禮》：大夫祭以朝服，士祭以元端。《冠禮》：主人朝服，既冠，冠者服元端。《雜記》：公襲朝服一，元端一。襚禮，自西階受朝服，自堂受元端。則朝、元端異矣。元端，皆元裳，或黄裳、雜裳可也，鄭氏曰：上士元裳，中士黄裳，下士雜裳，前元後黄。荀卿曰：端衣元裳，絻而乘路，志不在於食葷。蓋齋則衣裳皆元，非齋則裳不必元。未聞以素裳也。鄭氏釋《儀禮》，謂元端即朝服之衣易其裳耳。釋《玉藻》曰，朝服冠元端素裳，此説無據。服元端者，冠則緇布冠，齋則元冠，特天子齋用冕，燕則元冠而已。然齋或用素端，則其冠不元矣。鄭氏曰，素端爲禮荒有所禱請是也。

又曰：元端，齋服也，天子以爲燕服，士以爲祭服，大夫、士以爲私朝之服，或以事親，或以擯相，或既冠則服之以見鄉大夫、鄉先生。凡書傳所謂委貌者，即此元端委貌也。如晉侯端委以入武宫，劉定公曰吾端委以治民、臨諸侯，晏平仲端委以立於虎門之外是也。則元端之所用爲尤多矣。

朱子曰：不學雜服，不能安禮。鄭注謂以服爲皮弁冕服，其説恐是。蓋古人服各有等降，若理會得雜裳，則於禮亦是思過半矣。且如冕服是天子祭服，皮弁是天子朝服。諸侯助祭於天子則服冕服，自祭於其廟則服元冕。大夫助祭於諸侯則服元冕，自祭於其廟則服皮弁。又如天子常服則服皮弁，朔旦則服元冕，無旒之冕也。諸侯常朝則服朝服，元衣素裳。朔旦則服皮弁，大夫私朝亦用元端，夕深衣，士則元端以祭，上士元裳，中士黄裳，下士雜裳，前後元黄。庶人深衣。

又 陸氏曰：名曰深衣者，謂連衣裳而純之以采也。有表則謂之中衣，以素純則曰長衣。《正義》曰：長衣、中衣及深衣，其制度同。《玉藻》云：長、中繼揜尺，若深衣則緣而已。諸侯、大夫爲夕服，庶人吉服，皆著之在表也。其中衣則在朝服、祭服、喪祭之下，餘服則上衣下不相連。此深衣衣裳相連，被體深邃，故謂之深衣。

藍田吕氏曰：深衣之用，上下不嫌同名，吉凶不嫌同制，男女不嫌同服。諸侯朝朝服，夕深衣。大夫、士朝元端，夕深衣。庶人衣吉服，深衣而已。此上下之同也。有虞氏深衣而養老，諸侯、大夫夕皆深衣，將軍文子除喪而受越人吊，練冠深衣。親迎，女在塗，壻之父母死，深衣縞總以趨喪。此吉凶男女之同也。蓋深衣者，簡便之服，雖不經見，推其義類，則非朝祭皆可服之，故曰可以爲文，可以爲武，可以擯相，可以治軍旅也。

按三代時衣服之制，其可考見者雖不一，然除冕服之外，惟元端、深衣二者其用最廣。元端則自天子至士皆可服之，深衣則自天子至庶人皆可服之。蓋元端者，國家之命服也。深衣者，聖賢之法服也。然元端雖曰命服，而本無等級，非若冕弁之服，上下截然者之比。故天子服之而不卑，士服之而不爲僭。至於深衣，則裁制縫衽，動合禮法，故賤者可服，貴者亦可服，朝廷可服，燕私亦可服。天子服之以養老，諸侯服之以祭膳，卿、大夫、士服之以夕視私朝，庶人服之以賓祭，蓋亦未嘗有等級也。古人衣服之制不復存，獨深衣則《戴記》言之甚備。然其制雖具存，而後世苟有服之者，非以詭異貽譏，則以儒緩取哂，雖康節大賢，亦有今人不敢服古衣之說。司馬温公必居獨樂園而後服之，吕滎陽、朱文公必休致而後服之，然則三君子當居官莅職見用於世之時，亦不敢服此，以取駭於俗觀也。蓋例以物外高人之野服視之矣，可勝嘅哉。

又 陳氏《禮書》曰：韠之作也，在衣之先，其服也，在衣之後，其色則視裳而已。《禮記》言君朱、大夫素、士爵韋者，祭服之韠也。蓋君祭以冕服，冕服元衣纁裳，故朱韠。大夫祭以朝服，緇衣素裳，故素韠。士祭以元端，元端、元裳、黄裳、雜裳可也，故爵韠。《周官·典命》公、侯、伯之士一命，而士之助祭以爵弁，弁而祭於公。爵弁纁裳，故緼韍，緼，赤黄之間色。所謂一命緼韍是也。公、侯、伯之卿三命，大夫再命，而卿大夫助祭聘王以元冕，《司服》孤之服自希冕而下，鄭氏以爲卿大夫之服。自元冕而下，鄭氏以爲助祭聘王之服。蓋孤希冕祭於公，弁而祭於己。卿大夫元冕祭於公，冠而祭於己。元冕纁裳，故赤韍，所謂再命、三命赤韍是也。韠之爲物，以其茀前則曰韍，以其一巾足矣，故曰韠，以色則曰緼，以緼質則曰韎韐。古人謂舊爲茅蒐，讀茅蒐爲韎韐。考之《士冠禮》，於皮弁元端皆言韠，特於爵弁言韎韐，《詩》於素韠，於朱芾、赤芾乃言芾。是韠者，芾之通稱，而芾與韎韐異其名，所以尊祭服也。君韠雖以朱，而諸侯朝王亦赤芾，《詩》曰赤芾在股、赤芾金舄是也。士雖以爵，凡君子之齋服皆爵韠。《記》曰齋則緭結佩而爵韠是也。《采芑》言方叔之將兵，韍亦以朱，《瞻彼洛矣》言作六師而韍以韎韐者，蓋兵事韋弁服、纁裳。故貴者以朱芾，卑者以韎韐。韎韐，即所謂緼韍。長三尺，所以象三才。頸五寸，所以象五行。下廣二尺，象地也，上廣一尺，象天也。會去上五寸，紕以爵韋六寸，不至下五寸，純以素，紃以五采。會，猶《書》所謂作會也。紕，裨其上與旁也。純，緣其下也。去會與純各五寸，則其中餘二尺也。紕六寸，則表裏各三寸也。天子之韠直，其會龍、火與山。諸侯前後方，其會火以下。大夫前方挫角，其會山而已。鄭氏謂山取其仁，火取其明，龍取其變，天子備焉。諸侯火而下，卿大夫山，士韎韋。以禮推之，周人多以近世之禮待貴者，遠世之禮待卑者，則鄭氏之説是也。周以虞庠爲小學，以夏序、商學爲太學，以成人棺椁喪長殤，以夏之堲周葬中殤，以虞氏之瓦棺葬無服之殤，皆待卑者以質略也。自頸肩而下則其身也。鄭氏以其身之五寸爲領，而會爲領縫，是肩在領上矣。衣之上韋，猶尊上元酒、俎上生魚也。鄭氏謂衣之上韠者，執事以蔽裳爲敬，與不忘其本之説戾矣。古者喪服用韠，無所經見。《詩》曰庶見素韠，是祥祭有韠也。劉熙曰韠以蔽前，婦人蔽膝，亦如之。《唐志》婦人蔽膝，皆如其夫，是婦人有韠也。荀子曰共艾畢説者曰蒼曰之韋，是罪人有韠也。及戰國連兵，韠非兵飾，去之。明帝復制韍，天子赤皮蔽膝。魏晉以來，用絳紗爲之，故字或作紱。徐廣《車儀制》云。楊氏曰：愚按《儀禮》：士皮弁素韠，朝服緇韠，元端爵韠，爵弁韎韐。《士冠》：筮於廟門，主人朝服緇帶素韠。又云《冠禮》三加爵弁韎韐，鄭注云：韎韐，緼韍也。士緼韍而幽衡，合韋爲之，士染以茅蒐，因以名焉。今齊人名蒨爲韎韐。韍之制似韠。又按《周官·典命》：一命緼韍。蓋公、侯、伯之士一命，而士之助祭以爵弁纁裳，故緼韍。緼，赤黄之間色也。《左氏傳》：衮冕黻珽。疏曰：黻韠，制同而名異。鄭元《詩箋》云：芾，太古蔽膝之象也。冕服謂之芾，其他服謂之韠。

又 陳氏《禮書》曰：《詩》云赤舄几几，元衮赤舄，赤芾金舄，周公及諸侯冕服之舄也。赤舄謂之金舄者，鄭氏謂金舄，黄朱色也。考之於《禮》，周尚赤，而灌尊黄彝，纁裳赤黄，馬黄朱，而諸侯之芾亦黄朱，鄭氏釋《斯干》詩曰：芾，天子純朱，諸侯黄朱。則舄用黄朱宜矣。唐制以金飾履，與鄭氏之所傳異也。

楊氏曰：愚按《屨人》言王后之舄屨惟有赤舄、黑舄，素屨、葛屨，其爲飾不過赤繶、黃繶、青絇而已。鄭氏則以爲王之舄有三，赤、黑、白，后之舄有三，元、白、黑，又有黃屨、白屨、黑屨之異。外、内命夫命婦之命屨，惟有功屨、散屨而已。鄭氏又有纁、黃、白、黑之屨，皆是經外推説，恐難據信。

又卷一一二《王禮考七》 君臣冠冕服章：秦滅禮學，郊社服用皆以袀元，以從冕旒，前後邃延。蔡邕《獨斷》曰：袀，紺繒也。以水德尚袀，音均。

漢承秦敝，西京二百餘年，猶未能有所制立。【略】

西漢史不言朝祭服章之制，惟《漢舊儀》所載如此，然其説終不明白云。【略】

按，西漢服章之制，於史無所考見。班固《敘傳》言漢初定，與民無禁。師古注謂漢不設車旗衣服之禁。今觀賈誼所言可見。然魏相奏謂高皇帝書有《天子所服第八》，則服制未嘗無。其書相所奏，既不詳備，而《史記》無傳焉。蓋周之經制，歷春秋、戰國數百年，典籍湮没不存。及七雄僭王，國自爲政，尤無所究詰。秦出自西戎，不習禮文之事，而其立意，大概欲是今而非古，尊己而卑人。故滅六國之後，獲其君之冠則以賜侍人，獲其君之車則以爲副車，又烏能參考損益，以復先王車旗衣服之制。漢初，用事者椎朴少文，不過盡遵秦規而已。【略】

凡冠衣諸服，旒冕、長冠、委貌、皮弁、爵弁、建華、方山、巧士，衣裳文繡，赤舄，服絇履，大佩，皆爲祭服，其餘悉爲常用朝服。唯長冠，諸王國謁者以爲常朝服云。宗廟以下，祠祀皆冠長冠，皂繒袍單衣，絳緣領袖中衣，絳袴襪，五郊各從其色焉。

《東觀記》：永平二年正月，公卿議南北郊，東平王蒼議曰：高皇帝始受命創業，制長冠以入宗廟。光武受命中興，建明堂，立辟雍。陛下以聖明奉遵，以禮服龍袞，祭五帝。禮缺樂崩，久無祭天地冕服之制。接尊事神，潔齊盛服，敬之至也。日、月、星辰、山、龍、華藻，天王袞冕十有二旒，以則天數。旗有龍章日月，以備其文。今祭明堂宗廟，圓以法天，方以則地，服以華文，象其物宜，以降神［明］，肅雍備思，博其類也。天地之禮，冕冠裳衣，宜如明堂之制。蓋古者君臣佩玉，尊卑有度，上有韍，韍如今蔽膝。貴賤有殊。佩所以章德，服之衷也。韍所以執事，禮之共也。故禮有其度，威儀之制，三代同之。五伯迭興，戰兵不息，佩非戰器，韍非兵旗，於是解去韍佩，留其繫璲，徐廣曰：今名璲爲綫。以章表之。故《詩》曰鞙鞙佩璲，此之謂也。鞙鞙，佩玉貌。璲，瑞也。鄭元箋曰：佩璲者，以瑞玉爲佩，佩之鞙鞙然。紱佩既廢，秦乃以采組連結於璲，光明章表，轉相結受，故謂之綬。漢承秦制，用而弗改，故加之以雙印佩刀之飾。至孝明皇帝，乃爲大佩，衝牙、雙瑀璜皆以白玉，乘輿絡以白珠，公卿諸侯以采絲，其視冕旒爲祭服云。

又 魏氏多因漢法，其所損益之制無聞。

《通典》按《後漢志》：孝明皇帝永平二年，詔從歐陽、夏侯二家所説，制冕服，乘輿刺繡文，公卿以下織成文。據《晉志》云：魏明帝以公卿袞黼之飾擬於至尊，多所減損，始制服刺繡，公卿織成。未詳孰是。

晉受命，遵而無改。天子郊祀天地、明堂、宗廟，元會臨軒，黑介幘，通天冠，平冕。冕皂表朱緑裏，廣七寸，長二尺二寸，加於通天冠上，前圓後方，垂白玉珠，十有二旒，以朱組爲纓，無緌。佩白玉，（華）［垂］珠黃大旒，綬黃赤紺縹上敷沼反，下右暗反。四采。衣皂上絳下，前三幅，後四幅，衣畫而裳繡，爲日、月、星辰、山、龍、華蟲、藻、火、粉米、黼、黻之象，凡十二章。素帶廣四寸，朱裏，以朱緣裨音卑，服冕也。飾其側。中衣以絳緣其領袖。赤皮爲韍，絳袴襪，望發反，赤舄。未加元服者，空頂介幘。其釋奠先聖，則皂紗袍，絳緣中衣，絳袴襪，黑舄。其臨軒，亦袞冕也。其朝服，通天冠高九寸，金博山顔，黑介幘，絳紗袍，皂緣中衣。其拜陵，黑介幘，單衣。其雜服有青、赤、黃、白、緗、黑色介幘，五色紗袍，五梁進賢冠，遠遊冠，平上幘武冠。其素服白帢苦洽反。單衣。後漢以來，天子之冕，前後旒用真白玉珠。魏明帝好婦人之飾，改以珊瑚珠。晉初仍舊不改。及過江，服章多闕，而冕飾以翡翠、珊瑚、雜珠。侍中顧和奏：舊禮，冕十二旒，用白玉珠。今美玉難得，不能備，可用白璇音旋。珠。從之。

又 致堂胡氏曰：君子大復古，重變古，非泥於古也。以生人之具，皆古之聖人因時制宜，各有法象意義，不可以私智更改之也。用步卒，而車戰法亡。開阡陌，而井地法亡。建郡縣，而封建法亡。以日易月，而通喪之禮廢。從事鞍馬，而轡軾之儀絶。參以胡服，而冕黻不復用。尚以杯案，而簠席不復施。大抵視便利爲安，日趨於苟簡，而聖王所作法象意義，不復可見。有天下者，以智力得之，凡所施設，是今而非古。如宣帝所謂漢家自有制度者，豈不可嘆之甚哉。以周家紗幞一事論之，此後世巾幘朝冠之所自

又　程氏《演繁露》曰：韓退之詩：不知官高卑，玉帶垂金魚。若從國朝言之，則極品有不得兼者，然唐制不爾也。唐制：五品以上皆金帶，至三品則兼金玉帶。《通鑑》：明皇開元初，敕百官所服帶，三品以上聽飾以玉。是退之之客，皆三品之上，亦足詫矣。宋朝玉帶雖出特賜，須得閤門關子許服，方敢用以朝謁，則體益以重。然唐裴晉公得特賜，乃于闐玉也。暨病亟，具表返諸上方，其自占辭曰：內府之珍，先朝所賜，既不合將歸地下，又不敢留在人間，謹以上進。不知故事當進如隨身魚符之類邪，抑晉公自以意創此舉也。宋朝親王皆服玉帶，元豐中，創造玉魚，賜嘉、岐二王，易去金魚不用。自此遂爲親王故事，又前世所未有者。

按此紫、緋、緑、青爲命服，昉於隋煬帝巡游之時，而其制遂定於唐，此史傳所紀也。然夏侯勝謂士若明經取青紫如拾地芥，揚子雲亦言紆青拖紫，丹朱其轂，則漢時青紫亦貴官之服。西漢服章之制無所考見，史言郊社祭服承秦制，用袀元。袀，紺色也。東漢則百官之服皆袀元，不聞以青紫。如淳注：雖有五時服，至朝皂服皂衣。皂衣，即元服也。豈服章雖用袀元，而青紫乃其時貴官燕居之服，非微賤者所可服歟。

又　《朱子語録》問：幞頭所起。曰：亦不知所起，但諸家小説中班駁時見一二。如王彦輔《麈史》猶略言之。某少時，尚見唐時小説極多，今皆不復存矣。唐人幞頭，初止以紗爲之，後以軟，遂斫木作一山子在前襯，起名曰軍容頭。其説以爲起於魚朝恩，一時人争效之。其先，幞頭四角有脚，兩脚係向前，兩脚係向後，後來遂横兩脚，以鐵線張之，然惟人主得裹此。世所畫唐明皇已裹兩脚者，但比今甚短。後來藩鎮遂亦僭用，想得士大夫因此亦皆用之，但不知幾時展得如此長。五代時猶是，惟人君得裹兩脚者，然皆莫可考也。桐木山子相承用，至本朝遂易以藤織者，而以紗冒之，近時方易以漆紗。嘗見南溪沙漠一士夫家，尚收得上世所藏幞頭，猶是藤織坯子。唐製又有兩脚上下者，亦莫可曉。又曰：幞頭本是偃脚垂下，要束得緊。今却做長脚。問：横渠説唐莊宗取伶官幞頭帶之，後遂成例。曰：不是如此。莊宗在位，亦未能便化風俗，兼是伶人所帶，士大夫亦未肯帶之。見畫本唐明皇已帶長脚幞頭，或云藩鎮僭禮爲之，後遂爲此樣。或云乃是唐宦官要得常似新樣，故以鐵線插帶中，又恐壞其帶，以桐木爲一幞頭骨子，常令幞頭高起如新，謂之軍容頭。後來士大夫學之，令匠人爲我斫始也。古者賓、祭、喪、燕、戎事，其冠皆各有所宜。紗幞既行，諸冠由此漸廢。紗而用漆，更爲兩帶上結，兩帶後垂，蓋自李唐以來而已然矣。此又四脚之變也。自是以後，則又以夫帶之垂者左右横之，而其頂則起後平前，方爲六角。若天子侍衛之近者，則又武其一脚，翹其一脚。稽之法象，果何所則。求之意義，果何所據。然而行之數百年，莫有以爲非也。至於總而簪弁，則屬之道家者流。非道家之得也，乃自老莊而後。爲之徒者，其服變革未盡，猶有古士服之餘製焉耳。治天下者，莫大於禮，禮莫明於服，服莫重於冠。必欲盡善，其必考古而立制，夫亦何獨冠爲然哉。

又　程氏《演繁露》曰：《隋志》：宋、齊之間，天子宴私，著白高帽，士庶以烏，太子在上省則帽以烏紗，在永福省則白紗。隋時以白帢通爲慶吊之服，國子生亦服白紗巾也。晉著白接䍦，竇苹《酒譜》曰：接䍦，巾也。南齊垣崇祖守壽春，著白紗帽，肩輿上城，今人必以爲怪，古未有以白色爲忌也。郭林宗遇雨墊巾，李賢注云，周遷《輿服雜事》曰，巾以葛爲之，形如帢，帢，苦洽反。本居士野人所服，魏武造帢，其巾乃廢。今國子學生服焉，以白紗爲之，是其制皆不忌白也。《樂府・白紵歌》曰：質如輕雲色如銀，制以爲袍餘作巾，袍以先驅巾拂塵。吴兢《樂府要解》：按舊史，白紵，吴地所出，則誠今之白紵。列子所謂阿錫，而西子之舞所謂白紵紛紛鶴翎亂者是也。今世人麗粧，必不肯以白紵爲衣。古今之變不同如此。《唐六典》：天子服有白紗帽，其下服如裙襦襪，皆以白。視朝、聽訟、燕見賓客，皆以進御。則猶存古制也。然其下注云亦用烏紗，則知古制雖存，未必肯用，多以烏紗代之。則習見忌白久矣。世傳《明皇幸蜀圖》，山谷間老叟出望駕，有著白巾者，釋者曰：服，諸葛武侯也。此不知古人不忌白也。

又　致堂胡氏曰：服章之設，所以辨上下，定民志也。莫卑乎民，莫尊乎天子。而服同一色，上下無所辨，民志何由定。僭亂由此而生矣。古之聖王，自奉儉約，惡衣菲食，而事天地、宗廟，臨朝廷百官，則等級分明。故冕十有二章，黻珽幅舄，衡紞紘綖，以昭其度。藻率鞞鞛，鞶厲游纓，以昭其數。威嚴尊重，禮無與二。然後人主之勢隆，非廣己以造大，理當然也。故晏平仲爲大國之卿，一狐裘三十年，澣衣濯冠以朝，君子譏其隘曰，難乎其爲下也。隋文儉約，施之宫闈之中，燕私之用可也。與庶人同服，而坐乎廟朝，儉不中禮，不足以爲法矣。

個軍容頭來，蓋以木爲之，故謂之斫。及唐末宦者之禍，人皆以此爲讖。王彦輔《麈史》説得有來歷，恐是如此。後來覺得不安，到本朝時，又以藤做骨子，以紗糊其上。後又覺見不安，到仁宗時，方以漆紗爲之。

又　按，袴褶魏晉以來，以爲車駕親戎、中外戒嚴之服。晉制雖有其説，而不言其制。然既曰戒嚴服之，必戎服也。至隋煬帝時，巡游無度，詔百官從行服褶袴，軍旅間不便，遂令改服戎衣爲紫、緋、緑、青之服。則所謂袴褶者，又似是褒衣長裾，非鞍馬征行所便者，與戒嚴之説不類。唐時以袴褶爲朝見之服，開元以來，屢敕百官朝參應服袴褶，而不服者令御史糾彈治罪。蓋以爲六品以下之通服。韻書訓褶爲袴，又爲袷也。然袴，裳也。袷，衣之交領也。則不知所謂袴褶者一物乎，二物乎。《唐輿服志》『群臣服』條内有緋褶大口袴，則似是二物。然不知所謂緋褶者衣乎，裳乎。當俟精識考古之士而訂之。

復考畢仲衍《中書備對》『冕服』條下『袴褶』注云：紫、緋、緑各從本服，白綬，中單白羅，方心曲領，白綾袴，本品官導駕則騎而從之。詳其説，所謂紫、緋、緑，即後來之公服，而非祭服、朝服也。祭服青衣，朝服緋衣，不分紫、緋、緑三等。但所謂白綬者，今之公服所無，而中單白羅、方心曲領，後之衣公服者，亦未嘗服之。蓋古人盛服必有中單，冕弁朝祭之服皆有之，多以白爲之，而緣以朱繡之屬。意公服之初制，亦必有此。後來流傳既久，寖從簡便，而朝服之裏，所衣者非中單，乃流俗不經之服，如所謂紫袍皂褶之類是也。

又卷一一三《王禮考八》　君臣冠冕服章：國初，令禮官檢討模畫袴褶衣冠形像，且云武弁、平巾幘即是一物兩名，乃於籠巾中別畫一幘。中書門下奏議：據令文，明武弁非袴褶之冠，合是具服，有劍、履、佩、綬，又非騎馬之服，乃請導駕官止用平巾幘。袴、褶、靴、笏如平巾幘，制度未詳，且以今朝服冠代之，當戴籠巾者，亦不帶導駕官袴褶色。未久，本品色者止用見著服色，其起梁帶，依禮官之議，權以革帶充。自是遂爲定制。

又　初，皇親與内臣所衣紫，皆再入爲黝色，後士庶寖相效，而言者以爲奇衺之服，故禁之，服者猶不止。

又　知太常禮院李育奏言：竊以郊廟之祭，本尚純質。衮冕之飾，皆存法象，非事繁侈，重奇玩也。冕則以《周官》爲本，凡十二旒，間以采玉，加之以紘、綖、笄、瑱之飾。衮則以《虞書》爲始，凡十二章，首以辰象，别以衣裳繪繡之采。東漢至唐，史官名儒紀述前制，皆無珠翠、龍錦、犀寶、七星、雲鶴之飾，何則。鷸羽蚌胎，非法服所用。琥珀犀瓶，非至尊所冠。龍錦七星，已列采章之内，紫雲白鶴，近出道家之語，豈被衮戴璪，象天則數之義哉。自大裘之廢，顓用衮冕，古朴稍去，而法度尚存。夫明水、大羹，不可以衆味和。《雲門》、《咸池》不可以新聲間。衮冕之服，不宜以珍怪累也。若魏明之用珊瑚，江左之用翡翠，侈靡衰播之餘，豈足爲聖朝道哉。且太祖建隆元年少府監所造冕服，及二年博士聶崇義所進《三禮圖》，嘗詔尹拙、竇義參校之，皆倣虞、周、漢、唐之舊。至四年冬服之，合祭天地於圜丘，用此制也。太宗亦嘗命少府製於禁中，不聞改作。及章聖封泰山，禮官請服衮冕，帝曰：前王服黑裘，尚質也。今則無羔裘而有衮冕，可從近制。是豈有意於繁飾哉。蓋後之有司率意妄增，未嘗確議，遂相循而用。故仁宗嘗詔禮官章得象等詳議之，其所減過半，然不經之飾，重者多去，輕者尚存，不能盡如詔書之意。故至和三年，王洙復議去繁飾，禮官畫圖以獻，漸還古禮，而有司所造，復如景祐之前。又案《開寶通禮》及《衣服令》，冕服皆有定法，悉無《會要》所載寶錦之飾。況天地之德，無物以稱，宗廟之薦，不美多品，惟純質之器，法度之服，僅可饗之。其衮冕之服及韠、綬、佩、舄之類，與《通禮》、《衣服令》、《三禮圖》制度不同者，宜悉改正。詔太常禮院、少府監參定，遂合奏曰：古者冕服之用，郊廟殊制。《唐典》天子之服有二等，而大裘尚存。顯慶初，長孫無忌等采《郊特牲》之説，獻議廢大裘。自是郊廟之祭一用衮冕，然旒章之數止以十二爲節，亦未聞有餘飾也。國朝冕服雖倣古制，然增以珍異巧縟，前世所未嘗有。夫國之大事，莫大於祀，而祭服違經，非所以肅祀容，尊神明也。臣等以爲宜如育言，參酌《通禮》、《衣服令》、《三禮圖》及景祐二年減定之制，一切改造。孔子曰：麻冕，禮也。今也純，儉，吾從衆。純者絲也，變麻用絲，蓋已久矣。則冕服之制，宜依舊以羅爲之。冕廣一尺二寸，長二尺二寸，約以景表尺，前圓後方，黝上朱下，以金飾版側。以白玉珠爲旒，貫之以五采絲繩，前後各十二旒，旒各十二珠，相去一寸，長二尺，朱絲組爲纓，黈纊充耳，金飾玉簪導。深青衣纁裳十二章，八章繪之於衣，日、月、星辰、山、龍、華蟲、火、宗彝也。四章繡之於裳，藻、粉米、黼、黻也。錦褾領，織爲升龍。山、龍而下，一章爲一行，重以爲等，行十二。別製大帶，素表朱裏，朱綠終韠。紱、舄、大小綬，亦去珠玉、鈿窠、琥珀、玻璃之飾。其中單、革帶、玉具劍、玉佩、朱韈之制，已中禮令，無復改爲，則法服有稽，祭禮增重。復詔禮院再詳明以聞。而內侍省奏謂景祐中已裁定，可因而用也。乃詔如景祐二年之制。

又 詳定禮文所言，古者祭服，皆元衣纁裳以象天地之色。裳之飾有藻、粉米、黼、黻。《考工記》曰：白與黑謂之黼，黑與青謂之黻。今祭服上衣以青，其繡於裳者藻及粉米，皆五色圓花藉之，而黼用藍，黻用碧與黃，且虎蜼共一章，粉米共一章。今皆異章而畫不應古制，請下有司製五冕之服章，衮冕之章九，衣繪龍、山、華蟲、火、虎蜼，裳繡藻、粉米、黼、黻。鷩冕之章七，衣繪華蟲、火、虎蜼，裳繡藻、粉米、黼、黻。毳冕之章五，衣畫虎蜼、藻、粉米，裳繡黼、黻。絺冕之章三，衣繪粉米，裳繡黼，黻。元冕衣無章，裳刺黼，黻，爵弁則緇衣纁裳。從之。

又 禮部員外郎何洵直在元豐中嘗預詳定，以陸佃所議有可疑者八。按《周禮》節服氏掌祭祀朝覲衮冕，六人，維王之太常。郊祀裘冕，二人。既云衮冕，又云裘冕，是衮與裘各有冕，乃云裘與衮同冕，當以衮襲之。裘既無冕，又襲於衮，中裘而表衮，何以示裘衮之別哉。古人雖質，不應以裘爲夏服。蓋冬用大裘，當暑則以同色繒爲之。《記》曰：郊祭之日，王被衮以象天。若謂裘上被衮，以被爲襲，則《家語》亦有被裘象天之文。諸儒或言臨燔柴，脱衮冕，著大裘，或云脱裘服衮，蓋裘衮無同冕兼服之理。今乃以二服合爲一，可乎。且大裘，天子吉服之最上，若大圭、大路之比，是裘之在表者。《記》曰：大裘不裼。說者曰：無別衣以裼之。蓋他服之裘褻，故表裘不入公門。事天以報本復始，故露質見素，不爲表襮，而冕亦無旒，何必服他衣以藩飾之乎。凡裘上有衣謂之裼，裼上有衣謂之襲。襲者，裘上二重衣也。大裘本不裼。鄭《志》乃云裘上有元衣，與裘同色。蓋趙商之徒，附會爲説，不與經合。襲之爲義，本出於重沓，非一衣也。古者齋、祭異冠，齋服降祭服一等。祀昊天上帝、五帝，以裘冕祭，則衮冕齋。故鄭氏云：王齋服衮冕者，祀天之齋服也。唐開元之時，始以衮冕爲齋服，裘冕爲祭服，兼與張融臨燔柴脱衮服裘之義合。請從唐制，兼改製大裘，以黑繒爲之。佃復破其説曰：夫大裘而冕謂之裘冕，非大裘而冕謂之衮冕。則裘冕必服衮，衮冕不必服裘。今特言衮冕者，主冬至言之。《周禮·司裘》：掌爲大裘，以共王祀天之服。則祀地不復大裘，以夏日至，不可服裘故也。今謂之大裘當暑，以同色繒爲之，尤不經見。兼裼襲，一衣而已，初無重沓之義，被裘而覆之則曰襲，袒而露裘之美則曰裼，所謂大裘不裼，則非衮而何。《玉藻》曰：禮不盛，服不充。故大裘不裼，則明不裼而襲也。充，美也。鄭氏謂大裘之上有元衣，雖不知覆裘以衮，然尚知大裘不可徒服，必有元衣以覆之。《玉藻》有尸襲之義，《周禮》『裘冕』注云：裘冕者，從尸服也。夫尸服大裘而襲，則王服大裘而襲可知。且裘不可以徒服，故被以衮，豈借衮以爲飾哉。今謂祭天用衮冕爲齊服，裘冕爲祭服，此乃襲先儒之謬誤。後漢顯宗初服日、月、星辰十二章，以祀天地。自魏以來，皆用衮服。則漢、魏祭天，嘗服衮矣。雖無大裘，未能盡合於禮，固未嘗有表裘而祭者也。且裘，内服也，同袍褻矣，而欲襌以祭天，以明示質，是欲衩衣以見上帝也。洵直復謂大裘之裳，纁色而無章飾。夫裘安得有裳哉。請從先帝所定。其後詔去黑羔皮而以黑繒製造焉。

又 國子監丞王普言：近世冕服制度，沿襲失真。夫後方前圓，後仰前低，元表朱裏，此冕之制也。今則方圓俯仰，幾於無辨，且以青爲表，而飾以金銀矣。衣元裳纁，裳前三幅，後四幅，此衣裳之制也。今則衣色以青，裳色以緋，且爲六幅而不殊矣。山以章也，今則以墮。火以圓也，今則以鋭。宗彝，宗廟虎蜼之彝也，乃畫虎蜼之狀，而不爲彝。粉米，米而粉之者也，乃分爲二章，而以五色圓花爲藉。佩有衡、璜、琚、瑀、衝牙而已，乃加以雙滴，而重設二衡。綬以貫佩玉而已，乃列爲錦綬，而間以雙環。以至帶無紐約，芾無肩頸，舄無絇繶，中衣無連裳。其他訛謬，未暇悉舉。祖宗屢嘗講究，以舊服數多，不欲廢棄。渡江之後，舊服無存者。明堂所造，纔數十副。宜因茲改作，是正訛舛，一從周制。事下太常。五月，禮官言：國家承唐舊，初有五冕之名，其後去三公衮冕及絺冕，但存七旒鷩冕、五旒毳冕，無旒元冕，凡三等。自尚書服毳，至光祿承亦服焉。貴賤無差，宜增鷩冕爲八旒，毳冕爲六旒，復置絺冕爲四旒，并無旒元冕爲四等。其他制作失宜當改正者，今普以圖式，送寺修改。

又 石林葉氏《燕語》曰：余見大父時家居及燕見賓客，率多頂帽而繫勒帛，猶未甚服背子。帽下戴小冠簪，以帛作橫幅約髮，號頟子。處室中，則去帽見冠簪，或用頭巾也。古者士皆有冠，帽乃冠之遺製。頭巾，賤者不冠之服耳。勒帛，亦垂紳之意，雖施之外不爲簡。背子，本半臂，武士服，何取於禮乎。或云，勒帛不便於搢笏，故稍易背子，然須用上襟，腋下與背子垂帶。余大觀間見宰執接堂吏，押文書，猶冠帽用背子，今亦廢矣。而背子又引爲長袖，與半臂製亦不同。裹，賤者巾。衣，武士服。而習俗之久，不以爲異。古禮之廢，大抵類此也。

又曰：劉丞相摯，家法儉素，閨門雍睦。凡冠巾衣服制度，自其先世以來，常守一法，不隨時增損。故承平時，其子弟雜處士大夫間，望而知其爲劉氏也。數十年來，衣服詭異，雖故老達官，亦不免從俗，與市井諠浮略同，而不以爲非。舊鳳翔郿縣出綃，以緊細如箸者爲貴。近歲，衣道服者，綃以大爲美，圍率三四寸，長二丈餘，重複腰間，至五七返，以真茸爲之。一綃有直十餘千者，此何理也。

程氏《演繁露》曰：襦者，短衫也。莊子曰：未解裙襦。《廉范傳》曰：昔民無襦，今五袴也。褐者裾垂至地。《張良傳》有老父衣褐至良所，師古曰：褐制若裘。今道士所服者是也。裘，即如今之道服也。斜領交裾，與今長背子略同。其異者，背子開袴，裘則逢合兩腋也。然今世道士所服，又略與裘異。裘之兩裾，交相掩擁，而道士則兩裾直垂也。師古略舉其概，故不能詳也。長背子古無之，或云近出宣政間，然小説載蘇文忠襌衣襯朝服，即在宣政之前矣。詳今長背，既與裘製大同小異，而與古中單又大相似，殆加減其制而爲之耳。則中單腋下縫合，而背子則離異其裾，中單兩腋各有帶，穴其腋而互穿之以約定裏衣，至背子則既悉去其帶，惟此爲異也。至其用以襯藉公裳，則意制全是中單也。今世好古而存舊者，縫兩帶綴背子，腋下垂而不用，蓋放中單之交帶也。雖不以束衣而遂舒垂之，欲存古也。《太平御覽》有《仙公請問經》，其文曰：太極真人曰：學道當潔净衣服，備巾褐制度，名曰道之法服也。巾者，冠中之巾也。褐者，長裾，通冒其外衣也。巾褐皆具，乃中道家法服之制。今世衣直掇爲道服者，必本諸此也。

又《傳授經》曰：老子去周，左慈在魏，並葛巾單裙。不著褐，則是直著短衫，而以裙束其上，不用道家法服也。晉王獻之書羊欣練裙，朱公叔《絶交論》謂西華之子冬月葛衣練裙，蓋古人不徒衣袴，必以裙襲之。是正上衣下裳之制也。

明·周祈《名義考》卷一一《物部·禆冕副褘》 禆之言偏也。天子大裘爲上，公衮，侯伯鷩，子男毳，偏於天子者也。《玉藻》諸侯禆冕以朝是也。副之言貳也。王后褘衣，上公如天子之服，則上公夫人如后之服，貳於后也。《禮記》夫人副褘是也。

明·何良俊《四友齋叢説》卷二八《畫一》 夫書畫本同出一源，蓋畫即六書之一，所謂象形者是也。《虞書》所云彰施物采，即畫之濫觴矣。古五經皆有圖，余又見有《三禮圖考》一書，蓋車輿、冠冕、章服、象服、褕狄、笄褅之類，皆朝廷典章所係，後世但照書本言語，想象爲之，豈得盡是。若有圖本，則儀式具在，按圖製造，可無舛錯，則知畫之所關蓋甚大矣。

綜述

《後漢書》卷四〇《輿服志下》 凡冠衣諸服，旒冕、長冠、委貌、皮弁、爵弁、建華、方山、巧士，衣裳文繡，赤舄，服絇履，大佩，皆爲祭服，其餘悉爲常用朝服。唯長冠，諸王國謁者以爲常朝服云。宗廟以下，祠祀皆冠是冠，皂繒袍單衣，絳緣領袖中衣，絳袴襪，五郊各從其色焉。贊曰：車輅各庸，旌旗異局。冠服致美，佩紛璽玉。敬敬報情，尊尊下欲。孰夸華文，匪豪麗縟。

唐·杜佑《通典》卷六一《禮二十一》 黄帝、堯、舜垂衣裳，蓋取諸乾坤，故衣玄而裳黄。旁觀翬翟草木之華，乃染五色，始爲文章以表貴賤，而天下理。《虞書》曰：予欲觀古人之象，日、月、星辰、山、龍、華蟲作繢，宗彝、藻、火、粉米、黼、黻絺繡。備十二章。玄衣纁裳，上六章在衣，下六章在裳。上畫下繡。

夏殷之代，相襲無變。

《周官》司服掌王之吉凶衣服。大裘以祀天，大裘，羔裘，祀天示質也。以其祀天，故以大言之也。衮冕服享先王，升日月於旌旗。服備九章：一曰龍，二曰山，三曰華蟲，四曰火，五曰宗彝，皆畫以爲繢。六曰藻，七曰粉米，八曰黼，九曰黻，皆絺以爲繡。則衮之衣五章，裳四章，凡九。鷩冕服享先公，鷩，畫鷩翟，謂華蟲也。其衣三章，裳四章，凡七。毳冕服祀四望山川，毳，畫虎蜼，謂宗彝也。其衣三章，裳二章，凡五也。蜼音維癸反。絺冕服祭社稷五祀，絺，刺粉采無畫，其衣一章，裳二章，凡三。玄冕服祭群小祀。其衣無文，裳刺黻而已。凡冕服，皆玄衣纁裳。凡兵事韋弁服，以韎韋爲弁，又以爲衣裳。《春秋傳》曰：晉郤至衣韎韋之跗注。是視朝則皮弁服，視外內朝之事。其服十五升，白布衣，積素以爲裳。王受諸侯朝覲於廟，則衮冕。凡甸，冠弁服。甸，田獵也。冠弁，委貌。其服緇布衣，亦積素以爲裳。司裘仲秋獻良裘，良，善也。仲秋鳥獸毛毨，因其良時而用之。仲秋所獻善裘者，爲八月誓獮田所用，故獻之。鄭司農云：良裘王所服。季秋獻功裘。功裘，人功微粗，謂狐青麛裘之屬也。

公之服，自衮冕而下如王之服。侯伯之服，自鷩冕而下如公之服。子男之服，自毳冕而下如侯伯之服。孤之服，自絺冕而下如子男之服。卿大夫之服，自玄冕而下如孤之服。士之服，自皮弁而下如大夫之服。其齋服有玄端素端。自公之衮冕，至卿大夫之玄冕，皆其朝聘天子及助祭之服。諸侯非二王後，其餘皆玄冕而祭於己。《雜記》曰：大夫冕而祭於公，弁而祭於己。士弁而祭於公，冠而祭於己。大夫爵弁自祭家廟，唯孤耳。其餘皆玄冠，與士同。玄冠自祭其廟者，其服朝服玄端。

秦制，水德，服尚袀玄。袀音均。

後漢光武踐祚，始修郊祀。天子冕服，從歐陽氏說。三公、九卿、特進侯、朝侯、侍祠侯，從夏侯氏說。祀天地明堂，皆冠旒冕，衣裳皆玄上纁下，一服而已。明帝永平中，議乘輿備文，日月十二章，刺繡文。《東觀書》曰：永平二年正月，公卿議春南北郊，東平王蒼議曰：高皇帝始受命創業，制長冠以入宗廟。光武受命中興，建明堂，立辟雍。陛下以聖明奉遵，以禮服龍衮，祭五帝。禮闕樂崩，久無祭天地冕服之制。接尊事神，絜齋盛服，敬之至也。日月星辰，山龍華藻，天王衮冕十有二旒，以則天數。旗有龍章日月，以備其文。三公、諸侯用山龍九章，九卿以下用華蟲七章，皆備五采，大佩，赤舄絇履，以承大祭。百官執事者，冠長冠，皆祇服。五嶽、四瀆、山川、宗廟、社稷諸沾秩祠，皆袀玄服，絳緣領袖爲中衣，絳袴襪，示其赤心奉神也。其五郊迎氣，衣幘袴襪各如方色云。百官不執事者，各服長冠袀玄以從。大射禮於辟雍，公卿諸侯大夫行禮者，冠委貌，衣玄端素裳。鄭玄曰：端者，取其正也。鄭衆曰：衣襦裳者爲端。執事者冠布弁，衣緇麻衣，皂領袖，下素裳。若冠通天冠，服衣深衣制，有袍，隨五時色。梁劉昭曰：袍者，或曰周公抱成王宴居，故施袍。孔子衣逢掖之衣。逢掖其袖，合而逢大之，近今袍者也。今下至賤更小史，皆通制袍，單衣，皂緣領袖中衣，爲朝服云。

魏氏多因漢法，其所損益之制，無聞。按《後漢志》：孝明皇帝永平二年，詔從歐陽、夏侯二家所説，制冕服。乘輿刺繡文，公卿以下織成文。據《晉志》云：魏明帝以公卿衮冕之飾，擬於至尊，多所減損，始制服刺繡，公卿織成。未詳孰是。

晉因不改。大祭祀，衣皂上絳下，前三幅，後四幅，衣畫而裳繡，日月星辰凡十二章。素帶廣四寸，朱裏，以朱緣裨飾其側。中衣以絳緣領袖。赤皮爲韍，絳袴襪，赤舄。未加元服則皂紗袍，絳緣中衣，絳袴襪，黑舄。又朝服，通天冠，絳紗袍，皂緣中衣。拜陵則黑介幘，單衣。雜服有青赤黄白黑五色紗袍。其武弁，素服單衣。公卿助祭郊廟，王公山龍以下九章，卿華蟲以下七章。其緇布冠，衣黑而裳素，中衣以皂緣領袖。袴褶之制，未詳所起，近代車駕親戎、中外戒嚴服之。無定色，冠黑帽，綴黑標，標以繒爲之，長四寸，廣一寸，腰有絡帶以代鞶革。中官紫標，外官絳標。又有纂嚴戎服而不綴標，行留文武悉同。

宋因之，制平天冕服，不易舊法。更名韍曰蔽膝。其未加元服、釋奠先聖、視朝、拜陵等服，及雜色紗裙、武冠素服，并沿舊不改。王公助祭郊廟，章服降殺亦如之。其冠委貌者，衣黑而裳素，中衣以皂緣領袖。玄冠、韋弁、絳韋戎衣，復依漢法。袴褶因晉不易，腰有絡帶以代鞶革。中官紫標，外官絳標。又有纂嚴戎服，而不綴標，行留文武悉同。其畋獵巡幸，則唯從官戎服，帶鞶革。文帝元嘉中，巡幸、蒐狩、救廟水火皆如之。

又 齊因制平天冠服，不易舊法，郊廟臨朝所服也。舊衮服用織成，建武中，明帝以織太重，乃采畫爲之，加金飾銀薄，時亦謂爲天衣。通天冠服，絳紗袍，皂緣中衣，乘輿臨朝所服，臣下皆同。拜陵則黑介幘，服無定色。舉哀臨喪，白帢單衣，亦謂之素服。王公助祭，平冕服，山龍以下九章，卿七章，皆畫皂絳繒爲之。袴褶相因不改。

梁因制平天冠服，衣畫而裳繡，十二章。素帶朱裏，以朱緣裨飾其側。更名赤皮韍爲韠。或云韠之名，其來已久。餘同舊法。又有通天冠服，絳紗袍，皂緣中衣，黑舄，是爲朝服，元正賀畢，還儲更衣，出所服也。其釋奠先聖，則皂紗袍，絳緣中衣，絳袴襪，黑舄。拜陵則箋布單衣。又有白帢單衣，以代古之疑縗。

又 陳因之。永定元年，武帝即位，徐陵曰：乘輿御服，皆采梁制。帝曰：今天下初定，務從節儉。應用繡、織成者，并可采畫。至文帝天嘉初，悉改易之。其皇太子絳紗袍，皂緣白紗中衣，白帶，大小會、祠廟、朔望、五日還朝，皆朝服，常還上宮則朱服。若釋奠，玄朝服，絳緣中單，絳袴襪，玄舄。侍祀，袞衣九章，白紗絳緣中單，絳繒韠，赤舄，絳襪。皇太子舊有五時朝服，自梁天監之後則朱服。諸王朝服，朱衣，絳紗袍，皂緣中衣，素帶，黑舄。若加餘官，則服其加官之服。開國公侯伯子男，并朝服，紗朱衣。若助祭郊廟，皆袞，玄上纁下，山龍以下九章，備五采，大佩，赤舄，絇履。餘文官朝服。武賁中郎將、羽林監，絳紗縠單衣。州刺史絳朝服。直閤將軍、諸殿主帥，朱服，正直絳衫，從則裲襠衫。太子衛率、率更令丞，皂朝服。殿中將軍、員外將軍、州郡都尉司馬、中書通事舍人、太子通事等，并朱服。玄衣，赤幘，袴褶，太子二傅騎吏所服。武冠，絳構，殿前威儀、武賁威儀、散給使、閤將、鼓吹士帥副、太子鹵簿戟吏所服。

後周設司服之官，掌皇帝十二服。祀昊天上帝，則蒼衣，五方上帝，各隨方色，朝日用青衣，祭皇地祇用黃衣，夕月用素衣，神州，社稷用玄衣，享先皇、加元服、納后、朝諸侯則象衣，十二章。享諸先帝、食三老五更、耕籍等，自龍以下，九章。祀星辰、視朔、大射、饗群臣等，八章。群祀、臨太學、入道法門、燕射、養庶老、適諸侯家，七章。其九章以下，衣重袞、山、鷩，裳重黼黻，俱十有二等，通以升龍爲領褾。巡兵即戎，則韎韋爲衣裳。田獵則皮弁，白布衣而素裳也。諸公之服九章，服之章數，隨冕而降其一。其八章以下，衣重藻，粉米，裳重黼、黻，俱九等，皆以山爲領褾。諸侯服八章，而下俱八等，皆以華蟲爲領褾。諸伯服七章，而下俱七等，以火爲領褾。諸子服六章，俱六等，皆以宗彝爲領褾。諸男服五章，皆以藻爲領褾。三公之服有九，章有六，衣重藻與粉米，裳重黼、黻，俱爲九等，皆以宗彝爲領褾。三孤之服有八，章有五，衣重藻與粉米，裳重黼、黻，爲八等。公卿服有七，章有四，衣重粉米，裳重黼、黻，爲七等，皆以粉米爲領褾。大夫之服有六，章有三，衣重粉米，裳重黼、黻，爲六等。中大夫之服有五，章有二，衣重粉米，爲五等。下大夫服有四，章有三，衣重粉米，爲四等。士則祀弁、爵弁、玄冠服，皆玄衣。其裳，上士以玄，中士以黃，下士雜裳。謂前玄後黃。庶士玄冠服，其在官府史之屬，服緇衣裳。

隋文帝即位，將改後周制度，乃下詔曰：宣尼制法，損益可知。朕受天命，赤雀來儀，五德相生，并宜火色。其郊丘廟社，可依袞冕之儀，朝會衣裳，宜盡用赤。昔丹烏木運，姬有大白之旗。黃星土德，曹乘黑首之馬。在祀與戎，其尚恒異。今之戎服，皆可尚黃，在外常所著者，通用雜色。祭祀之服，須合禮經，宜集通儒，更可詳議。太子庶子、攝太常少卿裴政奏：後周制冕，并非典故。今采東齊之法。乘輿袞冕，玄衣纁裳。衣，山、龍、華蟲、火、宗彝五章。裳，藻、粉米、黼、黻四章。衣重宗彝，裳重黼、黻，爲十二等。衣褾領織成升龍，白紗內單，黼領，青褾、襈、裾。革帶，玉鉤䚢。大帶，素帶朱裏，紕其外，上以朱，下以綠。韍隨裳色，山、龍、火三章。鹿盧玉具劍，火珠鏢首。白玉雙佩，玄組。雙大綬，六采，玄黃赤白縹綠，純玄質，長二丈四尺，五百首，廣一尺。小雙綬，長二尺六寸，色同大綬，而首半之，間施三玉環。朱襪，赤舄，舄加金飾。祀圓丘、方澤、感帝、明堂、五郊、雩、禮、封禪、朝日、夕月、宗廟、社稷、籍田、廟遣上將、征還飲至、元服、納后、正月受朝及臨軒拜王公，則服之。通天冠，加金博山，附蟬十二首，施珠翠。黑介幘，玉簪導，絳紗袍，深衣制，白紗內單，皂領、褾、襈、裾，絳紗蔽膝，白假帶，方心曲領，其革帶、劍、佩、綬、舄，與上同。若未加元服，則雙童髻，空頂黑介幘，雙玉導加寶飾。朔日受朝、元會及冬會諸祭還則服之。武弁，金附蟬，平巾幘，餘服具服。講武出征，四時蒐狩，大射禡類，宜社賞祖，罰社纂嚴，則服之。黑介幘，白紗單衣，烏皮履，拜陵則服之。白紗帽，白練裙襦，烏皮履，視朝、聽訟及宴見賓客，皆服之。白帢，白紗單衣，烏皮履，舉哀則服之。

又 大唐制，天子衣服，有大裘、袞冕、鷩冕、毳冕、繡冕、玄冕、通天冠、武弁、黑介幘、白紗帽、平巾幘、白帢，凡十二等。皇太子袞服，玄衣纁裳，衣山、龍、華蟲、火、宗彝五章，裳藻、粉米、黼、黻四章，織成為之，白紗內單，黼領青褾、襈、裾，革帶，金鉤䚢，大帶，素帶不朱裏，亦紕以朱綠，韍隨裳色，火、山二章，玉具劍，火珠鏢首，瑜玉雙佩，朱組。雙大綬，四綵，赤、白、縹、紺，純朱質，長丈八尺，三百二十首，廣九寸。小雙綬長二尺六寸，色同大綬，而首半之，間施二玉環。朱韈，赤舄，以金飾。侍從皇帝祭祀及謁廟、加元服、納妃則服之。遠遊冠服，絳紗袍，白紗內單，皂領、褾、襈、裾，白假帶，方心曲領，絳紗蔽膝，韈，舄，其革帶、劍、佩、綬與上同。謁廟、還宮、元日朔日入朝、釋奠則服之。遠遊冠公服，絳紗單衣，革帶，金鉤䚢，假帶，方心。紛長六尺四寸，廣二寸四分，色同其綬。金縷鞶囊，韈，履。五日常朝，則服之。袞冕服九章，同皇太子。王、公、開國公初受册，執贄，入朝，祭祀，親迎，則服之。三公助祭者亦服之。鷩冕服七章，衣華蟲、火、宗彝三章，裳藻、粉米、黼、黻四章，侯、伯初受册，執贄，入朝，祭祀，親迎，則服之。毳冕服五章，衣宗彝、藻、粉米三章，裳黼、黻二章，子、男初受册，執贄，入朝，祭祀，親迎，則服之。絺冕服三章，正三品以下，從五品以上，助祭則服之。自王、公以下，服章皆繡爲之，祭服冕皆簪導，青纊充耳，玄衣纁裳，白紗内單，黼領，絺冕以下，内單青領。青褾、襈、裾。革帶，鉤鰈，大帶，王、三公及公、侯、伯、子、男，素帶，不朱裏，皆紕其外，上以朱，下以緑。正三品以下，從五品以上，素帶，紕其垂，外以玄，内以黄。紐約皆用青組。朱韍，凡韍皆隨裳色，衮、鷩、毳，火、山二章，絺，山一章。劍、佩、綬，韈，赤舄。爵弁服，從九品以上，助祭則服之。其制服，玄衣纁裳，無章，白絹内單，青領，褾、襈、裾，革帶，大帶，練帶紕其垂，内外以緇，紐約用青組。爵韠，韈，赤履。白袷，白紗單衣，烏皮履，上下通服之。委貌冠，未冠則雙童髻，空頂黑介幘，皆深衣，青領，烏皮履，國子太學四門生服之。朝服，亦名具服。絳紗單衣，白紗内單，皂領，袖，皂襈，革帶，鉤鰈，假帶，曲領方心，絳紗蔽膝，韈，舄，綬，劍，佩。從五品以上，陪祭，朝饗，拜表，凡大事則服之。六品以下，從七品以上，去劍、佩、綬，餘並同。自餘公事皆從公服。亦名從省服。絳紗單衣，革帶，鉤鰈，假帶，方心，韈，履，紛，鞶囊，從五品以上服之。絳褠亦公服，褠衣，即單衣不垂胡者也。袖狹，形直如褠内。餘同從省也。流外五品以下，九品以上服之。左右衛、左右武衛、左右武候大將軍，領左右大將軍，並武弁，絳朝服，劍，佩，綬。侍從則平巾幘，紫衫，大口袴褶。左右衛、左右武衛、左右武候將軍，領左右將軍，左右監門衛將軍，太子左右衛、左右宗衛、左右内率等左右監門郎將及諸副率，並武弁，絳朝服，劍，佩，綬。侍從則平巾幘，紫衫，大口袴。直閤將軍、直寢、直齋、太子直閤，武弁，絳朝服，劍，佩，綬。侍從則平巾幘，絳衫，大口袴褶。

大唐制，天子衣服有大裘，衮冕、鷩冕、毳冕、繡冕、玄冕，通天冠、武弁、黑介幘，白紗帽，平巾幘，白袷，凡十二等，貞觀四年，制三品以上服紫，四品、五品以上服緋，六品、七品以上緑，八品、九品以上青，婦人從夫之色，仍通服黄。至五年七月，敕七品以上服龜甲雙巨十花綾，其色緑，九品以上服絲布及雜小綾，其色青。【略】龍朔二年九月，孫茂道奏：准舊令，八品、九品著青。深青亂紫，非卑品所服，望請著碧。朝參之處，並依此服。非朝參處，聽兼服黄。從之。前令九品以上，朝參及視事聽服黄。以洛陽縣尉柳誕服黄夜行，爲部人所毆，高宗聞之，以章服錯亂，故此詔申明之，朝參行列一切不得著黄。【略】貞元七年十一月，令常參官復衣綾袍，金玉帶。至八年十月，賜文武常參官大領袍。

唐・蘇鶚《蘇氏演義》卷下 今人以朱衣爲朱紱，乃大誤也。夫紱者，必也。韠者，蔽也。鄭云：太古蔽膝之象，冕服謂之紱，其他謂之韠，皆以韋爲之。故曰蔽，韋韠也。《急就篇》云『襌音單。衣蔽膝』也，顔師古注云『亦謂之襜』。《詩》云赤韍，在膝之服。徐廣《車服儀制》曰：古者韍，今之蔽膝也。《明堂位》曰：有虞氏始服韍。鄭云：韍，冕服之蔽，舜始作也，以尊祭服。昔先王食鳥獸之肉，衣其羽皮，而韍字遂從于韋。韋者，皮也。《春秋正義》云：戰國時以韍非兵飾，乃去之。漢明帝復制韍，用赤皮。魏晉以還，易之以絳紗。韍字遂有從糸者。古文芾，音紱。一從市，象市有連帶之形。《説文》云：天子朱紱，諸侯赤紱，大夫葱衡，士無紱有帢。音夾，又音袷。帢字從巿，巿或從韋。隸書從巾，非正也。夫缺四角謂之帢，帢者合也，言蔽合於兩膝之間。韍者，謂於膝前紱以爲蔽。然紱既古之祭服，其制度止於皮，蔽膝者也。《玉藻》云：韠下廣二尺，上廣一尺，長三尺。韠者，紱也。今蓋於袍上，圓領小袖，本類胡服，即趙武靈王好著胡服是始也。後周武帝始令袍下加襴，北齊主好衣朱衣，婁太后崩，高湛不肯去朱袍衣素服是也。隋朝公卿多好著黄袍。武德四年，制令二品衣紫，五品衣緋，絳衣緑袍，與紱制大相類。明矣。

宋・孔平仲《珩璜新論》 隋《何稠傳》：魏晉以來，皮弁有纓而無笄導。稠曰：此古田獵之服也。今服以入朝，宜變其制。弁施象牙簪導，自稠始也。又從省之服，初無佩綬，稠曰：此乃晦朔小朝之服，安有人臣謁帝而去印綬，兼無佩玉之節乎。乃加獸頭小綬及佩一隻。由此觀之，則戴弁曳綬，隋朝尚如此耳。

又 《馬周傳》：品官舊服止黄紫。至周建白，三品服紫，四品、五品緋，六品、七品緑，八品青。高宗朝，八品、九品服碧。上元中，三品服紫，金帶，四品深緋，金帶，五品淺緋，金帶，六品深緑，銀帶，七品淺緑，銀帶，八品深青，鍮帶，九品淺青，鍮帶，庶人服黄，鐵帶。非庶人不得服黄。武后朝，改佩魚作龜。《崔承慶傳》：佩龜者，蓋防徵召之詐，内出龜以合之也。亦有金銀銅之異。中宗朝，依舊佩魚。《董晉傳》：唐式朝臣皆服綾袍，五品以上金玉帶，所以盡飾以奉上也。

元・馬端臨《文獻通考》卷一一一《王禮考六》 君臣冠冕服章：黄帝造旒冕，始用布帛。冕者，冠之有旒。唐虞以上，冠布無綏。綏，纓飾。《郊特牲》：太古冠布，齋則緇之。其綏也，孔子曰：吾未之聞也。太古無飾，非時人綏也。《雜記》曰：大白緇布之冠不綏。大白即上古白布冠，今喪冠也。齋則緇之者，鬼神尚幽闇也。唐虞以上曰太古。《疏》：太古之時，其冠唯用白布，常所冠也。若其齋戒，則染之爲緇，今始冠重古，先冠之也。冠而敝之可也。此重古而冠之耳。三代改制，齋冠不復用也。以白布冠質，以爲喪冠也。《疏》言：緇布之冠，初加暫用冠之，罷冠則敝棄之可也。以古之齋冠，後世不復用也。周氏曰緇布冠加之以綏，孔子以爲吾未之聞。然非天子不議禮，雖孔子亦不得不從當世之所尚。則冠之加綏雖非禮，但冠而棄之可也。故曰冠而敝之。敝有棄意。

黄帝作冕，垂旒，目不邪視也。充纊，示不聽讒言也。事出《世本》。《虞書》：帝曰：予欲觀古人之象，日、月、星辰、山、龍、華蟲作會，宗彝、藻、火、粉米、黼、黻絺繡，以五采彰施於五色，作服汝明。日、月、星辰取其照臨也。山取其鎮，龍取其變，華蟲雉取其文。會，繪也。宗彝，虎蜼取其孝。藻，水草，取其潔。火取其明。粉米，白米，取其養。黼若斧形，取其斷。黻爲兩己相背，取其辨。絺，鄭氏讀爲黹，紩，以爲繡也。日月至華蟲六者，繪之於衣。宗彝至黼黻六者，繡於裳，所謂十二章也。衣之六章，其序自上而下，裳之六章，其序自下而上。采者，青、黄、赤、白、黑也。色者，言施之於繒帛也。繪於衣，繡於裳，皆雜施五采以爲色也。汝當明大小尊卑之等差也。

有虞氏皇而祭，深衣而養老。夏后氏收而祭，燕衣而養老。殷人冔而祭，縞衣而養老。周人冕而祭，元衣而養老。皇，冕屬也。畫羽飾焉。凡冕屬，其服皆元上纁下。有虞氏十二章，周九章，夏、殷未聞。凡養老之服，皆其時與群臣燕之服。有虞氏質，深衣而已。夏而改之，尚黑而黑衣裳。殷尚白而縞衣裳。周則兼用之，元衣素服，其冠則毋追。章甫，委貌也。諸侯以天子之燕服爲朝服。《燕禮》曰：燕，朝服。服是服也。王者之後，亦以燕服爲之。魯季康子朝服以縞，僭宋之禮也。天子皮弁，以日視朝也，質其冠。未聞。《郊特牲》言太古冠布，則虞氏或用白布冠也。《正義》曰：深衣謂白布衣，故言。馬氏曰：在祭祀則言冠不言衣，言冠則知有其衣。故虞十二章，周九章。推此則二代可知矣。在養老則言衣不言冠，言衣則知有冠。故毋追，夏后氏之道也。章甫，殷道也。委貌，周道也。推此則有虞氏可知。委貌，周道也。章甫，殷道也。毋追，夏后氏之道也。周弁、殷冔、夏收，三王共皮弁素積。委，猶安也。言所以安正容貌。章，明也。殷質，言所以表明丈夫也。毋，發聲也。追，猶推也。夏后氏質，以其形名之。其制之異同未聞。弁名出於槃。槃，大也。所以言自光大也。冔名出於幠。幠，覆也。所以自覆飾也。收，言所以收斂髮也。其制之異，亦未聞。

又 周官司服掌王之吉凶衣服，辨其名物與其用事。用事，祭祀、視朝、甸、凶弔之事，衣服各有所用。王之吉服，祀昊天上帝，則服大裘而冕，祀五帝，亦如之。大裘，羊裘。冕者，首飾，尊也。祀天尚質。《正義》曰：六服，服雖不同，首同用冕也。享先王，則衮冕。衮，卷龍衣也。虞時冕服十二章，自日、月至黼、黻，王者相變。至周而以日、月、星辰畫於旌旗，所謂三辰旂旗，昭其明也。而冕服九章，登龍於山，登火於宗彝，尊其神明也。衮之衣五章，裳四章，凡九。享先公、饗射，則鷩冕。先公，謂后稷之後，太王之前，不窋至諸盩。享祀賓客與諸侯射也。鷩，裨衣也。九章：初一曰龍，次二曰山，次三曰華蟲，次四曰火，次五曰宗彝，皆畫以爲繪。次六曰藻，次七曰粉米，次八曰黼，次九曰黻，皆絺以爲繡。衮則九章備。鷩冕無龍、山，畫以雉。其衣三章，裳四章，凡七也。《正義》曰：此無正文，並鄭以意解之。祀四望山川，則毳冕。毳冕，其衣罽衣。元謂毳。畫虎蜼，謂宗彝也。其衣三章，裳二章，凡五章也。祭社稷五祀，則希冕。希刺粉米，無畫。其衣一章，裳二章，凡三。祭群小祀，則元冕。其衣無文，裳刺黻而已。冕服皆元衣纁裳。凡兵事，韋弁服。韋弁以韎韋爲弁，又以爲衣裳。《春秋傳》『晉郤至衣韎之跗注』是也。《正義》曰：韋弁即蒨染，謂赤色也，以赤色韋爲弁、衣裳，亦以韎，皆赤色。眂朝，則皮弁服。視朝，視内外朝之事。皮弁之服，十五升，白衣積素以爲裳，王受諸侯朝覲於廟，則用衮冕。凡甸冠弁服。甸，田獵也。冠弁，委貌，其服緇布衣，亦積素以爲裳，諸侯以爲視朝之服。凡凶事，服弁服。服弁，喪冠也。其服斬縗、齊縗。《正義》『服弁』注云喪冠，色未詳。凡弔事，弁絰服。弁絰者，如爵弁而素，加環絰。《正義》曰：如爵弁者，爵弁之形以木爲體，廣八寸，長尺六寸，以三十升布染爲爵頭色，赤多黑少。今爲弁絰之弁，其體亦然。但不可爵色之布，而用素爲之。加環絰者，凡絰皆兩股絞之，今以麻爲體，又以一股麻爲體，糾而横纏之如環，然加於素弁之上。大札、大荒、大烖，素服。大札，疫疾也。大荒，饑饉也。大烖，水火爲災。君臣素服縞冠，若晉伯宗哭梁山之崩。公之服，自衮冕而下，如王之服。侯伯之服，自鷩冕而下，如公之服。子男之服，自毳冕而下，如侯伯之服。孤之服，自希冕而下，如子男之服。卿大夫之服，自元冕而下，如孤之服。士之服，自皮弁而下，如大夫之服。其齋服，有元端素端。自公之衮冕，至卿大夫之元冕，皆其朝聘天子及助祭之服。諸侯非二王後，其餘皆元冕而祭於己。《雜記》曰：大夫冕而祭於公，弁而祭於己；士弁而祭於公，冠而祭於己。大夫爵弁，自祭家廟唯孤耳，其餘皆元冠，與士同。元冠自祭其廟者，其服朝服元端。諸侯之自相朝聘，皆皮弁服，此天子日視朝之服。士齋有素端者，亦爲札、荒有所禱請。變素服言素端者，明異制。鄭司農云：衣有襦裳者爲端，元謂端者，取其正也。士之衣袂皆二尺二寸而屬幅，是廣袤等也。其袪尺二寸，大夫已上侈之。侈之者，蓋半而益一，則其袂三尺三寸，袪尺八寸。《正義》曰：魯祭服亦得與天子同。然唯在文王、周公廟中，得用袞冕。其二王後，惟祭受命王得用袞冕，其餘廟亦用元冕也。云《雜記》曰大夫冕而祭於公至元冠與士同者，諸侯除孤用爵弁之外，卿大夫皆用元冠，與士同。故少牢是上大夫祭，用元冠朝服。特牲是士禮，用元冠元端。是餘皆元冠與士同也。云諸侯之自相朝聘皆皮弁者，欲見此經上服惟施於入天子廟，不得入諸侯廟之意。必知諸侯自相朝聘用皮弁者，見《聘禮》主君及賓皆皮弁。諸侯相朝，其服雖無文，《聘禮》主君待聘者皮弁，明待諸侯朝亦皮弁可知。云此天子視朝之服者，此解皮弁非諸侯常服之物，惟於朝聘乃服之意也。

又 弁師弁者，古冠之大稱。掌王之五冕，皆元冕，朱裏延紐。冕服有六，而言五冕者，大裘之冕蓋無旒，不聯數也。延，冕之覆在上，是以名焉。紐，小鼻，在武上，笄所貫也。疏曰：云皆元冕者，古者績麻三十升（升）［布］染之，上以元，下以朱，衣之於冕之上下。云延者，即是上元。云紐者，綴於冕之兩傍垂之。武兩傍作孔，以笄貫之，使得其牢固也。凡冕體，《周禮》無文，叔孫通作《漢禮器制度》，取法於周。案彼文，凡冕以版廣八寸，長尺六寸，上元下朱覆之。乃以五采繅繩貫五采玉垂於延前後，謂之邃延。故《玉藻》云天子玉藻，前後邃延，龍卷以祭是也。又曰：爵弁前後平則得弁稱，冕則前低一寸得冕名。冕則俛也。五采繅，十有二就，皆五采玉十有二，玉笄朱紘。繅音早。繅，雜文之名也。合五采絲爲之。繩垂於延之下，前後各十二，所謂邃延也。就，成也。繩之每一匝而貫五采玉。十二斿，則十二玉也，每就間蓋一寸。朱紘，以朱組爲紘也。紘一條屬兩端於武。繅不言皆，有不皆者。此爲袞衣之冕，十二斿則用玉二百八十八。鷩衣之冕，繅九斿，用玉二百一十六。毳衣之冕，七斿，用玉百六十八。希衣之冕，五斿，用玉百二十。元衣之冕，三斿，用玉七十二。斿音留。疏曰：云紘一條屬兩端於武者，謂以一條紘先屬一頭於左旁笄上，以一頭繞於頤下，至向上於右屬笄上繞之。是以鄭注《士冠禮》云，有笄者屈組以爲紘，垂爲飾。無笄者纓而結其條。彼有笄，據皮弁、爵弁。此五冕皆有笄，與彼同。此言屬於武者，據笄貫武，故以武言之，其實在笄。云繅不言皆，有不皆者，謂王之五冕，繅則有十二、有九、有七、有五、有三，其玉旒皆十二，故繅不言皆。有不皆者，則九旒已下是也。玉言皆，則五冕旒皆十二玉也。此經十二旒，據袞冕而言。是以鄭云此爲袞衣之冕，以其十二旒，旒各十二玉，前後二十四旒，故用二百八十八玉。已下計可知。諸侯之繅旒九就，瑉玉三采，其餘如王之事。繅斿皆就，玉瑱玉笄。瑉本又作珉，亡貧反。瑱，吐練反。侯當爲公字之誤也。三采，朱、白、蒼也。其餘謂延紐，皆元覆朱裏，與王同也。出此則異。繅斿皆就，皆三采也。每繅九成，則九旒也。公之冕用玉百六十二，玉瑱塞耳者，故書珉作璑。鄭司農云：繅當爲藻。繅，古字也。藻，今字也。同音。璑，惡玉名。璑音無。疏曰：諸公云繅九就，又云繅斿皆就，文與上言繅十有二就，皆五采玉，十有二，繅玉別文則繅有差降，玉無差降。此諸公繅玉同，則唯有一冕而已。故鄭注一冕爲九旒，旒各九玉，據冕九旒，不別計鷩冕已下，以其一冕而冠五服也。已下侯、伯、子、男亦皆一冕冠數服也。王不言玉瑱，於此言之者，王與諸侯互見爲義，是以王言元冕朱裏延紐及朱紘，明諸侯亦有之。諸公言玉瑱，明王亦有之，是其互有也。又曰：知三采朱、白、蒼者，《聘禮記》公、侯、伯繅藉三采朱、白、蒼，故知也。云出此則異者，異謂天子朱紘，諸侯當青組紘之等，不得與王同也。王之皮弁，會五采玉璂，象抵玉笄。鄭司農云：會，謂以五采束髮。元謂會，縫中也。璂讀如綦。綦，結也。皮弁之縫中，每貫結五采玉十二以爲飾，謂之綦。《詩》云會弁如星，又曰其弁伊綦。抵，下抵也，以象骨爲之。疏曰：會取會聚之義，故爲縫中。天子以十二爲節約，同冕旒也。弁之縫中，飾之以玉，皪皪而處，狀似星，故曰會弁如星。云抵下抵也者，謂爲弁內頂上以象骨爲抵。諸侯及孤、卿、大夫之冕，韋弁、皮弁，各以其等爲之，而掌其禁令。各以其等，繅斿玉璂，如其命數也。冕則侯、伯繅七就，用玉九十八。子、男繅五就，用玉五十。繅玉皆三采。孤繅四就，用玉三十二。三命之卿繅三就，用玉十八。再命之大夫，藻再就，用玉八。藻玉皆朱、綠。韋弁、皮弁，則侯、伯璂飾七，子、男璂飾五，玉亦三采。孤則璂飾四，三命之卿璂飾三，再命之大夫璂飾二，玉亦二采。一命之大夫冕而無旒，士變爲爵弁，其韋弁、皮弁之會無結飾。禁令者，不得相僭逾也。疏曰：云一命之大夫冕而無旒者，凡冕旒所以爲文飾，一命若有，則止一旒一玉而已，非華美爵弁之制。如冕而無旒，則一命之冕與爵弁不殊。得謂之冕者，蓋弁則前後平，冕則前低一寸餘。

又 天子玉藻，十有二旒，前後邃延，龍卷以祭。祭先王之服，雜采曰藻。天子以五采藻爲旒，旒十有二。前後邃延者，言皆出冕前後而垂也。天子齊肩。延，冕上覆也，元表纁裏。龍卷，畫龍於衣，或作袞。疏曰：藻謂雜采之絲繩以貫於玉，以玉飾藻，故云玉藻。前後各十二旒，垂而深邃延。卷謂卷曲，畫此龍形。云天子齊肩者，以天子之旒十二就，每一就以玉。就間相去一寸，則旒長尺二寸，故垂而齊肩。言天子齊肩，則諸侯以下各有差降，則九玉者九寸，七玉者七寸，以下各依旒數垂而長短爲差。旒垂五采玉，依飾射侯之次，從上而下，初以朱，次白，次蒼，次黄，次元。五采玉既貫遍，周而復始。其三采者，先朱，次白，次蒼。二色者先朱後緑。皇氏、沈氏並爲此説，今依用焉。後至漢明帝時，用曹褒之説，皆用白旒珠，與古異也。云延，冕覆者，用三十升之布染之爲元，覆於冕上，出而前後。冕謂以板爲之，以延覆上，故云延，冕上覆也。但延之與板相著爲一，延覆在上，故云延冕也。元端而朝日於東門之外，聽朔於南門之外。（端當爲冕。元衣而冕，冕服之下。朝日，春分之時也。東門、南門，謂國門也。天子廟及路寢，皆如明堂，在國之陽，每月就其室之堂而聽朔焉。卒事反宿路寢，亦如之。閏月，聽其朔於明堂門中，還處寢門終月。凡聽朔，必以特牲告其帝及神，配以文王、武王。疏曰：案下諸侯皮弁聽朔，朝服視朝，是視朝之服卑於聽朔。聽朔大，視朝小，故知端當爲冕。元冕祭小祀，日月爲中祀，而用之者，以天神尚質。《魯語》云大采朝日，故於日，韋昭注大采謂元冕也，春分日於其日朝之。皮弁以日視朝，遂以食。日中而餕。卒食，元端而居。天子服元端，燕居也。疏曰：遂以食者，既著皮弁視朝，遂以皮弁而朝食，所以敬養身體，故著朝服。至日中之時，還著皮弁而餕朝之餘食。沙隨程氏曰：先儒相傳謂前旒蔽明，黈纊塞聰，亦習之誤。此獨祭祀之衮冕爲然，欲其專精神以享也。君視朝則皮弁服，何旒纊之有哉。諸侯元端以祭，祭先君也。端亦當爲冕。諸侯祭宗廟之服，唯魯與天子同。裨冕以朝，朝天子也。裨冕，公衮，侯、伯鷩，子、男毳也。皮弁以聽朔於太廟，皮弁，下天子也。朝服以日視朝於内朝，朝服，冠元端素裳也。此内朝路寢門外之正朝也，天子、諸侯皆三朝。朝，辨色始入。群臣也。入，入應門也。辨，猶正也，別也。君日出而視之，退適路寢聽政，使人視大夫。大夫退，然後適小寢，釋服。小寢，燕寢也。釋服，釋元端。又朝服以食，特牲三俎祭肺。食，必復朝服，所以敬養身也。三俎：豕、魚、腊。夕深衣，祭牢肉。祭牢肉，異於始殺也。天子言日中，諸侯言夕。天子言餕，諸侯言牢肉，互相挾。《正義》曰：元端賤於皮弁，下文皮弁聽朔於太廟，不應元端以祭先君，故知此端亦當爲冕。《覲禮》云：侯氏裨冕。鄭注：裨之爲言埤也。天子六服，大裘爲上，其餘爲裨，故總云裨冕。《王制》云：周人元衣而養老。注云：元衣素裳，天子之燕服，爲諸侯朝服。彼注云元衣，則此元端也。若素爲裳，則是朝服，此皆爲元端。

《周禮・司服》：其齋服有元端素端。注見前。《内則》曰：子事父母，冠緌纓，端韠紳。端，元端，士服也。《玉藻》：天子元端而朝日於東門之外。端，當爲冕。卒食，元端而居。諸侯元端以祭。端，亦當爲冕。朝元端，夕深衣，謂大夫、士也。無君者不二采。大夫去位，宜服元端素衣。《小記》：除殤之喪者，其祭也必元。冠元端黄裳而祭，不朝服，未純，吉也。於成人爲釋禫之服。《樂記》：魏文侯問於子夏曰：吾端冕而聽古樂，則唯恐卧。端，元衣也。《雜記》曰：端縗、喪車皆無等。喪者衣縗及所乘之車，貴賤同。衣縗言端者，元端，吉時常服，喪之衣縗當如之。子羔之襲素端一，公襲卷衣一，元端一。《儀禮》：士冠緇布冠，元端，元裳、黄裳、雜裳可也，緇帶爵韠。此暮夕於朝之服，元端則朝服之衣易其裳耳，上士元裳，中士黄裳，下士雜裳。賓如主人服，贊者元端從之。冠者既冠，乃易服。服元冠，元端爵韠，見於君，見於鄉大夫、鄉先生。見服不朝服者，非朝士也。《特牲饋食禮》：主人冠元端。《論語》：公西華曰：宗廟之事，如會同，端章甫，願爲小相焉。荀卿曰：端衣元裳，絻而乘路，志不在於食葷。《大戴禮》曰：武王端冕而受丹書。《左氏》：劉定公曰：吾端委以治民，臨諸侯，禹之力也。晏平仲端委以立於虎門。《晉語》：董安于曰：臣端委以隨宰人。《周語》曰：晉侯端委以入武宮。韋昭曰：此士服也。諸侯之子，未受爵命，服士服也。《穀梁》曰：免牲者爲之緇衣纁裳，有司元端奉迎，至於南郊。襄三十一年。吴，夷狄之國也，被髮文身，欲因魯而請冠端而襲。襲，衣。冠端，元端。鄭氏釋《士冠禮》，謂爵弁純衣，絲衣也，餘衣皆用布，惟冕與爵弁用絲耳。賈公彦曰：此據朝服、皮弁服、元端服及深衣、長衣之等，皆布爲之。是以《雜記》云：朝服十五升布。元端，亦朝服之類。皮弁，亦是天子朝服。深衣或名麻衣，故知用布也。

又 古者深衣，蓋有制度，以應規矩，繩權衡。聖人制事，必有法度。短毋見膚，衣取蔽也，長毋被土，爲污辱也。續衽鉤邊，續，猶屬也。衽，在裳旁者也。屬連之不殊裳前後。鉤邊，若今曲裾也。續或爲裕。要縫半下。三分要中，減一以益下，下宜寬也。要或爲優。袼之高下，可以運肘，肘不能［不］出入。袼，衣袂當掖之縫也。袂之長短，反詘之及肘。袂屬幅於衣，詘而至肘，當臂中爲節。臂骨上下各尺二寸，則袂肘以前尺二寸。肘或爲腕。帶，下毋厭髀，上毋厭脅，當無骨者。當骨，緩急難爲中也。制十有二幅，以應十有二月。裳六幅，幅分之以爲上下之殺。袂圜以應規，謂胡下也。圜音圓。下垂曰胡。曲袷如矩以應方，袷，交領也。古者方領，如今小兒衣領。司馬公曰：方領如孔所言，似三代以前人反如今服，上領衣但方裁之耳。案上領衣本出胡服，須用結紐乃可服。不知古人有此否也。鄭注《周禮》：袷，狀如著橫銜之繣潔於項。顏師古注《漢書》：繣者，結礙也。潔，繞也。蓋爲結紐而繞項也。然則古亦有結紐也。繣音獲。潔音結。漢時小兒衣服既不可見，而後漢《馬援傳》朱勃衣方領，能矩步，注引《前書音義》曰：頸下施衿領正方，學者之服也。如此則自於頸下別施一衿，映所交領，使之方正。今朝服有方心曲領，以白羅爲之，方二寸許，綴於圜領之上，以繫於頸後結之，或者袷之遺象歟。又今小兒疊方幅係於頸下，謂之涎衣，與鄭説頗相符。然事當闕疑，未可決從也。後漢《儒林傳》曰：服方領，習矩步者，委蛇乎其中。注：方領，直領也。《春秋傳》：叔向曰：衣有襘。杜曰：襘，領會也，工外反。《曲禮》曰：視不上於袷。鄭曰：袷，交領也。然則領之交會處自方即謂袷，疑更無他物。今且從之，以從簡易。負繩及踝以應直，繩，謂裻與後幅相當之縫也。踝，跟也。《正義》曰：衣之背縫及裳之背縫，上下相當，如繩之正直，故云負繩，非謂實負繩也。下齊如權衡以應平。齊，緝。故規者，行舉手以爲容。行舉手謂揖遜。負繩抱方者，以直其正，方其義也。故《易》曰坤，六二之動，直以方也。下齊如權衡者，以安志而平心也。心平志安，行乃正。或低或昂，則心有異志者歟。五法已施，故聖人服之。言非法不服也。故規矩取其無私，繩取其直，權衡取其平，故先王貴之，故可以爲文，可以爲武，可以擯相，可以治軍旅。完且弗費，善衣之次也。完且弗費，言可善衣而易有也。深衣用十五升布，鍛濯灰治，純之以采。善衣，朝祭之服也。自士以上深衣爲之次。庶人吉服，深衣而已。《正義》曰：可善衣而易有也，謂其完牢，乃可於善事衣著，故庶人服之以完牢故也。而易有者，以白布爲之，不須黼黻錦繡之屬。云自士以上深衣爲之次者，案《玉藻》諸侯夕深衣，祭牢肉，又大夫、士朝元端，夕深衣，是深衣爲朝服之次服也。諸侯之下，自深衣以後，其別更無所謂餘服，故知是爲庶人之吉服也。具父母、大父母，衣純以繢。具父母，衣純以青。如孤子，衣純以素。尊者存以多飾爲孝。繢，畫文也。三十以下，無父稱孤。純袂緣、純邊，廣各寸半。純，謂緣之也。緣袂，謂其口緣褟也。緣邊，衣裳之側，廣各寸半，則表裏共三寸矣。唯袷廣二寸。

又　有虞氏服韍，夏后氏山，殷火，周龍章。韍或作黻，音弗。韍，冕服之韠也。舜始作之，以尊祭服。禹、湯至周，增以畫文，後王彌飾也。山取其仁可仰，火取其明，龍取其變化，天子備焉。諸侯火而下，卿大夫山，士韎韋而已。韎，莫拜反。疏曰：《士冠禮》士韎韐，是士無飾。推此即尊者飾多，有此四等，天子至士亦爲四等，故知卿大夫加山，諸侯加火，天子加龍。韠，君朱，大夫素，士爵韋。韠音必。此元端服之韠也。韠之言蔽也。凡韠，以韋爲之，必象裳色。則天子諸侯元端朱裳，大夫素裳，唯士元裳、黃裳、雜裳也。皮弁服皆素韠。疏曰：知此元端服之韠也者，案《士冠禮》元端元裳、黃裳、雜裳，爵韠謂士元端之韠，此云爵韋，故知元端之韠也。云皮弁服皆素韠者，案《士冠禮》皮弁服素韠云皆者，君與大夫、士皮弁皆然，故云皆也。圜、殺、直。目韠制。圜音圓。疏曰：經云圜，則下文大夫前方後挫角則圜也。經云殺，則下文公、侯前後方則殺也。經云直，則下文天子直。是目韠制也。天子直，四角直，無圜、殺。公侯前後方，殺四角使之方，變於天子也。所殺者去上下各五寸。疏曰：云所殺者去上下各五寸者，案《雜記》云韠會去上五寸，是上去五寸。又云紕以爵韋六寸，不至下五寸，是去下五寸。大夫前方後挫角，圜其上角，變於君也。韠以下爲前，以上爲後。挫，作卧反。士前後正，士賤，與君同，不嫌也。正，直、方之間語也。天子之士則直，諸侯之士則方。疏曰：正謂不衺也，直而不衺謂之正，方而不衺亦謂之正，故云正，直、方之間語也。韠下廣二尺，上廣一尺，長三尺，其頸五寸，肩革帶，博二寸。頸五寸，亦謂廣也。頸中央，肩兩角，皆上接革帶以繫之肩。革帶廣同。凡佩，繫於革帶。《玉藻》《雜記》：韠長三尺，下廣二尺，上廣一尺，會去上五寸，紕以爵韋六寸，不至下五寸，純以素，紃以五采。注曰：會，謂上領縫也。領之所用，蓋與紕同。在旁曰紕，在下曰純。素，生帛也。紕六寸者，中執之，表裏各三寸也。純、紕所不至者五寸，與會去上同。紃，施諸縫中，若今時絛也。疏曰：韠長三尺，與紳齊也。下廣上狹，象天地數也。會，謂韠之領縫也。此縫去韠上畔，廣五寸。紕以爵韋六寸者，謂會縫之下兩旁縫以爵韋，闊六寸，倒攝之，兩廂各三寸也。不至下五寸者，謂紕韠之兩邊不至韠之下畔，闊五寸。純以素者，素謂生帛，謂紕所不至之處，横純之以生帛，此帛上下亦闊五寸。紃絛者，謂五采之絛，置於諸縫之中。一命緼韍幽衡，再命赤韍幽衡，三命赤韍葱衡。此元冕、爵弁服之韠，尊祭服，異其名耳。韍之言亦蔽也。緼，赤黃之間色，所謂韎也。衡注見後『佩玉』條。《周禮》：公、侯、伯之卿三命，其大夫再命，其士一命。子、男之卿再命，其大夫一命，其士不命。疏曰：以上經云君朱，大夫素，士爵韋，是元端服之韠，故云此元冕爵弁服之韠，言異於上也。此據有孤之國，以卿大夫雖三命、再命，皆著元冕。若無孤之國，則三命、再命之卿大夫，皆著絺冕，不得爲元冕也。爵弁，則士所服。云一命緼韍者，一命公、侯、伯之上士，冠爵弁韎韐，此緼韍則當彼韎韐。《毛詩》云韎韐茅蒐，茅蒐則蒨草也，以蒨染之，其色淺赤，則緼爲赤黃之間色。

又　屨人掌王及后之服屨，爲赤舃、黑舃、赤繶、黃繶、青句、素屨、葛屨。屨必連服言者，著服各有屨也。複下曰舃，禪下曰屨。古人言屨以通於複，今世言屨以通於禪。俗易語反。舃、屨有絇、有繶、有純者，飾也。鄭司農云：赤繶、黃繶，以赤、黃之絲爲下緣。《士喪禮》曰：夏葛屨，冬皮屨，皆繶緇純。禮家説繶，亦謂以采絲縩其下。元謂凡屨，舃各象其裳之色。《士冠禮》曰：元端黑屨，赤絇繶純。素積白屨，緇絇繶純。爵弁纁屨，黑絇繶純。是也。王吉服有九，舃有三等，赤舃爲上，冕服之舃也。《詩》云：王錫韓侯，元衮赤舃。則諸侯與王同。下有白舃、黑舃。句，當爲絇聲之誤也。絇、繶、純，同色，今云赤繶、黄繶、青絇，雜互言之，明舃、屨眾多，反覆以見之。凡舃之飾，如繢之次。赤繶者，王黑舃之飾，青絇者，王白舃之飾。言繶必有絇純，言絇亦有繶純，三者相將。王及后之赤舃，皆黑飾。凡屨之舃如繡次也，黄屨白飾，白屨黑飾，黑屨青飾。絇謂之拘著舃，屨之頭，以爲行戒。繶，縫中。紃，純緣也。天子、諸侯吉事皆舃。其餘唯服冕衣翟者著舃耳。士爵弁纁屨，黑絇繶純，尊祭服之屨飾也，繢也。素屨者非純吉，有凶去飾者，言葛屨明有用皮時。《正義》：下，謂底也。重底者名曰舃，禪底者名曰屨。古人，周人也。言屨以通於舃，故直言屨，下言舃。今人，漢人也。以複者爲屨，並禪者亦爲屨，俗易語反也。繶，牙底相接之縫，綴絛於其中，綰屨頭以絛爲鼻，純以絛爲口緣。經不云純者，文略也。舃屨與裳俱在下，故與裳同色。素屨即下經散屨，大祥時除縗，杖，後身服素縞麻衣而著此素屨，去飾，無繶絇純，故經不言繶絇純也。葛屨，自赤舃以下，夏則用葛爲之，冬則皮爲之，在素屨下者，欲見素屨亦用葛與皮。赤舃者，男子冕服，婦人闕狄之舃，黑舃者，天子、諸侯元端服之舃。赤繶以下曰繶、曰絇，以表見其舃。赤繶者，是天子、諸侯黑舃之飾，黄繶者，與婦人爲元舃之飾，青絇者，與王及諸侯爲白舃之飾。凡屨，舃皆有絇繶純，三者相將，各舉其一，以互見也。辨外内命夫命婦之命屨、功屨、散屨。命夫之命屨纁屨，命婦之命屨黄屨，以下功屨，次命屨，於孤卿大夫則白屨黑屨也。九嬪内子亦然。世婦命婦以黑屨爲功屨，女御士妻命屨而已。士及士妻謂再命，受服者散屨，亦謂去飾。《正義》曰：大夫以上衣冠則有命舃，無命屨。外命婦孤妻以下，内命九嬪以下，不得服舃。自鞠衣黄屨，展衣白屨，褖衣黑屨以下，以廣之矣。

又卷一一二《王禮考七》　君臣冠冕服章：秦滅禮學，郊社服用，皆以袀元，以從冕旒，前後邃延。蔡邕《獨斷》曰：袀，紺繒也。以水德尚袀，音均。

漢承秦敝，西京二百餘年，猶未能有所制立。

《漢舊儀》：凡齋皆衣元紺繒也。衣絳領褎緣，綺纖，涑革帶，鴻紺幘、長冠，絣青衣幘領褎，綺纖白帶，求兩皂緣，衣貙婁霜幘衣。冬射獵，衣流黃。仲夏衣黃。

西漢史不言朝祭服章之制，惟《漢舊儀》所載如此，然其説終不明白云。

又　永平二年初，詔有司采《周官》、《禮記》、《尚書·皋陶篇》，天子冕服從歐陽氏説，乘輿備文日月十二章，刺繡文。三公、九卿、特進侯、朝侯、侍祠侯，從夏侯氏説，三公、諸侯用山龍九章，九卿以下用華蟲七章，皆備五采。大佩赤舃絇履，以承大祭。冕皆廣七寸，長尺二寸，前圓後方，朱緑裏，元上，前垂四寸，後垂三寸，繫白玉珠爲十二旒，（蔡邕《獨斷》云九旒也。以其綬采色爲組纓。三公、諸侯七旒，青玉爲珠。卿大夫五旒，黑玉爲珠。皆有前無後，各以其綬采爲組纓，旁垂黈纊。郊天地，祀明堂則冠之。衣裳玉佩備章采，其大佩則衝牙雙瑀璜，皆以白玉。乘輿絡以白珠。公卿、諸侯以采絲，百官執事者。冠長冠，即劉氏冠也。以高祖所冠，故以爲祭服。皆衹服，五嶽、四瀆、山川、宗廟、社稷諸壇秩祠，皆袀元服，絳緣領袖爲中衣，絳綺纖，示其赤心奉神也。其五郊迎氣，衣幘綺纖各如方色云。百官不執事者，各服長冠袀元以從。大射於辟雍，公卿、諸侯、大夫行禮者，冠委貌，衣元端素裳。鄭元曰：端者取其正也。鄭衆曰：衣褔裳爲端。執事者冠布弁，衣緇麻衣，皂領袖，下素裳。若冠通天冠，服深衣之制，有袍，隨五時色。梁劉昭曰：袍者，或曰周公抱成王宴居，故施袍。孔子衣逢掖之衣。逢掖其袖，合而逢大之，似近今袍者也。今下至踐更小史，皆通制袍，單衣，皂緣領袖。中衣爲朝服云。

又　魏氏多因漢法，其所損益之制無聞。【略】

晉受命，遵而無改。天子郊祀天地、明堂、宗廟、元會臨軒，黑介幘，通天冠，平冕。冕皂表，朱緑裏，廣七寸，長二尺二寸，加於通天冠上，前圓後方，垂白玉珠十有二旒，以朱組爲纓，無緌。佩白玉，華珠黄大旒，綬黄赤紺縹上敷沼反，下右暗反。四采。衣皂上絳下，前三幅，後四幅，衣畫而裳繡，爲日、月、星辰、山、龍、華蟲、藻、火、粉米、黼、黻之象，凡十二章。素帶廣四寸，朱裏，以朱緣裨音卑，服冕也。飾其側。中衣以絳緣其領袖。赤皮爲韍，絳袴袜，望發反。赤舃未加元服者，空頂介幘。其釋奠先聖，則皂紗袍，絳緣中衣，絳袴袜，黑舃。其臨軒，亦衮冕也。其朝服，通天冠高九寸，金博山顏，黑介幘，絳紗袍，皂緣中衣。其拜陵，黑介幘，單衣。其雜服有青、赤、黄、白、緗，黑色介幘，五色紗袍，五梁進賢冠，遠游冠，平上幘武冠。其素服，白帢苦洽反。單衣。從漢以來，天子之冕前後旒用真白玉珠。魏明帝好婦人之飾，改以珊瑚珠。晉初仍舊不改。及過江，服章多闕，而冕飾以翡翠、珊瑚雜珠。侍中顧和奏：舊禮，冕十二旒，用白玉珠。今美玉難得，不能備，可用白璇音旋。珠。從之。

又　宋制平天冕服，不易舊法。更名韍曰蔽膝。未加元服，釋奠先聖、視朝、拜陵等服，及雜色紗裙，武冠素服，並沿舊不改。王公助祭郊廟，章服降殺亦如之。冠委貌者，衣黑而裳素，中衣以皂領袖。元冠、韋弁、絳韋戎衣，復依漢法。袴褶因晉不易，腰有絡帶以代鞶革。中官紫褾，外官絳褾。又有纂嚴戎服，而不綴褾，行留文武悉同。畋獵巡幸，唯從官戎服，帶鞶革。元嘉中，巡幸、蒐狩、救廟水火皆如之。

明帝泰始四年，詔曰：車服之飾，象數是遵。故盛皇留範，列聖垂制。服近改定，今修成六服，沿時變禮，所施之事，各有條叙，便可載之典章。朕以大冕純玉繅，元衣黄裳，祀天宗明堂。又以法冕，元衣絳裳，祀太廟，元正大會朝諸侯。又以飾冕，紫衣紅裳，小會宴享，送諸侯，臨軒會王公。又以繡冕，朱衣裳，征伐，講武，校獵。又以紘冕，青衣裳，耕稼，享國子。又以通天冠，朱紗袍，爲聽政之服。泰始六年正月，有司奏：被敕皇太子正冬朝賀，合著衮冕九章。下儀曹郎邱仲起議：按《周禮》，公自衮冕以下。鄭注：衮冕以至卿大夫之元冕，皆其朝聘天子之服也。伏尋古之上公，尚得服之，皇太子以倅副之尊，率土瞻仰。愚謂宜式遵盛典，服衮九章以朝賀。詔可。

齊因宋制平天冠服，不易舊法，郊廟臨朝所服也。舊衮服用織成，建武中，明帝以織太重，乃采畫爲之，如金飾銀薄，時亦謂爲天衣。通天冠服，絳紗袍，皂緣中衣，乘輿臨朝所服，臣下皆同。拜陵則黑介幘，服無定色。舉哀臨喪，白帢單衣，亦謂之素服。王公助祭，平冕服，山龍以下九章，卿七章，皆畫皂絳繒爲之。袴褶相因不改。

梁因齊制平天冠服，衣畫而裳繡，十二章。素帶朱裏，以朱緣裨飾其側。更名赤皮韍爲韠。或云韠之名其來已久。餘同舊法。又有通天冠服，絳紗袍，皂緣中衣，黑舃。是爲朝服，元正賀畢，還儲更衣，出所服也。其釋奠先聖，則皂紗袍，絳緣中衣，絳袴襪，黑舃。拜陵則箋布單衣。又有白帢單衣，以代古之疑縗。

又　陳因之。永定元年，武帝即位，徐陵曰：乘輿御服，皆采梁制。帝曰：今天下初定，務從節儉。應用繡、織成者，並可彩畫。至文帝天嘉初，悉改易之。其皇太子絳紗袍，皂領白紗中衣，白帶，大小會，祠廟，朔望五日還朝，皆朝服。常還上宫則朱服。若釋奠及朝，絳緣中單，絳袴襪，元舃。侍祀衮衣九章，白紗絳緣中單，絳繒韠，赤舃，絳襪。皇太子舊有五時朝服，自梁天監之後則朱服。諸王朝服，朱衣，絳紗袍，皂緣中衣，素帶，黑舃。若加餘官，則服其加官之服。開國公、侯、伯、子、男，並朝服，紗朱衣。若助祭郊廟，皆衮，元上纁下，山、龍以下九章，備五采，大佩，赤舃，絇履。餘文官朝服。武賁中郎將、羽林監，絳紗縠單衣。州刺史絳朝服。直閤將軍、諸殿主帥，朱衣，正直絳衫，從則裲襠衫。太子衛率、率更令丞，皂朝服。殿中將軍、員外將軍、州郡都尉司馬、中通事舍人、太子通事等，並朱服。元衣，赤幘，袴褶，太子二傅所服。武冠，絳構，殿前威儀、武賁散給、使閤將、鼓吹士帥副、太子鹵簿戟吏所服。

後周設司服之官，掌皇帝十二服。祀昊天上帝，則蒼衣。五方上帝，各隨方色。朝日用青衣，祭皇地祇用黄衣，夕月用素衣，神州社稷用元衣，享先皇加元服，納后，朝諸侯則十二章。享諸先帝、食三老五更、耕籍等，自龍以下九章。祀星辰，視朝、大射、饗群臣等，八章。群祀、臨太學、入道法門、燕射、養庶老、適諸侯家，七章。其九章以下，衣重衮、山、鷩，裳重黼、黻，俱十有二等。通以升龍爲領褾。巡兵即戎，則韎韋爲衣裳。田獵則皮弁，白布衣而素裳也。諸公之服九章，服之章數，隨冕而降其一。其八章以下，衣重藻、粉米，裳重黼黻。俱九等，皆以山爲領褾。諸侯服八章，而下俱八等，皆以華蟲爲領褾。諸伯皆七章，而下俱七等，以火爲領褾。諸子服六章，俱六等，皆以宗彝爲領褾。諸男服五章，皆以藻爲領褾。三公之服有九，章有六，衣重藻與粉米，裳重黼、黻，俱爲九等，皆以宗彝爲領褾。三孤之服有八，章有五，衣重藻與粉米，裳重黼、黻，爲八等，公卿服有七，章有四，衣重粉米，裳重黼、黻，爲七等，皆以粉米爲領褾。大夫之服有六，章有三，衣重粉米，裳重黼、黻，爲六等。中大夫之服有五，章有三，衣重粉米，爲五等。下大夫服有四，章有三，衣重粉米，爲四等。士則祀弁、爵弁、元冠服，皆元衣。其裳，上士以元，中士以黄，下士雜裳。謂前元後黄。庶士元冠服，其在官府吏之屬，服緇衣裳。武帝初，服常冠，以皂紗全幅向後幞髮，仍裁爲四脚。

又　隋高祖將改周制，下詔曰：朕初受天命，赤雀來儀。兼姬周已還，於兹六代。三正迴復，五德相生，總以言之，並宜火色。垂衣已降，損益可知，尚色雖殊，常兼前代。其郊丘廟社，可依衮冕之儀，朝會衣裳，宜盡用赤。昔丹烏木運，姬有太白之旗，黄星尚德，曹乘黑首之馬。在祀與戎，其尚恒異。今之戎服，皆可尚黄，在外常所著者，通用雜色。祭祀之服，須合禮經，宜集通儒詳議。太子庶子、攝太常少卿裴正奏曰：竊見後周制冕，加爲十二，既與前禮數乃不同，而色應五行，又非典故。謹按三代之冠，其名各别。六等之冕，承用區分。璪玉五采，隨班異飾。都無迎氣變色之文。唯《月令》者，起於秦代，乃有青玉赤玉，白駱黑衣，與四時而色變，全不言於弁冕。五時冕色，《禮》既無文，稽於正典，難以經證。且後魏以來，制度咸闕。天興之歲，草創繕修，所造車服，多參胡制。故魏收論之，稱爲違古，是也。周氏因襲，將爲故事，大象承統，咸取用之，輿輦衣冠，甚多迂怪。今皇隋革命，憲章前代，其魏、周輦輅不合制者，已敕有司盡令除廢，然衣冠禮器，尚且兼行。乃有立夏衮衣，以赤爲質，迎秋平冕，用白成形，既越典章，須革其謬。謹按《續漢書·禮儀志》云立春之日，京都皆著青衣，秋夏悉如其色。逮於魏、晉，迎氣五郊，行禮之人，皆同此制。考尋故事，唯幘從衣色。今請冠及冕，色並用元，唯應著幘者，任依漢、晉。制曰：可。於是定令，採用東齊之法。乘輿衮冕，垂白珠十有二旒，以組爲纓，色如其綬，黈纊充耳，玉笄。元衣，纁裳。衣山、龍、華蟲、火、宗彝五章；裳，藻、粉米、黼、黻四章。衣重宗彝，裳重黼、黻，爲十二等。衣褾、領織成升龍，白紗内單，黼領，青褾、襈、裾。革帶，玉鉤鰈，大帶，素帶朱裏，紕其外，上以朱，下以緑。韍隨裳色，龍、火、山三章。鹿盧玉具劍，火珠鏢首。白玉雙佩，元組。雙大綬，六采，元黄赤白縹緑，純元質，長二丈四尺，五百首，廣一尺。小雙綬，長二尺六寸，色同大綬，而首半之，間施三玉環。朱襪，赤舄，舄加金飾。祀圜丘、方澤、感帝、明堂、五郊、雩禜、封禪、朝日、夕月、宗廟、社稷、籍田、廟遺上將、征還飲至、加元服、納后、正月受朝及臨軒拜王公，則服之。通天冠，加金博山，附蟬十二首，施珠翠，黑介幘，玉簪導。絳紗袍，深衣製，白紗内單，皂領，褾、襈、裾，絳紗蔽膝，白假帶，方心曲領。其革帶、劍、佩、綬、舄，與上同。若未加元服，則雙童髻，空頂黑介幘，雙玉導，加寶飾。朔日受朝、元會及冬會，諸祭還，則服之。武弁，金附蟬，平巾幘，餘服具服。講武、出征、四時蒐狩、大射、禡類、宜社、賞祖、罰社、纂嚴，則服之。黑介幘，白紗單衣，烏皮履，拜陵則服之。白紗帽，白練裙襦，烏皮履，視朝、聽訟及宴見賓客，皆服之。白帢，白紗單衣，烏皮履，舉哀則服之。

又　煬帝時，師旅務殷，車駕多行幸，百官行從，唯服袴褶，而軍旅間不便。至大業六年後，詔從駕涉遠者，文武官等皆戎衣，貴賤異等，襍用五色。五品以上通著紫袍，六品以下兼用緋緑，吏胥以青，庶人以白，屠商以皂，士卒以黄。

唐制，天子之服十四。大裘冕者，祀天地之服也。廣八寸，長一尺二寸，以板爲之，黑裘，纁裏，無旒，金飾玉簪導，組帶爲纓，色如其綬，黈纊充耳。大裘，繒表，黑羔表爲緣，纁裏，黑領，褾、襟緣，朱裳，白紗中單，皂領，青褾、襈、裾，朱襪，赤舄。鹿盧玉具劍，火珠鏢首，白玉雙佩。黑組大雙綬，黑質，黑、黄、赤、白、縹、緑爲純，以備天地四方之色。廣一尺，長二丈四尺，五百首。紛廣二寸四分，長六尺四寸，色如綬。又有小雙綬，長二尺六寸，色如大綬，而首半之，間施三玉環。革帶，以白皮爲之，以屬珮、綬、印章。鞶囊，亦曰革帶，博三寸半，加金鏤玉鉤鰈。大帶，以素爲之，以朱爲裏，在腰及垂皆有裨，上以朱錦，貴正色也，下以緑錦，賤間色也，博四寸。紐約，貴賤皆用青組，博三寸。黻以繒爲之，隨裳色。上廣一尺，以象天數，下廣二尺，以象地數，長三尺，朱質，畫龍、火、山三章，以象三才。其頸五寸，兩角有肩，廣二寸，以屬革帶。朝服謂之韠，冕服謂之韍。

衮冕者，踐阼、享廟、征還、遣將、飲至、加元服、納后、元日受朝賀、臨軒册拜王公之服也。廣一尺二寸，長二尺四寸，金飾玉簪導，垂白珠十二旒，采絲組帶爲纓，色如綬。深青衣纁裳，十二章。日、月、星辰、山、龍、華蟲、火、宗彝八章在衣，藻、粉米、黼、黻四章在裳。衣畫裳繡，以象天地之色也。自山、龍以下，每章一行爲等，每行十二。衣褾領，畫以升龍，白紗中單，黻領青褾、襈、裾，韍繡龍、山、火三章，舄加金飾。鷩冕者，有事遠主之服也。八旒，七章。華蟲、火、宗彝三章在衣，藻、粉米、黼、黻在裳。毳冕者，祭海岳之服也。七旒，五章。宗彝、藻、粉米在衣，黼、黻在裳。絺冕者，祭社稷饗先農之服也。六旒，三章。絺粉米在衣，黼、黻在裳。元冕者，蜡祭百神、朝日、夕月之服也。五旒，裳刺黼一章。自衮冕以下，其制一也。簪導、劍、珮、綬皆同。通天冠者，冬至受朝賀、祭還、燕群臣、養老之服也。二十四梁，附蟬十二首，施朱翠，金博山，黑介幘，組纓翠緌，玉犀簪導，絳紗袍，朱裏紅羅裳，白紗中單，朱領、褾、襈、裾，白裙襦，絳紗蔽膝，白羅方心曲領，白襪，黑舄。白假帶，其制垂二條帛，以變祭服之大帶。天子未加元服，以空頂黑介幘，雙童髻，雙玉導，加寶飾。三品以上亦加寶飾，五品以上雙玉導，金飾，六品以下無飾。緇布冠者，始冠之服也。天子五梁，三品以上三梁，五品以上二梁，九品以上一梁。武弁者，講武、出征、蒐狩、大射、禡類、宜社、賞祖、罰社、纂嚴之服也。有金附蟬，平巾幘。弁服者，朔日受朝之服也。以鹿皮爲之，有攀以持髮，十有二璂，玉簪導，絳紗衣，素裳，白玉雙珮，革帶之後有鞶囊以盛，小雙綬，白襪，烏皮履。黑介幘者，拜陵之服也。無飾，白紗單衣，白裙襦，革帶，素襪，烏皮履。白紗帽者，視朝、聽訟、宴見賓客之服也。以烏紗爲之，白裙襦，白襪，烏皮履。平巾幘者，乘馬之服也。金飾，玉簪導，冠支以玉，紫褶白袴，玉具裝，珠寶鈿帶，有靴。白帢者，臨喪之服也。白紗單衣，烏皮履。皇太子之服六。【略】

群臣之服二十有一。衮冕者，一品之服也。【略】鷩冕者，二品之服也。【略】毳冕者，三品之服也。【略】絺冕者，四品之服也。【略】元冕者，五品之服也。【略】平冕者，郊廟武舞郎之服也。【略】爵弁者，六品以下九品以上從祭之服也。【略】武弁者，武官朝參、殿庭武舞郎、堂下鼓人鼓吹按工之服也。【略】弁服者，文官九品公事之服也。【略】進賢冠者，文武朝參、三老五更之服也。【略】遠游冠者，親王之服也。【略】法冠者，御史大夫、中丞、御史之服也。【略】高山冠者，内侍省内謁者、親王司閤謁者之服也。委貌冠者，郊廟文舞郎之服也。【略】却非冠者，亭長、門僕之服也。平巾幘者，武官、衛官公事之服也。【略】黑介幘者，國官視品、府佐謁府、國子太學四門生俊士參見之服也。【略】介幘者，流外官、行署三品以下、登歌工人之服也。【略】平巾綠幘者，尚食局主膳、典膳局典食、大官署、食官署供膳奉觶之服也。【略】具服者，五品以上陪祭、朝享、拜表大事之服也。亦曰朝服。【略】從省服者，五品以上公事、朔望、朝謁見東宮之服也。亦曰公服。

又　初，隋文帝聽朝之服，以赭黄文綾袍，烏紗帽，折上巾，六合靴，與貴臣通服。唯天子之帶有十三鐶，文官又有平頭小樣巾，百官常服同於庶人。至唐高祖，以赭黄袍、巾帶爲常服。腰帶者，搢垂頭於下，名曰鉈尾，取順下之義。一品、二品銙以金，六品以上以犀，九品以上以銀，庶人以鐵。既而天子袍衫稍用赤、黄，遂禁臣民服。親王及三品、二王後，服大科綾羅，色用紫，飾以玉。五品以上服小科綾羅，色用朱，飾以金。六品以上服絲布、交梭、雙紃綾，色用黄。六品、七品服用綠，飾以銀。八品、九品服用青，飾以鍮石。勳官之服，隨其品而加佩刀、礪、紛、帨。流外官、庶人、部曲、奴婢，則服紬絹絁布，色用黄白，飾以鐵、銅。太宗時，又命七品服龜甲雙巨十花綾，色用綠。九品服絲布雜綾，色用青。其後以紫爲三品之服，金玉帶銙十三。緋爲四品之服，金帶銙十一。淺緋爲五品之服，金帶銙十。深綠爲六品之服，淺綠爲七品之服，皆銀帶銙九。深青爲八品之服，淺青爲九品之服，皆鍮石帶銙八。黄爲流外及庶人之服，銅鐵帶銙七。

又　唐初，士人以棠苧襴衫爲上服，貴女功之始也。一命以黄，再命以黑，三命以纁，四命以綠，五命以紫。士服短褐，庶人以白。中書令馬周上議：《禮》無服衫之文，三代之制有深衣。請加襴、袖、褾、襈，爲士人上服。開骻者名曰缺骻衫，庶人服之。又請：裹頭者，左右各三襵，以象三才，重繫前脚，以象二儀。詔皆從之。太尉長孫無忌又議：服袍者下加襴，緋、紫、綠皆視其品，庶人以白。太宗嘗以幞頭起於後周，便武事者也。方天下偃兵，採古制爲翼善冠，自服之。又製進德冠以賜貴臣，玉璂，制如弁服，以金飾梁，花趺，三品以上加金絡，五品以上附山雲。自是元日、冬至、朔望視朝，服翼善冠，衣白練裙襦。常服則有袴褶與手巾幘，通用翼善冠。進德冠制如幞頭，皇太子乘馬則服進德冠，九璂，加金飾，犀簪導，亦有袴褶，燕服用紫。其後朔望視朝，仍用弁服。

又卷一一三《王禮考八》　君臣冠冕服章：宋朝之制，天子之服有衮冕，廣一尺二寸，長二尺四寸，前後十二旒，二纊，並貫真珠。又有翠旒十二，碧鳳銜之，在珠旒外。冕版以龍鱗錦表，上綴玉爲七星，旁施琥珀瓶、犀瓶各二十四，周綴金絲網，鈿以真珠、雜寶玉，加紫雲白鶴錦裏。四柱飾以七寶，紅綾裏。金飾玉簪導，紅絲絛組帶。亦謂之平天冠。衮服青色，日、月、星、山、龍、雉、虎蜼七章。紅裙，藻、火、粉米、黼、黻五章。紅蔽膝，升龍二並織成，間以雲朵，飾以金鈒花鈿窠，裝以真珠、琥珀、雜寶玉。紅羅襦裙，繡五章，青褾、襈、裾。六綵綬一，小綬三，結玉環三。素大帶朱裏，青羅四神帶二，繡四神盤結。綬帶飾並同衮服。白羅中單，青羅襪帶，紅羅勒帛。鹿盧玉具劍，玉鏢首，鏤白玉雙珮，金飾貫真珠。金龍鳳革帶，紅襪赤舄，金鈒花，四神玉鼻。祭天地宗廟，謁太清宮，饗玉清昭應宫景靈宮，受册尊號，元日受朝，册皇太子則服之。大中祥符初，將東封，有司言封禪當服大裘，冕無旒，以羔皮爲之。而唐制用衮冕之服，詔依南郊服衮冕。六年五月，朝拜聖像，時屬盛暑，而皆褻服，有司請別制單衣以順時令，從之。通天冠。二十四梁，犀簪導，紅絲組帶，金鈒花鈿，以珠寶施博山附蟬，絳紗袍，以織成龍紅金條紗爲之，紅裏，皂褾、襈、裾，白羅中單，蔽膝以紅紗紅羅裏，飾與袍同。紅羅裙紅紗裏，白羅方心曲領。餘同冕服。大祭祀致齋、出乘玉輅，人乘金輅。正冬大會、五月朔受朝則服之。赭黄、淡黄袍衫，玉裝紅束帶，皁紋靴，大宴則服之。窄黄袍衫赭黄、淡黄褑袍，紅衫袍，常朝則服之。窄袍，便坐視事則服之。窄黄袍衫而下，比皂紗折上巾，通犀金玉環帶。窄袍或御烏紗帽。

又 王公以下冠服。唐制，有衮冕九旒，鷩冕八旒，毳冕七旒，絺冕六旒，元冕五旒，爵弁，朝服，公服，袴褶，弁服。宋朝，省八旒冕、六旒冕、公服、弁服：九旒冕塗金銀花額，犀、玳瑁簪導，青羅衣繡山、龍、雉、火、虎蜼五章，緋羅裳繡藻、粉米、黼、黻四章，緋蔽膝繡山、火二章，白花羅中單，玉裝劍，佩，革帶，暈錦綬，二玉環，緋白羅大帶，緋羅襪，履，親王、中書門下奉祀則服之。九旒冕無額花，元衣纁裳，悉畫，小白綾中單，獅子錦綬，二銀環，餘同上，三公奉祀則服之。七旒冕：犀角簪導，衣畫虎蜼、[藻] 粉米三章，裳畫黼、黻二章，銀裝佩、劍，革帶，餘同九旒冕，九卿奉祀則服之。五旒冕無章，銅[裝] 佩、劍，革帶，餘同七旒冕，青羅衣裳，四品、五品爲獻官則服之。六品以下無劍、佩、綬。紫檀衣，朱裳，羅爲之，皂大綾綬，銅[裝] 劍、佩，御史、博士服之。平冕無旒，青衣纁裳，無劍，佩，綬，餘同五旒冕，太祝、奉禮服之。五梁冠塗金銀花額，犀、玳瑁簪導，立筆，緋羅袍，緋花羅中單，緋羅裙，緋羅蔽膝，並皂褾襈，白羅大帶，白羅方心曲領，玉劍、佩，銀革帶，暈錦綬，二玉環，白綾襪，皂皮履，一品、二品侍祠、朝會則服之，中書、門下省冠如籠巾貂蟬。籠巾，編藤漆之，塗金銀，飾玳瑁蟬一，金蟬六，御玉。三梁冠，犀角簪導，無中單，銀劍，佩，師子錦綬，銀環，餘同五梁冠，諸司三品、御史台四品、兩省五品侍祠、朝會則服之，御史大夫、中丞則冠有獬豸角，衣有中單。兩梁冠犀角簪導，銅劍，佩，練鵲錦綬，銅環，餘同三梁冠，四品、五品侍祠、朝會則服之。六品以下，無劍，佩，綬，御史則冠有獬豸角，衣有中單。袴褶，紫、緋、綠，各從本服色，白綾中單，白綾袴，白羅方心曲領，本品冠導駕則騎而服之矣。

又 公服，唐制謂之常服，色同袴褶，曲領垂胡，加襴，折上巾。唐制：都督、刺史品卑者，並借緋。太平興國二年，詔朝官出知節鎮及轉運使、副使，衣緋、綠者並借紫。知州防禦、團練、刺史衣綠者借緋，衣緋者借紫。其爲通判、知軍監，止借緋。其後，江淮發運使同轉運，提點刑獄同知刺史州。凡升朝官緋、綠二十年者，遇恩受敘勞以賜。其制恩者，給以公服，紫衣犀帶，緋衣塗金寶瓶帶，東封、西祀。京朝官服色經十五年者，聽敘內職，亦許窄袍。景德三年，詔出入內庭，不得服皂。

又 仁宗景祐二年八月詔本朝帝后及群臣冠服，多沿唐舊而循用之，久則有司寖爲繁文，以失法度。其令入内内侍省、御藥院與太常院詳典故，造冠冕，蠲減珍華，務從簡約，俾圖以進。由是改製衮冕服，冕版截令廣八寸，長一尺六寸，所謂翠旒碧鳳、二十四犀瓶、二十四琥珀瓶、四神帶、二分旒玉鉤，悉罷之。而冕頂以青羅表，繪龍鱗以代龍鱗錦，用紅羅裏，繪紫雲白鶴以代紫雲白鶴錦。上以金絲爲網，而舊以金絲鏤八龍，止存其四。又以青羅繪龍鱗飾冕筩及柱，以易龍鱗錦，補空地以雲龍細窠以易玉金輪等七寶，其所施花墜、素墜、天河帶、組帶、款慢帶、六綵綬，冕之金釦玉環，皆裁損輕於舊，而以青羅繪龍鱗錦爲納言以代玉，加黈纊、玉簪。上衣用青羅，以紅羅褾，繡日、月、星辰、山、龍、華蟲、火、宗彝八章，間以雲。疏密視所宜，去所謂細窠及珠璣飾。下裳用紅羅，繡藻及粉米、黼、黻，蔽膝繡升龍一，以雲補空地，去細窠。除帶首黃金葉，以銷金代之。

慶曆三年，太常博士余靖言：《周禮》司服掌王之吉凶衣服，所祀鬼神大小以爲制度。今大、中祠所遣獻官用上公九旒、九章冕服爲初獻，餘公卿皆七旒冕，制無差降；小祠則公服行事，乖戾舊典。謂宜詳《周禮》，因所祭鬼神，以等獻官冕服之制。詔太常禮官議，復奏曰：《周官》王之冕服有六，自昊天至群小祀，皆王者親祀，而差六服，視神之上下以爲別。聖朝之制，唯皇帝親祠郊廟及朝會大禮服衮冕，而其下諸冕皆不設。歲奉常祀、大中祠遣官行事。攝公則服一品九旒冕，攝卿則服三品七旒冕，悉從品制爲服，不以祠之大小爲等差。至於小祠獻官，以公服行事。謹案《衣服令》，五旒冕，衣裳無章，皂綾綬，銅裝劍、佩，四品以下爲獻官則服之。今小祠獻官，既不攝公、卿，則屬四品以下，當有祭服。請除公、卿祭服仍舊從品外，小祠獻官，如令以祭服行事。若非時告祭，用香幣禮器行事，亦准此。詔施行焉。

至和三年，王洙奏：天子法服，冕旒形制重而華飾繁，願集禮官參定。詔禮院詳定典禮上聞，禮院繪圖以進，敕御藥院更造。其後，冕服稍增侈如故。

皇祐三年，御史臺、皇親侍祠、大朝會，大將軍至副率當本品朝服，宜下有司製造。詔禮官詳典故，而禮官言准令乘輿服并皇太子服，並云絳紗袍諸臣服，即言絳紗單衣，並當以單羅爲之。朝服有裏者，請除去，及冠服非儀者，皆當改正。

皇祐四年，禮院以中單制不明考求以奏曰：《禮》繡黼，丹朱中衣，大夫之僭禮也。鄭康成曰：此諸侯之禮。繡讀爲綃，綃繒名繡黼，丹朱以爲中衣。孔穎達曰：黼，刺繒爲黼文。丹朱，赤色，染繒爲赤色。中衣，謂以素爲冕服之裏衣，猶今中單。《晉詩》『素衣朱襮』，孔穎達引《釋器》以釋之曰：黼領謂之襮。孫炎曰：繡刺黼文以褗領，是襮爲領也。中衣者，朝、祭服之裏衣，其制如深衣，故《禮》載深衣連衣裳而純之采者，有表則謂之中衣。又《魯詩》『素衣朱綃』，綃爲綺屬，然則綃是繒綺，別名爲綃，刺爲黼文謂之綃黼，綃上刺黼以爲衣領，名爲襮。《開元禮》：天子服衮冕，元衣纁裳，白紗中單。群官服衮冕，青衣纁裳，白紗中單。今者詳古服之中衣，以素爲之，以朱爲領緣，而領刺黼文，即《禮記》所謂繡黼丹朱中衣，《詩》所謂素衣朱襮也。今之祭服既有中單，又別爲裏，與古弗合。然則中單之制，宜用繒素而朱領緣，領刺以黑白黼文。《禮》云大夫之僭禮，則諸侯之服。今五等祭服，宜悉依此制。詔如太常議。

仁宗時，太平日久，士民富樂，寖爲浮侈，乃下詔禁約，令京師士庶，得衣黑褐地白花，藍黄紫地撮暈花，女子得衣白褐毛黪褐帛。又屢下詔禁塗銷黄金爲衣服器物之飾。嘉祐末，詔禁天下衣黑紫。

又 百官公服，舊制三品以上紫，五品以上朱，七品緑，九品青。元豐之制，去青不用，階官至四品服紫，至六品服緋，皆象笏、佩魚，九品以上則服緑，以木爲笏，上挫下方。武臣、内侍皆服紫而不佩魚。假版官及伎術若公人之入品者，並聽服緑。官應品而服色未易，與品未及而已易者，或以年格，或以特恩。治平四年，京朝官衣緋緑十五年，熙寧元年，見任升朝官衣緑，正郎以上衣緋二十年，並改服色，此特恩也。又令臣僚嘗奉使北朝及接、押伴使人，遇到闕起居赴宴，曾借服者聽服入朝。

又《詳定儀注》【略】又言：古者六冕，皆赤舄。《詩》曰：王錫韓侯，元衮赤舄。則諸侯之舄與王同。孔穎達亦謂卿大夫服冕者赤舄，餘服則屨。《士冠禮》曰：爵弁纁屨，黑絇繶純。《周禮》屨人掌王及后之服。屨爲赤繶黄繶青句素屨葛屨。而説者曰：複下曰舄，禪下曰屨。而有絇有繶有純者，飾也。凡舄之飾如繢次，故舄之飾用對方之色，赤舄黑飾是也。凡屨之飾如繡次，故屨之飾用北方之色，白屨黑飾是也。今冕服赤舄，自天子至四品官及監察監禮太祝奉禮，皆以禪下爲之，無舄屨之別，又無絇繶純之飾。伏請六冕並用赤舄，皆複下爲之，以條爲口緣。又綴條於牙底相接之縫中，以繒一寸屈之爲絇，著於屨首，容穿繫以結於足爲之行戒，皆飾以黑云。

元・王惲《秋澗集》卷四五《服色考》 夫冕平而旒，笄衡而紘，上衣而下裳，垂紳而履舄，繫而帶，佩而綬，此三代王者不易之制也。今宣聖其紘、其芾、其純、其舄皆丹乎質，唯服之色尚玄，何也。考漢晉志書，天子以袀玄皂繒爲大祀之袍服，於孔子服色，非可據而明也。謹按《大戴禮》云有虞氏皇而祭，深衣而養老。逮乎夏后氏，王以水德，色尚黑，易而玄端玄裳，故收而祭，燕衣而養老。又諸侯以天子燕衣爲視朝之正服。有殷氏以金符德，色尚白，易而練衣縞裳，故冔而祭，縞衣而養老。及周有天下，以爲火王，色尚赤，宜乎以赤爲養，迺白冕而祭，玄衣而養老。何居鄭玄云周則兼二代而用之也。

清・嵇璜《續通典》卷五九《禮嘉》 君臣服章制度。袍附。宋、遼、金、元、明。

宋制，天子之服一曰大裘冕，二曰衮冕，三曰通天冠、絳紗袍，四曰履袍，五曰衫袍，六曰窄袍，七曰御閱服。中興後有之。【略】衮服，初因五代之舊，衣青色，日、月、星、山、龍、雉、虎蜼七章。紅裙，藻、火、粉米、黼、黻五章。紅蔽膝，升龍二並織成，間以雲朵，飾以金鈒花鈿窠，裝以真珠、琥珀、雜寶玉。紅羅襦裙，繡五章，青褾、襈、裾。六采綬一，小綬三，結玉環三。素大帶朱裏，青羅四神帶二，繡四神盤結。白羅中單，青羅抹帶，紅羅勒帛。鹿盧玉具劍，白玉雙佩，金龍鳳革帶，紅韈赤舄，金鈒花，四神玉鼻。祭天地宗廟，朝太清宮，饗玉清昭應宮、景靈宮，受册尊號，元日受朝，册皇太子則服之。【略】皇太子之服，一曰衮冕，二曰遠遊冠、朱明衣，三曰常服。衮服，青羅衣，繡山、龍、雉、火、虎蜼五章，紅羅裳，繡藻、粉米、黼、黻四章。紅羅蔽膝，繡山、火二章。白紗中單，青褾、襈、裾。革帶，瑜玉雙佩，四采大綬，結二玉環。青羅抹帶，紅羅勒帛。玉具劍，白羅韈，朱履。金塗銀釦，從祀則服之。【略】其公服因唐之制，三品以上服紫，五品以上服朱，七品以上服緑，九品以上服青。其制曲領大袖，下施横襴，束以革帶，幞頭，烏皮鞾，自王公至一命之士通服之。【略】太宗太平興國七年詔，以士庶車服頗有踰僭，今翰林學士承旨李昉詳定以聞。昉奏：近年品官緑袍及舉子白襴，下皆服紫色，請禁之。其私第便服許紫，皂衣白袍。舊制庶人服白，今請流外官及貢舉人、庶人通許服皂。從之。帽衫，帽以烏紗，衫以皂羅爲之，角帶繫鞵，東都士大夫交際常服之。紫衫本軍校之服，中興士大夫服之，以便戎事。高宗紹興二十六年，禁以戎服臨民，自是士大夫皆服涼衫以爲便服。涼衫制如紫衫，亦曰白衫。孝宗乾道初以其似凶服禁之，便服仍許用。紫衫、深衣用白細布，圓袂，方領，曲裾，黑緣，大帶，緇冠，幅巾，黑履。士大夫家冠、昏、祭祀、宴居、交際，服之。襴衫亦白細布爲之，圓領大袖，下施横襴爲裳，腰間有襞積，進士及國子生、州縣生服之。

又　遼祭山儀大祀，皇帝服金文金冠，白綾袍，紅帶，縣魚，三山紅垂飾犀玉刀錯，絡縫烏鞾。小祀，皇帝服硬帽，紅克絲龜文袍。臣僚服飾各從本部旗幟之色。其朝服，皇帝服錫魯衮冠，絡縫紅袍，垂飾犀玉帶錯，絡縫鞾，謂之國服。衮冕，太宗更以錦袍，玉帶。臣僚戴氊冠或紗冠，紫窄袍。黏韘帶以黄、紅色條裹革爲之，用金玉水晶靛石綴飾，謂之盤紫。太宗更以錦袍，金帶。公服，皇帝紫皂幅巾，紫窄袍，玉束帶，或衣紅襖，臣僚亦幅巾紫衣。常服，謂之盤裹。緑花窄袍，中單多紅緑色，貴者披貂裘，以紫黑色爲貴，青次之。又有銀鼠，尤潔白。賤者貂毛、羊鼠、沙狐裘。田獵服，皇帝幅巾，擐甲戎裝，以貂鼠或鵞項鴨頭爲扞腰，蕃、漢諸司使以上並戎裝衣，皆左衽，黑緑色。

又　金熙宗天眷三年，有司以車駕將幸燕京，合用通天冠，絳紗袍，依式成造禮服，袍裳，方心曲領，中單，蔽膝，革帶，大帶，玉具劍，綬，佩，舄，韈。其衮服用青羅夾製，五綵間金繪。

又　元天子衮龍服制以青羅，飾以生色銷金帝星一，日一，月一，升龍四，複身龍四，山三十八，火、華蟲、虎蜼各四十八。裳制以緋羅，其狀如裙，飾以文繡。凡一十六行，每行藻二，粉米二，黼二，黻二。中單制以白紗，絳緣，黄勒帛副之。蔽膝制以緋羅，有褾，緋絹爲裹，其形如襜，袍上著之，繡複身龍。玉佩，玉環，綬，紅羅鞾，納奇實金錦也。履，紅綾韈。

又　明皇帝衮服，太祖洪武十六年定制，元衣黄裳，十二章日，月，星辰，山，龍，華蟲，六章織於衣，宗彝，藻，火，粉米，黼，黻六章繡於裳，白羅大帶，紅裏，蔽膝隨裳色，繡龍、火、山文，玉革帶，玉佩，大、小綬，玉環，白羅中單，黻領，青緑襈，黄韈，黄金舄。二十六年更定，元衣纁裳，素紗中單，紅羅蔽膝，綬，佩稍易其色，朱韈赤舄，餘如舊制。成祖永樂三年，再定衮服元衣八章，日，月，龍在肩，星辰，山在背，火，華蟲，宗彝在袖，皆織成。本色領褾，襈，裾，纁裳四章，織藻，粉米，黼，黻各二，前三幅，後四幅，前後不相連屬，腰有襞積，本色緆裼，素紗中單，青領褾，襈，裾，領織黻文十三，蔽膝隨裳色，四章，織藻，粉米，黼，黻各二。本色緣，有紃施於縫中，飾以玉鈎，玉佩，加綬施玉環，韈舄皆赤色。【略】嘉靖八年定制，韍衣，韍裳俱赤色，佩、綬、革帶如常制，舄如裳色，皇帝常服。洪武三年定，烏紗，折角向上巾，盤領，窄袖袍，束帶。永樂三年更定，翼善冠，袍黄，盤領窄袖，前後及兩肩各織金盤龍一，帶用玉，鞾以皮爲之。【略】嘉靖七年，帝以燕居冠服尚沿習俗，諭張璁考古帝王燕居法服之制。璁乃采禮書元端深衣之文，圖註以進。帝爲參定其制，更名曰燕弁服，如古元端之制。【略】永樂三年更定，元衣五章，龍在肩，山在背，火、華蟲、宗彝在袖，皆織成。【略】永樂三年更定，冕服，青衣三章，火在肩，華蟲、宗彝在兩袖，皆織成。【略】

洪武二十六年定，用梁冠，赤羅衣，白紗中單，青飾領緣，赤羅裳青緣，赤羅蔽膝，大帶，革帶，佩，綬，白韈，黑履。【略】嘉靖八年更定百官祭服，上衣青羅，皂緣，下裳赤羅，皂緣，蔽膝、綬、環、大帶、革帶、佩玉、韈、履，俱與朝服同。【略】洪武三年定，凡常朝視事，以烏紗帽、圓領衫、束帶爲公服。

清·嵇璜《續文獻通考》卷九二《王禮考》　君臣冠冕服章：遼太祖丙寅歲即皇帝位，朝服衷甲，以備非常。其後行瑟瑟禮，大射柳，即此服。太宗會同元年八月，詔羣臣及年高，凡授大臣爵秩，賜錦袍、金帶、白馬、金飾鞍勒，著於令。大同元年正月入晉後，帝與南班漢官用漢服，太后與北班契丹臣僚用國服。其漢服即五代晉之遺制也。

臣等謹按歐陽修《五代史》，唐莊宗崩，明宗遺供奉官姚坤告哀於契丹，見太祖於慎州，錦袍大帶垂後。又太宗送晉高祖於潞州，脱白貂裘以衣。高祖後伐晉，以龍鳳赭袍賜趙延壽，使衣以撫晉軍，亦以赭袍賜杜重威。大同元年正月丁亥朔，入汴京，視朝於廣政殿，被中國冠服。二月丁巳朔，冠通天冠，服絳紗袍，執大圭視朝。三月丙戌朔，服靴袍御崇元殿，入閤，又將視朝，有司給燕王趙延壽貂蟬冠，右僕射張礪三品冠服，延壽與礪皆不肯服。而延壽别爲王者冠以自異。礪曰：吾在上國時，晉遣馮道奉册北朝，道齎二貂冠，其一宰相韓延徽冠之，其一命我冠之。今其可降服耶。卒冠貂蟬以朝。此可補《遼史》太祖太宗兩朝所未載者。

又 國服之制：祭服，以祭山爲大禮，服飾尤盛。大祀皇帝服金文金冠，白綾袍，紅帶，懸魚，三山紅，垂飾犀玉刀錯，絡縫烏鞾。小祀，皇帝硬帽，紅克絲龜文袍。

朝服，皇帝服實魯衮冠，絡縫紅袍，垂飾犀玉帶錯，絡縫鞾。謂之國服衮冕，太宗更以錦袍、金帶。臣僚戴氊冠，金花爲飾，或加珠玉翠毛，額後垂金花，織成夾帶，中貯髮一總。或紗冠，制如烏紗帽，無簷，不擫雙耳。額前綴金花，上結紫帶，末綴珠。服紫窄袍，繫鞊鞢帶，以紅黄色絛裹革爲之，用金玉、水晶、靛石綴飾。謂之盤紫。太宗更以錦袍、金帶。即會同元年賜高年有爵秩者。

公服，謂之展裹，著紫。皇帝紫皂幅巾，紫窄袍，玉束帶，或衣紅襖。臣僚以幅巾紫衣。

常服，《宰相中謝儀》，帝常服。《高麗使入見儀》，羣臣僚便衣，謂入盤裹。緑花窄袍，緑中單，多紅緑色。貴者披貂裘，以紫黑色爲貴，青次之。又有銀鼠，尤潔白。賤者貂毛、羊鼠、沙狐裘。

臣等謹按常服一條，或疑志文未分出帝與臣僚者，是不考注語，乃合帝與臣僚言之也。或謂專指冬裘而以貴賤二字分言臣僚者，是不知窄袍、中單不必冬間始服之也。若謂皇帝常服即漢服之柘黄袍等，則更鶻突不足辨矣。

田獵服，皇帝幅巾，擐甲戎裝，以貂鼠或鵝項鴨頭爲扞腰。番漢諸司使以上並戎裝，衣皆左袵，黑緑色。

弔服，素服，乘赭白馬。太祖時叛弟㝵克等降，素服受之。

漢服之制：《儀衛志》曰：唐以冕冠、青衣爲祭服，通天、絳袍爲朝服，平巾幘、袍襴爲常服。遼太宗會同元年自晉北歸，始用唐晉文物矣。

祭服，終遼之世，郊丘不建，大裘冕服不書。衮冕，祭祀宗廟、遣上將出征、飲至、加元服、納后若元日受朝則服之。金飾，垂白珠十二旒，以組爲纓，色如其綬，黈纊充耳，玉簪導。元衣纁裳，十二章。八章在衣，日，月，星，龍，華蟲，火，山，宗彝。四章在裳，藻，粉米，黼，黻。衣褾領，爲升龍織成文，各爲六等。龍、山以下，每章一行，行十二。白紗中單，黼領，青褾、袖端。襈、衣緣。裾，黻革帶，大帶，劍佩綬，舄加金飾。《元日朝會儀》皇帝服衮冕。

朝服，皇帝通天冠，諸祭還及冬至朔日受朝、臨軒拜王公、元會、冬會服之。冠加金博山，附蟬十二首，施珠翠。黑介幘，髮纓翠緌，玉若犀簪導。絳紗袍，白紗中單，褾領，朱襈裾，白裙襦，絳蔽膝，白假帶，方心曲領，其革帶，佩劍綬，襪，舄。若未加元服，則雙童髻，空頂黑介幘，雙玉導，加寶飾。《元日上壽儀》皇帝服通天冠，絳紗袍。

皇太子，遠遊冠，謁廟還宫、元日、冬至朔日入朝服之。三梁冠，加金，附蟬九首，施珠翠，黑介幘，髮纓翠緌，犀簪導。絳紗袍，白紗中單，皂領、褾、襈、裾，白裙襦，白假帶，方心曲領，絳紗蔽膝。其革帶、劍、佩、綬、襪、舄，與皇帝同。後改用白襪黑舄。未冠則雙童髻，空頂黑介幘，雙玉導，加寶飾。《册皇太子儀》皇太子冠遠遊服，絳紗袍。

親王，遠遊冠，陪祭、朝饗、拜表、大事服之。冠三梁，加金，附蟬，黑介幘，青緌導。絳紗單衣，白紗中單，皂領，襈，裾，白裙襦，革帶，鈎鰈，假帶，曲領方心，絳紗蔽膝，襪舄，劍佩綬。

二品以上同親王。諸王，遠遊冠，三梁，黑介幘，青緌。三品以上進賢冠，三梁，寶飾。五品以上進賢冠，二梁，金飾。六品以上進賢冠，一梁，無飾。七品以上去劍佩綬。八品以下同公服。

《儀衛志》曰：景宗乾亨四年，聖宗即位，册承天太后，給三品以上法服。《雜禮》册承天太后儀，侍中就席，解劍脱履。興宗重熙五年，尊號册禮，皇帝服龍衮，北南臣僚並朝服。蓋僚制。會同中，太后、北面臣僚國服，皇帝、南面臣僚漢服。乾亨以後，大禮，雖北面三品以上亦用漢服。重熙以後，大禮並漢服。常朝仍遵會同之制。

臣等謹按以上所載，《儀衛志》雖分祭服、朝服，然朝服亦見於祭，祭服亦見於朝。正如國服之金文金冠與實薛里衮，名雖異而實互用也。

公服，《勘箭儀》閤使公服，繫履，遼國常用公服矣。皇帝翼善冠，朔視朝用之。柘黄袍，九環帶，白練裙襦，六合鞾。

皇太子遠遊冠，五日常朝、元日、冬至受朝服之。絳紗單衣，白裙襦，革帶，金鉤鰈，假帶，方心，紛鞶囊，白襪，烏皮履。

一品以下五品以上，冠幘纓，簪導，謁見東宮及餘公事服之。絳紗單衣，白裙襦，帶鉤鰈，假帶，方心，襪履，紛鞶囊。六品以下，冠幘纓，簪導，去紛鞶囊，餘並同。

常服，謂之穿執。《起居禮》臣僚穿執，言穿鞾執笏也。皇帝柘黄袍衫，折上頭巾，九環帶，六合鞾。起自宇文氏，唐太宗貞觀以後，非元日、冬至受朝及大祭祀，皆常服而已。

皇太子進德冠，九琪，金飾，絳紗單衣，白裙襦，白韈，烏皮履。

五品以上幞頭，亦曰折上巾。紫袍，牙笏，金玉帶。文官佩手巾、算袋、刀子、礪石、金魚袋，武官鞊鞢七事，佩刀、刀子、磨石、契苾真、噦厥、針筒、火石袋。烏皮六合鞾。六品以下，幞頭，緋衣，木笏，銀帶，魚袋，佩，鞾同。八品、九品，幞頭，綠袍，鍮石帶，鞾同。

又 皇帝冕服：冕制，天板長一尺六寸，廣八寸，前高八寸五分，後高九寸五分，身，圍一尺八寸三分，并納言並用青羅爲表，紅羅爲裏，周圍用金稜。天板下有四柱，四面珍珠網結子，花素墜子。前後珠旒共二十四，旒各長一尺二寸，青碧線織造天河帶一，長一丈二尺，闊二寸，兩頭各有真珠金翠旒三節，玉滴子節花，紅線組帶二，上有真珠金翠旒，玉滴子節花，下有金鐸子二枚，紅線欵幔帶一，黈纊二，真珠垂繫，上用金萼子二，簪窠、欵幔、組帶鈿窠各二，内組帶鈿窠四，並玉鏤塵碾造。玉簪一，頂方二寸，導長一尺二寸，簪頂刻鏤塵雲龍。

衮用青羅夾製，五采間金繪畫，正面日一、月一、升龍四、山十二，上下襟華蟲、火，各六對。背面星一、升龍四、山十二，華蟲、火各十二對。虎蜼各六對，中單一，白羅單製，羅領、褾、襈。裳一，帶，褾，襈，紅羅八幅夾製，繡藻三十二，粉米各十六，黼、黻各三十二。蔽膝一，帶，褾，襈，並紅羅夾製，繡升龍二。綬一幅，大綬以赤、黄、黑、白、緑、纁。六采，織紅羅托裏。小綬三，色同大綬。銷金黄羅綬頭，上間施三玉環，皆刻雲龍。大綬五百首，小綬半之。緋白大帶一，銷金黄羅帶頭，鈿窠二十四，紅羅勒帛一，青羅抹帶一，玉佩二，白玉上中下璜各一，半月各二，皆刻雲龍。玉滴子各二，皆以真珠穿製。金篦鉤，獸面，水葉環釘。涼帶一，紅羅裏，鏤金，上有玉鵝七，鉈尾束各一，金攀龍口，以玳瑁板襯釘脚。舄重底，紅羅面，白綾托裏，如意頭，銷金羅緣口，玉鼻二飾以珠。襪用緋羅加錦。

《輿服志》曰：皇帝凡大祭祀、加尊號、受册寶則服衮冕。行幸、齋戒出宫或御正殿則通天冠，絳紗袍。

臣等謹按大綬五百首，所謂首者，凡合單紡爲一系，四系爲一扶，五扶爲一首。見明史《輿服志》注。

皇太子冠服：冕用白珠九旒，紅絲組爲纓，青纊充耳，犀簪導。衮，青衣朱裳。五章在衣，山、龍、華蟲、火、宗彝。四章在裳，藻、粉米、黼、黻。白紗中單，青褾，襈，裾。玉帶，塗金銀鉤鰈，蔽膝隨裳色。爲火、山二章。瑜玉雙佩，四采織成大綬，間施玉環三，白襪朱舄，舄加金塗銀釦，謁廟則服之。遠遊冠十八梁，金塗銀花，飾博山附蟬，紅絲組爲纓，犀簪導。朱明服，紅裳，白紗中單，方心曲領，絳紗蔽膝，白襪黑舄，餘同衮冕，受册寶則服之。

《輿服志》曰：太子入朝、起居及與宴，則朝服、紫袍、玉帶、雙魚袋，其視事及見師少賓客，則服小帽，皂衫，玉束帶。

臣下朝服：正一品貂蟬籠巾，七梁額花冠，貂鼠立筆，銀立筆，犀簪導。佩劍，緋羅大袖，緋羅裙，緋羅蔽膝各一，緋白羅大帶，天下樂暈錦玉環綬一，白羅方心曲領，白紗中單，銀褐勒帛各一，玉珠佩二，金塗銀革帶，烏皮履，白綾襪。正二品，七梁冠，銀立筆，犀簪導，不佩劍，緋羅大袖，雜花暈錦玉環綬，餘並同。正四品，五梁冠，銀立筆，犀簪，白獅錦銀環綬，珠佩，銀革帶，御史中丞則獬豸冠，青荷蓮綬，餘並同。正五品，四梁冠，簇四金鵰錦銅環綬，銀珠佩，餘並同。正六品至七品，三梁冠，黄獅錦銅環綬，珠佩，銅束帶，餘並同。

《輿服志》曰：凡導駕及行大禮，文武百官皆服之如右。大定二十二年袷享，攝官導駕二品冠七梁，三品、四品冠六梁，服有金花，五品冠五梁，六品冠四梁，七品冠三梁，監察御史獬豸冠，青綬，八品、九品冠二梁，餘製並同。三品舊無。

祭服：熙宗皇統七年，太常寺言，太廟成後，奉安神主，袷享行禮，凡行事、執事、助祭、陪位官，准古典當服衮冕，九章畫降龍，隨品各有等差。《通典》云，虞夏殷並十二章，日，月，星辰，山，龍，華蟲作繪於衣，宗彝，藻，火，粉米，黼，黻絺繡於裳。周升三辰於旂，登龍於山，登火於宗彝，作九章之服，山，龍，華蟲，火，宗彝繪於衣，藻，粉米，黼，黻繡於裳。公之服自衮冕而下，如王之服。侯伯之服，自鷩冕而下，如公之服。又後魏帝服衮冕，與祭者朝服。又《開元禮》一品服九章，又《五禮新儀》正一品服九旒冕，犀簪，青衣，畫降龍。今汴京舊禮直官言，自宣和二年以後，一品祭服七旒冕，大袖，無龍。唐雖服九章服，當時司禮少常伯孫茂道言，諸臣之章雖殊，然飾龍名衮，尊卑相亂，請三公服鷩冕八章爲宜。臣等竊謂歷代衣服之制不同，若從後魏則止服朝服，或用宋服則爲七章，若遵唐九章，則有飾龍名衮，尊卑相亂之議。尚書省乃奏用後魏故事，止用燕京大册禮時所服朝服以祭。

世宗大定三年八月，詔遵皇統制，攝官則朝服，散官則公服，以皇太子爲亞獻，服衮冕。十四年，用唐制，若祭遇雨雪則服常服。謂今之公服也。

章宗泰和元年八月，禮官言：祭服所以接神，朝服所以事君，雖歷代損益不同，然未嘗不有分別。是以衮冕十二旒，元衣纁裳，俻十二章，天子之祭服也。通天冠，絳紗袍，紅羅裳，天子之視朝服也。臣下之服則用青衣朱裳以祭，朱衣朱裳以朝。國朝爲天子俻衮冕、通天冠二等之服。今羣臣但有朝服，而祭服尚缺，每有祀事，但以朝服從事，實於典禮未當。請依漢唐故事，祭服冕旒畫章。然君臣冕服雖章各殊，而俱飾龍名衮，唐孫茂道已有尊卑相亂之論。今三公法服有龍，恐傷於僭，國初禮官亦嘗駁議。乞參酌古今，改置祭服，其冠則如朝冠，而但去其貂蟬、竪筆，其服用青衣朱裳，白襪朱履，非攝事者則用朝服，庶幾少有差別。帝曰：朝祭之服，固宜分也。

公服：大定官制，文資五品以上官服紫。三師、三公、親王、宰相、一品官，服大獨科花羅，徑不過五寸。執政官服小獨科花羅，徑不過三寸。二品、三品服散搭花羅，謂無枝葉者。徑不過寸半。四品、五品服小雜花羅，謂花頭碎小者。徑不過一寸。六品、七品服緋芝蔴羅，八品、九品服綠無紋羅。應武官皆服紫。凡散官、執事皆從一高，上得兼下，下不得僭上，窄紫亦同服色，各依官制品級。其諸局分承應人並服無紋素羅。十五年，制曰，袍不加襴，非古也。遂命文資官公服並加襴。

又 衣服通制：金之常服四，帶，巾，盤領衣，烏皮鞾。其束帶曰吐鶻。巾之制，以皂羅若紗爲之，上結方頂，折垂於後，頂之下際兩角各綴方羅徑二寸許，方羅之下各附帶長六七寸，當横額之上，或爲一縮襞積。貴顯者於方頂循十字縫飾以珠，其中必貫以大者，謂之頂珠。帶旁各絡珠結綬，長半帶，垂之。海陵賜大興國者是也。《大興國傳》：海陵既立，賜興國真珠巾，玉鉤帶，玉佩刀及玉校鞍轡。其衣色多白，三品以皂，窄袖盤領，縫掖，下爲襞積，而不缺袴。其胸臆肩袖，或飾以金繡，從春水之服則多鶻捕鵝，雜花卉之飾，從秋山之服則以熊鹿山林爲文，其長中骭，取便於騎也。吐鶻，玉爲上，金次之，犀象骨角又次之。銙周鞓，小者間置於前，大者施於後，左右有雙鉈尾，納方束中，其刻琢多如春水秋山之飾。左佩牌，右佩刀，刀貴鑌，柄尚鶏舌木，黄黑相半，有黑雙距者爲上，或三事五事。寶飾以醬瓣樺，醬瓣樺者，謂樺皮斑文色殷紫如醬中豆瓣也。産其國，故尚之。鏢口飾以鮫，或屑金鍮和漆，塗鮫隙而礲平之。

又 天子冕服：衮冕制以漆紗，上覆曰綖，青表朱裏，綖之四周匝以雲龍，冠之口圍縈以珍珠，綖之前後旒各十二，以珍珠爲之。綖之左右繫黈纊二，繫以元紞，承以玉瑱，纊色黄，絡以珠。冠之周圍，珠雲龍網結，通翠柳調珠，綖上横天河帶一，左右至地。珠鈿窠網結，翠柳朱絲組二，屬諸笄，爲纓絡，以翠柳調珠。簪以玉爲之，横貫於冠。

衮龍服，制以青羅，飾以生色銷金帝星一，日一，月一，升龍四，複身龍四，山三十八，火、華蟲、虎蜼各四十八。裳，制以緋羅，其狀如裙，飾以文繡，凡一十六行，每行藻二，粉米一，黼黻各二。中單，制以白紗，絳緣，黄勒帛副之。蔽膝，制以緋羅，有襈，緋絹爲裏，其形如襜，袍上著之，繡複身龍。玉佩，珩、琚、瑀、衝牙各一，璜二，衝牙以繫璜，珩下有銀獸面，塗以黄金，雙璜夾之。次又有衡，下有衝牙，旁别施雙的以鳴，用玉。大帶，制以緋白二色羅，合縫爲之。玉環綬，制以納石失，金錦也。上有三小玉環，下有青絲織網。紅羅鞾，制以紅羅爲之，高勒。履，制以納石失，有雙耳二。帶鉤，飾以珠。韈，制以紅綾。

又 三獻官及司徒、大禮使祭服：籠巾貂蟬冠五，青羅服五，領、袖、襴俱用皂綾。紅羅裙五，襴用皂綾。紅羅蔽膝五，其羅花樣俱係牡丹。白紗中單五，黄綾帶。紅組金綬紳五，象笏、銀束帶、玉佩、白羅方心曲領，各五。赤革履、白綾襪，各五對。

助奠以下諸執事官冠服：貂蟬冠、獬豸冠、七梁冠、六梁冠、五梁冠、四梁冠、三梁冠、二梁冠二百，青羅服二百，領、袖、襴俱用皂綾。紅綾裙二百，襴用皂綾。紅羅蔽膝二百，紫羅公服二百，用梅花羅。白紗中單二百，黄綾帶。織金綬紳二百，紅一百九十八，青二，各佩銅環二。銅束帶二百，白羅方心曲領二百，銅佩二百，展角幞頭二百，塗金荔枝帶三十，烏角帶一百七十，皂鞾、赤革履、白綾襪各二百對，象笏三十，銀杏木笏一百七十。

《輿服志》曰：凡獻官諸執事行禮，俱依法服。惟監察御史二，冠獬豸，服青綬。凡迎香、讀祝及祝日遇陰雨，俱衣紫羅公服。六品以下，皆得借紫。又都監庫、祠祭局、儀鸞局、神厨局頭目長行人等交角幞頭，窄袖紫羅服，塗金束帶，各五十。皂鞾五十對。

社稷祭服：青羅袍、白紗中單、紅梅花羅裙，各一百二十三。藍織錦銅環綬紳二，紅織錦銅環綬紳一百一十七，紅織錦玉環綬紳四，紅梅花羅蔽膝、革履、白綾襪、白羅方心曲領、黄綾帶及佩，各一百二十三。銅珩璜者一百一十九，玉珩璜者四，藍素紵絲帶一百二十三，銀帶四，銅帶一百一十九，冠一百二十三，水角簪金梁冠一百七，紗冠一十，獬豸冠二，籠巾紗冠四，木笏、紫羅公服、黑漆幞頭，各一百二十三。展角全二色羅插領一百二十三，鍍金銅荔枝帶一十，角帶一百一十三，象笏一十三，木笏一百一十，黄絹單袍複、紫紵絲抹口、青氈襪、皂鞾，各一百二十三。窄紫羅衫、黑漆幞頭、銅束帶、黄絹單包複、皂鞾、紫紵絲抹口、青氈襪，各三十。

宣聖廟祭服：獻官法服，七梁冠三，簪全。鴉青袍三，絨錦綬紳三，各帶青絨網并銅環二。方心曲領、藍結帶、銅佩、紅羅裙、白絹中單、紅羅蔽膝、革履，各三。白絹襪全。執事儒服，軟角唐巾，白襴插領，黄鞓角帶，皂鞾，各九十有八。曲阜祭服，連蟬冠四十有三，七梁冠三，五梁冠三十有六，三梁冠四，皂紵絲鞋三十有六輛，舒角幞頭二，軟角唐巾四十，角簪四十有三，冠纓四十有三副，凡八十有六條。象牙笏七，木笏三十有八，玉佩七，凡十有四繫。銅佩三十有六，凡七十有二繫。帶八十有五，藍鞓帶七，紅鞓帶三十有六，烏角帶二，黄鞓帶、烏角偏帶四十，大紅金綬結帶七，上用玉環十有四。青羅大袖夾衣七，紫羅公服二，褐羅大袖衣三十有六，白羅衫四十，白絹中單三十有六，白紗中單七，大紅羅夾蔽膝七，大紅夾裳、緋紅羅夾蔽膝三十有六，緋紅夾裳四，黄羅夾裳三十有六，黄羅大帶七，白羅方心曲領七，紅羅綬帶七，黄絹大帶三十有六，皂鞾、白羊毳襪，各四十有二對。大紅羅鞋七輛，白絹夾襪四十有三輛。

天子濟遜：冬之服凡十有一等，服納奇實、克默爾里克，則冠金錦暖帽。服大紅、桃紅、紫、藍、緑布哩葉蘇，則冠七寶重頂冠。服紅黄粉皮，則冠紅金苔子暖帽。服白粉皮，則冠白金苔子暖帽。服銀鼠，則冠銀鼠暖帽，其上並加　銀鼠比肩。俗稱襻子達呼。夏之服凡十有五等，服塔納圖納奇實，綴大珠於金錦。則冠寶頂金鳳鈸笠。服蘇布特圖納奇實，綴小珠於金錦。則冠珠子捲雲冠。服納奇實，則帽亦如之。服大紅珠寶里紅毛子塔納，則冠珠緣邊鈸笠。服白毛子金絲寶里，則冠白籐寶貝帽。服駞褐毛子，則亦如之。服太紅、緑、藍、銀褐、棗褐、金繡龍五色羅，則冠金鳳頂笠，各隨其服之色。服金龍青羅，則冠金鳳頂漆紗冠。服珠子褐七寶珠龍苔子，則冠黄雅庫特寶貝珠子帶後簷帽。服青蘇普金絲闌子，則冠七寶漆紗帶後簷帽。

百官濟遜：冬之服凡九等，大紅納奇實一，大紅克默爾里克一，大紅冠素一，桃紅、藍、緑冠素各一，紫、黄、鴉青各一。夏之服凡十有四等，素納奇實一，聚線布哩葉蘇納奇實一，棗褐渾金間絲蛤珠一，大紅官素帶布哩葉蘇一，大紅明珠苔子一，桃紅、藍、緑、銀褐各一，高麗鴉青雲袖羅一，駞褐、茜紅、白毛子各一，鴉青官素帶布哩葉蘇一。

《輿服志》曰：濟遜，内廷大宴則服之。冬夏之服不同。然無定制。凡勳戚、大臣、近侍賜則服之。下至於樂工、衛士皆有其服。精粗之制，上下之别雖不同，總謂之濟遜云。

百官公服：公服制以羅，大袖，盤領，俱右衽。一品紫，大獨科花，徑五寸。二品小獨科花，徑三寸。三品散苔花，徑二寸，無枝葉。四品、五品小雜花，徑一寸五分。六品、七品緋羅小雜花，徑一寸。八品、九品緑羅，無文。幞頭，漆紗爲之，展其角。笏，制以牙，上圓下方，或以銀杏木爲之。偏帶，正、從一品以玉，或花或素，二品以花犀，三品、四品以黄金爲荔枝，五品以下以烏犀，並八胯。鞓用朱革。鞾以皂皮爲之。

清・嵇璜《清朝文獻通考》卷一四一《王禮考》　皇帝雨冠、雨衣、雨裳之制，皆用明黄色，氈及羽緞、油紬惟其時。

皇子朝冠。親王同。冬用薰貂、青狐惟其時，上綴朱緯，其制下達文武一品皆同，後不具詳。頂金龍二層，飾東珠十，上銜紅寶石。夏織玉草或藤絲、竹絲爲之，緣石青片金二層，裏用紅片金或紅紗，上綴朱緯，前綴舍林，飾東珠五，後綴金花，飾東珠四，頂制同。

皇子吉服冠。冬用海龍、薰貂、紫貂惟其時，上綴朱緯，紅絨結頂。夏織玉草或藤絲、竹絲爲之，紅紗紬裏，石青片金緣，上綴朱緯，頂制同。

皇子端罩。紫貂爲之，金黄緞裏，左右垂帶各二，下廣而鋭，色與裏同。

皇子龍褂。色用石青，繡文五爪正面金龍四團，兩肩前後各一，間以五色雲，棉袷紗裘惟其時。

皇子朝服。色用金黄，披領及袖俱石青片金緣，冬加海龍緣，繡文兩肩前後正龍各一，要帷行龍四，裳行龍八，披領行龍二，袖端正龍各一，下幅八寶平水。十一月朔至上元，披領及裳俱表以紫貂，袖端薰貂，繡文兩肩前後正龍各一，襞積行龍六，間以五色雲。

皇子蟒袍。色用金黄，片金緣，繡文通九蟒，裾左右開。制達宗室，後不具詳。

紀事

唐·杜佑《通典》卷六一《禮二十一》 君臣服章制度：明帝泰始四年，詔曰：車服之飾，象數是遵。故盛皇留範，列聖垂制。朕近改定，今修成六服，沿時變禮，所施之事，各有條叙，便可載之典章。朕以大冕純玉繅，玄衣黄裳，祀天宗明堂。又以法冕，玄衣絳裳，祀太廟，元正大會朝諸侯。又以飾冕，紫衣紅裳，小會宴饗，送諸侯，臨軒會王公。又以繡冕，朱衣裳，征伐、講武、校獵。又以紘冕，青衣裳，耕稼，饗國子。又以通天冠，朱紗袍，爲聽政之服。泰始六年正月，有司奏：被敕皇太子正冬朝賀，合著衮冕九章不。儀曹郎丘仲起議：按《周禮》公自衮冕以下，鄭注：衮冕以至卿大夫之玄冕，皆其朝聘天子之服也。伏尋古之上公，尚得服之，皇太子以倅副之尊，率土瞻仰。愚謂宜式遵盛典，服衮九章以朝賀。詔可。

又 貞觀四年制，三品以上服紫，四品、五品以上服緋，六品、七品以上緑，八品、九品以上青。婦人從夫之色，仍通服黄。至五年七月敕，七品以上，服龜甲雙巨十花綾，其色緑。九品以上，服絲布及雜小綾，其色青。

又 龍朔二年九月，孫茂道奏：准舊令，八品九品著青。深青亂紫，非卑品所服。望請著碧，朝參之處，并依此服。非朝參處，聽兼服黄。從之。前令九品以上，朝參及視事，聽服黄。以洛陽縣尉柳誕服黄夜行，爲部人所毆，高宗聞之，以章服錯亂，故此詔申明之，朝參行列一切不得著黄。武太后延載元年五月，内出繡袍，以賜文武三品以上官。其袍文，仍各有炯誡。諸王則飾以盤龍及鹿，宰相飾以鳳池，尚書飾以對雁，左右衛將軍飾以對麒麟，左右武威衛飾以對武，左右鷹揚衛飾以對鷹，左右千牛衛飾以對牛，左右豹韜衛飾以對豹，左右玉鈐衛飾以對鶻，左右監門衛飾以對獅子，左右金吾衛飾以對豸，又銘其襟背，各爲八字迴文，其詞曰：忠正貞直，崇慶榮職。文昌翊政，勳彰慶陟。懿沖順彰，義忠慎光。廉正躬奉，謙感忠勇。神龍二年九月，敕停京六品以下著緋袴褶令，各依本品爲定。開元四年二月制，軍將在陣，賞借緋紫，本是從戎缺胯之服，一得之後，遂別造長袍，遞相倣效。又入蕃使，別敕借緋紫者，使迴合停。自今以後，衙内宜專定殿中侍御史糾察。十一年六月，敕諸衛大將軍、中軍中郎、郎將袍文：千牛衛瑞牛文，左右衛瑞馬文，驍衛大蟲文，武衛鷹文，威衛豹文，領軍衛白澤文，金吾衛辟邪文，監門衛獅子文。每正冬陳設，朝日著甲，會日著袍。二十六年，肅宗爲皇太子，受册，太常所撰儀注，有服絳紗袍之文。太子以爲與皇帝所稱同，上表辭不敢當，請有以易之。上令百官詳議。尚書左丞相裴耀卿、太子太師蕭嵩等奏曰：謹按《衣服令》，皇太子具服，有遠游冠，三梁，加金附蟬九首，施珠翠，黑介幘，髮纓綏，犀簪導，絳紗袍，白紗中單，皂領、褾、襈，白裙襦，方心曲領，絳紗蔽膝，革帶，劍，佩，綬等，謁廟還宫，元日冬至朔日入朝，釋奠則服之。其絳紗袍，則是冠衣之内一物之數，與裙襦、劍、佩等無別。至於貴賤之差，尊卑之異，則冠爲首飾，名制有殊，并珠旒及裳采章之數，多少有别，自外不可事事差異。亦有上下通服，名制是同，禮重則具服，禮輕則從省。今以至敬之情，有所不敢，衣服不可減省，謂須更變名。望所撰儀注，不以絳紗袍爲稱，但稱爲具服，則尊卑有差，謙光成德。議奏上，手敕改爲朱明服，下所司行用焉。其三品以上服，准武德四年敕大科紬綾及羅，其色紫，飾用玉。五品以上，服小科紬綾及羅，其色朱，飾用金。六品以上，服絲布，雜小綾，交梭及雙紃，其色黄。六品、七品飾銀。八品、九品鍮石。流外庶人服紬、絁、布，其色通用黄白，飾用銅鐵。貞元七年十一月，令常參官復衣綾袍，金玉帶。至八年十月，賜文武常參官大綾袍。

五代・馬縞《中華古今注》卷上《武臣缺胯襖子》 隋文帝征遼，詔武官服缺胯襖子，取軍用，如服有所妨也，其三品已上皆紫。至武德元年，高祖詔其諸衛將軍，每至十月一日皆服缺胯襖子，織成紫瑞獸襖子。左右武衛將軍服豹文襖子，左右翊衛將軍服瑞鷹文襖子。其七品已上陪位散員官等皆服綠無文綾襖子，至今不易其制。又侍中馬周，請於汗衫等上，常以立冬日，加服小缺襖子。詔從之，永以爲式。

元・馬端臨《文獻通考》卷一一二《王禮考七》 君臣冠冕服章：文帝時，賈誼上疏曰：今民賣僮者僮謂隸妾。爲之繡衣絲履偏諸緣，服虔曰：如牙條以作履緣。師古曰：偏諸，若今之織成，以爲要襻及褾領者也。古謂之車馬裙，其上爲乘車及騎從之象也。內之閑中。閑，賣奴婢（門）［闌］。是古天子后服，所以廟而不宴者也。入廟則服之，宴處則不著，蓋貴之也。而庶人得以衣婢妾，白縠之表，薄紈之裏，緁以偏諸。晉灼曰：以偏諸緁著衣也。師古曰：緁，音妾。謂以偏諸緶著之也。緶音步千反。美者黼繡，黼者，織爲斧形。繡者，刺爲衆文。是古天子之服，今富人大賈嘉會召客者以被墻。古者以奉一帝一后而節適，得其節而合宜。今庶人屋壁得爲帝服，倡優下賤得爲后飾，然而天下不屈者，殆未有也。且帝之身自衣皂綈，綈，厚繒也。富民墻屋被文繡。天子之后以緣其領，庶人孼妾緣其履，此臣所謂舛也。

宣帝時，魏相采《易》陰陽及《明堂月令》奏曰：天子之義，必純取法天地，而觀於先聖。高皇帝所述書《天子所服第八》第八，天子衣服之制，於施行詔第八。曰：大謁者臣章受詔長樂宮，曰令群臣議天子所服，以安治天下。相國臣何、御史大夫臣昌，蕭何、周昌。謹與將軍臣陵，王陵。太子太傅臣通叔孫通。等議：春、夏、秋、冬天子所服，當法天地之數，中得人和。故自天子王侯有土之君，下及兆民，能法天地，順四時以治國家，身亡禍殃，年壽永究。是奉宗廟安天下之大禮也，臣請法之。中謁者趙堯舉春，應劭曰：四時各舉所施行政事。服虔曰：主一時衣服禮物朝祭百事也。李舜舉夏，兒湯舉秋，貢禹舉冬，高帝時自有一貢禹。四人各職一時，大謁者襄章奏。制曰可。

又 後漢明帝永平二年春正月辛未，宗祀光武皇帝於明堂，帝及公卿列侯始服冠冕、衣裳、玉佩、絢屨以從事。

《漢官儀》曰：天子冠通天，諸侯王冠遠遊，三公、諸侯冠進賢三梁，卿、大夫、尚書、二千石、博士冠兩梁，二千石以下至小吏冠一梁。天子、公、卿、特進、諸侯祀天地明堂，皆冠平冕，天子十二旒，三公、九卿、諸侯七，其纓各如其綬色。

又 天監三年，何佟之議：公卿以祭服，裏有中衣，即今中單也。後漢從夏侯氏説，祭服絳緣領袖爲中衣，絳袴襪，示其赤心奉神也。今中衣絳緣，足有所明，無俟於袴。既非聖法，謂不可施。遂依議除之。

七年，周舍議：按《禮》有虞氏皇而祭，深衣而養老。鄭元云，皇是畫鳳皇羽也。又按《禮》加袞冕，則袞是衣。有虞氏言皇，皇亦是衣，非冕。今袞服宜畫鳳皇，以示差降。又王僧崇云：尋冕服無鳳，應改爲翟。又裳有圓花，於禮無礙，是畫飾如葩蘤耳。蘤音于美反。藻、米、黼、黻，並乖古制，今請改正，並去圓花。帝曰：古文日、月、星辰，此以一辰攝三物也。山、龍、華蟲，又以一山攝三物也。藻、火、粉米，又以一藻攝三物也。是爲九章。今袞服畫龍，則宜畫鳳。孔安國云：華者，花也。則爲花非疑。若一向畫翟，差降之文，復將安寄。帝又曰：《禮》王祀昊天，服大裘而冕。大裘不存，其於質敬，恐未有盡。五經博士陸瑋等並云：王祀昊天服大裘，明諸臣禮不得同。自魏以來，皆用袞服。今請依古，更制大裘。詔可。瑋等又按鄭元注《司服》云大裘，羔裘也，既無所出，未爲可據。按六冕之服，皆元上纁下。今宜以繒爲之，其制式如裘，其裳以纁，皆無文繡。詔可。又制黑幘單衣，宴會服之。

九年，司馬筠等議云：按《玉藻》諸侯元冕以祭，裨冕以朝。《雜記》又云大夫冕而祭於公，弁而祭於己。今之尚書，上異公侯，下非卿士，止有朝衣，本無冕服。既從齋祭，不容同於在朝，宜依太常及博士諸齋官例，著白衣，絳襈中單，竹葉冠。

又 宣帝既傳位於太子，自稱天元皇帝，所居稱天臺，冕二十四旒，車服旗鼓，皆加於前王之數。既自比上帝，不欲群臣同己。常自帶綬及冠通天冠，加金附蟬。顧見侍臣弁上有金蟬及王公有綬者，并令去之。

又 顯慶元年，長孫無忌等曰：武德初，撰《衣服令》，天子祀天地服大裘冕。按周郊被衮以象天，戴冕藻十有二旒，與大裘異。《月令》：孟冬，天子始裘以禦寒。若啟蟄、祈穀、冬至報天，服裘可也。季夏迎氣，龍見而雩，如之何可服。故歷代唯服袞章。漢明帝始采《周官》、《禮記》制祀天地之服，天子備十二章。後魏、周、隋皆如之。伏請郊祀天地服袞冕，罷大裘。又《新禮》，皇帝祭社稷服絺冕，四旒，三章。祭日月服元冕，三旒，衣無章。按今文四品、五品之服也。三公亞獻皆服衮，孤卿服毳、鷩，是天子同於大夫，君少臣多，非禮之中。且天子十二爲節以法天，烏有四旒、三章之服。若諸臣助祭，冕與王同，是貴賤無分也。若降王一等，則王服元冕，群臣服爵弁，既屈天子，又貶公卿《周禮》此文，久不用矣。猶祭祀之有尸侑，以君親而拜臣子，哲蔟、蟈氏之職，不通行者蓋多，故漢魏承用衮冕。今《新禮》親祭日月，服五品之服。請循歷代故事，諸祭皆用衮冕。制曰可。無忌等又曰：《禮》皇帝爲諸臣及五服親舉哀，素服，今服白袷，禮令乖舛。且白袷出近代，不可用。乃改以素服。自是鷩冕以下，天子不復用，而白袷廢矣。

又 元宗開元四年二月制，軍將在陣，賞借緋紫，本是從戎缺胯之服，一得之後，遂別造長袍，遞相倣效。又入蕃使，則敕借緋紫者，使迴合停。自今以後，衙內宜專定殿中侍御史糾察。

又卷一一三《王禮考八》 君臣冠冕服章：英宗治平二年詔：衮服如景祐二年制，悉去繪畫龍鱗、紫雲、白鶴、蹙金絲龍，除不裳繡外，衮並并繪而不繡。

又 神宗元豐元年，詳定官言：《周禮·司服》云：王祀昊天上帝，則服大裘而冕，祀五帝亦如之。饗先王則衮冕。唐《開元禮》、《開寶通禮》：皇帝詣行宮及大次，並服衮冕，出次則改服大裘冕，臨燔柴，則脫衮服裘。今赴行宮，則服通天冠、絳紗袍，至大次，則服靴袍，臨祭，則以衮冕，有戾於古，請從唐制。詔下參議。禮官咸謂大衮之制，本以尚質，而後世浸文。今參考舊說，大衮冕無旒，廣八寸，長尺有六寸，前圓低寸二分而後方。元表朱裏，以繒爲之。而以黑羔皮爲裘，以黑繒爲領袖。當暑則請從梁陸瑋議以黑繒爲裘，及唐《輿服志》以黑羔皮爲緣。帝以去古遠不經見，使之審定。而詳定官陸佃以爲：冕服有六。弁師掌王之五冕，則大裘與衮同冕。先儒或謂周祀天地皆服大裘，而大裘之冕無旒，非是。蓋古者裘不徒服，其上必有衣，故曰緇衣羔裘，黃衣孤裘，素衣麑裘，謂服裘而以衮襲之。此冬祀之服也。夏祀亦將衣裘乎。《周官》曰：凡四時之祭祀，以宜服之。明夏必不衣裘也。今欲冬至禋祀昊天上帝，服裘被衮，其餘祀天神地祇，並服衮去裘。其後禮部亦言經有大裘而無其制，隋、唐猶可考。隋制以黑羔皮爲裘，黑繒爲領袖及裏，緣，袂廣可運肘，長可蔽膝，請令有司改制。

詳定所又言：國朝以白珠爲旒，蓋沿漢舊，而其冕廣長之度，自唐以來，率意爲之。景祐中，以叔孫通《漢禮器制度》爲法，凡冕版廣八寸，長尺六寸。今以青羅爲表，紅羅爲裏，則非《弁師》所謂元冕朱裏者也。周回用金稜天版，四面用金絲結網，旁用真珠、花素墜之類，皆不應禮，請改用朱組爲紘，玉笄、玉瑱，以元紞垂瑱，以五采玉貫於五色藻爲旒，以青、赤、黃、白、黑五色備爲一玉。每一玉長一寸，前後二十四旒，垂而齊肩，宜表裏用繒，庶協孔子麻冕純儉之義。古者祭服，朝服之裳，皆前三幅、後四幅殊，其前後不相連屬。前爲陽，故三以象奇。後爲陰，故四以象偶。今裳乃以八幅爲之，不殊前後，考古不合。請改用七幅，幅廣二尺二寸，兩旁各縫殺一寸，謂之削幅，腰間辟積無數。裳側有純，謂之綼。裳下有純，謂之緆。綼，緆之廣各寸半，表裏合用三寸。群臣祭服之裳倣此。

又言：古者皆以冕爲祭服，未有朝服。而助祭者，百官不執事者皆服常袍，袀元以從，此禮之失也。宋、齊王公平冕九旒，卿七旒。梁、隋則五等諸侯平冕九旒，卿大夫五旒。唐開元略具五旒，而百官各以品服之。令文祀儀冕有九旒、七旒、五旒，今乃有四旒冕。又服者不以官秩上下，故分獻四品官皆服四旒冕，博士、御史則冕五旒而衣紫檀，太祝、奉禮則服平冕而無珮玉，此因循不講之失也。古者朝、祭異服，所以別事神、事君之禮。今皇帝冬至正旦御殿，服通天冠、絳紗袍，則百官當朝服。至親祠郊廟，皇帝既嚴裘冕，而侍祠之官亦朝服，豈禮之稱哉。古者齋、祭猶異冠，况人神異禮，朝、祭異事乎。百官雖不執事，不當朝服侍祠。請親祠郊廟、景靈宮，除導駕、贊引、扶宿衛官外，侍祠及分獻並服祭服，當如制度修製五冕及爵弁，以正冕弁之名。又《禮》曰：祀四望山川則毳冕，祭社稷五祀則絺冕，祭群小祀則元冕。今天子六服，自鷩冕而下，既不親祠，廢而不用，則諸臣攝事，當從王所祭之服，請依《周禮》。從之。

又 哲宗元祐元年，太常寺言：舊制，大禮行事、執事官皆服祭服，餘服朝服。至元豐七年，呂升卿始有行事及陪祠官並服祭服之儀。今欲令行事、執事官並服祭服，其贊引、行事、禮儀使、太常卿、太常博士、閤門使、樞密院官進接圭，殿中監止供奉皇帝，其陪位官止導駕、押宿及主管事務并他處行事官仍服朝服。從之。五月，禮部言：元豐所造大裘，雖用黑羔皮，乃作短袍樣，襲於衮衣之下，仍與衮服同冕，未合典禮。下禮部太常寺共議。

又 徽宗大觀元年，議禮局言：太社、太學獻官祝禮，皆以法服奉祀，至郡邑則用常服，乞降祭服。詔頒制度於州郡，然未明製造。至政和間始詔：州縣冠服，形製詭異，令禮制局造樣頒下轉運司製造，以給州縣焉。

大觀中，復詔置局議禮，於是宇文粹中上所編《祭服製度》，其論冕曰：古者，冕以木版爲中，廣八寸，長尺六寸，後方前圓，後仰前低，染三十升之布，元表朱裏。後方者不變之體，前圓者無方之用。仰而元者，升而辨於物。俛而朱者，降而與萬物相見。後世以繒易布，故純儉。今群臣冕版長一尺二寸，闊六寸二分，非古廣長之制。以青羅爲覆，以金鍍銀稜爲飾，非古元表朱裏之制，乞下有司改正。古者，冕之名雖有五，而繅就旒玉則視其命數以爲等差。合絲絲爲繩，用以貫玉，謂之繅。以一玉爲一成，結之使不相并，謂之就。就間相去一寸，則九玉者九寸，七玉者七寸，各以旒數長短爲差。今群臣之冕，用藥玉、青珠、五色茸線，非玉藻三采、二采之義。每旒之長各八寸，非旒數長短爲差之義。又獻官冕服，雜以諸侯之制，而一品服衮冕，臣竊以爲非宜。元豐中，禮官建言，請資政殿大學士以上侍祠鷩冕，觀察使以上服毳冕，監察御史以上服絺冕，朝官以上服元冕，選人以上爵弁。詔許之，而不用爵弁。供奉官以下至選人，盡服元冕無旒。臣竊謂依此參定，乃合禮制。古者三公一命衮，則三公在朝，其服當鷩冕。蓋出封則遠君而伸，在朝則近君而屈。今之攝事及侍祠皆在朝之臣也，在朝之臣乃與古之出封者同命數，非先王之意。乞下有司制鷩冕八旒、毳冕六旒、絺冕四旒、元冕三旒，其次二旒，又其次無旒，依元豐詔旨，參酌等降，爲侍祠及攝祭之服。長短之度，采色之别，皆乞依古制施行。又按《周禮》，諸侯爵有五等，而服則三，所謂公之服自衮冕而下，侯、伯自鷩冕而下，子、男自毳冕而下是也。古者，諸侯有君之道，故其服以五、七、九爲節。今之郡守，雖曰猶古之侯、伯，其實皆王臣也。欲乞只用群臣之服，自鷩冕而下，分爲三等：三都、四輔爲一等，初獻鷩冕八旒。經略、安撫、鈐轄爲一等，初獻毳冕六旒，亞獻並元冕二旒，終獻無旒。節鎮、防、團、軍事爲一等，初獻絺冕四旒，亞、終獻並元冕無旒。其衣服之制，則各從其冕之等。又曰：今之紘組，仍綴兩繒帶而結於頤，冕旁仍垂青纊而不以瑱，以犀爲簪而不以玉笄、象笄，並非古制，乞下有司改正。從之。

政和三年，議禮局上皇帝冕服之制：衮冕，冕版廣八寸，長一尺六寸，前高八寸五分，後高九寸五分，青表朱裏，前後各十有二旒，五采藻十有二就。就間相去一寸。青碧錦織天河帶，長一丈二尺，廣二寸。朱絲組帶爲纓，黈纊充耳，金飾玉簪導，長一尺二寸。衮服，青衣八章，繪日、月、星辰、山、龍、華蟲、火、宗彝，纁裳四章，繡藻、粉米、黼、黻。蔽膝隨裳色，繡升龍二。白羅中單，皂褾襈，紅羅勒帛，青羅袜帶。緋白羅大帶，革帶，白玉雙佩。大綬六采，赤、黄、黑、白、縹、緑。小綬三色，如大綬，間施玉環三。朱襪，赤舄，黄羅緣。親祠服之。大裘，青表纁裏，黑羔皮爲領褾、襈，朱裳，被以衮服。冬至祀昊天上帝服之。通天冠二十四梁，加金博山，附蟬，高一尺，廣一尺。犀簪導，朱絲組帶爲纓，絳紗袍織成雲龍，皂羅褾、襈，紅羅爲裏，絳紗裙，蔽膝如袍飾，並皂褾、襈，繡雲龍，白羅方心曲領，革帶，餘同冕服。大祭致齋，詣景靈宮、太廟、行宮，禮畢還宮，元正、冬至大朝會，臨軒册命皇后、皇太子、諸王大臣，親耕籍田服之。詔通行。

又 十三年，禮部侍郎王賞言：按《周禮》王祀昊天上帝，服大裘而冕。元豐中，何洵直議以黑繒作大裘，如衮惟領袖用羔，議者謂純用羔恐太重難服，今請如洵直議。從之。皇太子之服，中興後如政和制。其後，詔太子繫通犀玉帶，不佩魚。先是禮官參稽禮典，謂無佩魚之文。舊制，親王賜玉帶，加佩玉魚。皇太子受册，服遠游冠，朱明衣，執桓圭。謁太廟、別廟行禮，服衮冕。朝謁景靈宮服常服。七年三月，禮官言：朝謁景靈宮，所服典故不載，請依禮典服常服。先是元年十一月，詔皇太子遇大宴賜花，比親王增其四欒枝，二以羅製之。淳熙十四年，命皇太子參决，隔日與宰執公裳繫鞋相見於議事堂。嘉定二年七月，皇太子奏，製造冠冕合用珠玉，皇后盡出首飾付道司。節約之美，超古冠今，請宣付史館。

皇子之服。紹興三十二年，禮官言：皇子鄧、慶、恭三王，遇行事服朝服，則七梁額花冠，貂蟬籠巾，金鍍銀立筆，真玉佩，綬，金鍍銀革帶，烏皮履。若服祭服，則金鍍銀八旒冕，真玉佩，綬，金鍍銀革帶，烏皮履，緋羅襪。詔文思院製造。隆興二年，令祇候庫以真玉爲鄧、慶、恭王大禮所服玉佩，綬。

群臣祭服、朝服之制，中興後如政和初。定群臣章服之制，魚袋紫以金，緋以銀。涖事及二十年者賜緋，服緋及二十年者賜紫，惟覃沛則凡服緑服緋十五年者，皆改賜，有司或自補官理歲月。紹興三十二年，殿中侍御史張震言：貴近之子，初年受命，則十五歲已服緋。初年賜緋，則年未冠已賜紫，失於太濫。遂以出官之日爲始，比之泣事所減已多，比之初補粗爲有節。若勞績可稱，或奏對稱旨而特恩改賜者，不拘此制。紹興五年慶典，致仕官、朝奉郎八十以上賜章服，京朝官八十以上賜緋緑，及十年者亦改賜。若庶官除侍郎服緋緑者，謝日改賜章服，則始於建炎四年之詔。內外臣僚以減磨勘轉官及郊禋恩回授父改章服，則始於紹興五年。從葛與時、周葵之請。其特賜章服者，張所以招撫河北，陳公輔以諫臣論奏得體，李德鄰、李朝正以縣令召對，司業高閌，祭酒林光朝，秘書少監游操、陳騤、鄭丙以車駕幸學省，餘不勝紀。隆興二年賜吴益紫花羅公服。用韋淵例，乾道四年賜鄭澡，淳熙十六年賜郭師禹。乾道四年，賜太學上舍生左承務郎黄倫袍笏，於崇化堂祇受。後釋褐皆如之。中興以來，文武臣初除正謝進士唱名賜襲衣章服及百官賜時服，并遵用省記《崇寧看詳祇候庫格》，乾道二年，户部言：左藏東西庫每歲所賜錦袍，親王宰執以全疋，餘裁裂給之，請皆以全疋。上從之。技術官之服，有紫、緋、緑。乾道四年，太上皇帝以朱仲謙醫藥之勞賜紫。有司言：舊制，醫官未曾賜緋黄等，賜紫者許執奏。詔特於祇候庫給賜。若安南國加恩，則賜衣一襲，紫羅夾公裳，綾汗衫，勒帛袴，紅羅夾繡三襜。

又 高宗初踐阼於南都，隆祐太后命内臣上乘輿服御，有小冠。太后曰：祖宗閒燕之所服也。退朝，帽而不巾，否則小冠。自神宗始易以巾。願即位後退朝閒燕，止戴此冠，庶幾如祖宗時氣象也。履袍亦曰靴袍，乾道七年改履爲靴。赭黄、淡黄袍衫，玉裝紅（束）[束]［帶］，（帛）［皂］紋靴，大宴則服之。赭黄、淡黄褛袍衫，紅袍，常朝服之。窄袍，便坐視事服之。赭黄袍衫而下，皆皂紗折上巾，通犀，金玉環帶，窄袍，或御烏紗帽，黄袍，忌前一日服之。紹興五年五月，車駕款謁太廟、别廟，其日乃忌前，禮官請禁中先服紅袍謁廟。行禮畢，還内，至宫中易，忌前之服。後殿早講，皇帝服帽子，紅袍，玉束帶。講讀説書官公服繫鞋。晚講，皇帝服頭巾，背子，講官易便服。此嘉定四年講筵之制也。

明·俞汝楫《禮部志稿》卷六四《章服備考·文武冠服》 初定冠服志。洪武元年，禮官議上冕服以下制，并及羣臣公侯以下朝、祭冠服。周制，公侯伯以下朝祭皆用冕服，燕居則用玄端服，公侯伯子男朝天子則執圭以合瑞。明帝時，公卿列侯朝覲皆玄端絳衣，其助祭，三公諸侯用山龍九章，九卿以下用華蟲七章，皆備五采，大佩，赤舄，絇履，玄衣纁裳。冕皆廣七寸，長一尺二寸，前圓後方，朱緑裏玄表，前垂四寸，後垂三寸，繫玉珠爲九旒，以其綬采色爲組纓。三公諸侯青玉珠，卿大夫五旒，黑玉珠，皆有前無後。郊天地祀明堂則服之。唐，羣臣助祭，一品衮冕，二品鷩冕，三品毳冕，四品繡冕，五品玄冕，六品至九品爵弁。其朝服，陪祭、朝會、大事則服之。公服朔望朝謁見皇太子則服之。弁冕，尋常公事服之。武官常服，平巾幘，袴褶，笏，三品以上前屈後直，五品以上上挫下方，用竹木。宋，羣臣助祭，親王、中書門下服九旒冕，九卿七旒冕，四品、五品五旒冕，爲獻官則服之。大祝奉禮服，平冕無旒，其朝服用梁冠，一品、二品侍祠、朝會五梁冠，諸司三品、御史臺四品、兩省五品三梁冠，四品、五品兩梁冠，中書門下則五梁冠，加籠巾貂蟬，御史大夫、中丞三梁冠，加獬豸。衣有中單，六品以下兩梁冠，無中單，去劍、佩、綬。常朝公務一品至三品服紫玉帶，四品、五品服緋金帶，六品、七品服緑銀帶，八品服鍮石帶。元豐制，去青服紫者，佩金魚，服緋者，佩銀魚。今斟酌唐宋，凡朝賀辭謝等禮，皆朝服，用赤羅衣，白紗中單，皆用皂飾領緣，裳與衣同。皂緣蔽膝，同裳色。大帶用赤白二色，革帶，佩綬，白韈，黑履。梁冠，一品公侯、三師及左右丞相，左右大都督，左右御史大夫冠八梁，國公加籠巾貂蟬，從一品平章同。知都督七梁，其帶用玉鉤艓，錦綬，上用緑、黄、赤、紫四色絲，織成雲鳳花樣，下結青絲網，小綬用玉環二。二品冠六梁，革帶用犀鉤艓，小綬用犀環，綬同一品。從二品冠五梁，革帶用金鉤艓，錦綬，用黄、緑、赤、紫四色絲，織成雲鶴花樣，小綬用金環二。三品冠四梁，革帶，綬、環俱同。四品、五品冠三梁，革帶，用鍍金鉤艓，錦綬，用黄、緑二色絲，織成鸂鶒花樣，小綬二，用銅鐶二。其笏五品以上用象，九品以上用槐木。其陪祀祭服，制與朝服同。惟衣色用青，加方心曲領。朔望朝見及拜詔降香，侍班有司拜表朝覲，則用公服，皆赤色。一品服大獨科花，直徑五寸，玉帶。二品小獨科花，直徑三寸，花犀帶。三品散答花，直徑二寸，金帶，鏤葵花一，蟬八。四品小雜花，直徑一寸五分，金帶，鏤葵花一，蟬六。五品花同四品，金帶，葵花一，蟬四。六品、七品花同五品，直徑一寸，銀帶，六品鍍金葵花一，蟬三，七品鍍金葵花一，蟬二。八品、九品無花，通用光素銀帶，笏同前制。幞頭、靴並如宋元。常服用烏紗帽，金繡，盤領衫。文官大袖，濶一尺，武官弓袋，窄袖，紵絲綾羅隨用。束帶，一品以玉，二品犀，三品金鈒花，四品素金，五品銀鈒花，六品、七品素銀，八品、九品角。

清・嵇璜《續文獻通考》卷九二《王禮考》 聖宗統和元年六月朔，詔有司册皇太后日，給三品以上法服，三品以下用大射柳之服。開泰七年十一月，禁服用明金、縷金、貼金。太平五年二月，禁天下服用明金及金線綺，國親當用者，奏而後用。重熙五年十月，殿試賜進士第及緋衣銀魚。二十三年七月，詔八房族巾幘。

道宗清寧元年九月，詔除護衛士，餘不得佩刀入宮。非勳戚後及額爾奇木副使承應諸執事人，不得冠巾。又詔額爾奇木及副使之族並民奴賤不得服駝尼、水獺裘，刀柄、（兒）［兔］鶻、鞍勒、佩子不許用犀玉。骨突犀惟大將軍不禁。四年十二月，弛駝尼、水獺裘之禁。十年十一月，定吏民衣服之制。太康四年十一月，禁士庶服用綿綺日月山龍之文。

臣等謹案馬端臨考冠冕服章，自天子以及士庶人皆載之。今考《遼史・儀衛志》，備詳國服漢服，而士庶人之服畧可見於本紀者如右。

《遼史・儀衛志》曰：契丹轉居薦草之間，去邃古之風未遠，自太祖仲父蘇呼名和爾。以約尼氏裕悦之官，占居潢河沃壤，始置城邑，爲樹藝桑麻組織之教。太祖帝北方，太宗治中國，紫銀之鼠，羅綺之篚，糜載而至，纖麗耎毳，被土綢木。於是定衣冠之制，北班國制，南班漢制，各從其便焉。

又 世宗大定七年六月，命地衣龍文者罷之。七月禁服用金線，其織賣者皆抵罪。十二年五月，禁百官及承應人不得服純黄油衣。先是，九年三月，禁民間稱言銷金，條理内舊有者，改作明金字。至十三年十一月，吏部尚書梁肅請禁奴婢服羅綺。帝曰：近已禁其服明金，行之以漸可也。且教化之行，當自貴近始。朕宫中服御，常自儉約，舊服明金者，已減大半矣。近民間風俗比正隆時聞稍淳儉，卿等當更務從儉素，使民知所效也。

十五年閏九月，詔親王百官傔人所服紅紫改爲黑紫。二十年四月制，宗室及外戚并一品命婦衣服，聽用明金。二十五年五月，命尚書省奏事衣窄紫。

章宗明昌六年七月，始定文武官六貫石以上承應人并及廕者，若在籍儒生章服制。承應及廕者許用牙領，紫圓板皂條羅帶，皂鞾，上得兼下。係籍儒生止服白衫，領繫背帶，並以紫圓條羅帶，乾皂鞾，餘人用純紫領，不得用緣雜色圓板條羅帶，不得用紫鞾，用黄及黑油皂鱲等。婦人各從便。

《輿服制》載章宗即位，有司請御純吉，不許。乃服淡黄袍，烏犀帶，常朝則服小帽，紅襴，偏帶，或束帶。附録於此。

又 大定二年制，百官趨朝赴省，並須裹帶。五品以上官，趨朝則朝服，赴省則展皂，雨雪沾衣則從便。凡朝叅、主賓、主符展紫，御仙花或太平花金束帶。近侍給使、供御筆硯、直長、符寶吏紫襖子，塗金束帶。輪直，則近侍給使並常服，常服則展紫。閤門六尚，遇朝叅侍立則服本品服。若宫中當直則服窄紫，金帶。學士院官、修起居注、補闕、拾遺，秘書丞郎，朝叅侍立則服本品服，色帶。當直則窄紫，金帶。東宫左右衛率、僕正、副僕正、典儀、贊儀、内直郎丞，當直亦許服之。太子太師出入宫中則展紫，至東宫則展皂，三少則展紫。

又 至英宗延祐七年七月，命禮儀院使八思吉斯傳旨，令省臣與太常禮儀院速製法服。八月，中書省會集翰林、集賢、太常禮儀院官講儀，依秘書監所藏前代帝王衮冕法服圖本，命有司製如其式。

又卷九三《王禮考》 英宗天順二年定，官民衣服不得用蟒龍、飛魚、斗牛、大鵬、像生獅子、四寶相花、大西番蓮、大雲花樣并元黄紫及元色，黑、緑、柳黄、薑黄諸色。

孝宗弘治十三年，奏定公、侯、伯、文武大臣及鎮守守備違例奏請蟒衣、飛魚衣服者，科道糾劾，治以重罪。

武宗正德十一年，設東西兩官廳將士，悉衣黄罩甲，中外化之。金緋盛服者，亦必加此於上。都督江彬等承日紅笠之上，綴以靛染天鵝領以爲貴飾。貴者飄三英，次者二英。兵部尚書王瓊得賜一英，冠以下教場，自謂殊遇。其後巡狩所經，督餉侍郎、巡撫都御史無不依罩甲見上者。十三年，車駕還京，傳旨，俾迎候者用曳撒大帽，鸞帶。尋賜羣臣大紅紵絲羅紗各一。其服色，一品斗牛，二品飛魚，三品蟒，四、五品麒麟，六、七品虎、彪。翰林科道不限品級，皆與焉。惟部曹五品下不與。時文臣服色亦以走獸，而麒麟之服逮於四品，尤異事也。

十八年，世宗已即位，登極詔云：近來冒濫玉帶、蟒龍、飛魚、斗牛服色，皆庶官雜流并各處將領，夤緣奏乞，今俱不許。武職卑官僭用公侯服色者，亦禁絶之。

嘉靖六年，復禁，中外官不許濫服五彩裝花織造違禁顔色。七年，既定燕居法服之制。

雜録

宋·王楙《野客叢書》卷一一《師古注青紫》　石林云：唐以金紫、銀青光禄大夫爲階官，此法漢制金印紫綬、銀印青綬之稱也。《夏侯勝傳》：取青紫如拾芥。青紫謂綬耳。顔師古以青紫爲卿大夫之服，漢卿大夫蓋未服青紫，師古但據當時所見。僕觀揚雄《解嘲》紆青拖紫，師古注曰：青紫，謂綬之色。觀此語，豈無見耶。然所謂服者，佩服云爾。漢人亦有以綬言服，如蔡邕章疏曰命服銀青，曰命服金紫，曰金龜紫紱之飾，非臣容體所當佩服。以是而觀，師古之注未爲謬也。僕又考之，秦時光禄勲有中大夫，漢武帝更名光禄大夫，皆銀章青綬。魏晉以來，有左右光禄大夫、光禄三大夫，皆銀章青綬，其重者詔加金章紫綬，則謂之金紫光禄大夫。既有金紫之號，故以本光禄爲銀青光禄大夫。晉時如王翹之嘗爲此官，而任遐爲光禄大夫，就王晏乞一片金，晏乃啓轉爲金紫是也。是則金紫、銀青光禄大夫之階，萌於漢武，成於晉，非始於唐也。

君臣冠冕巾幘

論説

宋·徐天麟《東漢會要》卷一〇《輿服志下》　幘：古者有冠無幘，其戴也加首有頍，所以安物。故《詩》曰『有頍者弁』，此之謂也。三代之世，法制滋彰，下至戰國，文武并用，秦雄諸侯，乃加其武將首飾爲絳袙，以表貴賤。其後稍稍作顔題。漢興續其顔却摞之，施巾連題却覆之，今喪幘是其制也，名之曰幘。幘者，賾也，頭首嚴賾也。至孝文乃高顔題，續之爲耳，崇其巾爲屋，合後施收，上下群臣貴賤皆服之。文者長耳，武者短耳，稱其冠也。尚書幘收方三寸，名曰納言，示以忠正，顯近職也。迎氣五郊各如其色，從章服也。皁衣群吏春服青幘，立夏乃止，助微順氣，尊其方也。武吏常赤幘，成其威也。未冠童子幘無屋者，示未成人也。入學小童幘也句卷屋者，示尚幼少，未遠冒也。喪幘却摞反本，禮也。升數如冠，與冠偕也。期喪起耳有收，素幘亦如之。禮輕重有制，變除從漸，文也。

清·嵇璜《清朝通典》卷五四《禮嘉四》　崇德二年四月諭，諸王、貝勒曰，昔金熙宗及金主亮廢其祖宗時衣冠儀度，循漢人之俗，遂服漢人衣冠，盡忘本國言語。迨至世宗，始復舊制衣冠，凡語言及騎射之事，時諭子孫勤加學習。如元王馬大郭遇漢人訟事，則以漢語訊之，有女直人訟事則以女直語訊之。世宗聞之，以其未忘女直之言，甚爲嘉許。此本國衣冠言語不可輕變也。我國家以騎射爲業，今若不時親弓矢，惟躭宴樂，則田獵行陣之事必致踈曠，武備何由而得習乎。蓋射獵者，演武之法，服制者，立國之經。朕欲爾等時時不忘騎射，勤練士卒。凡出師田獵，許服便服，其餘俱令遵照國初之制，仍服朝衣。且諄諄訓諭者，非爲目前起見也。及朕之身，豈有習於漢俗之理。正欲爾等識之於心，轉相告誡，使後世子孫遵守，毋變棄祖宗之制耳。

乾隆三十七年十月諭，朕閲三通館進呈所纂《嘉禮考》內於遼金元各代冠服之制叙次殊未明晰。遼金元衣冠初未嘗不循其國俗，後乃改用漢唐儀式。其因革次第，原非出於一時。即如金代朝祭之服，其先雖加文飾，未至盡去其舊。至章宗，乃概爲更制。是應詳考詮次，以徵蔑棄舊典之由。並酌入按語，俾後人知所鑒戒於輯書關鍵，方爲有當。若遼及元可例推矣。前因編訂《皇朝禮器圖》，曾親製序文，以衣冠必不可輕言改易。及批《通鑑輯覽》又一一發明其義，誠以衣冠爲一代昭度。夏收殷冔本不相沿襲，凡一朝所用，原各自有法程，所謂禮不忘其本也。自北魏始有易服之説，至遼金元諸君浮慕好名，一再世輒改衣冠，盡去其純樸素風，傳之未久，國勢寖弱，洊及淪胥。蓋變本忘先，而隱患中之，覆轍具在，甚可畏也。況揆其所以議改者，不過云衮冕備章，文物足觀耳。殊不知潤色彰身，即取其文，亦何必僅沿其式。如本朝所定朝祀之服，山龍藻火，燦然具列，悉皆義本禮經，更何通天絳紗之足云耶。且祀莫尊於天祖，禮莫隆於郊廟，溯其昭格之本，要在乎誠敬感通，不在乎衣冠規制。夫萬物本乎天，人本乎祖，推原其義，實天遠而祖近，設使輕言改服，即已先忘祖宗，將何以上祀天地。經言仁人饗帝，孝子饗親，試問仁人孝子，豈二人乎。不能饗親，顧能饗帝乎。朕確然有見於此，是以不憚諄覆教戒，俾後世子孫知所法守。是創論，實格論也。所欲奕葉子孫，深維根本之計，毋爲流言所惑，永遠恪遵朕訓，庶幾不爲獲罪祖宗之人，方爲能享上帝之主。於以綿國家億萬年無疆之景祚，實有厚望焉。其《嘉禮考》仍交館臣確核，遵金元改制時代先後，逐一臚載，再加擬按語證明，改繕進呈，候朕鑒定，昭示來許。並將此申諭中外，仍録一通，懸勒尚書房。

綜述

漢・蔡邕《獨斷》卷下　冕冠：周曰爵弁，殷曰冔，夏曰收，皆以三十升漆布爲殼，廣八寸，長尺二寸，加爵冕其上。周黑而赤，如爵頭之色，前小後大。殷黑而微白，前大後小。夏純黑而赤，前小後大。皆有收以持笄。《詩》曰：常服黼冔。《禮》：朱干玉戚，冔而舞大武。《周書》曰：王與大夫盡弁。古皆以布，中古以絲。孔子曰：麻冕，禮也，今也純，儉。漢雲翹冠樂祠天地五郊，舞者服之，冕冠垂旒。《周禮》：天子冕前後垂延，朱緑藻，有十二旒，公侯大夫各有差別。漢興至孝明帝永平二年，詔有司采《尚書皋陶篇》及《周官》《禮記》，定而制焉，皆廣七寸，長尺二寸，前圓後方，朱緑裏而玄上，前垂四寸，後垂三寸，係白玉珠于其端，是爲十二旒，組纓如其綬之色。三公及諸侯之祠者，朱緑，九旒，青玉珠，卿大夫七旒，黑玉珠，皆有前無後，組綬各視其綬之色，旁垂黈纊當耳。郊天地、祠宗廟、祀明堂，則冠之，衣黼衣，佩玉珮，履絇履。孔子曰：服周之冕，鄙人未識。謂之平天冠。天子冠通天冠，諸侯王冠遠游冠，公侯冠進賢冠。公王三梁，卿大夫、尚書、二千石、博士冠兩梁，千石、六百石以下至小吏一梁。天子、公卿、特進朝侯，祀天地明堂皆冠平冕。天子十二旒，三公九，諸侯、卿七，其纓與組各如其綬之色，衣玄上纁下，日月星辰山龍華蟲。祠宗廟則長冠袀玄。其武官太尉以下及侍中常侍皆冠惠文冠，侍中常侍加貂蟬，御史冠法冠，謁者冠高山冠。其鄉射行禮，公卿冠委貌，衣玄端，執事者皮弁服，宮門僕射冠却非。大樂郊社祝，舞者冠建華，其狀如婦人縷簏。迎氣五郊，舞者所冠亦爲冕車加出。後有巧士冠，其似高山冠而小。

《後漢書》卷四〇《輿服志下》　冕冠，垂旒，前後邃延，邃，垂也。延，冕上覆。玉藻。《周禮》曰：五采繅十有二就，皆五采玉，十有二，玉笄朱紘。鄭玄注曰：繅，雜文之名也。合五采絲爲之繩，垂於延之前後，各十二，所謂邃延也。就，成也。繩之每一匝而貫五采玉，十有二旒則十二玉也。每就閒蓋一寸。朱紘，以朱組爲紘也。紘一條屬兩端於武，此爲袞衣之冕。十二旒則用玉二百八十八。鷩衣之冕，繅九旒，用玉二百一十六。毳衣之冕，七旒，用玉百六十八。絺衣之冕，五旒，用玉百二十。玄衣之冕，三旒，用玉七十二。孝明皇帝永平二年，初詔有司采《周官》、《禮記》、《尚書・皋陶篇》，乘輿服從歐陽氏說，公卿以下從大小夏侯氏說。冕皆廣七寸，長尺二寸，前圓後方，朱緑裏，玄上，前垂四寸，後垂三寸，係白玉珠爲十二旒，以其綬采色爲組纓。《說文》曰：組，綬屬也，小者以爲冕纓焉。《禮記》曰『玄冠朱組（綬）［纓］，天子之服』是也。三公諸侯七旒，青玉爲珠；卿大夫五旒，黑玉爲珠。《獨斷》曰三公諸侯九旒，卿七旒，與此不同。皆有前無後，各以其綬采色爲組纓，旁垂黈纊。呂忱曰：黈，黃色也。黃綿爲之。《禮緯》曰：旒垂目，纊塞耳，王者示不聽讒，不視非也。薛綜曰：以玽玉爲充耳也。《詩》云：充耳琇瑩。毛萇傳曰：充耳謂之瑱。天子玉瑱。琇瑩，美石也。諸侯以石。郊天地，宗祀，明堂，則冠之。蔡邕曰：鄙人不識，謂之平天冠。衣裳玉佩備章采，乘輿刺（史）［繡］，公侯九卿以下皆織成，陳留襄邑獻之云。

長冠，一曰齋冠，高七寸，廣三寸，促漆纚爲之，制如板，以竹爲裏。初，高祖微時，以竹皮爲之，謂之劉氏冠，楚冠制也。民謂之鵲尾冠，非也。祀宗廟諸祀則冠之。皆服袀玄，《獨斷》曰：袀，紺繒也。《吴都賦》［注］曰：袀，皂服也。絳緣領袖爲中衣，絳袴襪，示其赤心奉神也。五郊，衣幘袴襪各如其色。此冠高祖所造，故以爲祭服，尊敬之至也。

委貌冠、皮弁冠同制，長七寸，高四寸，制如覆杯，前高廣，後卑鋭，所謂夏之（母）［毋］追，殷之章甫者也。委貌以皂絹爲之，皮弁以鹿皮爲之。行大射禮於辟雍，公卿諸侯大夫行禮者，冠委貌，衣玄端素裳。鄭衆《周禮》傳曰：衣有襦裳者爲端。鄭玄曰：謂之端，取其正也。正者，士之衣。袂皆二尺二寸而屬幅，是廣袤等也。其袪尺二寸。大夫以上侈之。侈之者，蓋半而益一焉。半而益一，則其袂三尺三寸，袪尺八寸。執事者冠皮弁，衣緇麻衣，皂領袖，下素裳，所謂皮弁素積者也。皮弁，質也。石渠論玄冠朝服。戴聖曰：玄冠，委貌也。朝服布上素下，緇帛帶，素韋韠。《白虎通》曰：三王共皮弁素積。素積者，積素以爲裳也，言要中辟積也。

爵弁，一名冕。廣八寸，長尺二寸，如爵形，前小後大，繒其上似爵頭色，有收持笄，所謂夏收殷冔者也。《獨斷》曰：殷黑而微白，前大而後小。夏純黑，亦前小而後大，皆以三十六升漆布爲之。《詩》云：常服黼冔。《書》曰：王與大夫盡弁。上古皆以布，中古以絲。孔子曰：麻冕，禮也，今也純，儉。祠天地五郊明堂，雲翹舞樂人服之。《禮》曰：朱干玉鏚，鄭玄曰：朱干，赤大盾也。鏚，斧也。冕而舞大夏。此之謂也。

通天冠，高九寸，正豎，頂少邪却，乃直下爲鐵卷梁，前有山，展筩爲述，乘輿所常服。《獨斷》曰：漢受之秦，禮無文。服衣，深衣制，有袍，隨五時色。袍者，或曰周公抱成王宴居，故施袍。《禮記》孔子衣逢掖之衣。縫掖其袖，合而縫大之，近今袍者也。今下至賤更小史，皆通制袍，單衣，皂緣領袖中衣，爲朝服云。

遠游冠，制如通天，有展筩橫之於前，無山述，諸王所服也。《獨斷》曰：禮無文。

高山冠，一曰側注。制如通天，[頂]不邪却，直豎，無山述展筩，《獨斷》曰：鐵爲卷梁，高九寸。《漢書音義》曰：其體側立而曲注。中外官、謁者、僕射所服。太傅胡廣說曰：高山冠，蓋齊王冠也。秦滅齊，以其君冠賜近臣謁者服之。《史記》酈生初見高祖，儒衣而冠側注。《漢舊儀》曰：乘輿冠高山冠，飛月之纓，幘耳赤，丹紈裹衣，帶七尺斬蛇劍，履虎尾絇履。案此則亦通于天子。

進賢冠，古緇布冠也，文儒者之服也。前高七寸，後高三寸，長八寸。公侯三梁，胡廣曰：車駕巡狩幸其國者，侯衣玄端之衣，冠九旒之冕，其盛法服以就位也。今列侯自不奉朝請侍祠祭者，不得服此，皆常三梁冠，皂單衣，其歸國流黃衣皂云。《晉公卿禮秩》曰：太傅、司空、司徒著進賢三梁冠，黑介幘。中二千石以下至博士兩梁，自博士以下至小史私學弟子，皆一梁。宗室劉氏亦兩梁冠，示加服也。《獨斷》曰：漢制禮無文。荀綽《晉百官表注》曰：建光中，尚書陳忠以爲令史質堪上言，太官宜著兩梁，尚書孟（希）[布]奏，太官職在鼎俎，不列陛位，堪欲令比大夫兩梁冠，不宜許。臣伏惟太官令職在典掌王饔，統六清之飲，列八珍之饌，正百品之羞，納四方之貢，所奉尤重，用思又勤。明詔慎口實之御，防有敗之姦，增崇其選。侍御史主捕案，太醫令奉方藥供養，符節令掌幡信金虎，故位從大夫，車有韜沂，冠有兩梁，所以殊親疏，別內外也。太官令以供養言之，爲最親近，以職事言之，爲最煩多，令又高選，又執法比太醫令，科同服等，而冠二人殊，名實不副。又博士秩卑，以其傳先王之訓，故尊而異之，令服大夫之冕。猶此言之，兩梁冠非必列於陛位也。建初中，太官令兩梁冠。《春秋》之義，大於復古。如堪言合典，可施行。克厭帝心，即聽用之。《獻帝起居注》曰：中平六年，令三府長史兩梁冠，五時衣袍，事位從千石、六百石。

法冠，一曰柱後。《獨斷》曰：柱後惠文。高五寸，以纚爲展筩，《前書》注曰：纚，今之縰。《通俗文》：幘裹曰纚。鐵柱卷，荀綽《晉百官表注》曰：鐵柱，言其厲直不曲橈。執法者服之，侍御史、廷尉正監平也。或謂之獬豸冠。獬豸神羊，能別曲直，楚王嘗獲之，故以爲冠。《異物志》曰：東北荒中有獸名獬豸，一角，性忠，見人鬥，則觸不直者。聞人論，則咋不正者。楚執法者所服也。今冠兩角，非象也。臣昭曰：或謂獬豸迺非定名，在兩角未足斷正，安不存其豎飾，令兩爲冠乎。胡廣說曰：《春秋左氏傳》有南冠而縶者，則楚冠也。秦滅楚，以其君服賜執法近臣御史服之。

武冠，一云古緇布冠之象也。或曰繁冠。一曰武弁大冠，諸武官冠之。《晉公卿禮秩》曰：大司馬、將軍、尉、驃騎、車騎、衛軍、諸大將軍開府從公者，著武冠，平上幘。侍中、中常侍加黃金璫，附蟬爲文，貂尾爲飾，謂之趙惠文冠。又名鵔鸃冠。胡廣說曰：趙武靈王效胡服，以金璫飾首，前插貂尾，爲貴職。秦滅趙，以其君冠賜近臣。應劭《漢官》曰：說者以金取堅剛，百鍊不耗。蟬居高飲絜，口在掖下。貂內勁捍而外溫潤。此因物生義也。徐廣曰：趙武靈王胡服有此，秦即趙而用之。說者蟬取其清高，飲露而不食，貂紫蔚（采）[柔]潤，而毛采不彰灼，故於義亦取。胡廣又曰：意謂北方寒涼，本以貂皮暖額，附施於冠，因遂變成首飾。建武時，匈奴內屬，世祖賜南單于衣服，以中常侍惠文冠，中黃門童子佩刀云。

建華冠，以鐵爲柱卷，貫大銅珠九枚，制似縷鹿。《獨斷》曰：其狀若婦人縷鹿。薛綜曰：下輪大，上輪小。記曰：知天者冠述，知地者履絇。《春秋左傳》曰：鄭子臧好鷸冠。前圓，以爲此則是也。《說文》曰：鷸，知天將雨鳥也。天地、五郊、明堂，育命舞樂人服之。

方山冠，似進賢，以五采穀爲之。祠宗廟，大予、八佾、四時、五行樂人服之，冠衣各如其行方之色而舞焉。

巧士冠，［前］高七寸，要後相通，直竪。不常服，唯郊天，黄門從官四人冠之，在鹵簿中，次乘輿車前，以備宦者四星云。《獨斷》曰：禮無文。

却非冠，制似長冠，下促。宫殿門吏僕射冠之。負赤幡，青翅燕尾，諸僕射幡皆如之。《獨斷》曰：禮無文。

却敵冠，前高四寸，通長四寸，後高三寸，制似進賢，衛士服之。《獨斷》曰：禮無文。

樊噲冠，漢將樊噲造次所冠，以入項羽軍。廣九寸，高七寸，前後出各四寸，制似冕。司馬殿門大難衛士服之。或曰，樊噲常持鐵楯，聞項羽有意殺漢王，噲裂裳以裹楯，冠之入軍門，立漢王旁，視項羽。

術氏冠，前圓，吴制，差池邐迤四重。趙武靈王好服之。今不施用，官有其圖注。《淮南子》曰楚莊王所（復）［服］鵕冠者是。蔡邕曰：其説未聞。

諸冠皆有纓蕤，執事及武吏皆縮纓，垂五寸。

武冠，俗謂之大冠，環纓無蕤，以青系爲緄，加雙鶡尾，竪左右，爲鶡冠云。《莊子》曰縵胡之纓，武士之服是也。五官、左右虎賁、羽林、五中郎將、羽林左右監皆冠鶡冠，紗縠單衣。虎賁將虎文絝，白虎文劍佩刀。虎賁武騎皆鶡冠，虎文單衣。襄邑歲獻織成虎文云。鶡者，勇雉也，其鬥對一死乃止，故趙武靈王以表武士，秦施之焉。徐廣曰：鶡似黑雉，出於上黨。荀綽《晉百官表注》曰：冠插兩鶡，鷙鳥之暴疏者也。每所攫撮，應爪摧衄，天子武騎故以冠焉。傅玄賦注曰：羽騎，騎者戴鶡。

《晉書》卷二五《輿服志》 通天冠，本秦制。高九寸，正竪，頂少斜却，乃直下，鐵爲卷梁，前有展筩，冠前加金博山述，乘輿所常服也。

平冕，王公、卿助祭於郊廟服之。王公八旒，卿七旒。以組爲纓，色如其綬。王公衣山龍以下九章，卿衣華蟲以下七章。

遠游冠，傅玄云秦冠也。似通天而前無山述，有展筩横于冠前。皇太子及王者後、帝之兄弟、帝之子封郡王者服之。諸王加官者自服其官之冠服，惟太子及王者後常冠焉。太子則以翠羽爲緌，綴以白珠，其餘但青絲而已。

緇布冠，蔡邕云即委貌冠也。太古冠布，齊則緇之。緇布冠，始冠之冠也。其制有四形，一似武冠，又一似進賢，其一上方，其下如幘顔，其一剌上而方下。行鄉射禮則公卿委貌冠，以皁絹爲之。形如覆杯，與皮弁同制，長七寸，高四寸。衣黑而裳素，其中衣以皁緣領袖。其執事之人皮弁，以鹿皮爲之。

進賢冠，古緇布遺象也，斯蓋文儒者之服。前高七寸，後高三寸，長八寸，有五梁、三梁、二梁、一梁。人主元服，始加緇布，則冠五梁進賢。三公及封郡公、縣公、郡侯、縣侯、鄉亭侯，則冠三梁。卿、大夫、八座、尚書，關中内侯、二千石及千石以上，則冠兩梁。中書郎、秘書丞郎、著作郎、尚書丞郎、太子洗馬舍人、六百石以下至于令史、門郎、小史，並冠一梁。漢建初中，太官令冠兩梁，親省御膳爲重也。博士兩梁，崇儒也。宗室劉氏亦得兩梁冠，示加服也。

武冠，一名武弁，一名大冠，一名繁冠，一名建冠，一名籠冠，即古之惠文冠。或曰趙惠文王所造，因以爲名。亦云，惠者蟪也，其冠文輕細如蟬翼，故名惠文。或云，齊人見千歲涸澤之神，名曰慶忌，冠大冠，乘小車，好疾馳，因象其冠而服焉。漢幸臣閎孺爲侍中，皆服大冠。天子元服亦先加大冠，左右侍臣及諸將軍武官通服之。侍中、常侍則加金璫，附蟬爲飾，插以貂毛，黄金爲竿，侍中插左，常侍插右。胡廣曰：昔趙武靈王爲胡服，以金貂飾首。秦滅趙，以其君冠賜侍臣。應劭《漢官》云：説者以爲金取剛强，百鍊不耗。蟬居高飲清，口在掖下。貂内勁悍而外柔縟。又以蟬取清高飲露而不食，貂則紫蔚柔潤而毛采不彰灼，金則貴其寶瑩，於義亦有所取。或以爲北士多寒，胡人常以貂皮温額，後世效此，遂以附冠。漢貂用赤黑色，王莽用黄貂，各附服色所尚也。

高山冠，一名側注，高九寸，鐵爲卷梁，制似通天。頂直竪，不斜却，無山述展筩。高山者，《詩》云高山仰止，取其矜莊賓遠者也。中外官、謁者、謁者僕射所服。胡廣曰：高山，齊王冠也。傳曰桓公好高冠大帶。秦滅齊，以其君冠賜謁者近臣。應劭曰：高山，今法冠也，秦行人使官亦服之。而《漢官儀》云乘輿冠高山之冠，飛翮之纓，然則天子亦有時服焉。《傅子》曰：魏明帝以其制似通天、遠游，故改令卑下。

法冠，一名柱後，或謂之獬豸冠。高五寸，以縰爲展筩。鐵爲柱卷，取其不曲撓也。侍御史、廷尉正監平，凡執法官皆服之。或謂獬豸神羊，能觸邪佞。《異物志》云：北荒之中，有獸名獬豸，一角，性别曲直。見人鬥，觸不直者。聞人争，咋不正者。楚王嘗獲此獸，因象其形以制衣冠。胡廣曰：《春秋左氏傳》晉侯觀于軍府，見鍾儀，曰南冠而縶者誰也。南冠即楚冠。秦滅楚，以其冠服賜執法臣也。

長冠，一名齊冠。高七寸，廣三寸，漆纚爲之，制如版，以竹爲裏。漢高祖微時，以竹皮爲此冠，其世因謂劉氏冠。後除竹用漆纚。司馬彪曰：長冠蓋楚制。人間或謂之鵲尾冠，非也。救日蝕則服長冠，而祠宗廟諸祀冠之。此高祖所造，後世以爲祭服，尊敬之至也。

建華冠，以鐵爲柱卷，貫大銅珠九枚，古用雜木珠，原憲所冠華冠是也。又《春秋左氏傳》鄭子臧好聚鷸冠，謂建華是也。祀天地、五郊、明堂，舞人服之。漢育命舞樂人所服。

方山冠，其制似進賢。鄧展曰：方山冠，以五采縠爲之。漢大予、八佾、五行樂人所服，冠衣各如其行方之色而舞焉。

巧士冠，前高七寸，要後相通，直竪。此冠不常用，漢氏惟郊天，黄門從官四人冠之。在鹵簿中，夾乘輿車前，以備宦者四星。或云，掃除從官所服。

却非冠，高五寸，制似長冠。宫殿門吏僕射冠之。負赤幡，青翅燕尾，諸僕射幡皆如之。

却敵冠，前高四寸，通長四寸，後高三寸，制似進賢。凡當殿門衛士服之。

樊噲冠，廣九寸，高七寸，前後出各四寸，制似平冕。昔楚漢會於鴻門，項籍圖危高祖，樊噲常持鐵楯，聞急，乃裂裳苞楯，戴以爲冠，排入羽營，因數羽罪，漢王乘間得出。後人壯其意，乃制冠象焉。凡殿門司馬衛士服之。

術氏冠，前圓，吴制，差池四重。趙武靈王好服之。或曰，楚莊王復鵔冠是也。

鶡冠，加雙鶡尾，竪插兩邊。鶡，鳥名也，形類鶡而微黑，性果勇，其鬥到死乃止。上黨貢之，趙武靈王以表顯壯士。至秦漢，猶施之武人。

皮弁，以鹿皮淺毛黄白色者爲之。《禮》王皮弁，會五采玉璂，象邸玉笄，謂之合皮爲弁。其縫中名曰會，以采玉朱爲璂。璂，結也。天子五采，諸侯三采。邸，冠下抵也，象骨爲之，音帝也。天子則縫有十二，公九，侯伯七，子男五，孤四，卿大夫三。

韋弁，制似皮弁，頂上尖，韎草染之，色如淺絳。

爵弁，一名廣冕。高八寸，長尺二寸，如爵形，前小後大。增其上似爵頭色。有收持笄，所謂夏收殷冔者也。祠天地、五郊、明堂，雲翹舞樂人服之。

幘者，古賤人不冠者之服也。漢元帝額有壯髮，始引幘服之。王莽頂秃，又加其屋也。《漢注》曰：冠進賢者宜長耳，今介幘也。冠惠文者宜短耳，今平上幘也。始時各隨所宜，遂因冠爲别。介幘服文吏，平上幘服武官也。童子幘無屋者，示未成人也。又有納言幘，幘後收又一重，方三寸。又有赤幘，騎吏、武吏、乘輿鼓吹所服。救日蝕，文武官皆免冠著幘，對朝服，示武威也。

巾，以葛爲之，形如帢而横著之，古尊卑共服也。故漢末妖賊以黄爲巾，世謂黄巾賊。

帽名猶冠也，義取於蒙覆其首，其本纚也。古者冠無幘，冠下有纚，以繒爲之。後世施幘於冠，因或裁纚爲帽。自乘輿宴居，下至庶人無爵者皆服之。成帝咸和九年，制聽尚書八座丞郎、門下三省侍官乘車，白帢低幃，出入掖門。又，二宫直官著烏紗帢。然則往往士人宴居皆著帢矣。而江左時野人已著帽，士人亦往往而然，但其頂圓耳，後乃高其屋去。

唐・杜佑《通典》卷五七《禮十七》 冕：大裘冕 衮冕 鷩冕 毳冕 絺冕 玄冕 通天平冕 平天冕 蒼冕 青冕 赤冕 黄冕 素冕 黑冕 象冕 山冕 火冕 藻冕 方冕 祀冕

有熊氏 周 秦 後漢 魏 晉 東晉 宋 齊 陳 北齊 後周 隋 大唐

黄帝作冕，垂旒，目不邪視也。充纊，耳不聽讒言也。事見《世本》。

周制，弁師掌王之五冕，皆玄冕，朱裏，綖紐。冕服有六而言五者，大裘之冕蓋無旒，不聯數也。綖，冕之覆，在上，是以名焉。紐，小鼻在武上，笄所貫。五采繅十有二就，皆五采玉十有二，玉笄朱紘。繅，雜文之名，合五色絲爲繩，垂之綖前後。各十二，所謂邃綖也。就，成也。繩之每匝貫五采玉十二旒，旒則十二玉。每就間一寸。朱紘，以朱組爲紘，紘一條繩屬兩端於武。此謂衮衣之冕十二旒，則用玉二百八十八。鷩冕繅九旒，用玉二百一十六。毳冕七旒，用玉一百六十八。絺冕五旒，用玉一百二十。玄冕三旒，用玉七十二。諸侯及孤卿大夫之冕，各以其等爲之。各以其等者，繅玉如其命數。冕則侯伯繅七就，用玉九十八。子男繅五就，用玉五十。繅玉皆三采。孤繅四就，用玉三十二。三命之卿繅三就，用玉十八。再命之大夫繅再就，玉八。繅玉皆朱緑。禁令不得相僭逾。

秦滅禮學，郊社服用，皆以袀玄，以從冕旒，前後邃綖。蔡邕《獨斷》云：袀，紺繒也。班固《東都賦》注云：袀，皂也。袀音鈞。

後漢光武踐祚，祀天地明堂，皆冠旒冕。孝明帝永平初，詔有司采《周官》、《禮記》、《尚書·臯陶篇》夏侯氏説，冕皆廣七寸，長尺二寸，前圓後方，朱緑裏，玄上，前垂四寸，後垂三寸，繫白玉珠爲十二旒，蔡邕《獨斷》云九旒也。以其綬采色爲組纓。《禮記》曰：玄冠朱組纓，天子之冠也。其旒珠，用真白玉。三公諸侯七旒，青玉珠。卿大夫五旒，黑玉珠。皆有前無後，各以其色綬爲組纓，旁垂黈纊。助天子郊祀天地、明堂則冠之。

魏因漢故事。明帝好婦人之飾，冕旒改用珊瑚珠。晉因之。

東晉元帝初過江，帝服章多闕，而冕飾以翡翠珊瑚珠。侍中顧和奏：舊禮，冕旒用白玉珠。今美玉難得，不能備，可用白璇珠。從之。後帝郊祀天地明堂宗廟，元會臨軒，改服黑介幘，通天冠，平冕。冕，皂表，朱緑裏，廣七寸，長一尺二寸，加於通天冠上，前圓後方，垂白玉珠十二旒，以朱組爲纓，無緌。王公卿助祭郊廟，冠平冕。王公八旒，卿七旒，組爲纓，色如綬也。

宋因之，更名曰平天冕，天子郊祀及宗廟服之，王公並用舊法。

齊因之。梁因之。其制，前垂四寸，後垂三寸，旒長齊肩，以組爲纓，色如其綬，旁垂黈纊，充耳珠以玉瑱。乘輿郊祀天地明堂、享宗廟、元會臨軒則服之。五等諸侯助祭，平冕九旒，青玉爲珠，有前無後，各以其綬色爲組纓，旁垂黈纊。

陳因之，以爲冕旒。皇太子朝服遠游冠，侍祭則平冕九旒。五等諸侯助祭郊廟，皆平冕九旒，青玉爲珠，有前無後，各以其綬色爲組纓，旁垂黈纊。

北齊采陳之制，旒玉用五采，以組爲纓，色如其綬。其四時郊祀封禪大事，皆服衮冕。皇太子平冕，黑介幘，白珠九旒，飾以三采玉，以組爲纓，色如其綬。未加元服，則空頂黑介幘，雙童髻，雙玉導。

後周設司服之官，掌皇帝十二冕。祀昊天則蒼冕，五帝各隨方色，朝日用青冕，夕月用素冕，地祇用黄冕，神州、社稷用玄冕，享先皇、加元服等以象冕，享先帝、食三老、耕籍等以衮冕，視朔、大射等以山冕，視朝、臨法門、適宴等以鷩冕，皆十有二旒。韋弁、皮弁，見在下文。諸公之冕九，方、衮、山、鷩、火、毳等六，皆九旒。韋弁、皮弁、玄冠三，合上爲九。諸侯八，無衮冕。諸伯七，又無山冕。諸子六，又無鷩冕。諸男五，又無火冕，冕五旒。三公之冕九，祀、火、毳、藻、繡、爵弁等冕六，韋弁、皮弁、玄冠，合上九。三孤自祀冕而下八，無火冕。公卿七，又無毳冕。上大夫六，又無藻冕。中大夫五，又無皮弁。下大夫四，又無爵弁。士服三，祀弁、爵弁、玄冕。庶士玄冠而已。其吊服，諸侯當事則弁絰，不則皮弁。以下亦如之。

隋採北齊之法，衮冕垂白珠十二旒，以組爲纓，色如其綬，黈纊充耳，玉笄。太子庶子裴政奏：色並用玄，旒齊於膊，纊齊於耳。唯應著幘者，任依漢晉法。皇太子衮冕，垂白珠九旒，青纊充耳，犀笄。國公冕，青珠九旒，初受册命、執贄、入朝、祭祀、親迎、三公助祭，並服之。侯伯則鷩冕，子男則毳冕。五品以上繡冕，九品以上爵弁。

大唐依《周禮》，制天子之六冕，有大裘冕、衮冕、鷩冕、毳冕、繡冕、玄冕。大裘冕，無旒，廣八寸，長一尺六寸，玄表纁裏，以下廣狹准此。金飾，玉簪導，《釋名》云：簪，建也，所以建冠於後也。亦謂之笄，所以拘冠使不墜也。導以擽鬢，使入巾幘之中。以組爲纓，色如其綬。祀天神地祇服之。衮冕，加金飾。垂白珠十有二旒，以組爲纓，色如其綬，黈纊充耳，玉簪導，諸祭祀及踐祚，享廟、遣上將、征還、飲至、加元服、元日受朝等服之。鷩冕，有事遠主服之。按《周禮》遠主謂先公。毳冕，祭海嶽服之。繡冕，祭社稷、帝社服之。玄冕，蜡百神，朝日夕月服之。自衮冕以下，旒數并依《周禮》。皇太子衮冕，白珠九旒。諸臣衮冕，青珠九旒，青纊充耳，簪導，第一品服之。鷩冕七旒，第二品服之。毳冕五旒，第三品服之。繡冕四旒，第四品服之。玄冕三旒，第五品服之。

又

緇布冠：進賢冠

周　後漢　晉　宋　齊　梁　陳　北齊　隋　大唐

周制，《士冠禮》云緇布冠，頍項，青組纓屬於頍。緇布冠無笄者，著頍，圍髮際，結項中，隅爲四綴以固冠。項中有𦁤，亦由固頍爲之耳。今未冠笄者，著卷幘，頍象之所生也。以爲始冠之冠，冠而弊之可也。初加緇布冠，再加皮弁，次加爵弁，加皮弁後而棄之。

後漢改之，制進賢冠，爲儒者之服。前高七寸，後高三寸，長八寸。公侯三梁，中二千石以下至博士兩梁，蔡邕《獨斷》云：千石以下一梁。小吏私學子皆一梁。

晉因之。天子元服，始加則冠五梁進賢冠。三公及封郡公、縣侯、鄉亭侯則三梁。卿大夫下至千石則兩梁。中書門下至門郎小吏，並一梁。

宋因之，爲儒冠。

齊因之，爲開國公侯下至小吏之服，其以梁數爲降殺，則依晉制。

梁因之，以爲乘輿宴會之服，則五梁進賢冠。

陳因之，爲文散内外百官所服，以梁數爲高卑，天子所服則五梁。

北齊進賢五梁冠，不通於下。

隋因陳制，内外文官通服之，降殺一如舊法。

大唐因之，若親王則加金附蟬爲飾。復依古制，緇布冠爲始冠之冠，進賢、緇布二制存焉。

牟追冠：章甫冠　委貌冠

夏　殷　周　漢　宋

夏后氏牟追冠，長七寸，高四寸，廣五寸，後廣二寸。制如覆杯，前高廣，後卑鋭。

殷因之，制章甫冠，高四寸半，後廣四寸，前櫛首。

周因之，制委貌，《司服》云：凡甸，冠弁服。甸，田獵也。冠弁，委貌。

漢制，委貌以皁繒爲之，形如委穀之貌，上小下大，長七寸，高四寸，前高廣，後卑鋭，無笄有纓。行大射禮於辟雍，諸公卿大夫行禮者冠之。

宋依漢制。

通天冠：秦　漢　晉　宋　齊　梁　陳　北齊　隋　大唐

秦制通天冠，其狀遺失。

漢因秦名，制高九寸，正竪，頂少邪却，乃直下爲鐵卷梁，前有山，展筩爲述，筩駮犀簪導，乘輿所常服。

晉依漢制，前加金博山述，乘輿常服。述即鷸也。鷸知天雨，故冠像焉。前有展筩。

宋因之，又加黑介幘，舊有冠無幘。幘，冠理展筩。前代古圖，畫三皇五帝，或有服通天冠，深誤矣。

齊因之，東昏侯改用玉簪導。

梁因之，復加冕於其上，爲平天冕。此復依晉冕法。

陳因之。

北齊依之，乘輿釋奠所服。

隋因之，加金博山，附蟬十二首，施珠翠，黑介幘，玉簪導。朔日、元會、冬朝會、諸祭還則服之。

大唐因之，其纓改以翠緌。

長冠：劉氏冠　齋冠

漢　晉　梁

漢高帝采楚制，長冠形如板，以竹爲裏，亦名齋冠。後以竹皮爲之，高七寸，廣三寸，以高帝所制，曰劉氏冠，故爲享廟之服，敬之至也。鄙人或謂之鵲尾冠。

晉依之，去竹用漆纚，救日蝕諸祀則冠之。

梁天監中，祠部郎中沈宏議：竹葉冠是漢祖微時所服，不可爲祭服，宜改用爵弁。司馬褧云：若必遵三王，則所廢非一。武帝竟不改矣。

遠游冠：具服遠游冠　公服遠游冠

秦　漢　晉　梁　陳　北齊　隋　大唐

秦采楚制。楚莊王通梁組纓，似通天冠，而無山述，有展筩横之於前。

漢因之，天子五梁，太子三梁，諸侯王通服之。

晉皇太子及王者後常冠焉，以翠羽爲緌，綴以白珠。帝之兄弟、帝之子封郡王者通服之，則青絲爲緌。

梁爲皇太子朝服，加金博山，翠緌。

陳因之，其藻飾服用，依晉故事也。

北齊依之，制五梁冠，乘輿所服，不通於下。

隋依之，制三梁，加金附蟬九首，施珠翠，黑介幘，翠緌，犀簪導。皇太子元朔入廟，釋奠則服之。

大唐因之，其制具《開元禮》序例。

又　高山冠：側注冠

秦　漢　魏　晉　宋　齊　梁　陳　隋　大唐

秦滅齊，獲其君冠而制之。形如通天冠，頂不邪却，直豎，鐵爲卷梁，高九寸，無山述展筩。一名側注冠，其體側立而曲注，因名之。以賜近臣、中外官、謁者、僕射、行人、使者等所服。

《漢舊儀》云：乘輿冠高山冠，飛月之纓，一云飛翮之纓。丹紈裏。按此高山冠亦通天子之服。

魏明帝因改之，卑下於通天、遠游，除去卷筩，加介幘，幘上加物以象山，行人、使者服之。

晉、宋、齊、梁、陳，歷代因之。

隋依魏制，參用之，形如進賢冠，加三峰，謁者、大夫以下服之。梁數依其品降殺。

大唐因之，内侍省内謁者監及親王司閤等服之。

法冠：獬豸冠　柱後惠文冠

秦　漢　晉　宋　齊　梁　陳　隋　大唐

秦滅楚，獲其君冠，賜御史。以纚爲展筩，鐵爲柱卷。取其不曲撓也。一名柱後惠文冠。執法者服之，或謂之獬豸冠。獬豸，神羊，一角，能别曲直。楚王獲之以爲冠。

漢、晉至陳，歷代相因襲不易。

隋開皇中，於進賢冠上加二真珠，爲獬豸角形。大業中，改制一角。或云：獬豸，神獸，蓋一角。今二角者非也。執法者服之。

大唐法冠，一名獬豸冠，一角，爲獬豸之形，御史臺監察以上服之。

建華冠：鷸冠

漢　晉　宋　齊　梁　陳

漢制，以鐵爲柱卷，貫大銅珠九枚，形似縷鹿。薛綜曰：下輪大，上輪小也。記曰：知天者冠述，知地者履絇。《左氏傳》曰：鄭子臧好聚鷸冠。建華是也。天地、五郊、明堂育命舞樂人服之。

晉及陳，代相因不易，餘並無聞。

趙惠文冠：武冠　武弁　大冠　鵔鸃冠　鶡冠　繁冠　建冠　籠冠

秦　漢　晉　宋　齊　梁　陳　北齊　隋　大唐

秦滅趙，以其君冠賜近臣。胡廣曰：趙武靈王效胡服，以金璫飾首，前插貂尾，爲貴職。或以北土多寒，胡人以貂皮温額，後代效之。亦曰惠文。惠者，蟪也。其冠文細如蟬翼，故名惠文。或曰：齊人見千歲涸澤神，名之曰慶忌，冠大冠，乘小車，好疾馳，因象其冠。

漢因之，曰武弁，一名大冠，諸武官冠之。侍中、中常侍加黄金璫，附蟬爲文，貂尾爲飾。侍中插左貂，常侍插右貂，用赤黑色。王莽用黄貂，各隨服色所尚。後漢應劭《漢官儀》曰：金取堅剛，百鍊不耗。蟬居高飲潔，貂内勁捍而外温潤。又名鵔鸃冠。《倉頡解詁》曰：鵔鸃，鷩，即翬翟，山鷄之屬。尾彩鮮明，是將飾冠以代貂。幸臣閎孺爲侍中，皆服大冠。天子元服，亦爲先加。又加雙鶡尾豎左右，名鶡冠。鶡，鷙鳥之暴疏者也，每所攫撮，應爪摧碎。天子武騎故冠之。徐廣曰鶡似黑野鷄，出上黨。

晉依之，名繁冠，一名建冠，一名籠冠，即惠文冠也。

宋因之不易。

齊因之，侍臣加貂蟬，餘軍校武職、黄門散騎等皆冠之。唯武騎武賁插鶡尾於武冠上。

梁因制遠游平上幘武冠。

陳因之不易，後爲鶡冠，武者所服。

北齊依之，曰武弁，季秋講武、出征告廟則服之。

隋依名武弁，武職及侍臣通服之。侍臣加金璫附蟬，以貂爲飾。侍左者左珥，侍右者右珥。天子則金博山，三公以上玉枝，四品以上金枝，文官七品以上毦白筆，八品以下及武官皆不毦筆。

大唐因之，乘輿加金附蟬，平巾幘。侍中、中書令則加貂蟬。侍左者左珥，侍右者右珥。諸武官府衛領軍九品以上等亦准此。

方山冠：漢　晉

漢制，似進賢，以五采縠爲之。祠宗廟、八佾、四時、五行樂人服之，冠衣各如其方之色而舞焉。

晉因之。

巧士冠：漢　晉

漢制，高七寸，前後相通，直豎，似高山冠。不常服，唯郊天，黄門從官者四人冠之，在鹵簿中，次乘輿車前，以備宦者四星云。

晉因之，自後無聞。

却非冠：漢　梁　隋　大唐

漢制，似長冠，皆縮垂五寸，有纓緌，宮殿門吏僕射等冠之。

梁《北郊圖》，執事者縮纓緌。

隋依之，門者禁防伺非服也。

大唐因之，亭長門僕服之。

樊噲冠：漢 晉 宋 齊 陳

漢將樊噲造次所冠，以入項羽軍。其制似平冕，廣九寸，高七寸，前後出各四寸，司馬殿門衛士服之。或曰：樊噲常持鐵楯，聞項羽有意殺漢王，噲裂裳以裹盾，冠之入軍門，立漢王傍，視項羽。

晉、宋、齊、陳，不易其制，餘并無聞。

術氏冠：漢 晉

漢制，前圓，差池四重。趙武靈王好服之。今不施用，或曰楚莊王解冠是也。

晉因之，宋以後無聞。

却敵冠：晉 陳

晉制之，前高四寸，通長四寸，後高三寸，似進賢冠。凡當殿門衛士服之。陳依之，餘並廢。

進德冠：大唐

大唐制，九琪，加金飾。皇太子侍從皇帝祭祀及謁見、加元服、納妃則服之。

翼善冠：大唐

大唐貞觀中制，月一日、十五日視朝常服之。又與平巾幘通用。太宗初服翼善冠，賜貴臣進德冠，因謂侍臣曰：幞頭起於周武帝，蓋取便於軍容耳。今四海無虞，此冠頗采古法，兼類幞頭，乃宜常服。開元十七年，廢不行用。乾元元年十月，知司天臺事韓穎奏：五官正，奉敕創置，其官職配五方，上稽五緯。臣請冠上加一星珠，衣從本方正色。每至正冬朔望朝會及諸大禮，即服以朝見，仍望永爲恒式。奉敕旨宜依。

皇：收 冔 爵弁 廣冕

虞 夏 殷 周 漢 晉 隋 大唐

有虞氏皇而祭，其制無文，蓋爵弁之類。

夏后氏因之，曰收。收之言所以收斂髮。純黑，前小後大。

殷因之，曰冔。冔名出於幠，幠，覆也。所以自飾覆。黑而微白，前大後小。

周因制爵弁，爵弁，冕之次。赤而微黑，如爵頭然，前小後大。三代以來，皆廣八寸，長尺二寸，如冕無旒，皆三十升布爲之。士冠禮三加，成人服之。

漢依周制，或云中古以下，其制用絲。祠天地五郊明堂，雲翹舞樂人服之。

晉依漢制，更名廣冕，有收持笄，服用如舊。

隋依，以角爲簪導，士助君祭服之。

大唐因之，以紬代布，用玄纓、簪導，九品以上冠。親迎、助祭、家私祭祀服之。

皮弁：周 晉 後周 隋 大唐

《周禮・弁師》云：王之皮弁會五采玉璂，象邸玉笄。會，縫中也。璂，結也。皮弁之縫中，每貫結五采玉十二以爲飾，謂之璂。邸，下柢也。以象骨爲之。《司服》云：視朝則皮弁服。《士冠禮》曰：三王共皮弁。按皮弁、韋弁，侯伯璂飾七玉，子男璂飾五玉，三采。孤璂飾四，三命之卿璂飾三，再命之大夫璂飾二玉，二采。皮弁以鹿皮爲之。璂音其。

晉依舊制，以鹿淺毛黄白色者爲之，其服用等級並准《周官》。

後周田獵則服之，以鹿子皮爲之。

隋因之。大業中所造，通用烏漆紗，前後二傍如蓮葉，四間空處又安拳花，頂上當縫安金梁，梁上加璂。天子十二真珠爲之，皇太子及一品九璂，二品八璂，下六品各殺其一璂，以玉爲之，皆犀簪導。六品以下無璂，皆象簪導。唯天子用含棱。後制鹿皮弁以賜近臣。

大唐因之，以鹿皮爲之，玉簪導，十二璂，朔日受朝則服之。

韋弁：周 晉 宋 後周

《周官・司服》云：凡兵事，韋弁服。以韎韋爲弁。齊人名蒨爲韎韐，以染韋爲絳色，曰韎韋。

晉以韋爲之，頂上少尖。

宋因之，或爲車駕親戎、中外戒嚴之服。

後周巡兵即戎則服之。自此以來，無復其制。

幘：童子幘 空頂幘 納言幘 赤幘 緗幘 素幘 黑幘 紺幘 緑幘 青幘

秦 漢 晉 東晉 宋 齊 梁 陳 隋 大唐

古者有冠無幘，其戴也加首有頍，所以安物，故《詩》曰有頍者弁，此之謂也。幘者，賾也。頭首嚴賾。

秦雄諸侯，乃加其武將首爲絳袙，以表貴賤，其後稍稍作顔題。袙音盲百切。

漢因，續其顔。却摞之，施巾連題却覆之。至孝文乃高其顔題，續之爲耳，崇其巾爲屋，上下群臣貴賤皆服之。文者長耳，武者短耳，稱其冠也。尚書幘收，方三寸，名曰納言，示以忠正，明近職也。迎氣五郊，各如其色，從章服也。武吏常赤幘，成其威也。未冠童子幘無屋者，示未成人也。入學小童幘句卷屋者，示尚幼小，未遠冒也。喪幘却摞，反本禮也。蔡邕《獨斷》曰：幘，古者之卑賤執事不冠者所服也。漢元帝額有壯髮，不欲使人見，始進幘服之，群臣皆隨焉。然尚無巾。王莽頂禿，幘上施屋。壯髮，謂當額前，侵下而生。今俗呼爲主頭者是。制，紺幘以齋，青幘以耕，緗幘以獵。緑幘，漢董偃召見服之。

晉因之。

東晉哀帝從博士曹弘等議，立秋御讀月令，改用素幘。

宋因之，以黑幘，騎吏、鼓吹、武官服之。其救日蝕，文武官皆免冠，著赤幘。

齊因之，以黑幘拜陵所服。

梁因之，以黑介幘爲朝服，元正朝賀畢，還宫更出所服。未加元服，則空頂介幘。

陳因之，諸軍司馬服平巾幘，長吏介幘，御節郎、黄鉞郎朝服，赤介幘，簪筆。

隋依之，天子畋獵、御戎，文官出遊，武官一品以下，并流外吏等，上下通服黑介幘、平巾黑幘。又制緑幘，庖人服之。其平巾黑幘之制，玉枝金花飾，犀簪導，紫羅褶。其御五輅人，逐其車色。

大唐因制，乘輿空頂黑介幘，雙玉導，加寶飾，祭還及冬至朔日受朝會、臨軒、拜王公則服之。黑介幘，拜陵則服之。平巾幘，金寶飾。導簪冠支皆以玉，乘馬則服之。皇太子平巾幘，乘馬則服之。空頂介幘，雙玉導，加寶飾，謁廟還宫，元日、冬至朔日入廟釋奠則服之。冠幘，五品以上陪祭服之。

帢：白帢　烏紗帢

魏　晉　宋　梁　陳　隋　大唐

魏武以天下凶荒，資財乏匱，擬古皮弁，裁縑帛以爲帢。苦洽切。合乎簡易隨時之義，以色别其貴賤，本施軍飾，非爲國容。或云：本末有岐，荀文若巾之行，觸樹枝成岐，因之爲善，遂不改。因通以慶吊。帢與帕同。

晉因之。咸和中，制聽尚書八座丞郎、門下三省侍官乘車白帢。

齊依，以素爲之，舉哀臨喪服之。

梁因之，以代古疑縗爲吊服，爲群臣舉哀臨喪則服之。

陳因之，而初婚冠送餞亦服之。

隋依梁不易。

大唐因之。

帽：皮帽　白帽　翠帽　黑帽　高屋白紗帽　高頂帽　岑帽　突騎帽

周　魏　晉　宋　齊　梁　陳　後魏　隋　大唐

上古穴居野處，衣毛帽皮，以此而言，不施衣冠明矣。《元中記》云旬始作帽。

周成王問周公曰：舜之冠何如焉。曰：古之人上有帽而句領。或云：帽名猶冠也，義取於加覆其首，本纚也。古者冠下有纚，以繒爲之。後世施幘於冠，因裁纚爲帽，自乘輿宴居，下至庶人無爵者，皆得服之。

魏管寧在家，嘗著皂帽。《吴書》云：陸遜破曹休於石亭，還，當反西陵。朝廷燕賜終日，上脱翠帽以賜遜。時同群臣朝謁而服之。

晉因之。

宋制，黑帽，綴紫標，標以繒爲之，長四寸，廣一寸。後制高屋，白紗帽。

齊因之。

梁因制，頗同，至於高下翅之卷小異耳。皆以白紗爲之。

陳因之，天子及士人通冠之。白紗者，名高頂帽。皇太子在宫則烏紗，在永福省則白紗。又有繒皂雜紗爲之，高屋下裙，蓋無定准。又制岑帽，鞑角五音帥長服之。

後魏咸著突騎帽，如今胡帽，垂裙覆帶，蓋索髮之遺象也。又文帝項上瘤疾，不欲人見，每常著焉。時爲雅服，小朝公宴，咸許戴之。

隋文帝開皇初，嘗著烏紗帽，自朝貴已下，至於冗吏，通著入朝。後復制白紗高屋帽，接賓客則服之。大業中，令五品以上通服朱紫，是以烏紗帽漸廢，貴賤通服折上巾。按後漢郭林宗行遇雨，沾巾角折。後周武帝建德中，因制折上巾。

大唐因之，制白紗帽，又制烏紗帽，視朝、聽訟、宴見賓客則服之。

葛巾：角巾

東晉　齊　陳　北齊

東晉制，以葛爲之，形如帢，而橫著之，尊卑共服。太元中，國子生見祭酒博士，冠角巾。

齊依之。其角巾，宋不存，至齊立學，王儉議更存焉。

陳依之。

北齊依之，自後無聞。

幅巾：縑巾　黄巾

後漢　後周　大唐

後漢末，王公名士以幅巾爲雅，是以袁紹、崔鈞之徒雖爲將帥，皆著縑巾。時有妖賊，以黄爲巾，時謂之黄巾賊。按巾，六國時，趙魏之間，通謂之承露。袁紹戰敗，幅巾渡河。按此則庶人及軍旅皆服之，用全幅皂而向後幞髮，謂之頭巾，俗人謂之幞頭。

後周武帝因裁幅巾爲四脚。

大唐因之。

巾子：大唐

大唐武德初，始用之初，尚平頭小樣者。天授二年，武太后内宴，賜群臣高頭巾子，呼爲武家諸王樣。景龍四年三月，中宗内宴，賜宰臣已下内樣巾子。其樣高而踣，皇帝在藩時所服，人號爲英王踣樣。

又卷一〇八《禮六十八》 大裘冕，無旒，金飾。玉簪導，以組爲纓，色如其綬。令云：冕長尺六寸，廣八寸，玄表纁裏。以下廣狹皆准此例。裘以黑羔皮爲之。令云：玄領，褾、襟緣，朱裳。後有詔：夏月以葛代裘。白紗中單。令云：皂領，青褾，襈，裾。革帶，玉鉤䚢，大帶。令云：素帶朱裏，純其外，上以朱，下以緑，紐約用組。韍，蔽膝也，隨裳色。鹿盧玉具劍，火珠鏢首。白玉雙珮，玄組雙綬，六采。令云：玄、黄、赤、白、縹、緑，純玄質，長二丈四尺，五百首，廣一尺。小雙綬長二尺六寸，色同大綬而首半之，間施三玉環。朱襪赤舄。祀天神地祇則服之。

衮冕，垂白珠，十有二旒，令云：以組爲纓，色如其綬。黈纊充耳，玉簪導。玄衣纁裳，十二章。令云：八章在衣，日、月、星辰、山、龍、華蟲、火、宗彝。四章在裳，藻、粉米、黼、黻。衣褾領爲升龍，皆織成爲之。龍、山以下，每章一行，重以爲等，每行十二也。白紗中單。令云：黻領，青褾，襈，裾，黻加龍、山、火三章。毳冕以上山、火二章，繡冕山一章，玄冕無章。革帶、大帶、劍、玉珮、綬、襪與上同。舄加金飾。享廟、謁廟及朝遣上將、征還、飲至、踐阼、加元服、納后、元日受朝及臨軒册拜王公則服之。

鷩冕，服七章，令云：三章在衣，華蟲、火、宗彝。四章在裳，藻、粉米、黼、黻。餘同衮冕，有事遠主則服之。

毳冕，服五章，令云：三章在衣，宗彝、藻、粉米，二章在裳，黼、黻也。餘同鷩冕，祭海岳則服之。

絺冕，服三章，令云：一章在衣，粉米，二章在裳，黼、黻。餘同毳冕，祭社稷、先農則服之。

玄冕服，令云：衣無章，裳刺黼一章。餘同絺冕，禮祭百神、朝日夕月則服之。

通天冠，加金博山，附蟬十二首，施珠翠，黑介幘，髮纓翠緌，玉若犀簪導。絳紗袍，白紗中單，令云：朱領，襈，裾。白裙襦，令云：亦裙衫也。絳紗蔽膝，白假帶，方心曲領。其革帶、劍、珮、綬與上同。白襪黑舄。令云：若未加元服，則雙童髻，空頂黑介幘，雙玉導，加寶飾也。諸祭還、冬至受朝、元會、冬會則服之。

武弁，金附蟬，平巾幘，餘同前服。講武、出征、四時蒐狩、大射、禡類、宜社、賞祖、罰社、纂嚴則服之。

弁服，令云：弁以鹿皮爲之。十二璂，令云：璂以白玉珠爲之。玉簪導，絳紗衣，素裳，革帶，白玉雙佩，鞶囊，小綬，白襪，烏皮履，朔日受朝則服之。

黑介幘，白紗單衣，白裙襦，革帶，素襪，烏皮履，拜陵則服之。

白紗帽，令云：赤烏紗帽。白裙襦，白襪，烏皮履，視朝、聽訟及宴見賓客則服之。

平巾幘，金寶飾，導簪冠支皆以玉，紫褶，令云：赤白褶。白袴，玉具裝，真珠寶鈿帶，靴，乘馬則服之。

翼善冠，其裳服及白練裙襦通著之。若服袴褶，則與平巾幘通著之。

皇太子衮冕，垂白珠九旒，令云：以組爲纓，色如其綬。青纊充耳，犀簪導。玄衣纁裳九章，令云：五章在衣，山、龍、華蟲、火、宗彝。四章在裳，藻、粉米、黼、黻。

織成爲之，每章一行，重以爲等，每行九。白紗中單，令云：黼領，青褾、襈、裾。革帶，金鉤艓，大帶。令云：素帶不朱裏，亦紕以朱緑，紐約用組。韍隨裳色，火、山二章。玉具劍，令云：金寶飾，玉鏢首。瑜玉雙珮，朱組雙大綬。令云：四采，赤白縹紺，純朱質。長丈八尺，三百二十首，廣九寸，小雙綬長二尺六寸，色同大綬而首半之，間施二玉環。朱襪赤舄。令云：舄加金飾。侍從祭祀及謁廟、加元服、納妃則服之。

具服，遠游三梁冠，加金附蟬九首，施珠翠，黑介幘，髮纓翠緌，犀簪導。絳紗袍，白紗中單，令云：皂領，褾，襈，裾。白裙襦，白假帶，方心曲領，絳紗蔽膝。其革帶、劍、珮、綬與上同。白襪黑舄。未冠則雙童髻，空頂黑介幘，雙玉導，加寶飾。謁廟還宮、元日冬至朔日入朝、釋奠則服之。其朔望日入朝，通服袴褶。五日常朝亦准此。

公服，遠游冠，簪導以上並同前。絳紗單衣，白裙襦，革帶，瑜玉隻珮，方心，紛，鞶囊，令云：長六尺四寸，廣二寸四分，色同大綬。白襪，烏皮履。五日常朝、元日冬至受朝則服之。

烏紗帽，白裙襦，白襪，烏皮履，視事及宴見賓客則服之。

弁服，犀簪導，組纓，玉璂九，絳紗衣，素裳，革鞶囊，小綬，隻珮，白襪，烏皮履，朔日及視事則兼服之。

平巾幘，金飾，犀簪導，紫褶，白袴，玉梁珠寶鈿帶，靴，乘馬服之。

進德冠，九璂，加金飾，其常服及白練裙襦通著之。若服袴褶，則與平巾幘通著之。

群官衮冕，垂青珠九旒，以組爲纓，令云：纓色如綬。以下旒纓皆如之也。青纊充耳，簪導。令云：五品以上乃通用犀。青衣纁裳，服九章。令云：每章一行，重以爲等，每行九。五章在衣，龍、山、華蟲、火、宗彝。四章在裳，藻、粉米、黼、黻。皆絳爲繡。鷩冕以下亦每章一行，各依旒數。白紗中單。令云：中單黼領，朱裏，皆純。中單青領，青褾、襈、裾。革帶，鉤艓，大帶，令云：二品以上，素帶，不朱裏，皆純其外，上以朱，下以緑。五品以上，素帶，紕其垂，外以玄，內以黃。紐約皆用青組。韍皆裳色。毳冕以上，火、山二章。繡冕，山一章。玄冕無章。金玉飾劍，令云：三品以下用玉，不得加珠寶。山玄玉珮，緑綟綬。親王朱綬。朱襪赤舄。第一品服之。

鷩冕，八旒，服七章，章數已具前數。水蒼玉珮，紫綬，金飾劍，餘同衮冕。第二品服之。

毳冕，七旒，服五章，水蒼玉珮，紫綬，金飾劍，餘同衮冕。第三品服之。

絺冕，六旒，服三章，水蒼玉珮，青綬，金飾劍，餘同衮冕。第四品服之。

玄冕，五旒，衣無章，裳刺黻一章，水玉珮，黑綬，金飾劍，餘同衮冕。第五品服之。

爵弁，色同爵，無旒無章，玄纓，簪導，青衣纁裳，白紗中單，令云：青領、褾、襈、裾也。革帶，鉤艓，大帶，令云：練帶，紕其垂，内外以緇，紐約用青組。爵韠，白襪，赤履。九品以上服之。凡冕服及爵弁服，助祭及親迎則服之。若私家祭祀，三品以上及褒聖侯祭孔宣父，服玄冕，五品以上服爵弁，六品以下服進賢冠。凡冕制，以羅爲之，其服用紬爲之，其韍用繒也。

遠游冠，三梁，黑幘，青緌，凡文官皆青緌。以下准此也。諸王服之。親王即加金附蟬。

進賢冠，三品以上三梁，五品以上兩梁，九品以上一梁。三師、三公、太子三師三少、五等爵、尚書省、秘書省、諸寺監、太子詹事府、三寺及散官，親王傅友、文學，諸州縣、關津、岳瀆等流內九品以上服之也。

武弁，平巾幘。武官及中書門下省，殿中省，內侍省，諸衛及太子諸坊諸率府及成鎮流內九品以上服之。若侍中、中書令、左右散騎常侍，則加貂蟬。侍左者左珥，侍右者右珥。

法冠。一名獬豸冠，一角，爲獬豸之形，御史以上服之。

高山冠。內侍省內謁者監、內謁者服之。

却非冠。亭長門僕服之。凡應冠而未冠者，並雙童髻，空頂幘。五品以上雙玉導，金飾。二品以上加寶飾。六品以下無飾。

朝服。亦名具服。冠，幘，纓，簪導，絳紗單衣，白紗中單，白裙襦，赤裙衫，革帶，鉤艓，假帶，曲領方心，絳紗蔽膝，襪，舄，劍，雙綬。一品以下，五品以上，陪祭、朝饗、拜表大事則服之。六品以下，去劍、珮、綬，餘並同也。

公服。亦名從省服。冠，幘，纓，簪導，絳紗單衣，白裙襦，赤裙衫，革帶，鉤艓，假帶，方心，襪，履，紛，鞶囊，隻珮。一品以下，五品以上，朔望朝謁，見東宮則服之。其六品以下，去紛、鞶囊、隻珮，餘並同。若致仕官，以理去官，被召謁見，皆服前官從省服。

弁服，以鹿皮爲之，通用烏紗也。牙簪導，五品以上通用犀也。纓，玉璂，朱衣，素裳，革帶，鞶囊，小綬，雙珮，白襪，烏皮履，一品九璂，二品八璂，三品七璂，四品六璂，五品五璂。六品以下，去璂及鞶囊、綬、珮。文官職事九品以上尋常公事服之。泥雨則通著常服。

平巾幘，簪導，五品以上通用犀，六品以下通用角。冠支，令云：皆金飾，五品以上通用玉。紫褶，令云：五品以上緋褶，七品以上緑褶，九品以上碧褶。並白大口袴，起梁帶，三品以上玉梁寶鈿，五品以上金梁寶鈿，六品以上金飾隱起。烏皮靴，武官及衛官尋常公事則服之。文官乘馬又通服之。武官陪位大杖，加螣蛇裲襠也。進德冠，五品以上附山雲，璂數准弁，以金飾梁及花趺。三品以上加金絡也。內外百官文官武官九品以上，十月以後，二月以前，常服及白練裙襦通著之。五品以上行。六品以下，冠去璂珠。若服袴褶，非陪位大仗，則與平巾幘者通著。袴褶，五品以上通用紬綾及羅，六品以下通用小綾也。

凡典謁，武弁，絳公服。學生，黑介幘，青襟服。齋郎，介幘，絳構服。自外州品子等皆平巾幘，緋衫，大口袴，朝集從事則服之。若外官拜表受制，皆朝服。

凡職事官三品以上有公爵者，嫡子婚，聽假以四品冕服。若五品以上子孫、九品以上子及五等爵，皆聽爵弁服。若庶人婚，聽假以絳公服。若刻漏生、漏童，服青袴褶總角之服。令云：諸流外官行署，三品以上介幘，絳公服，方心，革帶，鉤艓，假帶，襪履。九品以上絳構衣，制同絳公服，袖狹，形直如溝，不垂，去方心、假帶，餘同絳公服。其非行署者，太常寺謁者、祝史、贊引，鴻臚寺司儀，諸典書，學，內侍省典引，太子右春坊掌儀，內坊導客舍人，諸贊，王公以下舍人，公主謁者等，各准行署，依品服。自外及任雜職掌無官品者，皆平巾幘，緋衫，大口袴。藥童，奉觶年少者，皆總角髻，朝集從事則服之。餘條目，自有制者，不用此例。黑介幘，簪導，深衣，青襟褾領，革帶，襪，履。未冠者雙童髻，空頂黑介幘，去革帶，國子、太學、四門學生、俊士參見則服之。律書算學士，州縣學士，則黑介幘，白裙襦。外官拜表受制皆朝服，本品無朝服者則公服。諸職事官三品以上有公爵者，嫡子謂經命訖者婚，聽假以四品冕服。諸五品以上子孫、九品以上子及五等爵婚，皆聽假以爵弁服。庶人婚，聽假以絳公服。諸州縣倉督、市令、縣録事、佐史、里正，岳瀆祝史、齋郎，並介幘，絳構衣。平巾幘，緋褶，大口袴，紫構，尚食局典膳局主食、太官署監膳史、食官署掌膳服之。平巾緑幘，青布袴褶，尚食局主膳、典膳局典食、太官署食官署供膳、良醞署奉觶服之。五辮，青袴褶，青耳屩，羊車小吏服之。總角髻，青袴褶，漏刻生、漏童服之。諸衣冠應入鹵簿異於本制者，從鹵簿。

唐・蘇鶚《蘇氏演義》卷下 牛亨問冕旒以繁露者何，荅曰綴玉而下，重如繁露也。按此條見《古今注》綴玉而下句，《古今注》作綴珠垂下。

明・周祈《名義考》卷一一《物部・冠幘》 《説文》：冠，絭也。所以絭髮。又曰：髮有巾曰幘。夏之冠曰毋追，追猶堆也。商曰章甫，漸章著也。周曰委貌，委曲有貌也。并以緇布爲之，故曰緇布冠，又曰玄冠。《輿服志》：委貌與皮弁同制，長七寸，高四寸，前高廣，後卑鋭，但皮弁以鹿皮耳。古冠制雖不可詳，今羽流束髮者，大略近之。趙惠文冠以冠如蟬翼，猶古之鷩冕。一名鵕鸃冠，一名鶡冠，謂之武弁。鵕鸃、鶡勇而有介，今勳臣籠巾插雕羽，其遺意。楚獬豸冠，以獲獬豸得名，後有鐵柱，又曰柱後，謂之法冠。今憲臣冠加獬豸於上，亦其遺意也。唐翼善冠，太宗采古制自服之。今乘輿常服亦名翼善冠，或唐制也。其他冠名尚多，制不可考。秦加武將首飾絳帕，後稍稍作顔題。漢興，續其顔，却結之，施巾連題，却覆之，名之曰幘。孝文乃高顔續爲之耳，崇其巾爲屋，文者長耳，武者短耳，若今喪冠。

清・嵇璜《續通典》卷五六《禮嘉》 冕：宋 遼 金 元 明

臣等謹案，冕制詳於唐，然唐人紀當代之事，已聞見異辭，如禮典所載，天子大裘冕廣八寸，長一尺六寸。《新唐書》載廣八寸，長一尺二寸。又禮典載諸臣二品鷩冕七旒，三品毳冕五旒，四品絺冕四旒，五品元冕三旒。《舊唐書》載二品鷩冕七旒，三品毳冕五旒，四品繡冕四旒，五品元冕同繡冕。《新唐書》載二品鷩冕八旒，三品毳冕七旒，四品絺冕六旒，五品元冕五旒。記載互異，今並誌之，以資考核。至宋以後則並無鷩冕、毳冕、絺冕、繡冕、元冕之制。

宋天子之服一曰大裘冕。【略】二曰衮冕，廣一尺二寸，長二尺四寸，前後十二旒，二纊，並貫真珠。又有翠旒十二，碧鳳銜之，在珠旒外。冕版以龍鱗錦表，上綴玉爲七星，旁施琥珀瓶、犀瓶各二十四，周綴金絲網，鈿以真珠、雜寶玉，加紫雲白鶴錦裏。四柱飾以七寶，紅綾裏。金飾玉簪導，紅絲條組帶。亦謂之平天冠。【略】皇太子亦有衮冕，青羅表，緋羅紅綾裏。塗金銀鈒花飾，犀簪導，紅絲組。前後白珠九旒，二纊，貫水精珠。【略】其諸臣則九旒冕，塗金銀花額，犀、玳瑁簪導。親王、中書門下祭祀服之。無額花者，三公奉祀服之。七旒冕，犀角簪導，九卿奉祀服之。五旒冕，四品、五品爲獻官服之。平冕無旒，太祝奉禮服之。

遼制，衮冕金飾，垂白珠十二旒，以組爲纓，色如其綬，黈纊充耳，玉簪導。

金，冕制，天版長一尺六寸，廣八寸，前高八寸五分，後高九寸五分，身圍一尺八寸三分，并納言，并用青羅爲表，紅羅爲裏，周回用金稜。天版下有四柱，四面珍珠網結子，花素墜子，前後珠旒共二十四，旒各長一尺二寸。青碧線織造天河帶，長一丈二尺，濶二寸，兩頭各有真珠金碧旒三節，玉滴子節花。紅線組帶二，上有真珠金翠旒，玉滴子節花，下有金鐸子二枚。紅線欵幔帶一，黈纊二，真珠垂繫，上用金萼子二，簪窠，欵幔組帶鈿窠各二。内組帶鈿窠四，並玉鏤塵碾造。玉簪一，頂方二寸，導長一尺二寸，簪頂刻鏤塵雲龍。皇太子冕用白珠九旒，紅絲組爲纓，青纊充耳，犀簪導。

元，衮冕制以漆紗，上覆曰綖，青表朱裏，綖之四周匝以雲龍，冠之口圍縈珍珠。綖之前後旒各十二，以珍珠爲之。綖之左右繫黈纊二，繫以元紞，承以玉瑱。纊色黄，絡以珠，冠之周圍珠雲龍網結通翠柳調珠。綖上横天河帶一，左右至地。珠鈿窠網結翠柳朱絲組，組屬諸笄爲纓，絡以翠柳調珠，簪以玉爲之，横貫於冠。【略】皇太子衮冕用白珠九旒，紅絲組爲纓，青纊充耳，犀簪導。

明太祖洪武元年，學士陶安請製五冕，帝以其禮太繁，命祭天地宗廟服衮冕，餘皆不用。十六年，定衮冕之制，冕前圓後方，元表纁裏，前後各十二旒，旒五采玉十二珠，五采繅十有二就。就相去一寸，紅絲組爲纓，黈纊充耳，玉簪導。二十六年，更定衮冕十二章，冕版廣一尺二寸，長二尺四寸，冠上有覆，元表朱裏，餘如舊制。成祖永樂二年定，冕冠以皂紗爲之，上覆曰綖，桐板爲質，衣之以綺，元表朱裏，前圓後方。以玉衡維冠，玉簪冠紐，紐與冠武并繫纓處皆飾以金。綖以左右垂黈纊充耳，繫以元紘，承以白玉瑱，朱紘。世宗嘉靖八年更其制，冠以圓匡烏紗冒之，旒綴七采玉珠十二，青纊充耳，綴玉珠二。皇太子衮冕九章，冕九旒，旒九玉，金簪導，紅組纓，兩玉瑱。永樂三年定，冕冠元表朱裏，前圓後方，前後各九旒，每旒五采繅九就，貫五采玉九，赤、白、青、黄、黑相次。玉衡，金簪，元紞，垂青纊充耳，承以白玉瑱，朱紘纓。親王冕同皇太子，唯冕旒用五采。親王世子冕三采玉珠七旒。永樂三年更定，冕冠前後各八旒，每旒五采繅八就，貫三采玉珠八，赤、白、青色相次。

漆紗冠

通天冠：承天冠　金文金冠　實里薛衮冠　七寶重頂冠　珠子捲雲冠　金鳳頂漆紗冠

宋　遼　金　元　明

宋制，皇帝通天冠二十四梁，加金博山，附蟬十二，高廣各一尺，青表朱裏，首施珠翠，黑介幘，組纓翠緌，玉犀簪導。大祭祀致齋、正旦、冬至、五月朔、大朝會、大册命、親耕籍田皆服之。仁宗天聖二年，南郊禮儀使李維上言：通天冠上一字，準勅迴避。詔改承天冠。

遼制，皇帝通天冠加金博山，附蟬十二首，施珠翠，黑介幘，髮纓翠緌，玉若犀簪導。諸祭還及冬至、朔日受朝，臨軒拜王公，元會冬會冠之。

金，皇帝通天冠，於行幸、齋戒、出宫、御正殿冠之。

明，皇帝通天冠，加金博山，附蟬十二首，施珠翠，黑介幘，組纓，玉簪導。於郊廟省牲、皇太子諸王冠、婚醮戒冠之。

金文金冠，遼皇帝大祀之冠。

實里薛衮冠，遼皇帝祭祀之冠，行拜山禮則冠之。

七寶重頂冠，元皇帝之服，冬則冠之。

珠子捲雲冠，元皇帝之服，夏則冠之。

金鳳頂漆紗冠，元皇帝之服，夏則冠之。

遠遊冠：七梁額花冠　進德冠　保和冠　忠静冠

宋　遼　金　明

宋制，皇太子遠遊冠十八梁，青羅表，金塗銀鈒花飾，犀簪導，紅絲組爲纓，博山。政和中加附蟬。

遼制，皇太子遠遊冠三梁，冠加金附蟬九首，施珠翠，黑介幘，髮纓翠緌，犀簪。每於謁廟還宫、元日、冬至、朔日入朝服之。親王遠遊冠三梁，加金附蟬，黑介幘，青緌導。諸王遠遊冠三梁，黑介幘，青緌。

金，皇太子遠遊冠十八梁。金塗銀花飾，博山附蟬，紅絲組爲纓，犀簪導。

七梁額花冠，宋皇太子之服。紹興三十二年十月，禮官奏：皇子鄧、慶、恭三王遇行事服朝服，則冠七梁額花冠。

進德冠，遼皇太子服，九琪金飾。

保和冠，明制，自親王及郡王長子以上服之。其制以燕弁爲準，用九緅，去簪，與五玉後山一扇，分畫爲四。

忠静冠，明制，倣古元冠，冠匡如制，以烏紗冒之，兩山俱列於後。冠頂仍方中微起，三梁各壓以金線，邊以金緣之。鎮國將軍以下至奉國中尉及長史、審理、紀善、教授、伴讀等服之。

進賢冠： 貂蟬冠 連蟬冠 緇布冠

宋 遼 金 元 明

宋制，進賢冠五梁，塗金銀花額，犀、玳瑁簪導，立筆。

遼制，進賢冠三品以上三梁，寶瓶。五品以上二梁，金飾。九品以上一梁，無飾。

明，進賢冠無梁，爲侍儀舍人併御史臺知班、引禮執事之冠。

貂蟬冠，宋制，冠三梁，犀角簪導，諸司三品、御史臺四品、兩省五品侍祠，朝會則服之。

金，貂蟬冠加籠巾，七梁額花，貂鼠立筆，銀立筆，犀簪導，正一品服之。七梁，銀立筆，犀簪導，正二品服之。四品五梁，五品四梁，六品、七品三梁，八、九品二梁。

元，貂蟬冠加籠巾，三獻官及司徒大禮使祭服。有七梁、六梁、五梁、四梁、三梁、二梁之分，皆助奠以下諸執事官之法服。

明，貂蟬冠八梁，加籠巾，立筆五折，四柱，香草五段，前後玉蟬，爲公之冠。七梁加籠巾，立筆四折，四柱，香草四段，前後金蟬，爲侯之冠。七梁加籠巾，立筆二折，四柱，香草二段，前後玳瑁蟬，爲伯之冠。俱插雉尾。駙馬與侯不用雉尾。一品亦七梁，不用籠巾。二品六梁，三品五梁，四品四梁，五品三梁，六、七品二梁，八、九品一梁。皆爲文武官朝服。

連蟬冠，元制爲曲阜祭服。共四十有三，七梁者三，五梁者三十有六，二梁者四。

緇布冠，宋制爲冠禮初加之服。明制緇布冠亦爲冠禮初加之服。

獬豸冠： 氈冠 宋 遼 金 元

宋制，獬豸冠，御史大夫、中丞服之。冠有獬豸角，兩梁，犀角簪導。

金，獬豸冠，亦爲監察御史之服。

元，獬豸冠，惟祭社稷服之。

氈冠，遼制，臣僚之國服。金花爲飾，或加珠玉翠毛，額後垂金花，織成夾帶，中貯髮一總。或紗帽，制如烏紗帽，無簷，不擫雙耳，額前綴金花，上結紫帶，末綴珠。

翼善冠： 紗冠 金梁冠 甲騎冠 刻期冠

遼 元 明

遼制，皇帝翼善冠，朔視朝用之。

紗冠，元制，祭社稷之服。

金梁冠，元制，祭社稷之服。

甲騎冠，元制，以皮加黑漆，雌黄爲緣，儀衛之服。

刻期冠，明從宋制，爲快行親從官之服。

武弁： 皮弁 元 明

元制，武弁以皮加漆，儀衛之服。

明制，皇帝武弁服，親征、遣將則服之。其弁制上鋭，色用赤，上十二縫，中綴五采玉，落落如星狀。【略】

皮弁，明太祖洪武二十六年定，皮弁用烏紗冒之，前後各十二縫，每縫綴五采玉十二以爲飾，玉簪導，紅組纓。皇帝朔望視朝、降詔、降香、進表、四夷朝貢、外官朝覲、策士傳臚皆服之。成祖永樂三年定，皮弁如舊制，惟縫及冠武并貫簪繫纓處皆飾以金玉。其皇太子皮弁，冒以烏紗，前後各九縫，每縫綴五采玉，九縫及冠武并貫簪繫纓處皆飾以金，玉簪朱纓。親王世子皮弁，用烏紗冒之，前後各八縫，每縫三采玉八，餘制如東宫。

幘： 平巾幘 空頂幘 遼 元 明

遼制，一品以下至六品，皆冠幘，纓簪導。凡謁見東宫及餘公事服之。

平巾幘，元制，黑漆革爲之，形如進賢冠之籠巾，或以青或以白，皆儀衛之服。

空頂幘，明未冠者之服。

帽： 烏紗帽 硬帽 小帽 金錦暖帽 紅金答子煖帽 白金答子煖帽 銀鼠煖帽 白藤寶貝帽 七寶漆紗帶後簷帽 學士帽 錦帽 雨帽 遮陽帽 烏紗描金曲脚帽 烏紗小頂帽 金鵞帽

宋 遼 金 元 明

宋制，烏紗帽，天子閒居之服。

明，烏紗帽爲文武官常服。凡一品、二品帽頂帽珠用玉。三品至五品帽頂用金帽珠。除玉外隨所用。六品至九品帽頂用銀帽珠，瑪瑙、水晶、香木。

硬帽，遼制，天子小祀之服。

小帽，金制，天子常朝之服。

金錦煖帽，元制，天子冬則冠之。

紅錦荅子煖帽，元制，天子冬則冠之。

白錦荅子煖帽，元制，天子冬則冠之。

銀鼠煖帽，元制，天子冬則冠之。

白藤寶貝帽，元制，天子夏則冠之。

七寶漆紗帶後簷帽，元制，天子夏則冠之。

學士帽，元制，如唐巾兩角如匙頭下垂，儀衛之服。

錦帽，元制，以漆紗，後幅兩旁，前拱而高，中下後畫連錢錦，前額作聚文。

雨帽，明制，文官官遇雨戴雨帽，公差出外戴帽子，入城不許。

遮陽帽，明初，士人貢舉入監者許戴之。

烏紗描金曲脚帽，明制，內使之官。

烏紗小頂帽，明制，內使年十五以下者戴之。

金鵞冠，明制，校尉之冠。

巾：皂紗折上巾　紫皂幅巾　幅巾　吐鶻巾　軟角唐巾　唐巾　進士巾　四方平定巾　軟巾　四帶巾

宋　遼　金　元　明

宋制，皂紗折上巾，天子便坐視事則服之。

遼制，折上頭巾爲皇帝常服。

明，烏紗折角向上巾爲皇太子服，亦名翼善冠。親王、郡王及世子皆同。

紫皂幅巾，遼制，皇帝之公服。【略】

幅巾，遼制，皇帝田獵服之。

吐鶻巾，金制，以皂羅若紗爲之，上結方頂，折垂於後，頂之下際兩角，各綴方羅，徑二尺許。方羅之下，各附帶長六七寸，當橫額之下，或爲一縮襞積。貴顯者於方頂上循十字縫飾以珠，其中必貫以大者，謂之頂珠。帶旁各絡珠，結綏長半帶垂之。

軟角唐巾，元制，宣聖廟祭服。

唐巾，元制，如幞頭而橢其角，兩角上曲作雲頭，爲儀衛之服。

進士巾，明制，如烏紗帽頂微平，展角闊寸餘，長五寸許，系以垂帶，皂紗爲之。

四方平定巾，明太祖洪武三年令，士人戴四方平定巾。二十四年，以士子巾服無異吏胥，命工部製式以進，太祖親視，凡三異乃定，易以軟巾，貢舉入監者不變所服。

四帶巾，明初爲庶人之服。

幞頭：交角幞頭　鳳翅幞頭　控鶴幞頭　花角幞頭　皂縐紗幞頭　練省幞頭　漆紗幞頭　交脚幞頭

宋　遼　元　明

宋制，幞頭君臣之通服。初以藤織草巾子爲裏，紗爲表，而塗以漆。後惟以漆爲堅，去其藤裏。前爲一折，平施兩脚，以鐵爲之。

遼制，五品以上幞頭曰折上巾，自五品以下皆曰幞頭。

交角幞頭，元制，巾後交折其角，儀衛之服。

鳳翅幞頭，元制，如唐巾兩角上曲而作雲頭，兩旁覆以兩金鳳翅，亦儀衛之服。

控鶴幞頭，元制，如交角，金鏤其額，亦儀衛之服。

花角幞頭，元制，如控鶴幞頭，兩角及額上簇象生雜花，亦儀衛之服。

皂縐紗幞頭，長制，郡王長子常服。

練省幞頭，明制，輔國中尉之常服。

漆紗幞頭，明制，文武官公服。有二等，展角長一尺二寸。雜職官幞頭垂帶後，復令展角不用垂帶，與入流官同。

交角幞頭，明初定執仗之士首服，皆鏤金額交角幞頭。

簪戴：宋

宋制，幞頭簪花謂之簪戴。中興，郊祀、明堂禮畢回鑾，臣僚及扈從並簪花，恭謝日亦如之。大羅花以紅、黄、銀紅三色，欒枝以雜色羅，大絹花以紅、銀紅二色。羅花以賜百官，欒枝卿監以上有之，絹花以賜將校以下。太上兩宫上壽畢及聖節錫宴、進士聞喜宴並如之。

重戴：宋

重戴以皂紗爲之，方而垂簷，紫裏，兩紫纓組爲纓，垂而結之頷下，蓋折上巾又加以帽焉。【略】

鈸笠：元

元制，寶頂金鳳鈸笠，珠緣邊鈸笠，並爲皇帝之服。金鳳頂笠亦元制皇帝之服，夏服大紅、緑、藍、銀、褐、棗褐，金繡龍五色羅，則冠之各隨其服之色。

清·嵇璜《清朝通典》卷五四《禮嘉四》 皇帝冠服：皇帝冬朝冠，薰貂爲之。十一月朔至上元用黑狐，上綴朱緯，頂三層，貫東珠各一，皆承以金龍各四，飾東珠如其數。上銜大珍珠一。夏朝冠，織玉草或藤竹絲爲之，緣石青片金二層，裏用紅片金或紅紗，上綴朱緯，前綴金佛，飾東珠十五，後綴舍林，飾東珠七，頂如冬朝冠。【略】吉服冠，冬用海龍、薰貂、紫貂，惟其時。上綴朱緯頂，滿花金座，上銜大珍珠一。夏織玉草或藤竹絲爲之，紅紗綢裏，石青片金緣，上綴朱緯，頂如冬吉服冠。【略】行冠，冬以黑狐，秋以黑羊皮或青絨，均如常服冠之制。夏織藤竹絲爲之，紅紗裏，緣如其色，上綴雨纓，頂及梁皆黃色，前綴珍珠一。

又 皇子冠服：皇子朝冠，冬用薰貂、青狐，惟其時。上綴朱緯，頂金龍二層，飾東珠十，上銜紅寶石。夏織玉草或藤竹絲爲之，緣石青片金二層，裏用紅片金或紅紗，上綴朱緯，前綴舍林，飾東珠五，後綴金花，飾東珠四，頂如冬朝冠。【略】吉服冠，紅絨結頂。蟒袍色用金黃，版飾惟宜佩綠如帶色。雨冠、雨衣、雨裳均用紅色，氊及羽紗、油綢，惟其時。雨冠頂平而前簷敞，用藍布帶。

又 親王以下冠服：親王朝冠與皇子同。【略】吉服冠，頂用紅寶石，若賜紅絨結頂者，亦得用之。餘皆如皇子。親王世子朝冠，頂金龍二層，飾東珠九，上銜紅寶石。【略】郡王朝冠，頂金龍二層，飾東珠八，上銜紅寶石。夏朝冠，前綴舍林，飾東珠四，後綴金花，飾東珠三。【略】貝勒朝冠，頂金龍二層，飾東珠七，上銜紅寶石。夏朝冠，前綴舍林，飾東珠三，後綴金花，飾東珠二。【略】貝子朝冠，頂金龍二層，飾東珠六，上銜紅寶石。夏朝冠，前綴舍林，飾東珠二，後綴金花，飾東珠一。吉服冠，頂用紅寶石，皆戴三眼孔雀翎。【略】鎮國公朝冠，頂金龍二層，飾東珠五，上銜紅寶石。夏朝冠，前綴舍林，飾東珠一，後綴金花，飾綠松石一。吉服冠，頂，入八分公，用紅寶石，未入八分公，用珊瑚，戴雙眼孔雀翎。【略】輔國公朝冠，頂金龍二層，飾東珠四，上銜紅寶石，餘如鎮國公。鎮國將軍朝冠，頂鏤花金座，中飾東珠一，上銜紅寶石。補服前後繡麒麟。吉服冠頂用珊瑚，餘皆視一品。輔國將軍朝冠，頂鏤花金座，中飾小紅寶石一，上銜鏤花珊瑚。補服前後繡獅。吉服冠頂用鏤花珊瑚，餘皆視二品。奉國將軍朝冠，頂鏤花金座，中飾小紅寶石一，上銜藍寶石。補服前後繡豹。吉服冠頂用藍寶石，餘皆視三品。奉恩將軍朝冠，頂鏤花金座，中飾小藍寶石一，上銜青金石，補服前後繡虎。惟衣裾四啟帶用金黃色，凡宗室皆如之。覺羅帶用紅色，自親王以下冬行冠如冬吉服冠之制。氊貂各惟其時，翎頂各隨其所得用。夏行冠織玉草或藤絲爲之，上綴雨纓。

又 固倫額駙以下冠服：固倫額駙冠服視貝子，吉服冠頂用珊瑚，乾隆五十二年遵旨，照固倫額駙色布騰巴爾珠爾之例，戴紅寶石帽頂。戴三眼孔雀翎。【略】和碩額駙冠服視鎮國公，吉服冠頂用珊瑚，戴雙眼孔雀翎。

又 民公以下凡品官冠服：民公朝冠冬用薰貂，十一月朔至上元用青狐文武一品以上同。頂鏤花金座，中飾東珠四，上銜紅寶石。【略】吉服冠頂用珊瑚。【略】侯朝冠，頂鏤花金座，中飾東珠三，上銜紅寶石。【略】伯朝冠，頂鏤花金座，中飾東珠二，上銜紅寶石。【略】子朝冠，頂鏤花金座，中飾東珠一，上銜紅寶石。補服前後繡麒麟，吉服冠頂用珊瑚。餘皆視一品。男朝冠，頂鏤花金座，中飾小紅寶石一，上銜鏤花珊瑚。補服前後繡獅，吉服冠頂用鏤花珊瑚，餘皆視二品。文一品朝冠，頂鏤花金座，中飾東珠一，上銜紅寶石。【略】餘皆如公。武一品補服前後繡麒麟，餘皆如文一品。文二品朝冠冬用薰貂，十一月朔至上元用貂尾。文三品以上同。頂鏤花金座，中飾小紅寶石一，上銜鏤花珊瑚。【略】吉服冠頂用鏤花珊瑚，餘如文一品。武二品補服前後繡獅，餘皆如文二品。文三品朝冠，頂鏤花金座，中飾小紅寶石一，上銜藍寶石。【略】吉服冠頂用藍寶石，餘皆如文二品。武三品朝冠，冬惟用薰貂。文四品以下同。【略】文四品朝冠，頂鏤花金座，中飾藍寶石一，上銜青金石。【略】吉服冠頂用青金石。【略】武四品補服前後繡虎，餘皆如文四品。【略】文五品朝冠，頂鏤花金座，中飾小藍寶石一，上銜水晶。【略】吉服冠頂用水晶，餘皆如文四品。武五品補服前後繡熊，餘皆如文五品。【略】文六品朝冠，頂鏤花金座，中飾小藍寶石一，上銜硨磲。【略】吉服冠頂用硨磲，餘皆如文五品，惟無朝珠。武六品補服前後繡彪，餘皆如文六品。【略】文七品朝冠，頂鏤花金座，中飾小水晶一，上銜素金。【略】吉服冠頂用素金。【略】餘皆如文七品。武七品補服如武六品，餘皆如文七品。

文八品朝冠，頂鏤花金座，上銜花金。【略】吉服冠鏤花金頂，餘皆如文七品。武八品補服前後繡犀牛，餘皆如文八品。文九品官朝冠，頂鏤花金座，上銜花銀。【略】吉服冠鏤花銀頂，餘皆如文八品。武九品補服前後繡海馬，餘皆如文九品。未入流冠服制如文九品。

凡雨冠，民公侯伯子男，一二三品文武官，御前侍衛，乾清門侍衛，尚書房翰林，南書房翰林，奏事處、批本處、軍機處行走人員，皆用紅色。四五六品文武官，雨冠中用紅色，緣用青色。七八九品文武官凡有頂人員，雨冠中用青色，緣用紅色。凡緣皆前二寸五分，後五寸。軍民雨冠用青色。

又　士庶冠服：會試中式貢士朝冠，頂鏤花金座，上銜金三枝九葉。吉服冠，頂用素金。舉人公服冠，頂鏤花銀座，上銜金雀。【略】吉服冠，頂銀座，上銜素金。貢生吉服冠，鏤花金頂，餘皆如舉人。監生吉服冠，素銀頂，餘皆如貢生。生員公服冠，頂鏤花銀座，上銜銀雀。【略】吉服冠頂如監生。外郎耆老冠頂以錫。【略】祭祀文舞生冬冠，騷鼠爲之，頂鏤花銅座，中飾方銅鏤葵花，上銜銅三角，如火珠形。【略】武舞生頂上銜銅三稜，如古戟形。【略】樂部樂生冠頂鏤花銅座，上植明黄翎。【略】鹵簿輿士冬冠，以豹皮及黑氊爲之，頂鏤花銅座，上植明黄翎。【略】鹵簿校尉冬冠，平簷頂，素銅，上植明黄翎。

清·嵇璜《續通志》卷一二三《器服略》　君臣冠冕巾幘等制度：

【略】宋制，天子不備六冕，有大裘冕，冬至祀昊天上帝，立冬祀黑帝，立冬後祀神州地祇服之。高宗紹興後，加十有二旒，廣八寸，長一尺六寸，前圜後方，前低寸二分，元表朱裏，以繒爲之，玉笄，玉瑱。衮冕廣一尺二寸，長二尺四寸，十有二旒，二纊，並貫真珠。又有翠旒十二，碧鳳啣之，在珠旒外，金飾玉簪導。祭天地、宗廟，朝太清宫，饗玉清昭應宫、景靈宫，受册尊號，元日受朝，册皇太子則服之。皇太子衮冕九旒，犀簪導。其臣下正一品九旒冕，犀簪。二品七旒冕，角簪。三品五旒冕。後又改爲鷩冕八旒，毳冕六旒，絺冕四旒，元冕無旒。

遼制，天子衮冕垂白珠，十有二旒，以組爲纓，色如其綬，黈纊充耳，金飾，玉簪導。祭祀宗廟，遣上將出征，飲至，踐阼，加元服，納后，若元日受朝則服之。

金制，天子衮冕廣八寸，長一尺六寸，青羅爲表，紅羅爲裏，前後珠旒共二十四，黈纊二，玉簪導。皇太子衮冕，白珠九旒，紅絲組爲纓，青纊充耳，犀簪導。

元制，天子衮冕廣八寸，長一尺六寸，前後珍珠旒各十二，黈纊二，朱絲組爲纓，玉簪導。皇太子衮冕，白玉九旒，紅絲組爲纓，青纊充耳，犀簪導。

明太祖洪武十六年定衮冕之制，玄表纁裏，前後各十有二旒，紅絲組爲纓，黈纊充耳，玉簪導。祭天地宗廟服之。皇太子衮冕九旒，紅組纓，金簪導，陪祀天地、社稷、宗廟及大朝會，受册、納妃則服之。親王衮冕九旒，助祭、謁廟、朝賀、受册、納妃服之。

通天冠。宋制，天子通天冠，仁宗天聖中改緑承天冠，二十四梁加金博山，附蟬十二，高廣各一尺，青表朱裏，首施朱翠，黑介幘，組纓翠緌，玉、犀簪導。凡四孟朝獻景靈宫，郊祀明堂，詣宫宿廟，進胙上壽兩宫及端門肆赦並服之。遼與宋同，金亦如之，元不置，明亦與宋制同。

遠遊冠。宋制，皇太子遠遊冠十八梁，青羅表，金塗銀鈒花飾，犀簪導，紅絲組爲纓，加博山附蟬，受册、謁廟、朝會則服之。遼皇太子遠遊冠三梁，加金附蟬，施珠翠，黑介幘，髮纓翠緌，犀簪導，謁廟還宫，元日、冬至、朔日入朝服之。親王及諸王則青緌。金皇太子遠遊冠十八梁，金塗銀花飾，博山附蟬，紅絲爲纓，犀簪導。

進賢冠。宋制，諸臣唯一二品服進賢冠，五梁，塗金銀花額，犀、玳瑁簪導，立筆。遼制，三品以上進賢冠三梁，寶飾。五品以上二梁，金飾。九品以上一梁，無飾。

貂蟬冠。宋制，貂蟬冠三梁，犀角簪導，諸司三品，御史臺四品，兩省五品服。元制亦同，唯助祭則服之。

獬豸冠。宋制，官爲御史則官有獬豸角兩梁，犀角簪導。金與宋同，元制亦同，唯助祭則服之。

翼善冠。遼制，皇帝翼善冠，朔視朝服之。明制，皇帝及皇太子常服用烏紗折上巾，亦名翼善冠。

金文金冠。遼皇帝國服，大祀服之。

實魯衮冠。遼皇帝國服。

進德冠。遼制，九琪，金飾，皇太子服之。

氈冠。遼制，金花爲飾，或加珠玉翠毛，額後垂金花，織成夾帶中貯髮一總。

紗冠。遼制，如烏紗帽，無簷，不厭雙耳，額前綴金花，上結紫帶，末綴珠。

七寶重頂冠。元制，天子冬服。

珠子捲雲冠。元制，天子夏服。

金鳳頂漆紗冠。元制，天子夏服。

忠靜冠。明世宗嘉靖七年，制品官之服，倣古元端，冠匡如制，以烏紗冒之，兩山俱列於後，冠頂仍方，中微起，三梁各壓以金線，邊以金緣之。

保和冠。明嘉靖七年賜諸王以下服。

折上巾。宋因唐制，爲天子常服，皇太子亦服之。遼皇帝及臣下亦有之。明初翼善冠亦名折上巾。

紫皂幅巾。遼皇帝國服。

四帶巾。金國服。以皂羅或紗爲之，上結方頂，折垂於後，頂之下際，兩角各綴方羅徑二寸許，方羅之下，各附帶長六七寸，當横額之上。

貂蟬籠巾。宋，臣下朝服。貂蟬籠巾七梁，貂鼠尾，立筆。金，臣下朝服。一品貂蟬籠巾七梁額花冠，貂鼠立筆，犀簪導。二品七梁冠，銀立筆，犀簪導。三品、四品五梁冠，銀立筆。五品四梁冠，六品、七品三梁冠。元，籠巾貂蟬冠爲司徒大禮使祭服。明制，公冠八梁加籠巾貂蟬，立筆五折。侯七梁，立筆四折，伯立筆二折。

幞頭。唐制，君臣通服。製以藤、織、革，巾子爲裏，紗爲表。常服則脚上曲，人臣下垂。宋制，君臣通服平脚，乘輿或服上曲。遼制，臣僚常服用幞頭。元亦爲百官常服。其交角幞頭，巾後交折其角。鳳翅幞頭式如唐巾，兩角上曲作雲頭，兩旁覆以兩金鳳翅。控鶴幞頭，制如交角，金縷其額。花角幞頭，額上簇象生花，皆儀衛之服。明制，唯樂舞生服幞頭。

皮弁。明制，皇帝視朝、降詔、降香、進表、四夷朝貢、外官朝覲、策士傳臚皆服之。其制用烏紗冒之，前後各十二縫，每縫綴五采玉十二以爲飾。玉簪導，紅組纓。皇太子皮弁，前後各九縫，每縫綴五采玉九，金簪，朱纓。親王皮弁如東宮。親王世子皮弁各八縫，每綴三采玉八。郡王皮弁各七縫，每縫綴三采玉七。

武弁。明制，皇帝親征、遣將服之。冒以絳紗，上鋭。

燕弁。明嘉靖中制，皇帝常服。制如皮弁，冒以烏紗，分十有二瓣，各以金線壓之，前飾五采玉雲各一，後列四山。

臣等謹按《周禮》有弁師之官，司服亦掌韋弁，弁之制最爲近古。考之史志及會要、會典諸書，唐以後無聞焉。唯明制有之，謹臚備於右云。

帽。宋爲帽子，寧宗時爲皇帝後殿早講之服。遼國服有硬帽，皇帝小祀之服。元制天子冬服有金錦暖帽，紅金苔子暖帽，銀鼠暖帽。夏之服則有白藤寶貝帽，黄雅庫特寶貝珠子帶後簷帽，七寶漆紗帶後簷帽。儀衛之服有學士帽，制如唐巾，兩角如匙頭下垂。錦帽，制以漆紗，後幅兩旁，前拱而高，中下，後畫連前巾，前額作聚文。明制，自郡王長子以下至羣臣常服皆用烏紗帽，內使冠服用烏紗描金曲脚帽，侍儀舍人服用烏紗唐帽，校尉用金鵞羽帽。

簪戴。宋制，幞頭簪花謂之簪戴。中興郊祀明堂畢回鑾，臣僚及扈從並簪花，恭謝日亦如之。遇慶典及錫宴，新進士聞喜宴並如之。

重戴。宋制以皂羅爲之，方而垂簷，紫裏，兩紫絲組爲纓，蓋折上巾又加以帽。宋初御史臺服之，新進士亦戴。釋褐則否。

鈸笠。元制，天子夏服，有寶頂金鳳鈸笠，珠緣邊鈸笠，金鳳頂笠。

清・閻鎮珩《六典通考》卷一三四《禮器考・服冕》 馬端臨曰：秦出自西戎，不習禮文，是今而非古，尊己而卑人。故滅六國後獲其君之冠，以賜侍人，獲其君之車，以爲副車。烏能參考損益，復先王車旗衣服之制。漢初用事者，椎朴少文，不過盡遵秦規而已。【略】

後漢以來，天子冕旒用真白玉珠，明帝好婦人之飾，改以珊瑚珠。

晉，郊禮天地明堂宗廟，元會臨軒，介幘，通天冠，平冕。冕，皂表朱緑裏，廣七寸，長一尺二寸，加于通天冠上。前圓後方，垂白玉珠十有二旒，以朱組爲纓，無綏。【略】

齊制平天冠服，郊廟、臨朝服之。舊袞服用織成，建武中以織太重，以采畫爲之，如金飾銀薄，時亦謂爲天衣。【略】

梁衣畫而裳繡，十二章，素帶朱裏。【略】徐陵等言：後漢冕旒用白玉珠，晉過江用珊瑚雜珠，飾以翡翠。侍中顧和奏用白璇，蕭驕子云白璇，蚌珠是也。帝曰：天下初定，務從節儉。應用繡織成者可彩畫，金色宜塗，珠玉之飾任用蚌也。【略】

後周司服掌皇帝十二服，祀昊天上帝蒼衣蒼冕，祀東方上帝及朝日青衣青冕，祀南方上帝朱衣朱冕，祭皇地祇、祀中央上帝黄衣黄冕，祀西方上帝及夕月素衣素冕，祀北方上帝、祭神州社稷玄衣玄冕。【略】

隋高祖將改周制。詔曰郊丘廟社可依袞冕之儀。【略】

唐制，天子之服十四。大裘冕者，祀天地之服也。廣八寸，長一尺二寸，以板爲之。黑裘纁裏，無旒，金飾玉簪導。組帶爲纓，色如其綬，黈纊充耳。【略】

宋，大裘之制，《開寶通禮》：皇帝服衮冕出赴行宮，祀日服衮冕，至大次質明，改服大裘而冕出次。《元豐儀注》：車駕赴青城，服青冠，絳紗袍。祀之日服韠袍，至大次服衮冕。【略】

遼以祭山爲大禮，皇帝服金文金冠，白綾袍，紅帶，縣魚。三山紅垂，飾犀玉刀錯，絡縫烏靴。小祀皇帝硬帽，紅緙絲龜文袍，朝服實魯衮。【略】

金，冕制，天板長一尺六寸，廣八寸，前高八寸五分，後高九寸五分，身圍一尺八寸三分。并納言，表用青羅，紅羅爲裏，週迴用金稜。天板下有四柱四面，珍珠網結子，花素墜子，前後珠旒共二十四，旒各長一尺二寸。【略】

元，衮冕以漆紗，上覆曰綖，青表朱裏，四周匝以雲龍，冠之口圍，縈以珍珠，前後旒各十二，珍珠爲之。綖左右黈纊二，繫以元紞，承以玉瑱。纊色黄，絡以珠。冠之周圍珠雲網結通翠柳調珠，綖上黄天河帶，左右至地，珠鈿窠網結翠柳朱絲組二，屬諸笄爲纓，絡以翠柳調珠，簪以玉横貫於冠。【略】

明，冕制，前圓後方，元表纁裏，前後各十二旒，旒五采玉十二珠，五采繅十有二就，就相去一寸，紅絲組爲纓，黈纊充耳，玉簪導。

紀事

《後漢書》卷四〇《輿服志下》 安帝立皇太子，太子謁高祖廟、世祖廟，門大夫從，冠兩梁進賢，洗馬冠高山。罷廟，侍御史任方奏請非乘從時，皆冠一梁，不宜以爲常服。事下有司。尚書陳忠奏：門大夫職如諫大夫，洗馬職如謁者，故皆服其服，先帝之舊也。方言可寢。奏可。謁者，古者一名洗馬。《古今注》曰：建武十三年，初令令長皆小冠。《獨斷》曰：公卿侍中尚書衣皂而朝者曰朝臣。諸營校尉將大夫以下，不爲朝臣。

唐・杜佑《通典》卷五七《禮十七》 冕：龍朔二年九月，司禮少常伯孫茂道奏稱：准令諸臣九章服，君臣服冕，章數雖殊，飾龍名衮，尊卑相亂。今請諸臣九章衣以雲及麟代龍，昇山爲上，仍改冕名。當時紛議不定。至儀鳳二年十一月，太常博士蘇知機上言曰：前龍朔中，孫茂道奏請諸臣九章服，當時竟未施行。今請制大明冕十二章，乘輿服之，加日、月、星辰、龍、虎、山、火、麟、鳳、玄龜、雲、水等象。鷩冕八章，三公服之。毳冕六章，三品服之。繡冕四章，五品服之。詔下有司詳議，崇文館學士楊炯奏曰：謹按《虞書》：予欲觀古人之象，日、月、星辰、山、龍、華蟲作繪，宗彝、藻、火粉、米、黼、黻絺繡。由此言之，則其所從來者尚矣。逮及有周，乃以日月星辰爲旌旗之飾，又登龍於山，登火於宗彝，於是制衮冕以祀先王也。九章者，法陽數也。以龍爲首章者，衮者卷也，龍德神異，應變潛見，表聖王深沈遠智，卷舒神化也。又制鷩冕以祭先公也。鷩者雉也，有耿介之志，表公有賢才，能守耿介之節也。夫以周公之多才也，故化定制禮，功成作樂。夫以孔宣之將聖也，故行夏之時，服周之冕。先王以法服，乃此之自出也。天下之能事，於是乎畢矣。今蘇知機請制大明冕十二章乘輿服之者，謹按，日月星辰者，已施於旌旗矣。龍虎山火者，又不踰於古矣。而云麟鳳有四靈之名，玄龜有負圖之應，雲有紀官之號，水有盛德之祥，此蓋别表休徵，終是無餘比象。然則皇王受命，天地興符，仰觀則璧合珠連，俯察則銀黄玉紫，此固不可畢陳於法服也。若夫禮唯從俗，則命爲制，令爲詔，乃秦皇之故事，猶可以適於今矣。若夫義取隨時，則出稱警，入稱蹕，乃漢國之舊儀，猶可以行於代矣。亦何取於變周公之軌物，改尼父之法度者哉。由是竟寢知機所請。

雜録

明・張萱《疑耀》卷四《帝王簪珠翠》 今制冕旒皆綴以珠寶，獨不用翠。福府畢姻，余見王簪翠花兩枝，此婦人之飾也，頗以爲疑。及詢諸內侍，皆云朝廷嘗簪之，此亦有所倣魏明帝好婦人之飾，冕旒改珊瑚珠。晉元帝嘗以翡翠飾冕，帝王服飾乃爾。

圖表

明・王圻《三才圖會・衣服》卷一

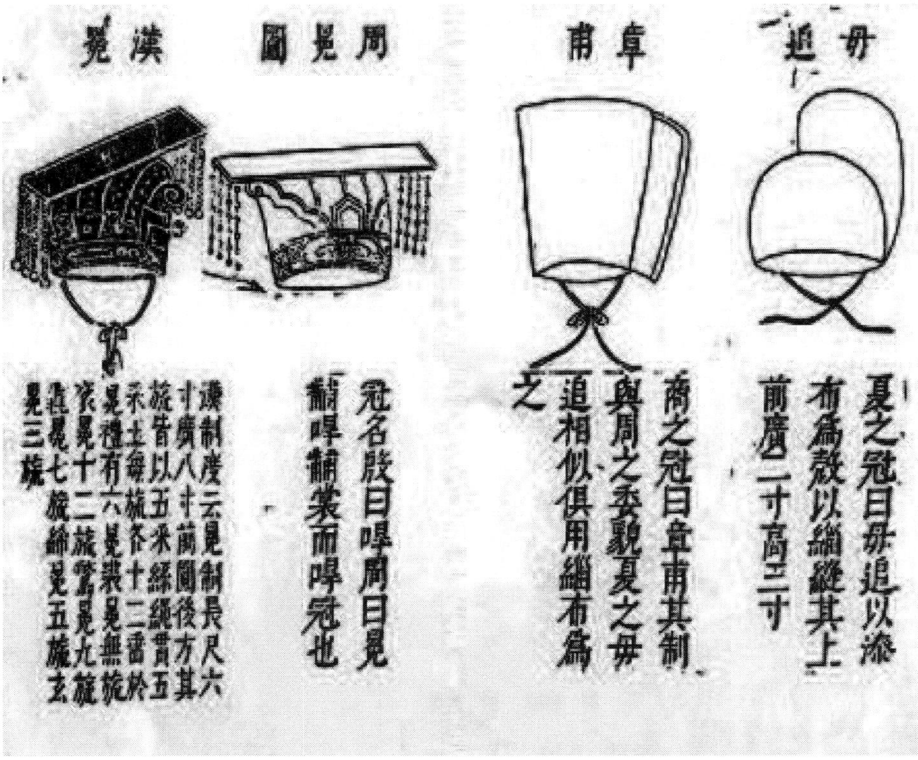

毋追

夏之冠曰毋追以漆布為殼以緇縫其上前廣二寸高三寸

章甫

商之冠曰章甫其制與周之委貌夏之毋追相似俱用緇布為之

周冕圖

冠名殷曰冔周曰冕黼冔黼裳而冔冠也

漢冕

漢制度云冕制長尺六寸廣八寸前圓後方其旒皆以五采繅貫五采玉每旒各十二番於冕禮有六冕裘冕無旒袞冕十二旒鷩冕九旒毳冕七旒絺冕五旒玄冕三旒

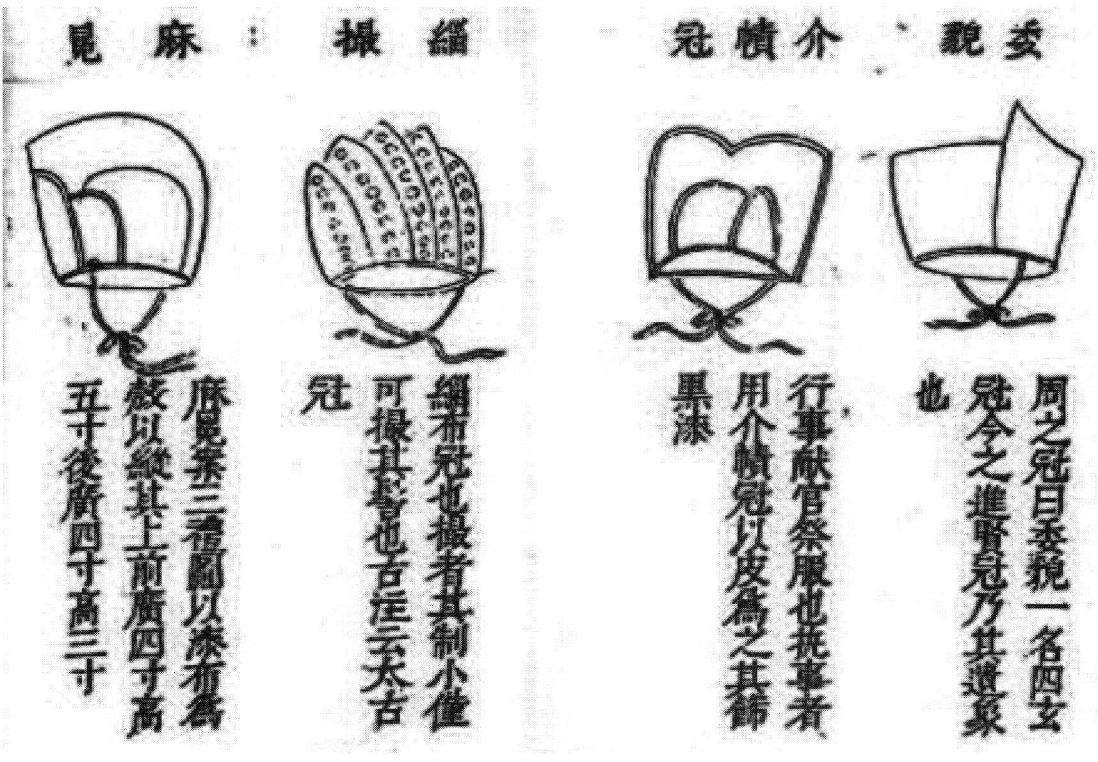

委貌

周之冠曰委貌一名四玄冠今之進賢冠乃其遺象也

介幘冠

行事献官祭服也執事者用介幘冠以皮為之其飾黑漆

緇撮

緇布冠也撮者其制小僅可撮其髻也古注云太古冠

麻冕

麻冕朱三禮圖以漆布為殼以纓其上前廣四寸高五寸後廣四寸高三寸

綦弁

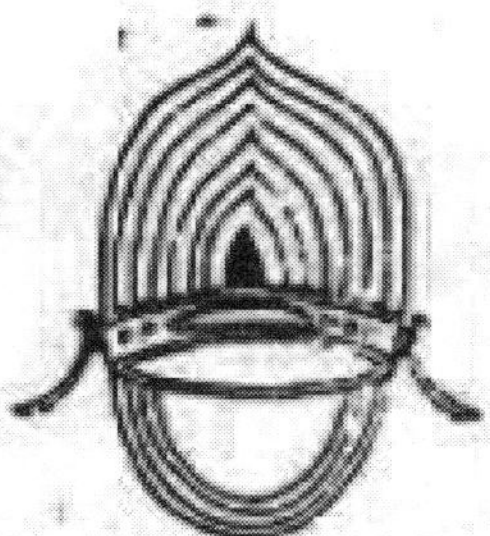

綦弁孔傳綦文鹿子皮弁士冠禮注云皮弁以白鹿皮爲之弁師云王之皮弁會五采玉璂象邸玉笄注云會縫中也璂讀爲綦綦結也邸謂下柢象正義圖云弁縫十二賈疏引詩會弁如星謂於弁十二縫中結五采玉落落而處狀似星也

皮弁

爵弁

古者冠禮初加緇布冠欲其尚質次加皮弁欲其行三王之德是益尊也三加爵弁欲其行敬事神明是彌尊也

雀弁

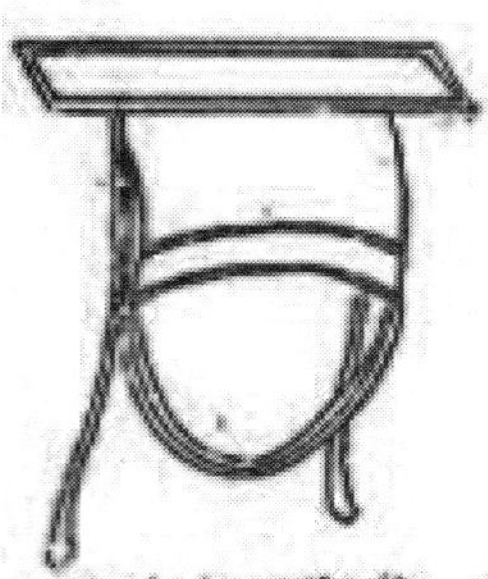

雀弁唐孔氏云韋弁也鄭云冕之次也其色赤而微黑如爵頭然用三十升布爲之亦長尺六寸廣八寸前圓後方無旒而前後平

臺笠

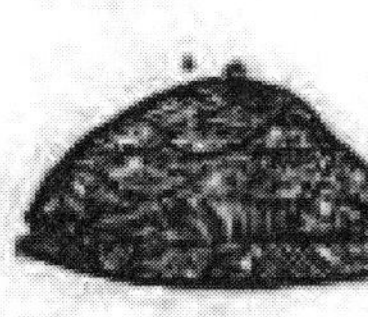

臺夫須也即莎草也古注謂以夫須皮爲笠所以禦暑禦雨

皮冠

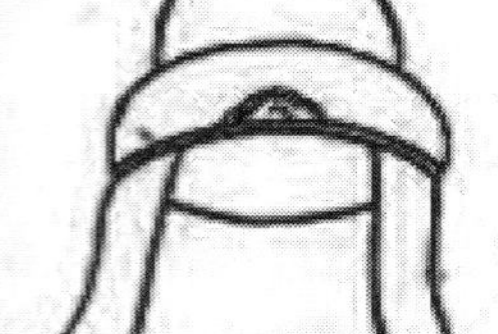

招田獵的虞人之皮冠以其所有事也

緇冠舊圖

按家禮緇冠下註武高寸許上爲五梁跨頂前後下著于武屈其兩端各半寸自外向內武之兩旁半寸之上竅以受笄則是梁之兩頭各蓋武上而又屈其末于武內也今考舊圖者乃加梁於武之上際武之前而又鍼形如俗所謂條環者又于武兩旁各增一片以受笄不知作圖者何所據也

緇冠新圖

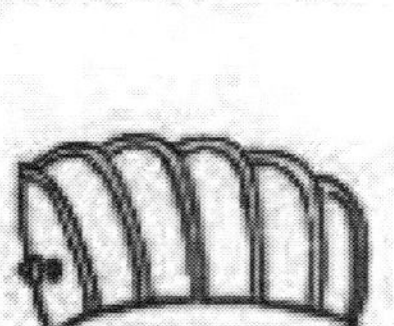

五積冠

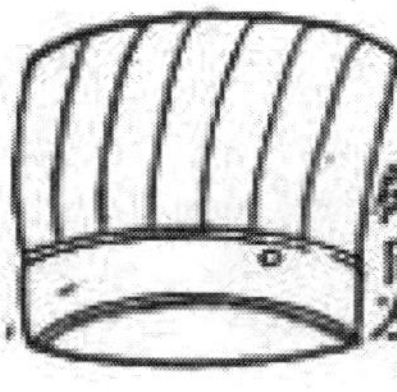

按王氏制度云緇布冠今人用烏紗漆爲之武連於冠辟積左縫璽五攝向左以象五常用時以簪横貫之

烏紗萬幅巾

晉輿服志漢末王公名士多以幅巾爲雅近世以烏紗方幅似今頭巾製之直縫其頂襞其兩端用以覆冠蓋古冠无巾今人冠小冠必加巾覆之

帷帽

唐輿服志曰帷帽創于隋代永徽中始用之施裙及頸宋士人往往用皂紗若青全幅連綴于油帽或氊笠之前以障風塵爲遠行之服蓋本此

面衣

面衣前後全用紫羅爲幅下垂雜他色爲四帶垂于背爲女子遠行乘馬之用亦曰面帽按西京雜記趙飛燕爲皇后女弟昭儀上襚三十五條有金花紫羅面衣則漢已有面衣矣

幅巾

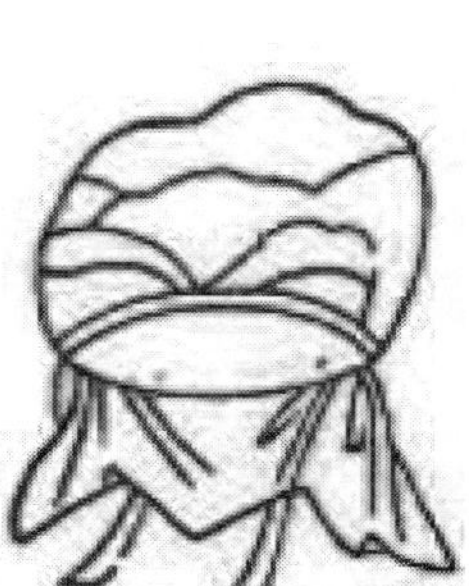

古庶人服巾士則冠矣傳子曰漢末王公多委王服以幅巾爲雅素則幅巾古賤者之服也漢末始爲士人之服

網巾

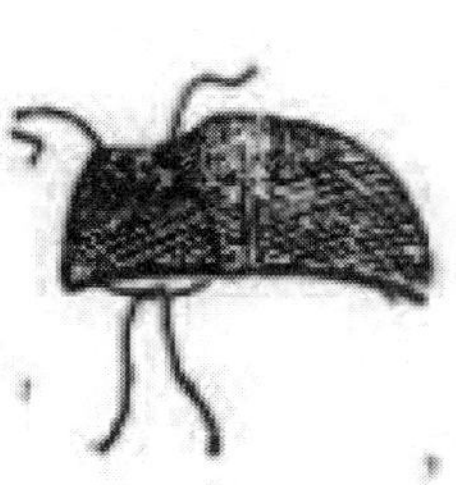

古無是制國朝初定天下改易胡風乃以絲結網以束其髮名曰網巾識者有洪武初原四方平定之語案諸萬象歸日太和識行于神樂觀見一道士結網巾名取之遂爲定制

儒巾

古者士衣逢掖之衣冠章甫之冠此今之士冠也凡舉人未第者皆服之

大帽

耆見釋官云國初高皇幸學見諸生戴烈日中因賜遊莅帽此其制也今起家科貢者則用之

諸葛巾

此名綸巾綸音關諸葛武侯嘗服綸巾執羽扇指揮軍事正此巾也因其人而名之今鮮服者

忠靖冠

有梁隨品官之大小爲多寡兩旁暨後以金線屈曲爲文此卿大夫之章非士人之服也嘉靖初更定服色遂有限制

沿五巾

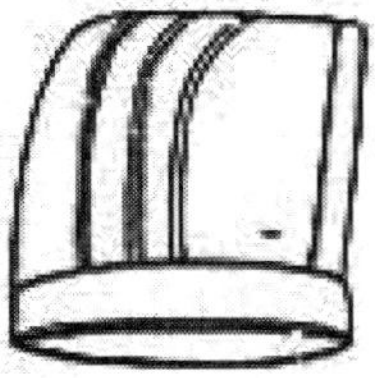

有三梁其制類古五積巾俗名縉紳冠其實非也士人嘗服之

雲巾

有梁左右及後用金線或素線屈曲爲雲狀制頗類忠靖冠士人多服之

方巾

此即古所謂角巾也制同雲巾特少雲文相傳國初服此取四方平定之意

東坡巾

巾有四墻墻外有重墻比內墻少殺前後左右各以角相向著之則角介在兩眉間以老坡所服故名嘗見其畫像至今冠服猶爾

唐巾

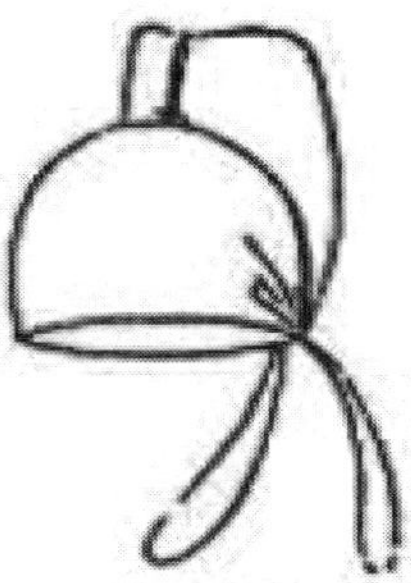

其制類古毋追嘗見唐人畫像帝王多冠此則固非士大夫服也今率爲士人服矣

漢巾

漢時衣服多從古制未有此巾疑厭常喜新者之所爲假以漢名耳

四周巾

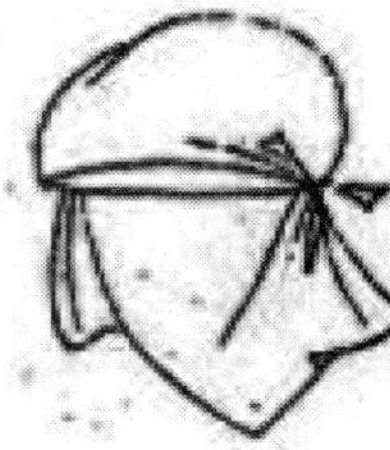

以幅帛爲之，後廣各二尺，有餘用之裹頭，大都燕居之飾，縉紳雜用，非士服也

純陽巾

一名樂天巾，頗類漢唐二巾，頂有寸帛襞積如竹簡，垂之於後，曰純陽者以仙名，而樂天則以人名也

老人巾

嘗見稗官云：國初始進巾樣，高皇以手按之使後，曰：如此却好。遂依樣爲之。今其制方頂，前仰後俯，惟耆老服之，故名老人巾

帽子

帽者冒也，用帛六瓣縫成之，其制類古皮弁，特縫間少玉飾耳，此爲齊民之服

將巾

結巾

以尺帛裹頭，又綴片帛於後，其末下垂，俗又謂之紥巾。結巾制頗相類

鳳翅盔

蝦鬚盔

盔即胄之屬，左右有珥似翅，故曰鳳翅，所謂蝦鬚，不知其義，嘗見繪圖有之，疑出於俗工之粧飾耳

又卷二《國朝冠服》

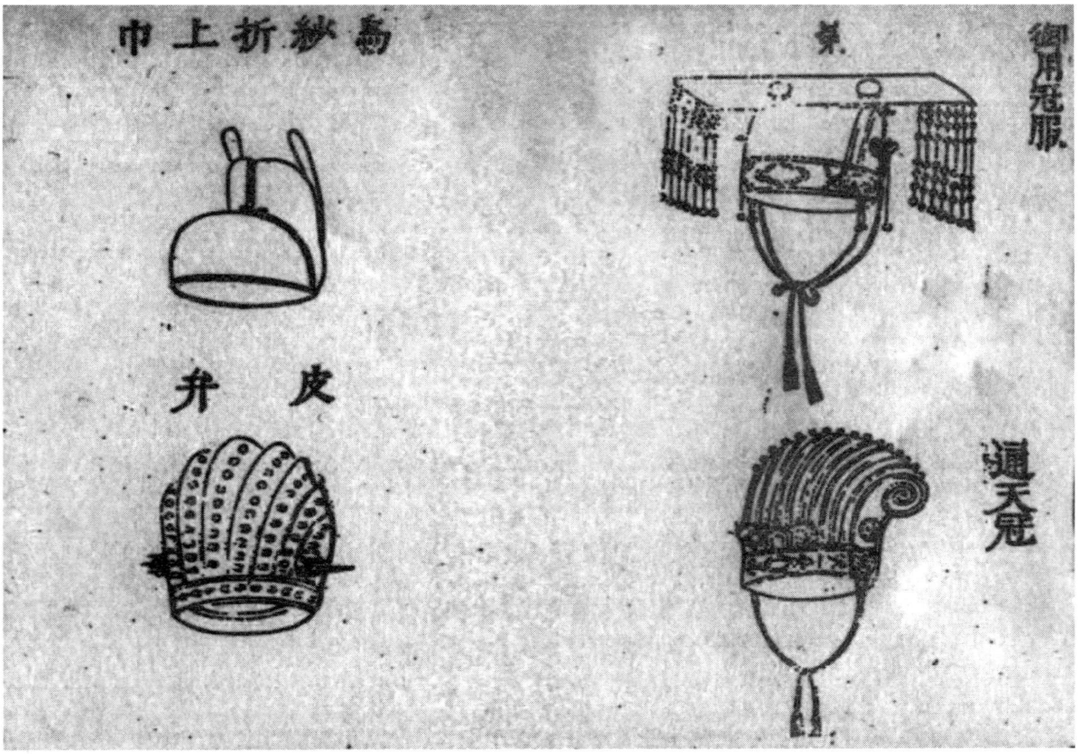

后妃命婦服飾

論説

元·馬端臨《文獻通考》卷一一四《王禮考九》 后妃命婦以下首飾服章制度：《周官》追師掌王后之首服，爲副編次，追衡笄，爲九嬪及外内命婦之首服，以待祭祀賓客。【略】鄭必知三翟之首服副，鞠衣、展衣首服編，褖衣首服次者。王之祭服有六，首服皆冕，則后之祭服有三，首服皆副可知。

陳氏《禮書》曰：副者，翟之配，以配褘翟，則《禮》所謂副褘是也。以配揄翟，則《詩》所謂副笄六珈，其之翟也是也。褖衣之配，《禮》所謂女次純衣是也。然則編爲鞠衣、展衣之配可知矣。《禮》，男子冠，婦人笄。男子免，婦人髽。婦人之飾，不過以髮與笄而已，則副之覆首若步摇，編之編髮若假紒，次之次第其髮爲髲髢云者，蓋有所傳也。《莊子》曰：秃而施髢。《詩》曰：鬒髮如雲，不屑髢也。《左傳》曰：衛莊公髡己氏之妻髮，以爲呂姜髢。《説文》曰：髲，益髮也。蓋髢所以益髮，而鬒髮者不屑焉。《詩》曰：被之僮僮。則被之不特髲髢也。《少牢》曰：主婦被錫衣移袂。則被錫者非髲髢也。鄭氏皆以爲髲髢，非是。又曰：婦人首飾，副也，編也，次也，纚笄也。觀《士昏禮》：女次純衣，姆纚笄宵衣。《特牲禮》：主婦纚笄宵衣。則副編次之下，纚笄其飾也。《楚語》：司馬子期欲以妾爲内子，訪之左史倚相，曰：吾有妾而願欲笄之，其可乎。蓋古之爲妾者不笄。《士昏禮》姆纚笄，亦攝盛也。鄭氏曰：王后之燕居，亦纚笄總而已。此不可考。

又 陳氏《禮書》曰：王之服襌而無裏，后之服裏而不襌，以陽成於奇，而陰成於偶也。崔靈恩謂王后三翟，數皆十二。王者之後，諸侯夫人，三公而下夫人，雉數如命數，於理或然。

明·周祈《名義考》卷一一《物部·六珈六服》 《詩》：副笄六珈。

疏云：祭服首飾，副之言覆，所以覆首，其遺制若今步摇。云婦人之副，可以當男子之冕。《晉志》皇后則假髻步摇。俗謂之珠松，以黄金爲山題，貫白珠，爲桂枝相繆。一爵九華，熊、虎、赤羆、辟邪、南山豐大特六獸，謂之六珈。《周禮》内司服掌王后之六服，褘衣、褕狄、闕狄、鞠衣、展衣、褖衣。褘當爲翬。褕狄讀爲摇翟，摇本作鷂。闕狄一名屈狄，言屈於二翟也。是謂三翟。唯褘言衣者爲六服之首，以衣目之也。翬其色玄，褕狄青，闕狄赤，皆刻繒爲雉形，五采兼之，綴於衣上，數皆十二。鞠衣，黄色如鞠塵，展衣白，褖衣黑。祭先王服褘衣，祭先公服褕狄，祭群小祀服闕狄，蠶則服鞠衣，以禮見王及賓客服展衣，燕見及御於王服褖衣。衣與裳其色同，舄亦如其衣之色，謂之六服。珈與服皆六，六者，陰數之中也。褖音彖。

清・嵇璜《清朝文獻通考》卷一四二《王禮考》 皇太后、皇后、妃嬪首飾服章制度：福晉以下至命婦附。臣等謹按《周禮》内司服掌王后及内外命婦之服。其别有褘衣、褕翟、鞠衣、展衣、褖衣、素沙。追師掌王后之首飾，其别有副編次追衡笄。漢制，太皇太后、皇太后、皇后入廟服紺上皂下，蠶服青上縹下，皆深衣制。而首飾則有假紒、步摇、簪珥之名。魏晉以降，首飾有鏌，有花釵，以多少爲品秩。隋制，皇后服四等，褘衣、鞠衣之外，别有青衣、朱衣。唐制，命婦之服自翟衣而外，别有禮衣，公服半袖裙襦，大袖連裳之類。宋制皇后常服有龍鳳、珠翠、霞帔。蓋歷代之制不同如此，誠以損益因乎時，毋取沿襲也。

綜述

唐・杜佑《通典》卷六二《禮二十二》 后妃命婦服章制度：周 漢 魏 晉 宋 齊 陳 北齊 後周 隋 大唐

周制，内司服掌王后之六服，褘衣、揄翟、闕翟、鞠衣、展衣、褖衣、素沙。王后之服，刻繒爲之形而采畫之，綴於衣以爲文章。褘衣，畫翬者。揄翟，畫摇者。闕翟，刻而不畫。此三者皆祭服。從王祭先王則服褘衣，祭先公則服揄翟，祭群小祀則服闕翟。今世有圭衣者，蓋三翟之遺俗。鞠衣，黄桑服也，色如麴塵，象桑葉始生。《月令》：三月，薦鞠衣於上帝，告桑事。展當爲襢。襢衣，以禮見王及賓客之服，其色白。褖衣，御於王之服，亦以燕居，其色黑。六服備於此矣。以下推次其色，則闕翟赤，揄翟青，褘衣玄。此鄭玄據五行相生爲説也。婦人尚專一，德無所兼，連衣裳不異其色。素沙者，今之白縳也。六服皆袍制，以白縳爲裏，使之張顯。今世有沙縠者，名出於此。其翟多少，各依命數。揄音摇。縳音絹。辨内外命婦之服：鞠衣、展衣、褖衣，素沙。内命婦之服：鞠衣，九嬪也。展衣，世婦也。褖衣，女御也。外命婦者，其夫孤也，則服鞠衣。其夫卿大夫也，則服展衣。其夫士也，則服褖衣。三夫人及公之妻，其闕翟以下乎。侯伯之夫人揄翟，子男之夫人亦闕翟，唯二王後褘衣也。

漢制，太皇太后、皇太后、皇后入廟服紺上皂下，蠶服青上縹下，皆深衣制，徐廣曰：即單衣也。縹音疋繞反。隱領袖緣。貴人助蠶服，純縹上下。長公主見會。自公主封君以上皆帶綬，以采組爲緄帶，各如其綬色，黄金辟邪首爲帶鐍，飾以白珠。公卿列侯、中二千石夫人入廟佐祭者，服皂絹上下；助蠶者，縹絹上下。自二千石夫人以上至皇后，皆以蠶衣爲朝服。公主、貴人、妃以上，嫁娶得服錦綺羅縠繒，采十二色，重緣袍。特進列侯以上錦繒，采十二色。六百石以上重練，采九色，禁丹紫紺。三百石以上五采，青絳黄紅緑。二百石以上四采，青黄紅緑。賈人，緗縹而已。緗，赤黄色。

魏之服制，不依古法，多以文繡。

晉依前漢制，皇后謁廟服紺上皂下，蠶青上縹下，隱領袖緣。元康六年，詔以純青服。貴人、夫人、貴嬪，是爲三夫人，皆金章紫綬。九嬪銀印青綬，佩采瓄音獨玉。助蠶之服，純縹爲上下。皇太子妃，金璽龜鈕，纁朱綬，佩瑜玉。諸王太妃、妃，諸長公主、公主、封君，金印紫綬，佩山玄玉。自公主、封君以上，皆帶綬，以采組爲緄帶，各如其綬色，金辟邪首爲帶玦。郡縣公侯太夫人、夫人，銀印青綬，水蒼玉。公特進列卿世婦、中二千石夫人入廟助祭者，皂絹上下，助蠶者，縹絹上下。自二千石夫人以上至皇后，皆以蠶衣爲朝服。

宋制，太后、皇后入廟，服袿襡上圭，下襡。大衣，謂之褘衣。公主、封君以上皆帶綬，以采組爲緄帶，各如綬色。公特進列侯夫人、卿校世婦、二千石命婦年長者，入廟佐祭，皂絹上下，助蠶則青絹上下。自皇后至二千石命婦，皆以蠶衣爲朝服。按漢劉向曰：古者天子至於士，王后至於命婦，必佩玉，尊卑各有其制。王后至命婦所佩玉，古制不存，今與外同制。

齊因之。袿襡用繡爲衣裳，黄綬。貴嬪、夫人、貴人、王太妃、長公主、封君，皆紫綬。六宮、郡公、侯夫人，青綬。

陳依前制，皇后謁廟，袿襹大衣，皂上皂下，親蠶則青上縹下，隱領袖緣。貴妃、嬪，金章龜鈕，紫綬，佩于闐玉，獸頭鞶。九嬪，金章龜鈕，青綬，獸頭鞶，佩采瓄玉。婕妤以下，銀印珪鈕，艾綬，獸頭鞶。美人等，銅印環鈕，墨綬，獸頭鞶。皇太子妃，金璽龜鈕，纁朱綬，佩瑜玉。良娣，銀印珪鈕，佩采瓄玉，青綬，獸爪鞶。寶林，佩水蒼玉，餘同。開國公侯太夫人，獸頭鞶，餘同。長公主、公主、封君，金印龜鈕，紫綬，佩山玄玉，獸頭鞶。公主、封君以上皆帶綬，以采組爲緄帶，各以其綬色，金辟邪首爲帶玦。自二千石以上至皇后，皆以蠶衣爲朝服。北齊皇后助祭、朝會以褘衣，祠郊禖以揄翟，小宴以闕翟，親蠶以鞠衣，禮見皇帝以展衣，宴居以褖衣，六服俱有蔽膝，織成緄帶。內外命婦從二品以上，金章，紫綬，服揄翟，雙佩山玄玉。九嬪視三品，銀章，青綬，鞠衣，佩水蒼玉。世婦視四品，銀印，青綬，展衣。八十一御女視五品，銅印，墨綬，褖衣。又有宮人女官服：二品闕翟，三品鞠衣，四品展衣，五品、六品褖衣，七品、八品、九品，俱青紗公服。皇太子妃璽綬佩同皇太子，服揄翟，從蠶則青紗公服。郡長公主、公主、王國太妃、妃，纁朱綬，章服佩同內命婦一品。郡長君，玄朱綬，闕翟，章佩與公主同。郡君，縣主，佩水蒼玉，餘與郡長君同。太子良娣視九嬪服。縣主青朱綬，餘與良娣同。女侍中，假金印紫綬，服鞠衣，佩水蒼玉。縣君銀章，青朱綬，除與女侍中同。太子孺子同世婦。太子家人子同御女。鄉主、鄉君，素朱綬，佩水蒼玉，餘與御女同。外命婦皆如其夫。若夫假章印綬佩，妻則不假。一品、二品服闕翟，三品服鞠衣，四品展衣，五品褖衣。內外命婦、宮人從蠶，則各依品次，皆服青紗公服。其外命婦，綬帶鞶囊，皆准其夫公服之例。百官之母詔加太夫人者，朝服公服，各與其命婦服同。

後周制，皇后之服，十有二等。其翟衣六：從皇帝祀郊禖，享先皇，朝皇太后，則服翬衣。祭陰社，朝命婦，則服揄衣。祭群小祀，受獻繭，則服鷩衣。采桑則服鳪衣。黃色。音卜。從皇帝見賓客，聽女教，則服鵫衣。白色。音罩。食命婦，歸寧，則服翐衣。玄色。音秩。俱十有二等。以翬翟爲領褾，各十有二。臨婦學及法道門，燕命婦，有時見命婦，則蒼衣。春齊及祭還，則青衣。夏齊及祭還，則朱衣。採桑齊及採桑還，則黃衣。秋齊及祭還，則素衣。冬齊及祭還，則玄衣。自青衣而下，其領褾以相生之色。

諸公夫人九服，其翟衣翟皆九等，俱以揄翟爲領褾，各九。自揄衣以下，鷩、鳪、鵫、翐、朱、黃、素、玄等衣九也。自朱衣而下，其領褾亦用相生之色。諸侯夫人，自鷩衣而下八，其翟衣翟皆八等，俱以鷩翟爲領褾，無揄衣。諸伯夫人，自鳪衣而下七，其翟衣翟皆七等，俱以鳪翟爲領褾，又無鷩衣。諸子夫人，自鵫衣而下六，其翟衣翟皆六等，俱以鵫翟爲領褾，又無鳪衣。諸男夫人，自翐衣而下五，其翟衣翟皆五等，俱以翐翟爲領褾，又無鵫衣。三妃、三公夫人之服九，鳪衣、鵫衣、翐衣、青衣、朱衣、黃衣、素衣、玄衣、綃衣。其翟亦九等，以鳪翟爲領褾，各九。三妣、三孤之內子，自鵫衣而下八，翟皆八等，以鵫翟爲領褾，各八。六嬪、六卿之內子，自翐衣而下七，翟皆七等，以翐翟爲領褾，各七。上媛、上大夫之孺人，自青衣而下六。中媛、中大夫之孺人，自朱衣而下五。下媛、下大夫之孺人，自黃衣而下四。御婉、士之婦，自素衣而下三。中宮六尚，緅子侯反。衣。諸命秩之服曰公服，其餘常服曰私衣。

隋制，皇后褘衣、鞠衣、青衣、朱衣四等。褘衣，深青質，織成領袖，文以翬翟，五采重行，十二等。素沙內單，黼領，羅縠褾襈，色皆以朱。蔽膝隨裳色，以緅爲緣，用翟三章。大帶隨衣裳，飾以朱綠之錦，青緣。革帶，青襪，舄，舄以金飾。白玉佩，玄組綬，章采尺寸同於乘輿。祭及朝會大事服之。鞠衣，黃羅爲質，織成領袖，蔽膝、革帶及舄隨衣色，餘准褘衣，親蠶服也。青服，去花、大帶及佩綬，金飾履，禮見天子則服之。朱服，如青服。有金璽，盤螭鈕，文曰皇后之璽。冬正大朝，則并璜琮，各以笥貯，進於座隅。皇太后同於后服，而貴人以下並亦給印。三妃，服揄翟，金章龜鈕，文從其職。紫綬，金縷織成獸頭鞶囊，佩于闐玉。九嬪，服闕翟，金章龜鈕，文從其職。金縷織成獸頭鞶囊，佩采瓄玉。婕妤，銀縷織成獸頭鞶囊，他如嬪服。美人、才人，鞠衣，銀印珪鈕，獸爪鞶囊，佩水蒼玉，餘同。寶林，服展衣，艾綬。鞶囊、佩玉同婕妤。承衣刀人、采女，皆褖衣，無印綬。皇太子妃，服揄翟衣，九章。金璽龜鈕。素紗內單，黼領，羅褾襈，色皆用朱，蔽膝二章。大帶，同褘衣，青綠革帶，朱襪，青舄，舄加金飾。佩瑜玉，纁朱綬，獸頭鞶囊。凡大禮見皆服之。唯侍親桑，則用鞠衣，佩綬與揄衣同。良娣，鞠衣，銀印青綬，獸爪鞶囊，餘同世婦。寶林、八子，展衣，銅印，佩水蒼玉，艾綬。諸侯王太妃、妃、長公主、公主、三公夫人、一品命婦，揄翟，繡爲九章。佩山玄玉，獸頭鞶囊，綬同夫色。公夫人、縣主、二品命婦，亦揄翟，繡八章。從親桑，同鞠衣。自此以下，佩皆水蒼玉。侯伯夫人、三品命婦，亦服揄翟，繡爲七章。子夫人、四品命婦，服闕翟，刻赤繒爲翟，綴衣上，爲六章。男夫人、五品命婦，闕翟，五章。若從親蠶，皆同鞠衣。

大唐制，武德令，皇后服有褘衣、鞠衣、鈿釵禮衣三等。皇太子妃揄翟、鞠衣。自皇后至内外命婦衣服制度，並具《開元禮》序例。

又卷一〇八《禮六十八》 皇后王妃内外命婦服及首飾制度：皇后服，首飾花十二樹，小花如大花之數，並兩博鬢也。褘衣，令云：深青織成爲之。文爲翬翟之形，素質，五色，十二等。素紗中單，令云：黼領，羅縠褾襈，皆用朱色。蔽膝，令云：隨裳色，以緅爲褾襈，皆用翟爲章，三等。大帶，令云：隨衣色，朱裏，紕其外，上以朱錦，下以緑錦，紐約用青組。青衣，革帶，青襪、舄，令云：舄加金飾。白玉雙珮，玄組雙大綬，令云：章采尺寸與乘輿同。受册、助祭、朝會諸大事則服之。

鞠衣，黄羅爲衣，其蔽膝、大帶及衣革帶舄，並隨衣色。餘與褘衣同，唯無翟。親蠶則服之。

鈿釵禮衣，十二鈿，服通用雜色，制與上同，加雙珮、小綬，去舄，加履。宴見賓客則服之。

皇太子妃服，首飾花九樹，小花如大花之數，並兩博鬢也。褕翟，青織成爲之，文褕翟之形，青質，九色，九等。素紗中單，令云：黼領，羅縠褾襈，皆同朱色。蔽膝，隨裳色，用緅爲領緣，以褕翟爲章，二等。大帶，令云：隨衣色，不朱裏，紕其外，上以朱錦，下以緑錦，紐約用青組。青衣，革帶，青襪、舄，令云：舄加金飾。瑜玉雙珮，純朱雙大綬，章綬尺寸與皇太子同也。受册、助祭、朝會諸大事則服之。

鞠衣，黄羅爲之。其蔽膝、大帶、革帶並隨衣色。餘與褕衣同，唯無翟。從蠶則服之。

鈿釵禮衣，九鈿，服通用雜色，制與上同，加雙珮、小綬，去舄，加履。宴見賓客則服之。

内外命婦服花釵，施兩博鬢，寳鈿飾。一品九樹，二品八樹，三品七樹，四品六樹，五品五樹，寳鈿准花樹。翟衣青質，羅爲之，繡爲翟。褕衣，一品翟九等，二品八等，三品七等，四品六等，五品五等，並素紗中單，令云：黼領，朱褾襈，亦通用羅縠。蔽膝，隨裳色，以緅爲領緣，加以文繡，重翟爲章，二等。一品以下同。大帶，以青衣，革帶，青襪、舄，珮，綬，内命婦受册、從蠶、朝會則服之。其外命婦及受册、從蠶、大朝會亦准此。

鈿釵一品九鈿，二品八鈿，三品七鈿，四品六鈿，五品五鈿。禮衣，通用雜色，制與上同，加雙珮、小綬，令云：去舄，加履。内命婦尋常見，外命婦朝參辭見及禮會則服之。

六尚、寳林、御女、采女及女官等服，禮衣通用雜色，制與上同，唯無首飾珮綬。七品以上有大事則服之，尋常供奉則公服。公服去中單、蔽膝、大帶也。九品以上大事及尋常供奉並公服。東宫准此。女史則半袖裙襦。

凡公主、王妃珮綬同，諸郡縣主、内命婦各准品服。外命婦各從夫及子。若不同夫及子而加邑號，亦准品。花釵，覆笄而已，並兩博鬢，任以金銀雜寳飾也。大袖連裳，青質，素紗中單，（采）［朱］褾襈也。蔽膝，隨裳色，朱爲緣帶也。大帶，紕其外，上以朱，下以緑。紐約用青組。以青衣，革帶，襪，舄，履，同裳色也。六品以下九品以上妻及九品以上女嫁則服之。

花釵，以金銀琉璃等塗飾。連裳，青質，以青衣，革帶，襪，履，同裳色也。庶人女嫁則服之。

凡百官女嫁，聽服母服廟見。本生蔭高者，准兄弟。凡王公以下及婦人服飾等級，上得兼下，下不得僭上。

五代・馬縞《中華古今注》卷中《冠子朵子扇子》 冠子者，秦始皇之制也。令三妃九嬪當暑戴芙蓉冠子，以碧羅爲之，插五色通草蘇朵子，披淺黄藂羅衫，把雲母小扇子，靸蹲鳳頭履以侍從。令宫人當暑戴黄羅髻，蟬冠子，五花朵子，披淺黄銀泥飛雲帔，把五色羅小扇子，靸金泥飛頭鞋。至隋帝於江都宫水精殿，令宫人戴通天百葉冠子，插瑟瑟鈿朵，皆垂珠翠，披紫羅帔，把半月雉尾扇子，靸瑞鳩頭履子，謂之僊飛。其後改更實繁，不可具紀。

元・馬端臨《文獻通考》卷一一四《王禮考九》 后妃命婦以下首飾服章制度：《周官》：追師掌王后之首服，爲副編次，追衡笄，爲九嬪及外内命婦之首服，以待祭祀、賓客。鄭司農云：追，冠名。副者，婦人之首飾。元謂副之言覆，所以覆首爲之飾，其遺像若今步摇矣，服之從王祭祀。編，編列髮爲之，其遺像若今假紒矣，服之以桑也。次，次第髮長短爲之，所謂髲髢，服之以見王。王后之燕居，亦纚笄總而已。追，猶治也。《詩》云：追琢其章。王后之衡笄，皆以玉爲之，惟祭祀有衡，垂於副之兩旁，當耳，其下以紞懸瑱。《詩》云『玼兮玼兮，其之翟也。鬒髮如雲，不屑髢也，玉之瑱也』是也。笄，卷髮者，內外命婦衣鞠衣、襢衣者服編，衣褖衣者服次。外內命婦非王祭祀賓客佐侯之禮，自於其家則亦降焉。《少牢饋食禮》曰『主婦纚笄宵衣』是也。《昏禮》女次純衣，攝盛服耳，主人爵弁以迎。移袂，褖衣之袂。凡諸侯夫人於其國，衣與王后同。疏曰：按《詩》有『副笄六珈』，謂以六物加於副上，未知用何物。故鄭注《詩》云：副既笄而加飾，古之制所有未聞是也。鄭必知三翟之首服副，鞠衣、展衣首服編，褖衣首服次者。王之祭服有六，首服皆冕，則后之祭服有三，首服皆副可知。

又 內司服掌王后之六服：褘衣、揄狄、闕狄、鞠衣、展衣、褖衣，素沙。

鄭司農云：褘衣，是畫衣也。《祭統》：夫人副褘，立於東房。揄狄、闕狄畫羽飾。展衣，白衣也。《喪大記》：復者朝服，君以卷，夫人以屈狄，世婦以襢衣。屈音聲與闕相似，襢與展相似，皆婦人之服。鞠衣，黃衣也。素沙，白衣也。元謂狄當爲翟。翟，雉名。伊雒而南，素質，五色皆備成章曰翬。江淮而南，青質，五色皆備成章曰搖。王后之服，刻繒爲之形而采畫之，綴於衣以爲文章。褘衣，畫翬者。揄翟，畫搖者。闕翟，刻而不畫。此三者皆祭服。從王祭先王則服褘衣，祭先公則服揄翟，祭群小祀則服闕翟。鞠衣，黃桑服也，色如鞠塵，象桑葉始生。《月令》：三月，薦鞠衣於上帝，告桑事。展衣，以禮見王及賓客之服，字當爲襢。襢之爲言亶，亶誠也。褖衣，御於王之服，亦以燕居。男子之褖衣黑，則是亦黑也。六服備於此矣。褘、揄、狄、展，聲相近，緣字之誤也。以下推次其色，則闕狄赤，揄狄青，褘衣元。婦人專尚一德無所兼，連衣裳不異其色。素沙者，今之白縳也。六服皆袍制，以白縳爲裏，使之張顯。今世有沙縠者，名出於此。疏曰：素沙，非服名，六服之外別言之者。此素沙與上六服爲裏，使之張顯。但婦人之服不殊，裳上下連，則此素沙亦上下連也。王之吉服有九，韋弁以下常服有三，與后鞠衣以下三服同。但王之祭服有六，后祭服唯三翟者，天地、山川、社稷之等，后夫人不與，故三服而已。

辨外內命婦之服，鞠衣、展衣、褖衣，素沙。內命婦之服：鞠衣，九嬪也。展衣，世婦也。褖衣，女御也。外命婦者，其夫孤也，則服鞠衣。其夫卿大夫也，則服展衣。其夫士也，則服褖衣。三夫人及公之妻，則闕狄以下乎。侯伯之夫人揄狄，子男之夫人亦闕狄，唯二王後褘衣。疏曰：內外命婦不得有六服，唯得鞠衣以下三服，亦以素沙爲裏。鄭必知九嬪以下服鞠衣以下者，但九嬪下有世婦、女御三等，鞠衣以下服亦三等，故知鞠衣以下者，九嬪也。展衣以下者，世婦也。褖衣者，女御也。

《玉藻》王后褘衣，夫人揄狄。夫人，三夫人，亦侯伯之夫人也。王者之後夫人亦褘衣。疏曰：三夫人與三公同，對王爲屈，三公執璧，與子男同。則三夫人與子男夫人同。故鄭注《司服》疑而不定，云三夫人其闕狄以下乎，爲兩解之也。云王者之後夫人亦褘衣者，以《禮記》每云君袞冕，夫人副褘，王者之後，自行正朔與天子同。故祭其先王，服上服也。若祭先公則降焉，魯祭先公則降焉。魯祭文王、周公，其夫人亦褘衣。故《明堂位》云『君袞冕立於阼階，夫人副褘立於房中』是也。君命屈狄，再命褘衣，一命襢衣，士褖衣。君，女君也。屈，《周禮》作闕，謂刻繒爲翟不畫也，此子男之夫人及其卿大夫、士之妻命婦也。褘，當爲鞠字之誤也。《禮》天子諸侯命其臣，后夫人亦命其妻以衣服，所謂夫尊於朝、妻榮於室也。疏曰：君謂女君，子男之妻也。被后所命，故云。君命屈狄者，屈，闕也。狄，亦翟也。直刻雉形，闕其彩畫，故云闕翟也。再命褘衣者，再命謂子男之卿，褘當爲鞠，謂子男之卿妻服鞠衣也。一命襢衣者，襢，展也。子男大夫一命，其妻則服展衣也。所謂士褖衣者，蓋謂子男士不命，其妻服褖衣。唯世婦命於奠繭，其他則皆從男子。奠，猶獻也。凡世婦已下，蠶事畢，獻繭，乃命之以其服。天子之后、夫人、九嬪及諸侯之夫人，夫在其位，則妻得服其服矣。疏曰：凡獻物必先奠於地，故云奠猶獻也。三夫人、九嬪，其位既尊，不須獻繭，自然得命也。世婦以下位卑，用獻繭得命，言以下則女御亦然。經唯云世婦，舉貴者。

又 屨人掌王及后之服屨，與赤舄、黑舄、赤繶、黃繶、青句、素屨、葛屨。王后吉服六，唯祭有舄，元舄爲上，褘衣之舄也。下有青舄、赤舄。鞠衣以下皆屨耳。黃繶者，王后元舄之飾。王及后之赤舄，皆黑飾。后之青舄，白飾。疏曰：天元與地黃相對爲繢次，故知王后之元舄黃飾。云王及后之赤舄皆黑飾，后之青舄白飾者，以舄皆對方以繢次爲飾，故義然也。詳見王服舄注下。辨外內命夫命婦之命屨、功屨、散屨。注見王服舄注下。《正義》曰：褘衣元舄，首飾副，從王見先王。揄狄青舄，首服副，從王見先公。闕翟赤舄，首服副，從王見群小祀。鞠衣黃屨，首服編，以告桑之服。襢衣白屨，首服編，以禮見王之服。褖衣黑屨，首服次，以御於王之服。后服六：翟三等，三舄，元、青、赤。鞠衣以下三屨，黃、白、黑。婦人質不殊裳，屨舄皆同裳色也。

漢制，太皇太后、皇太后入廟幗簪珥。珥，耳璫垂珠也。《釋名》云：簪，達也，所以達官於後也，一曰笄。笄，係也，所以拘冠使不墜。簪以玳瑁爲擿，長一尺，端爲華勝，上爲鳳皇爵，以翡翠爲毛羽，下有白珠，垂黃金鑷。左右一橫簪之以安幗。諸簪珥皆同制，其擿有等級焉。

皇后謁廟，假結，步搖，簪珥。步搖以黃金爲山題，貫白珠爲桂枝相繆，一爵九華，熊、虎、赤羆、天鹿、辟邪、南山豐大特六獸，《詩》所謂副笄六珈者。《詩傳》曰：副者，后夫人之首飾，編髮爲之。笄，衡笄也。珈，笄飾之最盛者，所以別尊卑也。鄭元曰：珈之言加也。副，既笄而加飾，如今步搖上飾，古制未聞。其南山豐大特，按《史記》：秦文公二十七年，伐南山大梓，豐大特。徐廣注云：今武都故道有怒特祠，圖大牛，上生樹木，有牛從木中出，後見於豐水中。諸爵獸皆以翡翠爲毛羽，金題，白珠璫繞以翡翠爲華云。貴人助蠶制，大手髻，黑玳瑁，又加簪珥。長公主加步摇，公主大手髻，皆有簪珥。公、卿、列侯、中二千石、二千石夫人，紺繒幗，黃金龍首銜白珠，魚須擿，長一尺，爲簪珥。太皇太后、皇太后入廟服紺上皁下，蠶服青上縹下，皆深衣制。徐廣曰：則單衣也。縹音足繞反。隱領袖緣。貴人助蠶服，純縹上下。長公主見會，自公主封君皆以上帶綬，以采組爲緄帶，各如其綬色。黃金辟邪首爲帶鐍，飾以白珠。公、卿、列侯、中二千石夫人入廟佐祭者服皁絹上下，助蠶者縹絹上下。自二千石夫人以上至皇后，皆以蠶衣爲朝服。公主、貴人、妃以上，嫁娶得服錦綺羅縠繒，采十二色，重緣袍。特進、列侯以上錦繒，采十二色。六百石以上重練，采九色，禁丹、紫、紺。三百石以上五采，青、絳、黃、紅、緑。二百石以上四采，青、黃、紅、緑。賈人緗縹而已。緗，布黃色。

魏制，貴人、夫人以下助蠶，皆大手髻，七鈿音奠蔽髻，黑玳瑁，又加簪珥。九嬪以下五鈿，世婦三鈿。諸王妃、長公主，大手髻，七鈿蔽髻。其長公主得有步摇，皆有簪珥。公、特進、列侯、卿、校世婦以下夫人，紺繒幗，黃金龍首銜白珠，魚須擿，長一尺，爲簪珥。其服制不依古法，多以文繡。

晉依前代，皇后首飾，則髻，步摇，簪珥。步摇以黃金爲山題，貫白珠爲桂枝相繆，八爵九華，熊、虎、赤羆、天鹿、辟邪、南山豐大特六獸。諸爵獸皆以翡翠爲毛羽，金題，白珠璫繞以翡翠爲花。皇后謁廟，依前漢制，服皁上縹下，隱領袖緣。元康六年，詔以純青服。助蠶之服，純縹爲上下。自公主以上皆帶綬，以采組爲緄帶，各如其綬色，金辟邪首爲帶玦。公、特進、列侯世婦，中二千石夫人入廟助祭者，皁絹上下，助蠶者緗絹上下。自二千石以上至皇后，皆以蠶衣爲朝服。

宋依漢制，太后入廟祭祀，首飾翦氂幗。皇后親蠶，首飾假髻，步摇，八爵九華，加以翡翠。復依晉法，皇后十二鈿，步摇，大手髻。公主會見三夫人，手髻，七鈿蔽髻。公夫人五鈿，世婦三鈿，其長公主得有步摇。公、特進、列侯夫人，二千石命婦年長者，紺繒幗。太后、皇后入廟服袿襡圭屬。大衣，謂之褘衣。公主會見封君以上皆帶綬，以采爲緄帶，各如綬色。公、特進、列侯夫人，卿、校世婦，二千石命婦年長者，入廟佐祭，皁絹上下。助蠶則青絹上下。自皇后至二千石命婦，皆以蠶衣爲朝服。按漢劉向曰：古者天子至於士，王后至於命婦，必佩玉，尊卑各有其制。皇后至命婦所佩玉，古制不存，今與外同制。

齊因宋制，公主會見大手髻，不易舊法。袿襡用繡爲衣裳，黃綬。貴嬪、夫人、貴人、王太妃、長公主、封君，皆紫綬。六宮郡公侯夫人，青綬。

陳因前制，皇后首飾假髻，步摇，簪珥。步摇，並如晉制。開國公侯太夫人、夫人，大手髻，七鈿蔽髻。九嬪及公夫人，五鈿。世婦三鈿。其長公主得有步摇。公、特進、列侯、卿、校、中二千石夫人，紺繒幗，黃金龍首銜白珠，魚須擿，長尺，爲簪珥。皇后謁廟袿襡大衣，皁上皁下，親蠶則青上縹下，隱領袖緣。貴妃、嬪佩于闐玉，獸頭鞶。九嬪佩采玉璸玉。自二千石以上至皇后，皆以蠶衣爲朝服。

後魏天興六年，詔有司始制冠冕，各依品秩，以示等差，然未能皆得舊法。

北齊依前制，皇后首飾假髻，步摇，十二鈿，八爵九華。內命婦以上，蔽髻，唯以鈿數花釵多少爲品秩。二品以上金玉飾，三品以下金飾。內命婦、左右昭儀、三夫人視一品，假髻，九鈿。三品五鈿蔽髻，四品三鈿，五品一鈿。又有宮人女官，第二品七鈿蔽髻，三品五鈿，四品三鈿，五品一鈿，七品大手髻，八品偏髾音稍。髻。皇太子妃，假髻，步摇，九鈿。郡長公主七鈿蔽髻。太子良娣視九嬪、女侍中五鈿。內外命婦、宮人女官從蠶，各依品次，還著蔽髻。皇后助祭、朝會以褘衣，祠郊禖以揄翟，小宴以闕翟，親蠶以鞠衣，禮見皇帝以展衣，宴居以褖衣。六服俱有蔽膝，織成緄帶。內外命婦以上、從五品以上，金章，紫綬，服揄翟，雙佩山元玉。九嬪視三品，銀章，青綬，鞠衣，佩水蒼玉。世婦視四品，銀印，青綬，展衣。八十一御女視五品，銅印，墨綬，褖衣。又有宮人女官服闕翟，三品鞠衣，四品展衣，五品、六品褖衣，七品、八品、九品青紗公服。皇太子妃，璽綬同皇太子，服揄翟，從蠶則青綬紗公服。郡長公主、王國太妃，纁朱綬，章服、佩同內命婦一品。郡長君，元朱綬，闕翟，章佩與公主同。郡君、縣公主，佩水蒼玉，餘與郡長君同。太子良娣九嬪服，縣主青朱綬，餘與良娣同。女侍中，假金印，紫綬，服鞠衣，佩水蒼玉。縣君銀蒼青朱綬，餘與女侍中同。太子孺子同世婦。太子家人同御女。鄉主、鄉君，素朱綬，佩水蒼玉，餘與御女同。外命婦皆如其夫。若夫假章印綬佩，妻則不假。一品、二品服闕翟，三品服鞠衣，四品展衣，五品褖衣。内外命婦、宫人從蠶，則各依品次，皆服青紗公服。其外命婦，綬帶鞶囊，皆准其夫公服之例。百官之母詔加太夫人者，朝服公服，各與其命婦服同。

後周制，皇后首飾，花釵十有二樹。諸侯之夫人，亦皆以命數爲之節。三妃、王公夫人以下，又各依其命，一命再命者俱以王爲節。后服十有二等，其翟衣六：從皇帝祀郊禖，享先皇，朝皇太后，則服翬衣。祭陰社，朝命婦，則服褕衣。祭群小祀，受獻繭，則服鷩衣。采桑則鳪衣。黄色，音卜。從皇帝見賓客，聽女教，則服鵫衣。白色，音罩。食命婦，歸寧，則服翭衣。元色，音袟。俱十有二等，以翬翟爲領褾，各有二。臨婦學及法道門，燕命婦，有時見命婦，則蒼衣。春齋及祭還，則青衣。夏齋及祭還，則朱衣。采桑齋及采桑還，則黄衣。秋齋及祭還，則素衣。冬齋及祭還，則元衣。自青衣而下，其褾領以相生之色。諸公夫人九服，其翟衣翟皆九等，俱以褕翟爲領褾，各九。自褕衣以下鷩、鳪、鵫、翭，朱、黄、素、元等九也。自朱衣而下，其褾領亦用相生之色。諸侯夫人自鷩衣而下八，其翟衣翟皆八等，俱以翟爲褾領，無褕衣。諸伯夫人自鳪衣而下七，其翟衣翟皆七等，俱以鳪翟爲領褾，又無鷩衣。諸子夫人自鵫衣而下六，其翟衣翟皆六等，俱以鵫翟爲領褾，又無鳪衣。諸男夫人自翭衣而下五，其翟衣翟皆五等，俱以翭翟爲領褾，又無鵫衣。三妃、三公夫人之服九，鳪衣、鵫衣、翭衣、青衣、朱衣、黄衣、素衣、元衣、緅衣，其翟亦九等，以鳪翟爲領褾，各九。三孤之内子，自鵫衣而下八，翟皆八等，以鵫翟爲領褾，各八。九嬪、六卿之内子自翭衣而下七，翟皆七等，以翭翟爲領褾，各七。上媛、上大夫之孺人，自青衣而下六。中媛，中大夫之孺人，自黄衣而下四。御婉、士之婦，自素衣而下三。中宫六尚，緅子侯反。衣，諸命袟之服曰公服，其餘常服曰私服。

隋因之。皇后首飾，花十二樹。皇太子妃、公主、王妃、三師三公及公夫人、一品命婦，並用九樹。侯夫人、二品命婦，並八樹。伯夫人、三品命婦，並七樹。子夫人、世婦及皇太子昭訓，四品以上官命婦，並六樹。男夫人、五品命婦，並五樹。女御及皇太子良娣，三樹。皇后以下，小花並如大花之形。皇后褘衣、鞠衣、青衣、朱衣四等。褘衣，深青質，織成領袖，文以翬翟，五采重行，十二等。素紗内單，黼領，羅縠褾襈，色皆以朱。蔽膝隨裳色，以緅爲緣，用翟三章。大帶隨衣裳，飾以朱緣之錦，青緣革帶，青襪，舄，舄以金飾。白玉佩，元組綬，章采尺寸同於乘輿。祭及朝會大事服之。鞠衣，黄羅爲質，織成領袖，蔽膝、革帶及舄，隨衣色。餘准褘衣，親蠶服也。青衣，去大帶及佩綬，金飾履，禮見天子則服之。朱服，如青服。有金璽，盤螭鈕，文曰皇后之璽。冬正大朝，則并璜琮，各以笥貯，進於座隅。皇太后同后服，而貴人以下並亦給印。三妃，服褕翟，金章龜鈕，文從其織成，紫綬，金縷獸頭鞶囊，佩于闐玉。九嬪服闕翟，金龜鈕，文從織成，佩采璸玉。婕妤，銀縷織成，他如嬪服。美人、才人，鞠衣，銀印珪鈕，獸爪鞶囊，佩水蒼玉，餘同。寶林，服展衣，艾綬，鞶囊、佩玉同婕妤。承衣刀人、采女，褖衣，無印綬。皇太子妃，服褕翟衣，九章。金璽龜鈕。素沙内單，黼領，羅襈，色皆同朱。蔽膝二章，大帶同褘衣。青緣革帶，朱襪，青舄，舄加金飾。佩瑜玉，纁朱綬，獸頭鞶囊。凡大禮見皆服之。唯侍親桑，則用鞠衣，佩綬與褕衣同。良娣，鞠衣，銀印，青綬，獸爪鞶囊，餘同世婦。寶林、八子，展衣，銅印，佩水蒼玉，艾綬。諸侯王太妃、長公主、三公夫人、妃、一品命婦，褕翟，繡爲九章。佩山元玉，獸頭鞶囊，綬同夫色。公夫人、縣主、二品命婦，亦褕翟，繡八章。從親桑，同鞠衣。自此以下，佩皆水蒼玉。侯伯夫人、三品命婦，亦服褕翟，繡爲七章。子夫人、四品命婦，服闕翟，刻赤繒爲翟，綴衣上，爲六章。男夫人、五品命婦，闕翟，五章。若從親蠶，皆同鞠衣。

唐皇后之服三：褘衣者，受册、助祭、朝會大事之服也。深青織成爲之，畫翬，赤質，五色，十二等。素紗中單，黼領，朱羅縠褾襈。蔽膝隨裳色，以緅領爲緣，用翟爲章，三等。青衣，革帶、大帶隨衣色。裨、紐約，佩綬如天子。青襪，舄，加金飾。鞠衣者，親蠶之服也。黄羅爲之，不畫，蔽膝、大帶、革帶，舄隨衣色，餘同褘衣。鈿釵禮衣者，燕見賓客之服也。十一鈿服用雜色而不畫，加雙佩小綬，去舄加履，首飾大小華十二樹，以象衮冕之旒，又有兩博鬢。皇太子妃之服有三：褕翟者，受册、助祭、朝會大事之服也。青織成，文爲摇翟，青質，五色九等。素紗中單，黼領，朱羅縠褾襈，蔽膝隨裳色。用緅爲領緣，以翟爲章，二等。青衣，革帶、大帶隨衣色。鈿釵禮衣者，燕見賓客之服也。九鈿，其服用雜色，制如鞠衣。加雙佩小綬，去舄加履，首飾花九樹，有兩博鬢。命婦之服六：翟衣者，内命婦受册、從蠶、朝會，外命婦嫁及受册、從蠶、大朝會之服也。青質，繡翟，編次於衣及裳，重爲九等。青紗中單，黼領，朱縠褾襈裾，蔽膝隨裳色，以緅爲領緣，加文繡重雉，爲章二等。大帶隨衣色，以青衣，革帶，青襪舄，佩綬，兩博鬢飾以寶鈿。一品翟九等，花釵九樹。二品翟八等，花釵八樹。三品翟七等，花釵七樹。四品翟六等，花釵六樹。五品翟五等，花釵五樹。寶鈿視花樹之數。鈿釵禮衣者，内命婦常參、外命婦朝參、辭見、禮會之服也。制同翟衣，加雙佩小綬，去舄加履。一品九鈿，二品八鈿，三品七鈿，四品六鈿，五品五鈿。禮衣者，六尚、寶林、御女、采女、女官七品以上大事之服也。通用雜色，制如鈿釵禮衣，唯無首飾、佩綬。公服者，常供奉之服也。去中單、蔽膝、大帶，九品以上大事、常供奉亦如之。半袖裙襦者，東宮女史常供奉之服也。公主、王妃佩綬同諸王。花釵禮衣者，親王納妃所給之服也。大袖連裳者，六品以下妻、九品以上女嫁服也。青質，素紗中單，蔽膝、大帶、革帶，襪履同裳色。花釵履笄，兩博鬢以金銀雜寶飾之。庶人女嫁有花釵，以金銀琉璃塗飾之。連裳，青質，青衣，革帶，襪履同裳色。婦人燕服視夫。百官女嫁、廟見攝母服。五品以上媵降妻一等，妾降媵一等，六品以下妾降妻一等。

宋朝皇后之服，常服，龍鳳珠翠霞帔，其唐制三等，褘衣、鞠衣、禮衣仍存其名。太宗端拱二年禁婦人戴假髻，非命婦不得服泥金、銷金、真珠裝綴衣服。

明・俞汝楫《禮部志稿》卷六四《章服備考・文武冠服》 初定冠服志。命婦冠服，周制，追師爲外内命婦之首服。鄭玄云：外内命婦衣鞠衣、禮衣者服編。衣褖衣者服次。内司服辨内外命婦之服。鄭玄云：内命婦九嬪鞠衣，世婦展衣，女御褖衣。外命婦其夫孤也，服鞠衣。其夫卿大夫也，則服展衣。其夫士也，則服褖衣。三夫人及公之妻，其服闕翟以下乎。侯伯之夫人褕翟，子男之夫人亦闕翟，二王之後褘衣。漢制，朝會，公卿列侯、二千石夫人首飾，紺繒幗，簪珥，服用蠶衣。唐首飾，兩博鬢飾以寶鈿，服用翟衣。一品花釵九樹，翟九等。二品花釵八樹，翟八等。三品花釵七樹，翟七等。四品花釵六樹，翟六等。五品花釵五樹，翟五等。寶鈿視花釵之數。翟衣，青質，繡翟，編次於衣及裳。一品翟九等，二品翟八等，三品翟七等，四品翟六等，五品翟五等，並青紗中單，黼領，朱縠褾襈裾，蔽膝隨裳色，以緅爲緣領，加文繡重雉，爲章二等。大帶，衣色青，衣革帶，青韈舄，佩綬。宋制，青織羅爲衣，繡爲翟，編次於衣及裳，素紗中單。今擬依唐宋制度，惟色不用青，隨其夫與子之服色。唐宋命婦一品至五品，今制一品至七品，其六品、七品母妻既命於朝，冠服亦當一體。六品，兩博鬢，花釵四樹，翟四等，寶鈿如花釵之數。七品，兩博鬢，花釵三樹，翟三等，寶鈿如花釵之數，餘同前製。諸命婦私居服，并八品、九品未命之婦，並用團衫，繫腰不許仍用異俗，服兩截短衣。議定以聞，上覽之曰：卿等所擬殊合朕意。但公爵最尊，而朝祭冠服無異侯伯以下，於禮未安。今公冠八梁，侯及左右丞相，左右大都督，左右御史大夫七梁，俱加籠巾貂蟬，餘從所議。尋命朝服衣裳、中單領緣俱用青，祭服領緣仍用皂。其公服一品至四品赤色，五品至七品青色，八品以下及未入流雜職俱緑色。大帶一品用玉，二品花犀，三品、四品用金，以荔枝爲花，五品以下用銀，八品以下用角。

清・嵇璜《續通典》卷六〇《禮嘉》 后妃命婦首飾制度：宋 金 元 明

宋，皇太后、皇后首飾，花十二株，小花如大花之數。并兩博鬢，冠飾以九龍四鳳，受册、朝謁景靈宮服之。妃首飾，花九株，小花同。并兩博鬢，冠飾以九翬四鳳，受册服之。皇太子妃首飾，花九株，小花同。并兩博鬢，受册、朝會服之。中興之制，龍鳳花釵冠，大小花二十四株，應乘輿冠梁之數。博鬢，冠飾同，皇太后、皇后服之。高宗紹興九年定。花釵冠，大小花十八株，應皇太子冠梁之數，施兩博鬢，去龍鳳，皇太子妃服之。孝宗乾道七年定。命婦首服，徽宗政和時，議禮局上花釵冠，皆施兩博鬢，寶鈿飾。一品花釵九株，二品八株，三品七株，四品六株，五品五株，寶鈿準花數。受册，從蠶服之。

又 臣等謹案《遼史》不載后妃命婦首飾服章，惟言祭山儀皇后御絳巾末，絡縫紅袍，懸玉魚，雙結帕，絡縫烏韡。命婦服飾各從本部旗幟之色。餘無所見云。金，皇后花珠冠，用盛子一，青羅表，青絹襯金紅羅托裏，用九龍四鳳。前面大龍銜穗毬一朵，前後有花株各十有二，及鸂鶒、孔雀、雲鶴、王母隊仙人浮動插瓣等。後有納言，上有金蟬鑻金兩博鬢。以上並用鋪翠滴粉縷金裝珍珠結製，下有金圈口，上用七寶鈿窠，後有金鈿窠二，穿紅羅鋪金欵幔帶一。其命婦首飾，許用明金、籠金、間金。

元仁宗延祐元年，詔定服色等第。凡命婦首飾，一品至三品許用金珠寶玉，四品、五品用金玉珍珠，六品以下用金，惟耳環用珠玉。【略】臣等謹案《元史》及《元典章》並不載后妃首飾服章，惟命婦首飾等差略見於史者，如此其詳亦不可得考云。

又　明太祖洪武三年定，皇后受册、謁廟、朝會禮服，其冠圓匡，冒以翡翠，上飾九龍四鳳，大花十二樹，小花數如之。兩博鬢，十二鈿。成祖永樂三年重定，飾翠龍九，金鳳四，中一龍銜大珠一，上有翠蓋，下垂珠結，餘皆口銜珠滴，珠翠雲四十片，大珠花、小珠花數如舊。【略】其常服，洪武三年定，雙鳳翊龍冠。首飾釧鐲用金玉珠寶翡翠。四年，更定龍鳳珠翠冠。【略】洪武三年定，皇妃受册、助祭、朝會禮服。冠飾九翬四鳳，花釵九樹，小花數如之。【略】永樂三年更定禮服，九翟冠二，以皂縠爲之。【略】九嬪冠服，世宗嘉靖十年始定，冠用九翟，次皇妃之鳳。內命婦冠服，洪武五年定，三品以上花釵，四品、五品山松特髻，貴人視三品，以皇妃燕居冠爲禮服，以珠翠慶雲冠爲常服。皇太子妃冠，洪武三年定，禮服與皇妃同，常服犀冠，刻以花鳳，首飾釧鐲俱同皇妃。四年定常服冠，亦與皇妃同。永樂三年更定禮服，九翬四鳳冠，漆竹絲爲匡，冒以翡翠，上飾翠翬九，金鳳四，皆口銜珠滴。【略】親王妃禮服，洪武三年定，九翬四鳳冠。永樂三年又定九翟冠，制同皇妃。【略】洪武元年定，命婦一品冠，花釵九樹，兩博鬢，九鈿。【略】四年，以古天子諸侯服衮冕，后與夫人亦服褘翟，今羣臣既以梁冠絳袍爲朝服，不敢用冕，則外命婦亦不當服翟衣。【略】五年更定，品官命婦冠服，一品禮服，用山松特髻，翠松五株，金翟八，口銜珠結。【略】二十六年定，一品冠用金事件，珠翟五，珠牡丹開頭二，珠半開二，翠雲二十四片，翠牡丹葉一十八片，翠口圈一副。上帶金寶鈿花八，金翟二，口銜珠結二。二品至四品冠用金事件，珠翟四，珠牡丹開頭二，珠半開四，餘同一品。五品、六品冠用抹金銀事件，珠翟三，珠牡丹開頭二，珠半開五，翠口圈一副，上帶抹金銀寶鈿花八，抹金銀翟二，口銜珠結二，餘同四品。七品至九品冠用抹金銀事件，珠翟二，珠月桂開頭二，珠半開六，翠雲二十四片，翠月桂葉一十八片，餘同六品。內外官親屬，凡祖母及母，與子孫同居親弟姪婦女禮服，合以本官所居官職品級，通用漆紗珠翠慶雲冠，唯山松特髻子止許受封誥敕者用之。品官次妻，許用本品珠翠慶雲冠。

又　后妃命婦服章制度：宋　金　明

宋制，后妃之服一曰褘衣，二曰朱衣，三曰禮衣，四曰鞠衣。【略】皇太子妃，褕翟，青織爲摇翟之形，青質，五色，九等。【略】徽宗政和中，議禮局上，翟衣青羅繡爲翟，編次於衣及裳。一品翟九等，二品八等，三品七等，四品六等，五品五等。【略】

金皇后褘衣，深青羅織成翬翟之形，素質，十二等。【略】明太祖洪武三年定，皇后褘衣，深青繪翟，赤質，五色。【略】成祖永樂三年重定，翟衣深青，織翟文，十有二等。【略】其常服，洪武三年定，諸色團衫，金繡龍文，帶用金玉。四年更定，真紅大袖衣霞帔，紅羅長裙，紅褙子，衣用織金，龍文，加繡飾。永樂三年又定，大衫、霞帔、黃霞帔，深青，織金雲霞龍文，或繡或鋪，翠圈金，飾以珠玉。墜子瑑龍文。【略】禮服，洪武三年定，翟衣，青質，繡翟，編次於衣及裳，重爲九等。【略】永樂三年更定，大衫、霞帔、燕居佩服之飾，俱同中宮。第織金繡瑑，俱雲霞鳳文，不用雲龍文。九嬪服，世宗嘉靖十年定，大衫、鞠衣，如皇妃制。【略】命婦冠服，洪武元年定，一品翟衣，繡翟九重。【略】四年，禮部議定，命婦以真紅大袖衣、珠翠蹙金霞帔爲朝服，以闊袖雜色緑緣爲燕居之服。【略】五年，更定命婦冠服。【略】洪武三年定，士庶妻首飾用銀鍍金，耳環用金珠，釧鐲用銀，服淺色團衫，用紵絲綾羅紬絹。五年令，民間婦人禮服惟紫絁，不用金繡，袍衫止紫、緑、桃紅及諸淺淡顔色，不許用大紅、鴉青、黄色。帶用藍絹布。

清·嵇璜《續通志》卷一二三《器服略》　后妃命婦首飾服章制度：

後唐莊宗同光二年，太常禮院奏，皇子興聖宫使繼岌婚禮，其妃准一品命婦禮，花釵九枝，博鬢，褕翟衣，九等。

宋制，后之服有褘衣、朱衣、禮衣，緣用翟爲章，三等。大帶隨衣色，朱裏，紕其外，上以朱錦，下以緑錦，白玉雙佩，大綬、小綬，施玉環。惟鞠衣無翟文。其首飾花十二株，並兩博鬢，飾以九龍四鳳。妃褕翟，青羅繡爲摇翟之形，編次于衣，青質，以緅爲領緣，以摇翟爲章，二等。其首飾花九株，並兩博鬢，冠飾以九翬四鳳。皇太子妃褕翟，青質，織爲摇翟之形，以緅爲領緣，以摇翟爲章，二等。大帶隨衣色，上以朱錦，下以緑錦，白玉雙佩，大綬、小綬。其鞠衣以黄羅爲之，無翟。其首飾花九株，並兩博鬢。其后妃常服則用大袖，生色領，長裙，霞帔，玉墜子，背子、生色領皆用絳羅。徽宗政和中，議禮局上，命婦之服，花釵冠皆施兩博鬢，寶鈿飾。其翟衣皆用青羅繡爲翟，編次于衣。一品花釵九株，翟九等。二品花釵八株，翟八等。三品花釵七株，翟七等。四品花釵六株，翟六等。五品花釵五株，翟五等。以緅爲領緣，加文繡重雉，爲章二等。

遼，皇后祭山儀，御絳帓，絡縫紅袍，懸玉佩，雙結帕。小祀，皇后戴紅帕，服絡縫紅袍，懸玉佩，雙魚。臣僚命婦服飾各從本部旗幟之色。

金，皇后花珠冠，前後花株十有二，金九龍四鳳。褘衣，深青，羅織成翬翟之形，領、褾、襈並紅羅織成雲龍，大綬、小綬，施玉環。大帶，青羅朱裏，紕其外，上以朱錦，下以緑錦。五品以上官母、妻，許披霞帔。宗室及外戚并一品命婦，衣服聽用明金，期親雖別籍，女子出嫁並同。按宇文懋昭《大金國志》：金初，富人多以紵絲綿紬爲衫，裳亦間用細布。秋冬以貂鼠青鼠或羊皮爲裘，婦人衣曰大襖子，裳曰錦裙。蓋係金初國服，金史失載，附識于此。

元，后妃及大臣正室皆帶古庫勒，衣大袍。命婦衣服，一品至三品服渾金，四品、五品服金荅子，六品以下惟服銷金。

明，皇后冠服，受册、謁廟、朝會服禮服。其冠圓匡，冒以翡翠，上飾九龍四鳳，大花十二樹，小花數如之，兩博鬢十二鈿。後定制，飾翠龍九、金鳳四，皆口銜珠滴。三博鬢飾以金龍翠雲，皆垂珠滴。翠口圈一，珠寶、鈿花十二，翠鈿如其數。褘衣，深青，繪翟，赤質，五色，十二等。素紗中單，黻領，朱羅縠褾襈裾，以緅爲領緣，用翟爲章，三寸。大帶隨衣色，朱裏，紕其外，上以朱錦，下以緑錦，玉革帶。翟衣，深青，織翟文，十二等。紅領褾襈裾，織金雲龍文。中單，玉色紗爲之，紅領褾襈裾，織黻文，玉革帶，大綬小綬，玉環玉佩，下垂玉花玉滴。常服，龍鳳珠翠冠，上飾金龍一，翊以珠翠鳳二，皆口銜珠滴。翠口圈一，金寶鈿花九，飾以珠金鳳二，口銜珠滴。三博鬢，飾鸞鳳金寶鈿二十四，邊垂珠滴。其服則大彩霞帔衫，黄霞帔，深青，織金雲霞龍文，或繡或鋪。翠團，金飾以珠玉，墜子瑑龍文。四䙆襖子，即褙子。深青，金繡團龍文。又制鞠衣，紅色，前後織金雲龍文，或繡或鋪，緑襈襖子，黄色，紅領褾襈裾，皆織金彩色雲龍文。皇妃受册、助祭、朝會禮服，冠飾九翬四鳳，花釵九樹，小花數如之。兩博鬢九鈿。後更定九翟冠，附以翠博山，大珠翟二，小珠翟三，翠翟四，皆口銜珠滴。翟衣，青質，繡翟，編次于衣及裳，重爲九等。青紗中單，黻領，朱縠褾襈裾，加文繡重雉，爲章二等。以緅爲領緣，玉革帶。九嬪冠，用九翟，次皇妃之鳳。大衫鞠衣，如皇妃制。其内命婦冠服，三品以上花釵，翟衣。四品、五品山松特髻，大衫爲禮服。皇太子妃禮服冠，九翬四鳳，翬、鳳皆口銜珠滴，大珠花九樹，小珠花數如之。雙博鬢，飾以鸞鳳，皆垂珠滴，翠口圈一，珠寶鈿花九，翠鈿如其數。翟衣，青質，織翟文，九等。紅領褾襈裾，織金雲龍文。常服，大衫霞帔。外命婦朝服，一品花釵九樹，兩博鬢，九鈿，金翟衣，繡翟九重，玉帶，金繡文霞帔。二品花釵八樹，兩博鬢，八鈿，翟衣八等，犀帶，金繡雲肩大雜花霞帔。三品花釵七樹，兩博鬢，七鈿，翟衣七等，金革帶，金繡大雜花霞帔。四品花釵六樹，兩博鬢，六鈿，翟衣六等，金革帶，繡小雜花霞帔。五品花釵五樹，兩博鬢，五鈿，翟衣五等，烏角帶，銷金大雜花霞帔。六品花釵四樹，兩博鬢，四鈿，翟衣四等。七品花釵三樹，兩博鬢，三鈿，翟衣三等。皆烏角帶，衣銷金小雜花霞帔。八品、九品衣大紅素羅霞帔。後又定制，命婦朝見君后，在家見舅姑并夫及祭祀，則服禮服。公、侯、伯夫人，與一品同。大袖衫，真紅色，一品至五品，紵絲綾羅。六品至九品，綾羅紬絹。霞帔、褙子，皆深青段。品官次妻，許用本品褙子爲禮服。

清・嵇璜《續文獻通考》卷九四《王禮考》 后妃命婦以下首飾服章制度：臣等謹按宋后妃命婦以下首飾服章制度，寧宗以後可見於史者，惟理宗紹定三年，有出封椿庫緡錢二十萬製皇后褘衣事，然亦無關於制度也。若遼史所載，自太宗大同元年正月入晉後，惟太后與北班契丹臣僚用國服，已見於君臣冕服門矣。《儀衛志》載國服中之祭服，皇后戴紅帕，服絡縫紅袍，懸玉佩，雙同心帕，絡縫烏鞾，小祀服之。若臣僚命婦服飾，則各從本部旗幟之色。其可見者略如此。

金制，皇后冠服，花珠冠用盛子一，青羅表，青絹襯金，紅羅托裏。用九龍四鳳，前面大龍銜穗毬一朵，前後有珠花各十有二，及鸂鶒、孔雀、雲鶴、王母隊仙人、浮動插瓣等，後有納言，上有金蟬鑻金兩博鬢。以上並用鋪翠滴粉縷金裝珍珠結製。下有金圈口，上用七寶鈿窠。後有金鈿窠二，穿紅羅鋪金欵幔帶一。褘衣，深青，羅織翬翟之形，素質，十二等。領褾襈，並紅羅織成雲龍。中單以素青紗製，領織成黼形十二，褾袖襈，織成雲龍，並織紅縠造。裳，八副，深青，羅織成翟文，六等。褾襈織成紅羅雲龍，明金帶腰。蔽膝，深青，羅織成翟文，三等。領緣，緅色羅織成雲龍，明金帶，大綬一，長五尺，濶一尺，黄、赤、白、黑、縹、緑。六采織成，小綬三，色同大綬，間七寶鈿窠，施三玉環，上碾雲龍，撚金線織成大小綬頭。紅羅花襯，大帶，青羅朱裏，紕其外，上以朱錦，下以緑錦，鈕約用青組，撚金線織成帶頭。玉珮二朵，每朵上中下璜各一，半月墜子各二，並玉碾，鏤金打鈒獸面、篦鈎佩子各一，水葉子真珠穿綴。青衣革帶，用鏤金青羅裹造，上用金打鈒水地龍，鶖眼鉈尾，龍口攀束子共八事，以玳瑁襯金釘脚。抹帶二，紅羅、青羅各一，並明金造，各長一丈五寸。舄以青羅製，白綾裏，如意頭，明金、黃羅準上用，玉鼻真珠裝，綴繫帶。襪，青羅表裏，綴繫帶。犀冠，減撥花樣，鏤金裝造，上有玉簪一，下有玳瑁盤一。

命婦之服，宗室及外戚并一品命婦，衣服聽用明金。即大定二十年四月之制也。期親雖別籍，女子出嫁並同。又五品以上官母、妻許披霞帔，惟首飾、霞帔、領袖、腰帶許用明金、籠金、間金之類。其衣服止用明銀、象金及金條壓繡。正班局分承應帶官人，雖未出職係班，其祖母及母、妻、子孫之婦，同籍兄弟之妻及在室女孫姊妹並同。又禁私家用純黃帳幕陳設，若曾經宣賜鸞輿服御，日月雲肩、龍文黃服、五箇鞘眼之鞍，皆須更改。

婦人常服，婦人服襜裙，多以黑紫，上編繡全枝花，周身六襞積。上衣謂之團衫，用黑紫或皂及紺，直領，左衽，掖縫兩旁復爲雙襞積，前拂地，後曳地尺餘。帶色用紅黃，前雙垂至下齊。年老者以皂紗籠髻如巾狀，散綴玉鈿於上，謂之玉逍遥。此皆遼服也。金亦襲之。許嫁之女則服綽子，製如婦人服，紅或銀褐明金爲之，對襟彩領，前齊拂地，後曳五寸餘。

《金史·輿服志》曰：大定十三年制，婦人首飾不許用珠翠鈿子等物，翠毛除許裝飾花環冠子，餘外並禁。

元制命婦服飾，衣服，一品至三品服渾金，四品、五品服金答子，六品以下惟服銷金，并金紗答子。首飾，一品至三品許用金珠寶玉，四品、五品用金玉、珍珠。六品以下用金，惟耳鐶用珠玉。同籍不限親疏，期親雖別籍，并出嫁同。

《草木子》曰：元朝后妃及大臣之正室皆帶姑姑，高圓二尺許，用紅色羅。蓋唐金步摇之遺制也。

清·嵇璜《清朝文獻通考》卷一四二《王禮考》 皇太后、皇后、妃嬪首飾服章制度：福晉以下至命婦附。國朝定制，皇太后、皇后冠服有朝服、吉服二等，金約、領約、朝珠、綵帨皆有制度。皇貴妃以下及公主諸王福晉命婦，各以品秩爲差等。今據《皇朝禮器圖式》具載於左。

皇太后、皇后朝冠，冬以薰貂爲之，夏以青絨爲之，上綴朱緯，頂三層貫東珠各一，皆承以金鳳，飾東珠各三，珍珠各十七，上銜大東珠一。朱緯上週綴金鳳七，飾東珠各九，貓睛石各一，珍珠各二十一。後金翟一，飾貓睛石一，小珍珠十六。翟尾垂珠五行二就，中間金銜青金石結一，飾東珠、珍珠各六，末綴珊瑚。冠後護領垂明黃縧二，末綴寶石，青緞爲帶。

皇太后、皇后吉服冠，皇貴妃、貴妃同。薰貂爲之，上綴朱緯，頂用東珠。

皇太后、皇后金約，鏤金雲十三，飾東珠各一，間以青金石紅片金裹，後繫金銜緑松石結，貫珠下垂，五行三就。中間金銜青金石結二，每具飾東珠、珍珠各八，末綴珊瑚。

皇太后、皇后耳飾，左右各三，每具金龍銜一等東珠各二。

皇太后、皇后朝褂，皇貴妃同。色用石青，緞紗單袷，惟其時。片金緣，領後垂明黃縧。繡文或前後立龍各二，襞積四層相間，上爲正龍各四，下爲福壽文。或前後正龍各一，要帷行龍四，中有襞積，下幅行龍八。或前後立龍各二，中無襞積，下幅八寶平水。

皇太后、皇后朝袍，皇貴妃同。色用明黃，緞紗單袷，惟其時。披領及袖，俱石青。片金緣，冬加海龍或紫貂緣，上下襲朝褂處亦加緣。領後俱垂明黃縧，繡文或金龍九，間以五色雲，中無襞積，下幅八寶平水。或前後正龍各一，兩肩行龍各一，要帷行龍四，中有襞積，下幅行龍八。或中無襞積，繡行龍，下爲八寶平水。披領俱行龍二，袖端俱正龍各一，袖相接處俱行龍各二。

皇太后、皇后龍褂，色用石青，棉袷紗裘，惟其時。繡文五爪金龍八團，兩肩前後正龍各一，襟行龍四，或加繡下幅八寶立水，袖端行龍各二。

皇太后、皇后龍袍，色用明黃，領袖俱石青，棉袷紗裘，惟其時。繡文或金龍九，間以五色雲、福壽文。或五爪金龍八團，兩肩前後正龍各一，襟行龍四，下幅俱八寶立水，領前後俱正龍各一，左右及交襟處俱行龍各一，袖俱如朝袍。

皇太后、皇后領約，鏤金爲之，飾珠十一，間以珊瑚。兩端垂明黃縧二，中各貫珊瑚，末綴緑松石各二。

皇太后、皇后朝珠，朝服御朝珠三，東珠一，珊瑚二。吉服朝珠一，隨所御，佛頭、記念、背雲、大小墜雜飾，各隨其宜。縧皆明黃色。

皇太后、皇后綵帨，皇貴妃同。綠色，繡文爲五穀豐登，佩箴管縏衺之屬，絛皆明黄。

皇太后、皇后朝裙，皇貴妃以下並同。上用織文紅緞，下用石青行龍粧緞，皆正幅，有襞積。夏以紗爲之，片金緣。冬加海龍緣。

紀事

元・馬端臨《文獻通考》卷一一四《王禮考九》 后妃命婦以下首飾服章制度：

仁宗幼，皇太后聽政。天聖元年，詔議皇太后禮服，而太常禮院言：《開寶禮》皇太后當褘衣，以青衣革帶，青綬舄，白玉雙佩，黑組雙大綬，素紗中單，蔽膝，大帶，首飾花十二株，受册、親蠶、朝會諸大事則服之。又隋制，后服四等，其四曰朱衣，以緋羅爲之，宴見賓客則服之。今議每朝謁神御，往還乘輦，服朱衣，而加蔽膝、革帶、大帶、寶裝綬、佩、襪、金飾履，悉如衣之色。常視事，去蔽膝、革帶、佩、綬。或衣鞠衣，則以黄羅爲之，亦用寶裝綬、大帶、屨。命内侍周文質如所議以製。至二年五月，上之。

明道元年，詔以二月耕籍，而皇太后恭謝於宗廟，乃命王舉正、李淑同禮官講籍田禮及皇太后謁廟儀。禮官議謂皇太后宜准皇帝袞服減二章，衣去宗彝，裳去藻，下佩劍，金龍花十六株，前後垂珠翠各十二旒，以袞衣爲名。詔名其冠曰儀天。又言：皇太后乘玉輅，服褘衣，九龍花釵冠，行禮服袞衣，冠儀天冠。皇太妃、皇后乘重翟車，服鈿釵，禮衣以緋羅爲之，具蔽膝、革帶、佩綬、履，其冠用十二株花釵。太廟行禮，並服褘衣。詔可之。敕有司製禮衣及重翟以下六車。太后遂以車服謁太廟。

天聖三年，令命婦許以金爲首飾，及爲釵篸、釧纏、珥環，毋得爲牙魚、飛魚奇巧飛動若龍形，其用銀毋得塗金。非命婦之家，毋得衣珠玉。凡帷帟、幕幔、簾旌、牀襦，毋得純錦徧繡。

慶曆二年，詔曰：朕躬至儉之化，以率天下。何迺流俗尚淪奢薄，浮華相趨，蠹用寖廣，銷潰珍寶，變夸服裳。效魚龍之飾，奸輿輦之制。積逾法度，公冒典刑。頃在先朝，嘗詔執事者嚴爲之禁，仍開購賞，用警弗率。比年亦嘗申飭之，如聞未習，猶復抵冒，宜先宮掖，下暨民庶，一皆屏絶。自内廷后宮以下，毋得衣銷金、貼金、縷金、間金、蹙金、圈金、解金、剔金、陷金、明金、泥金、楞金、脊金、闌金、盤金、織金、綫金、撚金等服，臣庶犯者，必致之法。

皇祐元年，詔婦人所服冠高毋得逾四寸，廣毋得逾一尺，梳長毋得逾四寸，毋以角爲之。先時，宮中尚白角冠梳，人争效之，謂之内樣。其冠名曰垂肩、等肩，至有長三尺者，梳長亦逾尺。議者以爲服妖，故禁止焉。

神宗元豐八年，禮部言：太皇太后生辰，舊所供奉物，於令式宜增一倍。冠朵舊用九，花舊用五，至是各增爲十二。八月，禮部言：皇太妃冠服之屬減皇后又五分之一。詔詳定。而鄧温伯等言：皇太妃冠服，禮令不載，亦無故事。於是從禮部所請，而冠朵用牙魚。

徽宗大觀四年，宰相奏：皇后受册冠服，當辨具。帝以鄭后自陳頭冠用珠數多，請服爲妃時冠，增篦插三枝。遂不復改製。

政和三年，議禮局上所定皇后服飾制度：首飾花十二株，小花如大花之數，並兩博鬢，冠飾以九龍四鳳。褘衣，深青，織成翟文，素質，五色，十二等。青紗中單，黼領，羅縠褾襈，蔽膝隨裳色，以緅爲領緣，用翟爲章，三等。大帶隨衣色，朱裏，紕其外。上以朱錦，下以綠錦。鈕約用青組，以青衣革帶，白玉雙佩，黑組，雙大綬，小綬三，間施玉環三。章采尺寸，與乘輿同。青襪，舄，舄加金飾。受册、朝謁景靈宮服之。鞠衣，黄羅爲之。蔽膝、大帶、革帶、舄隨衣色。餘同褘衣，唯無翟文，親蠶服之。妃首飾花九株，小花如大花之數，並兩博鬢，冠飾以九翬四鳳，褕翟，青羅繡爲摇翟之形，編次於衣，青質，五色，九等。素紗中單，黼領，羅縠褾襈，蔽膝隨裳色，以緅爲領緣，以摇翟爲章，二等。大帶隨衣色，下朱裏，紕其外，餘倣皇后冠服之制，受册服之。

皇太子妃冠服之制，首飾花九株，小花如大花之數，並兩博鬢，褕翟，青織成爲之文，爲文翟之形，青質，五色，九等。素紗中單，黼領，羅縠褾襈，褾、襈皆以朱色。蔽膝隨裳色，以緅爲領緣，以摇翟爲章，二等。大帶隨衣色，下朱裏，紕其外，上以朱錦，下以綠錦，紐約用青組。以青衣革帶，白玉雙佩，純朱雙大綬，章采尺寸與皇太子同。受册、朝會服之。鞠衣，黄羅爲之，蔽膝、大帶、革帶，隨衣色，餘與褕翟同，唯無翟，從蠶服之。詔頒行。

高宗中興後，皇后之服，首飾、褘衣、佩、綬、襪、舄，依政和新議，與皇太后同。

孝宗乾道中，中宫常服，有司進真紅大袖，紅羅生色爲領，紅羅長裙，紅霞帔，藥玉爲墜，背子用紅羅，衫子用黄紅紗，襠袴以白紗，裙以明黄，短衫以粉紅紗爲之。

清·嵇璜《續文獻通考》卷九四《王禮考》 明制皇后冠服：太祖洪武三年定，受册、謁廟、朝會服禮服。【略】成祖永樂三年定制，飾翠龍九，金鳳四，中一龍銜大珠一，上有翠蓋，下垂珠結，餘皆口銜珠滴。珠翠雲四十片，大珠花、小珠花，數如舊。

又 皇后常服：洪武三年定，雙鳳翊龍冠，首飾釧鐲，用金玉珠寶翡翠。諸色團衫，金繡龍鳳文，帶用金玉。四年更定龍鳳珠翠冠，真紅大袖衣霞帔，紅羅長裙，紅褙子。冠制如特髻，上加龍鳳飾。衣用織金龍鳳文，加繡飾。永樂三年更定，冠用皂縠，附以翠博山，上飾金龍一，翊以珠翠。

又 皇妃冠服：洪武三年定，皇妃受册、助祭、朝會禮服。冠飾九翬四鳳花釵九樹，小花數如之。兩博鬢九鈿。【略】永樂三年更定，禮服，九翟冠二，以皂縠爲之，附以翠博山，飾大珠翟二，小珠翟三，翠翟四，皆口銜珠滴。

又 九嬪冠服：世宗嘉靖十年始定，冠用九翟，次皇妃之鳳，大衫、鞠衣如皇妃制。

内命婦冠服：洪武五年定，三品以上花釵，翟衣，四品、五品山松特髻，大衫爲禮服。貴人視三品，以皇妃燕居冠及大衫霞帔爲禮服。以珠翠慶雲冠，鞠衣，褙子，緣襈襖裙爲常服。

又 皇太子妃冠服：洪武三年定，禮服與皇妃同。

永樂三年更定九翬四鳳冠，漆竹絲爲匡，冒以翡翠，上飾翠翬九，金鳳四，皆口銜珠滴。珠翠雲四十片，大珠花九樹，小珠花數如之。雙博鬢飾以鸞鳳，皆垂珠滴翠。【略】洪武三年定，常服，犀冠，刻以花鳳，首飾釧鐲衫帶，俱同皇妃。四年定冠亦與皇妃同。永樂三年定，燕居冠以皂縠爲之，附以翠博山，上飾寶珠一座，翊以二珠翠鳳，皆口銜珠滴。

又 親王妃冠服：受册、助祭、朝會服禮服。洪武三年定九翬四鳳冠。永樂三年又定九翟冠，制同皇妃。其大衫、霞帔，燕居佩服之飾，同東宫妃。第金事件減一，玉綬花，瑑寶相花文。

公主冠服：與親王妃同。

世子妃冠服：永樂三年定，與親王妃同。惟冠用七翟。

郡王妃冠服：永樂三年定，冠用七翟，與親王世子妃同。其大衫、霞帔，燕居佩服之飾，俱同親王妃。第繡雲霞翟文，不用盤鳳文。

郡王長子夫人冠服：珠翠五翟冠，大紅紵絲大衫，深青紵絲金繡翟褙子，青羅金繡翟霞帔，金墜頭。

郡主冠服：永樂三年定，與郡王妃同。惟減四珠環一對。

鎮國將軍夫人冠服：與郡王長子夫人同。輔國將軍夫人冠服與鎮國將軍夫人同，惟冠用四翟，抹金銀墜頭。奉國淑人冠服與輔國將軍夫人同，惟褙子、霞帔金繡孔雀文。鎮國中尉恭人冠服與奉國將軍淑人同，輔國中尉宜人冠服與鎮國中尉恭人同，惟冠用三翟，褙子、霞帔金繡鴛鴦文，銀墜頭。奉國中尉安人冠服與輔國中尉宜人同，惟大衫用丹礬紅，褙子、霞帔金繡練鵲文。

縣主冠服：珠翠五翟冠，大紅紵絲大衫，深青紵絲金繡孔雀褙子，青羅金繡孔雀霞帔，抹金銀墜頭。郡君冠服與縣主同，惟冠用四翟，褙子、霞帔金繡鴛鴦文。縣君冠服與郡君同，惟冠用三翟。鄉君冠服與縣君同，惟大衫用丹礬紅，褙子、霞帔金繡練鵲文。

命婦冠服：洪武元年定，命婦一品，冠花釵九樹，兩博鬢，九鈿，服用翟衣，繡翟九重，素紗中單，黼領，朱縠褾襈裾，蔽膝隨裳色，以緅爲領緣，加文繡重翟，爲章二等。玉帶，青襪，舄，佩綬。【略】四年，以古天子諸侯服衮冕，后與夫人亦服褘翟。今羣臣既以梁冠絳衣爲朝服，不敢用冕，則外命婦亦不當服翟衣以朝。命禮部議之。【略】五年更定，品官命婦冠服。【略】又定命婦團衫之制，以紅羅爲之，繡重雉爲等第。【略】二十四年定制，命婦朝見君后，在家見舅姑并夫及祭祀則服禮服。【略】二十六年定，一品冠用金事件，珠翟五，珠牡丹開頭二，珠半開二，翠雲二十四片，翠牡丹葉一十八片，翠口圈一副，上帶金寶鈿花八，金翟二，口銜珠結二。二品至四品冠用金事件，珠翟四，珠牡丹開頭二，珠半開四，翠雲二十四片，翠牡丹葉一十八片，翠口圈一副，上帶金寶鈿花八，金翟二，口銜珠結二。

又 品官之祖母及母以下冠服：洪武元年，禮部尚書崔亮奉詔議定，內外品官之祖母及母、與子孫同居親弟侄婦女禮服，合以本官所居職品級，通用漆紗珠翠慶雲冠，本品衫，霞帔，褙子，緣襈襖裙，惟山松特髻子許受封誥敕者用之。品官次妻，許用本品珠翠慶雲冠、褙子爲禮服，銷金闊領，長襖長裙爲常服。

雜録

宋・羅大經《鶴林玉露》丙編卷二《告命》 告命自九品而上，角軸二等，以大小别之，此其卑也。染牙以爲經，凡五等，陞朝歷數而上也，而穗草爲尊。錦幖其端，凡四等，而細毬之錦配穗草。告身皆制綾爲之。玳瑁軸素繪二等，而繪爲尊。告身五綵，而又有紫絲法錦囊其外。其小異者，錦之紅緑耳。犀軸亦二等，藻繪雖同，而大小有别，三品通用也。絲囊如玳瑁，而錦幖又不同，告身亦如之，而加以金縷，此人臣一品之極也。宫掖之嚴，帝姬之親，大略七等。鐫犀爲軸，琱玉以爲龍，告身五綵絲囊，幖首純紅，而繪如琱玉者最高，以近君也。犀軸絲囊爲最高，而繪皆雲鳳者次之。玳軸者又次之。繪事如玳瑁，而告紙損其三者又次之。自此而下，三等皆紫絲法錦，雖有差次，始寖卑矣。宰相親王贈封，視紫絲高者。執政贈封，視次者。其上四等，明有尊，不敢邇也。絲囊之制，以小鈴十繫之。按式名曰畍鍩，黄金、塗金、白金三等。外廷之繫，惟白金耳。侍從庶僚所封，視其官。蕃官祠宇所封，從其秩。合而陳之，二十有八等，品位愈高，則物采愈華。此游默齋所記宋朝之制，甚詳明。

士庶服章

綜述

元・馬端臨《文獻通考》卷一一三《王禮考八》 君臣冠冕服章：士庶人之服，太平興國七年，李昉等奏議：按唐制，禁外官袍衫之内輒服朱紫。近年品官緑袍，舉子白紵之下，多服紫色衣，並望禁止，已着緋者聽。舉人私第通服皂衣，職官之家子孫弟姪不用此制。又案唐天成三年，詔令後庶人工商只着白衣。今請縣鎮公吏及工商、技術、不係官樂人，通服皂白。從之。端拱二年，申明前詔，令御史臺嚴加糾察，又令巾子不得過二寸五分，婦人禁戴假髻，非命婦不得服銷金、泥金、真珠裝綴衣服。至道元年十月，許士庶工商通服紫。咸平二年，申明鋪金、泥金之禁。大中祥符元年，又禁以箔金、金綫飾器服。八年，復下詔，自宫禁迨臣庶之家一切服玩，皆不得以金爲飾嚴其科禁，自是遂絶。又禁民間服皂班襭衣。

清・嵇璜《續通志》卷一一三《器服略》 士庶冠服：臣等謹按鄭《志・器服略》止載君臣服章而士庶缺焉，今考各史志及會要、會典所可酌載者，撮其大端，以存各朝制度云。唐制，國子太學四門生俊士參見之服，黑介幘，簪導，白紗單衣，青襟，褾領，革帶。庶人婚，假絳公服。

後唐明宗天成二年正月敕，庶人、商旅秖著白衣。

宋制，庶人服白，流外官及貢舉人通許服皂。仁宗天聖三年詔，在京士庶不得衣黑褐地白花衣服，並藍、黄、紫地撮暈花樣。孝宗淳熙中，朱子定祭祀冠婚之服，時頒行之。凡處士，則幞頭，皂衫，帶。

金章宗明昌六年制，係籍儒生止服白衫領，繫背帶並以紫圓條羅帶，餘人用純紫領，不得用緣，雜色圓板條羅帶不得用紫。世宗大定十三年，太常擬，庶人止許服絁、紬、絹布、毛褐、花紗、無紋素羅、絲綿。其頭巾、繫腰、領帕許用芝蔴羅條，許用絨織成者。

元仁宗延祐元年制，庶人除不得服赭黄，唯許服暗花紵絲紬綾羅毛毳，帽笠不許飾用金玉。

明太祖洪武三年令，士人戴四方平定巾。二十三年定，儒士生員，衣自領至裳去地一寸。二十四年，以士子巾服無異吏胥，宜甄別之，命工部制式以進。太祖親視，凡三易乃定。生員襴衫用玉色布絹爲之，寬袖皂緣，皂條軟巾，垂帶。世宗嘉靖二十二年，禮部言士子冠服詭異，有凌雲等巾，甚乖禮制。詔所司禁之。庶人戴四方平定巾，雜色盤領衣，不得僭用金繡錦綺、紵絲綾羅，止服紬絹素紗。其衣制長去地五寸。

又 士庶妻首飾服章制度：臣等謹按鄭《志・器服略》后妃命婦之後不載士庶妻，今據各史及集禮、會典所載者酌取大略，以存各代之制，且以補鄭氏之未備云。宋太宗端拱二年詔，除命婦許服銷金、泥金、真珠裝綴衣服外，餘人並禁。仁宗天聖三年詔，婦女不得將白色、褐色毛段並淡褐色匹帛製造衣服。南渡後定，婦人假髻，大衣，長裙，衆妾假紒，背子。

金制，婦人常服襜裙，多以黑紫。上衣謂之團衫，用黑紫或皂及紺，直領，帶色用紅黄，前雙垂至下齊。年老者以皂紗籠髻如巾狀，散綴玉鈿于上，謂之玉逍遥。此皆遼服也，金亦襲之。許嫁之女則服綽子。婦人首飾不許用珠翠鈿子等物。

元制，庶人家首飾許用翠花，并金釵錍各一事，惟耳環用金珠碧甸，餘並用銀。

明太祖洪武中定，士庶妻首飾用銀鍍金，耳環用金珠，釧鐲用銀，服淺色團衫，用紵絲、綾羅、紬絹。禮服惟紫絁，不用金繡。袍衫止紫、緑、桃紅及諸淺淡顔色，不許用大紅、鴉青、黄色。帶用藍絹布。

清・嵇璜《續文獻通考》卷九三《王禮考》 狀元及諸進士冠服：狀元冠二梁，緋羅圓領，白絹中單，錦綬，蔽膝，紗帽，槐木笏，光銀帶，藥玉佩，朝鞾，氊襪，皆御前頒賜，上表謝恩日服之。進士巾如烏紗帽，頂微平，展角濶寸餘，長五寸許，系以垂帶，皂紗爲之。深藍羅袍，緣以青羅，袖廣而不殺。槐木笏，革帶，青鞓，飾以黑角，垂撻尾於後，廷試後頒於國子監，傳臚日服之。上表謝恩後，謁先師行釋菜禮畢，始易常服，其巾袍仍送國子監藏之。

又卷九四《王禮考》 宮人冠服：制與宋同。紫色，團領，窄袖，徧刺折枝小葵花，以金圈之，珠絡縫金帶紅裙，弓樣鞵，上刺小金花。烏紗帽，飾以花，帽額綴團珠，結珠鬢梳，垂珠耳飾。

又 宮中女樂冠服：洪武三年定制，凡中宮供奉女樂奉鑾等官妻，本色䯼髻，青羅圓領。提調女樂，黑漆唐巾，大紅羅銷金裙襖胸帶，大紅羅帓額，青緑羅彩畫雲肩，描金牡丹花，皂鞾。奏樂女樂服色與歌章同。

嘉靖九年，祀先蠶定樂女生冠服，黑縐紗描金蟬冠，黑絲纓，黑素羅銷金葵花胸背大袖女袍，黑生絹襯衫，錦領，塗金束帶，白韈黑鞵。

教坊司樂妓冠服：洪武三年定，明角冠，皂褙子，不許與民妻同。教坊司婦人不許戴冠穿褙子，衣服止用明緑、桃紅、玉色、水紅、茶褐色。

紀事

清・嵇璜《續文獻通考》卷九三《王禮考》 庶人冠服：洪武初，庶人婚許假九品服。三年，庶人初戴四帶巾，改四方平定巾，雜色盤領衣，不許用黄。又令男女衣服不得僭用金繡錦綺紵絲綾羅，止許紬絹素紗。其鞾不得裁製花樣金線裝飾。首飾釵鐲不許用金玉珠翠，止用銀。六年，令庶人巾環不得用金玉瑪瑙珊瑚琥珀，未入流品者同庶人。帽不得用頂，帽珠止許水晶、香木。十四年，令農衣紬紗絹布，商賈止衣絹布。農家有一人爲商賈者亦不得衣紬紗。二十二年，令農夫戴斗笠蒲笠出入市井不禁，不親農業者不許。【略】二十五年，以民間違禁，鞾巧裁花樣，嵌以金線藍條，詔禮部嚴禁，庶人不許穿鞾，止許穿皮扎𩌦。惟北地苦寒，許用牛皮直縫鞾。

正德元年，禁商販、僕役、倡優下賤，不許復用貂裘。十六年，禁軍民衣紫花罩甲，或禁門，或四外遊走者，緝事人禽之。

又卷九四《王禮考》 士庶妻冠服：洪武三年定制，士庶妻，首飾用銀鍍金，耳環用金珠，釧鐲用銀，服淺色團衫，用紵絲綾羅紬絹。五年，令民間婦人禮服惟紫絁，不用金繡，袍衫止紫、緑、桃紅及諸淺淡顔色，不許用大紅、鴉青、黄色。帶用藍絹布。女子在室者，作三小髻，金釵，珠頭䯻，窄袖褙子。凡婢使，高頂髻，絹布狹領長襖，長裙。小婢使，雙髻，長袖短衣，長裙。成化十年，禁官民婦女不得僭用渾金衣服、寶石首飾。正德元年，令軍民婦女不許用銷金衣服、帳幔，寶石首飾、鐲釧。

佩飾

論説

元・馬端臨《文獻通考》卷一一一《王禮考六》 君臣冠冕服章：陳氏《禮書》曰：古者革帶、大帶皆謂之鞶，《内則》所謂男鞶革帶也，《春秋傳》所謂鞶厲大帶也。《易》言鞶帶，揚子言鞶帨，以至許慎、服虔、杜預之徒，皆以鞶爲帶，特鄭氏以男鞶革爲盛帨之囊，誤也。《詩》言垂帶而厲，毛萇、杜預之徒，皆以厲爲帶之垂者，特鄭氏以而厲爲如裂，亦誤也。辟，猶冠裳之辟積也。率，縫合之也。天子、諸侯大帶終辟，則竟帶之身辟之，大夫辟其垂，士辟其下而已。雜，飾也。飾帶，君朱緑，大夫元華，士緇。故《儀禮・士冠》，主人朝服緇帶，冠者爵弁、皮弁、緇布冠，皆緇帶，則士帶練而飾以緇也。士辟下二寸，則所辟其下端二寸也。再繚四寸，則結處再繚屈之四寸也。天子至士，帶皆合帛爲之，或以素，或以練，或終辟，或辟垂，或辟下。其飾或朱緑，或元華。蓋素得於自然，練成於人功。終辟，則所積者備。辟垂、辟下，則所積者少。朱者正陽之色，緑者少陽之雜，《禮器》：冕，朱，緑藻。《雜記》：公襲朱，緑帶。《聘禮》：問諸侯朱，緑繅。皆取陽色。元與緇者陰之體，華者文之成。天子體陽而兼乎下，故朱裏而裨以朱緑。諸侯雖體陽而不兼乎上，故飾以朱緑而不朱裏。大夫體陰而有文，故飾以元華。士則體陰而已，故飾以緇。然於大夫言帶廣四寸，則其上可知，而士不必四寸也。於士言紳三尺，則其上可知，而有司止於二尺五寸也。凡帶有率，無箴功，則帶縡而已，無刺繡之功也。以至并紐約，紐三寸，再繚四寸，紳韠結三齊，皆天子至士所同也。夫所束長於飾，則失之太拘。所飾長於束，則失之太文。紳韠結三齊叔向曰：衣有會，帶有結。然後爲稱。則有司之約韠蓋亦二尺五寸歟。古者於物言華，則五色備矣。《書》云：華蟲華玉。於文稱凡，則衆禮該矣。鄭氏以華爲黄，以凡帶爲有司之帶，以率爲士與有司之帶，以辟爲裨，以二寸爲士帶廣，以至大夫以上用合帛，士以下裨而不合，皆非經據之論也。

又曰：《内則》曰男鞶革，《莊子》曰帶死牛之脅，《玉藻》曰革帶博二寸，《士喪禮》韐帶用革，笏插於帶之右旁。然則革帶其博二寸，其用以繫佩韍，然後加以大帶，而佩繫於革帶，笏搢於二帶之間矣。《晉語》：寺人勃鞮曰，乾時之役，申孫之矢集於桓鉤。鉤近於袪，而無怨言。則革帶有鉤以拘之，後世謂之鉤䚢。丑列切。阮諶云：䚢，螳螂相，以相拘帶，謂之鉤䚢。唐以玉爲鉤䚢，與古異矣。然革帶用於吉而已。荀卿曰縉紳而無鉤帶是也。古者裼衣象裘色，韠屨象裳色，而革帶與韠其用相因，則革帶豈亦與韠同色歟。

又 陳氏《禮書》曰：古之君子必佩玉，其制上有折衡，下有雙璜，中有琚瑀，下有衝牙，貫之以組綬，納之以璸珠，而其色有白、蒼、赤之辨，其聲有角、徵、宫、羽之應，其象有仁、智、禮、樂、忠、信、道、德之備。見《禮記》君子比德如玉。此所以非僻之心無自入也。

又曰：《禮》紳縪結三齊，特佩綬之長無所經見。漢制：貴者縌長三尺二寸，卑者縌長三尺。古者之佩，蓋亦類此。漢制曰縌者，佩縌也，謂之縌，以其貫玉相迎也。

又 荀卿曰：天子御珽，諸侯御荼，大夫服笏。

管子曰：天子執玉笏以朝日。《釋名》曰：笏，忽也。君有命則書其上，備忽忘也。

陳氏《禮書》曰：天下之事，常修治於人之所慎，而廢弛於人之所忽。先王於是制之爲笏，或執或搢，而畢用之，使人稽其名以見其義，觀其制以思其德，庸有臨事而失者乎。天子之笏以玉，諸侯以象，大夫以魚須文竹，士竹本象可也。蓋玉，德之美；象，義之辨；竹，禮之節。天子尚德，諸侯貴義，大夫、士則循禮而已，此笏所以異也。魚須，文之也。竹本象可也，竹本，而象飾之也。大夫近尊而其勢屈，士遠尊而其禮伸，此飾所以異也。《禮》大夫沐稷，而君與士皆沐粱。大夫之臣曰私人，而君與士之臣皆曰私臣。大夫祭，則堂之上下共尊，而君與士，則堂下異尊。大夫内子拜尸西，而君與士之妻則北面。大夫之於主婦不致爵，而君與士則致爵。大夫嗣子不舉奠，而君與士之嗣則舉奠。大夫賓尸，尸酢主人乃設席，而君與士則先酢而設席。大夫前祭一日筮尸，而君與士則前祭三日筮尸。大夫祭之日視濯，而君與士則前祭一日視濯。凡此皆順而摭之之禮，則其飾笏以象，不亦可乎。天子之於天下，體無所屈，故珽必方正。諸侯之於天子，則謹度以臣之，於臣民，則制節以君之，故荼必前屈後直。大夫於其君則爲臣，於天子則爲陪臣，故笏必前屈後屈。士笏之制，無所經見。觀其制之以象，疑亦前屈後直歟。天子之朝日執鎮圭，搢大圭，則所執者摯也，所搢者笏也。諸侯之朝，大夫之聘，蓋亦如此。則諸侯執命圭者必搢荼，大夫執聘圭者必搢笏，及其合瑞而授圭，則執其所搢而已，此所謂見於天子無説笏也。見天子也，入太廟也，射也，皆禮之不可忽者，故不説笏。小功，則禮可以勝情，故亦不説笏。當事而免，則事可以勝禮，故説之。小功不説笏，則大功以上説之可知。

《朱子語録》曰：今官員執笏，最無義理。笏者只在君前記事，恐事多，須以紙粘笏上，記其頭緒，或在君前不可以手指人物，便用笏指之。此笏常只插在腰間，不執在手中。夫子攝齊升堂，何曾手中有笏。攝者是畏謹，恐上階時踏着裳，有顛仆之患。執圭者，自是贄見之物，只是捧至君前，不是如執笏。所以夫子執圭時，便足縮縮如有循，緣手中有圭，不得攝齊，亦防顛仆。

按圭，鎮寶也。笏，服飾也。圭則報之以爲信，笏則執之以爲飾。晦庵言笏只是君前記事指畫之具，不當執之於手。然古者天子亦有笏，豈亦藉此以記事指畫乎。蓋朝章之服飾也。但天子之笏以玉爲之，其制似圭，而天子與公侯伯之圭，上鋭下方，其形類笏，故後人或誤以圭爲笏。然笏者非執則搢，不可須臾去身者也。若圭，則天子以禮神，諸侯以朝見天子，不過於當事之時暫捧之而即奠之，不常執也。嘗見繪禮圖者，繪上公衮冕執桓圭在手，如秉笏之狀是矣。至卿大夫無圭璧，則端冕盛服，而執所謂羔雁者在手，殊爲可笑。蓋誤以圭爲笏，誤以鎮信之具爲服飾之具故也。所謂公執桓圭，至士執雉者，特言贄之等級耳。此執字，非必謂兩手捧之當心，如執笏之狀也。又如大司馬振旅之時，王執路鼓，諸侯執賁鼓，此二鼓乃鼓中之至大者，師之耳目係焉，故王之與諸侯，自司其事，而謂之執，豈亦以是二鼓者執之於手而如執圭之狀乎。

又卷一一二《王禮考七》 按《炙轂子》：魚袋，古之算袋。魏文帝易以龜，取其先知歸順之義，唐改以魚袋，取其合魚符之義。自一品至六品以下皆佩。唐初，卿大夫歿，追取魚袋。永徽中敕，生平在官用爲褒飾，亡没追收，情所不忍。五品以下亡歿，隨身魚袋不追。

明・焦竑《焦氏筆乘》卷三《笏制》 《玉藻》：笏，天子以球玉，諸侯以象，大夫以魚須文竹，士竹本象可也。魚須文竹，謂以竹爲笏，而刻畫爲魚須之文以飾之。蓋大夫下於諸侯，故不敢用象，而文以魚須，亦示華重之意。若士又下於大夫，故直用竹之本形爲笏，而不加飾，其視魚須爲又殺矣。此象字，與上象字不同。本象者，言用竹之本形也。應氏謂士以遠君而伸，故飾以象，則是位下大夫而儀文顧與諸侯相埒，豈先王辨等之禮哉。

綜述

《後漢書》卷四〇《輿服志下》 佩刀，乘輿黄金通身貂錯，半鮫魚鱗，金漆錯，雌黄室，五色罽隱室華。諸侯王黄金錯，環挾半鮫，黑室。公卿百官皆純黑，不半鮫。小黄門雌黄室，中黄門朱室，童子皆虎爪文，虎賁黄室虎文，其將白虎文，皆以白珠鮫爲鏢口之飾。《通俗文》曰：刀鋒曰鏢。乘輿者，加翡翠山，紆嬰其側。《左傳》曰：藻絳鞞鞛。杜預曰：鞞，佩刀削上飾。鞛，下飾也。鄭玄《詩箋》曰：既爵命賞賜，而加賜容刀有飾，顯其能制斷也。《春秋繁露》曰：劍之在左，青龍之象也。刀之在右，白虎之象也。韍之在前，朱鳥之象也。冠之在首，玄武之象也。四者，人之盛飾也。臣昭案：自天子至于庶人，咸皆帶劍。劍之與刀，形制不同，名稱各異，故蕭何劍履上殿，不稱爲刀，而此志言不及劍，如爲未備。

《隋書》卷一二《禮儀志七》 綬。王，纁朱綬，四采，赤黄縹紺，純朱質，纁文織，長一丈八尺，二百四十首，廣九寸。公，玄朱綬，四采，玄赤縹紺，純朱質，玄文織，長一丈八尺，二百四十首，廣九寸。侯、伯，青朱綬，四采，青赤白縹，純朱質，青文織，長一丈六尺，百八十首，廣八寸。子、男，素朱綬，三采，青赤白，純朱質，白文織成，一丈四尺，百四十首，廣七寸。正、從一品，緑綟綬，四采，緑紫黄赤，純緑質，長一丈八尺，二百四十首，廣九寸。從三品已上，紫綬，三采，紫黄赤，純紫質，長一丈六尺，百八十首，廣八寸。銀青光禄大夫，朝議大夫及正、從四品，青綬，三采，青白紅，純青質，長一丈四尺，百四十首，廣七寸。正、從五品，墨綬，二采，青紺，純紺質，長一丈四尺，百首，廣六寸。自王公已下，皆有小雙綬，長二尺六寸，色同大綬，而首半之。正、從一品，施二玉環，已下不合。其有綬者則有紛，皆長六尺四寸，廣二寸四分，各隨其綬色。

唐・杜佑《通典》卷六三《禮二十三》 天子諸侯玉佩劍綬璽印：周　秦　漢　後漢　晉　齊　梁　陳　北齊　後周　隋　大唐

周制，天子佩白玉而玄組綬，公侯佩山玄玉而朱組綬，大夫佩水蒼玉而緇組綬，世子佩瑜玉而綦組綬，士佩瓀玫而緼組綬。古者君子必佩玉。有山玄、水蒼者，視之文色所似也。綬者所以貫佩玉，相承受。綦，文雜色也。緼，赤黄色。王鎮圭，長尺有二寸。鎮，安也，所以安四方。鎮圭者，蓋以四鎮之山爲瑑飾。大圭，長三尺，杼上終葵首，或謂之珽。終葵，椎也。爲椎於其杼上，明無所屈也。杼，殺也。繅藉五采五就以朝日。公執桓圭，九寸，侯執信圭，伯執躬圭，皆七寸，繅皆三采三就。子執穀璧，男執蒲璧，繅皆二采再就，以朝覲宗遇會同於王。三采，白朱蒼。二采，朱緑也。公，二王後及王之上公。雙植謂之桓。桓，宫室之象，所以安其上也。信當爲身。身圭、躬圭，蓋皆象以人形爲瑑飾，文有粗縟耳，欲其慎行以保身。穀所以養人，蒲爲席，所以安人，蓋以穀蒲爲瑑飾。諸侯朝天子所執，諸侯相見亦如之。凡玉，天子用全，上公用龍，侯用瓚，伯用將。龍當爲尨。尨謂雜色。瓚讀爲餐饡之饡。龍、瓚、將，皆雜名也。卑者下尊，以輕重爲差，玉多則重，石多則輕。公侯四玉一石，伯子男三玉二石。饡音贊。自五霸迭興，戰兵不息，珮非戰器，韍非兵旗，於是解去綬珮，留其係璲，以爲章表，韍珮遂廢。

又 韍珮既廢，乃以采組連結於璲，光明章表，轉相結受。故謂之綬。秦漢以降，逮於周隋，既多無注解，或傳寫訛舛，有義理難明，雖研核莫辨。今但約其本史，聊存一代之制，他皆類此，覽之者幸詳察焉。

漢高帝入關，得秦始皇白玉璽佩之，曰傳國璽，與斬蛇劍俱爲乘輿之寶。韍承秦制，用而弗改，加之以雙印、佩刀。

後漢孝明帝乃爲大佩，衝牙雙瑀璜，皆以白玉。《詩》云：雜佩以贈之。毛萇曰：珩、璜、琚、瑀，衝牙之類。《三禮圖》曰：凡玉佩上有雙衔，下有雙璜，琚瑀以雜之，衝牙蠙珠以納其間。《玉藻》云：右徵角，左宫羽，進則揖之，退則揚之，然後玉鏘鳴也。《纂要》曰：琚瑀所以納間，在玉之間，今白珠也。乘輿落以白珠，公卿諸侯以采絲，其視冕旒，爲祭服云。

佩刀，乘輿黄金通身貂錯，半鮫魚鱗，金漆錯，雌黄室，五色罽隱室華。諸侯王黄金錯，環挾半鮫，黑室。公卿百官皆淳黑，不半鮫。小黄門雌黄室，中黄門朱室，童子皆虎爪文，虎賁黄室虎文，其將白虎文，皆以白珠鮫爲鏢口之飾。《通俗文》曰：刀鋒曰鏢。匹燒反。乘輿者，加翡翠山，紆嬰其側。《左傳》曰：藻率鞞鞛。注云：鞞，佩刀鞘上飾。鞛，下飾也。鄭玄《詩箋》曰：既爵命賞賜，而加賜容刀有飾，顯其能制斷也。《春秋繁露》曰：劍之在左，青龍之象也。刀之在右，白虎之象也。韍之在前，朱雀之象也。冠之在首，玄武之象也。四者，人之盛飾也。梁劉昭曰：自天子至於庶人，咸皆帶劍。劍之與刀，形制不同，名稱各異，故蕭何劍履上殿，不稱爲刀。而《漢志》言不及劍，殊爲未備。

佩雙印，長寸二分，方六分。乘輿、諸侯王公列侯以白玉，中二千石以下至四百石皆以黑犀，二百石以至私學弟子皆以象牙。上合絲，乘輿以縢貫白珠，赤罽蕤，諸侯王以下綪，口故反。赤絲蕤，縢綪各如其印質。刻書文曰：正月剛卯既決，靈殳四方，赤青白黄，四色是當。凡六十六字。乘輿黄赤綬，四采，黄赤縹紺，淳黄圭，長二丈九尺九寸，五百首。凡綬，先合單紡爲一系，四系爲一扶，五扶爲一首，五首成一文，文采純爲一圭。首多者系細，首少者系粗。《漢官儀》曰：璽皆白玉螭虎鈕，文曰皇帝行璽、皇帝之璽、皇帝信璽、天子行璽、天子之璽、天子信璽，凡六璽。皇帝行璽，天子之璽，賜侯王書。信璽，發兵徵大臣。天子行璽，策拜外國及事天地鬼神。璽皆以武都紫泥封，青囊白素裏，兩端無縫，尺一板中約署。皇帝帶綬，黄地六采，不佩璽。璽以金銀縢組，侍中組負以從。秦以前民皆佩綬，金、玉、銀、銅、犀、象爲方寸璽，各從所好。奉璽書使者乘馳傳。其驛騎也，三騎行，晝夜千里爲程。諸侯王赤綬，徐廣曰：太子及諸王金印，龜鈕，纁朱綬。四采，赤黄縹紺，淳赤圭，長二丈一尺，三百首。太皇太后、皇太后、皇后，其綬皆與乘輿同。長公主、天子貴人與諸侯王同綬者，加特也。諸國貴人、相國皆緑綬，三采，緑紫紺，淳緑圭，長二丈一尺，二百四十首。《前漢書》曰：相國、丞相皆秦官，金印紫綬。高帝相國緑綬。徐廣曰：金印緑綟綬。綟音戾，草名也。以染似緑，又曰似紫。紫綬名緺綬，緺音瓜，其色青紫。公加殊禮，皆服之。公、侯、將軍紫綬，二采，紫白，淳紫圭，長丈七尺，百八十首。《前漢書》曰：太尉，金印紫綬。御史大夫位上卿，銀印青綬，成帝更名大司空，金印紫綬。將軍亦金印。《漢官儀》曰：馬防爲車騎將軍，銀印青綬，在卿上，絶席。和帝以竇憲爲車騎將軍，始加金紫，次司空。九卿、中二千石、二千石青綬，三采，青白紅，淳青圭，長丈七尺，百二十首。一號青緺綬。自青綬以上，縌音逆。皆長三尺二寸，與綬同采而首半之。縌者，古佩璲也。佩綬相迎受，故曰縌。紫綬以上，縌綬之間得施玉環鐍云。《通俗文》曰：缺環曰鐍。《漢舊儀》曰：其斷獄者印爲章也。千石、六百石黑綬，三采，青赤紺，淳青圭，長丈六尺，八十首。四百石、三百石長同。《漢官儀》曰：尚書僕射，銅印青綬。四百石、三百石、二百石黄綬，淳黄圭，一采，長丈五尺，六十首。自黑綬以下，縌綬皆長三尺，與綬同采而首半之。百石青紺綬，一采，宛轉繆織圭，長丈二尺。丁孚《漢儀》：乘輿綬，黄地冒白羽，青絳緑五采，四百首，長二丈三尺。諸王綬四采，絳地冒白羽，青黄去緑，二百六十首，長二丈一尺。公主綬如王。侯，絳地，紺縹三采，百二十首，長丈八尺。二千石綬，羽青地，桃華縹三采，百二十首，長丈八尺。黑綬，羽青地，絳二采，八十首，長丈七尺。黄綬，一采，八十首，長丈七尺。以爲常式。民織綬不如式，没入官，犯者爲不敬。二千石綬以上，禁民無得織以粉組。吴孫權以無工刻玉璽，用金爲璽，孫皓造金璽六枚是也。又有麟鳳龜龍璽，駝馬鴨頭雜印。

晉制，盛服則雜寶爲佩，金銀校飾綬，黄赤縹紺四采。太子、諸王纁朱綬，赤黄縹紺。相國緑綟綬，綟與盭同。三采，緑紫紺。郡公朱，侯伯青朱，子男素朱，皆三采。公嗣子紫，侯嗣子青，鄉、亭、關内侯紫綬，皆二采。郡國太守、内史青，尚書令僕射、中書監令、秘書監皆黑，丞皆黄，諸府丞亦然。其佩刀者，以木代真刀也。

宋皇太子，金璽龜鈕，朱綬，四采，赤黄縹紺，佩瑜玉。諸王，金璽龜鈕，纁朱綬，四采，赤黄縹紺，佩山玄玉。郡公，金章，玄朱綬，佩山玄玉。太宰、太傅、太保，丞相，司徒、司空，金章，紫綬，佩山玄玉。相國則緑綟綬，三采，緑紫紺。大司馬、大將軍、太尉、凡將軍位從公者，金章，紫綬，佩山玄玉。郡侯，金章，青朱綬，佩水蒼玉。

又 齊乘輿制六璽，以金爲之，并依秦漢之制。【略】其綬，乘輿黄赤綬，黄赤縹紺四采。太子朱綬，諸王纁朱綬，赤黄縹紺色亦同。相國緑綟綬，三采，緑紫紺。郡公玄朱，侯伯青朱，子男素朱，皆三采。公嗣子紫，侯嗣子青，鄉亭侯、關中關内侯墨綬，皆二采。郡國太守、内史青，尚書令、僕射、中書監令、秘書監皆黑，丞皆黄，諸府丞亦然。

梁制，乘輿印璽，並如齊制。皇太子，金璽龜鈕，朱綬，三百首，佩瑜玉，帶鹿盧劍，火珠首，素革帶，玉鉤燮，獸頭鞶囊。諸王，金璽龜鈕，纁朱綬，百六十首，佩山玄玉，垂組，大帶，獸頭鞶，腰劍。若加餘官，則服其加官之服。開國公，金章龜鈕，玄朱綬，百四十首，佩山玄玉，獸頭鞶，腰劍。

又 陳制，永定元年，武帝所定乘輿服御，皆采梁舊制。以天下初定，務從節儉，應用繡、織成者，並可采畫，珠玉之飾，任用蚌也。至天嘉初，悉改易之，令一依梁天監舊事。諸王及開國五等諸侯，縣、鄉、亭、關内、關中及名號侯，關外侯，王嗣子，太宰，太傅，太保，司徒，司空，大司馬，大將軍，太尉，諸位從公者，並如梁制。餘官不見者，亦與梁制同，不復具云。

尚書令、僕射，金章龜紐，紫綬，八十首，獸頭鞶，尚書無印綬及鞶。侍中常侍夾御，御下輿，則扶左右，侍中驂乘，則不帶劍。中書監令、秘書監，銀章龜鈕，青綬，八十首，獸頭鞶，腰劍。鎮、衛、驃騎、車騎、中軍、中衛、中撫軍、中權、四征、四鎮、四安、四翊、四平將軍，金章獸鈕。其冠軍、四方中郎將，金章豹鈕，紫綬，八十首，獸頭鞶，佩水蒼玉。自中軍以下諸將軍、冠軍、四方中郎將，並官不給佩也。

又 北齊制，天子六璽，並因舊式。【略】諸侯印綬，二品以上並金章紫綬，三品銀章青綬。【略】四品得印者，銀印青綬。五品、六品得印者，銅印墨綬。【略】七品、八品、九品得印者，銅印黄綬。金銀章印及銅印，並方一寸，皆龜鈕。四方諸藩國王之章，上藩用金，下藩用銀，並方寸，龜鈕。【略】其鞶囊，二品以上金縷，三品金銀縷，四品銀縷，五品、六品綵縷，七品、八品、九品綵縷，獸爪鞶。官無印綬者，並不給佩鞶囊及爪。

其佩及劍，一品，玉具劍，佩山玄玉。二品，金裝劍，佩水蒼玉。三品及開國子男，五等散品名號侯雖四品、五品，並銀裝劍，佩水蒼玉。侍中以下，通直郎以上，陪位則象劍。木劍也，言其象真劍。帶劍者，入宗廟及升殿，若在仗内，皆解劍。

後周皇帝八璽，有神璽，有傳國璽，皆寶而不用。【略】其組綬，皇帝以蒼、青、朱、黄、白、玄、纁、紅、紫、緅、則侯反。碧、緑，十有二色。諸公九色，自黄以下。諸侯八色，自白以下。諸伯七色，自玄以下。諸子六色，自纁以下。諸男五色，自紅以下。三公之綬，如諸公。三孤之綬，如諸侯。六卿之綬，如諸伯。上大夫之綬，如諸子。中大夫之綬，如諸男。下大夫綬，自紫以下。士之綬，自緅以下。其璽印之綬，亦如之。

又 隋制，神璽，寶而不用。受命璽，封禪則用之。餘六璽，行用並因舊制。

其綬，王，纁朱綬，四綵，赤黄縹紺，純朱質，纁文織成，長丈八尺，二百四十首，廣九寸。公，玄朱綬，四綵，玄赤縹紺，純朱質，玄文織成，長丈八尺，二百四十首，廣九寸。侯、伯，青朱綬，四綵，青赤白縹，純朱質，青文織成，長丈六尺，百八十首，廣八寸。子、男，素朱綬，三綵，青赤白，純朱質，白文織成，長丈四尺，百四十首，廣七寸。正、從一品，緑綟綬，四綵，緑紫黄赤，純緑質，長丈八尺，二百四十首，廣九寸。從三品以上，紫綬，三綵，紫黄赤，純紫質，長丈六尺，百八十首，廣八寸。銀青光禄大夫，朝議大夫及正、從四品，青綬，三綵，青白紅，純青質，長丈四尺，百四十首，廣七寸。正、從五品，墨綬，二綵，青紺，純緇質，長丈二尺，百首，廣六寸。自王公以下，皆有小雙綬，長二尺六寸，色同大綬，而首半之。正、從一品，施二玉環，以下不合。其有綬者則有紛，皆長六尺四寸，廣二寸四分，各隨綬色。

其鞶囊，如北齊制。佩，一品及五等諸侯，並山玄玉。五品以上，水蒼玉。

又 永徽二年四月，敕開府儀同三司及京官文武職事四品、五品，並給隨身魚袋。上元元年八月，敕文武官三品以上，金玉帶，十三銙。四品，金帶，十一銙。五品，金帶，十銙。六品、七品，並銀帶，九銙。八品、九品，服並鍮石帶，八銙。庶人服黄銅鐵帶，六銙。其一品以下，文官並帶手巾、算袋、刀子、磨石，其武官欲帶手巾、算袋，亦聽。武太后天授元年九月，改内外官所佩魚爲龜。至神龍元年二月，京文武官五品以上，依舊式佩魚袋。垂拱二年正月敕文，諸州都督刺史，並准京官帶魚袋。長壽三年，改玉璽爲符寶。久視元年十月，職事三品以上龜袋，宜用金飾，四品用銀飾，五品用銅飾。上守下行，皆依官給。神龍元年，改符寶復爲璽。神龍元年六月敕文，嗣王、郡王有階卑者，特許佩金魚袋。景雲二年四月敕文，敕令内外官依上元元年敕，文官武官咸帶七事謂佩刀、刀子、磨石、契苾真、噦厥、針筒、火石袋等也。鞊鞢。其腰帶，一品至五品並用金，六品、七品並用銀，八品、九品並用鍮石。

唐·蘇鶚《蘇氏演義》卷下 漢舊制，乘輿黄赤綬，四采，黄、赤、縹、紺，淳黄爲圭，長二丈九尺九寸，五百首。諸侯王赤綬，四采，赤、黄、縹、紺，淳赤圭，長二丈一尺，三百首。太皇太后、皇后皆與乘輿同。長公主、天子貴人與諸侯王同綬者，所加也。諸國貴人、相國皆緑綬，三采，緑、紫、紺，淳緑圭，長二丈一尺，二百四十首。公、侯、將軍紫綬，二采，紫、白，淳紫圭，長一丈七尺，百八十首。公主、封君服紫綬。九卿、中二千石、二千石青綬，三采，青、白、紅，淳青圭，長一丈七尺，百二十首。自青綬以上，縌皆長三尺二寸，與綬同采而首半之。

縌者，古珮璲也。佩綬相迎授，故曰縌。紫綬以上，縌綬之間得施玉環止玉玦云。千石、六百石黑綬，三采，青、赤、紺，純青圭，長一丈六尺，八十首。四百石、五百石長同。三百石、二百石黄綬一采，淳黄，圭長一丈五尺，六十首。自黑綬以下，縌皆長三尺，與綬同采而首半之。百石青紺綬，一采，婉轉繆織，織長一丈二尺。凡先合單紡爲一系，四系爲一扶，五扶爲一首，五首成一丈，文采淳爲一圭，首多者系細，首少者系麤，皆廣一尺六寸也。漢末喪亂，玉佩之法絶而不傳。魏侍中王粲識古佩法，始更制焉。

五代·馬縞《中華古今注》卷上《文武品階腰帶》 蓋古革帶也。自三代已來，降至秦漢，皆庶人服之，而貴賤通以銅爲銙，以韋爲鞓。六品已上用銀爲銙，九品已上及庶人以鐵爲銙。沿至貞觀二年，高祖三品已上，以金爲銙，服緑。庶人以鐵爲銙，服白。向下插垂頭而取順，合呼撻尾。漢中興，每以端午賜百僚烏犀腰帶。魏武帝賜宫人金隱起師子銙腰帶，以助將軍之勇也。高祖貞觀中，端午賜文官黑玳瑁腰帶，武官黑銀腰帶，示色不改更故也。

又《天子乘輿赤綬》 天子乘輿之制，赤綬，四采，黄、赤、縹、紺，黄爲圭，長二丈九尺，五百首。諸侯赤綬，四采，赤、黄、縹、紺，淳赤圭，長二丈一尺，三百首。

元·馬端臨《文獻通考》卷一一一《王禮考六》 天子素帶朱裏，終辟。謂大帶也。而素帶，終辟。大夫素帶，辟垂。士練帶，率下辟。辟，依注爲裨，婢支反。率音律。而素帶終辟，謂諸侯也。諸侯不朱裏，合素爲之，下天子也。大夫亦如之。率，繂也。士以下皆裨不合而繂積，如今作幧頭爲之也。辟讀如裨冕之裨。裨，謂以繒采飾其側，人君充之。大夫裨其紐及末，士裨其末而已。幧，七曹反。疏曰：天子素帶朱裏者，以素爲帶，用朱爲裏。終辟，辟而裨也。終，竟。帶身在要及垂皆裨，故云終辟。諸侯以素爲帶，不以朱爲裏，亦用朱緑終辟。大夫亦素爲帶，不終裨，但以元華裨其身之兩旁及屈垂者。士練帶率下辟者，士用熟帛練爲帶，其帶用單帛，兩邊繂而已。繂，謂纏緝也。下裨者，但士帶垂者必反屈嚮上，反垂而下。大夫則總，皆裨之。士則用緇，唯裨繟下垂者。并紐約用組，三寸，長齊於帶。紳長，制：士三尺，有司二尺有五寸。子游曰：三分帶下，紳居二焉。紳韠結三齊，三寸，謂約帶紐組之廣也。長齊於帶，與紳齊也。紳，帶之垂者也，言其屈而重也。《論語》曰：子張書諸紳。有司，府史之屬也。三分帶下而長三尺，則帶高於紳也。結，約餘也。疏曰：記者引子游之言，以證紳之長短。人長八尺，大帶之下四尺五寸，分爲三分，紳居二分焉，紳長三尺也。革帶博二寸，《玉藻》革帶博二寸，其説見上文韠制。大夫大帶四寸。雜帶，君朱緑，大夫元華，士緇辟，二寸，再繚四寸。凡帶，有率，無箴功。雜，猶飾也，即上裨也。君裨帶上以朱，下以緑終之。大夫裨垂外以元，内以華。華，黄色也。士裨垂之下，外、内皆以緇，是爲緇帶。大夫以上以素，皆廣四寸。士以練，廣二寸，再繚之。凡帶，有司之帶也，亦綼之，如士帶矣。無箴功，則不裨之士，雖綼帶裨，亦用箴功。楊氏曰：《禮》士練帶，率下辟。《士冠》主人朝服緇帶，冠者爵、皮弁、緇布冠，皆緇帶。則士帶皆練，而皆飾以緇也。

又 天子佩白玉而元組綬，公侯佩山元玉而朱組綬，大夫佩水蒼玉而純組綬，世子佩瑜玉而綦組綬，士佩瓀玟而緼組綬。玉有山元、水蒼者，視其文色所似也。綬者，所以貫佩玉相承受者也。純當爲緇，古文緇字或作絲旁才。綦，文雜色也。緼，赤黄。純讀爲緇，佩其反。瑜，羊朱反。綦音其。瓀，而兖反。玟，武巾反，字又作砇，同緼，音温。疏曰：玉色似山之元而雜有文，似水之蒼而雜有文，故云文色所似。但尊者玉色純，公侯以下玉色漸雜，而世子及士唯論玉質，不明玉色，則玉色不定也。瑜是玉之美者，故世子佩之。瓀玟，石次玉，賤，故士佩之。一命緼韍幽衡，再命赤韍幽衡，三命赤韍葱衡。緼韍注見上韍條。衡，佩玉之衡也。幽讀爲黝，黑謂之黝，青謂之葱。韋昭曰：衡似磬而小。孔穎達曰：佩玉上繫於衡，下垂三道，穿以蠙珠，前後下端垂以璜，中央下端垂以衝牙。褑，佩之衿也。鄭氏謂凡佩繫於革帶，則繫於革帶者褑也。璜，肉倍好謂之璧，半璧謂之璜。《大戴記》曰：下有雙璜，璜居前後，而牙衝之，然後有宫、角、徵、羽之音。衝牙，《玉藻》曰：佩玉有衝牙。鄭氏謂居中央以爲前後觸。琚瑀，《説文》曰：琚，佩玉名。瑀，玟，石似玉也。《大戴記》曰：上有雙衡，下有雙璜，衝牙蠙珠，以納其間，琚瑀以雜之。注曰：玭珠納於衡璜之間。玭亦作蠙，總曰玭珠，而赤者曰琚，白者曰瑀。左氏《詩傳》曰：雜佩者，珩、璜、瑀、衝牙之類。則居中央而璜瑀爲之也。《纂要》曰：琚、瑀則在佩玉之中間。《禮記》曰：行步有環佩之聲。又：孔子佩象環，衛南子環佩璆然，魯昭公賜仲環而佩之。漢制：綖綬之間，得施之玉環鐍。蓋古者佩玉則有環。

古之君子必佩玉，君子，士以上。右徵角，左宫羽，玉聲所中也。徵角在右，事也，民也，可以勞。宫羽在左，君也，物也，宜逸。趨以采齊，路門外之樂節，至應門謂之趨。齊當作楚薺之薺。采薺，詩名。行以肆夏，登堂之樂節。周還中規，反行也，宜圜。折還中矩，曲行也，宜方。進則揖之，退則揚之，然後玉鏘鳴也。揖之謂小俛，見於前也。揚之請小仰，見於後也。鏘，聲貌。故君子在車則聞鸞和之聲，行則鳴佩玉，是以非辟之心，無自入也。鸞在衡，和在式。自，由也。君在不佩玉，左結佩，右設佩，謂世子也。出所處而君在焉，則去德佩而設事佩，辟德而示即事也。結其左者，若於事有未能也。結者，結其綬不使鳴焉。居則設佩，謂所處而君不在焉。朝則結佩，朝於君亦結左。齊則綪結佩而爵韠。綪，屈也。結又屈之，思神靈不在事也。爵韠者，齋服元端。齊，側皆反，注同。綪，側耕反。凡帶必有佩玉，唯喪否。喪主於哀去飾，謂天子以至於凡士。佩玉有衝牙，居中央，以前後觸也。君子無故玉不去身，君子於玉比德焉。故謂喪與灾眚。

又 笏，天子以球玉，諸侯以象，大夫以魚須文竹，士竹本象可也。球，美玉也。文，猶飾也。大夫、士飾竹以爲笏，不敢與君並用純物也。《正義》曰：大夫以魚須文竹者，文飾也。以鮫魚須飾竹而成文。士以竹爲本，質以象牙，飾其邊緣。飾之可也，言可者，通許之辭。見於天子，與射，無説笏，入太廟説笏，非禮也。言凡吉事，無所説笏也。太廟之中，唯君當事説笏也。小功不説笏，當事免則説之。免，悲哀哭痛之時，不在於記事也。小功輕不當事，可以搢笏也。既搢必盥，雖有執於朝，弗有盥矣，搢笏輒盥，爲必執事。凡有指畫於君前，用笏，造受命於君前，則書於笏。笏，畢用也，因飾焉。畢，盡也。疏曰：謂事事盡用笏記之。因飾焉者，因其記事所須以爲等級。笏度二尺有六寸，其中博三寸，其殺六分而去一。殺，猶杼也。天子杼上終葵首，大夫、士又杼其下，首廣二寸半。《正義》曰：天子杼上，此云殺，故知殺猶杼也。云諸侯不終葵首者，以《玉人》云天子終葵首，故知諸侯不也。葵首，椎頭也。云大夫、士又杼其下者，以經特明云其中博三寸，明笏上下二首不博三寸。諸侯既南面之君同殺其上，大夫、士北面之臣，宜俱殺其下也。

天子搢珽，方正於天下也。此亦笏也，謂之珽，珽然無所屈也，或謂之大圭，長二尺。杼上終葵首，終葵首者，於杼上廣其首，方如椎頭，是謂無所屈，後則恒直。《相玉書》曰：珽玉六寸，明自炤。諸侯荼，前詘後直，讓於天子也。荼讀爲舒遲之舒。舒懦者所畏在前也。詘，謂圜殺其首不爲椎頭。諸侯唯天子詘焉，是以謂笏爲荼。大夫前詘後詘，無所不讓也。大夫奉君命出入者也，上有天子，下有己君，又殺其下而圜。

將適公所，史進象笏，書思、對、命。思，所思念，將以告君也。對，所以對君者也。命，所受君命者也，書之於笏，備失忘也。年不順成，君衣布搢本。搢本，去珽，荼、佩，士笏也。

又卷一一二《王禮考七》 革帶，古之鞶帶也，謂之鞶革，文武衆官牧、守、丞、令下及騶寺皆服之。其有囊綬，則以綴於革帶，其戎服則以皮絡帶代之。八座尚書荷紫，以生紫爲袷古洽反。囊，綴之服外，加於左肩。昔周公負成王，制此服衣，至今以爲朝服。或云漢時用盛音成。奏事，負之以行，未詳也。

又 笏，古者貴賤皆執笏，其有事則搢之於腰帶。所謂搢紳之士者，搢笏而垂紳帶也。紳垂長三尺。笏者，有事則書之，故常簪筆，今之白筆是其遺象。三臺、五省二品文官簪之，王、公、侯、伯、子、男、卿尹及武官不簪，加内侍位者乃簪之。手版即古笏矣。尚書令、僕射、尚書手版頭復有白筆，以紫皮囊之，名曰笏。宋因之。

又 珽，天子之笏，長尺二寸，方而不折，以球玉爲之。笏度二尺有六寸，中博二寸，其殺六分去一。晉宋以來謂之手版，此乃不經，今還謂之笏，以法古名。自西魏以降，五品以上，通用象牙，六品以下，兼用竹木。

又 高宗給五品以上隨身銀魚袋，以防召命之詐，出内必合之。三品以金飾袋。垂拱中，都督刺史始賜魚，天授二年，改佩魚皆爲龜。其後三品以上龜袋飾以金，四品以銀，五品以銅。龜袋始於魏，唐改魚袋，至武后改魚爲龜。中宗初，罷龜袋，復給以魚，郡王、嗣王亦服金魚袋。景龍中，令特進佩魚，散官佩魚，自此始也。然員外，試、檢校官猶不佩魚。景雲中，詔衣紫者魚袋以金飾之，衣緋者以銀飾之。開元初，駙馬都尉從五品者假紫金魚袋，都督、刺史品卑者假緋魚袋，五品以上檢校、試、判官皆佩魚。中書令張嘉貞奏，致仕者佩魚終身。自是百官賞緋紫必兼魚，謂之章服，當時服朱紫佩魚者衆矣。

又 唐初賞朱紫者服於軍中，其後軍將亦賞以假緋紫，有從戎缺髈之服，不在軍者服長袍，或無官而冒衣緑，有詔殿中侍御史糾察。諸衛大將軍中郎以下給袍者皆易其繡文，千牛衛以瑞牛，左右衛以瑞馬，驍衛以虎，武衛以鷹，威衛以豹，領軍衛以白澤，金吾衛以辟邪。

八年，敕：諸笏，三品已上，前詘後直，五品以上，前詘後挫，並用象。九品以上，任用竹木，上挫下方。聽依品爵報笏。假版官者亦依此例。

《張九齡傳》：九齡體有蕴籍，故事，公卿皆搢笏於帶，而後乘馬，九齡獨常使人持之，因設笏囊，自九齡始。

德宗貞元十五年，膳部郎中歸崇敬以百官朔望朝服袴褶非古禮，上疏云：按三代典禮，兩漢史籍，並無袴褶之制，亦未詳所起之由。隋代以來，始有服者，請罷之。詔可。

又卷一一三《王禮考八》 腰帶之制，恩賜有金毬路、荔枝、師蠻、海捷、寶藏，方團二十五兩。荔枝自二十五兩至七兩，有四等。師蠻二十五兩，海捷十五兩，寶藏二十兩。惟毬路方團胯，餘悉方胯。荔枝或爲御仙花，束帶亦同。金塗天王、八仙、犀牛、寶瓶、荔枝、師蠻、海捷、雙鹿、行虎、窪面。天王、八仙二十五兩，犀牛、寶瓶自二十五兩至十五兩，有二等。荔枝自二十兩至十兩，有三等。師蠻自二十兩至十八兩，有二等。海捷十五兩至十兩，有三等。雙鹿自二十兩至四兩，有九等。行虎七兩，窪面自十五兩至十二兩，有二等。束帶之制，有金荔枝、師蠻、戲童、海捷、犀牛、胡荽、鳳子、寶花，荔枝自二十五兩至十五兩，有三等。師蠻、戲童二十五兩。海捷自二十兩至十五兩，有二等。犀牛二十兩，鳳子、寶花十五兩。金塗犀牛、雙鹿、野馬、胡荽。犀牛、野馬十五兩。雙鹿自二十兩，有三等。胡荽自十五兩至十兩，有三等。犀有上等、次等，以牯牸爲別。出黔南者，在南海之下。太平興國七年正月，翰林學士承旨李昉等奏曰：奉詔詳定車服制度，按禮部式飾以金玉之類，蓋腰帶之制也。今請從三品以上服玉帶，四品以上服金帶，以下升朝官、雖未升朝已賜紫緋、内（取）［職］諸軍將校，並服紅鞓，金塗銀（緋）［排］方。雖升朝著緑者，公服上不得繫銀帶，餘官服黑銀方團胯及犀角帶。貢士及胥吏、工商、庶人服鐵角帶，恩賜者不用此制。荔枝帶本是内出以賜將相，在於庶僚，豈可僭服。望非恩賜者，官至三品乃得服之。景德三年，詔出入内庭，不許服假通犀帶。大中祥符五年，詔曰：方團金帶，優寵輔臣。今文武庶官及技術之流，率以金銀倣效，甚紊彝制。自今除恩賜外，悉禁之。

笏，唐制，五品以上用象，上圓下方，六品以下用竹、木，上挫下方。宋朝文散五品以上用象，九品以上用木。武臣、内職並用象，千牛衣緑亦用象，庭賜緋、緑者皆給之。

魚袋，唐制，散官二品、京官文武職事五品以上及都督刺史皆帶魚袋。國初，其制多闕。雍熙元年南郊畢，内出魚袋以賜近臣，由是内外升朝文官皆帶。凡服紫者飾以金，服緋者飾以銀，庭賜紫者，給以金塗魚袋，賜緋亦有特給者。京朝、幕職州縣官賜緋紫者，亦帶。親王武官、内職將校皆不帶。大中祥符六年，詔技術官未升朝賜緋者，不得佩魚袋。

又 凡帶有玉、有金、有銀、有犀，其下銅、鐵、石、角、墨玉之類，各有等差。玉帶不許施於公服。犀非品官、通犀非特旨皆禁。銅、鐵、角、石、墨玉之類，民庶及郡縣吏、伎術等人，皆得服之。熙寧六年，收復熙河二州，帝御紫宸殿，宰臣王安石率群臣稱賀，上遂解所服玉帶賜焉。八年，岐王顥、嘉王頵言：蒙賜方團玉帶，著爲朝儀，乞寶藏於家，不敢服用。帝不之許，命工別琢玉帶以賜之。顥、頵等固辭，不聽。請加佩金魚以別嫌，詔以魚賜之。親王佩玉魚自此始也。

元豐五年，詔：三師、三公、宰相、執政、開府儀同三司、節度使嘗任宰相者，觀文殿學士以上，金毬文方團帶，佩魚。觀文殿學士至寶文閣直學士，節度使，御史大夫、中丞，六曹尚書、侍郎，散騎常侍御仙花帶，内御史大夫、六曹尚書、翰林學士以上及資政殿學士特班翰林學士上者，仍佩魚。

大觀二年，詔中書舍人、諫議大夫、待制殿中少監紅鞓帶，不佩魚。

又 詳定儀注所言，按周以上祭服，無劍而有屨。故《周官》司服之職，悉不著劍。自秦及西漢艱危用武之時，朝祭服皆佩劍。東漢大祭祀玉佩約屨以行事，惟朝尚佩劍。晉制，服劍以木代之，謂之班劍。東齊謂之象劍。今冬正大朝會，若服三代之冕服而用三代之禮，則去劍可也。若服秦漢之服，而用秦漢之禮，則可存劍。然文武異容，佩劍之制不當施於朝事。又《周禮》以不脱屨爲恭，以脱屨爲相親。今冬正朝會，若用周禮，則服當無劍，若襲秦漢之故，又恐佩劍而趨朝，脱屨而示恭，與三代禮意不合。其冬正朝會，乞約用《周禮》不服劍不脱屨焉。從之。而禮文所亦言《儀禮》尸坐不脱屨，鄭氏以爲侍神不敢惰。又古者朝服不佩劍，秦始加之，後漢祭服亦不佩劍。劍者武備，服以事神，於義無取。今祭祀用三代冕服而加以秦劍，尤爲失禮。於是又去景靈宫、太廟、南郊儀注及熙寧祀儀内解劍脱舄履之節。

又言，古者諸侯及群臣助祭，本無執玉帛羔雁之儀，故雖冕服，但當執笏。《玉藻》曰：見於天子，與射無説笏。入太廟説笏，非古也。説者以爲太廟之中唯君當事説笏，非是請群臣冕服助祭執笏。當事則搢笏，其陪位官亦合冕服執笏。從之。

又 舊制，服帶乘輿，東宫以玉，輔臣、侍從以金，親王、勛舊間賜以玉，其次有犀、有角。玉帶乘輿以排方，東宫不佩魚，親王佩玉魚，大臣、勛舊佩金魚。中興以來，宗室如居廣、士輵、璩伯圭，勛臣如劉光世、吴玠，舊弼如史浩，外戚如吴蓋、楊次山等，皆賜玉帶，以示異恩。其賜金帶及紅鞓犀帶，佩魚，如元豐以來故事。紹興元年，詔已給賜者不再賜，遷除合加魚袋者賜之。三年，詔侍從金帶於左藏庫關借，管軍帶御器械朝謝，武臣朝辭，賜金帶，並許繫，宗室正任及殿庭供職橫行亦如之。是歲，賜岳飛金帶、金束帶賜其將佐。其花犀帶，非宗室不許服。閤門官亦許繫金帶，或以左藏庫權借。經筵進講終篇，講官賜金帶象簡鞍馬，紹興二十五年，講《易》終篇，賜宰輔犀，侍讀已下金帶，或加賜金魚。淳熙七年，讀《三朝寶訓》終篇，宰輔賜犀金帶，侍讀以下賜鞍馬。紹興九年，詔太常寺應奉、祗應使臣亦依閤門例，服紅鞓帶。前宰執不帶職者同庶官，復執者亦許繫笏頭毬文金帶。紹興六年，秦檜以觀文殿學士朝見，因有是命。乾道三年，姜詵以曹臣賜金御仙花帶，後權工部侍郎，詔依本班服繫。又，太上皇帝賜浙東提點刑獄張津金帶。四年三月，詔樞密院諸房副承旨令祗候庫賜金帶。八年，詔左諫議大夫姚憲嘗爲侍郎，賜金帶，令依舊服繫著爲例。又詔中書舍人、左右諫議大夫、龍圖閣至敷文閣待制權侍郎服紅鞓排方黑犀帶，仍佩魚。故事，從官不帶待制以上職名而罷者，止服黑帶，佩魚。淳熙十年，始詔權侍郎以上罷任不帶職，許服紅鞓排方黑犀帶，佩魚。淳熙元年，幸玉津園燕射，保信軍節度使鄭藻、起居舍人王卿月等中的，賜襲衣金帶。三年，詔武臣知州軍官未陞朝者，依文臣守倅借服色例，權繫紅鞓角帶，回日依舊。紹熙四年，四川制置使京鏜因任賜金帶。嘉定十四年，詔宗室節度使帶嗣王、郡王、國公及檢校並許佩魚。高宗皇帝初開大元帥府服排方玉帶，語汪伯彦等曰：吾陛辭日，皇帝賜以寵行，吾遜辭久之。皇帝曰：朕昔在東宫，太上解此帶賜朕，卿宜收取。不得已，拜賜。建炎元年，賜宗澤襲衣、金帶。紹興二年，賜韓世忠帶、笏。二十五年賜安南李天祚襲衣、御仙花帶。凡郊祀加恩及襲封，皆賜焉，并馬二匹，金鍍銀鞍轡，纓，紱。其賜外國金帶皆以銀爲匣。嘉定中，真德秀、余嶸、李寀、陳晐以帥臣，楊簡以耆儒，各賜金帶也。

清・查慎行《人海記》卷下《持笏》 唐制，公卿皆搢笏於帶而後乘馬。張九齡獨使人持之，因設笏囊，自九齡始。明朝公卿多有肩輿，四品以下始乘馬。惟南京與外方面宫迎詔送表時，皆朝服乘馬，有搢笏於帶者，有手自持者，有人爲持者，以意自便，無所謂故事。

清・嵇璜《續通志》卷一二三《器服略》 天子諸臣玉佩劍綬璽印：臣等謹案，鄭《志》標題列天子諸伊玉佩劍綬璽印，其稱諸侯，蓋緣首載周制也。今續纂唐以下各朝，均無封建之制，諸侯二字自應删去，改列天子諸臣以符下所載備舉上下各制之例。

晉高祖天福三年六月，中書門下奏准敕制皇帝受命寶。【略】敕宜以受天明命，惟德允昌爲文刻之。

又 宋制，天子衮冕有六采綬，下垂小綬，結玉環，鹿盧玉具劍，玉鏢首，鏤玉雙佩，絳紗袍，佩有衡琚瑀衝牙。大祭祀大朝會皆執圭，有大圭、鎮圭。【略】其諸臣祭服有玉裝劍，佩錦綬玉環，六品以下無劍佩綬。朝服亦如之。

又 遼制，皇帝祭山用國服，則懸魚、三山紅，垂飾犀玉刀錯。用漢服衮冕，則有劍佩綬，通天冠、絳紗袍，亦有劍佩綬。【略】諸臣公服，一品以下五品以上，皆佩紛鞶囊。常服，五品以上文官佩手巾、筭袋、刀子、礪石、金魚袋，武官鞊鞢七事。六品以下銀魚袋。

又 金制，天子禮服，王具劍，佩綬。乘輿服，大綬小綬間施三玉環，白玉雙佩，玉鈎觽。衮服佩綬同，用鎮圭、大圭。【略】臣下朝服，正一品佩劍，玉環綬，玉珠佩。二品以下不佩劍，玉環綬並同。四品銀環綬，珠佩。

又 元天子冕服則有玉佩，珩、琚、瑀、衝牙各一，璜二，玉環綬，玉鎮圭，長一尺二寸。皇太子衮服亦有玉佩。三獻官及司徒大禮使祭服有紅組金綬紳，玉佩，助奠以下諸執事有織金綬紳，銅佩。

又 明天子衮冕則有玉佩，大綬六采，小綬三色，施玉環，玉圭三。【略】其文武官朝服，一品二品三品佩玉，四采綬。一品施玉環，二品施犀環，三品施金環，四品以下佩藥玉。

清・嵇璜《續文獻通考》卷九二《王禮考》 帶制，皇太子，玉帶，佩玉雙魚袋。親王，玉帶，佩玉魚。一品，玉帶，佩金魚。二品，笏頭球文金帶，佩金魚。三品、四品，荔枝或御仙花金帶，並佩金魚。五品，服紫者紅鞓烏犀帶，佩金魚。服緋者紅鞓烏犀帶，佩銀魚。服緑者並皂鞓烏犀帶。武官一品、二品佩帶同。三品、四品金帶。五品、六品、七品，紅鞓烏犀帶，皆不佩魚。八品以下並皂鞓烏犀帶。司天、太醫、内侍、教坊，服皆同文武官，惟不佩魚。應殿庭承應五品以下官，非入内不許金帶。又展紫入殿庭者，並許服紅鞓，不佩魚。又二品以上官，許兼服通犀帶。三品官若治事及見賓客，許兼服花犀帶。

清・嵇璜《清朝文獻通考》卷一四一《王禮考》 皇帝朝珠：緣皆明黄色，吉服朝珠珍寶隨所御。大典禮朝珠，用東珠一百有八，佛頭、記念、背雲、大小墜雜飾，各從其宜。惟祀天以青金石爲飾，祀地珠用蜜蠟，朝日用珊瑚，夕月用緑松石。

皇帝朝帶：色用明黄，龍文金圓版四，飾紅寶石或藍寶石及緑松石。每具銜東珠五，圍珍珠二十。左右佩帉，淺藍及白各一，下廣而鋭，中約鏤金圓結，飾寶如版，圍珠各三十。佩囊文繡、燧觿、刀削、結佩惟宜。緣皆明黄色。凡祭祀，龍文金方版四，其飾祀天用青金石，祀地用黄玉，朝日用珊瑚，夕月用白玉，每具銜東珠五，佩帉及緣，惟祀天用純青，餘如圓版朝帶之制。中約圓結如版飾，銜東珠各四，佩囊純石青，左觿，右削，並從版色。吉服、常服帶，鏤金版四，方圓惟便，銜以珠玉雜寶，各從其宜。左右佩帉，純白。下直而齊，中約金結如版飾，餘制同。

又 皇子朝珠：親王、世子、郡王同。緣皆金黄色，自東珠外，隨所用。雜飾惟宜。

皇子朝帶：親王同。色用金黄，金銜玉方版四，每具飾東珠四，中飾貓睛石一，左右佩緣如帶色。吉服帶色同。版飾惟宜。

紀事

唐・杜佑《通典》卷六三《禮二十三》 天子諸侯玉佩劍綬璽印：保定四年，百官始執笏，常服焉。宇文護始袍加下襴，遂爲後制。【略】開元二年七月敕，百官所帶算袋等，每朔望參日著，外官衙日著，餘日停。其年七月敕，珠玉錦繡，既令禁斷，准式，三品以上飾以玉，四品以上飾以金，五品以上飾以銀者，宜於腰帶及馬鐙、酒杯杓依式，自外悉禁斷。天授二年八月，左羽林大將軍建昌王攸寧借紫衫金帶。九月二十六日，除納言，依舊著紫帶金龜。借紫自此始。八年二月敕，都督刺史品卑者，借緋及魚袋，永爲常式。九年八月，諸親王長子先帶郡王官階卑者，亦聽著紫佩魚袋。二十五年五月敕，緋紫之服，班命所崇，以賞有功，不可逾濫。如聞諸軍賞借，人數甚多，曾無甄別，是何道理。自今以後，除灼然有戰功，餘不得輒賞魚袋。

《宋史》卷一五一《輿服志三》 政和二年，宦者譚稹獻玄圭。其制，兩旁刻十二山，若古山尊，上鋭下方。上有雷雨之文，下無瑑飾，外黑内赤，中一小好，可容指，其長尺有二寸。詔付廷議。議官以爲周王執鎮圭，繅飾以四鎮之山，其中有好，爲受組之地，其長尺有二寸，周人倣古爲之，而王執以鎮四方也。徽宗乃以是歲冬御大慶殿受圭焉。

三年，又詔曰：先王以類而求祀，圜丘以象形，蒼玉以象色，冬日以至取其時，大裘而冕法其幽，而未有以體其道，天玄而地黄，今大圭内赤外黑，于以體之，冬祀可搢大圭，執玄圭，永爲定制。中興仍舊制，大祭祀則執大圭以爲笏，上太上皇、皇太后册寶亦如之。

雜録

宋·孔平仲《珩璜新論》 漢時印綬，非若今之金紫銀緋，長使服之也。蓋居是官則佩是印綬，既罷則解之，故三公輩上印綬也。按《後漢·張奂傳》云：吾前後仕進，十要銀艾。銀即印，艾即緑綬也。謂之十要者，一官一佩之耳，印亦不甚大。淮南王曰：方寸之印，丈二之組是也。晉時婦人亦有印綬，虞潭母賜金章紫綬是也。

明·談遷《棗林雜俎》智集《逸典·内臣帶》 内臣帶止犀玉，無金銀花素之别。崇禎辛巳，始依品，自花金以至素銀，衣自斗牛飛魚以至各色異獸。

清·俞樾《茶香室續鈔》卷八《唐宋笏制不同》 國朝惲敬《大雲山房雜記》云：《畫墁録》唐笏短厚不屈，故可以擊人。今笏雖段公亦無能爲也。是笏至宋始薄而屈。按《玉藻》云：笏度二尺有六寸，其中博三寸，其殺六分而去一。是兩頭與中間但有廣狹之分，而不屈也。聶氏《三禮圖》繪笏，形微屈，不合古制。然聶氏乃宋初人，則笏之屈，恐唐之季世已然矣。

禮儀服飾部·吉禮分部

祀天

綜述

《晉書》卷二五《輿服志》 漢制，一歲五郊，天子與執事者所服各如方色，百官不執事者服常服絳衣以從。魏秘書監秦静曰：漢氏承秦，改六冕之制，但玄冠絳衣而已。魏已來名爲五時朝服，又有四時朝服，又有朝服。自皇太子以下隨官受給。百官雖服五時朝服，據今止給四時朝服，闕秋服。三年一易。

宋·吴自牧《夢粱録》卷五 駕出宿齋殿：法駕儀仗鹵簿，俱列龍墀之左右。禁廷鐘鼓樓上，有太史局生員官，測驗刻漏，每刻作雞鳴，擊鼓一下，則服緑者一人，執牙牌至殿下奏曰某時幾刻，或曰某時正也。宰執百僚，皆服法服，環珮、法履、頭冠。其頭冠各有品從：宰執親王九梁，加貂蟬籠巾，侍從官七梁，餘官六梁至二梁有差，臺諫官增豸角耳。所謂梁者，則冠前額梁上排金銅葉是也。俱服絳袍，皂緑方心曲領，中單環珮，雲頭履鞋，隨執簡笏。餘執事人皆介幘緋袍，亦有等差。惟閤門、御史臺諸吏，加方心曲領。後堂官俱依品位服入殿。祗應人服色，依法定色服，各給黄方號，餘黄長號、緋方長號，各有入殿宫壇門去處。如無號妄入者，准違制論也。【略】更有裹緑小帽、服錦絡縫寬衫兵士，十餘人作一隊，各執銀裹頭黑漆杖子，謂之喝探兵士，聚首而立，凡十數隊。【略】又置警塲於麗正門外，名爲武嚴兵士，以畫鼓畫角二百，其角皆以綵帛如小旗脚結其上。兵士皆小帽、黄繡抹額、黄繡寬衫、青窄襯衫，日晡及三更時，各奏嚴也。

又 駕宿明堂齋殿行禋祀禮：其夜三更，攝大宗伯執牙牌奏中嚴外辦，奏行事，駕出齋殿，面南設一大幄次，更换祭服，青衮龍服，中單朱舄，純玉佩，裹平天冠，二十四旒，並大真珠爲旒。【略】宫架前立兩竿，樂工皆裹介幘如籠巾，著緋寬衫，勒帛。其舞者頂紫色冠，冠上有横板，皂服，朱裙履。樂作，初則文舞，一紫囊盛一笛管結帶。武舞，一手執短矟，一手執小牌，比文舞者加數人，擊銅鐃響環，又擊如鋪竈突者，又兩人共移一銅甕就地擊者。【略】亞獻差親王代行禮。理廟朝委皇太子充亞獻，其祭服準制度。按，《宋朝會要》：服衮冕，垂白珠九旒，章大小雙綬，謂之衮冕。□□珠旒薦二觴，九章雙綬表儲皇。由來欽若爲家法，嗣復無疆有道長。

又 郊祀年駕宿青城端誠殿行郊祀禮：向於咸淳年間，度宗親饗南郊祀，用正月朔正。【略】第三日，自太廟升玉輅，其金、象、革、木四輅從行，幸嘉會門外，至郊臺次側青城端誠行殿致齋。通天冠綴寶珠明，五綵雲中警蹕聲。萬騎千官齊導從，君王今夜幸端誠。【略】提舉衛兵，謂之錦韉金勒出宫城，還入龍闈綴殿行。珠帽繡衣提舉處，連營喏震四山聲。又有紫巾緋衣數隊千餘人，羅布郊野守衛。【略】三更時，攝大宗伯奏中嚴外辦，禮直官奏請行事。烏幘朱衣引近簷，奏如外辦與中嚴。對傳金字牙牌退，帝幄中官喝卷簾。【略】駕幸大次，更换祭服畢，禮直官、知閤、御帶環衛，大禮使導引。天步舒徐曳衮裳，旒珠圭玉儼齋莊。欲騰明德唯馨遠，黄道先揚瑞腦香。屬鞬特特選銀璫，班壓朱衣與奉常。前導衮衣親大祀，金槌鐵甲鬭争光。

宋·周密《武林舊事》卷一 大禮：南郊、明堂。三歲一郊，預於元日降詔，以冬至有事於南郊，或用次年元日行事。明堂止於半年前降詔，用是歲季秋上辛日。【略】又命象院教象，前導朱旗，以二金三鼓爲節，各有幞頭紫衣蠻奴乘之，手執短钁，旋轉跪起，悉如人意。【略】是日上服通天冠，絳紗袍，績結珮，陞高座，侍中奏請降座，就齋室。次日，車駕詣景靈宫，服衮冕行禮。儀從並同四孟。禮畢駕回，就赴太廟齋殿宿齋。是夕四鼓，上服衮冕，詣祖宗諸室行朝饗之禮。【略】至期，上服通天冠，絳紗袍，乘輦至大次，禮部侍郎奏中嚴外辦，禮儀使奏請皇帝行事。上服衮冕，步至小次，升自午階。天步所臨，皆藉以黄羅，謂之黄道。

又 恭謝：大禮後，擇日行恭謝禮。【略】禮畢，宣宰臣以下合赴坐官並簪花，對御賜宴。上服幞頭，紅上蓋，玉束帶，不簪花。教坊樂作，前三盞用盤盞，後二盞屈卮。御筵畢，百官侍衛吏卒等並賜簪花從駕，縷翠滴金，各競華麗，望之如錦繡。衙前樂都管以下三百人，自新椿橋西中道排立迎駕，念致語、口號如前。樂動《滿路花》，至殿門起《壽同天》曲破，舞畢，退。

姜白石有詩云：六軍文武浩如雲，花簇頭冠様様新，惟有至尊渾不戴，盡將春色賜羣臣。萬數簪花滿御街，聖人先自景靈回。不知後面花多少，但見紅雲冉冉來。是日皇后及内中車馬先還。宫中呼后爲聖人。

《元史》卷七八《輿服志一》 初憲宗壬子年秋八月，祭天于日月山，用冕服自此始。成宗大德六年春三月，祭天于麗正門外丙地，命獻官以下諸執事，各具公服行禮。是時，大都未有郊壇，大禮用公服自此始。九年冬至祭享，用冠服，依宗廟見用者製。其後節次祭祀，或合祀天地，增配位從祀，獻攝職事，續置冠服，於法服庫收掌。法服二百九十有九，公服二百八十，窄紫二百九十有五。至大間，太常博士李之紹、王天祐疏陳，親祀冕無旒，服大裘而加衮，裘以黑羔皮爲之。臣下從祀冠服，歷代所尚，其制不同。集議得依宗廟見用冠服制度。

明·徐一夔《明集禮》卷一《吉禮第一·祀天》 祭服：周制，王祀昊天上帝，則服大裘而冕。《禮記》又曰：郊之日，王被衮戴冕，璪十有二旒。《家語》則曰：臨燔柴，脱衮冕，著大裘以象天。《典瑞》曰：王搢大圭，執鎮圭，繅藉五采五就以朝日。説者以爲祭天亦執之，此天子祭天之服也。《司服》：公之服自衮冕而下，如王之服。侯伯之服自鷩冕而下，如公之服。子男之服自毳冕而下，如侯伯之服。孤之服自希冕而下，如子男之服。卿大夫之服自玄冕而下，如孤之服。此羣臣助祭之服也。秦滅禮學，天子郊社，服皆以袀玄，袀，繒也。冕旒前後邃延。

漢承秦弊，西京二百餘年未能有所制立。武帝祠太一，其衣尚黄。後漢明帝永平中，始冕服以承大祭。梁以黑繒象大裘之制。隋用大裘冕，皆無旒。

唐天子出宫服衮冕，入齋宫。祀日，未明一刻服衮冕至大次，質明，改服大裘而冕以祭。其冕無旒，蓋衮冕盛服而文之備者。又有十有二旒以則天，故於郊之前期被之以至大次，既臨燔柴則脱衮服裘者，以明大道至質。故被裘以體之，示極恭之道。蓋用家語之説也。王涇《郊祀録》曰：皇帝躬祀至内壝東門之外，先受大圭搢之，又受鎮圭執之。

宋元豐中，陸佃議曰：冕服有六，而弁師掌王之五冕。則大裘與衮同冕矣。先儒或謂周祀天地皆服大裘，而大裘之冕無旒，非也。蓋古者裘不徒服，其上必皆有衣，如郊祀徒服大裘，則是表裘以見天地。表裘不入公門，而欲以見天地，可乎。且先王之服，冬裘夏葛以適寒暑，郊祀天地有裘無衮，則夏至祭地亦將被裘乎。然則冬祀昊天，中裘而表衮明矣。至於夏祀地祇，則去裘服衮，以順時序。《周官》曰：凡四時之祭祀，以宜服之。明夏不必衣裘也。於是從其議。冬至祀天服裘被衮，夏至祭地服衮去裘焉。其大圭、鎮圭，則每奉祀之時，既接神，再拜，乃奠鎮圭於繅藉以爲贄。而執大圭以爲笏。元，祀天，冕無旒，服大裘而加衮，搢大圭，執鎮圭。

國朝惟服衮冕。其皇太子侍祠服，唐服衮冕而執笏，宋元及國朝皆服衮冕而執圭，親王謁廟禮服亦如之。其羣臣陪祭服，秦服袀玄。前漢祠太一，祝宰衣紫及繡，祀五帝各如方色，祀日則赤，祀月則白。後漢時，三公九卿侍祠皆冠旒冕，執事者冠長冠，皆袀服。不執事者各服常冠，袀玄以從。隋五等諸侯皆平冕九旒，卿大夫平冕五旒。唐制，衮冕九旒，服九章，第一品服之。鷩冕八旒，服七章，第二品服之。毳冕七旒，服五章，第三品服之。繡冕六旒，服三章，第四品服之。玄冕五旒，衣無章，第五品服之。爵弁無旒，衣無章，六品以下服之。其笏，五品以上用象，九品以上用竹木。宋諸臣奉祀，親王、中書門下，冕九旒，服九章。三公則冕，無額花。九卿，冕七旒，服五章。四品以下爲獻官，冕五旒，衣裳無章。博士、御史亦冕五旒，而紫檀服。太常奉禮，平冕無旒。其侍祠服，一品、二品，五梁冠。中書門下，加籠巾貂蟬。諸司三品、御史臺四品、兩省五品，三梁冠。御史大夫、中丞，冠加獬廌角。四品、五品，三梁冠。六品以下，皆冠如其品。御史加獬廌角，並緋羅袍。其中單、劒、佩、綬、環有差，自冕服以下皆執笏。元，諸臣奉祀，三獻官、司徒、大禮使七梁冠，加籠巾貂蟬。助奠以下諸執事官，冠制如貂蟬，無籠巾，而有六梁、四梁、三梁、二梁之異，以爲之等。御史，冠二梁，加獬廌。俱青羅服，裳、紱、綬、環並同，笏以木。國朝奉祀，侍祠官正從一品，七梁冠。國公、丞相，籠巾貂蟬。二品，六梁冠。三品五梁，四品四梁，五品三梁，六品、七品二梁，八品、九品一梁。臺官加獬廌，梁數各如其品。通服青羅衣，其綬、環、革帶則有差，笏以象及木。

又卷一一《吉禮十一·日月篇》 祭服：《玉藻》曰：天子玄端朝日於東門之外。端爲冕字之誤也。《春官》：王搢大圭，執鎮圭，繅藉五采五就以朝日。搢，插也。謂插大圭長三尺玉笏於帶間，手執鎮圭尺二寸。繅藉五采五就者，謂以五采就繅藉玉也。繅者，雜采之名。一采爲一帀，五采則五帀，一帀爲一就。就，成也。以木爲榦，用韋爲衣，而以五采畫之，以薦玉也。《國語》曰：天子大采朝日，少采夕月。大采謂五采五就也。少采謂夕月殺於日，用三采也。秦祀日月，其祝宰之，日赤月白。漢以後，服制未聞。南齊何終之議禮，天子朝日，服宜有異。頃代天子小朝會，服絳紗袍，通天金博山冠，斯即今朝之服次衮冕者也。宜服此以拜日月，庶得差降之宜。後周天子及祀官俱青冕，執事者弁。唐服玄冕，其衣無章，裳刺黼一章。宋衮冕以祭，國朝服衮冕。

清・朱銘盤《南朝宋會要・吉禮》 親行禮：南郊，皇帝散齋七日，致齋三日。官掌清者亦如之。致齋之朝，御太極殿幄坐。著絳紗袍，黑介幘，通天金博山冠。【略】上水一刻，御服龍衮，平天冠，升金根車，到壇東門外。博士、太常引入到黑攢。太祝令跪執匏陶，酒以灌地。

又 四年正月己卯，有司奏：南郊親奉儀注，皇帝初著平天冠，火龍黼黻之服。還，變通天冠，絳紗袍。廟祠親奉，舊儀，皇帝初服與郊不異，而還變著黑介幘，單衣即事，乖體。謂宜同郊還，亦變著通天冠，絳紗袍。又舊儀乘金根車。今五路既備，依《禮》玉路以祀，亦宜改金根車爲玉路。詔可。禮志五。

清・朱銘盤《南朝梁會要・吉禮》 迎氣：八年，明山賓議曰：《周官》祀昊天以大裘，祀五帝亦如之。頃代郊祀之服，皆用衮冕，是以前奏迎氣、祀五帝，亦服衮冕。愚謂迎氣、祀五帝亦宜用大裘，禮俱一獻。帝從之。

清・宋綿初《釋服》卷上 祭祀朝覲之服：凡天子、諸侯、大夫、士有祭祀及朝覲之事，則服其上服。上服者，黻冕也。《論語》惡衣服而致美乎黻冕，先儒以黻冕爲祭服，舉尤重者言之。

雜録

《宋書》卷一四《禮志一》 漢安帝元初六年，立六宗祠於國西北戌亥地，祠儀比泰社。

日月將交會，太史上合朔。尚書先事三日，宣攝内外，戒嚴。摯虞《決疑》曰：凡救蝕者，皆著赤幘，以助陽也。日將蝕，天子素服避正殿，内外嚴警，太史登靈臺，伺候日變。更伐鼓於門，聞鼓音，侍臣皆著赤幘，帶劍入侍。三臺令史以上，皆各持劍立其户前。

又卷一六《禮志三》 成帝祠南郊，遇雨。侍中顧和啓：宜還，更剋日。詔可。

漢明帝據《月令》有五郊迎氣服色之禮，因採元始中故事，兆五郊于洛陽，祭其帝與神，車服各順方色。魏、晉依之。江左以來，未遑修建。

宋・孟元老《東京夢華録》卷一〇 郊畢駕回：駕自小次祭服還大次，惟近侍椽燭二百餘條，列成圍子，至大次更服衮冕，登大安輦，輦如玉輅而大，無輪，四垂大帶。輦官服色亦如挾路者。繞升輦，教坊在外壝東門排列，鈞容直先奏樂，一甲士舞一曲破訖，教坊進口號，樂作，諸軍隊伍鼓吹皆動，聲震天地。回青城，天色未曉，百官常服入賀。

宋・龐元英《文昌雜録》卷五 禮部上言：郊廟親祠儀注，祭日，皇帝並服靴袍至大次，於禮意未協。謹按《禮記・郊特牲》曰：祭之日，王皮弁以聽祭報。報，謂小宗伯告時告備，若今請中嚴奏外辦也。韋彤《五禮精義》以通天冠，猶古之皮弁齋服也。伏請太廟圓丘祭之日，服通天冠、絳紗袍，自齋殿赴大次，以應皮弁以聽祭報之儀。勅依。

宋・孔平仲《孔氏談苑》卷二 郊禮：前省内官衣錦，後省衣繡。

清・盧文弨《龍城札記》卷一 至謂周郊天，服大裘，乘玉輅，而《月令》車旗服飾，並依時色，與周不合，亦非也。

祀地

綜述

《元史》卷七八《輿服志一》 社稷祭服：青羅袍一百二十三，白紗中單一百二十三，紅梅花羅裙一百二十三，藍織錦銅環綬紳二，紅織錦銅環綬紳一百一十七，紅織錦玉環綬紳四，紅梅花羅蔽膝一百二十三，革履一百二十三，白綾襪一百二十三，白羅方心曲領一百二十三，黄綾帶一百二十三，佩一百二十三，銅珩璜者一百一十九，玉珩璜者四，藍素紵絲帶一百二十三，銀帶四，銅帶一百一十九，冠一百二十三，水角簪金梁冠一百七，紗冠一十，獬豸冠二，籠巾紗冠四，木笏一百二十三，紫羅公服一百二十三，黑漆幞頭一百二十三，展角全二色羅插領一百二十三，鍍金銅荔枝帶一十，角帶一百一十三，象笏一十三枝，木笏一百一十枝，黄絹單包複一百二十三，紫紵絲抹口青氈襪一百二十三，皂靴一百二十三，窄紫羅衫三十，黑漆幞頭三十，銅束帶三十，黄絹單包複三十，皂靴三十，紫紵絲抹口青氈襪三十。

明・徐一夔《明集禮》卷三《吉禮第三・祭地》 祭服：祀地之服，經無明文，鄭注亦嘗及之，賈公彦以爲當同祭天之禮服大裘，杜氏《通典》亦同其説。長孫無忌則謂周郊祀被衮以象天，戴冕藻十有二旒。《月令》孟冬，天子始裘，冬至報天，服裘可也。夏至如之，何可以服裘。祭地惟當服衮章耳。然終唐之世，卒用大裘。宋元豐間，陸佃以爲冬祀昊天，中裘而衣衮，夏祀地祇，當去裘服衮，以順時序。紹聖間又用黄裳，言北郊盛暑之月，難用袂服。依衮冕制度，改用單衣。信齋楊氏曰：賈杜服裘之言，特未嘗深考其故，豈有夏至陽極之月而可服大裘哉。遂使後世因是，而廢北郊之禮。斯言啟之也。惟長孫無忌之言，信而有證矣。國朝，夏至祭地，皇帝服衮冕，其侍祠服，亦如祀天禮。

又卷八《吉禮八・社稷篇》 祭服：《周禮・司服》王祭社稷則絺冕。注：絺冕謂刺粉米無畫也。其衣一章，裳二章，凡三也。漢武帝祀后土祠衣皆尚黄，唐制天子親祀服繡冕，宋制如之，元制服衮冕。國朝親祭服衮冕。

又卷一四《吉禮十四・專祀嶽鎮海瀆天下山川城隍》 祭服：《周禮・司服》王祠四望則毳冕。秦漢服俱袀玄。唐制凡祭嶽鎮海瀆，獻官各服其服，三品毳冕，四品繡冕，五品玄冕，六品以下爵弁，若二服以下，各依令。有司三獻及太祝奉禮，俱服祭服。元遣使致祭嶽瀆海鎮，則州縣官具公服陪祠。國朝遣官攝祀，並用公服。

祀人

綜述

漢・衛宏《漢官舊儀》卷下 皇后春桑皆衣青，手採桑，以繅三瓮繭，按《藝文類聚》引此文作三盆，瓮字誤。群臣妾從。春桑生而皇后親桑於苑中，蠶室養蠶千薄以上。祠以中牢羊豕，祭蠶神曰苑窳婦人、寓氏公主，凡二神。群臣妾從桑，還獻于繭觀，皆賜從採桑者樂。皇后自行。凡蠶絲絮，織室以作祭服。祭服者，冕服也。天地宗廟群神五時之服。按《後漢書・東平王蒼傳》五時衣各一襲，李賢注：謂春青，夏朱，季夏黄，秋白，冬黑。《晉書・職官志》有五時朝服，蓋朝祭皆以爲法服也。《藝文類聚》引此文，群神作群臣，誤。皇帝得以作縷縫衣，皇后得以作巾絮而已。置蠶官令、丞，諸天下官下法，皆詣蠶室，與婦人從事。故舊有東西織室作治。

《宋書》卷一四《禮志一》 殷祠，皇帝散齋七日，致齋三日。百官清者亦如之。致齋之日，御太極殿幄坐。著絳紗袍，黑介幘，通天金博山冠。

又 耕籍之禮尚矣，漢文帝修之。【略】元嘉二十年，太祖將親耕，以其久廢，使何承天撰定儀注。【略】耕日，太祝以一太牢告祠先農，悉如祠帝社之儀。孟春之月，擇上辛後吉亥日，御乘耕根三蓋車，駕蒼駟，青旂，著通天冠，青幘，朝服青衮，帶佩蒼玉。蕃王以下至六百石皆衣青。唯三臺武衛不耕，不改服章。

又 蠶將生，擇吉日，皇后著十二笄，依漢魏故事，衣青衣，乘油蓋雲母安車，駕六馬。女尚書著貂蟬，佩璽，陪乘，載筐鈎。公主、三夫人、九嬪、世婦、諸太妃、公太夫人、公夫人，及縣鄉君、郡公侯特進夫人、外世婦、命婦，皆步摇，衣青，各載筐鈎從。

宋・張棣《金虜圖經》 禘祫：虜人本無禘祫之禮，至亮徙燕，築陵於城之西南九十餘里大洪山，又太廟、元廟告成，始有尊祖之意。【略】禮官再進以三年一祫、五年一禘乃上古之制也，禘當取夏四月，祫取冬十月，亮從之，詔告天下。至是月吉日先一夕，宿於正殿。次日淩晨，令導從人各服五色畫衣，執旌幢、斧鉞、幡蓋、羽扇，自内城至廟夾道，駢肩而立，徐布九節儀從。奏樂及歌者皆乘馬，迨御坐衣元纁，服衮冕，執圭，乘玉輅九龍御座至廟。禮畢，易之金輅，服遠遊冠，絳紗袍，奏樂而回。

明・徐一夔《明集禮》卷四《吉禮第四・宗廟》 祭服：《周禮》司服掌王之吉服，享先王則衮冕。秦滅禮學，郊祀服用皆以袀玄，冕旒前後邃延。漢承秦弊，無所制立，至明帝永平二年，宗祀光武於明堂，始採《周禮》製冕服。晉祀宗廟，介幘、通天冠、平冕。唐宋元皆衮冕。其太子侍祠服，周漢無所考。唐制則服衮冕九章，宋元制亦如之。其羣臣陪祀，周制則公之服，自衮冕而下，如王之服。侯伯之服，自鷩冕而下，如公之服。子男之服，自毳冕而下，如侯伯之服。孤之服，自絺冕而下，如子男之服。卿大夫之服，自玄冕而下，如孤之服。自公之衮冕至卿大夫之玄冕，皆助祭之服也。唐制一品服衮冕，二品服鷩冕，三品服毳冕，四品服繡冕，五品服玄冕，六品以下九品以上從祭服爵弁。親王、中書門下奉祀服九旒冕，衣裳九章。九卿奉祀服七旒冕，衣裳五章。四品以下爲獻官，并博士、御史服五旒冕，衣裳無章。太祝奉禮服無旒平冕。宋制奉祀服亦如之，而其侍祠之服則一品、二品服五梁冠，中書門下加籠巾貂蟬，諸司三品、御史臺四品、兩省五品服三梁冠，四品、五品服二梁冠，御史則加獬豸。元制三獻官及司徒、大禮使服七梁冠，加籠巾貂蟬。助奠以下諸執事官，以次服六梁、五梁、四梁、三梁、二梁冠，御史亦冠二梁，加獬豸，俱青羅服。國朝皇帝親享太廟服衮冕，皇太子侍祠服九旒冕，衮服九章，羣臣陪祭則一品七梁，封公及左右丞相加籠巾貂蟬，二品六梁，三品五梁，四品四梁，五品三梁，六品、七品二梁，八品、九品一梁，通服青羅衣。

又卷一二《吉禮一二・籍田享先農》 冠服：周制，天子親耕冕而朱紘，漢以來冕服無文。宋文帝元嘉中，親祠躬耕，著通天冠，青幘，青衮，佩蒼玉，侍祠蕃王以下至六百石，皆衣青。惟三臺武衛不耕者，不改章服。唐乘輿服衮冕，侍祠者各服其服，如圜丘儀。宋太宗端拱儀祀前一日，皇帝服通天冠，絳紗袍，執圭，赴東郊行宫齋宿。祀之日服衮冕，執鎮圭。親享畢，詣耕藉，位行三推禮。禮畢改服通天冠、絳紗袍而還。元不親祠，其攝祀官並法服。國朝皇帝服衮冕十二章，皇太子侍祠服衮冕九章，陪祀官俱法服。

《元史》卷七八《輿服志一》 宣聖廟祭服：獻官法服，七梁冠三，簪全。鴉青袍三，絨錦綬紳三，各帶青絨網并銅環二。方心曲領三，藍結帶三，銅佩三，紅羅裙三，白絹中單三，紅羅蔽膝三，革履三。白絹襪全。

執事儒服，軟角唐巾，白襴插領，黄鞓角帶，皂靴，各九十有八。

曲阜祭服，連蟬冠四十有三，七梁冠三，五梁冠三十有六，三梁冠四，皂紵絲鞋三十有六輛，舒角幞頭二，軟角唐巾四十，角簪四十有三，冠纓四十有三副，凡八十有六條。象牙笏七，木笏三十有八，玉佩七，凡十有四擊。銅佩三十有六，凡七十有一繫。帶八十有五，藍鞓帶七，紅鞓帶三十有六，烏角帶二，黄鞓帶、烏角偏帶四十，大紅金綬結帶七，上用玉環十有四。青羅大袖夾衣七，紫羅公服二，褐羅大袖衣三十有六，白羅衫四十，白絹中單三十有六，白紗中單七，大紅羅夾蔽膝七，大紅夾裳、緋紅羅夾蔽膝三十有六，緋紅夾裳四，黄羅夾裳三十有六，黄羅大帶七，白羅方心曲領七，紅羅綬帶七，黄絹大帶三十有六，皂靴、白羊毳襪各四十有二對，大紅羅鞋七輛，白絹夾襪四十有三輛。

紀事

清・朱銘盤《南朝宋會要・吉禮》 籍田：祠先農。文帝元嘉二十年十二月壬午，置籍田。【略】耕日，太祝以一太牢告祠先農，悉如祠帝社之儀。孟春之月，擇上辛後吉亥日，御乘耕根三蓋車，駕蒼駟，青旂，著通天冠，青幘，朝服青衮，帶佩蒼玉。藩王以下至六百石皆衣青。唯三臺武衛不耕，不改服章。

又 孝武大明四年正月戊辰，尚書左丞荀萬秋奏：《籍田儀注》，皇帝冠通天冠，朱紘，青介幘，衣青紗袍。侍中陪乘，奉車郎秉轡。案《漢輿服志》曰：通天冠，乘輿常服也。若斯豈可以常服降千畝邪。《禮記》曰：昔者天子爲籍千畝，冕而朱紘，躬秉耒耜。鄭玄注《周官》司服曰：六服同冕，尊故也。時服雖變，冕制不改。又潘岳《籍田賦》云：常伯陪乘，太僕秉轡。推此，輿駕籍田，宜冠冕，璪十二旒，朱紘，黑介幘，衣青紗袍。常伯陪乘，太僕秉轡。宜改儀注，一遵二禮以爲定儀。詔可。乙亥，車駕躬耕籍田。

雜録

漢·衛宏《漢官舊儀》補遺 凡齋，紺幘。耕，青幘。秋貙劉，服緗幘。

元·楊瑀《山居新語》卷四 郊祀祭廟，天子御衮冕，百官皆法服。凡披秉須依歌訣次第，則免顛倒之勞。漫識歌訣于左：襪履中單黄帶先，裙袍蔽膝綬紳連。方心曲領藍腰帶，玉珮丁當冠笏全。

明·朱之瑜《舜水先生文集》卷二三《雜著四》 問：祭服古來有法，明朝士大夫公侯家廟時祭，其服用何物。聖廟釋奠，有司等所服者，服其官服乎，抑别有祭服耶。答：外祭用吉服。吉服者，緋錦繡帶，隨其官品，玉犀金花、素銀花、素明角黑角之不同。内祭用素服。素服者，黑也。釋奠，外祭也，用吉服。世亦稱青公服爲祭服。官之高卑，俱束黑角帶，但鑲者不同。内祭中，大祭時祭，亦用吉服或錦繡。

禮儀服飾部·嘉禮分部

朝會

綜述

宋・孟元老《東京夢華録》卷六　元旦朝會：正旦大朝會，車駕坐大慶殿，有介冑長大人四人立于殿角，謂之鎮殿將軍。諸國使人入賀。殿庭列法駕儀仗，百官皆冠冕朝服，諸路舉人解首，亦士服立班，其服二梁冠，白袍青緣。諸州進奏吏，各執方物入獻。諸國使人，大遼大使頂金冠，後簷尖長，如大蓮葉，服紫窄袍，金蹀躞，副使展裹金帶，如漢服。大使拜則立左足，跪右足，以兩手着右肩爲一拜，副使拜如漢儀。夏國使副，皆金冠，短小樣製服，緋窄袍，金蹀躞，吊敦背，叉手展拜。高麗與南番交州使人，並如漢儀。回紇皆長髯高鼻，以疋帛纏頭，散披其服。于闐皆小金花氊笠，金絲戰袍，束帶，并妻男同來，乘駱駞，氊兜銅鐸入貢。三佛齊皆瘦脊纏頭，緋衣，上織成佛面。又有南蠻五姓番，皆椎髻烏氊，並如僧人禮拜。入見旋賜漢裝錦襖之類。

宋・吴自牧《夢粱録》卷一　車駕詣景靈宫孟饗：駕還內，其親從官皆頂毬頭大帽，紅纈錦團搭，戲獅子衫，鍍金天王腰帶，各執骨朵。文武官皆頂雙卷脚幞頭，紅上大搭，天鵞結帶寬衫。輦官各雙曲脚幞頭，紅纈團花衫，鍍金束帶。殿前班直頂兩脚屈曲幞頭，著緋結帶，望僊花衫，跨弓劒乘馬，一札鞍轡，執纓紼前導。數內有東三班，謂之長入祇候，幞頭後各以青紅頭鬚繫之，以表忠節之意。御龍直幞頭，一脚指天，一脚曲，著方勝纈衫，花看帶，鍍金束帶，執從物如校椅、金花、唾盂、水罐、次鑼、乘曍、龍鳳掌扇、纓紼之類，及執黄羅珠子、蹙百花背座御椅子并脚踏。快行家頂短小帽子，露半青頭巾，帶金巾，環繡體腰紅纈衫，金束帶，懸花看帶，手執御校椅、金花瓶、獸爐、香座、御靴、纓紼、玉拄杖、小黄羅傘、御扇等物，俱搭步行，俱口鳴打打頭起之。昔諸司庫藏，各用金刻字紅牌前執，後以黄羅罩籠扛擡前導，有本庫官乘馭掌其職分，如諸司庫藏等司屬，並衫帽隨號。幕士頂帽，紅羅纈衫，金帶，懸黄帛。御馬騏驥等院亦金字紅牌呵喝，牽轡馬匹導引。親事官各頂帽，纈衫，鍍金帶，執紅紗貼金燭籠二百對，左右導行。駕將至，左右首各一員閤門官屬，乘馬執絲鞭，天武官前導引，至官寮起居亭高聲喝曰：躬身不要拜，唱喏直身立，奏聖躬萬福。嵩呼而行。次有一員紫裳官，係閤門寄班，乘馬，捧月樣繡兀子，覆於馬上。天武官十餘，簇擁扶策而行。衆喝曰：駕頭。次以近侍諸司官，俱乘馭前後導從。三衙太尉御帶環衙。知閤內侍，都知，皆乘馭駕前導引。更有内等子，即御前忠佐軍頭引見司人員等，各頂帽鬔髮蓬鬆，著紅纈衫，兩手握拳，顧望導行。或有攔駕人，捶之流血。

宋・周密《武林舊事》卷二　元正：朝廷元日、冬至行大朝會。儀則：百官冠冕朝服，備法駕。

册封

綜述

宋・周密《武林舊事》卷八　册皇后儀：先一日，宣押翰林院學士鎖院草册后制詞，賜學士潤筆金二百兩。次日，百官聽宣布，皇后三辭免，不允。差官奏告天地、宗廟、社稷、諸陵。太史局擇日，先期命有司陳設。至日早，文武百僚集於大慶殿門外，節次贊引執事官入，立班定，皇帝自內服幞頭、紅袍、玉帶，靴入幄，更服通天冠，絳紗袍。是日，穆清殿設樂架、黄麾仗，皇后常服，乘金龍肩輿至穆清殿後西閤，內命婦等應陪列者奉從至閤內，侍中版奏中嚴外辦。應行事執事官各就門外位立定，持節者立於左，內命婦各就位。皇后首飾、褘衣，內侍引司言，司言引尚宫，尚宫引皇后出閤。【略】內侍奉禮畢，皇后降坐，徽安樂作。皇后歸閤，泰安樂作。至閤。樂止。受賀畢，皇后更常服升坐，命外命婦如宫中儀，會畢再拜，以次出。

明・徐一夔《明集禮》卷一九《嘉禮三・冊皇后》 冠服：皇帝臨軒冊后，其冠服則唐用衮冕，宋服通天冠、絳紗袍。皇后受冊冠服，漢首飾用假結、步摇、簪珥，服用蠶服，青上縹下，如深衣之制。唐首飾用大小花各十二樹，兩博鬢，花鈿十二，服用褘衣。宋因唐制，冠加九龍四鳳。元皇帝臨軒及皇后受冊，皆用其國俗衣冠。國朝冊立皇后，皇帝臨軒服衮冕，皇后受冊，首飾以九龍四鳳，大小花各十二樹，并兩博鬢，寶鈿十二，服用褘衣。歷代之制，並見於冠服篇。

又卷二〇《嘉禮四・冊皇太子》 冠服：皇帝冊太子臨軒冠服，唐用衮冕，宋用通天冠、絳紗袍，元用其國服。皇太子受冊，冠服，漢用朝服，玄冠絳衣。北齊用遠游冠，絳紗袍，幼則空頂幘服。隋冕旒九章。唐遠游冠，絳紗袍，幼則雙童髻，絳紗袍。至開元中，肅宗爲皇太子以絳紗袍，同於皇帝所服，上表請易，乃改絳紗袍之名爲朱明服。宋服遠游冠，朱明衣，始執桓圭。元初用其國服，後嘗議服衮冕而未之用。國朝冊立皇太子，皇帝臨軒服衮冕，皇太子受冊，冕服九章。歷代之制，並見于冠服篇。

又卷二一《嘉禮五・冊親王》 冠服：按諸王服衮冕九章，即周上公之服。其遠游冠，絳衣，則始於漢。隋諸王受冊，服衮冕九章。唐受冊，服遠游冠，三梁，黑介幘，青緌，金附蟬，絳紗單衣。皇帝臨軒冠服，則用通天冠，絳紗袍。若冊親王，則服衮冕。宋諸王服七梁冠，朱衣，朱裳。以辭免不見於冊禮。國朝冊親王，皇帝臨軒服衮冕，親王服遠游冠，絳紗袍。歷代之制，詳見冠服篇。

又卷二二上《嘉禮六・冊公主》 冠服：漢制，公主冠服，大手髻，簪珥，服純縹上下。其長公主，首服加步摇，其服以文繡。齊，公主大手髻，繡衣裳，黄綬，長公主則紫綬。唐，皇帝臨軒命使則服通天冠、絳紗袍，公主、長公主皆首飾花九樹，服翟衣。宋，公主、長公主皆首飾花九樹，服褕翟。元，公主用其本俗冠服。國朝，公主服九翬四鳳冠，翟衣。其制並見冠服篇。

又卷二二下《嘉禮・冊内命婦》 冠服：《周官》追師爲外内命婦之首服，鄭氏謂首服爲編、次也。内司服辨外内命婦之服，鞠衣、展衣、禒衣，素沙。鄭氏謂衣鞠衣、展衣者，用編。衣禒衣者，用次。唐，皇帝臨軒，服通天冠、絳紗袍。其内命婦受冊，服首飾翟衣，施兩博鬢。一品花釵九樹，寶鈿准花數，翟九等。二品花釵八樹，翟八等。三品花釵七樹，翟七等。宋制因之。國朝，皇妃受冊，服九翬四鳳冠，翟衣。歷代之制，詳見于冠服篇。

紀事

宋・周密《武林舊事》卷一 慶壽冊寶：至十三年，太上八十，正月元日再舉慶典。其日，文武百僚集大慶殿，各服朝服，【略】上服通天冠，絳紗袍，執大圭，恭行冊寶之禮。【略】自皇帝以至羣臣禁衛吏卒，往來皆簪花。【略】楊誠齋詩云：長樂宫前望翠華，玉皇來賀太皇家。青天白日仍飛雪，錯認東風轉柳花。春色何須羯鼓催，君王元日領春回。牡丹芍藥薔薇朵，都向千官帽上開。

《宋史》卷一一一《禮志十四》 仁宗冊皇后曹氏，其冊制如皇太子。【略】其日，百官常服早入次，禮直官、通事舍人先引中書令、侍中、門下侍郎、中書侍郎及奉冊寶官，執事人絳衣介幘，詣垂拱殿門就次，以俟冊降。【略】内臣引内外命婦入就位，内侍詣閤請皇后服褘衣。【略】禮畢，内侍導皇后降坐還閤，内外命婦班退。皇后易常服，謝皇帝、皇太后，用常禮。

冠笄禮

論説

唐・杜佑《通典》卷五六《禮十六》 天子加元服：説曰：《冠義》云：冠者，禮之始也。凡人之所以爲人者，禮義也。禮義之始，在於正容體，齊顔色，順辭令，而後禮義備，以正君臣，親父子，和長幼。故冠而後服備，服備而後容體正，顔色齊，辭令順。古者聖王重冠，所以爲國本也。《五經要義》云：冠，嘉禮也。冠，首服也。首服既加，而後人道備，故君子重之，以爲禮之始矣。孔子曰：正其衣冠，尊其瞻視，儼然人望而畏之。又曰：不莊以莅之，則民不敬。此人君早冠之義也。王教之本，不可以童子之道理焉。或云：《周禮》雖有服冕之數，而無天子冠文。又《儀禮》云公侯冠禮者，王肅、鄭玄皆以爲夏末衰亂，篡弒所由生焉，故作公侯冠禮，則明無天子冠禮之審也。又無大夫冠禮，古者五十而後爵，何大夫冠禮之有。周人五十而有賢才，則試以大夫之事，猶行士禮。故筮日筮賓，冠於阼以著代，醮於客位，三加彌尊，皆士禮也者。今按《大戴禮》有《公冠篇》云：公冠四加，天子亦四加。又《家語·冠頌》云：王太子之冠，擬諸侯之冠。天子之元子，亦擬諸侯四加。諸侯之子同於士。據此，自天子至於諸侯，非無冠禮，但因秦焚書，遂同蕩滅。其周制《士冠禮》，頗備，王者時采行焉。

明·徐一夔《明集禮》卷二三上《嘉禮七·天子加元服》 總叙：按《禮》，冠者，成人之道也。故帝王重之，自天子至庶人皆有冠禮。周文王十二而冠，成王十五而冠，此天子之冠禮也。秦滅禮學，冠禮無聞，其見於《儀禮》者止於《士冠》而已。後世因士禮推而上之，以達於天子。漢改皇帝冠爲加元服，皆於祖廟而成禮焉。【略】魏以後始冠於正殿。東晉諸帝加元服，則百僚陪位。【略】唐皇帝加元服，先遣官告圓丘、方丘、宗廟，擇日加玄服。【略】宋《政和御製冠禮》自皇太子以下，而無天子加元服之儀。元因本俗禮廢不行。今擬國朝皇帝加元服，既筮日遣官奏告天地宗廟，次擇日加衮冕於奉天殿。冠訖，謁太后。次卜日親謁宗廟，明日百僚稱賀，皇帝會群臣。今歷考前代儀文，以著于篇。

又卷二三下《嘉禮·皇太子加元服》 總叙：孔子曰：世子冠於阼，以著代也。醮於客位，加有成也。三加彌尊，喻其志也。冠而字之，敬其名也。雖天子之元子，猶士也，其禮無變，天下無生而貴者也。唐《開元禮》皇太子冠，臨軒以命賓贊。【略】宋皇太子冠，天子御文德殿，賓贊承制。太子即席三加禮畢，醴而字之。【略】國朝皇太子加元服，參用周文王、成王冠禮之年。【略】爰舉歷代之制，悉著于篇。

又卷二四《嘉禮八·品官冠禮》 總叙：後世所謂品官，蓋即古之大夫也。古之大夫無冠禮。大夫五十而後爵，何冠禮之有。其冠也，則服士服，行士禮而已。自唐至宋，品官冠禮悉倣士禮而增益之。至於冠制，則一品至五品三加俱用冕，六品而下三加用爵弁焉。今著品官之儀，始加緇布冠，再加進賢冠，三加爵弁，以爲國朝品官通行之制。

又《士庶冠禮》 總叙：古者冠禮，唯士獨存。後世之所謂冠儀，皆推士禮爲之也。漢晉以來，士禮廢而不講。至於唐宋，乃有士庶通禮。雖采《士冠》儀文，然失之太繁。今以《文公家禮》爲準而定士庶冠禮：有官者公服、帶、靴、笏，無官者襴衫、帶、靴，通用皂衫、深衣、大帶、履、櫛、纚、掠。其筮日戒賓醴祝之儀，一遵《儀禮》，具著于後，以爲今日通行之制。

綜述

《宋書》卷一四《禮志一》 周之五禮，其五爲嘉。嘉□□《春秋左氏傳》曰：晉侯問襄公年，季武子對曰：會于沙隨之歲，寡君以生。晉侯曰：十二年矣，是謂一終。一星終也。國君十五而生子。冠而生子，禮也。君可以冠矣。大夫盍爲冠具。武子對曰：君冠必以祼享之禮行之，以金石之樂節之，以先君之祧處之。今君在行，未可具也。請及兄弟之國而假備焉。晉侯許諾。還及衛，冠于成公之廟，假鍾磬焉，禮也。賈、服説皆以爲人君禮十二而冠也。《古尚書》説武王崩，成王年十三。推武王以庚辰歲崩，周公以壬午歲出居東，以癸未歲反。《禮》周公冠成王，命史祝辭。辭，告也。是除喪冠也。周公居東未反，成王冠弁以開金縢之書，時十六矣。是成王年十五服除，周公冠之而後出也。按《禮》、《傳》之文，則天子諸侯近十二，遠十五，必冠矣。《周禮》雖有服冕之數，而無天子冠文。《儀禮》云：公侯之有冠禮，夏之末造。王、鄭皆以爲夏末上下相亂，篡弒由生，故作公侯冠禮，則明無天子冠禮之審也。大夫又無冠禮。古者五十而後爵，何大夫冠禮之有。

唐·杜佑《通典》卷五六《禮十六》 天子加元服：周制，文王年十二而冠，文王十三生伯邑考。《左傳》曰：冠而生子，禮也。許慎《五經異義》曰：《春秋左氏傳》説，歲星爲年紀十二而一周於天，天道備，故人君子十二可以冠。自夏殷天子，皆十二而冠。成王十五而冠。譙周《五經然否論》云：《古文尚書》説，武王崩，成王年十三。推武王以庚辰歲崩，周公以壬午歲出居東，癸未歲反。《禮·公冠》記，周公冠成王，命史作祝辭告，是除喪冠也。周公未反，成王冠弁，開金縢之書，時十六矣。是成王十五，周公冠之而后出也。許慎《五經異義》云：武王崩，後管蔡作亂，周公出居東，是歲大風，王與大夫冠弁開金縢之書，成王年十四，是喪冠也者，恐失矣。按《禮》、《傳》天子之年，近則十二，遠則十五，必冠矣。將冠，筮日、筮賓。《冠義》曰：古者，聖王重冠，筮日筮賓，所以敬冠事。既言古者，則不起於周。行之於廟，《冠義》曰：重冠故行之於廟者，不敢擅重事，所以自卑而尊先祖也。冠委貌於阼，三加彌尊。《冠義》曰：冠於阼，以著代也。三加彌尊，加有成也。《大戴禮·公冠篇》曰：公冠四加，三同士，後加玄冕。天子亦四加，後加衮冕。裸享樂於廟。所以知冠有享樂者，《春秋左傳》曰：晉侯問魯大夫季武子襄公年，曰：君可冠矣。武子對曰：君冠必以裸享之禮行之，以金石之樂節之，以先君之祧處之。周公冠成王，命祝雍頌曰：近於人，遠於年，遠於佞，近於義，嗇於時，惠於財，任賢使能。

又 漢改皇帝冠爲加元服。惠帝加元服，用正月甲子若景子爲吉。【略】後漢制，正月甲子若景子爲吉日，可加元服，儀從《冠禮》。乘輿初加緇布進賢，次爵弁，次武弁，次通天，冠訖，皆於高廟如禮謁見。《續漢書》云：加元服，乘輿皆於高祖廟，謁見按世祖廟，始冠緇布冠於宗廟，從古制。和帝冠以正月甲子，乘金根車，駕六玄虬，至廟成禮，乃迴軫反宮，朝服以饗宴，撞太蔟之庭鐘，咸獻壽爲。【略】順帝以初月景子，加元服於高廟。時兼用曹褒《新禮》其儀不存。順帝都洛陽，亦立高祖廟矣。獻帝興平元年正月甲子，加元服。

又 魏氏天子冠一加。其說曰：古之士禮，服必三加彌尊，所以喻其志。至於天子諸侯加數無文，將以踐阼臨人，尊極德成，不復與士以加喻勉爲義。《禮》冠於廟，自魏不復在廟矣。

東晉諸帝冠儀，一加幘冕。將冠，金石宿設，百僚陪位。又先於殿上鋪大床，御府令奉冕、幘、簪導、衮服以授侍中常侍，太尉加幘，太保加冕。將加冕，太尉跪讀祝文曰：令日吉辰，始加元服。皇帝穆穆，思弘衮職。欽若昊天，六合是式。率遵祖考，永永無極。眉壽惟祺，介茲景福。加冕訖，侍中繫玄紞，脱帝絳紗服，加衮服。冠事畢，太保率群臣奉觴上壽，王公以下三稱萬歲乃退。孫毓《五禮駁》曰：魏氏天子一加，三加嫌同諸侯。毓按，《玉藻》記曰：玄冠朱組纓，天子之冠也。緇布冠繢緌，諸侯之冠也。其說謂皆始冠，則是有次加之辭。此二冠皆卑服質古，勢不一加，必重加朝祭之服，以崇彌尊。聖人制禮，所以一時歷加衆服者，今始成人，卜擇令日而遍加之，所以重始也。若冠日有不加者，後必不擇吉而服，非重始也。又《禮器》有以少爲貴者，冠不在焉。《記》有彌尊喻志之言，蓋以服從卑始，象德日新，不可先服尊服，轉而即卑。今嫌士禮喻志之文，因從魏氏一加之制，考之《玉藻》，似非古典。今三加者，先冠皮弁，次冠長冠，後冠進賢冠，以爲彌尊，於意又疑。裴頠答治禮問，天子禮玄冠者，形之成也。爲君未必成人，故君位雖定，不可孩抱而服冕弁。摯虞以爲天天子即位之日，即爲成君，冕服以備，不宜有加。諸侯即位爲成君，位豈不定。諸侯成君，不拘盛典而可以冠，天子成君，獨有火龍黼衣便不可乎。意爲宜冠有加。

又 後魏正光元年秋，孝明帝年十一，加元服訖，拜太廟，大赦改元。

北齊制，皇帝加元服，以玉帛告圜丘方澤，以幣告廟。擇日臨軒，中嚴，群官位定，皇帝著空頂介幘以出。太尉盥訖，升，脱空頂幘，以黑介幘奉加。訖，太尉進太保之右，北面讀祝。訖，太保加冕，侍中繫玄紞，脱絳紗袍，加衮服。事畢，太保上壽，群官三稱萬歲。皇帝入温室，移御座，而不上壽。後日，文武群官朝服，上禮酒十二鍾，米十二囊，牛十二頭。又擇日，親拜圜丘方澤，謁廟。大唐之制，如《開元儀》。

又 皇太子冠：周制，天子元子猶士也，天下無生而貴者也。元子，嗣子也。無生而貴，皆由下升也。明人有賢行著德，乃得貴之。《家語·冠頌》曰：天子之元子之冠，擬諸侯之冠，四加。

漢宣帝冠太子以正月。冠諸王，遣使行事。

魏氏冠太子，再加。皇子、王公嗣子，乃三。孫毓以爲一加再加，皆非禮也。冠諸王，因漢遣使行事。

晉惠帝之爲太子，將冠，武帝臨軒，使兼司徒高陽王珪加冠，兼光禄大夫、屯騎校尉華廙贊冠。武、惠冠太子，冠訖，皆即廟見，斯亦擬在廟之儀。泰始六年，南宮王承年十五，依舊應冠。有司議奏：禮，十五成童。國君十五而生子，以明可冠之宜。又漢魏遣使冠諸王，非古典。於是制儀，王十五而冠，遂革使命。咸寧二年秋閏九月，遣使冠汝南王柬。惠帝以正月景午，冠太子訖，乃廟見。懷帝亦以正月冠皇太子。

宋冠皇太子及藩王以一加。

齊武帝孫南郡王昭業冠，從尚書令王儉議，使太常持節一加冠，大鴻臚爲贊，醮酒之儀，國官陪位，拜賀如常。【略】明帝冠太子用正月。

梁武帝天監十三年正月，冠太子於太極殿，修前代之儀。

後魏孝文帝冠皇太子恂於廟。詔曰：司馬彪《漢志》：漢帝有四加冠，一緇布，二進賢，三武弁，四通天。朕見《家語·冠頌篇》四加冠，公也。《家語》孔子之言，與正經何異。諸儒忽司馬彪《志》，致使天子之子，而行士冠。朕以爲有賓，諸儒皆以爲無賓。孔氏所云斐然成章，其斯之謂矣。

北齊制，皇太子冠，則太尉以制幣告七廟。擇日臨軒，有司供帳於崇正殿。中嚴，皇太子空頂幘公服出，立東階之南，西面。

又 隋制，皇太子將冠，前一日，帝齋於大興殿。太子與賓贊及預從官，齋於正寢。其日質明，有司告廟，各設筵於阼階。帝衮冕即御座。賓揖太子進，升筵，西向坐。贊冠者坐櫛，設纚。賓盥訖，初加緇布冠，贊冠進設頍丘癸切纓。賓揖太子適東序，衣玄衣素裳以出。贊者又坐櫛，賓進加遠游冠。改服訖，賓又受冕。太子適東序，改服以出。賓揖太子南面立，賓受醴，進筵前，北面立祝。之又切。太子拜受觶。賓復位，東面答拜。贊者奉饌於筵前，太子祭奠。

又 大唐貞觀五年正月，有司上言：皇太子將行冠禮，宜用二月爲吉，請遣官以備儀注。太宗曰：今東作方興，恐妨農事。令改用十月。太子少保蕭瑀奏稱：准陰陽家，用二月爲勝。上曰：陰陽拘忌，朕所不行。若動静必依陰陽，不顧禮義，欲求福祐，其可得乎。若所行皆遵正道，自然當與吉會。且吉凶在人，豈假陰陽拘忌。農時甚要，不可暫失。開元六年，侍中宋璟上表曰：臣伏以太常狀，准《東宫典記》，有上禮之儀。謹按上禮非古，從南齊、後魏方始有此事。而垂拱、神龍，更扇其道，群臣斂錢獻食，君上厚賜答之，姑息施恩，方便求利。皇太子冠乃盛禮，自然合有錫賚。上臺東宫兩處宴會，非不優厚。其上禮宜停。其儀具《開元禮》。

又 諸侯大夫士冠：周制，繼世以立諸侯，象賢也。象，法也。爲子孫能法其先祖之賢，故使之繼世。諸侯之子冠，亦用士禮也。冠禮，筮日筮賓，冠於阼，醮於客位，三加彌尊。阼謂主人之北也。嫡子冠於阼，若不醴，則醮用酒。於客位，敬而成之。户西爲客位。庶子冠於房内户外，又因醮焉，不代父也。冠者初加緇布，次加皮弁，每加益尊，所以益成也。已冠而字之。成人之道也，字所以相尊也。見於母，母拜之。見於兄弟，兄弟拜之。成人而與爲禮。

《左傳》曰：晉侯問襄公年，大夫季武子對曰：會於沙隨之歲，寡君以生。晉侯曰：十二年矣，是謂一終，一星終也。國君十五而生子，冠而生子，禮也。大夫盍爲冠具。武子對曰：君冠必以祼享之禮行之，以金石之樂節之，以先君之祧處之。今寡君在行，未可具也。請及兄弟之國而假備焉。晉侯曰：諾。公還，及衛，冠於成公之廟，假鐘磬焉，禮也。《大戴禮·公冠篇》云公冠四加。《家語·冠頌》云：諸侯之子，冠同於士。

士，男子二十而冠。漢戴聖云：男子，陽也。陽成於陰。偶數起於二，終二十，謂之小成，而冠。鄭玄云：任士職，居士位，故《曲禮》云，二十曰弱冠。孔穎達云：十九以下爲殤。身有德行，幼爲大夫，則不待二十而冠。將冠，筮日於廟門。廟，禰廟也。冠必筮日於廟門者，重以成人之禮。不於堂者，嫌蓍之靈由廟神。【略】冠日夙興，設洗，直於東榮。榮，屋翼也。直音值。陳服於房中西墉下，東領，北上。冠時先用皁服，故北上，便。爵弁服：纁裳，純衣，緇帶，韎韐。此助君祭之服。爵弁，冕之次也。其色赤而微黑，如爵頭然。用布三十升。纁裳，淺絳裳也。純衣，絲衣也。韎音妹。韐音閤。皮弁服：素積，緇帶，素韠。此與君視朔之服也。皮弁者以白鹿皮爲冠，象上古也。積猶辟也，以素爲裳，辟蹙要中。衣布亦以十五升，其色象焉。玄端：玄裳、黄裳、雜裳可也，緇帶，爵韠。此莫夕於朝之服。玄端即朝服之衣易其裳耳。上士玄裳，中士黄裳，下士雜裳。雜裳者，前玄後黄。士皆爵韋爲韠，其爵同。不以玄冠名服者，爲緇布冠陳之。緇布冠頍項，青組纓屬於頍。緇纚，廣終幅，長六尺。皮弁笄，爵弁笄，緇組紘，纁邊。同篋。緇布冠無笄，著頍，圍髮際，結項中，隅爲四綴以固冠，項中有緬，亦由固頍之爲耳。今未冠笄者，著卷幘，頍象之所生也。屬，猶著也。纚，今之幘梁。終，充也。纚一幅長六尺，足以韜髮而結之矣。笄，今之簪。有笄者屈組爲紘，垂爲飾。無笄者纓而結其絛。纁邊，組側赤也。同篋，謂此上六物。隋方曰篋。墮音他果切。櫛實於簞，簞，笥也。蒲筵二，在南。敷陳曰筵，藉之曰席。上重者皆言席，取相承藉之義，在地多言筵也。側樽一甒醴，在服北。側猶特也，無玄酒也。爵弁、皮弁、緇布冠，各一匴，蘇管切。執以待於西坫南，南面，東上。匴，今時冠箱。執之者，有司也。主人玄端爵韠，立阼階下，直東序，西向。玄端，士入廟服也。爵韠，謂淺赤色韋爲韠。兄弟畢袗玄，立於洗東，西面北上。兄弟，主人親戚也。畢猶盡。袗，同也。同玄衣、玄裳、緇帶、緇韠。袗音之忍切。儐者玄端，負東塾。門内東堂，負之北面。將冠者采衣紒，在房中，南面。采衣，未冠所服。凡童子緇布衣錦緣，錦紳并紐，錦束髮，皆朱錦。紒，結髮。【略】曾子問曰：將冠子，冠者至，揖讓而入，聞有齊縗大功之喪，如之何。冠者，賓及贊者。孔子曰：内喪則廢。外喪則冠而不醴，徹饌而掃，即位而哭，如冠者未至則廢。内喪，同門也。不醴，不醴子也。其廢者，喪成服，因喪冠矣。若將冠子，未及期日，而有齊縗、大功、小功之喪，則因喪服而冠。廢吉禮而因喪冠，俱成人之服也。及，至也。除喪不改冠乎。孔子曰：天子賜諸侯大夫冕弁服於太廟，歸設奠，服賜服。於斯乎有冠醮，無冠醴。

議曰：冠者表成人之容，正尊卑之序，而令母兄姑姊與之交拜，豈非混淆長幼，黷亂人倫者乎。所言答拜之文，未必周公之旨。東周衰末，王室已卑，諸侯逾僭，削去典法，重以秦皇蕩滅，十無一存。況復編斷簡蠹，傳寫訛謬，先儒注釋，不加參詳，遂令後學有所疑誤。又按九拜之儀，肅拜，今揖也。尊屬欣其備禮，念其成人，以揖示敬，在理非爽，便同匹敵，竊謂不然。本制冠禮，正長幼之序。鄭康成注云，忻其成人與爲禮，若令母兄交拜，豈非崇虛而損其實。【略】大唐制，如《開元禮》。

又 女笄：周制，女子許嫁，笄而醴之，稱字。許嫁，已受納徵禮也。笄女禮猶冠男也，使主婦、女賓執其禮。祖廟未毁，教於公宫三月。祖廟已毁，則教於宗室。祖廟，女高祖爲君者之廟，以有緦麻之親，就尊者之宫教之也。教以婦德、婦功、婦容、婦言。宗室，大宗子之家。《公羊傳》：婦人許嫁，笄而字之，死則以成人之喪埋之。謂不爲殤也。魯僖公九年，伯姬卒是。《雜記》：女雖未許嫁，年二十而笄，禮之，婦人執其禮。雖未許嫁，年二十亦爲成人矣。禮之，酌以成人。言婦人執其禮，明非許嫁之笄。賈公彦云：許嫁笄，當使主婦對女賓執其禮，其儀如男子也。又許嫁者用醴禮之，不許嫁，當用酒醮之，敬其早得禮。燕則鬌首。既笄之後去之也，猶若女有鬌紒也。鬌音巨員切。鬌，丁果反。

唐・杜佑《通典》卷一二二《禮八十二》 皇帝加元服：其日，諸衛勒所部屯門列黄麾仗如常。群官依時刻集朝堂，俱就次，各服其服。【略】殿中監陳衮服於東房内席上，東領。玄衣纁裳十二章。八章在衣，日、月、星、山、龍、華蟲、火、宗彝。四章在裳，藻、粉米、黼、黻。白紗中單，黼領，青褾、襈、裾。革帶，玉鉤鰈，大帶，青帶朱裏，紕其外，上以朱，下以緑，紐約用組。朱黼三章，龍、山、火。鹿盧玉具劍，火珠鏢首，白玉雙珮，玄組，大雙綬，六綵，玄黄赤白縹緑，純玄質，長二丈四尺，五百首，廣一尺。小雙綬，長二尺六寸，色同大綬而首半之，間施二玉環。朱韈，赤舄金飾。玉簪及櫛二物同箱，在服南，北向。【略】衮冕垂白珠十二旒，以組爲纓，色同其綬，黈纊充耳，玉導，置於箱。【略】皇帝著空頂黑介幘、雙童髻、雙玉導、絳紗袍以出。【略】皇帝興，太常卿引適東房。殿中監進徹纚箱以退。皇帝著衮服，太常卿引即席南向坐，樂止。

又卷一二六《禮八十六》 皇太子加元服：冠日平明，宫臣皆朝服，非宫臣者公服，三師、三少公服，并集於重明門外次。【略】

内直郎陳服於帷内，東領，北上。衮冕服，玄衣纁裳，九章。白紗中單，黼領，青褾、襈、裾。革帶，金鉤鰈，大帶，朱黻二章，玉具劍，火珠鏢首，瑜玉雙珮。朱組，雙大綬，四綵，赤白縹紺，純朱質，長一丈八尺，三百二十首，廣九寸。小綬長二尺六寸，色同大綬，而首半之，二間施二玉環。白韈，赤舄金飾。象笏。遠遊冠服，絳紗袍，白紗中單，皂領、褾、襈、裾。白方心曲領，假帶，絳紗蔽膝。白練裙襦，白韈黑舄。其革帶、劍、珮、綬、笏與冕服同。緇布冠，玄衣素韠，白紗中單，青領、褾、襈、裾。履，韈，革帶，大帶，笏，緇纚。用皂羅巾方六寸，屬帶於前兩隅。犀簪二物同箱，在服南。櫛實於箱，又在南。莞筵四，紛純；繅席四，繢純，又在南。良醖令實側樽甒醴加勺冪於序外帷内。設罍在洗北，篚在洗南，東肆，實巾一，角觶角柶各一，加冪。太官令實饌豆九籩九於樽西，俎三在豆北。執在庭罍洗者，絳公服，立於罍洗之南，北向。執帷内樽罍洗籩豆俎等，并絳公服，立於樽罍豆俎之所。冕，白珠九旒，犀導，組纓，青纊充耳。遠遊三梁冠，金附蟬九首，施珠翠，黑介幘，犀導，髮纓翠緌。緇布冠，青組纓屬於冠。冠冕各一箱盛，奉禮郎二人各執立於階之西，東面，北上。主人贊冠者庶子爲之升，詣東序帷内，少北，户東西面立。典謁引群官以次入就常位。初賓贊入次，左庶子版奏：外辦。通事舍人引三師等入就閤外道西位，東面立。皇太子著空頂黑介幘，雙童髻，玉導，寶飾綵衣，紫褶緑袴，織成褾領，緑錦紳，烏皮履。乘輿以出，洗馬迎於閤門外。【略】皇太子興，賓揖皇太子，贊冠者引皇太子適東序，著衮冕服以出，立於席東，西面。贊冠者徹纚櫛二箱入於帷内。

又卷一二八《禮八十八》 親王冠：其日夙興，【略】陳衣於席，東領，北上。衮冕服，青衣纁裳，九章。五章在衣，龍、山、華蟲、火、宗彝。四章在裳，藻、粉米、黼、黻。一品衮冕服同上。二品鷩冕服，七章。三章在衣，華蟲、火、宗彝。四章在裳，藻、粉米、黼、黻。三品毳冕服，五章。三章在衣，宗彝、藻、粉米。二章在裳，黼、黻。四品繡冕服，三章。一章在衣，粉米。二章在裳，黼、黻。五品玄冕服，衣無章，裳刺黻一章。六品以下爵弁服，青衣纁裳。白紗中單，黼領，青褾、襈、裾。革帶，鉤鰈，大帶。素帶，紕其外，上朱下緑，紐約用組。一品、二品大素帶皆紕其外，上以朱，下以緑。三品大帶，四品、五品素帶，皆紕其垂，外以玄，内以黄。紐約皆用青組。六品以下練帶，紕其垂，内外以緇，紐約用青組。中單，青領。朱黼二章，山、火。三品以上，飾以裳色山火二章。四品繡冕，山一章。五品玄冕，無章。六品爵韠。劍飾以珠玉。三品以上飾以金玉，四品、五品飾以金。山玄玉雙珮。纁朱雙綬，四綵，赤黃縹紺，純朱質，纁文織，長丈八尺，二百四十首，廣九寸。小雙綬，長二尺六寸，色同大綬而首半之，間施二玉環。一品雙珮山玄玉，五品以上水蒼玉。雙綬：一品綠綟綬，四綵，綠紫黃赤，純綠質，長丈八尺，二百四十首，廣九寸。二品、三品紫綬，三綵，紫黃赤，純紫質，長丈六尺，一百八十首，廣八寸。皆有小雙綬，長二尺六寸，色同大綬而首半之，一品施二玉環。四品青綬，三綵，青白紅，純青質，長丈四尺，一百三十首，廣七寸。五品黑綬，二綵，青紺，純紺質，長丈二尺，一百首，廣六寸。皆有小雙綬，長二尺六寸，色同大綬而首半之。六品以下無劍、珮、綬。朱韈赤舄。五品以上同。六品以下，白韈赤履。庶人黑介幘，服絳公服，方心，革帶，鉤觻，假帶，韈，履。庶子以上皆同。遠遊冠服，絳紗單衣，白紗中單，皂領，褾，襈，裾，白裙襦。赤裙衫。一品以下進賢冠。假帶，曲領方心，絳紗蔽膝，白韈黑舄。一品以下，革帶，鉤觻，珮，雙綬。六品以下，無劍，綬。八品以下，去中單曲領，蔽膝，黑履。庶人黑介幘服，白裙襦，青領，革帶，韈，履。緇布冠服，青衣素裳，白紗中單，青領，褾，襈，裾，素韠。其革帶，大帶，劍，珮，綬與冕服同，韈舄與遠遊冠服同。三品以上中單，革大帶，劍，珮綬與冕服同，韈舄與進賢冠同。六品以下中單，革帶，繡帶與爵弁同，韈履與進賢冠服同。庶人帶，韈，履與介幘服同，去韠。緇纚，其纚今用皂巾，方六寸，屬帶於前兩隅。犀簪，櫛實於箱，在服南。【略】質明，賓贊至於主人大門外，掌次者引之次。賓贊俱公服，諸行事者各服其服。六品以下無公服者服常服。執樽罍篚者皆就位。冕，青珠九旒，青纊充耳，犀簪導，組纓色如其綬。三品以上衮冕，垂青珠九旒，以組爲纓，色如其綬，青纊充耳，角簪導。鷩冕七旒，毳冕五旒，餘皆同衮冕。四品、五品繡冕，垂青珠四旒，以組爲纓，色如其綬，青纊充耳，角簪導。玄冕三旒，餘同繡冕。六品以下爵弁，玄纓。庶人則黑介幘。遠遊冠，三梁，金附蟬，黑介幘，纓青緌，犀簪導。三品以上進賢冠，三梁，纓青緌，犀導。四品、五品兩梁，六品以下一梁。庶人則黑介幘。緇布冠，青組纓。冠冕各一箱，各一人執之，待於西階之西，東面北上。【略】主人公服立於阼階，當東序，西面。諸親公服，非公服者常服，立於罍洗東南，西面北上。一品以下皆諸尊者停別室。儐者公服立於門內道東，北面。皇子雙童髻，空頂幘，玉導，金寶飾，綵袴褶，錦紳，烏皮履，四品、五品導飾以金，六品以下無金飾。立於房內，南面。主人贊冠者公服立於房內戶東，西面。

又 賓之贊冠者跪，脫緇布冠，置於箱，櫛畢，設纚，興，復位。賓降二等受遠遊冠，一品以下進賢冠，庶人黑介幘。左執項，右執前，詣皇子筵前，北面跪冠，【略】興，復位。賓之贊冠者坐，設簪，結纓，興，復位。皇子興，賓揖，皇子適房，賓主俱坐。皇子著朝服，一品以下庶子著絳紗服，庶人則白裙襦服。出房，戶西南面立。賓主俱興。賓揖，皇子進立席後，南面。【略】賓揖，皇子進升席，南面坐。賓之贊冠者跪脫進賢冠，庶人脫黑介幘。置於箱，櫛畢，設纚，興，復位。賓降三等受冕，六品以下爵弁，庶人則黑介幘。左執項，右執前，詣皇子筵前，北面跪冠，興，復位。賓之贊冠者坐，設簪，結纓，興，復位。皇子興。賓揖，皇子適房，賓主俱坐。主人贊冠者徹櫛箱入房。

皇子著衮冕之服，庶子及六品以下爵弁服，庶人絳公服。出房，戶西南面立，賓主俱興。【略】皇子筵西拜，受爵，賓復位，東面答拜。三品以上，賓之贊冠者跪設簪結纓，興，復位。冠者興，賓揖，冠者適房，賓主俱坐。冠者著絳紗服，庶人白裙襦服。出房，戶西南面立。賓主俱興。賓揖，冠者進升席，西向坐。賓之贊冠者跪脫進賢冠，庶人黑介幘，置於箱，櫛畢，設纚，興，復位。賓降三等受冕。六品受爵弁，庶人黑介幘。右執項，左執前，進冠者筵前，東向立，祝曰：以歲之正，以月之令，咸加爾服。兄弟具在，以成厥德，黃耇無疆，受天之慶。乃跪冠，興，復位。賓之贊冠者設簪結纓，興，復位。冠者興，賓揖，冠者適房，賓主俱坐。主人贊冠者徹纚櫛簪箱及筵入於房。又筵於室戶西，南向。冠者著冕服。六品以下爵弁服，庶人絳公服。

宋·周密《武林舊事》卷八 皇子行冠禮儀略：太史擇日，降旨，令太常寺參酌舊禮，有司具辦儀物。至日質明，百僚立班，皇帝即御座，禮直官、通事舍人、太常博士引掌冠、贊冠者入就位。掌冠以太常卿，贊冠以閤門官。【略】皇子初行，恭安樂作。即席南向坐，樂止。禮直官等引掌冠、贊冠詣罍洗，樂作。搢笏，盥手，帨手訖，執笏升，樂止。執折上巾者升，掌冠者降一等受之，右執項，左執前，進皇子席前，北向跪冠。修安樂作。掌冠者興，席南北面立。贊冠者進席前，北面跪正冠，興，立於掌冠者後。皇子興，內侍跪進服。服訖，樂止。掌冠者揖皇子復位。贊冠者跪取爵，內侍以酒注於爵，掌冠受爵，跪進皇子席前，北向立，祝曰：酒醴和旨，籩豆靜嘉。授爾元服，兄弟具來。永言保之，降福孔皆。皇子搢笏，跪受爵。翼安樂作。飲訖，奠爵執笏。太官令奉饌，設於皇子席前，皇子搢笏受訖，樂止。執笏。太官令撤饌，禮直官等復引掌冠、贊冠降詣罍洗，樂作。搢笏，盥手，執笏升。樂止。贊冠者進席前，北向跪，折上巾置於匱，興。內侍跪受服，興，置於席。執七梁冠者升，掌冠者降二等受之，右執項，左執前，進皇子席前，北面跪冠。進安樂作。掌冠者興，席南北面立。贊者進席前，北面跪簪結紘，興，立於掌冠者之後。皇子興，内侍跪進服，服訖。樂止。贊冠者揖皇子復坐。贊冠者跪取爵，内侍以酒注爵，掌冠者跪受，進爵皇子席前，北面立，祝曰：賓贊既戒，肴核惟旅。申加厥服，禮儀有序。允觀爾誠，受天之祜。皇子搢笏，跪受爵。輔安樂作。飲訖，奠爵執笏。太官令進饌，撤饌並如前。贊冠者進席前，北向跪，脱七梁冠，置於匴，興。内侍跪受服，興，置於席。執九旒冕者升，掌冠者降三等受之，右執項，左執前，進皇子席前，北向跪冠。廣安樂作。掌冠者興。贊冠者進席前，北面跪簪結紘，興，立。皇子興，内侍進服，服訖。樂止。皇子復坐，贊冠者再進酒如前，祝曰：旨酒既清，嘉薦令芳。三加爾服，眉壽無疆。永承天庥，俾熾而昌。皇子跪受爵，咸安樂作。太官令奉饌如前。皇子降自東階，詣朵殿東房，易朝服，降立於橫街南王府官階下，西向。皇子初行，樂作。至位，樂止。禮直官等引掌冠者詣皇子位，少進，字之曰：歲日云吉，威儀孔時。昭告厥字，君子攸宜。順爾成德，永言保之。奉勅字某。皇子再拜，舞蹈，再拜，奏聖躬萬福，又再拜。

《宋史》卷一五三《輿服志五》　冠禮，三加冠服，初加，緇布冠、深衣、大帶，納履。再加，帽子、皂衫、革帶，繫鞋。三加，幞頭、公服、革帶、納靴。其品官嫡庶子初加，折上巾、公服。再加，二梁冠、朝服。三加，平冕服。若以巾帽，折上巾爲三加者，聽之。深衣用白細布，度用指尺，衣全四幅，其長過脅，下屬於裳。裳交解十二幅，上屬於衣，其長及踝。圓袂方領，曲裾黑緣。大帶、緇冠、幅巾、黑履。士大夫家冠昏、祭祀、宴居，交際服之。

明·徐一夔《明集禮》卷二三上《嘉禮七·天子加元服》　冠服：《周禮》雖有冕服之數，而無天子冠文。漢順帝永建四年加元服，用曹褒《新禮》。初加緇布，進賢，次加爵弁、武弁，次加通天冠。東晉諸帝冠儀用冕幘。北齊皇帝加元服，先著空頂幘，次介幘，絳紗袍以出，次加衮冕。唐皇帝加元服，初著空頂黑介幘，雙童髻，雙玉導，絳紗袍以出，次加衮冕服。今擬國朝皇帝加元服，先服空頂幘，絳紗袍以出，次加衮冕服。其制見冠服篇。

又卷二三下《嘉禮·皇太子加元服》　冠服：北齊皇太子加冠服，空頂幘，公服，加進賢三梁冠，再加遠游冠。隋皇太子加元服，皇帝衮冕有御坐，皇太子空頂幘，遠游冠，加緇布冠，再加遠游冠，三加衮冕。唐皇太子加元服，初服空頂黑介幘，雙童髻，玉導，寶飾綵衣，加緇布冠，再加遠游冠，三加衮冕。宋皇太子冠，初加折上巾，再加遠游冠十八梁，三加衮冕。今擬國朝皇太子加元服，一加折上巾，再加遠游冠，三加衮冕。其制見冠服篇。

又卷二四《嘉禮八·親王冠禮》　冠服：魏氏冠親王，初加皮弁，次長冠，次進賢冠。唐親王冠，初服雙童髻，出加緇布冠，再加遠游冠，三加衮冕。宋皇子冠，初加折上巾，再加七梁冠，緋羅大袖衫，三加九旒冕，青衣朱裳，九章。今擬國朝親王冠，一加折上巾，再加七梁冠，三加九旒冕。

又《品官冠禮》　陳器服：唐《開元禮》：陳衣，一品衮冕，服九章，五章在衣，龍、山、華蟲、火、宗彝，四章在裳，藻、粉米、黼、黻。二品鷩冕，服七章，三章在衣，華蟲、火、宗彝，四章在裳，藻、粉米、黼、黻。三品毳冕，服五章，三章在衣，宗彝、藻、粉米，二章在裳，黼、黻。四品絺冕，服三章，一章在衣，粉米，二章在裳，黼、黻。五品元冕，衣無章，裳刺黼一章。六品以下，爵弁服，青衣纁裳。七品以下，進賢冠、緇布冠。【略】宋制，一品至六品以下，冠冕之制同《開元》。

加冠：唐《開元禮》：一品至五品行冠禮，初加緇布冠，再加進賢冠。三品以上進賢冠，三梁，纓青緌導。四品、五品一兩梁，六品以下一梁。三加冕，一品衮冕，二品鷩冕，三品毳冕，四品絺冕，五品元冕。爵弁。六品以下用之。宋制如《開元》。

又《士庶冠禮》　陳器服：其日夙興，張帷爲房於廳事之東，賓、主人、執事者皆盛服。執事者設盥盆於廳事阼階下東南，陳服於房中西牖下東向北上，公服、帶、靴、笏，襴衫、帶、靴，深衣、大帶、櫛、篦、總。席二在南，酒壺在服北，次盞注亦置桌子上，幞頭帽巾各承以盤，蒙以巾帕。【略】將冠者雙紒袍，勒帛，素履，待於房中。賓至，主人出迎，揖而入坐定，冠者出自房，執事者白請行事。

加冠幞頭祝辭：賓之贊者取櫛總篦幞頭，置於席南端。賓揖將冠者，將冠者即席，西向坐，爲之櫛，合紒，施總，加幞頭。賓降，主人亦降，立於阼階下。賓盥手訖，主人揖讓，升自西階，皆復位。賓降西階一等，執巾者升一等授賓，賓執巾詣將冠者，席前東向祝曰：令月吉日，始加元服。棄爾幼志，順爾成德。壽考維祺，介爾景福。乃跪爲之著巾。興，復位，賓揖冠者適房易服，服深衣、大帶。出房即冠。席賓盥如初，降二等，受帽，進祝曰：

吉月令辰，乃申爾服。敬爾威儀，淑慎爾德。眉壽永年，享受嘏福。乃跪冠。興，復位如初。冠者興，賓揖之適房易服，服旋襴衫腰帶出房，南向。賓揖之即席。賓盥如初，降三等幞頭，進祝曰：以歲之正，以月之令，咸加爾服。兄弟具在，以成厥德，黄耇無疆，受天之慶。贊者撤帽，賓加幞頭，復位如初。冠者興，賓揖之冠者適房，改服公服。執事者撤冠箱、冠席，入於帷中。

明・張鹵《明制書》卷四《諸司職掌・禮部》 親王冠禮：一前期儀衛司先設王邸在東序，張帷幄設裀褥于序中。【略】

具九旒冕、翼善冠、絳紗袍等服，并網巾、金簪二物，各以箱盛。【略】王詣香案前，四拜畢，禮部等官啓就冠席。【略】掌冠者執網巾陞。賓降一等受之，進王席前，稍北面立，祝曰：惟兹吉日，冠以成人，克敦孝友，福禄來臻。畢。供奉官束髮，掌冠跪進網巾，樂作。贊冠者跪正之。【略】內侍跪進服訖，樂止。掌冠啓王復坐。執翼善冠陞。【略】祝曰：冠禮斯舉，寔由成德。敬慎威儀，帷民之則。畢。跪進冠，興。樂作。掌冠啓復坐。贊冠進跪脱翼善冠，興。內侍跪脱袍服。執衮冕者陞。【略】祝曰：冠至三加，命服用章。敬神事上，永固藩邦。跪進服，興。樂作。贊冠跪結紘，興，立掌冠後。王興。內侍跪進衮服訖。樂止。

明・沈鯉《文雅社約》卷二 鄉俗之冠禮，非古也，何以故。夫加冠之謂冠，今童子則先已加冠矣。及後行禮，乃戴網爲冠，是加網，非加冠也。是四加，非三加也。是冠而又冠也。

清・查慎行《人海記》卷下《太子冠禮》 太子冠禮凡三加：初折上巾，二遠游冠，三九旒冕。陸釴《漫記》

清・林伯桐《品官家儀考》卷一《冠儀考證》 冠禮三加，今亦可用考。冠禮用三加，各有意義。宋，陳氏祥道曰：始加緇布，不忘本也。《五經名義》云緇布冠，欲其尚質重古。次加皮弁，朝服也。三加爵弁，祭服也。不忘本，然後能事君，能事君，然後能事神，所謂三加彌尊，喻其志者。《禮書》

按冠無常月，寒暑皆可三加，即今通行之冠，夏月初用裌紗小帽，次用雨纓帽，後用夏緯帽，則三加矣。冬月初用裌緞小帽，次用緞邊冬緯帽，後用絨邊冬緯帽，則二加矣。化其躐等之心，勉以漸進之意，此亦好禮者所當酌用也。

教成人最要立志考。人之成立，必先有志。考方氏慤曰：服彌尊，則志宜彌大，故曰喻其志也。宋陳氏祥道曰：上而有冠則天道也，中而有服，則人道也，下而有履，則地道也。按陳氏之意，蓋謂加冠而後三才之道備。

紀事

唐・杜佑《通典》卷五六《禮十六》 天子加元服：成帝用三元吉日，既加元服，拜於太廟。穆帝、孝武將冠，皆先以幣告廟，訖事，又廟見。臺符問：修復未畢，吉凶不相干，爲可加元服與不。太常王彪之議：禮雖有喪冠，當是應冠之年，服制未終，若須服終，便失應冠之年故也。禮所以冠無定時月，春夏不可，便用秋冬。若今歲內修復未畢，入新年，卜仲春之日，加元服，不失年，不失禮。今便准喪冠，闕饗樂而行事，誠有倚傍。然加衮冕，火龍焕然，以准喪儀，情有不體。若別有事，必速加元服，權諸輕重，不須修復畢者，便當准喪冠耳。又議：新年至尊當加元服。今若依成帝故事用三元日者，冠有金石之樂，恐修山陵未畢，於樂便闕。《禮》冠自卜日，又云夏葛屨，冬皮屨，明無定時，不必三元也。按晉故事及兩漢，皆非三元，當任時事之宜耳。又議：近訪得成皇帝加元服儀注，闕無拜廟事。按《禮》冠皆於廟。《儀禮》云既畢，賓出，主人送於廟門。明必在廟。近代以來，不復在廟。成皇帝既加元服，拜太廟以告成，蓋亦猶擬在廟之儀。今既加元服，亦應拜廟。

清・錢儀吉《三國會要》卷九《禮三》 冠：正始四年春正月，帝加元服。《齊王芳紀》。

魏氏天子冠一加。《通典》。

其説曰：古之士，禮服必三加彌尊，所以喻其志。至於天子、諸侯，位數無文，將以踐阼臨人，尊極德成，不復與士以加喻勉爲義。《禮》冠於廟，自魏不復在廟矣。同上。

孫毓《五禮駁》曰：魏氏天子一加，三加嫌同諸侯。同上。

魏氏冠，太子再加，皇子、王公嗣子乃三。冠諸王，因漢遺使行事。《通典》。

魏因漢故事，明帝好婦人之飾，冕旒改用珊瑚珠。同上。

魏天子冠一加。其説曰：士禮三加，加有成也。至於天子、諸侯，無加數之文者，將以踐阼臨民，尊極德備，豈得復與士同。此言非也。夫以聖人之才，猶三十而立，況十二之年，未及志學，便謂德成，無須勸勉，非理實也。魏氏太子再加，皇子、王公世子乃三加。孫毓以爲一加、再加，皆非也。《宋書・禮志》。

昏禮

綜　述

《宋書》卷一四《禮志一》　太康八年，有司奏：昏禮納徵，大昏用玄纁，束帛加珪，馬二駟。王侯玄纁，束帛加璧，乘馬。大夫用玄纁，束帛加羊。古者以皮馬爲庭實，天子加穀珪，諸侯加大璋。可依《周禮》改璧用璋，其羊、雁、酒、米、玄纁如故。

又　孝武納王皇后，其禮亦如之。其納采、問名、納吉、請期、親迎，皆用白雁白羊各一頭，酒米各十二斛。唯納徵羊一頭，玄纁用帛三匹，絳二匹，絹二百匹，虎皮二枚，錢二百萬，玉璧一枚，馬六頭，酒米各十二斛。鄭玄所謂五雁六禮也。其珪馬之制，備物之數，校太康所奏，又有不同，官有其注。古者昏，冠皆有醮，鄭氏醮文三首具存。

宋・周密《武林舊事》卷二　公主下降：南渡以來，公主無及嫁者。獨理宗朝周漢國公主出降慈明太后姪孫楊鎮，禮文頗盛，今摭梗概於此。先是，擇日遣天使宣召駙馬至東華門，引見便殿，賜玉帶、靴、笏、鞍馬及紅羅百疋，銀器百兩，衣著百疋，聘財銀一萬兩。對御賜筵五盞，用教坊樂。

【略】先一月，宣宰執常服繫鞵，詣後殿西廊，觀看公主房奩：真珠九翬四鳳冠，褕翟衣一副，真珠玉珮一副，金革帶一條，玉龍冠，綬玉環，北珠冠花篦環，七寶冠花篦環，真珠大衣、背子，真珠翠領四時衣服，纍珠嵌寶金器，塗金器，貼金器，出從貼金銀裝檐等，錦繡銷金帳幔、陳設、茵褥、地衣、步障等物。

其日駙馬常服玉帶，乘馬至和寧門，易冕服，至東華門，用雁幣、玉馬等行親迎禮。用熙寧故事。公主戴九翬四鳳冠，服褕翟繡袖。

明・徐一夔《明集禮》卷二五《嘉禮九・天子納后》　冠服：《周禮》天子納后，冕而親迎，后服首飾褘衣。兩漢納后不著所服。晉迎皇后，皇帝服衮冕。北齊皇帝服繡衣帶綬佩。隋納后，天子具衮冕服，皇后首飾褘衣。唐皇帝納后，其臨軒遣使，皆服衮冕。合卺，服通天冠、絳紗袍，皇后服首飾褘衣。表謝，皇后服展衣。廟見還，改服鈿釵禮衣。宋納后臨軒遣使，合卺，皆服通天冠、絳紗袍。皇后服花釵十二樹，九龍四鳳冠，褘衣。元納后用國俗衣冠。今擬國朝皇帝納皇后，其臨軒遣使，皆服衮冕，同牢服通天冠，絳紗袍。皇后首飾以九龍四鳳冠，大、小花各十二樹，并兩博鬢，寶鈿十二，服用褘衣。皇后表謝服展衣，其受命婦朝賀，朝皇太后，皆首飾褘衣。其制見冠服篇。

又卷二六《嘉禮一〇・皇太子納妃》　冠服：隋皇太子納妃，服衮冕九章，妃首飾花釵九樹，服用褕翟衣。唐皇太子納妃，皇帝臨軒遣使，服衮冕，醮戒，服通天冠、絳紗袍。皇太子服衮冕九章，妃服褕翟衣，首飾花九樹。宋皇太子納妃，皇帝遣使、醮戒皆服通天冠、絳紗袍。皇太子皆服衮冕，執圭，親迎同。妃服與唐制同。今擬國朝皇太子、妃冠服見冠服篇。

又卷二七《嘉禮一一・親王納妃》　冠服：唐親王納妃，親迎服衮冕，妃服花釵褕翟，衣纁袡。宋皇子納夫人，親迎服九旒冕，夫人服褕翟衣，花釵首飾。今擬國朝親王納妃，服衮冕九章，妃服翟衣，冠九翬四鳳冠，花釵九樹，兩博鬢，九鈿。詳見冠服篇。

又《公主出降》　冠服：漢公主冠服，大手髻，簪珥，服純縹上下，其長公主首服加步摇。魏公主大手髻，七鈿蔽髻，簪珥，長公主得加步摇，其服以文繡。齊公主大手髻，繡衣裳，黄綬，長公主則紫綬。唐公主出降，服花釵褕翟，衣纁袡。宋公主出降，首飾花九樹，服褕翟。今擬國朝公主出降，服九翬四鳳冠，褕翟衣。其詳具册拜篇。

又卷二八《嘉禮一二・品官昏禮》　冠服：《儀禮》，大夫以上親迎冕服纁裳，士親迎爵弁纁裳緇施。施，以豉切。緇施謂緣以緇。女純衣纁袡，袡，汝占切，緣也。以纚緣其衣也。婦見舅姑則纚笄宵衣。纚，所買切。致髮纚也。笄，今簪也。宵，讀爲綃，繒之屬。唐品官娶婦皆用本職冕服。【略】女嫁亦同。宋品官娶婦，其服皆與唐同。國朝品官昏禮各用本職朝服，婦服花釵翟衣，各隨夫之本品服。【略】女服同。

又《庶人昏儀》冠服：《儀禮》，壻親迎爵弁。《禮》曰士妻始嫁，襌音單。黼於領上，畫黼於領。假盛飾耳。唐制，庶人昏，聽假以絳公服，其嫁女則花釵以銀及金塗銀、琉璃等飾。連裳，青質，以青衣革帶韈履。同裳色。夫有官者則從其夫之品服。宋，庶人昏，假幞頭公服，或皂衫衣折上巾，婦服花釵大袖。今擬國朝庶人昏娶，壻服常服或假九品服，婦服花釵大袖。

明·張鹵《明制書》卷四《諸司職掌·禮部》納徵。禮物：玉穀圭一。裹玉圭錦袋二件，盛玉圭戧金雲鳳硃紅木匣一箇，内錦褥一片。

玄纁紵絲五疋。玄三疋，纁二疋，用紅綠羅銷金束子一十五箇。

珠翠燕居冠一頂。冠盝全。冠上火珠、博鬢、結子等項全，金鳳二箇，金寶鈿花二十七箇，金簪一對，冠上珊瑚鳳冠觜一副。

燕居服四套。大紅紵絲一件，大紅綫羅一件，大紅素紗一件，青綫羅一件，大帶四條。内大紅綫羅三條，青綫羅一條。

玉革帶一副。玉事件九件，金事件三件。

玉花綵結綬一副。紅綠綫羅綵結，大紅綫羅繫帶。綵結上玉綬花一箇，綬帶上玉墜珠六顆，綬帶上金垂頭花板四片，金葉兒六箇。

白玉鉤碾鳳紋珮一副。玉事件二十件，串珠全，金鉤二箇。

紅羅銷金夾袱大小五條。包燕居服及玉革帶等用。

珠面花四副。

珠花四枝。金脚八錢重。

金脚四珠環一雙。金脚五錢重。

梅花環一雙。金脚五錢重。

金鈒花釧一雙。二十兩重。

金光素釧一雙。二十四兩重。

金龍頭連珠鐲一雙。一十四兩重。

金八寶鐲一雙。八兩重，外寶石一十四塊。

又 徵納禮儀：前一日尚寶司陳設御座于奉天殿，内官監禮部設冠服首飾金銀段匹等物于文樓下。【略】文武官具朝服。皇帝具皮弁服。

又 發册儀物：九翬一鳳冠一頂。冠上大花九樹，小花九樹，寶鈿九箇，翠雲博鬢，描金珠皂羅額，珠眉心，珠牌環，金冠上金鳳四箇，牌環脚一雙。

翟衣三套。描金雲鳳，沉香色木匣一箇。銅鎖鑰索扛全。

青紵絲繡翟衣一件。青紵絲繡蔽膝一件。玉色綫羅中單一件，紅緣襈。

青綫羅繡翟衣一件。青綫羅繡蔽膝一件。玉色綫羅中單一件，紅緣襈。

青紗繡翟衣一件。青紗繡蔽膝一件。玉色紗中單一件。

青紅綫羅銷金大帶一條，上有青紵絲副帶一條。

五色綫錦綬一副，上有玉環二箇，青紅羅綵結全。

白玉鉤碾鳳文珮一副。玉事件二十件，串珠全。金鉤子并圈二箇，五色綫錦襯一副。

白玉革帶一副。青紵絲裹鞓，描金文翟衣。玉事件一十件，金事件五件。

青紵絲舄一雙。上有珠六顆。青羅襪一雙。

紅羅銷金夾袱大小五條。包裹翟衣、玉珮、玉帶等用。

又 儀仗：擎執宮人，銷金羅袍一十四領，抹金鈒花銀帶一十四條，翠花紗帽一十四頂，皂麂皮靴一十四雙。

女轎，錦衣袍一十六領，汗跨一十六副，銅束帶一十六條，花紗帽一十六頂，紅綿布鞴鞋一十六雙。

又 妃受醮戒儀：親迎日，妃家先于祠堂陳設祭物。妃服燕居冠服。【略】父母坐于正堂，女執事引妃詣父母前各四拜。父母隨意致戒辭。妃聽受訖，次辭諸尊長禮畢，改服翟衣以俟。

又 朝見儀注：第二日清晨，王冕服，妃翟衣。【略】皇帝服皮弁服，中宮服燕居服，陞座。【略】第三日清晨，妃服翟衣。

又 王與妃見東宮儀注：王具皮弁服，妃服翟衣，詣東宮前，行四拜禮。東宮皮弁服坐受，東宮妃翟衣立受。

又 公主受醮戒：其日早，公主具禮服。【略】皇帝常服，皇后燕居服，陞座。【略】四拜，興。樂止。禮畢，公主換燕居冠服。

雜録

清・林伯桐《品官家儀考》卷二《品官昏儀》 親迎。初昏，今鄉俗多以日間往迎。壻公服俟於堂下。公服者，壻有官則用其官之服，若壻未有官，則攝盛。謂三品以上官，其子孫未有官者，則攝五品服。五品以上官，其子孫則攝七品服。六品以下官，其子孫則攝八品服。儀從亦如之。男家主人公服出，立於堂東。面向西。壻升自西階，自階下升於堂也。再拜。謂兩叩首也。執事者升，自階下升堂也。授壻爵。先設醮爵於堂下之東，酒壺皆具臨時取用。壻跪受，卒爵。反具爵於執事者。此時壻尚跪，則執事者當跪受之。主人命之迎，壻曰唯，興，降，謂下堂。出。

又《昏儀考證》 禮物從宜考：秦文恭公曰：《内則》未冠笄者，總角衿纓。此幼時纓也。《曲禮》女子許嫁，纓。即《士昏禮》主人親説即脱。婦纓之纓，主人明此纓爲已而繫也。然亦暫脱之耳。婦事舅姑，衿纓仍當飾之。

又 司馬文正【略】又曰：古笄制度，漢世已不能知，今但取小箱以帛衣之，皂表緋裏，以代笄。朱子曰：昏禮用命服，乃是古禮。冠帶止是燕服，非所以重正昏禮。徐仲山曰：若壻父有貴者，則子可用父車服，不必攝盛。女父有貴者亦同。《傳是齋日記》

時令

論説

清・朱銘盤《南朝宋會要・吉禮》 五時令：文帝元嘉六年六月辛酉朔，駙馬都尉奉朝請徐道娱上表曰：謹案晉博士曹弘之議，立秋御讀令，上應著緗幘，遂改用素，相承至今。臣淺學管見，竊有惟疑。伏尋《禮記》《月令》，王者四時之服正云駕倉龍，載赤旂，衣白衣，服黑玉。季夏則黄，文極於此，無白冠則某履某舄也。且幘又非古服，出自後代。上附於冠，下不屬衣。冠固不革，而幘豈容異色。愚謂應恒與冠同色，不宜隨節變綵。土令在近，謹以上聞。如或可採，乞付外詳議。太學博士荀萬秋議：伏尋幘非古者冠冕之服，《禮》無其文。案蔡邕《獨斷》云：幘是古卑賤供事不冠人所服。又董仲舒《止雨書》曰：其執事皆赤幘。知並不冠之服也。漢元始用，衆臣率從。故司馬彪《輿服志》曰：尚書幘名曰納言。迎氣五郊，各如其色，從章服也。自兹相承，迄于有晉。大宋受命，禮制因循。斯既歷代成準，謂宜仍舊。有司奏：謹案道娱啓事，以土令在近，謂幘不宜變。萬秋雖云幘宜仍舊，而不明無讀土令之文。今書舊事於左。《魏臺雜訪》曰：前後但見讀春夏秋冬四時令，至於服黄之時，獨闕不讀。今不解其故。魏明帝景初元年十二月二十一日，散騎常侍領太史令高堂隆上言曰：黄於五行，中央土也。王四季各十八日。土生於火，故於火用事之末服黄，三季則否。其令則隨四時，不以五行爲分也。是以服黄無令。其後太祖常謂土令，三公郎每讀時令，皇帝臨軒，百僚備位，多震悚失常儀。宋唯世祖世劉勰、太宗世謝緯爲三公郎，善於其事，人主及公卿並屬目稱嘆。《禮志》二。

綜述

唐・杜佑《通典》卷七〇《禮三十》 讀時令：後漢、魏、東晉、宋、北齊、大唐

後漢制，太史每歲上其年曆。先立春、立夏、大暑、立秋、立冬，常讀五時令。皇帝所服，各隨五時之色。【略】北齊制，立春日，皇帝服通天冠，青介幘，青紗袍，佩蒼玉，青帶，青袴，青襪舄，而受朝於太極殿，西廂東向。【略】至立夏立秋，則施御座於中楹，南向。立冬如立春，東向。各以其時之色服，儀並如春禮。

宋・周密《武林舊事》卷二 立春：前一日，臨安府進大春牛，設之福寧殿庭。及駕臨幸，內官皆用五色絲綵杖鞭牛。【略】是日，賜百官春旛

勝，宰執、親王以金，餘以金裹銀及羅帛爲之，係文思院造進，各垂於幞頭之左入謝。【略】帝后、貴妃、夫人諸閤，各有定式，絳羅金縷，華粲可觀。臨安府亦鞭春開宴，而邸第饋遺，則多傚内廷焉。

又 挑菜：二月一日，謂之中和節，唐人最重。今惟作假，及進單羅御服，百官服單羅公裳而已。二日，宫中排辦挑菜御宴。先是，内苑預備朱緑花斛，下以羅帛作小卷，書品目於上，繫以紅絲，上植生菜、薺花諸品。俟宴酬樂作，自中殿以次，各以金篦挑之。后妃、皇子、貴主、婕妤及都知等，皆有賞無罰。以次每斛十號，五紅字爲賞，五黑字爲罰。

宋・魏了翁撰、元・方回補輯《古今考》卷八《附廣玉考下》 《月令》服玉，春服蒼玉，夏服赤玉，中央服黄玉，秋服白玉，冬服玄玉，謂冠飾及所佩之衝璜，非食玉屑之謂。此書或云吕不韋所作，秦人廢佩而帶鈕，似不可信。

禮儀服飾部·賓禮分部

朝覲

綜述

唐・杜佑《通典》卷七四《禮三十四》 天子受諸侯藩國朝宗覲遇：到天子之境，先謁關人。關人報王，王使小行人逆勞於畿，又使大夫致積。及郊，使大行人服皮弁，用璧以勞授之。皮弁者，天子之朝朝服。璧無束帛者，天子之玉尊也。諸侯儐王使者，用束帛乘馬。積音子四反。及國，天子賜舍，使司空致舍。將受朝，上公執桓珪九寸，繅藉九寸，衮冕九章。【略】侯執信珪，伯執躬珪，七寸，繅藉七寸，鷩冕七章。【略】王則服皮弁於路門外，正朝當宁而立。諸侯改服於舍，服朝服，各執瑞玉。

又 其秋冬覲遇之時，將朝之早，諸侯裨冕釋幣於禰。將朝，質明時也。裨之爲言埤也。天子六服，大裘爲上，其餘爲裨，以事尊卑服之，而諸侯亦服焉。其釋幣，如聘大夫將受命釋幣於禰之禮，告將覲也。【略】王服衮冕負斧扆而受朝享之禮。【略】其朝宗覲遇行朝享禮畢，三享訖也。諸侯皆右肉袒於廟門之東，乃入門右，北面立，告聽事。【略】若有功者，天子賜以車服，皆使公就館致之。諸侯迎於外門外，再拜。諸公奉篋服，加命書於其上，升自西階，東面，太史居右。言諸公者，王同時分命之而使賜侯氏。侯氏升，西面立。太史述命。讀王命書。侯氏降兩階之間，北面，再拜稽首，受命也。升，成拜。太史辭之降也。太史加書於服上，侯氏受。受篋服也。使者出，侯氏送，再拜。

明・徐一夔《明集禮》卷三〇《賓禮一・蕃王朝貢》 冠服：周會四夷，諸侯天子絻無繁露，朝服八十物，搢珽。絻與冕同。繁露，絻所垂，即旒也。八十物，大小所服。珽，笏也。四夷相見，則服其本服。漢受四夷朝貢，不載所服冠服。唐，蕃王來朝，皇帝服通天冠、絳紗袍，蕃王服其國服。宋與唐同。元以國俗衣冠受朝，蕃王服國服以見。國朝，蕃王來朝，皇帝服衮冕，皇太子服冕服，百官具朝服侍立，蕃王服其國服，若嘗賜衮服者，則以衮服朝見。

又卷三一《賓禮二・蕃使朝貢》 冠服：漢，蕃使朝貢皆服其國服，不見天子受朝之儀。唐受蕃使朝貢，天子服通天冠、絳紗袍，蕃使皆服國服。宋與唐同，但錫宴則皇帝服靴袍，蕃使服所賜衣帶。國朝，蕃使於奉天殿朝見，皇帝服通天冠、絳紗袍，蕃使依品服朝服行禮，文武百官朝服侍立。進見東宮，皇太子常服，蕃使服其國服行禮，文武官公服侍班。

清・姚彦渠《春秋會要》卷四《禮四・賓禮》 錫命：趙氏汸曰：末世諸侯，喪畢不朝。有請命者，而後有來錫命。有生不請命者，而後有追錫之命。

紀事

唐・杜佑《通典》卷七四《禮三十四》 天子受諸侯藩國朝宗覲遇：隋文帝開皇四年正月，後梁主蕭巋來朝。【略】巋服通天冠，絳紗袍，端珽，立於東階下，西面。文武陪侍，如其國。【略】及奉見，帝冠通天冠，服絳紗袍，御大興殿，如朝儀。巋服遠游冠，朝服以入，君臣並拜，禮畢而出。

大唐貞觀【略】二十二年十月，令百僚朔望服袴褶以朝。開元二十五年十一月，御史大夫李適之奏：每至冬正，及緣大禮應朝參官并六品清官，並服朱衣。餘六品以下官，許通著袴褶。如有慘故，准式不合著朱衣袴褶者，其日聽不入朝。自餘應合著而不著者，請奪一月俸，以懲不恪。制曰可。天寶三載二月敕：百官朔望朝參，應服袴褶，并著珂傘。至閏二月初一日宜停。自今以後，每逢此閏，仍永爲恒式。【略】十二載十一月，御史中丞吉温奏請：京官朔望朝參，著朱衣袴褶。五品以上，著珂傘。制曰可。

遺使

綜述

唐・杜佑《通典》卷七四《禮三十四》 天子受諸侯遣使來聘：周制，諸侯遣使聘天子，皆以卿爲使，大夫爲上介，士爲衆介。公介七人，伯五人，子男三人。諸侯之臣使，各下其君二等。將行之朝，朝服釋幣於禰，告爲君使，然後釋幣於行。【略】行聘之朝，釋幣於禰，服冕服，乘車建旜。至大門外，下車。王服皮弁服受聘。時賓亦服皮弁服。受訖，王更服，服衮冕入廟，當扆而立。賓入次，改服裨冕而入，士介皆隨賓後。

又 天子遣使來迎勞諸侯：周制，諸侯入朝，王使小行人迎勞於畿。及郊，大行人勞，視館，將幣爲丞而儐，視館，致館也。王使勞於郊，致館於賓。賓至將幣，使宗伯爲上儐。郊謂遠郊，去王城五十里。皮弁，用璧。侯氏亦皮弁迎於帷門外，再拜。

宋・周密《武林舊事》卷八 北使到闕：北使到闕，先遣伴使賜御筵於赤岸之班荆館，中使傳宣撫問。【略】是日賜茶酒名果，又賜使副、衣各七事，幞頭，牙笏，二十兩金帶一條，并金魚袋，靴一雙，馬一疋，鞍轡一副，共折銀五十兩，銀沙鑼五十兩，色綾絹一百五十疋，餘并賜衣帶銀帛有差。【略】元正朝賀禮畢，遣大臣就驛賜御筵。【略】六日，裝班朝辭退，賜襲衣，金帶三十兩，銀沙鑼五十兩，紅錦二色，綾二疋，小綾十色，絹三十疋，雜色絹一百疋，餘各有差。臨安府書送贈儀，復遣執政就驛賜燕，晚赴解換夜筵，伴使始與親勸酬，且以衣物爲貺，謂之私覿。次日，賜龍鳳茶、金銀合，乘馬出北關，登舟。又次日，遣近臣賜御筵，自到闕至朝辭，密賜大使銀一千四百兩，副使八百八十兩，衣各三襲，金帶各三條。都管、上節各銀四十兩，衣兩襲。中、下節各銀三十兩，衣一襲，塗金帶副之。

《新唐書》卷二二二下《南蠻列傳下・兩爨蠻》 每節度使至，諸部獻馬，酋長衣虎皮，餘皆紅帞束髮，錦纈襖、半臂。既見，請匹錦、斗酒，折草招父祖魂以歸鄉里。

明・徐一夔《明集禮》卷三二《賓禮三・遣使》 賜吐蕃國禮物：漢文帝元年，遣陸賈賜南粤王，上褚五十衣，中褚三十衣，下褚二十衣。以綿裝衣曰褚。六年，遣使者遺匈奴繡袷綺衣、長襦錦袍各一，比疎一，比疎，辮髮之飾。黄金飾具帶一，黄金犀毗一，犀毗，腰中大帶。繡十匹，錦三十匹，赤、綈、緑繒各四十匹。【略】開元中，遣使賜新羅王瑞文錦、五色羅、紫繡文袍，金銀器。宋至道二年，遣使賜交趾玉帶。

清・俞樾《茶香室四鈔》卷一八《使臣賜一品服》 明廖道南《殿閣詞林記》云：永樂初，遣侍詔王延齡使朝鮮，行人朱彬副之，賜衣一襲，及鈔錠，錦衣狐裘皮帽。自後使二國者，俱賜一品服，其禮益隆。按所稱二國，依上文當是朝鮮及安南也。出使外國，加一品冠服，至今循之，實始於此。

紀事

《後漢書》卷一一九《南匈奴傳》 單于比立九年薨，中郎將段郴將兵赴吊，祭以酒米，分兵衛護之。比弟左賢王莫立，帝遣使者賫璽書鎮慰，拜授璽綬，遺冠幘，絳單衣三襲，童子佩刀、緄帶各一，童子刀謂小刀也。《說文》曰：緄，織成帶也。音古本反。又賜繒綵四千匹，令賞賜諸王、骨都侯已下。其後單于薨，吊祭慰賜，以此爲常。吊祭其薨者，慰其新立者。

唐・段成式《酉陽雜俎》前集卷一《禮異》 北齊迎南使，太學博士監舍迎使。傳詔二人騎馬荷信在前，羊車二人捉刀在傳詔後。監舍一人，典客令一人，并進賢冠。生朱衣騎馬罩傘十餘，絳衫一人，引從車前。又絳衫騎馬平巾幘六人，使主副各乘車，但馬在車後。鐵甲者百餘人，儀仗百餘人，剪綵如衣帶，白羽間爲稍，髻髮絳袍，帽凡五色，袍隨髻色，以木爲稍、刃、戟，畫綵爲蝦蟆幡。

明・俞汝楫《禮部志稿》卷六四《章服備考・文武冠服》 使外國服色。成化七年，户科都給事中邱弘、行人韓文奏：凡使外國者，例賜侯服色，自備鈒花金帶，至其國則繫之。今臣等奉使琉球，欲從衆，則事涉擅專。

欲遵制，則官止七品，服色不稱，乞賜鍍金花帶，以壯國威。事下禮部，尚書鄒幹等覆奏，以爲無例而止。

《明史》卷六七《輿服志三》 外國君臣冠服：洪武二年，高麗入朝，請祭服制度。命製給之。二十七年，定蕃國朝貢儀，國王來朝，如嘗賜朝服者，服之以朝。三十一年，賜琉球國王併其臣下冠服。永樂中，賜琉球中山王皮弁、玉圭、麟袍、犀帶，視二品秩。宣德三年，朝鮮國王李祹言：洪武中，蒙賜國王冕服九章，陪臣冠服比朝廷遞降二等，故陪臣一等，比朝臣第三等，得五梁冠服。永樂初，先臣芳遠遣世子禔入朝，蒙賜五梁冠服。臣竊惟世子冠服，何止同陪臣一等，乞爲定制。乃命製六梁冠賜之。嘉靖六年，令外國朝貢人，不許擅用違制衣服。如違，賣者、買者同罪。

清・吴振棫《養吉齋叢録》卷二二 封使之服，前明給事中以麒麟，行人以白澤，本朝康熙五十八年，海、徐二公出使，始用東珠帽頂。正、副使皆賜正一品麒麟服。事畢還朝，仍服原官補服。跟役正使二十人，副使十五人，皆例給頂帶。

雜録

唐・段成式《酉陽雜俎》前集卷三《貝編》 魏使陸操至梁，梁王座小輿，使再拜，遣中書舍人殷炅宣旨勞問。至重雲殿，引昇殿，梁主著菩薩衣，北面，太子已下皆菩薩衣，侍衛如法。

宋・葉夢得《石林燕語》卷九 哲宗初即位，契丹弔哀使入見。蔡持正以契丹大使衣服與在廷異，上春秋少，恐升殿驟見或懼，前一日奏事罷，從容言其儀狀，請上勿以爲異，重複數十語，皆不答。徐俟語畢，上曰：彼亦人耳，怕他做甚。持正竦然而退。

宋・王明清《揮麈録》前録卷一 熙寧八年四月，岐王顥、嘉王頵言：蒙遣中使賜臣方團玉帶各一條，准閤門告報，著爲朝儀。臣等乞賓藏于家，不敢服用。上命工琢玉帶以賜二王，二王固辭，不聽。請加佩金魚以別嫌，詔并以玉魚賜之。玉帶爲朝儀始于此。

禮儀服飾部·軍禮分部

出師

綜述

明・徐一夔《明集禮》卷三三《軍禮第一・親征篇》 類于上帝：北齊之制，皇帝纂嚴，服通天冠，文物充庭，有司奏請更衣，乃入。冠武弁出，以誓衆。【略】唐，皇帝親征，先於太極殿誓百官，祭日纂嚴，服武弁。【略】禮畢，皇帝改服通天冠、絳紗袍。【略】今擬國朝皇帝親征，前期擇日，祭告天地，服武弁。【略】其儀見于祀天祀地篇。

又 造于太廟：唐，皇帝親征，齋於太極殿，應祭之官，齋於廟。所祭日，皇帝服武弁。【略】禮畢，皇帝改服還宮，如類上帝之儀。【略】今擬國朝親征，前期擇日，皇帝服武弁。

又 宜于太社：隋往征還師，並宜社。及征高麗，築社稷二壇于乾河上。帝袞冕玉輅，備法駕行宜社稷。禮畢，御金輅，服通天冠還行宫。唐皇帝親征服武弁，乘革輅，備六軍，宜于太社。【略】禮畢，皇帝改服還宮。今擬國朝親征，前期擇日，皇帝服武弁，乘革輅，備六軍，以牲犢幣帛作樂行三獻之禮。

又 禡祭：天子親征而禡祭者，謂師祭也，爲兵禱也。【略】唐親征，以熊席設軒轅黄帝神座。【略】皇帝服武弁行初獻。【略】今擬國朝親征，於國南羣神祠設旗纛，皇帝服武弁，備牲犢幣帛行三獻之禮。

又卷三四《軍禮二・遣將篇》 總序：漢高祖命韓信爲將，擇日齋戒，設壇具禮。北齊命將出師，皇帝乘法駕，服袞冕，徧告祖廟，親授斧鉞。【略】國朝参酌前代之儀，定遣將之禮，以著於篇。

又 授節鉞：遣將而授節鉞者，所以使之專殺伐也。【略】宋遣大將，則於朝堂授以旌節。其儀，大將常服，再拜。【略】國朝遣將，皇帝服武弁服，御奉天殿，授以節鉞。

又 宣露布：蓋謂獻捷之書不封而以告諭於天下也。唐宣露布於東朝堂，文武百官朝服序立。【略】宋獻俘、宣露布於明德門樓，或於宣德門樓，百官朝服序立。【略】國朝大將師還，則於午門樓前獻俘、宣露布，百官朝服序立。

射禮

綜述

《宋書》卷一四《禮志一》 元嘉二十五年閏二月，大蒐於宣武場，主司奉詔列奏申攝，克日校獵，百官備辦。【略】校獵之官著袴褶。有帶武冠者，脱冠者上纓。二品以上擁刀，備槊、麾幡，三品以下帶刀，皆騎乘，將領部曲先獵一日。【略】上水五刻，皇帝出，著黑介幘單衣，乘輦。

又 帝若躬親射禽，變御戎服，内外從官以及虎賁悉變服，如校獵儀。

宋・周密《武林舊事》卷二 燕射：淳熙元年九月，孝宗幸玉津園，講燕射禮。【略】上服頭巾、窄衣、束帶、絲鞵，臨軒。内侍御帶進弓箭，看箭人喝：看御箭。教坊樂作。射垛前排立，招箭班應喏。【略】上再射第五箭，又中的，傳旨不賀。舍人先引皇太子當殿賜窄衣、金束帶，次引射中臣僚受賜如前。【略】招箭班者服紫衣，幞頭，叉手立於垛前。御箭之來，能以幞頭取勢轉導入的，亦絶技也。

明・徐一夔《明集禮》卷三五《軍禮三・大射》 就位：唐制，皇帝親射儀，其日質明，御服武弁出，樂作，警蹕及文武侍衛皆如常儀。文武官俱公服，典謁引入見。皇帝觀射儀，其日質明，王公以下俱服持弓矢分爲左右引入至中門外位，皇帝服武弁服出。【略】宋制，皇帝宴射儀，【略】皇太子、親王、使相、正任、管軍使並窄衣，宰執、侍從公服繫鞋。班齊，皇帝坐，鳴鞭。【略】元制缺。國朝見儀注。

又 御射：《司服》王饗射則鷩冕。疏曰：燕射在寢則朝服，賓射在朝則皮弁服。【略】元制缺。國朝見儀注。

禮儀服飾部·凶禮分部

喪儀

綜　述

唐・杜佑《通典》卷七九《禮三十九・凶一》 大喪初崩及山陵制：

始崩，太僕戒鼓傳達於四方。【略】小宗伯懸縗冠之式於路門之外，太僕掌懸喪首服之法於宮門。首服之法，謂免髽笄總廣狹長短之數。懸其書於宮門，示四方。三日，祝先服。祝佐含斂，先病。五日，官長服。官長，大夫、士。七日，國中男女服。庶人。三月，天下服。諸侯之大夫也。孔穎達曰：服，服杖也。祝佐含斂，先病，故先杖也。然云祝服，故子亦三日而杖也。五日官長服者，大夫、士也。七日國中男女服者，謂畿内民及庶人在官者。三月天下服者，謂諸侯之大夫也。近者亦不待三月，今據遠者爲言耳。

又卷八一《禮四十一・凶三》 天子弔大臣服議：周制，司服職掌王之吉凶衣服，王爲三公六卿錫縗，爲諸侯緦縗，爲大夫、士疑縗。其首服皆弁經。君爲臣服弔服。鄭司農云：錫，麻之滑易者，十五升去其半，有事其布，無事其縷也。緦亦十五升去其半，有事其縷，無事其布也。疑縗，十四升縗也。鄭玄謂：無事其縷，哀在内也。無事其布，哀在外也。疑之爲言擬也，擬於吉。

魏蔣濟奏：會喪不宜去冠。奏事者上言，前會故鎮軍朱鑠喪，自卿以下皆去冠，以布巾帕額，使者、侍中、散騎則不。皆非舊法。夫冠成德之表，於服爲尊。唯君親之喪，小斂之前，與服罪之人去冠。其餘禮儀，雖齊縗之痛，有變無廢。今爲弔去冠，甚違禮意。下博士評議。博士杜布議，以爲《論語》曰羔裘玄冠不能弔，故周人去玄冠代以素弁。漢去玄冠代以布巾，亦王者相變之儀，未必獨非也。古禮野夫著巾，古者軍禮韋弁冠，今者赤幘，此明轉相變易，不可悉還反古。今宜因漢氏故事。又按《漢儀注》，諸侯王薨，天子遣使者往，皆言使者素服。又禮自天子下達於士，臨殯斂之事，去玄冠，以素弁。君子臨喪，必有哀素之心，是以去玄冠，代之以素。是以漢中興，臨喪之事與禮合。自是之後，或言臨喪，使者常吉服布巾。以爲使者亦宜去玄冠，代以布巾，示不純吉。侍中、散騎諸會喪，亦宜去玄冠，代以布巾。詔從布議。吴射慈《喪服圖》：天子弔三公，弁經錫縗。弔大夫、士，皆弁經疑縗。弔畿内諸侯，弁經緦縗服。

晉摯虞云：凡使弔祭，同姓者素冠幘，白練深衣，器用皆素。異姓者服色器用皆不變。

大唐之制，如《開元禮》。

又 諸侯及公卿大夫爲天子服議：漢戴德《喪服變除》云：臣爲君，笄纚，不徒跣，始死，深衣素冠，其餘與子爲父同。鄭玄《變除》云：臣爲君，不笄纚，不徒跣。

又 晉尚書問：天子崩，於今臺書令史以上，爲皆服斬縗之服不。博士卞搉、應琳議：禮，命士以上皆服斬。臺書令史，列職天朝，皆應服斬。又問：天子崩，令司州及河南郡吏出入導從，應易服制不。卞搉答：禮，庶人在官者服齊縗三月。又，近臣服斬。導從出入，皆應從服。【略】《魏晉故事》云：又問，諸二千石長吏見在京城，皆應制服不。博士卞搉、楊雍、應琳等上云：禮，臣爲君斬縗。自士以上見在官者，皆應制服。

大唐元陵遺詔：天下人吏，敕到後，三日釋服。晉賀循云：吏者，官長所署。伏以公卿百寮，不同人吏，准禮，臣爲君服斬縗三年。【略】今百官並合准遺詔二十七日釋服。【略】至小祥日，去首經，著布冠。【略】大祥日，除縗冠杖等，服慘公服。至山陵時，却服本縗服，事畢除之。

又 童子喪服議：周《喪服經》曰：童子唯當室緦。馬融曰：童子，未成人也。鄭玄云：童子，未冠之稱。室宗之嫡子。雜記曰：童子哭不偯，不踊不杖，不菲不廬。未成人者，不能備禮。當室則杖。

漢戴德《變除》曰：童子當室，謂十五至十九，爲父後，持宗廟之重者。其服深衣，不裳，其餘與成人同。禮，不爲未成人制服者，爲用心不能一也。其能服者，亦不禁。縗經不以制度，唯其所能勝。

晉劉智《釋疑》曰：嬰兒無知，然於其父母之喪，則以縗抱之。其餘親，八歲則制服矣。七歲曰悼，過此有罪則入於刑。可刑必致之於禮，故在下殤之年，爲之制服。按《小功章》昆弟之殤，服昆之下殤，是以下殤之年則行服也。蜀譙周《喪服圖》：童子不降成人，小功親以上皆服本親之縗。童子不杖不廬，不絻不麻。當室者絻麻，十四以下不堪麻則不。

又卷八三《禮四十三·凶五》 復：周制，司服供服。隸僕復於小寢、大寢。小寢，高祖以下廟之寢。始祖曰大寢也。夏采掌大喪，以冕服復於太廟，以乘車建綏復於四郊。求之王平生有事之處也。乘車，玉輅。於太廟，以冕服不出宮也。四郊以綏，出國門此行道也。鄭司農云：復，謂始死招魂復魄也。夏采，天子之官也，故以冕服。太廟，始祖之廟也。【略】諸侯小臣復，復者朝服，君以衮，夫人以闕狄，大夫以玄赬，世婦以襢衣，士以爵弁，士妻以褖衣。復者以簪裳於衣，左荷之，扱領於帶。【略】小臣，君之近臣也。朝服而復，所以事君之衣也。復用死者之祭服，以其求神也。君以衮，謂上公也。夫人以闕狄，互言之耳。上公用衮，則夫人用褘衣。侯伯用鷩，其夫人用褕狄。子男以毳，其夫人乃用屈狄矣。赬，赤也。玄衣赤裳，所謂卿大夫自玄冕而下之服也。其世婦亦以襢衣。《雜記》云：內子以鞠衣，褒衣素紗。下大夫以襢衣。其餘如士。注云：內子，卿之適妻也。下大夫，謂下大夫之妻也。【略】凡復衣，不以衣尸，不以斂。不以衣尸，謂不以襲也。復者庶其生也，若以其衣襲斂，是用生施死，於義相反。婦人復，不以袡。袡，嫁時上服，非事鬼神之衣也。【略】唯哭先復，復而後行死事。氣絶則哭，哭而復，復而不蘇，可以爲死事矣。

又 天子諸侯大夫士弔哭議：周制，凡弔事，弁絰服。弁絰者，如爵弁而素，加環絰也。《（司服）[弁師]》云：王之弁絰，弁而加環絰。天子之哭諸侯也，爵弁，（絰）純衣。服士之祭服以哭之，明爲變也。天子至尊，不見尸柩，不弔服，麻不加於采。純音側其反。

又卷八四《禮四十四·凶六》 襲：周制，天子十二稱，上公九稱，諸侯七稱，大夫五稱，士三稱。鄭玄據《雜記》及《士喪禮》推而言。上公衮衣一，玄端一，朝服一，素（幘）[積]一，纁裳一，爵弁二，玄冕一，褒衣一。朱綠帶，申加大帶於上。朱綠帶者，襲衣之帶也，飾之雜以朱綠，異於生也。此帶亦以素爲之。申，重也，重於革帶也。革帶以佩韍。必言重加大帶者，明雖有變，必備此二帶也。士襲三稱。《禮記》引子羔襲五稱，上公襲九稱，則尊卑襲數不同矣。諸侯七稱，天子十二稱歟。率帶，諸侯、大夫皆五采，士二采。此謂襲尸之大帶也。率，繂也，繂之不加緘功。大夫以上更飾以五采，士以朱綠。襲事成於帶。變之，所以異於生也。士爵弁服純衣，謂生時爵弁之服。純衣者纁裳。古者以冠名服，死者不冠也。純音緇。皮弁服，皮弁所衣之服。其服白布衣素裳。褖衣。黑衣裳赤緣謂之褖。褖言緣也，所以表袍。緇帶，黑繒之帶。韎韐，上音妹，下音蛤。一命緼韍也。緼音温。竹笏。笏，所以書思對命者。夏葛屨，冬皮屨，皆繶緇約純，組綦繫於踵。繶音憶。約音其俱反。純音准。庶襚繼陳，不用。庶，衆也。不用，不用襲也。多陳之爲榮，少納之爲貴也。既含，乃襲三稱。遷尸於襲上而衣之。凡衣死者，左衽。君錦冒黼殺，綴旁七。大夫玄冒黼殺，綴旁五。士緇冒赬殺，綴旁三。凡冒，質長與手齊，殺三尺。冒者，既襲所以韜尸，重形也。制如直囊，上曰質，下曰殺。質，正也。其用之，先以殺韜足而上，後以質韜首而下。上玄下纁，象天地也。

又 小斂：周制，大喪，大斂、小斂，小宗伯帥異族而佐斂。司服供斂衣服。典瑞駔珪、璋、璧、琮、琥、璜之渠眉，疏璧琮以斂屍。駔讀曰組。渠眉者，玉飾之溝瑑也。以組穿聯六玉溝瑑之中以斂屍。珪在左，璋在首，琥在右，璜在足，璧在背，琮在腹，蓋取象方明神之也。疏璧琮者，通於天地。諸侯、大夫、士喪，將小斂，皆厥明陳衣於序東，大夫士陳衣於房中。天子之士。衣皆十有九稱。天子至士皆同。袍必有表，不單，衣必有裳，謂之一稱。皆左衽，結絞不紐。袍，褻衣，必有以表之，乃成稱也。《雜記》曰子羔之襲，繭衣裳，與稅衣纁袡爲一是也。《論語》曰當暑袗絺綌，必表而出之，爲其褻也。衣十九稱，法天地之終數。凡斂者要方，散衣有倒者也。左衽，衽向左，反生時。袡，而占反。

又 大唐《元陵儀注》：內外各隨職備辦，尚食先具太牢之饌。厥明而小斂。【略】侍御小臣升殿，先布衣於絞上，乃遷於衣上，舉衾而斂，以次加衣十九稱畢，乃結絞而衾焉。【略】其百官以理去職而薨卒者，聽斂以本官之服。無官者介幘單衣。婦人有官品，亦以其服斂。應珮者，皆用蠟代玉，禁以金玉珠寶而斂也。餘如《開元禮》。

又卷一〇二《禮六十二·凶二十四》 改葬服議：周制，《喪服》曰：改葬緦。馬融曰：棺有弛壞，將亡尸柩，故制改葬。棺物敗者，設之如初，其奠如大斂時。不制斬者，禮已終也。從墓之墓，事已而除，不必三月。唯三年者服緦，周以下無服。鄭玄曰：云服緦者，臣爲君，子爲父，妻爲夫。親見尸柩，不可無服，服緦三月而除之。王肅云：本有三年之服者，道有遠近，或有艱故，既葬而除，不得待有三月之限。《春秋穀梁傳》：魯莊公三年，葬桓王。《傳》曰：改葬也。范甯曰：改葬，當言改以明之，猶郊牛之口傷，改卜牛是也。《傳》當以七年乃葬，故謂之改葬。改葬之禮，緦，舉下緬也。范甯曰：緦者，五服最下。言舉下緬，上從緦，皆反其故服。因葬桓王，記改葬之禮，不謂改葬桓王當服緦也。江熙曰：薨稱公，舉五等之上。改葬之禮緦，舉五服之下，以喪緬邈遠也。天子諸侯易服而葬之。禮以其爲交神明者也，不可以純凶，況其緬者乎。是故改葬之禮，其服唯輕。言緬，釋所以緦。

漢戴德云：制緦麻具而葬，葬而除，謂子爲父、妻妾爲夫、臣爲君、孫爲祖後也。無遣奠之禮。其餘親皆弔服。陳鑠問趙商云：親見尸柩，不可吉服，既虞可除，何爲乎三月。商答曰：《經》云改葬緦，三月而除。三月一時，無他變易。今既緦，無因便除，故待三月除，以順緦之數。

又卷一〇三《禮六十三·凶二十五》 久喪不葬服議：周制，《禮記·喪服小記》曰：久而不葬者，唯主喪者不除。其餘以麻終月數者，除喪則已。鄭玄曰：其餘謂旁親也。以麻終月數，不葬者喪不變也。盧植云：子孫皆不除，以喪主爲正耳。其餘旁親者，以麻各終其月數除。

漢《石渠禮議》：蕭太傅云：以麻終月數者，以其未葬，除無文節，故不變其服爲稍輕也。已除喪服未葬者，皆至葬反服。庶人爲國君亦如之。宣帝制曰：會葬服喪衣是也。或問蕭太傅：久而不葬，唯主喪者不除。今則或十年不葬，主喪者除否。答云：所謂主喪者，獨謂子耳。雖過期不葬，子義不可以除。

明·徐一夔《明集禮》卷三七上《凶禮二·品官喪儀》 復衣：復者，用死者之衣服以招復其魂魄也。周制，上公以衮，侯伯以鷩，子男以毳，大夫玄衣赤裳，士以爵弁。唐制，用亡者之上服。三品以上，復者三人，四品、五品二人。上服者，公服也。宋制，六品以下，復者二人，婦人視其夫。凡復衣不以斂。

又 襲衣：周制，襲衣，上公九稱，諸侯七稱，大夫五稱，士三稱。唐制，陳襲事於房中，明衣裳，用舄、帛巾一，充耳用白纊。面衣用玄，纁裏，方尺。握手用玄，纁裏，長尺二寸。三品以上襲三稱，六品以下襲一稱，用履。宋制同，面衣用緇，赬裏，握手用緇，纁裏。

又 小斂衣：周制，諸侯、大夫、士將小斂，皆陳衣。衣皆十有九稱，袍必有表，不單，衣必有裳，謂之一稱。【略】唐制，三品以上官，小斂衣十有九稱，朝服一稱，自餘皆常服，無者各隨所辦。六品以下服一稱，婦人夫有官，亦以其服斂。凡斂，非正色不入，絺綌不入。宋制，品官斂衣九稱。

又 大斂衣：周制，大斂陳衣，諸侯百稱，大夫五十稱，士三十稱。【略】唐制，三品以上衣三十稱，各具上服一稱，自餘皆常服，無者各隨所辦。內喪具花釵衮一，以黃爲表，素爲裏。六品以下朝服、公服、常服各爲一稱，制用隨所有。宋制，品官大斂衣十稱。

又 祥禫冠服：期而小祥，祥者，吉也。喪至此稍稍自飾，故除首絰及負版、辟領、衰，練冠素纓，中衣黃裏，縓爲領緣。縓者，紅色之多黃者也。再期大祥，受以祥服，素縞麻衣，去要絰及杖，麻屨無絇。間一月而禫，禫而纖。纖者以黑經白緯爲冠也，綵纓，吉屨，紛帨之屬皆得佩矣。《家禮》：大祥後及陳禫服，丈夫垂脚黲紗幞頭，黲布衫，布裹革韋。婦人冠梳假髻，以鵝黃青碧皂白爲衣履，其金珠紅繡皆不可用。

又 弔服：《語》曰：羔裘玄冠不以弔。蓋弔者所以哀，死必當變服。玄者吉服，故不以弔也。禮自天子達於士，臨殯斂之事，去玄冠以素弁。君子臨喪，必有哀素之心，是以去玄而代之以素也。周人代以素弁，漢代以布巾，後世以白帢深衣，當古弔服。《家禮》：凡弔皆素服，幞頭，衫帶皆以白生絹爲之。

又卷三七下《凶禮三·庶人喪儀》 復衣：唐宋制，復者一人，用死者之上服。《家禮》：男子襴衫，皂衫，婦人大袖、背子。

又 襲衣：唐宋制，襲衣一稱。《家禮》：幅巾一，充耳二，用白纊，幎目帛以覆面，方尺五寸，握手帛，長尺二寸，廣五寸，深衣一，大帶一，履一，汗衫，袴襪之類隨所用之多少。

又 小斂衣：宋制，斂衣一稱。《家禮》：據死者所有之衣隨宜用之。

又 大斂衣：唐宋制，陳衣三稱。《家禮》：衣無常數，衾用有綿者。

清·林伯桐《品官家儀考》卷三《品官喪儀》 去飾：子兼嫡庶長幼言。去冠，被髮，徒跣。婦人、女子去笄。笄，簪也。去笄則去耳環可知。期服以下，男子素冠，婦女去首飾，皆易素服。

又 襲事陳於其旁，常服一稱，常服，謂常日所服，以別於公服也。一稱，謂一副也。朝衣冠帶各以其等。謂各有等級，所當用者不得僭也。

又 小殮：陳殮牀於堂東，加殮衣。複一，襌一。三品以上殮衣五稱，謂五副也。複三，襌二。五品以上殮衣三稱，複二，襌一。六品以下殮衣一稱，複一，襌一。殮衣。皆以繒。複衾一，二品以上色絳，四品以上色緇，五品色青，六品色紺，七品色灰。

又《喪儀考證》 喪具皆當講求考：男子免而婦人髽者，男子有冠去冠，以麻繞之，則謂之免。婦人有笄去笄，以麻繞之，則謂之髽。若男子成服，則有厭冠，婦人成服，則有惡笄。黃氏幹曰：成服用箭笄，以箭篠爲笄也。箭篠，竹也。婦人箭笄終喪。

用麻布闊一寸，韜束髻上，而垂其餘，俗名孝圈，古禮所謂布總也。

雜録

宋·王溥《五代會要》卷八《服紀》 周廣順元年正月敕：漢高祖爲義帝舉喪。魏明帝正禪陵尊號，一時達禮，千古所稱。況朕久事前朝，常參大政，雖遷虞事夏，見奪於群情，而四海九州咸知予宿志，宜令所司擇日，爲故主舉喪，仍備山陵葬禮。有司上言：皇帝爲故主舉喪日，服縞素、直領深衣、腰絰等，成服畢，祭奠不視朝，七日坊市禁音樂。文武内外臣寮成服後，每日赴太平宮臨，三日止，七日釋服。至山陵啓攢塗日，仍服初服，送輀車出城。班辭，釋服。從之。

明·郎瑛《七修類稿》卷一二《國事類·葬祭衣冠》 洪武初，《實録》作甲辰，非。太祖命禮部製德祖玄皇帝、玄皇后，懿祖恒皇帝、恒皇后，熙祖裕皇帝、裕皇后衮冕冠服，令皇太子至泗州盱眙縣修繕祖陵，葬祭衣冠。

清·姚彥渠《春秋會要》卷三《禮二·凶禮》 賵襚：隱元年，秋七月，天王使宰咺來歸惠公仲子之賵。《公羊》：惠公者何，隱之考也。仲子者何，桓之母也。【略】隱爲桓立，故以桓母之喪告于諸侯。《穀梁》：乘馬曰賵，衣衾曰襚，貝玉曰含，錢財曰賻。

五服制度

綜述

唐·杜佑《通典》卷八七《禮四十七·凶九》 五服成服及變除附：

周制，喪服斬縗裳、苴絰、杖、絞帶、冠繩纓、菅屨者，謂既殯成服。斬縗裳三升。苴絰大搹音厄。九寸，左本在下。去五分一以爲腰絰，大七寸二分，絞垂兩結間，相去四寸。竹杖大如腰絰，長齊心，本在下。絞帶大五寸七分半，偶結於前，皆三重。三重，四股絞之。冠六升，外縪，條屬右縫。菅屨外納。納其餘外也。縪音必。居倚廬，中門外東壁下，倚木爲廬，北向開户。寢苫枕凷。【略】寢不説絰帶。義服所異者，縗裳三升半，繩屨，餘與正同。斬者，不緝也。苴者，麻之有蕡也。服上曰縗，下曰裳。在首在腰皆曰絰。絰之言實也，明孝子有忠實之心，故爲制此服焉。首絰象緇布冠之頍項，腰絰象大帶。又有絞帶，象革帶。齊縗以下用布。盈手曰搹，扼也。中人之扼，圍九寸。以五分一以爲殺者，象五服之數也。屬猶著也。通屈一條繩爲武，垂下爲纓，著之冠也。布八十縷爲一升，登也。《雜記》曰：喪冠條屬，以別吉凶。三年之練冠，亦條屬右縫，小功以下左縫。外縪者，冠前後屈而縫於武也。【略】公士大夫之衆臣爲其君，布帶繩屨。士，卿士也。公卿大夫厭於天子諸侯，故降其衆臣布帶繩屨。貴臣得伸，不奪其正也。公卿大夫室老，貴臣也，其餘皆衆臣也。君謂有采地者，皆曰君。衆臣杖，不以即位。女子子在室爲父，布總六升，長六寸，箭笄長一尺，髽縗三年。女子子者，女子也，加一子別於男子也。在室，（間）［關］已許嫁。此女子之喪服之異於男子也。總，束髮也。六升，象冠（素）［數］也。長六寸者，出紒後垂爲飾。謂之總者，既束其本，又總其末也。箭，篠也。髽，露紒也，猶男子之斂髮也。斬縗斂髮以麻，則髽亦用麻矣。以麻自項而前交於額上，却繞紒後，如著幓頭焉。凡服上曰縗，下曰裳。此言縗不言裳，婦人不殊裳也。縗如男子縗，下如深衣，則縗無帶，下又無衽矣。陳銓曰：總，束髮。笄，支紒也。不曰縗裳，婦人縗而不裳。雷次宗曰：縗者，當心六寸布也。在衣則衣爲縗，在裳則裳爲縗。男子離其縗裳，故縗獨在衣上。婦人同爲一服，故上下共其稱也。幓音七焦反。三月而卒哭，男子受以六升布爲縗裳，七升布爲冠，纓帶亦如之。一辟博三寸，偶結於前。藨屨内納，葛絰，首絰大七寸五分寸之一，右本在上，五分首絰去一以爲腰絰，大五寸二十五分寸之十九，參（繆）［摎］之。【略】婦人亦以六升布爲連裳，七升布爲總。葛洪云：子爲父，三月既葬，草屨内納。【略】十三月小祥而練，除首絰，受以七升布爲縗裳，練冠素纓，中衣黃裏，縓爲領袖，縁以練帶，繩屨無絇，其腰絰縮一股去之。【略】葛洪云：小祥，中衣，黃爲裏，縓爲領袖緣。縓者，紅之多黃者也。宋凱云：小祥，祥者，吉也。故縗裳無負版及心前縗、辟領，去首絰。小祥祭則櫛，稍自飾。二十五月大祥，朝服縞冠。既祥，改服十五升布深衣，領袖緣皆然。縞冠素紕，素中衣，領袖緣帶皆然。去腰絰，棄杖，白麻屨無絇。食醯醬乾肉。出堊室，始居内寢。杜元凱云：二十五月大祥祭，主人夕爲期。朝服縞冠訖祭，而受以布深衣十五升。外無哭者，謂哀至入即位而哭也。崔凱云：大祥居外寢，平常所聽外寢事也。縞冠素紕，紕者，以素緣冠兩邊，各二寸。二十七月而禫，玄衣黄裳而祭。祭畢，更服朝服，以黑經白緯爲冠而綵纓，縞帶，緣中衣，吉屨無絇，革帶，得佩紛帨之屬，如其平常。寢有床，猶别内。始飲醴酒。踰月復吉，三年之禮成矣。

疏縗裳齊，牡麻絰，冠布纓，削杖，布帶，疏屨三年者，謂齊縗三年，既殯成服。以麤縗四升爲縗裳，六升爲冠纓，布帶代絞帶。牡麻絰大七寸二分，右本在上，五分去一，大五寸六分，以爲腰絰。【略】蔍蒯爲屨。食粥居廬，與爲父同，五不食。齊者，緝也。牡麻者，麻之無子者。馬融曰：在上指右，故曰右本。鄭玄云：齊縗不書受月者，亦天子諸侯及卿大夫士虞卒哭異數也。王肅曰：疏以名縗，輕乎斬也。斬不同數，粗可知也。承裳以齊，制而後齊也。因縗以斬，斬而後縗也。陳銓曰：右本在上，麻本從左來，加右之上也。蔍蒯，草名也。孔倫曰：右本在上，爲母本於陰而統外也。女子子在室，白布總七升，長八寸，一辟博一寸。惡笄用榛木，長尺，用白布絇之，博五分。白布七升爲帶，無腰絰。深衣不裳。居房中，張帷爲次。至虞不變者，三笄總帶也。既卒哭，受以八升布爲縗裳，冠九升布，纓帶、中衣領袖緣亦然。服葛絰，首絰大五寸七分半，腰絰四寸六分。十三月小祥，除首絰，練九升布爲冠，纓武亦如之。其他祥禫變除與斬縗同。踰月復平常。

疏縗裳齊，牡麻絰，冠布纓，削杖，布帶，疏屨周者，謂齊縗杖周。降服四升爲縗裳，冠纓皆七升。正服五升爲縗裳，冠纓皆八升。義服六升爲縗裳，冠纓皆九升。冠皆右縫内縪。絰帶與三年同。

不杖麻屨者，謂不杖周成服。五升布爲縗裳，八升布爲冠纓，絰帶大小與杖周同。居堊室，食素食，水飲。寢有席薦，不納，斷木爲枕，不脱絰帶。朝夕既位哭。

殤大功布縗裳，牡麻［絰］無受者，謂殤降大功成服。七升布爲縗裳，十升布爲冠纓、帶、中衣、領袖緣。牡麻爲首絰，大五寸七分半，腰絰四寸六分，不絞其垂。唯中殤七月者不纓絰。繩屨。【略】既葬，除絰帶，食菜果，寢居内。凡殤大功以上，中從上，小功以下，中從下。

大功布縗裳、牡麻絰、纓、布帶三月受以小功縗即葛九月者，謂成人大功成服。八升布爲縗裳，冠十升。義服九升布爲縗裳，其冠十一升。絰帶與殤同。既葬，皆受以十升布爲縗裳，冠十一升，變麻絰服葛絰，絞之。九月除，朝服素冠，吉屨無絇。踰月復吉。

殤小功布縗裳、澡麻帶絰五月者，謂殤降小功。十升布爲縗裳，［冠］十二升。澡麻去莩垢也。絶本去本邊惡處也。爲絰，大四寸六分。腰絰大三寸七分，散垂。唯周之下殤降在此者，其帶不絶本，屈而反至腰而絞之。張帷爲次，哀至而哭。食有醯醬菜茹。葬而除絰，食乾肉，飲醴酒，寢有床。五月除。

小功布縗裳即葛五月者，謂成人小功成服。十一升布爲縗裳，義服十二升布爲縗裳，冠同十二升，亦澡麻絶本爲絰帶，寢有床，哀至而哭。既葬，除麻受葛絰，大三寸六分，腰絰大二寸九分，縗裳如故，寢居内。至除，受以朝服素冠。踰月復吉。

緦麻三月者，謂緦麻之喪成服，降正義同。以七升半布，緦而疏之，爲縗裳及冠纓帶，首絰亦澡麻絶本，大三寸七分，腰絰大二寸九分，吉屨無絇。寢有床。飲酒食肉，不至變色。既葬，受以朝服素冠。踰月復吉。

大唐之制，杖絰升縷，皆約周禮，直書其儀。歷代通儒，皆有著述，開元之制，最爲詳備。

又 五服縗裳制度：周制，凡五服，在上曰縗，在下曰裳。縗縫外殺，裳縫内殺。《經》云：凡縗外削幅，裳内削幅。鄭玄云：削猶殺也。太古衣，先知爲上，外殺其幅，以便體也。後知爲下，内殺其幅，稍有飾也。後代聖人易之，而以此爲喪服。是也。其制，身長二尺二寸，合前後爲四尺四寸，兩邊凡八尺八寸。《經》云衣二尺有二寸，鄭玄云衣自領至腰二尺二寸是也。鄭亦以此爲袂中之數，則袂亦正方二尺二寸也。以古布幅廣二尺二寸，《禮記》所云端縗，謂此也。繼袂之末，又綴以廣尺二寸布，謂之（袂）［袪］。《經》云：（袂）［袪］尺二寸。馬融云：袂末也，尺二寸，足以容拱手也。喪拱上右手下。又衣下施腰，取半幅横綴身下，長短隨衣。《經》云：衣帶下尺。鄭云：謂腰也。廣尺足以掩裳上際。又於腰兩傍，當縫各綴一衽。《經》云：衽二尺有五寸。鄭云：衽所以掩裳際。其制，上正方一尺，於方一尺之下，角斜向下，長尺五寸，末頭闊六寸。今但取三尺五寸布，交解相沓裁之，即可亦謂之燕尾。今闊頭向上，取象與吉服之衽相反。又取布方尺八寸，置背上，上縫著領，下垂之，謂之負。《經》云：負廣出於適寸。鄭云：負，在背上者也。適，辟領也。負出於辟領外旁一寸也。今據辟領廣尺六寸，負各出一寸，故知尺八寸。其開領處，左右各開四寸，向外辟厭之，謂之適。《經》云：（過）［適］博四寸，出於衰。鄭云：適，辟領。廣四寸，則（兩）［與］闊［中］八寸也。兩之爲尺六寸。又取布長六寸，博四寸，綴於衣外衿上，謂之衰。《經》云：衰長六寸，博四寸。鄭云：廣袤當心也。［前有衰，後有］負［板］，左右有辟領，孝子哀戚，無不在。其裳之制，前三幅，後四幅，開兩邊，故以衽蔽之於腰上。每一幅爲三辟積，其辟積相向爲之，謂之（絇）［袧］。（若侯）［居侯］反。其（絇）［袧］大小隨人腰粗細爲之。《經》云：裳内削幅，幅三（絇）［袧］。鄭云：（絇）［袧］謂辟兩側空中央也。凡裳前三幅後四幅。按稱幅，不必全幅，蓋中破爲之。故《禮記·深衣篇》云制十有二幅，以應十二月，是六幅交解之也。若斬衰，即衰與裳不緶緝。若齊衰以下，衰則外緶之，裳則内緶之，謂之齊。《經》云：若齊，裳内衰外。鄭云：齊，緝也。凡五服之衰，一斬四緝，緝裳者内展之，緝衰者外展之。展則緶緝也。按《喪服》本文，甚難曉。今於歷代著述，悉皆（手）［平］寫本經。先言其制，次引經文，所冀後學，易爲詳覽。

大唐之制，一據《喪服》之文，具《開元禮》。

又卷一三四《禮九十·開元禮纂類二十九》 斬衰三年正服：子爲父，則斬衰三年。女子子在室爲父，好子，重稱子者，別於男子。言在室，關已許嫁。女子子嫁反在父之室爲父。遭喪後而出者，始服齊衰周。出而虞，則受以三年之服。既虞而出，則小祥亦如之。既除喪而出，則已。

又 衰冠：右正服、加服衰裳三升，義服三升半。冠同六升，右縫，通屈一條繩爲武，垂下爲纓，冠外縪。凡服：上曰衰，下曰裳。布八十縷爲升。外（畢）［縪］者，冠前後屈而出於武，外厭［縫］之。婦人之衰連裳，以六升布爲總。總，束髮也。童子亦連裳。

絰帶屨：右苴麻絰帶。首絰大九寸，左本在下，繩纓。五分首絰去一以爲腰絰，大七寸二分，絞垂兩結，相去四寸。婦人絰如男子。男子又有絞帶。苴，惡貌也。首絰象緇布冠之頍項，腰絰象大帶。絞帶象革帶，五分腰絰去一爲之，齊衰以下用布。菅屨外納。外納，納其餘於外也。婦人屨亦如男子。

又 總論制度：（三）［王］公以下皆三月而葬，［葬］而虞，三虞而卒哭。十三月小祥，除自絰，練八升布爲冠，纓武亦如之。婦人練總，除腰絰。二十五月大祥，除靈座，自後有祭，設几席。除衰裳，去絰杖，十五升布深衣，布縞冠，素紕纓，革帶素屨。婦人除衰裳，去絰，縞總，衣屨如男子。二十七月禫祭，玄冠皂纓，仍布深衣，革帶吉屨，婦人緇總，衣屨如男子。踰月，復平常。

齊衰三年正服：子爲母，舊禮，父卒爲母周，今改與父在同。爲祖後者，祖卒則爲祖母。爲曾高祖後者，爲曾［祖母］、高祖母亦如之。母爲長子。

又 衰冠：右正服、加服衰裳四升，義服五升。其纓四升半，成布四升。冠七升，右縫，布纓武，冠内縪。前後縫於武，内厭縫。

絰帶屨：右牡麻絰帶。首絰大七寸二分，本在上，繩纓。五分首絰去一以爲腰絰，大五寸七分半，布帶代絞帶。屨内納。

又 大功殤：右降服衰裳七升，正服衰裳八升，冠同十升。義服衰裳九升，冠十升。婦人則布總，精粗如男子冠。牡麻絰，首絰大五寸七分半。長殤及成人皆九月，絰以繩纓。中殤皆七月，絰無纓。俱五分首絰去一以爲腰絰，大四寸六分。布帶，繩屨。

又 小功五月殤：右降正服，冠衰同十升。義服十一升。澡麻絰帶，澡謂去其莩垢，不絶其本。冠左縫，不厭。婦人布總，精粗如男子。首絰大四寸六分，五分首絰去一以爲腰絰，大三寸七分。布帶，吉屨無絇。婦人衰絰精粗如男子。降服不澡。

又 緦麻三月殤：右降正義服，冠衰同十五升去其半，有事其縷，無事其布。冠右縫不厭。婦人［布］總，精粗如男子之冠。澡麻斷本以爲絰，首絰大三寸七分，五分首絰去一以爲腰絰，［大］二寸九分。布帶，吉屨無絇。皇家所絶旁親服者，皇弟子爲之皆降一等。凡童子不緦，當室則緦。

又 衰裳制度：凡衰外削幅，裳内削幅，幅三袧。削猶殺也。袧者，謂辟兩側空中央也。凡裳，前三幅，後四幅。若齊，裳内衰外。齊，緝也。凡五服之衰，一斬四緝。緝裳者内展之，緝衰者外展之。負廣出於適寸。負，在背者也。適，辟領也。負出於辟領外旁一寸。適博四寸，出於衰。博，廣也。辟領廣四寸，則與闊中八寸，兩之爲尺六寸。出於衰者，旁出衰外也。衰長六寸，博四寸。廣長當心。衣帶下尺。衣帶下尺者，腰也。廣尺，足以掩裳上際。衽二尺有五寸。衽所以掩裳際。

上正一尺，燕尾二尺五寸，凡用在三尺五寸。（衽）［袂］屬幅。屬猶連也。連幅謂不削也。衣二尺有二寸，此謂袂中也。衣自領至腰二尺二寸，倍之四尺四寸。加辟領八寸，又倍之。凡衣用布一丈四寸。袪尺二寸。袪，袖口也。

宋・王溥《五代會要》卷八《服紀》 後唐同光三年七月，貞簡皇太后遺令曰：皇帝以萬機至重，八表所尊，勿衣麤衰，勿居諒闇，三年之制，以日易月，過三日便親朝政。皇后、諸妃及諸王、公主，並制齊衰本服，以日易月，十三日除。中書門下、翰林院學士、在朝文武百官、内諸司使，及諸道節度觀察防禦使、刺史、監軍，及前資官并寮佐官吏、士庶、僧道、百姓，並准本朝故事，降服施行，勿使過制。皇帝釋服後，未御八音，勿廢群祀，勿斷屠宰，勿禁宴遊，園陵喪制，皆從簡省。故申遺令，奉而行之。其月，太常禮院奏：案故事，中書門下、翰林學士、在朝文武百官、内諸使司供奉官已下，從成服三日，每日赴長壽宫朝臨，自後不臨。其服以日易月，三十日除。至小祥，合釋服。每至月朔月望小祥大祥釋服日，未除服者縗服臨，已除服者則素服不臨，並赴長壽宫，先拜靈訖，移班近東，進名奉慰。又准奏：故事，文武前資官及六品已下未升朝官并士庶等，各於本家素服一臨。禁衛諸軍使已下，各於本軍廳事素服一臨。僧尼道士，各於本寺觀一臨。外命婦，各於本家素服朝臨三日。諸道節度、觀察、防禦、團練、刺史及寮佐等，聞哀後當日成服，三日改黲，十三日除。從之。

世俗風尚總部

服飾習俗部

風習時俗

論說

漢·桓寬《鹽鐵論》卷六《散不足》 丞相曰：願聞散不足。賢良曰：宮室輿馬，衣服器械，喪祭食飲，聲色玩好，人情之所不能已也。故聖人爲之制度以防之。間者，士大夫務於權利，怠於禮義，故百姓仿效，頗逾制度。【略】古者，衣服不中制，器械不中用，不粥於市。今民間雕琢不中之物，刻畫玩好無用之器。玄黄雜青，五色綉衣，戲弄蒲人雜婦，百獸馬戲鬥虎，唐銻追人，奇蟲胡妲。【略】古者，庶人耋老而後衣絲，其餘則麻枲而已，故命曰布衣。及其後，則絲裏枲表，直領無褘，袍合不緣。夫羅紈文綉者，人君后妃之服也。繭紬縑練者，婚姻之嘉飾也。是以文繒薄織，不粥於市。今富者縟綉羅紈，中者素綈冰錦。常民而被后妃之服，褻人而居婚姻之飾。夫紈素之賈倍縑，縑之用倍紈也。【略】古者，鹿裘皮冒，蹄足不去。及其後，大夫士狐貉縫腋，羔麑豹袪。庶人則毛絝袑彤，羝䩞皮裑。今富者鼲鼯，狐白鳧翁。中者罽衣金縷，燕駱代黄。【略】古者，瓦棺容尸，木板堲周，足以收形骸，藏髮齒而已。及其後，桐棺不衣，采椁不斫。今富者綉牆題凑。中者梓棺楩椁，貧者畫荒衣袍，繒囊緹橐。古者，明器有形無實，示民不可用也。及其後，則有醯醢之藏，桐馬偶人彌祭，其物不備。今厚資多藏，器用如生人。郡國繇吏，素桑楺偶車櫓輪，匹夫無貌領，桐人衣紈綈。【略】古者，男女之際尚矣，嫁娶之服，未之以記。及虞、夏之後，蓋表布内絲，骨笄象珥，封君夫人加錦尚褧而已。今富者皮衣朱貉，繁露環佩。中者長裾交褘，璧端簪珥。【略】古者，不以人力徇於禽獸，不奪民財以養狗馬，是以財衍而力有餘。今猛獸奇蟲不可以耕耘，而令當耕耘者養食之。百姓或短褐不完，而犬馬衣文綉，黎民或糠糟不接，而禽獸食粱肉。【略】古者，庶人粗菲草芰，縮絲尚韋而已。及其後，則綦下不借，鞔鞮革舃。今富者革中名工，輕靡使容，紈裏紃下，越端縱緣。中者鄧里閒作蒯苴。蠢堅婢妾，韋沓絲履。走者茸芰絢綃。

唐·張彦遠《歷代名畫記》卷二《叙師資傳授南北時代》 若論衣服、車輿、土風、人物，年代各異，南北有殊。觀畫之宜，在乎詳審。只如吴道子畫仲由，便戴木劍。閻令公畫昭君，已著幃帽。殊不知木劍創於晉代，幃帽興於國朝。舉此凡例，亦畫之一病也。且如幅巾傳於漢魏，羃䍦起自齊隋，幞頭始於周朝。折上巾，軍旅所服，即今幞頭也。用全幅皂向後幞髮，俗謂之幞頭。自武帝建德中，裁爲四脚也。巾子創於武德，朝服靴衫，豈可輒施於古象。衣冠組綬，不宜長用於今人。芒屩非塞北所宜，牛車非嶺南所有。詳辯古今之物，商較土風之宜，指事繪形，可驗時代。

宋·邵博《邵氏聞見後録》卷一○ 丞相掾和洽言於曹操曰：天下之人，才德各殊，不可以一節取也。世有儉素過中，自以處身則可，以此格物，所失或多。今朝廷之議吏，有著新衣、乘好車者，謂之不清。形容不飾，衣裘敝壞者，謂之廉潔。至令士大夫故污辱其衣，藏其輿服。朝府大吏，或自挈壺飧以入官寺。夫立教以中庸，貴可繼也。今崇一概難堪之行，以檢殊途，勉而爲之，必有疲瘁。古之大教，務在通人情而已。凡激詭之行，則容引僞矣。紹興以來，宰相趙元鎮好伊川程氏之學。元鎮不識伊川，士資以進，反用妖妄眩惑一世，每拱手危坐，竟日無一言。或就之，則曰：吾方思誠敬。姑去爲姦爲僞者，十人而九必敝衣粗食，以自垢汙，否則斥爲不肖矣。予恐後世之惑也，得和洽之言，故表出之。

宋·陸游《老學庵筆記》卷九 紹興初，程氏之學始盛，言者排之，至譏其幅巾大袖。胡康侯力辨其不然，曰：伊川衣冠，未嘗與人異也。然張文潛元祐初《贈趙景平主簿》詩曰：明道新墳草已春，遺風猶得見門人。定知魯國衣冠異，盡戴林宗折角巾。則是自元祐初，爲程學者幅巾已與人異矣。衣冠近古，正儒者事，譏者固非，辨者亦未然也。

宋·葉寘《愛日齋叢鈔》卷五 徐鉉隨後主歸朝，見士大夫寒日多披毛衫，大笑之，語人曰：中朝自兵亂之後，其風未改，荷氈被毳，實繁有徒，深可駭也。一日入朝，遥見其子壻吴淑亦被毛裘，歸，召而責之曰：吴郎士流，安得效此。淑對曰：晨興霜重，苦寒，然朝中服之者甚衆。鉉曰：士君子之有操執者，亦未嘗服。蓋自謂也。新平之行，豳土寒冽，門人鄭文寳適掌轉運，迎鉉于途，解所服褐裘以獻，鉉終却之，遂爲寒氣所傷，下痢卒。楊文公記其事，鉉之志可悲矣。然鉉仕中朝，而中朝之士咸服之矣。張文潛云：鉉之爲此言，是不甘爲亡國之俘，爲醜言以薄中朝士大夫耳。不然，豈不讀《毛詩》也。豳詩曰：無衣無褐。鄭玄注：褐，毛布也。非今段子乎。則其來自三代也。古人衣裘，并皮衣之爲裘，取毛織之爲褐，理何夾乎。文潛如此言之，想同時中州人士不平於鉉尤甚矣。近惟程泰之尚書斷之曰：古固以狐羔麑爲裘，聖人服之矣。若謂古人不以織毛之衣襲朝服者，則今貂蟬亦古乎。若謂古人堅毅，死且不易，如是人多矣。即其論厚于文潛，而鉉之志可悲已夫。

明・郎瑛《七修類稿》卷二八《辯証類・緑頭巾》 吴人稱人妻有淫者爲緑頭巾，今樂人朝制以碧緑之巾裹頭，意人言擬之此也。原唐史李封爲延陵令，吏人有罪，不加杖罰，但令裹碧緑巾以辱之，隨所犯之重輕以定日數。吴人遂以著此服爲恥意。今吴人罵人妻有淫行者曰緑頭巾，及樂人朝制以碧緑之巾裹頭，皆此意從來。但又思當時李封何必欲用緑巾。及見春秋時有貨妻女求食者，謂之倡夫，以緑巾裹頭，以別貴賤。然後知從來已遠，李封亦因是以辱之，今則深于樂人耳。

明・于慎行《穀山筆麈》卷七《經子》《衣錦尚絅》一章與首章相應，亦是一串説去。蓋云：衣錦尚絅，惡其文著也。是故君子之道不求著見於外，惟用心於內，闇然而日章，正尚絅之意也。淡而不厭，簡而文，溫而理，其闇然日章如此。故知遠之出於近，風之出於自，則知微之必至於顯。微即闇然，顯即日章也。然則入德之方，其必由慎獨乎。人之所不見者，獨也，所謂莫見乎隱，莫顯乎微也，而君子於此慎之。慎獨之功何如。不動而敬，不言而信是矣。不動、不言，正人之所不見也，君子之謹微如此，誠之所感至於不賞而勸，不怒而威，則百辟刑之而天下平矣。然其機始於篤恭不顯，篤恭不顯，正慎獨之功，所謂闇然者也。至於天下平，則聖神功化之極，位育之效臻焉，所謂日章也。夫微之顯如此，微乎，微乎。聲色倫類不足以擬之，其殆與天合德乎。故曰：上天之載，無聲無臭，至矣。上天之載，天命之性也。三節即二節之意，皆慎獨之事也。五節即四節之意，言天下平由於不顯也，六節但形容其至耳。注：以動静分體，變化分用，失本旨。

明・張萱《疑耀》卷二《冠服不必反古》 今人行誼文章，皆不求如古人，惟於冠服間，動必以古爲式，所稱生今反古者非耶。昔司馬溫公依古式作深衣、幅巾、縉帶，每出朝服乘馬，用皮匣貯深衣隨其後，入獨樂園則衣之。嘗謂邵康節曰：先生亦可衣此乎。康節曰：某爲今人，當服今時之衣。溫公嘆其言合理。生今反古者思之。

又《袴制》 褌即袴也，古人袴皆無襠，女人所用皆有襠者，其制起自漢昭帝時。上官皇后爲霍光外孫，欲擅寵，有子，雖宮人使令皆爲有襠之袴，多其帶，令不得交通，名曰窮袴。今男女皆服之矣。

清・李漁《閑情偶寄》卷七《聲容部下・治服第三》 古云：三世長者知被服，五世長者知飲食。俗云：三代爲宦，著衣吃飯。古語今詞，不謀而合，可見衣食二事之難也。飲食載於他卷，兹不具論，請言被服一事。寒賤之家，自羞襤褸，動以無錢置服爲詞，謂一朝發迹，男可翩翩裘馬，婦則楚楚衣裳，孰知衣衫之附於人身，亦猶人身之附於其地。人與地習，久始相安，以極奢極美之服，而驟加儉樸之軀，則衣衫亦類生人，常有不服水土之患。寬者似窄，短者疑長，手欲出而袖使之藏，項宜伸而領爲之曲。物不隨人指使，遂如桎梏其身。沐猴而冠，爲人指笑者，非沐猴不可著冠，以其著之不慣，頭與冠不相稱也。此猶粗淺之論，未及精微。衣以章身，請晰其解。章者，著也，非文采彰明之謂也。身非形體之身，乃智愚賢不肖之實備于躬，猶富潤屋、德潤身之身也。同一衣也，富者服之章其富，貧者服之益章其貧，貴者服之章其貴，賤者服之益章其賤。有德有行之賢者，與無品無才之不肖者，其爲章身也亦然。設有一大富長者于此衣百結之衣，履踵决之履，一種豐腴氣象，自能躍出衣履之外，不問而知爲長者。是敝服垢衣，亦能章人之富，况羅綺而文綉者乎。丐夫菜傭，竊得美服而被焉，往往因之得禍，以服能章貧，不必定爲短褐，有時亦在長裾耳。富潤屋、德潤身之解，亦復如是。富人所處之屋，不必盡爲畫棟雕梁即居，茅舍數椽，而過其門，入其室者，常見葦門圭竇之間，自有一種旺氣，所謂潤也。公卿將相之後，子孫式微，所居門第，未嘗稍改，而經其地者覺有冷氣侵入，此家門枯槁之過，潤之無其人也。從來讀《大學》者，未得其解，釋以雕鏤粉藻之義，果如其言，則富人舍其舊居，另覓新居而加以雕鏤粉藻，則有德之人，亦將棄其舊身，另易新身，而後謂之心廣體胖乎。甚矣，讀書之難，而章句訓詁之學，非易事也。予嘗以此論見之説部，今復叙入閑情。噫，此等詮解豈好閑情，作小説者所能道哉，偶寄云爾。

清・王有光《**吴下諺聯**》**卷二**《**正目二・靴裏無襪自得知**》 靴所以華其外，襪所以實其中，乃是表裏相副，二者不可得兼，舍靴而取襪者也。蓋有襪無靴，跌撲不破，有靴無襪，寸步難行。彼猶謂人之不知也，人雖不知，己自得知。夫當己自得知之境，最難爲情，謂爲無襪，則生愧心，謂爲有襪，則生欺心。噫，其不至脱空靴也幾希。

又卷三《**續目・紗帽底下無窮漢**》 紗帽，前朝命服，不論大小官員多戴之。先明神、熹以前，戴紗帽者清風兩袖，何有於底下。自魏璫殘害忠良殆盡，朝紳州縣多不肖人員，不特居官者簠簋下飭，一切官之父族母族妻族，甚至婢妾族，以親及親，坐幕立幕，皆在紗帽底下。糧制巨斛，餉勒浮收，詞訟通關節，饋送索門包，肉食羅綺，挾妓呼盧，無所不至，故曰無窮漢。

綜述

晉・張華《**博物志**》**卷九** 漢中興，士人皆冠葛巾。建安中，魏武帝造白帢，於是遂廢，唯二學書生猶著也。

晉・干寶《**搜神記**》**卷六** 靈帝建寧中，男子之衣，好爲長服，而下甚短。女子好爲長裾，而上甚短。是陽無下而陰無上，天下未欲平也。後遂大亂。

又卷七 昔魏武軍中，無故作白帢。此縞素凶喪之徵也。初，横縫其前以别後，名之曰顔帢，傳行之。至永嘉之間，稍去其縫，名無顔帢。而婦人束髮，其緩彌甚，紒之堅不能自立，髮被於額，目出而已。無顔者，愧之言也。覆額者，慙之貌也。其緩彌甚者，言天下亡禮與義，放縱情性，及其終極，至於大耻也。其後二年，永嘉之亂，四海分崩，下人悲難，無顔以生焉。

《**宋書**》**卷三〇**《**五行志一**》 孝武世，幸臣戴法興權亞人主，造圓頭履，世人莫不效之。其時圓進之俗大行，方格之風盡矣。

北齊・顔之推《**顔氏家訓**》**卷三**《**勉學**》 梁朝全盛之時，貴游子弟，多無學術，至於諺云：上車不落則著作，體中何如則秘書。無不熏衣剃面，傅粉施朱，駕長檐車，跟高齒屐，坐棋子方褥，憑斑絲隱囊，列器玩於左右，從容出入，望若神仙。

《**晉書**》**卷二**《**五行志上**》 舊爲屐者，齒皆達褊上，名曰露卯。太元中忽不徹，名曰陰卯。識者以爲卯，謀也，必有陰謀之事。至烈宗末，驃騎參軍袁悦之始攬搆内外，隆安中遂謀詐相傾，以致大亂。

唐・李匡乂《**資暇集**》**卷中**《**上馬**》 自便服乘馬已來，既無帷蓋，乃漸至大裁帽席，帽之障蔽。近年時態，唯修虚事，至於致恭尊高，不敢戴上馬，宜矣。直有出門猶露首面，如之何。

唐・蘇鶚《**蘇氏演義**》**卷下** 表者，白也。言其情旨表白於外也。傳曰：下言於上曰表，表者，本裳上之衣，表字從毛，下作衣，蓋古者以羽皮爲焉。《論語》云：當暑，袗絺綌，必表而出之。言非私便之服。表者，衣上之衣，今之言表啓者，蓋披露於外也。

宋・陶穀《**清異録**》**卷下**《**衣服門・安豐頂**》 南漢僭創小國，乃作平頂帽自冠之，由是風俗一變，皆以安豐頂爲尚。

又《**小様雲**》 士人暑天不欲露髻，則頂矮冠。清泰間，都下星貨鋪賣一冠子，銀爲之，五朶平雲，作三層安置，計止是梁朝物，匠者遂依倣造小様求售。

宋・彭乘《**續墨客揮犀**》**卷五**《**學士得服金帶**》 國朝，翰林學士得服金帶，朱衣吏一人前導，而府則朱衣吏兩人。金笏頭帶佩金魚，謂之重金。居兩制久者，則曰：眼前何日赤，腰下甚時黄。處内廷久者，又曰：眼赤何時兩，腰黄甚日重。

宋・吴處厚《**青箱雜記**》**卷二** 是年李巽亦以《六合爲家》賦登第。【略】巽字仲權，邵武人，以《蜃樓》、《土鼓》、《周處斬蛟》三賦馳名，累舉不第，爲鄉人所侮，曰：李秀才應舉，空去空回，知席帽甚時得離身。巽亦不較。至是乃遺鄉人詩曰：當年踪迹困泥塵，不意乘時亦化鱗。爲報鄉間親戚道，如今席帽已離身。蓋國初猶襲唐風，士子皆曳袍重戴，出則以席帽自隨。

又 世傳潘閬《安鴻漸八才子圖》，皆策蹇重戴。又禹偁《贈崔遵度及第》詩云：且留重戴士風多。則國初舉子猶重戴矣。

宋・沈括《**夢溪筆談**》**卷一**《**故事一**》 中國衣冠，自北齊以來乃全用胡服。窄袖、緋緑短衣、長靿靴，有鞢帶，皆胡服也。窄袖利於馳射，短衣、長靿皆便於涉草。胡人樂茂草，常寢處其間，予使北時皆見之，雖王庭亦在深薦中。予至胡庭日，新雨過，涉草衣褲皆濡，唯胡人都無所沾。帶衣所垂蹀躞，蓋欲佩帶弓劍、帉帨、算囊、刀礪之類，自後雖去蹀躞而猶存其環，環所以銜蹀躞，如馬之鞦根，即今之帶銙也。天子必以十三環爲節，唐武德、貞觀時猶尔，開元之後雖仍舊俗，而稍褒博矣，然帶鉤尚穿帶本爲孔，本朝加順折，茂人文也。

又卷一九《器用》 濟州金鄉縣發一古塚，乃漢大司徒朱鮪墓，石壁皆刻人物、祭器、樂架之類。人之衣冠多品，有如今之幞頭者，巾額皆方，悉如今制，但無脚耳。婦人亦有，如今之垂肩冠者，如近年所服角冠，兩翼抱面，下垂及肩，略無小異。人情不相遠，千餘年前冠服已嘗如此，其祭器亦有類今之食器者。

宋·孔平仲《珩璜新論》卷四 漢時尚坐席也。《史記·灌夫傳》：魏其侯爲壽，獨故人避席爾，餘半膝席。如淳注：以膝跪席上也，其衣冠則類今之道士。《杜欽傳》：小冠子夏是也。所謂布衣韋帶之士，皆未仕之服也。《後漢·周盤傳》：乃解韋帶就孝廉之舉。注：以韋皮爲帶，未仕之服也。未仕則服韋帶，仕則服革帶，故解之。

《新唐書》卷三四《五行志一》 文宗時，吴越間織高頭草履，纖如綾縠，前代所無。履，下物也，織草爲之，又非正服，而被以文飾，蓋陰斜闒茸泰侈之象。

宋·米芾《畫史》 唐人軟裹，蓋禮樂闕則士習賤服，以不違俗爲美。余初惑之，當俟君子留意。耆舊言，士子國初皆頂鹿皮冠弁，遺制也，更無頭巾。掠子必帶篦，所以裹帽則必用篦子約髮。客至即言容梳裹，乃去皮冠梳髮角加後，以入幞頭巾子中，篦約髮乃出，客去復如是。其後方有絲絹作掠子，掠起髮頂帽，出入不敢使尊者見。既歸于門，背取下掠子篦約髮訖，乃敢入，恐尊者令免帽見之，爲大不謹也。又其後方見用紫羅爲無頂頭巾，謂之額子，猶不敢習庶人頭巾。其後舉人始以紫紗羅爲長頂頭巾，垂至背，以別庶人黔首。今則士人皆戴庶人花頂頭巾，稍作幅巾、逍遥巾，額子則爲不敬。衣用裹肚勒帛則爲是。近又以半臂軍服被甲上，不帶者謂之背子，以爲重禮。無則爲無禮。不知今之士服，大帶拖紳乃爲禮，不帶左衽皆夷服，此必有君子制之矣。漢制，從者巾與殷毋追同，今頭巾若不作花頂而四帶，兩小者在鬢，兩差大者垂，則此制也。禮豈有他，君子製之耳。余爲漣水，古徐州境，每民去巾，下必有鹿楮皮冠，此古俗所著，良足美也。又唐初畫舉人必鹿皮冠，縫掖大袖，黄衣短至膝，長白裳也。蕭翼御史至越，見辯才，云著黄衣大袖，如山東舉子用證未軟裹曰襴也。李白像鹿皮冠，大袖黄袍服，亦其制也。

宋·李上交《近事會元》卷五《婦人綫鞾綫鞋》 唐高祖武德已來，婦人著履，視制亦重，又有綫靴。開元以來，例著綫鞋，取輕妙便於事。

宋·邵伯温《邵氏聞見録》卷八 王懿恪公拱辰與歐陽文忠公同年進士。文忠自監元、省元赴廷試，鋭意魁天下。明日當唱名，夜備新衣一襲，懿恪輒先衣以入，文忠怪焉。懿恪笑曰：爲狀元者當衣此。至唱名，果第一。【略】元豐初召還，赴院供職，出判北京，時賜笏頭毬露金帶，佩魚，如兩府之所服者。懿恪以表謝曰：横金三紀，未佩隨身之魚。賜帶萬釘，改觀在廷之目也。蓋祖宗舊制：見任兩府許笏頭毬露金帶，佩魚，前任者非得旨不許。尚書翰林學士於御仙花金帶上佩魚者，元豐近制也，惟方團胯帶乃可佩魚，毬露帶，方團胯也。故曰近制也。文忠與懿恪雖友壻，文忠心少之。文忠爲參政時，吏擬進懿恪僕射，文忠曰：僕射，宰相官也。王拱辰非曾任宰相者，不可。改東宫官，以至拜宣徽使，終身不至執政。蓋懿恪主吕文靖，文忠主范文正，其黨不同云。

宋·張舜民《畫墁録》 慶曆、康定以前，朝士不披毛凉衫，公服重戴而已。冬月或披毛衫，而得寒疾。今則無問寒暑，雖六軍衛士，重戴披衫，與士大夫錯雜路衢無別。雖曰凉衫，實熱衫也。

宋·龔明之《中吴紀聞》卷六《結帶巾》 宣和初，予在上庠，俄有旨令士人結帶巾，否則以違制論。士人甚苦之，當時有謔詞云：頭巾帶，誰理會。三千貫賞錢，新行條制。不得向後長垂，與胡服相類。法甚嚴，人盡畏，便縫澗大帶，向前面繫。和我太學先輩，被人呼保義。

宋·程大昌《演繁露》卷三《背子中禪》 今人服公裳，必裹以背子。背子者，狀如單襦袷襖，特其裾加長，直垂至足焉耳。其實古之中禪也，禪之字或爲單，皆音單也。古之法服，朝服其内必有中單，中單之製正如今人皆子而兩腋有交帶横束其上。今世之慕古者，兩腋各垂雙帶，以准禪之帶即本此也。《江充傳》：衣紗縠禪衣。師古曰：禪衣，若今之朝服中禪也。

《漢官儀》曰：虎賁中郎將衣紗縠襌衣。《事物紀原》曰：漢高帝與項羽戰，汗透中單。且曰中單即今汗衫，非也。

又卷一二《登席必解襪》 左氏哀二十五年，衛侯輒與大夫飲酒靈臺，褚師聲子襪而登席，公怒辭曰：臣有疾異於人，若見之君，將之嘔吐也。以是知古者登席，不獨脱屨，又解襪也。

宋・蔡絛《鐵圍山叢談》卷一 國朝燕集，賜臣僚花有三品。生辰大燕，遇大遼人使在庭，則内用絹帛別本并作白。花，蓋示之以禮儉，且祖宗舊程也。春秋二燕，則用羅帛花，爲甚美麗。至凡大禮後恭謝，上元節游春，或幸金明池瓊花，從臣皆扈蹕而隨車駕。有小燕謂之對御，凡對御則用滴粉縷金花，極其珍藿矣。別本藿并作巧。又賜臣僚燕花，率從班品高下，莫不多寡有數。至滴粉縷金花爲最，則倍於常所頒。此盛朝之故事云。

宋・曾三異《因話録》 貉袖。近歲衣制，有一種如旋襖，長不過腰，兩袖僅掩肘，以最厚之帛爲之。仍用夾裏，或其中用綿者，以紫皂緣之，名曰貉袖。聞之起於御馬院圉人，短前後襟者，坐鞍上不妨脱，著短袖者，以其便於控馭耳。古所謂狐貉之厚，以居褻裘，長短右袂，制皆不如此。今以所謂貉袖者襲於衣上，男女皆然。三代衣冠亂常至於伏誅，今士大夫亦服此而不知怪。

宋・王楙《野客叢書》卷二五《王建宫詞》 王建《宫詞》曰：叢叢洗手遶金盆，旋拭紅巾入殿門。又曰：縱得紅羅手帕子，當心畫出一雙蟬。知唐禁中用紅手巾、紅帕子。又曰：聖人生日明朝是，私地先須屬内監，自寫金花紅牓子，前頭先進鳳皇衫。知聖節内人通寫金花牓子，進鳳凰衫。

宋・吴自牧《夢粱録》卷一八《民俗》 杭城風俗，凡百貨賣飲食之人，多是裝飾車擔，盤盒器皿，新潔精巧，以耀人耳目，蓋效學汴京氣象，及因高宗南渡後，常宣唤買市，所以不敢苟簡，食味亦不敢草率也。且如士農工商、諸行百户，衣巾裝著，皆有等差。香鋪人頂帽披背子。質庫掌事，裹巾著皂衫角帶。街市買賣人，各有服色頭巾，各可辨認是何名目人。自淳祐年來，衣冠更易，有一等晚年後生，不體舊規，裹奇巾異服，三五爲羣，鬬美誇麗，殊令人厭見，非復舊時淳朴矣。

宋・張端義《貴耳集》卷上 自渡江以前，無今之轎，只是乘馬，所以有修帽護塵之服。士皆服衫帽涼衫爲禮。紫衫，戎服也。思陵在維揚，一時擾亂中遇雨，傳旨百官，許乘肩輿，因循至此，故制盡泯。今臺諫出臺，親事官用涼衫略展登轎，尚存舊制，他無復見之。

宋・趙彦衛《雲麓漫鈔》卷三 五代帝王多裹朝天襆頭，二脚上翹，四方僭位之主，各創新樣，或翹上而反折於下，或如團扇、焦葉之狀，合把於前。僞孟蜀始以采漆紗爲之，湖南馬希範二角左右長尺餘，謂之龍角。至劉漢祖始仕晉爲並州衙役，裹襆頭左右長尺餘，横直之，不復上翹，迄今不改。國初時，脚不甚長，巾子勢頗向前，今兩脚加長，而巾勢反仰向後矣。

又 古皆説屨，《曲禮》：户外有二屨，言聞則入，言不聞則不入。毋踐屨。侍坐於長者，屨不上於堂，解屨不敢當階；就屨，跪而舉之。蓋古人鋪筵設席，不脱屨則有塵污之嫌。今釋氏作佛事，脱屨即席，頗有古意。又《禮》：尸坐不脱屨。《少儀》：凡祭於室中，堂上無跣，燕則有之。蓋祭不跣，主敬也。燕則有跣，爲歡也。屨之有絇，所以示戒。童子不絇，未能戒也。喪屨無絇，去飾也。人臣去國，鞮屨，以喪禮處之也。今人爲皮鞋，不用帶綫，乃古喪屨。

元・王禎《王禎農書》卷一五《農器圖譜七・蓑笠門》 蓑，雨衣。無羊詩曰：何蓑何笠。毛注曰：蓑所以備雨，笠所以禦暑。《唐韻》云：草名，可爲雨衣。又名襏，北末切。襫，施隻切。《説文》云：秦謂之萆。方歷切，又婢亦切。《爾雅》曰：蒿，侯莎。蓑衣以莎草爲之，故音同莎。又名薛。《六韜・農器篇》曰：蓑薛簦笠。今總謂之蓑，雨具中最爲輕便。王荆公詩云：采采霜露下，披披烟雨中。蒲茅以爲衣，袒裼相與同。勿妒市門人，綺紈被奴僮。當慚邊城戍，擐甲徂春冬。

笠。笠，戴具也。古以臺皮爲笠，《詩》所謂臺笠緇撮。今之爲笠，編竹作殼，裏以籜箬，或大或小，皆頂隆而口圓，可芘雨蔽日，以爲蓑之配也。王荆公詩云：耕有春雨濡，耘有秋陽暴。二物應時需，九州同我欲。孰能生少慕，得此云自足。君思周伯陽，所願豈華轂。

屝。屝，草屨也。《左傳》曰：共其資糧屝屨。《説文》曰：屝，草屨也。孔疏云：屝、屨，俱是在足之物，善惡異名耳。《喪服傳》曰：疏屨者，粗蒯之屝。也是屝用草爲之。注云：草屨者，屨、屨通言耳。今云屝屨，相形以曉人也。詩云：蒯菅柔韌自編成，不换仍呼不借名。長向緑蓑衣底著，雨行偏稱去聲野夫情。

屨。屨，麻履也。《傳》云：屨滿户外。蓋古人上堂則遺屨於外，此常屨也。今農人春夏則屝，秋冬則屨，從省便也。《方言》：屝，粗屨也。徐兗之郊謂之屝，自關而東謂之複履，其卑者謂之鞔音婉。案，揚子今本作其庳者謂之靴。下禪謂之鞮，今韋鞮也。絲作者謂之履，麻作者謂之不借，粗者謂之屨。案，揚子南楚江沔之間總謂之粗，西南梁益之國或謂之屩。東北朝鮮洌水之間謂之鞠音邛。或謂之索，下瓦切，一音畫。徐土邳沂之間，大粗謂之靰角，今漆履有齒者，皆屨之别名也。詩云：織麻成屨足相容，嗜好殊非蠟屐同。未擬平生著幾緉，且憑踐履有深功。

元・陶宗儀《南村輟耕録》卷二八《處士門前怯薛》 杜清碧先生本應召次錢唐，諸儒者争趨其門。燕孟初作詩嘲之，有紫藤帽子高麗靴，處士門前當怯薛之句，聞者傳以爲笑。用紫色棕藤縛帽，而製靴作高麗國樣，皆一時所尚。怯薛，則内府執役者之譯語也。

元・孔齊《静齋至正直記》卷三《衣服尚儉》 先人衣服惟尚紬絹木棉，若氁衣、紵絲、綾羅，不過各一二件而已。白紬襖一着三十年，舊而不污，平生惜物如此，至于片紙亦謹藏之。一文亦未嘗施于無用處，布衣素履，磁器木箸，與常人同。或譏之太簡，先人曰：吾昔者甚貧，今日頗富，始終皆是吾也，豈可以此爲憂樂而有異哉。蓋隨遇而安，無預于己，故無適而不自得也，知者鮮矣。

明・葉子奇《草木子》卷三下《雜制篇》 蟬冠朱衣，漢制也。幞頭大袍，隋制也。今用蟬冠朱衣方心曲領，玉珮朱履，是革隋而用漢也。此則公裳。紗帽圓領，唐服也，仕者用之。巾笠襴衫，宋服也。巾環襈領，金服也。帽子繫腰，元服也。方巾圓領，明服也，庶民用之。【略】官民皆帶帽，其檐或圓，或前圓後方，或樓子，蓋兜鍪之遺制也。其髮或辮，或打紗練椎。庶民則椎髻。衣服貴者用渾金綫爲納失失。或腰綫綉通神襴。然上下均可服，等威不甚辨也。傘蓋授宣者用褐羅，授敕者用青羅。北人華靡之服，帽則金其頂，襖則綫其腰，靴則鵝其頂。

明・沈文《聖君初政記》 洪武三年二月，命製四方平定巾式，頒行天下。以士民所服四帶巾未盡善，復制此令，士人吏民服之。

明・陸容《菽園雜記》卷一 嘗聞尚衣縫人云：上近體衣俱松江三梭布所製。本朝家法如此，太廟紅紵絲拜褥，立脚處乃紅布，其品節又如此。今富貴家佻達子弟，乃有以紵絲綾段爲袴者，暴殄過分甚矣。

又卷二 新舉人朝見，著青衫不著襴衫者，聞始於宣宗，有命欲其異於歲貢生耳。及其下第送國子監，仍著襴衫，蓋國學自有成規也。

明・郎瑛《七修類稿》卷八《國事類・生員巾服》 漢酈食其以儒冠見高帝，注曰：儒冠，側冠也。予意恐即今之生巾。又讀《禮記・玉藻篇》曰：士練帶。練帶，即古之紳也。又曰：士服則素積。蓋麻衣皂領、袖下素裳是也。今練帶易以縧，素積易以藍衫。近讀《大明實録》，然後知太祖以學校爲國儲材，而士子巾服，無異吏胥，宜有以甄别之，令工部制式，凡三易之。自命用玉色絹布爲之，寛袖皂緣皂縧，軟巾垂帶，謂之襴衫。又聞常親服試之，至今藏於内府。蓋無取於前朝之式。及其以貢舉入監，國初不變所服。洪武末，許戴遮陽帽，遂因私戴之。洪熙中，上問著藍衣者何人，左右以監生對。上曰：教著青衣好看。乃易青圓領也。

明・楊慎《秇林伐山》卷一四《粉袍》 唐人士子入試皆著白衣，故有白袍子何太紛紛之語。宋時亦然，冉居常詩：粉袍切勿笑冬烘，且踏燒殘鼠尾蹤。

又《王筠詠邊衣》 王筠《詠征婦裁衣行路難》，其略云：裲襠雙心共一抹，袹腹兩邊作八撮。襻帶雖安不忍縫，開孔才穿猶未達。胸前卻月兩相連，本照君心不照天。數句敘裁衣曲折纖微，如出縫婦之口。詩至此可謂細密矣。

明・楊慎《丹鉛續録》卷三《考證・巾幗》 《詩》：有頍者弁。《士冠禮》注：滕、薛名蔮爲頍，今未笄冠者，著卷幘，頍象之所生也。《後漢・烏桓傳》：婦人著句決，飾以金碧，若中國之簂步摇。《輿服志》：夫人有紺繒幗，古畫婦女有頭施紺幕者，即此制也。諸葛孔明以巾幗遺司馬懿。巾幗，女子未笄之冠，燕京名雲髻，蜀中名爲曇籠，蓋笑其堅壁不出，如閨女之匿藏也。幗音與慣同，古對切，今音與國同，非也。

明・胡侍《真珠船》 左袒。胡寅《讀史管見》曰：太尉左袒之令，非也，有如軍士不應，或皆右袒，或參半焉，則如之何，故程子謂是時直當驅之以義而已，不當問其從不從也。況將之於軍，如臂之於指，其爲劉氏與不爲劉氏，非惟不當問，亦不必問也。王應麟《困學紀聞》曰：原本此中脱漏十九字。《儀禮·鄉射疏》云，凡事無問凶吉，皆袒左，是以士喪禮及大射，皆袒左，唯有受刑袒右，故《覲禮》乃云右肉袒。注云刑宜施於右是也。以此考之，周勃誅吕氏之計已定，爲吕氏者有刑，故以右袒令之，軍中於是左袒而爲劉氏，效義者有賞，背義者有刑。太尉之令嚴矣，非以覘人心之從違也。余按《漢書·陳勝傳》陳勝起兵，徒屬皆袒右，稱大楚。受刑之説，恐未通也。

明·田藝蘅《留青日札》卷一《左袒》 《漢書·陳勝傳》：袒右，稱大楚。顔師古曰：袒右者脱右肩之衣，當時取異于凡衆也。周勃令軍爲劉氏者左袒，爲吕氏者右袒，蓋其義亦本于《禮》也。《禮》曰：獻民虜者操右袂。謂所以防異心也。則操右袒者爲虜，所以别左之歸正也。《儀禮》：凡事無吉凶皆左袒。是以《士喪禮》、《大射》皆袒左，惟《覲禮》云右。肉袒，注云刑，刑宜施于右也。王孫賈入市呼曰：淖齒亂齊國，殺湣王。欲與我誅淖齒者，袒右。市人從之者四百人。

又卷一五《養老》 有虞氏以燕禮，夏后氏以饗禮，殷人以食禮，周人兼用之。有虞氏深衣而養老，夏后氏燕衣而養老，殷人縞衣而養老，周人玄衣而養老。

又卷二一《綉花娘、插帶婆》 今則三姑六婆之害，處處有之。而此外又有數種：曰綉花娘者，以善針刺出入大家，因請以教導閨女，他日多被誘引成花娘。花娘者，杭人罵倡伎、淫婦之稱也。曰插帶婆者，富貴大家婦女赴人筵席，金玉珠翠首飾甚多，自不能簪妝，則專雇此輩。顔色間雜，四面均匀，一首之大，幾如合抱。即一插帶，頃刻費銀二三錢。及上轎之時，幾不能入簾輿也。入人家坐席，則須俊僕四五人，迴侍左右，仰觀俯察，惟恐一物之遺失，一花之傾倒，即能解意，以手拾取扶植。每爲從者熟視動心，遂至通奸露醜。或有自早至晚，坐久頭重，不堪其苦，眩暈扶歸者。或遺失一物，值數十金，歸家悔恨，涕泣數日成疾者。亦有假借他人，另置賠償者。後聞江西建昌婦女妝飾亦然，此風所當痛革也。

又卷二二《褌袴衳》 褌，幒也，褻衣也。漢司馬相如着犢鼻褌，晉阮咸曬犢鼻褌，以三尺布爲之，形如牛鼻。蓋前後各一幅，中裁兩尖襠交輳，即今之牛頭子褌。一名梢子，乃爲農夫田衣，而士人無復服之者矣。蓋起于西戎，以牛皮爲褌，故名，今所謂皮褌是也。夏始用絹，長至膝。周文王製褌，長至膝，謂之弊衣。賤人不下服，曰良衣，蓋良人之服也。北齊與袴均。袴，脛衣也。《漢外戚傳》窮袴注：今之緄襠袴，有前襠，不得交通。周仁溺袴注：尿袴也，爲小袴以藉尿。晉謝尚刺紋袴。又，《晉書》：動不敢出褌襠。古詩所云鐵裲襠。今吴中婦人，尚有穿大脚開襠袴者。獨浦城婦人皆不穿袴，此尤淫風薄俗。而廣西土官婦女亦不着袴，乃着裙五六層，後曳地四五尺，此又蠻夷之習也。師古注：犢鼻褌，即今之衳。衳，之容反。此字甚妙。

又《布衣》 周制，五十方衣帛。范子曰：古者庶人老耄而後衣絲，其餘則麻枲而已，故曰布衣。今富者綺綉、羅紈、素綈、冰錦也。隋文帝焚綾文布，即今花雲布。鄱陽王恢焚筒布，即今細布、飛花布之類。細縠曰阿，細布曰錫。

明·王世貞《弇州四部稿》卷一五七《説部·宛委餘編二》 幘，古賤人不冠者之服也。漢元帝額有壯髮，始引幘服之。王莽頂秃，又加其屋。漢末王公名士多委王服，以幅巾爲雅，是以袁紹、崔鈞雖爲將帥，皆著縑巾。魏武惜財，擬古皮弁，裁縑帛以爲，以色别其貴賤，即帢也。未有岐荀文若巾之行，觸樹枝成岐，因而弗改巾，以葛爲之，形如而横著之，古尊卑共服也。

又 吴孫休衣服之制，上長下短，積領五六，而裳居二，上有餘下不足也。魏晉武太始初，衣上儉下豐，著衣者皆厭褄，下掩上也。元康末，婦人衣出兩襠，加乎交領之上，内出外也。

又 晉末皆冠小而衣裳博大，風流相倣，輿臺成俗。

明·范濂《雲間據目抄》卷二《紀風俗》 余如爲諸生時，見朋輩戴橋梁絨線巾，春元戴金線巾，縉紳戴忠靖巾，自後以爲煩俗，易高士巾、素方巾，復變爲唐巾、晉巾、漢巾、褊巾。丙戌以來，皆用不唐不晉之巾，兩邊玉屏花一對，而少年貌美者，如犀玉奇簪貫髮。騌巾，始於丁卯以後，其制漸高，今又漸盈紗巾，爲《松江土産誌》所載者，今又有馬尾羅巾、高淳羅巾。而馬尾羅者，與騌巾亂真矣。童生用方包巾，自陳繼儒出，用兩飄帶束頂，近年併去之，用吴門直羅頭法，而鬟兒更覺雅俏。瓦楞騌帽，在嘉靖初年，惟生員始戴，至二十年外，則富民用之，然亦僅見一二。價甚騰貴，皆尚羅帽、紵絲帽，故人稱絲羅，必曰帽段。更有頭髮織成板，而做六板帽，甚大，行不三四年而止。萬曆以來，不論貧富，皆用鬃，價亦甚賤，有四五錢七八錢者，又有朗素、密結等名，而安慶人長於修結者，紛紛投入吾松矣。

男人衣服，予弱冠時，皆用細練褶，老者上長下短，少者上短下長，自後漸易兩平，其式既皂隸所穿冬暖夏涼之服，蓋胡制也。後改陽明衣、十八學士衣、二十四氣衣，皆以練爲度，亦不多見。隆萬以來，皆用道袍，而古者皆用陽明衣，乃其好異，非好古也。綾絹花樣，初尚宋錦，後尚唐漢錦、晉錦，今皆用千種粟、倭錦、芙蓉錦、大花樣，名四朵頭，視漢唐諸錦，皆稱厭物矣。羅初尚暖羅、水圍羅，今皆用湖羅、馬尾羅、綺羅，而水圍羅又下矣。其他紗紬更易，不可勝計。布袍乃儒家常服，邇年鄙爲寒酸，貧者必用坐，亦一奇也。春元必穿大紅履，儒童年少者，必穿淺紅道袍。上海生員，冬必服絨道袍，暑必用鬃巾綠傘，雖貧如思丹，亦不能免。更多收十斛麥，則絨衣巾蓋，益加盛矣。余最貧，最尚儉樸，年來亦强服色衣，乃知習俗移人，賢者不免。

婦人頭髻，在隆慶初年，皆尚員褊，頂用寶花，謂之挑心，兩邊用捧鬢，後用滿冠倒插，兩耳用寶嵌大鐶。年少者用頭箍，綴以團花方塊，身穿裙襖，襖用大袖員領，裙有銷金拖，自後翻出挑尖頂髻，鵝膽心髻，漸見長員，併去前飾，皆尚稚裝。梳頭如男人直羅，不用分髮，蝶鬢髻皆後垂，又名墮馬髻，旁插金玉梅花一二對，前用金絞絲燈籠簪，兩邊西番蓮俏簪，插兩三對，髮股中用犀玉大簪，横貫一二隻，後用點翠捲荷一朵，旁加翠花一朵，大如手掌，裝綴明珠數顆，謂之鬢邊花，插兩鬢邊，又謂之飄枝花。耳用珠嵌金玉丁香，衣用三領窄袖，長三尺餘，如男人穿褶，僅露裙二三寸。梅條裙拖，膝褲拖，初尚刻絲，又尚本色，尚畫，尚插繡，尚推紗，近又尚大紅綠繡，如藕蓮裙之類，而披風便服，併其梅條云之矣。包頭，不問老幼皆用，萬曆十年內，暑天猶尚鬃頭箍，今皆易紗包頭。春秋用熟湖羅，初尚闊，今又漸窄，自吴賣婆齣，白書與壯夫恣前後淫，以包頭不能束髮，內加細黑鬃網巾，此又梳裝之一幻，而聞風效尤者，皆稱便矣。

范叔子曰：衣飾之制，特男婦與時高下之細節耳，但前人之飾，愈清愈雅，而祇爲導淫之資識者，不無感歎也。矧奴隸争尚華麗，則難爲貴矣。女裝皆踵娼妓，則難爲良矣。良貴不分，烏睹所謂仁厚之俗哉。予又觀豪華公子，或昵龍陽，或喜優孟，苟可結其歡心，炫其觀美，既下體褻服，靡匪綺縠，而小人遂得恣意暴殄，漫無顧忌，乃志士固窮，懸鶉百結，求一蔽體而不能也，若此者可勝慨哉。

明・余永麟《北牕瑣語》卷一　太祖製民庶章服，黑漆方巾，取四方平静之意，青布直身，取四海永清之意。服此巾服，則人知禮節，此制作之深意也。小帽截子，惟執役廝卒服之。其後，民趨於便，雖士庶亦多用之，以布巾爲禮衣，如衢嚴等處，雖析薪者亦服此服，尚有淳樸之風。邇來，巾有玉壺巾、明道巾、折角巾、東坡巾、陽明巾。衣有小深衣、甘泉衣、陽明衣、琴面衣，帶有琵琶帶，鞋有雲頭鞋，婦人有全身披風，全已大袖，風俗大變。

明・于慎行《穀山筆麈》卷一五《雜聞》　嘗聞里中長老傳，數十年前，里俗以毡爲裙，着長衣下，令其蓬蓬張起，以爲美觀。即無毡裙，至繫竹圈襯之，殊爲可笑。及讀《王莽傳》，莽好以毡毛裝楮衣中，令其張起。乃知古亦有之。隆慶初年，見朝鮮入貢使者，自帶以下，擁腫如瓮，蒲伏而行，想亦有毡衣在下。比數年來，直窄衣下短，如中國服，不張起矣。

明・顧起元《客座贅語》卷五《建業風俗記》　王丹丘先生著有《建業風俗記》一卷。其事自冠婚喪祭，以迨飲食衣服。其人自鄉士大夫秀才，以至於市井之猥賤，亡不有紀。大較慕正、嘉以前之厖厚，而傷後之漸以澆薄也。姑舉其數則：如云嘉靖初年，文人墨士，雖不逮先輩，亦少涉獵，聚會之間，言辭彬彬可聽。今或衣巾輩徒誦詩文，而言談之際，無異村巷。又云嘉靖中年以前，猶循禮法。見尊長多執年幼禮。近來蕩然，或與先輩抗衡，甚至有遇尊長乘騎不下者。又云嘉靖初年，市井極僻陋處，多有豐厚俊偉老者，不惟忠厚朴實，且禮貌言動可觀。三四十年來雖通衢亦少見矣。又云嘉靖初，脚夫市口或十字路口數十群聚，闊邊深網，青布衫袴，青布長手巾，靸鞋，人皆肥壯。人家有大事，一呼而至，至於行禮娶親，俱有青布摺，其人皆有行止。今雖極繁富市口，不過三五黧瘦之人，衣衫藍縷，無舊時景象。又云正德中，士大夫有號者十有四五，雖有號，然多呼字。嘉靖年來，束髮時即有號。末年，奴僕、輿隸、俳優，無不有之。又云嘉靖十年以前，富厚之家，多謹禮法，居室不敢淫，飲食不敢過。後遂肆然無忌，服飾器用，宫室車馬，僭擬不可言。又云正德已前，房屋矮小，廳堂多在後面，或有好事者，畫以羅木，皆朴素渾堅不淫。嘉靖末年，士大夫家不必言，至於百姓有三間客廳費千金者，金碧輝煌，高聳過倍，往往重檐獸脊如官衙然，園囿僭擬公侯。下至勾闌之中，亦多畫屋矣。它多感刺之言，不能具載。噫士大夫競服生箋單衣。識者怪之，曰：此古練纕之布，諸侯所以服天子也。今無故服之，殆有應乎。其後懷、湣晏駕。《搜神記》：開率穎秀，辨悟絶倫，脱略細行，不爲流俗之事。好衣刺文袴，諸父責之，因而自改，遂知名。

明·徐樹丕《識小録》卷一《民服》 本朝民有民服，即四方平定，中皂衫絲縧也。洪武中，方孝孺諸君見上皆服之。

明·張岱《陶菴夢憶》卷一《越俗掃墓》 越俗掃墓，男女袨服靚妝，畫船簫鼓，如杭州人游湖。

又卷五《揚州清明》 揚州清明，城中男女畢出，家家展墓。雖家有數墓，日必展之。故輕車駿馬，簫鼓畫船，轉摺再三，不辭往復。監門小户，亦携殽核紙錢，走至墓所，祭畢，席地飲胙。自鈔關、南門、古渡橋、天寧寺、平山堂一帶，靚妝藻野，袨服縟川。隨有貨郎，路傍擺設骨董古玩并小兒器具。博徒持小杌坐空地，左右鋪袒衫半臂，紗裙汗帨。

明·陳懋仁《析酲漫録》卷一 晉時，江左野人已著帽，士夫亦往往而然。其頂圓，即今庶民所著者是矣。今吴中士夫小集間亦著之，時以爲褻，特未考其從來耳。《晉書》云：帽猶冠也，自乘輿宴居下至庶人皆服之。

明·羅鶴《應菴隨録》卷一四 插雉尾所自。漢吕后名雉，高祖字之曰野鷄，其實即雉屬也。陶隱居曰雉雖非辰屬，而正是離禽。丙午日不可食者，明王于火也。今隨從官員馳道人巾帽上必插雉尾，不知何義。考《衍義》曰雉其飛若矢，一往而墮，故今人取其尾置舡車上，意欲如此速快也。以是觀之，插巾帽之義亦如此。

明·俞汝楫《禮部志稿》卷六四《章服備考·士庶冠服》 四方平定巾。洪武三年命製四方平定巾式，頒行天下。初，上既即位，更制度，凡官民男女衣冠服飾，悉復中國之制。至是又以士民所服四帶巾未盡善，復製四方平定巾，頒行天下，令士人吏民咸如式製服之。皂隸伶人，如初所定，以異其制。

又 生員巾服。洪武二十四年，上以學校爲國儲材，而士子巾服無異吏胥，宜有以甄别之。命工部製式以進，上親視必求典雅。凡三易其製始定，自是士子衣冠綽有古風。

明·史玄《舊京遺事》卷一 順天、宛、大三學，每科舉歲考之年，則有秀才列名黌籍，送謁之時，儒巾藍襆，披紅騎馬，自文儒貴姓之家，其儀無

嘻，先生所見，猶四十年前事也，今則又日異而月不同矣。石城許先生嘗有述懷詩：若使賈生當此日，不知流涕又如何。嗟乎，難言哉。

明·謝肇淛《五雜俎》卷一二《物部四》 笄，不獨女子之飾，古男子皆戴之。《三禮圖》：笄，士以骨，大夫以象。蓋即今之簪耳。范武子怒，文子擊之以杖，折其委笄，蓋童子未冠時也。

又 漢王喬爲葉縣令，每朝會，雙鳧飛來，網之得雙舄。盧耽爲州治，中元會不及朝，化爲白鵠迴翔，威儀以帚擲之，得雙履。南海太守鮑靚嘗夜訪葛洪，達旦乃去。人訝其往來之頻而不見車騎，密伺見雙燕飛來，網之得雙履。此三事絶相類，而人但知雙鳧事也。

又 漢時著屐尚少，至東京末年始盛。應劭《風俗通》載：延嘉中，京師好著木屐。婦人始嫁，作漆畫屐，五色采爲系。後黨事起，以爲不祥。至晉而始通用。阮孚至自蠟之。謝靈運登山陟嶺，未嘗須臾離也。想即以此當履耳。《晉書·五行志》云：初作屐者，婦人頭圓，男子頭方。至太康初，婦人屐乃頭方，與男無别。此亦古婦人不纏足之一證。今世吾閩興化、漳、泉三郡，以屐當靸，洗足竟，即趿而著之，不論貴賤男女皆然，蓋其地婦人多不纏足也。女屐加以彩畫，時作龍頭，終日行屋中，閣閣然，想似西子響屧廊時也，可發一笑。

又 古婦人亦著帽。漢薄太后以冒絮提文帝，注：帽也。趙昭儀上飛燕金花紫綸帽。又賀德基於白馬寺逢一婦人，脱白綸巾以贈之。諸葛武侯遺司馬懿巾幗婦人之服。則古婦人亦有巾也。

明·董斯張《廣博物志》卷三八 楊阜字義山，爲城門校尉。常見明帝著帽，被縹綾半袖，阜問帝曰：此於禮何法服也。帝默然。《魏志》：昔魏武軍中無故作白帢，此縞素凶喪之征也。初，横縫其前以别後，名之曰顔帢，傳行之。至永嘉之間，稍去其縫，名無顔帢，而婦人束髮，其緩彌甚，紒之堅不能自立，髮被於額，目出而已。無顔者，愧之言也。覆額者，慚之貌也。其緩彌甚者，言天下亡禮與義，放縱情性，及其終極，至於大耻也。其後二年，永嘉之亂，四海分崩，下人悲難，無顔以生焉。《搜神記》：陸遜破曹休，上大會，命遜舞，解所著白鼯子裘賜之。《吴書》：梁孝王肜，宣帝子，將單衣補車幰，以爲清。參軍王銓曰：晏嬰大官稱清者，以爲禦食七百家也。公無此費，掖世衣服，使内外相稱。肜有慚色。王隱《晉書》：永嘉中，

以相過。唯中人子姓，或乃秀才在前，而內官只遜蟒衣送之。在後如驕其親，如矜其黨，聚觀者如堵焉。長安名路冗惡，唯秀才是讀書進取，街坊男女便謂是衣冠不雜。

明·談遷《北遊録》是夕，酒間聞越中巨室婦締詩社詞社，衣飾詭異，理鬢訖，復揉爲亂絲，垂垂紛紛，笄不加首，俾青衣持之。衣長内而短外，遞襲遞短，弓履本窄，特長若干寸，綿貫其前，貴其直而不纖。噫，妖服也。晉太康時，婦人皆方頭履，與男子亡異。今書之，備《五行志》之闕。

清·屈大均《廣東新語》卷一六《器語·屐》莊子云，以跂蹻爲服。跂者，屐也，蹻者，屩也。木曰屐，麻曰屩。古人皆著屐。《異苑》云，晉文公哀介子推，拊木視其屐曰：悲乎，足下。孔叢子云：孔穿振方屐見平原君。晉延嘉中，京師長者皆著木屐。婦女始嫁，作漆畫屐，五色采爲系。汝南《先賢傳》云：戴良嫁女，布裳木屐。吳時粵有趙嫗，常著金蹋蹀，或著金箱齒屐，居象頭鬥戰。今粵中婢媵，多著紅皮木屐，士大夫亦皆尚屐，沐浴乘涼時，散足著之，名之曰散屐。散屐以潮州所製拖皮爲雅，或以抱木爲之，抱木附水松根而生，香而柔韌，可作履，曰抱香履，潮人刳之爲屧，輕薄而耎，是曰潮屐，或以黄桑、苦楝亦良，香山土地卑濕，尤宜屐，其良賤至異其製以别之。新會尚朱漆屐，東莞尚花綉屐，以輕爲貴。史稱，邯鄲女子，跕屣躧利屣。利者，輕也。廣州男子輕薄者，多長裙散屐，人賤之，呼爲裙屐少年。

清·褚人穫《堅瓠集》三集卷一《褌袴》褌即袴也，古人袴皆無襠，女人所用有襠者，其制起自漢昭帝時。上官皇后爲霍光外孫，欲擅寵，有子，雖宫人使令皆爲有襠之袴，多其帶，令不得交通，名曰窮袴。《樂府》所云：愛惜加窮袴，防閑托守宫是也。今男女皆服之矣。

又五集卷三《眼赤腰黄》《談苑》：宋制，翰林學士佩金帶，朱衣吏一人前導。兩府則兩人，笏頭帶佩魚，曰重金。居兩制久者則曰：眼前何日赤，腰下甚時黄。處内庭久者則曰：眼赤何時兩，腰黄甚日重。

又九集卷一《遮陽帽》明制：士子入冑監滿日，許戴遮陽大帽，即古笠，又唐時所謂席帽也。吴文定公未及第時，久困科場，作詩咏之，有似傘難遮雨，如鐃却畏風之句。唐解元遺像亦戴之。

又《戴巾之濫》《語窺今古》：晉漢唐之巾，儒者之冠。明興，科甲監儒兼而用之，非真斯文盡戴小帽。其後漸至業鉛槧、賦詩章者戴矣。邇來一介小民，未聞登兩榜而入黌宫，一丁不識，驟獲資財，巍然峨其冠，翩然大其袖，揚揚平康曲里，此何巾哉。曰銀招牌也。否則曰省錢帽也。一人僥倖科第，宗族姻親，盡换儒巾，曰蔭襲巾也。諺有滿城文運轉，遍地是方巾之誚，安得科道一疏釐而正之。不然朝廷差巡巾御史攬轡中原，遇則杖而裂之，不亦快哉。

又九集卷二《鞋襪稱兩》《升庵詞品》：高文惠妻與夫書曰：今奉織成襪一量，願着之動與福并。量當作兩，《詩》葛屨五兩是也。無名氏《踏莎行》詞，按詞調寄《步蟾宫》。末云：夜深着輛小鞋兒，靠着屏風立地。輛、緉、兩，古今字也。小詞用《毛詩》字亦奇。

又九集卷四《木屐》東方朔《瑣語》載：木屐起於晉文公，介子推從亡歸國，逃禄隱迹綿上，抱樹燒死。文公拊木哀嘆，伐以製屐，每懷推從亡之功，輒俯視其屐曰：悲乎，足下。足下之稱始此。按，推姓王名光，字推，介休人，故稱介子推。

又廣集卷二《秀才襴衫》明初秀才襴衫，前後用飛魚補。騎驢，有傘，絹用青色，止一圍，門斗隨之後。因秀才醉卧道傍，高皇見之大怒，曰：此命服也，污瀆如此。令以後秀才居常出入不用襴衫，止許常服。

又《秀才儒巾》秀才儒巾，高皇欲製一雅式者爲令，屢進其式，俱不當意，遂揮之地，跌綸。馬皇后曰：如此正好。高皇因依此樣頒天下。居常則戴方巾，名四方平定巾。嘉靖初作青羅巾，稱程子玉臺巾制。桑悦作詩云：一幅青羅四褶成，無因長冒玉臺名。若從白七群中過，只少三根孔雀翎。蓋皂隸帽插孔雀尾，故云。明季復社濫觴，方巾甚高，人口號曰：頭頂一個書櫥，手帶一串念珠。擡攞一部四書，日内只説天如。天如，張溥號。

明·程良孺《讀書考定》卷二二《服飾·袒衣袒服》裼袒，近身衣。《孟子》所謂袒裼，裸裎也。《左傳》：陳靈公與孔寧儀行父淫於夏姬，裏其袒服以戲於朝。注：袒服，日日近身之衣。然不若袒服爲順，袒與袒毫釐之差耳。

又《彤騶》褚亮詩：彤騶出禁中。蓋五伯戴紅帽以唱騶，自唐已然，宋人賀甲科歸第，黄榜開天上，彤騶出禁中本此。

清・查慎行《人海記》卷下《舉人衫》 新舉人朝見，着青衫，不着襴衫。聞始於宣宗朝，謂其異於歲貢生耳。及其下第送國子監，則仍着襴衫，蓋國學自有成規也。

又《蔭襲巾》 晉漢唐巾，乃儒者之冠。明興，科甲監儒兼而用之。不在此列者，皆安分，不敢僭用。後來風俗僭侈，平人以小帽爲耻。或一人僥倖科甲，宗族姻親盡换儒巾，故諺有滿城文運轉，遍地是方巾之語。

清・劉廷璣《在園雜志》卷一 定制官民凉帽俱戴緯纓，惟雨天戴犛纓。今戴犛纓者衆，取其便易省事，且惜費耳。

又 古冠綏纓即項下絆帶也。有明紗帽、頭巾各制，貴賤懸殊，見諸畫像，傳之梨園，乃俱不用帶。今則草凉帽如箬笠，皮暖帽如氈笠，上加紅纓，而於帽檐下俱綴以帶絆，猶追古制。古人結襪用帶。太白樂府『燕南壯士吴門豪』一首，名《結襪子》。張釋之爲王生結襪。今則冬以布裝棉，夏以葛裝麻甚且侈以綾錦紗緞，多不用帶結矣。古今制之不同如此。

又 陝西以羊絨織成者謂之姑絨，製綿衣取其暖也，今則製爲單袍。紗取其輕，暑服也，今則製爲綿袍、綿褂。比比皆然，習以爲常。諺云：有裏者無裏，無裏者有裏，意指此乎。絨，俗字，本毧字，音冗。

清・董含《三岡識略》卷一〇《三吴風俗十六則》 明初崇尚儉約，内服以松江三梭布爲之，不用綾絹。今市井小人，皆不屑以此製褻衣，而富貴子弟無論矣。

清・金埴《不下帶編》卷二 李泌宿内院，旦起，或竊泌鞋送帝所，帝曰：鞋者諧也，當爲弼諧，事宜諧矣。今人家嘉禮答采，必設絳絲鞋。新婦過平門，進舅姑及諸姑伯姊，必具乾鞋坤鞋諸儀，亦取夫婦諧好去偕老之義，事或本於唐。

又卷四 從來紗宜于暑，衣之無裏者也。褐宜于寒，衣之有裏者也。自康熙二十餘年間，忽有用紗爲複，用複爲單，而兩衣遂相反，海内翕然服之將五十年矣。俗因以紗比人之無理而反有理，褐比人之有理而反無理者。埴題三言四語于縫人肆中，《周禮・天官》有縫人，掌王宮縫綫之事。按，縫人之縫，去聲，馮貢切。縫綫如字。曰：有裏紗，無裏褐。裏何常，任予奪。《列子》曰：理無常是。好一衣可以觀已。

清・佚名《洪洞縣志》卷九 舉人、官生、貢生、監生、生員，各色緞俱準用，除貂皮、猞猁、猻白、豹皮外，其别項皮衣俱準用。許戴貂鼠帽，其凉帽不許用片金沿邊及宮錦紅裏。其披肩、接袖領袖口，許用蟒緞、妝緞、倭緞鑲，不許鑲靴、襪口等項。胥役服飾原有定制，只許用青色袖布，不許穿各色花素綾緞，不許戴貂鼠帽及狼皮袍褂，其餘禁例與商民同。

清・汪輝祖《病榻夢痕録》卷二 余年十七，羨單紗衫，受人錢代作試文，蒙兩母泣誡，知服之美惡不關身之榮辱，漸解緼袍不耻之義。年二十二，客游，携一竹笥，冬夏兼儲。是冬嚴寒，外舅以裘衣，余謝却之。入胡公幕，止服高麗布袍褂。高麗布絲爲經，木棉爲緯，簇簇有皺紋如鬣㲉，然今久不見矣。時幕風樸素，重裘尚少，即衣表亦未嘗有紅青色也。己卯、庚辰閒或衣反裘馬褂，群耳目之。己卯，胡公贈余灰鼠褂。辛巳，孫師贈余羊皮袍，余始得重裘，然皆盛服，非敢常服也。戊子，明鄉薦製山羊皮袍褂爲公車之飾，其餘綿夾衣，無紅青褂。都門以玄青爲素色，見大人先生則假紅青褂於沈青齋，青齋亦無他製，良友易衣而出。至今感同袍雅誼，所見孝廉反裘者十不得一二，迨乙未則無不反裘者。宦途服飾之華，亦始於戊子、己丑，至是益麗。吾鄉素號簡質，二十年來亦俱絢爛，今則賓朋宴集，冬皆反裘，夏皆紗羅，以羊皮、山羊皮爲不足齒數，葛不經見。甚至婦人女子，十有六七亦衣裘、衣羽毛緞矣。

清・李調元《南越筆記》卷一《珠娘珠兒》 任昉《述異記》：粤俗以珠爲上寶，生女謂之珠娘，生男謂之珠兒，今粤中女郎善操舟，皆戴席帽，四圍施巾以蔽面，即古製所稱蘇幕遮也。

又《女子採香》 《嶺南雜記》云，海瓊沉香俱産黎峒，多虎狼毒蛇，其俗皆女子採香，耳帶金環，首纏錦帕，腰佩利刀，什伯爲羣。崖間遇有竊香者，即擒殺焉。

清・桂馥《札樸》卷七《匡謬・藍衫》 學官弟子服藍袍呼爲藍衫，此誤也，當爲襴衫。唐制，士人以棠苧襴衫爲上服。馬周議禮無服衫之文，三代有深衣，請加襴袖褾襈。長孫無忌議服袍者，下加襴緋紫，皆視其品。馥謂今秀才袍加青邊是其遺制。

清・李斗《揚州畫舫録》卷九《小秦淮録》 多子街即緞子街，兩畔皆緞鋪，揚郡着衣，尚爲新樣，十數年前，緞用八團，後變爲大洋蓮、拱璧蘭顔色。在前尚三藍、硃、墨、庫灰、泥金黄。近用膏粱紅、櫻桃紅，謂之福色，以福大將軍征臺匪時過揚着此色也。每貨至，先歸綢莊緞行，然後發鋪，謂之抄號，每年以四月二十日爲例，謂之鎮江會，緞鋪中有居曉峰者，丹徒人，工于詩。

又　翠花街，一名新盛街，在南柳巷口大儒坊東巷内，肆市韶秀，貨分隧别，皆珠翠首飾鋪也。揚州鬏勒，異于他地，有蝴蝶、望月、花藍、折項、羅漢鬏、懶梳頭、雙飛燕、到枕鬆、八面觀音諸義髻，及貂覆額、漁婆勒子諸式。女鞋以香樟木爲高底，在外爲外高底，有杏葉、蓮子、荷花諸式，在裏者爲裏高底，謂之道士冠，平底謂之底兒香，女衫以二尺八寸爲長，袖廣尺二，外護袖以錦綉鑲之，冬則用貂狐之類，裙式以緞裁剪作條，每條綉花兩畔，鑲以金綫，碎逗成裙，謂之鳳尾。近則以整假緞折以細襇道，謂之百折，其二十四折者爲玉裙，恒服也。硝消皮襖者，謂之毛毛匠，亦聚居是街。

清・李心衡《金川瑣記》卷三《首飾》　耳飾累墜，大於腕臂間跳脱，幸空中不甚重，特訝其耳際垂眲，爲地有限，何能銜此鉅環。詢之土人，始知幼時穿耳，即用樺皮卷塞，日漸增添，後遂可貫拇指。髮梳數十小辮，挽結作髻，如西洋畫圖中式樣，梳時極難，非半日不辦，每月祇梳一次，其解髮垂髻，即八月洗裙日也。俗不貴珠玉，特重珊瑚、寶石、緑璁、硨磲，用金銀鑲嵌作首飾。

清・吴山鳳、黄文蓮（乾隆）《河間縣志》卷三《風土志・風俗》　服飾不尚綺羅，皆衣布，多青、藍二色。□□□禮及慶節，男衣紬帛，女飾冠翠，過期即藏之，□猶存儉樸云。

清・史傳遠《臨潼縣志》卷九　男子冠多不纓。婦人雖濃妝，必以白布飾其首。蓋西方金也，山曰太白，故多尚白，從來遠矣。

清・洪頤煊《讀書叢録》卷二〇《短衣》　《叔孫通傳》：通儒服，漢王憎之，迺變其服，短衣，楚製。頤煊案：《蓋寬饒傳》：斷其禪衣，令短離地。《朱博傳》：又敕功曹官屬多褒衣大紹，不中節度，自今掾史衣，皆令去地三寸。《文帝紀》：所幸慎夫人衣不曳地。《王莽傳》：母病，公卿列侯遣夫人問疾，莽妻迎之，衣不曳地。是時男女禮服尚長，故短者特言之。

清・趙翼《陔餘叢考》卷三一《脱襪登席》　古人席地而坐，故登席必脱其屨，《禮記》所謂户外有二屨是也。然臣見君，則不惟脱屨，兼脱其襪。《詩》：赤芾在股，邪幅在下。邪幅，行縢也，襪去，故行縢見也。《左傳》：衛出公輒爲靈臺，與諸大夫飲酒，褚師聲子襪而登席。公怒，對曰：臣有疾，若見之，君將㱿之，是以不敢。公愈怒，欲斷其足。杜注謂有足疾也。㱿，嘔也。注又云，古者臣見君解襪，然則古人以跣足爲至敬也。漢制脱襪雖無明文，然優禮蕭何，特命劍履上殿，則群臣上殿，猶皆脱屨可知。衛宏《漢官舊儀》：掾吏見丞相脱屨，丞相立席後答拜。《魏志》：曹操令曰，祠廟上殿當解屨，吾受命劍履上殿，今有事於廟而解屨，是尊先公而替王命也，故吾不敢解屨。可見是時祭先祖見長官，尚皆脱屨。三國時，吴賀邵美容止，坐常着襪，則是時家居亦多有不襪者。宋改諸王國制度，内有藩國官正冬不得跣登國殿一條。是時藩國朝賀，其王尚皆跣，故詔改之，以殺其禮。梁天監中，尚書議云：禮，跣襪登席，事由燕坐。閻若暉據此語，謂古惟燕飲始跣而爲歡，祭則不跣也。按韓詩，不脱屨而即席謂之禮，跣而上坐謂之燕，則古人行禮尚着屨，燕乃跣襪，閻説蓋本此。今則極敬之所，莫不皆跣。清廟崇嚴，既絶恒禮，凡屨行者，應皆跣襪。蓋是時廟祭有不跣襪者，故巾禁之。曰極敬之所，莫不皆跣，則是時朝會祭祀，猶皆跣襪，陳祥道《禮書》所謂，漢魏以後，朝祭皆跣也。《唐書》：劉知幾以釋奠皆衣冠乘馬，奏言冠履祇可配車，今襪而鞵，跣而鞍，實不合於古。是唐時祭祀亦尚有跣襪之制，至尋常入朝，則已有着履者。《唐書》：棣王琰有二妾争寵，求巫者密置符琰履中，或告琰厭魅，帝伺其朝，使人取其履，驗之果然是也。蓋古者本以脱襪爲至敬，其次則脱履，至唐則祭祀外，無脱履之制，然朝會亦尚着履，此唐初之制也。

又《簪花》　今俗惟婦女簪花，古人則無有不簪花者。其見於詩歌，如王昌齡：茱萸插鬢花宜壽。戴叔倫：醉插茱萸來未盡。杜牧之：菊花須插滿頭歸。邵康節：頭上花姿照酒卮。梅聖俞《謝通判太博惠庭花》詩：欲插爲之醉，但慚髮星星。東坡《吉祥寺賞牡丹》詩：年老簪花不自羞，花應羞上老人頭。又《在李鈐轄坐上分題戴花》詩云：頭上花枝奈老何。穆清叔：共飲梨花下，梨花插滿頭。陳無己：白髮簪花我自羞。黄山谷詞：花向老人頭上笑羞羞，人不羞花花自羞。陸放翁詩：兒童共道先生醉，折得黄花插滿頭之類，不一而足。按《羯鼓録》：汝陽王璡隨明皇游幸，常戴砑綃帽打曲，上摘槿花一朵簪之，琎舞山香一曲，而花不落，是唐時已簪花也。宋真宗將東封，命陳堯叟爲東京留守，馬知節爲大内都巡檢使，駕未行，先宣入後苑賜宴，真宗與二公皆戴牡丹，旋令陳去所戴者，上親以頭上一朵爲陳簪之。又《盛事美談》記真宗曲宴宜春殿，出牡丹百餘盤，千葉者纔十餘朵，所賜止親王宰臣，上特顧晁迥、錢文僖，各賜一朵。又故事惟親王宰臣，則中使爲插花，餘皆自戴。一日侍宴，上特命中使爲晁迥戴花，觀者榮之。又《宋稗類編》記寇准侍宴，上特命以千葉牡丹簪之，曰：寇准年少，正是賞花吃酒時也。沈括記，韓魏公鎮揚州，適芍藥生金纏腰四朵，延王岐公、王荆公、陳秀公開宴，各簪一枝，後四人俱爲相。《司馬温公家傳》：公年二十登第，聞喜宴獨不簪花，同年曰，君賜不可違也。乃簪一花。《宋史》：顔師魯充顯仁后遺留使，至金，力辭簪花聽樂。莫濛充賀金正旦使，賜宴日，以本朝忌辰不敢簪花聽樂。又陳隨隱記，孟冬時享駕回，丞相以下皆簪花。姜夔有詩云：六軍文武浩如雲，花簇頭冠樣樣新。惟有至尊渾不帶，盡分春色賜群臣。萬數簪花滿御街，聖人先自景靈回。不知後面花多少，但見紅雲冉冉來。楊誠齋詩：賜花新剪茜香羅，篸遍烏紗未覺多。花重紗輕人更老，抬頭不起奈春何。則并簪剪綵之花矣。《古今詩話》：孫周翰童時侍郡侯宴，適座客簪花，郡侯出對曰：口吹楊葉成新曲。翰對曰：頭戴花枝學後生。此皆宋時簪花故實也。金趙秉文有戴花詩云：人老易悲花易落，東風休近鬢邊吹。又元遺山詩云：鬢毛不屬秋風管，更揀繁枝插帽檐。元人貢師泰詩云：忽見草間長十八，衆人分插帽檐前。又黄庚詩：插花歸去蜂隨帽。《漱石閒談記》：明成祖時迎春，監生當代爲簪花，衆皆畏縮，有邵玘者，直前取花，爲成祖簪之。傅維鱗《明書》：武宗南巡，回至淮安，戎服簪花，鼓吹前導。則金、元以來亦尚有簪花之例矣。今制，殿試傳臚日，一甲三人出東長安門游街，順天府承例設宴於東長安門外，簪以金花，蓋猶沿古制也。

清・王正茂《臨晉縣志》卷八《衣》 衣服少裘葛，無冬夏士民皆着大布衣。予謂臨之俗，勤儉有餘，而禮不足。奢示儉，儉示禮，躬化謂何也。然使不以禮，而矯儉以奢，寧儉已。

清・邱大英《西和縣志》卷四 衣。地不産絲，人績胡麻、紡棉，織粗布服之。富者或衣褐帛，次者衣細布，然皆來自商販，非本地所織。

清・何崧泰、史樸（光緒）《遵化通志》卷一五《輿地志・風俗》 服飾衣布，用青、藍二色。遇家有吉事，或出外慶賀，則男衣紬帛，女戴簪珥，禮畢藏之。

清・鍾賡起《甘州府志》卷一六《衣》 地寒産羊裘。富者白羔裘，尤重黑羔，至狐、貉、狼、豹、銀貂諸裘，世家通用。其羊毛□長，或無面者，庶民胥以禦寒。春秋間棉袷衣，富户以絲帛，庶民以布褐。紙紛紗羅，三伏時間衣之，而服者甚少。

清・李光庭《鄉言解頤》卷三《人部・衣工》 織紝者，婦人之事也。《詩》曰：摻摻女手，可以縫裳。賦儉也。《禮・内則》：婦事舅姑，右佩箴、管、綫、纊，衣裳綻裂，紉箴請補綴，勸孝也。《古樂府》云：蠶桑苦，女工難，得新捐故後必寒。質言之也。唐人《貧女》詩云：苦恨年年壓金綫，爲他人作嫁衣裳。喻言之也。總之，不離乎女工。自男作衣工，俗只謂之裁縫。而踵事增華，日甚一日，七十年前，吾鄉有吕五福者，於瓜葛中爲晚輩，人頗誠實，工亦堅緻。其時只裙袖偶用鑲邊，且裁翦之餘，一絲不苟。嘗言以男子爲婦人之事，已不如人，尚敢作孽以留後世因乎。今京師之衣工，一衣自三鑲以至五鑲，其工費數倍於本身，即幼孩之衣亦然，則真作孽矣。鄉人效之，謂之三圓五滚。昔年與趙象庵親家憤激言之。象庵曰：以足下之才之學，而能禁其不三圓五滚乎。男子耳食，婦人目衣。入眼印心，圓圓滚滚。蓋性命依之矣。因誦人一絶云：授衣時節又寒號，補綴搜尋布縷條。瓮底尚餘半升米，且賒三尺狗牙縧。

又《草帽工》 古人云：首戴茅蒲，又曰青箬笠，皆以蔽日遮雨也。南人多用竹笠。北方則麥莛編成，謂之草帽子。每當麥秋後，收麥之家，親屬來投，莛杆去根作柴，去粗皮及黄不堪用者，爲滑秸，可以和泥。爬梳之，選擇之，其中最精白者，掐辮子，用絲綫編細草帽。圓屋寬檐者，謂之馬連波，高屋窄檐者，則曰香河高。望去無一點瑕疵，若無縫然。尤好在戴久而檐不垂。約值斗酒十千之數，其次遞減。此六十年前之物值，今則無是工，亦無是物矣。粗者家常戴用，并編無屋帽圈，男婦皆可戴用。某作歌曰：麥子剃了頭，齊把莛杆投。掐成辮子編作帽，賤者賣幾百，貴者賣幾吊。粗粗刺刺不賣錢，編了草帽編帽圈。男戴草帽耕隴畔，婦戴帽圈來送飯。稚子戴了去放牛，老翁戴了上漁舟。歸來共飯黄昏後，數數帽圈彀不彀。

又卷四《物部上・雜物十事》 靴掖。世有輕如袖納，重異腰纏，此帶胯而不方，視荷囊而甚扁者，靴掖是也。零星字紙，以靴掖盛之，便於取携也。幼聞某處有三掏之目，某翁見人掏靴掖，取詩草也。某人掏地單，説田産也。某僧掏緣簿，寫布施也。夫和尚化緣，説合地土，世俗常情，至問友敲詩，尤是雅人之事，好事者遂以爲口實，俗之偷也。奚囊須負榼須提，長鞦靴名。中藏我自知。一紙書堪煩雁足，百文錢肯繫烏皮。拋殘手版輕身後，料理名箋答友時。昨夜醉眠靴孰脱，吟筒猶有未成詩。

又 鞋拔。世之角，牛者爲用多矣。而其因材製器，譎曲面藝，以成其巧者，莫鞋拔若也。語云：衣不大寸，鞋不争絲。爲婦人言之也。男子之鞋只求適足，而欲其峭緊者，則用鞋拔。鄉言曰：給我小鞋兒穿我，給你個提不上。拔者，提之使上也。但知峭緊便趨奔，不納渾如決踵跟。適屨何人甘削趾，采葵有術莫傷根。只憑一角扶摇力，已没雙鳧沓踏痕。直上青雲休忘却，當年梯步幾躋躋。

清・陸以湉《冷廬雜識》卷三《躧履倒屣攬履》 《漢書・雋不疑傳》：暴勝之爲直指使者，不疑盛服至門上謁，勝之躧履起迎。師古注謂：納履未曳之而行，言其遽也。《三國志・王粲傳》：中郎將蔡邕貴重朝廷，聞粲在門，倒屣迎之。又，邴原謁魏太祖，太祖攬履而起，遠出迎。此皆可想見折節下士之誼。

清・俞樾《茶香室叢鈔》卷六《舉人著青衫》 國朝查慎行《人海記》云：新舉人朝見著青衫，不著襴衫，始于宣宗朝，謂其異於歲貢生耳。及其下第，送國子監，仍著襴衫。今生員著襴衫，舉人著青衫，猶沿明制。

又《忌純白》 宋蔡絛《鐵圍山叢談》云：掖庭宫嬙，歲給帛多色綵爾。遇支賜倖稍絹，應生白者多，即一束十端，必間有一端爲紅生絹，蓋忌其純白故也。按此知宋人已以純白爲忌。

又《以著靴為敬》 《太平廣記》引乾𦠆子云：郎中李丹典濠州，蕭復處士謁之，無傭保，惟領一丱歲女僮。時方寒，女僮門外求火燎手，且持其靴去。客吏忽云：郎中屈處士。復即芒屩而入，丹揖之坐。復忽悟足禮之闕，矍然乃起。丹曰：靴與履，皆一時之禮。古者解襪登席，即徒跣以爲禮。靴，胡服也，始自趙武靈王，有何典據，此不足介懷。按此則唐人已以著靴爲敬矣。蕭復後爲宰相，氣度宜必不凡，乃以不靴而履，遂至矍然，其時靴之重可見，而李丹所以解之者，則又甚婉切矣。

清・俞樾《茶香室四鈔》卷二四《褐既直掇》 宋程大昌《演繁露》云：《張良傳》有老父衣褐，師古曰：褐制若裘，今道士所服者是也。《太平御覽》有仙公請問經，其文曰：太極真人曰，學道當潔静衣服，備巾褐制度，名曰道之法服。巾者，冠中之巾也。褐者，長裾通冒其外衣也。今世衣直掇爲道服者，必本諸此。又《傳授經》曰：老子去周，左慈在魏，并葛巾單裙，不著褐。則是直著短衫，而以裙束其上，不用道家法服也。古人不徒衣褲，必以裙襲之，是正上衣下裳之制。按鄭箋以褐爲毛布。孟子云許子衣褐，即毛布是也。張良所遇老父衣褐，疑亦謂此，是以《史記》無注，師古注《漢書》乃有此解，則是褐有二説矣。至上衣下裳，古之定制，婦人連衣裳不異色，見《周禮・内司服》注。今則男女之衣適與古反。觀晉時羊欣白練裙，則晉時猶上衣而下裳。疑後來崇尚老莊，故多著道袍，至今循之，士大夫皆衣褐矣。續鈔二十二論古衣裳一條，可與此參觀。

《中華古今注》云：始皇元年，詔宫人及近侍宫人皆服衫子，亦曰半衣，蓋取便於侍奉。按：此乃婦人衣裳不連之始。

又卷二五《得勝褂》 國朝禮親王《嘯亭續録》云：燕居無著行衣者，自傅文忠征金川歸，喜其便捷，名得勝褂。今無論男女，燕服皆著之矣。

清・黄以周《禮書通故》卷三《衣服通故》 鄭玄云：纚，韜髮者也，總，束髮後爲飾。孔穎達云：以纚韜髮作髻，横施笄以固之，總者，裂繒爲之，束髮之本，垂餘髻後以爲飾。顔師古云：纚，織絲爲之，總以絲縷爲之。以周案：纚，《士冠禮》作纚，云廣終幅，長六尺。説文：纚，冠織也。蓋别以絲織成，其廣足以韜髮，故曰廣終幅不裂，長六尺，則裂之矣。纚非有二尺二寸之廣，其幅狹而孔疏，如今之方目紗。總當以絲縷織爲組，《廣雅》：總，束也。總爲束物之組，故翟車謂之組總。《毛詩》干旄傳總以素絲而成組是也。内則櫛纚笄總，既櫛髮，韜纚作髻，更加笄以安之，又用總以束之，總爲束髻之組，猶總角爲束角之組也。巾車朱總，繢總，即所謂組總，先鄭云以繒爲之，未確，孔疏謂笄總亦用繒，又嫌冠内不能容許多帛，因謂裂繒爲之，更誤。當以師古《漢書注》爲長。

清・平步青《**霞外攟屑**》**卷五**《**明應試夏日不得衣袷**》《艾東鄉集》中有應試文，自叙凡三千餘言。讀之見明時試士之苛，諸生之苦，使人不寒而栗。獨其中有云：天暑酷烈，督學輕綺蔭凉，飲茗揮箑自若。諸生什伯爲伍，群擁立塵坌中，法既不敢扇，又衣大布厚衣，最不可解。上文冰凍，解衣露立，搜檢軍二名，上窮髮際，下至膝踵，倮腹赤趾，防懷挾也。暑則正宜袷衣，一望瞭然，而衣大布厚衣，豈亦立法如此。嘗舉以問抱䙚，亦不能答。

又卷一〇《**裁縫**》《麗湜薈録》卷二：世呼成衣匠爲裁縫，六朝已然。鮑照《代陳思王贈白馬篇》：僑裝多闊絶，旅服少裁縫。《右台仙館筆記》卷二則云：《唐六典》有裁縫之名，蓋裁之縫之，而後成衣，較《周官》縫人，其義爲備。《越諺》卷中、《本通俗編》卷二十一云：見《周禮・内司服》縫人兩注，蓋未見蔣、俞二家書也。按《士相見禮》下大夫相見以鴈，飾之以布，纏之以索。注：飾之以布，謂裁縫衣其身也。則康成注禮，已有此二字。

清・黄璟、謝述孔《**山丹縣志**》**卷一〇** 衣。地寒多宜羊裘，多無面者，庶民胥以禦寒。絺綌紗羅，三伏時間衣之，而服者甚少。

清・歐陽兆熊、金安清《**水窗春囈**》**卷下**《**河廳奢侈**》 乾隆末年，首廳必蓄梨園，有所謂院班、道班者。嘉慶一朝尤甚，有積貲至百萬者。河廳之裘，率不求之市，皆於夏秋間各輦數萬金出關購全狐皮歸，令毛毛匠就其皮之大小，各從其類，分大毛、中毛、小毛，故毛片顔色皆匀净無疵，雖京師大皮貨店無其完美也。蘇杭綢緞，每年必自定花樣顔色，使機坊另織，一樣五件，蓋大衿、缺衿、一果元、外褂、馬褂也。【略】即纏足之帛亦不用布也。珠翠金玉則更不可勝計，朝珠、帶板、攀指動輒千金。若琪璃珠，加以披霞挂件則必三千金，懸之胸間，香聞半里外，如入芝蘭之室也。

又《**衣服尚多**》 炎伏大衿袍，多用黄葛紗，而無馬蹄袖，名曰四不象。又有一果元，而有馬蹄袖者。此後即有半臂加左右袖，名曰軍機襖。此皆創自樞中人，取其寒温便適而已。每當小春天熱，則上皮下棉，稍凉則下皮上棉，亦有二毛、大毛在上而小毛在下者，又有以羔皮縫之於裏而外仍作棉體者。夏令且有夾紗、棉紗之别，皆朝夕異候，老年及體弱者作此狡獪，而人争效之以誇多鬥靡，兵後不復有知之者矣。

清・黄協塤《**淞南夢影録**》 近于黎牀舊主處見其《洋場感事》詩數首，寫景描情，足補前詩所未及。附録于左，聊備塵談。詩曰：

雲髻新編腦後拖，時新衣服剪紗羅。傾瓶香水渾身洒，風送芳香撲鼻過。

刺花短襪窄鞋幫，褲脚重重黑緞鑲。裝束雙趺嬌俏甚，行來絶似女兒粧。

鑽石深嵌約指空，黑油牙柄扇摇風。個人贈物分明在，排䌷鮫綃出袖中。

一段洋烟插口斜，墨晶銀鏡避塵沙。同游欲博如花笑，親手拉繮坐馬車。

京都式樣學偏難，學到天津意亦安。大袖寬袍摇復擺，旁人不贊自家看。

清・富察敦崇《**燕京歲時記・換季**》 每至三月，換戴凉帽，八月換戴暖帽，届時由禮部奏請。大約在二十日前後者居多。換戴凉帽時，婦女皆換玉簪，換戴暖帽時，婦女皆换金簪。

又《**換葛紗**》 每至六月，自暑伏日起至處暑日止，百官皆服萬絲帽、黄葛紗袍。

又《**翻褂子**》 以下十一月冬至月初一日，臣工之得著貂裘者，均於是日一體穿用，謂之翻褂子。

又《**賜貂**》 每至冬月，凡乾清門侍衛及大門侍衛等，均由本管支領貂褂銀子，人各數十金。

紀事

三國吴・謝承《**會稽先賢傳**》 魏朗字少英，爲郡功曹佐。正旦，掾史顧龕被裘以加朝服，朗以裘非臣服，龕不敬，勑卒撤去。龕恚而不聽，朗右手鳴鼓，左手撤裘以聞。府君喜朗，遂退龕，以朗代之，朗辭病不就。賀劭爲人美容止，與人交，久益敬之，在官府常着襪，希見其足。

北魏・楊衒之《**洛陽伽藍記**》**卷二** 北海尋伏誅。其慶之還奔蕭衍，用爲司州刺史，欽重北人，特異於常。朱异怪，復問之。曰：自晉、宋以來，號洛陽爲荒土，此中謂長江以北，盡是夷狄。昨至洛陽，始知衣冠士族，并在中原。禮儀富盛，人物殷阜，目所不識，口不能傳，所謂帝京翼翼，四方之則。始登泰山者卑培塿，涉江海者小湘、沅。北人安可不重。慶之因此羽儀服式，悉如魏法。江表士庶，競相模楷，褒衣博帶，被及秣陵。

宋・錢易《南部新書》卷乙　咸通九年，劉允章放榜後奏，新進士春闈前，擇日謁謝先師。皆服青衿介幘，有洙泗之風焉。

宋・范鎮《東齋紀事》卷三　石資政中立，好談諧，樂易人也。【略】嘗於文公家會葬，坐客乃執政、貴游子弟，皆服白襴衫，或羅或絹有差等。中立坐而大慟，人問其故，曰：憶吾父。又問之，曰：父在時，當得羅襴衫也。蓋見執政子弟服羅，而石止服絹。坐中皆大笑。石之父熙載，京板有太宗時三字，嘗爲樞密副使。

宋・蘇軾《艾子雜説》　齊之士子相尚裹烏紗帽，長其頂，短其簷，直其勢，以其紗相粘，謂之虚粘奇帽，設肆相接。其一家自榜其門曰：當鋪，每頂只賣八百文。以其廉，人日擁門，以是多愆期。一日艾子方坐其肆，見一士子與其肆主語：吾先數日約要帽，反失期五七日尚未得，必是爲他人皆賣九百文，爾獨卑於價以欺吾也。呶呶久之。艾子因曰：秀才但勿喧，只管將八百文錢與他，須要九百底帽子。

宋・龐元英《文昌雜録》卷五　宗室子滂説書於秘書省，特授通直郎，服緋。令緋士洍等數人應進士舉，取解别試，所衣白襴，一時新事也。

宋・周煇《清波雜志》卷二《紹興置衫帽》　自昔人士皆著帽，後取便於戎服。紹興丙子，魏敏肅道弼，貳大政，一日造朝，預備衫帽，朝退，服以入堂，蓋已得請矣。一時驟更衣制，力或未辦，乃權宜以凉衫爲禮，習以爲常。乾道間，王日嚴内相申請，謂環一堂而圍座，色皆淺素，極可憎，乞仍存紫衫。至今四十年不改。前此，仕族子弟未受官者皆衣白，今非跨馬及弔慰不敢用。

宋・吴曾《能改齋漫録》卷一三《記事・御親賜帶花》　真宗東封，命樞密使陳公堯叟爲東京留守，馬公知節爲大内都巡檢使。駕未行，宣入後苑亭中賜宴，出宫人爲侍。真宗與二公，皆戴牡丹而行。續有旨，令陳馬去所戴者。召近御座，真宗親取頭上一朵爲陳簪之，陳跪受拜謝。宴罷，二公出。風吹陳花一葉墮地，陳急呼從者拾來，此乃官家所賜，不可棄。置懷袖中。馬乃戲陳云：今日之宴，本爲大内都巡檢使。陳云：若爲大内都巡檢使，則上何不親爲太尉戴花也。寇萊公爲參政，侍宴，上賜異花。上曰：寇準年少，正是戴花飲酒時。衆皆榮之。

宋・張端義《貴耳集》卷下　壽皇問王抃：如何北使在庭舞蹈極可觀，此間舞蹈皆不及之。抃奏云：北人袖窄，但公裳袖大，一舉手便可觀。南人袖内外俱寬大，舉手便不可看。

宋・趙彦衛《雲麓漫鈔》卷四　高宗即位初，隆祐送小冠，謂曰：此祖宗閒燕之所服也。蓋在國朝帽而不巾，燕居雖披襖，亦帽，否則小冠。宣政之間，人君始巾。在元祐間，獨司馬温公、伊川先生以孱弱惡風，始裁皂紬包首，當時祇謂之温公帽、伊川帽，亦未有巾之名。至渡江方著紫衫，號爲穿衫，盡巾，公卿皂隸下至閭閻賤夫皆一律矣。巾之制，有圓頂、方頂、磚頂、琴頂，秦伯陽又以磚頂服去頂内之重紗，謂之四邊净，外又有麯袋等，則近於怪矣。魏道弼參政欲復衫帽，竟不能行。

宋・羅大經《鶴林玉露》乙編卷一《紫窄衫》　渡江以來，士大夫始衣紫窄衫，上下如一。紹興九年，詔公卿長吏毋得以戎服臨民，復用冠帶。論者以爲擾，於是士大夫皆服凉衫。乾道中，李獻之上言：會聚之際，顔色可憎，今陛下上承兩宫，宜復紫衫爲便。上從之。蓋人情樂簡便久矣。昔孝節先生徐仲積事母至孝，一日，竦然自省曰：吾以襴幞謁貴人，而不以見母，是敬母不如敬貴人也，不可。乃日具襴幞揖母，人皆笑之。孝節行之終身。近時静春先生劉子澄，朱文公高弟也，守衡陽，日以冠裳莅事。憲使趙民則嘗紫衫來見，子澄不脱冠裳見之。民則請免冠裳，子澄端笏肅容曰：戒石在前，小臣豈敢。民則皇恐退，具冠裳以見，然由是不相樂。夫襴幞揖母，冠裳臨民，常事也，而世俗且難之，至於紫窄袖衫，乃戎服也，出於兵興一時權宜，而相承至今不能改，然則古道何時而可復乎。

明・郎瑛《七修類稿》卷九《國事類・衣服制》　洪武二十三年三月，上見朝臣衣服多取便易，日至短窄，有乖古制，命禮部尚書李源名等參酌時宜，俾有古義，議凡官員衣服，寬窄隨身。文官自領至裔，去地一寸，袖長過手，複回至肘，袖椿廣一尺，袖口九寸。公侯駙馬與文職同，耆民生員亦同。惟袖過手複回，不及肘三寸。庶民衣長去地五寸。武職官去地五寸，袖長過手七寸，袖椿廣一尺，袖口僅出拳。軍人去地七寸，袖長手五寸，袖椿七寸，袖口僅出拳。頒示中外。嗚呼，今婦人之衣如文官，其裙如武職，而男子之制，迴殊於此，是時制耶。

明・謝肇淛《五雜俎》卷一二《物部四》 漢中山王來朝，成帝賜食，及起而襪系解，成帝以爲不能也，於是定陶王得立。然文王伐崇，至鳳凰之墟，而襪系解。武王伐紂，行至商山，而襪系解。晉文公與楚戰，至黄鳳之陵，而履系解。古之聖王、霸主皆有然者，何獨中山王耶。古人以跣爲敬，故非大功臣，不得劍履上殿。褚師聲子襪而登席，而衛侯怒。至於見長者，必脱履於户外。曹公令曰：議者以祠廟當解履。則漢末猶然矣。

明・談遷《棗林雜俎》智集《逸典・黄道周》 丁丑，華亭陳子龍出右中允黄先生門，布素進謁。先生曰：僕本寒祚，布素宜也。若世閥常服羅綺，改而布素又失常矣，正不必也。先生坐事放歸，子龍迎高郵舟中，袖出五十金。先生擲之曰：吾窮宦，奈何驟污我。

明・張岱《夜航船》卷一一《日用部・衣裳》 襴衫。明朝高皇后見秀才服飾與胥吏同，乃更製儒巾襴衫，令太祖着之。太祖曰：此真儒者服也，遂頒天下。

清・魏裔介《兼濟堂文集》卷一《興教化正風俗疏》 兵科都給事中臣魏裔介謹題，爲興教化以正風俗事。臣聞刑禁於已然之後，禮禁於未然之先。今自明季以來，風俗頹靡，僭越無度，浮屠盛行，禮樂崩壞。臣數年來，在都門見隸卒倡優之徒，服色豔麗，負販市儈之伍，輿馬赫奕，庶人之妻，珠玉炫耀。雖經禁約，全不遵行。【略】今宜將侈靡蠹耗之事，一切再行嚴禁，凡違者，必治其罪。僧之無度牒而私剃者，勒令歸農，以後私度者，必治其罪。昔洪武明君也，嘗榜示天下，寺觀僧道，俱不許奔走於外，交構有司，所至僧寺，必揭周知册驗實，不許民間兒童私自剃髮爲僧，違者治罪。【略】順治十二年正月二十九日題，二月二十一日奉旨：禮部知道。

清・褚人穫《堅瓠集》二集卷四《巾詩》《七修類藁》：正德中，京都忽以巾易帽，四方效之，至販夫走卒亦有戴之者，以其價廉易辦。郎仁寶作詩譃之云：忽出街衢不耐看，今時人物古衣冠。望塵走俗人心厭，況又庸人戴一般。其友孫體時一日戴巾訪郎，恐郎誚之，途中預構一絶。郎見而笑，孫曰：予亦有詩。遂吟曰：江城二月暖融融，折角紗巾透柳風。不是風流學江左，年來塞馬不生鬃。二人相對而笑。

雜録

漢・揚雄《方言》卷三 南楚，凡人貧，衣被醜弊，謂之須捷，或謂褸裂。注云，衣壞貌也。左氏曰：蓽路襤褸，以啟山林。蓽路，柴車也。褸音縷。

晉・皇甫謐《高士傳》卷下《郭太》 郭太字林宗，太原人也。【略】步行遇雨，巾一角墊。衆人慕之，皆故折巾角，士争往從之。

晉・干寶《搜神記》卷六 昭帝時，昌邑王賀見大白狗冠方山冠而無尾。至熹平中，省内冠狗帶綬，以爲笑樂。有一狗突出，走入司空府門。或見之者，莫不驚怪。京房《易傳》曰：君不正，臣欲篡，厥妖狗冠出朝門。

晉・葛洪《抱朴子内篇》卷一《暢玄》 鮮華艷采，彧麗炳爛，傷明者也。宴安逸豫，清醪芳醴，亂性者也。冶容媚姿，鉛華素質，伐命者也。

北魏・賈思勰《齊民要術》卷三《雜説》 生衣絹法。以水浸絹，令没一日，數度迴轉之。六七日水微臭，然後拍出，柔肕潔白，大勝用灰。

唐・張鷟《朝野僉載》卷一 市道屠沽、亡命不軌，皆封侯略盡。太府之銅不供鑄印，至有白版侯者。朝會之服，貂者大半，故謡云：貂不足，狗尾續。小人多幸，君子耻之。無道之朝，一何連類也，惜哉。

又 周甘子布博學有才，年十七爲左衛長史，不入五品。登封年病，以驢轝彊至嶽下，天恩加兩階，合入五品，竟不能起。鄉里親戚來賀，衣冠不得，遂以緋袍覆其上，帖然而終。

又卷六 巧人張崇者，能作灰畫腰帶鉸具，每一胯大如錢，灰畫燒之，見火即隱起，作龍魚鳥獸之形，莫不悉備。

唐・李肇《唐國史補》卷下 或有朝客譏宋濟曰：近日白袍子何太紛紛。濟曰：蓋由緋袍子、紫袍子紛紛化使然也。

又 凡貨賄之物，侈於用者，不可勝紀。絲布爲衣，麻布爲囊，氈帽爲蓋，革皮爲帶，内邱白瓷甌，端溪紫石硯，天下無貴賤通用之。

唐・佚名《唐傳載》 元和十五年，辛丘度、丘紓、杜元穎同時爲拾遺令史分直。故事，每自吟曰：出身三十年，髮白衣仍碧。日暮倚朱門，從朱汗袍赤。因爲之奏章服焉。

唐・韋絢《劉賓客嘉話録》 崔丞相造布衣，時江左士人號曰白衣夔。

唐・段成式《酉陽雜俎》前集卷八《黥》 上都街肆惡少，率髡而膚劄，備衆物形狀。恃諸軍，張拳强劫一作弓劍，至有以蛇集酒家，捉羊胛擊人者。今京兆薛公元賞，上三日，令里長潛捕，約三十一作十餘人，悉杖殺，屍于市。市人有點青者，皆炙滅之。時大寧坊力者張幹，劄左膊曰生不怕京兆尹，右膊曰死不畏閻羅王。又有王力奴，以錢五千召劄工，可胸腹爲山、亭院、池樹、草木、鳥獸，無不悉具，細若設色。公悉杖殺之。又賊趙武建，劄一百六十處番印、盤鵲等，左右膊刺言：野鴨灘頭宿，朝朝被鶻梢。忽驚飛入水，留命到今朝。又高陵縣捉得鏤身者宋元素，刺七十一處，左臂曰：昔日已前家未貧，苦將錢物結交親。如今失路尋知己，行盡關山無一人。右臂上刺葫蘆，上出人首，如傀儡戲郭公者。縣吏不解，問之，言葫蘆精也。

李夷簡，元和末在蜀。蜀市人趙高好鬬，常入獄。滿背鏤毗沙門天王，吏欲杖背，見之輒止，恃此轉爲坊市患害。左右言於李，李大怒，擒就廳前，索新造筋棒，頭徑三寸，叱杖子打天王，盡則已，數三十餘不絶。經旬日，袒衣而歷門叫呼，乞修理功德錢。

蜀小將韋少卿，韋表微堂兄也。少不喜書，嗜好札青。其季父嘗令解衣視之，胸上刺一樹，樹杪集鳥數十。其下懸鏡，鏡鼻繫索，有人止於側牽之。叔不解，問焉，少卿笑曰：叔不曾讀張燕公詩否。挽鏡寒鴉集耳。

荆州街子葛清，勇不膚撓，自頸以下，遍刺白居易舍人詩。成式常與荆客陳至呼觀之，令其自解，背上亦能闇記。反手指其札處，至不是此花偏愛菊，則有一人持杯臨菊叢。又黄夾纈林寒有葉，則指一樹，樹上挂纈，纈窠鎖勝一作滕。絶細。凡刻三十餘處，首體無完膚，陳至呼爲白舍人行詩圖也。

又 近代妝尚靨，如射月，曰黄星一作是靨。靨鈿之名，蓋自吴孫和鄧夫人也。和寵夫人，嘗醉舞如意，誤傷鄧頰，血流，嬌婉彌苦，命大醫合藥，醫言得白獺髓，雜玉與虎珀屑，當滅痕。和以百金購得白獺，乃合膏。虎珀太多，及差，痕不滅，左頰有赤點如痣，視之，更益甚妍也。諸嬖欲要寵者，皆以丹點頰，而後進幸焉。

今婦人面飾用花子，起自昭容上官氏所製，以掩點跡。大曆已前，士大夫妻多妒悍者，婢妾小不如意，輒印面，故有月點、錢點。

百姓間有面戴青志如黥，舊言婦人在草蓐亡者，以墨點其面，不爾，則不利後人。

越人習水，必鏤身以避蛟龍之患。今南中綉面佬子，蓋雕題之遺俗也。

又 《尚書大傳》：虞舜象刑，犯墨者皂巾。《白虎通》：墨者，額也。取漢法，火之勝金。

又 《天寶實録》云：日南厩山連接，不知幾千里，裸人所居，白民之後也。刺其胸前作花，有物如粉而紫色，畫其兩目下。去前二齒，以爲美飾。成式以君子耻一物而不知，陶貞白每云，一事不知，以爲深耻。况相定黥布當王，淫著紅花欲落，刑之墨屬，布在典册乎。偶録所記寄同志，愁者一展眉頭也。

唐・孟棨《本事詩》 開元中，頒賜邊軍纊衣，製于宫中。有兵士于短袍中得詩曰：沙場征戍客，寒苦若爲眠。戰袍經手作，知落阿誰邊。畜意多添線，含情更著綿。今生已過也，重結後身緣。兵士以詩白于帥，帥進之。玄宗命以詩遍示六宫曰：有作者勿隱，吾不罪汝。有一宫人自言萬死。玄宗深憫之，遂以嫁得詩人，仍謂之曰：我與汝結今身緣。邊人皆感泣。

唐・張泌《妝樓記》 漆畫屐。延嘉中，京師長者皆著木屐。婦女始嫁，作漆畫屐，五色采爲系。

又 作褭。燉煌俗，婦人作褭，攣縮如羊腸，用布一疋，皇甫隆禁改之。

又 家法。房太尉家法，不著半臂。

唐・朱揆《釵小志》 謝郎衣。蘇紫蘅愛謝耽，咫尺萬里，靡由得親。遣侍兒假耽恒著小衫，晝則私服於内，夜則擁之而寢。耽知之，寄以詩曰：蘇娘一别夢魂稀，來借青衫慰渴飢。若使閒情重作賦，也應願作謝郎衣。謝亦取女袒服束之，後爲夫婦。

又 諱衣。穆宗以玄綃白書，素紗墨書爲衣服，賜承幸官人，皆淫鄙之詞。時號諱衣。

又 畫衣粉面。梁陳士人春遊，畫衣粉面，絃歌相逐。

唐・馮贄《雲仙雜記》卷一《柳神九烈君》 李固言未第前，行古柳下，聞有彈指聲，固言問之，應曰：吾柳神九烈君，已用柳汁染子衣矣，科第無疑。果得藍袍，當以棗糕祠我。固言許之。未幾，狀元及第。

又卷一《籠桶衫柿油巾》 杜甫在蜀，日以七金買黄兒米半籃、細子魚一串。籠桶衫、柿油巾，皆蜀人奉養之粗者。

又《棠木印》 張寶凡衣服綵帛皆以所任官印之，白黄物以墨，紅黑物以粉，常曰：此印賢於掌庫奴遠矣。文字亦然。人收寶文以有棠木印者爲真。

又卷七《聚芳圖百花帶》 宗測春游山谷，見奇花異草，則係于帶上，歸而圖其形狀，名聚芳圖、百花帶。人多效之。

五代・王定保《唐摭言》卷三《慈恩寺題名遊賞賦咏雜記》 孔門頻建鑄顔功，紫綬青衿感激同。一簣勤勞成太華，三年恩德重維嵩。楊隨前輩穿皆中，桂許平人折欲空。慙和周郎應見顧，感知大造意無窮。

又卷一〇《海績不遇》 宋濟老於詞場，舉止可笑，嘗試賦誤落官韻，撫膺曰：宋五坦率矣。由此大著。後禮部上甲乙名，明皇先問曰：宋五坦率否。或曰：有客譏宋濟曰，白袍何紛紛。答曰：爲朱袍紫袍紛紛耳。

宋・樂史《廣卓異記》卷一二《雜録・衣錦還鄉朱買臣》 右按《前漢書》：朱買臣，吴人，家貧好書，負薪歌道中，妻羞求去。嚴助薦買臣爲中大夫，東越反，覆拜爲會稽太守，帝曰：富貴不還故鄉，如錦衣夜行。

宋・沈括《夢溪筆談》卷二三《譏謔》 石曼卿初登科，有人訟科場，覆考落數人，曼卿是其數。時方期集于興國寺，符至追所賜敕牒靴服，數人皆啜泣而起，曼卿獨解靴袍還使人，露體戴幞頭，復坐語笑，終席而去。次日，黜者皆授三班借職。曼卿爲一絶句曰：無才且作三班借，請俸爭如録事參。從此罷稱鄉貢進，且須走馬東西南。

宋・孔平仲《談苑》卷四 李封爲延陵令，吏人有罪，不加杖罰，但令裹碧巾以辱之。

宋・趙令畤《侯鯖録》卷八 方頭，今人謂拙直者名方頭。陸魯望作有懷詩云：頭方不會王門事，塵土空緇白苧衣。亦有此出處矣。

宋・張舜民《畫墁録》 予之尊外祖母温，楊涉之外孫也。予兄初游學，温夫人無恙，年八十餘，耳目聰明，日視針指，每道唐室故事，歷歷可聽。或見予兄服皂衫紗帽，謂曰：汝爲舉子，安得爲此下人之服，當爲白紵襴繫裹織帶也。

宋・朱翌《猗覺寮雜記》卷二 曹操召禰衡爲鼓史云云，吏曰鼓史何不改裝而敢輕進乎。衡曰諾。於是先解衵衣，裸身而立。徐衣岑牟單絞而著之。操笑曰：本欲辱衡，衡反辱孤。《世説》：齊王冏爲大司馬，嵇紹爲侍中，因會，葛旟等曰：侍中善絲竹，公可令操之。遂送樂器，紹不受，曰：不以先王之服，爲伶人之業。今逼高命，不敢辭，當釋冠冕，襲私服。旟等不自得而退。二事相類，然禰衡之狂，不若紹之從容也。

又 嶺外人家嬰兒衣，暮則急收，不可露夜。士人云：有蟲名暗夜，見小兒衣，必飛毛著其上，兒必病寒熱，久則瘦不可療，其形如大蝴蝶。《水經》：豫章徑陽縣多女鳥。《玄中記》曰：新陽男子，於水際得之，與共居，生二女，悉衣羽而去。豫章間養兒不露其衣，言是鳥落塵于兒衣中，令兒病，亦謂之夜飛游女。由此觀之，乃暗夜也。

宋・王讜《唐語林》卷四《容止》 路侍中巖，風貌之美，爲世所聞。【略】善巾裹，蜀人見必效之，後乃翦紗巾之角，以異于衆也。閭巷有衒服修容者，人必譏之曰：爾非路侍中耶。

宋・朱彧《萍洲可談》卷一 都下市井，謂不循理者爲乖角，又謂作事無據者爲没雕當。入聲。喪儀間摺發，以一竿揭之，名垂角，衛士順天幞頭有一脚下垂者，其儕呼爲雕當，不知名義所起。

宋・程大昌《演繁露》卷二《牛衣》 王章卧牛衣中。注：龍具也。龍具之制不知何，若案《食貨志》董仲舒曰：貧民常衣牛馬之衣，而食犬彘之食。然則牛衣者，編草使暖，以被牛體，蓋蓑衣之類也。

又卷九《衣錦夜行》 《東觀漢記》：建武二年，封景丹爲櫟陽侯，上謂曰：富貴不歸故鄉，如衣錦夜行。故以封卿。《御覽》二百。按前漢皆言衣綉，惟此言衣錦。

又《象刑》 司圜掌收教罷民，凡害民者，弗使冠飾，而加明刑焉。注：弗使冠飾者，著黑幪，若古之象刑歟。

又卷一〇《白日衣綉》 《風俗通義》：江夏張遼爲兖州太守，以二千石尊過鄉里，白日衣綉，榮美如此。《御覽》九百五十二

又卷一一《綉衣使所始》 《史記》六十二，武帝時盜群起，遣中丞、丞

相、長史督之，弗能禁。乃使范昆、張德等衣綉衣，持節虎符，發兵以擊之。

又卷一二《社日停針綫取進士衣裳爲吉利》 張籍《吴楚歌詞》云：庭前春鳥啄林聲，紅夾羅襦縫未成。今朝社日停針綫，起向朱櫻樹下行。則知社日婦人不用針綫，自唐已然矣。又《送李餘及第》云：歸去惟將新誥牒，後來争取舊衣裳。又知新進士衣物，人取之以爲吉兆，唐俗亦既有之。

宋・洪邁《容齋隨筆》卷八《緇塵素衣》 陳簡齋《墨梅絶句一篇》云：粲粲江南萬玉妃，别來幾度見春歸。相逢京洛渾依舊，只恨緇塵染素衣。語意皆妙絶。晉陸機《爲顧榮贈婦》詩云：京洛多風塵，素衣化爲緇。齊謝元暉《酬王晉安》詩云：誰能久京洛，緇塵染素衣。正用此也。

宋・洪邁《容齋四筆》卷九《更衣》 雅志堂後小室，名之曰更衣，以爲姻賓憩息地。稚子數請所出，因録班史語示之。《灌夫傳》：坐乃起更衣。顔注：更，改也。凡久坐者，皆起更衣，以其寒暖或變也。田延年起至更衣。顔注：古者延賓，必有更衣之處。《衛皇后傳》：帝起更衣，子夫侍尚衣。

宋・洪邁《夷堅甲志》卷一八《席帽覆首》 王龍光，字天寵，資州人。入京赴上舍試，過劍州梓潼縣七曲山，謁英顯武烈王廟。俗呼爲張相公廟。夢一人持榜，正面無姓名，紙背乃有之。又有持席帽蒙其首者，覺而喜，謂士人登第則戴席帽。是歲免省不逮，但補升内舍，次舉當政和八年方登科。已悟紙背之説，時方禁以龍、天、君、玉、王、主等爲名字，唱第之日，面賜名寵光，頭上加帽，蓋謂是云。

宋・蔡絛《鐵圍山叢談》卷五 玻瓈母，諸璫以意用火鍛而模寫之，但能作珂子狀，青紅黄白隨其色，而不克自必也。香則多分賜大臣近侍，其模製甚大而質古，外視不大佳。每以一豆火爇之，輒作異花氣，芬郁滿座，終日略不歇。於是太上大奇之，命籍被賜者，隨數多寡，復收取以歸中禁，因號曰古龍涎。爲貴也，諸大璫争取一餅，可直百緡。吴本作千緡。金玉穴，而以青絲貫之，佩於頸，時於衣領間摩挲以相示，坐此遂作佩香焉。今佩香因古龍涎始也。

宋・陸游《老學庵筆記》卷三 宣和末，婦人鞋底尖以二色合成，名錯到底。竹骨扇以木爲柄，舊矣，忽變爲短柄，止插至扇半，名不徹頭。皆服妖也。

宋・孟元老《東京夢華録》卷三《相國寺内萬姓交易》 相國寺每月五次開放萬姓交易。【略】占定兩廊，皆諸寺師姑賣繡作、領抹、花朵、珠翠頭面、生色銷金花樣幞頭帽子、特髻冠子、絛線之類。

宋・吴自牧《夢粱録》卷一《八日祠山聖誕》 其日都城内外，詣廟獻送繁盛，最是府第及内官迎獻馬社，儀仗整肅，妝束華麗。【略】後苑諸作，呈獻盤龍走鳳，精細靴鞋，諸王巾帽，獻貢不俗。【略】其餘皆簪大花、捲脚帽子，紅緑戲衫，執棹行舟，戲遊波中。帥守出城，往一清堂彈壓。其龍舟俱呈參州府，令立標竿於湖中，掛其錦綵、銀碗、官楮，犒龍舟，快捷者賞之。有一小節級，披黄衫，頂青巾，帶大花，插孔雀尾，乘小舟抵湖堂。

又卷二《諸庫迎煮》 其官私妓女，擇爲三等，上馬先以頂冠花衫子襠袴，次擇秀麗有名者，帶珠翠朵玉冠兒，銷金衫兒、裙兒，各執花斗鼓兒，或捧龍阮琴瑟，後十餘輩，着紅大衣，帶皂時髻，名之行首。【略】雖貧賤潑妓，亦須借備衣裝首飾，或託人雇賃，以供一時之用，否則責罰而再辦。妓女之後，專知大公，皆新巾紫衫，乘馬隨之。

又卷一三《夜市》 杭城大街，買賣晝夜不絶，夜交三四鼓，遊人始稀；五鼓鐘鳴，賣早市者又開店矣。大街關撲，如糖蜜糕、灌藕、時新果子、像生花果、魚鮮猪羊蹄肉，及細畫絹扇、細色紙扇、漏塵扇柄、異色影花扇、銷金裙、緞背心、緞小兒銷金帽兒、逍遥巾、四時玩具、沙戲兒。

又《諸色雜貨》 若欲唤錮路釘鉸、修補鍋銚、箍桶、上鞋、修幞頭帽子、補修魫冠、接梳兒、染紅緑牙梳、穿結珠子、修洗鹿胎冠子、修磨刀剪、磨鏡，時時有盤街者，便可唤之。【略】熨斗、【略】柎笄、裙廚、衣架、【略】木梳、篦子、刷子、刷牙子、減裝、黑洗、漱盂子、冠梳、領抹、針線，與各色麻線、鞋面、領子、脚帶、粉心、合粉、胭脂。

宋・吴曾《能改齋漫録》卷七《事實・淄塵染素衣》 謝元暉《酬王晉安》詩：誰能久京洛，淄塵染素衣。予按，陸士衡《爲顧彦先贈婦》詩云：京洛多風塵，素衣化爲淄。謝本此。

又《綺襦紈袴》 漢班伯出，與王許子弟爲羣，在綺襦紈袴之間，非其好也。任昉彈劉整云：直以前代外戚，仕因紈袴。注云：綺襦紈袴，謂外戚驕奢之服也。故杜詩云：紈袴不餓死。

又卷一三《記事・儒冠多誤身》 吕居仁云：元祐中，諸院族人居榆林，甚盛。嘗一日同遊西池，有士子方行觀，歎曰：紈袴不餓死，儒冠多誤身。從叔叔巽應聲答曰：秀才，汝讀書破萬卷，下筆如有神也。未士子甚驚歎。

宋・周去非《嶺外代答》卷六《皮履》 交阯人足躡皮履，正是今畫羅漢所躡者。以皮爲底，而中施一小柱，長寸許，上有骨朵頭，以足將指夾之而行。或以紅皮如十字，倒置其三頭於皮底之上，以足穿之而行。皆燕居之所履也。地近西方，則其服飾已似之矣。

宋・趙與時《賓退録》卷八 俗謂不冠者曰科頭。科頭二字出《史記・張儀傳》注，謂不著兜鍪入敵。

宋・西湖老人《西湖老人繁勝録》 茉莉盛開城内外，撲戴朵花者，不下數百人。每妓須戴三兩朵，只戴得一日，朝夕如是。天寒，即上宅院亦買戴。盆種者，官員饋送諸府弟。嬌馬遇重午，都戴合色頭鬚。

又 過少年當殿唱名，麗正門喝出狀元來三人：第一名狀元，第二名榜眼，第三名探花郎。每有個各有黄旗百而相從，戴羞帽，執絲鞭，騎馬游街。武狀元亦如此。

又 街市撲蒲合、生絹背心、黄草布衫、苧布背心。撲黑傘、花手巾、涼傘、涼簟、涼枕、紫紗裙、涼鞋。暑月多於寬闊處避暑納涼。

又 御街撲賣摩侯羅，多著乾紅背心，繫青紗裙兒，亦有著背兒，戴帽兒者。牛郎織女，撲賣盈市。賣荷葉傘兒，家家少女巧飲酒。

又 大禮斗，合用五輅，差四十面，象背各有一人，裹帽執钁，著五使捉舉一行事務。大禮使、儀仗使、禮儀使、鹵薄使、橋道頓遞使。差帶御器械并環衛官，權門外都巡檢，便全裝衣甲，内外巡警，待駕宿太廟内，六班戴帽子，帽子上戴五指闊乾紅羅頭，騎馬帶甲，著錦纈衫，上著打甲包，或緋，或緑，馬亦帶甲，次班亦戴帽，帽上有闊五指紫羅頭，著錦衫，或有帽子，有真珠姜芽帶者，御龍直裹真珠頭，巾瓜角兒，尋常從駕裹乾天角幞頭，捧渾全沙羅、全洗嗽、全提量、玉柱斧、黄扇之類。

宋・羅大經《鶴林玉露》甲編卷四《席地》 古人席地而坐，登席而去履襪。《左氏傳》：褚師聲子襪而登席，衛侯怒其無禮。如簠簋籩豆，高不逾尺，便於取食。今世夫子廟塑像，巍然高坐，祭器乃陳於地，殊覺未安。

又卷六《紫敗素》 《戰國策》：蘇代曰：齊，紫敗素也，而賈十倍。言外美而中腐，如以敗素染紫也，與蠟鞭之説正相似。

宋・陳元靚《歲時廣記》卷一《挂裙幄》 唐《輦下歲時記》：長安士女游春野步，遇名花則設席藉草，以紅裙插掛，以爲宴幄，其奢侈如此。

又卷一三《湔裙裳》 《荆楚歲時記》：元日至月晦，人並爲酺食渡水。士女悉湔裳，酹酒于水湄，以爲度厄。今人唯晦日臨河解除，婦人或湔裙。

宋・周密《武林舊事》卷二《唱名》 上御集英殿拆號唱進士名，各賜緑襴袍、白簡、黄襯衫。武舉人賜紫羅袍、鍍金帶、牙笏。賜狀元等三人酒食五盞，餘人各賜泡飯。前三名各進謝恩詩一首，皆重戴緑袍絲鞭，駿馬快行，各持黄勅於前。

元・楊瑀《山居新語》 丁卯進士薩都剌天錫《宫詞》：深夜宫車出建章，紫衣小隊兩三行。石闌干畔銀鐙過，照見芙蓉葉上霜。人莫不膾炙之。予以爲擬宋宫詞則可，蓋北地無芙蓉，宫中無石闌干，擎執宫人紫衣，大朝賀則於侍儀司法物庫關用，平日則無有也。宫車夜出，恐無此理。又《京城春日》詩：燕姬白馬青絲韁，短鞭窄袖銀鐙光。御溝飲馬不迴首，貪看柳花飛過牆。

明・陸容《菽園雜記》卷五 今衣段織雲者，庶民皆服之。

明・郎瑛《七修類稿》卷一五《義理類・織屨》 《韓非子》云：魯人身善織屨，妻善織縞，而欲徙於越。或謂之曰：子必窮矣。魯人曰：何也。曰：屨爲履之也，而越人跣行。縞爲冠之也，而越人被髮。以子之所長，游于不用之國，欲使無窮，其可得乎。

明・楊慎《丹鉛餘録》卷一四 北齊曹仲達畫人物衣服緊窄，唐吴道子畫衣服飄舉，時人語曰：吴帶當風，曹衣出水。

明・楊慎《丹鉛續録》卷一《經説・論語》 去喪無所不佩。王逸曰：行清潔者佩芳，德光明者佩玉，能解結者佩觿，能决疑者佩玦，故孔子無所不佩也。

明・田藝蘅《留青日札》卷一〇《文身》 文身見《汲冢周書》。蓋《周官》有墨刑，罰五百，故曰：刀墨皂巾之民，後世謂之曰黥。古稱勾吴乃文身之地，亦同雕題、綉面之俗。《吴太伯世家》：文身斷髮。注：以象龍子。吴王夫差曰：我文身不足以責禮。《後漢書・南蠻傳》雕題注：題，額也。雕之，謂刻其肌以丹青涅也。又云哀牢夷皆刻畫其身，象龍文，衣著尾。見《風俗通》。《唐書》：疏勒人文身碧瞳，即碧眼胡雛也。今雲南之羅鬼夷亦文面。又可見文身之俗，不止于勾吴也。余始祖聞氏于元末居方山東夾塘灣，養少年亡賴三千人爲兵，保障鄉土。內家丁健兒五百餘口，悉刺爲花拳綉腿，以龍鳳蛇虫別其貴賤之分。太祖夷滅之，皆充花拳綉腿軍。已載之田氏本支譜中。余幼時，猶及見會城住房客名孫禄者，父子兄弟各于兩臂、背、足刺爲花卉、葫蘆、鳥獸之形。因國法甚禁，皆在隱處，不令人見。余命解衣，歷歷按之，亦有五彩填者，分明可玩。及詢其故，乃云：業下海爲鮮者，必須黥體，然後能辟蛟龍、黥鯢之害也。方知揃髮文身，古亦有自。

又卷二二《盛服先生》 《禮記》：齋明盛服。《左傳》：盛服將朝。《漢路温舒傳》：故盛服先生不用于世云云，此乃秦之所以亡天下也。注：盛服先生謂儒紳也。故前言秦之時羞文學、好武勇云云。

明・王世貞《觚不觚録》卷一 輸粟富家兒，不識一丁，口尚乳臭，輒戴紫陽巾，衣忠靜衣，挾行卷詩題尺牘，俱稱于鱗、伯玉，而究之尚未識面。

明・于慎行《穀山筆麈》卷一四《雜考》 唐咸通中，浙東寇亂，有進士數人陷賊中，衣緑，及賊兵敗，悉取斬之，曰：亂我謀者，此青蟲也。以進士爲青蟲，大奇。

明・張鼎思《琅邪代醉編》卷二五《銀兔符》 唐初爲銀兔符，以兔爲瑞也。及爲銅魚符，以鯉爲瑞也。武后以玄武爲姓，瑞乃以銅爲龜符。《朝野僉載》

明・沈德符《萬曆野獲編》卷二九《衣内出火》 余觀張芳洲《寧都諫文集》云：婢整新綾衣，而火星飛出以爲異。此不足怪。予兒童時，獨卧醒來，火熒熒千點在帳中，久之方散。凡經數度，親友輩以爲文明之象，而予竟連遭大故，不克赴試。庚子冬，送李本寧維楨憲長於平望舟中，謂予曰：我昨日易一紵袍，而火星四出，子知爲何祥。余謾應曰：此爲離明上燭台耀，公内召必矣。次年大計，李不免鐫階。又里中項墨林元汴長子貞元德純，以書法自負，衣中亦有火光之異。先是蓄油紙千番於樓上，年久火出，潭潭連雲，華構頃刻煨燼。總之，非吉祥也。

明・周祈《名義考》卷五《人部・黔首蒼頭》 《秦本記》更名民曰黔首。《祭義》疏謂以黑布覆首，謂之黔首。《戰國策》魏蒼頭，鮑彪注謂以青帕首項也。又漢名奴亦曰蒼頭。黔首，則自唐虞以來所謂黎民也，亦曰黔黎。

又卷一〇《物部・蛤蠃》 今人或以紙、或以繒重糊之，以爲書衣、冠武、履襯，曰蛤蠃，不悟其義。嘗閲《韻書》：蛤，蜃屬，大曰蛤，小曰蜆。蠃，蚌狹而長者。皆甲蟲也。書之衣，冠之武，履之襯，皆殼也。殼，甲也。借蛤蠃以名殼也。北音呼歌排，南人呼格薄，皆蛤蠃之訛也。凡俗呼未嘗無字，但人不察耳。

明・董斯張《廣博物志》卷三八 霜風慘烈，周棄不藝禾，炎氣赫曦，胡曹不製裘，知時不可也。貨章甫者，不造閩越，衒赤舄者，不入跣猿，知俗不宜也。

明・徐樹丕《識小録》卷一《國朝器制》 國朝創制器物，前代所無者，儒巾、襴衫、摺扇、圍屏、風領、酒盤、四方頭巾、網巾、水火爐。

明・張岱《夜航船》卷一《天文部・春》 造華勝。晉人日造華勝相遺，剪綵縷金插鬢。

又卷五《倫類部・兄弟》 屐齒之折。謝太傅與客圍棋，俄而謝玄淮上信至，展書畢，攝放床下，了無喜色，下棋如故。客問之，徐答云：小兒輩遂已破賊。既罷，還内，過户限，不覺屐齒之折。

又《朋友》 僑札之好。季札見鄭子産，如舊相識，與之縞帶，子産獻紵衣，後稱交契者謂之僑札之好。

又 彈冠結綬。王吉與貢禹爲友，蕭育與朱博爲友，交相薦達。長安人語曰：王貢彈冠，蕭朱結綬。

又 布衣交。李孔修自號抱真子，混迹闤闠，人莫之識。陳獻章見之，曰：此非俛首當世人也。平居冠管寧帽，衣朱深衣，惟攻《周易》。一日，輸糧至縣，令異其容止，問姓名，不答，第拱手。令叱曰：何物小民，乃拱手耶。再拱手，令怒，笞之五，竟無言而出。令疑焉，徐得其情，乃大敬禮之。吴廷舉藩臬於粵，引爲布衣交。

又卷六《選舉部・殿試》 席帽離身。宋初士子猶襲唐俗，皆曳袍垂帶，出則席帽自隨。李巽累舉不第，鄉人曰：李秀才不知恁時席帽離身。及第後，乃遺鄉人詩曰：爲報鄉閭親戚道，如今席帽已離身。

又卷七《政事部·致仕遺愛》 東門挂冠。漢逢萌見王莽殺其子，告友人曰：三綱絶矣。不去，禍將及。遂挂冠東門而去。

又 脱靴。唐崔戎自刺史遷官，民擁留抱持，取其靴。今之脱靴始此。

又卷一一《日用部·衣裳》 身衣弋綈。張安世尊爲公侯，而身衣弋綈，夫人自績。

又 衣不重帛。晉國苦奢，文公以儉矯之，乃衣不重帛，食不兼肉。未幾時，國人皆大布之衣，脱粟之飯。

明·周嬰《巵林》卷五《注王·傅粉》 《宛委餘編》曰：梁冀使馬融爲飛章奏李固云：胡粉飾面，搔首弄姿。此雖誣語，要亦當時風俗亦有之耳。何晏，粉白不去手。又《五行志》稱其好著婦人衣服爲服妖。《顔氏家訓》：梁朝全盛之時，貴遊子弟無不熏衣剃面，傅粉施朱。蓋自唐以後，始不復傅朱粉耳。注曰：《漢書·佞倖傳》：孝惠時，郎、侍中皆冠鵔鸃貝帶，傅脂粉，化閎籍之俗也。觀此，則知漢初之制，凡飛蟬耀鬢、豊貂珥首者，服飾皆然。《魏畧》曰：邯鄲淳詣曹植，植呼常從取水，自澡訖，傅粉，遂科頭拍袒胡舞。則不但諂臣媚子爲之，名士亦未免俗矣。《唐書》曰：張易之兄弟出入禁中，傅朱粉，衣紈錦，盛飾自喜。則自唐以後何獨不然也。

清·余懷《板橋雜記》卷中《麗品》 顧媚，字眉生，又名眉，莊妍靚雅，風度超群。【略】當是時，江南侈靡，文酒之宴，紅妝與烏巾紫裘相間，座無眉娘不樂。

清·屈大均《廣東新語》卷一六《器語》 五仙觀有大禁鐘，洪武初，永嘉侯朱亮祖所鑄，然不敢擊。歲乙酉，有司命擊之城中，嬰兒女死者千餘，於是嬰兒女皆著絳衣，繫小銀鐘以厭之。

清·褚人穫《堅瓠集》卷三《米蟲》 淳祐間，車駕幸景靈宮，太學、宗學、武學諸生俱在禮部前迎駕。有作十七字詩云：駕幸景靈宮，諸生盡鞠躬，頭烏身上白，米蟲。譏其歲糜廪禄也。張士誠有養士之譽，凡不得志於時者争趨附之，美官豐禄，富貴赫然。有爲《北樂府》譏之云：皂羅辮兒緊扎捎，頭戴方檐帽。穿領闊袖衫，坐個四人轎。又是張吴王米蟲兒到了。

又九集卷二《楊妃襪》 顧俠君秀野草堂詩社有《分和元人咏物》題，内楊鐵崖《咏楊妃襪》云：天寶年來窄袎留，幾隨錦被暖香篝。月生簾影初弦夜，水浸蓮花一瓣秋。塵點翠盤思亂滚，香拈金鐙憶微兜。懸知賜浴華清日，花底綳兒碧眼偷。余叔蒼書曰：楊妃襪以馬嵬遺事傳，不得作宫中淫褻語。因爲詩云：馬嵬遺襪窄勾傳，蓮瓣輕紅尚宛然。天子蒙塵曾共走，諸姨墮翠不同憐。空悲隻錦難尋對，剩有多情爲奉錢。一自亂離收拾得，再回宫寢是何年。俠君大爲嘆服。《堯山堂》載：越中詩社鐵崖《題楊妃襪》有安危豈料關天步，生死猶能繫俗情之句，詩集不載。

又餘集卷四《鏤身》 古人多有鏤身爲飾者，蓋文身雕題之舊習也。越人以此避蛟龍之患，南中有綉面老子裸人刺胸前作花，蜀將韋少卿胸刺張燕公挽鏡寒鴉集詩，荆州街子葛清自頸以下遍刺白樂天詩，蜀市趙高背鏤毗沙門天王，段成式門下騶路神通亦背刺天王。又有一道士，爲郭威湡暉雕刺。刺郭於項，右作雀，左作穀粟。刺湡以臍作瓮，中作雁數隻。戒曰：爾曹各於項臍自愛。他日雀銜穀、雁出瓮，則爾曹亨泰日也。後郭祖秉髦，雀穀稍近。比登極，雀遂銜穀。而暉之雁亦自瓮中累累出矣，是時暉亦秉髦。一時之雕刺，却寄先徵，奇哉。

清·黄生《義府》卷上《男角女羈》 《禮·内則》：男角女羈，男則横分兩髻如角，故曰角。女則兩髻一前一後，如馬首，故曰羈。鄭注：午達曰羈。横曰旁，縱曰午。此釋其意，不釋其字耳。孔説非。

清·虞兆漋《天香樓偶得》 斂衽。今世女人拜稱斂衽。夫衣之有衽，非女人所專也。蘇子瞻《舟中聽大人彈琴》詩云：斂衽竊聽獨激昂。則古人男子亦稱斂衽矣。

清·金埴《不下帶編》卷二 嚴滄浪評太白詩謂：衣帽華不得，文章淡不得，相易乃兩成其美。埴見名輩鉅人，未有不淡其衣帽，華其文章者。况文章光焰，現於四體，則衣帽雖淡而實未嘗淡也。

清·吴震方《嶺南雜記》卷一 高州府，【略】城南一帶，春日多鞦韆之戲。凡婦女出入，俱携竹傘障面。其産則有翠羽、金鈿、文狸、赤豹。郡有梅禄虚，南北商賈，聚此交易。高州婦女多椎髻跣足，每入城市，負小兒以行，兒即于背上睡。

清·潘榮陛《帝京歲時紀勝·十二月》 皇都品彙：貂裘狐腋，江米街頭。珊瑚珍珠，廊房巷口。靛青梭布，陣慶長細密寬機。羽緞毽氈，伍少西大洋青水。冬冠夏緯，北于橋李齊名。滿襪朝靴，三進天奇并盛。織染局前鞓帶，紅從内府分來。隆福寺裏荷包，樣自大宫描出。馬公道，廣錫鑄重皮鈕扣。王麻子，西鐵銼三代鋼針。

清・桂馥《札樸》卷九《鄉里舊聞・偏髦》 小兒頭上左右留髮曰偏髦。燕趙之間曰羈角。案《既夕》記云：主人説髦。注云：兒生三月，鬋髮爲鬌，男角女羈。否則男左女右，長大猶爲飾存之，謂之髦。所以順父母幼小之心，《玉藻》親没不髦。去爲子之飾。

清・彭遵泗《蜀碧》卷二 是時賊設鑄局，取藩府所蓄古鼎玩器及城内外寺院銅像鎔液爲錢，其文曰大順通寶。令民間家縣順民號帖，以大順新錢釘之帽頂。

清・六十七《番社采風圖考》 文身。古傳文身以避蛟龍之害，勾吴已然，臺番以針刺膚，漬以墨汁，使膚完皮合，徧體青紋，有如花草錦繡及臺閣之狀，第刺時殊痛楚，亦有傷生者。番俗裸以爲飾，社中以此推爲雄長，番女以此願求婚媾，故相尚焉。黄侍御有詩云：絶島中華古未通，生來惟鬬此身雄。獨餘一面狰獰外，人鳥樓臺刺自工。仁和郁永河亦有二絶句云：文身舊俗是雕青，背上盤旋鳥翼形。一變又爲文豹鞹，蛇神牛鬼共狰獰。胸背斕斑直到腰，争誇錯錦勝綾綃。冰肌玉腕都文遍，只有雙蛾不解描。

清・錢泳《履園叢話》卷一二《藝能・成衣》 成衣匠各省俱有，而寧波尤多，今京城内外成衣者，皆寧波人也。昔有人持匹帛命成衣者裁剪，遂詢主人之性情、年紀、狀貌，并何年得科第，而獨不言尺寸。其人怪之，成衣者曰：少年科第者，其性傲，胸必挺，需前長而後短。老年科第者，其心慵，背必傴，需前短而後長。肥者其腰寬，瘦者其身仄。性之急者，宜衣短，性之緩者，宜衣長。至于尺寸，成法也，何必問耶。余謂斯匠可與言成衣矣。今之成衣者輒以舊衣定尺寸，以新樣爲時尚，不知短長之理，先蓄覬覦之心，不論男女衣裳，要如杜少陵詩所謂穩稱身者，實難其人焉。

清・洪頤煊《讀書叢録》卷一八《文身斷髮》 《吴太伯世家》：乃奔荆蠻，文身斷髮，示不可用。《集解》應劭曰：常在水中，故斷其髮，文其身以象龍子，故不見傷害。頤煊案：斷髮謂翦其髮，文身謂文飾其身。《論語》：吾其被髮左衽矣。被髮即斷髮，左衽即文身，以其不合於章服，故不可復用。《漢書・嚴助傳》：越方外之地，劗髮文身之民也，不可以冠帶之國法度理也。即其證，應説失之。

清・姚元之《竹葉亭雜記》卷一 舊庫内陳物堆積，有明代物。年久無用，發崇文門變價。内有朝靴，以綵繒錦緞攢集而成，似緯絲。前作虎形，以皮，金作睛。屈曲者爲雲氣，五色迷離，如廟中神象所著者。亦有緯絲者，乃明帝之御物也。或朝，或祀，或晏居，正不知何時著此耳。豈明制當如此耶。俟再考。

清・梁章鉅《歸田瑣記》卷七《縫人》 縫人通稱裁縫，以能裁，又能縫也。而吾鄉之學操官音者，因縫與房音近，訛而爲裁房，衆口同音。【略】縫人之拙者，莫過於浦城，其倨傲無禮，亦莫過於浦城。浦人風尚節儉，士大夫率不屑豐食美衣，即素封家亦然，惟長年製衣不倦。余常往來一二知好家，廳事無不有裁衣棚架者。縫人見客過，皆堅坐不起。余偶以語門徒詹捧之，捧之曰：某嘗呼此間縫匠爲大王。蓋亦嫉其倨傲，且言家中婦女輩，每奉之如上賓，惟所指揮，此風殆不可化也。余歸爲兒女輩述之，無不匿笑，因合家亦呼縫人爲大王，而裁房之稱，終不肯改。其偷竊衣料及皮絮之屬，又極巧而實拙，迥不在意計之中。余宅中偶製新衣，使僕輩督之，輒至喧呶不止。適余換製一皮馬褂，用月色綢爲裏，甫製成，即擲出，令換鈕扣，且斥之曰：一鈕扣尚且釘錯，似此本領，何喧呶爲。渠狠目熟視再四，大作京腔曰：并無釘錯，何以冤我。余指身上一翻穿馬褂斥之曰：若爾所扣不錯，則我之舊衣俱錯矣。此係以月色綢爲裏，非以爲面也，自應照常左扣右絆，何得右扣左絆。因使僕輩盡出翻穿之長褂及馬褂示之，并厲聲色痛斥一番，渠乃嗒然不敢辯。自是之後，凡縫人之氣少衰，至余家者，始稍謹默。夫一技雖細，而既專司其事，即未可掉以粗心。憶蔣伊《臣鑒録》中有一條云：嘉靖中，京師縫人某姓者，擅名一時，所製長短寬窄，無不合度。常有御史令裁公服，跪請入臺年資。御史曰：你裁衣何用知此。曰：公輩初任雄職，意高氣盛，其體微仰，衣當後短前長。任事將半，意氣微平，衣當前後如一。及任久欲遷，内存沖挹，其容微俯，衣當前短後長。不知年資，不能相稱也。此雖讕言，却有至理。又豈此間大王所與知乎。

清・昭槤《嘯亭雜録》卷八《盛京先朝舊物》 盛京清寧宫貯文皇帝時糠燈，屢見純皇帝之詩。又崇謨閣藏高皇帝舊履，以牛皮爲之舄，護以緑皮雲頭。又有先朝登山負物木架，所持拐杖，皆白木爲之，制甚樸素。想見祖宗開創之艱，公劉走馬之什，古今若何符節也。

清・周壽昌《思益堂日札》卷六　紇梯紇榻。唐崔涯嘲妓詩云：布袍披襖火燒氈，紙補箜篌麻接弦。更著一雙皮屐子，紇梯紇榻出門前。紇梯紇榻，今吾鄉尚有此語，作紇裹紇搭。

清・平步青《霞外攟屑》卷七《裁衣者説》　《歸田瑣記》卷七引蔣伊《臣鑒録》云：嘉靖中，京師縫人某姓者，擅名一時。所制長短寬窄，無不合度。嘗有御史令裁公服，跪請入臺年資。御史曰：你裁衣何用知此。曰：公輩初任雄職，意高氣盛，其體微仰，衣當後短前長。任事將半，意氣微平，衣當前後如一。及任久欲遷，内存沖挹，其容微俯，衣當前短後長。不知年資，不能相稱也。按《明文授讀》卷十三周容《裁衣者説》云：崇禎初，京師尚恬熙也。共矜體貌，有厲成者，以裁衣名著，非赫然右職，不能得其一日暇。又云，成乃曰：予固未嘗爲冗員外僚治衣也，治必右職，右職各有體，不止修短肥瘠間也，須諳其資。衆曰：何資。曰：官資。衆愕然。成曰：凡人初登右職，其氣盛，盛則體仰，衣須前嬴於後，久之漸平矣。又久之心營遷擢，思下人，衣乃前殺於後，故衣之適體，當諳官資之淺深。資之淺深，即觀其人之俯仰，予能一見而知之也。此本一事，而所言各殊。《臣鑒録》采《座右編》，乃明人撰，見《寄園寄所寄》卷十二引《敝帚齋餘談》，載《裁縫問答》略同，而遺其名。茂山以爲崇禎中，殆傳聞偶誤，諷言譏刺，却中情事。文筆之殊，則《春涵堂集》較爲簡古耳。

清・毛祥麟《墨餘録》卷七《風月談資》　近歲，多遷城外之夷場，更有廣東流倡，與之雜處，妝飾異土著，不梳高髻，不繫裙，不裹足，履無跟，飾無珠玉。恰能歌，雖不能解其詞意，然靡靡之音，亦足動聽，人咸呼爲鹹酸梅。此外，又有花鼓婆者，日唱淫詞，因以招客。而自鴉片盛行，煙館櫛比，黠者往往以花爲媒，招聚裙屐。

清・震鈞《天咫偶聞》卷六《外城東》　東小市，故衣市，均在藥王廟西。凡日用衣服、几筵篋笥、盤盂銅錫，瑣屑之物，皆於此取辦。蓋外城士夫多居城西，商賈皆居城東。東城隙地正多，故爲百貨所萃。

清・張燾《津門雜記》卷下《中外國異俗》　津地華洋雜處，互相交接，兹將中外國習俗不同之處，略記之。中國人梳辮，以剃髮爲修容，西國人以頭上髮短爲美，只剃面而已。中國人以指甲長爲修飾，西人以指甲短爲修飾。中國人見親友，以戴帽爲有禮，西人見客，以脱帽爲有禮。中國人尚左，西國人尚右。中國人於肆筵設席，每先茶點而後飯，西人則先飯而後茶點。中國人鞋頭高而跟淺，西國人鞋跟豎而頭低。中國人以紅爲吉色，以白色作喪服，西人以黑色作喪服，以白色爲吉服。中國人生女裹足，終身艱於行步，西國人生女無此習，一生隨意遨遊。

清・陸心源《儀顧堂集》卷二《辮髮薙髮考》　辮髮薙髮人皆謂始於本朝，而不知金代已然。請列四證以明之。李心傳《建炎以來繫年要録》卷二十八：建炎三年，金元帥府禁民漢服，又下令髠髮，不如式者弑之。青州觀察使李邈，故爲真定帥，城陷入金，留金三年，金欲以邈知滄州，笑不答。及髠髮令下，邈憤詆之，金人以撾擊其口，流血，後吮血噀之。翌日自祝髮爲浮屠。金人大怒，命擊殺之。此一證也。保義郎李丹者被拘髠其首，憤懣一夕死。此二證也。劉陶執一軍人於市，驗之頂髮稍長，大小且不如式，即斬之。曰大小不如式，必非盡去其髮可知。此三證也。【略】紹興十年，劉錡爲沿淮制置使，敵衆圍順昌，錡遣驍將閻充以鋭卒五百夜劫其營，是夕天欲雨，電光所燭，見辮髮者殲之甚衆，此四證也。《唐書・天竺傳》：上爲螺髻於頂，餘髮剪之使拳。《韎鞨傳》：俗皆辮髮，金源本韎鞨故地，與北天竺近，其先世已好佛。見《金史・世祖紀》。故从天竺韎鞨舊制而小變之。然則辮髮薙髮又不始於金矣。

節慶時令

綜　述

《舊唐書》卷三七《五行志》　上元中爲服令，九品已上佩刀礪等袋，紛帨爲魚形，結帛作之，爲魚像鯉，强之意也。則天時此制遂絶，景雲後又佩之。

宋·趙與時《賓退録》卷九　曹子建《冬至獻襪頌表》云：伏見舊儀國家冬至獻履貢襪，所以迎福踐長。崔浩《女儀》云：近古婦人常以冬至上履襪於舅姑，踐長至之義也。隋杜臺卿《玉燭寶典》云：冬至日極南，景極長，陰陽日月，萬物之始，律當黄鍾，其管最長。故有履長之賀。蓋《周禮》冬至日在牽牛，景長一丈三尺，日短而景長也。黄鍾之律九寸，於十二律爲最長。《月令》所謂短至，謂日之短。曹、崔、杜謂踐長履長者，景之長，琯之長也。雖所指不同，然當以《月令》爲正。

宋·周應合《都城紀勝·酒肆》　天府諸酒庫，每遇寒食節前開沽煮酒，中秋節前後開沽新酒。各用妓弟，乘騎作三等裝束：一等特髻大衣者；二等冠子帬背者；三等冠子衫子襠袴者。前有小女童等，及諸社會，動大樂迎酒樣赴府治，呈作樂，呈伎藝雜劇，三盞退出，於大街諸處迎引歸庫。

宋·莊綽《雞肋編》卷上　《後漢·禮儀志》：立春之日，夜漏未盡五刻，京師百官皆衣青衣。郡國縣道下至計食令史，皆服青幘青旛，施土牛耕人於門外，以示兆民。而今世遂有造春牛毛色之法，以歲干色爲頭，支色爲身，納音色爲腹。立春日干色爲角耳尾，支色爲脛，納音色爲蹄。至於籠頭韁索與策人衣服之類，亦皆以歲日爲别。州縣官吏繫之，以示勸農之意。而庶民遂碎其牛。

宋·吴自牧《夢粱録》卷一《正月》　正月朔日，謂之元旦，俗呼爲新年。一歲節序，此爲之首。官放公私僦屋錢三日，士夫皆交相賀，細民男女亦皆鮮衣，往來拜節。街坊以食物、動使、冠梳、領抹、段疋、花朵、玩具等物沿門歌叫關撲。不論貧富，遊玩琳宫梵宇，竟日不絶。家家飲宴，笑語諠譁。此杭城風俗，疇昔侈靡之習，至今不改也。

又《立春》　宰臣以下，皆賜金銀幡勝，懸於幞頭上，入朝稱賀。

又《元宵》　官巷口、蘇家巷二十四家傀儡，衣裝鮮麗，細且戴花朵肩、珠翠冠兒，腰肢纖裊，宛若婦人。

又卷二《清明節》　清明交三月，節前兩日謂之寒食，京師人從冬至後數起至一百五日，便是此日，家家以柳條插於門上，名曰明眼，凡官民不論小大家，子女未冠笄者，以此日上頭。【略】向者從人官給紫衫、白絹、三角兒青行纏，今亦遵例支給。

又卷三《五月重午附》　仲夏一日，禁中賜宰執以下公服羅衫。初五日重午節，又曰浴蘭令節，内司意思局以紅紗彩金盝子，以菖蒲或通草雕刻天師馭虎像於中，四圍以五色染菖蒲懸圍於左右。又雕刻生百蟲鋪於上，却以葵、榴、艾葉、花朵簇擁。内更以百索綵線、細巧鏤金花朵，及銀樣鼓兒、糖蜜韻果、巧粽、五色珠兒結成經筒符袋、御書葵榴畫扇、艾虎、紗疋緞，分賜諸閣分、宰執、親王。兼之諸宫觀亦以經筒、符袋、靈符、卷軸、巧粽、夏橘等送饋貴宦之家。如市井看經道流，亦以分遺施主家。所謂經筒、符袋者，蓋因《抱朴子》問辟五兵之道，以五月午日佩赤靈符掛心前，今以釵符珮帶，即此意也。

又卷四《七月立秋附》　七月秋孟，例於上旬内車駕詣景靈宫行孟享之禮，以秋陽正炎，上命宰執分詣。立秋日，太史局委官吏於禁廷内，以梧桐樹植於殿下，俟交立秋時，太史官穿秉奏曰：秋來。其時梧葉應聲飛落一二片，以寓報秋意。都城内外，侵晨滿街叫賣楸葉，婦人女子及兒童輩争買之，剪如花樣，插於鬢邊，以應時序。

又《七夕》　七月七日，謂之七夕節。其日晚晡時，傾城兒童女子，不問貧富，皆著新衣。

又卷六《十月》　十月孟冬，正小春之時，蓋因天氣融和，百花間有開一二朵者，似乎初春之意思，故曰小春。月中雨，謂之液雨，百蟲飲此水而藏蟄，至來春驚蟄，雷始發聲之時，百蟲方出蟄。朔日，朝廷賜宰執以下錦，名曰授衣。且賜錦花色，依品從給賜。百官入朝起居，衣錦襖三日。

宋·陳元靚《歲時廣記》卷一《鬥奇花》　《天寶遺事》：長安王士安春時鬥花戴插，以奇花多者爲勝，皆用千金市名花，植于庭中，以備春時之鬥。

又卷八《立春幡》　《續漢書·禮儀志》：立春之日，夜漏未盡五刻，京都百官皆衣青，郡國縣官下至令史皆服青幘，立青幡於門外。陳徐陵新曲云：立春歷日自當新，正月春幡底須故。

又《賜春幡》　《東京夢華録》：立春日，自郎官御史寺監長貳以上，皆賜春幡勝，以羅爲之，宰執親王近臣皆賜金銀幡勝。入賀訖，戴歸私第。周美成内制春帖子云：鸞輅青旂殿閣寬，祠官奠璧下春壇。曉開魚鑰朝衣集，綵勝飄揚百辟冠。

又《簪春幡》《提要録》：春日刻青繒爲小幡樣，重累十餘，相連綴而簪之，亦漢之遺事也。古詞云：綵縷幡兒花枝小，鳳釵上輕輕斜裊。《稼軒詞》云：春已歸來，看美人頭上，裊裊春幡。陳簡齋《春日》詩云：争新游女幡垂鬢。《山谷詩》云：隣娃似與春争道，酥酒花枝剪綵幡。

又《賜春勝》《文昌雜録》：唐制，立春日，賜三省官綵勝各有差，謝于紫宸門，又《續翰林志》云：立春，賜鏤銀飾彩勝之類。

又《剪春勝》《後漢書》：立春之日，皆立青幡，今世或剪綵錯繒爲幡勝，以戴于首。杜臺卿云：公卿之家，尤重此日，莫不鏤刻金繒，加飾珠翠，或以金銀，窮極工巧，交相遺問。東坡詩云：分爲纖手裁春勝，況有新詩點蜀酥。

又《戴春燕》《荆楚歲時記》：立春日，悉剪綵爲燕以戴之，傅咸《燕賦》云：四氣代王，敬逆其始，彼應運而方臻，乃設燕以迎止，翬輕翼之岐岐，若將飛而未起，何夫人之工巧，式儀形之有似，銜青書以贊時，著宜春之嘉祉。王沂公《春帖子》云：綵燕迎春入鬢飛，輕寒未放縷金衣。又歐陽永叔云：不驚樹裏禽初變，共喜釵頭燕已來。鄭毅夫云：漢殿鬥簪雙綵燕，并知春色上釵頭。皆春日帖子句也。曹松春詩云：綵燕表年時。又古詞云：釵頭燕，妝臺弄粉，梅額故相誇。

又《爲春鷄》《文昌雜録》：唐歲時節物，立春則有綵勝鷄燕。《皇朝歲時雜記》云：立春日，京師人皆以羽毛雜繒綵爲春鷄春燕，又賣春花春柳。万俟公《立春》詞云：寒甚正前三五日，風將臘雪侵寅，綵鷄縷燕已驚春，玉梅飛上苑，金柳動天津。又春詞云：曉月樓頭未雪盡，乍破臘風傳春信，綵鷄縷燕，珠幡玉勝，并歸釵鬢。

又卷一〇《作燈輪》《朝野僉載》：唐睿宗先天二年正月十五十六夜，於京安福門外，作燈輪，高二十丈，衣以錦綉，飾以金銀，燃五萬盞燈竪之如花樹。宮女千數，衣羅綺，曳錦綉，耀珠翠，施香粉。一花冠，一巾帔，不下萬錢，裝束一妓女，皆至三百貫，妙簡長安萬年少女婦千餘人，衣服花釵媚子稱是，於燈輪下踏歌三日夜，歡樂之極，未始有之。

又《作朝假》《皇朝歲時雜記》：自唐中和節令，唯作朝假，亦不休務，然朝士自是日著單公服，唯政事臣猶衣夾袍入宮，見上御單袍，即亟易之。

又《奉春衣》《歲事記》及《輦下歲時記》曰，寒食，内人諸陵薦春色衣。

又卷一八《獻鞋履》唐盧範饋餉儀，凡三月三日上踏青鞋履子。

又卷二一《五綵絲》《風俗通》：五月五日，以五綵絲繫臂者，辟鬼及兵，令人不病瘟。又曰：亦因屈原，一名長命縷，一名續命縷，一名辟兵繒，一名五色縷，一名五色絲，一名朱索，又有條脱等，織組雜物，以相遺贈。東坡詞云：綵綫輕纏紅玉臂。綫與線同。又王晉卿《端五》詞云：合綵絲對纏玉腕。又云：鬥巧盡輸年少，玉腕綵絲雙結。

又《續命縷》《風俗通》：五月五日，作續命縷，俗説以益人命。歐陽公詩云：綉繭誇新巧，縈絲喜續年。又云：更以親蠶繭，紉爲續命絲。章簡公端五皇帝閤帖子云：清曉會披香，朱絲續命長。一絲增一歲，萬縷獻君王。

又《延年縷》《提要録》：端五日，集雜色茸絲作延年縷，云辟惡延齡。王沂公端五皇帝閤帖子云：夕燃辟惡仙香度，朝結延年帝縷成。歐陽公詩云：深宮亦行樂，綵索續長年。

又《長命縷》《酉陽雜俎》：北朝婦人端五日進長命縷，宛轉皆爲人象，帶之。王禹玉端午皇帝閤帖子云：更傳長命縷，寶曆萬年餘。又帖子云：六宮競進長生縷，天子垂衣一萬年。章簡公帖子云：楚俗綵絲長命縷，仙家神篆辟兵符。潁濱作太后端五帖子云：萬壽仍縈長命縷，虚心不著赤靈符。

又《辟兵繒》《新語》：五月五日，集五綵繒，謂之辟兵繒。章簡公作皇帝閤端五帖子云：金縷臂繒長，冰絲酒面香。又帖子云：繭綵初成長命縷，珠囊仍帶辟兵繒。子由作皇帝閤端五帖云：飲食祈君千萬壽，良辰更上辟兵繒

又《集色繒》《風俗通》：五月五日，集五色繒辟兵，余問服君，服君曰：青黄赤白，以爲四方，黄爲中央，襞方綴于胸前，以示婦人蠶功也，織麥䴷懸于門，以示農工也，轉聲以襞爲辟兵耳。

又《雙條達》《風俗通》：五月五日，以雜色綫織條脱，一名條達，纏于臂上。沂公作夫人閤端午帖云：繞臂雙條達，紅紗畫夢驚。易安居士詞云：條脱閑揎繫五絲。

又《結百索》《歲時雜記》：端五百索，乃長命縷等物，遺風尚矣。時平既久，而俗習益華，其製不一。《紀原》云：百索即朱索之遺事，本以飾門户，而今人以約臂。又云：綵絲結紉而成者爲百索，紉以作服者名五絲。古詞云：自結成同心百索，祝願子更親自繫著。

又《合歡索》《提要録》：北人端五以雜絲結合歡索，纏于臂膊。張子野《端五》詞云：又還是蘭堂新浴，手撚合歡綵索，笑偎人富壽低低祝，金鳳顫，艾花矗。又張文潛詞云：菖蒲酒滿勸人人，願年年歡醉偎倚，把合歡綵索，殷勤寄與。又云：手把合歡綵索，殷懃微笑殢檀郎，低低告，不圖繫腕，圖繫人腸。

又《道理袋》《歲時雜記》：端五以赤白綵造如囊，以綵線貫之，搐使如花，俗以稻李置綵囊中帶之，謂之道理袋。

又《赤白囊》《歲時雜記》：端五以赤白綵造如囊，以綵線貫之，搐使如花形，或帶，或釘門上，以禳赤口白舌，又謂之搐錢。古《端午》詞云：及粧時，結薄衫兒，蒙金艾虎兒，畫羅領抹襴裙兒，盆蓮小景兒，香袋子搐錢兒，胸前一對兒，綉簾粧罷出來時，問人宜不宜。

又《蚌粉鈴》《歲時雜記》：端五日，以蚌粉納帛中，綴之以棉，若數珠，令小兒帶之，以裛汗也。古《端五》詞云：門兒高挂艾人兒，鵝兒粉撲兒，結兒綴着小符兒，蛇兒百索兒，紗帕子，玉環兒，孩兒畫扇兒，奴兒自是豆娘兒，今朝正及時。

又《釵頭符》《歲時雜記》：端五剪繒綵作小符兒，争逞精巧，摻于鬟髻之上，都城亦多撲賣，名釵頭符。東坡詞云：小符斜掛緑雲鬟。吴敏德詞云：御符争帶，更有天師神咒。又古詞云：雙鳳釵頭争帶御書符。

又《衣艾虎》《陳氏手記》：京師風俗繁華，但喜迎新，不恤送舊，纔入夏，便詢端五故事。仕女所戴所衣，所用艾虎，皆未原其始，未曉其義。歐陽公《端五》詞云：衫裁艾虎，釵裹朱符，臂纏紅縷。又古詞云：纔向蘭湯浴罷，嬌羞因殢人未恢梳掠，艾虎衫兒，輕襯素肌香薄。

又《插艾花》《歲時雜記》：端五，京都士女簪戴，皆剪繒楮之類爲艾，或以真艾，其上裝以蜈蚣、蚰蜒、蛇蝎、草蟲之類及天師形像，并造石榴、萱草、躑躅假花，或以香藥爲花。古詞云：御符争帶，斜插交枝艾。

又卷二二《賜公服》《皇朝歲時雜記》：端五賜從官已上酒、團粽、畫扇，陞朝官已上賜公服襯衫，大夫已上加袴，從官又加黄繡裹肚，執政又加紅繡裹肚三襜，經筵史官賜雜紗帽及頭𦆈帕子塗金銀裝扇子酒果，史官又加團茗上尊。仁宗時，自從官以上并講官，賜御帛書扇。稽考李唐亦有此賜，故杜甫《端五日賜衣》詩云：宫衣亦有名，端五被恩榮。細葛含風軟，香羅叠雪輕。自天題處濕，當暑着來清。意内稱長短，終身荷聖情。

又《賜時服》《楊文公談苑》：國朝之制，文武官諸軍校在京者，端五賜衣服。《澠水燕談》云：陞朝官每歲端五賜時服。又王沂公《筆録》云：聖節、端五、冬初，賜百官時服，舊制。

又《賜金魚》《李元紘傳》：五月五日，宴武臣于殿，群臣賜襲衣，時以紫服金魚賜元紘及蕭嵩。

又《賜壽索》李肇《翰林志》：端五賜百官壽索。

又《賜帛扇》《唐會要》：貞觀十八年五月五日，太宗謂長孫無忌、楊師道曰，五日舊俗必用服玩相賀，今朕各遺卿飛白扇二枚，庶動清風，增美德，以推舊俗之法。

又《賜團扇》《翰林志》：初選者，召令赴銀臺試制書批答三首，内庫給青綺被紫絲履之類，端五賜青團扇。

又《賜綵絲》《唐文類・劉禹錫謝端五表》曰：端五賜臣墨詔，并衣一副，金花器三事，綵絲一軸，又將衣四副，綵絲五軸，寵光洊至，慶賜曲霑。

又《衣紗服》《雜志》：一朝士五日起居，衣紗公服，爲臺司所糾。三司使包拯亦衣紗公服，閤門使請易之。語曰：有何條例。答曰：不見舊例，只見至尊御此耳。乃易之。

又《進御衣》《杜甫送向卿進奉端五御衣之上都惜别》云：裁縫雲霧成御衣，拜跪題封賀端午。

又《薦衣扇》《唐禮志》：天寶二年，諸陵常以五月五日薦衣扇。

又《借裙襦》《唐舊史》：萬年縣法曹孫伏伽上表曰，近太常于民間借婦女裙襦，以充妓女衣，擬五月五日玄武門遊戲，非所以爲子孫法也。

又卷二四《進粉囊》《酉陽雜俎》：北朝婦人夏至進扇及脂粉囊，皆有辭。

又《著五綵》《風俗通》：夏至日著五綵辟兵。題曰游光厲鬼，知其名者無瘟疾。五綵，辟五兵也。今人取新斷織繫户，亦此類也。

又卷二六《曝衣樓》 宋卜子揚苑圃疏：太液池西有漢武帝曝衣樓，常至七月七日，宫女出后衣登樓曝之，因賦《曝衣篇》。李賀《七夕》詩云：鵲辭穿月，花入曝衣樓。蔡持正《七夕》詞云：驪山宫中看乞巧，太液池邊收曝衣。方遠庵《和劉正之七夕》詩云：流連兒女意，香滿曝衣樓。

又《曝革裘》《韋氏月録》：七月七日，曬曝革裘，無蟲蛀。

又卷二八《曝布裩》《竹林七賢論》：阮咸，字仲容，與叔父籍居道南，諸阮居道北，北阮富，南阮貧。七月七日，法當曝衣，北阮庭中爛然，莫非綈錦，咸時方總角，乃以長竿標大布犢鼻裩，曝于庭中。或怪之，答曰：未能免俗，聊復爾爾。東坡《七夕》詩云：不用長竿矯繡衣，南園北第兩參差。

又卷三四《簪菊花》 唐《輦下歲時記》：九日，宫掖間争插菊花，民俗尤甚。杜牧詩云：塵世難逢開口笑，菊花須插滿頭歸。又云：九日黄花插滿頭。晏叔源詞云：蘭佩紫，菊簪黄。司馬文正公《九日贈梅聖俞瑟姬歌》云：不肯那錢買珠翠，任教堆插階前菊。東坡詩云：鬢重不嫌黄菊滿。

又《綵繒花》《歲時雜記》：都城人家婦女剪綵繒爲茱萸、菊、木芙蓉花，以相送遺。

又卷三七《賜錦段》《皇朝歲時雜記》：十月朔，京師將校禁衛以上，并賜錦袍，皆服之以謝。三日，近侍宗室侯伯預賜者，但賜錦段，以將公服領袖，若尚褧之製。或戲曰：看看將相近侍，總去鏡匣裏伸出頭來也。邊方大帥都漕正任侯皆賜錦袍。舊河北、陝西、河東轉運使副無此賜，祖宗朝，有人自陳，乃賜衣襖，諸軍將校皆賜錦袍。

又《賜錦袍》《續翰林志》：李昉《赴玉堂賜宴詩後序》云：今日之盛，其事有七，新賜衣帶鞍馬，十月朔錦袍，特定草麻例物，改賜内庫法酒，俸給見錢，給親事官隨從，就院敕設。

又《賜冬襖》《楊文公談苑》：國朝之制，文武官諸軍校在京者，十月旦皆賜衣服，其在外者，賜中冬衣襖。又錢惟演《金坡遺事》載舊規云：十月初，别賜長襖子，國初以來，賜翠毛錦，太宗改賜黄盤雕。

又《賜季衣》《皇朝歲時雜記》：十月朔，百官自陞朝以上，皆賜夾公服衣著，將士亦是日賜夾袍，將校禁旅亦皆及，唯宗室甚厚，謂之四季衣，春、冬、端五、十月一日也。

又《賜時服》《澠水燕談》：陞朝官每歲初冬賜時服，止于單袍，太祖訝方冬猶賜單衣，命錫以袷服，自是士大夫公服冬則用袷。

又《進履襪》《宋書》：冬至朝賀亨祀皆如元日之儀，又進履襪。魏國曹植《冬至獻襪頌表》云：伏見舊儀，國家冬至獻履襪，所以迎福踐長。又《酉陽雜俎》云：北朝婦人常以冬至進履襪又鞾。後魏北京司徒崔浩女儀，近古婦人常以冬至進履襪于舅姑。崔駰《襪銘》曰：建子之月，助養元氣。

又《戴陽巾》《雲仙散録》載金門歲節曰：洛陽人家冬至煎錫緑珠，戴一陽巾。

又卷四〇《埋祟儺》 皇朝《東京夢華録》：除日，禁中呈大儺儀，并用皇城親事官諸班直，戴假面，繡畫色衣，執金槍龍旗。教坊使孟景初身品魁偉，擐全副金鍍銅甲，裝將軍，用鎮殿將軍二人，并介胄，裝門神。教坊南河炭醜惡魁肥，作判官，又裝鍾馗小妹、土地竈神之類，共千餘人，自禁中驅祟出南薰門外轉龍灣，謂之埋祟而罷。

又《送疫儺》《後漢禮儀志》：先臘一日大儺，謂之逐疫，其儀選中黄門子弟，十歲以上，十二以下，百二十人，爲侲子，皆赤幘皂製，執大鼗，方相氏黄金四目，蒙熊皮，玄衣朱裳，執戈揚盾，作十二獸裳衣毛角，中黄門行人冗從僕射將之，以逐惡鬼于禁中，夜漏上水。

又《殿前儺》《樂府雜録》：驅儺用方相氏四人，戴冠及面具，黄金爲四目，衣熊裘，執戈揚盾，口作儺儺之聲，以逐除也。侲子、五百小兒爲之，朱褶青襦面具，晦日於紫宸殿前儺，張宫懸樂。

又《大内儺》《南部新書》：歲除日，太常卿領官屬樂吏，護童侲子千人，晚入内，至夜，於寢殿前儺，燃蠟具，燎沉檀，熒煌如晝，上與親王妃子以下觀之。其夕，賞賜最厚。王建《宫詞》云：金吾除夜進儺名，畫袴朱衣四隊行。院院燒燈如白日，沉香火底坐吹笙。

明·田藝蘅《留青日札》卷二二《百索》 小兒周歲，項帶五色彩絲繩，名曰百索，不知何義。按，《東宫舊事》中有六色罽緄，云象水中荇藻，以飾緄帶者。此必起于夷俗也。《魏書》：宋齊謂魏爲索虜，謂以索辮髮也。今小兒亦以色絲辮髮而後垂之，則此信爲胡元之舊習也。若取長命縷之義亦通。

明·郎瑛《七修類稿》卷四五《事物類·剛卯》 漢有剛卯，正月作而佩之。按《説文》曰：㲋音開。改，大剛卯以逐精鬼者。據此，則如宋人立春日戴春勝、春幡之事。又按《野客叢書》曰：剛者强也，卯者劉也。正月佩之，尊國姓也。兼而論之，乃欲尊王而辟邪爾。故《王莽傳》曰：正月剛卯，金刀之利，皆不得行。據此，是欲滅漢之意。其制，服虔曰：剛卯以正月卯日作，長三寸，廣一寸四分，或用玉、用金，或用桃，著革帶佩之。今有玉在者，其一面曰正月剛卯。晉灼曰：剛卯長一寸，廣五分，四方，當中央從穿作孔，以采絲葺其底，如冠纓頭蕤，刻其四面，作兩行書，文曰：正月剛卯既央，靈殳四方。赤青白黄，四色是當。帝令祝融，以教夔龍，庶役剛癉，莫我敢當。其一銘曰：疾日嚴卯，帝令夔化，順爾固伏，化兹靈殳。既正既直，既觚既方，庶役剛癉，莫我敢當。余嘗得一玉嚴卯，然按大小及文，却如晉説。但疾日作疫曰，夔化作夔龍，靈殳作靈昌，而字文皆有古法，非今俗書也。意者，服乃漢人，而所説與物不類，何也。思許叔重曰：大剛卯，則知有小者也。是服所言，特爲大者，乃前漢之物，其文之異，或當時有省文者爾。不然，何後漢《輿服志》所説，却與予所得者相吻合邪。是音之所注，乃後漢之物。予之所有小者也，嚴非亦剛之意耶。嗚呼。一物之微，在漢已有不同注者，故各有異。後人不見其物，不會諸説，安知義耶。

清・鈕琇《觚賸》卷一《吴觚上》 秋燈。元宵張燈，是處皆然。而我邑獨盛於中秋，且作龍艦數十，俱籠燈爲鱗甲，蜿蜒垂虹釣雪間，波光月色，上下輝映。香輿夾路，畫舫盈湖，簫鼓管弦之聲，達曙不輟。顧英白有《江城秋燈》篇云：吴中燈市元宵盛，萬户千門共輝映。土風又見賽秋燈，龍舟綵鷁相誇競。昔日天家正太平，秋宵燈火徹江城。争連冶袂探花飲，共踏長橋玩月行。家家賭勝經營遍，插竹懸毬光彩現。製成綵勝出文鴛，剪就銀花迴舞燕。還將百寶結流蘇，綉户珠簾擬畫圖。燦燦游人齊袪服，盈盈艶女特當罏。【略】秋燈更比春燈好，是處樓臺似瑶島。步月争看響屧來，踏燈又聽清歌繞。借問觀燈孰可誇，千行寶炬擁香車。競梳高髻稱浮渲，并曳新裾號月霞。先時甲第多更主，宴樂燈筵靡舊侣。游俠歡邀饌玉珍，屠沽意滿尊金縷。窄袖輕衫様最時，邊關曲調有情痴。【略】《秋燈》一篇，婉麗悲宕，而奢儉盛衰之感寓焉。

清・褚人穫《堅瓠集》十集卷三《迎春歌》 吴郡迎春，士女競看土牛。袁中郎《迎春歌》：東風吹暖婁江樹，三衢九陌凝烟霧。白馬如龍破雪飛，犢車輾冰穿香度。鐃吹拍拍走烟塵，炫服靚妝十萬人。羅額鮮明粉綵勝，社歌繚繞簇芒神。緋衣金帶印如斗，前列長官後太守。烏紗新縷漢官花，青奴跪進屠蘇酒。采蓮舟上玉作幢，歌童毛女白雙雙。梨園舊樂三千部，蘇州新譜十三腔。假面胡頭跳如虎，窄衫綉褲捶大鼓。金蟒纏身神鬼妝，白衣合掌觀音舞。觀者如山錦相屬，雜查誰分絲與肉。一絡香風吹笑聲，千里紅紗遮醉玉。青蓮衫子藕荷裳，透額垂髻淡淡妝。拾得春條誇姊妹，袖來瓜子擲兒郎。急管繁絃又一時，千門楊柳被青枝。獨有閉門袁大令，塵擁書床生網絲。

清・李調元《南越筆記》卷一 元日元夕。元日拜年燒爆竹，【略】人皆錦袍倭帽，揚旗弄鼓，對舞寶鐙於其上。

又 中秋女始笄。香山之俗，中秋女始笄，是夕，召親戚爲丸羹，食而笄之，初加擎髻，既嫁，變塌髻，形頗不雅。冬至家以丸羹祀神，或以笄女，他時率不以笄也。東莞娶婦，入門廟見後，終身不復戴笄。南海番禺婦人平居不笄，有事則笄。女子出閣前一日始笄，笄多用蓮花珠笄，乳媪笱殼尖笄，長樂興寧扁笄。大小如其首，以金爲梁，或四六，或八十，有偶無奇。雖田家婦子，笄靡不華，靡不朝夕在首。永安婦人𧮯棉大苧，衣多青黑，髮左右盤，無鬟鬟，皆戴塌笄，笄廣五六寸，與頭相等，以羊皮金紙剪劈爲條者七或九或十一，名曰金縷子，以傅其上。笄亦紙爲之，外冒黑紗，四旁插大釵簪，自朝至夕，無或有婦不笄者。其未笄者有髻子，笄則無之，故常不去其笄。雖至貧，笄亦華好，嫁日，其姑來迎，其母送至夫家乃還，貧者率務勤苦，其俗如此。

清・王養濂、李開泰《宛平歲時志稿》 正月。正月元旦五鼓時，百官入朝行慶賀禮，民間亦盛服，焚香禮天地祀祖。考拜尊長及媚友投刺互答，曰拜年。比户放爆竹，徹晝夜竿標燈樓，揭以松栢枝，夜燃之，曰點天燈。市井男女，以鬃穿烏紙畫綵爲鬧蛾兒，簪之。

三月。清明日男女簪柳出，掃墓。

五月。五月五日家懸五雷符，插門以艾，幼女佩紙符，簪榴花，曰女兒節。

六月。六月六日曬鑾駕，民間衣物悉曝之。

七月。七月七日之午浮巧針，婦女曝水，日中水膜生，投以繡針則浮，祝水底針影，巧則喜拙則嘆矣。

十月。十月一日裁五色紙作男女衣，曰寒衣。修具祀其先，持楮錠焚之曰送寒衣。

清・富察敦崇《燕京歲時記・元旦》 京師謂元旦爲大年初一。每屆初一，【略】朝賀已畢，走謁親友，謂之道新喜。親者登堂，疏者投刺而已。貂裘蟒服，道路紛馳，真有車如流水馬如游龍之盛，誠太平之景象也。

又《八寶荷包》 每至元旦，凡内廷行走之王公大臣，以及御前侍衛等，均賞八寶荷包，懸於胸前，部院大臣不預此例。

雜録

南朝梁・宗懔《荆楚歲時記》 立春之日，悉剪綵爲鷰以戴之，貼宜春二字。按，綵鷰即合歡羅勝。

又 晦日送窮。按，《金谷園記》云：高陽氏子瘦約，好衣敝食糜。人作新衣與之，即裂破以火燒穿着之，宫中號曰窮子。正月晦日巷死。今人作糜，棄破衣，是日祀於巷，曰送窮鬼。

又 五月五日，謂之浴蘭節。【略】以五綵絲繫臂，名曰辟兵，令人不病瘟。又有條達等織組雜物以相贈遺，取鴝鵒教之語。

南朝梁・吴均《續齊諧記》卷一 汝南桓景隨費長房遊學累年，長房謂曰：九月九日，汝家中當有災。宜急去，令家人各作絳囊，盛茱萸，以繫臂，登高飲菊花酒，此禍可除。景如言，齊家登山。夕還，見雞犬牛羊一時暴死。長房聞之曰：此可代也。今世人九日登高飲酒，婦人帶茱萸囊，蓋始於此。

又 弘農鄧紹，嘗八月旦入華山采藥。見一童子，執五彩囊承柏葉上露，皆如珠，滿囊。紹問曰：用此何爲。答曰：赤松先生取以明目。言終，便失所在。今世人八月旦作眼明袋，此遺象也。

北魏・賈思勰《齊民要術》卷三《雜説》 二月，順陽習射，以備不虞。春分中，雷乃發聲，先後各五日，寢别内外。有不戒者，生子不備。蠶事未起，命縫人浣冬衣，徹複爲袷，其有嬴帛，遂供秋服。凡浣故帛，用灰汁則色黄而且脆。擣小豆爲末，下絹簁，投湯中以洗之，潔白而柔肕，勝皂莢矣。

又 五月芒種節後，陽氣始虧，陰慝將萌，暖氣始盛，蟲蠹並興。乃弛角弓弩，解其徽絃，張竹木弓弩，弛其絃，以灰藏旃裘、毛毳之物及箭羽，以竿挂油衣，勿辟藏。暑濕相黏也。

唐・段成式《酉陽雜俎》前集卷一《禮異》 北朝婦人，常以冬至日進履襪及靴。

五代・丘光庭《兼明書》卷四《文選・霜降休百工》 《謝宣遠九日從宋公戲馬臺送孔令》詩云：風至授寒服，霜降休百工。臣延濟曰：季秋涼風至，始授衣也。

宋・程大昌《演繁露》卷七《端午綵索》 裴元本字諱。新言曰：五月五日集五綵繒謂之辟兵。不解以問伏君。伏君曰：青赤白黑爲之四面，黄居中央，名曰襞方，綴之於複。此字擬是襦字。以示婦人養蠶之工也。傳聲者誤以爲辟兵。予案，此即今人五月綵索也。

宋・孟元老《東京夢華録》卷六《元宵》 正月十五日元宵，大内前自歲前冬至後，開封府絞縛山棚，立木正對宣德樓，遊人已集御街兩廊下。【略】樓下用枋木壘成露臺一所，綵結欄檻，兩邊皆禁衛排立，錦袍、幞頭簪賜花，執骨朵子，面此樂棚。

又卷八《中元節》 七月十五日中元節。先數日，市井賣冥器靴鞋、幞頭帽子、金犀假帶、五綵衣服。

又《重陽》 下旬即賣冥衣靴鞋席帽衣段，以十月朔日燒獻故也。

又卷九《十月一日》 十月一日，宰臣已下受衣著錦襖。三日，今則五日。

又卷一〇《除夕》 至除日，禁中呈大儺儀，並用皇城親事官。諸班直戴假面，繡畫色衣，執金鎗龍旗。教坊使孟景初身品魁偉，貫金副金鍍銅甲裝將軍。用鎮殿將軍二人，亦介胄，裝門神。

宋・周密《武林舊事》卷二《元夕》 元夕節物，婦人皆帶珠翠、鬧蛾、玉梅、雪柳、菩提葉、燈毬、銷金合、蟬貂袖、項帕，而衣多尚白，蓋月下所宜也。

又《迎新》 雜劇百戲諸藝之外，又爲漁父習閑、竹馬出獵、八仙故事。及命妓家女使裹頭花巾為酒家保，及有花窠、五熟盤架、放生籠養等，各庫争爲新好。庫妓之琤琤者，皆珠翠盛飾，銷金紅背，乘繡韉寶勒駿騎，各有皂衣黃號私身數對，訶導於前，羅扇衣笈，浮浪閒客，隨逐於後。

又《**端午**》 先期學士院供帖子，如春日禁中排當，例用朔日，謂之端一。【略】又分賜后妃諸大璫近侍翠葉、五色葵榴、金絲翠扇、真珠百索、釵符、經筒、香囊、軟香龍涎佩帶，及紫練、白葛、紅蕉之類。大臣貴邸，均被細葛、香羅、蒲絲、艾朵、彩團、巧粽之賜。而外邸節物，大率效尤焉。

又《**乞巧**》 立秋日，都人戴楸葉，飲秋水、赤小豆。七夕節物，多尚果食、茜雞。及泥孩兒號摩睺羅，有極精巧，飾以金珠者，其直不貲。【略】小兒女多衣荷葉半臂，手持荷葉，效顰摩睺羅。大抵皆中原舊俗也。

七夕前，修内司例進摩睺羅十桌，每桌三十枚，大者至高三尺，或用象牙雕鏤，或用龍涎佛手香製造，悉用鏤金珠翠。衣帽、金錢、釵鋜、佩環、真珠，頭髮及手中所執戲具，皆七寶爲之，各護以五色鏤金紗厨。制閫貴臣及京府等處，至有鑄金爲貢者。宫姬市娃，冠花衣領皆以乞巧時物爲飾焉。

又《**開爐**》 是日御前供進夾羅御服，臣僚服錦襖子夾公服，授衣之意也。自此御爐日設火，至明年二月朔止。皇后殿開爐節排當。是月遣使朝陵，如寒食儀。都人亦出郊拜墓，用綿毬楮衣之類。

宋・西湖老人《**西湖老人繁勝録**》 開煮迎酒侯所，有十三庫、十馬、上馬。每庫有行首二人，戴特髻，著乾紅大袖。選像生有顔色者三四十人，戴冠子花朵，著艷色衫子。稍年高者，都著紅背子，特髻。

又 寧宗聖節，金國奉使賀生辰畢，觀江潮，玉津園射。臨射時，二人叉手立於垛面前，係招箭班急來祇應，專一挨箭，奉使以爲神人射。射畢出山，於錢塘門外西湖邊更衣亭換番裝，緣奉使以下到驛，都著本朝賜服，著錦絡縫錦盤領大袖，帽子上亦用錦貼。

明・史玄《**舊京遺事**》 京師歲時紀麗，自元旦至十二月除夕，燕吴不甚分殊。獨崇禎戊寅虜患薦臻，而歲時之禮稍廢。歲除之夜，街火無光，守警環衛不去。明年元旦之日，杲日在東，聖主不鳴鐘受賀，唯休沐，諸黃門給假無事。時一綉衣紅蟒相慶，往來長安街，門廡蕭蕭，空中聞鷹隼聲，乘風高唳。三日之後，始見董侍郎羽宸，朱衣乘轎，拜年而歸。其餘卿寺諸曹，素衣角帶，不改常日之容華也。

明・張岱《**夜航船**》**卷一**《**天文部・春**》 卯剛。正月卯日，佩卯剛辟邪。唐制：正月下旬送窮，晦日湔裳。

又 柳圈。唐制，上巳祓禊，賜侍臣細柳圈，云：帶之免蠆毒瘟疫。今小兒清明戴柳圈本此。

又《**夏**》 續命縷。午日以五綵絲繫臂上，謂之續命縷，辟兵及鬼，令人不病。

又 五毒。蛇、虎、蜈蚣、蠍、蟾蜍，謂之五毒。官家或繪之宫扇，或織之袍緞，午日服用之，以辟瘟氣。

又《**冬**》 儺神逐疫。顓頊氏有三子亡而爲疫鬼，一居江中爲瘧鬼，一居山谷爲魍魎，一匿人家室隅中驚小兒。於是除夕製爲儺神，赤幘玄衣朱裳，蒙以熊皮，執戈持盾以逐之，其祟乃絶。

清・李漁《**閑情偶寄**》**卷一五**《**頤養部上・行樂第一**》 夏季行樂之法。【略】夏不謁客，亦無客至，匪止頭巾不設，併衫履而廢之。

又 秋季行樂之法。【略】初退，秋爽媚人，四體得以自如，衣衫不爲桎梏，此時不樂，將待何時。【略】暑月汗流，求爲盛妝而不得十分嬌艷，惟四五之僅存。此則全副精神，皆可用於青鬟翠黛之上。久不睹而今忽睹，有不與遠歸新娶，同其燕好者哉。

清・張茂節、李開泰《**大興歲時志稿**》 五月。五月五日，懸蒲插艾，幼女佩靈符，簪榴花，曰女兒節。

又 十月。十月一日戴五色紙，作男女衣曰寒衣，修具祀其先，持楮錠焚之，曰送寒衣。或有祀於墓者，天始寒，里中父老多捐資勸募，就寺廟施粥，施湯水，施綿衣。

清・六十七《**番社采風圖考**》 遊車。番無年歲，不辨四時，以刺桐花開爲一度。每當花紅草緑之時，整潔牛車，番女梳洗，盛粧飾，登車往鄰社遊觀，麻達執鞭爲之驅，途中親戚相遇，擲果爲戲，若行人有目送之而稱其艷冶者，則男女均悦以爲快。

清・潘榮陛《**帝京歲時紀勝・正月**》 上元。十四至十六日，朝服三天，慶賀上元佳節。是以冠蓋局蹡，綉衣絡繹。【略】然五夜笙歌，六街驕馬，香車錦轡，争看士女游春，玉珮金貂，不禁王孫换酒。和風緩步，明月當頭，真可謂帝京景物也。

又 燕九。【略】真人生于宋紹興戊辰正月十九日，故都人至正月十九日，致酹祠下，爲燕九節。車馬喧闐，游人絡繹。或輕裘緩帶簇雕鞍，較射錦城濠畔。或鳳管鸞簫敲玉版，高歌紫陌村頭。

又《五月》 端陽。五月朔，家家懸硃符，插蒲龍艾虎，窗牖貼紅紙吉祥葫蘆。幼女剪綵疊福，用軟帛緝逢老健人、角黍、蒜頭、五毒老虎等式，抽作大紅硃雄葫蘆，小兒佩之，宜夏避惡。【略】飾小女盡態極妍，已嫁之女亦各歸寧，呼是日爲女兒節。

又《六月》 六月六日。內府鑾駕庫，皇史宬等處，曬晾鑾輿儀仗及歷朝御製詩文、書集經史。士庶之家，衣冠帶履亦出曝之。婦女多以是日沐髮，謂沐之不膩不垢。至於騾馬猫犬牲畜之屬，亦沐于河。

清·沈初《西清筆記》**卷一**《紀典故》 端午節進書扇，頒賞葛紗、羽扇、葵扇、香珠、香囊、曹扇、香藥等。至節日，加賞小香囊。內廷每歲例賞，三月芽茶，四月帽緯。冬則哈密瓜、葡萄乾、柿餅、石花魚、木瓜、石榴、廣柑、福橘、佛手、蜜羅。除夕，荷包、貂皮、手帕，加賞大小荷包、玻璃燈。新正，燕窩。元宵，粉團。其特賞者，不在此例。

清·桂馥《札樸》**卷九**《鄉里舊聞·柳圈》 清明插柳枝於門，又編柳圈戴小兒頭上。

清·張燾《津門雜記》**卷中**《歲時風俗》 正月元旦昧爽，長幼皆起，盛衣冠，設香燭，拜天地先祖父母以次，而同食角子，取更新交子之義。

清·讓廉《京都風俗志》 燕都正月初一日子時，【略】黎明，人易新服以待賓客。

又 惟清明日，婦女兒童有戴柳條者。斯時柳芽將舒，苞如桑椹，謂之柳苟。諺云：清明不戴柳，死後變黃狗。其義殊不可曉。或曰：清明不戴柳，死在黃巢手。蓋黃巢造反時，以清明日爲期，帶柳爲號，故有是諺也。

又 四月初一至十五日，【略】城內諸般歌舞之會，必於此月登山酬賽，謂之朝頂進香，如開路、秧歌、太少獅、五虎棍、杠箱等會。其開路，以數人扮蓬頭塗面，赤脊舞叉。秧歌，以數人扮陀頭、漁翁、樵夫、漁婆、公子等相，配以腰鼓、手鑼，足皆登豎木，謂之高脚秧歌。太少獅，以一人舉獅頭在前，一人在後爲獅尾，上遮闊布，彩色絨線如獅背皮毛狀。二人套彩褲作獅腿，前直立，後傴僂。舞動如生，有滚球、戲水等名目。五虎棍，以數人扮宋祖、鄭恩等相，舞棍如飛，分合中式。其杠箱，一人扮幞頭玉帶，橫踏杠上，以二人肩抬之，好事者攔路問難，則謔浪判語，以致眾人歡笑。凡此等會，以曾經朝頂者爲貴。

又 五月初一日爲端陽節，又曰端午，即古天中節也。【略】人家婦女，以花紅絞線結成虎形、葫蘆、櫻桃、桑椹及蒲艾、瓜豆、葱蒜之屬，以綵絨貫之成串，以細小者爲最，綴於小兒辮背間。或剪紙、或鏤紙、折紙，作葫蘆、蝙蝠、卍字各式，總謂之福兒。雜五色彩紙以襯之，總謂之曰葫蘆兒。婦女買通草小虎、彩絨福兒帶紋簪頭上。至初五日，惟神符福兒留之，其葫蘆等物，盡拋街巷，謂之扔災。

又 十月朔日，人家奠先人於壞墓，或剪彩紙如人衣狀，及楮錢等物焚之，謂之送寒衣。諺云：十月一，送寒衣。即斯時也。嚴寒將來，送衣於祖考，不忘本也。

冠禮

綜述

唐·釋玄應《一切經音義》**卷二** 弱冠。古玩反，《禮》云：男子二十冠而字，成人之道也。案，男子年二十加衣服，始著冠爲冠。《釋名》云：二十曰弱冠，言雖成人而冠，體尚弱也。

明·顧起元《客座贅語》**卷九**《禮制》 冠禮之不行久矣。耿恭簡公在南臺爲其猶子行冠禮，議三加之服，一加用幅巾、深衣、履鞋，二加用頭巾、藍衫、絛靴，三加用進士冠服、角帶、靴笏。然冠禮文繁，所用賓贊執事，人數甚衆，自非家有大廳事、與力能辦治者，未易舉行。故留都士大夫家，亦多沿俗行禮，草草而已。

明·丘濬《家禮儀節》**卷二**《冠禮》 《冠義》疏曰：黃帝造旃冕，是冕起於黃帝也。黃帝以前以羽皮爲冠，以後乃用布帛。冠名之義。《白虎通》曰：冠，卷也。所以卷持髮也。人之成禮，有修飾文章，故制冠以飾首，别成人也。

又　男子年十五至二十皆可冠。司馬温公曰：古者二十而冠，皆所以責成人之禮。蓋將責爲人子、爲人弟、爲人臣、爲人少者之行於其人，故其禮不可以不重也。近世以來，人性輕薄，過十歲而總角者少矣。彼責以四者之行，豈知之哉，往往自幼至長，愚騃若一，由不知成人之道故也。今雖未能遂革，且自十五以上，俟其能通《孝經》、《論語》粗知禮義，然後冠之，其亦可也。

又　陳設。古者重冠，行之於廟，今人祠堂狹隘，但冠於外廳，笄於中堂可也。如人家廳堂無房，宜將帷幕隔之，無階級，用石灰畫而分之。凡冠者，□與賓主位次，皆用灰依圖界畫。至日，按畫敷布，長子席在阼階上之東少北西向，衆子則少西南向。宗子自冠，則如長子之席少南。

又　厥明夙興，陳冠服。是日早起，用桌子陳當，用衣帶、靴履、梳篦、網巾，並用笥盛於房中。凡衣皆東領，以北爲上。又用桌子設酒注、盞盤并脯醢楪於衣服桌子北。

又　賓揖將冠者就席，爲加冠巾。冠者適房，服深衣納履出。將冠者出房，南面立於席右，向席。贊者奠櫛。贊者用笥盛梳子、網巾置於席左，與立於將冠者之左賓揖。將冠者即席，賓舉手揖之，將冠者即席，跪。西向賓贊者亦即席，如其向櫛髮贊者解其髮梳之，合紒包網巾訖，贊者降行，始加禮。賓詣盥洗所。賓降階，主人從之。賓洗畢，復位。【略】執事者進冠笄，以盤盛冠笄簪子進至階，賓降受。賓降階一等，受冠笄執之，正容徐行詣將冠者前，賓向將冠者祝辭。賓祝曰：吉月令日，始加元服。棄爾幼志，順爾成德。壽考維祺，以介景福。跪。賓跪加冠笄，以冠笄簪子加將冠者之首，贊者代簪之。加幅巾，贊者又以幅巾跪進，賓受加之，興，賓興復位，冠者興起，賓揖。冠者適房易服，賓舉手揖之。冠者入房解童子服，服深衣，加大帶納屐履。冠者出房，出房南面立，未即席。已上俱是禮生唱。

又　再加帽子，服皂衫革帶，繫鞋。今擬以時樣帽子直領衣絲條布鞋或皮鞋。按，所謂帽子、皂衫者，其制不可考。惟《文公語録》有云：前輩士大夫家居常服紗帽、皂衫、革帶。又云：温公《冠禮》先裹巾次裹帽。又云：今來帽子做得恁地高硬，既不便於從事，又且費錢，皂衫費更重，向疑其必廢，今果人罕用也。由是數言推之，則帽子必是以紗爲之，温公時猶以軟幅裹頭，至文公時始爲高硬之制，後與皂衫俱不用於世也。然此亦非古服，乃是一時之制，在當時已不用，今不用之亦可，故擬代以時制。但今世所戴帽子有二等。所謂大帽者，乃是笠子，用以蔽雨日之具，決不可用。惟所謂小帽者，以縐紗或羅或緞爲之，此雖似褻服，然今世之人通貴賤以爲燕居常服，環衛及邊方官舍以事朝見者，亦往往戴之。今世除此二帽之外，别無他帽，必不得已用以再加其紗製者，似亦可用。

又　三加幞頭，公服，革帶，納靴執笏。若襴衫，納靴。今擬爲生員者，儒巾、襴衫、皂絲條、皂靴，餘人平定巾、盤領袍、絲條、皂靴。按，此三加用幞頭公服，而温公《書儀》亦云幞頭靴笏，則是幞頭在宋時上下通服也。今惟有官者得用幞頭，而襴衫專爲生員之服，且世未有既官而後冠者，其幞頭、公服、革帶、靴笏不可用，故擬代以時制如此云。

明・張岱《夜航船》卷九《禮樂部・婚姻》　冠禮。古者冠禮，筮日筮賓，所以敬冠事也。冠乎祚，以著代也。醮於客位，三加彌尊，始加緇布冠，再加皮冠，三加爵弁，加有成也。已冠而字之，成人之道也。見於母，母拜之。見於兄弟，兄弟拜之，成人而與爲禮也。玄冠玄冕，奠摯於君，遂以摯見於卿大夫、鄉先生，以成人見也。

清・姚彦渠《春秋會要》卷二《禮五・嘉禮》　冠。襄九年，《左傳》：十二月，晉悼公以諸侯之師還，公送晉侯。晉侯問公年。季武子對曰：會于沙隨之歲，寡君以生。晉侯曰：十二年矣，是謂一終，一星終也。國君十五而生子，冠而生子，禮也。君可以冠矣。大夫盍爲冠具。武子對曰：君冠，必以祼享之禮行之，以金石之樂節之，以先君之祧處之。今寡君在行，未可具也。請及兄弟之國而假備焉。晉侯曰：諾。公還及衛，冠於成公之廟，假鐘磬焉，禮也。

《國語・晉語》：晉趙文子冠，見欒武子。武子曰：美哉。昔吾逮事莊主，華則榮矣，實之不知，請務實乎。見范文子。文子曰：而今可以戒矣。夫賢者寵至而益戒，不足者爲寵驕。故興王賞諫臣，逸王罰之，先王疾是驕也。見韓獻子。獻子曰：戒之。此謂成人。成人在始與善。始與善，善進善，不善蔑由至矣。始與不善。不善進不善，善亦蔑由至矣。如草不之産也，各以其物。人之有冠，猶宫室之有牆屋也，糞除而已，又何加焉。見知武子。武子曰：吾子勉之。成子之文，宣子之忠，其可忘乎，吾子勉之，有宣子之忠，而納之以成子之文，事君必濟。見張老而語之。張老曰：善矣。從欒伯之言可以滋，范叔之教可以大，韓子之戒可以成物，備矣，志在子。知子之道善矣。是先主覆露子也。

《家語》：邾隱公既即位，將冠，使大夫因孟懿子問禮於孔子。子曰：其禮如世子之冠。冠于阼者，以著代也。醮于客位，加其有成。三加彌尊，導喻其志。冠而字之，敬其名也。雖天子之元子，猶士也。其禮無變，天下無生而貴者故也。行冠事必于祖廟，以祼享之禮將之，以金石之樂節之，所以自卑而尊先祖，示不敢擅也。懿子曰：天子未冠即位，長亦冠乎。孔子曰：古者王世子雖幼，其即位，則尊爲人君。人君治成人之事，何冠之有。懿子曰：然則諸侯之冠異天子與。孔子曰：君薨而世子主喪，是亦冠也已，人君無所殊也。懿子曰：今邾君之冠，非禮與。孔子曰：諸侯之有冠禮，夏之末造也，有自來矣，今無譏焉。天子冠者，武王崩，成王年十有三而嗣立，周公居冢宰，攝政以治天下。明年，夏，六月，既葬，冠成王而朝於祖，以見諸侯，示有君也。周公命祝雍作頌曰：祝王辭達而勿多也。祝雍辭曰：使王近於民，遠於年，嗇於時，惠於財，親賢而任能。其頌曰：令月吉日，王始加玄服，去王幼志，服衮職。欽若昊天，六合是式，率爾祖考，永永無極。此周公之制也。懿子曰：諸侯之冠，其所以爲賓主何如。孔子曰：公冠則以卿爲賓，公自爲主。迎賓，揖升自阼，立於席北。其醴也，則如士，饗之以三獻之禮。既醴，降自阼階。諸侯非公而自爲主者，其所以異，皆降自西階。玄端與皮弁異朝服素韠。公冠四，加玄冕祭。其酬幣於賓，則束帛乘馬。王太子庶子之冠擬焉。天子自爲主，其禮與士無變。饗食賓也皆同。懿子曰：始冠必加緇布之冠，何也。孔子曰：示不忘古，太古冠布，齊則緇之。其緌也，吾未之聞。今則冠而敝之可也。

盛氏世佐曰：天子諸侯之冠禮，必有成書，以著其詳。中更去籍、滅學之變，故《儀禮》所存獨有士冠禮。要其大節目之所在，未嘗不以士禮爲準。而其中四加三獻之類，則亦尊卑隆殺之所由辨也。見爲同者不盡同，見爲異者不盡異，自天子以至諸侯之世子，其冠禮大略可覩矣。惟春秋以前，大夫無冠禮。大夫之冠，僅一見於《國語》。而其禮不得聞記，殆以其衰世之制而略之與。

清・黄以周《禮書通故》卷三《衣服通故》 王肅説：古者唯婦人有笄，男子則否，故喪服稱男子免而婦人髽，男子冠而婦人笄。劉芳説：男子有笄，以冠尊，故奪其笄稱。《内則》稱子事父母櫛縰笄總，以兹而言，男子有笄明矣。以周案，笄有二種：一是安髮之笄，一是固冠之笄。男子笄掩于冠而冠顯，婦人不冠，亦無冠笄，而安髮之笄顯。曰男子冠，婦人笄，據其顯者對言之爾，當從劉説。

清・林伯桐《士人家儀考》卷一《冠儀考證》 冠禮最易行亦最有益考。士人布衣韋帶而無求於外者，以其所見所行必有依據。所謂人有禮則安也，四禮皆所以教家，而最簡便易行者，無如冠禮。士族請賓非難，習儀有素不過頃刻之勞，其後子子孫孫即以爲常，合家皆知十五六歲要學爲成人矣。鄉俗因昏始冠仍要擇日，陳設諸事未嘗減省，但冠昏連行則冠禮是虚文，其子亦不知加冠爲何意，則曷不於十五六歲時，特爲其子設一日之禮，教以成人，又命之字以榮之。雖平常之子，未有不稍動心者，從此較易於開導，又況佳子弟乎。考宋司馬文正公光曰：近世自幼至長，愚騃如一，由不知成人之道故也。若好古君子，俟其年十五以上，能通《孝經》、《論語》，粗知禮義，然後冠之。《書儀》。又考宋程子曰：既冠矣，不責以成人事，則終其身不以成人望之也。徒行此節文何益。《二程遺書》。然則教子當重冠禮，縱無大益亦有小補，此甚不必廢者也。

又 冠禮時時有舉行者考。凡禮之不行，有變通以從宜者，此既廢則不必復行也。有苟且而減去者，此雖廢無不可復行也。古之士自十五六歲以前必有常冠，而古者始冠用緇布冠，此非士人常用之冠。既冠而敝之。禮之本意，必從其始以漸而進，三加彌尊，故曰：天下無生而貴者也，或者不求立教之意，疑爲贅設，遂欲去之。相沿成俗而已，非有他也。考章俊卿云：秦漢以來，人自爲禮，家自爲俗，雖縉紳豈知筮日筮賓爲何如，始加再加三加爲何如。《山堂考索》。是則冠禮久廢，皆由於不求其端，然廢者自廢，行者自行。考後漢何休有《冠儀約制》，晉王堪有《冠禮儀》，皆載於杜氏《通典》。又考宋司馬文正公謂：生子猶飲乳，已加巾帽云云，是北宋時未冠而已用巾帽，似冠禮爲虚設。然司馬公《書儀》必以冠禮列四禮之首，而政和五禮新儀仍有品官冠子儀，庶人子冠儀，則公私之作皆著，其儀無他於人事，無礙於風化，有裨也。又考明丁彦城積撰《四禮儀式》云：冠禮，士人家行之。衣服美惡，惟稱家之有無。《新會志》。禮書具存討論而行之，此士族之所有事者也。

又　各處有舉行冠禮者考。禮儀通行亦言其大概耳。各處鄉俗或小有不同，粵人大抵將昏始冠，間有特行冠禮者，至他處多行冠禮。如古今諸名人集中字説不少，此海内多重冠禮之證也。考近時梁茝林撫部章鉅。曰：今吾鄉福建福州府。男子至十六，其父母必衣以盛服，設酒醴，使徧拜祖宗尊長，謂之出幼。《退庵隨筆》。凡近地習俗所偶廢者，往往遠處習俗所常行，正不必少所見多所怪也。

又《笄儀考證》　笄而字所以教成人考。女之笄猶男之冠也。《禮記》曰女子許嫁，笄而字，《曲禮》。以其成人也。考明吕叔簡先生坤。曰：古婦人名，謂皆有名也。鳥獸草木未有不名者，士女不名不字，鄙也。又考沈氏佳。曰：女子幼名笄字，如孟光字德耀，班昭字惠姬是也。然則既有成人之飾，而女教存焉。

又　女十五歲雖未許嫁亦可笄考。許嫁或速或遲，非有定期，而及時則當加笄。蓋笄則成人，雖死亦不爲殤也。本《春秋公羊傳》。考《禮記》曰：女子十有五年許嫁笄，雖未許嫁，年二十而笄，婦人執其禮。孔疏引賀瑒云：許嫁而笄，女賓爲笄禮，未許嫁而笄，則婦人禮之。無女賓不備儀也。《雜記》。又考宋司馬文正公光。曰：女子年十五，雖未許嫁亦笄。《書儀》。按《雜記》以至遲言之，不過二十耳。劉氏璋曰：女子嫁止於二十。後世昏嫁早，當以司馬氏書儀爲定論。

又　笄禮各處多有行者考。婦女之儀多略，粵人間有十五而笄者，然將嫁始笄者居多，至各處行者亦不少。國朝秦文恭公蕙田。曰：今人家於女子年十三謂之上頭，擇日行之，拜見父母尊長，告於親黨。《五禮通考》。又考近時梁茝林撫部章鉅。曰：今吾鄉福建福州府。女子至十四，則擇日爲畜髮，謂之上頭。亦遍拜父母尊長。《退庵隨筆》。是則從俗者雖多，由禮者正不少，士族固可行也。

清・福格《聽雨叢談》卷二《冠禮》　海内冠禮久失，惟國家存之。公孫冑子十八歲方許拜官，宗室子二十歲始冠頂戴，童生入學後有冠頂之禮。

雜録

明・田藝蘅《留青日札》卷三《漢惠婚冠》　《禮》：男子二十加冠，曰冠。《白虎通》：男子幼，娶必冠。女子幼，嫁必笄。漢惠帝爲太子時，年七歲。即皇帝時，年十七歲。立皇后張氏時，年二十一歲，乃四年冬十月壬寅也。後三月甲子，始冠。何先婚而後冠，而冠又必待二十一歲邪。豈制于吕太后故邪，或史臣之失也。

清・周象明《事物考辯》卷六〇《冠裳》　弁髦。《群碎録》：弁髦，男子始冠則用之，既冠則棄之。

婚俗

綜述

唐・李林甫《唐六典》卷四《尚書禮部》　其次花釵禮衣，庶人女嫁則服之。釵以金銀塗琉璃等飾，連裳青質，以青衣帶，革履襪皆自制也。凡婚嫁之服，若資蔭高者皆從高，女初嫁，聽攝母服，廟見已後准常。親王孺人服依本品，五品已上媵降妻一等，妾降媵一等。凡婦人常服五等已上諸親女婦及五品已上母妻通服者，從多給服，已終則不給。

宋・孟元老《東京夢華録》卷五《娶婦》　凡娶媳婦，先起草帖子，兩家允許，然後起細帖子。【略】若相媳婦，即男家親人或婆往女家看中，即以釵子插冠中，謂之插釵子。或不入意，即留一兩端綵段，與之壓驚，則此親不諧矣。其媒人有數等，上等戴蓋頭，着紫背子，説官親官院恩澤。中等戴冠子，黄包髻背子，或只繫裙手，把青涼傘兒，皆兩人同行。下定了，即旦望媒人傳語。遇節序，即以節物頭面羊酒之類追女家，隨家豐儉。女家多回巧作之類。次下財禮，次報成結日子。次過大禮，先一日或是日早下催粧冠帔花粉，女家回公裳花幞頭之類。前一日女家先來掛帳，鋪設房卧，謂之鋪房。女家親人有茶酒利市之類。至迎娶日，兒家以車子或花檐子發迎客引至女家門，女家管待迎客，與之綵段，作樂催粧上車檐，從人未肯起，炒咬利市，謂之起檐子，與了然後行。迎客先回至兒家門，從人及兒家人乞覓利市錢物花紅等，謂之攔門。新婦下車子，有陰陽人執斗，內盛穀豆錢菓草節等呪祝，望門而撒，小兒輩争拾之，謂之撒穀豆，俗云厭青羊等殺神也。新人下車檐，踏青布條或氈席，不得踏地，一人捧鏡倒行，引新人跨鞍驀草及秤上過，入門，於一室內當中懸帳，謂之坐虚帳。或只徑入房中坐於床上，亦謂之坐富貴。其送女客，急三盞而退，謂之走送。衆客就筵三盃之後，婿具公裳花勝簇面，於中堂昇一榻，上置椅子，謂之高坐，先媒氏請，次姨氏或妗氏請，各斟一盃飲之。次丈母請，方下坐。新人門額，用綵一段，碎裂其下，横抹掛之，婿入房，即衆争撦小片而去，謂之利市繳門紅。婿於床前請新婦出，二家各出綵段，綰一同心，謂之牽巾，男掛於笏，女搭於手，男倒行出，面皆相向，至家廟前參拜畢，女復倒行，扶入房講拜，男女各争先後對拜畢，就床，女向左，男向右坐，婦女以金錢綵菓散擲，謂之撒帳。男左女右，留少頭髮，二家出疋段、釵子、木梳、頭鬚之類，謂之合髻。然後用兩盞以綵結連之，互飲一盞，謂之交盃酒。飲訖擲盞，并花冠子於床下，盞一仰一合，俗云大吉，則衆喜賀。然後掩帳訖。宮院中即親隨人抱女婿去，已下人家即行出房，參謝諸親，復就坐飲酒。散後，次日五更，用一卓，盛鏡臺鏡子於其上，望堂展拜，謂之新婦拜堂。次拜尊長親戚，各有綵段巧作鞋襪等爲獻，謂之賞賀。尊長則復換一疋回之，謂之答賀。婿復參婦家，謂之拜門。有力能趣辦，次日即往，謂之復面拜門，不然，三日七日皆可，賞賀亦如女家之禮。酒殺，女家具皷吹從物，迎婿還家，三日，女家送綵段油密蒸餅，謂之密和油蒸餅。其女家來作會，謂之煖女。七日則取女歸，或送綵段頭面與之，謂之洗頭。一月則大會相慶，謂之滿月。自此以後，禮數簡矣。

宋・趙令畤《侯鯖録》卷一　杜牧之《宫人》詩云：絳螭猶封繫臂紗。後學不解常見服飾，《變古録》云：始於晉武帝選士庶女子有姿色者，以緋綵繫其臂，大將軍胡奮女泣叫不伏繫臂，左右捺其口。今定親之家亦有繫臂者，續古事也。

宋・吳自牧《夢粱録》卷二〇《嫁娶》　婚娶之法，先憑媒氏，以草帖子通於男家。【略】女家回定帖，亦如前開寫，及議親第幾位娘子，年甲月日吉時生，具列房奩、首飾、金銀、珠翠、寶器、動用、帳幔等物，及隨嫁田土、屋業、山園等。【略】如新人中意，即以金釵插於冠髻中，名曰插釵。若不如意，則送綵段二疋，謂之壓驚，則姻事不諧矣。既已插釵，則伐柯人通好，議定禮，往女家報定。若豐富之家，以珠翠、首飾、金器、銷金裹褙，及段疋茶餅，加以雙羊牽送。【略】女家接定禮合，於宅堂中備香燭酒果，告盟三界，然後請女親家夫婦雙全者開合，其女氏即於當日備回定禮物，以紫羅及顔色段疋，珠翠鬚掠，皂羅巾段，金玉帕鐶，七寶巾環，篋帕鞋韈女工答之。【略】自送定之後，全憑媒氏往來，朔望傳語，遇節序亦以冠花綵段合物酒果遺送，謂之追節。女家以巧作女工金寶帕環答之。次下則送聘，預令媒氏以鵞酒，重則羊酒，道日方行送聘之禮。且論聘禮，富貴之家當備三金送之，則金釧、金鋜、金帔墜者是也。若以鋪席宅舍，或無金器，以銀鍍代之。否則貧富不同，亦從其便，此無定法耳。更言仕宦，亦送銷金大袖，黄羅銷金裙，段紅長裙，或紅素羅大袖段亦得。珠翠闞特髻，珠翠團冠，四時冠花，珠翠排環等首飾，及上細雜色綵段疋帛，加以花茶果物，團圓餅，羊酒等物。及送官會銀鋌，謂之下財禮，亦用雙緘聘啓禮狀。或下等人家，所送一二疋，官會一二封，加以鵞酒茶餅而已。名下財禮，則女氏得以助其虚費耳。又有一等貧窮父母兄姐所倚者，雖色可取，而奩具茫然，在議親者以首飾衣帛，加以褚物送往，謂之兜裹。今富家女氏既受聘送，亦以禮物答回，以緑紫羅疋、綵色段疋、金玉文房玩具、珠翠鬚掠女工等，如前禮物。更有媒氏媒箱，段疋、盤醆、官楮、花紅禮合惠之。自聘送之後，節序不送，擇禮成吉日，再行道日，禮報女氏，親迎日分。先三日，男家送催粧花髻，銷金蓋頭，五男二女花扇，花粉盝，洗項，畫綵錢果之類，女家答以金銀雙勝御，羅花幞頭，緑袍，靴笏等物。前一日，女家先往男家鋪房，掛帳幔，鋪設房奩器具，珠寶首飾動用等物，以至親壓鋪房，備禮前來煖房。【略】向者迎新郎禮，其壻服緑裳，花幞頭，於中堂升一高座，先以媒氏或親戚互斟酒，請下高座歸房，至外姑致請，方下坐回房坐富貴。今此禮久不用矣，止用妓樂花燭，迎引入房。【略】次男左女右結髮，名曰合髻。又男以手摘女之花，女以手解郎録抛紐，次擲花髻於床下，然後請掩帳。新人换粧畢，禮官迎請兩新人詣中堂，行參謝之禮。【略】若士庶百姓之家，貧富不等，亦宜隨家豐儉，却不拘此禮。若果無所措，則已之。

明·焦竑《焦氏筆乘》卷三《奠雁》　奠雁，古禮也。《詩》云：雍雍鳴雁，旭日始旦。士如歸妻，迨冰未泮。親迎執雁，先儒謂取不再偶之義，竊恐未然。蓋古人重冠、昏，皆以士而用大夫車服，不以爲僭。大夫相見執雁，昏禮既以士而服大夫之公服，乘大夫之墨車，則見婦翁不得不用大夫之贄禮矣。士宜執雉，奚執大夫之雁，取其攝盛也。若謂親迎之始，遂期其將來如孤雁失不再偶，可謂祥乎。冠禮三加幞頭，服公服，革帶，納靴，執笏，與此同義。

清·董含《三岡識略》卷九《白衣送婚》　秦人衣冠，喜用縞素，首戴麻巾，足穿紅履，疑吉疑凶，士大夫家居，往往如此。尤可訝者，閨女出閣，繡輿前行，送者或全身縞素，以白布系首，毫不爲怪。亦風俗之一異也。

清·福格《聽雨叢談》卷一二《插戴》　八旗婚姻之禮，於訂婚後，迎娶先，諏吉行插戴禮。至日，預扶新人端坐於榻，夫家尊屬若姑嫜、諸母、諸嫂輩往之女家，以首飾、珠玉親手簪之。簪畢，夫家父兄、姻婭、親友，引新郎入内，拜其外舅、外姑，並依次拜見妻黨親屬，謂之放大定，又謂之放插戴。按《東京夢華録》云：若相媳婦，即男家親人或婆往女家看中，即以釵子插冠中，謂之插釵子。是古人已有行之者也。

清·俞樾《茶香室四鈔》卷二四《嫁服有襂衣》　宋王得臣《麈史》云：丁晉公三十六事，載某氏女子嫁時之服，而篋有襂衣一襲，問其故，曰：若歸夫家，遇私忌，服此慰舅姑耳。今亡此禮，蓋晉公時已廢不用。按，所謂私忌，蓋夫家之私忌，舅姑於此日必變服，故新婦亦襂服以慰之。此可見宋初風氣之厚也。

清·阮葵生《茶餘客話》卷五《采禮燕席》　雍正元年，定公納采禮，金領約一具，金簪三枝，金耳飾一副，段衣四襲，段衾褥三具。納采日燕用牲九，成婚日具筵二十席。侯納采禮與公同，納采日燕用牲八，成婚日具筵十有八席。伯納采禮與侯同，納采日燕用牲七，成婚日具筵十有七席。一品官納采禮，段衣三襲，餘與伯同，納采日燕用牲六，成婚日具筵十有五席。二品官納采禮，段衣二襲，段衾褥一具，餘與一品同，納采日燕用牲四，成婚日具筵十有三席。三品官納采禮，金簪二枝，餘與二品同，納采日燕用牲三，成婚日具筵八席。四品官納采禮，金領約一具，金耳飾一副，段衣一襲，段衾褥一具，納采日燕用牲二，成婚日具筵六席。五品官納采禮與四品同，納采日燕用牲二，成婚日具筵五席。六品官以下納采與五品官同，納采日具筵用牲二，成婚用牲三。自四品以下領納耳飾各聽其力，能具者備用。軍民人等納采禮，衣一襲，衾褥一具，具筵用牲一，成婚日用牲二。凡有品級官員婚嫁，或用本官職事，鼓樂人不得過十二名，鐙不得過六對。無品級人及生監軍民不得僭用職事，鼓樂人不得過八名，鐙不得過四對。一應靡費，概行嚴禁。又定例：漢人納采及成婚禮，四品官以上紬段不得過八疋，金銀首飾不得過八件，食品不得過十，五品以下官各減二，八品官以下有頂帶人員以上又各減二，軍民人等紬絹不得過四，果合不得過四，其金銀財禮官民概不許用。至庶民婦女在僭用冠帔補服大轎者禁，違者罪坐夫男。

清·梁紹壬《兩般秋雨盦隨筆》卷一《五時衣》　今江南人嫁娶新婦，必有五時衣。按《齊明帝紀》：武陵王閲太后遺物，命留五時衣各一襲。五時者，謂春青、夏赤、季夏黄、秋白、冬黑也。江南沿六朝之遺，故猶有此名。

雜録

晉·張敞《東宫舊事》　皇太子納妃，有漆龍頭支髻枕一，銀花鐶鈕百副。又曰：皇太子納妃，有金塗連盤鴨燈一。

太子納妃，有絳地文履一量，又曰：皇太子納妃，有漆花籠二具。

皇太子納妃，織成衮帶白玉珮。

皇太子納妃，四望車羽葆，前後部鼓吹各一部。又曰：步摇一具，九鈿函盛之。

太子納妃，有白縠白紗白絹衫，並紫結纓。

皇太子納妃，有絳紗複裙，絳碧結綾複裙，丹碧紗紋雙裙，紫碧紗文雙裙。紫碧紗文繡纓雙裙，紫紗縠雙裙，丹碧杯文羅裙。

太子儀飾，有玉頭劍。

皇太子納妃，有絳直文羅袴七，彩杯文錦袴五。

皇太子納妃，有絳紗複裙，絳碧結綾袄裙，丹碧紗紋雙裙，紫碧紗紋雙裙，紫碧紗紋綉纓雙裙，紫碧紗縠雙裙，丹碧杯文雙裙。

太子納妃，有絳地紋履一雙。

太子納妃，有絳綾袍一領。

唐・李肇《唐國史補》卷中　韋太尉在西川，凡事設教。軍士將吏婚嫁，則以熟綵衣給其夫氏，以銀泥衣給其女氏，又各給錢一萬；死葬稱是，訓練稱是。

明・蕭大亨《夷俗記》　匹配。婦女擁抱推送入幕中，壻與婦將半骨互相捧持，然後交拜天地，婦之裹衣必以馬尾辮維緊之固，壻以小刀斷之，其始配如此。貧者則隨意資送，同歸壻家矣。歸時婦披長紅衣，戴高帽。

明・閔元京、凌義渠《湘煙録》卷一〇《公主撒帳錢》　撒帳始於漢武帝，非始於翼奉也。李夫人初至，坐七寶流蘇輦，帳鳳羽長生扇，帝迎入帳中共坐，歡飲之後，預戒宫人遥撒五色同心花果，帝與夫人以衣裾盛之，云得多得子多也。

明・丘濬《家禮儀節》卷三《昏禮》　初昏壻盛服。世俗帶花勝以擁蔽其面，殊失丈夫容體。勿用。

明・田藝蘅《留青日札》卷二一《弄新婦》　今徽州等處人娶新婦入門，衆親戚皆百般戲侮調弄，名曰弄新婦。甚有至于不堪毒謔死者。云其衣服鞋履皆用線縫綴，恐有疏脱，但不及于亂耳。風俗薄惡之甚，真南蠻之遺習也。唐時即有此風，曰娶婦之家弄新婦。今越俗，親友必將新婿灌醉于房中。

明・張岱《夜航船》卷九《禮樂部・婚姻》　練裳遺嫁。漢逸民戴良有五女，練裳竹笥木履而遺之。東坡詩：竹笥與練裳，願得畢婚嫁。

清・六十七《番社采風圖考》　贅壻。番重生女，贅壻于家，謂之有賺，生男出贅，謂之無賺。蓋以女配男，承接宗支也。成昏日，番女靚粧坐板棚上，四人肩之，揭彩竿于前，鳴鑼喧集，遨遊里社，親黨各致賀，至壻家攜手同歸，兩家父母亦共飲酒三五斗，以後遺簪絶纓，歡謔無度，數日方止。

又　鑿齒。番俗男女成婚曰牽手，彰化以北内山等社，牽手半月後，設酒延諸番親串到社，新婦以鍼周刺口旁，爲花草等狀，寬五六分，漬以黑皂，若丈夫鬚髯然，蓋欲以別室女也。又男女各折去上齒二以相遺，取痛癢相關之意。《裸人叢笑篇》有云：短布無長縫，尚元戒施縞。桶裙本陋制，不異蠻仡佬。佬蠻鑿齒喪其親，爾蠻鑿齒媾其姻，雜俗殊風仁不仁。南海仡蠻幅布圖下體，不施襞積，號曰桶裙，臺番似之。又仡佬親死，鑿二齒以贈永訣，番結婚鑿二齒以定終身。

又　番戲。番俗成婚後三日，會諸親飲宴，各婦女艷粧赴集，以手相挽，面相對，舉身擺蕩，以足下軒輊應之，循環不斷，爲兩匝圓井形，引聲高唱，互相答和，摇頭閉目，備極媚態，此晉女子連袂踏歌意也。

清・虞兆漋《天香樓偶得》　結髮。俗稱夫婦之少年諧婚者曰結髮，謂於髮初結起勝冠笄之時，即訂盟約也。此與李廣云臣自結髮與匈奴戰同義。

清・王有光《吴下諺聯》卷二《好女不著嫁時衣》　嘗見人家女子及笄，頻向父母求金索幣，臨嫁時叠篋添奩，于歸之後誇耀舅姑，或爭榮妯娌，此何如女乎。須知吾如有命，日後自能衣錦榮華。吾如無命，嫁時雖則穠艷，日後終當藍縷。前後相形，能無愧怍。畢竟相夫助子，不在幾件衣衫。何須不見蕭郎後，叠在空箱二十年。故世有不著者，諺稱之曰好。

清・平步青《霞外攟屑》卷四《借奩》　越俗嫁女以資遣，繁富相競。然不無假借，至有以私行移還，見薄於尊章者。然古已有之，不獨士庶家也。《嘉祐雜志》云：曹佾，太尉長秋母弟，張貂相耆之坦床，始成婚。資妝甚盛，請衣帳者增二十縑，三十後盡斂持去，訊之，云：本房卧褻未辦，此皆假借來。推延五六年竟不致一物，則知宋時戚里猶然。佾即世俗所謂曹國舅者，光憲太后之弟，武惠孫也。《老學庵筆記》卷四云：佾官至中書令，官制行，換開府儀同三司，封濟陽郡王，薨，追封沂王。安在其爲仙哉。

禁令禁忌

綜　述

唐・李冗《獨異志》卷一　梁武帝酷好佛法，然性多含恕。敕天下貢獻綾羅錦綺，不令織鳥獸之形，恐裁剪之時，有傷生物之意也。

唐・佚名《玉泉子》　文宗命中使宣兩軍中尉及諸司使内官等不許著紗縠綾羅布，其後駙馬韋處仁冠布夾羅巾以進，上曰：本慕卿門户清素，故俯從選尚如此巾服，從他諸戚爲之，卿不須爲也。

宋・邵博《邵氏聞見後録》卷八　蕭道成既誅蒼梧王，王敬則手取白紗帽加道成首，令即位。沈攸之召諸軍主曰：我被太后令，建義下部，大事若克，白紗帽共著耳。蓋晉宋齊梁以來，惟人君得著白紗帽。家有范瓊畫梁武帝本，亦著白紗帽也。

宋・邵伯温《邵氏聞見録》卷七　乾德、開寶間，天下將大定，惟河東未遵王化，而疆土實廣，國用豐羡，上愈節儉，宫人不及二百，猶以爲多。又宫殿内惟掛青布緣簾、緋絹帳、紫紬褥，御衣止赭袍，以綾羅爲之，其餘皆用絁絹。

宋・周密《武林舊事》卷一《四孟駕出》　先期禁衛所閤門牒臨安府約束居民，不許登高及衩袒觀看。男子並令衫帶，婦人裙背。仍先一日封閉樓門，取責知委，不許容著來歷不明之人。

宋・王永《燕翼詒謀録》卷一　國初仍唐舊制，有官者服皂袍，無官者白袍，庶人布袍，而紫帷施於朝服，非朝服而用紫者，有禁。然所謂紫者，乃赤紫，今所服紫謂之黑紫，以爲妖，其禁尤嚴。故太平興國七年詔曰：中外官并貢舉人或於緋、緑、白袍者，私自以紫於衣服者，禁之。止許白袍或皂袍。至端拱二年，忽詔士庶皆許服紫，所在不得禁止。而黑紫之禁，則申嚴於仁宗之時，今北人之服，乃是國初申嚴之制，此理所不可曉也。

又卷二　咸平、景德以後，粉飾太平，服用寖侈，不惟士大夫之家崇尚不已，市井閭里以華靡相勝，議者病之。大中祥符元年二月，詔：金箔、金銀線、貼金、銷金、間金、蹙金線，裝貼什器土木玩之物，並行禁斷。非命婦不得以金爲首飾。許人糾告，並以違制論。寺觀飾塑像者，齎金銀并工價，就文思院换易。四年六月，又詔：宫院、苑囿等，止用丹白裝飾，不得用五綵。皇親士庶之家，亦不得用春旛勝。除宣賜外，許用綾絹，不得用羅，諸般花用通草，不得用縑帛。八年三月庚子，又詔自中宫以下，衣服並不得以金爲飾，應銷金、貼金、縷金、間金、戭金、圈金、解金、剔金、撚金、陷金、明金、泥金、榜金、背金、影金、闌金、盤金、織金金線，皆不許造。然上之所好，終不可得而絶也。仁宗繼統，以儉樸躬行，於慶歷二年五月戊辰，申嚴其禁，上自宫掖，悉皆屏絶，臣庶之家，犯者必置於法。然議者猶有憾，以爲有未至焉。自是而後，此意泯矣。

元・王惲《秋澗集》卷八五　請禁止異樣服色事狀，竊惟衣服之制，所以别貴賤，定尊卑。故歷代相沿，各有定制。今民間以侈靡相尚，雖工商皂隸皆得衣被金繡龍鳳衣物，以致貴賤混淆，無以差别。今國家以儉德化下，服之不衷反爲妖災，今後合無將一切金繡衣物異樣，除令得服用外，其餘即聽與鞍轡等事一體嚴行禁止，亦辨上下、定民志之大端也。

明・徐樹丕《識小録》卷一《俗尚之侈》　風俗至今日華僞已極，而吾吴更甚，自非聖人出，恐無挽回之幾。閲《通鑒》蕭道成奏禁民間華僞雜物凡十七條，今日輦上君子或未之知也。禁不得以金銀爲箔馬，乘具不得金銀鍍，不得織成綉裙，不得道路着錦履，不得用紅幡蓋衣服，不得剪綵帛爲雜花，不得以綾作雜服飾，不得打鹿行錦及局脚檉柏床牙、箱籠雜物、綵帛作屏障、錦緣薦席，不得私作器仗，不得以七寶作樂器，又諸雜飾物不得以金銀爲花獸，不得輒以金銅爲像，皆須墨敕，凡七十條。愚謂諸款皆今日救貧之要策，而禁金銀及鑄像尤救貧之要策也。

明・胡侍《真珠船》　商賈之服。漢高帝八年，令賈人毋得衣錦繡綺縠。苻堅制，金銀錦繡，工商皂隸婦女，不得服之，犯者棄市。洪武十四年，令農民之家，許穿紬紗絹布，商賈之家，止穿絹布，如農民家但有一人爲商賈，亦不許穿紬紗。今農民絺毼不蔽體，而商賈之家，往往以錦綺爲襦袴矣。

清·俞樾《茶香室續鈔》卷二二《明初禁庶民服靴》 國朝趙吉士《寄園寄所寄》引《臣鑒録》云：崑山王英，洪武初授山東監察御史，上特命署都御史事。嘗微服入郡城，時禁庶民服靴，門者縛英，英笑曰：吾官人也。取舟巾冠帶示之，始得釋，亦不色怒。按此知明初庶民不得著靴也。

又卷二四《宋制玉帶不施於公服》 宋葉夢得《石林燕語》云：故事，玉帶皆不許施於公服。熙寧中，收復熙河，百官班賀，神宗特解所繫帶賜王荆公，且使服以入賀，不得已受詔，次日即釋去。大觀中，收復青唐，以熙河故事，賜蔡魯公而用排方，乃乞琢爲方團，既又以爲未安，或誦韓退之詩有玉帶懸金魚之語，因加佩金魚。按此知宋制公服無玉帶，玉帶乃上所御也。熙寧大觀賜大臣玉帶，皆非令典。又按，此條之前，載元豐中賜嘉、岐二王方團玉帶，以乘輿玉帶皆排方，故以方團别之。二王力辭，不許，乃請加佩金魚，詔以玉魚賜之。親王玉帶佩玉魚自此始。據此可知排方、玉帶之重，大觀之賜爲過矣。

清·鈕琇《觚賸》卷四《燕觚》 服禁。宜興任葵尊弘嘉，性儉樸，面貌恭謹，玉峰相國最器愛之。丙辰成進士，館選有期矣，葵尊猶然藍縷。相國謂曰：廷見天子，衣冠不在華侈，然亦須楚楚。葵尊曰：敬依夫子命，當借之同舍生。相國哂焉。嗣以考選爲監察御史，多所建白，獨《請定服制》一疏，滿漢大臣意頗不愜。京師爲之謡曰：九卿六部兩衙門，盡脱貂狐貉猁孫。待漏五更寒徹骨，人人致怨任葵尊。

清·劉廷璣《在園雜志》卷一 衣服上所織四爪者謂之蟒，民間通用。五爪者謂之龍，非奉欽賜暨諸王賞賚，不得擅用，此定例也。又紅絨結頂之帽，四面開衩之袍，俱不得自製。近見五爪龍、四衩袍穿者頗多，人少爲注目，即曰某王所賜。無從稽考，聽之而已。

清·歐陽兆熊、金安清《水窗春囈》卷下《服色宜慎》 下人服色不准用天青，即商賈亦然。後來呢羽中有所謂藏青者，介二者之間，僕隸皆僭用之。近則無不天青，了無等威之辨，人無有訾之者矣。

清·徐松《宋會要輯稿·輿服》 臣庶服。四年五月一日詔：禁白角冠子，限一月止絶。

嘉祐五年六月，詳定編勑所言，皇親宫院有違禁衣服、首飾、器用之類，及雖係所賜或父祖所置者，聽百日改造之。如違令，本宫使自覺察，申大宗正司施行。從之。

七年十月二十二日，禁天下衣黑紫。初皇親與内臣賜衣紫皆再入爲黝色。後士庶寖相效，而言者以謂奇衺之服，宜禁絶之。

七年二月詔：在京官出入，不得令人執涼扇。

徽宗政和元年十二月七日詔：元符雜勑，諸服用以龍，或銷金爲飾，并服徧地密花、透骨、錦背、繡背服，及以純錦、偏繡爲帳幕者，徒二年，工匠加二等，許人告捕。雖非自用，與人造作，同嚴行禁之。

清·福格《聽雨叢談》卷八《禁止服飾》 禁止服色，辨其等威可耳，若使富人悉服布素，必致令有不行。令既不行，又難治以峻法，枉事更張，毫無利益。如其果行，則商賈不通，衣冠褦襶，更失中華文物之盛，徒使慳吝富兒遂其鄙陋之欲矣。雍正三年八月，諭曰：覽諸臣所奏，欲將官員軍民服用，一概加以禁約。朕試問諸臣，照此定制，以申禁約，能管束令其必改乎，斷不能也。法令者，必其能禁而後禁之。明知法不能勝而禁之，則法必不行，亦何爲哉。從前屢禁而不能，豈可復禁乎，且照此禁令，各按等秩將緞疋及貂鼠、猞猁猻等細裘悉行禁止，如許物件，俱不准服用，轉令大臣官員得以賤價購而服之，是乃富室獲其利也。兵丁等概令更换，則布疋等物，一時價值交騰，反致貧乏兵丁，難以爲生，有何益哉。其家資殷實之人，隨所得而服之。至不肖家奴，有越分服用以事奢靡者，聽其作孽致困可也，何必禁之。朕視諸大臣，亦惟視其品行，並不觀其服飾，即如都統巴拜所戴凉帽，殊不鮮明，亦有何關礙。爾諸臣視屬下兵丁，猶朕之視爾等也，惟當愛恤教誨以成就之，見有服用僭越之人，則誡飭之，約束之，曉諭而訓導之。凡以爲伊等之生計耳，漸至醒悟，數年之後，自然悛改，一遵儉樸矣。但典禮所關，官員朝服及軍士器械等項，不可使之無色，理宜修整，令其鮮明。尤有要者，我朝滿洲等喜事，尚不必論，惟父母之喪，但恐無以飾觀，有傷顔面，人或謂之不孝，每多勉强逾分費用，此皆無知之所致耳。夫孝者，在於誠心，並不在於躧等糜費，本自各有定分也。大臣等應將此留意，時加嚴禁。其定服色制度，不必紛擾，過於煩細，但將護軍領催馬甲及閑散滿洲人、護軍校、驍騎校、筆帖式等服色，定爲制度之處，大臣等詳究議奏。特諭。

紀事

宋・吴曾《能改齋漫録》卷一《事始・禁蕃曲氊笠》 崇寧、大觀已來，内外街市鼓笛拍板，名曰打斷。至政和初，有旨立賞錢百五千，若用鼓板改作蕃曲子，并著蕃服之類，並禁止支賞。其後民間不廢鼓板之戲，第改名太平鼓。續又有旨：一應士庶，於京城内不得輒戴氊笠子。如有違犯，並依上條。

又卷一三《記事・詔禁形製衣裝》 大觀四年十二月詔：京城内近日有衣裝，雜以四夷形製之人，以戴氊笠子、著戰袍、繫番束帶之類，開封府宜嚴行禁止。

元・拜柱《通制條格》卷二八《雜令・佛像西天字段子》 大德九年八月初二日，宣政院奏：街下織段子的匠人每織着佛像并西天字段子貨賣，有那般織着佛像并西天字的段子賣與人穿着行呵，不宜的一般有奏呵。奉聖旨：怎生那般織着賣，有説與省官人每，今後休教織造佛像西天字樣的段子貨賣者。欽此。

明・余繼登《典故紀聞》卷一三 天順初，禁服大雲、柳黄、江黄、明黄等服，京衛指揮等官李春等服大雲、柳黄紵絲衣，爲錦衣衛所捕獲，命各追紵絲二十匹，然後罪之。

又卷一六 正德初，禁官員人等勿得用玄、黄、紫三色，民庶之家不許用紗羅紵絲。

清・昭槤《嘯亭雜録》卷一《普免天下租稅漕糧》 上自奉儉率，深惜物力。初即位，不許街市用金銀飾，禁江浙組綉，代以刻絲。

奇裝異服

綜述

《漢書》卷二七中之上《五行志七》 漢昭帝時，昌邑王賀遣中大夫之長安，多治仄注冠，應劭曰：今法冠是也。李奇曰：一曰高山冠，本齊冠也，謁者服之。師古曰：仄，古側字也。謂之側注者，言形側立而下注也。蔡邕云高九寸，鐵爲卷，非法冠及高山也。卷音去權反。以賜大臣，又以冠奴。劉向以爲近服妖也。時王賀狂悖，師古曰：悖，惑也。音布内反。聞天子不豫，師古曰：言有疾不悦豫也。《周書・顧命》曰：王有疾，不豫。弋獵馳騁如故，與騶奴宰人游居娱戲，驕慢不敬。師古曰：騶，廄御也。宰人，主膳者也。娱，樂也。戲音熺。冠者尊服，奴者賤人，賀無故好作非常之冠，暴尊象也。以冠奴者，當自至尊墜至賤也。師古曰：墜，隨也。音直類反。其後帝崩，無子，漢大臣徵賀爲嗣。即位，狂亂無道，縛戮諫者夏侯勝等。於是大臣白皇太后，廢賀爲庶人。賀爲王時，又見大白狗冠方山冠而無尾，鄧展曰：方山冠以五采縠爲之，樂舞人所服。此服妖，亦犬禍也。賀以問郎中令龔遂，遂曰：此天戒，言在仄者盡冠狗也。師古曰：言王左右侍側之人不識禮義，若狗而著冠者耳。冠音工喚反。其下亦同。去之則存，不去則亡矣。賀既廢數年，宣帝封之爲列侯，複有罪，死不得置後，又犬禍無尾之效也。京房《易傳》曰：行不順，厥咎人奴冠，天下亂，辟無適。如淳曰：辟，君也。適，適子也。妾子拜，如淳曰：無適子故也。又曰：君不正，臣欲篡，厥妖狗冠出朝門。

又 成帝鴻嘉、永始之間，好爲微行出遊，選從期門郎有材力者，及私奴客，多至十餘，少五六人，皆白衣袒幘，師古曰：袒幘，不加上冠。帶持刀劍。或乘小車，禦者在茵上，蘇林曰：茵，車上蓐也。禦者錯亂，更在茵上坐也。師古曰：車小，故禦者不得迴避，而在天子茵上也。茵音因。或皆騎，出入市里郊野，遠至旁縣。大臣車騎將軍王音及劉向等數以切諫。谷永曰：《易》稱，得臣無家，師古曰：損卦上九爻辭。言王者臣天下，無私家也。今陛下棄萬乘之至貴，樂家人之賤事，厭高美之尊稱，好匹夫之卑字。如淳曰：稱張放家人，是爲卑字。師古曰：爲微行，故變易姓名。崇聚票輕無誼之人，以爲私客。師古曰：票音匹妙反，又音頻妙反。置私田於民間，畜私奴車馬於北宮。數去南面之尊，離深宮之固，挺身獨與小人晨夜相隨，師古曰：挺，引也。烏集醉飽吏民之家，師古曰：乍合乍離，如烏之集。亂服共坐，溷肴亡別，師古曰：溷肴，謂雜亂也。溷音胡困反。閔勉遯樂，晝夜在路。師古曰：閔勉猶黽勉，言不息也。遯樂，言流遯爲樂也。典門户奉宿衛之臣，執干戈守空宮，公卿百寮不知陛下所在，積數年矣。昔虢公爲無道，有神降曰：賜爾土田。師古曰：春秋左氏傳莊公三十二年有神降於莘，虢公使祝應、宗區、史嚚享焉。神賜之土田。史嚚曰：虢其亡乎。言將以庶人受土田也。諸侯夢得土田，爲失國祥，師古曰：僖公五年，晉滅虢，虢公醜奔京師。而況王者畜私田財物，爲庶人之事乎。

晉・王嘉《拾遺記》卷六《前漢下》　哀帝尚淫奢，多進諂佞。幸愛之臣，競以妝飾妖麗，巧言取容。董賢以霧綃單衣，飄若蟬翼。帝入宴息之房，命賢更易輕衣小袖，不用奢帶修裙，故使宛轉便易也。宮人皆效其斷袖。又云，割裙恐驚其眠。

晉・干寶《搜神記》卷七　晉武帝泰始初，衣服上儉下豐，著衣者皆厭腰。此君衰弱，臣放縱之象也。至元康末，婦人出兩襠，加乎交領之上，此内出外也。爲車乘者，苟貴輕細，又數變易其形，皆以白篾爲純，蓋古喪車之遺象。晉之禍徵也。

《後漢書》卷二三《五行志一》　更始諸將軍過洛陽者數十輩，皆幘而衣婦人衣綉擁。時智者見之，以爲服之不中，身之灾也，乃奔入邊郡避之。是服妖也。其後更始遂爲赤眉所殺。

又　延熹中，梁冀誅後，京都幘顔短耳長，短上長下。時中常侍單超、左悺、徐璜、具瑗、唐衡在帝左右，縱其奸慝。海内愠曰：將軍死，五將軍出。家有數侯，子弟列布州郡，賓客雜襲騰翥，上短下長，與梁冀同占。到其八年，桓帝因日蝕之變，乃拜故司徒韓寅爲司隸校尉，以次誅鉏，京都正清。臣昭案：本傳，寅誅左悺貶具瑗，雖剋奸首，群閹相蒙，京都未爲正清。延熹中，京都長者皆著木屐，婦女始嫁，至作漆畫五采爲系。此服妖也。到九年，黨事始發，傳黄門北寺，臨時惶惑，不能信天任命，多有逃走不就考者，九族拘繫，及所過歷，長少婦女皆被桎梏，應木屐之象也。

又　靈帝好胡服、胡帳、胡床、胡坐、胡飯、胡空侯、胡笛、胡舞，京都貴戚皆競爲之。此服妖也。其後董卓多擁胡兵，填塞街衢，虜掠宮掖，發掘園陵。

又　靈帝數游戲於西園中，令后宮采女爲客舍主人，身爲商賈服。行至舍，采女下酒食，因共飲食以爲戲樂。此服妖也。其後天下大亂。《風俗通》曰：時京師賓婚嘉會，皆作《魁儡》，酒酣之後，續以挽歌。《魁儡》，喪家之樂。挽歌，執紼相偶和之者。天戒若曰：國家當急殄悴，諸貴樂皆死亡也。自靈帝崩後，京師壞滅，户有兼尸，蟲而相食，《魁儡》、挽歌，斯之效乎。

又　獻帝建安中，男子之衣，好爲長躬而下甚短，女子好爲長裙而上甚短。時益州從事莫嗣以爲服妖，是陽無下而陰無上也，天下未欲平也。後還，遂大亂。《袁山松書》曰：禪位於魏。

《宋書》卷三〇《五行志一》　明帝初，司徒建安王休仁統軍赭圻，制烏紗帽，反抽帽裙，民間謂之司徒狀。京邑翕然相尚，休仁後果以疑逼致禍。

《南齊書》卷一九《五行志》　永明中，宮内服用射獵錦文，爲騎射兵戈之象。至建武初，虜大爲寇。永明中，蕭諶開博風帽後裙之制，爲破後帽。世祖崩後，諶建廢立，誅滅諸王。永明末，民間制倚勸帽。及海陵廢，明帝之立，勸進之事，倚立可待也。建武中，帽裙覆頂，東昏時，以爲裙應在下，而今在上，不詳，斷之。群下反上之象也。

永元中，東昏侯自造遊宴之服，綴以花采錦繡，難得詳也。群小又造四種帽，帽因勢爲名：一曰山鵲歸林者，《詩》云鵲巢，夫人之德，東昏寵嬖淫亂，故鵲歸其林藪。二曰兔子度坑，天意言天下將有逐兔之事也。三曰反縛黄離嘍，黄口小鳥也，反縛，面縛之應也。四曰鳳皇度三橋，鳳皇者嘉瑞，三橋，梁王宅處也。

《隋書》卷二二《五行志》　文宣帝末年，衣錦綺，傅粉黛，數爲胡服，微行市裡。粉黛者，婦人之飾，陽爲陰事，君變爲臣之象也。及帝崩，太子嗣位，被廢爲濟南王。又齊氏出自陰山，胡服者，將反初服也。錦彩非帝王之法服，微服者布衣之事，齊亡之效也。

又　後主好令宮人以白越布折額，狀如髽幗，又爲白蓋。此二者，喪禍之服也。

又　武平時，後主于苑內作貧兒村，親衣襤褸之服而行乞其間，以爲笑樂。多令人服烏衣，以相執縛。後主果爲周所敗，被虜于長安而死。妃后窮困，至以賣燭爲業。

又　開皇中，房陵王勇之在東宮，及宜陽公王世積家，婦人所有領巾制同槊幡軍幟。婦人爲陰，臣象也，而服兵幟，臣有兵禍之應矣。勇竟而遇害，世積坐伏誅。

《晉書》卷二七《五行志上》　服妖。魏武帝以天下凶荒，資財乏匱，始擬古皮弁，裁縑帛爲白帢，以易舊服。傅玄曰：白乃軍容，非國容也。干寶以爲縞素，凶喪之象也。名之爲帢，毀辱之言也，蓋革代之後，劫殺之妖也。

又　魏明帝著綉帽，披縹紈半袖，常以見直臣楊阜，諫曰：此禮何法服邪。帝默然。近服妖也。夫縹，非禮之色。褻服尚不以紅紫，况接臣下乎。人主親御非法之章，所謂自作孽不可禳也。帝既不享永年，身没而禄去，王室後嗣不終，遂亡天下。

又　尚書何晏好服婦人之服，傅玄曰：此妖服也。夫衣裳之制，所以定上下殊內外也。《大雅》云：玄衮赤舄，鈎膺鏤錫，歌其文也。《小雅》云：有嚴有翼，共武之服，咏其武也。若內外不殊，王制失叙，服妖既作，身隨之亡。末嬉冠男子之冠，桀亡天下；何晏服婦人之服，亦亡其家，其咎均也。

又　武帝泰始初，衣服上儉下豐，著衣者皆厭褾，此君衰弱，臣放縱，下掩上之象也。至元康末，婦人出兩襠，加乎交領之上，此內出外也。【略】及惠帝踐阼，權制在於寵臣，下掩上之應也。至永嘉末，六宮才人流亢没於戎狄，內出外之應也。

又　泰始之後，中國相尚用胡床貊槃，及爲羌煮貊炙，貴人富室，必畜其器，吉享嘉會，皆以爲先。太康中，又以氈爲絈頭及絡帶、褲口。百姓相戲曰，中國必爲胡所破。夫氈毳產於胡，而天下以爲絈頭，帶身、褲口，胡既三制之矣，能無敗乎。至元康中，氐羌互反。永嘉後，劉、石遂篡中都，自後四夷迭據華土，是服妖之應也。

又　初，魏造白帢，横縫其前以別後，名之曰顔帢，傳行之。至永嘉之間，稍去其縫，名無顔帢，而婦人束髮，其緩彌甚，紒之堅不能自立，髮被于額，目出而已。無顔者，愧之言也。覆額者，慚之貌也。其緩彌甚者，言天下亡禮與義，放縱情性，及其終極，至于大耻也。永嘉之後，二帝不反，天下愧焉。

又　孝懷帝永嘉中，士大夫競服生箋單衣。識者指之曰：此則古者繐衰，諸侯所以服天子也。今無故服之，殆有應乎。其後遂有胡賊之亂，帝遇害焉。

又　元帝太興中，兵士以絳囊縛紒。識者曰：紒者在首，爲乾，君道也。囊者坤，臣道也。今以朱囊縛紒，臣道上侵君之象也。於是王敦陵上焉。

又　中興初，【略】是時，爲衣者又上短，帶纔至于掖，著帽者又以帶縛項。下逼上，上無地也。爲褲者直幅爲口，無殺，下大之象。尋而王敦謀逆，再攻京師。

又　孝武太元中，人不復著帩頭。天戒若曰，頭者元首，帩者助元首爲儀飾者也。今忽廢之，若人君獨立無輔佐，以至危亡也。至安帝，桓玄乃篡位焉。

又　晉末皆冠小而衣裳博大，風流相放，輿臺成俗。識者曰：上小而下大，此禪代之象也。尋而宋受終焉。

唐・李冗《獨異志》卷二　鄭子華之弟子臧，好聚鷸毛爲冠，鄭伯聞而惡甚，使盜誘殺之。君子曰：服之不衷，身之灾，以其非法服也。晉大醫司馬程據上武帝雉頭裘。詔曰：此裘非常服，損費功用。遂命火於殿前焚之。

五代・王定保《唐摭言》卷一二《酒失》　論曰：蕭琛以桃杖虎靴，邪紹以絳綿糾髮，所務先設奇以動衆，後務能以制人，振天下之大名，爲一時之口實者也。鄭公之服錦，王公之衣纈，得無意于彼乎。苟名實相遠，則服之不衷，身之灾也。沉酗之失，聖人所戒，雖王佐之才，得以贖過，其如名教何。

《新唐書》卷三四《五行志一》　中宗賜宰臣宗楚客等巾子樣，其制高而踣，即帝在藩邸時冠也，故時人號英王踣。踣，顛仆也。

又　開元二十五年正月，道士尹愔爲諫議大夫，衣道士服視事，亦服妖也。

又　乾符五年，洛陽人爲帽，皆冠軍士所冠者，又内臣有刻木象頭以裹幞頭，百官效之，工門如市，度木斫之曰：此斫尚書頭，此斫將軍頭，此斫軍容頭。近服妖也。

又　昭宗時，十六宅諸王以華侈相尚，巾幘各自爲制度，都人效之，則曰：爲我作某王頭。識者以爲不祥。

宋・王明清《揮麈録》卷二三七　向宗厚履方，建炎末爲樞密院計議官。履方美髯而若滑稽之狀，裹華陽巾，纏足極彎，長於鈎距。同舍王佾公爲嘗戲語之曰：君唐明皇時四人合而爲一，何邪。向曰：願聞之。公爲曰：君狀類黄幡綽，頭巾類葉法善，脚類楊貴妃，心腸似安禄山。席間一笑。履方不歡。後程致道行其祠部員外郎告詞云：汝佩服高古，操履甚恭。又以戲之。向止叔云。

元・劉祁《歸潛志》卷六　王赤腿，不知其名字年齒，人以其衣短，號哨腿王，或云名予可，字南雲，河東人。幼嘗爲卒，不謹。居郾蔡間，以乞食爲事。衣皮衣，露膝，長嘆，好插花。額上繫一銅片如月，人問之，皆有説。又時時自言爲天帝所召，有某仙、某神在焉，所食何物，皆誕詭莫可測。然善歌詩，有求之者，索韻立成。字亦怪異。

《宋史》卷六五《五行志三・木》　紹興【略】二十三年，士庶家競以胎鹿皮製婦人冠，山民采捕胎鹿無遺時。去宣和未遠，婦人服飾猶集翠羽，爲之近服妖也。二十七年，交址貢翠羽數百，命焚之通衢，立法以禁。

明・楊慎《丹鉛總録》卷七《冠服類・服妖》　晉傅玄奏議云：妹喜冠男子之冠，桀亡天下。何晏服婦人之服亦亡其身，内外不殊，王制失序，此服妖也。又按史謝尚好著刺文袴，周弘正少日錦髻紅裩，蓋東晉南朝之人痴，不特服妖而已。王儉作解散髻斜插簪，亦服妖。

明・焦竑《焦氏類林》卷七上《冠服》　梁冀妻孫壽色美而善爲妖態，作愁眉，啼粧，墮馬髻，折腰步，齲齒笑，以爲媚惑。冀亦改易輿服之制，作平上軿車，磾幘，狹冠，折上巾，擁身扇，狐尾單衣。

明・沈德符《萬曆野獲編》卷三　晉《傳玄傳》云：妹喜冠男子之冠，桀亡天下。《晉書・五行志》謂男子屐方頭，女屐圓頭。至惠帝時女屐亦如男子，以爲賈南風專妒之應。今萬氏女而男服，亦身應之矣。

又卷四《補遺》　大臣異服。馬尾裙者，不知所起，獨盛行於成化年間，云來自朝鮮國。其始閣臣萬安服之，既而六卿張悦輩俱效之，獨禮部尚書周洪謨至重服二腰，尤爲怪事。萬眉州亦何足責，如洪謨素以理學自命，哆口談天下大事，服之不衷。下僚且不可，况司風化重寄，何以示四方。雖遭彈射，直至弘治初元始去位，亦靦顔甚矣。似此服妖，與雉頭裘、集翠裘何異。今中國已絶無之。向在都見高麗陪臣出館，袍帶之下摺四張，蓬然可笑，意其尚服此裙耶。

明・王世貞《弇州四部稿》卷一五七《説部・宛委餘編二》　漢梁冀作平上軿車、埤幘、狹冠、折上巾、擁身扇、狐尾單衣。妻孫壽作愁眉粧、墮馬髻、折腰步、齲齒笑。周弘正著紅褌，錦絞髻，踞聞善寺門聽經，後又著緑絲布袴繡假裲襠劉顯，皆所謂服妖也。

明・陳繼儒《枕譚》　晉傅玄奏議云，妹喜冠男冠，桀亡天下。何晏服女服，亦亡其身。内外不殊，王制失序，此服妖也。

清・屈大均《廣東新語》卷一六《器語・冠巾》　白沙有玉臺巾，平頂四直，象玉臺山形爲之，有詩云：惟有白頭谿裏影，至今猶戴玉臺巾。文簡有自然裳，其謁石翁墓詩云：夫君有嘉惠，贈我雲錦裳。中綉自然字，服之永不忘。又有心性冠，其銘云：嘻，爲之上圓，以象乎天，分之八方，以象八卦，麗之十雲，以象十干，垂之二帶，總之一紐，以象始終主敬，周之重檐以象大圈，是爲甘泉翁心性之冠。葉絅齋有平定巾，其贊云：流爲水，凝爲冰，冰液乃返其形。死爲鬼，生爲人，人死乃歸其根。今爲官，昔爲民，官罷乃還其真。葛衣大帶，平定之巾，樂堯舜之道，又何必遊堯舜之庭邪。平定巾一名民巾，絅齋遷賓州守，至境即棄官，歸著民巾往役，其之官福清也，使者請衣朱莅任，先生曰：辟如鳥，有白有黑，安能一切，夫非化工，竟不朱。元旦，里長請爲易綏，不許。迎春東郊，限于網竟不花矣，其高致若此。此三公者，予取以爲衣冠師焉。

又《癭冠》　廣多木癭，以荔支癭爲上，多作旋螺紋，大小數十，微細如絲。友人陳恫屺得其一以作偃月冠，大僅寸許，有九螺，銘之曰：文全於曲，道成於木。予亦得其一，以作瓢而有曲柄，字之曰箪友。爲詩云：拳曲千年成一節，半生半死沉香結。又云：霜皮未盡尚磨礱，螃螬半食心已空。螺紋如絲旋細細，左紐右纏文不同。

《明史》卷二九《五行志二》　正德元年，婦女多用珠結蓋頭，謂之瓔路。十三年正月，車駕還京，令朝臣用曳撒大帽鸞帶，給事中朱鳴陽言，曳撒大帽行役所用，非見君服，皆近服妖也。十五年十二月，帝平宸濠還京，俘從逆者及懸諸逆首於竿，皆標以白幟，數里皆白。時帝已不豫，見者識其不祥。崇禎時，朝臣好以紗縠竹籜爲帶，取其便易服者謂金銀重而貴，紗籜賤而輕，殆賤將乘貴也。時北方小民製幘，低側其簷，自掩眉目，名曰不認親。其後寇亂民散，途遇親戚，有飲泣不敢言，或掉臂去之者。

清・徐松《宋會要輯稿・輿服》 臣庶服。皇祐元年十月十九日詔：婦人所服冠，高毋得踰四寸，廣毋得踰一尺。梳長毋得踰四寸，毋得以角爲之，犯者重寘于法，仍聽陳告。先是宮中尚白角冠梳，人争倣之，至謂之内樣，冠名曰垂肩、等肩，至有長三尺者，梳長亦踰尺。議者以爲服妖，故禁止之。

清・查繼佐《罪惟録》卷四《志》 成化中，馬尾裙盛行。此制始於朝鮮國，流入京師，京師人亦漸習爲之。閣臣萬安，冬夏不脱。宗伯周洪謨，重服二件。武臣至有弓絃貫其齊者，無貴賤用之，廢夏尚夷，非制。至弘治初年，有禁不能止。後不禁而製絶。

紀事

五代・孫光憲《北夢瑣言》卷三 唐路侍中巖，風貌之美，爲世所聞。鎮成都日，委執政於孔目吏邊咸，日以妓樂自隨，宴於江津，都人士女懷擲果之羡，雖衛玠、潘岳，不足爲比。善巾裹，蜀人見必效之，後乃翦紗巾之脚，以異於衆也。閭巷有裓服修容者，人必譏之曰：爾非路侍中耶。嘗過豶豚之肆，見僧家者謂屠者曰：此豚端正，路侍中不如。用之比方，良可笑也。以宫妓行雲等十人侍宴，移鎮渚宫日，於合江亭離筵贈行雲等感恩多詞，有離魂何處斷，烟雨江南岸。至今播於倡樓也。

又卷一二 西川衛前軍將李思益者，所著衣服，莫非華焕纖麗，蜀先主左右羡而怪之。先主曰：李思益一副衣裳，大有所費。是要爲我光揚軍府，仰與江貨場勾當，俾其作衣裝也。先主又於作院見匠人裹小朵帽子，前如鷹觜，後露腦枕，怪而截其觜也。又登樓見行人戴襤席帽，云破頭爛額，是何好事。然自務儉素，愛浄潔，皆此類也。蜀朝有小朝士裴璨，俸薄且閑，或勸求宰一邑，裴曰：今之畿縣，非有仙骨何以得。見其愛羡，即可知也。每云：黄寇之後，所失已多。唯襪頭褲穿靴，不傳舊時也。僕同院司空監云：木圍裹頭，於事最便。何必油拭火熨，日日勞煩。此一事不請師古。又嫌以銀棱瓷器，托裹碗楪，徒費功夫。又曰：措大暮年，方婚少女，一生之事，遺醜可知。自非鐵石爲心，未有不貽他説。戒之，慎之。因述柳氏幞頭，引起數事，豈資談笑，亦足小懲也。

宋・陸游《老學庵筆記》卷七 前輩置酒飲客，終席不褫帶。毛達可守京口時尚如此。後稍廢，然猶以冠帶勸酬，後又不講。紹興末，胡邦衡還朝，每與客飲，至勸酒，必冠帶再拜。朝士皆笑其異衆，然邦衡名重，行之自若。

又卷八 翟耆年字伯壽，父公巽，參政之子也。能清言，工篆及八分。巾服一如唐人，自名唐裝。一日往見許顗彦周，彦周髽髻，著犢鼻褌，躡高屐出迎，伯壽愕然。彦周徐曰：吾晉裝也，公何怪。

宋・吴處厚《青箱雜記》卷七 王衍在蜀，好私行，恐人識之，令民戴大帽，又令民戴危腦帽，狹小，鋭首即墜。又衍朝永陵，自爲尖巾，士民皆效之，皆服妖也。

宋・岳珂《桯史》卷五《宣和服嬌》 宣和之季，京師士庶競以鵝黄爲腹圍，謂之腰上黄。婦人便服不施衿紐，束身短製，謂之不製衿。始自宫掖，未幾而通國皆服之。明年，徽宗内禪，稱上皇，竟有青城之邀，而金虜亂華，卒於不能制也，斯亦服妖之比歟。

元・佚名《東南紀聞》卷三 今之衣半臂者，或者謂非古之禮服也。魏明帝嘗著帽，被縹綾半袖。楊阜問曰：此於禮，何法服也。帝默然不答，自是不法服不見阜。《光武紀》，更始諸將服婦人衣，諸于繡䘿。字書無䘿字。《續漢書》作䘿，并其勿切。三輔吏士莫不笑之，或有畏而走者。注：《前書音義》云：諸于，大掖衣也，如婦人之袿衣。揚雄《方言》：襜褕，其短者，自關而西謂祇䘿。郭璞注云：俗名䘿掖，據此，則諸于上加綉䘿，如今之半臂也。

又 宣和之季，京師士庶競以鵝黄爲腰腹圍，謂之腰上黄。婦人便服不施衿紐，束身短製，謂之不製衿。始自宫掖，未幾，而通國皆服之。未幾，而金人之來，卒不能制，斯亦服之妖歟。

明・王錡《寓圃雜記》卷五《髮裙》 髮裙之制，以馬尾織成，繫于襯衣之內。體肥者一裙，瘦削者或二三，使外衣之張，儼若一傘，以相誇耀。然繫此者，惟粗修官員、暴富子弟而已，士友甚鄙之，近服妖也。

雜録

唐・李冗《獨異志》卷二 何宴常服婦人之衣。

宋・張知甫《張氏可書》 快活三，鄧知剛任待制，守軍器監，形貌魁偉，每以横金衒衆，未嘗衣衫。京師諺曰：不著凉衫，好個金稜快活三。蓋一時目肥人爲快活三也。

清・黄鈞宰《金壺七墨》卷二《遁墨》 男妾。賊擄幼童年十二三以上者六千餘人，盡行閹割而誤去外腎，死者十六七，秀清選其姿色秀麗者，傅粉裹足着綉花衣，號爲男妾。

燕居野服

論說

宋・周密《齊東野語》卷一〇《脱靴返棹二圖贊》 二贊削藁久矣，余偶得之。《脱靴》云：錦袍兮烏幘，神清兮氣逸，凌轢兮萬象，麾斥兮八極。我思古人，伊李太白。孰爲使之朝禁林而暮采石也，其天寶之孽倖歟。疏擿詞章，浸潤宮掖。吾觀脱靴之圖，未嘗不嫉小人之情狀，而傷君子之疏直。惟公之高躅兮，霍神龍之不可以羈紲。矧富貴如敝屣兮，其得失又何所欣戚也。

《返棹》云：幅巾兮野服，貌腴兮神肅，孤騫兮風雅，唾視兮爵禄。我思古人，伊黄山谷。曷爲使之六年僰道而九日姑孰也。其符紹之朋黨歟。組織寺記，指擿實録。吾觀《返棹》之圖，未嘗不感君子之流落，而痛小人之報復。惟公之高風兮，渺驚鴻之不可以信宿。矧吾進猶虛舟兮，其去來又何所榮辱也。

宋・方鳳《野服考》 野服之制始于逸民者流，大都脱去利名枷鎖，開清高門户之所，爲是非繕性，元漠抱度宏虛弗能也，後世學士大夫亦往往釋戀簪纓，娛情布素，若而人者，蟬蜕淤泥之中，浮游塵壒之表，其可易之忽之也耶。于是鴻搜故牘，擇野服之尤雅者凡十六條，定著爲兹編，使夫山澤之癯習之，可以耀潛德，薦紳之家得之，可以勵清修。即兹編以盡野服，而野服盡于此矣。

綜述

唐・劉肅《唐新語》卷一〇《隱逸》 朱桃椎，蜀人也。澹泊無爲，隱居不仕，披裘帶索，沉浮人間。竇軌爲益州，聞而召之，遺以衣服，逼爲鄉正。桃椎不言而退，逃入山中，夏則臝形，冬則樹皮自覆，凡所贈遺，一無所受。每織芒屩置之於路，人見者皆言朱居士屩也。

宋・吕希哲《吕氏雜記》卷上 凡致仕官與人相接，許以閒居野服相見可也。不爲立法，則郡縣官不識去就者，責望於人多矣。京路致仕官率以野服接人，外郡多不敢，以不識去就者多也。

宋・葉夢得《石林燕語》卷一〇 余見大父時家居及燕見賓客，率多頂帽而繫勒帛，猶未甚服背子。帽下戴小冠簪，以帛作横幅約髮，號額子。處室中，則去帽見冠簪，或用頭巾也。古者士皆冠，帽乃冠之遺制。頭巾，賤者不冠之服耳。勒帛，亦有垂紳之意，雖施之外不爲簡。背子，本半臂，武士服，何取於禮乎。或云，勒帛不便於搢笏，故稍易背子，然須用上襟，掖下與背皆垂帶。余大觀間見宰執接堂吏，押文書，猶冠帽用背子，今亦廢矣。而背子又引爲長袖，與半臂製亦不同。頭裹賤者巾；衣武士服。而習俗之久，不以爲異。古禮之廢，大抵類此也。

宋・方鳳《野服考》 臺笠緇撮。《毛詩》云：彼都人士，臺笠緇撮。注曰：臺，夫須也。緇撮，緇布冠也，其制小，僅可撮其髻也。

又　鹿裘帶索。《高士傳》云：榮啓期者，不知何許人也，鹿裘帶索，鼓琴而歌。孔子遊于泰山，見而問之曰：先生何樂也。對曰：吾樂甚多。天生萬物，惟人爲貴，吾得爲人，是一樂也。男女之別，男尊女卑，故以男爲貴，吾既得爲男矣，是二樂也。夫人生有不見日月，不免襁褓者，吾既以行年九十矣，是三樂也。貧者士之常也，死者民之終也，居常以待終，何不樂也。

又　鶡冠。《子略》云：鶡冠子。楚人居于深山，以鶡爲冠，著書十有六篇，號曰《鶡冠子》。

又　犢鼻褌。《西京雜記》云：司馬相如初與卓文君還成都，居貧愁懣，以所著鷫鸘裘就市人楊昌，貰酒與文君爲懽，既而文君抱頸而泣曰：吾生平富足，今乃以衣裘貰酒。遂相與謀于成都賣酒，相如親著犢鼻褌滌器以恥王孫，王孫果以爲病，乃厚給文君，文君遂爲富人。文君姣好，眉色如望遠山，臉際常若芙蓉，肌膚柔滑如脂，十七而寡，爲人放誕風流，故悦長卿之才而越禮焉。長卿素有消渴疾，及還成都，悦文君之色，遂以發痼疾，乃作《美人賦》，欲以自刺，而終不能改，卒以此疾至死，文君爲誄傳于世。

又　不借。《古今注》云：不借者草履也，以其輕賤易得，故人人自有，不假借于人，因名不借也。又漢文帝履不借視朝。

又　白接籬。《世説新語》云：山季倫爲荆州時出酣暢，人爲之歌曰：山公時一醉，徑造高陽池。日暮倒載歸，茗艼無所知。復能乘駿馬，倒著白接籬。舉手問葛彊，何如並州兒。高陽池在襄陽，彊是其愛將，並州人也。

又　草裳。《汲郡雜録》云：孫登字公和，西晉人，無家，于汲郡北山土窟住。夏則編草爲裳，冬則被髮自覆。好讀《易》，鼓一絃琴，見者皆親樂之。

又　短褐。《五柳先生傳》云：先生不知何許人也，亦不詳其姓字，宅邊有五柳樹，因以爲號焉。閒静少言，不慕榮利，好讀書，不求甚解，每有會意便欣然忘食。性嗜酒，家貧不能常得，親舊知其如此，或置酒而招之，造飲必盡，期在必醉，既醉而退，曾不恪情去留。環堵蕭然，不蔽風日，短褐穿結，簞瓢屢空，晏如也。常著文章自娱，頗示己志，忘懷得失，以此自終。贊曰：黔婁有言，不戚戚于貧賤，不汲汲于富貴，其言兹若人之儔乎，酣觴賦詩以樂其志，無懷氏之民歟，葛天氏之民歟。

又　聚芳圖百花帶。《高士春秋》云：宗測春遊山谷，見奇花異草，則係于帶上，歸而圖其形狀，名聚芳圖百花帶，人多效之。

又　隱士衫。梁福《廬陵記》云：成芳隱麥林山，剥苧織布爲短襴，寬袖之衣，著以酤酒，自稱隱士衫。

又　樹衣芒屩。《大唐新語》：朱桃椎，蜀人也，澹泊無爲，隱居不仕，披裘帶索，沈浮人間。竇軌爲益州，聞而召之，遺以衣服，逼爲鄉正，桃椎不言而退，逃入山中。夏則裸形，冬則以樹皮自覆，凡所贈遺一無所受。織芒屩置之于路，見者皆曰朱居士之屩也，爲鬻取米置之本處，桃椎至夕取之終不見人。高士廉下車深加禮敬，召至，降階與語，桃椎一答，既而便去。士廉每加褒異，蜀人以爲美談。

又　九華半臂。《雲仙雜記》云：闞文衍爲散騎常侍，畫九華山圖于白綾半臂，號九華半臂，自云令吾此身常在雲泉之内。

又　青笠緑簑。張志和《漁父詞》云：西塞山邊白鷺飛，桃花流水鱖魚肥。青箬笠，緑簑衣，斜風細雨不須歸。

又　飛雲履。《樵人直説》云：白樂天燒丹於廬山草堂，作飛雲履，玄綾爲質，四面以素綃作雲朵，染以四選香，振履則如烟霧。樂天著示山中道友曰：吾足下生雲，計不久上升朱府矣。

又　減樣方平帽。《瑣碎録》云：羅隱帽，輕巧簡便，省樸人竊倣學，相傳爲減樣方平帽。

又　太清氅。《清異録》云：臨川、上饒之民，以新智剏作醒骨紗，用純絲蕉骨相兼撚織。夏月衣之，輕凉適體。陳鳳閣喬如以爲外衫，號太清氅，又爲四揆内衫子，呼小太清。

元·念常《佛祖歷代通載》卷一五　時寒山子者，不知其氏族鄉里。隱於台州唐興縣寒岩，故父老以寒山子稱之。爲人臞野，好冠樺皮冠，著木屐，裘衲襤褸，狀若風狂，笑歌自若。其所居近天台國清寺。【略】自述云：元非隱逸士，自號山林人。在魯蒙白幘，旦愛裹疏巾。道有巢許操，恥爲堯舜臣。獼猴罩帽子，非學辟風塵。又曰：【略】佛本夷狄之人，與中國語言不通，衣服殊制。口不道先王之法言，身不服先王之法服，不知君臣之義。

明·王世貞《觚不觚録》卷一　袴褶，戎服也，其短袖或無袖，而衣中斷，其下有橫摺，而下復豎摺之。若袖長則爲曳撒，腰中間斷以一線導橫之，則謂之程子衣。無線導者，則謂之道袍，又曰直掇。此三者，燕居之所常用也。邇年以來，忽謂程子衣道袍，皆過簡。而士大夫宴會，必衣曳撒，是以戎服爲盛，而雅服爲輕，吾未之從也。

明・陳繼儒《**太平清話**》 文衡山先生，每冬月著紅絨衣、捲簷氈帽，坐白紙屏下，終日擁爐，淡然忘老。

又 陳白陽亦好著捲簷氈帽，帽簷中常貯暇乾，人欲乞畫，往往具酒食，俟其醉豪，和墨餂之。

明・朱之瑜《**舜水先生文集**》**卷二三** 問野服法。朱文公初製之，然世無服之者。迄羅大經時，其服已絶，纔在趙季仁處見之。先生在南京，見其服否。但歷代有異乎。答：晦翁先生言得見祖宗舊制，則非初製矣。但明朝冠裳之製大備於古，自有法服，故不用先代之物，而其製遂不可見耳。

清・顧炎武《**日知録**》**卷一〇**《**豫借**》 韓文公有《游城南詩》云：白布長衫紫領巾，差科未動是閒身。麥苗含穟桑生葚，共向田頭樂社神。

清・褚人穫《**堅瓠集**》**六集卷一**《**東坡帶笠**》 蘇子瞻在儋耳，聞黎子雲城南載酒堂頗佳。一日訪之，午後回，遇雨，從農家借笠着屐，路傍小兒相隨争笑，邑犬群吠，以爲異人。竹坡周少隱詩云：持節休誇海上蘇，前身應是牧羊奴。爲嫌朱綬當年夢，故作黄冠一笑娱。遺迹與公歸物外，清風爲我襲衣襦。憑誰唤起王摩詰，畫作東坡帶笠圖。

紀事

晉・皇甫謐《**高士傳**》**卷一**《**曾參**》 曾參，字子輿，南武城人也。不仕而游，居於衛，緼袍無表，顔色腫噲，手足胼胝，三日不舉火，十年不製衣，正冠而纓絶，捉衿而肘見，納履而踵决，曳縱而歌，天子不得臣，諸侯不得友。魯哀公賢之，致邑焉，參辭不受，曰：吾聞受人者常畏人，與人者常驕人，縱君不我驕，我豈無畏乎。終不受，後卒于魯。

又卷三《**梁鴻**》 梁鴻，字伯鸞，扶風平陵人也。遭亂世，受業太學，博覽不爲章句。【略】歸鄉里，埶家慕其高節，多欲女之，鴻并絶不娶。同縣孟氏有女，狀醜，擇對不嫁。父母問其故。女曰：欲得賢如梁伯鸞者。鴻聞而聘之，及嫁，始以裝飾，入門七日，而鴻不答。妻乃跪請，鴻曰：吾欲裘褐之人可與俱隱深山者，爾今乃衣綺縞，傅粉墨，豈鴻所願哉。妻曰：以觀夫子之志耳，妾自有隱居之服。乃更爲椎髻，著布衣，操作而前。鴻大喜曰：此真梁鴻妻也，能奉我矣。

又《**袁閎**》 袁閎，字夏甫，汝南人也。築室於庭中，閉門不見客，旦暮於室中，向母禮拜。雖子往亦不得見也，子亦向户拜而去。首不著巾，身無單衣，足著木履。

又《**管寧**》 管寧字幼安，北海朱虚人也。【略】寧凡徵命十至，輿服四賜，常坐一木榻上，積五十五年未嘗箕踞。榻上當膝皆穿，常著布裙貉裘，唯祠先人，乃著舊布單衣，加首絮巾。

宋・王闢之《**澠水燕談録**》**卷三**《**奇節**》 慶曆中，張宗晦以秘書監致仕，居洛陽。一日，謁留守，其子庚言：唐賀監知章，以道士服歸會稽，明皇賜以鑒湖。今洛中嵩少佳景雖非朝廷所賜，大人可衣羽服優游其間，何必事請謁。宗晦曰：吾作白頭老監枕書而眠，何必學賀老作道士服邪。時以爲名言。宗晦，英公齊賢子。

宋・釋惠洪《**冷齋夜話**》**卷七**《**蘇軾襯朝道衣**》 哲宗問右璫陳衍：蘇軾襯朝章者，何衣。衍對曰：是道衣。哲宗笑之。及謫英州，雲居佛印遣書追至南昌，東坡不復答書，引紙大書曰：戒和尚又錯脱也。後七年，復官，歸自海南，監玉局觀，作偈戲答僧曰：惡業相纏卅八年，常行八棒十三禪。却着衲衣歸玉局，自疑身是五通仙。

宋・羅大經《**鶴林玉露**》**乙編卷二**《**野服**》 朱文公晚年，以野服見客，榜客位云：滎陽吕公，嘗言京洛致仕官與人相接，皆以閒居野服爲禮，而嘆外都之不能然。其旨深矣。某已叨誤恩，許致其事，本未敢遽以老夫自居，而比緣久病，艱於動作，遂不免遵用舊京故俗，輒以野服從事。然上衣下裳，大帶方履，比之凉衫，自不爲簡。其所便者，但取束帶足以爲禮，解帶足以燕居，且使窮鄉下邑，得以復見祖宗盛時京都舊俗如此之美也。余嘗於趙季仁處見其服，上衣下裳，衣用黄白青皆可，直領，兩帶結之，緣以皂，如道服，長與膝齊。裳必用黄，中及兩旁皆四幅，不相屬，頭帶皆用一色，取黄裳之義也。別以白絹爲大帶，兩旁以青或皂緣之。見儕輩則繫帶，見卑者則否。謂之野服，又謂之便服。

清・余懷《板橋雜記》卷下《軼事》 無錫鄒公履游平康，頭戴紅沙巾，身著紙衣，齒高跟屐，佯狂沈湎，揮斥千黄金不顧。初場畢，擊大司馬門鼓，送試卷。大合樂于妓家，高聲自誦其文，妓皆稱快，或時闌入梨園，氍毹上爲參軍鶻也。

清・鈕琇《觚賸》卷六《秦觚・秦將禮客》 張靖逆侯、趙勇略將軍皆秦人，勳望相埒，而氣度各殊。【略】勇略功懋性剛。【略】故士人每憚從之。平滇後家居，身被寬袖直領之衣，首冠黑羢帽，以帕圍額，雖王公至，不爲改服。唯故舊寒素款門求謁，則禮接有加。

雜録

晉・皇甫謐《高士傳》卷三《鄭玄》 鄭玄字康成，北海高密人也。八世祖崇漢尚書。玄少好學，長八尺餘，鬚眉美秀，姿容甚偉。【略】大將軍何進辟玄州郡，迫脅不得已而詣進，設几杖之禮以待玄，玄以幅巾見進，一宿而逃去。

宋・沈括《夢溪筆談》卷九《人事一》 石曼卿居蔡河下曲，鄰有一豪家，日聞歌鍾之聲。【略】一日果使人延曼卿，曼卿即著帽往見之，坐於堂上，久之方出。主人著頭巾，繫勒帛，都不具衣冠。見曼卿，全不知拱揖之禮。

宋・朱彧《萍洲可談》卷三 世傳杜祁公罷相歸鄉里，不事冠帶。一日在河南府客次，道帽深衣坐席末。

宋・陸游《老學庵筆記》卷五 張文昌《紗帽》詩云：惟恐被人偷剪樣，不曾閒戴出書堂。皮襲美亦云：借樣裁巾怕索將。王荆公于富貴聲色，略不動心，得耿天隲憲竹根冠，愛詠不已。予雅有道冠、拄杖二癖，每自笑歎，然亦賴古多此賢也。

宋・陸游《入蜀記》卷三 十七日，郡集於青山李太白祠堂。【略】太白烏巾，白衣錦袍。又有道帽氅裘，侑食於側者，郭功甫也。

宋・羅大經《鶴林玉露》甲編卷一《落帽》 桓温雄猛蓋一時，賓僚相從燕賞，豈應有失禮於前者。孟嘉落帽，恐如禰正平褻服摻撾嫚侮曹瞞之意。【略】辛幼安《九日》詞云：雖與老兵供一笑，落帽將軍華髮。莫倚忘懷，西風也解，點檢尊前客。凄凉今古，眼中三兩飛蝶。意謂嘉不當從温，故西風落其帽以貶之，若免冠然。

元・劉祁《歸潛志》卷二 辛愿字敬之，河南人，自號女几野人，又號溪南詩老。【略】爲人質古，不嫺世事，麻絛草履，或倚杖讀書，市中人訝之亦不恤。

明・鎦績《霏雪録》卷下 濟寧故老十餘人，莘士先生其一人也。閒居寬衣博帶。以木綿製短勒鞾厚底，拄過頭杖，修眉如雪，長髯至腹，容度舒遲，談論雄偉，儼如商皓。

明・徐樹丕《識小録》卷一《東坡用熙載事》 東坡以玉帶贈寶覺，寶覺以衲衣酬之。坡謝以詩曰：病骨難堪玉帶圍，鈍根仍落箭鋒機。欲教乞食歌姬院，故與雲山舊衲衣。按，熙載仕江南，每得俸給，即散后房歌姬，已，披衲持鉢，就諸姬乞食，率以爲常。坡乃用此事。

清・俞樾《茶香室四鈔》卷四《雪堂東坡像》 宋陸游《入蜀記》云：東坡地勢，平曠開豁。居士亭下，一堂頗雄。四面畫雪堂，中有蘇公像。烏帽紫裘，横按筇杖。按，今人多摹東坡笠屐像，然此像亦殊佳。披裘按杖，何必笠屐。

洗滌保養

綜　述

明・劉基《多能鄙事》卷四 洗練法。洗衣及氈法。猪蹄爪煎湯，乘熱洗之，污穢即去。

洗竹布法。竹布不可揉，揉則隨手破折，須摺叠起，以隔宿米泔浸半日，却用温水淋，以手按乾曬，則垢膩皆自去。

洗蕉葛布法。清水柔梅葉洗其衣不脆，或以梅葉泡湯洗之亦可。

洗糨鉄驪布法。松子肉研細，糨之不脆。又法：用茶末少許，入糊糨之。或煎濃茶，入香油一滴糨亦佳。

洗羅絹法。凡羅絹衣稍有垢，便摺置桶中，温泡皂筴湯洗之，頓翻轉，且浸且拍，垢膩出盡。却過别器，以温湯浸之又拍，勿展開，徑搭竹竿上，候水滴絶，乃展開穿晾。不漿不熨，候乾摺藏。

洗綵色法。凡洗綵色垢衣，先用牛膠水浸半日了，温湯洗之。

洗白衣法。白菖蒲用銅竹刀薄切暴乾作末，先於盆内用水攪了，將衣擺之，垢膩自脱，皂角不如。又法：萕莧菜莖燒灰淋汁洗。又法：煮芋汁洗，皆佳。

洗皂衣法。濃煎梔子湯洗之。

練絹法。凡用釃柔柴灰，或豆稭蕎麥秆灰，或竈中硬柴白炭灰煮熟了，然后用猪胰練帛之法，須俟灰大滚下帛，候沸不住手提轉，勿過熟，過熟則爛，勿夾生，夾生則脆。驗生熟以所煮絹就手扭些，隨手散即未熟，再煮候扭住不散爲度。

用胰法。猪胰一具，同灰擣成餅陰乾，用時量帛多少，剪用稻草一條，折作四指長條，搓湯浸帛，如無胰，只用瓜蔞去皮取穰剁碎，入湯化開，浸帛尤好。瓜蔞即栝樓，俗呼杜瓜。

糨木綿布法。銀杏研入粉糨之，即不吸損綿絹。

洗黄草布法。肥皂水洗取清灰汁浸壓之，勿揉。

洗黄坭污衣法。生姜汁挼了，以水擺去之。

洗油污衣法。滑石、天花粉不拘多少爲末，將污處以烘熱，以末糝振去之，未盡再烘再糝，甚者不過五度。又法：葱白連須一握入瓶煎，綳定污處，用湯注之，勿揉，只以口含新水少許著入，口微引水注污處，以手摩洗即去。又法：白墡坭、黑牽牛等分，滑石減半爲末，鋪草紙一層，粉藥於上，將污處鋪藥上，又糝末鋪紙二重，以熨斗慢火熨之小刻，彈去末。又法：以滑石、白石脂、軟石膏爲末，火炒和匀，用紙隔污處，糝藥在上，又紙隔熨之。又法：以蚌粉厚糝污處，以熱熨斗坐糝處即去。又法：用醋洗之。

洗桐油污衣法。沸煎清浄寫在水中三遍，口中亦念洗去，甚妙。

洗油污書畫法。海漂蛸、滑石各二錢，龍骨一錢半、白垩一錢，共爲細末，用紙如污衣法熨之。大凡污多時已乾者，仍以油漬迹大不妨，否則以水浸一宿，絞乾用藥亦可。

洗漆污衣法。杏仁、川椒等分爛研，揩污處浄洗之。

洗墨污衣法。杏仁去皮，尖茶子等分爲細末，糝上温湯擺之。洗字則壓去油羅，極細糝字熨之。又法：黑牽牛生爲末洗之。又法：嚼棗肉洗之。又法：生杏仁細嚼擦污處漬透，熱湯一洗盡去無迹。洗油亦可。又法：以新采天南星就絹上磨墨染即换，頻揩自去。又法：先用猪胰温水潤污處，次以夜明沙擦洗之即去。又法：以白梅槌洗之。又法：以醬洗之。又法：用亂髮揩洗之。洗字亦可。又法：以口含清水自筋頭溜下污處，逐旋揉洗之。又法：用乾飯擦以水洗之。

又洗油法。骨灰爲末糝上，以紙隔温熨斗熨之，勿熱，熱則成紅色。

洗蟹黄污衣法。用蟹中腮揩之則去。

洗墨衣法。用大蒜揩如南星去墨法。

洗血污衣法。用冷水洗即去，灰湯亦可。

洗青黛污衣法。嚼杏仁洗之。

洗牛油污衣法。嚼粟米洗之。

洗瘡汁污衣法。牛皮膠洗之。

濕洗墨油方。皂角一枚，去皮弦乾。棗五個，渭石半兩，豆豉一兩，爲細末。杏仁合和，遇有油墨污水蘸濕用。

出油藥方。龍骨、海漂蛸、滑石、定粉各一兩，風化石灰四兩爲細末，冬月熱磚上熥，夏月日炙。

洗苧布法。梅葉擣取汁，以水和浸布後，用清水漂之，帶水鋪浄地曬乾，未白再浸再曬。

造回回撒蓬法。草與北酥和，取杭州西湖底青泥下紅，洗時先用透撒上藥即按，勤洗不可則爛衣。洗衣茶花子，湖州有之，用同前法。

洗蠅矢污衣冠法。草捲成束堅定，擦之即去。

取錯字。蔓荆子二錢，龍骨一錢，柏子霜半錢，定粉少許，右同爲末，點水字上，以末糝之，候乾即拂去。

洗象牙器物。水煮木賊，令軟擦之，却以甘草湯洗之。又法：白梅煮湯洗之，插芭蕉樹中二三日，出之如新。又法：以阿膠水尾刷刷之，然後再滌。又法：淺盆貯水，以牙物浸其中，烈日暴三五日，候瑩白爲度。

洗玳瑁魚魫法。以肥皂挼冷水洗，清水滌過，再用淡鹽水，出色妙，最忌熱水。

洗真珠法。先以人乳浸一宿，次日以益母草燒灰淋汁入麩麵少許，絹袋盛珠，輕手揉洗，忌近麝香。

洗油浸珠法。以鵓鴨矢曬乾，燒灰，熱湯淋澄汁，絹袋盛珠，洗之。

洗赤蕉珠。以木槵子皮，熱湯炮水洗，研蘿蔔汁淹一宿，即白浄。又法：芭蕉水浸一宿，洗之即白。

洗刀法。鐵皮杉木炭鐵艶粉爲細末，以羊脂炒乾爲度，用之擦刀，光如皎月。

洗油絹衣法。生藕擦洗之。

洗油靴法。用梨心擦洗之。

洗油帽法。以芥末打成膏，糊上候乾，以冷水淋洗之。

洗簪梳上油膩法。新瓦盛新石炭，以油膩漬物揮灰中，烈日暴之，翻滲去油候浄，洗之爲佳。

明・楊慎《譚苑醍醐》卷三《薰服澤燕》　賈誼《新書・輔佐篇》云：罷朝而論議，從容澤燕，夕時開北房，從薰服之樂。薰服謂宫人蘊蘭麝而被羅綺者也。澤如《史記》微聞香澤之澤。《荀子》云：代睪而食。注：睪，蓋香草也，即所謂蘭茝本也。或曰當爲澤，澤，蘭也。《士虞禮》：因著用茶，實纓澤焉。俗書澤字並水旁睪，傳寫誤也。代睪而食，謂焚香氣之歇，即更以新者代之。又云側載睪芷以養鼻，可以証矣。

明・張岱《夜航船》卷一九《物理部・衣服》　夏月衣霉，以東瓜汁浸洗，其迹自去。北絹黄色者，以鷄糞煮之即白，鴿糞煮亦好。墨污絹，調牛膠塗之，候乾揭起，則墨與俱落，凡絹可用。血污衣，用溺煎滚，以其氣薰衣，隔一宿以水洗之，即落。綠礬百草煎污衣服，用烏梅洗之。鞋中著樟腦，去脚氣。用椒末去風，則不疼痛。洗頭巾，用沸湯入鹽擺洗，則垢自落。一云以熱麵湯擺洗，亦妙。

槐花污衣，以酸梅洗之。絹作布夾裏，用杏仁漿之，則不吃絹。伏中裝綿布衣，無珠，秋冬則有。以燈芯少許置綿上，則無珠。茶褐衣緞，發白點，以烏梅煎濃湯，用新筆塗發處，立還原色。酒醋醬污衣，藕擦之則無迹。霉蘙衣，以枇杷核研細爲末，洗之，其斑自去。氈襪以生芋擦之，則耐久而不蛀。紅莧菜煮生麻布，則色白如苧。楊梅及蘇木污衣，以硫黄烟薰之，然後水洗，其紅自落。油污衣，用蚌粉熨之，或以滑石、或以圖書石灰熨之，俱妙。膏藥迹，以香油搓洗自落，後用蘿蔔汁去油。墨污衣，用杏仁細嚼擦之。洗毛衣及氈衣，用猪蹄爪湯乘熱洗之，污穢自去。葛布衣摺好，用蠟梅葉煎湯，置瓦盆中浸拍之，垢即自落，以梅葉揉水浸之，不脆。油污衣，用白麵水調罨過夜，油即無迹。去墨迹，用飯粘搓洗，即落。羅絹衣垢，摺置瓦盆中，温泡皂莢湯洗之，頓按翻轉，且浸且拍，垢穢盡去。棄前水，復以温湯浸之，又頓拍之，勿展開，候乾摺藏之，不漿不熨。顔色水垢，用牛膠水浸半日，温湯洗之。洗白衣，白菖蒲用銅刀薄切，曬乾作末，先於瓦盆内用水攪匀，捋衣擺之，垢膩自脱。洗紬絹衣，用蘿蔔汁煮之。洗皂衣，濃煎梔子湯洗之。

黄泥污衣，用生薑汁搓了，以水擺去之。洗油污衣，滑石天花粉不拘多少爲末，將污處以炭火烘熱，以末糝振去之。如未浄，再烘，再振，甚者不過五次。漆污衣，杏仁、川椒等分研爛揩污處，浄洗之。墨污衣，用杏仁去皮，尖茶子等分爲末糝上，温湯擺之洗，字則壓去。油羅極細末糝字上，以火熨之。又法：以白梅搥洗之。蟹黄污衣，以蟹臍擦之即去。

血污衣，即以冷水洗之即去。洗油帽，以芥末搗成膏糊上，候乾，以冷水淋洗之。

明・佚名《便民圖纂》卷一五《製造類下》　治壓衣。用大蒜搗碎，擦洗壓處即浄。

去墨污衣。用棗嚼爛搓之，仍用冷水洗，無迹。或用飯擦之，或嚼生杏仁旋吐旋洗皆可。

去油污衣。用豆粉厚摻污處，以熱熨斗坐粉上，良久即去。或用蕎麥麵鋪，上下紙隔定，熨之無迹。或用清沸湯泡紫蘇擺洗。若牛油污者，嚼生粟米洗之，羊油污者，用石灰湯洗之，皆浄。

洗黄泥污衣。以生薑挼過，用水擺去。

洗蟹黄污衣。用蟹中腮揩之即浄。

洗青黛污衣。嚼杏仁洗之。

洗血污衣。用冷水洗即净。若瘡中膿污衣，用牛皮膠洗之。

洗皂衣。用梔子濃煎，洗之如新。

洗白衣。取豆秸灰，或茶子去殼洗之。或煮蘿蔔湯，或煮芋汁洗之，皆妙。

洗綵衣。用牛膠水浸半日，以温湯洗之。又法：用豆豉湯熱擺，油去色不動。

洗葛焦。清水揉梅葉洗之不脆，或用桃葉搗碎泡湯洗之亦可。

洗竹布。竹布不可揉洗，須摺起，以隔宿米泔浸半日。次用温水淋之，用手輕按，曬乾，則垢膩盡去。

洗毛衣。用猪蹄爪煎湯，乘熱洗之。

洗黄草布。以肥皂水洗，取清灰汁浸壓，不可揉。

漂苧布。用梅葉搗汁，以水和浸，次用清水漂之，帶水鋪曬。未白，再浸再曬。

洗羅絹衣。凡羅絹衣服，稍有垢膩即摺置桶内，温皂角湯洗之，移時頻頻翻覆，且浸且拍，覺垢膩去盡，却別過温湯，又浸又拍，不必展開。徑搭竹竿上，候滴盡方展開穿眼，候乾拍之。

治漆污衣。用油洗或以温湯略擺過，細嚼杏仁接洗又擺之，無迹。或先以麻油洗去，用皂角洗之，亦妙。

治糞污衣。埋土中一伏時取出洗之，則無穢氣。

練絹帛。先用釅桑灰或豆秸等灰煮熟絹帛，次用猪胰練帛之法，伺灰水大滚下帛，須頻提轉，不可過熟，亦不可夾生，若扭住不散則帛方熟。

用胰法。以猪胰一具同灰搗成餅陰乾，用時量帛多寡，剪用稻草一莖摺作四指長，搓湯浸帛。如無胰，瓜蔞去皮，將穰剁碎入湯化開，浸帛亦可。

漿衣。用新松子去殼細研，以少水煮熟入漿内，或加木香同煮尤佳。凡漿，以熟麵湯調生豆粉爲之極好，若用白墡土灰漿，垢膩易洗。

熏衣除虱。用百部、秦艽搗爲末，依焚香様，以竹龍覆蓋，放衣在上熏之，虱自落。若用二味煮湯洗衣，尤妙。

去蠅矢污。凡帽巾上，取蟾酥一蜆殼許，用新汲水化開，净刷牙蘸水遍刷過，候乾則蚊蠅自不作穢。或用燈草成束捲定堅擦，其迹自去。

絡絲不亂。木槿葉揉汁浸絲則不亂。

收氈物不蛀。用芫花末摻之，或用曬乾黄蒿布撒收捲，則不蛀。

收皮物不蛀。用芫花末摻之則不蛀，或以艾捲置瓮内，泥封瓮口亦可。

收翠花。用漢椒雜茱盒中收貯。收時防蟻，曬時防猫，若曬其羽則色昏。

洗玳瑁魚魫。以肥皂挪冷水洗，清水滌過，再用鹽水出色，最忌熱水。

洗真珠。用乳浸一宿，次日以益母草燒灰淋洗，入麩少許，以絹袋盛珠，輕手揉洗，其色鮮明。忌近麝香，能昏珠色。

被油浸者，用鵝鴨糞曬乾燒灰，熱湯澄汁絹袋盛洗。

色焦赤者，以梔子皮熱湯浸水洗，研蘿蔔淹一宿，即白净。

赤色者，以芭蕉水洗兼浸一宿，潔白。

犯尸氣者，以一敏草煎汁麩炭灰揉洗，潔净。

洗象牙等物。用阿膠水刷之，以水再滌。又法：水煮木賊令軟，掇洗，以甘草水滌之。又法：煎盤貯水浸之，烈日中曬，候瑩白爲度。

又 造衣香。甘松、藿香、茴香、零陵香，各一兩略焙。檀香搗碎，酒浸，蒸過焙乾。丁香各半兩共爲粗末，紙包，近肉或枕中放七日，入腦麝少許，則香透衣内。

清·陸以湉《冷廬雜識》卷八《油污衣方》 油污衣，麵塗法最佳。用生麥粉入冷水調勻，厚塗污處，越宿乾透，以百沸熱湯和皂角洗之，油化無迹。

清·方以智《物理小識》卷六《衣服類·各種污衣洗法》 緑礬百藥煎污衣，烏梅湯洗。槐花污衣，酸梅湯洗。楊梅蘇木污衣，硫黄烟熏，然後洗之。染漆以香油洗，更以蘿蔔煩潤之。酒醋醬污衣，藕洗之。酒污衣，井水澆洗，日曬無痕。糞污衣，埋土内一時，取出水洗。蚊蠅糞污衣，燈心蘸水擦之。（暄曰：黄泥污衣，生薑汁挼以水擺之，又如嘗洗各種衣亦有法。彩色衣，牛膠水浸半日，温湯洗。皂衣濃煎梔子湯洗，白衣菖蒲末攪水擺之。又法：蘿蔔汁洗，皂角不及。洗蕉葛，清水揉梅葉汁洗，泡湯亦可。羅絹衣，皂莢温湯洗，垢净，復過別器，另湯浸又洗。其摺浸不揉，反覆拍洗，帶水搭竿上，候水滴乾乃展攤，與洗葛同法。）

洗衣黴。用老梅葉摩挲洗之，黴即落。凡萊菔湯、西瓜汁、大蒜汁、枇杷核洗皆去漿。

洗衣上黑法。用杏仁、半夏、生白果搗爛挼之，或專搗半夏水挼，一洗即去。又法：稠牛膠塗污處，乾後揭膠，黑亦去。又法：以冷飯搗爛推之，或嚼酸棗洗。又法：畫魌字符於杯水上，以此蕩之，則黑去。又法：以氣呵透，以水洗之。暄曰：包飯挼捏，飯出黑即出矣。

去衣垢膩法。用茗蓬灰或萊菔豆秸灰洗之，芋汁洗膩衣如玉。

洗衣上油法。鋪炭灰滑石熨去，或蘿蔔湯洗或麵塗紙托，乾後揭去，氈褐衣煎猪蹄爪湯熱濯，青紵絲用慈孝竹茹揩去之。其起油末用龍骨兩半，滑石一兩，海螵蛸、白墡土各二兩，糝污處，紙隔熨之，油污舊迹，復用油潤污處熨之，一曰炒石灰三升，將油污處入灰内探洗，即脱。一曰嚼蘿蔔吐污處煩撋之，水濯無痕，又黑油煮酒洗，香油水膠洗，凡油衣油紙，浥香油即爛。中通曰：以人溺洗油衣，油去無迹。

洗真紫衣油污法。燒紅炭泡汁，乘熱擺去，不經手爲宜。

洗衣上血法。煎小便滚气薰衣一宿，來日洗，或蘿蔔擦，或紙蘸水擦，或冷水濯，皆無迹。一法：含水與筯，從筯落於血處挼洗之。

衣發白點。茶褐衣段發白點，烏梅煎濃湯，筆蘸塗發處還原色。

夏月衣蒸。以冬瓜汁浸洗。

洗舊紅纓法。醬盦少時洗之，雪水洗則净，醋洗則紅。染用酸醬水，毛段皆肰。中通曰：用皂角洗去垢復紅。

紙被舊。毛起將破，用黄蜀葵梗五七根槌碎，水浸其涎而刷之，則如新。嫌紙被作聲則以芝麻萁烟熏之。

洗笠法，笠子油污或汗透者，以烏頭煎濃湯洗之。中通曰：得勒蘇草帽若黄，用硫黄熏之即白。

氈衣。擦生芋耐久不蛀，氈垢温水真醋洗，皮氈襖帽皆不可曬，曬反生蟲，惟宜風吹。暄曰：毛衣及氈，以猪蹄爪煎湯熱洗亦可。

洗漆巾。炒糯米黑，濃煎汁，塗巾如新。

洗頭巾。用沸湯入鹽擺洗，則垢自落。一云以熱麵湯擺洗亦妙。

鞋。鞋中著樟腦，去脚气。用椒末去風，則不痛冷。以茯苓、貫衆、天仙子、狼毒草、烏豆、白礬、五靈脂等分，煮新布鞋曬乾，冬不透風寒，夏凉不漏水。

裘襖。集塵灰，粘楊花，生蛀，若有虱，反裘置霜露中，虱絶。凡裘近土壁，久則毛落。中通曰：宜收新瓮中，青布包紙封之。張家口夏收諸皮，以乾沙置缸，一層皮一層沙壓之。

褐。貯木器中蛀生。中履曰：黄蒿曝乾捲收不蛀，凡毛褐氈皮皆畏杉木。

洗絲。以木槿葉不麥，練用稻稿灰煮胰，陳宿浣之。烏梅不及。

單衣過寒暑法。五靈脂、半夏、天仙子、草鵶各一兩，用水七升入布袍煮之，輕輕慢火煎熬至盡，日中暴燥，雪後穿此單衣如十斤綿，此名焦光過冬衣。一法：加貫衆、狼毒、白礬，其王仲都暑衣法，則龍涎石乳塗青布也，酷日中行，熱不透裏，自咽冰梅，緩步可以無汗。中履曰：乾早穀苗，三伏暴之，捶柔以鋪鞋底，則冬暖不必向火。農家以早穀草鋪床，以冬自發熱也。北騎靴沓狗皮行纏，不用纏指，使指常自動轉，則氣行不凍。

氈絨。陝西平凉畜羊，一年兩翦之。先梳下絨，其粗毛以杆氈，春毛氈作襏襫。雨不入，以有力也。南方加絮，故不可勝雨。滇氈雨衣亦佳。其犏牛絨則出西寧小西天者，秦邊畜牧爲生，羊自環角外衛以却狼，其犏牛成群，行人備紅衣擲之，群牛争此紅衣，則行人過去矣。

拔絨，一蓑衣羊，一喬芀羊，内毳細耎曰山羊，以别於綿羊也。山羊絨有二，搊絨，梳下也。拔絨，手捋也。

皮類。貂鼠輕温，有銀鼠、青鼠、紫鼠、天鼠皮，狐腋有玄白二色。猞猁猻即土豹也。狼皮至煖，羊羔猶透風也。虎豹熊鹿貂貅可爲韉褥，今更有天馬皮，此皆陸產者也。海獺皮有警則毛毅，膃肭皮取煖，海鼠皮催生，凡風潮時則毛起，此取諸水產者也。擴皮塗硝火熏，皂皮入杏仁，色更光黑。虛舟子曰：麂皮禦蝎，不及水獺。狼皮著體，警亦毛毅。黑狗皮褥，壁虱不越。劉昌《縣笥瑣談》：四川貢獸皮有石虎者，似猫而小，正類貂，文所謂黟鼠。劉客生曰：關外狐毛，見底青黑，内地吹開，即見白色。

絲綿。結繭時炭火烘曰出口乾。絲登車火照之曰出水乾。是爲上繭繅絲。其漬漏者鍋底綿，及繭殼外浮絲曰絲筐，用稻草灰煮過，傾入清盆，取綿凡湖綿以六七寸口者爲美，其闊者哆而剪之，僞者以蛤粉入之，作綿紬者以鉛錘墜搓成繖。

雜録

唐・釋玄應《一切經音義》卷一六《小乘律論》 楝木。力見反。楝木子如指，白而粘，可以浣衣也。

唐・朱揆《釵小志》 萱草浣衣。鄭玄令婢萱草浣衣。

宋・釋贊寧《物類相感志》卷一二《草部・莽草》 周氏剪氏掌除蠹物，以莽草薰之，謂蠹物穿人器物者，虫魚是也。今人衣服盡衮中多食，以莽薰刹之。

宋・莊綽《雞肋編》卷上 浙中少皂莢，澡面浣衣皆用肥珠子。木亦高大，葉如槐而細，生角，長者不過三數寸。子圓黑，肥大，肉亦厚，膏潤於皂莢，故一名肥皂，人皆蒸熟暴乾，乃收。京師取皂莢子仁煮過，以糖水浸食，謂之水晶皂兒。車駕在越，北人亦取肥珠子爲之。食者多苦腰痛，當是其性寒故也。《本草》不載，竟不知其爲何物哉。或云用以沐頭則退髮，而南方婦人竟歲才一沐，止用灰汁而已。

清・陸以湉《冷廬雜識》卷一《麥粉》 嘉慶己卯年，杭城大火，一王姓家四鄰俱毁而巋然獨存。人詢其家有何善行，則曰：無他，惟五世不以麥粉洗衣服耳。余按，仁和沈梅村大令赤然《寒夜叢談》云：麥爲百穀之始，所以養人之生者甚廣，而世人多以之漿洗衣服，甚至裙褲足纏亦用之，云如是則耐著，且易去垢也。今試以一家計之，每日約費麥三合，通十七省四五千萬家計之，每歲共需麥四五千萬石。嗟乎。登之則歷四時，食之則徧天下，徒以區區污私浣衣之故，悉舉而棄諸溝瀆中，暴殄天物，無逾於此。安得家喻户曉，而爲世惜此無窮之福耶。此論最爲明切，無如舉世習慣，莫知警戒也。

婦女服飾部

服裝

綜述

漢・劉珍《東觀漢記》卷二二　鮑宣之妻，桓氏女也，字少君。宣嘗就少君父學，父奇其清苦，以女妻之，裝送甚盛。宣不悅，謂妻曰：少君生而驕富，習美飾，而吾貧賤不敢當禮。妻曰：大人以先生修德守約，故使賤妾侍執巾櫛，既奉君子，惟命是從。妻乃悉歸侍御，服飾更著短布裳，與宣共挽鹿車，歸鄉里。拜姑禮畢，提瓮出汲，修行婦道，鄉邦稱之。案，鮑宣已見班書，此篇以補其闕。范書《列女傳》襲之。

晉・王嘉《拾遺記》卷九《晉時事》　石季倫愛婢名翔風，魏末於胡中得之。年始十歲，使房内養之，至十五，無有比其容貌，特以姿態見美。妙別玉聲，巧觀金色。石氏之富，方比王家，驕侈當世，珍寶奇異，視如瓦礫，積如糞土，皆殊方異國所得，莫有辨識其出處者。乃使翔風別其聲色，悉知處。言西方北方，玉聲沉重而性溫潤，佩服者益人性靈。東方南方玉聲輕潔而性清凉，佩服者利人精神。石氏侍人，美艷者數千人，翔風最以文辭擅愛。石崇嘗語之曰：吾百年之後，當指白日，以汝爲殉。答曰：生愛死離，不如無愛，妾得爲殉，身其何朽。於是彌見寵愛。崇常擇美容姿相類者十人，裝飾衣服大小一等，使忽視不相分別，常侍於側。使翔風調玉以付工人，爲倒龍之佩，縈金爲鳳冠之釵，言刻玉爲倒龍之勢，鑄金釵象鳳皇之冠。結袖繞楹而舞，晝夜相接，謂之恒舞。欲有所召，不呼姓名，悉聽珮聲，視釵色。玉聲輕者居前，金色艷者居後，以爲行次而進也。使數十人各含異香，行而語笑，則口氣從風而颺。又屑沉水之香，如塵末，布象床上，使所愛者踐之，無迹者賜以真珠百琲，有迹者節其飲食，令身輕弱。故閨中相戲曰：爾非細骨輕軀，那得百琲真珠。及翔風年三十，妙年者争嫉之，或者云胡女不可爲群，競相排毁。石崇受譖潤之言，即退翔風爲房老，使主群少。

唐・張鷟《朝野僉載》卷三　睿宗先天二年正月十五、十六夜，於京師安福門外作燈輪，高二十丈，衣以錦綺，飾以金玉，燃五萬盞燈，簇之如花樹。宫女千數，衣羅綺，曳錦繡，耀珠翠，施香粉。一花冠、一巾帔皆萬錢，裝束一妓女皆至三百貫。妙簡長安、萬年少女婦千餘人，衣服、花釵、媚子亦稱是，於燈輪下踏歌三日夜，歡樂之極，未始有之。

唐・夏侯審《香閨韻事》　鞋襪。古制不可考，今制大約有五種，有口平而牆深者，有邊用魚鱗者，有實縫條者，有稍比鞋口高者，有開口用扣者，總以用適爲度，亦不知所始。聞之竟寧中，有繫帶於襪，下連鞋口，上連膝衣，不見史書及野史，故難定。具制度適用與否。但今現行此五等，皆稱適用。薊遼已近邊，其襪口長及於膝，恐非華制，不具録。又有自南潯來者，言見其土人着襪用四片合縫如具足，亦着鞋外，未親見。

又　鞋抽。一名拔跟，有作桃形、花葉形、平頭、扇翅不等。大約平頭者最適用，河北地方又有作裹片拔者，最醜。

又　拄跟。蓮履拄跟，不詳其故，男履因是四片無抽，故用柱跟。女履二片亦用拄跟，誠是贅疣。若如是，何不用一片縫成耶。有心香奩宜深禁絶。

又　高底。高底亦不知所始，今人遍用爲掩足之，其行來倍覺□□，最足亂真，竊所深恶。

又　帶。江南湖中俱用帶，先縫鞋口，更以帶穿入而緊□。鞋口之帶名爲耳，有兩耳、四耳。在抽兩旁，穿帶並抽繫之，最牢縛，不維不墜，且於纏襪，皆覺穩貼，豈自古如是耶。

又　諸式。各種難於筆，陳圖式如左。片，江南北名幫，河南北名瓣，漢南北名畔，山東西名片。

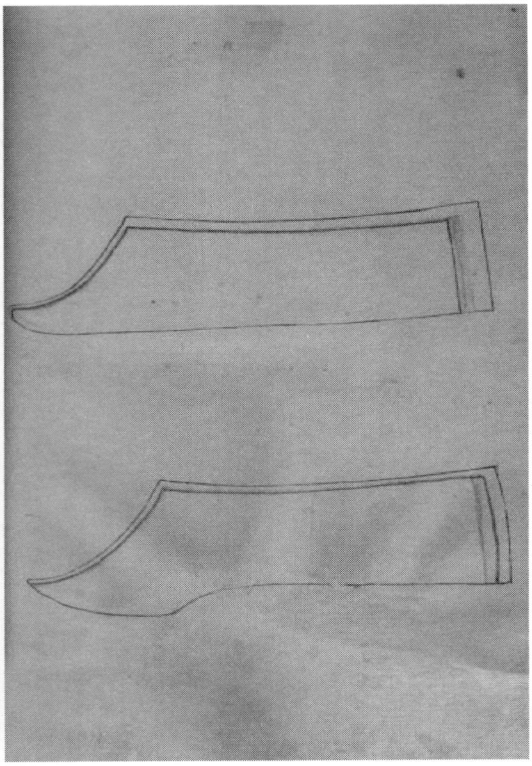

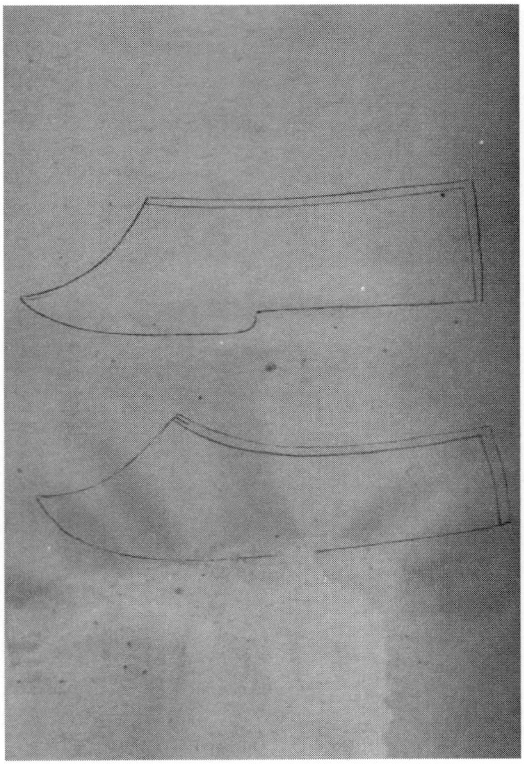

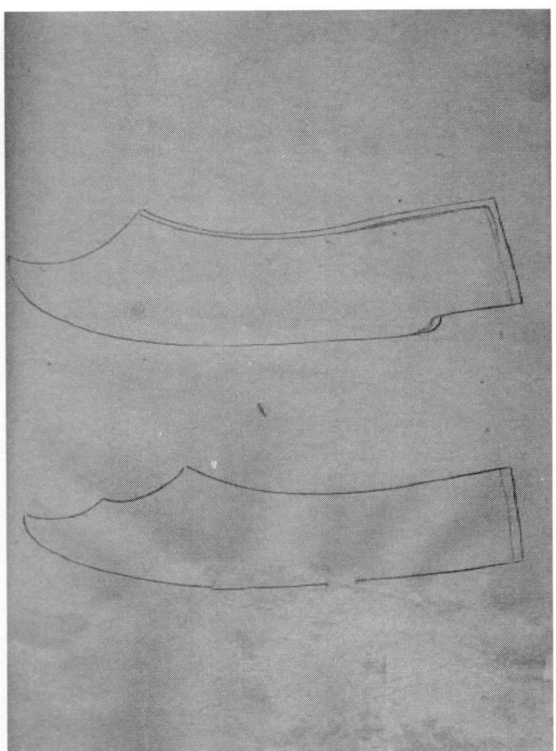

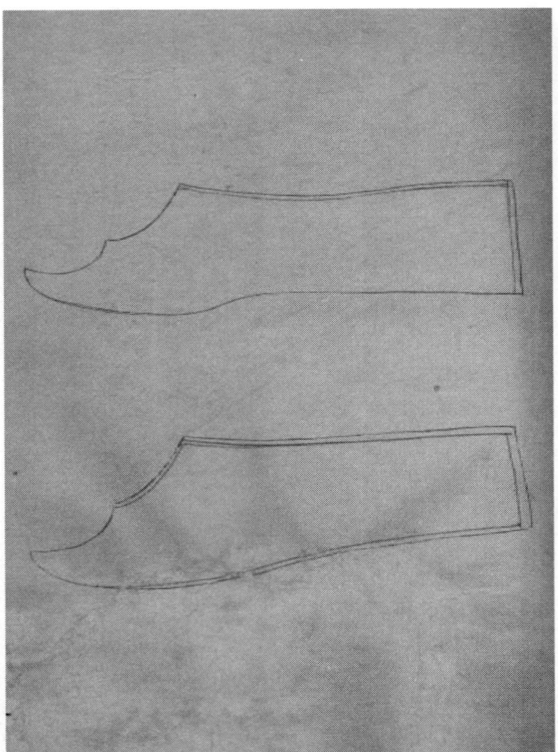

抽，江南北名拔，山東西名提，湖東西名曳。一作携，又作挈。河南北名攬，韃靼名背，只有圓、尖、三角諸式，並圖之。

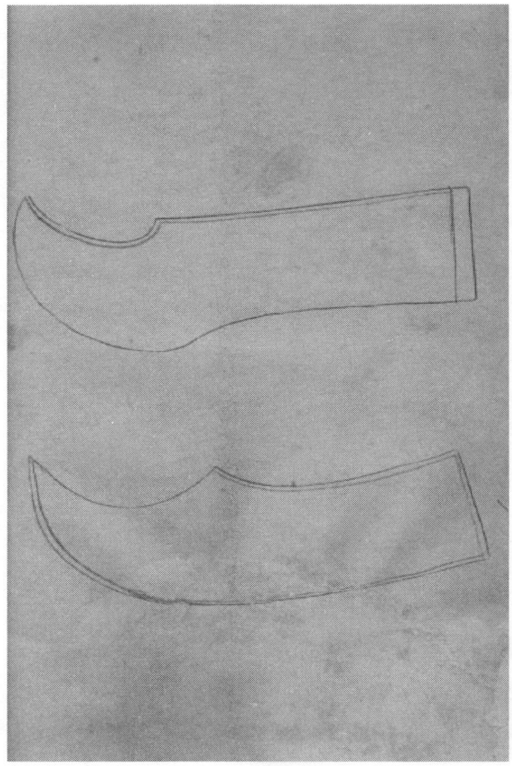

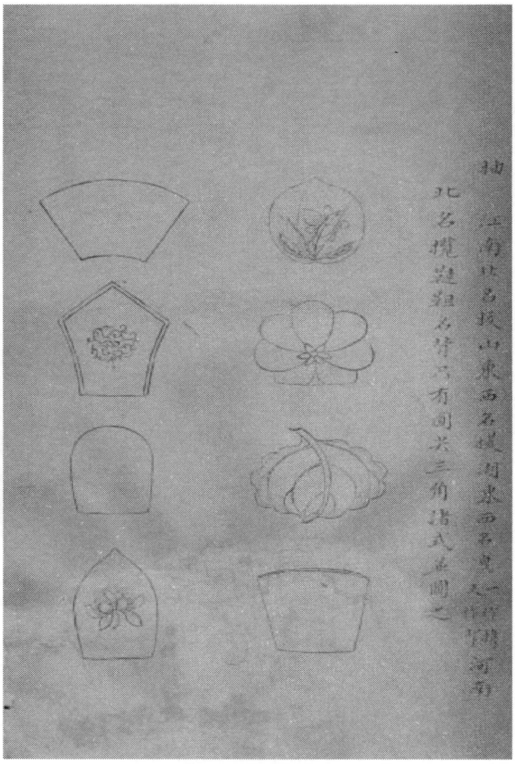

底，有以蘆箔、紙箔、布帛各色爲之者，式圖後。

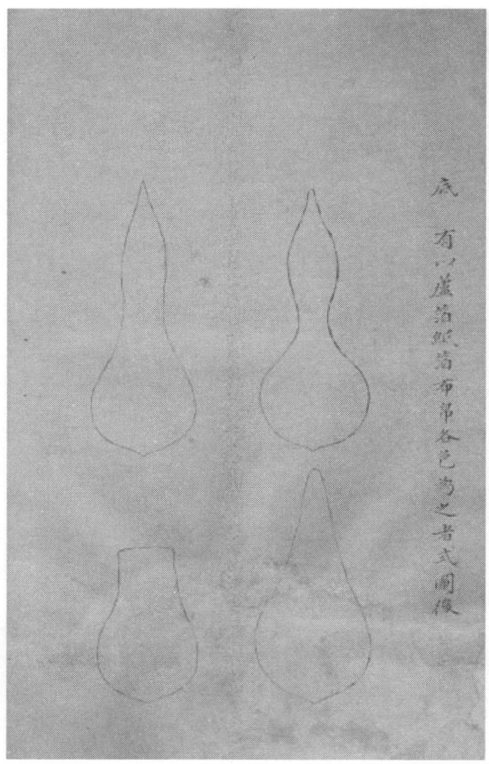

高底，有圓式、海棠、蓮瓣、葵花諸式，近有一種簡式，只取圓版，平去一頭，令少箘亦作趄者。

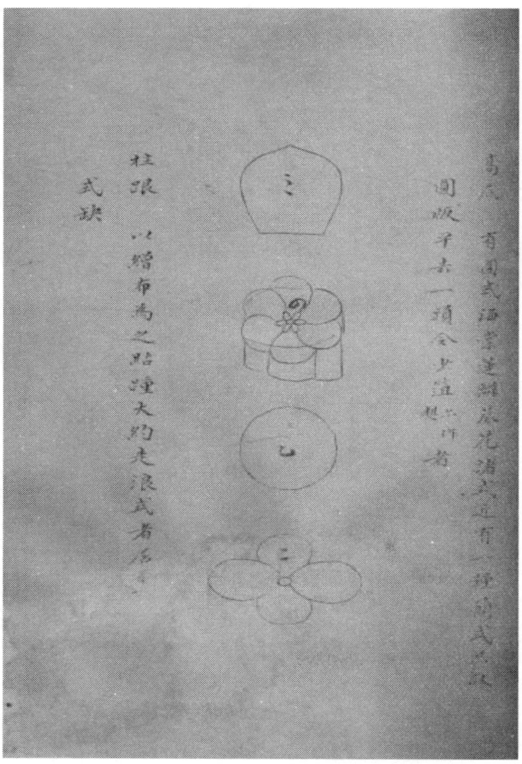

拄跟，以繒布爲之，貼踵，大約走浪式者，居□□□□，式缺。

舃。

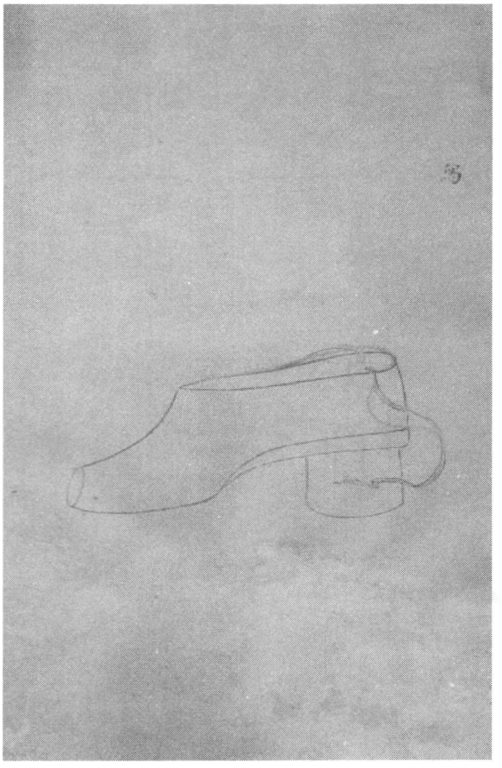

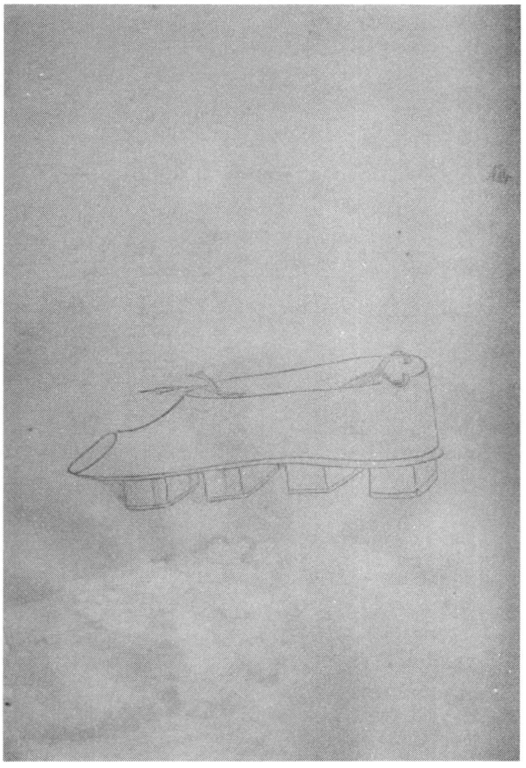

屩。

履，草者名屨，亦名屛。

六朝以上皆不可考，所遺諸式，今制相同，但期適用，不在華美。又見一種鳳頭鞋，圖亦詳之。

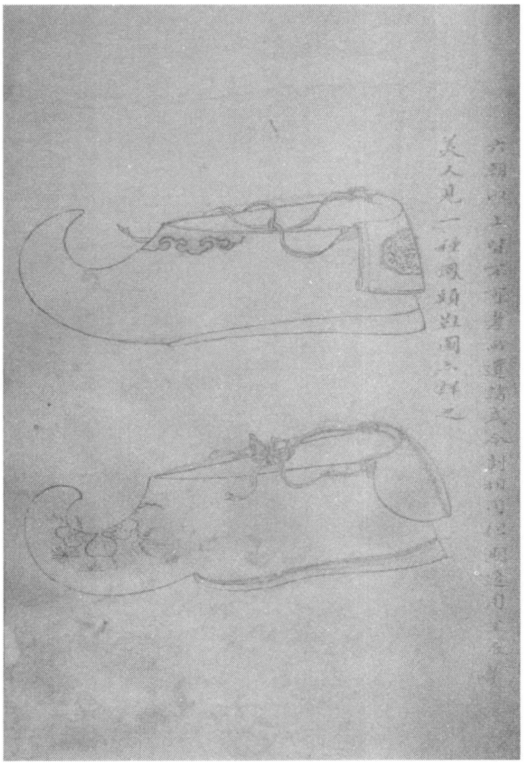

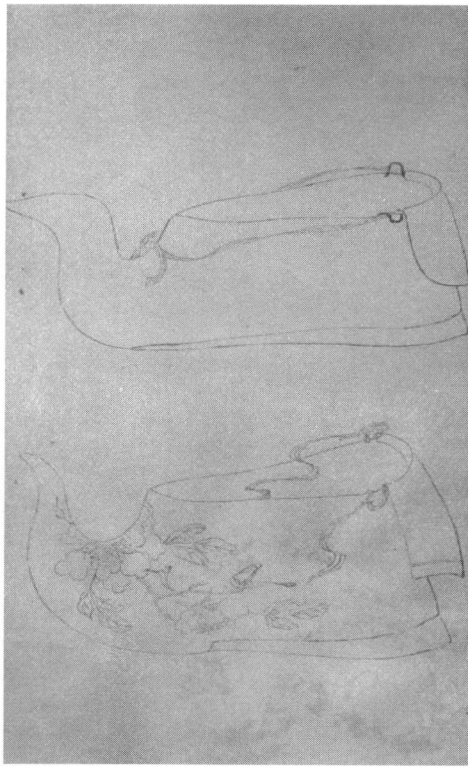

花樣有滿邊、花團、鶴飛、蝶雙、桃蟠、螭長、螭飛、鳳凰、穿花、銜珠、雙龍。月花有葵花一朵、月毬、團鶴、圓龍、蟠螭、飛鶴、鶴壽、龍珠、山水、月圓、一枝桃、翠菊、並頭蓮諸式，不可枚舉，兹著其可知者耳。襪花樣相同。襪，皆兩片合縫，有前後開縫，亦有兩旁俱開縫者。圖後。

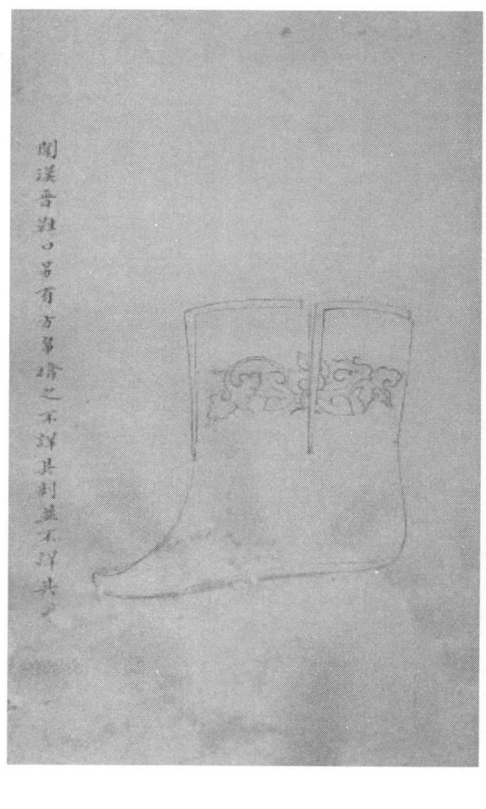

聞漢、晋鞋口，另有方帛揜之，不詳其制，並不詳其口。

膝衣，長可六七寸，惟秀容人長一尺，帶𥐓口。上代人名曰袴腿，古無其制，蓋亦餙僞之用，大約滿花者少在裙下故耳。

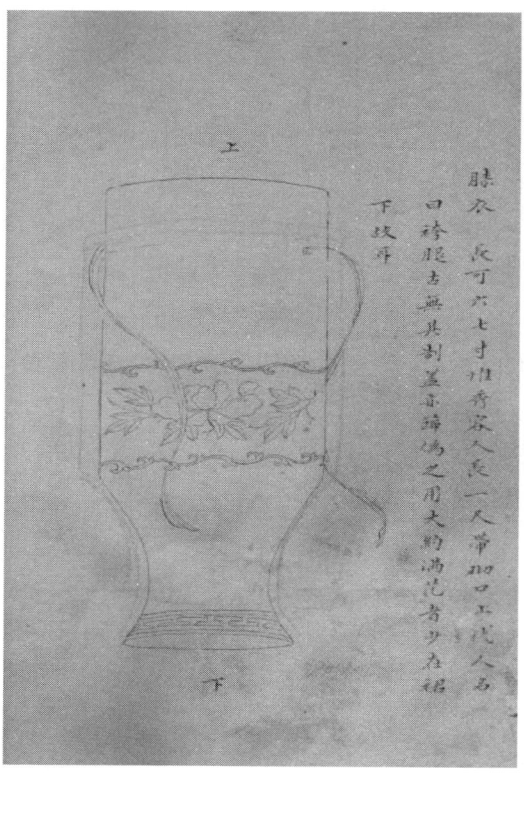

秀容履式。

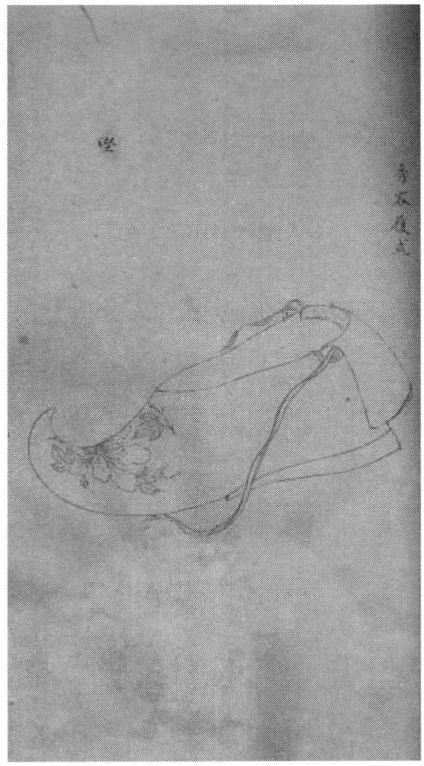

秀容履式亦不等，大約幫大底小，足巨者椎秀容。蓋代人沮渠種類遷徙爲多，故無高底之式，其足亦稍異行，以踵着力，故底皆短。

又 鳳串。其制亦不一，聞始於張麗華，總以行步鏗鏘爲佳。多繫玉珊珠組，想其履制必不如今。故可繫組，組式有以綫穿珠玉，有以蒜結繫𨂂者。而履既今式行，頗礙步間。常擬鞋式可繫串者於左。

右式及論爲予十七八時所著，逮今二十年未加搜輯，必另有式樣，擬欲遍宇内求之，廣爲説圖，年已及老，髮將蒼蒼，心境非昔，境遇又别，惟有禱天祈壽，待境遇稍愜，更續此盟。

唐・康駢《劇談録》卷下 忽一日，有女子年可十七八，衣繡緑衣，乘馬，峩髻雙鬟，無簪珥之飾，容色婉約，迥出於衆。從以二女冠、三女僕，僕者皆丱頭黄衫，端麗無比。既下馬，以白角扇障面，直造花所，異香芬馥，聞於數十步之外。

唐・馮贄《雲仙雜記》卷四《自爲小君裁剪》 李紳爲相，時俗尚輕綃，染蘸碧爲婦人衣。紳自爲小君裁剪。

五代・馮鑑《續事始》 冠子。《實録》曰：軒轅黄帝置冠冕。《漢武内傳》曰：上元夫人戴九雲夜光之冠，王母戴太真冠，晨纓之冠。漢宫掖承恩者，賜碧芙蓉冠子，并緋芙蓉冠子。

又 幞頭。唐初女子不戴幃帽而戴皂羅，方五尺，亦謂之幞頭。至今婦人凶服亦戴之，以布兩幅爲之，齊縗加絰於上。五服外至輕者，以碧紗爲之，俗謂蓋頭帛。

《舊唐書》卷四五《輿服志》 開元初，從駕宫人騎馬者，皆著胡帽，靚妝露面，無復障蔽。士庶之家，又相仿效，帷帽之制，絶不行用。俄又露髻馳騁，或有著丈夫衣服靴衫，而尊卑内外，斯一貫矣。

宋・孔平仲《珩璜新論》 齊隋婦人施羃䍠。羃䍠，全身障蔽也。唐永徽以後，皆用帷帽，施裙，到頸漸爲淺露，若今之蓋頭矣。先是婦人猶乘車轝，唐乾元以來，乃用兜籠，若今之檐子矣。《唐志》載咸亨中敕云：多著帷帽，遂棄羃䍠。曾不乘車，别坐檐子。

宋・李上交《近事會元》卷五《婦人乘檐子及禁斷》 唐高宗咸亨二年，敕曰：百官家口，咸預士流，至於衢路之間，豈可全無障蔽。婦人比來多著帷帽，遂棄羃帷，曾不乘車，别坐檐子。遞相倣效，浸成風俗。過爲輕率，深失禮容，理須禁斷。

宋・周煇《清波雜志》卷二《凉衫》 士大夫於馬上披凉衫，婦女步通衢，以方幅紫羅障蔽半身，俗謂之蓋頭，蓋唐帷帽之制也。【略】爲北地風埃設。

宋・陶穀《清異録》卷下《衣服門・拂拂嬌》 同光年，上因暇日晚霽登興平閣，見霞彩可人，命染院作霞樣紗，作千褶裙，分賜宫嬪。自後民間尚之，競爲衫裙，號拂拂嬌。

宋・王溥《唐會要》卷三一《輿服下・羃䍦》 武德初，襲齊隋舊制，婦人多著羃䍦。雖發自戎夷，而全身障蔽。至永徽已後，皆用帷帽，拖裙到頸，即漸爲淺露矣。龍朔三年，有勅禁斷。初雖暫息，旋又仍舊。

咸亨二年八月二十二日，又勅下：百官家口，咸預士流。至於衢路之間，豈可全無障蔽。比來多著帷帽。遂棄羃䍦。曾不乘車，別坐檐子。遞相倣效。寖成風俗，過爲輕率，深失禮容。前者已令漸改，如聞猶未止息，理須禁斷，自後不得更然。

《新唐書》卷二四《車服志》 初，婦人施羃䍦以蔽身，永徽中，始用帷冒，施裙及頸，坐檐以代乘車。命婦朝謁，則以馳駕車。數下詔禁而不止。武后時，帷冒益盛，中宗乃無複羃䍦矣。宮人從駕，皆胡冒乘馬，海内倣之，至露髻馳騁，而帷冒亦廢，有衣男子衣而鞾，如奚、契丹之服。武德間，婦人曳履及線鞾。開元中，初有線鞋，侍兒則著履，奴婢服襴衫，而士女衣胡服，其後安禄山反，當時以爲服妖之應。

巴蜀婦人出入有兜籠，乾元初，蕃將又以兜籠易負，遂以代車。

又卷三四《五行志一》 唐初，宮人乘馬者，依周舊儀，著羃䍦，全身障蔽。永徽後，乃用帷帽，施裙及頸，頗爲淺露。至神龍末，羃䍦始絶，皆婦人預事之象。

又 高宗嘗内宴，太平公主紫衫，玉帶，皂羅折上巾，具紛礪七事，歌舞于帝前。帝與武后笑曰：女子不可爲武官，何爲此裝束。近服妖也。

又 安樂公主使尚方合百鳥毛織二裙，正視爲一色，傍視爲一色，日中爲一色，影中爲一色，而百鳥之狀皆見。以其一獻韋后。公主又以百獸毛爲韉面，韋后則集鳥毛爲之，皆具其鳥獸狀，工費巨萬。公主初出降，益州獻單絲碧羅籠裙，縷金爲花鳥，細如絲髮，大如黍米，眼鼻觜甲皆備，瞭視者方見之。皆服妖也。自作毛裙，貴臣富家多效之，江、嶺奇禽異獸毛羽采之殆盡。

又 天寶初，貴族及士民好爲胡服、胡帽，婦人則簪步摇，釵衿袖窄小。楊貴妃常以假鬢爲首飾，而好服黄裙。近服妖也。時人爲之語曰：義髻抛河裏，黄裙逐水流。

宋・王得臣《麈史》卷一《禮儀》 婦人冠服塗飾，增損用舍，蓋不可名紀，今略記其首冠之制。始用以黄塗白金，或鹿胎之革，或玳瑁，或綴綵羅，爲攢雲五岳之類。既禁用鹿胎、玳瑁，乃爲白角者，又點角爲假玳瑁之形者，然猶出四角而長矣。至長三二尺許，而登車檐皆側首而入。俄又編竹而爲團者，塗之以緑，浸變而以角爲之，謂之團冠。復以長者屈四角而下，至於肩，謂之亸肩。又以團冠少裁其兩邊，而高其前後，謂之山口。又以亸肩直其角而短，謂之短冠。今則一用太妃冠矣。始者角冠棱托以金，或以金塗銀飾之，今則皆以珠璣綴之。其方尚長冠也，所傳兩角梳，亦長七八寸。習尚之盛，在於皇祐、至和之間。瞽隅子黄晞曰：此無他，蓋大官粗疎耳。

又 丁晉公三十六事，載某氏女子嫁時之服，而篋有襂衣一襲。問其故，曰：若歸夫家，遇私忌，服此慰舅姑耳。今亡此禮，蓋晉公時已廢不用。余謂婦變服而受慰者，其服可知矣。竊講之，而未知所從。在洛時，聞富鄭公私忌，裹垂脚襂，紗幞頭，襂布衫，繫藍鐵帶。此乃今之釋服襂禫服也，余欲行之。余弟光輔曰：不可，聖人緣情制禮，蓋有隆殺。今歲服襂禫，是未嘗從吉也。又在閩，同官李世美，文定之猶子也，問所服云何。世美曰：冠以帽，衣白紵衫，繫黑角帶。訪士大夫家，鮮有知此者。余以謂傳稱：君子有終身之憂，忌日之謂也。是則其服少變常服爲安耳。

宋・佚名《宋人遺裍雜抄》 方絢曰：《雜抄》皆載宋妓髻鬟、簪珥、脂粉、衣履諸事，各有圖繪。惜已殘缺，兹第節其足餘數條而圖説，亦不全。自兩宋道學極盛，凡言及閨裝，輒如觸諱，故行纏一事，宋不足徵。乃教坊妓女則亦以兩宋爲最盛，是編雖不詳作者，然禮失而求之野，聊足存餼羊一綫，若具籤曰宋人遺裍，則更有味乎。其言之不禁爲之掩卷曰：夫如是。

妓每購皆十二以下，八歲以上，鴇母代爲纏脚，纏帶每濶二寸，狹則易緊，長一丈，長則縛貼。第一日請各户會親名繫庫會，是日，酌飲極盛，如妓上頭日列香花燈燭，供柳奶奶，鴇母先拜，次妓，次衆長親。畢，妓拜鴇母并衆親，畢，女待詔前上香。祝畢，移凳，妓西向坐，女待詔南向北向皆安座，次第解去舊帶，改换新帶，纏畢，着新鞋立氈上，就拜送奶奶，訖復拜鴇母并衆親，是第一日禮。

是日略縛不甚緊，嗣後每三日一換鞋，鞋漸緊脚，式底要平、前要尖、後要圓，背要低，指要曲，從來以平、尖、圓、曲、低五字爲式。

纏亦有法，要在一順，女待詔言妓女初纏，只怕骨多肉少，便難得小，故鴇母常以珍羞養妓，并令時時開步，使足肉既豊，則骨已含，便不覺隨纏帶指使。又法纏了後，雙手握住搓揉，待詔又云：有一等皮緊者，須纏了後以小小棒槌輕輕槌之，使肉既軟且易止痛，蓋槌則麻木也。纏後必挾之行百步，便無筋脉不和之病。

附：今教坊大率相同，但又於洗時多浸極熱就湯中搓之，一云洗後又於温酒中浸最佳。

鴇倚妓爲庫，凡上頭纏脚洗浴會中皆有庫字，尤可笑者，鴇死，妓作鞋數雙，或二或四或六或八，皆名墊庫鞋。

附：今教坊亦同。但宋以綵帛爲之，今以紙紮，墊金銀錠，庫内同焚。

鞋有二等，上色妓女着獻笑鞋，繫用紙帛和粘作骨，令挺拔，前開口，後繫帶。

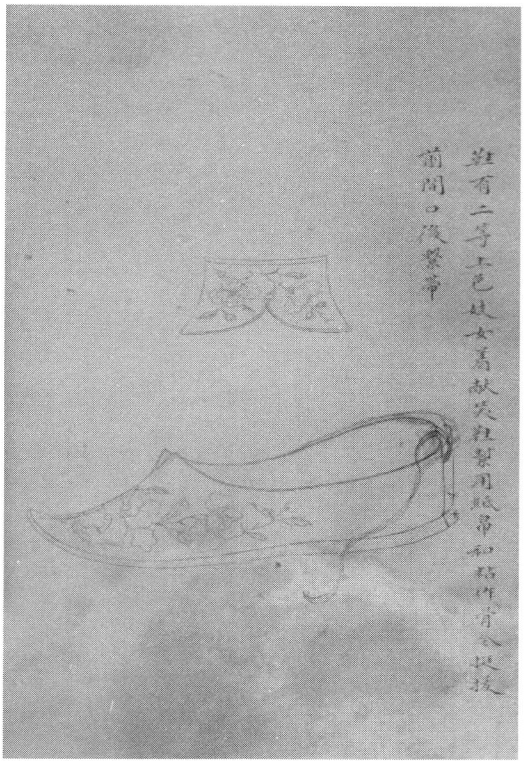

贈鞋，鞋上題曰：不須憑翼舞，何用啟唇言。王妙姉。

中色妓女着媚人鞋，前不開口。

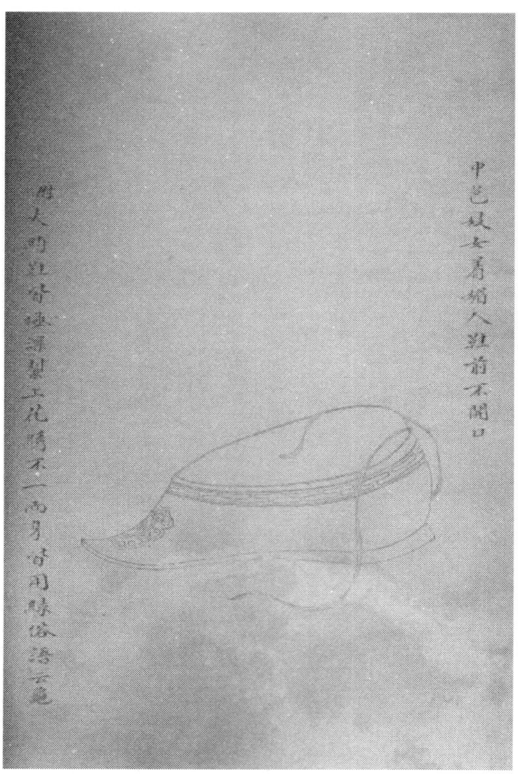

附：大約鞋皆極深，繫上花繡不一，而身皆用緑，俗語云龜。

頭妓脚。

遺愛鞋。說缺。

凡妓女初出門，第一夜着一種鞋，軟底連片，前後不鎖口，以扣扣之，贈梳攏者名借娘鞋。

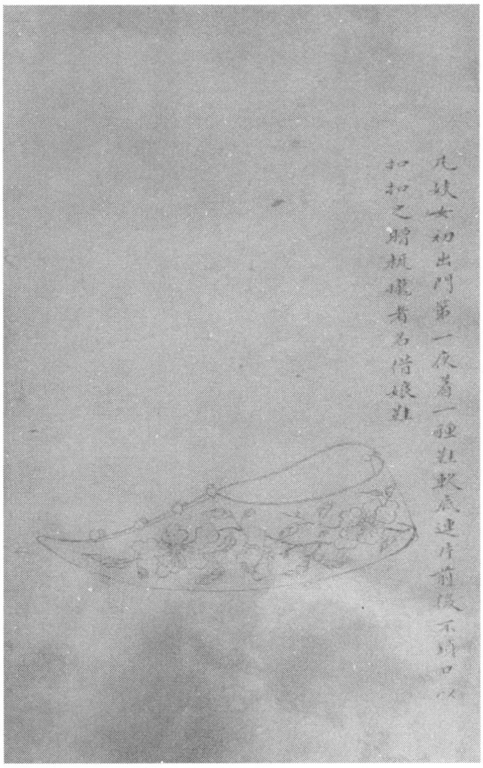

靴式，前後開口，繫帶有拔，名要財靴。

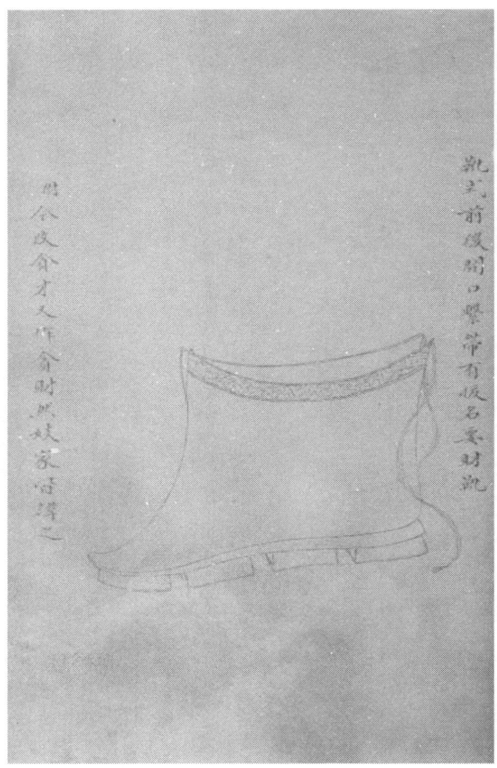

附：今改貪才又作貪財，然妓家皆諱之。

膝衣，上直口，下如瓶，鼓肚，皆一幅裁刓者。

附：今教坊不同，上直斜，下如斧，名遮羞袱子，或綴帶繫之。

襪式上如月，前後開口，皆繫鈕，名不存。

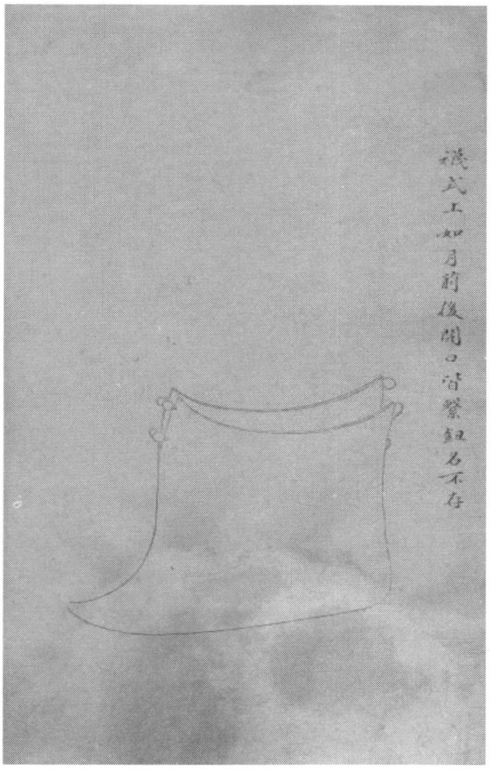

附：今名套錢，亦諱之。但相會疑當作謂字。不着襪，曰：某姐何不帶了套錢來。

屐屨如常，但自用彩漆。漆屐，如今之瓶束腰瓣屨，另以紅草砌作花紋，其式不一，皆不及圖。

遺注：今教坊人興一種袴腿式，如良人婦所衣，而上口如花瓣叢碎，一云有若蓮花十八瓣，名含蓮衣。

元・陶宗儀《南村輟耕録》卷一一《賢孝》 前至元間，杭州有鄭萬户者，天性峻急，不能有所容，而奉事母夫人備極孝道。母誕日垂至，預市文綉氈段，製袍爲壽。針工持歸，縫綴既成，爲油所污。時估貴重，工莫能償，自經不死。鄰婦有識其母者，潛送入白之。至日，卧不起。子至，候問安否，見有憂色，請其故。曰：昨暮偶視新袍，適几上油缶翻，濺漬成玷，我情思殊不佳耳。子告曰：一袍壞，復製一袍可也，夫人何重惜乃爾。母陽爲自解，遂起受子孫拜賀，如常歲儀。人咸以此賢母，而益見萬户之孝。國朝婦人禮服，達靼曰袍，漢人曰團衫，南人曰大衣，無貴賤皆如之。服章但有金素之别耳，惟處子則不得衣焉。今萬户有姓者而亦曰袍，其母豈達靼與。然俗謂男子布衫曰布袍，則凡上蓋之服或可概曰袍。

元・楊瑀《山居新語》 范玉壺作《上都詩》云：上都五月雪飛花，頃刻銀妝十萬家。説與江南人不信，只穿皮襖不穿紗。余屢爲灤陽之行，每歲七月半，郡人傾城出南門外祭奠，婦人悉穿金紗，謂之賽金紗，以爲節序之稱也。

《宋史》卷六五《五行志三・木》 又煜宮中盛雨水，染淺碧爲衣，號天水碧。未幾爲王師所克，士女至京師猶有服之者。天水，國之姓望也。

明・楊慎《譚苑醍醐》卷七《綢繆襶褵》 古者婦人長帶，結者名曰綢繆，垂者名曰襶褵，結而可解曰紐，結而不可解曰締。

明・楊慎《秇林伐山》卷一四《斑罽青頓毷氉羊羧》 史《西域傳》：冉駹人能作斑罽青頓毷氉羊羧。斑罽，今之雜色氈。青頓，今名絲頓，頓音墩。毷氉，今紫氈也。羊羧，今竇裝羊皮，酋長婦女以爲背飾。

又卷一六《離瑜》 《天文志》：月西三星曰離瑜。離與縭同，袿衣也。傳毅所謂華袿飛髾垂纖羅也。瑜，玉飾也。皆婦人之服也。星微則後宮儉，明則後宮奢。

明・楊慎《丹鉛摘録》卷八 袜，女人脇衣也。隋煬帝詩：錦袖淮南舞，寶袜楚宫腰。盧照鄰詩娼家寶袜蛟龍被是也。或謂起自楊妃，出于小説僞書，不可信也。崔豹《古今注》謂之腰綵，註引《左傳》衵服，謂日日近身衣也，是春秋之世已有之。豈始于唐乎。沈約詩：領上蒲桃繡，腰中合歡綺。謝偃詩：細風吹寶袜，輕露濕紅紗。韋莊《應天長詞》云：想得此時情切，淚沾紅袖黦。黦，字義與涴同，而字則讀如涴字，入聲，始得其叶。然《説文》《玉篇》俱無黦字，惟元詞中：馬驟黦，人語喧。北音作平聲，四轉作入聲，正叶。

明・楊慎《丹鉛總録》卷七《冠服類・羃羅考》 古者女子出門，必擁蔽其面，後世宫人騎馬多著羃羅，全身障之，猶是古意。又首有圍帽，謂之席帽，垂絲網之，施以珠翠。至煬帝淫侈，欲見女子之容，詔去席帽，戴皂羅巾幗，而以席帽油褋雨云。唐永徽中，皆用帷帽施裙到頸，漸爲淺露。開元初，宫人馬上著胡帽靚粧露面，古制蕩盡矣。今山西蒲州婦人出以錦帕覆面，至老猶然。雲南鄉中婦女戴次工大帽，亦古意之遺焉。

明・田藝衡《留青日札》卷二〇《屧舄屐》 屧，履中薦也，曰步屧，曰舞屧。吴王宫中有響屧廊，以楩梓板藉地。西子行則有聲，故名響屧。是婦女通服之。韓偓《屧子》詩：六寸膚圓光緻緻。唐尺雖短，謂之六寸膚圓，想亦不纏足也。梁詩畫屧重高墻，畫之者，當是繪以五彩，高墻者，想是闊頰也。今之高底鞋類，履底曰舄，以皮爲之。舄以木置履下，乾濕不畏，古者祭服用之。屐以木爲之，即今之木屐，古婦女亦著之。李白《浣沙石上女》詩：一雙金齒屐，兩足白如霜。今廣東婦女雖晴天白晝亦穿木屐。余嘗戲給事中李孺徵云：樂府有雙行纏，今南海可謂雙行屐矣。因作《雙行屐》云：荔枝醉赬顔，末麗蟠清馥。孔雀隱蘭皋，佳人出茅屋。綉帛謝纏綿，赤脚幸馳逐。白足越羅裙，紅屐奇南木。金齒滑不磨，玉趾纖可掬。西子畫屧聲，東陽素波沐。不雨石琳琅，無雷車轣轆。烈日響洞房，良宵展郎腹。非乏蓮花承，頗厭笋芽縮。知音美自然，絲竹不如肉。孺徵笑曰：足可補香奩新咏也。他日，與李兵部少偕在西湖席上，以金蓮小命題索賦。余復戲之曰：貴地惟有雙行屐耳。舉以誦之，軒渠不能自已。

又《屣鞁鞋》 屣，本作躧。舞履也，足跟不正納。《莊子》：原憲華冠縰履。《史記》：女子則鼓鳴瑟，跕屣。注曰：躡跟爲跕，不着跟爲屣，似今鞁鞋。《釋名》：鞁，小兒履也。鞋，履也。《爾雅》曰：單底白履飾足以爲禮也。三代以皮爲之，朝祭之服也，亦有以葛爲之者。《詩》糾糾葛履是也。秦始皇二年，遂以蒲爲之，名曰鞁鞋。二世加以鳳頭，仍用蒲，即今無後跟凉鞋也。晉永嘉元年，用黄草，宫内妃御皆着。始有伏鳩頭履子，即今黄草心鞋也。梁天監中武帝易以絲，名解脱履。至陳、隋間，吴越大行，而樣差多。古有遠游履，又詩云：足下絲履五文章，平頭奴子提履箱。唐大曆進五朵草履子，建中進百合草履子，大和吴越間織高頭草履，如綾縠。又麻履曰屨，草曰扉。屨乃不帶者，名解脱履。履，朝服。屨，燕服。《荀子》紃屨之士注：編麻爲之。《禮記》注：紃施縫中，若今時絛也。《周禮》：屨人掌王及后之服屨。夫古之婦工，以治内事，今后妃之屨，使臣工造之，可耻甚矣。《唐書》：東女國鞣靬屨也。今鞁鞋，不纏足者曳之。今之纏足者以絲爲鞋，則梁製也。以羊皮銷金箔爲之，則三代之遺意，而極其奢巧也。以蒲草麻葛爲之，則古今之通用也。首以鳳頭、伏鳩、鴛鴦，則昉于秦、晉。綉以雲露、花草，則昉于五朵百合。而其高底鞋，即古之重臺履也。琴面鞋，即笏頭履也。其婦人鞋底，以二色帛前後半節合成，則元時名曰錯到底，不知起于何代。至若飾以金寶、珠玉，則淫風極矣。踐于足者如此，則戴于首者不言可知。

又《女靴》 靴，本胡服，趙武靈王所作。《實録》曰：胡履也。初短靿，以黄皮爲之，後漸以長靿。唐馬周殺其靿，加以靴氈，裴叔通以羊爲之，隱麖加以帶子裝束，蓋婦人皆可服之。并州婦人臨水浣衣，有人换其新靴是也。古人有舞靴，李太白詩：青黛畫眉紅錦靴。楊廉夫詩：綉靴蹴踘勾驪樣，羅帕垂鬟女直妝。

又《女韈》 韈，足衣，今之膝褲。《炙轂子》曰：三代謂之角韈，前後兩隻相成，中心繫帶。至魏文帝吴妃始以綾羅裁縫爲之。曹子建《洛神賦》曰：凌波微步，羅韈生塵。唐楊貴妃錦拗韈，杜牧《咏韈》詩云：鈿尺裁量減四分，纖纖玉笥裹輕雲。五陵年少欺他醉，笑把花前出畫裙。韓偓《屧子》詩：六寸膚圓光緻緻。夫尺減其四分，當亦六分，是即致堯之六寸也。今婦人有不着韈者。太白詩：屐上足如霜，不着鴉頭韈。則唐時已然。

又《婦衣》 《禮》：婦人之服不殊，謂衣裳上下同色也。今惟越人服青爲然。我朝定制，婦人止服絹布，不許用綾錦綺綉，其色只用藍、紫、桃花淺色，不許用青、緑、大紅深色。農民之家方得服紬紗。今則婢子衣綺羅，倡婦厭錦綉矣。

又《袜胸》 今之袜胸，一名襴裙。隋煬帝詩：錦袖淮南舞，寶袜楚宮腰。謝偃詩：細風吹寶袜，輕露濕紅紗。盧照鄰詩：倡家寶袜蛟龍被。袜，女人脇衣也。崔豹謂之腰綵，引《左傳》衵服，陳靈公衷衵服而戲于朝，日日近身衣也，即唐訶子之類。寶袜，在外以束裙腰者，視圖畫古美人妝可見。故曰楚宮腰，曰細風吹者，此也。若貼身之衵，則風不能吹矣。自後而圍向前，故又名合歡襴裙。沈約詩領上蒲桃綉，腰中合歡綺是也。其綉帶，亦名帓帶。今襴裙在内有衲者，曰主腰，領襟之緣尚綉蒲桃花，言其花朵朵圓如蒲桃也。

又《細簡裙》 梁簡文詩：羅裙宜細簡。先見廣西婦女衣長裙，後曳地四五尺，行則以兩婢前携之。簡多而細，名曰馬牙簡，或古之遺製也，與漢文後宮衣不曳地者不同。《韻書》曰：裥裙，幅相攝也。杭婦女闊簡高繫，以軟薄爲尚。北方尚有貼地者，以不纏足，欲裙蓋之也。又杜牧《咏襪》詩：五陵年少欺他醉，笑把花前出畫裙。是唐之裙亦足以隱足也。畫裙，今俗盛行。

明·顧起元《客座贅語》卷九 留都婦女衣飾，在三十年前，猶十餘年一變。邇年以來，不及二三歲，而首髻之大小高低，衣袂之寬狹修短，花鈿之樣式，渲染之顔色，鬢髮之飾，履綦之工，無不變易。當其時，衆以爲妍，及變而嚮之所妍，未有見之不掩口者。宋周煇《清波雜志》言：煇自提孩，見婦女裝束數歲即一變。又趙彦衛《雲麓漫抄》載清微子《服飾變古録》尤備。乃知國家全盛之日，風俗類然。然變易既多，措辦彌廣，人家物力大半銷耗，因之有如宋仁廟之禁銷金、真珠、白角、長冠子，亦挽回靡俗之一助也。服舍違式，本朝律禁甚明，《大明令》所著最爲嚴備。今法久就弛，士大夫間有議及申明，不以爲迂，則群起而姍之矣，可爲太息。

明·史玄《舊京遺事》 高皇帝驅逐故元，首禁元服、元語。今帝京，元時輦轂所都，斯風未殄，軍中所帶火帽既襲元舊。而小兒悉綰髮如姑姑帽，嬉戲如吴兒，近服妖矣。然帝京婦人往悉高髻居頂，自一二年中，鳴蟬墜馬，雅以南裝自好。宮中尖鞋平底，行無履聲，雖聖母亦概有吴風，以袁娘娘之騎馬善射，皇上罷看之後，嬝嬝行步惟工矣。

京都婦人不治女紅中饋，家家御夫嚴整。夫出，婦人坐火炕上煤爐邊，弓足盤盤，便可竟日。爐邊寘牛肉饃饃等諸食饌，助以果物，依食下餐，與闌稍弄脂粉針綫，或料理行廛，以此成俗。兵民之家，内無甔石之儲，而出有綾綺之服，安穩騎驢，候問親戚，自衫襦中單靴褲，皆有店家可賃。或有吉慶之會，婦人乘坐大轎，穿服大紅蟒衣，意氣奢溢，但單身無婢從，卜其爲市傭賤品。上無尊卑等級之差，下有耗財費力之損，富給不可得也。都中婦人尚袨服之飾，如元旦、端午，各有紗紵新衣，以夸其令節。麗者加綉文然，不爲經歲之計，羅裙綉帶，任其碧草朱藤狼藉而已。每過元夕之日、中秋之辰，男子各抱其綺衣，質之子錢之室，例歲滿没其衣，則明年之元旦、端午，又服新也。大抵京師前頭諸色人，供時以奉，是少明净新粧，但欲好取襄王之意。而士女不識所由，争爲東家之效，既已習慣，亦且爲尋常衣服之事，不顧斷盡蘇州刺史之腸矣。

南方女子纖輕膩秀，風來欲吹而弓足難摇，舉體便嫌厚重。北方端麗旖旎，故有内家之容，而玉軟鈎香，上勢嫌遲下體遲，有掌中可舞之態。若如粗濁婦人，舉足直着鞴鞋，則亦與男子無異。至于市門所售之鳳頭鞾，以禦祁寒，不過春笋長大，雖有鞾名，而雙行愈增其美也。

明·徐樹丕《識小録》卷一《營妓持服》 營妓周韶求落籍，作詩云：隴上巢空歲月驚，忍看回首自梳翎。開籠若放雪衣女，常念觀音般若經。韶時有服衣白，故云云。可見當時妓有服尚，然衣白見上官，今之士夫輒墨縗而見官府，豈不悲哉。

清·李漁《閑情偶寄》卷七《聲容部·治服第三》 鞋襪。男人所著之履，俗名爲鞋，女子亦名爲鞋。男子飾足之衣俗名爲襪，女子獨易其名曰褶，其實褶即襪也。古云，凌波小襪，其名最雅，不識後人何故易之。襪色尚白，尚淺紅，鞋色尚深紅，今復尚青，可謂制之盡美者矣。鞋用高底，使小者愈小，瘦者越瘦，可謂制之盡美又盡善者矣。然足之大者，往往以此藏拙，埋没作者一段初心，是止供醜婦效顰，非爲佳人助力。近有矯其弊者，窄小金蓮，皆用平底，使與僞造者有别，殊不知此制一設，則人人向高底乞靈，高底之爲物也遂成百世不祧之祀。有之則大者亦小，無之則小者亦大，嘗有三寸無底之足，與四五寸有底之鞋，同立一處，反覺四五寸之小，而三寸之大者，以有底則指尖向下，而秃者疑尖。無底則玉笋朝天，而尖者似秃故也。吾謂高底不宜盡去，只在減損其料而已。足之大者，利於厚而不利於薄，薄則本體現矣。利於大而不利於小，小則痛而不能行矣。我以極薄極小者形之，則似鶴立鷄群，不求異而自異。世豈有高底如錢，不扭捏而能行之大脚乎。

古人取義命名，纖毫不爽，如前所云，以蟠龍名髻，烏雲名髮之類是也，獨於婦人之足，取義命名，皆與實事相反，何也，足者，形之最小者也，蓮者，花之最大者也，而名婦人之足者，必曰金蓮，名最小之足者，則曰三寸金蓮，使婦人之足果如蓮瓣之爲形，則其闊而大也，尚可言乎。極小極窄之蓮瓣，豈止三寸而已乎。此金蓮之義之不可解也。從來名婦人之鞋者，必曰鳳頭，世人顧名思義，遂以金銀制鳳，綴於鞋尖以實之，試思鳳之爲物止能小於大鵬，方之衆鳥，不幾洋洋乎大觀也哉，以之名鞋，雖曰贊美之詞，實類譏諷之迹。如曰鳳頭二字，但肖其形，鳳之頭鋭而身大，是以得名，然則衆鳥之頭，盡有鋭於鳳者，何故不以命名，而獨有取於鳳，且鳳較他鳥，其首獨昂，婦人趾尖，妙在低而能伏，使如鳳凰之昂首，其形尚可觀乎，此鳳頭之義之不可解者也。若是，則古人之命名取義，果何所見而云然，豈終不可解乎。曰有説焉。婦人裹足之制，非由前古，蓋後來添設之事也，其命名之初，婦人之足亦猶男子之足，使其果如蓮瓣之稍尖，鳳頭之稍鋭，亦可謂古之小脚，無其制而能約小其形，較之今人，殆有過焉者矣。吾謂鳳頭金蓮等字，相傳已久，其名未可遽易，然止可呼其名，萬勿肖其實，如肖其實，則極不美觀，而爲前人所誤矣。不寧惟是，鳳爲羽蟲之長，與龍比肩，乃帝王飾衣飾器之物也，以之飾足，無乃大褻名器乎。嘗見婦人綉襪，每作龍鳳之形，皆昧理僭分之大者，不可不爲拈破。近日女子鞋頭，不綴鳳而綴珠，可稱善變，珠出水底，宜在凌波襪下，且似粟之珠，價不甚昂，綴一粒於鞋尖，滿足俱呈寶色，使登歌舞之氍毹，則爲走盤之珠。使作陽臺之雲雨，則爲掌上之珠。然作始者見不及此，亦猶衣色之變青，不知其然而然，所謂暗合道妙者也。予友余子澹心，向著《鞋襪辨》一篇，考纏足之從來，核婦履之原制，精而且確，足與此説相發明，附載於後。

又 《婦人鞋襪辨》 余懷。古婦人之足，與男子無異。《周禮》有屨人，掌王及后之服屨，爲赤舃、黑舃、赤繶、黄繶、青勾素屨、葛屨，辨外内命夫命婦之功屨、命屨、散屨。可見男女之履，同一形製，非如後世女子之弓彎細纖，以小爲貴也。考之纏足，起于南唐李後主。後主有宮嬪窅娘，纖麗善舞，乃命作金蓮高六尺，飾以珍寶綱帶纓絡，中作品色瑞蓮，令窅娘以帛纏足，屈上作新月狀，着素襪行舞蓮中，迴旋有凌雲之態，由是人多效之。此纏足所自始也。唐以前未開此風，故詞客詩人，歌詠美人好女，容態之殊麗，顔色之夭姣，以至面粧、首飾、衣褶裙裾之華靡，鬢髮、眉眼、唇齒、腰肢、手腕之婀娜秀潔，無不津津乎其言之，而無一語及足之纖小者。即如《古樂府》之《雙行纏》云：新羅繡白脛，足趺如春妍。曹子建云：踐遠遊之文履。李太白詩云：一雙金齒履，兩足白如霜。韓致光詩云：六寸膚圓光緻緻。杜牧之詩云：鈿尺裁量減四分。漢《雜事秘辛》云：足長八寸，脛跗豐妍。夫六寸八寸，素白豐妍，可見唐以前婦人之足，無屈上作新月狀者也。即東昏潘妃，作金蓮花帖地，令妃行其上，曰此步步生金蓮花，非謂足爲金蓮也。崔豹《古今注》東晉有鳳頭重臺之履，不專言婦人也。宋元豐以前，纏足者尚少。自元至今，將四百年，矯揉造作亦泰甚矣。古婦人皆着襪。楊太真死之日，馬嵬媪得錦袎襪一隻，過客一玩百錢。李太白詩云：溪上足如霜，不着鴉頭襪。襪一名膝褲。宋高宗聞秦檜死，喜曰：今後免膝褲中插匕首矣。則襪也，膝褲也，乃男女之通稱，原無分别。但古有底，今無底耳。古有底之襪，不必着鞋，皆可行地。今無底之襪，非着鞋則寸步不能行矣。張平子云：羅襪凌躡足容與。曹子建云：凌波微步，羅襪生塵。李後主詞云：剗襪下香堦，手提金縷鞋。古今鞋襪之製，其不同如此。至于高底之製，前古未聞，于今獨絶。吳下婦人，有以異香爲底，圍以精綾者，有鑿花玲瓏，囊以香麝，行步霏霏，印香在地者。此則服妖，宋元以來詩人所未及，故表而出之，以告世之賦香奩、詠玉臺者。襪色與鞋色相反。襪宜極淺，鞋宜極深，欲其相形而始露也。今人女子，襪皆尚白，鞋用深紅深青，可謂盡制。然家家若是，亦忌雷同。予欲更翻置色，深其襪而淺其鞋，則脚之小者更露。蓋鞋之爲色，不當與地色相同。地色者，泥土磚石之色是也。泥土磚石，其爲色也多深，淺者立于其上，則界限分明，不爲地色所掩。如地青而鞋亦青，地緑而鞋亦緑，則無所見其短長矣。脚之大者則應反此，宜視地色以爲色，則藏拙之法，不獨使高底居功矣。鄙見若此，請以質之金屋主人，轉詢阿嬌，定其是否。

清·李心衡《金川瑣記》卷六上《女子不穿裙袴》 布拉克底部落，毗連崇化，巴旺部落，毗連章谷。兩處男婦服飾，猶與金川相同，所異者未嫁之女子不穿裙袴，上衣極短窄，復用麻綫或羊毛綫，粗細如錢串者千百條，長僅尺許，束腰際，垂掩前陰如簾箔，以獸革裹護尻，自股髀以下，竟亦露無纖縷矣。風吹日暴，色皆類炙脯，嚴冬亦如之，貧富皆然，乍見令人驚詫，此與躶形國何異。士人云，處女恥言裙，必嫁始得衣裙，其彰身制度，何詭異乃爾。

清・褚人穫《堅瓠集》三集卷一《袜》 袜，婦人脇服也。沈約詩：領上蒲桃綉，腰中合歡綺。隋煬帝詩：錦袖淮南舞，寶袜楚宫腰。盧照鄰詩：倡家寶袜蛟龍被。謝偃詩：細風吹寶袜，輕露濕紅紗。意俗所謂抹胸也。崔豹《古今注》：袜謂之腰綵。引《左傳》袙服戲于朝，近身衣也。腰綵疑即暖腰之類。段成式云：見説自能裁袙肚，不知誰更着悄頭。注：袙肚，今之裹肚也。

又四集卷一《紐扣詩》 解大紳見女人衣上用數重紐扣，作詩謔之曰：一幅鮫綃剪素羅，美人體態勝姮娥。春心若肯牢關鎖，紐扣何須用許多。

又補集卷四《冶容誨淫》 《風俗記》云：上有倩盼，下有金蓮。乃女子之美質。今則不然。時有詩云：滿面胭脂粉黛奇，飄飄兩鬢拂紗衣。裙鑲五采遮紅褲，綽板脚跟着象棋。貂鼠圍頭鑲錦袧，袖口。妙常巾帶下垂尻。寒回猶着新皮襖，只欠一雙野雉毛。所謂冶容誨淫，一至於此，有世道之責者，其可不思所以挽之乎。

清・黄以周《禮書通故》卷三《衣服通故》 鄭玄説，《士昏禮》女從者被潁黼，潁，禪也。《詩》曰素衣朱襮，《爾雅》曰黼領謂之襮，《周禮》曰黑與白謂之黼，天子諸侯后夫人翟衣，卿大夫之妻刺黼以爲領，如今偃領矣。士妻始嫁，施禪黼于領上，假盛飾。賈公彦説，《郊特牲》繡黼丹朱中衣，謂天子諸侯中衣有繡領，上衣則無之。今此婦人事華飾，故于上衣有之，中衣則無也。陳祥道説，《説文》褧，檾也，枲屬。潁與褧、檾通。潁黼，以枲爲領而刺繡也。敖繼公説，潁黼者，以黼爲禪衣，而被之于玄衣之上，亦猶婦人之加景然。盛世佐説，潁，禪也。爲無裏之領，而刺黼于其上，蓋别以絲爲之而加諸領上與。以周案，黼爲黼領。鄭注爲長。潁對上文綃言，綃用繒，潁用檾，陳説爲長。據鄭注潁訓禪，禪爲細縠，非無裏之謂，盛説尤舛。

又 鄭玄云，《士昏禮》婦乘姆加景。景之制蓋如明衣，加之以爲行道禦塵，令衣鮮明也。景亦明也，今文作憬。賈公彦云，以禪縠爲之。熊朋來云，景即褧絅，音訛也，注謂行道禦塵，則此當作褧絅。褚寅亮云，庶人妻用錦，外加禪縠，其名曰褧，爲文之太箸也，士妻緇衣纁袡，不爲文箸，故外加者爲景，轉取鮮明之義，熊氏改景爲褧絅，不必。以周案，加景即尚絅。絅，假借字，《説文》又引作檾，斥其物謂之檾。《説文》檾，枲屬。名其衣謂之褧。《説文》褧，檾衣也。舉其義謂之景。鄭注加以禦塵，明景即褧也。又云令衣鮮明，謂令中衣不染塵，明褧有稱景之義。熊不必破字，褚説違失，陳用之以景爲車衣，更謬。

又 《毛詩》説，蒙彼縐絺。蒙，覆也。絺之靡者爲縐，是當暑袢延之服也。鄭箋云，展衣，夏則裏衣縐絺。一説展衣上加縐絺蒙之，即素沙也。婦人盛服以素紗蒙于外，尚絅之意。以周案，從毛、鄭。如或説，《詩》當云蒙以縐絺，《論語》當暑袗絺綌，必表而出，亦謂絺綌外有表衣。

又 《毛詩》傳云，縞衣白色男服，綦巾蒼色女服，《説文》云，綥，帛蒼艾色也，《詩》曰縞衣綥巾，未嫁女所服。鄭箋云，綦，綦文也。縞衣綦巾，所爲作者之妻服也。以周案，許説從毛，是。鄭玄云，婦人不殊裳，其服如深衣，無帶下，又無衽。陳祥道云，《詩》言婦人之采芣苢，或袺衽，或襭衽，是婦人之服未嘗無衽也。以周案，婦人連衣裳，裳亦别爲之，而連綴于衣，非裳與衣同幅爲之也。俗儒據《詩》緑衣黄裳以爲婦人亦殊裳，殊謬。陳云袺衽襭衽，見《爾雅》，但《爾雅》之衽以衿言，注云無衽，謂衣旁如燕尾者，鄭固不謂婦人無衣衿也，然衣旁之衽，婦人似亦有之。《釋名》云，婦人上服曰袿，其下者上廣下狹如刀圭，此婦人有衽之證也。右婦人服。

清・錢泳《履園叢話》卷二四《雜記下・紅裙》 婦人無貴賤，母以子貴，妻以夫貴，古之定禮也。至於服色，無有一定。今作妾者，不許著紅裙，此妒婦之立論，不可遂爲典。據杜少陵《納凉遇雨》詩越女紅裙濕，白香山《琵琶行》血色羅裙翻酒污，東坡詩云更將文字惱紅裙，則紅裙者，唐、宋時妓女所用，無所爲貴賤也。今大小百家皆服之，青樓之假冒良家者亦服之，又誰爲之分辨耶。按《大清會典》，婦女之服飾，惟八旗有定制，然今亦不用，况民間耶。

清・虞兆漋《天香樓偶得》 披帛。《古今注》云：女人披帛，古無其制。開元中，詔令一十七世婦及寶林御女良人等，尋常宴參侍，令披帛，至今然矣。按此則今時畫工，凡畫唐明皇以前女人用披帛者，皆失款也。且開元之制亦但施之内官。今世俗婚娶，不論男婦皆披絳帛，亦流傳之失耳。

清・平步青《霞外攟屑》卷四《襻肩紅》 《天香樓偶得》披帛條，《古今注》云：女人披帛，古無其制。開元中，詔令二十七世婦及寶林御女良人等，尋常宴參侍，令披帛，至今然矣。按此則今時畫工，凡畫唐明皇以前女人用披帛者，皆失款矣。且開元之制，亦但施之内官。今世俗婚娶，不論男婦，皆披絳帛，亦流傳之失耳。庸按，今越中童生初入學，鼓樂迎送，投謁親族，襴衫之上，必披絳帛，呼曰鑻肩紅，不知昉於何時。婚時亦有用之者，婦則否。據虹升此條，則亦非法之服，不用可也。

清・王士禎《香祖筆記》卷四 按潘氏《記聞》云，唐明皇柳婕妤妹適趙氏，性巧慧，鏤版爲雜花，打爲夾纈。代宗賞之，命宫中依樣製造。又《西河記》西河婦女無桑蠶，皆著碧纈。《韻書》但言繒耳。

清・葉夢珠《閲世編》卷八《内裝》 昔賈長沙傷時之僭，曰：娼優下賤，得爲后飾。蓋男子僭于外，法可以禁止。婦女僭于内，禁有所不及。故移風易俗者，於此尤難。原其始，大約起于縉紳之家，而婢妾效之，寖假而及于親戚，以逮鄰里。富豪始以創起爲奇，以過前爲麗，得之者不以爲僭而以爲榮，不得者不以爲安而以爲恥。或中人之産，營一飾而不足，或卒歲之資，製一裳而無餘，遂成流風，殆不可復，斯亦主持世道者所深憂也。余幼所聞，内飾猶樸。崇禎之際，漸即于侈，至今日而濫觴極矣。今姑略舉數則，以示世風之變，俾有識者閲之，用興鑒戒焉。

昔年花緞惟絲織成華者，加以錦綉，而所織之錦，大率皆金縷爲之，取其光耀而已。今有孔雀毛織入緞内，名曰毛錦，花更華麗，每匹不過十二尺，值銀五十餘兩。康熙二十四五年間，京師衣又漸短，而外套漸長，昔年外套短者及臍，長不過膝，今短於袍不過五寸矣。煖帽復尚海鹿皮，毫健而齊，黑而光，疑即昔年所尚之海獺皮，今易其名耳。每頂值銀三四兩，始自京師，初來吴下，價亦漸貶，佳者不過二兩五錢，然老成人以爲不足取也。

膏沐爲容，古來不免。然而綢直如髮，匪伊卷之，此風予猶及見也。崇禎之間，始爲鬆鬋扁髻，髮際高卷，虚朗可數，臨風栩栩，以爲雅麗。順治初，見滿裝婦女，辮髮于額前中分向後，纏頭如漢裝包頭之製，而加飾于上，京師效之，外省則未也。然高卷之髮，變而圓如覆盂，蟬鬢輕盈，後施緞尾，較美于昔年。束髮直上指，前高逾尺，數髻掩顴，數載之前，始見于延陵，時以爲異，今及于吾鄉，遍地皆然矣。

余幼見前輩冠髻高逾二寸，大如拳，或用金銀絲挽成之。若烏紗者，頂上裝珠翠沿口，又另裝金花銜珠如新月樣，抱于髻前，謂之插梳。其變式，髻扁而小，高不過寸，大僅如酒盃，時猶以金銀絲爲之者，而插梳之制遂廢。銀絲髻内映紅綾，光采焕發，且別于素色也。崇禎之末，髻愈大而扁，惟以烏紗爲質，任人隨意自飾珠翠，不用金銀。順治初，營中眷屬，往往純以金銀爲之，金者鏤花，銀者琺琅及燒染紫金色花，飾于髻頂，想亦北方之習，松俗則否。年來髻式不一，或紙胎紗表，或銅絲爲質，裝成花朵，以天鵝絨爲表，樣各不同。總之，高不過二三分，大幾及尺，裝珠貼翡，必選極精，不以多爲貴矣。康熙二十五六年後，又尚扁小，高不過一二分，徑不過二寸許耳。

今世所稱包頭，意即古之纏頭也。古或以錦爲之。前朝冬用烏綾，夏用烏紗，每幅約闊二寸，長倍之。予幼所見，皆以全幅斜褶闊三寸許，裹于額上，即垂後，兩杪向前，作方結，未嘗施裁剪也。高年嫗媪，尚加錦帕，或白花青綾帕單裹纏頭，即少年裝矣。崇禎中，式始尚狹，遂截半爲之，即其半復分爲二幅，幅方尺許，斜褶寸餘闊，一施于内，一加于外，外者稍狹一二分，而別裝方結于外幅之正面，纏頭之製一變。今裁幅愈小，褶愈薄，體亦愈短，僅施面前兩鬢，皆虚以線暗續于髻内而屬後結之，但存其意而已。或用黑線結成花朵，于烏綾之上，裁剪如式，内施硬襯亦佳，至有上用紅錦一線爲緣，而下垂于兩眉之間者，似反覺俗。

首飾，命婦金冠，則以金鳳銜珠串，隆殺照品級不等，私居則金釵、金簪、金耳環、珠翠，概不用也。以予所見，則概用珠翠矣。然猶以金、銀爲主，而裝翠于上，如滿冠、捧髻、倒釵之類，皆以金銀花枝爲之，面貼翠加珠耳。包頭上裝珠花，下用珠邊口，簪用圓頭金銀或玉。高年者用瑪瑙，既而改用金玉鳳頭簪，口銜珠結串，下垂于髻，用金銀珠林，體式斜方，而不用玉，今徑用金扁方矣。花冠、滿冠等式，俱用珠花。包頭上用珠網束髮，下垂珠結寶石數串，兩髻亦以珠花、珠結、珠蝶等捧之。碗簪所以定冠髻，初尚極大，玉質，鑲金銀裝珠，後尚小，而以蜜珀鑲金綴珠，或間用側簪，金乃用團花，或純金不鑲而裝珠翠。大抵有餘之家，必選赤色精金及大白圓珠爲首飾，寒素者甯淡裝無飾，而銀花珠翠竟不屑用，雖亦世風之一變，然而勢極必反，未始非返樸之機也。

命婦之服，綉補從夫，外加霞帔、環珮而已。其他便服及士庶婦女之衣如紵、絲、紗、緞、綢、絹、綾、羅，一概用之，色亦隨時任意，不大逕庭也。然余幼見前輩内服之最美者，有刻絲、織文。領袖襟帶，以羊皮金鑲嵌。若刺綉則直以綵線爲之，粗而滯重，文錦不輕用也。其後廢織文、刻絲等，而專以綾紗堆花刺綉。綉仿露香園體，染彩絲而爲之，精巧日甚。時惟大紅爲禮服而不輕用。未幾，遂以爲常服。甚而用錦緞，又甚而裝珠翠矣。然惟縉紳之家用之。寖淫至于明末，擔石之家，非綉衣大紅不服，婢女出使，非大紅裏衣不華。今則田家村婦介之于青衫裙布之間矣。崇禎之間，婦婢出使服之矣。夏日細葛、紗羅，士大夫之家常服之，下而婢女不輕服也。良家居恒亦服之矣。自明末迄今，市井之婦，居常無不服羅綺，娼優賤婢以爲常服，莫之怪也。袖初尚小，有僅盈尺者，大至三尺，與男服等。自順治以後，女袖又漸小，今亦不過尺餘耳。綉初施于襟條以及看帶袖口，後用滿綉團花，近有灑墨淡花，衣俱淺色，成方塊，中施細畫，一衣數十方，方各異色，若僧家補衲之狀，輕便瀟灑，恐非象服。守禮之家，不必效之也。本朝女服，無異丈夫，公私皆同，可以通用。

內裝領飾，向有三等：大者裁白綾爲雲樣，披及兩肩，胸背刺綉花鳥，綴以金珠、寶石、鐘鈴，令行動有聲，曰宮裝。次者曰雲肩。小者曰閣髻。其綉文綴裝則同。近來宮裝，惟禮服用之，居常但用閣髻，而式樣亦異，或剪綵爲金蓮花，結線爲纓絡樣，扣于領而倒覆于肩，任意裝之，尤覺輕便。

環珮，以金絲結成花珠，間以珠玉、寶石、鐘鈴，貫串成列，施于當胸。便服則在宮裝之下，命服則在霞帔之間，俗名墜胸，與耳上金環，向惟禮服用之，于今亦然。其滿裝耳環，則多用金圈連環貫耳，其數多寡不等，與漢服之環異。

裳服，俗謂之裙。舊制：色亦不一，或用淺色，或用素白，或用刺綉，織以羊皮，金緝于下縫，總與衣衫相稱而止。崇禎初，專用素白，即綉亦衹下邊一二寸，至于體惟六幅，其來已久。古時所謂裙拖六幅湘江水是也。明末始用八幅，腰間細褶數十，行動如水紋，不無美秀，而下邊用大紅一線，上或綉畫二三寸，數年以來，始用淺色畫裙。有十幅者，腰間每褶各用一色，色皆淡雅，前後正幅，輕描細繪，風動色如月華，飄颺絢爛，因以爲名。然而守禮之家，亦不甚效之。本朝無裙制，惟以長布没履，無論男女皆然。

膝褲，舊施于膝下，下垂没履。長幅與男襪等，或綵鑲，或綉畫，或純素，甚而或裝金珠翡翠，飾雖不一，而體制則同也。崇禎十年以後，製尚短小，僅施于脛上，而下及于履。冬月，膝下或別以綿幅裹之，或長其褲以及之。考其改製之始，原爲下施可以揜足，豐趺者可以藏拙也。今概用之纖履弓鞋之上，何哉。綉畫灑線與昔同，而輕淺雅淡，今爲過之。

弓鞋之製，以小爲貴，由來尚矣。然予所見，惟世族之女或然。其他市井僕隸，不數見其窄也。以故履惟平底，但有金綉裝珠，而無高底笥履。崇禎之末，閭里小兒，亦纏纖趾，于是內家之履，半從高底。窄小者，可以示美，豐趺者，可以揜拙。本朝因之，滿裝則否。康熙之初，禁民間女子不許纏足，然奉行者固多，而習俗相陳，亦一時不能遽變者。迨八年己酉，復除其禁。至今日而三家村婦女無不高跟笥履，纖趾愈多，而藏拙者亦復不少。惟生長田間，老成持重者則仍舊耳。

清·佚名《洪洞縣志》卷九　其官民家下僕從、戲子，係良民者，俱同此例。婦女衣着，各應照本夫服式。紳衿家許穿各色花素緞、縐、紗、綾、絹等物，不許僭用渾金繡衣。非命婦，下不得擅穿斗牛服。首飾許戴金銀冠簪、耳環、珠寶花各一事，不得以珍珠穿造龍鳳、螭虎、花枝圍冠。近俗復戴妙常冠，且上飾金珠，乘飄帶，下係金銀鈴角，殊屬妖冶，並定嚴禁。庶民、商賈家婦女，只許穿雜色素緞、素紗，綾羅絹緞許用桃紫、淺紅，不許用大紅，不許穿花緞、大紅縐紗。其首飾，只許用金耳環及金花一件，冠簪、釧鐲等，俱許用銀，不得遍體貼金。近俗花緞、縐紗裹體，金銀珠翠滿頭，僭分違式，宜行嚴禁。僕役婦女，只許穿青素緞、絹、梭布、夏布，不許用各色綾羅縐紗，許用銀耳環簪，許戴綢、帛、綫、紗、竹布冠及黑鬏髻，餘外不得僭越。

清·蘇馥《香閨鞋襪典略》卷上　鳳頭履、聚雲履、五朵履。《古今注》：東晉，以草木織成，即有鳳頭之履、聚雲履、五朵履。《閒情偶寄》：從來名婦人之鞋者必曰鳳頭，世人顧名思義，遂以金銀製鳳，綴于鞋尖以實之。試思鳳之爲物，止能小於大鵬，方之衆鳥，不幾洋洋乎大觀也哉。以之名鞋，雖曰贊美之詞，實類譏諷之跡。如曰鳳頭二字，但肖其形，鳳之頭銳而身大，是以得名。然則衆鳥之頭儘有鋭于鳳者，何故不以命名，而獨有取于鳳。且鳳較他鳥，其首獨昂，婦人趾尖妙在低而能伏，使如鳳凰之昂首，其形尚可觀乎。此鳳頭之義之不可解者也。若是，則古人之命名取義，果何所見而云，然豈終不可解乎。曰，有説焉。婦人裹足之制，非由前古，蓋後來添設之事也。其命名之初，婦人之足亦猶男子之足，使其果如蓮瓣之稍尖，鳳頭之稍鋭，亦可謂古之小脚，無其制而能約小其形，較之今人，殆有過焉者矣。

又 弓鞋。《筆叢》：履也，屣也，舄也，屐也，四者小異而大同。古男子婦人共之，蓋其形製不甚懸絶。自唐宋五代纏足，遂專以弓鞋屬之婦人，而履、屣、屐、舄，皆歸之男子。黄山谷詞：窄韈弓鞋。張小山詞：步金蓮塵污弓鞵。朱有燉元宫詞：簾前三寸弓鞋露，知是嫔嫔小姐來。

又 晚下。《通俗編》《留青日札》：高底鞋即古之重臺履也。謝觀詩有來索纖纖高底鞋句。按，劉熙《釋名》：晚下如舄，婦人短者著之。晚下，疑亦高底之類。

又 弓樣鞋。《明史·輿服志》：宫人冠服，製與宋同，紫色，團領，窄袖，徧刺折枝小葵花，以金圈之，珠絡縫金帶紅裙。弓樣鞋，上刺小金花。烏紗帽，飾以花，帽額綴團珠，結珠鬢梳，垂珠耳飾。

又 裹脚。《筆叢》：樂府雙行纏，蓋婦人以襯襪中者，即今俗談裹脚也。唐以前婦人未知札足，勢必用此，與男子同。男子以帛，婦人則羅爲之，加文繡爲美觀，以蔽於韈中。

又 高底褶衣。《在園雜志》：女子所穿有弓鞋、繡鞋、鳳頭鞋，而于鞋之後跟，鏇木圓小，墊高，名曰高底。令足尖自高而下著地，愈顯弓小。遂不用有底之襪，易以無底直桶，名曰褶衣，亦曰淩波小襪，以罩其上。蓋婦人多以布纏足，而上口未免參差不齊，故須以褶衣覆之，然亦有平底者。至睡鞋，則用軟底。

又 膝袴。《筆叢》：自昔人以羅襪詠女子，六代相承，唐朝詩尤衆。至楊妃馬嵬所遺，足徵唐世婦人皆著襪無疑也。然今婦人纏足，其上亦有半襪罩之，謂之膝袴，恐古羅襪或此類。

又 龍頭。《五雜俎》：吾閩興化、漳、泉三郡，以屐當靸，洗足竟，即跣而着之，不論貴賤男女皆然，蓋其地婦人多不纏足也。女屐加以彩畫，時作龍頭，終日行屋中，閣閣然，想似西子響屧廊時也。可發一笑。

又 鞋盃。陶南村《輟耕録》：楊鐵崖躭好聲色，每於筵間，見歌兒舞女纏足纖小者，則脱其鞵載盞以行酒，謂之金蓮盃。《西湖志餘》：廉夫嘗訪瞿士衡，以鞋盃行酒，命其姪宗吉詠之。宗吉作《沁園春》以呈，廉夫大喜，即命侍姬歌以侑觴。按：《雲仙雜記》載，趙廷芝作半月履，裁于紋布，爲之托以精銀，縝以絳蠟，唐輔明過之，取以貯酒，即鞋盃類也。

《畊暇堂日抄》：雙鳬杯，一名金蓮杯，即鞋杯也。曰雙鳬者，人但知爲葉令王喬飛舄事，而不知女人繡鞋亦名雙鳬。王深輔道有《雙鳬》詩云：時時行地羅裙掩，雙手更擎春瀲灔。傍人多道不須辭，儘做十分能幾點。春柔淺醮蒲萄煖，和教勸人教引滿。洛塵忽浥不勝嬌，剗踏金蓮行欵欵。則知昔日狂客，亦以此行酒也。

徐紈《本事詩》：何孔目元朗至閶門，携榼夜集，元朗袖中帶王賽玉鞋一隻，醉中出以行酒，蓋王足甚小。禮部諸公，亦嘗以金蓮爲戲。王鳳洲樂甚，次日即以扇書長歌云：手持此物行客酒，欲客齒頰生蓮花。元朗擊節嘆賞，一時傳爲佳話。

周孟侯《問魚篇》今且有爲鞵盃者，以足薦口，不倒置乎哉。又《鞋盃詞》：石榴裙底柔情，紅泥留得佳人譜。林若撫《鞋盃行》：秦淮艷女字無瑕，為余笑脱乾紅鞾。酒間突出華筵上，短窄纖新纔一緉。平生每恨舊裙底，今日分明見弓樣。

劉廷璣《在園雜志》：予少赴友人招，坐間有以小鞋擎杯送酒者，促予咏之。予有句云：燈前注流霞，手中擎新月。雖一時狂興，後亟爲删去。

張小山詞：惡客佯狂飲繡鞋。

紀事

唐·蘇鶚《杜陽雜編》卷上 載寵姬薛瑶英，攻詩書，善歌舞，僊姿玉質，肌香體輕，雖旋波、摇光、飛燕、緑珠，不能過也。【略】衣龍綃之衣，一襲無一二兩，摶之不盈一握。載以瑶英體輕，不勝重衣，故於異國以求是服也。唯賈至、楊公南與載友善，故往往得見歌舞。至因贈詩曰：舞怯銖衣重，笑疑桃臉開。方知漢武帝，虛築避風臺。王子年《拾遺記》：趙飛燕體輕恐暴風，帝爲築臺焉。公南亦作長歌褒其美，其略曰：雪面澹娥天上女，鳳簫鸞翅欲飛去。玉釵碧翠步無塵，楚腰如柳不勝春。

宋·陸游《老學庵筆記》卷二 靖康初，京師織帛及婦人首飾衣服，皆備四時。如節物則春旛、燈毬、競渡、艾虎、雲月之類，花則桃、杏、荷花、菊花、梅花，皆併爲一景，謂之一年景。而靖康紀元果止一年，蓋服妖也。

清·俞樾《茶香室續鈔》卷二二《婦女以著裙爲重》 宋程頤《家世舊事》云：曾祖母崔夫人與從曾祖母雷氏，奉祀二叔舅姑，晨夕敬畏，平居必著長裙。

雜録

唐·范攄《雲溪友議》卷中《辭雍氏》 崔涯者，吳楚之狂生也。與張祜齊名。每題一詩於倡肆，無不誦之於衢路。譽之，則車馬繼來，毀之，則杯盤失錯。嘲曰：雖得蘇方木，猶貪玳瑁皮。懷胎十個月，生下崑崙兒。又曰：布袍披襖火燒氈，紙補箜篌麻接弦。更着一雙皮屐子，紇梯紇榻出門前。又嘲李端端：黄昏不語不知行，鼻似烟窗耳似鐺。獨把象牙梳插鬢，崑崙山上月初生。【略】又悼妓詩曰：赤板橋西小竹籬，槿花還似去年時。淡黄衫子都無也，腸斷丁香畫雀兒。

五代·王定保《唐摭言》卷一三《敏捷》 張處士《憶柘枝詩》曰：鴛鴦鈿帶抛何處，孔雀羅衫屬阿誰。白樂天呼爲問頭。

宋·蔡絛《鐵圍山叢談》卷四 蔡内相文饒薿，以殿魁驟進。晚知杭州，稍失志。時宣和間，錢塘經方寇破殘後，其用意將效張乖崖公領成都故事。花判府有寡婦詣訟庭投牒，而衣緋褌。即大書曰：紅褌白襠，禮法相妨。臀杖十七，張本作七十。且守孤孀。

宋·姚寬《西溪叢語》卷下 《香奩集》云：後魏時，相州人作《李波小妹歌》，疑其未備，因補之：李波小妹字雍容，窄衣短袖蠻錦紅。未解有情夢梁苑，何曾自媚妒吳宮。誰教牽引知酒味，因令悵望成春慵。海棠花前鞦韆畔，背人撩鬢道匆匆。韓偓所補，似言閨房之意，大非其實。《北史》：李安世出爲相州刺史。廣平人李波，宗族强盛，殘掠不已。刺史薛道標討之，大爲所破，公私咸患。百姓語云：李波小妹字雍容，褰裙逐馬如卷蓬。左射右射必疊雙，婦女尚如此，男子安可逢。安世設方略，誘波等殺之，州内肅然。

宋·程大昌《演繁露》卷二《霞帔》 唐睿宗召司馬承禎問道，遂賜絳霞紅帔以還。公卿賦詩送之。今世之謂霞帔者，殆起此耶。出《實賓録》二十五。

宋·吴曾《能改齋漫録》卷八《沿襲·青裙白面初相識》 陳去非《茶花》詩兩句云：青裙白面初相識，十月茶花滿路開。蓋用白樂天《江岸梨花》詩意：梨花有思緣和葉，一樹江頭惱殺君。最似孀閨少年婦，白粧素面碧紗裙。

明·楊慎《秇林伐山》卷一四《金泥簇蝶裙》 韋京兆悼妓詩：惆悵金泥簇蝶裙，春來猶得伴行雲。

明·余永麟《北牕瑣語》卷一 初月黄昏欲墮烟，高樓朱箔未成眠。閒燒紅燭成春夢，背立銀河憶舊年。司馬青衫揮别淚，小蠻紅袖拂新絃。藕花風起冰絲斷，不問横塘再采蓮。

明·焦竑《焦氏類林》卷七上《冠服》 陳蕭鄰《咏複裙》詩：皛皛金沙净，離離寶縫分。纖腰非學楚，寬帶爲思君。

又 杜牧詩：鈿尺裁量減四分，碧琉璃滑裹春雲。五陵年少欺他醉，笑把花前出畫裙。

明·張鼎思《琅邪代醉編》卷一九《巾幗》 《詩》有頍者弁。《士冠禮》注，滕薛名蔮爲頍，今未笄冠者着卷幘，頍象之所生也。《輿服志》夫人有紺繒幗，古畫婦女有頭施紺冪者，即此制也。諸葛孔明以巾幗遺司馬懿。巾幗，女子未笄之冠，燕京名雲髻，蜀中名雲籠。蓋笑其堅壁不出，如閨女之匿藏也。幗音與憒同，古對切。今音與國同，非也。

明·程良孺《讀書考定》卷二二《服飾·蓋頭》 唐初女子不戴幃帽，戴皂羅，方五尺，亦謂之幞頭。今婦人凶服亦戴之，以布兩幅爲之，齊衰加絰於上，五服外至輕者，以碧紗爲之，俗謂蓋頭帛。

清·高士奇《天禄識餘》卷四《菩薩鬘》 唐詞有《菩薩鬘》，不知其義。按，開元中，南詔入貢，危髻金冠，瓔絡被體，故號菩薩鬘，因以製曲。白樂天《蠻子朝》詩曰花鬘抖擻龍蛇動是也。今曲名以鬘作蠻，非也。

清・虞兆漋《天香樓偶得》 裙解。今俗，婦人裙腰繫處忽爾解散，謂之腰歡喜，輒相賀曰必有喜事。此語唐時已有之。王建宮詞云：忽地下階裙帶解，非時應得見君王。即此意也。

清・金埴《不下帶編》卷五 向于吴門，見上官抑奢，教示頗有俊語，因摘數聯云：妻孥□味，無如春韭秋菘。朋戚言歡，何必山珍海錯。又曰：始而綺褚紈褲，猶曰子弟之常也。今則鳳采龍章，家家效縉神之飾。始而綉桂花袖，猶是女工之製也。今則輕裘重緞，人人修命婦之容。吴俗奢風，數語如畫。然自今天子登極以來，更崇儉返樸，而此風亦多節損矣。

清・李調元《南越筆記》卷四《金華夫人》 廣州多有金花夫人祠。夫人字金華，少爲女巫，不嫁。【略】蓋婦女病輒跳神，愈則以身爲賽，垂髾盛色，纏結非常，頭戴烏毛之冠，綴以纓珞，一舞一歌，迴環宛轉，觀者無不稱艷。

清・陸以湉《冷廬雜識》卷三《畫工》 國朝畫院祇候金廷標畫《琵琶行》，不似唐寅直寫一女抱琵琶，而畫白樂天等屬耳之情，爲高廟所稱。賞至畫之率略者，若昭君則有帷帽，二疏則有芒蹻，陶母翦髮則手戴金釧，漢祖過沛則有僧，鬥牛則尾舉，飛雁則頭足俱展，擲骰呼六則張口，皆不免爲世口實。

清・采蘅子《蟲鳴漫録》卷一 因思金陵尚大足女僕，名曰大脚仙，皮色潔白，面目姣好者甚多。尤善梳掠，髮光可鑑，衣服雖布素，亦頗楚楚，足不甚長而窄，履淺而尖，作鸚嘴式，俗名划船樣，行態波峭，如風擺柳，大可動人。

清・蘇馥《香閨鞋襪典略》卷上 利屣。《史記・貨殖傳》：趙女鄭姬揄長袂，躡利屣。

跕躧。《漢書・地理志》：趙女彈絃跕躧。顔師古注：躧與屣同，小履之無跟者也，跕謂輕躡之也。

漆畫履。《風俗通》：延嘉中，京師好着木屐，婦人始嫁作漆畫屐，五色采爲系。

元璠鳳文舄。《漢武内傳》：王母躡元璠鳳文之舄。

香釵。《釋名》：婦人蔽膝曰香釵。

文履。陳思王《洛神賦》：踐遠遊之文履。《藻林文選》曰：文履謂美人文繡之花履也。

同心七寶綦履。《西京雜記》：趙飛燕立爲后，女弟合德進同心七寶綦履。

繡行纏。樂府《雙行纏》：新羅繡行纏，足趺如春妍。他人不言好，獨我知可憐。

圓頭。《晉書・五行志》：男子屐方頭，婦人圓頭。

紫皮履。《南史》：齊高帝宮人著紫皮履。

紫絲履。《齊書》：高祖儉素，宮人盡令著紫絲履。

刺繡履。陸機《織女賦》：足躡刺繡之履。

絳地紋履。《東宮舊事》：太子納妃，有絳地紋履一緉。

金薄履。張華《輕薄篇》：足下金薄履。

承雲履。甄述《美女詩》：足躡承雲履，豐趺皜春錦。

龍虎組緹履。秦嘉《與婦書》：今致龍虎組緹履一緉。

重臺履。《古今注》：宋有重臺履。許宗彦詞：昨夢分明還記否，入握重臺紅軟。

又 笏頭履、分捎履、立鳳履、五色雲霞履。《古今注》：梁有笏頭履、分捎履、立鳳履，又有五色雲霞履。

琴面鞋。《留青日札》：琴面鞋，即古之笏頭履也。

朱錦襪勒。《古今注》：隋煬帝宮人，織成五色立鳳朱錦襪勒。

寶屧。《南史》：蕭宏奢侈過度，所幸江無畏，服玩侔於東昏潘妃，寶屧直千萬。

五文章。梁武帝詩：頭上金釵十二行，足下絲履五文章。

步屧、舞屧。《留青日札》：屧，履中薦也。曰步屧，曰舞屧。

紅錦鞦靴。郭思《畫論》：唐代宗朝，令宮人侍左右者穿紅錦鞦靴。

梅姑屐。《異苑》：梅姑生有道術，能著屐行水上。

香薰履。枕譚張衡《同聲歌》：鞮芬以狄香，鞮履也。狄香，外國之香也，謂之香薰履也。

歧頭履。《文德皇后遺履圖跋》，履以丹羽織成，前後金葉裁雲爲餙，長一尺，底向上三寸許，中有兩繫，首綴二珠，蓋古之歧頭履也。

卧履。言鯖陳宮人卧履，皆以薄玉花爲飾，內散以龍腦諸香，謂之香塵，即今之睡鞋也。

羅韈。《洛神賦》：淩波微步，羅韈生塵。

金泥飛頭鞋。《筆叢》：秦始皇令宮人靸金泥飛頭鞋。

緑絲屩。《齊書》：東昏侯宮人皆著緑絲屩。

五紋織成靴。《輿地志》：石虎女妓皆著五紋織成靴，游於戲馬觀。

線鞾、線鞋。《舊唐書·輿服志》：武德間，婦人著履，規制亦重，又有綫鞾。開元來，婦人例著線鞋，取輕妙便於事，侍兒乃著履。

艸履。《唐書·車服志》：婦人衣青碧纈，平頭小花艸履，彩帛縵成履，而禁高髻險妝、去眉、開額及吴越高頭艸履。

畫屧。《留青日札》：梁詩畫屧重高牆，畫之者，當是繪以五采，高牆者，想是闊頰耳，今之高底鞋類。

金縷鞋。李後主詞：剗襪下香堦，手提金縷鞋。

飛仙履。《丹鉛録》：隋煬帝令宮人靸瑞鳩頭履，謂之飛仙履。

伏鳩頭履。《炙轂子》：西晉永嘉元年，始用黄草爲履。宮內妃御皆著之，謂之伏鳩頭履。

紅蕖襪。杜子美詩：羅韈紅蕖艷。《丹鉛總録》：杜詩《麗人行》，古本珠壓腰衱穩稱身，下有足下何所著，紅蕖羅襪穿鐙銀二句。

牡丹鞋。陳眉公《文德皇后遺履圖跋》：章仇公有真珠之惑，或上詩以諷云：神女初離碧玉階，彤雲猶擁牡丹鞋。應知子建憐羅韈，顧步蹇衣拾墮釵。

丹羅襪、緑淺鞋。唐張文成《游仙窟詩》：傍人一一丹羅韈，侍婢三三緑淺鞋。

錦靿韈。《太真外傳》：妃子死之日，馬嵬媪得錦靿韈一隻，每遇過客一玩百錢，前後獲錢無算。

錦袴韈、藕覆。《致虚閣雜俎》：太真著鴛鴦竝頭蓮錦袴韈，上戲曰：貴妃袴韈上，乃真鴛鴦蓮花也。太真問：何得有此稱。上笑曰：不然，其間安得有此白藕乎。貴妃由是名袴韈爲藕覆。注云：袴韈，今俗稱膝袴。

雀頭履。《姚鶯尺牘》：馬嵬老媪，拾得太真襪以致富，其女名玉飛，得雀頭履一隻，真珠飾口，薄檀爲苴，長僅三寸，玉飛奉爲異寶，不輕示人。則纏足必在貴妃之先，足下所記女子纏足起于李後主，窅娘新月狀，似未深考矣。

又 錦綦。《山堂肆考》：女人繡鞋曰錦綦。

玉華飛頭履。《女紅餘志》：張貴妃麗華靸玉華飛頭履。

方頭屐。《筆蕤御覽》云：晉製屐，婦人圓頭，男子方頭，蓋作意欲別男女也。太康婦人皆方頭屐，男子無異。

金鞮屐。《交州記》：趙嫗者乳長數尺，不嫁入山，著金鞮屐。

金齒屐。《留青日札》：屐，以木爲之。即今之木屐，古婦女亦著之，李白《浣紗石上女》詩：一雙金齒屐，兩足白如霜。今廣東婦女雖晴天亦穿木屐。

靸鞋。《輟耕録》：西浙之人，以草爲履而無跟，名曰靸鞋。婦女非纏足者通曳之。

釣墪。《宋史·輿服志》：紹聖二年，詔敢爲契丹服若氈笠、釣墪之類者，以違御筆論。釣墪，今亦謂之韈袴，婦人之服也。

舞靴、紅錦靴、繡靴。《留青日札》：古人有舞靴。李太白詩：青黛畫眉紅錦靴。楊廉夫詩：繡靴蹴踘勾驪様，羅帕垂鬟女直妝。

護臘。《事物原始》：今遼東軍人著靴名曰護臘，并州婦人臨水浣衣亦著此靴。

高底鞋。《留青日札》：今之纏足者，以絲爲鞋，則梁製也。【略】而其高底鞋，即古之重臺履也。

又 弓底。毛熙震詞：捧心無語步香堦，緩移弓底繡羅鞋。

又 道士冠、底兒香。《揚州畫舫録》：女鞋以香樟木爲高底，在外爲高底，有杏葉、蓮子、荷花諸式。在裏者爲裏高底，謂之道士冠，平底謂之底兒香。

鴉頭襪。《五侯鯖》：鴉頭襪，農婦所著者。

丹玉履。《拾遺記》：西王母曳丹玉之履。

玄舄。《三禮圖》：皇后翬衣玄舄，揄翟赤舄，鞠衣著履。

紅鞋。宋曹元寵母王氏詩：窄窄紅鞋步雪來。

紅靴。黄山谷詞：低佪細踏紅靴。又：旋揎玉指著紅靴，宛宛鬪彎訛。

合歡鞋。元張翥詞：一尖生色合歡鞋。

過年鞋。顧景文詞：一尖新窄過年鞋。

藕絲履。《曲中志》：王賽玉，藕絲履僅三寸，纖若鈎月，輕若淩波，象爲飲器，共相傳爲鞋盃。

繇䙱。趙谷林有咏都下婦人繇䙱《念奴嬌》詞。

緗鉤。温飛卿《錦鞋賦》：碧繶緗鉤。楊升菴《舞姬脱鞋歌》：月鉤下鬭緗鉤新。彭羡門詩：共脱紅鞋更换著，緗鉤看取是誰長。又，重换緗鉤趣上牀。

小韈。元薩都剌詩：香鉤小韈裁春羅。元鄭洪詩：繡羅小韈蹙雙蓮。毛稚黄詞：誰着淩波小韈。朱竹垞詞：記取鴉頭羅襪小，曾送上，窅娘堤。《雪鴻小記》：余見河房諸姬，咸以素帛製爲小韈，似膝袴而有底，上以錦帶繫之，能使雙纏不露，且竟夕不鬆脱。

淩波。《洛神賦》：淩波微步，羅襪生塵。

小烏韡。尤西堂詞：羞兒三寸小烏韡。

生香屧。《女紅餘志》：無瑕屧牆之内皆襯沉香，謂之生香屧。

小方鞋。《續板橋雜記》：馬四，蘇州人，身軀弱小，明眸善睞，膚如凝脂，殆江淹賦所云氣柔色靡者，惟雙趺不甚纖妍，常靸小方鞋，作忙促裝，掩其微疵。小方鞋，俗名拖鞋。

玉香獨見䙱。《娜嬛記》：徐月英卧履皆以薄玉花爲飾，内散以龍腦諸香屑，謂之玉香獨見䙱。

霞韈。龔鼎孳詞：肯换却纖纖霞韈。

羅鞋。瞿宗吉詩：風吹繡帶露羅鞋。徐文長詩：各彎鐙底羅鞋窄。

又 鶴子韡。黄霽青琵琶女詩：鶴子韡尖鴉韈寬。

合縫韡。《焚椒録》：遼蕭后十香詞，鳳韡抛合縫，羅韈卸輕霜。誰將煖白玉，雕出軟鉤香。

纖鞋。董以甯詩：蓮瓣纖鞋三寸楚。張景龍詞：暗中猶記躡纖鞋。

曲屧。吴震生詩：顯面高楷承曲屧。

小蓮衩。吴梅村詞：羅襪小蓮衩。

鞿頭。和凝詞：鞿頭鞋子紅編細。彭羡門詩：鞿頭鞋子紅三寸，金綫編成小鳳尖。

紅幫。《丹鉛録》宋蔣捷詞：裙鬆翠褶鞋膩紅幫。幫，女履牆也。明王次回詩：斗帳香篝不漏煙，睡鞋暖窄困春眠。教郎被底摩挲遍，忽見紅幫露枕邊。

小頭。白香山詩：小頭鞋履窄衣裳，天寶末年時世粧。

錯到底。陸放翁《老學菴筆記》：宣和末婦人鞋底尖，以二色帛合成，名錯到底。

踏青鞋。《詩餘》：紅羅先繡踏青鞋。王丹麓詩：繡得鞋頭鳳，何人共踏青。王通叟《春游》詞：結伴踏青歸去好，平頭鞋子小雙鸞。

並頭䙱。朱昆田詩：雙飛願作並頭鞋。

蒲鞋。《郡閣雅談》：五代劉克明《蒲鞋》詩云：吴江江上白蒲春，越女初挑一様新。纔自繡簾離玉指，便隨羅韈步香塵。石榴襜下從容久，玳瑁筵前整頓頻。今日高樓鴛瓦上，不知抛擲是何人。

又 繡靴。楊廉夫《邯鄲美人》詩：繡靴對着平頭鴉。

繡履。白樂天詩：繡履嬌行緩。

細履。吴梅村詩：晴沙細履移。

繡屧。韓致光詩：六寸膚圓光緻緻，白羅繡屧紅托裏。南朝天子欠風流，却重金蓮輕緑齒。

金翠綴足。高江村《天禄識餘》：劉勰云，綴金翠于足跗，靚粉澤于胸臆。以喻矢其所施也。後世妓女金翠綴足，粉澤靚胸，蓋恒飾耳。

繡文。《冷廬雜識》：餘杭陳煒卿女史爾士《衣服説》云：今俗尚侈靡，婦女履底或有繡文，是古昔祭服之節，今緣之履底矣。

綴珠。《閒情偶寄》：近日女子鞋頭不綴鳳而綴珠，可稱善變。珠出水底，宜在淩波韈下，且似粟之珠價不甚昂，綴一珠于鞋尖，滿足俱呈寶色。

錦巾拂履。《女紅餘志》：羊侃姬孫荆玉，拂履皆用輕綵合璧錦巾。

又 除紅譜。六博碎金一《除紅譜》：蓋楊提舉廉夫當元季之亂，避兵吴下，與二三遊好，妓小蓉、瓊花等，日賭除紅，其負者脱妓鞋觴之。謂之除紅者，除四紅言之也。

又 翦桐葉。《補花底拾遺》：剪桐葉作弓鞋様。

明金壓。唐李郢詩：脱取明金壓繡鞋。吴震生詩：紅綃不爛明金壓。

金菡萏。韓致光詩：羅襪況兼金菡萏。

鬭鞋。吳震生詩：除夕宫中戲鬭鞋。

占鬼卦。春閨秘戲，夫外出，以所著履卜之，仰則歸，俯則否，名占鬼卦。張山來繡鞋詞：占，歸客雙雙擲，重交難遇折折折。

沉香履箱。《粧樓記》：陳宫人有沉香履，箱金屈戌。

鞋燈。明瞿宗吉有《鞋燈》詩。

剗韈、提鞋。李後主詞：剗襪步香階，手提金縷鞋。無名氏詞：襪剗金釵溜。王次回詩：剗襪還期映月來。又，爲覓繡鞋金縷樣，倒提纖手學南唐。

軟鞾。沈爾燝詞：悄拉下軟鞾春瘦。

妝飾

綜述

漢·劉熙《釋名》卷四《釋首飾》 刷，帥也，帥髮長短皆令上從也。亦言瑟也，刷髮令上瑟然也。鑷，攝也，攝取髮也。綃頭，綃，鈔也，鈔髮使上從也。或曰陌頭，言其從後横陌而前也。齊人謂之幓，言幓斂髮使上從也。王后首飾曰副，副，覆也，以覆首也。亦言副貳也，兼用衆物成其飾也。編，編髮爲之也。次，次第髮也。髲鬄。髲，被也，髮少者得以被助其髮也。鬄，剔也，剔刑人之髮爲之也。

又 瑱，鎮也。懸當耳旁，不欲使人妄聽，自鎮重也。或曰充耳，充塞其耳，亦所以止聽也。故里語曰：不瘖不聾，不成姑公。穿耳施珠曰璫，此本出于蠻夷所爲也。蠻夷婦女輕淫好走，故以此琅璫錘之也。今中國人俲之耳。

漢·劉熙撰，清·畢沅疏證、王先謙補《釋名疏證補》卷四《釋首飾》 纓，頸也，自上而下繫於頸也。畢沅曰：今本脱下字，據《御覽》引增。案，纓，冠繫也。鄭注《儀禮·士冠禮》云：有笄者，屈組爲紘，垂爲飾。無笄者，纓而結其絛。賈公彦疏：屈組，謂以一條組於左笄上繫定，繞頤下，右相向上，仰屬於笄屈繫之有餘，因垂爲飾也。無笄則以二條組爲纓，兩相屬於頍，其所垂絛於頤下結之，故云纓而結其絛也。此言自上而下繫於頸，則是二條組兩相垂下者也。

晋·崔豹《古今注》卷下《雜注》 長安婦人好爲盤桓髻，到於今其法不絶。墮馬髻，今無復作者。倭墮髻，一云墮馬之餘形也。

又 魏文帝宫人絶所愛者，有莫瓊樹、薛夜來、田尚衣、段巧笑四人，日夕在側。瓊樹乃制蟬鬢，縹眇如蟬，故曰蟬鬢。巧笑始以錦縁絲履作紫粉拂面，尚衣能歌舞，夜來善爲衣裳，一時冠絶。

晋·干寶《搜神記》卷七《擷子髻》 晋時，婦人結髮者，既成，以繒急束其環，名曰擷子髻。始自宫中，天下翕然化之也。其末年，遂有懷、惠之事。

《後漢書》卷二三《五行志一》 桓帝元嘉中，京都婦女作愁眉、啼妝、墮馬髻、折要步、齲齒笑。所謂愁眉者，細而曲折。啼妝者，薄拭目下，若啼處。墮馬髻者，作一邊。《梁冀别傳》曰：冀婦女又有不聊生髻。折要步者，足不在體下。齲齒笑者，若齒痛，樂不欣欣。始自大將軍梁冀家所爲，京都歙然，諸夏皆放效。此近服妖也。梁冀二世上將，婚媾王室，大作威福，將危社稷。天誡若曰：兵馬將往收捕，婦女憂愁，踧眉啼泣，吏卒掣頓，折其要脊，令髻傾邪，雖强語笑，無復氣味也。到延熹二年，舉宗誅夷。

南朝宋·劉敬叔《異苑》卷四 太元中王公婦女必緩鬢傾髻以爲盛飾。用髮既多，不可恒戴，乃先于木及籠上裝之，名曰假髻，或名假頭。至于貧家不能自辦，自號無頭，就人借頭。

唐·釋玄應《一切經音義》卷四 璫璩。都唐反。《釋名》云：穿耳施珠曰璫，埤蒼珠曰璫，充耳也。璩，耳璩也。西國王等多用金銀作之著耳匡中，用以莊飾。經中有作璩，巨于反，玉名也。星衍曰：中山經䰠武羅穿耳以鐻。郭璞曰：鐻，金銀器之名，未詳也。音渠，蓋與璩通用。

《晋書》卷二七《五行志上》 吴婦人修容者，急束其髮而劘角過于耳，蓋其俗自操束太急，而廉隅失中之謂也。故吴之風俗，相驅以急，言論彈射，以刻薄相尚。居三年之喪者，往往有致毁以死。諸葛患之，著《正交論》，雖不可以經訓整亂，蓋亦救時之作也。

又　惠帝元康中，婦人之飾有五兵佩，又以金銀玳瑁之屬，爲斧鉞戈戟，以當笄。干寶以爲男女之別，國之大節，故服物異等，贄幣不同。今婦人而以兵器爲飾，此婦人妖之甚者。於是遂有賈后之事，終亡天下。是時婦人結髮者既成，以繒急束其環，名曰擷子紒。始自中宫，天下化之。其賈后廢害太子之應也。

又　太元中，公主婦女必緩髮，傾髻以爲盛飾。用髮既多，不可恒戴，乃先於木及籠上裝之，名曰假髻，或名假頭。至於貧家，不能自辦，自號無頭，就人借頭。遂布天下，亦服妖也。無幾時，孝武晏駕而天下騷動，刑戮無數，多喪其元，至於大殮，皆刻木及蠟或縛菰草爲頭，是假頭之應云。

唐・宇文氏及《妝臺記》　舜加女人首飾，釵雜以牙瑇瑁爲之。

周文王於髻上加珠翠翹花，傅之鉛粉，其髻高名曰鳳髻。又有雲髻步步而摇，故曰步摇。

始皇宫中悉好神仙之術，乃梳神仙髻，皆紅妝翠眉，漢宫尚之。有迎春髻、垂雲髻，時亦相尚。

漢武就李夫人取玉簪搔頭，自此宫人多用玉。時王母下降，從者皆飛仙髻、九環髻，遂貫以鳳頭釵，孔雀搔頭，雲頭篦以瑇瑁爲之。

漢明帝令宫人梳百合分髾髻、同心髻。

魏武帝令宫人梳反綰髻，插雲頭篦，又梳百花髻。

晉惠令宫人梳芙蓉髻，插通草五色花。

陳宫中梳隨雲髻，即暈妝。

隋文宫中梳九真髻，紅妝謂之桃花面，插翠翹桃蘇搔頭，帖五色花子。

煬帝令宫人梳迎唐八鬟髻。插翡翠釵子作日妝，又令梳翻荷鬟，作啼妝，坐愁髻，作紅妝。

唐武德中，宫中梳半翻髻，又梳反綰髻、樂遊髻，即水精殿名也。

開元中，梳雙鬟、望仙髻及迴鶻髻。

貴妃作愁來髻。

貞元中，梳歸順髻，帖五色花子，又有鬧掃妝髻。

《古今注》云：長安作盤桓髻、驚鵠髻，復作俀鬌髻。一云梁冀妻墮馬髻之遺狀也。

晉永嘉間婦人束髮，其緩彌甚，紒之堅不能自立，髮被於額，自出而已。

吴婦盛妝者，急束其髮而劘角過於耳。

惠帝元康中，婦人之飾有五兵佩，又以金銀瑇瑁之屬爲斧鉞戈戟以當笄。

太元中，王公婦女必緩鬠傾髻以爲盛飾，用髮既多，不可恒戴，乃先於木及籠上裝之，名曰假髻，或名假頭。

宋文帝元嘉六年，民間婦人結髮者三分，髮抽其鬟直向上，謂之飛天紒。始自東府，流被民庶。

天寶初，貴族及士民好爲異服，婦人則簪步摇釵，衫袖窄小。

楊貴妃常以假鬢爲首飾，而好服黄裙。

蜀孟昶末年，婦女治髮爲高髻，號朝天髻。

理宗朝宫妃梳高髻於頂，曰不走落。

梁簡文詩：同安鬟裡撥，異作額間黄。撥者，捩開也。婦女理鬢用撥，以木爲之，形如棗核，兩頭尖，尖可二寸長，以漆光澤，用以鬆鬢，名曰鬢棗。競作萬妥鬢，如古之蟬翼鬢也。

魏武帝令宫人畫青黛眉、連頭眉。一畫連心甚長，人謂之仙蛾妝，齊梁間多效之。

漢日給宫人螺黛作翠眉。

漢武帝令宫人作八字眉。

後周静帝令宫人畫眉墨妝。

唐貞元中，又令宫人青黛畫蛾眉。

《古今注》云：梁冀妻改翠眉爲愁眉。

魏宫人畫長眉。

《西京雜記》云：司馬相如妻文君眉色如望遠山，時人效畫遠山眉。

五代宫中畫眉，一曰開元御愛眉，二曰小山眉，三曰五嶽眉，四曰三峰眉，五曰垂珠眉，六曰月棱眉，又名卻月眉，七曰分稍眉，八曰涵煙眉，九曰拂雲眉，又名横煙眉，十曰倒暈眉。東坡詩：成都畫手開十眉，横煙卻月爭新奇。

唐末點唇，有胭脂暈品：石榴嬌、大紅春、小紅春、嫩吴香、半邊嬌、萬金紅、聖檀心、露珠兒、内家圓、天宫巧、恪兒殷、淡紅心、猩猩暈、小朱龍、格雙唐、眉花奴。

婦人畫眉有倒暈妝，古樂府有暈擁鬢之句。

今婦人面飾用花子，起自唐上官昭容所制，以掩黥跡也。

隋文宮中貼五色花子，則前此已有其制矣，乃彷于宋壽陽公主梅花落面事也。宋淳化間，京師婦女競翦黑光紙團靨，又裝縷魚腮骨，號魚媚子，以飾面，皆花子之類耳。

美人妝面，既傅粉，復以胭脂調勻掌中施之。

唐・段成式《髻鬟品》　髻始自燧人氏，以髮相纏而無繫縛。周文王加珠翠翹花，名曰鳳髻，又名步摇。髻，秦始皇有望仙髻、參鸞髻、凌雲髻。漢有迎春髻、垂雲髻。王母降武帝宮，從者有飛仙髻、九環髻。漢元帝宮中有百合分髾髻、同心髻。太元中，公主婦女必緩鬢欣髻，又有假髻。合德有欣愁髻，貴妃有義髻。魏明帝宮有涵煙髻，魏武帝宮有反綰髻，又梳百花髻。晉惠帝宮有芙蓉髻，梁宮有羅光髻，陳宮有隨雲髻，隋文宮有九貞髻，煬帝宮有迎唐八鬟髻，又梳翻荷髻、坐愁髻。高祖宮有半翻髻、反綰樂游髻，明皇帝宮中雙鐶望仙髻、迴鶻髻，貴妃作愁來髻。貞元中有歸順髻，又有鬧掃妝髻。漢梁冀妻作墮馬髻。長安城中有盤桓髻、驚鵠髻，又拋家髻及倭墮髻。王憲亦作解散髻，斜插簪。周弘文少時著錦絞髻。

唐・温庭筠《靚妝録》　晉惠帝令宮人梳芙蓉髻，插通草五色花，又作暈紅粧。延嘉中，京師婦人作漆畫屐，五色采爲系，又作紅絲屬。梁簡文詩：分妝間淺靨，繞臉傅斜紅。斜紅，繞臉古妝也。周靜帝宮人黃眉墨妝。

五代・馬縞《中華古今注》卷中《魏宮人長眉蟬鬢》　魏宮人好畫長眉，令作蛾眉、驚鶴髻。魏文帝宮人絶所愛者，有莫瓊樹、薛夜來、陳尚衣、段巧笑，皆日夜在帝側。瓊樹始制爲蟬鬢，望之縹緲如蟬翼，故曰蟬鬢。巧笑始以錦衣絲履，作紫粉拂面。尚衣能歌舞。夜來善爲衣裳。皆爲一時之冠絶。

又《頭髻》　自古之有髻而吉者，繫也。女子十五而笄，許嫁於人，以繫他族，故曰髻而吉。榛木爲笄，笄以約髮也。居喪以桑木爲笄，表變孝也。皆長尺有二寸。沿至夏后，以銅爲笄，于兩旁約髮也，爲之髮笄。殷后服盤龍步摇，梳流蘇，珠翠三服，服龍盤步摇，若侍，去梳蘇，以其步步而摇，故曰步摇。周文王又制平頭髻。昭帝又制小鬚雙裙髻。始皇詔后梳淩云髻。三妃梳望僊九鬟髻，九嬪梳參鸞髻。至漢高祖，又令宮人梳奉聖髻。武帝又令梳十二鬟髻，又梳墮馬髻。靈帝又令梳瑶臺髻。魏文帝令宮人梳百花髻、芙蓉歸雲髻。梁天監中，武帝詔宮人梳迴心髻、歸真髻，作白妝，青黛眉，有匆鬱髻。隋有淩虚髻、祥雲髻。隋大業中，令宮人梳朝雲近香髻、歸秦髻、奉仙髻、節暈妝。貞觀中，梳歸順髻。又太真偏梳朵子，作啼粧。又有愁來髻，又飛髻，又百合髻，作白妝黑眉。

又《釵子》　蓋古笄之遺象也。至秦穆公以象牙爲之。敬王以玳瑁爲之。始皇又金銀作鳳頭，以玳瑁爲脚，號曰鳳釵。又至東晉有童謡言，織女死時，人插白骨釵子，白粧爲織女作孝。至隋煬帝，宮人插鈿頭釵子，常以端午日賜百僚玳瑁釵冠。《後漢書》：貴人助簪玳瑁釵。

又《梁冀盤桓釵》　盤桓釵，梁冀婦之所制也。梁冀妻改翠眉爲愁眉。長安婦女好爲盤桓髻，到于今其法不絶。墮馬髻，今無復作者。倭墮髻，一云墮馬之餘形也。

又《花子》　秦始皇好神仙，常令宮人梳仙髻，帖五色花子，畫爲雲鳳虎飛升。至東晉有童謡云：織女死時，人帖草油花子，爲織女作孝。至後周，又詔宮人帖五色雲母花子，作碎妝，以侍宴。如供奉者，帖勝花子，作桃花粧，插通草朵子，著短袖衫子。

五代・馮鑑《續事始》　翦綵勝。《初學記》云起于晉代，賈充李夫人所作瑞綵圖之形，又云取似王母戴勝也。董勛《問禮俗》：人日以七種菜爲羹，翦綵爲人勝，或鏤金簿爲人，以帖屏風，亦戴之于頭髮，又造花勝，以相遺也。

又　禮衣釵鈿鬟。《實録》曰：自殷周之代，内外命婦朝賀宴會服朱翟衣，戴步摇，以髮爲之。如今鬟周迴插以鈿釵翠朵子垂條，而尋常頭髻彷彿其樣，向前後插小花子釵，梳以爲容飾。自後其狀不一，其步摇之制不一。晉永嘉以髮爲步摇之狀，名鬟，以爲禮容。至隋及唐尚用之，爲嘉禮之服。裙襦大袖，爲之禮衣，其上皆飾以翟。即今之翟衣，婦之正服。至開元中，婦見舅姑即戴步摇，插釵翠，若今通傳，即戴鬟而無釵及裙襦大袖也。《西京雜記》：漢趙飛燕爲后，其女弟遺其姊黃金步摇，織成上襦，同心七寶釵。又崔豹《古今注》曰：魏宮人莫瓊樹始作蟬鬢，望之縹緲如蟬翼。

宋・陶穀《清異録》卷下《裝飾門・北苑妝》　江南晚季，建陽進茶油花子，大小形製各別，極可愛。宮嬪縷金於面，皆以淡妝，以此花餅施于額上，時號北苑妝。

宋・沈括《夢溪筆談》卷一九《器用》 朝士黄秉少居長安，游驪山，值道士理故宫石渠，石下得折玉釵，刻爲鳳首，已皆破缺，然製作精巧，後人不能爲也。鄭愚《津陽門》詩曰：破簪碎鈿不足拾，金溝淺溜和纓緌。非虚語也。予又嘗過金陵，人有發六朝陵寢，得古物甚多，予曾見一玉臂釵，兩頭施轉關，可以屈伸，合之令圓，僅於無縫，爲九龍繞之，功侔鬼神。世多謂前古民醇，工作率多鹵拙，是大不然。古物至巧，正由民醇故也，民醇則百工不苟。後世風俗雖侈，而工之致力不及古人，故物多不精。

宋・王得臣《麈史》卷二《經義》 《野有死麕》之詩曰：舒而脱脱兮，無感我帨兮，無使尨也吠。婦人服飾獨言帨，何也。曰：按《内則》注云：帨，蓋婦人拭物之巾也。故居則設之於門右，佩之則分之於左，常以自潔之用也。古者，女子嫁，則母結帨而戒之。皇甫謐《女怨》詩曰：婚禮臨成，施衿結帨，三命丁寧是也。

宋・李上交《近事會元》卷五《跳脱》 《盧氏雜説》云：唐文宗問宰臣云：古詩云：輕衫襯跳脱，跳脱是何物也。宰臣未對。上曰：即今之腕釧也。《真誥》言安妃有斷粟金跳脱，是臂飾也。

《新唐書》卷三四《五行志一》 僖宗時，内人束髮極急，及在成都，蜀婦人效之，時謂爲囚髻。

又 唐末，京都婦人梳髮，以兩鬢抱面，狀如椎髻，時謂之抛家髻。又世俗尚以琉璃爲釵釧，近服妖也。抛家、流離，皆播遷之兆云。

宋・李石《續博物志》卷一〇 貴妃以假鬢爲首飾，曰義髻。僖宗内人束髮甚急，爲囚髻。唐末婦人梳髮，以兩鬢抱面，爲抛家髻。

宋・佚名《釋常談》卷中《鮮粧帕服》 婦人施粉黛花鈿，著好衣裳，謂之鮮妝帕服。《李夫人别傳》曰：夫人久病，武帝親往問之，夫人面墻而卧，都不迴顧，默然不語，帝垂泣而去。延年已下，責夫人曰：帝既再三顧問，合轉面一見帝，屬托骨肉，何乃略不迴顧。夫人曰：我以色事帝，今且色衰愛移，人情自古如此。今卧疾日久，形狀枯悴，若將衰貌見之，又何益於骨肉乎。我今不迴顧者，我若不起此疾，帝必追思我鮮妝帕服之時，是深囑托也。

宋・周煇《清波雜志》卷八《垂肩冠》 皇祐初，詔婦人所服冠，高毋得過七寸，廣毋得逾一尺，梳毋得逾尺，以角爲之。先是，宫中尚白角冠，人争效之，號内樣冠，名曰垂肩、等肩，至有長三尺者，登車檐皆側首而入，梳長亦逾尺。議者以爲服妖，乃禁止之。煇自提孩，見婦女裝束數歲即一變，況乎數十百年前，樣製自應不同。如高冠長梳，猶及見之。當時名大梳裹，非盛禮不用。若施於今日，未必不誚爲新奇，但非時所尚而不售。大抵前輩治器物、蓋屋宇，皆務高大，後漸從狹小，首飾亦然。

宋・王栐《燕翼詒謀録》卷四 舊制，婦人冠以漆紗爲之，而加以飾，金銀珠翠，采色裝花，初無定制。仁宗時，宫中以白角改造冠并梳，冠之長至三尺，有等肩者，梳至一尺。議者以爲妖，仁宗亦惡其侈。皇祐元年十月，詔禁中外不得以角爲冠梳，冠廣不得過一尺，長不得過四寸，梳長不得過四寸。終仁宗之世無敢犯者。其後侈靡之風盛行，冠不特白角，又易以魚魫。梳不特白角，又易以象牙、玳瑁矣。

宋・王楙《野客叢書》卷二三《金釵十二》 唐人詩句多用金釵十二事，如樂天詩鍾乳三千兩，金釵十二行是也。《南史》：周盤龍有功，上送金釵二十枚與其愛妾阿杜，其事甚佳，罕有用者。今多言金釵十二，不聞用金釵二十，亦循襲而然。金釵十二行，或言六鬟耳，齊肩比立，爲釵十二行。白詩《酬牛思黯》有金釵十二行之句，自注：思黯之妓頗多，故云。似協或者之説。然梁武帝《河中之水歌》曰：洛陽女兒名莫愁，頭上金釵十二行。是以一人帶十二釵，此説爲不同。

宋・吴曾《能改齋漫録》卷三《辨誤・條脱爲臂飾》 唐《盧氏雜説》：文宗問宰臣：條脱是何物。宰臣未對，上曰：《真誥》言，安妃有金條脱爲臂飾，即今釧也。又《真誥》：萼緑華贈羊權金玉條脱各一枚。余按，周處《風土記》曰：仲夏造百索繫臂，又有條達等織組雜物，以相贈遺。唐徐堅撰《初學記》引古詩云：繞臂雙條達。然則條達之爲釧，必矣。第以達爲脱，不知又何謂也。徐堅所引古詩，乃後漢繁欽《定情篇》云：何以致契闊，繞腕雙跳脱。但跳脱兩字不同。

又卷五《辨誤・長頸高結喉》 韓退之《石鼎聯句》詩序曰：彌明貌極醜，白鬚黑面，長頸而高結，喉中又作楚語。洪慶善云：張右史本無高字、中字，只是長頸而結喉，又作楚語。以予考之，張本非也。予按揚雄《蜀紀》曰：蜀之先代人，椎結左語，不曉文字。故左思《魏都賦》斥蜀云：或魋髻而左言，或鏤膚而鑽髮。古多借字，以魋爲椎，以結爲髻。故退之序長頸而高結句始於此，蓋言髻之高也。《後漢・東夷傳》云：魁頭露紒。章懷注云：魁頭，猶科頭也，謂以髮縈繞成科結也。紒音計。《史記・朝鮮傳》：魋結，蠻夷服。《前漢・朝鮮傳》：椎結，蠻夷服。一以爲魋結，一以爲椎結，一以爲魁紒，然則魋、椎、魁一音，紒、髻、結亦一音。魁有高之義。章懷以魁頭爲科頭，其論太執矣。後之學者，多不讀古文，往往去高字而止以爲結喉，故其誤甚明。劉向《列女傳》：齊種離春，無鹽女，宣王後也，爲人極醜，昂鼻結喉。雖有結喉，而退之序不本此。

元・許謙《詩集傳名物鈔》卷一《采蘩》《召南》二。諸侯家人美夫人。【略】三章，編，步典反。被，首服之名。即《周禮》追師副編次之次，注謂次第髮長短爲之，所謂髲髢，疏謂次第髮長短，鄭氏以意解之，本《詩》疏，髲髢者，剪剔取賤者刑者之髮，以被婦人之紒爲飾。《詩緝》：凡祭夫人首當服副，不當服次，或以爲此在商時，故與《周禮》異。追，丁回反。編，布眠反。髲，皮寄反。髢，大計反。剔即剃，紒即髻。今案被之祁祁下箋云：祭事畢，夫人釋祭服而去髲髢，疏謂定本髲髢上無去字，若是則鄭意謂祭服則副也，今釋祭服而服髲髢矣。于未祭則被，而夙夜在公，既祭則釋祭服，仍服被，舒遲而去，非行禮之時，威儀且如此，則敬事不言可知矣。

又卷二《君子偕老》《鄘》三。刺宣姜。經一章，副敷救反。首章三截，上二句言夫人能與君子偕老，則得有副笄之服。既服此，則宜從一而偕老。中三句，正言宣姜威儀容貌，稱其象服。下二句，言今乃不善將云何哉。中三句應副笄六珈，下二句應君子偕老。象服，與予觀古人之象同。胡然而天也，胡然而帝也，謂夫人容貌之美，服飾之盛。固無以加，然而無德則人胡然而尊之如天，胡然而敬之如帝，此則與上下兩章末句皆刺之也。一説容貌服飾如此，胡然而自天降此乎，胡然而鬼神來此乎，此則問辭，後章末則荅之，曰：此邦之媛也。一説容貌服飾之盛，胡爲而在此乎，其自天而降也，胡爲而在此乎，其鬼神也，此雖疑辭，而却非問辭。上説疑在胡然字，此説疑在天帝字。傳一章：《天官》追師掌王後之首服爲副，編次注：副之言覆，所以覆首，爲之飾其遺象，若今步繇服之，以從王祭祀。疏，步繇謂在首之時，行步繇動，此據鄭時目驗，以曉古，至今去漢久遠，亦無以知之。追，丁回反。編，步典、必先二反。覆，芳救反。繇，與搖同。今案鄭説禮如此，而箋詩亦曰：如步搖，皆不言步搖之制。毛注：副者后夫人之首飾，編髮爲之。《後漢書・和熹鄧后記》注：皇後首副，其上有垂珠，步則搖然，不知步搖之身，亦編髮爲之否也，蓋謂之似步搖，固已全非。步搖之制，自作疏時，已不知之，則副之爲物，今不可考矣。《追師》又曰：追衡笄。注：追猶治也，王後之衡笄，皆以玉爲之，唯祭服有衡，垂于副之兩旁當耳，其下以紞縣瑱笄卷髮者。紞，都感反。縣，音懸。瑱，他甸反。卷，音捲。今案鄭説禮如此，是以衡笄爲二物。毛注：笄，衡笄也。是以衡笄爲一物，愚竊以鄭説爲是，蓋副有衡，復有笄，《詩》言副則有衡可知，别舉笄，則謂有六珈，飾之盛也。疏，六珈必飾之有六，但所施不可知。今案珈字從玉，是以玉加飾于物也，然追者治玉之名，笄既以玉爲，則珈亦未知以何爲飾，而其制爲如何。紞織如縧，上屬于衡以懸瑱者也，瑱以玉爲之，以纊縛之而屬于紞，懸之當耳。縛，音篆，卷也。二章，翟衣見葛覃。縉，慈陵反，帛也。髢益髮。疏，己髮少，聚他人髮益之。《左氏傳》：哀公十七年，衛莊公見己氏之妻髮美，使髡之以爲呂姜髢，是也。摘，他狄反。三章，袢，《釋文》，符袁反。毛注：是當暑袢延之服。疏，袢延是熱之氣，紲袢去熱之名，言是當暑紲去絆延之服也。則紲字作泄字意解，今傳作薄慢反，而云紲袢束縛意。案《説文》：袢，博慢反，而傳意袢字如絆字，意是紲袢爲連綿字，共成束縛意也。然薄慢反恐誤，當如《説文》切。

《宋史》卷六五《五行志三・木》 淳化三年，京師里巷婦人競剪黑光紙團靨，又裝鏤魚腮中骨，號魚媚子，以飾面。黑，北方色。魚，水族，皆陰類也。面爲六陽之首，陰侵于陽，將有水災。明年，京師秋冬積雨，衢路水深數尺。

又 理宗朝，宫妃繫前掩裙而長窣地，名趕上裙。梳高髻于頂，曰不走落。束足纖直，名快上馬。粉點眼角，名淚妝。剃削童髮，必留大錢許于頂左，名偏頂。或留之頂前，束以綵繒，宛若博焦之狀，或曰鵓角。

明・鄭名選《秕言》卷一《跳脱》 唐宣宗嘗作詩賜宮人有金步搖，命場中對之，温庭筠對以王跳脱。云出《莊子》第二篇。帝忌之，故温有悔讀南華第二篇之句。今考《莊子》無此語。又古詩：輕衫襯條脱。《真誥》云：安妃有斲粟金條脱，是臂飾。蓋今之腕釧也。條脱，既跳脱。《韻書》跳，田聊切。與條同音。

明・陸容《菽園雜記》卷八　鐲，音蜀，又音濁。《周禮》：古人以金鐲節鼓。注云：鉦也，形如小鐘。韵書又云温器。今人名臂環爲鐲，音濁，蓋方言也。近考之，蠋，桑蟲，一名蚅。《爾雅》蚅烏蠋，《詩》鞗革金厄。注云：金厄，接轡之環，形似烏蠋，以金爲之。今女人金銀臂環累累有節而拳曲，正如蠋形。鐲當作蠋，音雖少異，其義甚明。

明・陸深《儼山外集》卷九《願豐堂漫書》　婦人首飾以髮爲之者曰假頭，亦曰假髻，作俑於晉太元中。弘治末，京師婦女悉反戴之，今漸傳四方矣。殆非佳兆。

明・楊慎《秇林伐山》卷一二《鬧掃》　鬧掃，髻名，亦猶盤鴉、墮馬之類也。唐詩：還梳鬧掃學宫妝，獨立閑庭納夜涼。手把玉釵敲砌竹，清歌一曲月如霜。鬧掃妝，唐末宫中髻名，形如炎風亂鬌。《三夢記》。

又《鬧掃梳頭》　還梳鬧掃學宫妝，獨立閑庭納夜涼。手把玉釵敲砌竹，清歌一曲月如霜。《三夢記》。

又卷一三《偏髽髻》　《北齊・禮服志》：八品女官偏髽髻。注：髽，莫交切，髮覆眉也。《玉篇》無此字，佛經往往有之，而誤以爲鬘字。

又卷一四《鬧裝》　京師有鬧裝帶，其名始于唐白樂天詩：貴主冠浮動，親王帶鬧裝。薛田詩：九包綰就佳人髻，三鬧裝成子弟韉。詞曲有角帶鬧黄鞓，今作傲黄鞓，非也。

明・楊慎《丹鉛續録》卷六《雜識・綢繆襳褵》　古者婦人長帶結者名曰綢繆，垂者名曰襳褵。結而可解曰紐，結而不可解曰締。

明・楊慎《丹鉛摘録》卷一〇　陸賈《南中行紀》云：南中百花，惟素馨香特酷烈。彼中女子以綵絲穿花心繞髻爲飾。梁章隱《詠素馨花》詩云：細花穿弱縷，盤向緑雲鬟。用陸語也。花繞髻之飾，至今猶然。予嘗有詩云：金碧佳人墮馬粧，鷓鴣林裹採秋芳。穿花貫縷盤香雪，曾把風流惱陸郎。姜夢賓笑謂予曰：不意陸賈風流之案，千年而始發耶。

明・楊慎《丹鉛總録》卷七《冠服類・朱腕繩》　王符《潛夫論》：或紡綵絲而縻斷，截以繞臂，此蓋綵絲之類。樂府《雙行纏》云：朱絲腕繫繩，真如白雪凝。梁昭明《烏栖曲》云：江南稚女朱腕繩。

宋・袁褧《楓窗小牘》卷上　汴京閨閣妝抹凡數變。崇寧間少嘗記憶作大鬢方額，政宣之際又尚急扎垂肩，宣和已後多梳雲尖巧額，鬢撑金鳳。小家至爲剪紙襯髮，膏沐芳香，花靴弓履，窮極金翠。一襪一領，費至千錢。今聞敵中閨飾復爾，如瘦金蓮方、瑩面丸、遍體香，皆自北傳南者。

明・張之象《古詩類苑》卷一一八《服食部・釵》　《三子釵銘》，崔瑗：元正上日，百福孔靈。鬢髮如雲，乃象衆星。三珠横釵，攝媛讚靈。《賦得照流看落釵》，梁簡文帝：相隨照緑水，意是重涼風。流摇粧影壞，釵落鬢花空。佳期在何許，徒傷心不同。《賦得渫井得金釵》，湯僧濟：昔者倡家女，摘花露井邊。摘花還自插，照井還自憐。窺窺終不罷，笑笑自成妍。寶釵于一作從。此落，從來非一年。翠羽成泥去，金色尚如鮮。此人今何在，此物今空傳。

又《花》《詠步摇花》，沈氏范静妻：珠華縈悲翠，寶葉間金瓊。剪荷不似製，爲《律祖》作拈。花如自生。低枝拂繡領，微步動瑶瑛。但令雲髻插，蛾眉本易成。《律祖》作諒非桃李節，彌令蜂蝶驚。

明・王三聘《古今事物考》卷六《冠服・花鈿》　《酉陽雜俎》曰：今婦人面飾用花子，起自唐上官昭容所制，以掩點迹也。按隋文宫貼五色花子，則前此已有其制矣。《雜五行書》曰：宋武帝女壽陽公主，卧于含章殿檐下，梅花落額上，成五出花，拂之不去，經三日洗之乃落。宫女奇其異，競效之。花子之作疑起于此。

明・田藝衡《留青日札》卷二二《珠纓絡》　《荀子》曰：處女嬰寶珠。即今珠纓絡也。一名珠落索。《説文》：嬰，頸飾也。胡人連貝飾頸曰嬰，女子之飾也。一作瓔珞。《觀世音普門品經》：無盡意菩薩解頸下衆寶珠瓔珞，價直百千兩金，而以與之。《三禮圖》：珠瓔翠綏。《左傳》：玉纓。又，婦參舅姑，所持者曰香纓，以五彩爲之。杜詩：真珠絡臂鞲。

明・王世貞《弇州四部稿》卷一五七《説部・宛委餘編二》　髻始自燧人氏，以髮相纏而無繫縛。女媧氏以竹爲笄。赫胥氏以木爲梳。堯以銅爲笄。舜以牙、玳瑁爲梳。周文王加珠翠翹花，名曰鳳髻，又名步摇髻。秦始皇有望仙髻、參鸞髻、凌雲髻。漢有迎春髻、垂雲髻。王母降武帝宫，從者有飛仙髻、九環髻。漢元帝宫中有百合分髾髻、同心髻。魏武帝宫有反綰髻，又梳百花髻。晉惠帝宫有芙蓉髻。陳宫有隨雲髻。隋文宫有九真髻。煬帝宫有迎唐八寰髻，又梳翻荷髻、坐愁髻。唐高祖宫有半翻髻、反綰樂游髻。明皇帝宫中雙鬟望仙髻、迴鶻髻，貴妃作愁來髻。貞元中有歸順髻，又有鬧掃妝髻。漢梁冀妻作墮馬髻。長安城中有盤桓髻、驚鵠髻，又作抛家髻及倭圝髻。王憲亦作解散髻，斜插簪，周弘文少時着錦絞髻，二公皆男子，尤可笑也。

又 太元中，王公婦女必緩鬢傾髻，以爲盛飾。用髮既多，不可恒戴，乃先於木及籠上裝之，名曰假髻。或名假頭。

明・王圻《三才圖會・衣服》卷三

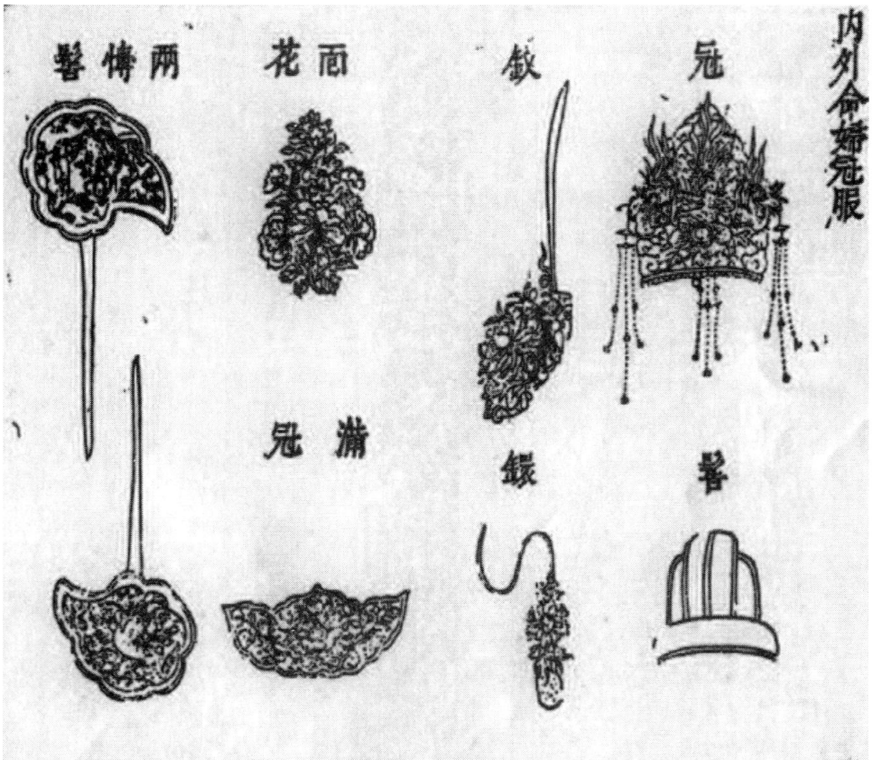

冠。《二儀實録》曰：爰自黃帝爲冠冕，而婦人之首飾無文，至周亦不過幅笄而已。漢宮掖承恩者始賜碧或緋芙蓉冠子。則其物自漢始也。

髻。《實録》曰：燧人氏婦人始束髮爲髻，至周王后首飾爲副編。鄭云：三輔謂之假髻。

釵。《實録》曰：燧人始爲髻，女媧之女以荆杖及竹爲笄以貫髮，至堯以銅爲之，且横貫焉。舜雜以象牙玳瑁。【略】

面花、滿冠。《酉陽雜俎》曰：今婦人面飾用花子，起自唐上官昭容所制以掩點迹也。按隋文宮貼五色花子，則前此已有其制，即今之面花也。若滿冠，不過以首飾副滿於冠上，故有是名耳。

兩博鬢。即今之掩鬢。

明・張萱《疑耀》卷二《結字即髻字》 古有紒字而無髻字，紒音界，即髻也。《史記・西南夷傳》魋結即魋髻，乃借結爲髻。韓退之《石鼎聯句》長頸高結，正用此字，高結之下有喉中作楚語句。蘇東坡有云長頸高結喉，是不知結即爲髻也。結讀作髻是也。楊用修乃欲讀凡結髮皆爲髻髮，似誤。蓋結髮即髻，猶讀結爲髻，字義能無重復。

明・顧起元《客座贅語》卷四《女飾》 今留都婦女之飾，在首者翟冠，七品命婦服之，古謂之副，又曰步摇。其常服戴於髮者，或以金銀絲，或馬尾，或以紗帽之。有冠，有丫髻，有雲髻，俗或曰假髻。制始於漢晉之大手髻，鄭玄之所謂假紒，唐人之所謂義髻也。以鐵絲織爲圜，外編以髮，高視髻之半，罩於髻，而以簪綰之，名曰鼓，在漢曰蔮耄藘，疑類於《周禮》之所謂編也。摘遺髮之美者縷束之，雜髮中，助綰爲髻，名曰頭髮。《詩》之所謂髢也。長摘而首圜式方，雜爵華爲飾，金、銀、玉、玳瑁、瑪瑙、琥珀皆可爲之，曰簪。其端垂珠若華者曰結子，皆古之所謂笄也。掩鬢或作雲形，或作團花形，插於兩鬢，古之所謂兩博鬢也。花鈿，戴於髮鼓之下，古之所謂鏌蔽髻也。耳飾，在婦人大曰環，小曰耳塞，在女曰墜，古之所謂耳瑫也。塞即古之所謂瑱也。以小花貼於兩眉間曰眉間俏，古謂之花子，一曰其制自古之玄的，龍黔爲之昉也。飾於臂曰手鐲。鐲，鉦也，《周禮》：鼓人以金鐲節鼓。形如小鐘，而今相沿用於此，即古之所謂釧，又曰臂釵、曰臂環、曰條脱、曰條達、曰跳脱者是也。金玉追煉約於指間曰戒指。又以金絲繞而箍之曰纏子，即繁欽詩之所謂約指一雙銀也。以金珠玉雜治爲百物形，上有山雲題、若花題，下長索貫諸器物系而垂之，或在胸曰墜領，或繫於裾之要，曰七事。又以玉作珮，繫之行步聲璆然，曰禁步。皆古之所謂雜珮也。古取其用，今取其飾也。金玉珠石爲華爵，長而列於鬢傍曰釵，古謂之笄。齊梁間始有花釵、金釵之名，而實始於漢，前此未之有也。其差小於釵者曰掠子，或謂即古搔頭，義取掠髮，疑有類於古之所謂導也。親迎婦將登車，以彩帊或錦幅冪其首，至夫家行合巹禮，始揭去之，曰蓋頭，古名曰幪。北齊納后禮有所謂加幪、去幪者，此也。

明・陳懋仁《析酲漫録》卷五 或謂婦人裝假髮起于楊貴妃，《續博物志》貴妃以假鬢爲首飾，曰義髻。《釋名》曰：編，編髮爲之。次，次第髮也。髲，被也，髮少者得以被助其髮也。然則假髮其來尚矣，非起貴妃也。

明・張存紳《增訂雅俗稽言》卷一一《冠服・耳衣》 唐人邊塞曲：金裝腰帶重，綿縫耳衣寒。耳衣，即今之暖耳也。俗言墻有風壁有耳，即耳屬于垣之義。《九國志》：吴崔太初，多疑好察，每通街交會之所必置耳，謂人曰：還聞墻有耳否，非墻耳乃吾耳，行路之人莫敢偶語。捎□子，去耳中垢者。捎音肖。

又《條脱》《盧氏新記》：唐文宗一日問宰相，古詩輕衫襯條脱是何物，宰相未對。上曰：《真誥》安妃有金條脱爲臂飾，即今釧也。周處《風土記》作條達，此悮也。一又作跳脱，跳音條。《南部新書》：大中間，上賦詩有金步摇未能對，温廷筠以玉跳脱應之。據步摇、跳脱屬對，作跳字亦通。釧音串。

明・談遷《棗林雜俎》和集《叢贅・女飾》 弘治、正德初，良家耻類娼妓。自劉長史更仰心髻效之，漸漸因襲，士大夫不能止。近時冶容，尤勝於妓，不能辨焉，風俗之衰也。

明・張岱《夜航船》卷一三《容貌部・婦女》 靈蛇髻。甄后入魏宫，宫庭有緑蛇，口中恒有赤珠，若梧子大，不傷人；人欲害之，則不見。每日后梳妝，則盤結一髻形，后效而爲髻，巧奪天工。故后髻每日不同，號爲靈蛇髻。宫人擬之，十不得其一二。

又 鵶髻。巴陵鵶不畏人，除夕，婦人各取一隻，以米粱喂之。明旦，各以五色縷繫于鵶頂，放之，視其方向，卜一年休咎。其占云：鵶子東，興女紅。鵶子西，喜事齊。鵶子南，利桑蠶。鵶子北，織作息。甚驗。又元旦梳頭，先以櫛理其羽毛，祝曰：願我婦女，黰髮髟髟。惟有斯年，似其羽毛。楚人謂女髻爲鵶髻。

又 飛天紒。唐末宫中髻號鬧掃妝，形如焱風散鬈，蓋盤鵶、墮馬之類。宋文元嘉中，民間婦人結髮者，三分抽其鬟，向上直梳，謂飛天紒。

又 流蘇髻。輕云鬢髮甚長，每梳頭，立於榻上猶拂地，已綰髻，左右餘髮各粗一指，束結作同心帶，垂於兩肩，以珠翠飾之，謂之流蘇髻。富家女子多以青絲效其制。

明・惠康野叟《識餘》卷一《百索》 小兒周歲，項帶五色彩絲繩名曰百索，《東宫舊事》。中有六色罽絹，今小兒亦以色絲辮髮而後垂之，若取長命縷之義。

又《十二金釵》 古樂府《河中曲》咏莫愁：頭上金釵十二行，足下絲履五文章。後人遂誤以爲金釵美人十二行，殊不知古婦人髻高，故能插金釵十二行，乃六雙也。

清・李漁《閑情偶寄》卷六《聲容部・修容第二》 盥櫛。古人呼髻爲蟠龍，蟠龍者，髻之本體，非由粧飾而成，隨手綰成，皆作蟠龍之勢，可見古人之粧全用自然，毫無造作。然龍乃善變之物，髮無一定之形，使其相傳至今，物而不化，則龍非蟠龍，乃死龍矣，髮非佳人之髮，乃死人之髮矣。無怪今人善變，變之誠是也，但其變之之形，只顧趨新，不求合理，只求變相，不顧失真，凡以彼物肖此物，必取其當然者肖之，必取其應有者肖之，又必取其形色相類者肖之，未有憑空捏造，任意爲之而不顧者。古人呼髮爲烏雲，呼髻爲蟠龍者，以二物生於天上，宜乎在頂，髮之繚繞似雲，髮之蟠曲似龍，而雲之色有烏雲，龍之色有烏龍，是色也，相也，情也，理也，事事相合，是以得名，非憑捏造，任意爲之而不顧者也。竊怪今之所謂牡丹頭、荷花頭、鉢盂頭，種種新式，非不窮新極異，令人改觀，然于當然應有，形色相類之義，則一無取焉。人之一身，手可生花，江淹之彩筆是也，舌可生花，如來之廣長是也，頭則未見其生花，生之自今日始，此言不當然而然也。髮上雖有簪花之義，未有以頭爲花而身爲蒂者，鉢盂乃盛飯之器，未有倒貯活人之首，而作覆盆之像者，此皆事所未聞，聞之自今日始，此言不應有而有也。群花之色，萬紫千紅，獨不見其有黑，設立一婦人於此，有人呼之爲黑牡丹、黑蓮花、黑鉢盂者，此婦必艴然而怒，怒而繼之以罵矣，以不喜呼名之怪物，居然自肖其形，豈非絶不可解之事乎。吾謂美人所梳之髻，不妨日異月新，但須籌爲理之所有。理之所有者，其象多端，然總莫妙于雲龍二物，仍用其名而變更其實，則古製新裁，并行而不悖矣。勿謂止此二物，變來有限，須知普天下之物，取其千態萬狀越變而越不窮者，無有過此二物者矣。龍雖善變，猶不過飛龍、游龍、伏龍、潛龍、戲珠龍、出海龍之數種，至於雲之爲物，頃刻數遷其位，須臾屢易其形，千變萬化四字，猶爲有定之稱，其實雲之變相，千萬二字，猶不足以限量之也。若得聰明女子，日日仰觀天象，既肖雲而爲髻，復肖髻而爲雲，即一日一更其式，猶不能盡其巧幻，畢其離奇，矧未必朝朝變相乎。若謂天高雲遠，視不分明，難於取法，則令畫工繪出巧雲數朵，以紙剪式，襯於髮下，俟櫛沐既成而後去之，此簡便易行之法也。雲上盡可著色，或簪以時花，或飾以珠翠，幻作雲端五彩，視之光怪陸離，但須位置得宜，使與雲體相合，若其中應有此物者，勿露時花珠翠之本形，則盡善矣。肖龍之法，如欲作飛龍、游龍，則先以己髮梳一光頭於下，後以假髮製作龍形，盤旋繚繞，覆於其上，務使離髮少許，勿使相粘相貼，始不失飛龍、游龍之義，相粘相貼，則是潛龍、伏龍矣。懸空之法，不過用鐵線一二條，襯於不見之處，其龍爪之向下者，以髮作線，縫於光髮之上，則不動矣。戲珠龍法，以髢作小龍二條，綴於兩旁，尾向後而首向前，前綴大珠一顆，近於龍嘴，名爲二龍戲珠，出海龍亦照前式，但以假髢作波浪紋，綴于龍身空隙之處，皆易爲之。是數法者皆以雲龍二物，分體爲之，是雲自雲而龍自龍也。予又謂雲龍二物，勢不宜分，雲從龍，風從虎。《周易》業有成言，是當合而用之。同一用髢，同一作假，何不幻作雲龍二物，使龍勿露全身，雲亦勿作全朵，忽而見龍，忽而見雲，令人無可測識，是美人之頭，盡有盤旋飛舞之勢，朝爲行雲，暮爲行雨，不幾兩擅其絶，而爲陽臺神女之現身哉。噫，笠翁於此，搜盡枯腸，爲此髻者，不可不加尸祝，天年以後，倘得爲神，則將往來綉閣之中，驗其所製，果有裨于花容月貌否也。

又卷七《聲容部·治服第三》 首飾。珠翠寶玉，婦人飾髮之具也，豈然增嬌益媚者以此，損嬌掩媚者亦以此。所謂增嬌益媚者，或是面容欠白，或是髮色帶黄，有此等奇珍異寶，覆於其上，則光芒四射，能令肌髮改觀，與玉藴於山而山靈，珠藏於澤而澤媚，同一理也。若使肌白髮黑之佳人，滿頭翡翠，環鬢金珠，但見金而不見人，猶之花藏葉底，月在雲中，是盡可出頭露面之人而故作藏頭蓋面之事，巨眼者見之，猶能略迹求真，謂其美麗當不止此，使去粉飾而全露天真還不知如何嫵媚，使遇皮相之流，止談妝飾之離奇，不及姿容之窈窕，是以人飾珠翠寶玉非以珠翠寶玉飾人也。故女人一生，戴珠頂翠之事，止可一月，萬勿多時。所謂一月者，自作新婦于歸之日始，至滿月卸妝之日止。只此一月，亦是無可奈何。父母置辦一場，翁姑婚娶一次，非此艷妝盛飾，不足以慰其心。過此以往，則當去桎梏而謝羈囚，終身不修苦行矣。一簪一珥，便可相伴一生，此二物者，則不可不求精善。富貴之家，無妨多設。金玉犀貝之屬，各存其製，屢變其形，或數日一更，或一日一更，皆未嘗不可。貧賤之家，力不能辦金玉者，寧用骨角，勿用銅錫。骨角耐觀，制之佳者，與犀貝無異，銅錫非止不雅，且能損髮，簪珥之外，所當飾髻者，莫妙于時花數朵，較之珠翠寶玉，非止雅俗判然，且亦生死迥別。《清平調》之首句云，名花傾國兩相歡。歡者，喜也，相歡者，彼既喜我，我亦喜彼之謂也。國色乃人中之花，名花乃花中之人，二物可稱同調，正當晨夕與共者也。漢武云，若得阿嬌，貯之金屋。吾謂金屋可以不設，藥欄花榭，則斷斷應有，不可或無。富貴之家，如得麗人，則當遍訪名花，植於閫内，使之旦夕相親，珠圍翠繞之榮，不足道也，晨起簪花，聽其自擇，喜紅則紅，愛紫則紫，隨心插戴，自然合宜，所謂兩相歡也。寒素之家，如得美婦，屋旁稍有隙地，亦當種樹栽花，以備點綴雲鬟之用。他事可儉，此事獨不可儉。婦人青春有幾，男子遇色爲難。儘有公侯將相，富室大家，或苦緣分之慳，或病中宫之妒，欲親美色而畢世不能。我何人斯，而擅有此樂，不得一二事娱悦其心，不得一二物粧點其貌，是爲暴殄天物，猶傾精米潔飯於糞壤之中也。即使赤貧之家，卓錐無地，欲藝時花而不能者，亦當乞諸名園，購之擔上，即使日費幾文錢，不過少飲一杯酒，既悦婦人之心，復娱男子之目，便宜不亦多乎。更有儉於此者，近日吴門所製象生花，窮精極巧，與樹頭摘下者無異，純用通草，每朵不過數文，可備月餘之用。絨絹所製者，價常倍之，反不若此物之精雅，又能肖真。而時人所好，偏在彼而不在此，豈物不論美惡，止論貴賤乎。噫，相士用人者，亦復如此，奚止於物。

吴門所製之花，花像生而葉不像生，户户皆然，殊不可解，若去其假葉而以真者綴之，則因葉真而花益真矣，亦是一法。

時花之色，白爲上，黄次之，淡紅次之，最忌大紅，尤忌木紅。玫瑰，花之最香者也，而色太艷，止宜壓在髻下，暗受其香，勿使花形全露，全露則類村粧，以村婦非紅不愛也。

花中之茉莉，舍插髻之外，一無所用。可見天之生此，原爲助粧而設，粧可少乎。珠蘭亦然，珠蘭之妙，十倍茉莉，但不能處處皆有，是一恨事。

予前論髻，欲人革去牡丹頭、荷花頭、鉢盂頭等怪形，而以假髮作雲龍等式。客有過之者，謂吾儕立法，當使天下去贋存真，奈何教人爲僞。予曰：生今之世，行古之道，立言則善，誰其從之，不若因勢利導，使之漸近自然。婦人之首不能無飾，自昔爲然矣，與其飾以珠翠寶玉，不若飾之以髲。髲雖云假，原是婦人頭上之物，以此爲飾，可謂還其固有，又無窮奢極靡之濫費，與崇尚時花，鄙黜珠玉，同一理也。予豈不能爲高世之論哉，慮其無裨人情耳。簪之爲色，宜淺不宜深，欲形其髮之黑也，玉爲上，犀之近黄者、蜜蠟之近白者次之，金銀又次之，瑪瑙琥珀，皆所不取。簪頭取象於物，如龍頭、鳳頭、如意頭、蘭花頭之類是也。但宜結實自然，不宜玲瓏雕斫，宜與髮相依附，不得昂首而作跳躍之形。蓋簪頭所以壓髮，服貼爲佳，懸空則謬矣。

飾耳之環，愈小愈佳，或珠一粒，或金銀一點。此家常佩戴之物，俗名丁香，肖其形也。若配盛粧艷服，不得不略大其形，但勿過丁香之一倍二倍。既當約小其形，復宜精雅其制，切忌爲古時絡索之樣。時非元夕，何須耳上懸燈。若再飾以珠翠，則爲福建之珠燈，丹陽之料絲燈矣。其爲燈也猶可厭，况爲耳上之環乎。

清·董含《三岡識略》卷一〇《三吴風俗十六則》 余爲諸生時，見婦人梳髮，高三寸許，號爲新樣。年來漸高至六七寸，蓬鬆光潤，謂之牡丹頭，皆用假髮襯墊，其重至不可舉首。又仕宦家或辮髮螺髻，珠寶錯落，烏靴禿裾，貂皮抹額，閨閣風流，不堪寓目，而彼自以爲逢時之制也。

清·褚人穫《堅瓠集》三集卷一《婦人朱粉》 婦人修容不知起於何代，及觀《詩》云：豈無膏沐，誰適爲容。《莊子》云：天子之侍御，不爪揃，不穿耳。則是塗面、油髮、穿耳、帶環，自古已然。《前漢·佞幸傳》：藉孺、閎孺傅脂粉以婉媚幸上。梁朝子弟，無不薰衣剃面，傅粉施朱。男子且然，而况婦人乎。唐虢國夫人美質，不施脂粉。少陵詩：却嫌脂粉污顔色，淡掃娥眉朝至尊。白香山有《時世妝》歌。時世粧出自宫中，傳四方，惟崔樞夫人治家嚴肅，貴賤皆不許時世妝。至後周禁天下婦人皆不得粉黛，惟黄眉墨妝而已。《日札》載：美人妝面既傅粉，復以胭脂調勻掌中，施之兩頰。濃者爲酒暈妝，淺者爲桃花妝。薄薄施朱，以粉罩之，爲飛霞妝。梁簡文詩有分裝開淺靨，繞臉傅斜紅之句。

又《髻異》 《晉志》：皇后則假髻步摇。注：步摇，首飾也。《前朱録》：燕代多冠步摇冠。《長恨歌》有金步摇。《焦氏類林》載：貴妃以假鬢爲首飾，曰義髻。唐僖宗時内人束髮甚急，爲囚髻。唐婦人梳髮以兩鬢抱面，爲拋家髻。《三夢記》：唐宫中髻名鬧掃騁，形如焱風散鬖，蓋盤鴉、墮馬之類。唐人詩云：還梳鬧掃學宫妝，獨立閑庭納夜凉。手把玉釵敲砌竹，清歌一曲月如霜。吾蘇婦人梳頭，有牡丹鉢盂之名，鬢有蘭花如意之號。吴梅村先生有《咏牡丹頭·南鄉子》云：高聳翠雲寒，時世新妝喚牡丹。豈是玉樓春宴罷，金盤，頭上花枝鬪合歡。著意畫烟鬟，用盡玄都墨幾丸。不信洛陽千萬種，争看，魏紫姚黄總一般。近則括束甚緊，謂之懶梳妝。

又《金釵十二》 唐人詩多用金釵十二，如白香山酬牛思黯詩：鍾乳三千兩，金釵十二行。十二行或言六鬟耳，齊肩比立，爲釵十二行。然梁武帝《河中之水歌》云：洛陽女兒名莫愁，頭上金釵十二行。是以一人帶十二釵也。又《南史》載：齊周盤龍伐魏有功，高帝送金釵十二枚與其愛妾杜氏，手敕云：餉周公阿杜。此事甚佳，罕有用者。

又六集卷四《丫頭》 《留青日札》：今呼侍婢曰丫頭，言頭上方梳雙髻，未成人之時，即漢所謂偏髫茅也。劉賓客詩：花面丫頭十三四，春來綽約向人時。爲白香山小樊而作。花面者，未開臉也。

又九集卷二《輕雲餘髮》 《謝氏詩源》：輕雲鬢髮如漆而長，每梳頭，立於榻上，髮猶拂地。已綰髻，左右餘髮各粗一指，結束作同心帶垂於兩肩，以珠翠飾之，謂之流蘇髻。於是女子多以紅青絲效其制。少陵贈美人詩曰：笛唇揚拆柳，衣髮挂流蘇。

又廣集卷一《戒指》 俗用金銀爲鐶，貫於指間，謂之戒指。按《詩》注，古者后妃群妾以禮進御於君，女史書其月日，授之以鐶，以進退之，生子月辰，以金鐶退之。當御者以銀鐶進之，著於左手，既御者著於右手，又謂之手記。事無大小，記以成法。則戒指手記之名，其來久矣。

又餘集卷四《空心髮》 俗諺以蘇人髮盡空心。蓋謂髮無中虛理。譏蘇人作事空虛也。不知人之髮中無有實。《酉陽雜俎》載：魏有句驪客善用針取人髮，斬爲數段，以針貫取之，皆聯絡相承。可見髮皆中虛，不獨蘇人爲然也。設使天下，獨蘇人之髮空心，正見蘇人玲瓏剔透處。

清・屈大均《廣東新語》卷一六《器語・笄》 香山之俗，女笄用中秋，是夕召親戚爲丸羹，食而笄之，初加搆髻，既嫁變塌髻，形頗不雅。冬至，家以丸羹祀神，或以笄女，他時率不以笄也，東莞娶婦，入門廟見後，終身不復戴笄。南海、番禺婦人，平居不笄，有事則笄，女子出閣前一日始笄。笄多用蓮花珠笄，乳媪笄殼尖笄，長樂、興寧扁笄，大小如其首，以金爲梁，或四六，或八十，有偶無奇，雖田家婦子，笄靡不華，靡不朝夕在首。

清・王士禛《香祖筆記》卷六 湖廣土司彭九霄之母有玉跳脱一隻，中有一蟻，歷歷分明，自能蠕動。又武林金編修家有猫眼寶石一枚，其睛正午則如一線，過午即圓。

又卷一〇 宋靖康間，東京織帛及婦人首飾皆備四時，如桃、杏、荷、菊、梅花之屬，謂之一年景。予昔使東粵，過贛，報謁丁鴈水憲僉，留飯園亭。時甫過上元數日，瓶中插雜花，如桃、梅、桂花、佛桑之屬皆盛開。予戲語鴈水：君可謂四時之氣具備。比過嶺，則芭蕉隆冬亦不凋，始知摩詰雪中芭蕉未可輕議，特粵中雪不易得耳。

清・周象明《事物考辯》卷六〇《冠裳》 副編。漢制考，《周禮・追師》副編，注云：副之言覆，所以覆首之飾，其遺象若今之步摇，后服之以從王祭祀。編，以髮爲之，若今之假紒，服之以桑。

清・高士奇《天禄識餘》卷七《纓》 《禮記》：女子許嫁，纓。纓有二，一少時當佩香纓。《内則》云，女子未冠笄給纓也。一是許嫁時繫纓，《昏禮》：士人新脱婦纓。鄭注：婦人十五許嫁，笄而禮之，因著纓是也。蓋以五采爲之。又《内則》曰婦事舅姑給纓，以此而言，知有二纓也。

清・劉廷璣《在園雜志》卷四《附陝西提督潘原疏》 明宮中小葫蘆耳墜，乃真葫蘆結就者，取其輕也。内監於葫蘆初有形時，即用金銀打成兩半邊小葫蘆形，將葫蘆夾住，縛好，不許長大。俟其結老，取其端正者，以珠翠飾之，上奉嬪妃。然百不得一二焉。因其難得，所以爲貴也。

清・金埴《不下帶編》卷四 曾忠愍《假髻行》云：東家美人髮委地，辛苦朝朝理高髻。西家美人髮及肩，買裝修髻亦峨然。金釵寶鈿圍珠翠，眼底何人辨真僞。夭桃花下來春風，假髻女兒歸上公。此所謂真不如假能行時也。牧齋自言列朝詩誤刊此首爲張東海。後始知曾忠愍作，乃是宋詩也。

清・顧棟高《毛詩類釋》卷一三《釋衣服》 充耳、瑱、琇瑩、瓊瑩、瓊華、瓊英。《傳》充耳謂之瑱，天子以玉，諸侯以石。《箋》所以懸瑱者，紞也。君五色，臣則三色。《禮書》曰：瑱以充耳，紞以懸瑱。《詩》于衛夫人言玉之瑱也。則瑱不獨施于男子，婦人亦有之。齊之著有素青黄三者，即謂此三色之紞也。用雜綵線織之以爲懸瑱之繩，琇與瓊皆言美石，瑩鮮潔貌，瓊華、瓊瑛特異其文耳。

又 兩髦。《内則》注云：髦，象幼時鬌，音朵。小兒剪髮也。兒生三月，剪髮爲鬌，男角謂兩髻。女羈，謂三髻。長大猶爲飾，謂之髦。所以順父母幼小之心，父母殁則去之。時僖侯尚存，故云。項氏曰：髦者，以髮作爲髻，垂兩眉之上，如今小兒用一帶連雙髻横繫額上是也。臣謹案，諸侯小斂即脱髦。此明云兩髦，安得有襲攻共伯于墓上，入僖侯羡自殺之事乎。史遷之誣妄，不辨自明矣。

清・王應奎《柳南隨筆》卷五 婦人以金銀爲介指，蓋其來已久。鄭康成《詩箋》云：后妃群妾，以禮御於君所。女史書其日月，授之以鐶，當御者著左，既御者著右。又《五經要義》云：古者后妃群妾，進御於君，所當御者，以銀環進之，娠則以金鐶退之。進者著右手，退者著左手。今之指環是也。又相傳古者婦人，月經與娠則帶，否則去之。今人常帶在手，既昧戒止之義，甚至男子而亦帶之，若爲飾手之物，尤可怪矣。

清・紀昀《玉臺新詠考異》卷五《江洪詠歌姬》 寶鑷建珠花，建字未詳，案《續漢書・輿服志》曰：簪以瑇瑁爲擿，長一尺，端爲華勝，上爲鳳凰爵，以翡翠爲毛羽，下有白珠，垂黄金鑷。然則古人亦以鑷爲首飾，疑建當作間，以音近而誤也。分明靚粧點。粧，宋刻作莊，誤。薄鬢約微黄，輕紅淡鉛臉。發言芳已馳，復加蘭蕙染。浮聲易傷歎，沈唱安而險。孤轉忽徘徊，雙蛾乍舒斂。不持全示人，半用輕紗掩。

又《范靖婦詠步摇花》 《隋書・經籍志》梁征西記室范靖妻《沈滿願集》三卷，則此婦有名可考，宜與鮑令暉一例書名。珠華縈翡翠，寶葉間金瓊。剪荷不似製，爲花如自生。低枝拂繡領，微步動瑶瑛。但令雲髻插，蛾眉本易成。

清・王念孫《廣雅疏證》卷七下《釋器》　髮謂之髻。《說文》：髻，髻髮也。又云：𦣻，古文百也。巛象髮，髮謂之鬊。鬊，即巛也。案巛，隸作川，川與鬊古同聲，故云鬊即巛也。《士喪禮》云：巾柶鬊爪埋于坎。《喪大記》云：君大夫鬊爪實于綠中，土埋之。鄭注：鬊，亂髮也。鬊之言蠢蠢然也。《說文》：惷，亂也。引昭二十四年《左傳》王室曰惷惷焉。今本作蠢。《漢書・天文志》：有黑雲狀如猋風亂鬊，《衆經音義》卷十五引韋昭音蠢。

又　鬄謂之髲。《說文》：髲，易髮也。鬄，髲也，或作髢。《釋名》云：髲，被也。髮少者得以被助其髮也。鬄，剔也，剔刑人之髮爲之也。《周官・追師》：掌王後之首服，爲副編次。鄭注云：次，次第髮長短爲之，所謂髲髢。《少牢饋食禮》：主婦被錫。鄭注云：被錫讀爲髲鬄，古者或剔賤者刑者之髮以被婦人之紒爲飾，因名髲鬄焉。《召南・采蘩》篇：被之僮僮。鄭箋亦以爲髲鬄。《鄘風・君子偕老》篇：鬒髮如雲，不屑髢也。哀十七年《左傳》：公見己氏之妻髮美，使髡之以爲吕姜髢。鄭箋、杜注并云：髢，髲也。各本脱鬄字，今補。

清・李光庭《鄉言解頤》卷四《物部上・雜物十事》　辮聯。世有雖尺有所短，未必便不如人。乃有本不短，而必欲續而補之，使之等身者，辮聯是也。昔用假髮，如婦人之義髻，今則多用絲綫矣。鄉俗新婚有以紅絲繫辮尾者。若京師大撒手辮，則但喜上之鬆寬，不計下之長短，近日步軍統領與熱車、淫詞、牛屠、雀市、闊套褲，一例示禁，誠善政也。休嗟種種逼華顛，早結繩繩未了緣。客愛貂冠忘續尾，僕愁馬腹計加鞭。一絲縱吝平原綉，數縷猶爲禿穎延。記否當年調錦瑟，鬟雲梳罷理朱弦。

清・俞正燮《癸巳存稿》卷二《雜記笄》　《雜記》云：女雖未許嫁，年二十而笄，禮之。婦人執其禮。燕則鬈首。注云：禮之，酌以成之也。言婦人執其禮，明非許嫁之笄。既笄之後，去之鬈首，猶若女有鬌、紒也。《正義》云：女子十五許嫁而笄，則主婦及女賓爲笄禮。主婦爲之著笄，女賓以禮接之。若未許嫁，至二十而笄，則婦人禮之，無主婦、女賓，不備儀也。此禮之變也。方氏非之云：婦人即主婦、女賓，重在執禮二字，欲早責以成人之道。此直以語録時文家法言之，謂重在執禮二字，則刺之無刺，不知此文正重在執其禮其字。其禮者，主婦、女賓之禮，即上句禮之。言此禮之之禮，使婦人執之耳。不正備物，憫其失時，非責之也。聖人制禮以仁萬民，非司空城旦書也。

又《紟纓》　《內則》：婦事舅姑，紟纓。注云：紟，猶結也，婦人有纓，示繫屬也。案，《說文》云：賏，頸飾也。嬰，頸飾也。纓，冠系也。衿，衣系也。冠系亦在頸，垂于下爲飾，所謂冠緌雙止。婦人之纓，由頸交于胸，所謂親結其褵也。男纓亦曰緌，女纓亦曰褵。纓與嬰字通用。《荀子・富國篇》云處女嬰寶珠，言頸飾綴珠也。《釋名》云：纓者，自上而繫于頸也。嬰兒者，胸前曰嬰，抱之嬰前乳養之，是嬰頸飾至胸，婦人乳子者猶有纓，是纓爲婦人常飾也。《爾雅・釋器》云：婦人之褘謂之縭，縭，緌也。注云：即今之香纓也，邪交絡帶繫于體。郭意以褘通幃爲囊，則香囊可爲香纓，甚不然也。纓是系，但有緌垂之。縭，如《采菽》紼縭維之，亦維繫。《東山》親結其縭，傳云母施衿結帨，即親紟其纓，不應是香囊，後代或繫香囊于上耳。古佩草木香，非必囊盛。《內則》云：男女未冠笄，紟纓，皆佩容臭。注云：臭，香物，以纓佩之，爲迫尊者，給小使。亦云別具香物綴纓上，非即纓也。男未冠紟纓，婦女皆紟纓。《曲禮》云女子許嫁纓者，不佩容臭，以佩容臭是未笄女子之纓也。知容臭佩于纓下者，《內則》婦事舅姑，列左右佩了，更言紟纓，未笄女子則言紟纓了，更言佩容臭，知容臭與纓別一物也。《曲禮正義》言婦人纓有二時，一是少時常佩香纓，二是許嫁時纓，其説非也。香纓，晉人之名，不得以紟纓、佩容臭當之。許嫁時即昏禮，主人親脱之纓，明日夙興又著也。陳祥道《禮書》云：許嫁之纓，既嫁，夫脱之，無所復用。其言可駭。《士昏禮》：主人脱服于房，亦將無所復用，明日遂裸裎乎。方氏云：婦事舅姑，紟纓在左右佩之下，則謂容臭之纓是矣。案，子佩左右金燧、木燧止，下云偪屨著綦，婦佩亦左右金燧、木燧止，下云紟纓綦。子言逼膝，婦言飾賏，未冠笄男女言紟纓，皆佩容臭。今以紟纓爲容臭之佩，對文言之，將使子佩偪屨矣。且容臭未笄之佩，好説經曾不省視經文，最害事也。

清・梁紹壬《兩般秋雨盦隨筆》卷三《背蘇州》　杭俗仕女，向梳高髻，近則低亸，蓋蘇式也。時謂之背蘇州，頗雅而謔。余戲作《背蘇州歌》云：吴鬟且莫唱，越髻且莫謳。四座静勿嘩，我歌背蘇州。蘇州肌理嫩如水，蘇州顔色烘如蕾。相君之背亦風流，時樣妝梳鬥嬌美。靈蛇新式到杭州，日日凝妝上翠樓。明月圓時休正面，懶雲堆處莫回頭。妝臺軟掠輕梳罷，留與南朝周昉畫。山眉水眼且休論，霧鬢風鬟已無價。吁嗟乎，粉頸香肩骨肉勻，摹來背面果然真。只愁一顧傾城處，仍是西湖畫裏人。

又卷七《義髻》 天寶末，童謠云：義髻拋河内，黄裙逐水流。因貴妃以假髻作首飾，而好服黄裙故也。見《太真外傳》。假髻曰義髻，二字甚新。

清・陸以湉《冷廬雜識》卷一《首飾》 《毛詩》：副笄六珈。《傳》云：副者，后夫人之首飾，編髪爲之。首飾二字始此。劉熙《釋名》有《首飾篇》，凡冠、冕、弁、幘、簪、纓、笄、瑱之屬皆列焉，是統男婦而通名曰首飾矣。今獨以號婦人釵珥等物，蓋猶沿《詩傳》之説。

清・王端履《重論文齋筆録》卷一一 今世婦女喜以翠羽塗於金銀首飾上，謂之點翠，不知自古有之。《左僖二十四年傳》：鄭子華之弟子臧出奔宋，好聚鷸冠。杜注：聚鷸羽以爲冠，非法之服。孔疏釋鳥云翠鷸。李巡曰：鷸，一名爲翠，其羽可以爲飾。樊光云：青羽出交州。郭璞云：似燕，紺色，生鬱林。《説文》云：翠青羽，雀也。《漢書》：尉佗獻文帝翠鳥毛。然則鷸羽可以飾器物，聚此鷸羽以爲冠也。端履案：鷸鳥毳短，不可以織聚以爲冠，其即今之點翠歟。

清・黄以周《禮書通故》卷三《衣服通故》 《毛詩》説，被之僮僮。被，首飾也。鄭箋云：謂視濯溉饎爨之事。《禮記》主婦髲鬄。孔穎達云：少牢文主婦被錫。注云：被錫讀爲髲鬄，古者或剔刑者賤者之髮，以被婦人之紒爲飾，因名髲鬄焉，此《周禮》所謂次也。此言被與髲鬄之文同，故知被是少牢之髲鬄，同物而异名。戴震云：鄭注《禮》合次與髲鬄爲一，箋《詩》又合被與髲鬄爲一，恐未然也。《説文》髲鬄二字轉注，鬄又作髢，髲、被古字通用。《詩》之被乃所謂髢，不在副編次之數。既用被，然加首服，翟衣之首服副笄六珈是矣。以周案：《士昏禮》女次，女從者被，姆纚笄，各有差，被與次异，被字通髲。《詩》：鬒髮如雲，不屑髢也。髢即髲鬄字，從戴説。

清・平步青《霞外攟屑》卷一〇《通草花》 通草，古名通脱木。《太平廣記》卷四百六引《酉陽雜俎》云：通脱木如蜱麻，生山側，花上粉主治惡瘡，如空中有瓤，輕白可愛，女工取以飾物。《本草》：通草一作蓪草。《通俗編》卷二十五引《外記》：晉惠帝正月賞宴，百花未開，令宫人翦五色通草花。唐王睿詩：蓪草頭花柳葉裙。李咸用咏《紅薇》詩：晝出看還欠，蓪爲插未輕。今云葱草者訛。按《升庵全集》卷三十四《竹枝詞》：紅妝女伴碧江濆，蓪草花簪茜草裙。蓋即本之王、李詩。《物原》：五采通草花，吕后製。《東坡志林》卷八：荼蘼花似通草花，桃花似臘花，杏花似絹花，罌粟花似紙花。三月十一日，會王文甫家，衆議評花如此。《攤飯續談》引《古今注》：冠子者，秦始皇之制也。令三妃九嬪，當晝戴芙蓉冠，插五色通草蘇梁子，知通草爲飾，由來舊矣。《小繁露》但引《夷堅志》李大哥條，饒州天慶觀居民李小一，以制造通草花爲業，似未詳所始。洪但云制造，非必謂昉於李也。

又 齊眉、包帽、昭君套。《西雲札記》卷一：今俗婦女首飾，有抹額。此二字亦見《唐書・婁師德傳》，又《南蠻傳》，又《韓愈送鄭尚書序》，《續漢書・輿服志》注。胡廣曰：北方寒凉，以貂皮暖額，附施於冠，因遂變成首飾，此即抹額之濫觴。按，以貂皮暖額，即昭君套抹額，又即包帽，又即齊眉，伶人則曰額子。

清・歐陽兆熊、金安清《水窗春囈》卷下《蘇州頭》 婦人粧飾皆效法蘇州，蘇州則又以青樓中開風氣之先，仕宦者反從而效之，其故不可解。道光初年皆元寶頭，而後施燕尾。中年皆改爲平三套，較爲淡雅，燕尾皆無之，蝤蠐如雪，只逋髮叢叢耳。甲午、乙未間，忽改爲純素衣衫，有用白線綰髻者，詢之並無親喪也，其爲大亂之兆，古之所謂服妖歟。

清・富察敦崇《燕京歲時記・花兒市》 花兒市在崇文門外迤東。自正月起，凡初四、十四、二十四日有市。市皆日用之物。所謂花市者，乃婦女插戴之紙花，非時花也。花有通草、綾絹、綽枝、摔頭之類，頗能混真。花市之外亦有鴿市，在廛北小巷内。

清・胡贊采（光緒）《永城縣志》卷三八 服飾。婦女首覆以布，間用縐紗，少者以長爲美，兩端下垂尺餘，插以横簪，富者以銀爲之，貧者即用銅簪，所以綰首幅也。男女服，用布素居多。

清・虫天子《香艷叢書》一集卷一《十眉謡附十髻謡》 鳳髻。周文王時，一名步摇髻。有髮卷然，倒挂么鳳，儂欲吹簫，凌風飛動。

近香髻。秦始皇時。番之馥馥，雲之烏烏，自然天生，膏沐何須。

飛仙髻。王母降武帝時。飛仙飛仙，降于帝前，回首髻光，爲霧爲煙。

同心髻。漢元帝時。桃葉連根，髮亦如是，蘇小西陵，歌聲相似。

墮馬髻。梁冀妻。盤盤狄髻，墮馬風流，不及珠娘，輕身墜樓。

靈蛇髻。魏甄后。春蛇學畫，靈蛇學髻，洛浦凌波，如龍飛去。

芙蓉髻。晉惠帝時。春山削出，明鏡看來，一道行光，花房乍開。

坐愁髻。隋煬帝時。江北花榮，江南花歇，髮薄難梳，愁多易結。

反綰樂遊髻。唐高祖時。樂遊原上，草軟如綿，婀娜鬟多，春風醉眠。

鬧掃妝髻。唐貞元時。隨意妝成，是名鬧掃，枕畔釵橫，任君顛倒。

又卷二《悅容編》 緣飾。飾不可過，亦不可缺，淡妝與濃抹，惟取相宜耳。首飾不過一珠一翠一金一玉，疏疏散散，便有畫意。如一色金銀簪釵行列，倒插滿頭，何異賣花草標。服色亦有時宜，春服宜倩，夏服宜爽，秋服宜雅，冬服宜豔。見客宜莊服，遠行宜淡服，花下宜素服，對雪宜麗服。吳綾蜀錦，生綃白苧，皆須褒衣闊帶，大袖廣襟，使有儒者氣象。然此謂詞人韻士婦式耳，若貧家女典盡時衣，豈堪求備哉。釵荊裙布，自須雅致。花鈿委地無人收，方是真緣飾。

雜録

漢・史游撰、唐・顔師古注《急就篇》卷三 係臂琅玕虎魄龍。琅玕，火齊珠也。一曰石之似珠者也。齊，材詣反。言以虎魄爲龍，并取琅玕係著臂肘，取其媚好且珍貴也。篇本龍字，或作聾字，蓋謂以玉爲龍者也。

漢・劉熙《釋名》卷四《釋首飾》 脂，砥也，著面柔滑如砥石也。粉，分也，研米使分散也。胡粉，胡，餬也，脂和之如餬以塗面也。黛，代也。滅眉毛去之，以此畫代其處也。唇脂，以丹作之，象唇赤也。香澤，香入髮恒枯悴，以此濡澤之也。彊，其性凝强，以制服亂髮也。以丹注面曰勺。勺，灼也。此本天子諸侯群妾當以次進御，其有月事者止而不御，重以口說，故注此於面，灼然爲識。女史見之，則不書其名於第録也。經粉，經，赤也。染粉使赤，以著頰上也。

漢・郭憲《洞冥記》卷二 神女留玉釵以贈帝，帝以賜趙婕妤。至昭帝元鳳中，宮人猶見此釵。黃諓欲之，明日示之，既發匣，有白燕飛昇天。後宮人學作此釵，因名玉燕釵，言吉祥也。

又卷四 帝所幸宮人，名麗娟，年十四，玉膚柔軟，吹氣勝蘭。不欲衣纓拂之，恐體痕也。每歌，李延年和之，於芝生殿唱迴風之曲，庭中花皆翻落。置麗娟於明離之帳，恐塵垢污其體也。帝常以衣帶縛麗娟之袂，閉於重幕之中，恐隨風而去也。麗娟以琥珀爲佩，置衣裾裏，不使人知，乃言骨節自鳴，相與爲神怪也。

晉・崔豹《古今注》卷下《草木第六》 燕支，葉似薊，花似蒲公，出西方。土人以染，名爲燕支。中國人謂之紅藍，以染粉爲面色，謂爲燕支粉。今人以重絳爲燕支，非燕支花所染也。燕支花所染，自爲紅藍爾，舊謂赤白之間爲紅，即今所謂紅藍也。

晉・陸翽《鄴中記》 石虎置女侍中，皆貂蟬，直侍皇后。

又 石季龍宮婢數十，盡著皂褠，頭著神弁，如今禮先冠。

晉・嵇含《南方草木狀》卷上 耶悉茗花、末利花，皆胡人自西國移植於南海。南人憐其芳香，競植之。陸賈《南越行紀》曰：南越之境，五穀無味，百花不香。此二花特芳香者，緣自胡國移至，不隨水土而變，與夫橘北爲枳異矣。彼之女子，以綵絲穿花心，以爲首飾。

晉・葛洪《西京雜記》卷一 戚姬以百煉金爲彄環，照見指骨。上惡之，以賜侍兒鳴玉、耀光等，各四枚。

又卷二 武帝過李夫人，就取玉簪搔頭。自此後，宮人搔頭皆用玉，玉價倍貴焉。

南朝梁・殷芸《殷芸小説》卷一《秦漢魏晉宋諸帝》 漢武帝過李夫人，就取玉簪搔頭。自此后宮人搔頭皆用玉，玉價倍貴焉。又以象牙爲篦，賜李夫人。

南朝梁・顧野王《玉篇》卷一 珥。仁志切，珠在耳。

又 璫。多郎切，穿耳施珠也。

又 珞。郎各切。瓔珞，頸飾也。

又卷三 嬰。一盈切。《蒼頡篇》云：男曰兒，女曰嬰。《説文》云：頸飾也。

又卷五 髲。且利切，首飾爲髲。

又 鬠。同上，《儀禮》鬠用組束髮。䰉。薄桓切，卧髻也。鬕。亡亞切，帶結飾。髻。方五切，髻也。䰎。丘位切，屈髮也。髻。居濟切，髮結也。髤。同上，《説文》古拜切，簪結也。

又 鬃。才宗切，高髻貌。鬠。匹育、匹宥二切，《周禮》追師，掌王後之首服，爲鬠，本亦作副。

又 髽。側瓜切，《禮記》曰男子免而婦人髽，以麻約髻也。髺。孚勿切，婦人首飾也。髻。五結切，髻髮禿也。鬏。口八切，禿也。

又 鬃。于公切，毛亂也。髶。直追切，髻也。

又 鬟。胡攣切，結鬟。髩。助庚切，髩鬖亂髮。鬆。子紅切，馬鬣。又作孔切。

又卷二六 角。古岳切，獸頭上骨出外也。男女未冠笄爲總角。又角力也。

唐・釋玄應《一切經音義》卷八《大乘重譯大乘律》 寶珥。如志反。《蒼頡篇》：珠在耳也。耳璫垂珠者曰珥。

又 耳渠。耳璫之類也。經文有作璩，玉名也。

又 耳圈。渠遠反，謂耳璫之類也，或以金銀玉等爲之。

唐・劉孝孫《事始》 假髻。《晉中興書》曰：《徵祥記》曰，太元中，宫主婦女綏鬢傾髻以爲盛飾。豐多［不］可恆戴。乃先於籠上裝之，名曰假髻也。

唐・温庭筠《靚妝録》 諸葛恪曰：穿耳貫珠，蓋古尚也。子美詩：玉環穿耳誰家女。

唐・趙璘《因話録》卷三《商部下》 崔吏部樞夫人，【略】婦德克備，治家整肅，貴賤皆不許時世粧梳。

唐・張泌《妝樓記》 翡翠指環。何充妓於後閣，以翡翠指環換刺繡筆。充知，歎曰：此物洞仙與吾，欲保長年之好。乃命蒼頭急以蜻蜓帽贖之。

又 環榴臺。吳王潘夫人，以火齊指環挂石榴枝上，因其處臺，名曰環榴臺。

又 夜飛蟬。杜甫每朋友至，引見妻子。韋侍御見而退，使其婦送夜飛蟬以助妝飾。

唐・蘇鶚《杜陽雜編》卷中 穆宗皇帝殿前種千葉牡丹，花始開，香氣襲人，一朵千葉，大而且紅。上每覩芳盛，嘆曰：人間未有。自是宫中每夜即有黄白蛺蝶萬數飛集于花間，輝光照耀，達曉方去。宫人競以羅巾撲之，無有獲者。上令張網於空中，遂得數百，於殿内縱嬪御追捉以爲娱樂。遲明視之，則皆金玉也。其狀工巧，無以爲比。而内人爭用絳縷絆其脚，以爲首飾，夜則光起粧奩中。其後開寶廚，覩金錢玉屑之内將有化爲蝶者，宫中方覺焉。

又卷下 更有金莖花，其花如蝶，每微風至，則摇蕩如飛，婦人競採之以爲首飾。且有語曰：不戴金莖花，不得在仙家。

唐・朱揆《釵小志》 琥珀釧。東昏侯爲潘妃作一隻琥珀釧，直七十萬。

又 不許妾妝。崔樞夫人治家整肅，容儀端麗，不許羣妾作時世妝。

又 二花。阮文姬插鬢用杏花，陶溥公呼曰二花。

又 不用落塵。麗居，孫亮愛姬也。鬒髮香浄，一生不用洛成，疑其有辟塵犀釵子也。註曰：洛成，即今篦梳，似落塵子誤，未考。

又 半妝。諺曰：白頭花鈿滿面，不若徐妃半妝。

五代・王仁裕《開元天寶遺事》卷上《天寶上・助嬌花》 御苑新有千葉桃花，帝親折一枝插於妃子寶冠上，曰：此個花尤能助嬌態也。

五代・馬縞《中華古今注》卷中《燕脂》 蓋起自紂，以紅藍花汁凝作燕脂，以燕國所生，故曰燕脂，塗之作桃花妝。

宋・陶穀《清異録》卷下《衣服門・龍蕊簪》 龍蕊簪。吳越孫妃，嘗以一物施龍興寺，形如朽木箸。僧不以爲珍，偶出示舶上胡人，曰：此日本國龍蕊簪也。增價至萬二千緡易去。

宋・吕希哲《吕氏雜記》 近世儒者，有戒婦人不油髮，不塗面者。《詩》曰：豈無膏沐。自古而然，又有戒婦人不穿耳者，《莊子》曰：天子之侍御，不爪翦，不穿耳。則穿耳自古而然，但不知於恣耳。

宋・孔平仲《談苑》卷四 婦人面飾用花子，起自上官昭容，以掩點迹。大曆以前，士大夫妻多妒悍者，婢妾小不如意輒印面，故有月點錢。

宋・龐元英《文昌雜録》卷一《西京雜記》 漢武帝過李夫人，以玉簪搔頭自授，宫中搔頭皆以玉，玉搔頭之名起於此。

《新唐書》卷三四《五行志一》 元和末，婦人爲圓鬟，椎髻不設鬢飾，不施朱粉，惟以烏膏注唇，狀似悲啼者。圓鬟者，上不自樹也，悲啼者，憂恤象也。

宋・莊綽《雞肋編》卷上 《漢史》云燕地，【略】凡倡皆用子爲名，若香子、花子之類。無寒暑，必繫綿裙。其良家士族女子皆髡首，許嫁方留髮。

宋・吴處厚《青箱雜記》卷七 王衍在蜀，好私行，【略】又每宴怡神亭，妓妾皆衣道衣，蓮花冠，酒酣，免冠，髽髻爲樂，因夾臉連額，渥以朱粉，號曰醉妝。此與梁冀、孫壽事頗相類。

宋・王讜《唐語林》卷七《補遺》 唐末婦人梳髻，謂拔叢，以亂髮爲胎，垂障於目。解者云，羣衆之計，目覩其亂髮也。

宋・朱翌《猗覺寮雜記》卷上 外來之物曰義，如義兒是也。元云：醉摘櫻桃投小玉，義梳叢髻舞曹婆。

宋・陸游《入蜀記》卷六 又多婦人，不獨水也。有婦人負酒賣，亦如負水狀，呼買之，長跪以獻。未嫁者，率爲同心髻，高二尺，插銀釵至六隻，後插大象牙梳，如手大。

宋・羅大經《鶴林玉露》乙編卷五《古婦人》 《國風》云：豈無膏沐，誰適爲容。又云：予髮曲局，薄言歸沐。蓋古之婦人，夫不在家，則不爲容飾也。其遠嫌防微，至於如此。杜陵《新昏別》云：自嗟貧家女，久致羅襦裳。羅襦不復施，對君洗紅妝。尤可悲矣。《國風》之後，唯杜陵不可及者，此類是也。

宋・陳元靚《歲時廣記》卷九《效梅妝》 《宋書》：武帝女壽陽公主，人日卧于含章殿檐下，梅花落公主額上，成五出花，拂之不去，皇后留之看得幾時，三日洗之乃落，宫人奇其異，竟效之，今人梅花妝是也。章簡公帖子云：太極侍臣皆賀雪，含章公主正妝梅。陳簡齋《墨梅》詩云：含章檐下春風雨，造化功成秋兔毫。又《梅花》詩云：同心不見昭儀種，五出時驚公主花。

宋・朱輔《溪蠻叢笑》 椎結。胎髮不薙除，長大而無櫛篦，不裸巾，蓬垢髺鬡，自古已然，莫可化也，名椎結。

宋・佚名《采蘭雜志》卷三一下 甄后既入魏宫，宫庭有一緑蛇，口中恒有赤珠。若梧子，不傷人。人欲害之，則不見矣。每日后梳妝，則蛇盤結一髻形于后前。后異之，因效而爲髻，巧奪天工。故后髻每日不同，號爲靈蛇髻，宫人擬之，十不得其一二。

元・周達觀《誠齋雜記》卷上 明德馬皇后美髮，爲四起大髻，但以髮成，尚有餘繞髻三匝，眉不施黛，獨眉角小缺，補之如菓。

元・陶宗儀《南村輟耕録》卷九《花面子》 今婦人面飾用花子，起自唐昭容上官氏所製，以掩點迹。大曆已前，士大夫妻多妒悍，婢妾小不如意輒印面，故有月點、錢點，事見《酉陽雜俎》。

又卷一七《穿耳》 或者謂晉唐間人所畫士女多不帶耳環，以爲古無穿耳者。然《莊子》曰：天子之侍御，不爪揃，不穿耳。則穿耳自古亦有之矣。

又《丫頭》 吴中呼女子之賤者爲丫頭。劉賓客《寄贈小樊》詩：花面丫頭十三四，春來綽約向人時。

《宋史》卷六五《五行志三・木》 建隆初，蜀孟昶末年，婦女競治髮爲高髻，號朝天髻。未幾，昶入朝京師。

又 紹熙元年，里巷婦女以琉璃爲首飾。《唐志》：琉璃釵釧有流離之兆，亦服妖也。後連年有流徙之厄。

元・龍輔《女紅餘志》卷上《飛黄鬟》 元雍姬豔姿，以金箔點髩，謂之飛黄鬟。

明・郎瑛《七修類稿》卷二二《辯証類・女人纏足蟬鬢》 女人纏足，起于後唐主宫人窅娘，蟬鬢始于魏帝宫女莫瓊樹。

明・楊慎《秇林伐山》卷二〇《繫爪義甲》 妓女以鹿角琢爲爪以彈箏，曰繫爪。梁簡文《箏》詩：停絃時繫爪，息吹治唇朱。又曰義甲，唐劉言史詩：迸却玻璃義甲聲。

明・楊慎《丹鉛摘録》卷八 唐人《邊塞曲》：金裝腰帶重，錦縫耳衣寒。耳衣，今之暖耳也。

明・王三聘《古今事物考》卷六《冠服・妝》 周文王時，女人始傅鉛粉，秦始皇宫悉紅妝翠眉，此妝始也。宋武宫女，效壽陽落梅之異，作梅花妝。隋文宫中紅妝，謂之桃花面。

又《妝靨》 近世婦人妝，喜作粉靨。如月形，如錢樣，又以朱若胭脂點者。唐人亦上之。蓋自吴孫和誤傷鄧夫人頰，醫以白獺髓，合膏琥珀太多，痕不滅，有赤點，更益其妍。諸嬖欲要寵者，皆以丹青點頰，此其始也。

又《畫眉》 秦始皇宫中悉紅妝翠眉，此婦人畫眉之初也。《實録》

曰：漢武帝令宮人掃八字眉。《西京雜記》曰：司馬相如妻卓文君眉如遠山，時人效之，畫遠山眉。魏武令宮人掃青黛眉。

又《金訶子》 唐明皇貴妃楊氏私安禄山，因以指爪傷貴妃胸乳間，遂作訶子之飾以蔽之。

又《耳墜》 夷狄男子之飾也，晉始用中國。

又《珥》 女人耳珠也，自妲己始之，以效島夷之飾。至戰國齊閔王時，薛公進珥于王夫人是也。

明·顧岕《海槎餘録》 茉莉花最繁，不但婦人簪之，童豎俱以綫穿成釧，縛髻上，香氣襲人。

明·張瀚《松窗夢語》卷二《西遊紀》 蜀城，【略】民俗樸陋鄙俚，雖元旦燈夕，寂然無鼓吹，燈火不異平時。惟婦女簪花滿頭，稍著鮮麗。醜媖出汲，赤脚泥塗，而頭上花不減也。

明·李時珍《本草綱目》卷三五《木之二》 楸。【略】唐時立秋日，京師賣楸葉，婦女兒童剪花戴之，取秋意也。

明·田藝蘅《留青日札》卷二〇《穿耳》 女子穿耳，帶以耳環，蓋自古有之，乃賤者之事。《莊子》曰：天子之侍御，不爪揃，不穿耳。杜子美詩：玉環穿耳誰家女。諸葛恪曰：母之于女，天性之愛。穿耳貫珠，何傷于仁。

又《金釵十二行》 古樂府《河中曲》咏莫愁：頭上金釵十二行，足下絲履五文章。後人遂誤以爲金釵美人十二行，殊不知古婦人髻高，故能插金釵十二行，乃六雙也。

又卷二一《額黄、鬢撥》 額上塗黄，漢宮妝也。梁簡文詩：同安鬟裡撥，異作額間黄。徐排云：留心散廣黛，輕手拂花黄。虞世南《袁寶兒》詩：學畫鴉黄半未成。今此妝不復經見矣。撥者，捩開也。四十年前，婦女理鬢尚用撥。以木爲之，形如棗核，兩頭尖尖，可二寸長。以漆光澤，用以鬆鬢，名曰鬢棗。今亦不復用之，競作薄薄妥鬢，如古之蟬翼鬢也。

又《螓首、花尖》 《詩》：螓首蛾眉。螓，一名蜻。蜻，蚻也。蟭蟟之小而緑色者。孫炎曰：有文者謂之螓，似蟬而小，頭有方文。《詩》言額廣而方也。今杭州婦女，皆尚圓額，亦有花尖者，額中髮際垂下，自成尖文。有效顰而强飾者。

明·焦竑《焦氏類林》卷七《冠服》 魏文帝宮人莫瓊樹始製爲蟬鬢，望之縹緲如蟬翼然。《古今注》。

武帝女壽陽公主人日卧于含章殿簷下，梅花落其額上，成五出之花，拂之不去，自有梅花粧。《宋書》。

美人粧面，既傅粉，復以臙脂調勻掌中，施之兩頰，濃者爲酒暈粧，淺者爲桃花裝。薄薄施朱，以粉罩之，爲飛霞粧。梁簡文詩：分妝閑淺靨，繞臉傅斜紅。《日札》。

又 杜甫每朋友至，引見妻子。韋侍御見而退，使其婦送夜飛蟬以助粧飾。《放懷集》。

又 唐末宮中髻號鬧掃粧，形如焱風散鬒，蓋盤鴉、墮馬之類。唐詩：還梳鬧掃學宮粧。獨立閒庭納夜凉。試把玉釵敲砌竹，清歌一曲月如霜。《三夢集》。

明·張鼎思《琅邪代醉編》卷一九《婦飾》 吕希哲曰，《詩》云：豈無膏沐，誰適爲容。則婦人塗面油髮，自古而然。《莊子》云：天子之侍御，不爪揃，不穿耳。則穿耳帶環，自古而然。

明·于慎行《穀山筆麈》卷一五《雜記》 古時婦人之飾，率用粉黛，粉以傅面，黛以填額畫眉。周天元時，禁民間婦人不得施粉黛，自非宮人，皆黄眉墨妝。故《木蘭詞》中有挂鏡貼花黄之句，第不知黄眉墨妝若爲點畫耳。

明·陳繼儒《枕譚》 條脱。條脱，臂飾也，一作條達，又作跳脱，蓋傳寫之誤也。

明·張岱《夜航船》卷一《天文部·春》 梅花點額。劉宋壽陽公主，人日卧含章殿檐下，梅花點額上，愈媚。因仿之，而貼梅花鈿。

又卷一三《容貌部·形體》 高髻。後漢馬廖疏云：吴王好劍客，百姓多瘡瘢。楚王好細腰，宮中多餓死。城中好高髻，四方高一尺。城中好廣眉，四方且半額。城中好大袖，四方全疋布。

又《容貌部·婦女》 遠山眉。趙飛燕爲妹合德養髮，號新興髻；爲薄眉，號遠山黛；施小朱，號慵來妝。又《玉京記》：卓文君眉色不加黛，如遠山，人效之，號遠山眉。

又 淡妝。《楊妃傳》：虢國夫人不施粧粉，自有容貌，常淡妝以朝天子。杜甫詩：號國夫人承主恩，平明上馬入宮門。却嫌脂粉污顏色，淡掃蛾眉朝至尊。

又 燕脂。紂以紅藍花汁凝作汁脂，以爲桃花妝。蓋燕國所出，故名燕脂。今寫燕字加月已非，甚有因旁亦加月者，更大謬矣。《日札》云：美人妝，面既傅粉，復以燕脂調勻掌中，施之兩頰，濃者爲酒暈妝，殘者爲桃花妝，薄施朱以粉罩之，爲飛霞妝。唐僖、昭時，都下競事妝唇，婦女以分妍否，其有名石榴嬌、大紅春、小紅春十七種。

又卷一四《九流部·道教》 金蓮花。元藏機有馴鳥三，類鶴，時翔空中，呼之立至，能授人語，常航海飄至一島。人曰：此滄州也。産分蒂瓜，長一尺，碧棗丹栗，大如梨。池中有足魚、金蓮花，婦人采爲首飾。曰：不戴金蓮花，不得在仙家。

明·程良孺《讀書考定》卷二二《服飾·簪笄》 簪一名笄，《周冕》天子玉笄，《詩》副笄六珈，《易》不疑朋合簪，此皆施之於首者也。又盛七簪之籠，亦名簪。《方言》：簪，箭竹器也，故其上從竹。

明·惠康野叟《識餘》卷一《脛》 婦人頭髮爲膏澤黏膩曰脛，必湯沐乃可解。《考工記》弓人注，脛亦黏也，音職。古人俱用芳澤以香潤其髮，魏瓘賦：黄金釵兮碧雲髮。杜牧之賦：緑雲繞繞，梳曉鬟也。

清·褚人穫《堅瓠集》三集卷一《上頭》 女子之笄曰上頭。花蕊夫人《宮詞》：年初十五最風流，新賜雲鬟使上頭。而娼家處女初得薦寢於人亦曰上頭，今俗謂之梳櫳。

又五集卷四《嘲妓》 馮猶龍有《嘲妓黄鶯兒》一卷。其《嘲長妓》云：仰面覷妖嬈，出蘭房，須曲腰。粉墻半露花容貌，也不是雲妝髻高，也不是綉鞋底高，拜如折竹因風倒。好姣姣，太湖石畔，有個女曹交。《嘲麻妓》云：綉閣俏嬋娟，恨朝朝，費粉錢。龐兒亂撲梨花片，千圈萬圈，不方不圓，水漚滿泛青波面。貼花鈿，繁星拱照，點破鏡中天。

又秘集卷三《義甲》 劉言史《樂府》詞曰：月明如雪金階上，迸斷玻璃義甲聲。義甲，護指物也。或以銀爲之。李義山詩：十一學彈箏，銀甲未曾卸。甲外有甲，謂之曰義。

清·王士禛《香祖筆記》卷七 樂府詩云：緑蛇含珠丹。初讀之，謂偶然語耳，非有故實。後觀《鄴中記》云：魏宮中有緑蛇，口有赤珠，若梧子大。甄后每梳妝，則盤結一髻，形於后前，因效而爲髻，號靈蛇髻。乃知樂府用此事也。

清·高士奇《天禄識餘》卷三《穿耳》 諸葛恪曰：穿耳貫珠，古尚也。子美詩：玉環穿耳誰家女。

又卷四《金蟲》 金蟲出利州山中，蜂體緑色光若金，蜀人取佐釵鐶之飾。

又卷七《翠足粉胸》 劉勰云綴金翠于足跗，靚粉澤于胸臆，以喻失其所施也，後世妓女金翠綴足，粉澤靚胸，蓋恒飾耳。

又卷八《蒲桃髻》 小兒初留髮，爲髻十數，父母爲兒女相勝之詞曰：蒲桃髻，十穗勝五穗。

清·陸祚蕃《粤西偶記》 同邑沈融谷，起家廣西天河縣令，言七八月之交，有金龜蟲，大如黄豆，頭甲足尾，宛然龜也，色如赤金，多生扁豆葉上，亦能飛，乾之可爲婦人首飾。

清·鈕琇《觚賸》卷七《粤觚上》 相思子。紅豆名相思子，其樹之葉如槐，盛夏子熟，破莢而出，色勝珊瑚。粤中閨閣，多雜珠翠以飾首，經年不壞。

清·紀昀《玉臺新詠考異》卷一《漢時童謡歌一首》 城中好高髻，四方高一尺。城中好大眉，四方眉半額。城中好廣袖，四方用匹帛。

清·彭遵泗《蜀碧》卷二 賊錢肉色光潤精緻，不類常銅，至今得者，作婦女簪花，不減赤金。

清·吴長元《宸垣識略》卷一六 毛西河姬人曼珠，張姓，小字阿錢，豐臺賣花翁女也。幼甚慧，能效百鳥音，工針黹。稍長，白皙而妍，綰髮作連環，名百環髻。

清·華胥大夫《南浦秋波録》 閩中四時，花事不絶，諸姬家日高始起，而賣花者久在門矣。軟紅香白，隨意所欲，取簪之。夏秋之間，茉莉花開，鬻花者，摘其蓓蕾，貫以竹絲，傍晚貨於市，諸姬晚妝，用以圍髻，其香竟夜。

清·周壽昌《思益堂日札》卷六《蒲草花、紙錢》 隋王睿《迎神歌》云：蒲草頭花柳葉裙，蒲葵樹下舞鸞雲。引領望江遥滴淚，白蘋風起水生紋。今婦女以蒲草扎花插頭上，實始於此。

清·王端履《重論文齋筆録》卷三 又言西藏以賽蘭香供佛，佛經名伊蘭花，花小如金粟，特馥烈。戴髮髻間，香可聞十步，經月不散，《後漢書》所謂伊蒲之饌也。

名物考釋總部

服装部·冠冕巾帻分部

幞頭

題解

南朝梁・顧野王《玉篇》卷二八 幞。扶足切，巾幞也。帊。匹嫁切，幞帊也。

五代・馬縞《中華古今注》卷中《幞頭》 本名上巾，亦名折上巾。但以三尺皂羅後裹髮。蓋庶人之常服。沿至後周武帝，裁爲四脚，名曰幞頭。頭。以至唐侍中馬周更與羅代絹，又令重繫前後，以象二儀，兩邊各爲三攝，取法三才。百官及士庶爲常服。

宋・俞琰《席上腐談》卷上 幞頭起于周武帝，以幅巾裹首，故曰幞頭。幞字音伏，與幞被之幞同，今訛爲僕。

《宋史》卷一五三《輿服志五》 幞頭。一名折上巾，起自後周，然止以軟帛垂脚，隋始以桐木爲之，唐始以羅代繒。惟帝服則脚上曲，人臣下垂。五代漸變平直。

明・王三聘《古今事物考》卷六《冠服・幞頭》《二儀實録》曰：古以皂布三尺裹頭，號頭巾。三代皆冠列品。黔首以皂絹裹髮，亦爲軍戎之服。後周武帝依周用絹三尺裁爲襆頭，此得名之始也。《唐會要》曰：故事，全幅向後襆髮，俗謂之幞頭。梁高祖始布漆于紗，施鐵爲角。唐惟人主用硬脚，晚唐方鎮擅命，始僭用之。此硬角幞頭之始也。大明《諸司職掌》云：文武官公服幞頭用漆紗，二等，展角各長一尺二寸，雜職官幞頭用垂帶。

明・張岱《夜航船》卷一一《日用部・衣冠》 幞頭。北朝周武帝裁布始制幞頭。一云六國時趙魏用全幅向後幞髮，通謂頭巾，俗呼幞頭。

清・周象明《事物考辯》卷六〇《冠裳・幞頭》 宋俞琰《席上腐談》：幞頭起于周武帝，以幅巾裹首，故曰幞頭。幞字音伏，與襆被之襆同，今訛爲幞。

清・俞樾《茶香室續鈔》卷一五《袱當作幞》 宋俞玉吾《席上腐談》云：幞頭以幅巾裹首，字音伏，與襆被之襆同，今訛音爲僕。按《説文》有幞無襆，襆即幞之或體。幞音伏，字遂變作袱矣。

清・俞正燮《癸巳存稿》卷一〇 幞。史炤《通鑑釋文》于衣襆云博木切。《爾雅》：裳削幅謂之襆。胡三省《辨誤》云：《爾雅》乃纀字，此襆當音房玉切，帊也，所以包裹衣物。俞玉吾《席上腐談》云：幞頭，以幅巾裹首，字音伏，與襆被之襆同，今訛音爲僕。是宋時多有誤音。《説文》云：幞，帊也。《集韵》逢玉切，云帕也。幞頭即帊首，即今包頭。幞被、衣幞，即包被、衣包。其從衣之襆，爲或從字。袱則今俗字。

綜述

五代・馮鑑《續事始》 幞頭。《實録》曰：上古被髮服皮，自三代即冠，皆列品命。黔首以皂絹三尺裹髮，亦爲軍戎服。後周武帝裁爲四脚，名曰幞頭。唐馬周請左右各三，攝以三才，重繫前脚，法二儀。詔從之。

宋・孔平仲《珩璜新論》卷四 周武皇帝初服常冠，以皂紗全幅向後幞髮，仍裁爲四脚。今之幞頭，正是此遺法也。

宋・趙彦衛《雲麓漫鈔》卷三 幞頭之制，本曰巾，古亦曰折，以三尺皂絹，向後裹髮。晋宋曰幕。後周武帝遂裁出四脚，名曰幞頭，逐日就頭裹之。又名折上巾。唐馬周請以羅代絹，二脚繫于上前，法武也；二脚垂于後，法文也。兩邊各爲三摺，法三才，又加巾子。制度不一。隋大業十年，吏部尚書牛弘上疏曰：裹頭者，内宜著巾子，以桐木爲内，外黑漆。唐武德中，尚平頭小樣者。證聖二年則天臨朝，以絲葛爲之，以賜百官，呼爲武家樣。又有高頭巾子，亦呼爲武家諸王樣巾子。明皇開元十四年，賜臣下内樣巾子，圓巾子，高而後隆，目爲英王樣巾子。景龍四年，内宴賜百官内樣其頭是也。又裴冕嘗自製巾子，謂之僕射巾。自唐中葉已後，諸帝改製其垂二脚，或圓或闊，用絲弦爲骨，稍翹翹矣。臣庶多效之，然亦不妨就枕。陳宏畫明皇裹頭坦腹仰卧吹玉笛圖，又鄭穀詩云：玉階春冷未催班，暫拂塵衣就笏眠。其便如此。唐末喪亂，自乾符後，宮娥宦官皆用木圍頭，以紙絹爲襯，用銅鐵爲骨，就其上製成而戴之，取其緩急之便，不暇如平時對鏡繫裹也。僖宗愛之，遂製成而進御。

宋・程大昌《演繁露》卷一二《幞頭垂脚不垂脚》 幞頭起于後周，一名四脚。其制裁紗覆首，盡韜其髮，兩脚繫腦後。故唐裝悉垂脚其改爲硬脚，史不載所始，故莫知其的自何時也。孫角《談苑》載，柳玭在東川有從子來省，玭不甚顧視，其家人爲之叙説房派行第，亦不領略。僕隸輩相與獻疑曰：得無責敬于君之幞頭也乎，姑垂脚入見以占其意可也。此郎乃垂下翹翹之尾，果獲撫接。則知當柳玭時，幞頭不皆垂脚，其屈而下垂者，乃其用以爲敬也。國初有王易者著《燕北録》，載契丹受諸國聘覲，皆繪畫其人物冠服，惟新羅使人公服幞頭略同唐裝，其正使著窄袖短公服橫烏，正與唐制同。其上節亦服紫，同正使。惟幞頭則垂脚，疑唐制以此爲等差。故流傳新羅者如此也。又秦再思《洛中紀異》云：唐太宗令馬周雅飾幞頭。至昭宗乾符初，教坊内教頭張口笑者以銀拈幞頭脚上簪花釵，與内人裹之，上悦，乃曰：與朕依此樣進一枚來。上親櫛之，復覽鏡大悦。由是京師貴近效之。龐元英著《文昌録》，乃以爲宣宗。未知孰是。沈存中《筆談》謂唐惟人主得服硬脚，晚季方鎮擅命，始有僭服者。《宣和重修鹵簿圖》，言唐制皆垂脚。其後帝服則脚上曲，五代漢後漸變平直。其説與上所載略同，而皆不記所出，豈皆以意揣度乎。

宋・張舜民《畫墁録》 前輩雖介胄士，有執一不移之節。有裴鎮崇班者，晉公之後。監華州赤水鎮酒，段少連領漕事，巡過督其職事。命去幞頭，既而曰：且與幞頭，以待再求點檢。裴曰：此幞頭是受官日朝廷所命之服，運判既命去之，不敢擅裹，須候朝廷指揮。自爾露頭治事，凡出入見賓客，以至迎送，露頭穿執者三年。朝廷亦聞之，有旨：段少連不合去命官巾幞，罰食。裴即日復冠，人方之貢禹。

宋・陶穀《清異録》卷下《衣服門・順裹》 郢王鳳歷之叛，別制幞頭，都如唐巾，但更雙脚爲仙藤耳，其徒號爲順裹。

又《衣服門・李家寬》 清泰燕服，凡兩品。幞頭李家寬者，漆地加金綫棱盤，四脚差細。

宋・沈括《夢溪筆談》卷一《故事一》 幞頭一謂之四脚，乃四帶也，二帶繫腦後垂之，折帶反繫頭上，令曲折附頂，故亦謂之折上巾。唐制，唯人主得用硬脚，晚唐方鎮擅命，始僭用硬脚。本朝幞頭有直脚、局脚、交脚、朝天、順風，凡五等，唯直脚貴賤通服之。又庶人所戴頭巾，唐人亦謂之四脚，蓋兩脚繫腦後，兩脚繫頷下，取其服勞不脱也，無事則反繫于頂上。今人不復繫頷下，兩帶遂爲虚設。

宋・陳師道《後山談叢》卷五《幞頭》 司馬温公云：仁宗崩，有司用乾興故事，群臣布四脚加冠，于是時莫識其制，以幅巾幕首，破其後爲四脚。其後鄭毅夫讀《續事始》云：三代黔首，以皂絹裹髮，周武帝裁爲四脚，名以幞頭，馬周請重繫前脚。蓋布四脚，脚皆後垂如周制，遇暑則繫其前脚如唐制。英宗崩，宋次道誤爲布幞頭，有司遂用民間布喪之服，以金漆紗幞頭去其鐵脚而布裹之，前繫後垂而不可加冠，壞之而冠。幞頭之失，自次道始也。餘謂四脚加冠，今士大夫喪冠是也，夫布之冠古也，四脚今也，于禮爲繁矣。

宋・俞琰《席上腐談》卷上 韓退之《元和聖德詩》云以紅帕首，蓋以紅綃縛其頭，即今之抹額也。帕首幞頭，本只是一物，今分爲二物。

《宋史》卷一五三《輿服志五》 幞頭。一名折上巾，起自後周，然止以軟帛垂脚，隋始以桐木爲之，唐始以羅代繒。惟帝服則脚上曲，人臣下垂。五代漸變平直。國朝之制，君臣通服平脚，乘輿或服上曲焉。其初以藤織草巾子爲裹，紗爲表，而塗以漆。後惟以漆爲堅，去其藤裹，前爲一折，平施兩脚，以鐵爲之。

明・陳繼儒《羣碎録》 幞頭，今訛爲僕頭。幞音伏，與幞被之幞同。起周武帝，以幅巾裹首，故云幞頭。

明・呂毖《事物初略》卷一四《服制・幞頭》 《二儀實録》曰：古以皂布裹頭，號頭巾。後周武帝，依周三尺裁爲幞頭，此得名之始也。唐太宗謂侍臣曰：幞頭起于周武帝，蓋取便于軍容。穆宗好擊踘，而宣喚不以時，諸司供奉人，急于應召，始爲硬裹裝于木園之上，以待倉卒之召。五代梁太祖，始用布漆紗，施金爲作脚，乃令之樣也。

明・于慎行《穀山筆麈》卷一三《冠服》 魏、晉以來，王公卿士以幅巾爲雅，用全幅皂向後幞髮，謂之頭巾，俗因謂之幞頭，至宇文氏乃裁幅巾爲四角。北朝服制多仍胡服，至後周用古周禮，始與群臣服漢、魏衣冠，而幞頭之制昉矣。

又 幞頭乃後周武帝所製，裁幅巾出四脚，唐人以其脚向上，宋人始爲放脚，今之幞頭蓋放脚而稍屈其端使之向上，兼唐、宋之制者矣。

明・程良孺《讀書考定》卷二二《服飾・幞頭》 幞頭本是偃脚垂下，要束得緊，今却做長脚。横渠説：唐莊宗取伶官幞頭帶之，後遂成例。然見畫本，唐明皇已帶長脚幞頭。或云：藩鎮僭禮爲之，後遂爲此樣。或云：乃是唐宦官要得常似新樣，故以鐵綫插帶中，又恐壞，其帶以桐木爲一幞頭骨子，常令幞頭高起如新，謂之軍容頭。後來士大夫學之，令匠人爲我斫個軍容頭來。蓋以木爲之，故謂之斫。至宋，以藤，後以漆紗。然幞頭有直脚，局脚，交脚，朝天，順風，凡五等。

雜録

五代・孫光憲《北夢瑣言》卷一二《柳氏子幞頭脚》 僕嘗覽《柳氏訓序》，見其家法整肅，乃士流之最也。柳玭出官瀘州郡，洎牽復，沿路染疾，至東川通泉縣求醫。幕中有昆弟或云相，或云名珮。之子省之，亞臺回面，且云不識。家人曰：是某院郎君。堅云：不識，莫喻尊旨。良久，老僕忖之，得非郎君幞頭脚乎固宜見怪。但垂之而入，必不見阻。比郎君垂下翹翹之尾，果接撫之。

宋・陶穀《清異録》卷下《衣服門・珠絡平金朝天幞頭》 廣順初，簿閲太廟雜物，其間有珠絡平金朝天幞頭一事。

明・李時珍《本草綱目》卷三八《服器之一》 幞頭。綱目。釋名：時珍曰：幞頭，朝服也，北周武帝始用漆紗製之，至唐又有紗帽之製，逮今用之。主治：燒烟熏，産後血運。燒灰水服，治血崩及婦人交腸病。時珍。發明：時珍曰：按《陳總領方》，治暴崩下血，琥珀散用漆紗帽灰，云取陽氣沖上之義。又夏子益《奇疾方》云：婦人因生産陰陽易位，前陰出糞，名曰交腸病。取舊幞頭燒灰酒服，仍間服五苓散分利之。如無幞頭，凡舊漆紗帽，皆可代之。此皆取漆能行敗血之義耳。

巾幘

題解

漢・劉熙撰，清・畢沅疏證，王先謙補《釋名疏證補》卷四《釋首飾》 幘，蹟也，下齊眉迹然也。畢沅曰：眉，今本訛作員，據《御覽》引改。蹟，《御覽》作賾，《説文》無賾字，故不從。蘇輿曰：《後漢書・輿服志》：幘者，賾也，頭首嚴賾也。或曰兑，畢沅曰：今本無此二字，據義增。兑，上小下大，兑兑然也。蘇輿曰：上小下大，其形尖鋭，故象其形而呼爲兑也。兑，古通作鋭。或曰聅，聅折其後也。畢沅曰：《説文》無聅字，未考得實，姑仍而不改。《通俗文》云：帛幘曰帢。意此本作帢與。然《説文》亦無帢字。成蓉鏡曰：聅當作帙，《廣韵》三十二：洽，帢或體作帙。先謙曰：吴校作帙。或曰幘，畢沅曰：此正説幘，不應又言或曰幘，蓋幘字上下必有脱字，必不單名幘也。《方言》曰：覆結謂之幘巾。意此當作幘巾與。形似幘也，賤者所著曰兑髮，作之裁裹髮也。皮錫瑞曰：蔡邕《獨斷》云：幘，古者卑賤執事不冠者之所服也。或曰牛心，形似之也。帽，畢沅曰：此俗字也。《説文》作冃，云小兒及蠻夷頭衣也。冒也。先謙曰：《漢書・雋不疑傳》注：冒，所以覆冒其首。巾，謹也，二十成人，士冠庶人巾，當自謹修四教也。畢沅曰：今本四教上有於字，據《御覽》引删。

南朝梁・顧野王《玉篇》卷二八 巾。几銀切，佩巾也。本以拭物，後人著之於頭。

又 帨。始鋭切，巾也。

又 帗。布達切，一幅巾，又方勿切。

又 幘。側革切，覆髻也。

又 幨。於劫切，幧頭也，橐也。

又 帞。莫格切，絡頭也。

又 帑。七旦、七見二切，幧頭也，幨也。

又 幧。七消切，幧頭也，斂髮也。

又 帢。口洽切，帽也，絹幘也。或作㡇。帢、帢。二同上。

又 幗。古誨切，帨也。覆髮上也，或作簂。

又 帨。亡教切。帨，幗也。

又 帗。芳勿切，韜髮也。

又 帍。乎古切，婦人領巾。

又 帞。音介，幘也。

《隋書》卷一二《禮儀志七》 巾，案《方言》云：巾，趙魏間通謂之承露。

唐・釋玄應《一切經音義》卷一三 帞頭。莫格反。《方言》：帞頭也，南楚江湘之間曰帞頭，自關而西秦晉之間曰絡頭。《字書》：帞，額巾也。字從巾，經文從邑作陌，非字體也。

清・王念孫《廣雅疏證》卷七下《釋器》 纚、帞，幘也。《說文》：幘，嫧也，髮有巾曰幘。《釋名》云：幘，賾也，下齊眉賾然也。《急就篇》注云：幘者，韜髮之巾。所以整嫧髮也，常在冠下，或單著之。《獨斷》云：幘者，古之卑賤執事不冠者之所服也。孝武帝幸館陶公主家，召見董偃，偃傅青褠綠幘，主贊曰：主家庖人臣偃昧死再拜謁，乃賜衣冠引上殿。董仲舒《止雨書》曰：執事者皆赤幘，知皆不冠者之所服也。元帝額有壯髮，不欲使人見，始進幘服之，羣臣皆隨焉，然尚無巾，如今半頭幘而已。王莽無髮乃施巾，故語曰：王莽禿，幘施屋。《續漢書・輿服志》云：古者有冠無幘，其戴也，加首有頍，所以安物，至秦乃加武將首飾爲絳袙以表貴賤。其後稍稍作顏題，漢興續其顏，卻摞之，施巾連題卻覆之。今喪幘是其制也。至孝文乃高其顏題續之爲耳，崇其巾爲屋，合後施收，上下羣臣貴賤皆服之。纚之言纂也，所以纂髮也。《玉篇》音邱員切，又作𢄼。云小兒帽也。《廣韵》云小幘也。《士冠禮》注云：緇布冠無笄者著頍，圍髮際，結項中，隅爲四綴以固冠。今未冠笄者著卷幘，頍象之所生也。《釋文》卷：去員反。《輿服志》云：未入學小童幘句卷屋者，示尚幼少，未遠冒也。卷、𢄼、纚并通，卷與頍，一聲之轉也。帞，各本訛作帉，凡隸書從介從分之字，往往訛混，曹憲音芳云反，則所見本已訛作帉，案：諸書無訓帉爲幘者，帉即下文帉字，乃巾名，非幘名也。《玉篇》《廣韻》：帞音介，幘也。《輿服志》注引晉公卿《禮秩》云：太傅、司空、司徒著黑介幘。介，與帞通，今據以訂正。

又 帉、㠶、帥、帨、幋、㡊、幏、幯，巾也。巾者，所以覆物，亦所以拭物。《說文》：巾，佩巾也。《方言》：幏，巾也。大巾謂之帉。嵩嶽之南，陳穎之閒，謂之帤，亦謂之幏。郭注云：今江東通呼巾帉。帉之言墳也。《爾雅》云：墳，大也。《說文》：楚謂大巾曰帉。《內則》：左佩紛帨。《鄭注》云：紛帨，拭物之巾也。今齊人有言紛者。《釋文》：紛或作帉，並與帉同。《說文》：㠶，枕巾也。帥、帨，一字也。《說文》：帥，佩巾也，或作帨。召南・野有死麕》篇，無感我帨兮。《士昏禮》記：母施衿結帨，毛傳、鄭注並與《說文》同。幋之言般也。《方言》云：般，大也。《說文》：幋，覆衣大巾也，或以爲首幋。又云：㡊禮巾也。幏之言蒙也，《方言》注云：巾主覆者，故名幏。《說文》：幏蓋衣也，《書大傳》：下刑墨幏。鄭注云：幏，巾也，使不得冠飾以耻之也。《廣韵》：幯，小巾也。

又 帍裱，被巾也。《方言》：帍裱謂之被巾。郭注云：婦人領巾也。案：裱，猶表也。表謂衣領也。《唐風・揚之水》篇，素衣朱襮。毛傳云：襮，領也。襮與表古同聲，故《易林・否之師》云：揚水潛鑿，使石絜白。衣素表朱，游戲皋沃。衣素表朱，即素衣朱襮也。帍，猶扈也。《楚辭・離騷》，扈江離與辟芷兮，王逸注云：扈，被也。被巾所以扈領，故有帍裱之稱。

又 承露，幘巾、覆結也。《方言》：覆結謂之幘巾，或謂之承露，或謂之覆髮，皆趙魏之間通語也。郭注云：今結籠是也。餘見上文纚帞幘也。

又 帞頭、帑鬠帶、髮帶、絡頭，幧頭也。《方言》：絡頭、帞頭、鬠帶、髮帶、㡎，幧頭也。自關而西，秦晉之閒曰絡頭。南楚江湘之間曰帞頭。自河以北，趙魏之閒曰幧頭。或謂之帑，或謂之㡎，其偏者謂之鬠帶，或謂之髮帶。《釋名》云：綃頭，綃，鈔也。鈔髮使上從也。或謂之陌頭，言其從後橫陌而前也。鄭注《士喪禮》云：《喪服小記》曰：斬衰髻髮以麻，免而以布，此用麻布爲之，狀如今之著幧頭矣。自項中而前交于額上，却繞紒也。《吳越春秋・句踐八臣外傳》：越王服犢鼻著樵頭。《後漢書・向栩傳》：好被髮著絳綃頭。古《陌上桑》詩，脱帽著帩頭，並字異而義同。鄭注《問喪》云：今時始喪者，邪巾貊頭，笄纚之存象也。《釋文》：貊作袹。《漢書・周勃傳》：太後以冒絮提文帝，應劭曰：陌額，絮也。晉灼曰：《巴蜀異物志》謂頭上巾爲冒絮。帞、袹、貊、陌并通，陌與冒一聲之轉。卷四云：鬠髮，髻也。《方言》注云：鬠帶、髮帶，今之偏疊幧頭也。

論說

漢・蔡邕《獨斷》卷下 幘者，古之卑賤執事不冠者之所服也。孝武帝幸館陶公主家，召見董偃，偃傅青褠緑幘，主贊曰：主家庖人臣偃昧死再拜謁上。爲之起，乃賜衣冠引上殿。董仲舒，武帝時人，其上兩書曰：執事者皆赤幘，知皆不冠者之所服也。元帝額有壯髮，不欲使人見，始進幘服之，群臣皆隨焉。然尚無巾。如今半幘而已。王莽無髮乃施巾，故語曰：王莽秃，幘施屋。冠進賢者宜長耳，冠惠文者宜短耳，各隨所宜。

宋・王應麟《困學紀聞》卷五《禮記》《玉藻》注，士以下皆禪，不合而繂積，如今作幧頭爲之也。幧，七消反。《後漢》向栩著絳綃頭。注，字當作幧。古詩云：少年見羅敷，脱巾著幧頭。《儀禮》注：如今著幓頭，自項中而前交額上，却繞髻也。

明・郎瑛《七修類稿》卷二〇《辯證類・綸巾》 綸字世人皆知兩音：一曰倫，一曰關，而不知其故也。蓋倫巾韻同而音近，詩法所忌也，故讀曰關。皮日休有白綸巾下發如絲之句，有一本注作關，想始于此。《韻會》雖有兩收，皆引釋于倫字之下，而無一字及關字義，且關字仍注龍春切，則依舊當爲倫字矣。其所以二收，正因韵書起于沈約，若《説文》止于一收，爲可知矣。

綜　述

《後漢書》卷四〇《輿服志下》 古者有冠無幘，其戴也，加首有頍，所以安物。故《詩》曰有頍者弁，此之謂也。三代之世，法制滋彰，下至戰國，文武並用。秦雄諸侯，乃加其武將首飾爲絳袙，以表貴賤，其後稍稍作顔題。漢興，續其顔，却摞之，施巾連題，却覆之，今喪幘是其制也。名之曰幘。幘者，賾也，頭首嚴賾也。至孝文乃高顔題，續之爲耳，崇其巾爲屋，合後施收，上下群臣貴賤皆服之。文者長耳，武者短耳，稱其冠也。尚書幘收，方三寸，名曰納言，示以忠正，顯近職也。迎氣五郊，各如其色，從章服也。皁衣群吏春服青幘，立夏乃止，助微順氣，尊其方也。武吏常赤幘，成其威也。未冠童子幘無屋者，示未成人也。入學小童幘也句卷屋者，示尚幼少，未遠冒也。喪幘却摞，反本禮也。升數如冠，與冠偕也。期喪起耳有收，素幘亦如之，禮輕重有制，變除從漸，文也。《獨斷》曰：幘，古者卑賤執事不冠者之所服也。董仲舒《止雨書》曰執事者皆赤幘，知不冠者之所服也。元帝額有壯髮，不欲使人見，始進幘服之，群臣皆隨焉。然尚無巾，故言王莽秃，幘施屋。冠進賢者宜長耳，冠惠文者宜短耳，各隨其宜。《漢舊儀》曰：凡齋，紺幘，耕，青幘，秋貙劉，服緗幘。

唐・劉餗《隋唐嘉話》卷下 舊人皆服衮巾，至周武始爲四脚，國初又加巾子焉。

唐・封演《封氏聞見記》卷五《巾幞》 近古用幅巾，周武帝裁出脚，後幞髮，故俗謂之幞頭。至尊，皇太子，諸王及仗内供奉以羅爲之，其脚稍長。士庶多以絁縵而腳稍短。幞頭之下，别施巾，象古冠下之幘也。

巾子制，頂皆方平；仗内即頭小而圓鋭，謂之内様。開元中，燕公張説，當朝文伯，冠服以儒者自處。玄宗嫌其異己，賜内様巾子，長脚羅幞頭。燕公服之入謝，玄宗大悦。因此令内外官僚百姓並依此服。自後巾子雖時有高下，幞頭羅有厚薄，大體不變焉。近日長安尉程李家好高巾，不曾改换，未逾六十，三度特入。御史陸長源性滑稽，在鄴中，忽裹蟬翼羅幞尖巾子，或譏之。長源曰：若有才，雖以蜘蛛羅網裹一牛角，有何不可。若無才，雖以卓琰子裹一簸箕，亦將何用。先時，吏部侍郎劉晏裹頭至慢，每裹，但擎前後脚撅之，都不抽挽。或曰：尚書何不抽兩翅。晏曰：兩邊通耶。時人多哂之。兵部尚書嚴武裹頭至緊，將裹，先以幞頭曳于盤水之上，然後裹之，名爲水裹。撅兩翅皆有襵數，流俗多效焉。

唐・馮贄《雲仙雜記》卷二《菱角巾》 王鄰，隱西山，頂菱角巾。又嘗就入買菱，脱頂巾貯之。嘗未遇而嘆曰：此巾名實相副矣。董慎《續豫章記》。

五代・馮鑑《續事始》 巾子。《實録》曰：隋大業十年，左丞相牛弘上議，請著巾子，以桐木爲之，内皆漆。唐武德初，置平頭小様巾子，武後内宴，賜百寮絲葛巾子。中宗内宴，賜宰相内様巾子。《漢書》：梁冀改易，製作爲埤幘，狹冠，折上巾。《傅子》曰：漢末王公，多委王服，以幅巾爲雅素，袁紹，崔鈞，雖爲軍，皆著縑巾。又郭林宗遇雨，巾一角墊，號曰折角巾。晉陶潛葛巾漉酒，後人因置漉酒巾。

五代・馬縞《中華古今注》卷中《巾子》 隋大業十年禮官上疏，裹頭者宜裹巾子，與桐木爲之，内外皆漆。在外及庶人常服。沿至證圣二年，則天賜群臣然葛巾子，呼爲武家高巾子，亦曰武氏内樣。

宋・陸游《老學庵筆記》卷九 《孫策傳》：張津常著絳帕頭。帕頭者，巾幘之類，猶今言幞頭也。韓文公云：以紅帕首。已爲失之。東坡云：絳帕蒙頭讀道書。增一蒙字，其誤尤甚。

宋・陶穀《清異録》卷下《衣服門・聖逍遥》 同光既即位，猶襲故態，身預俳優。尚方進御巾裹，名品日新。今伶人所頂，尚有合其遺製者。曰聖逍遥、安樂巾、珠龍便巾、清凉寶山、交龍太守、六合舍人、二儀幞頭、烏程樣、玲瓏、高常侍、小朝天、玄虚令、漆相公、自在冠、鳳三千、日華輕利巾、九葉雲、黑三郎、慶雲仙、聖天宜卿，凡二十品。

又《化巾》 桑維翰服蟬翼紗，大人帽，庶表四方，名爲化巾。

宋・楊侃《兩漢博聞》卷一〇 折角巾。《郭太傳》五十八。郭太身長八尺，褒衣博帶，于陳梁間行遇雨，巾一角墊，時人乃故折巾一角，以爲林宗巾，其見慕如此。注云：墊，丁念反。巾以葛爲之，形如帢，口洽反。本居士野人所服，魏武造帢，其巾乃廢。今國子學生服焉，以白紗爲之。

又卷一一 幅巾。《鮑永傳》十九、《趙諮傳》二十九、《韋彪傳》十六。注云：幅巾謂不著冠，但幅巾束首也。太尉楊賜辟趙諮，使飾巾出入，請與講議。注云：以幅巾爲首飾，不加冠冕。又《符融傳》注云：幅巾以一幅爲之，韋著不應州郡之命，靈帝就家拜東海相，詔書逼切，不得已解巾之郡。注云：巾，幅巾也，既服冠冕，故解幅巾。

又 幘。《光武紀》更始元年。注云：《漢官儀》曰：幘者，古之卑賤不冠者之所服也。《方言》曰：覆髻，謂之幘，或謂之承露。

宋・程大昌《演繁露》卷一五《幘》 冠服古今異制而苦無明著，既其制不能明瞭，則其所施用或當或否皆不可別識矣。幘者，冠下覆髻之巾也。史游《急就章》曰：冠幘，簪黄結髮紐。顔師古釋之曰：幘者，韜髮之巾，所以整亂髮也，當在冠下或單著之。揚雄《方言》曰：覆髻謂之幘巾，或謂之承露，或謂之覆髻，皆趙魏間通語也。夫其從覆髻而言，則顔師古謂爲整髮者是也。冠冕有旒，崔豹《古今注》以爲垂露則承露云者，從藉冠言之也。漢元帝額有壯髮，不欲人見，始進幘服，群臣皆隨焉。庾凱醉墮幘機上，以頭就穿取。檀道濟被收，脱幘投地。皆顔師古謂或單著之者也。應劭《漢官儀》若其人應著冠則以幘，藉其下賤而執事則無冠單著幘也。謂：幘者，卑賤不冠者之所服是也。董偃緑幘傅韝拜謁武帝，帝令起趍東廂就衣冠是也。董仲舒《止雨書》亦曰：執事者赤幘。摯虞《决疑》曰：凡救日蝕者皆著赤幘以助陽。知其皆賤者之服也。始有幘時未以覆髻，但韜裹鬢毛使著冠，使髮不蒙面耳。凡此言冠而及幘者，其冠皆冕。冕，冒額，故必用幘以收髮也。古冠冕得通言故也，若單著既冠之冠，則露髮無所事幘也。蔡邕《獨斷》曰：元帝進幘但遮覆額前壯髮，尚未有巾也。王莽頭秃始加巾，故其俚語曰：王莽秃，幘施屋。《後漢書》曰：半頭幘。劉俠卿爲劉盆子制半頭赤幘。《續漢書》曰：半頭幘即空頂幘，其上無屋，故以爲名。《東宫故事》曰：太子有空頂幘一枚，空頂即半頭也。元帝時尚未有巾，故東宫用空頂幘者，本古也。屋即巾也，有顔有屋即異乎空頂矣。梁冀改易服制，作庳幘、狹冠，是冀自改莽制，損下其屋也。董巴《漢輿服志》曰：古者有冠無幘，秦以爲武將首飾爲絳幘，以表貴賤。後稍作顔題。漢興續其顔，却結之施巾連題却覆之。至文帝乃高顔續爲之耳，且崇其屋，貴賤皆服之。夫耳者，結巾之角也。巴謂崇屋始於文帝，恐不及蔡邕謂爲始莽者的也。董偃服庖人服故緑幘。衛宏《漢舊儀》曰：齋緑幘，耕青幘。《漢官儀》曰：謁者著細幘大冠，皆隨事著色。若《東觀漢記》載：光武初起服赤幘，賜段熲赤幘大冠一具。孫堅爲董卓所圍，著赤罽幘，潰圍而出，皆執事者單幘之證也。夫止雨救日，執事者皆赤幘，未必主爲助陽也。蓋漢以火王其在五德尚赤耳。故董仲舒《繁露》曰：以赤統者，幘尚赤，是專漢制也。

元・陶宗儀《南村輟耕録》卷三〇《巾幘考》 巾幘，《釋名》：巾，謹也，當自謹於四教。儀禮，二十成人。士冠。如字。庶人巾。《説文》：髮有巾曰幘。幘即巾也。又《方言》，覆髻謂之幘。《漢書》，卑賤執事不冠者所服，或謂之承露。按《儀禮・士冠》庶人巾，則古也士以上有冠無巾，幘惟庶人戴之。秦謂民爲黔首，漢謂僕隸爲蒼頭，《漢書》謂卑賤者所服，此其證者。後世上下通用之，謂之燕巾。蔡邕《獨斷》曰：漢元帝額有壯髮，不欲人見，故如巾幘以包之也。然則巾自巾，幘自幘，不獨卑賤者所服，雖尊者亦服之矣。至王莽冠内加巾，故時人云：王莽秃，幘施屋。又光武岸幘見馬援。又按《魏志》注，太祖以天下凶荒，資財乏匱，擬皮弁裁縑帛爲帢。或作幅，乞洽反。合乎簡易隨時之義，以色別其貴賤，本施軍飾，非爲國容。《韻書》，弁缺四隅謂之帢。前時軍人弓手所戴小白帽是也。一曰按頭使下，故曰帢。增韻，埤蒼，皆白帽也。晉《輿服志》，哀帝立，秋御讀，令改用素白帢。漢末，王公名士，多委王服，以幅巾爲雅。魏武始制帢。成帝制，使尚書入坐丞郎門下三省侍官乘車白帢低幃，出入掖門。又二宫直宫著烏紗帢，往往士人宴居皆著帢弁。帢雖冠弁遺制，去古益遠，用巾幘爲近之。一説，秦加武將首飾爲絳帕，後稍稍作顔題。漢興，續其顔却摞音羅。之，施巾連題却覆之，即喪幘也。名之曰幘。至孝文帝，乃高顔題，續之以耳，崇其巾爲屋，合後施巾上下，文者長耳，武者短耳。古者冠制皆硬殼，自額上至于頂，如今禮冠者然，後世乃作小冠，廑以束髮。冠下施幘，冠幘之上，又摠施巾，皆效漢元帝所服之制也。夫歷代損益，隨其所宜，苟不害于義，從俗可也。孔子居宋衣縫掖，居魯冠章甫，亦從俗也。

明・楊慎《秇林伐山》卷一四《綸巾當作緰巾》 綸本經綸之綸，而詩人綸巾多音關。按《説文》有緰字，注云：青絲綬也。後人誤用綸，乃假借而迷其音耳。凡白綸巾，用緰字乃是。緰從刪省，可得其音矣。

明・王三聘《古今事物考》卷六《幘》 《輿服志》曰：古者有冠無幘，秦加武將首飾爲縫幘，以表貴賤。漢文加以高頂，其承遠游進賢者施以掌導，謂之介幘。承武弁者施以笄導，謂之平巾。雜志曰：一字巾謂之岸幘。

又《頭巾》 古以皂羅裹頭號頭巾。蔡邕《獨斷》曰：古幘無巾，王莽頭禿乃始施巾。《筆談》曰：今庶人所戴頭巾，唐亦謂之四脚，二繫腦後，二繫頷下，取服勞不脱，反繫于頂上，今人不復繫頷下，兩帶遂爲虚設，後有兩帶四帶之異，蓋自宋朝始。

又《儒巾》 國朝所製，今國子生所戴是也。

又《幅巾》 古庶人服巾，士則冠矣。《傳子》曰：漢末王公多委士服，以幅巾爲雅素。則幅巾，古賤者之服也。漢末始爲士人之服。

又《網巾》 古無此制，故古今圖畫人物皆無網。國朝初定天下改易胡風，乃以絲結網，以束其髮，名曰網巾。又制方巾名曰頭巾，罩之。識者有法束中原、四方平定之語。《海涵萬象録》曰：太祖微行至神樂觀，見一道士結網巾，召取之，遂爲定制。蓋自元以前無此也。

明・謝肇淛《五雜俎》卷一二《物部四》 古人幘之上加巾冠，想亦因髮不齊之故。今之網巾是其遺意。但幘以布絹爲之，又加屋其上，故亦可以代冠。如董偃緑幘、孫堅赤罽幘之類，即今俗名腦包者也。網巾以馬鬃或綫爲之，功雖省而巾冠不可無矣。北地苦寒，亦有以絹布爲網巾者，然無屋終不可見人。童子幘無屋者，示不成人也。近時三五十年前，總角者猶系一網巾邊，是其遺制。既云童子幘無屋，明丈夫幘皆有屋矣。又云：王莽以頂禿加屋，何耶。董偃，武帝時人，以緑幘見天子，必非無屋者。幘本賤者之服，緑幘又其賤者，近代樂工著緑頭巾，亦此意也。

明・田藝蘅《留青日札》卷二二《巾》 巾，本佩巾。《禮》左佩紛帨是也。帨，拭物之巾。《詩》無感我帨兮，即今之手巾、汗巾也，亦褵屬。褵，婦人之褘，即今香纓。《詩》親結其褵注：帨巾也。《詩》縞衣綦巾，綦，蒼艾色，女之貧陋者。漢賈山《至言》又云：赦罪人，憐其亡髮，賜之巾。故曰卑賤者所服。或曰古者有幘無巾，王莽頭禿，始施巾加于冠内。一曰首飾。《儀禮》：二十成人，士冠，庶人巾。巾，謹也，當自謹修于四教也。蔡邕則云：天子見令長、三老官屬，賜以酒食、帛葛、越巾、佩帶之屬。又，漢（文）［元］帝髮壯加巾，是天子亦服巾也。《草木子》曰：紗帽圓領，唐服也，仕者用之。巾笠、襴衫，宋服也；巾環、襈領，金服也；帽子、繫腰，元服也；方巾、圓領，大明服也，庶民用之。蓋古之庶人服巾，而今制則庶人不得服巾。故《玄中記》亦云：契丹富豪要裹頭巾者，納牛駝七十頭，馬百匹，名曰舍利。是庶人雖富豪，在匈奴亦不得服巾也。

練巾，禰衡著，練綌也。綸巾，諸葛孔明。白綸巾，謝萬。紫綸巾，石季龍以女騎一千爲鹵簿，皆著紫綸巾，織錦袴，金銀鏤帶，五文織成靴，游于戲馬觀。綸，青絲綬也，本音倫，一在山韻，與關同韻。而關字初無龍春切者，淳韻亦不收。而古人關巾謂即白綸巾，何也。魏璀《搗衣賦》：黄金釵兮碧雲髮，白綸巾兮青女月，佳人聽兮良未歇。則是婦人亦冠白綸巾也。

白帢巾，帢，本音韐。韎韐，士服，蔽膝之衣。《詩》韎韐注：合韋爲之，以茅蒐草染之，一曰韎韐。是則未染者當爲白帢矣。魏太祖擬皮弁，裁縑帛爲帢，以色别貴賤，本軍飾，非國容。弁缺四隅曰帢。一曰按頭使下，故曰帢，即小白帽也。哀帝改用素白帢帢，疑作答。《史記》：答布千匹。注：白疊布也。《南史》：高昌國有草實如繭中絲，爲細纑，名曰白疊。安子國人取以爲布，甚軟白。《唐書》又云：白氎，擷花可織爲布。想即今之木綿花。初名吉貝布也。一作白氎巾。杜子美詩光明白氎巾是也。夫既曰草絲，則又不當從毛，注作毛布矣。今之以褐布作巾者，本當從毛，而白氎巾，則純用毛製。疑古之白氎亦如此製，故從毛也。桐巾，隋左相牛弘蓟議著桐巾，以桐木爲之，内加漆。詔從之。大業十年，禮官上疏：裹頭者，宜裹巾子。烏匼巾，子美詩：晚風爽烏匼。注：烏巾也。即如今烏紗巾之類。小烏巾，子美詩頭戴小烏巾。烏角巾，子美詩錦裏先生烏角巾。蘇子瞻詩：二老白接䍦，兩郎烏角巾。角巾，晉羊祜、王導。折角巾，郭林宗遇雨折一角，故名。今有六角巾、八角巾，常服本四角，此好異者。帞巾，《方言》：大巾。亦曰帞巾，播巾。葛巾，諸葛孔明。又，淵明用以漉酒。唐武則天賜群臣葛巾子，呼爲武家高巾子。杜甫詩：呼兒正葛巾。幅巾，製見《家禮》。漢末，王公名士以幅巾爲雅。袁紹、崔豹爲將帥，皆著幅。闊幅巾，程伊川，紗背後望之，如鐘形，其製似今道士，謂之仙桃巾。大幅巾，唐日本國。踣養巾，唐中宗賜百官踣養巾。帝在藩時冠。珠巾，唐昭宗時，侯王將帥以珠一顆盤幞頭脚，貫以銀綫而簪之，軍人又以珠飾巾。新羅巾，皇甫玄真獻新羅巾子，辟塵于高瑀，以贖田知之之罪。夾羅巾，唐文宗性儉素，駙馬來處仁戴夾羅巾，帝戒之，謂非所宜。今則庶人皆戴之，亦有夾縐紗巾，而用金綫盤者。鹿巾，路群製。陶弘景通明鹿皮巾。縠皮巾，張孝秀文逸縠皮巾。化巾，桑維翰服蟬翼紗大夫帽，庶表四方，名爲化巾。尖巾，蜀王衍製。僕射巾，裴冕。華陽巾，顧況。蓮花巾，吴江女道士。燕巾，後世上下通用之幘。雲巾，一名燕尾巾，蘇子瞻《謝人惠雲巾》詩：燕尾稱呼理未便。或曰，燕巾即幘也。髮有巾曰幘，蓋覆髮者，卑賤執事不冠之服。後世以爲燕巾。圓頭巾，楊供奉官及諸司長官，則有圓羅頭巾子。方頭巾，李白詩：首戴方頭巾。或曰，自宋至今，庶民頭巾法天地，取方圓之象，名曰平定巾。平頭巾，唐置平頭樣巾。漁巾，高九萬。白鷺巾，晉山簡白接䍦。接䍦，白帽也。《爾雅》注：江東取白頭翅背上長翰毛以爲睫攡，名之曰白鷺纕。唐巾，唐製，四脚，二繫腦後，二繫頷下，服牢不脱。有兩帶、四帶之異。今則二帶上繫，二帶向後下垂也。今之進士巾，亦稱唐巾。忠義巾，一名闖王巾，漢闖雲長製。高士巾，山林隱逸之服。淩雲巾，用金綫或青絨綫盤屈作雲狀者。玉臺巾，方而匾者，即四方巾之製小異。兩儀巾，後垂飛葉二扇，飛檐巾。鶡鴠巾，宋館伴所裹。東坡巾，云蘇子遺制。山谷巾，黄庭堅遺制。陽明巾，近時新建伯王伯安製。萬字巾、鑿子巾，今人以白爲凶服，未聞有白綸巾、白帢、白氎巾之制，惟喪服乃用麻、用葛，而有萬字、鑿子之制。萬字則上闊而下狹，形如萬字。鑿子，則如唐巾而去其帶耳。

明・郎瑛《七修類稿》卷一四《國事類・平頭巾》 今裏老所戴黑漆方巾，乃楊維禎入見太祖時所戴。上問曰：此巾何名。對曰：此四方平定巾也。遂頒式天下。【略】至今【略】永爲定制，前世之所無。

又卷二七《巾幘冠帽》 近世士夫私居，多用巾易帽，以爲古雅，而貧賤者則以易辦，亦皆戴巾，以爲可笑。不知古者士夫冠，庶人巾也。按《儀禮》二十成人，士冠，庶人巾。《漢書》曰：卑賤者所服。《傅子》曰：古賤者服也。故曰：庖人緑巾，士人戴之，起于漢末，若郭林宗折角巾。袁紹戰敗，幅巾渡河。晉輕浮，則有接䍦、漉酒之稱矣。蔡邕《獨斷》曰：元帝額有壯髮，不欲使人見，始進幘服之。故王莽頭禿，乃施巾。時人云：王莽禿，幘施屋。是皆包巾，故《方言》覆髻謂之幘也。然六經之中，止言冠，如虞人以皮冠，野老以黄冠，《漢・高祖紀》曰：帝爲亭長，乃以竹皮爲冠。又有通天、進賢、方山等稱，今人戴冠而不復加以巾，人反爲褻，此尤可笑也。但古冠皆如今之獬豸、忠靖之流，非道士之冠耳。若夫帽則上古衣毛帽皮，則帽名之始，後世雜戴私居服也。元則胡人專尚之。中國之人多戴大帽，大帽亦羌人服也，至用綵羅馬尾，則又近代之易。

明・文震亨《長物志》卷九《衣飾・巾》 漢巾去唐式不遠，今所尚披雲巾最俗，或自以意爲之，幅巾最古，然不便於用。

明・屠隆《起居器服箋》卷四《漢唐巾》 唐巾之製，去漢式不遠，前摺較後兩傍少窄三四分，頂角少方，有純陽巾亦佳，兩傍製玉圈，右綴一玉瓶，可以簪花，外此皆非山人所取。

又《披雲巾》 或段或氈爲之，匾巾方頂，後用披肩半幅，内絮以綿，此臞仙所製，爲踏雪衝寒之具。

明・楊慎《秇林伐山》卷一四《綳巾》 《説文》：綳，青絲綬也，音闢。仲長統《昌言》：身無半通青綳之綬，而竊三辰龍章之服。《爾雅》：綳似綳，組似組，東海有之，皆草色也。綳，鹿角菜，組，海中苔，今之燕窠菜也。詩人白綳巾、紫綳巾，皆合用此字，而俗多用綸。綳自綳，綸自綸，豈可混用也。

明・焦竑《焦氏類林》卷七　漢末諸賢，多委王服，以幅巾爲雅，袁紹、崔豹之徒，雖爲將帥，猶著縑巾。

又　劉商《鹿耳巾歌》：趙侯首帶鹿耳巾，規模出自陶弘景。

明・鄭名選《秕言》卷一《幘》《博物志》云：古者男女皆絲衣，有故乃素服。又有冠無幘，故雖凶事皆著冠也。《隋・禮儀》註曰：幘始于秦人，施于武將，初爲絳帕，以表貴賤。然《吴越春秋》云：公孫聖勸吴王遣下吏，太宰嚭，王孫駱解冠幘，肉袒徒跣，稽首謝于勾踐。是則春秋時已有幘矣，此可補事物紀原之遺。

又卷四《郭林宗巾　荀文若幅》　郭林宗角巾，行雨中墊一角，時人慕之，因爲墊角。巾又幅，亦巾也。先未有岐，荀文若巾觸樹成岐，時人慕之，因而弗改。兩人見重如此。

明・程良孺《讀書考定》卷二二《服飾・冠巾之别》《學齋占畢》有云：古者有冠而無巾，非無巾也，蓋巾止以罩尊罍瓜果之用，不加于首。故六經止言冠，下至虞人以皮冠，野老以黄冠，是有簪導方爲冠也。至於罪人方去其冠，而加黑幪。漢世之冠，貴者則有通天、遠游、方山之類，武夫則有鵕鸃，閑居則有竹皮、鹿皮之類，皆冠也，以簪附之。所謂巾幘稍稍施於執事賤人之首，如庖人緑幘是也。晉人輕浮，方有接䍦、白葛、漉酒之巾。然起于後漢郭林宗折角巾矣。近代反以巾爲禮，而戴冠不巾者爲非禮，何也。

又《頭巾》　庶人所戴頭巾，唐人亦謂之四脚，蓋兩脚繫腦後，兩脚繫頷下，取其服勞不脱也，無事則反繫于頂上。今人不復繫頷下，兩帶遂爲虚設。

又《巾幘》　蔡邕《獨斷》：漢元帝額有壯髮，不欲人見，故加幘以巾包之。至王莽内加巾，故時人云：王莽秃，幘施屋。《方言》：覆髻謂之幘。《漢書》：卑賤執事不冠者所服，或謂之承露，後世以爲燕巾。光武岸幘見馬援。一説古者有冠無幘，其加首有頍，所以安物。秦加武將首飾爲絳帕，後稍稍作顔題。漢興，續其顔，却摞之，施巾連題，却覆之，今喪幘也，名之曰幘。至孝文乃高顔題，續之爲耳，崇其巾爲屋，合後施巾上下。文者長耳，武者短耳，尚書幘收方三寸，名曰納言。

又《巾幗》《詩》：有頍者弁。《士冠禮》注：滕、薛名國爲頍。今未笄冠者著卷幘，頍象之所生也。《輿服志》：夫人有紺繒幗，古畫婦女有頭施紺幂者即此制也。孔明以巾幗遺司馬懿，巾幗女子未笄之冠，燕京名雲髻，蜀中名幗。幗音與幘同，古對切，今音與國同，非也。

明・張鼎思《琅邪代醉編》卷三七《巾幘》　巾幘，《釋名》：巾，謹也。當自謹於四教。《儀禮》：二十成人，士冠如字，庶人巾。《説文》：髮有巾曰幘，幘即巾也。又《方言》：覆髻謂之幘。《漢書》：卑賤執事不冠者所服，或謂之承露。按《儀禮》士冠，庶人巾，則古者士以上，有冠無巾幘，惟庶人戴之。秦謂民爲黔首，漢謂僕隸爲蒼頭，《漢書》謂貧賤者所服，此其證也，後世上下通用之，謂之燕巾。蔡邕《獨斷》曰：漢元帝額有壯髮，不欲人見，故加巾幘以包之也。然則巾自巾幘，不獨平賤者所服，雖尊者亦服之矣。至王莽内加冠巾，故時人云：莽秃，幘施屋。又光武岸幘見馬援。又按，魏志注，太祖以天下凶荒，資財乏匱，擬皮弁裁縑帛爲帢，或作幅。乞洽反。合乎簡易隨時之義，以色别其貴賤，本施軍飾，非爲國容。《韻書》弁缺四幅，謂之帢，一曰按頭，使下，故曰帢，《增韻》埤蒼皆曰幘也。晉《輿服志》：哀帝立秋御讀，令改用素白帢。漢末名公士多委正服，以幅巾爲雅。魏武始制帢，成帝制使尚書八坐丞郎門下三省侍官，委車白帢，低幃出入掖門。又二宫直官著烏紗帢，往往士人宴居皆著帢矣。帢雖冠弁，遺制去古益遠，用巾幘爲近之。一説秦加武將首飾爲降帕，後稍作顔題。漢興續其顔却摞之施巾連題，却覆之，即喪幘也，名之曰幘。至孝文帝，乃高顔題續之以耳，崇其巾爲屋，合後施巾上下，文者長耳，武者短耳。古者冠制皆硬殼，自額上至于頂，如今禮冠者，然後世乃作小冠，僅以束髮，冠下施幘，冠幘之上，又總施巾，皆效漢元帝所服之制也。夫歷代損益，隨其所宜，苟不害于義，從俗可也。孔子居魯縫掖，居宋章甫，亦從俗也。《事緒論》。

明・陳繼儒《羣碎録》　漢魏以前戴幅巾，晉宋用幂䍦，後周以三尺皂絹向後幞髮，名折上巾。

明・張存紳《增定雅俗稽言》卷一一《冠服・巾幘》　古人皆冠，下至虞人以皮冠，野老以黄冠，蓋有簪道，方爲冠也。其曰巾者，止以罩尊罍果瓜之類，不加於首也。其曰幘者，乃賤人不冠之服也。漢元帝額有壯髮，始引幘服之。王莽頂禿，始加以巾，語曰：王莽禿，幘加屋。曹操欲殺孔融，令路粹奏融禿巾微行，注謂不加幘也。此冠與巾幘之辨也。今制網巾，相傳明太祖取神樂觀道士所結，頒式於天下，此禿巾之權也。今吏隸生員齊民，於頭上各加網巾，私則各加小帽與方巾，此幘之權也。晉桓温詣謝安，值安理髮，温使著帽進而免其戴幘，則幘固如今之烏紗帽，而帽固如今之小帽方巾，蓋欲便之，不用禮服也。今世止道士戴冠，而所謂朝衣朝冠，非昔之束髮冠矣。文臣冠，即古之進賢冠，第古制前高後低，今制前低後高，爲小異耳。《釋名》：簪，建也，所以建冠于髮也，導所以導擽髮使入巾幘裏也，擽音力，幘音責。《説文》：絤，青絲綬也，音關。《爾雅》：絤似綸，組似組。東海有之，皆草色也。絤，鹿角菜，組，海中苔，今之燕窠菜也。詩人白絤巾，紫絤巾，皆合用此字，而世多用綸，如《三國志》《東坡詞》，皆用羽扇綸巾，蓋《韻書》收綸入删韻，古還切，亦音關也，是絤綸亦可通用。而升庵謂不可混用，似拘。

《筆談》：唐之巾四脚，以其二繫腦後二繫頷下，取其服勞不脱也。今人不繫頷下，而兩帶遂爲虚設。幞頭之幞，音伏，與幞被之幞同。起周武帝以幅巾裹首，故曰幞頭，今呼幞如僕者，悮。

又《首飾》 古以男子之冠爲首飾。《後漢・輿服志》：秦加武將首飾爲絳幘，以表貴賤。婦人之飾，古稱翠翹，今盡以首飾歸婦人，若施之男子，則駭矣。飾，音石。詩注編爲首飾，謂之翟髻。《二儀實録》：燧人氏，婦人始束髮爲髻。髻者繼也，女必有繼於人也。至女媧以荆釵竹笄貫其髻髮，編髮爲髻，亦用假髮，曰假髲，亦曰髢，亦作鬄。《詩》鬒髮如雲，不屑髢也，此見三代時已有之。晉陶侃母截髮得雙髲是也，髲，音閉，髢，音地，鬒音軫，黑也。荆釵裙布，孟光隱居之服也，如樂天詩：鐘乳三千兩，金釵十二行。非其質矣。按，金釵十二行，唐人詩多用之，或曰十二行者六鬟也，比肩并立爲釵十二行。又梁武帝《河中之水歌》：洛陽女兒名莫愁，頭上金釵十二行。一又云：頭上金釵十二行，足下絲履五文章。是又以一人帶十二行矣。

明・丘濬《家禮儀節》卷一《通禮》 幅巾。用皁絹六尺許，當中屈摺，爲兩葉，就右邊屈處摺作一小横，陬子又翻轉，從陬子左邊四五寸間斜縫，一路向左圓曲而下，循左邊至于兩末，又將翻轉使所縫餘剩絹，藏在裏却以陬子當額前，裹之於對兩耳處，兩邊各綴一帶，帶廣二寸，長三尺，自巾外過項後，相結而垂。

明・張岱《夜航船》卷一一《日用部・衣冠》 折角巾。後漢郭林宗常行陳梁之間，遇雨，巾一角沾雨而折。二國名士著巾，莫不折其角，號林宗巾。其見儀如此。

又 折上巾。漢魏以前戴幅巾，晉、宋用羃羅，後周以三尺皁絹向後襆髮，名折上巾。

又 方巾。元楊維楨被召入見，太祖問：卿所冠何巾。對曰：四方平定巾。太祖悦其名，召中書省，依此巾製頒天下盡冠之。

又 網巾。明太祖一日微行至神樂觀，有道士結網巾，問結此何用，對曰：網巾用以裹頭，則萬髮俱齊。明日有旨命道官取網巾一十三頂，頒行天下，無貴賤，皆令裹之。

清・王士禛《池北偶談》卷二三《談異四・帨》 《塵史》謂《野有死麕》之詩曰：舒而脱脱兮，無感我帨兮。婦人服飾獨言帨者。按《内則》注云：帨，婦人拭物之巾也。居則設于門右，佩則分之于左，常以自潔之用也。古者女子嫁則母結帨而戒之。徐太室徑定《野有死麕》爲淫詩，甚有理。

清・周象明《事物考辯》卷六〇《冠裳・幅巾》 《通志》：幅巾以全幅帛爲之，趙魏之間謂之承露，郭林宗折角巾謂此也。

明按，《方言》曰：覆髻謂之幘，亦謂之承露。《漢官儀》曰：幘者，卑賤不冠者之所服也。

又《角巾》 《古今原始》：晉制角巾以葛爲之，形如帢而横著之，尊卑共服，是爲葛巾之始。

清・褚人穫《堅瓠集》三集卷四《東坡巾》 明蘇郡守胡可泉纘宗，與客登虎丘，見戴角巾者三人，往來自如。可泉召而問之，答曰生員。可以奚冠命題，各試一破，皆塞責應命。因問其所冠者何冠，答曰東坡巾。可泉曰：若等既知爲東坡巾，然東坡何爲用此巾。三人相顧，無以對。客從旁解釋，遣之。客亦不解，請其故。可泉曰：昔東坡被論坐，囹圄中所戴首服，射常服不可也，公服不可也，乃製此巾以自别，後人遂名曰東坡巾。是乃東坡之囚巾耳。今但慕其名而不究其義，適爲可笑。

清・高士奇《天禄識餘》卷一《網巾》 網巾之製，出自明初，時有髮束中圓，四方平定之謡。或曰楊維楨製此，戴之以見太祖。

又卷六《絳帕頭》 南陽張津爲交州刺史，鬼神事常著絳帕頭，鼓琴燒香，讀道書，云可以助化。陸游曰：帕頭者，巾幘之類，猶今言幞頭。韓文公：以紅帕首已爲失之，東坡詩絳帕蒙頭，讀道書，增一蒙字，其誤尤甚。

清・劉廷璣《在園雜志》卷三《網巾》 網巾之製，歷代所無。此物起于明，止于明，誠一代之制也。因明太祖微行至神樂觀，見一道士燈下用馬尾結成小兜。太祖問爲何物，對曰：此網巾也，用裹頭上，萬髮皆齊矣。明日召道士，并取所結網巾，遂爲定制。

清・桂馥《札樸》卷七《匡謬・飾巾》《後漢書・陳寔傳》：寔久絶人事，飾巾待終而已。案，飾當爲帥。《續漢書》：何進、袁隗欲特表陳寔以不次之位，寔謝曰：久絶人事，帥巾待終而已。《説文》：帥，佩巾也。

清・俞樾《茶香室叢鈔》卷二〇《鵖鴔巾》 宋劉敞《公是集》有《鵖鴔巾》詩，自注云：余率意作之，以便當暑，其形製如燕也。

藝文

明・張之象《唐詩類苑》卷一八五《服食部・巾》

《翻著葛巾呈趙尹》 張説

昔日接䍦倒，今我葛巾翻。宿酒何時醒，形骸不復存。忽聞有嘉客，躧步出閑門。桃花春徑滿，誤識武陵源。

《和張燕公翻著葛巾》 趙冬曦

美酒值芳春，醒餘氣益真。降歡時倒屣，乘興偶翻巾。徐榻思方建，左車理自均。傲然歌一曲，一醉濯纓人。

《酬賀四贈葛巾之作》 王維

野巾傳惠好，兹貺重兼金。嘉此幽棲物，能齊隱吏心。早朝方暫挂，晚沐更來簪。坐覺囂塵遠，思君共入林。

《友人遺華陽巾》

剪霧裁烟勝角冠，來從玉洞五雲端。醉宜薤葉攲斜影，穩稱菱花仔細看。野客愛留籠鶴髮，溪翁争乞配魚竿。真仙首飾勞相寄，塵土翻慚戴去難。

《三兄以白角巾寄遺髮不勝冠因有感嘆》 元稹

病瘴年深渾秃盡，那能勝置角頭巾。暗梳蓬鬢羞臨鏡，私戴蓮花耻見人。白髮過於冠色白，銀釘少校領中銀。我身四十猶如此，何況吾兄六十身。

《以紗巾寄魯望因而有作》 皮日休

周家新様替三梁，裹髮偏宜白面郎。掩斂乍疑裁黑霧，輕明渾似戴玄霜。今朝定見看花昃，明日應聞漉酒香。更有一般君未識，虎文巾在絳霄房。

《襲美以紗巾見惠繼以雅音因次韵酬謝》 陸龜蒙

薄如蟬翅背斜陽，不稱春前贈罽郎。初覺頂寒生遠吹，預憂頭白透新霜。堪窺水檻澄波影，好拂花牆亞蘂香。知有芙蓉留自戴，欲峨烟霧訪黄房。

清・褚人穫《堅瓠集》九集卷三《網巾詩》 烏紗未解滌塵袢，一網清風兩鬢寒。篩影細分雲縷滑，棋紋斜界雪絲乾。不須漁父燈前結，且向詩翁鏡裏看。頭上受渠籠絡盡，有時怒髮亦衝冠。

帽

題解

南朝梁・顧野王《玉篇》卷一四 笠。力及切，簦笠，以竹爲之也。

又卷一五 𡖋。丘權切，小兒帽。𦌺。翌句切。𦌺㲪，面衣。㲪。餘豉切，𦌺㲪。𦊆。口洽切，帽也。亦作帢。𦋫。市紙切，古文𢂋。

明・呂毖《事物初略》卷一四《服制・紗帽》《通典》曰：上古衣毛而帽皮，此帽名之始也。成王問周公曰：舜之冠何如。曰：古之人右帽而領。或云：取其覆首之義。《玄中記》曰：苟始作帽，漢擢船者皆著黄帽，晉王濛破帽入市，則曆代皆有之。至五代梁，始漆今樣。吴處厚《青箱雜記》：宋仁宗天聖以前，烏帽惟用光紗，天聖以後，始用南紗。

清・褚人穫《堅瓠集》廣集卷五《渾脱》　朱彝器《漫紀》：舞有渾脱舞，初不解所謂。考之前紀，唐長孫無忌以烏羊毛爲渾脱氊帽，人效之，號趙公渾脱。亦不解所名。萬曆癸未四月，以役三關，行次太子灘，隔岸群虜來見，亂流而渡。有騎一物浮于水面，曰渾脱也。蓋取羊皮，去其骨肉縫製，令不透水，以氣管吹之，宛然羊也。虜人乘以渡水，不憂汎溺。蓋渾脱其骨肉而製就，故以爲名。長孫渾脱烏羊之毛以爲帽，故名亦云。

綜　述

漢・史游撰、唐・顔師古注《急就篇》卷三　竹器簦笠簟籧篨。竹器揔言織竹爲器也。簦笠皆所以御雨也。大而有把，手執以行謂之簦。小而無把，首戴以行謂之笠。虞卿躡屩擔簦即謂此也。織竹爲席謂之簟，織葦而粗文者，籧篨也。

唐・李林甫《唐六典》卷一三《御史臺》　大事則冠法冠，衣朱衣纁裳，白紗中單以彈之。小事常服而已。法冠，一名豸冠，一角爲獬豸之形，取觸邪之義也。

唐・張鷟《朝野僉載》卷一　趙公長孫無忌以烏羊毛爲渾脱氊帽，天下慕之，其帽爲趙公渾脱。後坐事長流嶺南，渾脱之言，于是效焉。

五代・馮鑑《續事始》　帽子。《實録》云：漢文帝時，鄧通以櫂船爲黄頭郎。注云：棹船者著黄帽，因名黄頭郎，蓋染絹帛爲之。漢以前未聞其制。《晉書》：王濛少美容姿，帶破帽入市買之，群嫗悦争，遺其帽子。未詳誰人所制。

大帽。《實録》曰：大帽，野老之服。至後魏朝臣皆戴之。唐初以穀爲之，以隔風塵。

席帽。《實録》曰：本羌人之首服，以羊毛爲之，謂之氊帽。至秦漢中華競服之後，以故席爲骨而鞔之，謂之席帽。女人戴者其四緔垂下，網子飾以朱翠，謂有障蔽之狀。隋煬帝幸江都，每御紫微樓觀市，欲見女人姿容，詔令去緔子珠翠。又按《唐實録》曰：高宗朝以國初宫人騎馬者依齊。隋舊制多著羃羅，羅雖發自戎夷，而全身障蔽，不欲途路窺之，王公之家亦同此。永徽之後，復有用幃帽，施裙到胸，漸爲淺露。至則天後，幃帽大行，羃羅遂廢。

五代・馬縞《中華古今注》卷中《大帽子》　本嵓叟草野之服也，至魏文帝詔百官，常以立冬日貴賤通戴，謂之温帽。

又《羃羅》　羃羅者，唐武德、貞觀年中，宫人騎馬多著羃羅，而全身障蔽。至永徽年中，後皆用帷帽，施裙到頸，漸爲淺露。至顯慶年百官家口，若不乘車便坐檐子，至神龍末，羃羅殆絶。其羃羅之象，類今之方巾，全身障蔽，繒帛爲之，若便于事。非乘車轝及坐檐子，即此制誠非便於時也。開元初，宫人馬上著胡帽，靚妝露面，士庶咸效之。至天寶年中，士人之妻著丈夫靴、衫、鞭、帽，内外一體也。

又《席帽》　本古之圍帽也，男女通服之，以韋之四周，垂絲網之，施以朱翠，丈夫去飾。至煬帝淫侈，欲見女子之容，詔去帽，戴幞頭巾子幗也，以皂羅爲之。丈夫藤席爲之，骨鞔以繒，乃名席帽。至馬周以席帽油御雨從事。

又《搭耳帽》　本胡服，以韋爲之，以羔毛絡縫。趙武靈王更以綾絹，皂色爲之，始並立其名爪牙帽子，蓋軍戎之服也。又隱太子常以花搭耳帽子，以畋獵、游宴後賜武臣及内侍從。

宋・陶穀《清異録》卷下《衣服門・韓君輕格》　韓熙載在江南造輕紗帽，匠帽者謂爲韓君輕格。

又《減樣方平帽》　羅隱帽輕巧簡便省樸，人竊仿學，相傳爲減樣方平帽。

宋・程大昌《演繁露》卷一二《冒絮》　薄太後以冒絮提文帝，晉灼曰：《巴蜀異志》謂頭上巾爲冒絮。冒音陌。顔師古曰：老人以覆其頭。應劭曰：陌額，絮也。詳其所用，當是以絮爲巾，蒙冒老者額額也。冒之義，如冒犯，鋒刃之冒，其讀如墨。則與陌音，冒義皆相近矣。《漢官舊儀》：皇後親蠶，絲絮自祭服，神服外，皇帝得以作縷縫衣，皇後得以作巾絮而已，以絮爲巾，即冒絮矣。北方寒，故老者絮，蒙其頭，始得温暖。地更入北，則彼國貂冠，狼頭帽，皆其具矣。

宋・蘇軾《仇池筆記》卷上《研光帽》 徐倅李陶有子年十七八，忽咏《落花詩》云：流水難窮目，斜陽易斷腸。誰同研光帽，一曲舞山香。父驚問之，若有物馮附者，云西王母宴群仙，有舞者戴研光帽，帽上簪花，舞山香一曲，曲未終，花皆落去。

宋・姚寬《西溪叢語》卷下 杜甫《送高三十書記》云：觸熱向武威。程曉《三伏》詩云：今世褦襶子，觸熱到人家。據《炙轂子》云：褦襶，笠子也。《集韵》：褦，音奈；襶，音戴。二字，不曉事也。

《新唐書》卷三八《五行志一》 太尉長孫無忌以烏羊毛爲渾脱氈帽，人多效之，謂之趙公渾脱。近服妖也。

元・孔齊《静齋至正直記》卷三《學士帽》 今之學士帽遺製類僧家師德帽，不知唐人之製如此否。愚意自立一樣，比今之國帽差增大，頂用稍平，檐用直而漸垂一二分。裏用竹絲，外用皂羅或紗，不必如舊製。頂用小方笠樣，用紫羅帶作項攀，不必用笠珠頂，却須用玉石之類。夏月林下則以染黑草爲之，或松江細竹絲亦好。歸鄉晚年當如此也。更置野服亦稱之，略見《鶴林玉露》。便如今日鶴氅樣，布爲之。

明・郎瑛《七修類稿》卷二三《辯證類・堂帽唐祭》 今之紗帽，即唐之軟巾，朝制但用硬盔列於廟堂，謂之堂帽：對私小而言，非唐帽也，唐則稱巾耳。

明・文震亨《長物志》卷九《衣飾・笠》 細藤者佳，方廣二尺四寸，以皂絹綴檐，山行以遮風日；又有葉笠、羽笠，此皆方物，非可常用。

明・田藝蘅《留青日札》卷二二《帽》 帽，冒也，上古用羽毛及皮爲之，今以紗羅、紵絲、馬尾、牦牛尾、棕藤、竹蒲爲之。《輿服志》：上古穴居野處，衣毛而帽皮。又曰：官民皆帶帽，其檐或圓，或前圓後方，或樓子。蓋兜鍪之遺制也。所云樓子，即今南方村中小兒所帶五彩帽。余幼時尚見小兒帶雙耳金綫帽，皆元俗也。所謂帽，則金其頂，襖則綫其腰者也。又，元婦人皆帶皮帽。

又《鎖鎖帽》 鎖鎖帽，出回紇，用鎖鎖木根製之爲帽。火燒不滅，亦不作灰，可配火鼠布，即火毳布。《後漢書》：火毳，即火浣布，布出燃洲。《異物志》云：獸毛織成。《博物志》云：出西域。《玄中記》云：南方炎山。《拾遺記》又云：羽山石火，可焚垢衣令潔也。此尤異。元阿合馬言：别怯赤山出石絨，織爲布，火不能然，請遣官采取。石絨，可對冰錦。

又《張公帽賦》 諺云：張公帽掇在李公頭上。有人作賦云：物各有主，貌貴相宜，竊張公之帽也，假李老以戴之。弓長隱君，乃岸幘而褻禮；木子居士，反峨冠而壯儀。亦可謂善謔者。古之李晟繡帽、管寧白帽、汝陽王璡研硝帽、西王母舞者研光帽、何尚之鹿皮帽、唐紗帽、宋裘帽、鄧通刺船郎黄帽、吐番氈帽、西羌席帽，以羊毛爲之。秦、漢鞔以故席，四緣垂網子，飾以珠玉，謂之韋帽。

明・楊慎《譚苑醍醐》卷三《羃羅考》 古者女子出門，必擁蔽其面。後世宫人騎馬，多著羃羅，全身障之，猶是古意。又首有圍帽，謂之席帽，垂絲網之，施以珠翠。至煬帝淫侈，欲見女子之容，詔去席帽。戴皂羅巾幗，而以席帽油御雨雲。唐永徽中，皆用帷帽，施裙到頸，漸爲淺露。開元初，宫人馬上著胡帽，靚妝露面，古制蕩盡矣。今山西蒲州婦人，出以錦帕覆面，至老猶然。雲南大理婦女，戴次工大帽，亦古意之遺焉。

明・屠隆《考槃餘事》卷四《游具箋・笠》 有細藤作笠，方廣二尺四寸，以皂絹蒙之，綴檐以遮風日，名云笠。有竹絲爲之，上以櫚葉細密鋪蓋，名葉笠。有竹絲爲之，上綴鶴羽，名羽笠。三者最輕便，甚有道氣。

明・王世貞《弇州四部稿》卷一五七《説部・宛委餘編二》 尚書八座三省侍郎，白帢低幘，出入掖門，又二宫直官者，烏紗，士人宴居，皆著帢矣。王丞相白帢練布單衣，江左以後，白紗帽遂爲人主之服，臣下不敢輒用。按《五行志》服妖傳玄議白帢，白乃軍容，非國容也，于寶以爲縞素，凶喪之象。《南齊書》亦云：白帢單衣，謂之素服，以舉哀臨喪者，又初作白帢，横縫其前以别後，名之曰顔，永嘉間稍去其縫，名無顔帢。

又 帽本纚也，古者有冠無幘，冠下有纚，以繒爲之，後世施幘于冠，因裁纚爲帽。永明中，蕭諶開博風帽，後裙之製，爲破後帽，末年民間製倚勸帽。建武中，帽裙覆頂，東昏侯斷之，東昏時群小又造四種帽，因勢爲名，一曰山鵲歸林，二曰兔子度坑，三曰反縛黄離嘍，四曰鳳凰度三橋，皆服妖也。

明・王三聘《古今事物考》卷六《冠服・帽》 《通典》曰：上古衣毛冒皮，則帽名之始也。古者冠下有纚，以繒爲之，後世施幘于冠，因裁纚爲帽，上下通服之。《玄中記》曰：苟始作帽。宋仁宗前烏帽惟用光紗，自後始用南紗。迨熙寧中，復稍稍用光紗矣。

又《堂帽》 唐巾者，軟絹紗爲之，以帶縛于後，垂于兩傍，貴賤皆戴之，乃裹髮軟巾也。國朝取象唐巾，乃用硬盔、鐵綫爲硬展脚，非有職之人，列于朝堂之上，不敢僭用。故曰：堂帽始製于洪武二年。

又《中官帽》 國朝初以圓帽爲太平帽，至洪武十九年始創制其樣，《實録》中官之帽，用紗裹之，增方帶二條于後。無官者頂後垂方紗一幅，曰内使帽。是帽原于高麗王服，高廟知其王之冠，乃制而爲之，遂命諸内侍皆冠之，因使者謂曰：汝主之冠與朕此内臣同。今此曹日供使令之役于朕，而汝主乃欲崛强，不服朕耶。使者歸，言之，遂降。

又《席帽》《實録》曰：本羌人首服，以羊毛爲之，謂之氈帽，即今氈笠，秦漢競服之。後故以席爲骨而鞔之，謂之席帽。女人戴者，肆緣垂下網子以自蔽，今世俗或然。吴處厚《青箱雜記》曰：王衍在蜀，好私行，恐人識之，令人戴大帽，則世俗之戴席帽，始于王衍也。

又《大帽》《實録》曰：野老之服也。唐以皂縠爲之，以隔風塵。李氏《資暇》曰：大裁帽也。《談苑》曰：後魏孝文帝自雲中徙代，以賜百寮。五代以來，唯御史服之。今郎中臺諫服之。

又《圓帽》 是即今氈帽之類，始于元世祖出獵，惡日射其目，乃以樹葉置于胡帽之前。其後雍古剌氏乃以氈一片置于前，因不圓，復置于後，故今有帽大檐是也。

又《帷帽》 唐《輿服志》曰：帷帽創于隋代，永徽中始用之，施裙及頸。今世之人，往往用皂紗若青全幅，連綴于油帽或氈笠之前，以障風塵，爲遠行之服。蓋本此。又有面衣，前後全用紫羅爲幅，下垂，雜他色爲四帶，垂于背，爲女子遠行乘馬之用，亦曰面帽。按《西京雜記》：趙飛燕爲皇後，女弟昭儀上襚參十五條，有金花紫羅面衣。則漢已有面衣也。

明·程良孺《讀書考定》卷二二《服飾·重戴》《石林燕語》：京城士人俱用青凉傘，祥符五年，詔親王得用之，六年，兩府亦許用，以其有席帽故謂之重戴，若餘官出京城門，許用凉傘必去帽，則所謂重戴之名，以兼用席帽、凉傘而得也。

又《白帽》 管寧有白帽之説尚矣。雖杜詩亦云：白帽應須似管寧。然《紉安本傳》止云：嘗著皂帽。又云：著絮帽布衣而已。初無白帽之事，獨杜佑《通典》帽門載管寧在家常著帛帽，豈以帛爲白乎。宋、齊之間，天子燕私多著白高帽，或以白紗，今所畫梁武帝像亦然。蓋當時國子生亦服白紗巾，晉人著白接籬，謝萬著白綸巾，南齊桓崇祖白紗帽。《南史》：和帝時，百姓皆著下檐白紗帽。《唐六典》：天子服有白紗帽。他如白帢、白幍之類，通爲慶吊之服。古樂府《白紵歌》云：質如輕雲色似銀，製以爲袍餘作巾。杜詩：光明白氎巾，嘗念著白帽，采薇青雲端。白樂天詩：青筇竹杖白紗巾。然則古之所以不忌白者，蓋喪服皆用麻，自麻之外，縉縞固不待言，苧葛雖布屬，亦皆吉服。縞帶、苧衣，昔人猶以爲贈，則亦何忌之有。漢高帝爲義帝發喪，兵皆縞素，行師權制，固不備禮。後世人多忌諱，喪服往往求殺，今之薄俗，蓋有以縞素爲緦功者矣。宜乎巾帽之不以白也。

又《大帽》《實録》云：大帽，野老之服，至後魏朝臣皆戴之，唐初以縠爲之以隔風塵。又氈帽，本羌人首服，以羊毛爲之，至漢中華競服後，以故席爲骨而鞔之，則席帽也。

明·鄭名選《秕言》 接羅。唐詩多用白接羅，《韻釋》云：接離，白帽也。《爾雅》云：鷺，春鉏。注云：頭翅背上皆有長翰毛，今江東人取以爲睫攡，名之曰白鷺縗。睫與接，攡與離通。而《世説》獨云：接離，今之襴衫也。二説不同，李白詩云：頭上白接離。則亦以接離爲白帽，而不以爲襴衫矣。

明·羅鶴《應菴隨録》 紗帽損益麻冕。今之紗帽，即周之麻冕，遺制沿習損益之者。《三禮圖》云：麻冕，以添布爲殼，縕縱其上，其形即如紗帽，但無展翅耳。

明·張存紳《增定雅俗稽言》卷一一《冠服·面衣》 古者女子出門必擁蔽其面，《西京雜記》：趙飛燕女弟昭儀，有金花紫羅面衣，則此製已始于西漢。後世宫人騎馬著羃羅，全身障之，猶是古意。又首有圍帽，亦謂之席帽，隋至煬帝性淫侈，欲見女子之容，詔去席帽戴皂羅巾幗，今俗面衣，謂之眼罩，男子亦用之。有戲題者云：三尺羅爲衣，占斷長安色。如何眼底人，對面不相識。語有深意。

明·張岱《夜航船》卷一一《日用部·衣冠》 幍。魏武制幍，始燕居著幍。帢帢同裁縑布爲之，以色别貴賤。荀文若始制幍有岐，因觸樹枝成岐，後效之。

又 縦。周公制縦，以纚韜髮。宋太祖制網巾，明太祖頒行天下。

又 帽制。接羅，白帽也。渾脱，膻帽也。褦襶，即今暑月所戴凉帽也。内以笠爲之，外以青繒綴其檐而蔽日者也。

清・方以智《物理小識》卷六《衣服類・貂帽》 猫踏其毛則拳結不開，其邊壞者剪去分許，燒酒噴烙錢趕之，長如故。貂有紫者玄者，以穎長而尖者佳，吹之見皮。

清・王士禛《香祖筆記》卷五 葉少藴言：唐及國初京師皆不禁打傘，五代始命御史服裁帽，淳化初又命公卿皆服之。既有繖，又有帽，故謂之重戴。祥符後惟親王、宗室得用繖，其後通及宰相、參政。今裁帽席帽分爲兩等，中丞至御史、六曹郎中于席帽前加全幅皂紗，僅圍其半，爲裁帽；員外郎以下則無之，爲席帽。按，此製似古婦人羃䍦，今眼紗之類，而名爲裁帽，不可解。又按，張洎《題右丞畫孟襄陽吟詩圖》云：襄陽之狀，峭而瘦，衣白袍，靴帽重戴，乘欵段馬，一童總角，負琴而從。覩其圖，乃帽上加皂色幅巾，垂于肩後，但不似羃䍦掩面耳，殊近裁帽之製。而謂繖與帽爲重戴，豈唐、宋所謂重戴，又有殊異耶。

清・周象明《事物考辯》卷六〇《冠裳・渾脱》《朝野僉載》 唐趙公長孫無忌以烏羊毛爲渾脱氈帽，天下慕之，其帽爲趙公渾脱。

又《接羅》《爾雅》注：睫攡，白帽也。江東取白鷺頭翅背上長翰以爲睫攡，一作接羅，山簡傳作接離。

又《席帽》 顧起元《説略》考《輿服志》：席帽之製，本野夫岩叟之服，以草羅爲之。巾下又加以席帽，故曰重戴。宋初御史全皆戴之，餘官或戴或否，新進士亦戴之。釋褐即止。蓋統貴賤咸服之矣。《石林燕語》云：祥符五年，詔親王得用清凉傘，兩府亦許用，以其有席帽，故謂之重戴。則所云重戴者以兼用帽、清凉傘而得名也，其謬甚矣。《青箱雜記》云：宋初猶襲用唐風，人皆曳袍重戴，出則以席帽自隨，似認席帽重戴爲二，亦誤也。

明按《事始》：席帽本羌人之服，以羊毛爲之，謂之氈帽。至秦漢，中華競服之。後以故席爲骨而鞔之，謂之席帽。女人戴者，其四面垂下網子以自蔽，飾以珠翠取其障蔽也。

清・高士奇《天禄識餘》卷一《冒絮》《巴蜀異志》：謂頭上巾爲冒絮，周勃下獄，薄昭爲言薄太後，文帝朝太後，以冒絮提帝是也。

清・劉廷璣《在園雜志》卷一《帽》 本朝帽製，凉帽以德勒蘇草細織成面者爲上等，次等用白草；内以片金或大紅緞綢、各色紗緞爲裏，名曰帽胎；上覆以大紅絨綫緯纓，王公卿大夫士庶皆戴之。雨用藤織成胎，上覆以茜紅西牛尾揀毛爲纓，而皆名曰緯笠。有用藤竹麥楷織成，有檐出外周圍者，名曰臺笠，此賤者所戴以遮日色者。考帽自漢以來已有之，鄧通之黄帽，管寧之皂帽，李晟之繡帽，沈慶之狐皮帽，即今之暖帽也。今之暖帽以貂爲貴，次有染銀鼠、染黄鼠以爲帽檐者，貴賤皆戴。至於元狐則有階級矣。若長孫無忌之渾脱以烏羊毛爲之，羌服之席帽，晉人之白接羅，皆以羊毛爲之，即今之氈笠、氈帽也。式雖不一，而帽之名則同。

清・王念孫《廣雅疏證》卷七下《釋器》 䍦羃謂之帹。《玉篇》云：面衣也。

清・李光庭《鄉言解頤》卷四《物部上・帽兜》 世有迹似假冒，而其内外之名實秩然，有不嫌于假冒者，帽兜是也。北地冬用氈帽兜，以蔽風雪，亦有用毛裏者。夏以油綢遮雨，外頂與内頂相符，不容僭越。奉承士大夫者曰冠上加冠。鄉人相見，戲曰露點臉兒不大。後製成複帽尚高寬，象比兜鍪更緊嚴。看我可能存面目，識人莫但認頭銜。弛張勢異重擔蓋，順逆風無兩樣帆。却憶雪天驢背客，吟肩穩護望梅岩。

清・俞樾《茶香室續鈔》卷二二《席帽 裁帽》 宋葉夢得《石林燕語》云：今席帽、裁帽分爲兩等。中丞至御史與六曹郎中，則于席帽前加全幅皂紗，僅圍其半爲裁帽，非臺官及自郎中而上，與員外而下，則無有，爲席帽。按，此知席帽猶今之笠，以皂紗圍其前，即裁帽矣。今席帽之名人多知之，至裁帽則罕知者。

又《石林燕語》又云：唐至五代、國初，京師皆不禁打傘。五代始命御史服裁帽。本朝淳化初，又命公卿皆服之。既有傘，又服帽，故謂之重戴。按，此知裁帽與傘功用相同。《急就篇》注云：簦、笠，皆所以御雨，大而有把手，執以行，謂之簦；小而無把，首戴以行，謂之笠。然則傘即簦也。席帽、裁帽皆笠也。

清・俞樾《茶香室三鈔》卷二五《便帽》 國朝禮親王《嘯亭續録》云：少時見士大夫燕居皆冠便帽，其製如暖帽而窄其檐，其上用紅片錦，或石青色，緣以卧雲，如葵花式，頂用紅絨結頂，後垂紅縵尺餘，無老少皆冠之。惟老翁夏日畏早涼，用青緞縫紉襯涼帽下，如今帽頭狀，初不以爲燕服也。近十餘年盛行帽頭，蟠金綫，組繡其上，至有明珠寶石嵌者，如古弁製，頂用紅絨結頂，稍異古耳。按，此兩種帽，今皆用之，但轉無其華美也。帽後垂紅縵，咸豐間猶有之，今則否。

紀事

晉・陸翽《鄴中記》 季龍獵，著金縷織成合歡帽。

五代・馬縞《中華古今注》卷中《烏紗帽》 武德九年十一月，太宗詔曰：自今已後天子服烏紗帽，百官士庶皆同服之。

明・陸容《菽園雜記》卷六 又聞永樂間，有圬工修尼寺，得纏鬃帽于承塵上。帽有水晶纓珠，工取珠賣于市，主家識而執之。問其所從來，工以實對。始知此少年竊入尼室，遂死于欲，尸不可出，乃肢解之，埋墻下。法司奏抵尼極刑，而毁其寺。今宫墻東北草場，云是其廢址也。

清・周象明《事物考辯》卷六〇《冠裳・白題》 《墨莊漫録》：杜子美《秦州詩》云：馬驕珠汗落，胡舞白題斜。或作蹄。莫曉白題之語。《南史》：宋武帝時，西北遠邊有白題及滑骨遣使入貢，莫知所出。裴子野云：漢潁侯斬胡白題將一人。服虔注云：白題，胡名也。又漢定遠侯擊虜入滑，此其後乎。人服其博識，余嘗疑之。蓋白題乃胡人氈笠，子美所謂胡舞白題斜，蓋以胡人旋舞，而笠斜之。

藝文

宋・蘇軾《東坡志林》卷一 寇元弼言，去歲春，徐州通判李陶有子，年十七八，素不善作詩，忽咏《落花詩》云：流水難窮目，斜陽易斷腸。誰同砑光帽，一曲舞山香。父驚問之，若有物憑附者，自云是謝中舍。問砑光帽事，云西王母宴群仙，有舞者帶砑光帽，帽上簪花，舞山香一曲，曲未終，花皆落去。

明・張之象《唐詩類苑》卷一八五《服食部・帽》

《答友人贈烏紗帽》　李白

領得烏紗帽，全勝白接䍦。山人不照鏡，稚子道相宜。

《感舊紗帽帽即故李侍郎所贈》　白居易

昔君烏紗帽，贈我白頭翁。帽今在頂上，君已歸泉中。物故猶堪用，人亡不可逢。岐山今夜月，墳樹正秋風。

《詠白油帽送客》　錢起

薄質慚加首，愁陰幸庇身。卷舒無定日，行止必依人。已沐脂膏惠，寧辭雨露頻。雖同客衣色，不染洛陽塵。

《答元八遺紗帽》　張籍

黑紗方帽君邊得，稱到山前坐竹牀。唯恐被人偷樣剪，不曾閑戴出書堂。

雜録

南朝宋・劉義慶《世説新語》卷下之上《任誕》 山季倫爲荆州，時出酣暢。人爲之歌曰：山公時一醉，徑造高陽池。日莫倒載歸，茗艼無所知。復能乘駿馬，倒著白接䍦。舉手問葛强，何如并州兒。高陽池在襄陽。强是其愛將，并州人也。

宋・佚名《釋常談》卷下《落帽之辰》 重陽謂之落帽之辰。晉孟嘉爲桓温參軍，温甚重之，重陽會飲于龍山，嘉後至，忽風起，吹帽落而嘉不覺，温誡左右勿言，以觀舉止也。

宋・王楙《野客叢書》卷一五《臺笠緇撮》 《毛詩》臺笠緇撮，傳謂臺所以禦暑，笠所以禦雨。緇撮，緇布冠也。鄭箋謂臺夫須也，以臺皮爲笠，緇布爲冠。故謝玄暉詩曰：臺笠聚東菑。注：臺禦日，笠禦雨。是以爲二事，蓋本毛之説。麴信陵詩曰：臺笠冒山雨，渚田耕荇花。以臺笠對渚田，是以爲一事，蓋祖鄭之説。二詩皆有據依。考孔穎達《正義》，臺可爲笠則一也，傳分之者，笠本禦暑，而《良耜》曰其笠伊糾，因可禦雨，故傳分之以充二事，則知毛之見如此。

明・楊慎《丹鉛續録》卷六《雜識・張僧繇》 劉子玄曰：張僧繇，畫《群公祖二疏圖》，而兵士有著芒屩者。閻立本畫《昭君圖》，婦女有著帷帽者。夫芒屩出于水鄉，非金華所有，帷帽起于隋代，非漢宮所作。以此言之，畫非博古之士，亦不能作也。

明・李時珍《本草綱目》卷三八《服器之一》 敗天公。《別録》下品。釋名：笠。弘景曰：此乃人所戴竹笠之敗者，取竹燒灰用。時珍曰：笠乃賤者御雨之具，以竹爲胎，以箬葉夾之。《穹天論》云：天形如笠，而冒地之表，則天公之名，蓋取于此。近代又以牛馬尾、棕毛、皂羅漆製以蔽日者，亦名笠子，乃古所謂褦襶子者也。

明・王世貞《弇州四部稿》卷一五五《説部・藝苑卮言》 彦遠又云：吴道子畫仲由，便戴木劍；閻令公畫昭君，已著幃帽。殊不知木劍創于晉代，幃帽興于國朝。舉此凡例亦畫之一病也。且如幅巾傳于漢魏，羃羅起自齊隋，幞頭始于周朝。折上巾，軍旅所服，即今幞頭也。用全幅皂向後幞髮，俗謂之幞頭。自武帝建德中裁爲四脚也。巾子創于武德，胡服靴衫豈可輒施于古像，衣冠組綬不宜長用于今人。芒屩非塞北所宜，牛車非嶺南所有。詳辨古今之物商較士風之宜，指事、繪形可驗時代。其或長生南朝，不見北朝人物。習熟塞北，不識江南山川。游處江東，不知京洛之盛。此則非繪畫之病也。按此段語大有意畫者不可不知。

明・程良孺《讀書考定》卷二二《服飾・帢》 《魏志》注：太祖擬皮弁，裁縑帛以爲帢，但以色別其貴賤，本施軍節，非爲國容，或作帢埤蒼帽也。晉《輿服志》：哀帝改用素白帢。按，漢末王公名士多以幅巾爲雅，魏武始制帢，成帝制：使尚書八座丞郎門下三省侍官乘車白帢低幘，出入掖門。又二宫直官著烏紗帢，往往士人宴居皆著帢矣。

又《席帽》 用修云：古者女子出門必擁蔽其面，後世宫人騎馬多著羃羅，全方障之。又首有圍帽，謂之席帽，垂絲網之，施以珠翠。煬帝淫侈，欲見女子之容，詔去席帽戴皂羅巾幗。而以席帽油之御雨。唐永徽中用帷帽，施裙到頸，漸爲淺露。開元初宫人馬上著胡帽，靚妝露面，古制蕩盡矣。然則男女皆有席帽，而羃羅之制又自小異，唐人男子不去席帽，而婦人去席帽尤可笑也。

明・陳懋仁《析酲漫録》 坡公善排謔，宋人贊其怒詈嬉笑皆成文章，嘗調患風云：大風起兮眉飛揚，安得猛士兮守鼻梁。近有調僧云：大風已吹帽子去，此地空餘帽子頭。帽子一去不復返，此頭千載光悠悠。語亦劇并記之。

明・張岱《陶菴夢憶》卷六《噱社》 仲叔候座師收一帽套，此日嚴寒，沈虎臣嘲之曰：座主已收帽套去，此地空餘帽套頭。帽套一去不復返，此頭千載冷悠悠。其滑稽多類此。

清・余懷《板橋雜記》下卷《軼事》 張卯尤滑稽婉膩，善伺美人喜怒。一日，偶忤李大娘，大娘手碎其頭上鬃帽，擲之于地。卯徐徐拾取，笑而戴之以去。

清・沈初《西清筆記》卷二《紀名跡》 天禄琳琅所藏宋版《漢書》，即歷趙文敏、王弇州所藏本也。前有文敏小像一葉，首戴黑圓帽，四周有邊，如今伶人所呼大帽。

冠冕

題解

漢・劉熙撰、清・畢沅疏證、王先謙補《釋名疏證補》卷四《釋首飾》 章甫，殷冠名也。甫，丈夫也，服之所以表章丈夫也。畢沅曰：《御覽》引作殷以之表章丈夫也。《儀禮・士冠記》：章甫，殷道也。鄭注：章，明也，殷質，言以表明丈夫也。蘇輿曰：丈夫《御覽・服章》二引并作大夫。冔，亦殷冠名也。冔，幠也，幠之言覆，言以覆首也。畢沅曰：本無此條。案，周弁、殷冔、夏收等爾，不應有弁收而無冔。鄭注《士冠記》曰：冔，名出于幠。幠，覆也，言所以自覆飾也。今仿鄭君注義以增此條，惟是《説文》無冔字，蓋後人鈔寫有脱落也。《説文》皃字解説云冕也，周曰皃，殷曰冔，夏曰收。則《説文》必本有冔字。冔，從曰，吁聲，當增入曰部。牟追，牟，冒也，言其形冒髮追追然也。畢沅曰：牟追，《士冠記》郊特牲皆作毋追。鄭注《士冠記》：毋，發聲也；追，猶自也，夏後氏質，以其形言之。案，毋，讀亦爲牟。《説文》：牟，牛鳴也。

則解牟爲發聲亦可。蘇輿曰：追追，大貌。《白虎通・冠絻篇》：夏統十三月爲正，其飾最大，故曰毋追，毋追者，言其追大也。是以追訓大之證。收，夏後氏冠名也，言收斂髮也。畢沅曰：鄭注《士冠記》亦云：收，言所以收斂髮也。委貌，冠形委曲之貌，上小下大也。畢沅曰：委曲之貌，今本作又委貌之貌，據《御覽》引改。鄭注《士冠記》云：委，猶安也，言所以安正容貌。案，鄭義差長。蘇輿曰：《白虎通》：所以謂之委貌何。周統十一月爲正，萬物始萌。小，故爲冠飾最小，故曰委貌。委貌者，言委曲有貌也，與此合。《士冠禮》：委貌，周道也。弁，畢沅曰：《説文》作𥄉或覍字。如兩手相合抃時也。畢沅曰：抃，《説文》作拚，云拊手也。今諸本皆作抃。《初學記》：音奮，如小弁，亦作小卞。後人通用無別矣。蘇輿曰：《白虎通》：弁之爲言攀也，所以攀持其髮也。《士冠禮》鄭注：弁，名出於槃。槃，大也。拚、攀、槃並聲近字。以爵韋爲之，謂之爵弁。畢沅曰：鄭注《士冠禮》云：爵弁者，冕之次，其色赤而微黑，如爵頭然。蘇輿曰：《白虎通》：爵弁者何謂也，其色如爵頭，周人宗廟士之冠也。《御覽・服章》三引董巴《輿服志》：爵弁，一名冕，廣八寸，長尺二寸，如爵形，前小後大，其上似爵頭色，有收持笄，所謂殷收夏冔者也。以鹿皮爲之，謂之皮弁。畢沅曰：鄭注《士冠禮》云：皮弁者，以白鹿皮爲冠。成蓉鏡曰：以鹿皮九字當在韋弁下。《聘禮》：君使卿韋弁歸饔餼。注：變皮弁服韋弁，敬也。疏案《周禮・春官・司服》：王之吉服有九，祭服之下，先云兵事韋弁服，後云視朝皮弁服，則韋弁尊于皮弁。是其證。蘇輿曰：《白虎通》：皮弁者何也，所以法古至質冠之名也。《御覽・服章》三引《三禮圖》云：皮弁以鹿皮淺毛黄白色者爲之，高尺二寸。《左僖二十八年傳》：楚子玉自爲瓊弁玉纓。杜注：弁以鹿子皮爲之。以韎韋爲之，謂之韋弁也。畢沅曰：《周禮・司服》云：凡兵事韋弁服。鄭注：韋弁，以韎韋爲弁。

南朝梁・顧野王《玉篇》卷一五

又 冕。靡璉切，冠冕也。

又 冠。古完切，冠冕也。又古亂切。《禮記》：二十曰弱冠。

又 冔。况羽切，覆也，殷之冕也。

又卷二七 縪。布一、布結二切。止也，冠縫也。

又 紘。爲萌切，冠卷維也，冠飾也。紭，同上。

又 紻。於雨切，纓也。紞，丁敢切，冠垂也。纓，於成切，冠系也。

又 緌。而隹切，繼冠纓也。

又 組。子古切，其小者可以爲冠纓。

又 綖。餘戰切，又餘旃切。冕前後垂。

又 綡。力羊切，冠纚也。

唐・釋玄應《一切經音義》卷一

冠冕。眉辯反。《世本》云：黄帝作冕。《周禮》：弁師掌王之五冕。鄭注云：冕延上覆也，謂大夫以上冠也。

宋・王應麟《困學紀聞》卷五《禮記》

《士冠禮》注：今之未冠笄者著卷幘頍，象之所生，滕薛名蔮，爲頍。蔮，古内反。續漢《輿服志》：蔮，簪珥。《集韻》有䈐、幗，無蔮字。疏云：卷幘之類。《隸釋武榮碑》云：闕幘。

宋・楊侃《兩漢博聞》卷二

元服。《昭帝紀》。元鳳四年，帝加元服。師古曰：元，首也。冠者，首之所著，故曰元服。其下《汲黯傳序》云：上正元服，是知謂冠爲元服。

清・王念孫《廣雅疏證》卷七下《釋器》

無追、章甫、委皃、收、冔、皮弁、通天、遠游、進賢、高山、方山、惠文、建華、却非、解豸，冠也。《白虎通義》云：冠者，㡘也。所以㡘持其髮也。㡘通作絭。《説文》：冠，絭也。所目絭髮，弁冕之總名。《周官》弁師注云：弁者，古冠之大稱，委貌緇布曰冠。無追，字亦作毋追，又作牟追。委皃，與委貌同。《論語・先進》篇云：端章甫，周語，晉侯端委以人。韋昭注引舊説云：衣元端，冠委貌。《續漢書・輿服志》注云：石渠論元冠朝服，戴聖曰，元冠，委貌也。《士冠禮》記：委貌，周道也。章甫，殷道也。毋追，夏後氏之道也。鄭注云：委，猶安也。言所以安正容貌，章明也。言以表明丈夫也。毋，發聲也。追，猶堆也。以其形名之。三冠皆所常服以行道也。《釋名》云：牟追，牟，冒也。言其形冒髮追追然也。委貌，冠形委曲有貌，上小下大也。《續漢書・輿服志》云：委貌冠皮弁冠同制，長七寸，高四寸，制如覆杯前，高廣後卑鋭，所謂夏之毋追，殷之章甫者也。委貌，以早絹爲之。皮弁，以鹿皮爲之。行大射禮於辟雍，公卿諸侯大夫行禮者冠委貌，執事者冠皮弁。冔亦作冔，《大雅・文王》篇云：常服黼冔。《史記・五帝紀》云：帝堯黄收純衣，《内則》云：有虞氏皇而祭，夏後氏收而祭，殷人冔而祭，周人冕而祭。《士冠禮》記：周弁殷冔夏收。注云：弁名出於槃。槃，大也，言所以自光大也。冔名出於幠，幠，覆也，言所以自覆飾也。收，言所以收斂髮也，齊所服而祭也。《獨斷》云：冕冠，周曰爵弁，殷曰冔，夏曰收，皆以三十升漆布爲殼，廣八寸，長尺二寸，加爵冕其上。周黑而赤，如爵頭之色。前小後大，殷黑而微白。前大後小，夏純黑，亦前小後大。皆有收以持笄。上古以布，中古以絲。漢雲翹，樂祠天地五郊，舞者服之。《説文》：覍，冕也，籀文作𡰪，或作弁，隸作弁。《白虎通義》云：弁之爲言攀也，所以攀持其髮也。《釋名》云：弁，如兩手相合拚時也，以爵韋爲之，謂之爵弁。以鹿皮爲之，謂之皮弁。以韎韋爲之，謂之韋弁。《白虎通義》云：皮弁者，所以法古至質冠之名也，上古之時質，先加服皮，以鹿皮者，取其文章也。《士冠禮》記，三王共皮弁素積，注云：質不變也。《周官》弁師，王之皮弁，會五采玉璂，象邸玉笄，諸侯及孤卿大夫之皮弁，各以其等爲之。注云：會縫中也，璂讀如薄，借綦之綦。綦，結也。皮弁之縫中，每貫結五采玉十二以爲飾，謂之綦。邸，下柢也。以象骨爲之，侯伯綦飾七，子男綦飾五，玉三采，孤綦飾四。三命之卿綦飾三，再命之大夫綦飾二，玉二采。各本皮弁二字誤在解豸之下，今訂正。張衡《東京賦》云：冠通天，佩玉璽。《獨斷》云：通天冠，天子常服。漢受之秦，禮無文。《輿服志》云：通天冠高九寸，正豎頂少邪卻。乃直下，爲鐵卷，梁前有山，展筩爲述。《淮南子・齊俗訓》，楚莊王通梁組纓。《太平御覽》引《高誘注》云：通梁，遠游冠也。《獨斷》云：遠遊冠，諸侯王所服，展筩無山，禮無文。《輿服志》云：遠游冠，制如通天，有展筩横之於前，無山述。《漢書・雋不疑傳》云：冠進賢冠，帶櫑具劍。《獨斷》云：進賢冠，文官服之，前高七寸後三寸，長八寸，公侯三梁，卿大夫尚書博士兩梁，千石六百石以下一梁。漢制，禮無文。《輿服志》云：進賢冠，古緇布冠也，文儒者之服也。公侯三梁，中二千石以下至博士兩梁，自博士以下至小吏私學弟子皆一梁。鄭注：《士冠禮》云：緇布冠，今小吏冠，其遺象也。《史記・朱建傳》云：衣儒衣，冠側注。《獨斷》云：高山冠，齊冠也。一曰側注，高九寸，鐵爲卷，梁不展筒，無山。秦制，行人使官所冠，今謁者服之，禮無文。太傅胡公説曰：高山冠，蓋齊王冠也，秦滅齊以其君冠賜謁者。《輿服志》云：高山冠，一曰側注，制如通天。不邪卻直豎，無山述展筩。注引《漢書音義》云：其體側立而曲注。《漢書・五行志》云：昌邑王賀見大白狗冠方山冠而無尾。《獨斷》云：方山冠以五采縠爲之，漢祠宗廟大子八佾樂五行舞人服之，衣冠各從其行之色。如其方之色而舞焉。《漢書・武五子傳》：冠惠文冠，服虔注云：武冠也，或曰趙惠文王所服，故曰惠文。《獨斷》云：武冠或曰繁冠，今謂之大冠，武官服之，侍中中常侍加黄金，附貂蟬之飾。太傅胡公説曰：趙武靈王始施貂蟬鼠尾飾之。秦滅趙，以其君冠賜侍中。《輿服志》云：武冠，一曰武弁大冠，侍中中常侍加黄金璫，附蟬爲文，貂尾爲飾，謂之趙惠文冠。《東京賦》，冠華秉翟，列舞八佾。李善注引《獨斷》云：大樂郊祀舞者冠建華冠。《獨斷》又云：建華冠，以鐵爲柱卷，貫大珠九枚。今以銅爲珠形，制似縷簏。《記》曰，知天文者冠鷸是也。天地五郊明堂，八佾舞者服之。建華各本譌作連華，今訂正。《獨斷》云：卻非冠，宮門僕射服之，禮無文。《輿服志》云：卻非冠，制似長冠，下促。宮殿門吏僕射冠之，負赤幡青翅燕尾。《淮南子・主術訓》，楚文王好服解冠，楚國效之。高誘注云：解豸之冠，如今御史冠。《漢書・淮南王安傳》作法冠，顔師古注云御史冠也。《張敞傳》，秦時獄法吏冠柱後惠文。應劭注云今法冠是也。《獨斷》云：法冠，楚冠也。一曰柱後惠文冠，高五寸，以纚裹鐵柱卷。秦制執法服之，今御史廷尉監平服之，謂之解豸。太傅胡公説曰：《左氏傳》有南冠而繫者，是知南冠蓋楚之冠。秦滅楚，以其君冠賜御史。

論説

晉・崔豹《古今注》卷上《輿服第一》 文官冠進賢冠，古委貌之遺象也。武官冠惠文冠，古緇布冠之遺象。緇布冠上古之法，武人尚質，故取法焉。

唐・李林甫《唐六典》卷一三《御史臺》 侍御史四人，從六品下。《周官》宗伯屬官御史，掌邦國都鄙及萬民之治令，以贊冢宰。凡治之者，受法令焉。以其在殿柱之間，亦謂之柱下史。秦改爲侍御史。《史記》：張蒼自秦時爲御史，主柱下方書。即其任也。冠法冠，一名柱後惠文，以鐵爲柱，言其審固不撓也。法冠者，秦事云：始皇滅楚，以其君冠賜御史。亦名獬豸冠，以獬豸獸主觸不直，故執憲者以爲冠。

五代・馬縞《中華古今注》卷上《冕服》 牛亨問曰冕旒以繁露何也。答曰：綴珠垂下重如繁露也。

又《文武冠》 文武冠，文官進賢冠，古委貌冠之遺象也。武官冠，古緇布冠之遺象也。緇布冠上古之法，武人質木，故須法焉。

宋・王應麟《困學紀聞》卷五《禮記》 皮弁以日視朝，沙隨程氏云：皮弁視朝，明目達聰，若黈纊塞耳，前旒蔽明，乃祀天大裘而冕，專絜也。

明・周祈《名義考》卷一一《物部・端章甫》 端與玄端即緇布衣，古者卿士聽朝之服。以其正幅不邪殺，故曰端。章甫視毋追其飾漸大，故曰章甫。亦以緇布爲之，所謂玄冠也。毋，音牟。追，音堆。

明・王三聘《古今事物考》卷六《冠服・冠》 《通典》曰：上古衣毛冒皮，後代聖人見鳥獸有冠角頿胡之制，遂作冠冕纓緌以爲首飾。《三禮圖》曰：始冠之冠，緇布之冠也。太古未有絲繒，始麻布耳。黄帝始用布帛。或曰黄帝已前用皮羽。

又《冕》《通典》曰：黄帝作冕，垂旒，宋名平天冕。大明《諸司職掌》云：皇帝冕，版廣一尺二寸，長二尺四寸，冠上有覆，玄表朱裏。前後各有十二旒，旒五采，玉珠十二。玉簪導，朱纓。祭天地、宗廟、社稷、先農及正旦、冬至、聖節册拜用之。東宫冕，九旒，旒九玉，金簪導，紅組纓，兩玉瑱。親王冕，五采玉珠九旒，紅組纓，青纊充耳，金簪導。世子冕，三采玉珠七旒，紅組纓，青纊充耳，金簪導。郡王冕同世子。

又《弁》《禮記》稱三王共皮弁素積。大明《諸司職掌》云：皇帝皮弁用烏紗冒之，前後各十二縫，每縫各綴五采玉十二以爲飾。玉簪導，紅組纓。朔望視朝、降詔、降香、進表、四夷朝貢朝覲用之。東宫、親王皮弁九縫，綴玉九，金簪朱纓。世子八縫，郡王七縫，綴、簪同。

明・鄭瑄《昨非菴日纂》　獬豸見不直者觸之，窮奇見不直者煦之，故君子以獬豸爲冠，小人以窮奇爲名，乃若冠獬豸而煦不直，則窮奇更羞與之爲伍矣，有位思此，痛宜猛省。

綜　述

漢・劉珍《東觀漢記》卷五《車服志》　武冠，俗謂之大冠。案司馬彪《輿服志》：武冠環纓無蕤，以青系爲緄，加雙鶡尾，竪左右，亦名鶡冠，五中郎將、羽林左右監、虎賁武騎，皆冠之。

漢・蔡邕《獨斷》卷下　通天冠，天子常服，漢服受之秦，禮無文。

又　遠游冠，諸侯王所服，展筩無山禮無文。

又　高山冠，齊冠也，一曰側注，高九寸，鐵爲卷梁，不展筩，無山。秦制行人使官所冠，今謁服之，禮無文。太傅胡公説曰：高山冠，蓋齊王冠也。秦滅齊，以其君冠賜謁者。

又　進賢冠，文官服之，前高七寸，後三寸，長八寸。公侯三梁，卿大夫尚書博士兩梁，千石六百石以下一梁。漢制禮無文。

又　法冠，楚冠也，一曰柱後惠文冠，高五寸，以纚裏鐵柱卷。秦制執法服之，今御史廷尉監平服之，謂之獬豸。獬豸，獸名，蓋一角，今冠兩角，以獬豸爲名，非也。太傅胡公説曰：《左氏傳》有南冠而縶者，《國語》曰南冠以如夏姬，是知南冠蓋楚之冠。秦滅楚，以其君冠賜御史。

又　武冠，或曰繁冠，今謂之大冠，武官服之。侍中中常侍加黄金附貂蟬之飾。秦滅。太傅胡公説曰：趙武靈王效胡服，始施貂蟬，鼠尾飾之，趙以其君冠賜侍中。齊冠或曰長冠，竹裏以纚，高七寸廣三寸，形制如板。

又　高祖冠，以竹皮爲之，謂之劉氏冠。漢制禮無文，鄙人不識，謂之鵲尾冠。

又　建華冠，以鐵爲柱卷，貫大珠九枚，今以銅爲珠，形制以縷簏。《記》曰：知天文者服之。《左傳》曰：鄭子臧好聚鷸冠前圖，一作徒。以爲此則是也，天地五郊明堂月令舞者服之。

又　方山冠，以五采穀爲之，漢祀宗廟大享八佾樂五行舞者服之，衣冠各從其行之色，如其方色而舞焉。

又　術士冠，前圓，吴制邐迤四重，趙武靈好服之，今者不用，其説未聞。

又　巧士冠，高五寸，要後相通，埽除從官服之，禮無文。

又　却非冠，宫門僕射者服之，禮無文。

又　樊噲冠，漢將軍樊噲造，次所冠以入項籍營，廣七寸，前出四寸，司馬殿門大護衛士服之。

又　却敵冠，前高四寸，通長四寸，後高三寸，監門衛士服之，禮無文。

又　珠冕、爵冔、收、通天、進賢冠、長冠、緇布冠、委貌冠、皮弁、惠文冠，古者天子所加者，其次在漢禮帝謚。

五代・丘光庭《兼明書》卷四《辭遠游》　曹子建《求通親親表》云：若得辭遠游，戴武弁。臣鋭曰：辭，辭國；遠游，謂出征也。明曰：遠游，亦冠名也。辭者，脱去之名也。言脱去遠游之冠，而戴武弁之弁也。知其然者，以下文云解朱組、佩青紱，組、紱皆綬也，故知遠游、武弁皆冠也。臣鋭以遠游謂出征，一何乖謬。

宋・佚名《釋常談》卷中《挂冠》　休官謂之挂冠。西漢馮萌，字子康，見王莽篡逆，乃曰：不去，禍將及身。遂解冠，挂于城東門而去。

宋・楊侃《兩漢博聞》卷四　竹皮冠。《高帝紀》。應劭曰：以竹始生皮作冠，今鵲尾冠是也。文穎曰：高祖居貧志大，取其約省，與衆有異。韋昭曰竹皮，竹筠也。今南夷取竹幼時績以爲帳。師古曰竹皮笋皮，謂笋上所解之襻耳。非竹筠也。今人亦往往爲笄皮巾，古之遺制也。

又　鷸冠。《藝文志》、《後漢·輿服志》三十。楚人居深山，以鷸爲冠。師古曰：以鷸鳥羽爲冠。《後漢志》：武冠加雙鷸尾，竪左右，爲鷸冠。五中郎將、羽林左右監等皆冠鷸冠。鷸者，勇雉也，其鬥對一死乃止，故趙武靈王以表武事奉施之焉。

徐廣曰鷸似黑雉，出于上黨。荀綽《晉百官表注》曰：冠插兩鷸，鷙鳥之暴疏者也。每所攫撮，應爪摧衄，天子武騎，故以冠焉。傅玄賦注曰：羽騎騎者戴鷸。

又卷五　鵔鸃冠。《佞幸傳》六十三、《司馬相如傳》二十七上。孝惠時，侍中皆冠鵔鸃，貝帶，傅脂粉。師古曰：以鵔鸃毛羽飾冠，海貝飾帶，鵔鸃即鷩鳥也。音峻儀，又《相如傳》注云：鵔鸃似山雞而小冠，背毛黄，腹下赤，項緑色，其尾毛紅赤，光采鮮明。今俗呼爲山雞，其實非也。

元·許謙《詩集傳名物鈔》卷四　《鳲鳩》，《曹》三。【略】二章，疏：《玉藻》雜帶，君朱緑，大夫玄華，士緇辟，是有雜色飾焉。弁類多矣，韋弁以即戎，冠弁以從禽，弁絰以吊凶，不得與絲帶相配，唯皮弁是視朝常服。

明·王三聘《古今事物考》卷六《冠服·沖天冠》　唐制交天冠，以展脚相交于上。國朝吴元年改展脚不交，向前朝，其冠纓取象善字，改名翊善冠。洪武十五年，改展脚向上，名曰沖天冠。

又《通天冠》　蔡邕《獨斷》曰：天子所冠，漢制之，秦禮無文。祀天地、明堂，平冕。鄙人不識，謂之平天冠。

又《高山冠》　魏明帝以似通天，乃毁變其形，除其捲筒，令如介幘，幘上加物，以象山峯。

又《梁冠》　《三禮圖》曰：古緇布冠之遺象，儒者之服也。前高七寸，後長八寸，高三寸。《漢官》曰：平帝令公卿列侯冠三梁，二千石兩梁，千石以下一梁。梁别貴賤，自漢始也。大明《諸司職掌》云：文武官朝服梁冠，以梁數分等第，公八梁，侯、伯、一品七梁，二品六梁，三品五梁，四品四梁，五品三梁，六品、七品二梁，八品、九品一梁。

又《法冠》　漢《輿服志》曰：法冠，一名柱後，惠文，高五寸，以縰爲展筒，鐵柱卷，御史執法者服之。或謂之獬豸冠。獬豸，神羊，能别曲直，楚文王獲之，故以爲冠。

又《武冠》　漢《輿服志》曰：俗謂之大冠，環纓無蕤，以青絲爲緄，加雙鷸尾竪左右，爲鷸冠，云鷸者，勇進也。故趙武靈王以表武士，秦施之焉。

又《惠文冠》《職林》曰：漢侍中冠武弁大冠，亦曰惠文冠。加金璫，附蟬爲文，貂尾爲飾。侍中服左貂，常侍服右貂。金取堅剛，百煉不耗。蟬取居高食潔，貂取外勁悍而内温潤。此本趙武靈王胡服之制，秦始皇滅趙以賜侍中。庾杲之爲蟬冕，所映彌有華采。

明·程良孺《讀書考定》卷二二《服飾·平天冠》　祭服之冕，自天子至于下士，執事者皆服之，特以梁數及旒多少爲别，俗呼爲平天冠。按《後漢·輿服志》蔡邕注冠冕曰：鄙人不識，謂之平天冠。然則其名之傳久矣。

又《貂蟬冠》　今公侯所戴貂蟬冠制。按，武冠一名大冠，一名繁冠，一名建冠，一名籠冠，即古惠文冠。以其趙惠文所造也。亦云惠者，蟪也。其冠文輕細如蟬翼，故名。即今之籠巾也。漢侍中常侍則加金璫，附蟬爲飾，插以貂毛，黄金爲竿。侍中插左，常侍插右。金取剛强，百煉不耗，蟬居高飲清，口在腋下，貂内兢悍而外柔縟，蓋真貂也。故曰貂不足，狗尾續。今則取絲繩屈曲而上有纓耳。

明·沈鯉《文雅社約》卷上　忠靖冠乃嘉靖年間欽定制度，文職自州縣正官以下，惟教職得用，武職惟都督得用。其中金綫三條以象三才，并緣邊兩條，數不過五。今既已概用又隨意加多，制甚矣。

明·羅鶴《應菴隨録》　鷸冠。鷸冠子以鷸爲冠，不知何義。魏武帝賦云：鷸鷄猛氣同，其鬥終無負，期于必死。其以鷸爲冠，義欲像此也。

明·謝肇淛《五雜組》卷一二《物部四》　側注，儒冠也。鶡，武冠也。鵕，侍中冠也。豸，惠文法冠也。遠游、博山，太子冠也。翼善、平天、通天、高山，天子冠也。却敵，衛士冠也。貂蟬，功臣冠也。却非，僕射冠也。巧士，黄門從官冠也。進賢，群臣冠也。毋追、收，夏冠也。章甫，殷冠也。委貌，周冠也。華山，宋鈃冠也。鹿皮，張欣泰冠也。桑葉，原憲冠也。竹皮，漢高帝亭長冠也。獺皮，陳伯之冠也。交讓，公孫述冠也。步摇，江充及慕容跋冠也。進德，唐太宗賜貴臣冠也。玉葉，太平公主冠也。方山，舞人冠也。九星、靈芝、夜光，上元夫人冠也。晨嬰，西王母冠也。

芙蓉，衛叔卿冠也。骨蘇，高麗冠也。無頭，宋康王冠也。鷸冠，鄭子臧冠
也。貂冠，屈到冠也。豹冠，範獻子冠也。北斗，道冠也。虎皮，胡冠也。
今内監帽樣，高麗王冠制也。國初高麗未服，太祖密遣人瞰其冠，命諸内豎
皆冠之，及其使至，指示之曰：此皆汝主等輩也，皆已服役，汝主尚不降耶。
使者歸言之，遂奉正朔。

明·文震亨《長物志》卷九《衣飾·冠》 鐵冠最古，犀玉、琥珀次之，
沉香、葫蘆者又次之，竹籜、癭木者最下。製惟偃月、高士二式，餘非所宜。

明·王世貞《弇州四部稿》卷一五七《説部·宛委餘編二》 今公侯
伯所戴貂蟬冠制，按，武冠一名大冠，一名繁冠，一名建冠，一名籠冠，即古
惠文冠，以其趙惠文所造也，亦云惠者，蟪也。其冠文輕細如蟬翼，故名，即
今之籠巾也。漢侍中常侍，則加金璫，附蟬爲飾，插以貂毛，黄金爲竿。侍
中插左，常侍插右，金取剛强，百練不耗，蟬居高飲清，口在腋下，貂内競悍
而外柔縟，蓋真貂也。故曰貂不足，狗尾續。今則取絲繩屈曲而上有纓耳。
今蟬有三等，國公玉、侯金、伯玳瑁。

明·焦竑《焦氏類林》卷七 高祖爲亭長，乃以竹皮爲冠，令求盗之
薛治，時時冠之，及貴常冠，所謂劉氏冠也。後詔曰：爵非公乘以上不得冠
劉氏冠。

又 天女冠，六銖。又五銖，《北里志》：玉肌無軫五銖輕。

明·張岱《夜航船》卷六《選舉部·御史》 法冠繡衣。《漢書》：
法冠，御史冠也，本楚王冠也。秦滅楚，以其君冠賜御史也。繡衣御史，漢
武帝所置。法冠一名獬豸冠。

又卷一一《日用部·衣冠》 古冠名。堯黄收，牟追，湯冔，武王委貌，
秦始皇遠遊冠，漢高祖通天冠、高山冠、鶡尾冠、長冠、竹皮冠，唐太宗翼善
冠、交天冠，宋平天冠，并人君冠。殷章甫冠，漢梁冠，以梁數分别。後漢進賢
冠，唐太宗進德冠。楚王獬豸冠，漢却非冠，趙武靈王惠文冠，飾金璫豹尾。
漢武弁仿惠文加蟬、鵔鸃冠、繁冠、鶡冠。秦孝公武幘，漢文帝介幘。西漢
翠帽，唐縠帽，李晟繡帽，沈慶之狐皮帽，汝陽王璡砑光帽，南漢平頂帽，後
周獨孤帽，側帽，韓熙載輕紗帽，蕭載小博風帽。唐烏匼紗巾、夾羅巾，員
頭、平頭、方頭巾，宋雲巾，鶡鴟巾，漢文帝平巾，唐中宗踣養巾，昭宗珠巾，
諸葛孔明綸巾，謝萬白綸巾，禰衡練巾，石季倫紫綸巾，桑維翰蟬翼紗巾。
張孝秀縠皮巾，陶弘景鹿皮巾，王衍尖巾，顧況華陽巾，山蕳白鷺巾，高九萬
漁巾，程伊川闊幅巾，蘇子瞻加輔方巾，牛弘卜桐巾，王鄰菱角巾，羅隱減樣
平方巾。

又 三代冠制。夏曰毋追。音牟堆。周曰委貌。衡，維持冠者；紞，冠
之垂者；弦纓，從下而上；綖，冠之上覆者，皆冠飾也。

又 冕制。有虞氏曰皇，夏后氏曰收，商湯氏曰冔，周武王曰冕。衮
冕，一品服。鷩冕，二品服。毳冕，三品服。希冕，四品服。玄冕，五品服。
平冕，郊廟武舞郎之服。爵弁，六品以下、九品以上從祀之服。武弁，武官
參殿廷，武舞郎、堂下鼓人鼓吹按工之服。弁服，文官九品公事之服。

又 旒制。漢明帝采《周官》《禮記》以定冕制，廣七寸、長一尺二寸，
係白珠于其端，曰旒。天子十二旒，三公及諸侯九旒，卿七旒。

又 冠制。太白冠，太古之白布冠也。通天冠，天子冠名。惠文冠，漢
法冠也，御史服之。葛巾，葛布冠也，居士野人所服。方山冠，樂人之冠也。
鐵柱冠，即獬豸冠也，後以鐵爲柱，取其執法如鐵也，故御史服之。

又 鵔鸃冠。漢惠帝時，郎中皆冠鵔鸃冠，傅脂粉。岸幘，起冠露額
曰岸。

又 雄鷄冠。子路性鄙，好勇力，冠雄鷄，佩豭豚，淩暴孔子，孔子設禮
稍誘子路。子路後服，委贄因門人請爲弟子。

又 竹皮冠。漢高祖爲亭長，以竹皮爲冠，及貴，常服之，所謂劉氏冠
也。詔曰：爵非公乘以上，不得冠劉氏冠。

又 進賢冠。今文臣所著紗帽，即古之進賢冠也。

又 貂蟬冠。爲侍中、中常侍所服之冠，黄金璫附蟬爲文，貂尾爲飾，
侍中插左，常侍插右。

又 鶡冠。楚人居于深山，以鶡爲冠，著書十六篇，號《鶡冠子》。

又 虎賁冠。虎賁插兩鶡尾，豎左右。鶡，鷙鳥中之勁果者，秦漢施之
武人。

又 椰子冠。蘇東坡有椰子冠，廣東所産，俗言茄瓢是也。

又 束髮冠。古制也。三王畫像多著此冠，名曰束髮者，亦以僅能束
一髻耳。

清·褚人穫《堅瓠集》廣集卷二《顧姑冠》 《蒙古僊録》：凡諸

臣正室則有顧姑冠，用鐵絲結成，如竹夫人，長三寸許，飾以紅青錦繡或珠玉。《草木子》云：元朝後妃及大臣之妻皆帶姑姑，高圓二尺許，用紅羅，蓋唐金步摇冠之遺制。《輟耕録》：翰林學士承旨阿目茄八剌帶罟罟，娘子十五人。聶碧窗《胡婦》詩有争捲珠簾看固姑句。詩見《乙集》。顧姑、姑姑、罟罟、固姑，蓋其音，無定字，實一物也。

清・惲敬《大雲山房文稿》初集卷一《説弁一》 弁，《説文》作覍，象形。《釋名》：形如人手之弁合。《漢・輿服志》：度長七寸，高四寸，其制如覆杯，前高廣，後卑鋭，古者杯俱橢長。《淮南子》曰：窺于盤水則圓，杯水隨，隨讀爲橢，是也，弁制橢，故有高廣卑鋭之異。有高廣卑鋭，故如人手之弁合焉。後世禮家，率圖如覆盂，不知杯，因不知弁。况禮樂沿革之大者，其轉而相訛，寧有既邪，學者甫涉禮書，即有意聚訟，庶幾，慎其言可也。

又《説弁二》 《周禮・弁師》王之皮弁象邸注：下柢也。古者，冠、冕、弁皆冠于髮，取其冠曰冠，取其俯曰冕，取其槃曰弁，以弁有柢，知冠與冕皆有柢也，其有柢奈何，凡冠髮者，必堅正柢，所以爲堅正也。漢之幘，晋之巾，周之襆頭，皆自額以上，則用通帛焉。陶宗儀曰：古者，冠自額以上，後世設巾幘，故止加冠子髮，此言非也。古者斂髮以纚，如後世之巾幘焉。皮弁止高四寸，施之于額，無以覆纚與髮。知宗儀之妄也。

又《説弁三》 《郊特牲》：委貌，周道也；章甫，殷道也；毋追，夏後氏之道也。言玄冠也。漢委貌，如皮弁、章甫、毋追，其諸不相遠歟。周弁、殷冔、夏收，言爵弁也。《詩》：厥作祼將，常服黼冔。《毛傳》：夏曰收，周曰冕。古士以爵弁爲冕，冕而祭于公，即爵弁服也。三王共皮弁素積言皮弁也。噫，昔人禮經明正，大率如此，而後世多紊之，皆求深與博之過也。

清・周象明《事物考辯》卷六〇《冠裳・進賢冠》 《事物原始》：進賢冠，古緇布冠之遺象也。董巴以爲文儒之服。漢平帝元始五年，令公卿列候冠三梁，二千石兩梁，千石以下一梁。别貴賤自漢始也。

又《術士冠》 《玉海》：《前漢書・五行志》：天將雨鷸知之。師古曰：《逸周書》知天文者，冠鷸冠。以鷸知天時故也。《禮圖》謂之術士冠。

又《法冠》 《事物紀原》：《後漢・輿服志》曰：法冠一名柱後惠文，或謂之獬豸冠。獬豸神羊，能别曲直。楚王常服之故以爲冠。楚執之法者服之，御史是也。《淮南子》曰：楚文王好服獬豸，楚國效之。注云：獬豸，冠也。

又《金貂》 《獨斷》：金貂冠或曰繁冠，今謂之大冠，武官服之。侍中中常侍加黄金附貂蟬鼠尾餙之。

清・俞樾《茶香室續鈔》卷二二《平天冠》 宋洪邁《容齋三筆》云：祭服之冕，自天子至於下士、執事，皆服之。特以梁數及旒之多少爲别，俗呼爲平天冠，蓋指言至尊乃得用。按，後漢《輿服志》，蔡邕注冕冠曰：鄙人不識，謂之平天冠。然則其名之傳久矣。

清・俞正燮《癸巳存稿》卷二《玉藻玄端》 《玉藻》云：天子龍卷以祭，玄端而朝日，聽朔。皮弁以視朝以食，元端而居。諸侯玄端以祭，裨冕以朝以食。皮弁以聽朔。注言天子朔日聽朔，諸侯祭之玄端，端當作冕，字之誤也。玄衣而冕，冕服之下。《正義》云：皮弁尊，次裨冕，次玄端。聽朔大，視朝小。故知端當爲冕，然《司服》元冕衣無章裳黼者，亦祭群小祀之服，曾不及裨冕，疑此玄端是玄衮。《司服》注云：凡冕服，元衣纁裳。《典瑞》祀日月在山川上，朝日又在祀日上，以毳冕祀山川上推之，朝日當衮冕。聽朔自先王廟出，亦應衮冕。上云龍衮，繼之云玄端。則此玄端既是玄衮，不煩改字。即《奕》詩玄衮，天子得有之也。宋方慤云：玄加冕爲祭服，玄加冠爲燕服，以别于下玄端而居之玄端。

清・顧棟高《毛詩類釋》卷一三《釋衣服・緇撮》 傳：緇撮，緇布冠也。疏：以緇布爲冠，僅撮持其髻而已。古者始冠服緇布冠，冠而敝之。今都人士以爲常服，見其節儉。

清・宋綿初《釋服》卷上 委貌，朝服之冠也。其制無文。約《士冠禮》有纓者無笄，緇布冠有纓無笄，玄冠有纓則亦無笄矣，皮弁爵弁有笄。范文子以杖擊其子，折委笄。則委貌有笄。其制類于弁，近于冠，《周禮》謂之冠弁服是也。《士冠禮》注：委，猶安也，言所以安正容貌也。殷謂之章甫。章，明也，言以表明丈夫也。夏謂之毋追。毋，發聲也。追，猶堆也。以其形名之。

《傳》言：大伯端委以治。晏子端委立于虎門，劉文公言吾子端委以治民，則委貌亦單言委。公西華言端章甫，猶云端委，非有取于殷。孔子居宋，冠章甫之冠，魯人歌衮衣章甫，似當時章甫與委貌可通稱。

綿初案，諸儒皆謂玄冠即委貌，今考玄冠與委貌自别。玄冠齊冠，委貌用之于朝，是以端委往往并言。朝服、齊服不同，當辨。

《郊特牲》：委貌，周道也。章甫，殷道也。毋追，夏後氏之道也。周弁、殷冔、夏收，三王共皮弁素積。《冠禮記》注：弁，名出于槃。槃，大也，言所以自光大。冔，名出于幠。幠，覆也，所以自覆飾也。收，所以收斂髮也。

鄭注：常所服以行道之冠也。或謂委貌爲玄冠也。弁、冔、收，齊所服而祭也。皮弁素積所不易于先代。

綿初案，委貌之制，解者并云其制無文。然《士冠禮記》、《郊特牲》冠義并言委貌。今取經文讀之，曰：委貌，周道也。章甫，殷道也。毋追，夏後氏之道也。此言三代之名義不同也，若其形制之異同，何如乎。下曰：周之委貌者，弁也。殷之章甫者，冔也。夏後氏之毋追者，收也。味乎其辭，蓋大同而小異。下曰：三王共皮弁素積。則又舉其名義并同者以明之。記者恐人不明于委貌之制，故詳言其類，分别示人。則委貌之制未始無文也。注以道爲行道，非是。然云或謂委貌爲玄冠，猶疑辭也。于冠，注直云玄冠委貌矣。

又案，《續漢書·輿服志》云：委貌冠、皮弁冠同制，長七寸，高四寸。制如覆杯，前高廣，後卑鋭。所謂夏之毋追、殷之章甫者也。此可爲毋追、章甫、委貌名異實同之證。公西華言端章甫，章甫猶言委貌也。因悟《禮經》此節上言毋追、章甫、委貌異名，下言三王共皮弁素積，與《孟子》夏曰校，殷曰序，周曰庠，學則三代共之，皆所以明人倫也文法正同，皆上下互義，後人以拘牽失之。

或問：委貌焉知非即玄冠乎。曰：玄冠有纓無笄，委貌有邸有笄，與爵弁之制大同。冠禮三加，始加緇布冠，再加皮弁，三加爵弁。故記者解此三者而已，不及玄冠也。委貌近于爵弁，故舉委貌以明爵弁之制。但爵弁爵色，委貌玄色爲異，《禮説》有士吊服素委貌。是吉服委貌以玄，又其制類于冠，或謂委貌爲玄冠者，職是故耳。蓋專言之，則異散亦通也。

藝文

明·張之象《古詩類苑》卷一一八《服食部·冠幘》

《冠幘銘》　李尤

冠爲元服，幘爲首服。君子敬慎，自强不忒。

《冠銘》　傅玄

居高無忘危，在上無忘敬，懼則安，敬則正。

明·張之象《唐詩類苑》卷一八五《服食部·冠》

《答寄芙蓉冠子》　王建

一學芙蓉葉，初開映水幽。雖經小兒手，不稱老夫頭。枕上眠常戴，風前醉恐柔。明年有閏閣，此樣必難求。

《山友贈蘚花冠》　項斯

塵污出華髮，慚君青蘚冠。此身閒未得，終日戴應難。好就松陰挂，宜當枕石看。會須尋道士，簪去繞霜壇。

雜録

明·程良孺《讀書考定》卷二二《服飾·竹皮冠》　高祖爲亭長，以竹皮爲冠。蓋束髮之冠耳，及貴常冠。魏了翁遂誤爲朝見之冠。《古今考》云：以亭長自爲竹皮冠，亦見王制之不明。蓋耳未考，倘真以竹皮爲朝見之冠，成何模樣。

明·沈鯉《文雅社約》卷上《冠服六》　冠加於首，最宜雅重。衣以章身，惟貴明潔。吾鄉當嘉靖年間士大夫尚止戴圓帽，無戴方巾者。今俗有金線巾，有唐晉等巾，有珠玉餙巾。前輩禮服止白布直身，見有服羅段者，則以爲刺眼。今俗貴時興花樣，曰盛月新，甚至以綾綺爲襪，首帕爲裙，與爲裹，爲褻衣用者矣。當年履絢無他飾，後僅加一雲與雙雲以爲畫飾。今俗則又有套雲，有四鑲履，有刻絲織錦爲繫襪帶，可遂值一衣費者矣。末俗之侈一至于此及今不返，何所終極。蓋服色貴雅素，無貴淫靡，制度取適中，勿徇時樣，則所謂服堯之服者其是耶。慎無以儒者而受變於俗也。

明·屠隆《**考槃餘事**》**卷四**《**起居器服箋·冠**》　有鐵者、玉者、竹籜者、犀者、琥珀者、沉香者、瓢者、白螺者，製惟偃月、高士二式爲佳，癭木者終少風神。

明·王世貞《**弇州四部稿**》**卷一五六**《**説部·宛委餘編一**》　草曰屠蘇，屋曰屠蘇，冠幘曰屠蘇，酒亦曰屠蘇。

明·張岱《**夜航船**》**卷八**《**文學部·詩詞**》　賣平天冠。宋廖融精于詩學，多有生徒。太宗曰：詞賦策論取士，融生徒多引去。融曰：豈知今日之詩道，一似大市賣平天冠，并無人問。

又卷一一《**日用部·衣冠**》　弁髦。男子始冠則用弁髦，既冠則棄之。故凡物棄之不用，則曰弁髦。

清·周象明《**事物考辯**》**卷六〇**《**冠裳·遠遊冠**》　丘光庭兼明書曹子建《求通親親表》云：若得辭遠遊，戴武弁。臣鋭曰：辭，辭國。遠遊，出征也。明曰：非也。遠遊，冠名。言脱去遠遊之冠，而戴武弁也。

又《**鷸冠瓊弁**》　《禮記》疏：僖二十四年《左傳》，子臧好聚鷸冠，鄭伯問而惡之，使盗殺之於陳宋之間。僖二十八年《左傳》，初楚子王自爲瓊弁。

清·諸聯《**明齋小識**》**卷二**《**冠不結纓**》　舅氏蔡補亭傳世。少受業于孫啓南俊徵。先生，謂文如生龍活虎，侄遠泉源文爲珠圓玉潤，皆必售之，後果如其言。及弟西齋官司寇，聲名赫奕，冠蓋往來，招其去主賓客，奈性不耐酬應，往往見客冠不結又慮其墜，則仰首而揖，人皆笑之。生平簡傲權貴，不識仕途關竅，坌息賦歸。歸時魋結躧履，嘯傲虎落間。暇閲盲詞，出講于婦孺，津津不倦。至作詩則輕靈跳脱，不拾一宋人牙慧，子雲所謂文肆質鑿也，往在得硯處見全稿。今若長卿，未嘗有書矣。

服裝部·衣衫袍帔分部

質孫

題解

《元史》卷七八《輿服志一》　質孫，漢言一色服也，内庭大宴則服之。冬夏之服不同，然無定制。凡勳戚大臣近侍，賜則服之。下至於樂工衛士，皆有其服。精粗之制，上下之别，雖不同，總謂之質孫云。

清・查慎行《人海記》卷下　只孫衣。元時有只孫衣，周伯琦《詐馬行序》曰：華言一色衣也。周憲王《元宫詞》：健兒千隊足如飛，隨從南郊露未晞。鼓吹聲中春色曉，御前咸著只孫衣。吴郡皇甫庸《近峯聞略》云：元親王及功臣侍宴者，則賜冠衣，謂之只孫。今儀從所服團花只孫，當是也。按，《元史・世祖本紀》，只作質。

綜述

元・陶宗儀《南村輟耕録》卷三〇《只孫宴服》　只孫宴服者，貴臣見饗于天子則服之，今所賜絳衣是也。貫大珠以飾其肩背膺間，首服亦如之。

明・鎦績《霏雪録》卷上　徐秋雲《宫詞》：紅錦只孫團晚風，是以只孫爲織成帷幛之類，非也。元故事，親王及功臣常侍宴者，别賜冠衣，制飭如一，謂之只孫。如玩齋貢公趙廉訪家傳賜金文只孫一襲是也。又有縷皮傅金爲織文，謂之納赤思衣，皆國語也，只讀爲枳。

明・沈德符《萬曆野獲編》卷一四《比甲只孫》　元世祖後察必宏吉剌氏，創製一衣，前有裳無衽，後長倍于前，亦無領袖，綴以兩襻。名曰比甲，蓋以便弓馬也。流傳至今，而北方婦女尤尚之，以爲日用常服，至織金組繡，加于衫襖之外，其名亦循舊稱，而不知所起。又有所謂只孫者，軍士所用。今聖旨中，時有製造只孫件數，亦起于元。時貴臣，凡奉内召宴飲，必服此入禁中，以表隆重。今但充衛士常服，亦不知其沿勝國胡俗也。只孫，《元史》又作質遜，華言一色服也。天子亦時服之，故云。

清・褚人穫《堅瓠集》廣集卷四《只孫》　元親王及功臣侍宴者别賜冠衣，制飾如一，謂之只孫。趙廉訪家傳御賜金文只孫一襲是也。明高皇定鼎，令值駕校尉服之。儀從所服團花只孫是也。《霏雪録》載：徐秋雲《宫詞》紅錦只孫團晚風，是誤以只孫爲織成帷幛之類耳。

清・高士奇《天禄識餘》卷一《只孫》　元時親王及功臣侍宴者，别賜衣冠謂之只孫。今儀從所服團花亦名只孫，與《輟耕録》所載制飾不同。

雜録

明・蔣一葵《長安客話》卷一《皇都雜記・只遜》　在朝見下工部旨，造只遜八百副。皆不知只遜何物，後乃知爲上直校鵝帽錦衣也。

明・張岱《夜航船》卷一一《日用部・衣裳》　只遜。殿上直校鵝帽錦衣，總曰只遜。曾見有旨下工部，造只遜八百副。

半臂

題解

明・王三聘《古今事物考》卷六《冠服・半臂》《實録》曰：隋大業中，内官多服半臂，除去長袖也。唐高祖減其袖，謂之半臂，今背子也。江淮之間或曰綽子，士人競服。隋始制之，今俗名搭護。

清・褚人穫《堅瓠集》廣集卷二《諸于繡䘿》《後漢書・光武紀》：

更始諸將服婦人衣諸于繡镼。注：諸于，太掖衣也。繡镼，半臂也。镼，《續漢書》作䘿，其物反。楊升庵云：《酉陽雜俎・盜俠類》有單練之説。練與繡镼同一類也。镼疑半臂羽衣，故字從髟。《漢書》作镼，《酉陽雜俎》作𩬊，寫有繁省也。

綜述

唐・馮贄《雲仙雜記》卷二《九華半臂》 閼文衍爲散騎常侍，畫九華山圖於白綾半臂，號九華半臂。自云：令吾此身常在雲泉之内。

五代・馮鑑《續事始》 半臂。《實録》曰：隋大業中，内官多服半襟，即今之長袖也。唐高祖減其袖，謂之半臂。

五代・馬縞《中華古今注》卷中《半臂》 《尚書》：上僕射馬周上疏云：士庶服章，有所未通者。臣請中單上加半臂，以爲得禮。其武官等諸服長衫，亦謂之判餘，以別文武。詔從之。

宋・孔平仲《珩璜新論》 今之衣半臂，非禮之服也。魏明帝嘗著帽，被縹綾半袖，楊阜問帝曰：此於禮何法服也。帝嘿然不答。自是不法服不見阜。《光武紀》：更始諸將服婦人衣，諸于繡镼。注：書無镼字。《續漢書》作掘，并音其勿切。三輔吏士，莫不笑之，或有畏而走者。注：前書音義云：諸于，大掖衣也，如婦人之袿衣。揚雄《方言》云：襜褕其短者，自關之西，謂袜䘿。郭璞注云：俗名䘿掖。據此則是諸于上加繡䘿，如今之半臂也。

明・程良孺《讀書考定》卷二二《服飾・繡镼》 《後漢書・光武紀》諸子繡镼，注云：諸子，大掖衣也。繡镼，半臂也。又云：《字書》無镼字，當作䘿。按《酉陽雜俎・盜俠類》有單練髻之説，練髻與繡镼同一類也。镼疑半臂羽衣，故字從髟，《漢書》作镼。《酉陽雜俎》作𩬊，寫有繁省也。古有此字，《字書》偶遺之爾，何必强改爲䘿字。

明・周祈《名義考》卷一一《物部・半臂背子》 古者有半臂背子，《事物紀原》：隋大業中，内官多服半臂，除即長袖也。又曰：秦二世詔，衫子上朝服加背子，其制袖短於衫，身與衫齊而大袖。按《方言》：襜褕，其短者自關之西謂之袜䘿。郭璞云：俗名䘿掖，一曰襤褸。即是諸于上加繡䘿，如今半臂。《漢書音義》云：諸于，大掖衣也。此可見大掖衣外加半臂在手臂之間，如今搭護相似，脱去半臂，即大掖衣，故曰除即長袖也。又衫子外加背子在脊背之間，如今披風相似，所謂其制袖短於衫，身與衫齊，而大袖也。

明・張鼎思《琅邪代醉編》卷三七《繡镼》 《後漢書・光武紀》：諸子繡镼，注云：繡镼，半臂也，又云：《字書》無镼字，當作䘿。按《酉陽雜俎・盜俠類》有單練镼之説，練镼與繡镼同一類也，镼疑半臂羽衣，故字從髟。《漢書》作镼，《酉陽雜俎》作𩬊，寫有繁省也，古有此字，《字書》偶遺之爾，何必强改爲䘿字。又薛女都臨陣，著絳衲兩當衫，亦半臂也。

清・周象明《事物考辯》卷六〇《冠裳・繡镼》 《升菴集》：《後漢書》：諸于繡镼，注云：繡镼，半臂也。諸于，掖衣也。俗名䘿掖。明按《困學紀聞》云：揚雄《方言》襜褕，短者。自關以西謂之袜䘿，俗名䘿掖。毛晃曰：袜䘿一名諸于。

雜録

宋・魏泰《東軒筆録》卷一五 宋子京博學能文章，天資蘊藉，好游宴，以矜持自喜，晚年知成都府。【略】多内寵，後庭曳羅綺者甚衆。嘗宴于錦江，偶微寒，命取半臂，諸婢各送一枚，凡十餘枚皆至。子京視之茫然，恐有厚薄之嫌，竟不敢服，忍冷而歸。

圖表

明・王圻《三才圖會・衣服》卷三《褙子　半臂》

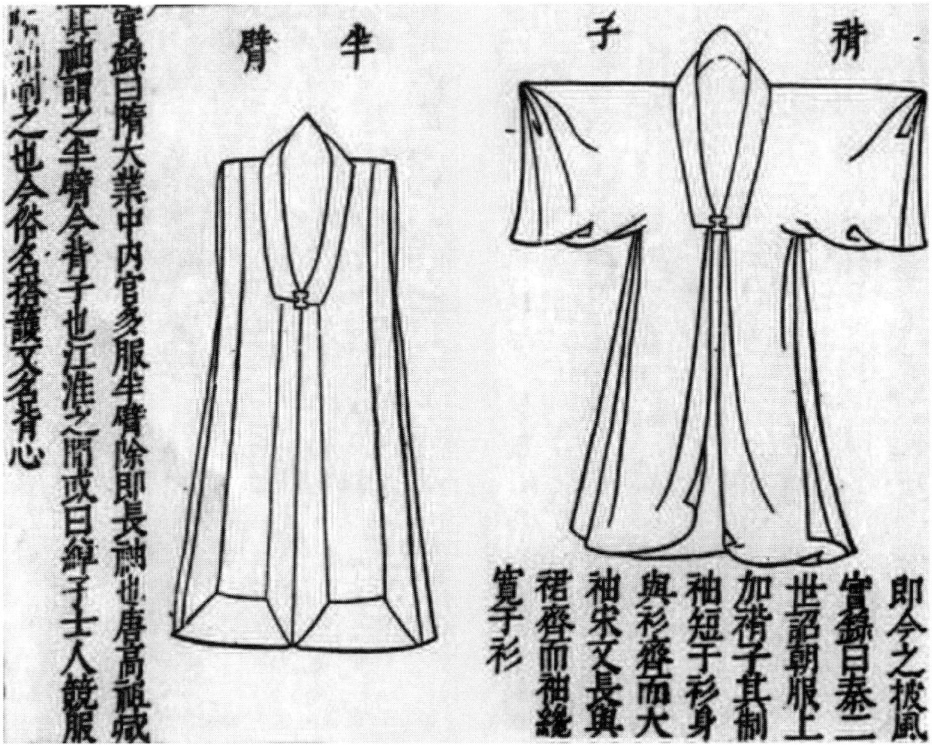

裘

題解

南朝梁・顧野王《玉篇》卷二八　裘。巨留切，索也，招也，終也，務也，又皮衣也。

明・王三聘《古今事物考》卷六《冠服・裘》《黄帝出軍訣》曰：帝伐蚩尤，未克，夢西王母，遣道人，披玄狐之裘，以符授帝。則是時已有裘名。《説文》曰：裘，皮衣，蓋上古衣毛冒皮之遺象也。

清・黄生《義府》卷上《裼》《玉藻》云：裘之裼也，見美也。服之襲也，充美也。註：袒而有衣曰裼，則似今之背心，以加于裘外，故仍見裘之美。《論語》：緇衣羔裘節，集註：衣以裼裘，欲其相稱。蓋是衣與裘一色，則裘之美不爲衣所掩也，若服之襲則是以全衣加其外，其色即不顯。余向未明裼衣之制，故緇衣節不作衣裘一色解。今覩《玉藻》註始知裼是露臂，則是裘外加半臂審矣。

清・桂馥《札樸》卷二《温經・貍製》　定九年傳，衣貍製。杜注：製，裘也。案，裘當爲衰字之誤也。哀二十七年，陳成子救鄭，及濮，雨，成子衣製杖戈。杜注：製，雨衣也。《説文》：衰，草雨衣。衰裘形似，故誤也。同一製字，此訓雨衣，彼訓裘。杜氏不應矛盾，後人因貍可爲裘，妄改之。

綜述

元・許謙《詩集傳名物鈔》卷一　《羔羊》，《召南》七。詩人美南國大夫。傳，一章。疏，小羔大羊，對文爲異，此説大夫之裘，宜直言羔，兼言羊，以協句。疏，紽總皆縫，緎即縫之界。古者織素絲爲組紃，以英飾裘之縫中。《禮》注：紃施諸縫。若今之絛，是有組紃而施於縫中之驗，素絲不爲綫也。紃音巡，英如字，又音殃。疏，羔裘諸侯視朝之服，卿大夫朝服亦羔裘，但君裘則純色，大夫裘則豹袪爲異。袪，丘於反，袖口也。節儉，謂有節制而儉約，皆不自放之意，非謂用財也。謹身以節儉，處事以正直，則政教行而風俗美，國家閑暇，故大夫退食自公，而優游如此。此詩樂道其效也，衣服有常，總上兩句，從容自得，總下兩句，節儉即衣服有常之事，而正直則從容自得之本也。

又卷三 《羔裘》，《唐》七。不知所謂，異。經，羔裘豹袪，見《鄭羔裘傳》。子金子，婦人留所愛之詞也。羔裘豹袪，謂其人也。自我人居居，留其人也。豈無他人維子之故二句可見。傳疏：袂是袖之大名，袪是袖頭之小稱。

又卷四 《羔裘》，《檜》一。國君好潔，衣服游宴，不強政治。經，羔裘狐裘，國君所得服，非奢也，然羔裘以視朝可也，而以逍遥翱翔。狐裘朝天子可也，而以自朝其羣臣，則固已失禮之正矣。而又不能彊於政治，惟服其服，尸其位而已。覩如膏有曜之言，則實有好潔衣服之癖，大夫見其暗弱，必又諫而不從，故曰我豈不於是而思之，然知其終不可格君之心，惟心勞而憂忉忉耳。久則憂而至於傷，又久則不可形之於言，惟中心自傷悼耳。傳，一章，詩緝，狐裘有白有青有黄。《玉藻》云：君衣狐白裘，錦衣以裼之，此狐白裘也。又云：君子狐青裘豹褎，玄綃衣以裼之，此狐青裘也。又云：狐裘黄衣以裼之，此狐黄裘也。鄭氏以狐白之上加皮弁服，天子以日視朝。侯在天子之朝亦服之，以黄衣狐裘爲大蠟之後作息民之祭則服之。《郊特牲》云：黄衣黄冠而祭，息田夫也。引此爲證，以狐青爲臣下之服，諸侯不服之。《玉藻》稱：君子狐青裘，注以君子爲大夫士也，此《詩》狐裘不言其色，鄭氏以爲黄衣狐裘，謂檜君以祭服而朝也；蘇氏以爲狐白，謂檜君以朝天子之服，而聽其國之朝也，二説不同。狐青爲臣下之服，非檜君所服，檜君好潔其衣服，亦必不服狐黄，當從蘇氏以爲狐白。

明·周祈《名義考》卷一一《物部·裼襲》 裼衣乃半袖襌衣，加於裘之上以見美。襲衣乃有袖全衣，加于裼之上以充美。《曲禮》注：古人近體衣有袍襗，其外有裘葛。裘葛皆有裼衣，裼衣上有襲衣，襲衣上有常著之服，則皮弁服與深衣之屬也。

明·張岱《夜航船》卷一一《日用部·衣裳》 雉頭裘。大醫程據上雉頭裘，武帝詔據：此裘非常衣服，消費功用，其於殿前燒之。

又 狐白裘。孟嘗君使人説昭王幸姬求解，姬曰：願得狐白裘。此裘孟嘗君已獻昭王，客有能爲狗盜者，夜入秦宫藏中，取以獻姬，乃得釋。

又 集翠裘。武後賜張昌宗集翠裘，後令狄仁傑與賭此裘。仁傑因指所衣紫拖袍，後曰：不等。傑曰：此大臣朝見之服也。昌宗累局連北，仁傑褫其裘，拜恩出，賜與輿前廝養。

又 鷫鸘裘。司馬相如初與文君還成都，居貧愁懣，以所著鷫鸘裘就市人楊昌貰酒，與文君撥悶。

又 黑貂裘。蘇秦初説趙，趙相李兑遺以黑貂裘。及游説秦王，王不能用，黑貂之裘敝。

又 吉光裘。漢武帝時，西域獻吉光裘，裘色黄，蓋神馬之類，入水不濡，入火不燃。

清·金埴《不下帶編》卷四 衣惟稱去體，何用寬綽爲。國朝服式，最超前古，如今之韋裘，全裏皆毳，獨餘膝以下，雖去地之邊，減短一二寸或三四寸，用帛代之，使裘之下邊不露毛毳，名之曰和襬。始于康熙初間，而今則盛行矣。崇儉示朴，得古人製衣之義。且裘本貴輕，尤便于趨，其盛行固宜。埴有咏和二首：韋袍尚華，和襬若素。君子藏鋒，又作内有修藏。不欲盡露。代綴以繒，少短其毳。適可爲宜，冗長去曷貴。按《傳燈録》：僧問大茅和尚曰：何者是。大茅境曰：不露鋒。今裘之全露毛毳者，俗名爲出鋒裘。和襬下不露毳，宜更名曰藏鋒裘。亦即大茅之旨也。

清·俞正燮《癸巳類稿》卷二《檜羔裘義》 《詩》言羔裘屬卿大夫者，則曰羔裘豹飾，羔裘豹袪，羔裘豹袖。《羔羊》正義云：《論語》鄭注，緇衣羔裘，諸侯視朝之服，卿大夫朝服亦羔裘，惟豹袪與君異。《詩》但咏羔裘者，謂諸侯朝服也。《檜風》云：羔裘逍遥，狐裘以朝。羔裘翺翔，狐裘在堂。羔裘如膏，日出有曜。其謂羔裘者，檜君也。狐裘者，大夫自言也。《玉藻》云：君衣狐白裘錦衣以裼之，士不衣狐白，則卿大夫衣狐白，惟不以錦衣裼耳。正義言：錦衣狐裘諸侯之服，在天子之朝則服之，歸其國則不服。在國視朔受聘服麑裘。今案箋以羔裘爲檜君，朝服則羔裘，指檜君矣。《左傳》云：臧之狐裘。臧非命卿亦狐裘，知此狐裘爲檜大夫矣。

《序》云：大夫以道去其君也，國小而迫，君不用道。好潔其衣服，逍遥游宴，而不能自强于政治。故《詩》言羔裘之君，逍遥而已，翱翔而已，日出膏曜而已。有道之臣衣狐裘在朝堂，豈不惟君之思，而君不能自强于政治，則惟忉忉焉憂悼。蓋君務逸臣雖在朝堂，不能有成道，當去也。《傳》云：狐裘以適朝，不云視朝，知是大夫以朝也。《傳》云堂，公堂也。若君在堂，不須言公堂，知是有道大夫在堂也。序言君好潔其衣服，《詩》言羔裘如膏，日出有曜，不關大夫狐裘也。箋云檜君朝服，燕而祭服，朝是潔其衣服，先燕後朝不自强，頓改《傳》義。今案，《傳》義甚隱，故爲申之。

藝文

明·張之象《唐詩類苑》卷一八五《服食部·裘》

《新制布裘》 白居易

桂布白似雪，吴錦軟於雲。布重綿且厚，爲裘有餘温。朝擁坐至暮，夜覆眠達晨。誰知嚴冬月，文體暖如春。中夕忽有念，撫裘起逡巡。丈夫貴兼濟，豈獨善一身。安得萬裏裘，蓋裹周四垠。穩暖皆如我，天下無寒人。

《焚裘》

金主臨前殿，徽奢爇異裘。忽看陽焰發，如睹吉光流。麗彩辭宸扆，餘香在御樓。火隨餘燼滅，氣逐遠煙浮。素樸同風變，雕華逐志休。大垂恭儉德，千古揖皇猷。

《酬殷明佐見贈五雲裘歌》 李白

我吟謝朓詩上語，朔風颯颯吹飛雨。謝朓日没青山空，後來繼之有殷公。粉圖珍裘五雲色，曄如晴天散綵虹。文章彪炳光陸離，應是素娥玉女之所爲。轉如松花落金粉，濃似苔錦含碧滋。遠山積翠横海島，殘霞飛丹映江草。凝毫採掇花露容，幾年功成奪天造。故人贈我我不違，著令山水含清輝。頓驚謝康樂，詩興生我衣。襟前林壑斂暝色，袖上煙霞收夕霏。群仙長嘆驚此物，千崖萬壑相縈鬱。身騎白鹿行飄颻，手翳紫芝笑披拂。相如不足誇鷫鷞，王恭鶴氅安可方。瑶臺雪花數千點，片片吹落春風香。爲君持此淩蒼蒼，上朝三十六玉皇。下窺夫子不可及，矯手相思空斷腸。

雜録

南朝宋·劉義慶《世説新語》卷下之上《企羨》 孟昶未達時，家在京口。《晉·安帝紀》曰：昶字彦達，平昌人。父馥，中護軍。昶矜嚴有志局，少爲王恭所知。豫義旗之勳，遷丹陽尹。盧循既下，昶慮事不濟，仰藥而死。嘗見王恭乘高輿，被鶴氅裘。于時微雪，昶於籬間窺之，嘆曰：此真神仙中人。

宋·羅大經《鶴林玉露》甲編卷二《狐裘障泥》 晏子一狐裘三十年，長孫道生一熊皮障泥數十年，蓋貴而能儉。若淵明十年著一冠，則言其貧也。

明·張鼎思《琅邪代醉編》卷二〇《披裘》 披裘公顧季子曰：五月披裘而負薪，豈取金者哉。又《南史》：甄彬，中山人，常以一束苧就長沙寺質錢，後取苧中，得五兩金，送還寺。道人以半酬彬，彬不受，謂曰：五月披羊裘而負薪，豈拾遺金者哉。

帔

題解

南朝梁·顧野王《玉篇》卷二八 帔。披僞切，在肩背也。又普被切，披也。

明·周祈《名義考》卷一一《物部·帔》 《説文》：弘農謂裙爲帔。《玉篇》：在肩背也。今命婦衣外以織文一幅，前後如其衣長，中分而前兩開之，在肩背之間，謂之霞帔。即古之帔也。

綜述

漢·劉熙撰、清·畢沅疏證、王先謙補《釋名疏證補》卷五《釋衣服》 帔，披也，披之肩背，不及下也。葉德炯曰：《潛確類書》引《二儀實録》云：三代無帔説。秦有披帛，以縑帛爲之，漢即以羅。晉永嘉中，制縫暈帔子。是披帛始于秦，帔始于晉也。愚按《説文》：帔，宏農謂裙帔也。非此物。此云披之肩背，則是今之披肩矣。然則帔實始于漢末，不得云始于晉。

五代·馮鑑《續事始》 帔子、帔帛。《實録》云：三代無帔子之説，至今加披帛以爲禮節，尚以縑帛爲之。至漢即以羅，西晉永嘉中制絳暈帔子，開元内令披帛，士庶之家女子在室帔帛，出適人則披帔子。

五代·馬縞《中華古今注》卷中《女人披帛》 古無其制，開元中，詔令二十七世婦，及寶林御女良人等尋常宴參侍，令披畫披帛，至今然矣。至端午日，宫人相傳謂之奉聖巾，亦曰續聖巾，蓋非參從見之服。

元·龍輔《女紅餘志》卷上《釵帔》 燕昭王賜旋娟以金梁却月之釵，玉角紅輪之帔。

明·王圻《三才圖會·衣服》卷三《霞帔》 帔。《實録》曰：三代無帔説，秦有披帛，以縑帛爲之，漢即以羅。永嘉中制縫暈帔子，是披帛始于秦，帔始于晉也。唐令三妃以下通服之，士庶女子在室搭披帛，出適披帔子，以別出處之義。宋代帔有三等，霞帔非恩賜不得服，爲婦人之命服，而直帔通于民間也。國朝命婦霞帔褙皆用深青段疋，公侯及三品金繡雲霞翟文，三四品金繡雲霞孔雀文，五品繡雲霞鴛鴦文，六七品繡雲霞練鵲文。

霞帔

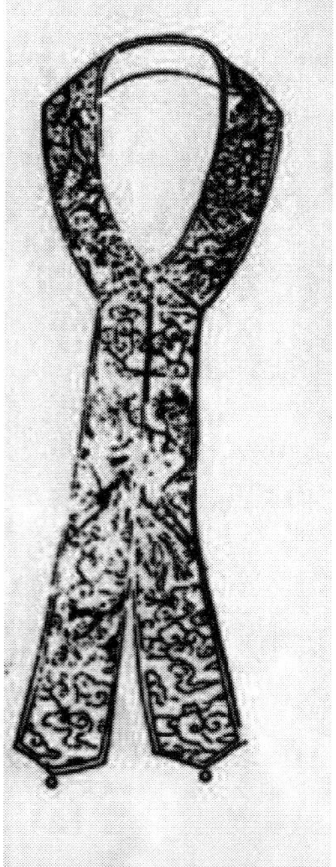

清·高士奇《天禄識餘》卷四《霞帔》 唐睿宗召司馬承禎問道，遂賜絳霞紅帔以還，公卿賦詩送之，今世所謂霞帔者，殆起此耳。

衣衫

題解

南朝梁·顧野王《玉篇》卷二六 韝。扶豆切，又扶武切，尻衣，又作韛。

又卷二七 綮。苦禮切，緻繒也。韍衣也。

又 纚。山綺切，冠織也。又颯纚長袖皃。

又 紟。巨今、巨禁二切，單被也，結衣也。亦作衿。

又 絝。口故切，脛衣也。又絆絡也。

又 緥。布老切，小兒衣，亦作褓。

又 繜。子昆切，布衣名。

又 纀。布木切，裳削幅也，亦作襥。

又 纕。思羊切，帶也，後臂也，收衣袖紊。

又 緻。馳二切，密也，縫補敝衣也。

又 縕。于近切，縕衣也。

又 絽。力與切，絽縏，紩衣也。

又 縏。力若切，紩衣也。

又 紬。居業切，紬緤續縫。

又 絞。乎交切，緑色也，嫁者衣也。

又卷二八 帑。步九切，覆衣大巾也。

又 幁。丁兼、丁頰二切，衣領專也。或作裍。

又 幨。力甘切，無緣衣也，亦作襤。

又 幏。莫紅切，衣巾也，覆也，蓋衣也。

又 帤。思俱切，帊也，亦作襦。

又 帙。方于切，衣帙，亦作袂。

又 褠。古侯切，甲衣，亦作褠。

又 幞。音牟，女人衣巾。

又 衣。於祈切，上曰衣，下曰裳。衣者，隱也，又依也，所以形軀依也。又於氣切，以衣被人也。

又 衮。古本切，衣畫爲龍文。

又 衫。之忍、之刃二切，玄服也，緑也，又單也。

又 裖。同上。

又 裏。力耳切，衣内也。

又 表。碑矯切，衣外也，上衣也。

又 繈。居兩切，繈褓，負兒衣也。織縷爲之，廣八寸，長二尺，以負兒於背上也。

又 褳。幾力切，衣領也，衣衿也。

又 襁。同上。

又 襮。布各切，領也，衣表也。亦作縁。

又 衽。而甚切，裳際也，衣衽也。

又 袷。居吟切，交衽，衣領也。

又 襟。同上。

又 襞。苦迥切，衣無裏也。《詩》云：衣錦褧衣。

又 襘。公外切，領會也。

又 衹。丁兮切，衹裯，襘襝也。

又 襤。力三切，衣無緣也。

又 褙。他卧切，又徒卧切，衣無袂也。

又 襭。同上。

又 袪。丘於切，袂也，衣裏也，舉也。

又 褎。似又切，袂也。又余久切，色美貌也，進也。

又 袖。同上。

又 袂。彌鋭切，袖也。

又 袥。他各切，廣大也，衸也。

又 褒。同上，又步報切，衣前衽也。

又 衸。户界、古拜二切，衣裾也，刺膝也，又衣長皃。

又 衰。尤夫切，衣袍也。

又 衦。同上

又 裾。姜魚切，被也，袿也，衣褎也。

又 袉。大可切，裾也。又大何切，袉袉美也。俗作袘。

又 襡。市欲切，長襦也，連腰衣也。

又 襩。同上。

又 褍。丁尤、丁火二切，正幅衣也。

又 褒。布刀切，揚美也。衣博裾也。

又 褺。徒頰切，重衣也。又縣名。

又 複。方復切，重衣也，厚也，衣有著也。又複除不役税也。

又 襛。女容切，厚衣也。

又 褆。時爾切，衣服端正貌。

又 袳。尺爾切，長衣貌。

又 袲。同上。

又 裴。步回切，長衣貌。又姓。

又 袁。宇元切，衣長貌。

又 裔。余製切，裾也，表也，蠻夷之總名也。邊地也。

又 兖。古文。衯，孚云切，長衣也。

又 裯。丁了切，短衣也。

又 襡。大口、上局二切，短衣也，又衣袖。

又 襲。多木切，衣至地也，補也。

又 襦。人朱切，短衣也。

又 褠。同上，俗。

又 褊。卑善切，急也，狹也，衣小也。

又 袷。古洽切，衣無絮也。

又 裌。同上。襌，多安切，衣不重也。

又 衵。女秩切，近身衣也，日日所著衣。

又 褻。思列切，私服也。

又 褽。於貴切，衽衣也。

又 襆。卜役切，襆衣也。

又襶。竹幾切，紩衣也。
又裎。除貞切，袒也，衣揚也。又敕領切，禪衣也。
又襭。下結切，衽也。以衣衽扱物也，或作擷。
又襙。七刀、才刀二切，帴也，衽也。
又褭。於曄切，囊也，纏也，衣帊也。
又襤。於侯、於部二切，頭衣也，次衣也。
又裋。市主切，裋褕也。豎所衣布長襦。
又襜。同上。
又褐。何葛切，袍也。馬被袒衣也。
又衷。烏麼切，衷衣。又蠻夷衣也。
又裱。方廟切，人領巾。
又袴。疾見切，褰脬衣。
又襹。古穴切，袖。
又裕。子憒切，禪衣也。
又襘。子孕切，汗襦也。
又祱。尺終切，禪衣也。
又袼。力各切，豎袼褔也，即小兒次衣也。又古洛切，腋不縫也。
又襐。他亂切，襐衣。見《周禮》。
又褶。徒頰切，衣有表裏而無絮也。又似立切，袴褶也。
又衻。如廉切，緣也，婦人上服也。
又襈。士春切，緣纚也，重繒也。
又衿。力井切，衣衿也。宜衿婦人初嫁所著上衣也。
又袈。女居切，所以塞舟漏也。袾袈，敝衣也。又袈牀也亦作袈。
又裍。叉入切，重緣也。祂。與支切，緣也，衣袖也。
又袨。胡絢切，黑衣也
又褯。才夜切，小兒衣。
又褠。古侯切，禪衣。
又襬。力賀切，女人上衣也。
又裝。壯寄切，襦綯也。
又褈。仁全切，褐也。

又褙。此見切，衣綯，亦作菁鞲。
又褓。布老切，小兒衣。
又袔。何個切，裓袖也。
又襩。同上。
又裓。之赤切，衣裓下也，袖也。又音亦。
又褑。户佳切，袖也。
又褾。必了切，衣袂也。
又衫。同上。
又袝。方結切，袂也，敝衣也。
又衧。竹與切，敝衣也。
又縱。子蒙切，禪衣也。
又袹。匹末切，衣袂也。
又裮。尺羊切，披衣不帶。
又袪。子賀切，衣包囊。
又袿。古携切，裾也，婦人之上服也，袪也。
又襀。子亦切，襞積也。
又䙈。户孤切，衣裓也。
又襊。且括切，衣領也，冠也，衣游縫也。
又衱。居業切，裾也。又衣領。
又襳。所銜、所炎二切，圭表飾也，小襦也，禪襦也。又襳纚毛羽貌。
又衫。同上。
又襴。音闌，衫也。
又䘨。况于切，大袑衣。
又褔。户溝切，褔衫，小衫也。
又褄。烏消切，褄襻也。
又衦。音江，衣帶。
又裶。芳菲切，衣長貌。
又褿。千到切，衣。
又襛。莫紅切，衣。
又褵。力支切，衣帶也。

又　⿰衤斗。當口切，衫袖也。
又　襖。烏老切，袍襖也。
又　⿰衤豦。音據，衣也。
又　⿰衤受。音受，衣也。
又　襯。初覲切，近身衣。
又　⿰衤執。女介切，紩布襦。又牛祭切，複襦也。
又　褟。丁塔切，衣。
又　⿰衤肙。居緣切，褊也。
又　⿰衤殺。所拜切，衣襯縫。

唐・釋玄應《一切經音義》卷二　毳衣。尺鋭反，三蒼羊細毛也。《説文》獸細毛也。
又卷四　赭衣。之野反。赭，赤土也。《方言》：南楚東海之閒或謂卒爲赭。郭璞曰：言衣赤也。
又卷六　衣裓。孤得反，謂衣襟。星衍曰：《説文》：衸，袥也。袥，衣衸。此即裓。《正字》、《玉篇》有裓。《音義》與此略同。
又卷九　衣以。于欹反，案以衣被之曰衣，衣謂衣著也。
又卷一〇　攘袂。上而羊反，攘，除也。下彌蔽反，《字苑》云：袂，褾也。衣袖也。謂揎衣袖出臂爲攘袂也。
又卷一一　衣屧。又作⿱艹屧。同思挾反，履屬也。論文作燮，燮，和也。燮非字義也。
又卷一四　吹毳。充芮反，《字林》：細羊毛也。《詩》有毳衣，古者天子大夫服之，循行邦國也。
又　褚繩。古文衿，同，竹與反，謂以綿裝衣也。今作楮，同。
又　細襵。之涉反。《廣雅》：襵，襞也。《埤蒼》：韏衣也。今言襵疊是也。《通俗文》：便縫曰襵，今裙襵亦甚作。襵音輒，韏音邱阮反。
又　著褶。時入反。謂大袖衣也。《禮記》：君爲褶衣。鄭玄曰：褶，袷也。《釋名》：褶，襲也。言覆上之名也。袷音工洽反。
又　縫⿰糸㥯。于近反。⿰糸㥯衣也。又《通俗文》云：合袟曰⿰糸㥯也。
又卷一五　裲襠。音兩當。《釋名》云：其一當匈，其一當背，因以名也。
又　裓來。孤得反。謂衣襟也。

又　即襞。卑役反。《字林》：韏衣也。謂襞，褺衣也。韏音羌院反。
又　捦牽。又作㩒同。渠林反。《説文》：急持，衣襟也。《埤蒼》：捦，捉也。
又卷一七　褰衣。又作攐，丘焉反。《禮記》：暑無褰裳。鄭玄曰：褰，去也。
又　左衽。而甚反。《蒼頡解詁》云：謂裳際所及交列者也。或云衣襟也。
又卷一八　衣帊。又作袙，同。匹亞反。《廣雅》：帊，襆也。《通俗文》：兩複曰帊是也。
又　褊吝。卑緬反。《説文》：褊，小也。《爾雅》：急，褊也。謂急，疾也。褊，狹也。亮吉曰：《説文》：褊，衣小也。故褊亦訓小。
又卷二二　皺襵。側救反。下之涉反。又音輒。今襵疊物及裙襵皆作此也。炘曰：又音輒之，輒當作輒，蓋襵字古與㡇通。㡇有輒音，故此字亦音輒也。《説文》：輒，領耑也。
又卷二五　匈襟。居今反。《説文》：襟，衽也。《聲類》云：交領者也。
又　攘臂。而羊反。攘，除也。謂除衣袖出臂也。

五代・馬縞《中華古今注》卷中《汗衫》　蓋三代之襯衣也，《禮》曰中單。漢高祖與楚交戰，歸帳中汗透，遂改名汗衫。至今亦有中單，但不緶而不開。
又《布衫》　三皇及周末，庶人服短褐、襦服、深衣。秦始皇以布開胯名曰衫。用布者，尊女工之尚不忘本也。侍中馬周取深衣之造加襴衫，爲庶人之禮，見之表，至仕官服之。
宋・吴曾《能改齋漫録》卷七《短褐　裋褕》　韓退之《馬厭穀》曰：馬厭穀兮士不厭糠籺，士被文繡兮士無裋褐。洪慶善辨曰：按《列子》云：衣則裋褐，食則粢糲。《音義》引《方言》：裋，複襦。許慎注《淮南子》云：楚人謂袍爲裋。《説文》云：粗衣。又，敝布襦也。又，襜褕，短者，謂之裋褕。《荀子》作豎褐，注云：童豎之褐。《漢書》云：裋褐不全。注云：裋，童豎所著布長襦也。褐，毛布之衣也。杜子美云：賜浴皆長纓，與宴非短褐。及短褐風霜入，還丹日月遲，皆作長短之短。蓋襜褕短者，謂之裋褕，則短義亦通，抑古書自有作短褐者，予未之見也。以上皆洪説。予按《文選》班彪《王命論》曰：思有短褐之襲，擔石之蓄。張銑注曰：短褐，麤衣也。韋昭曰：短爲裋，裋襦也。毛布曰褐。李善注曰：短，丁管切。退之與子美皆熟《文選》，李善既以短爲丁管切，而韋昭又以短爲裋。則短褐之爲長短之短，自有明據。蓋慶善偶忘《文選》耳。今彪傳皆作裋褐，惟《選》不然。裋音常恕切。

明・田藝蘅《留青日札》卷二二《褚絮》《史記》：漢賜南粤上褚五十衣，中褚三十衣，下褚二十衣。師古曰：以綿裝衣曰褚。上中下者，綿之多少厚薄之差也。李太白：明朝驛使發，一夜絮征袍。絮，著綿也。古詩：著以長相思。亦謂著絮也。繰餘曰絮，不繰曰綿，故絮曰敝絮，即繭黄也，今謂之敗絮，又曰絮胎。

清・袁棟《書隱叢説》卷一三 訶子，即今之抹胸也。

又 襏襫，即蓑衣也。

清・王念孫《廣雅疏證》卷七下《釋器》 衣，隱也。《白虎通義》云：衣者，隱也。裳者，障也，所以隱形自障蔽也。

論説

元・許謙《詩集傳名物鈔》卷二 《緑衣》，《邶》二。莊姜嘆失位。經疏，一章。以表裏興幽顯，二章，以上下喻尊卑。《詩緝》：緑衣黄裏，言掩蔽而已。緑衣黄裳，則貴賤倒置，夫人失位矣。《詩緝》：緑兮衣兮，不可但言是緑色之衣。當玩味兩兮字。《詩》有黄鳥白華不言兮。唯此曰緑兮衣兮，蓋緑字衣字皆有意義。緑以喻妾，衣以喻上僭，故以二兮字點綴而丁寧之。三章，緑之所以成緑而爲衣者，人以絲染治而成也，妾之所以上僭者，以君子嬖之而然也，上緑字已包前章衣字在内。《語録》：我思古人，實獲我心，言古人所爲恰與我相合，只此便是至善，前乎千百世之已往，後乎千百世之未來，只是此個道理。《孟子》所謂得志行乎中國若合符節，政謂是爾。首章言已爲賤者所掩蔽，次章則貴賤易位矣，然此但就妾身而言，三章則言妾僭之由，皆在于君子，末章則深達乎事逐時變，物隨氣遷，理勢之常，無足怪者，尚何憂悴之有，蓋絺綌夏服也。今風而凄其，則固宜屏之不服，有如扇捐篋中之言，而又絶無彼留戀恩情之意，故三章之思古人，尚欲得處此之道而效之，末章之思古人，反謂之獲我心，是在我者處之素定，而古人善處此者，反得我心之所同然者耳，至此豈有一毫怨懟不平之氣哉，此莊姜所以爲賢也。

又 《碩人》，《衛》三。國人閔莊姜。傳，一章，禪音丹。褧，《字書》：䔛也。䔛，枲屬。《爾雅翼》：䔛高四五尺或六七尺，葉似苧而薄，實如大麻子。今人績爲布。蓋用此布爲禪衣，故謂之褧。《語録》意同。箋，夫人翟衣而嫁，今衣錦者，在塗之所服。下章則自近郊正衣服乘車馬以入。

又卷三 《緇衣》，《鄭》一。周人愛武公。傳，一章，《考工記》：三入爲纁，五入爲緅，七入爲緇。注，染纁者三入而成，又再染以黑則爲緅，又復再染以黑乃成緇。《説文》：纁，淺絳也。《廣韻》：緅，青赤色。緅，緇尤反。【略】《詩緝》：天子皮弁，以日視朝。凡朝服，君與卿、大夫同。今天子之卿而服緇衣者，蓋既朝於天子而退治事。則釋皮弁而服緇布衣，以聽其所治之政。其服以緇布爲冠，以黑羊皮爲裘以，緇布爲衣而裼之，其上加朝服。十五升緇布爲之，其裳皆素。【略】題下，《詩緝》：孔子云於緇衣見好賢之至。孔叢子。又云：好賢如緇衣，惡惡如巷伯。《禮記》緇衣。緇衣之詩，繾綣殷勤，可謂好之至。巷伯之詩，欲取讒人，投畀豺虎有北有昊，可謂惡之至。詩之好賢惡惡多矣，獨舉二詩，以其至者言之也。

又 袒即襢字，偏脱衣袖也。疏，脱衣見體曰肉袒，凡服裏有袍襗之厲，然後服裘，以同色之衣裼之，裼上加襲衣，襲上加朝服。凡獨言袒者，袒去襲而露裼，言袒裼者，則并袒去裼而露肉也。襗音宅。

又 《揚之水》，《唐》三。【略】傳，一章，鑿鑿，毛氏：鮮明貌；李氏：如粲食不鑿之鑿。巉，鉏臧反。純，之尹反。《詩緝》：素絲也，以素爲衣，謂中衣也。中衣者，朝服祭服之裏衣也，大夫以上祭服，中衣用素也。曰朱，朱緣也，謂染繒爲赤色，爲中衣之緣，曰襮領也。謂繡黼領也，繡刺白黑文以襮領也。《玉藻》云：以帛裏布，非禮也。注云：中外宜相稱也。冕服，絲衣也。中衣用素，皮弁服朝服玄端麻衣也，中衣用布。又疏云：凡服先以明衣親身，次加中衣，冬則次加裘，裘上加裼衣，裼衣上加朝服，中衣其制如深衣，但中衣之袖稍長耳。此以素爲衣，是以素絲爲之，謂冕及爵弁之中衣也。朝燕之中衣，以布爲之，蓋朝服以布爲也。公之孤及天子大夫，四命皆爵弁。自祭，大夫士助祭于君，亦服爵弁。以上則中衣亦用素，但不得用朱襮也。《郊特牲》：繡黼丹朱中衣，大夫之僭禮也。大夫僭，知諸侯當服之也。襮音偃。

又卷四 《終南》，《秦》五。國人美其君。【略】毛氏：錦衣，采色也。狐裘，朝廷之服。疏，錦者雜彩爲文，故云彩衣。白狐皮爲裘，其上加錦衣爲裼。又加皮弁服也。《玉藻》注：君衣狐白毛之裘，則以素錦爲衣，覆之使可裼也。袒而有衣曰裼，必覆之者，裘褻也。凡裼衣上衣象裘色，裘是狐白則上服亦白，皮弁服以白布爲之，衣之白者，唯皮弁服耳。《玉藻》又云：錦衣狐裘，諸侯之服也，謂在天子之朝服此耳。受天子之賜歸，則服之以告廟。於後不服，其視朝受聘，則服麑裘也。【略】二章，疏，黻在裳，言黻衣者，衣大名與繡裳異其文耳。

又卷八 《絲衣》，《頌》二十七。【略】疏，爵弁之服，玄衣纁裳，皆以絲爲之，故云絲衣也。《詩緝》：餘衣皆用布，惟冕與爵弁服用絲。大夫以上祭服謂之冕，士祭服謂之弁，其首服弁，則其衣服用絲，故知絲衣爲士助祭之服。《詩緝》：《雜記》云：大夫冕而祭於公，士弁而祭於公。注云：弁，爵弁也，爵弁冕之次，其色赤而微黑，如爵頭然。

明・周祈《名義考》卷一一《物部・褐寬博》 褐，《說文》：編枲韈也，馬絡頭也，亦謂之馬衣。賤者編枲爲衣，寬大有似於韈，故曰褐。寬博，毛布以御寒，何取於寬博哉。今士子出身曰釋褐，言去賤而將貴也。若毛布則罽也，亦謂之毼，其字從毛。康成、杜預諸人皆誤釋。罽，音計。毼，音曷。

又《褧衣》 褧，《說文》：檾也。《爾雅翼》：檾葉似苧而薄。今人績爲布以爲衣。不重曰禪。縠，《詩》：衣錦褧衣是也。亦作絅。《玉藻》：禪爲絅。《中庸》：衣錦尚絅。通作潁。《士昏禮》：女從者畢袗玄，袗潁黼。《雜記》：三年之喪既潁。又作景。《儀禮》：婦乘以幾姆加景乃驅。絅、潁、景、褧通。皆嫁時在途御塵之衣也。

又《襦》 《說文》：襦，短衣也。《方言》：汗襦自關而西謂之袛裯。此說非。《劉弘傳》：持更者羸疾無襦，給韋袍複帽。謝眺過江革，時大雪，見革敝絮單席，耽學不倦。眺脱所著襦并手割半氈與革充卧席而去。顧協冬服單薄，蔡法度欲解襦與之。懼其清嚴不敢發口。觀此則襦當是纊襺緼袍之類，可以御寒者，非短衣汗衫也。袛音低，裯音稠。

綜　述

漢・劉熙《釋名》卷五《釋衣服》 襦，耎也，言溫耎也。

又 褶，襲也，覆上之言也。禪，衣言無裏也。襹，屬也，衣裳上下相連屬也。荊州謂禪衣曰布襹，亦是襜襦，言其襜襜弘裕也。溝，禪衣之無胡者也，言袖夾直形如溝也。中衣，言在小衣之外，大衣之中也。襽襠，其一當胸，其一當背也。

又 帕腹，横帕其腹也。抱腹，上下有帶，抱裹其腹，上無襠者也。心衣，抱腹而施鉤肩，鉤肩之間，施一襠以奄心也。衫，芟也，衫末無袖端也。有裏曰複。無裏曰單。反閉，襦之小者也。却向著之，領反于背，後閉其襟也。

又 婦人上服曰袿，其下垂者，上廣下狹，如刀圭也。襈，撰也，青絳爲之緣也。

又 衮，廣也，其下廣大如廣受人也。汗衣，近身受汗垢之衣也。《詩》謂之澤，受汗澤也。或曰鄙袒，或曰羞袒，作之用六尺，裁足覆胸背，言羞鄙于袒而衣此耳。

漢・劉熙撰、清・畢沅疏證、王先謙補《釋名疏證補》卷五《釋衣服》 凡服，上曰衣。衣，依也，人所依以芘寒暑也。下曰裳。裳，障也，所以自障蔽也。畢沅曰：《說文》：衣，依也。上曰衣，下曰裳。象覆二人之形也。又曰：常，下裙也，從巾，尚聲。又或從衣。《白虎通義》曰：衣者，隱也。裳者，障也。所以隱形自障閉也。《說文》：有庇無芘。案：《莊子・人間世》篇用芘字，與庇同。《玉篇》芘爲古文比字。

領，頸也。王先慎曰：《詩・碩人》《桑扈》毛傳並云：領，頸也。以壅頸也。亦言總領，衣體爲端首也。先謙曰：《荀子・勸學篇》：若挈裘領。詘五指而頓之，順者不可勝數也。領爲衣之端首，引伸之爲總領事務之稱。此成國以引伸之義釋本字也。《漢書・魏相傳》：總領衆職。《楊惲傳》：總領從官。總領二字，漢世恒言。

襟，禁也，交於前。畢沅曰：襟，《說文》作衿，云：衿，交衽也，從衣，金聲。蘇輿曰：經傳襟、衿通用。《方言》：衿謂之交。《文選》陸士衡贈從兄車騎詩注：衿，猶前也。

即此交於前之義。《顔氏家訓・書證篇》云：《詩》言：青青子衿。《傳》曰：青衿，青領也，學子之服。案：古者斜領下連于衿，故謂領爲衿。孫炎、郭璞注《爾雅》、曹大家注《列女傳》并云：衿，交領也。案：衿即領之下施而交於前者。顔所引并以衿、領爲一，成國則分釋其字義耳。所以禁禦風寒也。

袂，掣也。掣，開也。畢沅曰：《説文》無掣字。《易》睽六三爻辭：見輿曳其牛掣。《爾雅・釋訓》：甹夆，掣曳也。郭注謂牽挽。《釋文》：掣本或作瘳。《説文》引縱曰：瘳是有開之義。《玉篇》亦云掣同瘳。開張之，以受臂屈伸也。畢沅曰：《禮記・玉藻》云：袂，可以回肘。先謙曰：袂掣疊韵。《左・僖五年》傳疏：袂屬於幅，長於手，反屈至肘。則從幅盡於袖口，總名爲袂。《禮・深衣》注：袂，屬幅於衣，詘而至肘，當臂中爲節。故云開張之，以受臂屈伸。

袪，虚也。畢沅曰：《玉藻》：袪，尺二寸。《鄭注》：袪，袂口也。先謙曰：案舊説不同。《説文》：袪，衣袂也。袖，袂也。袂，袖也。此渾言之。《禮・儒行》注：袂二尺二寸，袪尺二寸。《詩・羔裘》釋文：袪，袂末也。遵大路疏、《玉藻》疏同。《喪服記》注：袪，袖口也。案，袂末之訓較袖口爲安，末兼肘下言之，不專指袖口也。《左・僖五年傳》：披斬其袪。明是斬袖之一段，不專袖口，故疏爲調停之詞，云其袂近口，又別名爲袪也，此一義也。《説文》袪下又云：一曰，袪，褢也。褢者，褎也。褎下云褢也，褢下云俠也。俠、挾字通。《國語》韋注：在掖曰挾。證以子生三年，然後免於父母之懷，是袪正在肘上掖下，切近胸前，可褢褎人物之處，與成國袪虚也之訓相合，此又一義也。自懷抱字行，而褢褎二字幾廢。即《説文》袪訓褢褎之義，亦莫能明矣。

袖，由也。畢沅曰：《説文》：褎，袂也，從衣，采聲。袖，俗褎，從由。手所由出入也。亦言受也，以受手也。畢沅曰：以上三條類也，不應分列。當云袂，掣也云云，亦曰袖，袖，由也云云。袂口曰袪。袪，虚也。

紟，亦禁也，禁使不得解散也。畢沅曰：《説文》：紟，衣系也。蘇輿曰：紟字亦作衿。本書《釋喪制》亦云：衿，禁也，禁系擊之也。《禮・内則》：衿纓綦履。鄭注：衿，猶紟也。《玉篇》：衿，結衣也。結亦有禁義。

帶，蔕也，著于衣。畢沅曰：衣，《御覽》引作身。如物之繫蔕也。葉德炯曰：《説文》：帶，紳也。男子鞶革，婦人鞶絲，象繫佩之形，佩必有巾，從巾。又，蔕，瓜當也，從艸，帶聲。按，《詩・有狐》：之子無帶。《毛傳》：帶，所以申束衣。《禮・少儀》：葛絰而麻帶。鄭注：帶所以結束衣。蓋瓜當繫蔕，猶衣繫帶，蔕字又從帶得聲，故成國取以爲訓。蘇輿曰：《御覽・服章十三》引作如物蔕也。

系，繫也，相聯繫也。畢沅曰：《説文》：系，繫也，從糸，丿聲。

衽，襜也，在旁襜襜然也。畢沅曰：《玉藻》衽當旁。葉德炯曰：《玉藻》注云：衽，謂裳幅所交接者也。深衣續衽約邊。注云：衽，在裳旁者也。楚詞《逢紛》：裳襜襜而含風。注：襜襜，摇貌。

裾，倨也，倨倨然直。蘇輿曰：《方言》四：袿謂之裾。郭注：裾，衣後裾也。《荀子・宥坐篇》楊注：裾與倨同。又《子道篇》注：裾裾，衣服盛貌。裾裾即倨倨。先謙曰：吴校直下補也字。亦言在後常見踞也。畢沅曰：人坐，則裾常在身下，爲人蹲踞也。

玄端，其袖下正直端方，與要接也。畢沅曰：端，《説文》作褍，衣部云：褍，衣正幅，從衣，耑聲。先謙曰：吴校玄端下補玄衣也三字，袖作幅。案，玄端見《司服・士昏禮》：端，即玄衣也。《樂記》云端冕。《論語》云端章甫。

素積，素裳也，辟積其要中使蹙，因以名之也。畢沅曰：《儀禮・士冠禮》：皮弁服素積。鄭君注：積，猶辟也，以素爲裳，辟蹙其要中。説與此同。蹙字，《説文》云：行平易也，與此義不合。《論語》蹙踖如也，則有蹙縮之義。蹙字乃《説文》新附字。徐鉉謂李善《文選注》通蹴，字皆當讀子六反。

又

襦，暖也，言温暖也。畢沅曰：《説文》襦字後一解曰䨓衣，䨓亦温暖之義。

絝，跨也，兩股各跨別也。先謙曰：《説文》：絝，脛衣也。故云兩股跨別也，疑若今俗之套袴。

褶，襲也。畢沅曰：《説文》：褺，重衣也。從衣，執聲。此褶字乃俗作。皮錫瑞曰：《周禮・賈師》注：故書襲爲習。杜子春云：當爲襲。《儀禮・士喪禮》：襚者，以褶則必有裳。注：古文褶爲襲。《左傳・哀十年》：卜不襲，吉。東晉古文尚書作習。《玉篇》：戳，古襲字。覆上之言也。先謙曰：覆，疑當作複，複亦重也。

禪衣，言無裏也。畢沅曰：《説文》：禪，衣不重也。葉德炯曰：《方言・四》：灼袒謂之禪。郭注：今又呼爲凉衣也。案，《玉篇・衣部》：衵，禪衣。纑下云：約纑謂之禪。約纑即衵袒之異文，則《方言》之禪是禪之誤矣。

襹，畢沅曰：此俗字也。衣裳上下聯屬，即謂其衣爲屬。世俗以其是衣名，輒加衣旁，類如此者，不一而足，今雖仍之，亦必加以舉正，使古文不盡泯云。葉德炯曰：此《禮經》續衽之類也。深衣續衽注：續，猶屬也；衽，在裳旁者也，屬連之不殊裳前後也。據注云云，其制略與襹合。蓋《禮經》有衽名，無襹名。成國分疏，就當時語作釋，其實襹字不見于《説文》，亦不見于經典。畢説以爲俗字，是也。蘇輿曰：《廣雅・釋器》：襹，長襦也。王氏念孫《疏證》云：或作襹。案《御覽・章服八》引亦作襹。《晉書・夏統傳》：服袿襹。《音義》引《字林》

云：襹，連要衣也。屬也，衣裳上下相聯屬也。畢沅曰：一本裳作服，非。荆州謂禪衣曰布襹，亦曰襜褕，畢沅曰：亦曰今本誤作亦是，據義改。褕，今本作襦，據顔師古《急就篇》注引改。先謙曰：吴校亦曰作亦是也，以襜褕字下屬，别爲一條，當從之。言其襜襜宏裕也。吴翊寅曰：《説文》：直裾謂之襜褕。《玉篇》：襜褕，直裾也。《急就篇》顔注：襜褕，直裾禪衣也。謂之襜褕者，取其襜襜而寬裕也。《玉篇》：襜襜，摇動貌。襜褕爲直裾衣，襹爲連腰衣。《漢書》襜褕屢見，注皆不云即襹也。畢連上爲條，誤。

褠，畢沅曰：亦俗字也，本韋旁作。《説文》：韝，射臂決也。《儀禮·鄉射》：袒決遂。鄭注：遂，射韝也，所以斂衣。然則韝者著于左臂，韜袖使直者也，因而謂直袖之衣爲韝，言若著韝然也。先謙曰：《漢書·東方朔傳》：董君緑幘傅韝。注：韝，即今之臂韝也。《後漢·馬皇後紀》注：褠，臂衣。今之臂韝，以縛左右手，于事便也。《集韵》亦從巾，作𢄼。禪衣之無胡者也；言袖夾直，形如溝也。先謙曰：《説文》：胡，牛顫垂也。《漢書·郊祀志》：有龍垂胡。顔注：胡，謂頸下垂肉也。本書《釋形體》：胡，互也，在咽下垂，能斂互物也。《禮·深衣》：袂圜以應規。注：謂胡下也。《釋文》：下垂曰胡。蓋胡是頸咽皮肉下垂之義，因引伸爲衣物下垂者之稱。古人衣袖廣大，其臂肘以下袖之下垂者，亦謂之胡。今袖緊，而直無垂下者，故云無胡也。中衣，言在小衣之外，大衣之中也。先謙曰：晉繁欽定情詩：何以結愁悲，白絹雙中衣。裲襠，畢沅曰：據下云一當胸一當背，此兩當之義也，亦不當有衣旁。其一當胸，其一當背也。畢沅曰：《一切經音義》引也，上有因以名之四字。皮錫瑞曰：《儀禮·鄉射禮》韋當注：直心背之衣曰當，以丹韋爲之。聶氏引舊圖：楅長二尺有足，置韋當于背，韋當長二尺，廣一尺，置楅之背上，以藉前。據此則裲襠字古作兩當。先謙曰：案即唐宋時之半背，今俗謂之背心，當背當心，亦兩當之義也。帕腹，横帕其腹也。畢沅曰：《説文》有帛無帕，蓋後人移帛上之白置于旁爾。《説文》新附有帊字，云帛二幅也。今人謂與帕同，莫駕反。先謙曰：《晉書·齊王冏傳》：時謠曰：著布袙腹，爲齊持服。梁王筠詩：裲襠雙心共一襪，袙腹兩邊作八襊。合成國此，釋猶可揣其遺制。《南史·周迪傳》作襪腹。抱腹，上下有帶抱裹其腹上，無襠者也。畢沅曰：襠本字應作當。膺，畢沅曰：今本脱此字。案《楚詞·悲回風》云：糺思心以爲纕兮，編愁苦以爲膺。王逸注：膺，絡胸者也。則知此必當有，下乃爲之釋。心衣抱腹而施鈎肩，鈎肩之間施一襠，以奄心也。先謙曰：奄、掩同。案，此制蓋即今俗之兜肚。衫，畢沅曰：此俗字，《説文》新附字乃有之。芟也，芟末無袖端也。畢沅曰：蓋短袖無袪之衣，故曰芟末無袖端。《初學記》引作衣無袖端也，兹不從。葉德炯曰：衫亦名偏禪。《方言·四》：偏禪謂之禪襦。郭注：即衫也。有裏曰複，無裏曰禪。葉德炯曰：《説文》：複，重衣也。禪，衣不重也。吴翊寅曰：此二句當在前禪衣條下，衣襦皆有禪複，不專言衫也。畢依元本，各爲條，非。反閉，襦之小者也，却向著之，領含於項，畢沅曰：今本脱含於項三字，據《御覽》引補。王啟原曰：《漢書·萬石君傳》：石建取親中裙厠牏，身自浣灑。注，晉灼曰：今世謂反閉小袖衫爲侯牏。反於背後，閉其襟也。婦人上服曰袿，畢沅曰：上服，上等之服也。鄭注《周禮·内司服》云：今世有圭衣者，蓋三翟之遺俗。案三翟，王後六服之上也，故圭衣爲婦人之上服。今本圭字加衣旁，俗也。孫楷曰：《漢書·元後傳》：衣絳緣諸于。師古注：諸于，大掖衣。即袿衣之類。又《續漢志》云：自皇後以下，皆不得服諸古麗圭襂閨緣加上之服。此蓋袿衣之制。其下垂者，上廣下狹，如刀圭也。皮錫瑞曰：《方言》：袿謂之裾。郭注：衣後裾也。《文選·思玄賦》：揚雜錯之袿徽。《漢書·江充傳》：曲裾後垂交輸。如淳曰：交輸，割正幅，使一頭狹，若燕尾，垂之兩旁，見於後。是禮深衣續衽鈎邊，賈逵謂之衣圭。蘇林曰：交輸，如今新婦袍，上挂全幅，繒角割，名曰交輸裁也。此言下垂者，上廣下狹，其制蓋同。先謙曰：釋器注釋文：袿，重繒爲飾。刀，泉刀也。鋭上方下曰圭，言割繒飾袿，其下垂者，或如泉刀形，或如圭形也。襈，畢沅曰：此亦俗字，《説文》所無。緣也，畢沅曰：今本作撰也，與下句無涉。《廣韵》云：襈，緣也。義正符，今據改。青絳爲之緣也。

又 直領，邪直而交下，亦如丈夫服袍方也。交領，就形名之也。皮錫瑞曰：案深衣，曲袷，如矩以應方。注：袷，交領也，古者方領如今小兒衣領。《正義》曰：古者方領，似今擁咽。《後漢書·馬援傳》：朱勃衣方領，能矩步。注引前書《音義》：頸下施衿，領正方，學者之服也。《儒林傳》曰：服方領習矩步者，委蛇乎其中。注：方領則直領也。故成國分别言之。曲領，在内，所以禁中衣領，上横壅頸，其狀曲也。畢沅曰：禁中衣今本作中襟，誤也。顔師古注《急就篇》：曲領者，所以禁中衣之領，恐其上壅頸也。蓋本諸此，兹據以改正。禪襦，如襦而無絮也。畢沅曰：禪則無裏，安得有絮。不必言無絮矣。禪當爲袷，《説文》：袷，衣無絮也。要襦，蘇輿曰：要襦即腰襦。《御覽·章服十二》引《晉令》云：旄頭羽林著韋腰襦。又《舊唐書·倭國傳》：婦人衣純色裙、長腰襦。白居易詩：妾有繡腰襦，葳蕤自生光。即此要正字。形如襦，其要上翹，下齊要也。半袖，其袂半襦，而施袖也。蘇輿曰：《晉書·五行志》：魏武帝著繡帽、披縹紈、半袖，常以見。直臣楊阜諫曰：此禮何法服也。《唐書·車服志》：半袖裙襦者，東宮女史當供奉之服也。即此。又《酉陽雜俎》載：楚國寺内有楚哀王等身金銅像，哀王繡襖半袖猶在。則半袖其來已久。留幕，冀州所名大褶，畢沅曰：此褶亦當作褻。下至膝者也。留，牢也。幕，絡也，言牢絡在衣表也。先謙曰：留、牢雙聲。《淮南·本經訓》注：楚人讀牢爲霤。霤從留聲。《士喪禮》注：牢讀爲樓。樓留聲近。皆其證也。絡、幕疊韵。

又 齊人謂如衫而小袖曰侯頭，侯頭猶言解瀆，臂直通之言也。畢沅曰：解，奚買反。侯與解，頭與瀆，皆聲之轉。王啟原曰：靈帝初嗣，封解瀆亭侯。《北堂書鈔》百四十五引《續漢書》：靈帝好胡服、胡飯。侯頭之制，小袖則胡服也，民間效之，詭名侯頭。被，被也，所以被覆人也。畢沅曰：今本脱所以二字，據《北堂書鈔》、《御覽》引增。衾，廣也，其下廣大，畢沅曰：《説文》：衾，大被。如廣受人也。畢沅曰：《説文》：廣，因廣爲屋，象對刺高屋之形，讀若儼然之儼。《御覽》如廣下有之字。汗衣，近身受汗垢之衣也。《詩》謂之澤，受汗澤也。畢沅曰：《詩·秦風·無衣》：與子同澤。《鄭箋》：澤，褻衣，近污垢。皮錫瑞曰：《周禮·玉府》注：燕衣服者，巾絮寢衣，袍襗之屬。《賈疏》引《詩》與子同襗。《説文》：襗，絝也。《廣雅》：襗袍，長襦也。《廣韵》十六鐸：襗，褻衣。《曲禮疏》引崔靈恩《三禮義宗》云：凡衣近體，有袍襗之屬。或曰鄙袒，或曰羞袒，作之，用六尺裁，足覆胸背，言羞鄙于袒，而衣此耳。畢沅曰：《説文》：袒，衣縫解也，從衣，旦聲。

漢·史游撰、唐·顔師古注《急就篇》卷二 袍襦表裏曲領裙。長衣曰袍，下至足跗。短衣曰襦，自膝以上。一曰短而施要者。襦衣外曰表内曰裏。著曲領者，所以禁中衣之領，恐其上擁頸也，其狀闊大而曲，因以名云。帬即裳也，一名帔，一曰襬。

又 襌衣蔽膝布母縛。襌衣似深衣而褎大，亦以其無裏故呼爲襌衣。蔽膝者於衣裳上著之，以蔽前也。一名韍，又曰韠，亦謂之襜。布母縛者，薉貉女子以布爲脛空，用絮補核，狀如襜褕。薉貉者，東北之夷也。説者或云母縛，布名。非也。

又 針縷補縫綻紩緣。針，所以縫衣也。縷，線也。修破謂之補，縫解謂之綻，納刺謂之紩，純邊謂之緣。

晉·崔豹《古今注》卷上《輿服第一》 穰衣，厮役之服也，取其便于用耳。乘輿進食者服穰衣。前漢董偃緑幘青韝，加穰衣，以見武帝，厨人之服也。

唐·杜佑《通典》卷六一《禮》 舉哀臨喪，白帢單衣，亦謂之素服。

又 君臣服章制度。舊衮服用織成，建武中，明帝以織太重，乃采畫爲之，加金飾銀薄，時亦謂爲天衣。

五代·馮鑑《續事始》 襴衫。《實録》曰：三代皆依命數而服冕服，後至周枲紵爲衫以爲上服，貴女功之始也。初命以黄，五命以紫，士服短褐，庶人以白。唐馬周上議曰：臣發究禮經，無衫服之文。三代以布爲深衣，今請於深衣下添襴及裙，名曰襴衫，以爲上士之服。其開袴者名曰舒袴衫，庶人之服。詔從之。今之公服蓋取襴衫之制。

又 背子。《實録》曰：自秦二世詔衫子上朝服加背子，袖短於衫，以金銀絹繡爲之上服，宴會朝賀悉令服之，其裙在背子下身，與衫子齊，而大袖以爲禮服也。

又 披衫。《實録》曰：披衫爲制，蓋從綸翟而來，但取其紅紫一色，而無花彩。長與身齊，大袖，下其領，即暑月之服。自漢宫有之。宫掖承恩者，賜紫披彩。《後漢書》：百官端午各賜一對。魏晉以爲故事，永嘉中貴賤通服之。

又 披襖子。《實録》曰：蓋上古褘衣遺狀也。尚墨色而無花綵。秦漢以五色。魏文帝詔令，春正月，婦獻上舅姑被襖子，氈履。

五代·丘光庭《兼明書》卷四《涕交纓》 陸士衡《贈弟詩》云：寤言涕交纓。臣銑曰：纓，衣領也。明曰：纓，帶也。雖文章用字與經稍疏，詁訓釋名，安可臆斷。

五代·馬縞《中華古今注》卷上《厨人穰衣》 厨人穰衣，厮徒之服也，取其便于用耳。乘輿進食者有服穰衣。前漢董偃緑幘青褠加穰衣以見武帝，厨人之服也。

又卷中《衫子背子》 衫子，自黄帝制衣裳，而女人有尊一之義，故衣裳相連。始皇元年，詔宫人及近侍宫人，皆服衫子，亦曰半衣，蓋取便于侍奉。背子，隋大業末，煬帝宫人百宫母妻等緋羅蹙金飛鳳背子，以爲朝服及禮見賓客舅姑之長服也。天寶年中，西川貢五色織成背子。玄宗詔曰：觀此一服，費用百金，其往金玉珍異，並不許貢。

宋·程大昌《演繁露》卷九《上中下褚衣》 《南粤王傳》：陸賈往賜尉佗上中下褚衣。師古音云：綿裝衣，以綿多少分三品。

又卷一〇《襘》 領之交會也。《五行志》引昭公十一年，叔向言，衣有襘，視不過結襘之中。視下言徐。

又《闌單帶疊垛衫》 諺曰：闌單帶，疊垛衫，肥人也覺瘦岩岩。闌單，破裂狀；疊垛，補衲，蓋掩之多。

宋・葉寘《愛日齋叢抄》卷五 韓持國不服涼衫，不變于今。邵堯夫不服深衣，不變于古。江鄰幾《雜志》：秘書丞宋飛卿云：士大夫著毛衫，已爲徐常侍所譏。近年内臣或班行，製褐綢爲涼衫，漸及士大夫，俄而兩府亦服之，今正郎署中免靴者服之尤衆。持國輩非之，不肯服。又云：涼衫以褐綢爲之，以代毳袍。韓持國云：始於内臣班行，漸及士人，今兩府亦然，獨不肯服。《儀禮》：婦人衣上之服制，如明衣謂之景，景，明也，所以御塵垢而爲光明也。則涼衫亦所以護朝服。雖出近俗，不可謂之無稽。又《桐陰舊話》：京師朝例，公服乘馬，因中官及班行，製褐綢爲衫者施於公服之上，號涼衫。既而雖二府亦服之，然士大夫至有襆首涼衫，而下不衣公服者，宫師見之，獨不肯服，以初無此製，及指揮所許也。今則遍於天下，間用爲吊服，紹興末暫罷紫衫，至以涼衫謁見，尤無謂爾。李氏《雜記》又謂：乾道李獻之學士言：會聚之際，顏色可憎，今上奉兩宫，宜服紫衫爲便。阜陵之喪，趙忠定公始令群臣服白涼衫，純素，已異汴都褐綢之制。顏色故爲可憎，況沈氏《筆談》已謂：近歲京師士人，朝服乘馬，以黲衣蒙之，謂之涼衫，亦古之遺法。《儀禮》朝服加景是也，但不知古人制度章色如何耳。按，此云黲衣，非今涼衫明矣。

宋・孔平仲《談苑》卷四 古者朝宴，衮服中有白紗中單，百官郊享服中有明衣，皆汗逐之狀。漢高祖與項羽戰爭之際，汗透中單，改名汗衫。

宋・俞琰《席上腐談》卷上 今之蒙衫，即古之毳衣。蒙謂毛之細軟貌，如《詩》所云狐裘蒙茸之蒙，俗作氁，其實即是毛衫。毛訛爲蒙，蒙又轉而爲氁。

又 《豳》詩云：無衣無褐，何以卒歲。鄭氏云：褐毛布也，貴者無衣，賤者無褐，何以卒歲。愚按《孟子》云：視刺萬乘之君，若刺褐夫，以褐夫對萬乘之君，亦言貴賤之殊耳。褐乃編枲粗短衣，不黄不皂，賤者之服，非毛布也。褐字從衣，毼字從毛，鄭氏誤以褐爲毼，遂云褐，毛布也。毛布乃今之斜毼，價貴于苧麻多矣，此豈賤者之服。

《宋史》卷一五三《輿服志五》 涼衫。其制如紫衫，亦曰白衫。乾道初，禮部侍郎王曮奏：竊見近日士大夫皆服涼衫，甚非美觀，而以交際、

宋・沈括《夢溪筆談》卷二《故事二》 涼衫。近歲京師士人朝服乘馬，以黲衣蒙之，謂之涼衫，亦古之遺法也，《儀禮》朝服加景是也，但不知古人制度、章色如何耳。

宋・佚名《釋常談》卷上《絺綌》 葛衫謂之絺綌。《論語》曰：當暑縝絺綌，必表而出之。注曰：單著葛衫而出，非禮也。必表者，須著上改也。

又《挾纊》 著綿衣謂之挾纊。《史記》：楚與齊戰，楚既衆，時值初寒，楚王撫慰將士，甘言勉之，三軍皆知挾纊，不覺寒也。

宋・楊侃《兩漢博聞》卷一 褒衣博帶。《雋不疑傳四十一》。雋不疑褒衣博帶。師古曰：褒，大裾也。言著褒大之衣，廣博之帶也。而説者乃以爲朝服，垂褒之衣非也。

又卷四 弋綈。《文帝紀贊》。文帝身衣弋綈。如淳曰：弋，皂也。賈誼曰：身衣皂綈。師古曰：弋，黑色也。綈，厚繒，音大奚反。

又卷五 珠襦。《霍光傳三十八》。將廢昌邑王，太後被珠襦，盛服，坐武帳中，武士陛戟，陳列殿下。晉灼曰：貫珠以爲襦，形若今革襦矣。師古曰：陛戟爲執戟以衛陛下。

又卷七 裋褐。《貢禹傳四十二》。裋褐不完。師古曰：裋者謂僮豎所著布長襦也。褐，毛布之衣也，裋音豎。

又 便衣。《李陵傳》。師古曰：謂著短衣小褏也。

又卷九 方領。《馬援傳十四》。注云：前書《音義》曰：頸下施衿領正方，學者之服也。

又卷一〇 五時衣。《東平憲王蒼傳三十二》。帝饗衛士於南宫，因從皇太後周行掖庭池閣，乃閱陰太後舊時器服，愴然動容，乃命留五時衣各一襲，餘悉分布諸王，主及子孫在京師者。注云：五時衣，謂春青、夏朱、季夏黄、秋白、冬黑也。

宋・宋敏求《春明退朝録》卷下 杜祁公休退，居南都，客至無不見，止服衫帽，嘗曰：七十致政，可用高士服乎。

宋・陶穀《清異録》卷下《衣服門・小太清》 臨川、上饒之民，以新智創作醒骨紗，用純絲蕉骨相兼撚織。夏月衣之，輕涼適體。陳鳳閣喬始以爲外衫，號太清氅。又爲四褛肉衫子，呼小太清。

居官、臨民，純素可憎，有似凶服。陛下方奉兩宫，所宜革之。且紫衫之設以從戎，故爲之禁，而人情趨簡便，靡而至此。文武并用，本不偏廢，朝章之外，宜有便衣，仍存紫衫，未害大體。於是禁服白衫，除乘馬道塗許服外，餘不得服。若便服，許用紫衫。自後，凉衫祇用爲凶服矣。

又 帽衫。帽以烏紗，衫以皂羅爲之，角帶，繫鞋。東都時，士大夫交際常服之。南渡後，一變爲紫衫，再變爲凉衫，自是服帽衫少矣。惟士大夫家冠昏、祭祀猶服焉。若國子生，常服之。

又 襴衫。以白細布爲之，圓領大袖，下施横襴爲裳，腰間有辟積。進士及國子生、州縣生服之。

明・周嬰《巵林》卷六 李善曰：二離，日月也。則離亦謂月矣，又爲星名。《隋・天文志》：秦代東三星南北列曰離瑜。離，袿衣也。瑜，玉飾。皆婦人之服星也。《班婕妤賦》：中佩離以自思。師古曰：離，袿衣之帶也。

明・楊慎《秇林伐山》卷一四《五銖衣》 《博異志》：天女衣六銖，又曰五銖。《北里志》：玉肌無軫五銖輕。

又《袒衣袒服》 裼袒衣，蓋近身之衣，孟子所謂袒裼裸裎也。《左傳》：陳靈公與孔寧儀行父，淫於夏姬，衷其袒服，以戲于朝。注：袒服，日日近身之衣，然不若袒服之爲順，袒與袒字畫相似，毫厘之差耳。

又《單練髭》 《太平廣記》：韓晉公在浙西瓦官寺，無遮齋會中，有一少年請弄閣。乃投蓋而上，單練髭，履膜皮，猿掛，鳥跂，捷若鬼神。練髭，蓋以羽衣爲半臂，如《後漢書》所謂諸于繡鶌者。髭、與鶌字小不同，義則一也，字從髟，蓋羽衣之類。

明・王三聘《古今事物考》卷六《冠服・襴衫》 《唐志》曰：馬周以三代布深衣，因于其下著襴及裾，名襴衫，以爲上士之服。今學子所衣襴衫之始也。

又《衫》 《輿服志》曰：馬周上議禮無服衫之文。三代有深衣，請襴袖褾襈爲士人上服。開胯，名缺胯，衫，庶人服之，即今四袴衫也。蓋自馬周始云。

又《汗衫》 《實録》曰：古者朝燕之服，有中單，郊享之服，有明衣。漢高與項羽戰争，汗透中單，遂有汗衫之名。

又《凉衫》 《筆談》曰近歲京師士人朝服乘馬以黲衣蒙之，謂之凉衫，亦古遺法也。《儀禮》曰：朝服加景。但不知古人制度何如耳。

又《衣裳》 《通典》曰：上古衣毛，後代以麻易之，先知爲上以製衣，後知爲下以製裳。《易》曰：黄帝垂衣裳而天下治。《世本》曰胡曹作衣。《淮南子》曰：伯余初作衣。注云：皆黄帝臣。一云伯余，黄帝也。

又《襖子》 《舊唐書・輿服志》曰：燕服，古褻服也。亦謂之常服。江南以巾褐裙襦，北朝雜以戎夷之制，至北齊有長帽短靴，合袴襖子，朱紫玄黄，各任所好。若非元正大會，一切通用。蓋取于便事，則今代襖子自北齊起也。

又《大衣》 商周之代内外命婦服諸翟，唐則裙襦大袖爲禮衣。《實録》曰：大袖在背子下身，與衫子齊。而袖大以爲禮服，疑即此也。國朝命婦大袖衫，真紅色。五品以上用紵絲綾羅，六品以下用綾羅紬絹。

又《褙子》 《實録》曰：秦二世詔衫子上朝服加褙子，其制袖短于衫，身與衫齊而大袖。宋又長與裙齊。而袖纔寬于衫，自秦始也。

又《衫子》 《實録》曰：女子之衣與裳連，如披衫，長短與裙相似。秦始皇方令短作衫子，長袖猶至于膝。宜衫裙之分，自秦始也。

明・焦竑《焦氏類林》卷七 成芳隱麥林山，剥苧織布，爲短襴寬袖之衣，著以酤酒，自稱隱士衫。《梁福廬陵記》。

明・程良孺《讀書考定》卷二二《服飾・凉衫》 士大夫于馬上披凉衫，婦女步通衢以方幅紫羅障蔽半身，俗謂之蓋頭。蓋唐帷帽之制也。

又《曲夾》 《禮祀記》、《玉藻》：夾二寸。注：曲領也。又深衣曲夾以應方，注：古者方領，如今小兒衣領。疏云：鄭以漢時領皆向下交垂，故云古者方領，似今擁咽。通作袷。温公曰：方領如今上領衣，但方裁之本出胡服，須用結紐。鄭注《周禮》：夾狀如箸，横銜之，繣繫于項。顔師古云：繣，結礙也。絜，繞也。蓋爲紐結而繞項也。《後漢・馬援傳》：朱勃衣方領。注：項上施衿領正方，學者之服也。今朝服有方心曲領，以白羅爲之，方二寸許，綴于圓領之上，以繫頸後結之。或者夾之遺象。又小兒疊方幅繫頸下，亦謂之涎衣。與鄭説頗相符。《後儒林傳》：服方領。注：直領也。《春秋傳》叔向曰：衣有襘。杜曰：領，襘也，工外切。《曲禮》曰：天子視不上於袷。注：交領也。疏云：謂朝祭服之曲領也。然則領之交會處自方即謂袷，更無他物。

又《繈緥》齊人名小兒被爲緥，即褓也。《詩》：載衣之裼。《毛傳》：裼褓也。褓，夜衣也。明當主於内事。師古曰：即今小兒繃。又《詩》：嗟嗟保介。《禮記·月令》：保介之御間，保猶衣也。《史·封禪》葉隆於繈保，《魯世家》成王少在强葆皆同。

又《汗衫》《合璧》：汗衫本古之中單，以白綾爲之，青領褾襈裾。古者燕朝及祭祀接神。衮冕有白紗中單，有明衣，皆汗衫之象。至漢祖與項羽交戰汗透中單，改今名。然自是以來貴賤皆可服，無與義也。

又《背子》前輩無著背子者，背子本半臂，武士服。古禮士人只繫勒帛，蓋有垂紳之意，後以不便搢笏，故稍用背子。然須用上襟掖下與背皆垂帶。近又引爲長袖，與半臂製已不同。胡德輝《雜志》：背子本婢妾之服，以其行直主母之背，故名背子。後來習俗相承，遂爲男女辨貴賤之服。然嘗見前輩雜説中載之，上御便殿著紗帽背子，則國初已有之矣。

又《偏諸》偏諸，衣緣也。《前·賈誼傳》：偏諸，緣。師古曰：若今之織成以爲要襻及褾領，古謂之韋馬褭。

又《袪袂》袪，今袖口也。袂，今袖也。出司馬温公《書儀》注。

又《襴衫》《唐志》曰：馬周以三代濃衣，于其下著襴，故名襴衫，以爲儒士之服，今士子取衣者是也。

又《偏後衣》偏，田扇反。後衣，古者衣服短而齊不至於地。《後漢書》：梁冀妻始製狐尾單衣。注云：後襬曳地若狐尾。至今婦人裙衫皆偏裁，其後俗呼曰偏後衣也。

明·陳繼儒《羣碎録》厠牏，牏音投。漢石奮洗親裙中厠牏，顔師古謂汗衫，非也。青衫雜記，以蘇林説牏爲溷是也。

明·張存紳《增定雅俗稽言》卷一一《冠服·逢掖》逢掖之衣，一作馮翼，今之直掇也。

又《呵子》相傳貴妃私禄山，禄山狂悖，以爪傷妃胸乳間，遂作呵子之飾以蔽之，今婦人用以蔽乳，一名襴裙。見《唐宋遺事》。又按隋煬帝詩：錦袖淮南舞，寶襪楚宫腰。盧照鄰詩：倡家寶襪蛟龍被。襪，女人脅衣也，崔豹《古今注》謂之腰彩，注引《左傳》：衵服，謂日日近身衣也，是春秋時已有之，彼謂起自貴妃者，出于小説僞書，不可信也。

明·胡侍《真珠船》卷五《厠牏》《漢書·萬石君傳》：取親中裙厠牏，身澣濯。蘇林云：牏音投。晉灼云：今世謂反門小袖衫爲侯牏。顔師古云：厠牏者，近身之小衫，若今汗衫也。蘇音晉説是矣。餘按賈逵解《周官》云：牏行清也。孟康曰：厠行清，牏中受糞函者也。賈孟皆在晉前，去班固爲近，説必有受，後世俗諺，豈足依憑，當從賈孟爲是。且詳厠牏字義，知其必不爲衣服類也。

又卷六《領巾》劉績爲領巾爲唐製，按《北史》，隋文帝將廢太子勇，乃語群臣云，前簿王世績，得婦女領巾，狀似稍幡，當時偏示百官，欲以爲戒，今我兒乃自爲之，領巾爲稍幡，此是服妖，然則領巾之製遠矣。

明·張岱《夜航船》卷一一《日用部·衣裳》襳褵，羽衣也。又曰氅衣。緼黂敝衣。襏襫，蓑衣，屜音夷。喻，雨衣。

又 襜音諂。褕，音遥。單衣也。武安侯田蚡坐襜褕入宫，不敬，國除。

又 厠牏。近身之小衫，即今之汗衫也。

又 繡𩪘。蓋以羽衣爲半臂，如《後漢書》所謂諸子繡𩪘，其字不同，其義則一也。

又 毳衣。《詩經》：毳衣如菼。天子、大夫之服。紈袴，貴家子弟之服。逢腋，肘腋寬大之衣，爲庶人之服。

明·丘濬《家禮儀節》卷一《通禮》圓袂。用布二幅，各長四尺四寸，每幅中摺爲前後兩葉，每葉長二尺二寸，縫連衣身左右却從脅下漸漸修成圓様，袖口留一尺二寸，縫合其下以爲袂。

又 方領。用布一條闊二寸爲領，如常衣法。兩襟相掩，衽在脅下，則兩領之會自方，合于當肩相并處，向上斜裁入左右各三寸，餘却將裁開布向上舒起，作領以襯黑緣。

清·俞樾《茶香室三鈔》卷一四《馮翼衣即逢掖衣》宋郭若虚《圖畫見聞志》云：晉處士馮翼衣布大袖，周緣以皂，下加襴，前繫二長帶，隋唐朝野服之，謂之馮翼之衣，今呼直綴。注云：《禮記·儒行篇》：衣逢掖之衣。逢，大也。大掖，大袂禪衣也。逢掖與馮翼音近。按今人知有逢掖，不知有馮翼。

又卷二五《罩甲》國朝王應奎《柳南續筆》云：今人稱外套曰罩甲，罩甲之制，比甲則長，比披襖則短。創自明武宗，前朝士大夫亦有服之者。按，今吴中猶有馬甲之稱，當即由罩甲而得。

又《月白繡花褂》 國朝禮親王《嘯亭雜録》云：國初尚沿明制，套褂有用紅緑組繡者。先良親王有月白繡花褂，先恭王猶及見之。今吉服用紺，素服用青，無他色矣。按此知今之外褂，即明之罩甲也。

清·黄生《義府》卷上《衽》 《禮·檀弓》：衽每束一。注：衽，小要，古腰字也，木爲之。衣之縫合處曰衽，以小要聯合棺與蓋之處，故亦名衽。徐文長《青藤路史》云：衽，形如今之銀則子，俗呼法焉，作餅定樣。漢時呼爲小要。按：此字當作鋌，《説文》訓銅鐵樸也，今傾銀槽，俗謂銀爲一錠，蓋鋌音之訛。其形中細，則子蓋肖其形，棺蓋合縫之具，或古省用廷字，傳寫誤作衽耳。

清·顧炎武《日知録》卷二七《耆舊把天衣》 《南齊書·輿服志》：衮衣，漢世出陳留、襄邑所織。宋末用繡及織成。齊建武中，乃彩畫爲之，加飾金銀薄，時亦謂天衣。梁庾肩吾《和皇太子重雲殿受戒詩》：天衣初拂石，豆火欲然薪。唐姚元景《光宅寺造佛像讚》：薑被承歡，曳天衣而下拂。

又卷二八《衩衣》 《通鑑》：唐僖宗乾符元年，王凝、崔彦昭同舉進士。凝先及第，嘗衩衣見彦昭。衩，楚懈反。《廣雅》：梢袺袛謂之衩，一曰襌衣。李義山詩：芙蓉作裙衩。又曰：裙衩芙蓉小。

又《對襟衣》 《太祖實録》：洪武二十六年三月，禁官民步卒人等服對襟衣，惟騎馬許服，以便於乘馬故也。其不應服而服者，罪之。今之罩甲即對襟衣也。《戒庵漫筆》云：罩甲之制，比甲稍長，比襖減短。正德間，創自武宗。近日士大夫有服者。按《説文》：無袂衣謂之𧜠。趙宧光曰：半臂衣也。武士謂之蔽甲，方俗謂之披襖，小者曰背子，即此製也。《魏志·楊阜傳》：阜嘗見明帝著帽，被縹綾半袖，問帝曰：此於禮，何法服也。則當時已有此製。

清·桂馥《札樸》卷一《温經·韋當》 《鄉射記》楅韋當，注云：直心背之衣曰當。濟陽張蒿庵説云韋當者，以韋束楅之中央，如人心背之衣也。馥謂即兩當。《釋名》其一當胸其一當背是也，今謂之背心。

又卷二《温經·復陶》 《襄三十年傳》：使爲復陶。杜注：主衣服之官。《昭十二年傳》：楚子次于乾溪，雨雪，王皮冠，秦復陶翠被豹舄，執鞭以出。杜注：復陶，秦所遺羽衣也。《釋文》云：復，音服。一音福。馥案《釋名》：翮，陶也。其貌陶陶下垂也，復陶蓋以羽爲之，有似於翮，故可障雨雪也。

又《褚》 《襄三十年傳》：子産爲政一年，輿人誦之曰：取我衣冠而褚之，取我田疇而伍之。杜注，褚，畜也。奢侈者畏法，故畜藏。案褚伍對言，皆謂子産褚之伍之。上文子産使都鄙有章，上下有服，是取衣冠褚之也。田有封洫，廬井有伍，是取田疇伍之也。《説文》：褚，卒也。卒衣有題識者。子産使衣冠各有題識，限以等級，不得僭亂，故輿人怨焉。《定十年傳》：叔孫氏之甲有物，吾未敢以出。注云：物識也。

又卷三《覽古·緹綃》 《楚辭·九懷》：襲英衣兮緹綃。洪氏補注：綃，緶衣也。馥謂此據《説文》爲説。《後漢書·應劭傳》：緹綃十重。注云：緹綃謂鮮明之衣。與洪異。

又卷四《覽古·袒》 《玉篇》：褐，馬背袒衣也。馥謂袒衣者，馬背覆衣無袖，如人之袒也。《孟子》：許子衣褐。趙注：褐以毳織之，若今馬衣也。高誘注《淮南》云：褐，毛布。如今之馬衣。《定八年左傳》：主人焚沖或濡馬褐以救之。杜注：馬褐，馬衣。袒褐當作但裼。《説文》但裼也。袒，衣縫解也。今以袒代但，以綻代袒。《内則》：衣裳綻裂。注云：綻猶解也。

清·王念孫《廣雅疏證》卷六上《釋訓》 裮被不帶也。《玉篇》：裮，尺羊切，披衣不帶也。披，與被通。今人猶謂荷衣不帶曰被衣。《莊子·知北游》篇云：齧缺問道乎被衣，合言之則曰裮被。《楚辭·離騷》：何桀紂之，猖披兮。王逸注云：猖披，衣不帶之貌。猖，一作昌。《釋文》作倡，披，一作被，並字異而義同。

又卷七下《釋器》 覆䘹縱褋，襌衣也。襌之言單也。《説文》：襌衣，不重也。《玉藻》：襌爲絅。鄭注云：有衣裳而無裏。《急就篇》注云：襌衣似深衣而褎大。《方言》云：襌衣江淮南楚之閒謂之褋，關之東西謂之襌衣，古謂之深衣。又云：覆䘹謂之襌衣。褋亦作襍。《説文》：南楚謂襌衣曰襍。《楚辭·九歌》：遺餘褋兮醴浦。王逸注云：褋，襜襦也。《潛夫論·浮侈》篇云：麞麂履舄，文組綵褋。

又 襜褕，袛裯，襜褕也。《説文》：直裾謂之襜褕。《漢書·外戚恩澤表》：武安侯恬，坐衣襜褕入宫不敬免。顔師古注云：襜褕，直裾襌衣也。《方言》：襜褕，江淮南楚謂之褈褣，自關而西謂之襜褕。褈褣，《小爾雅》作童容。任氏幼植《深衣釋例》

云：《釋名》：襜褕，言其襜襜宏裕也。《方言》或謂之童容。童容之名，即是襜襜宏裕之義。《詩·漸車帷裳》箋云：帷裳，童容也。《周禮》：巾車，皆有容蓋。鄭司農注亦云：容，謂幨車。山東謂之裳幃。或曰幢容。《後漢書·劉盆子傳》：乘軒車大馬，赤屏泥絳襜絡。注云：襜，帷也，帷謂之襜，亦謂之童容，直裾襌衣謂之襜褕。亦謂之童容，其義一也。《説文》：祗裯，短衣也。《方言》云：汗襦，自關而西或謂之祗裯。《楚辭·九辯》：被荷裯之晏晏兮。王逸注云：裯，祗裯也。若襜褕矣。《後漢書·羊續傳》云：唯有布衾敝祗裯。

又 襋、衱謂之褗。《魏風·葛屨》篇：要之襋之。《毛傳》云：襋，領也。《説文》同。《方言》：衱謂之褗。郭注云：即衣領也。《曲禮》：天子視不上於袷。鄭注云：袷，交領也。《玉藻》：袷，二寸。注云：夾，曲領也，夾與衱同。《説文》：褗褔，領也。《士昏禮》注云：卿大夫之妻刺黼以爲領，如今偃領矣。偃與褗通。

又 袒飾、褎明、襗、袍、襡，長襦也。袿。《内則》云：衣不帛襦袴。《説文》：襦，短衣也，一曰䰉衣。《釋名》云：襦，耎也，言温耎也。《急就篇》注云：長衣曰袍，下至足跗。短衣曰襦，自膝以上。一曰短而施要者曰襦。《深衣釋例》云：《吴越春秋》，越王夫人衣無緣之衣，施左關之襦。襦下有裳，則襦爲短衣可知。其似襦而長者，則特別之曰長襦。《史記·匈奴傳》云：繡袷，長襦是也。直衿亦作直領。《釋名》云：直領邪直而交下，亦如丈夫服袍方也。《漢書·景十三王傳》：刺方領繡。晉灼注云：今之婦人直領也，繡爲方領，上刺作黼黻文。《方言》：袒飾，謂之直衿。郭注云：婦人初嫁所著上衣直衿也。《方言》又云：褎明謂之袍。《爾雅》：袍，襽也。《玉藻》云：纊爲襽，緼爲袍。《釋名》云：袍，丈夫著下至跗者也。袍，苞也。苞，内衣也。婦人以絳作衣裳上下連，四起施緣，亦曰袍。義亦然也。《深衣釋例》云：《喪大記》：袍必有表，謂之一稱。注：袍，褻衣，必有以表之，乃成稱也。蓋袍爲深衣之制，特燕居便服耳，故云褻衣。若無衣以表之，則不成稱。《續漢書·輿服志》云：或曰周公抱成王燕居，故施袍，是袍爲古人燕居之服。自漢以後始以絳紗袍、早紗袍爲朝服矣。念孫案《周官》玉府注云：燕衣服者，巾絮寢衣袍襗之屬。《論語》：紅紫不以爲褻服。《秦風·無衣》，《正義》引鄭注云：褻服袍襗，此皆袍爲褻衣之明證也。班固《竇車騎北征頌》云：勞不御輿，寒不施襗。襗，通作澤。《釋名》云：汗衣，近身受汗垢之衣也。《詩》謂之澤，受汗澤也，或曰鄙袒，或曰羞袒，作之用六尺，裁足覆胸背，言羞鄙于袒而衣此耳。《秦風·無衣》篇：與子同袍，與子同澤。鄭箋云：澤，褻衣，近汗垢。襡，或作𧞤。《晉書·夏統傳》：服袿𧞤。《音義》引《字林》云：𧞤，連要衣也。《釋名》云：𧞤，屬也。衣裳上下相連屬也。荆州謂襌衣曰布𧞤，亦曰襜褕，言其襜襜宏裕也。《雜記》注：繭衣裳者，若今大𧞤也。《正義》云：謂衣裳相連，而以綿纊著之。《釋名》云：婦人上服曰袿，其下垂者上廣下狹，如刀圭也。宋玉《神女賦》云：振繡衣，被袿裳，枚乘《梁王菟園賦》云：袿裼錯紆，連袖方路。《廣韻》《爾雅》疏並引《廣雅》：袿，長襦也。今本脱袿字。

又 襌襦謂之襜。《方言》：汗襦。陳魏宋楚之閒謂之襜襦，或謂之襌襦。郭注云：今或呼衫爲襌襦，又偏襌謂之襌襦。注云：即衫也。《釋名》云：襌襦，如襦而無絮也。《漢書·來歙傳》注引《東觀記》云：光武解所被襜襦以衣歙。《集韻》、《類篇》引《廣雅》：襌襦謂之襜裿，連下文裿字爲句，失之。

又 複襦謂之𧞬。《説文》：複，重衣，一曰褚衣。重衣，謂袷衣也。褚衣，謂衣之有絮者。此云複襦是也。《釋名》：襌襦如襦而無絮也，然則有絮者謂之襦複矣。《急就篇》：襜褕袷複褶袴褌。顏師古注云：褚之以緜曰複。《古辭·孤兒行》云冬無複襦，夏無單衣是也。《方言》：複襦，江湘之閒謂之𧞬。又云：襜褕，其短者謂之裋褕。《説文》：裋，豎，使布長襦也。裋長於襦，而短於襜褕。故裋褐亦曰短褐。古謂僮僕之未冠者曰豎，亦短小之意也。《列子·力命》篇：朕衣則裋褐。《釋文》引許慎《淮南子》注云：楚人謂袍爲裋，《荀子·大略》篇作豎褐，裋、豎，並與𧞬同。

又 複襂謂之裀。此《説文》所謂重衣也，襂，與衫同。《釋名》云：衫，芟也。芟末，無袖端也。《方言》注：以衫爲襌襦，其有裏者則謂之裀，裀猶重也。

又 裲襠謂之袙腹。裲襠，蓋本作兩當。鄭注《鄉射禮》云：直心背之衣曰當。《釋名》云：裲襠，其一當胷，其一當背也。帕腹，横陌其腹也，帕與袙同。

又 裪𧝓、袿、襡、䙀、𧛞、袔、䘸、袘、袼、䙆、䙉、袂、袥，袖也。《説文》：褎，袂也，俗作袖。《釋名》云：袖，由也，手所由出入也。亦言受也，以受手也。《方言》：裪𧝓謂之袖。郭注云：衣，褾也。江東呼䘨。夏侯湛《雀釵賦》云：理袿襟整服飾，是袿爲袖也。《玉篇》：袔、䘸，袖也，䘸通作掖。《方言》：襜，謂之䘸。注云：衣，掖下也，《儒行》，衣逢掖之衣。鄭注云：逢，猶大也。大掖之衣，大袂襌衣也。《正義》云：大掖，謂肘掖之所寬大。《漢書·司馬相如傳》：揚袘戌削。張注云：袘，衣袖也。深衣袼之高下，可以運肘。注云：袼，衣袂當掖之縫也。蓋袂爲袖之大名，袼爲袖，當掖之縫，其通則皆爲袖也。《釋親》云：胳謂之腋，人腋謂之胳，故衣䘸亦謂之袼也。《玉篇》：䙆，衣䘸也，字或作䙆，通作胡。深衣，袂圜以應規。注云：謂胡下也。《釋名》云：褠，襌衣之無胡者也。言袖夾直形如溝也。䙆者，下垂之名，人頷下謂之胡，䩭頸下謂之胡，衣䘸下謂之䙆。其義一也。《集韻》引《埤倉》云：䙉，衣袖也。《釋名》云：袂，掣也。掣，開也，開張之以受臂屈伸也。《史記・貨殖傳》云：齊冠帶衣履天下，海岱之閒斂袂而往朝焉。《留侯世家》云：陛下南鄉稱霸，楚必斂衽而朝。衽，亦袂也。《列女傳・魯季敬薑》云：文伯引衽攘捲而親饋之。《廣韻》：褾，袖端也。又云：褍袖褾袂也。《玉篇》：袆，衣袂也。

又 衽、裀、袾、袳，𧙏也。𧙏，謂衣中也，字通作身。《喪服記》：衣二尺有二寸。《鄭注》云：此謂袂中也，言衣者，明與身參齊。疏云：衣即身也。袳，通作躬。《續漢書・五行志》云：獻帝建安中，男子之衣，好爲長躬而下甚短。

又 䘡謂之袩。《方言》：䘡謂之袩。《廣韻》：䘡，衣衽也。《方言》：褸謂之袩。郭注云：即衣衽也。各本脱謂之二字。《集韵》《類篇》引《廣雅》：䘡袩衽謂之褸衩。讀至下文衩字絶句，則宋時《廣雅》本已誤，今據《方言》訂正。

又 衽謂之褸。《方言》：褸謂之衽。郭注云：衣襟也，或曰裳際也。《説文》：衽，衣裣也。《釋名》云：衽，襜也。在旁襜襜然也。《玉藻》：深衣衽當旁。鄭注云：衽，謂裳幅所交裂也。凡衽者，或殺而下，或殺而上，衽屬衣，則褾而放之。屬裳，則縫之以合前後，上下相變，深衣，續衽鈎邊。注云：續，猶屬也。衽，在裳旁者也。屬連之，不裳前後也。《説文》：褸，衽也。《爾雅》：衣裗謂之䘸。郭注云：衣褸也，齊人謂之攣。《釋文》：縷又作褸，衣褸謂之衽。猶機縷謂之紝。《説文》：紝，機縷也。

又 衩、衸、袥、䘸，膝也。《玉篇》：䘸膝，裹衸也。䘸，曹憲音七益反，字從衣，朿聲，朿音刺。各本譌從束，今訂正。《玉篇》：衩，衣衸也。《説文》：衸，袥也。徐鍇引《字書》云：衸補𧝓褢也。《説文》：袥，衣衸也。

又 褯謂之褓。《説文》：緥，小兒衣也。《漢書・宣帝紀》：曾孫雖在襁緥。孟康注云：緥，小兒被也。被，亦衣也。故《論語》謂：被爲寢衣。《大戴禮・保傅》篇：周成王在襁褓之中。《史記・魯世家》作强葆。《漢書・賈誼傳》作繈抱，《司馬相如傳》作繈保。并字異而義同，褓之言保也，保亦衣也，故衣甲者謂之保介。《月令》：措之于參保介之御閒。鄭注云：保，猶衣也。《説文》：褯，緥也。引《小雅・斯干》篇：載衣之褯。今本作裼，《毛傳》云：裼，褓也。《釋文》：裼，韓詩作禘，並字異而義同。

又 緊袼、褔，次衣也。《方言》：緊袼謂之褔。郭注云：即小兒次衣也。次，即今涎字。《説文》：褔，次裹衣也。

又 褿、祓、裰，褯也。《玉篇》：褯，小兒衣也。李奇注《漢書・宣帝紀》云：褓，小兒大藉也。藉，與褯通。《説文》：褿，帴也。《玉篇》又作帺，云，藉也。《説文》：帴，帗也，帴帗與裰祓同。《廣韻》：帴，小兒藉也。

又 袺謂之𧝂，襭謂之褱。《爾雅》：執衽謂之袺，報衽謂之襭。《周南・芣苢》篇：薄言袺之，薄言襭之。《毛傳》與《爾雅》同。此云袺謂之𧝂，襭謂之褱，與《爾雅》《毛傳》異義，蓋本於三家也。《列女傳・蔡人之妻》云：采采芣苢之草，雖甚臭惡，猶始於捋采之。終於懷襭之説與《廣雅》同。袺，各本譌作祰。今據曹憲音訂正。《管子・輕重戊》篇：丁壯者胡丸操彈。胡，與𧝂通。

清・趙翼《陔餘叢考》卷三三《馬褂缺襟袍戰裙》 凡扈從及出使，皆服短褂、缺襟袍及戰裙。短褂，亦曰馬褂，馬上所服也，疑即古半臂之制。《説文》：無袂衣謂之𧛎。趙宧光以爲即半臂，其小者謂之背子，此説非也。既曰半臂，則其袖必及臂之半，正如今之馬褂，其無袖者，乃謂之背子耳。背子即古㡉襠之制，《南史・柳元景傳》：薛安都著絳衲㡉襠衫，馳入賊陣。《玉篇》云：㡉襠，其一當背，其一當胸。朱謀㙔《駢雅》：㡉襠，胸背衣也。劉孝孫《事原》：隋大業中，内官多服半除，即今之長袖也，唐高祖減其袖，謂之半臂。則唐初已有其制。《唐書》：韋堅爲租庸使，聚江淮運船于廣運潭，令陝尉崔成甫著錦半臂缺胯緑衫而裼之，唱得寶歌請明皇臨觀。又曾三異《同話録》，有貉袖一條云：近歲衣制，有一種長不過腰，兩袖僅掩肘，以帛爲之，仍用夾裏，名曰貉袖，起于御馬院圉人，短前後襟者，坐鞍上不妨脱著，以其便于控馭也。此又宋人短褂之制。然短袖之服，又不僅起于唐宋，按《魏志・楊阜傳》：阜嘗見明帝著帽披縹綾半袖，問帝曰，此于禮何法服也。則短袖由來久矣。《北史》，周武帝著短衣，享二十四軍督。馬縞《中華古今注》：隋文帝征遼，詔武官服缺胯襖子，三品以上皆紫。《唐書》：高祖武德元年，詔諸衛將軍每至十月一日，皆服缺胯襖子。是缺襟之制，亦起于隋、唐時。至戰裙之始，按《國語》：鄢之戰，郤至以韎韋之跗注，三逐楚平王。注：跗注者，兵服自腰以下注于跗，則今之戰裙蓋本此也。邲之戰，屈蕩逐趙旃，得其甲裳，又裙之有甲者耳。

清・平步青《霞外攟屑》卷二《鬥祓》 風帽鬥祓，俗作篷非。乃道途風雪所服，見客投謁，下輿騎，則當去之。馮敬通與鄧禹箋，所謂上堂則蓑不御也。《左傳》昭公十二年，楚子狩于州來，雨雪，王皮冠，秦復陶，翠被，豹舄，執鞭以出。杜注翠被云：以翠羽飾被。俞理初云：此分句下注之弊也。復陶翠被，止是一名。陶爲陶復、陶穴之陶，復陶即被復陶之被，以翠爲之，風雨時所被，如復陶在上。今所謂鬥祓也，故下云王去冠被，不云去復陶。按《四書釋地三續補》，皮冠蓋加於禮冠之上，田獵則以御塵，亦以御雨雪。楚靈次於潁尾，去皮冠而與子革語，必非科頭也。可見其去皮冠而仍有禮冠矣。《札樸》卷二《襄三十年傳》，使爲復陶。杜注：主衣服之官。《昭十二年傳》云云，杜注：復陶，秦所遺羽衣也。《釋文》：復音服，一音福、馥。按《釋名》：翻，陶也。其貌陶陶下垂也，復陶蓋以羽爲之，有似於翻，故可障雨雪也。劉寶楠《愈愚録》卷三引《漢書·西域傳》，襲翠被馮玉幾而處其中。《西京賦》張甲乙而襲翠被，則翠被乃加于衣者，若今之背心歟。桂文燦曰：翠被者，蓋猶今之科袂，禦寒之衣也。丁壽昌曰：翠被疑即鶴氅之類，故楚子雨雪而衣以出也。歐伯以爲鶴氅，皆非。皓亭以爲科袂，與理初合。《傳文·下》云：右尹子革夕，王見之，去冠被，舍鞭與之語。是君見臣猶去之，況賓主自適以下乎。同治丁卯，有山西楊某，冒稱兵部郎中，來江西，遍謁巡撫、司、道，下輿不去風帽，皆怪其無禮。後逛娶其同鄉彭衛官女，事露，狼搶遁去，真妄人也。袪，《説文解字》云：蠻夷服也。今戲劇中猶然。楊某殆自居於夷，又何知左傳右傳。《漢書·外戚恩澤侯表》：田蚡子恬，元朔三年，坐衣襜褕入宫不敬免。師古曰：襜褕，直裾襌衣也，更非所曉矣。

清·俞正燮《癸巳存稿》卷二《景》　《詩》衣錦褧衣，《禮》引作衣錦尚絅，《儀禮》作景，皆以襌衣明透爲義。《説文》云：景，光也。絅，急引也。褧，檾也。《詩》曰衣錦褧衣，示反古，則褧製如縐絺。《儀禮·士昏禮》云：姆宵衣，女從者被潁黼，女純衣纁袡，乘車，加景衣。注云：景，今文作憬。宵如綃，綺屬。姆亦玄衣，以綃爲領。潁，襌也。潁黼爲領，假盛服也。景之制蓋如明衣，加之以爲行道御塵，令衣鮮明也。景亦明也，賈疏云：景不用布，蓋以襌縠爲之。賈説非也。褧爲明，則必襌衣，示反古，則必用布，其類褧者，則曰縐絺，惟葛麻異耳。《詩正義》云：葛細靡者，縐也，質細而縷縐，皆不用縠。知昏禮景用布者，男子始冠緇布冠，明女子昏禮加景亦布矣。姆元衣，女從者潁黼領，則女景亦緇布也。

清·劉寶楠《愈愚録》卷三《翠被》　《左昭十二年傳》：楚子皮冠，秦復陶，翠被，豹舄。杜注：以翠羽飾被。《漢書·西域傳》：贊孝武興造甲乙之賬落，以隨珠和璧，天子負黼，依襲翠被，馮玉幾而處其中。張衡《西京賦》：大駕幸乎平樂，張甲乙而襲翠被。則翠被乃加于衣上者，若今之背心歟。桂文燦曰：《論語·鄉黨》寢衣，孔注以爲今被。《説文》亦以被爲寢衣。被可稱衣，則衣自可稱被。翠被者，蓋猶今之科袂禦寒之衣也。丁壽昌曰：翠被疑即鶴氅之類，故楚子雨雪而衣以出也。

又卷四《絺衣》　《史記·五帝紀》：堯乃賜舜絺衣與琴。張守節《正義》：絺，細葛布衣也。案，《正義》非也。《孟子》：舜爲天子被袗衣鼓琴。趙注：袗，畫也。被畫衣，黼黻絺繡也。《書·皋陶謨》：予欲觀古人之象，日月星辰山龍華蟲作會，宗彝藻火粉米黼黻絺繡。《正義》引鄭玄云：絺讀爲黹，黹，紩也。凡畫者爲繪，刺者爲繡。衣用繪，裳用繡。然則絺衣猶言繡裳。衣裳古人通稱。《後漢書·仲長統傳》：論白戴黄屋服絺衣，亦謂繡衣。李賢注引《韓子》曰：堯冬日鹿裘，夏曰葛衣，以絺衣爲葛衣亦誤。

清·顧棟高《毛詩類釋》卷一三《釋衣服·毳衣》　箋：毳衣之屬衣繢而裳繡，其青者如菼菼蘆之始生也。劉氏濟曰：毳衣以宗彝爲首，蓋畫虎蜼。虎蜼淺毛，故謂之毳。毳衣所畫者三章，宗彝也、藻也、粉米也。裳所繡者二章，黼也，黻也。蓋天子大夫之服。

又《緇衣》　疏：緇衣即《士冠禮》所云玄冠朝服緇帶素韠是也。卿士旦朝于王服皮弁，退適治事之館，釋皮弁而服緇衣。以聽其所朝之政，是卿大夫居私朝之服。

又《絲衣》　疏：爵弁之服，玄衣纁裳皆以絲爲之，故云絲衣。曹氏曰餘衣皆用布，惟冕與爵弁服用絲。大夫以上祭服謂之冕，士祭服謂之弁，其首服弁，則其衣用絲，故知絲衣爲士助祭于王之服。

又《象服》　箋：象服謂褕翟、闕翟也。《詩緝》曰：翟皆刻繒以象鳥羽，故謂之象服。

清·張燾《津門雜記》卷下《衣兜煙捲》　紫竹林通商埠頭，粤人處此者頗多，原廣東通商最早，得洋氣在先，類多效泰西所爲，嘗以紙捲烟葉銜于口，吸食之，又如衣襟下每作布兜，裝置零物，取其便也。近則津人習染，衣襟無不作兜，凡成衣店估衣鋪所製新衣，亦莫不然。更有洋人之侍僮、馬夫輩，英語呼僮曰百穿，廣語呼曰細崽。率多短衫窄袴頭戴小草帽，口啣煙捲。英語呼煙捲曰司個而。時辰表煉，特挂胸前，顧影自憐，惟恐不肖，殊難索解，可博一粲。

清·周象明《事物考辯》卷六〇《冠裳·青衿》　《唐書》：咸通中，禮部侍郎劉久章請諸生及進士第并謁先師，衣青衿介幘以還古制。

又《素積》《席上腐談》：古之素積，即今之細摺布衫也。《荀子》云：皮弁素積。楊倞注云：素積爲裳，用十五升布爲之，蹙其腰中，積謂之素積。一升八十縷，十五升千二百縷，蓋細布也。

又《短後衣》《夢溪筆談》：唐以來，士人文章好用古人語，而不考其是，凡説武人，多云短後衣，不知短後衣出《莊子·説劍篇》：蓋古之士人衣皆曳後，故時有報短後之衣者，非武人服也。

明按《莊子》：曼胡之冠短後之衣，注以爲粗鹵之狀，唐人以爲武士所服，似亦未可盡非。

又《龍具》程大昌《演繁露》：王章卧牛衣中，注云龍具也。按《食貨志》董仲舒曰：貧民常衣牛馬之衣，而食犬彘之食。然則牛衣者，編草以被牛，蓋蓑衣之類也。

明按王氏《農書》顔師古曰：牛衣，編亂麻爲之，即今呼爲龍具者。前漢王章卧牛衣中。晉劉實好學，少貧苦，口誦手繩，賣牛衣以自給。則牛之有衣舊矣。王荆公詩云：百獸冬自暖，獨牛無氄毛。無衣與卒歲，坐恐得空牢。主人覆護恩，豈啻一綈袍。問汝何以報，黍離滿東皋。

又《衩衣》《通鑑辨誤》：僖宗乾符元年，王凝、崔彦昭同舉進士，凝先及第，嘗衩衣見彦昭。史照曰：衩，楚懈切。《博雅》：裫袺袛衩謂之縷袘。余按，史照此釋殊不可曉，不知衩衣二字，今人所常言也。凡賓以禮服至者，主欲從簡便，必使人傳言曰請衩衣。客于是便服進。又有服宴褻之服而遇服禮服者，必謝曰衩袒無禮。可見衩衣之説起于唐人，而通行于今世也。

又《金鳳衣》徐應秋《談薈》王建宫詞：羅衫葉葉繡重重，金鳳銀鵝各一叢。每遍舞時分兩向，太平萬歲字當中。金鳳銀鵝，蓋舞者之衣也。

清·福格《聽雨叢談》卷一《玄狐褡褳》褡褳之製，與褂同，身袖長，旁裾各綴緞飄帶，下豐而鋭，均與袍齊，如古之鶴氅也。玄狐褡褳貴重，雖親郡王亦須賞賚方許服用，繼爵者于承襲後具疏恭繳，有仍賞還者，方式准留于私第。按王漁洋《居易録》言，褡褳之名最古。郭一經曰半臂衫也，起於隋時，内官服之。愚臆恐非今之褡。

又卷六《軍機坎》軍機坎，製如馬褂而右襟，袖與肘齊，便於作字也。道光初年，剏自軍機處。因軍機入直，最早最晏，襯于長褂之内，寒易著，暖易解，故又曰褂襯，又曰半袖。以雜色緞帛皆可爲之，不必定如馬褂之用青色也。數十年來，士農工商皆效其製，以爲燕服，鑲緣愈華，益失其義。按，魏武作軍幍，以軍中服之輕便，或作五色以表方面，得毋軍機坎之先聲歟。

按《綱目集覽》曰：半袖，短袂衣也。《晉書·五行志》：魏明帝披縹綾半袖云云。皆有合於軍機坎之製。

紀事

唐·馮贄《雲仙雜記》卷二《隱士衫》成芳隱麥林山，剥苧織布，爲短襴寬袖之衣，著以酤酒，自稱隱士衫。《梁福廬陵記》。

五代·孫光憲《北夢瑣言》卷一〇　唐孔拯侍郎作遺補時，朝回遇雨，不賫油衣，乃避雨于坊叟之廡下。滂注愈甚，已過食時，民家意其朝飢，延入廳事。俄有一叟，烏帽紗巾而出，迎候甚恭。因備酒饌，一一精珍，乃公侯家不若也。孔公慚謝之，且借油衣。叟曰：某寒不出，熱不出，風不出，雨不出，未嘗置油衣。然已令鋪上取去，可以供借也。孔公賞羨，不覺頓忘宦情。他日説於僚友，爲大隱之美也。古之富者，擬於封君，《洪範》五福，一曰富，先賢以無事當貴，豈斯人之徒耶。復有一丞郎，馬上内逼，急詣一空宅，徑登溷軒，斯乃大優穆刀綾空屋也，優忽至，丞郎慚謝之。優曰：侍郎他日内逼，但請光訪。人聞之，莫不絶倒。

藝文

明·張之象《古詩類苑》卷一一八《服食部·衣》

《擣衣》謝惠連

衡紀無淹度，晷運倏如催。白露滋園菊，秋風落庭槐。肅肅莎雞羽，烈烈寒螿啼。夕陰結空幕，宵月皓中閨。美人戒裳服，端節相招携。簪玉出北房，鳴金步南階。欄高砧響發，楹長杵聲哀。微芳起兩袖，輕汗染雙題。紈素既已成，君子行未歸。裁用笥中刀，縫爲萬里衣。盈篋自余手，幽針俟君開。腰帶准疇昔，不知今是非。

同前　梁武帝

駕言易水北，送別河之陽。沈思慘行鑣，結夢在空牀。既寤丹緑謬，始知紈素傷。中州木葉下，邊城應早霜。陰蟲日慘烈，庭草復芸黄。金風徂清夜，明月懸洞房。褭褭同宮女，助我理衣裳。參差夕杵引，哀怨秋砧揚。輕羅飛玉腕，弱袖低紅妝。朱顔日已興，盼睇色增光。擣以一匪石，文成雙鴛鴦。制握斷金刀，薰用如蘭芳。佳期久不歸，持此寄寒鄉。妾身誰與容，思君苦入腸。

《咏擣衣》　王僧孺

足傷金管遽，多愴緹光促。露團池上紫，風飄庭裏緑。下機鶩西眺，鳴砧遽東旭。芳汗似蘭湯，雕金辟龍燭。散度廣陵音，摻寫漁陽曲。別鶴悲不已，離鸞斷還一作更。續。尺素在魚腸，寸心憑雁足。

《擣衣詩五首》　柳惲

《南史》曰：惲以貴公子，早有令名，少工篇什，爲詩云亭臯木葉下，隴首秋雲飛。王融見而嗟賞。

孤衾引一作紛。思緒，獨枕愴一作悵。憂端。深庭秋草緑，高門白露寒。思君起清夜，促柱奏幽蘭。不怨飛蓬苦，徒傷蕙草殘。

行役滯風波，游人淹不歸。亭臯木葉下，隴首秋雲飛。寒園夕鳥集，思牖草蟲悲。嗟矣當春服，安見御冬衣。鶴鳴勞永歎，採菉傷時暮。念君方遠游，望《藝文》作賤。妾理紈素。秋風吹緑潭，明月懸高樹。佳人飭净容，招攜從所務。

步櫚杳不極，離堂蕭已扃。軒高夕杵散，氣爽夜碪鳴。瑶華隨步響，幽蘭逐袂生。踟躕理金翠，容與納宵清。

泛艷迴烟彩，淵旋龜鶴文。凄凄合歡袖，冉冉蘭麝芬。不怨杼軸苦，所悲千里分。垂泣送行李，傾首遲歸雲。

《咏獨杵搗衣》　僧正惠偘

非是無人助，意欲自鳴砧。照月斂孤影，乘風送迴音。言搗雙絲練，似奏一弦琴。令君聞獨杵，知妾有專心。

《夜聽搗衣》　曹毗

寒興御紈素，佳人理衣衾。一作治衣襟。冬夜清且永，皓月照堂陰。纖手疊輕素，朗杵叩鳴砧。清風流繁節，迴飈灑微吟。嗟此嘉運速，悼彼幽滯心。二物感余懷，豈但聲與音。

同前　庚信

秋夜擣衣聲，飛度長門城。今夜長門月，應如晝日明。小鬟宜粟瑱，圓腰運織成。秋砧調急節，亂杵變新聲。石燥砧逾響，桐虚杵絶鳴。鳴石出華陰，虚桐採鳳林。北堂細腰杵，南市女郎砧。擊節無勞鼓，調聲不用琴。並結連枝縷，雙穿長命針。倡樓驚別怨，征客動愁心。同心竹葉椀，雙去雙來滿。裙裾不奈長，衫袖偏宜短。龍文鏤剪刀，鳳翼纏篸管。風流響和韵，哀怨聲凄斷。新聲繞夜風，嬌轉滿空中。應聞長樂殿，判徹昭陽宫。花鬟醉眼纈，龍子細文紅。濕摺通夕露，吹衣一夜風。玉階風轉急，長城雪應暗。新綬始欲縫，細錦行須纂。聲煩廣陵散，杵急漁陽摻。新月動金波，秋雲泛濫過。誰憐征戍客，今夜在交河。栩陽一作羽觴。離別賦，臨江愁思歌。復令悲此曲，紅顔餘幾多。

《華觀省中夜聞城外擣衣》　費昶

閶闔下重關，丹墀吐明月。秋氣城中冷，秋砧城外發。浮聲繞雀臺，飄響度龍闕。宛轉何藏摧，當從上路來。藏摧意未已，定自乘軒裏。乘軒盡世家，佳麗似朝霞。圓璫耳上照，方繡領間斜。衣薰百和屑，鬢插九枝花。昨暮庭槐落，今朝羅綺薄。拂席捲鴛鴦，開縵舒龜鶴。金波正容與，玉步依砧杵。紅袖往還縈，素腕參差舉。徒聞不得見，獨夜空愁佇。獨夜何窮極，懷之在心惻。階垂玉衡露，庭舞相風翼。瀝滴流星輝，燦爛長河色。三冬誠足用，五日無糧食。楊雲已寂寥，今君復弦直。

《擣衣》　温子昇

長安城中秋夜長，佳人錦石擣流黄。香杵紋砧知近遠，傳聲遞響何凄涼。七夕長河爛，中秋明月光。蠮螉塞邊絶候雁，鴛鴦樓上望天狼。

又《袙複》

《詠袙複》　蕭驎

的的一作皛皛。金紗净，離離寶攝一作縫。分。纖腰非學楚，寬帶爲思君。

又《衫》

《和定襄侯楚越衫》　江伯瑶

裁縫在篋笥，薰鬢帶餘香。開著不忍看，一見落千行。

明・張之象《唐詩類苑》卷一八五《服食部・衣》

《擣衣》　吴大江

沙塞秋應晚，金閨恨已空。那堪裂紈素，時許出房櫳。杵影弄寒月，砧聲調夜風。裁縫雙泪盡，萬里寄雲中。

《擣衣》　杜甫

亦知戍不返，秋至拭清砧。已近苦寒月，况經長別心。寧辭擣衣倦，一寄塞垣深。用盡閨中力，君聽空外音。

《擣衣篇》　劉希夷

秋天瑟瑟夜漫漫，月白風清玉露團。燕山遊子衣裳薄，秦地佳人閨閣寒。欲向樓中縈楚練，還來機上裂齊紈。攬紅袖兮愁徙倚，盼青砧兮悵盤桓。盤桓徙倚夜已久，螢火雙飛入簾牖。西北風來吹細腰，東南月上浮纖手。此時秋月可憐明，此時秋風別有情。君看月下參差影，爲聽莎間斷續聲。絳河轉兮青雲曉，飛鳥鳴兮行人少。攢眉緝縷思紛紛，對影穿針魂悄悄。聞道還家未有期，誰憐登隴不勝悲。夢見形容亦舊日，爲許裁縫改昔時。緘書遠寄交河曲，須及明年春草緑。莫嫌衣上有斑斑，只爲思君泪相續。

《擣衣篇》　李白

閨裏佳人年十餘，嚬蛾對影恨離居。忽逢江上春歸燕，銜得雲中尺素書。玉手開緘長嘆息，征夫猶戍交河北。萬里交河水北流，願爲雙鳥泛中洲。君邊雲擁青絲騎，妾處苔生紅粉樓。樓上春風日將歇，誰能攬鏡看愁髪。曉吹弦管隨落花，夜擣戎衣向明月。明月高高刻漏長，真珠簾箔掩蘭堂。横垂寶幄同心結，半拂瓊筵蘇合香。瓊筵寶幄連枝錦，燈燭熒熒照孤寢。有使憑將金剪刀，爲君留下相思枕。摘盡庭蘭不見君，紅巾拭泪坐氤氲。明年更若征邊塞，願作陽臺一段雲。

《擣衣曲》　劉禹錫

爽砧應秋律，繁杵含淒風。一一遠相續，家家音不同。户庭凝露清，伴侣明月中。長裾委襞積，輕珮垂璁瓏。汗餘衫更馥，鈿移麝半空。報寒驚邊雁，促思聞候蟲。天狼正芒角，虎落定相攻。盈篋寄何處，征人如轉蓬。

《寄盧儼員外秋衣詞》　于鵠

寄遠空以心，心誠亦難知。篋中有秋帛，裁作遠客衣。縫製雖女功，尺度手自持。容貌常目中，長短不復疑。斜縫密且堅，游客多塵緇。意欲都無言，澣濯耐歲時。殷勤託行人，傳語慎勿遺。別來已年老，亦聞鬢成絲。縱然更相逢，握手唯是悲。所寄莫復弃，願見長相思。

《答張相公寄羅衣》　李白

張相公出鎮荆州，尋除太子詹事，余時流夜郎，行至江夏，與張相公去千里，公因太府丞王昔使車寄羅衣一事，及五月五日贈余詩，余答以此詩。

張衡殊不樂，應有四愁詩。慙君錦繡段，贈我慰相思。鴻鵠復矯翼，鳳凰憶故池。榮樂一如此，商山老紫芝。

《開元中賜邊軍纊衣有軍士於短袍中得詩》　開元宫人

沙場征戍客，寒苦若爲眠。戰袍經手作，知落阿誰邊。蓄意多添綫，含情更著綿。今生已過也，重結後生緣。

《春深脱衣》　李商隱

睥睨江鴉集，堂皇海燕過。減衣憐蕙若，展障動烟波。日烈憂花甚，風長奈柳何。陳遵容易學，身世醉時多。

《謝令狐綯相公賜衣九事》　賈島

長江飛鳥外，主簿跨驢歸。逐客寒前夜，元戎與厚衣。雪來松更緑，霜降月彌輝。即入調殷鼎，朝分是與非。

《更衣曲》　劉禹錫

博山炯炯吐香霧，紅燭引至更衣處。如何其夜夜漫漫，隣鷄未鳴寒雁度。庭前雪壓松桂叢，廊下點點懸紗籠。滿堂醉客争笑語，嘈囋琵琶青冪中。

《寄生衣與微之因題封上》　白居易

淺色縠衫輕似霧，紡花紗袴薄於雲。莫嫌輕薄但知著，猶恐通州熱殺君。

《酬樂天寄生衣》　元稹

秋茅處處流痎瘧，夜鳥聲聲哭瘴雲。羸骨不勝纖細物，欲將文服却還君。

《謝楊東川寄衣服》　白居易

年年衰老交遊少，處處蕭條音信稀。唯有巢兄不相忘，春茶未斷寄秋衣。

《寄衣曲》 張籍

織素縫衣獨苦辛，遠因回使寄征人。官家亦自寄衣去，貴從妾手著君身。高堂姑老無侍子，不得自到邊城裏。殷勤爲看初著時，征夫身上宜不宜。

《元九以緑絲布白輕褣見寄製成衣服以詩報之》 白居易

緑絲文布素輕褣，珍重京華手自封。貧友遠勞君寄附，病妻親爲我裁縫。袴花白似秋雲薄，衫色青於春草濃。欲著却休知不稱，折腰無復舊形容。

《酬樂天得稹所寄緑絲布白輕褣製成衣服以詩報之》 元稹

湓城萬里隔巴庸，紵薄綈輕共一封。腰帶定知今瘦小，衣衫難作遠裁縫。唯愁書到炎凉變，忽見詩來意緒濃。春草緑茸雲色白，想君騎馬好儀容。

又《襖》

《新製綾襖成感而有咏》 白居易

水波文襖造新成，綾軟綿勻温復輕。晨興好擁向陽坐，晚出宜披蹋雪行。鶴氅毳疎無實事，木綿花冷得虚名。宴安往往歡侵夜，卧穩昏昏睡到明。百姓多寒無可救，一身獨煖亦何情。心中爲念農桑苦，耳裏如聞饑凍聲。争得大襲長萬丈，與君都蓋洛陽城。

又《衫》

《故衫》 白居易

闇淡緋衫稱老身，半披半曳出朱門。袖中吴郡新詩本，襟上杭州舊酒痕。殘色過梅看向盡，故香因洗嗅猶存。曾經爛熳三年著，欲弃空箱似少恩。

清・張燾《**津門雜記**》**卷下**《**衣兜煙捲**》 衣兜。衷衣裏面作方兜，舉手探囊逐件投。包括一身多少事，取携甚便勿旁求。

雜録

漢・伶玄《**趙飛燕外傳**》 奏書于後曰：【略】若亡絳綃單衣一襲，香文羅手藉三幅，七回光雄肪髮澤一盎，紫金被褥香爐三枚，文犀辟毒箸二雙，碧玉膏奩一合。

唐・顔師古《**匡謬正俗**》**卷五**《**游衣**》 《叔孫通傳》曰：高帝寢衣月出游高廟，言高寢之衣冠一月一備，法駕出游于高廟耳。隋越國公楊素行經漢高陵詩云：芳春無獻果，明月不游衣。觀其此意，謂月出之夕乃游衣冠，此大謬。

五代・馮鑑《**續事始**》 衫。《實録》曰：古者女子衣與裳連，狀如披衫，而制之短長與裙相似。秦始皇方令短作衫子，長袖猶至於腰。陳時宫中尚短袖窄小衫子，綫用八尺物爲衫，顔色不一。隋文帝用一丈物爲之，即今有印龊纈衫子。唐宫人亦以一丈爲之。

明・于慎行《**穀山筆麈**》**卷一四**《**雜解**》 《唐史》：王凝及第，衩衣見崔彦昭。衩衣，便服也，今俗語猶然。

明・李時珍《**本草綱目**》**卷三八**《**服器之一**》 汗衫。《綱目》。釋名。中單、《綱目》。裲襠、羞袒。時珍曰：古者短襦爲衫，今謂長衣亦曰衫矣。王叡《炙轂子》云：漢王與項羽戰，汗透中單，改名汗衫。劉熙《釋名》云：汗衣，詩謂之澤衣，或曰鄙袒，或曰羞袒，用六尺裁，足覆胸背，言羞鄙于袒。故衣此爾，又前當胸，後當背，故曰裲襠。

明・蔣一葵《**長安客話**》**卷一**《**皇都雜記・小履紵衫**》 李文正公幼舉神童，帝抱至膝上，時其父拜起侍丹陛下。帝曰：子坐父立，禮乎。對曰：嫂溺叔援，權也。入朝小履一雙，僅二寸餘，猶是絆繫所成；衫則粗紵。爲耿天臺先生所得，置王督學大謨家，王爲教廉時也。後以還其家。

明・程良孺《**讀書考定**》**卷二二**《**服飾・交輸**》 曲裾，後垂交輸。如淳注：交輸割正幅，使一頭狹若燕尾，垂之旁，見于後。《禮記・深衣》：續衽鉤邊。賈逵謂之衣圭。蘇林曰：如今新婦袍之袿。全幅繒角割。名曰交輸裁。

清・褚人穫《堅瓠集》廣集卷二《中裙厠牏》　《漢書・石奮傳》：取親中裙厠牏，身自浣灑。蘇林云：牏音投。晉灼云：世謂反門小袖衫爲侯牏。顔師古云：中裙若今中衣，厠牏若今汗衫也。胡承之按，賈逵解《周官》云：牏，行清也。孟康云：厠，行清；牏，中受糞函者也。賈、孟皆在晉前，去班固爲近，説必有受，且詳厠牏字義，必非衣服類。《青箱雜記》亦以牏爲混。

清・桂馥《札樸》卷九《鄉里舊聞・服飾》　首飾曰幅巾，新婦蓋巾曰幪，兩襠曰背心，婦人懷中小衣曰襪胸，開衣領曰袥肩，襪肚曰兜，小兒褥曰褯音藉。衣紐曰襻，鞋上曰鞝，綿鞋曰鞃，靴鞾曰靿，裝綿曰褚聲如緒，衣加皮裹曰袢。

清・黄生《義府》卷下《綻》　《豔歌行》：故衣誰當補，新衣誰當綻。古謂補爲綻。

清・王念孫《廣雅疏證》卷七下《釋器》　絭謂之纕。《説文》：纕，援臂也。《玉篇》云：收衣袖絭也。《説文》：絭，攘臂繩也。《淮南子・原道訓》：短袂攘卷以便刺舟。卷與絭，攘與纕，并聲近義同。

圖表

明・王圻《三才圖會・衣服》卷三《襴衫》

袍

題解

漢・劉熙《釋名》卷五《釋衣服》　袍，丈夫著下至跗者也。袍，苞也。苞，内衣也。婦人以絳作衣裳，上下連，四起施緣。亦曰袍，義亦然也。齊人謂如衫而小袖曰侯頭，侯頭猶言解瀆，臂直通之言也。

南朝梁・顧野王《玉篇》卷二八　襺。公殄切，袍也。

又　襲。似立切，左衽袍也。

又　袍。薄裦切，長襦也。

宋・程大昌《演繁露》卷八《褐裘背子道服襦裙》　襦者，短衫也。《莊子》曰未解裙襦。《廉範傳》曰昔民無襦，今五袴也。褐者裾垂至地。《張良傳》有老父衣褐至良所。師古曰：褐制若裘，今道士所服者是也。裘即如今之道服也，斜領交裾，與今長背子略同。其異者，背子開胯，裘則縫合兩腋也。然今世道士所服，又略與裘異，裘之兩裾交相掩擁，而道士則兩裾直垂也。師古略與其概，故不能詳也。長背子古無之，或云近出宣政間，然小説載蘇文忠襌衣襯朝服，即在宣政之前矣。詳今長背既與裘制大同小異，而與古中單又大相似，殆加減其制而爲之耳。中單腋下縫合，而背子則離異其裾，中單兩腋各有帶，穴其掖而互穿之，以約定裏衣至背子則既悉去其帶，惟此爲異也。至其用以襯藉公裳，則意制全是中單也。今世好古而存舊者，縫兩帶綴背子，掖下垂而不用，蓋放中單之交帶也。雖不以束衣而遂舒垂之，欲存古也。《太平御覽》：有仙公請問經，其文曰太極，真人曰：學道當潔淨衣服，備巾褐制度，名曰道之法，服也。巾者冠中之巾也，褐者長裾，通冒其外衣也。巾褐皆具，乃中道家法服之制。今世衣直掇爲道服者，必本諸此也。又《傳授經》曰：老子去周，左慈在魏，并葛巾單裙。不著褐，則是直著短衫，而以裙束其上，不用道家法服也。晉王獻之書羊欣練裙，朱公叔絶交論謂西華之子，冬月葛衣練裙，蓋古人不徒衣袴必以裙襲之，是正上衣下裳之制也。

綜　述

漢・劉熙撰、清・畢沅疏證、清・王先謙補《釋名疏證補》卷五《釋衣服》　袍，丈夫著，下至跗者也。袍，苞也，苞内衣也。先謙曰：《淮南子》：楚莊王裾衣博袍。《續漢志》：或曰：周公抱成王宴居，故施袍。婦人以絳作衣裳，上下連，四起施緣，亦曰袍，義亦然也。畢沅曰：鄭注《周禮・内司服》云：婦人尚專一連衣裳，不異其色。先謙曰：《後漢・馬後紀》：朔望，諸姬朝請，望見後袍衣疏粗。《續志》：公主貴人妃以上，重綠袍。又不僅以絳作。

五代・馬縞《中華古今注》卷中《袍衫》　袍者，自有虞氏即有之。故《國語》曰袍以朝見也。秦始皇三品以上綠袍，深衣庶人白袍，皆以絹爲之。至貞觀年中，左右尋常供奉賜袍，丞相長孫無忌上儀于袍上加襴，取象于緣，詔從之。

又《宫人披襖子》　蓋袍之遺象也。漢文帝以立冬日，賜宫侍承恩者及百官披襖子，多以五色繡羅爲之，或以錦爲之，始有其名。煬帝宫中，有云鶴金銀泥披襖子。則天以赭黄羅上銀泥襖子以燕居。

又《緋綾袍》　舊北齊則長帽短靴，合胯襖子，朱、紫、玄、黄，各從所好。天子多著緋袍，百官士庶同服。隋改江南，天子則曰帢帽，公卿則中褐襦，北朝雜以戎狄之制，北齊貴臣多著黄文綾袍，百官士庶同服之。

元・許謙《詩集傳名物鈔》卷四《無衣》，【略】傳一章，疏，《玉藻》：纊爲襺，緼爲袍。注，緼謂今纊及舊絮。然則純著新緜爲襺，雜用舊絮爲袍。其制度則一，故云袍襺也。襺，古典反。緼，於粉反。

明・周祈《名義考》卷一一《物部・緼袍》　《玉藻》：纊爲襺，緼爲袍。注：纊，新綿。緼，舊絮。《廣韵》：繹繭爲絲，不繅爲綿，繅餘爲絮，以蠶繭繹而出之曰繅，繅之所累曰絲，以爲黼黻文章。不繅而成之曰綿，《書》纖纊，《莊子》洴澼絖是也。以褚襺繅餘爲絮，繭内衣護蛹者與其外膜雜爲之，《易》繻有衣袽是也。以褚袍襺，《春秋》傳所謂重襺。衣之貴者袍，即《論語》所謂緼袍。衣之賤者貧者又不可得絮，於是雜用枲。褚枲，檾也。以褚袍亦曰緼袍，編而爲粗短衣，即《孟子》所謂褐。寬博以爲襌縠，以行道御塵，即《詩》所謂褧衣，《記》所謂絅。師古曰以綿裝衣曰褚，《論語》注作著。襺音簡，繅音騷，絖與纊同，檾、褧、絅，俱音頃。

明・沈德符《萬曆野獲編》卷一《蟒衣》　揆地諸公多賜蟒衣，而最貴蒙恩者，多得坐蟒。則正面全身，居然上所御衮龍。往時惟司禮首璫常得之，今華亭、江陵諸公而後，不勝紀矣。按，正統十二年，上御奉天門，命工部官曰：官民服式，俱有定制。今有織繡蟒、龍、飛魚、鬥牛、違禁花様者，工匠處斬，家口發邊衛充軍。服用之人，重罪不宥。弘治元年，都御史邊鏞奏禁蟒衣云：品官未聞蟒衣之制，諸韵書皆云蟒者大蛇，非龍類。蟒無足無角，龍則角足皆具。今蟒衣皆龍形。宜令内外官有賜者俱繳進，内外機房不許織。違者坐以法。孝宗是之，著爲令。蓋上禁之固嚴。但賜賚屢加，全與詔旨矛盾，亦安能禁絶也。

明・張岱《夜航船》卷一一《日用部・衣裳》　袍。傳説制袍，長至足。隋制大袍，宇文護始加襴。舜制深衣。馬周制襴衫。漢制方心曲領，唐制圓領。

清・梁紹壬《兩般秋雨盦隨筆》卷八《袍》　《逸雅》：袍，丈夫著，下至跗者也。《事物紀原》以爲始于宇文護，《困學紀聞》以爲始于隋大業，皆非也。《漢・輿服志》：周公抱成王燕居，故以袍。《物原》：傳説作袍。《古今注》：袍者，有虞氏即有之。則其制由來遠矣。

清・俞樾《茶香室續鈔》卷二二《蟒衣始于明》　明沈德符《野獲編》云：蟒衣爲象龍之服，與至尊所御袍相肖，但減一爪耳。正統初，始以賞虜酋，其賜司禮大璫不知起自何時，想必王振、汪直諸閹始有之。自弘治十六年二月，孝宗久違豫獲安，時内閣爲劉健、李東陽、謝遷，俱拜大紅蟒衣之賜，輔弼得蟒衣自此始。按此知今之蟒袍尚襲明制也。

清・俞樾《茶香室三鈔》卷二五《教子升天蟒衣》　國朝章有謨《景船齋雜記》云：嘉靖甲子，賜公謂徐文貞階也。教子升天蟒衣一襲，係上手擇有珠者。按，宋玉杯有名教子升天者，亦見《景船齋雜記》，余已載于《叢鈔》二十矣。蟒衣亦有此名，未詳其製。

藝　文

明·張之象《唐詩類苑》卷一八五《服食部·袍》

《尚書念舊垂賜袍衣率題絶句獻上以申感謝》　岑參

富貴情還在，相逢豈間然。綈袍更有贈，猶荷故人憐。

《宣賜錦袍設上贈諸郡客》　劉兼

十月芙蓉花滿枝，天庭驛騎賜寒衣。將同玉蝶侵肌冷，也遣金鵬遍體飛。夜卧始知多黍穭，晝行方覺轉光輝。深冬若得朝丹闕，太華峯前衣錦歸。

雜　録

唐·鄭處誨《明皇雜録》卷上　玄宗御勤政樓，大張樂，羅列百妓。時教坊有王大娘者，善戴百尺竿，竿上施木山，狀瀛洲、方丈，令小兒持絳節出入于其間，歌舞不輟。【略】貴妃復令咏王大娘戴竿，宴應聲曰：樓前百戲競争新，唯有長竿妙入神。誰得綺羅翻有力，猶自嫌輕更著人。玄宗與貴妃及諸嬪御，歡笑移時，聲聞于外，因命牙笏及黄文袍以賜之。

五代·馮鑑《續事始》　袍。《二儀實録》云：殷周以來，貴賤通服。《論語》曰：衣敝緼袍。至後周晉公宇文護，始令袍加襴。煬帝詔丞相牛弘，憲章古制，衣袍皆有差等，三品四品通著紫綾袍，五品服采，六品以下用緑，官吏以青，庶人服白，商用皁。無襴謂之直綴，士卒以黄。武德初，并因隋制，天子常服黄袍，及後漸用赤黄，遂禁士庶不得服赤黄。

明·沈德符《萬曆野獲編》卷六《尚衣失珠袍》　萬曆三十二年，尚衣監失御前珍珠袍一件，上震怒，命司禮掌印太監陳矩拷究，袍房内臣田進等三人，以夙仇互訐，各受酷刑，竟無踪迹，田進尋瘐死，餘充净軍，後乃知上前一貴顯宫女，即内中稱爲某太者，盗與菜户内官，斥賣久矣，然憚此宫人爲主上信用，且事屬既往，遂不復窮詰。

明·張存紳《增定雅俗稽言》卷一一《冠服·禮服》　《輟耕録》謂元人以禮服曰袍，乃韃靼稱漢人則曰團衫，南人則曰大衣，今自京師及天下皆稱婦人禮服曰袍，豈沿習已久歟。

清·周象明《事物考辯》卷六〇《冠裳·緼袍》　《玉海》《玉藻》云：纊爲襺，緼爲袍。注云：衣有著之異名也，純著新綿謂之襺，雜用舊絮名爲袍。

皇后六服

題　解

漢·劉熙《釋名》卷五《釋衣服》　王后之上服曰褘衣，畫翬雉之文於衣也。伊洛而南，雉，青質，五色備，曰翬。鷂翟，畫鷂雉之文於衣也。江淮而南，雉素質五采皆備成章曰鷂。闕翟，翦闕繒爲翟雉形，以綴衣也。鞠衣，黄如菊花色也。袒衣，袒坦也，坦然正白無文采也。褖衣，褖，然，黑色也。

漢·劉熙撰、清·畢沅疏證、清·王先謙補《釋名疏證補》卷五《釋衣服》　王后之上服曰褘衣，先謙曰：吴校作王后之六服有褘衣。畫翬雉之文於衣也。伊洛而南，雉素質五色皆備成章曰翬。畢沅曰：素今本與下青字互訛，據《爾雅》及《周禮·内司服》注改正。本又脱皆字成章字，案下文有之，此亦當有，亦據二書補之。摇翟，畢沅曰：《周禮》作揄狄，鄭康成注作摇翟，聲近字通也。諸本并從《爾雅》，摇字作鷂，俗書也。畫摇雉之文於衣也。江淮而南，青質五色皆備成章曰摇。畢沅曰：五色諸本作五采，雖本《爾雅》，然不應與上互異，今據《周禮》注改。闕翟。畢沅曰：《周禮》作闕狄，《禮記·玉藻》及《喪大記》皆作屈狄。鄭仲師注《周禮》引《喪大記》文而云：屈者，音聲與闕相似。翦闕繒爲翟雉形以綴衣也。鞠衣，黄如鞠華色也。襢衣，畢沅曰：今《周禮》作展衣。案本字當作襄。襢，坦也，坦然正白無文采也。畢沅曰：鄭仲師注《周禮》云：展衣，白衣也。襢音聲與展相似，此即用鄭説。案《説文》□，丹縠衣，與此異。褖衣，畢沅曰：《周禮》

本作緣，鄭康成改作褖，此書從之。《説文》無褖字，緣亦以象爲聲，似不必改。褖、然，黑色也。畢沅曰：《周禮・內司服》：掌王后之六服：褘衣、揄狄、闕狄、鞠衣、展衣、緣衣，素沙。鄭康成曰：狄當爲翟，翟，雉名。伊雒而南，素質五色皆備成章曰翬；江淮而南，青質五色皆備成章曰摇；王后之服，刻繒爲之形，而采畫之，綴於衣，以爲文章。褘衣畫翬者，揄翟畫摇者，闕翟刻而不畫，此三者皆祭服。鞠衣，黄桑服也，色如鞠塵，象桑葉始生。《月令》：三月，薦鞠衣於先帝，告桑事。展衣，以禮見王及賓客之服，字當爲襢。襢之言亶，亶，誠也。《雜記》曰：夫人複税衣、揄狄。又《喪大記》曰：士妻以褖衣。言褖者甚衆。字或作税，此緣衣者實作褖衣也。褖衣御於王之服，亦以燕居，男子之褖衣黑，則是亦黑也。六服備于此矣。素沙者，今之白縳也。六服皆袍，制以白縳爲裹，使之張顯。沅案，此康成之説善矣，而猶有未是者，何以言之。《説文》有襢無襢，蓋襢字起於漢世，非古字也。襢字從衣珏聲，㞡字從尸襢省聲，今仍作展者，以便讀耳。《爾雅・釋詁》展、亶同詁，誠然則展亦有誠義，奚必改爲襢，而取亶誠之義乎。據《周禮》緣衣則可知褖字非古，故《説文》不收。緣從糸彖聲，固自有土段反之音，不必改從衣也，然則當改《禮記》之襢爲襃，褖税皆爲緣，乃反據《禮記》以改《周禮》之字，則改是從非矣，甚不可也。然則茲猶録鄭注何也，以其説與此書説合，録以疏證此書耳。

南朝梁・顧野王《玉篇》卷二八 襃。知彦切，丹縠衣也。又王后衣也。

又 褕。余招切，畫鷂雉于王后之服。又弋朱切，褕，短度絹也。又襜褕，直裾也。

宋・楊延齡《楊公筆録》 《周禮・司服》曰素沙，鄭玄云：今世沙縠名起于此。書作沙，俗作紗。

明・張岱《夜航船》卷三《人物部・儀制》 皇后六服。褘衣。褘音揮。色玄，刻繪爲翬。從王祭先王之服。翬亦音輝。揄狄。揄音遥。色青，刻繪爲揄。從王祭先公之服。闕狄。色黑。刻繪爲翟。從王祭群小祀之服。鞠衣。色黄。告桑之服。展衣。色白。以禮見王及賓客之服。褖衣。色黑。進御見王之服。

綜述

宋・姚寬《西溪叢語》卷上 劉禹錫：龍墀遥望麴塵絲。使麴塵字者極多。《禮記・月令》：薦鞠衣于上帝，告桑事。注云：如鞠塵色。《周禮內司服》：鞠衣。鄭司農云：鞠衣，黄桑服也。色如鞠塵，象桑葉始生。乃知用麴、麯字非是。

元・許謙《詩集傳名物鈔》卷一 《葛覃》，《周南》二。后妃自作絺綌，賦其事及歸寧之意。經一章，毛氏，葛所以爲絺綌女功之事煩辱者。二章，毛氏，莫莫成就貌。《詩緝》：婦人驕侈之情何極，苟萌厭心，雖窮極靡麗，耳目日新，猶以爲不足，服之無斁，可見后妃之德性，后世后妃以驕奢禍其族，皆厭心爲之。此詩，蓋后妃已成絺綌之服，將歸寧而追賦之也。春葛方盛，未可刈濩之時，后妃已念念于此，往而觀之，見黄鳥飛集和鳴于叢木之上，于以見和氣薰蒸物各得所之意，及葛之成也，即刈之濩之以爲絺綌。絺綌，夏服也。夏深葛成而方刈，既成服而服之。可見勤于女事，不失其時，及將歸寧，則必謀之姆師，告之夫君，至于澣濯微事，亦且諮詢而不置，其勤儉恭謹之德，備見于詞氣之間，則文王刑于寡妻之效，尤著于此矣。傳一章，《爾雅翼》：葛生山澤間，蔓延，牽其首至根，可二十步。疏，施，移也。言引蔓移去其根也。疏，皇黄鳥，黄鸝留。一作黄離留。或云黄栗留，幽州曰黄鶯。又名倉庚，商庚，鵹黄，楚雀，齊人曰摶黍。摶，徒端反。一鳥十名。二章，厭，于驗反；垢，古后反。三章，毛氏，女師教以婦德婦言婦容婦功。祖廟未毁，教于公宫。三月，祖廟既毁，教于宗室。疏，姆婦人五十無子，出而不復嫁，能以婦道教人者。女出嫁，姆從之，女子自少常教習，故曰女子十年不出，傅姆教之，但嫁前三月，特就尊者之宫教成之耳。姆，莫候反。陸德明《釋文》：撋，而專反。煩撋，猶挼莎也。挼，奴禾反。莎，素禾反。去，丘吕反。《周禮・內司服》：掌王后之六服，褘衣揄狄，闕狄，鞠衣，展衣，緣衣。注，狄當爲翟。翟，雉名。伊雒而南，素質五色成章曰翬。江淮而南，青質五色成章曰摇。闕者，屈也。王后之服，刻繒爲之，形如采畫之綴于衣，以爲文章。褘衣畫翬，揄翟畫摇，闕翟刻而不畫，此三者皆祭服，而翟數皆十二。鞠衣，黄桑服也，薦于上帝告桑事，展衣以禮見王及賓客，緣衣御于王及燕居。褘玄揄青，闕赤鞠黄，展白緣黑。公之夫人褘衣，侯伯之夫人揄狄，子男之夫人闕狄，其翟如夫之命數，其下內外命婦，鞠衣則九嬪孤之妻，展衣則世婦卿大夫之妻，緣衣則女御士之妻也，上皆可以兼下。褘音輝，揄音摇，鞠居六反、六二反，展張彦反，緣當爲褖，吐亂反，翟音狄，翬音輝。

宋・陳祥道《禮書》卷一七 后禕衣。禕衣，后祭先王之服也。上公如王之服，則上公之夫人如后之服。《禮記》言夫人副禕是也。魯非上公，亦尊其服者，以周公之后故也。其色玄。

揄狄。揄狄，后祭先公之服也。《玉藻》曰：夫人揄狄。《雜記》曰：復，夫人稅衣、揄狄。蓋三夫人、三公之妻及侯伯之夫人皆揄狄也。王姬嫁于諸侯，車服下王后一等，亦揄狄。特雉數與三公之妻、侯伯之夫人異耳。其色青。

闕狄。后祭群小祀之服。《玉藻》曰：君命屈狄。《喪大記》曰：復，夫人以屈狄。皆子男之夫人也。其色赤。

鞠衣。《月令》：春，天子乃薦鞠衣于先帝。蓋薦之于祀，告將服之以蠶。鄭氏曰：太皞之屬是也。孔穎達曰：薦鞠衣者，薦于神座以求福祥也。司服辨外內命婦之服，鞠衣、展衣、褖衣。《玉藻》曰：再命鞠衣。鄭氏曰：內命婦之服，鞠衣，九嬪也。展衣，世婦也。褖衣，女御也。外命婦其夫孤也，則服鞠。其夫卿大夫也，則服展衣。其夫士也，則服褖衣。其色黃，無雉。餘同禕衣制。

展衣。《詩》曰：其之展也。鄭氏曰：后見王及賓客服之。然則內外命婦之鞠衣、展衣、褖衣，則其助祭之服與。其色白，無雉。餘同禕衣制。

《周禮》：內小臣掌王后之命，正其服位。內司服掌王后之六服，禕衣、揄狄、闕狄、鞠衣、展衣、褖衣，素沙。鄭司農曰：禕衣，畫衣也。《祭統》曰：君卷冕立于阼，夫人副禕立于東房。揄狄、闕狄，畫羽飾。展衣，白衣也。《喪大記》曰：復者，朝服。君以卷，夫人以屈狄，世婦以襢衣。屈者，音聲與闕相似，襢與展相似。皆婦人之服。鞠衣，黃衣也。素沙，赤衣也。玄謂狄當爲翟。翟，雉名。伊雒而南，素質五色，皆備成章，曰翬。江淮而南，青質五色，皆備成章，曰搖。王后之服，刻繒爲之形而彩畫之，綴于衣以爲文章。禕衣，畫翬者。揄翟，畫搖者。闕翟，刻而不畫。此三者皆祭服。從王祭先王則服禕衣，祭先公則服揄翟，祭群小祀則服闕翟。今世有圭衣者，蓋三翟之遺俗。鞠衣，黃桑服也。色如鞠塵，象桑葉始生。《月令》：三月，薦鞠衣于先帝告桑事。展衣，以禮見王及賓客之服，字當爲襢，襢之言亶亶誠也。《詩・國風》曰：玼兮玼兮，其之翟也。下云：胡然而天也，胡然而帝也。言其德當神明。又曰：瑳兮瑳兮，其之展也。下云：展如之人兮，邦之媛也。言其行配君子。二者之義，與禮合矣。《雜記》曰：夫人復稅衣、揄狄。又《喪大記》曰：士妻以褖衣。言褖者甚衆，字或作稅。此褖衣者，實作褖衣也。褖衣，御于王之服，亦以燕居。男子之褖衣黑，則是亦黑也。六服備于此矣。禕、揄、狄、展，聲相近。緣，字之誤也。以下推次，其色則闕狄赤，揄狄青，禕衣玄。婦人尚專一德，無所兼連，衣裳不異其色。素沙者，今之白縳也。六服皆袍制，以白縳爲裏，使之張顯。今世有沙縠者，名出于此。辨外內命婦之服，鞠衣、展衣、緣衣、素沙。內命婦之服，鞠衣，九嬪也。展衣，世婦也。緣衣，女御也。外命婦者，其夫孤也，則服鞠衣。其夫卿大夫也，則服展衣。其夫士也，則服緣衣。三夫人及公之妻，其闕狄。以下乎侯伯之夫人，揄狄。子男之夫人，亦闕狄。惟二王后禕衣。《玉藻》曰：王后禕衣，夫人揄狄，君命屈狄，再命禕衣。禕當爲鞠。一命襢衣，士褖衣。《明堂位》曰：夫人副禕，立于房中。《祭義》曰：夫人副禕，立于東房。《詩》曰：副笄六珈。又曰：其之翟也，其之展也。《雜記》曰：復，諸侯以襃衣、冕服、爵弁服。夫人稅衣、揄狄、狄稅、素沙。內子以鞠衣、襃衣、素沙。下大夫以襢衣，其餘如士。《喪大記》曰：復，君以卷，夫人以屈狄，大夫以玄赬，世婦以襢衣，士以爵弁，士妻以稅衣。

后：禕衣，揄翟，闕翟，鞠衣，展衣，褖衣。

三夫人及三公之妻、侯伯之夫人：揄翟，闕翟，鞠衣，展衣，褖衣。

子男之夫人：闕翟，鞠衣，展衣，褖衣。

九嬪，公之大夫，侯伯子男之卿之妻：鞠衣，展衣，褖衣。

公之卿大夫，侯伯子男之大夫之妻：展衣，褖衣。

女御，公侯伯子男之士之妻：褖衣。

九者，陽之窮，故王之吉服九。六者，陰之中，故后之吉服六。王之服九而祭服六，后之服六而祭服三，以婦人不預天地、山川、社稷之祭故也。內宰大祭祀裸獻則贊，而天地無裸。內宗、外宗掌宗廟之祭祀，佐王后而不及外神，是不與天地、山川、社稷之祭也。王之服，衣裳之色異。后之服，連衣裳而其色同，以婦人之德本末純一故也。鄭氏曰：婦人連衣裳不異其色，素紗以爲裏。觀《喪服》言女子髽衰而不言裳，《昏禮》言女次純衣而不及裳，則婦人連衣裳而同色可知。王之服，禪而無裏。后之服，裏而不禪。以陽成于奇，陰成于偶故也。《爾雅》曰：伊雒而南，素質，五色皆備成章，曰翬。江淮而南，青質，五色皆備成章，曰摇。素質，義也。青質，仁也。五色皆備成章，禮也。有仁義以爲質，有禮以爲文，后之德如此而已。然地道尚義，故褘衣爲上，揄狄次之。言褘衣則知揄之爲翟。闕狄，《周禮》謂之闕，《禮記》謂之屈，則其制屈于揄、褘而已。三翟，蓋皆畫之于衣，如王冕服。鄭、賈之徒謂褖衣黑而象水，水生于金，故展衣白。金生于土，故鞠衣黄。土生于火，故闕狄赤。火生于木，故揄狄青。五色之上，則玄而已，故褘衣玄。祭先王服褘衣，祭先公服揄狄，祭群小祀服闕狄，蠶則服鞠衣，以禮見王及賓客服展衣，燕居及御于王則服褖衣。崔靈恩謂王后三翟，數皆十二。王者之后、諸侯夫人、三公而下夫人，雉數如命數，于理或然。《詩》曰其之翟也，而繼之以胡然而天，胡然而帝，則德當神明可知矣。曰其之展也，而繼之以展如之人，邦之媛也，則行配君子可知矣。然謂二翟刻繒畫之綴于衣，闕翟刻之而不畫，其説無據。夫黄者，陰之盛色。蠶而服之，以其帥外内命婦而蠶，使天下之嬪婦取中焉，后事之盛也。白者，陰之純色。見王及賓客服之，以其見王及賓客無事乎飾，一于誠焉，后禮之懿也。黑者，陰之正色。纁者，陰之上達。緣則循緣之也，燕居及御于王服之，以其體貴至正以上達爲循緣而已，后行之盛也。《玉藻》所謂夫人揄翟，君命屈狄，再命鞠衣，士褖衣者，《周官》司服辨外内命婦之服，鞠衣、展衣、褖衣，鄭氏以爲内命婦之服鞠衣，九嬪也。展衣，世婦也。緣衣，女御也。外命婦者，其夫孤也，則鞠衣。卿大夫也，則展衣。士也，則緣衣。三夫人及公之妻，其闕狄。以下乎侯伯之夫人，揄狄。子男之夫人，亦闕狄。惟二王后褘衣。然《記》言士緣衣，則明婦命視夫也。言君命，則明再命、一命非女君也。《坊記》曰大夫不稱君，則其妻不稱女君可知。蓋子男之夫人屈狄，侯伯之夫人揄狄，公之夫人褘衣。公之夫人褘衣，《記》稱夫人副褘是也。再命鞠衣，則上至于四命可知也。鄭氏謂侯伯之夫人揄狄，子男之夫人屈狄，孤鞠衣，卿大夫展衣，士褖衣，而改褘爲鞠，其説是也。謂三夫人及公闕狄，誤矣。《王制》言三公一命衮，則三公在朝鷩冕，其妻揄狄可知也。《玉藻》言夫人揄狄，則三夫人揄狄可知也。公之夫人褘衣，而《明堂位》言魯夫人副褘者，魯侯得用衮冕，則夫人副褘可知也。《少牢》大夫之妻衣侈袂，則其上至后、夫人之袂皆侈，特士妻褖衣之袂不侈。

褖衣。纁袖，素裏，色紫，無雉，餘同褘衣制。

士褖衣。赤袖，素裏，色紫，無雉，餘同褘衣。

《爾雅》曰：赤緣謂之褖。《内司服》言緣衣，《玉藻》言褖衣，《士喪禮・襲服》亦言褖衣，《雜記》、《喪大記》之復服言税衣，則緣、褖、税同實而異名也。鄭氏釋《周禮》曰：褖衣，御于王之服，亦以燕居。男子褖衣黑，是亦黑也。釋《士喪禮》曰：黑衣，裳亦緣，謂之褖。褖之言緣也，所以表袍也。考之《士冠》陳三服，爵弁服、皮弁服、玄端，有玄端無褖衣。《士喪》陳三服，爵弁服、皮弁服、褖衣，有褖衣無玄端。則褖衣所以當玄端也。然玄端之裳三，褖衣連衣裳，玄端無緣，褖衣有緣，此其名所以異也。子羔之襲繭衣裳，與税衣纁袡，曾子譏之曰不襲婦服。鄭氏曰：税衣若玄端而連衣裳者也。大夫而以纁爲之緣，非也。蓋丈夫褖衣緣以赤，婦人褖衣緣以纁。古文褖爲緣。鄭氏亦曰褖之言緣，而引《爾雅》赤緣之文以釋士之褖衣，則褖衣未嘗無緣也，特赤與纁正間之色異耳。賈公彦曰：《爾雅》釋婦人褖衣，鄭氏以士之褖衣雖不緣而其名同故引而證之，此臆論也。《士昏禮》：女次純衣，纁袡。《喪大記》曰：婦人復，不以袡。鄭氏曰：凡婦人不常施袡之衣，盛昏禮，爲此服耳。復衣不以袡，明非常也。然純衣，褖衣也，士妻助祭乃得服之，則服純衣猶士之爵弁服也。復衣不以袡，則明凡褖衣皆有袡也。孰謂袡特爲昏禮施哉。

明・周祈《名義考》卷一一《物部・褘褕》 按王后六服褘衣、褕狄、褘衣，畫翬也。褕狄畫鷂也，狄本作翟，雉名。翬鷂皆雉也。《爾雅》：伊洛而南，素質，五采皆備，成章曰翬。江淮而南，青質，五采皆備，成章曰鷂。是褘褕皆畫翟，但質有青素之殊。《説文》謂翟，羽飾衣曰褕。羽不可以飾衣，十二章華蟲作會，華蟲爲鷩繪爲畫，帝服用鷩，后服用翟，皆畫也。

清・顧棟高《毛詩類釋》卷一三《釋衣服・翟》 疏：侯伯夫人之服，自褕翟而下。疏：翟，雉名也。三翟皆刻繒爲雉形而彩畫之。不用真羽。《祭統》云：夫人副褘，謂公之夫人，衛侯爵夫人當服褕翟。褘同翬，伊雒而南，素質，五色皆備曰翬。江淮而南，青質，五色皆備曰褕。褘衣畫翬，褕翟畫揄，闕翟謂刻而不畫。

又《展衣縐絺》 箋：后妃六服有展衣，縐絺是絺之蹙蹙者。謂極精細。疏：夏服展衣，以縐絺爲裏，是當暑袢延之服。紲袢者，去熱之名。袢延，熱氣也。

又《褧衣》 箋：國君夫人當翟衣而嫁，錦衣在塗所服。《詩緝》曰褧，禪衣也。以縠爲之，加于錦衣之上。《中庸》所謂惡其文之著也。

清・周象明《事物考辯》卷六〇《冠裳・褘衣　摇狄　闕狄》《禮書》：《周禮》内司服掌王后之衣，服褘衣、摇狄、闕狄。鄭康成曰：狄當爲翟，雉名，伊洛而南，素質，五色皆備，成章曰翬。江淮而南，青質，五色皆備，成章曰摇。王后之衣畫翬者爲褘衣，從王祭先王則服之。畫摇者爲摇翟，祭先公則服之。闕狄刻而不畫，祭群小祀則服之。

雜録

宋・朱翌《猗覺寮雜記》卷一 君子偕老，疏鞠衣，黄桑服也。色如麴塵，象桑葉始生。元微之《三泉驛》云新葉麴塵花落地，樂天《山石榴》云，千房萬葉一時新，嫩紫殷紅鮮麴塵。

清・陸以湉《冷廬雜識》卷八《翔字》《丹鉛總録》謂：后周皇后服制：受繭則服鶖衣，聽女教則服鵗衣，歸寧則服翔衣。鵗翔字惟見此，蓋蘇綽所制也。

服裝部·裳袴裙褌分部

袴

題解

南朝梁・顧野王《玉篇》卷二六　鞋。音注，皮袴。

又卷二八　幝。古魂切，幒也。又作褌。

又　幧。口妖切，袴幧也。

又　袪。方乎切，襲袴也。或作帙。

又　褋。徒頰切，褌衣也。

又　襍。同上。

又　褰。起焉切，袴也。又褰衣也。

又　襪。同上。

又　襗。余石切，又除革切，袴也。《説文》大各切。

又　祒。市兆切，袴也，襠也，袴上也。

又　襱。除龍、力公二切，袴襠也，踦袴也。

又　裍。同上。

又　褌。古魂切，或作幝。

又　襣。毗二切。犢襣，以全三尺布作，形如牛鼻，相如所著也。

又　袨。古鳥切。袨衧，小袴也。

又　褣。且勇切，褌也。或作幒。

又　衳。音鍾，小褌。

又　褓。同上。又息拱切，小袴也。

又　神。直勇切，袴。

又　袴。口護切，脛衣也。亦作絝。

明・郎瑛《七修類稿》卷二六《辯證類・牛頭褌》　今之牛頭褌，即古之犢鼻褌也，其來最遠。《史記・列傳》云：相如身自著犢鼻褌。韋昭曰：以三尺布爲之，形如犢鼻。自漢已有之矣，然猶未也。《二儀實録》云：西戎以皮爲之，夏后氏以來用絹，長至于膝，漢、晉名犢鼻，北齊則與袴長短相似。考犢鼻之名，是則起于西戎，變于三代，而折中于北朝，孰可謂小人之服，而不出于古耶。

論説

明・朱之瑜《舜水先生文集》卷二　惟犢鼻褌失記，先年何故言及于此，但語來伻云：此下役操作之衣。昔司馬相如著犢鼻褌與傭保雜作于臨邛市，欲耻卓王孫也，非君子之服。去後因思此物，雖未經見，然亦可以意爲今之耘田褌大類此式。比之時俗之製，似爲得宜。

所論唐褌，北人謂之褌子，西人謂爲衷衣，一物也。韓昭侯敝袴待有功即此也。僕在敝鄉袴要音夭六尺三寸，其沓處僅三指餘，著時猶可脱，則粘殢不爽，至于更衣之際，尤爲拘急，兩胯開張甚則撑裂，欲稍恢弘之而賤荆夭殁，遂爾因循舊貫。今者日漸羸瘦，腰肢削弱，所服袴要五尺二寸，比先時已六分去一矣。而掩合之處乃過尺餘，或行或立，時致眠落。蓋以曠蕩而無紀也。今覓得窄布爲之，要僅四尺五寸，似爲適可。但紵布稀粗不堪耳，謹奉上條希照入。要音夭。之長短，當量貴體肥瘠而爲之，若小大違宜服之，終不得其當，勿咎袴之製不善也。

綜述

漢・劉熙撰、清・畢沅疏證、王先謙補《釋名疏證補》卷五《釋衣服》　絝，跨也，兩股各跨别也。先謙曰：《説文》：絝，脛衣也。故云兩股跨别也，疑若今俗之套袴。

又　褌，貫也，貫兩脚，上繫要中也。畢沅曰：《説文》：幝，從巾，軍聲。重文作褌，從衣。葉德炯曰：《史記・司馬相如傳》：相如自著犢鼻褌。《集解》引韋昭曰：今三尺布作形如犢鼻矣。

漢・揚雄《方言》卷四　楚謂無緣之衣曰襤，紩衣謂之褸，秦謂之緻。自關而西，秦晉之間無緣之衣謂之裗裾。複襦，江湘之間謂之䙠，或謂之筩褹。大袴謂之倒頓，小袴謂之校衵。

漢・史游撰、唐・顔師古注《急就篇》卷二　襜褕袷複褶袴褌。襜褕，直裾，襌衣也。謂之襜褕者，取其襜襜而寬裕也。衣裳施裏曰袷，褚之以綿曰複，褶謂重衣之最在上者也。其形若袍，短身而廣袖，一曰左衽之袍也。袴謂脛衣也，大者謂之倒頓，小者謂之校。袴之兩股曰襱，合襠謂之褌，最親身者也。

五代・馮鑑《續事始》　袴。《實録》云：上古以皮爲袴名曰褶。至今朝祭之服及鹵簿中武士皆服緋衫大口袴，褶至魏文帝止名曰袴。

又　褌。西戎以皮爲之，夏后氏以來以絹爲之，長至膝。漢、晉名曰犢鼻，北齊則袴長短相似，而省犢鼻之名。

五代・馬縞《中華古今注》卷中《裩》　裩，三代不見所述。周文王所製裩長至膝，謂之弊衣，賤人不可服。曰良衣，蓋良人之服也。至魏文帝賜宫人緋交襠，即今之裩也。

又《袴》　蓋古之裳也。周武王以布爲之，名曰褶。敬王以繒爲之，名曰袴。但不縫口而已，庶人衣服也。至漢章帝以綾爲之加下緣，名曰口。常以端午日賜百官水紋綾袴。蓋取清慢而理人，若百官母及妻妾等承恩者，則別賜羅紋勝袴，取其曰勝。今太常二人，服紫絹袴褶，緋衣，執永籥以舞之。又時黄帝講武之臣，近侍者朱韋袴褶，已下屬于鞋。

宋・楊侃《兩漢博聞》卷五　犢鼻。《相如傳》。相如身自著犢鼻褌。師古曰：即今之松也，形似犢鼻，故以名云。松音之容反。

宋・陶穀《清異録》卷下《衣服門・佛光袴》　潞王從珂出馳獵，從者皆輕零衫、佛光袴。佛光者，以雜色横合爲袴。

又　芭蕉袴。余在翰苑，以油衣漸故，遣吏市新者，回云：馬行油作鋪目録，入朝避雨衫、芭蕉袴，一副二貫。

宋・釋惠洪《冷齋夜話》卷二《古樂府前輩多用其句》　予嘗館州南客邸，見所謂嘗賣者，破篋中有詩編寫本，字多漫滅，皆晉簡文帝時名公卿，而詩語工甚。有古意樂府曰：繡幕圍香風，耳節朱絲桐。不知理何事，淺立經營中。護惜加窮袴，堤防托守宫。今日牛羊上丘壟，當時近前面發紅云云。前輩多全用其句，老杜曰：意象慘淡經營中。李長吉曰：羅幃繡幕圍春風。山谷曰：牛羊今日上丘壟，當時近前左右瞋。予見魯直，未得此書。窮袴，漢時語也，今襠袴是也。

宋・佚名《致虚雜俎》卷三一下　太真著鴛鴦并頭蓮錦袴襪，上戲曰：貴妃袴襪上乃真鴛鴦蓮花也。太真問：何得有此稱。上笑曰：不然，其間安得有此白藕乎。貴妃由是名袴襪爲藕覆。注云：袴襪，今俗稱膝袴。

宋・趙與虤《娱書詩話》卷一　《古樂府》云：愛惜加窮袴，防閑托守宫。《冷齋夜話》云：窮袴，漢時話，今襠袴也。然未詳所出。按西漢《上官后傳》：宫人使令皆爲窮袴，多其帶。服虔曰：窮袴有前後襠，不得交通也。師古曰：即今之緄襠袴也。

明・王三聘《古今事物考》卷六《冠服・袴褶》　《唐書》曰：德宗時百官朝朔望，皆服袴褶。歸崇敬逮言，三代逮漢無其制，隋以來始有服者。《通典》曰：晉衣服制有之，云袴褶之制，未詳所起。近代服之無定色。《實録》曰：上古食肉衣皮，遂以爲袴，名袴褶，今武士大口袴褶，是魏文上馬袴也。按《史記》：屠岸賈滅趙氏，趙朔妻有遺腹，生男武，賈索之，夫人置袴中，其稱始見諸此。

又《褌》　《實録》曰：西戎以皮爲之，夏后氏以來用絹，長至于膝。漢晉名犢鼻，北齊則與袴長短相似，而省犢鼻之名。

明・田藝蘅《留青日札》卷二二《褌袴松》　褌，幒也，褻衣也。漢司馬相如著犢鼻褌。晉阮咸曬犢鼻褌。以三尺布爲之，形如牛鼻，蓋前後各一幅，中裁兩尖襠交輳，即今之牛頭子褌，一名梢子，乃爲農夫田衣，而士人無復服之者矣。蓋起于西戎，以牛皮爲褌，故名。今所謂皮褌是也。夏始用絹，長至膝。周文王製裩，長至膝，謂之弊衣，賤人不可服，曰良衣，蓋良人之服也。【略】袴，脛衣也。漢《外戚傳》窮綺注：今之緄襠綺，有前襠不得交通。周仁溺袴注：尿袴也，爲小袴以藉尿。晉謝尚刺紋袴，又《晉書》動不敢出褌襠。古詩所云鐵裲襠。

明・周祈《名義考》卷一一《物部・窮袴　犢鼻褌》　《漢昭記》霍光欲后擅寵，左右皆阿意，雖宫人使令皆爲窮袴。注：窮袴有前襠，不得交通。《列傳》：司馬相如家徒四壁立，自著犢鼻褌。注小褌，形如犢鼻。《玉篇》：三尺布作如牛鼻。

明・程良孺《讀書考定》卷二二《服飾・皮袴》 《實録》：上古以皮爲袴名曰褶。至今朝祭之服及鹵簿中武士皆服緋衫大口袴褶。至魏文帝止名曰袴。

又《犢鼻袴》 西戎以皮爲之，夏后氏以來以絹爲之，長至膝。漢、晉名曰犢鼻，北齊則曰袴，長短相似，而省犢鼻之言。

清・袁棟《書隱叢説》卷一三 窮袴，即今之緄襠袴。犢鼻褌，即今之牛頭褌。

清・王念孫《廣雅疏證》卷七下《釋器》 襱謂之綺。綺，或作袴。《内則》云：衣不帛襦袴。《説文》：綺，脛衣也。《釋名》云：袴，跨也，兩股各跨別也。《方言》：袴，齊魯之閒謂之襱，或謂之襱，關西謂之袴。《説文》：褰，綺也。引昭二十五年《左傳》徵褰與襦褰。襱、襱並同。

又 其褃謂之襱。《方言》注云：今俗呼袴踦爲襱，又無裥之袴謂之襣。注云：裥亦襱，字異耳。《説文》：襱，綺踦也。《徐鍇傳》云：踦，足也。案，今人言袴脚，或言袴管是也。管與褃同。各本脱去襱字。《集韻》、《類篇》並引《廣雅》：綺，其褃謂之襱。今據補。

又 祒、衳、襣，幝也。《説文》：幝，幒也，或作褌。《釋名》云：褌，貫也。貫，兩脚上繫要中也。《急就篇》：襜褕袷複褶袴褌。顔師古注云：袴合襠謂之褌，最親身者也。《易林》否之小畜云：載車無褌，裸裎出門。《漢書・朱博傳》：褒衣大祒。《太平御覽》引孟康注云：祒，大袴也。《方言》：褌，陳楚江淮之閒謂之衳。《説文》：幒，幝也。或作帐字，并與衳同。《方言》：無裥之袴謂之襣。注云：袴無踦者，即今犢鼻褌也。《史記・司馬相如傳》集解引韋昭《漢書》注云：犢鼻褌以三尺布作，形如犢鼻。

又 幝無襠者謂之褑。今之開襠袴也，褑之言突。突者，穴也。故竈窗亦謂之突。

清・桂馥《札樸》卷四《覽古・攏綺》 今於足衣外複著短綺謂之攏綺。馥謂攏當爲獙。《説文》：獙羽獵韋綺，云南人用韋爲之。

又卷七《匡謬・襠》 阮籍《大人先生傳》動不敢出褌襠。案，襠本作當，遮也，遮前後也。上古有韍，但知蔽前不知蔽後，故複作褌，而加當其上。兩襠亦應作當，前當心後當背也。

清・黄生《義府》卷下《窮袴》 晉無名氏《樂辭》：愛惜加窮袴，防閑托守宮。窮袴字出《漢書・上官后傳》。師古注：今之緄袴，據此，則古婦人袴不皆緄。窮袴、守宮，皆防閑之具。惟其愛惜，故加防閑也。此分裝對法。又云：今日牛羊上丘隴，當年近前面發紅。蓋女子幼時情事，尚帶羞澁，至盛年則不復然。譬之丘隴，牛羊所便，其進前惟恐不速矣。以其爲上隴之牛羊，此窮袴、守宮，之所不能已也。

雜録

晉・陸翽《鄴中記》 石虎時，著金縷合歡袴。

唐・朱揆《釵小志》 綾羅、袴褶。武帝嘗降王武子家，武子供饌，并用琉璃器，婢子百餘人，皆綾羅袴褶，以手擎飲食。

宋・莊綽《雞肋編》卷下 《韓信傳》：淮陰屠中少年有侮信者曰：信能死，刺我；不能死，出袴下。後云召辱已少年令出胯下者，以爲楚中尉。徐廣注云：袴，一作胯。胯，股也，音同。又云《漢書》作跨，同耳。按《玉篇》：袴，音苦故切。胯，股也，音與袴同。跨，苦化切。跨，越也，又兩股間也。胯，兩股間也，音與跨同。胯、跨字相類，而音韻不同。今學者亦未嘗分別，前讀胯爲庫音，世必笑之。諸書有如此者甚衆，聊舉其一焉。

明・李時珍《本草綱目》卷三八《服器之一》 褌襠。【略】 時珍曰：褌亦作裩，褻衣也，以渾複爲之，故曰褌，其當隱處者爲襠，縫合者爲袴，短者爲犢鼻。犢鼻，穴名也，在膝下。

清・林紓《畏廬瑣記》 同知落褌。德壽撫廣東時，接見道員及同知，送客有界限。有同知龍某，與道員李某同謁德壽。天微寒，而龍某老病，已著棉袴，袍服單，而棉袴厚，擁腫不靈，至德壽送客時，而龍某之袴已落，幸德壽送李道稍遠，不之見。李雖年老，尚靈警，憐龍某老悖，一爲德壽所見，即得咎，乃故尋公事，與德語不休，龍得從容著其袴，左右皆匿笑不止。

裙

題解

漢・劉熙《釋名》卷五《釋衣服》　裙，下羣也，連接裾幅也。緝，下横縫，緝其下也。緣裙，裙施緣也。緣，襹，襹施緣也。

漢・劉熙撰、清・畢沅疏證、王先謙補《釋名疏證補》卷五《釋衣服》　裙，下裳也。裙，羣也，聯接羣幅也。畢沅曰：今本作裙，下羣也，連接裙幅也。文有脱誤，據《御覽》及《廣韵》參訂補正之。裙亦本作帬。緝，下横縫，緝其下也。畢沅曰：今本緝下云云，提行别起，據《御覽》引併入裙下。《御覽》所引此下猶有緝裙之施緣也句，似申説緝下之義。疑下緣裙一條有誤字，意欲據引以改之，而併合於此。然以緣襹一條例緣裙，則緣裙又似不誤，姑仍今本不敢遽改。孫詒讓曰：畢校緝下并入裙下，是也。《方言》云：繞袷謂之帬。郭注：俗人呼接下，江東通言下裳。緝下即接下，漢、晉俗語同也。緣裙，裙施緣也。緣襹，襹施緣也。

南朝梁・顧野王《玉篇》卷二八　帴。所黠切，又思旦切。帬也，帔也。

又　帬。音群，與裙同。

又　㨗。且立切，裙緣上也。

又　襬。彼皮切，關東人呼裙也。

又　裥。公限切，㡟衣，又裙襇。

又　裓。且席切，裓膝，裙衸也。

又　帬。巨云切，裳也，亦作裙。

又　䙞。烏迸切，裙襇也。

唐・釋玄應《一切經音義》卷一六　百襵。音輒，謂裙襵也。又音之涉反，通俗緶縫曰襵也。

綜述

五代・馮鑑《續事始》　偏後衣，古者衣服短而齊，不至于地。《後漢書》：梁冀始制狐尾單衣。注云：後裾曳地，若狐尾。至今婦人裙衫皆偏裁其後，俗呼曰偏後衣也。

又　裙。《二儀實録》曰：古之所貴衣與裳連，下有裙，隨衣色而下有緣。自堯舜以降，或有六破及著直縫，皆去緣。殷周以女人服太質，稍加之花繡。今裙上綴五色花，以羅縠爲之。梁天監中，武帝造五色繡裙，加朱繩真珠爲飾。至煬帝作長裙十二破，名曰仙裙，上綴五色翠花。唐初馬周上疏，女人裙請交界裁之，而去朱繩，其餘仍舊。

五代・馬縞《中華古今注》卷中《裙襯裙》　古之前制，衣裳相連。至周文王令女人服裙，裙上加翟衣，皆以絹爲之。始皇元年宫人令服五色花羅裙，至今禮席有短裙焉。襯裙，隋大業中煬帝制五色夾纈花羅裙以賜宫人，及百僚母妻又制單絲羅以爲花籠裙。常侍宴供奉宫人所服，後又于裙上剪絲鳳綴于縫上，取象古之褕翟。至開元中猶有制焉。

元・龍輔《女紅餘志》卷上《裙》　周昭王延娟以奇錦爲裙，晝看成鳳，夜看成龍。名交龍開鳳裙。

明・楊慎《丹鉛摘録》卷三　仙女天衣，有金鏤單絲錦縠，銀泥五暈羅裙，見《許老傳》。《博異志》天女衣六銖，又曰五銖。《地里志》玉肌無軫五銖輕。

明・王三聘《古今事物考》卷六《冠服・裙》　《實録》曰：古所貴衣裳連，下有裙，隨衣色而有緣。堯舜已降，有六破及直縫，皆去緣。商周以其太質，加花繡。上綴五色，蓋自垂衣裳則有之，後世加文飾耳。又曰隋煬帝作長裙十二破，名仙裙。今大衣中有之。

明・陸容《菽園雜記》卷一〇　馬尾裙始于朝鮮國，流入京師，京師人買服之，未有能織者。初服者，惟富商貴公子歌妓而已。以後武臣多服之，京師始有織賣者。於是無貴無賤，服者日盛，至成化末年，朝臣多服之者矣。大抵服者下體虚奢，取觀美耳。閣老萬公安冬夏不脱，宗伯周公洪謨重服二腰。年幼侯伯駙馬，至有以弓弦貫其齊者。大臣不服者，惟黎吏侍淳一人而已。此服妖也，弘治初，始有禁例。

清·王念孫《廣雅疏證》卷七下《釋器》 繞領、帔，帬也。《說文》：帬下裳也，或作裠。《釋名》云：裠，羣也。連接羣幅也。案，帬之言圍也，圍繞要下也。故又謂之繞領。《方言》：繞衿謂之帬。郭注云：俗人呼接下，江東通言下裳。衿與領同，帔之言披也。《方言》：帬，陳魏之閒謂之帔。《說文》云：宏農謂帬帔也。

清·王士禛《池北偶談》卷二〇《談異一》 錦裙宋繡。陸魯望云：瓦官寺有陳叔寶羊車一輪、天後錦裙一幅。予在金陵，遊上瓦官寺，猶見錦裙所製幡，裙紺碧色，錦作雲龍紋，四角綴十二鈴。焦山枯木堂有宋刻絲觀世音像，亦奇古。

裳

題解

南朝梁·顧野王《玉篇》卷二七 綼。步狄切，又必投切。裳左幅也。

又卷二八 常。市羊切，恒也，下裙也。今作裳。

又 袀。居純切，戎服也。裳削副也，純也。

又 襆。布木切，裳削幅也。

綜述

元·許謙《詩集傳名物鈔》卷三 《丰》，《鄭》十四。【略】三章，箋：褧以禪縠爲之，詳見《衛·碩人》。疏：婦人之服，不殊裳而經，衣裳異文者，以詩須韵句，故別言之耳，其實婦人之服，衣裳俱用錦，皆有褧，故互言之。

明·丘濬《家禮儀節》卷一《通禮》 裳，交解十二幅，上屬于衣，其長及踝。用布六幅，每幅斜裁分爲兩幅。一頭寬一頭窄，寬頭比窄頭加一倍，窄頭六寸，寬頭一尺二寸，裁訖俱將窄頭向上，寬頭向下，面連其綴以屬于衣，其屬衣處爲腰，約數七尺二寸，每三幅屬衣一幅，其下邊爲齊，約其圍一丈四尺四寸，其長惟及踝而已。當裳之兩旁，自腋下至齊，前後相交處皆合縫之。使相連續不開，是謂續衽。又覆縫其邊，如俗所謂鈎針者，是謂鈎邊。

明·楊慎《丹鉛續録》卷七《青棠》 棠字古作裳。《管子·地員篇》：其木宜赤裳。《詩》云：常棣之華。常，古裳字。常轉爲裳，又借裳爲棠也。常又作唐，《周南》詩唐棣之華，《小雅》常棣之華。《古今注》：欲蠲人之忿，則贈以青裳。青裳，一名合歡，《本草》作青唐云。

明·陳繼儒《羣碎録》 朱紱即朱裳，畫爲亞形，亞古弗字，故因謂之紱，亦作韍。

蔽膝

題解

漢·劉熙撰、清·畢沅疏證、王先謙補《釋名疏證補》卷五《釋衣服》 韍，韠也。韠，蔽膝也，所以蔽膝前也。畢沅曰：今本作韠，蔽也，所以蔽膝前也，《御覽》引作韍，韠，所以蔽前也。案，《說文》：市，韠也。上古衣蔽前而已，市以象之。韍，篆文市，從韋，犮聲。然則此當云：韍，韠也。韠，蔽膝也，所以蔽膝前也。蓋本名蔽膝，急言之則兩音合一，遂名韠矣。蔽膝乃爲韠之反語矣。蘇輿曰：《禮·玉藻》鄭注：韠之言蔽也，凡韠以韋爲之。又云韍之言亦蔽也。是韍、韠同有蔽義。韍又與紼通。《白虎通》：紼者，蔽也，行以蔽前者爾，有事因以別尊卑彰有德也。韍、韠、蔽從疊韵爲訓。《御覽·章服》八引《五經異義》云：韍者，大帶之飾。非韠也。與此異。婦人蔽膝亦如之。蘇輿曰：《漢書·東方朔傳》：館陶公主迎武帝，蔽膝登階。又《王莽傳》：母病，公卿列侯遣夫人問疾，莽妻迎之，衣不曳地，布蔽膝，見之者以爲僮，使問，知爲夫人，皆驚。即此。齊人謂之巨巾，田家婦女出至田野，畢沅曰：至今本作自，據《御覽》引改。以覆其頭，故因以爲名也。王先慎曰：《禮・玉藻》：韠，下廣二尺，上廣一尺，長三寸，其頸五寸，肩革帶博二寸。故婦女以覆其頭。《方言》：蔽厀，江淮之間謂之褘，或謂之袚，魏宋南楚之間謂之大巾，自關東西謂之蔽厀，齊魯之郊謂之衻。方言隨時變易，故揚劉所説不同。巨巾、大巾其義一也。先謙曰：《小爾雅》：大巾謂之冪。正謂覆頭之物也。又曰跪襜，跪時襜襜然張也。畢沅曰：案《爾雅》：衣蔽前謂之襜。郭景純云：今蔽膝也。

南朝梁・顧野王《玉篇》卷二八　褘。許韋切，畫翬雉于王後之服也，蔽膝也。

又　襜。尺占切，蔽膝也。又襜襜搖動貌。

又　袚。芳末切，蔽膝也。又蠻衣也。

唐・釋玄應《一切經音義》卷一六　襜衣。昌占反。《爾雅》：衣蔽前謂之襜。郭璞曰：即今蔽膝也，言襜襜然而後出也。

明・張岱《夜航船》卷一一《日用部・衣裳》　赤芾。芾，冕之飾也。大夫以上，赤韠乘軒。

論說

唐・杜佑《通典》卷六一《禮》　君臣服章制度。宋因之，制平天冕服，不易舊法。更名韍曰蔽膝。

明・周祈《名義考》卷一一《物部・韍韠韐》　《説文》：韍，韠也。韠，韍也。所以蔽前以韋。下廣二尺，上廣一尺，其頸五寸，帶博二寸。鄭云：韐，合韋爲之，以茅搜染之。一曰韎韐，以代韠，是韍韠韐三者，皆蔽膝之衣，制同名異。韐乃合韋，韍韠不合，此其異耳。《朱子》曰冕服謂之韍，他服謂之韠，此大夫以上之服。韐則士服也。《玉藻》云：君朱、大夫素，士爵韋，天子直，公侯前後方，大夫前方後挫角，士前後正。陳氏曰以其茀前曰韍，以其一巾足矣，曰韠。以色則曰緼，以緼質則曰韎韐。《詩》疏：古者佃漁，因衣其皮，先知蔽前，後知蔽後。後王易以絺繡，黑與白相次畫爲亞，謂之黻，以韋從韋作韍，以絺從黹作黻，一曰古者席地而坐，以臨俎豆，設蔽膝以備濡漬。韎音抹，蒐音搜，絺音止，與黹同。亞，古弗字。

清・王念孫《廣雅疏證》卷七下《釋器》　大巾、褘、衻、襜、袚，蔽膝也，韍謂之縪。《方言》：蔽厀，江淮之閒謂之褘，或謂之袚。魏宋南楚之閒謂之大巾，自關東西謂之蔽厀。齊魯之郊謂之衻。《釋名》云：韠，蔽也。所以蔽膝前也，婦人蔽膝亦如之，齊人謂之巨巾。田家婦女出至田野，以覆其頭，故因以爲名也。又曰跪襜，跪時襜襜然張也。衻、襜，一字也。《爾雅》：衣蔽前謂之襜。《釋文》：襜，《方言》作衻，同昌占反。《小雅・采緑》篇不盈一襜，毛。與《爾雅》同。正義引李巡《爾雅》注云：衣蔽前，衣蔽膝也。凡言襜者，皆障蔽之意。衣蔽前謂之襜，牀前帷謂之襜，車裳帷謂之幨，幰謂之幨，其義一也。《漢書・東方朔傳》：館陶公主自執宰敝膝，敝膝與蔽厀同。袚、韍，一字也。《説文》作市，云從巾，象其連帶之形。《易》作紱，《詩》作芾，《禮記》作韍，《左傳》作黻，《方言》作袚，《易乾鑿度》作茀，《白虎通義》作紼，並字異而義同。縪本作韠，即蔽膝之合聲。蔽、韠、韍，又一聲之轉。《説文》：篳，藩落也。引《襄十年・左傳》篳門圭竇，《爾雅》畢，堂墻，李巡注云：厓似堂牆曰畢，其謂之畢者，皆取障蔽之意。與韠同也。《齊風・載驅》篇：簟第朱鞹。傳云：車之蔽曰第，義亦與韍同。《小雅・采菽》篇：赤芾在股，鄭箋云：芾，太古蔽膝之象也。冕服謂之芾，其他服謂之韠，以韋爲之。正義引《乾鑿度》注云：古者田漁而食，因衣其皮，先知蔽前，後知蔽後，後王易之以布帛。而猶存其蔽前者，重古道不忘本也。《明堂位》云：有虞氏服韍，夏后氏山，殷火，周龍章。鄭注云：韍冕服之韠也，舜始作之，以尊祭服。禹湯至周，增以畫文，後王彌飾也。《玉藻》云：韠君朱大夫素，士爵韋，下廣二尺，上廣一尺，長三尺，其頸五寸，肩革帶博二寸。注云：此元端服之韠，韠之言蔽也。《玉藻》又云：一命緼韍幽衡，再命赤韍幽衡，三命赤韍葱衡。注云：此元冕爵弁服之韠，尊祭服，異其名耳。韍之言亦蔽也。《白虎通義》云：天子朱紼，諸侯赤紼，大夫葱衡，士韎韐。

清・顧棟高《毛詩類釋》卷一三《釋衣服・赤芾　朱芾》　疏：芾是配冕之服，形制與韠同，別言之則祭服謂之芾，他服謂之韠。班氏固曰：芾者，蔽也，行以蔽前。天子朱芾，《斯干》詩朱芾斯皇是也。諸侯赤芾，以韋爲之，上廣一尺，下廣二尺。《詩緝》曰芾當作韍，古字通也。蔽膝之韍從韋，黼黻之黻從黹。音指。《采菽》疏云士服爵弁以韎韐配之，則服冕者以芾配之。芾韠韐俱是蔽膝之象。謹案《采芑》：服其命服，朱芾斯皇。疏朱深于赤，對文則朱赤深淺，散則皆謂之朱芾，是朱芾不獨天子也。《曹風》三百赤芾。疏《周禮》：再命赤芾黝珩，公侯伯之卿三命，下大夫再命。

曹爲伯爵大夫再命，是大夫以上皆得服赤芾，赤芾不獨諸侯也。

綜述

漢・劉熙《釋名》卷五《釋衣服》 韠，蔽也，所以蔽膝前也，婦人蔽膝亦如之。齊人謂之巨巾，田家婦女出自田野以覆其頭，故因以爲名也。又曰跪襜，跪時襜襜然張也。

明・王三聘《古今事物考》卷六《冠服・蔽膝》 《明堂位》曰：有虞氏服韍。鄭康成注曰冕服之也。蘇氏《演義》曰昔先王衣羽皮韍，字遂從韋，韋，皮也。《春秋正義》云：魏晉以還易以絳紗，字遂從系，蓋大古蔽膝之法象，冕服謂之韍，朝服謂之韠也。大明諸司職掌云皇帝衮冕紅，王衮冕蔽膝隨裳色，織火山二章，弁服絳紗紅裳，蔽膝隨裳色，世子郡王衮冕赤韍，弁服同。文武官朝服赤羅蔽膝。

明・程良孺《讀書考定》卷二二《服飾・韎韐》 士服蔽膝之衣。《禮》：大夫以上祭服謂之韍，士無韍名謂之韎韐。《詩》：韎韐有奭。《毛傳》：韎韐者，茅蒐染草也。一曰所以代韠也。鄭箋：韎韐者，茅蒐染也。茅蒐，韎韐聲也。韎韐祭服之韠，合韋爲之。《士冠禮》注：韎韐者，緼韍而黝珩，合韋爲之。士染以茅蒐因名焉。今齊名蒨爲韎韐。

又《褘袡》 《博雅》：褘袡，蔽膝也，一曰衣下。《禮・喪大記》婦人復不以袡，明非常禮也。《詩》裳錦褧衣註，庶人妻嫁服，士妻緇衣纁袡。《儀禮・士昏禮》纁袡註，袡亦緣也。袡之言任也。以纁緣其衣，象陰氣上任，凡婦人之服不當施袡。

又《護膝》 男子足用護膝，冬寒亦用護膝，驛馬遠行用護臁，若膝袴，縛膝下袴脚上，今日婦女下體之飾。《朱子語録》：秦太師死，高宗告楊郡王云，朕免得膝袴中帶匕首矣。豈當時男子亦或著膝袴邪，抑袴兩脚曰膝袴邪。

清・袁棟《書隱叢説》卷一三 襪，足衣，今之膝袴，男子之襪，亦稱膝袴。秦檜死，高宗曰：朕今日始免膝袴中帶匕首矣。

清・顧棟高《毛詩類釋》卷一三《釋衣服・韎韐》 疏：韎韐是蔽膝之衣，合韋爲之，以茅搜草染之赤色。大夫以上祭服謂之韍，士無韍名謂爲韎韐。《士冠禮》爵弁服韎韐是也。《語類》問韎韐，毛鄭以爲祭服，王氏以爲戎服。《朱子》曰戎服較是。《周禮》凡兵事，韋弁服。注：以韎韋爲弁，又以爲衣裳。《左傳》有韎韋之跗注是也。《詩》韎韐有奭，以作六師。足知其爲兵事所用。

服裝部·鞋靴履舄分部

靴

題解

漢・劉熙《釋名》卷五《釋衣服》 鞾，跨也，兩足各以一跨騎也。鞣釋，鞾之缺前壅者，胡中所名也。鞣釋，猶速獨，足直前之言也。鞵，解也，著時縮其上如履，然解其上則舒解也。

漢・劉熙撰、清・畢沅疏證、王先謙補《釋名疏證補》卷五《釋衣服》 鞾，跨也。畢沅曰：《説文》無鞾字，新附有之，云鞮屬。兩足各以一跨騎也。本胡服，趙武靈王服之。畢沅曰：下九字今本脱，《北堂書鈔》《廣韻》《御覽》引皆有，今據補。蘇輿曰：《御覽・服章部》作鞾，本胡名也，趙武靈王始服之。

鞣釋，畢沅曰：兩字皆《説文》所無。鞾之缺前壅者，胡中所名也。鞣釋猶速獨。畢沅曰：音亦相似。足直前之言也。孫詒讓曰：《説文》無鞣釋二字。皇象碑本《急就篇》作索擇，較爲近古，疑漢人本如此作也。《逸周書・太子晉篇》云：師曠束躅其足。孔注：束躅，踏也。束今本誤東，據《北堂書鈔・政術》《御覽・人事部》校正。此速獨當即束躅，足踏向前，故云足直前之言。

南朝梁・顧野王《玉篇》卷二六 靴。盱戈切，鞾也，亦履也。

又 鞾。籲萬切，又于問切，靴也。

論説

五代・馬縞《中華古今注》卷上《靴笏》 靴者，昉古西胡也。昔趙武靈王好胡服，常服之，其制短靿黄皮，閑居之服。至馬周改制，長靿以殺之，加之以氈及縧，得著入殿省敷奏，取便乘騎也，文武百僚咸服之。至貞觀三年，安西國進緋韋短靿靴，詔内侍省分給諸司。至大曆二年，宮人錦靿靴侍于左右。笏者記其忽忘之心。《禮》云：天子以圭，諸侯以球，大夫以魚須，一品至五品皆以象爲之，六品至九品以木爲之。《禮》云：端畢紳搢笏。唐德宗朝，太尉段秀實以笏擊逆臣朱泚不忠，反遭其禍。

綜述

五代・馮鑑《續事始》 靴。《實録》曰：胡履也，趙武靈王好胡衣，常服短靿，靴黄皮爲之，漸以長靿靴，軍戎通服之。故事胡虜之服，不許服著入殿省。至唐馬周以麻爲之，殺其靿加以靴氈許入殿省。又唐初天子服六合靴，未知其制。開元初，裴叔通以羊皮爲之，謂之隱麖。

《宋史》卷一五三《輿服志五》 靴。宋初沿舊制，朝履用靴。政和更定禮制，改靴用履。中興仍之。乾道七年，復改用靴，以黑革爲之，大抵參用履制，惟加靿焉。其飾亦有絇、繶、純、綦，大夫以上具四飾，朝請、武功郎以下去繶，從義、宣教郎以下至將校、伎術官并去純。底用麻再重，革一重。裹用素衲氈，高八寸。諸文武官通服之，惟以四飾爲別。服緑者飾以緑，服緋、紫者飾亦如之，仿古隨裳色之意。

明・王三聘《古今事物考》卷六《冠服・靴》 《釋名》曰：本胡服，趙武靈王所作。《實録》曰：胡屨也。趙武靈王好胡服，常短靿，以黄皮爲之，後漸以長靿，軍戎通服之。唐馬周以麻爲之，殺其靿加以靴氈。裴叔通以羊皮爲之，隱麖加以帶子裝束。《筆談》曰：北齊全用胡服，長靿，靴也。《續事始》曰：故事胡虜之服，不許著入殿省。至馬周加飾乃許也。《朱子語録》曰：靴乃馬鞋也。

明・田藝蘅《留青日札》卷二〇《女靴》 靴本胡服，趙武靈王所作。《實録》曰：胡履也。初短靿，以黄皮爲之，後漸以長靿。唐馬周殺其靿，加以靴氈，裴叔通以羊爲之，隱麖加以帶子裝束，蓋婦人皆可服之。【略】古人有舞靴，李太白詩：青黛畫眉紅錦靴。楊廉夫詩：繡靴蹴踘勾驪樣，羅帕要襲女直妝。

又卷二二《烏皮六縫》 烏皮六縫，靴也。唐有此名，故曰高力士終以脱烏皮六縫爲深耻。又，阿犇茶國，名靴曰函縛屣。于闐國有石鞾。南唐元宗嘗謂馮權曰：我富貴日，爲爾置銀靴焉。及保太初，因擊鞠，賜銀三十斤。權命工鍛靴穿之，人皆痴笑。元人有鵝頂靴，以爲華靡。

明・程良孺《讀書考定》卷二二《服飾・靴》 三代以前，人皆跣足，三代以後，始服木屐，伊尹以草爲之，名曰履。秦世參用絲革。靴本趙武靈王好之，制有司衣袍者宜穿皂靴，以黄皮爲之，軍戎通服。唐馬周以麻爲之，開元中裴叔通以羊爲之，隱麖加以帶子裝束。《筆談》曰：北齊全用胡服長靿靴也。《續事始》：故事故虜之服，不許著入殿省，至馬周加飾乃許。

明・呂毖《事物初略》卷一四《服制・靴》 《釋名》曰：靴本胡服，趙靈王好胡服，乃作此短靿，以黄皮爲之。

明・張岱《夜航船》卷一一《日用部・衣冠》 靴。趙武靈王制靴，短靿。隋煬帝制皂靴，始長靿。馬周加氈及緣，始著入殿省敷奏。

清・王念孫《廣雅疏證》卷七下《釋器》 鞈靮、鞢韄靸，履也。履，或作鞾。《釋名》云：鞾，跨也。兩足各以一跨騎也，趙武靈王始服之。鞈靮、鞢韄，皆疊韻字也。《玉篇》鞈字注云：鞈靮，履也。鞈，各本譌作韐。今訂正。《釋名》云：鞢韄，韄之缺前雍者也。鞢韄，猶速獨，足直前之名也。《急就篇》云：旃裘鞢韄。《釋名》云：靸，韋履深頭者之名也。靸，襲也，以其深襲覆足也。《急就篇》：靸鞮卬角褐韈巾。顔師古注云：靸，謂韋履，頭深而兑，平底者也，今俗呼謂之跣子。

清・方以智《物理小識》卷六《衣服類・蠟靴》 蠟靴，用黄蠟四兩，以二兩粘瀝青，入蠟均用。

清・歐陽兆熊、金安清《水窗春囈》卷下《方靴漸廢》 京朝官皆用方靴，外官道府以上亦然，即州縣及司道首領官皆如之，蓋雍容袍笏之象。自甲午以後，一概用尖靴，雖朝端大老及詞林中皆是，且多薄底不及數分者，取其行走便捷。合京城惟卓相一人方靴而已。識者皆憂其兵象。自來戲劇皆用昆腔，其時亦全改二黄及西皮者，亢厲激烈，如聞變徵，時局乃亦與之轉移，可畏也。

清・桂馥《札樸》卷一〇《滇游續筆・蠻靴》 唐人詩：柘枝舞罷忽成悲，便脱蠻靴入絳帷。案蠻靴，蠻夷舞者所著。韋皐作南詔奉聖樂，其舞人服畫皮靴是也。《説文》：躧，舞履也。或從革。《周禮・春官》：鞮鞻氏。注云：鞻，讀如屨也。鞮鞻，四夷舞者所扉也。今時倡蹋鼓遝行者自有扉。複謂蠻靴，鞮鞻之類也。今云南人以麂皮作半截靴，開其前面既著，而後結之，即蠻靴遺制。

清・周象明《事物考辯》卷六〇《冠裳・鸞靴》 《藝林學山》：《周禮》有鞮鞻氏，舞四夷之樂，故以革爲履，取其舞蹈之便。至漢則總章伶人服之。唐世名鸞靴，故妓人從良。詩有便脱鸞靴入鳳幃之句。

明按胡應麟云：履也、屣也、屐也、舄也，四者小異而大同，古男子婦人共之。自唐宋五代，婦人纏足，遂專以弓鞋屬之婦人，而履屣屐舄皆歸之男子耳。

清・福格《聽雨叢談》卷一《緑壓縫靴》 御用尖靴，皆緑皮壓縫。其柔細如綢。方靴用天青緞爲之，以别于衆也。親郡王亦准用緑壓縫靴，惟靴幫兩旁少立柱耳，方靴仍用玄青緞。凡遇巡行，内廷王公、御前大臣、領侍衛内大臣、内大臣、軍機大臣、内務府大臣，皆准用緑壓縫靴。其時御用又别有夔云巡行靴之制。

清・梁紹壬《兩般秋雨盦隨筆》卷八《尖頭靴》 《釋名》：靴，本武服，趙武靈王所制，常短靿，以黄皮爲之，後漸以長靿。唐馬周以麻爲之，殺其靿，加以氈。開元中，裴叔通以羊毛爲之。《筆談》曰：北齊全用長靿靴。《續事始》曰：故事，皮靴不許著入殿省，馬周加飾，乃許也。周煇《北轅録》：淳熙中，張子政往賀金國生辰，其俗無貴賤，皆著尖頭靴。又，釘靴見《明史・禮志》：百官入朝遇雨，皆躡釘靴，聲徹殿陛。太祖令爲軟底皮鞋，冒于靴外，出朝則釋之。

雜録

宋・郭象《睽車志》卷四 逆亮末年自制尖靴，頭極長鋭，云便于取蹬，而足指所不及，謂之不到頭。

明・李時珍《本草綱目》卷三八《服器之一》 皮鞾。【略】時珍曰：鞾，皮履也，所以華足，故字從革華。劉熙《釋名》云：鞾，跨也，便于跨馬也，本胡服。趙武靈王好著短靿靴，後世乃作長靿靴，入藥當用牛皮者。

明・胡應麟《少室山房筆叢》卷一二《丹鉛新録八・弓足》 《鄴中記》曰：石虎皇后出，女騎千人，皆著五綵靴。

清・周象明《事物考辯》卷六〇《冠裳・變履爲靴》《學齋佔畢》：古有履無靴，趙武靈王乃變履爲靴。

襪

題解

漢・劉熙撰、清・畢沅疏證、王先謙補《釋名疏證補》卷五《釋衣服》 韈，末也，在脚末也。畢沅曰：《說文》：韈，足衣也，從韋，蔑聲。《一切經音義》引作韈。案，《玉篇》云：袜，脚衣。故後人亦以袜代韈也。

南朝梁・顧野王《玉篇》卷二六 韈。亡發切，足衣亦作袜。

又卷二八 襪。亡月切，脚衣。

又 䘼。于阮切，襪也。

明・周祈《名義考》卷一一《物部・綦紲襪縢》 七林云：文綦綵緤，綸襪羅縢。綦，《廣韻》：履，飾也。文綦，履之有文者。緤與紲同，《廣韻》繫也。彩紲，襪繫之有采色者。綸，《說文》：資布也。綸襪，以資布爲襪也。縢，《增韻》約也，纏也，逼束其足令小。男子行縢，自足至膝此則施之足。羅縢以羅爲之，四者皆婦人足飾。

綜述

唐・釋玄應《一切經音義》卷三 履襪。古文襪或作袜。二形同，無發反，足衣也。經文從巾作幭，音亡別反，覃被也，帊也。幭非字義。星衍曰：襪字正文從韋，見《說文》，從革，從衣，皆俗字也。或云作袜。

又卷一三 跣襪。桑典反，下古文作襪，今作袜。又作帓頗，二形同，無發反，足衣也，經文作幭，亡別反。

又卷一四 作襪。古文襪或作襪帓襪，三形同，無發反，足衣也。《釋名》：襪，末也，在脚末也。

五代・馬縞《中華古今注》卷中《襪》 三代及周著角襪，以帶繫于踝。至魏文帝吴妃，乃改樣以羅爲之，後加以彩繡畫，至今不易。至隋煬帝宫人，織成五色立鳳朱錦襪靿。

明・焦竑《焦氏類林》卷七 七林咏美人足飾曰：文綦彩紲，綸襪羅縢。紲，足衣。縢，足纏。

明・王三聘《古今事物考》卷六《冠服・襪》 文子曰：文王伐崇，襪繫解。則其物已見于商代。《實録》曰：自三代有之，謂之角襪。前後兩隻，相承中心繫帶。魏文帝吴妃始裁縫，以綾羅紬絹爲之。《洛神賦》：羅襪生塵是也。

明・田藝蘅《留青日札》卷二〇《女襪》 襪，足衣，今之膝褲。《炙轂子》曰：三代謂之角襪，前後兩隻相成，中心繫帶，至魏文帝吴妃始以綾羅裁縫爲之。曹子建《洛神賦》曰：淩波微步，羅襪生塵。唐楊貴妃錦靿襪，杜牧咏襪詩云：鈿尺裁量減四分，纖纖玉笋裹輕雲。五陵年少欺他醉，笑把花前出畫裙。【略】今婦人有不著襪者。太白詩：屐上足如霜，不著鴉頭襪。則唐時已然。

明・胡應麟《少室山房筆叢》卷一二《丹鉛新録八・弓足》 《太真外傳》云：妃子死馬嵬，媪得錦袎襪一隻。《玄怪録》曰：橘中一叟云，君輸我王母女龍縞襪八兩。右皆用修所遺，然無一語及弓纖也。韓詩：一婢赤脚老無齒。自言赤脚不襪，非以纏札言。

明・程良孺《讀書考定》卷二二《服飾・角襪》 《實録》：自三代以來皆有之謂之角韈，前後不相隻盛，中心係口以帶。《史記》曰：山韈帶解，顔左右，無能令繫者。又張釋之與王生結韈皆有帶也。自魏文帝與妃乃裁縫爲之，即今樣也。用以綾羅，故陳思王《洛神賦》：羅襪生塵。

明・范濂《雲間據目抄》卷二《紀風俗》 松江舊無暑襪店，暑月間穿氈襪者甚衆。萬曆以來，用尤墩布爲單暑襪，極輕美，遠方争來購之。故郡治西郊，廣開暑襪子店百餘家，合郡男婦，皆以做襪爲生，從店中給籌取值，亦便民新務。嘉靖時，民間皆用鎮江氈襪。近年皆用絨襪，襪皆尚白，而貧不能辨者，則用旱羊絨襪，價甚省，且與絨襪亂真，亦前所稱薄華麗之意。

明・謝肇淛《五雜俎》卷一二《物部四》 古者，婦人皆著襪穿履，與男子原無分別也。唐李郢詩：高歌一曲劉郎醉，脱取明金壓繡鞋。則當時始有繡者。至纏足之制興，而男女之履，始迥別矣。今之婦女亦罕有著襪者，楊用修以屨人掌后之服，屨爲周公病，蓋未之深思也。

清・顧炎武《日知録》卷二八 古人之襪，大抵以皮爲之。《春秋左氏傳》注曰：古者臣見君解韈。既解，則露其邪幅，而人得見之。《采菽》之詩，所以爲咏。今之村民，往往行縢而不襪者，古人之遺制也。吴賀卲爲人美容止，坐常著襪，希見其足。則漢魏之世，不襪而見足者多矣。

清・趙翼《陔餘叢考》卷三三《襪膝袴》 俗以男子足衣爲襪，女子足衣爲膝袴，古時則女子亦稱襪，男子亦稱膝袴。《左傳》：不脱襪而登席。《漢書》：王生謂張釋之曰：我襪解，爲我結襪。此男子稱襪也。《洛神賦》：羅襪生塵。李白詩：兩足白如霜，不著鴉頭襪。杜牧咏襪詩：纖纖玉笋裹春云。《道山新聞》：窅娘以帛繞足，素襪舞其中。此女子亦稱襪也。秦檜死，高宗謂楊和王曰：朕今日始免膝袴中置匕首矣。此男子亦稱膝袴也。是以吕藍衍《言鯖》，謂襪即膝袴，然今俗襪有底，而膝袴無底，形製各別。按，《炙轂子》曰：三代謂之角襪，前後兩隻相成，中心繫帶。則古時襪之制，正與今膝袴同，豈古之所謂襪，本如今膝袴之制，後人改爲有底，遂分其名，而一則稱襪，一則稱膝袴耶。

藝文

明・張之象《古詩類苑》卷一一八《服食部・襪》

《襪銘》 崔駰

璣衡建子，萬物含滋。黄鍾育化，以養元基。長履景福，至于億年。皇靈既祐，祉禄來臻。本枝百世，子子孫孫。

《結襪子》 温子升

誰能訪故劍，會自逐前魚。裁紈終委篋，織素空有餘。

《冬至獻襪頌》 魏陳思王

玉趾既御，履和蹈貞。行與禄遇，動以祥并。南窺北户，西巡玉城。翱翔萬域，聖體浮輕。

明・張之象《唐詩類苑》卷一八五《服食部・襪》

《咏襪》 李商隱

嘗聞宓妃襪，渡水欲生塵。好借嫦娥著，清秋踏月輪。

《咏襪》 杜牧

鈿尺裁量減四分，纖纖玉笋裹輕云。五陵年少欺他醉，笑把花前出畫裙。

清・高士奇《天禄識餘》卷四《寶襪》 隋煬帝詩：錦袖淮南舞，寶襪楚宫腰。盧照鄰詩：倡家寶襪蛟龍被。襪，女人脅衣也，或謂起自楊妃。崔豹《古今注》謂之腰彩。引《左傳》衵服謂日日近身衣，是春秋之世已有之。

履

題解

南朝梁・顧野王《玉篇》卷一一 履。力幾切，皮曰履，又踐也，禄也。《詩》曰福履將之。

又卷二六 ⿰革額。牛格切，履頭也。

又 ⿰革意。于力切，五彩絲絛履下也，或作繶。

又 ⿰革奇。荆猗切，鞦也，亦古文羈字，絡頭也。

又 ⿰革危。居委切角不齊。

又 ⿰革叚。胡加切，履跟，亦作𩌏。

又 ⿰革舄。思亦切，履也。亦作舄。

又 ⿰革旁。布剛切，⿰革旁鞋。

又　鞾。布剛切，鞋革皮。

又　靰。于阮切，履也。

又　鞎。大卵切，履後帖。

又卷二七　紺。方孔切，枲履也。小兒履也。

又　緉。力掌切，絞也，履緉頭也。

又　緉。所兩切，履中絞。

又　緤。巨于切，彩名也，履緣也。

又　緞。乎加切，履跟。亦作鞎。

又　絇。俱遇切，絲絇也。又音衢，履頭飾也。

又　綦。方孔切，小兒履也。

唐・釋玄應《一切經音義》卷一一　革屣。所綺反，皮履也。

又卷一四　作屧。古文屧今作蹀，同。思頰反。《説文》：履之薦也。本音他頰反。《東宮舊事》曰絳地文履，屜自副，今江南婦女猶著屧之製，如芒屧而卑下也。

明・周祈《名義考》卷一一《物部・履舄》　草曰扉，又謂之履，又謂之不借。麻曰屨葛，亦謂之屨皮，亦曰履，又謂之鞮，又謂之鞋。又禪下曰履，複下曰舄。蓋舄有三等，赤舄爲上，冕服最上達者，下有白舄，皆履之複底者。《古今注》曰：祭服謂之舄，朝服謂之履，燕服謂之屨。亦得凡履下置木曰屐，履中薦曰屧，履不著跟曰屣，小兒履曰靸。扉音費。

綜述

漢・劉熙撰、清・畢沅疏證、王先謙補《釋名疏證補》卷五《釋衣服》　履，禮也。畢沅曰：《周易序卦》：物畜然後有禮，故受之以履。是履之義禮也。飾足所以爲禮也。畢沅曰：《初學記》引無以字。亦曰屨。屨，拘也，所以拘足也。畢沅曰：今本無亦曰屨三字，《御覽》引作亦曰抱也，所以抱足也。合此比校，則其抱字乃拘字之訛。即可知亦曰抱也，亦曰下脱兩屨字爾，因據以增之。又今本舄在履後，屨在舄後，各提行別起。《御覽》引亦曰云云，承爲禮也之下，複其下云云，承拘足也之下。案，鄭注《周禮・屨人》：複下曰舄，禪下曰屨。然則舄是屨之複者，此複其下曰舄謂複屨之下也，自當承所以拘足也之下，遂據以更正之。王先慎曰：屨人青句注：句當爲絇，聲之誤也。絇謂之拘，著舄屨之頭，以爲行戒。《士冠禮》黑絇注：絇之爲言拘也，以爲行戒。正成國所本，明此當爲拘字，《御覽》作抱，誤，畢説是。

又　鞁韋，履深頭者之名也。鞁，襲也，以其深襲覆足也。畢沅曰：《説文》：鞁，小兒履也。義與此異。

仰角，畢沅曰：仰，《説文》作靰，云靰角鞮屬也，從革，卬聲。《方言》：大麤謂之靰角。郭注：漆履有齒者。屐上施履之名也，行不得蹶，當仰履角舉足乃行也。王啓原曰：《方言》已云靰角，《説文》引揚雄説，故亦云靰角。史游《急就章》：鞁鞮卬角褐韤巾。假卬爲仰，是有仰角之名。如成國所言，則今湘中之屐，即其遺制。

漢・史游撰、唐・顔師古注《急就篇》卷二　履舄鞜裒絨緞紃。單底謂之履，或以絲爲之。複底而有木者謂之舄。鞜，生革之履也。裒，謂鞜之深大者也。絨，織彩爲之，一名車馬飾，即今之織成也。緞，履跟之帖也。絨緞，以絨爲緞也。紃，緣履之圓絛也。賈誼諫曰：今人賣僮僕者，爲之繡衣絲履偏諸緣。又曰：美者黼繡，庶人之妾以緣其履。是則古之履飾通用紃之屬也。一曰紃者屬五彩而爲之，若今之刺繡韡矣。

鞁鞮卬角褐韤巾。鞁，謂韋履頭深而兑平底者也。今俗呼謂之跣子。鞮，薄革小履也。卬角，屐上施也，形若今之木履而下有齒焉。欲其下不蹶，當卬其角，舉足乃行，因爲名也。褐，織毛爲衣也。或曰粗衣也。韤，足衣也。一曰褐謂編枲爲韤也。巾者，一幅之巾所以裹頭也。一曰裹足之巾，若今人裹足布也。

裳韋不借爲牧人。韋，柔皮也。裳韋，以韋爲裳也。不借者，小屨也，以麻爲之，其賤易得，人各自有，不須假借，因爲名也。言著韋裳及不借者，卑賤之服，便易于事，宜以牧牛羊也。

完堅耐事踰比倫。耐，堪任也。比，例也。倫，類也。言著此衣履屨者，必須完全堅韌堪任事務，經歷長久，乃得踰于等類不破壞也。

漢・揚雄《方言》卷四　扉屨，麤履也。徐兖之郊謂之扉，自關而西謂之屨，中有木者謂之複舄。自關而東，複履其庳者謂之靰，禪者謂之鞮，絲作之者謂之履，麻作之者謂之不借，麤者謂之屨。東北朝鮮洌水之間謂之靰角，南楚江沔之間總謂之麤，西南梁益之間或謂之屩，或謂之⿸广豕。履，其通語也。

晉·崔豹《古今注》卷上《輿服第一》 履者，屨之不帶者也。

又 不借者，草履也。以其輕賤易得，故人人自有，不假借于人，故名不借也。又漢文帝履不借視朝。

晉·嵇含《南方草木狀》卷中《木類》 抱香履，抱木生于水松之旁，若寄生。然極柔弱，不勝刀鋸。乘濕時刳而爲履，易如削瓜。既乾，則韌不可理也。履雖猥大，而輕者若通脱木，風至則隨飄而動，夏月納之，可御蒸濕之氣。出扶南大秦諸國。泰康六年，扶南貢百雙，帝深嘆異，然哂其製作之陋，但置諸外府，以備方物而已。按東方朔《瑣語》曰：木履起于晉文公時，介之推逃禄自隱，抱樹而死。公撫木哀歎，遂以爲履。每懷從亡之功，輒俯視其履曰：悲乎足下。足下之稱，亦自此始也。

唐·王叡《炙轂子》卷二三下 靸鞋舄。三代以皮爲之。靸鞋，《三禮圖》云複下曰舄，單下曰履，朝祭之服。自始皇二年遂以蒲爲之，名曰靸鞵。至二世加以鳳首，尚以蒲爲之。西晉永嘉元年始用黄草爲之，宮内妃御著之，始有伏鳩頭履子。梁天監中武帝以絲爲之，名解脱履。至陳隋間吴越大行，而模様差多。及唐大曆中進五朵草履子，至建中元年進百合草履子，至今其様轉多差異。

唐·馮贄《雲仙雜記》卷二《半月履》 趙廷芝，安成人。作半月履，裁千紋布爲之。托以精銀，縝以絳蠟。唐輔明過之，奪取以貯酒，已乃自飲。廷芝問之，答曰：公器皿太微，此履有滄海之積耳。

五代·馮鑑《續事始》 履舄。《實録》曰：三代皆以皮爲之，《禮》曰：單底曰履，重底曰舄，朝祭之服也。始皇二年，以皮爲之。西晉永嘉元年，始因黄革爲之，宮内妃御皆著之，始有伏鳩頭、鳳頭履。子齊高祖宮人紫皮履。梁天監中，武帝以緑爲之，名解脱履。唐天曆中，進五朶履。《古今注》：舄以木置之履下，乾腊不畏泥濕。天子赤舄，凡舄色似裳履也，履乃屨之不帶者也，履即爲之制而末底曰齒也。

五代·馬縞《中華古今注》卷上《履舄》 履者，屨之不帶也。不借，草屨也。以其輕賤易得，故人人自有，不假借也。漢文帝履不藉以視朝是也。舄者，以木置履下，乾腊不畏泥濕也。天子赤舄，凡舄色皆象裳也。《禮》云：解屨不敢當階，就屨跪而舉之。春中君客三千，皆珠履也。漢制：功臣閣老四賜曰：入朝不趨，贊拜不名，劍履上殿，肩輿入宮。淳于髡諫楚王曰：若堂上燭滅，男女雜坐，履舄交錯，臣當此之時，一飲一石。晏子諫齊王曰：今履賤而踴貴也。言齊王好刖人之足，微諫之也。

又卷中《鞋子》 自古即皆有，謂之履，絇繶皆畫五色。至漢有伏虎頭，始以布鞔繶，上脱下加，以錦爲飾。至東晉，以草木織成，即有鳳頭之履、聚云履、五朵履。宋有重臺履。梁有笏頭履、分捎履、立鳳履，又有五色云霞履。漢有繡鴛鴦履，昭帝令冬至日上舅姑。

又《靸鞋》 蓋古之履也。秦始皇常靸望仙鞋，衣叢雲短褐，以對隱逸求神仙。至梁天監年中，武帝解脱鞔鞋，以絲爲之，今天子所履也。

宋·陶穀《清異録》卷下《衣服門·遵王履》 宣宗性儒雅，令有司效孔子履製進，名魯風鞋。宰相諸王效之，而微殺其式，別呼爲遵王履。

宋·吴坰《五總志》 不借，草屨也。謂其易辦，人人自有不待假借，故名不借。介甫曰：窓明兩不易，當是用此。

宋·吴曾《能改齋漫録》卷四《辨誤·不借》 孫少魏《東皐録》荆公詩：窗明兩不借，榻净一籧篨。《古今注》云：漢文履不借以視朝。《齊民要術》云：冬月令民作不借。不借，草履也。余考《中華古今注》云：不借，草履也。以其輕賤易得，故人人自有，不假借也。然則循名以考實，其義可信。及觀揚雄《方言》，乃云絲作者曰不借，此又何耶。

宋·佚名《致虚閣雜俎》卷三一下 昔有仙人鳳子者欲有所度，隱于農夫之中。一日大雨，有鄰人來借草履，鳳子曰：他人草履則可借，吾之草履乃不借者也。其人怒詈之，鳳子即以草履擲與，化爲鶴飛去。故後世名草履爲不借。

明·陳懋仁《析酲漫録》 東方朔《瑣語》曰：木履起晉文公時，介子推逃禄自隱，抱樹而死。公撫木哀嘆，遂以爲履。每懷從亡之功，輒視其履曰：悲乎，足下。足下之稱，自此始。

又 崔豹云：不借，草履也，以其輕賤易得，故人人自有，不假借于人。劉熙云：以皮作之，言賤易有，宜各自畜不假借人也。揚雄云：麻作之者謂之不借。《事物紀原》云：三代皆以皮爲之，又云夏商皆以草，周以麻，則三家言皆是。然漢文帝履不借坐朝，皮者耶抑草與麻也。讀《潛夫論》知孝文所履者革舄耳。

明·程良孺《讀書考定》卷二二《服飾·不借》 顔師古訓：漢名小

履，曰不借。以麻爲之，人各自有，不須借也。今人因引陸放翁詩：游山雙不借，取水一軍持。净水缾。不知爲漢名，爲顔師古訓也。揚雄《方言》草作者謂之履，麻作者謂之不借。《古今注》：不借，草履也。漢文帝履不借視朝。《儀禮》註：繩菲今之不借也。疏云：周謂之履，夏謂之菲，謂之不借。

明・王三聘《古今事物考》卷六《冠服・履舄》《實録》曰：三代皆皮爲之，單底曰履，複底曰舄。《古今注》曰：舄以木置履下，乾腊不畏泥濕，履乃屨之不帶者。蓋祭服謂之舄，朝服謂之履，燕服謂之屨也。《續事始》曰：宋元嘉元年始有鳳頭履，故今人亦有鳳頭鞋也。

明・田藝蘅《留青日札》卷二三《連齒木屐》着屐登山，乃謝康樂事。而謝安木屐，則登山去前齒，下嶺去後齒。宋高祖則好着連齒木屐，見《南史》，蓋即今之拖屐也。梁朝盛時，貴游子弟駕長簷車，跟高齒屐，坐棊子方褥，憑斑絲隱囊。

明・王世貞《弇州四部稿》卷一五七《説部・宛委餘編二》春申君客躡珠履，秦始皇有望仙鞋，漢有伏虎頭履、繡鴛鴦履，東晉有鳳頭履、聚云履、五朵履，南宋有重臺履，梁有笏頭履、分梢履、立鳳履、五色雲霞履。漢履，婦人員頭，男子方頭。晉太康後，婦人皆方頭。

明・文震亨《長物志》卷九《衣飾・履》冬月秧履最適，且可暖足。夏月棕鞋惟温州者佳，若方舄等樣製作不俗者，皆可爲濟勝之具。

明・屠隆《考槃餘事》卷四《文履》用白布作履，如世俗之鞋，用皂絲縧一條，約長一尺三四許，折中交屈之，以其屈處，綴履頭近底處，取起出履頭一二分而爲二，復綴其餘縧于履面上，雙交如舊畫圖，分其兩稍，綴履口兩邊緣處，是爲絇。于牙底相接處，用一細絲縧，周圍綴于縫中，是爲繶。又以履口納足據，周圍緣以皂絹廣寸許，是爲純。又于履後綴二皂帶以繫之，如世俗鞋帶，是爲綦。如黑履則用皂布爲之，或白或籃，爲絇繶純綦是也。

明・胡應麟《少室山房筆叢》卷一二《丹鉛新録八・弓足》履也，屣也，舄也，屐也，四者小異而大同。古男子婦人共之，蓋其形製不甚懸絶。自唐宋五代纏足，遂專以弓鞋屬之婦人，而履屣屐舄皆歸之男子。

又《列仙傳》曰：昭帝葬鉤弋夫人，空棺但絲履存。

《趙后外傳》曰：后順風揚音，帝令馮無方持后履，恐遂仙去。

《西京雜記》云：趙飛燕立爲后，女弟合德進同心七寶綦履。

《風俗通》曰：婦女始嫁，作漆畫履，五色綵爲絲。

《東宫舊事》曰：太子妃有絳地文履一兩。

《搜神記》曰：宫亭湖有賈客，見一女子曰：可爲買兩緉絲履。

崔浩《女儀》曰：婦以冬至，進履襪於舅姑。

《齊書》曰：高帝性儉素，宫人皆著紫履。

又《履考》古篆舄字象鵲形，以爲履飾也。履象取諸鵲，鵲知太歲。欲人行履知方也，古《易》，履舄然敬之無咎，今文改舄作錯，不識古文也。《禮注》，絇，履頭飾也。《周禮》黄繶青絇，字一作句。《王莽傳》句履注：其形岐頭。《周禮》又有鞮鞻氏，舞四夷之樂，故以革爲履，取其舞蹈之便。至漢世，總章伶人服之，唐世名鸞靴，故妓人從良詩，有便脱鸞靴入鳳幃之句。崔豹云：古履絇繶，皆畫五色。秦始皇令宫人，靸金泥飛頭鞋。徐陵詩所謂步步生香薄，履也。漢有伏虎頭鞋，加以錦飾，曰繡鴛鴦履。東晉以草木織成，有鳳頭履、聚云履、五朵履，宋有重臺履，梁有分梢履、立鳳履、五色云霞履，隋煬帝令宫人，靸瑣鳩頭履，謂之仙飛履。又甄琛《齊記》曰：青州有一種桃花盛開時，采之，煉以松脂，遞相纏織成鞋履，寄往都下，人皆不辨爲何物。嵇含《南方草木狀》云：晉太康中，扶南國進抱香履，以抱香木爲之，輕而堅韌，風至則隨飄而動。

按婦人履俱見前則，餘從諸經籍考得者補下方，用修止信筆紀録，宜多失之，乃《太平御覽》《合璧事類》等，亦往往疏闊遺漏，即一履足推其餘，馬端臨所以嘆著述之不易也。以下止録履名及履事，餘屬屨舄等悉不録。楊本言履也。

《説文》云：履，足所依也。

又云：靸，小兒履也。鞮，革履也。䩥，草履也。絜，枲履也。

《古今注》云：履，屨之不帶者。

《急就章》云：麋麈，麋鹿皮給履。

又云：履舄鞜裒絨緞紃。顔師古注：鞜，生革之履也。緞，履跟之帖也。紃，緣履之圓縧也。

又云：靸鞮卬角褐襪巾。顔注：靸謂韋履，頭深而兑，平底也。今俗呼謂跣子。鞮，薄革小履也。卭角，屐上施也，如今木履。黄氏補云：下卭謂漆履有齒者曰靳角。徐氏云：鞮亦履，今胡人履連脛，謂之絡鞮。

又云：履舄絜麄羸窶貧。顔注：絜，圓頭掩上之履也。《廣韵》云：絜，兒履也，皮爲之。麄者，麻枲雜履之名也。又云：旃裘鞢鞮蠻夷民。顔注：鞢鞮，胡履之缺前雍者是也。黄氏云：鞢鞮，胡履也。王氏云：《新唐書・西域傳》言曳鞢鞮，履也。

《事物紀原》云：《世本》曰：于則作扉履。宋衷注：黄帝臣，草曰扉，麻皮曰履。《實録》曰：三代皆以皮爲之，單底曰履，複底曰舄。《古今注》曰：舄以木置履下，乾臘不畏泥濕。履乃屨之不帶者，蓋祭服曰舄，朝服曰履，燕服曰屨也。

又云：《唐韵》曰：屝，草屨，黄帝臣于則所造。宋衷云：草屨爲扉。《實録》謂：始皇二年，始以蒲爲履。

又云：草謂之屨，皮謂之履。《實録》曰：鞋，夏、商皆以草爲之，周以麻，晋永嘉中以絲。或云馬周始以麻爲之，名鞋也。《古今注》曰：魏文帝寵段巧笑，始製絲履。按《禮・少儀》云：國雖靡敝，君子不履絲屨，則周人已用絲爲屨也。

《釋名》曰：履，禮也，飾足以爲禮。

夏關龍逢諫桀曰：君之履非履也，而履春冰。楊作屨，非。

武王以履賜太公望云：東至無棣。《左傳》曰，賜我先君履云云。

莊周云：干將補履，不如兩錢之錐。

賈誼《治安策》引古語云：履雖鮮，不加于首，冠雖敝，不以苴履。《急就》注引誼疏，今人賣僮僕者，爲之絲履。又云，美者黼繡，庶人妾以緣履。

《詩》云：糾糾葛履，可以履霜。

《方言》云：履謂之不借。朝鮮洌水之上，謂之卬角。南方江淮之間，總謂之麄良。徐土邳沂之間，謂之卬角。二字疑《御覽》誤，《巵言》載同。梁益之間曰屣，關之東西曰緉。

《六韜》曰：舜王天下，敝衣絓履。

《拾遺記》曰：西王母納丹豹文履于穆王。

《莊子》曰：儒者圜冠方履。

《晏子》曰：齊景公爲履，黄金之綦，飾以銀，連以珠，良玉之絇，其長尺。

《國策》曰：春申君上客三千，皆躡珠履。

《賈子》曰：天子黑方履，諸侯素方履，大夫素圓履。

《楚昭王》曰：楚國雖貧，豈惜一畸履哉。《吕氏春秋》云，畸，奇也。

《漢書》曰：鄭崇每朝見，曳革履。上曰：我識鄭尚書履聲。

《鹽鐵論》曰：古者庶人粗菲草履，今者富人韋沓絲履。

《西京雜記》曰：度安世爲侍郎，常著輕絲履。

魏《遺令》曰：可學作組履賣之。

《後魏書》曰：王遵業嘗著穿履，好事者多毁新履以學之。絶可與郭林宗墊巾相對。杜頻遊任履穿，或本此。

《禮記》云：披衣靸履。

又云：鄉長者而履，跪而進履，俯而納履。

又云：君子之飲酒，三爵而退，則坐取履，隱避而後履。

荀卿曰：粗絲之履，可以養體，又大布之衣，粗紃之履。

《東平王蒼傳》云：魯國孔氏，尚有仲尼車輿冠履，盛德光靈之遠也。《漢書》。

原憲曳杖拖履，行歌《商頌》。《事文類聚》。

《雋不疑傳》云：暴勝之屣履起迎。見《漢書》，屣履謂納履，未正也。

皇甫規聞王符至，屣履迎之。《後漢書》。

《北齊書》云：始安王遥光有躄疾，餉履者以爲譏己，大恨之。

《事文類聚》云：高帝鎮東府，衆僚傾下，虞玩之躡履造席如平時。《南史》。

《漢書》云：文帝常履革舄。《唐書》云：鳴玉曳履。《馬周傳》。

《學齋佔嗶》云：古有履無靴，趙武靈王乃變履爲靴。徽宗世，嘗變靴爲履。高宗世，又變履爲靴。冠履二事，反使今道流得竊其似云。節文。

《韓非》云：晋文公與楚人戰，至鳳皇之陸，絲履墜，因自結之。

《史記》云：東郭先生行雪中，履有上無下，足踐地。

又云：黄石公墮履，令張良取之。

《高士傳》云：陳仲子織履以爲食。

《列仙傳》云：嘯父在冀州市中，補履數十年。

《三國志》云：先主少孤織履，曹公罵云，賣履舍長。

高文惠妻書云：余奉織成履一緉，願著之動與福并。

《晉陽秋》云：江州刺史王弘造陶潛，潛無履，弘從人脱履給之，弘令左右爲彭澤作履，左右請履度，潛于坐伸脚授之。

《五燈會元》云：達磨既逝後三歲，魏使遇于葱嶺，持隻履翩翩西歸，門人啓其壙，空棺惟一隻革履存焉。

《唐書》云：滕王元嬰戲典籤妻鄭，鄭以履抵面血流。

又云：元德秀家惟枕履。

《神仙通鑑・張氳傳》云：人贈以孔子木履一枚。

又《仙鑑・張氳傳》云：郭翰贈以孔子二儀履一雙，後於晉州尸解，與里人劇飲，留衣履而别。

後漢南陽公主慕道，入華陰山，駙馬王咸追至嶺上，見朱履一雙，取之，化爲石。因名其山公主峯。同上。

《玉光八景經》曰：東元景道君，冠七色耀天玉冠，躡九色之履。見《太平御覽・道家類》。

又云：東北始陽宮牛元景，足躡五色履。此條亦《御覽》，疑有誤。

葛仙公絳裙朱履，于八月十五上升。《神仙傳》。

《洞冥記》云：董藹老少不常，或乘牛，或躡履，日三百里。

葛仙公跣足，屈氏二女夜促成雙履獻之，因得道。劉諷仙去，托形杖履，葬桑樹間。《神仙傳》。

葉法善入水，衣履不濡，云與河伯游。《仙傳拾遺》。

劉平阿遇異人傳道，托形履帽。

袁亢先生褐裘草履，又何尊師衣敝履穿，又嚴東衣敝履穿，惟賫一瓢。

張道成葬後，鶴穿墓出，冠履留棺中。《仙鑑》。

《洞神經》曰：學道之人，敝衣草履。《九真經》曰：學道者勿令人犯履，犯履有忌。

《玉光經》曰：有五色九色獅子之履。

王喬每乘雙鳧至朝堂，網得之，乃所賜尚書官屬履也。凡稱舄字者概不録，此有履字故存之。杜羨君宜著王喬履出此，真一字不苟也。

靈壽光年二百餘卒，棺僅履存，無他物。並《後漢書》。

《神仙傳》云：薊子訓卒後，棺中惟隻履，棺蓋飛揚。

《仙傳拾遺》云：盧眉娘將葬，舉棺覺輕，徹蓋觀之，惟舊履存。《太平廣記》。

王知微羽化後，寄書回家，家人發棺視，惟衣履。

劉玄和卒後，尸逝柩空，乃葬其履舄。同上。

張淡客死徐逢源家，每七日遺令令人視之。至四十九日，惟敗履存。《仙鑑》。

翟天師乾祐卒後，啓其棺僅雙履。舒虛寂，其弟子也，卒後亦履解棺中。《酉陽雜俎》。

《太平御覽》云：盧耽有仙術，州守期會，耽後至，化鶴迴翔欲下，爲威儀以帚擲之，得隻履，耽遂飛去。

《夷堅志》云：燕道人尸解，柩惟草履一雙。

《集仙傳》云：劉道成上升處，石上有隻履痕，作白色。

文賓買草履爲業，每取嫗，數十年輒棄之。《列仙傳》。

侯道華著木履上樹，悉折去松枝，曰：他日礙吾。飛昇。

又云：老君遺韓真人下迎，道華乃脱履松下，上松之杪而升天。

《虬髯客傳》云：唐文皇不衫不履。又李衛公得紅拂，窺户者無停履。

李紳見老叟，知爲異人，乃具衫履下拜之，問姓名，曰吾唐若山也。以上並《廣記》。

東陵聖母師劉綱，常從獄中飛出，遺所著履一緉。

宋徽宗見前後圭履異于常，曰吾紫虛元君也。《仙鑑》。

女真王妙想，見仙官劍珮，曳履升殿，曰吾帝舜也，今王九疑山。

陳惠虛好道，衣弊履穿，不以爲陋。以上並《仙傳拾遺》。

張殖善役六丁，每日有天女，著繡履繡衣，冠劍侍前。《仙鑑》。

太玄女有仙術，吐火張天，噓之即滅，坐炎火中，衣履不燃。《女仙傳》。

桑俱鳳自稱白鹿洞道士，每謁貴顯，一足草履，一足麻鞋。《仙鑑》。

王鼎麻衣草履，遍游名山。又王十八破衣草履，劉晏令妻子拜之。又王四郎布衣草履謁王琚。並《仙鑑》。

《傳燈録》云：南泉禪師舉斬猫兒語示趙州，趙州脱履安頭上而出，泉曰：子在，即救得猫兒也。

又云：石霜禪師謁神鼎，脱隻履而視之。鼎曰：汾州出此弟子。又大陽以直裰皮履示浮山，浮山以大陽皮履付投子。俱見《傳燈録》。

志勤禪師問僧曰：我有一信寄雪峯。僧便請師脱隻履抛向前，僧至雪峯，雪峯問靈云安否，僧脱履向峯面前，峯休去。

法真禪師庵側有一龜，問一切衆生皮裏骨，這衆生爲甚骨裏皮。師拈草履覆龜背，僧無語。并同上。

真歇禪師命侍者易新履進正覺，覺却之曰：吾爲鞋來耶。《僧寶傳》。

悟新禪師聞知事捶行者，忽大悟，奮起，忘納其履，謂晦堂曰，某禪是悟得的。《林間録》。

《禪宗正脉》云：靈澄禪師偈，草履祗裁三個耳，麻衣曾補兩番肩。

明辯禪師贊達摩云：皮髓番成話靶，隻履無處埋藏。又，隻履已歸西國遠，此山空有老猿啼。

《詩人玉屑》云：病僧詩，塵埋牀下履，風動架頭巾。

《漢舊儀》曰：乘輿帶七尺斬蛇劍，履虎尾豹履。

《列仙傳》曰：故母班賚書詣河伯，貽青絲履。

曹植《賀冬表》曰：獻白文履七緉。

曹實《四民月令》曰：八月製韋履，十月製白履。

張華《輕薄篇》曰：足下黄金履。

甄述《女詩》云：足躡承雲履。

《荆州記》曰：興安水邊平石上，有石履。

《晉書》曰：武庫火，屢代之寶皆焚，孔子履，漢祖斬蛇劍，並失焉。

《晉令》曰：士卒百工，履色無過緑青白，奴婢履色純青。

又曰：凡儈賣者，一足著黑履，一足著白履。

《晉書》曰：苻健時，河水溢，津監寇登得一履，長七尺。

唐《五行志》曰：文宗時，吴越間作高頭草履。

《雲仙雜記》曰：趙廷芝作半月履，以千紋布爲之，托以精銀，填以絳蠟，唐輔明過之，奪以貯酒。

又曰：白樂天製飛雲履，以玄綾爲質，四面以素綃作雲朵，染以四選香，振履則如烟霧。

《清異録》：宣宗性儒雅，令有司效孔子履，名魯風鞋。宰相以下效之，呼遵王履。

唐《實録》曰：大曆中，進五朵履。

唐《二儀録》云：大曆中，進五朵草履，建中時進百合履。案，五朵履，楊引作晉，或據他書，俟考。並見《六帖》。

《青州雜記》曰：桃花有一種，盛開時，垂絲二三尺者，采之煉以松脂，遞相纏織成履，寄都下，人皆不辨何物。楊引作《齊記》，恐誤，當更考。本桃花垂絲，故可織履。楊脱垂絲二字，義遂難通。見《孔六帖》。

《清異録》又曰：曹翰性貪侈，爲周世宗樞密承旨，常著錦襪金綫絲履。有朝士某者，託無名子作詩嘲之云：不作錦衣裳，裁爲十指倉，千金包汗脚，慙媿絡絲娘。

李尤《文履銘》云：乃製茲履，文質武彬。步此堤道，絶彼埃塵。晉傅玄亦有銘曰：履正無邪，正者吉之致，邪者凶之徵。又古詩曰：瓜田不納履。

劉相《魯都賦》云：纖纖絲履，燦爛鮮新，表以文綦，綴以珠蠙。蘇軾夢中見帝，作《履銘》曰：寒女之絲，銖積寸累，步武所臨，云蒸霞起。

梁宣帝《履詩》：雙鳬待聲宣，並飛時表異。以上二則並《初學記》。

李白《送人》云：足下遠游履，淩波生素塵。《李集》。

杜甫《大雲寺》云：細軟青絲履。

《茅亭客話》云：大中祥符六年，綿州彰明縣崇仁觀，柏柱上有木紋，如畫天尊狀，毛髮眉目，衣服舄履，纖悉具備。《説郛》。

莊子衣大布而補之，正冠係履，以見魏王。《莊子》。

鄭虔，履穿四明雪，饑拾山陰橡。杜甫《八哀詩》。

郄超云：謝玄在幕府，使才必盡，凡履屐間，皆得其任。《世説新語》。

《博異志》云：王昌齡以黑草履獻馬當山神，誤納金錯刀其中，忽有赤鯉魚躍入舟，取烹之，金錯刀在魚腹焉。《説郛》。

吴沉《題留侯履》云：躡劉舒國步，蹴項立炎基。《文集》。

《春渚紀聞》云：施嬭婆年六十，育沈氏二子，爲人織履及縫紉之事。《説郛》。

《炙轂子》曰：西晉永嘉元年，始用黄草爲履，宫内妃御皆著之，謂之伏鳩頭履，梁天監中，武帝以絲爲之，名解脱履。《説郛》。

《侯鯖録》云：蘇子瞻醉卧，有魚頭人身者邀，因被褐履草黄冠而去。

元微之《夢遊春》詩云：金鹭重臺履。《侯鯖録》。

《南史》云：道士邵碩，于元徽二年告人曰，吾命終，因卧而卒。後有人見碩在荆州，以一隻故履縛左脚，而行甚疾，遂不知所之。《齊始興王傳》。

《韓子》曰：鄭人買履者，先自度其足爲度。及至市，忘操之，得履乃曰吾忘度，亟歸取之。人曰何不試以足，曰寧信度，亡自信也。《説郛·開顔集》。

《遁齋閒覽》云：范寺丞妻大妒，一日范偶出，同列取官妓雙履，置范卧衾中。吏携衾歸，妻見履，神色沮喪，自縊。《説郛》。

《南齊書》云：劉瓛年四十未婚，太祖與褚淵爲瓛娶妻王氏，妻掾壁挂履，土落母牀上，母不悦。瓛即去其妻，其至孝如此。《劉瓛傳》。

《孝德傳》云：魏湯雍處大道下，晨夜輦水給行旅，兼補履屩，不受其直。《太平廣記·神類》。

元樂府《朱履曲》，即《紅繡鞋》也。《詞林摘艷》。

朱文公晚年，野服見客，大帶方履。《養老奉親書》。

衡州石室山，有僧鬚垂拂履。《杜陽編》。

六朝前率草爲履，古稱芒屩，蓋賤者之服，大抵皆然。唐張志和以棕爲履，至五代蒲履盛行。《九國志》云，江南李昇常履蒲靸是也。然當時婦人履亦用蒲者。劉克明嘗賦詩云：吴江江上白蒲春，越女初挑一様新。纔自繡窗離玉指，便隨羅襪步香塵。石榴裙下從容久，玳瑁筵前整頓頻。今日高樓鴛瓦上，不知抛擲是何人。此詩通篇咏婦人履，殊不見弓纖意，知五代女子尚不皆纏足也。劉仕湖南馬氏，此詩見《郡閣雅談》。今世蒲鞋盛行海内，然皆男子服。婦人以纏足故，絶無用之者矣。

明·焦竑《焦氏類林》卷七　白樂天燒丹于廬山草堂，作飛雲履，玄綾爲質，四面以素綃作雲朵，染以四選香，振履則如烟霧。曰吾足下生雲，計不久上升朱府矣。《樵説》。

清·周象明《事物考辯》卷六〇《冠裳·東郭履》　《史記》：東郭先生行雪中，履有上無下，足踐地。

又《蒲履》　《實録》：始皇二年始以蒲爲履。

又《飛雲履》　《雲仙雜記》：白樂天製飛雲履，以玄綾爲質，四面以素綃作雲朵，染以四選香，振履則如烟霧。

明按，胡應麟云：六朝前率以草爲履，古稱芒屩，蓋賤者之服，大抵皆然。唐張志和以棕爲履。五代蒲履盛行，《九國志》云：江南李升常履蒲靸是也。

又《穿履》　《後魏書》：王遵業好著穿履，好事者多毁新履以學之。

又《珠履》　《國策》：春申君上客三千躡珠履。

又《舄履屨》　《續筆叢》、《事物紀原》云：《世本》云：于則黄帝臣名作扉履。草曰扉。又云草謂之屨，皮謂之履。《實録》曰：單底曰履，複底曰舄。《古今注》曰：舄，以本置履下，乾腊不畏泥濕，履乃屨之不帶者。蓋祭服曰舄，朝服曰履，燕服曰屨也。

又《屣履》　《漢書·雋不疑》暴勝之屣履起迎。屣履，納未正也。即倒屣而迎之意。

又《絲履》　《實録》：鞋，夏商皆以草爲之，周以麻。晉永嘉中以絲。《古今注》云：魏文帝寵段巧笑，始製絲履。按《禮·少儀》云：國雖靡敝，君子不履絲屨，則周人已用絲爲屨矣。

清·盧文弨《龍城札記》卷三《屐》　屐可以游山，亦可燕居著之，謝安之屐齒折是也。紈褲少年喜著高齒屐，見顔介家訓中，大抵通倪之服，非正服也。宋阮長之爲中書郎，直省夜往鄰省，誤著屐出閤，依事自列門下，事見《南史》。蓋宫省清嚴之地，宜著履舄。在直所容可不拘，而出閤則必不可以褻，此其所以自劾也。《宋書》屐字作履，當是字誤。至鄭樵《通志》則改云，誤著鄰省屐出閤。則於本事全失，若但誤著鄰省之屐，固不疑於盗竊，何至自劾。且同省可以誤著，而鄰省不容誤，即或有之，而我必先屐以往，足以相抵其誤。自明於法無礙，何用自列。此雖小事，亦可爲作史者鹵莽之鑒。漢、晉、宋諸史之志輿服，於履舄之制皆不詳，固不知周官屨人之遺意矣。

清·桂馥《札樸》卷四《覽古·綦》　綦有四義，一曰履，《廣雅》：綦，履是也。二曰履飾，《漢書·揚雄傳》履槐槍以爲綦。顔注：綦，履下飾也。《晏子》：景公爲履黄金之綦。《西京雜記》：趙飛燕女弟遺七寶綦履。《後漢書·劉盆子傳》：俠卿爲制直綦履。章懷注：綦，履文也。蓋直刺其文以爲飾是也。三曰屨繫，《士喪禮》夏葛屨，冬白屨，皆繶緇約純組綦，繫于踵。鄭注：綦，屨繫也。所以拘止屨是也。四曰履迹，班婕妤賦：俯視兮丹墀，思君兮履迹。晉灼曰：綦，履迹也。張景陽雜詩庭無貢公綦是也。

清・華胥大夫《南浦秋波録》 諸姬皆不纏足，所穿履墻，縱不過四寸，横不滿二寸，高不過二寸，長不過三寸，前斜後削，視燕齊吴越纏而不纖，飾爲假脚者，覺美觀矣。

清・高士奇《天禄識餘》卷五《不借》 昔有仙人鳳子者，欲有所度，隱于農夫之中。一日大雨，有隣人來借草履，鳳子曰：他人草履則可借，吾之草履乃不借者也。其人怒詈之，鳳子即以草履擲與，化爲鶴飛去，故名草履爲不借。

清・俞樾《茶香室三鈔》卷一二《太守燕履》 明李日華《紫桃軒雜綴》云：人知葉令王喬之舄爲雙鳧，不知晉南海太守鮑靚之履爲雙燕。靚爲南海時，葛稚川隱羅浮，靚每密過之，譚論達旦始去，門無車馬之迹，獨雙燕往還，則其雙履也。以鳧屬令，以燕屬守，特爲拈出。按，縣令鳧舄，人人知之，太守燕履，未見有用者。竹懶拈出後，知者仍少也。

又卷二二《孔子履》 明沈德符《野獲編》云：孔子履在晉武庫中，元康中，已與斬蛇劍同焚矣。至宋靖康，金人擄去古物，又有女媧琴、孔子履，何邪。豈宣尼行縢尚留二緉邪。又唐宣宗令有司仿孔子履，名魯風鞋，宰相以下俱效之，號遵王履，則似孔子履，未焚也。

按，元楊瑀《山居新話》云：大都鐘樓街富民家，藏宣聖履。余已載于《叢鈔》卷二十矣。

又《履屨》 宋吴曾《能改齋漫録》云：政和八年十二月，奉聖旨，文武官大夫以上四飾全，朝請、武功郎以上減去一繶，並稱履。從義、宣教郎以下至將校伎術官，減去二繶、純，並稱屨。按，四飾者，絇也、繶也、純也、綦也，減去繶、純，則止有二飾矣。絇，履上飾。繶，飾底。純，緣。綦，履帶。又按《周禮・屨人》，王與后皆稱屨。乃以屨爲賤稱，足見宋制之不考矣。

藝文

明・張之象《古詩類苑》卷一一八《服食部・履》

《文履銘》　李尤

乃製兹履，文質武斌。顯允名哲，卑以牧身。步此堤道，絶彼埃塵。

《履銘》　傅玄

戒之哉，念履正無邪。正者吉之路，邪者凶之徵。

《咏履》　梁宣帝

雙見待聲宣，並飛時表異。處卑彌更妍，常安豈悲墜。

同前　陳後主

賢舍觀穴踵，瓜田睹躡迹。矩步今有儀，用此前嘉客。

《脚下履》　沈約

丹墀上颯沓，玉殿下趍鏘。逆轉珠珮響，先表繡袿香。裾開臨舞席，袖拂繞歌堂。所嘆忘懷妾，見委入羅牀。

明・陳懋仁《析酲漫録》 梁《捉搦歌》云：黄桑柘屐蒲子履，中央有絲兩頭繫。小時憐母大憐婿，何不早嫁論家計。樂府《雙行纏》云：朱絲繫腕繩，真如白雪凝。今婦人鞋之弓纖者，亦有繫其遺製乎。然謂之蒲子履，定非若今之綺繡而纖小者也。

雜録

南朝梁・任昉《述異記》卷下 興安縣水邊，有平石，其上有石櫛、石履各一具，俗云，越王渡溪脱履、墮櫛于此。

宋・楊侃《兩漢博聞》卷一 躧履。《雋不疑傳》《後漢・崔駰傳四十二》。暴勝之躧履迎雋不疑。文穎曰：躧，音纚。師古曰：履不著跟，曰躧。躧謂納履未正，曳之而行，言其遽也。躧，音山爾反。崔駰候竇憲，屣履迎門。屣履，謂納履曳之而行，言忽遽也。屣與躧同。

宋・蘇軾《艾子雜説》 木履。有人獻木履於齊宣王者，無刻斲之迹，王曰：此履豈非生乎。艾子曰：鞵楦乃其核也。

宋・陳元靚《歲時廣記》卷一五《製木履》 《殷芸小説》曰：介之推不出，晉文公焚林求之，抱木而死。公撫之盡哀，及伐木製履，每俯視則流涕曰：悲乎足下。

明・田藝蘅《留青日札》卷二二《薄借》 《周禮》玉璂注：有薄借綦。漢文帝履不借視朝。不借者，草履也。一作薄借。陸游詩：游山雙不借，取水一軍持。

明・沈德符《萬曆野獲編》卷二七《釋道・衣鉢》 初祖衣鉢，留粵東之黄梅寺，寶藏至今。至嘉靖初年，魏恭簡莊渠校。督學其地，借觀之，撲碎于地，名爲闢異端。今存者以漆膠，非復完物，惟衣尚無恙耳。此等見解，與張永嘉貶損孔廟何異。即盡廢佾舞，聖衷未必愠，盡焚衣鉢，宗風未必墜，真所謂蚍蜉撼泰山，不滿兩聖人一笑也。況初祖衣鉢，不過與孔子履等，後人自不忘本珍收之耳。莊渠與王新建争名，晚投桂安仁幕，何異端之能闢哉。孔子履在晉武庫中，元康中已與斬蛇劍同焚矣。至宋靖康，金人擄去古物，又有女媧琴、孔子履，何耶。豈宣尼行縢尚留兩緉耶。又唐宣宗令有司仿孔子履名魯風鞋，宰相以下俱效之，號遵王履，則似孔子履未焚也，俟再質之博洽者。

明・閔元京、凌義渠《湘煙録》卷九《玉飛》 馬嵬媪拾得太真襪以致富，其女玉飛，得雀頭履一雙，真珠飾口，以薄檀爲苴，玉飛不輕示人。

鞋

題解

漢・劉熙撰、清・畢沅疏證、王先謙補《釋名疏證補》卷五《釋衣服》 鞵，解也，著時縮其上，如履然，解其上則舒解也。葉德炯曰：《説文・革部》：鞵，革生鞮也。《淮南・齊俗訓》不亟於爲文句疏短之鞵作鞵，與此同。先謙曰：吴校鞵作鞋。

南朝梁・顧野王《玉篇》卷二六 鞵。胡街切，革鞮也，革底麻枲。鞋。同上。

綜述

漢・劉熙撰、清・畢沅疏證、王先謙補《釋名疏證補》卷五《釋衣服》 齊人謂草屨曰扉。畢沅曰：今本草作韋。《初學記》引作草，從之。《方言》：扉，粗屨也。絲作之曰履，麻作之曰扉。《左・僖四年》杜注：扉，草屨。則作草是。今本齊人以下提行別起。案，《説文》：扉，履屬。則屨、舄、扉同類，不應分異。據《御覽》引此，上下文皆合爲一，遂從之，併焉。又案，同方同物不合有異名，下有齊人謂搏腊，此齊人謂三字蓋衍也，不敢擅删，識疑可也。扉，皮也，以皮作之。或曰不借。畢沅曰：扉，皮也三字，文有誤，當云或以皮作之。又今本無下或曰字，無則上下文不屬，故以意增之。孫楷曰：《儀禮・喪服傳》繩菲注：今時不借也。《孟子》猶弃敝蹝也，趙岐注：蹝，草履，敝喻不惜。《齊民要術》引《四民月令》云：十月作白履不惜。惜、借古音同。《方言》：菲屨，麻作之者，謂之不借。《急就章》云：裳韋不借爲牧人。又漢文帝履不借視朝。《潛夫論》云以皮作之，與此同。言賤易有，宜各自蓄之，不假借人也。畢沅曰：《古今注》：不借者，草履也，以其輕賤易得，故人人自有，不假借于人，故名不借也。葉德炯曰：不借，履之合聲也。此如《爾雅》不聿謂之筆之例。下云薄腊，則不借之輕讀，此皆方音轉變之故，成國就文求義耳。齊人云搏腊。畢沅曰：今本齊人又提行別起，亦據《御覽》引併合。孫楷曰：《周禮・弁師》玉璂，鄭讀如薄借綦之綦，綦古文作綼。《説文》：綼不借綼。許所言不借綼，猶鄭所云薄借綦，文異實同。薄借即搏腊之轉音。鄭君、成國皆籍北海，古齊地也。搏腊猶把作，麤貌也。畢沅曰：搏腊猶言不借，聲少異爾，恐非把作之義。一本作把鮓，當亦音之轉。荆州人曰麤。畢沅曰：今本作麤，不從艸。《説文》：麤，草履也，從草，麤聲。絲麻韋草，皆同名也。畢沅曰：今本脱絲字，據《御覽》引增。麤，措也，言所以安措足也。葉德炯曰：《方言》：扉、屨、麤，履也。徐兖之郊謂之扉，自關而西謂之屨，中有木者謂之複舄，絲作者謂之履，麻作者謂之不借，南楚江沔之間總謂之麤。成國諸義皆本此，但《方言》舉齊兗關西南楚江沔，此則兩舉齊人，以雄所采者絶國之離詞，劉所録者近鄉之古音也。

唐・王叡《炙轂子》卷二三下《麻鞋》 夏殷以草爲之屬，《左氏》謂之屝，履也。至周以麻爲之謂麻鞋，貴賤通著之。晉永嘉中以絲爲之，宫禁内貴妃以下著之。

五代・馮鑑《續事始》 絲麻鞋。《實録》云：自夏殷皆以草爲之，《左傳》謂之屝履，周以麻爲之，晉永嘉中以絲。

五代・馬縞《中華古今注》卷中《麻鞋》 起自伊尹以草爲之草屩，周文王以麻爲之名曰麻鞋。至秦以絲爲之，令宫人侍從著之，庶人不可。至東晉又加其好，公主及宫貴皆絲爲之，凡娶婦之家先下絲麻鞋一緉，取其和鞋之義。

宋・佚名《釋常談》卷二《屣步》 不乘鞍馬，謂之屣步。屣，鞋也。蔡邕雅重王粲，屣步迎之。

元・陶宗儀《南村輟耕録》卷一八《靸鞋》 西浙之人，以草爲履而無跟，名曰靸鞋。婦女非纏足者，通曳之。《炙轂子雜録》引《實録》云：靸鞋，舄三代皆以皮爲之，朝祭之服也。始皇二年遂以蒲爲之，名曰靸鞋。二世加鳳首，仍用蒲。晉永嘉元年用黄草，宫内妃御皆著，始有伏鳩頭履子。梁天監中，武帝易以絲，名解脱履。至陳隋間，吴越大行，而模樣差多。唐大曆中進五朵草履子，建中元年進百合草履子。據此，則靸鞋之製，其來甚古。然《北夢瑣言》載，霧是山巾子，船爲水靸鞋之句，抑且咏諸詩矣。靸，悉合切，在颯字韵下，今俗呼與㪍同音者，誤。

明・楊慎《丹鉛總録》卷七《冠服類・薄借》 《周禮》玉璂注：璂，讀如薄借綦之綦。綦，結也。皮弁之縫，每貫結五采，玉十二以爲飾，謂之綦。《詩》云：其弁伊綦。賈公彦疏云：薄借之語未聞。按《古今注》云：草履名不借。漢文帝履不借以臨朝。宋詩：遊山雙不借，取水一軍持。

明・范濂《雲間據目抄》卷二《紀風俗》 鞋制，初尚南京轎夫營者，郡中絶無鞋店與蒲鞋店。萬曆以來，始有男人制鞋，後漸輕俏精美，遂廣設諸肆于郡治東。而轎夫營鞋，始爲松之敝帚矣，所可恨者，大家奴皆用三穰官履，與士宦漫無分別，而士宦亦喜奴輩穿著，此俗之最惡也。宕口蒲鞋，舊云陳橋，俱尚滑頭，初亦珍異之，結者皆用稻柴心，亦絶無黄草，自宜興史姓者客于松，以黄草結宕口鞋甚精，貴公子争以重價購之，謂之史大蒲鞋，此後宜與業履者，率以五六人爲群，列肆郡中，幾百餘家，價始甚賤。士人亦争受其業，近又有凉宕口鞋，而蒲鞋濫觴極矣。

清・王念孫《廣雅疏證》卷七下《釋器》 屝、屨、麤、舄、屦、鞨、不借、靰角、鞮、屣、薄平、鞮，履也。《説文》履：足所依也。《方言》：屝屨，麤履也。徐兗之郊謂之屝。自關而西謂之屨。中有木者謂之複舄。自關而東謂之複履，其庳者謂之靴下，禪者謂之鞮，絲作之者謂之履，麻作之者謂之不借，粗者謂之屨，東北朝鮮洌水之間謂之靰角，南楚江沔之間總謂之麤，西南梁益之間或謂之屦，或謂之扉履，其通語也。徐土邳沂之間大麤謂之靰角。《釋名》云：齊人謂草履曰屝。僖四年《左傳》：共其資糧屝屨。杜預注云：屝，草屨也。《喪服傳》：菅屨者，菅菲也，菲與屝通。《釋名》云：屨，拘也，所以拘足也。《周官・屨人》：掌王及后之服屨，爲赤舄、黑舄、素屨、葛屨。鄭注云：複下曰舄，禪下曰屨，凡屨舄各象其裳之色。《士冠禮》曰：元端黑屨，素積白屨，爵弁纁屨是也。《説文》：麤，艸履也，麤與麤通。《釋名》云：履，荆州人曰麤，絲麻韋草皆同名也。麤，措也，言所以安措足也。《急就篇》：屐屩絜麤羸窶貧。顔師古注云：麤者，麻枲雜履之名也。王褒《僮約》云：織履作麤。《廣韻》：履有頸曰屦。《方言》注云：屦字或作屦。《喪服傳》：繩屨者，繩菲也。鄭注云：繩菲，今時不借也。《鹽鐵論・散不足》篇云：綦下不借，鞔鞮革舄。《急就篇》云：裳韋不借爲牧人。《釋名》云：不借，言賤易有，宜各自蓄之，不假借於人也。齊人云：搏臘，搏臘，猶把鮓麤貌也。案《釋名》以搏臘爲麤貌是也。搏臘，疊韵字轉之則爲不借。非不假借於人之謂也。《説文》緥字注云：一曰不借緥。《周官・弁師》注作薄借綦。薄借，即搏臘也。《齊民要術》引《四民月令》云：十月作白履不惜，不惜即不借也。《説文》：靰角，鞮屬也。《方言》注云：靰角，今漆履有齒者。《釋名》云：仰角，屐上施履之名也。行不得蹶，當仰履角舉足乃行也。《急就篇》云：靸鞮卬角褐韈巾。仰、卬，並與靰通。《玉篇》：音似足切，鞮也。《廣韵》云：白鞨，鞮也。《説文》：鞧，鞮屬也。躧，舞履也，或作韃。《孟子・盡心篇》：舜視棄天下，猶棄敝蹝也。趙岐注云：蹝，草履可蹝者也。《吕氏春秋・長見篇》：視釋天下若釋躧，《觀表》篇作舍屣，并字異而義同。《説文》：鞮，革履也。《急就篇》注云：鞮，薄革小履也。《周官》鞮鞻氏注云：鞻，讀如屨，鞮屨。四夷舞者所屝也。今時倡蹋鼓沓行者自有屝。《曲禮》注云：鞮屨，無絇之菲也。

清・袁棟《書隱叢説》卷一三 彈弦，跕躧，跕音帖，躧與屣同。謂小履之無跟者。跕謂輕躡之也。即今之凉月，所曳拖鞋是也。靸鞋亦是拖鞋，屧，吴王宫中有響屧廊，履之而行，則有聲。梁詩畫屧重高墻，即今之高底鞋也。重臺履亦高底。

清・俞正燮《癸巳存稿》卷一〇《不借》《周官・弁師》注云：璂，讀如薄借綦之綦。《儀禮・喪服》繩菲注云：今時不借也。疏云：周時謂之屨，子夏時謂之菲，漢時謂之不借。凶荼屨不得從人借，亦不得借也。《釋名》云：齊人謂韋屨爲菲，以皮作之，亦曰不借，言賤易有，宜各自蓄之，不假借于人也。齊人曰搏腊，是皮屨。《方言》云：絲作者謂之屨，麻作者謂之不借。《急就章》裳韋不借爲牧人，顔師古注云：小屨也，以麻爲之。是麻屨。崔豹《古今注》云：不借，草屨也。漢文帝履不借視朝。是草屨。三説不同。案，《東方朔傳》云：孝文皇帝足履革舄。注，顔師古云：革，生皮也。革舄不用柔韋，言儉率。《貢禹傳》云：孝文皇帝衣綈履革。《揚雄傳》云：綈衣不敝，革鞜不穿。蓋天子本有皮屨，漢文不求精麗，臣下以不借目之。謂是草屨，不近情也。《鹽鐵論・散不足》云：古者庶人鹿菲草芰，縮絲尚韋。後則綦下不借，鞔鞮革舄。今富者革中名工，紈裏紃下，越端縱緣。中者鄉裏閑作，而婢妾韋沓絲履。依此，則不借非草非革非韋非絲之專名，四者皆可名之。有綦而苴薄，今之薄底鞵耳。

清・梁紹壬《兩般秋雨盦隨筆》卷一《不惜》 草履名不借，其來已久。按《齊民要術》作不惜。黄扶孟云：當以不惜爲是，謂此物極賤，雖履泥濕棄之，亦不愛惜也。

清・俞樾《茶香室續鈔》卷二二《翁鞋》 國朝朱點《東郊土物詩》注云：北人冬月，履納綿絮，臃腫粗坌，謂之翁鞋。《李崆峒集》中用之。

藝文

明・張之象《唐詩類苑》卷一八五《服食部・鞋》

《贈太常王建藤杖笋鞋》 張籍

蠻藤剪爲杖，楚笋結成鞋。稱與詩人用，堪隨禮寺齋。尋花入幽徑，步日下寒堦。以此持相贈，君應愜素懷。

清・褚人穫《堅瓠集》五集卷四《草鞋詞》 俞君宣《挑燈集異》有《鷓鴣天・咏草鞋》云：少時青青老來黄，千槌萬結得成雙。甫能打就同心結，又被傍人説短長。雲雨事，我承當，不曾移步到蘭房。有朝一日肝腸斷，棄舊憐新撇路傍。草鞋名繩菲，見《儀禮》。又名不借，漢文帝履不借以臨朝。唐詩：游山雙不借，取水一軍持。軍持。僧家净瓶也。

雜録

明・楊慎《秇林伐山》卷二〇《温飛卿錦鞋賦》 段柯古《漢上題襟集》載温飛卿《錦鞋賦》云：闌裏花春，雲邊月新。耀粲織女之束足，嫵嫁嫦娥之結鄰。碧繶緗鈎，鸞尾鳳頭。鞾稱雅舞，履號遠遊。若乃金蓮東昏之潘妃，寶屧臨川之江姬。匍匐非壽陵之步，妖蠱實苧蘿之施。羅襪紅蕖之艷，豐趺縞錦之奇。凌波微步瞥陳王，既蹀躞而容與。花塵香跡（遠）〔逢〕石氏，倏窈窕而呈姿。擎箱回津，驚蕭郎之始見，李文明練，恨漢后之未持。重爲系曰：瑶池僊子董雙成，夜明簾額懸曲瓊。將上雲而垂手，顧轉盼而遺情。願綢繆於芳趾，附周旋於綺楹。莫悲更衣床前棄，側聽東晞珮玉聲。先是，柯古寄飛卿詩云：知君欲作閑情賦，應願將身作錦鞋。飛卿作此答之。蓋騁才炫博而不知流于淫靡也，元人有書此賦者，聊一録之。

明・李時珍《本草綱目》卷三八《服器之一》 麻鞋。【略】時珍曰：鞋古作鞵，即履也。古者以草爲屨，以帛爲履，周人以麻爲鞋。劉熙《釋名》云：鞋者，解也。縮其上，易舒解也。履者，禮也，飾足爲禮也。靸者，襲也，履頭深襲覆足也。皮底曰屝，屝者皮也。木底曰舄，乾臘不畏濕也，入藥當用黄麻苧麻結者。

又 草鞋。【略】時珍曰：《世本》言，黄帝之臣始作屨，即今草鞋也，劉熙《釋名》云：屨者拘也，所以拘足也。屩者蹺也，著之蹺便也。不借者，賤而易得不假借人也。

明・程良孺《讀書考定》卷二二《服飾・尖底鞋》 宣和末婦人鞋底尖，以二色合，名錯到底。

杭吴山居寺，有中峯竹爐麻鞋，鞋長尺四五寸許，及半身相，吾鄉北庵亦有中峯像及絲笠在焉。

清・褚人穫《堅瓠集》三集卷四《蘇繡鞋》 蘇平字秉衡，號雪溪道人，浙之海昌人。景泰、天順中，以詩文游江湖。咏《繡鞋》詩得名，人目爲蘇繡鞋。詩云：幾日深閨繡得成，着來便却可人情。半灣羅襪凌波小，兩瓣金蓮落地輕。南陌踏青春有迹，西廂立月夜無聲。掃花偶濕蒼苔露，曬向窗前趁晚晴。

又七集卷二《鞋杯詞》 瞿士衡飲楊廉夫以鞋杯，廉夫命宗吉咏之，即作《沁園春》詞云：一掬嬌春，弓樣新裁，蓮步未移。笑書生量窄，愛渠儘小，主人情重，酌我休遲。醖釀朝雲，斟量暮雨，能使麯生風味奇。何須去，向花塵留迹，月地偷期。風流到手偏宜，便豪吸雄吞不用辭。任凌波南浦，惟誇羅襪，賞花上苑，祇勸金卮。羅帕高擎，銀瓶低注，絶勝翠裙深掩時。華筵散，琣奈此心先醉，此恨誰知。以呈，廉夫大喜，命侍妓歌以侑觴。

屩

綜述

漢・劉熙撰、清・畢沅疏證、王先謙補《釋名疏證補》卷五《釋衣服》 屩，草屨也。先謙曰：吴校無此句。屩，蹻也，出行著之，蹻蹻輕便。畢沅曰：《説文》：蹻，舉足行高也，故曰輕便。因以爲名也。畢沅曰：御覽引作屩，草屨也，出行著之云云，今本作屩，蹻也，出行著之云云，兩者一釋其物，一釋其名，義當備存之乃無歉。葉德炯曰：《戰國策》：蘇秦嬴縢履蹻。蹻即屩也。古字本通，縢、蹻皆輕便之物。

南朝梁・顧野王《玉篇》卷一一 屩。居略切，草履也。《史記》云躡屩。

唐・釋玄應《一切經音義》卷一九《賢聖集傳》 屩屐。居略反，《史記》：躡屩檐簦。徐廣曰：屩，草扉，音扶謂反。扉，屨也，粗履也。簦，音都恒反，笠有柄者也。

屐

題解

南朝梁・顧野王《玉篇》卷一一 屐。渠戟切，履屐也。

唐・釋玄應《一切經音義》卷一五 屐支。又作跂，同。巨逆反。《説文》：屐，屩也。屐有草屐、帛屐等也。屩，居虐反。

又卷三四 五跂。又作屐，同渠逆反。屐有木有帛有草，非一種也。

明・楊慎《秇林伐山》卷一四《露卯》 《齊書》：舊爲屐者，齒皆達楄。土名曰露卯。

明・王三聘《古今事物考》卷六《冠服・撵》 《正儀》曰：按上山前齒短後齒長，下山前齒長後齒短，山行往來以鐵施屐下是也。自禹有之。

綜述

漢・劉熙撰、清・畢沅疏證、王先謙補《釋名疏證補》卷五《釋衣服》 屐，搘也，爲雨足搘以踐泥也。畢沅曰：今本雨作兩，誤也，據《御覽》引改。案，搘者，柱砥，所以承柱，使不陷入地中，屐以搘足，使可踐泥，雖雨甚泥濘，不陷入泥中也。故曰：屐，搘也，爲雨足搘以踐泥也。搘從木不從手，諸本輒作手旁者，非也。

又 帛屐，以帛作之，如屩也。畢沅曰：《説文》：屩，屐也。屐，屩也。王啟原曰：如屩也，吕本作如屩者。不曰帛屩者，屩不可踐泥也，屐可以踐泥也。畢沅曰：今本作屐，踐泥者也，據《御覽》引改。此亦可以步泥而浣之，故謂之屐也。蘇輿曰：《御覽》服章十二引云：帛屐，以帛作，屐如屩者，也不曰帛屩而曰帛屐者，屩不可以踐泥，屐可以踐泥也，故謂之屐。

漢・史游撰、唐・顏師古注《急就篇》卷二 屐屩絜麤羸窶貧。屐者，以木爲之，而施兩齒，所以踐泥。屩即今之鞋也。絜，圓頭掩上之履也。麤者，麻枲雜履之名也。南楚江淮之間通謂之麤。羸，困弱也。寠，無禮者也。貧，無財者也。言羸寠貧人無有華飾也。

晉・干寶《搜神記》卷七《方頭屐》 初作屐者，婦人圓頭，男子方頭。蓋作意欲别男女也。至太康中，婦人皆方頭屐，與男無異。此賈后專妒之徵也。

明・王三聘《古今事物考》卷六《冠服・屐》 《異苑》曰：介子推抱木燒死，晉文伐以製屐。則春秋時已有是物矣。至司馬晉遂爲常服。

明・王世貞《弇州四部稿》卷一五七《説部・宛委餘編二》 舊爲屐者，齒皆達槅上，名曰露卯，太元中忽不徹，名曰陰卯。

明・田藝蘅《留青日札》卷二〇《屧舄屐》 屧，履中薦也，曰步屧，曰舞屧。吴王宫中有響屧廊，以楩梓板藉地，西子行則有聲，故名響屧。韓偓《屧子》詩，六寸膚圓，光緻緻，唐尺雖短，謂之六寸膚圓，想亦不纏足也。梁詩，畫屧重高墻。畫之者，當是繪以五彩。高墻者，想是闊頰也。今之高底鞋類履，底曰舄，以皮爲之。舄以木置履下，乾濕不畏，古者祭服用之。屐以木爲之，即今之木屐，古婦女亦著之。李白《浣沙石上女》詩：一雙金齒屐，兩足白如霜。今廣東婦女，雖晴天白晝，亦穿木屐。余嘗戲給事中李孺徵云：樂府有《雙行纏》，今南海可謂雙行屐矣。因作《雙行屐》云：荔枝醉赬顔，末麗蟠清馥。孔雀隱蘭皋，佳人出茅屋。繡帛謝纏綿，赤脚幸馳逐。白足越羅裙，紅屐奇南木。金齒滑不磨，玉趾纖可掬。西子畫屐聲，東陽素波沐。不雨石琳琅，無雷車轣轆。烈日響洞房，良宵展郎腹。非乏蓮花承，頗厭笋芽縮。知音美自然，絲竹不如肉。孺徵笑曰：足可補香奩新咏也。他日與李兵部少偕在西湖席上，以金蓮小命題索賦，余復戲之曰：貴地惟有雙行屐耳。舉以誦之，軒渠不能自已。

明・張之象《唐詩類苑》卷一八五《服食部・屐》

《屐子》　韓偓

六寸膚圓光緻緻，白羅繡屧紅花裏。南朝天子欠風流，却重金蓮輕緑齒。

雜録

明・李時珍《本草綱目》卷三八《服器之一》 屐屧鼻繩。【略】時珍曰：屐乃木履之下有齒者，其施鐵者曰檋，音局。劉熙《釋名》云：屐者，支也，支以踏泥也。志曰：别本注云：履屧，江南以銅木爲底，用蒲爲鞋，麻穿其鼻，江北不識也，久著斷爛者，乃堪入藥。

明・鄭瑄《昨非菴日纂》 沈麟士嘗行路，鄰人認其所著屐，麟士曰：是卿屐耶，即跣而反。鄰人得屐，送而還之，麟士曰：非卿屐耶，笑而受之。

圖表

明・王圻《三才圖會・衣服》卷三《屐》

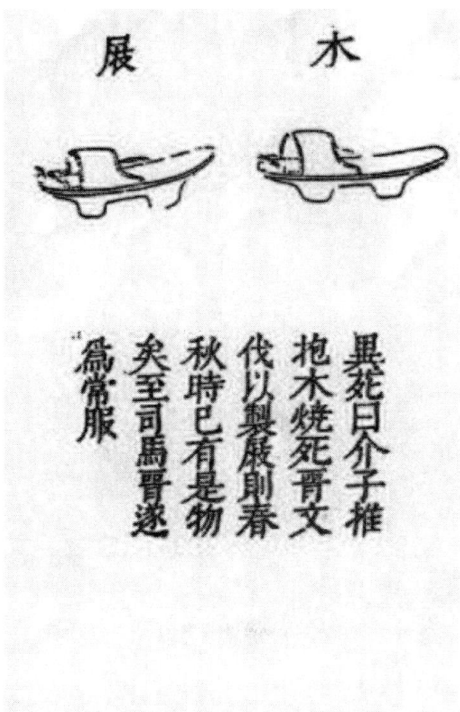

舄

綜述

漢·劉熙撰、清·畢沅疏證、王先謙補《釋名疏證補》卷五《釋衣服》 複其下曰舄。舄，腊也，行禮久立，地或泥濕，蘇輿曰：二句《御覽·服章》十四引作久立地濕。故複其下，使幹腊也。畢沅曰：今本作故複其末下，據御覽引刪末字。《古今注》云：舄以木置履下，幹腊不畏泥濕也。說與此同。

又 晚下，畢沅曰：當作鞔下。《方言》云：自關而東謂之複履，其下單者謂之鞔下。如舄其下，晚晚而危。畢沅曰：晚晚當作宛宛。婦人短者著之，可以拜也。

晉·崔豹《古今注》卷上《輿服第一》 舄，以木置履下，乾腊不畏泥濕也。天子赤舄，凡舄色皆象于裳。

元·許謙《詩集傳名物鈔》卷五《車攻》，【略】疏，《天官·屨人》注云：舄有三等，赤舄爲上，冕服之舄，下有白舄、黑舄。此云金舄者，即《禮》之赤舄也，故箋云金舄，黄朱色，加金爲飾。

元·陶宗儀《南村輟耕録》卷三〇《履舄履考》 履舄履，《履人》注：禪下曰履，複下曰舄。《說文》無舄字，舄本鵲字，今借爲履舄字也。陸佃云：舄通爲舄履之舄，古人居欲如燕，行不欲如鵲，故借爲舄字，所以爲行戒也。然借鵲爲舄，作思積反者，蓋舄履也。《古今注》：以木置履下，乾臘，不畏泥濕，故曰舄。以是知舄履之下，必再用木矣。《士喪禮》：夏葛屨，冬皮屨。《屨人》注又謂：凡屨，青絇繶純，素幘白屨，緇絇繶純，爵弁纁屨，黑絇繶純是也。絇，《說文》：纑繩絇也。《玉藻》注：屨頭飾也。《韵會》：狀如刀衣鼻在屨頭。言拘者，取自拘持，使低目，不暇顧視。一曰，用繒一寸。屈爲之頭，著屨頭，以受穿貫。繶，《屨人》注：縫中紃也，絛也。純，《屨人》注：緣也。言繶必有絇繶純矣。凡絇繶純，皆一色。又按《屨人》注：舄有三等，赤舄、白舄、黑舄也。赤舄爲上。冕服之舄，《詩》曰：王錫韓侯，玄衮赤舄。則諸侯與王同矣。所謂玄舄、青舄，王後祭服之舄也。凡屨之飾，如繡次也，黄屨白飾，白屨黑飾，黑屨青飾。天子諸侯，吉事皆舄，其餘服冕著舄耳。士爵弁纁屨，黑絇繶純，尊祭服之屨，飾從績也。至若履者，《說文》：足所依也，從尸，從久，從舟，象履形。毛氏曰：舟能載物，履能載人。又草曰屝，芳未反。麻曰屨。凡布皆可謂之麻。皮曰履。按履無别制。《說文》：屨，履也，從履省，婁聲，又鞮也。徐曰：鞮，革履也。舄，《韻會》：履也。《古今注》：以木置履下，乾臘，不畏泥濕，故曰舄。以是知履、舄、屨之異名也。但有禪下、複下，用本之異耳。古人舄、屨，至階必脱，唯著襪而入。《禮》户外有二屨，是脱屨而入者也。漢賜劍履上殿，是不賜則不敢著履上殿明矣。諫不行則納履而去。納，結也。言納履，則在外明矣。是脱履而入者也。王喬入朝，雙舄化鳧先至。是脱舄而入者也。古者，堂上皆有席，所以著襪爲宜，況襪又從韋乎。又按《鄉飲酒》云：說屨，揖讓如初，升堂。疏云，凡堂上揖行禮不脱屨，坐則脱屨。理固然也。由是觀之，凡宗廟堂室之間行禮，亦必不脱屨矣。夫降而脱履，然後升坐，禮也。其後賓與主人酬酢之時，皆在兩階之間，又須降而著屨，復升于階。酬酢之禮畢，又降而脱屨，復升于坐也。古人禮繁如此，今何略也。

明·程良孺《讀書考定》卷二二《服飾·舄》 《禮》：單底曰舄，朝祭之服也。始皇二年以皮爲之，西晉永嘉元年始用黄革爲之。宮内妃御皆著之，始有伏鳩頭，鳳頭履子。齊高祖令官人紫皮履，梁天監中武帝以絲爲之，名解脱履。唐大曆中進五朵履。《古今注》：舄以木置之履下，乾不畏泥濕。天子赤舄，凡舄皆似履也。

明·屠隆《考槃餘事》卷四《雲舄》 以蓑草及棕爲之，雲頭如芒鞋，或以白布爲鞋，青布作高挽雲頭，鞋面以青布作條，左右分置，每邊横過六條，以象十二月意，後用青雲口，以青緣似非塵土中著脚行用，當爲山人濟勝之具也。

明·胡應麟《少室山房筆叢》卷一二《丹鉛新録八·弓足》 《周禮》曰：屨人掌王及后服屨，爲赤舄、黑舄。

又曰：王后翠衣玄舄，玉翟赤舄。

又曰：命婦之屨，功屨、散屨。

《漢武帝内傳》曰：西王母履玄璚文鳳之舄。又《拾遺記》云：王母曳丹玉之履。

明・張岱《夜航船》卷六《選舉部・州縣》 舄。唐憲宗時，王喬爲葉縣令，有神術。每朔望朝，帝怪其來速，不見車騎。密令太史伺之。言其臨至，有雙鳧從南飛來，舉羅張之，但得雙舄。詔尚方視之，則向年所賜尚書履也。

清・顧棟高《毛詩類釋》卷一三《釋衣服・金舄　赤舄》 疏，金舄即《禮》之赤舄，加金爲飾，故謂之金舄，諸侯之服也。複下曰舄，襌下曰履。王舄有三等，赤舄爲上，冕服之舄也。《詩》：王錫韓侯，玄衮赤舄。則諸侯與王同服此二舄矣。

清・福格《聽雨叢談》卷一一《脱舄》 本朝無脱舄之制，是以京師人靴底最潔，俾趺坐而不致污染衣簟。南方人不甚留意于靴舄者，蓋往古坐必屈膝于後，故有脱舄之制。今惟朝鮮國及西域回部，仍存此禮。《禮》云：侍於長者，屨不上堂。解屨不敢當階，就屨，跪而舉之，屏於側。注：屨賤，空則不敢陳於尊者之側。長者在堂，則脱于階下；在室，則上堂而不入室也。故古人講學之庭，户外屨恒滿。漢魏以後，朝祭則跣韈，惟蕭何劍履上殿。歷朝南郊之禮，皇帝在南階脱履，升堂入廟脱舄，升殿亦脱舄。《夢餘録》云：明季郊廟議言前期一日，有司以席藉地，設御幕于壇東南門外。祭日，大駕臨壇，入幕次，脱舄升壇。執事陪祀官皆脱舄外次，升，跣襪就位。又考古婦人朝見中宫，亦跣襪脱舄，且布席爲脱舄之地。是男女朝廟而不跣韈，自本朝而始也。

按《日知録》言，古人之襪，大抵以皮爲之。《春秋左氏傳》注曰：古者臣見君解韈。又曰：吴賀邵美容止，坐常著韈，希見其足。是古人不但脱舄，而且赤足矣。今南方人雖喜赤足，斷無盛服解韈之禮。鄉閱《琉球紀事》，知其冠裳燕集，亦皆赤足曳屨，殊覺鄙陋。由是觀之，中國之初，亦猶是也。韈字偏旁從革，所言以皮爲之，固近似也。

圖表

明・王圻《三才圖會・衣服》卷三《舄》

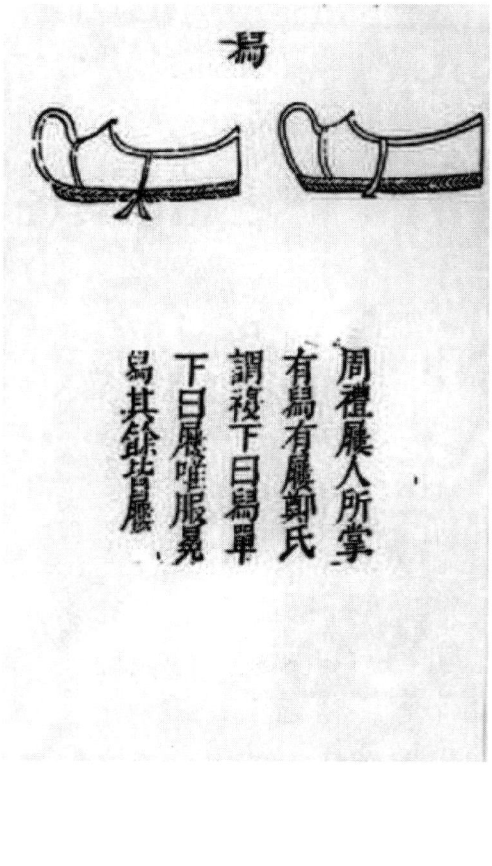

屨

題解

漢・劉熙《釋名》卷五《釋衣服》 屨，拘也，所以拘足也　齊人謂韋屨曰屝。屝，皮也，以皮作之。

南朝梁・顧野王《玉篇》卷一一 屨。居芋切，履屬，麻作謂之屨也。

綜述

元・許謙《詩集傳名物鈔》卷三 《南山》，【略】二章，《士喪禮》：夏葛屨，冬皮屨。《天官・屨人》：有屨有舄，有命屨、功屨、散屨。注：其色有纁黄白黑，複下曰舄，禪下曰屨，下謂底複重也。禪音單。

明・王三聘《古今事物考》卷六《冠服・屝屨》 《實録》曰：始皇二年始以蒲爲屨。宋衷曰黄帝臣于則作屝屨。又《釋名》曰：屩，草屨也。出行著之，屩輕便因以爲名。

又《鞋》 《實録》曰：夏商皆以草爲之，周以麻，晉永嘉中以絲，或云馬周始以麻爲之，名鞋也。《古今注》曰：魏文帝絶寵段巧笑，始制絲履，則非晉始以絲爲鞋矣。按《禮・少儀》云：國雖靡敝，君子不履絲屨，則周人已用爲屨也。

明・張鼎思《琅邪代醉編》卷三七《屨舄》 屨舄履。《屨人》注：禪下曰屨，複下曰舄。《説文》無舄字，舄本鵲字，今借爲舄履字也。陸佃云：舄通爲舄履之舄。古人欲居如燕，行不欲如鵲，故借爲舄字，所以爲行戒也。然借爲舄，作思積反者，蓋舄，舄履也。《古今注》以木著履，下乾腊不畏泥濕，故曰舄，以是知舄履之下，必再用木矣。《士喪禮》夏葛冬皮屨。《屨人》注又謂凡履舄，各象其裳之色，引《士冠禮》曰，玄端，黑屨，青絇，繶意純准素幘，白屨，緇絇，繶純，爵弁，纁屨，黑絇，繶純是也。絇，《説文》：纑繩，絇也。《玉藻》注：屨頸飾也。《韵會》：狀如刀，衣鼻在屨頭，言絇者取自拘持，使低目不暇顧視，一曰用繒一寸，屈爲之頭，著屨頭以受穿貫。繶，《屨人》注：縫中紃也，博雅紃絛也。純，《屨人》注：緣也，言繶必有絇，純言絇必有繶純，三者相將，則屨舄皆有絇繶純矣。凡絇繶純，皆一色。又按《屨人》注：舄有三等，赤舄，白舄，黑舄。赤舄，爲上冕服之舄。《詩》曰：王錫韓侯，玄衮赤舄，則諸侯與王同矣。所謂玄舄、青舄，王後祭服之舄也。凡屨之飾，如繡次也，黄屨白飾，白屨黑飾，黑屨青飾。天子諸侯，吉事皆舄，其餘服冕著舄，再士爵弁，纁屨，黑絇繶純，尊祭服之屨飾績也。至若履者，《説文》：足所依也，從尸從文，從舟，象屨形。毛氏曰：舟能載物，履能載人。又草曰屝，芳未切。麻曰履，凡布皆可謂之麻。皮曰屨，按屨無别制，《説文》：屨，履也，從履，省婁聲，居字切，鞮也。徐曰，鞮，革履也。舄，《韵會》：履也。《古今注》以木置履下，乾腊不畏泥濕，故曰舄，以是知屨舄，履之異名也，但有禪下複下用木之異耳。古人舄屨履至階，必脱，唯著襪而入。《禮》户外有二屨，是脱屨而入者也。漢賜劍履上殿，是不賜則不敢著履上殿，明矣。諫不行則納履而去，納，結也，言納履則在外明矣，是脱履而入者也。王喬入朝雙舄化鳧先至，是脱舄而入者也。古者堂上皆有席，以著襪爲宜，况襪又從韋乎。又按《鄉飲酒》云：説屨揖讓，如初升堂。疏云，凡堂上揖行禮，不脱屨，坐則脱屨，理固然也。由是觀之，凡宗廟堂室之間，行禮亦必不脱屨矣，夫降而脱履，然後升坐，禮也。其後賓與主人酬酢之時，皆在兩階之間，又須降而著屨，復升于階。酬酢之禮畢，又降而脱屨，復升于坐也。古人禮繁如此，今何略也。《事緒論》。

明・程良孺《讀書考定》卷二二《服飾・屝屨》 《左傳》：屝屨資糧。《釋名》：草履曰屝，曰不借。《方言》：屝，粗屨，絲作曰屨，麻作曰屝。《喪禮》謂之菅屨前武。紀唐《虞書》象注：犯宫者，屝，草屨也。《周禮・春官》鞮鞻氏注：鞮鞻，四夷舞者所屝也。今時倡蹋鼓沓行者自有屝，疏云引漢時自有屝者，證四夷舞者亦自有屝，與中國不同。

清・王念孫《廣雅疏證》卷七下《釋器》 其紟謂之綦。紟之言禁也，屨系謂之紟，衣系謂之紟，佩系謂之紟，其義一也。紟、綦一聲之轉，綦之言戒也，戒亦禁也。屨系謂之綦，車下紩謂之綦，其義一也。《説文》綥字注云：一曰不借綥。《周官・弁師》注作薄借綦。《士喪禮》：組綦繫于踵。注云：綦屨係也，所以拘止屨也。綦讀如馬絆綦之綦。《内則》云：屨著綦。

清・周象明《事物考辯》卷六〇《冠裳・屝屨》 《鄭幾雜志》：《釋名》齊人謂韋屨曰屝。屝，皮也。以草爲之亦曰屝屨。

明按《升菴外集》云：《方言》曰：屝，麄屨也。絲作曰屝，麻作曰屝。屝，符費切。然此以皮爲之，以麻爲之，以草爲之皆曰屝屨。

行縢

題解

漢・劉熙撰、清・畢沅疏證、王先謙補《釋名疏證補》卷五《釋衣服》 幅，所以自偪束。畢沅曰：幅今本作偪，譌。案《詩・采菽》：邪幅在下。《毛傳》：幅，偪也，以自偪束也。據此改。先謙曰：吳校句末有也字。今謂之行縢。先謙曰：以本書例推之，上文幅下當有偪也二字，此處亦當有縢，騰也三字。言以裹脚，可以跳騰輕便也。畢沅曰：鄭箋《采菽》詩邪幅，如今行縢也，逼束其脛，自足至膝。葉德炯曰：《吴志・吕蒙傳》：爲兵作絳衣行縢。此軍容取其輕便。古樂府有《雙行纏詞》，雙行纏，即行縢，是古女子亦用之，蓋歌舞時必跳騰，裹此則輕便耳。

唐・釋玄應《一切經音義》卷四〇 行縢。徒登反，《禮記》注云：幅，行縢也。江南斷役皆有此物，亦謂之行纏。《釋名》云：言以裹脚可跳騰輕便也。

論說

清・焦廷琥《冕服考》卷三《有偪》 《詩・采菽》：邪幅在下，《毛傳》云：邪幅，幅，偪也。所以自偪束也。鄭箋云：邪幅，如今行縢也，偪束其脛，自足至膝，故曰在下。疏云：杜鄭皆云今之行縢，然則邪纏于足謂之邪幅。又云：彼交匪舒，文在邪幅之下，明非舒之義。出于邪幅之，故云：彼與人交接，自偪束如此，則非有解怠舒緩之心。天子以其如此，故賜予之，言上章所得車服，由諸侯非有舒緩故也。此芾幅説諸侯服之而來，非天子賜以芾幅也。天子所賜之服，亦必有芾幅隨之。要此據諸侯自服爲文，非天子所賜，故云自偪束如此。

《左氏桓二年傳》：帶裳幅舄，注云：幅若今行縢，疏云：幅與行縢

圖表

明・王圻《三才圖會・衣服》卷三《屝 屨》

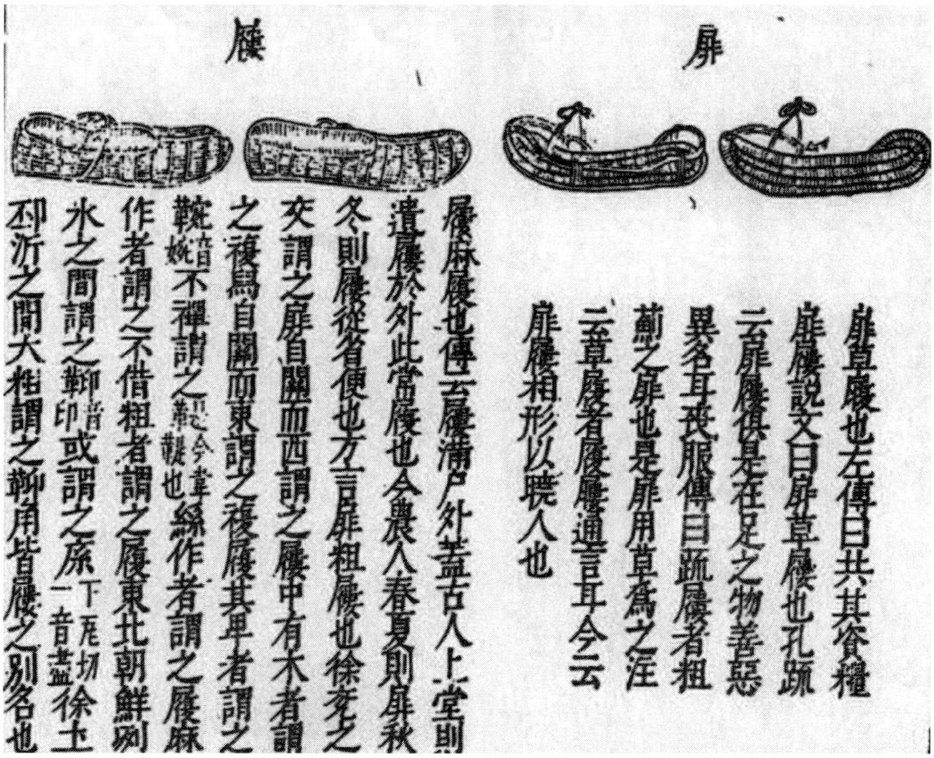

今古之異名,故云若今行縢。《詩》云：邪幅在下。《毛傳》云：幅,偪也。所以自偪束也。鄭箋云：邪幅如今行縢也,偪束其脛,自足至膝。縢訓緘也。然則行而緘足,故名行縢,邪纏束之,故名邪幅。

閻氏若璩《尚書疏證》云：《詩》之邪幅,臧哀伯所謂偪,人君之盛服也。非行縢者。比康成杜預時無復此制。故第曰若今行縢而已,至《內則》之偪,則常人之服也。康成直注爲行縢,不言若其密如此。琥按《毛詩》邪幅在下,鄭箋亦云邪幅,如今行縢也。

廷琥按《詩》諸侯朝天子有邪幅,朝用裨冕,則邪幅盛服也。鄭康成謂偪其脛自足至膝,則天子宜亦有偪。然其制未聞,陳氏《禮書》以偪爲朱色,蓋亦從其裳之色耳。

綜述

清·顧炎武《日知録》卷二八《行幐》 《詩》：邪幅在下。箋云：邪幅,如今行幐也。偪束其脛,自足至膝。《左傳》：帶裳幅舄。注同,亦作偪。《禮記》：偪屨著綦。《釋名》：偪,所以自偪束,今謂之行幐。言以裹脚,可以跳騰輕便也。《戰國策》：蘇秦嬴幐負書擔囊。《吴志》：吕蒙爲兵作絳衣行幐。《舊唐書》：德宗入駱谷,值霖雨,道塗險滑,衛士多亡歸朱泚。東川節度使李叔明之子升及郭子儀之子曙、令狐建之子彰等六人,恐有奸人危乘輿,相與齧臂爲盟,著行幐釘鞋,更鞚上馬,以至梁州,它人皆不得近。及還京師,上皆以爲禁衛將軍,寵遇甚厚。

清·周象明《事物考辯》卷六〇《冠裳·邪幅》 《日知録》：《詩》,邪幅在下。箋云：邪幅,如今行縢也。偪束其脛,自足至膝。《戰國策》：蘇秦嬴縢負書擔囊。《吴志》：吕蒙爲兵作絳衣行縢是也。

清·顧棟高《毛詩類釋》卷一三《釋衣服·邪幅》 箋：邪幅如今行縢也。偪束其脛,自足至膝,故曰在下。疏,縢緘也,謂行而緘束之。

清·張惠言《冕弁冠服圖》卷二 偪,《詩》謂之邪幅,箋云：如今行縢也,偪束其脛,自足至膝。疏云：邪纏于足,謂之邪幅。

閻百詩《尚書疏證》云：《詩》之邪幅,臧哀伯所謂偪,人君之盛服也。非行縢者。比康成杜預時無復此制,故第曰若今行縢而已。至《內則》之逼,則常人之服也。康成直注爲行縢,不言若其密如此。

清·袁棟《書隱叢説》卷九《赤芾邪幅》 《詩·采菽》篇：赤芾在股,邪幅在下。箋曰：芾大古蔽膝之象。幅,逼也。邪偪,如今行縢也,偪束其脛,自足至膝,故曰在下。《正義》曰：邪,纏於足,謂之邪幅。然則赤芾乃今之護膝,邪幅乃今之纏脚帶也。

佩飾部

題解

南朝梁・顧野王《玉篇》卷二六　鞆。尸仁切，革帶。亦作紳。

又卷二七　紳。式真切，大帶也，束也。亦作鞆。

又　絽。醜人切，帶也。

又　縌。音擬，帶也。

又　緌。步革切，織絲爲帶也。

又卷二八　帶。多大切，紳也。

宋・張端義《貴耳集》　《史記・匈奴傳》：漢遺單于有黃金飾具帶一。《漢書音義》曰：腰中大帶，黃金胥紕。徐廣曰：犀毗，引《戰國策》趙武靈王賜周紹具帶黃金師比，即帶鉤也。師比，即犀毗也。

《金史》卷四三《輿服下》　束帶曰吐鶻。【略】吐鶻，玉爲上，金次之，犀象骨角又次之。銙周鞓，小者間置于前，大者施于後，左右有雙鉈尾，納方束中，其刻琢多如春水秋山之飾。左佩牌，右佩刀。刀貴鑌，柄尚鷄舌木，黃黑相半，有黑雙距者爲上，或三事五事。室飾以醬瓣樺，口口飾以鮫，或屑金鍮和漆，塗鮫隙而礱平之。醬瓣樺者，謂樺皮班文色殷紫如醬中豆瓣也，產其國，故尚之。

明・張岱《夜航船》卷一一《日用部・衣裳》　帶綬。黃帝制衣帶。用革反，插垂頭。秦二世名腰帶，唐高宗始制金、玉、犀、銀、鉐、鍮、銅、鐵等差。

清・俞樾《茶香室續鈔》卷二二《玉抱肚》　國朝周亮工《書影》云：王荆公所賜玉帶，闊十四掏，號玉抱肚。今曲名中有玉抱肚，他書未載，獨見于此。

清・桂馥《札樸》卷四《覽古・帶鈎》　余見古銅帶鈎數十枚，皆作螳螂，即革帶所施。《隋書・禮儀志》：革帶。案《禮》：博二寸，今博三寸半，加金縷螳螂鈎以相拘。

綜述

五代・馬縞《古今注》卷上《九環帶》　唐革隋政，天子用九環帶，百官士庶皆同。

宋・楊侃《兩漢博聞》卷七　韋帶。《漢書・賈山傳》。布衣韋帶之士。師古曰：韋帶，以單韋爲帶，無飾也。

宋・宋敏求《春明退朝録》卷下　太宗命創方團毬路帶，亦名笏頭帶，以賜二府文臣。明道初，張徐公爲樞密使兼侍中，獨得賜之。皇祐初，李侍中用和以叔舅蘄賜，時王侍中貽永爲樞密使，遂并賜之。其後曹侍中亦以叔舅而賜焉。

宋・龐元英《文昌雜録》卷五　禮部林郎中言：昔見宋賜道說：唐朝帝王帶雖犀玉，然皆黑鞓。五代始有紅鞓。潞州明皇畫像，黑鞓也。其大臣亦然。余昔通判滑州，見州衙設廳東西有賈魏公祠堂，皆黑鞓玉帶。不知紅鞓起於何時也。

宋・陳世崇《隨隱漫録》卷三　帶格三十，二三品以上玉，四品以上金，餘并金塗銀，錯班金塗銅。笏頭一字，王外執政兩府。笏頭球絞，宰執。排方御仙花，正侍郎知閣節使。螺犀，權侍郎。絲頭荔枝，正任副使橫行。球路，内侍。海捷，幕士輦宮。剔梗荔枝，訓武郎下。柘枝，快行親從。太平花，隨龍忠佐。碎草，茶酒班。師蠻，人仙，犀牛，寶瓶，行虎，戲童，寶相，胡荽，鳳子，野馬，雙鹿，方勝，雲鶴，坐神，并班直。天王，親事官。行獅，行門。行鹿，御厨教駁。盤鳳，翰林司。凹面，教坊。醉仙，御龍直。獐鹿，軍頭司、儀鸞司。

元・許謙《詩集傳名物鈔》卷二《有狐》【略】凡帶有二，革帶加裳上，所以懸佩，大帶加衣上，所以束衣。

《宋史》卷一五三《輿服志五》　帶。古惟用革，自曹魏而下，始有金、銀、銅之飾。宋制尤詳，有玉、有金、有銀、有犀，其下銅、鐵、角、石、墨玉之類，各有等差。玉帶不許施於公服。犀非品官、通犀非特旨皆禁。銅、鐵、角、石、墨玉之類，民庶及郡縣吏、伎術等人，皆得服之。

元・龍輔《女紅餘志》卷上《衣帶》 桓豁女，字女幼，製緑錦衣帶，作竹葉樣，遠視之無二，故無瑕詩云：帶葉新裁竹，簪花巧製蘭。女幼，庾宣婦。

又《蓮枝帶》 倩將别其妻，曹洪女割蓮枝帶以相贈，後人叙既此意。

明・謝肇淛《五雜俎》卷一二《物部四》 《説文》曰：帶，紳也。男子鞶帶，婦人絲帶。古人之帶，多用韋布之屬，取其下垂。《詩》云：容兮遂兮，垂帶悸兮。匪伊垂之，帶則有餘。似今衣之有大帶耳。至魯仲連謂田單曰：將軍黄金横帶，騁于臨淄之間。則金帶之制興矣。古人仕者，有帶，有綬。又有囊。囊、綬皆綴於帶者。八座尚書荷紫，以生紫爲袷囊，綴之服外，加於右肩。傳云：周王負成王制。此服唐時亦以爲朝服，或云：漢世用盛奏事，負之以行。未詳也。至宋有金魚袋，國朝俱無之。《晉書・輿服志》云：漢世著鞶囊者，側在腰間，謂之傍囊，或謂之綬囊。然則以囊盛綬耳。

明・楊慎《丹鉛摘録》卷三 京師有鬧裝帶，其名始于唐。白樂天詩：貴主冠浮動，親王帶鬧裝。薛田詩：九包綰就佳人髻，三鬧裝成子弟韄。恐作鞾。詞曲有角帶鬧黄鞓，今作傲黄鞓，非也。

明・程良孺《讀書考定》卷二二《服飾・革帶》 腰帶之制，蓋自古皆有革帶也，皆兩持垂頭，至秦二世始腰帶，至唐高祖詔要帶向下，插垂頭。上元元年敕文官并帶手巾、算袋、内刀子、礪。武官亦聽帶。文武三品以上金帶玉帶十三銙，四品金帶十一銙，五品十銙，六品以犀九銙，七品銀袋，八品九品鍮石並八銙，庶人六銙銅鐵帶。

又《一腰》 古謂帶爲一腰，猶今謂衣爲一領。周武帝賜李賢禦所服十三環金帶一腰是也，近世乃謂帶爲一條，語頗鄙俚。

明・張鼎思《琅邪代醉編》卷一九《長帶》 古者婦人長帶，結者名曰綢繆，垂者名曰襳褵，結而可解曰紐，結而不可解曰締。

明・吕毖《事物初略》卷一四《服制・金帶》 《穆天子傳》曰：天子北征，舍于珠澤，珠澤之人，獻白石帶，天子賜黄金大環二五朱帶，此即金帶之始也，至唐定爲四品服。

明・張岱《夜航船》卷一一《日用部・衣裳》 通天犀帶。南唐嚴續相公歌姬、唐鎬給事通天犀帶，皆一代尤物，因出伎解帶呼盧。唐彩大勝，乃酌酒，命美人歌一曲而别，嚴悵然久之。

又 月影犀帶。張九成有犀帶，文理縝密，中有一月影，遇望則見，貴重在通天犀之上，蓋犀牛望月之久，故感其影於角也。

又 黄琅帶。唐太宗賜房玄齡黄琅帶，云服此帶，鬼神畏之。

又 百花帶。宗測春游山谷，見奇花異卉，則繫于帶上，歸而圖其形狀，名百花帶，人多效之。

清・王念孫《廣雅疏證》卷七下《釋器》 縭、紳、鞶、緄、厲、鞓，帶也。《説文》：帶，紳也。《釋名》云：帶，蔕也。著於衣如物之繫蔕也。《説文》：紳，大帶也。《玉藻》：紳長制，士三尺，有司二尺有五寸。鄭注云：紳，帶之垂者，言其屈而重也。案，對文則紳爲帶之垂者，散文則帶亦謂之紳。《内則》：端鞸紳。注云：紳，大帶。所以自申約是也。《説文》：鞶，大帶也。引《訟上九》或錫之鞶帶，馬融虞翻注並與《説文》同。《太平御覽》引某氏注云：鞶帶，革帶也。緄之言混成也。《説文》：緄，織成帶也。《太平御覽》引《東觀漢紀》云：上賜鄧遵金剛鮮卑緄帶一具。《後漢書・南匈奴傳》云：遺單于童子佩刀、緄帶各一。曹植《七啓》云：緄佩綢繆，或彫或錯。緄，曹憲音衮。各本脱去緄字，其音内衮字又誤入正文。《玉篇》《廣韻》：緄，古本切，帶也。今據以訂正。《方言》：厲謂之帶。《小雅・都人士》傳云：厲帶之垂者，《玉篇》：鞓，馬帶也。

清・錢泳《履園叢話》卷二《銅帶鈎》 古銅帶鈎，余見者有二十餘種，形如螳螂，要皆是漢魏之物，其下有文，皆古語，如位至公侯、長宜君官、大吉祥、富貴昌之類，考者謂革帶所施。《隋書・禮儀志》：革帶，案《禮》博二寸，今博三寸半，加金縷鰈、螳螂鈎，以相拘是也。金縷者，即今之嵌金銀絲也。

又《玉昭文帶》 昭文帶，本名璏。《説文》：璏，劍鼻玉也，所以鼻劍者也。今人謂之昭文帶。古玉者固多，後人仿造者亦復不少。余見有漢玉者十餘條，其色有紅者、白者、黑者，白質黑章者，白質紅章者，恐皆是古人殉葬之物。

清・劉廷璣《在園雜志》卷一《腰帶》 腰帶古以革爲之，名曰鞶帶，又謂之鞶革，自天子以至庶人皆用之。後世用絲帶，以玉犀鑲嵌，束于絲帶之上，即玉帶犀帶也。本朝按品級有嵌寶石之玉，以及金銀、玳瑁、明羊角、烏角之類。另製成鐶，以軟絲帶貫之，天潢束黄絲帶，覺羅束紅絲帶，有特賜黄帶者。公卿以下多束藍絲、青絲帶。間有石青、油緑、織金者，無甚關係。守制者則束白布帶。皆所以分尊卑、别等威也。帶鐶先用左右二塊，繫以汗巾、刀觽、荷包等類，即古人無所不佩之意。荷包疑即夾袋也，專爲收藏字帖之用。後增前後二塊，不過飾觀而已。又單用腹前一塊，帶不用長穗垂下，以銅鐵鍍錟金銀或牙骨角石之類，製成二塊，扣而爲一，此惟于春夏之褻服甚便，非常服也。

清・桂馥《札樸》卷四《覽古・昭文帶》 古玉器有昭文帶，蓋佩劍之器，本名璏。《説文》：璏，劍鼻玉也。《漢書・王莽傳》：孔休候莽，莽進其玉具寶劍，曰誠見君面有瘢，美玉可以滅瘢，欲獻其瑑耳。即解其瑑。顔注：瑑字本作璏，後轉寫者訛也。馥審其制參以今之帶刀法，蓋大帶與兩劍系并毌于穿中，劍把昂向前故短，其系繞穿之左，劍首俯向後故長，其系繞穿之右，兩系分繞使劍不移，穿既受帶亦不移矣。周遷《輿服雜志》：漢儀諸臣帶劍，至殿階解劍，晉世始代之以木。《廣韻》：樶劍，古木劍也。馥謂劍本武備，後世以木爲佩飾，故有昭文之稱也。《隋書・禮儀志》：案漢自天子至于百官無不佩刀。蔡謨議云：大臣優禮皆劍履上殿，非侍臣解之，蓋防刃也。近代以木，未詳所起。東齊著令謂之象劍，言象于劍。馥案《晉書・輿服志》亦言晉始代之以木。《新唐書・柳冕傳》：帝問象劍尺寸。《通鑑》：開成元年，郭皎奏諸司儀仗有鋒刃者，請皆輸軍器使，遇立仗別給儀刀。注云：儀刀以木爲之，以銀裝之，具刀之儀而已。馥謂儀刀猶象劍也。哀十七年《左傳》不釋劍而食，《正義》云：劍是害物之器，不得近至尊，故近君則解劍。良夫與君食而不釋劍，亦不敬也。據此則劍履上殿周世已然。

清・俞正燮《癸巳存稿》卷八《玉帶稻》 《猗覺寮雜記》云：帶闊狹以道言，當用稻字。《五代史》契丹遺北漢以十二稻玉帶是也。《鐵圍山叢談》云：高宗十三年，海客得紫雲樓帶，金胯，大至十二稻。《老學庵筆記》云：王荆公所賜玉帶，闊十四稻，號玉抱肚。又云：古謂帶爲一腰，周武帝賜李賢御十三環金帶一腰。其一玉則云一胯。《唐書・李彦芳傳》云：李靖玉帶十三胯，七方六刓，胯各附環。《隋書・李穆傳》：高祖爲隨公，穆以十三環金帶遺高祖。十三環金帶者，天子之服也。高祖大悦。蓋古制與後制不同。

清・惲敬《大雲山房文稿》卷一《説鈎》 古者大帶以襘結，鞶帶以鈎。《楚辭》：若鮮卑，只注滚頭帶，即鈎也。《晉語》：鈎近于袪。《荀卿子》：縉紳而無鈎帶是也。漢，鞶帶玉鈎觽，觽者，鈎牝也。唐宋定帶銙之制，自十三至七爲差，然首皆用鈎。《通考》：開元中，帶鈎穿帶本爲孔，宋始周折之是也。明制，前三銙曰三臺，鞶帶始廢鈎，好事者，因以鈎鈎畫，今所傳多古帶鈎，小者甲帶鈎及佩鈎。以爲畫鈎者市井之言耳，夫服御以適用而已，後世徒爲美觀，如帶之銙，于環帶何損益邪。君子觀于鈎，而知先王之禮樂無虚設者也。

清・周象明《事物考辯》卷六〇《冠裳・韋帶》 《兩漢博聞》：周磐解韋帶就孝廉之舉。注云：以韋皮爲帶，未仕之服也。求仕則服革帶，故解之。

又《錦帶》 《禮書・玉藻》曰：居士錦帶，弟子縞帶。鄭氏曰：居士，命士也。居士錦帶以其有脩成之文也，弟子縞帶，以其有變道之質也。

又《鞶即帶》 《禮書》：古者革帶、大帶皆謂之鞶。《内則》：所謂男鞶革，革帶也。許慎、服虔、杜預之徒皆以鞶爲帶，鄭氏以男鞶革爲一盛帶之囊，非也。

清・高士奇《天禄識餘》卷一《百花帶》 宗測春游山谷，見奇花異草，則繫于帶上，歸而圖其形狀，名聚芳圖百花帶，人多效之。

清・趙慎畛《榆巢雜識》下卷 束帶定製：天潢黄色，覺羅紅色，八旗滿洲藍色。漢人自公卿以下青、藍不拘，惟帶鐶按品級。有嵌寶石之玉，以及金銀、玳瑁、明羊角、烏角之類。聞國初帶鐶，用左右二塊，繫以汗巾、刀觽等類。後增前後二塊，取其飾觀。今單用腹前一塊，帶不垂下。或有左右二塊，嵌寶石，鍍鋄金銀，隨人可用，不復别等威矣。

清・顧棟高《毛詩類釋》卷一三《釋衣服・垂帶》 古人上曰衣下曰裳，不相連，以大帶束衣裳之縫，其垂者謂之紳。《詩》曰：垂帶而厲。疏：紳是帶之名，厲是垂之貌也。大帶之外有革帶，所以佩觽礪之屬。

紀事

宋・沈括《夢溪筆談》卷二《故事二》 賜方團球帶。太宗命創方團球帶賜二府文臣，其後樞密使兼侍中張耆、王貽永皆特賜，李用和、曹郡王皆以元舅賜，近歲宣徽使王君貺以耆舊特賜，皆出異數，非例也。

宋・蔡絛《鐵圍山叢談》卷六 太宗時，得巧匠，因親督視於紫雲樓下，造金帶，得三十條，匠者爲之神耗而死。於是獨以一賜曹武穆彬，其一太宗自御，其後隨入熙陵。吴本其作之，屬上句。而曹氏所賜帶，則莫知何往也。别本知并作測。餘二十八條，命貯之庫，吴本命上有特字。號鎮庫帶焉。後人第徒傳其名，而宗戚群璫吴本群作貴。間一有服金帶異花精緻者，人往往輒指曰：此紫雲樓帶。其實非也，故吾迄不得一識之。自貯鎮庫帶後塵歷百十年所，及敵騎犯闕，太上皇狩丹陽，因盡挈鎮庫帶以往。而一時從行者，有若童貫、伯氏諸臣，别本臣并作貴。皆得賜紫雲樓金帶矣。事後甫平，吴本事上有及字。太上皇言歸宫闕，於是靖康皇帝復命追還之庫。吾在萬里外，獨嘗聞諸，然又不得一識也。中興之十三祀，有來自海外，忽出紫雲樓帶，止以四銙視吾。敵騎再入，適紛紜，所追還弗及者。其金紫磨也，光艷溢目，異常金。又其文作醉拂林狀。拂林人皆笑起，雁里及張本林并作床，今從吴本。長不及寸，眉目宛若生動，雖吴道子畫所弗及。若其華紋，則有六七級，層層爲之，鏤篆之精，其微細之象，殆入於鬼神而不可名。且往時諸帶方銙不大，此帶乃獨大至十二稻。是在往時爲窮極巨寶。吴本極作珍。不覺爲之再拜太息，我祖宗規模，雖一帶猶貽厥後世，必無以加也。於是亟歸之客，别本之并作諸。而意始適平。因書此以詔後之人。

宋・岳珂《桯史》卷四《壽星通犀帶》 德壽在北内，頗屬意玩好。孝宗極先意承志之道，時罔羅人間，以共怡顔，會將舉慶典，市有北賈，携通犀帶一，因左璫以進于内。帶十三銙，銙皆正透，有一壽星，扶杖立。上得之喜，不復問價，將以爲元日壽巵之侑。賈索十萬緡，既成矣，傍有璫見之，從賈求金。不得，則擿之曰：凡壽星之扶杖者，杖過于人之首，且詰曲有奇相。今杖直而短，僅至身之半，不祥物也。亟宣視之，如言，遂却之。此語既聞遍國中，無復售者。余按《會要》：開寶九年二月十九日，召皇弟晉王及吴越國王錢俶，其子惟浚射苑中，俶進御衣、金器、壽星通犀帶以謝。帶之著於前世者，僅此一見耳。

清・陳康祺《郎潛紀聞》卷一三《純廟題東坡玉帶詩》 東坡玉帶，留鎮金山寺，僧寮寶護，有如球圖。純廟南巡時，駕幸金山，以舊帶歲久剥蝕，敕内府琢玉補之，并題詩五章，以紀其事。聞粤匪亂後，帶尚完好無恙，宸章倬天，殆有神物撝呵也。

雜録

唐・朱揆《釵小志》 以妓易帶。嚴續相公歌姬，唐高給事通犀帶，皆一代尤物，因呼盧之。會出姬解帶角之，唐彩大勝。乃酌酒令美人歌一曲而别。

宋・陶穀《清異録》卷下《衣服門・脆玉絛》 武帝緣金丹示孽，中境躁亂。内侍童膺福希旨進脆玉絛，用錦作虚帶，以冰條裸腹繫之，心腑俱凉，移時銷熔，復别更替。

宋・陳師道《後山談叢》卷三 都市大賈趙氏，世居貨寶，言玉帶有刻文者皆有疵疾，以蔽映爾，美玉蓋不琢也。比歲杭、揚兩州化洛石爲假帶，質如瑾瑜，然可辨者，以有光也。

宋・吴處厚《青箱雜記》卷九 本朝之制誥待制，止繫皂鞓犀帶，遷龍圖閣直學士，始賜金帶。燕公爲待制，十年不遷，乃作陳情詩上時宰，詩曰：鬢邊今日白，腰下幾時黄。於是時宰憐其老，未幾遷直學士。燕公登科最晚，年四十六始用寇萊公薦，轉京官，晚登文館，列侍從，作直學士，時已六十餘矣。

宋・陸游《老學庵筆記》卷七 王荆公所賜玉帶，闊十四掐，號玉抱肚，真廟朝趙德明所貢。至紹興中，王氏猶藏之。曾孫奉議郎璹始復進入禁中。

宋・周密《武林舊事》卷九《高宗幸張府節次略》 寶器：御藥帶一

條、玉池面帶一條、玉獅鑾樂仙帶一條、玉鶻兔帶三條、玉璧環二。

宋・魏泰《東軒筆録》卷七 始發張墓，得金寶珠玉甚多，遂完其棺櫬，以掩覆其穴。次發晏公墓，若有猛獸噑吼，盜甚懼，遽出，呼其徒一人同入，又聞兵甲鼓噪之聲，盜益懼，又呼一人同之，則寂然無響。三盜笑曰：丞相之神盡於是矣。及穿櫬椁，殊無所有，供設之器，皆陶甓爲之，又破其棺，棺中惟木胎金裹帶一條，金無數兩，餘皆衣服，腐朽如塵矣。

明・董斯張《廣博物志》卷三七 吉士瞻，字梁容，初，士瞻爲荆府城局參軍，浚萬人仗庫防池，得一金革鉤，隱起鏤甚精巧。篆文曰：錫爾金鉤，且公且侯。士瞻娶夏侯詳兄女，女竊以與詳，詳喜佩之。及是革命，詳果封侯，而士瞻不錫茅土。《南史》。

明・吕毖《事物初略》卷一四《服制・帶飾》《實録》曰：自古皆有革帶，乃插垂頭，至秦二世始名腰帶，唐高祖令向下插垂頭，取順下之義。上元元年，自三品官至庶人，各有等制，三品以上，服紫金玉帶，四品五品服緋金帶，六品七品緑銀帶，八品九品青瑜石帶，庶人黄銅鐵帶。

清・劉鑾《五石瓠》卷上 輔臣有腰玉、腰犀，品級不同。時紹軾腰玉，銓腰犀，銓羡紹軾，舊所束犀帶爲佳。謂京師所無者，向紹軾借束之。未幾銓得腰玉，乃持犀帶還紹。軾蓋不欲，居其下也。後劾銓者謂其一日受玉帶二十七圍。

清・諸聯《明齋小識》卷七《玉帶》 邑廟中藏玉帶二□，一長六寸，色白，面鏤細花，背有文，曰韓世忠佩。一則色微青，素質無花，大小十餘方，温潤鎮密，古色盎然，日中照之，光耀四堵，爲徐文貞公舊物，尤稱無價。前三十八年，縣令要取之，夜即發病，作譫語，送返，病立愈。由此器雖寶貴，無人復敢覬覦。

清・高士奇《天禄識餘》卷六《三條帶》《東齋記》：錢俶進犀帶於宋太祖，太祖卻之曰：朕有三條帶，與此不同。俶請宣示，太祖笑曰：汴河一條，惠民河一條，五丈河一條。俶大愧服。

綬

題解

南朝梁・顧野王《玉篇》卷二七 綖。宜戟切，紱綬也。綬，絲也。繟。充善切，繟帶也寬，綬也。綬。時帚切，組也，綸也，紱也。又音售。

又 綸。力旬切，又公頑切，綬也，緩也，又寬也。綎。大丁切，絲綎，綬也。

又 紱。甫勿切，綬也。

清・王念孫《廣雅疏證》卷八上《釋器》 綸、組、紱，綬也。《説文》：綬，韍維也。綸糾，青絲綬也。組，綬屬也。《爾雅》：璲，綬也。郭注云：即佩玉之組，所以連繫瑞玉者。《玉藻》：天子佩白玉而元組綬。鄭注云：綬者，所以貫佩玉相承受者也。古者綬以貫玉，至戰國始有印綬之名。

論説

明・周祈《名義考》卷一一《物部・綬》 綬有二，一以佩玉謂之繸，一以佩印謂之組，訓者未甚分曉古人佩玉以比德，必有綬維之乃可佩。徐廣曰：秦以絲組連結於璲，轉相結受。漢制繸綬之間得施玉環鐍，《詩》所謂鞙鞙佩璲是也。今錦綬乃其遺制。佩印以檢奸萌，亦必有綬以繫之乃可佩。《翟方進傳》：赤韍綖。師古曰：韍所以繫印石，顯爲中書令。民歌曰：印何纍纍，綬若若耶。淮南王所謂方寸之印，丈二之組是也。今印鑰絛乃遺意。鐍音決。

綜述

漢・史游撰、唐・顔師古注《急就篇》卷二 綸組綖綬以高遷。綸、糾，青絲綬也。組亦綬類也，其小者以爲冠纓。綖者，綬之系也，言其迎逆綬也。綬者，受也。所以承受環印也，亦謂之繸。秩命不同則彩質各異，故云以高遷。

明・張鼎思《琅邪代醉編》卷二五《印綬》《孔氏雜説》：漢時印綬，非若今之金紫銀緋長使服之也，蓋居是官則佩是印綬，罷則解之，故三公上印綬也。後漢《張奂[傳]》云：吾前後十要銀艾。銀即銀印，艾即緑綬，十要者，一官一佩之耳。印不甚大，淮南王曰：方寸之印，丈二之組是也。晉時婦人亦有印綬，虞譚母賜金章紫綬是也。

《隋書・禮儀志》：二品以上金章紫綬，三品銀章紫綬，四品得印者銀印青綬，五品六品得印者銅印墨綬，七品八品九品得印者銅印黄綬。董巴《輿服志》曰：乘輿黄赤綬，五采，黄赤縹紺，淳黄圭，長二丈九尺，五百首。諸侯王赤綬，四采，赤黄縹紺，淳赤圭，長二丈八尺，三百首。諸國貴人相國緑綬，三采，緑紫紅，淳緑圭，長二丈一尺二百，四十首。公侯將軍紫綬二采，紫白淳紫圭，長丈七尺百，八十首，九卿中二千石一云青緺綬，二千石青綬，三采，青白紅，淳青圭，長丈七尺百，二十首。自青綬以上綖皆長三尺二寸，與綬同采而首半之。綖者古佩襚也，佩襚相迎受故曰綖。紫綬以上綖綬之間得施玉環玦。千石六百石墨綬，三采，青赤紺，淳青圭，長丈六尺，八十首。四百三百二百石皆黄綬，一采，淳黄圭，長丈五尺，六十首。自黑綬以下綖綬長三尺，與綬同采，而首半之。百石青純綬，一采，宛轉繆織圭，長丈二尺。凡先合單紡爲一絲，四絲爲一扶，五扶爲一首，五首成一文，文采淳爲一圭，首多者絲細，少者絲粗，皆廣尺六寸。《通典》：中丞銅印墨綬。

明・于慎行《穀山筆麈》卷一四《雜考》 古者授印綬，常佩之于身，至解官，則去其印綬，不爲職任設也。唐末，始置職印，任其職者，傳而用之，其印盛之以匣，當官者置之卧内，别爲一牌，使吏掌之，以謹出入。印出牌入，印入牌出，即今日之制也。秦、漢以來，官印甚小，以綬繫之，懸于肘後，若今御史出巡鐵印是矣。其後更爲職印，乃始大耳。

明・程良孺《讀書考定》卷二二《服飾・組綬》《漢官儀》綬長一丈二尺，法十二月，廣三尺，法天地人。此佩印之組也。古者佩玉有韍，五代戰兵解去紱佩留其繫璲，故《詩》曰鞙鞙佩璲，此之謂也。徐廣曰：今名璲爲璲，秦以采組連結于璲，轉相結受，故謂之綬。漢加官印，繸長三尺五寸，與綬同糸而首半之。佩綬相迎受故曰繸。紫綬以上，繸綬之間得施玉環鐍。《周禮》：幕人掌帷幕幄帟綬之事。註：綬組所以繫帷也。鄭玄云：凡四物者以綬連繫。

明・吕毖《事物初略》卷一四《服制・印綬》《禮・玉藻》曰：天子佩白玉而玄組綬，公侯山玄玉而黑組綬。蓋綬乃貫佩玉而相承受者也。董巴《輿服志》曰：戰國時解去綬佩，留其絲繸，以彩紺相連結于繸轉相綬，今之綬帶，起于七國，初名自三代也。

明・張岱《夜航船》卷三《人物部・帝王》 如絲如綸。《禮記》：王言如絲，其出如綸。注：綸，綬也。言王言始出之，小如絲；群臣舉之，若綬之大。故皇帝之言謂之綸音。皇後之命又曰懿旨，懿，美也。

清・王念孫《廣雅疏證》卷七下《釋器》 佩紟謂之裎。《方言》：佩紟謂之裎。郭注云：所以系玉佩帶也。紟，通作衿。《爾雅》：佩衿謂之褑。郭注云：佩玉之帶上屬。紟之言相紟帶也。《少儀》：甲不組縢。鄭注云：組縢，以組飾之及紟帶也。《爾雅》：衿謂之袸。注云：衣小帶，義并與佩紟同。古者佩玉有綬以上系於衡，衡上復有綬以系於革帶。《説文》：綎，系綬也。綎與裎古字通，《離騷》珽玉字作珵，是其例也。

清・周象明《事物考辯》卷六〇《冠裳・銀艾》《兩漢博聞》：張奂曰：吾前後仕進十要銀艾。注云：銀，印緑綬也。以艾草染之，故曰艾。

又《盭綬》《漢書》：高帝初，諸侯王，置金璽盭綬。注云：盭，緑也，名出琅琊平昌縣，似艾染緑，因以爲綬。

笏板

綜述

《宋史》卷一五三《輿服志五》 笏。唐制五品以上用象，上圓下方。六品以下用竹、木，上挫下方。宋文散五品以上用象，九品以上用木。武臣、内職并用象，千牛衣緑亦用象，廷賜緋、緑者給之。中興同。

明·劉昌《縣笥瑣探》 笏囊。唐故事，公卿皆搢笏于帶，而後乘馬，張九齡獨使人持之，因設笏囊，自九齡始。今公卿多肩輿，四品以下始乘馬，惟南京與外方面官迎詔送表時，皆就服乘馬導引，有搢笏于帶者，有手自持者，要之皆以意自便，無所謂故事。夫九齡使人持笏有囊，而世因置笏囊，乃知古人舉動不苟如此，今人借使能置，人亦無肯效者。

明·吕毖《事物初略》卷一四《服制·執笏》 《禮》：受命于君前以笏，此三代之制也。《唐會要》曰：笏，周制也。《淮南子》曰：武王問太公曰，吾伐紂，恐後世交争不已。太公曰，王欲久持，則塞民于兑，于是解其劍而帶之笏。然古者貴賤通用，以書君上上政，及思對命，後代惟八座尚書執之，其餘公卿執手板，至後周武帝保定四年，始令百官皆執笏。

明·程良孺《讀書考定》卷二二《服飾·搢紳》 《晉志》：搢紳之士，搢笏而垂紳帶也。執笏者，有事則搢之腰帶。本朝儀注鴻臚尚贊搢笏，蓋古禮也。俗作縉，非。縉，帛赤色也。

明·張岱《夜航船》卷一一《日用部·衣裳》 笏。成湯始制笏，書教令以備忽忘。武王誅紂，太公解劍帶笏，始制爲等。周制諸侯用象笏。晉、宋以來，惟八座用笏，餘執手板。周武帝始百官皆執笏朝參，以笏爲禮。漢高祖制手板如笏，魏武帝制露板。奏事木簡。

清·宋綿初《釋服》卷上 冕服之笏。《釋名》：笏，忽也。君有教令及所啟白則書其上備忽忘也。笏者，古人以爲服飾，常插之于帶間，有事出之，無事仍插之，故《禮》皆言搢笏。其制詳下文。

古人插笏帶間，後世謂之簿，又謂之手版，不插而執之，乃有持簿執手版之事。又有垂紳正笏之文，垂紳見于《玉藻》，正笏無文。疏言執笏者誤。

藝文

明·張之象《古詩類苑》卷一一八《服食部·笏》

《笏贊》 王升之

慎爲德要，唯善用光。敬上尊賢，貴不踰常。用制斯器，備對遺忘。因事施禮，升降有章。

雜録

宋·張舜民《畫墁録》 唐笏短厚不屈，今往往見之。王欽臣所執是也。西京任謂所守，任圜笏也。賈種民所守，賈耽笏也。以其短厚，故可以擊人。今人之笏，雖有段秀實，亦無能爲也。

明·程良孺《讀書考定》卷二二《服飾·笏飾》 《玉藻》：笏，天子以球玉，諸侯以象，大夫以魚須文竹，士竹本，象可也。魚須文竹謂以竹爲笏，而刻畫爲魚須之文以飾之。蓋大夫下于諸侯，故不敢用象，而文以魚須亦示華重之意。若士又下于大夫，故直用竹之本形爲笏，而不加飾，視魚須爲文殺矣。此象字與上象字不同。應氏謂士以遠君而伸，故飾以象，則是位下大夫而儀文顧與諸侯相埒，豈先王辨等之禮哉。

佩囊

題解

清・王念孫《廣雅疏證》卷七下《釋器》 幃謂之幐。《説文》：幐，囊也。《後漢書・儒林傳序》云：大則連爲帷蓋，小乃制爲縢囊。縢與幐通。《説文》：幃，囊也。《楚辭・離騷》：蘇糞壤以充幃兮。王逸注云：幃謂之幐，幐，香囊也。

又 帣、橐、舵，囊也。《大雅・公劉篇》：于橐于囊。《毛傳》云：小曰橐，大曰囊。《史記・陸賈傳》索隱引《埤倉》云：有底曰囊，無底曰橐。橐與囊對文則異，散文則通，故《説文》云：橐，囊也。囊，橐也。帣之言卷束也。《説文》：帣，囊也。今鹽官三斛爲一帣。又《説文》：槖，橐也。《玉篇》：音衮，橐亦帣也，猶衮衣之衮或作卷矣。《玉篇》：舵，大多切，馬上連囊也，今俗語亦謂馬上連囊曰舵，音大佐反。

綜述

五代・馬縞《中華古今注》卷上《青布囊》 青布囊所以盛印也，劾奏之日則以青布囊盛印于前，示奉王法而行也。非劾奏之日則以青繒爲囊盛印于後，謂劾奏尚其質直，故用布。非劾奏日文明故用繒，自晉朝已來，劾奏之官專以印居前，非劾奏之官專以印居後。

宋・魏泰《東軒筆録》卷二 李太後始入掖廷，纔十餘歲，惟有一弟七歲，太後臨別，手結刻絲鞶囊與之，拍其背泣曰：汝雖淪落顛沛，不可棄此囊，異時我若遭遇，必訪汝，以此爲物色也。言訖，不勝嗚咽而去。後其弟傭于鑿紙錢家，然常以囊懸于胸臆間，未嘗斯須去身也。一日苦下痢，勢將不救，爲紙家弃于道左。有入内院子者，見而憐之，收養于家。怪其衣服百結，而胸懸鞶囊，因問之，具以告院子者。愁然驚異，蓋嘗受旨于太後，令物色訪其弟也。復問其姓氏、小字、世系甚悉，遂解其囊。明日，持入示太後，及具道本末。是時太後封宸妃，時真宗已生仁宗皇帝矣，聞之悲喜，遽以其事白真宗，遂官之，爲右班殿直，即所謂李用和也。及仁宗立，太後上仙，謚曰章懿，召用和擢以顯官，後至殿前都指揮使，領節鉞，贈隴西郡王，世所謂李國舅者是也。

宋・沈括《夢溪筆談》卷一九 古法以牛革爲矢服，卧則以爲枕。取其中虚，附地枕之，數里内有人馬聲則皆聞之，蓋虚能納聲也。

宋・錢易《南部新書》卷甲 笏始無囊，皆揲笏於馬上。張曲江清瘦不任，乃置笏囊。

宋・陳祥道《禮書》卷二二 鞶帙。《内則》：婦事舅姑，佩箴、管、綫、纊，施鞶帙。鄭氏曰：鞶，小囊也。鞶帙言施，明爲箴、管、綫、纊有之。《内司服》：後之喪，共凡内具之物。鄭氏曰：内具鞶帙之屬也。熊氏曰：袠，刺也。刺袠而爲鞶囊，故曰鞶袠。然則《士婚禮》所謂衿鞶者蓋此也。鄭氏以衿鞶爲盛帨巾之屬，然《内則》：左佩帨巾，右佩鞶帙。而帨巾不聞有鞶。《唐志》婦人帨巾，亦不施鞶。

明・郎瑛《七修類稿》卷四六《事物類・古人佩笏》 古人佩笏。笏囊起自張九齡，因體弱，使人持之不便，進笏于囊。予讀《説文》曰：笏，古以爲佩。又《淮南子・道應訓》曰：解其劍而帶之笏。似古亦有之矣。

明・焦竑《焦氏類林》卷七 八座尚書則荷紫，以坐紫爲袷囊，綴之服外，加於左肩。

明・張岱《夜航船》卷一一《日用部・衣裳》 笏囊。唐故事，公卿皆搢笏於帶，而後乘馬。張九齡體弱，使人持之，因設笏囊。笏囊自此始。

清・桂馥《札樸》卷四《覽古・契囊》 《漢書・趙充國傳》：張子孺持囊簪筆，事孝武帝。張晏云：囊，契囊也。近臣負囊簪筆，從備顧問。《隋書・禮儀志》云：中世以來，惟八座尚書執笏。笏者白筆綴其頭，以紫囊裹之。其餘公卿，但執手版。荷紫者，以紫生爲夾囊，綴之服外，加于左肩。周遷云：昔周公負成王，制此衣，至今以爲朝服。蕭驕子云：名契囊。《説文》：曶，佩也。即笏字。

徐廣《車服雜注》：古者貴賤皆執笏，有事則書之常簪筆。

《晉書・輿服志》：古者貴賤皆執笏，其有事則搢之于腰帶間，所謂搢紳之士者，搢笏而垂紳帶也。笏者，有事則書之，故常簪筆，今之白筆是其遺象。手板即古笏矣。手板頭複有白筆，以紫皮裹之，名曰笏。

《南齊書・輿服志》：其肩上紫夾囊，名曰契囊，世呼爲紫荷。

《梁書》：周舍問劉杳：尚書官著紫荷囊，相傳云挈囊，竟何所出。杳答曰：《張安世傳》曰：持橐簪筆，事孝武皇帝數十年。韋昭、張晏注并云：橐，囊也。近臣簪筆，以待顧問。

玉佩

題解

南朝梁・顧野王《玉篇》卷一 琪。巨基切，玉屬。

又 珩。下庚切。《説文》云：佩玉所以節行步也。

又 璬。公了切，玉佩也。

又 珮。步輩切，玉佩也。本作佩或從玉。

又 璲。徐最切，玉璲，以玉爲佩也。

又 璪。作道切。《説文》云：玉飾，如水藻也。

又卷三 佩。蒲對切，大帶佩也。

論説

漢・劉熙撰、清・畢沅疏證、王先謙補《釋名疏證補》卷五《釋衣服》 佩，倍也，言其非一物，有倍貳也。有珠、有玉、畢沅曰：《毛詩》女曰鷄鳴傳云：雜佩者，珩璜琚瑀衝牙之類。鄭注《周禮・玉府》引《詩》傳曰：佩玉，上有葱珩，下有雙璜、衝牙、蠙珠以内其間。有容刀、畢沅曰：《芄蘭》詩云：容兮遂兮，垂帶悸兮。鄭箋：容，容刀也。遂，瑞也。言惠公佩容刀與瑞，及垂紳帶三尺，則悸悸然行止有節度。有帨巾、畢沅曰：《禮記・内則》：左佩紛帨。鄭注：紛帨，拭物之巾也，今齊人有言紛者。有觿畢沅曰：《毛詩・芄蘭》傳云：觿所以解結，成人之佩也。之屬也。

明・周祈《名義考》卷一一《物部・珮》 《記》曰：古之君子必佩玉，右徵角左宫羽。《輿服志》曰：古者君臣皆佩玉，因名爲珮。《三禮圖》：凡玉珮上有雙衡，衡長五寸，博一寸，下有雙璜，璜徑三寸，衝牙蠙珠以納其間。《朱子》曰：佩有珩者，佩之上横者也。下垂三道貫以蠙珠。璜如半璧，繫于兩旁之下端。琚如圭而正方，在珩璜之中。瑀如大珠在中央之中，别以珠貫，下繫于璜，而交貫于瑀，復上繫于珩之兩端。衝牙如牙，兩端皆鋭，横繫于瑀下，與璜齊，行則衝璜出聲也。

綜述

五代・馬縞《中華古今注》卷上《玉佩》 玉佩之法，漢末喪亂而不傳，至魏侍中王粲識古佩之法，更制焉。

宋・沈括《夢溪筆談》卷二五《雜志二》 古之節如今之虎符，其用則有圭璋、龍虎之别，皆櫝，將之英蕩是也。漢人所持節，乃古之旄也。予在漢東得一玉琥，美玉而微紅，酣酣如醉肌，温潤明潔，或云即玫瑰也。古人有以爲幣者，《春官》以白琥禮西方是也；有以爲貨者，《左傳》加以玉琥二是也；有以爲瑞節者，山國用虎節是也。

元・許謙《詩集傳名物鈔》卷三 《子衿》，【略】綬，《玉藻》注：所以貫佩玉相承受者也。組、綬一物也。毛氏：士佩瓀瑉而青組綬。疏：《玉藻》：士佩瓀玟而緼組綬，此云青組綬，蓋讀《禮記》本與鄭異。瓀，而兖反，石次玉，瑉玟同，眉貧反，石似玉而非。緼，音温，赤黄色。

明・田藝蘅《留青日札》卷二三《四席四几五玉九寶四輅》 弘璧者，大璧也；琬琰者，琬圭以治德，琰圭以易行，皆九寸。大玉者，華山之球也。夷玉者，《傳》：夷，常也。王肅云：東夷之美玉。鄭玄云：東北之珣玕琪也。天球者，鄭玄：雍州所貢之玉，色如天者，皆璞，未見琢治，故不以禮器名之。此所謂越玉五重也。馬氏云：越地所獻玉也。

明・張岱《夜航船》卷一一《日用部・衣裳》 佩。堯始制佩，周制爲等。七國去佩留襚，始以采組連結于襚。轉相受爲綬，古綬以貫佩。制更秦名，本三代。漢高祖制爲等加縹。天子佩白玉而玄組綬，公侯佩山玄玉而朱組綬，大夫佩水蒼玉而純組綬，世子佩瑜玉而綦組綬，士佩瓀玟而緼組綬，孔子佩象環五寸而綦組綬。

雜録

晉・郭璞《穆天子傳》卷一 天子嘉之善其有辭，賜以左佩華也。玉華之佩，佩之精也。

清・王士禛《香祖筆記》卷三 唐肅宗賜李輔國香玉辟邪二，長一尺五寸，香聞數百步。南宋有李大卿者，其子娶韓平原之女，奩具中有香玉師子，高二尺五寸，精妙無比，後歸福邸。

魚袋

論説

《宋史》卷一五三《輿服志五》 魚袋。其制自唐始，蓋以爲符契也。其始曰魚符，左一，右一。左者進内，右者隨身，刻官姓名，出入合之。因盛以袋，故曰魚袋。宋因之其制，以金銀飾爲魚形，公服則繫于帶而垂于後，以明貴賤，非復如唐之符契也。

明・周祈《名義考》卷一一《物部・魚袋》 唐百官佩金魚謂之魚袋，武後朝佩金龜，後乃佩魚。《朝野僉載》：唐初爲銀菟符，以兔爲瑞，後爲銀魚符，以鯉爲瑞。武後以玄武爲瑞，乃以銅爲龜符。或謂鯉，李也。龜，武也。重國姓也。《炙轂子》云：古者有算袋，魏文帝易以龜袋，唐改魚袋，本算袋之遺，而龜袋又何取于國姓耶。

綜述

五代・馮鑑《續事始》 魚袋。《實録》云：三代以韋爲之謂之算袋，盛算子磨石等。至魏易之爲龜袋。唐永徽二年，文武職事四品並給魚袋，天后復改魚爲龜。神龍元年，一品至四品賜紫給金魚袋，五品以下賜緋銀魚袋。《會要》云：唐初卿大夫没追收魚袋。永徽五年，敕五品以上薨，没隨身魚帶不用追取。

宋・孔平仲《談苑》卷四 三代以韋爲算袋，盛算子及小刀磨石等，魏易爲龜袋。唐永徽中，四品官并給隨身魚，天後改魚爲龜。唐初，卿大夫没，追取魚袋，永徽中，勅生平在官用爲褒飾，没則收之，情意不忍，五品以上薨，魚更不追取。

明・鄭名選《秕言》卷一 魚袋之製自唐高祖始，漢時安得有乎。按唐高祖給隨身魚，三品以上其餙金，五品以上其餙銀，故名魚袋。

明・程良孺《讀書考定》卷二二《服飾・魚袋》 古之算袋，魏文帝易以龜袋，取其先知歸順之義。唐改以魚袋，取其合魚符之義，必以魚者蓋分左右，可以合符，而唐人用袋盛此魚。今人乃以魚爲袋之形，非古制也。

明・張存紳《增定雅俗稽言》卷一一《冠服・佩魚》 佩魚始于唐永徽元年，取李淳風鯉魚得衆之識，以鯉爲李也。武後天授元年改佩龜，杜詩金魚换酒來，蓋開元中復佩魚矣。李白憶賀知章詩：金龜换酒處，蓋白弱冠遇知章，尚在中宗朝，未改武後之制。《雜俎》載唐禁市鯉，號赤鯶公，諱國姓也。鯉當脊一行三十六鱗，按陰數也。《筆談》：鯉字從魚裏者，三十六里也，然井田法即以三百步爲一里，疑三代之法，容有不相襲耳。世傳鯉能化龍，龍本卵生，其細者如鯤鰣，故醫家載人有食芹榎承霤水中龍子者，患蛟龍病，是則鯉有龍生者矣。《水經》鱣鯉出鞏穴，春月上度龍門，得度則爲龍，否則點額而還。按《爾雅》：鱣，即黄魚，非鯉類也，亦能化龍何也。

明・陳繼儒《枕譚》 佩魚。佩魚始于唐永徽二年，以鯉爲李也。武后天授元年改佩龜，以玄武爲龜也。杜詩金魚换酒來，蓋開元中復佩魚矣。

明・惠康野叟《識餘》卷三《魚袋》 國初承五季草創，官儀未備，熙陵既卒武功，垂意右文，彌文浸舉，章服稽古以爲復則。雍熙元年十一月丁卯，祀南郊大赦，初許升朝服緋，及二十年者叙賜緋紫，内出魚袋以賜近臣。自是内外升朝文武皆帶，凡服紫者飾以金，服緋者飾以銀，京朝官幕職州縣官賜緋紫者亦帶，親王武官内職將校皆不帶，國朝魚袋之制自此始。珂嘗以歐陽文忠修劉昫新舊《唐史》，《唐會要》考訂其由，雖詳創革然其所以創者，抑寓他説，殆非國朝所當因也。《會要》：高宗永徽二年四月二十九日，開府儀同三司及京官文武職事四品五品，并給隨身魚袋。舊史《輿服志》以爲五月。新史《車服志》不著年月，以爲三品五品，有飾金與銀之創，且出内必合以防召命之詐。還考《會要》，永徽五年八月十四日敕，恩蒙所加，本緣品命，帶魚之法事彰要重豈可生平在官，用爲褒飾，纔正亡殁便即收，尋其終始，情不可忍，自今以後，五品以上有死亡者，其隨身魚不須追收。如此則魚袋本以褒飾，恐不專以防詐僞也。《會要》又載：咸亨三年五月三日，始令京官四品職事佩銀魚，是日内出魚袋偏賜之。舊史中載此年月，五品以上賜新魚袋，并飾以銀，三品以上各賜金装刀子礪石一具。參之新史，魚袋之賜，與分別賜飾，年月迥別，本非一時事。又初無金飾魚袋之制，所謂金飾者，乃刀子礪石耳。斷文紀事，固已失實。《會要》：武後垂拱二年正月二十日，敕諸州都督刺史，并準京官帶魚。新舊史載年月無訛。按外鎮督刺，自有魚符，初不假魚袋以信召命，益驗褒飾之説爲可據，所以給之者，欲以均内外之寵而已。《會要》，天授元年九月二十六日，改内外官所佩魚爲龜，至中宗神龍元年二月四日，在京文武官五品以上，依舊式佩魚袋。久視元年十月十三日，職事三品以上，龜袋宜用金飾，四品用銀飾，五品用銅飾，上守下行，皆依官給。神龍元年九月十七日，敕嗣王郡王有階卑者，許佩金魚袋。至玄宗開元元年八月二十日，諸親王長子先帶郡王官階卑者，亦聽著紫佩魚袋。神龍二年八月制，京文官五品以上，依舊式佩銀魚。睿宗景龍三年八月令，特進佩魚，散職佩魚，自兹始。新舊史雖有詳略，其事互同，則改魚爲龜正武後革命時事，而中宗反近不俟淹時即復其制，要必有深意，不直爲外飾。蘇氏記又曰：自永徽以來，正員官始佩魚，其離任及制仕即去魚袋。員外判試并檢校等官，并不佩魚。至開元八年九月十四日，中書令張嘉正，奏請致仕官，及内外官五品以上檢校試判，及内供奉官見占門者聽準正員例，許終身佩魚，以爲榮寵，以理去任亦許佩魚。自後恩制賞緋紫例兼魚袋，謂之章服。《會要》，景雲二年四月二十四日，敕魚袋著紫者金裝，著緋者銀裝。新史：開元初，駙馬都尉從五品者，假紫金魚袋，都督刺史品卑者，假緋銀魚袋。參稽并觀，則散官員外判試檢校，皆佩魚，又許終身，雖去任亦佩，益驗褒飾之説爲不誣，而防詐之制爲已變也。

又《服章入銜》 今之賜韋服入銜者，服紫者曰賜紫金魚袋，服緋者曰賜緋魚袋，其爲連率職司節鎮之郡倅戴服色未至而應隔借若序借者，服紫者止曰借紫，服緋者止曰借緋。所借魚袋，不以入銜而實得佩魚。如正賜者，珂按唐故事，假紫者金魚袋，假緋者銀魚袋，見于新史。開元之制，本朝雍熙郊赦，雖復賜魚，而不及借服者，考之《續會要》政和元年十一月十七日，尚書兵部侍郎王詔奏，今監司守倅，并許借服色，而不許佩魚，即是有服而無章，殆與吏無別，乞今後應借緋紫臣僚，并許隨服色佩魚，仍各許入銜，候回日依舊服色從之。則借服得佩魚，蓋自是年始也。然當時詔所奏既許以借佩，又許以入銜，則凡今之結銜者，皆當全書金魚銀魚袋，而有司給告勅例不帶行，則被借者無緣敢自以入銜，此南渡而後掌故散訛之失也。又有位登法從而未至八座者，于法止賜金帶，不復佩魚，而每于官職封賜全銜，猶帶賜紫金魚袋，被賜者，亦不敢削去，則是借服本有佩不得入銜，賜帶雖無魚，迴循例，名實有無，于是舛矣。蓋凡除授率中書關尚書賜敕，或下天官給告，因襲前比不復檢覈，士大夫亦忽不考云。

雜録

五代・孫光憲《北夢瑣言》卷一二 蜀朝東川節度許存太師，有功勲臣也。其子承傑，即故黔使君禧實之子，隨母嫁許，然其驕貴僭越，少有倫比。作都頭，軍籍只一百二十有七人，是音聲伎術。出即同節使行李，凡從行之物，一切奢大，騎碧暖座，垂魚紛錯。每修書題，印章微有浸漬，即必改换，書吏苦之。流輩以爲話端，皆推茂刺顧敻爲首。許公他日有會，乃謂顧曰：閣下何太談謗。顧乃分疏，因指同席數人爲證。顧無以對，逡巡乃曰：三哥不用草草，碧暖座爲衆所知。至於魚袋上鑄蓬萊山，非我唱揚。席上愈笑，方知魚袋更僭也。刺茂州，入蕃落，爲蕃酋害之。

明・程良孺《讀書考定》卷二二《服飾・魚符》 唐故事以左魚給太守，以右魚留郡庫，每郡守之官以左魚合郡庫之右魚，以此爲信，自周顯德間廢，而此制不可復。唐之魚符即古者銅虎符之意也。如魏公子無忌入王卧内，竊虎符以召晉鄙之兵救平原之難，大略如此爾。然如古之符藏其右而班其左，後之符藏其左而班其右，此爲不同。

清・周象明《事物考辯》卷六〇《冠裳・魚袋非古》《懶真子》：陝府平陸主簿張貽孫子訓常問僕魚袋制度，僕曰：今之魚袋，乃古之魚符也。以魚分左右可以合符，唐人用袋以盛此魚。唐《輿服志》曰：隨身魚符，左一右一，左者進内，右者隨身，皆盛以袋，三品以上飾以金，五品以上飾以銀。景雲中，詔衣紫者以金飾之衣，緋者以緋飾之。謂之章服蓋有據也。

《中華大典》編纂委員會

《中華大典》工作委員會

主　任： 柳斌傑　金人慶

副主任： 李　彦　于永湛　鄔書林　張少春　李衛紅　周和平　陳金泉　李静海

委　員： 張小影　伍　傑　朱新均　吴尚之　孫　明　王家新　徐維凡　劉小琴　毛群安　遲　計　曹清堯　彭常新　王志勇　潘教峰　姜文明　王　正　石立英　安平秋　陳祖武　詹福瑞　戴龍基　宋焕起　孫　顒　陳　昕　魏同賢　王建輝　朱建綱　高紀言　莫世行　段志洪　李　維　何學惠　甄樹聲　馮俊科　譚　躍　羅小衛　王兆成

中華大典

藝術典

岳麓書社·長沙

中華人民共和國國務院批准的重大文化出版工程

國家文化發展規劃綱要的重點出版工程項目

新聞出版總署列爲『十一五』國家重大工程出版規劃之首

國家出版基金重點支持項目

異域見聞部

北地風情

綜述

《魏書》卷一〇〇《失韋列傳》 失韋國，在勿吉北千里，去洛六千里。【略】亦多貂皮。丈夫索髮，用角弓，其箭尤長。女婦束髮，作叉手髻。【略】俗愛赤珠，爲婦人飾，穿挂於頸，以多爲貴，女不得此，乃至不嫁。

又《烏洛侯列傳》 烏洛侯國，在地豆于之北，去代都四千五百餘里。【略】其俗繩髮，皮服，以珠爲飾。

又卷一〇三《高車列傳》 高車，蓋古赤狄之餘種也，初號爲狄，歷北方以爲勑勒，諸夏以爲高車、丁零，其語略與匈奴同。【略】婦人則以皮裹羊骸，戴之首上，縈屈髮鬢而綴之，有似軒冕。

《隋書》卷八四《室韋列傳》 契丹之類也，其南者爲契丹，在北者號室韋，分爲五部，不相總一。【略】其俗，丈夫皆被髮，婦人槃髮，衣服與契丹同。

《新唐書》卷二一九《北狄列傳》 室韋，契丹别種，東胡之北邊，蓋丁零苗裔也。【略】其俗，富人以五色珠垂領，婚嫁則男先傭女家三歲，而後分以産，與婦共載，鼓舞而還。

又 黑水靺鞨居肅慎地，亦曰挹婁，元魏時曰勿吉。直京師東北六千里，東瀕海，西屬突厥，南高麗，北室韋。【略】俗編髮，綴野豕牙，插雉尾爲冠飾，自别於諸部。

宋・方鳳《夷俗考・北》 都波國結草爲廬，無牛羊，不知耕稼，取百合草根爲糧，緝鳥羽爲衣。【略】室韋國，【略】婚嫁兩家相許，婿盗婦去，然後行聘禮。婦人不再嫁，以爲死人妻難共居也。

清・西清《黑龍江外記》卷五 官兵與俄羅斯問答，以索倫蒙古語，亦有通其語者，不過數句。其人裹甲佩刀，髀至骭纏罽布，坐皆伸足。瑪玉爾冠上插物，類難毛帚，或即以是分爵秩。其妻服衫甚長，見通草花、印板畫，易以皮毳，殊珍重。官兵緣以爲利。

又卷六 士人官戴纓帽，兵戴貂尾帽，貂尾一雙也，七之爲貂纓，官于役用之。兵帽，冬皮，春夏秋皆絨。夏日雨纓帽，官及幕府貼寫用之。而墨爾根等城，草帽亦綴貂尾，兵丁之便服也。索倫、達呼爾以麅頭爲帽，雙耳挺然，如人生角，又反披麅服，黄毳蒙茸，少見多怪者，鮮不望望然去之，然亦窮苦者裝飾如此。商販春秋氈帽，夏草帽，惟晉商帽皆有纓，夏必戴雨纓。在呼倫貝爾者不然，居然蒙古也。士人以褡褳布製袍，或用繭綢，色尚藍灰，醬次之，皆缺襟。亦有服綢緞者，十僅二三，則其得之不易可知。協領等三品官服長褂，佐領以下在印房者偶服之，餘皆馬褂。宗室恒秀爲將軍，帖寫中能事者，賜服長褂，一時榮之，以爲可比阿喇哈筆帖式，今不行。冬衣名哈爾瑪兒者，麅鹿等皮之毛落而鞟存者也，服之作苦，最耐磨涅。官員公服，亦用一口鐘，朔、望間以襲補褂，惟蟒袍中不用。一口鐘，滿洲謂之呼呼巴，無開衩之袍也，亦名一裹圓。極邊苦寒，過夏猶服棉衣，禦冬可無毳服。然窮檐委巷，襦袴闕如，所賴就火一烘，向陽一曝，又慮風雪不時，艱于柴草，則兵力之拮据，亦有司之所當知也。官兵向皆著布韡，近日官多緞韡。冬日行役，率著烏拉、踏踏瑪兒。烏拉，鞻類，踏踏瑪兒，韡類，並牛革爲之，軟底而藉以草，温煖異常。兵多鞦子鞻。達呼爾則有皂鞻，鞻尖繡白雲頭，嫩江以西類然。夏日婦女多跣足，或剗襪行，然野花滿髻，老少無分，故有修頭不修脚之諺。達呼爾女紅，綴皮毛最巧，嘗見布特哈幼童服一馬褂，雉頭氄毛爲之，均齊細整，無針綫迹，覺程據所獻，不爲奇異。

東部風貌

綜述

《三國志・魏志》卷三〇《東夷》 夫餘在長城之北，去玄菟千里，南

與高句麗，東與挹婁，西與鮮卑接。【略】以殷正月祭天，國中大會，連日飲食歌舞，名曰迎鼓，於是時斷刑獄，解囚徒。在國衣尚白，白布大袂，袍、袴，履革鞜。出國則尚繒繡錦罽，大人加狐狸、狖白、黑貂之裘，以金銀飾帽。譯人傳辭，皆跪，手據地竊語。用刑嚴急，殺人者死，没其家人爲奴婢。竊盗一責十二，男女淫，婦人妬，皆殺之。尤憎妬，已殺，尸之國南山上，至腐爛。女家欲得，輸牛馬乃與之。兄死妻嫂，與匈奴同俗。其國善養牲，出名馬、赤玉、貂狖、美珠。珠大者如酸棗。

又 高句麗在遼東之東千里，南與朝鮮、濊貊，東與沃沮，北與夫餘接。【略】言語諸事多與夫餘同，其性氣衣服有異。本有五族，有涓奴部、絶奴部、順奴部、灌奴部、桂婁部。本涓奴部爲王，稍微弱，今桂婁部代之。漢時賜鼓吹技人，常從玄菟郡受朝服衣幘，高句麗令主其名籍。後稍驕恣，不復詣郡，於東界築小城，置朝服衣幘其中。【略】適統大人，得稱古雛加，亦得立宗廟，祀靈星、社稷。絶奴部世與王婚，加古雛之號。諸大加亦自置使者、皂衣先人，名皆達于王，如卿大夫之家臣，會同坐起，不得與王家使者、皂衣先人同列。【略】其人潔清自喜，善藏釀。跪拜申一脚，與夫餘異，行步皆走。以十月祭天，國中大會，名曰東盟。其公會，衣服皆錦繡金銀以自飾。大加主簿頭著幘，如幘而無後，其小加著折風，形如弁。

又 挹婁在夫餘東北千餘里，濱大海，南與北沃沮接，未知其北所極。其土地多山險。其人形似夫餘，言語不與夫餘、句麗同。有五穀、牛、馬、麻布。人多勇力，無大君長，邑落各有大人。【略】其俗好養豬，食其肉，衣其皮。冬以豬膏塗身，厚數分，以御風寒。夏則裸袒，以尺布隱其前後，以蔽形體。其人不潔，作溷在中央，人圍其表居。【略】出赤玉、好貂，今所謂挹婁貂是也。

又 濊南與辰韓，北與高句麗、沃沮接，東窮大海，今朝鮮之東皆其地也。户二萬。昔箕子既適朝鮮，作八條之教以教之，無門户之閉而民不爲盜。其後四十餘世，朝鮮侯淮僭號稱王。陳勝等起，天下叛秦，燕、齊、趙民避地朝鮮數萬口。燕人衛滿，魋結夷服，復來王之。漢武帝伐滅朝鮮，分其地爲四郡。自是之後，胡、漢稍别。無大君長，自漢已來，其官有侯邑君、三老，統主下户。其耆老舊自謂與句麗同種。其人性愿愨，少嗜欲，有廉耻，不請句麗。言語法俗大抵與句麗同，衣服有異。男女衣皆著曲領，男子繫銀花廣數寸以爲飾。

又 桓靈之末，韓濊强盛，郡縣不能制，民多流入韓國。【略】諸韓國臣智加賜邑君印綬，其次與邑長。其俗好衣幘，下户詣郡朝謁，皆假衣幘，自服印綬衣幘千有餘人。【略】其户在上，舉家共在中，無長幼男女之别。其葬有棺無槨，不知乘牛馬，牛馬盡於送死。以瓔珠爲財寶，或以綴衣爲飾，或以縣頸垂耳，不以金銀錦繡爲珍。其人性强勇，魁頭露紒，如炅兵，衣布袍，足履革蹻蹋。【略】其男子時時有文身。又有州胡在馬韓之西海中大島上，其人差短小，言語不與韓同，皆髡頭如鮮卑，但衣韋，好養牛及豬。其衣有上無下，略如裸勢。【略】辰王常用馬韓人作之，世世相繼。辰王不得自立爲王。《魏略》曰：明其爲流移之人，故爲馬韓所制。土地肥美，宜種五穀及稻，曉蠶桑，作縑布，乘駕牛馬。嫁娶禮俗，男女有别。以大鳥羽送死，其意欲使死者飛揚。《魏略》曰：其國作屋，横累木爲之，有似牢獄也。國出鐵，韓、濊、倭皆從取之。諸市買皆用鐵，如中國用錢，又以供給二郡。俗喜歌舞飲酒。有瑟，其形似筑，彈之亦有音曲。兒生，便以石壓其頭，欲其褊。今辰韓人皆褊頭。男女近倭，亦文身。便步戰，兵仗與馬韓同。其俗，行者相逢，皆住讓路。

弁辰與辰韓雜居，亦有城郭。衣服居處與辰韓同。言語法俗相似，祠祭鬼神有異，施竈皆在户西。其瀆盧國與倭接界。十二國亦有王，其人形皆大。衣服絜清，長髮。亦作廣幅細布。法俗特嚴峻。

又 倭人【略】男子無大小皆黥面文身。【略】今倭水人好沈没捕魚蛤，文身亦以厭大魚水禽，後稍以爲飾。諸國文身各異，或左或右，或大或小，尊卑有差。計其道里，當在會稽、東冶之東。其風俗不淫，男子皆露紒，以木綿招頭。其衣横幅，但結束相連，略無縫。婦人被髮屈紒，作衣如單被，穿其中央，貫頭衣之。種禾稻、紵麻，蠶桑、緝績，出細紵、縑綿。【略】其行來渡海詣中國，恒使一人不梳頭，不去蟣虱，衣服垢污，不食肉，不近婦人，如喪人，名之爲持衰。

《後漢書》卷一一五《東夷傳》 高句驪在遼東之東千里，南與朝鮮、濊貊，東與沃沮，北與夫餘接。地方二千里，多大山深谷，人隨而爲居。【略】以十月祭天大會，名曰東盟。其國東有大穴，號禭神，亦以十月迎而祭之。其公會衣服皆錦繡，金銀以自飾。大加、主簿皆著幘，如冠幘而無後。其小

加著折風，形如弁。

又 東沃沮在高句驪蓋馬大山之東，蓋馬，縣名，屬玄菟郡。其山在今平壤城西。平壤即王險城也。東濱大海，北與挹婁、夫餘，南與濊貊接。其地東西夾，夾音狹。南北長，可折方千里。土肥美，背山向海，宜五穀，善田種，有邑落長帥。人性質直强勇，便持矛步戰。言語、食飲、居處、衣服有似句驪。

又 濊北與高句驪、沃沮，南與辰韓接，東窮大海，西至樂浪。濊及沃沮、句驪，本皆朝鮮之地也。昔武王封箕子於朝鮮，箕子教以禮義田蠶，又制八條之教。【略】建武六年，省都尉官，遂棄領東地，悉封其渠帥爲縣侯，皆歲時朝賀。無大君長，其官有侯、邑君、三老。耆舊自謂與句驪同種，言語法俗大抵相類。其人性愚慤，少嗜欲，不請匄。男女皆衣曲領。其俗重山川，山川各有部界，不得妄相干涉。同姓不婚。多所忌諱，疾病死亡，輒捐棄舊宅，更造新居。知種麻，養蠶，作緜布。

又 韓有三種：一曰馬韓，二曰辰韓，三曰弁辰。【略】馬韓人知田蠶，作綿布。【略】不貴金寶錦罽，不知騎乘牛馬，唯重瓔珠，以綴衣爲飾，及縣頸垂耳。大率皆魁頭露紒，魁頭猶科頭也，謂以髮縈繞成科結也。紒音計。布袍草履。其人壯勇，少年有築室作力者，輒以繩貫脊皮，縋以大木，嚾呼爲健。常以五月田竟祭鬼神，晝夜酒會，群聚歌舞，舞輒數十人相隨蹋地爲節。【略】其南界近倭，亦有文身者。【略】土地肥美，宜五穀。知蠶桑，作縑布。【略】弁辰與辰韓雜居，城郭衣服皆同，言語風俗有異。其人形皆長大，美髮，衣服潔清。而刑法嚴峻。其國近倭，故頗有文身者。【略】光武封蘇馬諟爲漢廉斯邑君，使屬樂浪郡，四時朝謁。靈帝末，韓、濊並盛，郡縣不能制，百姓苦亂，多流亡入韓者。馬韓之西，海島上有州胡國。其人短小，髡頭，衣韋衣，有上無下。好養牛豕。乘船往來貨市韓中。

又 倭在韓東南大海中，依山島爲居，凡百餘國。【略】土宜禾稻、麻紵、蠶桑，知織績爲縑布。【略】男子皆黥面文身，以其文左右大小別尊卑之差。其男衣皆横幅結束相連。女人被髮屈紒，衣如單被，貫頭而著之；並以丹朱坋身，《說文》曰：坋，塵也。音蒲頓反。如中國之用粉也。

《梁書》卷五四《諸夷列傳》 漢武帝元封四年，滅朝鮮，置玄菟郡，以高句驪爲縣以屬之。句驪，地方可二千里，中有遼山，遼水所出。【略】言語諸事，多與夫餘同，其性氣、衣服有異。【略】漢時賜衣幘、朝服、鼓吹，常從玄菟郡受之。【略】以十月祭天大會，名曰東明。其公會衣服，皆錦繡金銀以自飾。大加、主簿頭所著似幘而無後，其小加著折風，形如弁。

又 百濟【略】其人形長，衣服浄潔。其國近倭，頗有文身者。今言語服章略與高驪同，行不張拱，拜不申足則異。呼帽曰冠，襦曰複衫，袴曰褌。

又 倭者，自云太伯之後。俗皆文身。去帶方萬二千餘里，大抵在會稽之東，相去絶遠。【略】地温暖，風俗不淫。男女皆露紒。富貴者以錦繡雜采爲帽，似中國胡公頭。

又 扶桑國者，【略】其土多扶桑木，故以爲名。扶桑葉似桐，而初生如笋，國人食之，實如梨而赤，績其皮爲布以爲衣，亦以爲綿。

《晉書》卷九七《東夷列傳・夫餘國》 夫餘國在玄菟北千餘里，南接鮮卑，北有弱水，地方二千里，户八萬，有城邑宫室，地宜五穀。其人强勇，會同揖讓之儀有似中國。其出使，乃衣錦罽，以金銀飾腰。其法，殺人者死，没入其家，盜者一責十二，男女淫，婦人妬，皆殺之。若有軍事，殺牛祭天，以其蹄占吉凶，蹄解者爲凶，合者爲吉。死者以生人殉葬，有槨無棺。其居喪，男女皆衣純白，婦人著布面衣，去玉佩。出善馬及貂豽、美珠，珠大如酸棗。其國殷富，自先世以來，未嘗被破。其王印文稱穢王之印。國中有古穢城，本穢貊之城也。

又《馬韓》 韓種有三：一曰馬韓，二曰辰韓，三曰弁韓。辰韓在帶方南，東西以海爲限。馬韓居山海之間，無城郭，凡有小國五十六所，大者萬户，小者數千家，各有渠帥。俗少綱紀，無跪拜之禮。居處作土室，形如冢，其户向上，舉家共在其中，無長幼男女之別。不知乘牛馬，畜者但以送葬。俗不重金銀錦罽，而貴瓔珠，用以綴衣或飾髮垂耳。其男子科頭露紒，衣布袍，履草蹻，性勇悍。國中有所調役，及起築城隍，年少勇健者皆鑿其背皮，貫以大繩，以杖摇繩，終日讙呼力作，不以爲痛。

又《肅慎氏》 肅慎氏一名挹婁，在不咸山北，去夫餘可六十日行。東濱大海，西接寇漫汗國，北極弱水。其土界廣袤數千里，居深山窮谷，其路險阻，車馬不通。夏則巢居，冬則穴處。父子世爲君長。無文墨，以言語爲約。有馬不乘，但以爲財産而已。無牛羊，多畜猪，食其肉，衣其皮，績毛以爲布。有樹名雒常，若中國有聖帝代立，則其木生皮可衣。無井竈，作瓦

鬲，受四五升以食。坐則箕踞，以足挾肉而啖之，得凍肉，坐其上令暖。土無鹽鐵，燒木作灰，灌取汁而食之。俗皆編髮，以布作襜，徑尺餘，以蔽前後。將嫁娶，男以毛羽插女頭，女和則持歸，然後致禮娉之。

又《倭人》 倭人在帶方東南大海中，依山島爲國，地多山林，無良田，食海物。舊有百餘小國相接，至魏時，有三十國通好。户有七萬。男子無大小，悉黥面文身。自謂太伯之後，又言上古使詣中國，皆自稱大夫。昔夏少康之子封於會稽，斷髮文身以避蛟龍之害，今倭人好沉没取魚，亦文身以厭水禽。計其道里，當會稽東冶之東。其男子衣以横幅，但結束相連，略無縫綴。婦人衣如單被，穿其中央以貫頭，而皆被髮徒跣。其地温暖，俗種禾稻紵麻而蠶桑織績。土無牛馬，有刀楯弓箭，以鐵爲鏃。有屋宇，父母兄弟卧息異處。食飲用俎豆。嫁娶不持錢帛，以衣迎之。死有棺無槨，封土爲冢。初喪，哭泣，不食肉。已葬，舉家入水澡浴自潔，以除不祥。

《隋書》卷八一《東夷列傳·高麗》 高麗之先，出自夫餘。夫餘王嘗得河伯女，因閉于室内，爲日光隨而照之，感而遂孕，生一大卵，有一男子破殼而出，名曰朱蒙。【略】其國東西二千里，南北千餘里。都于平壤城，亦曰長安城，東西六里，隨山屈曲，南臨浿水。【略】人皆皮冠，使人加插鳥羽。貴者冠用紫羅，飾以金銀。服大袖衫，大口袴，素皮帶，黄革屨。婦人裙襦加襈。

又《百濟》 百濟之先，出自高麗國。【略】其國東西四百五十里，南北九百餘里，南接新羅，北拒高麗。其都曰居拔城。官有十六品，長曰左平，次大率，次恩率、德率，次杆率，次柰率，次將德，服紫帶，次施德，皂帶，次固德，赤帶，次李德，青帶，次對德以下，皆黄帶，次文督，次武督，次佐軍，次振武，次剋虞，皆用白帶。其冠制并同，唯奈率以上飾以銀花。【略】其衣服與高麗略同，婦人不加粉黛，辮髮垂後，已出嫁則分爲兩道盤於頭上。

又《新羅》 新羅國，在高麗東南，居漢時樂浪之地，或稱斯羅。【略】風俗、刑政、衣服，略與高麗、百濟同。每正月旦相賀，王設宴會，班賚群官。其日拜日月神。至八月十五日，設樂，令官人射，賞以馬布。其有大事，則聚群官詳議而定之。服色尚素。婦人辮髮繞頭，以雜綵及珠爲飾。

又《靺鞨》 靺鞨，在高麗之北，邑落俱有酋長，不相總一。【略】婦人服布，男子衣猪狗皮。

又《流求國》 流求國，居海島之中，當建安郡東，水行五日而至。【略】男女皆以白紵繩纏髮，從項後盤繞至額。其男子用鳥羽爲冠，裝以珠貝，飾以赤毛，形製不同。婦人以羅紋白布爲帽，其形正方。織鬥鏤皮并雜色紵及雜毛以爲衣，製裁不一。綴毛垂螺爲飾，雜色相間，下垂小貝，其聲如珮。綴璫施釧，懸珠於頸。織藤爲笠，飾以毛羽。有刀、矟、弓、箭、劍、鈹之屬。其處少鐵，刃皆薄小，多以骨角輔助之。編紵爲甲，或用熊豹皮。【略】人深目長鼻，頗類于胡，亦有小慧。無君臣上下之節、拜伏之禮。父子同牀而寢。男子拔去髭鬢，身上有毛之處皆亦除去。婦人以墨黥手，爲蟲蛇之文。嫁娶以酒肴珠貝爲娉，或男女相悦，便相匹偶。

又《倭國》 倭國，在百濟、新羅東南，水陸三千里，於大海之中依山島而居。【略】其服飾，男子衣裙襦，其袖微小，履如屨形，漆其上，繫之於脚。人庶多跣足。不得用金銀爲飾。故時衣横幅，結束相連而無縫。頭亦無冠，但垂髮於兩耳上。至隋，其王始制冠，以錦彩爲之，以金銀鏤花爲飾。婦人束髮於後，亦衣裙襦，裳皆有襈。攕竹爲梳，編草爲薦，雜皮爲表，緣以文皮。有弓、矢、刀、矟、弩、穳、斧，漆皮爲甲，骨爲矢鏑。

宋·王溥《五代會要》卷三〇《高麗》 高麗，本扶餘之別種，其國都平壤城，即漢樂浪郡之故地，在京師東五千一百里。【略】其王以白羅爲冠，白皮小帶，咸以金飾。

又《新羅》 新羅，弁韓之苗裔，其國在漢樂浪郡之地，南東俱限大海，西接百濟，南鄰高麗，東西千里，南北三千里，有城邑村落。【略】風俗刑法，與高麗同，而朝服尚白。【略】婦人以髮繞頭，用綵及珠爲飾，髮甚鬒美。

《新唐書》卷二二〇《東夷列傳》 高麗，本扶餘別種也。地東跨海距新羅，南亦跨海距百濟。【略】王服五采，以白羅製冠，革帶皆金釦。大臣青羅冠，次絳羅，珥兩鳥羽，金銀雜釦，衫筩褎，袴大口，白韋帶，黄革履。庶人衣褐，戴弁。女子首巾幗。

又 百濟，扶餘別種也。【略】俗與高麗同。有三島，生黄漆，六月刺取瀋，色若金。王服大褎紫袍，青錦袴，素皮帶，烏革履，烏羅冠飾以金蘤。群臣絳衣，飾冠以銀蘤。禁民衣絳紫，有文籍，紀時月如華人。

又 新羅，弁韓苗裔也。【略】王姓金，貴人姓朴，民無氏有名。【略】男子褐袴。婦長襦，見人必跪，則以手据地爲恭。不粉黛，率美髮以繚首，

以珠綵飾之。男子剪髮鬌，冒以黑巾。

又 日本，古倭奴也，去京師萬四千里，直新羅東南。【略】其俗椎髻，無冠帶，跣以行，幅巾蔽後，貴者冒錦，婦人衣純色裙，長腰襦，結髮于後。至煬帝，賜其民錦綫冠，飾以金玉，文布爲衣，左右佩銀花，長八寸，以多少明貴賤。

又 流鬼去京師萬五千里，直黑水靺鞨東北，少海之北，三面皆阻海，其北莫知所窮。人依嶼散居，多沮澤，有魚鹽之利。地蚤寒，多霜雪，以木廣六寸、長七尺系其上，以踐冰，逐走獸。土多狗，以皮爲裘。俗被髮，粟似莠而小，無蔬蓏它穀。

宋・徐兢《宣和奉使高麗圖經》卷七《冠服》 臣聞東夷之俗，斷髮文身，雕題交趾。高麗自箕子封時，已教以田蠶之利，則當有衣冠矣。漢史稱其公會衣服皆錦繡，金銀首飾，而太加主簿著幘如冠，小加著折風如弁，豈依仿商周冠弁之制而然乎。唐初稍服五采，以白羅爲冠，革帶皆金珥。逮我中朝，歲通信使，屢賜襲衣，則漸漬華風，被服寵休，翕然丕變，一遵我宋之制度焉，非徒解辮削衽而已也。然而官名參差，朝衣燕服，時有同異者，謹列之，作《冠服圖》。

王服。王常服，鄭刻：王上有高麗字。烏紗高帽，窄袖緗袍，紫羅勒巾，間繡金碧。其會國官士民，則加襆頭束帶，祭則冕圭，惟中朝人使至，則紫羅公服，象笏玉帶，拜舞忭蹈，極稱鄭刻謹。臣節，或鄭刻有聞字。平居燕息之時，則皂巾白紵袍，與民庶無別也。

令官服。高麗建官，唐武德間有九等，一曰大對鄭本，此下凡闕二百八十一字，以國相條末，樞密使副、同知院奏事等官通許服之句，誤接于下。靈，總知國事。次曰太大兄。次鬱折。次太大夫人使者。次衣頭大兄，掌機密，謀政事，遣發兵馬，選授官爵。次大使者。次大兄收位使者。次上位使者。次小兄。次諸過節。次先人。又有掌賓客，比鴻臚卿，以大夫使者爲之。又有國子博士、通事舍人、典書客，皆小兄以上爲之。又諸大城置傉薩，比諸督，諸城置處閭近支，比刺史，亦謂之道使。其武官曰大摸達，比衛將軍，皂衣頭，大兄以上爲之。次末客，比中郎將，以大兄以上爲之。其次領千人以下，各有等差。今其官稱動勛秩，往往竊仿中朝，或詰其由，則曰，遵用開元故事。至其衣冠，亦或似之。前世臣服，以青羅爲冠，絳羅爲珥，飾以羽毛，比年，國官悉以紫文羅袍，紗製襆頭，其玉帶佩金魚，惟官至太史、太尉、中書令、尚書令者，則服之。

國相服。國相之服，紫文羅袍，球文金帶，仍佩金魚。侍中、太尉、司徒、中書門下侍郎、平章事、參知政事、左右僕射、政堂文學、判尚書吏部鄭刻：以上皆闕事字，以下誤接上條，一曰大對句下。又案鄭刻，事上有盧字，蓋即上條大對下靈字之誤也。事，樞密使副，同知院奏事等官，通許服之。

近侍服。近侍之服，紫文羅袍，御仙金帶，仍佩金魚。自左右常侍、御史大夫、左右丞、六尚書、翰林學士、承旨學士以上，及祗待國朝使命接伴、館伴官，悉服之。

從官服。從官之服，紫文羅袍，御仙金帶。御史中丞、諫官、給事、侍郎、州牧、留守、使副、閤門執贄、六尚直官、鄭刻宮。都知兵馬、四部護使等，與其非泛恩數，悉服之。王之世子，及王之兄弟亦然。

卿監服。卿監之服，紫鄭刻緋。文羅袍，紅鞓犀帶，仍佩銀魚。六寺卿、貳省部丞郎，國子儒官，秘書典職以上悉服之。

朝官服。朝官之服，緋文羅袍，黑鞓角帶，仍佩銀魚。司業、博士、史館校書、太醫、司天兩省録事以上悉服之，其鄭刻有於字。階官亦限年數，必待遷升而後改易也。館伴見中朝人使於館中，則各置二人服緋前導，惟不佩魚，當是仿本朝朱衣雙引之制也。

庶官服。庶官之服，緑衣木笏，襆頭烏鞓。鄭刻靴。自進士入官省曹補吏、州縣令尉、主簿、司宰等，悉服之。

又卷一八《道教》 道士。道士之服，不以羽衣，用白布爲裘，皂巾四帶，比之民俗，特其袖少褎裕而已。

國師。國師之稱，蓋如中國之有僧職綱維也。其上一等，謂之王師，王見則拜之。皆服出水衲袈裟，長袖偏衫，金跋遮下，有紫裳烏革鈴履。人物衣服，雖略與中華同，但麗人大抵首無枕骨，以僧祝髮乃見之，頗可駭訝。《晉史》謂三韓之人初生子，便以石壓其頭令扁，非也。蓋由種類資稟而然，未必因石而扁。

三重和尚大師。三重和尚長老，律師之類也。服紫黄貼相鄭刻厢。福田袈裟，長袖偏衫，下亦紫裳，位在國師之下，講說經論，傳習性宗，擇聰慧辯博者爲之。

阿闍黎大德。阿闍黎大德，位降三重和尚一等。分隸教門職事，其服短袖偏衫，壞色挂衣五條，下有黄裳。國師、三重不過數人，而阿闍黎一等，人數極衆，未究厥旨。

沙彌比丘。沙彌比丘，自幼出家，未經受具。壞色布衣，亦無貼相。戒律既高，方易紫服，以第遷升，乃有衲衣。蓋高麗僧衣，唯以磨衲爲最重耳。

在家和尚。在家和尚，不服袈裟，不持戒律，白紵窄衣，束腰皂帛，徒跣以行，間有穿履者。自爲居室，娶婦鞠子。其於公上，負載器用，掃除道路，開治溝洫，修築城室，悉以從事。邊陲有警，則團結而出，雖不閑於馳逐，然頗壯勇。其趨軍旅之事，則人自裹糧，故國用不費而能戰也。聞中間契丹爲麗人所敗，正賴此輩。其實刑餘之役人，夷人以其髡削鬚髮，而名和尚耳。

又卷一九《民庶》 臣聞高麗地封未廣，生齒已衆，四民之業，以儒爲貴，故其國以不知書爲耻。山林居鄭刻衆。多。【略】男女婚娶，輕合易離，不法典禮，良可哂也。今繪其國民庶，而以進士冠于篇。

進士。進士之名不一，王城之内曰土貢。【略】其服四帶，文羅巾，皂綢爲裘，黑帶革履，預貢則加帽，登第則給青蓋僕馬，遨游城中，以爲榮觀也。

農商。農商之民，農無貧富，商無遠近，其服皆以自紵爲袍，烏巾四帶，唯以布之精粗爲別。國官貴人，退食私家，則亦服之。唯頭巾以兩帶爲辨，間亦徒行通衢，吏民見者避之。

工技。高麗工技至巧，其絶藝悉歸于公，如幞頭所、將作監，乃其所也，常服白紵袍皂巾。唯執役趨事，則官給紫袍。亦聞契丹降虜數萬人，其工技十有一，擇其精巧者，留於王府，比年器服益工，第浮僞頗多，不復前日純質耳。

民長。民長之稱，如鄉兵保伍之長也，即民中選富足者爲之。其聚落大事則赴官府，小事則屬之。故隨所在細民，頗尊事焉。其服文羅爲巾，皂紬爲裘，黑角束帶，烏革句履，亦與未預貢進士服飾相似也。

舟人。高麗頭巾，唯是重文羅，一巾之價，准米一石，細民無資可得，復耻露頭，與罪囚無別，故作竹冠以冠之，或方或圓，初無定制。短褐被體，下無袴襦，每舟十餘人，夜則鳴榔鼓枻，謳歌互答，嘵嘵如鵝鶩群鳴，略無聲律情義，蓋其俗然也。

又卷二〇《婦人》 臣聞三韓衣服之制，不聞染色，唯以花文爲禁。故有御史，稽察民服，文羅花綾者，斷罪罰物，民庶遵守，不敢慢令。舊俗，女子之服，白紵黄裳，上自公族貴家，下及民庶妻妾，一概無辨。頃歲貢使趨闕，獲朝廷賜予十等冠服，遂以從化。今王府與國相家，頗有華風，更遲以歲月，當如草偃矣。今姑摭其異於中國者圖之。

貴婦。婦人之飾，不喜鄭刻善。塗澤，施粉無朱，柳眉半額，皂羅蒙首，製以三幅，幅長八尺，自項垂下，唯露面目，餘悉委地。白紵爲袍，略如男子，製文綾寬袴，裏以生絹，鄭刻綃。欲其褒裕，不使著體。橄欖勒巾，加以采修金鐸，佩錦香囊，以多爲貴。富家藉以大席，侍婢旁列，各執巾瓶，雖盛暑不以爲苦也。秋冬之裳，間用黄絹，或深或淺。公卿大夫之妻，士民游女，其服無別。或云：王妃夫人，以紅爲尚，益加繪繡，國官庶民不敢用也。

婢妾。宫府有媵，國官有妾，民庶之妻，雜役之婢，服飾相類。以其執事服勤，故蒙首不下垂，叠於其頂，摳衣而行，手雖執扇，羞見手爪，多以絳囊蔽之。

賤使。婦人之髻，貴賤一等，垂於右肩，餘髮被下，束以絳羅，貫鄭刻竪以小簪。細民之家，特無蒙首之物，蓋其直准白金一斤，力所不及，非有禁也。亦服旋裙，製以八幅，插腋高繫，重叠無數，以多爲尚。其富貴家，妻妾製裙，有累至七八匹者，尤可笑也。崇寧間，從臣劉逵、吴栻等，奉使至彼，值七夕會，館伴使柳伸顧作樂女倡，謂使副曰：本國梳得頭髮慢，必是古來墜馬髻。逵等答云：墜馬髻乃東漢梁冀妻孫壽所爲，似不足法。伸等唯唯。然至今仍貫不改，豈自其舊俗椎結而然耶。

貴女。鄭刻缺此標目，玩文義，第一行之前，尚有闕文。蠻夷之服，雖略相類，亦無定制。人始初入城，夾道樓觀間，時見憑欄有此一等女子，纔十餘歲，當是未嫁之人，亦不披髮，而黄衣又非暑服所宜，嘗試詰之，終不審諦。或云：是王府小兒之服耳。

女子。民庶之家，女子未嫁，紅羅束髮，其餘被下，男子亦然，特易紅爲黑繩耳。

又卷二一《皂隸》 臣聞諸蠻之國，雕題交趾，被髮文身，豺狼與居，麋鹿與游，豈復知張宫置吏之法哉。唯高麗則不然，衣冠禮儀，鄭刻義。君

臣上下，燦然有文法以相接也。內置臺、省、院、監，外置州、府、郡、邑，設官分職，選吏任事。在上則舉其綱目，在下則任其繁劇。雖一國之事，簡而當理，追胥呼索，但片紙數字，民不敢失其期會也。故自中書給事、中樞堂官，以至夫民長，無敢怠豫。其國官吏遇諸途，必跪拜鞠恭。言事則膝行而前，上手低面，以聽奉之。自非久陶聖化，能若是乎。今自吏職以迄驅使，并列圖于左。

吏職。吏職之服，與庶官服色不異，但緑衣時有深淺。舊傳：高麗仿唐制衣碧，今詢之，非也。蓋其國民貧俗儉，一袍之費，動准白金一斤，每經浣濯再染，色深如碧，非是別一等服也。然省府補吏，不限流品，貴家之子弟，時亦爲之，今此青服，當是吏之世襲者耳。

散員。散員之服，紫羅窄衣，幞頭革履，如中華班直、殿侍之類也。武臣子弟，兵衛出職，皆補之，每人使至，則捧盤授爵，執衣侍巾，皆用之。

人吏。人吏之稱，非比省府之職也，蓋倉廩司屬、州縣出納金穀布帛之流，皂衣幞頭，烏革句履，時於街市稠人中見之。或云：趨官府，則間有易色衣者。

丁吏。丁吏，蓋丁壯之人，初置吏者也。舊説轉爲頂禮，蓋是語音訛謬。自此升補爲吏，由吏而後授官，自令官而下，各給丁吏以備使令，視官品而爲多寡之差。其常執事，則文羅頭巾，人使至，則加幘，每貴臣從者一二人，惟伴官屈使從者，與使副所給，一等服飾耳。

房子。房子，使館之給役者也。每房自使副而下，以官品高下而爲之多寡。其服文羅頭巾，紫衣角帶皂履，蓋擇善供應者爲之。觀其守法謹甚，又善筆札。高麗俸禄至薄，唯給生菜蔬茹而已，常時亦罕食肉，每人使至，正當大暑，飲食臭惡，必推其餘與之，飲啖自如，而又以其餘，歸遺于家。至禮畢出館，泣數行下。大抵麗人之於中國，其情加厚，故雖房子，亦懷惓惓焉。

小親侍。小親侍，紫衣頭巾，復被其髮，蓋宮帷中所使小僮也。王之貴戚與從臣，時亦給之。麗人大率未娶者，皆裹巾而被髮于後，既娶而後束髮。其爲小親侍，皆纔十餘歲，稍長則出宮焉。

驅使。驅使與仙郎相類，大抵皆未娶之人。在貴家子弟，則稱仙郎。故其衣或紗或羅，皆皂也。又有一等縿袖烏巾，即庶官小吏之奴，名驅使者也。

又卷二二《雜俗一》　雜俗。夷風終未可革也，冠婚喪祭，鮮克由禮。若男子巾幘，雖稍仿唐制，而婦人鬌髻下垂，尚宛然髽首辮髮之態，貴人仕族婚嫁略用聘幣。

又卷二三《雜俗二》　浣濯。舊史載，高麗其俗皆潔浄，至今猶然。每笑中國人多垢膩。故晨起，必先沐浴，而後出户。夏月日再浴，多在溪流中，男女無別，悉委衣冠于岸，而沿流褻露，不以爲怪。浣濯衣服，湅涚絲麻，皆婦女從事，雖晝夜服勤，不敢告勞。鑿井汲水，多近川爲之，上作鹿盧，輸水于槽，槽形頗如舟云。

土産。其國自種紵麻，人多衣布，絶品者謂之絁，潔白如玉，而窘邊幅，王與貴臣皆衣之。不善蠶桑，其絲綫織紝，皆仰賈人自山東閩浙來。頗善織文羅、花綾、緊絲、錦罽。邇來北虜降卒，工技甚衆，故益奇巧，染色又鄭刻大。勝于前日。

又卷二九《供張二》　寢衣。寢衣之制，紅黄爲表，而以白紵裏之，裏大于表，四邊各餘一尺。

紵裳。紵裳之制，表裏六幅，腰不用横帛，而繫二帶三節，每位各與紵衣同設，以待沐浴之用。

紵衣。紵衣即中單也，夷俗不用純領，自王至於民庶，無男女悉服之。

又　草履。草履之形，前低後昂，形狀詭異，國中無男女少長，悉履之。

宋・趙汝适《諸蕃志》卷上《流求國》　流求國【略】男女皆以白紵繩纏髮，從頭後盤繞。及以雜紵雜毛爲衣。製裁不一，織藤爲笠，飾以羽毛。【略】編熊豹皮爲甲。【略】土人間以所産黄蠟、土金、氂尾、豹脯，往售於三嶼。

又《新羅國》　新羅國，弁韓遺種也。【略】屋宇器用服飾官屬，略倣中國。【略】大小布、毛施布、銅磬、瓷器、草席、鼠毛筆等，商舶用五色纈絹，及建本文字博易。

又《倭國》　倭國，在泉之東北，今號日本國。【略】寒暑大類中國。王以王爲姓，歷七十餘世不易。文武皆世官，男子衣横幅，結束相連，不施縫綴。婦人衣如單被，穿其中以貫頭，一衣率用二三縑。皆被髮跣足。【略】亦有金銀細絹花布。【略】其國自後漢嘗通中國，歷魏晉宋隋唐，並

遣使修朝貢。國朝雍熙元年，國僧奝然與其徒五六人浮海至，以銅器十餘事獻，極精緻。太宗召見，館於太平興國寺，賜紫衣方袍，撫之甚厚。

宋・周密《癸辛雜識》續集卷下《倭人居處》 倭人所居，悉以其國所産新羅松爲之，即今之羅木也，色白而香，仰塵地板皆是也。復塗以香，入其室則芬郁異常。倭婦人體絶臭，乃以香膏之，每聚浴於水，下體無所避，止以草繫其勢以爲禮。番船至四明，與娼婦合，凡終始能竟夕事。至其暢悦，則大呼如猥猍，或惡其然，則以木槌扣其脛，乃止。然下體雖暑月亦服至數重，其衣大袖而短，不用帶。食則共置一器，聚則團食，以竹作折折取之。鞵則無跟，如羅漢所著者，或用木，或以細蒲爲之。所衣皆布，有極細者，得中國綾絹則珍之。其地乃絶無香，尤以爲貴。其聚扇用倭紙爲之，以雕木爲骨，作金銀花草爲飾，或作不肖之畫於其上。

《宋史》卷四八七《外國列傳三・高麗》 高麗本曰高句驪，禹别九州，屬冀州之地。【略】又正月七日，家爲王母像戴之。二月望，僧俗燃燈如中國。上元節，上巳日，以青艾染餅爲盤羞之冠。端午有鞦韆之戲。士女服尚素。【略】人首無枕骨，背扁側。男子巾幘如唐裝，婦人鬌髻垂右肩，餘髮被下，約以絳羅，貫之簪。旋裙重疊，以多爲勝。男女自爲夫婦者不禁，夏月同川而浴。婦人、僧、尼皆男子拜。

又卷四九一《外國列傳七・日本國》 日本國者，本倭奴國也。自以其國近日所出，故以日本爲名，或云惡其舊名改之也。【略】多犀象、産絲蠶，多織絹，薄緻可愛。【略】其風俗云，婦人皆被髮，一衣用二三縑。

明・陳侃《使琉球録・群書質異》《大明一統志》：琉球國在福建泉州之東海島中。【略】風俗：男子去髭鬚，婦人以墨黥手爲龍虎文，皆紵繩纏髮，從頂後盤至額。男以鳥羽爲冠，裝以珠玉、赤毛。婦以羅紋白布爲帽，織鬥鏤皮并雜毛爲衣，以螺爲飾，而下垂小貝，其聲如佩。

又 風俗：男子不去髭，亦不羽冠，但結髻於首之右。凡有職者，簪一金簪。漢人之裔，髻則結於首之中。俱以色布纏其首，黄者貴，紅者次之，青緑者又次之，白斯下矣。王首亦纏錦帕，衣則大袖寬博，制如道服。然腰束大帶，亦各如纏首之布之色，辨貴賤也。足則無貴賤，皆着草履。入室宇，則脱之。一則席地而坐，恐塵污，一則以跣足爲敬。【略】婦人真以墨黥手，爲花草、鳥獸之形；而首足反無飾。髻如童子之角總於後，而簪珥不加。不知足而爲之屨，男女皆可用也。第富室，則以蘇席藉屨底，少加皮緣，即爲美觀。上衣之外，更用幅如帷，蒙之背上。見人，則以手下之而蔽其面。下裳，如裾而倍其幅，褶細而制長，覆其足也。其貴家大族之妻，出入則戴箬笠，坐於馬上，女僕三四從之，俱無布帽、毛衣、螺佩之飾。

明・佚名《朝鮮史略》卷二 新羅王遣金法敏春秋子。如唐高宗告破百濟。百濟將殷相攻陷新羅七城，金庾信擊破之，斬殷相王，又自製太平頌織錦爲紋以獻。

又卷五 十一年宋太祖建隆元年定百官公服。元尹以上紫衫，中壇卿以上丹衫，都卿以上緋衫，小主簿以上緑衫。

又卷九 禁白衣。太史局言東方木位色尚青，而白者金之色也，國人自易服多褐以白紵之衣，木制於金之象也。請禁白。

又 定朝官服章。宰樞以上玉帶，六品以上犀帶，七品以下黑帶。

又 十四年，禁慶尚道勸農使獻細麻布。先是，蔡謨爲勸農使，多斂細麻布獻于王，又賂左右權貴。及李德孫代之，稍增其數。至是，薛永仁又倍其尺數。布極細，民甚苦之。王聞之，有是命。

又卷一一 司天少監于必興上書言，《玉龍記》云：我國始于白頭終于智異，其勢水根木幹之地，以黑爲父母，以青爲身。若風俗順土則昌，逆土則災。風俗者，君臣百姓衣服、冠蓋、樂調、禮器、什用是也。今後文武百官黑衣青笠，僧服黑巾大冠，女服黑羅。

又卷一二 帝遣宦者韓龍，黄禿蠻來求馬一萬匹，宦者二百人。定喪服制一依大明服制。

清・徐葆光《中山傳信録》卷二《中秋宴》 中山王府中《秋宴圖》。【略】今當中秋佳節，天使降臨，真神人共喜之日也。謹遵例，首唱起神歌，黄髮老人百拜稽首，恭頌皇上恩德如天，國王帶礪百世。老人歌罷，拜退。次令戚臣子弟俊秀者數十人衣彩衣，隊隊相續，歌太平曲，以供宴樂云。先有樂工六人，引聲如梵唄音，無樂。次有戴壽星假面一人，登場和之。三拜，搓手起舞。舞畢，又三拜，止。次有樂工十四人，穿雜色紅緑衣，帽簷六稜，低壓頭頂，或戴燕尾緑頭巾，持樂器三弦二，提琴一，即用三弦，着引弓于上。三弦槽柄比中國短半尺許，笛一，小鑼一，鼓二登場，前後二行，曲跽上向，引吭曼聲歌。褰幔處有小童，可十三四歲，四人着朱色襪、五色

長衣，無帶，開襟摇曳，頭戴黑皮笠，朱纓索曼長垂胸前，迴旋而上，時作顧盼，坐起之態。登場，一行面樂工小坐，樂工代爲解笠，捲朱纓盤着笠上，仍授之。小童起立，執笠頓足，按節而舞，樂工曼聲歌與相應，爲第一遍笠舞。又有四小童宫粧，剪金扇面作花朵，朱帕紫額，上有金飾，五色衣，項上帶五色花索一圍，長垂膝下。登場，樂工歌，脱花索，交手頓足按節如前，爲第二遍花索舞。次有小童三人，可十餘歲，戴珠翠花滿頭，著宫裙，五色錦半臂肩，小花籃各一提。登場鼎立，樂工歌頓按如前，爲第三遍籃舞。次幼童四人，短朱緑五色宫衣，長裙間綵，曳地摇曳。登場，向樂工小坐，樂工各授小竹拍四片，起舞按節，手拍應之，爲第四遍拍舞。次有武士六人，着黑白相間綦紋大袖短衣，金箍束額作平頂僧帽式，挺白杖，交擊應節，爲第五遍武舞。又有小童二人，五色衣，執金球，球上四面著小金鈴，長朱索曼纓，左右舞，引二青獅登場，旋撲，爲第六遍毬舞。席終换席，又有小童三人宫粧登場，向樂工小坐，工授以小花金杆二枝，長不及尺許，兩頭著紅花，交擊應節，爲第七遍杆舞。次有小童四人，易宫衣。登場，手執花竿長三尺許，各一枝，舞應節，爲第八遍竿舞。時已向昏，徹帷幕，庭中設烟火數十架，又令數人頭戴火笠，騎假馬，頭尾烟爆齊發，奔走庭中，以爲戲樂。宴畢出城，火炬長二丈許者數千，夾道送歸使館，爲第三宴。《重陽宴圖》。重陽宴。【略】王揖客，坐定。龍舟三，式與福州所見略同：梭長三丈餘，槳二十八。人皆一色衣，一紅、一白、一黑。每舟中央設鼓，綵衣小童擊以爲節。前後二綵衣童，執五色長旗。船首一人擊鑼，與鼓相應。齊唱龍舟太平詞。【略】有能歌唱、彩舞者，率領獻壽，老夫婦再拜先舞。其歌詞曰：王德如海，民之父母。受封於天，帶礪永固。舞罷，群綵衣童隊隊相續：一團扇曲六童舞，一掌節曲三童舞，一笠舞曲四童舞，一籃花曲三童舞，以上皆名太平歌。

又卷五《冠服》 國王，側翅烏紗帽，盤金朱纓，龍頭金簪，蟒袍，帶用犀角，白玉，皆如前明賜衣制。王妃，鳳頭金簪。宫人，亦分爲五等，約百人。命婦，頭簪皆視其夫品秩。正一品以下，帽八等、簪四等、帶四等。具列如左。

凡官員外衣，長過身，大帶束之腰間，提起三四寸，令寬博，以便懷納諸物，紙夾烟袋皆自貯胸次，以時取用。大僚、幼童，無不皆爾。賤役執事，則反結其袖于脊上。幼童，衣袖脅下令穿露三四寸許，年長，剃頂中髮，即縫屬之。僧衣，兩脅下皆穿，其他皆連衽，無隙漏處。首里人衣，年小者皆用大紅爲裏，外五色綢錦，亦反覆兩面着之。官員，紬緞作衣，諸色不禁。每製一衣，須大緞三丈五六尺，其費殆倍于中國云。

女人外衣，與男無别。襟皆無帶，名之曰衾，披身上，左右手曳襟以行。前《使録》云：男婦皆無裏衣。今貴官裏衣，亦有如中國者。女衣，貴家衣襟上，即本色綢紗作鱗比五層狀。男衣無是。女比甲背後下垂處，或作燕尾形。

寢衣，比身加長其半；有袖及領，厚絮擁之。國人呼衣曰衾，此則衾又如衣也。

各色錦帽、錦帶，本國皆無之，閩中店户另織市與之。本國惟蕉布，則家家有機，無女不能織者，出首里者，文采尤佳，自用，不以交易也。

國王烏紗帽，雙翅側衝，上向，盤金朱纓，結垂頷下三四寸許，蓋前所賜舊制也。云有皮弁，爲朝祭之服，而未之見。

帽，糊紙爲骨。帕蒙之式，如僧毗盧帽，中空無頂，絹方幅覆髻之半，口互交。前簷着額處，鱗次七層，後簷十二層。彩織帽以下，紫最貴，黄次之，紅又次之，中又以花素爲等别，青、緑帽爲下。片帽，皆以黑色絹爲之漫頂，下簷作六棱，寒時家居帽，醫官、樂工及執王宫茶灌之役，剃髮如僧者皆戴之。笠，多以麥莖爲之。亦有皮笠，外加黑漆而朱其裏。

短髻簪，長三四寸許，已冠，去頂中髮者簪之。花頭圓柱，亦有方柱、六棱柱。金最貴，金頭銀柱次之，銀又次之，銅爲下。

長簪，長尺餘，婦人、幼童大髻者簪之，亦以金銀三品分貴賤。民家女簪皆以玳瑁。

衣，皆寬博無後，交衽。袖大二三尺，長不過手指。右襟末作缺勢，無衣帶，多以蕉布、蕉葛爲之，綦文間采。男、女衣皆同，呼之曰衾。

大帶，長一丈四五尺，寬六七寸，蟠腰間三四圍。雜花錦地爲貴，大花錦帶次之，龍蟠黄地、紅地者又次之，下者皆雜色花帶。

襪或布或革，襪短及踝，以上向外，中線開口交繫之。近足指處，别作一竇，栖將指，以着草鞁中。

鞁，以細席草編成。前有一繩，界大指之間，踵曳以行。男女皆著之。

又卷六《風俗》 剃頂髮。前明琉球人，皆不剃髮，惟不用網巾。萬曆中，册使謝行人杰，閩之長樂人，母舅某從行，携網巾數百事，至無可售。謝使遲册封禮久不行，云本國既服中華冠帶，册封日如陪臣有一不網巾者，册事不舉。琉人競市一空。福建至今相謔强市者，則云琉球人戴網巾也。至本朝，始剃頂髮。自國王以下，皆遵時制，留外髮一圍，綰小髻於頂之正中。首里與久米人皆無異。夏子陽《録》云：首里人髻居偏，久米人髻居中。今不然也。剪唇上髭令齊者，間有之。

又 五官正。國中惟三種人，皆剃髮如僧。一爲醫官，名曰五官正。一爲王宫執茶役者，名曰宗叟，又名御茶湯，六人。又有司灌園六人，皆全剃髮，戴黑色六棱幔頂寬簷帽，名曰片帽。衣外多着短掛一領，比大衣略短二三尺許，黑色。二種人皆趨役無時，櫛髮恐稽時事，故皆使從徑省云。

又《女飾》 婦女，小民家簪用玳瑁，長尺許，倒插髻中，翹額上。髻甚鬆，前後偏墮，疑即所謂倭墮髻也。不穿耳。聞國中大家女亦然。無脂粉、無首飾，珠翠俱廢不用。足無所矯揉，或穿半襪，或着三板，或赤足行沙土中。手背皆有青點，五指脊上黑道直貫至甲邊，腕上下或方、或圓、或鬐，爲形不等，不盡如梅花也。女子年十五，即針刺，以墨塗之，歲歲增加，官户皆然。聞先國王曾欲變革，集衆議，以爲古初如此，或深意有所禁忌，驟改前制，不便。遂至今仍之。過市所見，無不盡然。【略】土妓行市中，暑月衣襟上亦用紅絹緣於領掖間，以此識別。《舊録》云：良家入市，手持尺布以自別，今亦間有之。

清·傅恒《清職貢圖》卷一《朝鮮國夷官　朝鮮國官婦》 朝鮮古營州外域，周封箕子於此，漢末扶餘人高姓據其地，改國號高句驪，亦稱高麗。唐李勣征之，高氏遂滅。至五代時，有王建者自稱高麗王，歷唐至元，屢服屢叛，明洪武中，李成桂自立爲王，遣使請改國號爲朝鮮。

本朝崇德元年，太宗文皇帝親征克之，其國王李倧出降，封爲朝鮮國王，賜龜紐金印。自是朝鮮遂服，慶賀大典俱行貢獻禮。其國分八道四十一郡三十三府三十八州七十縣，王及官屬俱仍唐人冠服，俗知文字，喜讀書，飲食以籩豆，官吏閑威儀，婦人裙襦加襈，公會衣服皆錦繡金銀爲飾。

又《朝鮮國民人　朝鮮國民婦》 朝鮮國民人俗呼爲高麗棒子，戴黑白氈帽，衣袴則以白布爲之。民婦辮髮盤頂，衣用青藍色，外繫長裙，布襪

花履，崇釋信鬼，勤于力作。

又《**琉球國夷官　琉球國官婦**》　琉球居東南大海中，明初其國有三王，曰中山，曰山南，曰山北，以尚爲姓，而中山最强。洪武間，三王俱入貢，至宣德時，山南、山北爲中山所併。

本朝定鼎，其王航海輸誠，遣使册封，屢賜御書匾額，常遣陪臣子弟入監讀書。其國有三十六島，氣候常温。俗尚文雅，鮮盜賊。王與臣民分土爲禄，地産五穀、蔬果之屬。夷官品級以金銀簪爲差等，用黄綾縐摺圈爲冠，寬衣大袖，繫大帶。官婦髻插金簪，不施粉黛，衣以錦繡，其長覆足。

又《琉球國夷人　琉球國夷婦》　琉球國人多深目長鼻，男服耕作，營海利。土人結髻於右，漢種結髻於中。布衣草履，出入常携雨蓋。婦椎髻，以墨黥手，爲花草鳥獸形，短衣長裙，以幅巾披肩背間，見人則升以蔽面，常負物入市交易，亦工紡績。

清・周煌《琉球國志略》卷四下《風俗・服飾》　《隋書》：男女皆以白紵繩纏髮，從項後盤繞至額。男子冠裝以珠貝，飾以赤毛，形製不同。婦人以羅紋白布爲帽，其形方。織門鏤皮并雜色紵、雜毛爲衣，綴毛垂螺爲飾。下垂小貝，其聲如佩。綴鐺施釧，懸珠於頸。織藤爲笠，飾以毛。今俱無之。張學禮《録》：男女不剃胎髮。男二十成立完姻之後，將頂髮削去，惟留四餘。今則孩童至五六歲，皆髡然如僧。即十三四，便有薙髮者。未薙前，則呼小名。名之類，約有四十餘，隨其所用。惟父子不得同，孫則同祖之名。既薙後，則改呼田名。如某地築登之座，至二十以上有職事者，謂之某地築登之。惟久米人七歲後，稱若秀才，給米二石。薙髮後，先拜孔聖，次拜國王。王籍其名，謂之秀才，給米三石。康熙癸亥年，各裁一石首里，泊，那霸子弟仕至庫官，始有俸也。未剃頂時，髻上插長簪八九寸許，如婦人簪，冠則易短簪，一梅花頭、一耳挖形。《夏録》云：首里人髻偏右，久米人髻居中。今悉居中。《隋書》云：男子剪去髭鬚。《夏録》云：今剪唇上髭令齊者，間有之。《徐録》云：惟三種人髮盡剃如僧，一醫官，一王府茶役，曰宗叟，一司灌園人。今醫官亦不剃。簪制：王用龍頭金簪，妃鳳頭金簪。官爵最貴者，起花金簪，次者金頭銀柱，餘皆用銀，百姓則用銅。命婦士妻，視其夫。民間則以玳瑁，皆倒插髻中，翹額上。土妓，若中國人遺以銀簪，則弗禁。別無首飾，珠翠皆不用。凡花有香、有色者，俱不戴。惟木蘭，則纍纍髻畔。不穿耳，年十五，即針刺手指背，以墨黥之。歲歲增加，至中年，黧然矣。或方、或員，形狀不倫。《南史》云作蟲蛇之文。《夏録》云作花卉文。《張録》云作梅花文。皆不實。衣服，男女寬博交衽，袖廣二尺許，長不掩指。右襟末缺五六寸，袖口不緝。夾衣則兩面可反覆穿之。皆無鈕、無帶，總名曰衾。以織成棋紋細布爲之，亦有素質染繪成文者。裏衣短小，男女皆作竪領如中國。女衣項上一鈕，胸右一帶，外衣惟男子以帶束之，別有大帶長一丈四五尺，寬六七寸，圍於腰。帶錦細花最貴，錦大花次之，龍蟠紅黄緞又次之，雜花色者不拘。胸前將前襟揜起凸然，烟包、紙袋、小刀、梳篦之屬皆懷之。幼童及僧衣，兩脅下皆不縫。帽則初以帕纏首，後易薄樫木片爲骨，以帕蒙之，前七層或九層，後十一二層。紫最貴，黄次之，紅又次之，青緑斯下矣。中又以絹之花素爲別。國王見天使，仍明時衣冠：烏紗帽，雙翅側衝上向，盤金朱纓垂頷下，更有皮弁。受封後詣館謝

及望舟宴時，皆着之。閒居常亦裹五色帽。而攝政者則花錦帽，遠望如屋漏痕。又有片帽，以黑色絹爲之漫頂，下簷作六棱，寒時皆戴之。雨笠以麥莖及藤爲之。皮笠，則黑漆其外而朱其裏，係官役所戴。女人衣不設帶，左右手曳襟以行，襟袖視男子較長。土妓多衣紅衫，俗呼紅衣人。《汪録》云：良家婦行路上，手持尺布以自別。《徐録》云：妓襟用紅絹爲緣。今俱無之。男婦皆無中衣，今間有之。婦裳至短，叠其下爲兩層，風不得開。髻垢，輒洗之，散髮行走，不以爲異也。抱兒惟一手叉置腰間。履無貴賤，男女皆草鞁，名曰三板。編草爲底，上横平梁，中界寸繩，着時舉足入梁，納繩于拇指、二指之間。貴宦近亦着襪，或布或革，及踝而止，别爲一竇棲將指。貴家女衣襟上，即本色或異色綢紗作鱗比五層狀，亦有比甲背後下垂處，或作燕尾形。

清・黄遵憲《日本國志》卷三五《禮俗志二・服飾》 西服。日本舊服皆隋唐以上遺制，當時遣唐之使，冠蓋相望，上至朝儀，下至民俗，無不模仿唐制。逮將門顓政，稍趨簡易，然不過損益舊制，大同小異。宋明以下，新改服色，乃不復相同。維新以來，競事外交，以謂寛袍博帶，失則文弱，故一變西服，以便趨作。【略】又日本席地跪坐，西服緊束，膝不可屈，殊多不便，故官長居家，無不易舊衣者。

雜録

《後漢書》卷一一五《東夷傳》 自中興之後，四夷來賓，雖時有乖畔，而使驛不絶，故國俗風土，可得略記。東夷率皆土著，憙飲酒歌舞，或冠弁衣錦，器用俎豆。所謂中國失禮，求之四夷者也。《左傳》曰：仲尼學鳥名官於郯子，既而告人曰：吾聞之，天子失官，學在四夷，其信也。凡蠻、夷、戎、狄總名四夷者，猶公、侯、伯、子、男皆號諸侯云。

南方風尚

綜述

漢・楊孚《異物志》 金鄰一名金陳，去扶南可二千餘里，地出銀，人民多好獵大象，生得乘騎，死則取其牙齒。《御覽》七百九十。

穿胸人，其衣則縫布二尺，幅合兩頭開中央，以頭貫穿，胸不突穿。《御覽》七百九十。

西屠國在海水，以草漆齒，用白作黑，一染則歷年不復變，一號黑齒。《御覽》七百九十。

按：海水疑當作海外，漆齒當作染齒，《御覽・黑齒國》下引《異物志》曰西屠染齒，亦以放此也，可證此漆爲染之譌。

狼臙國，男無衣服，女横布帷，出與漢人交易，不以晝市，暮夜會，但以鼻齅金，則知好惡。《御覽》七百九十。

按：狼臙，疑與《藝文類聚・事類賦》引狼𦡦爲一，然臙《御覽》作燕，又似别爲一國，故並存之。

《後漢書》卷一一六《南蠻西南夷傳》 昔高辛氏有犬戎之寇，高辛，帝嚳。帝患其侵暴，而征伐不剋。乃訪募天下，有能得犬戎之將吴將軍頭者，購黄金千鎰，邑萬家，又妻以少女。時帝有畜狗，其毛五采，名曰槃瓠。《魏略》曰：高辛氏有老婦，居王室，得耳疾，挑之，乃得物大如繭。婦人盛瓠中，覆之以槃，俄頃化爲犬，其文五色，因名槃瓠。【略】於是女解去衣裳，爲僕鑒之結，著獨力之衣。僕鑒、獨力，皆未詳。流俗本或有改鑒字爲豎者，妄穿鑿也。結音髻。帝悲思之，遣使尋求，輒遇風雨震晦，使者不得進。經三年，生子一十二人，六男六女。槃瓠死後，因自相夫妻。織績木皮，染以草實，好五色衣服，製裁皆有尾形。干寶《晉紀》曰：武陵、長沙、廬江郡夷，槃瓠之後也。雜處五溪之内。憑山阻險，每每常爲害。糅雜魚肉，叩槽而號，以祭槃瓠。俗稱赤髀横裙，即其子孫。其母後歸，

以狀白帝，於是使迎致諸子。衣裳斑蘭，語言侏離，侏離，蠻夷語聲也。【略】有邑君長，皆賜印綬，冠用獺皮。名渠帥曰精夫，相呼爲姎徒。《説文》曰：姎，女人自稱。姎，我也。音胡朗反。此已上並見《風俗通》也。今長沙武陵蠻是也。

又 及楚子稱霸，朝貢百越。秦并天下，威服蠻夷，始開領外，置南海、桂林、象郡。漢興，尉佗自立爲南越王，傳國五世。《前書》南粤王趙佗，真定人也。秦時爲南海尉。佗孫胡，胡子嬰齊，嬰齊子興也。至武帝元鼎五年，遂滅之，分置九郡，交阯刺史領焉。其珠崖、儋耳二郡在海洲上，東西千里，南北五百里。其渠帥貴長耳，皆穿而縋之，垂肩三寸。武帝末，珠崖太守會稽孫幸調廣幅布獻之，蠻不堪役，遂攻郡殺幸。幸子豹合率善人還復破之，自領郡事，討擊餘黨，連年乃平。豹遣使封還印綬，上書言狀，制詔即以豹爲珠崖太守。即，就也。威政大行，獻命歲至。中國貪其珍賂，漸相侵侮，故率數歲一反。元帝初元三年，遂罷之。凡立郡六十五歲。逮王莽輔政，元始二年，日南之南黄支國來獻犀牛。凡交阯所統，雖置郡縣，而言語各異，重譯乃通。人如禽獸，長幼無別。項髻徒跣，爲髻于項上也。以布貫頭而著之。後頗徙中國罪人，使雜居其間，乃稍知言語，漸見禮化。光武中興，錫光爲交阯，任延守九真，于是教其耕稼，制爲冠履，初設媒娉，始知姻娶，建立學校，導之禮義。

又 哀牢夷者，其先有婦人名沙壹，居于牢山。嘗捕魚水中，觸沈木若有感，因懷娠，十月，産子男十人。後沈木化爲龍，出水上。沙壹忽聞龍語曰：若爲我生子，今悉何在。九子見龍驚走。獨小子不能去，背龍而坐，龍因舐之。其母鳥語，謂背爲九，謂坐爲隆，因名子曰九隆。及後長大，諸兄以九隆能爲父所舐而黠，遂共推以爲王。後牢山下有一夫一婦，復生十女子，九隆兄弟皆娶以爲妻，後漸相滋長。種人皆刻畫其身，象龍文，衣著尾。自此以上並見《風俗通》也。【略】哀牢人皆穿鼻儋耳，其渠帥自謂王者，耳皆下肩三寸，庶人則至肩而已。土地沃美，宜五穀、蠶桑。知染采文繡，罽毲，罽，解見《李恂傳》。毲，未詳。帛疊，《外國傳》曰：諸薄國女子織作白疊花布。蘭干細布，《華陽國志》曰：蘭干，獠言紵。織成文章如綾錦。有梧桐木華，績以爲布，《廣志》曰：梧桐有白者，剽國有桐木，其華有白毳，取其毳，淹漬，緝織以爲布也。幅廣五尺，潔白不受垢污。先以覆亡人，然後服之。

《梁書》卷五四《諸夷列傳・海南諸國》 林邑國者，本漢日南郡象林縣。【略】其國有金山，石皆赤色，其中生金。金夜則出飛，狀如螢火。又出瑇瑁、貝齒、吉貝、沉木香。吉貝者，樹名也。其華成時如鵝毳，抽其緒紡之以作布，潔白與紵布不殊，亦染成五色，織爲斑布也。

其國俗：居處爲閣，名曰于闌，門户皆北向，書樹葉爲紙，男女皆以横幅吉貝繞腰以下，謂之干漫，亦曰都縵，穿耳貫小鐶，貴者著革屣，賤者跣行。自林邑、扶南以南諸國皆然也。其王著法服，加瓔珞，如佛像之飾。出則乘象，吹螺擊鼓，罩吉貝繖，以吉貝爲幡旗。國不設刑法，有罪者使象踏殺之。其大姓號婆羅門。嫁娶必用八月，女先求男，由賤男而貴女也。同姓還相婚姻，使婆羅門引壻見婦，握手相付，咒曰吉利吉利，以爲成禮。死者焚之中野，謂之火葬。其寡婦孤居，散髮至老。

又 又傳扶南東界即大漲海，海中有大洲，洲上有諸薄國，國東有馬五洲。復東行漲海千餘里，至自然大洲。其上有樹生火中，洲左近人剥取其皮，紡績作布，極得數尺以爲手巾，與焦麻無異而色微青黑，若小垢涴，則投火中，復更精潔。或作燈炷，用之不知盡。扶南國俗本裸體，文身被髮，不制衣裳。以女人爲王，號曰柳葉。

又 吴時遣中郎康泰、宣化從事朱應使於尋國，國人猶裸，唯婦人著貫頭。泰、應謂曰：國中實佳，但人褻露可怪耳。尋始令國内男子著横幅，横幅，今干縵也。大家乃截錦爲之，貧者乃用布。

又 天竺婆羅門也，有神語曰應王扶南。憍陳如心悦，南至盤盤。扶南人聞之，舉國欣戴，迎而立焉。【略】其國人皆醜黑拳髮，所居不穿井，數十家共一池引汲之。【略】王坐則偏踞翹膝，垂左膝至地，以白疊敷前，設金盆香罏於其上。國俗，居喪則剃除鬚髮。

又 干陁利國，在南海洲上。其俗與林邑、扶南略同。出斑布、吉貝、檳榔。檳榔特精好，爲諸國之極。宋孝武世，王釋婆羅那憐陁遣長史竺留陁獻金銀寶器。

又 狼牙脩國，在南海中。其界東西三十日行，南北二十日行，去廣州二萬四千里。土氣物産，與扶南略同，偏多箋沉婆律香等。其俗男女袒而被髮，以吉貝爲干縵。其王及貴臣乃加雲霞布覆胛，以金繩爲絡帶，金鐶貫耳。女子則被布，以瓔珞繞身。

又 婆利國，在廣州東南海中洲上。去廣州二月日行。國界東西五十

日行，南北二十日行。有一百三十六聚。土氣暑熱，如中國之盛夏。穀一歲再熟，草木嘗榮。海出文螺、紫貝。有石名蚶貝羅，初採之柔軟，及刻削爲物乾之，遂大堅强。其國人披吉貝如帊，及爲都縵。王乃用斑絲布，以瓔珞繞身，頭著金冠高尺餘，形如弁，綴以七寶之飾。帶金裝劍，偏坐金高坐，以銀蹬支足。侍女皆爲金花雜寶之飾，或持白毦拂及孔雀扇。

又 中天竺國，在大月支東南數千里，地方三萬里，【略】漢時羈屬月支，其俗土著與月支同，而卑濕暑熱，民弱畏戰，弱於月支。國臨大江，名新陶，源出崑崙，分爲五江，總名曰恒水。其水甘美，下有真鹽，色正白如水精。土俗出犀、象、貂、鼲、瑇瑁、火齊、金、銀、鐵、金縷織成、金皮罽、細摩白疊、好裘、氍毹。火齊狀如雲母，色如紫金，有光耀，别之則薄如蟬翼，積之則如紗縠之重沓也。其西與大秦、安息交市海中，多大秦珍物，珊瑚、琥珀、金碧珠璣、琅玕、欝金、蘇合。蘇合是合諸香汁煎之，非自然一物也。又云大秦人採蘇合，先笮其汁以爲香膏，乃賣其滓與諸國賈人，是以展轉來達中國，不大香也。欝金獨出罽賓國，華色正黄而細，與芙蓉華裹被蓮者相似。

《晉書》卷九七《南蠻列傳・林邑》 林邑國本漢時象林縣，則馬援鑄柱之處也，去南海三千里。後漢末，縣功曹姓區，有子曰連，殺令自立爲主，子孫相承。其後王無嗣，外孫范熊代立。熊死，子逸立。其俗皆開地户以向日，至於居止，或東西無定。人性凶悍，果于戰鬥，便山習水，不閑平地。四時暄暖，無霜無雪，人皆倮露徒跣，以黑色爲美。貴女賤男，同姓爲婚，婦先娉婿。女嫁之時，著迦盤衣，横幅合縫如井欄，首戴寶花。居喪翦鬢謂之孝，燔尸中野以為葬。其王服天冠，被纓絡，每聽政，子弟侍臣皆不得近之。

唐・樊綽《蠻書》卷一〇《南蠻疆界接連諸蕃夷國名第十》 驃國，在蠻永昌城南七十五日程，閣羅鳳所通也。其國用銀錢，以青磚爲圓城，周行一日程。百姓盡在城内，有十二門。當國王所居門前有一大像，露坐高百餘尺，白如霜雪。俗尚廉耻，人性和善少言，重佛法，域中并無宰殺。又多推步天文。若有兩相訴訟者，王即令焚香向大像，思惟其非，便各引退。其或有灾疫及不安穩之事，王亦焚香對大像，悔過自責。男子多衣白氎，婦人當頂爲高髻，以金銀真珠爲飾，著青婆羅裙，又披羅緞，行必持扇。貴家婦，皆三人五人在傍持扇。有移信使到蠻界河睒，則以江猪、白氎及琉璃、罌爲貿易案：罌原本作盟，貿易原本作加，今從《新唐書・驃國傳》改正。與波斯及婆羅門鄰接，西去舍利城二十日程。據《佛經》：舍利城，中天竺國也。近城有沙山，不生草木。《恒河經》云沙山中過，然則驃國疑東天竺也。

《隋書》卷八二《南蠻列傳・林邑》 林邑【略】王戴金花冠，形如章甫，衣朝霞布，珠璣瓔珞，足躡革履，時服錦袍。良家子侍衛者二百許人，皆執金裝刀。有弓、箭、刀、槊，以竹爲弩，傅毒於矢。【略】其人深目高鼻，髮拳色黑。俗皆徒跣，以幅布纏身。冬月衣袍。婦人椎髻。【略】男女皆截髮，隨喪至水次，盡哀而止，歸則不哭。

又《赤土》 赤土國，扶南之别種也。【略】其俗等皆穿耳剪髮，無跪拜之禮，以香油塗身，其俗敬佛尤重。婆羅門婦人作髻於項後，男女通以朝霞、朝雲、雜色布爲衣，豪富之室恣意華靡，唯金鎖非王賜不得服用。【略】尋遣那邪迦隨駿貢方物，并獻金芙蓉冠，龍腦香。

又《真臘》 真臘國，在林邑西南，本扶南之屬國也，去日南郡舟行六十日，而南接車渠國，西有朱江國。【略】王著朝霞古貝，瞞絡腰腹，下垂至脛，頭戴金寶花冠，被真珠瓔珞，足履革屣，耳懸金璫。常服白疊，以象牙爲屩。若露髮，則不加瓔珞。臣人服製，大抵相類。有五大臣，一曰孤落支，二曰高相憑，三曰婆何多陵，四曰舍摩陵，五曰髯多婁，及諸小臣。【略】人形小而色黑，婦人亦有白者。悉拳髮垂耳，性氣捷勁。

《舊唐書》卷一九七《南蠻西南蠻列傳》 林邑國，漢日南象林之地，在交州南千餘里。其國延袤數千里，北與驩州接。地氣冬温，不識冰雪，常多霧雨。其王所居城，立木爲柵。王著白氎古貝，斜絡膊，繞腰，上加真珠金鎖，以爲瓔珞，卷髮而戴花。夫人服朝霞古貝以爲短裙，首戴金花，身飾以金鎖真珠瓔珞。王之侍衛，有兵五千人，能用弩及矟，以藤爲甲，以竹爲弓，乘象而戰。王出則列象千頭，馬四百匹，分爲前後。其人拳髮色黑，俗皆徒跣，得麝香以塗身，一日之中，再塗再洗。

又 婆利國，在林邑東南海中洲上。其地延袤數千里，自交州南渡海，經林邑、扶南、赤土、丹丹數國乃至焉。其人皆黑色，穿耳附璫。王姓刹利耶伽，名護路那婆，世有其位。王戴花，形如皮弁，裝以真珠瓔珞，身坐金牀。侍女有金花寶縷之飾，或持白拂孔雀扇。行則駕象，鳴金擊鼓，吹蠡爲樂。男子皆拳髮，被古貝布，横幅以繞腰。風氣暑熱，恒如中國之盛夏。穀一歲再熟。有古貝草，緝其花以作布，粗者名古貝，細者名白氎。貞觀四

年。其王遣使隨林邑使獻方物。

又 驃國，在永昌故郡南二千餘里，去上都一萬四千里。【略】男女七歲則落髮，止寺舍，依桑門至二十不悟佛理，乃復長髮爲居人。其衣服悉以白氎爲朝霞，繞腰而已。不衣繒帛，云出於蠶，爲其傷生故也。

《新唐書》卷二二二上《南蠻列傳上》 南詔或曰鶴拓，曰龍尾，曰苴咩，曰陽劍，本哀牢夷後，烏蠻别種也。【略】望苴蠻者，在蘭蒼江西，男女勇捷，不鞍而騎，善用矛劍，短甲蔽胸腹，鞮鍪皆插貓牛尾，馳突若神。【略】祁鮮山之西多瘴歊，地平，草冬不枯。自曲靖州至滇池，人水耕，食蠶以柘，蠶生閲二旬而蠒，織錦縑精緻。大和、祁鮮而西，人不蠶，剖波羅樹實，狀若絮，紐縷而幅之。【略】王出，建八旗，紫若青，白旓，雉翣二，有旄鉞，紫囊之，翠蓋。王母曰信麼，亦曰九麼。妃曰進武。信麼出，亦建八旗，絳旓。自曹長以降，繫金佉苴。尚絳紫。有功加錦，又有功加金波羅。金波羅，虎皮也。功小者，衿背不袖，次止于衿。婦人不粉黛，以蘇澤髮。貴者綾錦裙襦，上施錦一幅。以兩股辮爲鬟髻，耳綴珠貝、瑟瑟、虎魄。

又 尋傳蠻者，俗無絲纊，跣履榛棘不苦也。射豪猪，生食其肉。戰，以竹籠頭如兜鍪。其西有裸蠻，亦曰野蠻，漫散山中，無君長，作檻舍以居。男少女多，無田農，以木皮蔽形，婦或十或五共養一男子。

又 施蠻者，在鐵橋西北，居大施睒、斂尋睒。男子衣繒布，女分髮直額，爲一髻垂後，跣而衣皮。

又卷二二二下《南蠻列傳下》 環王，本林邑也，一曰占不勞，亦曰占婆。【略】俗凶悍，果戰鬥，以麝塗身，日再塗再澡，拜謁則合爪頓顙。【略】王衣白氎古貝斜絡臂，飾金琲爲纓，鬈髮，戴金華冠如章甫。妻服朝霞，古貝短裙，冠纓如王。

又 婆利者，直環王東南，自交州泛海，歷赤土、丹丹諸國乃至。【略】俗黑身，朱髮而拳，鷹爪獸牙，穿耳傅璫，以古貝横一幅繚于腰。古貝，草也，緝其花爲布，粗曰貝，精曰氎。俗以夜爲市，自掩其面。王姓剎利邪伽，名護路那婆，世居位。繚班絲貝，綴珠爲飾。

又 扶南，在日南之南，【略】其人黑身鬈髮，倮行。

又 訶陵，亦曰社婆，曰闍婆，在南海中。【略】出瑇瑁、黄白金、犀、象，國最富。

又 投和，在真臘南，自廣州西南海行百日乃至。【略】王宿衛百人，衣朝霞，耳金環，金綖被頸，寶飾革履。頻盜者死，次穿耳及頰而劗其髮，盜鑄者截手。

又 名蔑，東接真陀桓，西但游，南屬海，北波刺。【略】王衣朝霞、氎。

又 單單，在振州東南，多羅磨之西，亦有州縣。【略】王以香塗身，冠雜寶瓔，近行乘車，遠乘象。

又 驃，【略】衣用白氎、朝霞，以蠶帛傷生不敢衣。戴金花冠、翠冒，絡以雜珠。【略】婦人當頂作高髻，飾銀珠琲，衣青娑裙，披羅段，行持扇，貴家者傍至五六。

又 烏蠻與南詔世昏姻，其種分七部落，【略】土多牛馬，無布帛。男子髽髻，女人被髮，皆衣牛羊皮。【略】勿鄧地方千里，有邛部六姓，一姓白蠻也，五姓烏蠻也。【略】婦人衣黑繒，其長曳地。又有東欽蠻二姓，皆白蠻也，居北谷。婦人衣白繒，長不過膝。

宋·李石《續博物志》卷七 驃國諸蠻并不養蠶，收娑羅木子，破其殼，中如柳絮，細織爲幅，服之，謂之娑羅籠段。

宋·趙汝适《諸蕃志》卷上《交趾國》 交趾，古交州，東南薄海接占城。【略】王係唐姓，服色飲食，略與中國同，但男女皆跣足差異耳。【略】土産沉香、蓬萊香、生金銀鐵、朱砂、珠貝、犀象、翠羽、車渠、鹽漆、木綿、吉貝之屬。

又《占城國》 王出入乘象，【略】頭戴金帽，身披瓔珞。【略】國人好潔，日三五浴，以腦麝合香塗體，又以諸香和焚薰衣。【略】土産物帛獻。【略】土地所出，象牙箋、沉速香、黄蠟、烏樠木、白藤、吉貝、花布、絲絞布、白氎、簟、孔雀、犀角、紅鸚鵡等物。

又《賓瞳龍國》 賓瞳龍國，地主手飾衣服與占城同。

又《真臘國》 僧衣黄者有室家，衣紅者寺居。戒律精嚴，道士以木葉爲衣。有神曰婆多利，祠祭甚謹。

又《登流眉國》 地主椎髻簪花，肩紅蔽白，朝日登場。

又《蒲甘國》 蒲甘國官民皆撮髻于額，以色帛繫之，但地主别以金冠。【略】僧皆衣黄，地主早朝，官僚各持花來獻，僧作梵語祝壽，以花戴

王首，餘花歸寺供。

又《**三佛齊國**》 國王死，國人削髮成服，其侍人各願狥死。【略】有百寶金冠重甚，每大朝會，惟王能冠之。【略】土地所産，瑇瑁、腦子、沉速暫香、粗熟香、降真香、丁香、檀香、【略】象牙、珊瑚樹、猫兒睛、琥珀、番布、番劍等，皆大食諸番所産。

又《**單馬令國**》 國人乘午打鬃跣足。【略】土産黄蠟、降真香、速香、烏樠木、腦子、象牙、犀角，番商用絹傘、雨傘、荷池纈絹。

又《**淩牙斯國**》 地主纏縵跣足，國人剪髮，亦纏縵。地産象牙、犀角、速暫香、生香、腦子。

又《**新拖國**》 男女裸體，以布纏腰，剪髮僅留半寸。

又《**藍無里國**》 藍無里國，土産蘇木、象牙。【略】其王黑身而逆毛，露頂不衣，止纏五色布，躡金綫紅皮履。出騎象。【略】王握寶珠，徑五寸，火燒不煖，夜有光如炬。王日用以拭面，年九十餘顔如童。國人肌膚甚黑，以縵纏身，露頂跣足。【略】産猫兒睛、紅玻璃、腦青、紅寶珠。地産白荳蔻、木蘭皮、麁細香，番商轉易，用檀香、丁香、腦子、金銀甆器、馬、象、絲、帛等爲貨，歲進貢於三佛齊。

又《**闍婆國**》 其王椎髻戴金鈴，衣錦袍，躡革履，坐方牀。官吏日謁，三拜而退。出入乘象，或腰輿。【略】土人被髮，其衣裝，纏胸下至於膝。【略】出象牙、犀角、真珠、龍腦、瑇瑁，【略】亦務蠶織，有雜色繡絲，吉貝綾布。

又《**蘇吉丹**》 蘇吉丹，即闍婆之支國。【略】其王以五色布纏頭，跣足路行，蔽以凉傘，或皂或白。【略】土人男剪髮，女打鬃，皆裸體跣足，以布纏腰。【略】婦人染指甲衣帛之屬，多用朱砂。【略】土人壯健凶惡，色黑而紅，裸體文身，剪髮跣足。

又《**渤泥國**》 渤泥，在泉之東。【略】王之服色略傚中國，若裸體跣足，則臂佩金圈，手帶金練，以布纏身。坐繩床，出則施大布單坐其上，衆舁之，名曰阮囊。從者五百餘人，前持刀劍器械，後捧金盤，貯香腦、檳榔等從。以戰船百餘隻爲衛，戰鬥則持刀被甲，甲以銅鑄，狀若大筒，穿之於身，護其腹背。【略】無絲蠶，用吉貝花織成布。【略】婦女皆以花錦銷金色帛纏腰。婚聘先以酒，檳榔次之，指環又次之，然後以吉貝布，或量出金銀成禮。【略】土地所出梅花腦、速腦、金脚腦、米腦、黄蠟、降真香、瑇瑁，番商興販，用貨金、貨銀、假錦、建陽錦、五色絹、五色茸、琉璃珠、琉璃瓶子、白錫、烏鉛、網墜、牙臂環、臙脂、漆碗楪、青甆器等博易。

又《**麻逸國**》 麻逸國，在渤泥之北。【略】土人披布如被，或腰布蔽體。有銅佛像散布。【略】土産黄蠟、吉貝、真珠、瑇瑁、藥檳榔、干達布，商人用甆器、貨金、鐵鼎、烏鉛、五色琉璃珠、鐵針等博易。

《**宋史**》**卷四八八**《**外國列傳四**》 交阯本漢初南越之地。【略】桓質陋而目眇，自言近歲與蠻寇接戰，墜馬傷足，受詔不拜，信宿之後，乃張筵飲宴。又出臨海汊，以爲娱賓之遊，桓跣足持竿，入水標魚，每中一魚，左右皆叫噪歡躍。凡有宴會，預坐之人悉令解冠，帶以帽子，桓多衣花纈及紅色之衣，帽以真珠爲飾，或自歌勸酒，莫能曉其詞。

又卷四八九《**外國列傳五**》 占城國在中國之西南，東至海，西至雲南，南至真臘國，北至驩州。【略】土地所出：箋沉香、檳榔、烏樠木、蘇木、白藤、黄蠟、吉貝花布、絲絞布、白氎布、藤簟、貝多葉簟、金銀鐵錠等物。【略】其風俗衣服與大食國相類。無絲蠶，以白氎布纏其胸，垂至於足，衣衫窄袖。撮髮爲髻，散垂餘髻於其後。互市無緡錢，止用金銀較量錙銖，或吉貝錦定博易之直。樂器有胡琴、笛、鼓、大鼓，樂部亦列舞人。其王腦後髽髻，散披吉貝衣，戴金花冠，七寶裝纓絡爲飾，脛股皆露，躡革履，無襪。婦人亦腦後撮髻，無笄梳，其服及拜揖與男子同。王每日午坐禪椅。

又 九年，復遣使來言：其國自海道抵真臘一月程，西北抵交州四十日，皆山路。所治聚落一百五，大略如州縣。王年三十六歲，著大食錦或川法錦大衫、七條金瓔珞，戴七寶裝成金冠，躡紅皮履。

又 闍婆國在南海中。【略】亦務蠶織，有薄絹、絲絞、吉貝布。【略】其王椎髻，戴金鈴，衣錦袍，躡革履，【略】土俗婚聘無媒妁，但納黄金於女家以娶之。五月遊船，十月遊山，有山馬可乘跨，或乘軟兜。樂有横笛、鼓板，亦能舞。土人被髮，其衣裝纏胸以下至於膝。【略】又其方言目舶主爲葧荷，主妻曰葧荷比尼贖。其船中婦人名眉珠，椎髻，無首飾，以蠻布纏身，顔色青黑，言語不能曉，拜亦如男子膜拜，一子，項戴金連鎖子，手有金鈎，以帛帶縈之，名阿嚕。

又 勃泥國在西南大海中，去闍婆四十五日程，去三佛齊四十日程，去占城與摩逸各三十日程，皆計順風爲則。【略】戰鬥者則持刀被甲，甲以銅

鑄，狀若大筒，穿之于身，護其腹背。【略】無蠶絲，用吉貝花織成布。

又 注輦國東距海五里，西至天竺千五百里，南至羅蘭二千五百里，北至頓田三千里，自古不通中國。【略】其嫁娶，先用金銀指環使媒婦至女家，後二日，會男家親族，約以土田、生畜、檳榔酒等，稱其有無爲禮，女家復以金銀指環、越諾布及女所服錦衣遺婿。【略】地産真珠、象牙、珊瑚、頗黎、檳榔、豆蔻、吉貝布。

又 丹眉流國，東至占臘五十程，南至羅越水路十五程，西至西天三十五程，北至程良六十程，東北至羅斛二十五程，東南至闍婆四十五程，西南至程若十五程，西北至洛華二十五程，東北至廣州一百三十五程。其俗以版爲屋，跣足，衣布，無紳帶，以白紵纏其首，貿易以金銀。【略】咸平四年，國主多須機遣使打吉馬、副使打臘、判官皮泥等九人來貢木香千斤、鍮鑞各百斤、胡黄連三十五斤、紫草百斤、紅氈一合、花布四段、蘇木萬斤、象牙六十一株。召見崇德殿，賜以冠帶服物。

元·周達觀《真臘風土記·服飾》 自國主以下，男女皆椎髻袒裼，止以布圍腰。出入則加以大布一條，纏於小布之上。布甚有等級，國主所打之布，有直金三四兩者，極其華麗精美。其國中雖自織布，暹羅及占城皆有來者，往往以來自西洋者爲上，以其精巧而細樣故。人惟國主可打純花布。頭戴金冠子，如金剛頭上所戴者；或有時不戴冠，但以線穿香花，如茉莉之類，周匝于髻間。頂上戴大珍珠三斤許。手足及諸指上皆帶金鐲，指展上皆嵌猫兒眼睛石。其下跣足，足下及手掌，皆以紅藥染赤色。出則手持金劍。百姓間惟婦女可染手足掌，男子不敢也。大臣國戚可打疏花布，惟官人可打兩頭花布，百姓間惟婦人可打之。新唐人雖打兩頭花布，人亦不敢罪之，以其暗丁八殺故也。暗丁八殺，不識體例也。

又《三教》 爲儒者呼爲班詰，爲僧者呼爲苧姑，爲道者呼爲八思惟。班詰不知其所祖，亦無所謂學舍講習之處，亦難究其所讀何書。但見其如常人打布之外，於項上挂白線一條，以此别其爲儒耳。由班詰入仕者，則爲高上之人，項上之線終身不去。苧姑削髮穿黄，偏袒右肩，其下則繫黄布裙，跣足。寺亦許用瓦蓋，中止有一像，正如釋迦佛之狀，呼爲孛賴。穿紅，塑以泥，飾以丹青，外此别無像也。塔中之佛，相貌又别，皆以銅鑄成，無鐘鼓鐃鈸與幢幡寶蓋之類。僧皆茹魚肉，惟不飲酒。供佛亦用魚肉，每日一齋，皆取辦于齋主之家，寺中不設厨竈。所誦之經甚多，皆以貝葉疊成，極其齊整。於上寫黑字，既不用筆墨，不知其以何物書寫。僧亦有用金銀轎扛、傘柄者，國王有大政亦諮訪之。却無尼姑。八思惟正如常人，打布之外但於頭上戴一紅布或白布，如韃靼娘子罟姑之狀而略低。亦有宫觀，但比之寺院較狹。而道教者，亦不如僧教之盛耳。所供無别像，但止一塊石，如中國社壇中之石耳，亦不知其何所祖也。却有女道士。宫觀亦得用瓦。八思惟不食他人之食，亦不令人見食，亦不飲酒。不曾見其誦經及與人功果之事，俗之小兒入學者，皆先就僧家教習，暨長而還俗，其詳莫能考也。

又《人物》 人但知蠻俗人物粗醜而甚黑，殊不知居于海島村僻尋常閭巷間者，則信然矣。至如宫人及南棚南棚乃府第也。婦女多有瑩白如玉者，蓋以不見天日之光故也。大抵一布纏腰之外，不以男女皆露出胸酥，椎髻跣足。雖國主之妻，亦只如此。國主凡有五妻，正室一人，四方四人。其下嬪婢之屬，聞有三五千，亦自分等級，未嘗輕出户。餘每一入内，見番主必與正妻同出，乃坐正室金窻中，諸宫人皆次第列于兩廊窻下，徙倚窺視，餘備獲一見。凡人家有女美貌者，必召入内。其下供内中出入之役者，呼爲陳家蘭，亦不下一二千。却皆有丈夫，與民間雜處，只于顖門之前，削去其髮，如北人開水道之狀，塗以銀硃，及塗於兩鬢之傍，以此爲陳家蘭别耳。惟此婦可以入内，其下餘人不可得而入也。内宫之前後有絡繹于道途間尋常婦女，椎髻之外，别無釵梳頭面之飾。但臂中帶金鐲，指中帶金指展。且陳家蘭及内中諸宫人皆用之。男女身上，常塗香藥，以檀麝等香合成。家家皆修佛事。國中多有二形人，每日以十數成羣，行於虚場間。常有招徠唐人之意，反有厚饋，可醜可惡。

又《野人》 野人有二種：有一等通往來話言之野人，乃賣與城間爲奴之類是也。有一等不屬教化，不通言語之野人，此輩皆無家可居，但領其家屬巡行于山，頭戴一瓦盆而走，遇有野獸，以弧矢標槍射之而得，乃擊火於石，共烹食而去。其性甚狠，其藥甚毒，同黨中常自相殺戮，近地亦有種豆蔻、木綿花，織布爲業者，布甚粗厚，花紋甚别。

又《蠶桑》 土人皆不事蠶桑，婦人亦不曉針線縫補之事，僅能織木綿布而已。亦不能紡，但以手理成條，無機杼以織，但以一頭縛腰，一頭搭上。梭亦止用一竹管。近年暹人來居，却以蠶桑爲業。桑種蠶種，皆自暹中來。

亦無麻苧，惟有絡麻。暹人却以絲自織皂綾衣著，暹婦却能縫補。土人打布損破，皆倩其補之。

明・張燮《東西洋考》卷二《西洋列國考・占城》 安南亦不敢大肆其狼噬，乃選官軍二千，令東莞商人張宣，護送古來還國。弘治十八年，古來卒。沙古卜洛嗣。正德五年，奉詔册封者，給事中李貫，行人劉廷瑞也。十二年來朝。嘉靖二十一年再至。云其俗，果于戰鬥，尚釋教。王冠三山金花玲瓏冠，披錦帔，著玳瑁履，腰束八寶方帶。出游乘象，或黄犢車，一人持檳榔盤前導。從者十餘輩，各執弓矢刀槍。《梁書》曰：王著法服加瓔珞，如佛像之飾。出則乘象，吹螺擊鼓，罩吉貝繖，以吉貝爲幡旗。民望之膜拜一而止，臣茭葉冠，男蓬頭。《宋史》曰：撮髮爲髻，散髮餘髻於後。女後椎結。居處爲閣，名曰干闌。門户皆北向，民居茅茨，不得踰三尺。衣紫衣。《梁書》曰：男女皆以横幅吉貝繞腰以下，謂之干漫。

又《暹羅》 諸酋見王，禮制甚肅。望門自拜，膝行乃前。王與國人白布纏首，被服長衫，腰束嵌絲帨，王獨加以錦綺。跨象，或乘肩輿。尚釋教，國人效之。《赤土傳》曰：其俗敬佛。百金之産，便以其半施佛。婦人多智，丈夫事無大小，悉歸與婦計之，聽其裁決。婦見華人，慕悦之。置酒款接，留宿酣狎以爲常，夫不能禁也。《吾學編》曰：男陽嵌珠玉，貴者範金盛珠，行鏗然有聲。婚則群僧迎壻至女家，僧取女紅帖男額，以爲吉祥。

又卷三《西洋列國考・柬埔寨》 柬埔寨，即古真臘國也。【略】王三日一視朝，坐七寶牀上，著朝霞吉貝，瞞絡腰腹，下垂至脛，頭戴金寶花冠，足履革屣，耳懸金鐺，嘗服白氎。《風土記》曰：男女椎髻，以布圍腰，出入則加以大布，圍小布之上。惟國主打純花布，頭戴金冠，有時穿茉莉之類，周匝髻間，項上戴大珍珠三斤許，手足及指上皆帶金鐲，指環上嵌猫睛石，手掌用紅藥染赤色。【略】諺所謂富貴真臘也。生女九歲，擇僧道去其童身，名曰陣毯。《風土記》曰：官司每歲四月内，擇日頒行本國，有女應陣毯之家，先行申報，給巨燭一條，燭間刻畫一處，點至刻畫處，則爲陣毯時候矣。先期，父母擇一僧，是夜大會親隣，以綵帛結二亭子，一坐女子，一則僧坐其中。至期，與女俱入房，手去其童納之酒中。天明，以鼓樂送僧去，後當布帛與僧贖身，否則女終爲僧有，不得他適。婚娶，男女兩家，俱八日不出門，晝夜燃燈相續。人死，輿置之野，聽烏鳶食，頃刻食盡者，以爲福報。居喪但髠其髮，女人於額上翦髮如錢大，曰用此報親。文字，以麂鹿雜皮染黑，隨其廣狹，以意裁之，用粉如白堊類，磋爲小條子，拈於手中，就皮畫以成字，永不脱落。作字，皆從後書向前，却不自上書下也。沃野彌望，一歲可三四穫。《風土記》曰：糞田種蔬，皆不用穢，嫌其不潔。其國謂儒爲班詰，僧爲苧姑，道爲八思。班詰不知所讀何書，但由此入仕則爲清貫。微時於打布之外，項上挂白線一絲，以此自别。既貴，曳白線如舊。僧皆食肉，直不飲酒，肉亦時以供佛。王有大故，輒僧爲司南。今賈舶未有到王城者，只到海隅一屬國耳，故不睹其麗靡，或云即蒲甘地。按《宋史》，蒲甘入貢，朝議欲待以交阯之禮制。詔書，白背金花綾紙貯，以間金鍍管籥，用錦絹夾襆，緘封以往。乃本朝貢夷，獨無蒲甘，應是爲真臘所并無疑矣。

又《大泥》 大泥，即古浡泥也，本闍婆屬國，今隸暹羅。其國以板爲城，《宋史》曰：城中居者萬餘人，所統十四州。以銅鑄甲。《宋史》曰：戰鬥者將刀被甲，甲以銅鑄，狀若大筒，穿之於身，護其腹背。其王所居屋，覆貝多葉。王服頗效中國。在王左右者，爲大人。王坐繩床，出即大布坐其上，衆舁之，名曰阮囊。民居覆草。椎髻，以五綵帛繫腰，花錦爲衫。

又卷四《西洋列國考・麻六甲》 王以帛纏首，衣青花袍。躡皮履，乘轎，俗敦樸，尚回回教。居處如暹羅，婚喪大類爪哇。《唐書》曰：嫁娶檳榔爲禮，多至二百盤。婦已嫁，從夫姓。死者焚之，取燼貯金罌，沉之海。民用陶錫網魚爲業，屋如樓閣，然不更鋪板，但叠木高低層布，連榻趺坐。飲食厨厠皆在其間，男女椎髻。《唐書》曰：非有官，不束髮。肌膚黑漆，間有白者，華人也。

又《彭亨》 彭亨者，東南島中之國也。《星槎勝覽》名彭坑，《續文獻通考》曰暹羅迤西。國並山，山旁多平原，草樹繁茂，然鳥獸希少，沃土宜穀，蔬果亦饒。其城以木圍之，方廣可數里，誅茆覆屋。男女椎髻，衣長布衫，繫單衣。富者頭著金圈數枚，貧人則五色燒珠爲圈束之。

又《柔佛》 柔佛，一名烏丁礁林。男子削髮徒跣，圍幔佩刀。婦人蓄髮椎結。王服與下無别，第帶雙刀耳。酋見王，棄刀于地，和南而立，各有尊卑位次。

又《文郎馬神》 文郎馬神國，以木爲城。【略】王宫繡女數百人。王出乘象，或泛舟，以繡女自隨。或典衣，或持劍，或捧檳榔盤。王登舟，趺坐榻上，繡女坐地下，與王相向，或用女人刺舟，威儀甚盛。居民多縛木水上，築屋以居，如三佛齊。男人用五色布纏頭，腹背多裸，或著小袖衣，蒙頭而

入，下體以縵圍之。初盛食，以蕉葉爲盤，及通中國，乃漸用磁器。又好市華人磁甕，畫龍其外。人死，貯甕中以葬。

又《暹邏》 暹邏者，吉里地悶之訛也。其國居重迦羅之東，田肥穀盛，沿山皆旃檀，至伐以爲薪，其氣蒸人，鮮不病者。地又苦熱，旁午，必俛首向水而坐，差可辟瘴，男女斷髮短衫。

又卷五《東洋列國考・蘇祿》 蘇祿，在東南海中。永樂十五年，其國東王巴都葛叭答剌、西王巴都葛叭蘇哩、峒王巴都葛叭剌卜，各率其妻子酋目來朝，并貢方物，賜王冠服、金錢、錦幣、雜器，子女姻戚侍從，賞賚有差。《會典》曰：賜王紗帽、金箱玉帶、鈒花金帶、金蟒龍衣、金銀錢、紗錦、紵絲、紗羅、器皿等物，王妃冠服、銀紗、紵絲等物，餘冠帶衣服諸物。【略】男女短髮，纏皂縵，繫小印布。煮海爲鹽，釀蔗爲酒，編竹爲布。時從鮫室中探珠滿袖，自成生涯云。

又《沙瑶吶嗶嘽》 男女畜髮椎結，衣服無內外領，或用布丈餘抄摺。男子多襲以二三重，婦人一襲而止。男著皮履，婦人乃却跣足，足極細潤。耳皆穿大孔，令可容極重金鐃。衣服即錦綺，或甚奇細之布，必剪破服之，以衣服多爲富。

又《美洛居》 美洛居，俗訛爲米六合，東海中稍蕃富之國也。酋出，威儀甚備，所部合掌伏道旁。男子削髮，女乃椎結腦後。

又《文萊》 文萊，即婆羅國，東洋盡處，西洋所自起也。唐總章二年，王旃達鉢，遣使者與環王使者偕朝，自後久絶。永樂四年，遣其臣勿黎哥來朝，并貢方物，賜王及妃文綺。俗傳今國王爲閩人，隨鄭和征此，留鎮其地，故王府旁舊有中國碑。先年曾爲佛郎機所逐，國人走山谷中，放藥水流出，毒死佛郎機無數，佛郎機遂奔呂宋。其地故有一石城、一木城，後拆石城於長腰嶼築岸閉潮，今所遺者，木城耳。王削髮，裹金繡巾，腰佩雙劍，出自步行。

又《東番考・鷄籠淡水》 鷄籠山、淡水洋，在彭湖嶼之東北，故名北港，又名東番云。深山大澤，聚落星散。凡十五社。《名山記》云：社或千人，或五六百。無君長徭賦，以子女多者爲雄，聽其號令。性好勇，暇時習走，足蹋皮厚數分，履棘刺如平地，不讓奔馬，終日不息，縱之，度可數百里。男女椎髻于腦後，裸逐無所避，女或結草裙蔽體。人遇長老則背身而立，俟過乃行。至見華人，則取平日所得華人衣衣之，長者爲裏衣，而短者蒙其外，凡十餘襲如襜帷，颺之以示豪侈。別去，仍掛於壁，裸逐如初。男子穿耳，女子斷齒。女年十五，斷唇兩旁二齒。以此爲飾，手足則刺紋爲華美。

明・費信《星槎勝覽》卷一《占城國》 其酋長頭戴三山金花冠，身披錦花手巾，臂腿四腕，俱以金鐲，足穿玳瑁履，腰束八寶方帶，如妝塑金剛狀。【略】其國所産巨象、犀牛甚多，象牙、犀角廣貨。【略】男女椎髻腦後，花布纏頭，上穿短布衫，腰圍花布手巾。

又《真臘國》 風俗富饒，男女椎髻，穿短衫，圍梢布。【略】地産，黄蠟、犀象、孔雀、沉香、蘇木、大風子油、翠毛，貨用金銀、燒珠、錦段、絲布之屬。

又《暹羅國》 自占城順風十晝夜可至。【略】男女椎髻，白布纏頭，穿長衫，腰束青花手巾。【略】貨用，【略】印花布、色絹、色段。

又《假馬里丁》 男子髡髮，穿竹布短衫，圍梢布褌。【略】地産，玳瑁、羚羊，貨用爪哇布、燒珠、印花布、米穀之屬。

又《交欄山》 自占城、靈山起程，順風十晝夜可至。【略】男女椎髻，穿短衫，繫巫侖布。地産豹、熊、鹿皮、玳瑁。

又《爪哇國》 古名闍婆。【略】其國地廣人稠。【略】舊傳鬼子魔天，與一罔象，青面紅身，赤髮。【略】其國富饒，珍珠、金銀、鴉鶻石、猫睛、青紅等石。【略】生子一歲，便以匕首佩之，名曰不剌頭，以金銀、象牙雕琢爲靶，凡男子老幼貧富皆佩于腰間，若有争詈，即拔刃相刺。【略】男子猱頭裸身，腰圍單布手巾，能飲酗酒，重財輕命。婦人亦然，惟項金珠聯紉帶之，兩耳塞茭樟葉圈於竅中。其喪事，凡主翁病死，婢妾輩相對而誓曰：死則同往。臨殯之日，妻妾奴婢皆滿頭簪草花，披五色手巾，隨尸至海邊。

又《舊港》 古名三佛齊國。【略】今爲爪哇所轄，風俗與爪哇大同小異，地産黄熟香、速香、降香、沉香、黄蠟、鶴頂之類。

又《重迦羅》 其地與爪哇界相接。【略】風俗頗淳，男女撮髻，身披單布長衫，圍梢布手巾。

又《吉里地悶》 其國居重迦羅之東。【略】男女斷髮，穿短衫，夜卧不蓋其體。

又卷二《滿剌加國》 男女椎髻，身膚黑漆，間有白者，唐人種也，俗尚淳厚。【略】貨用青白磁器、五色燒珠、色絹、金錢之屬。永樂七年，鄭和等捧詔勑，賜銀印、冠帶、袍服，建碑封爲滿剌加國。

又《麻逸凍》 男女椎髻，穿長衫，圍色布。田膏腴倍收他國，尚節義，婦喪夫，則削髮剺面。【略】産木棉、黄蠟、玳瑁、檳榔、花布，貨用銅鼎、鐵塊、五色布絹之屬。

又《彭坑》 男女椎髻，繫單裙，富家女子金圈四五，飾于頂髮，常人五色燒珠穿圈。【略】貨用金銀、色絹、爪哇布。

又《東西竺》 男女斷髮，繫梢布。地産檳榔、木綿布、蕉心簟，貨用花錫。

又《龍牙門》 氣候常暑，四五月淫雨，男女椎髻，穿短衫，圍梢布。

又《阿魯國》 男女裸體，圍梢布。【略】貨用色段、色絹、磁器、燒珠之屬。

又《淡洋》 民俗頗淳，氣候常熱，男女椎髻，腰圍梢布。

又卷三《蘇門答剌國》 古名須文達那，自滿剌加順風九晝夜可至。【略】男子髮纏白布，腰圍梢布，婦女椎髻，裸體，腰圍色布手巾。

又《花面國王》 風俗淳厚，男子皆以墨刺面爲花獸之狀，猱頭裸體，單布圍腰，婦女圍色布，披手巾，椎髻腦後。

又《錫蘭山國》 地産寶石、真珠、龍涎香、乳香。貨用【略】色段、色絹之屬。男女纏頭，穿長衫，圍單布。永樂七年，鄭和等齎詔勑，金銀供器，綵粧，織金寶幡，布施於寺。

明・馬歡《瀛涯勝覽・占城國》 國王係鎖俚人，崇信釋教，頭戴金鈒三山玲瓏花冠，如中國中淨之樣。身穿五色線細花番布長衣，下圍色絲手巾。跣足，出入騎象，或乘小車，以二黄牛前拽而行。頭目所戴之冠，用茭蔁葉爲之，亦如其王所戴之樣，但以金綵粧飾，内分品級高低。所穿顔色衣衫，長不過膝，下圍各色番布手巾。王居屋宇高大，上蓋細長小瓦，四圍墻垣用磚灰包砌甚潔，其門以堅木雕刻獸畜之形爲飾。民居房屋用芳草蓋覆，簷高不過三尺，躬身低入，高者有罪。服色紫白衣，惟王可穿。民下玄黄紫色並許穿，衣服白者死罪。國人男子鬔頭，婦人櫛髻腦後。身體俱黑，上穿禿袖短衫，圍色絲手巾，俱赤脚。

又《爪哇國》 爪哇國【略】國王之絆，鬔頭或帶金葉花冠，身無衣袍，下圍絲嵌手巾一二條，再用錦綺或紵絲纏之於腰，名曰壓腰。扗一兩把短刀，名不剌頭。赤脚出入，或騎象，或坐牛車。國人之絆，男子鬔頭，女子椎髻，上穿衣，下圍手巾。男子腰插不剌頭一把，三歲小兒至百歲老人皆有此刀，皆是兔毫雪花上等賓鐵爲之。其柄用金或犀角、象牙，雕刻人形鬼面之狀，製極細巧。國人男婦皆惜其頭，若人以手觸摸其頭，或買賣之際錢物不明，或酒醉顛狂，言語爭競，便拔此刀刺之，强者爲勝。【略】國有三等人：一等回回，皆是西番，流落此地，衣食諸事皆清致。一等唐人，皆是廣東、漳、泉等處人竄居是地，食用亦美潔，多有從回回教門受戒持齋者。一等土人，形貌甚醜異，猱頭赤脚，崇信鬼教，佛書言鬼國其中，即此地也。【略】其婚姻之禮，則男子先至女家，成親三日後迎其婦。男家則打銅鼓銅鑼，吹椰殼筒，及打竹筒鼓并放火銃，前後短刀團牌圍繞。其婦被裸體跣足，圍繫緑嵌手巾，項佩金珠聯紉之飾，腕帶金銀寶裝之鐲。親朋隣里以檳榔荖葉線紉草花之類，粧飾綵船而伴送之，以爲賀喜之禮。

又《暹羅國》 王者之絆用白布纏頭，上不穿衣，下圍絲嵌手巾，加以錦綺壓腰。【略】國人爲僧爲尼姑者極多，僧尼服色與中國頗同，亦住庵觀，持齋受戒。風俗凡事皆是婦人主掌，其國王及下民若有謀議、刑罰、輕重、買賣一應巨細之事，皆決於妻。其婦人志量果勝於男子，若有妻與我中國人通好者，則置酒飯同飲坐寢，其夫恬不爲怪，乃曰：我妻美，爲中國人喜愛。男子櫛髻，用白頭布纏頭，身穿長衫。

又《滿剌加國》 自占城向正南【略】其王服用以細白番布纏頭，身穿細花青布如袍長衣，脚穿皮鞋，出入乘轎。國人男子方帕包頭，女人撮髻胸後。身體微黑，下圍白布手巾，上穿色布短衫。風俗淳樸，房屋如樓閣之制，上不鋪板，但高四尺許之際，以椰子樹劈成片條，稀布於上，用藤縛定，如羊棚樣。

清・李仙根《安南雜記》 交阯之地即安南。【略】男女衣皆大領，無分別，無裙褲，女有無摺圍裙，其王與官或時冠帶靴襪，然非其好也。【略】有布最纖輕，有蠶桑緜細曰交兑素絹，如畫絹，闊二尺。【略】大貴者有轎似車，上轎盤脚坐，或用八人四人擡之。最可笑者，其王傘扇轎夫，全體俱露，止用一股青布纏腰，從尻下裹勒至臍，雖寒天不著寸衣，又皆形狀肥實，名曰好漢，聞多係殺人援赦者。其兵止穿大袖青衣一件或二件，天暑即裸，并無甲胄。

清・屈大均《廣東新語》卷二《地語・越裳》 越裳，在象林界外，越

之裳也。越諸上郡爲衣，而諸下郡爲裳也。南極入地，至南海而益下，故稱交州爲天下之趾，而象林界外爲越之裳也。諺曰裙田裙沙，言乎爲邊之幅也，裳之説也。又古言疆域皆曰服，越爲荒服。漢文帝賜尉佗書曰：服領以南，王自治之。《史記》：領南沙北。劉安云：其入中國，必下領水。《漢書》嶺亦作領。領者，衣領也。五嶺之於荒服，猶衣之領，故曰嶺。其邊海之地，則曰裳也。越故剪髮文身，非中華冠帶之室，漢高帝嘗遺尉佗蒲桃宫錦，而文帝賜上、中、下褚衣，其欲以衣裳襲彼鱗介也。《春秋》重衣裳之會，蓋以黄帝、堯、舜垂衣裳而天下治，天下而皆有其衣裳，而天下治矣。衣裳取諸乾坤，無衣裳，斯無乾坤矣。越西有甌駱，其衆半裸，南面稱王，越裳之地而有衣裳，是猶知夫禮義，非同裸國之民也。古者衣與裳相連，猶乾與坤不相離也。越裳而欲通於中國，蓋欲以其裳連乎中國之衣也。

清・傅恒《清職貢圖》卷一《安南國夷官　安南國官婦》 安南，古交趾地，唐以前隸中國，五代時始爲土人竊據。宋時丁氏、黎氏皆三傳，李氏八傳，無子，傳壻陳氏。明永樂間討黎季犛篡陳氏之罪，因郡縣其地，後黎利構亂，因而撫之。嘉靖中莫登庸篡黎氏，旋爲黎惟潭恢復。

本朝康熙五年，黎維禧欵附，因封爲國王，嗣後五年一貢。其地有東西二都，十三道，土地膏腴，氣候炎熱，一歲二稔。其夷目冠帶朝服多仍唐制，皂革爲靴，惟武官平頂紗帽，靴尖雙出以爲别。貴家婦人披髮不笄，耳帶金環，以大小分等級，内服繡襦，外披氅衣，履如芒屩。

又《安南國夷人　安南國夷婦》 安南國夷人性狡詐，好浴，信鬼神，

重喪祭。附山耕稼樹桑，濱海捕魚煮鹽。男子戴大白草帽，形如覆鑊，長領大衣，手持蕉扇，曳履而行。貧者則短衣赤足，勤於耕作。婦女以帕蒙首，長衣長裙，納履露踵，相見以檳榔爲禮，善紡績烹飪之事。

又《安南國㑳儸　安南國㑳儸婦》㑳儸，交州苗裔，在安南境內，先隸交酉管轄，因與滇省接壤。

國初置開化府，多居府屬逢春里之極邊。性頑悍，嗜酒，善用火器。凡交地守關守廠以爲兵卒，其僻處山箐者，黑面環眼，短衣短袴，或捕蛇鼠，則生啖之。婦人短衣長裙，善弩，亦能射獵。雍正八年，以邊地四十里隸安南，俾就近管領約束。

又《暹羅國夷官　暹羅國官婦》暹羅國在占城西南，即隋唐赤土國。

後分羅斛、暹二國，暹復爲羅斛所并，明洪武時封爲暹羅國，王入國朝尤恭順，國貢惟謹。其地方千里，有大庫司九，府十四，縣七十二。官制九等，其四等以上戴鋭頂金帽，嵌以珠寶。五等以下，則以絨緞爲之。衣錦繡及織金，或花布短衣，繫錦帶。婦人以金銀爲簪、釧、約指。上衣披五色花縵，下衣五綵織金花幔，拖地長二三寸，足履紅革靸鞋。其選舉引至王前，諮以民事，應對得當，即授官服候用。文字横書，有事則具書文朗誦呈之。

又《暹羅國夷人　暹羅國夷婦》　暹羅地卑濕，民皆樓居，坐卧即以樓板上籍以氈席。其風俗勁悍，習於水戰。好崇佛齋僧，飼象取牙以奉夷目。

男白布纏頭，衣短衣，曳革履，常佩刀劍。婦女椎髻，上衣披青藍布縵，下衣五色布短裙。性喜遊冶，亦工紡績。俗重女輕男，家事皆取决於婦。

又《蘇禄國夷人　蘇禄國夷婦》　蘇禄在東南海中，明永樂間，其國有東西兩王，又有峒王，俱來朝貢，後不復至。

本朝雍正四年，遣使入貢，因定期五年一來。其地氣候常熱，人情强悍，以取蚌珠爲業。山田瘠，寡粟麥，民率食魚蝦。煮海爲鹽，釀蔗爲酒，不食豕肉。剪髮裹頭，去鬚留髯，衣袴俱短，絳帛繫腰，露脛而著履。女椎髻跣足，短衣長裙，以幅錦披肩。能織竹爲布。

又《南掌國夷官　南掌國官婦》 南掌，古越裳氏地，自周以來不通中國。明永樂初，部長刀線歹入貢，始置軍民宣慰使，萬曆中猶奉貢，後不復至。

本朝雍正八年，其部長素馬喇薩遣其頭目叭猛花等奉金表，稱南掌國王，貢牝牡二象。乾隆八年，定爲十年一貢。其部長居高樓，見者以貴賤爲限，貴者披髮覆肩，紅巾紅衣。婦人則挽髮，束以紅帛，短衣長裙，體皆刺花，性多獷悍。

又《南掌國老撾　南掌國老撾婦》 老撾俗呼爲撾家，即南掌夷民也。男子披髮，帶黑漆帽，著青衣，以匹布繞下體。婦女挽髻，以白布抹額，白衣

紅領，繫花布桶裙，俱跣足。喜啖生肉，知耕種，勤紡織。其近在普洱府東界外者，常入內地貿易。

又《緬甸國夷人　緬甸國夷婦》　緬甸，古朱波地，在永昌府騰越州天馬、虎踞諸關外，其酋居阿瓦城。元及明初雖示羈縻，時多反覆。嘉靖後，莽瑞體父子雄長諸部，自稱緬甸國王，不通職貢。

本朝順治十八年，吳三桂領兵至阿瓦城東，傳諭緬王，傾心向化。乾隆十五年，其王莽達喇製金銀二鈚，篆刻表文，並貢塗金寶塔、馴象、緬布等物。嗣爲木梳酋長甕藉牙所篡，子懵懰、懵駁相繼佔踞。其夷官夷民服飾與南掌相似，婦人束髮穿耳，短衣，圍以錦幅長裙。性愛花卉，其文字呈尊者用金葉書之，次用紙，次用檳榔葉，謂之緬書。

又《馬辰國夷人　馬辰國夷婦》　馬辰國即文郎馬神，在東南海中，相傳漢馬援南征士卒之裔。其地多水，惟夷目得陸居，夷人則架筏水上，覆以

板屋。俗尚釋教，而性强悍，男女無敢私合，以採藤拾椒爲業。男剪髮，勒以紅帛，腰圍花罽，出入必佩刀劍，常負竹筐以盛椒。女袒身跣足，繫布裙過膝，間披幅帛于胸背。汲水則戴瓦瓶於首。

又《汶萊國夷人　汶萊國夷婦》　汶萊國即唐時婆羅國，東洋盡處，西洋所自起也。明永樂間常入貢。相傳夷目係閩人，隨鄭和往，因據其地。負山面海，崇釋教，惡殺喜施，禁食豕，犯者至死。以伐木採藤爲業。男剪髮，裹絳帛，去鬚留髯，與蘇禄相似。女散髮垂肩，結巾於項，著衣裙而跣足。

又《柔佛國夷人　柔佛國夷婦》　柔佛國在西南海中，其地有東西竺

山。覆茅爲屋，列木爲城，地不產穀，常易於隣壤。尚釋教，持齋累月，見星方食。以刀刺茭葦葉爲文字，婚姻亦論門閥。男俱剪髮，帽如覆椀，銅絲爲胎，羃以白布。衣袴俱短，圍花巾于腰，身不離刃。婦垂髻跣足，短衣長裙，披錦繒於肩，與蘇禄相似。善織席。

又《宋腒朥國夷人　宋腒朥國夷婦》宋腒朥乃暹羅屬國，其人多以耕漁爲業。性情褊急，其齋僧飼象，與暹羅相類。男蓄髮去其鬚，首插雉尾，腰束匹帛，短衣而窄袴，無履襪，常佩刀劍。女椎髻跣足，短衣長裙，披帛於肩，頗能知紡績。

又《柬埔寨國夷人　柬埔寨國夷婦》柬埔寨即真臘國，介安南、暹

羅間。隋唐及宋皆朝貢，明初亦常至。初稱甘孛智，萬曆中改今名。人情柔弱，善飼象，其演之爲陣，用以禦敵。常帶劍入山，取犀角獻于夷目。男剪髮裹頭，身衣僅蔽下體。女挽髻露肘臂，惟蔽其乳，圍裙跣足。能採桑飼蠶，亦能織席。

又《吕宋國夷人　吕宋國夷婦》　吕宋居南海中，去閩之漳州甚近。

明初朝貢，萬曆中爲佛郎機所并，而仍其國名。佛郎機在占城西南，先是滅滿剌加，又與紅毛中分美洛居。至是破吕宋，益富强，多僑居香山、澳門貿易。夷人居吕宋者，長身高鼻，貓睛鷹嘴，服飾與大小西洋略同。婦盤髻施簪珥，方領露胸，短衣長裙，裙裏襯藤圈二三層，常執帕以蓋髻。

又《咖喇吧國夷人　咖喇吧國夷婦》　咖喇吧本爪哇故地，爲荷蘭兼

併，華人之貿易者，多流聚於此。性工巧，饒謀慮，室宇壯麗，器具精緻。夷人花帛纏頭，短衣束腰，繞布幅爲裙，跣足。手持木棒，有爵者鐫字於上以爲别。夷婦垂髻施簪珥，以花布纏上體，短衣長裙，露胸跣足。善裁製縫紉，性嗜啖果。

又《嘛六甲國夷人　嘛六甲國夷婦》嘛六甲即滿剌加，在占城南。明初服屬暹羅，永樂中其酋遣使入貢，封爲國王，並勒碑文於其國之鎮山。後爲佛郎機所侵奪，嘉靖時，勅還其地，迄無應者。今則爲荷蘭所屬，其性情機巧，器用精緻，亞於咖喇吧。男以色布纏頭，長衣短袴，露脛曳履。女椎髻跣足，垂珠於項，短衣長裙，頗工縫紉。

又《蘇喇國夷人　蘇喇國夷婦》蘇喇國即回回國，在西南，或云本蘇

門答剌。爲漢條支，唐波斯、大食二國地。天時温暖，無麥有禾，一歲二稔，多産寶石香藥。俗頗淳厚，性亦柔善。男白布纏頭，蓄鬚髮，著素衣，肩披花帛，束腰佩劍。婦披髮不笄，頷下胸前多飾金珠，家居常喜現體，跣足出行。仍以大布蒙首至踵。

《明史》卷三二三《外國列傳四》 婆羅，又名文萊，東洋盡處，西洋所自起也。唐時有婆羅國，高宗時常入貢。永樂三年十月遣使者齎璽書、綵幣撫諭其王。四年十二月，其國東西二年並遣使奉表朝貢。明年又貢。其地負山面海，崇釋教，惡殺喜施。禁食豕肉，犯者罪死。王薙髮，裹金繡巾，佩雙劍，出入徒步，從者二百餘人。有禮拜寺，每祭用犧。厥貢玳瑁、瑪瑙、硨磲、珠、白焦布、花蕉布、降真香、黄蠟、黑小厮。

又 麻葉甕，在西南海中。永樂三年十月遣使齎璽書賜物，招諭其國，迄不朝貢。自占城靈山放舟，順風十晝夜至交欄山，其西南即麻葉甕。山峻地平，田膏腴，收穫倍他國。煮海爲鹽，釀蔗爲酒。男女椎結，衣長衫，圍之以布。俗尚節義，婦喪夫，剺面剃髮，絶粒七日，與尸同寢，多死。七日不死，則親戚勸以飲食，終身不再嫁。或於焚屍日，亦赴火自焚。産玳瑁、木棉、黄蠟、檳榔、花布之屬。

又 古麻剌朗，東南海中小國也。永樂十五年九月，遣中官張謙齎敕撫諭其王幹剌義亦奔敦，賜之絨錦、紵絲、紗羅。十八年八月，王率妻子、陪臣隨謙來朝，貢方物，禮之如蘇禄國王。王言：臣愚無知，雖爲國人所推，然未受朝命，幸賜封誥，仍其國號。從之，乃賜以印誥、冠帶、儀仗、鞍馬及文綺、金織襲衣，妃以下並有賜。明年正月辭還，復賜金銀錢、文綺、紗羅、綵帛、金織襲衣、麒麟衣，妃以下賜有差。

又 文郎馬神，以木爲城，其半倚山。酋蓄繡女數百人。出乘象，則繡女執衣履、刀劍及檳榔盤以從。或泛舟，則酋趺坐床上，繡女列坐其下，與相向，或用以刺舟，威儀甚都。民多縛木水上，築室以居，如三佛齊。男女用五色布纏頭，腹背多袒，或著小袖衣，蒙頭而入，下體圍以幔。初用蕉葉爲食器，後與華人市，漸用磁器。尤好磁甕，畫龍其外，死則貯甕中以葬。其俗惡淫，奸者論死。華人與女通，輒削其髮，以女配之，永不聽歸。女若髮短。問華人何以致長，紿之曰：我用華水沐之，故長耳。

又卷三二四《外國列傳五》 占城【略】其國無霜雪，四時皆似夏，草木常青。民以漁爲業，無二麥，力穡者少，故收穫薄。國人皆食檳榔，終日不離口。不解朔望，但以月生爲初，月晦爲盡，不置閏。分晝夜爲十更，非日中不起，非夜分不卧，見月則飲酒、歌舞爲樂。無紙筆，用羊皮槌薄熏黑，削細竹蘸白灰爲字，狀若蚯蚓。有城郭甲兵，人性狠而狡，貿易多不平。户皆北向，民居悉覆茅，檐高不得過三尺。部領分差等，門高卑亦有限。飲食

穢污，魚非腐爛不食，釀不生蛆不爲美。人體黑，男蓬頭，女椎結，俱跣足。

又 真臘，在占城南，順風三晝夜可至。【略】永樂元年，【略】有部卒三人潛遁，索之不得，王以其國三人代之，至是引見，帝曰：華人自逃，於彼何預而責償。且語言不通，風土不習，吾焉用之。命賜衣服及道里費，遣還。三年遣使來貢。【略】民俗富饒。天時常熱，不識霜雪，禾一歲數稔。男女椎結，穿短衫，圍梢布。刑有劓、刖、刺配，盜則去手足。番人殺唐人罪死，唐人殺番人則罰金，無金則鬻身贖罪。唐人者，諸番呼華人之稱也，凡海外諸國盡然。婚嫁，兩家俱八日不出門，晝夜燃燈。人死置於野，任烏鳶食，俄頃食盡者，謂爲福報。居喪，但髡其髮，女子額上剪髮如錢大，曰用此報親。

又 暹羅由是雄海上，移兵攻破真臘，降其王，從此歲歲用兵。【略】其國，周千里，風俗勁悍，習于水戰。大將用聖鐵裹身，刀矢不能入。聖鐵者，人腦骨也。王，瑣里人。官分十等。自王至庶民，有事皆決於其婦。其婦人志量，實出男子上。婦私華人，則夫置酒同飲，恬不爲怪，曰：我婦美，而爲華人所悦也。崇信釋教，男女多爲僧尼，亦居菴寺，持齋受戒。衣服頗類中國。富貴者，尤敬佛，百金之産，即以其半施之。氣候不正，或寒或熱，地卑濕，人皆樓居。男女椎結，以白布裹首。富貴者死，用水銀灌其口而葬之。貧者則移置海濱，即有群鴉飛啄，俄頃而盡，家人拾其骨號泣而弃之於海，謂之鳥葬。亦延僧設齋禮佛。交易用海𧵳。是年不用𧵳，則國必大疫。其貢物，有象、象牙、犀角、孔雀尾、翠羽、龜筒、六足龜、寶石、珊瑚、片腦、米腦、糠腦、腦油、腦柴、薔薇水、碗石、丁皮、阿魏、紫梗、藤竭、藤黄、硫黄、没藥、烏爹泥、安息香、羅斛香、速香、檀香、黄熟香、降真香、乳香、樹香、木香、丁香、烏香、胡椒、蘇木、肉豆蔻、白豆蔻、蓽茇、烏木、大風子及撒哈剌、西洋諸布。其國有三寶廟，祀中官鄭和。

又卷三二五《外國列傳六》 蘇門答剌，在滿剌加之西。順風九晝夜可至，或言即漢條枝，唐波斯、大食二國地，西洋要會也。成祖初遣使以即位詔諭其國。永樂二年遣副使聞良輔、行人甯善，賜其酋織金文綺絨，錦紗羅。【略】貢物有寶石、瑪瑙、水晶、石青、回回青、善馬、犀牛、龍涎香、沈香、速香、木香、丁香、降真香、刀、弓、錫、鎖服、胡椒、蘇木、硫黄之屬。貨舶至，貿易稱平。地本瘠，無麥有禾，禾一歲二稔。四方商賈輻輳。華人往者，以地遠價高，獲利倍他國。其氣候朝如夏，暮如秋，夏有瘴氣。婦人裸體，惟腰圍一布。其他風俗類滿剌加。篡弒後，易國名曰啞齊。

又 蘇禄，地近浡泥、闍婆。【略】永樂十五年，【略】賜印誥、襲衣、冠帶及鞍馬、儀仗器物，其從者亦賜冠帶有差。居二十七日，三王辭歸。各賜玉帶一，黄金百，白金二千，羅錦文綺二百，帛三百，鈔萬錠，錢二千緡，金繡蟒龍、麒麟衣各一。

又 那孤兒，在蘇門答剌之西，壤相接。地狹，止千餘家。男子皆以墨副面爲花獸之狀，故又名花面國。猱頭裸體，男女止單布圍腰。

又 柔佛，近彭亨，一名烏丁礁林。永樂中，鄭和遍歷西洋，無柔佛名。或言和曾經東西竺山。【略】男子薙髮徒跣，佩刀，女子蓄髮椎結，其酋則佩雙刀。【略】居喪，婦人薙髮，男子則重薙。死者皆火葬。所産有犀、象、玳瑁、片腦、没藥、血竭、錫、蠟、嘉文簟、木棉花、檳榔、海菜、窩燕、西國米、蛩吉柿之屬。

又卷三二六《外國列傳七》 錫蘭山，或云即古狼牙修。梁時曾通中國。自蘇門答剌順風十二晝夜可達。【略】其人皆巢居穴處，赤身髡髮。相傳釋迦佛昔經此山，浴于水，或竊其袈裟，佛誓云：後有穿衣者，必爛其皮肉。自是，寸布掛身輒發瘡毒，故男女皆裸體，但紉木葉蔽其前後，或圍以布，故又名裸形國。

清・虞兆漋《天香樓偶得・儋耳》 《後漢書・南蠻傳》哀牢人皆穿鼻儋耳，其渠即自謂王者，耳皆下肩三寸，庶人則至肩而已。蓋設假耳于真耳之上，以長短别貴賤。儋與擔同，謂擔負此假耳也。

清・毛祥麟《墨餘録》卷三《摘録〈乘槎筆記〉》 《安南記》云：【略】土産惟米，華人販運者絡繹。天時極暖，氣候頗蚤，甫仲春，青橘丹荔，已盈筐滿市。居民僅以單衣蔽半體，男子蓄髮挽髻，女子跣足，不飾簪珥。

清・李鍾珏《新嘉坡風土記》 巫來由人，通謂之土人，有書作穆拉油者，閩廣人讀無爲莫之去聲，故巫亦讀穆。其自印度一帶來者謂之吉靈人，又有波斯一帶者謂之齊智人。土人有黑有白，吉靈、齊智俱膚黝如墨，其以布蔽下體，不衫不褌，三種人大略相同。

又 年來賑捐防捐，富商樂輸巨款，核奬得虚銜封典者比比，其門前榜大夫第，中憲第，朝議第，一如內地。至頂戴冠服，則惟歲首及婚嫁用之，尋

常酬應往來，或穿單長衣一領，已不多覯。居恒短衣跣足，坦率習慣，冠履忽華忽洋，出門必戴帽，或洋帽，或巫來由人帽，戴中國小帽者甚少，惟御長衣必戴小帽，雖甚熱不露頂，亦風俗使然也。

又 閩人髮辮，俱用紅綫爲綹，雖老不改，亦其風俗使然，故見紅辮者，望而知爲漳、泉二府人也。

又 久居叻之華人，多娶土人女爲室，其裝飾與安南女子略同，窄袖寬衣，其長没足，因而所生之女，亦從土裝。聞閩人潮人家中，竟無一漢裝婦女者，不若男子尚有一辮，存其本真也。

清·季麒光《台灣雜記·暹羅别記》 暹羅國者，西洋一彝也，歷朝修貢，皆自福州而入，其人知禮義，有朝鮮之風。【略】所衣皆錦，而赤脚跣足無靴履，此則番彝之俗矣。

雜録

漢·郭憲《洞冥記》卷二 太初四年，東方朔從支提國來。國人長三丈二尺，三手三足，各三指，多力，善走，國内小山能移之，有澗泉，飲能盡。結海苔爲衣。其戲笑，取犀象相投擲爲樂。

漢·東方朔《神異經》 南有人焉，周行天下。其長七丈，腹圍如其長，朱衣縞帶，以赤蛇繞其項，不飲不食，朝吞惡鬼三千，暮吞三百。此人以鬼爲飯，以露爲漿，名曰尺郭，一名黄父。

晉·王嘉《拾遺記》卷二《周》 七年。南陲之南，有扶婁之國。其人善能機巧變化，易形改服，大則興雲起霧，小則入於纖毫之裏。綴金玉羽毛爲衣裳。

唐·段成式《酉陽雜俎》前集卷四《境異》 馬伏波有餘兵十家不返，居壽洽縣，自相婚姻，有二百户，以其流寓，號馬留。衣食與華同。

宋·趙汝适《諸蕃志》卷下《腦子》 腦子出渤泥國，一作佛尼。又出賓窣國，世謂三佛齊亦有之，非也。【略】取腦已淨，其杉片謂之腦札。今人碎之，與鋸屑相和，置瓷器中，以器覆之，封固其縫，煨以熱灰，氣蒸結而成塊，謂之聚腦，可作婦人花環等用。又有一種如油者，謂之腦油，其氣勁而烈，祇可浸香合香用。

又《翠毛》 翠毛，真臘最多，産於深山澤間，巢於水次。一壑之水，止一雌雄，外有一焉，必出而死鬭。人用其機，飼媒擎諸左手以行，巢中者見之，就手格鬭，不復知有人也，右手即以羅掩之，無能脱者。邕州右江，亦産一種茸翠，其背毛悉是翠茸。窮侈者多以撚織，如毛段然。比年官雖厲禁，貴人家服用不廢，故番商冒法販鬻，多寘布襦袴中。

宋·范成大《桂海虞衡志·志香》 香珠，出交趾，以泥香捏成小巴豆狀，琉璃珠間之，綵絲貫之，作道人數珠，入省地賣，南中婦人好帶之。

清·陸次雲《八紘荒史》 扶樓國：扶樓之國其人機巧變化，綴金玉羽毛爲衣。

西域風采

綜　述

晉·法顯《佛國記》 得至鄯善國。其地崎嶇薄瘠，俗人衣服，麤與漢地同，但以氈褐爲異。

又 向竭義國。法顯等欲觀行像，停三月日。【略】瞿摩帝僧是大乘學，王所敬重，最先行像。離城三四里，作四輪像車，高三丈餘，狀如行殿，七寶莊校，懸繒幡蓋。像立車中，二菩薩侍，作諸天侍從，皆金銀彫瑩，懸於虚空。像去門百步，王脱天冠，易著新衣，徒跣持華香，翼從出城迎像。

又 行二十五日，到竭義國，與慧景等合。【略】國人爲佛齒起塔，有千餘僧，盡小乘學。自山以東，俗人被服，麤類秦土，亦以氈褐爲異。

又 渡河便到烏萇國。烏萇國是正北天竺也，盡作中天竺語，中天竺所謂中國。俗人衣服飲食，亦與中國同。

晉·葛洪《西京雜記》卷一 武帝時，西域獻吉光裘，入水不濡。上時服此裘以聽朝。

《後漢書》卷一一八《西域傳》 天竺國一名身毒，在月氏之東南數千里。俗與月氏同，而卑濕暑熱。其國臨大水。乘象而戰。其人弱於月氏，修浮圖道，不殺伐，遂以成俗。浮圖即佛也。從月氏、高附國以西，南至西海，東至磐起國，皆身毒之地。身毒有別城數百，城置長。別國數十，國置王。雖各小異，而俱以身毒爲名，其時皆屬月氏。月氏殺其王而置將，令統其人。土出象、犀、玳瑁、金、銀、銅、鐵、鉛、錫，西與大秦通，有大秦珍物。又有細布、好毾㲪、毾音它闔反。㲪音登。《埤蒼》曰：毛席也。《釋名》曰：施之承大牀前小榻上，登以上牀也。諸香、石蜜、胡椒、薑、黑鹽。

《魏書》卷一〇二《西域列傳》 龜茲國，在尉犁西北，白山之南一百七十里，都延城，漢時舊國也。【略】風俗、婚姻、喪葬、物産與焉耆略同，唯氣候少温爲異。又出細氈。

又 波斯國，都宿利城，在忸密西，古條支國也。【略】土地平正，出金、銀、鍮石、珊瑚、琥珀、車渠、馬腦，多大真珠、頗梨、瑠璃、水精、瑟瑟、金剛、火齊、鑌鐵、銅、錫、朱砂、水銀、綾、錦、叠、毼、氍毹、毾㲪、赤獐皮。【略】其王姓波氏，名斯。坐金羊牀，戴金花冠，衣錦袍、織成帔，飾以真珠寶物。其俗：丈夫剪髮，戴白皮帽，貫頭衫，兩厢近下開之，亦有巾帔，緣以織成。婦女服大衫，披大帔，其髮前爲髻，後披之，飾以金銀花，仍貫五色珠，落之於膊。

又 嚈噠國，大月氏之種類也，亦曰高車之別種，其原出於塞北。【略】其俗兄弟共一妻，夫無兄弟者其妻戴一角帽，若有兄弟者依其多少之數，更加角焉。衣服類加以纓絡。頭皆剪髮。

又 康國者，康居之後也。【略】其王索髮，冠七寶金花，衣綾、羅、錦、繡、白疊，其妻有髻，幪以皂巾。丈夫剪髮，錦袍。【略】人皆深目高鼻，多髯。善商賈。

唐・釋玄應《一切經音義》卷一 華鬘。按梵本云摩羅，此翻爲鬘，音蠻。《經》曰在額上者名之爲鬘。按西域結鬘師多用蘇摩那花行列結之以爲條貫，無問男女貴賤皆此莊嚴，或首或身，以爲飾好，諸經中天鬘、寶鬘、結鬘師等皆是也。

《梁書》卷五四《諸夷列傳・西北諸戎》 河南王者，其先出自鮮卑慕容氏。初，慕容奕洛干有二子，庶長曰吐谷渾，嫡曰廆。洛干卒，廆嗣位，吐谷渾避之西徙。廆追留之，而牛馬皆西走，不肯還，因遂徙上隴，度枹罕，出凉州西南，至赤水而居之。其地則張掖之南，隴西之西，在河之南，故以爲號。其界東至疊川，西鄰于闐，北接高昌，東北通秦嶺，方千餘里，蓋古之流沙地焉。乏草木，少水潦。【略】有屋宇，雜以百子帳，即穹廬也。著小袖袍，小口袴，大頭長裙帽。女子披髮爲辮。

又 高昌國，闞氏爲主，【略】有五經、歷代史、諸子集。面貌類高驪，辮髮垂之於背，著長身小袖袍，縵襠袴。女子頭髮辮而不垂，著錦纈纓珞環釧。姻有六禮。其地高燥，築土爲城，架木爲屋，土覆其上。寒暑與益州相似。備植九穀，人多噉麨及羊牛肉。出良馬、蒲陶酒、石鹽。多草木，草實如繭，繭中絲如細纑，名爲白叠子，國人多取織以爲布。布甚軟白，交市用焉。有朝烏者，旦旦集王殿前，爲行列，不畏人，日出然後散去。

又 滑國者，車師之別種也。漢永建元年，八滑從班勇擊北虜有功，勇上八滑爲後部親漢侯。自魏晉以來，不通中國，至天監十五年，其王厭帶夷栗陁始遣使獻方物。普通元年，又遣使獻黄師子、白貂裘、波斯錦等物。七年，又奉表貢獻。元魏之居桑乾也，滑猶爲小國，屬芮芮。後稍强大，征其旁國波斯、盤盤、罽賓、焉耆、龜茲、疏勒、姑墨、于闐、句盤等國，開地千餘里。土地温暖，多山川樹木，有五穀。國人以麨及羊肉爲糧。其獸有師子、兩脚駱駝、野驢有角。人皆善射，著小袖長身袍，用金玉爲帶，女人被裘，頭上刻木爲角，長六尺，以金銀飾之。

又 于闐國，西域之屬也。【略】王冠金幘，如今胡公帽。與妻竝坐接客。國中婦人皆辮髮，衣裘袴。

又 渴盤陁國，于闐西小國也。西鄰滑國，南接罽賓國，北連沙勒國。所治在山谷中。城周迴十餘里，國有十二城。風俗與于闐相類。衣吉貝布，著長身小袖袍，小口袴。

又 末國，漢世且末國也。勝兵萬餘户。北與丁零、東與白題、西與波斯接。土人剪髮，著氈帽，小袖衣，爲衫則開頸而縫前。

又 波斯國，【略】國中有優鉢曇花，鮮華可愛。出龍駒馬。鹹池生珊瑚樹，長一二尺。亦有琥珀、馬腦、真珠、玫瑰等，國内不以爲珍。市買用金銀。婚姻法：下聘訖，女壻將數十人迎婦，壻著金線錦袍，師子錦袴，戴天冠，婦亦如之。

又 武興國，本仇池。楊難當自立爲秦王。【略】其國東連秦嶺，西接

宕昌，去宕昌八百里，南去漢中四百里，北去岐州三百里，東去長安九百里。本有十萬户，世世分減。其大姓有符氏、姜氏。言語與中國同。著烏皂突騎帽，長身小袖袍，小口袴，皮鞾。

又 芮芮國，蓋匈奴別種，魏晉世匈奴分爲數百千部，各有名號，芮芮其一部也。自元魏南遷，因擅其故地，無城郭，隨水草畜牧，以穹廬爲居。辮髮，衣錦小袖袍，小口袴，深雍鞾。

《隋書》卷八三《西域列傳・高昌》 高昌國者，則漢車師前王庭也，去敦煌十三日行。【略】男子胡服，婦人裙襦，頭上作髻，其風俗政令與華夏略同。【略】煬帝嗣位，引致諸蕃。【略】八年冬歸蕃，下令國中曰：夫經國字人，以保存爲貴，寧邦緝政，以全濟爲大。先者以國處邊荒，境連猛狄，同人無咎，被髮左衽。【略】其庶人以上皆宜解辮削衽。帝聞而甚善之，下詔曰：【略】數窮毁冕，剪爲胡服。【略】於是襲纓解辮，削衽曳裾，變夷從夏，義光前載。可賜衣冠之具，仍班製造之式。并遣使人部領將送。被以采章，復見車服之美，弃彼氈毳，還爲冠帶之國。

又《康國》 康國者，康居之後也。【略】其王索髮，冠七寶金花，衣綾、羅、錦、繡、白疊。其妻有髻，幪以皂巾。丈夫剪髮錦袍。【略】人皆深目高鼻，多鬚髯。

又《女國》 女國，在葱嶺之南，其國代以女爲王。【略】其俗婦人輕丈夫，而性不妬忌。男女皆以彩色塗面，一日之中，或數度變改之。人皆被髮，以皮爲鞋，課税無常。

又《疏勒》 疏勒國，都白山南百餘里，漢時舊國也。其王字阿彌厥，手足皆六指。【略】王戴金師子冠。

又《于闐》 于闐國，都葱嶺之北二百餘里。【略】俗無禮義，多賊盜淫縱。王錦帽，金鼠冠，妻戴金花。其王髮不令人見。俗云，若見王髮，年必儉。

又《鏺汗》 鏺汗國，都葱嶺之西五百餘里，古渠搜國也。王姓昭武，字阿利柒。都城方四里。勝兵數千人。王坐金羊牀，妻戴金花。俗多朱砂、金、鐵。

又《挹怛》 挹怛國，都烏滸水南二百餘里，大月氏之種類也。勝兵者五六千人。俗善戰。先時國亂，突厥遣通設字詰强領其國。都城方十餘里。多寺塔，皆飾以金。兄弟同妻。婦人有一夫者，冠一角帽，夫兄弟多者，依其數爲角。

又《波斯》 波斯國，都達曷水之西蘇藺城，即條支之故地也。【略】王著金花冠，坐金師子座，傅金屑於鬚上以爲飾。衣錦袍，加瓔珞於其上。

又《漕國》 漕國，【略】國王戴金魚頭冠，坐金馬座。

又《附國》 附國者，蜀郡西北二千餘里，即漢之西南夷也。【略】有死者，無服制，置尸高牀之上，沐浴衣服，被以牟甲，覆以獸皮，子孫不哭，帶甲舞劍。【略】其俗以皮爲帽，形圓如鉢，或帶冪䍦。衣多毛毼皮裘，全剥牛脚皮爲靴。項繫鐵鎖，手貫鐵釧。王與酋帥，金爲首飾，胸前懸一金花，徑三寸。

《晉書》卷九七《西戎列傳・焉耆國》 焉耆國西去洛陽八千二百里，其地南至尉犁，北與烏孫接，方四百里。四面有大山，道險隘，百人守之，千人不過。其俗丈夫剪髮，婦人衣襦，著大袴。婚姻同華夏。好貨利，任奸詭。王有侍衛數十人，皆倨慢無尊卑之禮。

又《龜兹國》 龜兹國西去洛陽八千二百八十里，俗有城郭，其城三重，中有佛塔廟千所。人以田種畜牧爲業，男女皆翦髮垂項。王宫壯麗，焕若神居。

又《大宛國》 大宛西去洛陽萬三千三百五十里，南至大月氏，北接康居，大小七十餘城。土宜稻麥，有蒲萄酒，多善馬，馬汗血。其人皆深目多鬚。其俗娶婦先以金同心指鐶爲娉，又以三婢試之，不男者絶婚。奸淫有子，皆卑其母。與人馬乘不調墜死者，馬主出斂具。善市賈，爭分銖之利，得中國金銀，輒爲器物，不用爲幣也。

又《大秦國》 大秦國一名犁鞬，在西海之西，其地東西南北各數千里。有城邑，其城周迴百餘里。屋宇皆以珊瑚爲棁栭，琉璃爲墻壁，水精爲柱礎。其王有五宫，其宫相去各十里，每旦于一宫聽事，終而復始。若國有災異，輒更立賢人，放其舊王，被放者亦不敢怨。有官曹簿領，而文字習胡，亦有白蓋小車、旌旗之屬，及郵驛制置，一如中州。其人長大，貌類中國人而胡服。其土多出金玉寶物、明珠、大貝，有夜光璧、駭雞犀及火浣布，又能刺金縷繡及織錦縷罽。以金銀爲錢，銀錢十當金錢之一。

唐・段成式《酉陽雜俎》前集卷四《境異》 孝億國界周三千餘里，

在平川中，以木爲柵，周十餘里。柵内百姓二千餘家，周國大柵五百餘所。氣候常暖，冬不凋落。宜羊馬，無駝牛。俗性質直，好客侶，軀貌長大，褰鼻黄髮，緑眼赤髭，被髮，面如血色。戰具唯稍一色。宜五穀，出金鐵，衣麻布，舉俗事妖，不識佛法。有妖祠三百一曰千。餘所，馬步甲兵一萬，不尚商販，自稱孝億人。

又　撥拔力國，在西南海中，不食五穀，食肉而已。常針牛畜脉，取血和乳生食。無衣服，唯腰下用羊皮掩之。其婦人潔白端正。

《舊唐書》卷一九七《南蠻西南蠻列傳》　東謝蠻，其地在黔州之西數百里，南接守宮獠，西連夷子，北至蠻土。【略】丈夫衣服，有衫襖大口袴，以綿紬及布爲之。右肩上斜束皮帶，裝以螺殼、虎豹猿狖及犬羊之皮，以爲外飾。坐皆蹲踞。男女椎髻，以緋束之，後垂向下。其首領謝元深，既世爲酋長，其部落皆尊畏之。謝氏一族，法不育女，自云高姓，不可下嫁故也。貞觀三年，元深入朝，冠烏熊皮冠，若今之髦頭，以金銀絡額，身披毛帔，韋皮行縢而著履。

又　南平獠者，東與智州、南與渝州、西與涪州接，部落四千餘户。土氣多瘴癘，山有毒草及沙虱、蝮蛇。人並樓居，登梯而上，號爲干欄。男子左衽露髮徒跣，婦人横布兩幅，穿中而貫其首，名爲通裙。其人美髮，爲髻鬟垂於後。以竹筒如筆，長三四寸，斜貫其耳，貴者亦有珠璫。

又　東女國，西羌之别種，以西海中復有女國，故稱東女焉。俗以女爲王。東與茂州、党項接，東南與雅州接，界隔羅女蠻及白狼夷。【略】其王服青毛綾裙，下領衫，上披青袍，其袖委地。冬則羔裘，飾以紋錦。爲小鬟髻，飾之以金。耳垂璫，足履鞣鞸。俗重婦人而輕丈夫。

又卷一九八《西戎列傳》　泥婆羅國，在吐蕃西。其俗翦髮與眉齊，穿耳，揎以竹筩牛角，綴至肩者以爲姣麗。食用手，無匕箸。其器皆銅。多商賈，少田作。以銅爲錢，面文爲人，背文爲馬牛，不穿孔。衣服以一幅布蔽身，日數盥浴。【略】其王那陵提婆，身著真珠、玻璃、車渠、珊瑚、琥珀、瓔珞，耳垂金鉤玉璫，佩寶裝伏突，坐獅子牀，其堂内散花燃香。

又　龜兹國，即漢西域舊地也，在京師西七千五百里。其王姓白氏。有城郭屋宇，耕田畜牧爲業。男女皆剪髮，垂與項齊，唯王不剪髮。學胡書及婆羅門書、算計之事，尤重佛法。其王以錦蒙項，着錦袍金寶帶，坐金獅子牀。

又　中天竺王姓乞利咥氏，或云刹利氏，世有其國，不相篡弒。【略】人皆深目長鼻。致敬極者，舐足摩踵。家有奇樂倡伎。其王與大臣多服錦罽。上爲螺髻於頂，餘髮剪之使拳。俗皆徒跣，衣重白色，唯梵志種姓披白疊以爲異。

又　康國，即漢康居之國也。其主姓温，月氏。先居張掖祁連山北昭武城，爲突厥所破，南依葱嶺，遂有其地。枝庶皆以昭武爲姓氏，不忘本也。其人皆深目高鼻，多鬚髯。丈夫剪髮或辮髮，其王冠氈帽，飾以金寶。婦人盤髻，幪以皂巾，飾以金花。

又　波斯國，在京師西一萬五千三百里，【略】其王冠金花冠，坐獅子牀，服錦袍，加以瓔珞。俗事天地日月水火諸神，西域諸胡事火祆者，皆詣波斯受法焉。其事神，以麝香和蘇塗鬚點額，及於耳鼻，用以爲敬，拜必交股。文字同於諸胡。男女皆徒跣。丈夫剪髮，戴白皮帽，衣不開襟，并有巾帔，多用蘇方青白色爲之，兩邊緣以織成錦。婦人亦巾帔裙衫，辮髮垂後，飾以金銀。

又　拂菻國，一名大秦，在西海之上，東南與波斯接。【略】國中灾異及風雨不時，輒廢而更立。其王冠形如鳥舉翼，冠及瓔珞，皆綴以珠寶，著錦繡衣，前不開襟。【略】風俗，男子剪髮，披帔而右袒，婦人不開襟，錦爲頭巾。【略】俗皆髡而衣繡，乘輜軿白蓋小車，出入擊鼓，建旌旗幡幟。土多金銀奇寶，有夜光璧、明月珠、駭鷄犀、大貝、車渠、瑪瑙、孔翠、珊瑚、琥珀，凡西域諸珍異多出其國。隋煬帝常將通拂菻，竟不能致。

又　大食國，本在波斯之西。【略】其國男兒色黑多鬚，鼻大而長，似婆羅門，婦人白皙。【略】一云隋開皇中，大食族中有孤列種代爲酋長，孤列種中又有兩姓：一號盆泥奚深，一號盆泥末換。其奚深後有摩訶末者，勇健多智，衆立之爲主，東西征伐，開地三千里，兼克夏臘，一名釤城。釤音所鑒反【略】末換已前謂之白衣大食，自阿蒲羅拔後改爲黑衣大食。

《新唐書》卷二二一上《西域列傳上》　泥婆羅，直吐蕃之西樂陵川。【略】俗翦髮逮眉，穿耳，楦以筩若角，緩至肩者爲姣好。【略】一幅布蔽身，日數盥浴。【略】面文人形，背牛馬形。其君服珠、頗黎、車渠、珊瑚、虎魄垂纓，耳金鉤玉璫，佩寶伏突。

又 東女亦曰蘇伐剌拏瞿咀羅，羌別種也，西海亦有女自王，故稱東別之。【略】王服青毛綾裙，被青袍，袖委於地，冬羔裘，飾以文錦。爲小鬟髻，耳垂璫。足曳𩌦䩬。𩌦䩬，履也。俗輕男子，女貴者咸有侍男，被髮，以青塗面。

又 高昌直京師西四千里而赢，其横八百里，縱五百里，凡二十一城。【略】有草名白疊，擷花可織爲布，俗辮髻垂後。

又 吐谷渾居甘松山之陽，洮水之西，南抵白蘭，地數千里。【略】俗識文字，其王椎髻黑冒，妻錦袍織裙，金花飾首。男子服長裙繒冒，或冠羃羅。婦人辮髮縈後，綴珠貝。

又 焉耆國直京師西七千里而赢，横六百里，縱四百里，東高昌，西龜兹，南尉犁，北烏孫。【略】俗祝髮氈衣。

又 龜兹，一曰丘兹，一曰屈兹，東距京師七千里而赢，自焉耆西南步一百里，度小山，經大河二，又步七百里乃至。横千里，縱六百里。【略】俗斷髮齊頂，惟君不剪髮。姓白氏，居伊邏盧城，北倚阿羯田山，亦曰白山，常有火。王以錦冒頂，錦袍、寶帶。

又 自龜兹赢六百里，逾小沙磧，有跋禄迦，小國也，一曰亟墨，即漢姑墨國，横六百里，縱三百里。【略】自素葉水城至羯霜那國，衣氈褐皮㲣，以繒繚額。

又 中天竺王姓乞利咥氏，亦曰刹利，世有其國，不篡殺。【略】王大臣皆服錦罽，爲螺髻於頂，餘髮剪使卷。男子穿耳垂璫，或懸金，耳緩者爲上類，徒跣，衣重白。婦人項飾金、銀、珠纓絡。

又 章求拔國，或曰章揭拔，本西羌種。【略】悉立當吐蕃西南，户五萬，城邑多旁澗谿。男子繒束頭，衣氈褐。婦人辮髮，短裙。昏姻不以財聘。【略】喪制爲黑衣。

又卷二二一下《西域列傳下》 康者，一曰薩末鞬，亦曰颯秣建，元魏所謂悉萬斤者。【略】人嗜酒，好歌舞于道。王帽氈，飾金雜寶。女子盤髻，幪黑巾，綴金藕。

又 吐火羅，或曰吐豁羅。【略】俗翦髮，被錦袍，貧者白㲣。

又 波斯，居達遏水西，距京師萬五千里而赢，【略】祠夕，以麝揉蘇，澤耏顔鼻耳。西域諸胡受其法，以祠祆。拜必交股。俗徒跣，丈夫祝髮，衣不剖襟，青白爲巾帔，緣以錦。婦辮髮著後。

又 拂菻，古大秦也，居西海上，一曰海西國。去京師四萬里，【略】王冠如鳥翼，綴珠。衣錦繡，前無襟。【略】男子剪髮、衣繡，右袒而帔，【略】婦人錦巾。

宋·洪皓《松漠記聞》卷上 回鶻自唐末浸微，本朝盛時，有入居秦川爲熟户者。女真破陜，悉徙之燕山、甘、凉、瓜、沙。舊皆有族帳，後悉羈縻于西夏，唯居四郡外地者，頗自爲國，有君長。其人卷髮深目，眉修而濃，自眼睫而下，多虬髯。土多瑟瑟珠玉，帛有兜羅綿、毛㲣、狨錦、注絲、熟綾、斜褐。藥有膃肭臍、硇砂。香有乳香、安息、篤耨。

宋·王明清《揮麈録》卷四《王延德曆叙使高昌行程所見》 太平興國使高昌【略】次歷太子大蟲族，接契丹界，人衣尚錦綿，器用金銀，【略】出貂鼠、白㲣、繡文花蕊布。俗多騎射。婦人戴油帽，謂之蘇幕遮。

宋·趙汝适《諸蕃志》卷上《南毗國》 南毗國，在西南之極。【略】其主裸體跣足，縛頭纏腰，皆用白布，或著白布窄袖衫。出則騎象，戴金帽，以真珠珍寶雜拖其上，臂繫金纏，足圈金鍊。儀仗有纛，用孔雀羽爲飾，柄拖銀朱，凡二十餘人，左右翊衛，從以番婦，擇貌壯奇偉者，前後約五百餘人。前者舞導，皆裸體跣足，止用布纏腰。後者騎馬無鞍，纏腰束髮，以真珠爲纓絡，以真金爲纏鍊，用腦麝雜藥塗體。蔽以孔雀毛傘，其餘從行官屬，以白番布爲袋，坐其上，名曰布袋轎，以扛舁之，扛包以金銀，在舞婦之前。【略】貿易，土産真珠、諸色番布、兜羅綿。

又《故臨國》 臨敵以綵纈纏髻。【略】其國中，每浴畢，用鬱金塗體，蓋欲仿佛之金身。

又《胡茶辣國》 胡茶辣國，管百餘州，城有四重。國人白净，男女皆穴耳墜重環，著窄衣，纏縵布，戴白暖耳，躡紅皮鞋。【略】用吉貝線結縛爲毬，日約用三百斤。

又《麻囉華國》 衣服風俗，與胡茶辣國同。産白布甚多，每歲約發牛二千餘隻，駝布就陸路，往他國博易。

又《注輦國》 其嫁娶，先用金銀指環，使媒婦至女家。後三日，會男家親族，約以田土生畜檳榔酒等，稱其有無爲禮。女家復以金銀指環、越諾布，及女所服錦衣遺婿，若男欲離，女則不敢取聘。【略】地産真珠、象牙、

珊瑚、玻璃。

又《西天鵬茄囉國》 土産寶劔、兜羅綿等布。

又《西天南尼華囉國》 城有三重。人早晚浴，以鬱金塗體，效佛金色。【略】土産上等木香、細白花蘂布。

又《大秦國》 其王號麻囉弗理安，都城以帛織出金字纏頭，所坐之物則織以絲罽。【略】其人長大美皙，頗類中國，故謂之大秦。有官曹簿領，而文字習北人。皆髦頭而衣文繡。【略】土産琉璃、珊瑚、生金、花錦縵布、紅瑪瑙、真珠，又出駭雞犀。駭雞犀，即通天犀也。漢延嘉初，其國主遣使，自日南徼外來獻犀象瑇瑁，始通中國，所供無他珍異，或疑使人隱之。【略】其人顔色紅白，男子悉著素衣，婦人皆服珠錦。

又《天竺國》 天竺國，隸大秦國，所立國主，悉由大秦選擇。俗皆辮髮垂下，兩鬢及頂，以帛纏頭。【略】王服錦罽，爲螺髻於頂，餘髮剪之使短。晨出坐㲪皮，㲪乃獸名。用朱蠟飾之，畫雜物於上，群下皆禮拜。【略】妃衣大袖縷金紅衣。【略】金縷織成金罽、白疊毾㲪。有石如雲母而色紫，裂之則薄如蟬翼，積之則如紗縠。

又《大食國》 大食，在泉之西北。【略】據諸番衝要，王頭纏織錦番布，朔望則戴八面純金平頂冠，極天下珍寶，皆施其上。衣錦衣，繫玉帶，躡間金履。【略】有丞相，披金甲，戴兜鍪，持寶劔，擁衛左右，餘官曰太尉，各領兵馬二萬餘人。馬高七尺，用鐵爲鞋。【略】土地所出真珠、象牙、犀角、【略】織金、軟錦、駝毛布、兜羅錦、異緞等。

又《層拔國》 遵大食教度，纏青番布，躡紅皮鞋。【略】發船販易，以白布、甆器、赤銅、紅吉貝爲貨。

又《勿拔國》 勿拔國，邊海有陸道可到大食。王紫棠色纏頭，衣衫遵大食教度爲事。

又《中理國》 中理國人，露頭跣足，纏布不敢着衫，惟宰相及王之左右乃着衫纏頭以別。

又《甕蠻國》 甕蠻國，人物如勿拔國。地主纏頭繳縵，不衣跣足。奴僕則露首跣足，繳縵蔽體。

又《記施國》 記施國【略】國人白浄，身長八尺，披髮打纏。纏長八尺半，纏于頭，半垂於背。衣番衫繳縵布，躡紅皮鞋。

又《白達國》 白達國，【略】國人相尚以好雪布纏頭，及爲衣服。七日一次削髮剪爪甲。

又《弼斯囉國》 弼斯囉國，地主出入，騎從千餘人。盡帶鐵甲，將官帶連環鎖子甲。聽白達節制。

又《吉慈尼國》 吉慈尼國【略】土産金、銀、越諾布、金絲綿、五色駝毛段、碙花、琉璃、蘇合油、無名異、摩娑石。

又《勿厮離國》 勿厮離國【略】地産火浣布、珊瑚。

又《蘆眉國》 蘆眉國，【略】以金銀爲錢，有四萬户織錦爲業。地産絞綃、金字越諾布，間金間絲織錦綺，摩娑石、無名異、薔薇水、梔子花、蘇合油、鵬砂，及上等碙花琉璃。人家好畜駝、馬、犬。

又《勿斯里國》 國王白皙，打纏頭，著番衫，穿皂靴，出入乘馬。

又《海上雜國》 闍婆。又東南有野島，蠻賊居之，號麻囉奴，【略】其賊首鑽齒，皆以黄金裝飾。取人腦蓋爲飲食器。【略】波斯國，在西南國上，其人肌理甚黑，鬢髮皆虯，以青花布纏身，以兩金串鈴手。【略】沙國，城方一千餘里。王著戰袍，縛金帶，頂金冠，穿皂靴，婦女著真珠衫。土産金寶極多。【略】斯加里野國，近蘆眉國界。【略】衣服風俗語音與蘆眉同。【略】默伽獵國，王逐日誦經拜天，打纏頭，着毛段番衫，穿紅皮鞋。教度與大食國一同。

《宋史》卷四八五《外國列傳一》 夏國【略】德明嗣奉世基，勉從朝命。真王之號，夙感于頒宣。尺土之封，顯蒙于割裂。臣偶以狂斐，制小蕃文字，改大漢衣冠，衣冠既就，文字既行。

又 夏國【略】曩霄本名元昊，小字嵬理，【略】圓面高准，身長五尺餘，少時好衣長袖緋衣，冠黑冠。【略】既襲封，明號令，以兵法勒諸部。始衣白窄衫，氈冠紅裏，冠頂後垂紅結綬，自號嵬名吾祖。【略】文資則幞頭、靴笏、紫衣、緋衣，武職則冠金帖起雲鏤冠、銀帖間金鏤冠、黑漆冠，衣紫旋襴，金塗銀束帶垂蹀躞，佩解結錐、短刀、弓矢韣，馬乘鯢皮鞍垂紅纓，打跨鈸拂。便服則紫皂地繡盤球子花旋襴，束帶。民庶青緑，以别貴賤。

又卷四九〇《外國列傳六》 天竺【略】雍熙中，衛州僧辭澣自西域還，與胡僧密坦羅奉北印度王及金剛坐王那爛陀書來。又有婆羅門僧永世與波斯外道阿里烟同至京師。永世自云：本國名利得，國王姓牙羅五

得，名阿喏你縛，衣黄衣，戴金冠，以七寶爲飾，出乘象或肩輿，以音樂螺鈸前導，多遊佛寺，博施貧乏。其妃曰摩呵你，衣大綢縷金紅衣，歲一出，多所振施。【略】阿里烟自云：本國王號黑衣，姓張，名哩没，用錦綵爲衣。

又　高昌即西州也。其地南距于闐，西南距大食、波斯，西距西天，步路涉雪山葱嶺，皆數千里。地無雨雪而極熱，每盛暑，居人皆穿地爲穴以處。【略】出貂鼠、白氎、繡文花蕊布。俗好騎射。婦人戴油帽，謂之蘇幕遮。

又　層檀國在南海傍，城距海二十里。熙寧四年始入貢。海道便風行百六十日，經勿巡古林、三佛齊國乃至廣州。其王名亞美羅亞眉蘭，傳國五百年，十世矣。人語音如大食。地春冬暖。貴人以越布纏頭，服花錦白氎布，出入乘象、馬。

又　拂菻國東南至滅力沙，北至海。【略】王服紅黄衣，以金線織絲布纏頭，歲三月則詣佛寺，坐紅床，使人舁之。貴臣如王之服，或青緑、緋白、粉紅、黄紫，並纏頭跨馬。

又卷四九二《外國列傳八》　厮囉地既分，董氈最强，獨有河北之地，其國大抵吐蕃遺俗也。懷恩惠，重財貨，無正朔，市易用五穀、乳香、硇砂、罽毯、馬牛以代錢帛。貴虎豹皮，用緣飾衣裘，婦人衣錦，服緋紫、青緑尊。

元・劉郁《西使記》　壬子歲，皇弟錫喇統諸軍，奉詔西征，凡六年，拓境幾萬里。【略】國西即海，海西有富浪國，婦人衣冠，如世所畫菩薩狀，男子胡服，皆善寢，不去衣，雖夫婦亦異處。有大鳥，駝蹄蒼色，鼓翅而行，高丈餘，食火其如升許。其失羅子國，出珍珠，其王名襖思阿塔卑云。西南，海也，采珠盛以革囊，止露兩手，腰絙石墜入海。

明・費信《星槎勝覽》卷三《翠藍嶼》　傳聞釋迦佛昔經此山，浴於水，被竊其袈裟，佛誓云：後有穿衣者，必爛其皮肉。由此男女今皆削髮無衣，止用樹葉紉結而遮前後。

又《溜山洋國》　男子拳髮，穿短衫，圍梢布。【略】又有三萬八千餘溜山，即弱水三千之説也。亦有人聚巢居穴處，不識米穀，但捕魚蝦爲食，裸形無衣，惟紉樹葉遮其前後。

又《大葛蘭國》　風俗淳厚，男女纏頭，穿單布長衫，圍色布手巾。

又《柯枝國》　男女椎髻，穿短衫，圍單布。又一種曰木瓜，無屋舍，惟穴居，巢樹，入海捕魚爲業，男女裸體，紉結樹葉或草遮其前後，行人遇人則蹲避道旁，俟過方行，蓋避羞也。【略】貨用色段白絲。

又《古里國》　男子穿長衫，頭纏白布，婦女穿短衫，圍色布爾。耳懸帶金牌絡索數枚，其項上真珠、寶石、珊瑚連掛纓絡，臂腕足脛皆金銀鐲，手足指皆金銀厢寶石戒指，髮堆腦後，容白髮黑，其有一種裸身之人曰木瓜。【略】印花被面、手巾，其有珊瑚、真珠、乳香、木香、金珀之類，皆由别國來。

又卷四《榜葛剌國》　其王知我中國寶船到彼，遣部領齊衣服等禮人。【略】坐其上，劍横於膝。乃令銀柱杖二人，皆穿纏頭，來引道前，五步一呼，至中則止。又金柱杖二人，接引如前禮，其王拜迎詔勑，扣頭加額。開讀賞賜，受畢，鋪絨毯於殿地，待我天使，宴我官兵，禮之甚厚。燔炙牛羊，禁不飲酒，恐亂性而失禮，以薔薇露和香蜜水飲之，宴畢復以金盔、金繫腰、金瓶、金盆贈天使，其副使皆以銀盔、銀繫腰、銀瓶、銀盆贈之。其下官員，亦贈以金羚紉紵絲長衣，兵士俱有銀錢。【略】其國風俗甚厚，男子白布纏頭等，白布長衫，足穿金綫羊皮靴，濟濟然有文字者。衆凡交易，雖有萬金，價定打手，永無悔改。婦女等短衫，圍色布絲錦，不施脂粉，自然嬌白，耳垂寶鈿，項挂纓絡，髻堆腦後，四腕金鐲，手足戒指。【略】地産細布、撒哈剌、毯絨、兜羅錦、水晶、瑪瑙、珊瑚、真珠、寶石、糖蜜、酥油、翠毛、各色手巾、被面，貨用金銀、段絹、青花白磁器、銅鐵、麝香、銀硃、水銀、草席之屬。

又《竹步國》　其處與木骨都束山地連接，村居寥落，壘石爲城，砌石爲屋。風俗亦淳，男女拳髮，男子圍布，婦女出則以布兜頭不露身。

又《木骨都束國》　自小葛蘭順風二十晝夜可至。【略】男子拳髮四垂，腰圍梢布，女人髮盤於腦，黄漆光頂，兩耳挂絡索數枚，項帶銀圈，纓絡垂胸，出則單布兜遮青紗蔽面，足履皮鞋。【略】貨用金銀色段、【略】色絹之屬，其酋長效禮進貢方物。

又《阿丹國》　自古里國順風二十二晝夜可至。【略】男女拳髮，穿長衫，婦女出則用青紗蔽面，布帽兜頭不露形貌，兩耳垂金錢數枚，項掛纓絡。【略】貨用金銀色段、青白花磁器、檀香、胡椒之屬。

又《剌撒國》　自古里國順風二十晝夜可至。【略】男女拳髮，穿長衫，婦女妝點兜頭，與忽魯謨斯國同。【略】貨用金銀、段絹、磁器、米穀、胡椒、檀香、金銀之屬。

又《佐法兒國》 自古里國順風二十晝夜可至。【略】男女拳髮，穿長衫，女人出則以布兜頭，而不令人見。

又《忽魯謨斯國》 自古里國十晝夜可至。【略】男子拳髮，穿長衫，善弓矢騎射，女子編髮四垂，黄漆其頂，出則布幔兜頭面，用青紅紗布以蔽之，兩耳輪周掛絡索金錢數枚，以青石磨水，妝點眼眶唇臉花紋以爲美飾，頂掛寶石、真珠、珊瑚，紉爲纓絡。臂腕腿足皆金銀鐲，此富人也。行使金銀錢，産有真珠、寶石、金珀、龍涎香、撒哈剌、梭腹、絨毯，貨用金銀、青花磁器、五色段絹、木香。

又《天方國》 其國自忽魯謨斯四十晝夜可至。【略】男女穿白長衫，男子削髮，以布纏頭，婦女編髮盤頭，風俗好善。【略】地産金珀、寶石、真珠。【略】貨用金銀、段疋、色絹。

明・陳誠《西域番國志》 養夷城在塞藍之東三百六十里，城居亂山間，東北有大溪水西流，一大川長數百里，多荒城遺址，年久湮蕪，蓋其地界乎別失八里蒙古部落之間。【略】其王戴小罩剌帽，簪鵁鶄翎，衣禿袖衫，削髮貫耳。婦女以白布裹首纏項，衣窄袖衣，飲食惟肉酪，間食米麵，希有菜蔬，少釀酒醴，惟飲乳汁。不樹桑麻，不務耕織，間種穄麥，及爲毛布。

明・馬歡《瀛涯勝覽・錫蘭國》 彼處之人巢居穴處，男女赤體，皆無寸絲，如獸畜之形。土不出米，惟食山芋、波羅蜜、芭蕉子之類，或海中捕魚鰕而食。人傳云：若有寸布在身，即生爛瘡。昔釋迦佛過海，于此處登岸，脱衣入水澡浴，彼人盗藏其衣，被釋迦咒訖，以此至今人不能穿衣，俗言出卵塢，即此地也。

又《柯枝國》 其國王與民亦鎖俚人氏，頭纏黄白布，上不穿衣，下圍紵絲手巾，再用顔色紵絲一匹纏之於腰，名曰壓腰。其頭目及富人服用與王者頗同。【略】國有五等人：名南昆，與王同類，一等有剃頭扗線在頸者，最爲貴族。二等回回人。三等人名哲地，係有錢財主。四等人名革令，專與人作牙保。五等人名木瓜，至低賤之人也，至今此輩在海濱居住，房簷高不過三尺，高者有罪，其穿衣上不過臍，下不過膝，其出於途，如遇南昆、哲地人，即伏於地，候過即起而行。木瓜之輩，專以漁及擡負挑擔爲生，官不容穿長衣，其經商買賣與中國儺人一般。其國王崇信佛教，尊敬象牛，建造佛殿，以銅鑄佛像，用青石砌座，佛座邊周圍砌成水溝，傍穿一井，每日侵晨，則鳴鐘擊鼓，汲井水，於佛頂澆之再三，衆皆羅拜而退。

另有一等人名濁騰，即道人也，亦有妻子。此輩自出母胎，髮不經剃，亦不梳篦，以酥油等物將髮樣成條縷，或十餘條，披拽胸後。却將糞燒成白灰，遍搽其體，上下無衣，止用如指大黄藤，兩轉緊縛其腰，又以白布爲梢子。手拏大海螺，常吹而行。其妻略以布遮其醜，隨夫而行。

又《溜山國》 牒幹國王、頭目、民庶皆是回回人。風俗純美，所行悉遵教門規矩。人多以漁爲業，種椰子爲生。男女體貌微黑，男子白布纏頭，下圍手巾。婦人上穿短衣，下亦以闊布手巾圍之，及用闊大布手巾過頭遮蓋，上露其面。婚喪之禮悉依回回教門規矩而後行。

又《祖法兒國》 國王、國人皆奉回回教門。人體長大，貌豐偉，語言樸實。王者之絆，以白細番布纏頭，身穿青花如大指大細緑嵌蓋頭，或金錦衣袍，足穿番靴，或淺面皮鞋。出入乘轎或騎馬，前後擺列象駝、馬隊，刀牌手，吹篳篥鎖嗦，簇擁而行。民下所服衣冠，纏頭長衣，脚穿靴鞋。如遇禮拜日，上半日市絶交易，男女長幼皆沐浴，既畢，即將薔薇露或沈香并抽搽面并四體，俱穿齊整新浄衣服。

又《阿丹國》 國王之絆，頭戴金冠，身穿黄袍，腰繫寶粧金帶。至禮拜日换細白番布纏頭，上加金錦之頂，身穿白袍，坐車列隊而行。其頭目冠服各有等第不同。國人穿絆，男子纏頭，穿撒哈喇梭幅、錦繡紵絲籌衣，足着靴鞋。婦人之絆，身穿長衣，肩項佩寶石、珍珠、纓絡，如觀音之絆，耳帶金厢寶環四對，臂纏金寶釧鐲，手指又帶指環。又用絲嵌手巾蓋于頂上，止露其面。

凡國人打造鈒細金銀首飾等項生活，絶勝天下。又有市肆、混堂，并熟食、緑帛、書籍、諸色什物鋪店皆有。王用赤金鑄錢行使，名甫嚕嚟，每個重官秤一錢，底面有紋。又用紅銅鑄錢，名甫喃斯，零使。

又《榜葛剌國》 其國地方廣闊，物穰民稠，舉國皆是回回人，民俗淳善。富家造船往諸番國經營者頗多，出外傭伎者亦多。人之容體皆黑，間有一白者。男子皆剃髮，以白布纏之。身服從頭套下圓領長衣，下圍各色闊手巾，足穿淺面皮鞋。其國王并頭目之服，俱奉回回教禮，冠衣甚整麗。國語皆從榜葛里，自成一家言語，説吧兒西語者亦有之。國王以銀鑄錢，名倘伽，每個重官秤二錢，徑官寸一寸二分，底面有紋。一應買賣，皆以此錢

論價零用。海叭番名考嚟，論個數交易。民俗冠喪祭婚姻之禮，皆依回回教門。【略】國法笞杖徒流等刑。官品衙門印信行移皆有。軍亦有給糧餉，管軍頭目名吧斯剌兒。醫卜陰陽、百工技藝皆有之。其行術，身穿挑黑線白布花衫，下圍色絲手巾，以各色硝子珠間以珊瑚珠穿成纓絡，佩於肩項，又以青紅硝子燒成鐲，帶於兩臂。人家宴飲，此輩亦來動樂，口唱番歌對舞，亦有解數。

又《**忽魯謨斯國**》　國王國人皆奉回回教門，尊謹誠信，每日五次禮拜，沐浴齋戒。風俗淳厚，無貧苦之家。若有一家遭禍致貧者，衆皆贈以衣食錢本而救濟之。人之體貌清白豐偉，衣冠濟楚。婚喪之禮，悉遵回回教規。男子娶妻，先以媒妁，已通允訖，其女家請的的親者，掌教門規矩之官也，及主婚并媒人，親族之長者，兩家各通三代鄉貫來歷，寫立婚書已定，然後擇日成親。否則官府如奸論罪。如有人死者，即用白番布爲大殮小殮之衣，用瓶盛淨水，將尸從頭至足澆洗二三次，既淨，以麝香片腦薰尸口鼻，才服殮衣，貯棺內，當即便埋。其墳以石砌，穴下鋪淨沙五六寸，擡棺止將尸放石穴內，上以石板蓋定，加以淨土厚築墳堆，甚堅整也。

又《**天方國**》　其國人物魁偉，體貌紫膛色。男子纏頭，穿長衣，足着皮鞋。婦人俱戴蓋頭，莫能見其面。

明・董斯張《**廣博物志**》**卷三八**《**服飾**》　乾陀國，昔有王神勇多謀，號伽當。一曰加色伽當。討襲諸國，所向悉降。至五天竺國，得上絲緤二條，自留一，一與妃。妃因衣其緤謁王。緤當妃乳上，有鬱金香手印跡，王見驚恐，謂妃曰：爾忽着此手跡之服何也。妃言向王所賜之緤。王怒，問藏臣，藏臣曰：緤本有是，非臣之咎。王追商者問之。商言南天竺國娑陁婆限王，有宿願。每年所賦細緤，並重疊積之，手染鬱金，柘於緤上，千萬里手印悉透。丈夫衣之，手印當背，婦人衣之，手印當乳。王令左右披之，皆如商者言。王因叩劍曰：吾若不以劍裁娑陁婆限王手足，無以寢食。乃遣使就南天竺，索娑陁婆限王手足。使至其國，娑陁婆限王與羣臣紿報曰：我國雖有王名娑陁婆限，元無王也，但以金爲王，設於殿上。凡統領教習，在臣下耳。王遂起象馬兵，南討其國。其國隱其王於地窟中，鑄金人來迎，王知其僞，且自恃福力，因斷金人手足。娑陁婆限王於窟中，手足亦自落也。《法苑珠林》。

明・沈德符《**萬曆野獲編**》**卷三〇**《**外國・西域記**》　中官李達，吏部員外郎陳誠等，使西域還。西域諸國，哈烈、撒馬兒罕、火州、土魯番、失剌思、俺都淮等處，各遣使貢文豹西馬方物。誠上《使西域記》，所歷凡十七國，山川風俗物産悉備焉。

又　哈烈一名黑魯，在撒馬兒罕西南，去陝西肅州嘉峪關萬一千一百里。其地四面多山，中有河西流。城近東北山下，方十餘里。國主居城東北隅。【略】無君臣上下，男女相聚，皆席地趺坐。國主衣窄袖衣及貫頭衫，戴小罩剌帽，以白布纏頭，辮髮後毿。服制與國人同。【略】以金銀爲戒指，上鐫其名。國無法律，不施刑罰，傷人命亦止于罰錢。婚姻以姊妹爲妻妾。同居男女相混。男子髡首纏以白布，婦女亦白布蒙首，略露雙眸。喪則易以青黑，居喪止百日。葬不用棺，以布囊裹尸瘞之，常于墳墓設祭，家不祀祖宗。【略】氣候多暖少雨。土産有白鹽、銅、鐵、琉璃、金銀、珊瑚、琥珀、珠翠之屬。多育蠶，善爲紈綺。

又　馬哈麻者，元之餘裔，襲封居此。無城郭宮室，隨水草畜牧，居則設帳，鋪氈毯，寒暑坐卧于地。其王帶小罩剌帽，簪鵕鶲翎，衣秃袖衫，削髮貫耳。婦女以白布裹首纏項，衣窄袖衣。【略】間種穄麥，及織毛布爲衣。

又　柳城，古中柳縣，在火州東，去哈密千餘里。氣和候煖，人皆醇樸。男子椎髻，婦人蒙皂布，垂髻于額，俱依胡。男子削髮戴小罩剌帽，號回回粧。婦女白布裹頭，號畏兀兒粧。方音皆畏兀兒之語，風俗大略與火州相同。

清・陸次雲《**八紘荒史**》　尾濮國：尾濮，漢魏以後在興古郡西南千五百里外，以赤猱猴皮垂錫珠翡翠爲冠幘。

撥拔力國：撥拔力國在西南海中，不識五穀，食肉而已。針牛畜脉取血和乳飲，無衣，腰下用牛皮掩之，婦人潔白端正。

滑國：人皆善騎射，著小袖長袍，用金玉爲帶。女人披裘，頭上刻木爲角，長六寸，以金銀飾之。

清・傅恒《**清職貢圖**》**卷一**《**大西洋國夷人　大西洋國夷婦**》　大西洋，明永樂間有古里、瑣里、忽魯謨斯，凡數十國來朝貢，後多不復至。至萬曆中，西洋人利瑪竇航海來中國，自稱意大里亞國人。

本朝康熙六年通朝貢。雍正三年，意大里亞教化王來貢，五年博爾都

噶爾亞國來貢，乾隆十八年復來。其人奉天主教，善行賈，多富厚，肌膚白皙，鼻昂而目深碧，不畜鬚髮。別編義髮蒙首，以黑氈折三角爲帽，短衣革履，袴襪束迫如行縢。婦螺髮爲髻，領懸金珠寶石，上衣下裳，用錦帕覆背，謂之巾縵。俗重女輕男，相悦爲婚，有僑居香山縣之澳門者，統以夷目歲輸地租。

又《大西洋翁加里亞國夷人　大西洋翁加里亞國夷婦》　翁加里亞國在波斯泥亞國南，其人仿佛蒙古，衣服甚短，束縛袴襪，有如行縢。極穎悟，尚禮貌，幼習馳馬，短頸善奔，常帶彎刀長四尺，每在馬上舞試。婦人能通文字，刺繡工巧，出門必設紗綾蔽面。物産極豐，牛羊可供他州之用，金銀銅鐵等物取之不竭。

又《大西洋波羅泥亞國夷人　大西洋波羅泥亞國夷婦》　波羅泥亞國在熱爾瑪尼亞國東，其人仿佛蒙古，有髭無鬚，去髮存頂，編垂首後。其地寒冷，初秋至初夏皆衣皮裘，如狐貉貂鼠之裘，長蔽足，首用皮冠。好擊劍，家豢熊羆，以供戲玩。婦人才能專持家務，内外井井。土産蜂林、琥珀、牛羊等物。

又《荷蘭國夷人　荷蘭國夷婦》　荷蘭又名紅毛，番地近佛郎機。明萬曆間常駕大艦泊香山澳求貢市，不果，已而入閩，據彭湖，侵臺灣地。

國朝順治十年，始由粵通貢。康熙初，助大兵征臺有功，嗣後貢市不絶，其貢道改由福建。夷人黑氈爲帽，遇人則免冠挾之以爲禮。著錦繡絨衣，握鞭佩劍。夷婦青帕蒙頭，領圍珠石，肩披巾縵，敞衣露胸，繫長裙，以朱革爲履。其地有咖喇吧，爲南洋之會。又析其名曰瑞，曰英吉利。

《明史》卷三二五《外國列傳六》 佛郎機【略】其人長身高鼻，猫睛，鷹嘴，赤髮，赤鬚，好經商，恃强陵轢，諸國無所不往，後又稱干系臘國。所産多犀象、珠貝，衣服華潔，貴者冠，賤者笠，見尊長輒去之。

又 和蘭，又名紅毛番，地近佛郎機。永樂、宣德時，鄭和七下西洋，歷諸番數十國，無所謂和蘭者。其人深目長鼻，髮眉鬚皆赤，足長尺二寸，頎偉倍常。

又卷三二六《外國列傳七》 榜葛剌，即漢身毒國，東漢曰天竺。【略】王及官民皆回回人，喪祭冠婚，悉用其禮。男子皆薙髮，裹以白布。衣從頸貫下，用布圍之。【略】其王拜迎詔，叩頭，手加額。開讀受賜訖，設毧毯於殿，宴朝使，不飲酒，以薔薇露和香蜜水飲之。贈使者金盔、金繫腰、金瓶、金盆。其副則悉用銀，從者皆有贈。厥貢，良馬、金銀、琉璃器、青花白瓷、鶴頂、犀角、翠羽、鸚鵡、洗白苾布、兜羅綿、撒哈剌、糖霜、乳香、熟香、烏香、麻藤香、烏爹泥、紫膠、藤竭、烏木、蘇木、胡椒、粗黄。

又 祖法兒，自古里西北放舟，順風十晝夜可至。永樂十九年遣使偕阿丹、剌撒諸國入貢，命鄭和齎璽書賜物報之。二十一年，貢使復至。宣德五年，和再使其國，其王阿里即遣使朝貢，八年達京師。正統元年還國，賜璽書獎王。其國東南大海，西北重山，天時常若八九月。五穀、蔬果、諸畜咸備。人體頎碩。王及臣民悉奉回回教，婚喪亦遵其制。多建禮拜寺。遇禮拜日，市絶貿易，男女長幼皆沐浴更新衣，以薔薇露或沉香油拭面，焚沈檀、俺八兒諸香土罏，人立其上以薰衣，然後往拜。

又 阿丹，在古里之西，順風二十二晝夜可至。永樂十四年遣使奉表貢方物。辭還，命鄭和齎敕及綵幣偕往賜之。自是，凡四入貢，天子亦厚加賜賚。宣德五年，海外諸番久缺貢，復命和齎敕宣諭。其王抹立克那思兒即遣使來貢。八年至京師，正統元年始還。自後，天朝不復通使，遠番貢使亦不至。前世梁、隋、唐時，並有丹丹國，或言即其地。地膏腴，饒粟麥。人性强悍，有馬步鋭卒七八千人，鄰邦畏之。王及國人悉奉回回教。氣候常和，歲不置閏。其定時之法，以月爲準，如今夜見新月，明日即爲月朔。四季不定，自有陰陽家推算。其日爲春首，即有花開，其日爲秋初，即有葉落，及日月交食、風雨潮汐，皆能預測。其王甚尊中國。聞和船至，躬率部領來迎。入國宣詔訖，徧諭其下，盡出珍寶互易。永樂十九年，中官周姓者往市得猫睛，重二錢許，珊瑚樹高二尺者數枝，又大珠、金珀、諸色雅姑異寶、麒麟、獅子、花猫、鹿、金錢豹、駝鷄、白鳩以歸，他國所不及也。蔬果、畜産咸備，獨無鵝、豕二者。市肆有書籍工人所製金首飾，絶勝諸蕃。

又 忽魯謨斯，西洋大國也。自古里西北行，二十五日可至。永樂十年，天子以西洋近國已航海貢琛，稽顙闕下，而遠者猶未賓服，乃命鄭和齎璽書往諸國，賜其王錦綺、綵帛、紗羅，妃及大臣皆有賜。王即遣陪臣已即丁奉金葉表，貢馬及方物。十二年至京師。命禮官宴賜，酬以馬直。比還，賜王及妃以下有差。自是，凡四貢。和亦再使。後朝使不往，其使亦不來。宣德五年復遣和宣詔其國。其王賽弗丁乃遣使來貢。八年至京師，宴賜有加。正統元年附爪哇舟還國。嗣後遂絶。其國居西海之極。自東南諸蠻邦及大西洋商舶、西域賈人，皆來貿易，故寶物填溢。氣候有寒暑，春發葩，秋隕葉，有霜無雪，多露少雨。土瘠穀麥寡，然他方轉輸者多，故價殊賤，民富俗厚，或遭禍致貧，衆皆遺以錢帛，共振助之。人多白皙豐偉，婦女出則以紗蔽面，市列廛肆，百物具備。

又卷三三二《西域列傳四》 天方於西域爲大國，四時常似夏，無雨雹霜雪，惟露最濃，草木皆資之長養。土沃，饒粟、麥、黑黍。人皆頎碩。男子削髮，以布纏之。婦女則編髮蓋頭，不露其面。相傳回回設教之祖曰瑪哈穆特者，首于此地行教，死即葬焉。

又 哈里已久不至，嗣後朝貢遂絶。其國在西域最强大。王所居城，方十餘里。壘石爲屋，平方若高臺，不用梁柱瓦甓，中敞，虚空數十間，窗牖門扉，悉雕刻花文，繪以金碧，地鋪氈罽，無君臣、上下、男女，相聚皆席地趺坐。國人稱其王曰素勒坦，猶言君長也。男髡首纏以白布，婦女亦白布蒙首，僅露雙目。上下相呼皆以名。相見止稍屈身，初見則屈一足三跪，男女皆然。

清·朱銘盤《南朝梁會要·蕃夷》 波斯國，其先有波斯匿王者，子孫以王父字爲氏，因爲國號。國有城周回三十二里，城高四丈，皆有樓觀。城内屋宇數百千間，城外佛寺二三百所。西去城十五里有土山，山非過高，其勢連接甚遠。中有鷲鳥啖羊，土人極以爲患。國中有優鉢曇花，鮮華可愛。出龍駒馬。咸池生珊瑚樹，長一二尺。亦有武魄、馬腦、真珠、玫瑰等，國内不以爲珍。市買用金銀。昏姻法，下娉財訖，女婿將數十人迎婦。婿著金

綫錦袍，師子錦褲，戴天冠。婦亦如之。婦兄弟便來捉手付度，夫婦之禮，于兹永畢。國東與滑國，西及南俱與娑羅門國，北與泛栗國接。中大通二年，始通江左，遣使獻佛牙。

清・利類思《西方要紀・服飾》 服飾冠帶，其料如紬緞綾羅，與中國同，但裁製頗異，即大西諸國亦不能比而同也。大都文官多用寬長服飾，其衣襟不左不右，而中衽之也。帶則用軟巾。帽方圓各有其式，惟用飄帶，未有用翅者。其服飾隨人品各有别，百姓多用短衣，便于動作也。外服用絲絨，内服用白布，數月一易，愛其潔也。

清・祁韻士《西陲要略》卷四《厄魯特舊俗紀聞》 冠無冬夏之别，但以毛質厚薄爲差，白氈爲裏，外飾以皮，貴者飾以氈，或染紫緑色，其頂高，其簷平，謂之哈爾邦，略如内地暖帽，而綴纓止及其帽之半。婦人冠與男子同，帶以絲爲之，端垂流蘇，其長委地。婦人辮髮雙垂，約髮用紅帛，在辮之腰帛間，綴以好珠瑟瑟之屬，望若繁星。呼袍爲拉布錫克，台吉用錦緞爲之，飾以繡，宰桑則絲繡氆氌爲之，賤者多用緑色。禦冬無棉，以駝毛爲絮，名庫棚，亦有衹衣羊皮者，皆右衽平袖，四圍連紉。男子衣不鑲邊，婦人衣用棉繡，兩肩兩袖，及交襟續衽處，鑲以金花。其民婦則以染色皮鑲之，台吉韡以紅香牛皮爲之，中嵌鹿皮，刺以文繡。宰桑用紅香牛皮，不嵌不繡。民人曳皮履，或黑或黄，無敢用紅者，婦人韡貴賤，視其夫，有都爾布錦者，以羊毛織成，若内地之坐褥然。【略】不剃髮，有剪髮以爲孝者。【略】至從軍失伍者，冠以紙冠，并令其妻服短布衣游行。

又《回俗紀聞》 其帽冬用皮，夏用綢緞，猩氈爲頂，倭緞爲翅。凡官長帽頂高尺餘，尋常帽頂高五寸，前後翅各五寸，男翅兩平，女後翅少垂，頂飾花紋，而不綴纓。牛羊之皮爲韡爲履，皆朱色。女子辮髮數十，嫁後一月，則梳髮後垂，以紅絲爲絡，末綴細珠寶石珊瑚之屬，貧有喪者則否。所衣之袍，謂之托恩，大領窄袖，男右衽，女敞前襟，内襯衫襖，領無扣，袖不鑲，四圍連紉，貴者用錦繡及貂爲之。呼棉花爲白荅。【略】喪無服制，惟屏紅緑，著黑布而已，貧者以白布纏尸，舁而瘗之，富者或斂以棺，其上所覆綢緞，分致送葬者，爲製小帽。起墳多肖棺形，或開穴，或緣琉璃爲飾，率在孔道之旁。

清・七十一《西域聞見録》卷七《回疆風土記・風俗》 衣皆大領窄袖，男左衽，女敞前襟，内襯衫襖及膝。女帽冬夏皆用皮，而插鳥翼于前，以爲觀美。男帽冬用皮，夏用綢綾。猩氈爲頂，倭緞爲翅，高五六寸，前後尖翅亦各長五六寸，男翅兩平，女帽後翅少垂，頂上皆起金綫爲花。牛羊之革爲靴，爲履，朱色，其履木跟二寸，女履有前無後，夏日跣足趿之，益西有高五六寸者。阿渾帽檐白布爲之，中填棉絮，高厚各五六寸。有一種瓜，名回回帽，形頗似之。

清・趙慎畛《榆巢雜識》卷下《温都斯坦》 温都斯坦，亦西域回國之大者。葉爾羌西南，馬行六十餘日至克什米爾，由克什米爾復西南行四十餘日始至其國。【略】人習技巧，金漆雕鏤，精奇絶倫，所製玉器薄如蟬翼，抽金銀絲織綢緞、氈布，遍貨于西域各國及各回城。

清・毛祥麟《墨餘録》卷三《摘録〈乘槎筆記〉》《麥西國記》云：【略】時方麥熟，黄雲遍野。詢其耕耘之事，與中土概同。惟自紅海至此，氣候漸涼，蚤晚須服棉衣，且有披裘者。

又《巴黎期記》云：【略】梨園演劇，山水樓臺之屬，頃刻可見。神佛女仙等，自空而降。又有女優，裸半身，登場跳舞，穿圈走索，輕若飛燕。二十五日，法國相臣招飲，侍者左右分列，入内廳，見其細君，詢中土風景，未幾，各官婦俱至，珠寶耀目，羅綺盈庭。衣以單夾，燭光下，花貌雪膚，相映奪目。

《倫敦記》云：是即英國都城也。【略】明日晨起，掌宫官以帖稱君主命，諸赴舞宫會宴。及暮，同委員暨翻譯官，赴宫門外下車，見赭衣兵弁百餘人，執戈排列。門内有戎裝將士，持戟立兩傍。【略】武衣赤，文衣黑，咸飾金縷。婦女衣雜色，袒臂及胸，項下珠寶纍纍成串。【略】少頃入宴，進膳者皆衣錦，捧盒授餐，珍羞羅列。次日，傳君主命，復請入宫。有繡衣官前導。

《瞞者思即曼識特。記》云：【略】二十九日，往觀織造所，見樓架五層，上下數百間，男女匠作千餘人。各路棉花，運至其所，乃始彈紡織染，要皆法輪所爲。其處中設大輪一座，需馬四百匹，四面分置小輪，且以萬計。當總輪轉動，力布四方，其聲震耳，語不相聞。棉之不净者，須彈六七過，始如雪白。染處有池在下層，入池少頃，色即鮮明。織處機設萬張，梭不停晷，聲達數里。每機二三，止以一人司其事。浴室有銅管，水從管出，一熱一

涼，可隨意增減。

朝貢賞賜部

秦漢

綜述

《漢書》卷九四下《匈奴傳》　書奏，天子寤焉，召還匈奴使者，更報單于書而許之。賜雄帛五十匹。

明・陳懋仁《析酲漫録》卷一　中國予匈奴物，真西山謂始于漢文帝。余按：高帝解白登之圍已，歲奉匈奴絮繒酒物，非始文帝也。其前尚有秦王，陳軫謂秦王曰，義渠君，蠻夷賢君也。不如賂之以撫其志。秦王乃以文繡千純，婦女百人，遺義渠君。周穆王賜赤烏之人墨乘，黄金貝帶朱。此又古者賂夷之奇貨也。

清・高士奇《天禄識餘》卷一《吉光》　漢武帝時西域獻吉光裘，入水不濡。

紀事

《漢書》卷九四下《匈奴傳》　元壽二年，單于來朝，上以太歲厭勝所在，舍之上林苑蒲陶宮。告之以加敬于單于，單于知之。加賜衣三百七十襲，錦繡，繒帛三萬匹，絮三萬斤。

漢・劉珍《東觀漢記》卷一《世祖光武皇帝》　二十五年，烏桓獻貂、豹皮，詣闕朝賀。

《後漢書》卷一一六《西南夷傳》　永元六年，郡徼外敦忍乙王莫延慕義，遣使譯獻犀牛、大象，九年，徼外蠻及撣國王雍由調撣音擅。《東觀記》作壇字。遣重譯奉國珍寶，和帝賜金印紫綬，小君長皆加印綬、錢帛。永初元年，徼外僬僥種夷陸類等三千餘口舉種内附，獻象牙、水牛、封牛。永寧元年，撣國王雍由調復遣使者詣闕朝賀，獻樂及幻人，能變化吐火，自支解，易牛馬頭。又善跳丸，數乃至千。自言我海西人。海西即大秦也，撣國西南通大秦。明年元會，安帝作樂於庭，封雍由調爲漢大都尉，賜印綬、金銀、綵繒各有差也。

魏晉南北朝

綜述

唐・李冗《獨異志》卷上　魏文帝嘗著《典論》云，天下無切玉刀、火浣布。俄而外國進此二物，文帝遂毀《典論》。

紀事

《三國志・魏志》卷三〇《東夷》　景初二年六月，倭女王遣大夫難升米等詣郡，求詣天子朝獻。【略】今以汝爲親魏倭王，假金印紫綬，裝封付帶方太守假授汝。【略】今以難升米爲率善中郎將，牛利爲率善校尉，假銀印青綬，引見勞賜遣還。今以絳地交龍錦五匹、臣松之以爲地應爲綈，漢文帝著皂衣謂之弋綈是也。此字不體，非魏朝之失，則傳寫者誤也。絳地縐粟罽十張、蒨絳五十匹、紺青五十匹，答汝所獻貢直。又特賜汝紺地句文錦三匹、細班華罽五張、白絹五十匹、金八兩、五尺刀二口、銅鏡百枚、真珠、鉛丹各五十斤，皆裝封付難升米、牛利還到録受。悉可以示汝國中人，使知國家哀汝，故鄭重賜汝好物也。正始元年，太守弓遵遣建中校尉梯儁等奉詔書印綬詣倭國，拜假倭王，并齎詔賜金、帛、錦罽、刀、鏡、采物，倭王因使上表答謝詔恩。其四年，倭王復遣使大夫伊聲耆、掖邪狗等八人，上獻生口、倭錦、絳青縑、緜衣、帛布、丹木、𤝔、短弓矢。

《**魏書**》**卷一〇三**《**蠕蠕列傳**》 二年正月，【略】詔賜阿那瓌細明光人馬鎧二具，鐵人馬鎧六具，露絲銀纏槊二張并白毦，赤漆槊十張并白毦，【略】五色錦被二領，黄被褥三十具，私府繡袍一領并帽，内者緋納襖一領，緋袍二十領并帽，内者雜彩千段，緋納小口袴褶一具，内中宛具，紫納大口袴褶一具，内中宛具，百子帳十八具，黄布幕六張。

《**梁書**》**卷五四**《**諸夷列傳**》 婆利國，【略】普通三年，其王頻伽復遣使珠貝智貢白鸚鵡、青蟲、兜鍪、瑠璃器、吉貝、螺杯、雜香、藥等數十種。

《**晉書**》**卷九七**《**東夷列傳·肅愼氏**》 周武王時，獻其楛矢、石砮。逮于周公輔成王，復遣使入賀。爾後千餘年，雖秦漢之盛，莫之致也。及文帝作相，魏景元末，來貢楛矢、石砮、弓甲、貂皮之屬。魏帝詔歸於相府，賜其王傉雞、錦罽、緜帛。

隋唐五代

紀 事

《**舊唐書**》**卷一九六上**《**吐蕃列傳上**》 吐蕃【略】金城公主至長安，當時朝廷皆稱其才辯。及是上引入内宴，與語，甚禮之，賜紫袍金帶及魚袋，并時服、繒綵、銀盤、胡瓶，仍於别館供擬甚厚。悉獵受袍帶器物而却進魚袋，辭曰：本國無此章服，不敢當殊異之賞。上嘉而許之。

又卷一九八《**西戎列傳**》 于闐國，西南帶葱嶺，與龜茲接，在京師西九千七百里。勝兵四千人。其國出美玉。俗多機巧，好事祆神，崇佛教。【略】高宗嗣位，拜右驍衛大將軍，又授其子葉護玷爲右驍衛將軍，並賜金帶、錦袍、布帛六十段。

宋·王溥《**五代會要**》**卷二九**《**契丹**》 梁開平元年四月，遣其首領袍笏美楞等來貢方物。至二年二月，其王安巴堅又遣使來貢良馬。五月，又遣使嘉哩貢納馬十匹，金花鞍轡，貂鼠皮裘并冠，男口一，年十歲，名曰蘇，女口一，年十一歲，名曰譬。其妻舒嚕氏貢朝霞錦。

又 契丹【略】明宗輟其月十九日朝參以禮之。其月，僞平州守時領幽州節度使盧乂進率户口兵馬車帳來降。至二年十一月，又遣使美愣等二十餘人朝貢，兼申和好之意。明宗命飛勝指揮使安念德齎錦綺綾羅及金花銀器、寶裝酒器等賜之。又賜其舒嚕律氏繡被一張，并寶裝瓔珞。

又《**党項羌**》 樞密使安重誨奏曰：吐渾、党項近日相次進馬，皆給價直，對見之時，别賜繒帛，計其所費，不啻價倍。請止之。上以爲，國家常苦馬不足，每差綱收市，今番言自來，何費之有。外番朝貢，中國錫賜，朝廷常事，不可以自止。番部羊馬，不絶于路。

《**新唐書**》**卷二一七下**《**回鶻列傳下**》 回鶻【略】拔悉蜜，貞觀二十三年始來朝。天寶初，與回紇葉護擊殺突厥可汗，立拔悉蜜大酋阿史那施爲賀臘毗伽可汗，遣使者入謝，玄宗賜紫文袍、金鈿帶、魚袋。

宋·王栐《**燕翼詒謀録**》**卷四** 唐有《王會圖》，皇朝亦有《四夷述職圖》。大中祥符八九年月，直史館張復上言：乞纂朝貢諸國衣冠，畫其形狀，録其風俗，以備史官廣記。從之。是時外夷來朝者，惟有高麗、西夏、注輦、占城、三佛齊而已，不若唐之盛也。

明·張燮《**東西洋考**》**卷二**《**西洋列國考·暹羅**》 唐貞觀時，婆利、羅刹與林邑使者偕來。《唐書》曰：婆利東即羅刹也。常駿使赤土，遂通中國。其後分爲暹與羅斛二國。暹瘠土，不宜耕稼。羅斛土平衍，而種多獲，暹取給焉。

宋遼金元

綜 述

宋·葉隆禮《**重訂契丹國志**》**卷二一**《**外國進貢禮物**》 新羅國進貢禮物：金器二百兩，金抱肚一條五十兩，金鈔羅五十兩，金鞍轡馬一匹

五十兩，紫花綿紬一百匹，白綿紬五百匹，細布一千匹，麤布五千匹。

又　西夏國貢進物件：細馬二十匹，粗馬二百匹，駝二百頭，錦綺三百匹，織成錦褥被五匹，蓯蓉、硇石、井鹽各一千斤，沙狐皮一千張。【略】餘與新羅國同，惟玉帶改爲金帶，勞賜人使亦同。

又　諸小國貢進物件：高昌國、龜茲國、于闐國、大食國、小食國、甘州、沙州、凉州。已上諸國三年一次，遣使約四百餘人。至契丹貢獻玉、珠、犀、乳香、琥珀、瑪瑙器、賓鐵兵器、硇砂、薩哈勒貝、克必斯、敏達蘇、博林。克必斯已下皆細毛織成，以二丈爲匹。契丹回賜，至少亦不下四十萬貫。

明・沈德符《萬曆野獲編》卷三〇《外國・瓦剌厚賞》　北虜之賞，莫盛于正統時。其四年及十四年者，《弇州異典》已盡記之矣。惟六年之賞更異，今録之。賜可汗五色綵段，并綜絲蟒龍直領褡，曳撒比甲貼裏一套，紅粉皮圈金雲肩膝襴通袖衣一，皂麂皮藍條鋼綫靴一雙，硃紅獸面五山屏風坐床一，錦褥九，各樣花枕九，夷字《孝經》一本，鎖金凉傘一，絹雨傘一，箜篌、火撥思、三弦各一幅，并賜其妃胭脂絨綫絲綫等物。至八年，又賜可汗紵絲盛金四爪蟒龍單纏身膝襴暗花八寶骨朵雲一疋，織金胸背麒麟白澤獅子虎豹青紅緑共四匹，八寶青朵雲細花五色段二十六疋，素段五十六疋，綵段八十七疋，印花絹十疋。可汗妃二人白澤虎豹朵雲細花等段十六疋，彩段十六疋，花減金鐵盔一頂，戧金皮甲一副。【略】又賜丞相把把只織金麒麟虎豹海馬八寶骨朵雲紵絲四疋，綵絹四疋，素絹九疋。其餘平章伯顔帖木兒小的失王、丞相也里不花、王子也先孟哥，同知把答水兒、僉院南剌兒、尚書八里等，皆賞綵段綢絹有差。上又賜御書諭太師淮王中書右丞相也先，賜織金四爪蟒龍紵絲一、織金麒麟白澤獅子虎豹紵絲四，并彩絹表裏。又賜也先母妃五人、妃四人諸織金繒綵。所以懷柔之者至矣。【略】中國賜外夷最厚而縟者。如元魏明帝正光二年，蠕蠕主阿那瓌歸國，命引見賜坐，詔賜以細明光人馬鎧一具，鐵人馬鎧六具，露絲銀纏槊二張。【略】五色錦被二領，黄紬被褥三十具，私府繡花一領并帽，内者緋納襖一領，緋袍二十領并帽，内者雜彩十段。緋納小口袴褶一具，内中宛具，紫衲大口袴褶一具。【略】又侑以女樂百人，珍禽異寶等物。及斡離不還師，欽宗又賜以白紵束帶一條，共扎珠五十顆，正透金鳳犀帶一條。

紀　事

宋・錢易《南部新書》卷辛　大中時女王國貢龍油綃，形特異，與常繒不類。云以龍油浸絲織出，雨不能濡。又寶庫中有澄水帛，亦外國貢。以水蘸則寒氣蕭瑟，暑月辟熱，則一堂之寒思挾纊。細布明薄可鑒，云上傅龍涎，故消暑毒也。

宋・葉隆禮《重訂契丹國志》卷二一《南北朝饋獻物》　累朝賀宋朝生辰正旦禮物：宋朝皇帝生日遣使致刻絲花羅御樣透背御衣七襲或五襲，七件紫青貂鼠翻被或銀鼠鵝項鴨頭納子，塗金銀裝箱，金龍水晶帶，銀匣副之，錦緣帛皺皮鞾，金玦京皂白熟皮鞾鞖，細錦透背清平内製御樣、合線摟機綾共三百匹，塗金銀龍鳳鞍勒、紅羅匣金繡線方韉二具，白楮皮黑銀鞍勒、氈韉二具，緑褐楮皮鞍勒、海豹皮韉二具，白楮皮裹筋鞭一條，紅羅金銀線繡雲龍紅錦器仗一副，黄樺皮纏楮皮弓一，紅錦袋皂鵰翎豲角骲頭箭十，法漬法麴麪麴酒二十壺，山果十束欙椀，蜜漬山果十束欙，匹列山梨二束欙，柿四束欙，榛栗、松子、郁李、黑郁李子、麪棗、楞梨、棠梨二十箱，麪秔麋梨粆十碗，蕪荑白鹽十碗，青鹽十箱，牛、羊、野猪、魚、鹿臘二十二箱，御馬六匹，散馬二百匹。

正旦，御衣三襲，鞍勒馬二匹，散馬一百匹。太后又致御衣綴珠貂裘、細錦刻絲透背、合線御綾羅綺紗縠御樣，果實、雜粆、臘肉凡百品，水晶鞍勒，新羅酒、青鹽。帝或致戎器賓鐵刀，鷙禽曰海東青之類。

又　宋朝勞人使物件：每歲遣使入宋國境，宋遣常參官、内職各一人，假少卿、監、諸司使以上接伴。内諸司供帳，分爲三番，内臣主之。至白溝驛，驛賜設，至貝州賜茶、藥各一銀合，至大名府又賜，及畿境，遣開封判官勞之，又命臺省官、諸司使館伴迓於班荊館，至都亭驛各賜金花、銀灌器、錦衾褥。朝見日，賜大使金塗銀冠、皂羅氈冠、衣八件、金鞊鞢帶、烏皮鞾、銀器二百兩、綵帛二百匹。副皂紗折上巾七件、金帶、象笏、烏皮鞾、銀器一百兩，彩帛二百匹，鞍勒馬各一匹。其從人，上節十八人，各練鵲錦襖及衣四件，銀器二十兩，綵帛三十匹。中節二十人，各寶照錦襖及衣三件，銀器十

兩、彩帛二十匹。下節八十五人，各紫綺襖及衣四件、銀器十兩、綵帛二十匹，並加金塗銀帶。上節、中節又加綵䍐。【略】承天節各別賜衣一襲。遇立春，各賜金塗銀鏤幡勝、［春］盤。又命節帥就玉津園伴射，賜來使銀飾箭筒，弓一，箭二十。其中的，又賜窄袍、衣五件，金束帶、鞍勒馬。【略】辭日，長春殿賜酒五行，賜大使盤裘暈錦窄袍及衣六件、銀器一百兩、綵帛一百匹。並加金束帶、雜色羅、錦、綾、絹百匹。從人各加紫綾花絁錦袍及銀器、綵帛。

又 每次回賜物件：犀玉腰帶二條、細衣二襲、金塗鞍韂馬二匹、素鞍韂馬五匹、散馬二十匹、弓箭器仗二副、細花綺羅綾二百匹、衣著絹一千匹、羊二百口、酒果子不定數，並命刺史已上官充使一行六十人直送入本國。

賜宋使物件：金塗銀帶二條、衣二襲、錦綺三十疋、色絹一百匹、鞍韂馬二匹、散馬五匹、弓箭器一副、酒果不定數。上節從人白銀帶一條、衣一襲、絹二十匹、馬一匹。下節從人衣一襲、絹十匹、紫綾大衫一領。

宋・張世南《游宦紀聞》卷六 世南家嘗藏高麗國使人狀數幅，乃宣和六年九月，其國遣使金紫光禄大夫、檢校司空、知樞密院事、上柱國李資德，副使太中大夫、尚書、禮部侍郎、柱國，賜紫金魚袋金富轍，至本朝謝恩進奉，各有四六，仿中國體。李之詞云：跂予望之，適江干之弭節。亦既犯高廟嫌諱。原注。止，幸堂上之披風。況飛五朵之雲，特既千金之幣。禮當拜受，心則愧惶。金之詞云：穆如清風，幸被餘光之照。酌彼行潦，可形將意之勤。幸被寬裕而有容，敢以菲微而廢禮。所塵名品，別且染濡。私覿之物，則幞頭紗三枚、白成鈒花銀盤一面十二兩、紫大紋羅一匹、生大紋羅二匹、白蹴大綾一匹、生花綾二匹、白細苧布三匹、大□八十幅、黄毛筆二十管、松烟墨二十挺、松扇三合、摺疊扇二隻、螺鈿硯匣一副、螺鈿筆匣一副、剋絲藥袋一枚、剋絲篦子袋一枚、繡繫腰一條、茯苓二斤、白术二斤、白銅器五事而已。

《宋史》卷四八五《外國列傳一》 遼復遣金吾衛上將軍蕭孝誠賫玉册金印，册爲尚書令，大夏國王。乾興元年，加純誠功臣。德明自歸順以來，每歲旦、聖節、冬至皆遣牙校來獻不絶，而每加恩賜官告，則又以襲衣五、金荔支帶。【略】又遣閤門祇候賜冬服及頒儀天具注曆。

又卷四八九《外國列傳五》 占城。【略】其國前代罕與中國通。周顯德中，其王釋利因德漫遣其臣莆訶散貢方物，有雲龍形通犀帶、菩薩石。又有薔薇水，灑衣經歲香不歇，猛火油，得水愈熾，皆貯以瑠璃瓶。【略】咸平二年，其王楊普俱毗茶逸施离遣使朱陳堯、副使蒲薩陀婆、判官黎姑倫以犀象、玳瑁、香藥來貢，賜堯等冠帶衣褥有差。

又 注輦國。【略】熙寧十年，國王地華加羅遣使奇囉囉，副使南卑琵打，判官麻圖華羅等二十七人來獻豌豆、珠麻、瑠璃、大洗盤、白梅花腦、錦花、犀牙、乳香、瓶香、薔薇水、金蓮花、木香、阿魏、鵬砂、丁香。使副以真珠、龍腦登陛，跪而散之，謂之撒殿。既降詔，遣御藥室勞之，以爲懷化將軍，保順郎將，各賜衣服器幣有差，答賜其王錢八萬一千八百緡，銀五萬二千兩。

又卷四九〇《外國列傳六》 回鶻。【略】三年，又遣左温宰相、何居録越樞密使、翟符守榮等來貢。是年，龜兹國王可汗遣使李延福、副使安福，監使翟進來進香藥、花蕋布。

又 回鶻。【略】可汗王二年五月，遣使都督習信等十四人來貢馬及黄湖綿、細白氎。三年四月，可汗王、公主及宰相撒温訛進馬、乳香。賜銀器、金帶、衣著、暈錦旋襴有差。

明・張燮《東西洋考》卷二《西洋列國考・暹羅》 元元貞初，暹遣使入貢，賜來使素金符佩之。《元史》曰：元貞元年，進金字表，欲朝廷遣使至其國。比表至，已先遣使，蓋彼未之知也。使急追詔使同往。以暹人與麻里予兒舊相仇殺，至是皆歸順。有旨諭暹人勿傷麻里予兒，以踐爾言。大德三年，暹國主上言：父時，朝廷嘗賜鞍轡白馬及金縷衣，乞循故事以賜。帝以丞相言彼小國而賜馬，恐其鄰祈都輩譏議朝廷，竟賜金縷衣，不錫以馬。迨至正間，暹降羅斛，遂稱暹羅。

明清

綜述

明・陳侃《使琉球録・詔敕》 頒賜：國王，紗帽一頂、展角全。金厢犀束帶一條，常服羅一條，大紅織金胸背麒麟圓領一件，青褡褸一件，緑貼裏一件，皮弁冠服一副，柒旒皂皺紗皮冠一頂，旒珠金事件全。玉圭一枝，袋全。五章絹地紗皮弁服一套，大紅素皮弁服一件，纁色素前後裳一件，纁色素蔽膝一件，玉鈎全。纁色粧花錦綬一件，金鈎玉玎璫。紅白素大帶一條，大紅素紵絲舄一雙，襪全。丹礬紅平羅銷金夾包袱四條，素白中單一件，紵絲二匹，黑緑花一匹、深青素一匹。羅二匹，黑緑一匹、青素一匹。白氁絲布一匹。

妃，紵絲二匹，黑緑花一匹、深青素一匹。羅二匹，黑緑一匹、青素一匹。白氁絲布十匹。

清・屈大均《廣東新語》卷一五《貨語・諸番貢物》 諸番之直廣東者，曰婆利，曰古麻剌，曰狼牙修，曰占城，曰真臘，曰爪哇，曰暹羅，曰滿剌加，曰大泥，曰蒲甘，曰投和，曰加羅希，曰層檀，曰赤土。其直安南者，曰林邑，曰槃槃，曰三佛齊，曰急蘭丹，曰頓遜，曰州湄，曰浡泥，曰闍婆，曰扶南，曰彭亨，曰毗騫，曰天方，曰錫蘭山，曰西洋古里，曰榜葛剌，曰蘇門答剌，曰古里班卒，是皆南海中大小島夷，見于明《祖訓》、《會典》者也，其不可考者，有輦、羅蘭、頓田、離其、門毒、右笪、羅越、佛逝、呵陵、個羅、哥谷羅、婆露、獅子、摩逸、佛朗機諸國，則未嘗入貢懋遷有無者也。安南本漢交趾地，洪武初朝貢，其物有金銀器皿、熏衣香、降真香、沉香、速香、木香、黑綫香、白絹、犀角、象牙、紙扇。占城本古越裳氏界，洪武二年，其主阿答阿首遣其臣虎都蠻來朝貢，其物有象、犀、象牙、犀角、孔雀、孔雀尾、龍腦、橘皮、抹身香、熏衣香、金銀香、奇南香、土降香、檀香、柏香、燒碎香、花藤香、烏木、蘇木、花梨木、蕉蔓、番紗、紅印花布、油紅綿布、白綿布、烏綿布、圓壁花布、花紅邊縵、雜色縵、番花手巾帕、兜羅綿被、洗白布泥。暹羅在占城南，洪武四年其王參烈昭毗牙，遣使柰思俚儕剌識悉替等來朝貢，進金葉表，其物有象、象牙、犀角、孔雀尾、翠毛、六足龜、龜筒、寶石、珊瑚、金戒指、銅鼓、片腦、米腦、楝腦、腦油腦、紫檀香、速香、安息香、黄熟香、降真香、羅斛香、乳香、樹香、木香、烏香、丁香、丁皮、阿魏、薔薇水、琬石、紫梗、藤竭、藤黄、硫黄、没藥、烏爹泥、肉豆蔻、胡椒、蓽撥、蘇木、烏木、大楓子、苾布、油紅布、白纏頭布、紅撒哈剌布、紅地絞節智布、紅杜花頭布、紅邊白暗花布、綿棋子花布、織人象花文打布、西洋布、織花紅絲打布、剪絨絲雜色紅花被面、織雜絲竹布、紅花絲手巾、織人象雜色紅文絲縵。真臘本扶南屬國，洪武六年，其王忽兒那，遣使奈亦吉郎等來貢，其物有象、象牙、犀角、孔雀翎、蘇木、胡椒、黄蠟、烏木、黄花木、土降香、寶石。爪哇本古闍婆國，洪武三年，其王昔里八達剌，遣使八的占必等來朝貢，其物有胡椒、蓽茇、黄蠟、烏爹泥、金剛子、蘇木、烏木、番紅土、薔薇露、奇南香、檀香、麻藤香、速香、降香、木香、乳香、黄熟香、安息香、烏香、蓽撥、茄龍腦、血竭、肉豆蔻、白豆蔻、藤竭、阿魏、蘆薈、没藥、大楓子、丁皮、番木鱉子、悶蟲藥、碗石、寶石、珍珠、錫、西洋鐵、鐵槍、摺鐵力、銅鼓、苾布、油紅布、孔雀、火鷄、鸚鵡、玳瑁、孔雀尾、翠毛、鶴頂、犀角、象牙、龜筒。滿剌加在占城南，永樂三年，其王西剌八兒速剌，遣使奉金葉表來朝貢，其物有番小厮，犀角、象牙、珠母殼、玳瑁、鶴頂、鸚鵡、黑熊、黑猿、白鹿、鎖袱、金母鶴頂、金厢戒指、撒哈剌、白苾布、薑黄布、撒都細布、西洋布、花縵、片腦、梔子花、薔薇露、沉香、乳香、黄速香、金銀香、降真香、紫檀香、丁香、丁皮、胡椒、血竭、烏爹泥、肉豆蔻、没石子、阿魏、窠鉛、片腦、肉果、瑪瑙珠、竹布、蘇合油、烏木、蘇木、大楓子、番錫、番鹽。三佛齊本南蠻別種，在占城南，洪武四年，其王哈剌札八剌卜，遣使玉的力馬亦里麻思，奉金字表來朝貢，其物有黑熊、白獺、火鷄、孔雀、五色鸚鵡、諸香、兜羅綿被、苾布、龜筒、胡椒、肉豆蔻、番油子、米腦。浡泥本闍婆屬國，洪武四年，其王馬謨沙，遣使亦思麻逸朝貢，其物有珍珠、寶石、金戒指、金絲環、金銀八寶器、龍腦、牛腦、梅花腦、降香、沉香、速香、檀香、丁香、肉豆蔻、黄蠟、玳瑁、龜筒、鸁殼、鶴、熊皮、犀角、孔雀、倒挂鳥、五色鸚鵡、黑小厮。錫蘭山，正統十年，其王遣使耶把剌謨的黑啞等來朝貢，其物有寶石、珊瑚、水晶、金戒指、撒哈剌象、乳香、木香、樹香、土檀香、没藥、西

洋細布、藤竭、蘆薈、硫黄、烏木、胡椒、碗石。蘇門答剌，永樂三年，其王鎖丹罕難阿必鎮，遣使阿里來朝貢，其物有馬、犀、牛、龍涎、撒哈剌、梭眼、木香、丁香、降真香、沉速香、胡椒、蘇木、錫、水晶、瑪瑙、寶石、石青、回回青、硫黄、番刀弓。大垊稱隸暹羅助貢國，其來貿易，有胡椒、乳香、血竭、没藥、片腦、蓽撥、烏爹泥、土檀、黄檀香、降香、沉香、沉粟香、丁香皮、烏木、蘇木、藤黄木、貪子、龜筒、象牙、番牛角、玳瑁、珠殼、寶石、打麻、西洋布、竹布、茭張席、灰筒。急蘭丹，正德四年來貿易，有胡椒、烏木、丁皮。以上凡十二國，皆嘗來往廣東者，舊例貢舶三艘至粤，使者捧金葉表，入京朝貢，其舶市物還國，次年三舶復至迎敕，又市物還國。三年三貢，或五年一貢，一貢則其舶來往三度，皆以澳門爲津市。黄文裕云，往者番舶通時，公私饒給，其貿易舊例，有司擇其良者，如價給之，次則資民買賣，故小民持一二錢之貨，即得握椒，展轉交易，可以自肥。廣東舊稱富庶，良以此，助國供軍既有賴，而在官在民又無不給，是因民之所利而利之者也。議者或病外番闖境之爲虞，夫暹羅、真臘、爪哇、三佛齊等國，洪武初首貢方物，臣服至今。永樂時，涬泥入朝，没齒感德。成化間，占城被篡，繼絶蒙恩。南方蠻夷，大抵寬柔，乃其常性，百餘年間，未有敢爲寇盜者。邇者佛朗機來自西海，其小爲肆侮，夫有所召之也，見今番舶之在漳閩者，亦未聞小有警動，則是決不敢爲害，亦章章明矣。霍文敏云，東南番皆由廣入貢，因而貿易，互爲利市焉，中國不可拒之以自困，惟佛郎機則賊人之桀也，不可不拒，因拒佛郎機并拒諸番，非策也。爲今之計，在諸番之來則受之，在佛朗機則斥之，否則厲兵以防之，示之必誅。

清·沈初《西清筆記》卷二《紀庶品》 安南所進絹布皆極細。扇亦輕小，便于携握，竹骨瑩浄，面之下方，紙有少花紋甚雅。嘗以頒賜。

清·姚元之《竹葉亭雜記》卷一 朝鮮國遣使年貢有例賞，由禮部具奏。新正宴紫光閣，又例有加賞。及該使臣在圓明園獻詩，復有加賞國王及使臣物件，俱由軍機具奏，在山高水長頒給。賞國王物件：龍緞二疋。【略】大緞各一疋，【略】紫光閣筵宴加賞物件：正使錦各三匹、漳絨各三匹、大卷八絲緞各四匹、大卷五絲緞各四匹、大荷包各一對、小荷包各四個。副使錦各二匹、漳絨各二匹、大卷八絲緞各三匹、大卷五絲緞各三匹、大荷包各一對、小荷包各四個。

《明史》卷三二四《外國列傳五》 占城。【略】洪武二年，太祖遣官以即位詔諭其國。其王阿荅阿者先已遣使奉表來朝，貢象虎方物。帝喜，即遣官齎璽書、大統歷、文綺、紗羅，偕其使者往賜，其王復遣使來貢。自後或比歲貢，或間歲，或一歲再貢。

又 爪哇。【略】十四年遣使貢黑奴三百人及他方物。明年又貢黑奴男女百人、大珠八顆、胡椒七萬五千斤。二十六年再貢。明年又貢。成祖即位，詔諭其國。永樂元年又遣副使聞良輔、行人甯善，賜其王絨、錦、織金文綺、紗羅。

又卷三二五《外國列傳六》 滿剌加所貢物有瑪瑙、珍珠、玳瑁、珊瑚樹、鶴頂、金母鶴頂、瑣服、白苾布、西洋布、撒哈剌、犀角、象牙、黑熊、黑猿、白麂、火雞、鸚鵡、片腦、薔薇露、蘇合油、梔子花、烏爹泥、沈香、速香、金銀香、阿魏之屬。

又 百花，居西南海中。洪武十一年，其王剌丁剌者望沙，遣使奉金葉表貢白鹿、紅猴、龜筒、玳瑁、孔雀、鸚鵡、哇哇倒掛鳥及胡椒、香蠟諸物，詔賜王及使者綺幣襲衣有差。

又 南渤利，在蘇門答剌之西，順風三日夜可至，王及居民皆回回人，僅千餘家。俗朴實，地少穀，人多食魚蝦。西北海中有山，甚高大曰帽山，其西復大海，名那没黎洋，西來洋船俱望此山爲準。近山淺水内，生珊瑚樹，高者三尺許。永樂十年，其王馬哈麻沙，遣使附蘇門答剌使入貢。賜其使襲衣，賜王印誥、錦綺、羅紗、綵幣。

又卷三三二《西域列傳四》 賽瑪爾堪，即漢罽賓地。隋曰漕國，唐復名罽賓，皆通中國。元太祖蕩平西域，盡以諸王駙馬爲之君長，易前代國名以蒙古語，始有賽瑪爾堪之名。去嘉峪關九千六百里，元末爲之王者駙馬特穆爾也。洪武中，太祖欲通西域，屢遣使招諭，而遐方君長未有至者。二十年四月，特穆爾首遣回回滿拉克巴斯等來朝，貢馬十五，駝二。詔宴其使，賜白金十有八錠。自是頻歲貢馬駝。二十五年兼貢絨六匹，青梭幅九匹。

清·俞樾《茶香室叢鈔》卷二〇《羽紗羽緞》 國朝王漁洋《香祖筆記》云：羽紗羽緞，出海外荷蘭、暹羅諸國。康熙初入貢止一二疋，蓋緝百鳥氄毛織成。按近世所謂羽紗羽緞者襲其名，而非復是物矣。

清·俞樾《茶香室三鈔》卷二五《白越議》 明李日華《六硯齋筆記》云：大食國貢白越議三段。白越議，番布之最精者。

紀　事

《明太祖實録》卷四三　壬午，安南國王陳日煃遣其少中大夫同時敏，正大夫段悌、黎安世等來朝貢方物，因請封爵。【略】賜日煃《大統曆》一本，織金文綺紗羅四十匹。賜同時敏、段悌、黎安世、阮法四人文綺線羅各一匹，紗二匹。其副阮勳及從二十三人賜有差。

《明太宗實録》卷一九二　辛卯，【略】封巴都葛叭答刺爲蘇禄國東王，麻哈剌吒葛剌麻丁爲蘇禄國西王，叭都葛巴剌卜爲蘇禄國峒王，並賜誥命及襲衣、冠服、印章、鞍馬、儀仗。隨從頭目三百四十餘人，賜冠帶、金織文綺襲衣有差。【略】庚戌，蘇禄國東王巴都葛叭答剌、西王麻哈剌吒葛剌麻丁、峒王叭都葛巴剌卜辭歸，人賜金相玉帶一，黄金百兩，白金二千兩，羅錦文綺二百匹，絹三百匹，鈔一萬錠，錢三千貫，金繡蟒龍衣、麒麟衣各一襲。賜其隨從頭目文綺、綵絹、錢鈔有差。

《明英宗實録》卷一九二　丙辰，朝鮮國王李珦遣陪臣方致知等續貢馬一千四百七十七匹，以備戰陣之用。賜致知等宴并鈔、綵段、表裏織金襲衣等物，仍命致知等齎敕并冕服、冠服，白金三百兩，紵絲三十匹，羅三十匹，絹四千四百三十一匹，綿布二千九百五十四匹，歸賜其王及妃。

明·余繼登《典故紀聞》卷九　洪武中賜朝鮮國王九章冕服，陪臣一等者比朝臣三等者，得五梁冠服。宣德初，其王言世子冠五梁與朝臣等，乞爲定制，乃命世子冠六梁。

又卷一〇　宣德時，滿剌加國差巫寶赤納來訴其國爲暹羅所侵擾。禮部言：諸番貢使，例有賜予，今巫寶赤納非有貢物，給賞無例。宣宗曰：遠人數萬里外來訴不平，豈可不賞。遂賜紵絲、襲衣、彩幣、表裏，綿布悉如他國貢使例。

明·李言恭《日本考》卷二《朝貢》　自漢武帝滅朝鮮，使驛始通于漢三十餘國。至光武中元二年，使人自稱大夫，奉貢朝賀，賜以印綬。安帝永初元年，倭國王師升等獻生口百六十人願請見。是後，倭韓俱屬帶方郡也。魏景初二年，既平公孫氏，倭女王遣大夫難升米等詣郡，求請天子朝獻，太守送詣都，乃以金印紫綬封爲親魏倭王，難升米等並拜中郎、校尉，假銀印青綬，勞賜優渥。平始八年，倭女王卑彌呼與狗奴國男王卑彌弓乎素不合，遣使詣郡説相攻伐狀。遣塞晉掾史張政等齎詔告諭之。卑彌呼死，宗女臺與嗣，遣使送張政還，因獻男女生口，貢白珠、異文雜錦。【略】永徽四年，其王孝德即位，遣律師道照求佛法，獻琥珀碼碯。【略】開元四年，聖武復遣粟田輩請從諸儒授經，詔四門助教趙玄默即鴻臚寺爲師，獻大幅巾爲贄，悉賞物貨書以歸。【略】宋雍熙元年，守平遣僧奝然與其徒五人獻銅器十餘事，并日本《職員年代紀》一卷。上召見，存拊甚厚，賜紫衣，給鄭氏注《孝經》一卷、記室參軍任希古撰《越王孝經新義》一卷，印本《大藏經》一部。【略】咸平五年，建州海賈周世昌遭風飄至日本，七年還，與其國人滕木吉至，上召見之，以國詩獻，其詞雕刻膚淺無取，賜裝、錢遣歸。景德八年，僧弃照等八人來朝，詔號圓通大師，賜紫方袍。【略】熙寧五年，僧誠尋至天台，止國清寺，願留。州以聞，詔使赴闕。獻銀香爐、木槵子、白琉璃等物。神宗以其遠人而有戒心，處之開寶寺，并賜僧伴紫方袍。元豐年，明州又言得其國太宰府牒，因使人孫忠等還，遣僧仲回貢色段二百匹、水銀五千兩。

明·談遷《棗林雜俎》智集《逸典·日本關白求封》　萬曆【略】詔封爾平秀吉爲日本國王，錫以金印，加以冠服，陪臣以下亦各量授官職。【略】頒賜國王紗帽一頂，金箱犀帶一條，常服羅一套，大紅織金胸背麒麟員領一件，青褡護一件，緑貼裏一件，皮弁冠服一件，七旒縐紗皮弁冠一頂，旒珠金事件全。玉圭一枝，袋全。五章絹地紗皮弁服一套，大紅素皮服一件，素白中單一件，纁色素前後裳一件，纁色素蔽膝一件，玉鈎全。纁色粧花錦綬一件，金鈎玉玎璫全。紅白素大帶一圍，大紅素紵絲舄一雙，襪全。丹礬紅羅銷金夾包袱四條，紵絲二匹，黑緑花二匹，深青素一匹，羅二匹，黑絲一匹，青素一匹，白氁緑布十匹。

清·王士禛《池北偶談》卷四《荷蘭貢物》　荷蘭國自康熙六年入貢，今二十五年。臺灣平，設郡縣，其王耀漢連氏甘勃氏遣陪臣賓先吧芝復奉表進貢。表詞有云：外邦之丸泥尺土，乃是中國飛埃。異域之勺

水蹄涔，原屬天家滴露云云。貢物大珊瑚珠一串，照身大鏡二面，奇秀琥珀二十四塊，大哆囉絨十五匹，中哆囉絨十匹，織金大絨毯四領，烏羽緞四匹，緑倭緞一匹，新機嗶嘰緞八匹，中嗶嘰緞十二匹，織金花緞五匹，白色雜樣細軟布二百一十九匹，文采細織布一十五匹，大細布三十匹，白毛裏布三十匹，大自鳴鐘一座，大琉璃燈一圓，聚耀燭臺一懸，琉璃盞異式五百八十一塊，丁香三十擔，冰片三十二斤，甜肉豆蔻四甕，厢金小箱一隻，内丁香油、薔薇花油、檀香油、桂花油各一礶，葡萄酒二桶，大象牙五支，厢金鳥銃二十把，厢金馬銃二十把，精細馬銃十把，彩色皮帶二十佩，厢金馬銃中用繡彩皮帶十佩，精細馬銃中用精細小馬銃二十把，短小馬銃二十把，精細鳥銃十把，厢金佩刀十把，起花佩刀二十把，厢金雙利劍十把，雙利闊劍十把，起金花單利劍六把，照星月水鏡一執，江河照水鏡二執，雕製夾板三隻。

清·劉獻廷《廣陽雜記》卷一 丙寅年，荷蘭噶屢吧王耀漢連氏甘勃氏，差使者賓先巴芝、通事林奇逢等，進貢方物四十種，大珊瑚珠一串，計六十八顆，照身大鏡二面，奇秀琥珀二十四塊，哆羅絨十五匹，内黄色一匹，白色二匹，烏色四匹，硃紅色二匹，葡萄色一匹，中哆羅絨十匹，内紅色二匹，烏色八匹，織金大絨毯四領，烏羽緞四匹，緑倭緞一段，新嗶嘰緞八匹，中嗶嘰緞十二匹，織金花緞五匹，白色雜樣細軟布共二百一十九匹。

清·徐葆光《中山傳信録》卷二《册封詔敕》 臣葆光按：前明賜賚幣物，隨時有異，附志于後，以備參考。《中山世鑒》載：正統十四年，賜國王尚思達錦四，粧花連毬花紅一、粧花連勝寶相花紅一、十字綾花黄一、百花絨錦黄一。紵絲六，織金胸背麒麟紅一、獅子青一、暗八寶天花雲紅一、雲緑一、素青一、緑一。紗八，織金胸背白澤紅一、麒麟青一、暗花藍一、暗花骨朵雲八寶紅一、素紅一、青一、緑一、藍一。羅六。織金胸背麒麟紅一、青一、素紅一、青一、緑一、藍一。賜王妃錦二，粧花雲鳳青一、百花絨錦黄一。紵絲四，織金胸背白澤紅一、暗花骨朵雲青一、暗天花八寶雲緑一、素青一。紗四，織金胸背白澤紅一、暗花骨朵雲緑一、素紅一、青一。羅四。織金胸背彪一、素青一、緑一、藍一。又賜王叔錦一，連勝寶相花黄一。紵絲四。織金白澤大紅一、暗花骨朵雲青一、暗八寶天花雲緑一、素紅一。景泰二年，賜國王尚金福及妃錦紵等數同，王叔無賜爲異。嘉靖十三年，册使陳侃《録》：賜國王尚清紗帽一，展角全。金厢犀束帶一，常服羅一，大紅織金胸背麒麟圓領一，青褡護一，緑貼裏一，皮弁冠服一副，柒旒皁皺紗皮冠一，旒珠金事全。玉圭一，袋全。五章絹地紗皮弁服一套，大紅素皮弁服一，纁色素前後裳一，纁色素蔽膝一，玉鉤全。纁色粧花錦綬一，金鈎玉玎璫。紅白素大帶二，大紅素紵絲舄一雙，襪全。丹礬紅平羅銷金夾包袱四，素白中單一，紵絲二，黑緑花一、深青素一。羅二，黑緑一、青素一。白氁絲布一。賜王妃紵絲二，黑緑花一、深青素一。羅二，黑緑一、青素一。白氁絲布十。與正統、景泰中所賜，已各不同。

《清聖祖實録》卷一一三 内閣、禮部遵旨議覆，賞賚外國例：朝鮮、西洋、荷蘭賜物素厚，不必復增。及暹羅王妃賞賜，亦仍如常遵行。嗣後琉球國王，應增緞三十匹。安南國王，增緞二十匹。暹羅國王，增緞十六匹。凡表裏各五十匹。吐魯番，亦增緞六匹。從之。

《明史》卷三二〇《外國列傳一》 永樂元年正月，芳遠遣使朝貢。四月復遣陪臣李貴齡入貢，奏芳遠父有疾，需龍腦、沈香、蘇合、香油諸物，齎布求市。帝命太醫院賜之，還其布。芳遠表謝，因請冕服書籍。帝嘉其能慕中國禮，賜金印、誥命、冕服九章、圭玉、佩玉、妃珠翠七翟冠、霞帔、金墜，及經籍綵幣表裏。自後貢獻，歲輒四五至焉。二年十二月詔立芳遠子褆爲世子，從其請也。五年十二月，貢馬三千匹至遼東，命户部運絹布萬五千匹償之。六年，世子褆來朝，賜織金文綺。

又 正統元年三月放朝鮮婦女金黑等五十三人還其國。金黑等自宣德初至京師，至是遣中官送回。三年八月賜祹遠游冠、絳紗袍、玉佩、赤舄。

又卷三二一《外國列傳二》 安南。【略】永樂元年，奃自署權理安南國事，遣使奉表朝貢，言：高皇帝時安南王日煃率先輸誠，不幸早亡，後嗣絶。臣陳氏甥，爲衆所推，權理國事，於今四年。望天恩賜封爵，臣有死無二。事下禮部，部臣疑之，請遣官廉訪。乃命行人楊渤等齎敕諭其陪臣父老，凡陳氏繼嗣之有無，胡奃推戴之誠僞，具以實聞。賚奃使者遣還，復命行人呂讓、邱智賜絨錦、文綺、紗羅。

又卷三二二《外國列傳三》 日本。【略】永樂元年又遣左通政趙居任、行人張洪偕僧道成往。將行，而其貢使已達寧波。禮官李至剛奏：故事，番使入中國，不得私攜兵器鬻民。宜敕所司覈其舶，諸犯禁者悉籍送京師。帝曰：外夷修貢，履險蹈危，來遠，所費實多。有所齎以助資斧，亦人情，豈可概拘以禁令。至其兵器，亦准時值市之，毋阻向化。十月，使者至，上王

源道義表及貢物。帝厚禮之，遣官偕其使還，賚道義冠服、龜鈕金章及錦綺、紗羅。明年十一月來賀册立皇太子。時對馬、臺岐諸島賊掠濱海居民，因諭其王捕之。王發兵盡殲其衆，縶其魁二十人，以三年十一月獻于朝，且修貢。帝益嘉其誠，於是遣行人潘賜偕中官王進賜其王九章冕服及錢鈔、錦綺加等，而還其所獻之人，令其國自治之。使者至寧波，盡置其人於甑，烝殺之。明年春遣僉都御史俞士吉齎璽書褒嘉，賜賚優渥。封其國之山爲壽安鎮國之山，御製碑文，立其上。六月，使來謝，賜冕服。

又卷三二四《外國列傳五》 占城。【略】十六年貢象牙二百枝及方物。遣官賜以勘合、文册及織金文綺三十二。

又 占城。【略】永樂元年，其王占巴的賴奉金葉表朝貢，且告安南侵掠，請降敕戒諭。帝可之，遣行人蔣賓興、王樞使其國，賜以絨、錦、織金文綺、紗羅。明年，以安南王胡奅奏，詔戢兵，遣官諭占城王。而王遣使奏：安南不遵詔旨，以舟師來侵，朝貢人回，賜物悉遭奪掠，又畀臣冠服、印章，俾爲臣屬。

又 暹羅。【略】景泰四年，命給事中劉洙、行人劉泰，祭其故王波羅摩剌劄的賴，封其嗣子把羅蘭米孫剌爲王。天順元年賜其貢使鈒花金帶。

又卷三二五《外國列傳六》 浡泥。【略】六年八月入都朝見，帝獎勞之。【略】王詣殿進獻畢，自王及妃以下悉賜冠帶、襲衣。帝乃饗王於奉天門，妃以下饗於他所，禮訖送歸會同館。禮官請王見親王儀，帝令準公侯禮。尋賜王儀仗、交椅、銀器、傘扇、銷金鞍馬、金織文綺、紗羅、綾絹衣十襲，餘賜賚有差。

又 滿剌加。【略】三年九月，至京師帝嘉之，封爲滿剌加國王。賜誥印、彩幣、襲衣、黄蓋，復命慶往。

五年九月，遣使入貢。明年，鄭和使其國，旋入貢。九年，其王率妻子陪臣五百四十餘人來朝。【略】光禄日致牲牢上尊，賜王金繡龍衣二襲、麒麟衣一襲，金銀器、帷幔衾裯悉具，妃以下皆有賜。將歸，賜王玉帶、儀仗、鞍馬，賜妃冠服。瀕行，賜宴奉天門，再賜玉帶、儀仗、鞍馬、黄金百、白金五百、鈔四十萬貫、錢二千六百貫、錦綺紗羅三百匹、帛千匹、渾金文綺二、金織通袖膝襴二，妃及子姪陪臣以下宴賜有差。【略】正統十年，其使者請賜王息力八密息瓦兒丟八沙護國敕書及蟒服、傘蓋，以鎮服國人。

景泰六年，速魯檀無答佛哪沙貢馬及方物，請封爲王。詔給事中王暉往。已，復入貢，言所賜冠帶燬於火。命製皮弁服、紅羅常服及犀帶紗帽予之。

又 須文達那，洪武十六年，國王殊旦麻勒兀達盼遣使俺八兒來朝，貢馬二匹，幼苾布十五匹，隔著布、入的力布各二匹，花滿直地二，番綿綢直地二，兜羅綿二斤，撒剌八二個，幼賴革著一個，撒哈剌一個，及薔薇水、沈香、降香、速香諸物。命賜王大統歷、綺羅、寶鈔，使臣襲衣。

又 西洋瑣里，洪武二年命使臣劉叔勉以即位詔諭其國。三年平定沙漠，復遣使臣頒詔。其王別里提遣使奉金葉表，從叔勉獻方物。賜文綺、紗羅諸物甚厚，并賜《大統曆》。成祖頒即位詔於海外諸國，西洋亦與焉。永樂元年命副使聞良輔、行人甯善使其國，賜絨錦、文綺、紗羅。

又 荷蘭。【略】其人悉奉天主教，所産有金銀、琥珀、瑪瑙、玻璃、天鵝絨、瑣服、哆囉嗹。國土既富，遇中國貨物當意者，不惜厚資，故華人樂與爲市。

又卷三二六《外國列傳七》 沼納樸兒，其國在榜葛剌之西。或言即中印度，古所稱佛國也。永樂十年遣使者齎敕撫諭其國，賜王亦不剌金絨錦、金織文綺、綵帛等物。

又 南巫里，在西南海中。永樂三年遣使齎璽書、綵幣撫諭其國。六年，鄭和復往使。九年，其王遣使貢方物，與急蘭丹、加異勒諸國偕來。賜其王金織文綺、金繡龍衣、銷金幃幔及繖蓋諸物，命禮官宴賜遣之。

又 加異勒，西洋小國也。永樂六年遣鄭和齎詔招諭，賜以錦綺、紗羅。九年，其酋長葛卜者麻遣使奉表，貢方物。命賜宴及冠帶、綵幣、寶鈔。

又 底里，永樂十年遣使奉璽書招諭其王馬哈木，賜絨錦、金織文綺、綵帛諸物。其地與沼納樸兒近，并賜其王亦不剌金。

又卷三三〇《西域列傳二》 成化三年，陝西副使鄭安言：進貢番僧，自烏斯藏來者不過三之一，餘皆洮、岷寺僧詭名冒貢。進一羸馬，輒獲厚直，得所賜幣帛，製爲戰袍，以拒官軍。

又卷三三一《西域列傳三》 洪武初，太祖懲唐吐藩之亂，思制禦之。惟因其俗尚，用僧徒化導爲善，乃遣使廣行招諭。又遣陝西行省員外郎許允德使其地，令舉元故官赴京授職。於是烏斯藏攝帝師蘭戩巴藏布先遣使

朝貢。五年十二月至京。帝喜，賜紅綺禪衣及鞵帽錢物。

又 烏斯藏。【略】永樂元年命司禮少監侯顯、僧智光齎書幣往徵。其僧先遣人來貢，而躬隨使者入朝。四年冬將至，命駙馬都尉沐昕往迎之。既至，帝延見於奉天殿，明日宴華蓋殿，賜黄金百，白金千，鈔二萬，綵幣四十五表裏，法器、裀褥、鞍馬、香果、茶米諸物畢備。其從者亦有賜。明年春，賜儀仗、銀爪、牙仗、骨朵、魫燈、紗燈、香合、拂子各二，手爐六，繖蓋一，銀交椅、銀足踏、銀盆、銀罐、青圓扇、紅圓扇、拜褥、帳幄各一，幡幢四十有八，鞍馬二，散馬四。

又 闡化王者，【略】萬曆七年，貢使言闡化王長子扎實藏布乞嗣職，如其請。久之卒，其子請襲。神宗許之，而制書但稱闡化王。用閣臣沈一貫言，加稱烏斯藏帕克穆珠巴灌頂國師闡化王，其後奉貢不替。所貢物有畫佛、銅佛、銅塔、珊瑚、犀角、氆氌、左髻毛纓、卓勒瑪、特爾點、刀劍、明甲冑之屬，諸王所貢亦如之。

又卷三三二《西域列傳四》 賽瑪爾堪【略】七年遣中官李貴等齎文綺、羅錦賜其國。正統四年貢良馬，色元，蹄額皆白。帝愛之，命圖其像，賜名瑞駪，賞賚有加。十年十月書諭其王鄂勒博齊魯根曰：王遠處西陲，恪修職貢，良足嘉尚。使回，特賜王及王妻子綵幣表裏，示朕優待之意。別敕賜金玉器、首龍杖、細馬鞍及諸色織金文綺，官其使臣爲指揮僉事。景泰七年貢馬駝、玉石。禮官言：舊制給賞太重。令正、副使應給一等、二等賞物者，如舊時。三等人給綵緞四表裏，絹三匹，織金紵絲衣一襲。其隨行鎮撫、舍人以下，遞減有差。所進阿勒呼木馬每匹綵緞四表裏、絹八匹，駝三表裏，絹十匹，達勒達馬不分等第，每匹紵絲一匹、絹八匹、折鈔絹一匹。

《清高宗實録》卷一三四六 又諭：據成林面奏，阮光平所用衣服冠帶，已命如式製造，俟其來京賞給。惟該國王在國所繫之帶，係屬紅鞓。今欲加賞金黄鞓帶，以昭優異。福康安於其進關後，應告以此次進京祝嘏，大皇帝於國王到京朝見時特賜金黄鞓帶。天朝體制，惟宗藩始得繫用此帶。今國王特膺異數，比於親藩，實爲難覯寵榮。國王赴京，應仍繫用紅帶。恭候到京面覲時，大皇帝加恩賞換。

清・姚元之《竹葉亭雜記》卷一 高麗例貢。崇德八年九月文皇帝遣諭朝鮮王曰：寛温仁聖皇帝敕諭朝鮮國王李倧，歲貢方物悉於于民，夫民皆吾民。朕恐重致疲困，今將歲貢緑綿綢二百五十匹、紅綿綢二百五十匹，各減五十匹，白綿綢一千五百匹減五百匹，細紵絲四百匹減三百匹，粗布七千二百匹減二百匹，【略】其餘仍舊。順治元年十一月額進紵布四百匹，蘇木二百斤。【略】再各色綿綢二千匹減一千匹，各色細布一萬匹減五千匹，布一千四百匹減四百匹，粗布七千匹減二千匹，【略】餘如舊。自列祖恤藩以來蓋屢減矣。

又 緬甸王。【略】嘉慶五年太上皇帝九旬萬萬壽，再遣使來京祝嘏，以遂瞻就之忱。并特賞該國王繡蟒袍料一件、織金蟒緞一匹、大紅片金一匹、大紅妝緞一匹，以昭恩賚而示體恤。爲此知會該國王敬謹遵照祗領，須至檄者。

又 吉林屬每歲進貢方物：【略】賀哲匪雅，喀奇勒哩官貂鼠皮二千五百八十二張，隔一年賫送進御覽。紫樺皮二百張，上用紫樺皮一千四百張，白樺皮改爲紫樺皮一千四百張。隔一年進御覽。【略】接駕及恭賀萬壽進貢物産：貂鼠、白毛梢黑狐狸、倭刀、黄狐、貉、梅花鹿、角鹿、鹿羔、狍、狍羔、獐、虎、熊、元狐皮、倭刀皮、黄狐皮、猞猁皮、水獺皮、海豹皮、虎皮、豹皮、灰鼠皮、鹿羔皮、雕鶴翎。

《清宣宗實録》卷一九七 丁丑，諭内閣：【略】越南國遠隔重洋，素稱恭順。今該國王因内地官員眷屬遭風飄收到境，拯救資贍，派員護送到閩，誠款可嘉。著賞賜該國王蟒緞二匹，閃緞二匹，錦緞二匹，采緞四匹，素緞四匹，以示嘉奬。

民間交融部

地域風俗

綜　述

宋·莊綽《雞肋編》卷中　泉、福二州，婦人轎子則用金漆，雇婦人以荷。福州以爲僧擎，至它男人則不肯肩也。廣州波斯婦繞耳皆穿穴帶環，有二十餘枚者。家家以篾爲門，人食檳榔，唾地如血。北人嘲之曰：人人皆吐血，家家盡篾門。又婦女凶悍喜鬥訟，雖遭刑責而不畏耻，寢陋尤甚。豈秀美之氣鍾於綠珠而已耶。

又卷下　西北人生子，其儕輩即科其父首，使作會宴客而後已，謂之捋帽會。江浙人家生女多者，俟畢嫁，亦大會親賓，謂之倒箱會。廣南富家生女，即蓄酒藏之田中，至嫁方取飲，名曰女酒。貧家終身布衣，惟娶婦服絹三日，謂爲郎衣。此皆可爲對者。

宋·趙汝适《諸蕃志》卷下《海南》　海南，漢朱崖、儋耳也。【略】土産沉香、蓬萊香、【略】吉貝、苧麻、楮皮、赤白藤、花縵、黎幕、青桂木、花梨木。

又　瓊州在黎母山之東北，郡治即古崖州也。【略】人着綢緶，以土爲釜，瓠匏爲器。【略】今之上衣無異中土，惟下裳。男子用布縵，女子用裙。以紡吉貝爲生。

又　昌化在黎母山之西北，即古儋州也。【略】土人耳長至肩，故有儋耳之號。今昌化即無大耳兒，蓋黎俗慕佛，以大鐶墜耳，俾下垂至肩故也。【略】俗尚淳樸儉約，婦人不曳羅綺，不施粉黛。

又　吉陽軍在黎母山之西南。【略】婦人不事蠶桑，惟織吉貝花被縵布黎幕。男子不喜營運。

又　萬安軍在黎母山之東南。【略】少婦媪以織貝爲業，不事文繡。

又　黎，海南四郡島上蠻也。【略】其人椎髻跣足，插銀銅錫釵。婦人加銅環耳墜垂肩，女及笄，即黥頰爲細花紋，謂之繡面。女既黥，集親客相賀慶，惟婢獲則不繡面。女工紡織，得中土綺綵，拆取色絲，如木棉挑織爲單幕，又純織木棉吉貝爲布。【略】瓊守圖其形狀衣裘上經略司。髻露者，以絳帛約髻根，或以彩帛包髻，或戴小花笠，皆簪二銀篦。亦有著短織花裙者，惟王仲期青巾紅錦袍束帶，自云，祖父宣和中嘗納土補官，賜錦袍云。

又　物貨：海南土産，【略】吉貝獨盛，泉商興販，大率仰此。

宋·周密《癸辛雜識》續集下《南丹婚嫁》　周子功云：南丹州男女之未婚嫁者，於每歲七月聚於州主之廳，鋪大毯於地。女衣青花大袖，用青絹蓋頭，手執小青蓋；男子擁髻，皂衣皂帽，各分朋而立。既而左右隊長各以男女一人推僕于毯，男女相抱持，以口相呵，謂之聽氣。合者即爲正偶，或不合則別擇一人配之。蓋必如是而後成婚，否則論以姦罪也。

明·曾惟誠《帝鄉紀略》卷五《風俗》　其體裁制度俱與別處無異。常服則名直身，禮服則名料褶，其豐儉亦爲適中。常人止穿布，市井中有稍能過日者即好著絲綢，如絲綢裙、瓦楞帽、草心鞋皆其常服也。但衣服原自有等，近見隸胥亦有服綢絹而穿雲履者，似覺無別。其婦女服飾，亦在豐儉之間。如禮服長大，頗爲得制。笄之大小高卑，隨時難定，惟鐵絲則面以紗，其得過人户則單用銅絲、銀絲，不必用紗。人好帶馬尾頭箍，若鄉婦耕田者，則絞裙扎袴，儼然男子狀，即彼之所自稱醜婦也。

明·顧岕《海槎餘録》　海南地多燠少寒，木葉冬夏常青，然凋謝則寓于四時，不似中州之有秋冬也。天時亦然，四時晴冽，則穿單衣，陰晦則急添單衣幾層，諺曰：四時皆是夏，一雨便成秋。又曰：急脱急著，勝如服藥。

明·楊洵等纂（萬曆）《揚州府志》卷二〇《風物志·風俗》　冠服。士大夫輿服多崇儉約，雖貴官膴仕，出入乘小肩輿，平居服色每厭鮮華。民間則多不衷，男子或衣紅紫，厮養卒使袴襪綺縞，屢禁不止。閨閣門巧妝，鏤金玉爲首飾，雜以明珠翠羽，被服綺繡，袒衣純采。在郡城、儀真尤甚，高、寶以北則漸樸矣。

明·程嗣功等（嘉靖）《武康縣志》卷三《風俗志·宫室服食》　衣服。男婦服制不常，率仿效省城，然儉素之風終不盡泯。

清·黎士宏《西陲聞見録》　《甘州志》載，萬曆三年，修城，至南面，

鏟削垣墻，有小木柩五百餘具，形骸各長二尺餘，男女衣冠貴賤老少一一可數，極爲駭異。

又 舊碑傳爲西夏神，其神羊首人面，郡人事之甚謹，前明定襄伯郭登鎮甘肅，辨以爲丁甲之神，謂丁未神號無比仁至真君，故戴羊頭冠。

言邊産，曰野馬、黄牛，黄牛毛不堪織，肉味比家羊稍淡。又有石羊一種，矯捷騰躍，非羅者所能取，多以火鎗獲之，其皮細膩如絹，染色久不毁，爲衣襪材輕且軟，非江以南麀鹿可比。

貢之物爲玉爲馬，非獨充廷實，其意多在携彼國之物，貨中土茶布以歸，利不貲也。【略】肅川河亦産玉，人多取之爲器具，形質較玉少粗，其温潤者，亦竟亂真。《尚書》：三危既宅，厥貢惟球琳琅玕。孔穎達疏，以爲琅玕，石似玉者，恐即此也。

衣帛中見火，人多以爲祥，今靖逆侯張公曰，此不足異，貂鼠被服，寒夜偶拂拭之，則火星數百點隨手迸發，後余在甘州署，與西江馬生長如各親見之數次，新羊皮及新絨衣皆有之，乃知又不獨貂皮爲然。

清・余爲霖等（**康熙**）**《齊東縣志》卷一《風俗》** 衣服多布，夏葛冬綿，絹帛爲貴。

清・程素期等（**康熙**）**《鄒平縣志》卷八《雜志・風俗》** 衣服冬布夏葛，綿繭綢絹，無貴賤服之。綾緞紗縠，富貴家始服。婦戴皂絹頭箍，蠹柱當額，柱頂平綴白玉石一方，長過三寸，俗稱鬔頭，又名宫妝。鄒、長、齊、淄、新五邑爲然，餘州邑否。鄉紳、誥封家則不服此。

清・李焜等（**乾隆**）**《蒙自縣志》卷二《風俗》** 蒙邑衣服，冬不裘，夏不葛，蓋滇地多暑，而蒙邑氣候平和，四時可用春服。

清・張南英等（**乾隆**）**《平陽縣志》卷五《風土志・風俗》** 男女俱服布衣。近殷户子弟寢尚炫耀，至有輿隸衣帽鮮麗，士人不及者。婦女雖殷户，惟初婚及喜慶宴會則飾珠翠，服綢絹，不以爲常，今昔同。

清・蕭麟趾等（**乾隆**）**《普寧縣志》卷八《風土志・習俗》** 衣服趨時樣，雖小民亦然。士夫遇暑，出門多不衣冠，足或不襪，以屐當履。冬日披裘，富者始有，以飾美觀，非必不可少者也。

清・周碩勳等（**乾隆**）**《潮州府志》卷一二《風俗・服食》** 富家衣被羅紈，亦尚布素，冬月或披裘，聊以飾觀，非必不可少之具也。貧者則全以苧布、棉布爲終歲之資。居常曳屣，晴雨無分，粤俗類然，惟士穿朱履，不業儒者勿輕用，則潮州所獨也。婦女妝束，以航海往來蘇、松間，相仿者多，至山鄉僻壤，仍椎髻跣足焉。

清・林有席等（**乾隆**）**《東湖縣志》卷二《疆域志下・風俗》** 服飾，昔多質樸，近則羅綺遍體，無分貴賤，男婦競尚奢麗。

清・章壽彭等（**乾隆**）**《歸善縣志》卷一五《風俗・服食》** 衣冠與東南多同，惟年節慶賀始一服之，餘多布素。

清・方學城等（**乾隆**）**《夏津縣志》卷一《疆域志・風俗・服食》** 服以布素爲常，帛衣、皮裘皆所罕御。

清・王燮等（**嘉慶**）**《峨眉縣志》卷一《方與志・風俗・衣服》** 俗尚儉樸，惟用布衣，有廣布、大布不等。平家紡織成衣。若彩緞之屬，惟嫁娶間用之耳。

清・劉永安等（**嘉慶**）**《黔西州志》卷二《地理志・風俗》** 宋家在貴陽，本中國之裔，春秋時宋爲楚子所蠶食，俘其民而放之南僥，遂流爲夷，即宋宣慰之祖也。頗通漢語文字。男子帽而長衿，婦人箕而短襟。

蔡家即蔡人，亦爲楚子所俘。男子制氈爲衣，婦人以氈爲髻，飾以青布，若牛角狀，高尺許，用長簪綰之，短衣長裙。

龍家厥性頗淳。衣尚白色。男髻向前，青帶額，女髻青帶綰髮，盤其首，衣短裙長。

清・吴鞏等（**嘉慶**）**《邛州直隸州志》卷六《方輿志・風俗》** 士民之家，稱家有無。大抵衣冠樸素，荆釵裙布者十之八九，俗之勤儉，可想見矣。

清・張雲璈等（**嘉慶**）**《湘潭縣志》卷三九《風土上・風俗》** 士大夫家見客必衣冠，雖盛暑不去，禮也。金玉纂組，輿馬服飾，輕容疊勝，狐襟貉袖，好尚各殊。至於山農野老，負鋤袯襫，或一冠數十年，浣濯然後揖客，則古樸猶存焉。

清・熊學源等（**嘉慶**）**《增城縣志》卷一《輿地・風俗》** 衣服不求甚都，紳士之里居者多用布素，惟祭謁必備公服。山澤之叟，私制衣以表異，輒繡福字其上，色或尚緑。婦女皆曳裙裹足，惟婢僕及傜、蜑、客民之婦則終歲徒跣，視健步之男反欲過之。

清・張堉春等（道光）《廉州府志》卷四《輿地・風俗》　服飾，前時最樸素，豐饒者衣不過用繭綢。訪友多脱屨赤足而行，將至村，乃洗足穿屨以入。今則洋呢羽緞，或且以爲鞍韉；女子衮袖飾以錦繡，俗之由樸而華如此。

清・曾燦奎等（道光）《鄰水縣志》卷二《風俗志・風俗》　婦女勤于紡織，寒暑無間，并能手自製衣，供一家之用，衣兼黄潤，不以錦繡害女紅。

清・彭衍堂等（道光）《龍巖州志》卷七《風俗志》　衣服喜樸素，惡華麗。康阜之家亦少衣帛，士人惟釋褐後始因分致飾，非性所好也。間有游蕩少年，鮮衣艷服，咸詆之，爲子弟誡，惟胥役臺隸，向以華彩相耀，幾于不辨等威，弊尚未盡革。

清・徐豐玉等（道光）《平遠州志》卷一六《風俗》　蔡家：有二種，一名寫果，一名阿烏納，性淳謹，勤力作。男子衣妝，略同羅鬼。女嫁縫氈爲髻，狀如牛角，高盈尺，以簪綰之，短衣長裙，多自爲織造，翁伯之前不敢放言。葬仍用棺，居喪易服三月，不食米肉，惟啜稗粥，頗存古道。夫死，則男家抬婦殉葬，而女家搶去得免，亦夫歿而婦不容獨生之義也。

儂家：性樸勤耕，頗有深知文墨者。男子以青白布束首，衣大領短襖。婦人辮發盤頭，束以青布，留其餘向上直指如狗耳狀。女子只盤辮髮而不束布。衣裙尚白，長桶膝衣緣以青藍邊。凡有力作，俱用揹負，不習肩挑。

清・翟璟等（道光）《大竹縣志》卷一九《風俗志》　麻與葛固竹産，織爲布，皆精潔。竹人至夏，貧富皆衣之。冬日地氣少暖，富者、老者或衣裘，其餘中人一棉已足。地廣柴炭，閉門圍爐，貧乏之人雖單布衣，不至寒栗。

清・裴顯忠等（道光）《德陽縣新志》卷一《地理志・風俗》　衣服，則夏葛，冬裘少有具者，夏惟苧布短衫，冬惟棉布小襖，雖中人之家亦然，至有到老而不識羅綺、縠紋爲何物者。惟紳衿富户頗具葛裘，亦只取其價廉而工省，不求美備，其習尚使然也。

清・黄思藻等（道光）《廣寧縣志》卷一二《風俗・衣服》　夏葛冬裘，俗無可異。邑中衣服之用，豐儉從宜。凡縉紳殷富之家，居常多衣布素，至冠、婚、祭祀與凡慶賀，則必盛其服飾，男女皆然，肅禮容也。其貧家婦女夏月緝蕉麻爲布，有染烏、染藍等色。冬月用綿類，皆貿自市廛，以地不産綿故也。

清・侯鈐、張富業等（道光）《衡山縣志》卷一八《風俗志》　富者夏葛冬裘，無奇邪之誚，貧者夏苧冬絮，饒古樸之風。便浣洗而服藍青，染色不歆紅緑，凖軀幹以裁襟袖，尺度不競寬長。幼稚美服鮮綾羅，婦女恒妝無金玉。

按，衡固多山，狐狸豺狼之屬爲佘山者所逐，無所容身，故衡民不獵，亦不裘。其市間皮貨，從異地來，富民或以十數金易一狐，二十千換一羔。綾羅綢緞，上出于廣，下出于蘇，京省其藪也，衡其所波及耳。城中綢店不過一二家，得之也難，故衣之者少。

清・王培荀等（道光）《榮縣志》卷一八《輿地志・風俗》　衣服，冬多用棉，夏多用苧麻，華服者不多見。

清・蔡培、歐文等（道光）《文登縣志》卷一九《風俗》　服，罕御錦繡，用棉布。

清・厲秀芳等（道光）《武成縣志續編》卷七《土風・服食》　服以布素爲常，帛衣皮裘，民間罕有。

清・常恩等（咸豐）《安順府志》卷一五《風俗・附各類風俗及苗俗》　儂家，一曰龍家，相傳皆外省客籍。又傳亦明時奉調來黔，以披龍甲，故名龍家，然其本末無考。男子剃髮，與漢人同。婦人以青布一幅，折方巾蒙首，短衣長裙，尚青白色，勤于耕織。近今有讀書入學者。

蔡家，男子制氈爲衣。婦人以氈爲髻，飾以青布，狀若牛角，高尺許，長簪綰之，短衣長裙。翁媳不通言語。居喪不食米肉，宰牲聚親族，吹笙跳舞，名曰做戛。夫死以婦殉葬，婦家搶去乃免。

里民子，相傳皆外省籍，其流寓本末無考。衣尚青，婦人不纏足，耕田。土人相傳自明初來，無考。

仲家，有黄、羅、班、莫、柳、文、龍等姓。亦傳奉調而來，身穿重甲，因名仲家，其本末無考。其種有三：補籠、卡尤、青仲。男子剃髮，以青布裹頭，衣服與漢人同。婦人長裙細折，多至二十餘幅，衣甚短，以彩布一幅圍腰若綬，仍以青布襲之，蒙髻皆以青布。好樓居。皆奉正朔，以六月六日謂之過小年。取牛馬骨，以米糁和之，作醅，以酸臭爲佳。

孟春男女跳月，以彩布爲花球。聘以牛，隨其貧富以爲多寡。迎娶之夕，女即返母家。喪則屠牛，執牛角灌飲。葬用棺，以傘蓋墓上，期年而火。祭用枯魚。尚巫鬼，俗勤而好織，近亦頗知禮法，有入武庠者。

革老，男服青藍布，女則長衣短裙，自織葛爲之，係布帶，盤頭插梳。婚姻聘以牛。性剛，然畏法，亦有讀書學藝者。

羅鬼，男子剃髮，與漢人同。色尚青，以青布裹首。婚姻以媒妁。病不服藥，惟事祈禱。

倮儸，男子服青、白布。女人辮髮，用青布纏首，戴梅花，耳垂大銀環，衣裙皆長，裙以二十餘幅布爲之。婚姻以馬爲聘。死者擇野地，蓋高棚，名曰翁車，吊者以牛酒執竹圍繞。信巫鬼，性頑而守法。

補儂，儂智高部曲也。男子用青布束首，以青藍布爲衣。女子以白布爲衣，青布爲裙。剃髮，通漢語，以十二月爲歲首。男女吹笙歌唱，俗與仲家略同。

披袍革老，男子衣服樸陋。女人以青綫扎髮，披青布，帶綴海巴于上。衣長僅尺餘，上披以袍，袍方而闊，洞其中從頭籠下，前短後長，左右無裙，袖以五色羊毛織成，亦無折。其性淳謹，力耕作，多鑄犁以營生。

苟耳儂家，儂家別種也。近溪者，善入水撲魚。男子束髮不冠。婦人辮髮，螺髻上指，狀若尖耳，衣斑衣，用五色藥珠飾之，貧者以薏苡。立木於野，爲鬼竿，跳之擇配。女家以牛馬贖歸，方通媒妁。死以杵擊臼，和歌而笑，移之幽岩，不與人知。

馬（橙）［鐙］龍家，衣尚白，喪則以青。男髻尚前，以青帶額之。女髻以青帶綰髮，盤其首若馬（橙）［鐙］狀，衣短裙長。聘以牛。死用石棺。性淳良。

清・徐繼鏞等（咸豐）《閬中縣志》卷三《風俗志》　富貴之家，裘葛以時，其餘則夏苧冬棉，即極貧者，終年一粗布衫，能自蔽其體。他處多有嚴寒時一絲不掛者，此地較少，未始非儉之效也。

清・李昺等（同治）《來鳳縣志》卷二八《風俗志・衣服》　男女服飾，以貧富分，貧者僅足蔽體，富者夏葛冬裘。婦女平居不裳，時節慶賀則用之。遇雨著油鞋，無男女一也。邑俗平居皆大布之衣，非遇慶賀、會賓客，雖縉紳之家不著紈綺。大率士夫之服雅，商賈之服華，城市之服時，鄉

村之服古。首纏長帕，辮綴繁纓，士卒戎裝，近日或然，而市井少年無故效之，服之不衷，皆惡習也。

清・張廷珩等（同治）《鉛山縣志》卷五《地理志・風俗》　衣服，男女多布素，雖富貴家亦唯承祭、見賓始按季衣羅綺，貧賤者只粗布、細布。地不宜蠶，種棉花者亦少，麻則隨處皆植，婦女取而績之成縷，別雇機匠織成夏布，間羅布、麻經棉緯布。至各色粗細梭布、綢緞、紗羅，俱從蘇杭江漢等處運來，價甚昂貴。

清・姜大定等（同治）《安福縣志》卷二四《風俗・衣服》《志林》：曩鄉里衣服純用棉布，見衣錦綺者相顧愕眙，邑鎮乃有錦繡葛裘之事。今庶民繡衣絲履，不以爲異。

原志：鉅族華美之服，竟有費數十金而爲之者。

清・汪棨、劉蘭敏等（同治）《安吉縣志》卷七《風俗・衣服》　男子正服皆以布服，紗緞者少。婦女首飾，金銀珠翠，衣裙，綾羅緞蟒，雖貧家亦具數事，然常服衫裙皆用布，絶無靡飾。御寒之服，或布或綢，皆著以綿，少有著木棉者。皮裘惟富家有之。夏以麻苧布爲常服，近多衣葛，城市衣紗羅者頗多。服尚時式，雖鄉村亦然，較之舊俗蓋相去遠甚。

清・廖恩樹等（同治）《巴東縣志》卷一〇《風土志・服食》　冠服，在縣者頗喜修飾，衣用細布或土絹爲之，婦女簪釧必以銀，不給則脱以易薪米。在各里者，男婦以布巾纏頭。自織大布極粗惡，不售于市，田野間制以爲服，取其耐久。

清・陳惟模等（同治）《長陽縣志》卷一《風俗・服食》　士以布衣名庶人，而綺羅淫且侈矣。長邑衣飾近古，貧者多以本地紡織家機布爲常服，婦女荆釵布裙者十之八九，城市稍奢，然亦綢布相間，無整套綢緞者。嫁娶間尚華麗，然銀器、綢綾外無他飾。夏惟葛麻，冬鮮羊裘，女功除紡織外甚勤苦，而不以蠶爲事，蓋荆桑葉薄，至長陽更薄，故其絲不甚可貴，亦地氣使然，非惰也。諺云：勤喂猪，懶喂蠶。蠶工只四十五日，猪須半載，而舍此取彼者，以不宜蠶故也。然至今未嘗廢蠶，特不多耳。楊於果《竹枝詞》：華妝也只布衣裳，汲水樵薪却勝郎，可惜桑陰緑滿地，春蠶不祭馬頭娘。

清・嵇有慶等（同治）《慈利縣志》卷九《風俗二十一》　衣服，曩鄉

里純用棉布，邑鎮乃夏葛冬裘。今庶民繡衣絲履，不以爲異，雖皂隸亦然，殊堪痛憾。

清·陳培桂等（同治）《淡水廳志》卷一一《風俗考》 衣食足則廉恥生，庇身亦何可緩。淡俗蠶桑未興，其絲羅皆取之江浙粵，洋布則轉販而來，餘布多購于同安。所自染者，有曰毛烏者，色勝内地，浣之不退。女子喜著紅衣。男著短衣，每過膝不及脛。制襟多直下者，曰蘇裾。夏衣之領多上圓而下尖，半露其胸，曰瓜子領，不論頸之肥瘦也。愛施兜肚，下垂方布有花紋，以護下體。

番俗：淡南剪髮至額，戴竹節帽。竹取其裏白，反而用之，高寸許，纏以紅絲，縛以烏絲，以白螺殼爲方塊，可寸許，名曰蛤達，圍於頂。又用瑪瑙珠串束於手。其善走者曰雄麻達，編五色篾束腹至胸，以便奔馳。穿耳，每實以竹圈，圈漸舒則耳漸大，垂至肩，乃實以木板，或嵌以螺錢。娶婦則去其束箍，摘其耳實。衣，曰幾轆，長至腰，以布及達戈紋爲之。下體圍布二幅，曰遮陰。間有衣鹿皮者。會飲，土官多用優衣，蟒服皂靴，漢人絨帽。番婦衣幾轆，圍遮陰，耳穿五孔，飾以米珠，曰鶴老卜，頸挂瑪瑙珠，曰璽忽因耶耶。數十人連手頓足，歌唱爲舞。

淡北番婦頭無妝飾，以烏布五尺蒙之，曰老鍋。頂上挂瑪瑙珠、螺錢、草珠，曰真好贊。耳鑽八九孔，帶漢人耳環。每年更新衣，曰換年，會衆飲酒。

清·秦湘等（同治）《合江縣志》卷一八《風俗·服食》 布爲常服。士紳之家競尚裘帛，斌斌乎質有其文焉。

清·劉長景等（同治）《會昌縣志》卷三《風俗志·衣服》 衣服所以飾體，亦以御寒，亦民事所不可略者也。第會邑僻處山陬，俗尚儉樸，故雖縉紳之士凡遇祭祀、賓客及謁見官長，不敢過于簡率，從未聞以麗都相炫耀者。庶民常服惟用布素，禮服亦只長衫、外褂而已。至於婦女則衣裙潔素，尤戒奢靡。禮奢寧儉，論者每以爲有唐魏之遺風。

清·周來賀等（同治）《桑植縣志》卷三《風土志·風俗·衣物》 衣服布素。

清·林鶚等（同治）《泰順分疆録》卷二《風俗》 男女俱布衣，不尚羅綺。近日城俗，子弟寖侈靡，漸及於鄉，然尚多樸素。婦女惟初婚及節序喜慶則飾珠翠，服紈繡，平時少事脂粉。近日城中亦競相炫耀，由一二紈絝家倡之，漸成敝俗，可慨也。

清·伍繼勳等（同治）《興山縣志》卷一《地理志·風俗》 在邑居人尚具衣冠，鄉間男婦多以手巾纏頭，皆自織大布，極粗厚。殷富者衣服尚如他邑。

清·齊德五等（同治）《溆浦縣志》卷八《風俗·猺俗》 男子今皆剃髮，雜以小花帶織成辮，更用大花帶裹之。衣無大襟，自胸以下另作搭包掩護。跣足，兩脛纏花布，間著紅縢草履。女子穿耳重環，髮從中分，用花帶作兩辮垂額左右，婦人加髻於前。衣服較男子略長，斜領直下，繡花爲飾。老少皆跣足，冬夏皆單衣，故常傴僂行風雪中。與夏人雜居者，則服食居處多與民同。

清·萬修廉等（同治）《續修永定縣志》卷六《風俗·衣服》 本邑雖僅出木棉、苧麻，而市貨畢備，故家居服飾尚樸素，親友會集則夏葛冬裘，頗事華美。

清·曹紹樾、胡晉熙等（同治）《儀隴縣志》卷二《輿地志·風俗》 衣服不飾華美，衫履以布，各適其宜。夏則或苧或葛，冬則棉襖，老者著羊裘一襲，即稱富翁也。紳耆殷實之家，單夾多以細布爲之，遇宴會則襲以羽毛寧綢等褂，若著紗羅及狐裘，鮮有不議其靡者。

清·吴羹梅等（同治）《直隸理番廳志》卷一《輿地志六·風俗》 衣褐、羊皮、貉，婦女多帶金花，串以琴瑟，而穿懸珠爲飾。

清·何玉棻等（同治）《直隸澧州志》卷四《輿地志四·風俗》 曩城鄉衣服純用棉布，見衣綾綢者相顧愕眙。今庶民繡衣絲履，不以爲異。

清·李星根等（同治）《中江縣新志》卷一《地理志·風俗》 衣服，四時之用，鮮有備者，但有喜慶宴會，稠人廣衆無不衣冠整肅者。雖尋常服飾，頗無鄙陋不堪之狀。至若富家子弟，年少即衣裘帛，并或服之不衷，奢靡過度，則識者群以爲戒焉。

清·張九章等（光緒）《黔江縣志》卷三《風俗志》 衣服從儉。富翁間御裘葛，餘率衣布而已。

清·楊汝偕等（光緒）《太平縣志》卷二《輿地志·風俗》 俗尚敦樸，衣多大布，雖富饒之家，鮮有衣文繡者。

清・辜培源等（光緒）《鹽源縣志》卷一一《風俗志・風俗》 衣以梭布，不尚綺羅。行以騎，蓋笮多良馬，故習（安）［鞍］轡者絡繹於途。婦人亦樸素，不城市者不知脂粉、金銀，河西多白足如霜，附郭則鴉頭襪，然多山險，故非出不裙，其俗然也。

清・吕鳳藻等（光緒）《永興縣志》卷一八《風俗・衣服》 尚布素，冬棉，夏苧，敝不敢弃。所衣之布，成自家人手，謂之家機布，冠、履不甚趨時。婦女不吃（蔫）［烟］，不事脂粉。近漸趨華靡，然尚少輿馬之飾，《州志》稱永爲近古。

清・馬忠良等（光緒）《越巂廳全志》卷一〇《風俗》 婦女無艷妝、簪環，無奇巧之飾。衣服不尚花邊鑲滚，簪花亦取樸素，無珠圍翠繞之奇，不矜各樣妖淫艷冶之色；或有用之者，不過胸衿領袖，不及他處十分之七。城内市鎮略重服色，鄉村之間更爲古樸，荆釵、布服，古風未遠。但穿領褂，不係羅裙，雖便於工作，而近於固陋，俗尚所便，難驟易也。

農工子弟安于樸陋，搢紳之家亦不尚文飾。除應穿袍褂間或綢緞而外，尋常皆大布衫（俗稱毛藍白定）、青布褂，一體樸素。袍褂亦取顔色老到，式樣莊重，無各樣新艷奪目之色，奇巧特異之式。或有好尚巧艷者，鄉里疏而遠之，不與同坐。

又《夷俗》 夷人自幼不頮面，不澡身，不剃髮。男首向前挽額髻，横竹簪一支，以青布裹頭，中挺一角。内穿汗衣，制窄短，獨喜藍白二色，褲脚寬大，外披黑白羊毛氈衣。赤足，寒甚方著氈襪、草鞋，襪如月斧形。遇雪披蓑衣于外，名咱耳挖，戴氈笠，形似蓮房。夷婦以青布裹頭，大如盤。不著中衣，用五色布剪裁，各成一截，叠爲細褶勸裙。富者穿緞馬褂，金銀首飾，領扣如醋碟，大耳環如豆芽，上綴珊瑚、瑪瑙珠串。跣足，亦寒甚乃著氈襪、草鞋。

清・李毓蘭等（光緒）《鎮南州志略》卷二《地理略・風俗・服飾》 士女樸素，女不艷妝。農多短褐，以便操作。夷服羊裘，冬夏不易。

清・周恒等（光緒）《潮陽縣志》卷一一《風俗・服食》 富家衣被羅紈，亦尚布素，冬月或披裘。貧者則全以苧布、棉布爲終歲之資。居常曳屐，晴雨無分，潮俗類然矣。今則厮役家且有門文綺者。婦女昔尚淡素，最爲近古；自航海往來蘇、松間，頗效艷妝，惟山鄉僻壤仍有椎髻。

清（光緒）・高維嶽等《大寧縣志》卷一《地理志・風俗》 縣（廠）［場］衣冠頗稱整齊，常服布帛相間，夏葛冬裘，惟紳商則然。女裝束頗尚華麗，雖布衣亦加緣飾，釵釧率用金銀，小户間亦效尤，其漸侈矣。鄉民衣服皆布爲之，冬用棉襖，婦女多用手巾纏頭，首飾亦多質。

清・姜由範等（光緒）《定遠縣志》卷二《風俗・衣服》 民間皆用布帛，惟紳士及仕宦家時或有用綢緞者，貧女類著草花，貴家女亦只著翠花一二朵，尚素妝，不聞有飾金玉者，有之群笑其奢靡而褚之。

清・顔嗣徽等（光緒）《歸順直隸州志》卷三《風俗志》 舊俗，四鄉婦女多半短衣長裙，自同治初年後穿著漸如客裝，今之短衣長裙者幾希矣。婦女多好染紅黑牙齒，一經染後，没世不脱。此蓋地近交夷，尚沿其陋習歟。

下雷五甲婦女所著衣服，上節衣長九寸，領袖俱堆五色綫，下節用布幅。圍頭巾，白質黑章，髻如田螺，又以銀釵數枝斜簪其髻。多赤脚，後髮剪齊。此雖固陋，實不忘本也。

清・武丕文等（光緒）《江油縣志》卷一一《風俗》 四方衣服好尚不同，而江邑久安樸素。富者夏細葛羽纓，冬裘綿絨緯，貧者草笠氈帽，終歲布衣，色尚藍。婦女亦儉約，惟宴會則盛華飾。

清・秦雲龍等（光緒）《雷波廳志》卷三二《風俗》 造牛羊毛爲氈衣，人披一襲，寒暑不易。襯衣以布爲之，名曰把握，褌名黑姑把握。氈衣無袖無襟，長不及膝，名曰蛇落。男婦皆赤足。男子椎髻於額，或穿一耳。夷婦首戴綢罩，金銀器滿頭，耳輪懸珊瑚、瑪瑙，珠粒纍纍然以多爲貴。腰系統裙，裙長及地，横布爲之。富者亦好修飾，布帛、綾緞，色喜紅緑。生子浴以冷水，赤其體，不著片布，能步始披氈，嚴寒亦如是，不患痘疹，地高而凉也。

清・符爲霖等（光緒）《龍山縣志》卷一一《風俗・衣服》 男女服飾無詭異，視窮富分華樸。貧者取足蔽體，富則夏冬葛裘應氣候，弁履尚時樣，粲然耀觀。婦女高髻闊袖，但平居不係下裳，不飾鉛黛，歲節喜慶乃爲之。士著者漸與同，惟婦女鮮纏足，貫耳多環，纍纍然綴肩下。

清・陳登龍《裏塘志略》卷上《風俗》 男婦性好穿戴，營官衣冠皆遵國制，間亦俗裝。長官司、頭人著大領衫，番名楮巴，以氆氌細毡或紬緞、

錦繡，哆呢，嗶吱爲之，緣以獺皮或豹皮，營官亦有緣貂皮者。民家則多著毪子褚巴，不能如頭人也。腰繫花絲，斜插匕首，謂之左插。右襟拖各色綾片，下垂如紳。以繡緞制木碗袋，著于左襟下，惟貴者有之，其次或用銀匣，或用銅匣，以帕著左肩，斜綰至右腋下，蔗人之碗則納于懷。帽高五六寸，以羊皮染黄色爲緣，麻綫染紅色爲緯。頭人亦有用狐皮緣，絲綫緯者，至營官，則以猶皮、駝絨皮爲之。左耳垂珊瑚墜，用大珊瑚珠，上下鑲金玉及緑松蕊石，名曰呀攏。頂戴哈達或江卡，拴佛窖，加以念珠。袴以紅氆氌及紅綾爲之，足著用白皮造軟底鞋，氆氌厢飾，其名爲康。好佩刀劍，見官亦不去身。凡見官及見大喇嘛，必遞哈達一枚，如中華投刺然，平交則彼此交换爲禮，即書信亦必置哈達以示敬。婦人妝飾，髮編細辮百縷，飾以八寶珊瑚，纍纍若貫。頭上戴金造花餅，或三或兩，無金亦必以銀。衣具五色，長袖短襟。項亦戴哈達、江卡、念珠，胸前掛大佛窖如盆，金銀造成，製作工巧，貧者用小佛窖。長裙百褶，亦具五色。不穿下衣，足躡皮鞋，花皮氆氌厢飾。

清・吳震方《嶺南雜記》卷一　粤俗最喜賽神迎會，凡遇神誕，則舉國若狂。餘在佛山，見迎會者臺閣故事，争奇鬥巧，富家競出珠玉珍寶，裝飾孩童，置之綵輿，高二丈，陸離炫目。大紙爆俱以繒綵裝飾，四人舁之，聲徹遠近，中藏小爆數百，五色紙隨風飛舞如蝶。聞末亂時更盛，士人頗慚此會殊寒儉矣。

又　潮之西北，山中有傘户者，男女椎髻箕踞，跣足而行。

清・彭崧毓《緬述》　瓮帽豐下鋭上，如優戲中之中軍帽，多飾珠寶，五光燦然，桶裙如古帷裳之制，【略】鞋如靸子。男女皆蓄髮，男盤髻于額角，女矗髻于頂心，人皆漆齒，以針刺其身作鳥獸花卉形，塗以殊墨，漆成紅黑文，以文多爲貴，女子穿耳爲大禮，戚鄰餉儀以稱慶，耳不綴環式，以金銀筒塞其孔，如拇上拔抄子，下圍桶裙，男女皆無褌。【略】上産有五穀，無蠶桑，多植木棉，婦功亦善紡織。而地極熱，人不知衣，衣布者亦絶少，悉以售入内地，以供民用。

清・蕭騰麟《西藏見聞録》卷下《服制》　郡王之冠，春、秋、冬用玄狐，夏以錦緞裝花。其制高約六七寸，平頂絲緯，邊寬二寸，兩旁有岔，蟒緞片金作面，鑲獺皮窄邊，上戴紅寶石頂，雙眼孔雀翎子。遇朝賀之期，服蟒袍，貂皮披領，束金絲緞一幅爲帶，腰係二圍，無所不佩。足履香牛皮靴，名曰巷。頭育髮，左耳垂冬珠一顆爲墜。燕居，衣大領齊袖無岔之服，名曰褚巴。或五色錦緞片子之類，用裘爲襲。

其噶隆、第巴等，髮不梳，挽披垂肩，後戴黄栽絨平頂無纓大帽，手持素珠，束皮挺帶，佩順刀、小刀、荷包。識字者佩一鐵筒，内裝竹簽、墨水，寫字紙卷折成條，竹簽濡墨，左向右横書，丹青家始用猫毛爲筆，技甚精工。凡逢公事大典，將髮挽兩髻，冠無翅白紗帽。左耳垂金鑲緑松石墜，約盅口大，形似菊花，名曰璸瑺，右耳垂金鑲大珊瑚兩顆，名曰工納。上服紅緑錦緞長袖大領短衣，四圍以獺皮走邊，下衣青褐百折裙，名曰郭在。足著皮巷。

自噶隆下至蕃民，平時皆衣褚巴，不拘顔色氆氌、緞、布，聽其自便，頭戴之帽亦同。腰束皮帶或毛帶，佩小刀、順刀、碗包，包内藏自食之碗，并火鑲包等類。手帶班指，持素珠。

巡街之役，名曰郭家哇，遇公事不挽髮，頭戴白布圈，服緞短衣、青褐裙，帶腰刀，手執木棍巡查。

至婦女服飾，髮從頂分，左右結組如繩，兩股交腦後，稍以繩束。處子腦後另行一辮，戴以珠寶，若許字，將夫家之金鑲緑松石戴于辮上，嫁則弗辮矣。素常以黄、紅色栽絨作尖頂小帽冠諸首，足著布靴或皮巷。上衣短襖，或緞或布，以齊腰爲度，名曰文肘。披紅栽毛小單，名曰傘下。服十字花、紅、黑、褐百折裙，名曰冬撥。前有圍裙，或紅褐，或綢緞，鑲以錦邊，名曰班。手帶戒指，名曰慈姑。左手帶金銀鐲，曰則隆，右手帶硨磲圈，曰同箍。耳以緑松石爲墜，長寸餘，寬六七分，後有小鈎掛於耳上，曰額哥；上連珠寶掛於髮上曰吞達，下連珠寶垂諸兩肩名重雜。項掛素珠一兩串，自珍珠、蜜蠟、珊瑚、硨磲、青金石，以至瓷、木珠不等。又佩小銀盒，名曰阿務，内裝護身佛。胸前挂銀鑲珠石環，長三四寸，寬寸許，兩頭有鈎，乃挂披單者，名曰的流。不論貴賤素封之家，則戴珍珠帽，木胎，如藤帽蓬樣，微厚，朱紅漆裏，金鑲緑松石爲頂，周圍滿載珍珠，價值千金。

阿里噶爾妥之婦女，以珍珠制爲簾，垂頭前後遮面，價更數倍于帽。老年之婦，以緑松石一片立戴頂上，名曰白玉。凡戴白玉，則親友皆賀。【略】

達子婦女，頭不戴飾，髮兩面分開辮。辮子以青緞或布帶寬寸餘、長二尺許

籠瓣子上，銀鉤挂垂兩膊下。脚穿香牛皮靴。身衣長袍，外褂鑲邊，褂腰作碎折。耳戴累絲金鑲松兒石墜或珊瑚墜，不披方單，不傅糖脂，冬夏皆戴狐皮帽。

清・吴德煦《章谷屯志略・風俗》 夷人風俗。宅壟夷俗，男子多衣褚巴，以毪子製成，圓領小袖，長至膝間，腰寬數尺，束以革帶，斜插短刀一柄，鞘外飾甚工緻，鑲嵌珊瑚，銀鏤花紋，有值十餘金者，名爲左插子，俱藉此爲美觀。凡隨帶一切置腰間及左右肱。每行時，腰際隆隆然，蓋裝物多也。裩袴以革爲之，或亦有布者。足無履襪，以毪子五尺許裹脛間。嚴寒時穿杭讀上聲，形制詭異，底面俱革，與漢人襪相類，而後不合縫，女子則略施紅緑布以别之。冠制無定式，綴狐裘爲沿，茸茸然可笑。女子不事盥櫛，不解施膏沐，無鬟髻之飾。髮之近額者，左右分綴小瓣數十條，自顖以後者，左右分結小指大髮瓣各八九條，至中總結大瓣，復綴紅黄布二三縷，瓣至三尺餘，合額間小瓣繞後交互盤於額頂間。額際綴小珊瑚三串，内承紅布，如額羅式。貧者無珊瑚，則以紅布爲之。上衣長尺許，隨左右衽。乳以下束長裙，花素不一，須布二丈許，褶叠數十道，蓋不尚裩袴，恐巨風吹揭露體也。耳環甚巨，綴珊瑚珠二粒，其環之大有堪纏臂者。平居多赤足，冬著革履，俗呼爲杭，上聲。稍慧者亦隨漢制花舄焉。

附：明正男子衣冠，左插褚巴，與宅壟無稍異。近屯城者，多仿漢制，惟土千百户之冠，若俳優所謂中軍冠者，金綺爲沿，朱纓覇之，冬夏如一。逢慶典，蟒衣文繡，錦帶荷囊，亦頗美觀。處子無粉澤，不鬟髻，額間分兩鬢結細瓣各數十縷，顖後髮兩分結稍大瓣各二十餘縷，并兩鬢小瓣合二綹，約骨决各一，再約銀環，如約指大，嵌以珊瑚珠三粒者三四枚，髮瓣互盤頭際，旁以二木削如箸，其端繫蜜蠟如象碁子大者各一，珊瑚枝長二寸餘、大如巨指者各一，横揷髮後以爲飾。不知膏沐，髮燥塗以酥油，眉心綴小珊瑚一粒。上衣無袖，長尺餘，雙臂全露，下體編毛索如錢貫，垂垂如馬鬣，脊間披山羊爲蔽，髀骭俱裸。嚴冬足皸瘃。天寒披毛毯一方。生子後穿裙，否則人非笑之。胸前掛小革囊十數個，方二寸餘，中貯藏經一編，宵晝不敢釋。逢春初，各寨中有喇嘛寺延僧誦經，遠近婦女盛飾携酒往觀，頭左右各綴四寸餘珊瑚二枝，短襦長裙，花素不一，足穿革杭，結女伴跳歌莊以爲樂。

又，章谷之西南境毛牛、吕里諸寨，婦女服飾如鑪之城，而背上必負吉吕羊皮一張，此又衣飾之贅疣也。

清・許光世、蔡晉成（宣統）《西藏新志》 衣冠之制，各因人民等級而異。達賴及班禪之冬帽，以氆氌、羊絨制之，上尖下大，色尚黄，夏帽如竹笠形，以金色皮爲之。衣服則有内衣，有外衣。内衣制以氆氌，如砍肩兒。外衣則爲紫洋絨之單衣，以帛交縛其上。足穿錦靴或皮履。腰部以帛結束，冬季露半臂。其餘喇嘛之服裝皆相似，惟有精粗之别。噶布倫、戴琫、第巴等官，不綰頭髮，垂于背後，綴以短纓。戴平頂之帽，頂上或覆以獺皮。手持佛珠，腰束皮帶。如遇令節或公事，則噶布倫兩分其髮，于頂之左右各綰一髻，身著蟒衣，上著細緞之褚巴。大領無衩之小袖衣。第巴亦綰髮成一髻，戴無翅之白紗帽，左右兩耳穿耳環，以緑松石或珊瑚制之，大如桃，形似烏喙。身著大領窄袖之緑錦短衣，下著黑褐之百褶裙，足著皮靴。束以紅色之花緞，佩刀一。自噶布倫下至土民，皆手佩骨玦，蓋西藏之風尚然也。平民著大領無衩之褚巴，服質則氆氌、細絨等，依貧富而爲制。其帽亦然，或有戴白帽者。腰部以皮或毛褐結束，置小刀、順刀、皮袋、火鐮等物，各懷木碗一，與蒙古人無異。

婦女兩分其髮，束之如繩，垂於腦後，以細爲佳。女子未嫁時，腦後别分一瓣，瓣上戴寶石、珍珠、珊瑚之類，若已受聘，則頭上戴夫家所聘之物，女婿所贈之裝飾品。已嫁則不打復瓣以示别。家居戴紅緑尖頂之小帽，脚著布靴或皮靴。衣服則上著小袖之短衣，與腰相齊，以綾緞、細布、毛褐等爲之。短衣之上，披（裁）[栽]絨之一小方，恰如袈裟，下著卐字黑紅褐之裙。其帶于右手者，謂之硨所帶耳環、指環、手釧等，以金銀及各種寶石製之。其帶于右手者，謂之硨磲圈，概自幼時所帶，無决而脱謂無墮碎者。者，至磨斷則以爲不迷于死後之路云。無貴賤，皆挂佛珠一串于項，製以珊瑚、青金、硨磲、真珠等，各以貧富而異。耳環之後有小鉤，串綴珍珠、珊瑚等而掛於髮，又垂於兩肩。胸部必掛銀鑲之珠石環，長約三寸，寬寸許。又身帶銀盒，裝貯護身佛及藥。富者戴珍珠帽，以木爲胎，式如笠而較厚，裏以朱紅漆之，外則以金鑲緑松石爲頂，周圍密綴珍珠，其價有值千金者。老婦則額上戴金鑲之緑松石一片，其形如鏡，謂之白玉。凡戴白玉時，親友必往致賀。婦女見喇嘛時，必以紅糖或乳茶塗于腮，否恐呈妍露媚，迷惑僧人而致罰。然現今此俗，不獨見喇嘛爲然，家居時亦爲之。

附：倮儸種之風俗

衣：其髮橙黄色，總括爲一束，集于頭上，覆以綿布，狀如犀角，長及九寸，故一望而知其種族。其頭飾最貴重，不可侵犯，土人非常重視焉。衣服著無袖之上衣，以灰色或黑色毛巾制之，而以紐集于頸之周圍，長達于踵。富者多著美服，裳之緣飾以種種綿織物。騎馬用之上衣，製法亦同，惟背後開岔，其開處以下衣之裾掩之，裙下垂及馬之腰臀。此上衣著之可不受小蟲之害云。夏季以綿布代毛布。其帽以竹爲之，上覆毛布，爲圓錐形，大者可用以代傘云。

婦人色較男子白，其髮編爲二條，束于頭之周圍。衣短衣，裝飾美麗，上衣前垂，裙長委於地。履繡箔，頗美觀，小女徒跣，不著履。其容色勝西藏女子，窈窕者殊不少。食食物爲主者，牛羊及豚，不食馬肉、狗肉。其食用小刀、肉叉。酒以大、小麥及稷釀造。

紀事

明・于慎行《穀山筆麈》卷一四《雜解》 李白詩云：脱君帽，爲君笑。初不知其解，及觀《北史》：魏主欲誅爾朱榮，榮女爲后，懷娠，乃聲言皇子生，遣城陽王徽馳騎告榮，榮方與元天穆博，徽脱榮帽，歡舞盤旋。以是知脱帽歡舞，本夷俗也。

明・田藝蘅《留青日札》卷二二《獨力衣》 槃瓠負帝女入山，女解去衣裳，爲僕鑒之結，著獨力之衣。又云好五色衣服，製裁皆有尾形。蓋槃瓠，原五彩毛故也。注：僕鑒、獨力，皆未詳。流俗本或有改鑒字爲豎者，妄穿鑿也。干寶《晉紀》曰：俗稱赤髀、横裙，即其子孫，言連接裙幅也。中裙，貼身之衣。

清・俞樾《茶香室叢鈔》卷一《卉服》 晉王嘉《拾遺記》云：冀州之西二萬里，有孝養之國。其俗，人年三百歲，而織茅爲衣，即《尚書》島夷卉服之類也。又云：燕昭王七年，盧扶國來朝。其國人皆壽三百歲，結草爲衣，是爲卉服，至死不老，咸知孝讓。昔大禹隨山導川，乃旌其地爲無老純孝之國。按此二條并言卉服，蓋即一國也，雖未足爲禹貢卉服之塙據，然後世木綿布之類，實此種爲之權輿。《拾遺記》又云：漢武帝天漢二年，渠搜國之西有析淪之國。其國人壽三百歲，綴草茅爲繩，結網爲衣，似今之羅紈也。

清・俞樾《茶香室三鈔》卷一一《金人去頂髮》 宋王明清《揮麈三録》云：真定帥臣李邈，城破被虜，敵欲保全之，邈不少屈，又不肯去頂髮，敵人責之，邈髠而爲僧。按金人亦剃頭辮髮，余已載于《曲園雜纂》三十六矣，今得此條又記之，但不知所謂去頂髮者，視今制同否也。

方言稱謂

綜述

漢・揚雄《方言》卷三 掩、醜、掍、衮衣。綷作憒反。同也。江淮南楚之間曰掩。宋衛之間曰綷，或曰掍。東齊曰醜。

又 褸裂，褸音縷。須捷、挾斯，敗也。南楚凡人貧衣被醜敝謂之須捷，須捷，狎翣也。或謂之褸裂，裂，衣壞貌。或謂之襤褸。故《左傳》曰：篳路襤褸以啓山林。篳路，柴車。殆謂此也。或謂之挾斯。挾斯，猶挾變也。器物敝亦謂之挾斯。

又卷四 襌衣，江淮南楚之間謂之褋，《楚辭》曰：遺余褋兮澧浦。音簡牒。關之東西謂之襌衣。有裦者，前施裦囊也。房報反。趙魏之間謂之袏衣，無裦者謂之裎衣，音逞。古謂之深衣。制見《禮記》。

又 襜褕，江淮南楚謂之𧝓裕，𧝓，裳凶反。自關而西謂之襜褕，其短者謂之裋褕。裋音豎。以布而無緣，敝而紩之，謂之襤褸。自關而西謂之䘨䘿，俗名䘿掖。音倔。其敝者謂之緻。緻，縫納敝，故名之也。丁履反。

又 汗襦，《廣雅》作褕。江淮南楚之間謂之䙌，音甑。自關而西或謂之祇裯，祇音氏，裯，丁牢反，亦呼爲掩汗也。自關而東謂之甲襦，陳魏宋楚之間謂之襜襦，或謂之襌襦。今或呼衫爲單襦。

又 裙，陳魏之間謂之帔音披，自關而東或謂之襬。音碑，今關西語然也。

又 蔽厀，江淮之間謂之褘，音韋，或褌。或謂之袚。音沸。魏宋南楚之間謂之大巾，自關東西謂之蔽厀，齊魯之郊謂之袡。昌詹反。

又 襦，字亦作褕，又襦無右也。西南屬漢謂之曲領，或謂之襦。

又 褌，陳楚江淮之間謂之䘾。

又 袴，齊魯之間謂之䙝，《傳》曰徵褰與襦。音騫。或謂之襱。今俗呼袴踦爲襱，音鮦魚。關西謂之袴。

又 褕謂之袖。襦襟有袖者，因名云。

又 衱謂之褗。即衣領也，劫偃兩音。

又 袿謂之裾。衣後裾也，或作袪。《廣雅》云衣袖。

又 褸謂之衽。衣襟也，或曰裳際也。

又 褸謂之緻。襤褸，綴結也。

又 裯謂之襤。衹，裯弊衣，亦謂襤褸。無緣之衣謂之襤。無袂衣謂之褙。袂，衣袖也，音藝。褙音慢惰。

又 無裥之袴謂之𧝓。袴無踦者即今犢鼻褌也。裥亦襱字異耳。

又 褙謂之袩。千苫、丁俠兩反，未詳其義。

又 衿謂之交。衣交領也。

又 裺尖劍反。謂之襦。

又 襜謂之被。衣掖下也。

又 佩紟音禁。謂之裎。所以係玉佩帶也。

又 褸謂之袩。即衣衽也。

又 覆䄻作憒反。謂之禪衣。偏禪謂之禪襦。即衫也。

又 礿纏謂之禪。今又呼爲凉衣也。灼纏兩音。

又 袒飾謂之直衿。婦人初嫁所著上衣，直衿也。袒音但。

又 褒明謂之袍。《廣雅》云：褒明，長襦也。

又 繞衿謂之帬。俗人呼接下，江東通言下裳。

又 懸裺音掩。謂之緣。衣縫緣也。

又 絜襦謂之蔽厀。廣異名也。

又 裪䙠音橘謂之袖。衣褾江東呼椀，音婉。

又 帍裱方廟反。謂之被巾。婦人領巾也。

又 繞緍音循。謂之䙱裺。衣督脊也。

又 厲謂之帶。《小爾雅》曰帶之垂者爲厲。

又 襎裷煩冤兩音。謂之幭。即帊襆也。幭，亡別反。

又 緊袼謂之褔。即小兒次衣也。豎洛嘔三音。

又 楚謂無緣之衣曰襤，紩衣謂之褸，秦謂之緻。自關而西秦晉之間無緣之衣謂之裗裾。嫌上説有未了，故復分明之。

又 複襦江湘之間謂之䙫。音竪。或謂之筩褹。今筩袖之襦也，褹即袂字耳。

又 大袴謂之倒頓。今雹袴也。小袴謂之袑衧。今襏袴也，皎了兩音。楚通語也。

又 幏，巾也。巾主覆者，故名幏也。大巾謂之帉，音芬。嵩嶽之南，嵩高中岳山也，今在河南陽城縣。陳潁之間謂之帤，奴豬反。亦謂之幏。江東通呼巾帤耳。

又 絡頭，帞頭也。音貊。紗繢，鬢帶，鬢，羌位反。髤帶，髤音菜。帑，音績，亦千。㡇，於怯反。幧頭也。自關而西秦晉之郊曰絡頭，南楚江湘之間曰帞頭，自河以北趙魏之間曰幧頭，或謂之帑，或謂之㡇。其偏者謂之鬢帶，今之偏疊幧頭也。或謂之髤帶。髤亦結也。

又 覆結謂之幘巾，或謂承露，或謂之覆髤。今結籠是也。皆趙魏之間通語也。

又 扉音翡。屨，麤履也。徐兗之郊謂之扉，自關而西謂之屨。中有木者謂之複舄，自關而東複履。其庳者謂之鞔下，鞔音婉。禪者謂之鞮，今韋鞮也。絲作之者謂之履，麻作之者謂之不借，粗者謂之屨。東北朝鮮洌水之間謂之䩨音卬。角。南楚江沔之間總謂之粗。沔水今在襄陽。西南梁益之間或謂之屩，他回反，字或作屐，音同。或謂之扉。下瓦反，一音畫。履，其通語也。徐土邳圻之間，今下邳也。圻音祁。大粗謂之䩨角。今漆履有齒者。

又 緉，音兩。緛，音爽。絞也。謂履中絞也。音校。關之東西或謂之緉，或謂之緛。絞通語也。

又 纑謂之縝。謂纑，縷也。音振。

清・徐葆光《中山傳信録》卷六《琉球語》 衣服。衣裳，衾。帽，稻煞。衣服，密子滿吉，又豈奴。褲子，哈加馬。帶，烏必。手巾，梯煞幾，又皮沙之。被，烏獨。帳子，喀著。氈單，木心。枕，媽括。褥子，福冬。襪，搭弼。衫子，哈

加。笠，由沙。纓，毛疽。靴，呵牙。鞋，煞巴。汗衫，阿米琴。冬短衣，木綿景。夏短衣，百索景。紬，亦周。緞，動子。紗，撒。羅，羅。絹，活見。布，奴奴。綿衣，奴奴木綿。紗帽，紗帽。網巾，網巾。圓領，員領。裙，喀甲眉。

清·平步青《霞外攟屑》卷一〇《一閒兩閒》 越俗呼裙之多幅者曰細𧝓裙。《通俗編》卷二十五《類篇》：𧝓裙，幅相襵也。梁簡文帝詩：羅裙宜細簡。《集韵》作𧝓。按簡文又有句云：熨斗成裙襵。蓋謂襞積成之。入今韵十六諫，不知此字止應作閒。《釋名》卷二釋彩帛第十四笭解，經絲貫杼中，一閒并一閒，疏疏者笭笭然，并者歷解而密也。閒即今之𧝓文耳。越人又呼橘橙之類一片曰一閒，兩片曰兩閒，義亦同。

清·俞樾《茶香室四鈔》卷二四《衩衣》 明曹安《讕言長語》云：賓以禮服來，主欲從簡，使傳之曰：請衩衣。按此殆明代之方言，今不聞矣。

服飾專題總部

少數民族服飾部

東北地區

綜　述

《後漢書》卷一一五《東夷傳》　挹婁，古肅慎之國也。在夫餘東北千餘里，東濱大海，南與北沃沮接，不知其北所極。土地多山險。人形似夫餘，而言語各异。有五穀、麻布，出赤玉、好貂。無君長，其邑落各有大人。處於山林之間，土氣極寒，常爲穴居，以深爲貴，大家至接九梯。好養豕，食其肉，衣其皮。冬以豕膏塗身，厚數分，以禦風寒。夏則裸袒，以尺布蔽其前後。

《魏書》卷一〇〇《失韋列傳》　勿吉國在高句麗北，舊肅慎國也。【略】婦人則布裙，男子猪犬皮裘。初婚之夕，男就女家執女乳而罷，便以爲定，仍爲夫婦。俗以人溺洗手面。頭插虎豹尾。

宋・孔平仲《談苑》卷一　契丹，鴨渌水牛魚鰾，製爲魚形，婦人以綴面花。

宋・佚名《女真傳》　其地則自契丹東北隅，土多林木，田宜麻穀，以耕鑿爲業，不事蠶桑。【略】冬極寒，多衣皮，雖得一鼠，亦褫皮藏之。皆以厚毛爲衣，非入室不撤，薄則墮指裂膚。盛夏如中國十月。【略】其衣服則衣布，好白，衣短而左衽。婦人辮髮盤髻，男子辮髮垂後。耳垂金銀，留腦後髮，以色絲繫之。富者以珠玉爲飾，衣墨裘、細布、貂鼠、青鼠、狐貉之衣。貧者衣牛、馬、猪、羊、猫、蛇、犬、魚之皮。

宋・彭大雅《黑韃事略》　其冠，被髮而椎髻，冬帽而夏笠，婦頂故姑。霆見故姑之制，用畫木爲骨，包以紅銷金帛，頂之上用四五尺長柳枝，或銀打成杖，包以青氈。其向上人，則用我朝翠花或五采帛飾之，令其飛動。以下人，則用野鷄毛。婦女美色，用狼糞塗面。其服，右衽而方領，舊以氈毳革，新以紵絲金線。色以紅紫紺緑，紋以日月龍鳳，無貴賤等差。霆嘗考之，正如古深衣之製，本只是下領，一如我朝道服領，所以謂之方領。若四方上領，則亦是漢人爲之。韃主及中書向上等人下曾着。腰間密密打作細摺，不計其數，若深衣上十二幅，韃人摺多爾。又用紅紫帛拈成線，横在腰謂之腰線。蓋馬上腰圍緊束突出，采艷好看。

宋・孟珙撰、清・曹元忠校注《蒙韃備録校注・風俗》　其俗多不洗手，而拏攫魚肉，手有脂膩，則拭於衣袍上。其衣至損不解浣濯，婦女往往以黄粉塗額，亦漢舊裝傳襲，迄今不改也。元忠按，《黑韃事略》云：婦女真色，用狼糞塗面。上至成吉思，下及國人，皆剃。元忠按，剃，鈔本作刺。據《説海》本、宋人小説本改。

又《婦女》　其俗出師不以貴賤，多帶妻孥而行，自云用以管行李衣服、錢物之類。其婦女專管張立氈帳、收卸鞍馬、輜重、車馱等物事，極能走馬。所衣如中國道服之類。元忠按，《大金國志》記男女冠服云：至婦人衣曰大襖子，不領，如男子道服。《松漠紀聞》亦云：婦人著青衣，如中國道服。然孟珙所見，韃靼婦女亦如此，蓋沿金制。

凡諸酋之妻，則有顧姑冠，用鐵絲結成，形如竹夫人，長三尺許，用紅青錦繡或珠金飾之其上。又有杖一枝，用紅青絨飾之。元忠按：顧姑亦作固姑。元蔣正子《山房隨筆》載聶碧窗《咏北婦》云：雙柳垂肩别樣梳，醉來馬上倩人扶。江南有眼何曾見，争捲珠簾看固姑。元楊允孚《灤京雜咏》云：香車七寶固姑袍，旋摘修翎付女曹。注云：凡車中載固姑，其上羽毛又尺許，拔付女侍手持，對坐車中，雖后妃馭象亦然。又作故姑。《黑韃事略》云：霆見故姑之製，用畫木爲骨，包以紅絹、金帛，頂之上用四直尺長柳枝或鐵打成杖，包以青氈，其向上人則用我朝翠花或五采帛飾之，令其飛動，以下人則用野鷄毛。又作故故。《西游記》曰：婦人冠以樺皮，高二尺許，往往以皂褐籠之。富者以紅綃，其末如鵝鴨，名曰故故，又作姑姑。《草木子・雜制篇》云：元朝后妃及大臣之正室皆帶姑姑，衣大袍。其次則帶皮帽。姑姑高員二尺許，用紅色羅，蓋唐金步摇冠之遺制也。又有作罟罟者，《元宫詞》云：侍從皮帽總姑麻，罟罟高冠勝六珈。又云：罟罟珠冠高尺五，暖風輕裊鶡鷄翎。又云：要知各位恩深淺，且看珍珠罟罟冠是也。合觀諸説可知顧姑之制。又按，顧姑又有作罟姑者，元俞琰《席上腐談》載：嚮見官妓舞柘枝，戴一紅物，體長而頭尖，儼如角形，想即是今之罟姑

也。常熟張君鴻謂：罟姑當即顧姑。忠謂張説是也。故《欽定古今圖書集成・娼妓部》載明李禎《至正妓人行》，有綵綫採絨綴罟罟之句。

又有文袖衣，如中國鶴氅，寬長曳地，行則兩女奴拽之。

金・宇文懋昭《重訂大金國志》卷三九《最初風俗》 冬極寒，屋纔高數尺，獨開東南一扉。扉既掩，復以草綢繆塞之。穿土爲床，熅火其下，而寢食起居其上。厚毛爲衣，非入室不撤。衣履稍薄則墮指裂膚。惟盛夏如内地。

明・胡侍《真珠船》卷七《顧姑》 《蒙韃備録》：凡諸酋之妻，則有顧姑冠，用鐵絲結成，如竹夫人，長三尺許，用紅青錦繡，或珠玉飾之。《草木子》：元朝后妃及大臣之正室，皆帶姑姑，高圓二尺許，用紅色羅，蓋唐金步摇冠遺制。《南村輟耕録》：翰林學士承旨阿目茄八剌，帶罟罟娘子十五人。聶碧窗《胡婦詩》云：雙柳垂鬟别樣梳，醉來馬上倩人扶。江南有眼何曾見，争捲珠簾看固姑。顧姑、姑姑、罟罟、固姑，實一物，夷禁之音，無正字也。

清・顧炎武《日知録》卷二九《外國風俗》 《遼史》言契丹部族，生生之資，仰給畜牧，績毛飲湩，以爲衣食。各安舊風，狃習勞事，不見紛華異物而遷。故家給人足，戎備整完，卒之虎視四方，强朝弱附。

清・傅恒《清職貢圖》卷三《鄂倫綽、鄂倫綽婦》 寧古塔之東北海島一帶，《唐書》所云少海之北，三面阻海，人依嶼散居，有魚鹽之利者，人有數種，鄂倫綽其一也。在近海之多羅河强黔山游牧。男女皆披髮跣足，以養角鹿、捕魚爲生。所居以魚皮爲帳，性懦弱，歲進貂皮。

又《奇楞、奇楞婦》 奇楞在寧古塔東北二千餘里亨滚河等處，性强悍，以捕魚、打牲爲業。男女衣服皆鹿皮、魚皮爲之。無書契，其土語謂之奇楞話。歲進貂皮。

又《庫野、庫野婦》 庫野居東海島之雅丹、達里堪等處，男則薙頂心以前之髮而蓄其後，長至肩即截去。草笠，布衣，綴紅布卍字於肩背間，亦有衣魚皮者。性好鬭，出必懷利刃。婦女幼時即以針刺唇，用烟煤塗之。土語謂之庫野話。歲進貂皮。

又《費雅喀、費雅喀婦》 費雅喀在松花江極東，沿海島散處，以漁獵爲生。男女俱衣犬皮，夏日則用魚皮爲之。性悍好鬬，出入常持兵刃。歲進貂皮。

又《恰喀拉、恰喀拉婦》 恰喀拉散處於渾春，沿東海及富沁、岳色等河。男女俱於鼻旁穿環，綴寸許銀銅人爲飾。男以鹿皮爲冠，布衣，跣足。婦女則披髮不笄，而襟袵間多刺繡紋。其屋廬、舟船俱用樺皮，俗不知網罟，以叉魚、射獵爲生。性游惰，無蓄積。土語謂之恰喀拉話。歲進貂皮。

又《七姓、七姓婦》 七姓在三姓之西二百餘里之烏扎拉洪科等處，性多淳樸。地産莜麥，雖知耕種，而專以漁獵爲生。遇冬月冰堅，則足踏木板溜冰而射。其婦女亦善伏弩捕貂。衣帽多以貂爲之。土語謂之烏迪勒話。歲進貂皮。

又《赫哲、赫哲婦》 赫哲所居與七姓地方之烏扎拉洪科相接，性强悍，信鬼怪。男以樺皮爲帽，冬則貂帽狐裘。婦女帽如兜鍪，衣服多用魚皮，而緣以色布，邊綴銅鈴，亦與鎧甲相似。以捕魚射獵爲生，夏航大舟，冬月冰堅則乘冰床，用犬挽之。其土語謂之赫哲話。歲進貂皮。

清・蕭騰麟《西藏見聞録》卷下《服制》 蒙古婦女，戴羊皮或狐皮帽。頭髮細辮，以硨磲殼並銅環戴髮上，垂至足後，行路則鏘鏘有聲。身衣長褚巴，足穿皮巷，韋韝毳幕，以禦風雨。昔人稱繳塞之衣冠也。今西藏雖無羽衣霓裳，而上下公私之有制，豹袖狐白之爲飾，亦未可概以荷旃被毳者目之也。

清・姚明煇《蒙古志》卷三《風俗》 衣服之制，大抵同於漢地。窄袖長褂，布帶束腰，係以烟袋、燧石等。富者絹帛，貧者衣棉布，冬則概衣皮裘。帽形平扁反緣，鞋用漢地所制。婦女衣服，因地而异，大致同於男子，惟稍華麗，長褂不束帶，而加獸皮背心。男皆剃頭蓄辮，遵國朝制也。婦女則否，惟蓄辮二條，垂於左右，飾以珊瑚、真珠，耳懸圈環，手套釧鐲。若已嫁者，髮辮惟一，頭載珊瑚、銀板，以別於處女。

唐古特人之衣服，皆以呢絨、羊皮制之，長及於膝，而不用褲，衣皆袒右，帽盡闊緣。女穿耳環，男結髮辮。女之盛妝者，聚貝殼制白色圓圈係於身，又以布片懸肩上。男嵌赤色榴石於左耳，以爲美麗。若富家女子，必以紅色假珠爲妝飾。男子之束帶、係袋，一如喀爾喀人。

清・震鈞《天咫偶聞》卷一〇《瑣記》 滿俗，婦人衣皆連裳，不分上下，此古制也。古人男子有裳，婦人無裳，蓋正如是。至於婦人禮服，補褂之外，又有所謂八團者，以繡或緙絲爲綵團八，綴之於褂，爲新婦之服。按《周禮》内司服注，褘揄二翟，皆刻繒爲之，彩畫之綴於衣，以爲文章。古人文盛，雖云刻爲翟形，然不必果全刻爲雉形，亦必有他文以間之。此正其遺製。若今《三禮圖》所畫褘衣等，則但以雉爲行列，恐古人正不如是。如蒲璧、穀璧等圖，均畫全株之形。而今所見古玉，曷常如是。此可類推。

紀　事

宋・范成大《攬轡録》 乾道六年閏五月戊子，成大被命以資政殿大學士，與崇信軍節度使康諝爲奉使大金國信使副。六月甲子，出國門。丁卯，【略】至東京，東京虜改爲南京，民亦久習胡俗，態度嗜好與之俱化，男子髡頂，月輒三四髡，不然亦間養餘髮，作椎髻於頂上，包以羅巾，號曰蹋鴟，可支數月或幾年。村落間多不復巾，蓬辮如鬼，反以爲便，最甚者，衣裝之類，其制盡爲胡矣，自過淮已北皆然，而京師尤甚。惟婦女之服不甚改，而戴冠者絶少，多綰髻，貴人家既用珠瓏璁冒之，謂之方髻。【略】癸酉，【略】過相州，市有秦樓、翠樓、康樂樓、月白風清樓，皆旗亭也，秦樓有胡婦，衣金縷鵝紅大袖袍，金縷紫勒帛，褰簾，吴語，云是宗室女，郡守家也，遺黎往往垂涕嗟嘖，指使人云：此中華佛國人也。老嫗跪拜者甚多。【略】戊子，早入見。【略】門内庭中列衛士二百許人，貼金雙鳳幞頭，團花紅錦衫，散手立。入仁政門，門蓋隔門也。至仁政殿下，大花氈可半庭，中團雙鳳。兩旁各有朵殿。朵殿之上，有兩高樓，曰東、西上閤門，兩傍悉有簾幙，中有甲士。東西禦廊，循檐，各列甲士。東立者，紅茸甲，金纏桿鎗，黄旂畫青龍。西立者，碧茸甲，金纏桿鎗，白旂畫黄龍。直至殿下皆然。惟立於門下者，皂袍，持弓矢。殿兩階雜立儀物幢節之屬，如道士醮壇威儀之類。使人由殿下東行，上東階，却轉南，由露臺北行入殿閾，謂之欄子。虜請幞頭，紅袍玉帶，坐七寶榻。背有龍水大屏風，四壁帟幕皆紅，繡龍拱鬥，皆有繡衣。兩楹間，各有大出香金師蠻，地鋪禮佛毯，可一殿。兩傍玉帶金魚，或金帶者，十四五人，相對列立。遥望前後殿屋，崛起處甚多，制度不經，工巧無遺力，所謂窮奢極侈者。

元・李志常《長春真人西遊記》卷上 又行十日，夏至。量日影三尺六七寸，漸見大山峭拔，從此以西，漸有山阜，人烟頗衆，亦皆以黑車白帳爲家。其俗牧且獵，衣以韋毳，食以肉酪。男子結髮垂兩耳，婦人冠以樺皮，高二尺許，往往以皂褐籠之，富者以紅綃。其末如鵝鴨，名曰故故。大忌人觸，出入廬帳須低回。

又 九月二十七日，至阿里馬城。鋪速滿國王暨蒙古塔剌忽只領諸部人來迎。宿于西果園。土人呼果爲阿里馬，蓋多果實，以是名其城。其地出帛，目曰禿鹿麻，蓋俗所謂種羊毛織成者。時得七束爲禦寒衣。其毛類中國柳花，鮮潔細軟，可爲綫、爲繩、爲帛、爲綿。

藝文

清・阿桂《滿洲源流考》卷一六《國俗一・冠服》《御製長寧寺恭瞻太宗所貽冠服二首》：羹墻有志難爲覩，冠服重瞻仰聖靈。應現吉祥雲作蓋，千秋萬載護長寧。

戎衣汗馬躬勞苦，繼述常懷烈祖靈。儉樸心欽發篋始，微言那藉李邦寧。按，《元史》大安閣中有故篋，李邦寧對云：此世祖所遺裘帶，有聖訓曰藏此使見吾樸儉云云。

又《御製全韵詩》：觀史知治亂，匪詡文藻彬。常稱金世宗，不愧賢君真。熙宗廢舊制，海陵荒樂頻。大定奮法祖，勤求治理臻。衣服及語言，一惟舊制遵。雖垂訓如此，後世忘其諄。乃知耽酒色，無不致亡淪。又如達海輩，屢勸易衣冠。叶。不從謂拒諫，比喻曉諸臣。寬衣大袖坐，勞薩忽挺身。其孰能禦之，何異尚左人。在朕豈變更，所以示子孫。叶。煌煌祖訓昭，世守應無悛。叶。卧碑勒箭亭，乾隆壬申春。

西北地區

綜述

《魏書》卷一〇一《吐谷渾傳》伏連籌死，子夸呂立，始自號爲可汗，居伏俟城，在青海西十五里。雖有城郭而不居，恒處穹廬，隨水草畜牧。其地東西三千里，南北千餘里。官有王公、僕射、尚書及郎將、將軍之號。夸呂椎髻毦珠，以皂爲帽，坐金師子床。號其妻爲恪尊，衣織成裙，披錦大袍，辮髮於後，首戴金花冠。其俗，丈夫衣服略同於華夏，多以羅冪爲冠，亦以繒爲帽，婦人皆貫珠貝，束髮，以多爲貴。

《隋書》卷八三《西域傳》吐谷渾，本遼西鮮卑徒河涉歸子也。【略】其主以皂爲帽，妻戴金花。其器械、衣服略與中國同。其王公貴人多戴羃羅，婦人裙襦，辮髮綴以珠貝。

《晉書》卷九七《四夷傳》吐谷渾，慕容廆之庶長兄也，其父涉歸分部落一千七百家以隸之。【略】其男子通服長裙，帽或戴羃羅。婦人以金花爲首飾，辮髮縈後，綴以珠貝。

《北史》卷九九《突厥傳》其俗被髮左衽，穹廬氈帳，隨逐水草遷徙，以畜牧射獵爲事，食肉飲酪，身衣裘褐。【略】是日也，男女咸盛服飾，會於葬所，男有悦愛於女者，歸即遣人聘問，其父母多不違也。

《舊唐書》卷一九八《西戎傳》吐谷渾，其先居於徒河之清山，屬晉亂，始度隴，止於甘松之南，洮水之西，南極白蘭，地數千里。【略】男子通服長裙繒帽，或戴羃羅。婦人以金花爲首飾，辮髮縈後，綴以珠貝。

《新唐書》卷二一七下《回鶻下》公主出塞，【略】證曰：天子詔我送公主授可汗，今未見，不可先也。乃止。於是可汗升樓坐，東向，下設氈幔以居公主，請襲胡衣，以一姆侍出，西向拜已，退即次，被可敦服，絳通裾大襦，冠金冠，前後鋭，復出拜已，乃升曲輿。

又 都播，亦曰都波，其地北瀕小海，西堅昆，南回紇，分三部，皆自統制。【略】衣貂鹿皮，貧者緝鳥羽爲服。

又 斛薛處多濫葛北，勝兵萬人。【略】太宗時，北狄能自通者，【略】又有鞠，或曰祴，【略】以鹿皮爲衣，聚木作屋。【略】又有駁馬者，或曰弊剌，曰遏羅支，直突厥之北，距京師萬四千里。【略】人貌多似結骨，而語不相通。皆翦髮，樺皮帽。

又 黠戛斯，古堅昆國也。【略】人皆長大，赤髮、皙面、緑瞳，以黑髮爲不祥。黑瞳者，必曰陵苗裔也。男少女多，以環貫耳，俗趫伉，男子有勇黥其手，女已嫁黥項。雜居，多淫佚。【略】其君曰阿熱，遂姓阿熱氏，建一纛，下皆尚赤，餘以部落爲之號。服貴貂、豽，阿熱冬帽貂，夏帽金釦，鋭頂而卷末，諸下皆帽白氈，喜佩刀礪，賤者衣皮不帽，女衣毳毼、錦、罽、綾。

明・陳誠《西域番國志・哈烈》哈烈一名黑魯，在撒馬兒罕之西南，去陝西行都司肅州衛之嘉峪關一萬二千七百里。【略】國主衣窄袖衣及貫頭衫，戴小罩刺帽，以白布纏頭，髮後髢。服色尚白，與國人同。【略】鋪店

各分行，頭若弓矢鞍轡之類衣服，各爲一行，不得參雜。【略】交易則買者償税，國用全資此錢。官府文書行移，不用印信。國主而次，與凡任事者，有所施行，止用小一方，於上直書事體，用各人花押印記，即便奉行。花押之制，以金錢銀爲戒指，上鎸本主姓名，別無關防。【略】國中體例，有別色人願爲回回者，云以萬錢給之，仍賜衣服鞍馬。婚姻多以姊妹爲妻妾，爲一門骨肉至戚，雖同祖兄弟姊妹，亦皆得爲婚姻。至於弟妻兄妻，兄娶弟婦，亦其常事耳。國中男子髡首，以素帛纏頭，婦女亦蒙以素帛，略露雙眸。如有喪制，反以青黑布易之。帷幔皆用青黑，居喪不過百日即釋服。【略】國主亦皆尊之。凡有祠祭，惟滿刺誦經而已。有等弃家業，去生理，鬔頭跣足，衣弊衣，披羊皮，手持怪杖，身挂骨節，多爲异狀，不避寒暑，行乞於途，遇人則口語喃喃，似可憐憫，若甚難立身。或聚處人家墳墓，或居岩穴，名爲修行。【略】凡官府有緊急事務，則令其持箭而走，報以示急切。常腰掛小鈴，手持骨朵，其去如飛。男女少能負荷，乘載全仗馬騾驢駝。若少輕之物，則以頭戴趍走，摇楊不致覆墜。婦女出外皆乘馬騾，道路遇人，談咲戲謔，略無愧色。且恣出淫亂之辭以通問，男子薄惡尤甚。國俗尚侈，衣服喜鮮潔，雖所乘馬騾鞍轡，多以金銀彩色飾之。遍身前後，覆以氈罽，懸以響鈴。家家子弟，俱係翡翠裝綉衣袍，珍寶綴成腰帶刀劍，室飾以金玉，或頭簪珠寶，以示奢華。

清·顧炎武《日知録》卷二九《外國風俗》《邵氏聞見録》言：回紇風俗樸厚，君臣之等不甚異。故衆志專一，勁健無敵。自有功於唐，賜遺豐腆。登里可汗始自尊大，築宫室以居，婦人有粉黛文繡之飾，中國爲之虛耗，而其俗亦壞。昔者祭公謀父之言：犬戎樹惇，能帥舊德，而守終純固。由余之對穆公，言戎裔之俗，上含淳德以遇其下，下懷忠信以事其上。一國之政，猶一身之治。其所以有國而長世，用此道也。及乎古風漸遠，鮮克遵循，不務詩書，唯徵玩好，服飾競於無等，財賄溢于靡用，驕淫矜侉，浸以成習。於是中行有變俗之譏，賈生有五餌之策。又其末也，則有如張昭遠以皇弟皇子喜俳優，飾姬妾，而卜沙陀之不永。張舜民見太孫好音樂、美姝、名茶、古畫，而知契丹之將亡。

清·傅恒《清職貢圖》卷二《伊犁等處台吉、伊犁等處台吉婦》伊犁即古屈里地也，舊爲厄魯特部落所屬，有二十一處。【略】其頭目謂之台吉，戴紅纓高頂平邊氈帽，左耳飾以珠環，錦衣錦帶，腰插小刀，佩帨巾，穿紅牛革鞮。其婦辮髮雙垂，約以紅帛，綴珠，兩耳珠環，衣以錦繡，其冠履俱與台吉同。

又《伊犂等處宰桑、伊犂等處宰桑婦》 伊犂等處，台吉之下各置宰桑，以轄民人部落，職有大小，以所轄之遠近爲差。男戴紅纓高頂捲邊皮帽，左耳亦飾珠環，衣長領衣，或以錦繡，或以紵絲、氆氌。腰插小刀，佩帨巾，穿紅牛革鞮。其婦人服飾，亦俱與台吉之婦相似，蓋亦無甚區别也。

又《伊犂等處民人、伊犂等處民人婦》 伊犂民人以遊牧爲事，耕鑿咸仰食於回人。男帶黃頂白羊皮帽，左耳飾以銅環，著無面羊皮衣，腰繫布帶，穿黃黑革鞮。婦辮髮雙垂，兩耳俱貫銅環，其冠服革鞮亦與男子同。

又《伊犁塔勒奇察罕烏蘇等處回人、伊犁塔勒奇察罕烏蘇等處回人婦》 伊犁貿易回人，族姓不一，住伊犁之塔勒奇、察罕烏蘇等處，與諸厄魯特貿易。又有阿克素、庫車、葉爾奇木、喀什噶爾、呼騰等五種回人，各居城堡，以耕牧爲生。【略】男戴紅頂貂帽，著金絲織錦衣，束錦帶，穿嵌花革鞮。回婦辮髮雙垂，約以紅帛，綴珠爲飾，其冠服則與男子相同。能織番錦，俗稱回子錦，每錦一端，可易馬十餘匹，或羊數十隻。

又《哈薩克頭目、哈薩克頭目婦　哈薩克民人、哈薩克民人婦》 哈薩克在準噶爾西北，即漢大宛也。有東西二部，自古未通中國。乾隆二十二年，東哈薩克之阿布賚、阿布爾、班必特，西哈薩克之阿必里斯等先後率衆歸誠，各遣其子侄赴京瞻仰，並進獻馬匹，遂隸版圖。其俗以游牧爲生，亦知耕種。頭目等戴紅白方高頂皮邊帽，衣長袖錦衣，絲絛，革鞮。婦人辮髮雙垂，耳貫珠環，錦鑲長袖衣，冠履與男子同。其民人男婦則多氈帽褐衣而已。

又《布嚕特頭目、布嚕特頭目婦　布嚕特民人、布嚕特民人婦》　布嚕特在準噶爾西南，亦回種也，有左右二部。【略】男戴長頂高沿帽，約以白緞四道，衣長領錦衣，腰繫紅帶，足履紅革鞮。婦人辮髮雙垂，耳貫珠環，衣鑲邊，長袖錦衣，冠履亦同男子。

又《烏什庫車阿克蘇等城回目、烏什庫車阿克蘇等城回目婦　烏什庫車阿克蘇等城回人、烏什庫車阿克蘇等城回人婦》　烏什、庫車、阿克蘇等城回人，西域回部也。【略】頭裹錦巾，頂插金條，如花葉狀，行則瑲然有聲，

錦衣，錦帶，履花革鞮。蓋回俗貴者之服飾也。婦人辮髮雙垂，耳貫珠環，錦鑲衣，花革鞮。至回民男婦，則小白帽，褐衣，大約與吐魯番相似。

又《拔達克山回目、拔達克山回目婦　拔達克山回民、拔達克山回民婦》拔達克山，在喀什噶爾之西二千餘里，蓋西域回部之稍大者。【略】

男女服食，大約與喀什噶爾等城回俗相同。

又《安集延回目、安集延回目婦　安集延回民、安集延回民婦》　安集延城，在喀什噶爾西北千餘里，其地與布嚕特接壤，各部回人多有往彼貿易者。【略】其人以貿易耕種爲業，言語服食，大概亦與喀什噶爾等城回俗相同。

又《安西廳哈密回民、安西廳哈密回民婦》 哈密回民，即唐時回紇苗裔。明置哈密衛，嗣服屬於準噶爾。本朝定鼎，回長奉貢襲封。至康熙年

間，西路用兵，爲設駐防，武臣屹爲重鎮。其人男戴紅頂黑簷帽，衣長領齊袖衣。婦人披髮四垂，戴瓜皮小帽，衣用各色褐布。飲食風俗俱同內地，回民歲貢哈密瓜等物。其瓜州五堡回民，則係雍正年間投誠安插者，服飾與哈密同。

又《肅州金塔寺魯克察克等族回民、肅州金塔寺魯克察克等族回婦》　魯克察克、皮襌二族回民，俱吐魯番部落，亦唐時回紇苗裔也。本朝雍正四年投誠内附，安插於肅州之金塔寺、威魯堡，給田耕種，以資生計。男子戴緑頂皮帽，衣褐布長領衣。婦人髮垂兩綹，戴紅帽，斜插沙雞翎，衣用紅緑等色布。足靴以布帶縱横繫之。其飲食風俗，亦同内地回民。

又卷五《河州土指揮韓雯所轄珍珠族番民、河州土指揮韓雯所轄珍珠族番婦》　河州土指揮韓雯所管番民，亦吐蕃部落。【略】男子兩耳垂環，皮帽，褐衣。女披髮於背，裹以彩帛，綴大小石珠，長衣大袖或加半臂，以紅帕束之。婚葬與内地相仿，惟不祭祀。所居距城五十餘里。

又《河州土百户王車位所轄乩藏族番民、河州土百户王車位所轄乩藏族番婦》　河州乩藏族番民，亦吐番部落。【略】男女衣服，類珍珠族番民，風俗亦與相似。

又《河州土指揮同知何福慧所轄土番、河州土指揮同知何福慧所轄土番婦》　河州土指揮同知何福慧，元河州宣慰使鎖普南之裔也。明洪武三年，鎖普南率衆歸附，賜姓何氏，授河州衛，世襲土指揮同知，管其所部番民。本朝因之。其番民居河州城東。男女衣服，類撒喇土族，而飲食風俗俱與本城居民相同。

又《狄道州土指揮趙恒所轄參咂等族番民、狄道州土指揮趙恒所轄參咂等族番婦》 狄道本西番地，參咂、高山二族，番民世居州治之西南鄉。【略】番民氈帽，褐衣。女藍布或皂帕蒙頭，足履鞜鞮，間有裹足者。

又《洮州土指揮楊聲所轄卓泥多等族番民、洮州土指揮楊聲所轄卓泥多等族番婦》 洮州卓泥多等四百七十五番族，向爲西域生番。楊聲之始祖些的，於明永樂初率衆投誠，授爲指揮僉事，令世其職，統轄番族。本朝因之。【略】番族散處洮州沿邊内外，種青稞，牧牛羊，以爲生計。居多土屋。衣服與河州之珍珠族番民相仿。婦人或以色布抹額，雜綴銀飾。其邊外番婦，則多有粗服跣足者。

又《洮州土指揮楊聲所轄的吉巴等族番民、洮州土指揮楊聲所轄的吉巴等族番婦》 洮州的吉巴等三十七番族，係口外黑番。向未設有土司。本朝康熙年間，招撫投誠，遂歸併楊氏管轄。所居樺板爲屋。男子褐衣，長領齊袖。婦人多披髮於背，衣用紅、緑、褐，亦有繫裙者。飲食風俗，俱與卓泥多等番族相似。

又《洮州土指揮昝景瑜所轄左喇等族番民、洮州土指揮昝景瑜所轄左喇等族番婦》 洮州左喇等五十九番族，本口外土番部落。明洪武三年，番目南秀節率衆内向，授指揮僉事，令住牧於洮州之西鄉，防守邊塞。【略】番民冠綴紅纓，衣亦長領齊袖。婦人辮髮，以布抹額，雜綴瑪瑙、硨磲爲飾，衣内長而外短。飲食風俗俱與洮州諸番族同。

又《洮州土千户楊紹先所轄著遜等族番民、洮州土千户楊紹先所轄著遜等族番婦》 洮州著遜等十一番族，皆古陸鋪番目楊丁哥部内土番也。明洪武初，丁哥率衆内附。嘉靖時，其子楊素防勦有功，授世襲副千户職。本朝因之。男女服飾，大概與洮州諸番族相似。居處飲食風俗亦同。

又《岷州土百户馬繡所轄瓦舍坪等族番民、岷州土百户馬繡所轄瓦舍坪等族番婦》 岷州土百户馬繡，乃後漢馬援之裔。元至正時，有馬紀者，爲指揮使，防守哈達川，遂家焉。明洪武初，以紀子珍勦撫番族，授爲百户，世轄其衆。本朝因之。【略】男氈帽插鳥羽。婦披髮，額抹紅、藍、褐布，雜綴銀花玉石，耳垂大環，短衣褐裙，亦有長衣無裙者。婚姻，生子後始納聘禮。歲徵稞糧，在岷倉交納。

又《岷州土百户后發葵所轄牟家山堡等土人、岷州土百户后發葵所轄牟家山堡等土婦》 岷州牟家山堡等土人，凡四十餘堡，向爲土番部落。明洪武初，番目節木束率衆投誠，授世襲百户，遂爲后姓。本朝因之。【略】其土人氈帽褐衣。婦人綰髻，布衣，布裙。大概與民間婦女相似。

又《岷州土百户趙名俊所轄徐兒莊等堡土人、岷州土百户趙名俊所轄徐兒莊等堡土婦》 岷州徐兒莊等十一堡土人，其先亦係土番部落。【略】其土人氈帽，褐衣。婦女披髮，以布約之，綴銀花、硨磲爲飾，衣青褐，左衽，緣以五色，腰繫青紅褐，雜綴珠石爲佩，亦間有著裙者。

又《岷州土百户后汝元等所轄馬連川等族番民、岷州土百户后汝元等所轄馬連川等族番婦》 岷州馬連川等十一族番民，亦土番苗裔。【略】其番民男婦服飾均與各番相似，亦有如内地民人者。

又《莊浪土指揮魯鳳翥所轄上寫爾素等族番民、莊浪土指揮魯鳳翥所轄上寫爾素等族番婦》 莊浪土指揮魯鳳翥，係元平章政事托歡之後。【略】男子皮帽，褐衣。女披髮約帛，綴硨磲、銀花爲飾，衣以五色褐布緣之，燦如錦繡。男女皆赤足，間有曳履者。

又《莊浪土僉事魯萬策所轄毛他喇族土民、莊浪土僉事魯萬策所轄毛他喇族土婦》 莊浪土僉事魯萬策，亦元平章政事托歡之後。【略】所管毛他喇族土民，男皆衣褐，女椎髻，以皂帛抹額，繫裙，裹足，與內地民婦相似。

又《莊浪土千户王國相等所轄華藏上札爾的等族番民、莊浪土千户王國相等所轄華藏上札爾的等族番婦》 莊浪土千户，所轄華藏上札爾的等二十族番民，向於青海，歲納銀畜，名曰西番，實亦其部落也。【略】其番民氈帽紅纓，衣長領褐衣。女盤髻，戴紅氈尖頂帽，綴以硨磲，後插金銀鳳釵，衣裙類民婦，而足履革靴，亦有披髮長衣者。

又《武威土千户富順所轄西脱巴等族番民、武威土千户富順所轄西脱巴等族番婦》 武威土千户所轄西脱巴等三族番民，向亦屬於青海。【略】其男子衣服與番族相類。婦人披髮，約以紅褐，衣緣邊褐衣。

又《古浪縣土千户管卜他所轄阿落等族番民、古浪縣土千户管卜他所轄阿落等族番婦》 阿落等八族番民，在古浪縣，原係青海西番部落。【略】男氈帽，褐衣。婦披髮，結而垂之，飾以硨磲，衣多緣邊，足履革靴，亦有跣行者。

又《永昌縣土千户地木切令所轄元旦等族番民、永昌縣土千户地木切令所轄元旦等族番婦》 元旦等五族番民，統名西番，凡五十户。【略】男婦俱氈帽，衣長領褐衣，足履鞜鞮。婦人或披髮，約以紅褐。

又《西寧縣土指揮祁憲邦等所轄東溝等族番民、西寧縣土指揮祁憲邦等所轄東溝等族番婦》 東溝等八族番民，亦西羌苗裔所居，距西寧縣七十餘里。【略】番民男戴白羊皮帽，著長領褐衣。婦女以紅布爲額箍，上嵌硨磲，後插銀銅鳳釵數枝，雜垂珠石。衣裙俱用紅緑布，而裙與衣齊，裹足著履，多類民婦。性淳樸，勤於耕作。其土指揮同知李承唐，僉事納彩、吉應魁所管乩迭等十二族番民，服飾與此相同。

又《西寧縣纏頭民、西寧縣纏頭婦》 纏頭，本西域人。【略】男子戴青緞小帽，纏以白布，故名纏頭。衣綾絹山繭長領齊袖衣，靴用香牛皮。婦人披髮，戴紅緞鋭頂帽，綴以珊瑚、瑪瑙，衣長襖，外披紅敞衣。

又《西寧縣土指揮僉事汪于昆所轄土民、西寧縣土指揮僉事汪于昆所轄土婦》 西寧縣土指揮僉事汪于昆所管土民，亦西番苗裔。明洪武初，番目南木哥率衆歸附，授以土職，世管其衆。本朝因之。土民所居距城五十里。男氈帽，布衣。婦盤髮，戴紅布箍，垂繻覆額，中貫銅簪，繫以珊瑚水珠。衣裙間亦多以玉石、硨磲綴之。裹足著履，與東溝等族番婦相似。風俗質樸，勤於耕稼。

又《碾伯縣土指揮同知李國棟所轄東溝等族土民、碾伯縣土指揮同知李國棟所轄東溝等族土婦》 碾伯縣土指揮同知李國棟，唐沙陀李克用之後。有李南哥者，元時授爲西寧州同知，世守西土。明初率衆歸附，授指揮同知。本朝定鼎，以招撫番族土民有功，仍襲原職。所管東溝大莊，及土百户李國鼎所管之虎喇等族土人，皆原管部落。男子衣帽與民人同，婦人綰髪，裹足，簪珥，衣裙亦均類民婦。性淳樸，勤耕作，間有讀書識字者。其土指揮同知阿珍、趙維宋，僉事治俊祥、甘靈芝、朱孫林，千户剌俊英，百户辛必正等所轄魯爾加等族土民，風俗服飾大略相同。

又《碾伯縣土指揮同知祁在璣所轄達子灣等族番民、碾伯縣土指揮同知祁在璣所轄在達子灣等族番婦》 土指揮同知祁在璣，本蒙古苗裔。元時其始祖多爾濟實結爲甘肅右丞。明初率領各番部落歸順通貢，授指揮同知，世守西土。本朝順治年間，土司祁國屏屢立戰功，仍襲原職。所管達子灣等二十族番民，皆原管部落，居處飲食風俗，俱與近邊齊民無异。其婚葬亦與民相同。間有仍沿番俗者。

又《碾伯縣南北兩山番民、碾伯縣南北兩山番婦》 碾伯縣南山番民，係瞿曇寺所管部落。【略】男女服飾，與西陲各番族相類。其北山番民，亦青海所屬，同時歸併内地者，服飾同南山。

又《擺羊戎通判所轄番民、擺羊戎通判所轄番婦》 西寧府擺羊戎地方番民，亦屬青海。【略】男女俱纓帽，褐衣。

又《大通衛土千户納花布藏所轄興馬等族番民、大通衛土千户納花布藏所轄興馬等族番婦》 興馬等六族番民，向屬青海各扎薩克，名爲黑番。【略】男皮帽，褐衣。婦人披髮，衣紅緑布長領衣，以五色布及金線緣之，亦有戴帽繫裙者。

又《歸德所番民、歸德所番婦》 歸德所番民，凡二十五族，古西羌苗裔也，向爲青海所屬。【略】男纓帽褐衣。婦披髮，戴帽，仍另以皮絲約髮，綴珊瑚、瑪瑙、銀銅等飾，左右雙垂，而中綹則長拖至足，衣色褐長衣。

又《肅州番目温布所轄黑番、肅州番目温布所轄黑番婦》 黑番，係西藏喇嘛所屬，俗稱黑人是也。【略】男子戴紅纓皮帽，著長領褐衣。婦人披髮戴帽，耳垂大環，綴以寶石，項戴素珠，著長領布衣。

又《高臺縣番目撒爾巴所轄黑番、高臺縣番目撒爾巴所轄黑番婦》 高臺縣黑番，亦係西藏喇嘛所屬之人。【略】男女服飾亦與諸番相類，其飲食、風俗並同各族。

又《文縣番民、文縣番婦》 文縣地聯秦蜀，所屬番民蓋亦苗蠻之一種。【略】男帽插雞翎，每農事畢，常挾弓矢以射獵爲事。番婦以布抹額，雜綴珠石，衣五色褐布緣邊衣。近亦多有效民間服飾者。

又卷九《愛烏罕回人、愛烏罕回婦》 愛烏罕，極西回部也。【略】其人狀貌脩偉，用花帛纏頭，褐衣長領，外曳錦緣敞衣。部内婦人亦花帛纏頭，飾以珠翹耳環，綴珠纍纍覆肩，衣緣邊錦衣。勤於織絍。

又《霍罕回人、霍罕回婦》　霍罕，在拔達克山東北三千里。【略】男子褐衣，皮帽。婦人用花布纏頭，飾以珠翹，花褐長衣，束以錦帨。

又《啓齊玉蘇部努喇麗所屬回人、啓齊玉蘇部努喇麗所屬回婦》　啓齊玉蘇部努喇麗，爲西哈薩克別部，在伊犂之西北二千餘里，以游牧爲業。因大兵平定回部後，時以羊馬至伊犂貿易。乾隆二十七年，其頭目努喇麗遣使入貢。男子褐衣，皮帽。婦人花帛纏頭，亦有戴小白帽者。風俗與東哈薩克同。

又《啓齊玉蘇部巴圖爾所屬回人、啓齊玉蘇部巴圖爾所屬回婦》 啓齊玉蘇部巴圖爾，亦西哈薩克别部，均以游牧、貿易爲業。頭目巴圖爾，於乾隆二十七年遣使入貢。風俗、服飾，亦與東哈薩克同。

又《烏爾根齊部哈雅布所屬回人、烏爾根齊部哈雅布所屬回婦》 烏爾根齊部哈雅布，亦西哈薩克别部，其游牧與啓齊玉蘇相近，距伊犁亦約二千餘里，時與鄰部回人，同至伊犁等處貿易。乾隆二十七年，其頭目哈雅布遣使入貢。風俗、服飾，悉與啟齊玉蘇同。

又《土爾扈特台吉、土爾扈特台吉婦》 土爾扈特台吉渥巴錫，與策伯克多爾濟舍楞等，聚謀弃其舊居俄羅斯之額濟勒，游牧率屬歸順，既允所請，命掄其長朝謁，至伊綿峪入覲。各賜冠服、鞍馬。俾隨圍仍攜之山莊，宴賚封爵有差。自此四衛拉特無不隸我臣僕，而其舊俗繒罽衣冠，與準噶爾他部不類，並敕增繪，以廣前圖所未及。乾隆辛卯季秋月御識。

又《土爾扈特宰桑、土爾扈特宰桑婦　土爾扈特民人、土爾扈特民人婦》 土爾扈特，舊爲準噶爾四衛拉特之一。其先世和鄂爾勒克汗，與綽羅斯巴圖魯渾台吉不睦，遂徙入俄羅斯額濟勒地，五傳而至敦嚕布喇什汗。乾隆二十一年曾遣使入貢，三十六年其子渥巴錫，與合族台吉，謀挈全部十萬餘衆歸順，既入覲，封賞有差。於伊犁附近擇地分居，其俗重黃教，事游牧。台吉紅纓平頂深簷冠，衣長袖錦衣，絲絛，革鞮。婦人辮髮雙垂，耳貫珠環，冠紅纓高頂。衣鞮與男子同。其宰桑，紅纓高頂帽，衣錦衣，束帶。人民則素帽，褐衣而已。

清·傅恒《西域圖志》卷四一《服物一·準噶爾部·被服之具》 哈爾邦氈，即冠也。與内地暖帽略同。其頂高，其邊平，以白氈爲裹，外飾以皮，貧者無皮飾。氈或染紫緑色，無冬夏之别，但以毛質厚薄爲差，上綴纓，名扎拉。止及其帽之半。婦人冠與男子同，辮髮雙垂，約髮用紅帛，在辮之腰，帛間綴以好珠，瑟瑟之屬望若繁星。

拉布錫克，即袍也。台吉用錦緞爲之，上飾以繡。宰桑則絲繡、絲紵、氆氌爲之。賤者多用緑色及雜色。禦冬則以駝毛爲絮，名庫綳。亦有止衣羊皮者，右衽，袖平不鑲，四圍皆連紉。台吉、宰桑之婦，衣用錦繡，兩袖兩肩及交襟續紝，鑲以金花，或以刺繡。民人婦女襟袖衣衽俱用染色皮鑲之。

固都遜。即韡也，以牛皮爲之，台吉多用紅香牛皮，中嵌鹿皮，刺以文繡。宰桑亦用紅牛皮，不嵌鹿皮，不刺繡。民人穿皮履，或黑或黄，無敢用紅者。婦人韡履與男子同。

布色，即帶也。以絲爲之，端垂流蘇，其長委地，或以全幅帛爲之，端長尺餘。

哈卜塔噶，即荷包也。緞布爲之，制與内地微異，結穗精美。

綏克，即環也。金銀爲之，以墜耳，飾以珠，男、婦皆用之。

《北史·高車傳》：婦人以皮裹羊骸戴之首，上縈屈髮鬢而綴之，有似軒冕。

《西域傳》：西突厥居烏孫故地，身衣裘褐，悦般國，剪髮齊肩，以餙餬塗之，昱然光澤。

《唐書·回鶻傳》：回鶻汗妻可敦，服絳通裾大襦，冠金冠，前後鋭。堅昆國服貴貂、豽，阿熱冬帽貂，夏帽金釦，鋭頂而卷末。諸下皆帽白氈，喜佩刀礪，賤者衣皮不帽。女衣毳毾、錦、罽、綾。

《文獻通考》：回紇國可汗相見，去帽被髮以爲禮。婦人總髮爲髻，高五六寸，以紅絲絹囊之，既嫁則加氈帽。

又卷四二《服物二·回部·被服之具》 特勒帕克，即暖帽也。頂高五寸，以氈罽爲之，邊寬，前後獨鋭，各五寸，飾以海龍水獺，貴者用貂。帽頂紅色，織花繡紋，均不綴纓。婦人帽頂尖圓，中腰稍細，形若葫蘆之半。辮髮雙垂，名薩持巴，額束以紅帛，上下兩匝，不用珠綴。

喀勒帕克，即秋帽也，制同特勒帕克。以小呢、猩猩氈、倭緞爲之。又

有小帽，無邊，頂微鋭，質以布，或用氈。凡冠暖帽、秋帽，則以此爲裏焉。又或以布帛纏頭，名薩帕持，其末半垂於後。

托恩，急讀曰吞。即袍也。制略同於内地，領無釦，袖平不鑲，四圍連紉。貴者用錦繡，冬用貂。餘服緞廚綢褐不等，冬用羊毛。又一種旁無衽，當胸釦五行，行必以二，常時服之，若見尊長，則以托恩爲重。

普塔，即帶也。又名庫爾，全幅綢綾或布爲之，其末下垂，斜壓小刀於左。

烏圖克，即鞾也。香牛皮爲之，或紅或黑，制同内地，頭稍尖，上嵌花繡，底亦皮爲之。

克闢實，即鞋也。形與鞾同，其旁稍仄，亦皮爲之。

伊實坦，即褲也。布爲之。

克特齊，即荷包也。緞布爲之，形長。内盛刀石、鍼線等物。

尼木察，内袍也。制同衫，以綢布爲之，衽旁存一小孔，謂之延楚克，以藏克特。

派伊帕克，即襪也，制同内地。

阿勒喀，即女人耳環也。以銀及銅爲之，貴者用金，上綴珠寶。

雅克里克，即手帕也，以全幅布爲之。

闢察克，即小刀也。刃短柄長，盛以皮鞘，飾以銀柄，繫長絛佩於帶間。

《晉書・西戎傳》：焉耆，其俗丈夫剪髮，婦人衣襦著大袴。龜茲，男女皆剪髮垂項。

《北史・西域傳》：于闐國王練錦，帽金鼠冠，妻戴金花冠。其王髮不令人見，俗言若見王髮，其歲必儉云。高昌國服飾，丈夫從胡法，婦人裙襦，頭上作髻。焉耆，丈夫剪髮以爲首飾，養蠶不以爲絲，惟充綿纊。龜茲王頭繫綵帶，垂之於後。疏勒王戴金師子冠。鉢和國服氈裘。

《唐書・西域傳》：高昌俗辮髻垂後，龜茲俗斷髮齊項，惟君不剪髮，王以錦冒頂，錦袍寶帶。

《宋史・外國傳》：龜茲王衣黃衣，寶冠。以花蕊布博易。

馬端臨《文獻通考》：于闐國，初無蠶桑，丐鄰國不肯出。其王即求婚，許之。將迎，乃告曰：國無帛，可持蠶自爲衣，女聞，置蠶帽絮中，關守不敢驗。自是始有蠶女刻石，約無殺蠶蛾飛盡，得治繭。

王延德《高昌行紀》：出白氎繡文花蕊布，婦人戴油帽，謂之蘇幕遮。

五代高居誨《使于闐記》：于闐王衣冠如中國，居處常衣紫衣。

《明史・西域傳》巴什伯里，衣服與衞拉同。

按，回部諸城，古者各自爲國，其服亦各不同，今則大略相似。史載于闐形貌衣冠俱如中國，由今觀之，仍與回俗無别也。聖朝禮制從宜，於回部伯克錫之頂帶居恒服飾，則仍其舊，以一王章，以便民俗。

清・蕭雄《聽園西疆雜述詩》卷一《新疆四界》《外國史略》云：哈薩克各分種類，共三十二宗派。身矮而壯，面紅，以布包首，亦穿靴，非若他夷赤足。女則遍身絲緞，頗聰明，奉回教，反覆無常。【略】余在伊犁所見，大約如此，男女出必騎馬，皆持槍矛，内附者猶稍安静，其歸俄國之哈薩，常出没邊障爲害，果子溝、三臺等處道中，過者患之，惟烏士百之種類，則勤耕安分，造棉布、綢緞、回帽、紙張等項以獲利。

又卷二《羅卜淖爾》羅卜淖爾，即蒲昌海。【略】洲中聚處一種回人，與各城回部迥别，肌粗色黑，言語多有不同，無耕種，亦非游牧，但用大木刳成小舟，浮海捕魚，【略】采取野麻子爲餌，捕哈什鳥，剥皮衣之，或得水獺等皮，及哈什鳥翎，持往各城售賣，以易布匹。【略】近時間有出境至吐魯番與哈喇沙爾者，形狀極黑，衣不蔽體，見人似畏避，慣野處，遇各回人，亦不與言。

又卷三《衣服》回部皆著長衣圓領，右衽而袖小，下幅兩旁無衩，名之曰通腰，以棉布束繞之，佩小刀於左。皮棉等衣，多用灰藍紫絳色，或回回錦綢，與和闐醬色綢。暑月單衫，則通用白色，而腰帶仍不稍離。傭工之人，同一裝束，或下垂微短而已。阿渾暨富户人等，每於長袍外，加圓領直襟衣一件，下與袍齊，袖如之，無旁衩，無鈕釦，皆披其襟，蓋崇禮而飾觀瞻者，色用錦綢及青紫布帛。哈密地方寒苦，風猶古樸。南八城漸及奢華，凡表裏各衣，多用中國綫縐摹本緞，並印度國金絲彩緞。

又　回俗四季戴帽，且無換季之分。帽式不一，皆皮棉二項。一若瓮，口小上大，頂隆而平，高四五寸，頂邊圍二尺餘，以青緞紫綢等項爲之，内襯鐵絲，鋪以棉，外以金銀花綫，盤繡各花，微綴小纓，栽如箸大，精者值銀七八兩，哈密一帶尚之。戴之中空，惟口箍附於首，滑脱易落。一類中國秋冬官帽者，檐矮頂高，用紅緑倭緞，與氈片爲之，或亦繡花，垂小纓，檐坦面

長，緣以海龍狐獺等皮，南八城多戴之。每用夾小帽爲襯，一似中國瓜皮棉帽，分作數瓣，瓣有楞，鋭其頂而無結，紫緑彩綢錦緞之屬，皆所不論，棉厚而軟，亦繡以花，且密紉若衲，用爲小帽，各城皆是。又蒙古有臥兔帽，狐皮爲之，極厚而暖，回人亦購以禦寒，夏日特不戴此耳。其俗男子不留髮，帽不離首，雖汗不去，因憶後漢《耿秉傳》，秉與竇固擊車師後王安得，震怖出門，脱帽抱馬足而降，是以脱帽爲敬也。今之回人，間有窮困無聊，乞錢於市者，對人輒脱帽而舞其頭，是以脱帽爲戲也，見者皆羞之。考西域回部，原用白布裹頭，因稱爲纏頭。今各城阿渾等，猶存古制，帽或創之於後也。附按：蒙古臥兔帽，臥兔二字，當即冒頓，冒頓，原讀作墨突，臥兔，與墨突音諧。

又 回人喜赤脚，有時或鞋或靴，皆以香牛皮、香羊皮爲之，頭無脊梁，似中國朝靴，鞋微鋭而扁，底後乘以墩，高寸餘，前方後圓，與内地弓鞋相仿佛，男女皆著之。

又《婦女》 婦人服飾，略與男同，惟裏衣腰不束帶，下垂更長，外之圓領對襟長衣，顏色尤加艷麗，胸前兩襟，多用雜色布帛，剪成二卦象，分嵌於邊以爲飾，或再通身刺繡，爲團花散花之類，此衣名曰霞袢，俗所最重者。滿頭留髮，皆不梳髻而編辮，其初分作三兩條，尺餘後始總編爲一，交以青絲□綫，多者重數兩，下留尺餘，散垂至地。性好光澤，施脂粉。飾耳環、手鐲之屬，珠玉尤所酷愛，惟不插花朵，但戴繡金平頂大圓帽，與男子同式。俗不裹脚，喜緑襪，著雙梁薄底鞋，紅紫鑲嵌，中繡花草，年老則以香皮所製靴鞋爲常服，甚或赤脚，相從其便。

又 平時便服，不著霞袢，嫌累綴也，但穿右衽小袖長袍，即其裏衣，呼爲通者。年少時愛嬌艷，多用回回錦綢，或棗紅摹本緞，暨全紅布帛，老則喜穿緑色。皆以領褂籠罩於外，如内地所稱琵琶襟者，尚短小，或滿繡，或鑲錦邊，老少艷淡有差。

又《婚嫁》 又有鰥男寡女，欲求配偶者，於禮拜日更換新衣，隨同遊玩，或至本處禮拜寺，在喀什一帶者，或至城東之瑪雜爾。是日爲男女娶集之期，至則先拜阿渾，以婚姻事具告。阿渾即爲禱告看經，隨於稠人中指一女子曰：此良配也。其人即將所戴之小帽，與女子互相换戴，以爲永訂。凡行聘禮，用皮邊帽一頂，海龍、紫貂、狐獺，各從其力，香羊皮靴子一雙，花布汗衫、褲子一套，或紅花布二匹亦可，彩色霞袢一件，耳環、手釧一套，青鎖綫一二斤。成親之日，兩家皆念經作樂，宴集親鄰。女家或用花毯，或用阿渾布單墊褥，擡女送至男家，紅錦蓋頭，入門亦拜天地家堂。

又《生子》 男年十三四即娶，女年十一二即嫁，男女於十五歲内得子者，稱爲一家祥瑞，善人根種，必設宴稱慶。凡小兒落地，即請阿渾念經，用净水洗之，囑以吉祥語。三日再洗，十日又洗，十三日命以名。至四十日，有親戚爲之送衣物，即將小兒洗畢，令穿新衣，請阿渾念經，授以諸邪不侵之咒。慶賀三日，戚族鄰居皆送禮，禮物或羊或鷄，以及鷄蛋，布匹，甆器，大米之屬。十七八歲鬚髭生，即留之。至二十，剪齊上唇之鬚，名曰净口。

又《喪葬》 人死用水洗净，先以布條將手足大指，各繫一處，再以花帕兜其腮，然後用白布通身纏裹，置木匣中，外飾錦罩，擡至禮拜寺内。喪家大小，男以白布包頭，女以白羅蓋面，爲戴孝，過三日念經除服。婦人要喪夫，並將衣服反穿三日，周年改嫁。亦有滿百日誦經除服者。

紀事

《隋書》卷八四《北狄》 大業三年四月，【略】帝以爲不可，乃下詔曰：先王建國，夷夏殊風，君子教民，不求變俗。斷髮文身，咸安其性，旃裘卉服，各尚所宜，因而利之，其道弘矣。何必化諸削衽，縻以長纓，豈遂性之至理，非包含之遠度。衣服不同，既辨要荒之叙，庶類區別，彌見天地之情。仍璽書答啓民，以爲磧北未静，猶須征戰，但使好心孝順，何必改變衣服也。

《舊唐書》卷一九五《回紇傳》 甲午，肅宗送寧國公主至咸陽磁門驛，公主泣而言曰：國家事重，死且無恨。上流涕而還，及璃至其牙帳，毗伽闕可汗衣赭黄袍，胡帽，坐于帳中榻上，儀衛甚盛，引璃立于帳外。

元・李志常《長春真人西遊記》卷上 八月二十七日，抵陰山後。回紇郊迎，至小城北。【略】西即鱉思馬大城。王官、士庶、僧道教數百，具威儀遠迎。僧皆赭衣，道士衣冠與中國特異。

又卷下 宣差李公東邁，以詩寄東方道衆云：【略】迤邐直西南下去，西南四千里到兀里朵，又西南二千里到陰山。陰山之外不知名。陰山西南一重大山，

一重小水。數千里到邪米思干大城，師館於故宮。【略】男女皆編髮，男冠則或如遠山帽，飾以雜綵，刺以雲物，絡之以纓。自酋長以下，在位者冠之。庶人則以白麼斯布屬六尺許盤於其首。酋豪之婦纏頭以羅，或皂或紫，或繡花卉，織物象，長可六七尺。髮皆垂，有袋之以綿者，或素或雜色，或以布帛爲之者。不梳髻，以布帛蒙之，若比邱尼狀，庶人婦女之首飾也。衣則或用白氈縫如注袋，窄上寬下，綴以袖，謂之襯衣。男女通用。車舟農器制度頗异中原。【略】衣與國人同，其首則盤以細麼斯，長三丈二尺，骨以竹。師異其俗，作詩以紀其實云：回紇邱墟萬里疆，河中城大最爲强。滿城銅器如金器，一市戎裝似道裝。剪簇黄金爲貨賂，裁縫白氈作衣裳。靈瓜素椹非凡物，赤縣何人構得嘗。

藝文

清·蕭雄《聽園西疆雜述詩》卷三《衣服》 章身多愛錦衣鮮，窄袖長裾領自圓。袍袴暑天齊尚白，腰間猶繫一條棉。

又 高冠似瓮覆還空，小帽如觚繡並工。應是平生嫌髮短，不教露頂見王公。

又 舞韡飛鳥各停當，製就香鞣淺色黄。底印正疑弓樣巧，蓮鉤那識一般裝。

又《婦女》 女兒一樣辨妍媸，十二芳齡是嫁時。争奈玉肌容易老，不關山色失胭脂。

又 翠襪淩波紅繡鞋，青絲編髮稱身材。迷離撲朔渾難辨，襟影雙飄拖地來。

又 少婦輕籠彩色裳，老婆翻學緑衣郎。肩披錦帔垂腰短，正是胡姬馬上妝。

又《幼稚》 小兒空是説髫年，小女衣襟横在肩。躐等居然袍褲好，赤趹行傍額娘邊。

西南地區

綜述

《隋書》卷八三《西域傳》 黨項羌者，三苗之後也。其中有宕昌、白狼，皆自稱獼猴種。【略】服裘褐，披氈以爲上飾。

《舊唐書》卷一九六《吐蕃傳上》 畜多犛牛猪犬羊馬，又有天鼠，狀如雀鼠，其大如猫，皮可爲裘。【略】居父母喪，截髮，青黛塗面，衣服皆黑，既葬即吉。其贊普死，以人殉葬，衣服珍玩及嘗所乘馬弓劍之類，皆悉埋之。仍於墓上起大室，立土堆，插雜木爲祠祭之所。

又 貞觀十五年，太宗以文成公主妻之，令禮部尚書，江夏郡王道宗主婚，持節送公主於吐蕃。弄讚率其部兵次柏海，親迎於河源，見道宗，執子壻之禮甚恭，既而歎大國服飾禮儀之美，俯仰有愧沮之色。及與公主歸國，謂所親曰：我父祖未有通婚上國者，今我得尚大唐公主，爲幸實多，當爲公主築一城，以誇示後代。遂築城邑，立棟宇以居處焉，公主惡其人赭面，弄讚令國中權且罷之，自亦釋氈裘，襲紈綺，漸慕華風。仍遣酋豪子弟，請入國學以習詩書。

又卷一九八《西戎傳》 黨項羌在古析支之地，漢西羌之别種也。【略】男女並衣裘褐，仍披大氈。

《新唐書》卷二一六上《吐蕃傳上》 吐蕃本西羌屬，蓋百有五十種，散處河、湟、江、岷間，有發羌、唐旄等。然未始與中國通。【略】部人處小拂廬，多老壽至百餘歲者。衣率氈韋，以赭塗面爲好。婦人辮髮而縈之。【略】其官之章飾，最上瑟瑟，金次之，金塗銀又次之，銀次之，最下至銅止，差大小，綴臂前以辨貴賤。【略】父母喪，斷髮，黛面，墨衣，既葬而吉。

宋·沈括《夢溪筆談》卷一九《器用》 青堂羌善鍛甲，鐵色青黑瑩徹，可鑑毛髮，以麝皮爲綇旅之，柔薄而韌。鎮戎軍有一鐵甲，匱藏之，相傳

以爲寶器，韓魏公帥涇原曾取試之，去之五十步，强弩射之不能入，嘗有一矢貫札，乃是中其鑽空，爲鑽空所刮，鐵皆反卷，其堅如此。凡鍛甲之法，其始甚厚，不用火，冷鍛之，比元厚三分減二乃成，其末留筋頭許不鍛，隱然如瘊子，欲以驗未鍛時厚薄，如浚河留土筍也，謂之瘊子甲。今人多于甲札之背隱起，僞爲瘊子，雖置瘊子，但元非精鋼，或以火鍛爲之，皆無補於用，徒爲外飾而已。

宋・王楙《野客叢書》卷二六《烏鬼》 所謂烏蠻，則婦人衣黑繒，白蠻，則婦人衣白繒。

明・田汝成《炎徼紀聞》卷四《蠻夷》 羅羅，本盧鹿，而訛爲今稱。有二種，【略】風俗略同。【略】勒四十八部，部之長曰頭目，其人深目長身，黑而白齒，椎結跣蹻，荷氈戴笠而行，腰束葦索，左肩拖羊皮一方，佩長刀箭箙，富者以金釧約臂，悍而喜鬭。【略】男子則薙髭而留髯，婦人束髮，纏以青帶，悉報旁通，靦不恧也。

又 仲家，【略】衣裳青色，婦人以青帛蒙髻，若冒絮之狀，長裙細績，多者二十餘幅，拖腰以彩布一方若綬，仍以青衣襲之，在室奔而不禁，嫁則絶之，喪食尚魚鰕而禁禽獸之肉。葬以傘蓋幕，期年發而火之，祭以枯魚，以十二月爲歲首，俗尚銅鼓，中空無底，時時擊以爲娱，土人或掘地得鼓，即譸張言諸葛武侯所藏者，富家爭購，即百牛不惜也。

又 尚人，一曰尚蠻，散處於牂牁、舞溪之界。在沅者尤多，言語侏儺，尚仇而喜殺，惰於耕作。男子科頭徒跣，或趿木履，以鏢弩自隨，暇則吹蘆笙木葉，彈二弦琵琶，臂鷹逐犬爲樂。婦人短裙長袴，後垂刺繡一方若綬，胸亦如之，以銀若銅錫爲錢，編次繞身爲飾，富羡者以金環綴耳，纍纍若貫珠也。

明・于慎行《穀山筆麈》卷一八《夷考》 劍南、西山諸羌可十餘種，皆因韋皋内附，即今威、茂諸蕃也。唐時，皆各稱王，中有女蠻，其先爲白狼國，以女爲國君，人危髻金冠，纓絡被體，謂之菩薩蠻，當時樂遂製此曲，至今傳之。蠻亦作鬘。

清・許纘曾《滇行紀程・貴西苗種》 貴西苗九種，種類各別，大約垂髻垢面，言語與黔人不同，以青布帕裹髮，高盤額前，所佩匕首，終其身未嘗解，無絮布，雖大寒亦止披破氈一片，或犬羊之皮，袤廣三尺許，風從左至，則披左肩，風右至則披右肩，或掩於胸，或負於背，皆視風所至。居高山大箐中，不産稻，唯食苦蕎雜糧，貪悍輕生，跣足走險，易於爲亂，雖饑寒迫之，亦由漢人欺其愚而侮之太過，忿激而成也。

又《衣服飲食》 苗人多衣草衣，婦人以筒布爲裙，以荷葉包飯，澗水澆而食之，以蘆管漬酒飲之，謂之竿兒酒。

清・田雯《苗俗紀・花苗》 花苗在新貴縣廣順州，男女拆敗布緝條以織衣，無衿竅而納，諸首以青藍布裹頭，少年縛楮皮於額，婚乃去之，婦人斂馬鬃尾，雜人髮爲髲，大如門，籠以木梳。裳服先用蠟繪花於布，而後染之，既染去蠟則花見，飾衣以錦，故曰花苗。

又《東苗西苗》 東苗西苗在新貴縣之谷池里，男髽髻，著短衣，色尚淺藍，首以織花布條束髮，婦著花裳無衣，惟遮覆前後，俗與花苗同。

又《青苗》 青苗在鎮寧州，服飾皆尚青，男子頂竹笠，躡草屨，佩刀。婦人以青布一幅，製如九華巾著之。性强悍，好爭鬭，同於羅羅，然不敢爲盜。

又《白苗》 白苗在龍里縣，亦名東苗西苗，服飾皆尚白。【略】男子科頭赤足，婦人盤髻長簪。

又《平伐司苗》 小平伐司苗在貴定縣，男子披草衣短裠，婦人長裠綰髻。

又《九股黑苗》 九股黑苗在興隆衛凱里，司與偏橋之黑苗一類，服尚青。

又《短裙苗》 短裙苗在思州葛彰，以花布一幅横掩及骭。

又《夭苗》 夭苗在陳蒙、爛土、夭壩，一名黑苗，緝木葉以爲上服，衣短裙。

又《生苗紅苗》 生苗在施秉縣，紅苗在銅仁府，有吴、龍、石、麻、田五姓，衣被俱用斑絲，女工以此爲務。

又《陽洞羅漢苗》 陽洞羅漢苗在黎平，婦人養蠶織錦，服短衫，繫雙帶結於背胸前，刺繡一方以銀錢飾之，數日必淅水，洗髮復滌之澗中，婚姻先外家，不則葡他族，遠者爲生苗，衣短衣，佩刀弩，小隙輒操戈。

又《黑羅羅》 羅羅本盧鹿，訛爲今稱，有黑白二種，居平遠、大定、黔西、威寧者爲黑羅羅，亦曰烏蠻，黑大姓。俗尚鬼，故又曰羅鬼。【略】世長

其土勒四十八部，部之長曰頭目，其等有九，曰九扯，最貴者曰更苴，不名不拜，錫錢銀鳩杖僭擬師保，凡有大政取決焉，次則慕魁勺魁，馬色以至黑乍皆有職守，其人深目長身，黑面白齒，以青布帛爲囊，籠髮其中，而束於額，若角狀，行則荷氈戴笠。男子剃髭，婦人束髮，纏以青帶。

又《八番》 八番在定番州，服食居處與漢大同，婦人直頂作髻，業耕織。

又《仲家》 仲家貴陽都匀、鎮寧、普安皆有，女人男子以帕束首，躧屩。好樓居，有姓字，衣尚青。婦人多纖好，而勤於織。以青布蒙髻，若帽絮之狀，長裙襵積多者二十餘幅，拖腰以彩布示幅，若綬仍以青布襲之，短僅及腰，躡履。

又《狗耳龍家》 衣尚白，好依深林薦莽之間，男子束髮而不冠，善石工。婦人辮髮螺結，上指若狗耳之狀，衣斑衣，以五色藥珠爲飾，貧則以薏苡代之。

又《馬鐙龍家》 衣尚白，喪服則易之以青。婦人緇布作冠，若馬鐙，加髻以簪束之，一曰大頭龍家。男子以馬牛鬃尾雜髮，而盤之若蓋，以尖笠覆之。

又《宋家》 宋家蓋中國之裔。【略】男子帽而長襟，婦人笄而短襟。

又《蔡家》 蔡家即宋人，亦爲楚所俘，在威清平遠，男子製氈而衣，婦人以氈爲髻，飾以青布若牛角，高尺許，用長簪綰之，短衣長裙，以耕織爲業。

清・劉獻廷《廣陽雜記》卷一 雲南儸儸。挽髮時，以木四五寸，竪頂中爲結，以布勒之，如獨角獸然。此即古之椎髻也。

清・陳鼎《滇黔土司婚禮記》 今滇、黔之間，有宋家、蔡家、羅家、龍家之苗，即其裔也，四家之冠裳服飾，冠婚喪祭，一秉周禮。【略】女子尚短衣，衣齊腰，長裙，裙百折或二百折，富者穿五重，貧者亦兩三重，男子亦然，其裏衣及裙，冬夏皆紵，處女夜臥，不脱不沐，臨嫁方沐，既嫁，日一沐，沐畢，塗以蘇合油，貧者塗以羊膏，故膚如凝脂也。其裏衣與裙相接，皆聯金扣以百數，褌口與羅襪相接，亦密以扣，扣皆圓而扁者，貧家以鉛錫爲之，合巹之夕始解，既定情，復起穿如故，生子然後去。【略】長官家女有縛足者，民間多不縛，便於工作也，其縛也甚易，山中有草曰威靈仙者，取其根汁煎濯之，不數日而步步金蓮矣。苗種類甚多，而習俗各異，婚禮亦不同，惟宋蔡、羅、龍、鳳四姓得其正。【略】新郎君見長者，用斑竹箸雉羽扇爲贄，長者贈以硃砂石青牛馬犬豕，新婦見尊者，用棗栗榛松爲贄，尊者贈以峒巾苗錦金寶簪珥，此四姓五家古例也。余娶時，雜行漢禮，用樂器，兼苗中銅鼓，親迎，絳紗燈百對，竹炬百燎，火爆以千計，彩輿藍蓋用先人儀仗爲前導，羊一牛一豕一犬一皆塗以彩，酒二瓮，錢百緡，犒司閽，其執事人皆役所屬諸苗，抵府奏樂者七，發炮者七，開門，外舅公服趨立阼階，《爾雅》：妻之父爲外舅。揖壻及儐相入，儐相皆庠中知名士閑於禮者也，具巾衫頂帶以從事。【略】簾内一緋衣老媪出，以軟紅羅丈許束壻腰，牽入籬内，【略】命緋衣媪送出大堂，坐席演劇，飲三爵，徹席更衣，上攢盤，又飲三爵，起，復衣公服，相者引至堂下再拜謝，外舅乃出緞紗綾羅各十二束。【略】奏苗女樂，數十小婢衣緋繫諸葛銅鼓，震天，盤旋環繞於庭中，謳苗歌，抑揚宛轉，如鶯啼芳樹焉，俄而衣緋媪以朱絲一縷，繫壻左臂，引絲入室，繫女右臂牽出，女以錦蒙首，與壻並立，拜其祖宗神位，凡八拜畢，夫婦交拜，次拜外舅姑，凡八拜，命坐，外舅姑北向，諸媵母皆侍立，壻與女東向並坐，緋衣媪揭女繡蓋，以面示壻。【略】女送壻出妝樓，至書樓中堂止，緋衣媪解壻左臂絲，引女還，緋衣媪者，女儐相也，已而呼相者入，更苗錦衣，【略】諸女親於大門外設香案焚楮帛送家神畢，迎入書樓，相者誦詞三，請新婦，緋衣媪持鑰，啓門，引新婦右，臂朱絲付新郎君，牽新婦下車，侍女扶諸媵出，共簇新婦歸臥房，【略】緋衣媪即合房門爲婦更衣屨，【略】新婦跪遞姑杯箸，次女親，次小姑，飲三爵，徹席更衣，再飲三爵，新婦率媵下堂拜謝訖，隨姑入室，爲姑進幃帳衾枕，衣服首飾，奉沃盥，候姑寢，乃率諸媵退，自是每雞初鳴，必起櫛沐，率諸媵至姑寢門，如未醒，即默候，既醒，即呼内侍女啓門入，爲姑著衣履櫛沐進早膳訖。【略】從嫁八媵，半屬宗人，半選良家，大都其家臣之女也，其齒以内子居中上，而選長至四齡止，下而選幼至四齡止，蓋亦周制也，服飾皆同，惟内子多一金項環，而釧則起花金樣也，他皆素金爲之。【略】妾嘗夢遊一山，有瓊樓玉宇焉，一女冠引妾入謁玉真仙姬云，仙姬錦衣霞冠，南向坐，妾拜於堂下，旁一女官以笏指妾謂姬曰，是女慧，且有道緣，可留爲侍。仙姬曰，尚幼，姑令讀漢書，須十七齡耳，遂揮妾出。

清・傅恒《清職貢圖》卷二《西藏所屬衛藏阿爾喀木諸番民、西藏所

屬衛藏阿爾喀木諸番婦》　西藏，古西南徼外諸羌戎地。唐宋爲吐蕃部落。今皆皈依達賴喇嘛。我朝命大臣駐守之。其地有四：曰衛，曰藏，曰阿爾，曰喀木，共轄城六十餘。番民男戴高頂紅纓氈帽，穿長領褐衣，項掛素珠。女披髮垂肩，亦有辮髮者，或時戴紅氈凉帽。富家則多綴珠璣，以相炫耀。衣外短内長，以五色褐布爲之，能織番錦、毛罽，足皆履革鞮。

又**《西藏所屬布嚕克巴番人、西藏所屬布嚕克巴番婦》**　布嚕克巴部落，在藏地之西南。【略】其男子披髮，裹以白布如巾幘，然著長領褐衣，肩披白單，手持素珠。婦女盤髮後垂，加以素冠，著紅衣，外繫花褐長裙，肩披青單，項垂珠石纓絡，圍繞至背。

又《西藏巴呼喀木等處番人、西藏巴呼喀木等處番婦》 巴呼喀木部落，在藏地之東，所屬有裏塘、巴塘、查穆鐸等處。其男子戴白氈鋭頂帽，上插鳥羽三枝，著紅褐長領衣，皂襪朱履，胸佩護心小鏡，時負番錦等物，赴藏貿易。婦女盤髻，戴紅緑布冠，額綴珠鈿，領圍繡巾，肩披紅單，衣用各色褐布，外繫緣邊褐裙，束以錦帶，跣足不履，亦有著革鞮者。

又《西藏密納克番人、西藏密納克番婦》 密納克番人，在打箭爐口外，居藏地之東，亦多皈依紅教。男戴圓頂氈盔，著窄袖綿甲，背負鐵板，脛裹行縢，赤足不履，出入必佩利刃，彎弓挾矢，以射獵爲事。婦女披髮後垂，蒙以青帛，綴珠爲飾，耳戴大環，繫青絲三絡，著三截緣邊褐衣，五色花袖，而肩背間交縈，青紅帛布，亦雜綴以珠石。蓋川省苗蠻種類也。

又《魯康布札番人、魯康布札番婦》魯康布札部落，在藏地之西南千里，荒野蠢頑，不知佛教。男婦冬衣獸皮，夏衣樹葉。

又卷四《臨桂縣大良傜人、臨桂縣大良傜婦》臨桂縣大良傜，多居深谷間，以遠近爲伍，木葉覆屋。椎髻，跣足，短衣緣繡，以錦綴膝，出必携雨蓋。傜婦以銀簪遍插髻間，耳綴大銀環，以蠻錦、刺繡爲衣，時攜竹籃趁墟。

又《永寧州梳傜人、永寧州梳傜婦》永寧梳傜，居山谷最僻處，男婦以耕織爲生，無賦稅。明景泰時始出，與州民貿易。人至其家，即非素識，必具牲醴相款洽。男不留髭鬚，椎髻纏花巾，領袖緣以花布。女布衣，花

帶，不事裝飾，以髻中綰木梳，故概名梳傜。

又《**興安縣平地傜人、興安縣平地傜婦**》 興安縣平地傜，傍石林結茆屋，佃田輸租，不事剽竊。俗醇似平民，因名平地傜。男花帛裹頭，帶銀手釧，衣袴俱錦緣，時以布囊負物。女錦纏頭，綴以珠玉，項飾銀圈，花布巾束腰，偶詣親串家。晴雨必以油蓋自隨。

又《灌陽縣竹箭傜人、灌陽縣竹箭傜婦》　竹箭傜，類湖南之箭桿傜。【略】男女俱挽髻，簪竹簪三枝，有似於箭。男衣緣邊短衣。女花領繡裙。

又《羅城縣盤傜人、羅城縣盤傜婦》　羅城縣傜人，居縣屬之通道鎮，歲時祭賽盤古廟，因名盤傜，又名自在傜。伐山火食，俗尚踏歌，濃粧綺服，一唱百和，謂之會閬，元夕、中秋爲盛，餘節亦間舉。男五色布裹頭，領緣花絨帶，綴制錢。女以竹片綴珠覆首，布衣花袖，帶亦綴錢，復結制錢爲佩，繫之當胸，行步則瑲然有聲。

又《修仁縣頂板傜人、修仁縣頂板傜婦》 頂板傜，居修仁縣之山麓間，以所耕磽瘠，免賦稅，頗安業，不爲非。男女短衣花領，皆以黃蠟膠紅板於首，女則綴以琉璃珠，纍纍若瓔珞然，與湖南之頂板傜同，但以繩結領下者略異。其俗女嫁時携汲桶至夫家，夫擊女背者三，婦乃以桶出汲。

又《慶遠府過山傜人、慶遠府過山傜婦》 慶遠府屬傜人，向隸土司。雍正七年改土歸流，遂入版籍供賦役。其過山傜，僻處山巔，以焚山種植爲業，地力漸薄，輒他徙，故以過山爲名。【略】男女俱插長簪，短衣繡領。結絲網爲袋，以負物，各以繩繫額而行。

又《陸川縣山子傜人、陸川縣山子傜婦》 山子傜，居深山中，耕山爲業，遷徙無常，類過山傜，故别其名曰山子。【略】。男椎髻纏頭，著短袖衣。女則以繡緣領。每出行，男女皆携葫蘆，爲飲器。

又《興安縣僮人、興安縣僮婦》 僮亦盤瓠遺種。元時自楚黔至粤，蔓衍桂平梧各郡山谷間，與傜雜居，而性尤獷悍，喜攻擊撞突，故曰僮。其在興安之富江諸處者，被化最早，習俗較醇，以耕種負販爲生，席地而炊，搏飯而食。男藍布裹頭，婦椎髻，銀簪，懸以花勝，抹額，悉綴以珠，衣裳俱緣以錦繡。宴客人，置一器，食餘則各攜去。

又《賀縣僮人、賀縣僮婦》 賀縣僮人，始來自楚，居縣屬南鄉，有生熟二種，熟者入籍輸税，生者居深山中，性剽悍。明隆慶時，其酋楊公滿等作亂，都御史殷正茂等討平之。本朝以來，僮人安耕織，慕文物。男花巾纏頭，項飾銀圈，青衣繡緣。女環髻，遍插銀簪，衣錦邊，短衫繫純，錦裙，華飾自喜，能織僮錦及巾帕。其男子所携，必家自織者。

又《融縣僮人、融縣僮婦》 融縣之水冷峒，左右藤蒼樹古，多猿猱。僮人視若儕伍，結廬其中，號蔴欄。男女群處，子娶婦始別欄焉。性雖悍，頗知奉法，有田者必争先輸課。善雞卜。執雄雞禱畢殺之，拔兩股骨，視骨側細竅，遍插竹筳，斜正偏直，任其自然，以定吉凶。男花布纏頭。女項飾銀圈，衣緣以錦，花褶，繡履。時携所織僮錦出售。必帶竹笠而行。

又《龍勝苗人、龍勝苗婦》 龍勝界連黔粵，多層岩叠嶂，苗人架竹木爲樓居。【略】男纏頭，插雉尾，耳環，項圈，青衣紫袖。女挽髻，遍插銀簪，復以長簪綴紅絨，短衣緣錦，花兜，錦裙。常手攜檳榔盒。男女皆跣足而行。

又《羅城縣苗人、羅城縣苗婦》 苗之在羅城者，與傜雜居，而性頗不類，好吹笙。男子髻插三雉尾，耳環，手鐲，短衣繡緣。苗婦椎髻，長簪，著鑲錦敞衣，胸露花兜，裳則純錦，以示靚麗。能織番錦。

又《懷遠縣苗人、懷遠縣苗婦》 懷遠縣之武洛、猛團等處，苗人寨焉。

【略】男女服飾均與龍勝苗人相同。

又《岑溪縣俍人、岑溪縣俍婦》 俍人，亦槃瓠遺種，散處粤西山谷間。明弘治間，時奉調遣，謂之俍兵。岑溪縣之北科峒，土地肥美，宜五穀。萬曆時俍目韋月率兵屯種。韋衰，徐勝繼之，遂屬徐勝子孫管領。國朝順治初，亦調俍兵二十名戍其地，今爲例。男椎髻，績麻爲衣，以耕漁爲生。婦垂髻，耳環，與民人相同。喜以茜草染齒使紅，以示麗。貧者時戴笠，攜筐，挑野蔬以佐食。善雞卜，與僮差異，視骨理之明暗，以定吉凶。

又《貴縣俍人、貴縣俍婦》 明正德時，粤西流賊四起，貴縣民多逃亡，田地荒蕪。因俍人兵征賊有功，使耕其地，遂居縣屬五山九懷之中，長子孫

焉，世以耕獵爲生，亦有粗知漢字者。男戴笠，著履，時攜巾扇閒遊。女青衣，繡裳，繫紅緑彩色帶，喜簪花，亦喜以茜草染齒。婚聘以饋肉爲禮，男女迎送，則歌聲互答，以相歡悦。

又《**懷遠縣伶人、懷遠縣伶婦**》 伶者，另也，諸蠻之外另爲一種，與傜、僮又别，故曰伶人。其貴少賤老，不留髭鬚，亦似苗，但不若苗之頑悍。懷遠之永吉、三峒等村，多幽崖奧穀，伶人依焉。不室而處，採橡薯爲糧，或射狐、掘鼠及捕蟲蟗以充食。婦女亦間採山菓以佐之，不識紡織，以卉爲衣。

又《**馬平縣伢人、馬平縣伢婦**》 伢人亦槃瓠種，居馬平縣之山谷間，以耕獵爲業。明代屢次作亂，都督韓觀等先後勦撫。百年以來奉法與齊民

等。男黑布裹頭，黑衣花帶。婦短衫，緣錦，袖連彩帛三四重，裙則純錦，常刺額爲花草蛾蝶狀，所謂雕題漆齒也。有生熟二種：在深谷者爲生丁，亦名黑丁，雜民居者爲熟丁，亦名白丁。

又《思恩府屬儂人、思恩府屬儂婦》　儂人自稱曰儂，散居思恩及田州等處。【略】男三十以上乃婚。婦首綰雙髻，短衣布裙。

又卷五《河州土千户韓玉麟等所轄撒喇族土民、河州土千户韓玉麟等所轄撒喇族土婦》　按《明史》，西羌族類最多，其散處河、湟、洮、岷間者，

爲中國患尤劇。【略】其民所居，距州治二百餘里。男子冠履與内地民人無異，著大領無衩衣。女繫裙，裹足，亦同民婦。

又《洮州理番同知所轄口外陸哨蟲庫兒番民、洮州理番同知所轄口外陸哨蟲庫兒番婦》 陸哨蟲庫兒，係口外生番部落，向未設立土司。【略】番民冠綴紅纓，衣俱長領齊袖。婦人披髮於背，衣用紅綠布及五色花褐，其長至足。亦間有效民婦短衫長裙者。

又《西寧縣哆吧番民、西寧縣哆吧番婦》 西寧縣哆吧番民，即繫西藏之人。男子戴黃邊紅纓帽，衣十字花氆氌長領衣，常持數珠，誦佛號。婦人

披髮，約以青褐，分垂之，綴水石鏡爲飾，衣藏布盤襖，足履革靴，夏月亦或跣行。

又卷六《松潘鎮中營轄西壩包子寺等處番民、松潘鎮中營轄西壩包子寺等處番婦》 松潘，古氐羌地。【略】番民薙髮留辮，戴白氈纓帽，衣用羊皮，以布緣之。番婦髮垂兩辮，束以紅帛，綴螺蚌爲飾，衣布褐緣邊衣。

又《松潘鎮中營轄七步峨眉喜番民、松潘鎮中營轄七步峨眉喜番婦》 峨眉喜大小十五寨，七步徐之河大小十一寨，皆番倮種也。【略】番

民椎髻，耳垂大環，長領短衣，披羊皮。番婦披髮，結辮。短衣，布裙，俱跣足。

又《威茂協轄雜谷各寨番民、威茂協轄雜谷各寨番婦》 雜谷，本唐時吐蕃部落。【略】番民戴巾帽，耳綴銅環，衣褐佩刀。番婦辮髮，接紅牛毛盤之，以珊瑚、松石爲飾，短衣，長裙。習織毛褐。

又《威茂協轄沃日各寨番民、威茂協轄沃日各寨番婦》 沃日土司兒達那之始祖喇嘛巴必泰，於本朝順治十五年歸化。【略】番民戴皮帽，著短

衣，披偏單於背，佩刀，履革。婦女辮髮，絨帽，短衣，長裙，繫皮褐大帶。亦知力作，習紡織。

又《威茂協轄小金川番民、威茂協轄小金川番婦》 小金川，即金川寺。【略】番民椎髻，氈帽，綴以豹尾，短衣摺裙，身佩雙刀。番婦以黃牛毛績髮作辮，盤之，珊瑚爲簪，短衣革帶，長裙，跣足。往來負戴，亦知紡織。又有逐克爾宗、石南壩等處男女，身纏幅布，蔽以羊皮。婚配後始著衣裙。

又《威茂協轄金川番民、威茂協轄金川番婦》 金川，即金川寺種類。

【略】番民椎髻，帽用羊皮，染黄色，以紅帛緣之，耳綴銅環，布褐短衣，麻布裙，出入必佩兵械。崇佛教，知耕作。婦女結辮於首，綴以珊瑚，耳綴大環，短衣長裙。知紡織。

又《威茂協轄岳希長寧等處番民、威茂協轄岳希長寧等處番婦》 岳希長官司，管黑虎寨七族。長寧安撫司，管二十七寨。静州長官司，管十二寨。隴木長官司，管赤土關諸族拗盤諸寨。【略】番民居土室，戴羊皮帽，布褐長衣。以耕種爲生，亦有貿易者。婦女盤髮，纓帽，耳綴大銅環，長衣，革履，頗勤耕織。婚禮用豕肪爲餽，佐以銀、布。

又《漳臘營轄口外甲凹鵲個等處番民、漳臘營轄口外甲凹鵲個等處番婦》 口外、甲凹、鵲個、郎惰、阿壩十二部落，氐羌之裔，前代爲生番。【略】

番民薙髮，不留辮，衣裘褐。番婦披髮，不櫛，雜繫珠石於髮上，跣足耕種，亦能織毛褐。

又《漳臘營轄口外三郭羅克番民、漳臘營轄口外三郭羅克番婦》口外三郭羅克，氐羌之裔。【略】番民戴狐帽，著褐衣，以虎豹皮緣之，革帶，革履。番婦辮髮後垂，約以布囊，雜綴珠石爲飾，衣服與男子略同。

又《建昌中左營轄祭祀田等處倮儸、建昌中左營轄祭祀田等處倮儸婦》西昌縣祭祀田土百户、德昌所昌州長官司，俱於康熙中歸化。又有會

理州苦竹壩土目，皆倮儸種類，【略】男挽髻，著短衣，束長帶，跣足。【略】婦挽髮，裹青帕，結五色線垂於耳後，著長衣，細褶裙，跣足。亦知紡織。

又《建昌中右營轄阿史審札等處倮儸、建昌中右營轄阿史審札等處倮儸婦》 阿史安撫司膩乃土千户，於本朝康熙中歸化，雍正六年裁歸沙馬宣撫司管轄。審扎土千户等處，亦同歸化。雍正六年改歸流官，歲輸雜糧。其人皆倮儸種類。男子椎髻，裹青布帕，耳綴銅環，短衣，草履，背披黑氈，常繫布囊於腰，性悍好鬭，出必佩刀弩。婦女以青布裹頭，布衣，褐裙，亦披黑氈於背，跣足不履。頗習耕織。

又《建昌鎮屬會川永寧營轄披沙等處苗人、建昌鎮屬會川永寧營轄披沙等處苗婦》 會理州披沙外委土千户禄民者，保土目禄氏、會理村土目沙氏，皆倮儸種。而所管苗人，則來自滇黔。【略】服制與內地略同，惟椎髻

裹以布帕。苗婦梳高髻，以紅緑布裹頭，著長領衣，花褐緣邊裙。

又《建昌右營轄蘇州白露等處西番、建昌右營轄蘇州白露等處西番婦》 虛朗土百户，本朝康熙中歸化，於雍正六年改土歸流。冕寧縣之蘇州土千户白露，仍設土目約束之。越巂衛之松林、白石、野猪塘等土千百户，亦同時歸化，皆西番種也。在冕寧者，風俗服食與内地無异，務農力作，按畝輸賦。在越巂者，男青布裹頭，帶耳環，著褐衣，外披青氈，織草爲履，出必佩刀，性朴實，勤耕作。婦挽髻，束以紅布，又别綴幅布於髻上，飾以珠石，短衣麻襦，肩帔，用五色帛布緣之。亦能紡織。每歲輸雜糧於寧越營。

又《建昌鎮屬會鹽等營轄瓜别馬喇等處麽些、建昌鎮屬會鹽等營轄瓜别馬喇等處麽些婦》 鹽源縣瓜别安撫司、馬喇長官司及兒斯瓦尾等十三土司所管麽些，本滇夷種。多處山澗，以板爲屋。男子以帕裹首，耳綴大

環，短衣，披羊裘，以褐纏脛，繫牛革於足底。婦女首裹藍帕，長衫，布裙。知耕作，績牛羊毛以織褐。

又《會鹽營轄右所土千户倮儸、會鹽營轄右所土千户倮儸婦》 鹽源縣右所土千户，居喜得寨，所管倮儸，椎髻，短衣，佩刀，跣足，常繫竹筒於腰。婦女挽髻，束布帕，衣裙亦同近邊民婦。

又《建昌鎮屬懷遠營轄虛朗等處倮儸、建昌鎮屬懷遠營轄虛朗等處倮儸婦》 冕寧縣虛朗白露土司，多西番種，亦有倮儸，服食與右所等處略同。

【略】婦女多不事紡織。

又《會川營轄通安等處擺夷、會川營轄通安等處擺夷婦》 擺夷，即白夷，本滇中種，通安者，保披沙各土司俱有之。【略】男子以布裹頭，短衣，跣足。婦女挽髻，以皂帕抹額，綴以珠石，仍常戴竹笠，短衣，長裙，跣足。

又《會川營轄迷易普隆寺等處擺夷、會川營轄迷易普隆寺等處擺夷婦》 迷易所土千户安氏，本滇之景東府擺夷種也。【略】與民人村落相聯屬，男女服食亦相似。

又《永寧協右營屬九姓苗民、永寧協右營屬九姓苗婦》 瀘州九姓長官司任氏，自明洪武時内附，授職世襲。【略】苗民椎髻，裹青布帕，著花布衣，披棕櫚皮，跣足。勤於耕，常吹竹筒笙爲樂。苗婦挽髻，以青布作帽，束以花巾，著大袖花布短衣，緣邊花裙，恒持傘以行。

又《普安等營轄雷波黄蝍夷人、普安等營轄雷波黄蝍夷婦》雷波衛，本阿照部落。【略】黄蝍所，本噶哈部落。【略】男椎髻，去鬚，僅留頦下髭，氈笠，布衣，以朱漆塗革帶，佩刀，裹囊。婦挽髻，裹青帕，耳綴銅環，著長衣、細摺裙，行必荷笠。

又《泰寧協右營轄大田倮儸、泰寧協右營轄大田倮儸婦》大田倮儸，亦後漢馬岱之裔，世與西番同，爲大田宣慰司所轄，其沿革亦同。男挽髻，裹青帕，布衣，披氈衫。女著長衣，半臂，繫五色褐裙，束織花褐帶。勤於耕織。

又《泰寧協屬黎雅營轄木坪番民、泰寧協屬黎雅營轄木坪番婦》 木坪土司，明爲董卜韓胡宣慰司，本朝順治九年歸化。番民居處多壘石爲碉房。男薙髮，留辮，戴圓頂氈笠，著長衣，披紅偏衫。番婦盤髻，垂雙辮於額前交挽之，著大領短衣，細摺長裙，拖繡帶。勤於耕織。

又《泰寧協屬裏塘番民、泰寧協屬裏塘番婦》 裏塘宣撫司，本朝康熙中歸化。【略】番民皮帽，毛褐長衣，佩刀。番婦辮髮，續以牛毛，綴珠石爲飾，著大領長衣，五色布裙。

又《皁和營轄革布什咱番民、皁和營轄革布什咱番婦》革布什咱安撫司，本朝康熙中歸化。番民依山建碉以居，戴羊皮帽，短衣，短裙，外披毛褐，出入必佩刀執械。番婦髮綰雙髻，插鐵簪長尺許，短衣，長裙。頗習耕織。

又《皁和營轄霍耳章谷等處番民、皁和營轄霍耳章谷等處番婦》霍耳、章谷、孔撒等九土司，俱於本朝平定西藏時歸化，各授安撫長官等職。番民多居山巔碉房，戴狐帽，著毛褐長衣，亦有衣帛者，革帶，皮靴，馳馬射獵。番婦披髮，繫松石爲飾。短衣，長裙，前繫幅布，能織褐。

又《阜和營轄春科番民、阜和營轄春科番婦》 春科安撫司一員，副土司一員，高日長官司一員，俱於本朝雍正六年歸化。其地與霍耳等處諸番接壤，居處服食亦相似，惟衣裘多有用虎皮者。

又《阜和營轄瓦述餘科等處番民、阜和營轄瓦述餘科等處番婦》 瓦述、餘科等七土司，俱雍正六年歸化，各授安撫長官等職。番民居處帳房，就水草畜牧。戴皮帽，綴耳環，褐衣，佩刀。【略】番婦服飾與裏塘相同。能牧牛羊，織毛褐。

又卷七《雲南等府黑玀玀、雲南等府黑玀玀婦》 黑玀玀，爲滇夷貴種。

【略】男子青布纏頭，或戴箬帽，布衣，氈衫。婦亦以青布蒙首，布衣，披羊皮，纏足著履。

又《雲南等府白玀玀、雲南等府白玀玀婦》 白玀玀，於夷種爲賤。【略】男子以布蒙首，衣短衣，胸掛繡囊，著革履。婦女椎髻，蒙以青藍布，綴海巴錫鈴爲飾，纏足著履。

又《雲南等府乾儸儸、雲南等府乾儸儸婦》 乾儸儸，唐時隸束爨部落。【略】男子束髮，纏頭，耳綴圈環，衣花布短衣，披羊皮，用麻布裹脛，著草履。婦女以白麻分辮束髮，頂綴海巴。

又《廣南等府妙儸儸、廣南等府妙儸儸婦》 妙儸儸，皆土蠻官舍之裔，或稱虎頭營長，或稱官娜，與黑白諸種異。【略】男子椎髻，短衣。婦女青布纏頭，以幅布披右肩，綰於左腋，短衣，短裙，跣足，無袴。

又《曲靖等府僰夷、曲靖等府僰夷婦》 僰夷，一名擺夷。【略】男子青布裹頭，簪花，飾以五色線，編竹絲爲帽，青藍布衣，白布纏脛，恒持巾帨。婦盤髮於首，裹以色帛，繫彩線分垂之，耳綴銀環，著紅緑衣裙，以小合包二三枚，各貯白金於内，時時携之。

又《曲靖等府仲人、曲靖等府仲人婦》 仲人，與黔省仲家苗同一族類。【略】男子纏頭，短衣，跣足。婦女以青布爲額箍，如僧帽然，飾以海巴，耳綴大環，衣花布緣邊衣裙，富者或以珠綴之，白布束脛，纏足著履。

又《廣南等府沙人、廣南等府沙婦》　沙人，安南土酋沙氏之裔。【略】男女衣飾頗類齊民。其風俗多同儂人，而慓勁過之。

又《廣南等府儂人、廣南等府儂婦》　儂人，其土酋儂姓，相傳爲儂智高之裔。【略】男子以青藍布纏頭，衣短衣，白布纏脛。婦束髮，裹頭，短衣密鈕，繫細摺桶裙，著繡花履。

又《麗江等府怒人、麗江等府怒人婦》 怒人，以怒江甸得名。【略】男子編紅藤勒首披髮，麻布短衣，紅帛爲袴，而跣足。婦亦如之。

又《武定等府羅婺蠻、武定等府羅婺蠻婦》 羅婺，自宋時大理段氏立羅武部長至元明，俱轄於土司。【略】男子挽髮，戴笠，短衣，披氈衫，佩刀，跣足，耕種輸税。婦辮髮垂肩，飾以珠石，短衣，長裙，皆染皂色。其地産火草，績而爲布，理粗質堅，衣服之餘，或貿於市。

又《臨安等府土僚、臨安等府土僚婦》 土僚，一名土老，亦名山子，相

傳爲鳩僚種，亦滇中烏蠻之一，從蜀、黔、粵西之交流入滇境，散居臨安、澂江、廣西、廣南、開化、昭通等府，與齊民雜居。男子首裹青帨，著麻布衣，常負竹籠，盛酒食，入市貿易。婦女高髻，紅巾，縫花布方幅於短褐。其治生最勤，生子置水中，浮則養之，沈則棄之，今俗亦漸革矣。鼓噪而祭，謂之迓福。其土宜雜糧。輸租賦。

又《元江等府窩泥蠻、元江等府窩泥蠻婦》 窩泥，本和泥蠻之裔。**【略】**編麥秸爲帽，以火草布及麻布爲衣，男女皆短衫，長袴。

又《臨安等府苦蔥蠻、臨安等府苦蔥蠻婦》 苦蔥，爨蠻之別種。自元

時歸附。今臨安、元江、鎮沅、普洱四府有此種。居傍山谷。男子椎結，以藍布裹頭，著麻布短衣，跣足，挾刀弩，獵禽獸爲食。婦女短衣，長裙。

又《臨安等府樸喇蠻、臨安等府樸喇蠻婦》 樸喇，一名樸腊，古蒲那九隆之苗裔。【略】男子束髮，裹頭插雞羽，著青布衣，披羊皮，跣足。耕山，種木棉，取禽鳥爲生。婦青布裹頭，青布長衣。

又《雲南等府撒彌蠻、雲南等府撒彌蠻婦》 撒彌，或作洒美。【略】男子椎結，青布裹頭，衣褐披氈，白布束脛，著草履，腰短刃。【略】婦女青

布裹頭，縫合兩鬢間，如帽，著緑衣，披青布單，繫白布短裙，著履。能織布及毛褐。

又《曲靖等府苗人、曲靖等府苗人婦》 苗人，相傳爲槃瓠之種，楚、粤、黔皆有之。其在滇省者，惟曲靖、東川、昭通等府花苗。【略】男子青布裹頭，短衣，跣足。性狡而懦，勤耕作。婦女束髮，戴五色花冠，耳綴銀環，著紫布短衣，繫繡花布裙，跣足。能織苗錦，常攜竹筐，入市貿易。

又《普洱等府莽人、普洱等府莽人婦》 莽人，其先隸緬甸部落，夷人稱其長曰莽紀，遂以爲姓。【略】男子束髮，戴黑漆帽，裹幅布於身，跣足。

婦人挽髻，窄袖短衣，緣邊桶裙。

又《姚安等府僳僳蠻、姚安等府僳僳蠻婦》 僳僳，相傳楚莊蹻開滇時，便有此種。【略】男子裹頭，衣麻布，披氈衫，佩短刀，善用弩，發無虛矢。

婦女短衣長裙，跣足。

又《武定等府摩察蠻、武定等府摩察蠻婦》 摩察，本黑玀玀苗裔，而種類各別。【略】男子束髮，裹頭。耳綴大環，短衣，披氈衫，佩短刀。以木

弓藥矢射鳥獸爲食。婦女皂布裹頭，飾以硨磲，短衣，長裙，跣足。

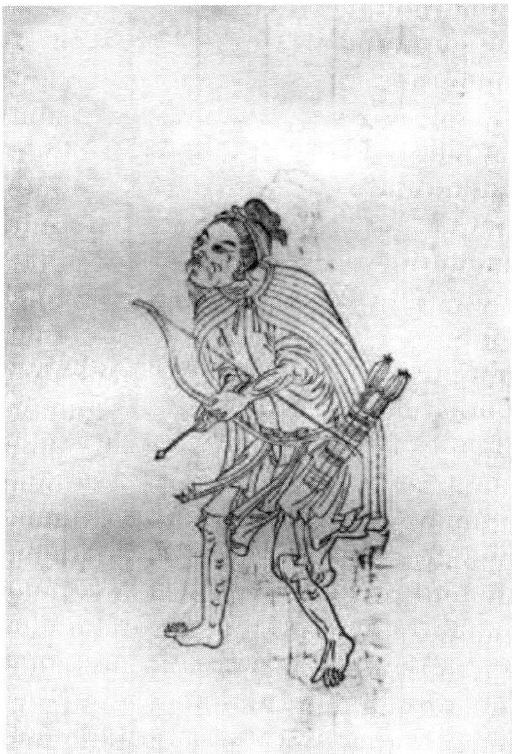

又《楚雄等府扯蘇蠻、楚雄等府扯蘇蠻婦》 扯蘇，爨蠻部落之別種。

【略】 男子束髮，裹頭，著短衣，披羊皮。耕山輸稅。婦女短衣，長裙，跣足。

頗知紡績。俗以牛毛占晴雨。

又《臨安等府㹮雞蠻、臨安等府㹮雞蠻婦》 㹮雞，其先隸東爨部落。

【略】男子椎髻，插雞羽，短衣，跣足。婦女項垂纓絡，短衣，長裙，緣以錦繡。

又《麗江等府麼些蠻、麗江等府麼些蠻婦》 麼些蠻，宋時其長蒙醋據麗江。【略】男子薙髮，戴氈帽，著大領布衣，披羊皮。其讀書入學者，衣冠悉同士子。婦女高髻，戴漆帽，耳綴大環，短衣長裙。

又《鶴慶等府古宗番、鶴慶等府古宗番婦》 古宗，乃西番別種，先爲

吐蕃部落，與滇西北接壤，流入鶴慶、麗江、景東三府，土流兼轄，與民雜居。男子戴紅纓黃皮帽，耳綴銀環，衣花褐，佩刀，繫囊，著皮靴。婦人辮髮，以珊瑚、銀豆爲飾，著五色布衣裙，披花褐於背，足履革靴。

又《永北等府西番、永北等府西番婦》 西番，本滇西北徼外夷，又名巴苴。**【略】** 男子辮髮，戴黑皮帽，麻布短衣，外披氈單，以藤纏左肘，跣足，佩刀，伐竹爲業。不通漢語。婦女辮髮，綴以瑪瑙、硨磲，亦衣麻，披氈，繫過膝桶裙，跣足。

又《大理等府峩昌蠻、大理等府峩昌蠻婦》 峩昌，以喇爲姓。**【略】** 男子束髮，裹頭，衣青藍短衣，披布單。婦女裹頭，長衣，無襦，脛繫花褶而

跣足。刀耕火種，畜牧、紡織爲生。

又《曲靖府海倮儸、曲靖府海倮儸婦》海倮儸，惟曲靖府有之，一名壩儸儸。【略】與齊民雜處。其服食語言俱相似。

又《廣西府阿者儸儸、廣西府阿者儸儸婦》 阿者儸儸，東爨烏蠻之苗裔。【略】男女皆短衣袴，耳綴大環，男跣足，婦著履。

又《曲靖府魯屋儸儸、曲靖府魯屋儸儸婦》 魯屋儸儸，居處飲食類黑儸儸，而别爲一種。【略】男子束髮，裹頭，著青藍布短衣袴，踏木履。婦女戴青抹額，耳綴大環，短衣，長裙，跣足。

又《武定府麥岔蠻、武定府麥岔蠻婦》 麥岔蠻，惟武定府屬有之。【略】男挽髮，短衣，跣足。時負米糧入市。勤於治生，輸賦惟謹。婦人裝束，與男略同。娶婦以牝牛爲聘。吹笙，飲酒。地産火草，可織爲布。

又《姚安府嫚且蠻、姚安府嫚且蠻婦》 嫚且蠻，居姚安府。【略】男婦皆纏頭，衣麻布衣袴，披羊皮，跣足。

又《順寧府利米蠻、順寧府利米蠻婦》 利米蠻，狀貌黝黑，頗類蒲蠻。【略】男子戴竹絲帽，著麻布短衣，腰繫繡囊。【略】婦女青布裹頭，短衣，跣足。

又《開化府普岔蠻、開化府普岔蠻婦》 普岔，隸開化府東安里。【略】男女皆著青白長領短衣，披幅布，緣邊如火焰。

又《永昌府西南界縹人、永昌府西南界縹人婦》 縹人，即驃人，在永昌府西南徼外。古朱波之裔，【略】男子束髮，衣青藍布短衣袴，披氈片。

婦人當頂作高髻，裹以白布，衣短衫，繫長裙，其裙以莎羅布爲之，緣錦、綴珠爲飾。俗奉佛。勤耕織，每織一梭，輒誦佛號。

又卷八《貴陽大定等處花苗、貴陽大定等處花苗婦》 花苗，本西南夷，亦苗之一種，向無土司。自明時，隸之貴陽、大定、遵義等府。民苗雜居，與編户一體輸糧。有大頭小花之稱。衣以蠟繪花於布而染之，既染，去蠟，則花紋似錦。衣無襟衽，挈領自首以貫於身。男以青布裹頭。女以馬尾雜髮編髻，大如門，攏以木梳。

又《銅仁府屬紅苗、銅仁府屬紅苗婦》 銅仁府屬紅苗，元及明初分置

長官司以領之。【略】衣用自織斑絲。男椎髻，約以紅帛。女戴紫笠，短衣，絳裙緣以錦，垂帶如佩。

又《黎平古州等處黑苗、黎平古州等處黑苗婦》 黎平等處黑苗，宋時設古州八萬軍民總管府，以鎮撫之。【略】其人衣短，尚黑。女綰長簪，垂大環，衣裙緣以色錦，皆跣足。陟巉巖捷如猿猱。頗勤耕織。寒無重衣，夜無卧具。

又《貴定龍里等處白苗、貴定龍里等處白苗婦》白苗，亦西南夷之一種，其族類不可考。【略】男科頭，赤足。婦盤髻，長簪，衣尚白，短僅及膝。歲以牯牛祀祖，惟主祭者衣青。

又《修文鎮寧等處青苗、修文鎮寧等處青苗婦》青苗，亦西南夷之一種，向無土司管轄。【略】其人衣尚青，出入必佩刀攜弩。婦人以青布蒙首，綴以珠石，短衣短裙。性雖悍，而知畏法，不敢爲盜。在平遠者，名箐苗，不善治田，惟種莜麥稊稗，衣麻衣，皆自織。男未婚者，剪腦後髮，娶乃蓄之。

又《貴築龍里等處東苗、貴築龍里等處東苗婦》貴築、龍里等處東

苗，元時設貴築等長官司轄之。【略】其人有族，無姓。以花巾束髮，衣衫短不及膝。婦人多服花布帔肩，繫細褶短裙。

又《平越清平等處西苗、平越清平等處西苗婦》 西苗之名，所以別乎東苗也。在平越、清平等處。【略】衣尚青。性質實，畏法，少爭訟。俗以十月收穫後，每寨出牡牛三五隻，延善歌祝者，著氈衣、大帽、履革靴前導。男婦悉青衣，綵帶，吹笙蹈舞隨之。歷三晝夜，乃殺牛以祀，名曰祭白號。

又《永豐州等處儂苗、永豐州等處儂苗婦》 儂苗，本廣西泗城土府

所屬。【略】其男子俱薙髮，衣服與漢人同。婦人短衣，長裙，首蒙青花巾。勤於耕織。

又《平越黄平等處夭苗、平越黄平等處夭苗婦》夭苗，多姬姓，相傳爲周後。【略】衣尚青，左衽。女工紡織，善染。【略】其居陳蒙、爛土、夭壩者，緝木葉爲衣，繫以短裙。

又《貴築修文等處蔡家苗、貴築修文等處蔡家苗婦》 蔡家苗，本春秋蔡人之裔。**【略】** 男子以氈爲衣。婦人髻高尺許，用長簪挽之，短衣，長裙。

又《貴陽府屬宋家苗、貴陽府屬宋家苗婦》 宋家苗，本春秋宋人之裔。**【略】** 男子帽而長襟。婦人笄而短襟。

又《清平縣九股苗、清平縣九股苗婦》 清平縣屬凱里地方之九股苗，本南夷種。後漢諸葛亮南征，悉剿除之，僅存九人，其後蔓延，遂名九股。【略】男女習俗、服食與黑苗同。而性尤剽悍，以鎧甲爲常服，自膝以下用鐵片纏裹，左執木牌，右持標桿，口銜利刃，捷走如飛。

又《廣順大定等處龍家苗、廣順大定等處龍家苗婦》 龍家苗，宋時爲烏撒部。【略】男束髮，不冠。女螺髻上指若狗耳狀，故亦有狗耳之名。衣綴五色藥珠，貧則以薏苡代之。

又《普定永寧等處馬鐙龍家苗、普定永寧等處馬鐙龍家苗婦》 馬鐙龍家苗，在普定、永寧等處。【略】其人多張、劉、趙姓，衣尚白。男子束髮，婦人以緇布製冠，若馬鐙然，故以爲名。

又《貴定縣平伐苗、貴定縣平伐苗婦》 平伐苗，在貴定縣。【略】男子披草衣，女繫長裙。

又《貴陽安順等處補籠苗、貴陽安順等處補籠苗婦》 補籠苗，五代時楚王馬殷，率邕管柳州兵討兩江溪口至黔，留戍其後，遂流爲夷，散處於貴陽、安順、南籠、平越、都勻等處。【略】苗人衣尚青，以帕束首。女青布蒙髻，長裙，細摺，多至二十餘幅。

又《貴陽安順等處仲家苗、貴陽安順等處仲家苗婦》 仲家苗，亦五代戍兵之後，貴陽、安順、南籠、平越、都勻等五郡有之。其部落沿革，均與補籠苗同，蓋别以氏族稱之者。服飾亦俱相似。每歲孟春，編五色布爲小球，男女跳舞，視所歡擲之。

又《定番州谷藺苗、定番州谷藺苗婦》 谷藺苗，在定番州。【略】男女皆短衣，男性剽悍，善擊刺，出入必持鎗弩，諸苗皆畏之。近頗寧戢。婦以青布蒙髻。勤織紡，其布最爲細密，有谷藺布之名，人多争購。

又《黎平府羅漢苗、黎平府羅漢苗婦》 羅漢苗，在黎平府屬，其部落沿革，俱與黑苗相同。苗有不留髭鬚而謂之羅漢者，故即以此爲名。蓋同類而異稱也。衣尚黑。男未室則插羽於首。遠者爲生苗，短衣，挾弓弩，性悍喜鬬。婦人散髮綰，插木梳，數日必以水沃之。以金銀作連環飾耳，衣以雙帶結背，長裩，短裙，或止繫長裙，垂繡帶一幅，曰衣尾。能養蠶織錦。

又《都勻平越等處紫薑苗、都勻平越等處紫薑苗婦》　紫薑苗，都勻、平越、黄平、清平、丹江皆有之。【略】其人衣尚黑色，男女俱椎髻，纏以黑布。男子肩披鐵鎧，佩刀負槍，輕生好鬬。

又《遵義龍泉等處楊保苗、遵義龍泉等處楊保苗婦》　楊保苗，係播州楊氏之裔。【略】其人衣尚青，以青布蒙首。婦綰髻向前，衣短衣，繫細摺長裙，緣以錦繡。

又《都匀黎平等處佯僙苗、都匀黎平等處佯僙苗婦》 佯僙苗，都匀、黎平、黄平、龍泉、龍里、石阡、施秉、餘慶等處皆有之。【略】衣尚青。婦椎髻，以藍布纏之，繫絲錦細摺裙。

又《廣順州克孟牯羊苗、廣順州克孟牯羊苗婦》 克孟牯羊苗，蓋亦苗之一種，在廣順州深山中。【略】男青衣，椎髻。女盤髻，短裙。

又《大定府威寧州倮儸、大定府威寧州倮儸婦》 倮儸，在威寧州之水西。蜀漢時有濟火者，從諸葛亮破孟獲有功，封羅甸國王，其後爲安氏。元

明內附,授宣慰使。本朝康熙初改土歸流,置咸寧州治,領偏橋正副二長官司,仍以安氏世襲。其正妻曰耐德,嗣子如幼,不能主事,耐德即爲女官。男青布纏頭,短衣大袖。女辮髮,亦纏以青布,銀花貼額,耳垂大環,拽長裙,三十餘幅。性悍喜鬭,俗尚鬼,又名羅鬼,有黑白二種。別有文字,曰鬼字。夷民一體輸稅。土産馬。

又《大定府威寧州黑倮儸、大定府威寧州黑倮儸婦》 黑倮儸,在威寧州水西等處,即係倮儸同類。宋時爲烏撒部。元明屬水西宣慰使。其人深目黝鼻,長軀黑面,薙髭而留髯。以青布纏頭,衣尚黑,短衫大袖。女繫細摺長裙。其性愚而重信。喜畜馬,好馳騁,習鎗弩,以射獵爲事。歸流以來,夷民一體,計田輸賦。

又《大定府安順處白倮儸、大定府安順處白倮儸婦》 白倮儸與黑倮儸同類,又名白蠻。惟黑爲大姓,白爲下姓,不與通婚。大定、安順、永寧、

普定等處皆有之。在大定者，宋時與黑倮儸並爲烏撒部，其沿革亦同。在安順者，宋時爲普里部，明初始置安順府。治在永寧、普定者，明時各設長官司。本朝康熙初改土歸流，仍以土司轄之。男女衣尚白，纏頭亦俱以白布。飲食無盤盂，置物三足釜中，男女聚而啖之。居普定者爲阿和，以販茶爲業，應輸糧賦，悉按期完納。

又《定番州八番、定番州八番婦》　八番者，以元時有程番、龍番、方番、金石番、盧番、羅番、韋番、洪番等八長官司，故以爲名。【略】男女衣服類漢人。

又《大定府屬六額子、大定府屬六額子婦》 六額子，在大定府屬。宋時與龍家苗及倮儸同爲烏撒部。歷代沿革亦同。風俗與龍家苗相似。其人有黑白二種，則又類於倮儸。男子首綰尖髻。婦人衣至足。

又《普安州屬僰人、普安州屬僰人婦》 僰人，在唐爲于矢部。元屬普安安撫司。明置普安州，仍以土州同領之。本朝康熙四十一年改土歸流。男女皆披氈衣，垢不沐浴。以六月二十四日爲歲首，朔望日不乞火。性淳好佛，持誦梵咒。凡倮儸、仡狫、仲家苗言語有不通者，常以僰人傳之。

又《下游各屬峒人、下游各屬峒人婦》 峒人亦西南夷之一種，散處下游各屬山谷中。向未設有土司，明時始隸郡縣。冬采茅花裝衣以禦寒，飲食避鹽醬，性多忌，夫婦出入必偶。能織峒錦。

又《貴定縣傜人、貴定縣傜婦》 貴定縣傜人，其種類與楚粵諸傜同。

【略】男女衣尚青，長不過膝。

又卷九《整欠頭目先邁岩第》 整欠居九龍江邊外，距普洱府約千餘里。【略】被紅褐錦衣，革鞮，不冠，以紅帕抹首。婦女衣飾與夷相仿。

又《景海頭目先綱洪》 景海亦居九龍江邊外，距整欠又數百里。【略】物産、服飾與整欠同。

清·余慶遠《維西見聞紀·夷人》 麽些，【略】自建設以來，男皆剃頭辮髮，不冠，多以青布纏頭，衣盤領白，不襲不裏，綿布袴不掩膝，婦髻向前，頂束布勒若菱角，耳環粗如藤，綴如龍眼果，銅銀爲之，視家貧富，衣白褐青緣，及臍爲度，以裙爲裳，蓋膝爲度不著袴，裹臁舠以花布帶束之，女紅之類，皆不能習，男婦老幼，率喜佩刀爲飾，不愛頮澤，衣至敝不滌，數日不沐，經年不浴，冬不重衣，雪赤跣足，嚴寒則覆背以羊皮，或以白氈，近年間有著履屨韈者，頭目效華人衣冠，而婦粧不改，裙長及脛，亦其舊製，以别齊民也。【略】鋪氈踞坐，貧則以蓆，以草茵，延客肴不過三，酒一盂，餕餘，客携去，臥無衾茵，夜則攢薪置火，各携蓆藁，袒裸環睡，反側而烘其腹背，雖盛夏亦然，富能備衾枕氈褥之類，【略】人死無喪服。

又 栗粟，近城四山、康普、弓籠、奔子欄皆有之，男挽髻戴簪，編麥草爲纓絡，綴於髮間，黄銅勒束額，耳帶銅環，優人衣舊，則改削而售其富者衣之，常衣雜以麻布綿布，織皮色尚黑，袴及膝，衣齊袴，臁裹白布，出入常佩利刀。婦挽髮束箍，耳帶大環，盤領衣，繫裙曳袴，男女常跣。【略】男女相悦，暗投其衣，遂奔而從，跬步不離。

又 怒子居怒江内，【略】男女披髮，面刺青文，首勒紅藤，麻布短衣，男著褌，女以裙，俱跣。【略】人精爲竹器，織紅文麻布，麽些不遠千里往購之。【略】雍正八年，聞我聖朝已建設維西，相率到康普界，貢黄蠟八十斤，麻布十五丈，山驢皮十，麂皮二十，求納爲民，永爲歲例。【略】衣屬及褐，披袈裟，常年不去，亦不衣褌，夏戴平頂竹笠，跣足，冬戴平頂猩紅氈帽，四蓮瓣向上，圍於四方，著襪，朱履者多，衣冠皆紅，故謂之紅教。

清·馬少雲、盛梅溪《衛藏圖識》 打箭爐，唐爲吐蕃。【略】益慕華風，其土司衣冠悉遵國制。頭人逢歲節及進謁漢官，著長領小袖無衩蟒段褚巴，平時褚巴以綢段氆氇爲之。帽皆販自藏，冬戴狐皮猞猁，以錦段作胎，平頂絲纓，緣寬窄無定制，兩旁有衩。夏戴綿帽，緣飾蟒段或片錦，亦絲纓，間以獺皮，覆頂上。腰左插短刃，足履革鞮。所佩有荷包碗袋之類，穿左耳，戴紅珊瑚或緑松石，大緑自爐至河口番民皆著白毪子及毛褐、粗氆氇褚巴，間著氆氇短衣，冬戴大毛皮帽，夏戴絲帽，亦穿左耳戴錫鐵墜，著革鞮或赤足。識字者腰繫小鐵筒内插竹簽，繫小銅盒或漆盒貯墨水，寫字時以簽蘸墨水，席地用皮紙摺叠成行，置膝上自左而右横書之。蠻婦首飾，平分

其髮作兩辮，以紅哈達互交於頂中，列銀鑒飾，以珊瑚緑松石、蜜蠟、銀錢復以硨磲如髻，懸於後身。内著無袖短衣，外披小方單，繫百摺裙，足亦著康，其富者背大革帶，綴珠寳炫麗。商賈在爐必役，蠻女曰沙鴇，交易貨物俱聽沙鴇，較價值如牙行。而井血箕帚之事，亦以身任之不爲異。【略】俗有跳歌妝之戲，蓋以婦女十餘人首戴白布圈帽如箭鵠，著五色彩衣，携手成圍，騰足於空，團圞歌舞，度曲亦靡靡可聽，所謂异方之樂也。歲時伏臘以及宴會，多以此爲樂。按自爐至藏雖相距迢遞，而風氣相近，習俗服色蓋大同而小異耳。

裹塘附近爐城漸習禮法，土司衣冠亦遵國制，頭人著氆氌細毪褚巴，餘自中渡以外多著青毪子。帽以羊皮染黄爲緑，以麻綫染紅爲緯。足著雙梁康。婦首多髮，常多作小辮盤結於頂，亦以珍玩飾。但性不喜潔，猶仍其陋。

巴塘土司頭人衣冠悉與打箭爐同，餘番民多布衣，或青或藍，帽鞋襪間有如内地製者。不薙髮，長則剪之。婦粧束亦如打箭爐，惟不事首飾，履尚紅緑色，爲少異。其屬江卡頭人，戴寬緣金段帽，足履草鞋，婦首辮髮戴八柱如翠圍式，耳貫哪嚨大圈，繫紅珠於下，復以綫縛於耳。石板溝頭人，不剃髮，著褚巴，貌獰惡。出携弓矢槍槊，結隊行，遇旅客則施空槍以相恐。婦結兩辮多著白褚巴。阿足自乍了以外番人戴白氈笠，著青褚巴，婦僅結一辮，下垂餘服飾俱與打箭爐同。

察木多至拉里其地俱屬衛藏，察木多之正副胡圖克圖戴黄尖頂氈帽，著紫羊絨偏單，履革鞮。自色墩以至寧多頭人番民服飾均與藏同。惟察木多女未嫁髮順，披嫁則以珊瑚作兩花如菊，分戴額上。出嫁不歸寧，即歸寧亦止於門外，飲以茶酒，母至女家亦然。大概婦女忌入人家，以爲不祥也。廟宇内尤嚴忌之若，喇嘛犯奸將兩造，剥皮楦草，投水弃野，以示儆。獨此異於藏。拉里女嫁則以緑松石鑲團花如鏡戴額上，名王老。後戴一簪，名筞勒，挿一簪，名押籠。鹿馬嶺一帶人頗勇健，知貿易。女未嫁髮順，披嫁則將髮交乂，以紅哈達作圈結頂上，餘與藏無異。至於衛藏，自達賴喇嘛、班禪額爾德尼以下，番民男戴高頂紅纓氈帽，著長領褐衣，項挂念珠。婦披髮垂後，亦有辮髮者，或戴紅氈凉帽。能織番錦毛罽，足履康。男婦服飾與打箭爐相似，但豐儉不同耳。其詳著識略中。

阿里噶爾渡部落在藏地之西，與後藏札什倫布三桑接壤，向爲頗羅鼐長子朱爾嗎特策登駐防處。其番民帽高尺餘，以錦與段爲之，帽緣不甚寬，頂綴緯番。婦帽以珠下垂，前後如旒，密遮面頂。間著圓領大袖衣，繫褐裙，見官長不除帽，惟以右手指自額上，念唵嘛吽者三。

木魯烏素部落在藏之北，稍東與西寧接壤，其地與達木霍耳番子相參雜居。番民衣帽同蒙古，番婦戴白羊皮帽或狐皮帽，辮髮以硨磲珠石，並大小銅環紐結戴髮間，下垂至足踝，行則鏘鏘有聲。著褚巴，繫硨磲帶，著卷皮履，又另一種也。

布魯克巴部落在藏地之西南，本西梵國屬。雍正十年始歸誠。其地天道和暖，物産亦與中國相似。南行月餘接天竺國界。番民披髮裹白布如巾幘，然著長領褐衣，肩披白單，手持念珠。婦女盤髮後垂，加以素冠，著紅衣繫花，褐長裙，肩披青單，頂垂珠石纓絡，圍繞至背。俗皆皈依紅教，崇佛誦經。

猓野人國在藏地之南數千里，其人名老卡止，荒野蠢頑，不知佛教。嘴剖數缺，塗以五色，性喜食鹽，不耕不織，穴處巢居，冬衣獸皮，夏衣木葉。

巴勒布即巴爾布，亦名別蚌，在藏地西南，與聶拉木接壤。【略】其番民皆剃髮，蓄小辮，聮鬢短鬍，似西寧回鶻。尚容飾，額上塗白土二竪，眉間塗紅土一丸，用金珠鑲花綴兩耳，以布纏頭。賤者用白，貴者用紅，著青白色小袖衫，以布束腰，著尖頭革鞮。佩短刀，狀如牛角，有鞘。臂挽一黑漆皮籐牌，徑約三尺。番婦披髮赤足，鼻孔穿金銀圈，然亦梳洗尚潔。

又 白木戎附：由後藏塞爾地方行十餘日，交白木戎界，再半月餘至宗里口，山崖壁立，往來者必以木梯度之。又數日始至白木戎住牧地，所屬種類繁多，一名蒙，身著布衣，不遵佛教。一名總，幼時即以五色塗成花面。一種名納昂，男女俱不著衣裩，下以白布纏之，臥時以木爲枕。一種名仍撒，男著短衣齊膝，婦下亦以布遮，重著裩，不著上衣。惟白木戎男婦皆披藏紬。

清・佚名《西藏記》卷上《風俗》 西藏風鄙污，人皆好佛，【略】衣服多係毛織，男子有髮，垢面，不梳不沐，婦女老少，日以糖脂或兒茶塗面。

又 緑馬嶺一帶人，頗勇健，少賊盜，民俱貿易，人死，碎割喂鷹，如染瘟疫凶疾死者，砍碎其尸，或山或水，分而弃之，女未嫁，髮順披，嫁則將髮

交叉搭頂上，以紅哈達作圈勒頭上，其他一切與藏同。

又 昌都等處，與藏同，惟昌都女未嫁，髮順披，嫁則珊瑚作兩花如菊大戴額上。

又 春結一帶，婦人以珊瑚作一圓花，下墜白螺殼，至於眉間，男人、以黑裁絨作帽，披裁絨褊單，面色多紫黑色，遠望不類人形，死喂鷹，餘與藏同。

又 乾巴爾地極一帶，婦女嫁有夫，以緑松石金銀鑲圓花如鏡大如湯碗口，帶於額上，名曰玉老，後帶冠，名策勒，插一簪名押籠，餘與藏同。

又 羊卓白地，札什倫布，三桑等處，女嫁則髮搓細繩交頂上，以珠石等類穿盤挂頭上，項帶蜜蠟素珠一串，有大如茶盞者，人死喂鷹，或沈水，孝服百日，不梳頭，餘與藏同。

又 阿里，噶爾渡一帶，男子帽高尺餘，或錦或緞爲之，頂綴緯，製仿冬帽，婦女以珠作簾，垂頭前後，遮面項間，穿圓領大袖衣，著褐裙，凡相見，以哈達交换爲禮，見長上不除帽，惟以右手指自額上者三，念唵嘛吽者三，餘與藏同。

又 哈拉烏素，達木一帶，居住皆蒙同霍耳番子，參人死則遷居，而遺尸於原住處，男子衣帽同蒙古，番婦戴白羊帽，或狐皮帽，髮細辮，以硨磲並銅鐶戴辮間，垂至脚跟，行則鏗鏘有聲，穿巴束硨磲飾帶，著皮巷，食奶麵茶馬奶酒，又另是一種也。

又卷下《衣冠》 西藏衣服冠裳，多用毛氆氇魯，富者亦穿綢緞布匹，頗羅鼐冬帶元狐帽，或錦或緞爲胎，夏戴綿帽，制仿秋帽式，高六寸，平頂絲纓，捲邊約寬二寸，兩旁有衩，以蟒緞或即片錦爲面，上鑲獺皮窄邊，居常穿大領無衩小袖衣，名曰褚巴，皆以五色緞錦或片子爲之，亦用各色皮爲裏，遇朝大節，則穿蟒衣，貂皮披肩，不穿大挂，腰束金絲緞一幅作帶，長六七尺，腰匝二道，亦帶小刀荷包之類，必帶碗包一個足穿香牛皮靴，名巷，頭蓄髮，左耳帶珠墜，所乘馬亦挂兩踢胸，其屬下之噶隆，牒巴，人等，只帶一踢胸，所著裳服，皆與頗羅鼐同，惟髮、，惟髮、不束，不綰，不梳，披垂肩後，戴栽絨平頂大帽，無纓，亦或帶緞狐各樣帽，其栽絨毛長二三寸，如羊毛狀，手帶骨扳指，拿素珠，束皮鞓帶，或緞或綢或毛褐帶不等，帶順刀荷包，識字者，腰插鐵筒，狀如小刀鞘，內裝竹簽，金皮盒，內貯黑水小銅瓶一個，寫字時，盤膝坐地，以紙捲摺，或行左手持定置於膝上，右手握竹簽，醮黑水自左而右横書，畫匠則以猫毛爲筆，遇節令或公事，噶隆將髮分作兩股，於頂上左右各綰一髻，身穿蟒衣，上披片子褚巴牒巴將髮亦綰成一髻，戴無翅白紗帽，乃唐之遺制也，左耳垂金鑲緑松石墜，約酒鍾大，其形似鳥獸，以兩爪並嘴相擒掬一物狀，名曰璸瑠，右耳垂珊瑚墜，用李大珊瑚兩顆，上下金鑲，名曰工綢，身穿大領窄袖油緑錦短衣，以水獺皮走邊，袖口用五色緞各一條相接，【略】內裝護身佛，子母藥之類，胸前必挂銀鑲珠石環，長約有三四寸，寬寸餘，兩頭有鈎，乃挂衣鈕者，名曰的【略】拉不拘貴賤皆有之稍富餘則帶珍珠帽以木作胎如緯笠式而厚砞紅漆裏以金鑲緑松石爲頂，朝衣褶，耳帶累絲金鑲緑松石墜，或珊瑚墜，臉不敷糖脂，不披方畀，冬夏俱戴孤皮帽。

又《婚嫁》 另日媒人則將下聘之金鑲緑松石，戴於女子頭上，名曰色賈，仍以茶果衣服金銀羊腔羊腿各若干爲聘，【略】至迎娶之時，男女家必先延客數日，亦以衣裙等物贈装，父母亦陪嫁田土牛羊衣飾，【略】男女父母及親友男女，俱華服，項挂哈達，擁新婿新婦繞街而遊。

夫婦：西藏風俗，女强男弱，【略】凡做買賣，亦屬婦人，如種田禾、紡毛綫、織毪子、當烏拉，人皆笑其無能。

又《喪葬》 西藏凡人死，不論老少男女，用繩扎成一塊，膝嘴相連，兩手交插腿中，以平日所著舊衣裹之，盛以毛袋，男女羅哭，用繩吊尸於梁，其孝服，男女百日，不穿華服，不梳不沐，婦人不帶耳墜素珠而已，他無所忌。

又《禮儀》 自噶隆、牒巴下至小番，見郡王並公等，俱止卸帽於手，伸舌，打半躬，垂手曲腰，若路遇，則側立抹帽，垂手打躬，其平民見噶隆、牒巴、頭人之禮亦如之，自郡王下至番民，見達賴喇嘛，皆卸帽合手，三禮拜，曲腰垂手。

又《宴會》 遇大節會筵，乃選出色婦女十餘人，戴珠帽，穿彩服，行酒歌唱，近有能唱漢曲者，又有八、九、十、十二三歲小童十數名，穿五色錦衣，帶白布圈帽，腰勒錦條。

清・劉永安修、徐文璧等纂（嘉慶）《黔西州志》卷二《地理志・苗蠻》 白苗，衣尚白，短及膝。男子科首赤足，婦人盤髻長簪。跳月之習，與花苗同。

又 青苗，衣尚青。婦人以青布一幅着之首，男子頂竹笠，躡草履，出

入必佩刀。性悍强好鬥，頗同於倮儸，然猶知畏法，不敢爲盜。又名箐苗，居依山箐，遷徙無常，不善治田，惟種莜麥稗糧。衣麻衣，皆其自織。男子未婚者剪腦後髮，娶乃留之。

清·檀萃《滇海虞衡志》卷一三《志蠻》 窩泥，一曰幹泥，一曰和泥，一曰糯比，一曰阿泥，一曰俄泥。男環耳跣足，婦花衫錦繩辮髮，貝珠盤髻，絡青黄珠垂胸，裳無襞積，紅黑紗縷緣左右邊，以藤束膝，【略】吊者鑼鼓摇鈴，頭插雞尾跳舞，名洗鬼。

又 拇雞，蓬頭椎髻，標以雞羽，形貌醜惡，婦人尤甚，挽髻如角向前，衣文繡，短不過腹，垂纓絡，自項及胸，遷徙無常。

又 麽些，俗不頮澤，以繩纏頭，耳帶緑珠，婦人布冠，好畜牛羊，勇厲善騎射。

又 力些，一名傈蘇，一名栗粟，一名傈僳，有生熟二種，囚首跣足，麻衣氈衫，毳帶束腰，婦女裹白麻布。

又 土人絮襖皮帶，饑則緊縛之，繫刀弩，婦披氈毳，姻親以牛羊刀甲爲聘，新婦披髮見舅姑，性剛劣。

又 怒人，男子髮用繩束，高七八寸，婦人結布于髮。剛狠好殺，餘與麽些同。

又 扯蘇，一名車蘇，山居無陶，木片覆屋，耕種莜麥，皮履布衣，木器錫飾。

又 山蘇，亦同扯蘇，【略】男子披髮跣足，婦人挽髻蒙頭，夷種之最苦者也。

又 儂人，與僰夷同，布席，脱履後登。【略】婦人短衣長裙，男子首裹青帨。

又 古宗，一作估倧，西番之别種，辮髮百縷，披垂前後，經年不櫛浴，櫛必以狌祭，披長氈，織犛羊尾毛爲裳，婦人以青白磁珠與硨磲相雜懸于首，【略】其在金沙江者，辮髮，雜以瑪瑙銅珠爲綴，三年一櫛，衣雜布革，束文花毳帶，披琵琶氈，富者至三四領，暑熱不去。

又 峨昌一名阿昌，【略】婦女以紅籐爲腰飾，【略】採野葛爲衣。

又 驃人，婦女以白布裹頭，短衫露腹，以紅藤纏之，莎羅布爲裙，上短下長，男女同耕。

又 哈喇，色深黑，不盥櫛，男子花布套衣，婦紅黑藤纏腰數十圍。

又 緬人有數種，【略】男女俱以布盤其首，色黑類哈喇擺古，最遠而强。

又 結些，珥大牙環至頰，以紅花布一丈許裹頭，垂帶于後，衣半身衫，袒其右肩。

又 遮些，綰髮爲髻，男女皆貫耳，佩刀，性善華，彩衣盤旋蔽體，【略】羯些子，環眼烏啄，耳帶大環，上裸，以布遮腹。

又 喇魯，性悍，穴居，衣麻，捕生爲食，賦役俱無。

又 黑乾夷，椎髻，頭纏布，珥大銅圈，垂至肩，布短衫，跣足，女衣套頭，毛褐細帶，編如篩盤，罩于首，飾以海貝硨磲，衣領亦然，褶裙亦毛褐。

又 仲人，亦苗種也，俗儉約，男女耕作，短衣長裙。

又 喇烏，如擺夷，衣用棉布，女裝如窩泥，短衣桶裙，山居種植，没水取魚。

又 黑濮，其人多黑色，男女徒跣，不勤洗滌，力穡紡織，能作木器，辮髮短衣，善操弩矢，女子單衣僅尺，前不扣合，以彩布爲桶裙，蒙乳以下，珠貝爲飾，耳環銀銅。

又 戞喇，形狀似倮儸，凶悍善鬥，婦女斜纏錦布于腰，居山巔。

又 卡瓦，貌醜性惡，紅藤束髮纏腰，披麻布。

又 利米，衣皂，面黄黑，善弩獵，射雀生噉，女子分辮赤足，出外常披花布蔽身。

又 俅人，披樹葉爲衣，茹毛飲血，無屋宇，居山巖中。

又 野人，露宿樹巔，赤髮黄睛，衣樹皮，毛布掩其臍下，首帶骨圈，插雞尾，纏紅藤。

清·檀萃《説蠻》 峒人今稱峒家，衣冠如漢人【略】但婦女不纏足，【略】冬以蘆花爲絮禦寒。【略】諸蠻名雖各殊，俗不相異，圖中所著人多不潔洗，非生而黑也，面上闊下尖，未娶者頭插鶏毛。【略】吏收租必身往寨，諸苗擊鮮饗之，必食。租畢收往，他寨頭人獻鶏酒於路跪送必受之，不爾嫌怨生矣，聽婦言，男畏見吏婦來城，吏婦召而見之，跪叩首賞以彩布簪珥，喜不勝歸。

清·徐豐玉、周溶修，諶厚光撰（道光）《平遠州志》卷一六《各種夷

民》　苗民九種，衣食但粗足。【略】男子非充胥役不戴帽，椎髻披氈，短衣小襖而已。婦女皆草履，至梳妝、衣制，各種稍異。

又　花苗，性樸力耕，有名無姓。男子青布纏頭，大袖短衫。女人螺髻於前，或中或偏，用大梳綰之。衣服先用蠟繪花於布而染之，去蠟而花現，袖口領緣皆用五色綫刺繡爲飾，裙亦刺繡，或更以紅（綫）［緑］各色布鑲成。春夏之交，男女未婚者有跳花之會。

又　箐苗，與花苗同類，但不跳花。居依山箐，遷移無定，不善治田，惟火種莜麥稗粱而食，種麻緝綫而衣，亦不刺繡。男子未婚，剪腦後髮以別童冠。喪祭與花苗同，語言稍異。

羅鬼，有黑白二種。黑者爲部酋，白者爲約作，俱深目長身，黑面鉤鼻，薙髭留髯，常馳馬操戈射獵，以習攻擊。故安民時，其兵爲諸蠻雄。青布纏頭，挽一髻向前如角，短衣大領，袖長齊膝，見酋長則披羊皮一方，腰繫藍裙，行則荷氈戴笠。女辮髮，纏頭亦用青布，多戴銀梅花於額前爲飾。耳墜大環，繫以銀攣垂於項下。裙拖三十餘幅，皆細摺文，有方袍自頭籠下，前短而後長。初娶時，新婦著袍三日陪客酒，餘日不常穿也。

清・敬文等修、徐如澍纂（**道光**）**《銅仁府志》卷二《地理・苗蠻》**　服飾：苗人服飾，五姓俱同。衣常斑絲，女工以此爲專務。被用花斑，甚短，夜臥蒙頭而露足。

清・貝青喬《苗妓詩》　田山薑《黔書（陽）》載，苗婦錦服短衫，繫雙帶於背胸前，刺繡一方，飾以金錢，以予所見，雙帶斜作十字形，交於雙乳間，背綴小錦一方，負物則橫貫其中以爲紐，耳環大如鈎，下垂至肩，富者多布以珠貝，纍纍如瓔珞。【略】苗女不履不襪，徒跣而行，圍峒錦於腰，重疊百褶，旁無襞積，謂之桶裙，僅及膝者，謂之短裙苗，拖至地者，謂之長裙苗。長裙苗，即仲家也。【略】旁以五色藥珠爲飾，貧者以薏苡代之，此係盛妝，惟跳月時始用之。

又　六月六日爲換帶之期，群女裸浴於溪澗中，人或薄而觀之，贈以裙帶，則尤喜，嗤者或不得帶歸，而父母以爲耻，野老亦以多爲榮，私一男，則髻上蒙紅巾一方，斜疊若巾，愈高而愈自得，有積至數十層者，同伴咸嘖嘖稱羨云。

清・崇俊修、王椿纂、王培森校補（**光緒**）**《增修仁懷廳志》卷六《風俗》**　鴉雀苗，男與漢人無異，女以絲純挽髮，上尖小，大如覆盆狀，女不著褲，以青布裙圍之。從前爲盛，今亦稀少，首裹更少。馬韉苗，以布擁腹如馬韉，女亦不著褲，仍以青藍布裙圍之。道光初尚多，今亦罕見。

清・桂馥《黔南苗蠻圖説・黑倮玀》　倮玀，本盧鹿，訛爲今稱。有黑白二種，黑者爲大族，又名烏蠻，即水西安氏後也。【略】其人多深目、長身、黑面，白齒，薙髭而留髯。以青布纏頭，籠髮其中，而束於額，若角狀。服麻布短衣，寒則披白氈，躡草履。婦人辮髮，亦用青布纏首，大若笠。綴以珠蚌螺殼，耳帶大環，垂至項深。衣細摺長裙，行拖地。

又　倮玀女官附：黑倮玀正妻稱曰耐德。其子非耐德所生不能承襲，如子幼不能主事，耐德即爲女官，代理土務。【略】女官編髮爲髻，用青帕旋盤，若笠。以銀絲花貼額，耳墜大環，拖長裙三十六幅。每出巡，紫衣白馬朱旛。

又《白倮玀》　白倮玀，又名白蠻。在昔安氏盛時，倮玀分三種。剛夷最賤，【略】白夷次之，【略】黑夷最貴，【略】男女服飾與黑倮同，惟纏頭用白花布巾。見其主，必左肩拖羊皮一方。

又《青苗》　黔南各種苗蠻，由來最久者，惟苗。【略】各以衣服別其種類，於是有青苗、紅苗、花苗、白苗、黑苗等三十餘種類。青苗衣尚青，男子頂竹笠，躡草履，出入必佩刀。未婚者剪腦後髮，娶乃留之。婦人以青衣布製如九華巾蒙首，衣上及腰裙下掩膝。【略】多依山箐而居，又名箐苗。【略】男女衣服皆以麻皮自織。

又《紅苗》　紅苗自嘉慶元年剿平後，男皆薙髮，衣服悉用斑絲織成，製仿漢人。多不留鬚。婦女頭必裹布，耳帶大環，項帶銀圈，自一二圍至五十餘圍不等。上著窄袖短衣，鑲花邊，下著摺裙。無中衣，不裹足。習耕種，勤紡織。養家蠶，織板絲及花布錦以爲業。

又《花苗》　花苗衣用敗布，緝條以織，無襟扣而納諸首。男以青布裹頭，婦人斂馬鬃尾雜髮爲髲，大如斗，籠以木梳。裳服先用蠟繪花於布，而後染之，既染去蠟，則花見。飾袖以錦，故曰花苗。【略】男子勤耕，婦人織麻爲業。

又《白苗》　白苗衣尚白，短僅及膝。男子科頭赤足，婦人盤髻長簪。婚嫁、跳月與花苗同。祀祖，【略】主祭者白衣青套，細摺寬裙，合親族男女，

繫牛於木樁，延巫師，戴紅帽，手持刀，引穿紅衣苗女二人，手持張開雨傘，同主祭者繞幡竿三匝。【略】祭畢，合親族吹蘆笙，高歌暢飲，以爲樂不勝者。

又《**黑苗**》 黑苗衣尚黑，短僅及膝。頭標白羽，耳環項圈。男女皆挽髻向前，綰簪戴梳。男勤耕作，種糯米。又善養馬以謀利。婦女短衣、花袖，額勒銀花皮。其耳環項圈，以多者爲富。所繡布曰苗錦。

又《**陽洞羅漢苗**》 陽洞羅漢苗，在黎平府。男子薙髮，耕作、貿易。住西山陽洞司。最敬彌勒佛，故呼爲陽洞羅漢苗。每三月三日，男女携食物登山供佛，歌舞三日，不食烟火，以應寒食之意。婦人綰髻，額前有插木梳。富者以金銀作連環墜耳。養蠶織錦爲衣，繫雙帶結於背，胸前刺繡一方，以銀錢飾之。長裙短裙。數日必淅水沃髮。【略】生苗，頭戴狐尾，披髮於後。衣短衣，佩刀弩。

又《**谷藺苗**》 谷藺苗，惟定番州有。居穀藺場之鴨寨，故土人又呼之爲鴨寨苗。男女皆短衣，婦人以青布蒙髻，耳墜大環，有裙不常著，閑時惟短衣大褲。工紡織，其布最精密，每遇場期，抱布出市，人争購之。故諺有：欲作汗衫褲，須得谷藺布。

又《**紫薑苗**》 紫薑苗，男子衣服與漢人同。婦人挽髻，以青布纏首，短衣短裙，與獨山州之九名九姓苗同類。

又《**八寨苗**》 八寨苗，亦黑苗種類。久居八寨，故曰八寨苗。男子挽髻綰簪，衣青，短衣赤足。女子挽髻向前，插梳。以色布鑲衣袖，胸前繡錦一方護之，細摺短裙。

又《**九名九姓苗**》 九名九姓苗，在獨山州。【略】婦女種山爲務，服飾、風俗與紫薑苗同。

又《**洞苗**》 洞苗在古州者，有黑洞、白洞之分。男子近皆薙髮，習漢俗。所在多擇平坦之地而居，以種棉花爲業。婦女頭包藍帕，穿花裙。於農隙時，則比鄰婦女湊油會鐙絡絲以備。曰間織洞錦、洞帕，頗精工。在黎平者，向化已久。男子耕鑿頌讀，與漢人無異。其婦女漢裝弓足者，與漢人通婚姻。下江、清江亦有。【略】按《黔志》載，黎平之曹滴司出洞錦，以五色絨爲之，亦有花木禽獸各樣，精者甲他郡。湅之水不敗，漬之油不污。是夜郎苗婦之手可與堯時海人争妙也。【略】有思南某團首以舊錦爲臥具，問之，即洞錦也。卍字夔龍穿花紋精緻而雅，雖不及宋錦與宣和錦，較今蘇杭之七彩五彩錦，雅俗不啻天淵。以紅呢被面易得之，【略】後又覓得，乃近年新錦，不及舊錦多矣。

又《**高坡苗**》 高坡苗，又名頂板苗。衣黑衣。喜種山秔。婦女以木板尺詳綰於頭髮上，故名頂板苗也。婚姻以苟合。婦女勤紡織，尤善染其青藍色，經洗其色不退。在下江、開泰、永從三屬。

又《**黑生苗**》 黑生苗，在清江所屬。衣尚黑。男子畜髮挽髻於前，短衣赤足。婦女亦挽髻向前，耳墜大環，短衣短裙。以種山糧爲事。

又《**鴉雀苗**》 鴉雀苗，男子挽髻，衣青衣，以白布鑲胸前及兩袖、裙邊。喜居山嶺，種山糧爲食。

又《**黑山苗**》 黑山苗，多散居懸崖峭壁間。衣服皆尚黑，故曰黑山苗。性頑蠢，男婦皆畜髮挽髻於前，跣足。刻木示信。不事耕作。

又《**水西苗**》 水西苗，惟古州有。衣尚青。【略】男女衣衿以絨錦爲之。錦乃婦女自織，名曰武侯錦。錦用木棉綫染成五色織之，質粗，有文采，土人相傳武侯征銅仁蠻不下，時蠻之兒女患痘，多有殤者，求之武侯，侯教織此錦爲臥具，立活。故至今名之曰武侯錦。古州地方有洞苗、黑山苗、水西苗、傜、僮五種，滋生蕃衍，户口較倍往時。

又《**清江黑苗**》 清江黑苗，男子以紅布束髮，戴銀圈，大環耳墜，寬袴，好著錦袍。婦女挽高髻，以青布一幅蒙頭，衣青，短衣花裙。男女皆跣足。廣種樹木，每以漢人通商，稻曰同年。未婚男子稻曰羅漢，女子曰老陪。春日晴和，携酒於高崗，歌舞歡悦，男唱女和。相愛者，飲以牛角酒，遂奔焉。男子生子後，乃曰有後人。始耕作，自經懲創後，男子多改漢裝，惟婦女仍習舊俗。按清江黑苗有生有熟。

又《**黑腳苗**》 黑腳苗，惟黎平府有。男子短衣大褲，頭插白翎，出入三五成群，持鏢帶刀。

又《**黑樓苗**》 黑樓苗，本黑苗一類，故男女服飾與黑苗同。

又《**生苗**》 生苗，【略】無絮布，雖大寒亦披氈一片，或犬羊之皮，袤廣三尺許，風從左至，則披左肩，風右至，則披右肩。或掩於胸，或負於背，皆視風所至。

又《**九股苗**》 九股苗，本黑苗。【略】寨密人衆，土沃性悍。男子頭頂鐵盔，身裹鐵鎧，約三十觔許。尚能左執牌、右持標桿、口啣利刃，捷走

如飛。

又《車寨苗》 車寨苗，在古州城西北。其寨四面繞水，即車江也。男子漢裝，勤藝業，婦女椎髻，以花布纏首，短衣長裙，工針黹。未婚者，於曠野之間爲月場，男弦女歌，聲音清美。與諸苗不同，相悦者，自行配合。亦名跳月。

又《洪舟苗》 婦女髮綰高髻，綰長簪，蒙以花布，短衣長裙，躡花履，善紡績。織葛布，頗精細，多售於市。

又《短裙苗》 短裙苗，在貴定、思南、思州。男子短衣、寬褲，婦女短衣、無領袖，從頭籠下，前不蔽肚，後不遮腰。其裙長五寸許，極厚而細摺，聊以蔽羞而已。

又《姑盧苗》 姑盧苗，住定番州之姑盧寨，故名。土人呼爲葫盧苗。男子挽髻向前，短衣大袴，跣足。婦女高髻，纏以青布，短衣露胸，花裙僅及膝。

又《擺榜苗》 擺榜苗，在定番與廣順之擺塘，大塘之擺稿，同一類也。男子挽髻，短衣露腹。婦女短衣、短裙。

又《西溪苗》 西溪苗，在天柱縣。男子以青布裹頭，短衣、跣足。婦女偏髻，插梳，裙不過膝，以青布纏腿。未婚男子與女子携餂相聚而戲，所愛者，約於野外，歌舞苟合。生子後以牛過聘，俗與花苗同。

又《班苗》 班苗，在歸化廳。分屯而居，共有二千數百户。男子挽髻，短衣大袴。婦人以青布蒙首，服尚五色。

又《鴨崽苗》 鴨崽苗，在都匀府屬。男服飾效漢裝，女則堆髻，短裙露胸，跣足。長簪大環，項圈錦褎。以種山、漁獵爲務。風俗與水家、僮家等大略相同。

又《宗地苗》 宗地苗，惟黎平、歸化最多。服鑲花邊，又名花衣苗。與花苗不同類。素稱淳樸，輸租服役，比於良民。宗地苗性皆强悍，不務耕織，善造藥箭，以劫掠爲生。

又《東苗》 東、西苗者，東晉時命謝氏世爲牂牁太守，及侯景亂梁，牂牁與中國不通，而謝氏保境如故。至唐時，牂牁又分裂，於是有東謝、西謝之稱。其後，係以名其部族曰東苗、西苗。東苗有族無姓，男子留頂髮，以織花布條束之。短衣背甲，色尚淺藍。婦人衣花衣，無兩袖，以兩幅遮前、覆後，穿細褶短裙。

又《西苗》 西苗，衣尚青。男子以青布纏頭，白布裹腿。婦人盤髻插梳。秋收後，合寨牽牡牛於野，延巫者，氈衣、皮靴、氈帽，腰圍細摺裙。童男女青衣綵帶，吹笙舞蹈隨之。名曰祭白虎。

又《平伐苗》 平伐苗，在貴定。五代末有滕氏仕蜀，孟氏征南有功，授賓化令，世守其土，號曰滕番。【略】男子披草衣，短裙，挽高髻，出入持鎗弩。婦人短衣，穿長桶裙，以長簪綰髮。

又《楊保苗》 楊保苗，明播州宣慰使楊氏之後裔。男子挽髻，頭纏青布，短衣大袴。婦人挽髻，短衣長裙，婚姻用媒妁。喪祭盡哀悼之禮，頗有華風。

又《羊債苗》 羊債，一日楊黄，其種亦夥播州楊氏之遺民也。男子薙髮，習漢語，婦人挽髮、盤頭，籠以木梳。色尚青。婚姻與漢同。【略】男子計口而耕，婦人度身而織。暇則挾刀操笱，以漁獵爲業。

又《黑傜》 男子畜髮、挽髻，青布長衣。婦人髮挽偏髻，青布短衣，裙長不及膝。

又《花傜》 男子畜髮，挽髻垂後，或覆以花布，或頂布笠，周圍以料珠綴旒，青布短衣，以紅白線緣其邊。婦人挽髻垂前，飾耳以大銀環，居必傍澗溪。

又《侗家》 侗家，在荔波縣，住傜慶里、高寨，巴乃里。性最淳。男子薙髮，婦人梳頭，蒙以青布，赤足。色尚青，衣長不過膝。歲首，集魚肉酒飯祀盤瓠，而聚食。擇近水而居，善種棉花。女則自紡織爲衣，男子雖通漢語，而不識文字，以木刻爲信。婚嫁喪葬與漢民同。

藝文

清·舒位《黔苗竹枝詞·宋家苗一首》 識字耕田不記年，男昏女嫁兩茫然。似渠打鴨休相咲，勝索開門一種錢。

宋家在貴陽，相傳爲春秋時宋國裔，楚蠶食上國，俘其民而放之南海，遂流爲夷。頗通漢語文字，男帽女笄。

又《蔡家苗一首》 卿卿氈髻我氈裳，做戞匆匆興不常。幾見鴛鴦能作家，銷魂人贈返魂香。

蔡人爲楚所俘，在貴筑、清平、修文、清鎮諸縣，暨大定之威寧，平遠州。男女製氈爲衣，婦人以氈爲髻，飾以青布，若牛角狀，長簪綰之。夫死，將以婦殉，婦所私挾，衆奪之去，乃免。其聚會親屬，椎牛跳舞，名曰做戞。

又《龍家苗二首》 狗耳苕亭綰髻螺，鬼竿影裏兩婆娑。明珠薏苡偏相似，腸斷征蠻馬伏波。

龍苗種有四，一曰狗耳龍家，在廣順州康佐司。男子束髮而不冠，婦人辮髮，螺髻上指如狗耳形。春時，立木於野，謂之鬼竿，男女旋躍而擇配。衣以五色，藥珠爲飾，貧者代以薏苡。

拋郤殘春趁早秋，紙錢一陌笑牽牛。看他被髮伊川野，何不蠶娘祭馬頭。

一曰馬鐙龍家，婦人作冠若馬鐙然，以七月七日祭於墓。又大頭龍家，會竹龍家，其俗約略相似。

又《青苗一首》 不借雙雙大小同，渾難撲簌辨雌雄。低頭争似抬頭好，布自青青笠自紅。

修文、鎮寧、黔西皆有青苗，在平遠者，或稱箐苗。男女皆著草履，衣亦無别，惟其首則婦人蒙青布一幅，男子戴紅藤笠，非是幾不知烏之雌雄矣。

又《紅苗一首》 織就班絲不贈人，調來銅鼓賽山神。兩情脉脉渾無語，今夜空房是避寅。

紅苗惟銅仁府有之，衣服悉用班絲，女紅以此爲務。繫銅鼓以歌舞，名曰調鼓。每歲五月寅日，夫婦别寢，不敢相語，以爲犯則有虎傷。

又《白苗一首》 折得蘆笙和竹枝，深山酣唱妹相思。蠟花染袖春寒薄，坐到懷中月墮時。

白苗之習略同花苗，其服先用蠟繪花於布，而後染之，既染，去蠟則花見焉。蘆笙者，編蘆管爲笙，有簧，男女相會，吹以倚歌。歌曲有所謂妹相思，妹同庚者，率淫奔私昵之詞。貴定龍里皆有，衣尚白，故曰白苗。

又《東苗一首》 半臂青青織錦闌，淺裙百疊不知寒。一梳飛上昆侖月，便是君家黑牡丹。

東苗有族無姓，雜處貴筑、龍里、清平。衣尚淺藍色，短不及膝。婦人花衣無袖，惟兩幅遮前覆後，著細褶短裙，輓髮盤頭，籠以木梳，故用唐人墨池雪嶺之事爲詠。

又《平伐苗一首》 長裙雌豸短裙雄，吹入山前一陣風。我亦青袍似春草，泥他蓑影作漁翁。

平伐苗在貴定之小平伐司，以地名也。男女皆著裙，男子裙短，婦人裙長，然無袴，或學他苗製袴，則又不裙，彼袴與裙終身不相識也。男子入市則衣草衣，蔌蔌如漁蓑，顧影自喜，蓋以爲盛服云。

又《陽洞羅漢苗二首》 月場難築避風臺，衣尾匆匆隔夜裁。試問裙腰腰上帶，唾絨一幅爲誰開。

羅漢苗在黎平府，婚姻亦以跳月成。女子長裙無袴。加布一幅。刺繡垂之於前，名曰衣尾。

髻上疎比項下錢，生苗居後熟苗先。不愁雙鬢鴉堆重，又製銀環壓到肩。

婦人挽髻額前，插木梳於上。富者以金銀作連環耳墜，項下刺繡一方，飾銀錢焉，昏或先外家，不則卜他族。遠者曰生苗，然仍跳月。

又《谷藺苗一首》 紆錦簇簇花有痕，織布縷縷家無褌。月中織布日中市，織錦不如織布温。

其在定番州者，則有谷藺苗。定番多織苗錦，而谷藺獨工於布。其布最精密，每遇場期入市，人争購之，遂有谷藺布之名。皆深山遥夜，機杼軋軋所成，顧不自衣也。

又《九股苗一首》 牛尾槍開夜有聲，傭中佼佼鐵錚錚。當年鑄就六州錯，丞相原來是老兵。

苗之剽悍，莫過於九股，在凱里司。武鄉侯南征，戮之殆盡，僅存九人，遂爲九股，散處蔓延。頭戴鐵帽，後無遮肩，前有護面鐵兩片，即鑄於帽身。披鐵鎧，如半臂，自腰以下用鐵煉周圍，形如環，垂及於足，坐則縮而立則伸。下以鐵片纏其股，若韈，琤琮有聲。

又《仡兜一首》 櫳就風囊墮馬妝，雙心一襪繡鴛鴦。不妨徑向君家宿，行到深山藥箭香。

仡兜亦苗也，施秉、黄平皆有之。女子多美者，短衣偏髻，繡五采於胸前，人謂之，則笑而從焉。善爲藥箭，埋所居之遠近，觸之機發，往往傷人。

又《峒人一首》 擷得茅花冷過冬，比肩人似鳥雌雄。此間定是多情地，開出相思草一叢。

峒人冬采茅花爲絮，以禦寒，蓋仿佛蘆花球矣。夫婦出入必偕，其種在石阡朗溪司及永從諸寨，斷腸草生焉。

清・貝青喬《苗妓詩》 異樣烟花亦惹愁，岑雲孖雨結綢繆。宛從魔母窺淫室，却在天家問野樓。錦帶緾胸交十字，銀環押耳妥雙鈎。鬼竿影里呵交去，贏得檳榔一笑投。

苗謂山之高者曰岑，水之分流者曰孖。夭苗一名夭家，雲出自周後，故多姬姓。女子十三四，構竹樓野外處之，苗童聚歌其上，情稔則合。黑苗謂之馬郎房，僚人謂之麻欄，僮人謂之千欄。田山薑《黔書（陽）》載：苗婦錦服短衫，系雙帶於背胸前，刺繡一方，飾以金錢。以予所見，雙帶斜作十字形，交於雙乳間，背綴小錦一方，負物則横貫其中以爲紐。耳環大如鈎，下垂至肩，富者多布以珠貝，累累如瓔珞。春時立木於野，男女旋舞以爲樂，僚人曰羅漢樓，龍苗曰鬼竿。呵交，謂飲酒也。仲女饗客，以檳榔爲上品，咀之辛香滿口。蓋水浸令軟，石賁灰裹蔞葉藏之，暱者始出贈焉。

又 問是槃瓠幾派分，蹁躚歡舞一群群。桶裙低露雙趺雪，鬖髿松堆半笠雲。醅菜登柈腥欲避，刺黎釀酒啐成醺。恰逢蠍子花開日，嫭扒蘆笙宛轉聞。

槃瓠，高辛氏之蓄狗也。【略】苗女不履不襪，徒跣而行，圍峒錦於腰，重疊百褶，旁無襞積，謂之桶裙。僅及膝者，謂之短裙苗。拖至地者，謂之長裙苗。長裙苗，即仲家也。斂馬鬣雜人髮束爲髲，大如鬥，綴於頂前，上覆竹笠，旁以五色藥珠爲飾，貧者以薏苡代之。此系盛妝，惟跳月時始用之。

中南東南地區

綜　述

宋・范成大《桂海虞衡志・志蠻》 黎，海南四郡塢上蠻也。塢直雷州，由徐聞渡，半日至。塢之中有黎母山。諸蠻環居四旁，號黎人山。極高，常在霧靄中。黎人自鮮識之。久晴海氛清廓，時或見翠尖浮半空雲。蠻皆椎髻跣足，插銀銅錫釵。婦人加銅環耳墜垂肩，女及笄，即黥頰，爲細花紋，謂之繡面女。既黥，集親客相慶賀，惟婢獲則不繡面。四郡之人多黎姓，蓋其裔族，而今黎人乃多姓王。

宋・周煇《清波雜志》卷一〇《黎洞白巾》 廣南黎洞，非親喪亦頂白巾，婦人以白布巾纏頭。家有祀事，即以青葉摽門禁往來。人皆文身，男女同浴。故曰：冒白鄉風舊，摽青社酒酣。文身老及幼，川谷女同男。近有族人自海外歸，詢之，曰然。

《宋史》卷四九五《蠻夷傳三》 黎洞，唐故瓊管之地，在大海南，距雷州泛海一日而至。其地有黎母山，黎人居焉。舊説五嶺之南，人雜夷僚，朱崖環海，豪富兼並，役屬貧弱，婦人服緦綆，績木皮爲布，陶土爲釜，器用瓠瓢，人飲石汁，又有椒酒，以安石榴花著瓮中即成酒。

元・陶宗儀《南村輟耕録》卷八《志苗》 楊完者，字彦英，武岡綏寧之赤水人。【略】統苗獠洞搖答剌罕等，無尺籍伍符，無統屬，相謂曰阿哥，曰麻綫，至稱主將亦然。喜著斑斕衣，製衣袖廣狹修短與臂同，衣幅長不過膝，褲如袖，裙如衣，總名曰草裙草褲。固脰以獸皮，曰護項。束要以帛，兩端懸尻後若尾。無間晴雨，氈毯，狀絶類犬。

明・田汝成《炎徼紀聞》卷四《蠻夷》 苗人，古三苗之裔也。【略】斑衣左衽，或無衿襘，竅以納首，别作兩袂，急則去之，插鷄尾於顛，負蘭抱弩。【略】未娶者以銀環飾耳，號曰馬郎，婚則脱之，婦人雜海肥、銅鈴、藥珠、

結纓絡爲飾。

又 黎人，島蠻也。【略】男子文身椎結，挾刀控弩，婦人戴箬笠斕衣，有裙而無褌。春時，笄女戲鞦韆以誘散子，携手蹋歌，名曰作劇，女伴互施針筆，涅兩臉爲蟲蛾花卉，名曰繡面，以色絲和吉貝，雜織爲錦。

明·包汝楫《南中紀聞》 通道縣共六里，止二里係漢民，被服與中國同，四里係苗民，不冠不履，男婦俱左衽佩刀，男子頭插雉尾，身穿短襖，胸背兩臂俱花繡，婦女頭髻，偏挽右傍，頂上插一銀牌爲飾，上衣齊腰，亦俱花繡，男婦下截止穿長褌一條，冬夏跣足。

清·屈大均《廣東新語》卷七《人語·傜人》 羅旁傜，其稍馴者聽約束，與齊民無異。【略】婦人皆著黑裙，裙脚以白粉繒畫，作花卉水波紋。僮則以紅絨刺繡。【略】鄺露謂傜人以十月祭都貝大王，男女連裾而舞，謂之蹋傜，相悦則男騰躍跳踴，背女而去，此西粵之傜俗也。

又 曲江傜，惟盤姓八十餘户爲真傜，其別姓趙、馮、鄧、唐九十餘户皆僞傜。其男子穿耳飾銀環，衣服彩繡花邊，首裹花帕，腰刀挂弩，下跣足。女人無褌，繫重裙，皆繡花邊。其戴板者曰板傜，以油蠟膠髮，裹於板上，光閃似蜻蜓羽，月整一次，夜以高物庋首而卧，下亦跣足。【略】七月望日，祀其先祖狗頭王，以小男女穿花衫歌舞爲侑。【略】女子飾耳環，婦則屏之。

又 連山有八排傜，性最獷悍。【略】歲仲冬十六日，諸傜至廟爲會閬，悉懸所有金帛衣飾相誇耀。傜目視其男女可婚娶者，悉遣入廟。男女分曹地坐，唱歌達旦，以淫辭相和。男當意不得就女坐，女當意則就男坐。既就男坐，媒氏乃將男女衣帶度量長短。相若矣，則使之挾女還家。越三日，女之父母乃送牲酒使成親。凡女已字，頂一方板長尺餘，其狀如扇，以髮平纏其上，斜覆花帕，膠以蠟膏，綴以琉璃珠，是曰板傜。未字則戴一箭竿，髮分數綹，左右盤結，箭上亦覆繡帕，自織麥秆帽戴之，出入叢箐，首頻側而不礙，是曰箭傜。其領袖皆刺五色花絨，垂鈴錢數串，衣用布，或青或紅，堆花疊草，名傜錦。女初嫁，垂一繡袋，以祖妣高辛氏女，初配槃瓠，著獨力衣，以囊盛槃瓠之足與合，故至今仍其製云。《後漢書》言，槃瓠諸子，織績木皮，染以草實，好五色衣服，製裁皆有尾形。干寶言，赤髀橫裙，槃瓠子孫是也。槃瓠毛五采，故今傜姎徒衣服斑斕。

又《黎人》 黎母山高大而險，中有五指七指之峰，生黎獸居其中，熟黎環之。熟黎能漢語，嘗入州縣貿易，暮則鳴角結隊而歸，生黎素不至城，人希得見。歲壬子，忽有生黎二十餘，獻物上官，旗書黎人向化四字。【略】貌皆醜黑，蓬跣短衣及腰，以三角布掩下體，觀者以爲鬼物也。當額作髻，髻有金銀鈀或牛骨簪，其縱插者生黎也，橫插者熟黎，以此爲別。婦女率著黎桶，以布全幅，上與下緊連，自項至脛不接續，四圍合縫，以五色絨花刺其上，裙作數百細摺，用布至十餘丈，長不能行，則結其半於腰間，纍纍如帶重物。椎髻大釵，釵上加銅環，耳墜垂肩，面涅花卉蟲蛾之屬，號繡面女。其繡面非以爲美，凡黎女將欲字人，各諒已妍媸而擇配，心各悦服，男始爲女紋面，一如其祖所刺之式，毫不敢訛，自謂死後恐祖宗不識也。又先受聘則繡手，臨嫁先一夕乃繡面，其花樣皆男家所與，以爲記號，使之不得再嫁。古所謂雕題者此也。題，額也，雕，繡也，以針筆青丹涅之，有花卉蟲魚之屬，或多或少，而世以爲黎女以繡面爲絶色，又以多繡爲貴，良家之女方繡，婢媵不得繡，皆非也。【略】生黎最凶悍，其弓重二百餘斤，戈以標刀，甲以角，盔以香木皮。

又 黎有二種，五指山前居者爲熟黎，山後爲生黎。【略】官或詣黎村徵糧，所至宜一一嘗其酒饌，黎人喜官公平，乃相戒速完國課。如遺其一，即瞋恚，陰挾弓矢伏林間，凶其水草之性矣。赴州縣，裸而額髻直豎一雄鷄尾，横插骨簪，斯則其冠冕也，官必歡然笑語，受其所獻，賞以銀牌紅布。彼欣然持歸，供之香火爲遺愛。或鄙其裸裎，使著衣見，彼遞相傳語，見者遂希，而納糧亦怠，不得不委之糧長矣。

清·陸祚蕃《粵西偶記》卷四 粵西傜人，服化最早，僮人之出，自元至正始也，俍人之戍，自明宏治始也。有板傜者，婦人黄蠟泥髮，木板爲髻，形似今之扇面，平置頂上，覆以繡帕，綴以琉璃珠，纍纍若纓絡然。有箭傜者，婦人橫箭於頂，黄蠟泥髮，分作數綹，左右盤結箭上，亦以繡帕覆之。【略】服飾與居民不甚大异，【略】其風俗最尚踏歌，濃妝綺服，越阡度陌，男女雜遝深林叢竹間，一唱百和，雲爲之不流，名曰會閬。【略】其俗自幼即習歌，男女皆倚歌自擇配，女及笄則縱諸野，少年從者且數十，次第歌，俟女歌意所答而一人留，男遺女以扁擔一條，鐫歌數首，字僅如繩頭，間以金彩作花卉於上，沐以漆，蓋其俗女子力作所必需也，女贈男以繡囊、錦帶諸物，皆女所自製者，約爲夫婦，各告其父母。

清・吴震方《嶺南雜記》卷三　粵有傜種，古長沙黔中五溪之蠻，生齒繁衍，播於粵東西，多槃姓。自云槃瓠之後，言語侏儷。椎結跣足，短衣斑斕。【略】兒始學步，即燒鐵烙其跟，故能踐棘刺而不傷。出入佩弓弩毒矢，中之立斃。冬無臥具，群聚熱火。晴雨唯頂笠，或覆以葵葉。

《明史》卷三二三　雞籠山在澎湖嶼東北，故名北港，又名東番，去泉州甚邇。【略】男女椎結，裸逐無所避，女或結草裙蔽體，遇長老則背身而立，俟過乃行，男子穿耳。女子年十五，斷唇旁齒以爲飾，手足皆刺文，衆社畢賀，費不貲。

清・傅恒《清職貢圖》卷三《台灣縣大傑嶺等社熟番、台灣縣大傑嶺等社熟番婦》　番民有生熟二種。【略】男剪髮，束以紅帛。衣用布二幅，聯如半臂，垂尺許于肩肘，腰圍花布，寒衣曰縵披，其長覆足。婦衣亦然。俱以銅鐵環束兩腕，或疊至數十，各縣社番多有之。

又《鳳山縣放縤等社熟番、鳳山縣放縤等社熟番婦》　放縤等社熟番，相傳爲紅毛種類。康熙三十五年歸化。其人善耕種地，産香米。男以鹿皮蔽體，或披氈敞衣。女著衣裙，喜懸螺貝于項間，腕束銅環，而跣足。

又《諸羅縣諸羅等社熟番、諸羅縣諸羅等社熟番婦》 諸羅山社，相傳亦紅毛種類，風俗物産與鳳山、放緤等社相似。男番首插雉尾，以樹皮績爲長衫，夏常裸體。女盤髮，綴小珠，覆以布帕，項圍白螺、珊瑚爲飾。又男番喜穿耳納竹圈於中，漸易大者，久之將垂及肩，乃實以圓木，或嵌螺錢，各縣社番多有之。諸羅社在縣西，其打猫社、他里霧社、柴裏社俱在縣北。

又《諸羅縣簫壠等社熟番、諸羅縣簫壠等社熟番婦》 諸羅縣南，曰簫壠社，曰加溜灣社，曰麻豆社，曰哆咯嘓社，服飾大略與諸羅等社同。男以竹片束腰，曰箍肚，欲其漸細。能截竹爲簫，長二三尺，以鼻吹之。

又《彰化縣大肚等社熟番、彰化縣大肚等社熟番婦》彰化縣屬土番，濵海倚山，種類蕃雜，共五十社，其大肚等社番，皆以漁獵爲業，善鏢箭，竹弓竹矢，傅以鐵鏃。亦勤耕作。番婦則擕飲食，餉之暇日，或至縣貿易。

又《彰化縣西螺等社熟番、彰化縣西螺等社熟番婦》西螺等社熟番，居處服飾與大肚等社相似。其人趫捷，束腹奔走，接遞文移，官給以餼。番婦常挈子女，赴縣用穀帛相貿易。

又《淡水廳德化等社熟番、淡水廳德化等社熟番婦》 淡水廳以臺防同知駐劄故名。德化、蓬山、吞霄、中港四社，在同知所駐竹塹城之北，其地濵洋，下濕，結茅成屋，或以板爲之。飯以黍米，滷浸魚蝦供饌。男婦皆短衣，腰圍幅布。並力耕作，亦事漁獵。暇則吹竹笛、彈竹琴以爲樂。

又《淡水廳竹塹等社熟番、淡水廳竹塹等社熟番婦》 竹塹城爲臺防同知駐劄之地。竹塹社在城北五里。其南坎社、淡水内外社俱在城南甚遠。風俗與德化等社相似。男剪髮齊額，或戴竹節帽，素衣繡緣如半臂，下體圍花布。婦盤髻，約以朱繩，衣亦如男，常携葫蘆汲水蒸黍。

又《諸羅縣内山阿里等社歸化生番、諸羅縣内山阿里等社歸化生番婦》 内山、阿里等社，自康熙二十二年歸化，擇其語音頗正者爲通事。番人皆依山穴土以居。飲食衣服與山猪毛等社相似。

又《彰化縣水沙連等社歸化生番、彰化縣水沙連等社歸化生番婦》 水沙連及巴老遠、沙里興等三十六社，俱於康熙、雍正年間先後歸化。其地有大湖，湖中一山聳峙，番人居其上，石屋相連。能勤稼穡，多麥豆，蓋藏饒裕。身披鹿皮，績樹皮横聯之，間有著布衫者。番婦掛圓石珠於項，自織布爲衣，善織罽，染五色狗毛，雜樹皮，陸離如錦。

又《彰化縣内山生番、彰化縣内山生番婦》 内山生番，居深山窮谷，人迹罕到，巢居穴處，茹毛飲血，裸體不知寒暑。登峰越箐，捷若猿猱。善鏢箭，發無不中。秋深水涸之候，常至近界鏢射鹿獐。遇内地人輒加戕害。番婦針刺兩頤，如網巾紋。亦能績樹皮爲罽。

又《淡水右武乃等社生番、淡水右武乃等社生番婦》 淡水同知屬内山，右武乃等社生番，倚山而居，男女倶裸，或聯鹿皮，緝木葉爲衣。

又《永綏乾州等處紅苗、永綏乾州等處紅苗婦》 永綏等處之紅苗，歷代不通聲教。【略】男蓄髮去鬚，衣綴錫片，領帶俱尚紅，故名紅苗，出入佩刀。婦髻插銀梳，衣短衫，繫繡裙。

又《靖州通道等處青苗、靖州通道等處青苗婦》 青苗，靖州、通道、綏寧、城步各屬皆有之。習俗與紅苗略同，而性情較淳。以服色俱尚青黑，故名青苗。男子勤力作，時荷擔趁墟。婦髻插木梳，不著裙袴，能繡蠻錦花巾。

又《安化寧鄉等處傜人、安化寧鄉等處傜婦》 傜人裔出於苗，因其不事傜役故別稱曰傜，亦名僕傜。其在湖南者聚處安化、寧鄉、武岡、漵浦山谷間，環紆千餘里，與苗分類。【略】男女俱以花帛抹額，繫錦兜於胸前。

又《寧遠等處箭桿傜人、寧遠等處箭桿傜婦》 箭桿傜，乃傜人中之一種。因其用竹箭爲簪，長尺餘，或七枝、五枝、三枝不等插於髻，故以爲名。男女喜著青藍短衣，緣以深色。

又《道州永明等處頂板傜人、道州永明等處頂板傜婦》 頂板傜，道州、永明、江華等處皆有此種。男椎髻長簪，女盤髻向後，横頂木板一片，兩端綴珠，繫以紅繩，結之頷下，故名之曰頂板傜。

又《永順保靖等處土人、永順保靖等處土人婦》 土人先本苗裔，自唐以蠻中大姓彭氏、冉氏分土管轄，始有土人之名。【略】男花布裹頭，足著草履。女椎髻向後，衣裙俱短。婚禮以一牛饋女之外家，謂之骨種錢。婦勤於紡織土綾、土布，民間亦多資之。

又卷四《新寧縣傜人、新寧縣傜婦》 傜本槃瓠之種，由楚省蔓延粵東之新寧、增城、曲江、樂昌、乳源、東安、連州等七州縣。【略】其在新寧者，居縣屬之大隆峝，言語服飾漸與內地習染，同齊民一體，編户輸糧。婦人髻環、衣飾，亦與民無異，戴笠，跣足，能助耕作及紡織刺繡之事。

又《增城縣傜人、增城縣傜婦》 傜之在增城者，居縣屬邊境山巖間，刀耕火種，善用弩箭射獸。其服飾與齊民相似，傜婦總髮爲髻，繫以紅繩，衣衫裙袴，亦仿佛民間。常跣足入山樵採，或携瓠貯茶，以售于市。

又《曲江縣傜人、曲江縣傜婦》 曲江縣傜人，居縣屬之西山，距城百二十里。男子椎髻，環耳，領緣尚繡，膝以下束布至脛。常用㲲囊携物出山貿易。傜婦髻貫竹箭，覆以花帕，重裙，無袴，跣足而行。能作竹木器，舁負趂墟，以易鹽米。因婦人髻貫竹箭，故概名曰箭傜。

又《樂昌縣傜人、樂昌縣傜婦》 樂昌縣傜人，居縣屬之大嶺及龍嶺脚二處，距城五六十里。其服飾與曲江箭傜仿佛，或時用花帕纏頭。傜婦亦盤髻貫箭，短衣短裙，能跣足登山。

又《乳源縣傜人、乳源縣傜婦》　乳源縣傜人，居深山中，耕山爲業，距城百五十里，有生熟二種。生傜不與華通，熟傜常出貿易。頭纏花帕，耳帶大環。傜婦恒簪小竹杆二三枝，復纏以髮，用帕蒙之。身衣短衫，裙不蔽膝。

又《東安縣傜人、東安縣傜婦》　東安縣傜人，居縣屬之雲廉、雲容二峒，距城百五十里。其服食耕種，大概與齊民無異。惟椎髻用花帕纏頭，是其俗習。而言語侏離，殊不可通。傜婦亦用花帕纏頭，短裙，跣足。能耕耘、紡織。

又《連州傜人、連州傜婦》 連州傜人，畜髮爲髻，紅布纏頭，喜插雞翎。性兇悍不馴，亦間有識字者。或時以山果入市。傜婦衣尚刺繡，皆自爲之，青帕蒙頭，飾以簪珥。常著芒鞋登山樵採。

又《靈山縣僮人、靈山縣僮婦》 靈山縣僮人，本廣西俍兵。【略】戴笠，跣足，衣飾亦與齊民相仿。【略】僮婦用花帛兜肚，袴僅蔽膝。往來墟市，必持雨傘而行。

又《合浦縣山民、合浦縣山婦》 合浦縣山民，一名獏猺，自荊南五溪而來，本猺獞之類，而不屬於峒長，故名獏猺。隨溪谷群處，斫山爲業，有採捕，而無賦役。服飾略同齊民，惟以青布纏頭，所居在大山中。聞人民語輒趨避，畏入城市。俗呼山仔老。其山婦俗呼山仔婆，喜以繡帛束胸，短裙跣足。常負藤囊至墟貿易。

又《瓊州府黎人、瓊州府黎婦》 按黎人，後漢謂之俚人。俗呼山嶺爲黎，而俚居其間，於是訛俚爲黎。【略】男椎髻在前，首纏紅布，耳垂銅環，短衣至膝，下體則以布兩幅，掩其前後而已。射獵耕樵爲生。黎婦椎髻在後，首蒙青帕。嫁時以針刺面，爲蟲、蛾、花卉狀，服繡吉貝，繫花結裲，裲似裙，而四圍合縫，長僅過膝。

清·檀萃《説蠻》 僮人出湖南溪洞，後入粵西。【略】其人性質粗悍，露頂跣足，花衣短裙，鳥語鵠面。自耕而食，謂之山人。

又 黎人居黎母山，有生熟兩種。當額作髻，縱簪者，生黎也，横簪者，熟黎也。婦女率著黎桶，其裙百摺，椎髻大釵，面涅花文，號繡面女。臨嫁乃繡其花樣，男家與之。

又 雞籠番，今臺灣也。【略】女多姣麗，富者珍飾滿身，以佩銀鎖匙多者爲最。【略】少年以佩髑髏多者爲健，謂之貓塔，猶言好漢子也。【略】番婦組織爲衣裳，有帕其首，脚雙屣。【略】壯番雉冠，籐束腰。

清·符爲霖、吕懋恒修，劉沛纂（光緒）《龍山縣志》卷一一《衣服》 苗民短衣，色青藍，繫腰間以紅布，兩耳貫銀環，跣足，青布束其脛。婦女衣較微長，富者繡以花卉，腰不束帶，繫布裙，或錦爲之，由襞績處青紅間道而下。銀圈項，其圈摺叠垂胸，下赤足不履，貫耳多環，同土婦。舊不褌，近識爲耻，皆著之。不嘗梳髻，多以髮結辮盤於首。

清·黄鈞宰《金壺浪墨》卷五《傜人》 傜人初生能行，即以鐵烙其蹠，厚如繭，故能蹈芒刺，踏鋭石負弓矢手矛，履險上下如飛。居恒則獵山獸以食，疾病則巫覡吹牛角以禱。男子編白雉插首，銀環穿耳，銀箍匝額，銀環飾項，腕帶銀釧，多至二三雙。女子簪髮以竹，覆以花布，如鳥張翼狀，衣腹背俱繫唐宋銅錢爲飾，裙用五色絨彩織爲文繡，短僅至膝，繫錢於邊幅，行則有聲。

清·董鴻勳（光緒）《古丈坪廳志》卷一〇《民族下·歲時俗尚異宜編》 服飾：古廳各籍服飾大略相同。苗服現亦不專用深黑，脚帶、衣帶黑紅之别，及從前男苗束巾簪圈之飾，惟婦女銀簪、項圈、手釧、行縢皆備，兩耳貫銀環二、三、四、五不等。手釧、耳環皆以多誇富。衣較男子爲長，斜頭直下，用錫片、紅絨，或繡花卉爲飾。頭帶銀梳，以銀絲密繞其髻，裹以青繡帕。腰下繫帶，下或有不着裹衣，以布綿爲裙，而青紅間道，繡團花爲飾，亦有繫錫鈴、繡絨花者，或重穿三四幅。苗女未嫁者，額髮分中，結辮垂後，以錫鈴、海蚆、藥珠爲飾。深冬嚴寒，三兩重單衣，不衣絮棉，貧富如一。現民苗通婚者，服飾亦如常矣。

清·董鴻勳（宣統）《永綏廳志》卷六《地理門十三·苗峒》 苗人衣服俱皂黑布爲之，上下如一。其衣帶用紅者爲紅苗，纏脚並用黑布者爲黑苗，纏脚用青布、白布者爲青苗、白苗，衣折繡花及纏脚亦用之者爲花苗。考各志，統謂之紅苗，而查近日文案，則多曰黑苗，良以苗衣深黑，處處皆然，而紅帶、花帶纏腰，白布、青布纏脚，不過其老寨舊習，相沿不改。其實今日之黑苗，即往日之紅苗，非三廳於紅苗之外又添一黑苗種類也。

又 苗俗惟寨長剃髮，餘皆裹頭椎髻，去髭鬚，短衣跣足，著青布衫，間用黑布褌腰，係紅布領，亦尚紅衣，周圍俱繡彩於邊。富者以網巾束髮，貫以銀簪四五枝，腦後戴二銀圈，左耳貫銀環，如碗大，項圍銀圈，手帶銀釧。衣服係錫皮，纏青布行縢。足蹠厚如獸膰，能履枋根，趨箐芥，捷如猿猱。其婦女銀簪、項圈、手釧、行縢皆如男子，惟兩耳貫銀環，二、三、四、五不等，以多誇富。衣較男子微長，斜頭直下，用錫片、紅絨，或繡花卉爲飾。頭帶銀梳，以銀絲密繞其髻，裹以青繡帕，腰下係帶，下不著裹衣，以布棉爲裙，而青紅間道，繡團花爲飾，亦有係錫鈴、繡絨花者，或重穿三四幅。苗女未嫁者，額髮中分，結辮垂後，以錫鈴、海肥、藥珠爲飾。深冬嚴寒，三兩重單衣，不衣絮棉，傴僂行風雨中，貧富如一。近則皆知剃髮矣。按，今男女衣飾，亦如漢裝，惟項圈、耳環尚未去耳。

軍戎服飾部

甲冑

題解

唐・釋玄應《一切經音義》卷一 甲冑。古文軸同，除救反。《廣雅》：冑，兜鍪也。中國行此音。亦言鞮鍪，江南行此音。鞮音低，鍪，莫侯反。

又卷二 甲冑。除救反。《説文》：冑，兜鍪也。字從月，由聲。星衍曰：甲冑，字從目，音冒。其從肉者，冑子字。

又卷四 兜鍪。莫侯反。《廣雅》：兜鍪謂之冑。經文作鉾，非字體也。

又卷一六《小乘律》 擐甲。胡慢、工患二反。《左傳》：擐甲執兵。杜預曰：擐，貫也。《國語》：服兵擐甲。賈逵曰：衣甲也。

明・余繼登《典故紀聞》卷二 太祖嘗命製軍士戰衣，表裏異色，令各變更服之以新軍號，謂之鴛鴦戰襖。

明・焦竑《焦氏筆乘》卷一 纏讀如戰。《淮南子》：纏以朱絲，纏續如戰。《古樂府》有雙行纏，謂行縢，即足衣也。宋人詩：青羅包髻自行纏，不是凡人不是仙。以平聲讀之矣。

明・田藝蘅《留青日札》卷二二《鐵室》 鐵室，即今渾身鐵甲，言如室之蔽身也。出《韓非子》。

清・顧棟高《毛詩類釋》卷一〇《釋兵器》 甲。《考工記》：犀甲壽百年，兕甲壽二百年，合甲合，猶重也。重犀兕爲之。壽三百年。《禮書》曰：古者之甲以革爲之，後世乃用金耳。案《襄三年傳》鄧廖帥組甲三百，被練三千，以侵吴。組練俱用絲。杜預則云：組甲、漆甲成組文。《宣十二年傳》犀兕尚多。《國語》吴王衣水犀之甲者億有三千，無用鐵之理。

冑。《説文》曰：首鎧謂之兜鍪，亦曰冑。《魯頌》貝冑朱綅。以貝飾冑，以朱綫綴貝而飾之。朱子釋《中庸》曰：革，甲冑之屬。則冑亦以革爲之矣。《説文》長箋云：軍士以首鎧爲炊具，故曰兜。兜爲冑名，鍪則釜名，意亦是後世之事耳。

論説

唐・蘇鶚《蘇氏演義》卷下 帢荚，魏武帝所製也，初以軍中服之輕便，又作五色帢荚，以表方面也。

明・田藝蘅《留青日札》卷二二《介》 《漢南粤王傳》：欲介使者權謀誅嘉等。師古曰：介，恃也。下云：嘉遂出，介弟兵就舍。師古曰：介，甲也，被甲而自衛也。兩介字同而注不同，殊不知介即介道之介。

清・黄以周《禮書通故》卷四九 陳氏曰：甲亦曰介，曰函，曰鎧。《經》言甲不言鎧，則古之甲以革爲之，後世乃用金耳。甲之制，腰以上爲上旅，腰以下爲下旅。革堅者札長，故其屬少，其次札短，故其屬多。犀甲七屬，兕甲六屬，合甲五屬。札，其葉也。屬，其續也。會衆札謂之旅，上旅爲衣，下旅爲裳。飾之以組，衣之以櫜。卷置櫜中。在首曰冑，在臂曰釬，在頸曰錏鍜。案甲有組甲，有練甲。《吕氏春秋》曰：邾之故爲甲常以帛。公息忌曰：不如以組。《左傳》：組甲三百，被練三千。被與紴通，紴滌屬。賈注云：組甲以組綴甲，車士服之。被練以帛綴甲，步卒服之。凡甲所以爲固者，以盈竅也。帛盈竅而任力半，組盈竅而盡任力。孔疏云：《説文》冑，兜鍪也。《經》言甲冑，秦始有鎧兜鍪之名。蓋古用革，後以鐵爲之。陳氏云魯人之冑綴以朱綫，飾以貝文，則古冑制蓋亦類此。

綜述

漢・衛宏《漢官舊儀》卷下 亭長課射，游徼徼循。尉、游徼、亭長，皆習設備五兵。五兵：弓弩，戟，盾，刀劍，甲鎧。鼓武。字衍吏，赤幘大冠，行縢，帶劍佩刀，持盾被甲，設矛戟，習射。按：此文原本自甲鎧鼓以上爲一條，而武吏赤幘大冠以下别爲一條。今考《北堂書鈔》引此文云：亭長習設五兵，五兵言弩、戟、刀、劍、鎧也。其於五兵不數盾者，蓋傳寫脱漏，而並不及鼓，則鼓字自當屬下文

讀。續漢書志注引此亦作鼓吏赤幘云云，無武字。原本既分爲兩條，又衍一武字，俱誤。

晉・崔豹《古今注》卷上《輿服第一》 伍伯。一伍之伯也。五人曰伍，五長爲伯，故稱伍伯。一曰户伯，漢制兵吏五人一户竈置一伯，故户伯亦曰火伯，以爲一竈之主也。漢諸公行，則户伯率其伍以導引也，古兵士服韋弁，今户伯服赤幘纁衣素韍，弁之遺法也。

又 帢。魏武帝所制，初以（章申）［軍中］服之輕便，又作五色帢以表方面也。

晉・干寶《搜神記》卷七 太興中，兵士以絳囊縛紒。識者曰：紒在首爲乾，君道也。囊者爲坤，臣道也。今以朱囊縛紒，臣道侵君之象也。爲衣者，上帶短，纔至於掖；著帽者，又以帶縛項，下逼上，上無地也。爲袴者，直幅無口，無殺，下大之象也。尋而王敦謀逆，再攻京師。

《宋書》卷一八《禮志五》 凡兵事，總謂之戎。《尚書》云：一戎衣而天下定。《周禮》：革路以即戎。又曰：兵事韋弁服。以韎韋爲弁，又以爲衣裳。《春秋左傳》：戎服將事。又云：晉郤至衣韎韋之跗。注，先儒云：韎，絳色。今時伍伯衣。説者云，五霸兵戰，猶有綏紱、冠纓、漫胡，則戎服非袴褶之制，未詳所起。近代車駕親戎中外戒嚴之服，無定色，冠黑帽，綴紫褾。褾以繒爲之，長四寸，廣一寸。腰有絡帶，以代鞶革。中官紫褾，外官絳褾。又有纂嚴戎服，而不綴褾。行留文武悉同。其畋獵巡幸，則唯從官戎服，帶鞶革；文官不下纓，武官脱冠。宋文帝元嘉中，巡幸蒐狩皆如之，救宫廟水火，亦如之。

唐・李林甫《唐六典》卷一六《衛尉宗正寺》 甲之制十有三，一曰明光甲，二曰光要甲，三曰細鱗甲，四曰山文甲，五曰烏鎚甲，六曰白布甲，七曰皂絹甲，八曰布背甲，九曰步兵甲，十曰皮甲，十有一曰木甲，十有二曰鎖子甲，十有三曰馬甲。甲似物之孚，甲以自衛也。《史記》曰：楚人鮫革以爲甲。《漢書》曰：魏氏武卒衣三屬之甲，謂上身一髀，褌一兜鍪，一凡三屬也。今明光、光要、細鱗、山文、烏鎚、鎖子，皆鐵甲也。皮甲以犀兕爲之，其餘皆因所用物名焉。

又 袍之制有五：一曰青袍，二曰緋袍，三曰黄袍，四曰白袍，五曰皂袍。《説文》曰：袍，襴也。以絮曰襴，以緼曰袍，今袍皆繡畫以武豹鷹鸇之類，以助兵威也。

五代・馬縞《中華古今注》卷上《魏武帝軍帢》 魏武所制也，以軍中服之輕便，有作五色帢以表方面也。

又《狸頭白首》 昔秦始皇東巡，狩有猛獸，突於帝前，有武士戴狸皮白首獸，畏而遁，遂軍仗義服皆戴作狸皮白首，以威不虞也。

又《軍容袜額》 昔禹王集諸侯於塗山之夕，忽大風，雷震雲中，甲馬及九十一千餘人中有服金甲及鐵甲，不被甲者以紅絹袜其首額，禹王問之，對曰：此袜額蓋武士之首服，皆佩刀以爲衛從，乃是海神來朝也。一云：風伯雨師自此爲用，後至秦始皇巡狩，至海濱亦有海神來朝，皆戴袜額緋衫大口袴以爲軍容，禮至今不易其制。

又《部伍兵陣》 部伍者，一伍之伯也，五人曰伍，長爲伯，故稱伍伯，一曰户伯。漢制兵吏五人一户，一竈四直一伯，故云户伯，亦曰大伯，以爲一竈之主也。漢諸王公行户伯各率其伍以道引也，古兵士服韋弁，令户伯服赤績纁衣常韍，弁之遺法也。

五代・馮鑑《續事始》 抹額。《實録》曰：禹塗山之夕大風雷震中，有甲步卒千餘人，有金甲鐵甲者，其不備甲，以紅絹帕抹其頭額，皆佩刀以爲侍衛，至禹所云海神來朝禹問之對曰：此抹服此武士之首服，及始皇巡狩至海濱，亦有神皆抹額，緋衫大口袴以爲侍衛，自此爲軍容之服。

宋・范成大《桂海虞衡志》 蠻甲，惟大理國最工。甲胄皆用象皮，胸背各一大片，如龜殼，堅厚與鐵等。又綴聯小皮片爲披膊，護項之屬，製如中國鐵甲葉，皆朱之。兜鍪及甲身内外，悉朱地間黄黑漆，作百花蟲獸之文，如世所用犀毗器，極工妙。又以小白貝纍纍駱甲縫及裝兜鍪，疑猶傳古貝胄朱綅遺製云。黎兜鍪，海南黎人所用，以藤織爲之。

宋・王明清《揮麈録》卷一《葉夢得奏對圣語》 一日，聖訓諭臣等言：過江器械皆散亡，甲所失尤多。朕每躬擐甲胄，閱武於宫中，以勵衛士，乃知舊所造甲，有未盡善，如披膊皆用鐵，臂肘幾不可引以當胸，緩急如何屈伸。今皆親自裁定損益，與舊不同，極便於施行。令兩浙路諸州分造甲五十副，一以新樣爲之。臣等皆言：陛下留意武事，前所未講，盡經聖慮。此前史所以稱漢宣帝器械技巧，皆精其能。朝退，内出新樣甲一副示臣等，舊轉肘鐵葉處皆易以皮，屈伸無不利便，佗皆類此。其後陳東、歐陽徹俱贈祕撰，各又官其二子，仍賜田十頃。

宋・姚寬《西溪叢語》卷上 杜甫詩：雨拋金鎖甲，苔卧緑沉槍。薛

倉舒注杜詩引車頻《秦書》云：苻堅造金銀緑沉細鎧，金爲綖以縲之。緑沉，精鐵也。《北史》：隋文帝嘗賜張奫緑沉甲、獸文貝裝。《武庫賦》云緑沉之槍。唐鄭槩聯句有亭亭孤笋緑沉槍之句。《續齊諧記》云：王敬伯夜見一女，命婢取酒，提一緑沉漆榼。王羲之《筆經》有文：以緑沉漆竹管見遺，亦可愛玩。蕭子雲詩云：緑沉弓項縱，紫艾刀横拔。恐緑沉如今以漆調雌黄之類，若調緑漆之，其色深沉，故謂之緑沉，非精鐵也。

宋・程大昌《演繁露》卷五《鐵甲　皮甲　水犀　鮫魚》　三代秦漢以前，軍旅多用皮甲，其曰犀兕者是也。然史傳所載已有鍛金爲甲者矣，顧其用者尚少耳。《管子》曰：葛盧之山發而出黄金，蚩尤受之以爲劍鎧。鎧即甲也。注云言其始也。言以金爲甲自蚩尤始也。然則前乎三代已有金甲矣，若其軍於之所通用，不勝其多，則直鍛皮爲之耳。許氏《説文》：鎧，甲也。焊，臂鎧也。鋋鍛，頸鎧也。三者字皆從金，則可以知其必以金鑄矣。《周禮・函人》所典犀甲、兕甲、合甲，凡三甲也，此三甲者率皆以皮爲扎，扎成堅之以火，故《函人》曰凡鍛不摯則不堅，已敝則撓，是也。此之謂皮，即牛犀兕三獸之皮，皆堅韌可用也。牛即耕牛也，犀則一角者也，兕則色青如牛者也，三者惟牛可畜，則可隨須隨有矣。若犀與兕皆非可畜之獸，其皮亦不可常得也。孔子曰：虎兕出于柙，柙以畜之，尚或擘裂而出，則是不可豢畜也矣。故《國語》載叔向之言曰：唐叔射兕于徒林，殪以爲大甲。葛洪亦曰屠犀爲甲，賈逵曰以兕革爲大甲也。夫其平日不可使出圈柙，而臨用又須屠射，則其材何可常有。若夫牛者，既可豢畜，則臨用不患難辦矣。華元曰牛則有皮，犀兕尚多。言吾牛皆有皮，皮皆可用。自牛以外，犀兕亦不乏也。此雖例爲夸言，然亦可以見犀兕之少於牛矣。勾踐又有水牛之甲，即以水牛皮爲之矣。荀子曰：楚人鮫革犀兕以爲甲，堅如金石。鮫魚者，皮上傅砂，其鉎可錯，用以爲甲，亦與犀兕同堅，於是遂名水犀者，即是本鮫魚之爲水産，而取之以名也。《晉書》載馬隆之討凉州也，夾道累磁石，賊首負鐵鎧，行不得前，隆卒即被犀甲，無所留礙，賊以爲神，則是隆軍有鐵甲，可擐而不擐也。王隱《晉書》亦載其事，乃曰隆兵悉著牛皮鎧得過，則是實用牛皮爲之，而名以爲犀焉耳。

又卷一〇《鐵甲》　仲長統《昌言・損益篇》云：古者以兵車戰，而甲無鐵札之制，今誠以革甲當强弩，亦必喪師亡國也。按此即後漢時甲有鐵札矣，未知前漢如何。

又卷一一《革甲》　吴子謂魏文侯曰：今君四時使人斬離皮革，掩以朱漆，畫以丹青，爍以犀象。則知戰國時但以革爲甲，未用鐵也。

《宋史》卷一五三《輿服志五》　紫衫本軍校服，中興士大夫服之，以便戎事。紹興九年，詔公卿，長吏服用冠帶，然迄不行。二十六年，再申嚴禁，毋得以戎服臨民，自是紫衫遂廢，士大夫皆服凉衫，以爲便服矣。

明・鄭名選《秕言》　組甲。《左傳・魯襄公三年》：楚子重伐，使鄧廖帥組甲三百，被練三千以侵吴，杜預註云：組甲添甲成組文，非也。《吕氏春秋》，郗之故法，爲甲裳以帛。公息忌謂郗君曰：不若以組。凡甲之所以爲固者，以滿竅也。今竅滿矣，而任力者半耳。且組則不然，竅滿則盡任力矣。是則組甲者，以組綴甲，非添甲成組文也。

明・焦竑《焦氏類林》卷七《冠服》　宋，景和中，討義陽王昶，六軍戒嚴，應須紫摽，左右欲營辦。王琨曰：元嘉初征，謝晦有紫摽在匣中，不須作，檢取果得焉。《南齊書》：摽，音標。以繒爲之，長四尺，廣一寸，腰有絡帶以代鞶。中官紫摽，外官絳摽，俗曰飄帶。

明・史玄《舊京遺事》卷二　京軍每年以十月朔頒給袢襖，袢襖取諸東南外廨，費官帑銀不知幾十萬。

明・董説《七國考》卷一一《秦兵制》　帶甲。《國策》：秦帶甲百餘萬，車千乘，騎萬匹，虎鷙之人，跿跔科頭。跿跔，跳躍也。科頭，不著兜也。貫頤奮戟者，至不可勝計也。秦馬之良，戎兵之衆，探前趹後，蹄前二尋者，不可勝數也。山東之卒，被甲冒胄，以會戰秦人。捐甲徒程以趨敵，左挈人頭，右挾生虜。

又《田齊兵制》　帶甲。【略】蘇秦説齊宣王，齊南有泰山，東有琅邪，西有清河，北有渤海。此所謂四塞之國也。齊地方二千餘里，帶甲數十萬，粟如丘山，三家之良，五家之兵，進如鋒矢，戰如雷霆，解如風雨。

又《楚兵制》　鮫革甲。荀卿曰：楚人鮫革犀兕以爲甲，鞈如金石，宛鉅鐵釶，慘如蠭蠆，輕利僄遬，卒如飄風。天下稱强兵莫如楚。楊倞《荀子注》云：以鮫魚皮及犀兕爲甲，堅如金石不可入。孔融《肉刑論》云：古聖作犀兕革鎧，今有盆領鐵鎧。《國語》云：吴王夫差衣水犀之甲二千。《爾雅翼》云：鮫出南海，狀如鼈而無足，圓廣尺餘，尾長尺許，皮有珠文，而堅

勁可以飾物。又云：犀兕並有甲兕之革最堅，故犀甲只壽百年，而兕甲壽二百年。

腸夷甲。《越記》云：楚王身被腸夷之甲。

組甲、被練。《左傳》：襄三年，楚子重伐吴，爲簡之師，使鄧廖帥組甲三百，被練三千。杜預注云：組甲被練，皆戰備也。組甲，漆甲成文，被練之袍。賈逵云：組甲以組綴甲，車士服之。被練以帛綴甲，步卒服之。孔穎達曰：甲貴牢固，若不固，宜能用組，何當造不牢之甲令步甲服之。杜言組甲，漆甲成文，今時漆甲有爲文者，被練，文不言甲，必非甲名。被是被覆衣著之名，故以練袍被于身上。吕祖謙曰：被練，若今之軟綿之類。

又《魏兵制》　蒼頭。【略】詳見蘇秦説魏。注云：蒼頭者，謂以青巾裹頭，以異于衆。唐王某《河清頌》云：魏立蒼頭，秦稱黔首。

又　三屬之甲。荀子曰：魏氏之武卒以度取之衣，三屬之甲，操十二石之弩，負服矢五十箇，置戈其上，冠軸帶劍。【略】三屬之甲者，《服虔》曰：作大甲三屬，竟人身也。蘇林曰：兜鍪也，盆領也，髀褌也。如淳曰：上身一，髀褌一，脛繳一，凡三屬也。屬，聯也。又吴子吴起見魏文侯曰：今君斬離皮革，掩以朱漆，畫以丹青，爍以犀象。

又《韓兵制》　帶甲。【略】蘇秦説韓王曰：韓地方千里帶甲數十萬，天下之强弓勁弩皆自韓出。【略】甲楯，鞮鍪，音題矛。鐵幕，革抉，㕭芮，無不畢具。以韓卒之勇，被堅甲，蹠勁弩，帶利劍，一人當百，不足言也。

鐵幕、鞮鍪。見蘇秦説韓。注：鐵幕，以鐵爲之，臂衣也。鞮鍪，一作題鍪。

革抉、㕭芮。同上。革抉，射鞲也，謂以革爲射決。㕭，謂楯也。芮，謂繫楯之紛綬也。

又《燕兵制》　帶甲、車、騎。蘇秦説燕文侯曰：燕東有朝鮮、遼東，北有林胡、樓煩，西有雲中、九原，南有滹沱、易水，地方二千里，帶甲數十萬，車六百乘，騎六千匹。

明・王三聘《古今事物考》卷六《武備・衣甲》　《太白陰經》曰：蚩尤割革爲甲。《黄帝内傳》曰：玄女請帝制甲胄，以備身也。

又《抹額》　《二儀實録》曰：禹娶塗山之夕，大風雷電，中有甲卒千人，其不甲者，以紅絹帕抹其頭額，云海神來朝。禹問之，對曰：此武士之首服。秦始皇至海上，有神朝，皆抹額、緋衫、大口袴。侍衛自此抹額，遂爲軍容之服。

又《兜鍪》　胄也。《黄帝内傳》云：玄女請帝製之，以備身也。

明・茅元儀《武備志》卷一〇五《器械四》　盔。茅子曰盔即古之鍪牟也。其式甚衆，見于武經者几五，而今所用者六，又續圖之，其説則今之制也，古不可考矣。

造盔式，每頂用浄鐵五六斤，加鋼一斤，重團起細皮爲止，如連圍腦重二斤，其製諸如此，頂樣不一，有名一塊鐵，有四明盔，有六葉盔，有皮穿柳葉盔，南方用舊綿花作盔，以水濕爲利。

藤鍪牟，以細藤爲之，用藤若干，内用綿帽一件，帽表用布二層，帽裏用布一層，内用絲綿若干，繭紙若干，用絹綫緝之，帽後不合，口開高三寸，以便人頭有大小，臨時自綴，盔内盔頂上俱用紅纓，一則壯觀，一則順南方之色。

甲。夷甲、盔馬甲、鐵鋼附。茅子曰，甲之制不一，製甲之説亦甚夥，我圖其圖集其説，以告來者，亦可以大成矣。

臂縛式，一名臂手，每一副用浄鐵十二三斤，鋼一斤，折打鉆鋥，重五六斤者，以熟狗皮釘葉，皮繩作帶，以紬布縫袖肚，務要隨體宛轉活便。

赤藤甲，以赤藤五十斤，石槽内水浸半月，取出曬三日，復入槽添水，如此浸滿一周歲，曬乾照式編穿，共二十副，其外桐油油之其甲輕堅，能革矢刃利於水大，又以此藤作笠，臨敵作盔，陰則備雨。又以軟藤編作圓牌，中高邊起，披此甲而執此牌進退摭護，便利攻擊也。

唐猊鎧，先用透骨草五斤，蘿蔔子三斤爲咀，入清水一百斤，煮二百沸，去查，入川山甲五張，大同鹽三斤，皮硝三斤，硝石五兩，硇砂半斤，封鍋嚴密，煮一晝夜，取開，用杓鑄如牛皮厚，其樣不一，如匙頭、柳葉、魚鱗、方葉、方長之類，穿作甲輕利，南方多用。

鋼絲連鐶甲，古西羌製，其制度即今大鐵絲圈，如錢眼大，鐶煉如貫串，形如衫樣，上留領口如穿，自上套下，槍箭極難透傷。

甲爲用命之本，當鋒鏑而立于不敗之地者，此也。南方地形險陷，固多用步，步馳難以負重，天雨地濕，鐵甲易生銹爛，必不可用矣，倭夷土賊率用火銃神器，而甲有藤有角，皆可着用，但鉛子俱能洞入，且體重難久，今擇其

利者，步兵惟有緝甲，用絹布不等，若紙綿俱薄，則箭亦可入，無論鉛子，今須厚一寸用綿密緝，可長至膝，太長則田泥不便，太短則不能蔽身。惟舟中可用重甲，蓋不行路，不蹈泥田，賊惟銃子可及，非堅不能禦。鞓帶，南方用布一疋，圍束腰間，種種可繫更妙。

紙臂手，每一副用布内外四層，若干丈尺，綿花若干，繭紙若干張，絹線若干錢，如北方之鐵者，同此則活便輕巧，俱用整袖，上厚下薄，中有薄處在股曲之間，以便屈伸。

程大昌曰，三代秦漢以前，軍旅多用皮甲，其曰犀兕者是也。然史傳所載已有鍛金爲甲者矣，顧其用者尚少耳。管子曰，葛盧之山，發而出黄金，蚩尤受之以爲劍鎧，鎧即甲也。然則前乎三代，已有金甲矣。若其軍旅之所通用，不勝其多，則直鍛皮爲之耳。許氏《説文》：鎧，甲也，釬，臂鎧也，鍜鍛，頭鎧也，三者字皆從金，則可知其必以金鑄矣。《周禮・函人》所典犀甲，兕甲，牛甲，凡三甲也。此三甲者率皆以皮爲扎，扎成，堅之以火，故《函人》曰：凡鍛不摯則不堅，已敝則撓是也。三者惟牛可畜，則可隨須隨有矣，若犀與兕皆非可畜之獸，其皮亦不可常得也。勾踐又有水牛之甲，即以水牛皮爲之矣。《荀子》曰：楚人鮫革犀兕，以爲甲，堅如金石。鮫魚者，皮上傅砂，其鋌可錯，可以爲甲，亦與犀兕同堅。於是遂名水犀者，即是本鮫魚之爲水産而取之以名也。《晉書》載馬隆之討凉州也，夾道累磁石，賊首負鐵鎧，行不得前，隆卒即被犀甲，無所留礙，賊以爲神，則是隆軍有鐵甲可擐而不得擐也。王隱《晉書》亦載其事，乃曰，隆兵悉著牛皮鎧得過，則是實用牛皮爲之，而名以爲犀焉耳。仲長統《昌言》曰：古者以兵車戰，而甲無銕札之制，今誠以革甲當强弩，亦必喪師亡國，則甲用銕札，西都已然，不待漢末也。慶曆元年，太常丞田况言，今賊甲皆冷砧而成，堅滑光瑩，非勁弩可入，自京齎去衣甲，皆軟不足當矢石，以朝廷之事，力國之役巧，乃不如一小羌乎，由彼專而精，我漫而略故也。今請下逐處悉令土匹冷磚打造純綱甲旋發赴緣邊，先用八九斗力弓試射，以觀透箭深淺，而賞罰之。聞太祖朝舊用絶爲精好，但歲久斷綻，乞且穿貫三五萬聯，均給四路，亦足以禦敵也。

《北征録》曰，《周禮》有函人之職，《司馬法》有甲士之制，晁錯以五同論兵甲弩矢，馬燧以短長三制造鎧衣士，皆所以避鋒鏑全肢體，稱大小，便進趨也。然造甲之法，步軍欲其長，馬軍則欲其短，弩手欲其寬，槍手則欲其窄，其用不同，其制亦異，否則拘於定式昧於從變，肥者束身太緊，甲身則可周後背而前胸不交，甲裙則可閉後膺，而前胯不掩，瘦者挂體太寬，挽弓發箭則甲不貼體，而胸臆絣撲，有繼弦脱筈之憂，揮劍刺槍，則甲不付身，而腰背鬆虚，有抵手礙足之患，長者不過膝腕，而矢石可及，短者垂及脚面，而泥濘不前，小有不便則拆去甲葉，而遺棄不收，大有所妨則割去全叚，而抛擲不顧，製作之難，費耗之廣，不幾於徒費乎，故君子謹其微於制作之初。

士有肥瘠，甲身不可無廣狹，材有高下，甲裙不可無長短，故第一等甲，所以給肥胖之士也，肥胖之士，亦有長短，故甲裙又分爲三制，使肥而長肥而短者，皆可披帶。第三等甲，所以給中常之士也，二者亦有長短，故甲裙又爲三制，使長者短者皆可披帶，每遇給散，則隨其肥瘠長短而選給之，則肥瘠長短無一不稱其用，人瘦甲寬，則都管皮柱定，不可行坐，甲小人大，則包掩不及，罔避金矢，皆成棄物，是謂人甲制。

馬軍與步人之甲，有四不同，步人則直身起立，馬軍則蹲坐抵控，馬軍腰圈若依人步，皆用五吊則上柱兩腋，而不容低昂下擦雙胯，而不堪轉動，所以獨用四吊，步人則兩足循行，左掩則背安結項，有穿扣不順，馬軍則緩急上馬，右掩則搯定左足，而跨蹬不及，馬軍甲身，所以獨用左掩，步人則直身行立，短則露足，馬軍則曲膝蹲坐，長則綰絆，馬軍甲裙所以獨用過膝三寸，步人則甲身腰圈吊腿連成一片，名曰全裝，而易爲披帶，馬軍則吊腿拖泥遴作二叚，名曰摘吊，而便于去取，故截爲兩叚，上安結項四枚，遇敵則挂上吊腿，而用避矢石，退師則解入搭袋，而免被牽制。馬軍吊腿，所以獨用摘吊，是謂馬軍甲制。

弩手與鎗牌、弓箭、劍斧手、馬軍之甲，有三不同，蓋馬軍槍牌等手，例欲身材長大，獨弩手不嫌矮短，故軍中類選不及等仗者爲之比，馬軍槍牌弓箭等手已爲最短，况舉足入蹬，而易被兜絆，曲膝靠椿，而易爲走衮，此弩手裙所以獨用短捷，其他甲裙後交前倥，則恐被矢石，弩手甲裙前交後倥，則有礙椿蹬，蓋故法陣前有車，車後伏弩，今制陣前有牌，弩隨牌後，弩手之甲雖不庇兩足，而車高一丈二尺，牌高六尺五寸，全身亦可庇護，此弩手甲裙所以獨用向後，它甲惟欲緊束，則挽弓刺鎗，無所牽制，弩手惟欲鬆寬，則踏

蹬衮椿，無所靠倚，此弩手甲身所以獨用寬綽，是謂弩手甲制。

周馬之身，最爲利害，惟頭面胸臆馬面子，舊制雖巧，近日符離陳蔡之役，馬多被傷，中壽星腦額而死，臣今制爲貼額，用綿布衲作一片，貼在馬面子内額腦之間，脱遇矢石，可透鐵面，尚有鐵額可隔，此馬面所以合用貼額大全裝，雞項大而秋錢小，或暑月悶熱，雪雨冰結，徹去秋錢，尚有了項可蔽肥肉，此馬甲所以合用小全裝，我軍馬甲甲身例，是垂下過韉一尺許，所以披帶重滯，馳驅綰絆，賊軍馬甲甲身只是平腹，下用虎斑布裙，遇箭皆被矯揉，所以披帶輕捷，馳驟俏俊，此馬甲身所以合用平韉，雞項重，則頭低項曲，而馬被控抑，雞項輕，則頭高項直，而馬臆鬆寬，此雞項所以合用綿布甲衲，赤身帶甲，則擦損肌肉，而久成臭爛，襯以藉褥，則護惜皮毛，而不致破傷，此馬甲所以未帶甲，先用馳滑辣甲圈兩件，是謂馬甲制。廣西造皮甲法，生牛皮裁成，甲片用刀刮毛，以破碗舂碎，篩取米大屑，調生漆傅上，油浸透，則利刃不能入。

明·朱國禎《湧幢小品》卷一二《紙鎧綿甲》 紙鎧起于唐宣宗時，河中節度使徐商劈紙爲之，勁矢不能入。

綿甲以綿花七斤，用布縫如夾襖，兩臂過肩五寸，下長掩膝，粗綫逐行横直縫緊，入水浸透，取起，鋪地，用脚踹實，以不胖脹爲度。曬乾收用，見雨不重，黴黰不爛，鳥銃不能大傷。紙甲用無性極柔之紙，加工錘軟，疊厚三寸，方寸四釘。如遇水雨浸濕，銃箭難透。

又《甲胄密法》 元太宗攻金，懷孟人李威從軍。患世之甲胄不堅，得其婦兄杜坤密法，創蹄筋翎根别爲之。太宗親射不能入，寵以金符。威每戰先登，不避矢石。帝勞之曰：汝縱不自愛，獨不爲甲胄惜乎。謂諸將曰：能捍蔽爾爲國家立功名者，威之甲也。

明·周嬰《巵林》卷五《注王·寄生》 《宛委餘編》曰：蟲名，寄生。軍裝，亦名寄生。注曰：《南齊書》宋明帝遺齊，太祖討張淹軍容寡闕，乃編棕爲馬具裝，析竹爲寄生。又《東昏紀》義師至，帝騎馬被銀蓮葉，具裝鎧，雜羽孔雀寄生。寄生當是障泥之類。

又卷九《諗胡·伍佰》 《周禮》鄭玄《司服》注曰：今時伍百緹衣，古兵服之遺制。疏曰：伍，行也。伯，長也。謂宿衛者之行長，則衛士又名伍伯。

清·俞正燮《癸巳存稿》卷七《胄》 胄護頭項，亦以護面。《左傳》，葉公胄，則不見其面，是古胄前覆深也。《晉書·朱伺傳》云，夏口之戰，伺用鐵面自衛。則連於胄而爲鐵面者。唐崔令欽《教坊記》云：大面出北齊，蘭陵王長恭，性膽勇而貌似婦人，刻木爲假面，臨陣著之。嘗擊周師金墉下，勇冠三軍，齊人因爲此舞。案《齊書·蘭陵王傳》云：芒山之戰，長恭率五百騎入周軍，遂至金墉。時被圍甚急，城上人弗之識，長恭免胄示之面，乃以弩手救之，大捷。武士其歌謳之，爲《蘭陵王破陣曲》。則所謂假面者，乃連於胄，即晉朱伺之遺製，謂刻木爲之，乃自教坊之法。《南史·王僧達傳》云：僧達傲然，了不陳遜，帝嘆曰：僧達非狂，乃戴面向天子。戴面自是倡優假面，鬥很者以護面，亦别有意，晉惠帝時，江沔間應張昌者，以馬尾作髯。《宋史·狄青傳》：臨敵，被髮，帶銅面具，出入賊中，皆披靡，莫敢當。《澠水燕談録》云：武襄爲延州指揮使，頻立戰功，常被髮，面銅具，馳突賊圍，敵人畏懾，無敢當者。是皆出奇威敵，以求陷陣。葉紹翁《四朝聞見録》云：開禧時，畢再遇奮於行伍，年已六十，披髮，戴兜鍪鐵鬼面，被金楮錢，建旗，曰畢將軍。是又鐵面别於胄者。其被金楮錢，據《宋史傳》云：再遇初以恩補官，孝宗召見，賜戰袍、金錢。殆以是故，亦又奇矣。

清·俞樾《茶香室四鈔》卷二六《冷端甲》 宋岳珂《愧郯録》云：楊太監簡嘗得諸李尉府顯忠之族子，謂甲不經火冷砧，則勁可禦矢，謂之冷端甲。珂按《續通鑒長編》，慶曆元年五月，田況上兵策十四事，其十二曰：工作器用，中國之所長，非夷狄可及。今賊甲皆冷鍛而成，堅滑光瑩，非勁弩可入。自京賫去衣甲，皆軟不足當矢石。以朝廷之事力，中國之技巧，乃不如一小羌乎。由彼精而專，我漫而略故也。今請下逐處悉令工匠冷砧，打造純綱甲，旋發沿邊。太祖朝舊甲絶爲精好，但歲久斷綻，乞且穿貫三五萬聯，均給四路。然則此甲在祖宗朝已有之。

按冷端之名，未詳其義，疑本謂之冷鍛甲。武夫口傳，以音近而訛耳。又彼精而專，我漫而略二語，乃中國所以屈於外夷者，古今一轍也。

清·西清《黑龍江外記》卷三 前鋒，國語曰噶布什先，轉爲噶布先，俗呼噶巴什。齊齊哈爾八十名，墨根爾、黑龍江各四十名，呼倫貝爾二十六名。其人例服白比甲，有頂則服白馬褂。將軍、副都統有事出入，佩櫜鞬，負旗幟，爲先導，遇決囚，亦充劊子役，蓋兵中號勇捷者。

清·允禄《清朝禮器圖式》卷五《冠服二民公以下冠服》 軍民雨冠。

謹按本朝定制，軍民雨冠，用青色氊及油紬，惟其時，藍布帶。

又卷一三《武備一甲冑》 皇帝大閱冑一。謹按，《周禮·春官·司服》王之吉服，凡兵事，韋弁服。賈公彦疏：以韋爲冕。《書·費誓》善敹乃甲冑。孔穎達正義：《說文》云：冑兜鍪，首鎧也。經典皆言甲冑。秦世以來始有鎧兜鍪之文。古之作甲用皮，秦漢以來用鐵，鎧鍪二字皆從金，蓋用鐵爲之，而因以作名也。《詩·魯頌》：貝冑朱綅。毛萇傳貝飾也，以朱綅綴之。

本朝定制：皇帝大閱冑，制革爲之，髹以漆。頂東珠一，承以金雲，下爲金升龍三，各飾紅寶石三，又下爲金圓珠，鏤龍三，飾碧砸弘三，珍珠四。又下爲金垂雲寶蓋。飾青紅寶石六，貫槍植管鏤蟠龍，周垂薰貂纓二十有四，長六寸五分，紅片金裏。管末承雲葉五，亦鏤龍。下爲圓座，鏤正龍四，飾珠八，紅寶石四，座下金盤鏤行龍四，飾珠四，紅寶石八。自頂至盤高一尺一寸。冑前後梁亦鏤龍，各飾珠三，貓睛石二，紅藍寶石各二，正龍銜黄寶石一，梁左右鏤金梵文三重：上重八，次十有八，間以金瓔珞，次二十有四。前爲舞擎，鏤龍四，飾珠五，紅寶石四。護額髹金龍二，中間火珠，自冑梁至護額高八寸五分，後垂護項，明黄緞表，月白裏，青倭緞緣，繡五采金龍。左右護耳、護頸亦如之，以明黄絛四相屬當耳處，爲鏤空金圓花以達聰，上繡金行龍各一，下繡金正龍各三，俱中敷棉，外布金釘，繫青緞帶六，冑襯石青緞表，紅緞裏，亦敷棉，上綴紅絨頂。

皇帝大閱冑二。謹按，乾隆二十一年，欽定大閱冑，頂珍珠一，圓珠鏤龍三，飾東珠各一，冑前後梁中飾金剛石螣蛇。梁左右梵文：上重十有二，次八，次二十有四，凡飾皆用東珠。餘俱如大閱冑一之制。

皇帝大閱甲一。謹按，《世本》與作甲，《考工記》函人爲函，權其上旅與其下旅。而重若一。賈公彦疏：上旅爲衣，下旅爲裳。許慎《說文》：臂鎧謂之釬，頸鎧謂之錏鍜。劉熙《釋名》甲亦曰介，曰函，曰鎧，皆堅重之名。孔穎達《尚書正義》甲之有鍱，則《考工》所謂札也。

本朝定制：皇帝大閱甲，明黄緞表，月白裏青倭緞緣，中敷棉，外布金釘，上衣下裳，左右護肩，左右護腋，左右袖，裳間前襠，左襠。裳亦分左右，凡十有一屬，皆以明黄絛金鈕聯綴服之。衣前繡五采金升龍二，後正龍一，護肩、護腋、前襠、左襠各正龍一，裳幅金線。相比爲金鍱五重，間以青倭緞，繡行龍各二，四周亦如之。袖以金絲緞，下緣黄緞，繡五采金龍各二，運肘處爲方空，縱一寸七分，橫二寸一分，袖端月白緞繡金行龍各一，向外各綴明黄絛，約於中指，護肩接衣處月白緞，金線緣，各繡金升龍二，行龍六，飾珠二，紅寶石一，後橫浴鐵雲葉，鏤金行龍一，周鏤花文，前懸護心鏡，徑五寸五分，周鋄金花，以金鈒四屬之。

皇帝大閱甲二。謹按，乾隆二十一年，欽定大閱甲，左右袖接衣處屬以藍緞，飾用東珠，餘俱如大閱甲一之制。

皇帝大閱冑一

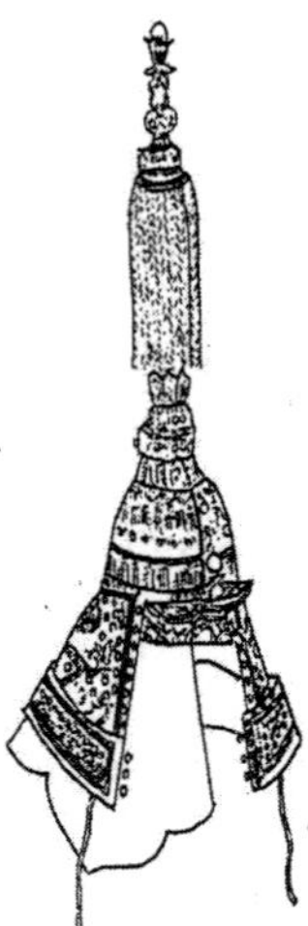

又 皇帝隨侍冑。謹按，本朝定制：皇帝隨侍冑，石青緞表，加緣紅裏，如常服冠之制，中敷以鐵，上綴朱緯紅絨結，頂簷繡金行龍四，中爲金壽字篆文，環以金花文，後垂護項，繡金正龍，左右護耳，繡行龍，亦環以金花文，當耳鏤空金圓花以達聰，俱石青緞表，加緣，月白緞裏。

皇帝隨侍甲。謹按，本朝定制：皇帝隨侍甲，石青緞表，加緣，月白綢裏，通繡金龍，環以花文，護肩後橫石青緞雲葉，亦繡金龍，裳、幅各繡金升龍一，並屬橫幅繫之，裳後中豊，上下歛，不懸護心鏡，餘俱如大閱甲一之制。

皇帝隨侍冑

親王冑。謹按，本朝定制：親王冑，鍊鐵爲之，或以革，髹漆。其制下達庶官，頂鏤金火燄，銜紅寶石或藍寶石，及珊瑚、緑松石，惟不得用東珠，承以金雲。下爲金立龍二，飾紅、藍寶石各一，又下爲金銜珊瑚圓珠，又下爲金垂雲寶蓋，貫槍植管，周垂薰貂纓十有八，紅緞裏，管銜金葉四，承以圓盤，皆鏤龍，盤下鏤龍，金座。冑前後梁亦鏤龍，其飾雜寶惟宜，梁左右金梵文三重：上重八，次七，間以金瓔珞，次二十，舞擎亦鏤龍，飾雜寶，護額浴鐵鋄金龍，護項石青鑲子錦表，月白緞裏石青倭緞緣，左右護耳護頸亦如之，俱中敷鐵鍱，外布金釘，繫青緞帶六，冑襯石青緞表，月白綢裏，頂綴絨，郡王亦冠之。

親王冑

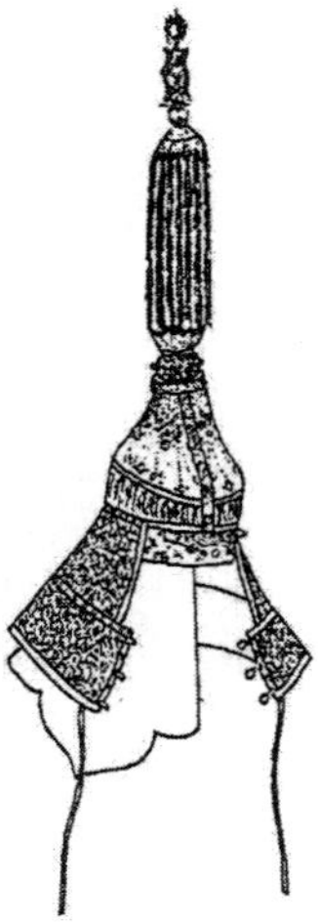

親王甲。謹按，本朝定制：親王甲，石青鑲子錦表，月白綢裏，中敷鐵鍱，外布金釘。青倭緞緣，裳幅鐵鍱四重，護肩接衣處鐵鍱十有四，周以鋄金雲龍，飾珊瑚緑松青金石各一，前懸護心鏡甲緣金黃色，郡王亦被之。

貝勒冑。謹按，本朝定制：貝勒冑，頂銜素金，寶蓋、盤、座俱鏤花金，加飾垂，薰貂纓十有四。餘俱如親王冑之制。貝子、固倫額駙皆冠之。

親王甲

貝勒甲。謹按，本朝定制：貝勒甲，緣石青色，餘俱如親王甲之制，貝子、固倫額駙、入八分公皆被之。

入八分公冑。謹按，本朝定制：入八分公冑，頂植蜜鼠尾，寶蓋、盤、座俱髹以漆，鋄金花及雲龍，垂貂尾纓十有二，梁及舞擎亦髹漆，鋄金雲龍，梁左右無梵文，餘俱如親王冑之制。

職官冑一。謹按，本朝定制：職官冑，頂植鶡翎二，銜鏤花金葉，寶蓋、盤、座俱髹以漆，鋄金花及雲龍，周垂貂尾纓十有二，梁及舞擎亦髹漆，鋄金雲龍，梁左右無梵文，護項，護耳，護頸皆石青緞表，藍布裏，通繡蟒五，中敷鐵鍱，外布銀釘，繫石青緞帶二，冑襯石青緞表，藍綢裏，頂綴紅絨，領侍衛內大臣、八旗都統、前鋒統領、護軍統領、直省總督、提督、巡撫皆冠之。

職官冑二。謹按，本朝定制：職官冑，頂植蜜鼠尾，周垂朱氂，餘俱如職官冑一之制。內大臣、和碩額駙、郡主額駙、內大臣裏行之公、侯、伯、散秩大臣，皆冠之。

職官冑三。謹按，本朝定制：職官冑，頂植薰獺尾，周垂朱氂，餘俱如職官冑一之制，隨旗行之公、侯、伯、子、男、文武一品、文二品、八旗副都統、鎮國將軍、輔國將軍、奉國將軍、奉恩將軍、縣主額駙、直省總兵皆冠之。

職官冑四。謹按，本朝定制：職官冑，頂植獺尾，周垂朱氂，寶蓋、盤、座、前後梁及舞擎，俱鋄銀雲龍，餘俱如職官冑一之制。文三品至五品、驍騎叅領、郡君額駙、縣君額駙、鄉君額駙、直省副將皆冠之。

職官冑五。謹按，本朝定制：職官冑，頂植豹尾，周垂朱氂，寶蓋、盤、座、前後梁及舞擎，俱鋄銀雲龍，餘俱如職官冑一之制。侍衛、鑾儀衛所屬官，皆冠之。

職官冑六。謹按，本朝定制：職官冑，頂植獺尾，周垂黑氂，寶蓋、盤、座、前後梁及舞擎，俱鋄銀雲龍，餘俱如職官冑一之制。前鋒叅領、前鋒侍衛、護軍侍衛，皆冠之。

職官冑七。謹按，本朝定制：職官冑，頂植獺尾，周垂朱氂，不加鋄飾，護項、護耳、護頸均不施繡文，餘俱如職官冑一之制。文六品至九品、直省叅將以下，皆冠之。

職官甲一。謹按，本朝定制：職官甲，石青緞表，藍布裏。中敷鐵鍱，外布銀釘。石青倭緞緣。前後及護肩、護腋、前襠、左襠各繡團蟒一，裳幅

團蟒二。護肩接衣處鐵鍱二十，髹漆，鋄金龍，甲緣石青色，領侍衛內大臣，八旗都統、前鋒統領、護軍統領、直省總督、提督、巡撫、內大臣、和碩額駙、郡主額駙、內大臣裹行之公、侯、伯、散秩大臣、隨旗行之公、侯、伯、子、男、文武一品、文二品、八旗副都統、鎮國將軍、輔國將軍、奉國將軍、奉恩將軍、縣主額駙、直省總兵，皆被之。

職官甲二。謹按，本朝定制：職官甲，前後及護肩各繡團蟒一，裳幅團蟒二，餘俱如職官甲一之制。文三品以下、驍騎參領、郡君額駙、縣君額駙、鄉君額駙、直省副將以下，皆被之。

職官甲三。謹按，本朝定制：職官甲，前後及護肩各繡團蟒一，裳幅鐵鍱四重，護肩接衣處鋄銀雲龍，餘俱如職官甲一之制，侍衛鑾儀衛所屬官、前鋒叅領、護軍叅領、前鋒侍衛、護軍侍衛、王府長史、護衛典儀，皆被之。

王府長史胄。謹按，本朝定制：王府長史胄，頂植猞猁猻，周垂黑氂，梁及舞擎俱鋄銀雲龍，餘俱如職官胄一之制。

王府護衛胄。謹按，本朝定制：王府護衛胄，頂植猞猁猻，周垂朱氂，梁及舞擎俱鋄銀雲龍，餘俱如職官胄一之制。典儀亦冠之。

前鋒校胄。謹按，本朝定制：前鋒校胄，鍊鐵爲之，頂植鐵鍱，周垂朱氂，寶蓋以下俱素，鐵不加鋄飾，護項、護耳俱白緞表，素裏，紅片金及石青布緣二重，繡蓮花。中敷鐵鍱，外布黃銅釘，胄襯石青緞表，藍布裏，頂綴紅絨，護軍校亦冠之。

驍騎校胄。謹按，本朝定制：驍騎校胄，頂周垂黑氂，護項、護耳俱表以緞，各從旗色。鑲黃旗、鑲白旗、鑲藍旗紅緣，鑲紅旗石青緣，正黃旗、正紅旗、正白旗、正藍旗皆如表色，餘俱如前鋒校胄之制。

前鋒校甲。謹按，本朝定制：前鋒校甲，白緞表，素裏，無袖。中敷鐵鍱，外布黃銅釘，紅片金及石青布緣二重，前後繡蟒各一，通繡蓮花。裳幅鐵鍱三重。護軍校亦被之。

驍騎校甲。謹按，本朝定制：驍騎校甲，表以緞，各從旗色，如胄制，緣亦如之，餘俱如前鋒校甲之制。

前鋒胄。謹按，本朝定制：前鋒胄，護項、護耳俱青布表，月白裏，緣如表色，不施采繡。餘俱如前鋒校胄之制。護軍、綠營兵皆冠之。

驍騎胄。謹按，本朝定制：驍騎胄，頂周垂黑氂，護項、護耳俱表以布，各從旗色，鑲黃旗、鑲白旗、鑲藍旗紅緣，鑲紅旗石青緣，正黃旗、正紅旗、正白旗、正藍旗皆如表色，餘俱如前鋒校胄之制。

前鋒甲。謹按，本朝定制：前鋒甲，青布表，月白裏，緣如表色，不施采繡，餘俱如前鋒校甲之制。護軍、綠營兵皆被之。

驍騎甲。謹按，本朝定制：驍騎甲，表以布，各從旗色，如胄制。緣亦如之。餘俱如前鋒校甲之制。

護軍校棉胄。謹按，乾隆二十一年，欽定護軍校棉胄，制革爲之，髹以漆。頂植銅鍱，周垂朱氂，惟正紅旗黑氂，飾皆黃銅，護項、護耳俱白緞表，藍綢裏，緣如表色。中敷棉，外布黃銅釘，胄襯石青緞表，藍布裏，頂綴紅絨。

護軍校棉甲

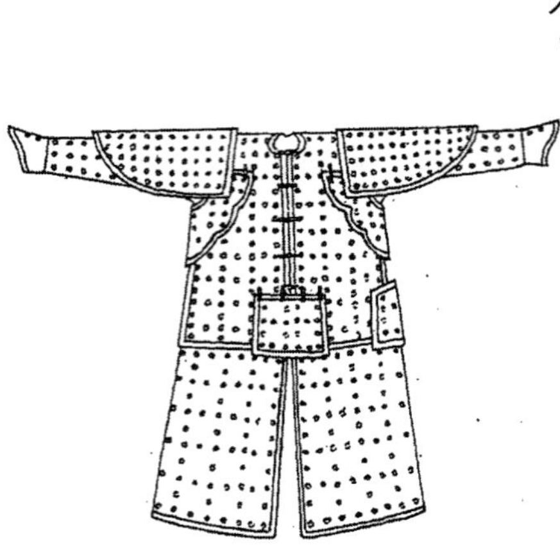

驍騎校棉胄。謹按，乾隆二十一年，欽定驍騎校棉胄，頂周垂黑氂，護項、護耳皆石青緞表，餘俱如護軍校棉胄之制。

護軍校棉甲。謹按，乾隆二十一年，欽定護軍校棉甲，白緞表，藍綢裏，緣如表色，中敷棉，外布黃銅釘，上衣下裳，左右袖，護肩，護腋，前襠，左襠皆全。

驍騎校棉甲。謹按，乾隆二十一年，欽定驍騎校棉甲，石青緞表，餘俱如護軍校棉甲之制。

前鋒棉胄。謹按，乾隆二十一年，欽定前鋒棉胄，頂用垂朱氂，護項、護耳皆綢表布裏，外布白銅釘，胄襯石青布表，餘俱如護軍校棉胄之制，護軍亦冠之。

驍騎棉胄。謹按，乾隆二十一年，欽定驍騎棉胄，周垂黑氂，護項及護耳皆綢表，各從旗色，藍布裏，鑲黃旗、鑲白旗、鑲藍旗俱紅緣，鑲紅旗白緣，正白旗、正藍旗、正黃旗、正紅旗，緣如表色，外布白銅釘，餘俱如護軍校棉胄之制，胄襯用石青布表藍裏，頂綴紅絨，鹿角兵、礮手皆冠之。

前鋒棉甲。謹按，乾隆二十一年，欽定前鋒棉甲，石青綢表，藍布裏，外布白銅釘，餘俱如護軍校棉甲之制。護軍亦被之。

驍騎棉甲。謹按，乾隆二十一年，欽定驍騎棉甲，綢表，各如旗色，藍布裏，緣如胄制，中敷棉，外布白銅釘，上衣下裳，護肩、護腋、前襠、左襠全。

鹿角兵棉甲。謹按，乾隆二十一年，欽定鹿角兵棉甲，無裳及左襠，餘俱如驍騎棉甲之制。礮手亦被之。

藤牌營兵虎帽。謹按，本朝定制：藤牌營兵虎帽，制革爲之，形如虎頭，後垂護項，下爲護耳，皆黃布爲之，通繪斑文，綠營藤牌兵亦冠之。

藤牌營兵虎衣。謹按，本朝定制：藤牌營兵虎衣，黃布爲之，其長半身，下袴如其色，通繪斑文，袖端白布，以象虎掌，韈亦以黃布，繪斑文，綠營藤牌兵亦被之。

藤牌營兵虎衣

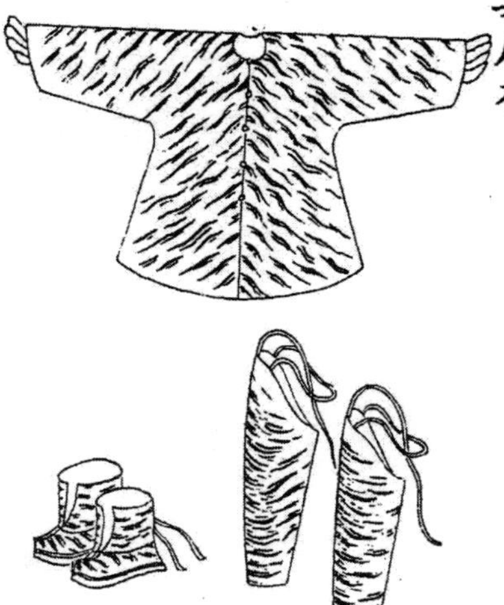

武狀元胄。謹按，本朝定制：武狀元胄，鍊銅爲之，不鏤花文，頂植三刃，如古戟形，下爲圓珠，貫鎗植管周垂朱氂，前後梁加鳳首尾，旁爲鳳翼，護項及護耳俱貝文，銅鍱紅片金緣紅布裏。

武狀元甲。謹按，本朝定制：武狀元甲，鍊銅爲之，紅綢裏，紅片金緣，通簇貝文，銅鍱。兩袖銅鍱四重，裾下周結綠緣，下垂紅綫，前後各四十行。

鏁子甲。謹按，乾隆二十四年，平定西域，俘獲軍器無算。上命皆藏紫光閣，以紀武成。鏁子甲，鍊鐵爲之，上衫下袴，皆爲鐵。連鐶相屬。衫不開襟，白布緣領，貫首被之。西師罙入，屢得兹甲，即被以擊賊，殊方異製，克底膚功，敬登於册，以附甲胄之末。

又 領侍衛内大臣行褂。謹按，本朝定制：領侍衛内大臣行褂，色用明黃。御前大臣、侍衛班長、護軍統領、健鋭營翼領及凡諸臣之曾賜黃褂者，皆得服之。

八旗副都統行褂。謹按，本朝定制：八旗副都統行褂，正黃旗色用金黃，正白旗、正紅旗、正藍旗各如旗色，鑲黃旗，鑲白旗，鑲藍旗紅緣，鑲紅旗白緣，前鋒条領、護軍条領、火器營官皆服之。

豹尾班侍衛行褂。謹按，本朝定制：豹尾班侍衛行褂，色用明黃，左右及肩前施雙帶以結之。

健鋭營前鋒条領行褂。謹按，乾隆十四年，欽定健鋭營前鋒条領行褂，色用明黃，藍緣。

健鋭營兵行褂。謹按，乾隆十四年，欽定健鋭營兵行褂，色用藍，明黃緣。

虎槍營總統總領行褂。謹按，本朝定制：虎槍營總統總領行褂，色用金黃，領左右端青緣，直下至前裾。

虎槍營槍長行褂。謹按，本朝定制：虎槍營槍長行褂，色用紅，領左右端青緣，直下至前裾。

虎槍營兵行褂。謹按，本朝定制：虎槍營兵行褂，色用白，領左右端青緣，直下至前裾。

火器營兵行褂。謹按，本朝定制：火器營兵行褂，色用藍，白緣。

清·褚人穫《堅瓠集》三集卷二《纊衣詩》 開元中頒賜邊軍纊衣，製於宮中。有兵士於短□中得詩曰：沙場征戍客，寒苦若爲眠。戰袍親手

作，知落阿誰邊。蓄意多添綫，含情更着綿。今生已過也，重結後身緣。兵士以詩白於帥，帥進之。玄宗命以詩遍示六宫，曰：有作者勿隱。一宫人自言萬死，玄宗深憫之，遂以嫁得詩人，仍謂之曰：我與結今生緣。邊人皆感泣。

《玄散堂詩話》：縫衣詩自太宗宫人、孟浩然後，鮮睹佳者。近謝幼睿一首最工，不啻青出於藍也。詩曰：懶向妝臺理曉妝，爲郎獨自製衣裳。金針入處心俱痛，素綫穿時恨共長。霜户敢辭纖手冷，芸窗思貼弱肌香。縫成不怪無鴻雁，贏得宵來覆妾牀。爲一時傳誦。

清・查慎行《人海記》卷下《戰具斤兩》 明制，各邊軍士從戰，身荷鎖甲、戰裙、遮臂等具，重四十五斤，鐵盔、鐵腦蓋重七斤，頓項、護心、脅鐵重五斤，弓撒箭袋重十斤，腰刀三斤半，蒺藜、骨朵重三斤，箭筒一斤，通計七十四斤半。

清・袁棟《書隱叢説》卷五《假面》 高齊蘭陵王長恭，白類美婦人，乃著假面以對敵。與周師戰于金墉下，勇冠三軍。齊人壯之乃爲舞，以效其指麾擊刺之容。今人著假面以戲，而助其勇壯之氣者，本此。

清・高士奇《天禄識餘》卷一《七屬》 七屬甲，《禮・冬官・考工記》：函人爲甲，犀甲七屬。注云：屬讀如灌注之注，謂上旅下旅札續之數也。疏云：屬取注著意，一葉爲一札。陳祥道云：上旅謂腰以上，下旅謂腰以下也。

又卷五《衷甲》 《左傳》云：楚人衷甲。言甲在衣中。

清・震鈞《天咫偶聞》卷一 南窗下懸王之甲胄弓矢，甲長七尺餘，黄緞繡龍，鮮好如新。胄徑九寸餘，護項亦黄色。

又 扈從行圍，例服行裝。《會典》所云，行袍、行裳，色隨所用。行裳，冬以皮爲表，佩帉、素布視常服，帶微闊而短。按，行袍。即缺襟袍。行裳，俗呼戰裙。佩帉，滿人名荷包手巾，漢人名忠孝帶。梁茝林《南省公餘録》稱，聞之松湘圃相國謂：國初以代馬絡帶，此恐訛。聞之前輩，此所以馬上縛賊之用。凡隨扈，倉卒有突儀衛者，無繩索則以此縛之，蓋備不虞之用云。

清・桂馥《札樸》卷二《温經・丹漆若何》 宣二年《傳》：役人曰：從其有皮，丹漆若何。案華元驂乘歌：牛則有皮，犀兕尚多，棄甲則那。故役人云：縱有皮，其如無丹漆何，蓋甲以丹漆爲飾也。襄三年《傳》：使鄧廖帥組甲三百。注云：組甲，漆甲。正義云：漆甲成組文，今時漆甲有爲文者。

又卷七《匡謬・鐵幕》 《韓策》：甲盾鞮鍪鐵幕皰。注：鐵幕，以鐵爲臂脛之衣。《史記・蘇秦傳》：當戰則斬堅甲鐵幕。馥案：幕謂以鎧覆於衣外也。《釋名》：留幕，冀州所名大褶至厀者也。留，牢也。幕，絡也。言牢絡在衣表也。

紀事

宋・范鎮《東齋記事》卷三 狄武襄公青初爲延州指揮使，與西賊大小二十五戰，每戰帶銅面具，被髮出入行陣間。凡八中箭，累官至涇原路招討副使。上未識其面，欲召見之，會邊報甚急，上令圖其形以進，其後爲樞密使。

宋・吴處厚《青箱雜記》卷六 曹翰嘗平江南有功，後歸環衛，數年不調。一日内宴，太宗侍臣皆賦詩，翰以武人不預，乃自陳曰：臣少亦學詩，亦乞應詔。太宗笑而許之，曰：卿武人，宜以刀字爲韻。翰援筆立進，因以寄意，曰：三十年前學六韜，英名常得預時髦。曾因國難披金甲，不爲家貧賣寶刀。臂健尚嫌弓力軟，眼明猶識陣雲高。庭前昨夜秋風起，羞睹盤花舊戰袍。太宗覽之惻然，即自環衛驟遷數級。

明・余繼登《典故紀聞》卷一五 成化時，九卿以灾異陳言，内一款：軍民服色器用，近多僭越，服用則僭大紅織金羅段遍地錦，騎坐則僭描金鞍韂銀鞦轡，首飾則僭寶石珠翠。今四方絲貴金少，率皆坐此。宜嚴加禁約，違者即重罪而没入之。此侈風在今更甚，尤宜禁止。

明・俞汝楫《禮部志稿》卷六四《章服備考・士庶冠服》 軍士服色。洪武二十一年九月戊寅，定中外衛所步軍士服色。惟駕前旗手一衛用黄旗，軍士力士俱紅袢襖，凡袢襖長齊膝，窄袖，内實以棉花。旗幟各分記號，用青藍爲邊，玄黄黑白間色俱不得用。凡爲旗幟、衣裝、布絹、綿花、蘇木、棗木之類，皆官給之，毋令軍士自備。

清・周壽昌《思益堂日札》卷四《親王以下甲數》 親王藍甲六十副，外白甲一百七十副，護軍領催三十分，共錢糧二百分，郡王藍甲五十副，外白甲百二十副，護軍領催三十分，共錢糧百五十分，貝勒藍甲四十副，外白甲八十副，護軍領催二十分，共錢糧百分，貝子藍甲三十副，外白甲六十四副，護軍領催十六分，共錢糧八十分，詳載宗人府檔册。

清・西清《黑龍江外記》卷四 旗營官例皆自備盔甲，其掌之有司，以時分給兵丁者。齊齊哈爾鐵甲八百副，棉甲八百領。墨爾根鐵甲三百三十六副，棉甲四百領。黑龍江鐵甲五百二十副，棉甲六百領。呼蘭鐵甲一百五十二副，棉甲二百領。呼倫貝爾棉甲一千領，盔頭一千九百九十六個。棉甲，從征領之，鐵甲，盛京侍郎點驗時一陳，餘惟貯庫不動。

清・褚人穫《堅瓠集》三集卷二《戰袍金鎖》 唐僖宗出袍千領賜塞外吏士，神策軍馬直於袍絮中得金鎖，并詩云：玉燭製袍夜，金刀呵手裁。鎖情寄千里，鎖心終不開。直聞，主將上奏，上以宫人賜得鎖者。後帝幸蜀，馬直前後捍禦。

清・梁紹壬《兩般秋雨盦隨筆》卷六《半邊紅》 康熙時，吴逆叛兵逼建城，鎮帥怯欲降。其屬張游擊者，請戰，數却賊。張好著羊絨絳袍，單馬入陣，戰酣，輒袒露半袖，軍中因號曰半邊紅。鎮帥忌之，誣陷以死，一軍皆哭。後人吊以詩云：楚歌千古怨蘭叢，漢將空餘一騎雄。何事茅檐諸父老，負暄閒説半邊紅。

藝文

明・田藝蘅《留青日札》卷五《詩談初編》 長吉黑雲壓城城欲摧，甲光耀日金鱗開。蓋言甲光之金鱗輝映，如曜日而鮮明也。王安石不解此意，言方黑雲，安得曜日。近有俗本，妄改作曜目，尤可笑也。《占書》：猛將氣紫，黑如城樓。或狀閃黑旗。又曰：軍勝之氣，如火光夜照人。又，岱山氣正黑，故云雁門也。

清・高士奇《天禄識餘》卷五《魚甲貝胄》 王元長詩序云：魚甲烟聚，貝胄星離。

雜録

唐・裴庭裕《東觀奏記》卷中 大理卿馬曙任代北水運使，代北出犀甲，曙罷職，以一二十領自隨。故事，人臣家不得蓄兵器。曙既在朝，乃瘗而藏之。一日，奴有犯罪者，曙笞之，即告于御史臺，稱曙蓄兵器，有異謀。命吏發曙私第，得甲不虚，坐貶邵州刺史。諫官上論，以奴訴郎主，在法不治。上命杖殺曙奴於青泥驛，曙貶嶺外，人臣無不感悦。

唐・段成式《酉陽雜俎》前集卷一〇《物異》 甲。遼城東有鎖甲，高麗言前燕時自天而落。

宋・王溥《五代會要》卷一二《軍雜録》 晉天福二年，【略】其年十月，敕禁諸道不得擅造器甲。

開運元年三月，命諸道府州縣點集鄉兵，率以税户七家共出一卒，兵杖器械共力營之。至五月，敕諸道新點鄉兵，宜以武定爲名。至三年正月，改武定爲天威軍。尋命放散。其年十月，敕作坊及諸道，造作衣甲器械，今後并不得用金銀裝飾。

宋・周去非《嶺外代答》卷六《器用門・蠻甲胄》 諸蠻甲胄，皆以皮爲之。傜人以熊皮爲甲胄，其土有木葉似漆，以之塗飾，亦復堅善。傜人之剽掠，介胄者止數人，以爲前行，其餘悉袒裼，亦足見其易與矣。而静江鄉民，未嘗有甲，所以望風而遁。其間一二團聚，有皮甲者，傜人亦且避之。自傜人而西南，如南丹州、邕州、左右江峒溪，至於外夷，則甲胄盛矣。諸蠻唯大理甲胄，以象皮爲之，黑漆堅厚，復間以朱縷。如中州之犀毘器皿。又以小白貝綴其縫，此豈《詩》所謂貝胄朱綅者耶。大理國之製，前後掩心以大片象皮如龜殼，其披膊以中片皮相次爲之，其護項以全片皮捲圈成之，其他則小片如中國之馬甲葉。皆堅與鐵等而厚幾半寸，苟試之以弓矢，將不可徹，鐵甲殆不及也。

宋・楊侃《兩漢博聞》卷五《涓人 蒼頭軍》 陳勝既爲其御莊賈所殺而降秦，勝故涓人將軍吕臣爲蒼頭軍，起新陽，應劭曰：時軍皆著青

巾，故曰蒼頭軍也。師古曰：涓，潔也。涓人，主潔除之人。涓音蠲。石奮爲高祖中涓。中涓，官名，主居中而涓潔者。

宋・沈括《夢溪筆談》卷二五《雜志二》 太祖治軍。太祖朝常戒禁兵之衣長不得過膝，買魚肉及酒入營門者皆有罪。

宋・蔡絛《鐵圍山叢談》卷五 靖康初，言事者至謂魯公嘗欲使仔昔錦袍鐵幘，以取燕山，蓋誣云。

宋・程大昌《演繁露》卷七《兜鍪爲突厥》《後周書》曰：突厥之先，臣於茹茹，居金山之陽，爲茹茹鐵工。金山形似兜鍪，其俗謂兜鍪爲突厥，因以爲號。

宋・徐度《却掃編》卷下 劉資政珏靖康間爲太常少卿，因檢視禮器庫，見有故祭服甚多，將建請以爲戰士衲衣。有老吏諫曰：祭器弊則埋之，祭服弊則焚之，禮也。奈何以爲戰士衣乎。劉嘿然無以應。

元・王惲《秋澗集》卷九五 開元初，羽林守捉衣雜色錦袍，裹方平巾，帶長刃、兩鞬箭，左手握弧，右抽矢于房，騂騮馬豹韉，紅錦襴，胸鞅同，勒有鑣，朱絲條鞚馬，迅疾殆逐獸然。筆畫勁硬如鐵屈者，御題神品上上。

明・沈德符《萬曆野獲編》卷五 吴門相公，力辭武廕，每謂人曰：我本書生起家，身後子孫通塞不可知，第還我窮秀才面目足矣，奈何變衣巾爲兜鍪，占籍行伍，親死不喪，世世作健兒乎。真遠識之言。

明・張岱《夜航船》卷三《人物部・儀制》 髦頭。武祖問髦頭之義，彭權對曰：《秦紀》云，國有奇怪，觸山截水，無不崩潰，惟畏髦頭。故使武士服之，衛至尊也。

又卷一〇《兵刑部・軍旅》 白袍先鋒。唐薛仁貴嘗從太宗征伐，每出戰，輒披白袍，所向無敵，太宗遥見，問白袍先鋒是誰，特引見，賜馬絹，喜得虎將。

又 鐵猛獸。後周蔡祐與齊戰，著明光鎧甲，所向無敵，齊人畏之，號鐵猛獸。

清・朱銘盤《南朝梁會要・軍禮》 講武。州郡講武附。【略】皇帝乘馬戎服，從者悉絳衫幘，黄麾警蹕，鼓吹如常儀。獵訖，宴會享勞，比校多少。戮一人以懲亂法。會畢，還宮。

清・黄鈞宰《金壺七墨》卷七《浪墨》 衣。晉懷帝爲劉聰青衣行酒，愍帝戎衣執戟，千古傷心事也。獨北漢劉繼元兵敗縞衣紗帽出降，殊爲别致。楊行密，親軍以皂衣蒙甲，名曰黑雲都。

圖表

明・王圻《三才圖會・衣服》卷三

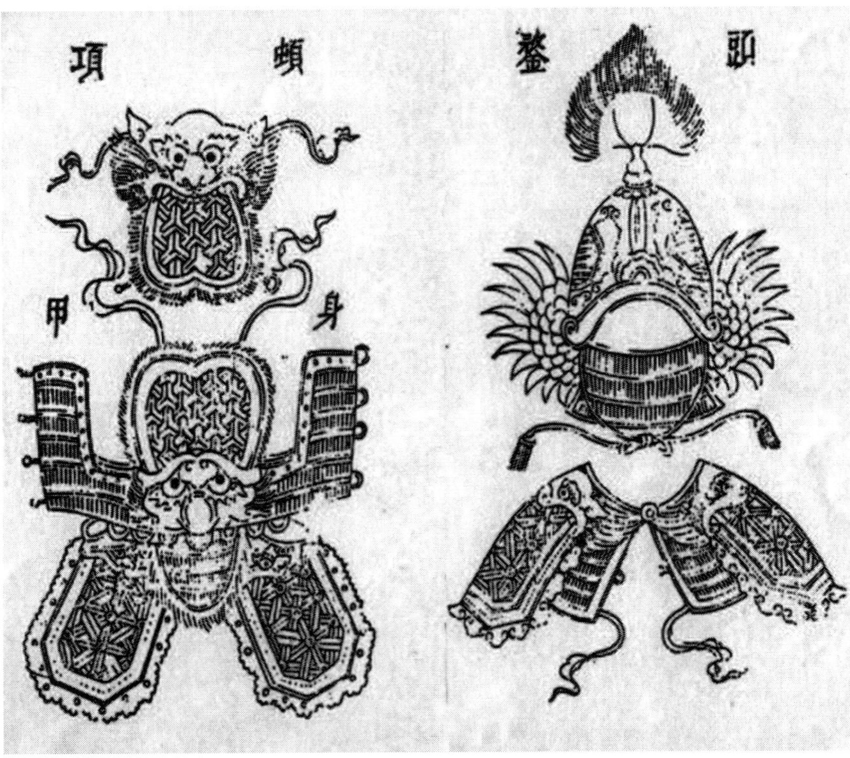

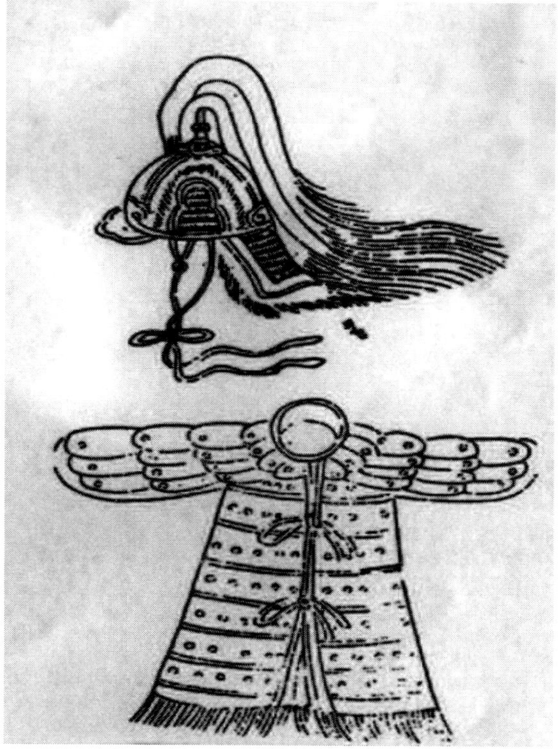

侍衛

綜述

唐・劉餗《隋唐嘉話》卷中　貞觀中，揀材力驍捷善持射者，謂之飛騎。上出游幸，則衣五色袍，乘六閑馬，猛獸皮韉以從。

宋・孟元老《東京夢華録》卷六《十四日車駕幸五嶽觀》　正月十四日，車駕幸五嶽觀，迎祥池，有對御。謂賜羣臣宴也。至晚還内，圍子親從官皆頂毬頭大帽，簪花，紅錦團荅戲獅子衫，金鍍天王腰帶，數重骨朵。天武官皆頂雙卷脚幞頭，紫上大搭天鵝結帶寬衫。殿前班頂兩脚屈曲向後花裝幞頭，着緋青紫三色撚金線結帶望仙花袍，跨弓劍，乘馬，一扎鞍轡，纓紼前導。御龍直一脚指天一脚圈曲幞頭，着紅方勝錦襖子，看帶束帶，執御從物，如金交椅、唾盂、水罐、菓壘、掌扇、纓紼之類。御椅子皆黄羅珠蹙背座，則親從官執之。諸班直皆幞頭錦襖束帶，每常駕出有紅紗帖金燭籠二百對，元宵加以琉璃玉柱掌扇燈。快行家各執紅紗珠絡燈籠。駕將至，則圍子數重，外有一人捧月樣兀子錦，覆於馬上。天武官十餘人，簇擁扶策，喝曰：看駕頭。次有吏部小使臣百餘，皆公裳，執珠絡毬杖，乘馬聽喚。近侍餘官皆服紫緋緑公服，三衙太尉、知閤、玉帶羅列前導，兩邊皆内等子。選諸軍膂力者，著錦襖頂帽，握拳顧望，有高聲者捶之流血。

《宋史》卷一四八《儀衛志》　甲騎具裝。甲，人鎧也，具裝，馬鎧也。甲以布爲裏，黄絁表之，青緑畫爲甲文，紅錦褖，青絁爲下裙，絳韋爲絡，金銅鈌，長短至膝。前膺爲人面二，自背連膺，纏以錦騰蛇。具裝，如常馬甲，加珂拂於前膺及後鞦。

元・佚名《元典章》　校尉帶。中書省，大德二年二月十八日奏過事内一件：諸王的祇候每，外頭似校尉每繫着帶，搔擾百姓行有。怎生整治的，教俺商量了説者。麽道，塔察兒、伯勝等俺根底傳。世祖皇帝時分，大大王每根底繫帶的祇候每行有來。如今位次裏委付來的、與印信來的大大王駙馬每根底，雖教祇候每行呵，大王、駙馬面前的時分繫帶者。外頭差出去呵，休繫帶者。這裏御位下行的校尉每出去呵，繫帶出去有。校尉每繫帶出去呵，外頭難分揀也者。差出去呵，不教繫帶，教管校尉的官人每着記驗，教將着行者。今後外頭但繫着帶行的，拿着發將來，要罪過呵，怎生。若是推稱大王官人每呵，合奏的奏，俺合斷的俺定奪呵，怎生。除這的外，位次裏不曾委付來的，不曾與印來的小大王每，也教祇候行有。屬大數目的户計内，也教做祇候，隱占着行有。小大王每不教祇候行呵，怎生。奏呵，奉聖旨：您的言語是有，那般者，小大王每休教祇候行者。欽此。

明・俞汝楫《禮部志稿》卷六四《章服備考・雜流冠服》　侍儀等冠服。洪武二年詔定，侍儀舍人及校尉刻期冠服，禮官議曰，古者朝覲必有儐相之職，公西華端章甫者，儐相之服也。漢唐以下置謁者，凡朝會掌引導行禮，漢用玄冠絳衣，唐用武弁絳公服，宋謂之禮直官用公服，元謂之侍儀舍人用展脚幞頭，窄袖紫衫，塗金帶，皂靴。其校尉，即周官太僕隷僕，掌王之

出入警蹕者，其服制禮書不傳。漢晉衛士有朱衣絳袍黑袴褶之制。唐執仗之士，首服有：武弁平巾幘、錦帽、金鵝帽、花腳幞頭黄絁中抹額。其服有：朱色繡袍大袖、勒帛、諸色繡兩襠、大口袴、銀帶、繡戎服、諸色繡寶相花衫、革帶、碧衫、抹金銅帶、錦螣蛇。宋執仗之士，大略與唐同。元執仗士，首服用：交腳幞頭鏤金額、交腳幞頭五色絁巾、展腳幞頭鳳翅唐巾。其服有：紫梅花羅窄袖衫、塗金束帶、白錦汗袴、緋繡寶相花窄袖衫、生色寶相花袍、勒帛、雲龍靴、佩寶刀紫羅辮線襖。今擬侍儀舍人導禮，依元制用展腳幞頭、窄袖紫衫、塗金束帶、皂紋靴。常服：烏紗帽、盤領衫。校尉執仗亦依元制：首服用金額交腳幞頭，諸色辟邪寶相花裙襖、銅葵化束帶、皂紋靴、刻期冠、方頂巾、衣胸背鷹鷂花腰線襖、諸色闊匾絲絛、象牙雕花環行縢八帶鞋。制曰可。

侍儀服。洪武四年二月乙卯，朔侍儀司言：文武百官朝服各從品級，侍儀舍人引班執事宜有定制，乃命中書省定擬，侍儀舍人并御史臺知班引禮執事冠進賢冠，無梁服，絳色衣，其蔽膝及履韈、革帶、大帶、槐笏與九品同，惟不用中單從之。

明・徐一夔《明集禮》卷三九《侍儀舍人冠服》 古者朝覲必有擯相之職，《論語》公西華端章甫，願爲小相焉。則章甫者，擯相之服也。漢唐以下置謁者，凡朝會，則掌引導行禮。漢用玄冠絳衣，唐用武弁絳公服。見《唐令》。宋謂之禮直官，元謂之侍儀舍人，皆掌引導行禮。宋用公服，元用展脚幞頭，窄紫，金帶，皂鞾。國朝侍儀舍人，用展脚幞頭，窄袖紫衫，塗金束帶，皂文鞾。常服烏紗唐帽，諸色盤領衫，烏角束帶衫，不用黄。

又《校尉冠服》《周官》太僕、隸僕，掌王之出入警蹕，其服禮書不言。其制，漢晉衛士有朱衣絳袍、黑袴褶之屬。唐執仗之士，其首服則有武弁、平巾幘、錦帽、金鵞帽、花脚幞頭、黄絁巾、袜額。其服則有諸色繡袍，大袖勒帛。諸色繡裲襠，大口袴，銀帶。繡戎服，大袍，銀帶。諸色繡寶相花衫，大口袴，革帶，碧襴金銅帶，錦螣蛇。宋執仗之士，其首服則有武弁、平巾幘、花脚幞頭、金鵞帽、黄絁巾、袜額。其服則有緋繡衫、革帶、諸色繡寶相花衫、行縢、銀帶、紫繡袍、佩刀、革帶。諸色繡裲襠，赤袴，銀帶。諸色繡袍，大口袴，錦螣蛇，銀帶，佩刀，行縢，皂皮鞾，鞋襪。元執仗之士，其首服則有交脚幞頭、鏤金額交脚幞頭、五色絁巾、展脚幞頭、鳳翅唐巾。其服則有紫梅花羅窄袖衫，塗金束帶，白錦汗胯。緋繡寶相花窄袖衫，塗金束帶，行縢，鞋襪。生色寶相花袍，勒帛，雲龍鞾。緋絁生色寶相花勒帛，烏鞾，佩寶刀，紫羅辮線襖，金束帶，烏靴。國朝凡執仗之士，其首服則皆服鏤金額交脚幞頭。其服則皆服諸色辟邪寶相花裙襖，銅葵花束帶，皂絞鞾。

又《刻期冠服》 漢唐禁衛，皆選輕捷之士，而未嘗立名。至宋，置快行親從官，即今刻期之謂也。其服，書無明文。元謂之貴赤，其服如常服，而以闊絲絛大象牙鵰花環爲識。國朝謂之刻期，冠方頂巾，衣胸背鷹鷂花腰線襖子，諸色闊絲匾絛大象牙雕花環行縢，八帶鞋。

明・董説《七國考》卷一《趙識官・黑衣》《國策》：左師觸讐曰：老臣賤息舒祺，最少，不肖。而臣衰，竊愛憐之。願得補黑衣之缺，以衛王宫。注：黑衣，衛士之服也。沈約《史記》注云：黑衣，趙官名。戰國時官制紛亂，如魏之犀首、齊祭酒，皆緣事起名，不仍周舊。趙衛宫之官衣黑衣，遂名黑衣也。

清・允禄《清朝禮器圖式》卷五《冠服二民公以下冠服》 一等侍衛冬朝冠。謹按，本朝定制：一等侍衛冬朝冠，頂如文三品，戴孔雀翎。

一等侍衛夏朝冠。謹按，本朝定制：一等侍衛夏朝冠，頂如文三品，戴孔雀翎。

一等侍衛端罩。謹按，本朝定制：一等侍衛端罩，猞猁猻爲之，間以貂皮白緞裏，左右垂帶各二下，廣而鋭，色與裏同。

一等侍衛冬吉服冠。謹按，本朝定制：一等侍衛冬吉服冠，頂如文三品，戴孔雀翎。

一等侍衛夏吉服冠。謹按，本朝定制：一等侍衛夏吉服冠，頂如文三品，戴孔翎。

文四品冬朝冠。謹按，本朝定制：文四品冬朝冠，頂鏤花金座，中飾小藍寶石一，上銜青金石，武四品奉恩將軍、縣君額駙皆同。

文四品夏朝冠。謹按，本朝定制：文四品夏朝冠，頂如冬朝冠，武四品奉恩將軍、縣君額駙皆同。

文四品補服。謹按，本朝定制：文四品補服色用石青，前後繡雁。

文四品朝帶。謹按，本朝定制：文四品朝帶，銀銜鏤花金圓板四，武四品、二等侍衛皆同。

文四品冬吉服冠。謹按，本朝定制：文四品冬吉服冠，頂用青金石，武四品、奉恩將軍、縣君額駙皆同。

文四品夏吉服冠。謹按，本朝定制：文四品夏吉服冠，頂如冬吉服冠，武四品、奉恩將軍、縣君額駙皆同。

文四品蟒袍。謹按，本朝定制：文四品蟒袍，藍及石青諸色隨所用，通繡八蟒皆四爪，武四五六品、文五六品、奉恩將軍及縣君額駙、二等侍衛以下皆同。

武四品補服。謹按，本朝定制：武四品補服，色用石青，前後繡虎，奉恩將軍、縣君額駙、二等侍衛皆同。

奉恩將軍朝帶。謹按，本朝定制：奉恩將軍朝帶，色用金黄版，飾如文四品。

縣君額駙朝帶。謹按，本朝定制：縣君額駙朝帶，鋄金方鐵版四，鄉君額駙同。

二等侍衛冬朝冠。謹按，本朝定制：二等侍衛冬朝冠，頂如文四品，戴孔雀翎。

二等侍衛夏朝冠。謹按，本朝定制：二等侍衛夏朝冠，頂如文四品，戴孔雀翎。

二等侍衛端罩。謹按，本朝定制：二等侍衛端罩，紅豹皮爲之，素紅緞裏，左右垂帶各二，下廣而鋭，色與裏同。

二等侍衛朝服。謹按，本朝定制：二等侍衛朝服，剪絨緣，色用石青，通身雲緞，前後方襴行蟒各一，要帷行蟒四，中有襞積，領、袖俱石青粧緞。冬夏用之。

二等侍衛冬吉服冠。謹按，本朝定制：二等侍衛冬吉服冠，頂如文四品，戴孔雀翎。

二等侍衛夏吉服冠。謹按，本朝定制：二等侍衛夏吉服冠，頂如文四品，戴孔雀翎。

文五品冬朝冠。謹按，本朝定制：文五品冬朝冠，頂鏤花金座，中飾小藍寶石一，上銜水晶，武五品、鄉君額駙同。

文五品夏朝冠。謹按，本朝定制：文五品夏朝冠，頂如冬朝冠，武五品、鄉君額駙同。

文五品補服。謹按，本朝定制：文五品補服，色用石青，前後繡白鷴。

文五品朝服。謹按，本朝定制：文五品朝服，片金緣色，用石青，通身雲緞，前後方襴行蟒各一，中有襞積，領、袖俱石青粧緞，冬夏用之，鄉君額駙、武五六七品、文六品皆同。

文五品朝帶。謹按，本朝定制：文五品朝帶，銀銜素金圓版四，武五品、三等侍衛同。

文五品冬吉服冠。謹按，本朝定制：文五品冬吉服冠，頂用水晶，武五品、鄉君額駙同。

文五品夏吉服冠。謹按，本朝定制：文五品夏吉服冠，頂如冬吉服冠，武五品、鄉君額駙同。

武五品補服。謹按，本朝定制：武五品補服，色用石青，前後繡熊，鄉君額駙、三等侍衛同。

三等侍衛冬朝冠。謹按，本朝定制：三等侍衛冬朝冠，頂如文五品，戴孔雀翎。

三等侍衛夏朝冠。謹按，本朝定制：三等侍衛夏朝冠，頂如文五品，戴孔雀翎。

三等侍衛端罩。謹按，本朝定制：三等侍衛端罩，黄狐皮爲之，月白緞裏，左右垂帶各二，下廣而鋭，色與裏同，藍翎侍衛同。

三等侍衛朝服。謹按，本朝定制：三等侍衛朝服，剪絨緣，餘俱如文五品朝服，藍翎侍衛同。

三等侍衛冬吉服冠。謹按，本朝定制：三等侍衛冬吉服冠，頂如文五品，戴孔雀翎。

三等侍衛夏吉服冠。謹按，本朝定制：三等侍衛夏吉服冠，頂如文五品，戴孔雀翎。

文六品冬朝冠。謹按，本朝定制：文六品冬朝冠，頂鏤花金座，中飾小藍寶石一，上銜硨磲，武六品同。

文六品夏朝冠。謹按，本朝定制：文六品夏朝冠，頂如冬朝冠，武六品同。

文六品補服。謹按，本朝定制：文六品補服，色用石青，前後繡鷺鷥。

文六品朝帶。謹按，本朝定制：文六品朝帶，銀銜玳瑁圓版四，武六

品、藍翎侍衛同。

文六品冬吉服冠。謹按，本朝定制：文六品冬吉服冠，頂用硨磲，武六品同。

文六品夏吉服冠。謹按，本朝定制：文六品夏吉服冠，頂如冬吉服冠，武六品同。

武六品補服。謹按，本朝定制：武六品補服，色用石青，前後繡彪，藍翎侍衛同。

藍翎侍衛冬朝冠。謹按，本朝定制：藍翎侍衛冬朝冠，頂如文六品，戴藍翎。

藍翎侍衛夏朝冠。謹按，本朝定制：藍翎侍衛夏朝冠，頂如文六品，戴藍翎。

藍翎侍衛冬吉服冠。謹按，本朝定制：藍翎侍衛冬吉服冠，頂如文六品，戴藍翎。

藍翎侍衛夏吉服冠。謹按，本朝定制：藍翎侍衛，夏吉服冠，頂如文六品，戴藍翎。

紀事

晉・陸翽《鄴中記》 趙王虎建武六年，造涼馬臺，在城西漳水之南。虎常于此臺簡練騎卒。虎牙宿衛，蛇雲騰，案此句疑有缺字。黑矟騎五千人，每月朔望閱馬于此臺，乃于漳水之南張幟鳴鼓，列騎星羅，虎乃登臺射葽。箭一發，五千騎一時奔走。從漳水之南齊走至于臺下。隊督以下皆班賚。虎又射一箭，騎五千又齊走于漳水之北。其五千騎流散攢促，若數萬人，皆以漆矟從事，故以黑矟爲號。季龍又嘗以女伎一千人爲鹵簿，皆著紫綸巾，熟錦褲，金銀鏤帶，五文織成靴，游臺上。案此條見《説郛》。

《周書》卷七《宣帝紀》 庚子，至自同州。詔天臺侍衛之官，皆著五色及紅紫緑衣，以雜色爲緣，名曰品色衣。

明・郭正域《明典禮志》卷一八《冠服志・侍儀服》 洪武四年二月乙卯朔，侍儀司言：文武百官朝服，各從品級，侍儀舍人引班執事，宜有定制。乃命中書省定擬，侍儀舍人并御史臺知班引禮執事冠進賢冠，無梁，服緋色衣，其蔽膝及履襪、革帶、大帶、槐笏與九品同，惟不用中單，從之。

侍儀舍人、校尉刻期冠服。

洪武二年二月詔定侍儀舍人、校尉刻期冠服。禮官議：今擬侍儀舍人導禮，依元制，用展脚幞頭，窄袖紫衫，塗金束帶，皂紋靴，常服用烏紗帽盤領衫。校尉執仗亦依元制，首服用金額交脚幞頭，諸色辟邪寳相花裙襖，銅葵花束帶，皂紋靴。刻期冠方頂巾，衣胸背鷹鷂花，腰綫襖諸色，闊匾絲縧象牙雕花環，行縢八帶鞋。制曰可。

又《扈駕銅牌》 洪武六年五月命造扈駕先鋒金字銀牌一千五百面，尋改爲守衛金牌，以銅爲之，塗以金，高一尺，闊三寸，分仁義禮智信，仁字上鈒獨龍盤雲花，公侯伯都督佩之。義字鈒伏虎盤雲花，指揮佩之。禮字鈒獬豸盤雲花，千户衛鎮撫佩之。智字鈒獅子盤雲花，百户所鎮撫佩之。信字鈒盤雲花，將軍佩之。二面俱篆文，牌首竅貫青絲。鎮撫及將軍隨駕應直宿衛者，關給佩帶，下直則納之，國朝將軍選豊幹勇力者，爲之號曰天武將軍，立將軍。千百户總旗統其衆，凡早晚朝及宿，衛扈駕執金瓜，披鐵甲，佩弓矢，冠紅纓鐵盔帽列侍左右。如大朝會，則披金甲金盔帽，列侍殿庭，俱有定數。初隸拱衛指揮使司，後隸錦衣衛，止稱曰將軍。

明・陸容《菽園雜記》卷三 南京各部皂隸，俱戴漆巾，惟禮部無之。諸司前門俱有牌額，惟兵部無之。云洪武中，邏卒常陰伺諸司得失，禮部皂隸嘗晝寢，兵部夜無巡警，皆被邏者取去，故至今猶然。吏部後有敬亭者，仁廟爲皇太子監國時，吏部選官，謂之敬選。故云。

雜録

宋・朱弁《曲洧舊聞》卷九 咸平二年秋，大閱。其日，殿前侍衛馬步軍二十萬，自夜三鼓初分出諸門，遲明乃絶。詰旦，上按轡出東華門，其從行臣僚，並賜戎服。既回，御東華門，閱諸軍還營，奏樂于樓下。

明・陸容《菽園雜記》卷八 直駕校尉着團花紅緑衣，戴飾金漆，名曰只孫鵞。只孫，衣名。今人有稱執金吾者，亦似是而非也。

儀衛

論説

唐・釋玄應《一切經音義》卷一一　鹵簿。鹵，大楯也。蔡邕《獨斷》曰：天子大駕出，陳鹵簿是也。

《宋史》卷一四八《儀衛志》　鹵簿儀服。自漢鹵簿，象最在前。晉平吴後，南越獻馴象，作大車駕之，以載黄門鼓吹數十人，使越人騎之以試橋梁。宋鹵簿，以象居先，設木蓮花坐，金蕉盤，紫羅繡襜絡腦，當胸、後鞦並設銅鈴杏葉，紅犛牛尾拂拔塵。每象南越軍一人跨其上，四人引，並花脚幞頭，排繡窄衣，銀帶。

明・徐一夔《明集禮》卷四二《儀仗篇》　總序：昔者軒轅氏創旗蓋麾幢之容，列卒伍營衛之警，所以謹出入之防，嚴尊之分，而示天下。後世以至公之制也。蓋人君者，天下之至尊也，清道而行，静室而止，植戟懸楯，晝夜誰何。豈直以爲觀美哉，蓋所以爲慎重也。慎重則尊嚴，尊嚴則整肅。而儀仗者，所以尊君而肅臣也。故周官隸僕掌蹕宫中之事。漢朝會，則衛官陳車騎張旗幟。唐沿隋制，置衛尉卿掌儀仗帳幙之事。宋衛尉領左右金吾街司、左右金吾仗司、六軍儀仗司，主清道、徼巡、排列、奉引儀仗。元置拱衛司，領控鶴户以供其事。國朝制黄麾仗，凡正至聖節朝及册拜、接見蕃臣，儀鸞司陳設儀仗，而中宫、東宫親王皆有儀仗之制焉。今集古今沿革以著于篇。

又卷四五《鹵簿》　總叙：鹵簿之制兆於秦，而其名則始於漢。或曰鹵者大盾也，以大盾領一部之人，故曰鹵部。或曰凡兵衛以甲盾居外爲導，從捍蔽其先後，皆著之簿籍，故曰鹵簿。按《三輔黄圖》天子出車駕次第謂之鹵簿，而唐制四品以上皆給鹵簿，則鹵簿者，君臣皆得通稱也。五代之亂，圖典失墜。宋王欽若爲《鹵簿記》，宋綬蔡攸等因之，而其制始詳。元曾巽申復爲《鹵簿圖》，雖間有增損，而俱無大異。國朝嘗詔禮官鹵簿彌文務從省節，蓋尚質去奢之意也。今考秦漢以來制度爲鹵簿篇，國朝儀物則備著于圖云。

明・張岱《夜航船》卷三《人物部・儀制》　鹵簿。車駕出行，羽儀導護，謂之鹵簿。鹵，大盾也，所以捍蔽，部位之次，皆著之於簿。五兵盾在外，餘兵在内。以大盾領一部之人，故名鹵簿。

綜述

漢・應劭《漢官儀》卷下　舊選羽林郎旄頭，被髮，案《太平御覽》引作放髮。爲前驅，今但用營士。

晉・陸翽《鄴中記》　皇后出，女騎一千爲鹵簿，冬月皆著紫衣巾、蜀錦褲褶。案《太平寰宇記》引此條云：皇后出，從女騎千人爲鹵簿，脚著五文織成靴，手握雌黄婉轉弓。其文與此互異。石虎皇后女騎，腰中著金環參鏤帶。

又　季龍又嘗以女伎一千人爲鹵簿，皆著紫綸巾，蜀錦褲，金銀鏤帶，五文織成靴，游臺上。案此條見《説郛》。

唐・徐堅《唐開元禮》卷二《序例中・大駕鹵簿》　右自清游以下諸衛將軍，並平巾幘，紫裲襠，大口蒠，錦縢蛇金隱起，帶弓箭横刀。中郎將、折衝果毅皆平巾幘，緋裲襠，大口蒠，錦縢蛇銀梁金隱起，横刀弓箭。佽飛、執旗人、引駕三衛，並武弁，緋裲襠，大口蒠。供奉並武弁朱衣，各一人步從。余文武官及導駕官，並朱衣冠履，依本品服。其工人駕官，並絳衣平巾幘。餘並戎服准式。

宋・張棣《金虜圖經》　儀衛。金虜建國之初，其儀制從物止類中州之守令。在内廷間或遇雨雪，雖后妃亦去襪履，赤足踐之，其淳如此。至亮徙燕，知中國威儀之尊，護從悉具導。【略】前者皆挈手傘子，其人各長六尺八寸以上，錦團花袍，金鍍銀帶，簇金蛾拳脚幞頭，雙引而前。旗之後曰駕頭，駕頭後曰護衛將軍，皆衣紫窄袖衫、金帶幞頭，腰弓矢，並馬而行。

曲蓋後曰衛坐馬，左右二副點檢領之。衛坐馬後曰寢殿小底，衣帶乘

騎，與護衛將軍一等，止無弓矢，而腰以紅袍袄。

宋·孟元老《東京夢華録》卷一〇《大禮預教車象》 遇大禮年，預於兩月前教車象。自宣德門至南薰門外，往來一遭。車五乘，以代五輅。輕重每車上置旗二口，鼓一面，駕以四馬。挾車衛士，皆紫衫帽子。車前數人擊鞭。象七頭。前列朱旗數十面，銅鑼鼙鼓十數面。先擊鑼二下，鼓急應三下。執旗人紫衫帽子。每一象則一人裹交脚幞頭，紫衫人跨其頸，手執短柄銅钁，尖其刃，象有不馴，擊之。

又《駕行儀衛》 次日五更，攝大宗伯執牌奏中嚴外辦，鐵騎前導番袞。自三更時相續而行，象七頭，各以文錦被其身，金蓮花座安其背，金轡籠絡其腦，錦衣人跨其頸，次第高旗大扇，畫戟長矛，五色介胄，跨馬之士，或小帽錦繡抹額者，或黑漆圓頂幞頭者，或以皮如兜鍪者，或漆皮如犀斗而籠巾者，或衣紅黄罨畫錦繡之服者，或衣純青純皂以至鞋袴皆青黑者，或裹交脚幞頭者，或以錦爲繩如蛇而繞繫其身者，或數十人唱引持大旗而過者，或執大斧者，胯劍者，執鋭牌者，持鐙棒者，或持竿上懸豹尾者，或持短杵者。其矛戟皆綴五色結帶銅鐸，其旗扇皆畫以龍、或虎、或雲彩、或山河。又有旗高五丈，謂之次黄龍。駕詣太廟青城，並先到立。齋宫前義竿舍索旗坐約百餘人，或有交脚幞頭、胯劍、足靴如四直使者千百數，不可名狀。餘諸司祇應人，皆錦襖。諸班直、親從、親事官，皆帽子、結帶、紅錦，或紅羅上紫團答戲獅子、短後打甲背子，執御從物。御龍直皆真珠結絡、短頂頭巾、紫上雜色小花繡衫、金束帶、看帶、絲鞋。天武官皆頂朱漆金裝笠子、紅上團花背子三衙并帶。御器械官皆小帽、背子或紫繡戰袍，跨馬前導。千乘萬騎，出宣德門，由景靈宫太廟。

又《駕宿太廟奉神主出室》 駕乘玉輅，冠服如圖畫間星官之服，頭冠皆北珠裝結，頂通天冠，又謂之卷雲冠，服絳袍，執元圭。其玉輅頂皆鏤金大蓮葉攢簇，四柱欄檻鏤玉盤花龍鳳，駕以四馬，後出旗。常輅上御座，惟近侍二人，一從官傍立，謂之執綏以備顧問。挾輅衛士，皆裹黑漆團頂無脚幞頭，着黄生色寬衫，青窄襯衫，青袴，繫以錦繩。輅後四人，擎行馬前。有朝服二人，執笏面輅倒行。

宋·吴自牧《夢粱録》卷五《明禋年預教習車象》 挾車衛士皆紫衫帽子，車前數人擊鞭，行車前列朱旗數十面，銅鑼鼙鼓十數面，執旗鼓人，俱服紫衫帽子，後以大象二頭，每一象用一人，裹交脚幞頭，紫衫，袴象頭而馭，手執短柄銀钁，尖其刃。

又《駕詣景靈宫》 主上宿大慶殿致齋，次早五更，攝大宗伯詣殿前執牙牌奏中嚴外辦，護衛鐵騎，自四更時接續番裹導行諸司局分内侍人員司屬，前往宫闈排班。百官各法服冠珮，入朝起居畢，各出殿門轡馭，在學士院伺候。【略】寶座前，一日錦裳人執銀钁，跨頸驅行。【略】蓋謂教信幡傳告止幡，凌風朱珮錦衣間。一停一舉皆如節，直自圜丘至九關。鹵簿儀仗，有高旗大扇，畫戟長矛，以五色。介胄跨馬之士，或小帽錦繡抹額者，或頂黑漆圓頂幞頭者，或以皮如兜鍪者，或漆皮如戽斗而籠巾者，或衣紅黄罨畫錦繡服者，或衣純青純皂以至鞋韈皆純青皂者，或裹交脚幞頭，或錦爲繩如蛇繞繫身者，或數人唱引大旗行過，或執大斧胯劍鋭牌持鐙棒者，或持竿上懸豹尾者，持短竿者，於戟上綴五色結帶銅鐸者，又有儀仗内名襮步角切稍小卓切者。【略】又有交脚幞頭、胯劍足靴，如四直使者一二百人，不可名狀。諸殿直親從官皆帽衣結帶紅錦，或紅羅上紫團搭戲獅子，短後打甲背子。御龍直裹真珠結絡花兒，短巾，衣紫上雜色小繡花衫鍍金束帶，腰懸花看帶，絲鞋。天武官皆頂朱漆金裝笠兒，衣紅上團花背子。其國朝九寶，如大朝會，置於殿陛前，郊明大祀，迎於儀仗中。符寶官二員，左右奉寶以從駕，謂之迎寶輿也。三衙太尉并御帶環衛官，皆小帽背子，或紫繡戰袍。

又《駕回太廟宿奉神主出室》 命内侍以儀仗迎往明禋殿。天明時，乘黄令進玉輅，奏請登玉輅。珠旄牙軾窣流蘇，環珮天香爇寶鑪。中勑乘黄親進御，玉虬擁駕下雲衢。上御冠服，如圖畫生官之狀，其通天冠俱用北珠卷結，又名卷雲冠。服絳袍，玉珮，執玉玄圭。正座玉輅上，左右各一内侍，名御藥，冠服執笏侍立。左首闌檻邊，一從侍中書官者，曲身冠服，旁立於闌，以紅絲條繫定，免致疎失，名爲執綏官，以備玉音顧問。親承接帝俞。儒學以通稽古力，更求民瘼備嘉謨。駕輅衛士，裹漆圓頂蓋耳帽子，著黄生色寬衫，青襯衫，青韈頭袴，青履，繫錦繩。輅後四人攀行，如攀枝孩兒。輅前有服法服朝冠二人，執簡，導輅行。輅之左右亦二人，服法服乘馬，從輅行辨嚴。【略】景祐初志今輅，前凡六疋誕馬者，正謂之紅檐誕馬控雙行，項下朱絲繫綵纓，騶士錦衫勤執御，共誇汗血似雲輕。按馬者衣錦寶相花衫也。又御馬常儀外，有甲騎，綴以金鈴，在輅前引行。鑾鈴犀甲控青驄，

凡馬俄驚一洗空。御筆賜名猶記得，牙牌金刻草頭風。此本朝故事，郊禋皆遵制導引矣。

宋・陳世崇《隨隱漫録》卷三 孟享，駕出。【略】彈壓宮殿之行門以下，舒腳幞頭大團花羅袍，擊鞭編排，小團花羅袍，御龍直茶酒等班，紅地方勝練鵲纈羅衫，各塗金束帶。控攏御馬左右直執七寶素紅瑪瑙鞭各二，擎砝紅水地戲珠龍杌子各一，皂紗帽，青地荷蓮纈羅衫，塗金束帶，文武親從貼錦帽，紫寶相花大神衫，銅革帶。內外圍子皂紗帽，紅地黃白獅子纈羅衫，緋線羅背子，塗金戲獅束帶。前引從，並姜牙帽，三色纈衫，銅帶，親事官曲腳幞頭，簇四金鵰袍，塗金帶。百官諸司並朝服。

金・宇文懋昭《重訂金國志》卷三三《儀衛》 建國之初，儀衛護從甚簡，至熙宗立，始設護衛將軍，寢殿實達，爾弩手繖子，迨幸燕，始乘玉輅，服衮冕，儀從整肅。時令翰林待制邢具瞻作引導詞曰，五年一狩，仙仗到人間，稼穡艱難，蒼生眼洗秋光裡，今日見天顔，金爪玉斧沉烟和，舞蹈六龍閒，歌謳道詠皆相似，天子壽南山。護從悉具，若尋常出獵，觀田，多無定制，或數百騎，或千騎，前後皆執旗，旗上繪以日月，御座繖，或紅，或黃，如或排，駕而出，一與南朝同，導前者皆弩手，繖子，其人各長六尺八寸，衣以真錦團花袍，金鍍銀帶，簇金蛾拳腳幞頭，雙引而前，皆散手，及半，方有執旗者，約千餘隊，旗之後曰駕頭，駕頭之後曰護衛將軍，皆衣紫窄袖衫，金帶幞頭，腰弓矢，並馬而行，約數百，至曲蓋，其形六角，紅羅曲柄，飾以文彩。一護軍執之，以爲儀式。蓋之後曰御座馬，左右二副點檢領之。馬之後曰寢殿實達爾，衣帶乘騎，一與護衛等，止無弓矢，而腰以深紅包袱，又約數百，及駕，或乘逍遥，或乘步輦，或乘馬，臨時取旨。其上張蓋，表裏皆紅羅，獨微曲。駕之後，護衛實達爾不計其數。又其後曰馬軍，栲栳隊數千隨焉。

《宋史》卷一四三《儀衛志》 黃麾半仗者，大慶殿正旦受朝，兩宮上册寶之所設也，用二千四百一十五人。其內儀仗官兵等一千八百三人，兵部職掌五人，統制官二人，皆幞頭，公裳，腰帶，靴，笏。金吾司碧襴三十二人，幞頭，碧襴衫，銅革帶，執儀刀。將官二人，幞頭，緋抹額，紫繡羅袍，背騰蛇，銅革帶，執儀刀。旁頭一十人，素帽，紫紬衫，纈衫，黃勒帛，執銅仗子。金銅甲二人，兜鍪，甲衫，錦臂衣，執金銅鉞斧。絳引幡十，告止幡，傳教幡，信幡各二，執幡人皆武弁，緋寶相花衫，勒帛。黃麾幡二，執幡人武弁，黃寶相花衫，銅革帶。小行旗三百人，素帽，五色抹額，緋寶相花衫，勒帛。五色小氅三百人，儀鍠四十人，皆纈帽，五色寶相花衫，勒帛。金節一十二人，武弁，青寶相花衫，銅革帶。殳叉三十人，素帽，五色寶相花衫，勒帛。緑稍二百一十人，素帽，緋寶相花衫，勒帛。烏戟二百一十人，纈帽，緋寶相花衫，勒帛。白柯槍六十人，素帽子，銀褐寶相花衫，勒帛。儀弓二百七十人，纈帽，青寶相花衫，勒帛。儀弩六十人，平巾幘，緋寶相花衫，勒帛。銅仗子二十人，素帽，紫紬衫，黃勒帛。儀刀百八十四人，平巾幘，緋寶相花衫。內大旗下六百一十二人，大旗三十四，龍旗一十，鳳旗一十，五星旗，五嶽旗各五，青龍旗，白虎旗，朱雀旗，玄武旗各一，每旗扶拽一十七人，搭材一名，武弁，五色寶相花衫，勒帛。其外殿中輿輦，繖扇百三十三人，逍遥平輦各一，每輦人員八人，帽子，宜男纈羅單衫，塗金銀柘枝腰帶，輦官二十七人，幞頭，白獅子纈羅單衫，塗金銀海捷腰帶，紫羅裏夾三襜，中道繖扇六十六，輦官七十人，素方繖四十四人，弓腳幞頭，碧襴衫，塗金銅革帶，烏皮履。繡紫方繖六，花團扇十二十八人，雉扇二十二人，准備四人，皆武弁，緋寶相花袍，銅革帶。鳳扇二十二人，黃抹額，黃寶相花袍，黃勒帛。編排儀仗職掌五人，立殿下繖扇後。烏皮介幘，緋羅寬衫，白羅大帶。【略】其黃麾細仗者，大慶殿文德殿發册及進國史之所設也。東都用一千四百二人，中興後或用百人至五百人，隨事增損。而其執仗有四，小行旗，五色小氅，儀刀，銅仗子。其服色有四，纈帽子，素帽子，平巾幘，武弁冠，五色寶相花衫，勒帛。

又卷一四四《儀衛志》 宮中導從之制，唐已前無聞焉，五代漢乾祐中，始置主輦十六人，捧足一人，掌扇四人，持踏牀一人，并服文綾袍、銀葉弓腳幞頭。尚宮一人，寶省一人，高鬟、紫衣。書省二人，紫衣、弓腳幞頭。新婦二人，高鬟、青袍。大將二人，紫衣、弓腳幞頭。童子執紅絲拂二人，高鬟髻、青衣。執犀盤二人，帶鬅頭、黃衫。執翟尾二人，帶鬅頭、黃衫。雞冠二人，紫衣，分執金灌器、唾壺。女冠二人，紫衣，執香爐、香盤。分左右以次奉引。太宗太平興國初，增主輦二十四人，改服高腳幞頭，輦頭一人，衣紫繡袍，持金塗銀仗以督領之。奉珍珠、七寶、翠毛華樹二人。衣緋袍，奉金寶山二人，衣緑繡袍，奉龍腦合二人，衣緋銷金袍，並高腳幞頭。執拂翟四人，鬅頭、衣黃繡袍。舊衣綾袍、紫衣者。悉易以銷金及繡。復增司簿一

人，内省一人，司儀一人，司給一人，皆分左右前導，凡一十七行。每正至御殿，祀郊廟，步輦出入至長春殿用之。其乘輦，則屈右足，垂左足而憑几，蓋唐制也。真宗時，加四面内官周衛。大中祥符三年，内出繪圖以示宰相。

又卷一四八《儀衛志》 大駕鹵簿巾服之制：金吾上將軍、將軍、六統軍、千牛、中郎將，服花脚幞頭、抹額、紫繡袍，佩牙刀，珂馬。諸衛大將軍、將軍、中郎將、折衝、果毅、散手翊衛，服平巾幘、紫繡袍、大口袴、錦螣蛇、銀帶，佩横刀，執弓箭。千牛將軍，服平巾幘、紫繡袍、大口袴、銀帶、靴靿，佩横刀，執弓箭，珂馬。千牛，服花脚幞頭、緋繡袍、抹額、大口袴、銀帶、靴靿。前馬隊内折衝及執矟者，服錦帽、緋繡袍、銀帶。監門校尉、六軍押仗，服幞頭、紫繡裲襠。隊正，服平巾幘、緋繡袍、大口袴。諸衛主率都尉，引駕騎，持鈒隊内校尉、旅帥，執衛司殳仗爆矟，金吾十六騎，班劍，儀刀隊，親勳翊衛，執大角人，並服平巾幘、緋繡裲襠、大口袴，佩横刀，執弓箭。金吾押牙，服金鵝帽、紫繡袍、銀帶，儀刀。金吾持纛者，服烏紗帽、皂衣、袴、鞋襪。金吾押纛，服幞頭、皂繡衫、大口袴、銀帶，烏皮靴。執金吾爆矟，服錦袍帽、臂韝、銀帶、烏皮靴。

清游隊、佽飛、執副仗矟，服甲騎具裝、錦臂韝，横刀，執弓箭，白袴。朱雀隊執旗及執牙門旗，執絳引幡、黄麾幡者，並服緋繡衫、抹額、大口袴、銀帶。執殳仗，前後步隊，真武隊執旗，前後部黄麾，執日月合璧等旗，青龍白虎隊，金吾細仗内執旗者，並服五色繡袍、抹額、行縢、銀帶，執白竿棒人，加銀褐捍腰。執龍旗及前馬隊内執旗人，服五色繡袍、銀帶、行縢、大口袴。執弓箭，執龍旗副竿人，服錦帽、五色繡袍、大口袴、銀帶。執弩，弓箭人，服錦帽、青繡袍、銀帶。前後步隊人，服五色鍪甲、錦臂韝、鞵襪、袴、銀帶。朱雀隊内執弓箭、弩、矟。虞候佽飛。執長壽幢、寶輿法物人。並服平巾幘、緋繡袍、大口袴、銀帶。援寶，執絳麾，真武幢義人。並服武弁、紫繡衫。持鈒隊，殿中黄麾、繖、扇、腰輿、香鐙、華蓋，指南、進賢等車駕士，相風、鍾漏等輿輿士，並服武弁、緋繡衫。駕羊車童子，服垂耳髻、青頭繻、青繡大袖衫、袴、勒帛、青耳履。執引駕龍墀旗、六軍旗者，服錦帽、五色繡衫、錦臂韝、銀帶。引夾旗及執哥舒、鐙仗者，服帖金帽，餘同上。執花鳳、飛黄、吉利旗者，服銀褐繡衣、抹額、銀帶。夾轂隊，服五色質鍪、鎧、錦臂韝、白行縢、紫帶、鞵襪。驍衛翊衛三隊，服平巾幘、緋繡袍、大口袴、錦螣蛇。五輅、副輅、耕根車駕士，服平巾幘、青繡衫、青履襪。教馬官，服幞頭、紅繡抹額、紫繡衫、白袴、銀帶。掌輦、主輦，服武弁、黄繡衫、紫繡誕帶。攏御馬者，服帖金帽、紫繡大袖衫、銀帶。執真武幢者，服武弁、皂繡衫、紫繡誕帶。五牛旗輿士，服武弁、五色繡衫、大口袴、銀帶。掩後隊，服黑鍪甲，錦臂韝、行縢。

鼓吹令、丞，服緑袴褶冠、銀褐裙、金銅革帶、緋白大帶、履襪。太常寺府史、典事、司天令史，服幞頭、緑衫、黄半臂。太常主帥掆鼓、金鉦、節鼓人，服平巾幘、緋繡袍、大口袴，抹帶、錦螣蛇，歌、拱宸管、簫、笳、笛、觱栗，無螣蛇。太常大鼓、長鳴、小鼓、中鳴，服黄雷花袍、袴、抹額、袜帶。太常鐃、大横吹，服緋苣文袍、袴、抹額、袜帶。太常羽葆鼓、小横吹，服青苣文袍、袴、抹額、袜帶。排列官、令史、府史，服黑介幘、緋衫、白袴、白勒帛。司辰、典事、漏刻生，服青袴褶冠、革帶。殿中少監、奉御、供奉、排列官，引駕仗内排列承直官，大將、金吾引駕、押仗、押旗，服幞頭、紫公服、烏皮靴。尚輦奉御、直長、乘黄令丞、千牛長史、進馬四色官，服幞頭、緑公服、白袴、金銅帶、烏皮靴。殿中職掌執繖扇人，服幞頭、碧襴、金銅帶、烏皮靴。舊衣黄，太平興國六年，並内侍省並改服以碧。凡繡文：金吾衛以辟邪，左右衛以瑞馬，驍衛以雕虎，屯衛以赤豹，武衛以瑞鷹，領軍衛以白澤，監門衛以獅子，千牛衛以犀牛，六軍以孔雀，樂工以鸞，耕根車駕士以鳳銜嘉禾，進賢車以瑞麟，明遠車以對鳳，羊車以瑞羊，指南車以孔雀，記里鼓、黄鉞車以對鵝，白鷺車以翔鷺，鸞旗車以瑞鸞，崇德車以辟邪，皮軒車以虎，屬車以雲鶴，豹尾車以立豹，相風烏輿以烏，五牛旗以五色牛，餘皆以寶相花。

六引内巾服之制：清道官，服武弁、緋繡衫、革帶。持幰駕車輻棒，服平巾赤幘、緋繡衫、赤袴、銀帶。青衣，服平巾青幘、青袴褶。持戟、繖、扇、刀盾者，服黄繡衫、抹額、行縢、銀帶。持幡蓋者，服繡衫、抹額、大口袴、銀帶。内告止幡，曲蓋以緋，傳教幡、信幡、絳引幡以黄。執誕馬轡、儀刀、麾幢、節、夾矟、大角者，服平巾幘、緋繡衫、大口袴、銀帶。大駕鹵簿内，執轡，並錦絡衫帽。持弓箭、矟者，服武弁、緋繡衫、白袴。駕士，服錦帽、繡戎服大袍銀帶。弓箭以青，矟以紫。持掆鼓者，服平巾幘、緋繡對鳳袍、大口袴、白抹帶、錦螣蛇。鐃吹部内，服平巾幘、緋繡袍、白抹帶、白袴，餘悉同大駕前後部。

其繡衣文：清道以雲鶴，𧹞弩以辟邪，車輻以白澤，駕士司徒以瑞馬，牧以隼，御史大夫以獬豸，兵部尚書以虎，太常卿以鳳，縣令以雉，樂工以鸞，餘悉以寶相花。

太祖建隆四年，范質議：按開元禮，武官陪立大仗，加螣蛇裲襠，如袖無身，以覆其膊胳，蓋掖下逢也。從肩領覆臂膊，共一尺二寸。又按釋文、《玉篇》相傳云：其一當胸，其一當背，謂之兩當。今詳稱襠之制，其領連所覆膊胳，其一當左膊，其一當右膊，故謂之起膊。今請兼存兩説擇而用之，造裲襠，用當胸、當背之制。宣和元年，禮制局言：鼓吹令、丞冠，又名袴褶冠。今鹵簿既除袴褶，冠名不當仍舊，請依舊記如《三禮圖》委貌冠製。從之。

明·王圻《三才圖會·衣服》卷二《校尉冠服》 國朝凡執仗之士，其首服則皆服鏤金額交脚幞頭，其服則皆服諸色辟邪寶相花裙襖，銅葵花束帶，皂紋鞾。

又《刻期冠服》 國朝謂之刻期冠方頂巾，衣胸背鷹鷂花腰線襖子，諸色闊絲匾條，大象牙雕花環，行縢八帶鞋。

明·徐一夔《明集禮》卷四五《鹵簿》 宋【略】其六引服飾。𩍐稍，左右金吾將軍，則金銅甲冑，披膊，解結錐；左右金吾衛仗司、花腳幞頭，碧羅襖，紫緑羅袍，金銅帶，儀刀，烏皮履。執儀仗者則或襆頭，或武弁，平巾幘，或錦帽，並鸞鳳，抹額，錦螣蛇，銅革帶，或紫緋羅繡袍，或紫紬寬衫，或緋紬袍，或青羅黄紬銀褐緋皂寸紬寶相花衫。駕前殿前指揮使，則細甲，方勝，練鵲衫，緑羅甲，弓箭，銀劍，蒜瓣朵紅紫羅帶。殿前左右班，則粉青緋紫三色大搭纈羅衫。長入祗候則人，合色頭𦄩鍍金帽，環青紅二色。羅衫殿侍，則紫羅印皂斜搭衫。執紅拂扇及御龍直執從物等人，則珠巾方勝鵲衫。行門則金銀甲，方勝鵲衫，金束帶珠璫，銀骨朵，内押行門則纏枝花袍。御龍直則黄獅子白獅子衫，長門則方勝鵲衫，内殿直以下亦如之。殿前指揮使編排禁衛等人則紫羅皂花衫。駕頭篔扇下天武等人則白獅子衫。東西班樂人則紫帽束帶。弓箭班則襆頭束帶。親從圍子手及行宫殿門、中道左右則帽子，鍍金束帶，其衫皆以白獅子，餘並方勝練鵲。都指揮使則以御仙花。都虞候則以簇四金鵰。控馬親從則以青蓮。錦執燭籠親從則以寶相花。從駕親從則並以白獅子花。

又 元。崇天鹵簿中道。頓遞隊：象六，飾以金裝蓮座，香寶鞍韂鞦轡罽勒，犛牛尾拂，跋塵，鉸具。導者六人，馭者南越軍六人，皆弓花角唐帽，緋紵銷金䙆衫，鍍金束帶，烏靴，横列而前行。次駝鼓九，飾以鍍金鉸具，轡飾罽籠旗鼓纓槍。馭者九人，服同馭象者，中道相次而行。次舍人二人，四品服，騎分左右，夾駝而行。次青衣二人，武弁，青絁衫，青勒帛，青靴，執青杖。次清道官四人，本品服，騎。次信幡二，執者二人，引護者四人，武弁，黄絁生色寶相花袍，黄勒帛，黄靴。次騾鼓六，飾騾以鍍金鉸具，轡罽籠旗鼓纓槍。馭者六人，服同馭駝者。次告止幡二，執者二人，引護者四人，武弁，緋紵生色寶相花袍，紅勒帛，紅靴。次傳教幡二，執者二人，引護者四人，武弁，黄紵生色寶相花袍，黄勒帛，黄靴，並分左右。次橋道頓遞使一人，本品服，騎。中道，舍人、清道官、橋道頓遞使從者凡七人，錦帽，紫䙆衫，小銀束帶，行縢鞋襪。後凡從者之服，一皆同此。

次𩍐稍：金吾將軍二人，交角幞頭，緋羅繡抹額，紫羅繡辟邪裲襠，紅錦襯袍，錦螣蛇，金帶，烏靴，横刀，佩符，騎分左右。次弩而騎者五人，錦帽，青絁生色寶相花袍，銅帶，緑雲靴。次矟而騎者五人，錦帽，緋絁生色寶相花袍，銅帶，朱雲靴。次𩍐一，執者一人，夾者四人，護者二人，皆錦帽，紫生色寶相花袍，鍍金帶，紫雲靴。押導官二人，皆騎，本品服。次馬鼓四，飾如騾鼓，馭者四人，服同馭騾。次佩弓矢而騎者五人，服同執弩者。押衙四人，騎而佩劍，錦帽，紫絁生色寶相花袍，鍍金帶，雲頭靴。𩍐矟四人，騎，錦帽，緋絁生色寶相花袍，銅帶，朱靴。控馬八人，錦帽，紫衫，銀帶，烏靴。次矟而騎者五人，服佩同執弩者。金吾將軍、押𩍐官從者四人，服同前隊。

次朱雀隊：舍人一人，四品服，騎而前。次朱雀旗一，執者一人，引護者四人，錦帽，緋絁生色鳳花袍，銅帶，朱雲靴，皆佩劍而騎，護者加弓矢。次金吾折衝一人，交角襆頭，緋絁繡抹額，紫羅繡辟邪裲襠，紅錦襯袍，金帶，錦螣蛇，烏靴，横刀，佩弓矢而騎，帥甲騎凡二十有五，弩五人，次弓五人，次矟五人，次弓五人，次矟五人，皆冠甲騎冠，朱畫甲，青勒甲條，鍍金環，白繡汗胯，束帶，紅靴，帶弓箭器仗，馬皆朱甲、具裝珂飾全。舍人、金吾折衝從者凡二人，服同前隊。

次十二旗隊：舍人一人，四品服，騎而前。金吾果毅二人，交角幞頭，緋羅繡抹額，紫羅繡辟邪裲襠，紅錦襯袍，金帶錦螣蛇，烏靴，横刀，佩弓矢，

騎分左右。帥引旗騎士五，皆錦帽，黄生色寶相花袍，銀帶，烏靴。次風伯旗左，雨師旗右，雷公旗左，電母旗右，執者四人，騎，青甲騎冠，緑甲，青勒甲條，鍍金環，白繡汗胯，束帶，青雲靴，馬皆青甲珂飾。次五星旗五，執者五人，甲騎冠，五色畫甲，青勒甲條，鍍金環，白繡汗胯，束帶，五色靴，馬甲如其甲之色，珂飾。次北斗旗一，執者一人，甲騎冠，紫畫甲，青勒甲條，鍍金環，白繡汗胯，束帶，紫雲靴，馬甲隨其甲之色，珂飾。左右攝提旗二，執者二人，甲騎冠，朱畫甲，青勒甲條，鍍金環，白繡胯，束帶，紅雲靴，馬朱甲，珂飾。執副竿者二人，騎，錦帽，黄生色寶相花袍，銀帶，烏靴。執矟而護者五人，騎，服同執副竿者。舍人、金吾果毅從者凡三人，服同前隊。

次門旗隊：舍人二人，四品服。監門將軍二人，皆交角幞頭，緋絁繡抹額，紫羅繡獅子裲襠，紅錦襯袍，金帶，烏靴，横刀，佩弓矢，騎，馬甲、珂飾全。次門旗二，執者二人，錦帽，緋絁生色獅子文袍，銅革帶，紅雲靴，劍而騎。引護者四人，服佩同執人，而加弓矢，騎。次監門校尉二人，騎，服佩同監門將軍，分左右行。次鸞旗一，執者一人，引護者四人，錦帽，五色絁生色瑞鸞花袍，束帶，五色雲靴，佩劍，護人加弓矢，皆騎。舍人、監門將軍、監門校尉從者凡六人，服同前隊。

次雲和樂：雲和署令二人，朝服，騎，分左右。引前行，凡十有六人，戲竹二，排簫四，簫管二，龍笛二，板二，歌工四，皆展角花幞頭，紫絁生色雲花袍，鍍金帶，紫靴。琵琶二十，箏十有六，箜篌十有六，纂十有六，方響八，頭管二十有八，龍笛二十有八，以上工百三十有二人，皆花幞頭，緋絁生色雲花袍，鍍金帶，朱靴。次杖鼓三十，工人花幞頭，黄生色花襖，紅生色花襖，紅生色花袍，錦臂韝，鍍金帶，烏靴。次板八，工人服色同琵琶工人。大鼓二，工十人，服色同杖鼓工人。雲和署令從者二人，服同前隊。

次殿中黄麾隊：舍人二人，四品服。殿中侍御史二人，本品服，皆騎。次黄麾一，執者一人，夾者二人，騎，武弁，緋絁生色寶相花袍，紅勒帛，紅雲靴。舍人、殿中侍御史從者凡四人，服同前隊。

次太史鉦鼓隊：太史一人，本品服，騎。引交龍掆鼓左，金鉦右，舁四人，工二人，皆武弁，緋絁生色寶相花袍，紅勒帛，紅靴。次司辰郎一人，左，典事一人，右，並四品服，騎。太史、司辰郎、典事從者三人，服同前隊。

次武衛鈒戟隊：武衛將軍一人，交角幞頭，緋羅繡抹額，紫羅繡瑞鷹裲襠，紅錦襯袍，錦螣蛇，金帶，横刀，騎。領五色繡幡一，金節八，早右，罼左，朱雀、青龍、白虎幢三，横布導蓋一，中道義四。武衛果毅二人，服佩同武衛將軍。鈒二十，戟二十，徒五十有九人，武弁，緋絁生色寶相花袍，紅勒帛，紅靴。武衛將軍、武衛果毅從者凡三人，服同前隊。

次龍墀旗隊：舍人二人，四品服。中郎將二人，服佩同鈒戟隊武衛將軍，騎，分左右。帥騎士凡二十有四人，執旗者八人。天下太平旗，中道，中岳帝旗左，中央神旗右。次日旗左，月旗右。次祥雲旗二，分左右。次皇帝萬歲旗，中道。執人皆黄絁巾，黄絁生色寶相花袍，黄勒帛，黄雲靴，横刀，引者八人，青絁巾，青絁生色寶相花袍，青勒帛，青雲靴，横刀，執弓矢。護者八人，緋絁巾，緋絁生色寶相花袍，紅勒帛，紅雲靴，横刀，執弓矢。舍人、中郎將從者凡四人，服同前隊。

次御馬隊：舍人二人，四品服。引左右衛將軍二人，緋羅繡抹額，紫羅繡瑞馬裲襠，紅錦襯袍，錦螣蛇，金帶，烏靴，横刀，皆騎，分左右行。御馬十有二匹，分左右，飾以纓轡鞍複。馭士控鶴二十有四人，交角金花幞頭，紅錦控鶴襖，金束帶，鞹鞋。次尚乘奉御二人，四品服，騎，分左右行。舍人、左右衛將軍從者四人，服同前隊。

次拱衛控鶴第一隊：拱衛指揮使二人，本品服，騎，分左右。帥步士凡二百五十有二人，負劍者三十人，次執吾杖者五十人，次執斧者五十人，次執鐙杖者六十人，次執列絲骨朶者三十人，皆分左右。次擕金水瓶者一人，左，金盆者一人，右。次執列絲骨朶者三十人，皆分左右，皆金縷額交角幞頭，青質孫控鶴襖，塗金荔枝束帶，鞹鞋。拱衛指揮使從者二人，服同前隊。

次安和樂：安和署令二人，本品服，騎，分左右行。領押職二人，弓角鳳翅金花幞頭，紅質孫加襴袍，金束帶，花靴。次扎鼓八，爲二重，次和鼓一，中道，次板二，次龍笛四，次頭管二，次羌笛二，次笙二，次緌二，左右行，次雲璈一，中道，工二十有四人，皆弓角鳳翅金花幞頭，紅錦質孫襖，金荔枝束帶，花靴。從者二人，服同前隊。

次金吾援寶隊：舍人二人，四品服。引金吾將軍二人，交角幞頭，緋羅繡抹額，紫羅繡辟邪裲襠，紅錦襯袍，錦螣蛇，横刀，佩弓矢，皆騎，分左右。前引駕十二重，甲士一十二騎，弩四，次弓四，次矟四，爲三重。次香案二，金爐、合各二，分左右，舁士十有六人，侍香二人，騎而從。次典瑞使二人，

本品服，騎而左右引八寶。受命寶左，傳國寶右，次天子之寶左，皇帝之寶右，次天子行寶左，皇帝行寶右，次天子信寶左，皇帝信寶右。每輿寶盝，銷金蒙複，襯複，案輿紅銷金衣，龍頭竿，結綬，舁士八人，朱團扇四人，凡九十有六人，皆交角金花幞頭，青紅錦質孫襖，每輿前青後紅，金束帶，鞾鞋。援寶三十人，交角金花幞頭，鞋，執金縷黑杖。次符寶郎二人，四品服，騎，分左右。次金吾果毅二人，服佩同金吾將軍，騎，分左右。次矟四人，次弓四人，次弩四人，爲三重。舍人、金吾將軍、侍香、典瑞使、符寶郎、金吾果毅從者凡十有二人，服同前隊。

次殿中繖扇隊：舍人二人，四品服，騎，分左右。領騎而執旗者四人，日月合璧旗左，五星連珠旗右，次金龍旗左，金鳳旗右，黃絁巾，黃絁生色寶相花袍，黃勒帛，黃靴，佩劍。騎而引旗者四人，青絁巾，青絁生色寶相花袍，青勒帛，青靴，佩劍，執弓矢。騎而護旗者四人，紅絁巾，紅絁生色寶相花袍，紅勒帛，紅靴，佩劍，執弓矢。次朱團扇十有六，次小雉扇八，次中雉扇八，次大雉扇八，爲十重，重四人。次曲蓋二，紅方繖二，次紫方繖二，次華蓋二，次大繖二，執者五十人，武弁，紅絁生色寶相花袍，紅勒帛，紅靴。舍人從者二人，服同前隊。

次控鶴圍子隊：圍子頭一人，執骨朵，由中道，交角幞頭，緋錦質孫襖，鍍金荔枝帶，鞾鞋。次朱繖，中道，次金腳踏左，金椅右，服如圍子頭。拱衛指揮使一人，本品服，騎，中道。控鶴二十八人，服同上。拱衛指揮使從者二人，服同前隊。

天樂一部：天樂署令二人，本品服，騎，分左右。領押職二人，弓角鳳翅金花幞頭，紅錦質孫襖，加襴，金束帶，花靴。次琵琶二，箜篌二，火不思二，板二，箏二，胡琴二，笙二，頭管二，龍笛二，響鐵一，工十有八人，徒二人，皆弓角鳳翅金花幞頭，紅錦質孫襖，鍍金束帶，花靴。

次控鶴第二隊：僉拱衛司事二人，本品服，騎，分左右。帥步士凡七十有四人，執立爪者三十有六人，分左右，次捧金杌一人左，鞭桶一人右，次蒙鞍一人左，散手一人右，次執立爪者三十有四人，分左右，皆交角金花幞頭，緋錦質孫襖，鍍金荔枝帶，鞾鞋。僉拱衛司事從者二人，服同前隊。

次殿中導從隊：舍人二人，四品服，騎，分左右。引香鐙案一，黃銷金盤龍衣，金爐合，結綬，龍頭竿，舁者十二人，交角金花幞頭，紅錦質孫控鶴襖，鍍金束帶，鞾鞋。侍香二人，騎，分左右。次警蹕三人，交角幞頭，紫窄紬衫，鍍金束帶，烏靴。次舍人二人，四品服，騎。引天武官二人，執金鉞，金鳳翅兜牟，金鎖甲，青勒甲絛，金環繡汗胯，金束帶，馬珂飾。次金骨朵二，次幢二，次節二，分左右。次金水盆左，金椅右，次蒙複左，副執椅右，次金水瓶，鹿盧左，銷金浄巾右。次金香毬二，金香合二，分左右。次金唾壺左，金唾盂右。金拂四，扇十，分左右。次黃繖，中道，繖衣從。凡騎士三十人，服如警蹕，加白繡汗胯。步卒四人，執椅二人，蒙複一人，繖衣一人。服如舁香鐙徒。舍人、天武官從者凡六人，服同前隊。

次控鶴第三隊：拱衛直鈐轄二人，本品服，騎。引執卧爪八十人，服如第二隊。

次導駕官：引進使二人，分左右前行。次給事中一人左，起居注一人右，侍御史一人左，殿中侍御史一人右，次翰林學士一人左，集賢學士一人右，次御史中丞一人左，同知樞密院事一人右，次御史大夫一人左，知樞密院事一人右。次侍儀使四人，中書侍郎二人，黃門侍郎二人，侍中二人，皆分左右。次儀仗使一人左，鹵簿使一人右。次禮儀使二人，分左右。持劈正斧一人，中道。次大禮使一人左，太尉一人右，皆本品服，騎。從者三十人，惟執劈正斧官從者二人，服同前隊。

次羽林宿衛：舍人二人，四品服，前行。次羽林將軍二人，交角幞頭，緋羅繡抹額，紫羅繡瑞鷹裲襠，紅錦襯袍，錦螣蛇，金帶，烏靴，横刀，佩弓矢，皆騎，分左右。領宿衛騎士二十人，執骨朵六人，次執短戟六人，次執斧八人，皆弓角金鳳翅幞頭，紫繡細摺辮線襖，束帶，烏靴，横刀。舍人、羽林將軍從者凡四人，服同前隊。

次檢校官分中道之外，外仗之內。頓遞隊：監察御史二人，本品服。次纛矟隊，循仗檢校官二人。次朱雀隊，金吾中郎將二人，皆交角幞頭，緋羅繡抹額，紫羅繡辟邪裲襠，紅錦襯袍，錦螣蛇，金帶，烏靴，佩儀刀，加弓矢。次十二旗隊，兵部侍郎二人，本品服。次門旗隊，糾察儀仗官二人，本品服。次雲和樂部，金吾將軍二人，服佩如金吾中郎將。知隊仗官二人，本品服。次武衛鈒戟隊，監察禦史二人，本品服。次外道左右牙門巡仗，監門中郎將二人，交角幞頭，緋羅繡抹額，紫羅繡師子裲襠，紅錦襯袍，錦螣蛇，金帶，烏靴，佩儀刀，弓矢。次金吾援寶隊，兵部尚書二人，次巡仗檢校官二人。次

殿中繖扇隊，監察御史二人，次禮部尚書二人，皆本品服。次圍子隊，知仗官二人。次金吾大將軍二人，服同金吾將軍，各穳稍從。次殿中導從隊，糾察儀仗官二人。次巡仗檢校官二人。次羽林宿衛隊，左點檢一人左，右點檢一人右，紫羅繡瑞麟裲襠，余同金吾大將軍。領大黃龍負圖旗二，執者二人，夾者八人，騎，錦帽，五色絁巾，五色絁生色雲龍袍，塗金束帶，五色雲靴，佩劍，夾者加弓矢，並行中道。控鶴外，外仗內。前後檢校，仗內知班六人，展角幞頭，紫窄衫，塗金束帶，烏靴。承奉班都知一人，太常博士二人，皆朝服，騎，同檢校官。前後巡察宿直將軍八人，服佩同左右點檢，夾路檢校三衛。

陪輅隊：誕馬二匹，珂飾，纓轡，青屜。乘黃令二人，本品服，分左右。次殿前將軍二人，交角幞頭，緋羅繡抹額，紫羅繡辟邪裲襠，紅錦襯袍，錦螣蛇，金帶，烏靴，橫刀，騎。玉輅，太僕卿馭，本品服。千牛大將軍驂乘，交角幞頭，紅抹額，繡瑞牛裲襠，紅錦襯袍，錦螣蛇，金帶，烏靴，橫刀。左右衛將軍，服如千牛大將軍，惟裲襠繡瑞虎。陪輅輅馬六匹，珂飾，纓轡，青屜，牽套鞶帶。步卒凡八十有二人，馭士四人，駕士六十有四人，行馬二人，踏道八人，推竿二人，托義一人，梯一人，皆平巾，幘，青繡雲龍花袍，塗金束帶，青靴。輅將軍二人，金鳳翅兜牟，金鎖甲，絛環，繡汗胯，金束帶，綠雲花靴。青瀝水扇二。次千牛備身二人，皆分左右，交角幞頭，緋羅繡抹額，紫羅繡瑞牛裲襠，繡錦襯袍，金帶，烏靴，橫刀，佩弓矢。獻官二人，殿中監六人，內侍十人，皆本品朝服，騎，分左右。千牛備身後，騎而執弓矢者十人，尚衣奉御四人，尚食奉御二人，尚藥奉御二人，皆騎，本品服。次腰輿，黃紵絲銷金雲龍蒙複，步卒凡十有三人，舁八人，道扇四人，黃繖一人，皆交角金花幞頭，紅質孫控鶴襖，金束帶，鞠鞋。尚舍奉御二人，騎左，尚輦奉御二人，騎右，皆朝服。從者三十有四人，服同前隊。

大神牙門旗隊：都點檢一人，騎，交角幞頭，緋羅繡抹額，紫羅繡瑞麟裲襠，紅錦襯袍。次監門大將軍二人，分左右，騎，服如都點檢，惟裲襠紫繡獅文。門凡三重。親衛郎將帥甲士，分左右，夾輅而陣，繞出輅後，合執鼉者二，爲第一門。翊衛郎將帥護尉，夾親衛而陣，繞出輅後，合爲第二門，監門校尉二人，騎。左右衛大將軍帥甲士，執五色龍鳳旗，夾護尉而陣，繞出輅後，合牙門旗二，爲第三門，監門校尉二人主之。服色詳見外仗。

次雲和樂後部：雲和署丞二人，本品服，騎，分左右，領前，戲竹二，排簫二，簫管二，歌工二，凡十人，皆騎，花幞頭，紫絁生色花袍，塗金帶，烏靴。次琵琶四，箏四，箜篌四，纂四，頭管六，方響二，龍笛六，杖鼓十，工四十人，皆騎，服同上，惟絁色紅。從者二人，服同前隊。

後黃麾隊：玄武幢一，絳麾二，徒三人，皆武弁，紫絁生色龜雲花袍，紫羅勒帛，紫靴。次黃麾，執者一人，夾者二人，皆騎。武弁，紫生色寶相花袍，紫勒帛，紫靴。

次玄武黑甲掩後隊：金吾將軍一人，騎，中道，交角幞頭，緋羅繡抹額，紫羅繡辟邪裲襠，紅錦襯袍，金帶，錦螣蛇，烏靴，佩刀。後衛指揮使二人，騎，分左右，服同各衛指揮使，帥甲騎五十有七人。玄武旗一，執者一人，夾者二人。小金龍鳳黑旗二，執者二人，皆黑兜牟，金飾，黑甲絛環，汗胯，束帶，靴，帶弓矢器仗，馬黑金色獅子甲，珂飾。稍四十人，弩十人，黑兜牟，黑甲絛環，汗胯，束帶，靴，帶弓矢器仗，馬黑甲，珂飾。執衛司穳稍二人，錦帽，紫生色辟邪文袍，鍍金帶，烏靴。從者三人，服同前隊。

次金鼓隊：金鼓旗二，執者二人，引護者八人，皆五色絁巾，生色寶相花五色袍，五色勒帛，靴，佩劍，引護者加弓矢，分左右。次折衝都尉二人，交角幞頭，緋羅繡抹額，紫羅繡辟邪裲襠，紅錦襯袍，金帶，錦螣蛇，騎。帥步士凡百二十人，鼓二十四人，鉦二十四人，並黃絁巾黃絁生色寶相花袍，黃勒帛，黃靴。角二十四人，紅絁巾，紅絁生色寶相花袍，紅勒帛，紅靴。車輻棒二十四人，長刀二十四人，並金飾青兜牟，青甲絛環，白繡汗胯，束帶，青雲靴。

清游隊：舍人二人，四品服，騎導。金吾折衝二人，交角幞頭，緋羅繡抹額，紫羅繡辟邪裲襠，紅錦襯袍，金帶，錦螣蛇，橫刀，佩弓矢，騎，分左右，帥步士凡百有十人。白澤旗二，執者二人，引護者八人。次執弩二十人，次執稍二十人，次執弓二十人，次執弓二十人，皆甲騎冠，金飾，綠畫甲絛環，白繡汗胯，束帶，綠雲靴，佩弓矢器仗，馬金飾朱畫甲，珂飾，分左右。

次佽飛隊：鐵甲佽飛，執稍者十有二人，甲騎冠，銕甲，佩弓矢器仗，馬銕甲，珂飾。次金吾果毅二人，交角幞頭，緋絁繡抹額，紫羅繡辟邪裲襠，紅錦襯袍，金帶，錦螣蛇，橫刀，弓矢，騎。次虞候佽飛，執弩二十人，錦帽，紅生色寶相花袍，塗金帶，烏靴。

次殳仗隊：領軍將軍二人，交角幞頭，緋絁繡抹額，紫羅繡白澤裲襠，紅錦襯袍，金帶，錦縢蛇，烏靴，横刀，騎。帥步士五十人，執殳二十五人，執義二十五人，錯分左右，皆五色絁生色巾，寶相花五色袍，五色勒帛，五色雲頭靴。領軍將軍從者二人，錦帽，紫袴衫，小銀束帶，行縢，鞋襪。

次諸衛馬前隊：舍人二人，四品服騎導。左右衛郎將二人，交角幞頭，緋絁繡抹額，紫繡瑞馬裲襠，紅錦襯袍，金帶，錦縢蛇，烏靴，横刀，佩弓矢，騎，分左右，帥騎士百五十有六人。前辟邪旗左，應龍旗右，次玉馬旗左，三角旗右，次黄龍負圖旗左，黄鹿旗右，次飛麟旗左，駃騠旗右，次鸞旗左，鳳旗右，次飛黄旗左，麒麟旗右。執旗十有二人，生色黄袍，巾，勒帛，靴。引旗十有二人，服同執人，惟袍色青。護旗十有二人，生色紅袍，巾，勒帛，靴。執弓六十人，錦帽，青生色寶相花袍，塗金帶，烏靴。執矟六十人，服如執弓者，惟袍色紅。每旗，弓五，矟五。從者四人，服同前隊。

次二十八宿前隊：舍人二人，四品服，騎導。領軍將軍二人，紫羅繡白澤裲襠，餘如前隊。左右衛郎將皆騎，帥步士百十有二人。前井宿旗左，參宿旗右，各五盾從。次鬼宿旗左，觜宿旗右，各五弓從。次柳宿旗左，畢宿旗右，各五矟從。次星宿旗左，昴宿旗右，各五盾從。次張宿旗左，胃宿旗右，各五弓從。次翼宿旗左，婁宿旗右，各五矟從。次軫宿旗左，奎宿旗右，各五盾從。執旗十四人，生色黄袍，巾，勒帛，靴。引旗十有四人，服如執人，惟袍巾色青。護旗十有四人，服如執人，惟袍巾色紅。執刀盾者三十人，弓矢者二十人，矟者二十人，皆五色兜牟，甲倏環，白繡汗胯，束帶，五色雲靴。舍人、領軍將軍從者四人，服同前隊。

次領軍黄麾仗前隊：舍人二人，四品服，騎導。領軍將軍二人，服如二十八宿旗隊領軍將軍，騎，分左右，帥步士凡百五十人。絳引幡十，次龍頭竿繡氅十，皆分左右。次江瀆旗左，濟瀆旗右。次小戟十，次弓十，皆分左右。次南方神旗左，四方神旗右。次鍠十，次緑縢絡盾加刀十，皆分左右。次南岳帝旗左，西岳帝旗右。次龍頭竿氅十，次朱縢絡盾加刀十，皆分左右。次南天王旗左，西天王旗右。次小戟十，次弓十，皆分左右。次龍君旗左，虎君旗右。次鍠十，次緑縢絡盾加弓十，皆分左右。執人一百三十人，武弁，五色生色寶相花袍，勒帛，靴。引旗十人，青生色寶相花袍，勒帛，靴。護旗十人，服同，惟袍巾色紅。

次殳仗後隊：領軍將軍二人，騎，帥步士凡五十人。殳二十有五，義二十五，錯分左右，服佩同前隊。

次左右牙門旗隊：監門將軍二人，騎，紫繡獅子裲襠，餘如殳仗隊領軍將軍之服佩。次牙門旗四，每旗執者一人，引夾者二人，並黄絁巾，黄絁生色寶相花袍，黄勒帛，黄雲靴，皆騎。次監門校尉二人，騎，服佩同監門將軍。從者四人，服同前隊。

次左右青龍白虎隊：舍人二人，四品服，騎導。領軍將軍二人，服佩同殳仗隊之領軍將軍，騎，分左右，帥甲士凡五十有六人，騎。青龍旗左，執者一人，夾者二人，從以執弩五人，弓十人，矟十人，皆冠青甲騎冠，青錍甲，青條金環，束帶，白繡汗胯，青雲靴。白虎旗右，執者一人，夾者二人，從以執弩五人，弓十人，矟十人，皆冠白甲騎冠，白錍甲，青條金環，束帶，白繡汗胯，白雲靴。舍人、領軍將軍從者四人，服同前隊。

次二十八宿後隊：舍人二人，四品服，騎導。領軍將軍二人，騎，分左右，帥步士百十有二人。角宿旗左，壁宿旗右，各從以執弓者五人。次亢宿旗左，室宿旗右，各從以執矟者五人。次氐宿旗左，危宿旗右，各從以執盾者五人。次房宿旗左，虚宿旗右，各從以執弓者五人。次心宿旗左，女宿旗右，各從以執矟者五人。次尾宿旗左，牛宿旗右，各從以執盾者五人。次箕宿旗左，斗宿旗右，各從以執弓者五人。舍人、領軍將軍從者四人，執夾、引從服佩，皆同前隊。

次諸衛馬後隊：舍人二人，四品服，騎導。左右衛果毅都尉二人，騎，分左右，帥衛士百五十有六人。角端旗左，赤熊旗右，次兕旗左，太平旗右，次騼騳旗左，騶牙旗右，次犀牛旗左，鵕鸃旗右，次蒼烏旗左，白狼旗右，次龍馬旗左，金牛旗右。舍人、左右衛果毅都尉從者四人，執夾、引從服佩，同前隊。

次左右領軍黄麾後隊：舍人二人，四品服，騎導。領軍將軍二人，騎，分左右，帥步士百六十人。龍頭氅十，次朱縢絡盾加刀十，皆分左右。次吏兵旗右。次小戟十，次弓十，皆分左右。次東天王旗左，北天王旗右。次鍠十，次緑縢絡盾加刀十，皆分左右。次東方神旗左，北方神旗右。次小戟十，次弓十，皆分左右。淮瀆旗右。次鍠十，次緑縢絡盾加刀十，皆分左右。次絳引幡十，分左右，掩後。舍人、領軍將軍從者四人，執夾服佩同前隊。

左右衛儀刀班劒隊：舍人二人，四品服，騎導。左右衛中郎將二人，交角幞頭，緋羅繡抹額，紫羅繡瑞馬裲襠，紅錦襯袍，錦縢蛇，金帶，烏靴，騎，分左右。帥步士凡四十人，班劒二十人，儀刀二十人，並錦帽，紅生色寶相花袍，塗金束帶，烏靴。舍人、左右衛中郎將從者四人，服同前隊。

次供奉宿衛步士隊：供奉中郎將二，交角幞頭，緋絁繡抹額，紫羅繡瑞馬裲襠，紅錦襯袍，錦縢蛇，金帶，烏靴，横刀，佩弓矢，騎，分左右，帥步士凡五十有二人，執短戟十有二人，次執列絲十有二人，次叉戟十有二人，次斧十有六人，分左右，夾玉輅行。皆弓角金鳳翅幞頭，紫細摺辮線襖，塗金束帶，烏靴。

次親衛步甲隊：親衛郎將二人，服同供奉中郎將，騎，分左右，帥步士凡百四十八人。執龍頭竿氅四人，次小戟十人，次氅二人，次儀鍠十人，次氅二人，次小戟十人，次氅二人，次儀鍠十人，次氅二人，次小戟十人，次氅二人，次儀鍠十人，次氅二人，次小戟十人，皆分左右，夾供奉宿衛隊。次氅二人，次儀鍠十人，次氅二人，次小戟十人，次氅二人，次儀鍠十人，次氅二人，折繞宿衛隊後，而合其端爲門。士皆金兜牟，甲，青勒甲條，金環，緑雲靴。

次翊衛護尉隊：翊衛郎將二人，服同親衛郎將，騎。帥護尉騎士百有二人，皆交角金花幞頭，窄袖紫衫，紅銷金汗胯，塗金束帶，烏靴。執金裝骨朵，分左右，夾親衛隊行，折繞隊後，而合其端爲二門。

次左右衛大將軍二人，服如翊衛郎將，騎，帥騎士百人。執青龍旗五人左，青鳳旗五人右。次青龍旗五人左，赤鳳旗五人右。次黄龍旗五人左，黄鳳旗五人右。次白龍旗五人左，白鳳旗五人右。次黑龍旗五人左，黑鳳旗五人右。次五色鳳旗二十五居左，五色龍旗二十五居右，曲繞輅後，合牙門旗爲第三門。士皆冠甲騎冠，金飾，朱畫甲，青勒甲條，鍍金環，白繡汗胯，紅靴，佩弓矢器仗，馬青金毛獅子甲，珂飾。

次左衛青甲隊：左衛指揮使二人，騎，服紫羅繡雕虎裲襠，余同左右衛大將軍，帥騎士三十有八人。執大青龍旗一人左，大青鳳旗一人右，次小青龍旗一人左，小青鳳旗一人右，次大青鳳旗一人左，大青龍旗一人右，每旗從以持青稍者四人。次小青鳳旗一人左，小青龍旗一人右，皆從以持青稍者三人。皆青兜牟，金飾青畫甲，青絛，塗金環，汗胯，束帶，靴，佩弓矢器仗，馬青金毛獅子甲，珂飾。折繞陪門。

次前衛赤甲隊：前衛指揮使二人，騎，服佩同左衛指揮使，帥騎士凡四十人。執大赤鳳旗一人左，大赤龍旗一人右。次小赤鳳旗一人左，小赤龍旗一人右，次大赤龍旗一人左，大赤鳳旗一人右，次小赤龍旗一人左，小赤鳳旗一人右，每旗從以持朱稍者四人。次執大赤鳳旗一人左，大赤龍旗一人右，皆從以持朱稍者三人。皆朱兜牟，金飾朱畫甲，絛環，汗胯，束帶，靴，佩弓矢器仗，馬朱甲，珂飾。從者二人，服同前隊。折繞陪門。

次中衛黄甲隊：中衛指揮使二人，騎，服同前衛指揮使，帥騎士凡五十有八人。執大黄龍旗一人左，大黄鳳旗一人右，次小黄龍旗一人左，小黄鳳旗一人右，次大黄鳳旗一人左，大黄龍旗一人右，次小黄鳳旗一人左，小黄龍旗一人右，次大黄龍旗一人左，大黄鳳旗一人右，每旗從以持黄稍者四人。次小黄龍旗一人左，小黄鳳旗一人右，皆從以持黄稍者三人。皆黄兜牟，金飾黄甲，絛環，汗胯，束帶，靴，佩弓矢器仗，馬黄甲，珂飾。從者二人，服同前隊。折繞陪門。

次右衛白甲隊：右衛指揮使二人，騎，服同中衛指揮使，帥騎士凡七十有四人。執大白鳳旗一人左，大白龍旗一人右，次小白鳳旗一人左，小白龍旗一人右，次大白龍旗一人左，大白鳳旗一人右，次小白龍旗一人左，小白鳳旗一人右，次大白鳳旗一人左，大白龍旗一人右，每旗從以持白稍者四人。次小白鳳旗一人左，小白龍旗一人右，次大白龍旗一人左，大白鳳旗一人右，皆從以持白稍者五人。皆兜牟，金飾白甲，絛環，汗胯，束帶，靴，佩弓矢器仗，馬白甲，珂飾。從者二人，服同前隊。折繞陪門。

次牙門四：監門中郎將二人，服佩同各衛指揮使，騎，分左右。次左衛，次前衛，次中衛，次右衛。牙門旗二，色並赤。監門校尉各二人，騎，服佩同各衛之執旗者。從者十人，服同前隊。

又卷四六《鹵簿》 王公鹵簿【略】清道官，服武弁、緋繡衫、革帶。持幰弩、車輻棒者，服平巾赤幘、緋繡衫、赤袴、銀帶。青衣，服平巾青幘、青袴褶。持戟、傘、扇、刀盾者，服黄繡衫、抹額、行縢、銀帶。持幡蓋者，服繡衫、抹額、大口袴、銀帶。内告止幡、曲蓋以緋，傳教幡、信幡、絳引幡以黄。執誕馬轡、儀刀、麾、幢、節、夾槊、大角者，服平巾幘、緋繡衫、大口袴、銀帶。大駕鹵簿内，執轡，並錦絡衫帽。持弓箭、槊者，服武弁、緋繡衫、白袴。駕

士，服錦帽、繡戎服大袍、銀帶。弓箭以青，槊以紫。

清・朱銘盤《南朝宋會要・軍禮》 講武。【略】直衛鈒戟虎賁，旄頭文衣，鶡尾，以次列階。正直侍中奏：解嚴。先置從駕百官還便坐幔省。帝若躬親射禽，變御戎服，内外從官以及虎賁悉變服，如校獵儀。

清・褚人穫《堅瓠集》廣集卷四《羊車》 史稱晉武帝平吴之後，荒於游幸，宫中乘羊車，任其所適，【略】馭童二十人，皆兩鬟髻，服青衣，取年十四五者，謂之羊車小史。

清・允禄《清朝禮器圖式》卷五《冠服二民公以下冠服》 鹵簿輿士冬冠一。謹按，本朝定制：鹵簿輿士冬冠，豹皮爲之，頂鏤花銅座，上植明黄翎。

鹵簿輿士冬冠二。謹按，本朝定制：鹵簿輿士冬冠，黑氊爲之，頂如冬冠一之制。

鹵簿護軍袍。謹按，本朝定制：鹵簿護軍袍，石青緞爲之，通織金壽字，片金緣，領及袖端俱織金葵花。

鹵簿校尉冬冠一。謹按，本朝定制：鹵簿校尉冬冠，豹皮爲之，頂素銅座，上植明黄翎。

鹵簿校尉冬冠二。謹按，本朝定制：鹵簿校尉冬冠，黑氊爲之，平簷頂如冬冠一之制。

鹵簿校尉夏冠。謹按，本朝定制：鹵簿校尉夏冠，頂如冬冠。

清・嵇璜《清朝通志》卷五八《器服略・冠服》 鹵簿輿士冠，冬以豹皮或黑氊爲之，頂鏤花銅座，上植明黄翎。

鹵簿輿士袍，校尉同。紅緞爲之，通織小團葵花。

鹵簿輿士帶，校尉同。緑綢爲之。

鹵簿護軍袍，石青緞爲之，通織金壽字片，金緣領及袖端俱織金葵花。

鹵簿校尉冠，冬以黑氊爲之，平簷頂素銅座，上植明黄翎。

從耕農官冠，青絨爲之。頂同八品。

清・嵇璜《清朝文獻通考》卷一四一《王禮考》 鹵簿輿士冠，頂鏤花銅座，上植明黄翎。校尉冠頂素銅座。

鹵簿輿士袍，紅緞爲之，通織小團葵花。校尉同。

鹵簿輿士帶，緑綢爲之。校尉同。

鹵簿護軍袍，石青緞爲之。通織金壽字片。金緣領及袖端俱織金葵花。

清・崑岡《清會典圖》卷七六《冠服二十雨服》 内廷行走官員雨冠制同軍民，雨冠用青色，餘同。

御前侍衛各省巡撫雨衣制同文武二品官，下至軍民雨衣用青色，餘同。

御前侍衛各省巡撫雨裳制同文武二品官，下至軍民雨裳用青色，餘同。

清・徐松《宋會要・輿服》 繡袍。鹵簿三駕，國朝之初將舉郊禮，以五代草創，官籍散落，始命有司詳定制度，惟得《長興南郊鹵簿字圖》，校以令文，頗有闕略違戾者。翰林學士承旨，陶穀爲禮儀使，建議鹵簿内金吾及諸衛將軍導駕及押仗，舊服紫衣，請依《開元禮》各服本色繡袍。

又 緋繡袍。大駕鹵簿内巾服之制：横刀，執弓箭，珂馬。千牛服、花脚幞頭、緋繡袍、抹額、大口袴、銀帶、韡靴。前馬隊内折衝及執矟者，服錦帽、緋繡袍、銀帶。隊正服平巾幘、緋繡袍、大口袴。朱雀隊内，執弓、箭、弩、矟、虞候佽飛，執長壽幢，寶輿法物人，服平巾幘、緋繡袍、大口袴、銀帶。驍衛翊衛三隊，服平巾幘、緋繡袍、大口袴、錦螣蛇。大常主帥掆鼓金鉦節鼓人，服平巾幘、緋繡袍、大口袴、袜帶、錦螣蛇。六引内巾服之制：鐃吹部内服平巾幘、緋繡袍、白袜帶、白袴，餘悉同大駕前後部。

又 紫繡袍。大駕鹵簿内巾服之制：金吾上將軍、將軍、六統軍、千牛、中郎將，服花脚幞頭、抹額、紫繡袍、佩牙刀、珂馬。諸衛大將軍、將軍、中郎將、折衝、果毅、散手翊衛，服平巾幘、紫繡袍、大口袴、錦螣蛇、銀帶、佩横刀、執弓箭。千牛將軍，服平巾幘、紫繡袍、大口袴、銀帶、鞋靿。金吾押牙，服金鵝帽、紫繡袍、銀帶。凡繡文：金吾衛以辟邪，左右衛以瑞馬，驍衛以雕虎，屯衛以赤豹，武衛以瑞鷹，領軍衛以白澤，監門衛以師子，千牛衛以犀牛，六軍以孔雀，樂工以鸞。宫中導從：太平興國初，增主輦二十四人，改服高脚幞頭。輦一人，衣紫繡袍，持金塗銀仗，以督領之。徽宗政和三年四月二十九日，議禮局上皇后鹵簿之制，護後衛各果毅，都尉一員，檢校，平巾幘、紫繡袍、大口袴、錦螣蛇、革帶。

又 紫絁繡袍。大駕外仗，次步甲前隊，第一隊至六隊，隊内將軍及都尉，並平巾幘、紫繡袍、大口袴、錦螣蛇、革帶，繡文並同。次前部黄麾仗，大將軍、都尉，並平巾幘、紫繡袍、大口袴、錦螣蛇、革帶，繡文並同。

又　青繡袍。大駕鹵簿内巾服之制，執弩、弓箭人，服錦帽、青繡袍、銀帶。

又　五色繡袍。大駕鹵簿内巾服之制：後步隊、真武隊執旗，前後部黄麾，執日月合璧等旗，青龍白虎隊，金吾細杖内執旗者，服五色繡袍、抹額、行縢、銀帶。執白幹捧人，加銀褐捍腰。執龍旗及前馬隊内執旗人，服五色繡袍、銀帶、行縢、大口袴。執龍旗副竿人，服錦帽、五色繡袍、大口袴、銀帶。執引駕龍墀旗、六軍旗者，服錦帽、五色繡袍、臂鞲、銀帶。

又　瑞鷹袍。鹵簿中道，次持級前隊，隊内左右武衛將軍、果毅、都尉、校尉並平巾幘、紫絁繡瑞鷹袍、大口袴、錦螣蛇、革帶。

又　飛麟袍。徽宗政和三年四月二十九日，儀禮局上，大慶殿大朝會儀衛，次廂左右各三部，第一部，左右屯衛大將軍各一員，果毅各一員，服飛麟袍。同日儀禮局上，文德殿視朝儀衛之制，次廂左右各三部，次左右廂仗首之南，東西相向，第一部，左右屯衛大將軍各一員，果毅各一員，次大將軍後，服飛麟袍。

又　瑞馬袍。大駕外仗。次青龍白虎旗隊，次左右衛果毅、都尉二人分押旗，兼領後七千騎，平巾幘、緋純繡瑞馬袍、大口袴、革帶。徽宗政和三年四月二十九日，儀禮局上大慶殿大會朝儀衛，左右衛、果毅各一名，服瑞馬袍。於玉輅之前，分左右，並北向。左右廂，各步甲十二隊，第一隊左右衛、果毅各一員，服瑞馬袍。同日儀禮局上文德殿視朝儀衛之制，左右廂各步軍六隊，分東西在仗隊後，第一隊左右衛、果毅各一員，服瑞馬袍。

又　瑞馬大袍。徽宗政和三年四月二十九日，儀禮局上大慶殿大朝會儀衛，左右廂後部各十二隊，第一隊左右衛、折衝各一員，服錦帽、緋繡戎服，瑞馬大袍。同日，儀禮局上文德殿祝朝儀衛之制，左右廂後部各六隊，每隊三十八人，在都下親從後，東西相向，第一隊，左右衛、折衝各一員，服錦帽、緋繡戎服、瑞馬大袍。

又　白澤袍。大駕外仗，並左右廂，次前隊殳仗，隊内左右領軍衛將軍，平巾幘、紫絁繡白澤袍、銀帶、大口袴、錦螣蛇、革帶。

又　徽宗政和三年四月二十九日，儀禮局上大慶殿大朝會儀衛，第一部左右領軍衛大將軍各一員，服平巾幘、紫繡白澤袍、大口袴、錦螣蛇。

又　獅子袍。仁宗康定元年九月七日，參知政事宋庠上言，車駕行幸，六軍儀仗司供到儀仗法物内夾人，執弓箭，監門校尉二十人，每門四人，並服紫絁繡獅子袍、抹額、帶儀刀、烏皮靴。第七隊監門校尉六人，並服紫絁繡獅子袍、抹額，帶儀刀、烏皮靴。

又　赤豹袍。徽宗政和三年四月二十九日，儀禮局上大慶殿大朝會儀衛，次後廂左右各三部，第一部左右驍衛將軍各一員，服赤豹袍。同日儀禮局上文德殿，視朝儀衛之志，次後廂左右各一部，次當御廂南。左右驍衛將軍各一員，服赤豹袍。

又　紫羅繡辟邪袍。鹵簿中道，金吾本司纛矟，自上將軍，花脚幞頭，緋羅繡抹額，紫羅繡辟邪袍，韠。

又　紫絁繡辟邪袍。鹵簿中道，佩牙刀、器仗，珂馬。大將軍，平巾幘、紫絁繡辟邪袍、錦螣蛇、大口袴。押衙，金鵝帽、紫絁繡辟邪袍、革帶。次朱雀旗隊，次右金吾衛、果毅都尉二人押隊，内折衝、果毅都尉，平巾幘、紫絁繡辟邪袍、大口袴、錦螣蛇、革帶。次金吾引駕騎，本衛果毅都尉二人，分左右，平巾幘、緋絁繡辟邪袍、大口袴。次左右金吾衛、果毅都尉二人，總領大角並騎。次大角一百二十，爲十重。都尉，服平巾幘、紫絁繡辟邪袍、大口袴、錦螣蛇、革帶。

又　紫繡辟邪袍。徽宗政和三年四月二十九日，儀禮局上大慶殿大朝會儀衛。真武隊金吾折衝都尉一員，服平巾幘、紫繡辟邪袍、銀帶、大口袴、錦螣蛇。同日，儀禮局上文德殿視朝儀衛之制，真武隊五十七人，在端禮門内中道北向，金吾折衝都尉一員，在隊前，服平巾幘、紫繡辟邪袍、銀帶、大口袴、錦螣蛇。

又　緋繡苣文袍。徽宗政和三年四月二十九日，儀禮局上王公鹵簿制，鐃鼓、大横吹，服緋繡苣文袍、抹額、袜帶、袴。詔：頒行。

又　緋苣文袍。大駕鹵簿内巾服之制，大常鐃、大横吹，服緋苣文袍、袴、（袜）[抹]額、袜帶。

又　青苣文袍。大駕鹵簿内巾服之制，大常羽葆鼓、小横吹，服青苣文袍、袴、（袜）[抹]額、袜帶。

又　繡苣文袍鹵簿中道，第二引執大横吹服，執羽葆鼓人，青繡苣文袍、抹額、生色袍、袜帶、袴。

又　黄雪花袍。大駕鹵簿内巾服之制，大常大鼓、長鳴、小鼓、中鳴，服

黃雪花袍、袴、抹額、袜帶。

又 黃繡雪花袍。徽宗政和三年四月二十九日，儀禮局上王公鹵簿之制。大鼓、長鳴、小鼓、中鳴，服黃繡雪花袍、抹額、袜帶、袴。

又 緋繡寶相花袍。大駕鹵簿，六引中道，執鐃、簫、笳、笛、觱篥人，並巾幘、緋繡寶相袍、大口袴、白袜帶。

又 緋絁繡寶相花袍。大駕外仗執矟人，並錦帽、緋絁繡寶相花袍、大口袴、白袜帶。

又 青絁繡寶相花袍。大駕外仗執弩、弓矢人，並錦帽、青絁繡寶相花袍、大口袴、革帶。

又 青繡寶相花袍。徽宗政和三年四月二十九日，儀禮局上大慶殿大朝會儀衛，執弩五人爲一列，弓矢十人爲二重，矟二十人爲四重，服錦帽、青繡寶相花袍、革帶、大口袴。

又 紫繡寶相花袍。大駕鹵簿，六引中道，次大晟府前部鼓吹，管轄指揮使，平巾幘、紫繡寶相花袍、錦縢蛇、白（抹）［袜］帶。

又 戎服大袍。大駕鹵簿六引中道，第二引開封牧中道，執弓矢矟人，並錦帽、絁繡寶相花戎服大袍、窄袴、革帶。大駕外仗，次前步馬隊。隊內都尉，並錦帽，緋絁繡戎服大袍、窄袴、革帶。六引內巾服之制，駕士，服錦帽、繡戎服大袍、銀帶。

又 戎服大袍。徽宗政和三年四月二十九日，議禮局上皇太子鹵簿之制。次正道龍旗六，各執旗一名，前二人引，後二人護，並戎服大袍、佩橫刀，弓矢。夾道單副竿二，分左右執各一名，騎，佩服同執旗人。決左右廂步隊十六隊，每隊各果毅都尉一名領，並戎服大袍。次馬隊左右廂各十隊，帥兵官以下三十一人，旗一，執旗一名，引二人，夾二人，執矟十六人，弓矢七人，弩三人，並我服大袍，佩橫刀。執旗並引夾人，加佩弓矢。前第一隊，左右清道，率府果毅、都尉各一員，第二隊、第三隊、第四隊左右司禦，率府果毅、都尉各一員領，第五隊、第六隊、第七隊，左右衛率府果毅、都尉各一員領，第八隊、第九隊、第十隊，左右司禦率府果毅、都尉各一員領。並戎服大袍。親王鹵簿，第三行廂執矟，戎服大袍。

紀事

清・姚元之《竹葉亭雜記》卷一 嘉慶十七年壬申三月二十日，皇帝幸南苑大閲盛典也。先期會議所有儀注，録於左：

辦理閲兵大臣事務管理都統事務和碩莊親王臣綿課等爲恭進大閲儀注事，臣等公同會議明，年三月二十日皇上閲兵之日，請將馬上儀仗在行宫門外排列。設黃幄於南苑晾鷹臺，幄後設圓幄，恭候皇上躬御甲胄。【略】八旗傳宣官俱穿馬褂戰裙，在臺下兩旁乘馬排立。大門侍衛每翼各派六員，亦令穿馬褂戰裙，乘馬，在傳官之前近臺排立。【略】聖駕將出行宫，門前所設信炮施放三次。駕出之後，作鐃歌大樂，奏壯軍容之章。馬上儀仗導引皇上陞晾鷹臺圖幄，躬擐甲胄。扈從王大臣侍衛等亦輪流甲胄。【略】皇上用茶時，衆皆跪叩，獻。進茶侍衛退，賜衆飲茶。照例派捧茶侍衛等，咸服蟒袍補褂。【略】兵部大臣等奏大閲禮成，請皇上御圓幄釋甲胄，扈從王大臣、侍衛等隨釋甲。

又爲查閲隊伍儀注事，臣等會議，得三月二十日皇上大閲之期，大臣官員兵丁等將隊伍排齊，兵部大臣奏聞。駕出行宫，陞晾鷹臺圓幄，躬親甲胄，隨從王大臣侍衛等亦擐甲胄。【略】查閲隊伍時，前引大臣、兵部大臣等導引，隨從大臣、閲兵王大臣等隨行，御前侍衛、乾清門侍衛等皆隨行，其次豹尾槍隨行，豹尾槍後金龍太纛隨行，三旗侍衛等按次隨行。派出帶隊大臣等各在所帶隊伍汛地乘騎駐立。部院大臣等是日皆蟒袍補服，在晾鷹臺排列。皇上查閲隊伍畢，臨晾鷹臺黃幄，陞御座，進茶。及大衆賜茶畢，兵部大臣跪奏請鳴螺演陳。恭繪陣圖，一并恭呈。嘉慶十七年二月初八日奏。

雜録

宋・龐元英《文昌雜録》卷四 《通典》：梁御史中丞，給威儀十人，

其八人武冠降韝，一人緗衣執鞭杖，依行列行。七人唱呼入殿，引喤音横。至階。一人執青儀□，不喤。國朝故事：御史中丞告官，呵引至朝堂門，兩朱衣吏告引入朝堂，至文德殿門止。蓋亦引喤之比也。

佛道服飾部

佛教法服

題解

南朝梁·顧野王《玉篇》卷二八《衣部第四百三十五》 衲。奴荅切，補也。或作納。

又 襆。步各切，襌衣也。婨也，約也，儉也，礴也，菲也，沾也，大也。今爲薄。

又 衿。巨禁、目今二切，亦作紷，襌衣也。綴也，結帶也。

又 袈。古牙切，袈裟。胡衣也。亦作毠毢。

又 裟。所加切，袈裟。

唐·釋玄應《一切經音義》卷二 爲屐。巨逆反。《説文》：屐屩也。屐有草有帛者。非止木也。

又卷三 裴服。蒲來反。此言訛也。猶是被服也。音皮寄反。被帶袈裟也。經文作斐，音敷尾反。《星衍》曰：裴字从衣。《説文》以裴爲長衣皃。此云裴服，殆其本義。

又卷四 襌衣。多安反。《説文》：衣不重也。《廣雅》：襌，薄也。有衣而無裏也。白袷。古洽反。《説文》：衣無絮也。《廣雅》：袷，重也。經文作夾，古洽反，帽也。非用此義。又作夾，非。

又卷一二 髡鉗。口昆反。下巨炎反。《説文》：髡，剃也。鉗，束鐵在頭者也。經文作□，非也。炘曰：《説文》：髡，剃髮也。此引脱髮字。

又卷一四 袈裟。舉佉反，下所加反。《韻集》：音加沙。字本從毛，作毠毢二形，葛洪後作《字苑》，始改從衣。案外國通稱袈裟，此云不正色也。諸草木中，若皮若葉若花等不成五味，難以爲食者，則名迦沙。此物染衣，其色濁赤，故梵本五濁之濁亦名迦沙，天竺比邱多用此色。或言緇衣者，當是初譯之時，見其色濁，因以名也。又案《如幻三昧經》云：晉言無垢穢，又義云離塵服，或言云消瘦衣，或稱蓮華服，或言閹色衣，皆隨義立名耳。《真諦三藏》云：袈裟，此云赤血色衣，言外國雖有五部不同，并皆赤色。言青黑木蘭者，但點之異耳。

又 芻摩。測俱反。或云蘇摩，或言讖摩。此云粗布衣，應言粗草衣。案《外國傳》云：彼少絲麻，多用婆叔迦果及草、羊毛、野蠶綿等爲衣也。

又 鉢耽嵐婆。或作鉢耽娑婆。此是國名也，從國名衣也。

又 頭頭衣。或言頭求羅衣，亦云頭鳩羅衣，此云細布也。

又 四疊。徒頰反。三蒼疊重也，又作褺。《字林》：重衣也。

又 三衣僧伽梨。此音訛也，應云僧伽致。或云僧伽胝，譯云合成。或云重，謂割之合成又重作也。此一衣必割截成，餘二衣或割不割。若《法密部》、《説諸有部》等多則不割。若《聖辯部》、《大衆部》等則割。若不割者，直安怗角及以鉤紐而已也。

又 鬱多羅僧。或云郁多羅僧伽，或云優多羅僧，或作漚多羅僧，亦梵言訛轉耳。此譯云上著衣也。著謂與身相合，言於常所服中最在其上，故以名也。或云覆左肩衣也。

又 安多會。或作安多衛，或作安多婆娑，或作安陀羅跂薩。此譯云中宿衣，謂近身住也。或云裹衣也。

又 衹袛。《字苑》：巨皃。之移反，法服也。或作竭支，或言僧迦支。又作僧迦鵄，梵言訛轉也。正言僧腳崎，此云覆腋衣也。或言瞿修羅，此云圖也。像其衣形，立二名也。此二衣西國亦著，但非浄耳。

又卷一五 舍勒。此譯云衣，或言内衣也。

又卷一六《小乘律論》 腹羅。或作福羅，或云富羅，正言布羅。此云短靿靴也。

又 卷褺。徒頰反，襞也。《字林》：重衣也。

又卷二一《大乘經》 末尼珠。摩鉢反。舊言摩尼，謂珠之總名也。

宋·釋道誠《釋氏要覽》卷上 衣。《釋名》曰服，上曰衣。衣，依也。所依以庇寒暑也。《左傳》曰衣，身之章也。《白虎通》曰衣者，隱也。所以隱形也。《文子》曰衣，足以蓋形以禦風寒也。西天出家者衣，律有制度，應法而作，故曰法衣。西天一切帛未剪者皆呼爲衣。

又 二衣。謂聽制二衣也。《瑜伽論》問云：何開聽。謂佛於毗奈耶中，開許一切能無染汙，現所受用，資生因緣。云何制止。謂佛於毗奈耶中，制止一切自性罪法，違無罪法故。向下《聽制篇》義同此也。謂律中佛有聽衣、制衣，故云二衣也。

又 三衣。蓋法衣有三也。一僧伽梨，即大衣也。二鬱多羅僧，即七條

也。三安陀會。即五條也。此是三衣也。若呼七條偏衫裙爲三衣者，誤之也。《慧上菩薩經》云：五條名中著衣，七條名上衣，大衣名衆集時衣。《四分律》云：應作安陀會僻體衣，郁多羅僧，僧伽梨，入聚落著。《增輝記》云：三衣之名，無正翻譯，皆從人强名之也。謂見安陀會有五幅，便唤作五條，見鬱多羅僧有七幅，便呼爲七條，見大衣條數多，故名雜碎衣也。夫大衣者，三衣中主，最爲殊勝，故若從用名，入王宮時、入聚落時衣也。七條名中價衣，謂不貴大衣，不賤五條，故若從用名，入衆衣也。五條名下衣，謂在七條下，故若從用名，園中行道雜作衣也。園即寺院。《雜阿含經》云：修四無量者，並剃除鬚髮，服三法衣。《僧祇律》云：三衣者，賢聖沙門之摽幟也。《四分律》云：三世如來，並著如是衣。《智度論》云：佛弟子，住於中道，故著三衣。《薩婆多論》云：欲現未曾有法，故九十六種外道無此三名。爲異外道，故著三衣。《華嚴經》云：爲舍離三毒故。《戒壇經》云：五條斷貪，身業也。七條斷嗔，口業也。大衣斷癡，心業也。《增輝記》問云：何不增四咸二，惟三也。答：三，奇數屬陽，陽能生萬物。今制三衣，表生萬善，取益物之義也。

又 袈裟者，蓋從色彰稱也。梵音具云迦羅沙曳，此云不正色。《四分律》云：一切上色衣不得畜，當壞作迦沙色。今略梵語也。又名壞色。《業疏》云：本作迦沙，至梁葛洪撰《字苑》，下方添衣，言道服也。

又 《大集經》云袈裟名離染服。《賢愚經》云出世服，《如幻三昧經》云無垢衣，又名忍辱鎧，又名蓮華衣，謂不爲欲泥染故。又名幢相，謂不爲邪所傾故。又名田相衣，謂不爲見者生惡故。又名消瘦衣，謂著此衣煩惱消瘦故。又名離塵服，去穢衣，又名振越。

明・王三聘《古今事物考》卷六《冠服・僧衣》《僧史略》曰：後魏宮中見僧自恣，偏右肩，乃施一邊衣，號偏衫，全其兩肩衿袖，失祇支之體。《大明會典》云：禪僧茶，常服青緣五色袈裟。講僧五色，常服緑緣淺紅袈裟。教僧皂，常服黑緣淺紅袈裟。僧官如之。惟僧録司袈裟緑紋飾以金。

論說

唐・釋道宣《廣弘明集》卷一三 外論曰：夫聖人應化隨方接引，在梵則禿髮露頂，處漢則端委搢紳，此華夷之常形，非教方之勝負，若佛苟令去兹冠冕皂服被緇，棄我華風遠同梵俗，則不能兼通冠冕，便是智力不周，何謂隨方現形而爲設教，苟若不能，則佛自是天竺之梵神，非中華之大聖，豈有禿髮之訓施於正國。若漢學梵形，剪髮便名事佛，則應梵習漢法，著巾亦爲奉道，是知露頂括髮鄉俗不同。嗟乎，士民用爲修善，可謂貴鄰室之弊襜，賤自家之黼黻。世不能知其迷八也。

内箴曰：夫至道應運無方，聖賢乘機引物，子居九夷不患其陋，禹入裸國欣然解裳，姬伯適越而文身，武靈順世而梵服，雖複筌蹄異用，而魚兔之功齊矣，況變俗緘心毁形結志，去簪纓以會道，棄鬚髮以修真，聖制不徒其有致矣，但仁義變於三遊，盜蹠資於五善，聖教綿遠，終使鼠璞濫名。劉子云：周人謂死鼠爲玉璞。

宋・釋曉瑩《羅湖野録》卷一 雪竇持禪師嘗有偈酬之曰：性空老人何快活，只有三衣并一鉢。

宋・釋道誠《釋氏要覽》卷上 著衣功過。佛告阿難，衣有二種，謂可親，不可親。若著好衣，益其道心，此可親，若損道心，此不可親，是故，或從好衣得道，或從弊衣得道，所悟在心，不拘形服。智度論云，佛言從今日，若有比丘，一心求涅槃，背捨世間者，我聽著價直十萬兩金衣，食百味食。

又 袈裟五種功德。《悲華經》云：佛於寶藏佛前，發願成佛時，袈裟有五種功德，一入我法中，犯重邪見等，於一念中，敬心尊重，必於三乘受記，二天龍人鬼，若能敬此袈裟少分，即得三乘不退，若有鬼神諸人，得袈裟乃至四寸，飲食充足，四若衆生共相違背，念袈裟力尋生悲心，五若持此少分，恭敬尊重，常得勝他。

又 八法信重。經云，袈裟聖人表式，隨順寂滅行，慈悲心，離欲者之所應服，是故，出家者身披袈裟若未得沙門果者，應以八法敬重，何等八法，應起塔想，寂滅想慈悲想，如佛想，慚愧想，令我來世離貪恚痴，具沙門想。

宋·釋贊寧《宋高僧傳》卷九《唐京師興唐寺普寂傳》 裴尹冠裳在御職事，在躬不避密行，顯掇時謗。宜哉。譬諸僧耽俗務，胡不捨袈裟而衣逢掖乎。若實得道後。終期脱屣有何不可耶。寬不抽簪，何悖禮於丘之門歟。寬若行方外之道，復何誅焉。達人大觀，物無不可矣。

綜　述

晉·法顯《摩訶僧祇律》卷三 隨物者，三衣尼師檀覆瘡衣雨浴衣，鉢大揵鎡小揵鎡鉢囊。絡囊漉水囊，二種腰帶。刀子銅匙鉢支鍼筒。軍持澡罐盛油支瓶，錫杖革屣繖蓋扇，及餘種種所應畜物。是名隨物。

又卷八 衣者欽婆羅衣，劫貝衣，芻摩衣，俱舍耶衣，舍那衣，麻衣，軀牟提衣。復有衣名僧伽梨，鬱多羅僧，安陀會。尼師檀，雨浴衣，覆瘡衣，納衣，居士衣，糞掃衣。

又 三衣者，僧伽梨，鬱多羅僧，安陀會。除僧羯磨者，僧不作羯磨。

又卷一六 佛住舍衛城，廣説如上。爾時尊者阿那律一切糞掃，糞掃鉢，糞掃衣，糞掃食，糞掃革屣。云何糞掃鉢。比丘破鉢滿五綴擲棄者，阿那律取已，更綴受持，是名糞掃鉢。糞掃衣者，里巷中棄弊故衣，取浄浣補染受持，是名糞掃衣。糞掃食者，若他棄祠祀鬼神食，是長老自取食，是名糞掃食。糞掃革屣者，諸比丘所著革屣斷壞棄者，拾取更補治著，是名糞掃革屣。

唐·釋道世《法苑珠林》卷五 衣量。問曰：諸天衣服云何。答曰：如經説：六欲界六天中皆服天衣，飛行自在。看之似衣，光色具足，不可以世間繒綵比之。色界諸天衣服雖號天衣，衣如非衣。其猶光明轉勝轉妙，不可名也。如《起世經》云：四天王天身長半由旬。衣長一由旬，闊半由旬，重半兩。三十三天身長一由旬。衣長二由旬，闊一由旬，重半兩。夜摩天身長二由旬。衣長四由旬，闊二由旬，重半兩四分之一。兜率陀天身長四由旬。衣長八由旬，闊四由旬，重半兩八分之一。化樂天身長八由旬。衣長十六由旬，闊八由旬，重半兩十六分之一。他化自在天身長十六由旬。衣長三十二由旬，闊十六由旬，重半兩三十二分之一。魔身諸天身長三十二由旬。衣長六十四由旬，闊三十二由旬，重半兩六十四分之一。自此以上諸天身量長短與衣正等無差。《起世經》云：欲界諸天衣服種種莊嚴，不可具述。然化樂、他化二天所著衣服隨心大小輕重亦爾。色界諸天不著衣服，如著不異。頭雖無髻，如似天冠。無男女相，形唯一種。《長阿含經》云：忉利天衣重六銖。炎摩天衣重三銖。兜率陀天衣重一銖半。化樂天衣重一銖。他化自在天衣重半銖。《順正理論》云：色界天衆於初生時，身量周圓，具如衣服。

又卷一七 具服。《佛本行經》云：爾時太子既剃髮已，浄居天復化作獵師之形，身著袈裟染色之衣，手執弓箭。見已語言：汝能與我此之袈裟衣不。我與汝迦尸迦衣，價直百千億金，復爲種種栴檀香等之所薰修。而説偈言：此是解脱聖人衣，若執弓箭不合著。汝發歡喜心施我，莫惜共我傳天衣。爾時獵師報言：善哉，今實不惜。時浄居天所化之衣，從菩薩取迦尸迦微妙衣飛上虚空。如一念頃，還至梵天，爲欲供養彼妙衣故。菩薩見已，生大歡喜。爾時菩薩剃髮，身得袈裟已，形容改變。既嚴整訖，口發如是大弘誓言：我今始名真出家也。

又卷四七《述意部》 夫袈裟爲福田之服，如敬佛塔。泥洹僧爲襯身之衣，尊之如法。衣名銷瘦，取能銷瘦煩惱。鎧名忍辱，取能降伏衆魔。亦喻蓮華，不爲污泥所染。亦名幢相，不爲邪衆所傾。亦名田文之相，不爲見者生惡。亦名救龍之服，不爲金鳥所食。亦名降邪之衣，不爲外道所壞。亦名不正之色，不爲俗染所貪。是以教有内外之别，人有道俗之異。在家則依乎外教，服先王之法服，順先王之法言。上有敬親事君之禮，下有妻子官榮之戀。此則恭孝之躅，理叶儒津。出家則依乎内教，服諸佛之法服，行諸佛之法行。上捨君親愛敬之重，下割妻子官榮之好。以禮誦之善自資父母，行道之福以報國恩之重。既許不以毀形易服爲過，豈宜責以敬親事君之禮。是故剃髮之辰，天魔聞而遥怖。染衣之日，帝釋見而遠歡。戲女聊被，無漏遂滿，醉人暫前，惡緣即捨。龍子賴而息驚，象王見而止怯。故知三領法衣，蔽身儉用，三種壞色，伏我愛情。既仿稻田，自成應供之德，遠同先佛，寔遵和敬之道。出塵反俗，所貴如斯者乎。

又《功能部》 如《華嚴經》云：著袈娑者，捨離三毒也。又《大悲經》云：但使性是沙門，污沙門行，自稱沙門，形似沙門，披著袈裟，於彌勒

佛乃至樓至佛所，得入涅槃，無有遺錯。又《悲華經》云：釋迦牟尼佛告於過去寶藏佛所，發菩提心，願我成佛時，令我袈裟有五功德：一者，我成佛已，若有衆生入我法中出家著袈裟者，或犯重禁，或犯邪見，若於三寶輕毁不信，集諸重罪，比丘、比丘尼、優婆塞、優婆夷，若於一念中，生恭敬心，尊重佛法僧。如是衆生，乃至一人，必與授記，於三乘中，得不退轉。二者，我成佛已，天龍鬼神人及非人，若能於此著袈裟者，恭敬供養尊重讚嘆其人。若得見此袈裟少分，即得不退於三乘中。三者，若有衆生爲饑渴所逼，若貧窮鬼神下賤諸人，乃至餓鬼畜生，若得袈裟少分乃至四寸，其人即得飲食充足，隨其所願，疾得成就。四者，若有衆生共相違反，起怨賊想，展轉鬭諍。若諸天龍八部人及非人共鬭諍時，念此袈裟，尋生悲心，柔軟之心，無怨賊心，寂滅之心，調伏善心。五者，有人若在兵甲鬭訟斷事之中，持此袈裟少分，至此輩中，爲自護故，供養恭敬尊重袈裟。是諸人等無能侵毁，觸嬈輕弄，常得勝他，過此諸難。若我袈裟不能成就如是五事聖功德者，則爲欺誑十方世界現在諸佛，於未來世不成菩提作佛。又《正法念經》云：若有衆生持戒信心清淨，知僧福田，爲法衣故，施一果直爲作衣價，心常愛樂而生隨喜。命終生林戲天，自在遊戲，隨意所至。若生人中，神德自在。若有衆生心有淨信，爲比丘僧染治袈裟法服。命終生彩地天，與諸天女五欲自娱，飲食甘露，無有醉亂。從天命終，得受人身，人所愛敬。

又《會名部》　如《大方等陁羅尼經》云：佛言：若趣向道場，應如比丘法，修諸淨行。具於三衣、楊枝、澡水、食器、坐具，行者如是應畜。至於道場，如比丘法。佛告阿難：衣有三種：一，出家衣者，作於三世諸佛法式。二，俗服者，令我弟子趣道場時，當著一服，常隨逐身，寸尺不離。若離此衣，即得障道罪。第三衣者，具於俗服，將至道場，常用坐起。其名如是，汝當受持。又《薩婆多論》問：佛常剃髮不。答曰：不爾。佛髮常如剃髮後一七日狀。問曰：佛初得道時著袈裟不。答曰：無有。白衣得佛者，要有三十二相，出家著法衣，威儀具足，捨離煩惱，而復一切種智入其身内。袈裟者，秦言染衣也。結愛等，亦名染也。著此服者，在獸不畏。是故獵師假服，令獸遠見。又《舍利弗問經》云：摩訶僧祇部，勤學衆經，宣講真義，以處本居中，應著黄衣。曇無屈多迦部，通達理味，開導利益，表發殊勝，應著赤色衣。薩婆多部，博通敏達，以導法化，應著皂衣。迦葉維部，精勤勇猛，攝護衆生，應著木蘭衣。彌沙塞部，禪思入微，究暢幽密，應著青衣。是故羅旬逾比丘分衛，不能得食。後以五種律衣更互著之，便大得食。何以故。是其前世執性多嫉，見沙門來，急閉户云：大人不在。見他布施歡喜，攝念發心，願作沙門。是故今身雖得出家，窮弊如此。我法出家，純服弊帛及死人衣，因羅旬逾故，受種種衣也。又《三千威儀》云：有四事到他國不著袈裟無罪：一，無塔寺，二，無比丘僧，三，有盜賊，四，國君不樂道。

又《濟難部》　如《僧祇律》云：昔佛在世時，尊者達尼迦闍取官材，罪在不捨。時瓶沙王信敬三寶，見達尼迦身著袈裟，雖取官材，釋然不問。比丘見已而白佛言：此達尼迦宿植何業，爲瓶沙王原恕乃爾。佛告比丘：乃往過去爾時，有一金翅鳥王，其身極大，兩翅相去六千餘里。常入海中，取龍食之。諸龍常法，畏金翅鳥，常求袈裟著宫門上。鳥見袈裟，生恭敬心，便不復前行食彼諸龍。鳥食龍時，以翅搏海，水擗龍現，而取食之。時有一龍爲鳥所逐，即取袈裟戴著頂上，尋岸而走。時金翅鳥化作婆羅門，追逐龍後，種種罵言：汝今何不放此袈裟。龍畏死故，急捉不捨。爾時海邊有一仙人，龍時恐怖，投趣仙人。鳥見仙人，不敢復前。仙人即出爲鳥説法，教鳥向龍，共相懺悔已，各去。佛告比丘：昔仙人者，今我身是。金翅鳥者，瓶沙王是。爾時龍者，達尼迦是。昔蒙袈裟得免鳥食，今復蒙我袈裟因緣得脱王難，出家修道，獲阿羅漢。是故當知袈裟威力，不可思議。又《海龍王經》云：爾時有龍王而白世尊曰：於此海中無數種龍，有四種金翅鳥常食斯龍及龍妻子。願佛擁護，常得安隱。於是世尊脱身皂衣，告海龍王：汝取是衣，分與諸龍，皆令周遍。有值一縷者，金翅鳥王不能犯觸。持禁戒者，所願必得。爾時諸龍各懷驚懼，各心念言：是佛皂衣甚爲小少，安得周遍大海諸龍。時佛即知龍心所疑，告龍王言：假使三千大千世界所有人民各分如來皂衣，終不減盡。譬如虚空，隨其所欲，則自然生。時龍即取佛衣而分作無央數百千萬段，各各分與。隨其所乏，廣狹大小，自然給與。其衣如故，終不知盡。當敬此衣，如敬世尊，如敬塔寺。佛言：觀如來衣者，即脱龍身。於是賢劫中皆得無著，當般泥洹。爾時四金翅鳥王各與千眷屬俱白佛言：今日吾等自歸三寶，悔過前犯，奉持禁戒。從今日始，常以無畏施一切龍，擁護正法，到于滅盡，不違佛教。佛告四金翅鳥王：汝等

於金仁佛時爲四比丘，名曰欣樂、大欣樂、上勝、上友。是四比丘違犯戒法，貪於供養，不護身口意，作惡衆多，供養金仁佛亦不可計。以是之故，不墮地獄，墮此禽獸，前後殺生，不可稱計。佛現神足，令識宿命。所作罪福，普悉念之。我等寧没身命，不敢犯惡。佛爲説經，授其决言：彌勒佛時在第一會，皆當得度。

又《感報部》 如《百緣經》云：佛在世時，迦毗羅衛城中有一長者，名曰瞿沙。其婦生女，端正殊妙，有白氎衣，裹身而生，因爲立字，名曰淨。年漸長大，衣亦隨長，鮮白淨潔，不煩浣染。衆人見之，競共求索。白父母言：我今不貪世俗榮華，願樂出家。父母愛念，不能違逆。尋將佛所，求索入道。佛告：善來比丘尼。頭髮自落，身上白衣，化爲袈裟，成比丘尼。精勤修習，得阿羅漢果。阿難見已，請問因緣。佛告阿難：此賢劫中，有佛出世，號曰迦葉。將諸比丘，游行聚落，教化衆生。時有女人見佛及僧，心懷歡喜，持一張氎布施佛僧，發願而去。緣是功德，天上人中，常有淨衣裹身而生。乃至今日遭值於我，出家得道。比丘聞已，歡喜奉行。又《百緣經》云：佛在世時，波羅奈國有梵摩達王。其婦生女，身被袈裟，端正殊妙，世所希有。因爲立字，名伽尸孫陁利。年漸長大，衣亦隨大。禀性賢善，慈仁孝順。將諸侍衛，出城游戲，漸次往到鹿野苑中。見佛相好，心懷喜悦，前禮佛足，却坐一面。佛爲説法，心開意解，得須陁洹果。復求出家。佛告：善來比丘尼。頭髮自落，法服著身，成比丘尼。精勤修習，得阿羅漢果。諸天世人，所見敬仰。時諸比丘見是事已，請問所緣。佛告比丘：乃往過去無量世時，有佛出世，號加那牟尼。將諸比丘，游行教化。時有王女，值行見佛，心懷喜悦，前禮佛足，請佛及僧三月受請。四事供養已，復以妙衣各施一領。緣是功德，天上人中，尊榮豪貴，常有袈裟隨身而生。佛告比丘：欲知王女者，今孫陁利比丘尼是。比丘聞已，歡喜奉行。又《百緣經》云：佛在世時，波斯匿王夫人生一男兒，端正殊妙，世所希有，身披袈裟，生已能語。問父王言：如來世尊，今者在不。大德迦葉、舍利弗、大目犍連。如是遍問，悉爲在不。父王答曰：皆悉都在。惟願大王爲我設供請佛及僧。尋勅爲請。佛入宫已，見其太子而問之曰：汝自憶念迦葉佛時，是三藏比丘不。答言：實是。處此胞胎，爲安穩不。蒙佛道恩，得存性命，得過日耳。時王夫人見此太子與佛世尊共相問答，喜不自勝，而白佛言：今此太子宿值何福，生便能語，乃能與佛咸有問答。惟願世尊，敷演解説。爾時世尊即便爲王説偈言：宿造諸善緣，百劫而不朽。善業因緣故，今獲如是報。此賢劫中有佛出世，號曰迦葉。將諸比丘，游行教化。到迦翅王國時，王太子名曰善生，見佛世尊，深生信敬。歸白大王，求索入道。王不聽言：我唯一子，當繼王位，養育民衆，終不聽汝出家入道。時王太子聞已愁顇，斷穀不食，已經六日。恐命不全，勅彼太子，共作要誓。汝今若能讀誦三藏經書通利，聽汝出家，然後見我。時太子聞已，心懷喜悦，尋即出家，誦習三藏，盡令通利。王大歡喜，即語比丘：我今庫藏所有財物，隨汝取用，終不吝惜。於是王子比丘聞已，取財設百味食，請迦葉佛及二萬比丘供養訖已，一一比丘各施三衣六物。緣是功德，不墮惡世，天上人中，常有袈裟裹身而生。乃至今者遭值於我，故有袈裟出家得道。比丘聞已，歡喜奉行。

又《違損部》 如《賢愚經》云：昔過去無量阿僧祇劫，此閻浮提有大國王，名曰提毗，總領八萬四千小國。時世無佛，有辟支佛，在山林中，福度衆生，禽獸亦附。時有師子，名曰堅誓，軀體金色，食果啖草，不害群生。有一獵師剃除鬚髮，身著袈裟，内佩弓箭，行見師子而心念言：可殺取皮，以用上王，足得脱貧。值師子睡，獵師便以毒箭射傷師子。驚覺即往欲害，見著袈裟，便自念言：著袈裟人，不久在世，必得解脱。所以然者，此袈裟乃是三世聖人標相。【略】頌曰：外潔内明，同資淨土。戒品無虧，法服庠序。既仿田文，亦救龍苦。威儀可觀，恩沾法雨。感應緣。略引五驗。《西域志》云有佛袈裟，魏明帝有火浣布袈裟，宋沙門釋僧妙有袈裟，唐沙門釋慧光有袈裟，唐沙門道宣感通袈裟。《西域志》云：裟羅雙林樹邊别有一牀，是釋迦佛塑像在上，右脇而卧。身長二丈二尺四寸，以金色袈裟覆上，今猶現在，數放神光。又王舍城東北是耆闍崛山，有佛袈裟石。佛在世時，將就池浴，脱衣於此。有鷲鳥銜袈裟升飛，既而墮地，化成此石。縱横葉文，今現分明。其南有佛觀日命弟子難陁製造袈裟處。并數有瑞光現。大唐使人王玄策等前後三迴往彼，見者非一。魏文帝時，不信南方有火浣布。帝云：火功尚能鑠石銷金，何爲不燒其布。文帝既崩，至太子明帝時，西國有獻火浣布袈裟。明帝初依父語，不信。以火試之，久燒不壞，始知有徵，言不虚也。文帝前已著史籍上，有不信火浣布之文者，并私改有之。宋沙

門僧妙者，上黨人也。家姓馮氏，居于江陵上明村。妙至大明年初，游乞零陵，因居郡治龍華精舍。販貨蓄聚米至數千斛。大明八年卒。龍華寺災焚蕩盡，妙臨終以財物付弟子法宗，令造講堂僧房。法宗立堂畢，頗陁延曰，未時建房。至泰始三年正月被疾甚篤，時有道猛比丘隨泉陵令高陽許静慧在縣，縣即郡治之邑也。猛往省宗疾，入寺數步，見一沙門，著桃華布裙，單黄小被，行且罵云：小子法宗違處分，不立僧房，費散財物云云。既迴見道猛，如驚羞狀，以被蒙頭，入法宗房。【略】佛告文殊及諸比丘天龍八部等：此是迦葉佛粗布僧伽梨，有大威德。我以佛眼觀諸天龍鬼神及十地菩薩等，未能動此大衣如毛髮許。既不能動，唯有如來擎此衣塔，三匝繞戒壇，從南面西階昇于戒壇上，從西面北轉，至于北面上立。世尊擲衣塔上中空，衣塔放光。遍照百億國土。一切苦趣，蒙光皆除。猶如天樹妙樂國土。如來發聲，普告諸佛：我欲涅槃，有古迦葉佛粗布僧伽梨付我住持末法衆生。諸來十方佛等願各捨一衣，共持末法。十方諸佛聞是語已，即各脱僧伽梨，以施牟尼佛。世尊受已，魔王又白佛言：伏願哀愍聽我，欲施黄金珠寶用作盛衣塔，願見聽許。世尊許已，便以神力於一念頃，衆塔皆成。成已，世尊自將大衣一一内寶塔中。【略】又佛告文殊師利：汝以神力往祇洹中堂西寶樓上，取我珠玉函，將示大衆。我初逾城，離父王宫四十里，到彼叢林，身小疲怠，權時止息。時彼樹神現身告我言：汝今修道，定得金色身，爲三界大師。迦葉佛涅槃時，付囑我珠函并絹僧伽梨，令我轉付囑汝。我語神言：汝絹僧伽梨，非我所用。我聞先老所言：諸佛出世，不著蠶衣。我今修道，如何害生以付我著。汝今是魔，故來相惱。樹神告言：汝大智人，何輒粗言。諸佛慈悲，實不著蠶衣。此絲化出，非是害生。汝今受此珠函，開中有字。我即開函，具見諸奇特事。有大毗尼及修多羅藏，迦葉佛遺教并在此中，并見僧伽梨彼佛手迹遺書，付囑樹神，令付與我。迦葉佛書云：我初成道時，大梵天王施我彼絲，是化出，非是繰繭。梵天王施經絲，堅牢地神王施緯絲，由彼二施主，共成一法衣。由是義故，今持施我。我自成道已來，常披此衣，未曾損失。今付悉達。若得成佛，取我僧伽梨安置祇洹中。若轉毗尼時，當爲我著。今留此衣，汝涅槃後一百年初，有無智比丘分毗尼藏，遂爲五部。從百年後，分汝修多羅當爲無量部。静論由興，令法速滅。由彼愚僧不閑三藏，聞開著繒衣，即謂殺繭。汝若成道後，彼絲自出諸國，非是殺蠶。故我將付樹神，今轉付汝。此函中并是我遺教，亦將付汝，住持遺法。我既讀書已，地即六種震動。珠函自開，又放大光，樹神又告我，言可將此衣函置汝左肩上，常起恭敬勿安餘處，珠函在肩，能摧諸魔及伏外道，令速成佛。我自受函來，常在肩上。乃至受乳糜，菩提樹下坐時，帝釋來至我所，從肩上取函，開取僧伽梨，令我披著。又取迦葉佛粗布僧伽梨，安于絹衣上。梵王將帝釋復施布大衣，我依前納受。既披三重衣，一是迦葉佛衣，一是我許。大梵天王來告我言：我見過去諸佛亦披三大衣，地所不能勝。世尊宜可去二大衣，還安本處，著我所施衣，大地方得安住。我遂依王言，大地乃得安住爾。

又釋迦佛初成道時，乃至涅槃，唯服粗布僧伽梨及白氎三衣，未曾著蠶衣繒帛。何爲惡比丘等謗黷我云：毗尼教中開許著之。初成道時，愛道比丘尼手執金縷袈裟，持施與我。我不敢受，令持施僧。況我三界大師，服著蠶衣。我於三藏教中，雖聽用繒綵，供養佛法僧，然本非是蠶口出絲綿。我此閻浮洲及以大洲之外，有千八百大國，并有繒帛絲綿，皆從女口出之，非是蠶口中出。由不殺害衆生命故，福業所感故，從女口中出。問：何以得知。答曰：若欲須絲作衣時，即須然香至桑樹下，便有二化女子從彼樹下出，形如八歲女，從口中吐絲。彼國人等，但設繅車，從女口中取絲，轉至繅車上，取足便止，化女即滅。我聽著繒綵者，是此女絲及天繒綵，本非害生取絲。而用云何謗我害生，取絲用取。

又 佛告諸比丘，我此僧伽梨過去未來諸佛，皆著此衣得至解脱，末世惡比丘不受持三衣，亦不持戒輕慢法衣。令法速滅。我今與汝合三千大衣，願汝受持勿令損失。當用布褐作此伽梨，不得用繒帛及細軟者，並用粗大布作之，令末世比丘不樂好衣服。世尊發此言時，地之六種震動，天人歎息皆大歡喜。今此諸大衣，世尊教敕將付四天王及諸八使者，令八部鬼神守護此衣，勿令損失。乃至彌勒下生付囑彼佛，又付梵王帝釋若至六齋日年三長齋月，掃灑天宫殿。令將僧伽梨至彼天宫供養，藏七寶匣中。用牛頭栴檀沉水末香，煮取香汁，浣濯伽梨，曝曬令幹已。後取香屑，安寶匣中用熏僧伽梨，令彼大衣久住。六齋七日長齋則一月，過此日月後，還付四天王，是爲安置處也。

世尊又告阿難言，往頂彌山頂鳴鐘，召集四方一切諸比丘，皆集戒壇

所，各各自言，得四果者合得八百萬人，皆令脱七條披著僧伽梨，以前憂多羅送至世尊前。如來手自受之，安置覆釜上。世尊自脱七條安置諸衣上。如來發聲，普告大衆天人龍神等，我於無量劫中，舍頭目髓腦及内外財寶，方得解脱衣，證無上菩提教化群生。我涅盤後，諸惡比丘不信我教，不持禁戒不護解脱衣，無有威德毁滅正法。諸惡比丘尼不順教敕，于金剛道場内行不净行，猶如淫舍，不行八敬輕慢比丘，速滅我正法。令天人衆滅諸惡充滿，我今共汝發四弘願，愍念來世諸惡僧尼。守護此衣勿令損失，安置塔中住持佛法。説此語時，地爲六種震動，天人龍神悲歎歡喜，聲至大千。

唐・釋道宣《廣弘明集》卷二《歸正篇第一之二》 漢初沙門皆衣赤布，後乃易以雜色。

又卷七《辯惑篇第二之三》 四明僧尼衣布省齋，則貧人不饑，蠶無横死者。臣聞佛戒僧尼，糞掃衣，五綴鉢，望中一食，獨坐山中，清居禪誦。此佛之章法也。若殺蠶作衣，佛戒不許。今則知佛理虚，故生違犯。此是苟濟語。

又卷一二《辯惑篇第二之八》 沙門釋子剃髮染衣，許其方外之人，不拘域中之禮，故袈裟偏袒，非朝宗之服，鉢盂錫杖。

又 第四決破。僧尼衣布省齋，則蠶無横死，貧人不饑。概聞稟和合之氣，成虚假之身。外命所須，藉衣食以資養。内報所恃，依形神以存立。形神不可孤立，藉衣食以資之。衣食不可過費，行廉恥以節之。故《遺教經》云：比丘受食，趣得支身。又言：著壞色衣，以捨飾好。斯爲明訓，孰不遵行。但如來制戒，對根不同。人有上下，制有寬急。上則制之以急，使其頓修。下則授之以寬，令其漸進。上制急者，日唯一食，食止菜蔬，身止三衣，衣唯糞掃。下制寬者，食許兩時，味通蘇乳，衣開十長，服許繒綿。或有老病之僧，身兼涷餒。沉屙之士，體困饑寒。須給以衣裘，資以藥石。此則上根不假衆具，自爾證真。下輩要藉資緣，方得悟道。欲令一准，其可得乎。若節僧尼衣布、省齋濟貧活繭者，計僧尼一齋止餐一鉢，一著唯衣數縑，而言損田夫十口、殺蠶十萬者。計道士一醮酒脯百盤，一年命綾千匹，應損千軍之食、殺萬億之蠶。而奕知道士損多，揚癡不計，僧尼費少，子細編論。此全黨言，君子弗聽。如概愚見，宜斷道士醮祭及以命綾。此則有益於國家，不損於民物。若縱而不禁，損國害民。聖上欽明，寧不鑒照。

又卷一三《辯惑篇第二之九》 沙門者，乃行超俗表，心遊塵外，威儀進趣，非法不動，容服應器，非道不行。故泥染乃萬質同歸，緇衣爲衆彩壞色。簡易遵於解脱，條隔象於福田，偏服示有執勞，《禮》云執者袒也。缺袂便於運役。《論語》云褻裘長，短右袂，言便於執作。聖制有以，終不徒然。是以捨愛捐親，仰衆聖也。摧棄聲色，遵梵行也。剃除鬚髮，去華競也。俯容肅質，不忘敬也。分衛掃衣，支身命也。言無隱曲，離邪佞也。和聲怡氣，入無諍也。吐納安詳，慎詞令也。世貴莫屈，守貞勁也。清虚恬淡，順道性也。邪相不撓，住八正也。顔下色敬，愍衆病也。人天崇仰，三業净也。窮玄極真，取究竟也。廣仁弘濟，亦忠孝之盛也。道士則不然。言慕道而心不染真，謂捨家而形不變俗，戴圓冠無玄象之鑒，履方屨闕地理之明，著南鄭反漢之巾，把公旗誅家之笏，飾道昱禍宋之服，曳孫恩敗晉之裳，生常之業莫廢，庸隸之役無恥，狎世則忠孝之禮虧，求仙則高尚之道缺，猶蒼蠅招白黑之論，蝙蝠有鳥鼠之譏，蓋妖惑之儔矣。爾不自見，其盲三也。

又卷二二《僧行篇第五》 即見兩外國道人舉手共語，一云呿羅，一言毗呿羅，所著袈裟色如桑葚之熟，因即取泥以壞衣色，如所見。於是遠近尼僧並相仿學，改服間色。故得絶於五大之過，道俗有分者也。

又卷二五《僧行篇第五之三》 俱襲舊章。圖方外而發心，棄世間而立德，官榮無以動其志，親屬莫能累其情。衣則截於壞色，髮則落於毁容，不戴冠而作儀，豈束帶而爲飾。上天之帝，猶恒設禮，下土之王，固常致敬。

又 據《僧祇律》，敬袈裟如敬佛塔，謂袈裟爲福田衣，衣名銷瘦，取能銷瘦煩惱，鎧名忍辱，取能降伏魔軍，亦喻蓮華不染泥滓，亦爲諸佛之所幢相，則袈裟之爲義，其至矣。夫若損兹佛塔，壞彼幢相，將輕忍辱，更貶福田，甚用危疑，終迷去取。解服而拜則越俗，非章甫之義，整服而趨則緇衣，異朝宗之典，故禪幽舍衛之境。

又 源其深致，蓋有以然。諒由剔髮有異於冠冕，袈裟無取于章服，出家之人敬法舍俗，豈拘朝庭之禮。

又卷二六 雖説應畜種種衣服，所應畜者，要是壞色，何況貪著是魚肉味。迦葉復言：如來若制不食肉者，彼五種味，乳酪、酪漿、生酥、熟酥、胡麻油等，及諸衣服、憍奢耶衣、珂貝、皮革、金銀盂器，如是等物，亦不應受。善男子。不應同彼尼幹所見。如來所制一切禁戒，各有異意。

唐·道宣《四分律删繁補闕行事鈔》卷下一《乙集·二衣總別篇第十七》 夫形居世累，必假威儀。障蔽塵染，勿過衣服。若受用有方，則不生咎戾必領納，乖式便自陷深愆。故初總分制聽，後依門而解。何名爲制。謂三衣六物，佛制令畜。通諸一化，並制服用，有違結罪。何名爲聽。謂百一衣財，隨報開許。逆順無過，通道濟乏也。就初分三，謂三衣、坐具、漉水袋也。後中分四，謂百一諸長、糞掃、俗施、亡五衆衣，輕重等例。今解初制，前明三衣，分二，初明衣法，後攝衣法。初中分四，一制意、釋名、功用，二作之方法，三加受持法，四雜出料簡。言制意者，《薩婆多》云：欲現未曾有法故，一切九十六種外道，無此三名。爲異外道故，分別功德論。爲三時故，制有三衣。冬則著重，夏則著輕，春則著中。亦爲諸蟲故。《智論》云：佛聖弟子，住於中道，故著三衣。外道裸身無恥，白衣多貪重著也。《十誦》：爲異外道故，便以刀截，知是慚愧人衣。《雜含》云：修四無量者，並剃鬚髮，服三法衣出家也。準此而名，則慈悲者之服。《華嚴》云：著袈裟者，捨離三毒等。《四分》云：懷抱於結使，不應披袈裟等。《薩婆多》：五意制三衣也。一一衣不能障寒，三衣能障故。二不能有慚愧。三不中入聚落。四乃至道行不生善。五威儀不清浄故。制令畜三，便具上義。《僧祇》云：三衣者，賢聖沙門標幟。缽是出家人器，非俗人所爲。應執持三衣瓦缽，即是少欲少事等。當宗外部多爲寒故，制三。《四分》又云：三世如來，並著如是衣故。次釋名者，《增一》云：如來所著衣名曰袈裟，所食者名爲法食。此袈裟衣從色得名。下文染作袈裟色，味有袈裟味。若據此土所翻，通名爲卧具，即三十中卧具者。三衣總名，如文中。《四分》云：聽以刀截成，沙門衣不爲怨賊所劫。應作安陀會僻體著，鬱多羅僧、僧伽梨入聚落著。而此三名，諸部無正翻，今以義譯。《慧上菩薩經》五條名中著衣，七條名上衣，大衣名衆集時衣，義翻多種。大衣云雜碎衣，以條數多故。若從用名，入王宫聚落衣。七條者名中價衣，從用入衆衣。五條者名下衣，從用院内道行雜作衣。【略】必須厚重熟緻者，若細薄生疏綾羅錦綺、紗縠細絹等，並非法物。《律》云：文繡衣不成受持故。《僧祇》：一切生疏毛髮，樹皮衣、草衣、皮衣，並不成。《五百問》云：生絹不得作，必不現身者得，以作成如法故。《僧祇》：龍著袈裟，免金翅鳥難，必不順教。則所被無力故。

唐·道宣《曇無德部四分律删補隨機羯磨》卷下《衣藥受浄篇第四》 受衣法。時諸比丘多畜衣服。佛言：當來善男子不忍寒苦，畜三衣足，不得過。《僧祇》云：三衣是沙門賢聖幖幟故。《薩婆多》云：爲五意故，障寒熱，除無慚愧，入聚落，在道行生善，威儀清浄故，方制三衣。《律本》云：不得以犯捨墮物及邪命得衣，作不成受。若以錦衣五大上色，不得受。應染作袈裟色，聽以長二肘、廣四肘衣作安多會，長三肘、廣五肘作鬱多羅僧，僧伽梨亦爾。《五分》云：肘量長短不定，佛令隨身分量。《律》云：度身而衣故也。若作新衣，一重作安陀會、鬱多羅僧，二重作僧伽梨。若故衣者，二重作安陀會、鬱多羅僧，四重作僧伽梨。若糞掃衣，隨意多作，應五條不應六條，乃至應十九條不應二十。若過是條數，亦應畜。應法稻田畦畔齊整，聽以刀截成沙門衣，不爲怨賊所剥故。《薩婆多》云：從九條至十三條，下品大衣，二長一短。從十五條至十九條，三長一短。從二十一條至二十五條，四長一短。名如法作。若互增減成受持，著用得罪。《律》云：應法四周有緣，五條十隔，應自浣染、舒張、碾治、裁縫，大衣、中衣要割截。若少，褋葉作。五納衣亦爾。若下衣，得褔葉作。《十誦》云：若少，減量作，若縵作。《僧祇》云：葉極廣應四指，極狹如穬麥。《律本》云：應知此長條，此短條，此是葉，此是第一縫、第二縫。此中縫，葉兩向，聽葉作鳥足縫。《十誦》云：要須卻刺前去，緣四指施鉤，後八指施紐。《薩婆多》云：三衣破但緣不斷，不失受持。《三千威儀》云：令帖四角。《律本》云：褋障垢膩處。若衣壞，隨孔大小方圓補，及如二指大。《十誦》云：護三衣如自皮。著大衣者，不得擔土石草木雜使。若不持三衣入聚落，犯罪。《僧祇》云：當敬如塔想。不著者擗縶舉之入俗人處，不著紐者家家得罪。《五分》云：若衣下壞，亦令倒著。上下安鉤紐。《律中》：聚落外令反著衣。比丘所行之處，衣缽恒隨。猶如飛鳥，餘如《鈔》明。

受安陀會法。佛言：三衣應受持，若疑捨已更受。若有衣不受持者突吉羅，而不出受法。今准《十誦》加受持。若以青、黃、赤、白、黑五大色及上色染，律論並不成受，若如法衣應云。大德一心念，我比丘某甲，此安陀會五條衣受，一長一短割截衣持。三説。下衣有四種，謂割截、褔葉、褋葉、縵作。就中有正、從二品，先明正有三種，從有二十一種。若作褔葉、褋葉二種衣者加授文時，餘詞同上，但改下褔葉衣持，或褋葉衣持。若從衣受持者，應如是加云。大德一心念，我某甲比丘，此安陀會

二十五條衣，受四長一短割截衣持。如是三説，乃至九條、七條。類此取解，其鬱多羅僧、僧伽梨，各有正從，加受差互，准上可知。若加縵安陀會，餘文如上應言。此縵安陀會受持。三説。若擬作鬱多羅僧、僧伽梨者，並准安陀會法。唯約衣上下增減爲異。

受鬱多羅僧法。此衣正有二，謂割截、褋葉，七條也。從有十二，若受割截衣。餘文准上，下文加法云。此鬱多羅僧七條衣受，兩長一短割截衣持。三説。若褋葉衣、若從衣，並准改。

受僧伽梨法。此衣正有十八種，謂割截、褋葉，各有九品。從有六種，若受割截衣。餘詞如上，准改下云。是僧伽梨若干條衣受，若干長若干短割截、褋葉衣持三説。乃至九條，准上例受。若有從衣，可例如前。

受縵衣法。《律本》云：下三衆離衣宿，得突吉羅。《薩婆多》云：應持上下二衣，一當安陀會，二當鬱多羅僧。若得如法衣應言。大德一心念，我沙彌某甲，此縵安陀會受持。律雖不出受法，今准《十誦》。《五分律》中加法三説故也。

捨衣法。《律本》云：有疑，當捨已更受，不出捨文。《僧祇》云：有緣須捨者，具修威儀加云。大德一心念。我比丘某甲，此僧伽梨。是我三衣數，先受持，今捨。一説。便止下二衣，乃至尼五衣等，須捨亦爾。

尼受餘二衣法。時比丘尼露胸膊行，爲世人譏慢，故白佛。佛言：當畜僧祇支覆肩衣。今准《僧祇》加云。大姊一心念，我比丘尼某甲，此僧祇支如法作，我受持。三説。若准《僧祇》文，廣四肘，長二肘，是祇支本制。今則改變，止可義准，其覆肩衣廣長亦如祇支法。今取所著者，或減量作，不必依文，應准改加法。大姊一心念，我比丘尼某甲，此覆肩衣如法作，我受持。三説。若有换易須捨者，亦准上文。其式叉尼、沙彌尼，受四衣，亦准同前。

心念受捨衣法。《五分》云：獨住比丘三衣中，須有换易者。具修威儀，手執衣心生口言加法云。我比丘某甲，此僧伽梨若干條，今捨。三説已然。後受所長之衣，如前威儀加法。我比丘某甲，此僧伽梨若干條受。三説。餘二衣等受捨亦爾，所捨長衣如後心念浄施法，餘四衆受捨並准此。

受尼師壇法。佛言：爲身爲衣爲卧具，故制畜之。長周四尺，廣三尺，更增半搩手者。《律本》、《善見》云：今於縷際外增之。《十誦》云：新者二重，故者四重。《僧祇》云：不得輒爾持故物作，及屈頭縮量、水濕量，若干大者犯墮，受用犯小罪。此是隨坐衣，不得浄施。及取薪草盛物雜用，應中褋左肩上而行，至坐處取坐之。若置本處，當中掩之。欲坐徐舒，先手按後乃坐。《十誦》云：不應受單者，離宿，突吉羅。《五分》云：須揲四角，不揲則已。《摩得勒伽》云：若離宿不須捨。律論制受闕文，應義加云。大德一心念，我比丘某甲，此尼師壇應量作，今受持。三説。必有餘緣，准上捨衣法。

唐・段成式《酉陽雜俎》前集卷三《貝編》 北朝時，徐州角城縣之北，僧尼著白布法服，時有青布袈裟者。

又 波斯屬國有阿犇茶國，城北大林中有伽藍音佛，於此聽比丘著函縛屣。函縛，此言靴也。

又前集卷一〇《物異》 辟支佛靴。于闐國贊摩寺有辟支佛靴，非皮非綵，歲久不爛。

宋・釋道原《景德傳燈録》卷三 迨夜乃潛令人自碓坊召能行者入室，告曰，諸佛出世，爲一大事故，隨機小大而引導之，遂有十地三乘頓漸等旨，以爲教門，然以無上微妙秘密圓明真實正法眼藏，付于上首大迦葉尊者，展轉傳授二十八世，至達磨届于此土，得可大師承襲以至于吾，今以法寳及所傳袈裟用付於汝，善自保護，無令斷絶，聽吾偈曰，有情來下種，因地果還生，無情既無種，無性亦無生。能居士跪受衣法。啓曰，法則既授，衣付何人。師曰，昔達磨初至，人未知信，故傳衣以明得法，今信心已熟，衣乃争端，止於汝身，不復傳也，且當遠隱，俟時行化，所謂授衣之人，命如懸絲也。能曰，當隱何所，師曰，逢懷即止，遇會且藏。

又卷四 及聞五祖密付衣法與盧行者，即率同意數十人，躡迹追逐，至大庾嶺，師最先見，餘輩未及。盧行者見師奔至，即擲衣鉢於磐石曰，此衣表信，可力争邪，任君將去。師遂舉之，如山不動，踟蹰悚栗，乃曰，我來求法，非爲衣也，願行者開示於我。

又卷一〇 師唐咸通初將示滅，乃入市謂人曰，乞一個直裰，人或與披襖，或與布裘，皆不受振鐸而去。

又卷一六 師曰，得不從師，問，剃髮染衣受佛依蔭，爲什麽不許認佛，師曰，好事不如無。

又卷二一 衢州南禪遇緣禪師。有俗士時謂之鐵脚，忽因騎馬。有僧問，師既是鐵脚，爲什麽却騎馬。師曰，腰帶不因遮腹痛，幞頭豈是禦天寒。

宋・趙與時《賓退録》卷一 釋迦改爲天尊，菩薩改爲大士，羅漢改尊者，和尚改德士，皆留髮頂冠執。

宋·釋贊寧《宋僧史略》卷上《服章法式》 案漢魏之世，出家者多著赤布僧伽梨。蓋以西土無絲織物，又尚木蘭色并乾陀色，故服布而染赤。然也。則西方服色亦隨部類不同，薩婆多部皂色衣也，曇無德部絳色衣也，彌沙塞部青色衣也。著赤布者，乃曇無德僧先到漢土耳。後梁有慧朗法師，常服青納。志公預記云，興皇寺當有青衣開士廣行大乘，至朗果符其言矣。廣明服色，如五部威儀所服經中。今江表多服黑色、赤色衣，時有青黄間色，號爲黄褐、石蓮褐也。東京關輔尚褐色衣，并部幽州則尚黑色。若服黑色，最爲非法也。何耶。黑是上染大色，五方正色也。問：緇衣者色何狀貌。答：紫而淺黑，非正色也。《考工記》中三入爲纁，五入爲緅，七入爲緇。以再染黑爲緅，緅是雀頭色，又再染乃成緇矣，知緇本出絳。雀頭，紫赤色也。故浄秀尼見聖衆衣色，如桑熟椹，乃淺赤深黑也。今秣陵比丘衣色，仿西竺緇衣也。又後周忌聞黑衣之讖，悉屏黑色，著黄色衣，起於周也。又三衣之外，有曳納播者，形如覆肩衣，出《寄歸傳》。講員自許即曳之，若講通一本則曳一支，講二三本又隨講數曳之，如納播是也。又後魏宫人見僧自恣，偏袒右肩，乃一施肩衣，號曰偏衫。全其兩扇衿袖，失祇支之體，自魏始也。復次脚曳蘇鞸，或革屣罨遮短鞾靴等。《寄歸傳》云：西域有持竹蓋或持傘者，梁高僧慧韶遇有請，則自携杖笠也。今僧盛戴竹笠，禪師則蔓笠及持澡罐、漉囊、錫杖、戒刀、斧子、針筒，此皆爲道具也。近有衣白色者，失之大甚。佛記袈裟變白不受染色，此得非是乎。或有識如法衆主奪之而壞其色，真爲護法有力之勝士也。昔唐末豫章有觀音禪師，見南方禪客多搭白納，常以瓿器盛染色，勸令染之。今天下皆謂黄納爲觀音納也。此師早曾聽學護法爲情，于今稱之。

又卷下《賜僧紫衣》 古之所貴，名與器焉。賜人服章，極則朱紫，緑皂黄綬乃爲降次，故曰加紫綬，必得金章。今僧但受其紫，而不金也。方袍非緌。尋諸史，僧衣赤黄黑青等色，不聞朱紫。案《唐書》，則天朝有僧法朗等，重譯《大雲經》，陳符命，言則天是彌勒下生，爲閻浮提主，唐氏合微。故由之革命稱周。《新大雲經》曰，終後生彌勒宫，不言則天是彌勒。法朗、薛懷義九人並封縣公，賜物有差，皆賜紫袈裟銀龜袋。其《大雲經》頒於天下寺，各藏一本，令高座講説。賜紫自此始也。觀《新唐書》言《大雲》是僞經，則非也。此經晉朝已譯，舊本便云女王，于時豈有天后耶。蓋因重譯，故有厚誣，加以挾薛懷義在其間，致招譏誚也。則天之後中宗朝，以胡僧慧範修寺之功封縣公，不行紫服。睿宗時亦無聞焉。玄宗友愛頗至，以寧王疾遣中使尚藥，馳騖旁午，唯僧崇憲醫效。帝悦，賜緋袍魚袋。賜緋魚袋唯憲一人。又開元二十年九月中，波斯王遣大德僧及烈至唐，及烈，僧名。敕賜紫袈裟一副，帛五十匹，遣還本國。天寶末，沙門道平住金城縣寺，遇禄山逆亂，玄宗幸蜀，肅宗過寺，平懇勸論兵靈武，收復長安。肅宗遂以兵屬之，用爲左金吾大將軍。至臨皋，遇賊大戰，累次立功。後還，乞爲僧，敕配崇福、興慶兩寺，賜紫衣入内，奏對爲常。代宗永泰年中，章敬寺僧崇慧與道士角術告勝，中官鞏庭玉宣賜紫衣一副，除魚袋也。次鎮國寺。梵僧紀陀，年六百歲，臨終遣弟子奉衣鉢上皇帝，敕賜紫衣焉。德宗歸心釋氏，詔法師端甫入内殿與儒道論義，賜紫方袍。順宗、憲宗、穆宗、文宗、武宗皆行此賜。尋僧名，未見耳。《東觀奏記》曰：大中中，大安國寺釋修會能詩，嘗應制，才思清拔。一日聞帝，乞紫衣。帝曰：不於汝吝耶。觀若相有缺然，故未賜也。及賜歸寺，暴疾而卒。大中四年六月二十二日降誕節，内殿禪大德并賜紫，追福院主宗茝亦賜紫。次有沙州巡禮僧悟真至京，及大德玄暢句當藏經，各賜紫。又法乾寺都撿校僧從暕賜紫。帝幸莊嚴寺禮佛牙，靈慧律師賜紫。崇福寺睿川賜紫。懿宗咸通四年，有西凉府僧法信，進百法論疏抄，勘實賜紫。十一年十一月十四日延慶節，兩街僧道赴内，於麟德殿講論，可乎賜紫。又日本國僧圓載住西明寺，辭迴本國，賜紫遣還。十二年延慶節，内殿講論，左街清韻、思禮、雲卿等五人，右街幼章、慧暉、清遠等四人，并賜紫。尋街分各賜紫衣，自咸通始也。僖宗、昭宗賜諸道所薦僧紫衣極多，不録。梁祖乾化元年十一月，有迴紇入朝僧凝盧、宜李思、宜延籛等，各賜紫還蕃。又潭州僧法思、桂州僧歸真，面乞賜紫。莊宗喜賜僧紫衣，晉、漢、周皆爾。今大宋唯誕節賜也。其或内道場僧已著紫，又賜紫羅衣三事，謂之重賜。若偏霸諸國，賜與亦同。僞蜀時，雲南國遣内供奉崇聖寺主，賜紫、銀鉢，僧充通好使焉。後蠻土有上者賜金鉢，猶中國賜銀魚也。倭國則賜僧傳燈法師之號。高麗賜僧紫衣，則以金銀鈎施於紉上甄别高下也。

宋·元照《佛制比丘六物圖·初明三衣爲三物》 比見樂學戒者欲置法服，不知所裁，既昧律儀，多承妄習。然其制度偏在諸文，故撮其大要，兼所見聞，還宗舊章。且分十位，援引正教，庶令事有準承，指斥非濫，所謂不

看他面。

初制意。《鈔》云：何名爲制。謂三衣六物，佛制令畜。通諸一化，竝制服用，有違結罪。《薩婆多》云：欲現未曾有法故，一切九十六道無此三名，爲異外道故。《四分》云：三世如來，竝著如是衣。《僧祇》云：三衣是賢聖沙門標幟。音志。《雜含》云：修四無量，服三法衣。是則慈悲者之服。《十誦》云：以刀截故，知是慚愧人衣。《華嚴》云：著袈裟者，捨離三毒。《四分》云：懷抱於結使，不應披袈裟。《賢愚經》云：著袈裟者，當於生死疾得解脱。《章服儀》云：括其大歸，莫非截苦海之舟航，夷生涯之梯隥也，所以須三者。《分別功德論》云：爲三時故，冬則著重，夏則著輕，春則服中。《智度論》云：佛弟子住中道故，著三衣。外道裸形無恥，住斷見故。白衣多貪重著。住常見故。《多論》云：一衣不能障寒，三衣能障等。《戒壇經》云：三衣斷三毒也。五條下衣，斷貪身也。七條中衣，斷嗔口也。大衣、上衣，斷癡心也。世傳七條、偏衫、裙子爲三衣者，謬矣。天台智者制法第一條云：三衣六物，道具具足。若衣物有闕，則不同止。清淨國師十誓第一云：但三衣一鉢，不畜餘長。歷觀經論，遍覽僧史，乃知聖賢踵跡，華竺同風。今則偏競學宗，强分彼此。且削髮既無殊態，染衣何苦分宗。負識高流，一爲詳鑑。況大小乘教，竝廣明袈裟功德，願信教佛子，依而奉行。

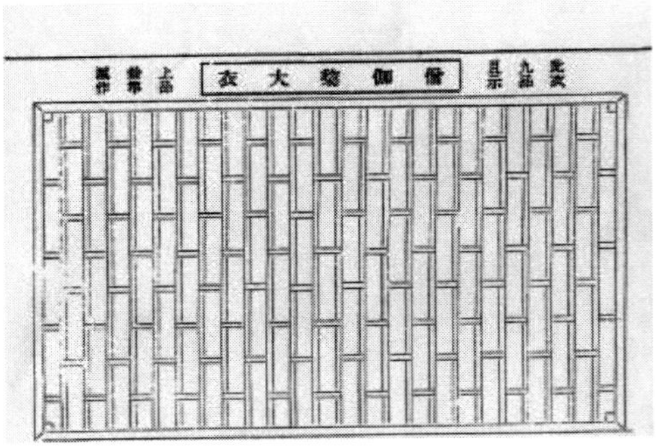

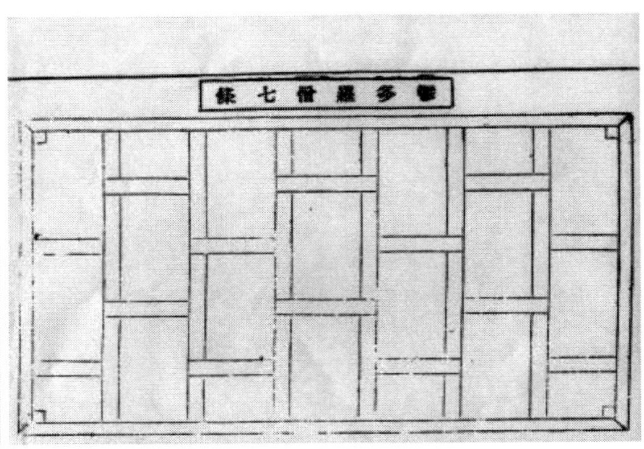

又《二釋名》 有二。初通名者。總括經律，或名袈裟，從染色爲名。或名道服，或名出世服，或名法衣，或名離塵服，或名消瘦服，損煩惱故。或名蓮華服，離染著故。或名間色服，三色成故。或名慈悲衣，或名福田衣，或名卧具，亦云敷具。皆謂相同被褥。次别名者。一梵云僧伽梨，此云雜碎衣，條相多故。從用則名入王宫聚落衣。乞食、説法時著。二欝多羅僧，名中價衣，謂財直當二衣之間。從用名入衆衣。禮誦、齋講時著。三安陀會，名下衣，最居下故，或下著故。從用名院内道行雜作衣。入聚、隨衆則不得著。若從相者，即五條、七條、九條，乃至二十五條等。義翻多别，且提一二。

又《三明求財》 分二。初明求乞離過。由是法衣，體須清净。西梵高僧，多拾糞掃衣。今欲如法，但離邪求。《事鈔》云：興利販易得者不成。《律》云：不以邪命得，下引疏釋。激發得，説彼所得，發此令施。現相得，詐現之少，欲他憐愍。犯捨墮衣，三十諸衣戒等。竝不得作業。疏云：邪命者，言略事含。大而言之，但以邪心，有涉貪染，爲利賣法。禮佛、誦經、斷食，諸業所獲贓賄，皆名邪命。今人囊積盈餘，强從他乞。巧言諂附，餉遺污家。凡此等類，竝號邪利。次明對貿離過。若本净財，貿得最善。必有犯長錢寶，將貿衣財準律。犯捨衣貿得新衣，但悔先罪，衣體無染，可以例通。若自貿物，不得與白衣争價高下，同市道法。遣净人者，亦無所損。有云：净財手觸，即爲不净。此非律制，人妄傳耳。但犯捉寶，非污財體。

又《四明財體》 分二。初明如法。《律》中猶通絹、布二物，若準《業疏》諸文，絹亦不許。疏云：世多用絹紬者，以體由害命，亦通制約。今五天竺及諸胡僧，俱無用絹作袈裟者。又云：以衣爲梵服，行四無量，審知行殺，而故服之，義不應也。《感通傳》中天人讚云：自佛法東傳，六七百年，南北律師曾無此意，安用殺生之財，而爲慈悲之服。廣如《章服儀》明之，義净《寄歸傳》輒責爲非。蓋大慈深行，非彼所知。固其宜矣。次簡非法。然其衣體須求厚密，離諸華綺。《律》云：若細薄生疎、蕉葛生紵，並不可用。綾羅錦綺、紗縠紬綃等，並非法物。今多不信佛語，貪服此等諸衣。《智論》云：如來著粗布僧伽梨，此方南嶽山衆及自古有道高僧，布衲艾絮，不雜一絲。天台唯被一衲，南山繒纊不兼，荊溪大布而衣，永嘉衣不蠶口，豈非慈惻之深。真可尚也。今時縱怠，加復無知，反以如來正制之衣用爲孝服。且僧無服制，何得妄行。釋氏要覽，輔教孝論，相循訛説，慎勿憑之。近見白布爲頭絰者，斯又可怪。法滅之相代漸多，有識者宜爲革之，則法得少留矣。

又《五明色相》 《律》云：上色染衣，不得服，當壞作袈裟色，此云不正色染。亦名壞色，即《戒本》中三種染壞，皆如法也。一者青色，《僧祇》謂銅青也。今時尼衆青褐，頗得相近。二者黑色，謂緇泥涅者。今時禪衆深黲竝深蒼褐，皆同黑色。三木蘭色。謂西蜀木蘭，皮可染作赤黑，色古。晉高僧多服此衣。今時海黄染絹，微有相涉。北地淺黄，定是非法。然此三色，名濫體别，須離俗中五方正色謂青、黄、赤、白、黑。及五間色。謂緋、紅、紫、緑、碧或云黄。此等皆非道相，佛竝制斷。《業疏》云：法衣順道。錦色斑綺，耀動心神，青黄五綵，真紫上色，流俗所貪，故齊削也。末世學律，特反聖言，冬服綾羅，夏資紗縠，亂朱之色，不厭鮮華，非法之量，長垂髀膝，況復自樂色衣，妄稱王制。雖云飾過，深成謗法。祖師所謂何慮無惡道分，悲夫。《多論》：違王教得吉者，謂犯國禁令耳。

又《六明衣量》 有二。初準通文，不定尺寸。《律》云：度身而衣，取足而已。五分肘量不定，佛令隨身分量，不必依肘。今時衣長一丈二三，言取通文者，無乃太通乎。又言此是度身者，其身甚小，而衣甚長，無乃度之不細乎。然度身之法，人多不曉。《業疏》云：先以衣財。從肩下地，踝上四指，以爲衣身。餘分葉相，足可相稱。次明局量。鈔引通文已續云：雖爾，亦須楷準。故《十誦》《僧祇》，各有三品之量。今準《薩婆多》中三衣，長五肘，廣三肘。每肘一尺八寸。準姬周尺，長九尺，廣五尺四寸也。若極大者，長六肘，廣三肘半。長一丈八寸，廣六尺三寸。有人局執極量，既分三品，何得局一。借令依此，亦不至丈二思之。若極小者，長四肘，廣二肘半。長七尺二，廣四尺五。若過量外，態説净，不者犯捨墮。《四分》云：安陀會，長四肘，廣二肘。長七尺二，廣三尺六。欝多羅僧，長五肘，廣三肘。僧伽梨亦然。長九尺，廣五尺四寸。上引佛言示量，下引祖教顯非。《章服儀》云：減量而作，同儉約之儀。過限妄增，有成犯之法。文云：四肘二肘，不爲非法。與佛等量，便結正篇。即其證也。又云：頃載下流驕奢其度，至論儉狹，未見其人。又云：衣服立量減開過制者，俱抑貪競之情也。好大者請詳此諸文。鈔文佛衣戒云：佛身倍人，佛長丈六，人則八尺。佛衣長姬周尺丈八，廣丈二，常人九尺、六尺也。有執極量者謂佛衣倍人六肘則二丈一尺六寸，蓋未讀此文故也。然

佛世之人,身多偉大,準前爲量,足覆形軀。今時劫減,人身至大,不過六尺,而衣長丈二,往往過之。及論廣量,不至五尺,前垂拖膝,步步吉羅。可謂顛之倒之,於斯見矣。故《業疏》云:前垂一角,爲象鼻相。人不思罪,習久謂法。何必如許煩惱我執。無始常習,可是聖法耶。聞義即改,從諫若流,斯上人也。疏文。慈訓若此,那不思之。

又《七明條數多少》 下衣五條,一長一短。中衣七條,兩長一短。大衣三品。下品有三,九條、十一條、十三條,並兩長一短。中品三者,十五、十七、十九條,並三長一短。上品三者,二十一、二十三、二十五條,並四長一短。《鈔》云:準此爲大準,隨力辨之。九品中,隨財體多少,得一受持。《羯磨疏》云:所以極至二十五者,欲爲二十五有作福田故。所以唯隻非雙者,沙門仁育同世陽化,故非偶數。所以長短者,如世稻畦隨水處高下別也。又爲利諸有,表聖增而凡減,喻長多而短少也。今時禪門多著九條,或三長四長,隨意而作,此非法也。疏云:長短差違乖慈梵,故隨步越儀,一一結罪。矧又色帶長垂,花排細刺山水毳衲,損業廢功。真誠學人,不捨寸陰,自非無所用心,何暇專功於此。次明條葉之相。《僧祇律》中,廣應四指,四寸。穬麥。疏云:今多廣作澆風扇也。《章服儀》云:此見條葉,不附正儀。三寸四寸,任情開闊,浸以成俗,彌開華蕩之源等。又刺綴條葉,須開下邊。《章服儀》云:裁縫見葉,表其割相。今並縫合,無相可分。《鈔》云:刺一邊,開一邊。若兩邊俱縫者,但同縵衣。世中相傳,號曰明孔。又言明相,《律》中天曉謂之明相。又云漏塵等,俱是訛謬。

又《八明重數》 《律》云:不得細薄。大衣新者二重,餘二衣並一重。《十誦》中,大衣故者四重,餘二衣並二重。《薩婆多》中,大衣三重,一重新,二重故。次明重法。然重複之相,諸出不同。若準《多論》重縫三衣,有緣摘分持行。據此但是,全衣合綴,祖師所著,亦不殊此。至《感通傳》天人方示別製,人多疑之,今爲具引,彼云:大衣重作,師比行之。然於葉下,乃三重也。豈得然耶。即問其所作,便執余衣以示之。此葉相者,表稻田之塍疆也。以割截衣段,就裏刺之,去葉穬麥許,此則條內表田、葉上表渠相,豈不然耶。今則通以布縵,一非割截,二又多重,既非本制,非無著著之失。已上《傳》文,然《多論》異此者,但是聞見不等。然天人示法,並謂親承佛世,此方教文不決之事,如諸經律,座具著肩,唯此《傳》文,令安左臂。又如後引增座具法,今皆準用,何獨疑此。況非割多重二難,理自顯然。三明成不。《業疏》云:下二隨時。若是大衣,必須重複。今多單作,是非法服,得行受持,服用得罪。

又《九明作衣法》 三衣並須割截,財少難辨,則聽揲葉。五條一種,復開褔葉。《四分》中,大衣五日不成,尼提僧吉。準《鼻奈耶》,七條四日,五條二日。《十誦》:須却刺,不得直縫。前去緣四指施鞊,音法,鉤也。後去緣八指施紐。今時垂臂,前八後四,俱顛倒也。又安鉤約處揲以方物,本在助牢,而目云壇子,非也。《三千威儀》云四角安揲,《四分》云挽令角正等,世云四天王者,亦非也。《四分》:肩上須揲,障垢膩處。次明正、從者。大衣九品,本須割截。衣財不足,則開揲葉,二九則成十八種。衣猶不足者,聽七條爲從衣。如是次第,開至縵衣。言縵者,無條相故。三衣正、從,各有二十四種。大衣正有十八種,割、揲各九。從則有六。二七條,三五條,一縵衣。七條正衣有二,割、揲二也。從有二十二。大衣十八,五條三,縵衣一也。五條正衣有三,割、揲、褔也。從有二十一。大衣十八,七條二,縵衣一也。總計七十二品。縵通三用,然本是沙彌衣。律制,沙彌著二縵衣,一當七條入衆,一當五條作務。衣相未正,故但云當。當字去呼。今時剃髮即著五條,僭濫大僧,深乖本制。師長有識,請依聖教。及至受戒,多無衣鉢。律令師辨,誰復依行,但至臨時從人借受瓦盆、油鉢、陳朽大衣。沙彌不識是非,闍梨何曾檢校。《律》云:若無若借,不名受具。豈得惜少許資財,令一生無戒,虛食信施,沈流萬劫,實可悲痛。雖往者不可諫,而來者猶可追。

又《十加法行護》 初加法者,必從次第。先加五條,準《十誦》文。大德一心念,我比丘某甲,此安陀會五條衣,受一長一短割截衣持。三說。揲葉、褔葉隨改。中衣則云,此欝多羅七條衣,受兩長一短割截衣持。大衣則云,此僧伽梨二十五條衣,受四長一短割截衣持。餘詞同上。次明捨法。準《僧祇》文。大德一心念,我某甲,此安陀會是我三衣數,先受持,今捨。一說,餘二準改,並須求明律者,對首作之。次明行護。《十誦》:護三衣如自皮,鉢如眼目,著大衣不得揵木石土草,掃地等種種作務,不應爲之。《決正二部律論》:著大衣入村,見師僧上座別人,不得禮。得禮佛及衆僧。《十誦》:所行之處,與衣鉢俱。無所顧戀,猶如飛鳥。若不持三衣,入聚落犯罪。《僧祇》云:當如塔想。祖師云,諸部竝制隨身,時但護宿者,不應教矣。於此

須明攝護，略分四門。初明衣界。《律》云：若人、衣異處越宿，得捨墮罪，此衣須捨懺。言墮罪者，墮衆合地獄。一晝夜當人間歲數十四億四十千歲。律明離護，竝約界論。界有多別，大略分二。一者作法攝衣界，謂伽藍中結界，寬於院相，須加攝衣。羯磨結已，除無村聚，通界護衣。二者自然護衣界。本宗他部，總有十五種。【略】又問曰：忘不持衣外行，至夜方覺，取會無緣，失衣以否。答：彼人恒自將隨身，忽忘例同長衣，開之。長衣忘，不説浄不犯，更開十日。三明著法。律令齊整著三衣。《三千威儀》：著時不得向佛塔，上座三師亦莫背，不得口銜及兩手奮。《鼻柰耶》：應挑著肩上，不得垂臂肘。此是前制。《感通傳》：天人所告，凡經四制。初度五人已來，竝制袈裟左臂，座具在袈裟下。次爲年少美貌，入城乞食，多爲女愛，遂制衣角在左肩，以坐具鎮之。復次因比丘爲外道難云，豈得以所座之布，而居法衣之上。從此還制，令著左臂，座具在下。最後因比丘著衣不齊整，外道譏云如婬女、如象鼻。由此始制，上安鉤紐，令以衣角達于左臂，置於腋下，不得令垂如上過也。今則宜從後制。不然搭於肩上，若垂肘臂，定是非法，以衆學中制罪故也。四明補浣。《十誦》：衣服常須浄潔如法，不爾則人非人訶。善見大衣，七條廣邊八指，長邊一搩手，内穿不失受。五條廣邊四指，長邊一搩手，内穿不失。餘處穿如小指甲許，失受，補竟受持。《多論》：但使緣斷則失受。善見袈裟若大減却。若小以物裨之。若浣若增色。若脱色上色。皆不失受等云云。

又《尼師壇第五物》 五加法云。大德一心念，我某甲，此尼師壇應量作，今受持。三説。捨法改下句，云今捨，一説。《十誦》：離宿吉羅，亦不失法，行用大同鉢耳。寄此略辨祇支、覆肩二衣。初制意者。尼女報弱，故制祇支，披於左肩，以襯袈裟。又制覆肩，掩於右膊，用遮形醜。是故尼衆必持五衣，大僧亦有畜用，但是聽衣耳。二釋名者。梵語僧祇支，此云上狹下廣衣。此據律文以翻，全乖衣相。若準應法師《音義》，翻云掩腋衣，頗得其實。覆肩華語，未詳梵言。三明衣相。僧祇二衣，竝長四肘，廣二肘，故知亦同袈裟叚方，但無條葉耳。四明著用。世多紛諍，今爲明之。此方往古，並服祇支。至後魏時，始加右袖，兩邊縫合，謂之偏衫。截領開裾，猶存本相。故知偏衫左肩，即本祇支，右邊即覆肩也。今人迷此，又於偏衫之上復加覆肩，謂學律者必須服著。但西土人多袒膊，恐生譏過，故須掩之。此方褉褶重重，仍加偏袖，又覆何爲。縱説多途，終成無據。若云生善者是僧應著，何獨律宗、餘宗不著，豈不生善。況輕紗紫染，體色俱非。佛判俗服，全乖道相，何善之有。或云分宗途者，佛教但以三學分宗，而謂形服異者，未之聞矣。且三衣大聖嚴制，曾未霑身。覆肩祖師累斥，堅持不捨。良以弊風一扇，歷代共迷。復由於教無知，遂使聞義不從。更引明證，請試詳之。《章服儀》云：元制所興，木唯尼衆。今僧服者，僭通下位。又《住法圖贊》云：阿難報力休壯，圓滿具足。士女咸興愛著，乃至目悦浄色，心醉神昏，繫子頸而沈殺者。由此曲制，令著覆肩之衣。今則僥倖，而妄服者濫矣。據此乃斥内無偏衫單覆者耳。若今重覆，彼時既無，不涉言限。且單覆猶爲僥倖，況今重覆，非法何疑。廣如別辨。

宋・妙生《佛制比丘六物圖辨訛》 畫圖無益。《六物圖》中上標僧伽梨等，下畫圖相。

辨曰：此圖中二十五條等數之可見，但於製造法式，未聞其功。且衣財有單複，鉤紐有前後，縫有鳥足、馬齒之別，而圖中殊不顯其相備使，下引《感通傳》，但平寫本文而已，且律學輩尚致多迷，況他人豈卒能曉耶。又著衣之要在乎鉤紐，今前後去緣，圖文向下，雖粗明之，未審左右兩邊分齊去取幾何，文既不明，圖中唯劃條數耳。此則但畫其圖，孰不能畫。但平引其文，孰不能引。豈不看南山軌度圖經。畫鐘樣，累槌數，仍於槌下書出偈文等，豈非一等畫圖，圖有益也。今則文之良由怯於文昏於義，故圖中不能措，平者是誠不能也。今既畫圖無益，兼鏤版以印行，所謂勞而無功。

俗談罔道。《六物圖》箋曰：世傳七條、褊衫、裙子爲三衣者，謬矣。

辨曰：但可正邊夷聾俗之談，而無用於此方中國文物之地也。凡曰出家者，又豈不識三衣之名耶。何以故知之，且出家者當受具戒，必示衣名教授。師與戒師豈以七條、褊衫、裙子謂之三衣，而悞戒子耶。但恐偷形不受戒者，而有是説。且子秉筆立言，垂於末世，開人義路，用補於道衆，非示於盲路。俗之傳今淺薄之語，奚足呈露紙墨，取笑於人。俗傳三衣之名，子正之謬矣。不易取道也，無東藏律師正之，則天下三衣之名無得而知矣。

解衣名局。釋名。衣名中入王宫聚落衣，圖文箋云，乞食、説法時著。

辨曰：翻名本通，解義何局。且著衣入聚，但有如法等緣，皆可入也。何特簡乞食耶。如曰入聚落，此乃非時。豈謂乞食而曰入也。若但據乞食時著者，反顯非時入聚不必大衣也。又鬱多羅僧名入衆衣，箋云，禮誦齋講

時著。辨曰：此亦解義局也。且衆集事，何止禮誦齋講時耶。至如説恣等，緣僧私同遵。又若生善滅惡事生，皆作相集，僧但入衆也。若但據齋講時著此，説恣等時，入衆著何衣耶。何不以等字收之。故鈔引《五百問》下云，小衣不近身浄潔，得入衆食禮拜等，故知等字無所不攝。此雖小瑕，恐後學執信此文，便云著大衣者通非時入聚，著中衣者通諸餘入衆。此則迷惑後生，過亦大矣。

又 改文從己。引《感通傳》云，達於左臂。

辨曰：正文遶于左臂，今云達者，此乃妄改聖言。輒從己見。余嘗求《傳》文，古今數本皆云遶于左臂，希東藏之本云達不云遶也。良由遶之一字，乃與達字微差，遂爲妄改之濫觴也。余嘗見本從糸作遶以爲繞字，子今又作何見解而妄改耶。借使作達字消文，且外道所譏，由此一角以爲緣起。今頓除之，遂改《傳》文云達于左臂，外道所譏之角，今復何在。加以妄施紐[山賣]，知見何文。抑文又不周於身本由寒制義亦弗存。但由妄改遶字爲達，致惑新學相從不反也。然達亦到義，奈何今但弔于胸前，何達之有。祇知攻異著短，三衣止掩半身，正坐於《律》中婬婦之譏。今既訛風扇於村落，不忍坐觀，更爲伸之，冀同我者，一覽可也。據《感通傳》，衣角上下肩臂不足，凡有四緣，具如本傳。今略明四緣生起次第，後略解《傳》文。且始制袈裟左臂，由女所愛爲緣，次制衣在肩，以坐具鎮之。復由坐具爲外道所譏，又以衣角居于左臂，因如象鼻等爲譏，復以衣角於左臂遶之。此皆由衣角以爲譏，過是不可除也。故《傳》文後云，今以衣角繞于左臂，置於腋下。謂以衣右角遶於左臂，上轉復投置於左腋下也，不得令垂，如上過也。不得垂於左臂上，如象鼻過也。由是始制上安鉤紐，以未安鉤紐，則衣無束勒，似婬女像。今制鉤紐，無此過也，故云由是等。此據著祇支爲言。若以今時衫袖長廣，故衣角繞云未便，但可內右角在左臂衣下，亦免過也。或曰：三衣重著，是佛所許。厥若俱以故衣作之，則大衣四重，中、下二衣各有兩重。今既重著，必須重繞，則左臂衣角厚重，不生世善也。答曰：繞于左臂，蓋逃象鼻之譏。但繞最外一重，已順《傳》文，已免繞過，何必特以故衣而曲生難耶。餘如別説。

又 寄囊辨紐。囊有繫帶，衣無鉤紐。

辨曰：漉囊柄有繫帶者，是欲其囊安處之便，故教人繫之耳。蓋惺惺若此，及夫三衣相而不患乎。著用鉤紐，何昏昏心而至於斯耶。且囊之用唯在乎漉水，用已則置之。三衣唯在乎披著，著之必用鉤紐。既能於囊安置處留心若此，而於披著處特不留心耶。既能患其用已，而不患其用，其患是緩而不患耶急也。余也非敢戲言，蓋觀囊帶以辨鉤紐。假無患而辨其患，故不可不辨也。

勸廢圖文。

南山所述《疏》《鈔》等文，蓋患古之疏、鈔等未然不獲，已而述之。今三衣六物已見於《二衣篇》《章服儀》等文，文既備矣。此亦出《六物圖》，其意何哉。若謂《衣篇》等文爲然，又不復出文也，將非南山之教未足行事，故與著述耶。或曰：患今人不明制度，故特畫圖以書之。余曰：夫有濟人之心，而無濟人術。且人有觀圖作衣，求其法度，尚一言不敢措，至於烏足、馬齒之縫，前後鉤紐之類，將何狀以示人。且東藏自稱律師流通祖道，但舉揚疏、鈔等流行於世，又何患三衣六物人不明耶。

宋・釋道誠《釋氏要覽》卷上《緇流》 緇流，此從衣色名之也。《僧史略》云：問：緇衣者色何狀貌。答：紫而淺黑。《考功記》云：三入爲纁，五入爲緅，七入爲緇矣。固知緇本出絳，雀頭色即紫赤色也。故梁浄秀尼見聖衆衣如桑熟椹，此乃淺赤深黑色也。

又《大衣有三品九種》 《薩婆多論》云：僧伽梨有三品。自九條、十一條、十三條，名下品衣，皆兩長一短作。十五條、十七條、十九條，名中品衣，皆三長一短作。二十一條、二十三條、二十五條，名上品衣，皆四長一短作。《增輝記》問：七條何品攝。答：下品攝。以兩長一短作故。《律》中三衣，各有廣長肘量，既佛言度身而衣，更不録也。

又《五部衣色》 《舍利弗問經》云：摩訶僧祇部，勤學衆經，宣講真義，以處本居中，應著黄色衣。曇無德部，通達理味，開導利益，表發殊勝，應著赤色衣。薩婆多部，博通敏達，以導法化，應著皂色衣。迦葉彌部，精勤勇猛，攝護衆生，應著木蘭衣。彌沙塞部，禪思入微，究暢幽密，應著青色衣。謹按《四分律》云：上色衣不得畜，當壞作迦沙色。今曇無德部，即《四分》所宗，自著赤衣，是南方正色，與諸部皆競違佛制。今試論之，以累見天竺來僧衣色證，知皆似色也。應是譯人以壞色難名，故托指青黄赤皂等。

又《問五部衣得取次著否》 《舍利弗問經》云：有比丘羅旬，以薄福故，乞食不得。後以五部衣更互著之，便得大飲食。故佛言：我法出家，純

服弊帛，因羅旬故，聽受種種衣。

又《**紫衣**》　此非五部衣色，乃是國朝賜沙門故，今尚之。《僧史略》云：按《唐書》，則天朝有僧法朗等九人，重譯《大雲經》畢，并賜紫袈裟，銀龜袋。此賜衣之始也。自後諸代皆行此賜。至大宋太平興國初，許四海僧入殿庭乞，比試三學。下開封府，差僧證經律論義，十條全通，乃賜紫衣，號爲手表僧，以其面手進表也。尋因功德使奏，今天下一家，不須手表求選。敕依。自此每遇皇帝誕節，親王、宰輔、節度下至正刺史，得上表薦所知。僧道紫衣。惟兩街僧録所薦得入内。是日授門下牒，給紫衣，四事，謂之簾前紫，此最榮觀也。然此衣，以國恩故得著，極不容易，皆形相分。按《東觀奏記》云：大中年間，大安國寺僧修會能詩應制，才思清拔。一日聞帝，乞紫衣。帝曰：不於汝怪。但觀汝相有闕，未賜也。及賜著歸寺，忽暴病而卒。近代亦屢有此人焉。

又《**染色**》《律》有三種壞色，謂青、黑、木蘭。《鈔》云：青謂銅青，黑謂雜泥，即溝瀆中泥。木蘭即樹皮。此説壞新衣之色也，今云，染色亦無出此三也，今詳禪僧多著墨黲衣若深色者，可是律中皂黑衣攝緣用墨靛與雜泥不遠，故若淡而青白者　可是律中青衣攝以用銅青板緑雜墨染故。

又《**物體**》　准律有十種，不越布絹紬三也，須是厚熟緻密也者。《五百問經》云：三衣得用生絹作否，答：一切生物但不現身者得。律中遮此經開

又《**田相緣起**》《僧祇律》云，佛住王舍城，帝釋石窟前經行，見稻田畦畔分明，語阿難言，過去諸佛衣相如是，從今依此作衣相。《增輝記》云：田畦貯水，生長嘉苗以養形命，法衣之田，潤以四利之水，增其三善之苗，以養法身慧命也。

又《**作法**》　毗奈耶云，僧伽梨，得兩重作。義浄云，僧伽胝，唐言重復衣。若三重作者，得惡作罪。自九條至二十五條，得用物夾作。《四分律》云：大衣七條，要割截作，若五條，得褔葉作。准律，大衣服五日成，七條四日，成，五條二日成，限日不成，尼犯墮，比丘犯突吉羅罪，非本工故。《僧祇律》云：若作衣餘人助作，恐限日不成，應粗行針，急成竟受持，後更細刺。南山大師《章服儀》云：諸律成衣，隨其豐儉，先其本制，如僧伽梨，欲創裁者，二十五條，財少以次減之，乃至九條七條，又不足乃縵作，又云，今有情纏嗜好，自迷針縷動必資人，但論刺作之纖媚，不計工價之高下，或有雇縫之直，倍於衣價履歷荒孀譏過斯負。

又《**明孔**》　三衣葉上不刺合處，謂之明孔，有云若田畦入水之竇，按根本百一羯磨，浄三藏云，西國三衣，并皆刺合，唯東夏開而不縫，詳觀律檢，實無開法。

又《**縵衣**》　梵音鉢吒，唐言縵條，即是一幅氎量以，三衣等，但無田相者是。西國氎幅只闊故。自佛法至漢涉一百八十七年，凡出家者，未識割截法，只著此衣。

又《**貼相**》　此法自縵條起也，十誦律云，比丘居山野，許著縵條衣，不許著入聚落，應於衣上，貼作田相。又云，比丘貧少衣，不能割截，應於衣上安貼，若五七九條，若過十五條等。

又《**納衣**》　又名五納衣，謂衣有五種故。十誦律云，一有施主衣，二無施主衣，三往還衣，西天人亡衣屬以衣贈送至林却取施僧。四死人衣，五糞掃衣，此自有五種，一道路棄衣，脱厄衣也。二糞掃處衣，三河邊棄衣，四蟻穿破衣，五破碎衣，又有五種，一火燒衣，二水漬衣，三鼠咬衣，四牛嚼衣，五奶母棄衣，已上衣，天竺人諱忌故，棄之以不任用義同糞掃故，共納成衣，名糞掃衣也。律云，一切上色不得直用，并須染作迦沙色，今言毳者即是細毛爲衣也。《智度論》云：佛意欲令弟子隨順道行，捨世樂故，贊十二頭陀，如初度五比丘，白佛當著何等衣，佛言應著納衣。《十誦》云：若納衣不貼田相，不許披入聚落。此衣有十利，一在粗衣數，二少所求索，三隨意可坐，四隨意可卧，五浣濯易，六少虫壞，七染易，八難壞，九更不餘衣十不失求道，又云，體是賤物離自貪故，不爲盗所貪，常得資身故，少欲者須濟形苦故上士著之。

又《**鉤紐**》　僧祇云，紐緤集要云，前面爲鉤，背上名紐，先無此物，因佛制尼師壇，安左臂衣下，則肩上無鎮衣，不整齊，乞食時被風吹落，佛遂許安鉤紐，佛制一切金銀寶物，不得安鉤紐上，惟許牙骨香木之屬。

又《**偏衫**》　古僧依律制，只有僧祇支。此名覆膊，亦名掩腋衣。此長覆左膊及掩右腋，蓋觀三衣，故即天竺之儀也。竺道祖《魏録》云，魏宫人見僧袒一肘不以爲善，乃作偏袒縫於僧祇支上，相從因名偏衫。今開脊接領者蓋遺魏制也。

又《**裙**》　此方之名周文王制也。《西域記》云：泥縛些那，唐言裙。

些字桑個切。《根本百一羯磨》云：梵語泥伐散那，唐言裙。諸律舊譯，或云涅槃僧或云泥。洹僧或譯爲内衣，或云圌衣。圌音船，即貯米圓器，似圌而無蓋。蓋取圓義。

又《坐具》 梵云尼師壇，此云隨坐衣。《根本毗奈耶》云：尼師但那，唐言坐具，浄法師注云：文言坐具，此乃敷具，坐卧皆得，佛制者，本爲襯替卧具，恐有所損，不擬餘用也。《五分律》云：爲護身護衣護僧牀褥故，著生具。《僧祇》云：若在道行，得長疊中疊安衣囊中，至本處當敷而坐，律應量作，長佛二手，廣一手半。佛一手長二尺四寸，此合長四尺八寸，廣三尺六寸。《律》云：更增者，即向四邊各益，如今坐具，四緣有貼，即象也，不許單作，若新物作，當用故物貼中蓋壞其好也，若自無故物，又無求處，不貼無過，記云，佛先許安左肩上鎮衣，因有外道，問一比丘曰，汝肩上片布，何名何用比丘答云，名尼師壇，是坐具，又問汝所披衣，何名，有何功德，答，忍辱衣，三寶之相，上制天魔，下降外道，又問，此衣既有是功德可貴豈得以所坐之布居其上，若汝自爲，師何不教，若師教者，此法不足可尊，比丘白佛，佛因制移安左臂衣下。衣即三衣也，以此證是，觸不得浄用。《戒壇圖經》云，尼師壇，如塔之有基，汝今受戒，即身是五分法身之塔，良由五分法身因戒生故。

又《絡子》 或呼挂子，蓋此先輩僧創之，後僧效之，又亡衣名，見挂絡在身故，因之稱也。今南方禪僧，一切作務皆服，以相不如法，諸律無名，幾爲講流非之，予因讀根本百一羯磨第十卷云，五條有三品，上者竪三肘，廣五肘，下者減半，二内名中，又佛言，安陀會有二種，一者竪三肘，廣五肘，二者竪二肘，横四肘，此謂守持衣，最後之量限，蓋三輪上蓋臍下掩膝因詳頗詳頗是今絡子之量也，若作之，但五幅，一長一短，或襵或貼，呼安陀會，即免謗，一切處著，合律無過。實勝空身矣。今詳律言肘但用自肘蓋度身而衣也，若用尺八之肘者，下文即無臂短不及之言也。

又《襪》 《鈔》云：襪亦是衣。《四分律》云：寒聽着襪。《古今注》云：自三代及秦皆著角襪，以帶結至踝，洎魏文乃更其樣。《釋名》曰，襪末也，在脚末也。崔駰銘曰，建子之月，助養和氣。《五分律》云：外道問衣，比丘不知，乃被譏曰，沙門有何奇特，尚不知衣相，云何知心，故於前文，委細注釋爾。

宋・元照《四分律行事鈔資持記・釋二衣篇》 《戒壇圖經》云。五條下衣斷貪身也。七條中衣斷瞋口也。大衣上衣斷癡心也。即配三毒及三業也。

又 衣犍度中佛因夜寒初中後夜次第取三衣重著因制三衣。佛言當來善男子不忍寒苦，畜三衣足不得過。

又 前後所引經律多號袈裟。《真諦雜記》云，袈裟是外國三衣都名，名含多義。或名離塵服斷六塵故。或名消瘦服割煩惱故。或名蓮華服離染著故。或名間色服三如法色成故。

又 傳中天人云：佛法東傳六七百載，南北律師曾無此意，安用殺生之財而爲慈悲之服。師何獨拔此意。祖師答曰：余因讀智度論見佛著粗布伽梨，因懷在心何得乖此。及聽律後便見蠶衣卧具縱得已成並斬壞塗埵，由此重增景仰。

又云，復見西來梵僧咸著布氎。具問答云，五天竺國無著蠶衣，由此興念著章服儀等，義浄三藏内法傳中，反加誹毁。彼學小乘有部故多偏執，今宗大乘了義，非彼所知。若下簡非法。生疏即今有用生紗生苧蕉葛等物作袈裟。並是非法，文中紗別生熟俱非紬。即生者不得綃，古云生絲繒也。

又云蜀中出細薄絹名綃。引證三段。四分證上綾綺。僧祇證上生疏。毛髮樹皮等並外道服。五百問紬絹等不現身者。雖生而厚障形不露故云如法。

又 故《章服儀》云：如經律中通云壞色。故文云。當以三種青黑木蘭隨用一壞成如法色。又云：不正壞色唯釋門所懷別邪正也。明知不正即袈裟色，等若下明開。五納即五色碎段重納爲衣，雖是正間非純色故。涅槃下引證，壞色即不正也。

又 如法今時沙門多尚紫服。按《唐紀》則天朝薛懷義亂於宫庭。則天寵用令參朝議，以僧衣色異因令服紫袈裟，帶金龜袋。後偽撰《大雲經》結十僧，作疏進上復賜十僧紫衣龜袋。由此弊源一洩于今不返。

宋・釋贊寧《宋高僧傳》卷四《唐京師安國寺元康傳》 系曰，康師曳納播者何。通曰，梵言立播，華言裹腹衣，亦云抱腹，形制如偏袒，一幅纔穿得手，肩袖不寬，著在左邊，右邊施帶，多貯綿絮，然是禦寒之服，熱國則否用。此亦聖開，流於東土則變成色帛。而削幅綴於左右袖上垂之製曳。然旌表我通贍經論，一本則曳一支，多則多曳。未知稽古自何人始乎。今單言播，略立字耳。全非禦寒之意，翻爲我慢之衣，既失元端而多

濫作。別形聖教以俟後賢，此外無施異制以亂大倫。詩曰，服之不稱，身之灾也。吁。

又卷二一《唐明州奉化縣契此傳》 釋契此者，不詳氏族，或云四明人也。形裁腲脮，蹙頞皤腹，言語無恒，寢卧隨處，常以杖荷布囊入鄽肆，見物則乞，至于醯醬魚葅纔接入口，分少許入囊，號爲長汀子布袋師也。曾於雪中卧而身上無雪，人以此奇之。有偈云，彌勒真彌勒，時人皆不識等句。人言慈氏垂迹也。又於大橋上立，或問，和尚在此何爲。曰，我在此覓人。常就人乞啜，其店則物售，袋囊中皆百一供身具也。示人吉凶必現相表兆，亢陽即曳高齒木屐，市橋上竪膝而眠，水潦則係濕草屨，人以此驗知，以天復中終于奉川，鄉邑共埋之，後有他州見此公，亦荷布袋，行江浙之間，多圖畫其像焉。

宋·王溥《五代會要》卷一二《雜録》 一此後應是僧尼，不計高低，於街衢逢見呵殿官寮，並須迴避。如有故意違犯者，便可收送法司。若在身有章服師號者，便委長吏舉奏，當行剥奪。如無章服者，仰所在擯逐出城，若有房院，便許別人請射。

宋·允堪《衣鉢名義章·並序》 浮圖氏之標幟者，教有二焉，曰壞衣也，曰應器也。壞衣所以無領者，標解脱之服也，應器所以無底者，表難量之度也。

袈裟。《真諦》云是外國三衣之都名也。《增一阿含》云如來所著名曰袈裟。《律鈔》云袈裟秦言染也。此乃從色得名，謂染作袈裟色，味有袈裟味也。又《四分》翻爲卧具，謂同衾被之類也。《十誦》以爲敷具，謂同氈席之形也。又云壞色衣，《四分》當以青黑木蘭三種隨用一壞成如法色。《章服儀》云袈裟通稱法服，亦名調伏衣，《律》云結使已調伏乃應披袈裟。大集名離染服，賢愚號出世服，又《真諦》云或名離塵服，由斷六塵故或名消瘦服，由割損煩惱故或名蓮華服，服者離著故或名間色服，以三如法色間成故。《業疏》云世稱福田衣，以法畦畔之相，世田用畦盛水長嘉苗養形命也，法衣之田彌弘四利之益，增三善之心，養法身之慧命也。《教誡儀》云摺袈裟不得口銜，至三寶前當須偏袒。經云比丘對佛及上座通肩披袈裟，死入鐵甲地獄。僧祇除病，當敬三衣如塔想。《十誦》護三衣如自皮。《大悲經》云但使性是沙門汙沙門行，形是沙門披著袈裟者，於彌勒佛乃至樓至佛所得入涅槃。《悲華經》云如來於寶藏佛所發願，成佛時我袈裟有五功德，一入我法中或犯重邪見等四衆，於一念中敬心尊重，必於三乘受記。二者天龍人鬼若能恭敬此人袈裟少分，得三乘不退。三者若有鬼神諸人得袈裟，乃至四寸飲食充足。四者若衆生共相違反，念袈裟力尋生悲心。五者若在兵陣持少分，恭敬尊重常得勝他。若我袈裟無此五力，則欺十方諸佛。《僧祇》云僧尼有戒德，俗人索破袈裟段欲禳災者，得與小者等。《僧祇》龍著袈裟，免金翅鳥難，必不順教，則所被無力矣。已上通名，下解別名。

縵衣。《律鈔》云若就通相，三衣俱聽縵。作此謂得衣財少不容割截及揲葉，故開縵也。謂不立條相，但緣四邊及揲，鉤紐處可也。《業疏》云若從人正則沙彌服也。又云下衆縵條即此衣也。今時新落髮爲沙彌，便著五條者非法。《南山》云律崩法壞也，必無縵衣。準《業疏》云唯加縵法，理須反披，加受法時，五衆自對，互跪執衣。其辭準。《十誦》云大德一心念，我比丘某甲，是縵僧伽梨受持。三説餘二衣準改。若無本衆相對作心念受，但除上大德一心念，餘辭同若沙彌，自相對時改大德爲長老。

安陀會。梵語也。《慧上菩薩經》云五條名中著衣，謂在祇支上七條下，故又名下衣。謂在三衣中最下，故從用翻院内道行雜作衣，若就條數便云五條。《四分》五條得襵葉作不通割截。恐作時塵土入中，故五條十隔，謂一長一短作也。又五七九條等皆取隻而非偶者，《業疏》云以沙門行慈仁育爲本，同世陽化，故數非偶也。受辭云大德一心念，我比丘某甲，此衣安陀會五條衣。受一長一短屈襵衣持，或揲葉等隨改。

鬱多羅僧。準《慧上經義》翻上衣謂在五條上，故又名中價衣，謂價直在上下二衣之中，故從用號入衆衣。入法食衆中當被著，故四分七條要割截作。凡沙門衣有三種賤，一刀賤謂割壞故，二色賤謂不正色也。三體賤謂糞掃世棄者。所以須割截者，《四分》不爲怨賊所剥。《十誦》爲異外道，故此用兩長一短作。受辭同上，但改衣名及云兩長一短爲異。

僧伽梨。此云雜碎衣，以條數多故從用名。入王宮聚落説法衣。《業疏》云是高勝衣，或云伏衆衣。以僧伽翻衆，梨翻爲伏，梵語倒故，今迴文取順曰伏衆衣。此衣凡有九品，謂下下即九條，下中即十一條，下上即十三條，此三準婆論兩長一短作。次中下即十五條，中中即十七條，中上即十九條，此三用三長一短作。又次上下即二十一條，上中即二十三條，上上即

二十五條，此三用四長一短作。今時下下大衣繆用中品横堤，中品用上品者，此一生無法衣被體也。《四分》大衣要割截作，所以極至二十五條者。《業疏》中欲爲二十五有作福田故，又增長而不增短者，亦以法服敬田爲利諸有，表聖增而凡減也。受辭亦同上。但隨品改長短爲異，若捨故受新，準《僧祇捨》云大德一心念，我某甲比丘此僧伽梨，是我三衣數先受持。今捨餘二衣，同也。

從衣。謂三衣互闕聽將有長法衣爲從。如闕大衣今七條中有長者，將一當大衣受持，則免闕衣之咎也。餘二衣有闕，亦爾律鈔中且約闕安陀會者，將大衣爲從。受辭云大德一心念，我比丘某甲此安陀會二十五條衣，受四長一短割截衣持，餘衣爲從準改。

褊衫。西土本有左邊，《十誦》云是衣厥修羅，長四肘廣二肘半。《南山》云準似祇支國，語不同或翻上狹下廣衣。《四分》云應繫祇支入聚落，若安帶若縫之得上狹下廣衣，當用作若。《章服儀》中云裿支之服相亦叟方，今又設右邊者，蓋此土。元魏宫人見僧袒膊不善，遂施右邊綴左邊祇支上，通爲兩袖，號曰褊衫。所以今開背縫截領而作者，存本衣相故。若連縫合者同俗衫耳，學者勉之準。《十誦》加受應言是僧祇支波利迦羅衣。我受用故波利迦羅，晉言助身衣。尼在五衣數加法，準《十誦》云大姊一心念，我比丘尼某甲，是衣厥修羅受，長四肘廣二肘半，是厥修羅衣持三説。《南山》云今則改張衣相不同本法，但云如法作，不言肘量應成。

覆肩。《僧祇律》云當作衣覆肩名覆肩衣。《教誡儀》云當收攝横帔即此衣也。《後堂記》亦號覆膊爲手帔。《住法圖讚》云阿難性絶塗惱無諸染濁，故隨佛往有龍女天女事等浮雲，情無顧涉釋門立敬時，袒右肩行往，士女咸興愛著，乃至因悦浄色心醉神昏，繫子頸而沉殺者，由此曲制令著。今則僥倖而服之矣。四分尼將此衣在五衣數。加法云是衣覆肩，衣長四肘廣二肘半，是覆肩衣持三説。

涅槃僧。《戒疏》曰此云内衣即裙也。《僧祇》云佛於僧前自著内衣，教諸比丘等。《十誦》中佛觀三世佛浄居天報皆齊整著衣，然後制戒。《三千威儀》云泥洹著法，一不持下著上，二使四邊等，三襞頭近左面，四結帶於右面，五當三繞不垂兩頭。《南山》云不得太高太低，常須齊整，可齊腳踝。多論十誦聽至踝上一磔手，故僧傳納衣半脛，誠有依矣，母論踝上三指。今言裙者順此方言也。劉熙釋名云裙。群也，連接群幅也。《加法準十誦》云是泥洹波利迦羅衣，我受用故。。

宋·趙彦衛《雲麓漫鈔》卷二　古皆説屨，《曲禮》户外有二屨，言聞則入，言不聞則不入。毋踐屨，侍坐於長者，屨不上於堂，解屨不敢當階，就屨跪而舉之。蓋古人鋪筵設席不脱屨，則有塵污之嫌。今釋氏作佛事脱屨即席，頗有古意。

元·釋德煇《敕修百丈清規》卷下《大衆章第七·辦道具》　將入叢林，先辦道具。中阿含經云，所蓄物可資身者，即是增長善法之具。菩薩戒經云，資生順道之具。

三衣。蓋法衣有三也。一僧伽黎即大衣也，二鬱多羅僧即七條也，三安陀會。即五條也，此是三衣也。若呼七條偏衫裙爲三衣者，非也。又三品大衣。上品二十五條、二十三條、二十一條，中品十九條、十七條、十五條，下品十三條、十一條、九條。田衣緣起。《僧祇律》云：佛住帝釋石窟前，見稻田畦畔分明，語阿難云，過去諸佛衣相如是，從今依此作衣相。增輝記云：田畦貯水生長嘉苗，以養形命。法衣之田潤以四利之水，增其三善之苗，以養身法慧命也。

坐具。梵云尼師壇，此云隨坐衣。《根本毗柰耶》云：尼師但那唐言坐具。《五分律》云爲護身護衣護僧牀褥故。蓄坐具。《僧祇》云：律應量作長佛二磔手，廣一磔手半。佛一磔手長二尺四寸，此合長四尺八寸，廣三尺六寸。

偏衫。古僧衣律制只有僧祇支，此云覆膊衣，亦名掩腋衣。此長覆左膊及右腋。蓋襯三衣故，即天竺之儀也。竺道祖《魏録》云：魏宫人見僧袒一肘不以爲善，乃作偏袒，縫於僧祇支上相從，因名偏衫。今開脊接領者是，蓋魏遺制也。

裙。《西域記》云：泥縛些羅些，桑個切唐言裙。諸律舊譯或云涅槃僧，或云泥洹僧，或譯爲内衣，或云圌衣。圌音船，即貯米圓器，似圌而無蓋，取圓儀故云。

直裰。相傳前輩見僧有偏衫而無裙，有裙而無偏衫，遂合二衣爲直裰。然普化索木直裰，大陽傳革履布裰，古亦有矣。

元·釋念常《佛祖歷代通載》卷八　魏文成帝末年。疏勒國王遣使送佛袈裟一頂，長二丈餘，帝審是佛衣，應有靈異，置之猛火，經日不然。於

是駭然，心形俱肅。出北史。

又卷一三　唐【略】丙寅，日本國沙門榮叡、普照等至於揚州。奉僧伽黎十領，其上綴以山川異物之狀，蓋其國主附之以施中國高行沙門。于時律師鑒真受其衣，歎外國人有佛種性，欲往化之。會叡照等亦勸請，遂附舶而東，爲惡風飄入魚蛇等海，以真律行高皆脱禍，既至日本。

又卷一六　唐【略】僧臘六十夏，入室弟子沖虚等遷座，建塔于禪居之東，遵本教也。始師嘗以大練布爲衣，以竹器爲蹻，自薙其髪自具其食，雖門人數百童侍甚廣，未嘗易其力，珍羞百品鮮果駢羅，未嘗易其食。冬裘重燠夏服輕疏，未嘗易其衣。華室靖深香榻嚴潔，僧事千百不可梗。各言宗教自相矛盾，故褐衣圓頂未必皆是。若予者洗心於是逾三十載，適師之徒有審虔者，以師之圖形。

又卷二二　宋主毳衣圓頂，帝命往西土討究大乘明即佛理。

元・釋覺岸《釋氏稽古略》卷一　大集賢者，爲其名之號曰薩婆悉達。稍長命師傅，教以世書，未幾立爲太子。爲娶太子已大潔清，雖示同世娶，而非有凡意。以夙業緣乃指其妃之腹云，卻後六年，汝當生一男，一旦命駕欲游，雖更出四門，而皆有所遇，終以其老病，死與沙門者感之。而出家之意愈篤，太子時年十九歲，二月八夜乘馬出自北門，至檀特山小息林間，遂釋衣冠，自以其所佩寶劍，絶其鬚髮，誓曰，願共一切斷此煩惱，浄居天化人，以僧伽梨致太子，因得法服服之。

又卷四　如藥王故事燒身供養妙法蓮華經以生浄土，翰林學士楊億聞知，郵置長書堅請住世，仍委郡守李夷庚保護，天禧四年宰相寇，准翰林楊億以知禮行業及遺身事奏聞，帝曰，但傳朕意請留住世，特賜師號法智大師。《教行録》。秋七月太尉文正公王旦薨，公在政府十八年，病革，囑翰林學士楊億曰，吾深厭煩惱，願未來世爲苾芻林間宴坐，觀心爲樂，至易簀時，君爲我剃鬚髮，著壞色三衣，用火葬禮，營骨塔於先塋之側。億曰，公三公也，斂贈公袞豈可加於僧體乎。與諸孤議，但以三衣置柩中，不藏寶玉而已。《文瑩湘山録》。

元・拜柱《通制條格》卷二九《漢僧紅衣》　至元七年正月，尚書省奏准聖旨條畫内一款，漢兒和尚每，穿着土鉢和尚紅衣服一迷地行有，欽奉聖旨，那般着的，拏者。

明・文震亨《長物志》卷九《禪衣》　以灑海剌爲之，俗名哈剌，蓋番語不易辨也。其形似胡羊毛片縷縷下，厚如氈，其用耐久，來自西域，聞彼中亦甚貴。

明・程良孺《讀書考定》卷二二《服飾・水田衣》　袈裟名水田衣，又名稻畦帔，王維詩：乞飯從香積，裁衣學水田。王少伯詩：手巾花氎浄，香帔稻畦成。袈裟内典作毠筆，蓋西域以毛爲之，逍遥無塵，皆此衣也。

明・屠隆《考槃餘事》卷四《禪衣》　瑣哈剌絨爲之，外紅裏黑，其形似胡羊，毛片縷縷下垂，用布織爲體，其用耐久，來自西域，價亦甚高，惟都中有之，似不易得。

明・顧起元《客座贅語》卷三《陳後主沈后施物》　瓦官智者禪師在建業靈曜寺，後主遣主書羅闡宣口勑，送金像一軀，光趺五寸。《釋論》一部，闘寶樓拎案一面，山羊鬐麈尾一柄并匣，虎面香爐一面并匣，東田口二。又宣口勑，不許讓口，且留山中使役，勿勞輸送。又送扶月供夏服一通，細蕉五端，絹布各十疋，綿十斤，黄屑二斗，扶月米五石，錢三千文，果菜付隨由扶月送。後住光宅寺。沈后致書云：妙覺和南：今遣内師許大梵往稽首，乞傳香火，願賜菩薩名，庶藉薰菩提眷屬。謹和南。送扶月供薰陸、沈檀各十斤，黄屑一斗，細紙五百張，燭十挺，赤松澗米五石，錢一千文。右件月月供光宅寺。大師答啓云：今名海慧菩薩。又後主扶月供薰陸香一合，檀香三十斤，中藤紙一墮，乳酥一斗，錢二千文。右件月月供光宅寺。黄屑，《開元十道志》：驩州貢黄屑。沈香，香之類也。

隋煬帝爲晉王，嚫戒師衣物，有聖種納袈裟一緣，黄紋舍勒一腰，綿三十屯，鬱泥南布袈裟一緣，黄絲布襪一具，絹四十疋，鬱泥南絲布褊袒一領，黄紬臥褥一領，布三十襌，鬱泥絲布坐褥一具，烏紗蚊幬一張，紙一百張，鬱泥絲布方裙一腰，紫綖靴一量，錢五十貫，鬱泥雲龍綾被一緣，龍須席一領，蠟燭十挺，鬱泥羅頭帽一領，須彌氈一領，銅硯一面，高麗青坐布一具，烏皮履一量，墨二挺，黄絲布被襠一領，南榴枕一枚，和香一盒，鐵錫杖一柄，象牙管一管，麈尾一柄，烏油鐵鉢一口并袋，斑竹筆二管，銅七箸一具，犀角如意一柄并匣，白檀曲几一枚，銅重碗三口，石青爐奩一具，山水繩牀一張，銅搔勞一口，銅香火七箸一具，白檀　支頰一枚，銅澡罐一口，南榴來膝桃一枚，竹蠅拂一柄，鐵剪刀一口，蒲移文木案一具并褥，犀莊瓜刀一

口，鐵剃刀一口，黃絲布隱囊一枚，紫檀巾箱一具，鐵鑷子一具，白瓦唾壺一口并籠巾，柹心筆格一枚，銅燭擎一具，鍮石莊柹心經格一具，犀裝書刀一口，白團扇一柄，爪篆、龍篆、縣針、垂露、飛白、倒薤、魚篆、科斗、小篆、大篆字榖皮屏風一具。净人善心，年十一。右楪開皇十一年十一月二十三日。又施物至玉泉寺五彩四十九尺幡二張，五色斑羅經巾二枚，絹五十疋，錦香鑪襌十張，熏陸香二觔，剃刀十口，鵶納袈裟一領，油鐵鉢十口，雄黃七觔，須彌氈五領。又施天台山：納袈裟十領，龍須席二領，須彌氈二領，貓牛酥三瓶，熏陸香一盒。及爲太子，仁壽元年十二月十七日，施天台山白石香鑪一具，大銅鐘一口，鵶納袈裟一領，鵶納褊衫二領，四十九尺幡七口，黃綾裙一腰，氈二百領，絲布祇支二領，旛一百口，和香二盒，胡桃一籠，衣物三百叚，麥麨一盒，石鹽一盒，酥六瓶。二年，又施天台山飛龍綾法衣一百六十領，旛一百五十張，光明鹽一石，酥五瓶。又别賜灌頂法師金縷成彌勒像，并夾侍菩薩、聖僧、周匝五十三佛，織成經襌七張，織成經袋二口，熏陸香一百觔，酥合和香一觔。

陳、隋二主皈依智者，恣行五欲，自斷善根，所賜嚫施本無足紀，第以其中名相多六朝方物、方言，文人考據間有所遺，因附載之，爲淹通者資一二異聞奇字耳。又智者答上晉王萬春樹皮袈裟一緣，乃梁武帝時外國所獻者。晉王謝啓云：菩薩戒稱所著袈裟，皆染使壞色，況復自然嘉樹，妙彩天成，相應之言，無勞外假。萬春表長生之稱，二翼合善譬之辭，永服周旋，恒充布薩。常事半月，豈惟六日，着如來衣，深荷慈奬。謹和南。衣名甚新奇，啓文亦妙。

明・張鼎思《琅邪代醉編》卷四〇《三衣》 一，僧伽梨。即大衣也。二，欝多羅僧，即七條也。三，安陀會，即五條也。此是三衣。若呼七條、褊衫、裙，爲三衣，誤之也。

衣相。佛住王舍城，經行見稻田畦畔，語阿難云，諸佛衣相如是，從今依此作衣相。記云：田畦貯水生長嘉苗，法衣之田潤以四利之水，增其三善之苗，以養法身資惠命也。

明・田藝蘅《留青日札》卷二七《磨衲衲盂》 磨衲者，高麗僧衣也。甚精好，爲禪師法衲衣。盂，即衣鉢，見《松漠紀聞》。余欲改爲衲盂，更新。西域緝木綿花織成布，曰屈眴布。後人以碧絹爲裏，是達磨所傳者，名曰信衣。又釋伽佛將金縷僧迦黎衣傳與迦葉，爲佛始祖，即大衣也。

明・郎瑛《七修類稿》卷二四《辯證類・僧衣》 僧舊著黑衣，元文宗寵愛欣笑隱，賜以黃衣，其徒後皆衣黃。故歐陽原元題僧墨菊詩云：苾芻元是黑衣郎，當代深仁始賜黃。今日黃花翻潑墨，本來面目見馨香。又薩天錫贈欣笑隱詩云：客遇鍾鳴飯，僧披禦賜衣。正謂是也。今制：禪僧衣褐，講僧衣紅，瑜伽僧今赴應僧也。衣葱白。

明・惠康野叟《識餘》卷一《物考》 三衣。一僧伽梨，即大衣也，二郁多羅僧，即七條也，三安陀會，即五條也，又袈裟曰忍屏鎧、離塵服。

明・朱國禎《湧幢小品》卷二八《傳衣》 《郭青螺集》：萬曆乙酉，予入韶州。問道棹小艇入曹溪。六祖像精彩莊嚴，寺僧因出傳衣、寶鉢、革履。衣似今羊絨褐衣，而間以金縷。《傳燈録》謂西域屈眼布，緝木綿花心織成，理或然也。鉢本瓷器，爲廣東提學魏莊渠所碎，或云有心碎之，或云偶墜諸地，僧以漆膠，仍似鉢形，而寶色無光。革履云是六祖遺履，比今履差長耳。衣是釋迦佛所遺者，有言是達磨所遺，有言是武則天所賜，未有定説。《高僧》等傳，釋迦佛有衣，名金縷僧伽梨衣，釋迦知化期將近，命摩訶迦葉，迦葉敬奉佛敕，後持入鷄足山，自念：今我被糞掃，服持佛僧伽梨，必經五十七俱胝，六十百千歲，至於彌勒出世，終不致壞。於是寂然入定，則釋迦衣未傳也。又《二十四祖師子比丘傳》法婆舍、斯多，并授僧伽梨衣，後斯多適南天，至中印度，彼國王得勝曰：予聞師子比丘不能免於刑戮，何能傳法後人。祖曰：吾師難未起時，密授我信衣，以顯師承。王索其衣焚之，五色相鮮，薪盡如故，王乃大信。即請其衣，秘于王宮。則師子衣未傳也。今曹溪傳衣，實出達磨。考《達磨傳》菩提達磨傳法慧可，命之曰：我傳汝法，并授汝僧伽梨寶鉢，以爲法信。惟恐後世以汝於我異域之人，不信其師承，汝宜持此爲驗，以定其宗趣。吾没後二百年，衣止不傳。後慧可傳僧璨，僧璨傳道信，道信傳弘忍，弘忍傳慧能。弘忍曰：受衣之人，命如懸絲。此後傳法，毋傳衣鉢。慧能稟教，竟止不傳。及坐化後，肅宗慕其道，詔取衣鉢，就内瞻禮。肅宗崩，代宗即位。永泰元年，夢尊者請還衣鉢。天子敬其法，七日，即詔使臣持還曹溪。曹溪傳衣之始末如此。達磨長逝於魏莊帝廢立之際，實梁大通二年。自梁至今，約千餘年，而衣貯曹溪，完備如故。夫金石之刻，其質本堅，如周在鼓、秦太山碑、晉鐵柱之類是也，而

金縷甚脆。草木之生，托根於地，如孔之檜、子貢之楷、老之柏、漢之松是也，而金縷無根。然歷千年不壞，是豈無尸之者耶。嗟乎，庾嶺之爭，惠明不能舉，肅宗之取，唐宮不能留，寶鉢之碎，魏公不能并碎其衣。故今宇内千年之物，獨此衣存。

又《袈裟》 《藝林伐山》云：袈裟名水田衣，又名稻（畔）［畦］帔。王維詩：乞飯從香積，裁衣學水田。王少伯詩：手巾花氎浄，香帔稻畦成。袈裟，内典作毠毟，蓋西域以毛爲之，又名逍遥服，又名無塵衣，然未及袈裟之原也。陳養吾《象教皮編》云：迦羅沙曳，僧衣也。省羅曳字，止稱迦沙。葛洪撰《字苑》，添衣作袈裟。或從毛，作毠毟。一名無垢衣，一名忍辱鎧，一名銷瘦衣，一名離塵服，一名蓮花服，一名福田衣，一名水田衣，一名稻畦帔，一名逍遥服，一名無塵衣，一名去穢衣，一名離染服。乃知袈裟之原，始於迦羅沙曳，至葛洪始加衣字也。

又《五銖衣》 《藝林伐山》又云：《博異志》：天女衣六銖，又曰五銖。《北里志》：玉肌無軫五銖輕。若以爲天女玉肌之衣，不知諸天人皆衣五銖、六銖，不獨天女。且有三銖、一銖、半銖者，不獨五、六。《阿舍經》云：忉利天衣重六銖，炎摩天衣重三銖，兜率陀天衣重一銖半，化樂天衣重一銖，他化自在天衣重半銖。又云：天衣飛行自在。天衣，衣如非衣，光色具足，不可名也。韻注：十黍爲纍，十纍爲銖，八銖爲錙，二十四銖爲兩。五銖、六銖，尚未及半兩，微乎輕矣。

清・俞樾《茶香室四鈔》卷二四《荻花衣》 宋陸務觀《入蜀記》云：過陽山磯，始見九華山岸傍荻花如雪。舊見天井長老彦威云：廬山老僧用此絮著衣，威少時在惠日亦爲之。佛燈珣禪師大嗔云：汝年少輒求温暖，若此豈有心學道邪。退而問兄弟，則堂中百人，有荻花衣者財三四，皆年七十餘矣。愧恐除去。按世傳閔子衣蘆花事，今知蘆荻真可著衣，在苦行猶不輕著也。

清・檀萃《滇海虞衡志・志器》 朴喇，蓬頭跣足，衣不浣濯，卧以牛皮，覆用羊氈。

清・俞正燮《癸巳類稿》卷一五《紅教黄教論》 西域佛分二教，曹魏時譯《七佛父母姓字經》，有婆羅門種，剎利種，婆羅門佛衣黄，剎利佛衣紅。剎利釋迦文佛，繼婆羅門佛後，始衣壞色紅衣。經律所説，則由閱世增飾，隋譯《佛本行集經・剃髮染衣品》云獵服袈裟。唐譯《略教戒經》則作染衣。《法苑珠林》云袈裟，秦言染衣是也。蓋釋迦文佛成道時，其地方行第六佛教，教師多衣黄，佛自染衣作壞紅色，其徒衆從之。《佛本行經》云，佛爲太子時，作瓶天子化作一人，剃頭剪須，衣色純赤，不同白衣，在車前行。乃剎利紅教之先兆。《魏書・釋老志》云，漢世沙門皆衣赤布，後乃易以雜色。牟融《理惑論》云：今沙門剃頭髮，衣赤布，謂漢時西僧依其本法，其後雜色。則中士學佛者服也。《釋老志》：泰常八年十月戊戌，寇謙之得《録圖真經》，經云佛弟子皆髡形，染衣，諸天衣服悉然。是所見皆染衣。《法苑珠林》云，宋費崇先見福遠寺欽尼容儀端嚴，著赭布袈裟，是具儀必著赭。唐支謙譯《根本説一切有部》尼陀那云：苾芻被盜，盜被收。外道認苾芻赤石染服。其言若今冒領賊贓。言外道認苾芻赤石染服，知外道不以赤石染，惟苾芻赤石染也。宋趙汝適《諸番志》、周去非《嶺外代答》并云：真臘僧有室家者黄衣，其寺居戒律精嚴者紅衣，蒲甘僧則皆黄衣。蓋真臘兼二教，蒲甘則黄教也。元李志常《西游記》卷上云：陰山後回紇二小城，近鱉思城，僧皆赭衣，則皆釋迦支派。其緇衣者，中國僧常服。譯經者就所見，爲存其名于經。《魔嬈亂經》云：剃頭沙門，以黑纏形。《海龍王經》云：世尊脱身皂衣分與諸龍。顧歡《夷夏論》云：剪髮緇衣，群夷之服。皆以所見推之。《四分律袈裟音義》云：此言赤血色衣，其色濁赤。然則或言皂緇黑者，以初譯時見濁赤近緇黑，因以實之。世名紅教爲黑派，亦以濁赤也。《宏明集》釋法明云：吴時衣黑衣。《宋書》言：文帝時慧琳道人，孔顗目爲黑衣宰相。《北齊書・上党王焕傳》云：術士言亡高者，黑衣。由是上出行不欲見沙門，以僧衣黑故也。《辨惑論》云：周祖以前忌黑，齊宣欲誅稠禪師，周祖曰：我名黑獺，足以當之，既入關中，令僧衣黄。《酉陽雜俎》又言：北朝僧尼有白布法服，青布袈裟。是漢西僧衣濁赤，即壞色紅衣。其後中士僧有濁赤皂緇黑青白。宇文周時衣黄，實皆紅教也。《明史・烏斯藏大寶法王傳》云：洪武五年十二月賜紅綺禪衣及鞋帽。是釋迦文以後、明以前，西土皆以紅教爲正派，其黄教自仍舊爲一派。《佛本行集經教化兵將品》、《布施竹園品》并云：忉利天帝釋化作梵志，身著黄衣，左持澡瓶右持杖。梵志爲第六佛婆羅門種師，嘗與第七佛爲難者。《侯鯖録》云：唐末豫章有觀音禪衲，今天下皆謂黄袍爲觀音衲。

觀音深入菩提，爲持世之人，與帝釋同願力。曇摩竭譯《觀世音得大勢受記經》云：華德藏問他方菩薩，何人得此三昧，佛言觀世音得大勢二大菩薩。則觀世音于第七佛爲他方，本第六佛教，亦依第七佛。時婆羅門依第七佛者，皆體著袈裟，獨觀世音黄服或五色衣，終不著袈裟。故黄教入中國者，觀音爲始，僧徒皆貿貿然也。《三國志》烏丸等傳注引魚豢《魏略》云：臨兒國浮屠身服色黄，髮青如青絲，乳毛青，爪赤如銅。此言傣像，其身服色黄，服是衍文。此皆言身相，不應及服。《舍利弗問經》言：有五部，黄赤皂木蘭青，謂之五種律衣。唐《西域傳・濫波國》言：集衣爲褶，黄赤不同。則兼外道言之，亦知五種各不相入也。《那揭羅曷國》言：有佛損壞細氈袈裟，其色黄赤，蓋年久不辨。唐義浄《南海寄歸内法傳・著衣法式》云：染作乾陀，及或用地黄黄屑，或複荊檗黄等，此皆宜以赤土赤石研汁和之，或用棗心赤土赤石土紫。據此則西域唐時黄教以紅教福力强盛，其染黄者尚和以赤汁，蓋黄教爲帝釋，爲轉輪聖王，爲梵志，爲魔剎利，目之爲婆羅門四外。

清・梁紹壬《兩般秋雨盦隨筆》卷二《袈裟繡龍》 高廟南巡，浄慈寺明中上人迎駕。上顧問時，偶以手拍其肩。因于紫衣肩上繡金龍一團，人咸非笑之，而不知其有所本。宋朱勔所衣錦袍，徽宗常以手撫之，遂繡御手于肩上。又嘗與内宴，帝以手親握其臂，因以黄帛纏之，與人揖，此臂竟不動。

又卷三《哲那環》 凡僧人偏衫肩下有大環，名曰哲那環。見鄭元祐《遂昌雜録》

《明史》卷六七《輿服志三・僧道服色》 僧道服。洪武十四年定，禪僧，茶褐常服，青條玉色袈裟。講僧，玉色常服，緑條淺紅袈裟。教僧，皂常服，黑條淺紅袈裟。僧官如之，惟僧録司官，袈裟，緑文及環皆飾以金。道士，常服青法服，朝衣皆赤，道官亦如之。惟道録司官，法服、朝服，緑文飾金，凡在京道官，紅道衣，金襴，木簡。在外道官，紅道衣，木簡，不用金襴。道士，青道服，木簡。

清・袁棟《書隱叢説》卷一一《服制》 僧道服略如前朝，其祝獻家居時，亦服馬衣罩甲。掌禮樂部行禮時，猶服海青，即直裰也。

清・高士奇《天禄識餘》卷三《袈裟》 袈裟名水田衣，又名稻畦帔。王維詩：乞飯從香積，裁衣學水田。王少伯詩：手巾花氎浄，香帔稻畦成。袈裟内典作毠毟，蓋西域以毛爲之。又名逍遥服，又名無塵衣。

又 茜帽：元初起圓殿於西宮中，以居西僧，僧官皆着茜帽。

清・福格《聽雨叢談》卷七《喇嘛》 中國之崇信番僧，非自本朝始也。元季番僧稱帝師、國師，王公大臣皆敬謹摩拜。明（季）［紀］永樂時，有宗喀巴喇嘛，傳習紅教，封帝師、國師，梵宇琳宫，窮極宏壯，番經廠作佛事，宫眷亦往頂祝。此皆本朝所無也。初在關外，禁止滿蒙人爲喇嘛、誦經典。自明朝遣李喇嘛往來□□議和，始與番僧交接。其後西北各蒙部，皆因章嘉胡圖克圖等前往説降，曉以天生聖人，撫一涵宇，是其僧衆曾立大勳於國，理宜酬錫帶礪。至轉世之説，亦如中國世襲褒忠之典。乾隆年間，雍和宫建有崇碑，碑高丈餘，厚薄寬廣皆三尺餘，四面分勒滿漢蒙番四體書御製序文，極言番佛功績，以明非漢明帝崇信釋教之意。大哉王言，不闢不佞，以成我朝郅治之宏也。按西僧有紅黄兩教，講經典與中土之釋氏同。紅教能作法術，有類羽流。考西域紅黄二教，婆羅佛衣黄，剎利佛衣紅。其剎利釋迦文佛繼婆羅門者，始衣壞色，（迨）［殆］今之緇衣乎。又《法苑珠林》云，袈裟，秦言染衣是也。《魏書・釋老志》云，漢世沙門皆衣赤布，後乃易以雜色。牟融《理惑論》，今沙門剃頭髮，衣赤布，謂漢世西僧依其本法，其後雜色，則中土學佛者服也。黄衣則第六法門之徒，觀世音一脈之正宗也。凡諸説所見，是漢時僧服，與今紅黄教無異，是以世繪達摩之裝，頗似今之喇嘛。或云，今之禪僧寬袍大袖，是效明季衣冠，喇嘛之袍褂，是效蒙古及本朝衣冠，皆非其本來面目，似亦近之。

按今之黄教祇准服黄色，紅教祇准服紅紫黄三色，其他雜色皆弗准用。暖帽黄胎，安紅結，不綴纓，袍無前後開衩，此皆别於士人者也。夏日涼笠似鈸鐃，不綴纓，亦與士人緯帽不同。其做法事時，又有桃兒帽及如魚翅之黄氈帽，如漁婆之風笠，種目甚多。

又大喇嘛准穿貂褂，亦用黄裏，蟒袍無前後開衩。又按《輟耕録》云，孛（木）［朮］魯翀子翬公在翰林時，進講罷，上問曰：三教何者爲貴。對曰：釋如黄金，道如白璧，儒如五穀。上曰：若然，則儒賤邪。對曰：黄金白璧，無亦何妨，五穀於世，豈可一日闕也。上大悦。

又按崇德二年三月，諭諸臣曰：喇嘛等以供佛持戒爲名，潛肆貪奸，直

妄人耳；蒙古諸人信其懺悔超生等語，致有懸轉輪布旛之事，嗣後俱宜禁止云云。是從前我朝之於番僧，實有禁令，及統一涵宇後，蒙古崇信最虔，明季之番經廠、中正殿及各寺院，番僧甚多，其勢有不能禁者，故仍之。

清・王士禛《香祖筆記》卷三　漢僧徒著赤布，僧迦梨、秣陵僧，衣色仿西竺。宇文周忌聞黑衣之讖，易以黃色，衣褐亦起於宇文。

清・顧公燮《消夏閑記摘鈔》　二種喇嘛。佛教喇嘛，有黃教紅教二種，各以其衣別之也，黃教講道理，明因果，與禪家派別源同，紅教則惟以幻術勝，考西域吞刀吞火之幻人，前漢已有，蓋其相傳遺術，非佛氏本法也，故黃教謂紅教曰魔，或曰，是即波羅門佛經所謂邪師外道也，似爲近之。

清・張岱《夜航船》卷一一《日用部・衣裳》　僧衣。赤布，後周易黃，宇文周易褐色。北齊忌黑，以僧衣多黑，始行師忌僧。

紀事

宋・釋道原《景德傳燈録》卷五《第三十三祖慧能大師》　上元元年，肅宗遣使就請師衣鉢，歸内供養，至永泰元年五月五日，代宗夢六祖大師請衣鉢，七日敕刺史楊瑊雲，朕夢感能禪師請傳法袈裟卻歸曹溪，今遣鎮國大將軍劉崇景，頂戴而送，朕謂之國寶。

又　問師上足令韜曰：如何處斷。韜曰：若以國法論，理須誅夷，但以佛教慈悲，冤親平等，況彼求欲供養，罪可恕矣。柳守加歎曰：始知佛門廣大。遂赦之。上元元年庚子西元七六零年肅宗遣使就請師衣鉢歸内供養。至永泰元年乙巳西元七六五年五月五日，代宗夢六祖大師請衣鉢，七日，敕刺史楊緘雲：朕夢感能禪師請傳衣袈裟卻歸曹溪，今遣鎮國大將軍劉崇景頂戴而送。

又卷一二《越州清化全付禪師》　至忠獻王賜以紫方袍，師不受。王改以衲衣。仍號純一禪師。師曰，吾非飾讓也，慮後人仿吾而逞欲耳。開運四年丁未秋七月，示疾安然坐逝，有大風震摧林木，壽六十六。臘四十五。

宋・釋曉瑩《羅湖野録》卷四　佛鑒禪師。元符二年，首衆僧於五祖，於時太平靈源赴黃龍，其席既虛，靈源薦佛鑒於舒守孫鼎臣，遂命之出世，演和尚付法衣。佛鑒受而捧以示衆曰，昔釋迦文佛以丈六金襴袈裟披千尺彌勒佛身，佛身不長，袈裟不短，會麽，即此樣，無他樣，自是一衆悚服。

宋・沈括《夢溪筆談》卷二三《譏謔》　知府獨具隻眼。有一南方禪僧到京師，衣間緋袈裟，主事僧素不識南宗體式，以爲妖服，執歸有司，尹正見之亦遲疑未能斷，良久喝出禪僧，以袈裟送報慈寺泥迦葉披之。人以謂此僧未有見處，却是知府具一隻眼。

宋・釋贊寧《宋高僧傳》卷八《唐韶州今南華寺慧能傳》　遂賜摩納袈裟一緣，鉢一口，編珠織成經巾緑質紅暈花綿巾，絹五百匹充供養。【略】開元十一年，果有汝州人受新羅客購潛施刃其元，欲函歸海東供養。有聞擊鐵聲而擒之。其塔下葆藏屈眴布欝多羅僧，其色青黑碧縑複袷，非人間所有物也，【略】五祖自何而識一介白衣便付衣耶。通曰：一言知心更無疑貳，況複記心輪間如指之掌，忍師施一味法何以在家受衣鉢乎。秀師則否。通曰：是法寧選緇白，得者則傳。周封諸侯乃分分器，同姓異姓別也。以祖師甄別精粗以衣爲信。

又卷二二《齋院法圓傳》　唐開元中太原東北有李通玄者，言是唐之帝胄，不知何王院之子孫，輕乎輕冕尚彼林泉，舉動之間不可量度。身長七尺餘，形貌紫色眉長過目，髭鬢如畫，髮紺而螺旋，唇紅潤齒密緻。戴樺皮冠衣大布縫掖之制，腰不束帶足不躡履，雖冬無皴皸之患，夏無垢汗之侵。

又卷二八《宋錢塘永明寺延壽傳》　高麗國王覽其録，遣使遺金綫織成袈裟，紫水精數珠金澡罐等，以開寶八年乙亥終于住寺。

元・釋覺岸《釋氏稽古略》卷二　敕葬沙門。法師竺法潛，哀帝興寧二年詔講般若經於禁中，潛著屐至殿中，人聚觀嘆道德高風之盛。帝嘗强以衣冠，潛不允，辭還剡山。其後支遁寓書求買沃州小嶺以歸隱，潛答曰：欲來當給，未聞巢由買山而隱也。至是年入寂。武帝下詔曰：法師理悟虚遠，風鑒清高。謝宰輔之榮，襲染衣之素，山居世外，篤勤匪懈，方賴宣道以濟蒼生。奄從遷謝，用痛于懷。其賜緡錢十萬，助建塋塔。凡中國敕葬沙門，自潛而始也。

又卷三　八月帝賜法師百金磨衲并寶剃刀，法師奉表謝，略曰，忍辱之

服彩合流霞，智慧之刀銛逾切玉，謹當衣以降煩惱之魔，佩以斷塵勞之網。

又 貞觀二十二年，帝自伐遼而還氣力不逮，乃留神大教，八月問玄奘法師曰，欲植法門之益，何所宜先。奘曰，衆生寢惑非慧莫啓，慧芽抽植法爲之資，弘法須人度僧爲最。帝悅，賜奘磨衲衣并寶力，奘表謝具前本傳下。

又 太后尊師爲國師，至中宗神龍二年賜紫袈裟，爲度弟子二七人，延入禁中供養，是時中宗遣内侍薛簡詔六祖，祖不赴詔逾三年，中宗又賜師磨衲僧衣，辭歸嵩嶽，景龍三年三月三日，囑門人曰，吾死矣將尸向林中，待野火焚之，至八日偃身而寂。

又卷四 春二月十六日，帝長春節，詔許四海僧上表入殿庭比試三學，下開封府功德使差僧證經律論義十條，全通者賜紫衣，號手表僧，至太宗大平興國四年，功德使奏，天下一家不須手表，自此皇帝誕日宰輔親王監司刺史各薦所知三學僧，惟兩街僧録所薦者，是日入内授門下牒，謂之簾前師號，仍給紫衣，謂之簾前紫衣，分賜訖便同賜齋。

又 宋二月詔改佛爲大覺金仙，餘爲仙人大士，僧稱德士，尼爲女德士，寺爲宫，院爲觀，禁銅鈸，賜佛天尊服，德士衣道流戴冠執笏。

又 金國海慧大師遷化，帝偕後親奉舍利，五處立塔，特謚佛覺佑國大禪師，次年正月賜清慧號佛智護國大師，登國師座，特賜金襴僧伽黎大衣珍異瓶爐寶器，帝與後親奉接足禮拜授衣，其欽敬古所未有。

又 是年十月登戒參學來杭州，見松源岳於靈隱，肯堂充於浄慈，謁破庵先禪師於平江西華秀峰，頓悟玄旨，出世明州清凉，移焦山，遷雪竇，詔住育王，遷徑山，召入對修政殿，賜金襴僧衣。

明・郭正域《明典禮志》卷一八《僧道》 洪武十五年十二月乙酉定天下僧道服色，凡僧有三，曰禪，曰講，曰教。禪僧茶褐常服，青絛玉色袈裟。講僧玉色常服，深紅絛，淺紅袈裟。教僧皂常服，黑絛淺紅袈裟，僧官如之。惟僧録司官袈裟緑文及環，皆飾以金，道士常服青法服，朝衣皆用赤色，道官亦如之，惟道録司官法朝服衣緣紋飾金。

明・俞汝楫《禮部志稿》卷六四《章服備考・士庶冠服》 僧道服色。洪武十五年十二月乙酉定天下僧道服色，凡僧有三，曰禪，曰講，曰教。禪僧茶褐常服，青絛玉色袈裟，講僧玉色常服，深紅絛，淺紅袈裟，教僧皂常服，黑絛淺紅袈裟，僧官如之。惟僧録司官袈裟緑文及環，皆飾以金，道士常服青法服，朝衣皆用赤色，道官亦如之，惟道録司官法朝服衣緣紋飾金。凡在京道官，紅道衣，金襴，木簡。在外道官，紅道衣，木簡，不用金襴。道士，青道服，木簡。

藝文

宋・羅大經《鶴林玉露》卷八《贈頭陀詩》 楊誠齋贈抄經頭陀詩云：刺血抄經奈若何，十年依舊一頭陀。袈裟未着言多事，着了袈裟事更多。今世儒生，竭半生之精力，以應舉覓官。幸而得之，便指爲富貴安逸之媒，非特於學問切己事不知盡心，而書册亦幾絶交。如韓昌黎所謂墻角君看短檠棄，陳后山所謂一登吏部選，筆硯隨掃除者多矣。是未知著了袈裟之事更多也。余同年李南金登第後，畫師以冠裳寫其真。南金題詩云：落魄江湖十二年，布衫闊袖裹風烟。如今各樣新裝束，與却清狂賣却顛。雖一時戲語，然知紳裳之束縛，非韋布比，而加意檢束，亦自有味。

清・褚人穫《堅瓠集》五集卷三《解衣留鎮山門》 松江佘山慧日院佛像落成，徐文貞階奉世廟欽賜蟒衣一襲付僧圓實，因賦一詩云：單衣露冷宿曇華，誤綰宫袍傍帝車。拈向山門君莫笑，細看還是舊袈裟。萬曆丁酉，陸文定樹聲年八十有九，亦以衲衣一襲付慧日院，手書偈於衲之表云：解組歸來萬慮捐，盡將身世付安禪。披來戒衲渾無事，不向歌姬爲乞緣。此二事與東坡解帶留鎮山門同一風流也。

雜録

唐・釋道宣《廣弘明集》卷九《觀音侍老七》 有道士造老像，二菩薩侍之。一曰金剛藏，二曰觀世音。又道士服黄巾帔，或以服帊通身被之。偷佛僧袈裟法服之相，其服黄帔，乃是古賢之衣，横披加前兩帶者，今悉削除。學僧服像。

又　道化人時傳黄衣當王，魯遂令其部衆改著黄衣巾帔，代漢之徵。自爾至今黄服不絶，像服沙門。良可悲也。

唐・釋玄應《一切經音義》卷一　憍奢耶。此譯云蟲衣，謂用野蠶絲綿作衣也。應云俱舍，此云藏，謂蠶藏在繭中，此即野蠶也。

唐・段成式《酉陽雜俎》前集卷三《貝編》　寧王憲寢疾，上命中使送醫藥，相望於道。僧崇一療憲稍瘳，上悦，持賜崇一緋袍魚袋。

五代・馮鑑《續事原》　紫衣。《唐代宗實録》云：大曆三年詔，杭州僧惠崇内賜紫袈裟。

五代・孫光憲《北夢瑣言》卷一〇　唐狄歸昌右丞，愛與僧游，每誦前輩詩云：因過竹院逢僧話，略得浮生半日閒。其有服紫袈裟者，乃疏之。鄭谷郎中亦愛僧，用比蜀茶，乃曰：蜀茶與僧，未必皆美，不欲舍之。僧鸞有逸才而不拘檢，早歲稱卿御，謁薛氏能尚書於嘉州。八座以其顛率，難爲舉子，乃俾出家，自於百尺大像前披剃，不肯師於常僧也。後入京，爲文章供奉，賜紫。柳玭大夫甚愛其才，租庸張相亦曾加敬，盛言其大用。由是反初，號鮮于鳳，修刺謁柳公，公鄙之不接。又謁張相，張相亦拒之。於是失望而爲李鋋江西判官，後爲西班小將軍，竟於黄州遇害。

宋・錢易《南部新書》卷己　道吾和尚上堂，戴蓮花笠，披襴執簡，擊鼓吹笛，口稱魯三郎。

宋・陶穀《清異録》卷上《釋族門・紫織方》　獲嘉禿士貫微，僭奢如貴要子弟。旋織小疊勝羅染椹服，號紫織方。

又《三隻襪》　去習者，雲行至峨眉山而隱，蓄三隻襪，常穿二補一。歲久，裂帛交雜，望之茸茸焉，自呼爲獅子襪。

又卷下《衣服門・氅裝》　男子出家學佛，始衣礬墨連裙黗，謂之氅裝。

宋・釋贊寧《宋高僧傳》卷六《唐彭州丹景山知玄傳》　一日玄宴坐見茂孝披紫服戴碧冠，三禮畢乘空而去。玄令人偵問茂孝，其夕誡其子曰：吾常欲落髮披緇，汲瓶挈屨。侍玄公所累者，簪冕也。吾蓋棺時殮以紫袈裟，碧芙蓉冠。

又卷一一《唐澧陽雲巖寺曇晟傳》　釋曇晟，俗姓王氏，鍾陵建昌人也，始生有自然胎衣，右袒猶緇服焉，遂請出家。【略】系曰商那和修華言胎衣也，以其生帶衣而誕以繒肉，而非幼爲綳褓。長且稱身，出家成法服。至入滅闍維方爲煨燼焉，晟師之有胎衣止不及爲嬰兒已往之服耳。

又卷一六《唐會稽開元寺允文傳》　武宗澄汰例被搜揚，晝披縫掖之衣，夜著縵條之服。

又《梁蘇州破山興福寺彦偁傳》　武肅王錢氏知重，每設冥齋名行持明法，時覆肩衣自肱而墮還自搭上，或見鬼物隨侍焉，所謂道德盛則鬼神助也。

又卷一九《唐西域亡名傳》　唐西域亡名傳，釋天竺亡名，未詳何印度人也。其貌惡陋，纏乾陀色縵條衣，穿革屣曳鐵錫，化行于京。

宋・釋道原《景德傳燈録》卷三　後孝明帝聞師異迹，遣使賫詔徵，前後三至，師不下少林，帝彌加欽尚，就賜磨衲袈裟二領，金鉢銀水鉼繒帛等，師牢讓三返，帝意彌堅，師乃受之，自爾緇白之衆，倍加信向。

又　乃顧慧可而告之曰，昔如來以正法眼付迦葉大士，展轉囑累而至於我，我今付汝，汝當護持，并授汝袈裟以爲法信，各有所表宜可知矣。可曰：請師指陳。師曰：内傳法印以契證心，外付袈裟以定宗旨，後代澆薄，疑慮競生，云吾西天之人，言汝此方之子，憑何得法，以何證之，汝今受此衣法，却後難生，但出此衣并吾法偈，用以表明，其化無礙，至吾滅後二百年，衣止不傳。

又卷五　時韶新兩郡各修靈塔，道俗莫決所之，兩郡刺史共焚香祝云，香烟引處，即師之欲歸焉。時爐香騰涌，直貫曹谿，以十一月十三日入塔，壽七十六。前韶州刺史韋據撰碑，門人憶念取首之記，遂先以鐵葉漆布固護師頸，塔中有達磨所傳信衣，西域屈眴布也，緝木綿華心織成，後人以碧絹爲裏。中宗賜磨納寶鉢方辯塑真道具等。

又卷一二　有一紫衣大德到禮拜，師拈帽子帶示之云，遮個唤作什麽。大德云，朝天帽。師云，恁麽即老僧不卸也。師復問，所習何業。云，唯識。師云，作麽生説。云，三界唯心，萬法唯識。師指門扇云，遮個是什麽。云，是色法。師云，簾前賜紫，對御譚經，何得不持五戒。無對。

又　涿州紙衣和尚，初問臨濟，如何是奪人不奪境。臨濟曰，春煦發生鋪地錦，嬰兒垂髮白如絲。師曰，如何是奪境不奪人。曰，王令已行天下遍，將軍塞外絶烟塵。師曰，如何是人境俱不奪。曰，王登寶殿，野老謳歌。師曰，如何是人境俱奪。曰，并汾已信，獨處一方。師於言下領旨，深入三

玄三要四句之門，頗資化道。

又卷一六　台州涌泉景欣禪師，泉州仙游人也，本白雲山受業，得石霜開示，而止丹丘涌泉之蘭若。一日，師不披袈裟吃飯，有僧問，莫成俗否。師曰，即今豈是僧邪。

又卷二二　師上堂僧問，天錫六銖披挂後，將何報答我皇恩。師曰，來披三事衲，歸挂六銖衣。

又卷二七　天台豐干禪師者，不知何許人也，居天台山國清寺，剪髮齊眉衣布裘。

宋・楊延齡《楊公筆録》　越州法華山天衣寺有梁舉禪師金鏤袈裟，玻璃鉢，晉飛雲大師曇翼真身，婁約禪師紅銀無底澡瓶，智者禪師刺血書小字《法華經》，予元豐中作尉山陰，屢往觀之，時守愛長老住持，愛頗能詩，有見贈詩，其間一聯云：案上應無一宿事，架頭常有百篇詩。

宋・范鎮《東齋記事》卷四　初，人家門前，各以闊狹管認僧衆茶湯。其一僧遺袈裟、笠子而去。行茶者至，衆皆以爲聖僧羅漢，争分袈裟、笠子無孑遺者。頃之，僧還，乃登厠來。衆大笑，復集錢市袈裟、笠子償之。至今傳之爲笑。

宋・釋惠洪《冷齋夜話》卷一〇《石崖僧》　予遊褒禪山石崖下，見一僧，以紙軸枕首，趺足而卧。予坐其旁，久之乃驚覺起，相向熟視予曰：方聽萬壑松聲，泠然而夢，夢見歐陽公羽衣折角巾杖藜，逍遥穎水之上。予問：師嘗識公乎。曰：識之。予私自語曰：此道人識歐公，必不凡。乃問曰：師寄此山如今幾年矣，道具何在，伴侣爲誰。僧笑曰：出家欲無累，公所言衮衮多事人也。曰：豈不置鉢耶。曰：食時寺有椀。又曰：豈不畜經卷耶。曰：藏中自備足。曰：豈不備笠耶。曰：雨即吾不行。曰：鞋履亦不用耶。曰：昔有之，今弊棄之，趺足行，殊快人。

宋・葉夢得《避暑録話》卷上　和尚置梳篦，亦俚語，言必無用也。崇寧中間改僧爲德士，皆加冠巾。蔡魯公不以爲然，嘗争之不勝。翌日有冠者數十人詣公謝，髮既未有，皆爲贋髻，以簪其冠。公戲之曰：今當遂梳篦乎。不覺烘堂大笑，冠有墜地者。

宋・朱弁《曲洧舊聞》卷九　天禧詔收瘞遺骸，並給左藏庫錢，厥後無人舉行。元豐二年三月，因陳向爲提舉常平官，詔命主其事。向又乞命僧守護，葬墳及三千人以上，度僧一人，三年與紫衣，有紫衣與師號。

又　元豐四年六月辛酉，詔自今紫衣師號，止令尚書祠部給牒，牒用綾紙。被受師名者納綾紙六百，至是罷。

宋・龔明之《中吴紀聞》卷三《本禪師》　宗本圓照禪師，乃福昌一飯頭。福昌，承天寺子院。懵無所知，每飯熟，必禮數十拜，然後持以供僧。一日忽大悟，恣口所言，皆經中語，自此見道甚明。後住靈巖，近山之人，遇夜則面其寢室拜之。侍僧以告，遂置大士像於前。人有飯僧者，必告之曰：汝先養父母，次辨官租，如欲供僧，以有餘及之。徒衆在此，豈無望檀那之施。須先爲其大者。其它率以是勸人。仁宗嘗召至京師，賜金襴衣，加圓照師號。後復歸本山。

宋・王讜《唐語林》卷七《補遺》　僧從誨住安國寺，道行高潔，兼工詩，以文章制應。宣宗每擇劇韻令賦，誨亦多稱旨。累年供奉，望方袍之賜，以耀法門。上兩召至殿上，謂之曰：朕不惜一副紫袈裟，但師頭耳稍薄，恐不勝耳。竟不賜。悒悒而卒。

宋・吴曾《能改齋漫録》卷一五《磨納衣》　磨納爲衣，古來有之。隋江總《山水納袍賦》曰：裁縫則萬壑縈體，針縷則千巖映目。圖島嶼之削成，寫淪漣之徑復云云。

宋・釋曉瑩《羅湖野録》卷一　玉泉皓禪師【略】嘗製犢鼻裩，書歷代祖師名而服之。乃曰：唯有文殊普賢較些子，且書于帶上，故叢林目爲皓布裩。有侍僧效之，皓見而詬曰：汝具何道理，敢以爲戲事耶。

又　三爲山小秀禪師【略】大秀陰知其意，即和偈曰：孰能一日兩梳頭，緺得髻根牢便休，大底還佗肌骨好，不搽紅粉也風流。

宋・程大昌《演繁露》卷一二《僧衣環》　《唐會要》：吐蕃官章飾有五等：一瑟瑟，二金，三以金飾銀，四銀，五熟銅。各以方圓三寸褐上裝之，安膊前，以辨貴賤，今僧衣，謂之袈裟者，當胸有環環，中著鍵，横紐上下，牙角銀銅，隨力爲之。其源流殆出此乎。

宋・陸游《入蜀記》卷三　九華之名益盛。惟王文公詩云盤根雖巨壯，其末乃修纖，最極形容之妙。大抵此山之奇，在修纖耳。然無含蓄敦大氣象，與廬阜、天台異矣。岸傍荻花如雪。舊見天井長老彦威云，廬山老僧用此絮紙衣。威少時在惠日，亦爲之，佛燈珣禪師見而大嗔云：汝少

年，輒求温暖如此，豈有心學道邪。退而問兄弟，則堂中百人，有荻花衣者財三四，皆年七十餘矣。

金・宇文懋昭《重訂金國志》卷三六《浮圖》 浮圖之教，雖貴戚、望族多舍男女爲僧尼，惟禪多而律少。在京曰國師，師府曰僧録。僧正列郡曰都綱，縣曰維那，披剃威儀與南宋等。所賜號曰大師、曰大德，並賜紫。所謂國師，在京之老尊宿也，威儀如王者。國主有時而拜，服真紅袈裟，升堂問話、講經與南朝等。僧録、僧正、師府，僧職也，皆擇其道行高者，限三年爲一任，任滿則又別擇人。張官府，設人從，僧尼有訟者，皆理而決遣之，並服紫袈裟。都綱，則列郡僧職也，亦以三年爲任，有師號者，賜紫，無者如常僧服。維那，縣僧職也，僧尼有訟者，笞以下決遣之，杖以上者並申解僧録、都綱司。

元・劉祁《歸潛志》卷一〇 余高祖南山翁未第時，嘗夢游山寺，見佛衣紋隱隱如金字，然細視之，乃七言詩也。覺而記其四句云：喜逢漢代龍興日，高謝南山豹隱秋。蟾宫好養青青桂，須占鰲頭穩上游。已而，金朝初開進士舉，中魁甲。繼以二子西岩、龍泉同擢第，又繼以孫中奉君、朝列君，曾孫翰林君、奉政君，凡四世八人也。在南京時，中奉君嘗求書八桂堂于趙閑閑，閑閑曰：君家豈止八桂而已耶。爲書叢桂桂窟四字。

元・釋德煇《敕修百丈清規》卷下《大衆章第七・裝包》 古者戴笠。笠内安經文茶具之類。衣被束前後包。插祠部筒戒刀。今則頂包裝包之法。用青布袱二條，先以一條收拾衣被之屬，仍用油單裹於外，復用一條重包於外，四角結定用小鎖鎖之，仍繫包鈎於上。度牒有袋懸胸前，袈裟以帕子縛定。入腰包繫於前，下裳鞋襪有袋繫於後。右手携主杖。途中雲水相逢，彼此叉手朝揖而過。如游山到處將及門，下包捧入旦過。安歇處解包取鞋襪，濯足更衣。搭架裟與知客相看。

元・釋覺岸《釋氏稽古略》卷二 二十五祖婆舍斯多尊者，【略】王有二子，一名德勝，二名不如蜜多，後德勝嗣位，信向外道致難于祖，遽問祖曰：予聞師子比丘不免於戮，何能傳法。祖曰：我師難未起時，授我信衣法偈，以顯師承。王曰：其衣何在。祖探囊中出衣示王，王命焚之，五色相鮮薪燼如故。王即敬禮曰：師子真嗣，王弟不如。蜜多遂求出家，侍祖六年，於王宫受具，羯磨之際大地震動，祖命之曰：吾已衰朽，安可久留，汝當善護正法眼藏普濟群有。聽吾偈曰：聖人説知見，當境無非是，我今悟真性，無道亦無理。不如蜜多聞偈已，啓祖曰：法衣宜傳授邪。祖曰，此衣爲難故假以爲證，汝身無難，何假其衣，化被十方人自信向。祖乃現于神變，化三昧火自焚其身，平地舍利可高一只，德勝王創浮圖而秘之，當此東晉明帝之世也。《正宗記》。

又卷四 浙西湖州有邵宗益者，剖蚌中有珠現阿羅漢像，偏袒右肩，矯首左顧，衣紋畢具，僧俗驚喜，奉之以歸城南慈感天台教寺。

又 寧宗諱擴，光宗長子，封嘉王，即帝位，臨下以簡，御衆以寬，省刑薄賦，罷歲貢寬民力，留心帝王之業，服澣濯之衣，二十七歲受禪，在位三十年，壽五十七歲。

明・鄭名選《秕言》卷一《海青》 吴中方言稱衣之廣袖者謂之海青。桉太白詩云：翩翩舞廣袖，似鳥海東來。蓋東海有俊鶻名海東青。白言翩翩廣袖之舞，如海東青也。

明・董斯張《廣博物志》卷三八 佛入舍衛城分衛，身衣有少穿壞，有一婆羅門，見佛衣壞，即其家中得少白氎，持用施佛，唯願如來當持此以補衣，佛即受之，佛與授記，便與當來世。兩阿僧祇刼之中當得作佛。佛姨母摩訶波闍汲提佛已出家，手自紡織，預作一端金色之氎，積心係想唯俟於佛，既得見佛，喜發心髓，即持此氎奉上。如來佛告憍曇彌，汝持此氎，往奉衆僧。波提重白佛言：自佛出家，心每思念，故手自紡織，規心俟佛唯，願垂愍爲我受之。佛告之曰：知母專心欲用施我，然恩愛心福不弘廣，若施衆僧獲報彌多，我知此事，是以相勸。《賢愚經》。

清・鈕琇《觚賸》卷一《吴觚上・術者言》 順治元年夏五月，嘉興用里街徐圃臣，偕同人三五中堂暑話。聞堂柱中膈膊三響，柱忽開裂，跳出一緇衣雛僧，長二寸許，背負黄袱包繞地疾走。衆皆駭□，環而逐之，隨手攫得，咥然有聲。以漆盒緘覆，移時闃寂。啓視則化爲燕窩，殘泥零落，他無所有。是時天下初定，王師南下，所至歸命，禾郡已改服薙髮矣。而人情摇摇，潛蓄異謀。適遇柱僧之怪，亟召術者黄姓占之。黄顰蹙良久曰：此大不祥。夫僧者，薙髮之象也。負包而走者，無家可歸也。燕泥零落者，破巢之下無完卵也。吾郡其有大厄乎。未幾徽人入禾，倡亂舉兵。王師聞

變，自閩返旅攻城。城陷，焚戮之慘，竟符前兆。

又卷六《秦觚·神僧》 蒲城羅秀才，家貧授徒，館於邑之東偏。暇日緩步池上，天正晴朗，聞樹杪颯颯聲，風雷驟作，羅生闔户少息。出遇一僧，毰毸披髮，覆被肩而布衲芒鞋，貌甚奇。

清·王士禛《香祖筆記》卷五 隋煬帝所嚫衣物又有南榴夾膝桃一枚，柹心筆格一枚，篆字縠皮屏風一具，鵶納袈裟一領，絲布袛支二領，銅搔勞一口，布三十襌。

佛教戒律

綜　述

晉·法顯《摩訶僧祇律》卷二一 坐時不得坐衣上，當一手褰衣一手案坐具，然後安詳而坐。

又卷三五 佛言，從今已後，衣應如是。若衆多人共一房住者，衣應各自襞褺以葉著內。若他衣架上，以腰繩繫之。復不得持和上衣阿闍梨衣裹己衣，當持己衣覆和上阿闍梨衣。若春時多塵土者，當持己衣覆上，若夏地濕者，當持己衣著下。不得使房中有塵土，當數數水灑之巨摩塗地。不得持衣捻捉唾壺大小便器捉革屣，不得盛糞掃拾巨摩，若有垢膩當數浣染縫。視衣當如皮想，衣法應如是，若不如是越威儀法。【略】行時不得覆頭覆右肩著革屣，當偏袒右肩。【略】

乃至佛言，應如是著衣。云何如是著衣。欲入聚落時，不得脱園中內衣露身求入聚落內衣，不得脱入聚落內衣露身求園中內衣。欲入聚落時，當先取入聚落內衣自近，不得著聚落衣已於下挽園中內衣出，應隨一邊著一邊脱。出聚落時脱入聚落內衣著園中內衣亦爾。著內衣法應如是，若不如是越威儀法也。

又卷三八 佛住舍衛城。爾時有比丘尼，如女人著衣，爲世人所嫌，云何比丘尼著長衣曳縷而行，如世間女人，此壞敗人何道之有。比丘尼聞已語大愛道，大愛道即以是事具白世尊。佛言，呼比丘尼來。來已問言，汝實爾不。答言實爾。佛言，從今已後，不聽合縷作衣，當應量作。【略】

佛住舍衛城。爾時有比丘尼年少端正，著衣道行，時兩乳現出，男子見已笑之。諸比丘尼聞已語大愛道，大愛道即以是事往白世尊。乃至佛言，從今已後，比丘尼應作僧祇支。復次爾時有比丘尼，留縷作僧祇支長廣。乃至佛言，從今日後，截縷應量作。

又卷四〇 佛住舍衛城。爾時偷蘭難陀與衆多女人，到阿耆羅河脱衣洗浴。比丘尼先出，取女人莊嚴腰物纏腰已，語女人言看我好不。諸女人言，我食欲人纏腰使細，欲令夫主愛念，阿梨耶，用是何爲。比丘尼聞已，以是事具白大愛道，乃至答言實爾。世尊。佛言，此是惡事。從今已後，不聽比丘尼纏腰。若用女人纏腰物纏腰越比尼罪，若有癰瘡纏腰無罪。

佛住舍衛城。爾時偷蘭難陀比丘尼共衆多女人，到阿耆羅河邊，脱衣放一處入水洗浴。先出岸上著女人襏衣，語諸女人言，看我宜著不。女人言，我是俗人著此已，欲令夫主愛念，汝用著是爲。諸比丘尼以是因緣往白世尊，乃至答言實爾。佛言，從今日後，不聽著襏衣。襏衣者，珂貝琉璃真珠玉金銀摩尼如是比。莊嚴陰衣不聽著，下至結縷作陰衣相，越比尼罪，若陰上有癰瘡裹者無罪。是名襏衣。

佛住舍衛城。乃至洗浴，先出著女人莊嚴服。諸比丘尼以是因緣往白世尊乃至答言實爾。佛言，從今日後，不聽著女人莊飾服。女人服者，頭上光鍱額耳鐶鈴瓔珞指鐶臂釧腳釧如是比。一切女人嚴飾服不聽著。若著者越比尼罪，若身有癰瘡，以藥塗纏無罪。是名女人嚴飾服。

又 佛住舍衛城。爾時有年少比丘尼，端正乳出，人見皆笑。諸比丘尼以是因緣往白佛，乃至答言實爾。佛言，從今日後，當作僧祇支，作法者如上説。應先著覆乳衣然後著餘衣，若不畜僧祇支越比尼罪，有而不著亦越比尼罪。是名僧祇支法。

佛住毘舍離。如跋陀羅比丘尼緣中廣説。佛言，不聽裸身浴，當用浴衣。不聽裸形入河若池水中浴，當著雨衣。若裸浴越比尼罪，若避隱處無人處裸浴無罪。是名浴衣法。

又 佛住舍衛城。爾時偷蘭難陀比丘尼大乳，著一僧祇支於閣上經

行。俗人遥見自相謂言，看是似如水上浮瓠。諸比丘尼以是因緣往白。乃至佛言，從今日後，當作覆肩衣。覆肩衣者，襞疊拖覆肩上。若不作不著越比尼罪，不聽比丘尼高處著一重僧祇支經行，若屏處著一重僧祇支無罪。是名僧祇支。

佛住舍衛城。爾時釋種女、摩羅女、梨車女、貴勝家女出家善知莊嚴，有嫁女娶婦，皆借倩莊嚴，得好飲食，爲世人所譏，此非出家人，是客莊嚴人耳。諸比丘尼以是因緣往白。乃至佛言，從今已後，不聽莊嚴女人。莊嚴者，梳頭莊眼粉面朱脣，著嚴飾服以自活命者越比尼罪，若有頭痛眼痛得磨著藥無罪。是名莊嚴法。

又 佛住舍衛城。爾時釋種女摩羅女梨車女出家，紡縷而賣爲世人所嫌，此非出家人，此是賣縷人也。諸比丘尼以是因緣往白。乃至佛言，從今已後，不聽紡縷。紡縷者，劫貝、縷芻、摩縷，憍舍耶。縷舍那，麻縷，紡縷。賣活命者越比尼罪，若欲作漉水囊腰帶紡者無罪。是名紡縷法。

清・觀奕道人《灤陽消夏録》 滄州憩水井有老尼曰慧師父，不知其爲名爲號，亦不知是此慧字否，但相沿呼之云爾，余幼時嘗見其出入外祖張公家，戒律謹嚴，併糖不食，曰糖亦猪脂所點成也。不衣裘，曰，寢皮與食肉同也。不衣綢絹，曰一尺之帛，千蠶之命也。供佛麵筋必自製，曰市中皆以足踏也，焚香必敲石取火，曰竈火不潔也。清齋一食，取足自給，不營營募化。外祖家一僕婦，以一布爲施，尼熟視識之，曰：布施須己財方爲功德，宅中爲失此布，笞小婢數人，佛豈受如此物耶。婦以情告曰：初謂布有數十疋，未必一一細檢，故偶取其一，不料累人受捶楚，日相詛咒，心實不安，故布施求懺罪耳。尼擲還之曰：然則何不密送原處，人亦得白，汝亦自安耶。後婦死數年，其弟子乃洩其事，故人得知之。

佛教禮儀

綜述

唐・釋道世《法苑珠林》卷一七《出家部》 剃髮。《佛本行經》云：爾時太子從車匿邊索取摩尼雜飾莊嚴七寶靶刀，自以右手執於刀從鞘拔出。即以左手攬捉紺青優鉢羅色螺髻之髮，右手自持利刀割取，以左手擎擲置空中。時天帝釋以希有心，生大歡喜，捧太子髻，不令墮地。以天妙衣，乘受接取。爾時諸天以彼勝上天諸供具而供養之。爾時浄居諸天大衆去於太子不近不遠，有一華鬘，名須曼那。其須曼那華下，化作一浄髮人，執利剃刀。太子語浄髮師：汝能爲我浄髮以不。其浄髮師報太子言：甚能。即以利刀剃頭。時天帝釋生希有心，所落之髮，不令一毛墜墮於地。一一悉以天衣盛之，將向三十三天而供養菩薩髮髻冠櫛，至今不斷。

又卷一八《出家部之餘》 佛髮。如《觀佛三昧經》云：如來頭上有八萬四千毛，皆兩向靡，右旋而生，分齊分明，四觚分明。一一毛孔，旋生五色光，入前十四色光中。昔我在宫，乳母爲我沐頭時，大愛道來至我所。悉達生時多諸奇特，人若問我，汝子之髮，爲長幾許，我云何答。今當量髮，知其尺度。即勅我申髮。母以尺量，長一丈三尺五寸。放已右旋，還成蠡文。欲納妃時，復更量之，長一丈三尺五寸。我出家時，天神捧去，亦長一丈三尺五寸。今者父王看如來髮，即以手申，從尼拘樓陀精舍至父王宫，如紺瑠璃，繞城七匝。於佛髮中，大衆皆見若干色光，不可具說。斂髮捲光，右旋宛轉，還住佛頂，即成蠡文。又《僧祇律》云：佛在日時，每四月一剃髮。依《薩婆多論》，雖四月一剃，如凡人七日剃髮狀。又《文殊師利問經》云：凡人髮長二指當剃。或二月日，若短而剃，是無學菩薩。若過二指，亦是無學菩薩。爪不得長得如一横穀。何以故。爲搔痒故。又《四分律》云：佛言：聽諸比丘皮次剪爪極長如一麥應剪。髮半月一剃，極長兩指。若二

月一剃。二月者，白黑各有十五日，當此間三十日爲二月。又《毗尼母經》云：佛告諸人，此髮不可故衣故器盛之，當用新物。有瞿波羅王子從世尊乞髮。佛言：應用七寶器盛之供養。又《四分律》云：時阿難持故器收世尊髮。佛言：不應以故器盛如來髮，應用新器新衣繒綵若鉢衣裹盛之。時有王子瞿波離將軍欲往四方有所征伐，來索世尊髮。佛言：聽彼得已。不知安處。佛言：聽安金塔中，若銀塔中，若寶塔中，若雜寶塔，繒綵衣裹。不知云何持。佛言：聽象馬車乘，頭上肩上擔。時王子持世尊髮去，所往征伐，得勝還國。爲世尊起髮塔，亦聽比丘持世尊髮行，如上安置。彼不洗大小便處持世尊塔。佛言：不應爾，令浄者持。彼安如來塔置不好房中，己在上好房中宿。佛言：不應爾，應安如來塔置上好房中，己在不好房宿。彼安如來塔置下房，己在上房宿。佛言：不應爾，應安如來塔在上房，己在下房中宿。彼共如來塔同屋宿。佛言：不應爾，彼爲守護堅牢故而畏慎不敢共宿。佛言：聽安杙上。若杙上若頭邊眠，爲守護塔故，聽塔内宿。亦爲堅牢塔内藏物故，聽宿。彼著革屣及捉入塔内。佛言：不應爾。佛言：聽塔下坐食，不令污穢不浄。若有不浄衆物，聚著脚邊，食已持去。此數有征伐人，雖不見佛髮將行，然有俗人好心造小像及將舍利，及寫小字經卷，并安頭髮内，未知許不。答曰：聖教無文。然有好心欲將經像舍利時，准前征將取世尊髮法，用安置作小塔子内安彌善。貧無物造，亦聽浄繒帛裹内，將行至處，上好杙上，如前安置。若安髮内，恐髮垢穢，臭氣不浄。又軍行在道，大小便利，急卒不可臨時解頭取之。如前佛髮不許便利穢處安置。准此經像亦同前法也。

又卷一九《涅槃部》 赴哀。又《雜阿含經》云：佛涅槃已，雙樹生華，垂下供養。阿難説偈云：五百氎纏身，悉燒令磨滅。千領細氎衣，以衣如來身。唯二領不燒，最上及襯身。諸經具明闍維之法，以文繁故，略而不録。

又卷二七《敬僧篇第八》 引證部。王告諸臣：今若見此兒在時所著衣服，寧識之不。諸臣對曰：雖自久遠，臣故識之。王顧使從急還内藏取前亡兒衣來。須臾衣至，王曰：此是不。對曰：實是其衣。王曰：今儻見兒身，爲識之不。臣下皆默然，良久曰：臣自弊闇，卒睹不別。王始欲説本，前見道人來到王所，王大歡喜，起頭面著地，爲道人作禮。

又 違損部。一人爲我出家，及有依我剃除鬚髮，著袈裟片，不受戒者，供養是人亦得功德，乃至入無畏城。以是緣故，我如是説：若復有人爲我出家，不持禁戒，剃除鬚髮，著袈裟片，有非法惱害此者，乃至破壞三世諸佛法身報身，乃至盈滿三惡道故。佛言：若有衆生爲我出家，剃除鬚髮，被服袈裟，設不持戒，彼等悉已爲涅槃印之所印也。

又卷二八《敬拜篇第九》 會通部。又《十誦律》：佛語優波離，稱和南者，是口語。若曲身者，是名心浄。若比丘禮時從座起，偏袒右肩，脱革屣，右膝著地，以兩手接上座足禮。

又 儀式部。述曰：此部别有五儀式：第一，明脱履者，此爲中極敬儀也。如此土群臣朝謁之儀，皆在殿廷，履屨不脱。有時上殿，則劍履皆捨。此古之法，非始今儀。天竺國中地多濕熱，以革爲屣，制令著之。如見上尊，即令脱却。自餘寒國，隨有履著。行事之時，脱足爲敬。若是白衣，多著靴鞋爲恭。初入寺内，不勞脱足。若入佛堂，得脱也。第二，明偏袒者，依律云：偏露右肩，或偏露一肩，或偏露一膊。所言袒者，謂肉袒也。示從依學，有執作之務。俗中袖狹右袂，便穩於事是也。今諸沙門但出一肩，仍有衫襖，非袒露法。如《大莊嚴論》云：沙門釋子者，肩黑是也。外道通黑，沙門露右，故有不同。律中但有三衣通肩被服。如見長老，乃偏袒之。設以衣遮，名爲偏袒。一何可笑也。故知肉袒肩露，乃是立敬之極。然行事之時，量前爲袒。如在佛前及至師僧，懺悔禮拜。并須依前右袒爲恭。若至寺外街衢路行，則須以衣覆肩，不得露肉。西國濕熱，共行不怪。此處寒地，人多譏笑。

又卷三〇《入道篇第十三之一》 鬚髮部。初欲出家，依律先請二師：一是和尚，二是阿闍梨。請法如律。《薩婆多論》云：若先請和尚，受十戒時，和尚不現前，亦得十戒。若聞知死，受戒不得。不聞死，受戒得成。闍梨應同。又《清信士度人經》云：若欲剃髮，先於落髮處香湯灑地。周圓七尺内，四角懸幡，安一高座，擬出家者坐。復施二勝座，擬二師坐。欲出家者，著本俗服，拜辭父母尊親等訖，口説偈言：流轉三界中，恩愛不能脱。棄恩入無爲，真實報恩者。説此偈已，脱去俗服。《善見論》云：應以香湯洗浴，除白衣氣。《度人經》云：雖著出家衣，只得著泥洹僧及僧祇支，未得著袈裟。入道場時，應來至和尚前胡跪。和尚應生兒想，不得生惡賤心。弟子於師應生父想，尊重供養。和尚爲種種説法，誡勗其心已，來向闍梨前坐。《善見論》云：以香湯灌頂上，説偈讚云：善哉大丈夫，能了世無常。

捨俗趣泥洹，希有難思議。說此偈已，教禮十方佛竟，復說偈讚云：歸依大世尊，能度三有苦。亦願諸衆生，普入無爲樂。說此偈已，然後闍梨乃爲剃髮。《度人經》云：爲剃髮時，傍人爲誦出家唄云：毀形守志節，割愛無所親。棄家弘聖道，願度一切人。與剃髮時當頂留五三髮，來至和尚前胡跪。和尚問言：今爲汝除去頂髮，許不。答言：好。然後和尚爲著袈裟。當正著時，依《善見論》復說偈讚云：大哉解脱服，無相福田衣。披奉如戒行，廣度諸衆生。又《度人經》云：既著袈裟已，禮佛行道。道俗從後繞三匝已，復自說偈，生陳荷意云：善哉值佛者，何人誰不喜。福願與時會，我今獲法利。行道匝已，又禮大衆及二師竟，然後在下行坐，受六親拜。荷出家離俗意，心懷歡喜。父母諸親皆爲作禮，悦其道意。應中前剃髮，最後令及得齋。依《毗尼母論》云：剃髮著袈裟已，然後和尚爲受三歸五戒等。自外法用，不可具述。臨時斟酌，生善彌勝。

宋・釋道誠《釋氏要覽》卷上《受持衣法》 毗奈耶云：僧伽胝大衣是衣中主，是故不得隨處著用。若入聚落時、乞食時、隨啖食時、入衆時、禮制底時、聽法時、禮拜二師及禮同梵行者時，皆可披大衣。若嗢多羅僧七條應於浄處著及諸作業業謂習誦等事。若安呾婆娑五條任於何處，隨意著用，無犯。《五百問》云：若無中衣七條，得著大衣上講禮拜，五條亦得著入衆食禮拜等。《十誦律》云：著大衣不得擔石土木草及掃地，敷坐卧具，不得脚踏，不得曳地。若去村遠，即叠於肩上，近村有池汪，即洗手足。無水，以草水葉拭塵土，然後著衣。

又《背著袈裟》 即是以表爲裏易前歸後也，北僧多如此。《五分律》云：佛言若出村入村，若草木勾衣破，風土污坌入葉中葉即衣相，恐日曝壞衣色，聽爲護衣故，聚落外翻著袈裟。若衣易壞，聽顛倒著衣，上下安鈎紐。

又《披袒》 《舍利弗問經》云：於何時披袒。披即通覆兩肩，袒即偏露右臂。佛言：隨供食時，應偏袒，以便作事故。作福田時，應覆兩肩，現福田相故。《記》云：隨供養者，如見佛、禮佛、問許三師、入衆等時也。作福田者，謂計齊坐禪、誦經、入聚落、樹下坐時，使人見田相端嚴故。若對佛通披者，五百生墮鐵甲地獄。

元・釋德煇《敕修百丈清規》卷上《住持章第五・主持日用》 受法衣。專使送法衣至，先相看知客通意，同上侍司煩通覆方丈，或即相接或在來早，侍者預令。客頭報請兩序至，專使插香如常禮相看，謝茶畢，再插香兩展三禮，免則觸禮。詞云：某人和尚法衣表信專此奉上以柈袱托呈法衣信物。然後入座，兩序光伴。茶罷獻湯，湯罷兩序同送安下。侍者引巡寮。別日上堂法座左邊設住持位專使大展三拜。捧衣遞上。住持接衣有法語，披衣陞座或嗣法師已遷化。法堂右間設靈几，下座致祭諷經，如遺書至之禮。

又《遷化・請喪司職事》 主喪人巡寮罷，兩序勤舊小師隨到客位，呈衣鉢簿遺墨等物，會茶議請喪司職事書記維那知客侍真侍者并一切佛事資次見後以次議請。除舉哀小參二佛事，係主喪人爲之，分孝服輕重見後如無布絹。隨宜折錢俵之，主喪人須與首座計會所遺衣鉢多少，默作三分，一分准喪司孝服諷經燈燭之費，一分歸常住，陪貼供養，一分俵大衆，看經并佛事板帳等用。主喪人須存公正，不可徇私，帶行僧行不得干預執役。每日諷經俵奠茶湯，不拘兩序勤舊，各請一人掌財，庶絶浮議。聖僧侍者把帳喪司公，差庫子客頭茶頭一行人，管辦事，請見職維那同議。見職知客接外客。喪司合千人僕，排單揭示。

又《遷化・孝服》 侍者小師麻布裰、兩序苧布裰、主喪及法眷尊長生布裰、勤舊辦事鄉人法眷諸山生絹腰帛、檀越生絹巾腰帛、方丈行者麻布巾裰、衆行者苧布巾、方丈人僕作頭麻布衫巾、甲幹莊客諸僕麻布巾。

明・張岱《夜航船》卷一四《九流部・佛教》 紫衣吏。《史略》曰：唐武則天朝，賜僧法朗等紫袈裟。僧之賜紫衣，自武后始。

又 傳衣鉢。五祖欲傳衣鉢，乃集五百僧謂曰：誰作無像偈，即付與衣鉢。首座云：身似菩提樹，心爲明鏡臺，時時勤拂拭，何處染塵埃。五祖驚曰：此全悟道，脱然無像，且無慮矣。即以法寶及所傳袈裟，盡以付之。

雜録

宋・釋道誠《釋氏要覽》卷上《作益》 僧祇云，僧尼有戒德者，若俗人求破袈裟段，欲禳灾者，聽與小片。

宋・釋普濟《五燈會元》卷一 祖謂衆曰：此大士者，昔爲毗舍利

國王，其國有一人如馬裸露，王運神力，分身爲蠶，彼乃得衣。

又卷一三　鹿門山處真禪師，僧問：如何是和尚家風。師曰：有鹽無醋。曰：忽遇客來，如何祇待。師曰：柴門草户，謝子遠來。問：如何是道人。師曰：口似鼻孔。問：祖祖相傳，傳甚麽物。師曰：金襴袈裟。

元・釋覺岸《釋氏稽古略》卷三　戊子二年三月，帝追念初平天下誅戮多人，乃以御服施諸寺僧懺禮薦度，詔曰，自隋末創義心存拯溺，北征東伐凡所傷殪難可勝紀，手所誅剪將近一千，切以如來聖教深尚仁慈，禁戒之科殺害爲重，受命有司京城諸寺，爲建齋行道七日七夜，竭誠禮懺，所有衣服并用檀捨，冀三塗之難因斯解脱，萬劫之苦藉此弘濟。

又　藥王　姓韋氏，名古字老師。疏勒國人，開元二十五年至京，紗巾毳袍，杖藜而行，腰懸數百葫蘆，普施藥。

佛教制衣

綜　述

晉・法顯《摩訶僧祇律》卷九《明三十尼薩耆波夜提法之二》　染者，根染、皮染、葉染、花染、果染。

又卷一八《明單提九十二事法之七》　若比丘得新衣，當三種壞色。若一一壞色，青、黑、木蘭。若不作三種一一壞色受用者，波夜提。比丘者如上説得者，若男若女，若在家、出家人邊得新衣者。最初成衣者，欽婆羅衣、疊衣、芻摩衣、憍舍耶衣、舍那衣、麻衣、驅牟提衣。三種壞色，若一一壞色者，青、黑、木蘭。青者，銅青、長養青、石青。銅青者，持銅器覆苦酒瓮上著器者，是名銅青。長養青者，是藍澱青。石青者，是空青。持是等作點净。黑者，名字泥、不名字泥。名字泥者，呵梨勒、鞞醯勒、阿摩勒，合鐵一器中，是名名字泥。不名字泥者，實泥若池泥、井泥，如是一切泥。木蘭者，若呵梨勒、鞞醯勒、阿摩勒，如是比生鐵上磨，持作點净，是名木蘭。比丘得新衣不作净受用者，波夜提。波夜提者，如上説。若得新僧伽梨，作净者，善。不作净者，波夜提。如是鬱多羅僧、安陀會、雨浴衣、覆瘡衣、尼師壇，作净者，善。不作净者，波夜提。欽婆羅衣作二種净，截縷净、青點净。作截縷净不作青净，波夜提。作青净不作截縷净，越毘尼罪。不作青净不作截縷净，得一波夜提、一越毘尼罪。作截縷净作青净者，無罪。疊衣作三種净，截縷净、染净、青净。作截縷净作染净，不作青净，得一波夜提。作青净，不作截縷净不作染净，得二越毘尼罪。不作截縷净，不染净，不作青净，犯一波夜提、二越毘尼罪。作上三種净，無罪。芻麻衣三種净，同疊衣。憍舍耶二種净，同欽婆羅衣。舍那衣、麻衣、驅牟提衣三種净，同疊衣。青、黑、木蘭作净，亦復如是。

又卷二〇《明單提九十二事法之九》　僧伽梨有三種，上、中、下。上者長五肘，廣三肘。中者長五肘一不舒手，廣三肘一不舒手。下者長四肘半，廣三肘一不舒手。著衣時，緣相降二指。作鬱多羅僧有三種，上、中、下。上者長五肘，廣三肘。中者長五肘一不舒手，廣三肘一不舒手。下者長四肘半，廣三肘一不舒手。作安陀會亦有三種，上、中、下。上者長五肘，廣三肘。中者長五肘一不舒手，廣三肘一不舒手。下者長四肘半，廣三肘一不舒手。

又卷二八《明雜誦跋渠法之六》　有比丘作衣，横葉相當。佛言：不聽。五條應一長一短，七條乃至十三條兩長一短，十五條三長一短。

又　有比丘作四種色衣。佛言：不聽，應一種色。有比丘得上色衣欲浣壞色。佛知而故問比丘：欲作何等。答言：世尊制，不聽著上色衣，欲浣壞色。佛言：不須浣，聽餘染壞色。衣者有七種：一欽婆羅衣，二劫貝衣，三芻摩衣，四俱舍耶衣，五舍那衣，六麻衣，七軀牟提衣。是名衣法。

又卷三一《明雜誦跋渠法第九之九》　屐者，金屐、銀屐、摩尼屐、牙屐、木屐、皮屐、馬尾屐、麻屐、欽婆羅屐、綖屐、芒草屐、樹皮屐。如是比一切屐不聽著。

唐・道宣《四分律删繁補闕行事鈔》卷下一《乙集・二衣總别篇第十七》　三色如法。《四分》云：上色染衣不得畜，當壞作袈裟色。此云不正色染。具有正翻。若作五納衣者，得上色碎段者，裁作五納亦得。《涅槃》云：聽受衣服皮革等，雖聽畜種種衣，要是壞色。《十誦》云：一切青、黄、

赤、白、黑五種純色衣，不得著。除納衣，《戒本》三色，青、泥、棧也。《薩婆多》云：五大色衣不成受。作三衣得作餘衣著，三點淨，用紺黑青。除三衣餘衣三點淨，得皂木蘭一切得受。純青、淺青、碧等點淨，得作衣裏用。若赤、白、黃不純大色者，亦得。若以不如法色染訖，更以如法色染覆成受持。袈裟者，秦云染也。如結愛等，亦名染，真紫色。蘇方地黃、柰黃、花黃色，並是非法。《僧祇》云：真緋鬱金染紅，藍染皂色，青染花色，不聽用。聽用根、葉、花、樹皮下至巨摩汁等。《戒本》青、黑、木蘭，下文廣有染法。青謂銅青，黑謂雜泥等，木蘭者謂諸果汁等。此翻律者北方，爲木蘭染法。《僧祇律》在吴地翻以不見故。予於蜀郡，親見木蘭樹皮赤黑色鮮明，可以爲染，微有香氣，亦有用作香者。如《善見》所説，遣教法律經中五色者，此非正録，無知者用之。《四分》云：若青、若黑、若木蘭，一一色中隨意壞。《善見》云：善來比丘，瓦缽貫左肩，青色袈裟赤色鮮明。準此木蘭色也。若見著五大色衣比丘，有智慧者當言，此是遭賊失衣比丘。準此赤色不合受也。準上律論及經，並不得純色，必有須壞，不壞不成受持，著著得罪，如隨相中。

四量是非。《四分》云：安陀會長四肘，廣二肘。鬱多羅僧長五肘，廣三肘。僧伽梨亦爾。然此下衣極成窄小，當取通文。《律》言：量腹而食，度身而衣，取足而已。準此無定量，任時進不。雖爾亦須楷準。故《十祇》中各立三品之量。今準《薩婆多》中三衣長五肘、廣三肘，若極大者長六肘、廣三肘半，若極小者長四肘、廣二肘半者，並如法。若過若減成受持，以可截續故。缽若過減不成受，不可截續故。若過量外應説淨，不者犯捨墮。説時應在受後，以法衣外者爲長。《五分》肘量長短不定，佛令隨身分量，不必依肘。

五條數多少所以唯隻。如疏鈔中《四分》云：從九條乃至十九條、五條十隔等。《十誦》云：若五、七、九、十一，若十五，若過應割截作。《薩婆多》云：僧伽梨三品九條，十一、十三是下品，十五、十七、十九名中品，二十一、二十三、二十五條名上品。《四分》至十九條云：若復過是不應畜，錯注不字。今時有三十三條等，無正教制開。《聖跡記》云：如來著十三條大衣。《智論》云：是粗布僧伽梨也。準此以爲大準，隨力辨之。

六堤數長短。《四分》文不了，五條、七條，具明定量、長短，大衣準同。《婆論》云：大衣下者兩長一短，中者三長一短，上者四長一短，名如法作。若互增減成受持，著用得罪。所以須割截者，《四分》云不爲怨賊所剥，《十誦》與外道異故。《律》中沙門衣三種賤：一刀賤，謂割壞故。二色賤，不正色染。三體賤。謂糞掃世棄者。

七重數多少。《四分》等律云：不得細薄。大衣二重，餘二衣並一重。此謂新者。若用故者，《十誦》云：四重作大衣，二重作七條、五條等。《薩婆多》云：若新大衣，三重。一重新，二重故。餘如《十誦》。《故彼律》云：若三重作大衣坐具，若以新衣重縫作時吉，過限墮。中間悔摘卻者吉。律中糞掃衣隨意多作。《薩婆多》云：重縫三衣，設有因緣。摘分持行到於異處，名不離衣宿。若死者前言本界内，後言應與看病人，以本是一衣同受持故。律師云後是定義。

八作衣方法。《四分》大衣七條要割截，五條得褊葉。《僧祇》若作衣，餘人相助。一日恐不成，應粗行急竟，受持後更細刺。《中含》云：世尊親爲阿那律裁三衣。八百比丘，同時爲連合即成。《四分》尼五日不成僧伽梨得墮，比丘犯吉羅。

宋·元照《四分律行事鈔資持記·釋二衣篇》《四分》有通局二量。初示定量，安陀會長七尺二寸，廣三尺六寸。此謂下衣道行作務，故不宜大。《業疏》云：諸部極小，唯《四分》文，出家貧乏故是常也。餘二衣長九尺，廣五尺四寸。然下出通量，但云下衣極小，準餘二衣非小，明矣。然恐身量短長不定，是故三衣俱準通量。言度身者，此有二法。一準《多論》佛身丈六，衣長丈八，廣丈二。常人半之，衣長九尺，廣六尺。與《四分》小異。據此以算，人身長一尺，則長邊得一尺一寸二分半，廣邊得七寸五分。如是增之，則八尺之人，可著長九廣六之衣也。更增至佛量，亦無差設。或身相長短不稱減，成儉約過須説淨。二準《業疏》就身裁度。《疏》云：從肩下地踝上四指以爲衣身，餘分葉相，足可相稱。此謂人身多是長短不定，有肥羸。縱有肥羸，不妨服用。是故但出廣量，不明長法。有云餘分葉相即是長量。今謂葉相廣長齊有，何獨長邊。且今時人少至八尺，但取九尺已内，足可相稱。良由袈裟右角本在左肩，或垂腋下。是故九尺之服，頗宜八尺之身。今則右角前垂，著用乖法，遂使長邊何啻丈二，廣邊不滿五尺，長拖象鼻，動越威儀，習久迷深。

又 條數中初科條即竪條，五、七、九至二十五，皆從隻數。【略】佛

言應五條不應六條，下衣。應七條不應八條，中衣。應九條不應十條，乃至應十九條不應二十條。大衣。

又　《章服儀》云：條堤之相事等田疇，如畦貯水而養嘉苗，譬服此衣，生功德也。

又　《業疏》云：逼邊緣四指，安鉤擬反。向後八指，取紐以覆左肩。故有遠近也。《章服儀》云：良以用衣右角掩覆左肩，前鉤後紐，收束便易。

又　《業疏》云：尼受二衣，覆肩肘量，薄有所承，祇支全改。文雖約量，漸訛變也。【略】但世人不識褊衫即是祇支、覆肩二物，故復於其上重更覆耳。當知褊衫右邊，即是覆肩。但順此方縫合兩袖，截領開裾，猶存本相，豈不然耶。今有堅執重著者，應須問曰：覆肩本爲露膊，故令覆之。

又　《章服儀》云：如俗所傳，左衽是也。今多右掩，頗乖此法。當後，當即前也。

又　貫頭衣。古云：南海人開衫竇著之，穿頭先出，次出兩袖，謂之貫頭。注云：類女裙者。今時女裙亦不縫合。餘衣中初科偏袒，謂止存左袖，袒露右邊，即本祇支。褡膊，亦即覆肩。此二雖是聽衣，但乖本式。【略】偏袖即偏袒，複謂重給。兩袖衣謂但施兩袖，唯覆肩領，而無襟裾。

又　諸寒嚴國多用布氈複貯著之，無者以軟草織衣服之，又無者以樹皮槌令軟而服之，又無者可以毛罽如氍毹法割截成三衣，毛在内披之，又無者可用諸皮作三衣服之。如此次第漸漸而開。【略】西土諸王外理國政，則服俗衣，内遵法行，便懷道服，咸著僧伽梨。

道教法服

綜　述

漢·佚名《太平經》卷一〇二《神人自序出書圖服色訣第一百六十五》　誠問著圖者，畫神衣云何哉。皆象天法，無隨俗事也。今不曉天法，其人圖大小，自以意爲衣。衣者，隨五行色也，今使母含子，居其内，以色相次也。大重之衣五也，中重之衣四也，小重之衣三也，微重之衣象陰陽，二也。大集之衣亂彩六重也。願聞大重何象，象五行氣相合也同，四重何象，象四時轉相生也，三重何象，象父母子陰陽合和也。二重何象，象王相炁相及也。六重何象，象六方之彩雜也，故天下有雜色也。

南朝梁·陶弘景《真誥》卷二《運象篇》　又有一人，甚少整頓，建芙蓉冠，朱衣帶劍，未曾見也，意疑是桐柏山真人。王子喬多論金庭山中事，言多有不可解者，恭敬紫微上真九華妃也。

南朝梁·陶弘景《周氏冥通記》卷一　凡修道者皆不裸身露髻。

北周·周武帝《無上秘要》卷一七《衆圣冠服品上》　道君冠服。元始天王，建無極洞天之冠，披九色離羅之帔，飛森霜珠之袍，帶晨光日鈴育延之劍，左佩豁落，右佩金真。右出《洞真太極金書上經》

元始天王，頭建九氣流精紫曜之冠，衣九色無縫赤斑自然虎裙，腰帶太山火玉。

高上玉皇，頭建無上七曜寶冠，衣玉文明光飛雲之裙，佩丹皇玉章，帶治金飛精招山之劍。右出《洞真變化七十四方經》

九天丈人，著九色斑文之裘，頭戴紫晨之冠，坐紫虛之上，空玄之中。右出《洞真紫書金根上經》

中央黄老君，佩龍玄之文、神虎之帶、流金之鈴，執紫毛之節，巾金精巾，或扶華晨冠。右出《洞真九真中經》

太帝君，建七寶朱冠，披九色自然雲文之帔，飛羅耀光羽袍，腰帶鳳章流金火鈴，手執命魔九色之節，九老仙都擎金精立空之案。右出《洞真太極金書上經》

玉珮魂精帝君，披珠繡華帔，飛錦青裙，帶月銜日首建紫冠，執玉珮，立左。金璫魄靈帝君，披紫繡珠帔，飛羅丹裙，帶日銜月首建華冠，執金璫，立右。右出《上清寶文》

高聖太上大道君，佩九色離羅之帔，飛霜珠錦之裙，巾須臾百變之冠，帶晨光日鈴育延之劍，豁落交帶，王璽鳳章，流金耀虛，七精激無，上詣九層，七暎朱宮。右出《洞真七聖元紀經》

又　元君冠服。白素右元君，上著龍文白錦帔，下著白錦華裙，頭建紫

華芙蓉冠，腰佩神金二虎符，左手執流金火鈴，右手執《太上智慧經》。

黄素中央元君，上著黄錦雲帔，下著黄羅飛華裙，頭建紫華芙蓉冠，腰帶神金二虎符，左手執火鈴，右手執《大洞真經》。

紫素左元君，上著虎錦紫帔，下著紫華龍文裙，頭建紫晨扶華冠，御紫晨雙珠蓋，腰帶流金火鈴，又佩神金明月二虎符，左手執《太上消魔經》，右手執《金真玉光章》。右出《洞真玉晨明鏡雌一寶經》

太素三元君，乃一真之女子，則三素元君之母，頭建寶琅扶晨羽冠，服紫氣浮雲錦，帔九色龍錦羽裙，腰帶流金火鈴，虎符，龍書。

太素元君長女，曰紫素元君，即元英君之母。頭建太真晨嬰之冠，三角結，餘髮散之垂腰，上著紫錦袷襹，下著飛霜羅裙，交帶靈飛大綬。

黄素元君，即太素之中女，中央黄老君之母，頭建太真晨嬰之冠，三角結，餘髮散之垂腰上，著黄錦袷襹，下著五色飛青錦裙，佩鳳文琳華之綬，腰帶流黄揮精之劍。

白素元君，即太素元君之少女，白元君之母，頭建太真晨嬰之冠，三角結，餘髮散之垂腰，上著白錦光明袷襹，下著飛霜緑錦飛裙，佩六山火玉之珮，鳳文之綬，腰帶日延耀暉之劍。右出《洞真三元玉檢布經》

又 五極帝君冠服。上清瓊宫東極玉真青帝君，頭建九氣通精之冠，衣青錦帔，碧羅飛裙，腰帶流金鳳章，手執甲乙通靈青精玉符。

上清瓊宫南極玉真赤帝君，頭建三氣進賢之冠，衣丹錦帔，緋羅飛裙，腰帶火精鏈身之劍，手執丙丁通靈赤精玉符。

上清瓊宫西極玉真白帝君，頭建七氣通天寶冠，衣白錦帔，素羅飛裙，腰帶金光日延之劍，手執庚辛通靈白精玉符。

上清瓊宫北極玉真玄帝君，頭建五氣玄寶之冠，衣玄錦帔，玄羅飛裙，腰帶七元丹，章手執壬癸通靈玄精玉符。

上清瓊官中極玉真黄帝君，頭建通元五炁之冠，衣黄錦帔，黄羅飛裙，腰帶中元命神之章，手執戊巳通靈黄精玉符。右出《洞真瓊官靈飛六甲經》

又 五帝玉司君冠服。青帝玉司君，衣飛青羽衣，九色鳳章，頭戴九元寶冠，手執九色之節，治東太明陽臺洞天。

赤帝玉司君，衣絳章丹衣，九色鳳章，頭戴平天飛神玉冠，手執九色之節，治南宋陽之臺洞天。

白帝玉司君，衣素華明光白錦之衣，七色鳳章，頭戴飛精曜大寶冠，手執七色之節，治西羽之野洞天。

黑帝玉司君，衣皂文衣，五色鳳章，頭戴玉精通天寶冠，手執五色羽節，治玄陰大冥洞天。

中央黄帝玉司君，衣黄衣之裘，備九色之章，頭戴通天玉寶晨冠，治太玄中宫，主統無上無下無内無外無表無裹無鞅數劫無崖之天。右出《洞真四極明科》

又 五方帝冠服。東方安寶華林青靈始老號曰蒼帝，頭戴青精玉冠，衣九炁青珊飛衣。

南方梵寶昌陽丹靈真老號曰赤帝，頭戴赤精玉冠，衣三氣丹羽飛衣。

中央玉寶元靈元老號曰黄帝，頭戴黄精玉冠，衣五色飛衣。

西方七寶金門皓靈皇老號曰白帝，頭戴白精玉冠，衣白羽飛衣。

北方洞陰朔單鬱絶五靈玄老號曰玄帝，頭戴玄精玉冠，衣玄羽飛衣。右出《洞玄赤書玉篇真文經》

又 靈童衣服。九氣青天中有元始青靈童，衣青羽衣，手執青麾侍文。

三氣丹天中有元始赤靈童，衣赤羽衣，手執赤節侍文。

中央黄天中有元始黄靈童，衣黄羽衣，手執黄鉞侍文。

七氣素天中有元始素靈童，衣白羽衣，手執白旗侍文。

五氣玄天中有元始玄靈童，衣玄羽衣，手執烏幢侍文。右出《洞玄赤書玉訣經》

三天玉童，頭建三華寶曜洞天冠，衣青黄七變錦袍，帶朱精禁天之章，佩七曜流金之鈴。右出《洞真變化七十四方經》

又 洞天混化君冠服。太上神仙洞天元洞元明元曜延靈元君，頭冠飛晨寶冠，衣青錦單裙。

太上神仙洞天元洞青耀少陽啓明天君，頭冠青建晨玉冠，衣青綾之裙。

太上神仙洞天元洞黄靈太丹炎薫光大赫太陽君，頭冠三玄寶冠，衣黄靈錦裙。

太上神仙洞天元洞東陽太歲重華耀靈大仙元命君，建飛晨玉冠，衣單青飛裙。

太上神仙洞天元洞東極太元皇靈寶魂耀魄君，建青精玉冠，衣飛青

羽裙。

太上神仙洞天元洞歲星延崖青要常陽玉女，作飛雲髻，衣青羅飛裙。

太上神仙洞天元洞太陽耀靈南極丈人，絳宮玉臺，頭作三角雲髻，衣青飛裙。

太上神仙洞天元洞景陽東皇膏陽翠靈仙童，頭作三建雲髻，衣青文裙。

太上神仙洞天元洞赤皇延齡娥容太丹赤圭玉女，頭作頹雲髻，衣朱文飛裙。

又 洞地混化君冠服。太上神仙洞地洞真大熒惑大洞元生大靈機皇君，頭冠朱寶三梁之冠，絳章單衣。

太上神仙洞地洞真南陽炎域元執法延壽司録君，頭冠玄雲寶冠，衣丹紋裙。

太上神仙洞地洞真中耀五陽五陰中皇洞極玄天太虛君，頭冠遠游冠，衣丹錦裙。

太上神仙洞地洞真三天都録司命司録司危司度洞生君，冠玄晨玉冠，衣朱文飛裙。

太上神仙洞地洞真南極大赤星靈寶魂耀魄君，冠玉精寶冠，衣絳章單裙。

太上神仙洞地洞真皇衡赤陽絳璋通靈仙童，冠通天玉寶之冠，衣絳紋飛裙。

太上神仙洞地洞真大鎮元黄太素皇機執忠五靈玊童，頭作飛角髻，衣黄羅裙。

又 洞淵混化君冠服。太上神仙洞淵洞玄太白子留金城耀耀元精元導大仙君，冠玄晨玉寶冠，衣素錦飛裳。

太上神仙洞淵洞玄太白皓素天機大星光君，冠游雲寶冠，衣素文飛裙。

太上神仙洞淵洞玄太白耀金光少陰昊元素上皇白人君，冠玄晨冠，衣白錦飛裙。

太上神仙洞淵洞玄大辰玄洞元陰五耀延靈元華鬱單君，冠通天之冠，衣玄雲錦裙。

太上神仙洞淵洞玄耀烏洞玄門太極五仙君，冠玄晨冠，衣玄文單裙。

太上神仙洞淵洞玄北極大仙元皇寶魄耀魂君，冠通天冠，衣玄衣。

太上神仙洞淵洞玄玄耀陰輝元神太極元皇耀靈元化玉童，作飛雲三建髻，衣素文裙。

太上神仙洞淵洞玄陰景西皇素陰靈玊童，作三建頹雲髻，衣玄錦飛裙。

太上神仙洞淵洞玄大白延影九導大洞承翼玉門金樓玉女，作頹雲髻，衣白羅之桂。右出《洞真素靈大有妙經》

又卷一八《衆圣冠服品下・日帝冠服》 日中青帝，衣青玉錦帔，蒼羽飛華裙，翠容扶晨冠。

日中赤帝，衣絳玉錦帔，丹羽飛華裙，建丹扶露五明之冠。

日中白帝，衣素玉錦帔，白羽飛華裙，建皓靈扶蓋之冠。

日中黑帝，衣玄玊錦帔，黑羽飛華裙，建玄山扶容冠。

日中黄帝，衣黄錦帔，黄羽飛華裙，建扶靈紫冠。

又《月夫人冠服》 月中青帝夫人，衣青華鎮錦帔，翠龍鳳文飛羽裙。

月中赤帝夫人，衣丹蕊玉錦帔，朱華鳳絡飛羽裙。

月中白帝夫人，衣白珠四龍錦帔，素羽變飛章華裙。

月中黑帝夫人，衣玄琅九道雲錦帔，烏羽龍文飛華裙。

月中黄帝夫人，衣黄雲山文錦帔，緑羽鳳華繡裙。

又《九星君冠服》 陽明星，天之太尉，司正主非，上總九天上真，中監五嶽飛仙，下領後學真人天地神靈，功過輕重，莫不隸焉，號曰九晨君，頭建九晨玉冠，衣青羽飛裳，手執斗中玄圖，坐玉樓之上。

陰精星，天之上宰，主禄位，上總天宿，下領萬靈，及學仙之人，諸以學道及兆民宿命禄位莫不隸焉，號曰北上晨君，頭建玄精玉冠，衣玄羽飛裳，手執五色羽節，坐玉樓之中。

真人星，天之司空，主神仙，上總九天高真，中監五嶽靈仙，下領學道之人，真仙之官莫不隸焉，號曰主仙華晨君，頭建飛晨寶冠，衣青羽飛裳，手執斗中青録，坐玉樓之中。

玄冥星，天之游擊，主伐逆，上總九天鬼神，中領北帝三官，下監萬兆，伐逆不臣莫不隸焉，號曰玄上飛蓋晨君，頭建三華寶晨冠，衣丹錦飛裳，手執命靈之節，坐玉樓之中。

丹元星，天之斗君，主命録籍，上總九天譜録，中統鬼神簿目，下領學真兆民命籍，諸天諸地莫不總統，號曰金剛七晨君，頭建七寶飛天冠，衣白錦

飛裙，手執青元籙簿，坐金樓之中。

北極星，天之太常，主昇進，上總九天上真，中統五嶽飛仙，下領學者之身，凡功懃將進道，轉輪階級悉總之焉，號曰北晨飛華君，頭建精華冠，衣紫錦飛裳，手執九斗玉策，坐玉樓之中。

天關星，天之上帝，主天地機運，如四時長短、天地否泰、劫會莫不隸焉，號曰總靈九蓋北晨君，頭建九元寶冠，衣九色錦裳，手執靈暉之章，坐玉樓之中。

輔星，玉帝之星也。日帝者，常陽主飛仙，上總九天，下領九地，五嶽四瀆，神仙之官，悉由之焉，號曰帝尊九晨君，頭建飛精玉冠，衣九色鳳衣，手執火鈴，坐玉樓之中。

弼星，太帝真星也。日空者，恒空隱也。主變化無方，號曰帝真元君，頭建飛天玉冠，九天龍衣，手執帝章，坐紫館之中。

又《九星内妃冠服》 斗第一星中名太上宫，宫中有帝君，變隱寸元。内妃，著黄錦帔，丹青飛裙，頽雲髻。

第二星中名中元宫，宫中有帝君，保胎化形。内嬪，著青錦帔，緑羽飛裙，頽雲髻。

第三星中名真元宫，宫中有帝君，六遁七隱。元聖母，著青錦帔，繡羽華裙，頽雲髻。

第四星中名紐幽宫，宫中有帝君，匿影藏光。中元内妃，著紫錦帔，黄華羽裙，頽雲髻。

第五星中名剛神宫，宫中有帝君，變體易景。斗中大女，著朱錦帔，紫青飛裙，頽雲髻。

第六星中名紀明宫，宫中有帝君，隱迹散散。斗中中女，著朱錦帔，青繡飛裙，頽雲髻。

第七星中名關會宫，宫中有帝君，分景萬形。斗中少女，著丹錦帔，青華羽裙，頽雲髻。

第八星中名帝席宫，宫中有帝君，化日月水火。斗中高皇左夫人，著紫錦帔，繡羽飛丹裙，頽雲髻。

第九星中名上尊宫，宫中有帝君，化金石山河。斗中高皇右夫人，著緑錦帔，翠羽華裙，頽雲髻。 右出《洞真九真中經》

又《九星夫人冠服》 第一天樞星，其星則號魁精玄上真皇夫人，頭作飛雲華頽之髻，衣紫黄青三色之裙。

第二天璇星，其星則號靈精上玄皇夫人，頭作飛雲華頽之髻，衣飛錦羅裙，鳳文錦帔。

第三天機星，其星則號靈妃元皇夫人，頭建晨嬰寶冠，衣飛雲明光錦裙。

第四天權星，其星則號上靈神妃華皇夫人，頭建七稱玉冠，衣緋羅鳳文之裙。

第五玉衡星，其星則號北上金蓋中皇夫人，頭建紫晨飛華之冠，衣九色之裙。

第六闓陽星，其星則號安上晨華元皇夫人，頭建玉晨進賢之冠，衣飛青羽裙。

第七摇光星，其星則號玉華靈皇夫人，頭建飛華雲頽之髻，衣七色夜光雲錦之裙，九色錦帔。

第八洞明星，則號常陽大明常皇夫人，頭作飛雲華頽之髻，衣飛羅文裙。

第九隱元星，則號空玄變靈上皇夫人，頭建飛天七稱玉冠，衣青文錦裙。

又《五星帝君冠服》 東方歲星陽元宫中真皇君，頭建青玉冠，衣青羽飛裙。

南方熒惑星洞陽宫中真皇君，頭建朱精玉冠，衣絳羽飛衣。

西方太白星素明宫中真皇君，頭建金精玉冠，衣白羽飛衣。

北方辰星玄斗宫中真皇君，頭建玄精玉冠，衣玄羽飛衣。

中央鎮星上樞宫中真皇君，頭建黄精玉冠，衣黄羽飛衣。

又《五星夫人冠服》 東方陽元宫中有真皇帝君皇夫人，衣青錦帔，緑羽飛裙，頽雲髻。

南方洞陽宫中有真皇帝君皇夫人，衣丹錦帔，丹羽飛裙，頽雲髻。

西方素明宫中有真皇帝君皇夫人，衣素錦帔，紫羽飛裙，頽雲髻。

北方玄斗宫中有真皇帝君皇夫人，衣玄錦帔，翠羽飛裙，頽雲髻。

中央上樞宫中有真皇帝君皇夫人，衣黄錦帔，黄羽飛裙，頽雲髻。 右出《洞真迴元九道飛行羽經》

又《五帝冠服》 東方青帝君，頭建九元通天冠，衣青錦帔，碧錦飛裙，佩太上九氣命靈之章，帶翠羽文靈之綬。

南方赤帝君，頭建三氣玄梁寶冠，衣緋雲錦袍，丹文之裙，佩南極制陽之符，帶朱宮八光之劍。

西方白帝君，頭建七氣明光寶冠，衣白錦雲光之袍，素錦飛裙，佩素靈之綬，龍淵漫延之劍。

北方黑帝君，頭建五氣黑晨之冠，衣黑錦之袍，五色飛裙，佩七元流鈴，帶文身通神之劍。

中央黃帝君，頭建黃晨通天玉冠，衣黃錦之袍，玄黃飛雲錦裙，佩黃神越元之策，帶靈飛紫綬。

又《五嶽君冠服》 東嶽泰山君，頭建三寶九光夜冠，衣青羽章，披九色斑裘，帶上皇命神之傳。

南嶽衡山君，頭建八朗寶光玉冠，衣赤錦飛裙，披神光緋文之裘，帶封靈制魔之章。

西嶽華山君，頭建六丁通神飛冠，衣白錦飛裙，披素錦之裘，帶受靈素綬。

北嶽恒山君，頭建五氣寶晨玉冠，衣黑錦飛裙，披玄文明光之裘，帶文靈紫綬。

中嶽嵩山君，頭建中元黃晨玉冠，衣黃錦飛裙，披玄黃文裘，帶黃神中皇之章。

又《四海神王冠服》 東海水帝神王，頭建大晨寶明之冠，衣青文翠羽飛裙，七色獅子虎頭鞶囊。

南海水帝神王，頭建大晨寶明之冠，衣赤錦文裙，帶交靈紫綬九色鞶囊。

西海水帝神王，頭建大晨寶明之冠，衣素錦飛裙，帶素靈命神之章，九色獅子虎頭鞶囊，乘素霞飛輿。

北海水帝神王，頭建大晨寶明之冠，衣黑錦飛裙，帶豁落七元五色虎頭鞶囊。右出《洞真五帝内真經》

又《魔王冠服》 大魔王衣玄文之裘，頭戴橫天之冠，腰帶龍頭之劍。

東方青帝大魔王，頭戴橫天之冠，衣青羽之裘，腰帶青綬虎頭鞶囊，或著絳章單衣，或化爲青赤二色之光。

西方白帝大魔王，頭戴橫天素冠，衣白羽之裘，腰帶素靈之綬，五色虎頭鞶囊，或著皂紈單衣，或化爲老嫗，巾白巾，手持板，或化爲紫蒼二色之光。

南方赤帝大魔王，頭戴橫天朱冠，衣赤珊之裘，腰帶丹靈之綬，虎頭鞶囊，或著羅黃之衣，或爲人頭鳥身如鳳凰，或化爲黑黃二色之光。

北方黑帝大魔王，頭戴橫天黑冠，衣黑羽之裘，腰帶黑靈之綬，虎頭鞶囊，或著青紗單衣，或爲人身蛇頭，或爲青白二色之光。

西北方皓帝大魔王，頭戴橫天紫冠，衣紫羽之裘，腰帶紫綬虎頭鞶囊，或著白紗單衣，或爲女子，作飛雲髻，手執金杖，或化爲紫白二色之光。

東南方昊帝大魔王，頭戴橫天黃冠，衣黃羽之裘，腰帶黃綬虎頭鞶囊，或著紫紗單衣，或爲人頭蛇身，口銜素綬，或化爲蒼緑二色之光。

東北方蒼帝大魔王，頭戴橫天青冠，衣青羽之裘，腰帶青綬虎頭鞶囊，或者緑紗單衣，或爲龍頭人身，手執節，或化爲火精。

西南方黃帝大魔王，頭戴橫天緑冠，衣緑羽之裘，腰帶緑綬虎頭鞶囊，或著黃紗單衣，或爲一人九頭，手執金戟，或爲紫絳二色之光。右出《洞真玉清隱書》

唐・釋道宣《廣弘明集》卷九《辨惑篇第二之五》 《玄中經》説：道士執簡者用金玉，廣一寸，長五寸五分，執之爲況。中古王執朝師君，下古金玉，隱執雜木，長九寸，名爲手簡，執以去慢，誡于道士，若入王宫聚落人室，在舍外十步，著巾帔執況而入，勿有側背。出舍外，脱巾帔，著素服行，勿自顯損道法。若入俗家，整威儀執簡坐，勿使俗怪。道士行百裡外，執杖巾帔香爐銅灌□釪，出家之具自隨，威儀具足得十種功德。

臣笑曰，《自然經》云：道士巾褐帔法褐，長三丈六尺，三百六十寸，法年三十六旬，年有三百六十日，一身兩角，角各有六條，兩袖袖各六條，合二十四條。法二十四氣，二帶法陰陽，中兩角法兩儀，乃至冠法蓮華巾也。《自然經》既有科律，何以不依。及法張魚黃巾之服，違律而無識也。

又卷一二《辨惑篇第二之八》 今之道士戴幘冠巾，應拜時君，在家侍養爲忠孝不，今既不然豈獨偏責。夫論忠者，事君以盡命，殉義以忘身，孝者奉親竭誠存没以資濟。故道安直諫以輔秦，佛圖忠言以匡趙，目連捧缽

而餉母，釋迦擔棺而葬親。

又 今道士披褐執板，戴幘冠巾，既服臣吏之衣，須行朝謁之禮。昔天師貴士尚拜帝王，今鬼卒賤夫須跪卿相，宜令道士習其師法，朝謁帝王參拜官長，編於朝典，不亦宜乎。

又卷二五《僧行篇第五之三》 今之道士不遵其法，所著冠服，並是黄巾之餘，本非老君之裔，行三張之穢術，棄五千之妙門，反同張禹漫行章句。從漢魏已來，常以鬼道化於浮俗，妄托老君之後，實是左道之苗。

又 傷毁與禮教正乖，蓮華非結綬之色，貝葉異削圭之旨，人以束帶爲彝章，道則冠而不帶。人以束髮爲華飾，釋則落而不容。去國不爲不忠，辭家不爲不孝。

唐・谷神子《博異記・岑文本》 貞觀中，岑文本下朝，多於山亭避暑。日午時，寐初覺，忽有扣山亭院門者。藥豎報雲，上清童子元寶，故此參奉。文本性慕高道，束帶命入。乃年二十已下道士，儀質爽邁，衣服纖異。冠淺青圓角冠，衣淺青圓陂，履衣服輕細如霧，非齊紈魯縞之比。文本與語。乃曰：僕上清童子，自漢朝而果成。本生於吴，已得不凝滯之道，遂爲吴王進入，見漢帝。有事擁遏教化，不得者無不相問。僕常與方圓行下，皆得美暢。由是自文、武二帝，迄至哀帝，皆相眷。或秦或楚，不常出外方，所至皆沐人憐愛。自漢成帝遂厭人間，乃尸解。王莽作亂，方厥居。聞公好道，故此相曉耳。文本詰以漢魏齊梁間君王社稷之事，了了如目睹。因言史傳間，屈者虚者亦甚多。文本曰：吾人冠帔，何制度之異。對曰：夫道在於方圓之中，僕外服圓而心方正，相時之儀也。又問曰：衣服皆輕細，何土所出。對曰：此是上清五銖服。又問曰：比聞六銖者天人衣，何五銖之異。對曰：尤細者則五銖也。談論不覺日晚，文本乃别。出門而忽不見，文本知是異人，乃每下朝，即令伺之，到則話論移時。後令人偕送，詣其所止。出山亭門，東行數步，於院牆下瞥然不見。文本命工力掘之，三尺至一古墓。墓中了無餘物，惟得古錢一枚。文本悟，上青童子是銅名元寶，錢之文也，外圓心方，錢之狀也，青衣銅衣也，五銖服亦錢之文也，漢時生於吴，是漢朝鑄五銖錢於吴王也。文本雖知之，而錢帛日盛，至中書令。十餘年，忽失古錢所在，文本遂薨。

唐・張萬福《三洞法服科戒文》 天師請問法服品。太上授道陵三天法師、正一真人已，乃命雲宫玉女，出九光寶耀蓮冠，五色丹羅錦帔，雲縠絳文仙褐，翔鳳飛錦羽裙，七色寶雲錦襬，瑶華蘂珠文履，碧瑶之笏，七寶之函，流精華佩，琅英繡璫，龍錦坐褥，瓊鳳香罏，交龍玉几，斑麟翠拂，明光如意，十有五種，以錫天師。天師冠帶法服，五體投地，禮拜太上，因啟問曰：未審三清上境，及諸凡界，聖真仙服，爲有差降，爲復等乎。愚所未睹，願垂分别，以示將來。太上曰：衣服者，身之章也。隨其稟受品次不同，各有科儀。凡有九等，汝可諦聽，當爲子説。一者大羅法王元始天尊，冠須臾萬變九色寶冠，衣千種離合自然雲帔，著十轉九變青錦華裙，七明四照參差寶襬，五種變化十寶珠履。左右侍真，皆悉同然。二者玉清法王無形天尊，冠須臾千變七色寶冠，衣百變離合飛雲之帔，九轉七變翠錦飛裙，七明四照流霞錦襬，七寶變化丹雲繡履。左右侍真，亦復同矣。三者上清法王無名天尊，冠須臾百變五色寶冠，衣十種離合流霄之帔，八轉五變黄錦霞裙，七明四照飛光錦襬，五采變化自然瓊履。左右侍真，亦復同也。四者太清法王太一天尊，冠須臾十變蓮精寶冠，衣九種離合五雲華帔，七轉四變紫錦羽裙，七明四照玄光丹襬，自然變見獅子文履。左右侍真，亦復同焉。五者四梵天中化主無相天尊，冠流精耀日花冠，衣玄鳳瑶華之帔，翠錦丹羽飛裙，五明景雲寶襬，飛龍轉變之履。左右侍真，亦復同耳。又紫帔青裙、蒼帔丹裙、緑帔絳裙、丹帔黄裙、黄帔素裙、絳龍錦裙，悉侍真之服。自四梵以上，皆飛雲流霄，自然妙氣，結成衣服。九色寶光，而生萬物。長短大小，隨境應形。或明光八照，圓象洞焕，景耀遠近，變化自然。或九色合成，萬種分輝，或龍鳳結彩，山水流形。千變萬化，不可得名。乃至都治城郭，宫闕殿堂，樓閣臺榭，草木禽獸，車輿器物，幡幢帳座，種種法具，皆是自然，應緣而見，本無質礙，隱顯靡常。六者無色天中仙真聖服及諸天帝，冠飛雲寶冠，衣九色無縫之帔，翠龍華裙，五色錦襬，祥鸞瓊履。皆自然而生，應念來至。乃至宫殿臺閣，車輿器物，玩弄服飾，苑囿花果，音樂法具，一切所須，悉皆如是。七者色界天中仙真聖品及諸天帝，冠蓮華晨冠，衣飛雲錦帔，絳霄飛裙，流景錦襬，瓊鳳文履。雖有形礙，而非世間所造，同於自然。乃至居住，車騎法具，隨心所欲，應念而生，變化自在，不比於常。八者欲界天中仙真聖品，冠珠玉之冠，衣五雲之帔，飛華翠裙，流光羽襬，九光文履。皆以當界所植，或於諸天中得，或下方神仙奉獻，結造所成，不同下界，有所勞苦。乃

至居處房殿，車輿法物，亦復如是。九者山上靈宫及五嶽名山洞宫諸神仙、靈官真官，守土職司，冠七寶之冠，衣九光霞帔，飛青華裙，雲錦繡襹，鸞鳳文履。悉以諸天錦綺及下方珍物，或變鍊而成，非如世間之所製造。或乘鸞駕鶴，控馭龍虎，白鹿獅子，靈禽神獸，飛雲丹霄，緑輿瓊輪，持幢鼓節，執符把籙，出入人間，應心所欲，隨感而至。或上界真仙，下世教化，因時所服，不異人間。或下界真仙，上朝諸天，其所服馭，參同上境，而變化自然，實非汝凡情之所測度。天師又問曰：夫衣服者，本爲有形，今上聖既無形質，衣服何所設耶。

太上曰：上聖無形，實不資衣服。但應迹人間，而有衣服。若歸真反本，湛寂自然，形影尚空，何論衣服。今雖示迹，略有九階，要而言之，大歸二種：一者無衣之衣，謂四梵以上，妙體自然，變化無常，本無形質，或隱或顯，應見化身，接引下凡，暫假衣服，隨機設教，逐境分儀，神用自然，變化不測。此不衣而衣，示同凡也。二者有衣之衣，謂三界以下，乃至棄賢，形質尚粗，未能合道，遊行出處，要籍威儀。衣服階修，致有差别，又有七種，須案奉行，劫運雖傾，此法無變。一者初入道門，平冠黄帔。二者正一，芙蓉玄冠，黄裙絳褐。三者道德，黄褐玄巾。四者洞神，玄冠青褐。五者洞玄，黄褐玄冠。皆黄裙對之，冠象蓮花。或四面兩葉，褐用三丈六尺，身長三尺六寸。女子二丈四尺，身長二尺四寸。袖領帶褊，就令取足，作三十二條帔，用二丈四尺，二十四條，男女同法。六者洞真，褐帔用紫紗三十六尺，長短如洞玄法。以青爲裹，袖領褊帶，皆就取足，表二十五條，裹一十四條，合三十九條。飛青華裙，蓮花寶冠，或四面三葉，謂之元始冠。女子褐，用紫紗二丈四尺，長二尺四寸，身二十三條，兩袖十六條，合三十九條，作青紗之裙，戴飛雲鳳炁之冠。七者三洞講法師，如上清衣服，上加九色。若五色雲霞山水袖帔，元始寶冠，皆環佩執板，獅子文履，謂之法服，悉有天男天女、玉童玉女侍奉護持，不得叨謬，諸天敬仰，群魔束形，子其勉之。

天師曰：未審下世道士紹聖教者，法服云何。太上曰：若當來男女，修行我法，捨俗出家，當須持奉三洞符籙經戒，依此制服，隨其經戒高下，勿得叨謬，混雜仙真。常須清浄，燒香左右，無使穢污，濁辱仙靈。冠者，觀也，内觀於身，結大福緣，天地百神，威奉於己。當自寶貴，以道護持，制斷六情，抑止貪欲，虚心静慮，滌盪塵勞，念念至誠，尅登道果。外觀於物，悉非我有，妄生貪著，惑亂我心。當須觀妙，常使無欲，以其觀察，德美於身，上法三光，照明内外，如彼蓮花，處世無染。又花爲果始，用冠一形，舉之于首，圓通無礙。帔者，披也，内則披露肝心，無諸滓穢，外則披揚道德，開悟衆生。使内外開通，彼我皆濟，隨時教化，救度衆生，一切歸依，此最爲上。褐者，遏也，割也，内遏情欲，使不外彰，割斷諸根，永絶萌蘗。外遏貪取，使不内入，割斷諸物，永無煩惱。内外遏絶，物我兼忘，行道誦經，不可闕也。裙者，群也，内斷群迷，外祛群累，攝化萬物，令入一乘，永出樊籠，普令解脱。冠以法天，有三光之象，裙以法地，有五嶽之形，帔法陰陽，有生成之德。總謂法服，名曰出家。内服己身，六根三業，調鍊形神。外服衆生，三塗五道，救拔人天，遍及聖凡，知有所法，景行可尊。又法天尊聖真仙服，住持經戒，教化人間，必使師資相習，真道流通，易此俗衣，著彼仙服，道能服物，德可法人，以是因縁，名法服也。

太上曰：吾昔服日光帔，讀洞真寶經。服月光帔，讀洞玄真經。服星光帔，讀洞神仙經。服九色離羅帔，講三洞大乘經。服五色雲帔，教化人間。服自然之帔，遊行諸天。服萬變雲帔，上朝大羅。服光明寶帔，下救三塗。常使玉女玉童二百四十人，典侍法服，清浄燒香。若道士，常須備其法服，整飾形容，沐浴冠帶，朝奉天真，教化一切。勿得暫捨法服，不住威儀，無使非人，犯法服也。天師稽首，禮拜奉行。

天師受法服已，即説科戒四十六條，傳教將來。

第一，不冠法服，不得登壇入静，禮願啟請，悔過求恩。第二，不冠法服，不得逼近經戒，講説念誦，看讀敷揚。第三，不冠法服，不得持奉齋戒，受人禮拜，飲食供養。第四，不冠法服，不得禮拜師尊長德，及受弟子禮拜。第五，不冠法服，不得出入所居，人間遊行，見諸凡人。第六，不冠法服，不得祝禁符劾，章奏表啟。第七，不冠法服，不得覲見國主、父母，及諸世民。第八，寢息休暇，當脱法服。第九，沐浴浣濯，當脱法服。第十，大小便曲，當脱法服。第十一，泥雨濁穢，當脱法服。第十二，供養給使師尊、父母，勿脱法服。第十三，檢校修造，一切功德，勿脱法服。第十四，檢校營造，齋供花果，勿脱法服。第十五，檢校種植，勿脱法服。第十六，非枷獄病苦，勿脱法服。第十七，手足不浄，勿犯法服。第十八，器物不浄，勿犯法服。第十九，牀席不浄，勿犯法服。第二十，車輿不浄，勿犯法服。第二十一，裸露

身形，勿犯法服。第二十二，鳥獸蟲魚，勿犯法服。第二十三，口氣臭穢，勿犯法服。第二十四，非同學弟子，勿犯法服。第二十五，始欲出家，先備法服。第二十六，欲受經戒，須備法服。第二十七，詣師請經道戒籙，須上法服。第二十八，詣師請福，解免厄苦，須上法服。第二十九，法服不得用五綵作。第三十，法服不得以非義物作。第三十一，法服不得用錦繡綺作。第三十二，法服不得不依法作。第三十三，法服不得假借他人。第三十四，法服不得隨宜拋擲。第三十五，法服不得安卧牀上。第三十六，法服不得坐卧其上。第三十七，法服不得以腳踏洗及槌拍。第三十八，法服破壞，當須火淨。第三十九，法服不得過三具，餘便施人。第四十，法服破壞及餘物，不得充非用并凡人著。第四十一，法服作成，燒香啟告，禮拜三寶，先獻三寶及諸仙真聖，然後取著。第四十二，法服近經像者，不得著人間及不淨處。第四十三，法服須勤洗濯，燒香清淨，箱篋藏舉，勿使污穢，常置淨室。第四十四，不得著法服，遊五種家。第四十五，不得擅脱法服，潛遊人間。第四十六，坐起卧息，常依科戒。

天師曰：道士護持法服，當如兩眼，又如手足。何以故。人若無眼，不能睹見天地萬物、好惡是非。若無手足，不能運轉身形，遠近行坐。名不具足，是盲衆生。道士不持法服，失十種恭敬，得十種輕賤：一者諸天生不恭敬，二者諸魔生不恭敬，三者鬼神生不恭敬，四者帝王生不恭敬，五者父母生不恭敬，六者兄弟生不恭敬，七者姊妹生不恭敬，八者眷屬生不恭敬，九者貴人生不恭敬，十者賤人生不恭敬。一者得諸天輕賤，二者得諸魔輕賤，三者得鬼神輕賤，四者得帝王輕賤，五者得父母輕賤，六者得兄弟輕賤，七者得姊妹輕賤，八者得眷屬輕賤，九者得貴人輕賤，十者得賤人輕賤。見世所在之處，失其勝福，過去受猪狗之身。若護持者，見世所在之處，得其果報。過去生諸天中者，凡諸男女，寧脱己之服，不得脱出家法服，寧犯毒蛇，不得犯出家法服，寧坐大火坑，不得與出家同坐。若道士，自外法服，遨世榮華，是其福盡。雖暫光耀，不久惡至，過去入寒冰地獄，後受裸露之身。何以故，此人自取沉淪也。

天師曰：應服不服，非服而服，皆四司考魂，奪筭一千二百。

天師曰：道士衣服、卧具、坐褥，皆不得用青緑紺絳、紅碧玄素、錦綺繡畫、珠玉間錯。違者，四司考魂，奪筭八百。

唐・金明七真《洞玄靈寶三洞奉道科戒營始》卷三《法服品》《科》曰：道士、女冠，三洞法服，各有儀制，具如本經，當依法制服，其依下卷。其山文霞、納暈畫等帔，無擬天尊身上九色離羅之狀，講說三洞大乘，敷揚妙道，陞高座，大德法師所服，若具上法，登壇入靜，告齋行道，啟導之首，及常修經法，或傳授經戒，威儀所須，聽臨事暫披，事竟還罷。除此之外，皆不得輒服，減筭一千二百。

《科》曰：凡諸女冠裙，皆全幅帖緣，染用梔黄，深色綽袖，如道士制，皆不得淺淡雜色。違，減筭二百四十。

《科》曰：道士、女冠執役衣，先不具科，今備出之。其上、中、下衣，皆用淺黄色，若黄屑土黄，作淡色，短小稱身制之。若在觀居房，供養師主尊年耆德，或修飾經像，執捉營爲，皆服此衣，名爲執役。若道士、女冠，裩袴衫襦，並作黄屑色，不得余色及白。違，減筭三百六十。

《科》曰：道士、女冠，皆有冠幘，名有多種，形制各殊，具在經中，具如下卷。並用縠皮笴擰，或烏紗純漆，依其本制。皆不得鹿皮，及珠玉綵飾，其簪聽用牙、玉、骨、角，亦自須依法，皆函笥盛舉，勿使顯露，及俗人犯觸。違，減筭二百六十。

《科》曰：道士、女冠履制，皆圓頭，或二儀像，以皮布絁絹裝飾，黄黑其色，皆不得羅綺錦繡、書繡間錯、珠條隱帖。及俗履，或青紫錦繡。其襪，並須純素絁布絹爲之。其鞾圓頭，闊底鞮，唯麻而已，自外皆不得著。違，奪筭二百四十。

《科》曰：凡道士、女冠卧具，皆用絁布絹，染作黄屑，或淺魂色，若青緑碧緋紫、錦綺、纈雜暈綵，皆不得服用。其氈席、牀褥，悉皆如之。褥，聽用紫碧褐等。枕，用木或純漆，正四方作之，不得斜曲爲異形，或承髻金銀雕飾，皆下鋪淨巾。違，奪筭三百六十。

《科》曰：凡道士、女冠，體佩經戒、符籙，天書在身，真人附形，道氣營衛，仙靈依託，其所著衣冠，名爲法服，皆有神靈敬護。坐卧之間，特宜清淨，或赴緣入俗，教化人間，不可將我法身，混同俗事。凡人牀席，穢氣稍多，衣服尊卑，自須分別，須各作坐褥，方四尺，表裏帖緣，大德尊者法師及具上法者用紫，餘皆魂色，並不得以錦綺珠條帖絡，出入隨身。若入俗門，則不用也。違，奪筭三百六十。

唐・李林甫《唐六典》卷四《尚書禮部》 諸道士、女道士、僧尼之簿籍，亦三年一造。其籍一本送祠部，一本送鴻臚，一本留州縣。凡道士、女道士、僧、尼衣服皆以木蘭、青碧、皂荊黃、緇壞之色。若服俗衣及綾羅，乘大馬，酒醉與人鬬打，招引賓客，占相吉凶，以三寶物餉饋官僚，勾合朋黨者，皆還俗。若巡門教化，和合婚姻，飲酒食肉，設食五辛，作音樂博戲，毁罵三綱，淩冥長宿者，皆苦役也。

唐・朱法滿《要修科儀戒律鈔》卷九《衣服鈔》 夫超出塵累，依庇法城，晨夕勤修，離邪歸正，以潔法服，乃可朝真。穢黷褻裳，如何謁聖。然褐是日月之象，帔爲氣數之衣，出入行來，彌須貴敬，一人有失，能敗法徒，總以澆訛，從何取則。今時之輩，或以浄衣穢慢，或以法服借人，或坐地而染塵泥，或藉牀而當氈席，使神童而靡衛，令道俗以驚嗟。巾帽不整，尚累於傍人，實衣猿狙，以周公之服者矣。

《千真科》曰：道衆威儀，事在嚴整，衣服清潔，軌行可觀，則生世善心，諸天稱歎。若形儀慢黷，不喜衆心，不堪就請，毁辱道法，即是道寶有虧，斷大慈種。若爲衆儀軌，人所欽慕，即是道寶光顯，法門有寄。

《科》曰：通服中華長裙大袖，與俗有别，不得與白衣參服、袍裘皮靴，角柄食器，皆須漆素而已，不繫金銀銅器。若朝修行事，禮謁衆聖，皆威儀法服，隨法位次。若上清，衣紫，靈寶，通黄，三五，衣絳。非行事時，荆黄壞色而已，不得紋綾羅錦，炫惑時俗。女官又不得金玉釵釧，花裝粉飾。一則入道通惡，二則非爲敬心。

《太真科》曰：勿貪細滑華綺珍奇、寶冠纓絡，當服法服，粗澁而已。浄以周身，不得廣大，蔽形止寒，不得重厚。過三通者，即以施人也。

《四極明科》曰：帔令廣四尺九寸，以應四時之數，長五尺五寸，以法天地之氣，裏青表紫，當全二十四條，裏全十五條，内外三十九條，以應三十九帝真之位。爾者，身備帝皇之章，便應冠帝皇之服故也。無有此服，不得妄動寶經。詠一句，則響徹九天，萬帝臨軒，九真存位，所應不輕。單衣誦經，天魔侵景，萬精亂音，神喪氣散，死入幽泉，魂魄艱辛，不得入仙。有此法服威章，給玉童玉女各十二人，典衛侍真。不得妄借異人，並犯殗穢，輕慢真服，五犯仙道不成，十犯被考右官身死，充掠刀山食火二十四獄。又曰女子學上清白日昇天之法，受寶玉訣，修行大洞，皆元君夫人之位。入室之日，當冠元君之服，披紫紗之褐，令用三丈四尺，身袖長短，就令取足。當使兩袖作十六條，身中二十三條，合三十九條。又作青紗之裙，令用四十五尺，作八幅，幅長四尺九寸，餘作襻腰，分幅，作三十二條。此則飛青之裙也，元君之服也。身冠此服，萬真束帶，千魔駭形。給玉童玉女各十二人，典掌法服也。無此服，不得詠上經，五犯伐功，十犯陰官，所考自然。《經訣》曰：褐皆長三尺六寸，三十條。若鹿皮巾褐至佳，皮褐無條數也。《登真隱訣》曰：上道法衣巾褐，不假人，衣服牀寢不共之也。奉六天山川魔神者，弗入其室，弗享其饌，勿著其衣，勿寇其巾。

五代・馮鑑《續事始》 道門賜紫。中宗神龍二年，道士葉静能加金紫，有斯命而未須賜紫衣。至代宗朝，李泌初立大功，李輔國將不利之，乞遊衡岳，許之，賜紫道衣。

宋・宋敏求《春明退朝録》卷中 太宗時，建東太一宫於蕪邸，遂例十殿，而五福、君綦二太一處前殿，冠通天冠，服絳紗袍，餘皆道服霓衣。天聖中，建西太一宫，前殿處五福、君綦、大遊三太一，亦用通天、絳紗之制，餘亦道冠霓衣。熙寧五年，建中太一宫，内侍主塑像，乃請下禮院議十太一冠服。禮院乃具兩狀，一如東西二宫之制，一請盡服通天、絳紗。會有言亳州太清宫有唐太一塑像，上遣中使視之，乃盡服王者衣冠。遂詔如亳州之制。

宋・陶穀《清異録》卷三《衣服門・欽帽》 道士所頂者橐籥冠，或戴星朝上巾，曰籠綃。嘗跨馬都市間，曰：暑熱何不去欽帽。試回視之，乃老黄冠卸其上巾矣。

宋・王栐《燕翼詒謀録》卷二 黄冠之教，始於漢張陵，故皆有妻孥，雖居宫觀，而嫁娶生子與俗人不異。奉其教而誦經，則曰道士，不奉其教不誦經，惟假其冠服，則曰寄褐，皆游惰無所業者，亦有凶歲無所給食，假寄褐之名，挈家以入者，大抵主首之親故也。太祖皇帝深疾之，開寶五年閏二月戊午，詔曰：末俗竊服冠裳，號爲寄褐，雜居宫觀者，一切禁斷。道士不得畜養妻孥，已有家者，退出外居止。今後不許私度，須本師、知觀同詣長吏陳牒，給公憑，違者捕繫抵罪。自是宫觀不許停著婦女，亦無寄食者矣。而黄冠之兄弟、父子、孫姪猶依憑以居，不肯去也，名曰親屬。大中祥符二年二月庚子，真宗皇帝詔道士不得以親屬住宫觀，犯者嚴懲之。自後始與僧同其禁約矣。

宋・李昉等《太平御覽》卷六七五《道部》 冠。《真誥》曰：有一

老人着繡裳，戴芙蓉冠，倚赤九節杖而立。芙蓉冠即禮之爵弁，粗欲相似，但不知真人以何物作之耳。自非已成真，不得冠此。又曰：遠遊冠，桐柏真人戴此冠，女真已笄者亦戴冠，惟西王母首戴玉勝。又女真未笄者，則三環角結，或飛雲編結，餘髮垂兩肩至腰中也，龍冠金精巾、虎巾、青巾、虎文巾、金巾，此天真冠巾之名，不詳其製。又曰：男真。冠真，并飛天交結。《道學傳》曰：王母二玉女侍王母上殿，戴太真晨纓之冠，履玄瓊鳳文之舄。又曰：孟景翼字輔明，義嘉構難，景翼星夜往赴，經行失道。時一人黄衣黄冠，在其前引路。既得道，乃失所在。《海空經》曰：真仙道士，并戴玄冠，披翠帔。《太真科》曰：解褐披絳綃之衣，釋巾著遠游之冠。又曰：人皇著七寶珠冠。《上清經》曰：元始皇上丈人戴紫曜之冠，佩九色自然之綬。又曰：高靈九天，建金華七曜之冠。又曰：王真九天丈人，建飛精百變之冠，佩九元道真之策。又曰：上三天玉童，建三華寶曜洞天玉冠。《四明科》曰：凡修《上清道經》、《大洞真經》，入宣之日，當身冠法服。又曰：凡女子學上清之法，受寶經玉訣，修行大洞，皆元君夫人之位，入宣之，曰：當冠元君之服，万真束帶，玉童玉女各二十人，其掌法服，無此服不得升於上清。《洞神經》曰：受道之人，皆玄冠草履。《傳授經》。曰：老子去周，左慈在魏，並葛巾單裙，不著褐。又曰：陸先生云：對上下接，謂之俯仰之格，披褐二服也。又云：冠戴二儀，衣被四象，故謂之法服。《道學傳》曰：西母結大華之髻，戴太真晨纓之冠，履玄瓊鳳文之舄，《上清變化經》云：紫映玉霄真玉，建建華天冠，帶交金之鈎。又曰：上皇玉靈君，建七曜華冠，佩舟文紫綬。又曰：皇上帝君，建七色朱精華冠。又曰：太素高虚上極紫皇，建七寶冠，帶神精交蛇之綬。又曰：虚明紫蘭中元高崿君，建三華之冠，帶流金紫章。又曰：太素真君，建紫晨巾，乘青龍紫羽蓋。《玉珮金瑠經》曰：元始天王，披九色離羅之帔，帶寶冠。又曰：太帝，建七氣朱冠。又曰：太岳君，建三寶九光夜冠。又曰：華山君，建六元通神飛冠，佩交靈之綬。又曰：嵩高君，建中元黄晨玉冠，佩黄神中皇之章。又曰：玉佩帝君，建紫冠。《真誥》曰：上元夫人，服赤霜袍，披青毛錦裘，頭作三角髻，散髮至於腰，戴元晨夜月之冠，帶六山火玉之佩，腰鳳文琳華太綬，執流黄揮精之鈎。《上清變化經》曰：太元真人，巾芙蓉冠。《上清元籙》曰：九天元父，戴寶天之冠。《太上五帝内真經》曰：青帝君，建九天通天冠。又曰：赤帝君，建三氣玄梁寶冠。又曰：白帝君，建七氣明光寶冠。又曰：黑帝君，建五氣玄晨之冠。又曰：黄帝建黄晨通天冠，佩黄晨越元之策，帶靈飛紫綬。《太上飛行羽經》曰：九晨君，建飛精玉冠，衣九色之鳳帔。又曰：元晨君，建飛天玉冠，衣九龍天衣。又曰：蓋晨君，建三晨寶冠，衣丹錦飛裳。又曰：上晨君，建玄精玉冠，衣玄羽飛裳。又曰：華晨君，建飛晨寶冠，衣青羽飛裳。《太上飛行羽經》曰：靈妃元皇夫人，建晨纓寶冠。《昇玄經》曰：仙人定子明，着黄褐玄巾。《大洞玉訣》曰：皇初紫元天中真人，披朱錦之服，巾緑霞之冠。《山西經》曰：玉女建白冠。《洞神經》曰：天皇君戴九元冠，地皇君戴二晨玉冠，執元皇定籙策，人皇君戴七色冠，執上皇保命玉策。又曰：上清瓊宫南極玉真赤帝君，建進賢之冠。又曰：北極玉真黑帝君建玄寶之冠，西極王真白帝君建通天寶冠，中極玉真黄帝君建通元五氣之冠。《土精真訣》曰：東方九靈真人戴九氣冠，南極真人戴進賢冠，衣絳章之衣，西方素靈真人戴三寶玄冠，北方玄靈真人戴玄冠，中央惣元三靈真人戴黄晨玉冠。《玉光八景經》曰：東元景道君，冠七色耀天玉冠，躡九色之履。《金根經》曰：九天元父，戴七色朱玉之幘，無極進賢之冠。又曰：九天玄母，著青寶神光錦繡霜羅九色之綬，戴紫元玄黄寶冠。《大有經》曰：玉清之母，戴七神朱玉之髻，巾無極進賢之冠，著玄黄素靈之綬，在太極朱宫。又曰：九天真女，戴玄黄七稱進賢之冠。又曰：上清真女，戴玉冠，著九色之綬，居太幽宫中。又曰：太極帝妃，冠無極進賢之冠，衣五色鳳文之綬，在太清極玄宫中。又曰：太上君，戴三寶玉冠，著九色之綬，在無極真宫中。又曰：啓明天君，冠青精進晨玉冠。《太一洞真玄經》曰：三素老君，服錦衣建龍虎冠。又曰：太一公子白元司命桃君五人，皆着朱衣絳巾，典主符籍，在太微紫房宫中。《登真隱訣》曰：太玄上丹霞玉女，戴紫巾，又戴紫華芙蓉巾及金精巾，飛巾、虎文巾、金巾。《龜山元籙》曰：元始皇上文人，冠九氣紫曜之冠，衣九光錦袍，佩九色無縫自然之綬，帶六山火玉，在上清之上。又帶九天仙鍊之劍，衣九色班文袍，常乘十二飛麟，帶金虎鳳文之綬。《金真玉光經》曰：元景道君，衣丹錦之綬，建七色玉冠。又曰：元景道君，曳玄黄之綬，戴進賢玉冠，乘玄景緑與參駕鳳皇。又太陽上府紫微宫中道君，曳絳錦丹綬，戴玉冠，躡九色之履，執制魔之章，又元景太一君，曳玄黄素綬，戴七寶冠，執命神之策，乘玉輦，五采蓋，紫雲

車，參駕六龍。又曰：桐柏山真人王子喬，年甚少，整頓非常，建芙蓉冠，着朱衣，以白珠綴衣縫，帶劍，多論金庭山中事，言於衆真。《太上素靈經》曰：太上神仙，戴飛晨寶冠，又戴青精辰玉冠、游雲寶冠、玉精寶冠、通天玉寶冠、三玄寶冠，上清仙公並建扶華沓霞大冠，道君冠九德之冠。《太極左仙公起居注》曰：太上三天錫仙公，芙蓉晨冠。《靈飛六甲經》曰：上清瓊宫東極玉真，建九氣通精之冠，玉京真人戴通陽玉晨冠，少陽真人戴通曜之冠，太素三元君建寶琅扶晨羽冠，紫素元君建太真晨纓之冠，三角髻，餘髮散之於腰。《太極金書》曰：元始建洞天之冠，上君建青精天玉之冠，太真丈人建三寶玉冠，三天童建三華寶曜洞天玉冠。《太洞玉經》云：紫元真人披朱錦之服，巾緑霞之冠。《五岳真形圖》曰：東岳太山戴倉碧七稱之冠，南岳衡山戴九丹日精之冠，中岳嵩山冠黄玉太玄之冠，西岳華山建太初九流之冠，北岳恒山建太冥靈陰之冠，青城丈人戴蓋天之冠。《昇玄經》曰：昔有仙人豆子明，建黄褐玄巾。

幘。《紫書金根經》曰：九天元父戴七稱珠玉之幘。《敷齊經》曰：正一功曹冠朱陽之幘

帔。《太極金書》曰：元始天帝，被九色羅帔，丹絳之裾，珠繡霞帔。《太極左仙公起居注》曰：太上三天錫仙公，丹錦繡帔。《靈書紫文經》曰：青童太君，衣飛青翠羽龍帔。《雌一五老經》曰：太素三元君，服紫氣浮雲錦帔，又紫繡毛帔，又鳳文錦帔。《無上真人内傳》曰：九色錦繡華文之帔。《太元真人茅君内傳》曰：繡羽紫帔。《九真中經》云：青玉錦帔，絳玉、素玉、玄玉、黄玉錦帔。又云：青華丹蘂玉白琳四出龍帔，玄玉九道雲錦帔，黄雲山文錦帔。

褐。《仙公請問經》曰：太極真人曰：夫學道當潔浄衣服，備巾褐制度，名曰道之法服。《靈寳真一自然經訣》曰：至真已得道人，披九光七色法服。《靈飛六甲經》曰：南極玉真，着緋羅法服。《上清紫宸經》曰：修七轉之道者，上皇君以法服飛仙羽章授之，仍戴以紫元飛霜七色之冠。

褵。《上清經》曰：高上玉皇，衣玉文明光飛雲之褵。《龜山元籙》曰：九天玄母，衣霜羅九色之褵，又衣青羅之褵。《五岳真形圖》曰：五岳使者服緋褵。《三元布經》曰：紫素元君衣紫錦夾褵，白素元君衣白錦光明之褵。《龜山元籙》曰：九色飛雲錦褵，九色自然之褵，玉文明光飛錦之褵，九色珠絳雲光錦褵，丹錦七色文光之褵。

袍。《太極金書》曰：元始，披霜珠之袍，《上清經》曰：三天玉童，衣青黄錦袍。《五岳真形圖》曰：東岳君服朱光袍。《龜山元籙》曰：有明光飛錦珠袍，五色雲羅之袍，七色鳳雲之袍，九色班文羽袍。《茅君内傳》曰：有赤霜之袍。

裘。《大洞玉經》曰：司禁真伯，乘日月之軿，披虎文之裘。《八表經》曰：白素元君，衣黄緣曜光雲文之裘。《五帝内真經》曰：有玄文明光之裘，九色班裘。《龜山元籙》曰：有雲文丹錦之裘。

衣。《三道順行經》曰：玉景真人，衣玄雲錦衣。《老子歷藏中經》曰：東父者，清陽之氣，万神之先，衣五采衣。《龜山元籙》曰：有明光錦九朱飛文法衣，三素飛文錦衣，五色班衣，九色龍衣，又有青黄紫三色羽衣，又有九色鳳衣，亦有九天鳳衣。

珮。《大戒經》曰：太極真人曰：凡謹事法服則者，冠冕玉珮。《三元布經》曰：六山大玉之珮。

綬。《八素經》曰：太素元君，衣流光雲文綬，始素元君，衣紫光雲文素綬，玄素元君，衣飛雲九變綬，紫素元君，衣玄黄九色素羅之綬，黄素九君，衣飛雲素錦之綬。《三元布經》云：紫素元君，交帶靈飛大綬，白素元君，珮文琳華之綬。《太上飛行羽經》曰：九鈴之綬，飛靈紫綬，六山飛晨之綬，九光之綬。《金真玉光經》云：紫青之綬，丹錦之綬，絳丹綬，玄黄素綬，白文素靈之綬，玄靈五色之綬。《元始經》曰：九天玄母，帶流蘇紫綬。又曰：九元光延紫綬，靈飛紫綬，交靈素綬，九色自然之綬，金虎鳳文之綬。又曰：太上九氣命靈之章，帶翠羽交靈之綬。

裙。《太上飛行羽經》曰：上君衣鳳衣，班文虎裙。《太上素靈經》曰：太上神仙，衣青錦單裙，青綾裙，雲錦絳章丹裙，絳衣飛裙，黄雲錦裙。《三元布經》曰：太素三元君，服九色龍錦羽裙，紫素元君，衣飛霜羅裙。《太極左仙公起居注》曰：太上三天錫仙公，緋羅裙。《龜山元籙》曰：有丹錦飛裙，九色龍錦羽裙。《太上飛行羽經》曰：七色夜光雲錦裙。《九真中經》曰：蒼華飛羽裙，丹華飛羽裙，白羽飛華裙，亦有黑羽黄羽飛華裙。又曰：翠龍華文飛羽裙，朱華鳳裙，素羽寫章裙，黑羽龍文裙，緑羽鳳華繡裙。

履。《九真中經》曰：凡學道者勿令人犯屐，履，行道尤多禁忌。《金

真玉光經》曰：有五色九色師子之履。《玉光八景經》曰：東北始陽宮，牛元景足躡五色履。

舄。《龜山元籙》曰：領仙王奉元始命，使資晨纓玉冠，鳳雲之舄。給上真仙母，又有神雲鳳舄。《列仙傳》曰：安期先生賣藥海邊，時人言千歲翁，秦始皇召見，與語三日夕，賜金壁數千万。出於𨛦鄉亭，皆置去，留書。以赤玉舄一量爲報，曰：後千歲，永我蓬萊山下。始皇即遣使者入海，未至蓬萊山。輒風波而還。《上真元籙》曰：九天元父，曳神雲鳳舄，帶素雲之綬。

元・佚名《道書援神契》 法服。古者，祭祀法服有中單蔽膝佩裳之屬，今法服乃其流也。孟子曰：衣服不備，不敢以祭。《禮記》曰：古之君子必佩玉。

冠裳。古者，士大夫皆有冠，但纓而不簪，唯弁冕簪纓。全夫子戴章甫冠，曰：吾長於宋，故冠宋之冠。莊子曰：原憲華冠華杖，即樺皮冠也。《禮記》有侈袂，大袖衣也，道衣其類也。唐李泌爲道士，賜紫。後人因以爲常。直領者，取其蕭散之意也。

明・朱權《天皇至道太清玉册》卷下《冠服制度章》 冠服。古之衣冠，皆黄帝之時衣冠也。自後趙武靈王改爲胡服，而中國稍有變者，至隋煬帝東巡，便於畋獵，盡爲胡服。獨道士之衣冠尚存，故曰有黄冠之稱。

通天冠。余所製也。内用束髮冠，頂用三台，前南斗後北斗，左右用日月，上用捲雲之冠，以纓繫之。衣通天服，則戴之，謂之主冠，非王者不敢用。

通天服。余所製也。服用玄色黄裏，上衣下裳，胸前用朱雀，背後用玄武，左肩用青龍，右肩用白虎，以表四靈。皆用織金，前用龍虎二帶，下裳用十二幅，以應十二月。用邊襴所以取範圍之象，乃帝王得道飛昇沖舉之冠服也。及奉天祀神用之，非常人所宜也。

結巾。余始製也，以玄色爲之。冬夏各有二様，不拘紗帛，自成一家，製度不同於俗，非王者不宜用。

雪巾。余始製也，以玄色紵絲爲之，以天鵝皮爲裏。凡雪天嚴寒，皆用之以護腦。

雷巾。山中道士燕居之巾，野人冠服之屬。古無綱巾，戴之以籠亂髮，各則護寒以裹其首，豈宜入朝堂見帝王，而爲禮哉。山野修道之士，不論貴賤，皆戴之，今之護薄之士欲爲自尊，以爲有直事者戴之。吴草廬有雷巾詩曰：山野猥慵可護寒，豈宜裹卻謁時官，時澆世態非純俗，反奔玄門正一冠。正謂此也。

綱巾。古未有之，自我朝洪武開創始製有也。圈用大環，不同於俗。

帽。帽之製，任用絁巾縵飾，即同世用藤竹輕羅，細紗裝之亦可。

漆帽。如雲笠様，布台黑漆，不用幕。

雨笠。識竹箬及樺皮爲之，以禦雨露日光。最輕省，世以藤竹葜根作之，亦甚輕妙，而嫌其太華也。其大而置肩謂之井簦，此尤爲修道全真雲水之用也。

雪笠。頂六方，上小簷闊，用皂絹或紗幞，其上以避風紗日色，尋真問師雲遊用之。

野笠。以竹爲台，用小槲葉鹽水煮過，砌之於上，以隔雨雪，山居可用。

法服。黄帝見天人，冠金芙蓉冠，有俯仰于上，衣金星斗雲霞之法服，執玉圭而前曰：帝勞心天下，爲生民主，可謂德矣，帝始體其像，以製法服，爲道家祀天之服。

上清法服。紫青作帔，紫於外青於内，帔廣四尺九寸，以應四時之數。長五尺五寸，以法天地之氣。表裏一法，表當令二十四條，裏令一十五條，以應三十九帝真之位。爾者身佩帝皇之服，故也。無此服，不得妄動寶經。此法服給玉童各十二人，不得妄借異人，并犯厭穢，輕慢神服。

女真衣。紫紗之褐，用二丈四尺，身袖長短就令取足，當使兩袖作十六條，身中二十三條，合三十九條。又作青紗之裙，令用紗十五尺，作八幅，幅長四尺九寸，餘作攀腰，分八幅，作三十二條，此則飛青之裙也。無此法服，不得詠於上清寶經。此服給玉女十二人，不得妄借異人，并犯厭穢，輕慢神服。

洞衣。寇謙之所製。

袍。經云：鶴翅森霜之袍，今世人襦之，安下欄廣尺者，其製與鶴氅同。

鶴氅。凡道士皆用，其色不拘，有道德者以皂爲之，其尋常道士不敢用。

裘。上古之世，皆衣毛革，道士多用鹿皮爲裘，取其仙□之物，後世多用狐褐。

襖。襖者，襦之異名，自古有之。凡出家之人，及居山修道者，既未能迯陰陽卻寒暑，故宜備此以禦風寒之用，不可有缺。

半臂。半臂之製，短袖衣也。道家用之，以爲灌花種藥之服也。

抱肚。其制亦同世問者，綿夾之厚，任其所宜，居山學道之年老者，尤切用之。

汗衫。汗衫乃近身之服，最須洗濯潔爭，使不褻穢可也。

短衫。其制以蔽至腰者，名爲短衫，山居野外，所以便登涉之用，古之修真者，或指以爲採芝之像也。

襹。道經曰：青裙羽襹，龍文鳳衣，古有明光飛雲之襹，今謂綽袖耳，蓋大袖而身短，下裙之裝也。學道者必服之。

裩。渾如裙形，兩頭各安腰及帶，每日一洗易之。修道出家之人，夜暫寢息勿脱内裩，大小綿夾皆須清今，常使香氣薰蒸，免生穢氣。

袴。單夾綿各時製，洗易亦宜勤數。

臂衣。衣之所設，一取護浄，二則禦寒，修道之士不可缺。

行縢。今謂行纏，修行入山飛步，特宜具之，尤緊。

靴。圓頭闊底之製，古謂之靴，履諸穢處，未皆勿登堂，蓋人問所用，山中則不宜矣。

鞋。鞋以木皮、竹、苧麻、葛芷等，各任所爲，不當用結絲錦綵繡綺皮類，過於侈靡，則不宜。

坐褥。道士女真體佩經戒符籙，天書在身，真神附形，道氣營衛，仙靈依托，所着之衣名爲法服，神靈敬護，從卧宜清浄，或赴人間，不可將法身混同俗事凡人。牀席穢氣稍多，宜各作坐褥，方四尺，素裏帖緑。若大德法師及具上法者，用紫，餘皆壞色，不得用綺錦繡畫。盡珠絛帖絡。其道士女真尋常敷設，單袷坐褥以隔浄穢，分别尊卑。應須自隨，不得暫離，及登壇入室，行道就齋，香爐坐褥，亦帶隨之，各宜自勉，毋得妄用。

又《修真器用章》 木履。木履之製，七魄化爲龍虎，伏在履屐之下，今道士朝拜宜躡屐舄也。散行則着屐，令七魄有所棲也。

屐。凡受七法者，三魂五神之炁，常薰於巾服之中，七魄九靈之神，常棲於履屐之下。故上道之人，勿令他人犯履屐、弄巾褐者，此也。

屧。屧在浴室濯足處著之，餘皆不得著。

履架。凡履下皆有龍虎神伏，夜可置於版簀牀机上，不得遽爾頓地。學道之人，宜持受道冠履衣服，不得輕棄。

薰衣籠。衣服常須香氣薰之，務使芳盛香潔，庶得登齋演法，與道合真。

髪袋。身體髪膚，不可毁傷。梳得亂髪，當作袋貯之，多則理之，不可亂自拋擲，歷古所戒。修道之士，切宜記之。

拭巾。梳髪之時，須一巾藉膝，復以一巾拭手面。學道之人，常須澡漱口齒，剪替爪髪，薰香清浄，則神靈降附，思念感通。

明·王三聘《古今事物考》卷六《冠服·道衣》 《援神契》曰：《禮記》有侈，大袖衣也。道衣其類也。唐李泌爲道士，賜紫。後人因以爲常。直領者，取簫散之意。《大明會典》云：道士常服青法服，朝服皆用赤色，道官亦如之。惟道録司官法服、朝服皆緑，紋飾以金。

明·屠隆《考槃餘事》卷四《道服》 製如中衣，以白布爲之，四邊延以緇色布，或用茶褐爲袍，緣以皂布，有月衣鋪地，儼如月形，穿起則披風，以吕公黄絲絛之，中空者副之，二者用以坐禪策蹇、披雪避寒，俱不可少。

明·文震亨《長物志》卷九《衣飾》 製如中衣，以白布爲之，四邊延以緇色布，或用茶褐爲袍，緣以皂布。有月衣，鋪地如月，披之則如鶴氅。二者用以坐禪策蹇、披雪避寒，俱不可少。

明·張岱《夜航船》卷一一《日用部·衣冠》 黄冠。道士冠也。文文山願黄冠歸故鄉，以備顧問。

清·查繼佐《罪惟録》卷四《志》 歷朝袴褶，戎服也，袖短或無袖而衣中斷，下有横摺，又下有豎摺，若袖長，則爲曳撒，或腰中間斷，以一綫道横之，謂之程子衣，無綫道，謂之道袍。

紀事

晉·佚名《太真玉帝四極明科經》卷一 太玄上宫女青四極明科律文。青帝玉司君，姓梁，諱叔度。衣飛青羽衣，九色鳳章，頭戴九元寶冠，手執九色之節。

又　太玄都四極明科曰：讀天皇、地皇、人皇大字，修行其道，皆南向再拜，叩齒十二通，咽氣十二過，存天皇君身長九寸，披青帔，著青錦裙，頭戴九光寶冠，手執飛仙玉策，在左。人皇君身長九寸，披黄帔，著黄錦裙，頭戴七色寶冠，手執上皇保命玉策，在右。地皇君身長九寸，披白錦帔，著素錦之裙，頭戴三晨玉冠，手執元皇定録之策，在後。

又卷二　白帝玉司君，姓王，諱玄度，衣素華明光白錦之衣，七色鳳章，頭戴飛精曜天寶冠，手執七色之節。

又卷三　太玄都左宫女青四極明科律文。赤帝玉司君，姓玉，諱景度，衣絳章單衣，九色鳳章，頭戴平天飛神玉冠，手執九色之節，治南朱陽之臺。

又卷四　太玄右宫女青四極明科律文。黑帝玉司君，姓史，諱升度，衣皂文之衣，五色鳳章，頭戴玉精通天寶冠，手執五色羽節。

又卷五　太玄都中宫女青律文。中央黄帝玉司君，姓黄，諱總生，衣黄文之裘，備九色之章，頭戴通天玉寶晨冠。

又　太玄都四極明科曰：凡傳上清寶經，受弟子信物，三分散之一分，投山棲以恤窮乏之士，一分供己法服，一分以爲弟子七祖立功，市香膏之屬。故三合成一，其道明也。投物於山棲之日，當願天下窮乏之人，清苦隱學，並早得道，度世升仙，免離窮困，超過八難。作己法服冠身之日，當願兆身與帝皇，同色衣冠法服。

《後漢書》卷八《靈帝紀》　中平元年春二月，鉅鹿人張角自稱黄天，其部師有三十六萬，皆著黄巾，同日反叛。《續漢書》曰三十六萬餘人。安平、甘陵人各執其王以應之。安平王續，甘陵王忠。

宋・沈括《夢溪筆談》卷二三《譏謔》　王告判牒。廬山簡寂觀道士王告好學有文，與星子令相善，有邑豪修醮，告當爲都工，都工薄有施利，一客道士自言衣紫，當爲都工，訟于星子云：職位顛倒，稱號不便。星子令封牒與告，告乃判牒曰：客僧做寺主，俗諺有云；散衆奪都工，教門無例。雖紫衣與黄衣稍異，奈本觀與别觀不同。非爲稱呼，蓋利乎其中有物，妄自尊顯，豈所謂大道無名。宜自退藏，無抵刑憲。告後歸貫登科，爲健吏，至祠部員外郎、江南西路提點刑獄而卒。

宋・洪邁《夷堅乙志》卷五《司命真君》　余嗣，字昭祖，福州羅源人，官朝散郎，紹興十八年，居鄉里，與福帥薛直老，有同年進士之好，丐部銀綱往行在，欲覬賞典，合年勞，遷兩秩，明年郊祀恩任子，九月五日，至郡中，館于所親林氏，十九日，往大中寺，飲于表弟韓知剛屺家，歸時已二鼓，倦甚就枕，月色甚明，似夢非夢，見一人排闥而入，道衣小冠，持旌幢，立於牀前，呼曰、司命真君相召，嗣索所逮符檄，曰：面奉嚴旨，並無文書嗣即起，著紫窄衫，系帶而出，回視己身，卧榻如故，歎曰：吾必死矣，逆旅中至此，爲之奈何。追者前導，常遠數步，欲與之語，不可得，才出東門，覺非平日所行路，夾道高木，陰森蔽虧，日色晃曜，乃似辰巳間，經五六里許，不逢行人，心甚怖，俄見一城巍然，門旁兩人對立，軟巾束帶，如唐人衣冠，追者曰：真君門下引進使者，在此相候，可進矣。二使揖入門，門内有亭，供張甚盛，一人華冠螺髻，衣紅綃袈裟，嗣升亭，二使俱坐，不交一談，飲湯而退，復引入，度行三四裡，所過金碧輝映，甃地皆琉璃，私喜，知決非惡地，憂心稍釋，入轉一曲角，舍宇益雄麗，使者曰：此真官治事所也。嗣問曰：若至彼，用何禮以見。曰：公無朝服，只合肅揖，聞呼即登殿。入門，揭金書牌曰：司命真官之殿，如儀以謁，即引上，視真官冠服，與今朝服等，熟視之，蓋建炎間越州同官某也。嗣不欲言之，或雲張讀聖行也。笑謂嗣曰：此間今年考校，得二十人，見公姓名，特去相召。嗣皇恐謝曰：嗣官卑材下，無寸長可紀，安得預考校之列。真官厲聲曰：此間不問人貴賤，不問官尊卑，但看一念之間正不正爾。與公有舊，欲公知前程事，公官資盡有，而所享之壽，止七十四，若能辭榮納禄，可延一紀，自此以往，積功累行，又有乘除，所得之數，蓋不止此，公欲之乎。嗣曰：敢不聽命。真官曰：今日非奏過天曹主宰，亦召公不得，然不可過三時，宜速歸。顧二使令引出，遂退，由元路行，經一殿門，聞人聲嘈嘈，有呻吟號泣者，使者曰：司過真君殿也，方坐殿訊囚。嗣問曰：人世何事爲重罪。曰：不孝爲大，欺詐次之，殺生又次之。及外門，花冠者出，向嗣合爪曰：此官員不可思議，吾到此半年，見多少人入來，何嘗有出去者，此官員實是不可思議。復揖坐飲湯下階，使者曰：尋常只到此，以公與真官有分，且又慈仁，今特遠相送。既出，嗣問曰：適花冠者何人。曰：渠是三十三天上人，以微過謫監門，滿一年，即復歸矣。所飲何湯。曰：入時是醍醐，出時爲甘露。嗣懇曰：今幸得歸，何以見教。曰：輒有厭禳之術，公到家日，取門上桃符，親用利刃斫碎，以浄籃貯之，至夕二更，令人去家一里外，於東南方穴地三

尺埋之，此人出，公即靜坐冥心咒曰：天皇地皇，三綱五常，急急如律令，俟其還乃止。又雲：公歸家，食當異席，寢當異被，食當祭先，寢當存息，皆修持之要。嗣曰：此行念無以報德，使者何所須。二人相視而笑，掉頭曰：此中無用，此中無用。固問之，曰：公平日誦《金剛經》，回向一兩卷足矣。往來酬答唯一人，其一默不語，又行三里辭去，曰：此去無他歧徑，歸即至。嗣獨行，如及城東門，足跌而寤，已三更矣，儼如白晝出謁之狀，遂呼僕張燈，作辭綱劄子，遲明，詣薛白之，且言欲致仕，洎還家，取桃符，如所教以行，然不曉何理也，竟自列掛冠，明年拜命，始爲人道其始末如此，且自作記。人謂嗣必享上壽，福未艾也，然是後七年而卒，殊與所夢不侔云。

明・郭正域《明典禮志》卷一八《品官冠服》 凡在京道官紅道衣金襴木簡，在外道官紅道衣木簡，不用金襴，道士青道服木簡。

明・郎瑛《七修類稿》卷一四《國事類・平頭巾網巾》 太祖一日微行至神樂觀，有道士于燈下結網巾，問曰：此何物也。對曰：網巾，用以裹頭，則萬發俱齊。明日有旨召道士，命爲道官，取巾十三頂，頒於天下，使人無貴賤皆裹之也。至今二物永爲定制，前世之所無。

明・談遷《棗林雜俎》和集《叢贅・僧道不衣綾羅》 洪武二十八年正月，校尉賴謙見神樂觀道士陳丑道衣青紬絲襖子，在街上執之。以僧道止許穿紬絹，不許穿綾羅也。有旨，以神樂觀樂舞生釋之，予兩匹官絹壓驚。

藝文

元・陶宗儀《南村輟耕録》卷一二《園池記》 指雲間問前緣福地，一跳身離了百戲棚中圈，子雙擺手便作個三清門下閒人，赤緊地無是無非，到大來自由自在，識盡悲歡離合幻，打開老病生死關，交媾功成，陰陽炭燒空欲海，修持行滿，雌雄劍劈破愁城，七星剛替下鳳頭釵，合歡帶生紐做鹿皮袋，空非空，色非色，即色是空，道可道，名可名，强名曰道，往常時紅裙翠袖生綃帕，猛可地草屨麻衣匾皂縧，銷金帳冷落風情，養丹爐消磨火性。

清・彭定求等《全唐詩》卷四九一《張蕭遠》 張蕭遠，元和進士登第。籍之弟也。【略】送宮人入道。捨寵求仙畏色衰，辭天素面立堦墀。金丹擬駐千年貌□，玉指休匀八字眉。師主與收珠翠後，君王看戴角冠時。從來宮女皆相妬，聞向瑶臺盡淚垂。

又卷六四〇《送羽人王錫歸羅浮》 風前整頓紫荷一作霞。巾，常一作歸。向羅浮保一作報。養神。石磴倚天行帶月，鐵橋通海入無塵一作津。龍蛇出洞閑邀雨，犀象眠花不避人。最愛葛洪尋藥處，露苗煙蕊一作雨。滿山春。

雜録

晉・干寶《搜神記》卷六《赤壁黄人》 中平元年而張角起，自稱黄天，有衆三十六萬，皆是黄巾，故天下號曰黄巾賊。至今道服由此而興。

南朝宋・陸修静《太上洞玄靈寶授度儀》 法師與弟子臨壇，三師五保，嚴裝法服，弟子皆玄冠黄褐，執簡齊肅，香花贊引，悉皆知法。

南朝梁・陶弘景《真誥》卷一《運題象第一》 又有一人年甚少，整頓非常，建芙蓉冠，著朱衣，以白珠綴衣縫，帶劍，都未曾見。

又卷二《運題象第二》 右二條有楊自記，乙丑歲，晉興寧三年七月四日夜，司命東卿君來降，侍從七人入户。其一人執紫旄之節，其一人執華幡，一名十絶靈幡，一人帶緑章囊，其三人捧白牙箱，箱中似書也。其一人握流金鈴，侍人並朱衣，司命君形甚少於二弟，著青錦繡羣紫毛帔巾芙蓉冠。

宋・楊侃《兩漢博聞》卷六《衣褐》 師古曰：褐制若裘，今道士所服者是。

宋・邵博《邵氏聞見後録》卷二九 北齊敕道士剃髮爲沙門，宣和中，敕沙門著冠爲道士。古今事不同如此。

明・張宇初《道門十規》 立觀度人爲出家接續之首務。凡名山洞府、洞天福地、古跡靈壇，皆古昔仙真靈跡去處。其欲香火綿遠，必以度人爲先。須擇名器之家，資性淳良，庶可訓誨。苟非道材法器，氾濫收録，或不成材，肆暴爲非，罔守戒訓，不惟貽玷玄門，又且成敗興廢所系。

或多來歷汙雜，出處卑微，甚則累辱冠裳，尤宜自慎。必得其人，然後聽言觀行，審察詳實，爲其登名臘籍。長幼各依齒敘，不得徇私，紊亂書記。會衆舉試，道門經典，務要習熟諳通。掌籍類名，申送道司，俟度牒開通，依例申名，朝廷關給，方可簪披爲道士。

清·吴長元《宸垣識略》卷一六《識餘》 京師有姚少師畫像，面大方肥，紅袍玉帶，髡頂上戴唐帽。今崇國寺畫像猶是僧服，姿容瀟灑，雙睛如電光之燦。像贊云：看破芭蕉拄杖子，等閒徹骨露風流。有時搖動龜毛拂，直得虚空笑點頭。蓋本色衲子語，署獨庵老人題。獨庵，少師自號也。

清·鈕琇《觚賸》卷四《燕觚·圓圓》 圓圓之養姥曰陳，故幼從陳姓，本出於邢，至是府中皆稱邢太太。居久之，延陵潛蓄異謀，邢窺其微，以齒暮請爲女道士，霞帔星冠。

圖表

唐·金明七真《洞玄靈寶三洞奉道科戒營始》卷五《法服圖儀》《科》曰：服以象德儀形。道士、女冠，威儀之先，參佩經法，各須具備，一如本法，不得叨謬。違，奪筭三千六百。

正一法師：玄冠、黄裙、絳褐、絳帔，二十四條。

高玄法師：玄冠、黄裙、黄褐、黄帔，二十八條。

洞神法師：玄冠、黄裙、青褐、黄帔，三十二條。

洞玄法師：芙蓉冠、黄褐、黄裙、紫帔，三十二條。

洞真法師：元始冠、青裙、紫褐、紫帔青裹，表二十四條，裹十五條。

大洞法師：元始冠、黄裙、紫褐，如上清法，五色雲霞帔。

三洞講法師：元始冠、黄褐、絳裙，九色離羅帔。

《科》曰：道士、女冠，若不備此法衣，皆不得輕動寶經。具其法服，皆有神童侍衛。正一法衣，將軍五人、力士八人侍衛。高玄法服，神童、神女各二人侍衛。洞神法衣，天男、天女各三人侍衛。洞玄法衣，玉童、玉女各八人侍衛。洞真大洞三洞法衣，玉童、玉女各十二人侍衛。總謂之法服。違，侍童遠身，四司考魂，減筭二千四百。

《科》曰：凡道士、女冠，欲參經法，皆預備法衣。既告齋傳法位訖，即須冠帶法服，執簡稱名位，拜其本師，朝謁太上。違，靈官不附身，魂考五帝，奪筭一千二百。

《科》曰：女冠法服，衣褐，並同道士，唯冠異制。法用玄紗，前後左右皆三葉，不安遠遊。若上清大洞女冠，冠飛雲鳳氣之冠。

山居法師法服：二儀冠、上下黄裙，帔三十六條。

凡常道士法服：平冠、上下黄裙，帔二十四條。

凡常女冠法服：玄冠、上下黄裙，帔十八條。

《科》曰：凡道士、女冠履屧，或用草，或以木，或純漆。布帛絁絹，漫飾衣帔，皆二儀，或山像，内外樸素，不得彩飾華綺。違，奪筭一千四百。

《科》曰：凡履，下皆有龍虎神伏，夜安版簀牀幾上，不得正爾頓地，及履廁涵。違，奪筭八百二十。

《科》曰：簪用牙角、竹玉，任依時制，皆不得雕鏤爲異形像。違，奪筭八百二十。

《科》曰：道士、女冠法衣，皆不得冒犯穢惡，假借他人，須箱篋藏擛，冠履亦然。違，奪筭一千二百。

明·王圻《三才圖會·衣服》卷三《道衣》

演出服飾部

樂舞服飾

綜　述

唐・李林甫《唐六典》卷一四《太樂署》　宮懸登歌工人，皆介幘，朱連裳，革帶，烏皮履。鼓人及階下工人皆武弁，朱褠衣革帶，烏皮履。若在殿庭，加白練褴襠，白布襪。鼓吹工人亦如之。

又　凡宮縣、軒縣之作，則奏二舞以爲衆樂之容：一曰文舞，二曰武舞。宮縣之舞八佾，軒縣之舞六佾。文舞之制，左執籥，右執翟，二人執纛以引之。文舞六十四人，供郊廟，服委貌冠，玄絲布大袖，白練領褾，白紗中單，絳領，玄絲布布大口袴，革帶，烏皮履，白布襪。其執纛人衣冠各同也。

又　武舞之制，左執干，右執戚，二人執旌居前，二人執鼗鼓，二人執鐸，四人持金錞，二人奏之，二人執鐃以次之，二人執相在左，二人執雅在右。武舞六十四人，供郊廟，服平冕，餘同文舞。若供殿庭，服武弁，平巾幘，金支緋絲布大袖，緋絲布緉襠。

又　凡簨簴飾以崇牙、旒蘇、樹羽，宮縣則金五博山，軒縣則金三博山。

又《鼓吹署》　鼓吹令掌鼓吹施用調習之節，以備鹵簿之儀丞爲之貳。凡大駕行幸，鹵簿則分前、後二部以統之。**【略】**小横吹五綵衣幡，緋掌，畫交龍五綵脚，大角幡亦如之。大鼓、長鳴、大横吹、節鼓及横吹後笛、簫、觱篥等工人服皆緋地苣文袍、袴及帽，金鉦、掆鼓、小鼓、中鳴、小横吹及横吹後笛、簫**【略】**並青地苣文袍、袴及帽，羽葆、鐃鼓及歌、簫、笳工人服並武弁，朱褠衣，革帶。大角工人平巾幘，緋衫、白布大口袴。其鼓吹主帥服與大角同，以下主帥服亦准此也。

又　皇太子鼓吹亦有前後二部。**【略】**大横吹五綵衣幡，緋掌，畫蹲豹五綵脚，餘并同上。

又　親王已下亦各有差。**【略】**大横吹五綵衣幡，緋掌，畫蹲豹五綵脚，大角幡亦如之。其大鼓、長鳴、大笛、横吹、節鼓及横吹後笛、簫、觱篥、笳等工人服緋袖，帽赤布袴褶。金鉦、掆鼓工人服青紬，帽青布袴褶。鐃、鼓、簫、笳工人服武弁，朱褠衣，革帶。大角工人服平巾幘，緋衫、白布大口袴。四品鐃鼓及簫笳工人衣服同三品。餘鼓皆緑沈，金鉦、掆鼓、大鼓工人服青紬帽，青布袴褶。凡鉦鼓並列于道，左鼓右鉦。大駕之鉦鼓皆加八角紫繖。皇太子之鉦鼓加六角紫繖。王公已降加四角青繖。

又　凡合朔之變，則帥工人設五鼓於太社，執麾旒於四門之塾，置龍牀焉，有變則舉麾擊鼓齊發，變復而止。馬射，則設掆鼓金鉦，施龍牀，而偶作焉。二人聲作著苣文袍袴褶。

又《太卜署》　凡歲季冬之晦，帥侲子入于宫中，堂贈，大儺，天子六隊，太子二隊。**【略】**鄭玄云：贈，送也。歲終，以禮送不祥，其行必由堂始。巫與神通，言東則東，言西則西，可近則近，可遠則遠，無常數。大濰禮選人年十二已上、十六已下爲辰子，著假面，衣赤布袴褶，二十四人一隊，六人作一行也。方相氏右執戈、左執楯而導之。一人爲方相氏，著假面，黄金四目，蒙熊皮，玄衣、朱裳。

又卷二七《太子率更寺》　率更令之職，掌宗族次序、禮樂、刑罰及漏刻之政令。凡皇太子釋奠於先聖先師，講學齒胄，皆總其儀注，而爲之導引。若皇太子備禮出入，則乘軺車，位亞家令焉。**【略】**文、武二舞各六佾。其簨簴皆金三博山，飾以崇牙、流蘇、樹羽。其樂器應漆者，皆朱漆之：鐃鼓、節鼓朱漆畫，加五綵重蓋，大鼓、小鼓及餘鼓吹並朱漆，羽葆鼓飾以羽葆。長鳴、中鳴、大小横吹五綵幡，緋掌，畫蹲豹五綵脚，大角幡亦如之。其大鼓、長鳴、大横吹、節鼓及横吹後笛、簫、篳篥、笳等工人皆服緋地苣文袍、袴及帽。金鉦、掆鼓皆加六角紫繖。小鼓、中鳴等，小横吹及鐃，及横吹後笛、簫、篳篥、笳等工人皆服青地苣文袍、袴及帽。鐃鼓及簫、笳工人服並武弁、朱構衣、革帶。大角工人平巾幘、緋衫、白布大口袴。

唐・崔令欽《教坊記》卷一　樓下戲出隊，宜春院人少，即以雲韶添之。雲韶謂之宫人，蓋賤隸也。非直美惡殊貌，居然易辨明：内人帶魚，宫人則否。平人女以容色選入内者，教習琵琶、三弦、箜篌、箏等者，謂搊彈家。

又　開元十一年初，製《聖壽樂》，令諸女衣五方色衣以歌舞之。宜春院女，教一日便堪上場，惟搊彈家彌月不成。至戲日，上令宜春院人爲首尾，搊彈家在行間，令學其舉手也。宜春院亦有工拙，必擇尤者爲首尾。首既引隊，衆所屬目，故須能者。樂將闋，稍稍失隊，餘二十許人。舞曲終，謂

之合殺，尤要快健，所以更須能者也。

又《聖壽樂》，舞衣襟皆各繡一大窠，皆隨其衣本色。製純縵衫，下纔及帶，若短汗衫者以籠之，所以藏繡窠也。舞人初出，樂次，皆是縵衣。舞至第二疊，相聚場中，即于衆中從領上抽去籠衫，各内懷中。觀者忽見衆女咸文繡炳煥，莫不驚異。

唐・劉餗《隋唐嘉話》卷中 破陣樂，被甲持戟，以象戰事。慶善樂，廣袖屣履，以像文德。鄭公見奏破陣樂，則俯而不視，慶善，則玩之而不厭。

唐・杜佑《通典》卷一四六《樂六・坐立部伎》 太平樂，亦謂之五方師子舞，師子摯獸，出於西南夷天竺、師子等國，綴毛爲衣，象其俛仰馴狎之容。二人持繩拂，爲習弄之狀，五師子各依其方色，百四十人歌太平樂，舞抃以從之，服飾皆作崑崙象。

又 慶善樂亦大唐造也。太宗生於武功慶善宫，既貴，宴宫中，賦詩，被以管弦。舞童十六人，皆進德冠，紫大袖裙襦，漆髻皮履。舞蹈安徐以象文教。洽而天下安樂也。【略】大定樂高宗所造，出自破陣樂。舞者百四十人，被五綵文甲，持槊。【略】上元樂高宗所造，舞八十人，衣畫雲水備五色，以象元氣，故曰上元。

又 聖壽樂高宗武后所作也，舞者百四十人，金銅冠，五色畫衣，舞之行列必成字。【略】光聖樂玄宗所造也，舞者八十人，烏冠五綵畫衣，兼以上元聖壽之容，以歌王業所興。

又《四方樂》 北狄三國。鮮卑、吐谷渾、郎落。北狄樂皆爲馬上樂也。鼓吹本軍旅之音，馬上奏之。

又《散樂》 隋文帝開皇初，周、齊百戲并放遣之，煬帝大業二年，突厥染干來朝，帝欲夸之，總追四方散樂，大集東都。【略】伎人皆衣錦繡繒綵，其歌者多爲婦人服，鳴環佩，飾以花髦者，殆三萬人。初課京兆、河南製此服。而兩京繒錦爲之中虚，六年，諸夷大獻方物，突厥啓人以下皆國主親來朝賀，乃於天津街盛陳百戲，自海内凡有伎藝，無不總萃，崇侈器玩，盛飾衣服，皆用珠翠金銀，錦罽絺繡，其營費鉅億萬，關西以安德王雄總之，東都以齊王暕總之，金石匏革之聲，聞數十里外。

又《前代雜樂》 西涼樂者，起苻氏之末，吕光、沮渠、蒙遜等據有涼州，變龜兹聲爲之，號爲秦漢伎，後魏太武既平河西，得之，謂之西涼樂。至魏周之際，遂謂之國伎。魏代至隋咸重之，其曲項琵琶、竪頭箜篌之徒，並出自西域，非華夏舊器。《楊澤新聲》、《神白馬》之類，生於胡歌，非漢魏遺曲，故其樂器聲調，悉與書史不同。其歌曲有《永世樂》，解曲有《萬代豐》，舞曲有《于闐佛曲》。工人平上幘，緋褶，白舞一人，方舞四人，白舞今闕，方舞四人，假髻，玉支釵，紫絲布褶，白大口袴，五綵接袖，烏皮靴。

唐・鄭處誨《明皇雜録》卷下《唐玄宗舞馬》 玄宗嘗命教舞馬，四百蹄各爲左右，分爲部，目爲某家寵，某家驕。時塞外亦有善馬來貢者，上俾之教習，無不曲盡其妙。因命衣以文繡，絡以金銀，飾其鬃鬣，間雜珠玉。其曲謂之《傾杯樂》者數十回，奮首鼓尾，縱橫應節。又施三層板牀，乘馬而上，旋轉如飛。或命壯士舉一榻，馬舞於榻上，樂工數人立左右前後，皆衣淡黄衫，文玉帶，必求少年而姿貌美秀者。每千秋節，命舞於勤政樓下，其後上既幸蜀，舞馬亦散在人間。禄山常觀其舞而心愛之，自是因以數匹賣於范陽。其後轉爲田承嗣所得，不之知也，雜之戰馬，置之外棧。忽一日，軍中享士，樂作，馬舞不能已。廝養皆謂其爲妖，擁篲以擊之馬，謂其舞不中節，抑揚頓挫，猶存故態。吏遽以馬怪白承嗣，命棰之甚酷。馬舞甚整，而鞭撻愈加，竟斃於櫪下。時人亦有知其舞馬者，懼暴而終不敢言。

宋・王溥《五代會要》卷六《論樂上》 二人執纛前引，數於舞人之外。舞人冠進賢冠，服黄紗袍，白紗中單，皂領褾，白練襠襠，白布大口袴，革帶，烏皮履，白布襪。

又 武舞人服弁，平巾幘，金支緋絲布大袖，緋絲裲襠甲，金飾白練襠襠，錦螣蛇起梁帶，豹文大口布袴，烏皮靴。

宋・釋文瑩《玉壺清話》卷第二 乾德三年再郊，范魯公質爲大禮使，以鹵簿青油隊舊有甲騎盡聚於武庫，聚一作取。磨鋥堅厚，精明可畏，於禮容有所不順。陶穀尚書爲禮儀使，出意葩之以青緑畫黄絁爲甲文，絁一作絹，文一作紋。青巾裹之。巾一作布。緑青絁爲下裙，絁一作絹。絳皮爲絡，長短至膝，加珂紋銅鈴，加字下一有玉字。繞前膺及後鞦至今用焉。案此段多誤字，且有脱文。别本亦互異。蓋校者各以意改耳。今悉仍元本，附録《宋史》以正之。《宋史・陶穀傳》云：其人甲以布爲裹，黄絁表之，青緑畫爲甲文，紅錦緣，青絁爲下裙，絳韋爲絡，金銅玦，長短至膝。前膺爲人面二，目背連膺，纏以紅錦騰蛇。

《新唐書》卷二二二下《南蠻列傳下》 工十二人，服南詔服，立《闢

四門》舞筵四隅，節拜合樂。又十六人，畫半臂，執搁鼓，四人爲列。舞人服南詔衣、絳裙襦、黑頭囊、金佉苴、畫皮鞾，首飾袜額，冠金寶花鬘，襦上復加畫半臂。執羽翟舞，俯伏，以象朝拜。裙襦畫鳥獸草木，文以八綵雜華，以象庶物咸遂，羽葆四垂，以象天無不覆，正方布位，以象地無不載，分四列，以象四氣，舞爲五字，以象五行，秉羽翟，以象文德，節鼓，以象號令遠布。振以鐸，明采詩之義，用龜茲等樂，以象遠夷悦服。

又　一曰黄鍾，宫之宫，軍士歌《奉聖樂》者用之。舞人服南詔衣，秉翟俯伏拜抃，合南詔奉聖樂五字，唱詞五，舞人乃易南方朝天之服，絳色，七節襦袖，節有青褾排衿，以象鳥翼。

又　三曰姑洗，角之宫，應古律林鍾爲徵宫，女子歌《奉聖樂》者用之。舞者六十四人，飾羅綵襦袖，間以八采，曳雲花履，首飾雙鳳、八卦、綵雲、花鬘，執羽爲拜抃之節。以林鍾當地統，象歲功備、萬物成也。雙鳳，明律吕之和也。八卦，明還相爲用也。綵雲，象氣也。花鬘，象冠也。合奉聖樂三字，唱詞三，表天下懷聖也。小女子字舞，則碧色襦袖，象角音主木，首飾巽卦，應姑洗之氣，以六人略後，象六合一心也。

又　樂工皆崑崙，衣絳氎，朝霞爲蔽膝，謂之䘿襠。兩肩加朝霞，絡腋。足臂有金寶鐶釧。冠金冠，左右珥璫，絛貫花鬘，珥雙簪，散以毳。初奏樂，有贊者一人先導樂意，其舞容隨曲。用人或二、或六、或四、或八至十，皆珠冒，拜手稽首以終節。

宋·李上交《近事會元》卷四《霓裳羽衣曲》　開元遺曲自淒涼，況近秋天調見商。又《和元稹詩》云：我昔元和侍憲皇，曾陪内宴入昭陽。千歌萬舞不可數，就中最愛《霓裳舞》。舞時寒食春風天，玉鉤欄下香案前。案前舞者顏如玉，不著人間俗衣服。虹裳霞帔步摇冠，鈿瓔纍纍佩珊珊。

宋·王得臣《麈史》卷一《禮儀》　衣冠之制，上下混一。嘗聞杜岐公欲令人吏、伎術等官，少爲差別。後韓康公又議改制，如人吏公袍襌加褋，俗所謂黄義襴者是也。幞頭合戴牛耳者，然今之優人多爲此服。大爲羣小所惡，浮謗騰溢，其議遂止。

宋·陳暘《樂書》卷一七一《舞衣上·冕》　《記》曰：朱干、玉戚、冕而舞大武。又曰：君衮冕立于阼。《周官·司服》祀昊天上帝，服大裘而冕，祀五帝亦如之，享先王則衮冕，享先公饗射則鷩冕。《祭統》曰：冕而總干，率其羣臣以樂皇尸。《樂記》曰：食三老五更於太學，天子冕而總干，所以教諸侯之弟也。由此觀之，天子冕而總干，郊祀則裘冕也，宗廟則衮冕、鷩冕也，饗食老更則鷩冕而已。漢明帝永平初，詔有司采《周官》、《禮記》、《尚書·皋陶篇》乘輿冕服從歐陽氏説，公卿以下從大小夏侯氏説，冕皆廣七寸，長尺二寸，前圜後方，朱緑裏，玄上，前垂三寸，係白玉珠爲十二旒，以其綬采色爲組纓。三公諸侯七旒，珠青玉。卿大夫五旒，珠黑玉。皆有前無後，各以其綬采色爲組纓，旁垂黈纊，郊祀天地明堂則冠之。而辨物之德，應物之事，不變之體，無方之用，莫不該存乎其間矣。唐制天子之服，大裘冕者祀天地之服也，下至平冕者郊廟舞郎之服也，先王之制雖不復詳於後世，至於天子冕而總干，亦不過如此，雖然冕而總干，非特施於郊廟，雖食老更於太學亦用焉，以宗廟之禮樂，食老更之，賢德亦可謂敬之至矣。若夫諸侯朱干設錫冕而舞大武，則又僭天子之禮，古人不爲也。由此論之，諸侯冕而舞大武，禮經猶以爲僭，況舞郎之舞其可用平冕乎，然則如之何，而可曰，爵弁以舞文，韋弁以舞武，不亦可乎。

又《舞衣中·皮弁》　《明堂位》曰：皮弁、素積，裼而舞大夏。蓋皮弁以白鹿皮爲之，則順物性之自然，而文質具焉。其衣用布十五升，其色象之，則素衣其衣也，素積其裳也。《後漢·輿服志》委貌冠、皮弁冠同制，長七寸，高四寸，制如覆杯，前高廣，後卑鋭，所謂夏之母追、商之章甫也。行大射禮於辟廱，公卿諸侯大夫行禮者，冠委貌，衣玄端，素裳。執事者冠皮弁，衣緇衣皂領袖，下素裳，所謂皮弁、素積者也。蓋皮弁之服，天子以視朝，以宴，以聽政，服以舞大夏。諸侯以聽朔，以巡牲，以卜。夫人世婦以迎王之郊勞，以待聘賓。卿大夫以王命。勞侯氏，以聘於鄰國，以卜宅士，以冠學士，以釋采。凡大夫、士之朔月，皆皮弁，則皮弁之所施者衆矣，蓋人爲者多變，自然者不易，皮弁因其自然而已，此所以三王共皮弁、素積，而周天子至士共用之也。今夫大武所以象征誅，必朱干玉戚冕而舞之者，以武不可覿故也。大夏所以象揖遜，必皮弁、素積，裼而舞之者，以文不可匿故也。《記》曰：裘之裼也，見美也，服之襲也，充美也，禮不盛，服不充，故大裘不裼，則襲衮可知也，由是觀之，裼襲未嘗相因也，干戚羽籥未嘗並用也，於大夏言裼而舞，則大武冕而舞，必用襲矣。於大武之舞言干戚，則大夏之舞必用羽籥矣。

又《舞衣下》 《書》曰：胤之舞衣在西房。孔安國曰：胤國所爲舞者之衣，皆中法。然古者皮弁、素積、冕服之外，無所經見。特漢舞者之衣，法五方色，謂之五行之舞，漢去三代未遠，疑亦得古遺制也。唐趙慎言曰：今祭器茵褥總隨五方，五郊衣服獨乖其色，舞者常持皂飾，工人皆服絳衣，臣愚竊不便之，其舞人工人衣服，請依方色，宗廟黄色，仍各以所主標袖亦可謂知言矣，今誠祖述，其制而行之，使舞工之服，五郊各放方色，天祀以玄，地祭以黄，宗廟以繡，亦庶乎近古也，若夫宗廟以黄，則不知地示果用何色邪。

又卷一七八《空璣舞》 孔子相魯，齊人患其將霸，欲敗其政，乃選美女八十人，衣文錦之服，舞空璣之曲，以遺魯君三日不朝。而孔子行然，則鄭聲不放，佞人不遠可乎。

又《武始舞　咸熙舞》 魏明帝造《武始》《咸熙》之舞，在郊廟則《武始》工冕黑介幘，黝衣裳，白領袖，絳領袖，中衣絳，合幅袴，絳襪韋鞮。《咸熙》舞工冠委貌，餘服如之。在殿庭則《武始》工武冠赤介幘，生絳袍，單衣，絳領袖，皂領袖中衣，虎文畫合幅袴，白布襪黑韋鞮。《咸熙》工進賢冠黑介幘，生黄袍，單衣，白合幅袴，餘服同前而已。然古者天子冕而舞，大武漢之舞工亦冕焉，豈非襲李唐之失邪。

又《緝備舞》 隋平陳之後，盡得宋齊舊樂，更詔牛宏等緝備焉。文舞工六十四，並黑介，冠進賢冠，絳紗連裳，白内單皂褾領襈，革帶，烏皮履，十六工執翣，十六工執帗，十六工執旄，十六工執羽，左手皆執籥，二工執纛引前在舞負外，衣冠亦如之。武舞工六十四，並服武弁，朱褠衣，革帶，烏皮履，左執朱干右執玉戚，二工執旌居前，二工執鼗，二工，執鐸金錞二，四工，舉二工，作二工，執鐃二工，執相在左二工，執雅在右各一工，作焉，自旌以下夾引武舞者，在舞負外，衣冠亦如之，然朱干玉戚，古天子之舞也，舞工以之不亦過乎。

又《簪筆舞》 齊永明中，釋寶月爲太樂令，鄭義秦論曰：笛飾以旄，籥飾以羽，今笛籥並用羽。舊制：進賢冠，幘不簪筆，朱衣褾服，中廁，皂緣，曲領，白布袜，複舄。義秦乃改簪筆，笛籥同用竹，朱漆。籥三孔，笛一頭，五色旄，籥兩頭，葆羽旄，著烏皮履。梁武帝辨之曰：《詩》云：左手執籥，右手秉翟。筆笏以紀事受言，舞者何事簪筆邪。由此觀之，義秦之論其繆甚矣。

又卷一七九《白紵舞》 宋、齊白紵舞歌詩三篇。其首篇曰：制以爲袍，餘作巾，袍以光軀，巾拂塵。次篇曰：雙袂齊舉，鸞鳳翔，羅裙飄颻，昭儀光。終篇曰：聲發金石媚笙簧，羅袿徐轉紅袖揚。是其事也。然紵本吴地所出，疑吴舞也。晉俳歌曰：皎皎白緒，節節爲雙。吴音呼緒爲紵，則白緒、白紵一矣。今宣州有白紵山。豈因是而名之邪。

又《巾舞》 沈約曰：項莊劍舞，項伯以袖隔之，使不得害漢高祖。今之用巾，蓋像項伯衣袖之遺式也。

又卷一八一《凱安舞》 唐改隋武舞爲凱安舞，工六十四人，左執干右執戚，又二工執旌，次執鐸，次四人對，與金錞二人奏，次執鐃，次執相者，左執雅者，右各二工。在郊廟則平冕，而飾準文舞。在殿庭則武弁平巾幘，金支緋絲布袖襠甲，爲金飾，白練褡襠，錦騰蛇起梁帶，豹文布大口袴，烏皮鞾。餘工各準其飾。然古者自天子達於士，莫不有冕服，冕而揔干者，特天子而已，未聞舞工用冕也，昔諸侯冕而舞大武，禮經猶以爲僭天子之制，況舞工乎，唐武舞之工有平冕之制，不亦失乎。

又《治康舞》 唐貞觀初，詔祖孝孫，改隋文舞爲治安之舞，工六十四人，左執籥，右執翟，别二工執纛以引。在郊廟則委貌冠。黝絲布大白練褾，白紗中單絳領褾，絳絲布大口袴，革帶烏皮履。在殿庭則進賢冠，黄紗袍，白紗中單，皂領褾，白練褡襠，白布大口袴，革帶，烏皮履，白布襪。纛工各準其飾。此文舞之器服也。

又卷一八二《劍舞》 昔子路戎服見孔子，拔劍而舞，曰：古之君子，固以劍自衛乎。孔子曰：古之君子，忠以爲質，仁以自衛。蓋所以長善而救失也。

又《傾盃舞》 唐明皇嘗令教舞馬百駟，分爲左右部。時塞外亦以善馬來貢，上俾之教習。無不曲盡其妙，因命衣以文繡，絡以金鈴，飾其鬣，間雜以珠玉，其曲謂之傾盃樂。凡數十疊，奮首鼓尾，縱橫應節，又施三層板牀，乘馬而上，抃轉如飛，或命壯士舉榻，馬舞其上，樂工數十環立，皆衣以淡黄衫，文玉帶，必求妙齡姿美者充之。

又卷一八五《女樂中》 唐明皇開元中，宜春院妓女謂之内人，雲韶院謂之宮人，平人女選入者謂之搊彈家，内人帶魚，宮人則否，每勤政樓

大會，樓下出隊，宜春人少，則以雲韶足之，舞初出幕皆純色縵衣，至第二疊，悉萃場中，即從領上褫籠衫懷之，次第而出，繞聚者數匝，以容其更衣，然後分隊，觀者俄見，藻繡爛然，莫不驚異。凡内伎出舞，教坊諸工，唯舞伊州五天，二曲餘曲，盡使内人舞之。文宗時，教坊進霓裳羽衣舞女三百人。唐季兵亂，舞制多失，聖朝禁坊所傳，不過小兒女樂三種而已。女伎舞六十四人，引舞四人，執花四十人，丱童四人，從伎四十人，作語一人，凡緫一百五十三，舞名有十焉。

又《菩薩蠻》 菩薩蠻之舞，衣絳繪窄砌衣，卷雲冠。唐咸通中，伶人李可及，常於安國寺作菩薩蠻舞。懿宗愛之，嘗賜銀樽酒二，啓之，乃金翠也。

又《感化樂》 感化樂之舞，衣青繪通衣，皆梳髻，綬帶。

又《抛毬樂》 抛毬樂之舞，衣四色繡大衫，銀帶，捧繡毬。

又《剪牡丹》 伶人剪牡丹之舞，衣紅繪砌衣，金鳳冠，持花。

又《拂霓裳》 拂霓裳之舞，衣紅砌仙衣，碧霞帔，仙冠，紅繡抹額。

又《採蓮》 採蓮之舞，衣紅繪短袖暈帬，雲鬟髻，乘綵船，持花。唐和凝採蓮曲曰波上人如潘玉兒，掌中花似趙飛燕，是也。今教坊雙調有焉。

又《鳳迎樂》 鳳迎樂之舞，衣仙砌衣，雲鬟鳳髻。

又《獻花》 菩薩獻香花之舞，衣繪窄砌衣，寶冠執花盤。

又《采雲仙》 采雲仙之舞，衣黄繪衣，紫霞帔，仙冠，執幢節，鶴扇。

又《打毬樂》 打毬樂之舞，衣四色窄繡羅襦，銀帶，簇花折上巾，順風脚，執毬杖。蓋唐貞觀初魏鄭公奉詔所造，其調存焉。

宋·孟元老《東京夢華録》卷七《駕登寶津樓諸軍呈百戲》 駕登寶津樓，諸軍百戲，呈於樓下。先列鼓子十數輩，一人摇雙鼓子，近前進致語，多唱青春三月驀山溪也。唱訖，鼓笛舉一紅巾者弄大旗，次獅豹入場，坐作進退，奮迅舉止畢。次一紅巾者，手執兩白旗子，跳躍旋風而舞，謂之撲旗子。及上竿、打筋斗之類訖，樂部舉動，琴家弄令，有花粧輕健軍士百餘，前列旗幟，各執雉尾、蠻牌、木刀，初成行列，拜舞互變開門奪橋等陣，然後列成偃月陣。樂部復動蠻牌令，數内兩人出陣對舞，如擊刺之狀，一人作奮擊之勢，一人作僵仆。出場凡五七對，或以鎗對牌、劍對牌之類。忽作一聲如霹靂，謂之爆仗，則蠻牌者引退，烟火大起，有假面披髮，口吐狼牙烟火，如鬼神狀者上場。着青帖金花短後之衣，帖金皂袴，跣足，攜大銅鑼隨身，步舞而進退，謂之抱鑼。遶場數遭，或就地放烟火之類。又一聲爆仗，樂部動拜新月慢曲，有面塗青碌。戴面貝金睛，飾以豹皮錦繡看帶之類，謂之硬鬼。或執刀斧，或執杵棒之類，作脚步蘸立，爲驅捉視聽之狀。又爆仗一聲，有假面長髯，展裹緑袍韡簡，如鍾馗像者，傍一人以小鑼相招和舞步，謂之舞判。繼有二三瘦瘠，以粉塗身，金睛白面，如髑髏狀，繫錦繡圍肚看帶，手執軟仗，各作魁諧趨蹌，舉止若排戲，謂之啞雜劇。又爆仗響，有烟火就湧出，人面不相覩，烟中有七人，皆披髮文身，着青紗短後之衣，錦繡圍肚看帶，内一人金花小帽、執白旗，餘皆頭巾，執真刀，互相格鬬擊刺，作破面剖心之勢，謂之七聖刀。忽有爆仗響，又後烟火。出散處以青幕圍繞，列數十輩，皆假面異服，如祠廟中神鬼塑像，謂之歇帳。又爆仗響，卷退。次有一擊小銅鑼，引百餘人，或巾裹，或雙髻，各着雜色半臂，圍肚看帶，以黄白粉塗其面，謂之抹蹌。各執木棹刀一口，成行列，擊鑼者指呼，各拜舞起居畢，喝喊變陣子數次，成一字陣，兩兩出陣格鬬，作奪刀擊刺之態百端訖，一人棄刀在地，就地擲身，背著地有聲，謂之扳落。如是數十對訖，復有一裝田舍兒者入場，念誦言語訖，有一裝村婦者入場，與村夫相值，各持棒杖互相擊觸，如相歐態。其村夫者以杖背村婦出場畢，後部樂作，諸軍繳隊雜劇一叚，繼而露臺弟子雜劇一叚，是時弟子蕭住兒、丁都賽、薛子大、薛子小、楊緫惜、崔上壽之輩，後來者不足數。合曲舞旋訖，諸班直常入祗候子弟所呈馬騎，先一人空手出馬，謂之引馬。次一人磨旗出馬，謂之開道旗。次有馬上抱紅繡之毬，擊以紅錦索，擲下於地上，數騎追逐射之，左曰仰手射，右曰合手射，謂之拖繡毬。又以柳枝插於地，數騎以剗子箭，或弓或弩射之，謂之褚柳枝。又有以十餘小旗，遍裝輪上而背之出馬，謂之旋風旗。又有執旗挺立鞍上，謂之立馬。或以身下馬，以手攀鞍而復上，謂之騗馬。或用手握定鐙袴，以身從後鞦來往，謂之跳馬。忽以身離鞍，屈右脚掛馬騌，左脚在鐙，左手把騌，謂之獻鞍，又曰棄鬃背坐。或以兩手握鐙袴，以肩著鞍橋，雙脚直上，謂之倒立。忽擲脚著地，倒拖順馬而走，復跳上馬，謂之拖馬。或留左脚著鐙，右脚出鐙，離鞍横身，在鞍一邊，左手捉鞍，右手把鬃存身，直一脚順馬而走，謂之飛仙膊馬。又存身拳曲在鞍一邊，謂之鐙裏藏身。或右臂挾鞍，足著地順馬而走，謂之赶馬。或出一鐙，墜身著鞦，以手向下

綽地，謂之綽塵。或放令馬先走，以身追及，握馬尾而上，謂之豹子馬。或横身鞍上，或輪弄利刃，或重物大刀雙刀百端訖，有黄衣老兵，謂之黄院子，數輩執小繡龍旗前導。宮監馬騎百餘，謂之妙法院。女童皆妙齡翹楚，結束如男子，短頂頭巾，各着雜色錦繡撚金絲番叚窄袍，紅緑吊敦束帶，莫非玉羈金勒，寶鐙花韉，艷色耀日，香風襲人，馳驟至樓前，團轉數遭，輕簾鼓聲，馬上亦有呈驍藝者。中貴人許畋押隊，招呼成列，鼓聲一齊，擲身下馬，一手執弓箭，攬韁子，就地如男子儀，拜舞山呼訖，復聽鼓聲，騗馬而上。大抵禁庭如男子裝者，便隨男子禮起居。復馳驟團旋分合陣子訖，分兩陣，兩兩出陣，左右使馬直背射弓，使番鎗或草棒，交馬野戰，呈驍騎訖，引退，又作樂。先設綵結小毬門於殿前，有花裝男子百餘入，皆裹角子向後拳曲花幞頭，半着紅，半着青錦襖子，義襴束帶，絲鞋，各跨雕鞍花韉驢子，分爲兩隊，各有朋頭一名，各執綵畫毬杖，謂之小打。一朋頭用杖擊弄毬子，如綴毬子，方墜地，兩朋争占，供與朋頭，左朋擊毬子過門入孟爲勝，右朋向前争占，不令入孟，互相追逐，得籌謝恩而退。續有黄院子引出宮監百餘，亦如小打者，但加之珠翠裝飾，玉帶紅靴，各跨小馬，謂之大打。人人乘騎精熟，馳驟如神，雅態輕盈，妖姿綽約，人間但見其圖畫矣。呈訖。

又《駕幸射殿射弓》　駕詣射殿射弓，垜子前列招箭班二十餘人，皆長脚幞頭，紫繡抹額，紫寬衫，黄義襴，襴翅排立，御箭去則齊聲招舞。

又卷九《宰執親王宗室百官入内上壽》　教坊色長二人，在殿上欄干邊，皆諢裹，寬紫袍，金帶義欄，看盞斟御酒。看盞者，舉其袖唱引曰綏御酒，聲絶，拂雙袖於欄干而止。宰臣酒則曰綏酒，如前。教坊樂部，列於山樓下綵棚中，皆裹長脚幞頭，隨逐部服紫緋緑三色寬衫，黄義欄，鍍金凹面腰帶，前列拍板，十串一行，次一色畫面琵琶五十面，次列箜篌兩座，箜篌高三尺許，形如半邊木梳，黑漆鏤花金裝畫。下有臺座，張二十五絃，一人跪而交手擘之。以次高架大鼓二面，綵畫花地金龍，擊鼓人背結寬袖，別套黄窄袖，垂結帶金裹鼓棒，兩手高舉互擊，宛若流星。後有羯鼓兩座，如尋常番鼓子，置之小卓子上，兩手皆執杖擊之，杖鼓應焉。次列鐵石方響明金，綵畫架子，雙垂流蘇。次列簫、笙、塤、篪、觱篥、龍笛之類，兩旁對列杖鼓二百面，皆長脚幞頭、紫繡抹額、背繫紫寬衫、黄窄袖、結黄義欄。諸雜劇色皆諢裹，各服本色紫緋緑寬衫，義欄，鍍金帶。自殿陛對立，直至樂棚。每遇舞者入場，則排立者義手，舉左右肩，動足應拍，一齊羣舞，謂之挼曲子。挼字仍回反。第一盞御酒，歌板色，一名唱中腔，一遍訖，先笙與簫笛各一管和，又一遍，衆樂齊舉，獨聞歌者之聲。宰以酒，樂部起傾盃。百官酒，三臺舞旋，多是雷中慶。其餘樂人舞者，諢裹寬衫，唯中慶有官，故展裹。舞曲破擷前一遍。舞者入場，至歇拍，續一人入場，對舞數拍。前舞者退，獨後舞者終其曲，謂之舞末。【略】第六盞御酒，笙起慢曲子，宰以酒慢曲子，百官酒三臺舞。左右軍築毬，殿前旋立毬門，約高三丈許，雜綵結絡，留門一尺許。左軍毬頭蘇述，長脚幞頭，紅錦襖，餘皆卷脚幞頭，亦紅錦襖，十餘人。右軍毬頭孟宣，并十餘人，皆青錦衣。樂部哨笛杖鼓斷送。左軍先以毬團轉衆，小築數遭，有一對次毬頭，小築數下，待其端正，即供毬與毬頭，打大臁過毬門。右軍承得毬，復團轉衆，小築數遭，次毬頭亦依前供毬與毬頭，以大臁打過，或有即便復過者勝。勝者賜以銀盌錦綵，拜舞謝恩，以賜錦共披而拜也。不勝者毬頭喫鞭，仍加抹搶下酒，假黿魚，密浮酥捺花。

第七盞御酒慢曲子，宰以酒皆慢曲子，百官酒三臺舞訖，參軍色作語，勾女童隊入場。女童皆選兩軍妙齡容艷過人者四百餘人，或戴花冠，或仙人髻鵶霞之服，或卷曲花脚幞頭，四契紅黄生色銷金錦繡之衣，結束不常，莫不一時新粧，曲盡其妙。杖子頭四人，皆裹曲脚向後指天幞頭，簪花，紅黄寬袖衫，義襴，執銀裹頭杖子。皆都城角者。【略】宴退，臣僚皆簪花歸私第，呵引從人皆簪花並破官錢。諸女童隊出右掖門，少年豪俊，争以寶具供送，飲食酒果迎接，各乘駿騎而歸。或花冠，或作男子結束，自御街馳驟，競逞華麗，觀者如堵。省宴亦如此。

又卷一〇《駕詣郊壇行禮》　樂工皆裹介幘如籠巾，緋寬衫，勒帛。二舞者頂紫色冠，上有横板，皂服朱裙履。樂作，初則文舞，皆手執一紫囊，盛一笛管結帶。武舞一手執短矟，一手執小牌，比文舞加數人，擊銅鐃響環，又擊如銅竈突者。

宋·周去非《嶺外代答》卷七《樂器門·桂林儺》　桂林儺隊，自承平時名聞京師，曰静江諸軍儺。而所在坊巷村落，又自有百姓儺，嚴身之具甚飾，進退言語，咸有可觀。視中州裝，隊仗似優也。推其所以然，蓋桂人善製戲面。佳者一直萬錢，他州貴之如此，宜其聞矣。

宋·孟珙撰、清·曹元忠校注《蒙韃備録校注·燕聚舞樂》　元忠按，

《草木子・雜制篇》云其俗有十六天魔舞，蓋以未纓盛飾美女十六人爲佛菩薩而舞。《元宫詞》云：十六天魔按舞時，寶妝纓絡鬥腰肢。又云：背翻蓮掌舞天魔，二八嬌娃賽刀娥。是也。

宋・陳元靚《歲時廣記》卷一一《上元中・觀樂舞》《明皇雜録》：唐玄宗每賜宴設酺會，則上御勤政殿，金吾及四軍兵士未明陳仗，盛列旗幟，太常陳樂，衛尉張幕府，縣教坊大陳山車旱船，尋撞走索，飛劍角抵，戲馬鬥鷄。又令宫女數百，飾以珠翠，衣以錦繡，自帷中出。

《金史》卷四三《輿服下・衣服通制》 倡優遇迎接、公筵承應，許暫服繪畫之服，其私服與庶人同。

明・徐一夔《明集禮》卷二《舞》 舞士一人，幞頭，紅羅袍，荔枝帶，皂靴，手執節。舞生一百二十八人，文舞六十四人，引舞二人，各執羽籥，服紅袍，展脚幞頭，革帶，皂靴。舞生六十二人，服紅袍，展脚幞頭，革帶，皂靴，手執羽籥。武舞六十四人，引舞二人，各執干戚，服緋袍，展脚幞頭，革帶，皂靴。舞生六十二人，服緋袍，展脚幞頭，革帶，皂靴，手執干戚。

又卷九《樂》 協律郎一人，幞頭，紅羅公服，荔枝帶，皂靴，手執麾幡。樂生六十二人，服緋袍，展脚幞頭，革帶，皂靴。

又《舞》 舞士一人，幞頭，紅羅公服，荔枝帶，皂靴，手執節。舞生一百二十八人，文舞六十四人，引舞二人，各執羽籥，服紅袍，展脚幞頭，革帶，皂靴。舞生六十二人，服紅袍，展脚幞頭，革帶，皂靴，各執羽籥。武舞六十四人，引舞二人，各執干戚，服紅袍，展脚幞頭，革帶，皂靴。舞生六十二人，服紅袍，展脚幞頭，革帶，皂靴，各執干戚。

又卷三九《冠服・士庶妻冠服》 樂妓則戴明角冠，皂褙子，不許與庶民妻同。

又卷五二《雅樂四・樂工服色》 唐諸登歌、宫懸工人服介幘，緋繡鸞袍，白縑袴，白縑帶，緋縑裙。鼓吹案工人服熊羆衫，抹額，平巾幘，白縑袴，繡抹帶，金銅革帶，烏皮履。宋樂正紫公服幞頭，大朝會絳公服，方心曲領，飛白大帶，金銅革帶，烏皮履。樂工介幘，執麾人平巾幘，並繡鸞衫，白絹夾袴，抹帶。登歌、宫懸樂工同。副樂正服紫公服，樂師緋公服，運譜緑公服，大朝會介幘，絳鞲衣，白抹帶。元樂正副四人斜脚幞頭，紫羅公服，烏角帶，木笏，皂靴。照燭服同，無笏。樂師服緋，運譜服緑，冠服同上。執麾平巾幘，服同樂工。樂工介幘冠，緋羅生色鸞袍，黄綾帶，皂靴。國朝協律郎幞頭，紫羅袍，荔支帶，皂靴。手執麾。樂生服緋袍，展角幞頭，革帶，皂靴。

又《舞工服色》 唐武舞服武弁，朱鞲繡衣，白袴，白抹帶，緋繡抹額，臂鞲起梁帶。文舞服平冕，皂繡袍，黄縑抹帶，烏皮履。掌纛者服色同。宋文舞服舞人進賢冠，黄紗袍，白紗中單，皂領，褾白布大口袴，緑襠，革帶，烏皮履，白布襪，執纛者同。武舞服舞人武弁平口幘，金支緋絲布大袖，白布豹文大口袴，紫襠襠，緋絲布兩襠，甲金飾錦螣蛇，起梁帶，烏皮靴。引舞人武弁，朱鞲衣，白絹袴，革帶，烏皮履，紅抹額，黄臂鞲。元舞師二人，舒脚幞頭，加黄羅繡抹額，紫服荔支帶，皂靴。執仗舞人平冕冠，青羅生色義花鸞袍，緣以皂綾冠前後有旒青白硝石珠相間。執旌者平冕九旒五就，青生色鸞袍，黄綾帶，黄絹袴，白絹襪，赤革履。執纛者青羅巾，服同執旌者，執器者服同樂工。緑油牟追冠，紅抹額。國朝舞士幞頭，紫羅袍，荔支帶，皂靴。執節文舞生服紫袍，展脚幞頭，革帶，皂靴。執羽籥引舞二人同。武舞生服緋袍，展脚幞頭，革帶，皂靴。執干戚引舞二人同。

又卷五三上《俗樂・百戲》 弄參軍戲，始於漢，館陶令石耽有贓，和帝惜其才，每宴樂令衣白夾衫，令優伶戲弄辱之。大中以來，弄假婦人，又弄婆羅門戲。有代面者始自齊，神武之弟善鬪戰，其以顔雌無威於敵，每入陣即著面具。

又卷五三下《朝會樂・九奏》 九奏樂工。每奏曲用歌工四人，簫六人，笙二人，戴中華一統巾，衣紅羅生色大袖衫，畫黄鸝鵲花樣紅生絹襯衫，錦領，杏紅絹裙，白絹大口袴，青絲絛白絹襪，茶褐鞋。和聲郎二人，執麾搃掌，樂舞立樂工前之兩旁，和聲郎二人，押樂立樂工後之兩旁，皆戴皂羅淵帶巾，衣青羅大袖衫，紅生絹襯衫，錦領，塗金束帶，皂靴。

又《朝賀奏樂儀注》 戴曲脚幞頭，衣紅羅生色畫花大袖衫，塗金束帶，紅羅擁項，紅結子，皂皮靴。

明・楊慎《丹鉛總録》卷二一《詩話類・估客樂》 《估客樂》，齊武帝之所作也。其辭曰：昔經樊鄧役，阻潮梅根冶。探懷悵往事，意滿辭不叙。阻潮一本作假楫。武帝作此曲，令釋寶月被之管絃，帝遂數乘龍舟遊江中，以紅越布爲帆，緑絲爲帆縴，鍮石爲篙足。篙傍者，悉著鬱林布作淡黄袴。舞此曲，用十六人。云按史稱齊武帝節儉，嘗自言朕治天下十年，當

使黄金與土同價，然其從流忘返之奢如此，貽厥孫謀，何怪乎金蓮步地也。

明·楊慎《秇林伐山》卷二〇《舞妓著靴》 唐舒元輿贈妓女從良詩曰：湘江舞罷忽成悲，便脱鸞靴出鳳幃，誰是蔡邕琴酒客，曹公懷舊嫁文姬。古者女妓皆着靴，按《説文》鞮，四夷舞人所着屨也。《周禮》鞮鞻氏掌四夷之舞。盧肇《柘枝舞賦》靴瑞錦以雲匝，袍蹙金而雁欹。杜牧之《贈妓詩》舞腰一任傍人看，笑臉還須待我開。毛澤民詩錦靴玉帶舞回雪。宋時猶有此制，其後着靴如良人矣。

明·胡應麟《少室山房筆叢》卷八《丹鉛新録四·于蔿》 案《明皇雜録》：玄宗御五鳳樓觀酺宴，時命三百里内刺史、縣令各以聲樂集樓下。時多以車載樂工數百，皆衣文繡。服箱之上，皆爲虎豹犀象之狀。魯山令元德秀，惟遣樂工數十人，聯袂歌于蔿而已。

又卷四一《莊嶽委談下》 菩薩蠻之名，當起於晚唐世。案《杜陽雜編》云：大中初，女蠻國貢雙龍犀、明霞錦，其國人危髻金冠，瓔珞被體，故謂之菩薩蠻。

明·張岱《陶菴夢憶》卷二《朱雲崍女戲》 朱雲崍教女戲，非教戲也。未教戲，先教琴，先教琵琶，先教提琴、弦子、簫、管，鼓吹歌舞，借戲爲之，其實不專爲戲也。郭汾陽、楊越公、王司徒女樂，當日未必有此。絲竹錯雜，檀板清謳，已妙腠理，唱完以曲白終之，反覺多事矣。西施歌舞，對舞者五人，長袖緩帶，繞身若環，曾撓摩地，扶旋猗那，弱如秋藥。

清·褚人穫《堅瓠集》二集卷一《角妓垂螺》 《丹鉛録》：張子野詞垂螺定額，走上紅裀初趁拍，晏小山詞雙螺未學同心綰，已占歌名，月白風清，長倚昭華笛裏聲，又紅窗碧玉新名舊，猶綰雙螺，一寸秋波，千斛明珠覺未多。垂螺、雙螺，蓋當時角妓未破瓜時額飾。

又八集卷四《跳月記》 錢塘陸雲士吹雲先生《跳月記》：苗人之婚禮曰跳月，跳月者，反春時而跳舞求偶也。【略】男則椎髻當前，纏以苗帨，襖不迨腰，褌不迨膝，褌襖之際，錦帶束焉。植鷄羽於髻巔，飄飄然當風而顫。執蘆笙，笙六管，長二尺，蓋有六律無六同者焉。女亦植鷄羽於髻如男，尺簪寸環，衫襟領袖悉錦爲緣。其錦藻繪遜中國，而古紋異緻，無近態焉。聊珠以爲纓，珠纍纍繞兩鬟。綴貝以爲絡，貝摇摇翻兩肩。裙細摺如蝶版。男反褌不裙，女反裙不褌，裙衫之際亦錦帶束焉。執繡籠，編竹爲之，飾以繪，即綵毬是焉，而妍與媸雜然於其中矣。

又餘集卷四《舞柘枝》 宋俞琰《席上腐談》：向見官妓舞柘枝，戴一紅物，體長而頭尖，儼如角形，想即今之罟姑也。《瑣碎録》云：柘枝舞本北魏拓拔之名，後則易而爲柘枝也。

清·劉廷璣《在園雜志》卷三《服飾》 優孟衣冠取其相似也，有絶不相似者如慶壽之王母，則鳳冠霞珮，群仙則用蟒衣，小逼之衛律則補服，大逼之元帥亦用蟒衣，不可枚舉。

清·袁棟《書隱叢説》卷一三《渾脱取義》 《草木子》云，北人殺小羊自脊上開一孔，逐旋取去内頭骨肉，外皮皆完揉軟，用以盛乳酪酒湩，謂之渾脱。元時生剥罪人身皮，曰渾脱。庶物異名疏云，宗晉卿舞渾脱，公孫大娘渾脱舞，長孫無忌以烏羊毛爲渾脱氈帽，皆喻其柔軟若無骨耳。以知脱之音駝，或讀本音尚可。游移而渾脱之爲舞，則無庸置議也。誤讀杜序爲渾脱流離者謬甚，而取其語以爲贊美之辭，其義亦未爲大悖也。

《明史》卷六七《輿服志三·協律郎樂舞生冠服》 明初，郊社宗廟用雅樂，協律郎幞頭，紫羅袍，荔枝帶，樂生緋袍，展脚幞頭，舞士幞頭，紅羅袍，荔枝帶，皂鞾，文舞生紅袍，武舞生緋袍，俱展脚幞頭，革帶，皂鞾。

朝會大樂九奏歌工：中華一統巾，紅羅生色大袖衫，畫黄鶯、鸚鵡花樣，紅生絹襯衫，錦領，杏紅絹裙，白絹大口袴，青絲絛，白絹襪，茶褐鞵。其和聲郎押樂者：皂羅闊帶巾，青羅大袖衫，紅生絹襯衫，錦領，塗金束帶，皂鞾。

其三舞：一、武舞，曰平定天下之舞。舞士，黄金束髮冠，紫絲纓，青羅生色畫舞鶴花樣窄袖衫，白生絹襯衫，錦領，紅羅銷金大袖罩袍，紅羅銷金裙，皂生色畫花緣襈，白羅銷金汗袴，藍青羅銷金緣，紅絹擁項，紅結子，紅絹束腰，塗金束帶，青絲大絛錦臂韝，緑雲頭皂鞾。舞師，黄金束髮冠，紫絲纓，青羅大袖衫，白絹襯衫，錦領，塗金束帶，緑雲頭皂鞾。

一、文舞，曰車書會同之舞。舞士，黑光描金方山冠，青絲纓，青紅羅大袖衫，紅生絹襯衫，錦領，紅羅擁項，紅結子，塗金束帶，白絹大口袴，白絹襪，茶褐鞵，舞師冠服與舞士同，惟大袖衫用青羅，不用紅羅擁項，紅結子。

一、文舞，曰撫安四夷之舞。舞士，東夷四人，椎髻於後，繫紅銷金頭繩，紅羅銷金抹額，中綴塗金博山，兩傍綴塗金巾環，明金耳環，青羅生色畫

花大袖衫，紅生色領袖，紅羅銷金裙，青銷金裙緣，紅生絹襯衫，錦領，塗金束帶，烏皮鞾。西戎四人，間道錦纏頭，明金耳環，紅紵絲細摺襖子，大紅羅生色雲肩，緑生色緣，藍青羅銷金汗袴，紅銷金緣繫腰合鉢，十字泥金數珠，五色銷金羅香囊，紅絹擁項，紅結子，赤皮鞾。南蠻四人，綰朝天髻，繫紅羅生色銀錠，紅銷金抹額，明金耳環，紅織金短襖子，緑織金細摺短裙，絨錦袴，間道紵絲手巾，泥金頂牌，金珠瓔珞綴小金鈴，錦行纏，泥金獅蠻帶，緑銷金擁項，紅結子，赤皮鞾。北狄四人，戴單于冠，貂鼠皮簷，雙垂髻，紅銷金頭繩，紅羅銷金抹額，諸色細摺襖子，藍青生色雲肩，紅結子，紅銷金汗袴，繫腰合鉢，皂皮鞾。其舞師皆戴白捲簷氊帽，塗金帽頂，一撒紅纓，紫羅帽襻，紅緑金繡襖子，白銷金汗袴，藍青銷金緣，塗金束帶，緑擁項，紅結子，赤皮鞾。

凡大樂工及文武二舞樂工，皆曲脚幞頭，紅羅生色畫花大袖衫，塗金束帶，紅絹擁項，紅結子，皂皮鞾。四夷樂工，皆蓮花帽，諸色細摺襖子，白銷金汗袴，紅銷金緣，紅緑絹束帶，紅羅擁項，紅結子，花鞾。

永樂間，定殿内侑食樂。奏平定天下之舞，引舞、樂工，皆青羅包巾，青、紅、緑、玉色羅銷金胸背襖子，渾金銅帶，紅羅褡褳，雲頭皂鞾，青緑羅銷金包臀。舞人服色如之，奏撫安四夷之舞：高麗舞四人，皆笠子，青羅銷金胸背襖子，銅帶，皂鞾。琉球舞四人，皆棉布花手巾，青羅大袖襖子，銅帶，白碾光絹間道踢袴，皂皮鞾，北番舞四人，皆狐帽，青紅紵絲銷金襖子，銅帶，伍魯速回回舞四人，皆青羅帽，比里罕棉布花手巾，銅帶，皂鞾。奏車書會同之舞，舞人皆皁羅頭巾，青、緑、玉色皁沿邊襴，茶褐線絛皁皮四縫鞾。奏表正萬邦之舞，引舞二人，青羅包巾，紅羅銷金項帕。紅生絹錦領中單。紅生絹銷金通袖襖子。青線絛銅帶，織錦臂鞲，雲頭皂鞾，各色銷金包臀，紅絹褡褳。舞人、樂工服色，與引舞同。奏天命有德之舞，引舞二人，青幪紗如意冠，紅生絹錦領中單。紅生絹大袖袍，各色絹采畫直纏，黑角偏帶，藍絹綵雲頭皂鞾，白布襪。舞人、樂工服色，與引舞同。

洪武五年定齋郎，樂生，文、武舞生冠服。齋郎，黑介幘，漆布爲之，無花樣，服紅絹窄袖衫，紅生絹爲裏，皂皮四縫鞾，黑角帶。文舞生及樂生，黑介幘，漆布爲之，上加描金蟬，服紅絹大䄂袍，胸背畫纏枝方葵花，紅生絹爲裏，加錦臂鞲二，皂皮四縫鞾，黑角帶，武舞生，武弁，以漆布爲之，上加描金蟬，服飾、鞾、帶，並同文舞生。嘉靖九年定文、武舞生服制：圜丘服青紵絲，方澤服黑緑紗，朝日壇服赤羅，夕月壇服玉色羅、

宫中女樂冠服，洪武三年定制，凡中宫供奉女樂、奉鑾等官妻。本色鬏髻，青羅圓領。提調女樂，黑漆唐巾，大紅羅銷金花圓領，鍍金花帶，皂鞾。歌章女樂，黑漆唐巾，大紅羅銷金裙襖，胸帶，大紅羅抹額，青緑羅彩畫雲肩描金牡丹花皁鞾。奏樂女樂，服色與歌章同。嘉靖九年祀先蠶，定樂女生冠服。黑縐紗描金蟬冠，黑絲纓，黑素羅銷金葵花胸背大袖女袍，黑生絹襯衫，錦領，塗金束帶，白襪，黑鞵。

教坊司冠服。洪武三年定。教坊司樂藝。青卍字頂巾，繫紅緑褡褳。樂妓，明角冠，皂褙子，不許與民妻同。御前供奉俳長，鼓吹冠，紅羅胸背小袖袍，紅絹褡褳，皂鞾。色長，鼓吹冠，紅青羅紵絲彩畫百花袍，紅絹褡褳。歌工，弁冠，紅羅織金胸背大袖袍，紅生絹錦領中單。黑角帶，紅熟絹錦脚袴，皂皮琴鞵，白棉布夾襪，樂工服色，與歌工同。凡教坊司官常服冠帶，與百官同，至御前供奉，執粉漆笏，服黑漆幞頭，黑緑羅大袖襴袍，黑角偏帶，皂鞾。教坊司伶人，常服緑色巾，以別士庶之服。樂人皆戴鼓吹冠，不用錦絛，惟紅褡褳，服色不拘紅緑。教坊司婦人，不許戴冠，穿褙子。樂人衣服，止用明緑、桃紅、玉色、水紅、茶褐色。俳、色長，樂工，俱皂頭巾，雜色絛。

王府樂工冠服。洪武十五年定，凡朝賀用大樂宴禮，七奏樂樂工，俱紅絹彩畫胸背方花小袖單袍，有花鼓吹冠，錦臂鞲，皂鞾，抹額以紅羅彩畫，束腰以紅絹。其餘樂工用緑絹，彩畫胸背方花小袖單袍，無花鼓吹冠，抹額以紅絹，彩畫束腰以紅絹。

清・允禄等《律吕正義後編》卷八九《樂制考十二・宋》　隊舞之制，其名各十。小兒隊凡七十二人：一曰柘枝隊，衣五色繡羅寛袍，戴胡帽，繫銀帶。二曰劍器隊，衣五色繡羅襦，裹交脚幞頭，紅羅繡抹額，帶器仗。三曰婆羅門隊，紫羅僧衣，緋掛子，執錫環拄杖。四曰醉胡騰隊，衣紅錦襦，繫銀鞊鞢，戴氊帽。五曰諢臣萬歲樂隊，衣紫緋緑羅寛衫，諢裹簇花幞頭。六曰兒童感聖樂隊，衣青羅生色衫，繫勒帛，總兩角。七曰玉兎渾脱隊，衣四色繡羅襦，繫銀帶，冠玉兎冠。八曰異域朝天隊，衣錦襖，繫銀束帶，冠夷冠，執寶盤。九曰兒童解紅隊，衣紫緋繡襦，繫銀帶，冠花砌鳳冠，綬帶。十

曰射雕回鶻隊，衣盤鵰錦襦，繫銀鞊鞢，射鵰盤。女弟子隊凡一百五十三人：一曰菩薩蠻隊，衣緋生色窄砌衣，冠卷雲冠。二曰感化樂隊，衣青羅生色通衣背，梳髻，繫綬帶。三曰抛毬樂隊，衣四色繡羅寬衫，繫銀帶，奉繡毬。四曰佳人翦牡丹隊，衣紅生色砌衣，帶金冠，翦牡丹花。五曰拂霓裳隊，衣紅僊砌衣，碧霞帔，戴仙冠，紅繡抹額。六曰採蓮隊，衣紅羅生色綽子，繫暈裙，戴雲鬟髻，乘綵船執蓮花。七曰鳳迎樂隊，衣紅仙砌衣，戴雲鬟鳳髻。八曰菩薩獻香花隊，衣生色窄砌衣，戴寶冠，執香花盤。九曰綵雲仙隊，衣黄生色道衣，紫霞帔，冠仙冠，執旌節鶴扇。十曰打毬樂隊，衣四色窄繡羅襦，繫銀帶，裹順風脚簇花幞頭，執毬杖。大抵若此，而復從宜變易。

又卷九一《樂制考十四·元》 樂服：樂正副四人，舒脚幞頭，紫羅公服，烏角帶，木笏，皂鞾。照燭二人，服同前，無笏。樂師二人，服緋，冠笏同前。運譜二人，服緑，冠笏同前。舞師二人，舒脚幞頭，黄羅繡抹額，紫服，金銅荔枝帶，皂鞾，各執杖。杖，牙仗也。執旌二人，平冕，前後各九旒，五就，青生色鸞袍，黄綾帶，黄絹袴，白絹韈，赤革履。平冕鸞袍皆倣金制，惟冕之旒數不同，詳見後至元二年博士議。執纛二人，青羅巾，餘同執旌。樂工，介幘冠，緋羅生色鸞袍，黄綾帶，皂鞾。歌工，服同樂工。執麾，服同上，惟加平巾幘。舞人，青羅生色義花鸞袍，緑以皂綾，平冕冠。執器二十人，服同樂工，緑油毋追冠，加紅抹額。至元二年閏五月，大樂署言，堂上下樂舞官員及樂工，合用衣服冠冕鞾履等物，乞行製造。太常寺下博士議定：樂正副四人、樂師二人、照燭二人、運譜二人皆服紫羅公服，皂紗幞頭舒脚，紅鞓角帶，木笏，皂鞾。引舞色長四人，紫羅公服，皂紗幞頭展脚，黄羅繡南花抹額，金銅帶，皂鞾。樂工二百四十有六人，緋繡義花鸞袍，縣黄插口，介幘冠，紫羅帶，黄羅抹帶，黄絹夾袴，白綾韈，朱履。執器二十人，緋繡義花鸞袍，縣黄插口，緑油革冠，黄羅抹帶，黄絹夾袴，白綾韈，朱履。旌纛四人，青繡義花鸞袍，縣紫插口，平冕冠二，青包巾二，黄羅抹帶，黄絹夾袴，白綾韈，朱履。七月中書吏部再準太常博士議定，行下所司製造。三年九月服成。緋鸞袍二百六十有七，青鸞袍一百三十二，黄絹袴一百五十二，紫羅公服一十四，黄綾帶三百九十七，介幘冠二百四十有四，平冕冠百三十，簪全，木笏十有六，幞頭十有四，平巾幘二，緑油革冠二十，荔枝銅帶四角帶十，皂鞾二百六十對，朱履百五十對，宣聖廟樂工黑漆冠三十五，緑羅生色胸背花袍三十五，皂鞾三十五對，黄絹囊三十五，黄絹夾袱三十五。

又 樂音王隊。元旦用之。引隊大樂禮官二員，冠展角幞頭，紫袍，塗金帶，執笏，次執戲竹二人，同前服。次樂工八人，冠花幞頭，紫窄衫，銅束帶，龍笛三，杖鼓三，金鞚小鼓一，板一，奏萬年歡之曲，從東階升至御前，以次而西折繞，而南北向立。後隊進皆倣此。次二隊婦女十人，冠展角幞頭，紫袍，隨樂聲進至御前，分左右相向立。次婦女一人，冠唐帽，黄袍，進北向立定，樂止，念致語畢，樂作，奏長春柳之曲。次三隊男子三人，戴紅髮青面具，雜彩衣，次一人冠唐帽，緑襴袍，角帶，舞蹈而進，立於前隊之後。次四隊男子一人，戴孔雀明王象面具，披金甲，執叉，從者二人，戴毗沙神像面具，紅袍，執斧。次五隊男子五人，冠五梁冠，戴龍王面具，繡氅，執圭，與前隊同進北向立。次六隊男子五人，爲飛天夜叉之像，舞蹈以進。次七隊樂工八人，冠霸王冠，青面具，錦繡衣，龍笛三，觱篥三，杖鼓二，與前大樂合奏吉利牙之曲。次八隊婦女二十人，冠廣翠冠，銷金緑衣，執牡丹花，舞唱前曲，與樂聲相和，進至御前，北向列爲九重，重四人，曲終再起與後隊相和。次九隊婦女二十人，冠金梳，翠花鈿，繡衣，執花鞚稍子鼓，舞唱前曲，與前隊相和。次十隊婦女八人，花髻，服銷金桃紅衣，摇日月金鞚稍子鼓，舞唱同前，次男子五人，作五方菩薩梵像，摇日月鼓，次一人作樂音王菩薩梵像，執花鞚稍子鼓，齊聲舞前曲一闋，樂止，次婦女三人，歌新水令、沽美酒、太平令之曲終，念口號畢，舞唱相和，以次而出。

又卷九二《樂制考十五·明》 按《續文獻通考》云：九奏，樂工每奏曲，用歌工四人，簫六人，笙二人，戴中華一統巾，衣紅羅生色大袖衫，畫黄鶯鸚鵡等花樣紅生絹襯衫，錦領，杏紅絹裙，白絹大口袴，青絲條白絹韈，茶褐鞋。和聲郎二人執麾，總掌樂舞，立樂工前之兩旁，和聲郎二人押樂，立樂工後之兩旁，皆戴皂羅淵帶巾，衣青羅大袖衫，紅生絹襯衫，錦領，塗金束帶，皂靴。每上位舉爵，則和聲郎舉麾唱曰，奏某曲，自第一奏至第九奏皆同，奏曲畢，偃麾。武舞士，皆冠黄金束髮冠，紫絲纓青羅生色畫舞鶴花樣窄袖衫，白生絹襯衫，錦領，紅羅銷金大袖罩袍，紅羅銷金裙，皂生色畫花緑襈白羅銷金汗袴，藍青羅銷金緣紅絹擁項，紅結子，紅絹束腰，塗金束帶，青絲大條錦臂鞲，皂皮緑雲頭靴。舞師二人，冠黄金束髮冠，紫絲纓青羅大袖衫，白羅襯衫，錦領，塗金束帶，緑雲頭皂靴。每宴會，上位進第四次膳，

和聲郎舉麾唱曰，奏平定天下之舞，樂作，舞師引舞士至舞位，舞畢，樂止，偃麾。文舞士，皆冠黑光描金方山冠，青絲纓，衣素紅羅大袖衫，紅生絹襯衫，錦領，紅羅擁項，紅結子，塗金束帶，白絹大口袴，白絹韈，茶褐鞋。舞師二人，冠黑漆描金方山冠，青纓青羅大袖衫，紅生絹襯衫，錦領，塗金束帶，白絹大口袴，白絹韈，茶褐鞋。每宴會，上位進第八次膳，和聲郎舉麾唱曰，奏車書會同之舞，樂作，舞師引舞士至舞位，舞畢，樂止，偃麾。四夷舞士：東夷高麗四人，椎髻，於後繫紅銷金頭繩，紅羅銷金抹額，中綴塗金博山，兩旁綴塗金巾環，明金耳環，青羅生色畫花大袖衫，紅生色領袖，紅羅銷金裙緑，紅生絹襯衫，錦領，塗金束帶，烏皮靴，西戎回回四人，間道錦纏頭，金耳環，紵絲細摺襖子，大紅羅生色雲肩，緑生色緑，藍青羅銷金汗袴，紅銷金緣繫腰，合鉢十字泥金數珠，五色銷金羅香囊，紅絹擁項，紅結子，赤皮靴。南蠻琉球四人，綰朝天髻，繫紅羅生色銀錠兒，紅銷金抹額，明金耳環，紅織錦短襖子，緑織金細摺短裙，絨錦袴子，間道紵絲手巾，泥金項牌，金珠纓絡，綴小金鈴兒，錦行纏，泥金獅蠻帶，緑銷金擁項，紅結子，赤皮鞋。北狄北番四人，戴單于冠，貂鼠皮簷兒，雙垂髻，紅銷金頭繩，紅羅銷金抹額，諸色細摺襖子，藍青生色雲肩，紅結子，紅銷金汗袴，繫腰，合鉢皂皮靴。舞師二人，戴白捲簷氊帽，塗金帽頂一，撒紅纓紫羅帽，攀紅緑錦繡襖子，白銷金汗袴，藍青銷金緑塗金束帶，緑擁項，紅結子，赤皮靴。每宴會，上位進第六次膳，和聲郎舉麾唱曰，奏撫安四夷之舞，夷樂作，舞師引舞士至舞位，舞畢，樂止，偃麾。文武二舞用樂工一十人，笙二人，橫管二人，□二人，杖鼓二人，大鼓一人，板一人，戴曲脚幞頭，衣紅羅生色畫花大袖衫，塗金束帶，紅絹擁項，紅結子，皂皮靴。四夷舞用樂工十六人，腰鼓二人，琵琶二人，胡琴二人，箜篌二人，頭管二人，羌笛二人，水盞一人，板一人，戴蓮花帽，衣諸色細摺襖子，白銷金汗袴，紅銷金緑紅緑絹束腰，紅羅擁項，紅結子，花靴。

清・允祿《清朝禮器圖式》卷五《祭祀文舞生冬冠》 謹按，本朝定制：祭祀文舞生冬冠，騷鼠爲之，頂鏤花銅座，中飾方銅，鏤葵花，上銜銅三角，如火珠形。

祭祀文舞生夏冠。謹按，本朝定制：祭祀文舞生夏冠，頂如冬冠。

祭祀文舞生袍。謹按，本朝定制：祭祀文舞生袍，以綢爲之，其色南郊用石青，北郊用黑，祈穀壇，社稷壇，太廟，朝日壇，帝王廟，文廟，先農壇，太歲壇俱用紅，夕月壇用月白，前後方襴銷金葵花。

祭祀文舞生帶。謹按，本朝定制：祭祀文舞生帶，緑綢爲之，武舞生、執事人、鹵簿輿士、校尉皆同。

祭祀武舞生冬冠。謹按，本朝定制：祭祀武舞生冬冠，頂上銜銅三棱，如古戟形，餘俱如文舞生冬冠之制。

祭祀武舞生夏冠。謹按，本朝定制：祭祀武舞生夏冠，頂如冬冠。

祭祀武舞生袍。謹按，本朝定制：祭祀武舞生袍，以綢爲之，通銷金葵花，餘俱如文舞生袍之制。

祭祀執事人袍一。謹按，本朝定制：祭祀執事人袍，以綢爲之，不加緣，其色南郊用石青，北郊用黑。

祭祀執事人袍二。謹按，本朝定制：祭祀執事人袍，青綢爲之，太廟、文廟、先農壇、太歲壇俱用藍緣，祈穀壇、社稷壇、朝日壇、帝王廟俱用石青緣，夕月壇用月白緣。

樂部樂生冬冠。謹按，本朝定制：樂部樂生冬冠，騷鼠爲之，頂鏤花銅座，上植明黄翎。

樂部樂生夏冠。謹按，本朝定制：樂部樂生夏冠，頂如冬冠，鹵簿輿士同。

樂部樂生袍一。謹按，本朝定制：樂部樂生袍，紅緞爲之，前後方襴繡黄鸝，中和韶樂部樂生執戲竹人服之。

樂部樂生袍二。謹按，本朝定制：樂部樂生袍，紅緞爲之，通織小團葵花，丹陛大樂諸部樂生服之，鹵簿輿士校尉皆同。

樂部樂生帶。謹按，本朝定制：樂部樂生帶，緑雲緞爲之。

清・嵇璜《清朝通志》卷五八《器服略・冠服》 祭祀舞生冠，冬以騷鼠爲之，頂鏤花銅座，中飾方銅鏤葵花，文舞生上銜銅三角，如火珠形。武舞生上銜銅三棱，如古戟形。

祭祀舞生袍，以綢爲之。其色南郊用石青，北郊用黑，祈穀壇、社稷壇、太廟、朝日壇、帝王廟、文廟、先農壇、太歲壇俱用紅，夕月壇用月白。文舞生前後方襴銷金葵花，武舞生通銷金葵花。

祭祀舞生帶，祭祀執事人同。緑綢爲之。

又 樂部樂生冠，冬以騷鼠爲之，頂鏤花銅座，上植明黄翎。

又 樂部樂生袍，紅緞爲之，丹陛大樂諸部樂生通織小團葵花，中和韶樂部樂生執戲竹人，前後方襴繡黃鸝。

清·嵇璜《續文獻通考》卷九三《王禮考·君臣冠冕服章》 協律郎、樂舞生冠服。明初，郊社宗廟用雅樂，協律郎幞頭，紫羅袍，荔枝帶，樂生緋袍，展脚幞頭，舞士幞頭，紅羅袍，荔枝帶，皂鞾，文舞生紅袍，武舞生緋袍，俱展脚幞頭，革帶，皂鞾。朝會大樂九奏歌工：中華一統巾，紅羅生色大袖衫，畫黃鶯、鸚鵡花樣，紅生絹襯衫，錦領，杏紅絹裙，白絹大口袴，青紗條，白絹襪，茶褐鞵。其和聲郎押樂者：皂羅濶帶巾，青羅大袖衫，紅生絹襯衫，錦領，塗金束帶，皂鞾。其三舞：

一、武舞，曰《平定天下之舞》，舞士皆黃金束髮冠，紫絲纓，青羅生色畫舞鶴花樣窄袖衫，白生絹襯衫，錦領、紅羅銷金大袖罩袍，紅羅銷金裙，皂生色畫花緣襈，白羅銷金汗袴，藍青羅銷金緣，紅絹擁項，紅結子，紅絹束腰，塗金束帶，青絲大條，錦臂鞲，綠雲頭皂鞾。舞師，黃金束髮冠，紫絲纓，青羅大袖衫，白絹襯衫，錦領，塗金束帶，綠雲頭皂纓。

一、文舞，曰《車書會同之舞》，舞士皆黑光描金方山冠，青絲纓，紅羅大袖衫，紅生絹襯衫，錦領，紅羅擁項，紅結子，塗金束帶，白絹大口袴，白絹襪，茶褐鞵，舞師冠服與舞士同，惟大袖衫用青羅，不用紅羅擁項、紅結子。一、文舞，曰《撫安四夷之舞》，舞士，東夷四人，椎髻於後，繫紅銷金頭繩，紅羅銷金抹額，中綴塗金博山，兩傍綴塗金巾環，明金耳環，青羅生色畫花大袖衫，紅生色領袖，紅羅銷金裙，青銷金裙緣，紅生絹襯衫，錦領，塗金束帶，烏皮鞾。西戎四人，間道錦纏頭，明金耳環，紅紵絲細褶襖子，大紅羅生色雲肩，綠生色緣，藍青羅銷金汗袴，紅銷金緣繫腰合鉢，十字泥金數珠，五色銷金羅香囊，紅絹擁項，紅結子，赤皮鞾。南蠻四人，綰朝天髻，繫紅羅生色銀錠，紅銷金抹額，明金耳環，紅織金短襖子，綠織金細摺短裙，絨錦袴，間道紵絲手巾，泥金頂牌，金珠瓔珞綴小金鈴，錦行纏，泥金獅蠻帶，綠銷金擁項，紅結子，赤皮鞾。北翟四人，戴單于冠，貂鼠皮簷，雙垂髻，紅銷金頭繩，紅羅銷金抹額，諸色細褶襖子，藍青生色雲肩，紅結子，紅銷金汗袴，繫腰合鉢，皂皮鞾。其舞師皆戴白捲簷氊帽，塗金帽頂，一撒紅纓，紫羅帽襆，紅綠金繡襖子，白銷金汗袴，藍青銷金緣，塗金束帶，綠擁項，紅結子，赤皮鞾。

凡大樂工及文武二舞樂工，皆曲脚幞頭，紅羅生色畫花大袖衫，塗金束帶，紅絹擁項，紅結子，皂皮鞾。四夷樂士，皆蓮花帽，諸色細摺襖子，白銷金汗袴，紅銷金緣，紅綠絹束腰，紅羅擁項，紅結子，花鞾。

永樂間，定殿内侑食樂，奏《平定天下之舞》，引舞、樂工，皆青羅包巾，青、紅、綠、玉色羅銷金胸背襖子，渾金銅帶，紅羅褡褳，雲頭皂鞾，青綠羅銷金包臀，舞人服色如之，奏《撫安四夷之舞》，高麗舞四人，皆笠子，青羅銷金胸背襖子，銅帶，皂鞾。琉球舞四人，皆棉布花手巾，青羅大袖襖子，銅帶，白碾光絹間道踢袴，皂皮鞾。北番舞四人，皆狐帽，青羅紵絲銷金襖子，銅帶。伍魯速回回舞四人，皆青羅帽，比里罕棉花布手巾，銅帶，皂鞾。奏《車書會同之舞》，舞人皆皂羅頭巾，青、綠、玉色皂沿邊襴，茶褐線條皂皮四縫鞾。奏《表正萬邦之舞》，引舞二人，青羅包巾，紅羅銷金項帕，紅生絹錦領中單，紅生絹銷金通袖襖子，青線條銅帶，織錦臂鞲，雲頭皂鞾，各色銷金包臀，紅絹褡褳。舞人、樂工服色與引舞同。奏《天命有德之舞》，引舞二人，青幪紗如意冠，紅生絹錦領中單，紅生絹大袖袍，各色絹采畫直纏，黑角偏帶，藍絹綵雲頭皂鞾，白布襪。舞人、樂工服色與引舞同。

清·錢儀吉《三國會要》卷一四《樂二·舞服》 魏尚書奏：祀圓丘以下，《武始》舞者，平冕，黑介幘，玄衣裳，白領袖，絳領袖中衣，絳合幅袴，絳袜，黑韋鞮。《咸熙》舞者，冠委貌，其餘服如前。《章斌》舞者，與《武始》、《咸熙》舞者同服。奏於朝庭，則《武始》舞者，武冠，赤介幘，生絳袍單衣，絳領袖，皁領袖中衣，虎文畫合幅袴，白布袜，黑韋鞮。《咸熙》舞者，進賢冠，黑介幘，生黃袍單衣，白合幅袴，其餘服如前。奏可。史臣案，《武始》、《咸熙》二舞，冠制不同，而云《章斌》與《武始》、《咸熙》同服，不知服何冠也。

清·福格《聽雨叢談》卷一《執事樂人服色》 朝會：丹陛執戟、執弓矢人，穿天青緞織金壽字袍，束綠帶，冬日貂皮沿朝帽，夏日用無頂朝帽。丹陛樂人，大紅緞寬袖袍，鸜鵒補，束綠綢帶，冬用貂冠，安頂戴處立插染黃雕翎一枝，夏日緯帽亦同。丹陛下執事樂工，皆紅紬織團花袍，束綠帶，帽亦如之。親郡王執事品官，綠團□袍，束紅布帶，黑氈帽，式如一鈸，上安銅管，插紅立翎，特不用朝冠耳。貝勒、貝子、一二品大員執事人，綠袍無花。品官執事樂人，青袍，束緣綠紅布帶，帽安裹錫木管插綠翎。近來率用紅翎紅木管。

按近來貝勒、貝子、一二品大員執事人，多用緑布衣，畫團花，非制也。

清・毛祥麟《墨餘録》卷一《丁祭盛儀》 迨闔城文武官分班肅集，大成門擊鼓鳴鐘，則舞生三十六人，俱服開跨藍衫，烏靴雀頂，執籥秉翟，登殿階俟。繼以歌者凡六人，皆執笏立。司樂四十餘人，衣平袖箭衣短褂，舉諸樂器。歌樂多非學中人，故用便服，後亦穿襴衫。殿上執事諸生，咸公服立班次。

清・平步青《霞外攟屑》卷九《翻衣》 《教坊記》，聖壽樂舞衣襟皆各繡一大窠，皆隨其衣本色，製純縵衫。下纔及帶，若短汗衫者以籠之，所以藏繡窠也。舞人初出樂次，皆是縵衣，舞至第二疊，相聚場中，即於衆中從領上抽去籠衫，各納懷中。觀者忽見衆女咸文繡炳焕，莫不驚異。今優人演浣紗記西施采蓮劇，宫女四人，咸衣翻衣，即其遺製，特易抽爲翻。彼二衣，今特一衣爲異耳。

清・崑岡《清會典圖》卷五六《樂二十六樂舞十一》 慶隆舞司章十三人，【略】冠冬冠，服蟒袍，豹皮端罩，夏冠緯帽，去端罩。司章之下冠冬冠，服石青金壽字袍，豹皮端罩，夏冠緯帽，去端罩。【略】揚烈舞司舞八人，【略】服黄畫布套者十六人，服黑羊皮套者十六人，各戴面具，跳躍擲倒，象異獸。【略】喜起舞隊舞大臣二十二人，【略】朝冠朝服，釋補服，懸朝珠朝帶佩帉佩刀入殿。

又卷六七《冠服十一禮服十一》 神樂署文舞生冬冠獺皮爲之，頂鏤花銅座，中飾方銅鏤葵花，上銜銅三角如火珠形。神樂署樂生執事生冬冠制同。【略】神樂署文舞生夏冠頂如冬冠。神樂署樂生，執事生，夏冠頂各如其冬冠。神樂署舞童冠制如文舞生夏冠。

又 和聲署樂生冬冠騷鼠爲之，頂鏤花銅座上植明黄翎。【略】和聲署樂生夏冠頂翎制如冬冠。【略】和聲署樂生袍紅緞爲之，前後方襴繡黄鸝，中和韶樂部樂生執戲竹人服之。

清・俞樾《茶香室續鈔》卷二一《纏頭非獨施於倡伎》 明于慎行《穀山筆麈》云：唐時賓客宴集，爲人起舞，當此禮者，即以彩物爲贈，謂之纏頭。如僕固懷恩爲中使駱奉仙起舞，奉仙以纏頭爲贈，是也。倡伎當筵舞者，亦有纏頭賜。

清・讓廉《京都風俗志》 太少獅，以一人舉獅頭在前，一人在後爲獅尾，上遮闊布，彩色絨線如獅背皮毛狀。二人套彩褲作獅腿，前直立，後傴僂。

紀事

晉・葛洪《西京雜記》卷一 高帝、戚夫人善鼓瑟擊筑。帝常擁夫人倚瑟而弦歌，畢，每泣下流漣。夫人善爲翹袖折腰之舞，歌《出塞》、《入塞》、《望歸》之曲，侍婢數百皆習之。後宫齊首高唱，聲入雲霄。

南朝宋・劉義慶《世説新語》卷上《言語》 禰衡被魏武謫爲鼓吏，正月半試鼓，衡揚枹爲《漁陽摻檛》，淵淵有金石聲，四坐爲之改容。《典略》曰：衡字正平，平原般人也。《文士傳》曰：衡不知先所出，逸才飄舉。少與孔融作爾汝之交，時衡未滿二十，融已五十，敬衡才秀，共結殷勤，不能相違，以建安初北游，或勸其詣京師貴游者，衡懷一刺，遂至漫滅，竟無所詣，融數與武帝牋，稱其才，帝傾心欲見，衡稱疾不肯往，而數有言論，帝甚忿之，以其才名不殺，圖欲辱之，乃令録爲鼓吏，後至八月相會，大閲試鼓節，作三重閣，列坐賓客，以帛絹製衣，作一岑牟，一單絞及小幝，鼓吏度者，皆當脱其故衣，著此新衣，次傳衡，衡擊鼓爲《漁陽摻撾》，蹋地來前，躡馺脚足，容態不常，鼓聲甚悲，音節殊妙，坐客莫不忼慨，知必衡也。既度，不肯易衣，吏呵之曰：鼓吏何獨不易服。衡便止，當武帝前，先脱幝，次脱餘衣，裸身而立，徐徐乃著岑牟，次箸單絞，後乃著幝，畢，復擊鼓摻槌而去，顔色無怍，武帝笑謂四坐曰：本欲辱衡，衡反辱孤。至今有《漁陽摻撾》自衡造也，爲黄祖所殺。孔融曰：禰衡罪同胥靡，不能發明王之夢。皇甫謐《帝王世紀》曰：武丁夢天賜己賢人，使百工寫其像，求諸天下，見築者胥靡，衣褐於傅巖之野，是謂傅説。張晏曰，胥靡，刑名。胥，相也，靡，從也，謂相從坐輕刑也。魏武慚而赦之。

唐・鄭處誨《明皇雜録》卷下 唐玄宗在東洛，大酺於五鳳樓下，命三百里内縣令、刺史率其聲樂來赴闕者，或謂令較其勝負而賞罰焉。時河内郡守令樂工數百人於車上，皆衣以錦繡，伏厢之牛，蒙以虎皮，及爲犀象形狀，觀者駭目。時元魯山遣樂工數十人，聯袂歌《于蔿》。《于蔿》，魯山之文也。元宗聞而異之，徵其詞，乃歎曰：賢人之言也。其後上謂宰臣曰：河内之人，其在塗炭乎。促命徵還，而授以散秩。每賜宴設酺會，則上

御勤政樓。金吾及四軍兵士未明陳仗，盛列旗幟，皆帔黄金甲，衣短後繡袍。太常陳樂，衛尉張幕後，諸蕃酋長就食。府縣教坊，大陳山車旱船，尋橦走索，丸劍角抵，戲馬鬥雞。又令宫女數百，飾以珠翠，衣以錦繡，自帷中出，擊雷鼓爲《破陣樂》、《太平樂》、《上元樂》。又列大象、犀牛入場，或拜舞，動中音律。每正月望夜，又御勤政樓，觀作樂。貴臣戚里，官設看樓。夜闌，即遣宫女於樓前歌舞以娱之。

唐·蘇鶚《蘇氏演義》卷下 魏文帝宫人絶寵者，有莫瓊樹、薛夜來、陳尚衣、按，陳字《古今注》作田。段巧笑四人，日夕在側，瓊樹乃製蟬鬢縹緲如蟬翼，故曰：蟬鬢。巧笑始作錦衣，絲履紫粉拂面，尚衣能歌舞，夜來善爲，衣裳一時冠絶。

唐·馮贄《雲仙雜記》卷一《鳳窠群女》 姑臧太守張憲，使娼妓戴拂壺中錦仙裳，密粉淡妝，使侍閣下。

又《梅妝閣》 郭元振，落梅妝閣，有婢數十人。客至，則拖鴛鴦擷裙衫，一曲終，則賞以糖鷄卵，明其聲也。宴罷，散九和握香。出《敘聞録》。

又《金鳳凰》 周光禄諸妓，掠鬢用鬱金油，傅面用龍消粉，染衣以沈香水。月終，人賞金鳳凰一隻。《傳芳略記》。

宋·王讜《唐語林》卷七《補遺》 舊制，三二歲，必於春時内殿賜宴宰輔及百官，備太常諸樂，設魚龍曼衍之戲，連三日，抵暮方罷。宣宗妙于音律，每賜宴前，必製新曲，俾宫婢習之。至日，出數百人，衣以珠翠緹繡，分行列隊，連袂而歌，其聲清怨，殆不類人聞。其曲有曰《播皇猷》者，率高冠方履，褒衣博帶，趨赴俯仰，皆合規矩。有曰《葱嶺西》者，士女踏歌爲隊，其詞大率言葱嶺之士，樂河湟故地，歸國而復爲唐民也。有《霓裳曲》者，率皆執幡節，被羽服，飄然有翔雲飛鶴之勢。如是者數十曲，教坊曲工遂寫其曲奏于外，往往傳于人間。

宋·周密《癸辛雜識》續集下《多景紅羅纏頭》 張于湖知京口，王宣子代之。多景樓落成，于湖爲大書樓扁，公庫送銀二百兩爲潤筆。于湖却之，但需紅羅百匹。於是大宴合樂，酒酣，于湖賦詞，命妓合唱甚懽，遂以紅羅百匹犒之。

宋·吴自牧《夢粱録》卷三《宰執親王南班百官入内上壽賜宴》 上公稱壽，率以尚書執注碗斟酒進上，其教樂所色長二人，上殿於闌干邊立，皆渾裹紫寬袍，金帶，黄義襴，謂之看盞。如斟御酒，看盞者舉其袖，引曰綏，御酒進畢，拂雙袖於闌干而止。主上以寶卮先從東後西，宣示宰執、親王以下，及外國使副，閤門宣贊，分班躬身齊傳宣飲，盡酒者三，羣臣拜於坐次，後捧卮飲而再拜坐。宰臣酒，色長則曰綏酒如前，教樂所樂部例於山樓上綵棚中，皆裹長脚幞頭，隨樂部色服紫緋緑三色寬衫，黄義襴，鍍金凹面腰帶，前列拍板，次畫面琵琶，又列箜篌兩座，高三尺許，形如半邊木梳，黑漆鏤花金裝畫臺座，張二十五弦，一人跪而交手擘之。次高架畫花地金龍大鼓二面，擊鼓人皆結寬袖，别套黄窄袖，垂結帶，金裹鼓棒兩條，高低互擊，宛若流星。後有羯鼓，如尋常番鼓子，置之小卓上，兩手皆執杖擊之。次中間列鉟石方響，用明金彩畫架子，雙垂流蘇。次列簫、笙、塤、篪、觱篥、龍笛之類，兩旁對列，杖鼓皆長脚幞頭、紫繡抹額，皆繫紫寬袖、黄窄袖、結帶、黄義襴。諸雜劇色皆渾裹，各服本色紫、緋、緑寬衫，義襴，鍍金帶。自殿陛對立，直至樂棚。每遇供舞戲，則排立義手，舉左右肩，動足應拍，一齊羣舞，謂之挼曲子。第一盞御酒，歌板色，一名唱中腔一遍訖，先笙與簫笛各一管和之，又一遍，衆樂齊和，獨聞歌者之聲。宰臣酒，樂部起傾盃。百官酒，三臺舞旋，多是渾裹寬衫，舞曲破攧，前一遍，舞者八，至歇拍，續一人入，對舞數拍，前舞者退，獨後舞者終其曲，謂之舞末。第三盞進御酒，歌板色，唱和如前式。宰臣慢曲子，百官舞三臺。第三盞進御酒，宰執百官酒如前儀。進御膳，御厨以繡籠袱蓋合上進御前珍羞，内侍進前供上食，雙雙奉拓，直過頭。凡御宴至第三盞方進下酒鹽豉，雙下駝峯角子。宰執百官以殿侍側身跪傳酒饌，即茶酒班仗役也。蓋謂殿侍高高捧盞行，天厨分臠極恩榮。傍筵拜起嘗君賜，不請微聞匙筯聲。百戲呈拽，乃上竿、跳索、倒立、折腰、弄碗、踢磬瓶、筋斗之類。藝人皆紅巾綵服。第四盞進御酒，宰臣百官酒送酒，歌舞並同前。教樂所伶人，以龍笛腰鼓發諢子。參軍色執竹竿拂子，奏俳語口號，祝君壽。雜劇色打和畢，且謂：奏罷今年新口號，樂聲驚裂一天雲。參軍色再作語，勾合大曲舞。下酒盃：奲子骨頭、索粉、白肉、胡餅。第五盞進御酒，琵琶。色長上殿奏喏，獨彈玉琵琶。前輩有詩詠曰：寶軸琵琶奏上歡，玉鉤珠結響珊珊。羣臣傾聽天朝樂，卻笑烏孫馬上彈。宰臣酒，方響。色長上殿奏喏，獨打玉方響，亦有詩詠之：垂珠寶架玉牌方，催送黄金萬壽觴。疑是飛仙朝帝闕，玲瓏環珮互宫商。凡色長獨奏

玉樂器，例有宣賜，其彈玉琵琶者賜五兩五疋，打玉方響者，賜三兩三疋，樂伶當殿謝恩祇受訖。百官酒，樂部起三臺舞，參軍色執竿奏數語，勾雜劇入場，一場兩段。是時教樂所雜劇色何雁喜、王見喜、金寶、趙道明、王吉等，俱御前人員，謂之無過蟲。再下酒：羣仙炙、天仙餅、太平畢羅、乾飯、縷肉羹、花肉餅。前筵畢，駕興，少歇，宰臣以下退出殿門幕次伺候，須臾傳旨追班，再坐後筵，賜宰臣百官及衛士殿侍伶人等花，各依品位簪花。上易黄袍小帽兒，駕出再坐，亦簪數朵小羅帛花帽上。宰臣以下起居坐。有詩詠曰：玉帶黄袍坐正衙，再頒花宴侈恩華。近臣拜舞瞻龍表，絳蕊高籠壓帽紗。樂伶色長看盞。

明・俞汝楫《禮部志稿》卷六四《章服備考・雜流冠服》 齋郎舞生冠服。洪武五年十月己丑，命擬齋郎樂生文武舞生冠服之制，齋郎黑介幘，漆布爲之，無花樣，服紅絹窄袖衫，紅生絹爲裏，皂皮四縫靴，黑角帶。文武舞生及樂生黑介幘，漆巾爲之，上加描金蟬，服紅絹大袖袍，胸褙畫纏枝方葵花，紅生絹裏加錦臂鞲二，皂皮四縫靴，黑角帶，武舞生武弁，以漆布爲之，上加描金蟬，服飾靴帶并同文舞生。

清・嵇璜《續文獻通考》卷九三《王禮考・君臣冠冕服章》 齋郎、樂生、文武舞生冠服。洪武五年，定齋郎黑介幘，漆布爲之，無花樣，服紅絹窄袖衫，紅生絹爲裏，皂皮四縫靴，黑角帶。文舞生及樂生，黑介幘，漆布爲之，上加描金蟬，服紅絹大袖袍，胸背畫纏枝方葵花，紅生絹爲裏，加錦臂鞲二，皂皮四縫韡，黑角帶，武舞生，武弁，以漆布爲之，上加描金蟬，服飾、韡、帶並同文舞生。嘉靖九年定文武舞生服制，圜丘服青紵絲，方澤服黑緣紗，朝日壇服赤羅，夕月壇服玉色羅。

又卷九四《王禮考・后妃命婦以下首飾服章制度》 宮中女樂冠服。洪武三年定制，凡中宮供奉女樂、奉鑾等官妻，本色鬏髻，青羅圓領。提調女樂，黑漆唐巾，大紅羅銷金花圓領，鍍金花帶，皂靴。歌章女樂，黑漆唐巾，大紅羅銷金裙襖，胸帶，大紅羅抹額，青緑羅彩畫雲肩，描金牡丹花皂靴。奏樂女樂，服色與歌章同。嘉靖九年，祀先蠶，定樂女生冠服。黑縐紗描金蟬冠，黑絲纓，黑素羅銷金葵花胸背大袖女袍，黑生絹襯衫，錦領，塗金束帶，白襪，黑鞋。

教坊司樂妓冠服。洪武三年定，明角冠，皂褙子，不許與民妻同。教坊司婦人，不許戴冠，穿褙子。樂人衣服，止用明緑、桃紅、玉色、水紅、茶褐色。

清・吴長元《宸垣識略》卷一六《識餘》 順帝以宮女三聖奴、妙樂奴、文殊奴等一十六人，按舞名十六天魔，首垂髮數辮，戴象牙佛冠，身披瓔珞大紅銷金長短裙，金雜襖，雲肩合袖天衣，綬帶鞋襪，各執加巴剌般之器。內一人執鈴杵奏樂。又宮女一十一人，練縋髻，勒帕常服，或用唐帽窄衫。

清・朱銘盤《南朝梁會要・樂》 郊廟雅樂。【略】天子襲衮，而至敬不文，觀天下之物，無可以稱其德者，則以少爲貴矣。大合樂者，是使六律與五聲克諧，八音與萬舞合節耳。豈謂致鬼神祇用六代樂也。其後即言分樂序之，以祭以享。此乃曉然可明，肅則失其旨矣。推檢載籍，初無郊禋宗廟遍舞六代之文。唯《明堂位》曰：禘祀周公於太廟，朱干玉戚，冕而舞大武，皮弁素積，裼而舞大夏。納夷蠻之樂於太廟，言廣魯於天下也。夫祭尚於敬，無使樂繁禮黷。是以季氏逮闇而祭，繼之以燭，有司跛倚。其爲不敬大矣。他日祭，子路與焉，質明而始，晏朝而退。孔子聞之，曰：誰謂由也不知禮乎。若依肅議，郊既有迎送之樂，又有登歌，各頌功德，遍以六代，繼之出入，方待樂終。此則乖於仲尼韙晏朝之意矣。於是不備宮懸，不遍舞六代，逐所應須。即設懸，則非宮非軒，非判非特，宜以至敬所應施用耳。宗廟省迎送之樂，以其閟宮靈宅也。齊永明中，舞人冠幘并簪筆，帝曰：筆笏蓋以紀事受言，舞不受言，何事簪筆，豈有身服朝衣，而足綦宴履。於是去筆。又晉及宋、齊，懸鐘磬大准相似，皆十六架。

藝文

南朝梁・蕭統《文選》卷一七《論文・舞賦》 珠翠的皪而炤燿兮，華袿飛髾而雜纖羅。珠翠，珠及翡翠也。《説文》曰：的皪，珠光也。劉熙《釋名》曰：婦人上服謂之袿。《上林賦》曰：飛纖垂髾。司馬彪曰：髾，燕尾也，衣上假飾。《子虛賦》曰：雜纖羅。司馬彪曰：纖，細也。

明・郎瑛《七修類稿》卷二四《辯證類・霓裳羽衣曲考》 霓裳羽衣曲舞不傳於世久矣，雖學士知音之流，亦徒求想像而已。【略】按明皇游

月中，見仙女素衣奏樂極妙，記其音，歸而制之。【略】其舞服之飾，樂天詩曰：虹裳霞帔步摇冠，鈿音累累珮珊珊；奏曲之數，白詩又曰：散序六奏未動衣，中序擘騞初入拍，繁音急節十二遍，唳鶴曲中長引聲。

明·張之象《唐詩類苑》卷六四《樂部·舞》

《舞衣曲》 温庭筠

藕腸纖縷抽輕春，煙機漠漠嬌娥嚬。金梭淅瀝透空薄，剪落交刀吹斷雲。張家公子夜聞雨，夜向蘭堂思楚舞。蟬衫麟帶壓愁香，偷得鶯簧鎖金縷。管含蘭氣嬌語悲，胡槽雪腕鴛鴦絲。芙蓉力弱應難定，楊柳風多不自持。回嚬笑語西窗客，星斗寥寥波脈脈。不逐秦王捲象牀，滿樓明月梨花白。

又《霓裳羽衣舞歌答徽之》 白居易

我昔元和侍憲皇，曾陪内宴宴昭陽。千歌萬舞一作百武。不可數，就中最愛霓裳舞。舞時寒食春風天，玉鉤欄下香案前。案前舞者顔如玉，不着人家一作間。俗衣服。虹裳霞帔步摇冠，鈿瓔累累佩珊珊。娉婷似不任羅綺，顧聽樂懸行復止。磬簫筝笛遞相攙，擊擫彈吹聲邐迤。凡法曲之初，衆樂不齊，唯金石絲竹次第發聲，《霓裳》序初亦復如此。散序六奏未動衣，陽臺宿雲慵不飛。散序六遍無拍，故不舞。中序擘騞初入拍，秋竹竿裂春冰折。中序有拍，亦無拍序。飄然轉旋去聲。回雪輕，嫣然縱逸遊龍驚。小垂手後柳無力，斜曳裾時雲欲生。四句皆霓裳衣舞之初態。煙蛾斂略不勝態，風袖低昂如有情。

明·周嬰《巵林》卷四《述洪·歌扇舞衣》《三筆》曰：唐李義府詩云：鏤月爲歌扇，裁雲作舞衣。同時人張懷慶竊爲己作，增兩字云：生情鏤月爲歌扇，出性裁雲作舞衣。致有生吞活剥之誚。予又見劉希夷《代閨人春日》一聯云：池月憐歌扇，山雲愛舞衣。絶相似。杜老亦云：江清歌扇底，野曠舞衣前。儲光羲云：竹吹留歌扇，蓮香入舞衣。然則唐詩人好以歌扇、舞衣爲對也。述曰：王勣《詠妓》詩：早時歌扇薄，今日舞衫長。此唐風鼻祖也。李邕《太平公主南莊》詩：流風入座飄歌扇，瀑水當堦濺舞衣。陳子良《妓》詩：紅樹摇歌扇，緑珠飄舞衣。又《賦妓》詩：明月臨歌扇，行雲接舞衣。李白《宮中行樂詞》：遲日明歌席，新花艷舞衣。戴叔倫《感懷》詩：歌扇多情明月在，舞衣無賴綵雲收。張祜《詠風》：摇摇歌扇舉，悄悄舞衣輕。元稹《月》詩：的的當歌扇，娟娟透舞衣。許渾《夜按歌舞》詩：舞衫未换紅鉛濕，歌扇初移翠黛顰。流風所蕩，寧僅儲、李數家乎。按梁陳習尚妖淫，詞篇多以取儷，陰鏗《詠妓》詩曰：鶯啼歌扇後，花落舞衫前。徐陵《雜曲》：舞衫迴袖勝春風，歌扇當牕似秋月。庾信《看妓》詩：緑珠歌扇薄，飛燕舞衫長。張正見《情詩》：舞衫飄冶袖，歌扇掩團紗。紀少瑜《擬吴均體》云：却匣擎歌扇，開箱擇舞衣。隋煬帝《宴東堂》曰：清音出歌扇，浮香颺舞衣。李孝貞《春園聽妓》曰：紅樹摇歌扇，緑珠飄舞衣。盧思道《後園宴》曰：媚眼臨歌扇，嬌香出舞衣。蓋六代緒風，唐人皆效之。然韓愈陳言務去，而《春雪》詩：已訝陵歌扇，還來伴舞腰。玄宗發言如絲，《興慶宫》詩：舞衣雲曳影，歌扇月開輪。亦不脱脂粉之習，佳麗之移人久矣。宋春國公主薨，神宗賜輓詞曰：帳深閒翡翠，珮冷失珠璣。明月留歌扇，殘霞散舞衣。胡元瑞《詩藪》謂有唐味，未知其拾六朝餘瀋也。

清·王士禛《香祖筆記》卷五 德州四牌坊西，居人掘地得古冢，中一石枕，上録詩云：百寶裝腰帶，金絲絡臂韝。笑時花近眼，舞罷錦纏頭。

雜録

晉·陸翽《鄴中記》 虎大會，禮樂既陳，虎□西閣上窗幌，宫人數千陪列看坐，悉服飾金銀熠熠。又于閣上作女伎數百，衣皆絡以珠璣，鼓舞連倒。案此句疑有訛字。琴瑟細伎畢備。

《周書》卷七《宣帝紀》 每召侍臣論議，唯欲興造變革，未嘗言及政治。其後遊戲無恒，出入不飾，羽儀仗衛，晨出夜還。或幸天興宫，或遊道會苑，陪侍之官，皆不堪命。散樂雜戲魚龍爛漫之伎，常在目前。好令京城少年爲婦人服飾，入殿歌舞，與後宫觀之，以爲喜樂。

唐·朱揆《釵小志》《霓裳羽衣曲》。上皇令宫妓佩七寶瓔，珞舞霓裳羽衣曲，曲終珠翠可掃。

宋·朱翌《猗覺寮雜記》卷一 樂天云：鍾乳三千兩，金釵十二行，以言聲妓之多。蓋用古歌詞云：頭上金釵十二行，足下絲履五文章。是一

人頭插十二釵爾，非聲妓之多十二重行也。

宋·曾敏行《獨醒雜志》卷九　優人乃爲衣冠之士，自冠帶衣身之物輒除其半。衆怪而問之，則曰：減半。已而，兩足共穿半褲而來前。復問之，則又曰：減半。問者乃長嘆曰：但知減半，豈料難行。語傳禁中，亦遂罷議。

宋·程大昌《演繁露》卷七《錦纏頭》　《唐書》：代宗詔許大臣燕郭子儀于其第，魚朝恩出錦三十疋爲纏頭之費。舊俗：賞歌舞人以錦綵置之頭上，謂之纏頭。宴饗加惠，借以爲詞。

宋·陸游《老學庵筆記》卷一　政和中大儺，下桂府進面具，比進到，稱一副。初訝其少，乃是以八百枚爲一副，老少妍陋無一相似者，乃大驚。至今桂府作此者，皆致富，天下及外夷皆不能及。

明·于慎行《穀山筆麈》卷一四《雜考》　優人爲優，以一人幞頭衣緑，謂之參軍，以一人髽角敝衣如童僕狀，謂之蒼鶻。徐知訓與吴王爲優，自爲參軍，使王爲蒼鶻，總角敝衣，執帽以從，其狎侮媟嫚無君臣之禮如此。參軍之法，至宋猶然，似院本及戲文裝浄之狀，第不知其節奏耳。

清·褚人穫《堅瓠集》五集卷二《風流帽》　《桐下听然》：馮南谷，吴門博徒，善恢諧。嘗負博錢十萬，丐貸豪門。時王元美在坐，戲以優人風流帽襲其首曰：能詩當如所請。馮即朗吟曰：天下風流少，區區帽上多。鬢邊齊拍手，恰似按笙歌。元美欣然贈十金。一時座客爲充□而去。明日訪之，室如洗矣。

按風流帽亦稱不倫圍，如束帛，兩旁白翅不摇而自動。惟《白兔記》李洪義《八義記》樂人戴之。先大父言：張幼于門客某欲告貸于幼于，浼其兄伯起爲言。幼于諾之，復曰：以不倫爲題，吟詩一首，能則與之。伯起復於客，客求伯起代作前詩。明日客見幼于，伯起已在坐。客言其情，幼于初命題，客毫不思索，隨口吟詩。幼于曰：非汝所能。幾不與，伯起婉言，得如所請。

戲劇服飾

綜　述

唐·劉孝孫《事始》　舞衣。《尚書》曰：胤之舞衣。孔安國曰：胤國舞衣，中法度。

宋·姚寬《西溪叢語》卷二　李義山《嬌兒》詩云：忽復學參軍，按聲喚蒼鶻。按，《吴史》云：徐知訓怙威，驕淫調謔，王無敬長之心。嘗登樓狎戲，荷衣木簡，自號參軍，令王髽髻鶉衣爲蒼頭以從。歐楊公《五代史·吴世家》云：知訓爲參軍，隆演鶉衣髽髻爲蒼鶻。前云蒼頭，非也。

明·惠康野叟《識餘》卷二《詩考》　今爲戲者，着緋戴帽面正赤，蓋狀其醉也，又有踏摇娘，羊頭渾脱，九頭獅子。【略】每醉輒毆其妻，妻銜悲訴於鄰里。時人弄之，丈夫著婦人衣，徐步入場行歌，每一叠，旁人齊聲和之云：踏摇和來，踏摇娘苦和來。以其且步且歌，故謂之踏摇。

明·錢希言《戲瑕》卷三《緑腰舞》　緑腰，唐曲名，盧金蘭善爲緑腰玉樹之舞，建中中，康崑崙琵琶稱第一手，登樓彈一曲，新翻羽調録要，即緑腰是也。白樂天楊柳枝詞，則曰六么，後王建宫詞亦因其字，按宋人《青箱雜記》載曲有録要者，録霓裳羽衣之要也。其拍即《唐書·吐蕃傳》所謂凉州，胡中謂録要雜曲，而今世語訛之爲緑腰耳。

又《瓔珞》　人馬之頸飾竝曰纓絡。而唐玄宗合宫妓佩七寶瓔珞，舞霓裳羽衣曲，釋曲亦多稱此二字，則西域志中所謂落以隋珠和璧者歟。此落字又與莊子落馬首之落義同矣。然有樹名纓絡者，形體皆檜，其條弱垂如鞶纓，隨風旖旎，俗呼曰纓絡，柏添足恐非。

明·閔元京《湘煙録》卷八《天女》　天女九退相，一皮綏，二頭花散落，三赤花在道變爲黄，四風吹無縷衣，如人依觸，五飛行意倦，六觸水而

濁，七取樹花高不可及，八見天子無媚，九髮散毿灕。又孱動不止，瓔珞花髈皆重。

明·楊慎《丹鉛總録》卷一九《詩話類·角妓垂螺》 張子野詞：垂螺近額，走上紅裀初趁拍。晏小山詞：雙螺未學同心綰，已占歌名。月白風清，長倚昭華笛裏聲。又云：紅窗碧玉新名舊，猶綰雙螺。一寸秋波，千斛明珠覺未多。垂螺雙螺，蓋當時角妓未破瓜時額飾，今搬演淡色，猶有此制。

又《津陽門詩》 孔雀松殘赤琥珀，鴛鴦瓦碎青瑠璃。其敘舞馬羽裳云：馬知舞徹下珠榻，人惜曲終更羽衣。自注：宫妓梳九枝仙髻，衣孔雀翠羽。七寶纓絡，爲《霓裳羽衣》之舞。舞罷，珠翠可掃焉。其事皆與雜録小説符合。然其詩則警策清越，不及元白多矣。聊舉其略云。

明·胡應麟《少室山房筆叢》卷四一《莊嶽委談下》 凡傳奇以戲文爲稱也，亡往而非戲也。故其事欲謬悠而亡根也，其名欲顛倒而亡實也，反是而求其當焉，非戲也。故曲欲熟而命以生也，婦宜夜而命以旦也，開場始事而命以末也，塗污不潔而命以浄也。

又 今優伶輩呼子弟大率八人爲朋生、旦、浄、醜、副亦如之，元院本止五人，故有五花之目。一曰副浄，古之參軍也。一曰副末，又名蒼鶻，可擊羣鳥，猶副末可打副浄。一曰末泥。一曰孤裝。而無所謂生、旦者，蓋院本與雜劇不同也。元雜劇旦有數色：所謂裝旦，即正旦也。小旦，即今副旦也。以墨點破其面，謂之花旦。

清·余懷《板橋雜記》卷上《南曲衣裳妝束》 南曲衣裳妝束，四方取以爲式，大約以淡雅樸素爲主，不以鮮華綺麗爲工也。初破瓜者，謂之梳櫳，已成人者，謂之上頭，衣衫皆客爲之措辦。巧樣新裁，出于假母，以其餘特自取用之。故假母雖年高，亦盛妝艷服，光彩動人。衫之短長，袖之大小，隨時變易，見者謂是時世妝也。

又卷中《尹春》 尹春，字子春，姿態不甚麗，而舉止風韻，綽似大家。性格温和，談詞爽雅，無抹脂鄣袖習氣，專工戲劇排場，兼擅生、旦。餘遇之遲暮之年，延之至家，演《荊釵記》，扮王十朋，至《見娘》、《祭江》二出，悲壯淋漓，聲淚俱迸，一座盡傾，老梨園自嘆弗及。餘曰：此許和子《永新歌》也。誰爲韋青將軍者乎。因贈之以詩曰：紅紅記曲采春歌，我亦聞歌唤奈何。誰唱江南斷腸句，青衫白髮影婆娑。春亦得詩而泣，後不知其所終。嗣有尹文者，色豐而姣，蕩逸飛揚，顧盼自喜，頗超于流輩。太平張維則昵寵之，惟其所欲，甚歡。欲置爲側室，文未之許。屬友人强之，文笑曰：是不難。嫁彼三年，斷送之矣。卒歸張。未幾，文死。張後十數年乃亡。仕至監司，負才華，任俠，輕財結客，磊落人也。

清·李漁《閑情偶寄》卷五《演習部下·脱套第五》 戲場惡套，情事多端，不能枚紀，以極鄙極俗之關目，一人作之，千萬人效之，以致一定不移，守爲成格，殊可怪也，西子捧心，尚不可效，况效東施之顰乎。且戲場關目，全在出奇變相，令人不能懸擬，若人人如是，事事皆然，則彼未演出而我先知之，憂者不覺其可憂，苦者不覺其爲苦，即能令人發笑，亦笑其雷同他劇，不出範圍，非有新奇莫測之可喜也，掃除惡習，拔去眼釘，亦高人造福之一事耳。

衣冠惡習。記予幼時觀場，凡遇秀才赶考，及謁見當塗貴人，所衣之服，皆青素圓領，未有著藍衫者。三十年來，始見此服，近則藍衫與青衫并用，即以之別君子小人，凡以正生小生及外末脚色而爲君子者，照舊衣青圓領，惟以浄丑脚色而爲小人者則著藍衫，此例始于何人，殊不可解。夫青衿，朝廷之名器也，以賢愚而論，則爲聖人之徒者，始得衣之，以貴賤而論，則備縉紳之選者，始得衣之，名宦大賢，盡于此出，何所見而爲小人之服，必使浄丑衣之，此戲場惡習，所當首革者也。或仍照舊例，止用青衫而不設藍衫，若照新例，則君子小人互用，萬勿獨歸花面，而令士子蒙羞也。近來歌舞之衣，可謂窮奢極侈，富貴娱情之物，不得不然，似難責以儉朴，但有不可解者，婦人之服，貴在輕柔，而近日舞衣，其堅硬有如盔甲，雲肩大而且厚，面夾兩層之外，又以銷金錦緞圍之，其下體前後二幅，名曰遮羞者，必以硬布裱骨而爲之，此戰場所用之物，名爲紙甲者是也，歌台舞榭之上，胡爲乎來哉。易以輕軟之衣，使得隨身環繞，似不容已，至於衣上所繡之物，止宜兩種，勿及其他。上體鳳鳥，下體雲霞，此爲定制，蓋霓裳羽衣四字，業有成憲，非若點綴他衣，可以渾施色相者也，予非能創新，但能復古。

方巾與有帶飄巾，同爲儒者之服。飄巾儒雅風流，方巾老成持重，以之分別老少，可稱得宜。近日梨園每遇窮愁患難之士，即戴方巾，不知何所取義。至紗帽巾之有飄帶者，制原不佳，戴于粗豪公子之首，果覺相稱，

至於軟翅紗帽，極美觀瞻，曩時張生踰墻等劇，往往用之，近皆除去，亦不得其解。

清・李斗《揚州畫舫録》卷五《國朝傳奇》 戲具謂之行頭，行頭分衣盔雜把四箱，衣箱中有大衣箱布衣箱之分。大衣箱文扮則富貴衣即窮衣、五色蟒服、五色顧繡披風、龍披風、五色顧繡青花五彩綾緞襖褶、大紅圓領、辭朝衣、八卦衣、雷公衣、八仙衣、百花衣、醉楊妃、當場變補套藍衫、五綵直擺、太監衣、錦緞敞衣、大紅金梗一樹梅道袍、緑道袍、石青雲緞挂袍、青素衣、袈裟、鶴氅、法衣、鑲領袖雜色夾緞襖、大紅雜色紬小祆。武扮則扎甲、大披挂、小披挂、丁字甲、排鬚披挂、大紅龍鎧、番邦甲、緑蟲甲、五色龍箭衣、背搭、馬褂、劊子衣、戰裙。女扮則舞衣、蟒服、襖褶、宮裝、宮搭、采蓮衣、白蛇衣、古銅補子、老旦衣、素色老旦衣、梅香衣、水田披風、采蓮裙、白綾裙、帕裙、緑綾裙、秋香綾裙、白繭裙。又男女襯褶衣、大紅褲、五色顧繡褲、棹圍、椅披、椅墊、牙笏、鸞帶、絲綫帶、大紅紡絲帶、紅藍絲綿帶、絲綫帶、絹綫腰帶、五色綾手巾、巾箱、印箱、小鑼、鼓、板、弦子、笙、笛、星湯、木魚、雲鑼。布衣箱則青海衿、紫花海衿、青箭衣、青布褂、印花布棉祆、敞衣、青衣、號衣、藍布袍、安安衣、大郎衣、斬衣、鬃色老旦衣、漁婆衣、酒招、牢子帶。盔箱文扮平天冠、堂帽、紗貂、圓尖翅、尖尖翅、葷素八仙巾、汾陽帽、諸葛巾、判官帽、不論巾、老生巾、小生巾、高方巾、公子巾、净巾、綸巾、秀才巾、蚾聊巾、圓帽、吏典帽、大縱帽、小縱帽、皂隸帽、農吏帽、梢子帽、回回帽、牢子帽、凉冠、凉帽、五色氈帽、草帽、和尚帽、道士冠。武扮紫金冠、金扎鐙、銀扎鐙、水銀盔、打仗盔、金銀冠、二郎盔、三義盔、老爺盔、周倉帽、中軍帽、將巾、抹額、過橋勒邊、雉鷄毛、武生巾、月牙金箍漢套頭、青衣扎頭、箍子冠、子女扮、觀音帽、昭容帽、大小鳳冠、妙常巾、花帕扎頭、湖縐包頭、觀音兜、漁婆纈、梅香絡、翠頭髻、銅餅子簪、銅萬卷書、銅耳挖、翠抹眉、蘇頭髮、及小旦簡妝。雜箱髯子則白三髯、黑三髯、蒼三髯、白滿髯、黑滿髯、蒼滿髯、虬髯、落腮、白吊、紅飛鬢、黑飛鬢紅黑飛鬢、辮結、一撮一字。靴箱則蟒襪、妝緞棉襪、白綾襪、皂緞靴、戰靴、老爺靴、男大紅鞋、雜色綵鞋、滿幫花鞋、緑布鞋、踩場鞋、僧鞋。旗包則白綾護領、妝緞扎袖、五色紬傘、連幌腰子、小絡斗、連幌幌子、人車、搭旗、背旗、飛虎旗、月華旗、帥字旗、清道旗、精忠報國旗、認軍旗、雲旗、水旗、蜘蛛網、大賬前、小賬前、布城、山子。又加官臉、皂隸臉、雜鬼臉、西施臉、牛頭、馬面、獅子、全身玉帶、數珠、馬鞭、拂塵、掌扇、宮燈、叠摺扇、紈扇、五色串枝、花鼓、花鑼、花棒槌、大蒜頭、敕印、虎皮、令箭架、令牌、虎頭牌、文書、銏硯、籤筒、梆子、手靠、鐵煉、招標、撕髮、人頭草、鸞帶、燭臺、香爐、茶酒壺、筆硯、筆筒、書、水桶、席、枕、龍劍、挂刀、短把子刀、大鑼、鎖哪、啞叭、號筒。把箱則鑾儀兵器備焉。此之謂江湖行頭。鹽務自製戲具，謂之内班行頭。自老徐班全本《琵琶記》請郎花燭，則用紅全堂，《風木餘恨》則用白全堂，備極其盛。他如大張班《長生殿》用黄全堂。小程班《三國志》用緑蟲全堂。小張班十二月花神衣，價至萬金。百福班一齣北餞，十一條通天犀玉帶。小洪班燈戲，點三層牌樓，二十四燈。戲箱各極其盛。若今之大洪春臺兩班，則聚衆美而大備矣。

雜　録

清・百一居士《壺天録》卷下 手戲雜技窮極巧思，猶爲變幻，小術無足爲患，乃又有以獸作戲者，雖爲餌利之資，究屬行險之事，其爲患也。實大西人獸戲亦不一名而嫻熟好奇，則其習成使然耳。如所謂馬戲者，車利尾善爲之，馬十四，男女各五，分騎馳驟，或一人策轡，或五馬聯鑣，皆與樂聲相應。又一人牽虎班馬名比司買克兒者，登臺馬解人意，行止跳躍令作人跪拜狀，一一如志。有一人立馬背，其人初着英國衣飾，既而易阿爾蘭之衣，既而又易施各洽之服，轉盼之間，變化不定。

教坊司

綜　述

宋・灌圃耐得翁《都城紀勝・瓦舍衆伎》 瓦者，野合易散之意也，

不知起於何時，但在京師時，甚爲士庶放蕩不羈之所，亦爲子弟流連破壞之地。散樂，傳學教坊十三部，唯以雜劇爲正色。舊教坊有篳篥部、大鼓部、杖鼓部、拍板色、笛色、琵琶色、箏色、方響色、笙色、舞旋色、歌板色、雜劇色、參軍色，色有色長，部有部頭，上有教坊使、副鈐轄、都管、掌儀範者，皆是命官。其諸部分紫緋緑三等寬衫，兩下各垂黄義襴。雜劇部又戴諢裹，其餘只是帽子幞頭。

宋・吴自牧《夢粱録》卷二〇《妓樂》　散樂傳學教坊十三部，唯以雜劇爲正色。舊教坊有篳篥部、大鼓部、拍板。色歌板色、琵琶色、箏色、方響色、笙色、龍笛色、頭管色、舞旋色、雜劇色、參軍等色。但色有色長、部有部頭。上有教坊使、副鈐轄、都管、掌儀、掌範，皆是雜流命官。其諸部諸色，分服紫、緋、緑三色寬衫，兩下各垂黄義襴。雜劇部皆渾裹，餘皆幞頭帽子。

明・沈德符《萬曆野獲編》卷一四《教坊官》　教坊官，在前元最爲尊顯，秩至三品，階曰云韶大夫，以至和聲郎，蓋亦與士人絶不相侔。我朝教坊之長曰奉鑾，雖止正九品，然而御前供役，亦得用幞頭公服，望之儼然朝士也。按祖制，樂工俱戴青字巾，繫紅緑搭膊，常服則緑頭巾，以別於士庶。此會與所載也。又有穿帶毛猪皮靴之制，今進賢冠束帶，竟與百官無異，且得與朝會之列，吁可異哉。

又卷二一《教坊官一品服》　武宗朝寵任伶人臧賢，至賜一品服。然雖繫蟒玉，而承應如故也。常欲改教坊司爲方印，改所懸牙牌如朝官，業已得請。有一老伶怒詈之曰，我衙門豈可與縉紳頡頏，若寵眷可長恃耶，行且戮矣。賢慚而止。上南巡時，賢薦致仕禮部主事吴人楊南峰循吉之才，召令供事左右，屢進樂府，上善之。久而不得官，賢爲之請。上欲以伶官與之，南峰大慚恨，求歸不許，又賴賢力爲之請，得放還，南峰隱居，久負重名，一旦輕出，爲聖主所侮，時以爲真倡優畜之也。司馬子長云，主上以倡優畜之，此非誠言，乃憤悱之詞也。後南宋高宗崩，議臣下配享。洪景盧邁在翰苑，欲進吕頤浩而不用張浚，與秘書監楊誠齋萬里議不合，右補闕薛叔似上疏，乃抑洪而褒楊，以楊比汲黯，武帝不冠不見，以洪比司馬遷，不過文吏小校，武帝以倡優畜之。叔似引此辱洪。不獨景盧愧不敢當，即南峰生千載後亦生色矣。教坊司正官爲奉鑾，秩正九品。左右韶舞，左右司樂，俱從九品。其秩可謂至卑，較故元之玉宸院秩正三品者迥異矣。夷狄不足言，如高齊之伶人封王，後唐之伶人典郡，與夫唐明皇之梨園子弟冠以皇帝之稱，抑何霄壤哉。明制真足法也。伶官牙牌，秘不令人見，入朝則袖之，至大内始繫帶傍。聞其制上刓而下歧，與中官相似。或云正圓如餅餤。

明・郭正域《明典禮志》卷一八《教坊司巾服》　洪武三年定樂藝冠，青卍字頂巾，繫紅緑褡褳，樂妓則戴明角冠，皂褙子，不與庶民妻同。御前供奉俳長皆服鼓吹冠，紅羅胸褙小袖袍，紅絹褡褳，皂靴。色長皆鼓吹冠，紅青緑紵絲，彩畫百花紅絹褡褳。歌工皆服弁冠，紅羅織金胸背，大袖袍，紅生絹錦領中單，黑角束帶，紅熟絹錦脚褲，皂皮琴鞋，白綿布夾襪，樂工服色與歌工同。

凡教坊司官常服冠帶，與百官同，至御前供奉執粉漆笏，服黑漆幞頭，黑緑羅大袖襴袍，黑角偏帶，皂靴。又令教坊司伶人常服緑色巾，以別士庶之服。又令樂人帶鼓吹冠，不用錦絛，惟用紅褡褳。服色不拘紅緑。又令教坊司婦人，不得帶冠穿褙子，又令樂工出承應外，不得穿靴。又令樂人衣服得用明緑、桃紅、玉色、水紅、茶褐顔色，其餘不得用。俳色長樂工俱帶皂頭巾，繫雜色絛，凡中宫供奉女樂，奉鑾等官妻本色鬏髻，青羅圓領。提調女樂，服黑漆唐巾，大紅羅銷金花圓領，鍍金花帶，皂靴。歌章女樂服黑漆唐巾，大紅羅銷金裙襖胸帶，大紅羅抹額，青緑羅彩畫雲肩，描金牡丹花皂靴，奏樂女服色與歌童同。

清・阮葵生《茶餘客話》卷四　順治十年，題准教坊司樂人衣服，中和樂用紅補服四十領，丹陛樂用紅百花袍三十領。十二年，定女樂四十八名，衣服用緑緞單長袍，紅緞月牙夾背心，俱用寸金花樣，金髮箍青帕首。十六年，停止女樂，改用太監。教坊司原設奉鑾一員，左右韶舞二員，左右司樂二員，又有協同官十員，俳長四名，協同俳長辦事之包長十二名。凡慶賀中宫女樂奉鑾等官妻五人，提調女樂四人，歌童二十四人，奉樂女工一百一十五人。景泰八年議，凡良家女子不許教坊司買作倡優，民户爲樂户者皆令改正。即樂户内有願從良者聽其自首，與民一體當差。

清・傅維鱗《明書》卷七九《樂舞巾服》　教坊司冠巾服，洪武三年定。樂藝冠，青卍字頂巾，繫紅緑褡褳。樂妓，則戴明角冠，皂褙子，不許與庶民妻同。御前供奉俳長，皆服鼓吹冠，紅羅胸背小袖袍，紅絹褡褳，皂靴。

色長，皆服鼓吹冠，紅青緑紵絲彩畫百花袍，紅絹褡褳。歌工，皆服弁冠，紅羅織金胸背大袖袍，紅生絹錦領中單，黑角束帶，紅熟絹錦脚袴，皂皮琴鞋，白綿布夾襪。樂工服色，與歌工同。凡教坊司官常服冠帶，與百官同。至御前供奉，執粉漆笏，服黑漆幞頭，黑緑羅大袖襴袍，黑角偏帶，皂靴。又令，教坊司伶人，常服緑色巾，以別士庶之服。又令，樂人戴鼓吹冠，不用錦縧，惟用紅褡褳，服色不拘紅緑。又令，教坊司婦人，不許戴冠，穿褙子。又令，樂工當承應許穿靴，出外不許。又令，樂人衣服許用明緑、桃紅、玉色、水紅、茶褐顔色，其餘不得穿用。俳色長樂工，俱戴皂頭巾，繫雜絲縧。凡中宫供奉女樂、奉鑾等官妻，本色鬏髻，青羅圓領。提調女樂，服黑漆唐巾，大紅羅銷金花圓領，鍍金花帶，皂靴。歌章女樂，服黑漆唐巾，大紅羅銷金裙襖，胸帶，大紅羅抹額，青緣羅彩畫雲肩，描金牡丹花皂靴。奏樂女樂服色與歌章同。

雜録

清·余懷《板橋雜記》卷上《雅游》 樂户統于教坊司，司有一官以主之。有衙署，有公座，有人役、刑杖、簽牌之類，有冠有帶，但見客則不敢拱揖耳。

紀事

清·嵇璜《續文獻通考》卷九三《王禮考·君臣冠冕服章》 教坊司冠服。洪武三年定，教坊司樂藝，青卍字頂巾，繫紅緑褡褳，御前供奉俳長，鼓吹冠，紅羅胸背小袖袍，紅絹褡褳，皂鞾。色長，鼓吹冠，紅青羅紵絲彩畫百花袍，紅絹褡褳。歌工，弁冠，紅羅織錦胸背大袖袍，紅生絹錦領中單，黑角帶，紅熟絹錦脚袴，皂皮琴鞵，白棉布夾襪。樂工服色與歌工同。凡教坊司官常服冠帶，與百官同，至御前供奉，執粉漆笏，服黑漆幞頭，黑緑羅大袖襴袍，黑角偏帶，皂鞾。教坊司伶人，常服緑色巾，以別士庶之服，樂人皆戴鼓吹冠，不用錦縧，惟紅褡褳，服色不拘紅緑。樂人衣服，止用明緑、桃紅、玉色、水紅、茶褐色。俳、色長、樂工，俱皂頭巾，雜色縧。王府樂人冠服，洪武十五年定，凡朝賀用大樂宴禮，七奏樂樂工俱紅絹彩畫胸背方花小袖單袍，有花鼓吹冠，錦臂鞲，皂鞾，抹領以紅羅彩畫，束腰以紅絹。其餘樂工用緑絹彩畫胸背方花小袖單袍，無花鼓吹冠，抹額以紅絹彩畫，束腰以紅絹。

深衣部

深衣

題解

清・黃宗羲《深衣考・經》 古者深衣，蓋有制度，以應規、矩、繩、權、衡。古之禮服，上衣下裳不相連。此衣裳相連，被體深邃，故謂之深衣。五者之應，則下文。短毋見膚，長毋被土。此言裳之下際隨人之身而定。其長短，太短則露見其體膚，太長則覆被于地上，皆不可也。

綜述

明・朱之瑜《舜水先生文集》卷二三《雜著四・筆語》 問：深衣製明朝所用如何，先生所見者，法禮記乎，法朱文公家禮乎。答：僅見家禮耳。明朝如丘文莊亦嘗服之，然廣東遠不可見。王陽明門人亦服之，然久而不可見。家禮所言自相矛盾，成之亦不易。故須得一良工精於此者，方能爲之。

明・張岱《夜航船》卷一一《日用部・衣裳》 深衣。古者深衣，蓋有制度，短毋見膚，長毋被土。制有十二幅，以應十有二月，袂圓以應規，曲袷如短以應方，負繩及踝以應直，下齊如權衡以應平。

清・黃宗羲《深衣考・制》 十有二幅以應十有二月。衣二幅，袂二幅，内外衽各一幅，共六幅在上，猶月之陽也。裳六幅在下猶月之陰也。袂圓以應規。衣長二尺二寸，袂屬之，亦如其長，既從掖下裁之到要，使其廣止一尺二寸，又從掖下裁入一尺留其一尺二寸可以運肘，而后以漸還之，至于袂末，仍得二尺二寸。《玉藻》言，袪，尺二寸，乃袂口之不縫者，非謂袂末止尺二寸也。如是則左右袂相合斯成規矣。曲袷如矩以應方。衣之兩肩上，各剪開寸許，以袷二寸加之，其兩端斜絡于左右衽之幅，右衽之末交于左脅，左衽之末交于右脅，兩領交會自如矩之方，謂之曲袷。負繩及踝以應直。

衣之背縫與裳之后縫，上下相當如繩之直，非謂真負繩也。下齊如權衡，以應平。下齊，裳末緝處。其齊一如衡之平也。以上皆言深衣之法象。

故規者，行舉手以爲容，負繩抱方者，以直其政，方其義也。故《易》曰：坤，六二之動，直以方也。下齊如權衡者，以安志而平心也。五法已施，故聖人服之。故規矩取其無私，繩取其直，權衡取其平，故先王貴之。舉手爲容者，應接之恭，外無圭角也。負直于後者，宅心之正，而無斜倚也。抱方于前者，制事之義，外無虧缺也。安志平心者，存主之定，内無低昂也。圣人服之，又言先王貴之者，謂貴此規矩繩權衡五者，非深衣也。

故可以爲文，可以爲武，可以擯相，可以治軍旅，完且弗費，善衣之次也。

端冕可以爲文，而不可以武。介冑可以爲武，而不可以文。兼之者，唯深衣。善衣，朝祭之服也，自士以上，深衣爲之次，庶人吉服，深衣而已。以上言深衣之所以爲善也。

具父母、大父母，衣純以繢，具父母，衣純以青。如孤子，衣純以素。純，緣也。喜戚皆衷于服。

清・任大椿《深衣釋例》卷一 深衣爲古養老及燕羣臣之服。王制：有虞氏深衣而養老。【略】又爲諸侯之夕服。【略】又爲遊燕之服。【略】又爲大夫士私朝夕服及家居之服。【略】又爲道路之服。【略】又爲庶人之吉服。【略】又爲親始死之服。【略】又爲親殯時之服。【略】又爲奔喪未成服之服。【略】又爲殯後君弔反未殯之服。【略】又爲既祥之服。【略】又爲除喪受弔之服。【略】又爲公子爲其母與妻之服。【略】又爲親迎女在塗聞婿父母死趨喪之服。【略】又爲女在塗聞其父母死趨喪之服。【略】又爲女未至遭婿衰功之喪男女易吉之服。【略】又爲聘使聞私喪既反命之服。【略】又爲庶人之弔服。【略】又爲童子趨喪之服。

又卷二 深衣用布十五升。《詩・蜉蝣》：麻衣如雪。《正義》：《雜記》朝服十五升。然則深衣

之布亦十五升矣。《深衣》注：深衣者，用十五升布，鍛濯灰治。

《間傳》注：麻衣，十五升，布深衣也。案《喪服記》：公子爲其母麻衣。注：麻衣，小功布深衣。考小功布十升，十一升，十二升。此凶服之深衣也。《晏子・雜下篇》：晏子相齊，衣十升之布。吉服而衣小功之布，近于凶服，非禮也。《蜀都賦》：布則蜘蛛作絲，不可見風，筩中黄潤，一端數金。常服而衣用數金之布，近于冶服，非度也。故深衣用十五升布，所以制過不及也。

又案麻必六升以下始成布。故《間傳》云：斬衰三升，既虞卒哭，受以成布六升，冠七升。爲母疏衰四升，受以成布七升，冠八升。是六升以下始成布也。而布必十五升始成吉布。疑衰十四升，猶以疑名，則未成爲吉也。《檀弓》：子游爲之麻衰。《正義》：麻衰，乃吉服十五升。蓋雖以衰名，而用十五升布，則必别之。曰麻衰，麻衣如雪，即吉服深衣是也。《獨斷》：冕用三十升布，當即所謂秭歸貢布，織至數十升者，細密已甚，非冕弁尊服不敢用。《士冠禮》曰：太古冠布，謂冠白布冠也。深衣用白布乃與太古冠布同。皆以尚質也。質，故僅用十五升布，謂其始成吉布，則亦可以爲吉服矣。《路史・後紀》：黄帝服深衣大帶。是未有皮弁朝服，先有深衣，故皮弁朝服之升數，一以深衣爲度。

又案布升數不同，而縷數則無異。縷數雖無異，而縷之疏細又或不同。《雜記》注：士爲父粗衰斬，謂縷如三升半，而三升。爲母五升，縷而四升。爲兄弟六升，縷而五升。據此則縷數雖同，而粗細各異也。深衣布十五升，升八十縷，其縷之粗細無明文。考《雜記》：朝服十五升，去其半而緦。注：緦，精粗與朝服同。又鄭《喪服》注云：去其半而緦。如絲也。然則緦之縷如絲，朝服之精粗與緦同，則其縷亦如絲矣。《詩・蜉蝣》，《正義》謂朝服十五升，深衣亦十五升，是深衣與朝服同，然則深衣之縷，亦當如絲也。蓋升愈多，則縷愈細，故《雜記》注謂：三升半之縷，細于三升，五升之縷，細于四升，六升之縷，細于五升也。十五升之布爲一千二百縷，幅止二尺二寸，非縷細如絲，不能容也。故吉布之縷近于繒矣。

又案《深衣》注云：深衣用十五升布，鍛濯灰治。考氏湅帛，以欄爲灰，渥淳其帛。王昭禹謂：燒欄木爲灰，煮而孰之，使洎厚。然則布之煆濯灰治當與帛同，蓋以水和灰渥之淳厚，因而煮之，使孰也。《函人》曰：凡甲，鍛不摯則不堅，已敝則撓。《深衣》注：鍛濯之鍛與鍛甲之鍛同。謂既濯之而又鍛之也。《喪服傳》：澡麻。注云：澡者，治去莩垢。《正義》云：使之滑易。然則布既濯之，以灰而鍛之，其莩垢又兼治之，惟事吉布乃備此四者之功。《喪服記》曰：斬衰冠，鍛而勿灰。《正義》云：加以水濯勿用灰。然則六升布以上，雖鍛濯而勿灰。《鹽鐵論》：浣布以灰。浣即濯也。蓋吉布濯必兼灰也。《喪服記》又曰：無事其縷有事其布曰錫。注曰：錫者不治其縷，緦者不治其布。惟吉布乃兼治縷與布也。

又 衣與袂各二幅皆二尺二寸袪尺二寸。

《詩》：羔裘豹袪。《傳》：袪，袂也。本末不同。《釋文》：袂，末也。袂與袪别此。以袪袂爲一者，袂是袖之大名，袪是袖頭之小稱。

《深衣》：袼之高下，可以運肘。注：肘不能不出入。袼，衣袂當掖之縫也。《正義》：袼謂當臂之處，袂中高下宜稍寬，可以運動其肘。袂二尺二寸，肘尺二寸，是云運肘也。

袂之長短，反詘之及肘。注：袂屬幅於衣，詘而至肘，當臂中爲節，臂骨上下各尺二寸，則袂肘以前尺二寸。《正義》：袂長二尺二寸，并緣寸半，爲二尺三寸半。餘去其縫之所殺各一寸，餘有二尺一寸在，從肩至手二尺四寸。今二尺一寸之袂，得反屈及肘者，以袂屬於衣，幅濶二尺二寸，身尺至肩各尺一寸也。從肩覆臂又尺一寸，是衣幅之畔，覆臂將盡。今屬袂於衣又二尺一寸半，故反屈其袂得及于肘也。

《玉藻》：袂可以回肘。注：二尺二寸之節。以□□條在玉藻之後。

袪尺二寸。注：袪口也。《正義》謂：口之外畔上下尺二寸也。

案《喪服》：衣二尺有二寸。注：此謂袂中也，言衣者，明與身參齊。二尺二寸，其袖足以容中人之肱也。疏：袂所以連衣爲之，衣即身也。兩旁與袂中央身總三事，下兩畔皆等。故變袂言衣，欲見袂與衣齊也。考《深衣》：袂二尺二寸，袪尺二寸。既皆與喪衰合，則衣亦二尺二寸，與袂參齊，並同喪服可知。《説文》云：褍，衣正幅。蓋通朝祭喪服及深衣言之不特元端也

又案注：袼，衣袂當掖之縫也。考《玉篇》：袼，掖下縫也。蓋本鄭注，又《廣雅》胳謂之腋，在身則，謂之胳，在衣則謂之袼。胳既謂之腋，則袼爲當掖之縫審矣。衣二幅，各二尺二寸。據孔疏從身至肩一尺一寸，從

肩至臂亦一尺一寸，兩相共四尺四寸。則衣幅盡處當兩臂，袂幅與衣幅相接處亦當兩臂也。臂内廉正當掖下。注：以袼爲當掖。《正義》以袼爲當臂，當臂即當掖。故《説文》曰：臂，掖下也。又《文選·盧諶詩》注引《埤蒼》：腋在肘後。則肘亦在腋下矣。《文殊師地問菩薩署經》音義引《埤蒼》又曰：腋下，肘後也。是肘在掖下也。《説文》謂臂在掖下，《埤蒼》謂肘在掖下，肘臂一也。衣與袂幅兩相連屬處必有縫，其縫即名曰袼。此袼在掖下，當肘臂也。袂本爲袼，袂末爲袪，袼二尺二寸，以肘之出入必由于當肘之袼，故宜寬也。袪尺二寸，以袪近手取其便于奉持，故宜狹也。

又案衣幅袂幅雖不同，而衣與袂又通稱。《喪服記》：衣二尺二寸。注以爲：文在袂，屬幅之下，則袂也。而通言衣矣。

又案《正義》：衣幅濶二尺二寸，身尺至肩各尺一寸也，從肩覆臂，又尺一寸，是衣幅之畔覆臂將盡。今屬袂于衣又二尺一寸半，故反屈其袂得及於肘。考臂下至手一尺二寸，則臂下二尺一寸半之袂，覆過于手者約一尺有奇。無事則垂之，有事則反屈之。其反屈約以及臂爲度。故《管子·弟子職》曰：凡拚之道，實水於盤，攘臂袂及肘。注云：恐濕其袂，且不便于事也。云攘臂袂，即反屈袂也。云攘臂袂及肘，即反屈袂及肘也。攘臂袂及肘句原本袂作袄，考《説文》《玉篇》《類篇》並無襖字，當爲袂字之訛。本注明云：恐其濕袂。可知本文襖之爲袂也。《淮南子·人間訓》：以戈推之，攘袪薄掖。考掖下，肘後也。攘袪薄掖即反屈袂及肘也。以是知反屈袂皆以及肘爲節也。

又案《正義》謂：袂幅各二尺一寸半者，蓋袂幅本全二尺二寸，兩旁各殺一寸，止餘二尺。更加緣一寸半，爲二尺一寸半。據此則深衣之袂削幅矣。但考《深衣》云：袂之長短反屈之及肘。注明云：袂屬幅于衣，是深衣之袂，本屬幅也。凡屬幅者，其邊幅不旁殺。《儀禮·喪服記》云：袂屬幅。注云：屬猶連也。連幅，謂不削。賈疏云：凡用布爲衣物及射侯，皆去邊幅一寸爲縫殺。今此屬連其幅，則不削去其邊幅，取整幅爲袂。《士喪禮》記云：明衣裳，袂屬幅。注：屬幅，不削幅也。賈疏用布皆削去邊幅旁一寸，惟此不削幅。據此皆以不削幅爲屬幅。《深衣》注既云；袂，屬幅。則袂全二尺二寸，加緣寸半，爲二尺三寸半也。孔云：二尺一寸半。蓋未會注中屬幅二字爾。又考：袂幅接衣幅處正當肘。注謂：肘前一尺二寸，袂長二尺三寸半，從袂幅一尺二寸，反屈之餘袂止有一尺一寸半。經云：反屈之及肘。乃僅及肘前耳。如《正義》所云：削幅則袂止二尺一寸半，反屈之必不及肘矣。又案《正義》謂：衣幅覆臂將盡。考《説苑》：正冠則纓絶，衽襟則肘見，納履則踵决。襟，衣前幅也。衽襟而肘見，可知衣襟卻當肘，即知衣幅覆盡肘也。衽襟與正冠納履對，則衽襟猶云正襟也。

又案敖繼公謂：裳既六幅，衣亦當六幅，衣身二幅，兩袂各二幅。考《説文》：伸臂一尋八尺。故《深衣》衣二幅，屬袂二幅，凡八尺八寸，正與伸臂八尺相準也。若衣身二幅，兩袂各二幅，則長一丈二尺二寸，與伸臂八尺不相當矣。

又案萬斯大謂：袪上下本二尺二寸，袪口上半不縫者一尺二寸，下半縫者一尺。經文：袪尺二寸。據上半不縫者也。今考《詩·唐風·羔裘》傳：袪，袂末。馬融亦曰：袪，袂末也。《詩·遵大路》，《正義》袂爲袪之本，袪爲袂之末。則袂末統名袪也。如以袂末不縫之一尺二寸爲袪，則縫合之一尺遂不得爲袪乎。況經文曰：袂圓以應規。正以袪止一尺二寸，由袪而上及袼漸廣至二尺二寸。末鋭而本豊則腋下必成斜裁之勢，斜裁則圓矣。如袪與袂皆廣二尺二寸，則全袂正方，安得云袂圓應規乎。《玉藻》曰：深衣三袪。注：三袪者謂要中之數也，袪尺二寸，圍之二尺四寸，三之七尺二寸。是袪合兩面得二尺四寸，則一面止一尺二寸。萬氏謂：一面二尺二寸，圍之當四尺四寸矣。經云要廣三袪，豈要廣一丈三尺二寸乎。或謂三袪，據袪一面二尺二寸之數耳，不據圍也。然鄭必據袪圍以度，要圍者以要廣七尺二寸，據要圍也。則經文要廣三袪，亦必據袪圍也。元端、端衰袪皆一尺二寸。《周禮》注曰：謂之端，取其正也。正者，士之衣袂，皆二尺二寸，其袪尺二寸，大夫以上侈之。侈之者，蓋半而益一，則其袂三尺三寸，袪尺八寸。《續漢書·輿服志》注引此以釋元端素裳，猶明注義。蓋雖侈，袂之袪且止半于袂，況深衣乎。萬氏不明袂圓之故，由於本末有豊殺，故不信鄭注耳。

又案深衣之袂二尺二寸，常制也。乃亦有侈袂者，《儒行》：魯哀公問於孔子曰：夫子之服，其儒服與。孔子對曰：邱少居魯，衣逢掖之衣，長居宋，冠章甫之冠。邱聞之也：君子之學也博，其服也鄉，不知儒服。鄭注云：哀公館孔子，見其服與士大夫異，又與庶人不同。逢，大也。大掖之

衣，大袂禪衣也。庶人禪衣袂二尺二寸，袪尺二寸。《正義》：大夫以上，其服侈袂。夫子著禪衣，與庶人同。其袂大與庶人異。故問之。逢掖，大袂深衣也。據此則夫子所服深衣乃侈袂深衣也。夫子謂君子之學也博，其服也鄉，決無禮無此服，而自我特創者。可知深衣之有侈袂，必本于古。哀公不習見，故以爲異耳。孔子對以其服也鄉。謂周禮在魯是服，亦猶是鄉服也。非敢服奇也。鄭注：庶人禪衣袂二尺二寸，則士大夫禪衣袂不止二尺二寸矣。凡大夫士庶人所服之服雖或同。而以袂之侈不侈别等次。《周禮・司服》有元端素端。注云：變素服言素端，明異制。大夫以上侈之，明士不侈。故稱端。又考《雜記》：凡弁絰，其衰侈袂，鄭注：其衰錫也，緦也，疑也。袂之小者二尺二寸，大者半而益之，則侈袂三尺三寸。《正義》：若士，則其衰不侈也。深衣在吉凶之間，以吉服推之，元端有二尺二寸之袂，又有侈袂。以凶服推之，衰服有二尺二寸之袂，又有侈袂。然則深衣有二尺二寸之袂，其亦必有侈袂可知矣。深衣惟士大夫侈袂，庶人不侈袂，亦猶端衰惟大夫以上侈袂，士不侈袂也。然則孔子逢掖之衣乃服士大夫之深衣爾。《孔叢子・儒服篇》云：子高衣長裾，振褎袖，方屐麄翣見平原君。又云：此布衣之服。布衣、長裾、振褎袖即大袂深衣也。此所謂逢掖之衣也。子高蓋法祖服也。

又　曲袷屬于内外襟，兩襟交則袷交，而形自方。

《深衣》：曲袷如矩以應方。注：袷，交領也。古者方領，如今小兒衣領。《正義》：鄭以漢時領皆向下交垂，方領似今擁咽，故云若今小兒衣領，但方折也。

又　續衽鉤邊。

《深衣》：續衽鉤邊。注：續猶屬也，衽在裳旁者也。屬連之，不殊裳前後也。鉤邊如鳥喙，必鉤之鉤，鉤邊若今曲裾也。《正義》：今深衣裳，一旁則連之相著，一旁則有曲裾掩之，與相連無異，故云屬，連之，不殊裳前後也。鄭以後漢時裳有曲裾，故以續衽鉤邊似漢時曲裾，是今朝服之曲裾也。

《書儀》按《漢書・江充傳》：充衣紗縠禪衣，曲裾後垂交輸。如淳曰，交輸，割正幅。使一頭狹若燕尾，垂之兩旁。見于後，是《禮・深衣》續衽鉤邊，賈逵謂之衣圭，蘇林曰：交輸，如今新婦袍上挂全幅角割，名曰交輸裁也。《釋名》曰：婦人上衣曰袿，其下垂者上廣下狹，如刀圭也。然則别有鉤邊不在裳，十二幅亦斜割，使一頭濶，一端狹，以濶者在上，狹者在下，交垂映之如燕尾。有鉤邊曲裁其旁邊，綴於裳之右旁，以掩不相連之處。

《家禮》：曲裾用布一幅，如裳之長，交解裁之。如裳之制，但以廣頭向上，布邊向外，左掩其右，如燕尾狀。又稍裁其内旁大半之下，令漸如魚腹而末爲鳥喙，内向綴于裳之右旁。《禮記・深衣》：續衽鉤邊。鄭注：鉤邊若今曲裾。

又　衣裳皆有緣。

《深衣》：具父母，大父母，衣純以績。具父母，衣純以青。如孤子，衣純以素。純袂，緣、袂邊，廣寸半。注：尊者存，以多飾爲孝。績，畫文也。三十以下無父稱孤。純，謂緣之也。緣袂，謂其口也。緣，緆也。緣邊，衣裳之側。廣各寸半，則表裏共三寸矣。惟袷廣二寸。《正義》：深衣外衿之邊有緣，裳雖前後相連，然外邊曲裾揜處，其側有緣。

案《曲禮》：孤子當室，冠衣不純采。注：當室，適子也。《正義》：《深衣》云孤子衣純以素。則適庶悉然。今云當室則似庶子不同，所以爾者，通者有二云，凡子皆然，豈惟當室，但嫡子内理烝嘗，外交宗族，代親既備，嫌或不同。故特明之。所以鄭引《深衣》爲注，證凡孤子悉同也。崔靈恩云：指謂當室，不當室則純采，所以然者，當室之孤，内理烝嘗，外交宗族，所履之事，莫不傷心，故特純素示哀也。《深衣》不云當室者，文略耳。以上曲禮正義今考上文明云，爲人子者，父母存，冠衣不純素。則父母不存，冠衣不純采矣。爲人子者，四字顯統當室、不當室言之。此云孤子當室，衣冠不純采，凡爲孤子者，衣冠皆不純采。經文又重加當室二字者，恐當室者或異耳，故申言之。《正義》前一説最是。

又案《方言》：無緣之衣謂之襤。又曰：以布而無緣，敝而紩之謂之褸。蓋惟敝衣乃不施緣。《後漢書・明德馬皇后傳》：常衣大練，裙不加緣。特崇儉也。《荀子・正論篇》：殺赭衣而不純。注：純，緣也。殺之以異於常人之服。故服以緣爲正制，不緣其變也。《鹽鐵論・刺議篇》以袍合不緣爲非古，則古人之服無有不緣者矣。《問傳》曰：大祥素縞麻衣。注：純用布，無采色。《喪服記》：公子爲其母麻衣，縓緣。《檀弓》：練練衣，黄裏縓緣。《雜記》注：長衣，深衣之純以素也。據此凶服皆緣，他可知矣。

《玉藻》：童子之節也，緇布衣，錦緣，《冠禮》：將冠者，采衣。采衣，即錦緣。然則童子之衣猶致飾焉。《爾雅》：純謂之緣。故注曰：純，緣也。又《儀禮》注：飾衣領袂曰純，裳邊側曰綼，下曰緆。其統名則曰純緣。《韓非子·外儲説》：管仲善制割，賓胥無善削縫，隰朋善純緣。《説苑》：管仲善制割，隰朋善削縫，賓胥無善純緣。凡緣無不兼綼緆者，而祇言善純緣，是純緣統綼與緆而言之也。《詩》：青青子衿。《傳》：青衿，青領也。《箋禮》：父母在，衣純以青。《詩》：素衣朱襮。《傳》：領也。《箋》：中衣以綃黼爲領，丹朱爲純也。《賈誼新書》：后以緣其領。《後漢書·禮儀志》：絳領袖緣。《輿服志》：絳緣領袖。又《輿服志》：太皇、太后、皇后隱領，袖緣以絛。此領與袖均有緣之證也。《吳越春秋》：越王服犢鼻，著樵頭，夫人衣無緣之裳。明裳本有緣，無緣所以自抑也。《釋名》：緣裙，裙施緣也。此裳有緣之證也。凡吉服緣均以繒。《書儀》、《家禮》，深衣緣黑繒。考《戰國策》：下宮糅羅紈，曳綺縠，而士不得衣緣。明士本得以緣也，羅紈綺縠則繒也。《春秋繁露·服制》：古者天子衣文，諸侯不以燕，大夫以緣，亦不以燕。云文，文繒也。是知緣皆以繒也。《漢書·賈誼傳》：白縠之表，薄紈之裏，緁以偏諸，美者黼繡，是古者天子之服也。師古曰：偏諸，若今之織成，以爲腰襻及褾領者也。古謂之車馬帬。其上爲乘車及騎從之象也。晉灼：以偏諸緁著衣也。師古曰：以偏諸緶著之也。蓋尊者之緣可以盡飾，故天子緣織成，諸侯緣丹朱，大夫緣文，士庶可以緣繢與青。此其差也。注：衣裳之側緣廣寸半，表裏三寸，袷緣二寸。《深衣考證》謂：袷緣止當寸半，若亦二寸，則徒有此二寸之袷，不知衣裳之側緣廣寸半。注云：表裏廣三寸，注于袷言廣二寸，不言表裏，則袷止緣表而已，其裏不緣，則袷亦以裏見矣。

又 裳之長及踝。

《深衣》：短毋見膚，長毋被土。

案《經》云：負繩及踝。則裳之長以踝爲節。《春秋·昭元年傳》：吾與子弁冕端委以治民臨諸侯。注：端委，禮衣。疏服虔云：文德之衣尚褒長，故曰委。深衣制短不見膚，長不被土然則朝祭之服當曳地。服言是也。據此則《經》云：長毋被土。蓋謂深衣不當如朝祭之服也。《漢書·朱博傳》：又勅功曹官屬褒衣大袑，不中節度，自今掾史衣皆令去地三寸。蓋《寬饒傳》：初拜爲司馬，未出殿門，斷其襌衣，令短離地。其云去地三寸，云令短離地，皆近于深衣及踝之制。考《甲乙經》：外踝距京骨三寸，京骨距地一寸。《經》云：負繩及踝，則深衣之裳蓋去地四寸，比之去地三寸爲彌短矣。然尚可及踝，則下覆脛衣是短不見膚矣。

又 帶當脅下。

《深衣》：帶，下毋厭髀，上毋厭脅，當無骨者。注：當骨，緩急難爲中也。《正義》：此深衣帶，下于朝祭服之帶也。朝祭服之帶，則近上。故《玉藻》云：三分帶下，紳居二焉，是自帶以下四尺五寸。

案《經》云：當無骨者謂脅骨盡處也。故曰：毋厭脅。考《廣雅》：脅幹謂之肋。《通俗文》：腋下謂之脅。脅骨之短而在下者曰橛肋，橛肋最下曰季脅，當無骨者其當季脅之下歟。

雜録

宋·王應麟《困學紀聞》卷五《禮記》 深衣方領，朱文公謂衣領之交自有如矩之象，續衽鉤邊者，連續裳旁無前後幅之縫，左右交鉤，即爲鉤邊，非有別布一幅裁之如鉤而綴于裳旁也。康成注，鉤邊，若今曲裾，文公晚歲，去曲裾之制而不用，愚以漢史考之，朱勃之衣方領，謂之古制可也，江充之衣曲裾，謂之古制可乎，此文公所以改司馬公之説。

明·焦竑《焦氏筆乘》卷一《深衣》 深衣方領，正經曰：曲袷如矩。後世不識矩，乃匠氏取方曲尺，强以斜領爲方，而疑其多添襟，制度遂失。若裁作方盤領，即應如矩之義。續衽，所添兩襟也，更加鉤起於肩上，即是鉤邊。若以斜爲方，豈聖人正心之意。朱子只作直領，而下裳背後六幅，正面六幅，分兩旁。若交其領，無乃背闊而後狹。又肋下兩縫向前。或翦圓裳旁曰鉤邊，尤可笑。只按《深衣》、《玉藻》二篇，正經制度自見，世儒自不考耳。出元吳子《行閒居録》。

清·林昌彝《三禮通釋》卷四〇《吉嘉賓禮深衣服》 深衣之製，有虞氏之深衣，夏殷亦兼用之也。

又卷四一《凶禮深衣服》 深衣爲親始死之服。

喪葬服飾部

喪儀

論説

清・林伯桐《士人家儀考》卷三《居喪衣冠不當沿舊》 考鄉俗喪服向用大領衣、麻布巾，是古時衣冠矣。近則衣不用大領而仍用麻巾，則更爲不古不今。殊無依據，香山黄香石考此最確，曰居喪用麻布巾，加三梁冠，麻衣亦用大領，是前代式也。生今反古可乎。謹按大清通禮，官員以及士庶喪服之制，斬衰三年，服生麻布，旁及下際不緝，麻冠，絰，菅屨，竹杖，婦人麻屨，不杖，餘同齊衰。杖期服熟麻布，旁及下際緝之，麻冠，絰草屨桐杖，婦人麻屨，餘同。齊衰不杖期，冠絰屨同上。齊衰五月，服熟桐麻布，冠絰如其服，草屨，婦人麻屨。齊衰三月，冠絰屨同上。大功九月，服粗白布，冠絰如其服，藨布緣屨。小功五月，服稍細白布，冠絰帶如其服，屨同上。緦麻三月，服細白布，絰帶如其服，素屨無飾。禮文但言冠服之布，而不言冠服之式者，誠以我朝定鼎即已易服色，天下咸遵，不必於喪服，更言其制也，以今制准之。通禮所云服者，當用馬蹄袖，開衩袍，斬衰、齊衰分别用麻布爲之，功服以下分别用白布爲之。所云冠者，照時制，冬夏帽胎齊衰以上當加麻布裹之，若功服以下用白布裹之，或夏但用粗藤帽胎，冬但用素帽胎，服輕則從簡，便尚可通。《日下偶筆》。喪服所以表哀也，安可不考乎。又考陸朗夫耀曰：京師士大夫喪服或未嘗著麻，余謂白衣。冠者，北方無麻也，有麻則必麻衣麻冠矣。又曰：衰之爲制，下必有裳，一物不備，不成爲衰。今之爲衰者，不殊裳，是以婦人之服，服男子也。古之喪冠即吉禮緇布冠之式，言冠即梁與武在其中，今以紙糊爲梁，復以稍細布爲三蒙其上，而廣止三寸，不足覆頂，此政和之詭制。謂宋時政和五禮新儀之式。而非三代之喪冠也。名爲從古，實則非古。何如以麻爲衣，冠其式，并如平居之服，有以即乎人心而合乎禮俗耶。《文集》。此足見流俗沿訛實爲陋習，不足以申孝子之哀情，未可相與安之也。喪家不當爲内外親製孝服，考鄉俗有喪之家爲當有服者製其衣冠，既不今不古。其屨自三年服外概用藍布，新屨尤不可。解考明顧起元曰：古人凡應服某服者，或内親或外親，各自製其所應服之服而哭之。乃今必喪家送布始製而服之，粤俗則喪家代有服者製成衣冠以服之。不送，即應服者不服矣。甚且喪家力不能送或相詬厲。又有送帛者，毋論何人，但入吊者，即贈以布，不知變服志哀，心既不哀，服於何有，直以爲酬酢而已。《客座贅語》。粤俗，凡有服者，於死者之七日則曰成服，具物而拜，則有酬酢焉。及其除服也，具物而拜者又有酬酢焉，其實製此衣冠僅於七日三七。粤俗每七日則有喪巫爲行一切俗事。啓殯或百日到喪家服之一拜於几筵而已，真具文而又甚可怪者，前人尚未至此，而已有昌言其非者矣。

綜述

晉・張華《博物志》卷五 古者男子皆絲衣，有故乃素服。又有冠無幘，故雖凶事，皆著冠也。

唐・段成式《酉陽雜俎》前集卷一三《尸穸》 亡人坐上作魂衣，謂之上天衣。送亡者不賫鏡奩蓋。

褮，鬼衣也。桐人起虞卿，明衣起左伯桃，挽歌起紼謳。

宋・陳師道《後山談叢》卷四《駕崩外官舉哀之制》 英廟之崩，知州事龍圖閣待制韓，公服金帶，肩輿而出，以聽遺詔。既成服，又欲改服以治事，寮佐間之而止。余爲兒時，聞徐父老説莊獻上僊，李文定公爲守，兩吏持箱奉遺誥，公步從以哭，自便坐至門外。嘉祐末，先人爲冀州支使，知州事、皇城副使王易經用乾興故事，遺詔既至，王召見先人，便服持遺制，哭以示先人。遂都留守龍圖王學士益柔，擇日而成服。士大夫家居者皆會哭於府廷，張文定公方平致仕於家，舉哀於近寺。宦者李堯輔言：上散髮解帶，韈而不履。下髮、衫、帽勒帛以聽宣制，是日成服。元豐末，余客南都，聞此。

宋・車垓《内外服制通釋》卷二 十三月小祥。自始死之月數起，至次年所死之月，凡十三月矣，是名曰小祥。祥者，練也、善也、吉也。孝子至

此設小祥之祭，祭畢則除首絰，去負版，辟領衰，而服練服也。練服，謂以熟布爲冠服也。蓋漸漸去凶即吉之意也。

二十五月大祥。自始死之月數起，至第三年所死之月，凡二十五月矣。是名曰大祥。大祥者，大吉也。孝子至此設大祥之祭，祭畢奉神主入祠堂，撤靈座，去衰裳，弃絰杖，而服禫服也。禫服者，謂以黲布爲冠服也。《禮》所謂喪二十五月而畢者，蓋亦言禫也。

又 踰月從吉。禫祭雖畢，孝子猶未忍遽即吉也，故又服此禫服，盡此月之終。至于次月之改朔，然後除禫服，服吉服，而行吉事，是則所謂踰月從吉也。踰月云者，蓋以改朔爲月，非以三十日爲月也。故《禮》云徹晦至朔爲踰月。已上皆從鄭氏之説也。

又 大功九月。服制同上。但用稍細熟麻布爲之。《禮》：用八升九升布。大功小功云者，以治布之功有精粗而言也。大功之服比期親之情而又疎。比小功緦麻而又大，故名之曰大功。服此服至九箇月而除之，或爲期喪而中殤者，則亦以大功至七箇月而除之。《禮》曰九月七月之喪，三時者是也。

又 小功五月。服制同上。其布又細于大功之布，故曰小功。《禮》：用十升、十一升布。服此服至五箇月而除之也，聖人制服而分五等，正以人之情義有親疎遠近之殊，故自斬衰而下，布漸加細，而月漸加少，以別其親疎遠近也。小功之服比期親大功之情又遠矣，故□孝之月減小功之半也。

又 緦麻三月。服制同上。但以極細熟麻布爲之。緦即絲之義也。《禮》：布用十五升抽其半。抽其半者，八十縷爲一升，乃千二百縷抽其半，六百縷。世俗以爲九升半升。【略】《白虎通》云：緦麻之布用麻與絲相兼而成，故曰緦麻。今世俗以落機熟苧布爲之，或以生絹爲之，蓋省約也。然亦未嘗用縗裳之制，但爲襴衫而已，要亦以其服之至輕故也。緦麻之服盡三月而止者，蓋三月爲一時，亦天道之小變也。

宋・聶崇義《三禮圖集注》卷一六 齊衰衣、齊衰裳。【略】疏衰裳齊者，疏猶粗也。齊者，緝也。此齊衰三年章，以輕於斬，故次斬後。上斬衰章中，爲君三升半，曰粗。衰以三升，正服斬，不得粗名。三升半，成布三升，微細，則得粗稱。晏子粗衰，爲在三升斬内，以斬爲正，故設義服之。此疏衰四升始見其粗。若然，爲父哀極，直見深痛之斬，不設人功之粗。至於義服斬衰，齊衰之等，乃見粗稱。其大功，小功，更見人功之顯。緦麻極輕，又表細密之事，皆爲衰有深淺，故作文不同者。也則斬衰先言斬者，一則見先斬其布，乃作衰裳。二則見爲父極哀，先表斬之深重。此齊衰稍輕，直見造衣之法。衰裳既就，乃始緝之。是以斬衰斬在上，疏衰齊在下。

牡麻絰。【略】牡麻絰，右本在上者也。斬衰，絰不言麻。此齊衰絰見麻者，彼有杖，杖亦苴，故不得言麻。比絰文孤，不兼杖，故得言麻也。牡麻，枲麻也。

冠布纓。【略】冠布纓，如斬衰繩纓。亦通屈一條布爲武，垂下爲纓，著之於冠。斬衰冠繩纓返在絞帶下，使不象垂也。齊衰冠布纓無此義，故進之使與絰同處。

削杖。【略】削杖，桐也。爲母杖桐者，桐之言同也。欲取内心悲痛同之於父也。以桐外無節，象家無二尊，故外屈於父，爲之齊衰，經時而有變也。又案《變除》云：削之使下方者，取母象於地也。上苴杖，此削杖，雖不言杖之粗細，案《喪服小記》云：絰殺五分而去一，杖大如絰。注云：如腰絰也。腰絰五寸，二十五分寸之十九。必知如腰絰者，以杖從心已下與腰同處故也。又云杖者皆下本者，從木性也。本，根也。各齊其心者，杖以扶病，病從心起，故杖之高下以心爲斷也。

布帶。上亦有腰絰，象大帶。【略】布帶者，亦象革帶。以七升布爲之。此即下章云帶緣各視其冠。帶緣冠皆七升布，如深衣之緣。此言布纓、布帶者，對斬衰纓帶皆用繩故也。

疏屨。【略】疏屨者，粗屨也。讀如疏，不熟之疏。疏，草也。疏取用草之義。是故斬衰重，而言菅屨，故見草體，舉其惡貌也。齊衰輕，而言疏屨，故舉草之總稱也。自此已下，各舉差降之宜。故不杖章言麻屨，齊衰三月與大功同繩屨，小功緦麻輕，又没其屨號，《傳》曰：疏屨者，藨、蒯之菲也。藨，平表反，蒯，苦怪反，皆草名。叙父卒爲母三年，父在爲母，爲妻，爲生母朞，父卒爲繼母嫁者亦朞，曾爲母子，貴終其恩也。皆服疏衰裳，齊，牡麻絰，冠布纓，削杖，布帶，疏屨。出妻之子爲父後者，爲出母無服，然母出，爲外祖父母無服。祖父母，世父母，叔父母，兄弟之子，適孫重適。爲人後者爲父母，嫁女爲父母，降服。昆弟之爲父後者，繼父同居者，姑，姊妹，女子子適人而無主者爲無祭主故也。爲君之父母，妾爲女君，婦爲舅姑，夫之昆弟之子，君女皆是。公妾大

夫之妾爲其子，女子爲祖父母，公妾及士妾爲其父母，此皆齊衰期，不杖，麻屨者也。此齊衰，不用草。寄爲所寄之國君。服齊衰三月。凡男女爲大宗子及宗子母妻。女謂女子，女在室及嫁婦宗者也，皆齊衰三月。尊祖之義也。致仕者，畿内之民，庶人在官者爲君，皆三月。君之母妻，繼父本同居，今不同者及曾祖父母。即高祖同，宜服小功。而服齊衰三月者，重其衰麻，尊尊也。減其日月，恩殺也。女子子嫁於大夫者，二十成人而未嫁者，爲曾祖父母皆齊衰三月。自寄公已下皆義服三月者，日月既少，故在不杖之下。而書寄公在上者，此章既論義服，故以疏者爲首。

大功布衰。大功布裳。【略】大功布裳衰，牡麻絰，無受者。此直言絰，不言纓絰者，以其本服齊、斬，今爲殤死，降在大功者，故次在正大功之上，義齊衰之下。凡喪，既葬變麻服葛。若成人，則以此輕服受之。此云無受，以殤文不縟，故不以此輕服受之也。又《傳》云不樛垂者，謂不絞帶之垂者也。大功已上，於小斂前皆散帶之垂者，至成服乃絞之。小功已下，初便絞之。今殤在大功者，於小斂前及成服後，皆散垂不絞，以示未成人，故與成人殊。《傳》曰：年十九至十六爲長殤，十五至十二爲中殤，十一至八歲爲下殤，不滿八歲以下皆爲無服之殤，無服之殤以日易月。以日易月之殤，殤而無服。故子生三月，則父名之，死則哭之，未名則不哭。以日易月者，謂生一月者，哭之一日也。殤而無服者，哭之而已。叙服：子，女子之長殤，中殤，殤者，男女未冠笄而死，可哀傷者也。叔父、姑、姊妹、適孫、庶子爲適昆弟、夫之昆弟之子、公之適子、大夫之適子而在長殤中殤者，其長殤皆九月，纓絰。其中殤皆七月，不纓絰。公，君也。通五等及大夫爲適子皆是正統，成人斬衰。今爲殤死不得著代，故入大功。絰有纓者，爲其情重也。自大功已上，絰有纓，以一條繩爲之。小功已下絰無纓也。

大功牡麻絰、大功牡麻絰纓。【略】絰之有纓，所以固絰。猶如冠之有纓以固冠，亦結於頤下也。大功中殤七月，絰無纓。五服之正，無七月之服。唯此大功中殤有之。故《禮記》云九月七月之喪三時者，是也。長殤皆九月，絰有纓者，爲其情重故也。七月無纓者，情殺故也。鄭知以一條繩爲之者，見斬衰冠繩纓，通屈一條繩屬之於武，垂下爲纓，故知此絰之纓，亦通屈一條繩，屬之於絰，垂下爲纓。大功長殤及正大功，絰皆有纓，小功已下，絰皆無纓。故布衰裳，牡麻絰纓，布帶，三月，受以小功衰，即葛，九月者，則成非正大功之服也。受，猶承也。正大功章輕於殤大功，故次在殤章之下。《傳》曰：大功布九升，小功布十一升。此章有降、有正、有義。降則衰七升，冠十升，正則衰八升，冠亦十升，義則衰九升，冠十一升。又十升者，降小功也，十一升者，正小功也。《傳》以受服不言降大功及正大功，直言義大功之受者，以冠爲受，以義大功冠十一升，受小功之正者也。注云此受之下也者，謂越大功降、正二服，直取義大功。是下也，據受之下。發傳者明受盡於此義大功也。以其小功至葬，唯有變麻服葛，因故衰無受服之法。故《傳》據義大功而言也。叙服：姑、姊妹、女子子適人者，世父、叔父之子。從父昆弟也，從父姊妹在室者亦如之。爲人後者爲其昆弟。爲人後者降兄弟服大功。庶孫男女同，適婦重適，女子子適人者爲衆昆弟父在則同，父没而爲父後者服期也。侄丈夫、婦人侄男侄女，夫之祖父母、世父母、叔父母，夫之昆弟之女適人者，女子子嫁者，未嫁者爲世父母，叔父母、姑姊妹妾爲女君之黨。已上皆服正大功者。

繐衰衣、繐衰裳。【略】繐衰裳，牡麻絰，既葬除之者，諸侯之大夫爲天子服也。《傳》曰：繐衰者何。以小功之繐也。《記》曰：繐衰四升有半，其冠八升。賈釋云：諸侯之大夫，天子之陪臣，以時會見於天子而服之。以天子七月而葬，既葬而除，故降在大功九月下。其縷雖如小功，升數又少，故在小功上也。此不言帶屨者，以其《傳》云小功繐衰，則帶屨亦同於小功也。治其縷如小功，而成布四升半。細其縷者，以其陪臣服此繐衰，恩輕故也。諸侯爲天子服，至尊義服斬，縷如三升半，今陪臣降君，改服至尊加一升爲四升半。精粗升數在齊衰之中者，不敢以兄弟服服至尊也。凡布細而疏者，謂之繐。漢時南陽郡鄧氏造布有名繐者，謂之鄧繐。

殤小功、小功葛絰、腰絰、小功葛帶。【略】殤小功，布衰裳，澡麻帶、絰，五月。注云：澡者，治去莩垢。不絶其本也。《小記》曰：下殤小功帶，澡麻不絶本，詘而反以報之。賈釋云：此殤小功章，本齊衰大功之親爲殤死，降在小功者，故在成人小功之上。言小功者，對大功是用功粗大，則小功是用功細小精密者也。自上已來，皆帶在絰下。此章帶在絰上者，以大功巳上絰帶有本，小功已下斷本。此殤小功中有下殤小功帶不絶本，與大功同。故進帶於絰上，到文以見重也。又上文多直見一絰包二帶，此别言帶者，亦故見帶不絶本，與成人小功絰不同。兩見之也。叙服：叔父，適孫，昆弟，大夫庶子爲適昆弟，姑、姊妹女子子。已上八人本服期，今爲下殤，降在小功者。爲人後者爲其昆弟，從父昆弟。此二者本服大功今長殤降在小功者。《傳》問者曰：中殤何以不見。答者曰：大功之殤中

從上，小功之殤中從下。問者據從父昆弟之下殤在緦麻者也，以其緦麻章見從父昆弟之下殤，此章見從父昆弟之長殤，唯中殤不見，故致問也。爲夫之叔父之長殤，不見中殤者中從下服緦也。昆弟之子、女子子侄，男、女也。本朞，今在下殤。夫之昆弟之子、女子子亦侄，男、女也。本朞，今在下殤。庶孫男女之在長殤。皆小功無變。五服上曰衰，下曰裳。男子衰，裳殊，婦人衰，裳不殊。衰亦如男子外削幅，綴衰於衣，而衣無帶。其裳則如深衣，而裳無衽，謂皆縫合。自上已來唯圖男子衰、裳，婦人衣衰不見，故特圖之。

正小功，布衰裳，牡麻絰，即葛，五月者。注云：即，就也。小功輕，三月變麻。因故衰以就葛絰帶而五月也。此小功成人章輕，故次在殤小功下。此章有三等：正、降、義。其衰、裳之制，澡麻帶絰，唯斷本與前章爲異。此成人文縟，故麻從葛，但以日月爲促，故不變。衰不列冠屨者，上大功章已略至。此小功輕，故亦不言。舊説云：小功已下，吉屨無絇。案《周禮・屨人職》：屨、舄皆有絇繶純。純者，於屨口有緣。繶者，牙底相接處，縫中有縧。絇者，屨鼻頭有飾，爲行戒。吉時有行戒，故有絇。喪中無行戒，故無絇。以小功輕，故從吉屨。爲其太飾，故去絇。叙服：從祖祖父母，從祖父母，報。注云：祖父之昆弟之親。從祖祖父母是曾祖之子，故知是祖父之昆弟之親也。從祖父母是從祖祖父母之子，是父之從父昆弟之親。故鄭并言祖父之昆弟之親。報者，恩輕，欲見兩相爲服。故云報也。從祖昆弟。注云：父之從昆弟之子。此是從祖父母之子。故鄭言父之從昆弟之子。是己之再從昆弟。此上三者，爲正小功。從父姊妹。注云：父之昆弟之女。從父姊妹在家大功，出適小功。不言出適及在室者，姊妹既逆降，其宗族亦逆降，報之。故不辨在家及出適也。女孫適人者若在室，亦服大功，爲人後者爲姊妹之適人者姑恩輕，故降也。外祖父母，從母，丈夫婦人，報丈夫、婦人皆成人之號。此謂從母所生之男女也。外親之服皆緦也。外祖父母以尊加，從母以名加，而皆小功焉。外祖本非骨肉而情疏，故聖人制禮無過緦也。以言外祖，祖是尊名，以母之所生，情重故尊，加至小功，不服緦也。從母是母姊妹，與母一體，從於己母而有母名。故以名加至小功，亦不服緦。夫之姑、姊妹。娣姒婦，報。夫之姑姊妹在室及嫁皆小功者，因恩輕，略從降也。《傳》曰：娣姒婦者，弟長也。何以小功也。以爲相與居室中，則生小功之親焉。娣姒婦者，兄弟之妻相名也。弟長也者，破娣女弟也，姒長也。以娣、姒二字皆以女爲形，弟似爲聲。則據二婦立名，謂年小者爲娣，年大者爲姒。假令弟妻年大，則稱之曰姒，兄妻年小，稱之曰娣。案《左傳》，穆姜是宣公夫人，大婦也。聲伯之母是宣公弟叔肹妻，小婦也。聲伯之母不聘穆姜，曰：吾不以妾爲姒。是據二婦年大小爲娣姒，不據夫年爲大小也。君子子爲庶母慈己者，曰君子子者，貴人之子也。注云：君子子者，大夫及公子之適妻子也。禮之通例云：君子與貴人皆據大夫已上而言也。公子尊卑比大夫，故鄭據而言也。此庶母慈己者，父之諸妾也。故《内則》云：異爲孺子室於宮中，擇於諸母與可者，必求其寬裕慈惠、溫良恭敬、慎而寡言者，使爲子師，教示以善道。其次爲慈母，知其嗜欲。其次爲保母，安其居處，皆居子室。有此三母。又曰：大夫之子有食母，此所謂庶母慈己者也。以其慈於己，故於緦麻上加至小功。國君子爲慈母無服，士又不得稱君，子爲慈母服小功者，唯公子及大夫之適子二人矣。此謂父在者則服之。知者，以大夫公子不繼世，身死則無餘尊之厭，一同凡庶三母慈己之義，故知父在則服之，父没則服緦麻。又鄭云：以慈己加，則君子子亦以士禮爲庶母緦也。若然，是其本爲庶母緦麻也。

緦冠澡纓。【略】緦麻三月者，此章，五服之内輕之極者，故以緦麻布縷細如絲者爲衰裳，又以澡治莩垢之麻爲絰帶，故曰緦麻。緦即絲也。謂治其縷細如絲也。但古之緦、麻三字通用。凡喪服變除，自斬至緦雖年月不同，皆法天道。故此服之輕者，法三月一時，天氣一變，可以除之，故三月也。其餘變除皆見經記。《傳》曰：緦者十五升抽其半，抽猶去也。有事其縷，無事其布，曰緦。案下記大夫命相吊以錫衰，亦云：十五升抽其半，無事其縷，有事其布，曰錫。注云：錫者，不治其縷，哀在内也。緦者，不治其布，哀在外也。然則二衰升數雖同，但錫衰重，故治其布，不治其縷，哀在内也。此緦麻衰治縷，不治布，哀在外故也。八十縷爲升。十五升，千二百縷。抽其半，六百縷。縷粗細如朝服，數則半之，可謂細而疏。服最輕故也。緦冠，《雜記》曰：緦冠，澡，纓。斬衰冠繩纓，纓重於冠。齊衰已下布纓，纓與冠等。上《傳》曰：齊衰大功冠其受，緦麻小功冠其衰。則此云緦麻冠者，冠與衰同用緦布。但澡纓者，以其灰澡治布爲纓，與冠别。以其冠與衰皆不治，纓則澡治之，以其輕。故特圖冠纓相連者，以異於上。叙服：族曾祖父母己之曾祖親兄弟也，族祖父母亦高祖之孫，己之祖父從父昆弟。上至高祖四世，族父母己之父母祖昆弟也，族昆弟己之三從兄弟，皆名爲族。然自三族上至族曾祖父母，傍四出，同出高祖，謂之四緦麻，庶孫之婦，緦以適子之婦大功，庶子之婦小功，適孫之婦亦小功，明庶孫之婦緦麻，是其差也。從祖姑、姊妹適人者，報，從祖父、從祖昆弟之長殤從祖父長殤者，謂叔父者也，外孫以女外出適而生，故曰外孫，從父昆弟侄之下殤成人大功，長殤小功。今下殤故緦。夫之叔父之中殤、

下殤，成人大功，長殤小功，中殤從下，故在此章。從母之長殤，報。庶子爲父後者爲母，緦。《傳》問：何以緦也。與尊者爲一體，不敢服其私親也。父子一體如手與足。妾非正，故云私親。又問：既云不敢服其私親，即應全不服，何又服緦也。答：有死於宫中者，則爲之三月不舉祭。因是以服緦也。云假有臣僕死於宫中者，三月不舉祭。不舉，謂廢也。故庶子因是爲母緦也。有死即廢祭者，不欲聞凶人故也。貴臣，貴妾貴臣，室老也。貴妾，侄娣也。以貴故服緦，乳母，以名服也。慈己者。從祖兄弟之子，曾祖玄孫也，父之姑謂己爲歸孫，從母昆弟以名服，夫甥、舅相報，婿及妻之父母相報，姑之子外兄弟，報，舅之子内兄弟與舅皆從服，夫之姑、姊妹之長殤，夫之諸祖父母，報。夫之從父昆弟之妻同堂娣姒降於親娣姒，故緦，昆弟之孫長殤，從父昆弟之子長殤齊衰之殤中從上，大功之殤中從下，改葬，緦。注云：謂墳墓以他故崩壞，將亡失尸柩者也。他故，謂水潦漂蕩，故須别處改葬。服緦者，臣爲君，子爲父，妻爲夫。據此三等痛極者服之，以其君親喪亡已久，可以無服。但親見君父之尸柩，暫時之痛，不可制服，故皆服緦。亦三月而除，法天道也。

元・釋念常《佛祖歷代通載》卷一三《唐》 是歲定五服制。蓋出自古，至天后請母三年，及盧氏駁議有異。開元五年盧履冰上言，衆議紛然。自是卿士之家，孝服有異。今二十年蕭嵩等改修五禮，敕下依行。五服禮者，一三年服，爲父曰斬衰，哀情至切斬截其心，爲母曰齊衰次其父也。然二十七個月終矣。十二月小祥，二十五月大祥，二十七月禫服，更加一月心喪，服之終也。齊斬服以縗麻，臣孝于君亦爾，二朞年服，十三個月，爲祖父等，三大功，九月，爲叔伯等。四小功，五月。堂兄弟等，五緦麻。三月，三從兄弟等内外族等。餘如五服注疏全之。

明・丘濬《家禮儀節》卷二《冠禮》 今人家子弟未必皆習禮，況禮多曲折，非有引導唱贊者不能一一中節。今提請習禮者一人爲禮生，引導唱贊，如官府行禮之儀，先期演習，然後行之，庶幾無失。

合用之物：帷帳、灰、櫛、頭繩、禈、掠、網巾、簪、深衣、幅巾、履、大帶、帽子、儒巾、四方平定巾、盤領袍、直身、鞋、靴、韈、絛。

又卷五 其服之制一曰斬衰三年，【略】二曰齊衰三年，【略】齊衰杖期，【略】齊衰不杖期，【略】齊衰五月，三月。【略】三曰大功九月，【略】四曰小功五月，【略】五曰緦麻三月。

按：斬，不緝也。今人謂緝爲緶。凡衣裳旁際下際皆不縫緶，故曰斬衰。不言裁割而言斬者，痛切之甚也。衰者，哀摧之意也。齊，緝也。謂緝其旁及下際。【略】大功言布之用功粗大也，小功言布之用功有所繫。

服制之具麻布凡六等，極粗生者以爲斬衰服，次等粗生者以爲齊衰服，次等生者以爲期服，稍粗熟布爲大功服，稍細熟布爲小功服，細熟布爲緦麻。

清・顧炎武《日知録》卷五《慈母如母》 公曰：古者，天子練冠以燕居，吾弗忍也。遂練冠以喪慈母。喪慈母，自魯昭公始也。然但練冠以居，則異於如母者矣，而孔子以爲非禮。

清・阮葵生《茶餘客話》卷五 民公溘逝之禮，子截髮，去冠緯，夫人側室女子婦去簪珥剪髮，兄弟以下，僕婢以上，皆男去冠緯，女去首飾。設幃堂，立喪主。

清・黄以周《禮書通故》卷九《喪服通故五》 《白虎通義》云：禮曰天子七日，公諸侯五日，卿大夫三日而成服。舊説成服必在殯後，一説成服必在三日冓，猶望其生也。三日而不生亦不生矣，故可成服。以周案：成服必在三日是矣，但謂望其生，故不成服。【略】禮曰三日不怠，蓋此時爲子之痛深，無容除冠徒跣，不忍成服。

又《喪大記》：君將大斂，子弁絰。鄭玄云：子弁絰者未成服。弁如爵弁而素。大夫之喪，子亦弁絰。以周案：弁即服弁之弁，謂麻弁也。王肅注《雜記》云：大夫以上在喪斂時弁絰。士冠素委貌。弁絰謂麻弁，素委貌即喪冠。士小斂後加絰帶，至三日成服始加冠衰。

又《檀弓》：弁絰葛而葬，與神交之道有敬心焉。鄭元云接神之道不可以純凶。天子諸侯變服而葬，冠素弁，以葛爲環絰。既虞卒哭，乃服受服也。孔穎達云：三月逾時哀衰而敬生，敬則服有飾。大夫士三月而葬，未逾時，不變服。

雜録

唐・段成式《酉陽雜俎》前集卷一三《尸穸》 銘旌出門，衆人掣裂將去。送亡人不可送韋革、鐵物及銅磨鏡使蓋，言死者不可使見明也。董

勛言：《禮》：弁服韎韐。此用韋也。一曰茅韋。

宋・吕希哲《吕氏雜記》卷下　劉庠彈歐陽修於英宗衰服下著緊絲花襖子，曰：細文麗密，閃色鮮明。衣於純吉之日，已累素風，服於大喪之中，尤傷禮教。

宋・莊綽《雞肋編》卷上　睦州方臘之亂，其徒處處相煽而起。聞其法：斷葷酒，不事神佛祖先，不會賓客。死則裸葬，方斂，盡飾衣冠。其徒使二人坐於尸傍，其一問曰：來時有冠否。則答曰：無。遂去其冠，逐一去之，以至於盡。乃曰：來時何有。曰：有胞衣。則以布囊盛尸焉。云事之後致富。

元・釋覺岸《釋氏稽古略》卷三　帝屢誡晉王曰，昔吾西征見唐十八陵，無不發掘者，此無他，惟多藏金玉故也，我死亡衣以紙衣，斂以瓦棺，速營葬勿久留宮中，勿置守陵官人，勿作石羊虎人馬，惟刻石置陵前云：周天子平生好儉約，遺令用紙衣瓦棺。

清・王端履《重論文齋筆録》卷七　《論語》：子見齊衰者、冕衣裳者與瞽者。冕，魯論作絻，古作弁。釋文引鄭注：魯讀弁爲絻，今從古。錢曉徵少詹大昕謂絻即免字，齊衰服之重者，免服之輕者，舉其至重與至輕者，而五服統之矣。先言齊衰後言絻，言之序也。又云古作弁者，《周禮・司服》：凡吊事，弁絰服。此以弁衣裳與齊衰同言，意者其弁絰乎。端履案《鄉黨篇》見齊衰者，雖狎，必變。見冕者與瞽者，雖褻，必以貌。與下凶服者式之，式負版者連文，皆主有喪者而言。《儀禮》喪服負廣出於適寸。鄭注：負，在背上者也。《鄉黨篇》負版係凶服之後，當以喪服爲正。孔鄭注《論語》皆以版爲邦國圖籍，失其義矣。

喪服

論説

宋・車垓《内外服制通釋》卷二《五服喪制名義》　斬衰杖。用自死竹，下連根爲之，故名曰苴杖。長不過心，蓋取齊其心存其節也。凡子爲父用竹杖者，何也謂父，母子之天，竹圓亦象天，竹内外有節，象子於父亦有内外之痛，竹貫四時而不變子，爲父哀痛亦經寒温而不改也。下連根者，謂父子之道，不絶其根本也。苴杖，削杖，長齊心者，蓋杖所以扶病，病必從心起，故杖之長短必以心爲斷也。禮曰童子不杖，不能病也。註謂庶童子也。若當室童子則必用杖耳。愚謂當室童子亦十歲以上者，乃能杖也。家禮云凡婦人皆不杖，蓋酌古準今之意，宜從之。凡杖以根向下順其性也。

齊衰杖。用桐木爲之，削取上圓下方名曰削杖。長與苴杖同也。凡子爲母用桐削杖，何也，謂桐之爲言同也，欲取同心悲痛同於父也。又以桐外無節，象家無二尊也，必削使下方者，取母象於地也，又桐之子隨枝葉而生，象母能生子無絶道。

明・談遷《棗林雜俎》和集《叢贅・喪麻》　喪服用麻布，取其賤惡。古未有棉布也，棉布始自漢。北方麻布貴，棉布賤，又喪家雖隆冬，必以麻，非禮也。

清・桂馥《札樸》卷一《温經・絰》　絰也者，實也。鄭注《儀禮・喪服》云：絰之言實也。明孝子有忠實之心。《釋名》：絰也，傷催之實也。

綜　述

唐·釋玄應《一切經音義》卷一五　縗衣。粗雷反。《釋名》：死三日，生者成服曰縗。縗，摧也。言傷摧也。縗有錫縗，有疑縗，有繐縗也。

唐·杜佑《通典》卷八七《禮·五服成服及變除》　周制，喪服斬縗裳、苴絰、杖、絞帶、冠繩纓、菅屨者，謂既殯成服。斬縗裳三升。苴絰大搹音戹九寸，左本在下。去五分一以爲腰絰，大七寸二分，絞垂兩結間，相去四寸。竹杖大如腰絰，長齊心，本在下。絞帶大五寸七分半，偶結於前。皆三重。三重，四股絞之。冠六升，外縪，條屬右縫。菅屨外納。納其餘外也。縪音必。【略】寢不說絰帶。義服所異者，縗裳三升半，繩屨，餘與正同。斬者，不緝也。苴者，麻之有蕡也。服上曰縗，下曰裳。在首在腰皆曰絰。絰之言實也，明孝子有忠實之心，故爲制此服焉。首絰象緇布冠之頍，腰絰象大帶。又有絞帶，象革帶。齊縗以下用布。盈手曰搹，扼也。中人之扼，圍九寸。以五分一以爲殺者，象五服之數也。屬猶著也。通屈一條繩爲武，垂下爲纓，著之冠也。布八十縷爲一升。升，登也。《雜記》曰：喪冠條屬，以別吉凶。三年之練冠，亦條屬右縫，小功以下左縫。外縪者，冠前後屈而出縫於武也。二十兩爲溢。一溢爲米一升二十四分升之一也。公士大夫之衆臣爲其君，布帶繩屨。士，卿士也。公卿大夫厭於天子諸侯，故降其衆臣布帶繩屨。貴臣得伸，不奪其正也。【略】女子子在室爲父，布總六升，長六寸，箭笄長一尺，髽縗三年。女子子者，女子也。加一子別於男子也。在室，間已許嫁。此女子之喪服之異於男子也。總，束髮也。六升，象冠數也。長六寸者，出紒後垂爲飾。謂之總者，既束其本，又總其末也。箭，篠也。髽，露紒也，猶男子之斂髮也。斬縗斂髮以麻，則髽亦用麻矣。以麻自項而前交於額上，却繞紒後，如著幓頭焉。凡服上曰縗，下曰裳。此言縗不言裳，婦人不殊裳也。縗如男子縗，下如深衣。則縗無帶，下又無衽矣。陳銓曰：總，束髮。笄，支紒也。不曰縗裳，婦人縗而不裳。雷次宗曰：縗者，當心六寸布也。在衣則衣爲縗，在裳則裳爲縗。男子離其縗裳，故縗獨在衣上。婦人同爲一服，故上下共其稱也。幓音七焦反。三月而卒，哭男子受以六升布爲縗裳，七升布爲冠，纓帶亦如之，一辟博三寸，偶結於前，藨屨内納，葛絰：首絰大七寸五分寸之一，右本在上，五分首絰去一以爲腰絰，大五寸二十五分寸之十九，參繆之。【略】婦人亦以六升布爲連裳，七升布爲總。【略】葛洪云：小祥，中衣，黄爲裏，縓爲領袖緣。縓者，紅之多黄者也。宋凱云：小祥，祥者，吉也。故縗裳無負版及心前縗，辟領，去首絰。小祥祭則櫛，稍自飾。二十五月大祥，朝服縞冠。既祥，改服十五升布深衣，領袖緣皆然，縞冠素紕，素中衣，領袖緣帶皆然。去腰絰，棄杖，白麻屨無絇。【略】杜元凱云：二十五月大祥祭，主人夕爲期。朝服縞冠訖祭，而受以布深衣十五升。外無哭者，謂哀至入即位而哭也。崔凱云：大祥居外寢，平常所聽外寢事也。縞冠素紕，紕者，以素緣冠兩邊，各二寸。二十七月而禫，玄衣黄裳而祭。祭畢，更服朝服，以黑經白緯爲冠而綵纓，縞帶，緣中衣，吉屨無絇，革帶得佩紛帨之屬，如其平常。【略】疏縗裳齊、牡麻絰、冠布纓、削杖、布帶、疏屨三年者，謂齊縗三年，既殯成服。以粗縗四升爲縗裳，六升爲冠纓，布帶代絞帶。牡麻絰大七寸二分，右本在上，五分去一，大五寸六分，以爲腰絰。削桐木爲杖，杜元凱云：圓削之，象竹，取其便也。王肅云：削爲四分。長與心齊，下本大如腰絰。藨蒯爲屨。【略】馬融曰：在上指右，故曰右本。鄭玄云：齊縗不書受月者，亦天子諸侯及卿大夫士虞卒哭異數也。王肅曰：疏以名縗，輕乎斬也。斬不同數，粗可知也。承裳以齊，制而後齊也。因縗以斬，斬而後縗也。陳銓曰：右本在上，麻本從左來，加右之上也。藨蒯，草名也。孔倫曰：右本在上，爲母本於陰而統外也。女子子在室，白布總七升，長八寸，一辟博一寸，惡笄用榛木，長尺，用白布絇之，博五分，白布七升爲帶，無腰絰。深衣不裳，居房中，張帷爲次。至虞不變者，三笄總帶也。既卒哭，受以八升布爲縗裳，冠九升布，纓帶、中衣領袖緣亦然。服葛絰，首絰大五寸七分半，腰絰四寸六分。十三月小祥，除首絰，練九升布爲冠，纓武亦如之。其他祥禫變除與斬縗同。

逾月復平常疏縗裳齊、牡麻絰、冠布纓、削杖、布帶、疏屨周者，謂齊縗杖周。降服四升爲縗裳，冠纓皆七升，正服五升爲縗裳，冠纓皆八升，義服六升爲縗裳，冠纓皆九升。冠皆右縫内縪。絰帶與三年同。

不杖麻屨者，謂不杖周成服。五升布爲縗裳，八升布爲冠纓，絰帶大小與杖周同。居堊室，食素食，水飲。寢有席薦，不納，斷木爲枕，不脱絰帶。朝夕即位哭。

殤大功布縗裳、牡麻絰、無受者，謂殤降大功成服。七升布爲縗裳，十升布爲冠纓、帶、中衣領袖緣。牡麻爲首絰，大五寸七分半，腰絰四寸六分，

不絞其垂。唯中殤七月者不纓絰。繩屨。【略】大功布縗裳、牡麻絰、纓布帶，三月受以小功縗即葛，九月者，謂成人大功成服。八升布爲縗裳，冠十升，義服九升布爲縗裳，其冠十一升。經帶與殤同。既葬，皆受以十升布爲縗裳，冠十一升，變麻絰服葛絰，絞之。九月除，朝服素冠，吉屨無絇。逾月復吉。

殤小功布縗裳、澡麻帶絰五月者，謂殤降小功。十升布爲縗裳，冠十二升。澡麻去莩垢也。絶本去本邊惡處也。爲絰，大四寸六分，腰絰大三寸七分，散垂。唯周之下殤降在此者，其帶不絶本，屈而反至腰而絞之。張帷爲次，哀至而哭。【略】小功布縗裳即葛五月者，謂成人小功成服。十一升布爲縗裳，義服十二升布爲縗裳，冠同十二升，亦澡麻絶本爲絰帶，寢有牀，哀至而哭。既葬，除麻受葛絰，大三寸六分，腰絰大二寸九分，縗裳如故，寢居內。至除，受以朝服素冠。逾月復吉。

緦麻三月者，謂緦麻之喪成服，降正義同。以七升半布，緦而疏之，爲縗裳及冠纓帶，首絰亦澡麻絶本，大三寸七分，腰絰大二寸九分，吉屨無絇，寢有牀，飲酒食肉，不至變色。既葬，受以朝服素冠。逾月復吉。

大唐之制，杖絰升縷，皆約周禮，直書其儀。歷代通儒，皆有著述，開元之制，最爲詳備。

宋·聶崇義《三禮圖集注》卷一六 凡五服衰裳，一斬四齊。自齊衰以至緦麻衰，并齊。鄭《曲禮》注云：齊，謂下緝也。然則君衰棄彼粗名，粗名自顯，功、緦遺其齊號，齊號亦明。而四齊之衰並外削幅。外殺縫也。皆外展而方齊若今慘衣，先展訖，乃行針功，其裳並內削幅，皆內展而始緝。臣崇義又案《喪服》上下十有一章，從斬至緦升數有異。其異者，斬衰有二，正、義不同。爲父以三升爲正，爲君以三升半爲義。其冠則同六升。其三年齊，惟有正之四升、冠七升。繼母、慈母慈母謂父命爲母子者。雖是義服，繼母以配父不敢殊，慈母以重命不敢降，故與母同。是以略爲一節，同正而已。父在爲母，爲妻齊衰杖期。《雜記》云：十一月而練，十三月而祥，十五月而禫。是也。然母則恩愛也，妻則義合也，雖父尊厭屈，禫、杖猶申。故與三年同正服而齊。衰五升，冠八升。又齊衰三月者，義服也。衰則六升，冠九升。曾祖父母計是正服，但正服合服小功，以尊其祖而服齊衰三月，既非本服，故與義同服也。又殤大功有義，爲夫之昆弟之長殤，義也。其衰九升，冠十一升，餘皆降也，其衰七升，冠十升，成人大功章有降、有正、有義。姑姊妹出適之等是降也衰冠同殤降，婦人爲夫族爲義也衰冠同殤義，餘皆正也。其衰八升，冠十升，又緦衰唯有義服。其衰四升半，冠七升。諸侯之大夫爲天子，故同義服也。殤小功有降、有義，婦人爲夫之族類，義也，衰冠同十二升，餘皆降也，衰冠同十升，成人小功有降，衰冠如殤降。有正，衰冠同十一升，有義衰冠同殤義。緦麻之衰冠降，正、義也，皆同十五升抽去其半而已。

宋·邵博《邵氏聞見後録》卷八 後漢胡廣卒，故吏自公卿、大夫、博士、議郎，衣縗絰者百人。董翊舉孝廉爲須昌令，聞舉將將死，棄官去。唐杜審言受崔融之知，融死爲服緦麻。裴佶與鄭餘慶友善，佶死，餘慶爲行服。此禮久廢。近時張樂全薨，東坡用唐人服坐主喪，緦麻三月。東坡薨，張文潛坐舉哀行服得罪。

宋·葉夢得《石林燕語》卷五 古者喪服有負版，綴於領下，垂放之，方尺有八寸，服傳所謂負廣出於適寸者也。鄭氏言：負在背上，適，辟領也。蓋喪服之制，前有衰，後有負版，左右有辟領，此禮不見於世久矣。自秦、漢以來，未之聞。翟內翰公巽嘗言：論語式負版，非板籍之版，乃喪服之版，以子見齊衰者必式爲證。

《宋史》卷一二五《禮志·服紀》 宋天子及諸臣服制前史皆散記諸禮中，未嘗特録之也，後史則表而出之。高宗於外廷以日易月，於內廷則行三年之禮，御朝則淺素、淺黄。孝宗又力持三年之制。皇帝未成服，則素紗軟脚幞頭、白羅袍、黑銀帶、絲鞋。成服日，布梁冠。朱熹云：當用十二梁。首絰、直領布大袖衫。朱熹云：不當用襴，蓋下已有裙。布裙、袴、腰絰、竹杖、白綾襯衫，或斜巾、帽子。視事日，去杖、首絰。小祥日，改服布幞頭、襴衫、腰絰、布袴。大祥畢，服素紗軟脚幞頭、白羅袍、素履、黑銀帶。禫祭畢，素紗軟脚幞頭，淺色黄羅袍、黑銀帶。祔廟日，服履、黄袍、紅帶。御正殿視事，則皂幞頭、淡黄袍、黑鞓犀帶、素絲鞋。此中興後制也。

孝宗居憂，再定三年之制。其服：布冠、直領大袖衫、布裙、首絰、腰絰、竹杖。小祥不易服。大祥禮畢，始去杖、去絰。禫祭畢，始服素紗軟脚幞頭、白袍、黑銀帶。祔廟畢，服皂幞頭、黑鞓犀帶，每遇過宮廟謁，則衰絰行禮，二十五月而除。三年之內，禁中常服布巾、布衫、布背子。視事則御

內殿，服白布幞頭、白布袍、黑銀帶。殿設素幄，每五日一次過宮，則衰經而杖。虞祭則布折上巾、黑帶、布袍。受金使吊則衰經，御德壽殿東廊之素幄。受賀節使，則御垂拱殿東楹之素幄。是時，宰執，近臣皆不肯行，惟斷自上心，堅不可奪，大臣乃不敢言。贊其决者，惟敕局下僚沈清臣一人而已。

臣爲君服，宋制有三等：中書門下、樞密使副、尚書、翰林學士、節度使、金吾上將軍、文武二品以上，布梁冠、直領大袖衫、布裙袴、腰經、竹杖，或布幞頭、襴衫、布斜巾、絹襯服。文武五品以上并職事官監察御史以上、內客省、宣政、昭宣、知閤門事、前殿都知、押班，布梁冠、直領大袖衫、裙袴、腰經。或幞頭、襴衫。自餘文武百官，布幞頭、襴衫、腰經而已。入局治事，並不易服。宰執奏事去杖，小祥去冠，餘官奏事如之。大祥，素紗軟脚折上巾、黲公服、白鞓錫帶。禫除畢，去黲服，常服仍黑帶、皂鞍韉。祔廟畢，始純吉服。宗室出則常服，居則衰麻以終制。

光宗居孝宗之憂，趙汝愚當國，始令群臣服白凉衫、皂帶治事，逮終制乃止。寧宗居光宗之憂，復令百官以日易月，禫除畢，服紫衫、皂帶以治事，從禮部侍郎陳宗召請也。諸路監司、州軍縣鎮長吏以下，服布四脚、直領布襴衫、麻腰經，朝晡臨，三日除之。內外命婦當入臨者，布裙、衫、帔、首經、絹襯衫、帕首。士庶於本家素服，三日而除。婚嫁，服除外不禁。文武臣僚之家，至山陵祔畢，乃許嫁娶，仍不用花綵及樂。

淳熙十四年十月，以將作監韋璞充金國告哀使，閤門舍人姜特立副之。禮部、太常寺言：告哀使、副并三節人。從禮例，如在大祥內，合服布幞頭、襴衫、布袴、腰經，布凉繖，鞍韉，在禫服內，合服素紗軟脚幞頭、黲色公服、黑鞓犀帶，青繖，皂鞍韉，俟禫除，即從吉服，仍繫黑帶，去魚，凉繖、韉並從禫制，并去狨座。三節人衣紫衫、黑帶，並不聽樂，不射弓弩，候過界，聽使、副審度，隨宜改易服用。從之。或遺留遺信物使，同上服。

元・龔端禮《五服圖解》 斬衰。音催，縗同。釋曰：服制云：斬者，不緶，緝，不殺。篩字，去聲。邊而言斬者，取其痛甚之義。衰者，推也。故用布一片，長六寸闊四寸。綴在胸前明其孝心，有衰推之意。又周服制云：在上曰衰，在下曰裳。《禮記》曰創鉅者其日久，痛甚者其逾遲。鄭元云：斬衰用三升苴。音疽。麻每升八十縷爲經，不過二百四十經，闊不過二尺二寸，《白虎通》曰：苴麻連根，其色黧黑，貌其惡也。禮云不去其根，謂父子之道不絶其根本也。

苴杖。【略】

齊衰。音咨。釋曰：服制云：衰則外緶，裳則內緶。其服用三升半枲。音葸。麻浸緝翦裁而成，不過二百八十經，闊不過二尺二寸。《白虎通》云：枲麻多實而蒼白色，取其母能孳生其子，故曰齊咨也。唐開元以前呼曰齊。音齋。衰父母亡，其子食素而齋戒三年，故曰齋。唐明皇後復爲齊咨衰。

削杖。【略】

杖期。釋曰：謂衣齊衰之服而持哭杖守孝一年期者，古以期爲年。爲唐明皇帝諱基，改基爲周，至宋由避唐諱亦稱周，紹興編勑改周復期。

不杖期。釋曰：謂衣齊衰之服不持哭杖守孝一年。

大功。釋曰：鄭元云謂鍛治之功粗沽音古，織功粗大，比期親之情疏。比小功緦麻而大，故曰大功。九月服用九升熟布爲之。《禮記》曰九月七月之喪三時也。

小功。釋曰：鄭元云謂用功細小而精密，聖人制五服而分五等爲親有高下遠近。自斬衰以下漸加其細，以別親疏之義。持孝之功減大功之半，故曰小功。五月服用十二升熟布爲之，今蒸紗布也。

緦麻。釋曰：緦者，絲也。鄭元云：用十五升布爲之，其細如疏，其親意漸遠，孝情亦然。温公書儀云：故《問傳》曰斬齊衰大小功緦麻，蓋當時有織此布，以供喪用者。布之不論升數久矣。裴茞劉岳書儀：五服皆用布，衣裳上下異，制度略相同，但以精粗及無負版衰爲異耳。然則唐五代之際，士大夫家喪服猶如古禮也，近世俗多忌諱，自非子爲父母，婦爲舅姑，妻爲夫妾爲主之外，莫肯服布，有服之者必爲尊長所不容，衆人所譏誚，此必不可强，此無如之何者也。今且於父母舅姑夫主之服，粗存古制度庶幾有好禮者猶能行之。《白虎通》曰：緦麻，用麻絲相兼而成，呼曰兼絲是也。凡喪服變除，自斬至緦，雖年月不同，皆法天地，故曰緦麻，法三月一時，天氣一變，可以除去。

明・丘濬《家禮儀節》卷五《斬衰》 用極粗生麻布爲之，斬，不緝也。凡衣裳旁及下際皆不縫緶。

衣制，【略】裳制，【略】冠制，【略】首絰制，【略】腰絰制，【略】絞帶制，【略】杖制，【略】屨制，【略】婦人服制。

又《**齊衰**》 齊，緝也。用比斬衰次等粗生布，凡衣裳旁及下際皆緝。【略】

杖期，【略】不杖期，【略】五月，【略】大功，【略】小功，【略】緦麻，【略】凡弔皆素服。

明・張卤《**明制書**》**卷一二**《**斬衰制度**》 按《朱文公家禮》云，斬，不緝也，衣裳皆用極粗生布，旁及下際，皆不緝。衣長過腰，足以掩裳，上際縫外向。背有負版，用布方尺八寸，綴於領下垂之。負版在後者，以其負荷悲哀在於背也。前當心有衰，用布長六寸，廣四寸，綴於左衿之前。衰之言摧也，衰當心者，明孝子有哀摧之志也。左右有辟領，各用布方八寸，屈其兩頭相著，爲廣四寸，綴於領下。在負版兩旁，各攙負版一寸。左右辟領，謂之適者，以哀戚之情當有指適緣，於父母不兼念余事也。兩腋之下有衽，各有布三尺五寸，上下各留一尺，正方一尺之外上於右旁裁入六寸，便於盡處相望斜裁，却以兩方左右相沓綴於衣兩旁，垂之向下，狀如燕尾，以掩裳旁際，裳前三幅，後四幅，縫内向，前後不連，每幅作三輒，輒謂屈其兩邊相著，而空其中。其用布與裁制之法，按楊復《附注喪禮記》云，衣二尺有二寸，蓋指衣身自領至腰之長而言，用布八尺八寸，中斷以分左右，爲四尺四寸者二，又取四尺四寸者二，中摺以分前後，爲二尺二寸者四，疊爲四重，從一角當領處四寸，下取方裁入四寸，乃所謂適辟領者。辟猶開也，從壹角當領取方裁開入四寸，故曰辟領，以此辟領四寸反摺向外，加兩肩，以爲左右適，辟領四寸，既反摺向外，加兩肩以爲左右適，故後之左右各有四寸虛處，當脊相並，謂之闊中，前之左右，各有四寸，虛處當肩，相對亦謂之闊中，通八寸，此則衣身所用布之處與裁之之法。別用布一尺六寸，以塞前後闊中，布一條，縱長一尺六寸，横闊八寸，又縱摺而中分之，其下一半裁斷兩端，各四寸，除去不用，只留中間八寸，以加後之闊中，元裁辟領處，而塞其闕，當脊相並處，其上一半全一尺六寸不裁，以布之中間從項上分左右對摺向前乘下，以加於前之闊中，與元裁斷處，當肩相對處相接，以爲左右領，夫下一半加於後之闊中者，用布八寸，而上一半從項而下，加前之闊中，又倍爲一尺六寸。此則衣領所用之布與裁之之法。凡衣裳用布一丈四寸者，衣身八尺八寸，衣領一尺六寸，合爲一丈四寸，此是用布正數。又當少寬其布，以爲針縫之用。此即衣身衣領之數。若負衰帶，下及兩衽，又在此數外。但領必有袷，古者，布幅闊二尺二寸，除衣領用布闊八寸外，更餘闊一尺四寸，而長一尺六寸，可以分作三條，足用爲袷，又按《喪服記》及注，袂二尺二寸，緣衣身二尺二寸，故左右兩袂亦二尺二寸，欲使縱横皆正方，袪尺二寸，袪乃袖口，袂二尺二寸，縫合其下一尺，留上一尺二寸，以爲袖口，衣帶下尺緣，古者，上衣下裳，分別上下，不相侵越。衣身二尺二寸僅至腰而止，無以掩裳上際，故於衣帶之下，用縱布一尺，上屬於衣，横繞於腰，以腰闊狹爲准，所以掩裳上際，綴兩衽於其旁。度用指尺，以中指節爲寸。

冠制。冠比衣裳，用稍細紙糊爲，爲材廣三寸，長足跨頂前後，裹以布，爲三陬，皆向右，縱縫之，用麻繩一條，從額上約之頂後，後交過前，各至耳結之，以爲武，居冠兩頭入武内，向外反屈之，縫於武，武之餘繩，垂下爲纓，結於頤下。

首絰，以有子麻爲之，其圍九寸，麻本在左，從額前向右圍之，從頂過後，以其末加於本，又以繩爲纓，以固之，如冠之制。

腰絰，圍七寸有餘，兩股相交，兩頭結之，各存麻本，散垂三尺，其交結處，兩旁各綴細纓繫之。

絞帶，用有子麻繩一條，大半腰絰中屈之，爲兩服，各一尺餘，乃合之，其大如絰，圍腰從左過後至前，乃以其右端穿兩服間，而反插於右，在絰之下。

杖，父用竹，本在下。母用桐，上圓下方。

菅屨，以菅草爲屨，若今之蒲鞋。

婦人用極粗生布，爲大紬孝衫，長裙，蓋頭皆不緝，竹釵，麻鞋。衆妾則以褙子代大袖，凡婦人皆不杖。

又《**齊衰制度**》 按《朱文公家禮》云，齊衰者，用次等粗生布，齊者，緝其傍及下際，餘同斬衰之制。

冠制，以布爲武及纓。餘同斬衰。

首絰，以無子麻爲之，圍七寸餘，本在右，末繫本下，布纓。制與斬衰經同。

腰絰，圍五寸餘。制同斬衰。

絞帶，齊衰以下以布爲之，而屈其右端尺餘。

削杖，以桐爲之，上圓下方。

疏屨，粗屨也，以疏草爲之。

婦人衣服，制同斬衰，但用布稍細。大功以下同。

又《大功制度》 衣用稍粗熟布，無負版，衰辟領服，制同齊衰。

冠制，三辟積，向右，以布爲武纓。制同齊衰。

首絰，以無子麻爲之，圍五寸餘，本在右，末繫本下，布纓。制與齊衰服同。

腰絰，以熟布爲之，圍四寸餘。制與齊衰同。

絞帶，以布爲之。制同齊衰。

麻屨，以麻爲之。

又《小功制度》 衣用稍熟細布，制度同前。

冠制，三辟積，向左，餘與齊衰同。

首絰，以牡麻爲之，圍四寸餘。

腰絰，以熟麻爲之，圍三寸餘，制同齊衰。

絞帶，以布爲之，制同齊衰。

繩屨，以麻繩爲屨，若今之麻鞋。

又《緦麻制度》 衣用極細熟布，此五服内輕之極者，故以緦如絲者爲衰裳，又澡治莩垢之麻爲絰帶，故曰緦麻。古絲二字通用。服制同齊衰。

冠制，以熟絹爲之，三辟積向左，澡纓，澡謂治莩垢，制同齊衰。

首絰，以熟麻爲之，圍，三寸爲度，制同齊衰。

腰絰，以熟麻爲之，圍，二寸爲度，制同齊衰。

絞帶，以布爲之，制同齊衰。

繩屨，以麻繩爲屨，若今麻鞋。

明・王圻《三才圖會・衣服》卷三《斬衰》

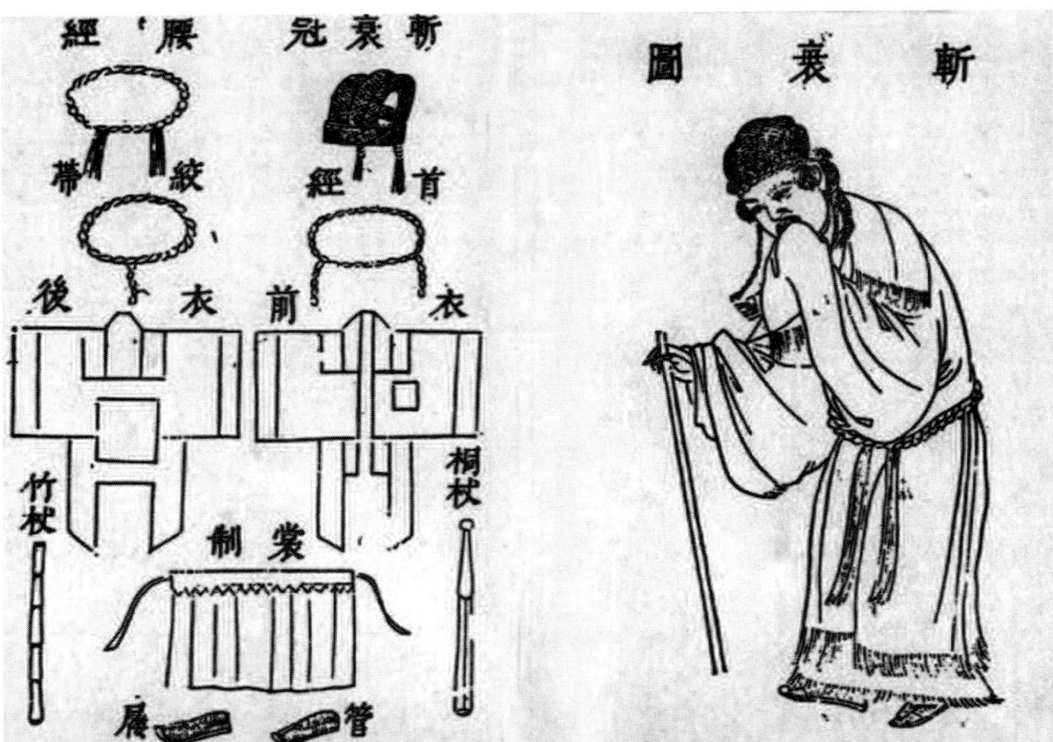

按《文公家禮》云：斬，不緝也。衣裳皆用極粗生布，旁及下際皆不緝。

衣長過腰，足以掩裳上際，縫外向。背有負版，前當心有衰，左右有辟領，兩腋之下有衽，垂之向下，狀如燕尾以掩裳旁際。裳前三幅後四幅，縫内向，前後不連，每幅作三輒，輒謂屈其兩邊相著而空其中也。

冠制，比衣裳用布稍細，紙糊爲材，廣三寸，長足跨頂，爲三輒，用麻繩一條從額上約之，至頂後交過前，各至耳結少爲武。武之餘繩垂下爲纓，結於頤下。

首絰，以有子麻爲之，其圍九寸。麻本在左，從額前向右圍之，又以繩爲纓。

腰絰，圍七寸有餘，兩股相交，兩頭結之，各存麻本，散垂三尺，其交結處兩旁各綴細繩繫之。

絞帶，用有子麻繩一條，大半腰絰，中屈之爲兩股，各一尺餘，乃合之，其大如絰，圍腰從左，過後至前，乃以其右端穿兩股間而反插於右，在絰之下。

杖，父用竹，本在下。母用桐，上圓下方。

菅屨，以菅草爲屨，若今之蒲鞋。

婦人用極粗生布爲大袖。孝衫，長裙，蓋頭，皆不緝。竹釵，麻鞋。衆妾則以背子代大袖。凡婦人皆不杖。

又《齊衰》

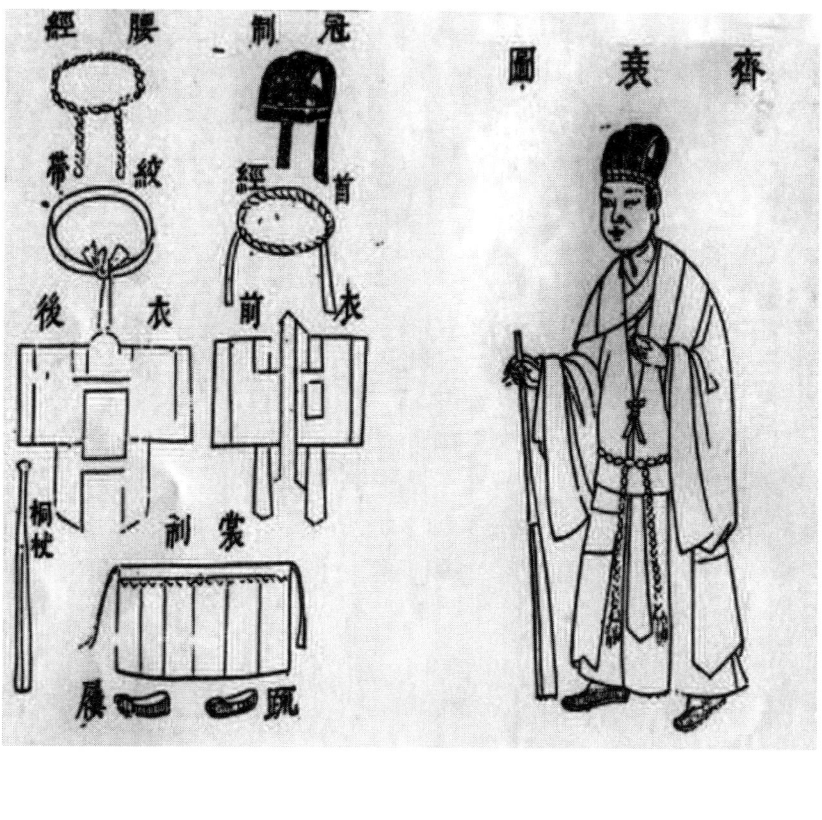

齊，緝也。用次等粗生布緝其旁及下際，餘同斬衰。

冠制，以布爲武及纓，餘同斬衰。

首絰，以無子麻爲之，圍七寸餘，本在右末繫本下布纓，餘同斬衰。

腰絰，圍五寸，餘制同斬衰。

絞帶，齊衰以下布爲之，而屈其右端尺餘，削杖，以桐爲之，上圓下方。

菅屨，粗履也，以菅草爲之。

婦人衣服制同斬衰，但用布稍細，大功以下同。

又《大功》

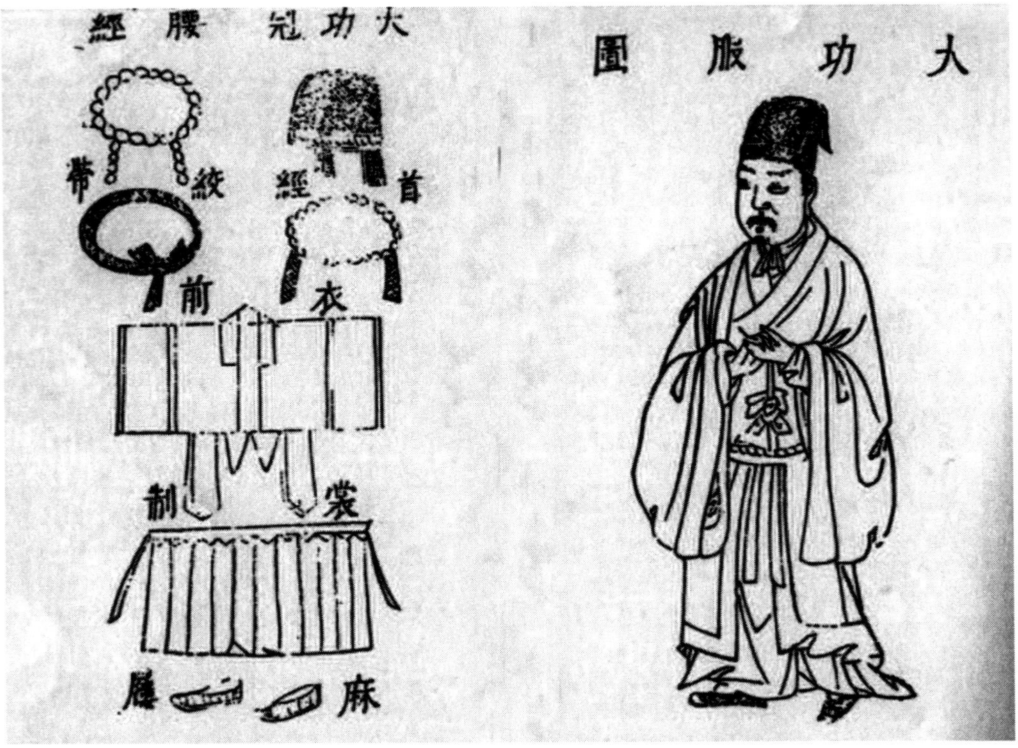

大功言布之用功粗大也，服制同齊衰，但用布比齊衰稍熟耳。冠制同上。首絰圍五寸餘，腰絰四寸餘，絞帶同上。屨用布爲之，婦人服制同上，但用布稍熟耳。

又《小功》

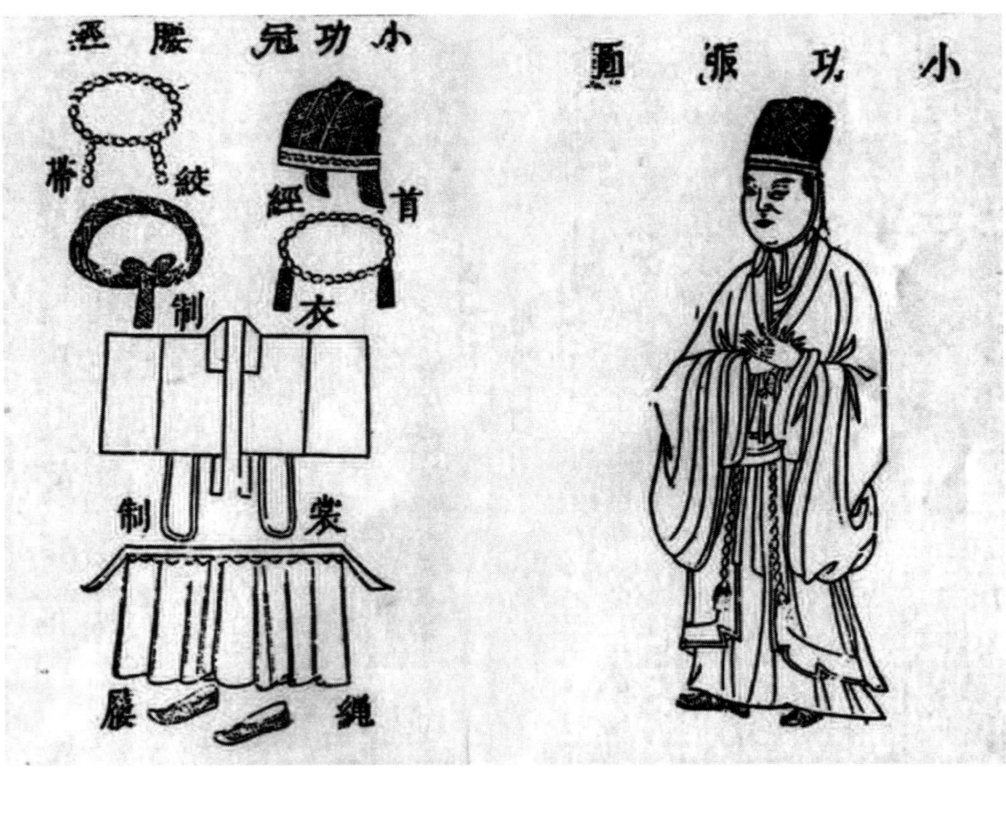

小功者言布之用功細小也，服制同大功，但用布稍細耳。裳同上，冠

辟積縫向左，首絰圍四寸餘，腰絰三寸餘，絞帶、屨用白布爲之，婦人服制同上，布稍熟細。

又《緦麻》

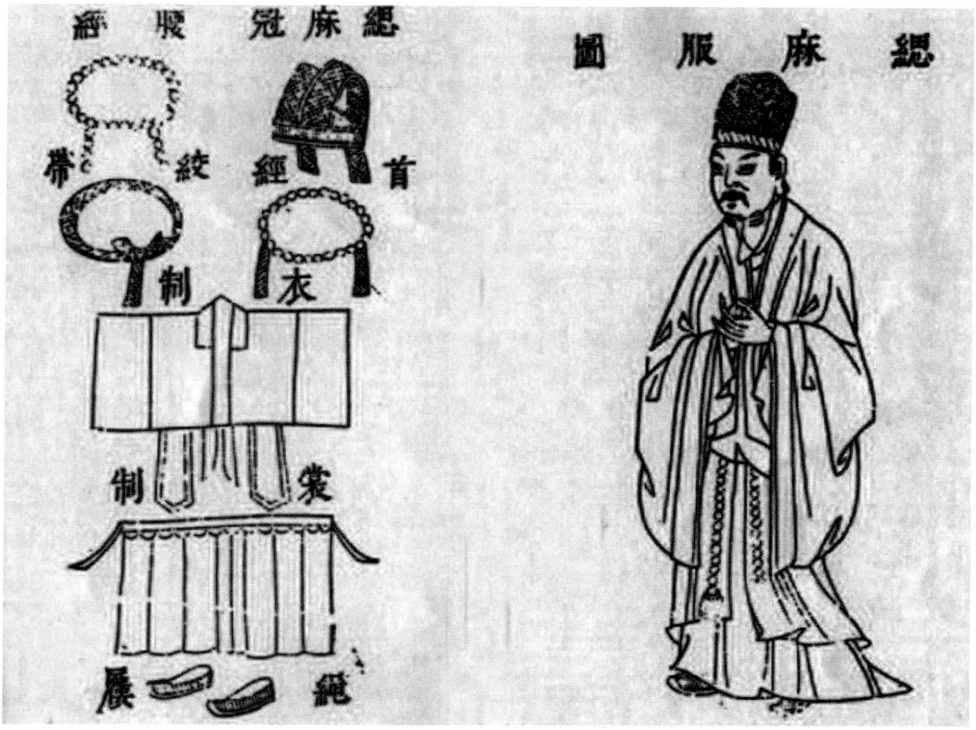

緦，絲也，治其縷，緦如絲也，又以澡治莩垢之麻爲絰帶，故曰緦麻。服制同小功，但用極細熟布爲之。裳同上，冠辟積縫向左，首絰圍三寸，腰絰圍二寸，並用熟麻爲之，婦人服制同小功，但布極熟細。

明・焦竑《焦氏筆乘》卷一《師不制服》 程子曰：師不立服，不可立也。當以情之厚薄、事之大小處之。如顔、閔於孔子，雖斬衰三年可也，以成己之恩與君父并。其次各有淺深，稱其情而已。下至曲藝，莫不有師，豈可一概制服。按《儀禮》：爲朋友服齊衰三月。漢范巨卿聞張元伯之喪，制朋友之服，往哭之，況於師乎。宋儒黄幹於朱子之喪，服加麻，制如深衣，用冠絰。王柏喪其師何基，服深衣，加帶，絰冠加絲。武柏卒，其弟子金履祥喪之，則加絰於白巾，絰如緦麻而小，帶用細苧。此皆行於近世而可法者。

明・陳懋仁《析酲漫録》卷二 趙飛鸞爲皇后，其女弟在昭陽殿遺飛鸞書曰：今日佳辰，貴姊懋膺，皇册謹上，襚三十五條，以陳踴躍之心，所上皆衣襦雜寶也。余按《説文》：襚，衣死人也。《春秋》秦人來歸僖公成風之襚。《左傳》魯襄公朝楚會楚，康王卒，楚人使公親襚，公患之。叔孫穆叔曰：祓殯而襚，則布帛也。《穆天子傳》盛姬喪，曰天子出憲，以或襚賵。《史記》死則不得賻襚。《公羊》注疏：襚專施于死。《小爾雅》饋死者衣服謂之襚。是皆以襚施于死者。

明・張岱《夜航船》卷九《禮樂部・喪事》 喪禮。黄帝始制棺槨，周公制翣，周制俑，虞卿制桐人，左伯桃制明衣新衣襲尸，史佚制下殤棺衣，夫差爲冥帽，而始制面帛。夏制明器，五代制靈座前看果，舜制吊禮。晉制，吊客至喪家鳴鼓爲號。巫咸制紙錢名寓錢，漢鑄神瘞錢，王璵始喪祭焚紙錢，周制方相先驅，漢制魌頭，俗開路顯道神。始嫘祖祖道死，嫫姆監護因制。商始制銘旌以書姓名，魏始書號。後漢始制墓碑，爲文字辨識。

黄帝封京觀，始制墓。周公始合葬，周桓王始改葬，秦武公始人殉葬，宋文公始殉葬用重器。秦稱天子墓爲山，漢始爲陵，漢文帝始豫造壽陵。少康封其子祀，禹始設守陵人。秦始皇制皇寢石麟，辟邪、兕馬，臣下石人羊虎柱罔象，好食亡者肝，因制。宋真宗始給民義塚，制漏澤園。

明・朱之瑜《舜水先生文集》卷七《書七》 明朝衰衣之制有袂而無袪，無所謂縫合一尺二寸者。下亦無裳，蓋内有麻衣。如衰襲之有麻衣之袪，故衰不爲袪。麻衣長與身齊，故不爲裳。後闊中裁與摺共一尺六寸，

更爲布一片，長一尺八寸，綴於領下，名爲負版。今所做者無此，失其制矣。麻衣近有來者亦能爲，惟深衣幅巾能爲之者，百中之一二耳。必俟前工到方可爲之，須少寬半年。梁冠不俟亦能爲，當備料製奉。

又卷二〇 喪服用三升麻布，謂不漚不練未經灰煮者。青黑色。日本無喪制，恐無此物。若台臺有意於禮，即用生紵布亦可，用生白木棉亦可。

清・顧炎武《日知録》卷五《凶禮》 大宗伯以凶禮哀邦國之憂。其別有五，曰死亡、凶札、禍烖、圍敗、寇亂，是古之所謂凶禮者，不但於死亡，而五服之外有非喪之喪者，緣是而起也。《記》曰：年不順成，天子素服，乘素車，食無樂。又曰：年不順成，君衣布，搢本。《周書》曰：大荒，王麻衣以朝，朝中無綵衣。此凶札之服也。《司服》大札、大荒、大烖，素服注曰：大烖，水火爲害，君臣素服縞冠，若晉伯宗哭梁山之崩。《春秋》：新宫災，三日哭。此禍烖之服也。《記》曰：國亡大縣邑，公卿、大夫、士厭冠哭于太廟。又曰：軍有憂，則素服哭于庫門之外。《大司馬》：若師不功，則厭而奉主車。《春秋傳》：秦穆公敗于殽，素服郊次，鄉師而哭。此圍敗之服也。《呂氏春秋》：公孫龍對趙惠王曰：今藺離石入秦，而王縞素出總。是戰國時猶行此禮。若夫《曲禮》言：大夫、士去國，素衣素裳，素冠徹緣，鞮屨素簚，乘髦馬。《孟子》言三月無君則弔，而季孫之會荀躒，練冠麻衣，此君臣之不幸而哀之者矣。秦穆姬之逆晉侯，免服衰絰，衛侯之念子鮮，税服終身，此兄弟之不幸而哀之者矣。楚滅江，而秦伯降服出次，越圍吴，而趙孟降于喪食，此與國之不幸而哀之者矣。《漢書・高帝紀》：秦王子嬰，素車白馬。應劭曰：喪人之服。先王制服之方，固非一端而已。《記》有之曰：無服之喪，以蓄萬邦。杜氏《通典》，以鎮撫諸州水旱蟲災，勞問諸侯疾苦，編於凶禮之首。

清・虞兆漋《天香樓偶得》 稱衣。杜預曰：衣單複具曰稱，謂一單衣一複衣。複猶今俗言夾也，稱字讀作去聲。又《禮記・喪大記》云：衣必有裳，謂之一稱。小斂大斂，君、大夫、士衣各有稱數。今俗始死取斂衣，往橋上用稱，稱之蓋，因誤解稱字之義耳。

清・俞正燮《癸巳存稿》卷二《升數》 《喪服傳》云，斬衰冠六升，衰三升。齊衰冠者，沽功也。齊衰，大功，冠其受也，緦麻，小功，冠其衰也。大功布九升，小功布十一升。緦者，十五升抽其半，有事其縷，無事其布。錫者，十五升抽其半，無事其縷，有事其布。記云，衰三升，三升有半，其冠六升，以其冠爲受，受冠七升。齊衰四升，其冠七升，以其冠爲受，受冠八升。繐衰四升有半，其冠八升，大功八升，若九升，小功十升，若十一升。《既夕》記云，冠六升，衰三升。《間傳》云，斬衰三升，齊衰四升五升六升，大功七升八升九升，小功十升十一升十二升，緦麻十五升去其半，斬衰三升，受以成布六升，冠七升，疏衰四升，受以成布七升，冠八升。推排之，當是斬衰冠六升，齊衰冠七升，大功冠九升，小功冠十一升，緦錫冠十五升，斬齊大功之衰，俱抽冠升之半，小功緦錫，則冠衰俱抽升之半，五服十一等之衰與冠，言縷則精粗不同，言升則多少不同。傳參互求之，古布廣二尺二寸，當今尺又三寸餘，以二百四十粗縷爲經，是三升也，以六百稍治縷爲經，是十五升抽其半。

升爲八十縷，緇布經三十升，冠二千四百縷，近人或疑之。案二十升之說是也。升即稯，《説文・稯》云，布之八十縷爲稯。《史記・孝景紀》云，令徒隸衣七緵布，即稯字，是五百六十縷爲粗惡也。《晏子春秋》云，十緫之布，一豆之食，亦即稯字，是八百縷爲粗惡也。緇布冠當有二千四百縷，縷細布密，若抽其半，則似今之紗矣。吴仁傑《兩漢刊誤補遺》。言宋時織蔻用六成至十五成，成四十齒，兩縷共一齒，是八十縷爲成，即升，即稯也。宋時十五成爲常麻布，則三十升之緇布。惟周時冕用之，孔子亦以爲不儉。孔安國以純絲易成，本謂麻三十升難成也，不必疑。

清・黃以周《禮書通故》第三 鄭玄云：《司服》凡吊事，弁絰服，弁絰如爵弁，而素加環絰。《曾子問》麻弁絰者，布弁而加環絰也。布弁如爵弁而用布。王與之云：弁絰皮弁而加環絰。《喪服小記》云：諸侯吊，必皮弁錫衰。以周案：爵弁，吉弁。弁絰如爵弁而素，非爵弁加絰也。《檀弓》疏引殷人冔而葬，及弁絰葛而葬。以弁絰即是爵弁，誤。王氏易以皮弁亦非。《小記》云諸侯吊必皮弁錫衰，謂吊異國之臣，故不曰國君曰諸侯。《司服》注云：國君於其臣弁絰，他國之臣則皮弁是也。皮弁爲視朝視朔之吉弁。《喪大記》君將斂，子弁絰。爲投冠以後。喪冠未成，而弁用縞素，以待成服。如弁絰即皮弁，是投冠後喪冠冔，其間倏用吉弁臨之，大非禮意。

又第四九 器服。《傳》曰：冠繩纓，條屬，右縫，冠六升外畢。注云：屬猶著也。通屈一條繩爲武，下爲纓，著之冠也。《雜記》曰器冠條屬，以

别吉凶。三季之練冠亦條屬右縫，小功以下左縫，外畢者，冠前後屈而出，縫于武也。【略】衰裳之制舊説多不足據，前器服四已詳辨之。婦人不殊裳，衰如男子衰，下如深衣則無帶，下又無衽，俱見鄭注。

清・陳康祺《郎潛紀聞》卷四《陸清獻居喪禮》 清獻再起，應鴻博科，在都聞封公訃，即徒跣出國門。抵家後，日夕喪次哭泣，盡哀茹素，不入内寢，席地而卧。期年後，乃以土壞置塹四隅，而寢其上。所製服悉准家禮，大約三月之内，衰絰不去體，三月後始易麻帽，以麻縷爲緯，服麻袍，小祥後，始用白布帽，以棉紗綫爲緯，服粗白布袍，大祥後，以月白綫爲緯，始用淺色布套子，加於素袍上。蓋從時法古，兩得之矣。士大夫不幸遭大故，可取法也。

清・震鈞《天咫偶聞》卷一〇《瑣記》 滿俗喪禮，輕於漢人，斬衰止百日，期服六十日，大功三十五日，小功一月，緦麻廿一日，較之古禮似不及遠矣。然其居喪也，衰服不去，身不聽樂，不與宴，居室皆用素器，木几素席，以終三年。期功各以其等降，相率行之，無敢逾。若戚友家喪，有服者如其服，無服者男去纓，女去珥。喪主人奉男腰絰，奉女首絰，拜而進，受者亦拜。

又《服制》 黄帝始制喪禮，禹始制五服，堯始定三年喪，父斬衰，母齊衰。唐武后制，父在爲母三年，同父喪。宋太祖制，舅姑三年喪。周公制，生母齊衰三月。魯昭公制慈母服他妾養己，唐玄宗加母黨服。魏徵制叔嫂小功服，戴德制朋友緦麻服。晉襄公制，起復始，伯禽征徐戎卒哭，漢唐沿之。始大臣奪情。漢元帝始令博士丁憂，漢文帝始易月。景帝爲三十六日釋服，唐肅宗始定二十七日之服。

又《賻賵》 賻，助也。賵，報也。所以助生送死，副至意也。貨財曰賻，車馬曰賵。玩好曰贈，衣服曰襚。

紀事

《宋書》卷一五《禮志二》 漢文帝始革三年喪制。臨終詔曰：天下吏民臨三日，皆釋服。無禁取婦、嫁女、祠祀、飲酒、食肉。其當給喪事者，無跣。經帶無過三寸。當臨者，皆旦夕各十五舉音。服大紅十五日，小紅十四日，纖七日而釋服。

又 至孝武崩，驃騎將軍司馬道子命曰：今雖權制釋服，至於朔望諸節，自應展情陵所，以一周爲斷。於是至陵變服單衣峽，煩瀆無准，非禮意也。

宋・王溥《五代會要》卷八《喪葬上》 奉六月十四日敕：喪葬之儀，本防逾僭，若容錦繡，難抑奢豪。但人情皆重於送終，格令當存於通理，宜令御史臺除錦繡外，并庶人葬，更檢詳前後敕格，子細一一條件，分析奏聞，冀合人情，永著常令者。

《宋史》卷一二四《凶禮三》 孝宗乾道三年四月一日，太常寺言：皇伯母秀王夫人薨，輟朝五日，内二日不視事。乞自今月二日爲始，輟朝至六日止，其二日，三日并不視事。從之。舉哀挂服。尚舍設次於廣德殿或講武殿、大明殿，其後皆於後苑壬地。前一日，所司預設舉哀所幕殿，周以簾帷，色用青素。其日，皇帝常服乘輿詣幕殿，侍臣奏請降輿，俟時釋常服，服素服，白羅衫、黑銀腰帶、素紗軟脚幞頭。太常博士引太常卿當御坐前跪，奏請皇帝爲某官薨舉哀，又請舉哭，十五舉音，又奏請可止。中書、門下、文武百官進名於崇政殿門外奉慰。皇帝釋素服，服常服，乘輿還内。

明・談遷《棗林雜俎》智集《逸典・喪儀》 仁聖皇太后之喪，大宗伯范謙衣白入朝，至闕門忽傳各官衣青布袍，急出易衣以進。次日則白紗帽烏靴成服。斬衰，朝夕哭臨。期畢而退署，衣冠皆白，經帶不除，二十七日後用三烏，謂烏紗帽、皂靴、黑角帶也。又逾月易青素，大約百日更淺淡，服色行移。舊案有白紗帽，白布袍，布襪，蒲鞋。末年中宫之喪，浙省詔至，疑所服青白，竟青袍迎詔。

清・姚元之《竹葉亭雜記》卷一 國朝喪制。皇帝二十七日而除，高宗當世宗升遐之日，欲行三年之喪，諸臣引據經義陳懇，乃持服百日。嘉慶四年，仁宗欲持服三年，王大臣以大禮服制著有定制，再四請循舊制，始勉從所請。縞素百日，仍素服二十七月。嘉慶二年二月七日，孝淑睿皇后之喪，時以禮統於尊，輟朝五日。睿皇素服七日，遇奠醊摘纓。所有王公大臣及官員兵民人等，俱只素服七日，不摘纓，照常薙髮。睿皇仍諭：輟朝期内，各衙門章疏及引見等事照常呈遞。其七日内，圓明園值宿奏事之王

大臣等，及引見人員俱常服，不挂朝珠。此禮之變也。蓋禮以義起，當日睿皇尊養之孝思，高宗慈愛之周至，具見和、福二摺中，實千古未有之盛事也。摺并附録：奴才和珅、福長安跪奏：竊奴才福長安于召見軍機大臣方纔趕到，隨同進見。當將此七日内皇上不過乾清宫中一路，如詣吉安所時，俱出入蒼震門，不由花園門行走，在永思殿更换素服，凡隨從人等，俱在景山東門换服，于回宫時仍换常服，皇帝在宫時亦仍换常服，於十三日目送奉移後，皇帝回園時，不由出入賢良門行走，從西門竟至長春仙館，於次日早晨方恭請聖安，詳晰面奏。太上皇聖意甚慰，以爲皇帝心思周密，又恐皇帝過於哀悼，復蒙垂詢，亦經奴才等具奏：皇帝總以孝奉爲務，甚能以義制情，并不過於傷感。又奏：昨日奴才福長安於未刻回圓明園，當同軍機大臣進見，奏稱：皇帝遵奉敕旨，於十六日回園，即到長春仙館。并以若照常例請安，猶覺稍有未愜，擬於十七日在生秋亭恭請聖安較爲妥協。太上皇以皇帝所想尤屬周到，聖意甚悦，以爲必應如此。又蒙垂詢：皇帝日内尚不至過悲否。當日即回奏：皇帝以禮抑情，并不過於感愴。今日因閲看景安、秦承恩奏到撲滅淅川光頭山教匪二摺，轉深慰悦。太上皇以皇帝極盡孝道，斟酌事理，思慮詳密，又以國事爲重，聖意尤爲欣喜。理合奏聞，仰慰宸廑。謹奏。嘉慶二年二月十一日。再本日進見時，太上皇又將昨日垂詢一切詳細詢及，奴才等如前覆奏。又問：皇帝近日面貌稍覺瘦否。當即覆奏：御容如常。復問及在宫内服色，又經覆奏：皇帝因奉養太上皇，諸取吉祥，不獨御用係屬常服，即凡隨從太監等皆蒙諭令穿天青褂子。太上皇以皇上專隆尊養，純孝若此，實爲前代所未有，聖心愉悦之至。《禮》爲天子斬衰。國朝喪儀，王公百官持服二十七日。孝袍毛邊，夏則凉帽去纓，冬則暖帽去纓。届期除服易青袍，百日而止，衣更青則冠用纓。惟恭理喪儀及殯前守衛執事人員，及派出穿孝之王大臣，始百日除服。

清・朱銘盤《南朝陳會要・凶禮》 大喪。【略】武帝崩，六日成服，朝臣共議大行皇帝靈座俠御人所服衣服吉凶之制，博士沈文阿議，宜服吉服。舍人劉師知議云：既稱成服，本備喪禮，靈筵服物，皆悉縞素。【略】按王文憲《喪服明記》云：官品第三，侍靈人二十。官品第四，下達士禮，侍靈之數，并有十人。皆白布褲褶，著白絹帽。内喪女侍數如外，而著齊縗。或問内外侍靈是同，何忽縗服有異。答云，若依君臣之禮，則外侍斬，内侍齊。頃世多故，禮隨事省。諸侯以下，臣吏蓋微，至於侍奉，多出義附，君臣之節不全，縗冠之費實闕，所以因其常服，止變帽而已。婦人侍者，皆是卑隸，君妾之道既純，服章所以備矣。皇朝之典，猶自不然，以此而推，是知服斬。彼有侍靈，則猶俠御，既著白帽，理無彤服。

雜録

南朝梁・顧野王《玉篇》卷二八 袧。口豆切。喪服也。

《北齊書》卷一二《文宣四王列傳》 後主時，改九院爲二十七院，掘得一小屍，緋袍金帶，一髻一解，一足有靴。諸内參竊言，百年太子也，或言太原王紹德。詔以襄成王子白澤襲爵樂陵王。齊亡，入關，徙蜀死。

唐・段成式《酉陽雜俎》前集卷一三《尸穸》 婦人著簂，不著面衣。又婦人哭以扇掩面，或有帷幄内哭者。

宋・王溥《五代會要》卷八《喪葬上》 禮部格物，凡官人百姓送葬，競爲奢僭，不依禮式，宜令所司切加糾察。如物色等數目大小有違條式，及輒飾以金銀者，杖六十。

又 未有章服者，紫同三品，緋同五品已上，緑及應官并同九品已上。命婦及文武官母、妻并邑號命婦，各准本品。如夫、子官高，聽從夫、子，無邑號者各准夫、子品秩。

又卷九《喪葬下》 今臺司按葬作行人李温等通到狀，并於令内及天成四年六月敕内詳，穩便喪置，定例五品至八品升朝官，六品至九品不升朝官等，及庶人喪葬儀制，謹具逐件如後：五品至六品升朝官，使二十人舁轝車，竿高七尺，長一丈三尺，闊五尺，以白絹全幅爲幃額，婦人以紫絹爲帶額，並畫雲氣，周迴遮蔽，上安白粉掃木珠節子二十道，魂車一，小香轝子一，并使結麻網幕，魌頭車一，挽歌八人，練布深衣，披、引、鐸、翣各一，不得著錦繡，明器三十事，四神十二時在内，四神不得過一尺，餘不得過七寸。園宅一，方三尺，其明器物，不得以金銀毛髮裝飾，共置八轝，内許兩箇紗籠，已上並不得使結絡錦繡裝飾，如事力不辦，任自取便。

七品至八品升朝官，使一十六人舁轝車，竿高七尺，長一丈三尺，闊

五尺，以白絹全幅爲帶額，周迴遮蔽，上安白粉掃木珠節子二十道，魂車、香轝子各一，並使結麻網幕，魌頭車一，明器二十事，以木爲之，四神十二時在内，四神不得過一尺，餘不得過七寸，不得使金銀鏤雕、帖毛髮裝飾，園宅一，方二尺五寸，共置六舁，挽歌一十六人，練布深衣，披、引、鐸、翣各一，已上並不得著錦繡結絡裝飾，如事力不辦，任從所便。

六品至九品不升朝官，使一十二人舁轝車，竿高六尺，長一丈一尺，闊四尺，以白絹全幅爲帶額，婦人以紫絹爲帶額，周迴遮蔽，上安白粉掃木爲珠節子一十六道，魂車一，香轝子一，並使結麻網幕，明器以一十五事，並不得過七寸，以木爲之，並不得使金銀雕鏤、帖毛髮裝飾，共置五轝，挽歌四人，練布深衣，鐸、翣各一，不得著錦繡及別有結絡裝飾，如事力不辦，任自取便。檢校兼試官並依此例。【略】男子以白絹半幅爲帶額，婦人以紫絹半幅爲帶額，周迴遮蔽。

宋・王得臣《麈史》卷一《禮儀》　慈聖光獻上仙時，禮院議曰：所服冠用布，四脚；衣布袍，腰絰，麻履。宗室及曹氏皆斬衰杖。元祐癸酉，余使閩。秋，遇宣仁聖烈之變，余令建州吏具如上服。後問他郡，皆服斬衰。時熊皋守鄱陽，乃出所録庚申禮官議服，爲得體。辛巳，欽聖憲肅遺告到安州。余急趨郡中，見守相，首問所服，皆曰斬衰，余以爲不可。時坐客亦有言：癸酉中，在金陵，曾舍人鞏守郡，亦服斬衰。余以爲大非也。遺告在京，以日易月，十三日而除，是朞服也。今服斬衰，義有所嫌，遂用余説。後聞他處服斬衰者甚多，士而不知禮，安可以仕乎。

宋・蔡絛《鐵圍山叢談》卷四　始時士大夫起復，則裹糙光幞吴本則下有皆字。慘紫袍、黑角帶而已。上意每惡之。政和末，議者謂入公門不應變服，遂建議赴治所，別本建議并作造請。皆吉服，與常時無別矣。大凡有識之士，不肯起復喪次。起喪次者吴本云起復者。時多權要，吴本首有乃字。或無志之人爾。鄭丞相居中，政和七年遭母喪去，卒哭尚二日則已拜。張本云則已拜命。士大夫深惜之，然居家猶服喪也。宣和後起復者，雖在家奉其几筵如故，至接賓客、燕親舊，蓋與常人無異，禮義於是掃地。李丞相士美邦彦繇起復中拜相。魯公時復入政府，別本并作地。吾得出入禁闥。一日遣邀吾，吾已諾之矣。適訪其親密李公弼孺者，乃是置酒，出家妓，作優戲以見待。吾得此大懼，力辭不去，繇是致疑，因以得罪，此亦獲戾之一端焉。然實賢者，但不諒吾之狂也。遂以著當時之習俗。別本遂并作書。

宋・周去非《嶺外代答》卷七《樂器門・白巾鼓樂》　南人難得烏紗，率用白紵爲巾，道路彌望，白巾也。北人見之遽訝曰：南瘴疾殺人，殆比屋制服者歟。又南人死亡，隣里集其家，鼓吹窮晝夜，而制服者反於白巾上綴少紅線以表之。嘗聞昔人有詩云：簫鼓不分憂樂事，衣冠難辨吉凶人，是也。

《宋史》卷一二五《凶禮四》　喪服雜議。慶曆七年，侍御史吴鼎臣言：武班及諸職司人吏，曾因親喪出入禁門，甚有裹素紗幞頭者，殊失肅下尊上之禮。欲乞文武兩班，除以官品起復許裹素紗外，其餘臣僚并諸職司人吏，雖有親喪服未除，并須光紗加首，不得更裹素紗。詔送太常禮院，禮官言：准令文，凶服不入公門。其遭喪被起，在朝參處，常服各依品服，惟色以淺，無金玉飾。在家，依其服制。其被起者，及期喪以下居式假者，衣冠朝集，皆聽不預。今鼎臣所奏，有礙令文。詔依所定，如遇筵宴，其服淺色素紗人，更不令衹應。

明・陸容《菽園雜記》卷六　今人有喪，剪帛以授弔客，謂之孝，大抵京師人家孝，主於勾引祭賻之貲，江南人家孝，主於勾引人光賁送喪，士大夫家亦有爲之者，此非禮之禮也，楊文貞公遺戒子孫不用此，最是。

明・王世貞《觚不觚録》卷一　河南淮北山陝諸郡士夫，多仍王威寧康德之習，大小會必呼伎樂，留連宿飲，至著之祠曲不以爲怪。若吴中有之，則大槩考察削籍不堪復收者，既而聽用在告諸公，亦染指矣。又既而見任陞遷，及奉使過里者，復瀾倒矣。乃至居喪，衣嘗輕縑白帢。

明・余繼登《典故紀聞》卷一　太祖嘗念仁祖太后始葬時禮有未備，議欲改葬，問博士許存仁等改葬當何據，對曰：禮，改葬易常服用緦麻，葬畢除之。乃命有司制素冠白纓衫絰，皆以粗布爲之。起居王褘曰：此比緦麻爲重矣。太祖曰：與其輕也寧重。時有言改葬恐泄山川靈氣者，乃不復改。

清・顧炎武《日知録》卷一五《衫帽入見》　《唐書・李訓傳》：文宗召見，訓以衰粗難入禁中。令戎服，號王山人。《宋史・蔡挺傳》：仁宗欲知契丹事，召對便殿。挺時有父喪，聽以衫帽入。則唐宋有喪者，不敢假

公服也。今人干謁官長輒易青黑，與常人無異，是又李訓之不如乎。

清・褚人穫《堅瓠集》七集卷一《簪白柰》 宋寧德皇后從徽宗蒙塵，紹興五年，訃音自北庭來，徽州守唐輝使休寧尉陳之茂撰疏文，有云：十年罹難，終弗返于蒼梧，萬國銜冤，人盡簪乎白奈。白柰見《晉史》，成帝時三吴女子相與□白花，望之如素柰。傳言天宫織女死，爲之着服。已而杜后崩，唐竇叔向上正懿皇后哀挽詩，有命婦羞蘋葉，都人插柰花之句。陳詞祖此。

清・袁棟《書隱叢説》卷一一《服制》 孝子新喪守七時，服斬衰，梁冠一一如昔，曾不少變，見之者，凛然其欲泣也。

清・阮葵生《茶餘客話》卷五 順治九年，定官員故，焚所服衣共五襲，冬三襲，春夏各一。

清・采薇子《蟲鳴漫録》 江西新昌縣，文風最盛，科第聯綿，風俗亦華麗，與他邑朴素者不同，頗有蘇杭勝概，惟送喪一事，爲天下奇觀。其俗於殯期前一月，散帖邀親族，平日有一面者，無不請到，稍有遺漏，爲大不合禮，羣起而責之，必兢兢焉冥搜積想，務期周遍而後已。送殯者無論遠近，三日前男婦畢至，素衣悉自備，不問喪家索取，殯日，男則摘纓白衫，女則白衣素裳，皆步行以送，十百成羣，脂香粉澤，隨風飄颺，翠袖弓鞵，掩映裙邊袖角間，益增其妍，見之者無不奪目消魂，心摇摇如縣旌也。男女錯雜，履舄相交，頗有因是而涉洧乘垣者，安得賢有司爲之禁革，使歸於儉仆耶。

纏足部

歷史溯源

論説

明·楊慎《譚苑醍醐》卷三《弓足》《墨莊漫録》考婦女弓足，起於李後主，子按樂府《雙行纏》知其起於六朝。張禺山云，《史記》云，臨緇女子，彈弦躧屣。又云，摇修袖，躡利履，意古已有之。再考《襄陽耆舊傳》云，盜發楚王冢，得宫人玉屐。張平子賦云，金華之舃，動趾遺光。又云，履躡華英。又云，羅襪躡蹀而容與。曹子建賦，羅襪生塵。焦仲卿妻詩，足躡花文履。繁欽詩，何以釋憂愁，足下雙遠遊。梁武帝《莫愁歌》足下絲履五文章。卞蘭美人賦，金蕖承華足。陶潛賦，願在絲而爲履，附素足以周旋。崔豹《古今注》晉世履有鳳頭、重臺、分稍之制。唐詩，便脱鸞靴出翠帷，又《麗情集》載章仇公鎮成都，有真珠之惑，或上詩以諷云神女初離碧玉階，彤雲猶擁牡丹鞋。應知子建憐羅襪，顧步褰衣拾墜釵。李義山詩，涴花牋紙桃花色，好好題詩詠玉鈎。陶南村謂唐人題咏，略不及之，蓋亦未之博考也。

清·錢泳《履園叢話》卷二三《雜記上·裹足》婦女裹足之説，不載於經史，經史所載者，惟曰窈窕，曰美而艷，或言領言齒言眉目，從未有言及足者。案《太平御覽》云，昔製履，男子方頭，婦人圓頭，見《宋書·五行志》。《唐六典·内官尚服》注，謂皇后太子妃青襪舃加金飾，開元時或著丈夫衣靴，則唐時尚未裹足也。《雜事秘辛》載漢保林吴姁足長八寸，脛跗豐妍，底平趾斂。杜牧詩：鈿尺裁量減四分。鈿尺長八寸，減四分爲七寸六分。韓渥詩：六寸膚圓光緻緻。李白詩：履上足如霜，不著鴉頭襪。杜甫詩：羅襪紅蕖艷。乃青履紅襪，非金蓮之謂也。即《大唐新語》并《國史補》亦祇云，馬嵬店媪收得楊妃錦襪一隻，并不言足之大小也。又《唐詩紀事》段成式《光風亭夜宴伎有醉毆者》詩云：擲履仙鳧起，扯衣蝴蝶飄。門毆時其履可以擲人者，其不小可知。然則裹足之事始於何時。《道山新聞》云：李後主窈娘以帛繞足，令纖小屈足新月狀。唐縞有詩云：蓮中花更好，雲裏月常新。因窈娘而作也。或言起於東昏侯，使潘妃以帛纏足，金蓮帖地謂之步步生蓮花。張邦基《墨莊漫録》亦謂弓足起於南唐李後主，是爲裹足之始。至宋時有裹有不裹，《湛淵静語》云：程伊川先生家婦女俱不裹足，不貫耳。陶九成《輟耕録》謂扎脚始於五代以來方爲之，熙寧、元豐之間爲之者尚少，此二説皆在宋、元之間，去五代未遠，必有所見，非臆説也。大約此風至金、元時始盛，自此相沿而成俗矣。其足小而鋭者，考之於古亦有所出，出於古之舞服。《史記》云：臨淄女子彈弦縰足。又云：揄修袖，躡利屣。《集解》徐廣注云：利屣，舞屣也。舞則見屣，舞屣赤色花紋，薄底，頭利鋭，綴以珠，似即今女人之鞋式也。他如張衡《西京賦》振朱屣於盤樽，《許昌賦》振華足而却蹈，又《文選》無賦、庾信舞賦、顧野王舞賦以及曹植《妾薄命》詩，簡文帝、昭明太子舞詩俱有言及足者，蓋古者女衣長而拽地，不見足，惟舞見足，故言履言屣也，因知窈娘裹足，乃舞服也。

《説文·尸部》屧，履中薦也。《吴中古迹記》有西施響屧廊，似即今女人鞋中之高屧，故行步有聲。足之稍大者，欲令使小，則用高屧，言高薦也。今人謂之高底者，非也，要之亦舞服也。古樂府有雙行纏曲，或疑爲裹足之證，曲云：朱絲擊腕繩，真如白雪凝。非但我言好，衆情共所稱。又云：新羅繡行纏，足趺如春妍。他人不言好，我獨知可憐。謝靈運詩：可憐誰家婦，緣流洗素足。陶淵明《閒情賦》：願在絲而爲履，同素足以周旋。又唐人詩：兩足白如霜。夫賦足而言其白、言其素、言其妍，其不纏也可知矣。所謂雙行纏者，乃纏其兩股，非纏其足也。總之婦女之足，無論大小，有高屧無高屧，貴乎起步小，徐徐而行，即焦仲卿詩所謂纖纖作細步，精妙世無雙也。若行步蹣跚，醜態畢露，雖小亦奚以爲。

大凡女人之德，自以性情柔和爲第一義，容貌端莊爲第二義，至足之大小，本無足重輕。然元、明以來，士大夫家以至編民小户，莫不裹足，似足之不能不裹，而爲容貌之一助也。其足之小者，莫如燕、趙、齊、魯、秦、晉之間，推其能小之道，蓋亦有法焉。凡女子兩三歲便能行走，四五歲之間，即將兩足以布條闌住，不使長，不使大，至六七歲已成，片段不纏而自小矣。

而兩廣、兩湖、雲貴諸省，雖大家亦有不纏者。今以江浙兩省而言，足之大莫若蘇、松、杭、嘉四府，爲其母者，先憐其女纏足之苦，必至七八歲方裹。是時兩足已長，豈不知之，而不推其故，往往緊纏，使小女則痛楚號哭，因而鞭撻之，至鄰里之所不忍聞者，此蘇、杭人習焉不察之故也。然則蘇、杭皆大足耶。曰否。得其法則小，不得其法則大。

天下事貴自然，不貴造作，人之情行其易，不行其難。惟裹足則反是，并無益於民生，實有關於世教。且稽之三代，考之經史，無有一言美之者，而舉世之人皆沿習成風，家家裹足，似足不小，不可以爲人，不可以爲婦女者，真所謂戕賊人以爲仁義，亦惑之甚矣。國朝八旗婦女皆不裹足，古道猶存，其風足尚。莊子云：天子之侍御，不爪揃，不穿耳。耳尚不穿，豈可裹足耶。盍請地方大吏出示禁約，凡屬貴臣望族以及詩禮之大家，俱遵王制，其倡優隸卒及目不識丁之小户，聽其自便，如以此法行之十年，則積習漸消，天下萬民皆行古之道矣。

本朝崇德三年七月，奉諭旨，有效他國裹足者，重治其罪。順治二年禁裹足，康熙三年又禁裹足。七年七月，禮部題爲恭請酌復舊章，以昭政典事。都察院左都御史王照疏内開順治十八年以前民間之女未禁裹足，康熙三年遵奉上諭，下議政王、貝勒、大臣、九卿科道官員會議，元年以後所生之女，禁止裹足。其禁止之法，該部議覆，等因。於本年正月内臣部題定，元年以後所生之女，若有違法裹足者，其父有官者交吏兵二部議處，兵民則交付刑部責四十板，流徙，十家長不行稽察，枷一個月，責四十板，該管督撫以下文職官員有疏忽失於覺察者，聽吏兵二部議處在案。查立法太嚴，或混將元年以前所生者捏爲元年以後，誣妄出首，牽連無辜，亦未可知，相應免其禁止可也。裹足自此弛禁，事見《蚓庵瑣語》及《池北偶談》。考古者有丁男丁女，惟裹足則失之，試看南唐裹足，宋不裹足得之，宋金間人裹足，元不裹足得之，元後復裹足，明太祖江北人不裹足得之，明季后妃宫人皆裹足，本朝不裹足得之，從此永垂萬世。由是觀之，裹足爲不祥之金明矣，而舉世猶效之，何也。蓋婦女裹足，則兩儀不完，兩儀不完，則所生男女必柔弱，男女一柔弱，而萬事隳矣。且裹足爲賤者之服，豈可以行之天下，而且行之公卿大夫之眷屬耶。予所以喋喋言之者，實有係於天下蒼生，非僅考訂其源流而已。

清・蘇馥《香閨鞋襪典略》卷下《用女喻》 脩竹閣女訓，本壽問于母曰，富貴家女子必纏足，何也。其母曰，吾聞之聖人重女，而使之不輕舉也，是以裹其足，故所居不過閨閾之中，欲出則有帷轝之載，是無事于足者也，聖人如此防閑，而後世猶有桑中之行臨卭之奔，范雎曰，裹足不入秦，用女喻也。

綜 述

宋・張邦基《墨莊漫録》卷八《婦人纏足起於近世》 婦人之纏足，起於近世，前世書傳皆無所自。《南史》：齊東昏侯爲潘貴妃鑿金爲蓮花以帖地，令妃行其上，曰：此步步生蓮華。然亦不言其弓小也。如古樂府、玉臺新詠，皆六朝詞人纖艷之言，類多體狀美人容色之殊麗。又言粧飾之華，眉、目、唇、口、腰肢、手指之類，無一言稱纏足者。如唐之杜牧、李白、李商隱之徒，作詩多言閨幃之事，亦無及之者，惟韓偓《香奩集》有《詠屧子》詩云：六寸膚圍光緻緻。唐尺短，以今校之，亦自小也，而不言其弓。

宋・車若水《脚氣集》 婦人纏脚不知起於何時，小兒未四五歲，無罪無辜而使之受無限之苦，纏得小來不知何用。後漢戴良嫁女，練裳布裘一本作被。竹笥木屐，是不干古人事。或言自唐楊太真起，亦不見出處。

元・陶宗儀《南村輟耕録》卷一〇《纏足》 張邦基《墨莊漫録》云，婦人之纏足，起於近世，前世書傳，皆無所自。《南史》：齊東昏侯爲潘貴妃鑿金爲蓮花以帖地，令妃行其上，曰，此步步生蓮花。然亦不言其弓小也。如古樂府、玉臺新咏，皆六朝詞人纖艷之言，類多體狀美人容色之姝麗，及言妝飾之華，眉目唇口要支手指之類，無一言稱纏足者。如唐之杜牧之、李白、李商隱之輩，作詩多言閨幃之事，亦無及之者。韓偓《香奩集》，有《咏屧子》詩云，六寸膚圓光緻緻。唐尺短，以今校之，亦自小也，而不言其弓。惟《道山新聞》云，李後主宫嬪窅娘，纖麗善舞，後主作金蓮，高六尺，飾以寶物細帶纓絡，蓮中作品色瑞蓮，令窅娘以帛繞脚，令纖小，屈上作新月狀，素襪舞雲中，回旋有凌雲之態。唐鎬詩曰，蓮中花更好，雲裏月長新。因窅娘作也。由是人皆效之，以纖弓爲妙。以此知札脚自五

代而來方爲之，如熙寧、元豐以前人猶爲者少。近年則人人相效，以不爲者爲耻也。

明・郎瑛《七修類稿》卷二二《辯證類・女人纏足蟬鬢》 女人纏足，起於後唐後主宫人窅娘。

明・胡應麟《少室山房筆叢》卷一二《丹鉛新録八・雙行纏》 《墨莊漫録》載婦人弓足始于五代李後主，非也。予觀六朝樂府有《雙行纏》，其辭云：新羅繡行纏，足趺如春妍，他人不言好，獨我知可憐。唐杜牧詩云：鈿尺裁量減四分，碧琉璃滑裹春雲，五陵年少欺他醉，笑把花前出畫裙。段成式詩云：醉袂幾侵魚子纈，彯纓長戛鳳皇釵，知君欲作閒情賦，應願將身作錦鞋。《花間集》詞云：慢移弓底繡羅鞋。則此飾不始于五代也。樂府雙行纏蓋婦人以襯襪中者，即今俗談裹脚也。唐以前婦人未知札足，勢必用此，與男子同。男子以帛，婦人則羅爲之，加文繡爲美觀，以蔽於襪中，故他人不言好，獨所懽知之，語意明甚。考《御覽》履詩云：足躡承雲履，豐趺皜春錦。夫足趺不言小而言豐，則古婦人不纏札，可決千載之疑矣。杜牧之詩：纖纖玉笋裹春雲。見合璧事類。楊作碧琉璃滑，誤也。婦人纏足實當起于此時，并楊所引花間詞、商隱絶可證。然《合璧》引杜詩乃入襪類，恐唐人自以足指爲玉笋，非必以弓纖也。牧之集亦作《詠襪詩》，楊誤。

自《墨莊漫録》以纏足始五代，諸小説所見皆同，余舊頗疑之。因考古昔詩詞，如螓首蛾眉，犀齒蟬鬢，桃腮杏臉，櫻口柳肢。凡婦人一身，摩頂放踵，亡不極意形容，而足者當今自面目外便爲第一義。宋元間咏婦人舉筆闗涉，六朝前文士詎容全置弗言，宋玉《登徒賦》婦人之陋楊矣，而不云其足之巨。陳思《甄后賦》婦人之妍極矣，而不云其足之纖。又史傳所載古今美婦人必有大異于衆者，果六代前知纏足則積習之久，其創意出奇，豈無一二殊絶而史傳杳不聞。又楚宫之腰、漢宫之髻皆以風俗崇尚，昭灼簡書，至足之弓小，今五尺童子咸知艷羡，當時寧無一酷好者，而靈運太白沾沾素足之女，俾千載風流之案，迨老鐵而發耶。觀木蘭歌始終改服，足其變革之大者，而俱置之餘可概見矣。

唐以前婦人足與男子無異，則足之服製可知。子建所稱羅襪，成式所賦錦鞋，大概與男子同，或加文繡耳。今世纏足已久，不爾則衆揶揄之，當六代前不以爲人妖乎。莊周云：四者孰知正色，誠然哉。自昔人以羅襪咏女子，六代相承，唐詩尤衆。至楊妃馬嵬所遺，足徵唐世婦人皆着襪無疑也。然今婦人纏足其上亦有半襪罩之，謂之膝褲，恐古羅襪或此類，載考唐人雜説云，崔彦昭與王凝中表有隙，後彦昭相，其母婢多製襪履，曰吾妹必與子皆逐，吾將共行，彦昭因不敢爲怨。夫男子之襪行多則敝使，如今之膝褲即遠行何以多爲。據崔母所言則唐世婦人之襪誠與男子無異。而兩京六代皆瞭然矣。玉階生白露，夜久侵羅襪，淥水不沾衣，香塵惜羅襪。皆唐詩，餘尚衆。曹子建賦，踐遠游之文履，又繁欽詩，足下雙遠游。蓋魏晉間履名遠游也。夫今之婦人足尚弓小，即跬步難之，豈宜以遠游名履，藉第令婦人纖足善走，然深居壼閣，亦不宜名履遠游，蓋即男子履名婦人共之，繁詩曹賦因寄之題咏耳。又《御覽》云：昔製履，婦人圓頭，男子方頭。蓋作意欲別男女也。太康婦人皆方頭，男子無異。按今婦人履與男子絶殊，即欲爲方頭。與男子同，何可得。《御覽》之言若此，則六代前婦人之履斷可識矣。《道山新聞》云：李後主宫嬪窅娘，纖麗善舞，以帛繞脚，屈上如新月狀，由是人皆效之。以此知札脚五代以來方有之。如熙寧、元豐前人猶爲者少，近年則人人相效，以不爲者爲耻也。右《墨莊漫録》所引，據此則宋初婦人尚多不纏足者，蓋至勝國而詩詞曲據亡不以此爲言，于今而極然，美色愈無聞矣。

又卷四〇《莊嶽委談上》 婦人纏足，謂唐以前無之，余歷考未得其説。古人風俗流傳如墮馬、愁眉等，史傳尚不絶書，此獨不著。太白至以素足咏女子，信或起於唐末，至宋元而盛矣。又古言婦人弓腰而不言弓鞋，言纖指而不言纖足，則陶宗儀之説未爲無見。晉木蘭歌述婦人改服，但稱雲鬟花黄，略不言足，誠似可疑。第六朝前婦人之履不知與男子竟有別否，此雖閨閣靡闗涉然，是古今變革之大者，尚俟詳考定之。

明・錢希言《戲瑕》卷一《纏足》 婦人纏足，胡元瑞以爲起於唐，盛於宋元，楊用修初不得其説，後讀漢雜事秘辛而方知，漢世已有，至以踈陋，自二公該洽其辯，訂閨閣中事，如此余見一書稱纏足始於帝辛時，妲己狐妖，故纏其足以避宫人也，此説最古，要必有據。

明・沈德符《萬曆野獲編》卷二三《婦女・胡元瑞論纏足》 楊用修謂婦人纏足始於六朝。以樂府雙行纏爲據。其説誠誤。友人胡元瑞駁之

不遺餘力。因引晉人男方頭履女圓頭履爲證。又云宋齊以後，題咏婦人足者甚多，并不及其纖小，然終無實證以折之。按梁武帝弟臨川王蕭宏，與帝女永興公主私通，遂謀弑逆，許事捷以爲皇后。永興公主使二僮衣婢服入弑，及升階，僮逾限失履，閹帥令輿人八人抱而擒之，搜僮得刀，乃殺二僮。夫可爲婢服且失履，則足之與男子同可知。當時梁去唐不遠，是一大證佐。而元瑞未之及也。元瑞又引《道山新聞》，以爲始於李後主宫嬪窅娘，似不始於中唐，則又與自所引杜牧詩相背馳矣。一人持論，尚游移無定見乃爾，何以駁正前人耶。余已記弓足，因再閱元瑞説，又訂之如此。

清·李漁《閑情偶寄》卷七《聲容部·治服第三·婦人鞋襪辨》 古婦人之足，與男子無異，周禮有屨人，掌王及後之服屨，爲赤舄，黑舄，赤繶，黄繶，青勾素履，葛履，辨外内命夫命婦之功屨，命屨，散屨，可見男女之履，同一形制，非如後世女子之弓彎細纖，以小爲貴也。考之纏足起于南唐李後主，後主有宫嬪窅娘，纖麗善舞，乃命作金蓮高六尺，飾以珍寶絅帶纓絡，中作品色瑞蓮，令窅娘以帛纏足，屈上作新月狀，著素襪，行舞蓮中，回旋有凌雲之態，由是人多效之，此纏足所自始也，唐以前未開此風，故詞客詩人，歌咏美人好女，容態之殊麗，顔色之天姣，以至面妝首飾衣褶裙裾之華靡，髩髮眉眼唇齒腰肢手腕之婀娜秀潔，無不津津乎其言之，而無一語及足之纖小者，即如古樂府之雙行纏云，新羅繡白脛，足趺如春妍。曹子建云，踐遠游之文履。李太白詩云，一雙金齒屐，兩足白如霜。韓致光詩云，六寸膚圓光緻緻。杜牧之詩云，鈿尺裁量減四分。漢《雜事秘辛》云，足長八寸，脛跗豐妍。夫六寸八寸，素白豐妍。可見唐以前婦人之足，無屈上作新月狀者也。即東昏潘妃，作金蓮花帖地，令妃行其上曰，此步步生金蓮花，非謂足爲金蓮也。崔豹《古今注》，東晉有鳳頭、重台之履，不專言婦人也。宋元豐以前，纏足者尚少，自元至今將四百年，矯揉造作，亦泰甚矣。古婦人皆著襪，楊太真死之日，馬嵬媪得錦袎襪一隻，過客一玩百錢。李太白詩云，溪上足如霜，不著鴉頭襪。襪一名膝褲。宋高宗聞秦檜死，喜曰，今後免膝褲中插匕首矣，則襪也膝褲也。乃男女之通稱，原無分别。但古有底，今無底耳，古有底之襪，不必着鞋，皆可行地，今無底之襪非着鞋，則寸步不能行矣。張平子云，羅襪凌躡足容與。曹子建云，凌波微步，羅襪生塵。李後主詞云，剗襪下香階，手提金縷鞋。古今鞋襪之制，其不同如此。至於高底之制，前古未聞，於今獨絶。吴下婦人，有以異香爲底，圍以精綾者，有鑿花玲瓏，囊以香麝，行步霏霏，印香在地者，此則服妖。宋元以來，詩人所未及，故表而出之，以告世之賦香奩、咏玉台者。襪色與鞋色相反，襪宜極淺，鞋宜極深，欲其相形而始露也，今之女子，襪皆尚白，鞋用深紅深青，可謂盡制，然家家若是，亦忌雷同，予欲更翻置色，深其襪而淺其鞋，則脚之小者更露。蓋鞋之爲色，不當與地色相同，地色者，泥土磚石之色是也，泥土磚石，其爲色也多深，淺者宜於其上，則界限分明，不爲地色所掩。如地青而鞋亦青，地緑而鞋亦緑，則無所見其短長矣。脚之大者則應反此，宜視地色以爲色，則藏拙之法，不獨使高底居功矣。鄙見若此，請以質之金屋主人，轉詢阿嬌，定其是否。

清·褚人穫《堅瓠集》三集卷一《纏足》 纏足謂始於妲己。《古今事物考》謂：妲己，狐精也。一作雉精。猶未變足，以帛裹之，宫中效焉。□説甚誕。《墨莊漫録》云：婦人之纏足起於近世，前此書傳皆無所載。六朝詞人多體狀美人容色之姣好，妝飾之華麗，無一言及纏足者。韓偓《香奩集》有《咏屧子》詩云：六寸膚圓光緻緻。唐尺短，以今校之，亦自小也，皆不言其弓。惟《道山新聞》云：李後主官嬪窅娘，纖麗善舞。後主作金蓮，高六尺，飾以寶物，細帶纓絡，令窅娘以帛繞脚，纖小屈上，作新月狀。素襪舞雲中回旋，有凌雲之態。唐鎬詩曰：蓮中花更好，雲裏月長新。因窅娘作也。由是人皆效之，以纖弓爲妙。以此知扎脚自五代以來方爲之。楊升庵謂起於六朝，引樂府《雙行纏》詞云：新羅繡行纏，足趺如春妍。他人不言好，獨我知可憐。張禺山云：《史記》有臨淄女子彈弦纏足，則古已有之。曹子建《洛神賦》：凌波微步，羅襪生塵。《晉書》：履有鳳頭、重臺、分稍之制。唐詩有便脱鸞靴出翠帷句。李義山詩云：浣花溪紙桃花色，好好題詩咏玉鈎。杜牧之云：鈿尺裁量減四分，碧琉璃滑裹春雲。五陵年少欺他醉，笑把花前出畫裙。段成式詩云：醉袂幾侵魚子纈，彯纓長戛鳳皇釵。知君欲作閒情賦，應願將身托錦鞋。唐人又有慢移弓底繡羅鞋之句。則纏足非始於五代明矣。《七林》咏美人足飾云：文綦綵緤，緰襪羅縢。緤足衣，縢足纏。

清·高士奇《天禄識餘》卷四《弓足》 《墨莊漫録》考婦女弓足起於李後主，按樂府《雙行纏》其辭云，新羅繡行纏，足趺如春妍，他人不言好，

獨我知可憐。以此知起於六朝。然《史記》云，臨淄女子彈絃纏足，又云，揄修袖，躡利屣，意古已有之。再考《襄陽耆舊傳》云，盜發楚王冢，得宮人玉屐。晉世履有鳳頭，重臺分梢之制，陶南邨謂，唐人題咏略不及之，亦未博考，杜牧詩，鈿尺裁量減四分，碧琉璃滑裹春雲，五陵年少欺他醉，笑把花前出畫裠。段成式詩云，醉袂幾侵魚子纈，彯纓長戛鳳凰釵，知君欲作閒情賦，應願將身托繡鞾。《花間集》云，慢移弓底繡羅鞾。亦屢見於詩詠矣。

又《行縢》 《禮記》注，偪，斜幅也。纏足至膝，漢謂之行縢。

清·袁棟《書隱叢説》卷七《纏足》 纏足昔人云起於李後主窅娘，而杜牧詩云：鈿尺裁量減四分，纖纖玉笋裹輕雲。《麗情集》載唐郭華吞鞋而死，店主于喉中拔出紅繡鞋一隻，使如男子之鞋，安能入于喉中耶。馬嵬老媪拾得太真襪以致富，其女得雀頭履一隻長僅三寸，是唐時已纏足矣。《雜事秘辛》云底平指斂約縑迫素，是漢時已纏足矣。而弓彎則起于後世也，有云起于帝辛時妲己孤妖，故纏其足以避宮人，未知有據否。

清·趙翼《陔餘叢考》卷三一《弓足》 婦女弓足，不知起於何時，有謂起於五代者，《道山新聞》謂，李後主令宮嬪窅娘，以帛繞脚，令纖小作新月狀，由是人皆效之，唐縞有詩云，蓮中花更好，雲裏月長新，因窅娘而作也。張邦基《墨莊漫録》，亦謂弓足起於南唐李後主，按謝靈運詩，可憐誰家婦，緣流洗素足，李白詩，履上足如霜，不着鴉頭襪，又唐詩，兩足白如霜，臨流濯素足。陶南村謂，唐人題咏甚多，略不言纖小。又《郡閣雅談》引五代劉克明《蒲鞋詩》云，吴江江上白蒲春，越女初挑一様新，纔自繡簾離玉指，便隨羅鞋步香塵，石榴裙下從容久，玳瑁筵前整頓頻，今日高樓鴛瓦上，不知抛擲是何人。謂此詩通首咏婦人蒲鞋，而略不及弓纖之狀，則是時尚未纏足，并引《太平御覽》云，昔製履，婦人圓頭，男子方頭，見《宋書·五行志》。似不知裹足，而但以方圓爲別也。胡應麟因之力主起於唐末五代之説，謂古人言婦人弓腰，而不言弓鞋，言纖腰，而不言纖足，古人風俗，如墮馬、愁眉等妝，史傳皆不絶書，而足獨無明文，李白至以素足咏女子，則唐時尚未裹足明矣。此皆主弓足始於五代之説也。然伊世珍《嫏嬛記》，謂馬嵬老媪拾得太真襪以致富，其女名玉飛，得雀頭履一隻，長僅三寸，《詩話總龜》亦載明皇自蜀回，作《楊妃所遺羅襪銘》曰，羅襪羅襪，香塵生不絶，細細圓圓，地下得瓊鈎，窄窄弓弓，手中弄初月。又如脱履露纖圓，恰似同衾見時節，方知清夢事非虛，暗引相思幾時歇。又杜牧詩，鈿尺裁量減四分，纖纖玉笋裹輕雲，周達觀引之，以爲唐人亦裹足之證。韓偓《屧子詩》云，六寸膚圓光緻緻，《花間集》詞云，慢移弓底繡羅鞋，楊用修因之，并引六朝《雙行纏》詩，所謂新羅繡行纏，足趺如春妍，他人不言好，獨我知可憐，以爲六朝已裹足。不特此也，《雜事秘辛》載，漢保林吴姁足長八寸，脛跗豐妍，底平趾斂，約縑迫袜，收束微如禁中。《史記》云，臨淄女子彈弦縱足，又云，揄修袖，躡利屣。利屣者，以首之尖鋭言之也，則纏足之風，戰國已有之。高江村《天禄識餘》亦祖其説，謂弓足相傳起于東昏侯，使潘妃以帛纏足，金蓮貼地行其上，謂之步步生蓮花，然石崇屑沉香爲塵，使姬人步之無迹，已先之，而《史記》并有利屣之語，則裹足之風，由來已久云云，此主弓足起於秦漢之説也。是二説固皆有所據，然《琅嬛記》及《詩話總龜》所云，恐係後人附會之詞，而李白之咏素足，則確有明據，即杜牧詩之尺減四分，韓偓詩之六寸膚圓，亦尚未纖小也，第詩家已咏其長短，則是時俗尚已漸以纖小爲貴可知，至於五代乃盛行扎脚耳，《湛淵静語》謂，程伊川六代孫淮居池陽，婦人不裹足，不貫耳，至今守之，陶九成《輟耕録》謂，扎脚，五代以來方爲之，熙寧、元豐之間爲之者猶少，此二説皆在宋、元之間，去五代猶未遠，必有所見聞，固非臆説也。今俗裹足已遍天下，而兩廣之民，惟省會效之，鄉村則皆不裹，滇、黔之倮苗僰夷亦然，蘇州城中女子以足小爲貴，而城外鄉婦皆赤脚種田，尚不纏裹，蓋各隨其風土，不可以一律論也。本朝康熙三年，有詔禁裹足，王大臣等議，元年以後所生之女，不得裹足，違者枷責流徙，十家長及該管官皆有罪，事見《蚓庵瑣語》。康熙七年，禮部奏罷此禁，事見《池北偶談》。此亦近事之不可不知者。

清·李調元《南越筆記》卷一《婦女足不襪》 粤俗婦女尚高髻短裙，春時以踏青鬭草爲戲，非士大夫家，大抵足皆不襪，唐人咏句云，細尺裁量減四分，碧琉璃滑裹春雲，五陵年少欺他醉，笑把花前出畫裙。後人指此詩爲婦人裹足之證。

清·華胥大夫《南浦秋波録》 養媳不使見客者，裹足以爲別。

清·福格《聽雨叢談》卷七《裹足》 婦人纏足，不知伊始。沈約《宋書》云，昔初作履者，婦人員頭，男子方頭。晉太康初，婦人皆履方頭。李太白詩云：一雙金屐齒，兩足白如霜。又，溪上白如霜，不着鴉頭襪。

《（秘辛雜志）［雜事秘辛］》寫女瑩身體云，足長八寸，踁跗豐妍，底平指斂。古云利屣乃舞屣，錦纏乃行纏裹脛，亦非纏足之謂。杜牧之詩云，玉笋裹輕雲，當是今之男子裹脚帛布之類。若如今之纏足，則指骨枯疊，何有玉笋。白樂天詩云，小頭鞋履窄衣裳，人多疑之。余曾見明季朝靴，皆瘦長而鋭，又見朝鮮人，其足皆裹束甚瘦，底寬寸餘，更可證古女之舄矣。錢梅谿《叢（談）［話］》辯此甚晰，大意謂裹足則兩儀不完，有關氣運，紛紛聚訟，自元至今，究未悉自何作俑，窅娘乃舞女，利屣不足爲據也。今舉中夏之大，莫不趨之若狂，惟八旗女子，例不纏足。京師内城民女，不裹足者十居五六，鄉間不裹足者十居三四。東西粤、吴、皖、雲、貴各省，鄉中女子多不纏足。外此各省女子無不纏足，山、陝、甘肅此風最盛。甚至以足之纖鉅，重於德之美凉，否則母以爲恥，夫以爲辱，甚至親串里黨傳爲笑談，女子低顔自覺形穢，相習成風，大可怪也。黟縣（余）［俞］正燮著《癸巳（彙）［類］稿》一編，辯之甚博，今節録梗概於左。

云劉昫等作志，肯言婦人貴賤履舄及靴，略本《開元禮》序例，下及《唐六典·（内）［宫］官·尚服》注，謂皇后、太子妃青韈，舄加金飾，開元初或著丈夫靴，開元來，線鞵輕妙便事，惟侍兒乃著履。《通典》禮八十（二）［三］云，外命婦朝會，至階，脱舄升；量［設］脱履席於東西階下，命婦應升者，階下就席脱舄。南唐裹足，亦僅聞窅娘，《道山新聞》言之最詳。至明人忽有異説，謂古人亦有弓足，其説有二。一者言孝堂山漢畫，女人足前鋭。今審石刻，男子足亦前鋭也。前鋭，乃側畫體，且畫惟方履則見稜。婦人至晉［始］方履，漢畫宜前鋭也。又古鏡鑄舞女像，足亦前鋭，舞用利屣，屣前鋭，非足鋭也。謝靈運詩云：可憐誰家婦，臨流濯素足。《晉書》言成帝時，有晉寧人謁車門，言王和之女，足下有七星，星毛長三寸，當爲天子后。《南史》云，齊東昏侯鑿金蓮花貼地，令潘妃行其上，曰步步生蓮花。此乃寵異神明之詞，如以金蓮花盆濯足之意，後增僞乃云以帛纏足，令行蓮花上。《古樂府》云：新羅繡行纏，足趺如春妍。杜牧詩云：鈿尺裁量減四分，碧琉璃滑裹春雲。韓偓詩云：六寸膚圓光緻緻。《吴志·諸葛恪傳》注引恪《别傳》云，母之於女，恩愛至矣，穿耳附珠，何傷於仁。若時有裹足，何暇以穿耳爲喻。弓足之事，宋以後則實有可徵。建炎四年，柔福帝姬至，以足大疑之，顰蹙曰，金人驅迫，跣行萬里，豈復故態，上爲惻然。《老學菴筆記》云，宣和末，婦人鞵底尖以二色合成，名曰錯到底。《墨莊漫録》云，婦人之纏足，起於近世。蘇東坡《減字木蘭花·贈君猷家姬》云：兩足如霜挽紵衣。又云：蓮步輕飛。《夢溪筆談》云，王綸家紫姑神，謂其女履下有穢土，雲不能載，乃襪而登雲。然則北宋尚有不裹足者也。《道山新聞》云，窅娘以帛纏足，令纖小屈上，作新月狀。是其纖小彎屈向上，非今之弓足向下矣。又《揮麈餘話》云，建炎時，樞密計議官向宗厚纏足極彎，長於鈎距，王俏戲之，謂脚似楊妃。言朝鞵過彎上，似其時婦人脚也。《宋史·五行志》云，理宗朝，宫妃束足纖直，名快上馬，豈束足之令始自理宗歟。然既纖直，則不弓矣。《輟耕録》云，元豐以前，猶少裹足，宋末遂以大足爲恥。此南宋時事。而《嶺外代答》云，安南國婦人，足加鞵韈，與吾人無異。所謂吾人，今廣西人也。是南宋時嶺外仍不弓足。《輟耕録》又云，程鵬舉宋末被擄，配一官家女，以所穿鞋易程一履。是其時官家亦有不弓足者。《楓牕小牘》云，汴中自宣和以後，閨閤花靴弓履，窮極金翠，今北蕃閨飾復爾，瘦金蓮方，遍體香，瑩面丸，皆自北傳南者。是金季循舊俗，而元時南人亦有不弓足者也。《湛淵静語》云，伊川先生後人居池陽，其族婦人皆不纏足。蓋言其族女子不隨流俗也。周朝婦人禮履，圓頭高底，底向上。《晉書·五行志》、《宋書·五行志》、《搜神記》、《開元占經》並云，初作婦人履頭圓，男子履頭方，圓者順從之義，所以别男女也。《玉臺新詠》梁皇太子《戲贈麗人》詩云：輕裾宜細襇，畫屧重高牆。《和湘東王名士悦傾城》詩云：履高疑上砌，裾開特畏風。王訓《和簡文帝率爾成詠》詩云：簡釵新輾翠，試履逆填牆。鮑泉詩云：履高含響佩，韈輕半隱羅。皆侈言履屧底高，應非弓足之製矣。明姚士粦撰《見只編》云，在《（海鹽）［鹽邑］志林》中。米芾有《唐文德皇后遺履圖》，跋曰，以丹羽織成，前後金葉裁雲飾，長尺，底向上三寸許，中有兩系，首綴二珠，蓋古岐頭履也。是高底底向上之證。向上則底下窄，漢人謂之晚下。《釋名》云，晚下如舄其下晚晚而危，婦人短者著之，可以拜也。拜謂俯也。其非高底者曰遠游履，魏曹植《洛神賦》踐遠遊之文履是也。其非高底圓頭，則前鋭後無跟，名曰屣。《史記·貨殖傳》云，鼓鳴瑟跕音沓屣。《漢書·地理志》云，彈弦跕躧，左思《魏都賦》云，邯鄲躧步，躧（皆）［即］屣也。《漢書》師古注云，屣謂小履之無跟者。唐武德間，婦人多曳屣，亦跕也。唐明皇《楊妃襪銘》

云，細細圓圓，窄窄弓弓，脱屣露纖妍。跕屣脱故露襪，婦人足較男子小，故曰纖細圓。《聞見近録》云，宋神宗開（穎）［潁］邸時，近侍以弓樣靴進，韓維曰：王安用武靴。《隋書·禮儀志》，長靿靴，田獵遊豫則服之。是男子武靴亦弓而鋭也。其弓向上者謂之鼻，漢《釋名》曰卬角，其靴缺前韉者，《釋名》曰鞣釋，皆男女有之。《北夢瑣言》云，王迪被車輾靴鼻逾寸，而不傷脚指，三日後入拜翰林。是靴鼻尖鋭而空前也。《宋書·五行志》云，晉太康初，婦人皆履方頭。又云，孝武之世，幸臣戴法興權亞人主，造圓頭履，世人莫不效之。是男女之履式互易，女子惟大足，故履頭可以改方。《北齊書·王㫒傳》云，有婦人臨汾水浣衣，有乘馬人换其新靴，馳而去，婦人持故靴向州言之。足同，故靴可换。古婦人衣長不見足，漢承古制，婦人袍旁有曲裾。《元后傳》，絳緣諸于。師古注云，諸于，大掖衣，即袿衣類。此寬衣大襬，唐謂之燕尾，明曰插襬，燕服則窄矣。庾信詩云：小衫纔裹臂，纏弦恰抱腰。古男子上衣下裳，婦人則不殊裳，衣窄褎長，裳連衣，言從一也。《明史·輿服志》云，婢使，長襖長裙，小婢使，長袖短衣長裙。短衣長裙，爲賤人之服。古，婦人衣曳地，其不曳地，則史表著之，若漢文帝貴人、王莽妻，美惡皆爲口實。衣曳地則覆履，惟見底，故底高。順從人，故頭圓。其弓足小而鋭者，求之於古，亦有所出，出於古之舞服。徐廣云，利屣，舞屣也。窅娘裹足者，亦舞人也。《南唐書》言，小周后剗襪步香階，手提金縷鞋。是南唐貴人不弓足，弓足出舞利屣明也。南唐弓足，束指就履鼻利處，而纖鋭向上。履弓，足不弓也。宋理宗時，束使纖直，其後乃向下，此大略也。《明史·輿服志》云，皇后青襪舄，飾以描金雲龍，皂純，每舄首加珠五顆，皇妃、皇嬪及内命婦青襪舄，皇太子妃、命婦九品同，宫人則弓樣鞋，上刺小金花。是貴人不以裹足入制，而宫人弓鞋爲利屣，蓋搬尖靸鞋耳。沈德符《野獲編》云，向聞禁掖中被選之女，入内皆解去足紈，别作弓樣，後遇掃雪人從内拾得宫婢敝履，始信其説不誣。黄道周《三事記略》云，弘光選婚，懿旨以國母須不束足。則明時制度過南宋遠矣。或言前代宫眷，皆不選纏足之女，是以民間争相裹足，以避選美之令，其説似近理。

按前説，古婦人服飾之制，與本朝悉合。八旗婦人履底厚三四寸，圓其前，外衣通長掩足，輕裾大擺，亦與古裝無異。崇德三年七月，詔禁有效他國裹足重治其罪之制，嗣又定順治二年以後所生女子禁裹足。康熙六年，王文簡士禛任禮部員外郎時，條陳時事六件，上之所司，其中弛禁裹足、請復八比兩事，轉奏准行。以王文簡之通達，尚不悟北宋已前無八比取士之制，時海内人材，何等茂蔚；更未考勝國宫中有解釋足紈之制，不尚矯揉。奈何習俗移人，賢者不免，又何怪閨闥女子不可以言語争論也。嗚呼。以取士之制與女子裹足並陳，謬亦甚矣。

又按古女子冒爲男裝者，自花木蘭而外，《南史·崔慧景傳》，東陽女子婁逞，變服爲丈夫，徧游公卿間，仕至議曹從事。《北史》楊大眼妻潘氏，戎服從獵，大眼指謂諸將曰：此潘將軍也。《太平廣記》載，張督爲郭汾陽所任使，督没，其妻冒爲督弟，仕至御史大夫。五代西蜀女子黄崇嘏，亦詐爲男子入仕。凡此冒充男子者甚多，亦可證古之宦族皆不裹足矣。

又 纏足始於隋，然亦但約束令小而已，非纏作弓樣也，冬郎詩言美人之足，亦云六寸，歐西婦人，頗以小脚爲美，不過較男子爲小耳，非極力束之如菱角者也。余在南中爲纏足新樂府，閨中傳誦，頗有化者，恒人竟以纏足之事，歸獄于宋儒，寃哉寃哉，按宋白廷玉《湛淵静語》，伊川六代孫，淮之族人，蕃居池陽，婦人不纏足，不貫耳，至今守之，然則耳且不貫，何纏足之有，古人固有大過人者。

清·蘇馥《香閨鞋襪典略》卷下《纏足》

《代醉編》：《古今事物考》謂，商妲己，狐精也，或曰雉精，猶未變足，以帛裹之，宫中效焉。《説略》：《漢雜事秘辛》載，保林吴姁奏言，乘氏忠侯梁商，女足長八寸，踁跗豐妍，底平指斂，約縑妝束微如禁中，漢尺小，婦人纏足始此，其來古矣。

車若水《脚氣集》：婦人纏脚不知起於何時，小兒未四五歲，無罪無辜而使之受無限之苦，纏得小來不知何用，後漢戴良嫁女，練裳布裙竹笥木屐，是不干古人事，或言自唐楊太真起，亦不見出處。

張邦基《墨莊漫録》：《道山新聞》云，李後主宫嬪窅娘，纖麗善舞，以帛繞足，令纖小屈上，如新月狀，由是人皆效之，以此札脚知五代以來方有之，如熙甯、元豐前，人猶爲者少，近年則人人相效，以不爲者爲恥也。

《留青日札》：宋理宗朝，宫妃束足纖，直名快上馬，則又不以屈上爲貴矣。

《丹鉛總録》：《墨莊漫録》載，婦人弓足始於五代李後主，非也，予

觀六朝樂府有《雙行纏》其辭云，新羅繡行纏，足趺如春妍，他人不言好，獨我知可憐。唐杜牧詩：鈿尺裁量減四分，碧琉璃滑裹春雲，五陵年少欺他醉，笑把花前出畫裙。段成式詩：醉袂幾侵魚子纈，影纓長戛鳳凰釵，知君欲作閑情賦，應願將身作錦鞋。《花間集》詞：慢移弓底繡羅鞋。則此飾不始於五代也。或謂起於妲己。乃瞽史以欺閭巷者，士夫或信以爲真，亦可笑哉。

胡應麟《筆叢》：婦人纏足，謂唐以前無之。余歷考未得其說。古人風俗流傳，如墮馬、愁眉等，史傳尚不絶書，此獨不著，太白至以素足咏女子，信或起於唐末，至宋、元而盛矣。又古言婦人弓腰而不言弓鞋，言纖指而不言纖足，則陶宗儀之説未爲無見。晉《木蘭歌》述婦人改服，但稱雲鬢花黄，略不言足，誠似可疑。第六朝前婦人之履，不知與男子竟有別否。

錢希言《戲瑕》：婦人纏足，胡元瑞以爲起於唐，盛於宋元，楊用修初不得其説，後讀《漢雜事秘辛》而方知漢世已有，至以疎陋自嗤，二公該洽，其辯訂閨閣中事如此。余見一書，稱纏足始於帝辛時，妲己狐妖，故纏其足，以避宮人也。此説最古，要必有據。

趙耘菘《陔餘叢考》：今俗裹足已遍天下，而兩廣之民惟省會效之，鄉村則皆不裹。滇黔之倮苗僰夷亦然，蘇州城中女子以足小爲貴，而城外鄉婦皆赤脚種田尚不纏裹，蓋各隨其風土，不可以一律論也。本朝康熙三年有詔禁裹足，王大臣等議，元年以後所生之女不得裹足，違者枷責流徙，十家長及該管官皆有罪。事見《蚓菴瑣語》。康熙七年，禮部奏罷此禁，事見《池北偶談》。此亦近事之不可不知者。

又《足紈輪纏》《痛餘雜録》：自常武抵辰，婦女足多自然，足紈輪纏，隻曰左足，雙曰右足。

又《土重》《五雜俎》：古稱燕、趙多佳人，今殊不爾，燕無論已，山右雖纖白足小，無奈其獷性，何大同婦女姝麗而多戀土重遷，蓋猶然京師之習也。《隨園詩話》：杭州趙鈞臺買妾蘇州，有李姓女，貌佳而足欠裹，趙曰，似此風姿，可惜土重。土重者，杭州諺語：脚大也。媪媪曰，李女能詩，可以面試。趙欲戲之，即以《弓鞋》命題，女即書云，三寸弓鞋自古無，觀音大士亦雙趺，不知裹足從何起，起自人間賤丈夫。趙悚然而退。

又《薑芽》《笠閣叢書》：桫子厚薑芽，盡是捧心人，喻女手也，而喻未弓之女足尤肖。吴震生《試履行》：墮履遺鞵醉短凳，若現薑形孰能耐。又不是脱鞋形類薑，不夭不曲天厭剛。

又《纖趾》《問魚篇》：束纖趾而宋促，亦履爲之祟也。

又《鵝頭》高江村《天禄識餘》：弓足之稱言纏足，中斷彎如弓形，殊不知燕趙女子三四歲即纏，天然纖小並無弓形，其弓形者嗤爲鵞頭脚，不足貴矣。

清・俞樾《茶香室叢鈔》卷六《金人婦女亦纏足》《楓窗小牘》有汴京閨閣妝抹一條末云：今聞虜中閨飾復爾，如瘦金蓮方、瑩面丸、遍體香，皆自北傳南也。按此書作於宋南渡初，所云虜中即謂金也。而有瘦金蓮方，是金女婦女亦纏足矣。

余曾據宋湯璹《建炎德安守禦録》，知金人亦剃頭辮髮，已載之小繁露矣，《曲園雜纂》弟三十六。今讀此條，乃知金人男女裝飾約略與今同也。

清・俞樾《茶香室四鈔》卷二四《楊妃襪》元西域辛文房《唐才子傳》云：李遠初牧溢城，求天寶遺物，得秦僧收楊妃襪一裲，珍襲呈諸好事者，曰：僕自獲凌波片玉，軟輕香窄，每一見未嘗不在馬嵬下也。按《太真外傳》，妃死之日，馬嵬媪得錦靿襪一隻，每遇過客，一玩百錢。則楊妃之襪爲馬嵬媪所得，而李遠又得之於秦僧，一歟二歟。又有軟輕香窄之語，豈唐宮已纏足乎。

雜録

明・王三聘《古今事物考》卷六《冠服・纏足》商妲己，狐精也，亦曰雉精，猶未變足，以帛裹之，宮中皆效焉。

明・田藝蘅《留青日札》卷二〇《窅娘新月脚》婦人扎脚、纏足，古未嘗有，俗傳起于西施，然莫可考也。《洛神賦》凌波微步，趙飛燕能爲掌上舞，緑珠步香塵無迹，皆喻其體輕，未始顯言足小也。然稱其步微、掌上、無迹，則纖細亦可想見矣。自南唐李後主令窅娘以帛繞脚，令纖小屈上作新月狀，則今之遺風也。紮注：纏，束也，纏，弓弝也。今之脚小者，香奩褻咏，必曰笋芽，曰半叉，俚語則曰三寸三分，誠雅緻也。若夫昔人所咏弓鞋，

則彎轉如弓，乃北方婦人之態。南人笑之曰翻頭脚，亦曰揣船頭，又其下品也，斯不足觀矣。

清・余懷《婦人鞋襪考》 古婦人之足，與男子無異。《周禮》有屨人，掌王及後之服屨，爲赤舄、黑舄、赤繶、黄繶、青勾、素履、葛屨。辨外内命夫命婦之功屨、命屨、散屨。可見男女之履，同一形制，非如後世女子之弓彎細纖，以小爲貴也。

考之纏足起于南唐李後主。後主有宫嬪窅娘，纖麗善舞，乃命作金蓮，高六尺，飾以珍寶，絅帶纓絡，中作品色瑞蓮，令窅娘以帛纏足，屈上作新月狀，著素襪，行舞蓮中，迴旋有淩雲之態。由是人多效之。此纏足所自始也。

唐以前未開此風，故詞客詩人，歌詠美人好女，容態之殊麗，顔色之夭姣，以至面粧首飾衣裙裾之華靡，鬌髮、眉眼、唇齒、腰肢、手腕之婀娜秀潔，無不津津乎其言之，而無一語及足之纖小者。即如古樂府之雙行纏云，新羅繡白脛，足趺如春妍。曹子建云踐遠遊之文履，李太白詩云一雙金齒屐，兩足白如霜，韓致光詩云六寸膚圓光緻緻，杜牧之詩云鈿尺裁量減四分，《漢雜事秘辛》云：足長八寸，脛跗豐妍。夫六寸八寸，素白豐妍，可知唐以前婦人之足，無屈上作新月狀者也。

即東氏潘妃，作金蓮花貼地，令妃行其上，曰此步步生金蓮花，非謂足爲金蓮也。崔豹《古今注》東晉有鳳頭重台之履，不專言婦人也。

宋元豐以前，纏足者尚少。自元至今，將四百年，矯揉造作，亦泰甚矣。古婦人皆著襪，楊太真死之日，馬嵬媪得錦袎襪一隻，過客一玩百錢。李太白詩云：溪上足如霜，不著鴉頭襪。襪一名膝褲。宋高宗聞秦檜死，喜曰：今後免膝褲中插匕首矣。則襪也，膝褲也。乃男女之通稱，原無分別，但古有底今無底耳。

古有底之襪，不必着鞋，皆可行地。今無底之襪，非着鞋則寸步不能行矣。

張平子云羅襪淩躡足容與，曹子建云淩虚淩步，羅襪生塵，李後主詞云剗襪下香階，手提金縷鞋。古人鞋襪之制，其不同如此。

至於高底之製，前古未聞，于今獨絶。吴下婦人，有以異香爲底，圍以精綾者，有鑿花玲瓏，囊以香麝，行步霏霏，印香在地者，此則服妖。宋元以來，詩人所未及，故表而出之，以告世之賦香區詠玉台者。

余澹心先生此考甚精博，然竊疑之，即以所引杜牧詩云：鈿尺裁量減四分，下句乃雲纖纖玉筍裹輕雲，已極善形容。《秘辛》云：足長八寸，下雲底平指斂，約縑迫襪收束微如禁中，亦覺摹寫酷肖，非影響之談。蓋漢尺最小，其長如今六寸耳，是八寸僅四寸餘也。《秘辛》又云：自顛至底，長七尺一寸，蓋四尺三寸也。《漢制考》云：中婦人手長八寸。《儀禮注》云：中人之跡，長尺二寸。較量即可知矣。且他處言纏足甚多，姑引數條。白樂天上陽宫人《白髮詩》云：小頭鞋履窄衣裳，《誠齊雜誌》云：天寶間，桃源女子吴寸趾，以足小得名，姚鷟《尺牘》云：馬嵬老媪，得太真錦襪以致富，其女名玉飛，得雀頭履一隻，真珠飾口，薄檀爲苴，長僅三寸，《南部煙花記》：有陳宫卧履，卧時猶履，纏足可知，《古樂府》云：纖纖作細步，精妙世無雙，《輟耕録》云：晉永嘉元年，靸鞋用黄草，宫内妃御皆著，始有伏鳩頭履子。伏鳩頭，狀其纖小也。《南史》羊侃有彈箏人，陸大喜，著鹿角爪，長七寸，時人謂能掌中舞，此皆在窅娘之前，不止此也。又按《史記・貨殖傳》云：今趙女鄭姬設形容揳鳴琴，揄長袖，躡利屣，謂之利亦尖鋭之意。張衡《西京賦》云：振朱履於盤撙，史遊《急就章》，靸鞮卬角。下注云：靸謂韋履，頭深而兑，底平而薄者也。今俗謂之跣子。按兑與鋭同，鞮，薄革小履也。按此即張衡同聲歌，鞮芬以狄香者也。卬角當卬其角。舉足乃行，疑即今之扳尖鞋，此三者，皆謂婦之履也。《修竹閣女訓》云：本壽問於母曰：女子必纏足，何也。其母曰：聖人重女，使不輕舉，是以裹其足。范睢裹足不入秦，用女喻也。此又在《秘辛》之前矣。其他言婦人鞋履者甚衆，尚在疑似，未暇多載也。費錫璜滋衡氏跋

清・方絢《香蓮品藻・香蓮憎疾十四事》 爲鵝頭，脚背豐隆，江以南南之鵝頭脚。爲雞眼，爲行纏綴接，爲不裙不韈，爲放慢跟，履尾不縫合，別用綫絆纖，謂之慢跟。爲鞋頭綴圓月，爲高底，爲彩畫膝衣，爲結襪垂絲毵，爲以足小取名金蓮，爲以草帋剪鞋樣，爲熏履襪用芸香棗核，爲著屐登牀，爲惡詩組織襪淺鞋弓等。

又《香蓮榮寵六事》 爲怯纏病足，檀郎着意搓摩。爲欲濯滄浪，庭花齊放。爲寒夜香消，逢倩懷中取暖。爲佳句品題，爲擷履飛觴。爲以弓樣夾入宋槧書籍中辟蠹。

又《香蓮屈辱十一事》 爲郎君不解輕憐，爲蠢婢誤踹，爲用粗布行纏，爲履襪破碎，爲行不擇路踐踏汗穢，爲經年不洗，爲泥塗跋涉，爲人海追踪墜鞋徒跣，爲半路出家，爲伏侍大脚夫人，爲芒屩，爲瓦盆冷水濯足。

又《香蓮宜稱二十六事》 爲對新月行纏，爲芙蓉鞋褥，爲明珠鳳串，爲湘裙半展，爲鴛被勾春，爲佯羞嬌踢，爲躡足傳情，爲就裙底畫字，爲指點坐卧間器物，爲女伴並足比較短長，爲勾綵紾綫，爲空廊響屧，爲掌上舞，爲蹴踘，爲踢燈，爲聞歌點拍，爲銀爐藉火，爲紅錦地衣，爲秋千畫板，爲錦韉銀鐙，爲屐齒銜紅，爲莎痕襯緑，爲牀上屑香，爲看梅踏雪，爲女冠步斗，爲妙伎蹋繩。

又《香蓮三貴》 瘦則寒，强哉矯，俗遂無藥可醫矣。故肥乃腴潤，軟斯柔媚，秀方都雅。然肥不在肉，軟不在纏，秀不在履，且肥軟或可以形求，秀但當以神遇。《魯論》曰，君子所貴乎道者三，不以三隅反，吾不復也。肥、軟、秀。

又《香蓮十友》 伊人在水，澹如君子之交，似蘭斯馨臭合同心之味，此誠不以一貴一賤，乃見交態一富一貧，乃見交情者洵爲好合良朋，奚止香蓮益友，別有圖銘，載在蓮府。

益友，羅紈艷友，弓鞋夢友，伴奴執友，繡曳淨友，錦襪直友，弁履殊友，彩綦香友，蓮褥清友，馨粉媚友。高底。

又《香蓮三十六格》 既別洪纖，易形好醜，然而平奇濃淡，姿態迴殊。蓮府中正，不得不廣爲懸格，以待閨革也。

平：眡若懸衡，跗如植矩。正：測裏影圭，無反無側。圓：束指削胼，磨礲浸潤。直：引繩就墨，如矢如弦。曲：規施矩立，磬倨鈎懸。窄：細骨柔肌，稜角俏利。纖：骨清神正，瘦中有力。鋭：以爾鈎援，自求辛螫。穩：結構平正，舉止端祥。稱：骨肉停勻，穠纖合度。輕：踏月有痕，試香無迹。薄：片玉浮香，瓣蓮貼地。安：雍容大雅，艷不矜持。閑：驊騮輕駕，範我馳驅。妍：新月初生，名花欲吐。媚：芙葉含落，輕燕受風。艷：翠圍珠繞，雅俗共賞。韻：翩躚婀娜，意態天然。弱：庭花苑柳，怯露倚風。瘦：鶴立喬松，長而不短。腴：氣足神充，香温玉軟。潤：精神調暢，肌理細膩。雋：豐采焕發，骨氣無雙。整：團合密緻，無懈可擊。柔：靡靡綿綿，有若無骨。勁：千鈞之弩，引而不發。文：含英咀華，珠圓玉潤。武：迴戈挽戟，辟易衆人。爽：步驟俊快，如嚼哀梨。雅：神如秋水，不染俗氛。超：氣度高妙，卓爾不群。逸：丰致瀟灑，姿態横生。潔：秋水春山，露珠冰鏡。静：圓月沉珠，湛然瑩澈。樸：周尊秦彝，古致盎然。巧：規矩從手，造化在心。

又《香蓮九錫》 橐弓偃革，厥有成績，念兹崇功，車服以庸。余別有《春妍君九錫文》，見本集。紅羅纏、鴛鴦舃副以鳳銜珠紐、生香卧履、芙蓉鞋褥、菊花襪鈎、紅藕猩覆副以錦帶、錦文湘靴、湘筠屐、金蓮花盆、蓮香散金剪銀針。

又《香蓮十六景》 妙人對妙景，已是二難，不若妙景中妙人，斯爲合璧。然尤未若妙人生妙景，則右丞畫、工部詩，兼而有之矣。顧此景家家中懸之，湯臨川《牡丹亭》云，錦屏人忒看得這韶光賤，謂之何哉。

纏足，濯足，製履，試履，挑燈剥繭，倚檻兜鞋，花陰蹴踘，閒庭踢毽，對月看花，憑闌胡跪，觀書拋卷，抱膝微吟，鳳鞋泥汙，偎人强剔，纏春韞玉，顧步徘徊，誤踏春弓，含嗔欵捻，戲拈繡履，作意打人，欹枕屏調白玉猧兒，丁香階結鴛鴦襪系。

又《香蓮四合》 繡鳳眠鞋，博山睡鴨，荀令風流，與凌波君氣味相投，然温柔主人，當審所宜，幸勿爲范蔚宗所笑。

纏足宜焚旃檀，濯足宜燒沉水，薰履襪宜爇龍涎，貯履襪宜和椒蘭。

又《選蓮三勝地》 匊匊春弓，只將貼地，纖纖缺月，何自生天。而余游踪所至，有三勝地，月痕弓影，皆可仰窺，無須俯察。天下名山福地，裙屐叢集，自必別有勝區。請俟他年，蠟屐所經，當再選勝。

蘇州虎邱三山門前，金壇茅山王天君殿後，揚州平山堂桂花樹底。

又《香蓮二幸》 石勒卧聽人讀《漢書》，至高祖立六國後，矍然曰，是法當失。及聞留侯借箸，乃笑曰，賴有此耳。

醜婦幸足小，邀旁人譽，猥妓幸足小，得衆人憐。

又《香蓮不幸》 龍不隱鱗，鳳不藏羽，實命不猶，曷其有極，悠悠蒼天，此何人哉。

不幸嫁逐村郎，終身延俗手把握，不幸墮落風塵，終夜受醉漢肩架。

不幸俗尚高底，終朝踹蹺，不幸生長北地，終歲褰裳，不幸身爲侍婢，終日犇馳，不幸貧爲匄婦，終年踵决。

又《香蓮四忌》 美玉有瑕，不在大也，白圭之玷，尚可磨也，勿以善小而不爲，勿以惡小而爲之，旨哉言也。

行忌翹指，立忌企踵，坐忌蕩裙，卧忌顫足。

又《香蓮三反》 翩其反矣，小大由之，胡不惴焉，自反而縮。

巨足纏迫則痛，而弱足纏緩反痛，巨足行多盤辟，而弱足行反便捷，巨足行必[illegible][illegible]，而弱足立反卓爾。

又 附：纏足、濯足時侯：晴晝，燈下，薄醉，出浴，夢醒，欲睡，倦行，試履，花前，月下。

又《纏足濯足十二宜》 宜枕屏前，宜芙蓉帳底，花前宜曲欄，宜小山石上，月下宜近水樓台，宜臨砌，迎涼宜竹院，宜松牕，聽雨宜荷亭，宜水榭，辟寒宜煖閣地爐，驚颸宜重簾繡幕。

又《纏足濯足三不可無》 不可無名香炷鼎，不可無好花侑座，不可無知心青衣趨承左右。

又《纏足濯足四不可言之妙》 屏間私覷，暗裏聞香，水中看影，鏡中見態。

又《濯足三適》 和血適纏，柔肌適履，去繭適步。

右《品藻》一帙，晴牕無事，戲墨偶成，未免刻劃春弓，殊不盡香蓮雅趣。引伸觸類，踵事增華，跋予望之温柔鄉主人矣。旃蒙大淵獻小春，既望方絢紀。

風俗逸事

綜　述

明・焦竑《焦氏類林》卷七《冠服》 李後主宫嬪窅娘，纖麗善舞。後主作金蓮高六尺，飾以寶物細帶，纓絡蓮中，作品色瑞蓮，令窅娘以帛纏脚，令纖小屈上作新月狀，素襪舞雲中，回旋有凌雲之態。唐鎬詩：蓮花中更好，雲裏月常新。爲是作也。

明・胡應麟《少室山房筆叢》卷一二《丹鉛新録八・弓足》 《墨莊漫録》考婦女弓足起於李後主。予按《樂府・雙行纏》知其起於六朝。張禺山云，《史記》云臨淄女子彈弦躧屣。又云：摇修袖，躡利履。意古已有之。再考《襄陽耆舊傳》云：盗發楚王冢，得宫人玉屐。張平子賦云：金華之舄，動止遺光。又云：履躡華英，云羅襪躡蹀而容與。曹子建賦：羅襪生塵。《焦仲卿妻》詩：足躡花文履。繁欽詩：何以釋憂愁，足下雙遠游。梁武帝莫愁歌：足下絲履五文章。卞蘭美人賦：金葉承華足。陶潛賦：願在絲而爲履，附素足以周旋。崔豹《古今注》：晉世履有鳳頭、重臺、分稍之制。唐詩：便脱鳳靴出翠帷。又《麗情集》載章仇公鎮成都有真珠之惑。或上詩以諷云：神女初離碧玉階，彤雲猶擁牡丹鞋，應知子建憐羅襪，顧步褰衣拾墜釵。李義山詩：涴花牋紙桃花色，好好題詩咏玉鈎。陶南邨謂唐人題咏略不及之，蓋亦未之博考也。按《史記・貨殖傳》：倡優女子鼓鳴瑟跕屣。又，趙衛女子揄長袂，躡利屣。楊所引皆小異。《雙行纏》之説已詳辯于前矣，即楊此條所引，益知唐以前婦人無札足者也。

又《素足女》 李白詩：東陽素足女，會稽素舸郎，相看月未墮，白地斷肝腸。按謝靈運有《東陽道中》詩云：可憐誰家婦，淥流洗素足，明月在雲間，迢迢不可得。答云：可憐誰家郎，淥流乘素舸，但問情若爲，月就雲中墮。太白全祖之，而注不知引。按謝李之題素足，又皆本陶：願在絲而爲履，附素足以周旋也。即此知晉唐婦人不纏足無疑。夫足素則不纖，纖則不素，未有既纏之足濯諸淥流者也。昔題婦人足不曰素潔，則曰豐妍。豐趺皓春錦，足趺如春妍是也。夫今婦人纏足美觀則可，其體質乾枯腥穢特甚，使謝李輩舍其弓纖而誣以潔素，一何舛哉。

明・沈德符《萬曆野獲編》卷二三《婦女・婦人弓足》 婦人纏足不知始自何時，或云始於齊東昏，則以步步生蓮一語也。然余向年觀唐文皇長孫后繡履圖，則與男子無異。友人陳眉公、姚叔祥俱有説爲證明。又見則天后畫像，其芳趺亦不下長孫，可見唐初大抵俱然，惟大歷中夏侯譊咏被中睡鞋云：雲裏蟾鈎落鳳窩，玉郎沉醉也摩挲。蓋弓足始見此。至杜牧詩云：鈿尺纔量減四分，纖纖玉笋裹輕雲。又韓偓詩云：六寸膚圓光緻緻。

唐尺只抵今製七寸，則六寸當爲今四寸二分，亦弓足之尋常者矣。因思此法當始于唐之中葉。今又傳南唐後主爲宮婢窅娘作新月樣，以爲始於此時。似亦未然也。向聞今禁掖中，凡被選之女一登籍入内，即解去足紈，别作宮樣，蓋取便御前奔趨無顛蹶之患，全與民間初製不侔。予向寓京師，隆冬遇掃雪軍士從内出，拾得宮婢敝履相示，始信其説不誣。

近年黄岡瞿徵君九思建議禦虜，中有一説，欲誘化其俗，令彼婦人習中國法，俱束縛雙足爲弓樣，使男子惑溺，減其精力，惰於擊刺，以爲此弱虜制虜妙策。予亦不知此計果有濟否。但隆慶元年，大虜攻陷山西石州，擄所得婦女驅之出塞，憎其不能隨馬疾馳，盡刖其雙足以車載歸，百無一活。世固有不愛雙纏者，瞿君此策，亦未爲制勝也。

近日刻《雜事秘辛》，紀後漢選閲梁冀妹事。因中有約束如禁中一語。遂以爲始於東漢。不知此書本楊用修僞撰，托名王忠文得之土酋家者。楊不過一時游戲，後人信書太真，遂所惑耳。

清・吴震方《嶺南雜記》卷一　嶺南婦女，多不纏足，其或大家富室閨閣則纏之，婦婢俱赤脚行市中。親戚饋遺，盤榼俱婦女擔負，至人家，則袖中出鞋穿之，出門即脱置袖中。女婢有四十五十無夫家者，下等之家，女子纏足，則皆詬厲之，以爲良賤之别。至于惠州水城門外婦女，日日汲江水而賣，大埔石上豐市婦女，挑鹽肩木，往來如織。雇夫過山，輒以女應，紅顔落此，真在羼提劫中矣。

清・李漁《閑情偶寄》卷六《聲容部・選資第一・手足》　至於選足一事，如但求窄小，則可一目了然，倘欲由粗以及精，盡美而思善，使脚小而不受脚小之累，兼收脚小之用，則又比手更難，皆不可求而可遇者也。其累維何，因脚小而難行，動必扶牆靠壁，此累之在己者也，因脚小而致穢，令人掩鼻攢眉，此累之在人者也。其用維何，瘦欲無形，越看越生憐惜，此用之在日者也，柔若無骨，愈親愈耐撫摩，此用之在夜者也。昔有人謂予曰，宜興周相國，以千金購一麗人，名爲抱小姐，因其脚小之至，寸步難移，每行必須人抱，是以得名。予曰，果若是，則一泥塑美人而已矣。數錢可買，奚事千金。造物生人以足，欲其行也。昔形容女子娉婷者，非曰步步生金蓮，即曰行行如玉立，皆謂其脚小能行，又復行而入畫，是以可珍可寶。如其小而不行，則與刖足者何異，此小脚之累之不可有也。予偏游四方，見足之最小而無累，與最小而得用者，莫過於秦之蘭州，晉之大同。蘭州女子之足，大者三寸，小者猶不及焉，又能步履如飛，男子有時追之不及。然去其凌波小襪而撫摩之，猶覺剛柔相半，即有柔若無骨者，然偶見則易，頻遇爲難。至大同名妓，則强半皆若是也，與之同榻者撫及金蓮，令人不忍釋手，覺倚翠偎紅之樂，未有過於此者。向在都門以此語人，人多不信，一日席間擁二妓，一晉一燕，皆無麗色而足則甚小，予請不信者即而驗之，果覺晉勝於燕，大有剛柔之别，座客無不翻然，而罰不信者以金谷酒數。此言小脚之用之不可無也。噫，豈其娶妻，必齊之姜，就地取材，但不失立言之大意而已矣。

驗足之法無他，只在多行幾步，觀其難行易動，察其勉强自然，則思過半矣。直則易動，曲即難行，正則自然，歪即勉强，直而正者非止美觀便走，亦少穢氣，大約穢氣之生，皆强勉造作之所致也。

紀事

明・田藝衡《留青日札》卷二〇《俞尼子金蓮》　潘妃本姓俞，名尼子，王敬則伎也。或云宋文帝有潘妃，在位三十年，於是改姓曰潘，其父寶慶亦從改焉。金蓮，人但知爲潘妃事，而不知窅娘亦有之，高低步舞固不同也。齊東昏侯爲潘妃鑿金爲蓮花以貼地，令妃行其上，曰此步步生蓮花。又南唐李後主宮嬪窅娘，纖麗善舞。後主作金蓮，高六尺，飾以寶物、鈿帶、纓絡，蓮中作品色瑞蓮。令窅娘以帛繞脚，令纖小屈上作新月狀，素襪舞雲中，回旋有凌雲之態。唐鎬詩蓮中花更好，雲裏月長新是也。貼地，想低而可行，六尺，想高而可舞。

明・沈德符《萬曆野獲編》卷二三《妓女・妓鞋行酒》　元楊鐵崖好以妓鞋纖小者行酒，此亦用宋人例。而倪元鎮以爲穢，每見之輒大怒避席去。隆慶中，雲間何元朗覓得南院王賽玉紅鞋，每出以觴客，坐中多因之酩酊。王弇州至作長歌以紀之。元鎮潔癖，固宜有此，晚年受張士誠糞漬之酷，可似引滿香尖時否。

清・金埴《不下帶編》卷六《雜綴兼詩話》　楊鐵崖嘗於宴中見舞妓纏足纖小者，取其鞋擎杯以勸客，號曰金蓮杯。座客賦金蓮杯詩，某一絶

云：擎來度去酒杯酖，口傍去雙鈎并欲含。不道金蓮方解械脱，還來筵上勸沈酣。風致如許韻□此妓已。

雜録

元・周達觀《誠齋雜記》卷三一上　杜牧詩云：鈿尺裁量減四分，纖纖玉笋裹輕雲，五陵年少欺他醉，愛把花前出畫裙。若曰纖纖玉笋，似此時已纏足矣。

清・褚人穫《堅瓠集》補集卷三《謝禁纏足表》　國朝初定鼎，民間誤傳盤頭放脚之説，聞山東一詞林有臣妻先已放脚事一疏，遐邇傳誦，遺笑士林。

清・蘇馥《香閨鞋襪典略》卷下《放脚》　《堅瓠集》：國初定鼎，民間誤傳盤頭放脚之説，聞山東一詞林，有臣妻先已放脚事一疏，遐邇傳誦，遺笑士林。

又《輕似毛》　《酉陽雜俎》：秦漢前有洞主吴氏女，名葉限，遺履爲洞人所得，其洞隣海島，島中有國名陀汗，洞人遂貨其履於陀汗國，國主得之，命其左右履之，足小者履減一寸，乃令一國婦人履之，竟無一稱者，其輕似毛，履石無聲。

又《呑鞋》　《瑯琊代醉編》：纏足不始五代，唐人詩多可據：《偶觀麗情集》載：唐郭華呑鞋而死，店主於喉中拔出紅繡鞋一隻。此唐事也，使如男子之鞋，安能入於喉中耶。

又《弄新月》　《詩話總龜》：明皇自蜀回，作《楊妃所遺羅襪銘》曰：羅襪羅襪，香塵生不絶。細細圓圓，地下得瓊鈎。窄窄弓弓，手中弄初月。又如脱履露纖圓，恰似同衾見時節。方知清夢事非虛，暗引相思幾時歇。

又《擊王頭破》　《瑯琊代醉編》：唐典籤：魏簡妻鄭氏取一隻履擊王頭破，據此，隻履能擊頭流血，非弓鞋明矣。用修謂：纏足起於後世此或一證。

又《抱小姐》　《閒情偶寄》：宜興周相國以千金購一麗人，名爲抱小姐，因其脚小之至寸步難移，每行必須人抱，是以得名。

又《寸趾》　《誠齋雜記》：桃源女子吴寸趾以足小得名，天寶中人。

又《一些些》　陳其年《戲咏閨人踢毽子者》詞：鞋幫只一些些，況滑膩纖鬆不自持。

款式樣式

綜　述

唐・夏侯審《香閨韻事・纖足》　大約燕趙最纖弱，背正直，著履如筍苞，江南曲□□，長安昂首，而總使趾比拳。曲有各種手法皆不著名，不知此事興於何朝，蓋取象於不出閨門之義，纏之所以束縛之也。

又《品足》　山石者最小，長可三寸許。山左稍濶長如之江□□□□□河東背平，河西背屈，長濶如山，右江南偃曲江□□□□□右甚長，亦甚濶，大約小者四寸以上。江西陜右□□□□□下仍如弓，長比山右稍狹肥，其式無一定。今以□□□□□推江北而如弓，次之如筍，又次之如菱芡。斯爲□□□□□爲超等。然吾目未及覩，蓋足纖者行必弱，其纏之□□□□佳籍使裙拖及地，其行欵欵便已可測其巨細。至於扶行□膝曲身宛轉，斷係病足，或詭爲纖弱者，蓋不必出諸裙底可以三隅反耳。

古來傳稱足弱最得名者列後：

妹喜革履四寸八分
妲己革舄五寸
驪姬木屐四寸六分
姜后草履五寸二分
春姬舃六寸
司馬姬舃五寸
班姬屐六寸

鉤弋夫人木屧四寸二分

左貴嬪履三寸

向貴嬪履五寸

月嬪履五寸

匽后革履三寸八分

桓皇后珠履六寸

蜀后妃履舃有四寸至三寸不等，不知何氏□□□□□

本朝郭公女婢紅綃履寸九分强，蓋歷古未有□□□□□赤眉掘高后陵有徇葬，姬人皆不著名履並腐爛。□□□□□籐屩箋屛檀屐各三四寸不等，雖不十全，有倣其模式者，凡七種，附圖於後，然不能指其孰舃孰屐也。

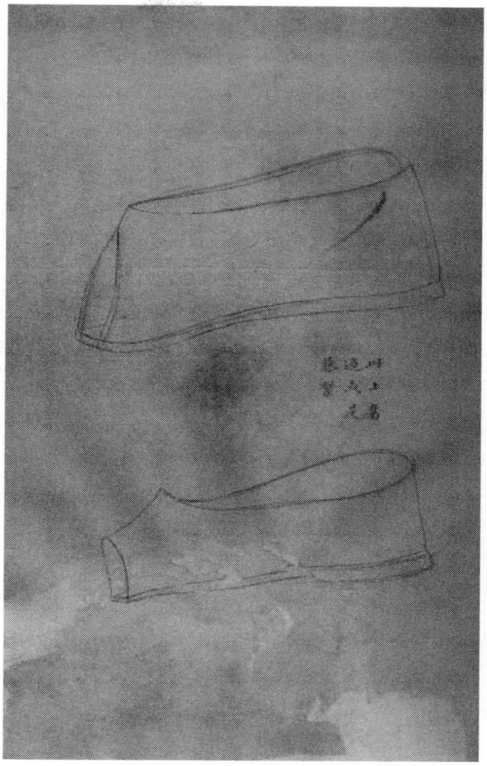

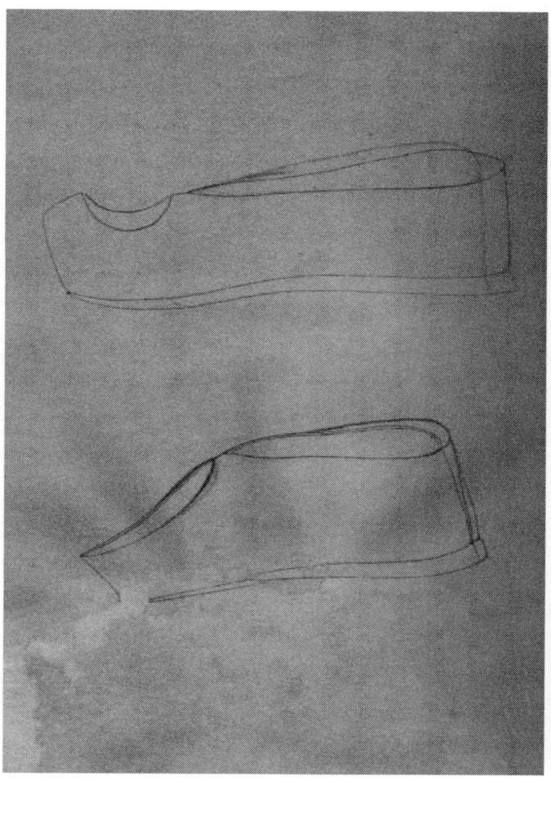

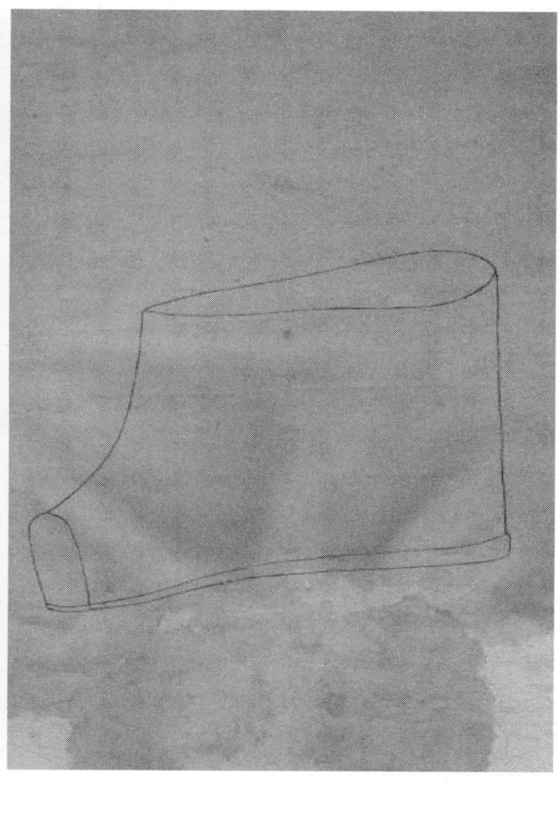

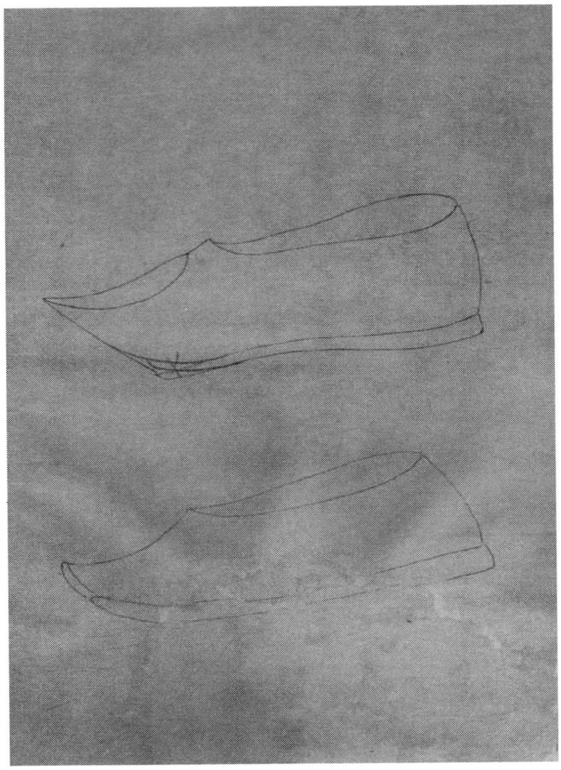

又《纏》 陝右纏最長二寸，布長丈三尺。江右最短止寸四五分，布長八尺。山左右及燕趙用布色亦不一，皆濶寸七八分，長丈□。苗獞高麗句夷亦用布纏，弟不似中華銳首擁□耳。有自韃靼來者云，其國婦人自十歲下者以布攔其足令平頭，布尺寸不等，總非華制，楚則平頭足着尖頭鞋而已。

唐·温庭筠《靚妝録》 古樂府《雙行纏》詞云：新羅繡行纏，足趺如春妍。吴均詩：羅窄裏春雲。

明·朱之瑜《舜水先生文集》卷二二《雜著三·筆語》 問裏脚者古所謂逼者乎，答逼也，縛也，縢也，邪幅也。同是此物。

又 問行纏何物，答行纏者俗名搭膊。又曰料繳邪縫之可大可小即橐也。

清·劉廷璣《在園雜志》卷四《弓足》 婦人弓足，上古未聞。《墨莊漫録》云：《書》、《傳》皆無所自，故《詩》云玉柱插銀河，又云兩足白如霜。止言白，不言小。而金蓮之名，始于齊東昏侯，爲潘妃鑿金爲蓮花貼地，令妃行其上，曰：此步生蓮花。即各詩中形容美人，亦止言其杏臉、桃腮、柳眉、櫻口、霧鬢、雲鬟、冰肌、雪腕，并未言及宮鞋三寸，新月半彎。惟《道山新聞》云：李後主宮嬪窅娘，纖麗善舞。後主作金蓮高六尺，飾以寳物，命窅娘以帛纏足，令纖小屈上，作新月狀，素襪舞雲中，回旋有凌雲之態。唐鎬詩曰：蓮中花更好，雲裏月常新，因窅娘作也。是婦人纏足自五代以來方有之。元曲云翠裙鴛繡金蓮小，後世皆效之矣。舊時婦人皆穿襪，即窅娘亦首素襪而舞，襪製與男子相同，有底，但瘦小耳。自纏足之後，女子所穿有弓鞋、繡鞋、鳳頭鞋，而于鞋之後跟，鏇木圓小墊高，名曰高底。令足尖自高而下着地，愈顯弓小。遂不用有底之襪，易以無底直桶，名曰褶衣，亦曰凌波小襪，以罩其上。蓋婦人多以布纏足，而上口未免參差不齊，故須以褶衣覆之。然亦有平底者，至睡鞋則用軟底。今稱褶衣即膝褲也。予少赴友人之招，坐間有以小鞋擎杯送酒者，促予咏之，予有句云：燈前注流霞，掌中擎新月。雖一時狂興，後亟爲删去。

清·蘇馥《香閨鞋襪典略》卷下《三寸》 伊世珍《嫏嬛記》馬嵬老媪拾得太真襪以致富，其女玉飛，得雀頭履一隻，長僅三寸。元喬符夢《曬鞵兒曲》：雙鳳銜花宮樣彎，窄玉圈金三寸慳。明王元禎詞：嬌紅睡鞋三寸整。馮汝行詞：嬌染輕羅三寸長。王次回詩：重臺蓮瓣弓三寸。張山來《繡鞋》詞：剛剛三寸不消量，窄窄窄。李笠翁詞：帶拔量來三寸共。汪懋麟詞：鞋兒脚上剛三寸。董恥夫《揚州竹枝詞》：三寸弓鞋紅一搦，工夫費盡是茅檐。鈕玉樵詞：纖屐罩霞三寸錦。

又《四寸》 秦少游詞：脚上鞋兒四寸羅。

又《六寸》 韓致光詩：六寸膚圓光緻緻。

又《八寸》《漢雜事秘辛》：足長八寸。

又《半弓》 喬符夢詞：玉亭亭鞵半弓。

又《半折》 楊升菴《江花品藻》：金釘兒釘來剛半折。

又《半捻》 楊補之詞：掌上細看才半捻。彭駿孫詞：一彎香侵半捻紅分。

又《一捻》 楊用脩詩：金縫湘裙一搦。毛稚黄詞：背燭花香彎，一捻試約羅裙。又，香襯金蓮一捻羞。汪梅坡詞：絳綃裁正，沉檀薰幄，一捻聚氛氲。

又《一握》 汪蛟門詞：掌中剛一握，懷裏香偏覺。《宮閨百詠》李小

瀛詩：一握藏鉤小，雙彎束帛翹。

又《輕輕》 牛希濟詞：凌波羅韈勢輕輕。

又《慳慳》 喬符夢詞：鞋兒瘦玉慳慳。

又《瓊鉤》 葉小鸞，豔體連珠，輕羅婉約，半蹙瓊鉤。

又《玉削》 楊補之咏鞋：端正纖柔如玉削，窄襪弓鞋，暖襯吴綾薄。

又《出水紅菱》 張陶菴：夢憶南京朱市妓，曲中羞與爲伍，五月生出朱市，曲中上下三十年，决無其比也。靣色如建蘭初開，楚楚文弱，纖趾一牙，如出水紅菱。

又《金蓮》 《南史》：齊東昏侯鑿金爲蓮花貼地，令潘妃行其上，曰此步步生蓮花也。温飛卿《錦鞋賦》：若乃金蓮東昏之潘妃。李笠翁《閒情偶寄》：足者，形之最小者也，蓮者，花之最大者也。而名婦人之足者，必曰金蓮，名最小之足者，則曰三寸金蓮。使婦人之足果如蓮瓣之爲形，則其濶而大也，尚可言乎極小極窄之蓮瓣，豈止三寸而已。

又《新月狀》 《道山新聞》：李後主宫嬪窅娘，纖麗善舞，後主作金蓮高六尺，令窅娘以帛繞足，令纖小，屈上作新月狀，著素韈舞其中，回旋有凌雲之態。唐鎬咏之曰：蓮中花更好，雲裏月長新。劉改之詞：知何似，似一鉤新月，淺碧籠雲。錢牧齋詩：新月似鞋弓。

清·方絢《香蓮品藻·香蓮五式》 家家踏月，户户凌波，然踐規判矩，毁方瓦合，譬諸草木，區以別矣。約略蓮式，總不越此五等：蓮瓣、新月、和弓、竹萌、菱角。

又《香蓮十八名》 蓮之品類，種種不同，婦足之長短攸分，情僞錯出，亦有人心如面之異，乃審厥象，肇錫佳名。

四照蓮，端端正正窄窄弓，弓在三寸四寸之間者。錦邊蓮，四寸以上至五寸，雖纏束端正而非勁履，不見棱角者。單葉蓮，窄胝平跗，所謂和弓式也。佛頭蓮，豐跗隆然，如佛頭挽髻，所謂菱角式，江南之鵝頭脚也。穿心蓮，着里高底者。碧台蓮，着外高底者。並頭蓮，將指鉤援，俗謂之里八字。並蒂蓮，鋭指外揚俗謂之外八字。同心蓮，側胼讓指，俗謂之里拐。分香蓮，欹指讓胼，俗謂之外拐。合影蓮，如侑坐欹器，俗稱一順拐。纏枝蓮，全體迂迴者。倒垂蓮，决踵躡底，俗稱坐跟。朝日蓮，翹指向上全以踵行。千葉蓮，五寸以上，雖略纏粗縛，靣翹之可堪拱把者。玉井蓮，鋭是鞋尖，非關纏束，昌黎詩所謂花開十丈藕如船者也。西番蓮，半路出家，解纏謝縛者。較之玉井蓮，反似有娉婷之致焉。

又《香蓮五容》 嚶其鳴矣，《小雅》歌求友之章，縶之維之，《周頌》賡有客之什。蓋晨夕過從，固曰每有良朋，信宿招邀，則亦于焉嘉客也。《易》曰不速，其是之謂需乎。

佳客，鳳舃冷客，鸞靴野客，鴛屐韻客，翬屐隱客。錦袝。

又《香蓮九品》 刻玉緌香，裁雲鏤月，群分類聚，品物流形。世尊趺坐九品蓮台，指青葉蓮花，迦葉所以呵呵微笑也。

神品上上。穠纖得中，修短合度，如捧心西子，顰笑天然，不可無一，不能有二。

妙品上中。弱不勝羞，瘦堪入畫，如倚風垂柳，嬌欲人扶，雖尺璧粟瑕，寸珠塵纇，然希世寶也。

仙品上下。骨直以立，忿執以奔，如深山學道人，餐松茹柏，雖不免郊寒島瘦，而已無烟火氣。

珍品中上。紆體放尾，微本濃末，如屏開孔雀，非不絢爛炫目，然終覺尾後拖沓。

清品中中。專而長，皙而瘠，如飛鳧延頸，鶴唳引吭，非不厭其太長，差覺瘦能免俗。

艷品中下。豐肉而短，寬緩以荼，如玉環《霓裳》一曲，足掩前古，而臨風獨立，終不免爾則任吹多少之誚。

逸品下上。窄亦稜稜，纖非甚鋭，如米家研山，雖一拳石，而有崩雲墜压之勢。

凡品下中。纖似有尖，肥而近俗，如秋水紅菱，春山遥翠，頗覺戚施蒙璆，置之雞群，居然鶴立。

贋品下下。尖非瘦影，踵則猱升，如羊欣書所謂大家婢學夫人，雖處其位，而舉止羞澀，終不似真。

藝文

清·蘇馥《香閨鞋襪典略》卷下《白足》 李太白詩：一雙金齒屐，

兩足白如霜。又：履上足如霜，不著鴉頭韈。沈爾燝詞：吴娃白足展如霜。

又《素足》 陶靖節《閒情賦》願在絲而爲履，附素足以周旋。悲行止之有節，空委棄于牀前。謝靈運詩：可憐誰家婦，緣流洗素足。李太白詩：東陽素足女。《閩小紀》：閩素足女多簪全枝蘭，煙鬟掩映，衆蕊争芳，響屧一鳴，全莖振媚。

又《小足》 宋劉改之有《小足沁園春》詞。

又《纖足》 明唐伯虎有《咏纖足》排歌。

又《二寸餘》 三婦合評牡丹亭陳同詩：屧子裁羅二寸餘，帶兒折半裹猶疎。

又《玉趾》 沈約詩：裾開見玉趾，衫薄映凝膚。牛嶠詞：玉趾迴嬌步，約佳期。

又《一桫》 吴穀人《過年鞋》詩：一桫試春紅。

又《纖纖》 漢焦仲卿妻詩：纖纖作細步，精妙世無雙。杜牧之詩：鈿尺裁量減四分，纖纖玉笋裹輕雲。五陵年少欺他醉，笑把花前出畫裙。《浩然齋雅談》辛幼安嘗有句云：閒道綺陌東頭，行人曾見，簾底纖纖月。以月喻足，無乃太媟乎。錢福詩：匝來玉筍纖纖嫩，放下金蓮步步嬌。王次回詩：庭中一道纖纖印。

又《盈盈》 劉改之詞：襯玉羅慳，銷金樣窄，載不起盈盈一段春。

又《小小》 朱竹垞詞：雪花未浄侵堦滑，奈小小，鴉頭羅襪。郭曾亮詩：小小鞋宜薄薄鑲。

又《點點星星》 黄黄生《咏五雲鞵》詞：藏點點，露星星，幾時教向掌中擎。

又《帖帖》 元薩都刺《繡鞋》詩：羅裙習習春風輕，蓮花帖帖秋水擎。雙尖不露行復顧，猶恐人窺針綫情。

又《月牙》 楊廉夫詩：碧雲淺露月牙彎，獨立西風意自閑。又：翡翠裙翻踏月牙。又：美人小襪青月牙。

又《笋芽》 湯春生《繡鞋》詩：笋芽誰得似，佳號説吴儂。

又《蟾鉤》 唐夏侯審《咏被中睡鞋》詩：雲裹蟾鈎落鳳窩，玉郎沉醉也摩挲。

又《香鈎》 薩都刺詩：香鈎小襪裁春羅。周憲王詞：花簇香鈎淺涴塵。

又《玉鈎》 楊用脩詩：金縫湘裙一搦，玉鈎羅襪雙彎。王次回詩：燭滅狂探軟玉鈎。

又《蓮鈎》 王次回詩：蓮鈎粉底不沾泥。陳其年詞：蓮鈎小蹙。

又《紅蓮》 秦少游詞：穩步紅蓮。謝宗可《睡鞋》詩：約束吴綾惜玉寒，紅蓮兩瓣裹來安。莫是龍詩：一片紅蓮墮秋水。

又《鴛頸》 朱金生詩：寸憐鴛頸瘦，尖愛鳳頭佳。

又《文鴛》 沈雄詞：文鴛三寸蹴來空。

又《香彎》 元薩都刺詩：一掬香彎立清曉。

又《菱尖》 王相京詩：窄窄菱尖歌自郭。

又《菱角》 朱竹垞詞：湖菱烏角，渚蓮紅瓣，不比幫兒還瘦。袁子才《小倉山房尺牘》：僕常過河南入兩陝，見乞丐之妻，擔水之婦，其脚無不纖小平正，峭如菱角者，使足下見之，其皆認作毛嬙西施，而納之後房乎。

又《貪弓》 宋李元膺詩：踏青姊妹頻來唤，鴛履貪弓不意行。

又《煖玉》 明蘇平詩：幾日深閨繡得成，着來便覺可人情。一彎煖玉淩波小，兩瓣秋蓮落地輕。南陌踏青春有跡，西廂立月夜無聲。看花又溼蒼苔露，曬向牎前趁晚晴。按平字東衡，海甯人，以此得名，人稱蘇繡鞋。

又《彎彎》 趙德麟《侯鯖録》：繡履彎彎，未省離朱户。

又《冉冉》 毛稚黄詞：滑裹春雲，冉冉紅纖出畫裙。

又《纖筍》 張以甯《洗衣曲》：笑移纖筍整湘裙。

又《芳趾》 温飛卿《錦鞋賦》：願綢繆於芳趾。

雜録

明・張岱《夜航船》卷一九《物理部・身體》 女兒纏足，先以杏仁桑白皮入瓶内煎湯，旋下鹽硝、乳香，架足瓶口薰之。待温，傾出盆中浸洗，則骨軟如綿。

服飾材料部

麻

題解

南朝梁·顧野王《玉篇》卷一四《麻部第一百八十五》 麻。莫加切，枲屬也。䴡。大侯切，䊤屬。一曰麻，一絜也。

又 䵕。先的切，細布也，亦作緆。

又卷二七《糸部第四百二十五》 絺。丑飢切，細葛也。縐。仄又切，縐布也，纖也。緝。同上，俗。絟。七全切，又千劣切，細布也，葛也。紵。丈吕切，麻屬，所以緝布也。

宋·沈括《夢溪筆談》卷二六《藥議》 胡麻，直是今油麻，更無他説，予已於《靈苑方》論之。其角有六稜者，有八稜者。中國之麻，今謂之大麻是也，有實為苴麻，無實為枲，又曰牡麻。張騫始自大宛得麻油之種，亦謂之麻，故以胡麻别之，謂漢麻為大麻也。

綜述

北魏·賈思勰《齊民要術》卷二《種麻第八》 凡種麻，用白麻子。白麻子為雄麻，顔色雄白。嚙破枯燥無膏潤者，秕子也，亦不中種。市糴者口含少時，顔色如舊者佳，如變黑者裛。崔實曰：牡麻青白無實，兩頭鋭而輕浮。麻欲得良田，不用故墟。故墟亦良，有點葉夭折之患，不任作布也。

唐·王叡《炙轂子録》 炙轂子曰：白紵，細白生紵布也，今湖州者最上也。按《左傳》吴季札獻縞帶於子産，贈之以紵布也。

宋·楊延齡《楊公筆録》 南方有練布，如焦練、蒲練之類。其精者號百易練，言百匹粗練易此一疋耳。音疎。

宋·范成大《桂海虞衡志·志器》 練子，出兩江州峒，大略似苧布。有花紋者，謂之花練。土人亦自貴重。

又 綊，亦出兩江州峒。如中國線羅，上有偏地小方勝紋。

宋·周去非《嶺外代答》卷六《服用門·練子》 邕州左、右江溪，峒地産苧麻，潔白細薄而長，土人擇其尤細長者為練子。暑衣之，輕凉離汗者也。漢高祖有天下，令賈人無得衣練，則其可貴，自漢而然。有花紋者，為花練，一端長四丈餘，而重止數十錢，捲而入之小竹筒，尚有餘地。以染真紅，尤易著色。厥價不廉，稍細者，一端十餘緡也。

明·董斯張《廣博物志》卷三七《珍寶》 齊陶之縑，南漢之布，中國以一端縵，得匈奴累金之物。

明·宋應星《天工開物》卷上《乃服·夏服》 凡苧麻無土不生。其種植有撒子、分頭兩法。池郡每歲以草糞壓頭，其根隨土而高，廣南青麻撒子種田茂甚。色有青、黄兩様。每歲有兩刈者、有三刈者，績為當暑衣裳、帷賬。凡苧皮剥取後，喜日燥乾，見水即爛。破析時則以水浸之，然只耐二十刻，久而不析則亦爛。苧質本淡黄，漂工化成至白色。先用稻灰、石灰水煮過，入長流水再漂，再曬，以成至白。紡苧紗能者用脚車，一女工并敵三工，惟破析時窮日之力只得三五銖重。織苧機具與織棉者同。凡布衣縫綫、革履串繩，其質必用苧糾合。凡葛蔓生，質長于苧數尺。破析至細者，成布貴重。又有苘麻一種，成布甚粗，最粗者以充喪服。即苧布有極粗者，漆家以盛布灰，大内以充火炬。

明·朱之瑜《舜水先生文集》卷二四《批評一·批資治通鑒三十六條》 明帝幸辟雍，初行養老禮，三老服都紵大袍。洛陽雖為土中，然寒暑異甚，北平十月便已皸瘃，豈能服紵。紵至秋即卷縮，中州人夏月尚稀服之，豈有十月可為禮衣。苘麻不可績。有僞為羅綈者，而不可以為布。今之紵絲，尊官以為禮服，然非麻也。意者都紵即此歟。蜀有都布。又按《晉·元帝紀》，太極殿廣室，帝令夏施青練帷，冬施青布，則布豈專為麻葛紵乎。

清·顧棟高《毛詩類釋》卷一四《釋草》 麻。此係紵麻之麻。《朱子》丘中有麻。《傳》曰：麻，穀名。子可食，皮可績為布者。【略】紵麻之麻是大麻，皮可績為布，所以為衣者也。【略】又云東門之池可以漚麻，

漚之使柔，可以作布。

又　紵。疏：陸璣云：紵亦麻也，科生數十莖，宿根在地中，至春自生，不歲種也。荆揚之間，一歲三收。今官園種之，歲再刈，刈便生，其裏韌如筋者謂之徽紵，今南越紵布皆用此麻。

清·李心衡《金川瑣記》卷三《蠻裙》　數十畝之家，必留三五畝種麻苧，闔家衣服，藉以取給。近日蠻女下裳多用白布，或藏紬製成，邊幅鑲紅布，襞積細緻，如百疊裙。頭人家婦女衣裙多用碎綿鑲成，臨風飄颺，頗似古時舞衣。

毛

題解

南朝梁·顧野王《玉篇》卷二六《毛部第四百十六》　氎。徒叶切，毛布也。毲。同上。氈。之延切，毛為席。毤。大幺切，毤毻或作翢鴟。

又　氀。力于切，毛布也。亦作褸，又力主切。毹。巨俱切，氀毹，毛席也。

又　毳。齒芮切，罽衣，又毛之細縟。

唐·釋玄應《一切經音義》卷一《大威德陀羅尼經第十三卷》　羅毦。人志反。《廣雅》毦毦，罽也。織毛曰罽也。

又卷二《大般涅槃經第十六卷》　氀毼。力于反。《廣雅》氀毼，罽也。粗罽也。《聲類》毛布也。

又《大般涅槃經第三十二卷》　羅毦。仁志反。《通俗文》毛飾曰毦，稍上垂毛亦曰毦也。

又卷一二《賢愚經第第四卷》　茸衣。而容反。《字林》毛罽也。《纂文》云茸以毛為飾。

又卷一四《四分律第三十一卷》　氍毹。又毭氀二形，《字苑》作氍毹，同，強朱、雙朱反。《聲類》云毛席也。《釋名》作裘溲。又《通俗文》云織毛蓐曰氍毹，細者謂之毾㲪。

又卷一四《四分律第五十二卷》　毛毦。《字林》先要反，毛，皃也。《通俗文》：毛茂謂之毤毻。案《字義》宜作虠，音所革反，毛虠也，亦繩虠也。

又卷一五《十誦律第二十七卷》　氀衣。力俱反。《通俗文》：毛布曰氀。《廣雅》：氀，罽也。

又卷一五《五分律第二十卷》　毛毲。布莽反。《字林》：罽方文者曰毲，謂毛布也。

綜述

漢·桓寬《鹽鐵論》卷六《散不足》　古者鹿裘皮冒，蹄足不去。及其後，大夫士狐貉縫腋，羔麑豹祛。庶人則毛絝衳彤，羝襆皮禣。

宋·楊侃《兩漢博聞》卷五《罽》　罽毛若今毼及氍毹之類也。罽，居例反，毼音曷，氍音瞿，毹音俞。《說文》云氍毹，氈緂之屬。蓋方言也。別注云：罽織毛為布者。

宋·范成大《桂海虞衡志·志器》　蠻氈，出西南諸蕃，以大理者為最。蠻人晝掖夜卧，無貴賤，人有一番。

宋·程大昌《演繁露》卷一三《毛裘》　徐常侍鉉入中原以織毛衣，制本出塞外，不肯被服，寧忍寒至死，信其有守。然古固以狐羔麑為裘，聖人服之矣。若謂古人不以織毛之衣襲朝服者，則今貂蟬亦古乎，若其篤古堅毅，死且不易，上於人多矣。

宋·周去非《嶺外代答》卷六《服用門·氈》　西南蠻地産綿羊，固宜多氈毳。自蠻王而下至小蠻，無一不披氈者，但蠻王中錦衫披氈，小蠻袒裼披氈爾。北氈厚而堅。南氈之長，至三丈餘，其濶亦一丈六七尺，摺其濶而夾縫之，猶濶八九尺許。以一長氈帶貫其摺處，乃披氈而繫帶於腰，婆娑然也。晝則披，夜則卧，雨晴寒暑，未始離身。其上有核桃紋，長大而輕者為妙，大理國所産也，佳者緣以早。

元·俞琰《席上腐談》卷上　北方毛段細軟者曰子。毤子，謂毛之細者。毤，温柔貌，《書·堯典》云：鳥獸毤毛是也，今訛為紫茸。

又　氈之異名，曰毛席。毯之異名，曰毛褥。猶竹笠呼為竹巾。東漢《西域傳》注：氈曰毛席。

元·拜柱《通制條格》卷二七《毛段織金》　中統二年九月，中書省欽奉聖旨：今後應有織造毛段子，休織金的，只織素的，或繡的者。并但有成造箭合刺，於上休得使金者。欽此。

元·龍輔《女紅餘志》卷上《太華氈》　光武后陰麗華，步處皆鋪太華精細之氈，故足底纖滑與手掌同。

明·楊慎《丹鉛摘録》卷三　揚雄《蜀記》云：雲南越毦氈，罽也。音豆分。今之氍毹。

明·余繼登《典故紀聞》卷一一　永樂中，以駝毼温煖，令内官於所出地方索買，且令專業者給官料，織造五十匹，自後歲以為常。至正統初，陜西右參政年富奏：本司原造綾絹毯毼九百餘匹，復加造駝毼五十匹，民力不堪，乞免造。從之。

明·張存紳《增定雅俗稽言》卷四〇《冠服·裼襲》　裼从日作，《周易》字音昔，《論語》緇衣羔裘，注：衣以裼裘。按《禮記》，裘之裼也，見美也。服之襲也，充美也。蓋古人著裘必有半袖襌衣，加於其上以見美，曰裼。裼衣上又有袖全衣以充美，曰襲。襲衣上方有公服。故《禮》云：表裘不入公門，要必裘上有裼有襲有公服也。

明·宋應星《天工開物》卷上《乃服·褐氈》　凡綿羊有二種，一曰蓑衣羊，剪其毳為氈，為絨片，帽、襪遍天下，胥此出焉。古者西域羊未入中國，作褐為賤者服，亦以其毛為之。褐有粗而無精，今日粗褐亦間出此羊之身。此種自徐、淮以北州郡，無不繁生。南方唯湖郡飼畜綿羊，一歲三剪毛。夏季稀革不生。每羊一隻，歲得絨襪料三雙。生羔牝牡合數得二羔，故北方家畜綿羊百隻，則歲入計百金云。一種𦍑芀羊，番語。唐末始自西域傳來，外毛不甚蓑長，内毳細軟，取織絨褐，秦人名曰山羊，以別于綿羊。此種先自西域傳入臨洮，今蘭州獨盛，故褐之細者皆出蘭州。一曰蘭絨，番語謂之孤古絨，從其初號也。山羊毳絨亦分兩等，一曰搊絨，用梳櫛搊下，打線織帛，曰褐子、把子諸名色。一曰拔絨，乃毳毛精細者，以兩指甲逐莖搊下，打線織絨褐。此褐織成，揩面如絲帛滑膩。每人窮日之力，打線只得一錢重，費半載工夫，方成匹帛之料。若搊絨打線，日多拔絨數倍。凡打褐絨線，冶鉛為錘，墜于緒端，兩手宛轉搓成。凡織絨褐機大于布機，用綜八扇，穿經度縷，下施四踏輪，踏起經隔二抛緯，故織出文成斜現。其梭長一尺二寸。機織羊種皆彼時歸夷傳來，名姓再詳。故至今織工皆其族類，中國無與也。凡綿羊剪毳，粗者為氈，細者為絨。氈，皆煎燒沸湯投于其中搓洗，俟其粘合，以木板定物式，鋪絨其上，運軸赶成。凡氈絨白黑為本色，其餘皆染色。其氍俞、氆魯等名稱，皆華夷各方語所命。若最粗而為毯者，則駑馬諸料雜錯而成，非專取料于羊也。

明·程良孺《讀書考定》卷二二《服飾·氍毹》　上音瞿，下音芻，《聲類》曰毛席也。《風俗通》曰織毛褥謂之氍毹。

又《子毹》　子毹，北方毛段細軟者。書鳥獸氄毛是也。今訛爲紫茸。

清·檀萃《滇海虞衡志》卷五《志器》　羊毛布，禄勸亦有之，不如他處。氈，滇各處俱出，以夷人養羊者，多如陜西也。毯亦出，然不甚多。藏氆氌，自中甸來，藏人多居其地。

又　毛褐，出舊陽宗縣。

又　抓絨，出迤西，似内地織絨而成板且重，不如織絨之似細毛而輕也，其牛絨則似織絨，但毛粗。

清·趙慎畛《榆巢雜識》下卷《麥穗子》　羊皮貴羔而賤老。獨口外另一種，名麥穗子，皮軟毛長，形如麥穗，價值最貴。公卿出差口外，必披此一襲。由口外風高，非此不足以禦之也。

清·李心衡《金川瑣記》卷三《披毯》　俗喜畜牛羊，春夏日暵，多翦取牛羊毛，績線作毛毯，男女衣服取給焉。鄭康成《尚書》注，織皮謂西戎之國，良不誣也。衣服之外，橫披大幅長毯，若釋氏袈裟。日以蔽風雨，夜以代衾褥，寒暑不改服，民好徒跣，男女皆同。間用革鞾，形製詭異，男子穿袍袴，女子短衫長裙無袴，裙帶闊尺許，亦用牛羊毛織成，下垂五色流蘇，其重足以壓風。

紀　事

宋·陳元靚《歲時廣記》卷四《冬·禦寒毬》　《提要録》：太祖登

極，九州各貢方物。燕國劉大王守光使進禦寒毬一牀。

清・查慎行《人海記》卷上《省陝西絨褐》 陝西織造絨褐，本朝初年設有專員。順治辛卯始省，以此項錢糧充餉。

雜録

晉・陸翽《鄴中記》 石虎御府罽，有鷄頭文罽，鹿子罽，花罽。

明・楊慎《秇林伐山》卷一四《霞氎》 吐蕃貢霞氎，今之紅氆氇。

絲

題解

漢・劉熙《釋名》卷四《釋采帛》 絹，絙也。其絲絙厚而踈也。縑，兼也。其絲細緻數兼於絹也。亦曰細緻染縑為五色細且緻不漏水也。練，爛也，煮使委爛也。素，言朴素也。已織則供用不復加巧飾也。又物不加飾皆目之為素，此色然也。綈似蛢蟲之色，綠而澤也。錦，金也。作之用功重，其價如金，故其制字帛與金也。綺，欹也。其文欹邪不順，經緯之縱横也。有杯文，文形似杯也。有長命其綵色相間皆横終幅，此之謂也。言長命者服之，使人命長，本造者之意也。有棋文，方文如棋也。綾，凌也。其文望之如冰凌之理也。繡，脩也。文脩然也。羅，文踈羅羅也。纚，簁也。粗可以簁物也。苓辟經絲貫杼中一間并一間疏疏者苓苓然并者歷辟而密也。紡粗絲織之曰疏。疏，寥也，寥寥然也。縠，粟也，其形踧踧，視之如粟也。又謂沙，亦取踧踧如沙也。繐，惠也。齊人謂涼為惠言服之輕細涼惠也。紈，涣也，細澤有光，焕焕然也。蒸栗，染紺使黄色如蒸栗然也。紺，含也，青而含赤色也。緜，猶湎湎柔而無文也。綸，倫也，作之有倫理也。絮，胥也，胥久故解落也。紬，抽也，抽引絲端出細緒也，又謂之絓。絓，挂也，挂於杖端振舉之也，亦曰繭幕。貧者著衣可以幕。絡，絮也，或謂之牽離煮熟爛，牽引使離散如綿然也。

南朝梁・顧野王《玉篇》卷二七《糸部第四百二十五》 糸。亡狄切，細絲也。微也，幺也。

又 緬。彌善切，微絲也，思皃也，輕也。

又 綃。思焦切，生絲也，素也，緯也。緒。口皆切，大絲也。

又 紀。居擬切，十二年也，緒也，絲別名也。

又 縠。胡木切，細纏也，紗縠也。縑。古廉切，絲繒也。【略】綈。徒兮切，厚繒也。

又 絹。居掾切，生繒也。

又 綾。力升切，文繒也。

又 紗。所加切，紗縠也。

又 絨。如充切，細布也。

又 縤。桑故切，生帛也。

又 絲。先資切，蠶所吐。

又卷二八《巾部四百三十二》 帎。音沙，細絲。

又 帛。步百切，繒帛也。

又 錦。几飲切，錦綺也。𦅻。下刮切，細紬也。緂。他敢切，青黑繒，亦作裧。

唐・釋玄應《一切經音義》卷二《大般涅槃經第一卷》 繒綵。在陵反。《説文》：繒，帛也。謂帛之總名曰繒也。

又卷三《光讚般若經第七卷》 緹幔。他禮反。《説文》謂帛赤黄色也。即縓色也。《爾雅》：再染謂之縓。縓音遷絹反。

又卷一〇《般若燈論第一卷》 纈目。賢結反。謂以絲縛繒染之，解絲成文曰纈也。

又《地持論第十卷》 羅縠。胡木反，似羅而疏，似紗而密者也。有檬縠、霧縠，言細如霧也。

又卷一一《中阿含經第三十卷》 縳繳。之若反，繳，生絲縷也，矰之射者也。矰音子登反，結繳於矢謂之矰也。

又卷一二《別譯阿含經第三卷》 總布。音忽，《通俗文》云：輕絲絹曰總，

總亦青白色也。

又卷一三《阿蘭若習禪法經下卷》 織總。作用反，《通俗文》云：輕絲絹曰總也。

又卷一五《十誦律第三卷》 頭綃。私遥反，《通俗文》：生絲繒曰綃，謂頭鬢也。

又卷二三《攝大乘論第二卷》 衆纈。賢頡反，案纈以絲縛繒染之，解絲成文曰纈。今謂西國有淡澀汁點之成纈，如此方蠟點纈也。

又卷二四《阿毗達磨俱舍論第十卷》 妒羅綿。丁故反，舊言兜羅綿也。

宋・馬永卿《嬾真子》卷五《繒字當以疾陵反為正》 元城先生嘗論及漢高帝功臣曰：屠狗販繒之徒呼。繒字與錫相近，後檢《漢灌嬰傳》注云，帛之總名而已。今按《韻略》：繒，慈陵切。注云：帛也。增，咨登切。則世人以繒為增，誠非也。《尚書》：厥篚纖縞。注云：玄，黑繒也；縞，白繒也。《釋音》云：似陵反。《禮運》云：瘞繒。注云：弊帛曰繒。《釋音》似仍反。《左氏》：衛文公大帛之冠。注云：大帛，厚繒。繒，疾陵切。《晉書・地理志》：繒，才陵反。以諸音義考之，當以疾陵為正。

宋・程大昌《演繁露》卷七《繒》 厚帛也。蔡邕《女誡》曰繒貴厚而色尚深，為其堅韌也。案此即厚帛，乃始名繒，其著色深也。

論説

明・楊慎《秇林伐山》卷一八《虞世南織錦曲》 寒閨織素錦，含怨斂雙蛾，綜新交縷澁，經脆斷絲多，衣香逐舉袖，釧動應鳴梭，還恐裁縫罷，無信往交河。此虞世南《織錦曲》也，分明是一幅織錦圖，綜音縱，經音逕，非深知織作者，不知此二句之妙。

明・田藝蘅《留青日札》卷二二《織絲段子》 《玉藻》：士不衣織。織，音志。注：染絲而織之也。今人以紵絲曰段子，余見宋人以褐亦稱段子。張文潛《雜志》曰：褐，毛布也。非今段子乎。則綾羅亦可同稱。

明・周祈《名義考》卷一一《物部・重襺重繭》 《左傳》：夏重襺。按，纊為襺，新綿也。重襺謂重綿。《叙傳》：申重繭以存荆。按，繭本作趼，足胝也。亦通作繭，胝起如繭也。襺、趼并音簡。

清・任大椿《釋繒》 繒，帛也。帛，繒也。《大宗伯》：孤執皮帛。注：帛，如今璧色繒也。《聘禮》：受束帛加璧。注：帛，今之璧色繒也。《漢書・匈奴傳》師古注：繒，帛之總名。《急就篇》：綈絡縑練素帛蟬。師古注：帛，總言諸繒也。《文選・雪賦》：堁壤垂繒。李善注引《字林》曰：繒，帛總名也。

案，《演繁露》曰：繒，厚帛也。蔡邕《女誡》曰：繒貴厚而色尚深。爲其堅韌也。此即厚帛乃始名繒，其著色深也。今考《字林》及《匈奴傳》、《急就篇》諸注，皆云繒爲帛之總名。帛厚薄不一，則繒不得獨爲厚帛矣。《女誡》云繒貴厚，乃謂繒非一類，以厚者爲貴耳。非謂繒專爲厚帛也。

又案，《聘禮》：束帛加璧。疏云：帛，今之璧色繒者。《宗伯》云：以蒼璧禮天下。云牲幣各放其器之色。禮天之璧用蒼色，則幣帛之色亦蒼色。是璧色繒。于漢時云璧色繒者，亦因周法，則此束幣亦與璧同。以上賈疏。據賈此疏，以璧色爲蒼色。而鄭注以帛爲璧色繒，或漢時帛色在蒼白之間。亦猶《釋名》謂：綈，色綠。《淮南子》謂：縑，性黄。其實帛綈縑本質皆白，而當時染色各别，故各舉其習見者言之耳。《急就篇》：綈絡縑練素帛蟬六種繒名並列，則明以帛爲繒之一類。鄭謂帛爲璧色繒，似帛在諸繒内以璧色獨稱異也。又《急就篇注》：縑已練者呼爲素帛。則師古又以帛爲熟縑矣。

又 大絲者曰紬。《説文》：紬，大絲繒也。《急就篇》：絳緹絓紬綠絮綿。師古注：抽引粗繭緒，紡而織之曰紬。《玉篇》：紬，大絲作。《廣韻》：紬，大絲繒。《六書故》：紬，抽取純緒也。今人織大絲爲繒，亦謂之紬。

案，《北魏書・王元感傳》：詔送白紬袴褶一具，與元感釋服。《北史・樂良王傳》：王好衣服，遂著紅羅襦，繡作領，碧紬袴，錦爲緣。紬雖大絲，而後世以爲賜服，且以爲飾服。或六朝時紬加細緻乎。又考《北魏書・蠕蠕傳》：賜五色錦被二領，黄紬被褥三十具，私府繡袍一領。《高車傳》：遣使賜赤紬十匹，雜綵六十匹。蓋紬雖大絲繒，而蠕蠕、高車亦以之爲重，故與錦繡雜絲並賜也。

又案，《唐六典・織染署》：凡織紝之作有十，一曰布，二曰絹，三曰

絁，四曰紗，五曰綾，六曰羅，七曰錦，八曰綺，九曰繝，十曰褐。紬線之作有四，一曰紬，二曰線，三曰絃，四曰綱。別紬于織紝之作，而紬線自爲作紬與線爲類，未識當時制作之意。考《急就篇》注：紡而織之曰紬。又考《急就篇》：纍繘繩索絞紡纑。注：紡，謂紡。切麻絲之屬，爲纑縷也。紬既先紡而後織，則是先爲縷而後織，質近于線。故唐制紬與線同作，今時有線紬或其遺制歟。

又 繒之細者曰縞。《詩》：縞衣綦巾。《正義》：縞，細繒也。《戰國策》：强弩之餘，不能穿魯縞。注：然則縞是薄繒，不染，故色白也。《楚辭·招魂》：纂組綺縞。補注：縞，一曰細繒。《淮南子·兵略訓》：雖有薄縞之襜。注：縞，細繒也。《漢書·食貨志》：履絲曳縞。師古注：縞，皓素也，繒之精白者也。《後漢書·順帝紀》：茂陵園寢，焚皆縞素。注：繒之精白者曰縞。《小爾雅》：繒之精者曰縞。《廣雅》：縞，細繒也。《文選·子虛賦》：揄紵縞。司馬彪曰：縞，細繒也。曹植雜詩：綺縞何繽紛。注引《小爾雅》曰：繒之精者曰縞。

案，《國策》：强弩之餘，不能穿魯縞。《新序·善謀篇》：强弩之末，力不能入魯縞。《論衡·效力篇》：篠簵之箭，機不能動發，魯縞不能穿。蓋縞本細薄，魯縞則尤細薄。言弩之餘力，箭之失機，雖至細薄者不能穿。故特以魯縞言之也。《淮南子·說山訓》：砥利劍者，非以斬縞衣，將以斷犀兕。《新論·慎隟篇》：魯縞質薄，疊之折軸。皆言乎縞之薄也。今之生絲薄絹其近于縞歟，在古則已爲細繒矣。

又 一曰紈。《列子·周穆王篇》：齊紈殷敬順。《釋文》引《范子》云：白紈素出齊魯。《淮南子·齊俗訓》：弱緆羅紈。注：紈，素也。《脩務訓》：曳齊紈。注：紈素，齊所出。《藉田賦》：綃紈綷縩。注引《淮南子》許慎注：紈，素也。《雪賦》：紈袖慙冶。注引《說文》：紈，素也。《范子》：紈素出齊。《戰國·齊策下》：宮糅羅紈。注：紈，素也。《漢書·地理志》：故其俗彌侈，織作冰紈綺繡純麗之物。師古注：紈，素也。《叙傳》：在於綺襦紈袴之間。師古注：紈，素也。《後漢書·章帝紀》：詔齊相省冰紈。注：紈，素也。《急就篇》：縹綟綠紈皁紫硟。《補注》：紈，即素之軒細者。《說文》：紈，素也。《廣雅》：紈，素也。

案，《釋名》：紈，涣也。細澤有光涣涣然也。又考《釋名》：素，朴素也。已織則供用，不復加巧飾也。《說文》：素，從𠂹從糸，取其澤。然則素質白而澤，與紈質涣涣有光同，故釋者通以紈爲素也。《漢書·地理志》臣瓚注：冰紈，紈細密堅如冰也。《後漢書·宦者傳》云：冰紈霧縠之積。《潛夫論·浮侈篇》亦云：綺縠冰紈。紈以冰名，猶綾紋如冰凌理，然則紈質或近於綾矣。故《廣韻》云綾紈也。綾之訓紈，紈之訓素，皆以其素潔相似也。

又案，《淮南子·說林訓》：有榮華者必有憔悴，有羅紈者必有麻蒯。麻蒯舉其賤者，則羅紈舉其貴者。《蜀都賦》：蕉葛升越，弱於羅紈。《神女賦》：其盛飾也，則羅紈綺繢盛文章。羅爲貴繒，紈與羅並舉，亦以其細澤可貴也。《漢書·賈誼傳》：白縠之表，薄紈之裏。云薄紈則輕弱之質近於羅矣。

又案，《漢書·地理志》：織作冰紈綺繡之物。晉灼曰：紈，白熟也。既云白熟，則紈爲熟絲繒矣。與素細澤相似，而生熟或不同。

又 熟帛曰練。《天官·染人》：凡染，春暴練。注：暴練，練其素而暴之。《玉藻》：士練帶。《正義》：士用熟帛練爲帶。《說文》：練，湅帛也。《釋名》：練，爛也。煮使委爛也。《論衡》：湅染布帛，名之曰采。無練染之治，名曰縠粗。《急就篇》：綈絡縑練素帛蟬。師古注：練者，煮縑而熟之也。《玉篇》：練，煮漚也。

又 生帛曰縞。《王制》：縞衣而養老。《正義》：白色生絹曰縞。《玉藻》：弟子縞帶。《正義》：以生縞爲帶，縞冠素紕。《正義》：縞是生絹而近吉。

案，《廣雅》：縞，練也。《文選·雪賦》：眄隰則萬頃同縞。注亦引《廣雅》：縞，練也。考練爲熟帛，縞爲生帛，生熟異治，而質則略同。故《廣雅》又以練訓縞也。

又 曰素。《雜記》：純以素。注：素，生帛也。《玉篇》：綡，生帛也。

又 曰織。《史記·夏本紀》：其篚織貝。《集解》：《孔傳》織，細繒也。案，《孔傳》云：織，細紵。考《禮》：士不衣織。謂織，繒也。《史記集解》引《孔傳》：紵明作繒。誤本作紵，疏亦襲誤。

又 曰絓。《釋名》：紬，謂之絓。絓，挂也。挂于帳端振舉之也。《廣雅》：絓，紬也。《說文》：絓，繭滓絓頭也。《急就篇注》：紬之尤粗曰絓，

繭滓所抽也。

案，《説文》以絓爲繭滓頭，《急就篇》以絓爲紬之尤粗者，繭滓所抽，則近于今之繭紬矣。《廣韻》訓絓，一爲惡絲，一爲絲結。蓋此紬質不滑易，故名之耳。

又 曰紨。《説文》：紨，布也。一曰粗紬。《廣雅》：紨，紬也。《玉篇》：紨，粗紬也。《類篇》：大絲曰紨。

又 曰綾。《方言》：東齊言布帛之細者曰綾。《説文》：東齊謂布帛之細曰綾。

案，綾，凌也。如冰凌理，則綾以紋得名也。布之細紋亦似綾。《唐六典》：山南道貢闌于布。《華陽國志》謂：闌于文如綾錦，是布與綾皆以多文得通名也。

又 曰絹。《急就篇》：烝栗絹紺縉紅燃。注：絹，生白繒。《玉篇》：絹，生繒也。

案，縳爲絹之本字，《類篇》：縳，樞絹切。雙縳，緻繒也。紡熟絲爲之，蓋即《唐・地理志》所云：雙紃也。雙紃自爲熟絲繒，紃之作縳，與此生白繒之縳，音訓俱别。

又案，《宋書・輿服志》：諸受朝服，中衣絹五丈，領袖練一疋，絹七尺五寸。是絹與練異。孔《禮疏》以練爲熟帛，《玉篇》以絹爲生帛，又絹、練精粗異質，故所用不同也。

又 曰絹。《釋名》：絹，絚也。其絲絚厚而疎也。

案，《管子》：季絹三十二，則當一鎰。房注：三等其下者爲季。《國策》注：鎰四十四兩。下絹三十三，直金四十四兩，則每絹直一兩有奇也。《晉書・石勒傳》：乃出公絹市錢，限中絹匹一千二百，下絹八百。然百姓私買中絹四千，下絹二千。據此晉時公價尚與《管子》合，私價則過半矣。《宋書・沈懷文傳》云：期限嚴峻，民間買絹一匹至二三千。此言絹直之最貴者也，若常值即不及二三千矣。較晉時私價爲賤。《北魏書・任城王傳》：絹一匹輸甎二百。所直亦微。《北史・房謨傳》：魏朝以河南數州，鄉俗絹濫，退絹一匹，徵錢三百。乃表請錢絹兩受，任人所樂。然則北魏時絹賤無過河南。《唐・地理志》：隨地皆貢絹絁，以其非貴繒，故所在皆有之。古今價直貴賤亦略相埒也。

又 曰縑。《急就篇》綈絡縑練素帛蟬。師古注：練者，煮縑而熟之也。一曰縑，已練者呼，爲素帛，若今言白練者也。

案，縑必待練而後熟，則縑猶爲生繒矣。

又 曰縑。《説文》：縑，并絲繒也。《釋名》：縑，兼也。其絲細緻，數兼乎布絹也。染縑爲五色，細且緻，不漏水也。《急就篇》：綈絡縑練素帛蟬。師古注：縑之言兼也，并絲而織，甚細密也。

案，《説文》：緦，一曰兩麻一絲布也。則緦以麻而兼絲。《釋名》謂：縑，數兼乎布絹。豈以絲而兼麻歟。考縑并絲而織，似布紡麻而織，故云數兼布絹。

又案，《太平御覽》引《釋名》曰：數兼於絹，絹字上無布字。蓋縑爲并絲，比之絹質之踈，則兼之矣。較今本《釋名》：數兼乎絹布。義亦並通。

又案，《唐・地理志》：蜀州貢單絲羅，徐州貢雙絲綾。是絲有單雙，雙絲即并絲也。單則踈，故羅比紗爲尤踈。并則密，故縑不漏水。《管子・山國軌》：春縑衣，夏單衣。縑質密，密宜于春，故夏别用單衣也。《急就篇補注》引張説曰：輕縑素練。則縑之爲質密而輕。故于春温時尤宜也。今絹名縑絲者近之。

又案，《晉書・辰韓傳》：俗饒蠶桑，又作縑布，布亦名縑。蓋繒則并絲織之，布則并縷織之。義皆取乎兼也。

又 厚者曰綈。《説文》：綈，厚繒也。《管子・輕重訓》：魯梁之民善爲綈。注：繒之厚者謂之綈。《急就篇》：綈絡縑練素帛蟬。注：綈，厚繒之滑澤者也。重三斤五兩，今謂之平紬。《史記・范雎傳》：綈袍。《索隱》：綈，厚繒。《漢書・文帝紀》：身衣弋綈。注：綈，厚繒。《貢禹傳》：孝文帝衣綈履革。注：綈，厚繒。《王嘉傳》：乘輿席緣綈繒而已。注：綈，厚繒也。《外戚傳》：盛緑綈方底。注：綈，厚繒也。《揚雄傳》：綈衣不敝。注：綈，厚繒。《張安世傳》：安世尊爲公侯，身衣弋綈。注：綈，厚繒。《佞幸・董賢傳》：柱檻衣以綈錦。注：綈，厚繒也。《匈奴傳》：赤綈、緑繒各六十匹。注：綈，厚繒也。《後漢書・王符傳》：昔孝文皇帝躬衣弋綈。注：綈，厚繒也。《西都賦》：木衣綈錦。《魏都賦》：土無綈錦。李善注引《説文》曰：綈，厚繒也。《廣韻》：綈，厚繒也。

案，《史記・范睢傳》注：以綈爲絁。考絁即紬，《説文》：紬，粗緒也。然則綈厚而且粗，師古《急就篇注》：以綈爲平紬。考《唐・地理志》：懷州土貢平紗、平紬，魏州土貢花紬、錦紬、平紬，博州土貢綾平紬。《通典》：洛州貢平紬。唐平紬出懷、魏、博、洛四州。蓋繒體平厚，出非其地，則弗能爲良也。

又案，《釋名》：綈，似蝴蟲之色，緑而澤。與《漢書・外戚傳》所載緑綈相合。然《匈奴傳》又載赤綈，《鄴中記》又載青綈、白綈、黄綈。則綈似蝴蟲之色，非綈之本色也。《釋名》以爲緑而澤，豈當時綈色多緑，特取其習見者以爲訓歟。

又案，《鄴中記》云：錦或青綈，或白綈，或黄綈，或緑綈，或蜀綈。蓋錦織五色而皆以綈爲地。《禮記・雜記》：素錦以爲屋。《喪大記》：素錦褚。《爾雅》曰：素錦綢杠。郭注曰：以白地錦韜旗之竿也。其云白地錦，當即所謂白綈錦也。《三國・魏志・倭人傳》有絳地交文錦，紺地句文錦。裴松之謂地應爲綈，引漢文帝著皂衣弋綈，蓋錦多以綈爲地，故松之破地爲綈耳。綈爲厚繒，錦施功多，故以厚繒爲質。

又案，《後漢書・宦者傳》序：土木被緹繡。注：緹，厚繒也。《洛陽伽藍記》亦云：金銀緹繡。然則綈又通作緹，緹繡猶云綈錦也。

又 曰綃。《説文》：綃，生絲也。《玉篇》：綃，生絲也。《後漢書・向栩傳》：被髮著絳綃頭。注《説文》綃，生絲也。《廣韻》：綃，生絲繒也。

案，左思《吴都賦》：泉竇潛織而卷綃，注鮫人從水中出。曾寄食人家，積日賣綃。綃者，竹孚俞也。竹孚俞薄而脆，亦名曰綃。綃爲生絲，其脆薄亦與卷綃之綃同。

又 曰素。《説文》：素，白緻繒也。從糸，從𠂹。取其澤也。《玉篇》：素，白緻繒也。《廣韻》：素，帛也。《説文》作：䋐，白緻繒也。

又 曰纖。《禹貢》：厥篚元纖縞。《傳》：元，黑繒。縞，白繒。纖，細也。纖在中，明二物皆當細。《漢書・地理志》注曰：纖，細繒也。《方言》：繒帛之細者謂之纖。

案，胡朏明云：縞薄于纖，何以知之。按《毛公詩傳》：縞，薄繒，不染故色白。黄氏《韻會》：縞，繒之潔白者。曲阜之俗善作，尤爲精細。又喪服之變除，以布帛之疏密爲次，故祥縞而禫纖，縞薄于纖明矣。纖用絲多密而厚，縞用絲少踈而薄。纖蓋今之所謂紬，縞則今之所謂絹也。以上《禹貢錐指》。考《急就篇》：穀。師古注：抽引粗緒，紡而織之曰紬。《玉篇》：紬，大絲作。既云大絲，又云粗緒，則與纖不同。《招魂》：被文服纖。王逸注：纖，謂羅穀也。羅穀細絲，故名纖。然則元纖縞之纖，或不得以紬當之乎。

又案，《間傳》：禫而纖。注：黑經白緯曰纖。注蓋承用戴德《變除禮》必非無據，是禫而纖之纖，與元纖縞之纖別類，朏明不得引以爲證。《漢書・地理志》：厥棐元纖縞。師古曰：元，黑也，纖，細繒也。。言獻黑細繒，又爲一説。

又案，《漢書・文帝紀》：纖七日。《釋服》注：纖，細布衣。然則布帛之細者並曰纖，纖統名也。《方言》：東齊以布帛之細者曰綾，布得通名綾，與布得通名纖同也。

又 曰阿。《淮南子・脩務訓》：衣阿錫，曳齊紈。注：阿，細穀。《漢書・郊祀》歌曳阿錫。注：阿，細繒。《司馬相如傳》：被阿錫。張揖曰：阿，細繒也。《文選・子虛賦》注張揖曰：阿，細繒也。《玉篇》：絅，細繒。《廣韻》：絅，繒之細者。

案，《史記・司馬相如傳》：被阿錫。《正義》曰：東阿出繒。《水經注》曰：東阿出佳繒縑。故《史記》云：秦昭王服太阿之劍，阿縞之衣。《文選・李斯上書》：阿縞之衣。徐廣曰：齊之東阿縣，繒帛所出者也。則阿以地名也。《廣雅》、《玉篇》、《廣韻》阿，别作絅。

又 曰綮。《説文》：綮，𢿙繒也。《玉篇》：綮，緻繒也。

又 曰 纏。《説文》：纏，粗緒也。徐鉉曰：今俗別作絁，非是。

案，《玉篇》：纏，經緯粗細不同者。纏，絁同。《廣韻》云：纏，繒似布。蓋言其絲大而粗也。《新唐書・輿服志》：五品以上冕以羅爲之，六品以下爵弁以絹爲之。文官之巾則以紫黑絁爲之。徐鉉以絁爲纏之俗字。絁質粗大，次于羅絹，故以之作巾，次于冕弁也。又考《唐志》：五品以上服小科綾羅，六品以上服絲布交梭雙紃綾，奴婢則服紬絹絁布。次絁布于紬絹，則絁爲尤粗，即《廣韻》所云似布者。故奴婢得服之也。

又案，《隋志》：晉制丁男調布絹。後周制麻土調布絹，桑土調絹絁。桑土以絁代布，蓋即《廣韻》所謂絁似布也。

又　曰絡。《急就篇》：綈絡縑練素帛蟬。師古注：絡即今之生綳也。一曰今之綿紬。

案，絡與綿相近。考《説文》：絡，絮也。《廣韻》：精曰綿，粗曰絮。則絡亦綿類也。綿紬之名絡，蓋以綿絡爲之也。《北史・周高祖本紀》：初令庶人以上，非朝祭之服，惟得衣綢、綿綢、絲布、圓綾、紗、絹、綃、葛、布九種。綢並當作紬，綢爲紬之俗字。綿紬爲九種之一，然則六朝時己有綿紬矣。在漢則名曰絡，又考《通典》：魏州貢白綿紬，忠州、通州、巴州、蓬州、壁州、簡州皆貢綿紬。則唐時綿紬以産楚蜀者爲最良。

又案，紬爲大絲繒，就其中又有粗細之别。《廣雅》：綐，紬也。《玉篇》：綐，紬細也。絬，細紬也。是絓紨絡之類爲粗紬，而綐絬爲細紬。《管子・立政篇》：刑餘戮民，不敢服綐。綐爲細紬，故管子言刑餘戮民，不敢服也。聶崇義《三禮圖》載衣服令，凡冕制羅爲之，其服以紬。據此則冕服以紬，其必以綐絬之類歟。今紬之最上者，其細密不下于段。古以紬爲大絲繒，又曰粗繭緒，然則古之紬粗，今之紬精也。

又　曰纊。《類篇》：纊，文繒。

又　其通名者縞，一曰素。《楚辭・招魂》：纂組綺縞。補注：縞，素也。《漢書・高帝紀》：兵皆縞素。注：縞，白素也。《張良傳》：宜縞素爲資。師古注：縞，白素也。《韓安國傳》：强弩之末，力不能入魯縞。師古注：縞。素也。

案，《玉藻》：大夫以上素帶，士練帶。素、練質雖相近，而素生練熟，士帶用練。變於大夫以上也。又考《小爾雅》曰：繒之精者曰縞。縞之粗者曰素。縞細於素，大夫以上帶用素，弟子反用縞者。考童子錦紳，錦至文細，童子紳得用錦。猶弟子帶得用縞也。蓋弟子未能遠别，不與大夫較精粗也。《玉藻》：縞冠素紕。《正義》云：當祥祭之時，縞冠以其漸吉。若既祥之後，微申孝子哀情，故加以素紕，以素重於縞。以上《正義》。凡喪服以粗者爲重，細者爲輕，孔《正義》謂素重於縞，爲申哀情。可以證《小爾雅》縞之粗者爲素矣

又　一曰鮮支。《漢書・地理志》師古注：縞，鮮支也。即今所謂素也。《史記・司馬相如傳》，《正義》顔云：縞，鮮支也。《文選・子虚賦》注：縞，鮮支。今所謂素。

案，《説文》：縞，鮮色也。以《史記・司馬相如傳》正義及《漢書・地理志》、《文選・子虚賦》注證之，則鮮色或即鮮支歟。

又　一曰縑。《類篇》縞，白縑也。

又　素一曰絹。《詩》：庶見素冠兮。《正義》、《經傳》之言，素者皆謂之曰絹。《急就篇》：綈絡縑練素帛蟬。師古注：素，謂絹之素白者，即所用寫書之素也。《漢書・元帝紀》師古注：紈素，今之絹也。

又　一曰縞。《廣雅》縞，練也。《玉篇》：縞，練也。

又　一曰緻。《廣雅》：緻，練也。

案，《方言》襜褕：其敝者謂之緻。注云：緻，縫納，故名之。然則襜褕雖敝以其細縫故名緻。又曰：褸謂之緻。注：襤褸，綴結也。亦言綴結之細也。細練之名緻，與襜褕襤褸之名緻義亦通。

又　一曰紨。《廣雅》：紨，練也。

案：紨、縞、緻、紨皆曰練，則練爲繒之最細者，布亦曰練。《晉書・王導傳》：時帑藏空虚，庫中惟有練數千端，鬻之不售。導與朝賢俱制練布單衣，于是士人競服之。練遂踊貴。練爲細布衣，故士人競相仿效也。繒布皆名練，其並以湅熟得名歟。

又　絹一曰縞。《曾子》問：縞總。《正義》：縞，白絹也。

又　一曰綮。《廣雅》：綮，絹也。《玉篇》：綮，縛也。《類篇》引《廣雅》：綮、繱，絹也。

又　一曰總。《廣雅》：繱，絹也。《魏都賦》：縑總清河。注引《廣雅》曰：總，絹也。《廣雅》：繱，青文細絹。《集韻》：繱或作總，帛青色。一曰輕絹。

案，《周禮・巾車》：朱總。注：總，青黑色以繒爲之。繒即《廣雅》所謂絹也。《説文》：繱，帛青色。《玉篇》以爲青白，或以其色似葱而名之歟。青白爲總之本色，朱總則又染之以采耳。《急就篇》：青綺綾縠靡潤纖。師古注：青，青色也。《補注》、《爾雅》：青謂之葱。然則繱又名青矣。

又　一曰鮮支。《急就篇》：烝栗絹紺縉紅燃。注：絹，一名鮮支。《廣雅》：鮮支，絹也。

案，《説文》曰：縛，白鮮色。以《廣雅》及《急就篇》注證之。則

鮮色亦即鮮支歟。

又 一曰縠。《説文》：縠，細絹也。《廣雅》：縠，絹也。

案，《釋名》：縠，粟也。其形足足而踧，視之如粟也。又謂沙縠，亦取踧踧如沙也。《漢書・江充傳》注曰：輕者曰紗，縐者曰縠。《釋名》所云：如沙如粟皆縐之狀。蓋縠即今之縐紗也。《説文》：絹，繒如麥稍。以麥稍爲喻，謂不滑易也。若縠則如粟如沙，又非麥稍可喻矣。《史記・司馬相如傳》：雜纖羅，垂霧縠，襞積褰縐，紆徐委曲，鬱撓谿谷。注謂：縐中文理，茀鬱迴曲，有似於谿谷也。此文爲能盡縠之狀。

又 一曰紡。《儀禮・聘禮》：賄用束紡。注：紡，絲爲之，今之絹也。

又 一曰綃。《廣雅》：綃，謂之絹。

又 縑一曰緑。《廣雅》：緑，謂之縑。

案，《説文》：緑，帛如紺色。或曰深繒。《類篇》於帛如紺色者，音七小切。於緑謂之縑，音子皓切，然則《説文》、《廣雅》同作緑，而音訓異也。

又 縠一曰羅。《淮南子・齊俗訓》：有詭文繁繡，弱緆羅紈。注：羅，縠。

案，《燕丹子》曰：羅縠單衣，可裂而絶。羅縠同類。故《齊俗訓》注以縠訓羅也。

又 一曰素。《玉篇》：綃，素也。

案，綃既爲素，則白緻繒也。《禮》有元綃朱綃，蓋以素質染采耳。

又 一曰絡。《廣雅》：絡，綃也。

案，《説文》：絡，粗緒。顏師古以絡爲今之綿紬，即《説文》所云粗緒也。《廣雅》以綃爲纔絡，則綃非細繒。而《士昏禮》及《玉藻》鄭注皆以綃爲綺屬。《檀弓》注以綃爲縑，《玉篇》以綃爲素，則綃爲細繒明矣。如《廣雅》之説絡亦爲綃，是今之綿紬亦可通名綃矣。於制未詳。

又 一曰紫。《漢書・元帝紀》師古注：輕綃，今之輕紫也。

案，《洛神賦》曰：踐遠遊之文履，曳霧綃之輕裾。注：綃，輕縠也。考綃與輕綃微有别，綃之最輕者乃似輕縠也，故師古注輕綃云：輕紗也。《洛神賦》注引《神女賦》：動霧縠，以徐步。以霧縠證霧綃，謂輕細如霧。則霧綃乃即輕綃也。

又 綃謂之絹。此謂白繒之未染者也。《急就篇》烝栗絹紺縉紅繎，顏師古注云：絹生白繒似縑而疏者也。《玉篇》：綃，素也。《雜記》注云：素生帛也。

綜　述

漢・劉熙《釋名》卷四《釋采帛》 綾，淩也。其文望之如冰淩之理也。繡，修也，文修修然也。羅，文羅疎也。纚，簁也。粗可以簁物也。紡粗絲織之曰疏，疏寥也，寥寥然也。縠，粟也。其形戚戚，視之如粟也，又謂之沙，亦取戚戚如沙也。繐，惠也。齊人謂涼爲惠，言服之輕細涼惠也。紈，焕也。細澤有光，焕焕然也。蒸栗染紺使黄，色如蒸栗然也。紺，含也。青而含赤色也。綿猶湎，湎柔而無文也。綸，倫也。作之有倫理也。絮，胥也。胥久能解落也。□，抽也。抽引絲端出細緒也。又謂之絓。絓，挂也。挂于杖端。振舉之也。煮繭曰莫，莫，幕也。貧者著衣可以幕絡絮也。或謂之牽離，煮熟爛，牽引使離散如緜然也。

晉・陸翽《鄴中記》 織錦署在中尚方。錦有大登高、小登高、大明光、小明光、大博山、小博山、大茱萸、小茱萸、大交龍、小交龍、蒲桃文錦、斑文錦、鳳凰朱雀錦、韜文錦、桃核文錦，或青綈，或白綈，或黄綈，或緑綈，或紫綈，或蜀綈，工巧百數，不可盡名也。

唐・李肇《唐國史補》卷下 凡造物由水土，故江東宜紗綾宜紙者，鏡水之故也。蜀人織錦初成，必濯於江水，然後文綵焕發。

五代・馮鑑《續事始》 拜帛。《實録》曰：三代無名制，即香纓以五彩為之。婦見後故要參舅姑，即令人持香纓諮白，許見則出，不許即收之。晉永嘉中尚用。北齊後魏尋廢。隋大業五年，宰相牛弘建議，古禮婦執香纓以為請訊，未為允當，自今後請以素絹八尺中擗，名曰拜帛，以代香纓。詔從之。

幞頭。唐初女子不戴幃帽而戴皂羅。方五尺，亦謂之。至今婦人凶服亦戴之，以布兩幅為之。齊縗加絰於上，五服外至輕者，以碧紗為之，俗謂蓋頭帛。

錦。《王子年拾遺》云：員嶠環丘蠶繭長一尺，五彩。堯時，海人織錦以獻，入水不濡，入火不燒。後代效之，染五色，絲織成。又《丹陽記》始於蜀。

繡。《舊事始》云：西施造非也。《尚書》云：黼、黻絺繡，以五采章施於五色，作服。《正義》曰：舜令禹繡以五彩，製作衣服。乃知虞舜時有繡也。《周官》曰：五采備，謂之繡。《實録》曰：諸侯朝祭之服皆繡，漢魏宫内競繡名花、瑞獸、飛禽，晉永嘉中，御服皆繡。

宋・吴處厚《青箱雜記》卷二 天聖以前，烏幘惟用光紗，自後始用南紗。迨今六十年，復稍稍用光紗矣。

宋・王讜《唐語林》卷八《補遺》 凡造物由水，水由土。故江東宜綾紗，宜紙，鏡水之故也。蜀人織錦，初成，必濯于江，然後文采焕發。鄭人以滎水釀酒，近邑與遠郊美數倍。齊人以阿井煎膠，其井比旁井重數倍。

宋・周去非《嶺外代答》卷六《服用門・緂》 邕州左、右江峒蠻，有織白緂，白質方紋，廣幅大縷，似中都之線羅，而佳麗厚重，誠南方之上服也。

又《水》 廣西亦有桑蠶，但不多耳。得繭不能為絲，煮之以灰水中，引以成縷，以之織細，其色雖暗，而特宜於衣。在高州所産為佳。

又《安南絹》 安南使者至欽，太守用妓樂宴之，亦有贈於諸妓，人以絹一匹。絹粗如細網，而蒙之以綿。交人所自著衣裳，皆密絹也。不知安南如網之絹，何所用也。余聞蠻人得中國紅絁子，皆拆取色絲而自以織衫，此絹正宜拆取其絲耳。

又《蟲絲》 廣西楓葉初生，上多食葉之蟲，似蠶而赤黑色。四月五月，蟲腹明如蠶之熟，横州人取之。以釅醋浸，而擘取其絲，就醋中引之，一蟲可得絲長六七尺，光明如煮，成弓、琴之弦。以之繫弓刀紈扇，固且佳。

宋・陳元靚《歲時廣記》卷二《夏・澄水帛》《杜陽編》：同昌公主一日大會，暑氣將甚，公主令取澄水帛，以水蘸之，挂於高軒，滿座皆思挾纊。澄水帛長八九尺，似布而細，明薄可鑒，云其中有龍涎，故能消暑。

又《冰絲裀》《樂府雜録》：唐老子，本長安富家子，生計蕩盡。遇老嫗持舊裀，以半千獲之。有波斯人見之乃曰：此是冰蠶絲所織，暑月置於座，滿室清凉，即酬萬金。

宋・周密《齊東野語》卷一〇《輕容方空》 紗之至輕者，有所謂輕容，出《唐類苑》，云：輕容，無花薄紗也。王建《宫詞》云：嫌羅不著愛輕容。元微之有寄白樂天白輕容，樂天製而為衣，而詩中容字乃為流俗妄改為庸，又作榕，蓋不知其所出。《元豐九域志》：越州歲貢輕容紗五疋是也。

又有所謂方空者。《漢元帝紀》：罷齊三服官。注云：春獻冠幘，縰為首服，紈素為冬服，輕綃僞夏服，凡三。師古曰：縰與纚同音，山爾反，即今之方目紗也。又後漢建初二年，詔齊相省冰紈、方空縠、吹綸絮。紈，素也。冰，言色鮮潔如冰。《釋名》曰：縠縐方空者，紗薄如空也。或曰：空、孔也。即今之方目紗也。綸如絮而細，吹者，言吹噓可成此紗也。荆公詩云：春衫猶未著方空者是也。

二紗名，世少知，故表出之。

宋・周密《癸辛雜識》後集《紫紗公服》 近見近客章服有花紗綾絹或素紗者，或者譏笑之。余見《演繁露》載白樂天《聞白行簡服緋》詩云綵動綾袍雁趁行之句，注云：緋多以鴈銜瑞莎爲之。則知唐章服以綾織花。又《舊聞證誤》云：今宗室外戚之新貴者，或賜花羅公服，宣和間又有紗公服。然則此亦不以爲異也。

宋・吴自牧《夢粱録》卷一八《物産・絲之品》 綾柿蒂。狗蹄。羅花素。結羅。熟羅。線住。錦，内司街坊以絨背為佳。剋絲，花、素二種。杜縺，又名起線。鹿胎，次名透背，皆花紋特起，色樣織造不一。紵絲，染絲所織諸顔色者，有織金、閃褐、閒道等類。紗，素紗，天净，三法暗花紗，粟地紗，茸紗。絹，官機。杜村唐絹，幅闊者密，畫家多用之。綿以臨安於潛白而細密者佳。綢有綿線織者，士人貴之。

元・孔齊《静齋至正直記》卷一《宋緙》 宋代緙絲作，猶今日紵絲也。花樣顔色，一段之間，深淺各不同，此工人之巧妙者。近代有織御容者亦如之，但著色之妙未及耳。凡緙絲亦有數種，有成幅金枝花發者為上，有折枝雜花者次之，有數品顔色者，有止二色者，宛然如畫。紵絲上有暗花，花亦無奇妙處，但繁華細密過之，終不及緙絲作也，得之者已足寶玩。

又《集慶官紗》 集慶官紗，諸處所無，雖杭人多慧，猶不能效之。但

闊處三尺大數以上，雜色皆作。近又作一色素淨者尤妙，暑月之雅服也。

元・費著《蜀錦譜》 蜀以錦擅名天下，故城名以錦官，江名以濯錦。而《蜀都賦》云：貝錦斐成，濯色江波。《游蜀記》云：成都有九壁村，出美錦。歲充貢，宋朝歲輸上供等錦帛，轉運司給其費而府掌其事。元豐六年，吕汲公大防始建錦院於府治之東，募軍匠五百人織造，置官以蒞之。創樓于前，以為積藏待發之所，榜曰錦官。公又為之記，其略云：設機百五十四，日用挽綜之工百六十四，用杼之工五十四，練染之工十一，紡繹之工百十一，而後足役。歲費絲，權以兩者一十二萬五千。紅藍紫茢之類，以斤者二十一萬一千，而後足用。織室、吏舍、出納之府，為屋百一十七間，而後足居。自今考之，當時所織之錦，其別有四。曰上貢錦，曰官告錦，曰臣僚襖子錦，曰廣西錦，總為六百九十疋而已。渡江以後，外攘之務，十倍承平。建炎三年，都大茶馬司始織造錦綾被褥，折支黎州等處馬價，自是私販之禁興。又以應天北禪鹿苑寺三處，置場織造。其錦自真紅被褥而下，凡十餘品。於是中國織紋之工，轉而衣衫椎髻鴂舌之人矣。乾道四年，又以三場散漫，遂即舊廉訪司潔已堂創錦院，悉聚機户其中。猶恐私販不能盡禁也，則倚宣撫之力建請於朝，並府治錦院為一。俾所隸工匠，各以色額織造。蓋馬政既重，則織造益多，費用益夥，提防益密，其勢然也。今取承平時錦院與今茶馬司錦院所織錦名色著於篇，俾來者各以時考之。

又 轉運司錦院織錦名色。即成都府錦院。上貢錦三疋花樣，八搭暈錦。官告錦四百疋花樣，盤毬錦、簇四金雕錦、葵花錦、八搭暈錦、六搭暈錦、翠池獅子錦、天下樂錦、雲雁錦。臣僚襖子錦八十七疋花樣，簇四金雕錦、八搭暈錦、天下樂錦。廣西錦二百疋花樣，真紅錦一百疋、大窠獅子錦、大窠馬打毬錦、雙窠雲雁錦、宜男百花錦。青綠錦一百疋，宜男百花錦、青綠雲雁錦。

又 茶馬司錦院織錦名色。《茶馬司須知》云：逐年隨蕃蠻中到馬數多寡以用折傳，别無一定之數。黎州，皂大被、緋大被、皂中被、緋中被、四色中被、七八行錦、瑪瑙錦。叙州，真紅大被褥、真紅雙連椅背、真紅單椅背。南平軍，真紅大被褥、真紅雙窠錦、皂大被褥、青大被褥。文州，犒設紅錦。細色錦名色，青綠瑞草雲鶴錦、青綠如意牡丹錦、真紅宜男百花錦、真紅穿花鳳錦、真紅雪花毬露錦、真紅櫻桃錦、真紅水林檎錦、秦州細法真紅錦、鵝黃水林檎錦、秦州中法真紅錦、紫皂段子、秦州粗法真紅錦、真紅天馬錦、真紅湖州大百花孔雀錦、真紅飛魚錦、四色湖州百花孔雀錦、真紅聚八仙錦、二色湖州大百花孔雀錦、真紅六金魚錦。

明・楊慎《秇林伐山》卷一四《吹綸》 《漢書》注：齊服官有吹綸、方空之目。梁費昶詩：金輝起遥步，紅彩發吹綸。按吹綸不知何物。據詩意想是婦女所執之物，如暖扇之類。沈約詩：畫扇迎初暑，紅輪映早寒。庾肩吾詩：粉白映輪紅。元歐陽元詞：十月都人供暖箑。可以互證。梁簡文柳詩：枝間通粉色，葉裏映吹綸。

明・楊慎《丹鉛總録》卷七《冠服類・輕容》 《齊東野語》云：紗之至輕者曰輕容。《唐類苑》云：輕容，無花薄紗也。蓋今俗云銀條紗之類。王建《宫詞》：嫌羅不著愛輕容。李賀詩：蜀煙飛重錦，峽雨測輕容。元微之有寄白樂天白輕容詩是也。

明・田藝蘅《留青日札》卷二二《白紵》 《左傳》：季札與子産縞帶，公孫僑就獻季子紵衣。注：吴地貴縞，鄭貴紵也。《説文》：紵，檾屬。細者為絟，粗者為紵。陸璣云：如麻，科生數十莖，宿根在地，春生荊、揚間，一歲三收。《周禮・典枲》：縷紵，白而細疏曰紵。《後漢書》：哀牢夷蘭干細布，織成文章，如綾錦。注：《華陽國志》：蘭干，獠言紵也。績苧一紕，謂之紕，此白紵也。樂有《白紵舞》。《樂府解題》曰：質如輕雲色如銀，製以為袍餘作巾，袍以光軀巾拂塵。即所謂白紵衣、白綸巾之類。其形容極善矣。王建詩：新縫白紵舞衣成，來遲邀得吴王迎。元稹詩：西施自舞王自管，白紵翻翻鶴翎散。蓋荊、揚本吴地，故出紵獨精。如今揚之曬白，福建之北蒸，而家園所産，亦多女工手績，極精妙也。舞衣若用白練，不亦尤輕細貴重耶。《詩》：縞衣綦巾。縞，繒之精白者。《禮》：季康子縞服。注：生絹，古稱齊紈魯縞。《漢書》：縞素，曳縞衣。

又《透額羅》 元稹《贈劉采春》詩：謾裹常州透額羅。即今之亮羅也。蓋羅者，言其文羅疏也，故曰方目羅。以細勻為貴，故曰輕羅。其厚重者曰結羅。古稱織女秋雲羅。《太上黄庭經》：金簡鳳文羅。越地名越羅。蘇子詩：舞衫初試越羅新。今吴地出水緯羅。《子虚賦》云：離纖羅，垂霧縠。

明・李時珍《本草綱目》卷三八《服器部・服器之一》 錦。拾遺。

釋名。時珍曰：錦以五色絲織成文章，故字從帛，從金，諧聲，且貴之也。《禹貢》兗州厥篚織文是也。主治：故錦煮汁服，療蠱毒，燒灰傅小兒口中熱瘡。

又 絹。綱目。釋名。時珍曰：絹，疏帛也。生曰絹，熟曰練，入藥用黄絲絹，乃蠶吐黄絲所織，非染色也。主治：黄絲絹煮汁服，止消渴，産婦脬損，洗痘瘡潰爛。

又 帛。拾遺。釋名。時珍曰：素絲所織，長狹如巾，故字從白，巾厚者曰繒，雙絲者曰縑，後人以染絲造之，有五色帛。主治：緋帛燒研，傅初生兒臍未落時腫痛。

又 綿。拾遺。集解。時珍曰：古之綿絮乃繭絲纏延不可紡織者，今之綿絮則多木綿也。入藥仍用絲綿。主治：新綿燒灰，治五野雞病，每服酒二錢，衣中故綿絮，主下血及金瘡出血不止，以一握煮汁服。

明・羅曰褧《雅餘》卷八《服飾部》 錦。劉熙《釋名》曰：錦，金也。作之用功，重其價如金。故制字帛與金也。《丹陽記》曰歷代尚未有錦，而成都獨稱妙，故三國時魏則市於蜀，吴亦資西蜀，至是始乃有之。

明・周祈《名義考》卷一一《物部・紗縠綾綺》 師古曰：紡絲而織輕者為紗，皺者為縠。《説文》：綾，紈也。綺，繒也。紗即今紗，縠即今皺紗。輕紗又謂之絹，綾即今綾，綺今細綾。紈素亦謂之絹，繒亦謂之帛。今言段者，紈繒之堅美者，古無段之稱，其曰段者，猶言端疋也。今人妄从絲作緞，非是。

明・屠隆《考槃餘事》卷二《畫・古絹素》 唐紙則硬黄短簾，絹則絲粗而厚，有擣熟者，有四尺闊者，宋紙則鵠白澄心堂，絹則光細若紙，揩摩如玉，間有闊五六尺者，名曰獨梭，元絹有獨梭者，與宋相似，有家機絹皆妙。

又《裱錦》 古有樗蒲錦，又名闍婆錦，有樓閣錦，紫駝花鸞章錦，朱雀錦，鳳凰錦，斑文錦，走龍錦，翻鴻錦。皆御府中物。有海馬錦，龜紋錦，粟地錦，皮毬錦。皆宣和綾。今蘇州有落花流水錦，皆用作裱背。

明・董斯張《廣博物志》卷三七《珍寶》 祖珽與陳元康等為聲色之遊，諸人常就珽宿，出山東大文綾連珠孔雀羅等百餘，令諸姬賭之為戲樂。上。

隋文帝開皇十五年夏六月，焚綾文布。《隋書》。

狄士文常入朝，遇上賜公卿入左藏，任取多少，士文口銜一疋，絹兩手各持一疋，上問其故，士文曰，臣口手俱滿，餘無所須，上異之，別賞物勞遣之。上。

越溪進耀光綾，綾文突起有光彩，越人乘樵風舟，泛于石防山下，收野繭繅之，繅絲女夜夢神人告云，禹穴三千年一開，汝所得繭，即江淹文集中壁魚所化也，絲織為裳，必有奇文，織成果符所夢。《大業拾遺》。

明・程良孺《讀書考定》卷二二《服飾・素紗》 《周禮・内司服》素紗注：今之白縛。六服皆袍制，以白縛為裏，使之張顯。今紗縠名出於此。縛音絹。

又《花綾》 唐人袍服用花綾。觀白樂天《謝裴常侍贈鶻銜瑞草緋袍魚袋》詩：魚綴白金隨步躍，鶻銜紅綬繞腰飛。《弟行簡賜章服》詩：榮傳錦帳花聯萼，彩動綾袍雁趁行。注：緋多以雁銜瑞莎為之。《喜劉蘇州賜金紫》詩：魚佩葺鱗光照地，鶻銜瑞草勢沖天。方鎮詩：通犀排帶胯，瑞草勒袍花。白詩多言此。按唐會要德宋詔項來賜衣，文綵不常，非制也。

又《冰蠶》 《拾遺記》：員嶠山有冰蠶，霜覆之，然後成繭，其色五采。後代効之，染五色絲織以為錦。《儀禮・聘禮》皆奉玉錦束。註玉錦，錦之文纖縟者也。疏云孔子論玉而云：縝密以栗，知也。錦之纖縟，似玉之密致者。李太白詩：白鷴白如錦。是亦玉錦之意則又不拘五色矣。

又《方空　吹綸》 漢章帝建初二年，詔齊相省冰紈、方空縠、吹綸絮。注：紈素，潔白如冰絹也。方空紗薄如空，或曰孔空也，即今之方目紗。綸似絮，而細可吹噓而成，亦紗也。前《漢書》有主此三服之官，故今詔罷之。按此三名殊奇，今人但知冰紈，不知方空、吹綸之目，咸解以為樂器，用修又以為煖□之類，去之遠矣。按漢服出之於齊，此三服想最華者，今服飾大抵在吴，而絲幣非取之齊，則古今地産之變又可知矣。

明・宋應星《天工開物》卷上《乃服・結繭　山箔》 凡結繭必如嘉、湖，方盡其法。他國不知用火烘，聽蠶結出。甚至叢稈之内，箱匣之中，火不經，風不透。故所為屯、漳等絹，豫、蜀等紬，皆易朽爛。若嘉、湖産絲成衣，即入水浣濯百餘度，其質尚存。其法析竹編箔，其下横架料木，約六尺高，地下擺列炭火，炭忌爆炸。方圓去四五尺即列火一盆。初上山時，火分兩略輕少，引他成緒，蠶戀火意，即時造繭，不復緣走。繭緒既成，即每盆

加火半斤，吐出絲來，隨即乾燥，所以經久不壞也。其繭室不宜樓板遮蓋，下欲火而上欲風涼也。凡火頂上者，不以為種，取種寧用火偏者。其箔上山用麥稻藁斬齊，隨手糾捩成山，頓插箔上。做山之人最宜手健。箔竹稀疏用短藁略鋪洒，妨蠶跌墜地下與火中也。

又《取繭》 凡繭造三日，則下箔而取之。其殼外浮絲。一名絲匡者，湖郡老婦賤價買去，每斤百文。用銅錢墜打成線，織成湖紬。去浮之後，其繭必用大盤攤開架上，以聽治絲、擴綿。若用厨箱掩蓋，則浥鬱而絲緒斷絶矣。

又《擇繭》 凡取絲必用圓正獨蠶繭，則緒不亂。若雙繭并四五蠶共為繭，擇去取綿用。或以為絲，則粗甚。

明・惠康野叟《識餘》卷一《物考》 絹，縑絲厚而疏者曰絹，其縑絲而細密者曰縑，晉令縑一匹當絹六丈，疎布一匹當絹一匹，絹一匹當綿二斤，廣二尺二寸為幅，長四十尺為端。

明・張岱《夜航船》卷一二《寶玩部・珍寶》 耀光綾。越人于石帆山中，收野繭繅絲，夜夢神人告曰：禹穴三千年一開，汝所得繭，即《江淹集》中壁魚所化也，織絲為裳，必有奇文。果符所夢。

明・方以智《物理小識》卷六《衣服類・錦絲類》 宋錦厚如錢，今蜀錦比之，嘉興倣之。有織金鎖金閃色裝彩，費著《蜀錦譜》有八搭暈、六搭暈錦、大窠馬盤毬錦、雙窠雲雁錦。《輟耕録》載姜牙、方拱、叠勝、樓臺、樗蒲錦。西洋有獨幅闊錦被，圓嶠山冰蠶錦不畏水火，辰沅洞錦黎人錦，則絨挑布也。香山詩紅袖織綾誇柿蒂，柿蒂其紋也。機房巧作有刻絲、搊織、翦絨、鞏線、納紋。其名質孫者，為五色團花，乃元服，今校尉服也。其緞綾紬絹綿紬紗羅，則常行也。胡州縐紗曰核桃縠，南京縐紗不縐，杭因有縐秋羅，縐綿紬，各處有土紬，而青萊椒繭為最，遇油不染。河南粗絲，桐城紬，可斂尸耐久。交趾絹生用，宜暑。南京冰紗，即古冰素方空縠吹也。東陽紅雲紗出漳州，東陽人名也。羊羢褐以蘭州姑姑羢為上，其羊甚大，亦取橐駝羢，污油自脱。次曰褐尖，劉客生曰：蘭州一師姑，積年為之，色白可受，紅花百斤，今皆倣者。

又 漳州紗。余賡之師云：懷素是福州薛懷南所織，自出匠心，以鐵柱分綜，故雙映生雲。若瑣服則安海所倣西洋，以六霞緞質石砑起雲者也。東陽紅紗，染法它處不及。

清・谷應泰《博物要覽》卷一二《志錦》 錦繡，錦金也。作之用功，重其價如金，故製字從帛與金也。繡，修也。五色絲彩備者謂之繡。歷代雖有錦而未彰，至漢時，西蜀貢錦，始稱大備。至三國時，魏則市于蜀矣。吴亦資于西蜀也。《鄴中記》曰：錦有大登高、小登高、大明光、小明光、大博山、小博山、大茱萸、小茱萸、大交龍、小交龍、蒲桃文錦、斑文錦、鳳皇錦、雀錦、韜文錦、桃核錦，或青綈，或白綈，或黄綈，或緑綈，或紫綈，或蜀綈。二巧百數不可盡名也。

又 歷代名錦。鸞章錦。【略】綈錦。【略】斜文錦。【略】蒲桃錦。【略】鴛鴦萬金錦。【略】緑地五色錦。【略】蛟文萬金錦。【略】五色雲錦帳。【略】連烟錦。【略】紫鸞錦。【略】文龍錦。【略】迴文錦。【略】神錦衾。【略】浮光錦。【略】明霞錦。【略】神絲繡。【略】魚油錦。【略】冰蠶錦。

又 宋錦名目。克絲作樓閣，克絲作龍水，克絲百花攢龍，克絲作龍鳳，紫寶階地錦、紫火花錦、五色簟文錦、紫小滴珠方勝鸞鵲、青緑簟文錦、紫鸞鵲錦、紫百花龍錦、紫龜紋錦、紫珠焰錦、紫曲水錦、紫湯荷錦、紅雲霞鸞錦、黄霞雲鸞錦、青樓閣錦、青藻花錦、紫滴珠龍團錦、青櫻桃錦、皂方圓白花錦、褐方圓白花錦、方勝盤象錦、毬路錦、衲錦、柿紅龜背錦、樗蒲錦、宜男錦、寶照錦、龜蓮錦、禾下樂錦、練雀錦、方勝練雀錦、綬帶錦、瑞草錦、八花暈錦、銀鉤暈錦、細花盤雕錦、翠色獅子錦、盤毬錦、水藻戲魚錦、紅遍地雜花錦、紅遍地翔鸞錦、紅遍地芙蓉錦、紅七寶金龍錦、倒仙牡丹錦、白蛇龜紋錦、黄地碧牡丹方勝錦、皂木錦。

又 宋綾名目。碧鸞綾、白鸞綾、皂鸞綾、皂大花綾、碧花綾、蔞花綾、雲鸞綾、樗蒲綾、大花綾、雜花綾、盤雕綾、清頭水波紋綾、仙紋綾、重蓮綾、雙雁綾、方棋綾、龜子綾、方轂紋綾、鸂鶒綾、棗花綾、鑒花綾、叠勝綾、白毛綾、遼國綾、回文綾、白鷲花綾、白鸞雀綾。

清・屈大均《廣東新語》卷一五《貨語・紗緞》 廣之線紗與牛郎綢、五絲、八絲、雲緞、光緞，皆為嶺外京華東西二洋所貴，予廣州竹枝詞云，洋船争出是官商，十字門開向二洋，五絲八絲廣緞好，銀錢堆滿十三行。

清・宋犖《筠廊偶筆二筆》卷上 江南人於京師賣一錦一匣。錦闊三尺長百尺，色深紅，文彩如畫。匣長闊與錦等，紅黄白碧各一段。大類

今世剪絨，鮮麗奪目，價千金。大宗伯王公，崇簡。以五百金購之，不能得。又桐城某氏有大紅火浣布一疋，亦長百尺，為邑令取去。

清·周象明《事物考辯》卷六〇《冠裳·輕容》 唐《類苑》：輕容，薄紗也。王建《宮詞》云：嫌羅不著愛輕容。元微之有寄白樂天白輕容詩。

明微按，《九域志》云：越州歲貢輕容紗，即世俗所謂銀條紗也。後人妄改爲庸，或改爲榕，蓋不知其所出耳。

又《弋綈》 《玉海》：《漢書·文帝紀》贊：身衣弋綈，服御無增益。注云：弋，黑色。綈，厚繒。

清·褚人穫《堅瓠集》續集卷四《輕容方空》 《齊東野語》曰：紗之至薄者曰輕容。唐《類苑》：輕容，無花薄紗也。即今銀條紗之類。王建《宮詞》：嫌羅不着愛輕容。李賀詩：蜀煙飛重錦，峽兩測輕容。元微之有寄白樂天輕容詩方空亦薄紗，言紗薄如空也。王荊公詩：春衫猶未着方空。漢史齊王服官有輕綃冰紈、吹綸之名，皆紗之輕細者。

又秘集卷五《宋錦》 錦向以宋織為上。泰興季先生家藏《淳化閣帖》十帙，每帙悉以宋錦裝其前後，錦之花紋二十種，各不相犯。先生歿後，家漸中落，欲貨此帖，索價頗昂，遂無受者。獨有一人以厚貲得之，則揭取其錦二十片，貨于吳中機坊為樣，竟獲重利。其帖另裝他紵，復貨于人。此亦不龜手之智也。今錦紋愈出愈奇，可謂青出於藍而青於藍矣。

清·劉廷璣《在園雜志》卷一《緞》 緞與䋺同，多貫切，音段，履之後帖也。今厚繒通名曰緞，有五絲、八絲、内造、漢府、官素、平花、帽緞、閃緞、倭緞各種花紋顔色，隨時變幻，亦窮工極巧矣。前代惟綾錦綢羅、刻絲、衲紗之類，至於緞，不獨未見，亦未聞也。近由東洋入中國者，更有羽緞、羽紗、嗶嘰緞、哆囉呢，據云可為雨具，試之終遜油衣。其價甚昂，亦前代所未聞者。

清·檀萃《滇海虞衡志》卷五《志器》 通海緞，出通海縣，予上滇猶得衣之，今無矣，不堪命故也。古稱滇善蠶，出絲繇，後絶跡，殆即通海緞原有忽無之故乎。

又 倮倮錦、倮倮布，《漢書》言哀牢宜蠶桑，知染采文繡，罽㲪帛疊，蘭干細布，織成文章如綾錦。有梧桐木華，績以爲布，幅廣五尺，潔白不受垢。今云儸儸帛與布，皆其類，今昔異名耳。

清·阮葵生《茶餘客話》卷四 帛七等：曰郊祀制帛，曰奉先制帛，曰禮神制帛，曰展親制帛，曰報功制帛，曰告祀制帛，俱織成滿漢字。又有白色素帛。

清·沈初《西清筆記》卷二《紀名蹟》 米南宮《蜀素帖》卷，素絹、烏絲欄，甚精雅。墨色鮮潤如新。南宮真迹中，自當以此為第一。

清·段玉裁《説文解字注》卷一三 糸，細絲也。絲者，蠶所吐也。細者，微也，細絲曰糸，糸之言蔑也，蔑之言無也。

清·桂馥《札樸》卷六《覽古·錦繡段》 古詩美人贈我錦繡段。段當爲䋺，《説文》䋺，履後帖也，或從糸。徐鍇繫傳云帖，後跟也。《急就篇》履舄鞜裒絨緞紃。顔注緞，履跟之帖也。絨緞以絨爲緞也。

清·趙慎畛《榆巢雜識》上卷《西北絲綿》 西北回子地方産絲綿，以之製甲，其堅固勝於中土，約四十層，可敵浙江之絲八十層。

清·王有光《吳下諺聯》卷一《啟目·十樣錦》 錦，物之美者。質則一而文不同，故取十樣之數。收冰蠶之繭，繅以抽絲；入銀漢之機，績而成匹。朱緑玄黃，考工掌其染采；鈎邊續衽，匠巧製之為章。摻摻然出天孫之手，一幅雲霞；燦燦乎回蘇蕙之文，十年血淚。寶石堪支，望昭回於牛女；金針得度，看繡出之鴛鴦。擬之曰十樣錦，集中嘉言懿行似之。

清·陸以湉《冷廬雜識》卷八《土物》 杭州省會，百貨所聚。其餘各郡邑所出，則湖之絲，嘉之絹，紹之茶、酒，宁之海錯，處之蕈，嚴之漆，衢之橘，温之漆器，金之酒，皆以地得名。

清·俞樾《茶香室續鈔》卷二二《皓紗》 國朝黄士珣《北隅掌録》云：洪氏《江皋雜識》，載明末有蔣崑丑者，以紡織為業。時尚浮華，反謂質色厚重者為非製。蔣乃易以團花疏朵，輕薄如紙，携售五都，市廛一鬨，甚至名重京師，名曰皓紗。按至今浙中猶有皓紗之名，莫知其始於蔣崑丑矣。

清·俞樾《茶香室三鈔》卷二五《宋錦》 國朝褚人穫《堅瓠集》云：錦以宋織為上，泰興季先生家藏《淳化閣帖》十帙，每帙悉以宋錦裝其前後，錦之花紋二十種，各不相犯。先生歿後，家中落，欲貨此帖，索價甚昂。一人以厚貲得之，取其錦二十片，貨于吳中機坊為樣，竟獲重利。其帖另裝他紵，復售于人，此亦不龜手之智也。今錦紋愈出愈奇，青出于藍而青于藍

矣。按此知國初吴中猶以織錦為業，今則無矣，宋錦花紋亦遂成廣陵散。

清·平步青《霞外攟屑》卷一〇《薯莨綢》 越中夏月，多服敲皮袴。初惟市人著之，近日風行，漸及閨閣矣，名曰薯莨綢，有紫、緇二色。近作僞者，易以紗，而質薄不堪久著矣。《廣東新語》：卷二十七。薯莨産江北者良，其白者不中用，用必以紅，紅者多膠液。漁人以染罛罾，使苧麻爽勁，既利水，又耐鹹潮，不易腐。而薯莨膠液本紅，見水則黑，諸魚屬火而喜水，水之色黑，故與魚性相得。染罛罾使黑，則諸魚望之而聚云。《西雲札記》：卷三。赭魁即餘糧條云。《夢谿筆談》二十六，《本草》所論赭魁，皆未詳。今南中極多，膚黑肌赤，似何首烏，汁赤如赭。南人以染皮製韡，閩嶺人謂之餘糧云云。按吾邑人以之染夏布與魚網，謂之薯囊，即餘糧之轉音也。據西雲説，則屈之薯莨，莨應作糧。

紀事

晉·葛洪《西京雜記》卷一《霍顯為淳于衍起第贈金》 蒲桃錦二十四匹，散花綾二十五匹。綾出鉅鹿陳寶光家，寶光妻傳其法。霍顯召入其第，使作之。機用一百二十鑷，六十日成一匹，匹直萬錢。又與走珠一琲，緑綾百端，錢百萬，黄金百兩，為起第宅，奴婢不可勝數。衍猶怨曰：吾為爾成何功，而報我若是哉。

唐·李肇《唐國史補》卷下 初，越人不工機杼，薛兼訓為江東節制，乃募軍中未有室者，厚給貨幣，密令北地娶織婦以歸，歲得數百人。由是越俗大化，競添花樣，綾紗妙稱江左矣。

明·余繼登《典故紀聞》卷一三 天順時，太監阮忍奏：蘇杭等處織造上用緞匹七千已完，乞遣内使如舊例督造。英宗以蘇杭等處高手人匠不多，絲料有限，人民艱窘，遂罷之。

雜録

南朝梁·任昉《述異記》卷上 南海出鮫綃紗，泉先潛織，一名龍紗，其價百餘金。以為服，入水不濡。

北齊·顔之推《顔氏家訓》卷一《治家第五》 南閒貧素，皆事外飾，車乘衣服，必貴齊整。家人妻子，不免飢寒。河北人事多由内政，綺羅金翠不可廢闕，羸馬悴奴僅充而已，唱和之禮或爾汝之。河北婦人織紝組紃之事，黼黻錦繡羅綺之工，大優於江東也。

宋·葉夢得《石林燕語》卷一〇 舊鳳翔郿縣出綃，以緊細如箸者為貴。近歲衣道服者，綃以大為美，圍率三四寸，長二丈餘，重複腰間至五七返，以真茸為之。一綃有直十餘千者，此何理也。

宋·吴曾《能改齋漫録》卷七《事實·關東絹》 杜子美詩：我有一匹好東絹。關東絹也。梁庾肩吾《答武陵王賚絹啓》曰：關東之妙，潛織陋其卷綃。

宋·陸游《老學庵筆記》卷六 亳州出輕紗，舉之若無，裁以為衣，真若煙霧。一州惟兩家能織，相與世世為婚姻，懼他人家得其法也。云自唐以來名家，今三百餘年矣。

又 江鄰幾《嘉祐雜志》言：唐告身初用紙，肅宗朝有用絹者，貞元後始用綾。予在成都見周世宗除劉仁贍侍中告，乃用紙，在金彦亨尚書之子處。

宋·史繩祖《學齋佔畢》卷二《二月無絲》 聶夷中《傷田家》詩，最得風人之體。但二月賣新絲，恐當作四月，蓋二月則蠶尚未生，戴勝降於桑，乃三月内節所在，必於此時蠶事方盛。蓋《月令》蠶事乃在季春之月，而《祭義》蠶歲注亦雲三月月盡以後，《豳風》蠶月條桑亦指三月，二月安得有新絲耶。當是四字，傳寫者訛刻畫耳。

明·都卬《三餘贅筆》 吴綾出火。吴綾為裳，暗室中力持曳，以手摩之，良久火星星出。蓋吴綾俗呼為油段子，工家又多以脂發光潤，人服之，體氣蒸鬱，宜其致火也。

明・田藝蘅《留青日札》卷二二《錦綺》 錦，金也，用功重，其價如金，故字從金、帛。綺，奇也，織絲華麗，人皆異之，故字從奇、絲。錦有大小、登高、光明、博山、茱萸、交龍、蒲桃、鳳凰、朱雀之名。今之宋錦、漢錦、螭虎、靈芝、界地、八寶之類，皆其制也。

明・佚名《天水冰山録》 織金粧花段、絹、綾、羅、紗、紬、改機、絨錦、瑣幅、葛布等匹段。大紅粧花五爪雲龍過肩段。二匹。大紅織金粧花蟒龍段。一百四十五匹。大紅粧花過肩雲蟒段。一百零九匹。大紅遍地金過肩雲蟒段。六匹。大紅粧花飛魚雲段。四匹。

又 絹。大紅粧花過肩蟒絹。四匹。大紅織金蟒絹。四匹。大紅織金斗牛補絹。一十一匹。大紅椿花斗牛補雲絹。一十匹。大紅粧花飛魚補絹。五匹。

又 羅。大紅織金粧花蟒龍羅。四十匹。大紅粧花過肩雲蟒羅。四十一匹。大紅粧花遍地金蟒羅。一匹。大紅粧花過肩飛魚羅。二匹。大紅粧花飛魚補羅。一匹。

又 紗。大紅織金椿花蟒紗。一十四匹。大紅織金過肩蟒紗。一匹。大紅織金飛魚補紗。二匹。大紅粧花過肩雲蟒紗。二十二匹。大紅粧花過肩斗牛補紗。四匹。

又 紬。大紅椿花過肩雲蟒紬。一匹。大紅織金蟒龍紬。四匹。大紅粧花過肩雲蟒潞紬。一匹。大紅織金飛魚補紬。六匹。大紅粧花飛魚補雲紬。五匹。

又 改機。大紅粧花過肩雲蟒改機。三匹。大紅粧花斗牛補改機。一十八匹。大紅粧花仙鶴補改機。四匹。大紅織金孔雀補改機。七匹。大紅織金麒麟補改機。一十一匹。

又 絨。大紅織金蟒絨。二十七匹。大紅粧花過肩雲蟒絨。二十匹。大紅粧花過肩飛魚絨。二匹。大紅織金過肩飛魚絨。一匹。大紅織金飛魚補絨。一十三匹。

又 錦。大紅宋錦。四十八匹。青織金仙鶴宋錦。二匹。青織金穿花鳳宋錦。一匹。青織金麒麟宋錦。二匹。青宋錦。四十一匹。

又 綾。大紅織金綾。二匹。紅綾。一匹。桃紅綾。一匹。暗花蟒綾。七匹。

又 瑣幅。紅瑣幅。一十五匹。青瑣幅。四十六匹零一段。緑瑣幅。一十匹。藍瑣幅。三匹。沈香色瑣幅。一十六匹。

又 段衣。大紅織金過肩蟒段衣。九件。大紅粧花過肩蟒龍段衣。一十件。大紅織金蟒段圓領。七件。大紅粧花蟒段圓領。一十件。大紅織金粧花斗牛段衣。一件。

又 絹衣。大紅織金蟒龍雲絹衣。四件。大紅粧花蟒龍雲絹圓領。二件。大紅織金椿花斗牛絹衣。三件。大紅織金粧花斗牛絹圓領。三件。大紅織金粧花麒麟雲絹圓領。五件。

又 羅衣。大紅織金粧花過肩蟒羅衣。一十件。大紅織金椿花蟒龍羅圓領。一十七件。大紅織金粧花斗牛羅衣。一件。大紅織金粧花仙鶴羅衣。一件。大紅織金粧花斗牛羅圓領。九件。

又 紗衣。大紅織金過肩蟒龍雲紗衣。一十四件。大紅織金蟒龍補紗圓領。一件。大紅織金飛魚紗圓領。一件。大紅織金粧花斗牛雲紗衣。二件。大紅織金粧花斗牛雲紗圓領。一十件。

又 紬衣。大紅粧花過肩雲蟒紬衣。一件。大紅織金麒麟補紬圓領。二件。大紅織金斗牛紬衣。一件。大紅織金粧花斗牛紬圓領。二件。大紅織金仙鶴補紬圓領。一件。

又 改機衣。青織金孔雀改機衣。一件。青織金椿花孔雀改機圓領。一十二件。

青刻絲錦雞補改機圓領。一件。青素改機圓領。三件。

又 宋錦衣。青宋錦刻絲仙鶴補圓領。一件。宋錦斗牛女披風。一件。

又 絲布衣。大紅織金仙鶴補絲布圓領。一件。大紅椿花蟒龍補絲布圓領。一件。大紅粧花麒麟補絲布圓領。一件。大紅織金斗牛絲布圓領。一件。大紅灑綫孔雀補絲布圓領。一件。

又 絲綿。四百八十七斤。一刻絲畫補。刻絲蟒龍衣段。二件。刻絲蟒鶴補。二十四副。刻絲罩甲。一件。灑綫蟒龍一副。十片。

明・朱國禎《湧幢小品》卷一五《織錦劄》 書劄至用銷金大紅帖，奢已極矣。聞江陵盛時，餽者用織錦，以大紅羢為地，青羢為字，而繡金上下格為蟒龍蟠曲之狀。江陵見之嘻笑，不為非也。江陵振厲有為，不甚通

賄賂，獨好華整，人以此求媚，理或有之，要亦駃甚。如此權勢，何不率先儉樸，而為人所窺乃爾。

明·羅曰褧《雅餘》卷八《服飾部》 紫綃帳，元載得於南海溪洞之帥首，即鮫綃類也。輕踈而薄，如無所礙，雖當時凝寒，風不能入，盛夏則清涼自至。其色隱隱，或不知其帳也。謂載卧内有紫氣。

明·張岱《夜航船》卷八《文學部·書簡》 雲錦書。李白詩：青鳥海上來，今朝發何處。口銜雲錦書為我忽飛去。烏去凌紫烟，書留綺窗前。開緘方一笑，乃是故人傳。

清·王士禛《香祖筆記》卷一〇 晉簡文帝鄭后諱阿春，故晉人謂皮裏陽秋，孫盛《晉春秋》為《陽秋》。梁武帝小名阿練，改練為絹。今絹布之絹，俗罕知其為練矣。

清·高士奇《天禄識餘》卷五《黄羅》 黄羅，乳母之服也。宋明帝寢疾，召褚淵入見，流涕曰吾近危篤，故召卿，著黄羅耳。注：宋主欲褚淵佐太子，如乳母之哺養小兒也。

又卷三《皂錦》 法帖譜系云，大觀帖用皂鸞鵲錦褾褫。

清·劉鑾《五石瓠》 古錦。明末丁耀得古錦長二丈許，有福清葉文忠向高題百餘字於尾，耀避亂兵寄九華僧舍，竟失之。

棉

論説

清·高士奇《天禄識餘》卷四《木棉》 《通鑑》梁武帝木棉皂帳。史照《釋文》云：木棉江南多有之，以春二三月下種，既生，須一月三薅，至春生黄花結實，及熟時其皮四裂，其中綻出如綿。土人以鐵鋌碾去其核，取如綿者，以竹爲小弓，長尺四五寸許，牽弦以彈綿，令其匀細，卷爲筒就車紡之，自然抽緒如繅絲狀，織以爲布。按：此即今之棉花也。綿有三，一曰絲綿，出於蠶緝。一曰木棉，出於交廣，名班枝花。一曰草綿，史照《釋文》所言形狀是，而以解木棉則非也。其曰竹爲小弓，長尺四五寸，今之制棉花弓長五六尺，以羊腸爲弦，彈之聲如晴雷。丘文莊謂棉花元始入中國，殆未考史照之説也。

清·趙翼《陔餘叢考》卷三〇《木棉布行於宋末元初》 古時未有棉布，凡布皆麻為之，《記》曰：治其麻絲，以為布帛是也。木棉作布，邱文莊謂元時始入中國。而張七澤《潯梧雜佩》引《通鑑》梁武帝送木棉皂帳事。據史炤《釋文》，木棉以二三月下種，至夏生黄花結實。及熟時，其皮四裂，中綻出如綿。土人以鐵鋌碾去其核，取棉以小竹弓彈之，細卷為筒就車紡之，自然抽緒，織以為布，謂即此物也。按史炤《釋文》所云，正是今棉花所織之布，則梁武時已有此布矣。説者謂《漢書》注孟康曰，閩人以棉花為吉貝。而《正字通》及《通雅》俱云：吉貝，木棉樹也。《南史·林邑傳》亦云：吉貝者，樹名也。其花如鵝毳，抽其緒紡之作布，與紵布不殊。是六朝以前，木棉布乃吉貝樹之花所成，係木本而非草本。今粤中木棉樹，其花正紅，及落時，則白如鵝毳，正《南史》所云吉貝樹也。但其花衹可絮茵褥，而不可織布。按《南史·林邑傳》，以吉貝為樹。《舊唐書·南蠻傳》則云吉貝草緝花作布，名曰白氎。《新唐書·林邑傳》并不曰吉貝，而曰古貝。謂古貝者，草也。然則《南史》所謂吉貝之樹，即《唐書》所謂古貝之草。其初謂之木棉者，蓋以别於蠶繭之綿。而其時棉花未入中土，不知其為木本草本。以南方有木棉樹，遂意其即此樹之花所織。迨宋子京修《唐書》時，已知為草本，故不曰木而曰草耳。史照，北宋人，見《文彦博傳》。又在子京之後，并習知其碾彈紡織之技，故注解益詳。以此推之，則梁武木棉皂帳，即是草本之棉所成，而非木棉樹也。更進而推之，《禹貢》厥篚織貝，蔡九峰注：今南夷木棉之精好者，謂之吉貝。則夏之織貝，亦即今草棉布。是三代時已有之矣，其見於記傳者。《南史》姚察有門生送南布一端，察曰：吾所衣者止是麻布，此物吾無所用。白樂天《布裘》詩云：桂布白似雪。又《以布裘贈蕭殷二協律》詩云：吴綿細軟桂布白。曰桂布者，蓋桂管所出也。孫光憲《南越詩》：曉厨烹淡菜，春杼織穜花。草棉亦名穜花。李琮詩：腥味魚吞墨，衣裁木上棉。東坡詩：東來賈客木棉裘。以及《五代史》馬希範作地衣，春夏用角簟，秋冬用木棉。《宋史·

崔與之傳》：瓊州以吉貝織為衣衾，工作出自婦人。皆此物也。然則棉花布自古有之，何以邱文莊謂元初始入中國。蓋昔時棉花布，惟交、廣有之。其種其法，俱未入中土。觀姚察門生所送祇一端，白樂天以此送人并形之歌咏，則其為罕而珍重可知。迨宋末元初，其種傳入江南，而布之利遂衣被天下耳。謝枋得有《謝劉純父惠木棉》詩云：嘉樹種木棉，天何厚八閩。厥土不宜桑，蠶事殊艱辛。木棉收千株，八口不憂貧。江東易此種，亦可致富殷。奈何來瘴癘，或者畏蒼旻。吾知饒信間，蠶月如岐邠。兒童皆衣帛，豈但奉老親。婦女賤羅綺，賣絲買金銀。角齒不兼與，天道斯平均。所以木棉利，不畀江東人。據此，則宋末棉花之利，尚在閩中，而江南無此種也。元人陳高有《種花》詩云：炎方有橦樹，衣被代蠶桑。舍西得閒園，種之漫成行。苗生初夏時，料理晨夕忙。揮鋤向烈日，灑汗成流漿。培根澆灌頻，高者三尺强。鮮鮮緑葉茂，燦燦金英黃。結實吐秋繭，皎潔如雪霜。及時以收斂，采采動盈筐。緝治入機杼，裁剪為衣裳。禦寒類挾纊，老稚免凄涼。陳高，元末人。而隙地初學種之，則其來未久可知。陶九成《輟耕録》記松江烏泥涇土田磽瘠，謀食不給，乃覓木棉種於閩廣。初無踏車椎弓之制，率用手去其子。線絃竹弧，按掉而成，其功甚艱。有黃道婆自崖州來，教以紡織，人遂大獲其利。未幾道婆卒，乃立祠祀之。三十年祠毁，鄉人趙愚軒重立云。九成，元末人。當時所記立祠始末如此，益可見黃道婆之事未遠。而松江之有木棉布，實自元始也。《琅琊代醉編》又謂棉花乃番使黃始所傳，今廣東人立祠祀之。合諸説觀之，蓋其種本來自外番，先傳於粵，繼及於閩，元初始至江南，而江南又始於松江耳。《元·世祖本紀》：至元二十六年，置浙東、江東、江西、湖廣、福建木棉提舉司，責民歲輸木棉布十萬疋。《程鉅夫集》有《送人赴浙東木棉提舉》詩，鉅夫仕元初，而其時木棉特設專官，則其初為民利可知。邱文莊所謂元時始入中國，非無稽也。《明史·食貨志》，明太祖立國初，即下令民田五畝至十畝者，栽桑、麻、木棉各半畝，十畝以上倍之。又税糧亦準以棉布折米。

清·黃以周《禮書通故》卷三《衣服通故一》 禮家舊說，《禮運》昔者衣羽皮，後聖治其麻絲，以為布帛，後聖謂神農，一説黃帝。以周案，《白帖》云：伏羲作布，是以神農有不織之令。《路史》引《皇圖要覽》云：伏羲化蠶桑為繐布。則治麻絲以為布帛，自伏羲始也。《易·繫辭》傳：黃帝堯舜垂衣裳而天下治，蓋取諸乾坤。謂法乾坤之象而製上衣下裳耳。《漢志》云：布幅廣二尺二寸。《淮南子》云：幅廣二尺七寸。《巡狩禮》云：製幣丈八尺，純四[犭只]。以周案：純四[犭只]，[犭只]，古咫字，亦作只。《朝貢禮》曰：純四只。《鄭志》曰：咫，八寸，四咫三尺二寸。又太廣，四當為三，三八二尺四寸，幅廣也。此言製幣之法，非尋常布幅如是。鄭注《禮》云：今官師布幅廣二尺二寸，亦從《漢志》，每幅長二丈。《雜記》云：納幣一束，束五兩，兩五尋。

布有緵數，字亦用升。鄭玄云：布八十縷為升，升字當為登，登，成也。今之禮皆以登為升，俗誤已行久矣。賈公彦云：布八十縷為升，無正文，師師相傳言之，是以今亦曰八十縷謂之宗。以周案：《漢·王莽傳》十緵布二匹，孟康云：緵，八十縷也。《説文》有稯無緵，《禾部》云：布八十縷為稯。稯本禾數，用之布縷，字亦作緵，讀如五總之總。《詩·九罭》釋文云：緵字又作總是也。《詩·羔羊》素絲五紽，紽五縷。素絲五緎，緎二十縷。素絲五總，總八十縷。《西京雜記》載鄒長倩遺公孫宏書云：五絲為纙，倍纙為升，倍升為緎，倍緎為紀，倍紀為緵。則緵八十縷有明文矣。今禮緵皆為升，與十縷之升混，故鄭云俗誤。吴斗南《兩漢刊誤》補遺云：鄭謂升當作登，登，成也。今語轉知陵切，亦訓為成。今織具曰筬，每筬用六成七成，多至十五成而止。以成之多少為布之精粗，大率四十齒為一成，兩縷共一齒，正合康成之説。是也。金仁山謂麻冕三十升，雖用細絲減半，亦無所容，升八十縷，注疏相傳之誤。此説未是。麻冕三十升，本細密難成，而升八十縷，以三升器服計之，一寸約十一縷，則其縷數自不可更少矣。

孔安國、鄭玄説：麻冕三十升布為之。蔡邕云：周爵弁，殷冔，夏收，皆以三十升漆布為殼。江永云：古布幅闊二尺二寸，當今尺一尺三寸七分半。若容三十升之縷，則今尺一分之地，幾容一十八縷，此必不能為者也。冠升倍衣，唯器服斬衰三升、冠六升則然。自齊衰以下，則非倍半之數矣。禮無冠倍于衣之制，麻冕之布、亦不過十五升。以周案：冠衣升數，惟器服有明文。舊注以斬衰之冠倍衣例之，故云麻冕三十升。江氏以小功總麻冠衰同升例之，故云麻冕十五升，説各有據。但麻冕之布，本屬細密難成，金仁山欲減其縷，江慎修又減其升，皆疑二尺二寸之幅，節以今尺，不能容如此數也。夫今古尺之長短，説人人殊。今以諸書記尺寸者參考之，惟云古

尺得今尺之八寸一分，其説近是。江氏定古尺當今尺六寸二分半，則車廣六尺六寸，何以容三人，席長八尺，何以容四人。見《曲禮》注。鬴深尺内方尺，何以容米八斗，臀寸，何以容米四升。不特麻冕之升縷無以容也。且麻冕果止十五升，與他布同，又何細密難成之有乎。

綜　述

晉・顧微《廣州記》 蠻人不蠶，採木綿爲絮。

唐・釋玄應《一切經音義》卷五 綿纊。古文絖同，音曠。《説文》：纊，絮也。《小爾雅》云：纊，綿也。絮之細者曰纊。

又卷二二《大乘論》 設拉。郎荅反，樹名也。如皂莢樹類，而角甚長，裹中有絮如綿，名姤羅綿，堪以為衣者也。

宋・彭乘《續墨客揮犀》卷一《吉貝布》 閩嶺以南多木棉，土人多植之，有至數千株者。采其花為布，號吉貝布。余後因讀《南史》海南諸國傳，言林邑等國出古貝木。其華成時，如鵝毳，抽其緒紡之以作布，與紵布不異。亦染成五色，織為斑布，正此種也。蓋俗呼古為吉耳。

宋・楊侃《兩漢博聞》卷一二《荅布》 公孫述為馬援製都布衣。注云：《東觀記》曰都作荅，前書音義曰荅布，白疊布也。

宋・范成大《桂海虞衡志・志器》 黎幕，出海南。黎峒黎人得中國錦綵，拆取色絲，間木綿挑織而成，每以四副聯成一幕。

又 黎單，亦黎人所織。青紅間道，木綿布也。桂林人悉買以為卧具。

宋・周去非《嶺外代答》卷六《服用門・吉貝》 吉貝木如低小桑，枝蕚類芙蓉，花之心葉皆細茸，絮長半寸許，宛如柳綿，有黑子數十。南人取其茸絮，以鐵筋碾去其子，即以手握茸就紡，不煩緝績。以之為布，最為堅善。唐史以為古貝，又以為草屬。顧古、吉字訛，草、木物異，不知別有草生之古貝，非木生之吉貝耶。將微木似草，字畫以疑傳疑耶。雷、化、廉州及南海黎峒富有，以代絲紵。雷、化、廉州有織匹，幅長濶而潔白細密者，名曰慢吉貝，狹幅粗踈而色暗者，名曰粗吉貝。有絶細而輕軟潔白，服之且耐久者。海南所織，則多品矣：幅極濶，不成端匹，聯二幅可為卧單，名曰黎單。間以五采，異紋炳然，聯四幅可以為幕者，名曰黎飾。五色鮮明，可以蓋文書几案者，名曰鞍搭。其長者，黎人用以繚腰。南詔所織尤精好。白色者，朝霞也，國王服白氎，王妻服朝霞，唐史所謂白氎吉貝、朝霞吉貝是也。

宋・趙汝适《諸蕃志》卷下 吉貝，樹類小桑，蕚類芙蓉，絮長半寸許，宛如鵞毳。有子數十，南人取其茸絮，以鐵筋碾去其子，即以手握茸就紡，不煩緝績。以之為布，最堅厚者，謂之兜羅綿，次曰番布，次曰木棉布，又次曰吉布。或染以雜色，異紋炳然。幅有闊至五六尺者。

宋・朱輔《溪蠻叢笑・娘子布》 漢傳載闌干。闌干，獠言紵，合有績織細白苧麻，以旬月而成，名娘子布。

元・孔齊《静齋至正直記》卷一《松江花布》 近時松江能染青花布，宛如一軸院畫，或蘆雁花草尤妙。此出于海外倭國，而吴人巧而效之，以木棉布染蓋印也，青久浣亦不脱，嘗為靠裀之類。

明・姜南《投甕隨筆・不受雲布》 湘陰宋端，成化間知華亭縣，以雲布一端，獻其師華容黎侍郎淳，淳題其外對曰：昔之縣令，拔茶種桑，今之縣令，錦上添花。不受而還之。華亭之雲布，不始于端，黎雖誤責之，然充其言，豈有病吾民者乎。

明・楊慎《丹鉛總録》卷二一《詩話類・木綿》 唐李商隱詩：木綿花煖鷓鴣飛。又王叡詩：紙錢飛出木綿花。南中木綿樹大如抱，花紅似山茶而蕋黄，花片極厚，非江南所藝者。張勃《吴録》云：交趾安定縣有木綿樹，實如酒杯口，有綿可作布。按此即今之斑枝花，雲南阿迷州有之，嶺南尤多。

明・李時珍《本草綱目》卷三六《木部・木之三》 木綿。【略】集解：時珍曰：木綿有草木二種。交廣木綿樹大，好抱其枝，侣桐其葉，大如胡桃葉。入秋開花紅如山茶花，黄蕊，花片極厚，為房甚繁，短側相比。結實大如拳，實中有白綿，綿中有子。今人謂之斑枝花，訛為攀枝花。李延壽《南史》所謂林邑諸國出古貝，花中如鵞毳，抽其緒紡為布。張勃《吴録》所謂交州永昌木綿樹高過屋，有十餘年不换者，實大如盃，花中綿軟，白可為緼絮及毛布者，皆指佀木之木綿也。江南淮北所種木綿，四月下種。莖弱如蔓，高者四五尺，葉有三尖如楓葉。入秋開花黄色，如葵花而小，亦有紅紫者。結實大如桃，中有白綿，綿中有子，大如梧子。亦有紫綿者，八月采捄謂之綿花。李

延壽《南史》所謂高昌國有草實如繭，中絲為細纑名曰白疊，取以為帛甚軟白。沈懷遠《南越志》所謂桂州出古終藤，結實如鵞毳，核如珠珣，治出其核紡如絲綿，染為斑布者皆指侶草之木綿也。此種出南番，宋末始入江南，今則徧及江北與中州矣。不蠶而綿，不麻而布，利被天下，其益大哉。又《南越志》言南詔諸蠻不養蠶，惟收娑羅木子中白絮紉為絲，織為幅，名娑羅籠段。祝穆《方輿志》言：平緬出娑羅樹，大者高三五丈，結子有綿，紉綿織為白氎兜羅綿，此亦斑枝花之類，各方稱呼不同耳。

明・張鼎思《琅邪代醉編》卷四〇《木棉》《續博物志》：聞閩中多木棉，植之數千株，採其花，紡爲布，名吉貝。《南史》言林邑等國，出古貝木，以古為吉，繆也。《霏靈録》：李商隱詩：木棉花發鷓鴣飛，王叡詩：紙錢飛出木棉花。南中木棉，樹大盈袍，花紅似山茶，黄蕊，花片極厚。《近峯聞畧》云：棉花入中國自我朝始，丘文莊公記之詳矣。舊所云木棉即今之斑枝花也，棉花種為奮使黄始所傳，今廣中立祠祀之。沈黄門炤曰，番中有青紅白三種，今特傳其白者耳。

明・董斯張《廣博物志》卷三七《珍寶》 廣州嘗獻入筒細布一端八丈，帝惡其精麗勞人，即付有司彈太守，以布還之。

明・宋應星《天工開物》卷上《乃服・布衣　赶　彈　紡》 凡棉布禦寒，貴賤同之。棉花古書名枲麻，種遍天下。種有木棉、草棉兩者，花有白、紫二色。種者白居十九，紫居十一。凡棉春種秋花，花先綻者逐日摘取，取不一時。其花粘子于腹，登赶車而分之。去子取花，懸弓彈化。為挾纊溫衾、襖者，就此止功。彈後以木板擦成長條以登紡車，引緒糾成紗縷。然後繞籰，牽經就織。凡紡工能者，一手握三管，紡于鋌上。捷則不堅。凡棉布寸土皆有，而織造尚淞江，漿染尚蕪湖。凡布縷緊則堅，緩則脆。碾石取江北性冷質膩者，每塊佳者值十餘金。石不發燒，則縷緊不鬆泛。蕪湖巨店首尚佳石。廣南為布藪，而偏取遠産，必有所試矣。為衣敝浣，猶尚寒砧搗聲，其義亦猶是也。外國朝鮮造法相同，惟西洋則未核其質，并不得其機織之妙。凡織布有雲花、斜文、象眼等，皆仿花機而生義。然既曰布衣，太素足矣。織機十室必有，不必具圖。

又《枲著》 凡衣、衾挾纊禦寒，百人之中止一人用繭綿，餘皆枲著。古縕袍，今俗名胖襖。棉花既彈化，相衣、衾格式而入裝之。新裝者附體輕煖，經年板緊，煖氣漸無，取出彈化而重裝之，其煖如故。

明・程良孺《讀書考定》卷二二《服飾・木綿》 閩廣多種木綿，樹高七八尺，樹如柞，結實如大麥而色青，秋深即開，露白綿茸茸然。土人摘取出殻以鉄杖捍盡黑子，徐以小弓彈令紛起，然後紡績爲布，名曰吉貝。今所貨木綿特其細緊爾，當以花多爲勝，横數之得一百二十花，此最上品。海南蠻人織爲巾，上作細字雜花卉尤工巧，即古所謂疊巾也。

明・朱之瑜《舜水先生文集》卷二〇《雜著一・對野傳問三條》 陶氏《輟耕録》云：蒙古入中國，中國方有木棉。是鑿鑿有據也。然書籍言布非一，豈盡非木棉乎。猶曰無有指實。漢公孫弘布被必非麻也、葛也、紵也。杜詩云：布衾多年冷如鐵，嬌兒惡卧踏裏裂。必非麻、紵、葛為之矣。是元以前中國已有木棉矣。深衣為次等禮衣，取其冠裳，天子諸侯公卿皆服之，麻既不可為已。紵葛遇秋風，交則卷如繩索，此豈冠冕禮服，無冬無夏可以服之者乎，不辨自明矣。褐為毛布，注者何不并以此注之也。

明・談遷《棗林雜俎》智集《逸典・松江布》 成化間，松江人以布餉貴近，流聞禁庭，下府司織造赭黄、大紅、真紫等色，龍鳳、斗牛、麒麟等紋。工作胥隷并緣為奸，一匹有費白金百兩者。孝宗在東宫深知其弊，即位首罷之。嘗閱内帑，見之曰：此布一匹，文綺十匹價也。終身不一御，自是遂絶。《松江府志》。松江細布輸京十二萬三千八百六十匹有奇，華亭六萬五千一百匹有奇，上海四萬二千七百二十匹有奇，青浦二萬三千四十匹有奇，萬曆初加八千匹。

又中集《榮植・綿花》 古之所謂綿者，絲綿也。古之所謂布者，枲布也。故唐人税法，每丁歲輸絹或綾絁共二丈，綿三兩，輸布者麻三斤。宋林勳作《政本書》：匹夫之貢惟絲與綿，非蠶鄉則貢布麻。夫以綿而繫之絹，以布而繫之麻，則綿為絲綿，布為枲布也明矣。元學士王磐序《農桑撮要》之書云：木綿種於陝右。《輟耕録》云：閩廣多種木棉，紡績為布。蓋木棉出於南夷、西域，宋元間始傳閩廣、關陝，至明時乃盛。

明・方以智《物理小識》卷六《衣服類・綿花布類》 古惟枲布，老者衣帛，鄧潛谷曰元入中國，非也。《禹貢》已著卉服，梁武用木綿帳，唐有木棉詩，陶九成記烏泥涇始盛耳，廣有木棉高樹，即斑枝花之大者，外域所謂吉貝也。【略】棉花有白、紫、藍三色，紫者煖而耐久，嘉靖時新安孝子方

勵齋創製紫飛花布。雲間乃後倣者因有兼絲納文，常州有東門閩金齒，有桐花布。

清·周象明《事物考辯》卷六〇《冠裳·吉貝》 宋方勺《泊宅編》：閩廣多種木棉，紡織爲布，名曰吉貝。海南蠻人織爲花卉尤工巧，即古所謂白叠布也。

清·屈大均《廣東新語》卷一五《貨語·綿布》 東粵之綿布，良苦不一，最美者白氎，《史記》：榻布者白叠，或作答，是也。其布細膩精密，皚如雪，輕如繭紙，幅廣至四五尺，吉絡為之。其織為巾者，兩頭組結方勝、葳蕤及諸物象。織者每拋一梭，則念一佛，故廣州人殮死者以為面衣。是曰西洋布，以來自番舶者為真。其出於瓊者，或以吳綾越錦，拆取色絲，間以鵝毳之綿，織成人物花鳥詩詞，名曰黎錦，濃麗可愛。白者為幛，雜色者為被，曰黎單。四幅相連曰黎幕，亦曰黎幔，以金絲者為上。又有花被假被。《漢書》：儋耳、朱崖皆服布如單被，穿中央為貫頭，即今之黎單也。亦有織為巾帨與裙者，裙曰黎桶，橫幅合縫如井欄，皆素花假錦百褶而成，所謂迦盤之衣也。黃文裕賦云：布帛則攀枝吉貝，機杼精工。百卉千華，凌亂殷紅，疏絺藺暑，密斜弭風。蓋謂瓊布也。斜謂斜文布，其文或作象眼，或卍字，或大小方勝，文皆側理故曰斜。廣州有麻經、絲經兼絲，或綿緯絲。有雙紝布，甚厚實。有榜被，絮絁所織，其緯粗如小指，或謂即毾被，亦名毾㲪，或方文、斜文。雷州有雷被，以白綿線為之，亦有紅者、紫者。崖州多織綿，儋州多織生絲。崖州組織綿線如布帛狀，繡人物花鳥其上，有十金一具者，名曰帳房，俗稱儋、崖二帳。是皆越布也，志曰，南方之布葛越，木綿草本，亦越也。其曰織貝者，織為貝文，詩所謂貝錦也。貝或吉貝也，志稱高昌有草，實如繭，絲如細纑，名白纑氎子，織之為布，白叠即吉貝也。島夷以卉服來貢，而織吉貝之精者以入篚，故曰織貝。臨川吳氏云：染其絲五色，織之成文曰織貝，不染五色而織之成文曰織文，是也。綿與絲一也，綿又有木棉之綿，即攀枝花絮也。其木高四五丈，花殷紅，朵大於杯，花落則絮蘊焉。春暮時漫空而飛，採之，其粗者可以為褥。嶺外以為吉貝即木棉，非也。吉貝草綿，如斑枝乃木棉耳。汪廣洋詩：翠苞半拆漸吐綿，雪花填滿行人道。又云：搓就瓊簪膩如繭，絲成水縷細如烟。謂斑枝也。又有樹綿，一曰樹頭綿，以吉貝枝接烏桕，俟生時截去烏桕，樹長可八九尺，四季開花，夏秋尤盛。每一株生，數十年不壞。絮同木綿，德慶以上多種之。

清·吳震方《嶺南雜記》卷二 木棉樹，大可合抱，高者數丈，葉如香樟，瓣極厚。一條五六葉，正二月開大紅花，如山茶，而蕊黃色，結子如酒杯，老則坼裂。有絮茸茸，與蘆花相似，花開時無葉，花落後半月始有新綠。其絮土人取以作裀褥，余買數斤歸，欲效綿花製為絮。女工不能治，海南蠻人，織以為巾，上出細字花卉尤工巧，名曰吉貝，即古所謂白叠布。杜詩，光明白氎巾，即此。今詢之粵人，亦無有織作者，或別是一種耳。廣州閱武廳前，與南海廟，各有一株，甚大。開時赤光照耀，坐其下如入朱明之洞也。

清·金埴《不下帶編》卷五 宋人《咏棉花》：採得西風雪一籃，禦寒功在倍春蠶。世間多少閒花草，無補其人亦自慚。埴謂：任他魏紫姚黃，天香國色，空枝無補，終自慚棉，亦祇為一閒花草耳。噫。若人之為閒花草者，豈不更自慚乎。

清·檀萃《滇海虞衡志》卷五《志器》 莎羅布，出大姚縣與新化州。李石云，驃國諸蠻不蠶，細織娑殼絮服之，謂娑羅龍緞，莎蘿出武定而俗惰女不紡織，故布出他郡邑。

又 永昌布，厚而褐色。《明一統志》又載永昌細布，桐花織爲布，潔白不受垢。桐同橦，即攀枝花木棉也，是前明猶有織此花爲布者，説詳《志花》。

白氎布，出緬甸千崖各土司。

又 兜羅緜，出緬甸，按此緜屢爲佛書所稱，而未有行至内地者，至今未之見也，想亦木棉之類，其茸輕輭，故以比似佛手。

清·桂馥《札樸》卷三《覽古·白疊布》 《史記·貨殖傳》：荅布千匹。注云：荅布，白疊也。《趙書》：石勒建平二年，大宛獻白疊。《魏略》：文帝詔曰：代郡黃布爲細，樂浪練爲精。江東大末布爲白，故不如白疊布鮮潔也。宋《元嘉起居注》：毗加梨國奉細疊兩張。《吳時外國傳》：諸薄國女子織作白疊花布。《梁書》：高昌國有草實如蠒，蠒中絲如細纑，名爲白疊子。國人多取織以爲布，布甚軟白。《唐書》：高昌有草名白疊，擷花可織爲布。又云婆利出吉貝，吉貝草也。緝其花爲布，粗曰貝，精曰疊。又云杜薄國女子作白疊花布。金毘利逝國衣朝霞白疊。《隋書》：真臘國常服白疊。王維詩：手巾花疊浄。杜甫詩：光明白疊巾是也。《玉篇》

作氎，云毛布也。《廣韻》：氎，細毛布。《廣志》：白氎布毛織。王建詩：毛氎家家織。梅堯臣詩：童袍毳氎鮮是也。《後漢·西南夷傳》哀牢夷知染采文繡，罽氎，帛疊，蘭幹，細布，織成文章如綾錦。《唐書·驃國傳》鈴鈸皆飾絛，紛以花氎縷爲蕊。又云樂工皆崑崙，衣絳氎，朝霞爲蔽膝。温庭筠詩：錦疊空林委墜紅是也。《南史》扶南王坐則偏踞翹膝，垂左膝至地，以白疊敷前。方回詩：坐寒乏氈氎是也。方勺曰：閩廣多種木綿，紡績爲布名曰吉貝。海南蠻人織爲巾，即古所謂白疊布。

清·西清《黑龍江外記》卷五　棉花非土産，布來自奉天，皆南貨，亦有販京貨者。毛藍足青等布是已，然皆呼為京靛，而江南來者號抽機布。俗謂一布為小疋，二布為大疋，製一衫小疋不足，大疋有餘，布之尺寸可知。

清·毛祥麟《墨餘録》卷一《土産》　木棉。李時珍曰：棉有草木二種，交廣樹大如抱。《南史·林邑國傳》並《吴録》所稱者，木本也。江南淮北所種，四月下種，莖弱如蔓，高者亦僅三尺餘，葉三尖如楓葉，入秋開花，作淺黄色，結實大如荔，中有白棉，棉中有子大如梧，八月而採。此卉本之棉花也，出南番，宋元間傳入内地。我鄉始得種於閩粤，初未廣植，今則連阡盈陌矣。其花下種，每於春末夏初。既出，婦女咸荷鋤刪莠，名曰脱花。大抵須鋤七次以上，則草盡而花易長，結實必盛。又須及夏至前多鋤始佳，諺所謂鋤花須趁黄梅信，鋤頭落地長三寸者是也。如天雨過多，不能除莠，則草長而花弱，至花爲草裹，則荒蕪矣。花開時，携袋擷之，曰捉花。【略】按我邑瀕海，多沙地，棉實所宜種。以此作布，又利倍於粟，真美利也。比年因各口通商，洋布甚行，而木棉頓滯，蓋亦一厄云。

紀事

唐·佚名《玉泉子》　夏侯孜為左拾遺，常著桂管布衫朝謁。開成中，文宗無忌諱，好文，問孜，衫何太粗澀。具言桂管産此布，厚可以禦寒。他日，上問宰相，朕察拾遺夏侯孜必貞介之士。宰相曰，其行今之顔冉。上嗟嘆，亦效著桂管布。滿朝皆倣之，此布為之驟貴也。

清·褚華《木棉譜》　黄道婆本邑人，流落崖州海嶠間，元元貞中携紡織具歸，傳其法於烏泥涇，人人皆大獲其利。婆死，立祠祀之。明張之象復塑其像於甯國寺，今城中渡鶴樓西北小巷内，亦立廟祀之。邑之女紅，歲時群往拜禮，呼之曰黄孃孃。但所塑者如三十許好女子，殊失實矣。舊傳黄道婆能於被褥帶帨上作折枝團鳳、棋局花文，邑人化而為象眼，為綾文、為雲朵、為膝襴胸背。明成化間，流聞禁庭，遂織造龍鳳、斗牛、麒麟袍服，而染大紅、真紫、赭黄等色，工作胥隸并緣為奸，一疋有費至白金百兩者。宏治改元，首罷之，此種遂絶。今郡中綾布以絲為經，以木棉為緯，亦多有花文，但價不甚貴。

藝文

清·董誥輯《授衣廣訓·聖製賦》《聖祖仁皇帝聖製木棉賦并序》：

木棉之為利，於人溥矣。衣被禦寒，實有賴焉。夫既紡以為布，復擘以為絖。卒歲之謀，出之隴畝，功不在五穀下。嘗稽之載籍，島夷卉服，注以為吉貝即其種也。然止以充遠方之貢，而未嘗遍植於中土。故周禮婦功，惟治蠶枲。唐徵庸調，但及絲麻。至木棉之種，後世由外蕃始入於關陝閩粤。今則遠邇貴賤，咸資其利。而昔人篇什罕有及之者，故為之賦曰：

考吉貝之佳種，披丘索以窮源，道伽毗而遠來，由秦粤而衍蕃。仿崖州之紡織，製七襄而無痕。效宋人之洴澼，比八綿而同温。先麥秋而播種，齊壺棗而登原。宿黄雲於萬蕊，隨白雪於千村。落秋實於露晞，軋機柚於星昏。暖佐耆年之帛，陽回寒女之門。幸卒歲之可娱，乃民力之普存。若應鍾之司律，正薄寒之中人。月照牛衣之夜，霜侵葛屨之辰。家挾千箱之纊，路絶百結之鶉。曝茅檐而歌愛日，賽田祖而洽比鄰。謝履絲之靡麗，免于貉之艱辛。故夫八口之家，九土之氓，無沍寒之膚裂，罕疾風之條鳴。時和年豐，火耨水耕，歲落三鍾之棉，場登百畝之粳。同彼婦子，樂此太平。奚羨纂組之巧，與夫縞紵之輕。慨風詩之未録，省方問俗，將補豳什而續授衣之經。

又卷上《棉花圖第一·佈種》　本從外域入中原，聖賦金聲實探源。雨足清明方布種，功資耕織燠黎元。【略】細將青核選春農，會見霜機集婦

功。千古桑麻文字外，特摛睿藻補豳風。

又《棉花圖第二・灌溉》 土厚由來産物良，却艱致水異南方。轆轤汲井分畦溉，嗟我農民總是忙。【略】種擇高原脉土良，功先鑿井利殊方。欲期吉貝被身暖，不憚勤劬運臂忙。【略】戽水兼聞汲井嘩，桔槔聲裏潤頻加。千畦自界瓜蔬色，一雨同抽黍豆芽。

又《棉花圖第三・耘畦》 芟密耘長遍野皋，夏畦增此那辭勞。白家少傅瞑寒中，但識加棉厚絮袍。【略】花繁茸細茂平皋，長日鋤耘力作勞。念此艱辛厭纂組，時看在笥舊綈袍。【略】科要分明行要疏，春經屢雨夏晴初。村墟槐柳人排立，傭趁花田第幾鉏。

又《棉花圖第四・摘尖》 尖去條抽始暢然，趨晴避雨摘炎天。愛之能勿勞乎爾，萬事由來一理詮。【略】旁達尖除始判然，冒炎群趁雨餘天。勤勞婦女同蠶事，南北土風著象詮。【略】也如摘茗與條桑，長養為功別有方。要使莖枝垂四面，得分雨露自中央。

又《棉花圖第五・採棉》 實亦稱花花實同，携筐婦子共趨功。非虚覩却資真用，植物依稀庶子風。【略】實生花落用胥同，盈畝共襄采摘功。春種夏耘秋始結，繪圖題什補豳風。【略】入手凝筐暖更妍，裝成衣被晚秋天。誰家十月寒風起，猶向枝頭拾剩棉。

又《棉花圖第六・揀曬》 納稼惟時棉亦成，等差黄白辨粗精。紛羅真有如雲慶，吉語猶占冬朔晴。【略】廣場曝曬慶西成，黄白紛羅擇必精。積雪鋪雲溢庭院，符占更願孟冬晴。【略】稌黍場邊午日暉，堆雲劈絮正紛霏。廣南有樹何曾采，任逐晴空鳥毳飛。

又《棉花圖第七・收販》 艱食惟斯佐化居，列厘負販各紛如。價常有定斤無定，巨屨言同記子輿。【略】新棉充羡入廛居，價值有恒每歲如。為市日中皆樂利，懋遷轉運遍車輿。

又《棉花圖第八・軋核》 轉轂持鈎左右旋，左惟落核右惟棉。始由粗末精斯得，耞杵同農豈不然。【略】上轂下鈎互轉旋，核分花細出輕棉。工同碾軸農家器，利用厚生本自然。【略】叠軸拳鈎互轉旋，考工記繪授時編。纖星踏足紛多製，争似瓢花落手便。

又卷下《棉花圖第九・彈花》 木弓曲引蠟弦綳，開結揚茸白氈成。村舍比鄰聞相杵，錚錚唱答合斯聲。【略】似入蘆花舞處深，一彈再擊有餘音。何人善學棼絲理，此際如添挾纊心。

又《棉花圖第十・拘節》 擦條拘節異方言，總是斯民衣食源。幾許工夫成麗密，紡紗絡緒事猶煩。【略】花筒一卷寸筳纖，素几生寒輾玉尖。抽綴略同新繭子，條條付與紡車拈。

又《棉花圖第十一・紡綫》 相將抽緒轉軒車，工與繅絲一例加。聞道吴淞別生巧，運輪却解引三紗。【略】絡緯聲中夜漏迢，輕匀綫績比絲繅，茅檐新婦夸身手，得似絲纖價合高。

又《棉花圖第十二・挽經》 引維卸絡理棉絲，枝拄經床較便其。蹕路迎鑾多婦女，木桮每見手中持。【略】南床北架製隨宜，過絡迴環一手持。素腕當窗憐慣捷，阿誰長袖倦垂時。

又《棉花圖第十三・布漿》 經緯相資南北方，藉知物性亦如强。刷紗束絡俾成緒，骨力停匀在布漿。【略】縷縷看陳燥濕宜，糊盆度後撥車施。爬梳莫使沾塵污，想到衣成薄浣時。

又《棉花圖第十四・上機》 豈止千絲與萬絲，女郎徐自引伸之。可知事在挈端要，諸結從心無不宜。【略】種棉直與苧桑同，抱布何知綺繡工。月杼星機名任好，不將巧製羡吴東。

又《棉花圖第十五・織布》 横緯縱經織帛同，夜深軋軋哪停工。一般機杼無花樣，大輅推輪自古風。【略】軋軋機聲地窖中，窗低曉日户藏風。一燈更沃深宵焰，半匹寧酬竟日功。

又《棉花圖第十六・練染》 五色無論精與粗，茅檐卒歲此殷需。布棉題句廑民瘼，敬纘神堯耕織圖。【略】元黄朱緑比絲新，自昔畿封儉俗淳。聖咏益昭民用切，屢豐澤遍授衣人。

雜録

宋・方勺《泊宅編》卷中 閩廣多種木綿，樹高七八尺，樹如柞，結實如大麥而色青，秋深即開，露白綿茸茸然。土人摘取出殼，以鐵杖捍盡黑子，徐以小弓彈令紛起，然後紡績為布，名曰吉貝。今所貨木綿，特其細緊爾。當以花多為勝横數之得一百二十花，此最上品。海南蠻人織為巾，

上作細字，雜花卉，尤巧工，即古所謂疊巾也。李琮詩有腥味魚中墨，烏賊魚也。衣裁木上綿之句。

明・張萱《疑耀》卷六《木棉》 余鄉多木棉，《集韻》綿作棉，樹高者至於十丈，其枝如桐葉，如胡桃葉而稍大，花如今之玉蘭，花紅如渥丹，一樹常數千枚，春夏放花，其紅焰燭天。花謝乃結子，剖之如酒匜，其殼堅硬，其中有絮皓白，故曰木棉，今名攀枝花。《吴録》云其絮如蠶，所作者非也。唐李琮詩，腥味魚中墨，衣裝木上棉。則此棉亦可作衣絮，今止充裀褥而已。方勺《泊宅編》稱海南蠻人以此紡織為布，布上出細字雜花卉，尤工巧，名曰吉貝布，即古白氎布也。氎音牒第。余鄉既未有以木棉為布者，即詢之，海南諸蠻亦不知其制為何，似或云曹溪六祖所傳信衣曰屈氎布，即白氎布，乃西域木棉心所織者。余嘗見之實類褐，豈西域木棉與中土不同耶。范政敏《遯齋閒覽》又云林邑等國出吉貝布，木棉為之。不知六祖信衣即林邑等國所産否。陶九成《南村輟耕録》又云：閩廣多種木棉，紡績為布名曰吉貝。松江東去五十里許，曰烏泥涇，多種之，彼初無踏車椎弓之製，率用手刮去子，線弦竹弧置案間，振掉成劑，厥功甚艱。國初有一嫗名黄道婆者，自崖州來乃教以紡織之具，至於錯紗配色綜綫挈花，各有其法，以故織成被褥帶帨文采甚巧，土人多以此致富者。嫗卒土人祠焉。陶九成，元人也。世代尚近，其詳著如此。余嘗以詢之松江士夫，皆不知木棉為何樹，吉貝為何布。豈道婆者卒，其織造之法莫傳，故土人不復種蓺此樹耶。據陶説道婆，崖州人，則《泊宅編》謂海南蠻人能為此布，其言不誣。若六祖信衣果西域木棉心所織者，則其法當如秦洮間織褐，試仿其法以織木棉便可成布，不必復求道婆遺法矣。閩中呼綿花為吉貝，其聲稍轉為家貝，或云非木棉也。林邑所産疑即此物，又有山吉貝，不堪作布。

明・鄭瑄輯《昨非菴日纂》卷二 姚察自居顯要，一不交通。有門生不敢厚餉，送南布一端，花練一疋。察曰，吾所衣着止麻布蒲練，此物於吾何用。

又 寇準爲樞密學士，賜帛甚多，公乳母泣曰：太夫人不幸時，求一縑作衾襚不可得，豈知有今日哉。公聞慟哭，盡散金帛。

清・周象明《事物考辯》卷六〇《冠裳・曳阿》 《説類》、《漢書・禮樂志》有曳阿錫，云者如淳云阿爲細繒，錫爲細布，而不知其所以爲繒之，故考之《水經注》云：東阿縣出佳繒，故《史記》云：秦昭王服太阿之劍，阿縞之衣是也。繒出于阿即目爲阿，猶之龜出于蔡即目爲蔡，驢出于衛即曰爲衛，紙出于剡即曰爲剡也。

清・俞樾《茶香室三鈔》卷一四《卉服》 明鄺露《赤雅》云：南方草木可衣者曰卉服。績其皮者有句芒布、紅蕉布，績其花者有桐花布、瓊枝布、娑羅布，其精者曰娑羅龍段、吉貝布、桃花布。南中千葉桃花似牡丹，穗長尺許，織穗成布，但過冬則散。按禹時卉服尚未必有此，要亦其濫觴也。唐馮贄《雲仙雜記》云：青齊間有一種桃花，盛開時垂絲至二三尺，采之練以松脂，遞相纏結，織成鞋履，寄往都下，人皆不辨何物。自注所出云《青州雜記》。按此亦即桃花布之類，然則青州亦有之矣。今無其物，未知所言信否。

皮

題解

南朝梁・顧野王《玉篇》卷二六《革部四百二十三》 革。居核切，猶皮也，去毛也。

又 鞹。去郭切，皮去毛。

又 鞼。古回、巨位二切，韛革也。

唐・釋玄應《一切經音義》卷二 皮革。古核反，去毛曰革。

宋・楊侃《兩漢博聞》卷七《狐白》 夫富貴在身而列士不譽，是有狐白之裘而反衣之也。師古曰：狐白，謂狐腋下之皮，其毛純白，集以為裘，輕柔難得，故貴也。反衣之者以其毛在内也，今人則以背毛為裘而棄其白，蓋取厚而温也。

又卷一一《貂鼲》 鮮卑有貂、豽、鼲子，皮毛柔蝡，故天下以為名裘。

清・高士奇《天禄識餘》卷八《子毲》 北方毛段細軟者曰子毲，

《書》鳥獸氄毛是也，今訛爲紫茸。

論説

北魏·賈思勰《齊民要術》卷七《貨殖第六十二》 狐貂裘千皮，羔羊裘千石。師古曰：狐貂貴，故計其數。羔羊賤，故稱其量也。

明·周祈《名義考》卷一〇《物部·皮革》 生曰皮，理之曰革，柔之曰韋。

清·福格《聽雨叢談》卷六《羔裘》 羔裘爲諸侯視朝之服，又不以爲弔服，其貴重可知矣。《檜風》曰羔裘逍遥，羔裘翱翔，輕煖可知矣。又曰羔裘如膏，日出有曜。《玉藻》云：羔裘豹飾，爲卿大夫助祭於君之服，其華可知矣。按此數説，皆非近日羊皮粗重之毳。或曰：古人羔裘用貴而價賤，狐裘用賤而價貴。總覺此解穿鑿，愚以爲誤於《説文》釋羔爲羊子也。若必以字傍從羊，則應爲羊，然則從犭之字，皆可謂之犬乎。按大祀用太牢，祭天則用犢，取其元氣未剖，玉璞不雕，如太羹元酒之可貴也。以此類推，羔裘用以朝祭，必是狐貉之雛，決非羊皮也。

綜述

宋·程大昌《演繁露》卷一《徐吕皮》 今使北者其禮例中所得有韋，而紅光滑可鑒。問其名，則徐吕皮也。問其何以名之，則曰徐氏吕氏二氏，實工為之也。此説出於遼傳，信否殊未可知矣。予案：燕北雜禮所載遼事曰契丹興宗嘗禁國人服金玉犀帶，及黑斜喝里皮，并紅虎皮靴。及道宗即位以為靴帶也者，用之可以。華國遂弛其禁，再許服用，此即靴帶之制矣。及問徐吕皮所自出，則曰黑斜喝里皮，謂回紇野馬皮也。用以為靴，騎而越水，水不透裹，故可貴也。紅虎皮者，回紇獐皮也，揉以硇砂，須其軟熟，用以為靴也。本此而言，則知徐吕皮者斜喝里聲之轉者也。然斜喝里之色黑，而徐吕之色紅，恐是野馬難得，而硇砂熟韋可以常致，故染而紅之以當獐皮也。為欲高其名品，遂借斜喝里以為名呼也。

明·李詡《戒菴老人漫筆》卷一《獸皮》 夜閒穿羔兒皮，二更寒透，狐狸皮可過三更，貂鼠皮直至四更，北人試驗如此。貊皮色似鹿，當頸有白毛，儼如瓮形，取以為褥，卧之可醒酒。蘇州許國用一褥，曾求唐子畏畫，遂為所得。豹以小而文散者名艾葉文，其價尤貴於連錢。

明·董斯張《廣博物志》卷三八《服飾》 紫貂白狐，製以為裘，鬱若慶雲，皎如荆玉，此毳衣之美也。壓菅蒼蒯，編以蓑芒，葉微疎糸，黯若朽穰，此卉服之惡也。裘蓑雖異，被服實同，美惡雖殊，適用則均。今處繡洞房則蓑不如裘，被雪沐雨，則裘不及蓑，以此觀之，適才所施，隨時成務。各有宜也。《新論》。

又 皐陶擇羝裘以御之。《尸子》。少昊都於曲阜，鞬鞮毛人獻其羽裘。《田俅子》。禹時渠搜來獻裘。《宋志》。

明·宋應星《天工開物》卷上《乃服·裘》 凡取獸皮製服，統名曰裘。貴至貂、狐，賤至羊、麂，值分百等。貂産遼東外徼建州地及朝鮮國。其鼠好食松子，夷人夜伺樹下，屏息悄聲而射取之。一貂之皮方不盈尺，積六十餘貂僅成一裘。服貂裘者立風雪中，更煖于宇下。眯入目中，拭之即出，所以貴也。色有三種，一白者曰銀貂，一純黑，一黯黄。黑而毛長者，近值一帽套已五十金。凡狐、貉亦産燕、齊、遼、汴諸道。純白狐腋裘價與貂相仿，黄褐狐裘值貂五分之一，禦寒温體功用次于貂。凡關外狐取毛見底青黑，中國者吹開見白色，以此分優劣。羊皮裘母賤子貴。在腹者名曰胞羔，毛文略具。初生者名曰乳羔，皮上毛似耳環脚。三月者曰跑羔，七月者曰走羔。毛文漸直。胞羔、乳羔為裘不羶。古者羔裘為大夫之服，今西比搢紳亦貴重之。其老大羊皮硝熟為裘，裘質癡重，則賤者之服耳，然此皆綿羊所為。若南方短毛革，硝其鞟如紙薄，止供畫燈之用而已。服羊裘者，腥羶之氣習久而俱化，南方不習者不堪也。然寒凉漸殺，亦無所用之。麂皮去毛，硝熟為襖褲，禦風便體，襪靴更佳。此物廣南繁生外，中土則積集楚中，望華山為市皮之所。麂皮且禦蝎患，北人製衣而外，割條以緣衾邊，則蝎自遠去。虎豹至文，將軍用以彰身；犬豕至賤，役夫用以適足。西戎尚獺皮，以為毳衣領飾。襄黄之人窮山越國，射取而遠貨，得重價焉。殊方異物如金絲猿，上用為帽套。扯里猻御服以為袍，皆非中華物也。獸皮衣人，此其大略，方物

則不可殫述。飛禽之中有取鷹腹、雁協毳毛，殺生盈萬乃得一裘，名天鵝絨者，將焉用之。

明·佚名《天水冰山録》 貂裘衣。貂鼠裘襖。二件。豹皮襌衣。二件。狐裘。二件。貂鼠風領。五條。

清·劉廷璣《在園雜志》卷一《裘》 古裘有五：大裘、黼裘、良裘、功裘、褻裘。大裘用黑羔皮為之，王者祀天之服。緇衣羔裘，朝覲用之。《鄭風》云羔裘豹飾，大夫燕居之服。近日不獨不以豹飾，而大夫多不羔裘矣。間或服之，惟領與袖或飾貂、或飾狐、或飾銀鼠之類。而《晏子》一狐裘三十年，疑用全狐。今服全狐者少，千羊之皮，不如一狐之腋，近之狐腋盡人而裘矣。當年孟嘗君之狐白裘，即集狐之白腋也，俗名天馬皮。又，集項下細毛，深温黑白成文者，俗名烏雲豹，甚煖。其腿裏一塊黄黑雜色者，集以成裘，俗名麻葉子，亦煖。至於全白狐皮，則粗冗不堪。又有玄狐一種，定例止准官一、二品以上者製為帽，上賜居多。若口外嚴寒，出差者亦准為帽，雖名玄狐，其實蒼白色者居多也。如高昌國貢唐太宗玄狐裘，今亦難得。蘇季子黑貂裘敝。古人貴重貂裘，近日稍豐裕者即衣之，定例四品以上始用，何其僭越也。若上元夫人之青毛錦裘，漢武帝之吉光裘，程據之雉頭裘，張昌宗之集翠裘，南昌國進浮光裘，司馬相如之鷫鷞裘，度安之紫綈裘，止存其名，不知為何物矣。更有猞猁猻一種，輕煖華美，貂裘之外，無出其右。所謂胭脂雪者，想即此耶。侍衛製為朝衣，諸王製為坐褥，而定例亦四品以上始服，近亦僭越矣。又灰鼠一種，最宜於秋末冬初及南方不甚苦寒之地，邇來頗多。至于毛之白者名銀鼠，康熙初年尚少，其價甚昂，近不獨多而且賤矣。又以獺皮為深衣，可禦雪，可當衾裯，粗而重，賤者之服，亦褻裘類也。緇衣羔裘，黄衣狐裘，取其表裏如一。羔裘玄冠不以弔，言衣寇俱黑色，古之吉服也。是古之羔皆用黑者，而今則純白矣。何古之黑者多，而今之黑者少也。或曰，當日之黑羔，安知非如今日之染狐皮、染銀鼠耶。為之一笑。羊皮貴羔而賤老，人皆知之，獨口外則不然。有皮軟而毛長者，俗名麥穗子，言其毛長如麥穗也。口外風高，非此不足以禦之，雖公卿貴官至彼，貂裘之上，亦必覆此一件，取其毛大壓風也。內地亦有此種，不如口外者佳。

清·金埴《巾箱説》 今之毳裘，全裏皆皮，獨餘膝以下離地一二寸或三四寸用帛代之，使裘之下邊不露毛毳，名曰和羅。始於康熙初間，而今則盛行矣。崇儉示樸，得古人製衣之義。且裘本宜輕，於趨走尤便。予作和羅詩二章云：韋袍尚華，和羅若素。內有修藏，不欲盡露。稍綴以繒，下短其毳。適可爲宜，冗長支聲。曷貴。

清·檀萃《滇海虞衡志》卷五《志器》 猾皮，出禄勸武定，匠製而貨之，以白羊皮爲之，稱白猾子。以黑羔皮爲之，稱黑猾子。

清·趙慎畛《榆巢雜識》卷下《狐皮種類》 千羊之皮，不如一狐之腋。古所謂狐白裘，即集狐之白腋，今名天馬皮。又集項下細毛，深温黑白成文者，今名烏雲豹。其股裏黑黄雜色者，集以成裘，今名麻葉子。全白狐皮粗冗，不爲俗所重。至元狐一種，止准官一、二品以上者製爲帽。或製爲端罩，非蒙上賜不敢服。

又《貂皮》 貂産烏拉諸山林中。索倫人以捕貂爲恒業，歲有貢額。第其等以行賞，冬時供御用裘冠。毛色以豐厚純黑者爲上，紫次之，黄又次之。毛潤澤而香，由喜食松栗之故也。

清·沈初《西清筆記》卷二《紀庶品》 嘗見外所進白貂鼠皮，潔白潤澤可愛。云九白貢之一也，每識而藏之。

清·福格《聽雨叢談》卷二《皮裘》 經傳所記，古人衣裘，皆毳外革內，後世毳內之制，未考始於何時。本朝惟外褂之毳向外，若袍襖皆向內也。親王郡王而外，不准服用黑狐。文職一、二、三品，許服毳外貂鑲朝衣，武職三品弗及也。文四品、武三品，准服貂鼠、猞猁猻。五品至七品筆帖式、護軍校，准用貂皮領袖帽沿。八、九品官不許穿貂鼠、猞猁猻、白豹、天馬、銀鼠。若侍衛、翰詹科道、軍機章京，無論品級，均照三品服色。其往口外寒冷地方出差之滿洲、蒙古、漢軍官員，均准照常穿用貂鼠、猞猁猻，不拘品級也。外毳之褂，公趨只准穿貂鼠、海龍，每歲十一月朔爲始，二月朔止。雜色皮只充便服。

清·俞樾《茶香室續鈔》卷二二《獺皮飾袖口》 宋寇宗《奭本草衍義》云：獺皮，西戎將以飾毳服領袖，云垢不著。如風霾翳目，即就袖口拭目中即出。又毛端果不著塵，亦一異也。按今人尚以獺皮飾袖口，然不知有此用也。

清·平步青《霞外攟屑》卷一〇《昆仇花可作皮裘》 《文章游戲初

編》卷一繆艮《閨中竹枝詞》自注：毘仇花造自毘陵仇姓。或云裘姓始以皮為之，亦名皮裘。今人多書作皮球。蓮仙説不知何本。

紀事

明·羅曰褧《雅餘》卷八《服飾部》 浮光裘。敬宗寶曆元年，南昌國進浮光裘，即紫海水染其色也。以五彩蹙成龍鳳，飾以五色真珠。上衣之以獵北苑，爲朝日所照，光彩摇動，一日從禽，忽值暴雨，而裘畧無沾潤，上異之。

又 《十洲記》曰：漢武帝時，西國王獻吉光裘，毛色黄，蓋神馬之類，入水不沉，入火不焦。

又 《西京雜記》曰：司馬相如與卓文君還成都，居貧，愁。以所服鷫鸘裘就市貰酒，與文君爲歡。

清·趙慎畛《榆巢雜識》上卷《會試皮衣》 乾隆十年會試，奉諭停止皮衣去面、氈衣去裏之例。

雜録

元·釋念常《佛祖歷代通載》卷一一《唐》 珍裘豈一狐之腋，大廈必衆材共成。何有君能獨濟。

明·李時珍《本草綱目》卷五一下《獸部·獸之二》 野馬。【略】取其皮為裘。

又 狐。【略】毛皮可為裘，腋毛純白謂之狐白。

又 貛。【略】皮可為裘。時珍曰：貒猪，貛也。貛狗，貛也。二種相似而畧殊。狗貛似小狗而肥，尖喙矮足，短尾深毛，褐色。皮可為裘領。亦食蟲蟻瓜果。又遼東女直地面有海貛，皮可供衣裘，亦此類也。

又 水獺。【略】西戎以其皮飾毳服領袖，云垢不着染，如風霾翳目，但就拭之即去也。

又 《獸之三》 貂鼠。【略】用皮為裘帽風領，寒月服之得風更暖，着水不濡，得雪即消，拂面如焰，拭眯即出，亦奇物也。惟近火則毛易脱。漢制侍中冠金璫飾首，前插貂尾，加以附蟬，取其内勁而外温。

又 黄鼠。【略】皮可為裘領，遼金元時以羊乳飼之，用供上膳以為珍饌，千里贈遺。今亦不甚重之矣。

清·王士禛《香祖筆記》卷二 貂鼠珍貴，專為貴人裘帽之用，筆工當何從購之。

清·西清《黑龍江外記》卷八 挹婁出好貂，見《後漢書》。今之貢貂，挹婁貂也。布特哈人歲賫糧入山采捕，利在大雪，故秋即去，春始還，往往有空手歸者，則貂之難得可見。説者謂貂見人走入穴者，取之如采囊。升木則稍難，然守待旬日亦有到手之時。惟匿石罅中，則無計可施。此亦存乎貂丁之際遇耳。貂以榛子為糧，畜者多飼鷄肉。性畏人，近之，瞠目切齒，聲如鼠。見捕嘗緣壁走承塵上，狀如倒挂鳥，其便捷，雖猿無以過之。貂皮氣暖，選時，官員在堂上，汗嘗浹背。黑龍江過夏用單夾衣，扇為虚器，至是須服絺綌，脱帽露頂將軍前，不然，千萬張薰蒸之氣難耐也。將軍觀選貂皮，嘗指黑潤者曰：蘇季子敝裘，未必及此。旁一官應聲曰：不能，不能，因拾黄色者進曰：請看，不過如是耳。將軍笑而不答。

清·薛福成《庸盦筆記》卷三《查抄和珅住宅花園清單》 皮張庫一間。玄狐十二張，各色狐一千五百張，貂皮八百餘張，雜皮五萬六千張。【略】貂皮女衣，六百十一件。貂皮男衣，八百零六件。雄皮男衣，八百零六件。雜皮女衣，四百三十七件。棉夾單紗男衣，三千二百零八件。棉夾單紗女衣，二千一百零八件。貂帽，五十四頂。貂蟒袍，三十七件。貂褂，四十八件。貂靴。一百二十雙。

金玉珠寶

題解

南朝梁・顧野王《玉篇》卷一《玉部第七》 瓛。胡官切，《周禮》公執瓛珪也。

又 瓖。息將切，馬上飾。《東京賦》云：鉤膺玉瓖。

又 玔。初卷切，玉玔也。

又 瑜。弋朱切，瑜玉不揜瑕，玉中美也。《禮記》世子佩瑜玉也。

唐・釋玄應《一切經音義》卷一一 瑇瑁。今作蝳蝐。【略】《異物志》云：如𪓟，生南海中，大者如籧篨，背上有鱗，將欲用煮之，其皮則柔，隨意所作也。

宋・程大昌《演繁露》卷一〇《瓊》 《說文》：瓊，赤玉也。《詩》有瓊琚玉佩。《左氏》：楚子為瓊弁玉纓。玉與瓊皆對別言之，若等為一玉，不分言也。今人用瓊比梅雪，皆誤。

綜述

漢・衛宏《漢官舊儀》 帝崩，唅以珠，纏以緹繒十二重。以玉為襦，如鎧狀，連縫之，以黃金為縷。腰以下以玉為札，長一尺，廣二寸半為押，下至足，亦縫以黃金縷。【略】王侯葬，腰以下玉為札，長尺，廣二寸半為匣，下至足，綴以黃金縷為之。

晉・陸翽《鄴中記》 石虎作雲母五明金箔莫難扇，【略】薄打純金如蟬翼，二面彩漆畫，【略】中辟方三寸或五寸，隨扇大小，雲母貼其中，細縷縫其際。【略】季龍獵著金縷織成合歡帽；石虎時著金縷合歡袴。

《後漢書》卷一六《禮儀志下》 大喪，【略】皇后詔三公典喪事。【略】守宮令兼東園將女執事，黃綿、緹繒、金縷玉和柙如故事。

《隋書》卷一二《禮儀志七》 貴妃、德妃、淑妃，是為三妃。【略】金鏤織成獸頭鞶囊，佩采瓄玉。婕妤，銀鏤織成獸頭鞶囊，首飾花七鈿。

宋・蔡絛《鐵圍山叢談》卷五 合浦珠大抵四五所，皆居海洋中間。地名訖寶，名斷望者最，而斷望池近交趾，號産珠，尤美大。父老更傳，昔珠還時，蓋自海際，珠母生猶山然，高壘數百千丈，甚或出露波濤上，雅不知得幾何代也。刺史者每啓其貪欲心，或繇是暴虐人，人不自聊。此珠所以去之，皆遠徙，從交趾、真臘諸異國，而珠母益不生，就生亦不實矣。俗言珠母者，謂蚌也。凡採珠必蜑人，號曰蜑户，丁為蜑丁，亦玉民爾。特其狀怪醜，能辛苦，常業捕魚生，皆居海艇中，男女活計，世世未嘗捨也。採珠弗以時。衆咸裹糧會，大艇以十數環池，左右以石懸大絙至海底，名曰定石。則别以小繩繫諸蜑腰，蜑乃閉氣，隨大絙直下數十百丈，捨絙而摸取珠母。曾未移時，然氣已迫，則亟撼小繩。繩動，舶人覺，乃絞取。人緣大絙上，出輒大叫，因倒死，久之始甦。下遇天大寒，既出而叫，必又急沃以苦酒可升許，飲之釂，於是七竅為出血，久復活。其苦如是，世且弗知也。

宋・洪皓《松漠紀聞》卷一 回鶻自唐末浸微，本朝盛時，有入居秦川為熟户者，女真破陝，悉徙之燕山。甘、涼、瓜、沙，舊皆有族帳，後悉羈縻于西夏。唯居四郡外地者，頗自為國。【略】其在燕者，皆久居業成，能以金相瑟瑟為首飾，【略】又善結金線，相瑟瑟為珥及巾環。織熟錦、熟綾、紵絲、線羅等物。又以五色線織成袍，名曰尅絲，甚華麗。又善撚金線，別作一等背織，花樹用粉繳經歲則不佳。

宋・王栐《燕翼詒謀録》卷二 大中祥符元年二月，詔：金箔、金銀線、貼金銷金間金蹙金線，裝貼什器土木玩之物，並行禁斷。非命婦不得以金為首飾。【略】八年三月庚子，又詔：自中宫以下，衣服並不得以金為飾，應銷金、貼金、縷金、間金、戧金、圈金、解金、剔金、撚金、陷金、明金、泥金、榜金、背金、影金、闌金、盤金、織金金線，皆不許造。

宋・周去非《嶺外代答》卷七《寶貨門・硨磲》 南海有蚌屬曰硨磲，形如大蚶，盈三尺許，亦有盈一尺以下者。【略】其小者猶可以為環佩花朵之屬。

又《大貝》 海南有大貝，圓背而紫斑。【略】亦有小者，大如指面，其

背微青，大理國以為甲胄之飾。

宋·王稱《東都事略》卷四《本紀四》 大中祥符元年，【略】五月戊子詔：貴戚進奉物，勿以銷金文繡為飾。【略】八年，【略】詔，宗室皇親及外庭臣庶之家，不得以銷金、戭金、金線之類，為衣服器用。

又《本紀六》 五月丁巳，陞大名府為北京。戊寅詔：自中宫已下，並不得衣銷金、縷金、蹙金、盤金、織金、金線、金等。

宋·周煇《清波雜志》卷六 顯仁上仙，遣使告哀北虜，并致遺留禮物：【略】撚金錦二百匹、【略】象牙二十株。時宗樞持節以往。

宋·周密《武林舊事》卷九《高宗幸張府節次略》 合仗：螺鈿合一十具，織金錦褥子全。犀毗合一十具，織金錦褥子全。【略】疋帛：撚金錦五十疋，素綠錦一百五十疋，木綿二百疋，生花番羅二百疋，暗花婺羅二百疋，𧞬蒲綾二百疋。

宋·周密《齊東野語》卷一二《淳紹歲幣》 若正旦、生朝遣使，每次禮物金器一千兩，銀器一萬兩，綵段一千疋。錦、茸背、緊絲、撚金錦青絲綾、𧞬蒲綾、線子羅。

金·佚名《金弔伐録》卷一 宋主致謝書及報因便附問。大宋皇帝致問大金皇子，【略】有薄禮具如別幅，【略】緊絲無視皮，金錦五十匹、素絲綾五十匹，紅錦五十匹，【略】右請檢留白。又，宋少主與左副元帥府報和書。靖康元年正月十五日，大宋皇帝致問大金元帥，【略】別幅：細物五百匹、錦一百匹、鹿胎一百匹、金錦一百匹、堅絲一百匹、青絲綾一百匹，【略】右請撿留白。

元·陶宗儀《南村輟耕録》卷二四《剛卯》 剛卯者，【略】《王莽傳》服虔注曰：剛卯，以正月卯日作，佩之，長三寸，廣一寸。四方，或用玉，或用金，或用桃，著佩之。

元·孔齊《静齋至正直記》卷三《瑪瑙纏絲》 瑪瑙惟纏絲者為貴，又求其紅絲間五色者為高品。【略】今燕京士夫往往不尚瑪瑙，惟倡優之徒所飾佩，又以為賤品，與江南不同也。

《元史》卷二一〇《外夷傳三·暹》 大德三年，暹國主上言，其父在位時，朝廷嘗賜鞍轡白馬及金縷衣，乞循例以賜。帝以丞相鄂勒哲達爾罕言，彼小國而賜以馬，恐其隣實都輩譏議。朝廷仍賜金縷衣，不賜以馬。

明·胡侍《真珠船》卷二《商賈之服》 苻堅制金銀錦繡，工商皂隸婦女不得服之，犯者棄市。

又卷四《黄金》 自西教盛行，棄之於土木者既不勝計，而衣物之飾又日趨於華靡，有金線、金箔、泥金、銷金、貼金、縷金、間金、戧金、圈金、戧金、解金、剔金、撚金、陷金、明金、楞金、背金、影金、闌金、盤金、織金、蹙金。蒙金、搯金、鍍金、流金、滲金、減金、描金、煮金、灑金、皮金、遍地金，其名號至夥，耗費若斯焉。

明·田藝蘅《留青日札》卷二三《金》 金一為箔，無復再還元矣。《唐六典》有十四種：銷金、拍金、鍍金、織金、砑金、披金、泥金、鏤金、撚金、戧金、圈金、貼金、嵌金、裹金。古又有鈿金。

明·李時珍《本草綱目》卷八《金石部·金石之二》 寶石。【略】時珍曰：寶石出西番，回鶻地方諸坑井內，雲南、遼東亦有之。有紅、綠、碧、紫數色，紅者名刺子，碧者名靛子，翠者名馬價珠，黄者名木難珠，紫者名蠟子。又有鴉鶻石、猫精石、石榴子、紅扁豆等名。色皆其類也。《山海經》言騩山多玉，淒水出焉。西注於海，中多采石。采石，即寶石也。碧者唐人謂之瑟瑟，紅者宋人謂之靺鞨，今通呼為寶石，以鑲首飾器物。大者如指頭，小者如豆粒，皆礱成珠狀。

明·謝肇淛《五雜俎》卷一二《物部四》 唐太宗賜房玄齡黄銀帶，欲賜如晦，時如晦已死。帝泣曰：世傳黄銀，鬼神畏之。更取金帶送其家，則黄銀非金明矣。

又 今世之所寶者，有猫兒眼、祖母綠、顛不刺、蜜臘、金鴉、鶻石、蠟子等類，然皆鑲嵌首飾之用，惟琥珀、瑪瑙盛行于時，皆滇中産也。

又 又有富家老妾沈氏所戴簪頭，乃猫兒眼。

明·羅鶴《應菴隨録》卷一四《珪璧瑁有別》 古之圭、璋、琬、琰相類，皆手所秉執者。圭之大者三尺，璋半，琬、琰皆九寸。圭面有山河文，琰雲文，璋、琬無文。

明·俞汝楫《禮部志稿》卷六四《章服備考·文武冠服》 命婦霞帔。洪武五年，詔中書省臣及禮部所擬，文武官命婦服飾，用大衣霞帔，既合古制。霞帔以金繡之文爲等第。

又 外命婦冠服。洪武四年五月，定外命婦朝服之制。【略】外命婦以山松特髻，假鬢花鈿，真紅大袖衣，珠翠，蹙金霞帔，爲朝見之服。以珠

翠、角冠金珠花釵，濶袖雜色綵緑，爲燕居之服。

明・徐應秋《玉芝堂談薈》卷二七　輿車用白氊、青緑納失失爲。兼緑官亦以納失失爲之。前行用蒙古巫媪，大衣新衣騎馬，牽馬一疋，以黄金飾鞍轡，籠以納失失，謂之金靈馬。【略】納失失，一曰納石失，緑貼可，皆金錦也。

明・張岱《夜航船》卷一二《寶玩部・珍寶》　祖母緑。亦寶石，緑如鸚哥毛，其光四射，遠近看之則閃爍變幻。武將上陳取以飾盔，使射者目眩，箭不能中。

又　剛卯。《王莽傳》：剛卯，長三寸，廣一寸四分。或用金玉，刻作兩行書曰：正月剛卯。又曰：疾日剛卯。凡六十六字以正月卯日作此佩之，以祓除不祥。

明・方以智《通雅》卷三七《衣服》　速夫，毛布也。納石失、納貼可，皆金錦也。《元史》：天子質孫服，青速夫，回回毛布之精者。又有怯錦，乃翦茸也，賨里服之有襴者也。納石失、納貼可，皆金錦也，元冕服及輿褥用之。

明・佚名《天水冰山録》　金廂珠玉首飾。金廂玉寶壽福禄首飾一副。計一十一件，共重三十三兩七錢。金廂玉鳳頂珠寶首飾一副。計一十四件，共重二十兩零三錢。金廂玉孔雀牡丹首飾一副。計一十三件，共重一十七兩。金廂玉桃孔雀首飾一副。計一十八件，共重一十六兩五錢。金廂玉壽星首飾一副。計一十件，共重二十五兩一錢。

又　金廂珠寶首飾。金廂大珠貓睛天上長庚首飾一副。計一十件，共重三十七兩七錢。金廂大珠貓睛人間壽域首飾一副。計八件，共重二十四兩一錢。金廂大珠簇花首飾一副。計一十件，共重二十六兩二錢五分。金廂大珠纍絲首飾一副。計八件，内貓睛五顆，共重二十二兩七錢。金廂大珠孩兒首飾一副。計一十件，内貓睛三顆，共重三十七兩三錢八分。

又　頭箍圍髻。金玉圍髻一條。重三兩三錢。金寶髻一頂。重九兩三錢。金髻三頂。共重一十五兩八錢。金絲髻五頂。共重一十八兩六錢。金廂珠寶頭箍七件連絹。共重二十七兩九錢八分。

又　耳環耳墜。金珠鳳頭耳環。一雙。金廂四珠耳環。五雙。金廂八珠耳環。四雙。金廂珠寶纍絲燈籠耳環。一雙。金廂珠寶童子攀蓮耳環。一雙。

又　墜領墜胸事件。金廂鳳頭纍絲珠串寶石墜領。一挂。金嵌點翠珊瑚珠玉墜領。一挂。金廂玉魚摺絲珊瑚寶石墜。領。一挂。金廂玉魚嵌珠寶墜領。一挂。金廂玉螭摺絲嵌珠寶珊瑚墜領。二挂。

又　金簪。金廂玉瓜頭簪。二根。金玉頂梅花簪。二根。金廂玉梅花簪。二根。金廂玉圓頭簪。六根。金廂玉石榴簪。二根。

又　鐲釧。金螭頭鐲一十件。共重二十八兩五錢。金貫珠鐲四件。共重一十一兩四錢。金圓莖鐲四件。共重一十一兩四錢。金八方鐲二件。共重五兩七錢。金纍絲嵌珠鐲二件。共重七兩。

又　雜様首飾。雜色金首飾四十八件。共重二十五兩三錢三分。金廂玉寶首飾二十一件。共重一十兩。金廂珠寶首飾二十九件。共重一十八兩九錢。金廂玉珠寶首飾二十八件。共重二十一兩一錢。金廂珠寶首飾六件。共重五兩零四分。

又　帽頂。金廂珠寶帽頂。三箇。金廂珠帽頂。三箇。金廂玉帽頂。一箇。金廂緑寶石帽頂。一箇。金廂青寶石帽頂。一十三箇。

又　縧環。金廂玉海内英雄珠寶縧環一件。重五兩九錢。金廂玉鶯朝陽珠寶縧環一件。重六兩八錢。金廂玉龍翫月縧環一件。重二兩一錢五分。金廂玉蟹呑珠二寶縧環一件。重五兩一錢。金廂玉鹿獻芝貓睛寶石縧環一件。重二兩九錢。

又　縧鈎。金嵌珠寶螭頭縧鈎四件。共重一十四兩。金廂貓睛珠寶斗牛縧鈎一件。重三兩六錢五分。金廂貓睛大珠寶草獸縧鈎四件。共重一十六兩九錢。金廂草獸呑口珠寶縧鈎四件。内貓睛一顆，共重一十六兩九錢。金廂龍頭珠寶小様縧鈎一件。重二兩九錢。

又　銀嵌寶首飾等項。銀抹金嵌寶首飾一副。計一十四件，共重一十五兩八錢。銀抹金攢花銀首飾一副。計一十四件，共重一十兩零四錢。銀抹金光銀首飾一副。計一十三件，共重九兩一錢。銀掠鬢大小七十根。共重二十八兩三錢。烏銀各色簪一百五十七根。共重三十六兩八錢。

又　金摺絲帶環等項。金摺絲嵌珠寶合香鬧妝帶。二條。金雲鶴花香帶。一條。金孔雀花帶。一條。金靈芝花帶。一條。金孔雀牡丹帶。一條。

清・谷應泰《博物要覽》卷五《志真珠》 一産罽賓國，上清珠。唐代宗為兒時，元宗命取上清珠以絳紗囊之，繫于頸上。珠即罽賓國所貢者，光明潔白，可照一室。視之珠內，有仙人玉女，雲鶴絳節之象，摇動其中。及上即位，藏之寶庫，每夜恒光明燭天。

又 照乘珠。魏王與齊威王會田于郊，魏王曰寡人國小尚有徑寸之珠，照車前後各十二乘者十枚，豈以萬乘國而無寶乎。

又 不夜光珠。漢成帝時真臘國夷獻萬年蛤、不夜光珠，帝以蛤賜飛燕，珠賜合德，后以蛤裝玉成金霞賬，賬中如滿月。合德以珠獻后，珠之照人，無妍醜其形皆美麗。

又 靈粟珠。唐同昌公主有神絲繡被，上繡三千鴛鴦，間以奇花異草，其精巧華麗，世無其比，上絡以靈粟之珠，珠如粟粒，有光耀，五色輝映，異寶也。

又卷六《志寶石》 紅寶石十種。第一回回國靺鞨紅寶石。回回國産大紅寶石名靺鞨，寶石番名，避者達，石深紅鮮，明如猩血，光彩可以照夜，元朝大德間本土巨商于彼買紅寶石一塊，重一兩三錢，官估值中統錢一十四萬錠，用嵌帽頂上，其後累朝皇帝相承寶重，凡正旦及天壽大節，大朝賀則服用之。【略】第三錫蘭國紅寶石。錫蘭國翠藍山産紅寶石，石色大紅明瑩，夜有寶光，可以代燈燭。元時曾差官到彼采買得大者一塊，重一兩零七錢，官估值錢十萬，頂嵌于冠上，每大朝會黑夜，滿殿紅光如曙，名照殿紅。【略】

又卷七《志玉》 黑玉色如漆，淳黑無斑點為上，要不帶青灰色為上，須要塊頭大，作得玉磬為佳。古者皇帝居喪，腰帶必以此玉為之。

又 玉器名目，上古用玉珍重，似不敢褻，故製玉以封諸侯，璧以祀天，帝璧用蒼玉。琮以祀地祇，琮用黃玉，璋如半圭以禮南方，璋用赤玉。琥如虎以禮西方，琥用白玉。璜如半璧以禮北方，璜用玄玉。璁珩、雙璜、衝牙，已上佩之飾也。若琫珌、鹿盧，已上劍之飾也。指南人，蚩尤環，弁星，螳螂鈎，鹿盧環，螭彘，蟠螭環，商頭鈎，雙螭鈎，玉奄管，璩環，帶鈎，拱璧，已上皆王侯輿服之飾也。琉珥玉，雜佩，步摇，笄珈，玉瑱，玉琀，璃華，璪玉，已上皆后宮夫人之飾也。

又卷八《志瑪瑙珊瑚水晶琥珀蜜蠟》 珊瑚器具名目：環玦、素珠、帽頂、指環、筆架、額花、一枝瓶、穿心合扇墜、流蘇結、袋押。

清・褚人穫《堅瓠集》餘集卷二《于闐玉》 張世南《游宦紀聞》：玉出藍田崑岡，本朝禮器及乘輿服御多是于闐玉。玉分五色，惟青碧一色高下最多端，帶白色者漿水又分九色。宣和殿有玉等子，以諸色玉次第排定，凡玉至則以等子比之，高下自見。

清・屈大均《廣東新語》卷一五《貨語・珊瑚》 珊瑚，水之木也，生海中磐石之上。【略】圓之為珠，帶腕上，或以為簪，其人有福澤，則益紅潤。

清・吳震方《嶺南雜記》卷二 玳瑁，出南番海洋，狀如龜鱉，背負十二葉。取用必倒懸其身，用滾醋潑之，逐片應手而落，黃多黑少者價高，黑斑多者不為奇。

清・嵇璜《續文獻通考》卷九二《王禮考・君臣冠冕服章》 開泰七年十一月，禁服用明金、縷金、貼金。太平五年二月，禁天下服用明金及金線綺，國親當用者奏而後用。

又 國服之制：祭服，以祭山爲大礼服飾尤盛。大祀皇帝服金文金冠，白綾袍，紅帶。

又 朝服，【略】臣僚戴氈冠，金花為飾，或加珠玉翬毛，額後垂金花織成夾帶，中貯髮一總。或紗冠，製如烏紗帽，無簷，不擫雙耳，額前綴金花，上結紫帶，末綴珠，服紫窄袍，繫鞊鞢帶。

又 世宗大定七年，【略】七月，禁服用金線，其織賣者皆抵罪。【略】九年三月，禁民間稱言銷金，條理内舊有者，改作明金字。至十三年十一月，【略】帝曰：近已禁其服明金，行之已漸，可也。【略】近始，朕宮中服御常自儉約，舊服明金者，已減大半矣。

又 世祖至元十二年十一月，博士議，擬冕天板，【略】周圍緣以黃金。【略】衮以用青羅夾製，五采間金，繪日月、星辰、山龍、華蟲、宗彝。【略】大綬銷金，黃羅綬頭全，上間施三玉環，【略】緋白大帶一，銷金黃帶頭，【略】涼帶一，紅羅裹，鏤金為之。

又 英宗至治元年七月，禁服色踰制。天子冕服，【略】衮龍服，製以青羅，飾以生色銷金。【略】玉環綬製以納石失，金飾也。上有三小玉環，下有青絲織網。

又 職官除龍鳳文外，一品二品服渾金花，三品服金荅子。【略】又王

坼《續通考》載，【略】庶民椎髻，服用深金緑爲納奇實，或腰線繡通神襴，上下均服爲。

又 天子濟遜：冬之服，凡十有一等。服納奇實克默爾里克，則冠金錦暖帽。【略】服紅黄粉皮，則冠紅金荅子暖帽。服白粉皮，則冠白金荅子暖帽。

又 夏之服，凡十有五等。服塔納圖納奇實，綴大珠於金錦。則冠寶頂金鳳鈸笠。服蘇布持圖納奇實，綴小珠於金錦。則冠珠子捲雲冠。服納奇實，則帽亦如之。【略】服白毛子金絲寶裏，則冠白藤寶貝帽。【略】服大紅、緑、藍、銀褐、棗褐金繡龍五色羅，則冠金鳳頂笠，各隨其服之色。

又 鳳翅幞頭，製如唐巾，兩角上曲，而做雲頭，兩旁覆以兩金鳳翅。【略】控鶴幞頭，製如交角，金縷其頭。【略】兜鍪，製以皮金塗五色各隨其甲。【略】雲肩，製如四垂雲，青緑黄羅五色嵌金爲之。【略】甲、覆膊、腌心、扞背、扞股，製以皮或爲虎文獅子文，或施金鎧鎖子文。

清・趙慎畛《榆巢雜識》卷下《東珠》 東珠，出混同江及烏拉、寧古塔諸河中。匀圓瑩白，大可半寸，小者亦如菽顆。王公等冠頂飾之，以多少分等秩。

清・張澍《凉州異物志》 金剛，石也，其狀如珠，堅利無匹，外國人好以飾環玦，服之能辟惡毒。《太平御覽》。

又 玉出崑侖。唐李珣《本草》。澍按：晉鴻臚卿張匡鄴出使於闐，作《行程記》，載其國采玉之地云：玉河，在於闐城外。其源出昆山，西流一千三百里，至於闐界牛頭山，乃疏為三河：一曰白玉河，在城東三十里；二曰緑玉河，在城西三十里；三曰烏玉河，在緑玉河西七里。其源雖一，而其玉隨地而變，故其色不同。每歲五、六月大水暴漲，則玉隨流而至。玉之多寡，由水之大小。七、八月水退，乃可取，彼人謂之撈玉，其國中有禁，器用服食，往往用玉。

清・華胥大夫《南浦秋波録》卷三 麗娟以琥珀爲佩，暗置衣裾。【略】今諸姬多佩古玉於襪肚帶上，夜卧亦不解去，謂之輕身，殆麗娟之遺製，而翔風之所謂耶。

雜録

《晉書》卷九七《西戎傳》 大秦國一名犂鞬，在西海之西。【略】其人多出金玉明珠大貝，有夜光璧、駭雞犀及火浣布，又能刺金縷繡及織錦縷罽。

《北史》卷九〇《藝術傳下》 何稠，字桂林。【略】稠博覽古圖，多識舊物。波斯獻金線錦袍，組織殊麗。上命稠為之，稠錦成，踰所獻者，上甚悦。

唐・鄭處誨《明皇雜録》卷上《玉龍子》 唐天后嘗朝諸皇孫坐於殿上，觀其嬉戲，取竺西國所貢玉環、釧、杯、盤列於前後，縱令爭取，以觀其志。莫不奔競，厚有所獲，獨玄宗端坐，略不為動。后大奇之，撫其背曰：此兒當為太平天子。遂命取玉龍子以賜。玉龍子，太宗於晉陽宫得之，文德皇后常置之衣箱中，及大帝載誕之三日後，以朱絡衣褓并玉龍子賜焉。其後常藏之内府，雖其廣不數寸，而温潤精巧，非人間所有。及玄宗即位，每京師愆雨，必虔誠祈禱，將有霖注，逼而視之，若奮鱗鬣。開元中，三輔大旱。玄宗復祈禱，而涉旬無雨，帝密投南内之龍池，俄而雲物暴起，風雨隨作。及幸西蜀，車駕次渭水，將渡，駐蹕於水濱，左右侍御或有臨流濯弄者，於沙中得之。上聞驚喜，視之泫然流泣，曰：此吾昔時所寳玉龍子也。自此每夜中，光彩輝燭一室。上既還京，為小黄門攘竊以遺李輔國，李輔國常置於櫃中。輔國將敗，夜聞櫃中有聲，開視之，已亡其所。

唐・蘇鶚《杜陽雜編》卷上 上寛厚之德出於天然，為兒時常為玄宗器之。每坐於玉案前，熟視上貌，謂武惠妃曰：此兒甚有異相，他日亦是吾家一有福天子也。因命取上清珠以絳紗裹之，繫於頸上。上清珠即開元初罽賓國所貢。罽賓國在西海。其珠光明潔白，可照一室，視之則出人玉女雲鶴絳節之衆，摇動於其中。及上即位，寶庫中往往有神光異氣，掌庫者具以事告。上曰：豈非上清珠耶。遂令出之，絳紗猶在，乃泫然流涕，徧示近臣曰：此我為兒時，明皇所賜也。遂令貯之於翠玉函，置之於卧内。或有水旱兵革之災，上每虔祝之，無不應驗。

宋・李昉等《太平御覽》卷八一五《布帛部二・錦》《魏略》曰：大秦國有金縷繡色絹，其國利得中國絲素，解以為胡綾。

元・陶宗儀《南村輟耕録》卷七《回回石頭》 回回石頭種類不一，其價亦不一。大德間，本土巨商中賣紅刺一塊於官，重一兩三錢，估直中統鈔一十四萬錠，用嵌帽頂上。自後累朝皇帝相承寶重，凡正旦及天壽節大朝賀時則服用之。

明・佚名《天水冰山録》 玉器。玉斗牛縧環一件。重二兩八錢。玉白鹿縧環一件。重一兩五錢。玉靈芝縧環一件。重一兩九錢。玉紐字福禄縧環一件。重二兩五錢五分。玉鴈穿蓮縧環一件。重六兩三錢。

又 玉帶。八仙慶壽闊玉帶。一條。壽鹿闊白玉帶。三條。松鹿闊白玉帶。四條。雀鹿闊白玉帶。一條。松鹿靈芝闊白玉帶。二條。

又 瑪瑙冠二頂簪。一根。瑪瑙縧環。縧鈎四件。

又 瑪瑙帶版。六副。水晶冠一頂。

又 水晶帽頂一箇。

又 水晶縧環二箇。

清・宋犖《筠廊偶筆》卷上 延陵陳頡仙，明懷宗時，以中書奉詔入禁中，見中宮翼善冠嵌珠一顆，大於芡實，紫光燦爛如蓮花，至晚則五綵繽紛如琉璃燈焰，即夜光也。東宮束髮冠纓前一珠差小，碧焰照耀如盤，似銅青投火中，緑煙鬱勃，不知何名。

珍稀服飾材料

綜　述

漢・桓寬《鹽鐵論》卷六《散不足》 今富者鼲鼦、狐白、鳧翁，中者罽衣金縷，燕鼦代黄。

唐・張鷟《朝野僉載》卷三 安樂公主造百鳥毛裙，以後百官、百姓家效之，山林奇禽異獸，搜山盪谷，掃地無遺，至於網羅殺獲無數。開元中，禁寶器于殿前，禁人服珠玉、金銀、羅綺之物，於是採捕乃止。

唐・李肇《唐國史補》卷下 宣州以兔毛為褐，亞於錦綺，復有染絲織者尤妙，故時人以為兔褐真不如假也。

唐・蘇鶚《杜陽雜編》卷中 敬宗皇帝寶歷元年，南昌國獻玳瑁盆、浮光裘、夜明犀。【略】浮光裘，即海水染其色也，以五彩蹙成龍鳳，各一千三百，絡以九色真珠。上衣之以獵北苑，為朝日所照，而光彩動摇，觀者皆眩其目，上亦不為之貴。一日馳馬從禽，忽值暴雨，而浮光裘略無沾潤，上方嘆為異物也。夜明犀，其狀類通天，夜則光明可照百步，覆繒千重終不能掩其輝煥。上令解為腰帶，每遊獵，夜則不施蠟炬，有如晝日。

又卷下 大中初，女蠻國貢雙龍犀，有二龍，鱗鬣爪角悉備。明霞錦，云鍊水香麻以為之也。光耀芬馥，着人五色相間，而美麗於中國之錦。其國人危髻金冠，瓔珞被體，故謂之菩薩蠻。當時倡優遂製《菩薩蠻》曲，文士亦往往聲其詞。更有女王國，貢龍油綾、魚油錦，紋彩尤異，皆入水不濡濕，云有龍油魚油故也。優者亦作《女王國》曲，音調宛暢，傳於樂部。

又 又有瑟瑟幕、紋布巾、火蠶綿、九玉釵。其幕色如瑟瑟，闊三丈，長一百尺，輕明虛薄，無以為比。向空張之，則疎朗之紋如碧絲之貫真珠，雖大雨暴降不能濕溺，云以鮫人瑞香膏傅之故也。紋布巾即手巾也，潔白如雪，光軟特異，拭水不濡，用之彌年不生垢膩。二物稱得之鬼谷國。火蠶綿云出炎洲，絮衣一襲用一兩，稍過度則熇蒸之氣不可近也。九玉釵上刻九鸞，皆九色，上有字曰玉兒。工巧妙麗，殆非人工所製。

唐・馮贄《雲仙雜記》卷八《桃花絲》 青、齊間有一種桃花，盛開時，垂絲至二三尺。採之，練以松脂，遞相纏結，織成鞋履，寄往都下，人皆不辨何物。《青州雜記》。

《舊唐書》卷三七《五行志》 中宗女安樂公主，有尚方織成毛裙，合百鳥毛，正看為一色，旁看為一色，日中為一色，影中為一色，百鳥之狀，並見裙中。凡造兩腰，一獻韋氏，計價百萬。又令尚方取百獸毛為韉面，視之各見本獸形。韋后又集鳥毛為韉面。安樂初出降武延秀，蜀川獻單絲碧羅籠裙，縷金為花鳥，細如絲髮，鳥子大如黍米，眼鼻嘴甲俱成，明目者方見之。自安樂公主作毛裙，百官之家多效之。江嶺奇禽異獸，毛羽采之殆盡。

開元初，姚、宋執政，屢以奢靡為諫，玄宗悉命宮中出奇服，焚之於殿廷，不許士庶服錦繡珠翠之服。自是採捕漸息，風教日淳。

宋・楊侃《兩漢博聞》卷一〇《翡翠》 《異物志》曰：翠鳥形似鷰，赤而雄曰翡，青而雌曰翠，其羽可以為飾。

宋・吳曾《能改齋漫録》卷六《事實・蒼玉佩翠雲裘》 《禮記》曰：天子佩白玉，公侯佩山元玉，大夫佩水蒼玉，世子佩瑜玉，士佩瓀玫。又宋玉《風賦》曰：主人之女，翳承日之華，被翠雲之裘。故杜子美更題詩云：羣公蒼玉佩，天子翠雲裘。

宋・朱輔《溪蠻叢笑・圈布》 桑，味苦，葉小，分三叉，蠶所不食，仡佬取皮績布，繫之於腰，以代機，紅緯回環，通不過丈餘，名圈布。

元・孔齊《静齋至正直記》卷三《首飾用翠》 首飾用翠，最為無補之物。買時以價十倍，及無用時不值一文。珍珠雖貴，亦是無用。蓋予避地，將所在囊中者，徧求易米，不可即得，且價不及于前者，已十倍之上。惟金銀為急，絹帛次之，民有謡曰：活銀病金死珠子，猶不言翠也。蓋言銀為諸家所尚，金遇主漸少，珠子則無有問及者，猶死物也。世之承平時，人人皆自以百世無慮，以致窮奢極侈，以金銀珠玉之外又置翠毛，殊不知人生不可保，一旦異於昔，則無用之物，皆成委棄。倘遇再承平時，切不可用無補之物。

元・俞琰《席上腐談》卷上 漆器有所謂犀皮者，出西毘國，訛而為犀皮。桂漿者出罽漿國，訛為桂漿，以此推之，氍□恐即是渠搜國名，音同而字不同耳。西毘亦即是織皮國名，訛而為西毘也。渠搜織皮，出《書・禹貢》。

明・陸深《儼山外集》卷一六 火浣布出西域，火鼠毛織之，一云漲海中有燃火洲，其上有樹生火中，土人剥取其皮紡作布，若垢污投火中燒之，復清潔。余嘗得方寸作白色，乃蕉麻之類。疑後説近之。

明・楊慎《丹鉛總録》卷二六《瑣語類》 《後漢志》襄邑歲獻虎文衣，即今彰德府虎斑絹也。不為珍綺而古人重之，何邪。

明・田藝蘅《留青日札》卷二二《鷫鷞裘》 鷫鷞裘，即翡翠裘之類，乃神鳥也。

明・鄭名選《秕言》卷三《火浣布》 《周書》西域獻火浣布。《洛陽伽藍記》云車斯調國出火浣布，以樹皮為之。其樹入火不燃。又火鼠其毛入火亦不燃，可為布，亦名火浣布。今中國武當山有石皮，僅可為巾履，亦入火不燃，蓋亦火浣布之類。

明・董斯張《廣博物志》卷三七《珍寶》 南海出鮫綃紗，泉客潛織，一名龍紗，以為服，入水不濡。《述異記》。員嶠山有冰蠶，長七寸，黑色，有角有鱗，以霜雪覆之，然後作繭，長一尺，其色五彩，織為文錦，入水不濡，以之投火，經宿不燎，唐堯之世，海人獻之，堯以為黼黻。《拾遺記》。玄菟北有山，山有花，人取紡績為布。《玄中記》。益州有梧桐木，其華采如絲，人績以為布，名曰桐華布。《華陽國志》。

又 南海商人賫火浣布三端，傑公遥識之，曰：此火浣布也。二是緝木皮所作，一是績鼠皮所作。以詰商人，具如傑公之説。因問木鼠之異，公曰：木堅毛柔，是可別也。

又卷三八《服飾》 主人之女翳承日之華，被翠雲之裘。宋玉《風賦》。渠搜國人綴草毛為繩，結網為衣，似今之羅紈也。元狩六年，來獻網衣一襲，帝焚於九達之道，恐後人徵求，以物奢費。燒之烟如金石之氣。《拾遺記》。武帝時，西域獻吉光裘，入水不濡入火不焦。《西京雜記》。

明・焦竑《焦氏類林》卷七《冠服》 南方有炎火山，四月生火，十二月火滅，火滅之後，草木皆生枝條，至火然草木葉落，如中國寒時也。取此木以為薪，然之不盡，以其皮績之為火浣布。《玄中記》。

明・羅曰褧《雅餘》卷八《服飾部》 琴瑟幙，其幙色如琴瑟，潤三尺，長一百尺，輕明虚薄，無以爲比，向空張之，則踈朗之文如碧絲之貫貝珠。雖大雨暴降，不能沾濕。云以鮫人瑞香膏所傳故也。

又 火蠶綿出火洲，絮衣一襲，止用一兩，稍過度則熇蒸之氣不可忍耐。

又 百鳥毛裙，安樂公主使尚方，合鳥毛織二裙，正視爲一色，旁視爲一色，日中爲一色，影中爲一色。而百鳥之狀皆見，以其一獻韋后。

明・談遷《棗林雜俎》中集《榮植・竹》 平樂府平樂、恭城二縣出筋竹，可作衫，充暑服。

清・褚人穫《堅瓠集》續集卷三《火浣布》 《説圃識餘》：廣東林習孔曾示一衣，云是火浣布，乃火山之鼠毛織成者，穢則以火煅之，穢去而衣不焚。

又卷四《梭服》 西洋人以鳥毳毛染之織成段疋，光采奪目，雖垢膩亦莫入，名曰梭服。明初貢之天府，頒賜大臣，甚珍重也。近則駢集廣中，仕者多購之以饋要津。

清・屈大均《廣東新語》卷一五《貨語・鳥服》 朔漠多獸服，南方多鳥衣。鳥衣者，諸種鳥布所成。一曰天鵝絨，夷人剪天鵝細管，雜以機絲為之，其製巧麗，以色大紅者為上，有冬夏二種，雨灑不濕，謂之雨紗、雨緞。粵人得其法，以土鵝管或以絨物，品既下，價亦因之。一曰瑣袱，出哈烈國，亦鳥毳所成，紋如紈綺，其大紅者貴，然服之身重不便。粵人仿為之，似素紡絹而自起雲，殊不逮也。又有以孔雀毛績為線縷，以繡譜子及雲肩袖口，金翠奪目，亦可愛。其毛多買於番舶，毛曰珠毛，蓋孔雀之尾也。每一屏尾價一金，一屏者一孔雀之尾也，以其尾開如錦屏，故曰屏。

清・吳震方《嶺南雜記》卷二 西洋紙被，長丈餘，圓如繭，而空其首，細看無縫，色白如綿。云國中夫婦同寢其中，可以禦寒。

清・王士禛《香祖筆記》卷一 羽紗羽緞，出海外荷蘭、暹羅諸國，康熙初入貢止一二疋，今閩廣多有之，蓋緝百鳥毳毛織成。予按《異物彙苑》，唐安樂公主使尚方合百鳥毛織為裙，正視旁視，各為一色，日中影中，各為一色，而百鳥之形狀皆見，然則古亦有之矣。又《南史》，齊文惠太子織孔雀毛為裘，華貴無比，武后有集翠裘以賜幸臣，皆其類也。又滿剌加哈烈出鎖袱，一名梭服，鳥毳為之，紋如紈綺，今閩中最多，價不甚高，非羽紗羽緞比。

清・袁棟《書隱叢説》卷三《火鷄毛》 火浣布云是火鷄毛所織，世所未及見。近于玉峰試事時商賈雲集，百貨羅列，有云火鷄毛者，其形似毛非毛，據云蘸油點火，油盡火熄，則毛如故。屢蘸則可屢用。試之誠然。《南史》云火樹皮所成。

又卷一三《火浣布》 火浣布有幾種，有火鼠毛所成，有火鷄毛所成，有火光獸毛所成，有火樹皮所成，有火浣草所成，皆可入火不燃。又西域際布里島火浣布煉石而成。又膠州有不灰木，燒之成炭而不灰，其葉如蒲草，束以為燎，謂之萬年火把。又蜀建昌有石絨，出石隙，亦名火浣布。又武當山有石皮，入火不然，亦火浣布之類。

清・劉鑾《五石瓠》 蕉布、芙蓉衫。粵東人家多植蕉，甚大，緝之如麻，織爲衣，較葛衣色爲黝，名曰蕉葛，非葛也。淮海人家取拒霜花，本號木芙蓉者，緝之如麻，漂白色織爲汗衫，其白如粉，名曰芙蓉衫，非絲也。皆可浣，皆不堅。

清・梁紹壬《兩般秋雨盦隨筆》卷一《火浣布》 莊芝階舍人，仲方。自蜀中歸，携火浣布一方，遍示同人，質厚且粗。以手捫之，泠泠然冷濕憯膚，雖入火不燃，而見焰則黑，并無愈濯愈潔之説。考火浣布有三：最上者火鼠之毛所織。其次火木之皮所織，紋理細膩，并出海南諸國。最下則蜀中建昌所出，名曰石絨，生巖隙間，土人采以為布，能去諸物之垢，不可為衣。芝階所携，即此是也。

清・俞正燮《癸巳存稿》卷一〇《火浣布説》 《後漢書・西南夷傳》注引《神異經》云：南方有火山，生不燼之木，晝夜火然，火中有鼠重百斤，毛長二尺餘，細如絲，色白，績作布，若汙以火燒之則清潔。

清・青城子《志異續編》卷三《火浣布》 火浣布，昔聞來自海外，云是火鼠毛織成者，又以爲炎山木皮所成。余嘗在四川名山縣署時，有自會理州來者，携有火浣布，余購得數尺，云即彼處土蠻人所造，始知不盡出自海外也。其布色白，寬約八寸，每尺價銀一錢餘，形如麻苧，不類鼠毛織成，以火焚之，色盡赤，疑爲灰矣，及火滅而布如故，色微變黑。焚後以米泔水浸濯，色仍白，可焚八九次，以後則焦矣。縷理甚粗，不堪作衣，僅可拱拂拭之用。或更有精細者，亦未可知。云是石壁上藤皮績成，惜未詳詢藤爲何名。然其布，則確係木皮所成。

清・俞樾《茶香室續鈔》卷二二《以樹葉為衣》 國朝陳鼎《滇黔紀游》云：夷婦紉葉為衣，飄飄欲仙。葉似野栗，甚大而柔，故耐縫紉，且可卻雨。

清・俞樾《茶香室三鈔》卷二五《紙衣》 宋蘇易簡《文房四譜》云：山居者，常以紙為衣，蓋遵釋氏云不衣蠶口衣也。然服甚煖，衣者不出十年，面黄而氣促，絕嗜慾之慮。且不宜浴，蓋外風不入，而內氣不出也。亦嘗聞造紙衣法，每一百幅用胡桃、乳香各一兩煮之，不爾蒸之亦妙。陰乾，用箭幹横卷而順蹙，然患其補綴繁碎。今黟、歙中有人造紙衣段，可如太門闔許。近士大夫征行，亦有衣之者，蓋利其拒風於陰冱之際焉。陶隱居亦云，武陵人作穀皮衣，甚堅好。

非鼠毛也。御府使人自紡績，為巾褥布袍之屬，多至不足貴。亦可證舊説之僞。

雜録

晉·王嘉《拾遺記》卷四《燕昭王》 昭王乃徹色減味，居乎正寢，賜甘需羽衣一襲，表其墟為明真里也。

宋·陶穀《清異録》卷上《釋族門·雙撚布》 長安素上人，四時止雙撚布為三衣，執一鬼脚杖而已。

宋·周密《齊東野語》卷一二《火浣布》 昔温陵有海商漏船，搜其橐中，得火鼠布一疋，遂拘置郡帑。凡太守好事者，必割少許歸以為玩。外大父常守郡，亦得尺許。余嘗親見之，色微黄白，頗類木綿，絲縷蒙茸，若蝶紛蜂黄然。每浣以油膩，投之熾火中，移刻，布與火同色。然後取出，則潔白如雪，了無所損，後為人强取以去。

清·梁紹壬《兩般秋雨盦隨筆》卷三《異物》 冰絲可以成繒，火毛可以織布，此蠶桑外之衣也。

又卷四《蓮笠》 《六硯齋筆記》曰：蓮初出水，為驟雨所霖，輒中夭。因出新意，翦荷葉，綫縫之，作兜鍪狀，名曰蓮笠。雨則遍覆之，較錦帳覆牡丹，尤為韻致。

清·陸以湉《冷廬雜識》卷四《火浣布　鳳首木　火油》 凡物遇火則焚，而火浣布、鳳首木等，獨得火不燋。

紀事

漢·伶玄《趙飛燕外傳》 婕妤接帝於太液池，作千人舟，號合宮之舟。池中起為瀛洲，榭高四十尺，帝御流波文縠無縫衫，后衣南越所貢雲英紫裙，碧瓊輕綃。廣榭上，后歌舞歸風送遠之曲，帝以文犀簪擊玉甌。

晉·葛洪《西京雜記》卷二《趙后淫亂》 慶安世年十五，為成帝侍郎。善鼓琴，能為《雙鳳離鸞》之曲。趙后悦之，白上，得出入御内，絶見愛幸。嘗著輕絲履，招風扇，紫綈裘，與后同居處。

晉·王嘉《拾遺記》卷九《晉時事》 太康元年，白雲起於灞水，三日而滅。有司奏云：天下應太平。帝問其故，曰：昔舜時黄雲興於郊野，夏代白雲蔽於都邑，殷代玄雲覆於林藪，斯皆應世之休徵，殊鄉絶域應有貢其方物也。果有羽山之民獻火浣布萬疋。其國人稱：羽山之山，有文石、生火，烟色以隨四時而見，名為浄火。有不潔之衣，投於火石之上，雖滯汙漬涅，皆如新浣。當虞舜時，其國獻黄布。漢末獻赤布，梁冀製為衣，謂之丹衣。史家云：單衣，今縫掖也。字異聲同，未知孰是。

唐·薛用弱《集異記》卷二《集翠裘》 則天時，南海郡獻集翠裘，珍麗異常。張昌宗侍側，則天因以賜之。遂命披裘，供奉雙陸。宰相狄仁傑，時入奏事，則天令升坐，因命仁傑與昌宗雙陸。狄拜恩就局。則天曰：卿二人賭何物。狄對曰：争先三籌，賭昌宗所衣毛裘。則天謂曰：卿以何物為對。狄指所衣紫絁袍曰：臣以此敵。則天笑曰：卿未知此裘價逾千金。卿之所指，為不等矣。狄起曰：臣此袍乃大臣朝見奏對之衣，昌宗所衣，乃嬖倖寵遇之服。對臣此袍，臣猶怏怏。則天業已處分，遂依其説。而昌宗心赧神沮，氣勢索莫，累局連北。狄對御，就脱其裘，拜恩而出。至光範門，遂付家奴衣之，乃促馬而去。

宋·蔡絛《鐵圍山叢談》卷五 國朝西北有二敵，南有交趾，故九夷八蠻，罕所通道。太宗時，靈武受圍，因詔西域若大食諸使，是後可繇海道來。及哲宗朝，始得火浣布七寸，大以為異。政和初，進火浣布者已將半切矣。其後盈筥而至，大抵若今之木棉布，色微青黳，蓋投之火中則潔白，

其他服飾材料

綜　述

明・宋應星《天工開物》卷上《乃服・夏服》 又有蕉紗，乃閩中取芭蕉皮析緝為之，輕細之甚，值賤而質枵，不可為衣也。

明・方以智《物理小識》卷六《衣服類・葛苧布》 荃葛蕉竹布，皆出閩廣。葛則各處有之，廣葛闊，金壇葛細，僞者以絲祁陽。陽春桐葛，洗不變色。苧則福生，有細如絹者。

清・周象明《事物考辯》卷六〇《冠裳・荃葛》 《兩漢雋言》：《江都王建傳》遺建荃葛，師古曰：荃，細布也。字本作絟葛，即今之葛布也。

又 香荃。《洞冥記》波岐國産荃縻草，亦曰春蕪草，其皮如絲可爲布，曰春蕪布，亦曰香荃布。

又 華布。《華陽國志》益州有梧桐，其華如絲，人績以爲布，名曰華布。

清・屈大均《廣東新語》卷一五《貨語・葛布》 粵之葛，以增城女葛為上。然恒不鬻于市，彼中女子終歲乃成一疋，以衣其夫而已。其重三四兩者，未字少女乃能織，已字則不能，故名女兒葛，所謂北有姑絨，南有女葛也。其葛産竹絲溪、百花林二處者良。采必以女，一女之力，日采衹得數兩。絲縷以鍼不以手，細入毫芒，視若無有，卷其一端，可以出入筆管，以銀條紗襯之，霏微蕩漾，有如蜩蟬之翼。然日曬則縐，水浸則蹙縮，其微弱不可恒服。惟雷葛之精者，百錢一尺，細滑而堅，顏色若象血牙，名錦囊葛者，裁以為袍、直裰，稱大雅矣，故今雷葛盛行天下。雷人善織葛，其葛産高涼、硇洲，而織於雷。為絺者綌者，分村而居，地出葛種不同，故女手良與沽功異焉。粵故多葛，而雷葛為正葛。其出博羅者曰善政葛，李賀《羅浮山人與葛篇》云依依宜織江南空，又云欲剪湘中一尺天謂此。出潮陽者曰鳳葛，以絲為緯，亦名黄絲布。出瓊山、澄邁、臨高、樂會者，輕而細，名美人葛。出陽春者曰春葛。然皆不及廣之龍江葛堅而有肉，耐風日。凡此皆絟葛也。絟葛外有新會細苧，蓋左思所謂筒中黄潤，又曰黄潤比筒者。凡疊布必成筒，一筒十端，而葛之大者率以兩端為一連，苧則一端為一連，他布則以六丈為端，四丈為疋，此其別也。

又 粵布自《禹貢》始言，遷、固復言，官其地者往往以為貨賂。昔孫舉調朱厓广幅布，蠻不堪役，遂作亂殺卒。而士燮獻吴大帝細葛以千數，粵人苦之。宋恭帝時，廣州獻入筒細布，一端八丈，帝惡其精麗，蠹害女紅，卻之，詔嶺南禁作此布，誠慮小民淫巧，風尚侈靡，使貪吏得以為暴也。

又 雷州婦女多以織葛為生，《詩》正義云，葛者婦人之所有事，雷州以之。【略】增城亦然，其治葛無分精粗，女子皆以鍼絲之，乾撚成縷，不以水績，恐其有痕迹也。織工皆東莞人，與尋常織苧麻者不同，織葛者名為細工。織成弱如蟬翅，重僅數銖，皆純葛無絲。其以蠶絲緯之者，浣之則葛自葛絲自絲，兩者不相聯屬。純葛則否。葛産綏福都山中，以蔓生地上而稚者為貴，若繚繞樹間，則葛多枝葉，不中為絲。采者日得數觔，城中人買而積之，分上中下三等為布。陽春亦然，其細葛不減增城，亦以紡緝精而葛真云。凡葛以挼之有響，濡之明亮者為真。浣以梅葉之汁，和以清泉，摺幅為方而勿揉以手，則理不皺。其盎以瓦毋以木，則色不淄，湛之經宿，出而拍拍陰乾于簷端，毋以烈日則不脆。然純葛者可浣，兼絲者浣之則縮，純葛曰絟，言全乎葛也。

又 蕉類不一，其可為布者曰蕉麻，山生或田種，以蕉身熟踏之，煮以純灰水，漂澼令乾，乃績為布。本蕉也，而曰蕉麻，以其為用如麻，故葛亦曰葛麻也。廣人頗重蕉布，出高要賓查、廣利等村者尤美。每當墟日，土人多負蕉身賣之。長樂亦多蕉布。所畜蠶，惟取其絲以緯蕉及葛，不為綢也。綢則以天蠶食烏桕葉者織之。史稱粵多果布之湊，然亦夏布，若蕉葛苧麻之屬耳。冬布多至自吴、楚，松江之梭布，咸寧之大布，估人絡繹而來，與綿花皆為正貨，粵地所種吉貝，不足以供十郡之用也。蕉布與黄麻布為嶺外所重，常以冬布相易。

又《繭布》 程鄉繭綢，為嶺南所貴，其蠶分畦而養，各以其葉飼之，飼某葉則為某繭綢。其繭布則羅浮大胡蜨繭所成，有咏者云：仙遺衣化羅浮蜨，蜨化山蠶復作衣。大胡蜨者，葛稚川之遺衣也，衣化為蜨，蜨化復為衣，

其異若此。文昌繭，其蠶惟食山栗葉，故吐絲堅韌，其綢可久服弗敝。新興繭亦然。若南海官窑繭、順德龍江繭，則劣矣。

清・高士奇《天禄識餘》卷一《春蕪布》 《洞冥記》：波岐國産荃蕪草，亦曰春蕪草，其皮如絲可以爲布，所謂春蕪布也。亦曰香荃布。

又《白越荃葛》 白越荃葛皆細布名，《吴都賦》所謂焦葛升越弱於羅紈者也。

又《黄潤》 《蜀都賦》黄潤比筒，籯金所過。注黄潤，細布也。盛於筒中，其價過一籯之金。

清・顧楝高《毛詩類釋》卷一四《釋草》 葛。《傳》：葛所以為絺綌，女工之事煩辱者。

又 菅。疏：菅似茅而滑澤。郭璞《爾雅》注：菅，茅屬。人刈白華于野，已漚之名之為菅，未漚則但名為茅也。范淳夫曰：菅以為屨。《儀禮・喪服》有菅屨。濮氏曰：《左傳》雖有絲麻，無棄菅蒯。蒯與菅皆謂苫也，黄花者俗名黄芒，即蒯也。白華者俗名白芒，即菅也。疏：漚是漸漬之名。《傳》云漚柔者，言東門之池水可以漚柔麻菅之草，使可緝績也。

紀事

漢・趙曄《吴越春秋》卷五《勾踐歸國外傳第八》 越王曰：吴王好服之離體，吾欲采葛，使女工織細布獻之，以求吴王之心，於子何如。羣臣曰：善。乃使國中男女入山采葛，以作黄絲之布。【略】越王乃使大夫種索葛布十萬，【略】以複封禮。【略】吴王得葛布之獻，乃複增越之封，賜羽毛之飾、機杖、諸侯之服。越國大悦。采葛之婦，傷越王用心之苦，乃作苦之詩，曰：葛不連蔓棻台台，我君心苦命更之。嘗膽不苦甘如飴，令我采葛以作絲。女工織兮不敢遲。弱於羅兮輕霏霏，號絺素兮將獻之。越王悦兮忘罪除，吴王歡兮飛尺書。增封益地賜羽奇，機杖茵褥諸侯儀。羣臣拜舞天顔舒，我王何憂能不移。

藝文

清・屈大均《廣東新語》卷一五《貨語・葛布》 予有《蕉布行》云：芭蕉有絲猶可績，績成似葛分絺綌。女手纖纖良苦殊，餘紅更作龍鬚席。蠻方婦女多勤劬，手爪可憐天下無。花練白越細無比，終歲一疋衣其夫。竹與芙蓉亦為布，蟬翼霏霏若煙霧。入筒一端重數銖，拔釵先買芭蕉樹。花鍼挑出似游絲，八熟珍蠶織每遲。增城女葛人皆重，廣利娘蕉獨不知。

又 予詩云：雷女工絺綌，家家買葛絲。又云：蠻娘細葛勝羅襦，采葛朝朝向海隅。又云：雷女采葛，緝作黄絲。東家為綌，西家為絺。

雜録

明・佚名《天水冰山録》 葛。青織金過肩蟒葛。一匹。蟒龍葛布。三匹。雲葛。五十三匹。

又 蟒葛衣。過肩蟒葛衣。一件。斗牛補葛衣。三件。

服飾工藝部

刺繡

清・桂馥《札樸》卷九《鄉里舊聞・絤線》　吾鄉女工刺繡，五色線謂之絤，線音，所買切。案《考工記》：鮑人之事，察其線，欲其藏也。杜子春讀線爲絤。《釋文》云：線，思賤反。注絤同。馥案：西有先音，故絤與線同聲。今讀所買切，聲轉也。

論説

清・丁佩《繡譜・擇地第一》　藝之巧拙因乎心，心之巧拙因乎境。誠使聰明几净，雖拙者亦為之改觀。室暗鐙昏，雖巧者亦失其故步。而且事迫則潦草堪嗤，境囂則精神不聚，凡藝皆然，而况辨優絀於微茫、爭得失於毫末者乎。故刺繡必以擇地為最要也。

閒。書畫皆可以乘興揮灑，繡則積絲而成，苟缺一絲，通幅即為之減色，故較他藝尤難，斷無急就之法。或因事冗而求其即成，或因人雜而冀其速就，安有心如棼絲而能井井不紊者乎。故其境閒，而後其心亦閒。百慮悉屏，神知自生，固未可率爾拈針也。

静。詩之美后妃，曰幽閒貞静。閒與静為女子之懿德，而刺繡者尤當首及也，故繼閒而論静。静則其志專，而心無物擾。静則其神定，而目無他營。試觀瞽者必聰，聾者必明，遂知五官不能并用。必凝注於一，而後能運靈明於針與指之間，辨其出入、疏密、濃淡、淺深，庶無毫髮之憾。今使置身於喧嘩紛逐之場，雖靈芸復出，其能收視返聽，而作一花一葉否耶。

明。擇地必先擇爽朗之區，秋毫必察，而後物無遁形。然所以必求其明者，人皆知之。而所以用其明者，人或略焉。蓋室雖明矣，使或向陽而坐，反致炫耀，且損目光，况持手綳必稍向上，亦復易於遮蔽。惟背明而坐，則光明悉照於掌握之間，自然了了。故如牕在左，坐宜向右，牕在前，坐宜向後，此一定之訣也。如用綳，則斜坐亦可。

潔。紈綺有浣濯之方，圖畫有遮飾之法。繡則稍有不潔，即致昏黯無色，既不能浣，亦無可遮。故室中必先灑掃極净，床几以及應用之物皆使不染纖塵，然後繡成乃如出水芙蕖，自有一種鮮艷之色。否則十指瑩然，旋滌旋涴，初不知塵垢之所由來也。

又《選樣第二》　繡工之有樣，猶畫家之有稿，其格局布置，即一成不可易者也。此處最宜斟酌。成式或失之巧，而於理未安。或失之庸，而於勢不足。或過於繁，剪裁乏術。或過於簡，枯寂無情。須求其穠纖修短，處處合宜，而又必丰韻天然，栩栩欲活，方可入選。使昧昧求之，不特樣不入時，且恐畫虎成犬矣。

諦理。萬物惟一理耳，而一物具一物之理，乃有理之所必無而樣之所恒有者。一絲細本，花且如盤，盈寸之人，馬纔如豆，甚或草高於屋，樹軟如綿，只求布置停匀，初不知實增其醜也。

度勢。次則度勢。須於平妥中求抑揚之致，於疏朗中求顧盼之姿，於繁茂中求玲瓏，於工整中求活動。務使寸練具千里之觀，尺幅有萬丈之勢，是在分布之得宜，尤在物理之諳練。

剪裁。史家叙事，簡而能該，名手作圖，繁而不雜，剪裁之力也。然而文章尚有映帶之法，渲染必有遠近之分。繡則不然。如或頭緒糾紛，景物稠叠，恐不能絶無淆紊，朗若列眉。必須删而又删，務使釐然各判。即有互相掩映之處，亦必層次井然，方免蕪雜耳。

點綴。既加裁汰，固易施工，又恐一覽無餘，轉形枯寂，當於可以穿插之處酌為加增，又或疏密不甚相稱，亦須稍為點綴。如護根草、折枝花、蜂蝶、禽鳥之類，皆可因其所宜，隨意添入。或損之，或益之，總期於得中合度而已。

崇雅。五采章施，原期絢爛，然而亦有雅俗之分。山、龍、華蟲、藻、火、宗彝、粉米、黼、黻，縱極華美，自覺古雅可觀。今則隨意繡一折枝，刺一蟲蝶，亦必相當相對，有如刻板印成。甚且顏色乖違，布置顛倒，即令光怪陸離，難免方家齒冷矣。

傳神。同繡一花也，或則迎風笑露，鮮艷如生，或則日熯霜摧，顦顇欲絶，或則春容大雅，顧盼生姿，或則拳曲拘攣，瑟縮可憎。略舉一隅，他可類及。孰工孰拙，不辨而知。而當其累線積絲，則亦同兹辛苦也。勿求其形

狀之逼肖，以冀神韻之兼全也哉。

日月雲霞。日須大紅，月宜淺白，或用淺黃。原求其相肖，且不致於相淆。所可異者，今人每於其中各繡一字耳。月下景物，配色却宜稍淡，日中不妨極其絢爛，物理然也。

雲無定色，儘可五采兼施，惟交換處須由漸而更，或各成一朵，方免判然兩截，如門成之水田衣耳。

凡物皆有一定之色，惟雲則可不拘，此針黹中使才之地也。卿雲在天，光華糺縵。生當文明之世，黼黻鴻猷，光昭聖治，豈特文人學士珥筆彤庭，甫能揚厲鋪張，自詡錦心繡口耶。霞無可繡，即或繡之，見者亦必呼為雲矣。嘗見一巨室藏有繡幅，下以湖色綢作江，上以褪紅綢作霞，中繡青緑峰巒，以掩其接續之迹，懸之中堂，儼然江天霞彩也。又有滿繡之法，由紅漸白，由白而藍，天半朱霞，蔚然在望。

真草隸篆。真字宜瘦，挑、趯、點、拂，皆須各具鋒鋩。如作藏鋒，便少疏朗之致。草書點畫最簡，縈拂處更易見長，惟轉折肥瘦，均須留神，否則便失書意。隸書勻整平直，但宜具古秀之致。篆則光圓宛轉，本屬繡工之所長，第須起訖分明，神完氣足而已。

花果草木。學繡必從花卉入手，猶讀書之於《學》、《庸》，學字之於正楷，唫詩之於五絶，習琴之於清商，似易實難，因難見巧。當於花之向背淺深，葉之反正疏密，悉心體認，曲肖其形，又必盡態極妍，輝光流照。昔人繪影繪聲之説，究屬寓詞，惟繪花繪光，實能為衆香國中傳神寫照者，必推繡事為獨步。此非寫生家所能及其萬一也。色之淺深，積漸而變。有内深而外淺者，牡丹之類是也，有外深而内淺者，蓮花之類是也。

瓜蓏之屬，可以入畫者均可入繡，惟當辨其形色耳。色之斑爛者，以雙搓線繡之，若其色由深而淺，則可用長短針，如繡花法矣。

草中以芝蘭為首，繡芝如繡雲。不妨五色皆備，蘭則間于花與草之間，當得其婀娜之致。

護根草須與幅中花木相稱，或如松鬣，或如秧針，或如苔錢，或如書帶。水中萍藻，溪畔荻蘆，皆可推波助瀾，為全幅增色。

繡樹在乎枝、幹得勢，戒軟弱，忌臃腫，不可太光，必須夭矯秀勁，凹凸有棱方妙。枝幹既成，次及剪葉。松、杉、楓、柳、梧、竹之屬，大小皆宜，以其葉有定形也。其他雜木濃陰蔚然者，只宜施之巨幅耳。

禽獸蟲魚。禽則積羽而成，繡則積絲而成，因物肖物，莫妙於此。第當於飛、鳴、食、宿之際，求其生動之情，喙吻、爪距之中，辨其純鷙之性而已。繡禽繡鳳，繡獸繡麟，以極華美之姿又不數見之物，自可悉沿成式，以象文明。至如虎豹彪炳，獐鹿斑爛，馬鬣絲紛，牛毛莫辨，大而獅、象，小而鼠、貓，皆有一定之形，惟選樣之能精，庶肖形之不謬。

蟲類中有蝶，如草中有芝，禽中有鶴，仙品也。羅浮之種，翅如車輪，五色咸備，既無定色，亦無定形，但須得栩栩之致。他如蠅頭、蚊脚、蟬翼、蜂鬚，悉徵絶巧文心，宜有豪端畫意。

龍與麟鳳同著。滄海朝曦，金碧絢爛，為繡中之巨觀。其或鯤擊鯉登，亦具升騰之象，朱鱗碧水，相安游泳之天，安在鱗潛，宜知魚樂。

山水人物。作山水如作古文，結構氣魄，穿插照應，無法不備，此畫家語也。繡事亦何莫不然，青緑、赭墨無一不宜，特少皴法耳。當於凹凸處用筆畫定，而分繡之。或下分而中合，或上斷而下連，繡成自有一線微痕，如披麻、銕線，較畫家尤覺遠近分明，峰巒稠疊。

波致軒然，或卧或立，浪花噴溢，玉碎珠飛，海中之水也，澄碧粼粼，瀔文如織，則宜於金碧樓臺，或曲或伸，蕭蕭數筆，則宜於寒江野渡。憶昔年春日，舟過梁谿，斜照滿山，嵐光成彩，戲用退紅絨參以牙色，繡成《遥山》一析，山椒新緑成林，溪中碧水鱗次，頓覺耳目一新，此亦畫家所未到也。

石貴嶙峋，橋宜宛轉，屋須軒朗，樹必玲瓏。切忌模糊，自然明秀。

人物惟鬚髮最難，當將絨綫剖成極細之絲，針亦另有一種。肌膚亦然，尤須瑩淨融洽，絶無針綫之迹。耳廓目眶，鼻端口角，均宜各留一線微痕，便覺高低了了。衣摺帶履，可以類推。

又《取材第三》 以針為筆，以縑素為紙，以絲絨為朱墨鉛黃，取材極約而所用甚廣，繡即閨閣中之翰墨也。然欲善其事，先利其器。有如造室既成，人但瞻輪奐之美，不知棟梁榱桷，經度者幾何時，鋸鑿斧斤，磨厲者幾何日。而且竹頭木屑，皆為有用之材，丹雘垣墉，豈能憑空幻設。總之，苟得其用，則斷線零縑，亦收奇效。苟違其用，雖鏤金錯采，未必美觀。擇之不厭其精，蓄之當求其備。

絨線。前人多用散絨，後乃剖而為線。武林、吴門、白下皆有之。蘇産

較細，一綫可剖為二，既剖之後，仍可條分縷析也。

綜線亦備五色，以圈輪廓，可免不齊之患，惟結子用之，他如界畫樓臺、人物衣摺、羽翼龍鱗，亦間有用之者。

金銀線製於回人，須擇其真者乃不變色。以圓、細、勻、浄為貴。又有孔雀線，燿燦可愛，翎羽中不可少也。

緞綾。刺繡以緞為最，綾次之，綢、絹又其次也。但皆須素地，如有花紋，繡成光采必減。宜擇細密光潔者為佳。

紗羅。以極細銀條紗，用單絲穿成，或則滿穿，或留素地，亦覺斐然可觀。惟針孔必有出入，難以渾圓，只可聊備一格耳。鋪羅則宜用絨，又在穿紗下矣。

針剪。針産於吾松，初不知其妙也，後歷燕、豫、齊、梁，用他處所製者，輒不能得心應手，乃知松針之所以妙者，光也，直也，細也，鋭也，而尤在鑄孔之際，圓而不偏，細而不滯，自尖以上勻圓如一。鑄孔處雖稍扁，而兩旁皆平，不似他處，綫作釘頭式也。性亦耐久，用之數月以後，益覺靈滑异常矣。剪則武林為最，以其刃鋭而鋒銛也。

綳架。緞性易卷，綾絲易斜，綳架之設，所以救其弊也。四面用零帛聯絡綳定，或徑用線聯，必使極正極平，然後所繡之絲與綾緞之絲皆相勻適，繡成乃能熨貼耳。木質宜輕，鬥筍宜靈，下鍵處宜堅固不動為妙。

粉墨。選樣既定，即用墨筆臨摹者為上，次則用粉過之。粉須極細，但有形模可辨，即以墨筆蓋之。墨筆易細，粉筆較難，肥瘦稍有出入，便覺意失形乖，故用粉須在有無之間，有未愜意處仍可以墨筆正之耳。素縑上有用朱者，法亦與用粉同。

又《辨色第四》 雲霞、水土、花木，物物無色不備者，此惟造化能之，而欲以人力强為摹仿，則惟畫與繡耳。畫家朱、緑、粉、黛，濃淡可以意為，且可合二為一、合三為一，層出不窮。而繡則以染成之絲略分深淺而已，使非因其所宜，斟酌盡善，幾何不看朱成碧，而失之毫釐，謬以千里耶。

紅。顔色中之極絢爛者，紅是也，極貴重者，亦惟紅。萬緑叢中一點紅，能令諸色增麗。亦惟此色先褪，便覺全幅黯淡無神。况學繡必從花卉入手，此色尤宜多備。自大紅至極淺之色，幾與白相類者，可分作九種。大紅可當硃砂，次則可當洋紅燕支，又其次則粉紅也。由深而淺，由淺而白，亦猶畫家之渲染耳。

朱與紅有别，今則悉呼為紅，故不另判一色矣。

緑。緑與紅并重。繡花用緑尤多，以枝葉較繁耳。自油緑以至葱緑，亦可分數種。由深而淺，由淺而白，固已，亦可由淺而黄，不可不知。

黄。金黄近於赭，淡黄近於白，韭黄近於緑，亦分數種。惟於素地，色不甚顯，須得重色，方能襯出耳。

白。白為諸色之過文。由淺而白，復由白而以次漸深，可免判然兩截之弊。其色亦類於黄，得重色襯出，更覺奕奕有神。

藍。藍即青也。畫家以花青與膽黄合為草緑。此則物而不化，第守本色而已。又有全用此色，但分淺深，如畫家之以水墨代五色者，可分十餘種，亦覺淡雅可觀。

黑。黑以代墨，惜無淺深。然以之繡字，則不愁書被催成墨未濃矣。别有墨繡一種，則又以層次玲瓏界限清楚為貴也。

紫。紅極而紫，花中亦多用之。然其色微黯而滯，故宜少用為妙。

藕色。藕色或呼為青蓮，色極俏麗秀雅，惜易退耳。

赭。赭近於黄，而與黄迥异。山水人物，俱不可少。花木中亦作幹用也。

牙色。牙色似赭而淺，稍帶微紅，或呼肉色。人物肌膚，非此不可。餘亦可以間用之。

灰色。灰色可代淺墨，分深淺數色。宜作樹本，亦可與淺赭參用也。

醬色。醬色與赭，均可作花蒂。惟與紫相近，其色亦嫌微滯耳。

香色。香色較黄稍深，除人物衣裳帶履外，餘無專屬。於諸色中自成一格，宜酌用之。

湖色。湖色極雅，宜用於淺藍。淺緑與白過接之處，與水光雲色尤近。

月白。月白即三藍之淺者，較湖色稍深，與藍并用，自見融洽。獨用亦復雅淡宜人。

天青。天青似深藍而帶微紅，可與白參用繡牽牛花。餘亦如香色、醬色，酌備一格可也。

金銀。絲金縷翠，繡工之本色也，處處均可用之。至平金、鎖金，則又於三藍、墨繡之外，别開生面矣。銀與金相成，第分深淺而已。

又《程工第五》　簫管具陳，琴瑟在御，同一樂也，克諧與否，有律以限之。弓矢既張，決拾既佽，同一射也，中的與否，有鵠以招之。夫律之既諧，的之既中，工拙辨於人，既事而見者也。而其所以克諧，所以獲中，則甘苦喻於已，未事而存者也。卒之輕重疾徐，中正强固，喻於已者，未嘗不可以語人。纍如貫珠，發必應節，辨於人者，即可以因而律已。刺繡之道，亦由是焉。姑舉數端，聊抒管見。

齊。剸犀截玉，印泥畫沙，皆言齊也。齊則界限分明，齊則精神爽朗，齊則全體渾融。必如快剪剪成，不使一毫出入。否則色色俱精，終難免亂頭粗服之誚矣。

光。光與齊相因。絲絲櫛比，既不使一毫出入，輪廓自然光粹。然所用絨線，苟非理之極淨，則正面必有蒙茸之狀，如月華籠霧，寶鏡生塵，安得成一段光明錦耶。近有繡成後以微火燎之，如織緞法，又有未繡時將絨用皂仁穿過，均易變色，皆非正本清原之法也。

直。作書宜直，直始能正。刺繡亦宜直，直始能平。平如春水，覺精采之自生，直如朱弦，惟緩急之咸適耳。

匀。不匀則不直，不直則不光，相因之弊也。用墨匀，則字能有血，用絨匀，則繡亦有肌。是在粗細適均，疏密相稱而已。

薄。坊繡之易於俗者，以其厚耳，厚則難匀。惟將絨線判成極細之絲，繡成倍覺熨貼，無异彩毫輕染。觀之高出紈素之上，捫之則復相平，庶稱精妙。

順。昔人謂文從字順。字也者，作文之絲也。絲也者，刺繡之字也。一絲不順，則氣脉全乖，精神俱隔。故直則俱直，橫則俱橫，即使遇有圓折之處，第當以針脚之長短，由漸而轉，自然成片。倘有一線斜牽，但求省力，則疏密厚薄，斷難悉稱，抑且黯然無光矣。此要訣也。

密。密與薄似乎相反，而實相成，總在一字之細。細則能薄，亦惟細始能密耳。使剖絨稍粗，則每絲相接之處必微有窪隆，不能融成一片。惟細而密，則雖千絲萬縷，無異鏡面鎔成，純粹以精。非密，曷克臻此。

又《論品第六》　好尚無一定之規，雅俗有不易之則。繡近於文，可以文品之高下衡之，繡通於畫，可以畫理之淺深評之。周規折矩，斐然成章，謂之能可也。慘淡經營，匠心獨運，謂之巧可也。丰韻天成，機神流動，斯謂之妙，變幻不窮，殆非人力，乃謂之神。披沙揀金，鞭心入芥，無浮采矣，五雲麗日，百卉當春，無陋姿矣。特標新穎，化盡町畦，所謂姑射仙人，不食人間烟火者，當於逸品中求之乎。

能。象形惟肖，夷采能精，指運目營，不失矩度。有如作字，則結構嚴謹，骨肉停匀。有如吟詩，則格局渾成，對仗穩愜，習之既久，此詣自臻。

巧。穿插有情，接續無迹。或於寸縑之中作叠閣層樓，而不見其溢，或於盈丈之間作疏花片石，而未覺其寬。自然湊合，疑為雲錦天衣，想入微茫，何論輿糠舟芥。至如指端成錦，盤中作詩，則又擅奇巧於千古者矣。

玅。能巧俱備，丰韻獨饒，妙姿也。閒中有味，空際傳神，妙趣也。舉重若輕，化板為活，妙技也。信手拈來，頭頭是道，妙境也。

神。凡事都有神化之境。佝僂承蜩，工輸刻鳳，點睛飛去，斫鼻不傷，藝也，而進於道矣。雖然，妙可言也，神不可言也。妙可幾也，神不可幾也。姑存一格，以俟其人。

精工。純鈎百煉，爐丹九成，精也。鬼工雕毬，春蠶作繭，工也。當於摹仿處見精神，配合處見精采，無非一片精心。於細密中求工緻，於純熟中見工夫，方有十分工次。伐毛洗髓，玉潤珠圓，謂之精工，庶幾無愧。

富麗。物之富麗者，莫錦繡若也。然而丹碧爛然，金彩眩曜，非不既富且麗，而所以富麗者，初不在此。試觀舊家巨族，雖縞衣素袂，依然充實輝光，嫫母無鹽，即匀頬修眉，難語清揚美倩。是以茶之於白，墨之於黑，人皆知之，猶繡之於富麗也。而求茶之所以能白，墨之所以能黑，是在選茶製墨者矣。

清秀。工夫可以由漸而幾，惟濁難奏效。知慧亦因人而具，惟庸不可醫。同一石也，或珍如璧，或叱為頑，秀與庸之別耳。同一歌也，或而陽春，或為巴曲，清與濁之分耳。清則具見輕靈，秀則自然生動。

高超。不襲窠臼，別具天機，在人意中，出人意表，是必資性獨殊，襟懷瀟灑者能之，不可以形迹求也。古人於翰墨，可以覘人情性，惟繡亦然。眉目分明，楚楚有致，必其道理通達者也，一絲不苟，氣静神恬，必其賦性貞淑者也，肌理渾融，精神團聚，必其秉氣純和者也。否則蒙頭蓋面，彎曲支離，即使針神復生，亦末如之何已。相從心生，隱微畢見，又豈特繡之一端而已哉。

綜述

宋・陸游《老學庵筆記》卷二　祖妣楚國鄭夫人，有先左丞遺衣一篋。袴有繡者，白地白繡，鵝黄地鵝黄繡，裹肚則紫地皂繡。祖妣云：當時士大夫皆然也。

明・王三聘《古今事物考》卷三《珍寶・錦》《拾遺》曰：員嶠山環丘，有水蠶，霜覆之，然後成繭，其色五采。唐堯之時，海人織錦以獻，後代效之，染五色絲，織以為錦，今蘇州有落花流水錦及各色錦。

又《繡》《書》正義云：舜令禹刺繡，以五種之彩明施于五色，制作衣服，則帝舜始為繡也。

又《五采》《後漢志》曰：後聖觀翬翟之文，榮華之色，乃染帛以效之，始作五采，成以為服。《易》以黄帝堯舜垂衣裳取諸乾坤，乾坤有文，作五采與衣服同興矣。

又《纈》　潘氏《記聞譚》曰：唐玄宗柳婕妤妹適趙氏，性巧，因使工鏤板為雜花，打為夾纈。初獻皇后一匹，代宗賞之，勅宮中依樣製造。當時甚祕，後漸出，徧天下，此似始為製也。

又《刻絲作》《格古要論》曰：宋時舊織者，白地或青地子，織詩詞山水或故事人物花木鳥獸，其配色如傳彩。又謂之刻色作，此物甚難得。

又《灑海刺》　西番出，絨毛織者，闊三尺許，緊厚如氈，西番亦貢。

明・屠隆《考槃餘事》卷二《畫・宋繡畫》　宋之閨繡畫，山水人物，樓臺花鳥，針線細密，不露邊縫。其用絨止一、二絲，用針如髮細者為之，故眉目畢具，絨彩奪目，而豐神宛然，設色開染，較畫更佳。女紅之巧，十指春風，回不可及。

明・董斯張《廣博物志》卷三八《服飾》　舜令禹製繡，以五種之彩明施於五色，製作衣服，則帝舜始為繡也。

藝文

明・張之象《古詩類苑》卷一一八《服食部・繡》

《領邊繡》　前人

纖手製新奇，刺作可憐儀。縈絲飛鳳子，結縷坐花兒。不聲如動吹，無風自裏枝。麗色儻未歇，聊承雲鬢垂。

清・褚人穫《堅瓠集》補集卷二《刺繡》　吴中女郎王道蘊詣尼庵，見二尼刺繡。尼謂道蘊能詩，請咏其事。蘊集唐句云：風捲楊花拂繡床，為他人作嫁衣裳。因過竹院逢僧話，始覺空門興味長。

又　白香山《題刺繡圖》云：倦倚繡床愁不動，緩垂緑帶鬢鬟低。遼陽春盡無消息，夜合花前日又西。

又　朱絳詩云：獨在紗窗刺繡遲，紫荊枝上囀黄鸝。欲知無限傷春意，盡在停針不語時。

雜録

唐・蘇鶚《杜陽雜編》卷中　永貞元年，南海貢奇女盧眉娘，年十四，眉娘生而眉如線細長也。稱本北祖帝師之裔，自大足中流落於嶺表。後漢盧景祚、景裕、景宣、景融兄弟四人，皆為帝師，因號為帝師也。幼而慧悟，工巧無比。能於一尺絹上繡《法華經》七卷，字之大小不逾粟粒，而點畫分明，細於毛髮，其品題章句無有遺闕。更善作飛仙，蓋以絲一縷分為三縷，染成五彩，於掌中結為華蓋五重，其中有十洲三島，天人玉女，臺殿麟鳳之象，而外執幢捧節之童，亦不啻千數。其蓋濶一丈，秤之無三數兩，自煎靈香膏傅之，則虬硬不斷。上歎其工，謂之神姑，因令止於宮中，每日但食胡麻飯二三合。至元和中，憲宗皇帝嘉其聰慧而奇巧，遂賜金鳳環，以束其腕。知眉娘不願住禁中，遂度以黄冠，放歸南海，仍賜號曰逍遥。及後神遷，香氣滿室，弟子將葬，舉棺覺輕，即徹其蓋，惟有藕履而已。後入海人往

往見其乘紫雲遊於海上。是時羅浮處士李象先作《盧逍遥傳》，而象先之名無聞，故不為世人傳焉。

唐・陸龜蒙《小名録》卷上 美人姓薛名靈芸，年十七，容貌絶世，時文帝選良家子以入六宫，靈芸别父母，升車以玉唾壺承淚，壺皆紅色。帝遣文車十乘以迎靈芸，芸去京十里，帝乘雕玉之輦以望，車徒之盛嗟曰：昔言朝為行雲，暮為行雨，今非雲非雨，非朝非暮，因易名為夜來，夜來妙於針工，非夜來裁制，帝不服也，宫中號為神針。

明・田藝蘅《留青日札》卷二二《文繡》 織曰錦，刺曰繡。《釋名》：文修然也。予則以為慎肅難成，故從絲、肅也。五色備，故曰文繡。《春秋元命苞》曰：齊能成文繡，應天道。上匹二萬，中萬，下五千。今上百萬矣。

清・毛祥麟《墨餘録》卷六《名針賽社圖》 我邑顧繡之妙，冠絶天下，然人但知露香園遺藝，而不知大理寺評事顧硯山家，尤爲精絶。硯山宦囊素厚，好蓄姬妾，不以歌舞寵，惟以刺繡品高下，故雖束髮女童，亦解擘絲辨色。

又《露香園顧繡》 相傳顧氏刺繡，得自内院，其劈絲配色，别有秘傳，故能點染成文，作山水、人物、花鳥無不精妙。尚寶公有曾孫女，適廩生張來，年才二十四而寡，有子方一歲，婦守節撫孤，出家傳針黹以營食，而其神化，更妙於前。顧繡之名，遂以大噪。

織染

題解

唐・釋玄應《一切經音義》卷一六《小乘律論》 漸染。或作瀸同，子廉反。《廣雅》：漸漬也，濕也，相染污也。《後漢書》墨子泣乎白絲，知漸染之易性，是也。

又卷二二《大乘論》 生色可染。生色即金也，言生便黄色不可變改也。可染即銀也，言色可染變，故云可染也。

元・俞琰《席上腐談》卷上 《玉藻》云：士不衣織。鄭氏注云：織，染絲織之。《釋文》云：織，音志，今訛為注，遂稱織絲為注絲。志注聲相近也，或寫為苧絲，則又轉訛矣。

清・檀萃《滇海虞衡志》卷五《志器》 蠻織，隨處立植木，掛所經於木端，女盤坐於地而織之。如息則取植及所經藏於室中，不似漢織之大佔地也。

論説

清・陸以湉《冷廬雜識》卷二《授經偶筆》 嘉興錢新梧給諫儀吉，官京師，無力延師教子，與其室陳煒卿女史爾士親自督課。女史嘗於講貫之暇，推闡經旨，著《授經偶筆》，以訓子女。《内則》執麻枲，治絲繭，織紝組紃，學女事以供衣服。説云：古者婦功在於麻枲、絲繭、織紝組紃，其成也，質實堅重而可以為久。後世乃以刺繡為工，輕而易敗，朝為被服之華，夕同土苴之棄，耗力費財，甚無謂也。古者黼黻文章以奉朝祭，此廟而不宴者也。今俗尚侈靡，婦女履底或有繡文。是古昔祭服之飾，今緣之履底矣。又若繡衫、繡扇充溢吴市，敝化奢麗，視若尋常，賈生所謂天下不屈者，殆未有也。其言切中習俗之弊。

綜述

唐・樊綽《蠻書》卷七《雲南管内物産第七》 蠻地無桑，悉養柘蠶。繞樹村邑人家，柘林多者數頃，聳幹數丈。三月初蠶已生，三月中繭出。抽絲法稍異中土，精者為紡絲綾，亦織為錦及絹，其紡絲入朱紫以為上服，錦文頗有密緻奇采。蠻及家口悉不許為衣服，其絹極麄，原細入色。製如衾被，庶賤男女許以披之。亦有刺繡，蠻王并清平官禮衣悉服錦繡，皆上綴波

羅皮。南蠻呼大蟲為波羅密。俗不解織綾羅，自太和三年蠻賊寇西川，虜掠巧兒及女工非少，如今悉解織綾羅也。

自銀生城、柘南城、尋傳、祁鮮已西，蕃蠻種并不養蠶，唯收婆羅樹子破其殼，中白如柳絮，組織為方幅，裁之籠頭，男子婦女通服之。驃國、彌臣、諾悉諾皆披羅段。

宋・莊綽《雞肋編》卷上　定州織刻絲，不用大機，以熟色絲經於木杼上，隨所欲作花草禽獸狀，以小梭織緯時，先留其處，方以雜色線綴於經緯之上，合以成文，若不相連。承空視之，如彫鏤之象，故名刻絲。如婦人一衣，終歲可就。雖作百花，使不相類亦可，蓋緯線非通梭所織也。單州城武縣織薄縑，修廣合於官度，而重才百銖，望之如霧。著故浣之，亦不紕疏。鄢陵有一種絹，幅甚狹而光密，蠶出獨早，舊嘗端午充貢。涇州雖小兒皆能撚茸毛為線，織方勝花。一疋重只十四兩者，宣和間，一疋鐵錢至四百千。【略】邠、寧州出綿紬。【略】蘇州以黄草心織布，色白而細，幾若羅縠。越州尼皆善織，謂之寺綾者，乃北方隔織耳，名著天下。婺州紅邊貢羅，東陽花羅，皆不減東北，但絲縷中細，不可與無極、臨棣等比也。

宋・周去非《嶺外代答》卷六《服用門・布》　廣西觸處富有苧麻，觸處善織布。柳布、象布，商人貿遷而聞于四方者也。静江府古縣民間織布，繫軸於腰而織之，其欲他幹，則軸而行。意其必疎數不均，且甚慢矣。及買以日用，乃復甚佳，視他布最耐久，但其幅狹耳。原其所以然，蓋以稻穰心燒灰煮布縷，而以滑石粉膏之，行梭滑而布以緊也。

宋・朱輔《溪蠻叢笑・點蠟幔》　溪洞愛銅鼓甚於金玉。模取鼓文以蠟刻板印布，入靛缸漬染，名點蠟幔。

明・田藝蘅《留青日札》卷二二《克絲作》　克絲作起于宋，樓閣百花龍鳳，極其工巧。今作剋絲，蘇作最善。

明・朱國禎《湧幢小品》卷二《農蠶》　湖絲惟七里者尤佳，較常價每兩必多一分。蘇人入手即識，用織帽緞，紫光可鑑。其地去余鎮僅七里，故以名。

明・宋應星《天工開物》卷上《乃服・造綿》　凡雙繭并繰絲鍋底零餘，并出種繭殼，皆緒斷亂不可為絲，用以取綿。用稻灰水煮過，不宜石灰。傾入清水盆内。手大指去甲净盡，指頭頂開四個，四四數足。用拳頂開，又四四十六拳數，然後上小竹弓。此《莊子》所謂洴澼絖也。湖綿獨白净清化者，總緣手法之妙。上弓之時惟取快捷，帶水擴開。若稍緩水流去，則結塊不盡解，而色不純白矣。其治絲餘者名鍋底綿，裝綿衣衾内以禦重寒，謂之挾纊。凡取綿人工，難于取絲八倍，竟日只得四兩餘。用此綿墜打線織湖紬者，價頗重。以綿線登花機者名曰花綿，價尤重。

又《治絲　繅車》　凡治絲先製絲車，其尺寸、器具，開載後圖。鍋煎極沸湯，絲粗細視投繭多寡，窮日之力，一人可取三十兩。若包頭絲，則只取二十兩，以其苗長也。凡綾羅絲，一起投繭二十枚，包頭絲只投十餘枚。凡繭滚沸時，以竹簽撥動水面，絲緒自見。提緒入手，引入竹針眼，先繞星丁頭，以竹棍做成，如香筒樣。然後由送絲干勾挂，以登大關車。斷絶之時，尋緒丢上，不必繞接。其絲排匀不堆積者，全在送絲干與磨木之上。川蜀絲車制稍異，其法架横鍋上，引四五緒而上，兩人對尋鍋中緒，然終不若湖制之盡善也。凡供治絲薪，取極燥無烟濕者，則寶色不損。絲美之法有六字：一曰出口乾，即結繭時用炭火烘。一曰出水乾，則治絲登車時，用炭火四五兩盆盛，去車關五寸許。運轉如風時，轉轉火意照乾，是曰出水乾也。若晴光又風色，則不用火。

又《調絲》　凡絲議織時，最先用調。透光檐端宇下，以木架鋪地，植竹四根于上，名曰絡篤。絲匡竹上，其傍倚柱高八尺處，釘具斜安小竹偃月挂鈎，懸搭絲于鈎内，手中執籰旋纏，以俟牽經織緯之用。小竹墜石為活頭，接斷之時，扳之即下。

又《緯絡　紡車》　凡絲既籰之後，以就經緯。經質用少而緯質用多。每絲十兩，經四緯六，此大略也。凡供緯籰，以水沃濕絲，摇車轉鋌而紡于竹管之上。竹用小箭竹。

又《經具　溜眼　掌扇　經耙　印架》　凡絲既籰之後，牽經就織。以直竹竿穿眼三十餘，透過篾圈，名曰溜眼。竿横架柱上，絲從圈透過掌扇，然後纏繞經耙之上。度數既足，將印架捆卷。既捆，中以交竹二度，一上一下間絲，然後扱于篾内。此篾非織篾。扱篾之後，以的杠與印架相望，登開五七丈。或過糊者，就此過糊。或不過糊，就此卷于的杠，穿綜就織。

又《過糊》　凡糊用麵觔内小粉為質。紗羅所必用，綾紬或用或不用。其染紗不存素質者，用牛膠水為之，名曰清膠紗。糊漿承于篾上，推移染

透，推移就乾。天氣晴明，頃刻而燥，陰天必藉風力之吹也。

又《邊維》 凡帛不論綾、羅，皆別牽邊，兩傍各二十餘縷。邊縷必過糊，用筬推移梳乾。凡綾羅必三十丈、五六十丈一穿。以省穿接繁苦，每疋應截畫墨于邊絲之上，即知其丈尺之足。邊絲不登的杠，別繞機梁之上。

又《經數》 凡織帛、羅、紗筬以八百齒為率，綾、絹筬以一千二百齒為率。每筬齒中，度經過糊者，四縷合為二縷。羅、紗經計三千二百縷，綾、紬經計五千六千縷。古書八十縷為一升，今綾絹厚者，古所謂六十升布也。凡織花文必用嘉、湖出口、出水皆乾絲為經，則任從提挈，不憂斷接。他省者即勉强提花，潦草而已。

又《花本》 凡工匠結花本者，心計最精巧。畫師先畫何等花色于紙上，結本者以絲綫隨畫量度，筭計分寸杪忽而結成之。張懸花樓之上，即織者不知成何花色，穿綜帶經，隨其尺寸度數，提起衢脚，梭過之後居然花現。蓋綾絹以浮經而見花，紗羅以糾緯而見花。綾絹一梭一提，紗羅來梭提，往梭不提。天孫機杼，人巧備矣。

又《穿經》 凡絲穿綜度經，必用四人列坐。過筬之人，手執筬耙，先插以待絲至。絲過筬，則兩指執定，足五七十筬，則緣結之。不亂之妙，消息全在交竹。即接斷，就絲一扯，即長數寸，打結之後，依還原度，此絲本質自具之妙也。

又《分名》 凡羅，中空小路以透風涼，其消息全在軟綜之中。衮頭兩扇打綜，一軟一硬。凡五梭三梭，最厚者七梭。之後，踏起軟綜，自然糾轉諸經，空路不粘。若平過不空路而仍稀者曰紗，消息亦在兩扇衮頭之上。直至織花綾紬，則去此兩扇，而用桄綜八扇。凡左右手各用一梭，交互織者，曰縐紗。凡單經曰羅地，雙經曰絹地，五經曰綾地。凡花分實地與綾地，綾地者光，實地者暗。先染絲而後織者曰緞。北土屯絹，亦先染絲。就絲紬機上織時，兩梭輕，一梭重，空出稀路者，名曰秋羅，此法亦起近代。凡吴越秋羅，閩廣懷素，皆利搢紳當暑服，屯絹則為外官、卑官遜別錦繡用也。

又《熟練》 凡帛織就猶是生絲，煮練方熟。練用稻藁灰入水煮，以猪胰脂陳宿一晚，入湯浣之，寶色燁然。或用烏梅者，寶色略減。凡早絲為經、晚絲為緯者，練熟之時每十兩輕去三兩。經、緯皆美好早絲，輕化只二兩。練後日乾張急，以大蚌殼磨使乖鈍，通身極力刮過，以成寶色。

又《龍袍》 凡上供龍袍，我朝局在蘇、杭。其花樓高一丈五尺，能手兩人扳提花本，織過數寸即換，龍形各房鬭合，不出一手。赭、黄亦先染絲，工器原無殊異，但人工慎重，與資本皆數十倍，以效忠敬之誼。其中節目微細，不可得而詳考云。

又《倭緞》 凡倭緞制，起東夷。漳、泉海濱效法為之。絲質來自川蜀，商人萬里販來，以易胡椒歸里。其織法亦自夷國傳來。蓋質已先染，而斮綿夾藏經面，織過數寸，即刮成黑光。北虜互市者，見而悦之。但其帛最易朽污，冠弁之上頃刻集灰，衣領之間移日損壞。今華夷皆賤之，將來為棄物，織法可不傳云。

清·六十七《番社采風圖考·織布》 番女機杼以木，大如栲栳，鑿空其中，横穿以竹，使可轉，纏經于上，刓木爲軸，繫于腰，穿梭闔而織之。以苧絲爲線，染以茜草，合鳥獸毛織帛，斑斕相間，名曰達戈紋。又有巾布等物，皆堅緻，范侍御有蓬麻茜草能成錦，何必田園定種桑之句。

清·褚華《木棉譜》 傅子曰，舊機五十綫者五十繦，六十綫者六十繦。馬生者，天下之名巧也，患其遺日喪巧，乃易以十二繦。今女紅惟用二繦，又為簡要。按繦俗呼踏脚，或一或二或三或四，繦之多寡，視布之花文為增減，不定二繦也。凡布密而狹短者為小布，松江謂之扣布。疏而闊長者為稀布，産邑中。極細者為飛花布，即丁孃子布，産邑之三林塘。文側理者為斜文，文方勝者為整文，文棱起者為高麗，皆邑産，他處亦間有之。若染成而以刀刮布，有芒如氊毼者，為刮絨，非女紅也。

又 染工有藍坊，染天青、淡青、月下白，紅坊，染大紅、露桃紅，漂坊，染黄糙為白，雜色坊，染黄、緑、黑、紫、古銅、水墨、血牙、駝絨、蝦青、佛面金等。其以灰粉滲膠礬塗作花樣，隨意染何色，而後刮去灰粉，則白章爛然，名刮印花。或以木版刻作花卉、人物、禽獸，以布蒙板而砑之，用五色刷，其砑處華采如繪，名刷印花。有踹布坊，下置磨光石版為承，取五色布，捲木軸上，上壓大石，如凹字形者，重可千斤，一人足踏其兩端，往來施轉運之，則布質緊薄而有光，此西北風日高燥之地，欲其勿著沙土，非邑人所貴也。

又 閩粤人於二三月載糖霜來賣，秋則不買布而止買花衣以歸，樓船千百，皆裝布囊累累，蓋彼中自能紡織也，每晨至午，小東門外為市，鄉農負擔求售者，肩相摩，袂相接焉，至被褥衣褌，所用棉絮，皆取黄晦不中經緯

者，士人搗羊腸為弦彈之，價不甚貴，或有收裝過敗絮，補綴成片，以巨艇趕江淮間，賣之貧民，藉以御寒，價愈賤矣。

清·俞正燮《癸巳存稿》卷一《織皮》 《禹貢》織皮為二事，皮是裘，織皮如今藏氆氌及西寧邊外番族氈貨。

紀事

唐·馮贄《雲仙雜記》卷三《八梭綾》 鄴中老母村人織綾，必三交五結，號八梭綾。匹直米陸筐。《摭拾精華》

宋·洪邁《夷堅乙志》卷一五《諸般染鋪》 王錫文在京師，見一人推小車，車上有甕，其外為花門，立小牓曰諸般染鋪，架上掛雜色繒十數條。人窺其甕，但貯濁汁斗許。或授以尺絹，曰：欲染青。受而投之，少頃取出，則成青絹矣。又以尺紗欲染茜，亦投於中，及取出，成茜紗矣。他或黃、或赤、或黑、或白，以丹為碧，以紫為絳，從所求索，應之如響，而斗水未嘗竭。視所染色，皆明潔精好，如練肆經日所為者，竟無人能測其何術。

清·彭遵泗《蜀碧》卷三 初，蜀織工甲天下，特設織錦坊，供御用，而蜀始封。獻王好學，招致天下名刻書傭，集成都，故蜀多巧匠。至此盡於賊手，無一存者。或曰，孫可望獨留錦工十三家，后隨奔雲南，今通海緞，其遺制也。

藝文

宋·吴曾《能改齋漫録》卷八《沿襲·蒨桃贈歌者詩》 《翰府名談》載：寇萊公妾蒨桃《贈歌者》詩云：一曲清歌一束綾，美人猶似意嫌輕。不知織女寒窗下，幾度抛梭織得成。予嘗記南唐李詢《贈織錦》詩云：札札機聲曉復晡，眼穿力盡意何如。美人一曲成千賜，心裹猶嫌花樣疏。蒨桃詩意，本此而不及也。

清·紀昀《玉臺新詠考異》卷一《古詩八首》 新人工織縑，故人工織素。織縑日一疋，織素五丈餘。將縑來比素，《藝文類聚·閨情部》全載此詩，此句作持縑將比素。又《素部》引末二句，此句作以縑持比素。蓋屢經傳寫，雖一書不免異文。新人不如故。

又《古樂府詩六首》 大婦織羅綺，羅綺，《太平御覽》、《樂府詩集》、《古樂府》皆作綺羅。中婦織流黃。小婦無所作，作，《太平御覽》作謂，悞。挾瑟上高堂。丈人且安坐，安坐，《太平御覽》作徐徐。調絲未遽央。未遽，《樂府詩集》、《古樂府》皆作方未，義可兩存。《太平御覽》作遽未，則悞倒其文。

雜録

宋·蔡絛《鐵圍山叢談》卷六 錢塘之龍華寺有傅大士真身，仍藏所謂敲門椎、頌《金剛經》拍板與藕絲燈三物，蓋昔為吴越錢王從婺女雙林取來。藕絲燈者，乃梁武帝時物也。謬言藕絲織成，實不然，但疑當時之最上錦爾。張本云最上品絲爾。其所織紋，實華嚴會釋氏説法相狀凡七所，即所謂七處、九會者是也。有天人、鬼神、龍象、宫殿之屬，窮極幻眇，奇特不可名。政和後，索入九禁。宣和初，既大黜釋氏教，因復以藕絲燈賜宦者梁師成。吾昔在錢塘見之，復於梁師成家得詳識焉。師成於靖康間籍没，而藕絲燈者莫知所在。案《臨安志》：錢氏忠獻王往婺州發傅大士塔，取骨殖及藕絲織成彌勒像、九乳鐘、鳴榔板、扣門槌等遺物十六種，欲置於彌勒院。既至龍山，舉之不動，即其地建龍華寺，以骨殖塑大士像，置於塔，并藏其遺物焉。

清·金埴《不下帶編》卷五《雜綴兼詩話五》 草木之為功於世有補于人者，多在衣食間。若牡丹一花，祇供賞翫，雖大無成。翻不若微小之春桑秋棗，結實成絲，以資衣食之用。彼高官厚禄，豪侈榮華，于國步民艱，略無稗濟，而終淹落無聞者，皆牡丹類也。明朱文康《咏牡丹》：棗花至小能成實，桑葉雖微可作絲。堪笑牡丹如斗大，不成一事竟空枝。

又 予曾客吴衛守瞻岳輝祖戎幕，偕過海昌，正及蠶候。蠶婦之苦種種，察之猶未奇也。聞一婦覓葉飼蠶，拮據萬狀，奈力竭莫可如何。婦則絶食悲號，亶以目注蠶三晝夜，蠶亦齊齊昂首，張吻向婦作乞哀狀，三晝夜而

婦與蠶交徇矣。嗟乎。蠶命即婦命，竟爾人物併命耶。奇矣。昔人有《題蠶婦圖詩》：蠶未成絲葉已無，鬢雲撩亂粉痕枯。此句擬改葉無蠶與婦同殂。朱門羅綺輕如布，争得王孫見此圖。今之為圖者，亟宜補繪此段，進于朱門俾知蠶事之關人生命，如此。

尺度

論説

元・黄鎮成《尚書通考》卷四《度》 度亦以絲起。《隋志》曰：蠶所吐絲為忽，十忽為杪，十杪為毫，十毫為釐，十釐為分。

明・周祈《名義考》卷一一《物部・端匹》 杜預曰：二丈為端，二端為兩，所謂匹也。是每匹長四丈，中分之，向裹卷，其末為二端。二端，兩也。其實只一匹。此胡大監旦致仕遇赦，賜高年束帛，當十端。夏竦鎮襄陽，選縑十匹贈之，胡却還其五也。又《曾子問疏》云丈八尺為端，十端六纁四玄，五兩三玄二纁，説又不同。匹與疋同，《爾雅》倍兩謂之匹是也。

綜述

漢・應劭《漢官儀》卷下 凡先合單紡為一絲，四絲為一扶，五扶為一首，五首成文，文采純為圭首。多者精，少者粗，皆廣尺六寸。

宋・洪邁《容齋隨筆》五筆卷一〇《謂端為匹》 今人謂縑帛一匹為一端，或總言端匹。案《左傳》幣錦二兩，注云：二丈為一端，二端為一兩，所謂匹也。二兩，二匹也。然則以端為匹非矣。《湘山野録》載夏英公鎮襄陽，遇大禮赦恩，賜致仕官束帛，以絹十匹與胡旦。旦笑曰：奉還五匹，請撿《韓詩外傳》及諸儒韓康伯等所解束帛戔戔之義，自可見證。英公檢之，果見三代束帛、束脩之制。若束帛則卷其帛為二端，五匹遂見十端，正合此説也。然《周易正義》及王弼注、《韓詩外傳》皆無其語。文瑩多妄誕，不足取信。案《春秋公羊傳》乘馬束帛注云：束帛謂玄三纁二，玄三法天，纁二法地。若文瑩以此為證，猶之可也。

明・鄭名選《秕言》卷一《絲忽》 一蠶為一忽，十忽為一絲。按劉德云：忽，蜘蛛網也。與絲相似，故取以為絲之數。

明・張鼎思《琅邪代醉編》卷三六《端兩》 今人謂帛一疋曰一端，其實一疋古人謂之二端。《雜記》曰：納帛一束，束五兩，兩五尋。注云：十箇爲束，禮尚儉，兩兩合其卷，是謂五兩。八尺曰尋，一兩五尋，則每卷二丈，合為四十尺，今謂之疋。又媒氏注云：五兩，十端也。然則稱帛一疋者，當曰一兩。

明・程良孺《讀書考定》卷二二《服飾・千純》 《史記・蘇秦傳》：錦繡千純。注：凡絲錦布帛一段爲一純，舊音作屯，非純。本錦綺之名，江南細布名油純，南夷名錦罽曰絲純。

紀事

宋・王溥《五代會要》卷八《喪葬上》 長興元年十月十九日敕：太常禮院例，凡賻匹帛，言段不言端匹，每二丈為段，四丈為匹，五丈為端。近日三司支遣，每段全支端匹，此後凡支賻贈匹帛，衹言合支多少段，庫司臨時併蹙丈尺給付，不得剩有支破。

宋・洪邁《容齋隨筆》三筆卷一〇《納絹尺度》 周顯德三年，勑：舊制織造絁紬、絹布、綾羅、錦綺、紗縠等，幅闊二尺起，來年後並須及二尺五分。宜令諸道州府，來年所納官絹，每匹須及一十二兩，其絁紬只要夾密停匀，不定斤兩。其納官紬絹，依舊長四十二尺。乃知今之税絹，尺度長短闊狹，斤兩輕重，頗本於此。

雜録

宋·陸游《老學庵筆記》卷六　古謂帶一為一腰，猶今謂衣為一領。周武帝賜李賢御所服十三環金帶一腰是也。近世乃謂帶為一條，語頗鄙，不若從古為一腰也。

宋·程大昌《演繁露》卷七《絹一疋》　《唐·食貨志》曰：開元八年，頒租庸調于天下，闊者一尺八寸，長者四丈。

又《大斗大尺》　開元九年，敕度以十寸為尺，尺二寸為大尺，量以十升為斗，斗三升為大斗。此謂十寸而尺，十升而斗者。皆秬黍為定也。鍾律、冠冕、湯藥皆用之。此外官私悉用大者，則黍尺，一尺外更增二寸，黍量一斗更增三升也。《唐志》租絹長四丈二尺。

又卷一〇《束帛又端疋》　《玉壺清話》：胡旦云，古義束修謂脯，十脡即為一束，束帛則卷為二端，五疋。表王者屈折隱淪之道。

又卷一六《度》　唐帛每四丈為一匹，用大尺准之，蓋秬尺四十八尺也，秬尺長短不知合今何尺，然今官帛亦以四丈為匹，而官帛乃今官尺四十八尺，准以淮尺正其四丈也。國朝事多本唐，豈今之省尺，即用唐秬尺為定耶。不然何為官府通用省尺，而繒帛特用淮尺也。

宋·王應麟《困學紀聞》卷五《儀禮》　布八十縷為一升。鄭謂升當作登，登，成也。吴仁傑曰：今織具曰篾，以成之多少為布之精粗，大率四十齒為一成，而兩縷共一齒。正合康成之説。衰三升，其粗者。緇布冠三十升，其細者。

明·田藝蘅《留青日札》卷二二《端疋》　周制：帛廣二尺二寸為幅，四丈為疋。今四丈曰疋，一疋曰端。古者十尺曰丈，倍丈曰端，二丈也。倍端曰兩，四丈也。倍兩曰疋，八丈也。又，兩頭曰端，叩兩端是也。

又《絹縑》　絲厚而疏者曰絹，其兼絲而細密者曰縑。晉令縑一匹當絹六丈，疏布一匹當絹一匹，絹一匹當綿二斤。廣二尺二寸為幅，長四十尺為端。

明·于慎行《穀山筆麈》卷三《恩澤》　唐賜彩十段，為絹三疋、布三端、綿四屯。若雜彩十段，為絲布二疋、紬二疋、綾二疋、縵四疋，亦曰賜物十段。今制賜衣一襲，為三匹。

又卷一四《雜考》　唐制，布帛六丈為端，四丈為疋。

明·談遷《棗林雜俎》和集《叢贅·尺》　周一尺，當今浙尺八寸，當織染所欽降金星牙尺六寸四分。

工具

題解

唐·釋玄應《一切經音義》卷一七《外乘律·迦旃延阿毗曇論》　針筩。古文箴、針二形，今作針同，支諶反，《説文》所以用縫衣者也。

明·楊慎《丹鉛摘録》卷八　《説文》：熨，持火申繒也。一曰火斗。柳文所謂鈷鉧也。古音鬱，今轉音暈。

綜述

五代·張泌《妝樓記·作剪刀》　姑園戲作剪刀，以苜蓿根粉養之，裁衣則盡成墨界，不用人手而自行。

明·董斯張《廣博物志》卷三七《珍寶》　馬先生為博士，居貧，乃思綾機之變，不言而世人知其巧矣。舊綾機五十綜者五十躡，六十綜者六十躡。先生患其喪功費日，乃皆易以十二躡。

明·宋應星《天工開物》卷上《乃服·機式》　凡花機通身度長一丈六尺，隆起花樓，中托衢盤，下垂衢脚。水磨竹棍為之，計一千八百根。對花樓下掘坑二尺許，以藏衢脚。地氣濕者，架棚二尺代之。提花小廝坐立花樓架木上。機末以的杠卷絲，中用疊助木兩枝，直穿二木，約四尺長，其

尖插于筬，兩頭叠助。織紗、羅者，視織綾、絹者減輕十餘觔方妙。其素羅不起花紋，與軟紗綾絹踏成浪梅小花者，視素羅只加桄二扇。一人踏織自成，不用提花之人，閒住花樓，亦不設衢盤與衢脚也。其機式兩接，前一接平安，自花樓向身一接斜倚低下尺許，則叠助力雄。若織包頭細軟，則另為均平不斜之機。坐處鬪二脚，以其絲微細，防遏叠助之力也。

又《腰機式》 凡織杭西、羅地等絹，輕素等紬，銀條、巾帽等紗，不必用花機，只用小機。織匠以熟皮一方，寘坐下，其力全在腰尻之上，故名腰機。普天織葛、苧、棉布者，用此機法，布帛更整齊、堅澤，惜今傳之猶未廣也。

明・方以智《物理小識》卷六《衣服類・花機》 筬率千二百齒，度經過糊齒有兼縷，紗經三千二百縷，綾經五千六百縷，古八十縷為升，今之綢殆六十升也。嘉湖出口出水，乾絲為經，則任從提挈，不憂斷接。機長丈六，起花樓。掘地藏足，中托衢盤。用千八百竹條。提花坐樓，以的杠卷絲，用兩叠助木，尖插筬，兩頭叠助者，羅空在軟綜，衮頭兩扇結綜，一軟一堅，紗亦在衮頭制定也。織綾綢則去此兩扇，而用桄綜八扇，兩手交織曰綯紗。兩梭輕，一梭重，曰秋羅。先染絲織者緞屯絹也。綾絹以浮輕見花，紗羅以糾緯見花。綾絹一梭一提，紗羅來梭提，往梭不提。其獨織者，浪梅小花，視素羅加桄二扇。潞油小雲温州方錦，皆獨織者。倭緞則蔪綿夾藏經面，織過刮成黑光者也。白下仿倭緞，先緯鐵絲而後刮之。蜀錦刻絲，與通身盤龍盤枝，則截梭鬬合，節節换法矣。機杼之巧，殆天工乎。治絲，提緒入星丁，乃由送絲簽以登大車。調絲，用絡篤，過竹鈎為活頭焉，緯絡紡車既籰，有溜眼、掌扇、輕耙、印架，乃扱於筬中。此非織筬。妙於交竹一度，然後過糊糊，用小粉。麵筋洗下。其染紗者用明膠刷之，曰清膠紗。僞重綢分兩者，或糖或粉。絲貴吳絲，日本皆市此，川楚閩廣齊豫各有繭。

又《紡車》 一鐵一木轉圓相背，則棉花出其子矣。弦彈碎而版趕為條，乃置車輪蹋之，以鐵錠插芒梗紡絲，則縷積矣。有紡雙縷者，有一手勾三縷者，省用天車者。松江徽池台州九江皆能之。

雜録

元・龍輔《女紅餘志》卷上《金梭》 羊侃姬張静琬，能織奇錦，有金梭玉鑷伏兎轆轤，皆人間所無之寶爲飾。

又《熨斗》 姚月華熨斗名麟首，黄金爲之。

又《剪刀》 潘坑姬解愁有雙龍奪珠之剪。

又《尺》 吳主亮潔華有襍寶黄金尺，盈盈有畫尺。

又《針》 許允婦阮氏有古針，一生用之不壞。

服飾色彩部

色彩觀念

論説

宋·沈括《夢溪補筆談》卷一《故事》 玄纁五兩：古人謂幣言玄纁五兩者，一玄一纁為一兩。玄，赤黑，象天之色。纁，黄赤，象地之色。故天子六服皆玄衣纁裳，以朱漬丹秫染之。《爾雅》曰：一染謂之縓，縓，今之茜也，色小赤。再染謂之竀，竀，赬也。三染謂之纁，蓋黄赤色也。玄、纁二物也，今之用幣以皂帛為玄纁，非也。古之言束帛者以五疋屈而束之，今用十疋者，非也。《易》曰：束帛戔戔。戔戔者，寡也，謂之盛者，非也。

明·周祈《名義考》卷一一《物部·玄纁》 《考工記》：三入為纁，五入為緅，七入為緇。《爾雅》：一染謂之縓，再染謂之竀，三染謂之纁。賈疏云：凡染玄纁之法，取《爾雅》、《考工記》相兼乃具。然四入、六入無文。縓竀纁三色皆染以丹秫，鄭云：更以纁入赤汁則為朱，《淮南子》曰：纁不入赤而入黑汁則為紺，更入黑則為緅。朱與紺皆四入也。《周禮》：染人六入為玄，以緅更入黑汁也。更以此玄入黑汁則名七入為緇矣。緇與玄相似，故禮家每以緇布衣為玄端也。更取《周禮》染人及鄭氏《淮南子》諸説始備。赤汁以朱，湛丹秫。丹秫，赤粟也。黑汁以涅。涅。黑土在水中者也。由朱以前則皆赤汁，由紺以後則皆黑汁。緅，禮俗文作爵，言如爵頭色，赤多黑少也。《廣韻》：繒色一入為纔，纔即縓也。

明·宋應星《天工開物》卷上《彰施》 宋子曰：霄漢之間雲霞異色，閻浮之内花葉殊形。大垂象而聖人則之，以五采彰施于五色。有虞氏豈無所用其心哉。飛禽衆而鳳則丹，走獸盈而麟則碧。夫林林青衣望闕而拜黄朱也，其義亦猶是矣。老子曰：甘受和，白受采。世間絲、麻、裘、褐皆具素質，而使硃顔異色得以尚焉。謂造物不勞心者，吾不信也。

清·黄以周《禮書通故》卷三 《周官·染人》：凡染，春暴練，夏纁玄，秋染夏，冬獻功。鄭衆云：夏，大也。秋乃大染。鄭玄云：纁玄，天地之色，以為祭服。石染當及盛暑熱潤始，湛研之三月而後可用。《考工記》：鍾氏則染纁術也。染玄則史傳闕矣。染夏者，染五色謂之夏者。其色以夏翟為飾。《禹貢》曰：羽畎夏翟，是其總名。其類有六，曰翬、曰摇、曰鸐、曰甾、曰希、曰蹲，其毛羽五色皆備成章。染者擬以為淺深之度。是以放而取名焉。以周案，鄭意祭服玄纁，象天地之色，宜用石染。云鍾氏則染纁術也。明染纁之以石也，云染玄史傳闕者，謂其所用石未聞也。草木染詳掌染草職。

孔安國云：君子不以紺緅飾，一入曰緅。鄭玄云：紺緅紫玄之類也，紅纁之類也。玄纁所以為祭服，等其類也。紺緅木染不可為衣飾，紅紫草染不可為褻服。陳壽祺云：染人，掌染絲帛。注云：《考工記》：鍾氏則染纁術也。是鄭意以染絲帛如染羽法，用朱湛丹秫，不用草木。蓋草木染者可施之他物，祭服等則當以朱秫染也。以周案孔注之謬辨已詳冓。鄭注以染法言古染法，一入草染，二入木染，三入石染，而色始成。帛之一染用草曰縓，與韋之一染曰韎同。《爾雅》曰：一染謂之縓，《毛傳》亦曰：一入曰韎，知其為一染一入者，以其草染故也。帛之二染用木曰赬。《毛詩》作竀，《説文》作經，云赤色棠，棗之汁或作赬，是二入之赬，用木染也。三染用石曰纁，鍾氏染羽以朱湛丹秫，三入曰纁，朱石也。鄭注《染人》引以為染帛之證，是三入之纁用石染也。三染色始成，由是更入赤汁為大赤之朱，用石染赤韍、朱韍亦石染也。若以三染之纁更入黑汁，一染亦用草曰紫。故鄭云：紅紫草染紅即縓也。二染用木曰紺緅，紺緅色相近，故鄭云：紺緅木染，韋之為爵弁者，如帛之緅。見《士冠禮》注及鍾氏注。《説文》：緅作纔，云帛雀頭色，一曰微赤色如紺，是紺緅色不相遠也。三入用石曰玄，與纁相等，纁玄之用石染，見《染人》注。染至三入，其草木石諸色乃齊，故鄭云：玄纁所以為祭服，等其類也。等者，齊也。是則紺緅不以飾，紅紫不為褻服者。為紫紺緅未成玄紅，未成纁，皆類之未齊者也。凡飾盛虧衣，曰不以紺緅飾。可以為衣也，曰紅紫不以為褻服，其不為飾可知也。何以知之，紺緅五入色已近玄，故爵弁用以為色。凡冠重虧衣，緅可為弁衣之，不廢紺緅可知也。古人染法次弟栻見虧。鄭注《毛傳》、《説文》疏家未為深考，後人遂失其傳。陳恭甫遂謂草木染不可施絲帛，祭服必用

石染，則爵弁之緅，韎韐之赤，豈君子亦有所不用乎。

許慎云：紺帛深青揚赤色也。劉熙云：紺，含也，青而含赤色也。賈公彥云：纁入赤汁則為朱，不入赤汁而入黑汁則為紺。段玉裁云：此今之天青亦謂之紅青，以纁入深青乃為紺，入黑乃為緅矣。《說文》無緅字，云纔，帛雀頭色也。一曰微黑色如紺，句。纔，淺也。纔即緅字。以周案賈疏固非段說，亦未㝵也。《爾雅》云：一染謂之縓，再染謂之赬，三染謂之纁。《考工記》鍾氏云：三入為纁，五入為緅，七入為緇。則緅為赤黑色明矣。鄭注《士冠禮》云：爵弁其色赤而微黑，如爵頭然，或謂之緅。是鄭亦以緅為赤黑色矣。鄭注《論語》云：紺緅木染明其色相等。《說文》：紺，深青揚赤色。深青即黑色，赤黑之紫。《說文》亦云：帛青赤色矣。緅，《說文》作纔，云帛雀頭色。與鄭士冠注合。云微黑色如紺，與鄭《論語》注紺緅同木染，不分兩等，亦合。

《論語》：家說紅紫閒色，私居褻服尚不用，正服無所施。江永云：不以紺緅飾，亦謂非正色也。金鶚云：《玉藻》：衣正色，裳閒色。古人服飾閒色非不用也。蓋五行相克，閒色不用其相生閒色，惟用黑青赤黃，貴其象天地也。天色青而兼黑，象之以為服色，則有纁，有緼，有縓。地色黃而兼赤，象之以為服色，則有綦，有幽。劉寶楠云：鄭君以爵為緅俗文。爵弁用為冠服，爵韠亦用爵為飾，則紺緅絶非閒色可知。以周案凡禮服衣裳皆正色。《玉藻》：衣正色裳閒色指燕居之服言。說詳上。且裳閒對衣正，立文非閒色都不用也。藻以緑韍，以緼，爵弁以緅，禮服且有用之，何況燕服。閒色之相克者，且有用之，豈獨相生。舊說固誤，金說亦非。凡染至三入而色成，一入縓，再入赬，白多赤少為閒色，三入曰纁，已與朱近，鄭注朱四入。非閒色也。其由纁而更入黑汁，一入紫，二入緅，赤多黑少，亦為閒色。三入曰玄，已與緇近，非閒色也。禮服衣玄裳纁皆正色。鄭注以纁為閒色，未可據。劉氏以緅非閒色，亦非。

《毛詩》傳云：玄黑而有赤也。許慎、鄭玄皆同此說。金鶚云：此說大謬，玄者，天之色也。《周髀算經》：天青黑，地黃赤，玄衣黑，而兼青纁，裳黃而兼赤。以周案，以正色言天元而地黃，衣玄象天其色黑而兼赤，為古人染玄以纁為質也。裳纁象地其色黃而兼赤，為古人染纁以黃為質也。衣裳象天地，而其色皆兼赤，此周人尚赤之遺法然也。今則染玄以青為質，與周制異，然不能據今以議古也。

《說文》云：絑，純赤也。纁，淺絳也。絳，大赤也。段玉裁云：大赤，今俗所謂大紅也。純赤今俗所謂朱紅也。朱紅淡，大紅濃，大紅如日出色，朱紅如日中色，日中貴日出，故天子朱芾，諸侯赤芾。以周案，纁為淺絳，則絳深虧纁矣，絳即赤也。《乾鑿度》云：天子朱芾，諸侯赤芾。《詩》：斯干箋謂芾者，天子純朱，諸侯黃朱，則赤者，黃朱也。黃朱非純赤，純赤則為朱矣。許意如此，段說殊曲。但許分絑纁絳為三色，義與鄭異，鄭意赤為黃朱，即所謂纁也。《士冠禮》注云：纁裳，淺絳裳也。對朱為深絳言之。《毛傳》：朱，深絳也。故下又申言之云：凡染絳一入謂之縓，再入謂之赬，三入謂之纁，朱其四入。與段注《說文》：輒引鄭申許虧其異同之意，亦未審。許慎云：縓，帛赤黃色也。紅帛赤白色也。鄭玄云：縓，今紅也。以周案，紅與縓渾言，《通析》：言別紅以白為質，而一入虧赤汁，故其色赤白。縓以黃為質，而亦一入虧赤汁，故其色赤黃。三入曰纁，其色猶赤而微黃也。鄭注《士冠禮》以韎韐為緼韍。注《玉藻》：緼，赤黃之閒色，緼即縓之借韎為韋之。一入縓為帛之一入，其色皆赤黃。許鄭同義。

《毛詩》傳云：韎韐者，茅蒐染韋。一入曰韎韐，所以代韠也。鄭箋云韎者，茅蒐染也。茅蒐，韎聲也。韐，祭服之韠，合韋為之。王引之云《毛傳》原文本作韎染韋也。今本誤衍。蓋毛以染韋一入之色為韎，而不以茅蒐為韎。鄭以韎為茅蒐之合聲，則以茅蒐為韎，而不以一入為韎，此其异也。晋語韋昭注曰：三君云一染曰韎，鄭後司農說以為韎，茅蒐染也。三君皆從毛。以周案，《毛傳》云韎韐者，總述經文也。茅蒐染韋，一入曰韎，連讀。今本韋下衍也，字一下脱入字，餘字不誤。鄭箋依段氏校孔疏申傳箋甚誤，凡染一入草染，再入木染，韎韐，茅蒐染，故《毛傳》知其為一入。金誠齋改為再入曰韎，大謬。

鄭玄云：《士冠禮》爵弁服韎韐。韎韐，緼韍也。士緼韍而幽衡合韋為之，士染以茅蒐，因以名焉。今齊人名蒨為韎韐，韍之制似韠。胡培翬云：此韍也。而名韎韐者，韎言其色，韐以言質。鄭此注云：韎韐，緼韍也。《玉藻》注云：緼，赤黃之閒色，所謂韎也。是鄭以此經韎與《玉藻》緼同為赤黃色名。《說文》：韎，茅蒐染韋也。一入曰韎。《爾雅》：一染謂之縓。《說文》：縓，帛赤黃色，韎與縓皆一入為赤黃色，而染韋則曰韎，

染帛則曰縓，因事异名也。蒨是茅蒐之別名，鄭意以韎名取虧蒨，非以韎韐名取虧蒨，蒨辱名韎，不辱名韎韐，賈此疏出注云：韍之制，似韠。孔氏《詩》疏引此注云：今齊人名蒨為韎韐。皆誤。或疑蒨不辱名韎韐，遂謂韐字，衍文，亦非經言。韐不言韍，鄭不辱單言韍之制，故曰韐韍之制似韠。

鄭駁异義云：韎，草名。齊魯之閒言韎聲如茅蒐，字當作韎。陳留人謂之蒨。以周案，許說不見，蓋同《毛傳》。《國語》韋昭注云：茅蒐，今絳草也。急疾呼之成韎，蒨亦作茜。右染色。

清・閻鎮珩《六典通考》卷三二　染采：《虞書》服十有二章，衣曰作繪，裳曰絺綉。《孔傳》云：五色備為綉，葛之精者為絺。蓋古人尚質，絺纁而綉之，以為祭服。後代無用絺者。《記》曰：夏后氏尚黑，殷人尚白，周人尚赤，其祭服皆元上而纁下。《詩》曰：元衮及黼，又曰元衮赤舄。康成謂凡冕服皆元衣纁裳，是也。《玉藻》：天子始冠，元冠丹組纓。《儀禮》：聘禮、昏禮，幣皆元纁束，其篚則元被纁裏，其笄則緇被纁裏。而《周官・方相氏》所御元衣朱裳，其施於銘物亦緇上赬末。陳氏《禮書》曰元緇所以體道，丹黃所以象事，體道者在上，象事者在下。故《易》稱垂衣裳以取乾坤。天色元，地色黃，而纁者赤黃色也。土寄位於南方，南方色赤，故用纁焉。《染人》職云：夏元纁，秋染夏。夏者，大也。言五色大備也。先之以元纁者，重法天地之色，且尊祭服也。十二章之數終以黼黻，黼即斧也，刃白而銎黑，有剸斷之義焉。黻之文兩己相戾，左青而右黑，此相辨之義也。《白虎通》曰：黻譬君臣可否相濟，見善改惡。賈公彥曰：黻取臣民背惡向善是也。《唐六典》載練染之作有六，一曰青、二曰絳、三曰黃、四曰白、五曰皂、六曰紫。凡染大抵以草木而成，有以花葉，有以莖實，有以根皮，出有方土，采以時月，皆率其屬而修其職焉。

《典絲》凡祭祀，共黼畫組就之物。以給衣服冕旒及依盟巾之屬。白與黑謂之黼，采色一成曰就。《喪紀》共其絲纊組文之物，以給線縷著盱口綦握之屬，青與赤謂之文。《染人》掌染絲帛，凡染，春暴練，夏纁元，秋染夏，冬獻功。暴練，練其素而暴之。故書纁作䌸。鄭司農云䌸讀當為纁，纁謂絳也。夏，大也。秋乃大染，元謂纁，元者謂始可以染此色者。元纁者，天地之色，以為祭服。石染當及盛暑，熱潤始湛，研之，三月而後可用。《考工記》鍾氏則染纁術也。染元則史傳闕矣。染夏者，染五色謂之夏者，其色以夏秋為飾。《禹貢》曰羽畎夏狄，是其總名。其類有六，曰翬、曰搖、曰鷂、曰甾、曰希、曰蹲，其毛羽五色皆備成章。染者擬以為深淺之度，是以放而取名焉。掌凡染事，鍾氏染羽，以朱湛丹秫，三月而熾之。鄭司農云：湛，漬也。丹秫，赤粟。元謂湛，讀如漸，車帷裳之漸熾炊也。羽所以飾旌旗及王后之車。淳而漬之，淳，沃也。以炊下湯沃其熾烝之，以漬羽，漬猶染也。三入為纁，五入為緅，七入為緇。染纁者三入而成，又再染以黑則為緅。緅今禮俗文作爵，言如爵頭色也。又復再染以黑，乃成緇矣。鄭司農說以《論語》曰君子不以紺緅飾，又曰緇衣羔裘。《爾雅》曰：一染謂之縓，再染謂之竀，三染謂之纁。《詩》云：緇衣之宜兮。元謂此同色耳。染布帛者，染人掌之。凡元色者在緅緇之閒，其六入者與。賈公彥曰：此經及《爾雅》不言四入及六入。案《士冠禮》注云：朱則四入，與是，更以纁入赤汁則為朱，若不入赤而入黑汁則為紺，若更以紺入黑則為緅，若更以緅入黑汁則為玄。故云：玄則六入與。玄入黑汁則為緇，緇與玄相類，故禮家每以緇布衣為玄端也。㡃氏湅絲，以涚水漚其絲七日，去地尺暴之。故書涚作湄。鄭司農云湄水，溫水也。元謂涚水，以灰所泲水也。漚，漸也。楚人曰漚，齊人曰涹。晝暴諸日，夜宿諸井，七日七夜，是謂水湅。宿諸井，縣井中。湅帛，以欄為灰，渥淳其帛，實諸澤器，淫之以蜃。渥讀如鄌，人渥管之渥。以欄木之灰，漸釋其帛也。杜子春云淫當為涅，書亦或為湛。鄭司農云澤器，謂滑澤之器，蜃謂灰也。《士冠禮》曰素積白屨，以魁柎之。說曰魁蛤也。《周官》亦有白盛之蜃。蜃，蛤也。元謂淫薄粉之令帛白。蛤，今海旁有焉。清其灰而盝之，而揮之。清，澄也。於灰澄而出盝晞之，晞而揮去其蜃。而沃之，而盝之，而塗之，而宿之。更渥淳之。明日沃而盝之。朝更沃，至夕盝之。又更沃，至旦盝之，亦七日如漚絲也。晝暴諸日，夜宿諸井，七日七夜，是謂水湅。

湅法有二，一為灰湅，渥淳淫蜃是也。一為水湅，暴日宿井是也。晝以陽氣溫之，夜以陰氣寒之。二氣備而素功成焉。《禮服傳》云：有事其縷，無事其布，曰緦。無事其縷，有事其布，曰錫。小功澡麻，治去莩垢。大功布則鍛治之功，粗沽之。自四等喪服至於純吉。湅麻、湅布法尤詳備。然此記不著第，舉絲帛之法而已。

畫繢之事，雜五色，東方謂之青，南方謂之赤，西方謂之白，北方謂之黑，天謂之元，地謂之黃。青與白相次也，赤與黑相次也，元與黃相次也。此言畫繢，六色所象，及布采之第次，繢以為衣。青與赤謂之文，赤與白謂之章，白與黑謂之黼，黑與青謂之黻。五采備謂之綉。此言刺綉采所用綉以為裳。土以

黃，其象方，天時變。古人之象，無天地也。為此記者，見時有之耳。子家駒曰：天子僭天意亦是也。鄭司農云：天時變，謂畫天隨四時色。火以圜，鄭司農云：為圜形似火也。元謂形如半環然。玉裳。山以章，水以龍。章讀為獐，獐，山物也。在衣，齊人謂麢為獐，龍，水物。在衣。鳥獸蛇，所謂華蟲也。在衣。蟲之毛鱗有文采者。雜四時五色之位以章之，謂之巧。章，明也。繢繡皆用五采祥明之，是為巧。凡畫繢之事，後素功。素，白采也。後布之，為其易漬污也。不言綉，綉以絲也。鄭司農説以《論語》曰：繢事後素。

物相雜謂之文，畫繢取其文備，故曰雜五色。木與金配，故青白相次，火與水配，故赤黑相次，地為天配，故元黃相次。乾居西北，而天事武，故黼之色白黑。艮居東北，而成始終，故黻之色青黑。天下之理，歸於所斷，成於所辨，故服章以黻終焉。《詩》曰：元衮及黼黻衣綉裳。《書》曰：麻冕黼裳。《記》曰：諸侯黼，大夫黻。《爾雅》曰：衮黻也。皆舉其章之末者，以著其相終之義耳。畫土以象地，畫四時以象天。天無形體，隨四時而異色，故曰天時變也。馬氏云：獐，山獸。畫山者并畫獐。龍，水物。畫水者并畫龍。然古人之象有山不言獐，有龍不言水。今此記有獐有水，大約因山及獐，因龍及水，非棄本而遵末也。鳥即鳥隼，為旟之類。獸即熊虎，為旗之類，蛇即龜蛇，為旐之類。或繪於衣，或繪於旗。常皆畫繪之事也。素功者，質也。畫繢者，文也。惟白為能受采，故素功為先，畫繢為後。《虞書》十二章，此記惟言四章，合黼黻僅六章。又言天地，不及日月星辰。陳氏《禮書》謂周服止九章，無日月星辰，頗與記合。

《掌染草》：掌以春秋斂染草之物。染草，茅蒐、橐蘆、豕首、紫茢之屬。以權量授之，以待時而頒之。時染夏之時。《月令》：仲夏之月，令民毋艾藍以染。夏小正曰：五月啓濯藍蓼。季夏之月，命婦官染采，黼黻文章必以法，故無或差貸。婦官，染人也。采五色。黑黃蒼赤，莫不質良，毋敢詐僞。質正良善也。以給郊廟祭祀之服，以為旗章，以別貴賤等給之度。旗章，旌旗及章識也。《爾雅》：一染謂之縓，今之紅也。再染謂之赬，染赤。三染謂之纁。纁，絳也。青謂之葱，淺青。黑謂之黝，黝黑貌。《周禮》曰：陰祀用黝牲。斧謂之黼。黼文畫斧形，因名云。邢昺曰：一染一入色名縓。今之紅也。《説文》云：縓，黃赤色。《喪服記》云：公子為其母練冠，麻衣，縓緣是也。再染名赬，即淺赤也。三染名纁。李巡云：三染其色已成為絳，纁、絳一名也。《考工記》云：三入為纁。鄭玄云：染纁者，三入而成。《禹貢》云：厥篚元纁，是也。黑色名黝，以白黑二色畫之為斧形，名黼。《考工記》云：白與黑謂之黼。《書》曰：黼黻絺綉，是也。

染采有正有閒，用兩色閒織之，是為黼黻文章，象四隅也。用一色專織之，是為黑黃蒼赤，象五方也。祭服用專色為旗章，四正用正色，四隅多用雜色。東之南則青多於赤，南之東則赤多於青。其餘方隅可以類推。

《典瑞》：繅藉五采五就。繅有五采文，所以薦玉，木為中幹，用韋衣而畫之。繅讀為藻率之藻。五就，五帀也。一帀為一就。賈公彦曰：凡言就者，或兩行為一就，此上下文是也。或一帀二行為二就。《聘禮》：繅三采六等，朱白蒼。就即等也。《雜記》：三采六等。注云：朱白蒼畫之，再行，行為一等，是等為一行，行亦為就。據單行言之也。《弁師》：五采繅，十有二就，皆五采玉十有二。玉笄朱紘。疏五采藻十有二，謂合五采絲為藻繩十二道，為十二旒也。就皆五采玉十有二，各據一旒，而言五色玉貫於藻繩之上，每玉閒相去一寸，十二玉則十二寸。以一玉為一成結之，使不相并也。王笄朱紘者，以玉笄貫之，又以朱紐為紘，仰屬結之也。諸侯之繅斿九就，瑉玉三采。三采，朱白蒼也。皇氏曰：五采玉飾，依射侯之次，從上而下，初以朱，次白、次蒼、次黃、次元。五采玉貫遍，周而復始。三采者，先朱、次白、次蒼。二色者先朱後緑。

藉玉以繅，其長視玉。采象德之文，就象文之成，内貞剛而外柔順，又有文焉，乃可以行禮矣。王五采五就，色不過五也。公侯伯三采三就，降殺以兩也。子男二采，大夫聘亦二采。禮窮則同也。

《玉藻》：韠，君朱，大夫素，士爵韋。此元端服之韠也。天子諸侯元端朱裳，大夫素裳，唯士元裳、黃裳、雜裳也。皮弁服皆素韠。雜帶，君朱緑，大夫玄華，士緇，辟二寸。雜猶飾也。君裨帶，上以朱下以緑終之。大夫裨垂，外以元，内以華。華，黃色也。士裨垂之下，外内皆以緇。是謂緇帶。大夫以上以素。一命緼韍幽衡，再命赤韍幽衡，三命赤韍葱衡。緼，赤黃之閒色，所謂韎也。衡，佩玉之衡也。幽讀為黝，黑謂之黝，青謂之葱。士不衣織。織，染絲織之。士衣染繪也。無君者不貳采。大夫去位，宜服元端元裳。衣正色，裳閒色。謂冕服元上纁下。非列采不入公門。列采，正服。《正義》曰：大夫士去國，三月内服素衣素裳，三月後別服元端元裳。采色之中，元天色，故為正，纁地色，赤黃之雜，故為閒。皇氏云：青、赤、黃、白、黑，五方正色也。閒色，緑、紅、碧、紫、騮黄，是也。青是

東方正，緑是東方閒。東為木，木色青。木剋土，土黄，并以所剋為閒。故緑色，青黄也。赤是南方正，紅是南方閒。南為火，火赤，剋金，金白，故紅色赤白也。白是西方正，碧是西方閒。西為金，金白，剋木，故碧色青白也。黑是北方正，紫是北方閒。北為水，水色黑，水剋火，火赤，故紫色赤黑也。黄是中央正，騮黄是中央閒。中央為土，土剋水，水黑，故騮黄之色黄黑也。《雜記》：藻，三采六等，藻，薦玉者也。三采六等，以朱白蒼畫之再行也。韠，純以素，紃以五采。素，生帛也。紃，施諸縫中，若今時絛也。《士冠禮》：玄端，玄裳、黄裳、雜裳可也。緇帶爵韠。上士元裳，中士黄裳，下士雜裳。雜裳者，前元後黄，《易》曰：夫元黄者，天地之雜也，天元而地黄。士皆爵韋為韠，其爵同，不以元冠名服者，是為緇布冠陳之。將冠者采衣。采衣，未冠者所服。《玉藻》曰：童子之節也。緇布衣，錦緣，錦紳，并紐，錦束髮，皆朱錦也。《士昏禮》：主人爵弁，纁裳，緇袘。從者畢玄端。婿為婦主，爵弁而纁裳，元冕之次。纁裳者，衣緇衣，不言衣與帶，而言袘者，空其文，明其與袘俱用緇。袘，謂緣，袘之言施，以緇緣裳，象陽氣下施。《易坤》：六五，黄裳元吉。黄中之色也。裳下之飾也。象曰：黄裳元吉，文在中也。夫玄黄者，天地之雜也，天玄而地黄。元黄天地之正色。《尚書》、《大傳》：天子衣服其文華蟲，作繢，宗彝、藻火、山龍。諸侯作繢，宗彝、藻火、山龍，子男宗彝、藻火、山龍。大夫藻火，山龍。士山龍。山龍，青也。華蟲，黄也。作繢，黑也。宗彝，白也。藻火，赤也。天子服五，諸侯服四，次國服三，大夫服二，士服一。顧命，黼純華玉。華玉，五色玉也。釋器緣謂之純，其色白與黑也。敷重，豐席畫純，豐席，刮涑竹席。畫純，以雲畫之為緣。敷重筍席，筍，析竹青皮也。元粉純，以元組為之。卿士邦君，麻冕蟻裳。蟻謂色元也。太保、太史、太宗皆麻冕彤裳。彤裳。纁色也，釋器云赤也。

《禮書》、《書》言：王麻冕黼裳，卿士邦君，皆麻冕蟻裳，太保、太史、太宗皆麻冕彤裳。孔安國曰：蟻裳元彤裳纁。《詩》曰：毳衣如璊，又曰：載元載黄，我朱孔陽，為公子裳。蓋裳以纁為主，纁，赤黄色。以士無正位，必托於火故也。若夫元裳素裳之類，各象其事而服之。孔穎達曰：《書》之卿士邦君，非執事者也，故元裳。太保、太史、太宗，執事者也，故彤裳。其説是也。《詩·豳風》：八月載績，載玄載黄，我朱孔陽，為公子裳。玄，黑而有赤朱，深纁也。陽，明也。祭服玄衣纁裳。箋凡染者，春暴練，夏纁玄，秋染夏。為公子裳，厚於其所貴者説也。《正義》曰：《考工記》鍾氏説染法云：三入為纁，五入為緅，七入為緇。注染纁者三入而成，又再染以黑則為緅。緅，《禮記》作爵，言如爵頭色也。又復再染以黑乃成緇，凡元色在緅緇之閒。其六入者與染元入數，禮無明文。鄭約之以為六入，謂三入赤，三入黑，蓋黑而兼赤也。《士冠禮》云爵弁服纁裳。注凡染，終一入謂之縓，再入謂之赬，三入謂之纁，朱則四入矣。染朱入數，書傳無文。鄭約之以為四入，蓋三入為纁，四入乃成朱色，深於纁。毛萇所云朱深纁是也。羔羊之皮，素絲五紽。素，白也。紽，數也。古者素絲以英裘，不失其制。《正義》曰：古者織素絲為組紃，以英飾裘之縫中。《清人傳》曰：矛有英飾，《閟宮傳》云：朱英為飾。此英亦為飾可知。素絲為飾惟組紃耳。若綫則以縫裘，非飾也。故《干旄》曰：素絲組之。《傳》曰：總以素絲，而成組紃，亦組之類，則素絲可為組紃矣。《小雅》：朱芾斯皇，有瑲葱珩。朱芾，黄朱芾也。皇猶煌煌也。瑲珩，聲也。葱，蒼也。三命葱珩。《正義》曰：言斯皇，故知黄朱也。《斯干傳》曰：天子純朱，諸侯黄朱，皆朱芾。據天子之服言之也，諸侯則謂之赤芾耳。《玉藻》云：一命緼韍黝珩，再命赤韍幽珩，三命赤韍葱珩。據諸侯言也，芾從裳色，故知裳亦朱也。《斯干》：朱芾斯皇，室家君王。箋云：皇，猶煌煌也。芾者，天子純朱，諸侯黄朱，一家之内，或且為諸侯，或且為天子，皆將佩朱芾，煌煌然。《采菽》：玄衮及黼。玄衮，卷龍也。白與黑謂之黼。箋云：衮，玄衣而畫以卷龍也。黼謂絺衣也。王之賜，維用有文章者。《正義》曰：玄衮者，元衣而畫以衮龍。《玉藻》注云：龍衮，畫龍於衣。卷字或作衮，以龍首卷然謂之衮。龍衮是龍之狀也。絺謂刺之，言絺刺之於衣。絺則畫之，黼則刺之，故言絺衣。以對衮畫衣，絺在裳，言衣者，衣，總名也。《王風》：大車檻檻，毳衣如菼。菼，鵻也。蘆之初生者也。箋毳衣之屬，衣繢而裳綉，皆有五色焉。其青者如鵻。大車啍啍，毳衣如璊。璊，赬也。疏再染謂之赬。郭璞云：淺赤也。《説文》云：璊，玉赤色。故以璊為赬。《正義》曰：毳衣之色，衣則畫繪為之，裳則刺綉為之，皆有五色，其青色者則如鵻。言毳衣之屬者，自毳以上當有衮冕、鷩冕，與毳冕之服其衣皆用繢。若絺冕，則衣刺，粉米惟用綉。元冕則衣無文，不復用綉。明毳衣之屬正謂衮鷩耳。《考工記》曰：畫繢之事，雜五色。又曰：五色備謂之綉，是繢綉皆五色，其青者如鵻，其赤者如赬，故二章各舉其一耳。《鄭志》：《大車》傳以菼為鵻，箋以菼為薍，似《易》傳，又言其青者如鵻，復似從傳。張逸疑而問之，答云：鵻，鳥青，非草名。薍亦青，故其

青者如雖。《唐風》：素衣朱襮。襮，領也。諸侯綉黼，丹朱中衣。箋云：綉當為綃，綃黼丹朱中衣，中衣以綃黼為領，丹朱為純也。素衣朱綉。綉黼也。疏綉得為黼者，繢是畫，綉是刺也。雖五色備具乃成為綉，初刺一色，即是作綉之法，故綉為刺名。傳言綉黼者。謂於繪之上綉刺以為黼。非訓綉為黼也。《正義》曰釋器云黼領謂之襮。孫炎曰綉刺黼文以褗領，是襮為領也。《郊特牲》云：綉黼丹朱中衣，大夫之僭禮也。知諸侯當服之衣者朝服。祭服之裏衣，制如深衣。故《禮記・深衣目録》云：深衣，連衣裳而純之以綵者，有表則謂之中衣，大夫以上祭服，中衣用素，不以綉黼為領。唯諸侯乃得服之。《郊特牲》注綉讀為綃，綃，繒名。引《詩》云：素衣朱綃。彼注此箋，皆破綉為綃，以其黼之與綉共作中衣之領。按《考工記》云：白與黑謂之黼，五色備謂之綉，若五色聚居，則白黑共為綉文，不得別為黼稱。綉黼不得同處。故破綉為綃，綃是繒名。《士昏禮》注引《詩》云：素衣朱綃，《魯詩》以綃為綺屬，則綃是繒、綺別名，於綃上刺為綉文，故謂之綃黼也。綃上刺黼為衣領，乃名之為襮，知襮為領之別名也。《秦風・終南》：錦衣狐裘。錦衣，采色也。狐裘，朝廷之服。黻衣綉裳。黑與青謂之黻，五色備謂之綉。《正義》曰：錦者，雜綵為文，故云：綵衣也。狐裘，朝廷之服，謂狐白裘也。白狐皮為裘，加錦衣以為裼，其上又加皮弁服也。《玉藻》注云：君衣狐白毛之裘，則以素錦為衣覆之，使可裼也。錦文太著，上有衣象裘，裘是狐白，則上服亦白。皮弁服，以白布為之衣，故言天子狐白之上衣，皮弁服與。《曹風》：其帶伊絲，其弁伊騏。騏，騏文也，弁，皮弁也。箋云：其帶伊絲，謂大帶也。大帶用素絲，有雜色飾焉。騏當作璂，以玉為之。禮書《詩》曰：其弁伊騏，《書》曰：綦弁執戈，言其文也。蓋綦者陰陽之雜，故《禮》以綦組纓為士之齋冠，綦組綬為世子佩。《詩》以綦巾為女巾，皆其未成德者之服也。則士弁以綦，宜矣。《弁師》言卿大夫之冕弁，各以其等為之，則士弁無玉飾。康成讀玉璂為綦，以綦為結，是臆説也。《記》曰：三王共皮弁素積，《語》曰：素衣麑裘，則素衣其衣，素積其裳。《士冠禮》皮弁素積緇帶，《禮記》：雜帶，君朱緑，大夫元華，士緇辟，則士之皮弁緇帶，與君、大夫之帶異矣。《士冠禮》：皮弁笄，爵弁笄，緇組紘，纁邊。《弁師》：王，朱紘，《禮記》：天子朱紘，諸侯青紘，則士皮弁緇組紘，與天子、諸侯皮弁之紘亦異矣。火龍黼黻，火，畫火也。龍，畫龍也。白與黑謂之黼，形若斧，黑與青謂之黻，兩己相戾。昭其文也。以文章明貴賤。五色比象，昭其物也。車服器械之有五色，皆以比象天地四方，以示器物不虛設。三辰旂旗，昭其明也。三辰，日月星也。畫於旂旗，象天之明。《正義》曰：九旗之物唯日月為常，不言畫星者，蓋太常之上又畫星也。《穆天子傳》稱天子葬盛姬，建日月七星，蓋畫北斗七星也。案司常交龍為旂，熊虎為旗，不畫三辰，而云三辰旂旗者，旗旗是九旗之總名。可以統大常也。子太叔曰：為九文，謂山、龍、華、蟲、藻、火、粉米、黼、黻也。華若草華。藻，水草。火，畫火。粉米若白米。黼若斧，黻若兩己相戾。傳曰火龍黼黻，昭其文也。六采，畫繢之事，雜用天地四方之色。青與白，赤與黑，元與黄，皆相次，謂之六色。五章以奉五色，青與赤謂之文，赤與白謂之章，白與黑謂之黼，黑與青謂之黻，五色備謂之綉，集此五章，以奉成五色之用。《論語》：君子不以紺緅飾。孔曰：一入曰緅，飾者不以為領袖緣也。紺者，齊服盛色以為飾衣，似衣齊服。緅者，三年練以緅飾衣，為其似衣喪服，故皆不以為飾衣。紅紫不以為褻服。王曰：褻服，私居服，非公會之服。皆不正。褻尚不衣，正服無所施。

《禮書》：青、赤、元、黄、白、黑，正色也。緑、紅、碧、紫、纁、緅、緇，間色也。五行之理有相生者，有相剋者，相生為正色，相剋為間色。故甲己合而為緑，則緑者青黄之雜，以木剋土故也。丙辛合而為紅，則紅者赤白之雜，以火剋金故也。乙庚合而為碧，則碧者青白之雜，以金剋木故也。丁士合而為紫，則紫者赤黑之雜，以水剋火故也。孔子曰：君子不以紺緅飾。《淮南子》以涅染紺則黑於涅。涅，黑色也。禮文緅或作爵，《説文》：緅為青赤色，紺為深青色，則紺黑於緅矣。鄭賈之徒謂纁入黑則為紺，紺入黑則為緅，不可考也。《説文》又曰緇，黑色。緑，青黄色。絳，大赤也。纁，淺絳也。縓，赤黄色。紅，赤白色。綥，蒼艾色。綥與綦同。紫，青赤色，紫青赤色而與緅色不異，其説誤也。然則《考工記》繢事則青白赤黑元黄而對方，綉事則青赤、赤白、白黑、黑青，而比方，何也。繢，陽事也。輕清而在衣。綉，陰功也。重濁而在裳。陽則尊而不親，故對方而不比，陰則親而不尊，故比方而不對。

綜 述

《呂氏春秋》卷二《仲春紀・當染》 四曰：墨子見染素絲者而嘆，墨子名翟，魯人。作書七十一篇。曰：染於蒼則蒼，染於黄則黄，所以入者變，其色亦變。五入而以為五色矣。一入一色。故染不可不慎也。非獨染絲然也，國亦有染。

漢・史游撰、唐・顔師古注《急就篇》卷二 春草雞翹鳧翁濯。

春草，象其初生纖麗之狀也。雞翹，雞尾之曲垂也。鳧者，水中之鳥，今所謂水鴨者也。翁，頸上毛也。既爲春草雞翹之狀，又象鳧在水中引濯其翁也。一曰春草雞翹鳧翁，皆謂染彩而色似之，若今染家言鴨頭緑，翠毛碧云。

鬱金半見緗白䊤。

自此以下皆言染繒之色也。鬱金，染黄也。緗，淺黄也。半見言在黄白之間，其色半出，不全成也。白䊤謂白素之精者，其光䊤䊤然也。

縹綟緑紈皂紫硟。

縹，青白色也。綟，蒼艾色也。東海有草其名曰莨，以染此色因名綟。云緑，青黄色也。紈皂，黑色。紫，青赤也。硟，以石輾繒，色尤光澤也。

烝栗絹紺縉紅繎。

烝栗，黄色，若烝孰之栗也。絹，生白繒似縑而疏者也。一名鮮支。紺，青而赤色也。縉，淺赤色也。紅，色赤而白也。繎者，紅色之尤深，言若火之然也。

青綺綾縠靡潤鮮。

青，青色也。綺，即今之繒。綾，今之雜小綾也。縠，今梁州白縠。靡潤，輕渜也。鮮，發明也。言此繒既有文綵而又鮮潤也。

漢・劉熙《釋名》卷四《釋采帛》 素，朴素也。已織則供用，不復加巧飾也。又物不加飾皆自謂之素。此色然也。

宋・沈括《夢溪筆談》卷三《辨證一》 世以玄為淺黑色，璊為赭玉，皆不然也。玄乃赤黑色，燕羽是也，故謂之玄鳥。熙寧中，京師貴人戚里多衣深紫色，謂之黑紫，與皂相亂，幾不可分，乃所謂玄也。璊，赭色也，毳衣如璊，音門。稷之璊色者謂之穈。穈字音門，以其色命之也，《詩》：有穈有芑。今秦人音穈，聲之訛也。穈色在朱黄之間，似乎赭，極光瑩，掬之粲澤熠熠如赤珠。此自是一色，似赭非赭。蓋所謂璊，色名也，而從玉，以其赭而澤，故以諭之也。猶鴇以色名而從鳥，以鳥色諭之也。

宋・趙彦衛《雲麓漫鈔》卷一〇 《孟子》曰：惡紫之奪朱也。蓋朱與紫相亂久矣。仁宗晚年，京師染紫，變其色而加重，先染作青，徐以紫草加染，謂之油紫，後人指為英宗紹統之讖，已見王氏書。自後只以重色為紫，色愈重人愈珍之，與朱大不相類。淳熙中，北方染紫極鮮明，中國亦效之，目為北紫，蓋不先染青，而以緋為脚，用紫草極少。其實復古之紫色而誠可奪朱。按周禮義疏：以朱湛丹秫，三月末乃熾之。即以炊下湯淋所炊丹秫，取其汁。又《爾雅》：一染謂之縓，再染謂之竀，三染謂之纁。士冠有朱紘之文，鄭云：朱則四入。是更以纁入赤汁則為朱。《論語》：君子不以紺緅飾。纁入赤汁則為朱，不入赤而入黑汁則為紺，更以此紺入黑則為緅，是五入為緅也。若更以此緅入黑汁則為玄，是六入為玄也。更以此玄入黑汁，則七入為緇矣。則知古之朱，赤汁染之，紫與朱實相去不多，今之淺紫，其近之矣。

元・許謙《詩集傳名物鈔》卷五 斯干。小三十五變十三。【略】 芾從裳色，祭時服。纁裳故芾用朱赤，但芾所以明尊，雖同色而有差降。《乾鑿度》以為天子之朝朱芾，諸侯之朝赤芾。朱深於赤，天子純朱，明其深也。諸侯黄朱，明其淺也。舉其大色則謂之朱，餘見曹候人。三入為纁，淺絳也。赤與黄為纁，初生之子未能勝衣，襁褓而已。今不獨衣之衣，又必衣之裳者，服之備也。所以期其成人也。故曰服之盛也。

明・楊慎《丹鉛總録》卷一三《訂訛・五行間色》 五行之理，有相生者，有相克者，相生為正色，相克為間色，正色，青赤黄白黑也，間色，緑紅碧紫流黄也。木色青，故青者東方也。木生火，其色赤，故赤者南方也。火生土，其色黄，故黄者中央也。土生金，其色白，故白者西方也。金生水，其色黑，故黑者北方也。此五行之正色也。甲巳合而為緑，則緑者青黄之雜，以木克土故也。乙庚合而為碧，則碧者青白之雜，以金克木故也。丁壬合而為紫，則紫者赤黑之雜，以水克火故也。戊癸合而為流黄，則流黄者黄黑

之雜，以水克土故也。此五行之間色也、流黃一作騮黃。又漢人經注間色作姦色，《禮記》：間聲作姦聲。

明·陳懋仁《析酲漫録》 世知有緋丹、黃丹，而不知有白丹、青丹、黑丹、朱丹。《山海經》：西王母之山有白丹、青丹。《孝經援神契》曰：王者德至山陵而黑丹出。《穆天子傳》有朱丹，然則丹有五色，故郭景純謂丹者，別是彩色也。

明·李時珍《本草綱目》卷五〇下《獸部·獸之一》 氈。拾遺。集解：時珍曰：氈屬甚多，出西北方，皆畜毛所作。其白、其黑者，本色也。其青、烏、黃、赤者，染色也。其氈毯、褐、氍毹、氆氌等稱者，因物命名也。

清·高士奇《天禄識餘》卷五《退紅不皂》 唐時有一種色謂之退紅。王建《牡丹詩》云：粉光深紫膩，肉色退紅嬌。王貞白《倡樓行》云：龍腦香調水，教人染退紅。若今之粉紅，髹漆器也。宋時縑帛中有淡皂色謂之不皂，可對退紅。

又卷六《竊黃竊藍》 竊黃，淺黃色也。竊藍，淺藍色也。

清·桂馥《札樸》卷三《覽古·青黑》 或問：青黑異色，今呼黑布爲青布，何故。答之曰：《禮器》或素或青，夏造殷因。鄭注變白黑言素青者。秦二世時，趙高欲作亂，或以青爲黑，黑爲黃，民言從之。至今語猶存也。馥案《禹貢》：厥土青黎。王肅云：青，黑色。

清·梁紹壬《兩般秋雨盦隨筆》卷七《青》 青與黑殊色，今北人往往謂黑為青。案《戴記·郊特牲》或素或青，夏造殷因，此蓋青字之所昉。又《禹貢》厥土青黎，王肅云：青，黑色。

清·周壽昌《思益堂日札》卷六《魚肚白》 魚肚白，染色名。吴楚市語皆有之。若古稱天水碧，雨過天青也。國初莆田余澹心懷，黃岡杜茶村濬，長洲白仲調夢鼐三人同寓金陵，以詩齊名。時人有魚肚白之號。澹心八十餘卒。尤西堂先生挽詩有云：贏得人呼魚肚白，夜臺同看黨人碑。即指此。

清·王端履《重論文齋筆録》卷九 案王以白色為燕，未知所據。俗呼淡巴菰為蔫，其色淺黃而微黑。今人以衣服之類不鮮明者為蔫，以其色言之也。燕、蔫聲相近，非白色也。且《說文》：明以燕為元鳥，安得謂之白色乎。

清·俞樾《茶香室叢鈔》卷二〇《福色》 國朝李斗《揚州畫舫録》云：揚郡著衣尚新樣，近用膏粱紅、櫻桃紅，謂之福色，以福大將軍征臺匪時過揚著此色也。按福色之名今猶沿之，莫知其由福大將軍得名矣。

清·黃以周《禮書通故》卷三 許慎云：繪，會五采綉也。繢，織餘也。鄭玄云：凡畫者為繪，刺者為綉。以周案，繪，鄭訓畫。古文家義，許訓綉，今文家義。今從鄭繪繢二字，別經注多通用，其實書之作繪，當依《司服》注引作繢，繢者，染絲織之也。冕服之衣用織，士不曻服冕。故《玉藻》云士不衣織。《巾車》之繢總《玉藻》之繢緌。繢為本字，謂織雜采為組也。本或作繪，訓畫於義為短。《考工記》之繢，入字當為繪，畫繢之事後素功，即《論語》繪事後素之義。《論語》用本字，《記》用假借字也。

孔安國云：君子不以紺緅飾，一入曰緅，飾者不以為領袖緣也。紺者，齊服盛色以為飾，似衣齊服。緅者，三年練，以緅飾衣為其似衣喪服。

鄭玄云：紺緅紫玄之類也，紅纁之類也。玄纁所以為祭服等其類也。紺緅木染，不可為衣飾，紅紫草染，不可為褻服。飾謂純緣。皇侃云孔以紺為齊服盛色，或可謂紺深虧玄，為似齊服故不用也。而禮家三年練，以縓為深衣領緣，不云用緅。且檢《考工記》三入為纁，五入為緅，七入為緇。則緅非淺絳明矣。故解者相承，皆云孔此注誤。江永云齊時服玄冠、玄端。而孔云齊服，是誤以紺為玄矣。練衣本以一染之縓為緣，而孔云練服，是誤以縓為緅矣。紺緅皆赤黑之間色，不以者謂其非正色也。飾不止領緣衣裳之邊，皆有緣錢。大昕云孔氏經文當是縓字。《爾雅》：一染謂之縓，即孔所謂一入。《檀弓》：練，練衣，黃裏縓緣。即孔所云三年練以飾衣。然則孔本經注皆當作縓不作緅矣。《考工記》五入為緅，先鄭以《論語》為證，則先鄭所受《論語》本作緅，與孔本异也。自《集解》采孔氏說，而經文仍從緅字，遂亂。以周案孔注本後人僞托，鄭注以染法言說自可通。說詳下卷染類。先君子《論語》後案云錢氏疑孔本緅作縓，無證。江氏以紺緅為間色不正，亦非深衣。具父母、大父母、衣純以繢，具父母衣純以青，如孤子衣純以素。其不以紺緅飾者，非純繢、純青、純素之禮也。鄭玄云：紅紫不以為褻服。紅紫，草染褻服袍襗也。王肅云褻，私居非公會之服。紅紫皆不正，褻尚不衣，正服無所施。以周案藻用朱緑韍，用赤緼、緑緼皆間色，

且用之虧禮服矣。《玉藻》云：衣正色，裳閒色。據燕服言説詳苪必謂褻服不用閒色。此王肅之陋説也。《論語》後案云褻裏衣及褌之屬，紅紫易污也。《詩・秦風・無衣》：箋疏以褻服為襗褲，《字林》：褻，衷衣也。《説文》：以衷為裏。褻衣，《釋名》：汗衣，近身受污垢之衣也。《詩》謂之澤，受汗澤也。褻衣受汗澤，而紅紫又易受污，故不以。右色。

清・平步青《霞外擴屑》卷一〇《葱白穀色》 《七啓》：春清縹酒。李善注：縹，緑色而微白也。《昭明文選序》：縹囊緗帙也。吕向注：縹，青色。緗，淡黄色。庸按：縹即今之葱白色。《禮記》：盎齊。鄭注：盎，猶翁也，成而翁翁然。葱白色，俗又呼魚肚白，又曰湖色，亦曰東方亮。緗即今之穀色，京師呼蕩米嬌。

又 出爐銀：《柳亭詩話》卷二十九《王貞白倡樓行》：龍腦香調水，教人染退紅。王建《牡丹詩》：粉光深紫膩，肉色退紅嬌。又《宫詞》云：綺羅不著索輕容，對面教人染退紅。薛能《吴姬詩》：退紅香汗濕輕紗，高捲蚊厨獨卧斜。退紅即今之粉紅色，所謂出爐銀也。按李斗《揚州畫舫録》卷七：則以肉紅為退紅，與粉紅不同。又云：淺紅白色曰出爐銀。

雜録

南朝梁・顧野王《玉篇》卷二七《系部》 繰。同上，又子老切，帛如紺色也。

又 縞。古到、古倒二切，練也，白色也。

又 緺。古華、古蛙二切，綬紫青色也。

又 緅。灰尤切，青赤色。

又 素。先故切，白也，本也，廉也，白緻繒也。

又 緑。力足切，帛青黄色也。縹。匹妙切，青白色。絠。余祝切，青經白緯也。絑。之俞切，純赤也。纁。許軍切，淺絳也。

又 絳。古巷切，赤色也。

又 緂。他甘切，衣綵色鮮也。

又 緇。子熸切，帛赤白。緹。他禮切，帛赤色也。又音提。綪。千見切，染草名。綟。七絹切，紅也，赤黄也。紫。子爾切，色也。紅。胡公切，色也。緫。千公切，青白色也。紺。古憾切，深青也。綦。巨箕切，又巨記切，雜文也。綦。同上。緇。側其切，黑色也。

唐・釋玄應《一切經音義》卷二《大般涅槃經》 紺琉。古暗反，青赤色也。謂青而含赤色也。坫曰：《説文》：琊石之有光璧琊也。出西湖中。《玉篇》：琉同琊。

又卷三 紅縹。匹繞反，謂天縹也。如帛之青白色也。《釋名》云：縹猶漂也。漂，淺青色也。有碧縹、有天縹、有骨縹，各以其色所象言之也。

又卷五 青紅。且經反，東方色也。木生火，從生丹，丹青之信，言必然也。經文作菁華之菁，非也。菁音紫盈反。三蒼謂韭之英曰菁也。

又卷六 紺青。古暗反，《説文》：帛染青而揚赤色。《釋名》云：紺，含也。青而含赤色也。

又卷九 赭色。之野反，三蒼赭，赤土也。方言南楚東海之間或謂卒為赭，郭璞曰：言衣赤也。

又卷一四 黑縹。匹眇反，《釋名》云：淺青色也。有天縹、骨縹，各以其色言之也。

又 紺色。古憾反，《説文》：帛深青而揚赤色也。《釋名》云：紺，含也。謂青而含赤色也。

又卷一七《小乘律》 黤黮。烏感、他感反。《蒼頡篇》：黤黮，深黑不明也。《説文》：青黑也。

又卷一九《賢聖集傳》 赫艴。許力反，《字林》：赤貌。《通俗文》：青黑。

又卷二〇 青黄。戚經反，東方色也。《爾雅》：春為青陽是也。字從丹，從生木，生丹。丹青之信必然者也。經文作綪，且見反，綪非今體也。

又卷二一《大乘經》 安繕。視戰反，謂青紫色也。

又 帝青。是帝釋寶青色也。以其最勝故稱帝釋青也。

又卷二二《大乘論》 黑黧。力奚反，《通俗文》：班異曰：黧字，林黄黑也。炘曰班異，曰黧異，當是黑字之訛。《玉篇》：黧，黑也。《廣韻》：黑而黄也。

唐・馮贄《雲仙雜記》卷七《霜露能染紅紫》 鵝管山霜可染紫，白庶潭露能染紅，為天下冠，恨人無知者。常奉真《湘潭記》。

宋・蔡絛《鐵圍山叢談》卷三 昔江南李重光，染帛多為天水碧。天

水，國姓也。當是時，藝祖方受命，言天水碧者，世謂逼迫之兆。未幾，王師果下建鄴。及政和之末復為天水碧，時爭襲慕江南風流，然吾心獨甚惡之。未幾，金人寒盟。吳本寒作敗。豈亦逼迫之兆乎。

明・朱之瑜《舜水先生文集》卷二三《雜著四》 問黑即黲，素服乎，答謂黲，素色，似灰色與黑色有異。黲者，喪服，與黑稍異。黑者今日本多此色。

染色材料

綜述

漢・郭憲《洞冥記》卷三 有紫柰，大如斗，甜如蜜。核紫，花青，研之有汁如漆。可染衣。其汁着衣，不可湔浣。亦名闇衣柰。

北魏・賈思勰《齊民要術》卷三《雜説》 八月暑退，命幼童入小學，如正月焉。凉風戒寒，趣練縑帛，染綵色。河東染御黄法，碓擣地黄根令熟，灰汁和之，攪令匀，搦取汁，別器盛。更擣滓，使極熟，又以灰汁和之，如薄粥瀉入不渝釜中，煮生絹。數迴轉使匀，舉看有盛水袋子，便是絹熟。杼出，著盆中，尋繹舒張。少時，捩出，净搌去滓。曬極乾，以別絹濾白淳汁，和熱杼出，更就盆染之，急舒展令均。汁冷，捩出，曝乾，則成矣。

治釜不渝法：在醴酪條中。大率三升地黄，染得一匹御黄。地黄多則好，柞柴、桑薪、蒿灰等物，皆得用之。

南朝梁・任昉《述異記》卷二 洛陽有芝茜園。《漢官儀》云：染園出芝茜，供染御服，是其處也。紅綬花，蔓生如綬，有文采，因名焉。

又 甘泉宫有木園，武帝時園也。今俗呼為仙草園，出漢魏宫志。蔓園在定陵，《漢官儀》曰：蔓園供染緑紋綬。音稷。

唐・釋玄應《一切經音義》卷三 藎。才刃反。《字林》：草名也。《本草》云：藎草可以染流黄，作金色，生蜀中。

又卷一四 茜草。古文蒨、茜二形，今作蒨同。千見反。《説文》云：茅蒐地血所生。案茜可以染絳也。

又卷二三 波羅奢樹。此云赤花樹，樹汁滓極赤，用之為染，今紫礦是也。

又 紫礦。古猛反，波羅奢樹汁滓也。其色甚赤，用染皮氎等也。

五代・張泌《妝樓記・鬱金》 鬱金，芳草也。染婦人衣最鮮明，然不奈日炙。染成衣則微有鬱金之氣。

宋・周去非《嶺外代答》卷六《服用門・傜斑布》 傜人以藍染布為斑，其紋極細。其法以木板二片，鏤成細花，用以夾布，而鎔蠟灌于鏤中，而後乃釋板取布，投諸藍中。布既受藍，則煮布以去其蠟，故能受成極細斑花，炳然可觀。故夫染斑之法，莫傜人若也。

明・楊慎《丹鉛摘録》卷三 《説文》：纈，結也。繫彩繒為文也。杜牧之詩：花塢團宫纈。元微之詩：内蕋繁于纈。李長吉詩：醉纈抛紅網。韓退之詩：碎纈紅滿杏。王建詩：纈衣簾裏動香塵。魚玄機海棠溪詩云：春教風景駐仙霞，水面魚身結帯花，人世不思靈卉異，競將紅纈染輕紗。薛濤詩：夾纈籠裙繡地衣。東坡詩：醉面何因散纈文。胡元時樂工有夾纈之名，別有檀纈、蜀纈、漿水纈、三套纈、緑絲班纈諸名，問之今時機坊，亦不知也。

明・劉基《多能鄙事》卷四《染色法・染小紅》 以練帛十兩為率，蘇木四兩，黄丹一兩，槐花二兩，明礬一兩，先將槐花炒令香，碾碎以净水二升煎，一升之上濾去滓，下白礬末些少，攪匀，下入沸湯一碗化開，下黄絹帛，浸半時許，先將蘇木用水兩碗熬至一碗之上，濾去滓，將汁頓起，留頭汁，再入水一碗半煎至八分一碗，濾去滓，再與頭汁相和，別頓起，將滓再入水二碗煎至一碗，濾去滓，與第二汁相合，下黄丹在二汁内，攪匀，下入礬了，黄絹提轉，令匀浸片時，扭起，將頭汁温熱下染出絹帛，急手提轉浸半時許，可提轉六七次，扭起。晾於風頭令乾，勿令日曬，其色鮮明甚妙。

又法：只以槐花、蘇木同煎亦佳。

染棗褐：以帛十兩為率，用蘇木、明礬分兩與前同。熬、染皆同。至下了頭汁時，扭起，將汁煨熱，下緑礬，勿多。當旋看色深淺，添加太多則黑，少則紅。合中乃佳。

染椒褐：以同前為率，用蘇木四兩銼研碎，皂斗一兩碾碎，白礬亦二

兩，緑礬半兩，煎染之法皆與小紅同。其緑礬亦看顔色深淺，旋用緑礬，別用冷水化開，將染出絹帛扭乾抖開，入緑礬水内，看色加之。

染明茶褐：同前為率，用黄枦木五兩銼研碎，白礬二兩研細，將黄枦依前蘇木法作三次煎，亦將帛先礬了，然後下於顔色汁内染之。淋了時，將顔色汁煨熱，下緑礬末汁内，攪勻，下帛常要提轉不歇，恐色不勻，其緑礬亦看色深淺旋加。

染暗茶褐：亦同前為率，以黄枦木三兩銼碾碎，白礬二兩為末，皂斗二兩研細，依前法煎。顔色用白礬、緑礬皆同。

染艾褐：以前為率，用荆葉一兩，白礬、皂斗各一兩，皂礬少許，將荆葉少許煎濃汁，先用白礬浸半時許，扭乾搓揉令勻，下顔色汁内。皂礬看色深淺用之。

染荆褐：亦同前率，以荆葉五兩，白礬二兩，皂礬少許，先將荆葉煎濃汁，礬了，絹帛扭乾下汁内，皂礬看深淺旋用之。

用皂礬法：先將凡以冷水化開，別作一盆，將所染帛扭乾抖開，入其水内提轉令勻，扭些看色深淺，如淺，入顔色汁内提轉染一時許，再扭看。如好，便扭出。淺則再化些皂凡入盆，下帛其中，好即扭出之。凡用皂礬可作三次下，切不可作，一次下了。

染磚褐：用江茶染鐵漿軋之。

染青皂法：五棓子、緑礬、百藥煎，秦皮各二文為末，湯浸染。

染白蒙絲布法：用蠣灰、蛤蜊殼灰和紗條，紡成者蒸熟。密機織之。

染鐵驪布法：火麻紗用桑皮、荷葉同煮。用略紡乃壯韌。

染皂巾紗法：生紗以皂斗子，鐵銚内同煮褐色，晾乾勿見日，次用黑豆、酸石榴皮煮黑，晾乾。

洗染舊皂皮色法：泥礬、百藥煎，虀水調刷，曬乾以亂髪，蘸虀水入麻油擦之，婦人油髪尤佳。

收藏法：翠花葉用川椒雜合，中收。

又法：用茱萸，雜收不蛀，曬時皆不曬面。

明・李時珍《本草綱目》卷七《土》 冬灰。《本經》下品。集解：【略】冬灰本是藜灰，餘草不真。又有青蒿灰，柃灰，一作苓字，乃燒木葉作，並入染家用，亦蝕惡肉。

又卷一二下《草之一》 紫草。《本經》中品。釋名：【略】時珍曰：此草花紫根紫，可以染紫，故名。《爾雅》作茈草，猺僮人呼為鴉銜草。

又卷三五上《木之二》 槐。《本經》上品。集解：【略】《藏器》曰：子上房七月收之，堪染皂。

又卷三六《木之三》 柘。宋《嘉祐》。集解：【略】其木染黄赤色，謂之柘黄，天子所服。

又 巵子。《本經》中品。集解：【略】蜀中有紅巵子，花爛紅色，其實染物則赭紅色。

又 鼠李。《本經》下品。集解：【略】時珍曰：生道路邊，其實附枝如穗，人采其嫩者，取汁刷染緑色。

又 冬青。《綱目》。集解：《藏器》曰：冬青木肌白，有文，作象齒笏。其葉堪染緋。

又卷三九《虫之一》 五倍子。《開寶》。集解：【略】皮工造為百藥煎，以染皂色，大為時用。

明・宋應星《天工開物》卷上《彰施・諸色質料》 大紅色，其質紅花餅一味，用烏梅水煎出。又用鹼水澄數次，或稻藁灰代鹼，功用亦同。澄得多次，色則鮮甚。染房討便宜者，先染蘆木打脚。凡紅花最忌沉、麝，袍服與衣香共收，旬月之間其色即毁。凡紅花染帛之後，若欲退轉，但浸濕所染帛，以鹼水、稻灰水滴上數十點，其紅一毫收轉，仍還原質。所收之水藏于緑豆粉内，放出染紅，半滴不耗。染家以為秘訣，不以告人。蓮紅、桃紅色，銀紅、水紅色，以上質亦紅花餅一味，淺深分兩加減而成。是四色皆非黄繭絲所可為，必用白絲方現。木紅色，用蘇木煎水，入明礬、棓子。紫色，蘇木為地，青礬尚之。赭黄色，制未詳。鵝黄色，黄蘗煎水染，靛水蓋上。金黄色，蘆木煎水染，復用麻藁灰淋，鹼水漂。茶褐色，蓮子殼煎水染，復用青礬水蓋。大紅官緑色，槐花煎水染，藍澱蓋，淺深皆用明礬。豆緑色，黄蘗水染，靛水蓋。今用小葉莧藍煎水蓋者，名草豆緑，色甚鮮。油緑色，槐花薄染，青礬蓋。天青色，入靛缸淺染，蘇木水蓋。蒲萄青色，入靛缸深染，蘇木水深蓋。蛋青色，黄蘗水染，然後入靛缸。翠藍天藍，二色俱靛水分深淺。玄色，靛水染深青，蘆木、楊梅皮等分煎水蓋。又一法，將藍芽葉水浸，然後下青礬、棓子同浸，令布帛易朽。月白、草白二色，俱靛水微染，今法用

莧藍煎水，半生半熟染。象牙色，蘆木煎水薄染，或用黃土。藕褐色，蘇木水薄染，入蓮子殼、青礬水薄蓋。附染包頭青色，此黑不出藍靛，用栗殼或蓮子殼煎煮一日，漉起，然後入鐵砂、皂礬鍋内，再煮一宵即成深黑色。附染毛青布色法，布青初尚蕪湖千百年矣，以其漿碾成青光，邊方外國皆貴重之。人情久則生厭。毛青乃出近代，其法取淞江美布染成深青，不復漿碾，吹乾，用膠水參豆漿水一過。先蓄好靛，名曰標碙。入内薄染即起，紅焰之色隱然。此布一時重用。

又《藍澱》 凡藍五種，皆可為澱。茶藍即菘藍，插根活。蓼藍、馬藍、吴藍等皆撒子生。近又出蓼藍小葉者，俗名莧藍，種更佳。凡種茶藍法，冬月割穫，將葉片片削下，入窖造澱。其身斬去上下，近根留數寸，薰乾，埋藏土内。春月燒净山土，使極肥鬆，然後用錐鋤，其鋤勾末向身長八寸許。刺土打斜眼，插入于内，自然活根生葉。其餘藍皆收子撒種畦圃中。暮春生苗，六月采實，七月刈身造澱。凡造澱，葉與莖多者入窖，少者入桶與缸。水浸七日，其汁自來。每水漿壹石下石灰五升，攪衝數十下，澱信即結。水性定時，澱澄于底。近來出産，閩人種山皆茶藍，其數倍于諸藍。山中結箬簍，輸入舟航。其掠出浮沫曬乾者曰靛花。凡靛入碙必用稻灰水先和，每日手執竹棍攪動，不可計數，其最佳者曰標碙。

又《紅花》 紅花場圃撒子種，二月初下種。若太早種者，苗高尺許即生蟲如黑蟻，食根立斃。凡種地肥者，苗高二三尺，每路打撅，縛繩橫闌，以備狂風拗折。若瘦地，尺五以下者，不必為之。紅花入夏即放綻，花下作梂彙多刺，花出梂上。采花者必侵晨帶露摘取。若日高露旰，其花即已結閉成實，不可採矣。其朝陰雨無露，放花較少，旰摘無防，以無日色故也。紅花逐日放綻，經月乃盡。入藥用者不必製餅。若入染家用者，必以法成餅然後用，則黃汁净盡，而真紅乃現也。其子煎壓出油，或以銀箔貼扇面，用此油一刷，火上照乾，立成金色。

又《造紅花餅法》 帶露摘紅花，搗熟以水淘，布袋絞去黃汁。又搗以酸粟或米泔清。又淘，又絞袋去汁。以青蒿覆一宿，捏成薄餅，陰乾收貯。染家得法，我朱孔揚，所謂猩紅也。染紙，吉禮用，亦必用製餅，不然全無色。

又《附燕脂》 燕脂古造法以紫鉚染綿者為上，紅花汁及山榴花汁者次之。近濟寧路但取染殘紅花滓為之，值甚賤。其滓乾者名曰紫粉。丹青家或收用，染家則糟粕棄也。

又《槐花》 凡槐樹十餘年後方生花實。花初試未開者曰槐蕊，綠衣所需，猶紅花之成紅也。取者張度與稠其下而承之。以水煮一沸，漉乾捏成餅，入染家用。既放之花色漸入黃，收用者以石灰少許曬拌而藏之。

明・方以智《物理小識》卷六《衣服類・染紅》 河水浸紅花，次日囊盛洗去黃水，又温洗之，又以豆萁灰淋水洗之，乃泡烏梅湯點，槌烏梅與乾紅花等分。帛藉黃檗而染紅。或炒槐花入蘇木藉。白下號喬紅。蘭絨洋布，可受斤金之緋紅，入夜發光。福建胭脂，亦重受紅花者，肇慶山崦小花叢生，含苞可作胭脂。葉似藍，花似蓼。鄭虔曰：山榴花作胭脂，茜草染紫，又有樹茜，終葵子汁如胭脂。江北曰架菜子，後退色。紫鉚血竭為胡胭脂，鉚出蟻壞，血竭其樹脂也。中通曰：凡紅色花皆可取汁作胭脂，但有深淺，如鳳仙染甲之類，杭州夜色，紅用重受胭脂，碧用碧蟬藍胭脂，以硃砂大青皆重，不可作夜色。蘇木蠹亦可作紫礦，朱虬庵曰：廣西太平府有紅草可染紅。

又《雜染》 黃槐青靛，綠則合之，紫則青紅合，淺色則視輕重加減之。若椒褐、茶褐、荆茄色。有兼櫨黃者，墨水者，皂礬五倍子易毀布帛，今不用矣。梔子染黃，久而色脱，不如槐花，或用櫨蘖。紅莧菜煮生麻布，則色白如苧，荷葉煮布為褐色，布作荷香。櫸柳皮可染黑。不獨布也，沙尾鬘帽，黃者白者以櫸葉同煮即黑，一作柜。凡柃楓樺烏柏檗楊桐皆可染，染必加礬，不則入污泥而黑矣，入泥者其布易壞，染布而乾之，再入泥則不壞。布茜紅以烏梅湯，退紅以石灰水，退後茜不失銖兩。虚舟曰：鴿糞煮黃絹色變白，或以雞糞煮白之。藷糧藤似山藥，結實如小瓜，以之染葛作汗衫，則不近膚而爽。本草赭魁鵝抱之類乎，今或以榫漆染麻衫，最爽汗。

清・趙慎畛《榆巢雜識》卷上《西洋大紅》 西洋大紅，出阿末里噶。彼地有樹，樹上有蟲，俟蟲自落，以布盛於樹下收之，成大紅色。蟲名各作泥臘。

夏日結穗，形與色俱如桑葚，味甜，未熟時略帶酸澁，小兒喜食之，加薄膠濃煮，亦可染作紫色。

清・衛杰《蠶桑萃編》卷六《染始類》 原染：昔黃帝堯舜垂衣裳而天下治。《虞書》：以五采彰施於五色作服。《夏書》：羽畎夏翟，徐州貢之。《周禮》：鐘氏染羽，而黼黻文明大備。

染人：《周禮・天官》：染人掌染絲帛，凡染，春暴練，夏纁元，秋染夏，冬獻功。掌凡染事。注染人，下士二人，府二人，史二人，徒二十人。染人主嬪婦染練之事，屬典婦功，其他染事屬冬官。染而後織為染絲，織而後染為染帛。暴練，暴其素而練之也。纁，絳色，元纁，夏暑而後可以染此色。夏，夏翟其羽，五色秋凉而後可以染此色。獻功，元纁與夏至冬皆成功也。凡染事則不特絲帛而已。

掌染草：《地官》：掌染草，掌以春秋斂染草之物，以權量受之，以待時而頒之。注掌染，下士二人，府一人，史二人，徒八人。染草，染色之草。掌染草，主斂其草者。時謂染夏之時。鄭康成注染草，藍蒨象斗之屬，俗云藍以染青，蒨以染赤，象斗染黑。

典絲：典絲掌絲入而辨其物，以其賈揭之。掌其藏與其出，以待典功之時。頒絲於外內工，皆以物授之。凡上之賜予，亦如之。及獻功，則受良功而藏之，辨其物而書其數，以待有司之政令，上之賜予。注典絲，下士二人，府二人，史二人，賈四人，徒十有二人。典絲主婦功治絲事者，后宮所蠶之絲，自為祭祀之用。此絲當是他州所貢者，待其時，若溫暖宜縑帛，清凉宜文綉也。外內工，謂外嬪婦與內女御以物授之，如縑帛則授以素，絲文綉則授以采絲也。亦如之者，謂亦如其物以授其絲也。良者藏之，將以共王與后之用。苦者書其數，所以待政令與賜予也。凡祭祀，共黼畫組就之物。《喪紀》：共絲纊組文之物。凡飾邦器者，受文織絲組焉，歲終則各以其物會之。注白與黑色為黼，雜飾五色為畫，就者，采色一成，物者，絲之物色也。黼畫以為衣服，組就以為冕旒，絲纊，絲絮以俟絕氣。組衣，青赤色，所以繫屨也。邦器如茵席，旌旗之屬。文織，以文為織，絲組以絲為組，會者，各以所飾之物別為計也。

《豳風・七月》：八月載績，載元載黃，我朱孔陽，為公子裳。注祭服，元衣纁裳，蓋養蠶為衣之始，故先言之。作裳為衣之終，故後言之。而色之辨則絲以染。

染羽：鍾氏染羽，《考工記》之鍾聚也，染羽之工名以鍾氏，取其色之聚也。注羽之為物，雖微而旌旗車服之用衆，而不可廢。此先王所有染羽之法。

歷代染制：《後漢書・百官志》：平准令一人，六百石。本注曰：主練染作采色，丞一人。注《漢官》曰：員吏百九十人。《隋書・百官志》：大府寺統司染署。《宋史・職官志》：少府監、染院，掌染絲枲幣帛。《明會典・顏料志》：洪武二十六年定，凡合用顏料，專設顏料局掌管，淘洗青緑，將見在甲字庫石礦按月計料支出。淘洗分作等第進納，若燒造銀硃用水銀，黃丹用黑鉛，俱一體按月支料。燒煉完備，逐月差匠進赴甲字庫收貯。【略】

老子曰甘受和白受采，世間絲、麻、裘、褐皆具素質，而使硃顏異色，得以尚焉，謂造物不勞心者，吾不信也。

《蘇州府志》：染作：《大清會典》：內務府織染局。即中掌。內用衣服繪綉之事，凡織染所用金線絲料等項，俱從户、工二部取用，年終核算出入，錢糧造册二本，送户部銷算。

又《染湅類》 湅涚：湅絲，王昭禹曰：治絲帛而熟之謂之巟。絲帛熟，然後可設飾為用。以涚水漚絲七日，去地尺暴之。鄭鍔曰：湅絲之法以涚水漚之，漚如漚麻之漚。蓋浸漬之也。以水泲灰謂之涚，用涚水以漚其絲，所以取潔凈也，唯潔凈始能受色。既漚七日取而暴之日中，去地一尺，不欲其高，恐陽氣燥之，則色失於燥而不鮮明。近來湖中、川中多濯帛於河干，借河水以洗滌，即慌氏湅絲之法也。

湅暴：晝暴諸日，夜宿諸井，七日七夜，是謂水湅。王昭禹曰：晝暴諸日，以陽氣温之也。夜宿諸井，以陰氣寒之也。謂水湅則非渥淳之使熟也。以陰陽之氣使之熟而已。

湅帛：湅帛以欄為灰，渥淳其帛，實諸澤器，淫之以蜃。易氏曰：絲弱於帛，帛壯於絲，湅絲不過涚水而漚之，湅帛則以欄為灰，煮而熟之，以至淫之、蜃之，又至於途之宿之，其法為特詳。趙氏日燒欄木為灰，渥淳以灰煮熟，不可遽至乾熇，故實諸潤澤之器。蜃，白蛤也。以蛤為粉浸淫器中，欲令帛白。王昭禹曰：灰既澄而清，則蜃而出之，而揮去其所惹之蜃灰。

暴有三等：暴工在漚湅之後其要有三，上暴法，以二人牽綢兩頭，中一人執之，用手輕摇如春風扇和，待其乾後色最鮮明。若中暴法，則人力少用，乘天氣晴明暴於郊外河干曠地，色亦鮮妍，至懸之杆上，風吹日曬，非病燥即病暗，市中多用之，取其簡易。

春染：春日天氣晴和，染法暴練為佳。按《史記》：凡染事，所以設

色於布帛絲縷，以供帷幕幄帟衽席衣服之用。故春云暴練，取其白而受采，夏氏曰：春陽氣燥，故暴染之。

夏染：夏日天氣暑熱，染色纁元為佳。鄭康成曰：纁元者，謂始可染此色。當及盛暑熱潤，始湛研之，三月而後可用。其云纁者，黃而兼赤色，元者，赤而兼黑色。鄭鍔曰：纁，黃而赤，法陽夏。則陽用事，位在南方，染纁宜矣。

秋染：秋宜染夏，凡染五色謂之夏。按夏者，其色以夏翟為飾，《禹貢》：羽畎夏翟是其總名。其類有六，曰翬、曰摇、曰鷂、曰甾、曰希、曰蹲。其毛羽五色皆備成章。染者以為淺深之度，是仿而取名。又秋氣收而不散，五采此時亦皆受染。

冬染：冬令，風凉氣冷，染色多晦暗，故曰獻功。取纁元夏采，至冬成而獻之，近坊間，冬令染絲帛者少。

湖州染式：湖色甲於各省，其染時，乘春水方生，水清而色澤。

錦江染式：漚法須用清水，水清則色鮮。暴時不可過高，過高則質燥。近來成都機房多於錦江，河濯帛而暴之於地上，故蜀錦最佳。

又《料物類》 藍靛：藍，《周禮》注：染草，藍蒨，象斗之屬。《本草》注：藍凡五種，各有主治通治。云藍三種，蓼藍染緑、大藍如芥淺碧，槐藍如槐染青。三藍皆可作澱，色成勝母。故曰青出於藍而青於藍。藍靛，《本草綱目》：藍質浮水面者為靛花。

藍澱：凡藍五種，皆可為澱。茶藍即松藍，插根生活。蓼藍、馬藍、吴藍皆撒子而生。近又出蓼藍小葉者，俗名莧藍，種更佳。【略】

紅花：紅花場圃撒子種，三月初下種。【略】若以染家用者，必以法成餅然後用。則黃汁净盡，而真紅乃現也。其子煎壓出油，或以銀箔貼扇面，此油一刷，火上照乾，立成金色。【略】

青櫚碗：青櫚碗，篇海云高木也。《唐史》云：開寳五年，資州獻梅青櫚，二木合成連理。四川山多産此木，其樹結實類板栗。其碗煎熬水，染青不落色。

四季青：四川染青色有用四季青，似槐葉，枝高數尺，采葉煎水染青。直隸人呼烏拉葉，又名葉子青。【略】

茜草：茜草通作蒨。《説文》云：茅蒐也。《本草》云：一名地血，一名風車草，一名過山龍。今染絳色。《史記・貨殖傳》：千畝卮茜，言其花。染繒，赤黃也。《漢官儀》：染園出芝，供染御服。

槐花：凡槐樹十餘年後方生花實，花初試未開者曰槐蕊。緑衣所需猶紅花之成紅也。取者張度與稠其下而承之。以水煮一沸，漉乾捏成餅，入染家用。既放之，花色漸入黃。收用者以石灰少許曬拌而藏之。

諸色質料：

大紅色：其質用紅花餅一味，用烏梅水煎出，又用鹼水澄數次，或以稻藁灰代鹼，功用亦同。澄得多次，色則鮮甚。染房討便宜者，先染蘆木打脚。凡紅花最忌沈、麝，袍服與衣香共收，旬月之間其色即毁。凡紅花染帛之後，若欲退轉，但浸濕所染帛，以鹼水、稻灰水滴上數十點，其紅一毫收轉，仍還原質。所收之水藏於緑豆粉内，放出染紅，半滴不耗。染家以為秘訣，不以告人。

蓮紅桃紅色、銀紅水紅色，以上質用紅花餅一味，淺與深以分兩加減而成。是四色必用白絲方現，若黃絲則不現。

木紅色，用蘇木煎水，入明礬，棓子二物。

紫色，蘇木為地，以青礬尚之。

赭黃色，制未詳。

鵝黃色，用黃蘗煎水染，以靛水蓋上。

金黃色，用蘆木煎水染，復用麻藁灰淋，鹼水漂之。

茶褐色，用蓮子殼煎水染，復用青礬水蓋。

大紅官緑色，用槐花煎水染，以藍靛蓋，淺深皆用明礬。

豆緑色，用黃蘗水染，以靛水蓋，今用小葉莧藍煎水，蓋者名草豆，緑色甚鮮。

油緑色，用槐花薄染，以青礬蓋。

天青色，入靛碙淺染，以蘇木水蓋。

葡萄青色，入靛碙深染，以蘇木水深蓋。

蛋青色，用黃蘗水染，然後入靛碙。

翠藍色、天藍色，均用靛水分深淺染。

元色，用靛水染深青，以蘆木、楊梅皮等分煎水蓋。又一法，將藍芽葉水浸，然後下青礬，棓子同浸，令布帛易污。

月白、草白二色，俱用靛水微染，今法用莧藍煎水，半生半熟染之。

象牙色，用蘆木煎水薄染，或用黄土。

藕褐色，用蘇木水薄染，入蓮子殼，青礬水薄蓋。

附：染包頭青色，此黑不出藍靛，用栗殼或蓮子殼煎煮一日，漉起，然後入鐵砂、皂礬鍋內，再煮一宵即成深黑色。

附：染毛青布色法，布青初尚蕪湖千百年矣。以其漿碾成青光，邊方外國皆貴重之。人情久則生厭。毛青乃出近代，其法取淞江美布染成深青，不復漿碾，吹乾，用膠水參豆漿水一過。先蓄好靛，名標碉。入内薄染即起，紅焰色，一時重用。

又《色澤類》 釋綵帛：青，生也。象物生時色也。赤，赫也。大陽之色也。黄，晃也。猶晃晃象日光色也。白，啓也。猶冰啓時色也。黑，晦也。如晦冥時色也。絳，工也。染之難得色，以絳為工也。紫，疵也。五色之疵瑕，以惑人者也。紅，絳也。白色之似絳者也。緗，桑也。如桑葉初生之色也。緑，瀏也。荆泉之水於上視之，瀏然緑色，此似之也。縹猶漂。漂，淺青色也。有碧縹、有天縹、有骨縹，各以其色所象言之也。緇，滓也。泥之黑者曰滓，此色也。皂，早也。日未出時，早起視物皆黑，此色如之也。蒸栗染紺，使黄色如蒸栗然也。紺，含也。青而含赤色也。

辨正雜：元以象天，黄以象地，青以象東，白以象西，赤以象南，黑以象北。又如纁之赤黄，如緅之赤青，如縓之赤黑，如朱之象正陽，如緇之象正陰，如紫如緑之為間色，《詩》所謂赤芾元衮，朱英緑縢之類。詳哉言之。

釋淺深：一染謂之縓，再染謂之赬，三染謂之纁。青謂之匆，黑謂之黝。注縓，今紅也。赬，染赤也。纁，絳也。匆，淺青也。黝，黑貌。《小雅》：韎韐有奭，即一入也。又《國風》：魴魚赬尾，即赤也。再染類之，織之以為席者，鼠莞也。染之成色者，鼠尾也。注鼠尾勁也。一名陵翹，可染皂色。

三入為纁，五入為緅，七入為緇。注纁，赤而黄之色也。又纁四染入黑汁為紺，紺入黑則為緅。緅，爵頭之色，赤多黑少，與紺相類。孔子云：君子不以紺緅飾。自緅而入則為元，元即六入之色。自元入黑汁則為緇矣。故七入為緇。《鄭風》云：緇衣之宜。

分上下：元黄乃正氣。《豳風》：載元載黄。注元，黑而赤。朱，深纁也。縞綦色雜，《鄭風》：縞衣綦巾。縞，白也。為男服。綦巾，蒼艾色，為女服。《廣雅》云：縞，細繒。《顧命》：四人綦弁。注青，黑白。《説文》：綦，蒼艾之色，謂青而微白，類艾草之色。然菼青璊赤。《王風》：毳衣如菼，毳衣如璊。菼，鵻也。其色似鵻。郭璞注菼，草色。如鵻在青白之間。璊，赬也。即淺赤。《説文》：璊，玉赤色。故以璊為赬。

禁僞染：染色貴取其正，而僞色乃少。《禮記·月令》：季夏，令婦官染采，黼黻文章，必以法故，無或差貸，黑黄蒼赤，莫不質良。注質，正也。良，善也。所用染者，真采正善，而禁其差貸也。

戒艾藍：染之取藍，當得其時。《禮·月令》：仲夏之月，令民毋艾藍以染。注毋艾藍為恐傷長氣也。按仲夏藍始可別，凡藍初叢生，至此可分移栽，其色最青。青為赤之母，故刈之傷時氣。

明訣法：法有先染後織者，染絲難於染帛，上也。有先織後染者，染帛易於染線，次也。有湅半生半熟，染後織先，是也。染無他法，總在湅暴到質料，佳氣澤明，工藝巧。吴綾蜀錦，鮮艷奪目，價重一時。以此。

辨水色：各省染工各有所長，雖曰人工之巧，亦緣水氣之佳。天青、元青，江寧為上。天藍、寶藍、二藍、葱藍，蘇州為上。朱紅、醬紫，鎮江為上。湖色、淡青、玉色、雪青、大緑，浙之杭州為上。淺紅、大紅、穀黄、鵝黄，古銅川之錦江為上。是皆水色之美者。近直隸南關水源為一畝泉、乙泉、申泉，水清味甘，染工出色甚好，是水可擬江浙成都，再加工夫純熟，自可色色鮮明，極成上品。

巧技能：染之妙得於心，色之妙奪於目，工一也。有一入、再入、三入、五入、七入之候，法一也。有熾之、漚之、暴之、宿之、淫之、沃之、塗之、漬之之次，材一也。有象草本、象翟、象雀、取蛋、取梔、取藍、取茅蒐、取豖首、取象斗、取丹秫、取涚水、取欄之灰之辨，色一也。有象天、象地、象春、象夏、象秋，象之宜，其不善者淺而暗枯而劣，其善者則深而明澤而美。是在覓江浙之巧，工而教之，各得其法。

五行五色

論說

明·楊慎《丹鉛餘録》卷九 五行之理，有相生者，有相克者，相生為正色，相克為間色。正色，青赤黃白黑也。間色，緑紅碧紫流黃也。水色青，故青者東方也。木生火，其色赤，故赤者南方也。火生土，其色黃，故黃者中央也。土生金，其色白，故白者西方也。金生水，其色黑，故黑者北方也。此五行之正色也。甲巳合而為緑，則緑者青黃之雜，以木克土故也。乙庚合而為碧，則碧者青白之雜，以金克木故也。丙辛合而為紅，則紅者赤白之雜，以火克金故也。丁壬合而為紫，則紫者赤黑之雜，以水克火故也。戊癸合而為流黃，則流黃者黃黑之雜，以木克土故也。此五行之間色也。流黃一作駵黃。

清·林昌彝《三禮通釋》卷二四 染五色間色：《周禮·春官》：染人掌染絲帛。凡染，春暴練，夏纁玄，秋染夏，冬獻功。注：暴練，練其素而暴之。鄭司農云：纁謂絳也。夏，大也。秋乃大染，玄謂纁玄者，天地之色，以爲祭服。石染當及盛暑熱潤始，湛研之三月而後可用。《考工記》：鍾氏則染纁術也。染玄則史傳缺矣。染夏者，染五色，謂之夏者，其色以夏翟爲飾。《禹貢》曰：羽畎夏翟，是其總名。其類有六，曰翬、曰摇、曰鷮、曰甾、曰希、曰蹲，其毛羽五色皆備成章，染者擬以爲淺深之度，是以放而取名焉。

《冬官·考工記》：東方謂之青，南方謂之赤，西方謂之白，北方謂之黑，天謂之玄，地謂之黃，青與白相次也，赤與黑相次也。玄與黃相次也。注：此言畫繢六色，所象及布，采之弟次，以爲衣。鍾氏染羽，以朱湛丹秫，三月而熾之。注：鄭司農云：湛，漬也。丹秫，赤粟。玄謂湛，讀如漸車帷裳之漸，熾，炊也。渥而漬之。注：渥，沃也。以炊下湯沃其熾，烝之以漬羽。漬，猶染也。三入爲纁，五入爲緅，七入爲緇。注：染纁者三入而成，又再染以黑則爲緅，緅，今禮俗文作爵，言如爵頭色也。又復再染以黑乃成緇。《爾雅》：一染謂之縓，再染謂之赬。《考工記》：先鄭引赬作竀，唐石經釋文作赬。按赬，赬正字。竀，假借字。《說文》：赬，赤色。杜注哀十七年《傳》：如魚竀尾。云竀，赤色。魚勞則尾赤，此用假借字。三染謂之纁。《爾雅》：之義與《考工記》同。《考工記》無四入六入之文，鄭君約之以朱爲四入，玄爲六入。見《士冠禮》注。其說是也。《論語》：君子不以紺緅飾，紅紫不以爲褻服。何晏《集解》引孔安國曰：一入曰緅，飾者不以爲領緣也。紺者，齊服盛色，以爲飾衣，似衣齊服。緅者，三年練以緅飾衣，爲其似衣喪服，故皆不以爲飾衣。皇氏、邢氏二疏皆不能辨江氏永正注疏之誤，云齊時服玄冠玄端，而孔云齊服，是誤以紺爲玄矣。練衣本以一染之縓爲緣，而孔云練服是誤以縓爲緅矣。紺緅皆赤黑之間色，不以者，謂其非正色也。自是說紺緅者多從江氏之說。

周柄中據《禮記·深衣篇》具父母、大父母，衣純以繢，具父母，衣純以青，如孤子，衣純以素。純即緣也。尊者俱存，則多飾，而以繢，繢，畫文也。尊者不俱存，則飾少，而以青。俱亡則無飾，而以素。紺緅非繢又非青，素於盡飾無飾之義，兩無所取，故不用。周氏說勝於江永矣。

然尚有未盡者，《考工記》：五入爲緅。《爾雅》：一染謂之縓。《檀弓》：練衣，黃裏縓緣。孔豈不讀《考工記》、《檀弓》、《爾雅》而誤以縓爲緅乎。邢疏亦疑孔云一入曰緅，未知出何書，云：三年練以緅飾衣，似讀緅爲縓，殊不詧孔氏本經必作縓不作緅。故有是言孔氏所見乃古文論語，以縓爲緅，乃後來傳寫之誤耳。錢氏大昕答問云：《爾雅》：一染謂之縓，即孔所云一入也。《檀弓》云：練，練衣，黃裏縓緣。注云：小祥練冠，練中衣，以黃爲內，縓爲飾，即孔所云三年練以飾衣者也。然則孔本經注皆當作縓，不作緅矣。《考工記》鍾氏三入爲纁，五入爲緅。注爲染纁者，三入而成。又再染以黑則爲緅。緅今俗禮文作爵，言如爵頭色也。先鄭司農以《論語》君子不以紺緅飾，證五入爲緅之文，則先鄭所受《論語》本作緅，與孔本異也。自《集解》采孔氏說，而經文仍從緅字，又改注文之縓亦爲緅，而二文相亂。邢氏知孔讀緅爲縓，又云：一入曰緅，未知出何書，此知二五而不知十也。皇侃《論語義疏》引鄭君《論語》注云：紺緅紫玄之類也。《說文》：黑而有赤色者爲玄。鄭注《周禮》玄色者，在緅緇之間。楚詞玄文處幽。注玄，赤黑色，與《說文》同。紅纁之類也。《說文》：纁，淺絳也。鄭注《禮》曰纁裳，淺絳裳也。玄纁所以爲祭服，等其類也。紺緅，木染，不可爲衣飾。紅紫，草染，不可爲褻服

而已。飾謂純緣也，是鄭不以紺緅爲間色，其言玄纁爲祭服，紺緅紅紫等其類，與孔氏齊服説合，可證孔氏不誤。而江氏謂紺緅皆赤黑之間色，非也。古者衣正色，裳間色，故士黃裳、纁裳、雜裳，可也。間色非不可用，《士冠禮》：爵弁，鄭注爵弁者，冕之次，其色赤而微黑，如爵頭，然或謂之緅。《考工記》：鍾氏，鄭注緅，今禮俗文作爵，言如爵頭色也。又復再染以黑乃成緇矣。《周禮・巾車》：雀飾，注曰：雀黑多赤少之色，則緅即爵弁之色，何謂間而非正。按《説文》：無緅字，有纔字，許意纔即緅也。云纔帛，雀頭色也。一曰微赤色如紺，纔，淺也，讀若讒，从糸，毚聲。段氏注云：今經典緅字，許無纔，即緅也。依鄭《士冠禮》注則爵、緅、纔三字一也。三字雙聲，玉裁按今目驗雀頭色，赤而微黑，然則纔爲緅字明矣。謹案鄭氏以紺緅木染，紅紫草染，不可爲衣飾與褻服者。

按《周禮・地官》序：官掌染草，注云：染草藍蒨象斗之屬，其下掌染草。注云：染草，茅蒐、橐蘆、豕首、紫茢之屬。疏云：藍以染青，蒨以染赤，象斗染黑。大司徒土會之法，山林其植物宜皁物。先鄭以爲皁物柞栗之屬，《説文》：栩，其實皁，一曰樣。《爾雅・釋木》：栩，杼。櫟，其實梂。陸機《毛詩》疏云：徐州人謂櫟爲杼，或謂之爲栩。其子爲皂，或言皂斗，其殼爲汁可以染。皂，此木染之證也。按《説文》：栩，柔也。其皁一曰樣。宋本及《集韻》、《類篇》皆同毛氏。依小徐作其實皁。段注謂其非是，艸部曰皂斗，櫟實也。一曰樣斗。許蓋謂栩爲柞櫟，與陸機同。《説文》：又謂柔，栩也。《莊子》：狙公賦芧，司馬云：芧，橡子也。芧即柔字，橡即樣字，樣、橡，正俗字也。柔本樹名，因用爲實名也。樣，《説文》云：栩實也。《爾雅》舊注曰：柔實爲橡子，以橡殼爲柔斗者，以剜剜似斗故也。《説文》：杼，杼木出橐山，《中山經》曰傳山西五十里曰橐山，其木多樗多橁木。段氏云：樗者，杼之誤。《廣韻》十一模曰黃杼木可染，十姥曰杼木可染繪。按《周禮》染草，茅蒐、橐盧、豕首、紫茢之屬，橐盧豈即黃杼，與抑字音相近，而草木異類也。《玉篇》乃佚杼字。按《古今注》：杼實曰橡杼，橡即柔樣也。《本草》：橡實，堪染用，一名杼斗。按今吴中呼爲橡斗子是也。《博雅》云：橡蔕有斗，可染皂。蓋即鄭注所謂象斗也。

《爾雅・釋草》：葝，鼠尾。郭注可以染皂。蒤，虎杖。郭注可以染赤。茹藘，茅蒐。郭注今之蒨也，可以染絳。欔，烏階。郭注可以染皂。藐，茈草。郭注可以染紫。一名茈莀，《説文》：藍，染青草也。此草染之證也。按吴普《本草》謂之山陵翹，陶宏景云：山野甚多，人采作滋染皂。今鼠尾草所在有之，葉如蒿，夏初莖生，岐穗若車前，其花或赤或白，花莖葉俱可爲染。是《典・染草》所需也。《太平御覽》引孫炎云：葝，巨盈切，可染皂。是郭注本孫説也。蒤，一名虎杖。郭注似紅草而麤大，有細刺，可以染赤。《齊民要術》載作杬子法，如無杬皮則代以虎杖。邵氏晉涵謂其根與杬皮相近。陶注《本草》云：蒤，田野甚多，狀如大馬蓼，莖斑而葉圓。説與郭注畧同。邵氏謂今虎杖似紅蓼是也。茹藘，茅蒐。郭注云：今之蒨也，可以染絳。按《詩・鄭風・東門》云：茹藘在阪。茹藘，一名茅蒐，染草也。《小雅・瞻彼洛矣》云：韎韐有奭。《毛傳》：韎韐者，茅蒐，染草也。一曰韎韐，所以代韠也。鄭箋云：韎韐，茅蒐染也。茅蒐、韎韐聲也。韎韐，祭服之韠，合韋爲之。近代段氏《儀禮》：漢讀始正其誤。謂《毛傳》韎韐之韐爲衍。染草之草，爲韋之譌。一入日韎當斷句，不得接韐字讀茅蒐染。一入日韎，即《爾雅》：一染謂之縓也。《儀禮》注云：今齊人名蒨爲韎，即韋氏所云急疾呼茅蒐成韎也。段氏據《考工》、《喪禮》先云韎韐，後單云韐，可知韎者其色，韐者其物。段氏之論極精詳。韎韐説，按《左傳》疏引賈逵云：一染日韎，此其證也。又按蒨，一作茜。《史記・貨殖傳》云：卮茜千石，亦比千乘之家。是《史記》作茜，而《廣雅》作倩，此同音通用之證也。《詩》疏引李巡云：茹藘，一名茜，可以染絳。《儀禮》疏引孫炎云：一名蒨，可以染絳。是郭注所本也。陸元恪《草木疏》云：一名地血，齊人謂之茜。徐州人謂之牛蔓。《别録》云：茜草，一名地血。是與陸氏説同。邵氏茜草生山谷，蔓莚草木上方，莖中空，數寸一節，每節四五葉相對，葉如棗而上鋭，實如椒而小，園圃亦有種之者。《禮記》疏云：以蒨染之，其色淺赤是也。按蒐草爲人血所結而生，故其色微赤。《説文》云：蒐，茅蒐。茹藘，人血所生，可以染絳。段氏注云：人血所生者，釋此字所以从鬼也。段氏按《本草經》：有齒根，蜀本《圖經》、蘇頌《圖經》言其狀甚悉。徐廣注：《史記》云：茜一名紅藍，其花染繒赤黃。此即今之紅花。張騫得諸西域者，非茜也。邵氏謂今紅藍花與茜草殊種，徐廣牽合爲一，非也。按邵説近之《説文》：綪，赤繒也。以茜染故謂之綪。《左傳・定四年》分康叔以綪茷，茷即旆也。杜注云：綪，大赤，取染草名也。《雜記》注作蒨。旆、蒨即茜也。茜者，茅蒐也。韋部又曰茅蒐，染韋，一入曰韎。段氏謂必數入而後謂之綪。今不得其詳矣。茜與綪合韻而同音，故茜染謂之綪也。欔，烏階。郭注即烏杷也。子連相著，狀如杷齒，可以染皂。孫疏云俗謂之狼杷。陳藏器《本草》云：狼杷草生山道旁，與秋穗子並可染皂。《爾稚・釋草》又云：欔，橐舍。郭注未詳。邵氏晉涵云：上文烏階，亦名欔。郭注以爲染草也。鄭注《典・染草》有橐盧，疑鄭君所見本異，橐含當作橐盧。即烏階也。按邵説近之，而翟灝補郭云：欔，猶握也。橐者無底，小囊花之未舒，如人手之握持，如小囊之包裹。因即取象名之，含則爲吐

之反，遂以橐含爲花蕊之異名。與上文皇華榮荄根等例觀，非一種草也。翟氏此説亦强作解事矣。按《釋草》：欆、烏階，與下文攫、橐含，二攫實爲一字，自傳寫之誤。遂以烏階之攫爲攫，以橐含之攫爲欆，並誤爲攖爲欆矣。阮氏《爾雅》校勘記云：唐石經元本作攫，烏階，雪牕本音钁，釋文攫，沈居縛反，葉鈔本如此，閩本、監本、毛本、通志堂本俱誤作欆。攫，橐含，釋文、唐石經同。石經考工提要引至善堂九經本亦作攫，雪牕本作攖橐，監本作穫橐，毛本作穫橐，皆非。正德本、閩本亦誤。按此攫橐合與上攫烏階一字也。陸氏此音俱縛反，與上沈音居縛反一音也。按阮説是也。而邵氏謂橐含即烏階轉不爲無據矣。臧氏琳云：《釋草》：攫，橐含。郭注未詳，又花荂也，郭注今江東呼花爲荂，按郭氏分此爲二節，以攫，橐含爲未詳，蓋疑是草名耳。琳以此當六字爲一節，猶上之蕍笋墓花榮與葯茇荄根也。攫疑當讀爲葩，《説文·草部》：葩，花也。从艸，皅聲。又《橐部》：橐，囊也。从橐，省石聲。蓋言花之裹橐未開也。又弓嘾也，草木之花未發函然。象形讀若含，始知《爾雅》含本作弓，象花之弓而未放。以弓與含聲同，故讀若含，而義則不同。後人習用同聲者，非正字也。《説文·口部》：含，嗛也。嗛，口有所銜也。又華榮也，从草从花。又花草木華也，从乑，虧聲，荂花或从草从夸。按臧氏之論，亦可備一説。茈，《説文》云：茈草也。藐，《説文》亦云：茈草也。莀，《説文》云：草也，可以染留黄。《説文》綟下云：帛莀，草染色也。《廣雅》云：茈、莀，茈草也。段氏云：古列、戾同音，茈，紫同音，是紫莀即茈草，即《周禮》染草之紫茢也。《本草經》云：紫草一名紫丹，一名紫芙。陶隱居云：即是今染紫者。《説文》云：莀草可以染留黄，段氏云：謂之紫莀者，以染紫之莀别於染騮黄之莀也。《西山經》曰：勞山多茈草，司馬彪注《上林賦》曰：茈薑，紫色之薑，郭注《南山經》曰：茈嬴，紫色嬴。故知古紫、茈通用，按段説是也。留黄，黄黑色也。《禮記義疏》作騮黄，土尅水，故中央騮黄色，黄黑也。段氏云：盭同音段，借字也。漢制盭綬在紫綬之上，其色黄而近緑。故徐廣云：似緑，或云似紫綬名緺綬者，非也。緺，紫青色，與綟不同。按綟謂莀，草染成也。莀草可以染留，故染成是爲綟。段氏謂綟與莀疊韻，與留雙聲。留黄，詞賦家作流黄。皇侃作緇黄，蓋即黎黄之色。其色黎黑而黄也。漢百官公卿表諸侯王金璽盭綬，如淳曰：盭音戾，盭緑也。以緑爲質。晉灼曰：盭，草名也。出瑯邪平昌縣，似艾可染緑，因以爲綬名也。段氏云：緑近黄緑爲質而染黑，故曰騮黄，中央之間色。何承天纂文云：綟，紫色。非也。按段説是也。《説文》云：籃，青草也。《小雅》毛傳云：藍，染草也。《禮記·月令》：仲夏之月，令民無刈藍以染。鄭注云：此月藍始可别。高誘注《吕氏春秋》云：爲藍青未成也。按夏小正啓灌藍蓼，蓋種藍之法。先時於畦生五六寸許，乃分别栽之，常六七莖爲一叢。即小正所云啓灌者也。藍蓼，籃之似蓼者，藍有數鍾，蓼藍，今名小藍。此種爲優，八月方可染。金氏注以啓灌爲取汁。今以藍、蓼爲二種，又有以蓼爲麯，並誤。五月取汁者，大葉藍耳。豈惡旨酒之主而孜孜於麴蘖間乎。

《考工記》：鍾氏染羽，以朱湛丹秫。《天官》：染人掌染絲帛。鄭注《考工記》：鍾氏則染纁術也。染玄則史傳闕矣。染夏者，染五色。是鄭意以染絲帛如染羽法，用朱湛丹秫，不用草木。蓋草木染者可施之他物，而祭服等則當以丹秫染也。紺緅紫類祭服之玄，紅類祭服之纁，然紺緅色、淺紅、紫色姦，故不用爲飾及褻服，此鄭義也。謹按鄭氏解，紺緅紅紫極正而确，據鄭説則以祭服宜石染，染纁玄，夏法皆不用草木。鄭意草木染者可施之他物，祭服玄纁象天地之色，則當用石染，所以重祭服也。紫與玄色相遠，孔子惡紫奪朱，朱四入纁三入，則紫當類纁，不當類玄。故鄭注鍾氏云：緅今禮俗文作爵，注《士冠禮》云：爵弁者，冕之次，其色赤而微黑，如爵頭。然蓋祭之衣用玄色，以配乎冕弁。紺緅木染，易混乎玄也。祭之裳用纁色，以承乎冕弁紅，紫草染易亂乎纁也。故不用爲飾及褻服焉。飾字自指有采色者，言經傳無有以緣爲飾者。《爾雅》云：緣謂之純。古者衣裳、冠帶、韠屨、席有緣而純，袘、紕、緷、緆、衻、襈、攝皆緣名也。義詳緣考。《禮記·玉藻》：玄冠紫緌，自魯桓公始也。哀十七年《左傳》：衛渾良夫衷兩牡紫衣狐裘，太子數之以三辠而殺之。杜注紫衣狐裘，人君之服可知。春秋時人君正服多用紫矣。《戰國策》云：齊紫，敗素也，而賈十倍。管子言齊桓公好服紫，齊人尚之，五素而易一紫，其貴紫有由來矣。蓋齊桓公有敗素，染以爲紫，下令貴紫，人争買之，賈十倍。

紺緅與紫則類祭服之玄，紅則類祭服之纁，故鄭氏貴乎石染也。按紺色於禮服無可考，《莊子·讓王篇》：子貢乘大馬，中紺而素衣。注：李云紺爲中衣，疏家謂以纁入黑則爲紺，以紺入黑則爲緅，是紺、緅特不以爲飾，非不可用之他服。江氏永謂爲色之不正，特未之考耳。紺之色，疏家多不能辨。賈氏考工疏云：纁入赤汁則爲朱，不入赤汁而入黑汁則爲紺。今按賈説非也。《説文》：紺帛，深青而揚赤色也。段氏注云：而字依《文選》注補，揚當作陽，猶言表也。劉熙《釋名》云：紺，含也。青而含赤色也。段氏玉裁云：此今之天青亦謂之紅青，許言陽，劉言含，其意一也。以纁入深青而赤，見於表，是爲紺。入深青乃爲紺，入黑乃爲緅矣。按段説得之。陳氏《禮書》云：《考工記》繢事則青白、赤黑、玄黄而對，方繡事則青赤、

赤白、白黑、黑青而比方,何也。繢,陽事也。輕清而在衣。繡,陰事也。重濁而在裳。陽則尊而不親,故對方而不比,陰則親而不尊,故比方而不對是也。

按五色染之可考者,《説文》云：緑帛,青黄色也。緑衣,《毛傳》曰：緑,間色。《玉藻》、《正義》曰：五方間色,緑紅碧紫騮黄是也。木青剋土黄,東方間色爲緑,緑,色青黄也。火赤剋金白,南方間色爲紅,紅包赤白也,金白剋木青。西方間色碧,碧,色白青也。水黑剋火赤,北方間色紫,紫,色黑赤也。土黄剋水黑,中央間色騮黄,騮黄,色黄黑也。《説文》：縹,帛白青色也。段注云：白青各本作青白,今正。此金剋木之色,所剋當在下也。縹,《禮記正義》謂之碧。《釋名》曰：縹猶漂,漂,淺青色也。有碧縹,有天縹,有骨縹,各以其色所象言之也。《説文》云：絑,純赤也。按經傳絑皆作朱,朱爲假借字。按赤爲南方之色,段注云：《説文》：市下云,天子朱市,諸侯赤市,然則朱與赤深淺不同。《豳風》：我朱孔陽,傳曰：朱,深纁也。陽,明也。許云：纁者淺絳,絳者大赤,蓋純赤、大赤其異者微矣。《説文》：絳,大赤也。段注云：大赤者,今俗所謂大紅也。純赤者,今俗所謂朱紅也。朱紅、淡大紅,濃大紅,如日出之色。朱紅如日中之色。日中貴於日出,故天子朱市,諸侯赤市,赤即絳也。《説文》：縉帛,赤色也。《南都賦》引臣瓚云：赤白色。《玉篇》亦云：帛,赤白。段注以爲皆非,以赤白可混爲紅也。《説文》：緹帛,丹黄色也。段注云謂丹而黄也。許書縓帛,赤黄色。丹與赤不同者,丹者如丹沙,與赤異,其分甚微。故鄭注《草人》曰：赤緹,縓色也。酒正五齊,四曰緹齊。注曰：緹者,成而紅赤,若今下酒矣。按紅赤者,赤而白,緹齊不純赤,故謂之紅赤。緹齊俗作醍,見《禮運》。《説文》：縓帛,赤黄色也。段注赤黄者,赤而黄也。《禮・喪服》注曰：縓,淺絳也。練冠而麻衣縓緣,三年練之受飾也。《檀弓》注曰：縓纁之類。《説文》：紫帛,青赤色也。段注云當作帛黑赤色也。潁容《春秋釋例》曰：火畏於水,以赤入於黑,故北方間色紫也。《論語》、皇疏《玉藻》、《正義》畧同。此作青者,蓋如《禮器》注所云,秦二世時語民言從之,至漢末猶存,與許説必無誤,轉寫亂之耳。按段説是也。若紫青赤色與緅無異矣,《説文》：紅帛,赤白色也。潁氏《春秋釋例》曰：金畏於火,以白入於赤,故南方間色紅也。段注云：此今人所謂粉紅、桃紅也。《説文》：纔帛青色也。按《爾雅》：青謂之蔥,蔥即纔也。謂其色蔥蔥淺青也。深青則爲藍矣。許書市部,曰：大夫赤市蔥衡,用《玉藻》文也。《説文》：綥帛,蒼艾色也。《詩》曰：縞衣綥巾,未嫁女所服。段注云：蒼者,草色也。艾者,仌臺也。蒼艾色謂蒼,然如艾色是爲綥。《毛傳》曰：綦巾,蒼艾色。許所本也。鄭箋則云：綦,綦文也。綦文者,文錯畫也。象交文,今作紋是也。不純綦而紋路蒼畫爲十字相交,是爲綦文。《曹風》其弁伊騏,傳曰：騏,騏文也。《秦風》傳曰：騏,綦文也。《魯頌》傳：蒼騏曰騏,《顧命》騏弁,鄭注曰：青黑曰騏。《玉藻》綦組綬。注曰：綦文雜色也。皆謂蒼文也。《鄭風》出其東門,傳曰：縞衣,白色男服。綦巾,蒼色女服也。箋云：縞衣綦巾所爲作者之妻服也。鄭與毛異,許用毛説,而以未嫁二字申毛意。

《説文》：繰,按繰《禮記》作澡,他書作繅絲。帛如紺色,或曰深繒。段注云：深繒疑有譌舛,繒不得言深也。按繰《廣雅》系諸青類,蓋比紺色之青更深矣。段注云：如紺色者,如紺而別於紺也。《説文》：緇帛,黑色也。蓋黑者北方色也。火所熏之色也。《考工記》：七入爲緇。鄭注曰：玄色在緅緇之間,其六入者與。段注云：《玉藻》：大夫佩水蒼玉而純組綬。注純當爲緇。古文緇字或作糸旁才,又《周禮》：媒氏純帛。注純,實緇字也。古緇以才爲聲,《祭統》：王后蠶於北郊,以供純服。注純以見繒色。《論語》：今也純。鄭讀爲緇,鄭意今之紂字,俗譌爲純耳。然則許書當爲紂。篆解云：古文緇从糸才聲,而缺者豈從今書不從故書之例歟。《説文》：緅帛,騅色也。《詩》曰：毳衣如緅。按許書馬部,騅者,蒼白色也。《爾雅・釋言》曰：菼,騅也。《王風》毛傳曰：菼,騅也。蘆之初生者也。草部曰：菿者,萑之初生,一曰騅,帛色如菿,故謂之騅色,謂之緅也。

綜　述

《吕氏春秋》卷一三《有始覽・應同》 二曰：凡帝王者之將興也,天必先見祥乎下民。祥徵應也。黄帝之時,天先見大螾大螻。蛄螻螾蚯蚓皆物。黄帝曰土氣勝。土氣勝,故其色尚黄,其事則土。則法也,法土色尚黄。及禹之時,天先見草木,秋冬不殺。禹曰木氣勝。木氣勝,故其色尚青,其事則木。法木色青。及湯之時,天先見金刃生於水。湯曰金氣勝。金氣勝,故其

色尚白，其事則金。法金色白。及文王之時，天先見火赤烏，銜丹書集于周社，文王曰火氣勝，火氣勝，故其色尚赤，其事則火。法火色赤。代火者必將水，天且先見水氣勝，水氣勝故其色尚黑，其事則水。法水色黑。水氣至而不知數備，將徙於土。

漢・劉珍《東觀漢記》卷一《世祖光武皇帝紀一》　建武元年夏六月己未即黃帝位。【略】二年春，正月，益吳漢鄧禹等封，自漢草創，德運正朔，服色未有所定，高祖以十月為正，以漢水德，立北畤而祠黑帝。至孝文賈誼公孫臣，以為秦水德，漢當為土德，至孝武，兒寬司馬遷，猶從土德。自帝即位，按圖讖推五運，漢為火德，周蒼漢赤，木生火，赤代蒼，故帝都洛陽，制兆于城南七里，北郊四里，行夏之時，時以平旦，服色犧牲尚黑。明火德之運，常服徽幟尚赤，四時隨色，季夏黃色。議者曰，昔周公郊祀，后稷以配天宗祀，文王以配上帝。

漢・劉熙《釋名》卷四《釋采帛》　青，生也。象物生時色也。赤，赫也。太陽之色也。黃，晃也。猶晃晃象日光色也。白，啟也。如冰啟時色也。黑，晦也。如晦冥時色也。絳，工也。染之難得色，以得色為工也。紫，疵也，非正色。五色之疵瑕，以惑人者也。紅，絳也。白色之似絳者也。緗，桑也。如桑葉初生之色也。綠，瀏也。荆泉之水於上視之，瀏然綠色，此似之也。縹猶漂，漂，淺青色也。有碧縹，有天縹，有骨縹，各以其色所象言之也。緇，滓也。泥之黑者曰滓，此色然也。皂，早也。曰未出時早起視物皆黑，此色如之也。

宋・王得臣《麈史》卷一《禮儀》　傳曰：惡紫之奪朱，然則紫之色可見矣。嘉祐染者既入其色，復漬以油，故色重而近黑，曰油紫。未幾，英宗入繼大統，秘書丞甄履嘗為《繼聖圖》著其說。後又為黑紫，神宗詔禁止，於是乃加鮮赤矣。世又目為順聖紫云，蓋色得正也。

宋・陳祥道《禮書》卷七《五色間色》　《考工記》曰：東方謂之青，南方謂之赤，西方謂之白，北方謂之黑，天謂之玄，地謂之黃。《染人》：春暴練，夏纁玄，秋染夏，鍾氏染羽，以朱湛丹秫，三月而熾之，淳而漬之，三入為纁，五入為緅，七入為緇。《爾雅》曰：一染謂之縓，再染謂之赬，三染謂之纁。鄭氏曰：緅，今禮作爵，如爵頭色。又染以黑乃成緇矣。凡玄色在緅緇之間，其六入者歟。又曰：三入為纁，四入為朱歟。爵冠色。蓋青赤玄黃白黑，正色也，綠紅碧紫緅緇，間色也。五行之理，有相生者，有相尅者，相生為正色，相尅為間色。故甲巳合而為綠，則綠者青黃之雜，以木尅土故也。丙辛合而為紅，則紅者赤白之雜，以火尅金故也。乙庚合而為碧，則碧者青白之雜，以金尅木故也。丁壬合而為紫，則紫者赤黑之雜，以水尅火故也。孔子曰：君子不以紺緅飾，《淮南子》曰：以涅染紺則黑於涅，涅，黑色也。禮文緅或作爵，《說文》緅為青赤色，紺為深青色，則紺黑於緅矣。鄭賈之徒謂纁入黑則為紺，紺入黑則為緅，不可考也。《說文》又曰：緇，黑色。綠，青黃色。絳，大赤也。纁，淺絳也。縓，赤黃色。紅，赤白色。綼，蒼艾色。綼與綦同。紫，青赤色，紫，青赤色而與緅色不異，其說誤也。然則《考工記》繢事則青白、赤黑、玄黃而對方，繡事則青赤、赤白、白黑、黑青而比方。何也。繢，陽事也，輕青而在衣。繡，陰功也，重濁而在裳。陽則尊而不親，故對方而不比。陰則親而不尊，故比方而不對。

又《緣》　《爾雅》曰：緣謂之純。《曲禮》曰：父母存，冠衣不純素，孤子當室，冠衣不存采。《深衣》：具父母、大父母，衣純以繢。具父母衣純以青，如孤子衣純以素，純袂緣，純邊，廣各寸半。《曲禮》又曰：大夫、士去國，素衣素裳素冠，徹緣。司凡筵，莞筵紛純，繅席畫純，次席黼純。《士昏禮》：主人爵弁，纁裳緇袘。袘，謂緣。袘之言施，以緇緣裳，象陽氣下施。女次純衣纁衻。衻亦緣也。衻之言任也，以纁緣其衣，象陰氣上任也。《既夕禮》：明衣縓綼緆。在幅曰綼，在下曰緆。緇純，飾衣曰純，謂領與袂。衣以緇，裳以縓，象天地也。《士冠禮》：黑屨，青絇，繶純，純博寸。純，緣也。白屨，緇絇，繶純，純博寸。纁屨，黑絇，繶純，純博寸。《既夕記》曰：攝，白絇。攝，緣也。《記》曰：縞冠素紕，既祥之冠也。純緣邊也。又曰：童子緇布衣錦緣。《雜記》：韠，紕以爵韋六寸，不至下五寸，純以素，紃以五采。在旁曰紕，在下曰純。子羔之襲也，稅衣纁衻。大夫而以纁為之緣，非也。史曰褾襈，襈，緣也。古者衣裳、冠帶、韠、屨、席有緣，而純、袘、紕、綼、緆、衻、襈、攝皆緣名也。特其所施者異耳。深衣之緣錦青，若素長衣之緣素，爵弁纁裳之緣緇，明衣之緣縓緇，中衣黼領之緣丹朱，童子緇布衣之緣錦，婦人褖衣緣纁。《周禮》褖衣作緣衣。屨之緣或青、或緇、或黑，帶之緣或朱綠、或玄華，席之緣或紛、或黼、或繪，韠之緣，爵與素，矢服之緣白絇。其他不可考也。

宋・程大昌《演繁露》卷七《正色　間色　流黃》　《環濟要略》

曰：正色五謂青、赤、黄、白、黑也。間色五謂紺、紅、縹、紫、流黄。《御覽》八百十四。孟子曰：惡紫恐其亂朱。蓋以正色為尚，間色為卑也。流黄不知何物，古詩曰：中婦織流黄。魯直詩曰：明於機上之流黄。則流黄者織絲之色也。染絲而織，惟錦為然。今專言流黄，恐是黄繭之絲也。

宋・周密《**癸辛雜識**》**後集**《**五行間色**》 五行所主：金白，木青，水黑，火赤，土黄。然間色亦相克成，木克土，則青黄合爲緑。金克木，則青白合爲碧。火克金，則赤白合爲紅。水克火，則黑赤合爲紫。土克水，則黄黑合爲驪。

又別集上《**胡服間色**》 茶褐、黑緑諸品間色，本皆北服，自開燕山始有至東都者。

《**宋史**》**卷一四八**《**儀衛志**》 唐太宗法夏后之前制，取中方之正色，故制大麾色黄。今禮有黄麾，其制十二幅。《開寶通禮義纂》曰：黄，中央之色。

明・楊慎《**丹鉛續録**》**卷六**《**雜識・間色名**》 青、赤、黄、白、黑，五方正色也。碧、紫、紅、緑、流黄，五方之間色也。青別為蒼，赤別為朱，析朱為非，非今作緋。黄別為黇，白別為縞，黑別為玄，此正色之別名也。近黑曰弋，今作黓。似緑色曰校，女嫁者服之。縠，日出色也。柳，日入色也。葱，暝色也。檀，婦人注面赭色也。雛草，間色之中，又有間色，若天縹、褪紅、淺絳、女真黄、天水碧之類，不可殫述。《南史・輿服志》有鷩、鳪、鶾、雉四色。鶾音罩，白色也。餘未詳。《左傳》注袀，皂色也。

又《**姦色**》 《禮》注：紅，南方之姦色。紫，北方之姦色。五方皆有姦色，蓋正色之外，雜互而成者曰姦色。猶正聲之外，繁手而淫者曰姦聲也。姦色即間色。

明・田藝蘅《**留青日札**》**卷二三**《**黄**》 黄，中色，中央土之貴重者。故衣有五色，惟黄裳則帝王服之。玉有五色，惟黄琮則祭天用之。銀有五色，惟黄銀則道家用之。取其得陰陽之正氣，天地之中色也。

明・俞汝楫《**禮部志稿**》**卷一八**《**儀制司職掌・吏員巾服**》 洪武四年定，各衙門掾史、令史、書吏、司吏、典吏，穿皂盤領衫，繫絲絛，戴四方平定巾。

十四年定，吏員皂衣，改用青色。【略】軍士，洪武二十一年九月戊寅定，中外衛所馬步軍士服色，惟駕前旗手一衛用黄旗，軍士力士俱紅袢襖，盔甲之制如舊。其餘衛所悉用紅旗紅袢襖，凡袢襖長齊膝，窄袖，内實以綿花。旗幟各分記號，用青、藍為邊，玄、黄、紫、白，間色俱不得用。凡為旗幟衣裝布絹綿花蘇木棗木之類皆官給之，毋令軍士自備。

明・張岱《**夜航船**》**卷三**《**人物部・帝王**》 五行迭王。太昊配木，以木德王天下，色尚青。炎帝配火，以火德王天下，色尚赤。黄帝配土，以土德王天下，色尚黄。少昊配金，以金德王天下，色尚白。顓頊配水，以水德王天下，色尚黑。

又卷一一《**日用部・衣裳**》 天子服。黄帝始定人君服，色隨王運。周公始制天子服，四時各以其色。隋文帝始專尚黄。唐玄宗時，韋韜請天子服御皆用黄，設禁。

清・虞兆漋《**天香樓偶得**》 奸色，間色，青赤黄白黑五方正色。碧紫紅緑流黄五方之間色也。間字向作去聲。然按《禮》注云：紅，南方之奸色。紫，北方之奸色。蓋奸色即間色也。奸，干也。相干犯也。謂雜色干犯正色也。則間字當从平聲。間、奸古字通用耳。

清・惲敬《**大雲山房十二章圖説**》**卷二**《**周十二章圖説**》 《考工記》：畫繢之事雜五色。東方謂之青，南方謂之赤，西方謂之白，北方謂之黑，天謂之元，地謂之黄。青與白相次也，赤與黑相次也，元與黄相次也。

注：繢以爲衣。

疏：青與白相次，以下論繢於衣，爲對方之法也。

青與赤謂之文，赤與白謂之章，白與黑謂之黼，黑與青謂之黻，五采備謂之繡。

注：繡以爲裳。

疏：此皆比方爲繡次。

雜四時五色，以章之謂之巧。

注：繪繡皆用五采，鮮明之。

疏：上有六色，此言五，元黑共説也。

敬案：陳氏言畫不止於衣裳，故統言其事。然古者衣裳之制於禮最重，注疏主衣裳言，爲得經意也。經首言雜五色，末言五色備，繢繡皆錯五采，其對方、比方之法止二色者，以本君他色者言之耳。

清·俞樾《茶香室四鈔》卷二四《流黃》 宋程大昌《演繁露》云：《環濟要略》曰：正色五，謂青、赤、黄、白、黑也。間色五，謂紺、紅、縹、紫、流黄。原注云《御覽》八百十四。流黄不知何物。古詩云：中婦織流黄。則流黄者，織絲之色也，恐是黄繭之絲。按間色有五，詳見《禮·玉藻》疏所引皇氏説，謂緑、紅、碧、紫、騮黄，且説其義云：緑色青黄是東方間，紅色赤白是南方間，碧色青白是西方間，紫色赤黑是北方間，騮黄色黄黑是中央間。要略之文與此不同。以序推之，要略以紺為緑，以縹為碧。揆之古義，《説文》以縹為青白色，則縹即碧也。以紺為深青揚赤色，似非，即緑也。至流黄，當即騮黄，聲近而字通耳。凡言流黄者，皆可以騮黄説之，程氏以為織黄繭之絲，非是。

用色習慣

綜　述

南朝梁·任昉《述異記》卷一 鄧通以棹船為黄頭郎，曰：土勝水，其色黄，故刺船郎皆著黄帽。

唐·釋玄應《一切經音義》卷一一 卒。祖没反，《説文》云：隸人給事者曰卒。古以染衣題識，表其形也。《方言》：南楚東海之間或謂卒為赭。郭璞曰：言其衣赤也。

唐·釋道宣《廣弘明集》卷八《辯惑篇第二之四》 自古相傳黑者得也，謂有黑相當得天下。猶如漢末訛言黄衣當王，以黄代赤，承運之像。言黑亦然。所以周太祖挾魏西奔，衣物旗幟并變為黑，用期訛讖之言。斯亦漢光武之餘命也。昔者高洋之開齊運，流俗亦有此謡。洋言黑者稠禪師，黑衣天子也。將欲誅之。會稠遠識，悟而得免。備如别説。故周祖初重佛法，下禮沙門，并著黄衣，為禁黑故。有道士張賓，譎詐罔上，私達其黨，以黑釋為國忌，以黄老為國祥。帝納其言，信道輕佛，親受符録，躬服衣冠。

又 張角、張魯等，本因鬼言：漢末黄衣當王，於是始服之。曹操受命，以黄代赤，黄巾之賊，至是始平。自此已來，遂有兹弊，至宋武帝，悉皆斷之，至寇謙之時，稍稍還有。今既大道之世，風化宜同，小巫巾色，實宜改復。且老子大賢，絶棄貴尚，又是朝臣，服色寧異。古有專經之學，而無服象之殊。黄巾布衣，出自張魯。國典明文，豈虚也哉。大聖賢作訓，弘裕温柔，鬼神嚴厲，動為寒暑。老子誡味，祭酒皆飲，張製鬼服，黄布則齊。真僞皎然，急緩可見。

唐·封演《封氏聞見記》卷四《運次》 國家承隋氏火運，故為土德。衣服尚黄，旗幟尚赤，常服赭赤也。赭黄，黄色之多赤者，或謂之柘木染，義無所取。

宋·孔平仲《珩璜新論》卷二 昔人不以白為嫌，郭林宗遇雨，巾一角墊。注云：今國子學生服。帢，吕洽切。以白紗為之。晋謝萬著白綸巾，山簡着白接䍦，皆不嫌白也。今之流俗，不用皮革羽毛之類置柩中，至用楮帶木笏。王濛死，劉惔以犀杷麈尾置棺中。昔人未有此禁忌耳。

宋·王讜《唐語林》卷七《補遺》 唐末，士人之衣色尚黑，故有紫緑，有墨紫。迨兵起，士庶之衣俱皂，此其讖也。

宋·米芾《畫史》 葉助字天祐，收蜀范瓊畫梁武帝寫志公圖一幅，武帝白冠衣褐。晋尚白，宋、齊、梁、陳習見不同，各以所尚色，皆白帽帝首。叔季文物如此，豈非餘分國位乎。顧凱之畫維摩猶白首。周木德，冕皆尚青。仲尼曰：吾殷人也，生于宋，故服章甫之冠，此殷制。殷水德，故尚玄，玄端章甫皆黑色也。封二王後，各行其正朔，服其文物也。漢火德尚赤，用赤幘，舜土德尚黄，故服黄冠圖，宜觸類而長之，乃不凡。

宋·葉紹翁《四朝聞見録》乙集《秦小相黄葛衫》 秦檜權傾天下，然頗謹小嫌，故思陵眷之，雖檜死，猶不釋。小相熹嘗衣黄葛衫侍檜側，檜目之曰：换了來。熹未諭，復易黄葛，檜瞪目視之曰：可换白葛。熹固請，以為葛黄乃貴賤所通用，檜曰：我與爾却不可用。蓋以色之逼上。

宋·王栐《燕翼詒謀録》卷五 仁宗時，有染工自南方來，以山礬葉燒灰，染紫以為黝，獻之宦者洎諸王，無不愛之，乃用為朝袍。乍見者皆駭觀，士大夫雖慕之，不敢為也。而婦女有以為衫褑者，言者亟論之，以為奇衺之服，寖不可長。至和七年十月己丑，詔嚴為之禁，犯者罪之。中興以

後，駐蹕南方，貴賤皆衣黝紫，反以赤紫為御愛紫，亦無敢以為衫袍者，獨婦人以為衫褑爾。服紫始末，已見前卷。

宋・程大昌《演繁露》卷八《白紗帽》 侯景僭立時，着白紗帽而尚披青袍。《舉要》三十二。宋泰始元年，群臣欲立湘東王，遂引入西臺登御座著白紗帽。按此即白紗帽乃人主之服，故以此為定。《舉要》二十五。宋蒼梧王死，王敬則取白紗帽，加蕭道成首，使即祚，曰：誰敢復動，道成不肯。

又卷一三《古服不忌白》 《隋志》：宋齊之間，天子宴私著白高帽，士庶以烏。太子在上省則帽以烏紗。在永福省則白紗。隋時以白帢通為慶吊之服，國子生服白紗巾。晉人著白接羅，竇華《酒譜》白接羅，巾也。南齊垣崇祖守壽春，著白紗帽，肩輿上城，今人必以為怪，古未以白色為忌也。郭林宗遇雨墊巾，李賢注云：周遷《輿服雜事》曰：巾以葛為之，形如帢。帢，口洽反。本居士野人所服。魏武造帢，其巾乃廢。今國子學生服焉，以白紗為之，是其制皆不忌白也。樂府《白紵歌》：質如輕雲色如銀，制以為袍餘作巾。袍以光軀巾拂塵。吳兢《樂府要解》：案舊史，白紵，吳地所出，則誠今之白紵。列子所謂阿錫，而西子之舞所謂白紵紛紛鶴翕亂者，是也。今世人麗妝，必不肯以白紵為衣，古今之變，不同如此。《唐六典》：天子服有白紗帽，其下服如裙襦襪，皆以白。視朝聽訟，燕見賓客，皆以進御，則猶存古制也。然其下注云：亦用烏紗，則知古制雖存，未必肯用，多以烏紗代之。則習見忌白久矣。世傳《明皇幸蜀圖》山谷間老叟出望駕，有著白巾者。釋者曰：服，諸葛武侯也。此不知古人不忌白也。

宋・王楙《野客叢書》卷八《禁用黄》 禁門曰黄闥，公府曰黄閣，郡治曰黄堂。三公黄閣，前史無其義。人往往不得其說。案《禮記》：士韠與天子同，公侯大夫則異。鄭玄注：士賤，與君同，不嫌也。朱門洞啓，當陽之正色。三公之與天子禮秩相亞，故黄其閣以示嫌。蓋是漢制，張超《與陳公牋》拜黄閣將有日是也。此見沈約《宋志》，而衛宏《漢儀》亦謂丞相聽事閣曰黄閣。或者不曉，謂三公近於君，故謂黄閣。然名為黄閣，初非用黄。僕又考《南史》：何尚之與婢共洗黄閣，益信黄閣非虛名也。郡治之黄堂，由春申君在郡，塗雌黄以厭火災，遂為黄堂故事外，臣下室廬鮮有謂黄者。然服飾猶未之禁，往往臣下亦通用之。自唐高祖武德初用隋制，天子常服黄袍，遂禁士庶不得服。而服黄有禁，自此始。至明皇天寶間，因韋韜奏御案牀褥，望去紫用黄制，而臣下一切不得用黄矣。敕舊用白紙，唐高宗上元間，以施行之制既為永式，白紙多蠹，遂改用黄。除拜將相制書用黄麻紙，其或學士制不自中書出，故獨用白麻紙，所以有黄麻、白麻之異也。詔晉時多用青紙，見楚王倫、太子遹等傳。故劉禹錫詩曰：優詔發青紙。表亦用黄紙，觀《前燕録》載岷山公黄紙上表，《北史》邢邵為人作表，自買黄紙寫送之，因知古者上下所書之紙不拘如此。李肇《翰林志》曰：凡賜予、徵召、宣索、處分曰詔，用白藤紙。撫軍旅曰：書，用黄麻紙，道觀薦告詞文用青藤紙，謂之青詞。凡諸陵薦告上表，用白麻紙。《石林燕語》曰：唐中書制詔有四：畫紙而施行者，曰發、曰敕，用黄麻紙。承旨而行者，曰敕牒，用黄藤紙。赦書用涓黄紙。或云取其不蠹也。《東齋雜記》：治平間，以館中書多蠹，更以黄紙寫。又知易白以黄者，往往以避蠹之故，非專為君命而然。

宋・王應麟《困學紀聞》卷五《禮記》 紫，間色也，孔子惡其奪朱。周衰，諸侯服紫。《玉藻》云：玄冠紫緌，自魯桓公始。管子云：齊桓公好服紫衣，齊人尚之，五素易一紫。鄭康成以紫緌為宋王者之後服，賈逵杜預以紫衣為君服，皆周衰之制也。

宋・周密《癸辛雜識》前集《白帽》 管寧白帽之說尚矣。雖杜詩亦云：白帽應須似管寧。然幼安本傳止云：常著皂帽。又云：著絮帽布衣而已。初無白帽之事。獨杜佑《通典・帽門》載管寧在家常著帛帽，豈以帛爲白乎！然宋、齊之間，天子燕私多著白高帽，或以白紗，今所畫梁武帝像亦然。蓋當時國子生亦服白紗巾，晉人著白接羅。謝萬著白綸巾，南齊桓崇祖白紗帽，南史和帝時，百姓皆著下簷白紗帽，《唐六典》：天子服有白紗帽。他如白帢、白幍之類，通爲慶弔之服。《古樂府白紵歌》云：質如輕雲色如銀，製以爲袍餘作巾。杜詩：光明白氎巾，常念著白帽，采薇青雲端。白樂天詩云：青筇竹杖白紗巾。然則古之所以不忌白者，蓋喪服皆用麻，重而斬齊，輕而功緦，皆麻也，惟以升數多寡精粗爲異耳。自麻之外，繒縞固不待言，苧葛雖布屬，亦皆吉服。縞帶、紵衣，昔人猶以爲贈，則亦何忌之有。漢高帝爲義帝發喪，兵皆縞素，行師權制，固不備禮。後世人多忌諱，喪服往往求殺，今之薄俗，蓋有以縞紵爲緦功者矣。宜乎巾帽之不以白也。

元·王惲《秋澗集》卷八六《論服色尚白事狀》：國朝服色尚白，今後合無令百司品官，如遇天壽節，及圓坐廳事公會，迎拜宣詔，所衣裘服，一色皓白為正服。布告中外，使為定例。

元·釋覺岸《釋氏稽古略》卷一 夏，帝禹【略】禹即天子位，國號夏，以金德，都韓。今汴梁路鈞州陽翟也。豫域仍有虞，以建寅月為歲首，十寸為尺，色尚黑，牲用玄，以黑為徽號。

又 商，帝湯【略】帝湯黃帝之後，【略】即天子位，以水德，都亳。今河南府路偃師縣是也。除桀之邪虐，以寬治民，民喜，遠近歸之。改正朔，夏之前皆以建寅之月為正月，湯既革夏命，乃以建丑之月為正月，十二寸為尺，色尚白，牲用白，以白為徽號，服早冠而縞衣。

又 周，劉恕【略】黃帝之後，於祝帝堯之後，於蘇隸幽州【略】改正朔，以建子月為正月，色尚青，服以冕，王木德，以居鎬。

又 秦，嬴姓，水德，王都咸陽。【略】始皇二十六年初，并天下自以為德兼三皇，功過五帝，乃更號曰皇帝。【略】承運以水德，初齊威宣王時，鄒衍論著終始五德之運，齊人奏之，始皇采用其說。始改年朝賀，皆以十月朔，衣服旌旄節旗皆尚黑。

又 武帝，徹。景帝子，在位五十四年，壽終七十一。【略】太初元年十一月甲子朔冬至，命司馬遷造漢太初曆，以寅為正月歲首，色尚黃，數用五。

又卷二 周，宇文姓，代郡武川人。【略】以木德承魏水，行夏之時，服色尚黑。

明·鎦績《霏雪録》卷上 古人首服多用白，如白皮弁、白接羅、白綸巾、白氈巾之類。初未嘗諱也。但以疏細為吉凶之別，白皮弁以白鹿皮為之，而加飾焉。

明·陸深《儼山外集》卷一三 襄陽大堤曲，有倒著接羅花下迷。蓋用白紗作巾。南朝雖帝王亦服白紗帽。沈攸之所謂大事若克白紗帽共著耳。又別有白疊巾、白綸巾，後世惟凶服乃用白。

明·余繼登《典故紀聞》卷四 國初伶人皆戴青巾，洪武十二年始令伶人常服緑色巾，以別士庶之服。

又卷七 成祖聞温州府民歲輸白礬赴京者，阻隔山路，負運艱難，因問工部臣：礬欲何用。對曰：以染色布。曰：特染布耳，而勞民於數千里之外，可罷其歲徵，自今製布衣不必染色。

明·于慎行《穀山筆麈》卷一三《冠服》 六朝士庶烏帽，惟人主宴居着白紗帽。南宋廢帝既弒，諸王就秘書省見湘東王，於時事起倉猝，王失履，跣至西堂，猶着烏帽。建安王休仁呼主衣，以白帽帶之，即黃袍加身之意也。王敬則弒蒼梧王，手取白紗帽加道成首。當時白紗名高頂帽，皇太子在上前則烏紗，在東宮則白紗，蓋惟天子得冠之耳。

隋文帝即位，改服紗帽黃袍。解曰：紗帽，烏紗帽也，江南人主多服白紗帽，文帝乃用烏耳。古人庶人服黃，至是人主及百官服之，至唐時惟人主黃袍，百官亦不敢服矣。

明·沈德符《萬曆野獲編》卷一《列朝·白服之忌》 白為凶服，古來已然。漢高三軍縞素是矣。晉世婦人，一時俱簪白柰花。相傳天女死，為之服孝。俄太后崩，疑為咎徵。但南朝天子晏居皆戴白，如宋明帝着烏紗帽，劉體仁遽易白紗是也。武宗征宸濠凱旋入京，旗幟尚素。凡江西從逆藩臬大小諸臣，以至前吏部尚書陸完、左都督朱寧，皆裸體反接，首插白旗。其逆徒已伏法者，則梟首于竿，亦以白幟標其姓名，自東安門貫大内而出，數十里間彌亘如雪，識者以為不祥。時已逼除夕矣。次年壬午之春，上即晏駕於豹房。然則國容、軍容，即屏除白色亦可，況俘囚廷獻，例頂緋巾披紅衣乎。

明·羅鶴《應菴隨録》卷一四《古人不忌白》 程大昌《演繁露》云：《隋志》：宋齊之間，天子宴私着白高帽，士庶以烏，太子在上省則帽以烏紗。在永福省則白紗。隋時以白帢通慶弔之服。國子生亦服白紗巾。晉着白接羅，竇華《酒譜》曰：接羅，巾也。南齊桓崇祖守壽春，着白紗帽，肩輿上城，今人必以爲怪，古未以白色爲忌也。郭林宗遇雨墊巾，李賢注云：周遷《輿服雜事》曰：巾以葛爲形如帢。本居士野人所服，魏武造帢，其巾乃廢。今國子學生服焉。以白紗爲之，是其制，皆不忌白也。樂府《白紵歌》曰：質如輕雲色如銀，制以爲袍餘作巾，袍以先驅巾拂塵。吴兢《樂府要解》：舊史，白紵，吴地所出。則誠今之白紵，列子所謂阿錫。而西子之舞所謂白紵紛紛鶴翎亂者，是也。今世人麗粧必不肯以白紵爲衣，古今之變，不同如此。《唐六典》：天子服有白紗帽，其下服如裙襦韈皆以白，

國朝聽訟、燕見、賓客皆以進御，則猶存古制也。然其下注云：亦用烏紗，則知古制雖存，未必肯用，多以烏紗代之，則習是忌白久矣。世傳《明皇幸蜀圖》山谷間老叟出望駕，或着白巾。釋者曰：服，諸葛武侯。此不知古人不忌白也。然《禮》云：父母在，衣冠不純素，豈三代忌之，漢以後不忌邪。

明・張岱《夜航船》卷一一《日用部・衣裳》 隋别服色。煬帝詔牛弘等始别服色，三、四品紫，五品朱，六品以下緑，胥吏青，庶人白，商皂。本秦始皇以紫、緋、緑三等服為制。

明・程良孺《讀書考定》卷二二《服飾・皂白》 漢官吏著皂，其給使賤役著白。按谷永曰：擢之皂衣之吏。張敞曰：敞備皂衣二十餘年。注云：雖有五時服，至朝皆著皂衣。《兩龔傳》曰：聞之白衣戒君勿言。注：白衣給使官府趨走賤人。若今諸司亭長、掌内之屬。晉陶淵明謂白衣送酒是也。又觀《戰國策》：左師公謂，臣有賤息，願令補黑衣之數，以衛王宫。知官吏著皂矣。

明・談遷《棗林雜俎》和集《叢贅・緑幘》 蔡邕《獨斷》云：漢武帝幸館陶公主家，召見董偃，偃着青褠緑幘。按明制，緑幘最賤，繫教坊人所戴。或董偃本賣珠兒，從其賤也。

清・顧炎武《日知録》卷六《不齒之服》 道二，仁與不仁而已矣。出乎吉，則入乎凶。惰游之士，縞冠垂緌，不齒之人，玄冠縞武。以其為自吉，而之凶之人，故被之以不純吉，而雜乎凶之服。

又卷二四《白衣》 白衣者庶人之服，然有以處士而稱之者。《風俗通》：舜禹本以白衣砥行顯名，升為天子。《史記・儒林傳》：公孫弘以春秋白衣為天子三公。《後漢書・崔駰傳》：憲諫以為不宜與白衣會。《孔融傳》：與白衣禰衡，跌蕩放言。《晉書・閻纘傳》：薦白衣南安朱沖可為太孫師傅。《胡奮傳》：宣帝之伐遼東，以白衣侍從左右。是也。有以庶人在官而稱之者。《漢書・兩龔傳》：聞之白衣。師古曰：白衣，給官府趨走賤人，若今諸司亭長掌固之屬。蘇伯玉妻《盤中詩》：吏人婦，會夫希，出門望，見白衣，謂當是，而更非。《續晉陽秋》：陶潜九月九日無酒，於宅邊菊叢中坐，望見白衣人，乃王弘送酒。是也。人主左右亦有白衣。《南史・恩倖傳》：宋孝武選白衣左右百八十人。《魏書・恩倖傳》：趙修給事東宫，為白衣左右。茹皓充高祖白衣左右。唐李泌在肅宗時不受官。帝每與泌出，軍人環指之曰：衣黄者聖人也，衣白者山人也。則天子前不禁白。《清波雜志》言：前此仕族子弟，未受官者皆衣白，今非跨馬及弔慰不敢用。白衣但官府之役耳，若侍衛則不然。《史記・趙世家》：願得補黑衣之缺，以衛王宫。《漢書・谷永傳》：擢之皂衣之吏。《詩》：麻衣如雪。鄭氏曰：麻衣，深衣也。古時未有棉布，凡布皆麻為之。《記》曰：治其麻絲以為布帛是也。杜子美詩：麻鞋見天子。然則深衣亦用白。

清・周象明《事物考辯》卷六〇《冠裳・金紫銀青》 《歸正集》：漢官謂之金紫者，金印而紫綬也。銀青者，銀印而青綬也。唐宋以來近臣皆服紫，而以金飾魚符繫于帶間，以明貴賤。謂之紫金魚袋。後世官不佩印，名與漢同而寔異也。

清・王士禛《香祖筆記》卷九 秦俗尚白，民間遇元旦賀壽吉慶事，輒麻巾素衣以往，余所經歷西安、鳳翔、漢中諸府皆然。聞西巡時，民庶迎駕，亦不改服。按六朝人主宴處，戴白紗帽，晉人好著白接䍦，謝萬著白綸巾，南齊垣崇祖著白紗帽。《南史》：和帝時百姓皆著下簷白紗帽。《唐六典》：天子服有白紗帽。又唐制，新進士皆白袍，故有袍似爛銀文似錦，相將白日上青天之句。而肅宗與李泌同出，觀者謂衣黄聖人、衣白山人，則人臣在君前亦可衣白矣。《清波雜志》載：宋乾道中，内相王日嚴謂一堂環坐皆淺素，極可憎，乞仍存紫衫。又云：前此仕族子弟未受官者皆衣白。則六朝、唐、宋皆有之，不止西方尚白也。《酉陽雜俎》云：北朝時，徐州角城縣僧尼著白布法衣。

清・鈕琇《觚賸》卷六《秦觚・白巾》 葉石林《避暑録話》謂：李思訓畫《明皇幸蜀圖》，嘗見其摹本。方廣不滿二尺，而山川雲物，車馬人畜，草木禽鳥，無一不具。嶺谷間民，皆冠白巾。以蜀人為諸葛孔明服，山居深遠者，後遂不除。余在關中時，其民人依制宜戴纓笠，而皆冠白巾，雖遇吉筵亦不易。大抵雍梁之俗，自古然也。

清・江永《鄉黨圖考》卷六《衣服下・通考服色相稱》 緇衣羔裘云云，孔安國注云：服皆中外之色相稱也。疏云：凡祭服先加明衣，次加中衣，冬則次加袍繭。見褻服。夏則不袍繭，用葛也。見絺綌。次加裘裘，上加裼衣。此二句注疏刊本缺，今補。次加祭服。若朝服亦先以明衣親身，次加中

衣。冬月亦有袍繭。冬則次加裘，裘則加裼衣，裼衣之上加朝服。祭服，朝服通謂之上服。夏則中衣，上加葛，葛上加裼衣，裼衣上加朝服。凡服必中外之色相稱，羔裘，黑羊裘也。羔是小羊。故用緇衣以裼之。麑裘鹿子皮以為裘也，故用素衣以裼之。狐裘黃故用黃衣以裼之。

按古人服制衣與冠同色。緇衣則元冠，素衣則皮弁，黃衣則黃冠。欲其上體稱也，屨與裳同色。素裳者素屨，元裳者黑屨，黃裳者纁屨。欲其下體稱也，帶亦象衣。緇帶素帶。韠韍亦象裳，冕服纁裳，赤韍。爵弁服纁裳，韎韐。皮弁服，素積。朝服素裳，皆素韠。元端元裳，三等皆用爵韠。故裼衣必象上服，使內外稱。今人作文不知緇衣、素衣、黃衣之外仍有上服矣。

又《紅紫考》《玉藻》：衣正色，裳間色。注謂冕服玄上纁下，疏玄是天色故為正，纁是地色。赤黃之雜，故為間色。五方間色，綠紅碧紫騮黃是也。青是東方正，綠是東方間，木尅土，故綠色，青黃也。赤是南方正，紅是南方間，火尅金，故紅色，赤白也。白是西方正，碧是西方間，金尅木，故碧色，青白也。黑是北方正，紫是北方間，水尅火，故紫色，赤黑也。黃是中央正，騮黃是中央間，土尅水，故騮黃之色，黃黑也。

《爾雅》：一染謂之縓，再染謂之赬，三染謂之纁。注縓，今之紅也。赬，淺赤。纁，絳也。疏《說文》云：縓，黃赤色。《喪服》記云：公子為其母，練冠麻衣縓緣，是也。《士冠禮》疏云：從一染至三染皆謂之淺絳也。按古絳字與紅同音，即紅也。又茹蘆、茅蒐注，今之蒨也，可以染絳。疏茹蘆一名茅蒐，《詩》茹蘆在阪，陸璣云：一名地血，齊人謂之茜。即今之茜草。又藐茈草，茈音紫。注可以染紫，一名茈莀。音戾。疏藐一名茈草根，可染紫。即今紫草。《鄭風》：縞衣茹蘆，聊可與娛。傳茹蘆，茅蒐之染女服也。箋云：茅蒐染巾也。《地官》：掌染草，掌以春秋斂染草之物。注染草，茅蒐紫茢之屬。紫茢即茈莀。

按孔子言惡紫之奪朱，當時尚紫亦有漸，玄冠紫緌。自魯桓公始。《戰國策》云：齊紫，敗素也，而賈十倍。蓋齊桓公有敗素，染以為紫，下令貴紫，人爭買之，賈十倍。管子言，齊桓公好服紫，齊人尚之，五素而易一紫，其貴紫有由來矣。哀十七年，衛渾良夫紫衣狐裘，太子數其三罪，殺之。紫衣居一。杜注紫衣僭君服。可見當時君服紫。

清・俞正燮《癸巳存稿》卷四《白》 冠服有章采，惟喪則用白，所謂素，無章彩也。三統尚白，自有章采。常服亦采緣。《禮》曰：白者，孝子之有素心也。衰用粗麻，色近緇。緇，白與玄之間色也。玄，與神交之道也，故齋用玄。梁陸法和知元帝將敗，著粗白布衫褲，布邪巾。周《檀特師傳》，則魏文帝喪，周文布帽。夫人及兒喪，白絹帽。絹者，古之錫，布者，言不染則本白色。《周官・保章氏》五雲之物，注云：白則喪。疏言此據陰陽書，是有天道焉。古屋美曰白屋，《管子・輕重丁》云：表稱貸之家，堊白其門，高其閭。後世則貧家曰白屋，貴人有喪則白屋。《續漢書・禮儀志》：皇帝白布幕，素裹。《漢書・翟方進傳》云：柱檻皆衣素。注云：柱，屋柱。檻，軒前闌板。丁儀妻《寡婦賦》云：刷朱闕以白堊，易元幕以素幬。是純用素也。《宋書・明帝紀》云：帝諱不祥，宣陽門，民間謂之白門。江謐誤犯之，上變色曰：白汝家門。《南史・周盤龍傳》云，成買曰：若不殺賊，便為賊殺，弱息不為世子，便為孝子。孝子則門加素堊，世子則門施丹赭。《胡僧佑傳》云：僧佑謂其子曰：可開朱白二門，吾不捷則死。吉則由朱，凶則由白。今則懸布粘紙，及席門席棚，禮終則去之。

清・周壽昌《思益堂日札》卷四《尚白》 大內宮殿春聯例用白絹，由翰林衙門謹書呈進，但不解何故用白，或云宮殿漆柱俱大紅色，故須以白者映之，未知然否。翰林編檢拜前輩，俱用白柬，開坊或外任始改用紅，亦未識何義。或云先時翰林見前輩，以絹帕為贄，後從約改用紙簡。故仍白色。古人有忌白者，宋明帝以白門名不祥，甚諱之。尚書右丞江謐嘗誤犯，帝變色曰：白汝家門。謐稽顙謝，久之方釋，是也。亦有不忌者，唐肅宗與李泌出，軍人環指之曰：衣黃者聖人也，衣白者山人也。則天子前可服白。吳呂蒙白衣搖櫓渡江，唐薛仁貴在軍中好服白衣，則行軍時亦不禁白。歷代忌尚，各殊如此。

清・俞樾《茶香室叢鈔》卷六《禁服黃自唐始》 宋王楙《野客叢書》云：唐高祖武德初，用隋制，天子常服黃袍，遂禁士庶不得服，服黃有禁自此始。至明皇天寶間，因韋韜奏御案床褥去紫用黃，而臣下一切不得用黃矣。

紫為間色，聖人不服。而唐、宋以來，朝服尚之，不知其義。偶見宋王逵蠡海集有一條云：天垣稱紫微者，紫之為色，赤與黑相合而成也，水火相

交，陰陽相感，而後萬物以生，故為萬物之主宰。觀此則尚紫亦非無義，今黄色猶重，而紫則不尚矣。

清·俞樾《茶香室三鈔》卷一一《歷代服色》 宋郭若虚《圖畫見聞志》云：三代之際，皆衣襴衫。秦始皇時，以紫、緋、緑袍為三等品服，庶人以白。按此則紫袍為公卿上服，自秦已然矣。又云：唐高祖朝，敕品官紫服金玉帶，深淺緋服并金帶，深淺緑服并銀帶，深淺青服并石帶。庶人服黄，銅鐵帶。按宋王楙《野客叢書》云：唐高祖武德中用隋制，天子常服黄袍，遂禁士庶不得服。與此歧異，當考。

按唐張彦遠《法書要録》載：唐何延之蘭亭記叙蕭翼計取蘭亭事云：改冠微服，隨商人船下至越州。又衣黄衫，極寬長潦倒，得山東書生之體。可見當時不以黄為貴。其尚黄者，必中葉以後事也。

清·俞樾《茶香室四鈔》卷二四《唐制庶人服黄》 宋陳昉《潁川語小》云：國朝之令，非婦女小兒不許衣純紅黄。唐制，庶人服黄，繫銅鐵帶，非庶人不服黄，與本朝之制不同。岳陽有吕洞賓像，烏帽、革帶、麻履，而服黄袍。或云御賜服，非也，其庶人之服乎。按宋王楙《野客叢書》云唐武德初，禁士庶不得服黄，與此説異，詳見《叢鈔》卷六、《三鈔》卷十一。宋李上交《近事會元》云：大業元年，煬帝始制詔：自天子逮于胥吏，章服皆有等差。六年復詔，五品以上通著紫袍，六品以下兼用緋緑，胥吏以青，庶人白，屠商皂，士卒黄。武德初，因隋制，天子燕服惟以黄袍及衫，後漸用赤黄，遂禁士庶不得以赤黄為衣服雜飾。按此條頗詳，録此可與前參觀也。

又《禁服紫色衣》 宋葉夢得《石林燕語》云：國朝既以緋紫為章服，故官品未應得服者，雖燕服亦不得用紫，蓋自唐以來舊矣。太平興國中，李文正公昉嘗舉故事請禁，品官緑袍，舉子白紵，下不得服紫色衣，舉人聽服皂，公吏工商伎術通服皂白二色。按禁服黄，自唐始，已載於叢鈔卷六，觀此知自唐以來并禁服紫也。

又《古不忌白》 宋程大昌《演繁露》云：《隋志》，宋、齊之間，天子宴私，著白高帽，士庶以烏，太子在上省則帽以烏紗，在永福省則白紗。隋時以白幍通為慶吊之服，國子生服白紗巾。《唐六典》：天子服有白紗帽，其下服如裙襦襪皆以白，視朝聽訟，燕見賓客，皆以進御，則猶存古制也。然其下注云：亦用烏紗，則知古制雖存，未必盡用，多以烏紗代之，則習見忌白久矣。

愚按詩有女如荼，《傳》曰：皆喪服也，則毛公在六國時已以白為喪服，忌白久矣。然實非古制，愚詳辨之，見茶香室經説。

又按如《隋志》，則宋、齊間貴白而賤烏矣。亦如漢制，三公黄閤，謂不敢洞開朱門，以别於人主，故黄其閤焉，使以後世之制言，則人主宜黄，人臣宜朱耳。等此烏、白、黄、朱四色，古今異宜，不可一概，泥古之士可以鑒矣。

雜録

唐·釋道宣《廣弘明集》卷一一 于時假托神言黄衣當王。魯因與張角等相應合，集部衆并戴黄巾，披道士之服，數十萬人賊害天下。自據漢中垂三十載，後為曹公所破，黄衣始滅爾。

又卷一二 漢獻帝，張陵、張魯詐説鬼語，假作讖書云：漢祚滅後黄衣得天下。遂與鉅鹿張角遠為外應，造黄巾，披黄帔，聚合徒衆，誑誘愚民，謀危社稷，尋被誅滅。故《禮》云：左道亂群者，殺之。今者道士不著李老參朝之服，乃披張魯亂國之衣。

唐·馮贄《雲仙雜記》卷一《紅白二墨》 楚王靈夔，使人造紅白二墨為戲，及書寫衣服，黑衣用白書，白衣用紅書，自成一家。

宋·蔡絛《鐵圍山叢談》卷一 掖庭宫嬙，吴本掖庭上有國朝字。歲給帛多色綵爾。遇支賜倖稍絹應生白者多，即一束十端，必間有一端為紅生絹，蓋忌其純白故也。此亦國朝太平一故事。

宋·程大昌《演繁露》卷一三《皂衣》 《獨斷》：公卿尚書衣皂而朝，曰朝臣。故張敞曰：備皂衣議論。

宋·龔明之《中吴紀聞》卷四《滕章敏公結客》 滕章敏公慷慨豪邁，不拘小節。少嗜酒，浮湛里市，與鄭獬毅夫為忘形友，議論風采，照映一世。嘗與毅夫及楊繪元素同試京師，自謂必魁天下，與二公約，若其言不驗，當厚致其罰。已而鄭居榜首，楊次之，公在第三，二公責所約之金，答曰：一人解，一人會，吾安得不居第三。俱一笑而散。公平生

不妄交遊，嘗作《結客詩》云：結客結英豪，休同兒女曹。黄金裝箭鏃，猛獸畫旗旄。北闕芒星落，中原王氣高。終令賀蘭賊，不著赭黄袍。其立志可見矣。

宋·岳珂《桯史》卷八《逆亮辭怪》 金酋亮未篡僞，封岐王，為平章政事，頗知書，好為詩詞，語出輒崛彊，整整有不為人下之意，境内多傳之。【略】一日，至卧内見其妻几間有巖桂植瓶中，索《筆賦》曰：緑葉枝頭金縷裝，秋深自有别般香。一朝揚汝名天下，也學君王著赭黄。

元·釋覺岸《釋氏稽古略》卷二 翻經學士費長房，成都人也。初為僧，周武廢教，返俗。隋興，仍習白衣。

明·方以智《物理小識》卷六《衣服類·紅物》 紅易漬敗，又畏風日。惟毛染者，及加猩血者不畏，《名苑》曰：麈尾拂氈不蠹，置茜帛中，紅色不黯。麈，駝鹿也。

清·俞樾《茶香室四鈔》卷二二《古書衣裳顔色》 元趙叔向《霏雪録》云：古人畫人物，上衣下裳，互用黄、白、粉、青四色，未嘗用緑色者，蓋緑近婦人服色也。琴囊或紫或黄，二色而已，不用他色。

服飾紋飾部

十二章紋

論説

清・惲敬《大雲山房十二章圖説・序》 古者，十二章之制始於軒轅，著於有虞，垂於夏殷，詳於有周，蓋二千有餘年。東漢考古定制，歷代損益，皆十二章。亦二千有餘年，可謂備矣。中間秦王水德，上下皆服袀元，西漢仍之，隔二百有餘年。是以諸經師，不親覩其制，多推測摹擬之辭，然搜遺祛妄，各有師承。考古者必有以爲典要，至歷代輿服志具載不經之制，而冕弁服則兢兢然，不忘乎古焉。其大臣議禮之説多可采者，是故言史不折以經，不安言經，不推以史，不盡也。敬自束髮受書，頗窺各家禮圖得失，今上采箋注，下揆史志，爲十二章分圖，若干合圖，若干歷代圖，若干附其説於後，世之君子，其有以是正之，則幸矣。

清・黃以周《禮書通故》第三 《考工記》云：土以黃，其象方天時變。鄭元云：古人之象無天地也。為此記者，見時有之耳。子家駒曰：天子僭天意亦是也。鄭司農云：天時變，謂畫天隨四時色。惠棟云：黃帝堯舜，垂衣裳而天下治，蓋取諸乾坤。乾坤即天地也。乾為衣，坤為裳。鄭氏誤。以周案：乾坤為衣裳之象，而衣裳之章并不繪綉天地。鄭注何誤。天子僭天，《貢禹》傳引作：天子過天道，天道不過十二，故古人衣服十二章而止，後世于日月而外，并天地而繪綉之，是有十四章矣，故曰：過天道。子家駒有此語，蓋其制已見于春秋世矣。《説苑》云：周廟燔，孔子曰：是釐王廟也。釐王變文武之制，而作元黃宮室輿馬，故天殃其廟。是繪綉天地之象，并不僅施于章服矣。

綜述

宋・陳祥道《禮書》卷二 日月。日月，古者日月星辰畫於衣，至周登三辰於旂，左氏曰三辰旂旗是也。王肅謂舜時三辰亦畫於旌旗。然《明堂位》曰：有虞氏之綏，夏后氏之旂。虞氏之綏，尚未有交龍之制，謂有日月星，其説無據。

星辰。星辰，《周禮・大宗伯》以實柴祀日月星辰。保章氏掌天星，以志星辰日月之變動。鄭氏謂星，五緯，辰，日月所會之次。孔安國釋書歷象日月星辰謂，星，四方中星，辰，日月所會。鄭氏於書亦以星、辰為一。孔穎達曰敬授人時，無取五緯之義，鄭氏觀文為説也。然則衣之所畫蓋五星與十二次也。若旂則畫日月、北斗七星而已。故《禮記》言招摇在上。《穆天子傳》稱天子葬盛姬，建日月七星。

山。山，古者衣韍，尊圭案皆有山飾。《考工記》曰山以章。荀卿曰天子山冕，諸侯玄冠。《書大傳》曰山龍青也。

龍。龍，古者衣韍旂旜。《儀禮》有龍旜。簨虡盾輴勺帷。《大記》有龍輴。皆飾以龍。《周禮》曰交龍爲旂，《覲禮》曰升龍降龍，《爾雅》曰：升白龍于縿，《曲禮》曰左青龍，《書大傳》曰山龍青也。龍有升降，白者升于縿，則青者降矣。白陰而升，青陽而降，此交泰之道也。許慎曰卷龍繡於下幅，一龍蟠阿上鄉。然龍繪於上幅，非繡於下幅，慎之説誤矣。

華蟲。華蟲，華蟲翟也。翟不特施於王服，而后之車服亦有焉。所謂褘翟、揄翟、闕翟、重翟、厭翟是也。不特后之車服，而舞與喪禮亦用焉。《書》與《周禮》言羽舞《詩》言秉翟，《大記》言揄絞是也。孔安國、顧氏以華蟲為二章，非是。

宗彝。宗彝，《書》曰：班宗彝，作分器，《周禮》大約劑書於宗彝，則宗彝，宗廟之彝也。先王致孝有尊有彝，而衣特以彝爲章者，以虎蜼在焉故也。《書》謂之宗彝，《周禮》謂之毳冕，康成穎達徒謂毳畫虎蜼，因號虎蜼爲宗彝。其實虎蜼而已，此説非也。《書大傳》曰宗彝白，蓋宗彝白，而虎蜼各象其色耳。鄭司農以毳爲罽，孔安國謂宗彝亦以山龍、華蟲爲飾，

皆臆論也。

藻。藻，水草也。施於衣與棁而已。冕旒與玉纓亦曰藻，皆取其文而且潔也。《書大傳》曰藻火赤，鄭氏釋巾車曰藻，水草，蒼色。今藻色兼蒼赤，蓋伏、鄭各舉其一偏耳。

火。火，《左傳》曰：火龍黼黻，昭其文也。《喪大記》曰：火三列。《明堂位》曰：殷火，周龍章。則火之所施多矣。《考工記》曰：火以圜，鄭司農曰：圜形似火，鄭康成曰：形如半環是也。《大傳》曰：火赤，孔安國謂火爲火字，其說與《考工記》不合。

粉米。粉米，鄭氏以粉米為一章，則粉，其米也。粉其米散，利養人之義也。孔安國曰：粉若粟米，米若聚米。顧氏曰：粉取潔白，米取能養，然粉亦米為之一物而為二章，與章不類，其說非也。

黼。黼，《考工記》曰：白與黑謂之黼，黼即斧也。刃白而銎黑，有剸斷之義。故裘裳、席巾、中衣、纇禪之領冒之殺。覆椁之幕，《檀弓》曰：加斧于椁上。飾棺用焉。

黻。黻，《考工記》曰：黑與青謂之黻，施於衣與荒翣。見《大記》。其文兩已相戾，蓋左青而右黑，此相辨之義也。黻亦作黹、茀，而韍亦作黻。《左傳》曰：火龍黼黻，昭其文也。又曰：衮冕黻珽，昭其度也。則黻珽之黻乃韍也。《白虎通》曰：黻，譬君臣可否相濟，見善改惡。賈公彦曰：黻取臣民背惡向善。

元・許謙《詩集傳名物鈔》卷三 傳，一章。毳衣以宗彝為首，次藻、次粉米，凡三，繢於衣。黼黻凡二，繡於裳。宗彝有虎蜼，毛蟲也。故曰毳。詩緝王之三公八命，其卿六命，大夫四命，及其出封，皆加一等。八命加一等即上公九命。其未出封，則與侯伯同服，公與侯伯同服，則卿與子男同服。

又 傳，一章。春官，司服注，鷩冕七章。一華蟲，二火，三宗彝，畫於衣。一藻，二粉米，三黼，四黻，繡於裳。鷩，卑列反。車旗衣服，謂繁纓之就，屬車之乘，旗之斿，服之章，皆以七為節。

清・黃世發《羣經冠服圖考》 古者衣有章：《易・繫辭》云：黃帝堯舜，垂衣裳而天下治。承仕案，《易傳》：垂衣裳而天下治取諸乾坤。注疏家以禮上玄下纁之義於服章無輿也。象物制服，蓋因黃帝以還，未知何代而具彩章，帝舜賁已欲觀古，知在舜之前耳。

日、月、星辰、山、龍、華蟲、宗彝、藻、火、粉米、黼、黻，帝舜修之六在衣，六在裳，衣作繪，裳作繡。《書・益稷》：帝曰予欲觀古人之象，日、月、星辰、山、龍、華蟲作會，宗彝、藻、火、粉米、黼、黻絺繡，以五采彰施于五色，作服。蓋日一也，月二也，星辰三也，三者亦謂之三辰，不言辰者，辰爲日月所會十二次，無形可畫也。山四也，龍五也，華蟲六也，華蟲，五色之蟲，鷩雉也。繢人職曰鳥獸蛇，雜四時五色以章之謂是也。此六者繪于衣，衣主陽，陽輕浮，繪亦輕浮，故衣繪也。宗彝七也，宗廟彝尊有虎蜼二獸，毛物也。《周禮》：陳彝尊皆遠代在後，故於六彝獨取虎蜼，意爲舜時所有也。藻八也，火九也，《考工記》：火以圜，蓋火形如半圜。孔謂據作火字，漢法然也。粉米十也，粉米，絜白之米。黼十一也，黼爲斧形，刃白身黑。《考工記》曰：白與黑謂之黼，《爾雅》曰：斧謂之黼。黻十二也，黻以青黑綫刺爲兩己相背，《考工記》云：黑與青謂之黻。自宗彝以下六者刺繡于裳，裳主陰，刺亦陰沈之義，故裳刺也。此鄭義也。《孔傳》：則出宗彝不數，分粉、米爲二。謂宗彝者，蓋亦以山、龍、華蟲畫于彝尊，如以三辰以下畫于衣服旌旗。粉，粟冰也。以粉之在粟，其色如冰。米，聚米也。刺繡爲文，類聚米形。五等，鄭謂十二也、九也、七也、五也、三也。鄭意謂九者，公侯之服自山而下。七者，伯之服自華蟲而下。五者，子男之服自藻而下。三者，卿大夫之服自粉米而下。孔疏則謂天子服日月而下，諸侯自龍衮而下至黼黻，士服藻火，大夫加粉米。然孔注五服謂天子、諸侯、卿、大夫、士，則卿與大夫不同。當加之以黼黻，所加必從下者。經叙日、月、星辰、山、龍、華蟲，尊者在上，藻、火、粉米、黼、黻，尊者在下，黼黻尊於粉米，粉米尊於藻火，故從下遞加以差之。馬融不見《孔傳》其注亦然，或古相傳爲說也。

又 周之三辰在旂旗，衣章九，登龍于山，登火于宗彝。

此亦鄭義也。《左氏桓二年傳》云：三辰旂旗。三辰即日、月、星也。鄭《司服》注：以王者相變，至周而以三辰畫於旌旗，衣章九。然《周禮》：司常掌九旗之物，惟日月爲常，不言畫星，蓋大常之上又畫星也。《穆天子傳》稱天子葬盛姬，畫日月七星，蓋畫北斗也。交龍爲旂，熊虎爲旗，不畫三辰而云三辰旂旗者，旂旗是九旗之總名，可以統太常，故舉以爲言也。周之衣既九章，又以章首名其冕，若依舊山在龍上，則衮冕不爲最尊。故知登

龍于山，蓋取其神也。若不登火於宗彝，則五章之服自藻而下，不得稱爲毳冕。若登火於宗彝之上，則五章之服自宗彝而下，與毳冕相當。然宗彝之下有藻、火兩章，知不登藻而必登火者，火有光明之盛。《春秋·左氏桓二年傳》：火龍黼黻。《禮記·明堂位》：殷火，周龍章。是火貴于藻也，故知登火不登藻，取其明也。

王之吉服六，大裘之冕質爲上，其次衮冕九章，鷩冕七章，毳冕五章，希冕三章，玄冕衣無文，裳刺黻。

《周禮·司服》：王之吉服，祀昊天上帝，則服大裘而冕。祀五帝亦如之。享先王則衮冕，享先公、饗射則鷩冕，祀四望山川則毳冕，祭社稷五祀則希冕，祭羣小祀則玄冕。鄭注九章初一曰龍、次二曰山、衣三曰華蟲、衣四曰火，次五曰宗彝，皆畫以爲繢，次六曰藻，次七曰粉米，次八曰黼，次九曰黻，皆希以爲繡。則衮之衣五章裳四章，凡九也。鷩畫以雉，謂華蟲也。其衣三章裳四章，凡七也。毳畫虎蜼謂宗彝也，其衣三章裳二章，凡五也。希刺粉米無畫也，其衣一章裳二章，凡三也。玄者，衣無文裳刺黻而已。是以謂玄焉。凡此皆無正文並鄭以意解之。衣是陽從奇數，裳是陰從偶數，然希冕以下裳上之章漸勝于衣，事勢須然，非有義意也。衣是陽，應畫，今希冕三章在裳者，自然刺繡。但粉米不可畫之物，今雖在衣亦刺之不變，故得希名也。

又 凡服有大章有小章。

《司服》：疏凡天子冕服有章者，舊説天子九章，蓋據大章而言，其章別小章。章依命數，則皆十二爲節。上公亦九章，與天子同，無升龍有降龍。其小章章別皆九而已，自餘鷩冕、毳冕以下，皆然必知有小章者，若無小章則孤有四命、六命，卿、大大玄冕一章，卿大夫中則有三命、二命、一命，天子之卿六命，大夫四命，明中有小章，乃可得依命數。

又 上公之衮無升龍。

《覲禮》注文疏，《白虎通》引《禮記》曰：天子乘龍載大旗，象日月升龍。傳曰：天子升龍，諸侯降龍，以此言之，上得兼下，下不得僭上。則天子升降俱有，諸侯直有降龍而已。若然彼升龍文承大旗之下，知不施於旌旗。而據衣服者，案《司常》云：交龍爲旂，又云：諸侯建旂。注云：諸侯畫交龍，一象其升朝，一象其下復。則旌旗升降皆有，而《白虎通》云：諸侯降龍者，據衣服而言也。

清·江永《鄉黨圖考》卷五《衣服上·冕服考》 《書·益稷》：帝曰予欲觀古人之象，日月星辰山龍華蟲作會，宗彝藻火粉米黼黻絺繡，以五采彰施於五色作服。汝明。孔傳：天子服日月而下，諸侯自龍衮而下，至黼黻。士服藻火，大夫加粉米，上得兼下，下不得僭上。孔疏云：《左傳》言三辰旂旗，《周禮·司常》云：日月為常，王者禮有沿革，後因於前，故知舜時三辰亦畫之於旌旗下。傳云：天子服日月而下，則三辰畫之於衣服，又畫於旌旗也。《周禮·司服》云：享先王則衮冕。衮者，卷也。言龍首卷然，以衮為名，則所畫自龍以下，無日月星也。《郊特牲》云：祭之日王被衮以象天。據此記文，衮冕之服亦畫日月。鄭言《郊特牲》所云：謂魯禮，要其文稱王被服衮冕，非魯事也。或當二代天子衣上亦畫三辰，自龍章為首，而使衮統名耳。蔡氏《書》傳云，上衣下裳之制，創自黄帝，而成於堯舜。日月星辰取其照，臨山取其鎮，龍取其變，華蟲取其文。會，繪也。宗彝、虎蜼取其孝，藻，水草，取其潔，火取其明。粉米，白米，取其養，黼若斧形，取其斷，黻為兩己相背，取其辨。絺，鄭氏箋為黹，紩也。紩以為繡也。日月星辰山龍華蟲六者繪之於衣，宗彝藻火粉米黼黻六者繡之於裳，繪繡皆雜施五采，以為五色也。又按《王制》孔疏云：宗彝謂宗廟彝尊之飾，有虎、蜼二獸，虎有猛，蜼能辟害，故象之。不言虎、蜼，而謂之宗彝者，取其美名。《周禮》有六彝，知必為虎蜼者，《周禮》陳六尊六彝，皆遠代者在後。六尊之次，火是虞氏之尊，山是夏后之尊，六彝之次，亦虎彝、蜼彝在後，故知虎、蜼虞夏已飾於尊，舜時已稱宗彝。以《周禮》差之，而當毳冕，知虎、蜼有毛之物也。鄭注云：自日月至黼黻凡十二章，天子以飾祭服。衣用繪，裳用繡。至周而變之，以三辰為旂旗，謂龍為衮，宗彝為毳，或損益上下，更其等差。

《王制》疏云：《臯陶謨》五服五章哉。鄭注云：五服十二也、九也、七也、五也、三也。如鄭之意，九者謂諸侯之服，自山而下，七也是伯之服，自華蟲而下，五也謂子男之服，自藻而下，三也卿大夫之服，自粉米而下。以上所云虞舜之制，而夏殷，注云未聞。

《周禮·春官》：司服王之吉服，祀昊天上帝則服大裘而冕，祀五帝亦如之，享先王則衮冕，享先公、饗射則鷩冕，祀四望山川則毳冕，祭社稷五祀則希冕，祭羣小祀則玄冕。注：古天子冕服十二章，舜欲觀焉，華蟲，五色之蟲。希讀為絺，或作黹。王者相變至周，而以日月星辰畫於旌旗，所謂三

辰旒旗，昭其明也。而冕服九章，登龍於山，登火於宗彝，尊其神明也。九章初一曰龍，次二曰山，次三曰華蟲，次四曰火，次五曰宗彝，皆畫以為繢。次六曰藻，次七曰粉米，次八曰黼，次九曰黻，皆希以為繡。則衮之衣五章裳四章，凡九也。鷩畫以雉，謂華蟲也。其衣三章裳四章，凡七也。毳畫虎蜼謂宗彝也，其衣三章裳二章，凡五也。希刺，粉米，無畫也。其衣一章裳二章凡三也。玄者衣無文，裳刺黻而已。是以謂玄焉。

凡冕服皆玄衣纁裳，疏：古人必為日月星辰於衣者，取其明也。山取其人所仰，龍取其能變化，華蟲取其文理。衣是陽，畫亦輕浮，故衣繢也。宗彝者，據周之彝尊有虎彝、蜼彝，因於前代，則虞時有虎彝、蜼彝可知。宗彝非蟲獸之號。而言宗彝者，以虎蜼畫於宗彝，則因號虎蜼為宗彝，其實是虎蜼也。虎蜼同在於彝，故此亦并為一章也。虎取其嚴猛，蜼取其有智。《爾雅》注：蜼似獼猴而大，黃黑色，尾長數尺，尾末有岐，鼻露向上，雨則自懸於樹，以尾塞鼻，或以兩指。藻亦取其有文，火亦取其明，粉米共為一章，取其潔，亦取養人。黼謂白黑為形，則斧文近刃白、近上黑，取斷割焉。黻黑與青為形，則兩已相背，取臣民背惡向善，亦取君臣有合離之義，去就之理也。裳主陰，刺亦是沉深之義，故裳刺也。知登龍於山者，周法皆以蟲獸為章首，若不登龍於山，則當以山為章首。何得猶名衮龍乎。明知登龍於山取其神也，又知登火於宗彝者，宗彝則毳也，若不登火在宗彝上，則毳是六章之首，不得以毳為五章之首，故知登火於宗彝取其明也。《王制》疏云，宗彝之下有藻火二章，火光明，貴於藻，故知登火不登藻。

云九章初一曰龍至凡五，此無正文，竝鄭以意解之，以其衣是陽，從奇數，裳是陰，從偶數。云希刺，粉米無畫者，粉米不可畫之物，今雖在衣，亦刺之不變，故得希名。然則毳冕之粉米，亦刺之也。祭服衣本是元，今元冕一章，仍以元為名。明衣上無畫一章者，刺黻於裳而已。知凡冕服皆元衣纁裳者，見《易》言黃帝堯舜垂衣裳，蓋取諸乾坤。天色元，地色黃，但土無正位，託於南方火，赤色亦與黃，即是纁色，故以纁為名也。

按三代制禮，有益亦有損，天子用物雖得備十二，然冕戴於首，既有十二旒，十二玉，以則天數。冕服之章以九為尊，取陽數之極，禮尚相變也。古用十二章，周損為九章，日月星唯畫於大常，正監前代損益之精意，倘有益無損，則制度彌文，伊於胡底乎。鄭說俱允，當有謂周冕服亦用十二章者，非也。【略】《禮器》：禮有以文為貴者，天子龍衮，諸侯黼，大夫黻，士元衣纁裳。疏：人君因天之文章以表德，德多則文備。故天子龍衮，諸侯以下文稍少也。然《周禮》：上公亦衮，侯伯鷩，子男毳，孤卿絺。大夫元，士爵弁，元衣纁裳，今言諸侯黼，大夫黻，雜明夏殷禮也。但夏殷衣有日月星辰，今云龍衮者，舉多文為首耳。

《左傳》：火龍黼黻，昭其文也。注：火，畫火也。龍，畫龍也。白與黑謂之黼，形若斧。黑與青謂之黻，兩已相戾。疏周衮冕九章，傳唯言四章，畧以明義，故文不具舉。衣畫龍先於火，今火先於龍，知其言不以次也。

覲禮，侯氏裨冕釋幣於禰。注：裨冕者，衣裨衣而冠冕也。裨之為言埤也。天子六服，大裘為上，其餘為裨，以事尊卑服之，而諸侯亦服焉。上公衮無升龍，侯伯鷩，子男毳，孤絺，卿大夫元，此差司服所掌也。疏：裨，讀從《詩》：政事一埤益我，取裨陪之義。天子六冕以大裘為上，無埤義，衮冕以下皆為裨。云上公衮無升龍者，《白虎通》引《禮記》曰：天子乘龍載大旗，象日月升龍。傳曰：天子升龍，諸侯降龍，以此言之，上得兼下，下不得僭上。則天子升降俱有，諸侯直有降龍而已。若然彼升龍文承大旗之下，知不施於旌旗而據衣服者。案《司常》云：交龍為旂，又云：諸侯建旂。注云：諸侯畫交龍，一象其升朝，一象其下復。則旌旗升降俱有。而《白虎通》云：諸侯降龍者，據衣服而言。

清・顧棟高《毛詩類釋》卷一三《釋衣服》 衮衣繡裳。箋：衮衣裳九章，一曰龍，二曰山，三曰華蟲，雉也。四曰火，五曰宗彝，虎蜼也。皆繢於衣。六曰藻，七曰粉米，八曰黼，九曰黻，皆繡於裳。舜有十二章，周以日、月、星辰畫于旂，而登龍於山，登火於宗彝，天子之龍一升一降，諸侯但有降龍，以龍首卷音衮。然，故謂之衮。王之三公八命，冕服七章，與侯伯等及出封則加一等，而服衮時周公以三公出封於魯，故得九章也。

玄衮及黼。箋：玄衮，玄衣而畫以卷龍也。黼如斧形，則繡之於裳。《詩記》曰：上公之服九章，衮畫於衣，九章之第一章。黼繡於裳，九章之第八章也。侯伯鷩冕七章，則自華蟲以下，衣三章裳四章。子男毳冕五章，衣自宗彝以下，而裳黼黻，謂以毳衣畫虎蜼，衣三章裳二章。孤、卿絺冕三章，則衣粉米，而裳黼黻，絺刺粉米，無畫，衣一章裳二章。大夫玄冕，則玄衣黻裳而已，衣無文，裳刺黻，凡冕服皆玄衣纁裳，六服同。冕者首飾，尊也。

黻衣繡裳。疏：黻皆在裳，言黻衣者，衣大名，與繡裳異其文耳。傳：黑與青謂之黻，五色備謂之繡。

臣謹案，黻為冕服第九章，乃大夫元冕之服，襄公既始命為諸侯，秦伯爵當服驚冕七章，而云黻衣者，鄭云：王之賜服，惟用有文章故也。凡賜法，上得兼下，下不得兼上。《詩》美襄公之受顯服云黻衣繡裳，是得元冕也。又曰錦衣狐裘，是得皮弁服也。諸侯之得王賜，惟以有文章者為榮，不在命服之貴賤。

常服黼冔。傳：白與黑謂之黼。冔，殷冠也。夏曰收，周曰冕。疏：周冕無繢繡之飾，則殷冔亦不以黼為飾，黼自衣服之所有也。殷之諸侯祭服亦九章，舉一章以表之耳。案黼、冔是二事，黼是衣，冔是冠。

素衣朱襮。疏：黼領謂之襮。孫炎曰：繡刺黼文以褠領，是襮為領也。《郊特牲》云：繡黼丹朱中衣，大夫之僭禮。知諸侯當服之，中衣者，朝服、祭服之裏衣也。大夫中衣亦用素，不必以繡黼為領。繡黼，惟諸侯乃得服之耳。

清·雷鐏《古經服緯》上篇 此一節述冕弁冠上服之等也。《虞書》曰：日月星辰，山龍華蟲，作會宗彝，藻火粉米，黼黻絺繡，以五采章施于五色，作服。此有虞之章服也。《考工記》曰：青與白，相次也，赤與黑，相次也，元與黄，相次也，此即有虞繪衣之次。又曰：青與赤謂之文，赤與白謂之章，白與黑謂之黼，黑與青謂之黻，此即有虞繡裳之次。天元地黄，山龍青，獸白，鳥赤，蜼黑，藻青，火赤，粉米白，黼黻白黑青。又曰：天時變，火以圜，土以黄，其象方山，以章，水以龍，鳥獸蛇，雜四時五色之位以章之，謂之巧。土以黄六字，舊《書》錯簡在上。此則周人繪衣之次也。自漢以後，儒者説此，與經拂戾。伏生《書傳》謂華蟲黄，作繪黑，宗彝白，璪火赤，山龍青。天子服五章，諸侯四，子男三，大夫二，士山龍，大小夏侯《書》説以日月星辰爲三章，山龍以下爲九章。劉向《説苑》謂士黻，大夫黼，諸侯火，天子山龍。劉熙《釋名》以畫藻爲毳衣，象水草之毳芮。僞孔傳用馬季長之説，以日月星辰爲二章，華蟲亦爲二章，謂諸侯自龍衮以下九章，去三辰及山。鄭康成書注以日月星辰爲三章，以華蟲爲一章，謂即鷩雉。以宗彝爲一章，謂是虎彝、蜼彝。又謂蜼是獸屬。以粉米爲一章，謂是白米。其《禮》注又謂：周人不以三辰爲衣之章，登龍于山，登火于宗彝，王之冕服九章，魯人十二章。《考工記》注又謂衣畫天地，是天子僭天。鳥獸蛇即鷩雉之文，且謂火在裳，獐在衣，與《書》、《禮》之注自戾。杜氏《左傳》：九文注，亦分華蟲爲二，合粉米爲一。鄭又謂絺冕止三章，衣繡粉米，裳刺黼黻，元冕止一章。刺黻，《詩·唐風》，《正義》謂王之三公，止毳冕。賈公彦《禮》疏又爲大章小章之説，曲從鄭義。凡此者於諸經之文，各有牴忤，未能貫通，皆臆説也。今《服緯》：參考互證，知有虞及周冕服皆十二章，虞則衣裳各六章，即書之所言者，是日月星辰是一章，《考工記》所謂天時變也。天不可畫，其色元。於元衣而繪三辰，即在天成象之義。《詩》云象服，史云象冕，即指此時變者。日赤月白，斗象七政，一赤、二白、三赤、四黄、五黑、六青、七白也。山爲一章，記所謂土以黄，其象方山以章也。山冕之説由此。山在地上，有朽壤則崩，故繪土以章之。鄭注云：衣畫天地此之謂矣。龍爲一章，是爲卷。《記》所謂水以龍也。龍居於水，故以水著龍。華蟲爲三章，是爲鷩毳蜼。《記》：所謂鳥獸蛇也。即朱雀、白虎、元武矣。合於上之卷龍，是爲在天四宫之象。華者，草木之英，蟲者，動物之大名。羽毛鱗介羸，皆謂之蟲。章乃表著之義，天以辰章，山以土章，龍以水章，鳥獸蛇皆棲息於草木者也，故以華章，此即衣之六章也。謂之卷者，象升龍降龍之卷曲。《説文》曰：卷龍繡於下幅，一龍蟠阿上向。故作卷以爲衣名，故作裷，見《荀子》。以爲公衣。故作衮，有鮮明生動之象，故又作緄。見漢碑。謂之鷩者，言鳥形如鷩，即朱雀也。在星象則謂之鶉，皆鳳之别名。《説文》曰：鵕鸃鷩也。郭璞《子虛賦》注云，鵕鸃似鳳，有光采。《禽經》曰：赤鳳謂之鶉，是其證。謂之毳者，言獸毛温毳，乃西宫白虎之象，白虎即騶虞也。漢世謂之白麟。謂之蜼者，蜼即烏蛇黑蜧，能致雲雨，乃北方螣蛇之象。故《周官》司農注：讀蜼爲蛇虺之虺，知蛇亦繪於衣者，不惟見《考工記》：漢楊震世傳，歐陽尚書其都講曰：蛇鱣者，卿大夫服之象也。則蛇爲王卿之服象，實古義可知。明制，王侯以上得蟒服。今制凡仕者皆蟒服，即本于此。《爾雅》曰：蟒王蛇。其裳之六章，則藻、火、粉、米、黼、黻，六者各爲一章也。書於衣之六章云：作會宗彝者，會古繪字，六章不惟繪於衣，凡尊者之彝常皆取象焉。宗者尊也。《左傳》曰：三辰旂旗，《曲禮》曰：招摇在上。王之太常畫日月斗，侯之建常止畫北斗。《周禮》曰：日月爲常，交龍爲旂。交，古蛟字。熊虎爲旗，鳥隼爲旟，龜蛇爲旐。又經有

象尊、山尊、龍勺、龍瓚、鳥彝、虎彝、蜼彝，此即六章之繪於宗彝者也。六章惟天子備之，公侯以下止五服，五章經無明文。其等次已不可詳考。周人之制，登火於衣，衣七章，裳五章。王之上服，有三辰山火，卷備升龍降龍，故曰袾襏。朱者，三辰圜火之色，卷者升龍降龍之狀也。升龍色黄，乃中宫軒轅之象。《漢書・天文志》曰：軒轅黄龍體。降龍色青，乃東宫蒼龍之象。惟天子之服象，備五宫。上公儗之，其餘自諸公以下，止以四宫之象爲章首，不繪三辰山火升龍。故《玉藻》曰：天子龍卷以祭，《郊特牲》曰：王被衮字應作卷。以象天。龍章而設日月，《左傳》曰：火龍黼黻，昭其文也。《荀子》曰：天子山冕袾襏，此即因三辰山火升龍。非諸公以下所得繪也，故皆爲尊章。上公得儗之者，上公乃三恪之封禮，得自用其先代之制，天子客之而不臣，故郊祀亦得用象服。《詩》箋云：人君之象服，則舜所云予欲觀古人之象，曰月星辰之屬。魯衛之象服，十有二旒，日月之章，此以諸公僭上公也。魯衛初爲諸侯，後始晉爵爲諸公。諸公，若唐公、虞公、虢公。諸公之服止繪降龍以下九章，《左傳》謂之九文。《詩》及《周禮》謂之衮，字从公衣。言此即諸公之衣，禮所謂以九爲節者已。方伯亦得儗之者，即禮之九命作伯也，八命者衣無龍，冕服八章，自鷩以下。《周禮》曰：八命作牧。又曰：三公八命，衣服眡其命數。《王制》曰：三公一命卷。字應作衮，古通用。此即謂三公止八命，再加一命始服衮衣，故下云若有加則賜也，不過九命。周公之衮衣繡裳，是也。七命者七章，亦自鷩以下，裳無黼，故《周禮》謂：侯伯之服鷩冕七章。《周書》謂：王麻冕黼裳，卿士邦君，麻冕蟻裳。蟻即纁裳，而繡黑青之黻文者。郭璞《爾雅》杙螘注，所謂赤駁蚍蜉是已。赤色而駁，正以别上之黼裳，下之彤裳也。舊注以蟻爲元色，非是。諸侯惟受命爲方伯者，始得衮衣黼裳。故《詩》特表之曰：又何予之，元衮及黼。馬融尚書注，謂衣之章尊者在上，裳之章尊者在下，此説實古義，與經文無不合者。蓋黼黻尊於粉米，而黼又尊於黻也。《禮器》曰：諸侯黼者，謂黼領及黼裘也。《玉藻》曰：惟君有黼裘以誓省。《爾雅》曰：黼領謂之襮。即《唐風》之素衣朱襮矣。是之謂黼衣。《荀子・哀公問》曰：黼衣黻裳，即此。蓋魯晉皆侯爵七命，故云云也。王之上大夫卿六命，衣無鷩。自獸以下是曰毳衣毳冕，王風刺司徒失教，司冦失刑，皆卿職也。故曰毳衣如菼。《唐風》咏衣七衣六，亦因文侯舊爲王卿，武公既受命爲侯，且希内職也。《禮器》云：上大夫七旒者，此謂侯之入爲卿士，及卿之出封，加一等者也。猶之諸侯九，專謂上公方伯，下大夫五，專謂大夫出封，及子男之入爲大夫者。士三，專謂王之上士，此皆舉其類之最尊者言也。五命者，毳冕五章。衣無蜼，所謂蛇鱣者，卿大夫服之象，非是六命之卿，雖亦毳衣不得繪蛇也。龍與鳥獸皆爲章首，蛇獨不爲章首者，螣蛇在北宫之西，陰凝寒結，不可以君長民物也。四命者衣繡黻，文無蛇，亦無獸，故曰絺冕黻冕。《禮器》曰：大夫黻，即謂天子之大夫也。《詩》曰：黻衣繡裳，即謂秦仲初命爲大夫也。《左傳》言：晉侯請於王，以黻冕命士會，將中軍，且爲太傅。此即謂上公及方伯之孤，皆四命也。蓋内臣之章黼爲尊，外臣之章黻爲尊。黼之象作斧，言能輔佐其君以斷大疑。黻之象作兩己，弼字从之，言能匡弼其君以成大業。是黼黻之義，即輔弼也。故曰黼黻皇業。《爾雅》曰：黼黻彰也。又曰衮黻也，義皆出此。蓋王朝之臣，止於八命，再加一命始得衮衣。侯國之臣，止於三命，再加一命始得黻衣。是内臣之重衮，猶外臣之重黻矣。故《爾雅》云云。郭注炫於舊説，故不得其解。

清・惲敬《大雲山房十二章圖説》卷一《日月星辰三章・圖説第一》

《書・皋陶謨》：日月星辰。

孔傳：日月星爲三辰。

疏：辰即時也，三者皆示人時節，故並稱辰焉。《周禮・大宗伯》鄭注：辰謂日月所會十二次，彼祭天神十二次，亦祭之。此畫於衣，日月合宿之辰，無形可畫。知三辰即日月星也。《周禮・司常》：日月爲常，不言畫星。蓋太常之上又畫星也。《穆天子傳》：畫日月七星，蓋畫北斗也。

敬案：斗爲星樞故畫之。不畫五緯者，統於日月。日月亦緯星也。不畫三垣四獸者，統於北斗，北斗亦經星也。

《考工記》：畫繢之事，天時變。

注：鄭司農云：謂畫天，隨四時色。

敬案：天無形體，即畫四時之色，亦無以表天，當並三辰畫之爲雲霞，其色亦宜如旒玉之次，知此則衣畫日月星，可如後周十二爲行，不嫌複沓矣。

敬又案：近儒有言被衮象天，衮色元，元即天象，不必畫日月星者。虞周皆衣，不畫日月星，故《尚書大傳》：不舉日月星，此説非是。士元衣亦

象天，何必言王被衮。以鄭重其説，且《尚書》：本文上言古人之象，下章施作服明，是一貫不可岐而二之也。伏君遺黼黻，豈言虞衣無黼黻耶。《大傳》説詳見後。

又《山龍二章・圖説第二》《書・臯陶謨》：山龍。

《考工記》：山以章，水以龍。

注：章讀爲獐。獐，山物也。龍，水物。

疏：畫山者並畫獐，畫水者並畫龍。

趙氏蘭江曰：草木，地之章，蓋畫草木。

方氏靈皋曰：《爾雅・釋山》上正章，蓋畫山之上平者。

敬案：方説山以章，與火以圜連文而同義。較諸説爲是。本經土以黄，其象方，地當附山畫之，如天附日月星畫之也。九章畫天地，故子家駒曰天子僭天。

敬案：《詩》疏：天子畫升龍於衣，諸侯畫降於衣。陳氏祥道天子之龍一升一降，上公但有降龍。《朱子詩傳》取之，與疏不同。此以旗之畫龍釋衣之畫龍也。於古制恐未符。何也，《爾雅・釋天》：素升龍於縿，言天子旗畫升龍也。《周禮・司常》注：旗畫成象之物，諸侯畫交龍，一象其升朝，一象其下復，言諸侯旗畫升龍降龍也。升朝下復之説，於天子不可施，是天子之旗當從《爾雅》，止畫升龍，《司常》注：已不可混從矣。而疏又引之於衣，言天子衣有升龍降龍，諸侯止有升龍旗。則有升龍降龍是天子衣，取升朝下復，諸侯衣取下復，其旗又兼取升朝下復，爲義不龐雜無等歟。合之《詩》疏及朱傳，又相參錯，無可適從，不益龐雜歟。考《禮記》疏：卷謂卷曲，畫此龍卷曲於衣，與《説文》蟠阿之説合。各經言卷龍，不言交龍，知衣畫卷曲之龍，不畫升龍降龍如旗也。此義不明，故各家禮圖畫龍皆誤，而後世於領褾畫升龍亦誤也。

又《華蟲一章・圖説第三》《書・臯陶謨》：華蟲。

孔傳：華，象草，蟲，雉也。

疏：雉五色象草華。《周禮・司服》：有鷩冕，鷩則雉也。《月令》：五時皆云其蟲，蟲是鳥獸之總名也。

《周禮・司服》：享先公饗社則鷩冕。

注：華蟲，五色之蟲。《繢人職》曰：鳥獸蛇鷩畫以雉，謂華蟲也。

疏：華蟲名鷩者，以其頭似鷩，有兩翼則曰鳥，體有鱗似蛇則曰蛇。

《考工記》：畫繢之事，鳥獸蛇。

注：所謂華蟲也，蟲之毛鱗，有文象者。

疏：言獸以其有毛。

敬案：鄭注《司服》：引畫繢鳥獸蛇，注鷩冕言畫以雉，後世皆以雉言之，然雉，后之章也。褘衣、揄狄、闕狄皆以爲飾焉。十二章雉獨重繪后章，何耶。《尚書大傳》：華蟲黄，蓋蠡也。首似鷩，故言鳥，四足，故言獸，長身，故言蛇，蠡兼鳥獸蛇三體也。注亦引繢人疏言，其頭似鷩則非鷩，雉明矣。下又疏鳥獸蛇之義，是注疏皆言蠡也。注言鷩，畫以雉者，即疏頭似鷩之義，所以明不名華冕而名鷩冕之故耳。故下言謂華蟲猶言此鷩冕，因其首似鷩，書以雉首，即謂鳥獸蛇之華蟲也。後人誤會注意，遂以雉爲華蟲，失注疏之意矣。

又《宗彝一章・圖説第四》《書・臯陶謨》：宗彝。

孔傳：會五采也，以五采成此畫焉。宗廟彝尊亦以山龍、華蟲爲飾。

疏：知不以日月爲飾者，三辰之尊不宜施於器物。《周禮》：有山罍龍勺雞彝鳥彝以類言之，知畫山龍華蟲爲飾也。周彝，無山龍華蟲之飾者，帝王所尚不同故也。

敬案：傳以作會宗彝相屬，附會言之。疏復附會傳意言之，謬甚矣。

《周禮》記：四望山川則毳冕。

注：毳，畫虎蜼，謂宗彝也。

疏：宗彝是宗廟彝尊，非蟲獸之號，言宗彝者，以虎蜼畫於宗彝，因號虎蜼爲宗彝，其實是虎蜼也，虎毛淺，蜼毛深，故以毳言之。毳，亂毛也。

王氏《尚書》：後案《周禮》：司尊彝有雞彝、鳥彝、斝彝、黄彝、虎彝、蜼彝，《明堂位》：夏后氏雞彝，殷彝，周黄目。鳥雞同物，爲夏彝。斝，殷彝。黄目，周彝。知虎蜼爲虞彝矣。

敬案：各家禮圖畫宗彝皆畫彝尊之本制，而畫虎蜼其上。今《周禮》疏言：號虎蜼爲宗彝，實是虎蜼者，蓋因衣名毳衣，應畫虎蜼也。古者正名百物，虞言宗彝當畫虎彝、蜼彝，周言毳衣當畫虎蜼，《尚書大傳》言：宗彝白，有虞氏五尊多白也。《詩》言：毳衣如菼如璊，虎蜼皆赤黑文也。

又《藻火二章・圖説第五》《書・臯陶謨》：藻火。

孔傳：藻，水草有文者，火爲火字。

疏：刺繡爲火字也。今之服章繡爲火字，如孔所説也。

《考工記》：火以圜。

注：鄭司農云：爲圜形似火也。元謂如半環然。

疏：先鄭云：爲圜形，後鄭云：如半環，此亦不別增減之耳。

敬案：古者水字火字皆象形，爲火字亦象火形也，《書》疏之義與《禮》疏。先後鄭均不別減，圜則如半環，增半環則成圜，圜與半環皆可增減爲火字。十二章皆象形也，竟繡火字，後世之失，由改篆爲隸，漸遠象形之意耳。

又《粉米一章・圖説第六》《書・皋陶謨》：粉米。

注：粉若粟冰，米若聚米。

疏：粉之在粟，其狀如冰。

《周禮・司服》：祭社稷五祀則希冕。

注：希讀爲絺，或作黹字之誤也。希刺粉米無畫也。

疏：衣是陽應畫，今希冕三章在裳者，自然刺繡。但粉米不可畫，雖在衣亦刺之，故得希名。然則毳冕之粉米亦刺之也。

敬案：疏孔傳不數宗彝，故粉與米爲二章，應從《周禮》注疏合爲一章。

又《黼黻二章・圖説第七》《書・皋陶謨》：黼黻。

孔傳：黼若斧形，黻爲兩己相背。

疏：《考工記》曰：白與黑謂之黼。《爾雅・釋器》曰：斧謂之黼。孫炎云：黼文如斧形，蓋半白半黑似斧，刃白而身黑。《考工記》曰：黑與青謂之黻，刺繡爲兩己字，以青黑線繡也。

又卷二《虞十二章圖説》《書・皋陶謨》：子欲觀古人之象，日月星辰山龍華蟲作會，宗彝藻火粉米黼黻絺繡，以五采彰施於五色，作服。汝明。

傳：欲觀，示法象之服。

疏：象物制服，因黄帝以還，未知何代而具采章，舜言觀古，知在舜之前耳。

傳：會，五采也。以五采成此畫焉。

疏：禮衣畫而裳繡，五色備謂之繡，知畫亦備五色。傳天子服日月以下，諸侯龍衮以下至黼黻，士服藻火，大夫加粉米，上得畫下，下不得僭上。

疏：天子服日月而下十二章，諸侯龍衮而下八章，士服藻火二章，大夫加粉米四章。上篇五服，注：天子、諸侯、卿、大夫、士，則卿與大夫不同，當加黼黻爲六章。《周禮》：諸侯有三等之服，此同八章。古質樸，故合三爲一等。此經衣之章尊者在上，裳之章尊者在下，黼黻尊於粉米，粉米尊於藻火。馬融説亦然。古有此言也。

疏：天之大數不過十二，故王者制作皆以十二象天也。顧氏取先儒説，日月星取照臨，山取能興雲雨，龍取變化無方，華取文章，雉取耿介，藻取有文，火取炎上，粉取潔白，米取能養，黼取能斷，黻取善惡相背。

蔡傳：日月星辰取照臨，山取鎮，龍取變，華蟲取，文虎蜼取孝，藻取潔，火取明，米取養，黼取斷，黻取辨。

敬案：疏十二章如孔傳，不列宗彝而分華與蟲爲二章，粉與米爲二章，則十三章矣。故復言雉五色象草華，仍合華蟲爲一章，以符十二之數。蔡傳十二章取《周禮》鄭注，歷代皆從鄭義也。

《尚書大傳》：山龍青也，華蟲黄也，作繪黑也，宗彝白也，璪火赤也。

注：元或疑焉，華蟲五色之蟲也，璪，水草，蒼色。王氏尚書後案此説上遺日月星，謬一。下遺粉米、黼黻，謬二。以五色爲五章，謬三。不分衣裳繪繡，謬四。作繪爲一章，謬五。藻火山龍並合爲一，謬六。《大傳》之説其謬顯然。

敬案：《大傳》此説自鄭氏作注，不以爲然。後儒遂置而不講，至王氏攻其六謬，蓋未得伏君意也。伏君蓋因本經章施五色，而於十二章中錯舉以明之，非遺日月星、粉米、黼黻也。衣繪裳繡，本經有明文，不必分注。藻火、山龍，伏君止言其同色耳，非同爲一章。西漢言辭簡質，説經多如此也。繪黑，似乖文義，然伏君之意並非以作繪爲一章，古者績五色必以黑，四圍畫之，至今尚然。故言作繪黑耳，伏君此條通爲五色，言之山龍則青，爲君山龍色青也。華蟲則黄，爲君蠡身黄也。作繪則黑，爲君舍黑無以繪也。宗彝則白，爲君虞尊白也。藻火則赤，爲君藻之莖，赤爲主火之焰，赤爲主也。舉一色非廢所錯之色，舉一章非廢未舉之章，知此則大傳之説可通矣，餘見下條。

天子衣服其文華蟲、作繪、宗彝、藻火、山龍，諸侯作繪、宗彝、藻火、山龍，子男宗彝、藻火、山龍，大夫藻火、山龍，士山龍。

敬案：此條言爲君之色，天子備五色，諸侯四色，子男三色，大夫二色，士一色耳。指章以明色，非言其章。所以申上條之意也。所謂五色、四色、三色、二色、一色，亦指其色之爲君者言之不廢，五色相錯。諸侯黄色不敢爲君，故不言華蟲，子男黑色不敢爲君，故不言作繪，餘可類推。

敬又案：《大傳》之説與《考工記》可互相發，惟宗彝一章，周制則主赤黑焉。其説已見前周十二章，列行爲等者止九章，山龍、華蟲、虎蜼在衣，山龍青而山以章，水以龍章，與水可白也，故曰青與白相次。虎蜼赤黑，故曰赤與黑相次。華蟲黄而備五色，色尊元，故曰元與黄相次。此對方爲衣之繢也。藻，莖赤而葉蒼，故曰青與赤謂之文，火焰赤而光白，故曰赤與白謂之章。黼如斧故曰白與黑謂之黼。黻以青黑爲兩己相背，故曰黑與青謂之黻。此比方爲裳之繡也。知虞日月星列行者，虞作繪畫日月星，故以後周之制推之，知周日月星不列行者，周冕服以卷爲首，故以隋唐之制推之。

又《**周十二章圖説**》《考工記》：畫繢之事雜五色。東方謂之青，南方謂之赤，西方謂之白，北方謂之黑，天謂之元，地謂之黄。青與白相次也，赤與黑相次也，元與黄相次也。

注：繢以爲衣。

疏：青與白相次，以下論繢於衣，爲對方之法也。

青與赤謂之文，赤與白謂之章，白與黑謂之黼，黑與青謂之黻，五采備謂之繡。

注：繡以爲裳。

疏：此皆比方爲繡次。

雜四時五色以章之謂之巧。

注：繪繡皆用五采，鮮明之。

疏：上有六色，此言五，元黑共説也。

敬案：陳氏言畫不止於衣裳，故統言其事。然古者衣裳之制於禮最重，注疏主衣裳言，爲得經意也。經首言雜五色，末言五色備，繢繡皆錯五采，其對方、比方之法止二色者，以本君他色者言之耳。

又《**漢晉宋十二章説**》《漢志》：秦滅。去禮樂郊祀之服，皆以袀元。漢承秦故。至顯宗永平二年，初服日月星辰十二章，三公諸侯山龍九章，九卿以下華蟲七章，皆備五采。

《晉志》：元上纁下，前三幅後四幅，衣畫而裳繡。爲日月星辰、山龍、華蟲、宗彝、藻火、粉米、黼黻之象，凡十二章。太子九章，王公九章，卿七章。

《宋志》同晉。

敬案：漢、晉、宋三朝皆十二章，志不言行與等，當以《隋志》及《唐志》推之。漢以後其雜見諸書，可證者列於左方。

《説文》：天子享先王，龍繡於下裳幅，一龍蟠阿。臣鍇曰：阿，曲也。謂繡龍蟠曲也。

敬案：古無繪龍於裳之制，然許氏漢人目見其制，必非謬説。當由天子衮衣如唐制。龍飾領與襟，故於裳六章之下，復以龍飾。其齊因幅畫一龍耳。裳之龍既蟠阿，則領襟之龍亦應蟠阿。各十二，非如後世升龍。領襟之制，與衣身之龍不相應也。許氏不言衣而止言裳者，衣之龍，遵古制，不必言。裳之龍，漢獨制，故明之耳。

《隋志》：梁王僧崇奏，今之公衣身畫獸，其要下及袖又有青獸。

敬案：此毳衣也。故以虎蜼飾袖，則衮以龍飾袖，其制可推。要下有青獸者，當由毳衣並以虎蜼飾之帶下耳。此志在天監中，蓋宋以後舊制也。

兩袖各有禽鳥，取似鸞鳳，似是華蟲。

敬案：此當是鷩衣之飾，袖者其後展轉，傳誤至乖。古制遂若不經，其時制詔，顯以鳳畫乘輿衣裘，並畫雉並畫葩蘤以應華蟲，真不經矣。

敬案：魏明帝改乘輿服刺繡，公卿服織成。晉因之。齊明帝皆用繡，至梁復衣繪裳繡之制焉。

又《**齊十二章説**》《隋志》：齊制衣裳元上纁下，前三幅後四幅，衣畫而裳繡，凡十二章。後魏後周，皆織成爲之。

敬案：天監七年，周捨議祭服宜畫鳳，詔又稱日月星辰以一辰攝三物，山龍、華蟲以一山攝三物，藻火、粉米以一藻攝三物。皆謬不可從，而漢、晉、宋志不言行與等，故自漢至六代不爲圖。

又《**後周十二章圖説**》《隋志》：後周設司服之官，祀，冕服十二章，日、月、星辰、山龍、華蟲在衣，火、宗彝、藻、粉米、黼黻在裳。凡十二等。衮冕九章，山龍、華蟲、火、宗彝在衣，藻、粉米、黼黻在裳。衣重宗彝，裳重黼

黻，爲十二等。山冕八章，衣重火與宗彝，裳重黼黻，爲十二等。鷩冕七章，衣重華蟲、火、宗彝，裳重黼黻，爲十二等。通以升龍爲領褾。

諸公之服衮冕九章，爲九等。山冕八章，衣重宗彝，爲九等。鷩冕七章，衣重火與宗彝，爲九等。火冕六章，衣重宗彝、藻，裳重黻，爲九等。毳冕五章，衣重藻、粉米，裳重黼黻，爲九等。皆以山爲領褾。

諸侯之服，山冕八章，爲八等。鷩冕七章，衣重宗彝，爲八等。火冕六章，衣重藻，裳重黻，爲八等。毳冕五章，衣重粉米，裳重黼黻，爲八等。皆以華蟲爲領褾。

諸伯之服鷩冕七章，爲七等。火冕六章，裳重黻，爲七等。毳冕五章，裳重黼黻，爲七等。皆以火爲領褾。

諸子之服，火冕六章，爲六等。毳冕五章，裳重黻，爲六等。皆以宗彝爲領褾。

諸男之服，毳冕五章，爲五等，以藻爲領褾。

三公之服，火冕六章，衣重宗彝、藻，裳重黻，爲九等。毳冕五章，衣重藻、粉米，裳重黼黻，爲九等。藻，冕四章，衣重藻、粉米，裳重黼黻。繡冕三章，衣重粉米，裳重黼黻，爲九等。皆以宗彝爲領褾。

敬案：三公藻，冕衣藻重，二等粉米重，三等繡，冕衣粉米重五等也。

三孤之服，毳冕五章，衣重粉米，裳重黼黻，爲八等。藻冕四章，衣重藻粉，裳重黼黻，爲八等。繡冕三章，衣重粉米，裳重黼黻，爲八等。

敬案：三孤繡冕，衣粉米重四等也。後倣此推之。

九卿之服，藻冕四章，衣重粉米，裳重黼黻，爲七等。繡冕三章，衣重粉米，裳重黼黻，爲七等。皆以粉米爲領褾。

上大夫之服，繡冕三章，衣重粉米，裳重黻，爲六等。

中大夫之服，繡冕三章，衣重粉米，裳無重，爲五等。

下大夫之服，繡冕三章，衣重粉米，裳無重，爲四等。

敬案：後周十二章止列自上至下之等，不言每等之章數，各禮圖有繪九章爲兩行，而上下九等者。蓋因陳氏《禮書》升龍降龍爲一章，虎彝蜼彝爲一章，其餘因對繪之耳。不知後周之制當與隋唐每行十二之制參觀，則知後周亦然。非如禮圖每章對繪共二十四物爲十二等也。惟日月星三章，隋唐不布横行爲等，故等止九。後周稱十二等，則日月星亦布横行，此稍異耳。

敬又案：隋唐日月星不布横行者，以日月止一也。然太泥矣。

又《隋十二章圖説》《隋志》：大業元年，虞世基奏於左右髆上爲日月各一，當後領而下爲星辰，其山龍九物各重行十二，衣質以元，山龍、華蟲、火、宗彝五章，裳質以纁，藻、粉米、黼黻四章，通三辰而備十二。衣褾各帖升龍。漢晉以來相承，皆如此，徵而用之，禮將爲允。

敬案：各重行十二，則一章十二爲横之行，十二章十二等爲縱之等矣。此與唐制相同，惟日月星不列横行耳。

敬又案：世基奏漢晉以來率皆如此，知後周亦每章十二爲行矣。故兩行對繪之説不可從。

又《唐十二章圖説》《唐志》：衮冕服深青衣纁裳，十二章日、月、星辰、山、龍、華蟲，八章在衣，藻、粉米、黼、黻四章在裳。衣畫裳繡，自山龍以下，每章一行爲等，每行十二。衣褾領畫以升龍。

敬案：自山龍以下，每章一行爲等，每行十二者，日月星如《隋志》畫於髆及領後，不爲行也。每行十二言横之行也。每章一行爲等，言縱之等也。自山龍以下得九等，蓋唐制與後周十二等不同，而同於隋。

鷩冕服七章，華蟲、火、宗彝在衣，藻、粉米、黼黻在裳。毳冕服五章，宗彝、藻、粉米在衣，黼黻在裳。絺冕服三章，粉米在衣，黼黻在裳。元冕服一章，裳刺黻。皇太子衮冕服九章，一品衮冕服九章，二品鷩冕服七章，三品毳冕服五章，四品絺冕服三章，五品元冕服一章，六品以下爵弁服青衣纁裳。

又《宋十二章圖説》敬案：開寶、嘉祐、元豐、政和，屢次更制，皆十二章。史不載。行與等蓋同唐制也。皇太子九章，親王、三公同皇太子，九卿衣虎蜼，粉米、藻三章，裳畫黼黻。

又《金十二章圖説》志：衮衣，青羅夾制，五采間金。繪畫正面日一、月一，升龍四，山十二，上下襟華蟲，火各六對，虎蜼各六對。背面升龍四，山十二，華蟲、火各十二對，虎蜼各六對，裳，紅羅八幅夾制，繡藻三十二，粉十六，米十六，黼三十二，黻三十二。

敬案：本制言上下襟者，以左右言之，其十二章多寡無義。

皇太子衣五章，山、龍、華蟲、火、宗彝，裳四章，藻、粉米、黼、黻。

又《元十二章圖説》敬案：元制同金。其背華蟲、火各十二對，與前六對異。不知何義。然金、元史皆同，則非史誤也。

又《明十二章圖説》志：元衣八章，日、月、龍在肩，星辰、山在背，火、華蟲、宗彝在袖，每袖各三。纁裳四章，藻、粉米、黼、黻各二，前三幅後四幅。

嘉靖八年諭，張璁等曰：衣裳分上下服，今衣恒掩裳，朕意衣與裳腰下齊，露裳之六章。璁等議從之。洪武時，衣裳皆織成，至是改裳用繡，復元衣纁裳爲元衣黄裳。

敬案：明皇太子衣無日月星，與金元同。親王七章，火在肩，華蟲、宗彝在袖。裳同皇太子。郡王五章，粉米在肩，藻、宗彝在袖，裳黼黻。

敬又案：自金以後十二章之位均無義。

清・焦廷琥《冕服考》卷二　古天子冕服十二章，日、月、星辰、山、龍、華蟲繪於衣，宗彝、藻、火、粉米、黼、黻繡於裳。諸侯九章，伯七章，子男五章，卿大夫三章，虞制如此。

《益稷篇》：予欲觀古人之象，日月星辰山龍華蟲作會，宗彝藻火粉米黼黻絺繡，以五采彰施於五色，作服。汝明。

孔傳云：日月星爲三辰，華象草，華蟲雉也。畫三辰山龍華蟲於衣服旌旗，會，五采也。以五采成此畫焉。宗廟彝尊，亦以山龍華蟲爲飾。藻，水草有文者，火爲火字，粉若粟冰，米若聚米，黼若斧形，黻爲兩己相背，葛之精者曰絺，五色備曰繡。天子服日月而下，諸侯自龍衮而下至黼黻，士服藻火，大夫加粉米，上得兼下，下不得僭上。以五采明施於五色，作尊卑，汝明制之。

疏云：《易辭》云黄帝堯舜，垂衣裳而天下治。象物制服，蓋因黄帝以還，未知何代而具彩章，舜言已欲觀古，知在舜之前耳。《桓二年・左傳》云：三辰旂旗，昭其明也。三辰謂此日月星也。《周禮・司常》云：日月爲常王者。禮有沿革，後因於前，故知舜時三辰亦畫之於旌旗也。下傳云：天子服日月而下，則三辰畫之於衣服，又畫之於旌旗也。

又云：孔解舜時天子之衣畫日月耳。鄭氏亦以爲然。王肅以爲舜時三辰即畫於旌旗不在衣也。天子山龍華蟲耳。

又云：鄭氏會讀爲繪，宗彝謂宗廟之鬱鬯尊也。故虞夏以上，蓋取虎彝蜼彝而已。粉米，白米也，絺讀爲黹，黹，紩也。自日月至黼黻凡十二章，天子以飾祭服。凡畫者爲繪，刺者爲繡，此繡與繪各有六，衣用繪，裳用繡。至周而變之，以三辰爲旂旗。謂龍爲衮，宗彝爲毳，或損益上下，更其等差。鄭意以華蟲爲一，粉米爲一，加宗彝爲虎蜼也。此經所云凡十二章，日也、月也、星也、山也、龍也、華蟲也，六者畫以作繪，施於衣也。宗彝也、藻也、火也、粉米也、黼也、黻也，此六者紩以作繡，施之於裳也。

又云：此言作服，汝明。故傳辨其等差，天子服日月而下十二章，諸侯自龍衮而下至黼黻八章，再言而下。明天子諸侯皆至黼黻也。士服藻火二章，大夫加粉米四章。孔注上篇五服，謂天子、諸侯、卿、大夫、士，則卿與大夫不同，當加之以黼黻爲六章。孔略而不言。孔意蓋以《周禮》：制諸侯有三等之服，此諸侯同八章者，上古朴質，諸侯俱南面之尊，故合三爲一等。且《禮》：諸侯多同爲一等，故《雜記》云天子九虞，諸侯七虞。《左傳》云：天子七月而葬，諸侯五月而葬，是也。孔以此經上句日、月、星辰、山、龍、華蟲，尊者在上，下句藻、火、粉米、黼、黻尊者在下，黼黻尊於粉米，粉米尊於藻火，故從上以尊卑差之，士服藻火，大夫加以粉米，尊藻火爲四章。馬融不見孔傳，其注亦以爲然，以古有此言，相傳爲説也。

又云：鄭云：作服，此十二章爲五服，天子備有焉，公自山龍而下，侯伯自華蟲而下，子男自藻火而下，卿大夫自粉米而下。

孔氏《王制》疏云：《皋陶謨》：五服五章哉。鄭注五服十二也、九也、七也、五也、三也。如鄭之意，九者謂諸侯之服，自山而下。七也是伯之服，自華蟲而下。五也謂子男之服，自藻而下。三也卿大夫之服，自粉米而下。以上所云虞舜之制，而夏殷注云未聞。

蔡氏沈云：上衣下裳之制創自黄帝，而成於堯舜，日月星辰取其照臨也。山取其鎮也。龍取其變也。華蟲雉取其文也。會，繪也。宗彝，虎蜼，取其孝也。藻，水草，取其潔也。火取其明也，粉米白，取其養也。黼若斧形，取其斷也。黻爲兩己相背，取其辨也。絺鄭氏讀爲黹，紩也。紩以爲繡也，日也、月也、星辰也、山也、龍也、華蟲也，六者繪之於衣，宗彝也、藻也、火也、粉米也、黼也、黻也，六者繡之於裳，所謂十二章也。衣之六章其序自上而下，裳之六章自序而上。

廷琥按：鄭義十二章，日一也、月二也、星辰三也、山四也、龍五也、華

蟲六也、宗彝七也、藻八也、火九也、粉米十也、黼十一也、黻十二也。會讀爲繪，絺讀爲黹。上六者繪於衣，下六者繡於裳。孔傳不分別十二章，《正義》申孔義，日一也、月二也、星辰三也、山四也、龍五也、華蟲六也、藻七也、火八也、粉九也、米十也、黼十一也、黻十二也。孔以宗彝爲宗廟彝尊，亦以山龍華蟲爲飾，葛之精者曰絺。陳祥道《禮書》：取鄭義，謂孔傳以華非蟲，粉非米，宗彝有山龍之飾，服無宗彝之文，山龍至華蟲尊者在上，藻火至黼黻尊者在下，皆臆論。謂絺爲葛之精者，當從孔傳。以康成讀絺爲黹爲非，且舉舜被袗衣以證之。夫言冕服之章，忽及尊彝，粉米即白米，忽分爲二，此誠不足據。若孔以絺爲葛，祭服元衣纁裳未聞以葛者，孔傳不如鄭義爲長也。

又按十二章名義，陳氏《禮書》：以星爲五星，辰爲十二次，恐不必然。《穆天子傳》天子葬盛姬，畫日月七星，蓋畫北斗，則必畫五星矣。星辰爲一章，辰爲無星之處，無可畫也。山取其鎮，龍取其變，《考工記》：山以章，水以龍，鄭讀章爲獐。獐，山物。龍，水物。疏云：馬以畫山並畫獐，畫水並畫龍。鄭謂即以獐表山，以龍見水。華蟲，雉也。謂五色之蟲也。宗彝，宗廟之彝尊也。宗廟有虎彝、蜼彝。《王制》孔疏云，宗廟彝尊之飾有虎蜼二獸，虎有猛，蜼能辟害，故象之。不言虎蜼而謂之宗彝者，取其美名。《周禮》：有六彝，知必有虎蜼者。周禮陳六尊六彝，皆遠代者在後。六尊之次，火是虞氏之尊，山是夏后之尊，六彝之次，亦虎彝、蜼彝在後，故知虎蜼虞夏已飾于尊，舜時已稱宗彝。《爾雅》：蜼卬鼻長尾。郭璞云：蜼似彌猴而大，黄黑色，尾長數尺。鼻覆而上，是也。藻，水草，取其潔，火取其明。《考工記》云：火以圜。先鄭云：爲圜形似火。康成謂形如半環然，在裳。粉米，白米也。《爾雅》云：斧謂之黼，孫炎云：黼文如斧形，蓋半白半黑似斧，刃白而身黑。黻謂刺繡，爲己字相背，以青黑綫繡，是也。陳氏《禮書》謂：日、月、星辰在天成象者也，山、龍、華蟲、虎蜼、藻、火、粉米、黼、黻在地成形者也。在天成象者道之運乎上。在地成形者道之散乎下。道固始終於東北，故山龍而降。始山終黻，莫不有序。何則山居東北，冬春交也。龍，春也。華蟲，夏也。虎，秋也。蜼，冬也。周而復始，則藻，春也。火，夏也。粉米，中央也。黼，秋冬交也。黻，冬春交也。龍與華蟲，陽之陽也，故繪而在衣，虎與蜼，陽之陰也，故繡而在裳。然則古者合三辰以在服，備十二章以則天數，故章與四時相順，後世判三辰以在旗，以法陽數，故章與四時相變，此説亦本《考工》：繢人職而申言之也。

清·林昌彝《三禮通釋》卷一八　十二章之服。《尚書·虞書》曰：天命有德，五服五章哉。又曰予欲觀古人之象，日、月、星辰、山、龍、華蟲作會，宗彝、藻、火、粉米、黼、黻絺繡，以五采彰施於五色，作服。汝明。《隋書·禮儀志》引伏生《尚書大傳》云：天子衣服，其文華蟲、作繢、宗彝、藻、火、山、龍，諸侯作繢、宗彝、藻、火、山、龍，子男宗彝、藻、火、山、龍，大夫藻、火、山、龍，士山、龍。故《書》曰：天命有德，五服五章哉。《大傳》又曰：山龍純青，華蟲純黄，作會宗彝，宗彝純黑，藻純白，火純赤。又曰：山龍青也，華蟲黄也，作繢黑也，宗彝白也，藻火赤也。天子服五，諸侯服四，次國服三，大夫服一，士服一。案古者日月星辰畫於衣，至周登三辰於旂，左氏曰：三辰旂旗是也。王肅謂舜時三辰亦畫於旌旗，然《明堂位》曰：有虞氏之綏，夏后氏之旂，虞氏之綏。尚未有交龍之制，謂有日月星辰，其説無據。《周禮·大宗伯》：以實柴祀日月星辰。保章氏掌天星，以志星辰日月之變動。鄭氏謂星五緯，辰日月所會之次。孔安國釋《書》秝象日月星辰謂，星，四方中星，辰，日月所會。鄭氏於書亦以星辰爲一。孔穎達曰：敬授人時。無取五緯之義，鄭氏觀文爲説也。然則衣之所畫蓋五星與十二次也。

若旂則畫日月北斗七星而已。故《禮記》言招摇在上。《穆天子傳》稱：天子葬盛姬，建日月七星。古者衣韍，尊圭粢皆有山飾。《考工記》曰：山以章，荀卿曰：天子山冕，諸侯元冠。《書大傳》曰：山龍青也，古者衣韍旂旂。《儀禮》有龍旂。簨虡盾韬勺帷。《大記》有龍輴。皆飾以龍。《周禮》曰：交龍爲旂，《覲禮》曰：升龍降龍，《爾雅》曰：升白龍於襂，《曲禮》曰：左青龍，《書大傳》曰：山龍青也。龍有升降，白者升於襂，則青者降矣。白陰而升，青陽而降，此交泰之道也。許慎曰：卷龍繡於下幅，一龍蟠阿上鄉。龍，龍繪于上幅，非繡於下幅。慎之説誤矣。華蟲，翟也。翟不特施于王服，而后之車服亦有焉。所謂褘翟、揄翟、闕翟、重翟、厭翟，是也。不特后之車服，而舞與喪禮亦用焉。《書》與《周禮》言羽舞，《詩》言秉翟，《大記》言揄絞是也。孔安國顧氏以華蟲爲二章，非是。《書》曰班宗彝，作分器，《周禮》大約劑書于宗彝，則宗彝宗廟之彝也。先王致孝有尊有彝，而衣特

以彝爲章者，以虎蜼在焉故也。《書》謂之宗彝，《周禮》謂之毳冕，康成穎達徒謂毳畫虎蜼，因號虎蜼爲宗彝。其實虎蜼而已，此説非也。《書大傳》曰：宗彝白，蓋宗彝白，而虎蜼各象其色耳。鄭司農以毳爲罽，孔安國謂宗彝亦以山龍、華蟲爲飾，皆臆論也。藻，水草也。施於衣與棁而已。冕旒與玉繅亦曰藻，皆取其文而且潔也。《書大傳》曰：藻火赤，鄭氏釋巾車曰藻，水草，蒼色。令藻色兼蒼赤，蓋伏、鄭各舉其一偏耳。《左傳》曰：火龍黼黻，昭其文也，《九章》、《大記》曰火三列，《明堂位》曰殷火，周龍章。則火之所施多矣。《考工記》曰火以圜，鄭司農曰圜形似火，鄭康成曰形如半環是也。《大傳》曰火赤，孔安國謂火爲火字，其説與《考工記》不合。鄭氏以粉米爲一章，則粉，其半也。粉其米散，利養人之義也。孔安國曰：粉若粟冰、若米、若聚米。顧氏曰：粉取潔白，米取能養。然粉亦米爲之，一物而爲二章，與章不類，其説非也。謹案《續漢書・輿服志》：孝明皇帝永平二年初，詔有司采《周官》、《禮記》、《尚書・皋陶篇》：乘輿從歐陽氏説，公卿以下從大小夏侯氏説。又曰：衣裳玉佩備章采，乘輿刺繡，公侯九卿以下皆織成。又曰顯宗初服旒冕衣裳，赤舄絇屨，以祠天地，養三老五更于三雍，天子三公九卿，特進侯，傳祠侯，祀天地明堂皆冠旒冕，衣裳元上纁下，乘輿備文日月星辰十二章，三公諸侯用山龍九章，九卿以下用華蟲七章，皆備五采。《後漢書・明帝紀》：永平二年注引董巴《輿服志》曰：顯宗初服冕衣裳以祀天地，衣裳以元上纁下，乘輿備文日月星辰十二章，三公諸侯用山龍九章，卿已下用華蟲七章，皆五色采，乘輿刺繡，公卿已下皆織成。陳留襄口已獻之。徐廣車服注曰，漢明帝案古禮備其九章，天子郊廟衣皂上絳下，前三幅，後四幅，衣畫而裳繡。然則顯宗更定服章，所謂從歐陽夏侯説，即此是也。然書傳之文無日月星辰，而云天子服五，何與陳祥道《禮書》卷三引《尚書大傳》：山龍青也，宗彝白，藻火赤也。陳氏辨之曰：大夫之服自元冕而下，士之服自皮弁而下，固無藻火、山龍矣。既曰：子男宗彝、藻火、山龍，士山龍，又曰：次國服三，大夫服二，士服一，是自戾也。按書傳所言虞制也，固與周禮不同。書傳服五、服四、服三、服二、服一者，言其采色，非言其章數。前後之文未嘗相戾。永平初定冕服，公卿已下從大小夏侯説，乘輿服從歐陽説，日月星辰十二章，三公諸侯用山龍九章，卿已下用華蟲七章，則是歐陽説。冕服章數仍以十二、九、七爲節，大小夏侯説。冕服章數乃自天子至公侯以九爲節，卿以下以七爲節明矣。《尚書・益稷》，《正義》引鄭元書注云：自日月至黼黻凡十二章，天子以飾祭服，至周而變之，以三辰爲旂旗，王肅以爲舜時三辰即畫於旌旗，不在衣也，天子山龍華蟲耳。考王肅維善賈馬之學，而其父郎師楊賜，則治歐陽《尚書》者，肅解《虞書》作服，與伏生《大傳》相合，蓋亦用今文家説也。《大傳》：五服無日月星辰，又無粉米黼黻，故知五服是采色，非章數也。《隋書・禮儀志》：大業元年，虞世基奏近代故實依《尚書大傳》：山、龍純青，華蟲純黄，作繪。宗彝純黑，藻純白，火純赤，以此相間而爲五采。後周故事，升日月于旌旗，乃闕三辰，而章無十二，但有山、龍、華蟲作繪，宗彝、藻、火、粉米、黼、黻，乃與三公不異。開星中，親襄欲生分别，故衣重宗彝，裳重黼黻，合重二物，山龍九章爲十二等。但每一物上下重行，衮服用九，鷩服用七。今重此三物，乃非典故。校此虞世基既言近代服依《書傳》，而後于山、龍、華蟲、作繪宗彝、火之外，仍有粉米、黼、黻，此章數也。《大傳》以山、龍爲青，華蟲爲黄，作繢宗彝四字連讀爲黑，藻爲白，火爲赤，陳祥道引之，作繢黑也，宗彝白也，藻火赤也，分作繢、宗彝爲二，合藻、火爲一，非伏生本文。由所見《大傳》本誤，當從《隋志》更正。又引云：子男宗彝、藻、火、山龍以次，國服三，核之子男下宗彝亦誤衍，宜删。陳氏反以是疑傳文自戾過矣。《説文・十三糸部》：繪，會五采繡也。引《虞書》山、龍、華蟲作繪，以《後漢書・明帝紀》乘輿刺繡，公卿已下皆織成考之，則《大傳》王服亦皆謂繡，非畫也。鄭康成注《尚書》始云繪讀爲繢，凡畫者爲繢，與伏、許異。見《尚書正義》、《左傳・昭二十五年》、《正義》、《文選》、《景福殿賦》注。作繪何以爲黑也，《説文・十上黑部》：黔、沃，黑色。《十二下女部》：嬒，女黑色也。繪之爲黑，此其義。

又卷二二　九服。日、月、星辰、山、龍、華蟲、藻、火、粉米、黼、黻、希繡。

十二服。十二章已見前十八卷。此釋漢儒之説同異。

《尚書》：九服，日、月、星辰、山、龍、華蟲作會，會亦作繪。藻、火、粉米、黼、黻希。希亦作絺繡。鄭康成説天子冕服以《尚書》校周官定書爲十二服，禮爲九服。其説《書》以自日月至黼黻凡十二章，天子以飾祭服。凡畫者爲繪，刺者爲繡，此繪與繡各有六，衣用繪，裳用繡。至周而變之，以三辰爲旌旂，謂龍爲衮，宗彝爲毳。又《禮》注云：冕服九章，登龍於山，登火於

宗彝，尊其神明也。九章一曰龍，二曰山，三曰華蟲，四曰火，五曰宗彝，皆畫以爲繪，六曰藻，七曰粉米，八曰黼，九曰黻，皆希以爲繡。希即黹也。此鄭氏之説，後儒多宗之。其實兩漢今古家俱無此義也。《書大傳》：今文説也，其説曰天子衣服其文華蟲、作繢、宗彝、藻、火、山、龍，諸侯作繢、宗彝、藻、火、山、龍，子男宗彝、藻、火、山、龍，大夫藻、火、山、龍，士山、龍。又曰山、龍青也，華蟲黄也，作繢黑也，宗彝白也，藻、火赤也。

天子服五，諸侯服四，次國服三，大夫服二，士服一，並見《御覽》所引，此以五服五章，配五采五色。不言粉米、黼、黻絺繡，蓋五服皆同也。《説文》：古文説也，繪下云，會，五采繡也。《虞書》曰：山、龍、華蟲、作繪。黺即粉字。下云衮衣，山、龍、華蟲，黺，畫粉也。衛宏説許氏兩引，皆不言日、月、星辰。又云：衮衣，山、龍、華蟲，似亦不以日、月、星辰爲衣服所繪，而以山、龍爲服之首也。於繪云，會，五采繡。於繢云，一曰畫也。是許氏以繪繡爲一事，統爲設色之工。凡衣服、旂常皆先繪後繡，故《考工》：論山、龍、鳥、獸等皆統於畫之事焉，蓋繪事必以粉爲畫，畫者，介也。故曰粉。《考工》：所謂繪畫之事，後素工是也。今人猶然，其文如聚米，故曰米。《説文》：作絉，絺其質也。《説文》：絺，細葛也。刺繡必於紈絺。《五帝紀》：堯賜舜絺衣，即孟子之袗衣，趙注之畫衣也。黼、黻繡者，統言五采之色。《説文》云：黼白與黑相須，又黻黑與青相次，又繡五采備也，並本《考工》爲説。蓋山、龍、華蟲等雖分五色，其五章所不及處，亦必雜四時五色之位，故《考工》：繫於畫繪之事下是統言五服之文也。衮下云卷龍繡于下常，則五章衣裳皆可。孫氏星衍謂衣自有山、龍以下五章，裳則粉米、黼、黻絺繡而已，亦以意爲説也。《説文》：止舉藻、火、山、龍者，士得服山、龍，大夫得加藻、火，五服之至卑者，舉卑以見尊也。華蟲唯天子得服之，華蟲貴，故《大戴·五帝德》云：帝嚳帝堯黄黼、黻衣，大帶，黼裳也。彼又云黄帝黼、黻衣，大帶，黻裳。又可見黼、黻皆衣裳並有也。皆不言日、月、星辰，許氏多用衛宏義，衛從杜、林，受古文尚書，則兩漢今古文家皆不以三辰爲衣服之用可知。然鄭氏之説亦非無本，《論衡·語增篇》：服五采，畫日、月、星辰。《莫如篇》：文章炫耀，黼、黻、華蟲，山、龍、日、月。馬季長云：上句日、月、星辰、山、龍、華蟲，尊者在上，下句藻、火、粉米、黼、黻，尊者在下，皆康成所本也。但馬氏不及作會、宗彝，又以黼、黻尊於粉米，粉米尊於藻、火，則又與鄭殊矣。若王肅謂舜時三辰即畫於旌旂，不在衣也。天子山龍華蟲耳，彼不過故與鄭異，非實經師傳授也。《東觀記》、《車服志》：東平王曰，蒼議曰日、月、星辰、山、龍、華、藻，天王衮冕十有二旒以則天數。彼所陳皆漢制。然上云，孔子曰行夏之時，乘殷之輅，服周之冕，爲漢制法，則似以周亦用日、月、星辰矣。《史記》於此處不明，《夏本紀》但云余欲觀古人之象，日、月、星辰爲文繡。則史公似亦以三辰爲用於衣者歟。史公雖從安國問，故所用不盡古文，與後世杜林衛宏所習之古文本多不合也。隋《禮義志》：虞世基奏曰，近代故實依《尚書大傳》山、龍純青，華蟲純黄，作會宗彝純黑，藻純白，火純赤，以此相間而爲五，與《御覽》所引之《書傳》又異。見十八卷。案虞奏所引亦未爲不可考，《説文》：彝從系，系，綦也。綦爲緤之，或體系部緤，帛蒼艾色也。亦作騏，顧命騏弁。鄭注青黑曰：騏，則是宗彝，亦可黑色也。藻，《説文》：作璪，解云玉飾如水藻之文。引《虞書》云云，則必象玉色之有藻飾者，則色白矣。又周人九章，鄭氏謂登龍於山，登火於宗彝。按《御覽》六百九十引董巴《輿服志》云，三公諸侯用山、龍九章。《環濟要畧》：諸侯去日、月、星辰。山、龍、華蟲皆以山在龍上，蓋周制降殺，以兩服山者無不有龍。周人尚文，以龍之升降爲王侯之等差，故特著龍衮也。衮冕，山、龍爲首。鷩冕，華蟲、宗彝爲首。則毳冕當藻、火爲首。故《詩·大車》毳衣如菼，《毛傳》：毳衣大夫之服，菼，萑也，蘆之初生者也。古者天子大夫服毳冕以巡守，爲其畫水草之文，故得如菼蘆，蘆初生必白，又可見藻之爲白色也。故《釋名》：毳，芮也。畫藻文於衣，象水草之毳芮，温暖而潔也。凡服藻者必兼火，故得赤色。《大車》次章又云：毳衣如璊，《傳》云：璊，赬也。是也。則亦不必如鄭氏之必升火於宗彝，而以宗彝爲毳衣之首矣。故《御覽·職官部》引《漢官儀》：衣裳華蟲，卿、大夫藻、火，漢制猶然，見古制之宜藻、火相屬也。

又卷二三 黼：《周官》、《考工記》曰：白與黑謂之黼。鄭康成曰：文章黼黻繡五者，言刺繡采所用也，繡以爲裳。謹按黼即斧也，刃白而銎，白有能斷之義。故裘裳席巾中衣潁襌之領冒之殺。覆椁之幕，《檀弓》曰加斧於椁上。飾棺用焉。《説文》：繡白與黑相次文，从黹聲。《大戴禮·五帝德》：黄帝黼黻衣，大帶黼裳。《小雅·采菽》：元衮及黼。鄭箋黼，黼

黻謂絺衣也。何楷曰：言黼不言黻者，以卿、大夫止有裳一章，刺黻無黼。《詩》獨言黼，以別於卿大夫。明此所錫予者，止於來朝之諸侯，不爲卿大夫設也。《皋陶謨》曰：日、月、星辰、山、龍、華蟲作繪，宗彝、藻、火、粉米、黼、黻絺繡。鄭注云：畫者爲繪，刺者爲繡，繡與繪各有六，衣用繪，裳用繡。故《說文》：繪下云會，五采繡也。案黼作斧以爲象形，黼繡斧形，與黻繡弓形爲對，黻爲兩弓相背，非兩己相背，說詳黻中。則黼當亦兩斧相背也。斧、弓皆示威之義也。案《覲禮》：天子設斧，依《書·顧命》作黼扆，是黼即斧之證。

又 黻：《考工記》：畫繢之事，黑與青謂之黻。按黻，古通作紱。江文通《禊體詩》雲裝信解黻。注云與紱通。楊荆州誄亦朱其紱，注云黻與紱古今字同。又與芾同。范蔚宗詩捩已謝丹黻，注及江文通朱黻咸髦士。注又俗作韍，見《穀梁傳·桓十四年》注。以爲黼黻文章。釋文云俗作韍，《爾雅·釋言》：黼黻，彰也。《釋文》云：黻或作韍。按韍爲俗字無疑。

漢唐以來諸儒之說黻者，皆曰兩己相背戾。鄭康成《周禮·司服》注：孫炎郭璞尒疋《釋言》注，杜預《左傳桓二年》火龍黼黻注，及《昭二十五年》爲九文六采五章，以奉五色注。僞孔書《益稷傳》皆日兩己相背。《漢書·韋賢傳》云：黼衣朱紱，顔師古注，黼衣畫爲斧形，而白與黑爲采也，朱紱爲朱裳，畫爲亞文也。亞，古弗字也。今俗本漢書文選皆譌爲亞。故因謂之紱字，又作黻，其音同聲，師古之說或本之《玉篇》，抑出於應劭、服虔等漢書音義歟。但黻爲繡裳，師古以爲畫，非也。《晉書·輿服志》：棨戟韜以黻，繡上爲亞字。今本《晉書》誤黻字爲黼，當據《古今韵會》所引正。是師古以前黻已爲繡亞矣。《玉篇》、《集韵》、《類篇》、《古今韵會》皆云：弗古作亞，孟堅《白虎通》謂：黻刺繡爲己字相背，以青黑線繡。孫炎注尒疋《釋言》謂：黻刺繡爲已相背，以青黑線繡。按孫氏謂兩已字，則非。而謂黻爲繡則不誤。阮氏元鐘鼎釋文曰，黻與黼同爲畫繢之形。按阮氏謂黻爲畫，本師古之說，非也。說黻者曰兩己相背戾，而自古畫象則作亞形，明兩弓相背黼形象斧明矣。兩弓相背義取於物與斧同類，兩己之己何物邪。然則各傳注所言兩己者，豈非兩弓相沿之譌。《漢書·韋賢傳》師古注曰紱畫爲亞，亞，古弗字也。師古此說必有師傳。經傳中弼、佛、弗每相通，字或相假，音亦相轉。《說文》：弼解曰輔也，重也。輔者以輔戾弓之不正者，即《考工記》弓人之茭。鄭注所謂弓檠者，重者二弓也。《說文》：弗字收於丿部，解曰弗撟也。按《說文》：弗，撟也。各本誤當作弗，矯也。據段氏《說文》注正。《考工記》：弓人曰撟幹，撟角从丿、从乀、从韋省。按弗字明是从弓之字。若从韋則不知所省，無以下筆，必有後人删改之誤。弗字从丿从乀从弓，丿乀者明是兩弓相背、左右手相戾之義。此會意之恉也。特丿乀分背，不若乂字相交耳。然則弗即亞字，爲兩弓相背戾之證。師古之說有由來矣。謹按阮氏謂黻爲兩弓相背，昭然不易。而據俗本、《說文》弗之訓撟爲說，則誤也。今按《說文》弟十二篇丿右戾也，象ナ引之形。段氏《說文》：注作又戾，義同。㇉左戾也。左篆文作ナ。从反丿戾，讀與弗同。弗，矯也。从丿、乀，从韋省。段氏玉裁云矯各本《說文》作撟，非。撟者，舉手也。引申爲高舉之用。矯者，揉箭箝也。引申爲矯拂之用。今人不能辨者久矣。弗之訓矯也，今人矯、弗皆作拂，而用弗爲不，其誤葢亦久矣。按段注是也。《說文·弜部》：弼，輔也。段氏釋之曰弓必有輔而後正，曰檠，曰榜，曰柲，曰閉，皆是物也。所以輔弓弩以定其體。按段氏於从弓之義精矣。而於从韋之義，則曲爲傳會，且不知亞、黻通借之義。黻爲會意，諧聲之恉。又按《說文》：弜，彊也，重也，从二弓。弼，輔也。从弜，因聲。𢏎，古文弼，如此弦亦古文弼，㪿、弼或如此。則段氏謂丿㇉爲弓檠之形，是也。弗字从弓，从丿，从㇉者，弓弩在檠，有輔戾之象，弼字从弜，古文作㪿，亦是二弓輔戾，義與弗同。故古弗、弼相通。《玉篇》：丿部弗下云亞，古文。此非顧野王孫強所能識。其弗下引《說文》：撟也之訓，則古文作亞，必本《說文》。今《說文》弗下無此言，而乃有从韋省之語。阮氏謂弗字明是从弓，若从韋則不知所省，無以下筆，葢《說文》脱誤，失其舊矣。阮說是也。自顧野王、丁度、司馬温公、黄公紹知亞爲弗之爲古文，亦不知其即爲黻字，小顔知弗、亞、黻之同字，亦不知即爲兩弓相背之象，近代嘉定錢坫知亞爲黻之古字，而謂兩己相背，取黻冕相繼之義，則亦不知亞之爲兩弓，非兩己也。然則阮氏謂黻爲兩弓相背，洨得古義矣。陳氏壽祺云：鐘鼎文作亞者，宋王復齋《鐘鼎欵識》：商亞木父丁爵而外。《山左金石志》載，乾隆中，頒闕里周范銅器十事，有亞尊銘作亞，字其下正箸弓形。薛尚功《鐘鼎欵識》卷十二，周器有弜角。弜角原作雙弓角。銘曰：弜作祖乙，弜旁作兩册，又有亞字，中作子立戈。《釋文》云：右銘中作雙弓者，弜字也。《玉篇》：音渠皂切，彊也。作器者之名

也。蓋弜爲祖乙作此器耳。銘有祖乙字當爲商器。旁作兩册，亦箸人君册命之意。薛氏以弜爲作器者之名，非也。弜、弫皆象形以旌武，正類弫尊之製。古器銘上象形，下即言作某器者。若子執刀，作父已寶尊彝。薛氏《鐘鼎欵識》卷。子立戈作母乙。卷三卣。瞿犧牛兩册祖丁。同上卣。孫執办作祖乙寶彝。同上。此類多矣。又商器父丙卣銘如弓形，竝手執二矢。卷三。弓壺以弓銘之，卷四。亦與弫同意。謹按阮氏謂黻爲兩弓相背最精确，不可易。其謂黻文爲畫繢之形，則沿小顔之誤。其引《説文》弗撟也，則未明矯弗之通借，當以段氏説正之。段氏知《説文》：弗矯及輔弼之義，而於从韋之義缺焉，今折衷二氏之義，則黻爲兩弓相背益明矣。

清・黄以周《禮書通故》卷三《衣服通故一》

《尚書大傳》云：天子衣服其文華蟲、作繢、宗彝、藻火、山龍。諸侯作繢、宗彝、藻火、山龍。子男宗彝、藻火、山龍。大夫藻火、山龍。士山龍。山龍青，華蟲黄，作繢黑，宗彝白，藻火赤，天子服五，諸侯服四，次國服三，大夫服二，士服一。鄭元説《虞書》：日月至黼黻凡十二章，天子以飾祭服。日也、月也、星也、山也、龍也、華蟲也，六者畫以繪于衣，宗彝也、藻也、火也、粉米也、黼也、黻也，六者紩以綉于裳。公自山龍而下，侯伯自華蟲而下，子男自藻火而下，卿大夫自粉米而下。王者相變，至周而以日月星畫于旂旗，冕服九章登龍于山，登火于宗彝，尊其神明也。九章曰龍、曰山、曰華蟲、曰火、曰宗彝，皆畫以為繪，曰藻、曰粉米、曰黼、曰黻，皆黹以為綉。衮之衣五章裳四章也。鷩畫以雉，謂華蟲也。其衣三章裳四章。毳畫虎蜼謂宗彝也，其衣三章裳二章。希刺粉米，衣一章裳二章。元衣無文，裳制黻而已。僞孔傳云：天子服日月而下，諸侯自龍衮而下，士服藻火，大夫加粉米。以周案，《續漢書・輿服志》云：孝明皇帝詔，有司采《周官》、《禮記》、《尚書・皋陶篇》：乘輿服從歐陽氏説，公卿以下從大小夏侯氏説。又曰：顯宗初服旒冕，衣裳日月星辰十二章，三公諸侯用山龍九章，九卿以下用華蟲七章，皆備五采。後漢《明帝紀》注引董巴《輿服志》同。然則漢明帝更定章服，天子日月星辰十二章，從歐陽氏説，三公用山龍九章云云，從夏侯氏説，蓋夏侯以天子至公侯皆以九為節，歐陽則以為天子有十二章，是今文家本有兩説也。以伏傳本文合之，夏侯為近。伏生言天子衣服其文華蟲、作繢、宗彝、藻火、山龍，不言日月星辰，明是九章也。不言粉米、黼黻，為其在裳也。五服五章專以衣言，故此天子服五，諸侯服四云云，以五服五章配五采五色言之，不復舉裳之章數。其不言日月星辰者，為章服觀此象而作也，不關章數。古文家亦有是説。《夏本紀》云：子欲觀古人之象，日月星辰為文綉，十四字作一句，讀其意與伏傳同。《説文》：繪字下云會，五采綉也。《虞書》曰：山、龍、華蟲、作繪、粉米作黺絲，黺字下云衮衣，山、龍、華蟲。黺，畫粉也。許君兩引書言，皆不言日月星辰，又云衮衣、山、龍、華蟲，似亦不以日月星辰為衣之所繪，而以山龍為服之首。史公許君皆習古文者，是古文家亦有九章説也。鄭君謂虞制天子十二章，説同歐陽。又《御覽》七十六引《春秋合誠圖》、《東漢記》、《輿服志》引東平王蒼議，及《論衡・語增篇》、《算知篇》皆言衣畫日月，馬注亦同，是皆鄭所本也。鄭説虞制十二章，既同歐陽。而周制止有九章，又從夏侯。竊謂虞周章服不必分為兩制，虞而九章也，謂周亦九章可也。虞而十二章也，謂周衮冕九章，大裘而冕十二章，亦非無據也。裘冕首曰月星以象天，衮冕首山故亦曰山冕，荀子曰天子山冕是也。謂之衮者，取龍文之至焕且見衮以下無龍章也。鷩冕自華蟲以下七章，鷩，山雉，見《釋名》。毳冕自藻火以下五章，毳，藻文，亦見《釋名》。鷩、毳取章首為義也。希冕自粉米以下三章，希《釋名》作黹，希冕以黹文為義。鄭注冕服俱欲以章首取名，遂顛倒虞書之文以附會之，非也。衮必登龍，將何以解荀子之山冕乎。

又案，伏傳見《隋書・禮儀志》與陳氏《禮書》引同。《隋書》又引《傳》云：作會、宗彝純黑，藻純白，火純赤，當有字誤，如作會、宗彝合為一色，則諸侯、子男同服四，何以云次國服三，藻火分為二色，則大夫服三，何以云服二，近校伏《傳》者多失察，故特辨于此。

又 山。《考工記》云：山以章。鄭元云：章讀為獐，獐，山物也。在衣或云章，平也。《爾雅》：上正章，郭璞云山，上平，或云章。文章畫山以草木之文。

龍。《考工記》云：水以龍。許慎云衮，卷龍綉于下幅，一龍蟠阿上鄉。鄭元云：天子衮有升龍有降龍，上公衮無升龍。賈公彦云：《白虎通》引傳曰：天子升龍，諸侯降龍，以此言之上㝵兼下，下不㝵僭上。則天子升降俱有，諸侯直有降龍而已。若諸侯旌旗亦升降俱有，《白虎通》據衣服言。陳祥道云《司服》：公之服自衮而下，如王之服。則公衮亦有升龍矣。以

周案，衮衣以龍著文特顯也。傳曰天子升龍，諸侯降龍，本屬定制，三公八命衹繪降龍，加一命斯繪山而升龍矣。公之服如王之服，亦謂三公九命之卷爾。許云卷一龍蟠阿上鄉是也。鄭義畫龍于衣，許云綉，與鄭異。于下對上鄉為文，非謂裳也。小徐本下，下有裳字，誤卷龍綉于下幅。謂降龍一，龍蟠阿上鄉謂升龍。黺字下云衮衣，山、龍、華蟲。許君明言龍在衣矣。一説許氏所言為上古制，時綉龍在裳，至唐虞升龍于衣為弟五章，周又升龍于山為衮首章，許、鄭義通，此説難據。陳碩甫《毛詩》疏謂：周冕服皆元衣無章，山龍以下皆裳飾。更繆。

華蟲。《考工記》云：鳥獸蛇。鄭元説華蟲在衣，蟲之毛鱗有文采者。僞孔傳云：華象草華，蟲，雉也。以周案，孔傳有字誤，當云華蟲，草華，蟲雉也。疏引顧氏説依此。誤本遂分華蟲為二物，則蟲安見其為雉也。唯文如草華之蟲，乃為雉耳。蟲為百物之總名，《月令》鱗毛倮羽介通謂之蟲，是也。雉文之分，理如蛇鱗，雉文之細，密如草華。

作會。鄭元云：六者畫以繪于衣。許慎云：繪，會五采綉也。《虞書》曰：山、龍、華蟲、作繪。司馬彪云：乘輿服從歐陽氏説，公卿以下從大小夏侯氏説。衣裳備章采，乘輿刺綉，公侯九卿以下皆織成。以周案，伏傳作績黑色，為十二章之一。其衣裳用綉、用畫有二説。漢代乘輿刺綉不用畫，衣裳章采不用綉，從歐陽家説。《説文》：繪訓會，五采綉。引《虞書》作繪，衮字下亦云卷龍綉，從大小夏侯説。鄭注《虞書》云：日、月、星、山、龍、華蟲六者畫以繪于衣，宗彝、藻、火、粉米、黼、黻六者紩以綉于裳。蓋從古文家説。宋咇園云：會者，合五采絲為之，織功也。綉者，刺五采絲為之，箴功也。宗彝，鄭元云虎蜼也。謂宗廟之鬱，鬯，尊也。宗廟彝器有虎彝、蜼彝，故以宗彝名虎蜼也。僞孔傳説：宗彝文承作會下，不關章數。以周案，宗廟彝器有虎蜼，而衣以宗彝為章者，綉以彝之虎蜼也。孔傳殊謬。疏家説號虎蜼為宗彝，其實虎蜼而已，不綉彝。亦誤。

藻。《説文》云：璪，玉飾如水藻之文。《書》曰璪火。僞孔傳云藻，水草。或説璪當為玉璪之璪，圜物也。璪火一章。《考工記》云：火以圜，黺絑、黼黻四章，見《説文》、以周案，依《説文》：璪為玉璪，字服章之藻，用璪為假借。

火。《大記》云火三列。《考工記》云火以圜。鄭衆云為圜形似火，鄭元云形似半環然在裳。僞孔傳云火為火字。以周案，僞傳與《考工記》文不合。

粉米。鄭元云白米也。許慎云黺，畫粉。絑，繡形如聚細米。僞孔傳云粉若粟冰，米若聚米。以周案，粉米以繡不以畫，今從鄭。江旵庭云繡必先畫，以粉畫為聚米之形，乃後依其畫粉而刺之，故謂之黺絑。然則許與鄭一也。

又案孔傳：粟冰未聞，蓋㮚冰之誤也。《詩》曰：蒸我㮚薪。㮚之言裂。㮚冰，《方言》謂冰釋之紋也。今俗謂之冰玫。㮚冰與聚米對文，米聚為之粉，為之界紋，如㮚冰。何晏賦所謂分閒布白是也。續漢《輿服志》注引作粉若粟米，淺人臆改。

黼黻。《考工記》云：白與黑謂之黼，黑與青謂之黻，五色備謂之繡。鄭元云：文章黼黻繡，五者言刺繡采所用也，繡以為裳。以周案，《爾雅》：斧謂之黼，據形質言。《考工記》：白與黑謂之黼，據繡次言。刃白而銎黑，黼作兩斧相背形，無柄，與黻之刺亞相對。《古文四聲韻》云：亞，古文弗字，見《尚書》。黻作亞文，顔師古《韋賢傳》注，《集韻》八物。今本并訛為亞字，或從孔傳説作己文，尤悖。段懋堂云《説文》：左戾為乀，右戾為厂，二字曲屈之則為亞，是也。阮雲臺云：亞形兩弓相背戾，未是亞，非。从弓，亞為兩弓，則弗是三弓。與林薌溪云弗、亞、黻同字。亦未是黻以繡亞，非即黻字。猶之黼以繡斧，非即黼字。顔云音同冣㝵。

杜預云：白與黑謂之黼，形若斧，黑與青謂之黻，兩己相背。顔師古云黼，衣畫為斧形，而白與黑為采也。朱紱為朱裳，畫為亞文也。亞古弗字，故因謂之紱字，又作黻，音同。林昌彝云伏《傳》五服無日月星辰，又無粉米黼黻，蓋粉米黼黻絺繡五服皆同也。繪事必以粉為畫者介也，故曰粉。其文如聚米，故曰絑。絺，其質也。黼黻繡統言五采之色。蓋五章所不及處亦必雜四時五色之位。故《考工》：繫于畫繪之事下。以周案，《大戴・五帝德篇》：黃帝黼黻衣，大帶，黼裳。《御覽》引尸子云君天下者，黼衣九種。而堯大布。是黼黻亦為衣，不必專屬裳。林氏申伏傳亦備一義，黼黻之黻从黹，朱韍之韍从韋，二字不同。顔説未是。希繡，鄭元云希讀為黹，或作絺字之訛也。黹，紩也。謂刺也，六者紩以為繡。僞孔傳云：葛之精者曰絺，五色備曰繡。以周案，祭服無用絺者，今從鄭。

又卷四九 天子大裘冕十二章，一曰日、二曰月、三曰星、四曰龍、五曰山、六曰華蟲，六者繪之於衣。七曰宗彝、八曰藻、九曰火、十曰粉米、十一曰黼、十二曰黻，六者綉之於裳。衮冕九章，山龍以下，公衮有降龍，無升龍。鷩冕七章，華蟲以下，毳冕五章，藻火以下，從《釋名》：義據鄭宗彝以下，絺冕三章，粉米以下，元冕一章，唯裳刺黻而已。火三列，如半環然。黼作斧形，刃白而銎黑，兩斧相背，與黻之刺亞相對，宗彝黼黻皆器也。

清·閻鎮珩《六典通考》卷一三〇 林氏曰《周禮》：無十二章之文，惟有衮冕，至元冕説者，謂周登三辰于旗，冕服惟有九章。然夫子于四代禮樂，特曰：服周之冕，取其文之備，尊卑之有辨也。何反去三辰之飾文乃不足乎。左氏謂旗有三辰，何嘗謂衣無三辰。王者象三辰之明，歷代皆飾于衣，周人特飾于旗，有何意乎。况上公冕服九章，而王服亦九章，將何所别。與《郊特牲》曰：祭之日，王被衮以象天。則十二章備矣。鄭氏謂日、月、星辰之章，此魯禮也。夫被衮以象天，周制固然，何魯之足云。豈有周制止九章，魯乃加以十二章之禮乎。

雜録

唐·釋玄應《一切經音義》卷一三《般泥洹經》 黼黻。弗禹反，下甫物反，《考工記》：畫繪之事，白與黑謂之黼，黑與青謂之黻。《爾雅》：黼，章也。斧謂之黼。郭璞曰：黼文畫為斧形也。字從黹音。

又卷二二《大乘論》 藻飾。祖老反，水草之有文者。畫藻葉於衣，以為服章也。

明·焦竑《焦氏類林》卷七 冠服閨裝附聖人觀翬翟之文，榮華之色，乃染帛以效之，始作五采以為服，凡十二章。《漢輿服志》、《漢宫儀》曰：衣裳，卿大夫藻火又曰綬，青地桃花。

明·周祈《名義考》卷一〇《物部·雉》 《爾雅》鷂雉。青質，五彩。鷮雉，長尾，走且鳴。鳪雉，黄色，鳴自呼。鷩雉，似山鷄，而小冠，背毛黄，腹下赤，項緑。鸐雉，長尾者，韓雉，今白鵫也。鷂鷮鳪其為禽不可辨，鷩即今錦鷄，鸐即今野鷄，韓即今白鷴。鷩，《尚書》所謂華蟲。《廣韻》：鷩即今鵕鸃也。《南越志》：鵕鸃，山鷄也。今錦鷄，冠背黄，腹赤，項緑，為山鷄無疑。曰似，誤也。華蟲，唐虞以為十二章。鷩，周以為冕。鵕鸃，漢以為侍中冠。錦鷄，今以為一品服。是知錦鷄、山鷄、鵕鸃、華蟲、鷩一也。鸐，一名翬，王后之服以為飾。《周禮》：褘衣，畫翬者是也。亦作翟，《書》：羽畎夏翟又作狄，《周禮》：褕狄。又南方曰翟，東方曰鶅，北方曰鵗，西方曰鷷，皆翟也，因地異名。鷂，鷮，鳪，或亦皆翟也。色微不同耳。又《西京雜記》：南越王獻高帝白鷴、黑鷴各一隻。黑鷴疑即《爾雅》所謂秩，秩如雉而黑，在海中山上者，雉之種類實繁，要以羽毛見重，亦因色而異名。故古人服物多用之為飾。

明·張存紳《增定雅俗稽言》卷四〇 朱紱即朱裳畫爲亞形，亞本作弫，兩己相背，古弗字也，故因謂之紱，亦作黻。

明·張岱《夜航船》卷三《人物部·儀制》 十二章。日、月、星、辰、山龍、華虫六者繪之於衣，宗彝、藻、火、粉米、黼、黻綉之於裳，所謂十二章也。華虫，雉也。宗彝，虎蜼。藻，水草。黼，若斧形，取其斷也。黻，為兩己相背，取其辨也。

明·董説《七國考》卷八《秦器服·黼黻之服》 《史記》：秦獻公敗三晋之師於石門，斬首六萬，王賜以黼黻之服。孔穎達曰：白與黑謂之黼，黑與青謂之黻。

明·程良孺《讀書考定》卷二二《服飾·朱紱》 朱紱即朱裳畫爲弫形，弫，古弗字，故因謂紱，亦作黻。

清·褚人穫《堅瓠集》餘集卷三《宗彝》 貴州思南有山形如甑，名甑峰，人迹罕到。中有獸曰宗彝，類獮猴，巢于高樹。老者上居樹頂，子孫以次居下。老者不多出，子孫居下者出，得果實即傳遞至上，上者食，然後傳遞至下，下者方食，上者未食，下者不敢食也。先儒謂此獸名虎蜼，古人用以繪于衮，取其孝也。今解《尚書》者謂衮衣所繪宗彝為祭器，其器上有虎蜼形，故曰取其孝。而不知宗彝即虎蜼也。

補服圖飾

綜述

明·沈德符《萬曆野獲編》卷三《補遺》 武弁僭服。今武弁所衣綉胸，不循欽定品級，概服獅子。至錦衣自指揮僉事而上，則無不服麒麟者。人皆謂起於嘉靖間，後乃知事在景泰四年。錦衣指揮同知畢旺，疏援永樂舊例。謂環衛近臣，不比他官，概許麟服。亦猶世宗西苑奉玄，諸學士得衣鶴袍。猶為有説。至於獅子補，又不特卑秩武人。今健兒荷刀戟者，無不以為常服。偶犯令輒和衣受縛，宛轉於鞭撻之下，少頃，即供役如故。孰知一二品采章。辱褻至此。

清·褚人穫《堅瓠集》秘集卷三《補服》 伍蓉庵《漫録》：獬豸忠直，見人鬥則觸不直，聞人論則咋不正。鸂鶒好食短狐，在山澤中則無毒氣。故御史服獬豸，給舍服鸂鶒，義有所取。若獸名窮奇，則食忠信之人而煦奸邪，使御史、給舍惡直醜正，黨邪庇邪，盍製窮奇一襲。

清·劉廷璣《在園雜志》卷一 朝衣公服俱用補子，綉仙鶴錦鷄之類，分品級大小，即以鳥紀官之義。常見福清葉相國向高集内有欽賜大紅紵絲斗牛背胸一襲，背胸或即補子也，如婦人之首飾曰頭面，半臂窄衣曰背心，不然則補子二字，何所取義。

清·趙慎畛《榆巢雜識》卷下《朝服》 國制：親、郡王，世子、長子乃服五爪團龍補，及五爪龍緞滿翠四團龍服。貝勒、貝子服四爪團龍補及蟒緞妝緞服。國公服四爪蟒補。將軍以下，按品級服麒麟、獅、豹、虎補，餘同貝子。公主如親王，郡主以下，各以次差。四團列於胸、背、兩肩，以五色絲間二色金組織成文。衣下邊際，綴以五色綠鬚龍，有三爪、五爪，以賜臣下，例剔去一爪服之。

清·梁紹壬《兩般秋雨盦隨筆》卷三《補子》 品級補子，定于洪武，行于嘉靖，仍用至今，汪韓門《綴學》言之詳矣。劉若愚《蕪史》稱：宮眷内臣，臘月廿四日祭竈後，穿葫蘆補子，上元，燈景補子，五月，艾虎毒補子，七夕，鵲橋補子，重陽，菊花補子，冬至，陽生補子。此則在品服之外，隨時戲為之者。至李闖制補服，以雲為品，一品一雲，九品九雲，僞相牛金星所定，真槐國衣冠也。

清·俞樾《茶香室叢鈔》卷六《背胸》 國朝劉廷璣《在園雜識》云：朝衣公服，俱用補子，綉仙鶴錦鷄之類，即以鳥紀官之義。常見福清葉相國向高集内有欽賜大紅紵絲斗牛背胸一襲。背胸，或即補子也。按：補子之名殊無意義，宜稱背胸為是。

清·俞樾《茶香室續鈔》卷二二《胸背》 明尹實《北征事迹》云：陸續賜大紅織金紵絲蟒龍，并各色織金胸背衣服。按《叢鈔》第六卷引國朝劉廷璣《在園雜識》，疑背胸即補子，讀此知明人已有胸背之名。胸背、背胸當即一物，但不知是否補子耳。

清·陸心源《儀顧堂集》卷二《補服考》 補服，明制也。本朝因之，而微有更定。考《明史·輿服志》：文武官常服，洪武二十四年定，公侯駙馬伯服綉騏麟、白澤，文官一品仙鶴，二品錦鷄，三品孔雀，四品雲雁，五品白鷴，六品鷺，七品鸂鶒，八品黃鸝，九品鵪鶉，雜職練雀。風憲官獬豸，武官一品二品獅子，三四品虎豹，五品態羆，六七品彪，八品犀牛，九品海馬。恭讀《大清會典事例》，順治九年題：准親王補服用五爪團龍文，四郡王同。貝勒、貝子、固倫額駙用四爪團龍文二。鎮國公、輔國公用四爪方蟒，公侯伯或用麒麟，或用方蟒。文官一品仙鶴，二品錦鷄，三品孔雀，四品雲雁，五品白鷴，六品鷺鷥，七品鸂鶒，八品鵪鶉，九品練雀。武官一二品獅子，三品虎，四品豹，五品熊，六七品彪，八品犀牛，九品海馬。都察院按察使官不論官級皆用獬豸。康熙元年題：准公侯伯用四爪方蟒，武一品麒麟。三年題准武三品用豹，四品用虎。雍正六年覆都察院都事、經歷、筆帖式、按察使、經歷等官均用本身品級，不得用獬豸。又案《皇朝禮器圖式》：親王補服前後正龍，兩肩行龍。郡王前後皆行龍，貝勒四爪正蟒，貝子、固倫額駙四爪行蟒。鎮國、輔國公、和碩額駙四爪正蟒方補。愚案漢以前群臣朝祭之服，皆以九章、七章、五章為別，其常服大抵以裳之元素黃雜為別。唐宋祭服仍古制，朝服概用絳紗，而以佩綬為別。其常服之別三品以上紫，

五品以上朱，七品以上緑，九品以上青。明制朝祭之服參酌唐宋舊制，常服以綉補為别。則自太祖始也。但明人施之於袍，我朝用之於褂，為小異耳。

冕服部

各服通論

綜　述

宋・陳祥道《禮書》卷六《明衣裳　深衣裳》　深衣之裳，十有二幅，短毋見膚，長毋被土。喪服裳，内削幅，幅三袧。《士喪記》明衣有前後裳，不辟，長及轂。鄭氏曰，袧者，辟兩側，空中央也。祭服、朝服，辟積無數，凡裳，前三幅，後四幅。賈公彦曰，前為陽，後為陰，前三後四，象陰陽也。然則明衣裳不辟，喪裳三袧，則吉裳不特三袧而已。明衣長及轂，則凡裳不特及轂而已。明衣有前後裳，則凡裳前三後四，以象陰陽可知也。明衣裳，縓綼緆緇純。《士昏禮》爵弁、纁裳、緇袘。《曲禮》素衣、素裳、素冠，徹緣，則凡裳有緣，可知也。《玉藻》曰，衣正色，裳間色，然冕服玄衣纁裳，皮弁服素衣素裳，諸侯朝服，緇衣素裳，士爵弁服，緇衣纁裳。玄端服有玄裳、黄裳、雜裳。玄端服惟三裳而已。《士昏禮》：使者玄端。鄭氏曰：有司緇裳，無據。深衣、長衣，裳之色同，三翟、三衣，亦衣裳之色同。緇衣非正色也，黄素之裳非間色也，蓋衣之玄緇，所以象天道，裳之黄，所以象地德。素，陰之正也，亦可以為裳，纁，陽之間也，不可以為衣，是衣之色常尊，裳之色常卑，非必衣色，皆正裳色皆間也。記且云爾者，豈非以玄為天之正色，纁非地之正色乎。《書》言，王麻冕黼裳，卿士邦君皆麻冕蟻裳，太保太史太宗皆麻冕彤裳。孔安國曰，蟻裳玄，彤裳纁。《詩》曰，毳衣如璊，又曰，載玄載黃，我朱孔陽，為公子裳。蓋裳以纁為主，纁，赤黄色，以土無正位，必託於火故也。若夫玄裳、素裳之類，各象其事而服之。孔穎達曰，《書》之卿士邦君，非執事者也，故玄裳，太保、太史、太宗，執事者也，故彤裳，其説是也。《爾雅》曰，裳削幅謂之襥。郭氏曰，削殺其幅，深衣之裳，然喪服裳亦削幅，其不削幅者，帷裳而已。孔子曰：非帷裳必殺之。《詩》曰：漸車帷裳。《雜記》曰：緇布裳帷。則車與指之飾，音曰帷裳。孰謂深衣之裳乃削幅耶。

又卷一一《明衣　明衣之裳》　孔子曰，齊必有明衣，布。《士喪禮》陳襲事於房中。明衣裳，用布。又曰，明衣不在筭，《記》曰，明衣裳用幕布，袂屬幅，長下膝。鄭氏曰，幕布，帷幕之布，升數未聞，屬幅，不削幅也，長下膝。又言，裳長蔽下膝，深也。有前後裳，不辟，長及轂。轂，足跗也。縓綼緆。一染曰縓，飾裳在幅曰綼，在下曰緆。緇純。飾衣領袂曰純，衣以緇，裳以縓，象天地也。然則，明衣之袂，屬幅而不削。明衣之裳，前三後四，而不辟積，衣之長也下膝，與要廣者，異矣。《喪服傳》衣帶下足。裳之長也，及足跗，與無見膚者異矣。古者將祭而齊明衣布，死以齊終，亦明衣布，然則，凡親身之衣不以布歟。

明・淩迪知《左國腴詞》卷八《服飾類・采章篇》　采章。采章，采色文章也。偏裝。衣之偏裝之衣，佩之金玦。裝在中，左右異，故曰偏玦。如環而缺，以金為之。拂衣。拂衣，從之拂褰也。端委韠帶。及臣之長也，端委韠帶，以隨宰人，民無二心。端委，委貌也。韠，韋蔽膝。帶，大帶。心之文。夫服，心之文也，言心所好，身必服之。文錯其服。文，文織。錯，錯鏤也。言富商之時，文錯其服，以其無位爵，故不得為耳。《晉語》。

清・黄以周《禮書通故》卷三《衣服通故二》　朝服用十五升緇布衣，裳無見文，或曰以絲，或曰以布。以周案，《石渠論》曰，玄冠朝服，戴聖云，玄冠，委貌也。布上素下，緇帛帶，素韋韠。鄭注：朝服素裳，實出小戴，小戴以素下對布上，則裳用絲。

宋縣初云，朝服惟《雜記》有十五升布之文，故鄭注朝服皆以為布衣。愚謂經典言緇布衣者，必加布以别之。《玉藻》緇衣與錦衣玄綃衣連類，則非緇布衣可知。朝服之以縞也，自季康子始，譏朝服不以緇而以縞，非謂其不用布而用繒也。朝服義重采飾，周又尚文，天子錦衣，諸侯緇衣，皆用絲。大夫士視私朝，或以緇布衣。以周案，經典之朝服，皆指諸侯為文，未有名大夫士私朝之服為朝服者。《雜記》朝服十五升布，自為諸侯日視朝通制，漢師無異説。宋氏武斷，不可為訓。

《特牲饋食禮》：其服皆朝服玄冠，緇帶緇韠。鄭玄云，朝服者，諸侯日視朝之服也。緇帶，下大夫之臣。以周案，諸侯視朝之服，緇衣素裳，緇帶素韠，上下同之。其冠或用委貌，或用玄冠。此為大夫私家之祭服，朝服而玄冠緇韠，與用委貌素韠者異，故記者備誌之爾，士冠禮同。説者不察，遂謂朝服必玄冠矣。然則朝服亦緇韠乎，戴東原云，朝服，大夫以上委貌，

士玄冠與斯説甚通。右朝服。

又 許慎云，衽，衣襟也。褳，襟緣也。襟，交衽也。鄭玄云，衽所以掩裳際也。衽屬衣，則垂而放之。屬裳，則縫之以合前後。以周案，衽名本不一，其承領之衽與承衣之衽解者尤多混幪。許君以襟之承領者為本字，與鄭注異。段注《説文》强以鄭義解許書，非。觀《説文》褳襟緣，自見。段氏解襟緣亦據承領之襟言，而謂上下襟字是掩裳際者，自相違異。其注交衽云，當前後幅相交之處，尤謬。《喪服》衽二尺有五寸，鄭注以為承衣之衽，所以掩裳際。家南山公謂是承領之襟，據許君義。又檢禮舊圖，凡服皆直領對襟。而注家言領曰交領，衽曰交衽，其襟内外相交午。《鹽鐵論》曰，及其後絲表枲裏，直領無褘。漢廣川王傳注晉灼曰，今之婦人直領。《方言》裯飾謂之直衿，注謂婦人初嫁所著上衣直領。《説文》褕，翟羽飾衣。一曰直裾謂之襜褕。《急就篇》襜褕袷複褶袴褌。注：襜褕，直裾禪衣也。《史記・武安侯傳》衣襜褕入宮不敬。注：非正朝服，若婦人服。然則直領之制，漢初以為婦人服，男子禮服皆施旁襟，故見有服直領對襟之衣，當時非之。竊謂古人裼衣，蓋亦用對襟，若上服皆左右交襟。《喪服記》，衰長六寸，疏謂綴于外襟之上。夫既有外襟，必有内襟，則衰必非對襟矣。《士喪禮》，乃襲三稱，注疏并謂襟向左，此謂上服也。而有向左之襟，則上服必非對襟矣。喪服之衽，當依《説文》承領之訓。朝祭上服之領曰交領，衽曰交衽，謂其左右襟相交午。鄭注《喪大記》，小斂大斂皆左衽，云，左衽，衽向左，反生時，是鄭亦以衽為衣襟矣。然鄭注承衣之衽，自有所本。《漢・江充傳》曰，充衣紗縠禪衣，曲裾後垂交輸。如淳曰，交輸，割正幅，使一頭狹若燕尾，垂之兩旁，見于後，是《深衣》續衽鈎邊，賈逵謂之衣圭。此即鄭注衽屬衣垂而放之之説也。但此為深衣之衽，鄭乃以之説喪服，似非。或以之説朝祭服，更誤也。至屬裳之衽縫之以合前後，此説無據。裳前三幅，後四幅，著時先繫後四幅，下齊八尺，身之兩旁，已匝包矣。後繫前三幅，更包兩旁而後，有何裳際之不合而待別用一物以掩之乎。深衣下齊一丈四尺四寸，亦無慮裳際不合。右衽。

又 禮家説，凡裳前三幅，後四幅。分作兩片。張惠言説，凡裳七幅，合為一條，前三幅在中，後四幅分在兩旁。以周案，凡裳二片，先服後四幅，再服前三幅，裳際在兩旁，前後相掩。若并作一條，曰裳七幅可矣，又何前三後四之可言。鄭玄云，衣正色，裳間色。謂冕服玄上纁下。皇侃云，正謂青赤黄白黑，五方正色也。不正謂五方間色，緑紅碧紫騮黄是也。以周案，凡禮服衣裳皆用正色。三入曰纁，非間色也。詳後。衣正色，裳間色，指燕居之服言。《詩》刺妾上僭，夫人失位曰，緑衣黄裳，謂黄宜為衣，緑宜為裳，此衣正裳間之説也。孔疏序謂皇氏既遵鄭注，乃時乖鄭義。此釋裳間色曰緑紅碧紫騮黄，不言纁，蓋亦以鄭義為不然而易之。右裳。

又《衣服三》 崔靈恩、皇侃説，先著明衣，次中衣，次裘，次裼衣，裼衣上加朝祭之服。劉炫説，中衣在裼衣上。孔穎達云，裘上有裼衣，裼衣之上有襲衣，襲衣之上有常著之服，則皮弁之屬也。賈公彦云，冬時裘上有裼衣，裼衣之上有上服、皮弁、祭服之等。若夏衣以絺綌，春秋衣袷褶，其上加以中衣，中衣之上加上服。以周案，裘外有裼衣，見《玉藻》文。裼衣對襲衣言，則其上又有襲衣矣。崔、皇、賈疏近是。《喪大記》疏云，裼衣上朝服，與賈疏同。《曲禮》疏、《詩・羔羊》疏皆誤。又《羔羊》疏云，中衣在裼衣上，《玉藻》疏又云，裼衣在中衣之上，彼此又違異。服裘之時，中衣在裘内，崔、皇説是。不服裘時，中衣上加上服，《莊子・讓王篇》子貢乘大馬，中紺而素衣。

鄭玄云，以帛裏布，非禮也。謂中外宜相稱。冕服，絲衣也，中衣用素。皮弁服、朝服、玄端，麻衣也，中衣用布。以周案，崔、皇説中衣在裘内，劉説中衣在裘外。孔疏從劉説，任氏《釋例》從崔、皇説。其實鄭注中衣釋裏字，謂裼衣，非專謂長中之中衣也，故云相稱。《玉藻》本文以帛裏布，承上深衣為言。以禮服推之，首服冕為上，弁次之，冠為下。冕服絲衣，裏衣用帛。冠服麻衣，裏衣用布。爵弁、皮弁次于冕，其衣仍用絲。冠弁近于冠，其衣則用麻。鄭注以皮弁服為麻衣，箋《詩》以錦衣狐裘為皮弁服，注《論語》以素衣麑裘為皮弁服。錦衣絲衣也，素衣亦絲衣也，上衣布，是以帛裏布矣。其注《玉藻》，錦衣以裼之，云，非諸侯則不用錦衣為裼，其諸侯以上不嫌以帛裏布與，此彌縫之説也。崔、皇等以《玉藻》注皮弁服裏衣布，《詩箋》皮弁服裼錦衣，遂分中衣裼衣為二物。任氏《釋例》謂中衣不得以帛裏布，裼衣則否。俗儒又謂錦衣是以錦為緣，非通身用錦。緟貤紕繆。

鄭玄云，君衣狐白毛之裘，則以素錦為衣覆之，使可裼也。袒而有衣曰裼。必覆之者，裘褻也。《詩》曰，衣錦絅衣，裳錦絅裳。然則錦衣復有

上衣明矣。天子狐白之上衣皮弁服與。蔡德晉云，衣錦絅衣，乃婦人服，亦非以裼裘也。鄭氏據之以證裼襲之制支離。以周案，鄭之引《詩》，雖非確證，而言裼必有襲，裘上有錦衣上衣二服，自不可破。襲為充美，亦與絅義合。錦衣本禮服，觀下，羔裘緇衣，狐裘黃衣，自知。謂之裼者，對襲言之。通言之，皆可謂之弁服、朝服。凡弁服、朝服必有一裼一襲，裼襲具謂之一襲。襲本訓重衣，《漢書・東平王傳》注云，衣單複具曰一襲，是也。鄭云，錦衣上衣皮弁服，謂襲衣，是裼襲同色同物，不過一見美，一充美，其制有異耳。

郝敬云，裘外裼衣即是朝祭服，非裼衣之外又著朝祭服。裼衣之外又以衣掩襲，是有事示變者。萬斯大云，《玉藻》君在則裼。夫臣之見君必朝服，則裼衣即朝服。《聘禮》既聘而享賓，主必裼以將事，則裼衣即禮服。古人禮服，直領無衿，裘上衣裼衣，胸前裘色自然微露如袒。經不詳襲衣之制，疑即深衣也。加深衣則曰襲。以周案，疏家説裼者免上衣見裼衣，上衣即上服，謂行禮時所服于外者，如朝祭服是也。郝、萬諸儒則以裼衣為朝祭服，説不同。今考經記之言裼襲者，皆指皮弁服以下，不關冕服。冕服為章服，非襲衣，亦無裼名。故《禮經》、《聘禮》諸篇多言裼襲，《覲禮》冕服不言裼，亦不言襲。《明堂位》云冕而舞，《大武》裼而舞，《大夏》冕裼對言，尤為冕服不裼之顯證。舊説裼襲不分冕弁，一誤。以冕服為襲衣，因謂弁服朝服是襲不是裼，二誤。近陳碩甫以襲衣為充美，遂謂冕服章色在裳不在衣，殊不知冕服無裼襲之文，而弁服朝服自指裼衣，觀《玉藻》言，君在則裼，襲裘不入公門，自明。但襲衣本象裼衣為之，如狐裘錦衣裼，其襲衣亦用素錦為之。羔裘緇衣裼，其襲衣亦用緇布為之。裼襲同色同物，故曰以帛裹布非禮也。其謂之裼襲者，裼直領對衿見裘，襲方領曲袷掩裘，《玉藻》所謂裼見美、襲充美是也。且襲衣以掩裘，袪亦長大，裼衣之袪則短于裘。《檀弓》云，練，練衣黃裏縓緣，鹿裘横長袪，袪裼之可也。言鹿裘之袪横長于練衣，其練衣之袪如裼，故曰裼之可也，則裼衣之袪短于裘可知，亦短于襲可知。《玉藻》言深衣之袂可以回肘，長中繼掩尺。鄭注云，長衣、中衣繼袂掩一尺，若今袖，深衣則緣而已。蓋其差也。襲衣如長中，決非深衣。深衣不可加朝祭服，且其袖亦短于裘。孔子褻裘短右袂，亦不過短之使與外衣之袪齊，以便于作事而已。自裼制不明，而諸義皆晦。

鄭玄云，君在則裼，盡飾也，臣于君所。萬斯大云，臣之見君必朝服，則裼衣即朝服矣。任大椿云，《玉藻》羔裘緇衣，是朝服之裼衣。《詩》，緇衣之宜兮，是朝服。以周案，《玉藻》麛裘絞衣以裼之，羔裘緇衣以裼之，狐裘黃衣以裼之，鄭注并引《論語》文以證。《論語》緇衣羔裘為朝服，是裼衣即朝服也。而謂之裼衣者，對襲衣言之也。君在則裼，即《玉藻》羔裘緇衣以裼也，亦即《論語》緇衣羔裘也，亦即《詩》之緇衣也。如謂裼衣不得謂朝服，有上衣乃稱朝服，則朝服而朝，是以襲裘入公門矣。君在則裼，與襲裘不入公門，文正相對。鄭彼注云，衣裘必當裼。任説沿疏家之誤，萬説是。《内則》云，不有敬事，不敢袒裼。裼是敬，故君在則裼。《玉藻》云，禮不盛，服不充。充謂襲，禮盛者服上服，不崇曲敬，故大裘襲，尸襲，執圭襲。《聘禮》注云，凡當盛禮者以充美為敬，非盛禮者以見美為敬，禮尚相變也。

蔡德晉云，郝、萬説裘外之裼衣即禮服，此説自不易。然裼衣既為禮服，必當著于外，豈可復加他服以掩之。以周案，裼衣即是禮服，故緇衣羔裘可以不襲而朝。其或襲之者，為盛禮也。《玉藻》云，禮不盛，服不充。鄭注云，大事不崇曲敬。是以非盛禮而襲謂之不敬，故曰，襲裘不入公門。又曰，無事則裼，弗敢充也。非敬事而裼，謂之不恭，故曰，不有敬事，不敢袒裼。

萬斯大云，《玉藻》于裼曰裘之裼，裼在裘外也。于襲曰服之襲，襲在服外也。蔡德晉云，裼言裘，襲言服，互見耳。萬説誤。見美充美，以羔裘麛裘之類言。若緇衣素衣之屬，何足言美。孔疏皆以為裼衣之美，亦誤。以周案，《玉藻》裘之裼也見美也，言裘之美。服之襲也充美也，言衣之美。

蔡德晉云，古人裘上加正服，正服有裼有襲。以其裼而露裘謂之裼衣，亦曰裼裘。以其襲而掩裘謂之襲衣，亦曰襲裘，其實裘外止一正服，安得或歧而為二，或歧而為三。以周案，孔疏裘外有三服，固不足信。鄭注謂裘外有裼襲二衣，是也。裼衣在裘之外，故《玉藻》曰，裘之裼也。襲衣又在裼衣之外，故《玉藻》曰，服之襲也。二服分別甚明。凡服襲衣者可以裼，為内本有裼衣也。服裼衣者，無上服不可為襲。故子游裼裘而吊，主人既小斂，乃趨而出，襲裘而入，二服之分別亦甚明。如蔡氏説，裼襲止是一服，裼

襲之分止在袖之捲與不捲，則子游欲襲裘，一下其袖斯可矣，何必趨而出邪。《表記》裼襲不相因，鄭注本明。或者據此謂襲時内無裼衣，故曰不相因，誤。

江永云，古人有袒袖之禮，行禮時開出上服前衿，袒出左袖。《士喪禮》主人左袒，扱諸面之右。扱即插字。吉禮亦當以左袖插諸前衿之右也。蔡德晉云，如舊説，當裼時去襲衣，當襲時復加襲衣，不思《聘禮》公側襲，受玉于中堂與東楹之間，裼降立，授受須臾，不下堂，不入次，易服于何所乎。射、喪諸禮言袒襲者，皆忽袒忽襲，豈得于行禮之所，忽而脱衣，忽而著衣乎。以周案，袒裼之裼為袒袖，裼襲之裼為不加上衣。鄭注云，凡襲于隱者。裼，免上衣，見裼衣。是鄭意裼襲各有一衣。而袒裼之裼，但偏免左袂，自見裼衣，無待易服。凡裼襲不相因，以變為文，袒亦然。故《聘禮》主裼，執圭則襲。《射禮》主襲，取弓矢則袒。然執圭之襲，取弓矢之袒，皆在將事之先，其襲而裼，袒而襲，皆在事終。《喪禮》亦然，初非一事之中忽裼忽襲也。即如聘圭一事，賓于啓櫝時襲，出乃裼，公于當楣拜後襲，俟賓出乃裼，此非尋常授受，何云須臾，亦何嫌裼襲之數。《大射禮》袒襲皆在堂下次中，故鄭云，凡襲于隱者。《士喪禮》主人袒于户内，襲于序東。喪禮遽于事，尚襲于東序，則吉禮可知。故鄭云，公襲序坫間，裼亦當然，何云無所。後人不考禮經本文，遂疑一事之中反復易服，難以為禮，惑矣。右裼襲。

又 蔡德晉云，袒者，捲起衣袖而露其臂也。裼者，兩袖微捲起以露裘之美。襲則下其所捲之袖而已。裼專以袖言。《檀弓》曰，袪裼之可也，言鹿裘外之服，微捲起以露鹿裘袖口。萬充宗謂喪中之袒，捲起衣袂而露其臂，襲則掩之。愚謂凡袒裼皆然，不止喪中之袒而已。《士虞禮》言鈎袒，敖君善謂外捲其袂以出臂，此正袒之法，亦即是裼之法。以周案，萬氏説喪中袒裼之法，本難依據。蔡氏據其説，又以之為吉禮之裼襲法。是萬氏所不敢自信者，蔡氏毅然信之也。裼不僅以袪見，曰，袪裼之，明裼之一端也。袒不僅以袂見，曰，鈎袒，明袒之別變也。如蔡氏説，此為袒裼之正法，則《記》曰横長袪裼之可矣，何必重言袪。《士虞禮》曰佐食袒取黍稷可矣，何必別言鈎。《樂記》曰，升降上下周旋，裼襲禮之文也。文謂繁縟，如蔡氏説，裼襲簡略極矣，何文之有。又案，衣身為縱，衣袂為横，横長對縱廣言。鄭注云，横廣之又長之，誤。《玉藻》云，不文飾也不裼。裼非居喪之服。王懷祖云，袪裼之，裼當讀為緆。緆，緣也。謂緣其袪。其説甚當。即以如字解之，亦謂練後鹿裘之袪，略以裼衣之裘法製之，故曰袪裼之，明非即裼衣也。孔疏謂練後裘上可加裼衣，吴氏《纂言》云，練前裘雖有裼，但裼衣之正身而不至袖，練後横長袪，則裼衣掩至袂口，皆誤。蔡氏據此以為裼是捲袖之證，更誤。凡裼不必襲，有事則襲之。凡襲則必裼，既裼亦終襲之。凡袒則必襲，既袒亦終襲之。《士虞禮》佐食鈎袒取黍稷，此本異于主人，故袒法亦殊。袒者袒其上衣，而出其左袖，鈎袒則但鈎起其袖，上至臂而已。袒不可常，故經文上言袒，下必言襲。鈎袒則既取即不復鈎，其袖自下，故特著其文曰鈎，而事畢亦不復言襲。則鈎袒為袒之別變，非正袒法明矣。

蔡德晉云，在衣曰袒，在裘曰裼，故裼有袒義。袒有惟捲正服之袖而露其裏衣者，《鄉射禮記》所謂袒纁襦、袒朱襦也。有并捲裏衣之袖而露其臂者，所謂肉袒也。裼則惟捲正服之袖，以露其裘而已。以周案，袒而見裼衣謂之裼，裼而見袒飾謂之袒，袒飾者所謂袒朱襦、袒纁襦是也。《廣雅》云，袒飾、褏明、袍，長襦也。《方言》云，袒飾謂之直衿。見裼曰裼，《玉藻》文可據。見襦曰袒，《鄉射記》文可證。或裼而裼，或襦而袒，當時自有定制。如必裘而言裼，則《聘禮》之裼豈必專在春冬。必衣而言袒，則《鄉大射》有袒無裼，豈必定在秋夏。且以袒裼為捲袖，與《問喪》傴者不袒，《左傳》袒而示之背，《士喪禮》主人左袒扱諸面之右，皆不可通。又《鄉大射》之袒多肉袒，如蔡説肉袒，捲其上服并及裏衣而露其臂，則袖必臃腫，無以為射矣。而近人信之者，又虧蔡氏所不敢傅會，亦穿鑿以言之，可蚑也。鄭玄云，袒者，左免衣。賈公彦云，袒左袖。以周案，袒與裼，枝文通，故注家多以袒釋裼。對文言之，裼襲之裼謂裼衣，袒裼之裼謂扱其前衿而見其裼衣，袒謂免其左衣而出其袒飾，肉袒則并露其臂也。《問喪》親始死，扱上衽，其法近裼。《士喪禮》主人飯含，左袒，扱諸面之右，是免其左衣，袒之正法也。《射禮》言袒，皆連決遂為文。其襲也，則皆先説決遂。《大射儀》公將射，袒朱襦，卒袒，贊設拾。鄭注云，既袒乃設拾，拾當以韝襦上。則射之袒有拾，而公之拾設于襦上，是亦免其左衣矣。凡設拾皆在臂，鄭注云，遂，射韝也，以韋為之。其非射時，則謂之拾。拾，斂也，所以蔽膚斂衣

也。蔽膚以肉袒言，斂衣以袒襦言，則肉袒并露其臂也。鄭玄云，凡袒裼者左。蔡德晉云，袒有左右，禮事則左袒，刑人則右袒，裼則左右皆裼，故《大射儀》《士喪禮》皆言左袒，《覲禮》侯氏待罪言右肉袒，而《聘禮》裼襲不言左右也。以周案，凡禮，吉凶多相變，如吉事交相左，凶事交相右，吉拜尚左手，凶拜尚右手之類，多以相變為禮。《士喪禮》言左袒，恐人亦疑其變于吉也，故特箸之。《大射禮》無左袒文。凡吉禮袒不言左，與裼同，何得以禮無左裼之文，遂謂左右皆裼。

鄭玄云，袒而有衣曰裼。賈公彥云，裼者，袒衿前上服見裼衣。孔穎達云，去體上外服，見在內裼衣曰裼。吕大臨云，袒謂之裼，不袒謂之襲。萬斯大云，去襲衣曰裼，加襲衣曰襲。以周案，賈疏鄭是，孔、萬説非。凡衣，先襯身單衫，次以襦，《檀弓》疏、《聘禮》疏。次以中衣，次以裘，次以裼，次以襲。《羔羊》疏引崔，《玉藻》疏引皇。袒其襲衣而見裼，謂之袒裼。并袒其裼衣而見裘，謂之袒裘。《左傳》文，非禮法。并袒其中衣而見襦，謂之袒襦。射法有之。并袒其襦及裹衣而見肉，謂之肉袒。凡禮事曰袒者皆左，非全去其衣，故袒與贏異。右袒裼。

又 鄭玄云，《士冠禮》兄弟畢袗玄。袗，同也。玄者，玄衣玄裳也。緇帶韠。古文袗為均也。敖繼公云，袗讀袗絺綌之袗，被服之別稱。畢袗玄者，謂盡服玄端也。以周案，鄭從古文均，故訓袗為同字，亦作袀。同玄，謂衣與裳連，皆黑色，故婦人之服亦名袗玄。袗玄不言端，明非玄端也。玄端衣屬幅，別施裳。袗玄者，衣與裳連，皆黑色，袂又不方，蓋元色深衣是也。《士昏禮》主人之從者畢玄端，女從者畢袗玄，分別言之，明是二服。敖氏訓袗為被，古無是詁。以玄端當袗玄，更謬。玄端服，上士玄裳，中士黄裳，下士雜裳。以袗玄為端衣，豈冠者之兄弟皆上士乎。一説《周禮・司几筵》設紛純，先鄭云，純讀為均服之均，純，緣也。均純音近。《禮經》袗古文為均，均袗字通。畢袗玄，袗當訓緣，謂褖衣也。鄭注《士喪禮》褖衣云，黑衣赤緣之，謂之褖，褖之言緣也。是其證。

又 賈逵、韋昭、杜預云，均服振振。均，同也。戎事上下同服。服虔云，袀服，黑服也。段玉裁云，《文選注》引《説文》，袀，玄服也。服注同許。一説李善引《説文》亦是誤本，《説文》釋袀字當云戎服也。《玉篇・衣部》曰，袀，戎服也，《廣韻・十八諄》同，可證。蓋《説文》袀字列袗字之前，袀袗形近，轉寫脱去戎服之訓，而誤合袗下之玄服為一，與《鼎部》鼏鼏二字相似。以周案，服注非。戎事韋弁服，不用黑。

又 《爾雅》云，衣眦謂之襟，衱謂之裾。《説文》云，裣，交衽也。裾，衣裦也。《方言》云，襟謂之交，袿謂之裾。《釋名》云，襟，禁也，交于前，所以禦風寒也。裾，倨也，倨倨然直，亦言在後常見踞也。以周案，《説文》，眦，目匡也。衣眥謂領襟，亦作衿。《詩毛傳》曰，青衿，青領也。《方言》襟謂之交，交謂交領，與《爾雅》合。《説文》裣，交衽，衽，衣裣。裣與襟微有別，襟專指領言，裣謂承領之衽。自襟裣二字混，而衣眥之義不明。《説文》裾，衣裦也。裦，裹也。《玉篇》裾，衣裦。裦，衣前襟也。衣前襟即衣前衽。衽之可扱者謂之衱，扱其衽而可以裹裦物謂之裾。衱之言扱，裾之言居也。衣眥謂之襟，以交領言。衱謂之裾，以前衽言。《方言》袿謂之裾。袿即賈逵所謂衣圭，鄭注所謂衽之屬衣垂而放之者也。《釋名》裾在後，常見踞，即本《方言》，與《爾雅》衱謂之裾，實別。自注《爾雅》者引用《方言》、《釋名》之義，而衱之義亦不明。或説衱謂之裾，衱即袷字，裾即襟，二句異名同物，更謬。

又 孔安國云，《論語》寢衣，今之被也。鄭玄云今小卧被。許慎云，被，寢衣也，長一身有半。王引之云，寢衣，褻裘之衣也。謂寢室所著之衣，猶言燕衣、褻衣耳。身，體中也，謂頸以下，股以上。《易》艮其身，在艮趾艮腓之上，艮輔之下，則舉中而言矣。《渙》六三《渙其躬》荀注曰，體中曰躬。以周案，舊注寢衣訓被，被者寢時之衣也。王氏以為褻裘之衣，非。先君子云，寢衣謂寢時之衣，長一身有半，長及膝也。人之股半于身，寢衣所覆及膝，冬藉以温，當暑以蔽形。言必有者，承上言冬夏之服也。又案，古之所謂被，與衾有別，被即寢衣，《説文》有明證。若被即是衾，衾固人人有之矣，何云必有。若謂衾人所同，一身又半，夫子所獨，亦當云，寢衣必長一身有半。今經云，必有寢衣，與必朝服而朝，必有明衣，句法相同，是皆古制之善者，當時廢而不用也。自寢衣之制廢，而被之名亦失，今則并衾之名反為被所奪矣。程子以此節為錯簡，朱子從之，以為齊時之衾有異。其實齊自有明衣，而其衾則《葛生》詩傳所謂，齊則角枕錦衾，是也。

孔安國云，《論語》緼袍，緼，枲著也。鄭玄云，緼，絮也。以周案，繭著絮，袍著麻，義當從孔。《玉藻》云，纊為繭，緼為袍，襌為絅，帛為褶。鄭注

云，繭袍，衣有著之異名。絅，有衣裳而無裏。褶，有表裏而無著。鄭于褶曰有裏，以明無裏為絅也。于絅曰有衣裳，亦以明繭袍無裳也。《釋名》云，袍，丈夫著下至跗者也。婦人以絳作衣裳，上下連，四起施緣，亦曰袍。與鄭注合。《喪大記》云，袍必有表，不禪，謂之一稱。鄭注謂，袍，褻衣，必有以表之，乃成稱。袍既有表，雖敝何見，子路袍見其敝，其無表與。《莊子》云，曾子緼袍無表，捉衿而肘見。

又 鄭玄云，內子褒衣，始為命婦見，加賜之服也。諸侯褒，衣亦始命為諸侯，及朝覲見，加賜之服也。褒猶進也。以周案，褒，大也。褒衣者，大袖深衣，所謂逢掖之衣是也。諸侯燕居以深衣為上服。《玉藻》曰，朝玄端，夕深衣。內子褒衣，亦燕居之上服也。深衣連衣裳，與婦服同，故褒衣得男女同名。

又 鄭玄云，褖衣，黑衣裳赤緣謂之褖，褖之言緣也，所以表袍也。賈公彥云，赤緣謂之褖，《爾雅》文異文。彼釋婦人褖衣。注以證此褖衣雖不赤緣，其名同，故引為證也。陳祥道云，玄端無緣，褖衣有緣。子羔之襲繭衣裳與稅衣纁衻，曾子譏之曰，不襲婦服。蓋丈夫褖衣緣以赤，婦人褖衣緣以纁。古文褖為緣。鄭氏亦曰，褖之言緣，而引《爾雅》赤緣之文以釋士之褖衣，則褖衣未嘗無緣也，特赤與纁之色異耳。以周案，陳駁賈疏甚明。士之褖衣，禮經所謂袗玄是也。袗，古文作均。《周官司几筵》設紛純，先鄭云，純讀為均服之均，純，緣也。依先鄭義推之，《左傳》之均服即禮之袗玄。均亦作袀。《玉篇》袀下云，純也，袗下云，緣也。緣，今本誤綠。袗玄即褖衣，謂玄衣裳之有緣者也。《士冠禮》兄弟畢袗玄，即士之褖衣也。《士昏禮》女從者畢袗玄，即女子之褖衣也。褖衣亦男女同名，則其服亦衣裳連，衣與裳連，故色皆黑。右雜服。

又《衣服四》《國語》云，命婦成祭服，列士之妻加之以朝服。韋昭云，祭服，玄衣纁裳。列士之妻既成祭服，又加之以朝服也。孔穎達云，大夫助祭服玄冕，受之于君，《大宗伯》再命受服是也。妻所成者自祭之服，《少牢》朝服玄冠緇衣素裳，韋昭祭服作玄冕之服，非也。以周案，韋說是。如孔疏：祭服即朝服矣。孔氏意大夫助祭冕服，士助祭爵弁，皆受于公家，其妻不自織。不知所謂再命受服者，非公家制成祭服而授之也。古受服法，獻繭收稅之後，受其餘絲，以織祭服，見《月令》及《典絲》注疏。右成服。

清·閻鎮珩《六典通考》卷一三四《禮器考·服冕》 秦郊社服皆以袀玄，以從冕旒，前後邃延。袀，繪也，以火德尚。

《漢舊儀》，凡齊皆衣玄，紺繒也，衣絳領，褎緣，褌襪，涑革帶鴻，紺幘，長冠，絣青衣，幘領褎，褌襪，白帶，求雨皂緣衣，貙婁霜幘衣，冬射獵衣，流黃，仲夏衣黃高。西漢服制，僅見此條，然其文義殊不明。高帝詔群臣，議天子所服，相國何等議曰，春夏秋冬，天子所服，當法天地之數，中得人和，臣請法之。中謁者趙堯舉春，李舜舉夏，兒湯舉秋，貢禹舉冬，四人各職，一時制可。高祖以竹皮為冠，及貴，常冠，所謂劉氏冠也，爵非公乘以上，毋得冠劉氏冠。初元五年，罷齊三服官。齊國舊有三服官，春獻冠幘，縰為首服，紈素為冬服，輕綃為夏服。貢禹奏，故時齊三服官，輸物不過十笥，方今齊三服官，作工各數千人，一歲費數鉅萬。天子納其言，罷之。

清·江永《鄉黨圖考》卷五《帷裳考》 《論語》非帷裳必殺之。注：王肅曰，衣必有殺縫，唯帷裳無殺也。疏謂，朝祭之服，上衣必有殺縫，其餘服之裳，則亦有殺縫。故深衣之制，要之縫半下，齊倍要。喪服之制，裳內削幅。注云，削猶殺也。

按，帷裳，對深衣及長衣、中衣之裳言之，深衣等裳無辟積，其當旁之衽須斜裁，謂之殺，朝服、祭服、喪服皆用帷裳，有辟積，則前三幅，後四幅，皆以正裁無辟積，故無殺，王注乃對上衣言之，誤矣。衣身與袂，俱以二尺二寸之正幅，各去邊二寸，縫之，安得有殺。疏既知舉深衣裳有殺矣，仍曲徇王說，又舉喪服之裳曰，削幅者為殺，誤甚。喪服正是帷裳，其云內削幅者，謂布幅二尺二寸，縫時各削一寸，向內縫之，不若衰衣向外縫耳。與此殺字義異，此殺為斜裁，彼削為摺倒一寸，注雖以殺訓削義，實不同。集注不用舊說，須參合深衣考之。

鄭注《喪服》云，祭服、朝服，辟積無數，凡裳，前三幅，後四幅。疏：朝服謂諸侯與其臣以玄冠服為朝服，天子與其臣以皮弁服為朝服。祭服者，衮冕與爵弁為祭服，不云玄端亦是士家祭服中兼之。凡服，唯深衣、長衣之等，六幅破為十二幅，狹頭向上，謂裳兩旁之衽。不須辟積，其餘要間以外，皆辟積無數，不似喪服三辟積有數也。喪服之裳幅三袧。注云謂辟兩側，空中央也。疏云，袧是屈中之稱，一幅凡三處屈之，辟兩邊相著，自然中央空矣，幅別皆然也。前為陽，後為陰，故前三後四，各象陰陽也。唯深

衣之等連衣裳，十二幅以象十二月也。

按帷裳之制經無考，因喪服注：可見皆用七幅，前三後四，與衰裳同，辟積無數與衰裳異。

《玉藻》衣正色，裳間色。注謂，冕服玄上纁下，疏：纁是地色，赤黄之雜，故為間色。

《顧命》王麻冕黼裳，卿士邦君，麻冕蟻裳，太保、太史、太宗皆麻冕彤徒冬反。裳。傳，王及羣臣皆吉服蟻裳，名色玄彤纁也。疏：衮之衣五章，裳四章，則衮衣之裳，非獨有黼，言黼裳者，以裳之章色黼黻有文，故特取為文。《詩》言王賜諸侯玄衮及黼，以黼有文，故特言之蟻裳，以色玄如蟻，故以蟻言之。禮，祭服皆纁裳，此獨云玄裳者，卿士邦君，于此無事，不可全與祭同，改其裳，以示變于常也。彤，赤也，纁是赤色之淺者，故以彤為纁。

又卷六《飾考》 飾者，飾冠衣裳之邊，不止領飾。紺緅別有考。《深衣》具父母，大父母，衣純以繢，具父母，衣純以青，如孤子衣純以素，純袂緣，純邊廣各寸半。注：尊者，存以多飾為孝，繢，畫文也。三十以下無父稱孤。純謂緣之也。緣袂謂其口也，緣，緆也，緣邊衣裳之側，廣各寸半，則表裏共三寸矣，唯袷廣二寸。疏：深衣外衿之邊有緣，裳雖前後相連，然外邊曲裾揜處，其側亦有緣。

《曲禮》為人子者，父母存，冠衣不純素。注：為其有喪象也，純，緣也。《玉藻》曰，縞冠玄武，子姓之冠也。《深衣》曰，具父母衣純以青。

又孤子當室，冠衣不純采。注：早喪親，雖除喪不忘哀也。謂年未三十者，三十壯有室，有代親之端，不為孤也，當室，適子也。《深衣》曰，孤子衣純以素。

又《明衣考》《士喪禮》記，明衣裳用幕布，袂屬幅長下膝。注：幕布，帷幕之布，升數未聞也。屬幅，不削幅也。長下膝，又有裳於蔽下體，深也。疏：衣裳同用幕布，云，袂屬幅長下膝者，唯據衣而言，布幅二尺二寸，凡用布皆削去邊幅旁一寸，為二寸計之，則此不削幅，謂繚使相著，還以袂二尺二寸。凡為衣，以其有裳，故不至膝下，此又有裳而言下膝，故云於蔽下體深也。

又有前後裳，不辟，長及轂。注：不辟積也，轂，足跗也。凡他服，短無見膚，長無被土。疏：不辟積者，以其一服，不動不假，上狹下寬也。此裳及轂至足跗，亦是不被土。

又縓綼緆，注：一染謂之縓，今紅也，飾裳在幅曰綼，在下曰緆。疏：深衣云，純袂，純邊。注云，純謂緣之也，緣邊衣裳之側，廣各寸半，則表裏共三寸，此在幅亦衣裳之側緣，法如彼也。

又緇純。音準。注：七入為緇，緇黑色也，飾衣曰純，謂領與袂衣以緇，裳以縓，象天地也。按，明衣無考。《士喪記》襲尸之明衣，沐浴後著之，未知生時，明衣其制同否。陳祥道《禮書》云，明衣之袂，屬幅而不削，明衣之裳，前三後四，而不辟積，衣之長也，下膝，與要廣者異矣。裳之長也，及足跗，與無見膚者異矣。今據疏：不辟積者，以其一服不動，若生時明衣，當必有辟積。又按他服在內者，不殊裳，亦無緣，而明衣親身，衣裳殊，上下皆有緣，意者，特為齊時制之。與《記》云齊之玄也，以陰幽思也，則齊時，仍有黑色之衣，即玄端。

又《絺綌考》《論語》當暑袗絺綌，必表而出之。注：孔安國曰，暑則單服，絺綌葛也，必表而出之，加上衣。疏：袗，單也，暑則單服，必加尚表衣，然後出之，為其形褻，故也。

《曲禮》，袗絺綌不入公門。注：袗，單也。孔子曰，當暑袗絺綌，必表而出之，為其形褻。疏：上無衣表，則肉露，見為不敬。

《玉藻》振絺綌不入公門，表裘不入公門。注：振，讀為袗，袗，單也。表裘，外衣也。二者，形且褻，皆當表之，乃出。疏：形解袗絺綌，其形露見褻，解表裘在衣外，可鄙褻，二者皆上加表衣，乃出也。

按注疏：說皆以表為在絺綌外，出之為出門，唯《集注》改舊說，今從《集注》。絺綌內雖有裏衣，如入公門見賓客，絺綌外仍當有衣，裏衣如今人之汗衫也。

地官掌葛，掌以時徵絺綌之材於山農。

《月令》孟夏，天子始絺。

《周南》葛之覃兮，施于中谷，維葉萋萋。傳，覃，延也，葛所以為絺綌，女功之事，煩辱者，施移也，萋萋，茂盛貌。

又，葛之覃兮，施于中谷，維葉莫莫，是刈是濩，為絺為綌，服之無斁。傳，濩，煑之也，斁，厭也。

《邶風》絺兮綌兮，凄其以風。箋，絺綌所以當暑，今以待寒，喻其失

所也。

《鄘風》瑳兮瑳兮，其之展也，蒙彼縐絺，是紲袢也。傳，禮有展衣者，以丹縠為衣，蒙，覆也，絺之靡者為縐，是當暑袢延之服也。箋，后妃六服之次展衣，宜白縐絺絺之蹙蹙者，展衣，夏則裏衣縐絺。疏：葛精尤細靡者，縐也，言細而縷縐，紲袢者，去熱之名。《集傳》紲袢，束縛意。袢延，是熱之氣也。

按《集注》雖引蒙彼縐絺，然詩意是以展衣蒙於縐絺之外。

又《褻服考》《論語》紅紫不以為褻服。注：王肅曰，褻服，私居服，非公會之服，皆不正。褻，尚不衣正服，無所施。

《玉藻》非列采不入公門，注：列采，正服。

又纊為繭，緼為袍，注：衣有著之異名也。有物在衣中，為著。纊謂今之新緜也，緼謂今纊及舊絮也。疏：鄭以好者為緜，惡者為絮。

又禪為絅，帛為褶。音牒。注：絅有衣裳，而無裏。褶有表裏，而無著。

按，在内之衣，又名澤，《詩》與子同澤，以其親膚，近於垢澤也。又曰袙服。見《左傳》。

又《紺緅考》《論語》君子不以紺緅飾。注：孔安國曰，一入曰緅，飾者不以為領袖緣也。紺者，齊服盛色以為飾，衣似衣齊服，緅者三年練，以緅飾衣，為其似衣喪服，故皆不以為飾衣。疏：紺玄色，緅，淺絳色。《考工記》三入為纁，五入為緅，今孔氏云，一入曰緅者，未知出何書。《檀弓》云，練，練衣，黃裏縓緣。注云，小祥練冠，練中衣，以黃為内，縓為飾，黃之色卑於纁，縓纁之類，明外除，故曰為其似衣喪服。《説文》云，紺帛深青揚赤色，是紺為青赤色也，故為齊服盛色，若以為領袖緣飾，則似衣齊服也。

按，紺緅，皆赤黑之間色，緅又黑於紺，君子不以為飾者，謂其非正色也。飾必用正色，如《深衣篇》純以繢，純以青，純以素，是也。不以紺緅為飾，猶之不以紅紫為褻服耳。緅，又入黑為緇，為玄齊時服，玄冠玄端，而孔氏云，齊服是誤以紺為玄矣。練衣本以一染之縓為緣，而孔氏云，練服是誤以緅為縓矣。邢疏不能辯正。《集注》亦因之耳。

《考工記》鍾氏染羽，三入為纁，五入為緅，七入為緇。注：染纁者三入而成，又再染以黑則為緅，緅今禮俗文作爵，言如爵頭色也。又復再染以黑，乃成緇矣。鄭司農云，以《論語》曰，君子不以紺緅飾，又曰，緇衣羔裘。《爾雅》曰，一染謂之縓，再染謂之竀。同頳，丑貞反。三染謂之纁。《詩》云，緇衣之宜兮，玄。謂此同色耳。染布帛者，染人掌之，天官。凡玄色者，在緅緇之間，其六入者，與疏凡染纁玄之法，取《爾雅》及此相兼，乃具此經及《爾雅》不言四入及六入，《士冠》有朱紘之文，鄭云，朱則四入與，是更以纁入赤汁則為朱，以無正文，約四入為朱，故云與，以疑之。《淮南子》云，以涅染紺，則黑於涅，涅則黑色，纁若入赤汁，則為朱，若不入赤而入黑汁，則為紺矣。若更以此紺入黑，則為緅。此五入為緅是也。紺緅相類之物，故連文，若更以此緅入黑汁，則為玄但無正文。更以玄入黑汁，則名七入為緇矣。但緇與玄相類，故禮每以緇布衣為玄端也。云禮俗文作爵，言如爵頭色者，以其爵，赤多黑少。故也。

又《寢衣考》《論語》必有寢衣長一身有半。注：孔安國曰，今之被也。按寢衣之制無考，或是夫子特製之，以為齊時之用。孔注謂，今之被則不當名寢衣，夜寢必覆被，亦不當特記矣。言衣則必有袂者也。被名衾，《詩》抱衾與裯。《毛傳》衾，被也，裯，禪被也。鄭箋改之云，裯，牀帳也。今《集傳》仍從毛。《喪大記》君錦衾，大夫縞衾，士緇衾。《詩》言錦衾爛兮，不必君也。被端有緣飾，謂之紞。《喪大記》注：紞以組類為之，綴之領側。若今被識生時禪被，有識此衾制，附於此。

清・顧棟高《毛詩類釋》卷一三《釋衣服》附録。九服，惟大裘不見《詩》，《九罭》之衮衣，《采菽》之玄衮，衮，冕服也。《唐風》之七衣，驚冕服也。《大車》之毳衣，毳冕服也。《采菽》之黼，絺冕服也。《終南》之黻衣繡裳，玄冕服也。《瞻彼洛矣》之韎韐，《周頌》之絲衣載弁，爵弁服也。《淇奧》之會弁，《終南》之錦衣狐裘，皮弁服也。《召南》、《鄭》、《唐》、《檜》之羔裘，《鄭》之緇衣，冠弁服也。外又有服弁服，凶服也。弁絰服，弔服也。韋弁服，戎服也。在九服之外矣。而韋弁服，亦見《詩》，《東山》之裳衣，《六月》之常服、我服，《采芑》之命服，皆是。又有玄端服，亦玄冠玄衣，與朝服同，而裳不用素為異。天子視朝以皮弁，諸侯視朝以朝服，大夫士在私朝以玄端。冕服，爵弁服，絲衣也。中衣用素。皮弁服，朝服麻衣也。中衣用布。即十五升布。《唐風》之素衣朱襮，諸侯冕服之中衣也，謂之繡黼丹朱，惟君得服之，大夫、士，中衣得用素衣，不得用朱襮矣。若夫《檜風》之狐裘，

則息民之祭服也。《曹風》之麻衣，則深衣也。《檜風》之素冠，毛以為練冠，鄭以為祥冠也。《鳲鳩》之騏弁，雜色之弁也。《顧命》特設此服，非禮之常服，故鄭以騏為璂，理或然也。《秦風》之袍澤，褻服也。《無羊》之蓑笠，野服也。《都人士》之緇撮，則太古之冠，而用為始加者也。臣謹案陳氏考衣服之制極詳悉，但《周禮》三弁係皮弁服、冠弁服、韋弁服，見於經文，爵弁為六冕之次，士得用之，不在三弁之列，此以爵弁為三弁，而戎事韋弁服，反在九服之外，與周禮不合。

清・林昌彝《三禮通釋》卷一九《諸侯祭服》《祭統》曰，夫人蠶于北郊，以共冕服。又曰，君純冕立於阼。《玉藻》曰，諸侯元端以祭，裨冕以朝。鄭氏謂，諸侯祭宗廟之服，惟魯及二王之後衮冕，餘皆元冕。《雜記》大夫，冕而祭於公，弁而祭於己。士，弁而祭於公，冠而祭於己。以其致隆於公，不敢與己同。其服，則諸侯以鷩、毳、希冕祭于王，端冕祭於己，宜矣。陳祥道云，《玉藻》元端以祭，言其服也。元端無章，則三旒之冕，可知，鄭氏易端為冕，過矣。

又《武 紐》《弁師》五冕皆紐。鄭氏曰，紐小鼻在武上，笄所貫也。蓋武，冠卷也。古者居冠屬武，則非燕居，武不屬於冠也。喪冠條屬，則非有喪者，纓武異材也。鄭氏曰，條屬者，通屈一條繩，若布為武，垂下為纓，屬之冠。冠武同色子姓之冠，縞冠元武，不齒之冠，元冠縞武，則非子姓與不齒者。冠武同色也。《雜記》曰，委武元縞而後蕤。鄭氏謂，秦人曰委，齊東曰武。則武亦謂之委，以其若冠之足，故曰武，以其委於下，故曰委。蓋古者施冠於首，然後加武以約之。觀《喪大記》弔者襲裘加武，則武之所設，所以約冠也。紐垂於冕之兩旁，其長及武，笄以貫之。

又卷二〇《裞 襮 純 褮 襟 裾 袴》《爾雅》衣裗謂之裞，郭注：衣縷也。齊人謂之攣，或曰袿，衣之飾。黼領謂之襮，注：繡刺黼文以褗領。緣謂之純，注：衣緣飾也。袕謂之褮，衣開孔也。衣眥謂之襟，主交領。衱謂之裾，注：衣後襟也。衿謂之袴。注：衣小帶。此釋衣裳之制。裗者，《釋文》裗本又作流，裞者，郭云衣縷。《釋文》縷，又作褸。《方言》云，褸，謂之衽，衽即衣襟。《釋名》云，衽，襜也，在旁襜襜然也。云齊人謂之攣者，攣裗聲相轉。襮者，《說文》云，黼，領也。引《詩》素衣朱襮。《揚之水》傳，襮，領也。《正義》引孫炎曰，繡，刺黼文以褗領。《郊特牲》注：繡黼丹朱，以爲中衣領緣也，是中衣領以黼文爲緣，褗，即緣也，孫炎以繡爲刺。《詩》箋及《郊特牲》注：並以繡爲綃。綃，綺屬也。以綃爲領義，本《魯詩》，見《士昏禮》宵衣注。緣者，《說文》云，衣純也。純者，《曲禮》注：純，緣也。《玉藻》注：純，緣，飾邊也。按飾邊者，《深衣》云，純，袂緣，純邊廣各寸半。鄭注：純，謂緣之也，緣，緆也，緣邊衣裳之側，廣各寸半。《釋文》引鄭注《既夕禮》云，飾衣、領、袂口，曰純。裳邊側曰綼，下曰緆也，是則衣裳皆有純，但言衣純，足以包之。又冠屨亦有純，《玉藻》云，縞冠素紕，紕，鄭注：紕，緣邊也。《士冠禮》云，黑屨，青絇、繶、純，鄭注：純，緣也。是則冠屨之緣，亦皆曰純。《爾雅》所言，止謂衣純耳。袕者，郭讀與穴同，故云衣開孔。《釋文》一音術，則與郭異。褮者，《說文》云，鬼衣，又鬼部，魌云鬼服也。引《韓詩傳》曰，鄭交甫通二女，魌服，是魌即褮矣。《玉篇》褮衣，開孔，又鬼衣也，袕，鬼衣也。按《爾雅》方釋人衣，何故此句忽言鬼服，許郭所言又無旁證，其義疑也。眥者，《說文》云，目匡也。衣有眥者，《淮南・齊俗篇》云，隅眥之削，蓋削殺衣領，以爲斜形，下屬于襟，若目眥然也。襟者，《說文》作裣，云交衽也。《玉篇》云，交裣，衣領也，通作襟。《釋名》云，襟，禁也，交于前，所以禁禦風寒也。又通作衿。《方言》云，衿謂之交，郭注：衣交領也。《詩・子衿》傳，青衿，青領也。《正義》引李巡曰，衣眥，衣領之襟。孫炎曰，襟交領也。《顏氏家訓・書證篇》云，古者斜領下連于衿，故謂領爲衿，然則此當言衣皆謂之領，以領屬于襟，因言襟矣。衱者，《玉篇》云，裾也。裾，衣褎也。褎，步報切。《說文》作袍，誤。褎衣前裣也，《說文》褎，褎也，衣之前裣，可懷抱物，故謂之裾，裾言物可居也。裾名衱者，《方言》衱謂之褗，郭注：即衣領也。劫偃兩音。戴氏震《疏證》云，衱、袷古通用，《禮・玉藻》注：袷，曲領也。《深衣》注：交領也。今按《玉篇》衱，又衣領，然則衱爲本字，袷爲通借，領屬于裣，裣裾同物，廣異名耳。裾、裣、袷、衱，俱聲相轉也。《方言》又云，袿謂之裾，袿、裾聲亦相轉，郭注與此注並云衣後裾也。《釋名》裾，倨也，倨倨然直，亦言在後，常見踞也，此蓋郭注所本其說，非矣，當據《玉篇》訂正之。衿者，當作紟。《說文》云，紟，衣系也。籀文作絵。《玉篇》衿，亦作紟，結帶也。按《經典》，紟、衿通用。故《詩・東山》傳，施衿結帨。《内則》衿纓注：衿，猶結也。《漢書・楊雄傳》衿，音衿，系之衿，皆借衿爲紟也，紟、紟義又相通，故《釋名》云，衿，亦禁也，禁使不得解散也。袴者，郭

云衣小帶，《玉篇》云，褰，脬衣，《廣韻》與郭同，《釋文》袸，郭辭見反，孫音荐。

又《褑　袺　襭　襜　縭　纀》《爾雅》佩衿謂之褑，注：佩玉之帶上屬。執衽謂之袺，注：持衣上衽。扱衽謂之襭，注：扱衣上衽於帶。衣蔽前謂之襜，注：今蔽膝也。婦人之褘謂之縭，縭，緌也，注：即今之香纓也。褘邪交落帶，繫于體，因名爲褘。緌，繫也。裳削幅謂之纀。注：削殺其幅，深衣之裳。褑者，《釋文》引《埤蒼》云佩□也，《玉篇》云佩袷也，注：袷當作□。《方言》云佩紟謂之裎，郭注：所以系玉佩帶也。按，凡佩皆有系，不獨玉佩，故《釋名》云，佩，倍也，言其非一物，有倍貳也。有珠、有玉、有容刀、有帨巾、有觿之屬也。《說文》綎，系綬也。然則綎即裎也，裎、綎俱褑之異名。袺、襭者，《詩芣苢》傳，袺，執衽也，扱衽曰襭。《正義》，引孫炎曰，持衣上衽。李巡曰，扱衣上衽于帶。郭注同孫李。《說文》云，以衣衽扱物謂之襭。襭或从手，作擷。襜者，《詩・采綠》傳，用《爾雅》《正義》引，李巡曰，衣蔽前，衣蔽膝也。《方言》云，蔽厀，江淮之間謂之褘，或謂之袚，魏宋南楚之間謂之大巾，自關東西謂之蔽厀，齊魯之郊謂之衻袡。昌詹反。袡即襜之或體也。作幨，亦或體。《釋名》云，韠，蔽膝也。又曰跪襜，跪時襜襜然張也。《方言》又云，絜襦謂之蔽厀，是皆襜之異名也，其形制則《說文》云，韠，韍也，所以蔽前以韋，下廣二尺，上廣一尺，其頸五寸，一命縕韠，再命赤韠。皆本《玉藻》文褘者。《說文》以爲蔽厀。《方言》以爲褘，即襜也。婦人有襜者，《詩》不盈一襜。《釋名》云，韠所以蔽膝前也。婦人蔽膝亦如之，是婦人之褘，即蔽膝，郭以爲香纓，誤矣。《說文》褘，囊也。郭蓋誤以幃爲褘。縭者，《詩・東山》傳，縭，婦人之褘也，母戒女，施衿結帨。《士昏禮》、《說文》。《正義》引孫炎曰，褘，帨巾也，是孫、毛同以結帨即結縭，如帨爲巾者，以《內則》云，左佩紛、帨，然蔽厀亦名巾者。《方言》以蔽厀爲大巾。《釋名》亦云，婦人蔽膝，齊人謂之巨巾，田家婦女出至田野，以覆其頭，故因以爲名也。然則婦人之褘，既以蔽厀，又以覆頭，今青州人以巾覆首，其遺象也。登州婦人絡頭用首帕，其女子嫁時，以絳巾覆首，謂之袱子，此即古所謂市敷，市與韍同。《說文》市，從巾，象連帶之形，蔽厀名巾，此亦其證。然則《詩》言結縭，即結其蔽厀之系也。今田家嫁女，母爲施妝，名曰上頭，即繫袱于首，至婿家解下，與《釋名》之義又合矣。《文選・思玄賦》及《琴賦》注：並引《爾雅》作婦人之徽，謂之縭。《爾雅》《釋文》幃，本或作褘，又作徽，徽、幃皆褘之假音耳。纀者，《說文》用《爾雅》幅，布帛廣也，按布幅廣二尺二寸，帛幅廣二尺四寸，削猶殺也。《深衣》云，制十有二幅，以應十有二月。鄭注：裳六幅，幅分之，以爲上下之殺。《玉藻》衽當旁，注：衽謂裳幅所交裂也，凡衽者，或殺而下，或殺而上，是以小要取名焉。江氏永《鄉黨圖考》云，深衣等，裳無辟積，其當旁之衽須斜裁，謂之殺。朝服、祭服、喪服，皆用帷裳，有辟積，則前三幅，後四幅，皆以正裁。無辟積，故有殺。按裳削幅，唯深衣則然。故郭云深衣之裳。

又卷二一《緣》《曲禮》曰，父母存，冠衣不純素。孤子當室，冠衣不純采。《深衣》具父母、大父母，衣純以繢。具父母，衣純以青。如孤子，衣純以素。純袂緣，純邊，廣各寸半。《曲禮》又曰，大夫、士去國，素衣、素裳、素冠、徹緣。司几筵，莞筵紛純纁，席畫純，次席黼純。《士昏禮》主人爵弁，纁裳，緇袘。袘謂緣，袘之言施，以緇緣裳，象陽氣下施。女次，純衣，衣纁袡。袡亦緣也，袡之言任也，以纁緣其衣，象陰氣上任也。《既夕禮》明衣，純，綼緆，在幅曰綼，在下曰緆。緇純。飾衣曰純，謂領與袂，衣以緇，裳以縓，象天地也。《士冠禮》黑屨，青絇繶純，純博寸。《既夕》記服攝自絇。攝，緣也。《記》曰，縞冠素紕，既祥之冠也。紕，緣邊也。又曰，童子緇布衣，錦緣。《雜記》韠，紕以爵韋六寸，不至下五寸，純以素，紃以五采。在旁曰紕，在下曰純。子羔之襲也，稅衣纁袡。大夫而以纁為之緣，非也。陳氏《禮書》云，古者衣、裳、冠、帶、韠、屨、席，有緣，而純、袘、紕、綼、緆、袡、襈、攝，皆緣名也。特其所施者異耳。深衣之緣錦青若素，長衣之緣素爵弁，纁裳之緣緇，明衣之緣縓緇，中衣黼領之緣丹朱，童子緇布衣之緣錦，婦人褖衣褖纁。《周禮》褖衣作緣衣。屨之緣或青或緇或黑，帶之緣或朱綠或玄華，席之緣或紛或黼或繪，韠之緣爵與素，矢服之緣白絇，其他不可考也。喪服無緣，至練，然後，練衣黃裏縓緣，既祥，然後縞冠素紕。大夫、士去國徹緣，以喪禮處之也。公子為其母麻衣縓緣，為妻亦麻衣縓緣，以父厭殺之也。謹案《爾雅》曰，緣謂之純。郭注：衣緣飾也。《說文》緣，衣純也。《曲禮》注：純，緣也。《玉藻》注：緣，飾邊也。案飾邊者，《禮記・深衣》所云，純袂，純緣，邊廣各寸半。鄭注：純謂緣之也，緣緆也，緣邊衣裳之側，廣各寸半。《釋文》引鄭注《既夕禮》云，飾衣領袂口曰純，裳邊側曰綼，下曰緆也。是則衣裳皆有純，但言衣純，足以包之。

又冠屨亦有紕。《玉藻》云，縞冠素紕。鄭注：紕，緣邊也。《士冠禮》云，黑屨，青絇繶純。鄭注：純，緣也。是則冠屨之緣，亦皆曰純。《爾雅》所言，止謂衣純耳。

又《衽》 《儀禮・喪服傳》曰，衽二尺有五寸。衽所以掩裳際也，二尺五寸與有司紳齊也，上正一尺，燕尾二尺五寸，凡用布三尺五寸。《玉藻》曰，衽當旁。衽謂裳幅所交裂也，凡衽者，或殺而下，或殺而上，是以小要取名焉。衽屬衣，則垂而放之，屬裳，則縫之以合前後，上下相變。《深衣》續衽鉤邊。鉤讀如鳥喙必鉤之鉤，鉤邊若今曲裾。《正義》謂以布若帛三尺五寸，上下正各一尺，其中一尺五寸，邪裂之，而得兩衽，衽各二尺五寸，兩旁皆有以揜裳際，朝喪祭服之衽，廣上狹下，而屬於衣，深衣之衽，狹上廣下，而屬於裳。是以或殺而下，或殺而上，對之若小要然。《問喪》曰，親始死，扱上衽。《大記》小斂、大斂，祭服不倒，皆左衽。《詩》曰，薄言袺之，薄言襭之。《爾雅》曰，執衽謂之袺，扱衽謂之襭。《書》曰，四夷左衽。《論語》曰，被髮左衽。《韓詩外傳》曰，衣成必缺衽。《管子》曰，振衽掃席。鄭氏釋《喪服傳》曰，婦人不殊裳，其服如深衣，而無衽。《考工記》曰，終歲，禦衣衽不敝。《說文》曰，衺交也。《史》曰，斂衽而朝。陳氏《禮書》云，衽所以揜裳際也。深衣連裳，故衽屬衣，餘衣不連裳，故衽屬裳，衣裳雖殊，垂而放之一也，故有事則或扱或執，是衽未嘗縫之以合也。棺之小要，謂之衽，以其揜縫，若衣衽然，非為小要而名之。是衣衽，皆狹上廣下，未嘗有殺上、殺下之異也。《詩》言，婦人之采，芣苢，或袺衽，或襭衽，是婦人之服，未嘗無衽也。衽之辨有上下，其用有左右，生者上右。《記》曰，親始死，扱上衽，是也，死者與夷狄上左，《記》曰，小斂大斂，祭服不倒，皆左衽。《書》曰，四夷左衽。《語》曰，被髮左衽是也。《士喪禮》重鬲用葦席，左衽，是亦死者上左之意歟。

又《明衣　明衣之裳》 孔子曰，齊必有明衣。布。《士喪禮》陳襲事于房中，明衣裳，用布。又曰，明衣不在算。《記》曰，明衣裳，用幕布，袂屬幅，長下膝。鄭氏曰，幕布，帷幕之布，升數未聞，屬幅，不削幅也，長下膝。又有裳於蔽下體深也。有前後，裳不辟，長及轂。轂，足跗也。縓綼緆。一染曰縓，飾裳，在幅曰綼，在下曰緆。緇純。飾衣領、袂曰純。衣以緇，裳以縓，象天地也。然則，明衣之袂，屬幅，而不可削，明衣之裳，前三後四，而不辟積。衣之長也，下膝，與要廣者異矣。《喪服傳》，衣帶下足。裳之長也，及足跗，與無見膚者，異矣。古者將祭而齊，明衣布，死以齊終，亦明衣布，然則，凡親身之衣，不以布歟。

又卷二四《緣》 《爾雅》曰，緣謂之純。《禮記・深衣》云，具父母、大父母，衣純以繢。具父母，衣純以青。如孤子，衣純以素。《曲禮》曰，爲人子者，父母存，冠衣不純素。孤子當室，冠衣不純采。鄭注云，尊者存，以多飾爲孝。繢，畫文也。《禮記・郊特牲》云，丹朱中衣，鄭以爲，丹朱，爲中衣之緣也。《深衣》又云，純袂緣、純邊，廣各寸半。鄭注：純謂緣之也，緣袂，謂其口也，緣，裼也，緣邊衣裳之側，廣各寸半，則表裏若三寸矣。《玉藻》云，緣廣寸半，鄭注：緣，飾邊也。《曲禮》又曰，大夫、士去國，素衣、素裳、素冠，徹緣。司几筵，莞筵紛純，席畫純，次席黼純。《士昏禮》主人爵弁，纁裳緇袘。注：袘謂緣，袘之言施，以緇緣裳，象陽氣下施。女次，純衣纁袡。注：袡亦緣也，袡之言任也，以纁緣其衣，象陰氣上任也。《既夕禮》明衣，縓綼緆。注：在幅曰綼，在下曰緆。緇純。注：飾衣曰純，謂領與袂，衣以緇，裳以縓，象天地也。《士冠禮》黑屨，青絇、繶、純，純博寸。《既夕》記，服攝白絇。注：攝緣也。《記》曰，縞冠素紕，既祥之冠也。注：緣，邊也。又曰，童子，緇布衣，錦緣。《雜記》韠，紕以爵韋六寸，不至下五寸，純以素，紃以五采。注：在旁曰紕，在下曰純。子羔之襲也，稅衣纁袡。注：大夫而以纁爲之緣，非也。陳祥道云，古者衣、裳、冠、帶、韠、屨、席有緣，而純、袘、紕、綼、緆、袡、襈、攝，皆緣名也。特其所施者異耳。深衣之緣錦青若素，長衣之緣素，爵弁纁裳之緣緇，明衣之緣縓緇，中衣黼領之緣丹朱，童子緇布衣之緣錦，婦人緣衣緣纁。《周禮》褖衣作緣衣。屨之緣或青或緇或黑，帶之緣或朱綠，或玄華，席之緣或紛或黼或繪，韠之緣爵，與素，服之緣白絇，其他不可考也。喪服無緣，至練，然後練衣黃裏縓緣，既祥，然後縞冠素紕。大夫、士去國徹緣，以喪禮處之也。公子爲其母麻衣縓緣，爲妻亦麻衣縓緣，以父厭殺之也。

又卷二九《袏衣》 《方言》有褒者，趙魏之間謂之袏衣。褒，前施褒囊也。房報反。案，有褒者，趙魏之間謂之袏衣。郭注：前施褒囊。考《晉書・輿服志》八坐尚書荷紫，爲袷囊，綴之服，加於左肩。昔周公負成王，制此衣，至今以爲朝服。或云漢世用盛奏事，負之以行，即《續漢志》所云服衣，深衣同制有褒者也。《宋書・輿服志》朝服肩上有紫生袷囊，綴之朝服外，俗呼曰紫荷。《南齊書・輿服志》其肩上紫袷囊，名曰契囊，世俗呼爲紫荷。《隋書・輿服志》朝服綴紫荷，録令、左僕射左荷，右僕射、吏部尚書右荷。郭

注云，前施裒囊，即此制也，曰裎衣。

又《襜褕》《方言》自關而西謂之襜褕。《説文》直裾謂之襜褕。《急就篇》襜褕袷複褶袴褌，注：襜褕，直裾禪衣也。案《説文》及《急就篇》注：均以襜褕爲直裾禪衣。考《漢書·雋不疑傳》一男子，衣黄襜褕。注云，直裾禪衣。即《説文》所云直裾謂之禪衣也。蓋禪衣與深衣同制，衣裳不殊，裾幅通直，故曰直裾也。《漢書·何並傳》迺令奴冠其冠被其襜褕。師古注：襜褕，曲裾禪衣也。此所云曲裾，即鄭注所云鉤邊，若今曲裾者也。蓋深衣有鉤邊綴于裳之右旁，襜褕有曲裾，亦綴于衣之右旁也，直裾曲裾各有所據也。又按《史記·武安侯傳》衣襜褕入宮不敬。注云，非正朝服，若婦人服。考蔡邕《獨斷》公卿，尚書，衣皂而朝者，曰朝臣。《漢書·蕭望之傳》備皂衣二十餘年，如淳曰，雖有五時服，至朝皆著皂。《續漢書·輿服志》執事冠委貌，緇衣、素裳。然則漢時朝服皂衣，猶存緇衣、素裳之遺制，武安侯入宮不服朝服，而衣襜褕，衣裳不殊，故注云若婦人服也。又案襜褕一衣各異其質。張衡《四愁詩》美人贈我貂襜褕。《東觀漢記》耿純，與從昆弟，率宗族賓客二千餘人，皆衣縑襜褕絳衣，奉迎世祖。桓譚《新論》余從長安歸，道病，蒙絮被罽襜褕，宿于下邑亭中。曰貂，曰縑，曰罽，與布單衣不同，然則襜褕乃單衣之加飾者也。《荀子·子道篇》孔子云，由是裾裾者何。注：裾裾，衣服盛貌。《説苑》裾裾作襜襜，裾裾襜襜同訓，皆言其盛也。《釋名》襜褕亦取義于襜襜然，則襜褕爲單衣之袌大者矣。

又《䘩裕》《小爾雅》襜褕謂之䘩裕。《方言》襜褕，江淮南楚謂之䘩裕。《廣雅》䘩裕，襜褕也。案《方言》襜褕，江淮南楚謂之䘩裕，考《詩》漸車帷裳，帷裳，䘩裕也。《正義》云，其上有蓋，四旁垂而下。《釋名》其貌幢幢然也。巾車皆有容蓋，注亦云，或曰童容，襜褕，襜襜，寬裕狀如車之幢幢。《儀禮·士昏禮》其輤有裧，注：裧，車裳帷。《周禮》謂之容車，考裧與襜同。《後漢書·劉盆子傳》乘軒車大馬，乘屏泥絳襜絡。注云，車上施帷，以屏蔽者。司馬相如《長門賦》舉帷幄之襜襜。《爾雅·釋器》衣蔽前謂之襜，故車之名童容，與衣之名童容，皆取于襜襜宏裕也。

又《裋褕》《方言》其短者謂之裋褕複裕，江淮之間謂之䙺，或謂之筩褹，注今筩袖之襦也。《説文》短豎使布長襦。《廣雅》複襦謂之䙺，《玉篇》䙺爲裋之重文。按《方言》襜褕短者謂之裋褕。《後漢書·張衡傳》士或解裋褐而襲黼黻，注亦云，裋襜褕之短者。考《説文》裋豎使布長襦。《漢書·貢禹傳》妻子糠豆不贍，裋褐不完。注云，裋豎所著布長襦，與《方言》襜襦之短者異訓。今考《急就篇》注云，襦自膝以上，則襦本甚短，之長必過于膝，故《説文》云，長襦也。《釋名》謂，襜褕，襜襜寬裕。《史記·司馬相如傳》曳獨繭之褕袘。徐廣釋褕曰襜褕。《索隱》引《埤蒼》曰，袘，衣長貌也。然則襜褕爲襜衣之長者，故以裋比之，襦則爲長，比之襜褕，則爲短耳。故《方言》以襜褕之短者，爲裋也。《方言》又曰，複襦，江淮之間謂之□，考《列子·力命篇》朕衣則裋褐。張湛注：《方言》裋複襦也，則裋乃襜褕之短而複者也。又案《説文》謂裋爲孺使布長襦。《史記·秦始皇帝紀》索隱，以裋爲勞役之服。《北史·蕭寶夤傳》寶夤具小船于江岸，脱本衣服，著烏布襦，蓋寶夤欲自脱于危，故託于賤者之服，以自免也。所謂烏布襦，其裋襦之類歟，曰襤褸。《小爾雅》布褐而紩之，謂之襤褸。《方言》以布而無緣，敝而紩之，謂之襤褸，裯謂之襤，裯祗弊衣，亦謂襤褸。楚謂無緣之衣曰襤，紩衣謂之褸。

又《裗䘿》《方言》自關而西謂之裗䘿。自關而西秦晉之間，無緣之衣，謂之裗䘿。俗名䘿掖，音倔。案《後漢書·光武紀》見諸將皆冠幘，而服婦人衣諸于繡䘿。注云，䘿《續漢書》作䘿，並音其物反。《方言》襜褕其短者，自關而西謂之裗䘿。郭璞注云，俗名䘿掖，據此即是諸于上加繡䘿，如今之半臂也。以上《光武本紀》注。此注以䘿掖爲半臂，則䘿之義通于闕。屈翟、闕翟，通義並同。蓋半臂之制，闕兩掖也。《方言》謂，無袂者謂之䘹，則與半臂相近，其亦裗䘿之類歟。《玉篇》諸于袍也，諸將衣諸于繡䘿，乃于袍上加半臂也。《玉篇》又曰裗䘿釋衣，蓋裗䘿雖似禪衣，而又稍變其制也。

又《緻》《方言》其敝者謂之緻。緻縫納敝，故名之也。案上云，以布而無緣，敝而紩之，謂之襤褸，此惟云其敝者謂之緻，則不兼無緣者言之矣。郭注云，緻縫納敝，蓋近于百納衣矣。《急就篇》注：納刺謂之紩。《宋書》徐湛之母會稽公主，微時有納布衫襖等衣。即所謂緻縫納敝者也。《北史·蠕蠕傳》又有緋納襖、緋納小口袴褶、紫納大口袴褶，凡此亦以納名，蓋當時炫尚新異，轉以華盛之衣，仿百納之制，六朝盛行此服。宋《起居注》載，謝沈常著青絳衲裲襠衫，是也。

又《襜襦》《方言》陳魏宋楚之間謂之襜襦。案《釋名》曰，荊州謂

襜褕曰布襹，亦謂襜褕，言其襜襜宏裕也。《雜記》子羔之襲也，繭衣裳與税衣纁袡爲一。注：繭衣裳若今大襹也。徐廣《衣服雜注》曰，今皇后謁廟，衣袿襹大衣。然則《釋名》謂襜褕即布襹，義取衣裳相屬，又取襜襜宏裕，即鄭注所云大襹，徐廣注所云今時俗名直裰者，豈其遺制歟。蓋此衣爲最寬博矣，曰襌襦，與衫同。《方言》或謂之襌襦，今或呼衫爲襌襦。偏襌謂之襌襦，即衫也。《廣雅》襌襦謂之襜裿。案《魏志・管甯傳》甯恆著皂帽、布襦、布裙，隨時單複，然，則襦有複有襌。《方言》複襦，江湘之間謂之襚，或謂之筩褹。《廣雅》複襦謂之襚，此襦之複者也。《釋名》有裏曰複，無裏曰單，則複襦猶云袷襦也。《方言》或謂之襌襦。又云偏襌謂之襌襦，此襦之襌者也，然古人又以襦爲著絮之衣。《釋名》襦，耎也，言温耎也。束皙《近遊賦》繫明襦以禦冬。襦既温煖禦冬，則必著絮。《釋名》又云單襦如襦而無絮也。任大椿云，襦有絮矣。《世語》云，司馬宣王從遼東還，有老人寒凍於路，乞一襦。《南史》武陵昭王宣照，過竟陵王子良宅，冬月，道逢乞人，脱襦與之，子良見宣照衣單，薦衣於宣照。《晉書》韓伯年數歲至大寒，母方爲作襦，令伯捉熨斗而謂之曰，且著襦當作複褌，伯曰火在斗中而衲尚熱，今既著襦下亦當煖。據此皆以襦爲禦寒之衣，則近於今之絮襖矣。蓋襦制本有襌複。漢晉以後，又恆呼著絮冬衣爲襦。故《釋名》直以耎釋襦也，任説得之。案《方言》注：今或呼衫爲襌襦，又云襌襦即衫也，然則衫制單而不複，故郭璞以衫爲襌襦。考《南史・百濟傳》呼襦曰複衫，蓋衫制本單，襦則爲衫之複者，襦制本複，衫則爲襦之單者。故《方言》與《百濟》傳各異也。《唐書》德宗在涼州，地熱，未給將士春衣，上亦御夾服，左右請御衫，上曰，從我有冬服未易者，豈我獨衣衫乎。據此云上御夾服，不肯御衫，則是衫制單而不夾，明矣。可與郭注衫爲單襦互證。《宋史・輿服志》有涼衫，爲四時便服。衫以涼名，則衫爲單衣可知。《方言》衪禮謂之襌，注云，今呼爲涼衣，亦以衪禮本單，故曰涼衣，猶衫制本單，故曰涼衫也。然考《廣雅》複衫謂之裀，車灌《晉修復山陵故事》曰，衣物練單衫，五領練複衫，五領是衫，亦有單複之分，然襌爲衫之本制。《玉篇》襳，小襦，襌襦也，然則衫制小而單。《玉篇》訓義最確。襳同衫。又案衫制雖同襌衣，而衫袖與他襌衣又異。《釋名》衫，芟也，末無袖端也。考《檀弓》鹿裘衡長袪。注謂，袪袖緣口也。未練之先狹短無袪。《正義》亦云，小祥之前袂無袪。疑《釋名》所云袖端，即《檀弓》注所云袂口也。《釋名》所云衫袂無袖端，猶《檀弓》注所云裘無袪也，蓋衫袖短，則無袖端，即《古今注》所云便於事奉也。《潛夫論》裙褠衣被費繪百緁。《類篇》褠，短袂衫也，然則衫袂之短，其近於褠歟。《漢書・萬石君傳》晉灼注曰，今世謂反門小袖衫爲侯褕。《宋書》渴盤陀國，士人著氊帽、小袖衫，則知衫袖獨短小矣。《釋名》半袖其袂，半襦而施袖也，謂袖之狹小，止得襦之半，衫袖或近於是矣。又案衫制，本同深衣，兩裾擁掩，更不開胯。《事物紀原》云，馬周以三代有深衣，請於其下著襴及裾，名襴衫，其開胯者，名缺胯衫，即今四胯衫也。今考四胯，謂前後左右俱開胯也，此又衫之變制矣。

又《䘻》《方言》無袂之衣謂之䘻。案《石林燕語》背子本半臂，武士服背子、半臂，皆無袂之衣也，其即䘻之遺制歟。《石林燕語》又謂，余於大觀間，見宰執接堂吏押文書，猶冠帽用背子，今亦廢矣。而背子亦引爲長袖，與半臂制又不同。《演繁露》謂長背子與裘略同，亦指背子之有袖者也。蓋背子本無袖，古之䘻也，至南宋後，則又易而爲衫矣。

又卷三三《袒飾》《方言》袒飾，謂之直衿。婦人初嫁所著上衣，直衿也。《廣雅》袒飾，長襦也。案襦在上衣之内，必袒而後見其飾，故曰袒飾。《儀禮鄉射》記大夫纁襦，大射禮，公袒朱襦。蓋鄉射、大射，並服朝服，而以纁襦、朱襦為裏衣，用纁、用朱，盡飾也，射則必袒，故以纁、朱為飾也。古人於衣内多襯襦。《春秋文八年穀梁傳》或衣其衣，或衷其襦。襦在大衣之内，故云衷也。與《左傳》皆衷其袒服同。《吕氏春秋・離謂篇》子産治鄭，鄧析務難之，與民之有獄者，約大獄一衣，小獄襦袴，所謂衣上衣也。故大獄酬以衣，襦袴裏衣也，故小獄酬以襦袴。《隋書・輿服志》遠遊冠之制，服白紗單衣，承以裙襦，則裙襦為單衣之襯服也。襦為襯服在内，因袒而始見，則近於裼衣矣。裼衣見美，謂見裘之美也。直衿似今之對衿，袒飾特為直衿，或取其所以露裘歟。《漢書・韓延壽》衣黄紈方領，晉灼曰，以黄色素作直領也。《後漢書・儒林傳》習方領，能矩步。李賢注亦曰，直領，蓋漢晉以後，多服直領，故注家類以習見者為釋。而郭璞注云，婦人初嫁上衣直衿，可見當時猶以直衿為婦人服，袒飾在上衣之内，便服也，領用直衿，或不嫌與交領異乎。又案《張良傳》有老人衣褐至良所。師古注云，褐制若裘，今道士所服者是也。裘即如今之道服也，斜領交裙，與今長背子畧同，其異

者，背子開胯，裘則縫合兩腋也。然今世道士所服，亦畧與裘異，裘之兩裙交相擁掩，而道士則兩裾直垂也。云兩裾直垂，則兩衿亦必直垂，然則後世道士之服，亦即袒飾直衿之遺制歟。

又《袍》《詩·無衣》與子同袍。《毛傳》袍，襺也。《玉藻》纊為襺，緼為袍。《喪大記》袍必有表。注：袍，褻衣。《爾雅·釋言》袍，襺也。《方言》褒明謂之袍。《説文》袍，襺也。《釋名》袍，丈夫著，下至跗者也。袍，苞也，苞，内衣也。婦人以絳作衣裳，上下遺，四起施緣，亦曰袍。義亦然也。《廣雅》褒，明，襯，長襦也。案《儒行》孔子在魯，衣逢掖之衣。《正義》以為大袖深衣。《續漢書·禮儀志》謂袍近逢掖之衣，然則袍為大袂深衣也。《釋名》袍，丈夫著，下至跗者也。《續漢書》曰三老五更皆服都禄大袍。《後漢書·明帝紀》云，大袍單衣。然則袍制大而長，故《廣雅》以褒明，袍皆為長襦也。考襦本短衣，《説文》襦，短衣也。《吴越春秋》越王夫人，施左關之襦，無緣之裳，襦下有裳，則襦為短衣可知。《急就篇》袴襦衣裏曲袷裙。師古注：長衣曰袍，下至足跗。短衣曰襦，自膝以上。蓋襦制本短，其或長于襦者則，特别之曰長襦。《漢書·匈奴傳》曰，繡袷綺衣，長襦錦袍各一。《廣雅》以袍為長襦，則所云長襦錦袍者，乃自錦袍為長襦耳。《廣雅》袒飾褒明袍襡襗皆為長襦，而袍尤長矣。又案《説文》襌衣不重，袍之不殊衣裳，雖與襌衣同，而單複則異。《内司服》及《雜記》注：並謂六服皆袍制，不襌，以素紗裹之，如今袿袍襈重繒矣。《正義》謂，連衣裳，有表裏，似袍。故云皆袍制不襌。然，則袍有表裏與襌不同。《玉藻》纊為襺，緼為袍。《説文》襺，袍衣也。袍，襺也。以絮曰襺，以緼曰袍，然則袍不特有表裏，且有著矣。又考《喪大記》袍必有表。注：袍，褻衣，必有以表之，乃成稱也。蓋袍為深衣之制，特燕居便服耳，故云褻衣，若無衣以表之，則不成稱。又《士喪禮》褖衣，疏：褖衣連衣裳者。以其用之，以表袍，蓋袍以褖衣為上服也，是袍為有著之衣，古以為襯衣。《續漢書·輿服志》云，袍者，或曰周公抱成王，宴居故施袍。據此，則周公亦第以袍為宴居服也。《通典》載，漢明帝永平中，議乘輿冠通天冠，深衣制，有袍，自漢以後，始以絳紗袍、皂紗袍為朝服矣。《釋名》云，袍，苞也，苞，内衣也，云苞内衣，則為上服矣，蓋據當時之制也。又案《玉篇》袍，襖也。諸書往往以襖與袍並舉，考《南齊書·魚服侯子響傳》云，令私作錦袍絳襖，欲餉蠻。《北史·蠕蠕傳》云，賜緋納襖一領，緋袍二十領，是知袍與襖同類。考《宋史·輿服志》云，起二月給羅衫，起十月給紫敂，正綿襖。夫春給衫，衫為單衣，冬給襖，則襖為燠服也。袍有表裏，又有著，故與襖畧同也。六朝以後，將士多用襖。《北史·周尉連迴傳》云，迴别統萬人，皆緑巾錦襖，號曰黄龍兵。唐制，將帥之服多用袍，單士之服多用襖。《新唐書·儀衛志》黄麾仗衛士所服，曰黄地雲花襖、冒，曰白地雲花襖、冒，曰青地雲花襖、冒，曰赤地四色雲花襖、冒曰黑地雲花襖。其都尉、主帥、將軍、檢校所服，曰豹文袍，曰獅子文袍，曰繡袍，曰紫縚、連甲、緋繡、葵花文袍、將帥服袍，而軍士服襖，是襖次於袍。於此見六朝以後，多以袍襖為武服，則袍襖同類。《新唐書·儀衛志》又云，次左右衙門各二，每門二人，執夾皆赤綦襖黄袍、冒。是每人皆以黄袍為表服，以赤綦襖為裏服，亦可以知袍之廣長，而襖之短狹矣。《後漢書》高祖復至鄴，見公卿曰，朕昨日入城，見軍上婦人冠帽，而著小襦襖。則襖近於襦矣。又案《玉藻》纊為襺，緼為袍。注：纊，新綿，緼，舊絮。舊絮不及新綿之燠。《左氏傳》盛重夏襺，不特衣有著之衣，且用新綿，極形其惡寒，而喜燠也。又曰，三軍之士，皆如挾纊，亦以新綿為至温也。蓋袍襺同制，而著則異耳。

又《襗》《詩·無衣》與子同澤。箋，襗，褻衣，近污垢。《廣雅》襗，長襦也。案馬縞《古今注》，汗衫，蓋三代之襯衣也。禮曰中單。漢高祖與楚交戰，歸帳中，汗透，改名汗衫，至今亦有中單。據此，則汗衫即中衣矣。不知汗衫與中衣不同。《漢書·萬石君傳》師古注：廁牏，近身之小衫，若今汗衫也。《釋名》汗衣也，身受污垢之衣也，《詩》謂之襗，受汗澤也。或曰鄙袒，或曰羞袒，作之用六尺裁，足覆冒胸背，言羞鄙於袒，而衣此耳。《方言》汗襦，即謂此也，若中衣則異是。《釋名》云，中衣在小衣之外，大衣之中。所謂小衣，即師古《漢書》注所云，近身之小衫，若今汗衫者也。所謂大衣，即朝服、裼衣等是也。中衣既在小衣之外，即在汗衫之外。馬縞以中衣為汗衫，非也。又案《詩》箋，謂襗，褻衣，近汗垢，即《釋名》所云，身受污垢之衣。《詩》謂之襗者也。《正義》以襗為袴，非箋義也。《説文》襗，袴也。箋，明以襗為褻衣，則衣而非袴矣。《喪大記》注：以袍為褻衣，此箋，以襗為褻衣，則袍、襗同類，故《周禮·春官》注：巾絮寢衣，袍襗之屬，亦以襗與袍並舉也。蓋袍為褖之裏衣，襗亦裏衣也。而尤為親身易濡

汗澤，故曰近汗垢也。此《詩》首言同袍，次言同襗，均以衣言，次言同裳，則知襗非袴矣。蓋袴不先裳也，曰襡。《說文》襡，短衣也。《廣雅》襡長襦。案《說文》襡，短衣。而《廣雅》訓云長襦，與《說文》異，考《玉篇》襡，短衣，襹長襦也。連腰衣也。是襡、襹並同深衣，而襹長襡短。《玉篇》區畫甚明，《廣雅》既云長襦，則襡似當作襹。《禮記》繭衣裳。注：若今大襹《釋名》襹，屬也，衣裳上下相連屬也。荊州謂襌衣曰布襹，亦是襜襦，言其襜襜宏裕也。襹既襜襜宏裕，則為長襦明矣。《說文》以襡為短衣，又以襦為短衣，則襡即襦類，不得與長襦混也。

又《褐》《詩》無衣無褐。箋，褐，毛布也。《孟子》許子衣褐。注：褐以毳織之，若今馬衣也。或曰褐，編枲衣也。一曰粗布衣。《說文》褐，編枲韤，一曰粗衣。《急就篇》靸鞮卬角褐韤巾。注：襹，毛為衣，或曰麤衣也。案《詩・七月》箋，《孟子》注，《急就篇》注，並以褐為毛布，《孟子》注又以褐為編枲衣，又以褐為粗布衣。《淮南子・齊俗訓》注楚人謂袍為短襹大布。潘岳《籍田賦》被褐振裾。注：褐，麤布也，然則褐一衣耳，而毛枲布各異。《說文》曰，粗衣，蓋統毛枲布而言之也。《詩・七月》無衣無褐。箋云，貴者無衣，賤者無褐，則別襹於衣。《史記》劉敬曰，臣衣褐衣，見衣帛。衣帛見則別褐於帛。即《說文》所云粗衣也，褐為粗衣，又為短衣。《晏子・諫上篇》百姓老弱凍寒不得短褐。《墨子・公輸篇》、《戰國・宋策》並云，舍其文繡，鄰有短褐而欲竊之。《荀子・大畧篇》衣則豎褐不完。注：豎褐，童豎之褐，亦短褐也。《淮南子・齊俗訓》必有管蹻、跐踦、短褐不完者。《覽冥訓》霜雪亟集，短褐不完。《新序》無鹽乃拂短褐，自請宣王。《史記・秦始皇帝紀》夫寒者利短褐。《索隱》曰，謂褐布豎裁，為勞役之衣，短而且狹，故謂之短褐，亦曰豎褐。凡此言褐者，必曰短褐。師古《貢禹傳》注：以褐為布長襦。《演繁露》又以褐為裾垂至地。豈褐之長短，亦有古今之異歟。曰要襦，《釋名》要襦，形如襦，其要上翹，下齊要也。案《釋名》要襦，形如襦，既云如襦，則非襦矣。蓋襦不皆施要，其施要者，則曰要襦，猶衫不皆施襴，其施襴者，則曰襴衫耳。《急就篇》注：一曰，短而施要者曰襦，乃專指要襦也。要在襦上，故曰上翹，短止及要，故曰下齊要也。《宋書・輿服志》羽林在陛列，及備鹵簿服，絳科單衣，上著韋畫腰襦，腰襦短而單衣，上得著要襦也。曰反閉。《釋名》反閉，襦之小者也，卻向著之，領向於背後，閉其襟也。案《漢書・萬石君傳》晉灼注：今世謂反門小袖衫，為侯褕所謂反門，或即《釋名》所云反閉歟。《釋名》又曰，齊人謂如衫而小袖曰侯頭。《集韻》侯褕之褕，徒侯切，云短袖襦，則侯頭即侯褕，然則侯頭亦即反門小袖衫矣，曰縱。《廣雅》縱，襌衣也，曰裨襦。《廣雅》作襦，謂之裨襦。案《史記・荀卿列傳》於是有裨海環之注：裨海，小海也。《衛青傳》得右賢裨王十餘人。《索隱》小顏曰，裨王，小王也。是裨訓為小，裨襦當即小襦也。曰褠。《釋名》褠，襌衣之無胡者也，言袖直形如溝也。案《宋書・輿服志》、《隋書・禮儀志》武士之服，朝服以下有絳單衣，又有絳科單衣，又有絳褠衣，又有袴褶，然則褠衣次於單衣，袴褶又次於褠衣。《南齊書・吕安國傳》云，汝後勿作袴褶，驅使單衣，猶恨不稱，當為朱衣官也。蓋謂安國他時當大貴，單衣猶恨不稱，更不必言褠衣矣。《江表傳》吕範釋褠，著袴褶執鞭，詣闕下啟事，蓋褠衣長同單衣，尚不若袴褶之服短而便捷，宜於武也。《宋書・輿服志》諸受朝服革帶一，諸受單衣及褠袷帶縑各一段，蓋單衣褠衣不得服革帶，次於朝服，故也。《隋書・輿服志》云，公服冠幘，紗單衣，流外五品以下，九品以上，皆晉褠衣。為公服，蓋流外官公服僅得服褠衣，不得服單衣，是褠衣次於單衣也。《唐書・車服志》云，褠衣，制如絳公服，而狹袖形直如溝，不垂胡，緋褶大口袴，紫附褠，去方心曲領，假帶，然則褠衣得有方心曲領、假帶矣。以其優於袴褶，故也。曰袴褶。《玉藻》帛為褶，注謂，褶有表裏而無著。《急就篇》襜襦袷複褶袴褌。注：褶謂重衣之最在上者，其形若袍，短身而廣袖，袴，脛衣也。《釋名》留幕，冀州所名大褶，下至膝者也。留，牢也。幕，絡也。言牢絡在衣素也。案袴褶之制，馬端臨曰，袴褶，魏晉以來，以為車駕親單中外戒嚴之服。晉志雖有其說，而不言其制。然既曰戒嚴之服，必軍服也。至隋，詔百官從行服袴褶，軍旅間不便，遂令改服軍裝，為紫緋綠青之服，則所謂袴褶，又似褒衣，長裾，非鞍馬征行所使者，與戒嚴之說不類。唐時以袴褶為朝見之服。開元以來，屢勑百官朝參應服袴褶，而不服者，令御史糾彈治罪，蓋以為六品以下之通服。《韻書》訓褶為袴，又加袷也，然袴裳也，袷衣之交領也，則不知所謂袴褶者一物乎。唐《輿服志》羣臣服條內，有緋褶大口袴，則又是二物，然不知所謂緋褶者，衣乎，裳乎，當俟精識考古之士而計之。以上《通考》。今考褶自為衣，與袴各為一物。《開元禮》注以褶為複衣，

袴褶之褶，短衣廣袖，雖與《玉藻》褶制不同，而以褶為複，則本《玉藻》。則袴褶之制，乃上著複衣，而下著袴也。《隋志》鹿皮弁服，絳羅襦，白羅裙，在宮聽政，則服之。平巾幘，黑幘，紫羅褶，白布袴，侍從田狩則服之。褶以羅，而袴以布，則褶、袴非一物可知。平巾幘之紫羅褶，猶鹿皮弁之絳羅襦也。平巾幘之白布袴，猶鹿皮弁之白羅裙也。襦為衣，則褶亦為衣，明矣。褶下著袴，猶襦下著裙。田狩之服，不著襦，而著袴，以其便也。《新唐書·儀衛志》平巾幘，大口袴衫，袴而著衫，曰袴衫，猶袴而著褶，曰袴褶也。又考《急就篇》襜褕袷複褶袴褌。師古注：褶，謂重衣之最上者，其形若袍，短身而廣袖。《釋名》留幕，冀州所名，大褶下至膝者也。留，牢也，幕，絡也，言牢絡在衣表也。云大褶，即《急就篇》所云褶也。云下至膝，即師古注所云，短身也。袴而不裳，便於武事，故戎嚴多服之也。至隋，以袴褶從行軍旅間不便，改服軍裝，非以袴褶為褒衣大袑也。考《隋志》袴褶，今纂嚴文武百官咸服之，車駕親軍則縛袴，不舒散也。據此則戎嚴之袴褶，袴而不縛，從軍之袴褶，乃縛袴也。故《南史·東昏侯傳》曰，急裝束袴。《宋書·沈慶之傳》慶之履韎縛袴入。又《南史·宋袁淑傳》劭因起賜淑等袴褶，又就主衣，取錦裁三尺為一段，又中分之，分斌與淑及左右，使以縛袴褶。然則軍裝不特縛袴，即褶亦縛之。隋改袴褶為軍裝，蓋改常時袴褶，為急裝耳。以常時袴褶不縛，故也。宋《輿服志》又云，故令文三品以上紫褶，五品以上緋褶，六品以上緑褶，九品以上碧褶，並曰大口袴。云大口，即所謂袴襱也。據師古注：褶雖短於袍，而大袖、大口袴不縛，略近於裳。故開元間又以為朝參服也。《北史·蠕蠕傳》有緋納小口袴褶，紫納大口袴褶。謂小口袴而加褶，大口袴而加褶，褶自為衣，不得棠大口小口之名也。袴異於褌，褌在袴內，褻衣也。袴在褌外，禮服也。《宋書·輿服志》朝服一具，內有革帶、袷袴各一。又云，諸受朝祭，給袴練一丈四尺，縑二丈。是言禮服者，必及袴，可知袴非褻衣，蓋即裳之變此。常參，所以服袴褶乎。袴之制，《續漢書·輿服志》祭服絳緣。為中衣，絳袾袴，袴與中單並著在禮衣。《唐會要》貞觀間，令百僚朔望日服袴褶以朝。則袴非親身之褻衣也，其親身者褌也。《三國魏志·韓宣傳》宣以當受杖，預脱袴，纏褌，及見原褌腰不下，乃釋而去。蓋古之袴，在褌外，故宣脱袴，而後纏褌也。《淮南子·原道訓》短綣不袴，以便涉遊。短綣，即短褌也。謂但服短褌，而不袴，乃便於涉遊也。《隋書·地理志》其男子但著白布褌衫，更無巾袴。謂但著裏褌，不著覆褌之袴也。《急就篇》補注：袴謂脛衣也。大者謂之倒頓，小者謂之校衦，袴之兩股曰襱，合襠謂之褌，最親身者也。《史記·司馬相如》著犢鼻褌。姚合威云，內經膝上二寸，為犢鼻，謂褌之長，則至此，夫褌止至膝上二寸，則下不貫脛，不貫脛則無裥。《方言》無裥之袴謂之襣，即謂是也。褌親身在內，故短而合襠，袴包褌在外，故長而有裥，此《急就篇》所以名袴為脛衣也。《東觀記》黄香家貧，經冬無袴。《魏略》賈逵冬常無袴，過其妻兄柳孚宿，既明著孚袴去。《列士傳》馮驩經冬無袴，面有饑色。蓋但有短褌，而無長袴，不足以禦寒也。褌猶衣之汗襦，袴猶衣之上服，故唐制，褶而著袴，為朔旦朝服也。《事物紀原》載《實録》褌，漢晉名犢鼻，北齊則與袴長短相似，然則袴褌無別，北齊始也。

又卷三九《袗元衣　戎事上下同服》

《士昏禮》女從者畢袗元，纚笄，被潁黼，在其後。袗，鄭注：皆訓為同，鄭注《昏禮》云，同元者，上下皆元也，□，襌也。《詩》云，素衣朱襮，尒疋云，黼領謂之襮。《周禮》曰，白與黑謂之黼，天子、諸侯后夫人，狄衣，卿大夫之妻，刺黼，以為領，如今偃領矣，士妻始嫁，施襌黼於領上，假盛飾耳，言被明，非常服。今謹按鄭注：釋袗為同，非也。考《士喪禮》陳襲服有褖衣。注云，黑衣裳，赤緣之，謂之褖，褖之言緣也，古文褖為緣。《士冠禮》注釋元云，元衣、元裳也，據此，則袗元即褖衣，袗字當訓為緣，謂元衣裳之有赤緣之者，非同元之謂也。《士昏禮》為次純衣纁袡。注云，純衣，絲衣，為從者畢袗元，則此衣亦元矣，袡亦緣也。姆纚笄宵衣。注云，宵讀為素衣朱綃之綃，姆亦元衣以綃為領，因以為名，且相別耳。賈疏言，純衣即褖衣，綃衣是褖衣以綃為領者，為從者畢袗元，皆是褖衣也。據此則女從者畢袗元，袗亦當訓為緣，謂皆衣褖之有纁緣之者，非如注上下同元之謂也。婦人之服不殊裳，則但言元已該衣裳之色，又何必特言同元耶，且男子婦人皆有緣衣。《士昏禮》之袗元為褖衣，亦可斷《士冠禮》之袗元為褖衣矣。《禮記·雜記》云，子羔之襲稅衣纁袡。《曾子》曰，不襲婦服。注云，丈夫而以纁為褖，非也。然則男子之褖衣，皆以赤緣之，婦人之緣衣，皆以纁緣之，有正色間色之別耳。《士昏禮》上文云，從者畢元端，注云，畢猶皆也，畢元端與畢袗元文義為一。例閩縣陳氏喬樅云，《左傳》均服振振。或

謂皆衣裳同色者，此不然也。《周禮・司服》云，凡兵事韋弁服。注云，以韎韋為弁，又以為衣裳。《小雅・采芑》箋云，天子之服韋弁服，朱衣裳也。此王之戎服也。《雜問志》釋《左傳》韎韋之跗注：云以淺赤韋為弁，又以為衣，而素裳也，此卿大夫之戎服也。《聘禮》君使卿韋弁歸饔餼。注云，其服蓋韎布以為衣，而素裳，此所異於戎服者，特以韎布為之，而不用韎弁耳，要皆為素裳也。任氏大椿云，韋弁服，惟天子朱裳，卿大夫皆素裳，與元端天子朱裳，大夫素裳同。《鄭志》答趙商，以王之韋弁、皮弁，皆素裳、白舄，或未定之說也。以上《弁服釋例》。謹案《周禮・天官》屨人為赤舄、黑舄。鄭注援《士冠禮》素積白屨以準天子，不知天子有赤舄、黑舄，而無白舄，其素屨又有為凶去飾者是，雖天子之皮弁服，亦無以定其為素裳白舄，鄭氏援以為謹，誤矣。《左傳》成二年，鞌之戰逢丑父與君易位，齊侯以免，此足為戎事君臣同服明證。然則韋弁服自非天子，雖侯國之君，亦與其臣同服素裳矣。又按《閒居賦》注引《左傳》云，袀服振振。服虔曰，袀服，黑服也。與《周禮・司几筵》疏云《左傳》均服振振，賈、服、杜氏等，皆為均均同也，不合。臧氏琳謂是服注：讀均為袀，云袀服，黑服也。見《經義雜記》。然據《司服》注云，韋弁服以韎韋為之，今時伍伯緹衣，是古兵服之遺制。又《玉藻》注云，緼，赤黃之間色，所謂韎也，是周人戎衣，不為黑服矣。蓋古者兵殷，從其所尚服色，夏尚黑，殷尚白，周尚赤，故周人兵服以韎韋為之也。但《吴語》載吴王為方陣。中軍皆白裳、白旂、素甲、白羽之矰，望之如荼。左軍赤裳、赤旗、丹甲、赤羽之矰，望之如火。右軍元裳、元旂、黑甲、烏羽之矰，望之如墨。是兵服有兼用三代之所尚者，此後之諸侯變改周制耳。至秦始皇，自以為水德，衣服旄旌節旗皆尚黑，故漢儒遂謂戎事服黑，特據以解童謡之袀服為黑服，究無以見其然也。漢制兵服復用緹衣者，漢與周同尚赤故也。蔡邕《獨斷》云，袀，紺繒也。《吴都賦》注云，袀，皂服也。紺色近赤，皂色近黑，此併引伸假借之義，非袀字本訓矣。一説《周禮・司几筵》設紛純。先鄭司農云，純讀為均服之均，純緣也。《玉篇》袀下又訓純也，袗下又訓緑也，緑乃緣之訛字。《内司服》緣衣訛作緑衣，注云緑，字之誤也。《邶風詩・緑衣》箋云，緑當作緣，故作緣，轉作緑，字之誤也。此其顯證。先鄭讀純為均，是均、純音通矣。《儀禮・士冠禮》、《士昏》袗，古文皆為均，是袗、均字通矣。《玉篇》以袗訓緣，以均訓純，袀即均也，純亦緣也，是袗、均義通矣。緣純之訓，雖非袗、袀二字本義，然古人字既通假，則義亦得通借。《説文》衣部，袗，元服也。從衣㐱聲。段氏注《説文》改袗為袀，從衣，匀聲，別以袗字，釋為禪衣。又段氏《儀禮漢讀考》云，經注袗字，皆袀字之誤，㐱與匀，篆體易訛。《説文》衣部曰，袀，元服也，從衣，匀聲，今本訛為袗，㐱聲。賴《文選・閒居賦》注可證注以同釋袀，以同元釋袀元者，此據其字之從匀，而言袀、均字皆取匀，會意，不從古文作均者。經言衣服，則字從衣，為切近也。許釋袀為元服，而鄭不同者，許蓋禮家舊説也。《春秋左氏傳》云，均服振振，賈、服、杜氏等，皆為袀服，袀同也。杜注《左傳》云，戎事上下同服，此説袀，皆同。鄭、服、虔注《左傳》云，袀服，黑服也。此説袀同許鄭，於此注不釋袀為元者。經云袀、元，元二字各義，倘袀亦訓元，則但言元可矣。《月令》孟冬乘元路，注曰，今《月令》曰，乘袗路，似當為袀，則袀可訓元，鄭未嘗廢其説。惟此《儀禮》之袀字作袀，而義同，均字從今文，義從古文也。同元者之同，各本脱文，義不完，今依《士昏禮》注補。按段説非也，今謹按《説文》彡部㐱稠髮也，從人，彡聲。《詩》曰㐱髮如云，鬒㐱或從髟，真聲。《毛詩・君子偕老》傳云，鬒，黑髮也。《毛詩》皆古文本作㐱髮，據《説文》所引可證。《左傳》昭二十六年云，有君子白皙鬒鬚眉，《釋文》鬒，黑也。二十八年云，生女鬒黑，疏云鬒，黑髮多長而黑美之貌也。㐱訓稠髮，兼有黑義，故元服亦曰袗衣，從㐱為聲，亦取㐱為黑義也。《玉篇》衣部亦云，袗，元服也。又單也。袗衣雖兼訓單衣，而本義實為元服。又《禮記・月令》孟冬之月乘元路，注：今《月令》曰乘軫路，似當為袗字之誤也。《正義》曰軫是車之後材，路皆有軫，何得云乘軫路，此軫字當衣旁著㐱，袗是元色，故以今《月令》軫字似當為袗字錯誤。據此則知今《月令》實作軫字。鄭氏乃改軫為袗，非改袗為袀。段氏注《説文》引今《月令》易軫為袗，引鄭氏注：竟易袗為袀，未免勇於自信矣。《閒居賦》服振振以齊元。李善注引《説文》曰，袀，元服也。案《説文》釋袀字，當云戎服也。《玉篇》衣部曰，袀，戎服也。《廣韻》十八諄袀，戎衣也。可證李善所據《説文》本有脱誤。蓋《説文》袀字列袗字之前，袀、袗形近，轉寫於袀下，脱去戎服之訓，而誤合袗下之元服為一，故形聲則袀，而訓則元服也。如鼎部鼏鼐二字相似，轉寫亦脱其一，其形聲則鼏，而其義則鼐也。今本《説文》作袗元服不誤，而袀字則佚矣。今本作袗，或是二徐所校正也。然則豈得據李善所見誤本《説文》以改不誤之字哉。《左傳》僖五年云，均服振振。注戎事上下同服。《釋文》均如字同也。字書作袀，音同。《國語・晉語》亦作均服振振。韋昭曰，均，同也。戎服君臣同。均、袀蓋古今字。《左傳》、《國語》本皆古文。故作均，漢人則多用袀字。《漢書・律曆志》、《五行志》兩引，並作袀服振振，此其驗也。均之從衣作袀，訓為戎服朝祭之服，弁冕君臣上下各有服章，而戎事則

通服韋弁服。故字書以袀訓戎服義取君臣上下服之皆同也。《坊記》曰，君與異姓同車，不同服。注言，惟在軍同服是已。其《淮南子・齊俗訓》云，屍祝袀袨。《漢書・王莽傳》云，莽袀紺服。諸言袀者，皆以色繫之，則非戎服不得單言袀服矣。

又《褧衣　景衣》《禮・士昏禮》女次，純衣。乘婦以几，姆加景，乃驅，御者代。鄭注：景之制，蓋如明衣，加之，以為行道禦塵，令衣鮮明，景亦明也。陳氏《禮書》云，乘車而加之以景，猶衣錦而加之以褧也。景以禦塵，褧以晦其文。《玉藻》曰，禪為絅，則景蓋亦禪歟。今謹按景與絅、褧音相近，義正同，陳氏之意，誤以景為車衣，故有此説。故於《禮書》之目，景衣與褧衣兩列，失之。按《昏禮》有裧。鄭注明云，裧，車裳幃，陳氏豈真未見，而誤以景衣當車衣乎。江氏永《儀禮補義》云，景，今文作憬，當音俱永切，與《詩》之褧衣、褧裳《中庸》之尚絅同，皆婦人始嫁禪縠之衣，為行道禦塵之用。《中庸》惡文之著，斷章取義爾。景與憬皆假借字，景不訓明，憬非音景。《詩經補義》云，衣錦褧衣，夫人始嫁之服也。衣錦者，純衣而以錦緣，非通身用錦也。錦衣惟夫人可服，《丰》篇似用之士庶，僭也。士宜純衣纁袡而加景，婦人服不殊裳，《丰》篇言衣錦褧衣裳，錦褧，裳舉上下體言之，非衣裳殊也。諸侯錦衣狐裘，亦是以錦為緣。今謹按景《通典》作幜，非也，古無幜字，江氏謂憬為景之假借，是也。近代浦鏜《十三經正字》云，憬，《釋文》同疑幜字之誤。按浦説，非也。憬從心者不誤，從巾者乃後人之妄改，不足據也。《説文》衣部云，褧，檾衣也。衣字大小徐本無，今據段氏《説文》注正。引《詩》曰衣錦褧衣為證。沈氏存中云，檾以麻為之。段氏若膺《説文》注亦云，檾者枲屬，績檾為衣，是為褧也。然鄭氏箋《衛風》云，褧，禪也，不言禪用何物。其箋《鄭風》云，褧，禪也，蓋以禪縠為之。其注《士昏禮》則云，景制如明衣。注《大傳》云，蘔讀為絅，或為絺，是鄭説與許異矣。大鄭以褧為禪縠，是以褧為細絹也，以絲，而不以枲也。《玉藻》云，禪為絅。注：有衣裳而無裏。故注《詩》云，褧，禪也。是鄭固據《玉藻》絅旁從絲之義也。蓋《玉藻》《中庸》作絅，《士昏禮》作景、作穎，及經典之作蘔、作苘、作檾、作蔄、作憬，皆同音假借之字。鄭氏從假借生義也。或謂《詩》之所謂褧衣，因衣錦而設。《昏禮》之所謂景衣，因純衣纁袡而加。《詩・碩人》謂，褧乃君夫人服豐謂褧，乃庶人妻服。《士昏禮》乃士妻服，等自有差，而為嫁服則一也，此當云以縠為之也。若《玉藻》所謂絅，對繢繭緼袍而言，此當云以枲以麻為之也。謹按許訓褧為檾衣，即引《詩》衣錦褧衣，許意蓋以古者麻絲之作，先麻後絲，取反樸歸真之理。且與《中庸》引《詩》惡文之箸義甚合，似經之凡言褧者，皆枲麻之證歟。而鄭氏謂以絲為之，亦不為無理。許、鄭二説，各望文生義也。《衛風》毛傳云，錦衣加褧襜。《爾雅》云，衣蔽前謂之襜。郭注：今蔽厀也，禮謂之韠，又謂之韍，韠之言蔽，韍亦言蔽也，皆取障蔽之義。《既夕禮》明衣裳，布袂屬幅，長下厀。注：長下厀，又有裳於蔽下體深也。據此，則褧衣之制，當如鄭氏所謂如明衣屬幅而長下厀。褧裳之制，當如《爾雅》所謂襜，如大夫、士之有韠韍，《毛傳》所謂褧襜，即《鄭風》所謂褧裳也。惟《衛風》為君夫人之服，故言衣錦褧衣。《昏禮》為士妻之服，故純衣加褧。若《鄭風》則庶人妻之服，亦言衣錦褧衣者，僭矣。或曰庶人卑，不妨與君夫人同，或曰賤不嫌也，故得服之，不知庶人妻，始嫁亦有服之者，攝盛也。或問褧衣既為嫁服，此服殆專屬婦人乎，非也。據《碩人》豐及《士昏禮》則屬之婦人，據《玉藻》實非婦人所獨，蓋《玉藻》禪為絅一語，與纊為繭二語對看，乃概論有著無著之異，名禪為繭，與帛為褶句對看，乃概論有裏無裏之殊，偁纊為繭二句，不專為婦人言。帛為褶句，亦不專為婦人言。知褧不獨用於婦人，亦可兼用於男子矣。

清・宋綿初《釋服》卷上《明衣》《論語》齊必有明衣，布。凡齊祭，皆先著明衣。此獨言齊者，祭必先齊，言齊必有明衣，則祭可知也。時人或於齊時，用常服之袍襗，故言必有，以示法。

明衣無考。《士喪禮》記明衣，裳用幕布，袂屬幅，長下膝。注：幕布，帷幕之布，升數未聞，屬幅，不削幅也，長下膝，又有裳於蔽下體，深也。疏云，袂屬幅，長下膝，惟據衣而言，凡用布，皆削去邊幅旁一寸，此不削幅也。凡衣以有裳，故不至膝下，此又有裳，而言下膝，故云蔽下體深也。又縓綼緆，注：飾裳在幅曰綼，下曰緆，又緇純，注：飾衣曰純。

江氏曰，按他服在內不殊裳，亦無緣，而明衣親身，衣裳殊上下，皆緣意者，特為齊時制之與。

又《寢衣》《論語》必有寢衣，長一身有半。孔注：今之被也。《説文》被，寢衣也，長一身有半。

綿初案《鄉黨圖考》云，言衣必有袂者，特是夫子特製，以為齊時之用。此説稍拘。被於首者，謂之頭衣，被於足者，謂之足衣，以至被於弓體者，謂之弓衣，豈必皆有袂乎。衣者，被服之大名也。

又案，明衣言布，寢衣不言布，蓋外帛而裏布。《詩》曰，角枕粲兮，錦衾爛兮。《毛傳》齊則角枕錦衾，是其證也。

錢氏《潛研堂答問》，《説文》被，寢衣也。孔鄭解《論語》並以為卧被，被以掩身，故取其長。《集注》以為，齊時所著，非卧被，其説出於曾氏，然於古無據，長一身有半之衣，亦不便於著。

又卷下《雜服》 禪衣。禪之言單也。《玉藻》禪為絅，注：有衣裳而無裏。《詩》衣錦褧衣。傳，錦衣加褧，襜也。箋，國君夫人翟衣而嫁，今衣錦者在塗之所服，尚之以禪衣，為其文之大著。《説文》禪衣，不重也。《方言》關之東西謂之禪衣，古謂之深衣。《急就篇》注：禪衣似深衣，而褒大。又注：襜褕，直裾禪衣也。《釋名》襜褕，言其襜襜，宏裕也。《説文》直裾謂之襜褕。

綿初案，禪衣蓋即古之深衣，但古者深衣，五法具備，短毋見膚，長毋被土，後世禪衣，未必盡如古制。又別為襜褕之名，衣裳不殊，裾幅通直，故曰直裾禪衣也。所謂寬博之衣，此其是與。後世禪衣，名目甚多，非經典所有，不具釋。

蔮衣裳。見《雜記》。注：蔮衣裳者，若今大襹也。疏：謂衣裳相連，而以綿纊著之。《釋名》襹，屬也。衣裳上下相連屬也。《爾雅》纊為蔮，又作襺，衣裳相連，故云，若今大襹也。《玉篇》襹，長襦連要衣也。

褐。《詩》無衣無褐。箋，褐，毛布也。《孟子》許子衣褐。注：褐，以毳織之，若今馬衣也。或曰，褐，編枲衣也，一曰粗布衣。《説文》褐，編枲韤，一曰粗衣。《急就篇》注：褐毛為衣，或曰麤衣也。

又《衣裳總》 凡在上者曰衣，在下者曰裳。《易》曰，黄帝堯舜垂衣裳而天下治，蓋取諸乾坤，天玄而地黄，故祭服自冕服至爵弁服，皆玄衣纁裳。其餘不盡同者，皮弁服，素衣素裳，諸侯朝服，緇衣素裳，是裳有素也。《詩》，我朱孔陽，為公子裳。是裳有朱也。《顧命》，卿士邦君皆麻冕蟻裳。太保、太史、太宗，皆麻冕彤裳。孔安國云，蟻裳玄，彤裳纁，是裳有玄也。士玄端服，有玄裳、黄裳、雜裳，是有黄裳、雜裳也。素裳、朱裳、玄裳、黄裳、雜裳，各因其事服之。凡古人男子之服，吉凶衣裳，並殊婦人之服，不殊衣裳，上下同色。見《邶風・緑衣》注。

《説文》衣，依也，常，下帬也，從巾，尚聲。或從衣。《釋名》衣，依也，人所衣以芘寒暑也。裳，障也，所以自障蔽也。《白虎通義》衣者，隱也，裳者，障也，所以隱形，自障蔽也。

綿初案，《玉藻》衣正色，裳間色，凡衣皆正色，用間色則非禮。緑兮衣兮，詩人所為刺也。裳則間色可矣。祭服玄衣纁裳，纁，赤黄色也，然裳亦有非間色者，若玄若、素若、黄若，朱是也。《玉藻》文意，以衣正色為主，裳間色則隨宜而用之。大概衣裳之象取諸乾坤，衣在上，裳在下也，天色玄，故冠衣用玄，地色黄，故裳屨以纁。此外又有不同者，大概裳從衣色則可，衣從裳色則不可。陰陽之辨，上下之分也。

凡衣之領謂之襋，又謂之袷，亦作衱，又謂之褗。《釋名》領，頸也，以壅頸也，亦言總，領，衣體為端首也。《詩・葛屨篇》要之襋之。傳，襋，領也。《説文》同。《曲禮》天子視不上於袷。注：袷，交領也。《玉藻》袷二寸注：袷，曲領也。《深衣篇》曲袷如矩，以應方。注：袷，交領也，古者方領，如今小兒衣領，袷與衱同。《方言》衱謂之褗。郭注：即衣領也。《廣雅》襋衱謂之褗。《廣韻》衱褗，並云衣領也。領又謂之衿，《鄭風》青青子衿。傳，青衿，青領也，學子之所服。《釋文》衿，亦作襟。《爾雅》衣眥謂之襟。李巡云，衣眥，衣領之襟。孫炎云，襟交領也。郭注同《方言》衿謂之交。郭注：衣交領也。襟、衿古通用。又作衿，《詩》青衿。漢《石經》作衿。

以文為領者，謂之襮。《爾雅》黼謂之襮。孫炎云，繡刺黼文以褗領，是襮為領也。《詩・唐風》素衣朱襮。《士昏禮》注：卿大夫之妻刺黼以為領，如今偃領矣。偃與褗通。

凡領會，謂之襘。昭十一年《左傳》衣有襘，帶有結，視不過結襘之中，所以道容貌也。注：襘領會，結帶結也。《玉篇》會，合也，領會者，領之交合處也。下《曲禮》天子視不上於袷，不下於帶，凡視上于面則敖，下於帶則憂。

凡衣前謂之襟，後謂之裾。《釋名》襟，禁也，交於前，所以禁禦風寒也。襟《説文》作衿，云，衿，交衽也。《方言》袿謂之裾。郭注：衣後裾也。《釋名》裾，倨也，倨倨然，直亦言，在後常見踞也。《説文》裔，衣裾也。

凡衣袖謂之袂。《玉藻》袂可以回肘。《深衣》袂圜以應規。《説文》褎，袂也。《釋名》袂，掣也，掣開也，開張之，以受臂屈伸也。亦曰袖，袖，由也，

手所由出入也。亦言受也，以受手也。袂口曰袪，袪，虚也。《玉藻》袪尺二寸，注：袂口也。《廣雅》袼，袖也。《深衣篇》袼之高下，可以運肘。注：袼，衣袂當掖之縫也。《儒行》衣逢掖之衣。注：逢，猶大也，大掖之衣，大袂禪衣也。疏：大掖謂肘掖之所寬大。

凡衣裳之旁，謂之衽。《玉藻》衽當旁。《説文》褸，衽也。《方言》褸，謂之衽。郭注：衣襟也，或曰裳際也。《玉藻》注凡衽者，或殺而下，或殺而上，衽屬衣，則垂而放之，屬裳，則縫之以合前後，上下相變。《深衣》續衽。注：續，猶屬也，衽在裳旁者也，屬，連之不殊裳前後也。《釋名》衽，襜也，在旁襜襜然也，又衽為裳角之名。《爾雅》執衽謂之袺，扱衽謂之襭，謂以裳兩角執之手，扱之帶，而貯物於裳也。

凡飾邊者，謂之緣，又謂之純。《曲禮》父母存，冠衣不純素，孤子當室，冠衣不純采。注：純，緣也。《深衣》具父母，大父母，衣純以繢。具父母，衣純以青，孤子衣純以素，純，袂，緣，純邊廣各寸半。注：尊者存，以多飾為貴，純謂緣之也。緣袂，謂其口也。緣，緆也，緣邊衣裳之側，廣各寸半，則表裏共三寸矣。惟袷廣二寸。疏：緣讀如緆，深衣下緣也。《既夕禮》注：在幅曰綼，在下曰緆。《禮記集説》方氏曰，袂緣者，袂與緣也，袖口謂之袂，裳下謂之緣，衣側謂之邊，皆廣一寸半。純也，緣也，通謂之飾。《論語》君子不以紺緅飾，不獨領也。飾必用正色，紺、緅皆赤黑之間色，故不以飾。履亦有緣。《周禮》屨人為黄繶、赤繶。注：以赤黄之絲為下緣也。古者冠裳皆有緣，是以《方言》曰，以布而無緣，敝而紩之，謂之襤褸，自關而西謂之裗裾。

凡染色，《士冠禮》注：凡染絳，一入謂之縓，再入謂之赬，三入謂之纁，本《爾雅・釋器》文。朱則四入與。經無文，鄭約之，若以纁入赤則四入矣。疏：從一染至三染，皆淺絳也，以纁入赤則為朱，若不入赤而染黑，則為紺矣。染黑，具《考工記》鍾氏三入為纁，五入為緅，七入為緇。注：纁再染黑則為緅。今禮俗文作爵，言如爵頭色也，又復再染以黑，乃成緇矣。凡玄色者，在緅緇之間，其六入者，與疏以纁入黑為紺，若更以紺入黑，則為緅，此五入為緅是也。紺緅相類之物，故連文，若更以緅入黑，則為玄，但無正文，故云其六入與，更以玄入黑，則七入為緇矣。云爵如爵頭色者，以其爵，赤多黑少故也。《論語》孔注：紺者，齊服盛色以飾衣，似衣齊服緅者，三年練，以緅飾衣，為其似入喪服，故皆不以為飾衣。疏：紺，玄色，緅，淺絳色。

江氏曰，按紺緅，皆赤黑之間色，緅又黑于紺，君子不以為飾者，謂其非正色也。飾必用正色，如深衣之純以繢，純以青，純以素，是也。不以紺緅為飾，猶之不以紅紫為褻服耳。緅又入黑為玄為緇，齊時服玄冠玄端，而孔氏云，齊服是誤以紺為玄矣。練衣以一染之縓為緣，而孔氏云，練服是誤以緅為縓矣。邢疏不能辨正集注：亦因之耳。

凡裳之下緝，謂之齊。《曲禮》兩手摳衣去齊尺。《玉藻》圈豚，行不舉足，齊如流。《論語》攝齊升堂。齊一作齋。《釋名》齋，齊也。

凡祭服，朝服，衣之身與袂俱以二尺二寸之正幅為之。其裳皆用幃裳。幃裳之制經無考。鄭注《喪服》云，祭服、朝服辟積無數，凡裳，前三幅，後四幅。疏：前為陽，後為陰，故前三後四，幃裳之制以此明之。幃裳，對深衣、長衣之裳言之，深衣等，裳無辟積，其當旁之衽，須斜裁，謂之殺，朝服、祭服用幃裳，有辟積，則前三幅，後四幅，皆以正裁，故無殺，辟襵也，積疊也。人之要小，幅多而闊，須襵疊之，束令狹，而就身也。

清・雷鐏《古經服緯》卷上 冕弁冠服之外，其通用而有等者，曰中衣，曰齊服，曰裘，曰襦，曰帶，曰佩。澤，袴，偪，韈，則袒服也，禮文無等。中衣素純，著於外，曰長衣，長中之制如深衣，繼袂揜尺，深衣純以采，孤子當室，亦純以素。凡中衣皆白，被于裘上，則曰裼，以素緣之，曰素衣，以錦緣之，曰錦衣，以絑緣之，曰丹朱中衣，其曰緇衣、黄衣、絞衣、玄綃衣者。視此，領繡黼文，則曰繡衣，一曰黼衣。唯冕服之衷裼用綃，餘皆布，裼上又加服焉，曰襲，襲即冕弁冠之上服也，中衣以布者，或枲或紵或葛，凡吉服之飾皆帛，唯錦衣采衣以錦。

又 凡齊服，有玄端素端，吉齊，則天子玄冕端衣，餘皆玄冠端衣，均玄。爵韠，綪結佩，有明衣，明衣以布制，如端衣，長下膝，飾以緇裳，長及轂，縓綼緆，此致齊之内服也。素冠端衣，素積、素韠、素屨，皆有緣，謂之素端，此災薦禱請之服也。

又 裘則象服，大裘用玄羔，五冕及爵弁，狐青裘，君用純，大夫士豹褎，皆玄綃衣以裼之，皮弁服，則王朝狐白裘，君錦衣，臣素衣，唯一命之士及不命者，不衣狐白。領國皆麛裘素裼，唯士飾青豻，絞衣以裼之。玄冠服

者黑羔裘，君用純，臣豹飾，皆緇衣以裼之。唯君之誓省用黼裘，蠟祭後，勞農息民，黄冠狐裘，黄衣以裼之。君之右虎裘，左狼裘，褻裘，則狐、貉、熊、羆、鹿、羝、貍、犬，制無等，犬羊之裘不裼，庶民之服也。凡君良裘，臣功裘，裘裼與上衣同色。凡襦，君朱襦，臣熏襦。

又　其餘，幅謂之偪。韈謂之跗。袴謂之褰。襗謂之澤。褻服謂之私。以寢者謂之寢衣，寢衣長一身有半。稾蓐謂之茲茵。席謂之衽。被於上者，謂之衾。君錦衾，大夫縞衾，士緇衾，皆五幅。有紞，有著，有裹，曰複衾。無著者，曰褶衾。單被謂之紟，亦謂之裯。小兒之被，謂之裼。大夫之齊，亦錦衾角枕也。凡此者，曰有常。

又　若纊為繭，縕為袍，禪為絅，帛為褶，架於椸，縣于楎，藏於篋笥，凡此者，禮有制。行則裝，雨則制，雪則被，覆於冠上者，曰復陶。當暑則袗絺綌，必表而出之，凡此者，經有文。災薦去國，有微緣之素服。羅氏貢禽，有草笠之野服。四翟守宫，有左衽之卉服。百隸時儺，有偏裻之玄衣。凡此者，非常服矣。

又卷中《服次表》　凡致齊，親身著明衣，非齊事，則著襦。其上襺衣裳。又其上裘。又其上裼衣。又其上上服。此為冬及春之服次。

暖，則去裘。再暖，去袍繭。再暖，則以澤易襦。凡齊事，明衣不澤。此為春及秋之服次。

當暑，則親身或明衣，或澤。其上中衣，或綌，或絺。又其上上服。此為夏之服次。

淇按，冕服、爵弁服、朝服、玄端、袗玄，皆端衣也，但布帛異耳。長衣、中衣、逢掖、褐寬博，皆深衣也。但袂袪異耳。裼衣、綃衣、絞衣、緇衣、此是緇衣以裼之緇衣，非朝服之緇衣。素衣、此亦裼衣，非皮弁服之素衣。黄衣、錦衣、此亦裼衣，非侯夫人在途之錦衣，亦非庶人妻嫁時之錦衣。丹朱中衣，皆中衣也，但領與緣之采帛異耳。綌絺紵衣，亦是中衣，其取材各異。惟婦人之服，與男子之袍同制，衣裳通制而不分，故無衣帶下尺之衽。童子之服，亦衣而不裳也。《玉藻》《正義》引皇氏服次之説，分裼衣、中衣、綌絺為三，誤矣。

清・張惠言《冕弁冠服圖・衣》　《喪服記》衣帶，下尺。衽，二尺有五寸。袂，屬幅。衣二尺有二寸。袪尺二寸。注：衣帶下尺者，要也，廣尺足以掩裳上際也。云廣尺，則正方，衽不屬於其下，若衽屬於其下，不得與有司紳齊。衽所以掩裳際也，二尺五寸，與有司紳齊也。上正一尺，燕尾一尺五寸，凡用布三尺五寸。疏云，取布三尺五寸，廣一幅，留上一尺為正，一尺之下，從一畔旁，入六寸，乃向下斜向下一畔，一尺五寸，去下畔亦六寸，横斷之，留下一尺為正。如是則用布三尺五寸，得兩條衽，衽各二尺五寸。屬猶連也，連幅謂不削。疏云，凡用布為衣物及侯，皆去邊幅一寸為縫殺，今此屬連其幅，則不削去其邊幅，欲與衣二尺二寸正方，縱横皆二尺二寸。衣二尺有二寸，此謂袂中也，言衣者，明與身參齊，二尺二寸，其袤足以容中人之肱也。衣自領至要二尺二寸，倍之四尺四寸，加闊中八寸，而又倍之，凡衣用布一丈四寸。疏云，闊中謂闊，去中央安項處，當縫兩相，總闊去八寸，若前後據長而言，則一相各長八寸，通前兩身四尺四寸，總五尺二寸也。袪，褎口也，尺二寸，足以容中人之並兩手也。

衣之長二尺二寸，而用布得前後通為五尺二寸，是古之衣當肩為殺縫，中屈其八寸為曲袷，袷之左右，皆殺去其八寸之布，而為縫。如是則袷方，而衣身止二尺二寸也。

《司服》注云，端者，取其正也。士之衣袂皆二尺二寸，而屬幅，是廣袤等也，其袪尺二寸，大夫以上侈之，侈之者蓋半而益一焉。半而益一，則其袂三尺三寸，袪尺八寸。疏云，無正文，《雜記》云，弁絰服其衰侈袂，《少牢》主婦綃衣亦云侈袂。鄭以侈為大，即以意為半而益一，以解之也。

又《裳》　《喪服》注云，祭服、朝服，辟積無數。凡裳，前三幅，後四幅也。疏云，凡服，唯深衣、長衣之等六幅，破為十二幅，狹頭向上，此非也，江氏《深衣考》正之。不須辟積，其餘要間以外，皆辟積無數。喪服三辟積，有數也，前為陽，後為陰，前三後四，各象陰陽也。唯深衣之等，連衣裳十二幅，以象十二月也。又案《喪禮記》明衣裳縓綼、緆。注云，飾裳在幅曰綼，在下曰緆，則裳每幅有飾，亦如衣純寸半。可知。

沿革

綜述

宋·聶崇義《三禮圖集注》卷一 周天子吉服有九，冕服六，弁服三，凡九也。故《司服》云，王祀昊天上帝則服大裘而冕，祀五帝亦如之，享先王則衮冕，享先公饗射則鷩冕，祀四望山川則毳冕，祭社稷五祀則絺冕，祭群小祀則玄冕，兵事韋弁服，視朝皮弁服，凡甸冠弁服。又孔疏引《弁師》掌王之五冕，皆玄冕朱裏，止言玄朱而已，不言所用之物。《論語》云，麻冕，禮也。蓋以布衣版，上玄下纁，取天地之色。其長短廣狹，則經傳無文。《漢禮器制度》云，冕制皆長尺六寸，廣八寸。天子已下皆同。董巴《輿服志》云，廣七寸，長尺二寸。皇氏、沈氏以為諸侯之冕。應劭《漢官儀》云，廣七寸，長八寸。皇氏、沈氏以為卿大夫之冕。若依此言，豈董巴專記諸侯，應劭專記卿大夫。此蓋隨代變易，大小不同。今依漢禮制度為定，謂之冕。冕者，俛也。後高前下有俯俛之形，故因名焉。蓋以在位者失於驕矜，欲令位彌高而志彌下，故制此冕令貴者下賤者也。其服舊説云天子九章，據大章而言，其章別分小章，章依命數，則皆十二為節。上公亦九章，無升龍，有降龍。其小章，章別皆九而已。鷩冕、毳冕已下皆然。必知有小章者，若無小章，絺冕三章，則孤有四命六命。卿大夫玄冕一章，卿大夫中則有三命二命一命。天子之卿六命。大夫四命。明大章中有小章乃可得依命數。又司馬彪《漢書·輿服志》云，明帝永平二年初，詔有司采《周官》、《禮記》、《尚書》之文制冕，皆前圓後方，朱裏玄上，前垂四寸，後三寸。王用白玉珠十二旒，三公諸侯青玉七旒，卿大夫黑玉五旒。皆有前無後。此亦漢法耳。今案三禮經注、孔賈疏義并諸家禮圖，逐冕下別各明其制度，則古今沿革事可知矣。

宋·陳祥道《禮書》卷六《裳》 《易》曰，黄帝堯舜，垂衣裳而天下治，蓋取諸乾坤。《詩·緑衣》曰，緑衣黄裳。《終南》曰，君子至止，黻衣繡裳。《七月》曰，八月載績，載玄載黄，我朱孔陽，為公子裳。祭服，玄衣纁裳。《九罭》曰，我覯之子，衮衣繡裳。《東山》曰，制彼裳衣，勿士行枚。裳衣，兵服也。《曲禮》童子不衣裘裳，大夫士去國，素衣素裳。《玉藻》曰，衣正色，裳間色。《特牲》曰，三王共皮弁素積。以素為裳，辟蹙其要中。《書》曰，王麻冕，黼裳，卿士邦君，麻冕蟻裳，太保、太史、太宗，皆麻冕彤裳。蟻，色玄彤纁也。《士冠禮》主人玄冠朝服。玄冠，委貌也。朝服者，十五升布衣而素裳也。衣不言色者，與冠同也。爵弁服，纁裳純衣，皮弁服，素積玄端，玄裳、黄裳、雜裳可也。玄端，即朝服之衣易其裳耳。上士玄裳，中士黄裳，下士雜裳者，前玄後黄。《易》曰，夫玄黄者，天地之雜也，天玄而地黄。《昏禮》主人爵弁，纁裳，緇袘。袘，緣也。《特牲饋食禮》及筮日，主人冠端玄。《特牲記》其服皆朝服，玄冠、緇帶、緇韠，唯尸祝佐食，玄端，玄裳、黄裳、雜裳可也，皆爵韠。喪服，凡衰，外削幅裳，内削幅幅，三袧。袧者謂辟兩側，空中央也。祭服、朝服，辟積無數，凡裳，前三幅，後四幅也。若齊裳，内衰外。齊，緝也，凡五服之衰，一斬四緝，緝裳者内展之，緝衰者外展之。《爾雅》曰，裳削幅謂之襆。削殺其幅，深衣之裳。

又卷一一《諸侯中衣　大夫、士中衣》 長衣與深衣同以布，中衣與長衣同揜袂，深衣中衣用於吉凶，長衣用於凶而已。《詩》曰素衣朱襮，又曰素衣朱繡。《禮》曰繡黼丹朱中衣，大夫之僭禮也。《爾雅》曰，黼領謂之襮。蓋素以為衣，繡黼以為領，丹朱以為緣，諸侯之服也。鄭氏謂讀朱繡為朱綃，誤矣。禮曰，以帛裏布非禮也。蓋爵弁而上則衣以帛，而中衣亦帛。皮弁玄冠則衣以布，而中衣亦布。故大夫祭於家，而中衣必布，士祭於公，而中衣亦帛，以其所以裏朝服，與爵弁服異也。《檀弓》曰練，練衣黄裏。鄭氏曰，練中衣以黄為裏，則中衣亦有裏歟。皇侃説，凡祭服先加明衣，次加中衣，冬則次加袍，夏則用葛，次加祭服。若朝服，亦先以明衣，次加中衣，冬則次加裘，裘上加裼衣，裼衣之上加朝服。如侃之説，是中衣施於裘葛之下也。然裘上之裼衣，即朝服耳，其言裼衣之上又有朝服，是襲鄭氏之論也。《禮》言繡黼丹朱中衣，《詩》素衣朱襮，朱繡，説者皆以為諸侯禮而天子領緣之制，無聞漢明帝始以單紗為之，謂之中單。范曄《輿服志》曰，長冠，以，祀宗廟，諸祀則冠之。皆服袀玄，絳緣領袖為中衣，絳袴

袜。《晉志》，天子祀天地宗廟冕服，中衣以絳緣其領袖，釋奠先聖，則皂紗袍絳緣中衣。其朝服通天冠，絳紗袍，皂緣中衣。佟之議，公卿以下祭服裏有中衣，即今之中單衣。明帝，初詔有司，採《周官》、《禮記》、《尚書》乘輿服從歐陽説，公卿以下服從大小夏侯説，祭服，絳緣袖領為中衣，絳袴袜，示其赤心奉神。今中衣絳緣，足有所明，無俟於袴，遂除之。後齊，天子平冕十二章，緣絳中單，又有通天冠，絳紗袍，皂緣中單，朝服冠幘，絳紗單衣，白紗中單，皂領袖，皂襈。《隋志》天子衮冕，白紗内單，黼領，青褾襈裾。祀圓丘、方澤、感帝、明堂、五郊、宗廟、社稷，則服之通天冠，絳紗袍，白紗内單，黼領，青褾襈。朔日受朝，元會及冬諸祭還，則服之。自王公已下，祭服，白紗内單，黼領，青褾襈裾。鷩冕已下，内單，青領，爵弁從九品以上，助祭則服之。白絹内單，青領褾襈裾。朝服亦絳紗單衣，白紗内單，皂領袖，皂襈。《唐志》天子之服大裘冕，白紗中單，皂領，青褾襈裾。衮冕，白紗中單，黼黻領，青褾襈裾。通天冠者，冬至受朝賀，祭還，燕羣臣，養老之服也，絳紗袍，白紗中單，朱領褾襈裾。皇太子衮冕，白紗中單，黼領，青褾襈裾。遠遊冠者，元日、朔日、入朝、釋奠之服也。絳紗袍，黄裳，白紗中單，黑領褾襈裾。羣臣之服，衮冕者一品之服也，白紗中單，黼領，青褾襈裾。絺冕，中單，青領。爵弁，中單，青領褾襈裾。

清・黄以周《禮書通故》卷三《衣服通故二》 熊安生云，《月令》季秋，天子乃厲飾，執弓挾矢以獵。注：厲飾，戎服也。戎服者，韋弁服也。以秋冬之田，故韋弁服。若春夏則冠弁服。孔穎達云，諸侯田獵亦用韋弁，故《左傳》衛獻公射鴻于囿，楚子狩于州來，皆皮冠。以周案，《吕覽》作厲服，高注引《司服》，凡甸冠弁服以證，是也。凡甸者，統詞，明田皆冠弁也。冠弁者冠而如弁，非即玄冠。冠弁之制與皮弁相似。其以皮製者，謂之皮冠。衛獻公射鴻于囿皮冠，虞人不見皮冠不敢進。趙注《孟子》曰，皮冠，弁也。謂以皮製冠弁。此説最確。自舊注以冠弁即委貌，委貌即玄冠，而説者遂以皮冠厲飾為韋弁。如冠弁即玄冠，天子冠此以田，《月令》何以謂之厲飾。如皮冠厲飾皆韋弁，韋弁本非田獵之正服，孔子何以稱虞人曰守官。秋冬盛田而不用正服，《司服》何以云凡甸冠弁服。《白虎通義》以皮冠為皮弁，更誤。

賈公彦云，行朝禮于朝，則皮弁服。行享禮于廟，則冕服。陳祥道云，皮弁，王日視朝之禮，非受諸侯朝覲之服也。行人之職，統言朝覲之禮，上公冕服九章，侯伯冕服七章，子男冕服五章，而繼之以廟中將幣。則未將幣之前，受朝于朝，未聞不以冕服也。任大椿云，大行人冕服九章以下經文。康成注云，朝先享，不言朝者，朝正禮，不嫌有等也。則是此節專言朝後享禮，不言朝禮也。此節經文云，建常九斿，樊纓九就，即《覲禮》所云偏駕也。如以為受朝之禮，則下云，立當車軹，是偏駕入公門矣。又此一節云，其朝位，賓主之間九十步，謂迎賓也。如以為受朝之禮，則覲禮天子不下堂而見諸侯，朝禮天子反出門而見諸侯矣。于制皆不可通。故鄭注賈疏以冕服九章已下皆為朝後行享之禮，最確。祥道徒以廟中將幣文在冕服九章諸文之後，遂謂冕服為未將幣之前受朝于朝之服。今考此節有云，禮九牢，謂饔餼大禮，朝享後乃陳于館，文亦在廟中將幣之前，豈遂得謂致饔餼在未將幣之前乎。又此節云，三問三勞，文乃在廟中將幣之後，豈遂得謂行享後始郊勞乎。故經文序有順逆，不得盡以文之前後定節次之前後也。蓋冕服九章以下諸文，與廟中將幣之文為目，謂廟中將幣，其車服擯介迎送之儀如此，不謂受朝亦冕服也。以周案，任駁陳説可謂詳矣。其實朝受之于廟，其服當冕服，與覲禮同。朝覲衮冕，《節服氏》有明文。凡受摯重于受享，受享冕服，受摯反服朝服，斷無是禮。説詳《覲禮門》。

賈公彦云，大射在西郊虞庠，服鷩冕。若燕射在寢，則朝服。賓射在朝，皮弁服。孔穎達云，《射人職》賓射在朝，故知用朝服也。《燕禮記》云，燕朝服于寢，明天子燕亦以朝服，故知賓射燕射皆皮弁也。以周案，從孔疏。天子賓燕射皆皮弁服，諸侯與鄰國之君射亦皮弁，與其臣射皆朝服，鄉射亦朝服。漢郡國行鄉射皮弁服，此叔孫通制禮之失。

孔穎達云，《頍弁》詩刺王不燕而舉皮弁，是天子燕用皮弁明矣。若然《王制》云，周人冕而祭，玄衣而養老。注云，凡養老之服，皆其時與群臣燕之服。周人修而兼用之，玄衣素裳，其冠委貌。諸侯以天子之燕服為朝服。如彼注天子之燕用玄衣，此言皮弁者，蓋天子燕服有二，燕群臣用玄冠，燕同姓用皮弁。《賓之初筵》三章箋云，此祭末王與族人燕，而經云，側弁之俄，是燕同姓用皮弁之事也。以周案，孔氏《詩》疏以皮弁玄冠為燕同異姓之别，《王制》疏又以為燕其臣皮弁，燕諸侯朝服，兩説歧異。其實《頍弁》詩末章言甥舅，不止燕同姓也。《賓之初筵》，側弁之俄，箋亦并兼

同異姓，是王燕同異姓皆皮弁也。諸侯朝天子皮弁，其燕諸侯亦以皮弁可知。天子以皮弁為朝服。《燕禮記》云，燕朝服于寢，凡燕在路寢朝，故天子以皮弁，諸侯以玄冠，各用其朝服也。養老在學，則玄衣，與天子燕于寢之禮別，與諸侯燕于寢之禮同。《燕禮記》注云，今辟雍十月行此燕禮，玄冠而衣皮弁服。此即古養老之燕，而玄冠而衣皮弁，兼兩制而一之，此其失也。

鄭玄說，《玉藻》天子龍卷以祭，玄端而朝日聽朔，諸侯玄端以祭，裨冕以朝。端當為冕，字之譌也。玄衣而冕，冕服之下，諸侯祭宗廟之服。惟魯與天子同，虞翻、孔晁說，《國語》大采朝日，謂袞織也。孫炎說，玄冕祭服之下，祭群小祀，其祭先君，亦裨冕矣。以周案，鄭以聽朔服決之，故破端為冕。諸侯自祭，一以玄冕，亦猶君夫人皆命屈狄也。若依孫、虞說，端，當作袞。龍卷，朱袞。元袞，卷以下。卷者龍，袞者衣。《左傳》袞冕昭度，火龍昭文，亦別言之。漢時卷袞同讀，見《王制》注。以此文上卷下袞，為字之歧出，遂改作端，端、卷亦音近字。《爾雅》袞，黻也。黻章也。《詩》錫諸侯曰元袞，魯歌孔子曰，袞衣章甫，皆章服之通稱，猶冕之稱裨也。裨冕自卷以下，元袞自毳以下。八命之公，以鷩冕從王祭先王先公，自祭其祖，下一等用毳冕。六命之孤卿，以毳冕從王祭先王先公，自祭下一等用希冕，四命之大夫，以希冕從王祭先王先公，自祭下一等用玄冕。侯伯視卿，子男視大夫，故曰祭先君亦裨冕。侯國三命之上大夫，以玄冕從公祭先君，自祭下一等用爵弁，故《雜記》曰，大夫冕而祭于公，弁而祭于己。孤如上大夫，故鄭注有孤爵弁之說。再命之下大夫，以爵弁從公祭先君，自祭下一等用朝服，故《少牢禮》主人朝服，士如下大夫，故《雜記》曰，士弁而祭于公，冠而祭于己。

又 《論語》，端章甫。鄭玄云，衣玄端，冠章甫，諸侯日視朝之服也。皇侃說，周諸侯日視朝之服，服緇布衣，素積裳，冠委貌。此云玄端日視朝者，容是周末禮亂故也。孔穎達、邢昺等說，《王制》注云，玄衣素裳，天子之燕服，為諸侯朝服。此朝服素裳，得謂之玄端。若上士元裳，中士黃裳，下士雜裳，天子諸侯朱裳，則皆謂之玄端，不得名為朝服也。以周案，端為冕服、弁服、朝服、玄端之通稱。《論語》，端章甫。端謂朝服也，章甫即委貌，特殷周異名爾。其服曰端委，亦曰委端。端章甫即端委，端委即朝服。諸侯朝服無用玄端者。皇侃說是。《雜記》，公襲玄端一，朝服一，明朝服不得兼玄端。孔疏申鄭，于義為曲。

韋昭云，晉侯端委以入，舊說衣玄端，冠委貌，諸侯祭服也。昭謂此士服也。諸侯之子未受爵命，服士服也。以周案，冕服曰端冕，朝服曰端委，端為冕服朝服之總稱。委者，委貌也。端委猶曰端章甫。舊說誤。韋氏據《詩》，韎韐有奭，鄭箋為說，其服爵弁服，亦非。凡弁服侈袂，無端稱。

孔穎達、賈公彥說，君朝，朝朝服，夕深衣。大夫士朝于君，朝皆朝服，夕士玄端，大夫當亦朝服也。聶崇義說，大夫士家私朝，朝玄端，夕深衣。大夫以上朝夕服之，惟士夕服之。秦蕙田云，如聶所云，大夫以上燕居朝夕服玄端，既與《玉藻》夕深衣之文違牾，又云惟士夕服之，則士朝所服者又何衣。金鶚云，士夕于君宜朝服，大夫士私朝亦宜朝服。《玉藻》，朝玄端，夕深衣，為諸侯燕居之服。以周案，《內則》，子事父母端韠紳，則玄端自天子至士皆得服之。但天子燕居朝夕玄端，諸侯以下朝玄端，夕深衣。金說近是。

禮家舊說，天子夕玄端，諸侯夕深衣。陸佃說，天子夕亦深衣。以周案，《玉藻》于天子但曰玄端而居，于諸侯則曰夕深衣，可知天子夕服不服深衣也。《玉藻》，玄端而居，注云，天子服玄端燕居也。則天子朝夕皆玄端。陸說非。禮家舊說，諸侯視朔皮弁服，卒朔乃易朝服以朝。王肅說，諸侯皮弁以告朔，然後服之以視朝。以周案，王肅改竄《家語》，以此為孔子語，欺人。

皇侃說，天子大夫與諸侯大夫同朝服以祭。熊安生說，天子之士與諸侯大夫同，故《深衣目録》云，士祭以朝服，謂天子之士也，祭用朝服，與諸侯大夫同。然則天子大夫與諸侯同，亦爵弁祭，玄冠齊。以周案，天子朝服用皮弁，皇說天子大夫朝服以祭，謂皮弁服也。孔氏《王制》疏謂天子大夫用朝服，朝服則皮弁，從皇說。《郊特牲》、《玉藻》疏謂天子大夫自祭亦爵弁，又從熊說。兩疏違異。今從賈疏天子大夫玄冕以祭。皇、熊兩說皆非。

《記・雜記》大夫冕而祭于公，弁而祭于己。士弁而祭于公，冠而祭于己。鄭玄云，弁，爵弁也。大夫爵弁而祭于己，唯孤爾。以周案，《少牢饋食禮》，主人朝服，據下大夫立文也。上大夫自服爵弁，不必孤為爾。爵弁侈袂。云，主婦褖侈袂，明主人有弁而祭者，其文互見也。

鄭玄云，玄冠丹組纓，諸侯之齊冠也。玄冠綦組纓，士之齊冠也。言齊時所服也。四命以上齊祭異冠。《鄭志》趙商問云，以《雜記》，大夫冕而祭于公，弁而祭于己，士弁而祭于公，冠而祭于己，是為三命以下齊祭異冠，何但四命以上也。觀注似若但施于己祭，不可通之。鄭荅云，齊祭異冠，謂齊時一冠，祭時又一冠，四命乃然。大夫冕士弁而祭于君，齊時服之，祭時服之，何以亦異。孔穎達云，如鄭此言，四命齊祭異冠，謂自祭也。若助祭于君，則齊祭同冠。若然，則士之助祭，齊服應服爵弁。而鄭注《旅賁氏》云，王齊服服袞冕，則士之齊服服玄端，不服爵弁者。熊氏云，若士助王祭祀服爵弁，若助王受朝覲齊服則服玄端，義或然也。以周案，士齊服玄冠玄端，祭服玄冠朝服。異其服不異其冠者，齊用玄冠，自諸侯下達也。《旅賁氏》注：士之齊服服玄端，本屬通禮。疏家欲回護《玉藻》注，反以《旅賁氏》注為疑，遂生曲說。任氏《弁服釋例》以爵弁為士助祭齊服，沿注疏之誤。《記》曰齊之元也，以陰幽思也。此為上下通禮。諸侯以下用玄冠，見《玉藻》。天子用玄冕，見《郊特牲》。爵弁未聞。

《周官・司服》，其齊服有玄端素端。鄭玄說，士之齊服。陳祥道說，《司服》所言，文承上諸侯孤卿大夫，非特士之齊服也，特天子齊用冕爾。或説齊服玄端，取幽陰之義，自天子下達。以周案，玄端以齊，不專主士。《文王世子》，若内豎言疾，則世子親齊元而養。《玉藻》，玄冠丹組纓，諸侯之齊冠。諸服之以玄冠者，惟玄端及朝服。諸侯齊服、玄端朝服雖難決言，而孤卿大夫士必以玄端可知也。《郊特牲》云，玄冕齊戒，以天子言。鄭注《旅賁氏》云，王齊服袞冕。孔氏《玉藻》疏云，天子玄冕祭則玄冠齊，希冕祭則玄冕齊，以此差之。竊以為未然。諸侯以下皆以玄冠，天子亦一以玄冕而已，似無袞驚毳希之差。

鄭玄云，《特牲饋食記》其服皆朝服，于祭服此也。皆者，謂賓及兄弟。夙興，主人服如初，則固玄端。敖繼公説，皆兼主人説，士祭亦朝服。金榜云，祭時服玄端者，惟尸祝佐食三人，主人與賓及兄弟之等咸服朝服，經言冠端元，謂朝服，非玄端也。《士冠禮》筮日筮賓朝服，則此筮日筮尸用朝服可知。《雜記》祥，主人之除也，于夕為期，朝服。祥因其故服。則饋食用朝服可知。凡祭，主人與賓兄弟同服。謂賓兄弟服朝服，主人獨服玄端，非其實也。玄端者，齊服也，士入廟之服，不服以祭。以周案，朝服亦稱端，筮日主人冠端元，端謂朝服。夙興主人服如初，如筮日之朝服也。祭莫尊于主人，安有賓及兄弟朝服而主人反服玄端。從金説。右各服通説。

清・閻鎮珩《六典通考》卷一三四《禮器考・服冕》 昔者黄帝作冕，垂旒以蔽目，黈纊以充耳。至虞舜，觀古人之象，日月星辰山龍華蟲作會，宗彝藻火粉米黼黻絺綉。以五采彰施于五色作服，汝明。《記》曰，有虞氏皇而祭，深衣而養老。夏后氏收而祭，燕衣而養老。殷人冔而祭，縞衣而養老。周人冕而祭，玄衣而養老。皇之制無文，蓋爵弁之類。收純黑，前小後大。冔名出于幠。幠，覆也，黑而微白，前大後小。孔子稱禹美黻冕。《書》稱伊尹以冕服奉嗣王。《詩》稱商之孫子，其服黼冔。則夏商服章蓋與古同。周監二代，典制詳密。弁師掌六冕，司服掌六服，等差有序。古冠曰毋追、章甫，至周曰委貌。委，猶安也，言安正容貌，章明也。《白虎通義》云夏十三月為正，飾最大，故曰毋追言其追大也。商十二月為正，飾微大，故曰章甫，尚未為極，其本相當也。周十一月為正，萬物萌小，冠飾最小，故曰委貌，委曲有貌也。《記》曰，周弁、殷冔、夏收。弁名出于槃，槃，大也，言所以自光大也。冔名出于幠，幠，覆也，言所以自覆飾也。收言所以收斂髮也。齊所服而祭也，其制之異未聞。三王共皮弁素積，則夏商而上非無弁也。《檀弓》又謂，周人弁而葬，商人冔而葬。釋者曰，爵弁一名冕，廣八寸，長尺二寸，繪其上似爵頭色，所謂夏收，殷冔者也。然孔子參酌四代，獨言服周之冕，以其為物小，而加于衆體之上。藻采備飾，文不過中，故可貴也。秦滅去古制，郊祭之服皆以袀玄。至漢明帝，始采《周官》、《禮記》、《尚書》諸儒説，還備袞冕之服。魏明帝以公卿袞衣黼黻擬于至尊，復損略之。晉宋以下，互有改更。後魏、北齊，服章奇詭。隋唐始復舊儀。宋明二代，多仍唐制云。

清・江永《鄉黨圖考》卷五《衣服上・朝服考》 《司服》凡甸，冠弁服。注：甸，田獵也。冠弁，委貌，其服緇布衣，亦積素以為裳，諸侯以為視朝之服。《詩國風》曰，緇衣之宜兮。謂王服此以田。疏：凡甸冠弁服，據習兵之時，若正田時，則當戎服。《左傳》衛獻公不釋皮冠、皮弁、韋弁同，但色異耳。是正田用韋弁也。

《玉藻》諸侯朝服，以日視朝於內朝。注：朝服，冠玄端，素裳也。此內朝，路寢門外之正朝也。疏《王制》云，周人玄衣而養老。注云，玄衣素裳，天子之燕服。燕飲羣臣之服，亦即田獵之冠弁服。為諸侯朝服。彼注云，玄

衣則此玄端也，若以素為裳，即是朝服。此朝服素裳，皆得謂之玄端。故《論語》端章甫。注云端，玄端，諸侯朝服，若上士玄裳，中士黃裳，下士雜裳。天子諸侯以朱為裳，則皆謂之玄端，不得名為朝服也。

又，又朝服以食。注：食必復，朝服所以敬養身也。疏謂，釋服之後，將食之時，又如朝時朝服。

《士冠禮》筮於廟門，主人玄冠、朝服、緇帶、素韠。注：玄冠，委貌也。朝服者，十五升布衣，而素裳也。衣不言色者，衣與冠同也。緇帶，黑繒帶也。士，帶博二寸，再繚四寸，屈垂三尺，素韠，白韋韠也，長三尺，上廣一尺，下廣二尺，其頸五寸，肩革帶，博二寸，天子與其臣，玄冕以視朔，皮弁以日視朝，諸侯與其臣，皮弁以視朔，朝服以日視朝。疏云，素裳者，雖經不言裳，裳與韠同色，云素韠，故知裳亦積白素絹為之也。積者，辟積也，與皮弁服素積同。禮之通例，衣與冠同色，裳與韠同色。《玉藻》聽朔視朝，彼皆不言臣，此兼言臣者，欲見在朝，君臣同服。

《雜記》朝服十五升。古未有棉花，布以麻為之，布幅闊二尺二寸，十五升，一千二百縷，麻布之極細者也。

《玉藻》非列采不入公門，注：列采，正服。

又，朝服之以縞，也自季康子始也。注：亦僭宋王者之後。疏《王制》云，殷人縞衣而養老，燕服則為朝服。宋是殷後，故朝服以縞。縞，生絹也。

又，孔子曰，朝服而朝，卒朔，然後服之。注謂，與諸侯羣臣也，諸侯視朔，皮弁服。疏：卒朔，謂卒告朔之時，服皮弁，告朔禮終，脱去皮弁服，而後服朝服也。

又《兼考玄端服》《士冠禮》玄端、玄裳、黃裳、雜裳可也，緇帶爵韠。注：此暮夕於朝之服。玄端即朝服之衣易其裳耳，上士玄裳，中士黃裳，下士雜裳，雜裳者，前玄後黃。《易》曰，夫玄黃者，天地之雜也，天玄而地黃。士皆爵韋為韠，其爵同，不以玄冠名服者，是為緇布冠。陳之疏：《玉藻》朝玄端，夕深衣，是大夫士家私朝，此服是向暮時夕君之服，朝禮備夕禮簡，故以夕言之，若卿大夫暮夕於君，當亦朝服矣。《左傳》云，百家承事，朝而不夕，此云暮夕者，無事亦無夕法，若夕有事須見君，則夕，故傳云，子革夕子我夕，皆是有事見君，非常朝夕之事也。夕見君，當是路寢之朝。朝服亦得名端，皆以十五升布，為緇色，正幅為之，同名也。雜裳前陽後陰，故知前玄後黃，三等士各有所當，當者，即服之，故言可以許之。

按鄭言，不以玄冠名服者，是為緇布冠，陳之非也，朝服玄端及深衣，皆用玄冠，雖不為緇布冠，陳亦不可以玄冠名服。

《司服》士之服自皮弁而下如大夫之服，其齊服有玄端、素端。注：端者，取其正也。士之衣袂皆二尺二寸，而屬幅，是廣袤等也。其袪尺二寸，大夫以上侈之，侈之者，蓋半而益一，半而益一，則其袂三尺三寸，袪尺八寸。疏：衣袂二尺二寸。《喪服記》文彼注云，此謂袂中也，言衣者，明與身參齊，是玄端之身長二尺二寸，今兩邊袂亦各屬一幅，幅長二尺二寸，上下亦廣二尺二寸，故云廣袤等，袤則長也。布幅二尺二寸，每幅兩邊各去一寸為縫，其實得二尺也。其袪尺二寸。據《玉藻》深衣之袪，尺二寸而言也。《雜記》云，凡弁經，其衰侈袂。《少牢》主婦衣綃衣，亦云侈袂，侈，大也。鄭即以意為半而益一以解之也。

《玉藻》天子卒食，玄端而居。注：服玄端燕居。

又韠，君朱，大夫素，士爵韋。注：此玄端服之韠也，韠之言蔽也，凡韠以韋為之，必象裳色，則天子諸侯玄端朱裳，大夫素裳，唯士玄裳、黃裳、雜裳也。疏：大夫玄端，以素為裳，故素韠，大夫既以素裳為朝服，又以為玄端服。禮窮則同，故也。

又卷六《衣服下・衣服餘事》《表記》子曰，君子服其服，則文以君子之容，有其容，則文以君子之辭，遂其辭，則實以君子之德。是故，君子恥服其服，而無其容。恥有其容，而無其辭。恥有其辭，而無其德。恥有其德，而無其行。是故，君子衰絰則有哀色，端冕則有敬色，甲胄則有不可辱之色。《詩》云，彼記之子，不稱其服。

《家語》哀公問曰，紳、委、章甫有益於仁乎。孔子作色而對曰，君胡然焉。衰麻苴杖者，志不存乎樂，非耳，弗聞服使然也。黼黻衮冕者，容不褻慢，非性矜莊服使然也。介胄執戈者，無退懦之氣，非體純，猛服使然也。

又孔子對哀公曰，生今之世，志古之道，居今之俗，服古之服，舍此而為非者不亦鮮乎。曰，然則章甫絇履，絇，履頭之飾。紳帶搢笏者，皆賢人也。孔子曰，不必然也，夫端衣玄裳，齊服也。冕而乘軒者，則志不在於食葷。斬衰菅菲，草履。杖而歠粥者，則志不在於酒肉。生今之世，志古之道，居今之俗，服古之服，謂此類也。

《學記》不學雜服，不能安禮。注：雜服，冕服皮弁之屬。

《少儀》衣服在躬，而不知其名為罔，注：罔猶罔罔無知貌。

《左傳》鄭子臧出奔宋，好聚鷸冠。鷸，尹橘反，翠鳥。鄭伯聞而惡之，使盜殺之。君子曰，服之不衷，身之災也。《詩》曰，彼其之子，不稱其服，子臧之服，不稱也。夫《詩》曰，自詒伊戚。其子臧之謂乎。注：聚鷸羽以為冠，非法之服。

清·焦廷琥《冕服考》卷一　虞、夏、商、周各異其名。

《王制》有虞氏皇而祭，夏后氏收而祭，殷人冔而祭，周人冕而祭。注云，皇，冕屬也，畫羽飾焉。凡冕屬其服，皆元上纁下。有虞氏十二章，夏殷未聞。疏云，以皇與下冕相對，故為冕屬。按《周禮》有設皇邸，又云有皇舞，皆為鳳皇之字，鳳羽五采，故云畫羽飾之。《冠禮記》云，周弁，殷冔，夏收。鄭云，弁名出於槃，槃，大也，言所以自光大也。冔名出於幠，幠，覆也，所以自覆飾也。收言所以斂髮也。其制之異亦未聞。

《郊特牲》周弁，殷冔，夏收。

《冠禮記》周弁，殷冔，夏收。

《詩·文王篇》常服黼冔。《傳》黼，白與黑也。冔，殷冠也。夏后氏曰收，周曰冕。疏云，《冬官·繢人》云，白與黑謂之黼。周冕無繢繡之飾，則殷冔亦不以黼為飾，黼自衣服之所有也。《禮器》云，冕，諸侯，注云，以夏殷制，則殷之諸侯祭服亦九章，而下不止於黼而已，舉一章而表之耳。《郊特牲》及《士冠禮》皆云，周弁、殷冔、夏收，故知冔，殷冠也，既以冔為殷冠，更取二代以明之，故言夏后氏曰收，周曰冕也。彼云周弁，此云冕者，以周自大夫以上祭服皆用冕服，故《傳》以冕言之，實冕而謂之弁者，《周禮》弁師。注云，弁，古冠之大號，官名弁師，職掌王冕，故知弁是大名也。

班氏固《白虎通》麻冕者何，周宗廟之冠也。《禮》曰周冕而祭，又曰殷冔夏收而祭，此三代宗廟之冠也。十一月之時，陽氣俛仰，黃泉之下，萬物被施，如冕前俛而後仰，故謂之冕也。謂之冔者，十二月之時，施氣受化詡張，而後得牙，故謂之冔。謂之收者，十三月之時，陽氣收本，舉生萬物，而達出之，故謂之收。俛仰不同，故前後乖也。詡張，故萌大，時物亦牙萌大也。收而達，故前葱，大者在後，時物亦前葱也。

蔡氏邕《獨斷》冕冠，周曰爵弁，殷曰冔，夏曰收，皆以三十升漆布為殼，廣八寸，長尺二寸，加爵冕其上，周赤而黑，如爵頭之色，前小後大。殷黑而微白，前大後小。夏純黑而赤，前小後大。皆有收以持笄。《詩》曰，常服黼冔，禮朱干玉戚，冔而舞大武。《周書》曰，王與大夫盡弁，古皆以布，中古以絲。孔子曰，麻冕禮也，今也純儉。

任氏大椿《弁服釋例》，馬端臨因《士冠禮》、《郊特牲》殷冔、夏收與周弁並舉，則謂冔收亦為弁。孔穎達因《王制》夏收、殷冔與周冕並舉，因謂夏收亦為冕，孔疏是也。但冔收既為冕，而《士冠禮》、《郊特牲》乃以冔、收對周弁，似非其類，故孔《詩》疏又以周弁之弁，乃實冕而通言弁，不知冔、收自為冕。故《王制》曰夏收而祭，殷冔而祭，周冕而祭，周弁自為爵弁，因其與夏殷制度相近，故《士冠禮》皆連類而書，曰周弁、殷冔、夏收耳。解此，則二家之惑可釋矣。又云，孔疏因《士冠禮》、《郊特牲》既明有周弁之文，今《毛傳》乃不云周弁，而云周冕，遂並周弁之文，乃實冕而通言弁，豈知《士冠禮》、《郊特牲》所云周弁，專釋《士冠》三加之爵弁，非冕也，安得云實冕而通言弁乎。

廷琥按，毛氏注《詩》以殷冔、夏收與周冕並列，鄭氏注：《禮》以皇為冕屬，班固詳言夏收、殷冔、周冕之義，則虞曰皇，夏曰收，殷曰冔，周曰冕，冔、收即夏、殷之冕也。《士冠禮》《郊特牲》以周弁與冔收並言，蓋專釋《士冠》三加之爵弁，任侍御，辨之極確。

又　其體以木為之，廣八寸長一尺六寸。

阮氏諶《三禮圖》冕以三十升布漆而為之，廣八寸，長尺六寸，前圜後方，前下後高，有俛伏之，形故謂之冕。欲人之位彌高，而志彌下，故以名焉。《後漢書·明帝紀》注引此。

《左桓二年傳》袞冕黻珽。孔疏云，《世本》云黃帝作冕，宋仲子云，冕冠之有旒者，禮文殘缺，形制難詳。《周禮》弁師掌王之五冕，皆玄冕朱裏，止言元朱而已，不言所用之物。《論語》云，麻冕禮也，蓋以木為幹，而用布衣之，上元下朱，取天地之色，其長短廣狹，則經傳無文。阮諶《三禮圖》、《漢禮器制度》云，冕制皆長尺六寸，廣八寸，天子以下皆同。沈引董巴《輿服志》云，廣七寸，長一尺二寸。應劭《漢官儀》云廣七寸，長八寸。沈又云，廣八寸，長尺六寸者天子之冕。廣七寸，長尺二寸者，諸侯之冕。廣七寸長八寸者大夫之冕。但古禮殘缺，未知孰是，故備載焉。

賈公彦《周禮・弁師》疏云，凡冕體，《周禮》無文，叔孫通作《漢禮器制度》取法於周，今還取彼以釋之。按彼文，凡冕以版廣八寸，長尺六寸，以此上元下朱覆之。

皇氏侃《論語義疏》云，《周禮》有六冕，以平版爲主，而用三十升麻布，衣布，上元下纁，故云麻冕禮也。

又 有延覆於冕上，上元下纁，以布爲之，中古易以絲。

《玉藻》前後邃延。注云，延，冕上覆也，元表纁裹。疏云，延，冕上覆也者，以三十升之布，染之爲元覆於冕上，出而前後，冕謂以版爲之，以延覆上，故云延。冕上覆也，纁是朱之小別，故《周禮・鍾氏》云三入爲纁。鄭注《士冠禮》云，朱則四入與，是纁、朱同類，故注弁師朱裹，與此不異。陸氏釋文云，延如字徐，餘戰反，《字林》作綖。

《夏官》弁師掌王之五冕，皆玄冕朱裏，延紐。注云，延，冕之覆在上，是以名焉。

《左氏桓二年傳》衡紞紘綖。注云，綖，冠上覆。疏云，冕以木爲幹，以元布衣其上，謂之綖。《論語》、《尚書》皆云麻冕，知其當用布也。弁師掌王之五冕，皆玄冕，知其色用元也。孔安國《論語》注言績麻三十升布以爲冕，即是綖也。鄭《玉藻》注云，延，冕上覆也。此云冠上覆者，冠、冕通名，故此皆以冠言之，其實，悉冕飾也。

《論語》麻冕禮也，今也純儉。孔安國曰，冕，緇布冠也，古者績麻三十升以爲之，純，絲也，絲易成，故從儉也。皇疏云，冠，冕通名也，且周家委貌冠，亦用三十升緇布也。邢疏云，鄭注喪服布八十縷爲升。

江氏永《鄉黨圖考》云，按冕者，冠之有延、有旒，孔以緇布冠解之，與始冠之緇布冠相混，又謂績麻三十升布爲之，亦非也。古布幅闊二尺二寸，當今尺一尺三寸七分半，若容三十升之縷二千四百，則今尺一分之地，幾容一十八縷，此必不能爲者也。孔意蓋謂古者朝服十五升冠，當倍於衣，可知冠升倍衣，唯喪服斬衰三升，冠六升則然，自齊衰以下，則非倍半之數矣。禮無冠倍於衣之例，孔誤釋耳。麻冕之布，亦不過十五升，如今尺之一分，容九縷，已是細密難成矣。

廷琥按，冕上覆，以三十升布爲之。江氏永謂，細密難成，而以孔安國之説爲誤。然考之《士冠禮》疏引《禮器制度》云，冕以木爲體，廣八寸，長一尺六寸，績麻三十升布爲之，叔孫通在孔安國前，其説固不始於孔矣。鄭注《士冠禮》亦謂用布三十升，此豈無所見而云然歟。夫鄭氏《司服》注謂，士之袂二尺二寸，大夫以上侈之。《喪服》注謂，衣自領至要二尺二寸，不必布之廣皆二尺二寸也。《周禮・内宰》出其度量淳制，淳謂布帛之幅，廣制謂布帛之匹長，鄭氏引天子巡狩禮制，幣丈八尺，純四[犭只]爲證。《鄭志》因趙商之問，謂四[犭只]太廣，四當爲三，三八二十四，二尺四寸幅廣也，古三四積畫，是以三誤爲四，然則鄭固謂幅廣二尺四寸矣。《淮南・天文訓》云，黄鐘九寸，物以三生，三九二十七，故幅廣二尺七寸。高誘注：古者幅比皆然也，是幅廣且不止二尺四寸矣。二尺二寸之説，經無明文，惟見班氏《食貨志》其説云。凡貨金錢布帛之用，夏殷以前其詳靡記，太公爲周立九府圜法，布幅廣二尺二寸爲幅，長四丈爲匹，後魏制，人間所織絹布，皆廣二尺二寸，竊謂古制或不盡如此。又考《内宰》比其小大與其麤良，而賞罰之。賈疏云，布帛之等，縷小者則細良，縷大者則麤惡，然則布有精麤，縷有麤細，江氏執二尺二寸之説，以駁孔注，謂冕布亦十五升，拘矣。

又卷四 秦漢以後冕服制度，略載卷末，俾初學者知其概焉。

《後漢志》秦滅去禮學，郊祀之服，皆以袀元。漢承秦故。

《晉志》漢氏承秦，改六冕之制，但玄冠絳衣而已。

《隋志》秦除六冕，唯留玄冕。

以上秦與西漢。除六冕之制，惟有玄冕。

《後漢紀》永平二年正月，辛未，宗祀光武於明堂，帝及公卿列侯，始服冠冕衣裳、玉佩、絇屨，以行事。注：《漢官儀》曰，天子公卿、特進諸侯，祀天地、明堂，皆冠平冕。《三禮圖》冕以三十升布，漆而爲之，廣八寸，長尺六寸，前下後高，有俛伏之形。董巴《輿服志》顯宗初冕衣裳，以祀天地，衣裳以元上纁下。徐廣《輿服注》漢明帝案古禮，備其服章，天子郊廟，衣皂上絳下，前三幅後四幅。衣畫而裳繡。

《後漢志》世祖踐祚都於土中，始修三雍、正兆、七郊。顯宗遂就大業，初服旒冕，衣裳文章，赤舄絇屨，以祀天地，養三老五更於三雍，於始致治平矣。天子、三公九卿、特進侯、侍祠侯祀天地明（帝）［堂］，皆冠旒冕，衣裳元上纁下，乘輿備文日月星辰十二章，三公諸侯山龍九章，九卿以下華蟲七章，皆備五采大佩，赤舄絇屨，以承大祭。

又冕冠垂旒，前後邃延，玉藻。孝明皇帝永平二年初，詔有司采《周官》、《禮記》、《尚書・皋陶篇》，乘輿服從歐陽氏説，公卿以下從大小夏侯氏説。冕皆廣七寸，長一尺二寸，前圓後方，朱緑裏，元上，前垂四寸，後垂三寸，係白玉珠爲十二旒，以其綬采色爲組纓。三公諸侯，七旒，青玉爲珠。卿大夫，五旒，黑玉爲珠，皆有前無後，各以其綬采色爲組纓，旁垂黈纊。郊天地，宗祀，明堂，則冠之衣裳，玉佩備章采，乘輿、刺史、公侯九卿以下，皆織成，陳留襄邑獻之云。

又古者君臣佩玉，尊卑有度，上有韍，貴賤有殊，佩所以章德，服之衷也。韍所以執事，禮之共也。故禮有其度，威儀之制，三代同之。五伯迭興，戰兵不息，佩非戰器，韍非兵旗，於是解去韍佩，留其係璲，以爲章表。故《詩》曰鞙鞙佩璲，此之謂也。韍佩既廢，秦乃以采組連結於璲，光明章表，轉相結受，故謂之綬。漢承秦制，用而弗改加之，以雙印佩刀之飾。至孝明皇帝，乃爲大佩衝牙，雙瑀璜，皆以白玉。乘輿落以白珠，公卿諸侯以采絲，其視冕旒，爲祭服云。

《東京賦》整法服，正冕帶，珩紞紘綖，玉笄綦會。火龍黼黻，藻繂鞶厲。

徐廣《車服儀制》云，戰國以韍非兵飾，去之，漢明帝復制，韍，天子赤皮蔽膝。

《王制》疏：凡冕之制，皆元上纁下。故注《弁師》云，元覆朱裏，師説，以木版爲中，以三十升元布衣之於上，謂之延也，朱爲裏以繒爲之。案《漢禮器制度》廣八寸，長一尺六寸。又董巴《輿服志》云，廣七寸，長尺二寸。皇氏謂此爲諸侯之冕。應劭《漢官儀》廣七寸，長八寸，皇氏以爲卿大夫之冕服也。蓋冕隨代變異，大小不同，今依《漢禮器制度》爲定。

《玉藻》疏：漢明帝時，用曹褒之説，皆用白玉旒珠。

《隋志》秦除六冕，唯留玄冕。漢明帝永平中始創制。董巴《志》云，漢六冕同制，皆濶七寸，長尺二寸，前圓後方。

以上東漢。明帝本歐陽、夏侯之説復六冕之制。

《晉志》漢承秦弊西京，未有所制。及明帝始采《周官》、《禮記》、《尚書》及諸儒記説，還備衮冕之服，天子之冕，前後旒，用真白玉珠。魏明帝改以珊瑚珠。

又魏明帝，以公卿衮衣黼黻之飾，疑於至尊，多所減損，始制天子服，刺繡文，公卿服，織成文。晉遵而無改。《隋志》魏晉以來，非祀宗廟，不欲令臣下服衮冕。

馬氏端臨云，魏氏多因漢法，其所損益之制無聞。

以上魏。改用珊瑚珠。

《晉志》漢承秦弊西京，未有所制，及明帝，始采《周官》、《禮記》、《尚書》及諸儒記説，還備衮冕之服。天子之冕，前後旒，用真白玉珠。魏明帝改以珊瑚珠。晉初仍舊，過江服章多闕，而冕飾以翡翠、珊瑚、雜珠。侍中顧和奏，改用白琁珠。

又魏明帝，以公卿衮衣黼黻之飾，疑於至尊，多所減損，始制天子服，刺繡文，公卿服，織成文。晉遵而無改。又平冕，王公卿助祭於郊廟，服之。王公八旒，卿七旒，以組爲纓，色如其綬，王公衣山、龍以下九章，卿衣華蟲以下七章。

《通典》東晉元帝，初過江，帝服多闕，而冕飾以翡翠、珊瑚珠。侍中顧和奏，舊禮冕旒用白玉珠，今美石難得不能備，可用白玉琁珠，從之。後帝郊祀天地、明堂、宗廟、元會、臨軒，改服黑介幘、通天平冕，皂表，朱緑裏，廣七寸，長一尺二寸，加於通天冠上，前圓後方，垂白玉珠十二旒，以朱組爲纓，無緌。王公卿助祭郊廟，冠平冕，王公八旒，卿七旒，組爲纓，色如綬也。

以上晉。元帝時，仍用白玉珠，後改服黑介幘，通天平冕，即平頂冠也。平頂冠之制始於此。

《宋志》天子禮郊廟，則黑介幘，平冕，今所謂平頂冠也，皂表朱緑裏，廣七寸，長尺二寸，垂珠十二旒，以組爲纓，衣皂上絳下，前三幅，後四幅，衣畫而裳繡，爲日、月、星辰、山、龍、華蟲、藻、火、粉米、黼、黻之象，凡十二章也，素帶，廣四寸，朱裏，以朱緑裨飾其側，中衣以絳，緣其領袖，赤皮蔽膝，蔽膝，古之韍也，絳袴，絳襪，赤舄，其臨軒亦衮冕也。

又上公卿，初祭於郊廟，皆平冕，王公八旒，卿七旒，以組爲纓，色如其綬，王公衣山、龍以下九章也，卿衣華蟲以下七章也。

又劉向曰，古者天子至於士，王后至於命婦，必佩玉，尊卑各有其制。《禮記》曰，天子佩白玉而元組綬，公侯山元玉而朱組綬，卿大夫水蒼玉而緇組綬，士佩瓀玟而緼組綬。緼赤黃色，綬者，所貫佩，相承受也，上下施，韍，如蔽膝，貴賤亦各有殊。五霸之後，戰兵不息，佩非兵器，韍非戰儀，於

是解去佩、韍，留其係璲而已。秦乃以采組連結于璲，轉相結受，謂之綬。漢承用之，至明帝始復制佩。而漢末又亡絶，魏侍中王粲識其形，乃復造焉。今之佩，粲所制也。皇后至命婦所佩，古制不存，今與外同制，秦組綬，仍又施之。

又古者貴賤皆執笏，其有事則搢之於腰帶，所謂搢紳之士者，搢笏而垂紳帶也，垂三尺。笏者，有事則書之，故常簪筆，今之白筆是其遺象，三臺五省二品文官簪之，王公侯伯子男卿尹及武官不簪，加内侍位者乃簪之，手板，則古笏矣。尚書令、僕射、尚書，手板頭復有白筆，以紫皮裹之，名笏。朝服肩上有紫生袷囊，綴之朝服外，俗呼曰紫荷。

以上宋。

《齊志》宋明帝泰始四年，更制五輅儀，修五冕，朝會饗獵，各有所服，事見宋注。舊相承，三公以下冕七旒，青玉珠，卿大夫以下五旒，黑玉珠。永平六年，太常丞何諲之議，案《周禮》命數，改三公八旒，卿六珠。尚書令王儉議，依漢三公服，山、龍九章，卿華蟲七章。從之。

又平冕黑介幘，今謂平天冠，皂表朱緑裹，廣七寸，長尺二寸，垂珠十二旒，以朱組爲纓，如其綬色。衣皂上絳下，裳前三幅，後四幅，衣畫而裳繡，爲日、月、星辰、山、龍、華蟲、藻、火、粉米、黼、黻十二章。素帶廣四寸，朱裏，以朱緑裨飾其側，要中以朱垂以緑，垂三尺，中衣以絳緣其領袖，赤皮韍，絳袴袜，赤舄，郊廟、臨朝所服也。漢世，冕用白玉珠爲旒，魏明帝好婦人飾，改以珊瑚珠。晉初仍舊，後乃改，江左以美玉難得，遂用蚌珠，世謂之白琁珠。

又衮衣，漢世出陳留襄邑所織，宋末用繡及織成。建武中，明帝以織成重，乃采畫爲之，加飾金銀薄，世亦謂爲天衣。

平冕，各以組爲纓，王公八旒，衣山、龍九章，卿七旒，衣華蟲七章，並助祭所服，皆畫，皂絳繒爲之。

又佩玉，自乘輿以下，與晉宋制同。建元四年，制王公侯卿尹珠、水精，其餘用牙蚌。

以上齊。

《隋志》梁制，乘輿郊天、祀地、禮明堂、祠宗廟、元會、臨軒則黑介幘、通天冠、平冕，俗所謂平天冠者也。其制元表，朱緑裹，廣七寸，長尺二寸，加於通天冠上，前垂四寸，後垂三寸，前圓而後方，垂白玉珠十有二旒，其長齊肩，以組爲纓，各如其綬色，傍垂黈纊、琉珠，以玉瑱。其衣皂上絳下，前三幅，後四幅，衣畫而裳繡，衣則日、月、星辰、山、龍、華蟲、火、宗彝畫以爲績，裳則藻、粉米、黼、黻以爲繡，凡十二章，素帶，廣四寸，朱裏，以朱繡裨飾其側，中衣以絳，緣領袖，赤皮爲韠，蓋古之韍也。絳袴袜，赤舄，佩白玉垂，朱黄大綬，黄、赤、縹、紺四采，革帶，帶劍，緄帶以組爲之，如綬色，黄金辟邪，首爲帶鐍，而飾以白玉珠。

又臨軒亦服衮冕。

又周捨議，詔旨以王者衮服，宜畫鳳皇，以示差降。按禮，有虞氏皇而祭，深衣而養老。鄭元所言畫，畫鳳皇羽也。又按禮所稱雜服，皆以衣定名，猶如衮冕，則是衮衣而冕，明有虞言皇者，是衣名，非冕，明矣。畫鳳之旨，事實灼然，制可。又王僧崇云，今祭服，三公衣身畫獸，其腰及袖，又有青獸，形與獸同，義應是蜼，即宗彝也。兩袖各有禽鳥，形類鸞鳳，似是華蟲，今畫宗彝，即是周禮。但鄭元云，蜼，蝺屬，昂鼻長尾，是獸之輕小者，謂宜不得同獸。尋冕服無鳳，應改爲雉。又裳有圓花，於禮無礙，疑是畫師加葩藹耳。藻、米、黼、黻，並乖古制，今請改正，並改圓花。帝曰，古文日、月、星辰，此以一辰攝三物也，山、龍、華蟲，又以一山攝三物也，藻、火、粉米，又以一藻攝三物也，是爲九章，今衮服畫龍，則宜應畫鳳明矣。孔安國云，華者花也，則爲花非疑，若一向畫雉，差降之文，復將安寄，鄭義是所未允。文帝曰，禮，王者祀昊天上帝，則大裘而冕，祀五帝亦如之。又云莞席之安，而蒲越藁秸之用，斯皆至敬，無文，貴誠重質，今郊用陶匏，與古不異，而大裘蒲秸，獨不復存，其於質敬，恐有未盡，且一獻爲質，其劍佩之飾，及公卿所著冕服，可共詳定。五經博士陸瑋等並云，祭天猶存掃地之質，而服章獨取黼黻爲文，於義不可。今南郊神座皆用莞席，此獨莞類，未盡質素之理，宜以藁秸爲下藉，蒲越爲上席。又《司服》云，王祀昊天服大裘，明諸臣禮不得同，自魏以來，皆用衮服，今請依古，更制大裘制。可瑋等，又尋大裘之制，唯鄭元注《司服》云，大裘，羔裘也，既無所出，未可爲據。案六冕之服，皆元上纁下，今宜以元繒爲之，其制式如裘，其裳以纁，皆無文，繡冕則無旒，制可。

以上梁。

《隋志》陳永定元年，武帝即位，徐陵白所定乘輿御服，皆採梁之舊制，又以爲冕旒，後漢用白玉珠，晉過江，服章多闕，遂用珊瑚、雜珠，飾以翡翠。侍中顧和奏，今不能備玉珠，可用白琁從之。蕭驕子云，白琁蚌珠是也。帝曰，形制依此，今天下初定，務從節儉，應用繡織成者，並可彩畫，金色宜塗，珠玉之飾任用蚌也。至天嘉初，悉改易之，定令，俱依天監舊事，然亦往往改革，今不同者皆隨事。於注言之不言者，蓋無所改制云。又卿大夫助祭，則冠平冕五旒，□□爲飾，有前無後，各以其綬采爲組纓，旁垂黈纊，衣元上纁下，畫華蟲七章，皆佩五采大佩。赤舄絇屨。

以上陳。

《隋志》自晉左遷中原，禮儀多缺。後魏天興六年，詔有司始制冠冕，各倣品秩，以示等差，然未能皆得舊制。至太和中，方考故實，正定前謬，更造衣冠，尚不能周洽。及至熙平二年，太傅清河王懌、黃門侍郎韋廷祥等奏，定五時朝服，准漢故事，五郊衣幘，各如方色焉。及後齊，因之河清，中改易舊物，著令定制云。

以上後魏。

《隋志》乘輿平冕黑介幘，垂白珠十二旒，飾以五采玉，以組爲纓，色如其綬。黈纊，玉笄，白玉璽，黃赤綬，五采黃、赤、縹、緑、紺，純黃質，長二丈九尺，五百首，廣一尺二寸，小綬長三尺二寸，與綬同采，而首半之。袞服皂衣絳裳，裳前三幅，後四幅，織成爲之，十二章，緣絳中單，織成緄朱紱，佩白玉帶，鹿盧劍，絳袴袜，赤舄。

又四時祭廟、圜丘、方澤、明堂、五郊、封禪、大雩、出宮行事、正旦受朝及臨軒、拜王公，皆服袞冕之服。

又皇太子，平冕，黑介幘，垂白珠九旒，飾以三采玉，以組爲纓，色如其綬。金璽，朱綬，四采，赤、黃、縹、紺，綬朱質，長二丈一尺，三百二十首，廣九寸，小綬長三尺二寸，與綬同色，而首半之。袞服同乘輿而九章，絳紱，佩瑜玉，玉具劍，火珠標首，絳袴袜，赤舄。非謁廟則不服。

又諸公卿，平冕，黑介幘，青珠爲旒，上公九，三公八，諸卿六，以組爲纓，色如其綬。衣皆元上纁下，三公山、龍八章，降皇太子一等，九卿藻、火六章，惟郊祀天地、宗廟服之。

《通典》北齊采陳之制，旒玉用五采，以組爲纓，色如其綬，其四時郊祀，封禪大事，皆服袞冕。

以上北齊。

《隋志》後周設司服之官，掌皇帝十二服，祀昊天上帝，則蒼衣蒼冕。祀東方上帝及朝日，則青衣青冕。祀南方上帝，則朱衣朱冕。祭皇帝祇祀中央土帝，則黃衣黃冕。祀西方上帝及夕月，則素衣素冕。祀北方上帝、祭神州社稷，則玄衣玄冕。享先皇、加元服、納后、朝諸侯，則象衣象冕。十有二章，日、月、星辰、山、龍、華蟲，六章在衣，火、宗彝、藻、粉米、黼、黻，六章在裳，凡十二等。享諸先帝、大貞於龜、食三老五更、享諸侯、耕藉則服袞冕。自龍已下，凡九章十二等，宗彝已下五章在衣，藻、火已下四章在裳。衣重宗彝，祀星辰，祭四望、視朔、大射、饗羣臣、巡犧牲、養國老則服山冕八章，十二等，衣裳各四章。衣重火與宗彝，羣祀、視朝、臨太學、入道法門、宴諸侯與羣臣及燕射、養庶老、適諸侯家則服鷩冕，七章，十二等，衣三章，裳四章，衣重三章，袞、山、鷩三冕，皆裳重黼、黻，俱十有二等，通以升龍爲領標，冕通十有二旒。諸公之服九，一曰方冕。二曰袞冕，九章，宗彝已上五章在衣，藻已下四章在裳。三曰山冕，八章，衣裳各四章，衣重宗彝，爲九等。四曰鷩冕，七章，衣三章，裳四章，衣重火與宗彝。五曰火冕，六章，衣裳各三章，衣重宗彝及藻，裳重黻。六曰毳冕，五章，衣三章，裳二章，衣重藻、粉米，裳重黼黻，山冕已下俱九等，皆以山爲領標，冕俱九旒。諸侯服自方冕而下八，無袞冕，山冕，八章，衣裳各四章。鷩冕，七章，衣三章，裳四章，衣重宗彝。火冕，六章，衣裳各三章，衣重藻，裳重黻。毳冕，五章，衣三章，裳二章，衣重粉米，裳重黼黻。鷩冕已下俱八等，皆以華蟲爲領標，冕俱八旒。諸伯服自方冕而下七，又無山冕。鷩冕，七章，衣三章，裳四章。火冕，六章，衣裳各三章，裳重黻。毳冕，五章，衣三章，裳二章，裳重黼黻。火冕已下俱七等，皆以火爲領標，冕俱七旒。諸子服自方冕而下六，又無鷩冕。火冕，六章，衣裳各三章。毳冕，五章，衣三章，裳二章，裳重黻。毳冕已下俱六等，皆以宗彝爲領標，冕俱六旒。諸男服自方冕而下五，又無火冕，毳冕，五章，衣三章，裳二章，以藻爲領標，冕五旒。三公之服九，一曰祀冕。二曰火冕，六章，衣裳各三章，衣重宗彝與藻，裳重黻。三曰毳冕，衣三章，裳二章，衣重藻與粉米，裳重黼黻。四曰藻冕，四章，衣裳俱二章，衣重藻與粉米，裳重黼黻。五曰繡冕，三章，衣一章，裳二章，衣重粉米，裳重黼

黻，俱九等，皆以宗彝爲領褾。三孤之服自祀冕而下八，無火冕，毳冕五章，衣三章，裳二章。衣重粉米，裳重黼黻，藻冕，四章，衣裳各二章。衣重藻與粉米，裳重黼黻，俱八等，皆以藻爲領褾。繡冕，三章，衣一章，裳二章，衣重粉米裳重黼黻爲八等。公卿之服自祀冕而下七，又無毳冕，藻冕四章，衣裳各二章，衣重粉米，裳重黼黻，爲七等，皆以粉米爲領褾，各七，繡冕三章，衣一章，裳二章，衣重粉米，裳重黼黻，爲七等。上大夫之服自祀冕而下六，又無藻冕，繡冕三章，衣一章，裳二章，衣重粉米，裳重黼黻，爲六等。中大夫之服自祀冕而下五，又無皮弁，繡冕三章，衣一章，裳二章，衣重粉米，爲五等。下大夫之服自祀冕而下四，又無爵弁，繡冕三章，衣一章，裳二章，衣重粉米，爲四等。韠，皇帝三章，龍、火、山，諸侯二章，去龍，卿大夫一章以山，皆織絲以成之。保定四年，百官始執笏，常服上焉。宇文護始命袍加下襴。大象元年，制冕，二十四旒，衣服以二十四章爲準，二年下詔，天臺近侍及宿衛之官，皆著五色衣，以錦綺繢繡爲緣，名曰品色衣，有大禮則服冕，內外命服皆執笏，其拜俛伏方興。宣帝既傳位於太子，自稱天元皇帝，所居稱天臺，冕二十四旒，車服旂鼓，皆加於前王之數。

以上北周。本《周禮》設司服之官，而有山冕、方冕、火冕之名，則非古六冕制也。

《隋志》高祖初即位，改周制，采用東齊之法，乘輿衮冕，垂白珠，十有二旒，以組爲纓，色如其綬。黈纊充耳，玉笄，玄衣纁裳，衣山、龍、華蟲、火、宗彝五章，裳藻、粉米、黼、黻四章。衣重宗彝，裳重黼黻，爲十二等。衣褾領織成升龍，白紗內單，黼領，青褾、襈、裾，革帶，玉鉤鰈，大帶素帶朱裏，紕其外，上以朱，下以緑，韍隨裳色。龍、火、山三章，鹿盧玉具劍，火珠鏢首，白玉雙佩，元組雙大綬，六采，元、黃、赤、白、縹、緑，純元質，長二丈四尺，五百首，廣一尺，小雙綬，長二尺六寸，色同大綬，而首半之。間施三玉環，朱韈赤舄，舄加金飾。祀圓丘方澤、感帝明堂、五郊、雩禬、封禪、朝日、夕月、宗廟、社稷、藉田廟、遣上將、征還、飲至、元服、納后、正月受朝及臨軒拜王公則服之。

皇太子衮冕，垂白珠九旒，青纊充耳，犀笄，玄衣纁裳。衣山、龍、華蟲、火、宗彝，五章，裳藻、粉米、黼、黻四章，織成爲之，白紗內單，黼領，青褾、襈、裾，革帶，金鉤觵，大帶素帶，不朱裏，亦紕以朱緑，韍隨裳色。火、山二章，玉具劍，火珠鏢首，瑜玉雙佩，朱組，雙大綬，四采，赤、白、縹、紺，純朱質，長一丈八尺，三百二十首，廣九寸，小雙綬，長二尺六寸，色同大綬，而首半之。間施二玉環，朱韈赤舄以金飾，侍從皇帝祭祀，及謁廟、元服、納后則服之。

衮冕，青珠九旒，以組爲纓，色如其綬，服九章，同皇太子，王國公，開國公，初受册、執贄、入朝、祭、親迎則服之，三公助祭者，亦服之。鷩冕，侯八旒，伯七旒，服七章，衣華蟲、火、宗彝三章，裳藻、粉米、黼、黻四章。八旒者重宗彝。侯伯，初受册、執贄、入朝、祭、親迎則服之。毳冕，子六旒，男五旒，服五章，衣宗彝、藻、粉米三章，裳黼、黻二章。六旒者，裳重黻。子男初受册、執贄、入朝、祭、親迎則服之。絺冕，三品七旒，四品六旒，五品五旒，服三章。七旒者，衣粉米一章，爲三重，裳黼黻二章，各二重。六旒者，減黼一重，五旒又減黻一重。正三品已下，從五品已上，助祭則服之。自王公已下，服章皆繡爲之。祭服，冕皆簪導，青纊充耳，玄衣纁裳，白紗內單，黼領。絺冕已下，內單青領。青褾、襈、裾，革帶鉤觵大帶。王三公及公侯伯子男素帶，不朱裏，皆紕其外，上以朱，下以緑。正三品已下，從五品已上，素帶，紕其垂，外以元，內以黃，紐約皆用青組。朱韍。凡韍皆隨裳色，衮、鷩、毳，火、山二章。絺，山一章。劍、佩、綬、韈、赤舄。高祖元正、朝會、方御，通天服，郊丘、宗廟，盡用龍衮，衣大裘，毳絺，皆未能備。至平陳，得其衣冠法服，始依禮具然，皆藏御府，弗服用焉。百官常服，同於匹庶，皆着黃袍，出入殿省，高祖朝服亦如之，唯帶加十三環，以爲差異，蓋取於便事。及大業元年，煬帝始詔吏部尚書牛宏、工部尚書宇文愷、兼內史侍郎虞世基、給事郎許善心、儀曹郎袁朗等，憲章古制，創造衣冠。大裘冕之制，案《周禮》，大裘之冕無旒，《三禮衣服圖》大裘而冕，王祀昊天上帝及五帝之服，至秦除六冕，唯留玄冕。漢明帝永平中，方始創制。董巴《志》云，漢六冕同制，皆濶七寸，長尺二寸，前圓後方。於是遂依此爲大裘冕，制青衣朱裏，不施旒，纊不通於下，其大裘之服。案《周官》注：羔裘也，其制準《禮圖》以羔正黑者爲之，取同色繒，以爲領袖，其裳用纁，而無章飾，絳韈赤舄，祀圓丘、感帝、封禪、五郊、明堂、雩禬皆服之。衮冕之制案禮，玉藻十有二旒。《大戴禮》云，冕而加旒，以蔽明也，琇纊充耳，以蔽聰也。又禮含文嘉，前後邃延，不視邪也，加以黈纊，不聽讒也。三王之冕，既不通制，故夫子云，行夏之時，服周之冕。今以采綖，貫珠爲旒十二，

遼延者，出冕前後而下垂之旒，齊於髆，纊齊於耳，組爲纓，玉笄導，其爲服之制。《釋名》云，衮，卷也，謂畫龍於上也。是時虞世基奏曰，後周故事，升日月於旌旗，乃闕三辰，而章無十二，但有山、龍、華蟲作繪，宗彝、藻、火、粉米、黼、黻，乃與三公不異。開皇中，就裏，欲生分別，故衣重宗彝，裳重黼黻，合重二物，以就九章，爲十二等。但每一物，上下重行，衮服用九，鷩服用七，今重此三物，乃非典故。且周氏執謙，不敢負於日月，所以綴此三象，唯施太常，天王衮衣章，乃從九。但天子譬日德在照，臨辰爲帝位，月主正后，負此三物，合德齊明，自古有之，理應無惑。周執謙道，殊未可依，重用宗彝，又乖法服，今準《尚書》予欲觀古人之服，日、月、星辰、山、龍、華蟲作會，宗彝、藻、火、粉米、黼、黻絺繡，具依此。於左右髆上，爲日月各一，當後領下，而爲星辰，又山、龍九物，各重行十二。又近代，故實依《尚書大傳》山、龍純青，華蟲純黃作會，宗彝純黑，藻純白，火純赤，以此相間，而爲五采。鄭元議已自非之云，五采相錯非一色也。今並用織成於繡。五色錯文，準孔安國衣質以元，加山、龍、華蟲、火、宗彝等，並織成爲五物，裳質以纁，加藻、粉米、黼、黻之四，衣裳通數此爲九章，兼上三辰，而備十二也。衣褾領，上各帖升龍，漢晉以來，率皆如此，既是先王法服，不可乖於夏制，徵而用之，理將爲允。墨勑曰，可承以單衣。又案董巴《輿服志》宗廟冕服云，絳領袖爲内單衣。又《車服雜記》云，天子釋奠、郊祭，而單衣以絳緣。今用白紗爲内單，黼領，絳褾，青裾及襈，革帶，玉鉤艓，大帶，朱裏，紕其外，紐約用組，上加朱韍。又案《説文》韠，韍也，所以蔽前。《禮記》曰，有虞氏韍，夏后氏山，殷火，周龍章。鄭注曰，冕之韍也，舜始作之，以尊祭服，禹湯至周，增以文飾。《禮記》曰，君朱韠。鄭曰，韠象裳色。今依《白虎通》注：以蔽裳前，上濶一尺，象天數也，下濶二尺，象地數也，長三尺，象三才也，加龍章、山、火，以備三代之法也。於是制衮冕之服，玄衣纁裳，合九章爲十二等。白紗内單，黼領，青褾，襈，革帶，玉鉤艓，大帶，韍，鹿盧玉具劍，火珠鏢首，白玉雙佩，元組，大小綬，朱韈赤舄，舄飾以金，宗廟、社稷、藉田、方澤、朝日、夕月、遣將、授律、征還、飲至、加元服、納后、正冬、受朝、臨軒、拜爵皆服之。鷩冕，案《禮圖》王祭先公及卿之服，天子九旒，用玉二百一十六。侯伯服以助祭，七旒，用玉八十。新制依此服七章，三品及公侯助祭則服之。毳冕，案《禮圖》王祀四望山川之服，天子七旒，用玉一百六十八，子男服以助祭，五旒，用玉五十，新制依此服五章，四品及伯助祭則服之。絺冕，案《禮圖》王者祭社稷五祀之服，天子五旒，用玉一百二十，孤卿服以助祭，四旒，用玉三十二，新制依此服三章，五品及子男助祭則服之。玄冕，案《禮圖》王祭羣小祀及視朝服，天子四旒，用玉三十二，諸侯服其，祭其宗廟，三旒，用玉十八，新制依此服三章，通給庶姓。一品已下，五品已上，自製於家，祭其私廟，三品省衣，粉米加三重，裳黼、黻，加二重，四品減黼一重，五品減黻一重，禮自玄冕已上，加旒一等，天子祭祀節級服之。開皇以來，天子唯用衮冕，自鷩之下，不施於尊，具依前式，而六等之冕，皆有黈纊，黃緜爲之，其大如橘。珽案禮，天子搢珽，方正於天下也。又《五經異義》天子笏曰珽，珽直無所屈也，今制準此，長尺二寸，方而不折，以球玉爲之。笏，按《禮》諸侯以象，大夫魚須文竹，士以竹，本象可也。凡有指畫於君前，受命書於笏，笏畢用也。《五經要義》云，所以記事，防忽忘。《禮圖》云，度二尺有六寸，中博二寸，其殺六分去一。晉宋以來，謂之手板，此乃不經，今還謂之笏，以法古名。自西魏以降，五品已上，通用象牙，六品已下，兼用竹木。履舄，案圖云，複下曰舄，單下曰履，夏葛冬皮，近代或以重皮，而不加木，失於乾腊之義，□取乾腊之理。以木重底，冕服者，色赤，冕衣者，色烏，履同烏色，諸非侍臣，皆脱而升殿，凡舄，唯冕服及具服著之，履則諸服皆用，唯褶服以靴。

以上隋。仿《周禮》六冕之制。

《唐志》大裘冕者，祀天地之服也。廣八寸，長一尺二寸，以板爲之，黑表，纁裏，無旒，金飾玉簪導，組帶爲纓，色其綬，黈纊充耳。大裘，繒表，黑羔表爲緣，纁裏，黑領、褾、襟、緣，朱裳，白紗中單，皂領，青褾、襈、裾，朱襪，赤舄。鹿盧玉具劍，火珠鏢首，白玉雙佩。黑組大雙綬，黑質，黑、黃、赤、白、縹、緑爲純，以備天地四方之色。廣一尺，長二丈四尺，五百首。紛廣二寸四分，長六尺四寸，色如綬。又有小雙綬，長二尺六寸，色如大綬，而首半之，閒施三玉環。革帶，以白皮爲之，以屬佩、綬、印章。鞶囊亦曰鞶帶，博三寸半，加金鏤玉鉤艓。大帶，以素爲之，以朱爲裏，在腰及垂皆有襌，上以朱錦，貴正色也，下以緑錦，賤間色也，博四寸。紐約，貴賤皆用青組，博三寸。韍以繒爲之，隨裳色，上廣一尺，以象天數，下廣二尺，以象地數，長三尺，朱質，畫龍、火、山三章，以象三才，其頸五寸，兩角有肩，廣二寸，以屬革

帶。朝服謂之鞾，冕服謂之韍。衮冕者，踐祚、饗廟、征還、遣將、飲至、加元服、納后、元日受朝賀、臨軒册拜王公之服也。廣一尺二寸，長二尺四寸，飾玉簪導，垂白珠十二旒，朱絲組帶爲纓，色如綬。深青衣，纁裳，十二章：日、月、星辰、山、龍、華蟲、火、宗彝八章在衣，藻、粉米、黼、黻四章在裳。衣畫，裳繡，以象天地之色也。自山、龍以下，每章一行爲等，每行十二。衣褾、領，畫以升龍，白紗中單，黻領，青褾、襈、裾，韍繡龍、火、山三章，舄加金飾。鷩冕者，有事遠主之服也。八旒，七章，華蟲、火、宗彝三章在衣，藻、粉米、黼、黻四章在裳。毳冕者，祭海嶽之服也。七旒，五章：宗彝、藻、粉米在衣，黼、黻在裳。絺冕者，祭社稷、饗先農之服也，六旒，三章：絺、粉米在衣，黼、黻在裳。玄冕者，蜡祭百神、朝日、夕月之服也，五旒，裳刺黼一章。自衮冕以下，其制一也，簪導、劍、佩、綬皆同。皇太子之服，衮冕者，從祀、謁廟、加元服、納妃之服也。白珠九旒，紅絲組爲纓，犀簪導，青纊充耳。黑衣纁裳，凡九章：龍、山、華蟲、火、宗彝在衣，藻、粉米、黼、黻在裳。白紗中單，黼領，青褾、襈、裾。革帶金鉤鰈，大帶，瑜玉雙佩。朱組雙大綬，朱質，赤、白、縹、紺爲純，長一丈八尺，廣九寸，三百二十首。韍隨裳色，有火、山二章。白韈，赤舄，朱履，加金塗銀釦飾。鹿盧玉具劍如天子。羣臣之服：衮冕者，一品之服也。九旒，青璂爲珠，貫三采玉，以組爲纓，色如其綬。青纊充耳，寶飾角簪導。青衣纁裳，九章：龍、山、華蟲、火、宗彝在衣，藻、粉米、黼、黻在裳，皆絳爲繡遍衣。白紗中單，黼領，青褾、襈、裾。朱韈，赤舄。革帶鉤鰈，大帶，韍隨裳色。金寶玉飾劍，鏢首，山元玉佩。緑綟綬，緑質，緑、紫、黄、赤爲純，長一丈八尺，廣九寸，二百四十首。郊祀太尉攝事亦服之。鷩冕者，二品之服也。八旒，青衣，纁裳，七章：華蟲、火、宗彝在衣，藻、粉米、黼、黻在裳，銀裝劍，佩水蒼玉，紫綬，紫質，紫黄、赤爲純，長一丈六尺，廣八寸，一百八十首。革帶之後有金鏤鞶囊，金飾劍，水蒼玉佩，朱韈，赤舄。毳冕者，三品之服也。七旒，寶飾角簪導，五章：宗彝、藻、粉米在衣，黼、黻在裳。韍二章，山、火。紫綬，如二品，金銀鏤鞶囊，金飾劍，水蒼玉佩，朱韈，赤舄。絺冕者，四品之服也。六旒，三章：粉米在衣，黼、黻在裳，中單，青領。韍，山一章。銀鏤鞶囊。自三品以下皆青綬，青質，青、白、紅爲純，長一丈四尺，廣七寸，一百四十首，金飾劍，水蒼玉佩，朱韈，赤舄。玄冕者，五品之服也。以羅爲之，五旒，衣韍無章，裳刺黻一章。角簪導，青衣纁裳，其服用紬，大帶及裨，外黑内黄，黑綬州質，赤紺爲純，長一丈二尺，廣六寸，一百二十首，象笏，上圓下方，六品以竹木，上挫，下方。金飾劍，水蒼玉佩，朱韈，赤舄。三品以下私祭皆服之。平冕者，郊廟武舞郎之服也。黑衣絳裳，革帶，烏皮履。顯慶元年，長孫無忌等曰：武德初，撰《衣服令》天子祀天地服大裘冕，按周郊被衮以象天，戴冕藻十有二旒，與大裘異。《月令》：孟冬，天子始裘以禦寒。若啟蟄、祈穀、冬至、報天，服裘可也，季夏迎氣，龍見而雩，如之何可服。故歷代唯服衮章。漢明帝始采《周官》、《禮記》制祀天地之服，天子備十二章，後魏、周、隋皆如之。伏請郊祀天地服衮冕，罷大裘。又新禮，皇帝祭社稷服絺冕，四旒，三章，祭日月服玄冕，三旒，衣無章。按《月令》四品、五品之服也，三公亞獻，皆服衮，孤卿服毳、鷩，是天子同於大夫，君少臣多，非禮之中。且天子十二爲節以法天，烏有四旒三章之服。若諸臣助祭，冕與王同，是貴賤無分也。若降王一等，則王服玄冕，羣臣服爵弁，既屈天子，又貶公卿。《周禮》此文，久不用矣，猶祭祀之有尸侑，以君親而拜臣子，硩蔟、蟈氏之職，不通行者蓋多，漢魏承用衮冕。今新禮親祭日月，服五品之服，請循歷代故事，諸祭皆用衮冕。制曰，可。開元初，將有事南郊，中書令張説請遵古制用大裘，乃命有司製二冕，元宗以大裘樸略，不可通寒暑，廢而不服。

《會要》儀鳳二年，蘇知機上言，請製大明冕，十二章，乘輿服之，如日、月、星辰、龍、虎、山、火、麟鳳、元龜、雲、水等象，鷩冕八章，三公服之，毳冕六章，三品服之，黼冕四章，五品服之，詔下有司，議楊炯奏議，遂寢知機之請。

以上唐。

《宋志》衮冕之制，宋初，因五代之舊。

以上五代。

《宋志》大裘之制。神宗元豐四年，詳定郊廟奉祀禮文所言，《周禮》司裘掌爲大裘，以供王祀天之服。《司服》王祀昊天上帝，則服大裘而冕，祀五帝亦如之。享先王則衮冕。而《禮記》云郊祭之日，王被衮以象天，戴冕璪十有二旒，則天數也。王肅據《家語》，以爲臨燔柴，脱衮冕，著大裘。則是《禮記》被衮，與《周禮》大裘，郊祀並用二服，事不相戾，但服之有先後耳。是以《開寶通禮》，皇帝服衮冕出赴行宫，祀日，服衮冕至大次，質

明，改服大裘而冕出次。蓋衮冕盛服而文之備者，故於郊之前期被之，以至大次。既臨燔柴，則脱衮冕服裘，以明天道至質，故被裘以體之。今儀注：車駕赴青城，服通天冠、絳紗袍。祀之日，乃服鞾袍至大次，服衮冕臨祭，非尚質之義。乞並依《開寶通禮》。詔詳定所參議。又言，臣等詳大裘之制，本以尚質，而後世反以尚文，故冕之飾大爲不經。而禮書所載，上有垂旒加飾，又異大裘不裼之説，今參考諸説，大裘冕無旒，廣八寸，長一尺六寸，前圓後方，前低一寸二分，元表朱裏，以繒爲之。玉笄以朱組爲紘，玉瑱以元紞垂之。爲裘以黑羔皮，領袖以黑繒，纁裳朱紱而無章飾。佩白玉，元組綬。革帶，博二寸。玉鉤鰈，以佩紱屬之。素帶，朱裏，絳純其外，上朱下緑。白紗中單，皂領，青褾、襈、裾。朱韈，赤舄。黑絇、繶、純。乞下所屬製造。其當著奉祠之服，乞降梁陸瑋議以黑繒爲裘，及《唐・輿服志》以黑羔成爲緣。詔重詳定。光禄寺丞、集賢校理陸佃言，臣詳冕服有六。周官弁師云，掌王之五冕，則大裘與衮同冕。故《禮記》云，郊之日，王被衮以象天。又曰，服之襲也，充美也。禮不盛，服不充，故大裘不裼。此明王服大裘，以衮衣襲之也。先儒或謂周禮天地，皆服大裘，而大裘之冕無旒，非是。蓋古者裘不徒服，其上必皆有衣，故曰緇衣羔裘，黄衣狐裘，素衣麑裘。如郊祀徒服大裘，則是表裘以見天地，表裘不入公門，而乃欲以見天地，可乎。且先王之服，冬裘夏葛，以適寒暑，未有能易之者也。郊祀天地，有裘無衮，則夏祀赤帝與至日祭地祇，亦將被裘乎。然則王者冬祀昊天上帝，中裘而表衮，明矣。至於夏祀天神地祇，則去裘服衮，以順時序。《周官》曰，凡四時之祭祀，以宜服之，明夏不必衣裘也。或曰，祭天尚質，故徒服大裘，被衮則非尚質。臣以爲尚質者，明有所尚而已，不皆用質也。今欲冬至禋祀昊天上帝，服裘被衮，其餘祀天及祀地祇，並請服衮去裘，各以其宜服之。於是詳定所言，裘不可徒服。《禮記》曰，大裘不裼，則襲可知。所謂大裘之襲者，衮也，與衮同冕。伏請冬祀昊天與黑帝，皆服大裘，被以衮。其餘非冬祀天及夏至祭地，則皆服衮。六年，尚書禮部言，經有大裘，而無其制，近世所爲，惟梁、隋、唐爲可考。請緣隋制，以黑羔皮爲裘，黑繒爲領袖及裏，緣，袂廣可運肘，長可蔽膝。按皇侃説，祭服之下有袍繭，袍繭之下有中衣。朝服，裼衣之下有裘，裘之下有中衣。然則今之視郊，中單當在大裘之下，其袂之廣狹，衣之長短，皆當如裘。伏乞改製。於是神宗始服大裘，而加衮冕焉。哲宗元祐元年，禮部言，元豐所造大裘，雖用黑羔皮，乃作短袍樣，襲於衮衣之下，仍與衮服同冕，未合典禮。下禮部、太常寺共議。上官均、吴安詩、常安民、劉唐老、龔原、姚勔請依元豐新禮，丁騭請循祖宗故事，王愈請倣唐制，朱光庭、周秩，請以玄衣襲裘。獨禮部員外郎何洵直，在元豐中嘗預詳定，以陸佃所議有可疑者八。按《周禮》節服氏掌祭祀朝覲，衮冕六人，惟王之太常。郊祀裘冕二人。既云衮冕，又云裘冕，是衮與裘各有冕。乃云裘與衮同冕，當以衮襲之。裘既無冕，又襲於衮，中裘而表衮，何以示裘衮之别哉。古人雖質，不應以裘爲夏服，蓋冬用大裘，當暑則以同色繒爲之。《記》曰，郊祭之日，王被衮以象天。若謂裘上被衮，以被爲襲，則《家語》亦有被裘象天之文。諸儒或言，臨燔柴，脱衮冕，着大裘。或云，脱裘服衮，蓋裘衮無同冕兼服之理。今乃以二服合爲一，可乎。且大裘，天子吉服之最上，若大圭、大路之比，是裘之在表者。《記》曰，大裘不裼。説者曰，無别衣以裼之，蓋他服之裘褻，故表裘不入公門。事天以報本復始，故露質見素，不爲表襮，而冕亦無旒，何必假他衣以藩飾之乎。凡裘上有衣謂之裼，裼上有衣謂之襲，襲者，裘上重二衣也。大裘本不裼，《鄭志》乃云，裘上有玄衣，與裘同色。蓋趙商之徒，附會爲説，不與經合。襲之爲義，本出於重沓，非一衣也。古者齊祭異冠，齊服降祭服一等。祀昊天上帝、五帝，以裘冕祭，則衮冕齊。故鄭氏云，王齊服衮冕。是衮冕者，祀天之齊服也。唐《開元》及《開寶禮》始以衮冕爲齊服，裘冕爲祭服，兼與張融臨燔柴脱衮服裘之義合。請從唐制，兼改製大裘，以黑繒爲之。佃復破其説曰，夫大裘而冕，謂之裘冕，非大裘而冕，謂之衮冕。則裘冕必服衮，衮冕不必服裘。今特言裘冕者，主冬至言之。《周禮》司裘掌爲大裘，以供王祀天之服。則祀地不服大裘，以夏日至，不可服裘故也。今謂大裘當暑，以同色繒爲之，尤不經見。兼裼襲，一衣而已，初無重沓之義。被裘而覆之則曰襲，袒而露裘之美則曰裼。所謂大裘不裼，則非衮而何。《玉藻》曰，禮不盛，服不充，故大裘不裼。則明不裼而襲也，充，美也。鄭氏謂大裘之上有玄衣，雖不知覆裘，以衮然尚知大裘不可徒服，必有玄衣以覆之。《玉藻》有尸襲之義。《周禮》裘冕注云，裘冕者，從尸服也。夫尸服大裘而襲，則王服大裘而襲可知。且裘不可以徒服，故被以衮，豈借衮以爲飾哉。今謂祭天用衮冕爲齊服，裘冕爲祭服，此乃襲先儒之謬誤。後漢顯宗初服日、

月、星辰十二章，以祀天地。自魏以來，皆用袞服。則漢、魏祭天，嘗服袞矣。雖無大裘，未能盡合於禮，固未嘗有表裘而祭者也。且裘内服也，與袍同。袍褻矣，而欲禪以祭天，以明示質，是欲衩衣以見上帝也。洵直復欲爲大裘之裳，纁色而無章飾。夫裘安得有裳哉。請從先帝所志。其後詔如洵直議，去黑羔皮而以黑繒製焉。政和議禮局上，大裘，青表纁裏，黑羔皮爲領、褾、襈，朱裳，被以袞服。冬至祀昊天上帝服之，立冬祀黑帝、立冬後祭神州地祇亦如之。中興之後，無有存者。紹興十三年，禮部侍郎王賞等言，郊祀大禮，合依《禮經》，皇帝服大裘被袞行禮。據元豐詳定郊廟禮文，何洵直議以黑繒創作大裘如袞，惟領袖用黑羔，乞如洵直議。詔有司如祖宗舊制，以羔製之。禮部又言，關西羊羔，係天生黑色。今有司浧白羔爲之，不中禮制，不如權以繒代。又元祐中，有司欲爲大裘，度用百羔。哲宗以爲害物，遂用黑繒。請依太常所言。從之。遂以袞襲裘，冕亦十二旒焉。

袞冕之制，宋初因五代之舊，天子之服有袞冕，冕廣一尺二寸，長二尺四寸，前後十二旒，二纊，並貫真珠。又有翠旒十二，碧鳳銜之，在珠旒外。冕版以龍鱗錦表，上綴玉爲七星，旁施琥珀缾、犀缾各二十四，周綴金絲網，鈿以真珠、雜寶玉，加紫雲白鶴錦裏。四柱飾以七寶，紅綾裏。金飾玉簪導，紅絲條組帶。亦謂之平天冠。袞服青色，日、月、星、山、龍、雉、虎蜼七章。紅裙，藻、火、粉米、黼、黻五章。紅蔽、膝，升龍二，並織成，間以雲朵，飾以金鈒花鈿窠，袞以真珠、琥珀、雜寶玉。紅羅襦裙繡，五章，青褾、襈、裙。六綵綬一，小綬三，結玉環三。素大帶朱裏，青羅四神帶二，繡四神盤結。白羅中單，青羅抹帶，紅羅勒帛。鹿盧玉具劍，玉鏢首，鏤白玉雙佩，金飾貫真珠。金龍鳳革帶，紅韈，赤舄。金鈒花四神玉鼻，祭天地宗廟，朝太清宮，饗玉清昭應宮、景靈宮，受册尊號，元日受朝，册皇太子則服之。太祖建隆元年，大常禮院言，準少府監牒，請具袞龍衣、絳紗袍、通天冠制度令式。袞冕，垂白珠十有二旒，以組爲纓，色如其綬，黈纊充耳，玉簪導。玄衣纁裳，十二章，八章在衣，日、月、星辰、山、龍、華蟲、火、宗彝。四章在裳，藻、粉米、黼、黻。衣褾領如上，爲升龍，皆織就爲之。山龍以下，每章一行，重以爲等，每行十二。白紗中單，黼領，青褾、襈、裙。蔽膝加龍、山、火三章。革帶，玉鉤䚢。大帶，素帶朱裏，紕其外，上朱下緑，紐約用組。鹿盧玉具劍，大珠鏢首，白玉雙佩元組。雙大綬，六采，元、黄、赤、白、縹、緑，純元質，長二丈四尺五寸，首廣一尺，小雙綬長二尺六寸，色同大綬，而首半之，間施三玉環。朱韈，赤舄，加金飾。詔可。二年，太子詹事尹拙、工部尚書竇儀議，謹按《周禮》弁師掌王之五冕，朱裏綖紐，五采繅，十有二就，皆五采玉十有二，玉笄，朱紘。諸侯之繅旒九就，珉玉三采，其餘如王之事，繅斿皆就，玉瑱，玉笄。疏云，王不言玉瑱，於此言之者，王與諸侯互相見爲義。是以王言玄冕、朱裏延紐及朱紘，明諸侯亦有之。諸公言玉瑱，明王亦有之。詳此經、疏之文，則是本有充耳。今請令君臣袞冕以下並畫充耳，以合正文。從之。乾德玄年閏十二月，少府監楊格、少監王處訥等，上新造皇帝冠冕，先是郊祀冠冕，多飾以珠玉，帝以華而且重，故命改製之。仁宗景祐二年，又以帝后及羣臣冠服，多沿唐舊而用之，久則有司寖爲繁文，以失制度。詔入内侍省，御藥院與太常禮院詳典故，造冠冕，蠲減珍華，務從簡約。由是改製袞冕。天版元闊一尺二寸，長二尺四寸，今製廣八寸，長一尺六寸，減翠旒並鳳子，前後二十四珠旒並合典制。天版頂上，元織成龍鱗錦爲表，紫雲白鶴錦爲裏，今製青羅爲表，采畫出龍鱗，紅羅爲裏，采畫出紫雲白鶴。所有犀缾、琥珀缾各二十四，今減不用。金絲結網子上，舊有金絲結龍八，今減四，亦減絲令細。天板四面花墮子、素墜子依舊，減輕造。冠身并天柱，元織成龍鱗錦，今用青羅，采畫出龍鱗，金輪等七寶，元真玉碾成，今更不用，如補空却，以雲龍細窠。分旒玉鈎二，今減去之，天河帶，組帶，疑慢帶依舊，減輕造。納言，元用玉製，今用青羅，采畫出龍鱗錦。金稜上稜道，依舊用金，即減輕製。黈纊，玉簪。袞服八章，日、月、星辰、山、龍、華蟲、火、宗彝，青羅身，紅羅襈，繡造。所有雲子，相度稀稠補空，更不用細窠，亦不使真珠裝綴。中單，依舊皂白製造，裙用紅羅，繡出藻、粉米、黼、黻，周迴花樣仍舊，減稀製之。蔽膝用紅羅，繡升龍二，雲子補空，減稀製之，周迴依舊，細窠不用。六采綬依舊，減絲織造。所有玉環亦減輕，帶頭金葉減去，用銷金。四神帶不用。劍、佩、梁、帶、韈、舄並依舊。嘉祐元年，王洙奏，天子法服，冕旒形度重大，華飾稍繁，願集禮官參定。禮院繪圖以進。因勑御藥院更造，其後，冕服稍增侈如故。英宗治平二年，知太常禮院李育奏曰，郊廟之祭，本尚純質，袞冕之飾，皆存法象，非事繁侈，重其玩也。冕則以《周官》爲本，凡十二旒，間以采玉，加以紘、綖、笄、瑱之飾。袞則以《虞書》爲始，凡十二章，各以辰象，別以衣裳繪繡之采。東漢至唐，史

官名儒，記述前制，皆無珠翠、犀寶之飾，何則。鷸羽蚌胎，非法服所用。琥珀犀鉼，非至尊所冠。龍錦七星，已列采章之内。紫雲白鶴，近出道家之語，豈被衮戴璪、象天，則數之義哉。自大裘之廢，顓用衮冕，古朴稍去，而法度尚存。夫明水、大羹，不可以衆味和。《雲門》、《咸池》，不可以新聲閒。衮冕之服，不宜以珍怪累也。若魏明之用珊瑚，江右之用翡翠，侈靡衰播之餘，豈足爲聖朝道哉。且太祖建隆元年，少府監所造冕服，及二年，博士聶崇義所進《三禮圖》嘗詔尹拙、竇儀參校之，皆倣虞、周、漢、唐之舊，至四年冬服之，合祭天地於圜丘，用此制也。太宗亦嘗命少府製於禁中，不聞改作。及真宗封太山，禮官請服衮冕。帝曰，前王服羔裘，尚質也。今則無羔裘而有衮冕，可從近制。是豈有意於繁飾哉。蓋後之有司，率意妄增，未嘗確議，遂相循而用。故仁宗嘗詔禮官章得象等詳議之，其所減過半，然不經之飾，重者多去，輕者尚存，不能盡如詔書之意。故至和三年，王洙復議去繁飾，禮官畫圖以獻，漸還古禮，而有司所造，復如景祐之前。又按《開寶通禮》及《衣服令》，冕服皆有定法，悉無寶錦之飾。夫太祖、太宗，富有四海，豈乏寶玩，顧不可施之郊廟也。臣竊謂，陛下肇祀天地，躬饗祖禰，服周之冕，觀古之象，顧復先王之制，祖宗之法。其衮冕之服，及韠、綬、佩、舄之類，與《通禮》、《衣服令》、《三禮圖》制度不同者，宜悉改正。詔太常禮院、少府參定，遂合奏曰。古者冕服之用，郊廟殊制。唐典，天子之服有二等，而大裘尚存。顯慶初，長孫無忌等采《郊特牲》之説，獻議廢大裘。自是郊廟之祭，一用衮冕，然旒章之數，止以十二爲節，亦未聞有餘飾也。國朝冕服，雖倣古制，然增以珍異巧縟，前世所未嘗有。夫國之大事，莫大於祀，而祭服違經，非以肅祀容，尊神明也。臣等以謂，宜如育言，參酌《通禮》、《衣服令》、《三禮圖》及景祐三年減定之制，一切改造之。孔子曰，麻冕，禮也，今也純儉，吾從衆。純者，絲也，變麻用絲，蓋已久矣。則冕服之制，宜依舊以羅爲之。冕廣一尺二寸，長二尺二寸，約以景表尺，前圓後方，黝上朱下，以金飾板側，以白玉珠爲旒，貫之以五采絲繩。前後各十二旒，旒各十二珠，相去一寸，長二尺。朱絲組爲纓，黈纊充耳，金飾玉簪導。青衣纁裳，十二章，八章繪之於衣，日、月、星辰、山、龍、華蟲、火、宗彝也。四章繡之於裳，藻、粉米、黼、黻也。錦龍褾領，織爲升龍。山龍而下，一章爲一行，重以爲等，行十一。別製大帶，素表朱裏，朱緑終辟。韠、紱、舄、大小綬，亦去珠玉、鈿窠、琥珀、玻瓈之飾。其中單、革帶、玉具劍、玉佩、朱韈之制，已中禮令，無復改爲則，法服有稽，祭禮增重。復詔禮院再詳以聞。而内侍省奏謂，景祐中已裁定，可因而用也。從之。神宗元豐元年，詳定郊廟禮文所言：凡冕版廣八寸，長尺六寸，與古制相合，更不復議。今取少府監造樣，如以青羅爲表，紅羅爲裏，則非《弁師》所謂玄冕朱裏者也。上用金稜天板，四周金絲結網，兩旁用真珠、花素墜之類，皆不應禮。伏請改用朱組爲紘，玉笄、玉瑱，以元紞垂瑱，以五采玉，貫於五色藻爲旒，以青、赤、黄、白、黑，五色備爲一玉，每一玉長一寸，前後二十四旒，垂而齊肩，以合孔子所謂純儉之義。又古者祭服、朝服之裳，皆前三幅，後四幅，前爲陽以象奇，後爲陰以象偶，惟深衣、中單之屬連衣裳，而裳復不殊前後，然以六幅交解爲十二幅，象十二月。其制作莫不有法，故謂之法服。今少府監衮服，其裳乃以八幅爲之，不殊前後，有違古義。伏請改正祭服之裳，以七幅爲之，殊其前後。以今太常周尺度之，幅廣二尺二寸，每幅兩旁各縫殺一寸，謂之削幅，腰間辟積無數。裳側有純，謂之綼，裳下有純，謂之緆。綼，緆之廣，各寸半，表裏合爲三寸。羣臣祭服之裳，倣此。從之。政和議禮局更上皇帝冕服之制：冕版廣八寸，長一尺六寸，前高八寸五分，後高九寸五分，青表朱裏，前後各十有二旒，五采藻十有二就，就間相去一寸。青碧錦織成天河帶，長一丈二尺，廣二寸，朱絲組帶爲纓，黈纊充耳，金飾玉簪導，長一尺二寸。衮服，青衣八章，繪日、月、星辰、山、龍、華蟲、火、宗彝，纁裳四章，繡藻、粉米、黼、黻。蔽膝隨裳色，繡升龍二。白羅中單，皂褾、襈，紅羅勒帛，青羅袜帶。緋白羅大帶，革帶，白玉雙佩。大綬六采，赤、黄、黑、白、縹、緑，小綬三色，如大綬，間施玉環三。朱韈，赤舄，緣以黄羅。中興仍舊制，延，以羅衣木，元表朱裏，長尺有六寸，前低一寸一分，四旁緣以金，覆於卷武之上，纚以五色絲貫五色玉，前後各十二，凡用二百八十有八。玉笄，充耳用黄綿，紘以朱組，以其一屬於左笄上垂下，又屈而屬於右笄，繫之而垂其餘。衣元，八章，升龍於山，繪。裳纁四章，繡。幅前三後四，斷而不屬，兩旁殺縫，腰辟積，綼緆之廣皆如舊。大帶，以緋白羅合而紩之，以朱緑飾其側，上朱下緑，其束處以組爲紐約，下垂三尺。白羅中單，領、褾、襈以黻，服裘則以皂。綬大小各一，大綬織以六采，青、黄、黑、白、縹、緑，下垂青絲網，上有結，垂玉環三，小綬制如大綬。革帶，博二寸，革爲裏，緋羅爲表，飾以玉銙，

鈕以玉鉤𩋘。韍從裳色，上有紕，下有純，去上五寸，繪以山、龍、火，上接革帶繫之，佩有衡，有琚瑀，有衝牙，繫於革帶，左右各一。上設衡，衡下垂三帶，貫以蠙珠。次則中有金獸，面兩旁夾以雙璜，又次設琚瑀。下則衝牙居中央，兩旁有玉滴子，行則擊牙而有聲，舄有絇，有純，有繶，有綦，以緋羅爲之，首加金飾。韈，羅表繒裏，施靿著綦以繫之，赤舄以朱。宋初，凡大祭祀，大朝會，天子皆執圭。元豐三年，詔議大圭尺度，詳定所言，《考工記》鎮圭，尺有二寸，天子守之。大圭長三寸，杼上終葵首，天子服之。後魏以降，以白玉爲之，長尺有二寸，西魏以來，皆然，方而不折，雖非古制，蓋後世以所得之玉，隨宜爲之。今請揆玉之有無制之。哲宗元祐元年，禮部言，元豐新禮，皇帝祀天，搢大圭，其制圓首前詘，於禮未合。今欲倣西魏、隋、唐玉笏之制，方而不折，上下皆博三寸，長尺二寸，其厚以鎮圭爲約。從之。政和三年詔，冬祀可搢大圭，執元圭，永爲定制。中興仍舊制，大祭祀則執大圭以爲笏。皇太子之服，衮冕青羅表，緋羅紅綾裏，塗金銀鈒花飾，犀簪導，紅絲組，前後白珠九旒，二纊貫水晶珠。青羅衣，繡山、龍、雉、火、虎蜼五章，紅羅裳，繡藻、粉米、黼、黻四章。紅羅蔽膝，繡山、火二章。白紗中單，青褾、襈、裾。革帶，塗金銀鉤𩋘，瑜玉雙佩。四采織成大綬，結二玉環，金塗銀鈒花飾。青羅抹帶，紅羅勒帛。玉具劍，金塗銀鈒花，玉鏢首。白羅韈，朱履，金塗銀釦。從祀則服之。至道元年，太常禮院言，南郊皇太子充亞獻，合著祭祀服。準制度，衮冕以組爲纓，色如其綬，青纊充耳，玄衣纁裳，凡九章，每章一行，重以爲等，皆織爲之。白紗中單，黻領，青褾、襈、裾。革帶，金鉤𩋘。大帶，素帶不朱裏，亦紕以朱緑，紐約用組。黻隨裳色，二章。朱組，雙大綬四采，赤、白褾、襈，純朱質，長一丈八尺，三百二十首，廣九寸。小雙綬，長二尺六寸，色同大綬，而首半之，間施二玉環。朱韈赤舄，舄加金飾，餘同舊制。侍從祭祀及謁廟、加元服、納妃則服之。中興并同。其皇子之服，紹興三十二年十月，禮官言，皇子鄧、慶、恭三王，遇行事，若服祭服，則金塗銀八旒冕，真玉佩，綬，緋羅履韈。詔文思院製造。諸臣祭服。唐制，有衮冕九旒，鷩冕八旒，毳冕七旒，絺冕六旒，玄冕五旒。宋初，省八旒、六旒冕。九旒冕：塗金銀花額，犀、玳瑁簪導，青羅衣繡山、龍、雉、火、虎蜼五章，緋羅裳繡藻、粉米、黼、黻四章，緋蔽膝繡山、火二章，白花羅中單，玉裝劍，佩革帶，暈錦綬，二玉環，緋白羅大帶，緋羅韈、履，親王中書門下奉祀則服之。其冕無額花者，玄衣纁裳，悉畫，小白綾中單，師子錦綬，二銀環，餘同上。三公奉祀則服之。七旒冕，犀角簪導，衣畫虎蜼、粉米二章，裳畫黼、黻二章，銀裝佩、劍，革帶，餘同九旒冕，九卿奉祀則服之。五旒冕：青羅衣裳，無章，銅裝佩、劍，革帶，餘同七旒冕，四品、五品爲獻官則服之，六品以下無劍、佩、綬。紫檀衣，朱裳，羅爲之，皂大綾綬，銅裝劍、佩，御史，博士服之。平冕無旒，青衣纁裳，無劍、佩、綬，餘同五旒冕，太祝，奉禮服之。慶曆三年，太常博士余靖言，《周禮》司服之職，掌王之吉服，大裘而冕無旒，以祀昊天上帝，祀五帝亦如之。衮冕十有二旒，其服十有二章，以享先王。鷩冕八旒，其服七章，以享先公，亦以饗射。毳冕七旒，其服五章，以祀四望、山川。絺冕六旒，其服三章，以祭社稷、五祀。玄冕五旒，其服無章，以祭小祀。此皆天子親行祠事所服，冕服悉因所祀大小神鬼，以爲制度。今大祠、中祠所遣獻官並用上公九旒、九章冕服，以爲初獻，其餘公卿亦皆七旒冕服，全無等降。小祠則公服行事，乖戾舊典。宜詳《周禮》，因所祭鬼神，以爲獻官冕服之制。詔下禮官議，奏曰，聖朝之制，唯皇帝親祠郊廟及朝會大禮服衮冕外，餘冕皆不設。其每歲常祀，遣官行事，攝公則服一品九旒，冕攝卿則服三品七旒冕，自從品制爲服，不以祠之大小爲差。至於小祠獻官，舊以公服行事，則有違典禮。案《衣服令》五旒冕，衣裳無章，皂綾綬，銅裝劍、佩，四品以下爲獻官則服之。今小祠獻官，既不攝公、卿，則盡屬四品以下，當有祭服。請除公、卿祭服仍舊從本品外，小祠所遣獻官，並依令文祭服行事，若非時告祭，用香幣禮器行事之處，亦皆準此。詔施行焉。皇祐四年，同知太常禮院邵必言，伏見監察使、監禮各冠五旒冕，衣裳無章，色以紫檀。案《周禮》六冕之制，凡有旒者，衣裳皆有章。惟大裘冕無旒，衣裳無章。一命大夫之冕無旒，衣裳亦無章，今監祭、監禮所服冕五旒，侯伯之冕也，而衣無章，深所不稱。色以紫檀，又無經據，竊詳監祭、監禮既非祠官，則御史、博士爾，而服用五等，蓋非所宜，而且有旒無章，况國家南郊大禮，太常卿止服朝服，前導皇帝，明非祠官也。今後監祭者請冠獬豸，監禮者冠進賢爲稱。詔不允。元豐元年，詳定禮文所言，國家服章，視唐尤爲不備。於令文，祀儀有九旒冕、七旒冕、五旒冕，今既無冕名，而有司仍不制七旒冕，乃有四旒冕，其非禮尤甚。又服之者不以官秩上下，故分獻四品官皆服四旒冕，博士、御史則冕五旒而衣紫檀，太祝、奉禮則

服平冕，而無佩玉，此因循不謹之失也。且古者朝、祭異服，所以別事神與事君之禮。今皇帝冬至及正旦御殿，服通天冠、絳紗袍，則百官皆服朝服，乃禮之稱。至親祠郊廟，皇帝嚴裘冕以事神，而侍祠之官止以朝服，豈禮之稱哉。至於景靈宮分獻官，皆服朝服，尤爲失禮。伏請親祠郊廟、景靈宮，除導駕、贊引、扶侍、宿衛之官，其侍祠及分獻者，並服祭服。如所考制度，脩製五冕及爵弁服，各正冕弁之名。又國朝祀儀，祭社稷、朝日、夕月、風師、雨師，皆服衮冕，其蜡祭、先蠶、五龍亦如之。祭司命、户、竈、門厲、行皆服鷩冕，壽星、靈星、司中、司寒、中霤、馬祭皆服毳冕，皆非是。今天子六服，自鷩冕而下，既不親祠，廢而不用，則諸臣攝事，自當從王所祭之服。伏請依《周禮》，凡祀四望、山川則以毳冕，祭社稷、五祀則以絺冕，朝日、夕月、風師、雨師、司命、司中則以玄冕。若七祀、蜡祭百神、先蠶、五龍、靈星、壽星、司寒、馬祭，蓋皆羣小祀之比，當服玄冕。從之。哲宗元祐元年，太常寺言，舊制，大禮行事、執事官並服祭服，餘服朝服。至元豐七年，吕升卿始有行事及陪祠官並服祭服之議，今欲令行事，執事官，並服祭服，其贊引、行事、禮儀使、太常卿、太常博士、閤門使、樞密院官進接圭，殿中監止供奉皇帝，其陪位官止導駕、押宿及主管事務，并他處行事官，仍服朝服。從之。徽宗大觀元年，議禮局言，太社、太學獻官祝禮，皆以法服奉祠，至郡邑則用常服，乞降祭服，詔頒制度於州郡，然未明使製造。後政和間，始詔：州縣冠服，形制詭異，今禮制局造樣頒下轉運司，轉運司製，以給州縣焉。二年，議禮局檢討官俞朶言，元以象道，纁以象事，故凡冕皆玄衣纁裳，今太常寺祭服，則衣色青矣。前三幅以象陽，後四幅以象陰，故裳制不相連屬，今之裳則爲六幅，乃不殊矣。冕元表而朱裏，今乃青羅爲覆，以金銀飾之。佩用綬，以貫玉，今既有玉佩矣，又有錦綬，以銀銅一環飾之以玉。宗彝，宗廟之彝也，乃爲虎蜼之狀，而不作虎彝、蜼彝。粉米，散利以養人也，乃分爲二章，而以五色圓花爲藉。其餘不合古者甚多。乞下禮局，博考古制，畫太常寺及古者祭服樣二本以進。至於損益裁成，斷自聖學。詔令議禮局詳議。四年，議禮局官宇文粹中議改衣服制度曰：凡冕皆玄衣纁裳，衣則繪而章數皆奇，裳則繡而章數皆偶，陰陽之義也。今衣用深青，非是。欲乞視冕之等，衣色用元，裳色用纁，以應典禮。古者蔽前而已，芾存此象，以韋爲之。今蔽膝，自一品以下，並以緋羅爲表緣，緋絹爲裏，無復上下廣狹及會、紕、純、紃之制，又有山、火、龍章。按《明堂位》有虞氏服韍，夏后氏山，商火，周龍章。韍者，乃黻冕之黻，非赤芾之芾也。且芾在下體，與裳同用，而山、龍、火者，衣之章也。周既繢於上衣，不應又繢於芾，請改芾制，去山、龍、火章，以破諸儒之惑。又祭服有革帶，今不用皮革，而通裹以緋羅，又以銅爲飾。其綬或錦或皂，環或銀或銅，尤無經據，宜依古制除去。至佩玉、中單、赤舃之制，則全取元豐中詳定官所議行之。粹中，又上所編《祭服制度》曰：古者，冕以木版爲中，廣八寸，長尺六寸，後方前圓，後仰前低，染三十升之布，元表朱裏。後方者不變之體，前圓者無方之用，仰而元者，升而辨於物，俯而朱者，降而與萬物相見。後世以繒易布，故純儉。今羣臣，冕版長一尺二寸，闊六寸二分，非古廣尺之制。以青羅爲覆，以金塗銀稜爲飾，非古元表朱裏之制，乞下有司改正。古者冕之名雖有五，而繅就、旒玉則視其命數以爲等差。合綵絲爲繩，用以貫玉，謂之繅。以一玉爲一成，結之使不相并，謂之就。就間相去一寸，則九玉者九寸，七玉者七寸，各以旒數長短爲差。今羣臣之冕，用藥玉、青珠、五色茸綫，非藻玉三采、二采之義。每旒之長各八寸，非旒數長短爲差之義，又獻官冕服，雜以諸侯之制，而一品服衮冕，臣竊以爲非宜。元豐中，禮官建言，請資政殿大學士以上侍祠服鷩冕，觀察使以上服毳冕，監察御史以上服絺冕，朝官以上服玄冕，選人以上爵弁。詔許之，而不用爵弁。供奉官以下至選人盡服玄冕，無旒。臣竊謂依此參定，乃合禮制。古者，三公一命，衮則三公在朝其服當鷩冕，蓋出封則遠君而伸，在朝則近君而屈，今之攝事及侍祠皆在朝之臣也。在朝之臣乃與古之出封者同命數，非先王之意。乞下有司制鷩冕八旒、毳冕六旒、絺冕四旒、玄冕三旒，其次二旒，又其次無旒。依元豐詔旨，參酌等降，爲侍祠及攝祭之服，長短之度，采色之別，皆乞依古制施行。又案《周禮》，諸侯爵有五等，而服則三，所謂公之服自衮冕而下，侯伯自鷩冕而下，子、男自毳冕而下，是也。古者，諸侯有君之道，故其服以五、七、九爲節。今之郡守，雖曰猶古之侯、伯，其實皆王臣也。欲乞只用羣臣之服，自鷩冕而下，分爲三等：三都四輔爲一等，初獻鷩冕八旒。經略、安撫、鈐轄爲一等，初獻毳冕六旒，亞獻並玄冕二旒，終獻無旒。節鎮、防、團、軍事爲一等，初獻絺冕四旒，亞終獻並玄冕無旒。其衣服之制，則各從其冕之等。又曰：今之紘組，仍綴兩繒帶而結於頤，冕旁仍垂青纊而不以瑱，以犀爲簪而不以玉笄、象

笄，并非古制，乞下有司改正。從之。政和議禮局言，大觀中，所上羣臣祭服制度，已依所奏脩定，乞付有司，依圖畫製造。既又上羣臣祭服之制：正一品，九旒冕，金塗銀稜，有額花，犀簪，青衣畫絳龍，朱裳，蔽膝，白羅中單，大帶，革帶，玉佩，錦綬，青絲網玉環，朱韈，履。革帶以金塗銀，玉佩以金塗銀裝，綬以天下樂暈。親祠大禮使、亞獻、終獻、太宰、少宰、左丞，每歲大祠宰臣、親王、執政官、郡王充初獻服之。奏告官並依本品服，已下準此。從一品，九旒冕，無額花，白綾中單，紅錦綬，銀環，金塗銀佩，餘如正一品服。親祠吏部、户部、禮部、兵部、工部尚書，大廟進受幣爵，奉幣爵宗室，每歲大祠捧俎官、大祠中祠初獻官服之。二品，七旒冕，角簪，青衣無降龍，餘如從一品服。親祠，禮部侍中、殿中監、大司樂、光禄卿、讀册官、太廟薦俎、贊進飲福宗室、七祀、配享功臣、分獻官，每歲大祀，謂用宮駕者，大司樂、大祠中祠亞終獻、大祠禮官、小司獻官、朔祭太常卿服之。三品，五旒冕，皂綾綬，銅環金塗銅革帶，佩，餘如二品服。親祠舉册官、大樂令、光禄丞、奉俎饌籩豆簠簋官、分獻官分獻壇壝從，祀太廟奉瓚盤、薦香燈、安奉神主、奉毛血槃、蕭蒿篚、肝膋豆宗室，每歲祭祠大樂令、大中祠分獻官，服之。無旒冕，素青衣，朱裳，蔽膝，無佩綬，餘如三品服。奉禮協律郎、郊社令、太祝太官令、親祠擡鼎官、進搏黍官、太廟供亞終獻金斚、供七祀獻官、木爵官服之。五旒冕，紫檀絁衣，餘如三品服，監察御史服之。州郡祭服：三都初獻，八旒冕。經略、安撫、鈐轄初獻，六旒冕。亞獻並二旒冕，終獻無旒。節鎮、防、團、軍事初獻四旒冕，亞、終獻並無旒冕。中興之後，省九旒、七旒、五旒冕，定爲四等：一曰鷩冕，八旒。二曰毳冕，六旒。三曰絺冕，四旒。四曰玄冕，無旒。其義，以公、卿、大夫、士，皆北面爲臣，又近尊者而屈，故其節，以八，以六，以四，從陰數也。先是紹興四年五月，國子監丞王普奏言，臣嘗考諸經傳，具得冕服之制。蓋王之三公八命，鷩冕八旒，衣裳七章，其章各八。孤卿六命，毳冕六旒，衣裳五章，其章各六。大夫四命，絺冕，四旒，衣裳三章，其章各四。上士三命，玄冕三旒。中士再命，玄冕二旒。下士一命，玄冕無旒。衣皆無章。裳、韍視其命數，自三而下。其繅至笄、衡、紘、紞、瑱、纊、帶、佩、芾、舄、中衣，皆有等差。近世冕服制度，沿襲失真，多不如古。夫後方而前圓，後昂而前俛，元表而朱裏，此冕之制也，今則方圓俛仰，幾於無辨，且以青爲表，而飾以金銀矣。其衣皆元，其裳皆纁，裳前三而後四幅，此衣裳之制也。今則衣色以青，裳色以緋，且以六幅而不殊矣。山以章也，今則以墮。火以圜也，今則以鋭。宗彝，宗廟虎蜼之彝也，乃畫虎、蜼之狀，而不爲虎蜼彝。粉米，米而粉之者也，乃分爲二章，而以五色圓花爲藉。佩有衡、璜、琚、瑀、衝牙而已，乃加以雙商，而重設二衡。綬以貫佩玉而已，乃别爲錦綬，而間以雙環，以至帶無紐約，芾無肩頸，舄無絇繶，中衣無連裳。臣伏讀《國朝會要》郊廟奉祀禮文，祖宗以來，屢嘗講究，第以舊服，無有存者。欲乞因兹改作，是正訛謬，一從周制，以合先聖之言。尋禮部契勘，奏言：衣服之制，或因時王而爲之損益，事雖變古，要皆一時制作，不無因革。或考之先王，而有繆戾者，雖行之已久，不應承誤襲非，憚於改正。案《周官》自上公服衮，王之三公服鷩，以至士服玄冕，凡五等。唐制，自一品服衮冕九旒，至五品服玄冕無旒，亦五等，國家承唐之舊，初有五旒之名，其後去三公衮冕及絺冕，但存七旒鷩冕，五旒毳冕與無旒玄冕，凡三等而已。衮服非三公所服，去之可也，乃併絺冕去之，自尚書服毳冕，以至光禄丞亦服焉，貴賤幾無差等。此皆一時制作，不無因革。今合增鷩冕爲八旒，增毳冕爲六旒，復置絺冕爲四旒，并及無旒玄冕，共四等，庶幾稍合周制。君冕之方圓低昂至於無辨，則制造之差也。以青爲表，非不用元也，爲元而不至者也。以緋爲裳，非不用纁也，爲纁而太過者也。山止而静者也，今象其墮，是得山之勢，而不知其性火。圜而神者也，今象其鋭，是得火之形，而不得其神也。至於宗彝、粉米、佩綬、帶紐、芾屨之屬，皆宜改正施行。是時，諸臣奏請討論雖詳，然終以承襲之久，未能盡革也。鷩冕：八旒，每旒八玉，三采，朱、白、蒼，角笄，青纊，以三色紞垂之，紘以紫羅，屬於武。衣，以青黑羅，三章，華蟲、火、虎蜼彝，裳以纁表羅裏，繒七幅，繡四章，藻、粉、黼、黻。大帶，中單，佩以珉，貫以藥珠，綬以絳錦，銀環。韍，上紕下純，繪二章，山、火。革帶，緋羅表，金塗銀裝。韈舄並如舊制。宰相、亞終獻、大禮使服之。前期，景靈宮、太廟亞終獻，明堂滌濯，進玉爵酒，官亦如之。毳冕：六玉，三采，衣三章，繪虎蜼彝、藻、粉米。裳二章，繡黼、黻。佩藥珠、衡、璜等，以金塗銅帶，韍，繪以山。革帶以金塗銅。餘如鷩冕。六部侍郎以上服之。前期景靈宮、太廟進爵酒幣官、奉幣官、受爵酒幣官、薦俎官，明堂受玉爵、受玉幣、奉徹籩豆、進飲福酒、徹俎祝腥、贊引、亞終獻禮儀使、亞終獻爵并盥洗官四員，並如之。前二日奏告初獻，社壇九宮壇分祭初

獻、亞獻亦如之。絺冕：四玉，二采，朱緑。衣一章，繪粉米。裳二章，繡黼黻。綬以皂綾，銅環餘。如毳冕。光禄卿、監察御史、讀册官、舉册官、分獻官以上服之。前期景靈宫、太廟奏奉神主官、明堂太府卿、光禄卿、沃水舉册官、讀册官、押樂太常卿、東朶殿三員、西朶殿三員、東廊二十八員、西廊二十五員、南廊二十七員、軷門祭獻官，前二日奏告，亞獻終獻官、監察御史，並如之。社稷九宫壇分祭終獻官、監察御史、兵、工部、光禄卿丞亦如之。玄冕：無旒，無佩綬，衣純黑，無章，裳刺黼而已，韍無刺繡，餘如絺冕。光禄丞、奉禮郎、協律郎、進搏黍官、太社令、良醞令、太官令、奉俎饌等官，供祠執事官内侍以下服之。明堂光禄丞、奉禮郎、良醖令、太祝搏黍官、官架協律郎、登歌協律郎、奉御官、内侍供祀執事官、武臣奉俎官、軷門祭奉禮郎、太祝令、太官令、社壇九宫壇分祭太社、太祝、太官令、奉禮郎，並如之。紫檀冕：四旒，服紫檀衣，博士、御史服之。外州軍祭服：鷩冕，八旒，三都初獻服之。毳冕，六旒，經略、安撫、鈐轄、初獻服之。絺冕，四旒，經略、安撫。鈐轄亞獻服之，節鎮、防、團、軍事，初獻亦如之。玄冕，無旒，節鎮、防、團、軍事亞終獻服之。笏，唐制五品以上用象，上圓下方。六品以下用竹、木，上挫下方。宋文散五品以上用象，九品以上用木，武臣内職並用象，千牛衣緑亦用象，廷賜緋、緑者給之中興同。

以上宋。

《遼志》祭服，終遼之世，郊丘，不建大裘冕服，不書。袞冕，祭祀宗廟、遣上將出征、飲至、踐阼、加元服、納后、若元日受朝，則服之。金飾，垂白珠十二旒，以組爲纓，色如其綬，黈纊充耳，玉簪導，玄衣纁裳，十二章，八章在衣，日、月、星、龍、華蟲、火、山、宗彝。四章在裳，藻、粉米、黼、黻。衣褾領爲升龍，織成文，各爲六等，龍、山以下，每章一行，行十二，白紗中單，黼領，青褾、襈、裾，黻，革帶，大帶，劍，佩綬，舄加金飾。元日，朝會儀，皇帝服袞冕。

以上遼。

《金志》金制，皇帝服通天、絳紗、袞冕、偪舄，即前代之遺制也。冕制，天板長一尺六寸，廣八寸，前高八寸五分，後高九寸五分，身圍一尺八寸三分，并納言。并用青羅爲表，紅羅爲裏，週迴用金稜。天板下有四柱，四面珍珠網結子，花素墜子，前後珠旒共二十四，旒各長一尺二寸。青碧線織造天河帶一，長一丈二尺，闊二寸，兩頭各有真珠金碧旒三節，玉滴子節花，紅線組帶二，上有真珠金翠旒，玉滴子節花，下有金鐸子二枚，紅線欵幔帶一。黈纊二，真珠垂繫，上用金萼子二。簪窠，欵幔、組帶鈿窠，各二，内組帶鈿窠四並玉鏤塵碾造。玉簪一，頂方二寸，導長一尺二寸，簪頂刻鏤塵雲龍。袞，用青羅夾製，五綵間金繪畫，正面日一、月一、昇龍四、山十二、上下襟華蟲、火各六對，虎、蜼各六對。背面星一、昇龍四、山十二、華蟲、火各十二對，虎蜼各六對。中單一，白羅單製，羅領、褾、襈。裳一，帶、褾、襈，紅羅八幅夾製，繡藻三十一、粉十六、米十六、黼三十二、黻三十二。蔽膝一，帶、褾、襈，並紅羅夾製，繡昇龍二。綬一幅。大綬以赤、黄、黑、白、緑、褾六綵織，紅羅托裏，小綬三色同大綬，銷金黄羅綬頭，上間施三玉環，皆刻雲龍，大綬五百首，小綬半之。緋白大帶一，銷金黄羅帶頭，鈿窠二十四。紅羅勒帛一，青羅抹帶一。玉佩二，白玉上中下璜各一，半月各二，皆刻雲龍，玉滴子各二，皆以真珠穿製。金篦鉤，獸面、水華、環、釘。涼帶一，紅羅裏，鏤金，上有玉鵝七，鉈尾束各一，金攀龍口，以玳瑁板襯釘脚。舄，重底，紅羅面，白綾托裏，如意頭，銷金黄羅緣口，玉鼻仁飾以珠。韈用緋羅加綿。凡大祭祀、加尊號、受册寶，則服袞冕。行幸、齊戒出宫或御正殿，則通天冠、絳紗袍。皇太子冠服。冕用白珠九旒，紅絲組爲纓，青纊充耳，犀簪導。袞，青衣朱裳，五章在衣，山、龍、華蟲、火、宗彝，四章在裳，藻、粉米、黼、黻。白紗中單，青褾、襈、裾。革帶，塗金銀鉤艓。蔽膝隨裳色，爲火、山二章。瑜玉雙佩，四采織成大綬，間施玉環三。白襪，朱舄，舄加金塗銀釦。謁廟則服之。臣下祭服，皇統七年，太常寺言，太廟成後，奉安神主，祫享行禮，凡行事、執事、助祭、陪位官，唯古典當服袞冕，九章畫降龍，隨品各有等差。《通典》云虞、夏、殷並十二章，日、月、星辰、山、龍、華蟲作繪於衣，宗彝、藻、火、粉米、黼、黻絺繡於裳。周升三辰於旂，登龍於山，登火於宗彝，作九章之服，山、龍、華蟲、火、宗彝，繪於衣，藻、粉米、黼、黻繡於裳。公之服自袞冕而下如王之服，侯伯自鷩冕而下如公之服。又後魏帝服袞冕，與祭者皆朝服。又《開元禮》一品服九章。又《五禮新儀》正一品服九旒冕、犀簪、青衣畫降龍。今汴京舊禮直官言，自宣和二年已後，一品祭服七旒冕、大袖無龍。唐雖服九章服，當時司禮少常伯孫茂道言，諸臣之章雖殊，然飾龍名袞，尊卑相亂，請三公服鷩冕八章爲宜。臣等竊謂歷代衣服之制不同，若從

後魏則止服朝服，或用宋服則爲七章，若遵唐九章，則有飾龍名衮尊卑相亂之議。尚書省乃奏用後魏故事，止用燕京大册禮時所服朝服以祭。大定三年八月，詔遵皇統制，攝官則朝服，散官則公服，以皇太子爲亞獻，服衮冕。十四年，用唐制，若祭遇雨雪則服常服，謂今之公服也。泰和元年八月，禮官言，祭服所以接神，朝服所以事君，雖歷代損益不同，然未嘗不有分別。是以衮冕十二旒，玄衣纁裳備十二章，天子之祭服也。通天冠、絳紗袍，天子之視朝服也。臣下之服則用青衣朱裳以祭，朱衣朱裳以朝。國朝惟天子備衮冕、通天冠二等之服，今羣臣但有朝服，而祭服尚闕，每有祀事但以朝服從事，實於典禮未當。請依漢、唐故事，祭服冕旒畫章，然君冕服雖章數各殊，而俱飾龍名衮，而唐孫茂道已有尊卑相亂之論。然三公法服有龍，恐涉於僭，國初禮官亦嘗駁議。乞參酌古今，改置祭服，其冠則如朝冠，而但去其貂蟬、竪筆，其服用青衣、朱裳、白襪、朱履，非攝事者則用朝服，庶幾少有差別。上曰，朝祭之服，固宜分也。

以上金。

《元志》天子冕服，衮冕，制以漆紗，上覆曰綖，青表朱裏。綖之四周，匝以雲龍。冠之口圍，縈以珍珠。綖之前後旒各十二，以珍珠爲之。綖之左右，繫黈纊二，繫以元紞，承以玉瑱，纊色黄，絡以珠。冠之周圍，珠雲龍網結，通翠柳調珠。綖上横天河帶一，左右至地。珠鈿窠網結，翠柳朱絲組二，屬諸笄，爲纓絡，以翠柳調珠。簪以玉爲之，横貫於冠。衮龍服，制以青羅，飾以生色銷金帝星一、日一、月一、昇龍，四、複身龍四、山三十八、火四十八、華蟲四十八、虎蜼四十八。裳，制以緋羅，其狀如裙，飾以文繡，凡一十二行。每行藻二、粉米一、黼二、黻二。中單制以白紗，絳緣，黄勒帛副之。蔽膝，制以緋羅，有褾。緋絹爲裏，其形如襜，袍上著之，繡複身龍。玉佩，珩一、琚一、瑀一、衝牙一、璜二。衝牙以繫璜，珩下有銀獸面，塗以黄金，雙璜夾之。次又有衡，下有衝牙。傍別施雙的以鳴，用玉。大帶，制以緋白二色羅，合縫爲之。玉環綬，制以納石失。金錦也。上有三小玉環，下有青絲織網。紅羅韡，制以紅羅爲之，高靿。履，制以納石失，有雙耳二，帶鉤，飾以珠。襪，制以紅綾。右按《太常集禮》至元十二年十一月，博士議擬，冕天版長一尺六寸，廣八寸，前高八寸五分，後高九寸五分，身圍一尺八寸三分，并納言，用青羅爲表，紅羅爲裏，周迴緣以黄金。天板下四面，珠網結子，花素墜子，前後二十有四旒，以珍珠爲之。青碧線織天河帶，兩頭各有珍珠金翠旒三節，玉滴子節花全。紅綿組帶二，上有珍珠金翠旒，玉滴子，下有金鐸二。梅紅繡欵幔帶一，黈纊二，珍珠垂繫，上用金葶子二，簪窠欵幔組帶鈿窠各二，内組帶窠四，並鏤玉爲之。玉簪一，頂面鏤雲龍。衮衣，用青羅夾製，五采間金，繪日、月、星辰、山、龍、華蟲、宗彝。正面日一、月一、升龍四、山十二，上下襟華蟲、火各六對，虎蜼各□對，背星一，升龍四，山十二，華蟲、火各十二對，虎蜼各六對。中單，用白羅單製，羅領、褾、襈。裳一，帶褾、襈、全，紅羅八幅夾造。上繡藻、粉米、黼、黻，藻三十三，粉米十六，黼三十二，黻三十二，蔽膝一，帶褾、襈，紅羅夾造八幅，上繡升龍二。綬一幅，六采織造，紅羅托裏。小綬三，色同大綬，銷金黄羅綬頭全，上間施二玉環，並碾雲龍。緋白大帶一，銷金黄帶頭，鈿窠二十有四。紅羅勒帛一，青羅抹帶一。佩二，玉上、中、下璜各一，半月各二，並碾玉爲雲龍文。玉滴子各二，並珍珠穿造。金篦鉤，獸面，水葉環釘全。凉帶一，紅羅裏，鏤金爲之，上爲玉鷙七，撻尾束各一，金攀龍口，玳瑁襯釘。舄一，重底，紅羅面，白綾托裏，如意頭，銷金黄羅緣口，玉鼻，人飾以珍珠。金緋羅錦襪一兩。皇太子冠服，衮冕，玄衣，纁裳，中單，蔽膝，玉佩，大綬，朱襪，赤舄。按《太常集禮》至元十二年，博士擬衮冕制，用白珠九旒，紅絲組爲纓，青纊充耳，犀簪導。青衣、朱裳，九章。五章在衣，山、龍、華蟲、火、宗彝。四章在裳，藻、粉米、黼、黻。白紗中單，青褾、襈、裾。革帶，塗金銀鉤艓蔽膝，隨裳色，爲火、山二章。瑜玉雙佩，四采織成大綬，間施玉環三。白襪朱舄，舄加金塗銀釦。大德十一年九月，照擬前代制度。已擬其制，未果造。

以上元。

《明史・輿服志》皇帝冕服。洪武元年，學士陶安請製五冕。太祖曰，此禮太繁。祭天地、宗廟，服衮冕。社稷等祀，服通天冠，絳紗袍。餘不用。十六年定衮冕之制。冕，前圓後方，元表纁裏。前後各十二旒，旒五采玉十二珠，五采繅十有二就，就相去一寸。紅絲組爲纓，黈纊充耳，玉簪導。衮，玄衣黄裳，十二章，日、月、星辰、山、龍、華蟲，六章織於衣，宗彝、藻、火、粉米、黼、黻六章繡於裳。白羅大帶，紅裏。蔽膝隨裳色，繡龍、火、山文。玉革帶，玉佩。大綬六采，赤、黄、黑、白、縹、緑，小綬三色同大綬。間施三玉環。白羅

中單，黻領，青緣襈。黄襪，黄金舄飾。二十六年更定，衮冕十二章，冕版廣一尺二寸，長二尺四寸。冠上有覆，元表朱裏，餘如舊制。圭長一尺二寸。衮，玄衣纁裳，十二章如舊制。中單以素紗爲之。紅羅蔽膝，上廣一尺，下廣二尺，長三尺，織火、龍、山三章。革帶佩玉，長三尺三寸。大帶素表朱裏，兩邊用緣，上以朱錦，下以緑錦，大綬六采黄、白、赤、元、縹、緑。織成，純元質，五百首。凡合單紡爲一系，四系爲一扶，五扶爲一首。小綬三色同大綬。間織三玉環。朱襪赤舄。永樂三年定，冕冠以皂紗爲之，上覆曰綖，桐板爲質，衣之以綺，元表朱裏，前圓後方。以玉衡維冠，玉簪貫紐，紐與冠武足前體下曰武，綬在冠之下亦曰武。並繫纓處，皆飾以金。綖以左右垂黈纊充耳，用黄玉。繫以元紞，承以白玉瑱，朱紘。餘如舊制。玉圭長一尺二寸，剡其上，刻山四，以象四鎮之山，蓋周鎮圭之制，異於大圭不瑑者也。以黄綺約其下，别以囊韜之，金龍文。衮服十有二章。玄衣八章，日、月、龍在肩，星辰、山在背，火、華蟲、宗彝在袖。每袖各三。皆織成，本色領、褾、襈、裾。褾者袖端，襈者衣緣。纁裳四章，織藻、粉米、黼、黻各二，前三幅，後四幅，前後不相屬，共腰，有辟積，本色綼裼。裳側有純謂之綼，裳下有純謂之裼。純者，緣也。中單以素紗爲之，青領褾、襈、裾，領織黻文十三。蔽膝隨裳色，四章，織藻、粉米、黼、黻各二。本色緣，有紃施於縫中。玉鉤二，玉佩二，各用玉珩一、瑀一、琚二、衝牙一、璜二，瑀下垂玉花一、玉滴二。瑑飾雲龍文描金。自珩而下繫組五，貫以玉珠。行則衝牙，二滴與璜相觸有聲。金鉤二。有二小綬，六采，黄、白、赤、元、縹、緑。纁質。三小綬，色同大綬。間施三玉環，龍文，皆織成，韈舄皆赤色，舄有黑鉤、純，以黄飾舄首。嘉靖八年諭閣臣張璁，衮冕有革帶，今何不用。璁對曰，按陳祥道《禮書》古革帶、大帶，皆謂之鞶革。帶以繫佩韍，然後加以大帶，而笏搢於二帶之間。夫革帶前繫紱，後繫綬，左右繫佩，自古冕弁恒用之。今惟不用革帶，以至前後佩服皆無所繫，遂附屬裳要之間，失古制矣。帝曰，冕服祀天地，享祖宗，若闕革帶，非齊明盛服之意。及觀《會典》載蔽膝用羅，上織火、山、龍三章，并大帶緣用錦，皆與今所服不合。卿可并革帶繫蔽膝佩綬之式，詳考繪圖以進。又云，衣裳分上下服，而今衣恒掩裳。裳制如帷，而今兩幅。朕意衣但當與裳要下齊，而露裳之六章，何如。已又諭璁以變更祖制爲疑。璁對曰，臣考禮制，衣不掩裳，與聖意允合。夫衣六章，裳六章，義各有取，衣自不容掩裳。《大明集禮》及《會典》與古制不異。今衣八章，裳四章，故衣裳掩裳，然於典籍無所準。內閣所藏圖注：蓋因官司織造，循習訛謬。今訂正之，乃復祖制，非有變更。帝意乃決。因復諭璁曰，衣有六章，古以繪，今當以織。朕命織染局考國初冕服，日月各徑五寸，當從之。裳六章，古用繡，亦當從之。古色用元黄，取象天地。今裳用纁，於義無取，當從古。革帶即束帶，後當用玉，以佩綬繫之於下。蔽膝隨裳色，其繡上龍下火，可不用山。卿與內閣諸臣同考之。於是楊一清等詳議，衮冕之服，自黄、虞以來，玄衣纁裳，爲十二章。日、月、星辰、山、龍、華蟲，其序自上而下，爲衣之六章，宗彝、藻、火、粉米、黼、黻其序自下而上，爲裳之六章。自周以後，寖變其制，或八章，或九章，已戾於古矣。我太祖皇帝復定爲十二章之制，司造之官，仍習舛訛，非制作之初意，伏乞聖斷不疑。帝乃令擇吉更正其制。冠以圓匡烏紗冒之，旒綴七采玉珠十二，青纊充耳，綴玉珠二，餘如舊制。玄衣黄裳，衣裳各六章。洪武間舊制，日月徑五寸，裳前後連屬如帷，六章用繡。蔽膝隨裳色，羅爲之，上繡龍一，下繡火三，繫於革帶。大帶素表朱裏，上緣以朱，下以緑。革帶前用玉，其後無玉，以佩綬繫而掩之。中單及圭，俱如永樂間制。朱韈赤舄，黄條緣元纓結。皇太子冠服。陪祀天地、社稷、宗廟及大朝會、受册、納妃則服衮冕。洪武二十六年，定，衮冕九章，冕九旒，旒九玉，金簪導，紅組纓，兩玉瑱。圭長九寸五分，玄衣纁裳，衣五章，織山、龍、華蟲、宗彝、火。裳四章，織藻、粉米、黼、黻。白紗中單，黻領。蔽膝隨裳色，織火、山二章。革帶，金鉤觿，玉佩，綬五采赤、白、元、縹、緑。織成，純赤質，三百三十首，小綬三，色同。間織三玉環。大帶，白表朱裏，上緣以紅，下緣以緑。白韈，赤舄。永樂三年定，冕冠，元表朱裏，前圓後方，前後各九旒。每旒五采繅九就，貫五采玉九，赤、白、青、黄、黑相次。玉衡金簪，元紞垂青纊充耳，用青玉。承以白玉瑱，朱紘纓。玉圭長九寸五分，以錦約其下，并韜。衮冕九章，玄衣五章，龍在肩，山在背，火、華蟲、宗彝在袖，每袖各三。皆織成。本色領、褾、襈、裾。纁裳四章，織藻、粉米、黼、黻各二，前三幅，後四幅，不相屬。共腰，有襞積，本色綼裼。中單以素紗爲之，青領、褾、襈、裾，領織黻文十二。蔽膝隨裳色，四章，織藻、粉米、黼、黻。本色緣，有紃，施於縫中。上玉鉤二，玉佩二，各用玉珩一、瑀一、琚一、衝牙一、璜三。瑀下垂玉花一，玉滴二。瑑雲龍文，描金。自珩而下，繫組五，貫以玉珠。上有金鉤。小綬四

采赤、白、縹、緑。以副之，纁質。大帶，素表朱裏，在腰及垂，皆有綼，上綼以朱，下綼以緑。紐約用青組。大綬四采，赤、白、縹、緑。纁質。小綬三采。間施二玉環，龍文，皆織成。韈舄皆赤色，舄用黑絇純，黑飾舄首。親王冠服。助祭、謁廟、朝賀、受册、納妃服衮冕。洪武二十六年定，冕服俱如東宫，第冕旒用五采，玉圭長九寸二分五釐，青衣纁裳。永樂三年又定冕服、皮弁，制俱與東宫同。

親王世子冠服。聖節、千秋節并正旦、冬至、進賀表箋及父王生日諸節慶賀，皆服衮冕。洪武二十六年定，衮冕七章，冕三采玉珠，七旒。圭長九寸，青衣三章，織華蟲、火、宗彝。纁裳四章，織藻、粉米、黼、黻。素紗中單，青領、褾、襈，赤韍。革帶，佩白玉，元組綬綬。紫質，用三采紫、黄、赤。織成，間織三白玉環。白韈赤舄。永樂三年更定，冕冠前後各八旒，每旒五采繅八就，貫三采玉珠八，赤、白、青色相次。玉圭長九寸，青衣三章，火在肩，華蟲、宗彝在兩袖，皆織成。本色領、褾、襈、裾。其纁裳、玉佩、帶、綬之制，俱與親王同，第領織黻文減二。郡王冠服。永樂三年定，冕冠前後各七旒，每旒五采繅七就，貫三采玉珠七。圭長九寸。青衣三章，粉米在肩，藻、宗彝在兩袖，皆織成。纁裳二章，織黼、黻各二。中單，領織黻文七，餘與親王世子同。

以上明。

冕服

綜　述

漢·叔孫通《漢禮器制度》　凡冕以版，廣八寸，長尺六寸，以上玄下朱覆之，乃以五彩繅繩，貫五彩玉垂於延前後，謂之邃延。《周禮·弁師》疏。

冕制，皆長尺六寸，廣八寸，天子以下皆同。《論語·衛靈公》疏。

天子冠通天。《獨斷》引漢制。

進賢冠，文官服之，尚書兩梁。《獨斷》引漢制。

鉤邊，若今曲裾也。《禮記》深衣注。

弁冕，以木爲體，廣八寸，長尺六寸。案《周禮·弁師》疏引作，凡冕，以版廣八寸，長尺六寸。

績麻三十升布爲之，上以玄，下以纁，前後有旒，尊卑各有差等，天子玉笄，朱紘。《儀禮·士冠禮》疏。

冕制，皆長尺六寸，廣八寸，天子以下皆同。《春秋左氏桓公二年》正義。

漢·劉熙撰、清·畢沅疏證、王先謙補《釋名疏證補》卷四《釋首飾第十五》　祭服曰冕。畢沅曰，天子冕服有六，皆祭服也。詳《周禮·司服》。冕，猶俯也，俯，平直貌也。蘇輿曰，《御覽》服章三，引，俛下無也字。《白虎通》論冕制云，禮曰，周冕而祭。又云，十一月之時，陽氣俯仰，黄泉之下，萬物被施，如冕前俯而後仰，故謂之冕也。《後漢書·明帝紀》注引《三禮圖》云，冕以十三升布，染而爲之，廣八寸，長尺六寸，前圓後方，前下後高，有俯伏之形，故謂之冕，欲人之位彌高，而志彌下，故以名焉。亦言文也。蘇輿曰，《御覽》服章三，引無此句。玄上纁下，前後垂珠，有文飾也。畢沅曰，《周禮》弁師掌王之五冕，皆玄冕朱裏，延紐，五采藻十有二就，皆五采玉，十有二玉，笄，朱紘，是有文飾者也。玄上，謂延上色玄，纁下，謂朱裏也。此所言珠，亦以玉爲之。《續漢書·輿服志》乘輿冕系白玉珠，三公諸侯青玉爲珠，卿大夫黑玉爲珠，蓋衮冕用玉二百八十八，其形僅如珠，始不過重耳。《晉書·輿服志》云，漢以來，天子之冕，前後旒，用真白玉珠，魏明帝好婦人之飾，改以珊瑚珠，是知珠蓋通稱耳。蘇輿曰，《御覽》服章三，引應劭《漢官儀》云，周冕與古冕略等，周加垂旒，天子前後垂真白珠各十二。據此則垂真白珠不始于漢。又蔡邕《獨斷》云，漢明帝采《尚書》臯陶及《周官》《禮記》以定冕制，皆廣七寸，長尺二寸，繫白珠于其端十二旒，三公及諸侯九旒，卿七旒。有衮冕，衮，卷也，畫卷龍於衣也。畢沅曰，鄭仲師注《司服》云，衮，卷龍衣也。卷，渠緣反。蘇輿曰，《御覽》服章三，引摯氏《決疑要注》云，秦除六冕之制，明帝永平中使諸儒案古文始復造衮冕。有鷩冕，鷩雉，山雉也。畢沅曰，今本作鷩，雉之憋惡者，山雞是也，據《御覽》引改。鷩，憋也，畢沅曰，《説文》心部無憋字，《列子·力命篇》憋懯，乃急速之貌，《廣雅·釋詁》，憋，惡也。曹憲音，埤列芳列二切。性急憋，不可生服，必自殺，故畫其形於衣，以象人執耿介之節也。畢沅曰，鄭康成注《司服》云，鷩，畫以雉，謂華蟲也。又注《大宗伯》云，雉取其守介，而死不失其節。毳冕，毳，芮也，畫藻文於衣，象水草之毳芮，温暖而潔也。畢沅曰，康成注《司

服》云，毳，畫虎、蜼，謂宗彝也，以冕服五等之章，差之。鄭説爲長。孫詒讓曰，芮，疑即軟之假字。《呂氏春秋・必己篇》云，不衣芮溫。高注云，芮，絮也，未確。黻冕，黻，紩也，畫黻紩文采於衣也。畢沅曰，黻冕當爲黹冕，黹，紩也，畫黻二字疑衍文。黹冕，衣刺粉米一章，無畫，裳刺黼黻二章，故得黹名。《周禮》作希冕。康成注：希，刺粉米，無畫也。又有玄冕，康成云，玄者，衣無文，裳刺黻而已。是以謂玄焉。案此乃所謂黻冕，今并合二冕無分別，似非。此皆隨衣而名之也，所垂前後珠轉減耳。畢沅曰，周制王之五冕，衮冕之旒十有二就，鷩冕九就，毳冕七就，黹冕五就，玄冕三就，其玉則五冕皆每就十有二，後亦如之。公侯以下，自九就以至三就，凡四等，其前後用玉多寡，各視其就數，以尊卑爲差也。此言所垂前後珠轉減，亦如是用玉之數爾。

五代・馬縞《中華古今注》卷上《冕服》 牛亭問，冕者繁露何也。答曰，假玉而下垂，如露而繁也。《文選》云，衮冕垂旒，所以蔽明，黈纊塞耳，所以蔽聰。《尚書》云，日、月、星辰、山、龍、華蟲，作會，宗彝、藻、火、粉米、黼、黻，絺繡，以五彩彰施于五色也，所謂天子衮冕之服也。

宋・聶崇義《三禮圖集注》卷一《大裘冕》

大裘者，黑羔裘也。其冕無旒，亦玄表纁裏。按《鄭志》大裘之上，又有玄衣，與裘同色，但無文彩耳。裘下有裳，纁色，朱韍素帶，朱裏，朱緣，終辟，佩白玉而玄組綬，赤舄黑絇繶純。絇者謂拘屨舄之頭以為行戒。繶，縫中紃也。純，緣也。三者皆黑色。大裘已下，冕皆前圓後方。天子以球玉為笏。王祀昊天上帝、五帝、崑侖、神州皆服大裘。

又《衮冕》

衮冕九章。《舜典》曰，予欲觀古人之象，日、月、星辰、山、龍、華蟲，作繢。宗彝、藻、火、粉米、黼、黻、絺繡。此古天子冕服十二章。王者相變，至周而以日、月、星辰畫於旌旂，所謂三辰。旂旗昭其明也。而冕服九章，初，一曰龍，二曰山，三曰華蟲，四曰火，五曰宗彝，皆畫繢於衣。次，六曰藻，七曰粉米，八曰黼，九曰黻，皆刺繡於裳。此九章。登龍於山，登火於宗彝，尊其神明也。以龍能變化，取其神。山取其人所仰也。火取其明也。宗彝，古宗廟彝尊名，以虎蜼畫於宗彝，因號虎蜼為宗彝。故并畫虎蜼為一章。虎取其嚴猛。蜼取其智，遇雨以尾塞鼻是其智也。冕制廣八寸，長尺六寸。以三十升布染之。上以玄覆冕為延，下以朱衣之。又以紐綴於冕兩傍垂之，與武傍孔相當，以笄貫之，使得牢固。又以紘一端先屬於左邊笄上，以一頭繞於頤下向上，於右邊笄上繞之。衮冕十二旒，以五采絲為之繩，貫五采玉。每旒各十二玉，垂於冕前後，共二十四旒，計用玉二百八十八，五采繩十二就。就，成也。每就間蓋一寸。五冕服皆玄衣、纁裳、朱韍、素帶、朱裏，又以朱綠終裨。

又《鷩冕》

鷩冕七章，享先公饗射之服。鄭注《弁師》云，鷩衣之冕，繅九旒。亦以五采繅繩貫五采玉，每旒各十二玉垂於冕前後，共一十八，計用玉二百一十六。鷩，雉名，即華蟲也。華蟲，五色蟲也。故一曰華蟲，二曰火，三曰宗彝，皆畫於衣。四曰藻，五曰粉米，六曰黼，七曰黻，皆刺於裳。韍帶綬舄皆與衮冕同。

又《毳冕》

毳冕五章，祀四望山川之服。按鄭義，毳冕七旒，亦合五采絲繩貫五采玉，每旒各十二玉，前後共十四旒，計用玉百六十八。毳，畫虎、蜼，謂宗彝也。故此五章初曰宗彝，二曰藻，三曰粉米，皆畫於衣。四曰黼，五曰黻，皆綉於裳。藻，水草也。取其文如華蟲之義。粉米取其潔，又取其養人也。粉米不可畫之物，故皆刺繡於衣與裳也。黼，諸文亦作斧。按《繪人職》據采色而言，白與黑謂之黼。若據繡於物上，即為金斧之文，近刃白，近銎黑，則曰斧。取金斧斷割之義也。青與黑為黻形，則兩己相背，取臣民背惡向善，亦取君臣離合之義。

又《絺冕》

絺冕。絺冕三章，祭社稷五祀之服。孔安國以絺為細葛上刺繡。後鄭讀絺為紩，或作黹。本有此二文，取紩為正。既讀絺為紩，紩，刺也。絺之三章，粉米在衣是不可畫之物，乃刺於衣上，故得絺名。則黼黻二章准繡於裳也。其冕五旒，亦五采藻繩十有二就。每旒各貫五采玉十二，用玉百二十。

又《玄冕》

玄冕一章，祭群小祀之服。賈疏云，上四衣皆玄而有畫，此衣不畫而無文。其衣本是一玄，故獨得玄名。一章，唯裳刺黻而已。其冕三旒，五采藻

十二就，每旒亦貫五采玉十二，計用玉七十二。群小祀，謂林澤墳衍四方百物之屬。

又《玄端》

端取其正也。士之玄端，衣身長二尺二寸，袂亦長二尺二寸。今以兩邊袂各屬一幅於身，則廣袤同也。其袪尺二寸，大夫已上侈之，蓋半而益一。然則其袂三尺三寸，袪尺八寸。《司服》云，齊有玄端。張鎰《圖》云，天子齊，玄衣、玄冠、玄裳、黑韠、素帶、朱緑、終辟、佩白玉、黑舄、赤絇繶純。諸侯唯佩山玄玉，為別燕居朱裳、朱韠、赤舄、黑絇繶純。卿大夫素裳。上士玄裳。中士黃裳。下士雜裳，前玄後黃。大夫已上朝夕服之，唯士夕服之。夕者，若今晡上視事耳。

又《三公毳冕》

三公八命而下服毳冕者。案，射人，職掌三公、孤、卿之位，三公北面，孤東面，卿大夫西面。以三公臣中最尊，故屈使北面答君也。其摯執璧與子男同制。故服毳冕與子男同也。雖從毳冕五章，其旒與小章皆依命數。此所謂屈而伸者也。玉繅亦皆三采，每繅八成則八旒，每旒八玉，計用瑎玉百二十八。諸家《禮圖》皆不載三公之冕。臣崇義按，《弁師》注於命爵之中獨著孤繅四就，用玉三十二。仰推王之三孤六命，上極三公，繅玉形制、綵繪章數，觸類可知。故特圖於上公衮冕之右，亦內外之次也。

又《上公衮冕》

《司服》云，公之服自衮冕而下，注云，自公衮冕至卿大夫之玄冕，皆朝聘天子及助祭之服。諸侯非二王後，其餘皆玄冕而祭。又《弁師》云，諸公之繅斿九就，瑉玉三采，其餘如王之事，繅斿皆就，玉瑱玉笄。注云，三采，朱、白、蒼。其餘延紐皆玄覆，朱裏，與王同。繅斿就，皆三采，每繅九成，則九斿。每斿九玉，計用玉百六十二。其五冕之版亦廣八寸，長尺六寸，前圓後方。又《覲禮》注云，公衮有降龍，無升龍。又《明堂位》注：韍畫山火而無龍。《祭義》云，諸侯冕而青紘。《玉藻》云，笏，諸侯以象。又曰，荼前屈後直。張鎰《圖》云，其服玄衣、纁裳、朱韍、素帶、朱緑、終辟，佩山玄玉、朱組綬、赤舄、黑絇繶純。其方伯及王之子弟出封侯伯皆得服之，朝王助祭焉。

又《侯伯鷩冕》

《司服》云，侯伯之服自鷩冕而下，《弁師》注云，侯伯繅七就，繅玉皆三采，每繅七成，則七斿。每斿亦貫七瑁玉，計用玉九十八。韍、帶、綬、舄，皆與上公同。王祀昊天上帝，助祭及朝王皆服之。王者之後、方伯王之子弟封為侯伯者，皆服之，以助王祭先公及饗、射。

又《子男毳冕》

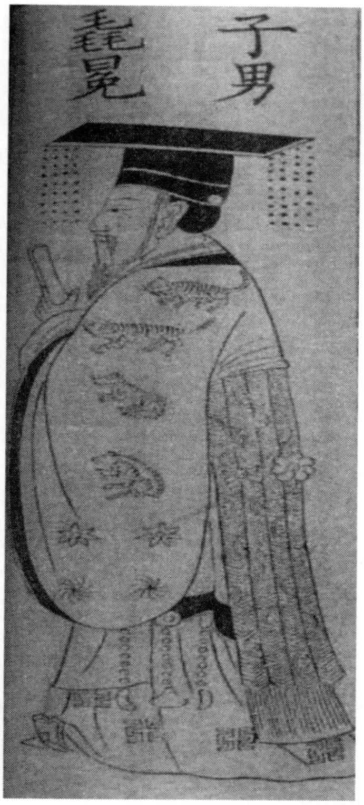

《司服》云子，男之服自毳冕而下。又《弁師》注云，子男繅五就，繅玉皆三采，每繅五成，則五斿。每斿亦貫五瑁玉，計用五十。韍、帶、綬、舄，皆與侯伯同。若朝王及助王祀昊天上帝、祭先王先公、饗射、祭四望山川及自祭四望山川皆服之。王者之後、方伯、王之子弟封為侯伯者皆服之，以助王祭四望山川。

又《絺冕》

《典命》云，公之孤四命以皮帛，視小國之君。又《司服》云，孤之服自絺冕而下。鄭注《弁師》云，孤繅四就，繅玉皆朱綠，用玉三十二。其服三章，玄衣、纁裳、朱韍、素帶、玄華裨垂、佩水蒼玉、緇組綬、赤舄、黑絇繶純。服以助祭社稷。又張鎰《圖》云，天子孤及卿皆六命，則同絺冕之服三章，小章則畫六。上公及王之三公、二王之後、二伯、九州之牧、侯伯、王之同姓封為侯伯者，服之以助王祭社。又《玉藻》云，笏，大夫魚鬚文竹。孤亦同焉。

又《卿大夫玄冕》

《司服》云，卿大夫之服自玄冕而下。注云，朝聘天子及助祭之服，諸侯非二王之後，其餘皆玄冕而祭。又《弁師》注云，三命之卿繅三就，繅玉赤朱綠，用玉十八。再命之大夫繅再就，繅玉亦朱綠，用玉八。若王朝之大

夫、上公之卿得用三就之繅玉，公之大夫、子男之卿再命者得同再就之繅玉，其服皆玄冕一章，小章各依命數，玄衣、纁裳、朱韍、素帶、玄華裨垂、佩水蒼玉、緇組綬、赤舄、黑絇繶純。二伯、九州之牧、王之同姓封為侯伯者，助王祭群小祀，視朔朝日皆服之。

又《諸侯朝服》

《玉藻》云，朝服以日視朝於內朝。鄭云，朝服冠，玄端、素裳也。又《王制》云，周人玄衣而養老。注云，天子燕服，為諸侯朝服。彼云玄衣即此玄端也。張鎰《圖》云，緇、玄二服，素韠、素帶、朱綠、終裨、佩山玄玉、白舄、青絇繶純。天子之卿服以從燕諸侯。諸侯之孤、卿大夫服以朝君。

又《士玄端》

《士冠禮》云，玄端、玄裳、黃裳、雜裳、緇帶、爵韠。注云，此暮夕於朝之服。賈疏云謂，嚮暮之時夕君之服也。玄端，即朝服，十五升布衣也。不言朝服而言玄端者，欲見色而取其正也。上云，主人玄冠朝服，此唯云玄端，不言玄冠者，但冠者三加冠始加緇布，次皮弁，次爵弁。不加玄冠故不言也。又說諸侯之士有三等之裳，上士玄裳，中士黃裳，下士雜裳，前玄後黃。但玄是天色，黃是地色，天尊地卑，故上士玄裳，中士黃裳，下士雜裳。還用玄黃者，以前陽後陰，故知前玄後黃也。

宋・陳祥道《禮書》卷一《冕服》《書》曰，天命有德，五服五章哉。又曰，予欲觀古人之象，日、月、星辰、山、龍、華蟲作會，宗彝、藻、火、粉米、黼、黻絺繡，以五采彰施于五色作服汝明。孔氏曰，日月星為三辰，宗廟彝尊亦以山龍華蟲為飾，火為火字，粉若粟米，米若聚米，黼若斧形，黻為兩己相背。葛之精者曰絺，五色備曰繡。《周禮・典絲》凡祭祀，共黼畫，組就之物。《典命》上公九命，其衣服以九為節。侯伯七命，其衣服以七為節。子男五命，其衣服以五為節。王之三公八命，其卿六命，其大夫四命，及其出封皆加一等，其衣服亦如之。公之孤四命，以皮帛視小國之君。其卿三命，其大夫再命，其士一命，其衣服各視其命之數。侯伯之卿、大夫、士亦如之。子男之卿再命，其大夫一命，其士不命。其衣服各視其命之數。《司服》掌王之吉凶衣服，辨其名物，與其用事。王之吉服：祀昊天上帝則服大裘而冕，祀五帝亦如之。享先王則衮冕。享先公、饗、射則鷩冕。祀四望、山川則毳冕。祭社稷、五祀則希冕。祭羣小祀則玄冕。鄭氏曰，古天子冕服十二章，至周而以日月星辰畫於旌旗，所謂三辰，旂旗昭其明也。而冕服九章，登龍於山，登火於宗彝，尊其神明也。九章，初一曰龍，次二曰山，次三曰華蟲，次四曰火，次五曰宗彝，皆畫以為繢，次六曰藻，次七曰粉米，次八曰黼，次九曰黻，皆希以為繡，則衮之衣五章，裳四章，凡九也。鷩畫以雉，謂華蟲也，其衣三章，裳四章，凡七也。毳，畫虎蜼，謂宗彝也，其衣三章，裳二章，凡五也。希刺粉米，無畫也，其衣一章，裳二章，凡三也。玄者衣無文，裳則刺黻而已，是以謂玄焉，凡冕服皆玄衣纁裳。公之服，自衮冕而下，如王之服。侯伯之服，自鷩冕而下，如公之服。子男之服，自毳冕而下，如侯伯之服。孤之服，自希冕而下，如子男之服。大夫之服，自玄冕而下，如孤之服。士之服，自皮弁而下，如大夫之服。凡大祭祀、大賓客，共其衣服而奉之。弁師掌王之五冕，皆玄冕，朱裏延，紐，五采繅十有二就，皆五采玉十有二，玉笄，朱紘。諸侯之繅斿九就，瑻玉三采，其餘如王之事。繅

旂皆就，玉瑱，玉笄。諸侯及孤、卿、大夫之冕，韋弁、皮弁、弁絰，各以其等為之，而掌其禁令。節服氏掌祭祀、朝覲衮冕，六人維王之太常。諸侯則四人，其服亦如之。郊祀裘冕，二人執戈，送逆尸從車。行人，以九儀辨諸侯之命，等諸臣之爵，以同邦國之禮，而待其賓客。上公之禮，冕服九章，侯伯冕服七章，子男冕服五章。《考工記》曰，白與黑謂之黼，黑與青謂之黻，五采備謂之繡。士以黃，其象方，天時變。火以圜，山以章，水以龍，鳥、獸、蛇。《禮記・王制》曰，制：三公一命卷，若有加，則賜也，不過九命。有虞氏皇而祭，深衣而養老。夏后氏收而祭，燕衣而養老。殷人冔而祭，縞衣而養老。周人冕而祭，玄衣而養老。《禮運》曰，五色六章十二衣，還相為質也。冕弁兵革，藏於私家，非禮也。《家語》作兵車。《禮器》曰，管仲鏤簋、朱紘，君子以為濫矣。禮有以文為貴者：天子龍衮，諸侯黼，大夫黻，士玄衣纁裳。天子之冕朱緑藻，鄭氏曰，朱緑似夏商禮，周禮天子五采藻。十有二旒，諸侯九，上大夫七，下大夫五，士三，此以文為貴也。《郊特牲》曰，祭之日，王被衮以象天。鄭氏謂有日月星辰之章，此魯禮也，周祀昊天上帝，則大裘而冕。戴冕，璪十有二旒，則天數也。《玉藻》曰，天子玉藻，十有二旒，前後邃延，龍卷以祭。玄端而朝日於東門之外，聽朔於南門之外。諸侯玄端以祭，裨冕以朝。《學記》曰，不學雜服，不能安禮。《明堂位》曰，君衮冕立于阼，夫人副褘立于東房。冕而總干，率其羣臣以樂皇尸，王后蠶於北郊，以共純服，夫人蠶於北郊，以共冕服。《祭義》曰，易抱龜南面，天子卷冕北面。天子為耤千畮，冕而朱紘，躬秉耒。諸侯為耤百畮，冕而青紘，躬秉耒。《樂記》曰，食三老五更於大學，天子袒而割牲，執醬而饋，執爵而酳，冕而總干，所以教諸侯之弟也。魏文侯曰，吾端冕而聽古樂。武王克商，散軍而郊射，裨冕搢笏，而虎賁之士説劍也。《雜記》曰，大夫冕而祭於公，弁而祭於已。士弁而祭於公，冠而祭於已。公襲，卷衣一，玄端一，朝服一，素積一，纁裳一，爵弁二，玄冕一，褎衣一。《哀公問》曰，冕而親迎。《郊特牲》曰，玄冕齊戒，鬼神陰陽也。周弁，殷冔，夏收。朱干設鍚，冕而舞。《大武》，諸侯之僭禮也。《明堂位》曰，朱干玉戚，冕而舞。《大武》皮弁素積，裼而舞。《大夏》、《曾子問》曰，大祝裨冕。諸侯將適天子，冕而出視朝。《詩・大車》曰，毳衣如菼，毳衣如璊。《終南》曰，黻衣繡裳。《九罭》曰，我覯之子，衮衣繡裳。《采菽》曰，又何予之，玄衮及黼。《文王》曰，厥作祼將，常服黼冔。《韓奕》曰，王錫韓侯，玄衮赤舄。《論語》曰，禹致美乎黻冕。又曰，麻冕禮也，今也純儉。又曰，服周之冕。《周語》單襄公曰，陳侯棄衮冕而南冠以出，不亦簡彝乎。又曰，襄王使大宰賜晉文侯，命晉侯端冕以入武宮，大宰以王命命冕服。《魯語》公父文伯之母曰，王后親織玄紞，公侯之夫人加之以紘、綖，卿之内子為大帶，命婦成祭服，列士之妻加之以朝服。《世本》曰，黃帝作冕服。《史記》曰，放勛黃收純衣。《大戴禮》曰，公冠四加玄冕。《家語》同。黃帝黼黻，大帶。《家語》曰，黃帝與炎帝戰，克之，始垂衣裳作黼黻。又曰，將郊，天子皮弁以聽祭報，郊之日，天子大裘以黼之，被裘象天，既至泰壇，王脱裘矣，服衮以臨燔柴，戴冕，璪十有二旒則天數也。《左傳》臧哀伯曰，衮、冕、黻、珽、帶、裳、幅、舄、衡、紞、紘、綖，昭其度也。火、龍、黼、黻，昭其文也。桓公二年。公與公冶冕服。以卿服之冕賞之。及疾，聚其臣曰，我死必無以冕服斂，非德賞也。襄二十九年。子太叔曰，為九文六采五章以奉五色。昭二十五年。伐楚之役，許男卒，而以衮衣斂。《穀梁》曰，弁冕雖舊，必加於首。《公羊》曰，已練可以弁冕。荀卿曰，天子袾裷衣冕，諸侯玄裷衣冕。又曰，天子山冕，諸侯玄冠。《爾雅》曰，黼黻彰也。又曰，衮黻也。《書大傳》曰，天子衣服，其文華蟲作繢，宗彝藻火山龍。諸侯作繢，宗彝藻火山龍，子男宗彝藻火山龍，大夫藻火山龍，士山龍。又曰，山龍青也，華蟲黃也，作繢黑也，宗彝白也，藻火赤也，天子服五，諸侯服四，次國服三，大夫服二，士服一。鄭氏曰玄或疑焉。許慎曰，衮龍繡於下幅，一龍蟠阿上鄉。《後漢・輿服志》曰，上古穴居而野處，衣毛而冒皮。後世聖人，觀翬翟之文，榮華之色，乃染帛以效之，成以為服，見鳥獸有冠角頿胡之制，遂作冠冕纓蕤。凡十二章。至周九章。秦滅去禮學，郊祀之服，皆以袀玄。蔡氏《獨斷》曰，袀，紺繒也。《吴都賦》曰，袀，皂服也。漢承秦故。至顯宗初，服旒冕，衣裳文章，赤舄絇屨，衣裳玄上纁下，乘輿備文，日月星辰十二章，三公、諸侯用山龍九章，九卿以下用華蟲七章，皆備五采，大佩，赤舄絇屨，以承大祭。冕冠，垂旒，前後邃延，玉藻。孝明皇帝永平二年，初召有司采《周官》、《禮記》、《尚書・臯陶篇》，乘輿服從歐陽氏説，公卿以下從大小夏侯氏説。冕皆廣七寸，長尺二寸，前圜後方，朱緑裏，玄上，前垂四寸，後垂三寸，係白玉珠為十二旒，以其綬采色為組纓。三公諸侯七旒，青玉為珠。卿大夫五

旒，黑玉為珠。皆有前無後，各以其綬采色為組纓，旁垂黈纊。郊天地，宗祀，明堂則冠之。後魏明帝，以公卿袞衣黼黻之文，擬於至尊復損略之。宋齊皆王公平冕，九旒，衣山龍以下九章，卿七旒，衣華蟲以下七章。後周設司服之官，掌皇帝十二服。祀昊天上帝，則蒼衣蒼冕。祀東方上帝及朝日，則青衣青冕，祀南方上帝，則朱衣朱冕。祭皇地祇、中央上帝，則黄衣黄冕。祀西方上帝及夕月，則素衣素冕。祀北方上帝，祭神州、社稷，則玄衣玄冕。享先皇、加元服、納后、朝諸侯，則象衣象冕。十有二章，袞冕自龍以下凡九章，山冕八章，鷩冕七章，冕通十有二旒。諸公之服九一曰方冕，二曰袞冕九章，三曰山冕八章，四曰鷩冕七章，五曰火冕六章，六曰毳冕五章，七曰韋弁，八曰皮弁，九曰玄冠。諸侯服，自方冕而下八，無袞冕山冕八章，鷩冕七章，火冕六章，毳冕五章，俱八旒。諸伯，自方冕而下七，又無山冕，鷩冕七章，毳冕五章，火冕以下俱七等，俱七旒。諸子服，自方冕而下六，又無鷩冕火冕六章，毳冕五章，毳冕以下俱六等，俱六旒。諸男服，自方冕而下五，又無火冕毳冕五章，冕五旒。三公之服九，一曰祀冕，二曰火冕六章，三曰毳冕五章，四曰藻冕四章，五曰繡冕三章，六曰爵弁，七曰韋弁，八曰皮弁，九曰玄冠。三孤之服，自祀冕而下八，無火冕，毳冕五章，藻冕四章，繡冕三章。公卿之服，自祀冕而下七，又無毳冕。藻冕四章，繡冕三章。上大夫之服，自祀冕而下六，又無藻冕，繡冕三章。中大夫之服，自祀冕而下五，又無皮弁，繡冕三章。下大夫之服，自祀冕而下四，又無爵弁，繡冕三章。士之服三，一曰祀弁，二曰爵弁，三曰玄冠。玄冠皆玄衣，其裳上士以玄，中士以黄，下士雜裳，雜裳謂前玄後黄也。庶士之服一：玄冠。隋改後周制度。乘輿袞冕，垂白珠。

又《十二章之服》 冕十二旒，旒十二玉，前後各用玉百四十有四。繅玉五采。

冕服之作尚矣。《書》稱，舜曰，予欲觀古人之象，作服。日月星辰山龍華蟲作繪，宗彝藻火粉米黼黻絺繡。則黼黻而上象服也。象服有冕。《禮記》曰，有虞氏皇而祭，夏后氏收而祭，殷人冔而祭，周人冕而祭。則皇收而下皆冕也。孔子稱，禹致美乎黼冕。《書稱》伊尹以冕服奉嗣王。詩稱商之孫子，常服黼冔，則夏商服章，蓋與古同矣。古之服章十有二，而日月星辰山龍華蟲繪於衣，宗彝藻火粉米黼黻繡於裳。則星五星也，辰十二次也。鄭氏釋《大宗伯》、《保章氏》皆謂星五緯，辰十二次。華蟲雉也，宗彝虎彝蜼彝也，粉米粉其米也，黼白黑文也，黻黑青文也，蓋日月星辰在天成象者也，山龍華蟲虎蜼藻火粉米黼黻在地成形者也，在天成象者道之運乎上，在地成形者道之散乎下，道固始終於東北，故山龍而降始山終黻，莫不有序。何則山居東北，冬春交也。龍春也，華蟲夏也，虎秋也，蜼冬也，周而復始，則藻春也，火夏也，粉米中央也，黼秋冬交也，黻冬春交也。龍與華蟲陽之陽也，故繪而在衣。虎與蜼陽之陰也，故繡而在裳。然則古者合三辰以在服，備十二章以則天數，故章與四時相順。後世判三辰以在旗，而服止九章，以法陽數，故章與四時相變。鄭康成謂，周服九章，登龍於山，升火於宗彝，以尊其神明，理或然也。觀《周禮》稱袞冕。《禮記》稱天子龍袞，又曰龍袞卷以祭。上服言龍袞而不言山，則升龍於山，可知也。《司服》五章之服則毳冕，毳毛物，毛物虎蜼也，五章言毳冕，而不言藻，則升火於宗彝可知也。升春物於冬春交之上，升夏物於春之前，則章與四時相變，可知也。《禮記》曰，王被袞以象天，則龍行天之物，變化不測，天道之象也。康成釋《禮記》謂，被袞有日月星辰，與《司服》之説不同，是自惑也。《左傳》臧僖伯曰，三辰旂旗，昭其明也，火龍黼黻，昭其文也。子大叔曰，為九文、六采、五章，以奉五色。夫僖伯言，服止於火龍。大叔言，色止於九文，則周之袞服，止於九章，而無日月星辰，明矣。《詩》曰，玄袞及黼。又曰玄袞赤舄。康成謂，凡冕服皆玄衣纁裳。特荀卿謂，天子袾褑衣冕，諸侯玄褑衣冕，考之於禮，王之五冕皆玄冕朱裏，王之始冠玄冠，丹組纓。《聘禮》釋幣玄纁束。《昏禮》納幣亦玄纁束。《聘禮》之簋玄被纁裏。《昏禮》之笄，緇被纁裏。《方相氏》玄衣朱裳，銘物亦緇工赬末，則玄緇所以體道，丹黄所以象事，體道者常在上，象事者常在下，故《易》稱，垂衣裳，以取乾坤。天玄地黄，而纁赤黄色，則六服皆玄衣纁裳矣。荀卿天子袾褑之説，豈其所傳者異耶。荀卿又曰，天子山冕，諸侯玄冠，蓋山冕即袞冕也，袞冕自登龍言之也，山冕本山龍言之也。《考工記》曰，火以圜，山以章，水以龍。《爾雅》釋丘曰上正章丘，釋山曰上正章山。《禮記》曰，龍卷，然則火圜，山上正，而龍卷曲矣。《周禮》交龍為旂。《覲禮》天子載大旂，升龍降龍，衣章之飾，蓋亦如此。則龍之一升一降，乃不為亢君德之象也。《司服》公之服，自袞冕而下，如王之服。則公袞亦有升龍矣。康成，改章為獐，謂天子有升

龍降龍，公袞無升龍，誤也。《司尊》彝有雞彝、鳥彝、斝彝、黄彝、虎彝、蜼彝。《明堂位》曰，雞彝，夏后氏之尊也。斝彝，商尊也。黄目，周尊也。則虎彝蜼彝為有虞以前之彝，可知矣。先儒謂華非蟲，粉非米，宗彝有山龍華蟲之飾，而服無宗彝之文。山龍至華蟲尊者在上，藻火至黼黻尊者在下，皆臆論也。五色備為繡，葛之精者為絺。孔穎達、申安國之傳謂，古者尚質，絺繡而繡之，以為祭服，後代無用絺者，此說是也。康成讀絺為黹，豈非溺於後代以疑古歟。《史記》亦曰，舜被絺衣鼓琴。

又《大裘而冕》 冕十二旒，旒十二玉前後各用玉百四十有四，繅玉五采。

《周禮》司裘，掌為大裘，以共王祀天之服。鄭司農云，大裘黑羔裘，服以祀天，示質。《正義》曰，以其祭天地之服，故以大言之，非謂裘禮侈大，則義同於大射也，四時祀天，皆共之，不限六天之大小，直言祀天祭地之禮與天同，則崑崙神州用大裘可知。《司服》祀昊天上帝則大裘而冕，祀五帝亦如之。《弁師》掌王之五冕，皆玄冕朱裏，延紐。冕服有六而言五，冕者，大裘之冕，蓋無旒，不聯數也。《節服氏》郊祀，裘冕二人執戈送逆尸從車。裘冕者，亦從尸服也，裘，大裘，凡尸服，卒者之上服。《禮記・玉藻》曰，唯君有黼裘以誓省，大裘非古也。僭天子也，天子祭上帝，則大裘而冕。省當為獮，國君有黼裘，誓獮田之禮，時大夫猶有大裘。禮不盛，服不充，故大裘不裼，乘路車不式。《家語》曰，大裘以黼之，既至泰壇，王脱裘服袞，以臨燔柴，著大裘象天。《鄭志》，大裘之上，又有玄衣。梁五經博士陸瑋等，大裘之制，宜以黑繒為之，其制式如裘，其裳以纁，皆無文繡，冕則無旒。隋始詔虞世基等，憲章古制，定輿乘服，合八等。按《周禮》，大裘之冕無旒，其服羔裘也，準《禮圖》，以羔正黑者為之，取同色繒以為領袖，其裳用纁，而無章飾，絳韈赤舄。祀圓丘、感帝、封禪、五郊、明堂、雩祀，皆服之。今文大裘冕無旒，冕廣八寸，長一尺六寸，深青表，纁裏，金飾玉簪導，以組為纓，色如其綬，裘以黑羔皮為之，黑領褾緣朱裳。

《周官》司裘，掌為大裘，以共王祀天之服。《司服》祀昊天上帝，則服大裘而冕，祀五帝亦如之，享先王則袞冕。《禮記》曰，郊之祭，王被袞以象天，戴冕，藻十有二旒，則天數也。鄭司農曰，大裘，黑羔裘，服以祀天，示質也，然則合《周官》、《禮記》而言之，王之祀天，内服大裘，外被龍袞，龍袞所以襲大裘也。《記》曰，裘之裼也，見美也，服之襲也，充美也，禮不盛，服不充，故大裘不裼，則襲袞可知也。議者以司裘言大裘，祀天而不及袞，司服言大裘而冕，祀昊天上帝，在袞冕之上。又《節服氏》袞冕，六人維王之太常，裘冕，二人執戈，送逆尸。是袞冕與裘冕不同，謂之大裘而冕，則不加袞矣，是不知先王祀天以冬至之日為正，而裘又服之本也，故取大裘以名之，猶之朝服緇衣羔裘。而《詩》獨稱羔裘如濡，羔裘豹袪，羔裘逍遥，燕服玄端，蜡服黄衣皆狐裘。而詩獨稱，狐裘以朝，狐裘蒙茸，狐裘黄黄，則裘之上未嘗無衣也，裘之上未嘗無衣，而衣之下有不用裘。故《屨人》曰，凡四時之祭祀，以宜服之，則凡春夏秋之祀，不必服裘，所以適時之宜而已。《月令》孟冬，天子始裘，然則先儒謂，服大裘以祭地，示亦非。由是觀之，袞冕以維太常者，不必有裘，裘冕以送逆，尸者必有衣也。《記》曰，尸襲而不裼，送逆，尸者象之。鄭氏曰，裘冕後尸服。則裘冕加袞，又可知也。古者，犬羊之裘不裼，必襲之也。表裘不入公門，必裼之也。是裘有裼之而不襲，有襲之而不裼，未有表之而不裼襲者，則徒服大裘而無襲，非禮意也。《語》曰，褻裘長，則凡行禮之裘短矣，果徒服大裘而加長焉，其與褻裘奚異哉。褻衣帶下尺明衣長下膝，則凡祭祀之裘蓋與明衣齊。《鄭志》謂，大裘之上又有玄衣，此尤無據也。《禮記》唯君黼裘，以誓省，大裘非古也。則戒誓省視用黼裘，而後世服大裘焉。故記者譏之。《家語》謂，大裘黼文以象天，王至泰壇，脱裘服袞。張融又易之以為，王至泰壇脱袞服裘，蓋王肅託孔子以信其説，張融疑王肅，以變其論。然《記》曰，郊之日，王皮弁以聽祭報，則前祭未嘗服大裘也，又大裘無文，與黼不同，二者之説誤矣。裘以大名之，猶所謂大羹、大圭取其質也。夫先王祀天，有文以示外心之勤，有質以示内心之敬，故因丘掃地陶匏藁秸疏，鼏樿杓素杓素車之類，此因其自然，以示内心之敬者也。執鎮圭繅藉，五采五就，旂龍章而設日月，四圭有邸，八變之音，黄鐘大吕之鈞，此致其文飾，以示外心之勤者也。然則内服大裘，以因其自然，外被龍袞，戴冕藻，以致其文飾，不以内心廢外心，不以自然廢文飾，然後事天之禮盡矣。不特此也，以神事之，則有五齊，以人養焉，則有三酒，致敬不壇而有壇焉。禮曰泰壇，祭天是也。至質不裸，而有鬯焉。《大宗伯》凡祀大神，享大鬼，祭大示涖玉鬯。《禮記》曰，親耕粢盛，秬鬯以事上帝是也。孰謂祀天之禮一於無文哉。

又《袞冕》 冕十二旒，旒十二玉，前後各用玉百四十有四。繅玉五采。《弁師》掌王之五冕，皆玄冕朱裏，延，紐，五采繅，十有二就。皆五采玉，十有二，玉笄朱紘。諸侯之繅斿九就，瑉玉三采，其餘如王之事。繅斿皆就，玉瑱玉笄。鄭氏謂，繅不言皆有不皆者，則袞冕十二斿，鷩冕九斿，毳冕七斿，希冕五斿，玄冕三斿。觀《弁師》於王言冕之表裏延紐，而不及玉瑱，於諸侯言玉瑱，而不及冕之表裏延紐，於王言繅不言斿，於諸侯言繅斿不言玉數。止言瑉玉三采。言繅斿皆就，而不言采數。公之五冕皆三采。言玉笄而不言紘，是皆約辭以互發之，則五采繅十有二就，不言皆者其斿。如康成之説信矣。《春秋傳》曰，上物不過十二。《郊特牲》曰，戴冕，璪十有二旒，則天數也。《玉藻》曰，天子玉藻，十有二旒，龍卷以祭。是王之袞冕十有二旒也。《典命》曰，上公以九為節，則上公之袞冕九旒九玉也。《弁師》言，繅十有二就，以見斿亦十有二。言繅斿九就，以見斿與玉亦九。於王舉袞冕，於諸侯舉上公之冕，皆指其盛者言之也。孔子曰，麻冕禮也。《記曰》玉藻前後邃延。漢孫叔通之冕制，版廣八寸，而長倍之，後方前圜，後仰前俛，則版質而麻飾之上，玄為延，下朱為裏，約之，以武設之，以紐貫之，以笄固之，以紘五采玉，則朱、白、蒼、黃、玄也。皇氏、沈氏謂五采玉，依飾射侯之次，從上而下，初以朱，次白，次蒼，次黃，次玄，五采玉貫偏，周而復始。其二采者，先朱，次白，次蒼二色者，先朱，從綠。玉十有二，則每玉間以寸也，其玄朱、方圜、俛仰如此。先儒謂前低寸。而辨物之德，應物之事，不變之體，無方之用，莫不該存乎。其間命之曰冕者，禮為應物而設，故也。然服飾於下陰也，故司服之服，六冕飾於上陽也，故弁師之冕五而已，猶王后之服六，而追師之首飾三而已。副、編、次。則大裘袞衣同冕，猶三翟同副也。康成謂，大裘無袞，其冕無旒，於經無據。《玉藻》曰，龍卷以祭，其文在朝日聽朔之上，則祭昊天五帝先王之類，皆以《玉藻》龍卷，此又與《郊特牲》象天則天數之説合矣。蓋先王祭服，其內明衣，加以中衣，其中繡黼丹朱，然後加裘袞焉。則大裘之所著見者領而已。袞服玄衣，纁裳，而九章，則龍也，山也，華蟲也，火也，宗彝也，繪於衣。藻也，粉米也，黼也，黻也，繡於裳。前後邃延，則前十二旒，其玉百四十有四，後十二旒，玉亦百四十有四。鄭氏曰旒十有二前後邃延者，言皆出冕前後而垂也。《釋名》曰，冕玄上纁下，前後垂珠，有文飾也。其韍朱韍，其帶素帶，朱裏，朱綠終辟，執鎮圭，搢大圭。朝，諸侯則執瑁圭。佩白玉而玄組綬，赤舄。

又《鷩冕》 九旒，旒十二玉，共玉二百一十六，繅玉五采。鷩冕七章，鷩，雉也。雉之為物，五色備，而成章。故曰夏翟，亦曰華蟲，猶中國謂之夏，亦謂之華也。《司服》又謂之鷩者，別其名也。《考工記》曰，鳥獸虵，鳥而類於獸，虵者指其文也。鄭氏曰，華蟲之毛，鱗有文采。鷩冕以祀先公饗射，然先公尊矣，所服止於此者，非卑之於先王以為祭，則各以其服授尸，尸服如是，而王服袞以臨之，非所以為敬，故弗敢也。其制亦五采繅十有二就，五采玉十有二，前後皆九斿，共玉二百一十六，玄衣纁裳，繪於衣者，華蟲、火、宗彝也，繡於裳者，藻、粉米、黼、黻也。紱帶圭佩綬舄，與袞冕同。然則饗射亦以鷩冕者。王朝覲諸侯以袞冕，故饗與賓射以鷩冕。祭祀以袞冕，故大射亦以鷩冕，以饗與賓射殺於朝覲。而大射殺於祭祀，故也。燕射於寢，則皮弁而已。賈公彥於賓射服皮弁，燕射服朝服，然鄭氏釋《司服》謂，鷩冕，饗射者，饗食賓客與諸侯，射則賓射，不以皮弁矣。又皮弁即王之朝服耳。離而二之，其説誤也。《左傳》曰，五雉為五工正。《爾雅》有鶅諸雉、鷂雉、鳪音卜。雉、鷩雉、秩秩、海雉、鸐、山雉、韓汗。雉、鵫雉、翬雉、鷂雉。南方曰翯，儔。東方曰鶅，北方曰鵗，西方曰鷷，而衣章之所取者，特鷩與翬鷂耳，以其文尤著，故也。

又卷二《毳冕》 七旒，旒十二玉，共玉百六十八，繅玉五采。毳冕五章。《説文》毳，獸細毛也，宗彝有虎蜼之飾，而毳衣有宗彝之章，故《書》謂之宗彝。《周禮》謂之毳冕，毳冕，王所祀四望山川之服也。五采繅，十有二就，五采玉十有二，前後皆七旒，共玉百六十有八。繪於衣則宗彝、藻、粉米也。繡於裳則黼黻也。韍帶圭佩綬舄與鷩冕同。《詩》曰，毳衣如菼。菼之初生其色玄。則如菼言其衣也。又曰，毳衣如璊。璊之為玉，其色赤。《説文》璊，玉頳色。則如璊，言其裳也。劉熈《釋名》以毳為藻文。鄭司農以毳為罽衣。與宗彝之制不合，不足信也。《爾雅》曰，蜼卬鼻而長尾。郭璞曰，蜼似猴而色黑，尾數尺，鼻上向，雨則以尾若兩指窒其鼻。蓋虎取其義，蜼取其智。

又《希冕》 五旒，旒十二玉，共玉百二十。繅玉五采。希冕三章，王祭社稷五祀之服，非卑之於饗射也，以社稷五祀之所上，止於利人，故衣粉米而已，謂之希，以其章少，故也。鄭氏以希為絺，以絺為刺，謂希刺粉米，

無畫，然畫陽事也，在衣繡陰功也，在裳，希衣之粉米固亦畫矣。繡而不畫，則與餘章之在衣者不類，其説非也。唐以希冕為繡冕，蓋亦襲鄭氏之失歟。希冕亦五采繅十有二就，五采玉十有二，前後皆五旒，共玉百二十。賈公彦謂，天子九章，侯伯七章，大章也。章各依命數，數章也。則九章，章皆十二，七章，章皆七，若然，則舜十二章之服，日月星辰之數皆十二乎，不必然也。考之於禮，升龍降龍為一章，虎彝蜼彝為一章，則山火而下，蓋皆左右畫繡之也。

又《玄冕》 三旒，旒十二玉，共玉七十二，繅玉五采。玄冕一章，王祭羣小祀之服，其衣玄而無文，裳黻而已，其章不足道也，故以玄名之。玄冕亦五采繅十有二就，五采玉十有二，前後三斿，共玉七十二，而玉之齊服亦用焉。荀卿曰，絻而乘路，即玄冕也。諸侯之齊以玄冠，不以玄冕，及親迎則玄冕，齊戒攝盛，故也。宗彝，於十二章之服在裳，於九章之服在衣，粉米於七章之服在裳，於五章之服在衣，蓋次服之首章，上服固已升之矣。夫乾居西北，而天事武，故黼之色白黑。艮居東北，而成始終，故黻之色青黑。天下之理，歸於所斷，成於所辨，故服章以黻終焉。觀《易》陰陽之相代，歸於復，小而辨於物，卦象之相，推終於未濟之辨物居方，舜命九官，終於黜陟，分北周官六，計終於廉，辨皆六服，終黻之意也。然剛斷者，先王之所沉潛，非鄉向而上之也。故黼依設於後席，用黼純設於下，而中衣繡黼設於中，皆六服後黼之意也。《詩》曰，玄衮及黼、黻衣繡裳、常服黼冔。《書》曰，麻冕黼裳。《語》曰，致美乎黻冕。《記》曰，諸侯黼，大夫黻。《爾雅》曰，衮，黻也。凡此皆舉其章之末者，則餘章著矣。

又《裨冕》 《覲禮》侯氏裨冕，《會子問》曰，太祝裨冕，執束帛。又曰，太宰、太宗、太祝皆裨冕。《玉藻》曰，諸侯裨冕以朝。《樂記》曰，裨冕搢笏，而虎賁之士説劍也。荀卿曰，大夫裨冕。鄭康成釋《覲禮》曰，裨之言埤也。天子大裘為上，其餘為裨。釋《玉藻》曰，裨冕，公衮，侯伯鷩，子男毳，是也。鄭司農釋《周禮》特以鷩為裨衣，拘矣。

宋·葉時《禮經會元》卷三下《冕服》 黄帝始垂衣裳。舜觀象作服。禹致美黻冕。不惟以華其服，而章其身尊卑之等，貴賤之別，實由是而辨焉。今觀司服一官，掌王衣服，而吉服有六等之制，公侯伯子男孤卿大夫士之服皆由是而隆殺，上不容於偪下，下不容於僭上，此豈非禮典之大者乎。自先儒釋經，有天子冕服九章之説，有大裘示質之説，有裘冕無旒之説，所以啓説者之紛紛，不可不辨。嘗觀舜作服十有二章，日月星辰取其明，山取其鎮安，龍取其變化，華蟲取其文，宗彝取其孝，藻取其潔，火取其烈粉米取其養人，黼取其斷，黻取其善惡分，此所以彰人君之德，而能備此十二物也，亦所以法上天之數，而必備此十二章也。周禮雖無十二章之文，但觀《行人》所謂上公冕服九章，侯伯七章，子男五章，則天子十有二章可知矣。康成惑於《左傳》三辰旂旗之語，謂旗有三章，則冕服亦止九章爾，不亦謬乎。案公服如衮冕而下，如王之服，是公得為衮冕，而不得為大裘矣。公服衮冕，則衮為九章矣，曰衮者，豈非以龍為章，名之乎。侯伯自鷩冕而下，則鷩為七章矣，曰鷩冕者，豈非以雉為章，名之乎。子男自毳冕而下，則毳為五章矣，曰毳者，豈非以虎為章，名之乎。孤卿自希冕而下，則希為三章矣，曰希者，豈非以絺為章，名之乎。卿大夫自玄冕而下，則玄為一章矣，曰玄者，豈非以玄為色，名之乎。士自皮弁而下，皮無章矣，曰弁者，豈非以不為章服，故不言冕，而言弁者乎。孤卿大夫之命，特下公侯伯子男一等爾，而其服乃降三等者，以其衮、鷩、毳冕，王咸服之孤卿大夫，近王宣屈也。王服衮冕，以享先王，鷩冕以享先公及饗射，毳冕以祀四望山川，希冕以祭社稷五祀，玄冕以祭山林墳衍羣小祀，此王之五服，必有五色之別，觀其服之名，可知矣。王之車旗亦然，希冕當在毳冕之上，恐其字之誤也。皮弁以視朝，弁非冕服，故不預六服之數，至於祀昊天上帝及祀五帝，則服大裘而冕。案《司裘》曰，掌共王祀天之裘，冬祀圜丘之時，所服也，服裘以祀天，則必取象於天數，以為章，而鄭氏以大裘為無章，謂祀天示質也，祀天有貴本反始之義，如牲用騂犢，器用陶匏，席用藁秸，冪用疏布，可也。豈必於衮冕而略焉。司裘，良裘尚有黻章之制，安知大裘而不為十二章乎。鄭康成徒見弁師掌王五冕，以為冕服有六，而云五冕，遂以為大裘之冕無旒，不聯數也。此亦惑於祀天示質之説爾。重莫重於祀天之冕，可以無旒，而不數之乎。案五冕皆五采十有二就，十有二玉，是其服，隨其隆殺，有七章、九章之殊，而其冕則皆十有二旒，故六等之服皆曰冕，以其首飾之尊，故也。陸佃《禮書》謂大裘與衮同冕，大裘祀天，而服衮之冕，可也，故但言五冕爾，安知裘冕而不為十二旒乎。或者則曰，服為十有二章，似也，至於衮冕而下，皆諸侯諸臣之服，王於中祀、小祀，而服諸侯諸臣之服，不幾

於無別乎。曰此在《司服》言君臣冕服之等，然也。鄭氏專以為公至卿大夫朝聘助祭之服，則拘矣。王於中祀、小祀之時，固服此服，如諸侯諸臣來助祭，乃大事也，則王當服王之服，公之服，常降王一等，子男之服常降侯伯一等，孤卿大夫本降三等，以尊卑而隆殺，何可無別之疑乎。或者又曰，冕皆十有二旒，固也，然希冕而下皆三章，一章之服，服三章一章之服，而加以十二旒之冕，不幾於不稱乎。曰此在弁師言五冕繅旒之數，然也。鄭氏專以為，此衮衣之冕則非矣，人君既有時而服諸臣之服，苟不加以王冕十二旒之尊，則君臣無異矣。服章雖殊，而冕旒則一，又何不稱之嫌乎。然嘗怪《節服氏》祭祀朝覲衮冕六人，維王之太常郊祀裘冕二人，送逆尸車。注謂，從王服，從尸服也。誠如是，則祭祀朝聘，王服衮冕，郊祀王服裘冕，而《節服》下士，亦服衮冕、裘冕，尚足謂之有節乎。詳考其文，謂王服衮冕，則《節服》掌之二服，王之尊服，故當朝覲郊祭之時，《節服氏》特掌之，猶大裘而專命司裘共之也。下則曰，六人維王太常，二人執戈送車而已。豈謂王服衮冕、裘冕，而《節服氏》亦服之乎。諸侯四人，其服亦如之，謂亦有《節服》掌之也。又案《司服》乃春官之屬，《節服》乃夏官之屬，而與虎賁、旅賁同列，弁師亦屬夏官，而與僕從臣隸等官為伍，果何意邪。蓋古人，以虎賁綴衣，皆為王左右之臣，執干戈而立堂，垂者亦皆冕弁之士，此所以分屬於夏官歟。凡此，皆王與諸侯羣臣冕服之別也。

宋・魏了翁撰、元・方回補輯《古今考》卷七《附廣玉考上》　大裘冕，玉，冕十有二旒，旒十二玉，前後各用玉百四十四，繅玉五采。司裘掌為大裘，以共王祀天之服，祀五帝亦如之。予謂，古王者，冬至祭天，其時大寒，可服衮，大裘之上，加以衮衣。大裘者，黑羔裘也。鄭玄謂，大裘之冕無旒，非也。祭宗廟亦服衮冕，則季秋明堂及他時祭天及地，皆不可服裘，故裘不裘異。而冕十有二旒，未始有異也，弁師掌王之五冕，注：冕服有六，而云五冕，大裘而冕，其冕一也。祀五帝之説，鄭云以為，五方帝，先儒或不之信，予亦不敢信，春夏秋，祭東南西三方之帝，難服裘也。

衮冕之玉，謂衮衣而冕也，以享先王。舜衮衣十二章，周九章，冕十有二旒。冕之版，飾以三十升之麻布，至精，上玄為延，下朱為裏，前十二旒，旒玉百四十有四，後十二旒，其玉百四十有四，共為玉二百八十有八。繅玉五采者，繅、藻、璪，字義同，雜文之名，合五采絲為繩，垂於延之前後，所謂邃延。五采，朱、白、蒼、黄、玄也。董仲舒著《春秋繁露》亦取繅十二旒之狀，以為名。玉十有二，每玉間以寸，從上而下，初朱，次白，次蒼，次黄，次玄，五采玉貫徧，周而復始。諸侯以下有差。又王諸侯朝覲於廟，則衮冕。

鷩冕之玉，九旒，以祀先公，饗射。先公，周太王以下，不追封王，如公劉者，古之祭祀於先王，則尸服王服，於先公則尸服公服，今王祀先公，則不敢以衮服，臨之，恐非所以為敬也。前後皆九旒，比衮服減其三，其制亦五采繅，十有二就。五采玉，十有二，共為玉二百一十六，其衣七章，去山龍，而以華蟲為始，華蟲，雉也，即所謂鷩也。燕射不冕，以皮弁。

毳冕之玉，七旒，王祀四望山川之服。旒十二玉，共玉百六十八，繅玉五采，衣七章，以宗彝、藻、粉米繪於衣，黼、黻繡於裳。宗彝，繪雉與虎。其獸細毛，故曰毳冕。

絺冕之玉，五旒，王祭社稷五祀之服，旒之玉，十二繅，采同前。謂之絺冕者，衣惟繪粉米一章，併裳之黼黻，為三章，章數少，故曰絺，先儒或謂社。即是祭地，與郊祀天，皇天后土，對文，無所謂方澤北郊之祭，豈祭社與稷對舉，自是一祭，告成功，告大事，單祭於社者，為地，為后土乎。當存疑。

玄冕三旒，王祭羣小祀之服，其衣玄而無文，裳惟繡黼而已。故曰玄，三旒，旒十二玉，共為玉七十二，繅玉五采，王之齊服亦然。上公，龍衮九章，冕九旒，旒九玉，共為玉百六十二，繅玉三采，朱、白、蒼。九以下至七、五，為陽數。侯鷩冕七章，七旒，旒七玉，繅玉亦三采。

伯鷩冕同上。

子男，毳冕五章，五旒，旒五玉，繅玉皆三采。諸侯以下，其玉皆瑉玉，瑉亦作璑。《説文》璑，三采玉。

王之三公，鷩冕八旒，旒八玉。王之孤，毳冕，六旒，旒六玉。王之卿，毳冕，六旒，與上同。

王之大夫，絺冕，四旒，旒四玉，繅玉皆以朱緑，八以下至六、四，皆陰數。

諸侯之孤，希冕，如王之大夫。諸侯之卿，玄冕，三旒，旒三玉，此乃三旒降而至一旒。諸侯再命之大夫，玄冕二旒，旒二玉，其玉前後八而已。一命之大夫，一旒，旒前後二玉而已。

冕皆有玉笄，古亦謂之簪，後世謂之玉簪笄，弁師所掌，王諸侯皆有。

冕玉，王與后有玉衡，《左傳》曰，衡紞紘綖。鄭司農曰，衡維持冠者。鄭玄曰，玉為之祭服，有衡垂于副之兩旁當耳，其下以紞，懸瑱。《周禮》追師掌王后之首服，為副、編、次、追衡笄。蓋王后之祭服也，衡笄皆以玉為之，諸侯已下未聞衡制云何。

冕皆有玉瑱，音鎮，又他甸切。《詩》玉之瑱也，王及諸侯瑱以玉，見弁師冕，若弁皆有之。《詩》之充耳，傳之黈纊塞耳是也。瑱以充耳，紞以垂瑱。天子諸侯玄紞黃纊。卿大夫玄紞青纊。士素紞素纊。其差等則有象瑱、角瑱，或以采珠為之。

又 冕服皆有玉佩，珩、璜、琚、瑀、衝牙，已見前玉玦考。右此皆古之祭服有之，臣則為助祭之服，天子饗禮、射禮，降服九旒之鷩冕，則諸侯卿大夫與於是禮者，又降服一等，天子別有皮弁之朝服，諸侯以下各有等差。秦不用周禮，自霸西戎以來，雖奄有周之岐雍、豐鎬之地，而未嘗用周之制度也。故冕服之廢，自秦始，而西漢不能復郊祀之服，襲秦之舊，皆以袀玄。蔡氏《獨斷》曰，袀，紺繒也。《吴都賦》袀是宅服也。舜之作冕服也，十有二章。孔氏傳與鄭玄之徒，説多異同，至周，升日月星辰三辰於旗，而服九章，以祀昊天上帝，則大裘而冕，祀五帝亦如之，予竊疑，周官之書，恐是劉歆妄有損益，而傳注：諸儒附會。《緯書》為五帝六天之説，《正義》謂大裘，非謂裘禮侈大，義同於大射也，以其祭天地之服，故以大言之，又謂四時祀天，皆典之大者，直言祀天祭地之禮，與天同，則崑崙神州用大裘可知，予僭評之。鄭玄謂，上帝為北極耀魄寶，冬至而祀，則可服大裘，春祀東方帝，亦可裘，夏祭神州地祇於北郊，果可服大裘乎，秋尚熱，祭西方帝又可裘乎。然上帝之外，五帝六天之説，亦可與通。此祭服者，諸侯在其國，以祀先公用之，入助天子祭天地宗廟用之，卿大夫助諸侯之祭亦然。故《雜記》曰，大夫冕而祭於公，冠而祭於己。大夫家廟不可用冕也。士弁而祭於公，冠而祭於己，士之家廟不可用弁也。此等差也。然天子諸侯之冕，他亦有用。《祭義》曰，易抱龜南面，天子卷冕北面，重卜筮也。天子為籍千畝，冕而朱紘，諸侯百畝，冕而青紘，重農事也。《哀公問》冕而親迎，重繼世也。《樂記》曰，食三老五更，冕而總干，重教化也。又《明堂位》謂，君袞冕立於阼，夫人副褘立於東房，冕而總干，率其羣臣以樂，皇尸，此宗廟之重祭也。西漢羣臣，大率蕭曹刀筆吏，不能辨此，賈、董亦不言及。東漢顯宗，始服旒冕衣裳，玄上纁下。乘輿備日月星辰以下十二章，三公諸侯山龍以下九章，九卿以下華蟲七章，以承大祭冕旒邃延五藻。明帝永平二年初，訪有司采《周官》、《禮記》、《尚書・臯陶篇》乘輿服從歐陽氏説，公侯以下從大小夏侯氏説，而與古制不同。未見古文。《尚書》孔氏傳，以白玉珠為天子十二旒，前垂四寸，後垂三寸，三公諸侯七旒，青玉，卿大夫五旒，黑玉，有前無後，郊天地，祀明堂，則用之。魏明帝復損畧之，宋、齊、後周、隋、唐之制，各見史册，亦一時之權宜也。予咸淳己巳為學官。【略】又寶祐丁巳，【略】偶得中貴家冕服之圖及其度數，書于下方。冕中貴人呼為平天冠，俗語無義，共用北珠一百四十五顆，麻珠四千五百九十顆，調珠八千六十四顆，不用玉，而用蚌殼之珠。北珠、南珠，俗曰真珠，非古也。不見冕之所謂衡，用玉者，冕之版曰延，亦作綖。冕之覆在上者，古用三十升之細布，故曰麻冕禮也。上玄為表，下朱為裏，今飾以深青之羅，而四旁飾以金為表，其裏飾以紅羅，前圓後方，各繪五采雲十有九，而二鶴翔焉，中繪一團圓之物，似花非花，非古也。古紐以貫笄，今有玉笄。而冕之圈圍，皆以青羅。冕之口，飾以大北珠三十顆，非古也。古冕與冠皆有武，所以約冠，謂之冠卷，今無之。古冕屈組為紘，紘一條而屬其兩端於武，今繪圖乃為大組一，謂之天河帶，自冕項兩垂左右，若大青緑條然。有條穗，曰翠柳，用北珠五十七顆，翠柳調珠二百八十四顆，非古也。古冕二組，屬於笄，順頤而下，謂之纓，纓之垂者謂之緌，今繪圖乃於冕口之左右，為朱絲繩，有穗頭，以繫乎，大組之青者，於頤下，名曰組帶，翠柳用調珠二百四十顆，恐亦非古也。前後十有二旒，用北珠二十四顆，麻珠二千一百六十三顆，既不用玉，又不見繅玉五采之制，非古也。冕左右網子等，如纓絡，然用調珠七千四百四十顆，非古也。黈纊左右，各用麻珠七十三顆，懸一黄物而圓，不明言用玉，亦非古也。頭圍一尺七寸，重二斤十二兩，上衮下裳之制，用青羅紅羅，上衣當以玄，今青，非古也。衣之前，左繪日，右繪月，胸前繪山二，左右袖，各繪山七，山皆九峯，上七峯，又上五峯，今升龍二，左右袖，偃龍二，左右領，左右裾，華蟲共十六，火共十二，虎八，雉八。領袖皆紅羅衣，之後近領，繪一大星，山十八，龍如前，華蟲二十四，火二十四，虎十二，雉十二。下裳除四緣，其内十二幅，每一幅繪藻二，粉米二，粉米各一。斧二，兩己相背。曰黻二，如此則連日月星為十二章。而記者去日月星，謂九章，又曰虎，曰雉，合繪為宗

彝之形，有繪虎繪雉焉。大概以華麗為主，皆非古也。大圭、鎮圭，玉色不白。古朱紱，亦作芾，今圖曰紅羅繡龍蔽膝，繡二龍焉。王革帶有玉七，刳紅鞓，有玉笏頭，在尾有環，與鉤在首，非古也。綬以五色，若織成者，穿二大玉環，若古之璧，青羅帶，穿緋白羅。大帶用北珠二十四顆，麻珠一千八顆，當左右各一也。玉佩用玉七事，而無玉環，衝牙之左右，無玉玦珩之次，有二玉，似玦形，與古不同，左佩用麻珠六百三十七顆，右佩用六百三十六顆。履用北珠十顆，而履虛設，不供其所繪之大裘。又曰中單，勒帛，紅羅繡裾。襪履皆不供，而曰供紅羅靴，猶可也。十二章，上衣下裳，其曰紅羅繡裙者，下裳四章，而不供何也，徒供紅羅繡龍，股膝之芾可乎。其上衣目，曰衮龍服，皆五色銷金，前長四尺六寸五分，後長四尺六寸，總星一，月一，升龍四。今以蟲龍之向下者，為改橫盤之龍，非也。山三十八，火五十六，華蟲五十六，不繪宗彝，而虎雉各二十四，下裳曰紅羅繡裙，一十六行，每行藻二，粉一，米一，斧二，黻二，謂之虛設，不供，恐是誤書云耳。然則古之皮弁，曰朝服，飾以玉，今曰通天冠，飾以北珠，與冕旒之制皆不合。於古，其來久矣。

明・黃廣《禮樂合編》卷一六《冕服之禮本紀》 天子《玉藻》十有二旒，前後邃延，龍卷，以祭，玄端而朝日於東門之外，聽朔於南門之外，諸侯玄端以祭，裨冕以朝。《玉藻》。

祭之日，王被衮冕以象天，戴冕璪十有二旒，則天數也。《郊特牲》。

《典命》上公九命，其衣服以九爲節，侯伯七命，其衣服以七爲節，子男五命，其衣服以五爲節。王之三公八命，其卿六命，其大夫四命，及其出封，皆加一等，其衣服亦如之。公之孤四命，以皮帛視小國之君，其卿三命，其大夫再命，其士一命，其衣服各視其命之數，侯伯之卿大夫士亦如之。子男之卿再命，其大夫一命，其士不命，其衣服各眡其命之數。

《司服》掌王之吉凶衣服，辨其名物，與其用事。王之吉服，祀昊天上帝，則服大裘而冕，祀五帝亦如之。享先王則衮冕，享先公，饗射，則鷩冕，祀四望山川則毳冕，祭社稷、五祀，則希冕，祭羣小，則玄冕。凡兵事韋弁服，眡朝則皮弁服。凡甸冠弁服，凡凶事服弁服，凡弔事弁絰服，大扎大荒大烖素服。公之服自衮冕而下，如王侯伯之服，自鷩冕而下，如公子男之服，自毳冕而下，如侯伯孤之服，自希冕而下，如子男卿大夫之服，自玄冕而下如孤士之服，自皮弁而下如大夫。

司裘掌爲大裘，以共王祀天之服，中秋獻良裘，王乃行羽物，季秋獻功裘，以待頒賜。

《弁師》掌王之五冕，皆玄冕朱裏，延，紐。五采繅十有二就，皆五采玉十有二，玉笄朱紘。王之皮弁，會五采玉璂象邸，玉笄，王之弁絰，弁而加環絰，諸侯之繅斿九就，瑉玉三采，其餘如王之事，繅斿皆就，玉瑱，玉笄，諸侯及孤卿大夫之冕、韋弁、皮弁、各以其等爲之，而掌其禁命。

《屨人》掌王之服屨，爲赤舄、黑舄、赤繶、黃繶，青句。素屨，葛屨。凡四時之祭祀，以宜服之，辨外內命夫命婦之命屨、功屨、散屨。

追師，掌王后之首服，爲副，編，次，追衡笄，爲九嬪及外內命婦之首服，以待祭祀、賓客。

內司服，掌王后之六服，褘衣、揄狄、闕狄、鞠衣、展衣、緣衣，素沙，辨外內命婦之服鞠衣、展衣、緣衣、素沙。已上《周禮》。

王后褘衣，夫人揄狄，君命屈狄，再命褘衣，一命襢衣，士褖衣。

惟世婦命於奠繭，其他則皆從男子，婦人無爵，從夫之爵也。

衮衣之冕十二斿，則用玉二百八十八，鷩衣之冕繅九斿，用玉二百一十六，毳衣之冕七斿，用玉百六十八，希衣之冕五斿，用玉百二十，玄衣之冕三斿，用玉七十二。

冕，約之以武，設之以紐，貫之以笄，固之以紘。已上《儀禮》。

又 皇太子冕服，凡陪祀天地宗廟，正旦，冬至，朝賀服衮冕，衮冕九章，冕九旒，旒九玉，金簪導，紅組纓，兩玉瑱。玄衣纁裳五章，織山、龍、華蟲、宗彝。大裳四章，織藻、粉米、黼、黻。白紗中單，黼領，蔽膝隨裳色。織火、山二章，革帶，金鉤䚢，玉佩，綬五采，用赤、白、玄、縹、綠，織成，純赤質，三百三十首，小綬三色同大綬，間織三玉環，大帶白表朱裏，上緣以綠，白襪赤舄。

皇太子，朔望朝，降詔、降香、進表、四夷朝覲、朝貢，服皮弁服，皮弁用烏紗。冒之前後，各九縫，每縫中綴五采玉九。金簪，朱纓，玉圭，絳紗袍，紅裳，素白中單，蔽膝隨裳色，玉佩、大帶、大綬、襪舄。

太皇太后、皇太后，首飾髻，步搖，簪珥，步搖以黃金爲山題，貫白珠枝相繆，八爵九華，熊、虎、赤羆、天祿、辟邪、南山豐大特六獸，皆翡翠爲花。

公主以上，皆帶綬，以綵組爲緄帶，金辟邪爲帶玦。

公特進列卿世婦中二千石夫人，入廟助祭者，皂絹上下，助蠶者，縹絹上下，自二千石以上，至皇后，皆以蠶衣爲朝服。

宋加皇后十二鏌，步搖，大手髻，公主三夫人手髻七鏌，公夫人五鏌，世婦三鏌，命婦紺繒幗，皇后入廟服袿襡大衣，公主以下如晉制。

隋加皇后花十二樹，妃公主一品命婦九樹，二品至五品花有差，后褘衣、鞠衣、青衣、朱衣四等。九嬪服闕翟，命婦服褕翟。

宋禁，非命婦不得服泥金、銷金、真珠裝綴衣服。

皇太后宜準皇帝衮服，減二章，衣去宗彝，去藻，不佩劍，金龍花十二株，前後垂珠翠，各十二旒，詔名其冠曰儀天。

命婦以金爲首飾，及其釵釧纏珥環，毋得爲牙魚、飛魚，奇巧飛動若龍形，非命婦家，毋得衣珠玉，凡帷幕幞幔，簾旌牀襦，毋得純錦徧繡。已上《二十一史》。

又《冕服之禮辨統紀》 陳祥道曰，周禮有韋弁，無爵弁。書二人舉弁，《儀禮》、《禮記》有爵弁，無韋弁，士服止於爵弁，而荀卿又曰，士韋弁。《士冠禮》再加皮弁，三加爵弁，而以爵弁爲尊，《聘禮》主卿贊禮，服皮弁，及歸饔餼服韋弁，而以韋弁爲敬。可見韋其質也，爵其色也，爵弁即韋弁耳。

楊時曰，冕弁之制，上得以兼下，下不得以兼上，惟皮弁、爵弁爲上下之通用。故《祭儀》君皮弁、素積，朔月月半巡牲，是致敬於祭牲，而用皮弁也。卜三宮之夫人世婦，皮弁而使入蠶室，是致敬於祭服，而用皮弁也。大學始教，皮弁祭菜，是致敬於祭菜，而用皮弁也。皮弁之用，多於爵弁，天子與士共之者也。

馬端臨曰，冕則卿大夫以上服之，而可以兼服弁，弁則士以下服之，不可以僭服。冕非惟位有尊卑，不可躐服，而事有大小，亦不可例服。故天子之冕，以之奉祀，其次則初即位服之。伊尹以冕服奉太甲康王，麻冕黼裳是也。納后妃服之，冕而親迎是也。養老服之冕，而總于是也。躬耕、籍田、服之，冕而朱紘，躬秉耒是也。至於日視朝等事，則服皮弁而已。

卿大夫之冕，則朝王及助祭服之，其次則服以受遺奉册，一人冕執劉，一人冕執鉞之類是也。至其私家，則雖奉祀，亦服皮弁而已。

林□曰，虞帝十二章，以法乾坤，以昭象物，所以彰天子之盛德也。《周禮》無十二章之文，《司服》惟有衮冕至玄冕。説者謂周登三辰於旗，冕服惟有九章，蓋不過攄《左氏》三辰旂旗之文。《左氏》謂，旗有三辰，何嘗謂衣無三辰耶。《郊特牲》曰，祭之日，王被衮以象天，則十二章備矣。

陳祥道曰，《禮記》天子爲籍，冕而朱紘。諸侯爲籍，冕而青紘，《士冠禮》緇衣冠，緇組紘。蓋朱者，正陽之色，天子以爲紘，青者，少陽之色，諸侯以爲紘。緇者陰之色，而士以爲紘。卿大夫冕弁之紘，無所經見。

朱熹曰，祀先公服鷩冕，蓋雖上祀先公以天子之禮，然不敢以天子之服臨其先公，但鷩冕雖與諸侯同是九旒。而天子九旒，則十二玉，諸侯九旒，則九玉也。楊氏曰，禮有輕重，則繅旒有隆殺惟祀天祀先王，皆致其隆，不容有所輕重也。

馬端臨曰，先儒疑服有六，而冕止於五，遂謂衮衣大裘二服而同冕。不知王之祀天，內服大裘，外披龍衮，龍衮所以襲大裘也，則是服與冕皆五矣。

陳祥道曰，周禮司服，其齊服有玄端素端，端者取其正也。古者端衣，或施之冕，或施之冠。《大戴記》曰，武王端冕而受丹書。《樂記》曰，魏文侯端冕而聽古樂。荀卿曰，端衣玄裳，絻而乘路，此施於冕者也。《冠禮》冠者，玄端、緇布冠，《特牲禮》主人冠端玄。《內則》子事父母，冠緌纓，端韍韠。劉定公曰，吾端委以治民。公西華曰，端章甫，晉侯端委以入武宮。晏平仲端委立虎門之外。此施之冠者也。則是玄端、素端，非特士之齊服而已。

馬端臨曰，天子祭則冕服，朝則皮弁，常服亦皮弁，朔旦則玄冕。諸侯助祭於天子則冕服，自祭於其廟則玄冕，常朝則朝服，朔旦則皮弁。大夫助祭於諸侯則玄冕，自祭於其廟則皮弁，私朝則玄端，夕深衣。士祭則玄端，冠則皮弁，上士玄裳，中士黃裳，下士雜裳，庶人深衣。

陳祥道曰，瑱以充耳，紞以垂瑱。周官弁師王之五冕皆玉瑱。《詩》於衛夫人言玉之瑱也，於衛武公言充耳琇瑩，於衛之臣子言褎如充耳。《齊詩》言充耳以素，以青，以黃，尚之以瓊華、瓊瑩、瓊英，則瑱不特施於男子也，婦人亦有之，不特施於冕也，弁亦有之。

何洵直曰，大裘天子吉服之上，若大圭大路比，是裘之在表者。記曰大裘不裼，説者曰無別衣以裼之，蓋他服之裘褻，故表裘不入公門，事天以報

本復始，故露質見素不爲表襮。而冕亦無旒，何必服他服以藩飾之乎。凡裘上有衣謂之裼，裼上有衣謂之襲。襲者，裘上二重衣也，大裘本不裼。《鄭志》乃云裘上有玄衣，與裘同色，蓋趙商之徒，附會爲説，不與經合。

又《冕服之禮議統紀》 乘輿祀天地服大裘，裘以禦寒，理非當暑。按漢明帝詔採《周官》、《禮記》始制祀天地服。沈約《宋書·志》云，晉魏郊天亦皆服衮，今諸郊祭天地皆服衮冕，其大裘請停。

新禮皇帝祭社稷服絺冕四旒三章，祭日月服玄冕三旒衣無章，夫天子以十二爲節，義在法天，豈有四旒三章翻爲御服。若諸臣助冕與王同，便是貴賤無分，君臣不别。如其降王一等，則又王著玄冕之時，羣臣並着爵弁，既屈天子，又貶公卿，亦猶祭祀之立尸侑，君親之，拜臣子覆巢。設哲蔟之官去□置蟈氏之職，雖曰古禮。事不可行。唐長孫無忌。

虞書十二章，日、月、星辰。象聖王光明照下土也。山布散雲物，象聖王澤霑下人也。龍變化無方，象聖王應時布教也。華蟲雉身被五采，象聖王體兼文明也。宗彝虎蜼以剛猛制物，象聖王神武定亂也。藻逐水上下，象聖王隨代而應也。火陶冶烹餁，象聖上至德日新也。粉米人恃以生，象聖王爲物之賴也。黼能斷割，象聖王臨事能決也。黻兩己相背，象君臣可否相濟也。

周制衮冕以祀先王，以龍爲首章，龍德應時潛見，表聖王深識遠知，卷舒神化也。制鷩冕以祀先公，鷩者雉也。有耿介之志，表公賢才，能守節也。制毳冕以祀四望，四望岳瀆之神，虎蜼者山林所生，明其象也。制絺冕以祭社稷，粉米由之而成，象其功也。制玄冕以祭羣祀，百神異形，難可遍擬，但取黻之相背，昭異名也。此正朔所以三而改，文質所以再而復也。

虞周之法服畢矣，今表請制大明冕十二章，而云麟鳳有四靈之名，龜有負圖之應，雲有紀官之號，水有盛德之祥，此蓋别表休徵，終是無□此象。然則皇王受命，天地興符，仰觀則璧合珠連，俯察則銀黄玉紫，盡南宫之粉璧，不足寫其形狀，罄東觀之鉛黄，無以紀其名實，不可畢陳於法服也。已上楊炯。

日月星辰，取其照臨也，山取其鎮也，龍取其變也，華蟲雉取其文也，六者繪之於衣。宗彝，虎蜼，取其孝也，藻，水草，取其絜也，火取其明也，粉米，白米，取其養也，黼若斧形，取其斷也，黻謂兩己相背，取其辨也，六者繡之於裳，所謂十二章也。蔡沉。

臣伏見鑾輿出幸，法駕首途，左右侍臣，皆以朝服乘馬，夫褒衣博帶，革履高冠，本非馬上所施，且長裾廣袖，襜如翼如，鳴珮紆組，鏘鏘奕奕，馳驟於風塵之内，出入於旌棨之間，儻馬有驚，逸人從顛墜，遂使屬車之右，遺履不收清道之傍，絓驂相續，固以受□，行路，抑亦有損威儀。

議者，以秘閣有梁武南郊圖，多有衣冠乘馬者。如張僧繇畫羣公祖二疏：兵士着芒履，閻立本畫昭君入匈奴，婦人着帷帽，夫芒履出於水卿，非京華所有，帷帽創於隋代，非漢宫所作。議者豈可徵此二畫，以爲故實，則梁氏南郊之圖，義同於此。劉子玄二則。

冕以《周官》爲本，凡十二旒，間以采玉，加以紘綖笄瑱之飾，衮以虞書爲始，凡十二章，並無珠翠犀寶，蓋明水大羹，不可以衆味和，雲門咸池不可以新聲間，衮冕之服不宜以珍怪累也。臣願陛下服周之冕，觀古之象，復先王之制，詔禮官一切改造。宋李育上言。

《明世宗實録》卷八五 丁己，上製燕弁服，倣古玄端之制，稍加文采，襯用深衣，色用黄，令尚衣監收貯，着爲式。初，上以燕居冠服，多俗制不雅，諭輔臣張璁，考古帝王，燕居法服之制。璁乃采輯禮書，玄端深衣之文，圖注以進。上爲參定其制，示璁，且諭之曰，古道尚儉，今道尚華，且古玄端之服，通于上下，兹故爲等威之制，以酌古今，别上下，卿其詳加訂議，成朕志焉。璁對曰，古服除冕服外，玄端、深衣二者，其用最廣，玄端自天子達於士，蓋國家之命服。深衣自天子達拎庶人，蓋聖賢之法服，今皇上于玄端，但加之文飾，不易舊制，于深衣，但易以黄色，不離中衣，誠得帝王損益時中之道，及照品官冠服固有制度，其餘燕居之服，緣未有明制，詭異之徒，競爲奇服，以亂典章，乞更如古玄端，别爲簡易之制，以昭布天下，使貴賤有等。上從之。因復製忠静冠服，併以圖册頒示禮部，勑諭之曰，朕惟治天下，莫大於禮，禮莫明於分，故服之有章，所以辨上下，定民志也。《周官·司服》掌王之衣服，辨其名物，與其用事，職此故也。我祖宗，稽古定式，凡享祀郊廟、視朔、視朝、弁冕裳服，已有定制，至於品官朝祭之服及公服、常服各有上下等級，其制皆不可得，而變之者也，夫常人之情，多修治於顯明之處，而怠略於幽獨之時。古聖王慎之，於是制爲玄端，以爲燕居之服，蓋玄取其玄邃，端取其方正之義。然其用，則通乎上下，本無等級者也。今其制雖存

率，莫之考比年以來，服詭異，雖達官顯士，未免淪俗，與市井同走卒役厮，乃取濫服與儒流並上下無所辨。民志何由定于禮，曰衣服在躬，不知其名，曰罔，又曰不學雜服，不能安禮，朕惟玄端之服，在古雖爲上下通用之服，而今人又非古人之比，故雖在燕居之中，宜有寺威之辨。因酌古玄端之制，更名曰燕弁，庶民乎，深宮獨處之時，而以燕安爲戒也。夫善與人同，令從君出，故欲警於有位，自難混於無名，因復酌古玄端之制，更名曰忠靖。庶幾乎，進斯盡忠，退斯補過也。夫君子大變，古重變古，非泥於古也，因特制宜，各有法家意義，非以私意更改之也。朕已有論著爲圖説，告之祖考，示不敢專頒之天下，傳之後世，示不可私其燕弁服，朕已製成，慎用之矣。其忠靖冠服，宜令如式製造，在京許七品以上官及八品以下翰林院國子監行人司，在外許方面官及各府堂官、州縣正官、儒學教官服之。武官止都督以上許服。其餘不許一概濫服，至於比年詭異之服，悉行禁革。夫衣裳在笥，所以尚賢，車服以庸，所以昭德。凡爾内外羣臣，尚當稽其名，以見其義，觀其制，以思其德，務期成衮衮之譽，髦無徒侈楚楚之容。與庶道德可一，風俗可同也。爾禮部其以圖説，頒布天下，如奉行。

明・凌迪知《左國腴詞》卷三《冠服類・衮冕篇》 衮、冕、黻、珽。桓二，臧哀伯諫約鼎。衮，畫衣也。冕，冠也。黻，韋韠以蔽膝也。珽，玉笏也，若今之手版。帶、裳、幅、舄。又帶，革帶也。衣下曰裳。幅若今之行縢者。舄，複履。幅音逼。衡、紞、紘、綖。又衡，所以維冠者。紞，冠之垂者。紘，纓從下而上者。綖，冠上覆。紞，多敢反，《字林》丁坎反。藻率、鞞、鞛。又藻率，以韋爲之，所以藉玉者。鞞，佩刀削上飾。鞛，下飾。率音律。鞞，補頂反。鞛，布孔反。藉，在夜反。削音笑。鞶、厲、游、纓。又鞶，紳帶也，一名大帶。厲，大帶之垂者。游，旌旗之游。纓，在馬膺前，如索帬。火、龍、黼、黻。又火，畫火也，龍，畫龍也，白與黑謂之黼，形若斧，黑與青謂之黻，兩色相類。

明・俞汝楫《禮部志稿》卷六三《冕服備考・乘輿以下冠服》 考古定冠服制。洪武元年十一月甲子，詔定乘輿以下冠服之制。先是上即位之初，權宜創置服御之制，未遑詳定，至是，命禮官及諸儒臣，稽考古制以聞。禮部及翰林院等官議曰，乘輿冠服，黄帝始作冕服，有虞制十二章，周制王有五冕六服，祭昊天上帝，則服大裘冕，祀五帝亦如之，享先王則服衮冕，享先公、饗射，鷩冕，四望山川毳冕，社稷五祀絺冕，羣小祀玄冕，凡兵事韋弁服，視朝皮弁服，甸冠弁服，凶事弁服，弔事弁經服，燕居玄端。漢高祖始制長冠，以入宗廟。後漢明帝，初服旒冕，備文十二章。晉祀天、明堂以大冕，祀太廟、朝會以法冕，小會及臨軒以絺冕，征獵以繡冕，耕藉饗國子以紘冕，聽政以通天冠。齊郊廟以平天冠服，臨朝以通天冠、絳紗袍。隋祭天地明堂服衮冕，朝日、夕月、宗廟、社稷、朝會皆服之，朔日，受朝及大會，諸祭祀還，則服通天冠服。唐制，天子之服十有四等，祀天地服大裘冕，踐祚、享廟、征還、遣將、飲至、加元服、納后、元日受朝賀、臨軒、册拜王公服衮冕，冬至，受朝賀，祭還，宴羣臣，養老服通天冠，其鷩冕、毳冕、玄冕、緇布冠、武弁服、黑介幘、白紗幘、平巾幘、白袷各因事而祭之。宋祀天服大衮冕，祭宗廟、元日，受朝賀及册拜服衮冕，宴會及冬至，受朝賀，服通天冠，常服朝衫袍，視事窄袍。元祀天服大裘加衮，祀宗廟服衮冕，大朝以本俗衣冠。今擬祀天地、宗廟及正旦、冬至、聖節、朝會、册拜皆服衮服，玄衣纁裳。其制：冕版廣一尺二寸，長二尺四寸。冠上有覆，玄表朱裏，前後各十二旒，每旒五采玉珠十二，黈纊充耳，玉簪導，朱纓。圭長一尺二寸。衣六章，畫日、月、星辰、山、龍、華蟲。裳六章，繡宗彝、藻、火、粉米、黼、黻。中單以素紗為之，紅羅蔽膝，上廣一尺，下廣二尺，長三尺，繡龍、火、山三章。革帶佩玉，長三尺三寸。大帶素表朱裏，兩邊用緣，上以朱錦，下以緑錦。大綬六綵，用黄、白、赤、玄、縹、緑，純玄質，五百首。小綬三色同大綬，間施三玉環，朱韈，赤舄。其郊廟、省牲，皇太子諸王冠婚禮、醮戒之類，則服通天冠、絳紗袍，冠加金博山，附蟬十二，首施珠翠，黑介幘，組纓，玉簪導。絳紗袍深衣制，白紗内單，皂領、褾、襈、裾，絳紗蔽膝，白假帶，方心曲領，白韈，赤舄，其革帶佩綬與衮服同。朔望，視朝，降詔，降香，進表，四夷朝貢，朝覲則服皮弁，其製用烏紗冒之，前後各十二縫，縫中綴五采玉十二為飾，玉簪導，紅組纓，其服絳紗衣，蔽膝隨衣色，白玉佩革帶，玉鈎艓，緋白大帶，白韈，黑舄。其常服則烏紗折角向上巾，盤領窄袖袍，束帶，間用金、玉、琥珀、透犀。

清・孫承澤《元朝典故編年考》卷六《考正祀典》 至治二年，有旨議南郊祀事。中書平章買閭御史中丞曹立、禮部尚書張埜、學士蔡文淵、太常禮儀院使王緯、田天澤、博士劉政等，會都堂議。一曰年分。【略】二曰神位。【略】三曰配位。【略】四曰告配。【略】五曰大裘冕。《周禮》司裘掌為大裘，以共王祀之服。鄭司農云，黑羊裘，服以祀天，示質也。弁

師掌王之五冕，注：冕服有六而言五者，大裘之冕蓋無旒，不聯數也。《禮記・郊特牲》曰，郊之祭也，迎長日之至也，祭之日王被衮以象天，戴冕，璪十有二旒，則天數也。陸佃曰，禮不盛，服不充。蓋服大裘以衮襲之也，謂冬祀服大裘，被之以衮。《開元》及《開寳通禮》鑾駕出宫，服衮冕，至大次，質明，改服大裘冕，而出次。《宋會要》紹興十三年，車駕自廟赴青城，服通天冠、絳紗袍。祀日服大裘衮冕，圖議用衮冕。六曰𧙍爵。

清・周象明《事物考辯》卷六〇《冠裳・公衮亦有升龍》 《禮書》周禮文龍爲旗。《覲禮》天子載大旂升龍降龍，衣章之絺蓋亦如此，則龍之一升一降，乃不爲亢君德之象也。《司服》公之服自衮冕而下，如王之服，則公衮亦有升龍矣。康成謂，天子衮有升龍、降龍。公衮無升龍，誤也。

清・黄世發《羣經冠服圖考》卷一 元服第一。元，首也。《士冠禮》稱始加元服有爵弁、皮弁、緇布冠，是元服即首服也。

冕、弁、冠。

冕，禮冠也。

《論語》注文疏：冠者，首服之大名。冕者冠中之别號。

以木爲體。

冕體，諸經無文，叔孫通作《漢禮器制度》取法於周，其制以木爲體。注疏家皆從之。歙吴承仕案注：無以木爲體之説。

覆以緇布曰延。

《周禮・弁師》、《禮記・玉藻》、《春秋左氏》皆有延名。注：延，冕上覆也。《左氏》作綖，用緇布者。《春秋》疏曰：《論語》、《商承仕案此引《顧命》改作商，非。書》皆云麻冕，知其當用布也。《弁師》五冕皆玄冕，知其色用玄也。孔安國《論語》注：言績麻三十升布以爲冕。鄭注《喪服》布八十縷爲升。即是綖也，近人新安江氏慎修作《鄉黨圖考》云，冕者，冠之有延，有旒。孔以緇布冠解之，與始冠之緇布冠相混。又謂績麻三十升布爲之，亦非也。古布輻闊二尺二寸，當今尺一尺三寸七分半，若容三十升之縷二千四百，則今尺一分之地，幾容一十八縷，此必不能爲者也。孔意蓋謂，古者朝服十五升，冠當倍於衣，不知冠升倍衣，唯喪服斬衰三升，冠六升，則然自齊衰以下，則非倍半之數矣。禮無冠倍於衣之例，孔誤釋矣。麻冕之布，亦不過十五升，如今尺之一分，容九縷，已是細密難成矣。按江氏破孔氏之説，似當然孔釋麻冕爲緇布冠，於義無大背，江氏自謂冕布不過十五升，亦未知所據，故升數並不取。鄭注《士冠禮》，賈疏《周禮》，孔疏《禮記》皆云其布三十升。

朱繒裏。

延在上，裏在下。承仕案，不辭。《周禮・弁師》玄冕朱裏。《玉藻》鄭注玄表纁裏。疏：纁是朱之小别，故《周禮》鍾氏云，三入爲纁。鄭注《士冠禮》云，朱則四人與，是纁朱同類，故注《弁師》朱裏，與此不異。按鄭氏諸注：多作纁裏，但經文稱朱裏，自當以經爲正。知用繒者，《王制》疏云，冕以朱爲裏，但不知用布繒耳，當應以繒爲之，以其前後旒用絲故也。

旁有兩紐，其卷曰武，紐在武上，以衡貫之。

紐，小鼻也。武，冠卷也。衡，冠笄也。古者禮冠梁，與卷别，冕有延無梁，故延旁爲小鼻，垂於武外，當武之孔，以笄横貫之。《弁師》掌王之五冕，皆玄冕朱裏，延紐。注：紐，小鼻在武上，笄所貫也，若今時冠卷，當簪者，廣袤以冠縰，其舊象與。疏：紐者綴於冕兩旁，垂之武兩旁，作孔，以笄貫之，使得其牢固也。又釋注云，若今時，冠卷當簪者，廣袤以冠縰，其舊象與者，古之紐武笄貫之處，若今漢時冠卷當簪所貫者，於上下之廣及隨縰之袤，以冠縰者，貫簪之處，當冠縰之中央。云舊象者，是周冕垂紐於武，貫笄之舊象，言與者，以無正文，故云與以疑之。

紘屬於衡，繞頤自左而右，垂其兩端。

紘，繫冕之組也。杜注《左氏》云，紘，纓從下而上者。疏：紘、纓皆以組爲之，所以結冠於人首也。纓用兩組，屬之於兩旁，結之於頷下，垂其餘也。紘用一組，從下屈而上，屬之於兩旁，垂其餘也。紘纓同類，以之相形。鄭注《弁師》云，紘一條，屬兩端於武。疏謂以一條繩，先屬一頭於左旁笄上，以一頭繞於頤下，至句上於右相，笄上繞之，是以鄭注《士冠禮》云，有笄者，屈組以爲紘，垂爲飾。無笄者，纓而結其絛。彼有笄，據皮弁、爵弁，此五冕皆有笄，與彼同，此言屬於武者，據笄貫武，故以武言之，其實在笄也。

懸瑱以紞下，當耳。

瑱，充耳玉，紞，懸瑱之組也。《左氏》云衡、紞、紘、綖。注：衡，維持冠者，紞，冠之垂者。《周禮》追師掌王后之首服，追衡笄。鄭注云，祭服有

衡，垂於副之兩旁，當耳，其下以紞懸瑱。彼婦人首服，紞屬於衡，明男子首服亦然也。

冕之前後有旒，繅絲綴玉。

旒，《周禮》作斿，冕之垂者。繅，古藻字，雜文之名也。承仕案，此等處皆宜引經注正文，而此書多以意略言之，後謂此失。冕制，以采絲貫玉垂於延前後。鄭注《弁師》云，衮冕十二斿，則用玉二百八十八。鷩冕九斿，用玉二百一十六。毳冕七斿，用玉百六十八。希冕五斿，用玉百二十。玄冕三斿，用玉七十二。皆據前後爲言也。江氏慎修云《大戴禮》及《東方朔答客難》皆云，冕而前旒，所以蔽明，則無後旒可知，後旒何所取義乎。鄭謂前後皆有旒，此因《玉藻》前後邃延而誤耳，前後邃延謂版長尺六寸，自延端至武前後，皆深邃，非謂後亦有旒也。《玉藻》言十有二旒，未嘗言前後皆十有二旒也。據疏即《弁師》疏。引《漢禮器制度》亦云垂於延之前後，豈叔孫通失之與。抑所引者，非《禮器制度》之原文與。且衮冕二十四旒，用玉二百八十八，如此繁重，恐首不能勝，夫子論爲邦何取于周冕乎，鄭所計用玉，每冕皆當去其半。按江氏此言於理甚順。友人林樾亭喬蔭。著《三禮陳數求義》亦云然。但《論語》疏爲邦章。引司馬彪《漢書·輿服志》云，漢明帝永平二年，初詔有司采《周官》、《禮記》、《尚書》之文制，冕皆前圖後方，朱裏玄上，前垂四寸，後垂三寸，天子白玉珠十二旒，三公諸侯青玉珠七旒，卿大夫黑玉珠五旒，皆有前無後，此則漢法耳。《禮記·玉藻》疏亦云，後至漢明帝時，用曹褒之説，皆用白旋珠，與古異也。是明帝以前，皆依古法，前後有旒，玉用五采、三采。賈疏所引《禮器制度》之文，固非有誤，姑録舊説如此。

凡旒，天子衮冕十有二，鷩冕九，毳冕七，希冕五，玄冕三，旒皆五采繅，十有二就，皆五采玉十有二。諸公衮冕，三采繅九就，三采瑉玉九。注：瑉或作冕，惡玉也。侯伯鷩冕，三采繅七就，三采玉七。子男毳冕，三采繅五就，三采玉五。孤之繅四就，三命之卿繅三就，再命之大夫繅再就，其繅玉皆朱緑，一命之大夫，冕而無旒。

五冕異稱者，以章服爲差等，因以爲號。古者，先有服，後有冕。承仕案，古者云云亦未確。就，成也。以五采絲爲繩，幣一寸而貫一玉，使不相并，爲一成。五采，青、赤、黄、白、黑也，三采，朱、白、蒼也。《周禮·弁師》云，五采繅十有二就，皆五采玉十有二，玉笄，朱紘。注：繅不言皆，有不皆者。疏：王之五冕，繅則有十二，有九，有七，有五，有三，其旒玉皆十二，故繅不言皆，有不皆者，則九旒以下是也，玉言皆，則五冕皆十二玉也。經又云，諸侯之繅，斿九就，瑉玉三采，其餘如王之事，繅斿皆就，玉瑱、玉笄。注：侯，當爲公字之誤也。其餘謂延紐，皆玄覆朱裏，與王同也。出此則異，繅斿皆就，皆三采也，每繅九成，則九旒也。按經文繅斿皆就句，頗不可解，鄭謂繅皆三采者，繅斿皆三采爲一就也，唯其三采一就。九就則九成，與九旒之節合，故□之曰九成則九旒也。疏云，此釋一冕九旒之意語未顯，故王氏謂經此句爲衍文，或又謂連下玉瑱、玉笄解，皆無當也。説見下。疏：上經繅玉別文，則繅有差降，玉無差降，此諸公繅玉同文，則惟有一冕而已，知諸侯當爲公者以下，別見諸侯。又九就，當上公以九爲節，故知是公也。經又云諸侯及孤卿大夫之冕，韋弁、皮弁、弁經，各以其等爲之。注各以其等，繅斿玉瑧如其命數也。冕則侯伯繅七就，用玉九十八。子男繅五就，用玉五十，繅玉皆三采。孤繅四就，用玉三十二。三命之卿，繅三就，用玉十八。再命之大夫，繅再就，用玉八，繅玉皆朱緑。一命之大夫冕而無旒。疏：孤卿大夫，文承諸侯之下，放鄭以諸侯之孤卿大夫解之，不別見天子之臣，文中可以兼之，云各以其等爲之，不言爵而言等，則依命數矣。一命之大夫冕而無旒，鄭知然者。凡冕旒所以爲文飾，一命若有，則止一旒一玉而已。非華美。又見一命大夫衣無章，士又避之，變冕爲爵弁，若一命大夫有旒，士則不須變冕爲爵弁，直服無旒之冕而已，故知一命大夫冕無旒也。

大裘之冕無旒。

《春官·司服》五冕之上，首曰祀昊天上帝則服大裘而冕。是王之冕服有六，而《弁師》但言掌王之五冕。故鄭注云，大裘之冕蓋無旒。疏云，祭天用大裘，取質，其冕亦當無旒爲質也。友人林樾亭，深闢大裘冕無旒之非，謂冕皆有旒，無旒不可以爲冕，此祀天之冕，即十二旒無。承仕案，無當作與。衮服之冕，無異《司服》主服大裘，與服不同，不得不別而言之，《弁師》主冕，祀天此冕，享先王亦此冕，固無區別也。余謂祀天之冕無旒，容有此理，蓋其禮儀器數，多與常祭不同。但鄭解《弁師》謂一命之大夫冕無旒，祀天至敬，不應與大夫之冕無別。又鄭謂，大裘之上有玄衣，又與玄冕之衣無文者無別。竊謂冕服之制，天子之冕旒數，皆尚於服，是故，服九章冕則

十有二旒，七章冕則九旒，五章冕則七旒，三章冕則五旒，一章冕則三旒，公侯而下，旒數皆與服同，故服九章則九旒，七章則七旗，五章則五旒，三章則三旒，其所差別，每旒之就數而已。若内外諸臣之等，則王之三公八命，其服自鷩冕而下，同侯伯有加賜，則九命爲上公服衮，《王制》所謂制，三公一命卷，若有加則賜也，不過九命是也。孤卿皆六命。九卿、孤在内，故命數同。其服自毳冕而下，同子男大大四命，其服自希冕而下，同侯國之孤，侯國之大夫則三命，再命皆服玄冕。無孤之國，其上大夫服希冕，下大夫服玄冕，其一命之大夫與士皆服爵弁，不得服冕。何者，《大宗伯》云，再命賜服，服即冕服也，未再命，則未賜，明乎其不得服也。鄭注所以謂一命之大夫冕無旒者，蓋泥於爵弁爲士之上服，又以一旒之外，又有無旒之冕。若一命之大夫服一旒之冕，則士可服此無旒之冕，不用變服，不知服以章爲美，冕亦以旒爲美。若謂衣無章，冕亦無旒，則自公以下，其玄冕之服，皆同天子衣無章，惟裳刺黻，明有一章，如鄭之説，應三旒如王之玄冕邪，仰用二旒一旒邪，抑無旒邪。《王制》孔疏用鄭説，謂玄冕無旒，似錯會。蓋冕爲首服，取象於天，天子則十二旒，應天數十二月，差之爲九，爲七，爲五，爲三，皆天數。公侯而下則爲九，爲七，爲五，爲三，亦天數也。若二旒則地數矣，況旒與章皆相配，未有服有章，而冕無旒者，惟大裘至質，故配以無旒之冕，以祀天，何得以爲一命大夫之服邪。又賈疏《司服》有大章、小章，以爲孤卿大夫之節，容此五等旒數中，亦有八就、六就、四就、三就、二就者。故鄭謂，孤之繅四就，三命之卿繅三就，再命之大夫繅再就，則一命之大夫亦當服玄冕一就之服。理或可通，然總非無旒之冕，況一命大夫之有冕服，與鄭釋《大宗伯》、《典命》諸經文俱左。姑列其説以俟深思者。

士變冕爲爵弁。

《弁師》注文詳爵弁。

天子之旒齊肩，長尺有二寸，十二就之數也，其餘皆以就數爲差。

《玉藻》鄭注：天子旒齊肩。疏：天子之旒，十有二就，每一就貫以玉，就間相去一寸，則旒長尺二寸，故垂齊肩也。言天子齊肩，則諸侯以下各有差降，則九玉者九寸，七玉者七寸，以下皆依旒數垂而長短爲差，旒垂五采玉，依飾射侯之次，從上而下初以朱，即赤。次白，次蒼，即青。次黄，次玄。即黑。五采玉既質，偏周而復始。其三采者，先朱，次白，次蒼，二色者，先朱後緑。賈疏《弁師》云，三采朱、白、蒼者，約《聘禮記》藻三采朱、白、蒼。而言二采朱緑，亦據《聘禮記》聘臣藻皆二采朱緑，而言也。承仕案，二采朱緑亦據《禮器》。

凡冕延，天子廣八寸，長尺六寸，諸侯廣七寸，長尺二寸，卿大夫廣七寸，長八寸。

廣八寸，長尺六寸者，《漢禮器制度》文。廣七寸，長尺二寸者，董巴《輿服志》文。廣七寸，長八寸者，應劭《漢官儀》文。皇氏、沈氏，分屬天子諸侯及卿大夫。賈疏《周禮》專引《漢禮器制度》之説。孔疏《禮記》謂若如皇氏言，豈董巴專記諸侯，應劭專記卿大夫，蓋冕隨代變異，大小不同，今依《漢禮器制度》爲定。邢疏《論語》則兼引之，而不斷。按古禮殘闕，既以漢法相況，而漢法又有此三者，容冕之大小，實有差等，故並用之，餘説見下圖。

凡冕延前低于後一寸二分。

《士冠禮》疏文《弁師》疏：作一寸餘，必前低于後者，冕，俛也，以低爲號也。《論語》疏曰：冕有俛俯之形，承仕案，不得下引邢疏。故因名焉。蓋以在上位者，失於驕矜，欲令位彌高，而志彌下，故制此服，令貴者下賤也。

凡紘，天子朱，諸侯青，大夫士緇。纁邊皆用組。

《祭義》云，天子冕而朱紘，諸侯冕而青紘，或曰諸侯亦朱紘者。《弁師》王玉笄朱紘，諸侯如王之事，不知彼謂亦有笄，有紘，非謂皆用朱也。知大夫緇纁邊者，《士冠禮》皮弁、爵弁，緇組，紘纁邊。組側赤也。彼是《士禮》然《禮器》管仲鏤簋朱紘。注：朱紘，天子冕之紘，諸侯青組紘，大夫士當緇組紘纁邊，亦本《士冠禮》義，是大夫與士同紘也。知皆用組者，《左氏》孔疏云《士冠禮》言組纓組紘，知天子諸侯亦用組也。

凡衡、瑱，天子皆以玉爲之，諸侯或玉或石。

《春秋》疏：追師掌王后之首服，追衡笄。追者，治玉之名。王后之衡，以玉爲之，故追師掌焉。《弁師》掌王之五冕，弁及冕皆用玉笄，則天子之衡，亦用玉，其諸侯以下衡之所用，則未聞，知天子玉瑱者，《弁師》於諸侯言玉瑱。疏云，互有，則天子亦玉瑱也。諸侯玉笄、玉瑱亦《弁師》文。《詩・君子偕老》玉之瑱也，言諸侯夫人，但孔氏言諸侯以下，衡之所用未聞。又《詩・淇澳》充耳琇瑩。傳，充耳謂之瑱，琇瑩美石也。天子

玉瑱，諸侯以石，皆與《弁師》義異，故云諸侯或玉或石。《考工記》玉人，天子用全，公用龍，同屬。侯用瓚，伯用將。注：全，純玉也，龍、瓚、將，皆雜名。公侯四玉一石，伯子男三玉二石，彼雖言圭，容衡瑱亦然也。

衡亦名笄。

《左氏》稱，衡紞紘綖。注：衡，謂維持冠者，指男子言，追師幸爲王后追衡笄。鄭注：衡笄皆以玉爲之，唯祭服有衡，垂於副之兩旁，當耳，其下以紞懸瑱。孔穎達謂，婦人首服有衡，則男子亦然，皆釋衡。笄爲兩物，然《弁師》及《士冠禮》皆言笄，不言衡。何楷《毛詩世本古義》云《左傳》言衡，直是指笄，而《周禮》衡笄連文，亦正謂笄横貫頭上，故名之爲衡笄耳。友人林樾亭亦主何説，謂鄭氏分二物爲非。竊謂衡笄，自屬兩物，但衡通稱笄，笄不稱衡耳。古者笄有二，一則固髮之笄，《士喪禮》所稱鬠笄是也，鬠取共聚髮之意，其製長四寸，纋中兩頭闊中央狹，男子婦人共之，但死則用桑耳。一則衡笄，長尺二寸。《喪服》文有喪則減二寸，長尺。男子以固冠，出其兩頭，以結紘，諸經所云冠弁之笄是也。婦人以安副，亦出其兩頭，懸紞，《詩》所稱副笄是也，但其製中平而不纋，與鬠笄殊，故謂之衡，衡平也，其實亦笄也。《儀禮》疏云，凡笄有二種，一是安髮之笄男子婦人俱有，此言得之。又云一是爲冠笄，皮弁爵弁笄，唯男子有，而婦人無，則非也。《晉語》：范武子擊文子以杖，折委笄。注：委，委貌冠也。

瑱，亦名充耳。

充耳見《詩》。

充耳古用纊，周以玉。

《大戴》黈纊塞耳，所以揜聰。《論語》疏：天子黈纊，諸侯青纊，纊，緜也。黈，黄色。《士喪禮》瑱用白纊，蓋《周易》以玉，惟死者用纊也。

懸瑱之組曰紞，人君五色，人臣三色。

《著之詩》云，充耳以素，以青，以黄。毛，王以素爲象，青黄爲玉。鄭箋謂，皆以懸瑱者，或名爲紞，織之，人君五色，人臣三色，知五色、三色者，據《詩》推之，有素、青、黄三色，爲人臣事，故知人君五色也。魯敬姜曰，王后親織玄紞，玄是天色，故特言之，非謂純玄色也。此皆鄭王二家異義，説詳《詩》疏。然鄭爲長也。

《禮器》曰，禮有以文爲貴者，天子之冕朱緑藻，十有二旒，諸侯九，上大夫七，下大夫五，士三。夏殷之禮也。

注義，江氏慎修云，記者《雜記》異代之禮，冕制天子用朱緑二采，太卑矣。諸侯有五等，一用九旒，太無别矣，七旒、五旒，用之上下大夫，則已僭。士得服三旒之冕，亦太尊。以此觀之，可知周冕之善，夫子所以取之。竊謂《禮器》此言，未可盡非，章服之差，見于《周禮》，旒數之差，不見於經。《弁師》所言，據注乃每旒就數。唯《郊特牲》言王戴冕，璪，藻同。十有二旒，則天數也。《玉藻》言天子玉藻十有二旒，前後邃延，皆止言天子，此文推及于士，最爲詳悉。曰天子十有二旒，唯皆十有二旒，故其藻十有二就，諸侯皆九旒，故其藻九就，以是而差，其就數與旒數適相應。承仕案，王冕旒皆十二，諸侯皆九，以下皆據禮器爲準，無飛降，義與鄭異，黄度、王應電、宋綿初、孔廣森、金鶚、孫詒讓説同。蓋《周禮》車旗器物，王多以十二爲節，故此旒數就數，皆以十二衣章，雖減旒數，自如自公以下皆然。《弁師》言，諸侯之繅旒九就，明凡屬諸侯，則就數旒數皆九。鄭以下文，復言諸侯及孤卿大夫之冕、韋弁、皮弁、弁經，各以其等爲之。遂改上侯字爲公字，謂專言公下諸侯，方指侯伯子男，不知經首言掌王之五冕，皆玄冕朱裏，延紐，此言冕延之制也。又曰五采繅十有二就，皆五采玉十有二，玉笄朱紘，言旒色、就數，及固冠之笄、紘也。又曰諸侯之繅斿九就，瑉玉三采，其餘如王之事，言諸侯之就數以九，玉采以三，其餘冕延、紐笄、紘皆如王也。又曰繅斿皆就，言王繅玉十二就，則斿亦十二，諸侯繅玉九就，則斿亦九，故曰繅斿皆就，言皆如其就數也。鄭氏解此句謂皆三采，於皆就二字，既説不去。疏：亦不能市之後儒。遂謂此句爲衍文，又欲連下玉瑱、玉笄説，蓋亦知其不可通也。又曰，玉瑱、玉笄者，言其瑱用玉，其縣瑱之笄亦用玉也。古者冠必有瑱，婦人以副擬冠，故亦有瑱。但此瑱既非預綴于冠副之兩旁，而固冠安副之笄，又不可兩用，初疑此瑱，無所附麗。鄭注《追師》云，王后之衡笄，皆以玉爲之，唯祭服垂于副之兩旁，當耳，其下以紞縣瑱。疏申之云，傳云，衡紞紘延，與衡連明言，紞爲衡設矣，其意謂紞即縣于衡也。又思衡取其横，如何能垂于副之兩旁，因爲之解曰，人身豎爲從，此衡横貫頭上，則爲横意，以衡雖横，垂亦不害其爲横也。不知衡取其平，斷無垂理，況疏又言，鞠衣已下無衡，亦應有紞以縣瑱。夫既曰無衡，則此紞何所繫乎。《左氏昭二十六年傳》云，齊侯將納公，命無受魯貨。申豐從女賈，以幣錦二兩，縛一如瑱，適齊師。疏解瑱字云，

禮以一條五采，横冕上，兩頭下垂，繫黄緜，緜下又縣玉爲瑱，以塞耳，是兩瑱共一條，掛冕上。夫冕延之上，既無別物，體又下俛，如何可以著絛緜，即古瑱何以下又縣玉，解既難通，況齊禁魯貨，正爲其二兩四端，不便懷藏，故統卷爲一。注謂，急卷是也，又何取于如瑱之一條兩繫乎。今觀此經曰，玉笄朱紘，知此笄即固冠之衡，而紘實上屬焉，先加笄，後加紘，故先言笄，後首紘，明其笄用玉，而所繫之紞，則用朱也。又曰，玉瑱、玉笄，知別爲一笄以繫瑱，故先言瑱，後言笄，明其瑱用玉，而繫瑱之笄，亦用玉也。若如疏家之説，則上玉笄朱紘，專言天子，故于諸公特曰，其餘如王之事，下言玉瑱、玉笄，專言諸公。然天子亦有玉瑱、玉笄，是爲互文。夫曰其餘如王，則諸公明有玉笄矣，復錯出此玉笄二字，不幾贅乎。況上天子已言玉笄，亦無用此互文也。今惟知繅斿皆就二句爲統言，天子諸侯此玉笄，爲繫瑱之笄，則經文了然，無復鉤棘錯雜之弊矣。經記天子諸侯冕旒制度既明，因又曰，王之皮弁，會五采玉璂，象邸，玉笄王之弁絰，弁而加環絰，夫王有皮弁、弁絰，諸侯卿大夫亦有皮弁、弁絰，其等不同，故又曰諸侯及孤卿大夫之冕、韋弁、皮弁、弁絰各以其等爲之，而掌其禁令。復加一冕字者，上但言王及諸侯之冕，其實孤卿大夫亦有冕，故復加一冕字也。但此經只言王及諸侯，而孤卿大夫之等，實無明文，則《周官》一經，官多聯事，如《司服》但言公自衮冕而下，《大行人》則言公冕服九章，今此經不悉言孤卿大夫之等，容散見於他官，而缺之。由是以觀，知《禮器》所言，天子諸侯旒數，適與《弁師》合。而孤卿大夫以下，皆以漸而推之，據以立説，並不用改《弁師》侯字爲公字，而繅斿皆就一句，亦明顯可通，似不必過泥。鄭説，定以爲夏殷之禮也。難者曰，天子諸侯孤卿大夫之旒數，必依《禮器》是已。然《周官·司服》言，士之服，自皮弁而下，如大夫之服，《弁師》亦止言及大夫，今《禮器》乃言士三，是士亦有冕，不與《周官》相背乎，曰士之服，固自弁以下，無冕，然亦有冕時者，其事即在《周官》人自不察耳。《夏官》序官《節服氏》下士八人，其序職則云，掌祭祀、朝覲，衮冕六人，維王之大常，郊祀，裘冕二人執戈，送逆尸，從車官，爲下士服，則衮冕裘冕，是士亦有服冕之時，但因祭祀、朝覲及郊祀，乃得從王、從尸之服，非其正服，故《司服》及《弁師》皆不數之。後儒不知士亦有服冕之時，其旒數以三爲別，不嫌上僭，遂妄生議論，且謂此經文有脱誤，豈不可歎也哉。若其藻色則《弁師》言五采、三采，此獨言朱緑，則作，記者略舉其二，如《左氏》於章服，言火、龍、黼、黻，皆約舉爲言，非謂其盡于此也。

又卷二　衷服第一。衷，善也，正也，適也。《左傳》服之不衷。

王之三公毳冕，服如子男。

《王制》疏：王之三公，《司服》無文，按《射人》三公執璧，與子男同，則服毳冕也。

凡五冕之衣，皆曰禕衣。

鄭司農注《司服》謂鷩爲禕衣，鄭不從。《曾子問》諸侯禕冕。《覲禮》侯氏禕冕。鄭注云，禕冕者，衣禕衣，而冠冕也。天子六服，大裘爲上，其餘爲禕，以事尊卑服之，而諸侯亦服焉。按衣章之説，孔鄭不同，然孔解《尚書》不過一二名物之異。鄭解《周禮》則又取《尚書》之次第，盡行改易删削，以配合五冕之名。自漢以來，無有易其説者，唯孔疏《尚書》引鄭説，謂如鄭此解，配文甚便，於絺繡之義，總爲消帖。但解宗彝爲虎蜼，取理太迴，未知所説，誰得經旨。及疏《禮記》引用鄭義，亦無短長。友人林樾亭云，問嘗考公之服九章，侯伯七章，子男五章，經有明文，知天子之必爲十二，而《周官》獨未之著，後人以《虞書》釋之，終未敢謂其必然，況孔鄭之解，又如此紛錯哉。既詳讀《考工記》，始悟天子十二章之略，蓋具于此。而諸儒不察，且皆是畫繪爲之，非刺繡者，其曰畫繢之事，雜五色，東方謂之青，南方謂之赤，西方謂之白，北方謂之黑，天謂之玄，地謂之黄，此總言色之有此六者也。其曰青與白相次也，赤與黑相次也，玄與黄相次也，此分言色之相對者也。于是而曰，青與赤謂之文，赤與白謂之章，白與黑謂之黼，黑與青謂之黻，五采備謂之繡。此五者，下裳之章，以色之相間者爲之也。于是而曰，土以黄，其象方。火以圜，山以章，水以龍，鳥、獸、蛇，此七章者，上衣之章，以物之形象爲之也。天不可以畫，則以衣之色，隨四時變易者象之。春取東方之青，夏取南方之赤，秋取西方之白，冬取北方之黑，故曰天時變，而《禮運》亦曰五色、六章、十二衣，還相爲質也。五色即所謂畫繢之事，雜五色者六章，即東方等之六色，十二衣即十二章之衣，還相爲質，即所謂天時變者。然則，衮者龍也，鷩者鳥也，毳者獸也，希冕、玄冕之服，雖不可知，然《玉藻》之佩，有山玄、水蒼之語，則玄冕之服，蓋畫山，絺冕之用以祭社稷、五祀，殆畫土，而内外五等之殺，亦由此可推。自鄭氏

以章之字爲獐，釋繡之義，爲刺繡以鳥獸蛇，爲華蟲，以天時變爲畫天，隨四時色，毋論天不可畫，既畫之，亦安有四時異色之理。華蟲，既以爲雉與獸蛇何干，且此明言畫繢之事，其官爲設色之工，又何由以刺繡之事雜之。況天地間可畫之物多矣，而獨舉此七者爲何故。知爲章服而設，則其詳雖不可考，度必具於《冬官》而幸於此，記存其概，由是以考他經。《顧命》云黼裳。《詩》云繡裳，此舉裳之一章也。《月令》、《祭統》皆言黼黻文章，此舉裳之四章也。《左傳》言火龍黼黻，此舉上衣下裳各二章也。《詩》言玄衮及黼，此舉上衣下裳各一章也。不亦彰彰可據乎哉。説甚精闢，但以鳥爲雉，以玄冕當畫山，以絺冕當畫土，仍取鄭氏冕服相配之意，不知五冕之名，自有義意，不取於衣，但經文殘缺，無從稽考。張氏慮曰，近世夏休辨六服之色，以衮如養青草也，□□□□毳白、玄、黑，夏休即作弁□□者，其言必有所據。若衮冕之名取畫龍，則龍爲十二章之首，於天子固然降爲上公，勢必先去其章首，則冕不得仍衮之名，況衮之爲龍，未見所出。《左傳》稱，衮冕黻珽，又言，火龍黼黻。明爲二物，若龍即是衮，不幾於贅復乎。魯人歌孔子曰，衮衣章甫。孔子爲一命大夫，豈有服龍章之理。鄭氏之病，正在以龍爲衮，以鷩爲華蟲，以毳爲宗彝。至於希冕，不得不取絺繡爲義，以爲在衣之粉米亦繡。夫衣繪裳繡，鄭所自言，若衣之粉米亦繡，以爲絺冕之義，則是自亂其説矣。今仍依鄭説分屬，謂絺冕之衣畫土，則何以有絺之名，玄冕之衣畫山，則何以有玄之名，此甚不可也。蓋古人取象，必崇效卑法，《考工記》之龍即青龍，鳥即朱鳥，獸即白虎，蛇即玄武，皆取四方七宿之物，繪之于衣，則龍在左，虎在右，鳥在前，蛇在後。□書□□□大夫之服是畫蛇之遺意也。土、火、山到處皆有，錯居于四者之間。土象方，如古尊彝上雷回之文，以黃色爲之，火以赤色爲之，圓其形，與方者相間，山則取赤白二色，山形下廣上狹，不方不圓，形象盡於此矣。若裳則但以二色及五色相配，爲文章黼黻五種，並無作斧形及兩己相背之形，若黼黻有形，所謂文章繡又何形也。考工所述龍鳥虎蛇，其序，正由東而南，而西，而北，取象顯然，否則蛇爲幽陰之物，何以得繪于衣哉。若其九、七、五、三，升降之等，則惟用賈疏小章之説，自有等差，正不必去其大章，以應冕名。《禮器》天子龍衮，諸侯黼，大夫黻，士玄衣纁裳，皆約舉爲言。鄭注以其無日月之章，不敢直指爲夏殷意，亦如此不必泥爲異義也。周之十二章，既與《虞書》不相涉，而《虞書》所言，又攙一宗彝在內，實不解其何義。竊謂古質，周文若虞有十二章，則周監前代，必不從新改易。《益稷》所列日、月、星辰、山、龍、華蟲六者，蓋繪於尊罍之屬，故曰作會宗彝，言繪于宗廟彝器也。其藻、火、粉米、黼、黻五者，則絺繡以施五采，作爲衣服。《皋陶謨》曰五服五章，止言五，不言十二，是其證也。孔傳亦知宗彝爲宗廟彝尊，然但見禮經有山罍、龍勺、鷄彝、鳥彝，而無日、月、星等名，遂謂宗廟彝尊，亦以山、龍、華蟲爲飾。疏又謂，三辰之尊，不宜施于器物，亦思衣服，貴乎宗廟之彝尊，貴乎三辰，可施于衣服，獨不可施于彝尊乎。蓋帝王革易虞時三辰，實在彝器至後，乃登于旗常，而器物無之。如孔之説，則文氣隔斷，不可屬讀，顯易之文，變爲鉤棘矣。況賈疏稱，衣有大章、小章，；小章天子十二，有虞時自必皆然，則天子衣上之日、月、星，皆當十有二，於理可乎。以此言之，衣章之不宜有三辰，即虞時已然，不獨周也。孔疏《尚書》謂《郊特性》云，祭之日，王被衮冕，以象天。又曰，龍章，而設日月以象據天。此記文，衮冕之服，亦畫日、月。故鄭注以爲魯禮，要其文稱，王非魯事，或當二代，衣上亦畫三辰。不知此所謂則天者，豈必定有日月星辰，若玄衣纁裳，亦屬則傚天地，況其下文又明言，龍章、日、月設于旂，則其衣章之無日、月明矣。又樾亭天子十二章之説，取《禮運》十二衣之言爲證，然《左氏昭二十五年傳》子太叔引子産語，有九文，六采，五章，以奉五色，九文，當即九章似周之衣章數止于九，無十二者，子産博物，言必有據，不知此處將何以通之。故今載樾亭説，而爲圖則仍依鄭氏焉。

清・江永《鄉黨圖考》卷五《冕考》

《世本》黃帝作冕。注，冕，冠之有旂者也。

《大戴禮》冕而前旒，所以蔽明。《通典》云，示不邪視也。黈纊塞耳，黈，黃色，纊，綿也。塞耳懸於兩旁。所以揜聰。《通典》云，示不聽讒也。東方朔云，蔽明塞聰，明，有所不見，聰，有所不聞，舉大德，赦小過，無求備於一人之義也。

《左傳》，衮冕黻珽。疏云，《論語》麻冕，禮也，蓋以木為幹，而用布衣之，上玄下朱，取天地之色。《漢禮器制度》云，冕制，皆長尺六寸，廣八寸，謂之冕者，冕，俛也，以其後高前下，有俛俯之形，故因名焉，蓋以在上位者，失于驕矜，欲令位彌高而志彌下，故制此服，令貴者下賤也。

傳又云，衡紞紘綖。疏云，冕以木為幹，以玄布衣其上，謂之綖。《玉藻》、《弁師》俱作延。《論語》、《尚書》皆云麻冕，知其當用布也。《弁師》五冕

皆玄冕，知其色用玄也。孔安國《論語》注言，績麻三十升布，以為冕，即是綖也。

《論語》麻冕禮也，孔注：冕緇布冠也，績麻三十升布，以為之。疏：鄭注，喪服布，八十縷為升。

按，冕者，冠之有延，有旒。孔以緇布冠解之，與始冠之緇布冠相混。又謂績麻三十升布為之，亦非也。古布幅闊二尺二寸，當今尺一尺三寸七分半，若容三十升之縷二千四百，則今尺一分之地，容一十八縷，此必不能為者也。孔意蓋謂古者朝服十五升，冠當倍於衣。不知冠升倍衣，唯喪服斬衰三升，冠六升，則然，自齊衰以下，則非倍半之數矣，禮無冠倍于衣之例。孔誤釋耳。麻冕之布，亦不過十五升，如今尺之一分，容九縷已是細密難成矣。

《周禮·夏官》弁師掌王之五冕，皆玄冕朱裏，延紐。注：冕服有六而言五冕者，大裘之冕蓋無旒，不聯數也。延，冕之覆在上者，是以名焉。紐，小鼻在武上，笄所貫也。今時冠卷當簪者，廣袤以冠縰，其舊象與疏延，即是上玄者，紐綴於冕兩旁，垂之，武兩旁作孔，以笄貫之。冠卷為武，以笄入紐及孔，貫纚與髮。使其得牢固也。凡冕體周禮無文，叔孫通作《漢禮器制度》，取法于周，今還取彼以釋之。按彼文，凡冕以版廣八寸，長尺六寸，以上玄下朱覆之，乃以五綵繅繩，貫五采玉，垂于延前后，謂之邃延，又云，弁師所掌冕，以旒為主，祭天用大裘，取質，其冕亦當無旒為質，故此不數之。爵弁前后平，則得弁稱，冕則前低一寸餘，得冕名，冕則俛也，以低為號也。

又五采繅十有二就，皆五采玉十有二，玉笄朱紘，注：繅，雜文之名也。繅古字，藻今字。合五采絲為之繩，垂于延之前后，各十二，所謂邃延也。就，成也，繩之每一幣，而貫五采玉十二斿，則十二玉也，每就間蓋一寸。朱紘，以朱組為紘也。紘一條，屬兩端于武。繅不言皆有不皆者，此為衮衣之冕，十二斿，則用玉二百八十八。鷩衣之冕繅九斿，用玉二百一十六。毳衣之冕七斿，用玉百六十八。希衣之冕五斿，用玉百二十。玄衣之冕三斿，用玉七十二。疏言五采繅十有二者，此據衮冕而言，謂合五采絲為藻繩，十二道，為十二旒也，皆五采玉十有二者，此各據一旒而言。玉有五色，以青赤黃白黑於一旒，之上，以此五色玉貫于藻繩之上，每玉間相去一寸，十二玉則十二寸，就，成也，以一玉為一成結之，使不相并也。云紘一條，屬兩端于武者，謂以一條繩，先屬一頭于左旁笄上，以一頭繞於頤下，至向上于右，相笄上繞之。是以鄭注《士冠禮》云，有笄者，屈組以為紘，垂為飾。兩頭皆有垂餘。彼據皮弁、爵弁，此五冕皆有笄，與彼同，此言屬于武者，據笄貫武，故以武言之。其實在笄，王之五冕，繅則有十二，有九，有七，有五，有三，其玉旒皆十二，故繅不言皆有不皆者，則九旒以下是也。玉言皆，則五冕旒皆十二玉也。

按《大戴禮》及《東方朔答客難》皆云，冕而前旒，所以蔽明，則無後旒可知，後旒何所取義乎。鄭謂前後皆有旒，此因《玉藻》前後邃延，而誤耳。前後邃延，謂版長尺六寸，自延端至武前後皆深邃。非謂後亦有旒也。《玉藻》言十有二旒，未嘗言前後皆十有二旒也。據疏引《漢禮器制度》亦云垂於延之前后，豈叔孫通失之與。抑所引者非《禮器制度》之原文與，且衮冕二十四旒，用玉二百八十八，如此繁重，恐首不能勝。夫子論，為邦何爲取於周冕乎。鄭所計用玉，每冕皆當去其半，又諸侯之繅斿九就，瑉玉三采，其餘如王之事，繅斿皆就玉瑱玉笄，注：侯，當為公字之誤也。三采，朱白蒼也。諸侯三采，損玄黃不敢用，天地之色也，冕延上玄下朱，亦是法天地者，朱色近黃也，冕尊卑皆用玄，冕朱裏，禮有損之而益，亦所謂經而等也。其餘謂延紐，皆玄覆朱裏，與王同也。出此則異，繅斿皆就皆三采也。每繅九成，則九旒也。公之冕用玉百六十二。瑱塞耳者。黃帝用黈纊，後王又易之以玉。疏，王與諸侯互見為義，是以王言玄冕朱裏延紐，及朱紘明，諸侯亦有之，諸公言玉瑱明王亦有之。鄭知侯當為公者以下別見諸侯，又九就，當上公以九為節，故知是公也。

又諸侯及孤卿大夫之冕，各以其等為之，而掌其禁，今注各以其等，繅斿以其命數也。侯伯繅七就，用玉九十八，子男繅五就，用玉五十，繅玉皆三采，孤繅四就，用玉三十二，三命之卿繅三就，用玉十八，再命之大夫繅再就，用玉八，繅玉皆朱綠，一命之大夫冕而無旒，士變冕為爵弁。疏云，孤卿大夫，文承諸侯之下，故鄭以諸侯之孤卿大夫解之，不別見天子之臣文中，可以兼之云，各以其等為之，不言爵，而言等，則依命數矣。一命之大夫冕而無旒，鄭知然者，凡冕旒所以為文飾，一命若有，則止一旒一玉而已。非華美，又見一命大夫衣無章，士又避之，變冕為爵弁。若一命大夫有旒，士則不須變冕為爵弁，直服無旒之冕矣。故知一命大夫無旒。孔子為司寇，是

一命大夫至其去魯，不脱冕而行，此冕是無旒之冕，衣無文，裳刺黻而已。魯人之歌言，衮衣章甫，爰得我所者，借尊者之冕服言之，其實非龍衮之衣也。若然，爵弁制如冕，但無旒為異，則無旒之冕亦與爵弁不殊，得謂之冕者，但無旒之冕，亦前低一寸餘，故亦得冕名也。

《玉藻》天子玉藻十有二旒，前後邃延，注：天子以五采藻為旒，旒十有二，前後邃延者，言皆出冕前後而垂也。冕版長，前後距武深邃，非以前後旒垂為邃，後無旒，前已辯明。天子齊肩，延冕上覆也。玄表纁裏，疏：天子之旒十有二就，每一就，貫以玉，就間相去一寸，則旒長尺二寸。古尺尺二寸，當今尺七寸五分。天子齊肩，則諸侯以下各有差降，九玉者九寸，七玉者七寸，以下皆依旒數，垂而長短為差，旒垂五采玉，依飾射侯之次，從上而下，初以朱，次白，次蒼，次黄，次玄。五行相克之次。五采玉，既貫徧，周而復始。三采者，先朱，次白，次蒼。二色者，先朱，後緑。至漢明帝時，用曹褒之説，皆用白旒珠，與古異也。云玄表朱裏者，纁是朱之小别。赤黄之間。《周禮》鍾氏三入為纁，鄭注《士冠禮》朱則四入與，是纁朱同類，故注弁師朱裏，與此不異。

《禮器》禮有以文為貴者，天子之冕朱緑藻十有二旒，諸侯九，上大夫七，下大夫五，士三。注：朱緑似夏殷禮也，周禮天子五采藻。疏，天子之冕朱緑藻十有二旒者，亦是夏殷也。諸侯九，上大夫七，下大夫五，士三，亦言夏殷也。周家旒數隨命數，又士但爵弁無旒也。

按記者雜記，異代之冕制，天子用朱緑二采，太卑矣。諸侯有五等，一用九旒，太無别矣。七旒五旒用之上大夫、下大夫，則已僭。士得服三旒之冕，亦太尊。以此觀之，可知周冕之善，夫子所以取之。

《左傳》衡紞紘綖。注：衡，維持冠者。紞，冠之垂者。疏，王后之衡以玉為之，故追師掌焉。弁師掌王之五冕弁，及冕皆用玉笄，則天子之衡亦用玉。衡即笄也。諸侯以下衡之所用則未聞。紞者，縣瑱之繩，垂於冠之兩旁。《魯語》敬姜曰，王后親織玄紞，則紞必織線為之，若今之絛繩。鄭《詩箋》云，充耳，謂所以縣瑱者，或名為紞，織之，人君五色，臣則三色是也。絛必雜色，而魯語獨言玄者，以玄是天色，故特言之，非謂純玄色也。紘用一組，從下屈而上屬之於兩旁，縣其餘也。《士冠禮》言組紘，知天子諸侯之紘，亦用組也。

《祭義》天子冕而朱紘，諸侯冕而青紘。

清·張惠言《冕弁冠服圖·冕》《周禮·弁師》掌王之五冕，皆玄冕朱裏，延，紐，五采繅十有二就，皆五采玉十有二，玉笄朱紘。注：延，冕之覆在上，是以名焉，紐小鼻在武上，笄所貫也。今時冠卷當簪者，廣袤以冠縰，其舊象與。疏云當冠縰之中央。繅，雜文之名也，合五采絲爲之，繩垂于延之前後，各十二，所謂邃延也。就，成也，繩之每一帀，而貫五采玉十二，斿則十二玉也，每就間蓋一寸，朱紘，以朱組爲紘也，紘一條，屬兩端于武。

《玉藻》天子玉藻，十有二旒，前後邃延。注：天子以五采藻爲旒，旒十有二。前後邃延者，言皆出冕前後，而垂也，天子齊肩，延，冕上覆也，玄表纁裏。疏引叔孫通《漢禮器制度》云，凡冕，以版廣八寸，長尺六寸。董巴《輿服志》云，廣七寸，長尺二寸。應劭《漢官儀》云，廣七寸，長八寸。以此上玄下朱，覆之。《左傳》疏云，孔安國《論語》注：言績麻三十升布，以爲冕，即是綖也。賈疏又云，冕前低一寸二分。

《弁師》諸侯之繅斿九就，瑉玉三采，其餘如王之事，繅斿皆就，玉瑱，玉笄，諸侯及孤卿大夫之冕，各以其等爲之。疏云，諸公言玉瑱，明王亦有之。

《禮箋》云《後漢書·輿服志》孝明皇帝永平二年初，詔有司采《周官》、《禮記》、《尚書·皋陶篇》乘輿從歐陽氏説，公卿以下從大小夏侯氏説。冕前圓後方，前垂四寸，後垂三寸，三公諸侯及卿大夫皆有前無後。案《玉藻》天子玉藻十有二旒，前後邃延，則歐陽氏説所本也。《大戴禮·子張問入官篇》古者，冕而前旒，所以蔽明也。《禮緯》旒垂目，纊塞耳，王者示不聽讒，不視非也，則大小夏侯氏説所本也。鄭君釋《周官》、《禮記》用歐陽氏説，聞之師曰，前旒義取蔽明，則無後旒可知。記言十二旒，未嘗謂前後皆有也。《玉藻》所云，前後邃延者，謂延之前後，出于武者，皆深邃耳。前後據延言，不據延之垂者言，斯言，可正諸儒相傳之誤，古冕旒之制，當從大小夏侯氏説。

清·雷鐏《古經服緯》卷上 首服三等，冕爲上，弁次之，冠通稱也。

此下至不服緇撮，述首服之等及其名稱也。三等，據經文言，冕之爲言，俛也文，从曰从俛，省位彌高，志彌下，故冕制象之。《禮》疏云，前低一寸二分。弁者，象形字，《釋名》曰弁如兩手相合抃時，《漢書·輿服志》曰，

制如覆杯，前高廣，後卑鋭，蓋其形圓橢，略如今之弁帽，俗稱瓜皮帽者。《周官》鄭注：以弁爲古冠之大號，非是。古經無謂五冕爲弁者，首服之大號，經止謂之冠。冠字从冖从玄从寸，冖即覆下之象。元者，首也，故《儀禮》稱冠爲元服。寸者，服也，覆於首，而各有制度焉，此冠之義也。蓋冕弁既作以後之稱矣。古時止謂之冒，周人始專以冒爲斂服之名。

黄帝作冕，有虞氏皇，夏后收，殷人冔，周人冕，冕曰玄冕，亦曰麻冕。大裘而冕，天子服之。衮冕、鷩冕、毳冕、絺冕、玄冕，凡五等，諸侯及卿大夫之服也。絺冕一曰黻冕，玄冕一曰裨冕。

此一節，述冕之異名也，黄帝作冕。《世本》文，有虞氏皇四句。《王制》文，鄭康成注云，皇冕屬，畫羽飾焉。今按皇凰，古字通，又皇者，大也，黄也。《爾雅》曰，皇，黄鳥，飾以畫羽，象鳳舒兩翼，其形侈大，而色黄也。收者，帝堯冠名，《史記・本紀》曰，堯黄收純衣。《集解》引《大古冠冕圖》云，夏，名冕曰收，蓋夏從唐制，而變其色也。故蔡邕《獨斷》曰，夏冠純黑，以堯證舜，則皇亦黄冠，其形侈大。夏人去其羽，飾而黑之，故謂之收，殷人又加覆飾，故謂之冔。《士冠禮》鄭注冔名出於幠。幠，覆也，所以自覆飾也，即其義。《周官・弁師》之玄冕，《周書》及《魯論》之麻冕，皆是冕之大名。玄言其色，麻言其物也。配以端衣，則曰玄端，一曰端冕。《玉藻》云，天子玄端朝日，諸侯玄端以祭，及凡經之稱端冕者皆是。《周官・司服》之玄冕，玄乃衣名，《玉藻》之玄端而居及朝玄端，玄乃玄冠委貌，即侯國之朝服。所謂端委也，一曰委端。其名雖同，其實各異。鄭注改前之玄端爲玄冕，謂王之朝日，侯之自祭，皆玄衣而冕，非是。禮言王之朝日，乘龍，載大旂，搢大圭，執鎮圭，服大采，禮用實柴，豈服反下於疈辜之小祀乎。王及大夫之祀，其先服，皆降於所祭者各一等，豈公侯之九命八命七命者，獨降用三命再命之服乎。此因不知玄冕玄端各有二義，故誤合之耳。冕字，古經或作絻，猶延字，古經或作綖，此易麻爲純以後之稱也。故字从糸，大裘而冕，以下六等。皆《周官・司服》文衮鷩毳絺玄五者，皆衣名，此借服之等，以别冕之差也。諸侯兼内外言，三公、九卿、二十七大夫，爲内諸侯、公、侯、伯、子、男爲外諸侯，上公及方伯之國，皆有孤卿，其餘止有卿、大夫，此五等之冕，即其上服也，其差詳見下。絺冕，一曰黻冕，見《左傳》，所謂以黻冕命士會將中軍，且爲大傅也。玄冕，一曰裨冕，見《覲禮》、《玉藻》、《曾子問》三經之裨冕，即《荀子》所謂大夫裨冕也，蓋玄冕，在冕服中最卑，故謂之裨冕。此本侯國大夫之上服，諸侯朝於天子，自恐有罪，不敢伸其上服，而降用再命之車服，故皆裨冕。墨車《詩》云彼交匪舒，此之謂也。及事畢，猶肉袒，此天子所爲賜以本命之車服矣。《禮》注鄭司農，以裨冕爲鷩冕，鄭康成以爲五冕之通稱，謂卑於裘冕，俱非是。《荀子》曰，天子山冕，諸侯玄冕，大夫裨冕，士韋弁，此因天子之上服，十二章，有三辰山火，故曰山冕。諸侯之上服，衮鷩毳絺，皆玄冕朱裏，故曰玄冕。侯國大夫之上服，止玄衣而冕，在冕服中最卑，故曰裨冕。爵弁以韋爲之，故又曰韋弁也。【略】

玄冠以上，天子皆服之。九命者，衮冕，八命七命者，鷩冕，六命五命者，毳冕，四命者，絺冕，三命、再命及一命之大夫，玄冕，士之一命不命者，爵弁。凡服，上得兼下，下不得僭上。庶人之服，臺笠緇撮，唯天子不服緇布冠，士以上非燕居，不服緇撮。

此一節，述首服之等也。玄冠至僭上，見《周官》，經雖小國之大夫亦玄冕，見《禮記》及《周禮》注。《周官・典命》云，上公九命爲伯，侯伯七命，子男五命，王之三公八命，其卿六命，其大夫四命，及其出封，皆加一等，公之孤四命，其卿三命，其大夫再命，其士一命，侯伯之卿大夫士，亦如之。子男之卿再命，其大夫一命，其士不命，衣服各視其命之數。《司服》曰，公之服，自衮冕而下，侯伯之服，自鷩冕而下，子男之服，自毳冕而下，孤之服，自絺冕而下，大夫之服，自玄冕而下，士之服自皮弁而下。注又云，王之上士三命，中士再命，下士一命，加以王制，三公一命衮，禮器，士三旒之説，皆可以參互見義。此即冕服差等之大凡也，惟是宗伯之九儀，既云再命受服，今子男一命之大夫，亦玄冕者，此因其從政，故特優之。《玉藻》曰，惟世婦命於奠繭，其他則皆從男子。又曰，一命禮衣，士褖衣。《喪大記》曰，大夫以元頼，世婦以禮衣，士以爵弁，士妻以税衣，所謂一命禮衣，即小國大夫之世婦也。《大記》所言，則統凡侯國之大夫士言之也。故《周禮・弁師》注云，一命之大夫，冕而無旒。《玉藻》注：亦云一命禮衣二句，是子男大夫士之禮。蓋一命者，本應爵弁褖衣，因其從政，特加優命。所謂大夫之服，自玄冕而下也，説者每紛亂之，故《服緯》取證於經，詳見下古之上服節。庶人之服，臺笠緇撮者，臺笠，野服，緇撮，禮冠也。臺即蓑草，笠是竹冠，蓑即侯莎。《夏小正》謂之縞，《爾雜》謂之薃，生水濱，少葉，其心高出，故謂之

臺。葺以爲衣，可以禦雨，是謂之蓑。蓑乃農夫牧豎所必須，故又名夫須。《國語》謂之襏襫，《漢書・地［理］志》莎作葤，即艸心爲臺之義。《爾雅》之艾冰臺，今俗稱蒜臺、韭臺、菜臺，皆是。故《毛詩・無羊傳》云，蓑所以備雨，笠所以禦暑。《彼都傳》云，臺所以禦暑，笠所以禦雨，蓋互文見義。鄭箋以臺笠爲一物，謂以臺皮爲笠。孔疏從之，而反議傳文，非是。笠字从竹，自是以竹爲榦，以葉爲著，戴以蔽日禦雨，至今尚然。北地無竹，或以茅蒲之葉著之。故管子曰，首戴茅蒲，身衣襏襫。未聞以莎草之皮，爲笠者也。士大夫，出有車蓋，雨或衣製，雪被復陶，既非燕居，與人交接，安有臺笠緇撮，同於草野者，彼都刺衣服無常，故及此耳。

玄冕朱裏，邃延前俛，木爲幹，衣以布，承以武，左右有紐，以貫笄也，武旁有紞，以繫瑱也，結紘於笄，以固冕也。繅玉綴于前延，王旒十二，玉繅五采，九命以下三采，四命以下二采，玉各視其命，數其旒，各有差，一命者無旒。

此下至冠武同色，述首服之制與飾也。此一節，述冕之制飾。《周官》弁師掌王之五冕，皆玄冕朱裏，延紐五采，繅十有二，就皆五采，玉十有二，玉笄朱紘。《大戴記・子張問入官》曰，冕而前旒，所以蔽明也，統纊塞耳，所以弇聰也。《小戴記・玉藻》曰，天子玉藻，十有二旒，前後邃延。鄭注云，延冕之覆在上，是以名焉，紐小鼻在武上，笄所貫也，今時冠卷當簪者。就，成也。每一帀，而貫五采玉，十二斿，則十二玉也。每就間，蓋一寸，朱紘，以朱組爲紘也。疏云，古者績麻三十升布染之，上以玄，下以朱，衣之於冕之上下云。延者，即是上玄者也，紐者，綴於冕兩旁，垂之武兩旁，作孔以笄貫之，使得牢固也。又注云，紘一條，屬兩端於武。疏引《士冠禮》注云，有笄者，屈組以爲紘，垂爲飾，無笄者，纓而結其絛，此言屬於武者，據笄貫武，故以武言之。其實在笄，此皆冕飾之正解也。《論語》曰，麻冕禮也。《白虎通》曰，冕，前俛後仰，故謂之冕。所以用麻爲之者，女功之始，示不忘本。《左傳桓二年》疏云，蓋以木爲幹，而用布衣之，上玄下朱，取天地之色，其長短廣狹，則經傳無文。阮諶《三禮圖》及《漢禮器制度》云，冕制皆長尺六寸，廣八寸，天子以下皆同。董巴《輿服志》云，廣七寸，長尺二寸。應劭《漢官儀》云，廣七寸，長八寸。《周官・弁師》疏：專從漢禮器之説，謂叔孫通取法於周，故還取彼以釋之。今案冕覆之所以稱延者，延，即長義，既云前後邃延，安有廣七寸，而長止八寸者，叔孫通之説最先，故賈疏從之。又《周官》注：以前後垂旒爲邃延，亦誤。冕延覆出於前後，故曰邃。《大戴記》明云，冕而前旒，所以蔽明。《白虎通》亦有垂旒，示不邪視之文，則安得冕後亦有旒乎。王冕有六，而《弁師》云五冕者，裘冕與卷冕王皆十二旒也，注謂裘冕無旒。故不聯數，疏謂祭天取質，冕當無旒。此與《郊特牲》戴冕，璪十有二旒之説相悖，未足據也。武者，冠卷，一名委。《雜記》所謂委武元縞，而後蕤也。蓋古制，居冠屬武，禮冠與武不屬也。故曰承以武笄者。簪也，紞者，絖也。織綫爲絛，懸於冠之兩旁，當耳。所以繫瑱也，瑱即紞下所垂之充耳。紘者冕弁之繫也，用組一條，先繫一端於左邊笄上，由耳後垂下，屈從頦下繞之，至右耳後順上，結於右邊笄上，使冕弁得固也。繅，一作藻，璪乃繅上之玉名，象如水藻，有層節也，一名繁露。旒，一作斿，每寸一玉，象繁露之流下也。以繅貫玉，垂於冕延之前端，每一繅，爲一旒，每一玉，爲一就。王之繅玉皆五采，玄黄朱白蒼，九命以下者三采，無玄黄，四命以下者二采，朱緑而已。蒼即緑也，禮器所謂朱緑藻矣。王之冕，每旒皆十二玉，長尺二寸，諸公之冕，每旒皆九玉，長九寸，其餘各視其命數，詳見《玉藻》疏：其旒各有差者。《弁師》注：謂王之衮冕十二旒，鷩冕九旒，毳冕七旒，絺冕五旒，玄冕三旒。蓋視大夫以上之冕旒，有加數也。諸公以下，各如其衣服之節，則凡衮冕者九旒，鷩冕者八旒七旒，毳冕者六旒五旒，絺冕者四旒，玄冕者三旒或二旒也，惟一命之大夫，冕而無旒，再命以上者，皆有旒玉，所謂再命受服矣。鄭注：謂士皆變冕爲爵弁，與宗伯九儀，《禮器》士三旒之文，亦皆相忤，非經義。

君，玄紞五采，瑱飾以玉，四命以下，紞三采，瑱飾以石，是曰充耳，其材皆骨角。笄一名衡，君玉笄，臣象笄，皆有首，長尺二寸。天子朱紘，諸侯青紘，士緇組紘，纁邊。虞之首服，嚴員，夏卑退，殷員橢，或曰，夏純黑，前小後大，黑白赤組旒，殷黑而微白，前大後小，黑黄青組旒。

此一節述紞、瑱、笄、紘之等及冕旒形色之異也。《魯語》敬姜曰，王后親織玄紞，公侯之夫人加之以紘、綖，夫曰加以紘、綖，則夫人亦織玄紞可知。故《詩》箋謂，君紞五色，臣三色。《魯語》專言玄者，舉其色之最尊者耳。《詩・著》篇曰，充耳以素乎，而尚之以瓊華乎，而充耳以青乎，而尚之以瓊瑩乎，而充耳以黄乎，而尚之以瓊英乎而。箋謂素、青、黄，即人臣之

紞色尚猶飾也。三瓊皆石之似玉者，又云君紞五色其即益以元纁，與《周禮・弁師》職謂王及諸侯皆玉瑱。而《詩》云充耳琇瑩、充耳琇實。故鄭箋謂人臣皆石瑱。然《楚語》曰巴浦之犀、犛、兕、象，其可盡乎，而又以規爲瑱也，是古人充耳之材止用獸之牙角，但飾以玉石耳。故《詩》云，尚之以瓊。《毛傳》，亦解素爲象瑱，瓊華爲美石，可知《詩》之素青黄，即骨角之色，飾以玉石，則光澤益彰。故《毛傳》又以青黄爲玉色，其實即瑱之色也。至傳分三色，爲士大夫人君之異，此不如箋義爲善。女子許嫁，已至夫家，不應尚不知夫之爵位，故《服緯》取證經傳之文，節取二家之説焉。笄者，今之簪也，一名衡，故《周官》追師追衡笄。《左傳》曰，衡紞紘綖，昭其度也，所謂衡者，即此笄矣。吉笄，長尺二寸，横在首上，故曰衡，二鄭之訓，不如《詩傳》之有據矣。詳見中卷，注《士喪禮》曰，鬠笄緌中，《喪服》傳曰，箭笄，長尺，吉笄，尺二寸，吉笄者，象笄也。疏云笄有二種，一是安髮之笄，男子婦人俱有，即鬠笄也。一是冕笄、皮弁笄、爵弁笄，惟男子有，而婦人無。此笄皆長，不惟四寸而已，緌中，兩頭濶，中央狹，以安髮也。箭笄與榛笄，皆是凶服之惡笄。吉時，大夫士與妻，用象，天子諸侯，與后夫人，用玉。案《弁師》天子諸侯笄，皆玉也，有首者。《喪服》注云，若今刻鏤摘頭矣。紘者，冕弁之繫也。《周禮》、《弁師》掌王之五冕，皆玉笄朱紘。《祭義》謂天子冕而朱紘，諸侯冕而青紘。《士冠禮》謂皮弁笄，爵弁笄，緇組紘纁邊。《管仲》鏤簋朱紘。鄭注：謂大夫士皆應緇組紘。此即紘之等也。虞之首服三句，見《春秋繁露・三代改制篇》員，古圓字，夏純黑，前小後大，殷白而微黑，前大後小。見蔡邕《獨斷》夏冕黑白赤組旒，殷冕黑黄青組旒。見《太平御覽》引《五經通義》，此即古冕形色之異也。

又卷中《服用表》 衮冕象服。一曰龍卷。

王冕十二旒，服十二章。以祀昊天上帝及五帝，冬至祭天，質明行事，故服大裘，春冬之祭蒼帝黑帝，亦如之，夏秋則否，猶五帝之牲玉，不必盡如祀昊天也。以冠禮三加，以婚禮親迎。上公之郊祀儗焉。

淇按禮唯上公之祭服，得儗於天子，其餘則各有差，《玉藻》，記朝祭、聽朔、視朝、燕居之服，王與侯，悉不同。《周禮》，言王之饗射鷩冕，小祀玄冕。《郊特牲》及《三禮圖》，謂大射、蜡祭，皆皮弁，此即諸侯諸臣之禮已，蓋天子以衮冕祀先王，以鷩冕祀先公，以毳冕祀四望山川，因先王之尸象冕，先公之尸衮冕，五岳四瀆之尸鷩冕也，是祭服視所祭者，皆降一等矣。上公以衮冕，助王之郊祀，諸侯以鷩冕，助王之廟祀，繹於羣廟爲小祀。王玄冕，而助祭者，皆爵弁，是助祭之服，較主祭者，又降一等矣。凡不得服者，則服其上服。如大夫士、助王郊廟之祀，止服絺冕、玄冕、雀弁也。《雜記》曰，大夫，冕而祭於公，弁而祭於己，士，弁而祭於公，冠而祭於己，是凡自祭於家，較助祭於君之上服，又各降一等矣。此乃禮之大凡，其經無明文可據者，不著録。冕而祭於公二句，乃侯國卿大夫之禮，弁而祭於公二句，乃一命以下之士禮。《少牢饋食》乃一命之士禮，《特牲饋食》乃不命之士禮，故皆玄冠朝服。

卷冕。一曰衮冕。

王冕如衮冕，冕止五等。服九章。以祀先王，以大朝覲，以卜筮大祭，以祀日月星辰。

上公諸公及方伯，冕九旒，服九章。以助王之郊祀，以終冠，以親迎。

鷩冕。

王冕九旒，服七章。以祀先公，以大饗射。

上公諸公方伯，冕七旒，服七章。以助王之祀先王，以祀其先公。

三公及牧伯，冕八旒，服八章。諸侯諸伯，冕七旒，服七章。以助王郊廟之大祀，以終冠，以親迎。

毳冕。

王冕七旒，服五章。以祀四望山川。

王臣自卿以上，皆冕六旒，服六章。五等諸侯，皆冕五旒，服五章。侯伯以祀其先。孤卿子男，以助王郊廟之祀，以終冠，以親迎。

絺冕。一曰黹冕。

王冕五旒，其餘得服者，皆四旒，服四章。王以祭社稷五祀以耕籍。

王之孤卿及子男，以祀其先。王之大夫，公之孤，以助郊廟之祀，以終冠，以親迎。

玄冕。一曰裨冕。

王及三命以上，皆三旒，裳三章。再命者，二旒，裳二章。一命之大夫，無旒，裳一章，皆玄衣無文。王以祭羣小祀，以賓尸，以致齊，以聽朔，以食老更。五等諸侯，以六年朝於天子，將朝以出視朝，以告於廟，反亦如之。王之大夫、公之孤，以祀其先。王之上士中士，及侯國之卿大夫，各以助其

君郊廟之祀，以終冠，以親迎。

爵弁即雀弁，一曰皮弁，亦曰韋弁。服，一曰玄服。

純衣者，纁裳韎韐纁履。君舄臣屨，皆黑絇繶純。命士以上，裳一章，不命者，無章。以釁廟遷廟。侯之世子未誓，釋服以朝王。王臣以助王之羣小祀。王之上士中士，及侯國之卿大夫，以祀其先。卿以歸聘臣之饔餼牢禮。王之下士，及凡侯國之士，各以助其君之祭，以衛王殯，以終冠，以親迎。

紂衣者，服如侯國之朝服，天子以哭諸侯。

淇按自九章至一章，《春秋左氏傳》謂之九文，惟附庸之君，諸經不言何服，以王臣出封加一等，玄士受地視附庸，推之，是附庸，亦有三等。《春秋繁露》所謂字者，方三十里，名者，方二十里，人氏者，方十五里是也。然則附庸之君，大者絺冕四章，次者玄冕三章，小者玄冕二章矣。

韋弁服即戎服，一曰均服。

韎弁，韎衣，韎裳，韎韐，鞮屨，自天子至於士，凡即戎者，均服之。

淇按衣冠韠屨，皆韎韋，又上下同服，故曰均，此鞌之戰，齊君所以得免也。卻氏並其袴韤，亦以韎韋。此楚君之所以識爲君子也，舊説謂即戎者，皆韎韋之跗，注非是。

皮弁即綦弁，一曰會弁。服。

皮弁之縫，飾以玉璂，各如其冕旒之數，唯一命以下者，無飾，其服，皆素衣、素裳、素韠、素履。君白舄，青絇繶純，臣白屨，黑絇繶純。王以每日視朝，以月朔月半巡視祭牲，以郊祀聽祭報，以卜天變，以卜養蠶者，以賓射，以視學釋采。凡在王朝者，日以朝於天子。卿大夫，以郊勞諸侯。諸侯以聽朔於太廟，以巡視祭牲，以蜡祭，以大射。以受郊勞，及來聘者之享禮。卿大夫，以君命，聘問於鄰國。占者，爲大夫卜宅與葬。凡冠者，以再加。

冠弁即皮冠。服，一曰厲飾。

冠用爵韋服，如侯國之朝服，凡田獵者服之。

淇按田獵者，必皮冠，經有明文，佩櫜弭以從事，故曰厲飾，見所敬者必釋冠，此猶戎服之免胄也，以楚靈之暴，尚知釋皮冠，與大夫言，衛獻之於孫，又則以此賈禍矣。注謂冠弁，即玄冠朝服者，誤。蓋《司服》一篇，自大裁素服以前，皆言王禮，服之大者，玄冠玄端，止是始冠及燕居之服，故略而不著，不得因此，遂并皮冠玄冠爲一也。賈疏：知冠弁，是皮冠矣，又牽混韋弁，別於厲飾，謂四時之正田，仍用韋弁服，亦非是。《司服》篇，諸言凡者，凡衆人，凡一切，豈有但著小獵，而反遺正田之理。

玄冠朝服，即端委，一曰委端。

玄布冠，緇布衣，素裳、素韠、素履。君舄，臣屨。王冠以始加。諸侯以相朝會日，與其臣以視朝，以食命聘使，食聘使，以燕，以射，以接世子而名之。卿大夫，以使聘受命，夕幣釋幣，肆禮展幣。問卿反命，卿以郊勞，聘使，宰夫以歸饔餼，於衆介以鄉飲鄉射，以時儺，立于阼。士之一命不命者，以祀其先，以冠子，筮日，以負世子見於君。占者，爲大夫筮宅與葬。

淇按《周禮》，凡侯國之大夫，皆玄冕而下，乘墨車。《覲禮》云，侯氏裨冕，乘墨車。《荀子》曰，大夫裨冕，然則裨冕，即玄冕，甚明。故《詩》詠諸侯之朝王，止稱其介圭龍旂，赤芾金舄，邪幅鸞聲。而所謂鉤膺鏤鍚，玄衮及黼者，皆是言既覲之後，王之賜予，詩禮之文，如此符合。可知鄭注之解裨冕，不足據矣。蓋裨从卑衣，謂之裨冕，自是冕服中之最卑者，不得云衮冕以下，皆稱裨冕也。至於諸侯相朝之服，《穀梁傳》云，陽穀之會，桓公委端搢笏，以朝諸侯，與《曾子問》，諸侯相見，必告于禰，朝服而出視朝之説，亦相證。然則侯氏之相朝，用端委，不用皮弁矣。

玄端服。

衣冠與朝服同，而裳韠各異，君朱裳、朱韠，大夫素裳、素韠，惟大夫之玄端，即朝服。上士玄裳，中士黄裳，下士雜裳，皆爵韠，黑屨。君黑舄，赤絇繶純，臣黑屨，青絇繶純。王以燕居。諸侯至于士，以始冠，用緇布冠。卿大夫以朝其臣。士以冠子，以昏禮，下達問名，納采問吉，以迎親迎者，以祭之前，諏事筮口。

淇按玄端，乃服之大名，其別有五。一爲冕服之通稱，《玉藻》之玄端朝日，玄端以祭，是也，此是玄冕、端衣。一爲布衣之專稱，《玉藻》之玄端而居，朝玄端，是也。此是玄冠，緇布衣裳，則各依其等。一爲天子齊服之名，《郊特牲》之玄冕齊戒，《司服》之其齊服有玄端，是也。此是玄冕、玄衣、玄裳爵韠，《玉藻》所謂齊則綪結佩，而爵韠，《郊特牲》所謂齊之玄也，以陰幽思也，是矣。一爲諸侯以下齊服之名，《玉藻》曰玄冠丹組纓，諸侯之齊冠也，玄冠綦組纓，士之齊冠也，是已。此是玄冠、緇布衣、玄裳、爵韠，與侯國上士之玄端同，但以綪結佩，少異耳。一爲諸侯以下始冠之服，及庶

人之玄端服，此是緇布冠、緇布衣裳，則各依其等，庶人則緇裳、緇韠也。《玉藻》曰，始冠緇布冠，自諸侯下達。《士冠禮》之始加，用緇布冠，服玄端服。《士冠禮》、《士昏禮》之有司使者、從者，皆玄端。即此玄端矣。庶人之畢袗玄，亦是此服，但衣裳皆襌，而不褶，以被於上耳。蓋玄冠乃士以上之朝冠，無位於朝者，自不得著，故以緇布冠易之，諸侯以下之始冠，亦皆用之者，所謂天下無生而貴者也。諸侯以上，士之玄端服，爲齊服，上士即以齊服，爲玄端服，此猶之侯國之大夫，即以朝服，爲玄端服，禮窮則同，士去君遠，不嫌於逼上也。

齊服之玄端。

天子，玄冕、玄衣、玄裳、爵韠、綪結佩、黑舄。諸侯以下，皆玄冠、緇布衣、玄裳、爵韠、綪結佩、黑屨，但冠之組纓，各異耳。

素端。

素冠、素衣、素裳、素韠、白屨。君舄，臣屨。天子至於士，凡遇大札大烖，將祭禱齊戒，皆用此服，此即皮弁服，而易用素冠者，其冠服，皆無緣。

緇布冠端服，亦曰玄端。

公侯至於士，冠禮之始加，服之，裳與韠屨各依其等。凡庶人在官，及大夫士之私臣，有禮事，皆服之，但緇裳、緇韠、緇屨，爲異耳。

緇布冠、袗玄。

此庶民之上服也，凡婚祭禮事，皆服之。

淇按《禮運》曰，五色、六章、十二衣，旋相爲質也。十二衣，皆指祭祀之上服而言，謂章服十等，加以無章之爵弁服，及庶人之玄端服也。袗玄之衣裳，亦端制。《士冠禮》、《士昏禮》分袗玄、玄端，爲二者。袗者，襌也，雖亦端衣，襌，而不褶，言止被於上也，下者之上服，即上者之裨衣，故曰旋相爲質。

緇布冠。即緇撮。深衣。即縞衣，一曰麻衣。

公侯至於庶人，燕居皆服之。

素服，一曰降服。

縞冠、素衣、素裳、鞮屨、徹緣。天子至於士，凡遇大札、大荒、大烖，皆服之。士大夫去國，亦服之。

淇按禮無天子服深衣之文，所謂素服者，即素端，而去其飾也，或曰，用白布深衣，而徹緣，即衛文公大布之衣，大帛之冠，是也。帛白古文通，降服者，示有罪，自責也。虞之象刑，周之明刑，見於經者，止有縞冠素紕，垂緌五寸，及縞冠玄武數條。《慎子》幪巾當墨，草纓當劓，菲屨當刖，艾韠當宮，赭衣無領，當大辟之説。《荀子・正論篇》已駁斥之，非經義故不録。

清・宋綿初《釋服》卷上《冕》

《説文》冕，大夫以上冠也。邃延垂瑬紞纊，从目，免聲，古者黄帝初作冕。或从糸，作絻。

《白虎通義》冕者何，周宗廟之冠也。《禮》曰，周人冕而祭。

冕者，冠之有延、有旒、有縣紞。《論語》孔注麻冕，緇布冠也。《集注》因而未改，與《士冠禮》始冠之緇布冠相混，當辨。

《周禮・弁師》疏：凡冕體，周禮無文。依《漢禮器制度》凡冕，以版爲幹，廣八寸，長尺六寸，以布，上玄下朱覆之，謂之延是也。其長出冕前後，望之深邃，故《玉藻》曰，前後邃延。《左傳》謂之綖，注：綖，冕上覆也。疏：冕以木爲幹，以玄布衣其上，謂之綖。《論語》、《尚書》皆曰麻冕，知其當用布也。凡冕皆曰玄冕，《弁師》五冕皆玄冕，知其色用玄也。《論語》孔注：績麻三十升布爲之。疏：鄭注：喪服布八十縷爲升，三十升，凡二千四百縷。升，猶登也，成也。

江慎脩《鄉黨圖考》孔注《論語》謂績麻三十升布爲之，非也。古布幅闊二尺二寸，當今尺一尺三寸七分半，若容三十升之縷二千四百，則今尺一分之地，幾容一十八縷，此必不能爲者也。麻冕之布，亦不過十五升，如今尺之一分容九縷，已是細密難成矣。

綿初案，縷有麤細，織有疏密，冕之用布，重女功之始，不忘本也。然首服而加黼黻之上，故古人專織三十升布，以爲冕延之用，時人苦其細密難成，用黑繒代之，所以爲儉。若十五升之布，朝服用之，深衣用之，冕延所用無幾，得之不難，而儉之義不明矣。今仍從《論語》孔注：古純與緇通。《説文》緇，黑色帛也。

其裏以朱爲之，著於版下，弁師五冕，皆朱裏是也。

綿初案，冕延玄覆朱裏，舊説法天地，朱色近黄，非也。冕主法天，玄者北辰之象，朱者陽明之色，人君居尊而嚮，明外尊，而内明於元首之服，見之矣。

《弁師》疏：冕之言俛也，以低爲號，前低一寸餘，故得冕名。《左傳》衮冕黻珽。疏：冕，俛也，後高前下，有俛俯之形，欲在上者，位彌高而志彌下，故制此服。又冕主上覆天之象，天文南極卑於北極，亦因取象也。《白虎通義》前俛而後仰，故謂之冕。

陳氏《禮書》冕之爲制，方其後而昂之，所以立不變之體，圓其前，而俛之，所以致無方之用。

冕之前垂者謂之旒。《大戴禮》冕而前旒，所以蔽明也。《通典》黄帝作冕垂旒，示不邪視也。所以縣旒者，謂之繅。弁師注：繅，雜文之名，合五色絲爲繩。就，成也，其制以繅貫玉，垂於延前，所謂玉藻是也。每繩一帀，謂之就，繩一帀，貫一玉，爲一成，結之，使不相並也。

綿初案，《大戴禮》曰，前旒曰蔽明，則無後旒可知。鄭注：謂前後有旒，非是。《隋志》引《大戴禮》云，冕而加旒，所以蔽明也。此因前後有旒之説，故不解《戴禮》前旒之義，而改前爲加，不知惟其前旒，故曰蔽明，後旒於義無取。此注之失，而後儒承其誤也。《論語集注》亦因而未改。

所以塞耳者，謂之瑱，黄帝用黈纊。《大戴禮》黈纊塞耳，所以掩聰。《通典》云，示不聽讒也。薛綜注《東京賦》云，黈纊，言以黄緜，大如丸，縣冠兩邊，當耳，不欲妄聞不急之言也。後王塞耳以玉，《詩》玉之瑱兮。傳，瑱塞耳也。《説文》瑱，以玉充耳也。所以縣瑱者，謂之紞，紞者，縣瑱之繩，垂於冠之兩旁。《左傳》曰，衡紞紘綖。《魯語》王后親織元紞，是也。

延之下，所以約冕者，謂之武。《玉藻》注：武，冠卷也。凡冠皆有武。所以維持冠者，謂之衡，又謂之笄。所以貫笄者，謂之紐。《弁師》注：紐，小鼻，在武上，笄所貫也。疏：紐綴於冕兩旁，垂之，武兩旁作孔，以笄入紐，及孔貫纚與髮，使牢固也。此謂固冠之笄。所以繫冠者，謂之紘。《弁師》注：以組爲紘也，紘一條屬兩端於武。疏：謂以一條組，先屬一頭於左旁笄上，以一頭繞於頤下向上，於右旁笄上結之。是以《士冠禮》注云，有笄者，屈組以爲紘，垂爲飾。兩頭皆有垂餘。

又《天子之冕》 天子祭服有五，首服皆冕。故《弁師》曰，五冕，藻皆十二旒，每旒十二玉，其繅玉五采，其衡用玉爲之，其紘色則朱。《弁師》疏：玉有五色，以青、赤、黄、白、黑於一繅之上貫之，周而復始，每玉相去一寸。《玉藻》注：天子齊肩。

《周禮・夏官》弁師掌王之五冕，皆玄冕朱裏，延紐，五采繅十有二，句。就皆五采玉，句。十有二，句。玉笄朱紘。

鄭注：繅不言皆有不皆者，此爲衮衣之冕，十二旒則用玉二百八十八。鷩冕繅九旒，用玉二百一十六。毳冕七旒，用玉一百六十八。希冕五旒，用玉一百二十。玄冕三旒，用玉七十二。疏：五采繅十有二，此據衮冕而言。又云，王之五冕，繅有十二、有九、有七、有五、有三，其玉旒皆十二，故繅不言皆有不皆者。則九旒以下是也。玉言皆，則五冕旒皆十二玉也。此經十二旒，據衮冕而言，以其十二旒，旒各十二玉，前後二十四旒，故用玉二百八十八。下計可知。

綿初案，弁師云，云天子之冕制備矣，蓋王之祭服有五，首服皆冕，故曰五冕，其實冕制同也。上皆，皆五冕，言五冕同制，如下所云也。下皆，皆十二繅，言一就一玉，每繅貫玉十有二，凡繅就皆如是也。上皆，通貫至玉笄朱紘，下皆，專言就玉，一冕如是，五冕並同。則下皆又統承上皆而言，經文恐人疑五冕異制，故詳著此文，無緣，有五采繅十二，單指衮冕之説，若謂繅不言皆，則必每事言皆，而後可，古人固無此立言之體矣。今斷爲天子之冕，皆十有二旒，從經也。又鄭以爲，後亦有旒，故用玉二百八十八。今審定，後實無旒，故鄭所計玉，當去其半，下推可知。又案，經無天子九旒、七旒、五旒、三旒之冕，凡車服旂章，天子以十二爲節，公以九爲節，侯伯以七爲節，子男以五爲節。禮有明文，若三旒之冕，大夫所服，何當天子而降用之乎。且據注疏：諸侯祭宗廟服玄冕，依次推之，皆三旒之冕，然乎。原鄭意，以司服衮、鷩、毳、希、玄，依次而降，則冕亦當有别。愚謂，彼言冕服祭祀鬼神各有其等，章采不得盡同，弁師專言冕制，天子之貴，元首定於一尊，旒玉不得有異也。司服注：五服皆冕，首服尊也，其義確矣。

又案鄭注：既言天子每旒皆十二玉，則五冕皆十二旒。如諸公九旒，則九就。侯伯七旒，則七就。子男五旒，則五就。孤卿三旒，則三就矣。若天子玉既十二而旒，則或三、或五、或七，疑於上，而又疑於下，非制也。五冕以冕服爲差，不以冕旒爲異，合觀《弁師》、《司服》之文，而其制乃定。

又案，冕止於五，鄭氏加以大裘，而冕則爲六冕，且云大裘之冕無旒。後世禮官，議冕制，依以爲説。據注：冕無旒者，一命之服，天子元首之服，何當降從一命之卑乎。《郊特牲》曰，郊之日，王被衮以象天，戴冕，璪十有

二旒，則冕無旒之説，非矣。大裘之冕，即衮冕也。詳下文司服説。

《玉藻》天子玉藻，十有二旒，前後邃延，龍卷以祭。

注：祭先王之服也，龍卷，畫龍於衣，字或作衮。疏：十有二旒者，前後各十二旒，前後邃延者，言十二旒在前，後垂而深邃。

綿初案，《玉藻》言龍卷以祭，則昊天上帝及先王皆在其中矣。其他祭服有異，而玉藻十有二旒不異也。合觀《弁師》、《玉藻》並言十有二旒，無天子九旒、七旒、五旒、三旒之説。前後邃延者，謂上覆之延出冕前後，而垂望之，深邃非謂前後皆十二旒也。

又《諸侯之冕》 公侯以下之冕，玄冕朱裏延紐並同，繅玉笄紘，則以其等爲之。《弁師》諸侯及孤卿大夫之冕弁，各以其等爲之，而掌其禁令，是也。諸公之繅，以其命數，九旒九就，其衡亦以玉爲之，其紘色則青。《祭義》天子冕而朱紘，諸侯冕而青紘，弁師諸公之繅斿九就，瑉玉三采，其餘如王之事，繅斿皆就，玉瑱、玉笄。注：三采，朱、白、蒼也。其餘謂延紐，皆玄覆朱裏，與王同也。繅斿皆就，皆三采也。每繅九成，則九旒也。《弁師》注：諸侯繅斿，以其命數，侯伯繅七就，子男繅五就，玉皆三采，侯伯以下紘亦青紘。

又《大夫之冕》《弁師》注：孤卿繅四就，三命之卿繅三就，再命之大夫繅再就，繅玉皆朱緑二采。一命之大夫冕而無旒。士變冕爲爵弁。

疏：爵弁如冕，但無旒爲異。無旒之冕亦與爵弁不殊。得謂之冕者，亦前低一寸餘，故亦得冕名也。

綿初案，孔子爲司寇，去魯不説冕而行，此當是二旒再就之冕，無旒者謂之弁。《左傳》衛大子謂渾良夫曰，苟使我入國，服冕乘軒。是卿大夫始得服冕，士變冕爲爵弁也。

陳氏《禮書・祭義》天子冕而朱紘，諸侯冕而青紘。《士冠禮》緇布冠，青組纓。皮弁笄、爵弁笄，緇組紘纁邊。蓋朱者正陽之色，青者少陽之色，天子諸侯以爲紘，緇者陰之色，士以爲紘。卿大夫冕弁之紘，無所經見。《禮器》言，管仲鏤簋朱紘，君子以爲濫。鄭氏謂，大夫當緇組紘纁邊，理或然也。

前代冕制與周不同。《禮器》禮有以文爲貴者。天子之冕朱緑藻，十有二旒。諸侯九，上大夫七，下大夫五，士三。注：朱緑似夏殷禮也。周禮，天子五采繅。疏：天子之冕朱緑藻，是夏殷，諸侯九，上大夫七，下大夫五，士三，亦言夏殷也。周隨命數，爵弁無旒。

記者雜記異代之冕制。天子朱緑二藻，於義爲狹，諸侯有五等，一用九旒，大無別矣。七旒五旒用之大夫，則已僭，士得服三旒之冕，亦大尊。以此觀之可知，周冕之善。《隋志》云，三代之冕，既不通制。故夫子曰，服周之冕。

又《天子冕服》 古天子冕，藻十二旒，冕服亦十二章。初一曰日。次二曰月。次三曰星辰，取其照臨也。次四曰山，人所仰也。次五曰龍，取其變化也。次六曰華蟲，取其文明也。皆會五采，而施之於衣。次七曰宗彝，謂宗廟彝尊之飾，有虎蜼二獸，虎取其猛，蜼取其智，以虎蜼畫於宗彝，因用宗彝爲號，並一章也。《爾雅》注：蜼似獼猴而大，黄黑色，尾長數尺，尾末有岐，鼻露向上，雨則自縣於樹上，以尾塞鼻，或以兩指。次八曰藻，取其潔也。次九曰火，取其明也。次十曰粉米，取其養也。十一曰黼，爲斧形，取其斷也。十二曰黻，爲兩己相背，取其辨也。皆黹五采，而繡之於裳。凡十二章，天子以飾祭服。諸侯九，山龍以下。諸伯七，華蟲以下。子男五，藻以下。卿大夫三，粉米以下。故《皋陶謨》曰，五服五章哉。王禮相因，自有虞以來，以下迄於周，凡冕服皆玄衣纁裳。集書、禮傳注。

《書・益稷篇》予欲觀古人之象，日月星辰山龍華蟲作會，宗彝藻火粉米黼黻絺繡，以五采彰施於五色，作服，汝明。

鄭注：會，讀爲繪，絺，讀爲黹，黹，紩也。凡畫者爲繪，刺者爲繡，此繪與繡各有六，衣用繪，裳用繡，至周而變之。以三辰爲旂旗，謂龍爲衮，宗彝爲毳，或損益上下，更其差等。

綿初案，鄭注：凡畫者爲繪。後儒相承，無異義。謹案繪之爲畫，乃假借之名，非繪之本訓。《書》作會，《爾雅》會，合也，繪字從糸。《小爾雅》雜采爲繪。《説文》繡，五色備也，繪，會五采，繡也。鄭注謂，刺者爲繡。又注：《考工記》繢人職云，繡以絲證之。《説文》會五采繡爲繪，則繪繡皆五采絲聚合之名。繪亦作繢。《周官・司服》注引《書》作繪爲作繢。《考工記》繢，人職。鄭司農引，繪事，後素。《玉藻》緇布冠，繢緌，諸侯之冠也。鄭注：繢或作繪，然則繢繪一字。《説文》繢，織餘也，訓繪爲織，則非畫之謂。《玉藻》有士不衣織。注云，織，染絲爲之，凡絲皆染而後織，凡布帛皆

織而後成，若士不衣織之織，則其義有別織者。織，綵也，謂合五采絲，組織而成文章，如衮衣、鷩衣、毳衣之等，蓋大夫以上之衣，經緯五采，組織精好，各有等威。士賤，故不得衣，然則繪也，績也，其義即士不衣織之織矣。至經文畫繪並言者有二。一見《周官·典絲》職曰，凡祭祀，共黼畫組就之物。及畫績之事，皆二文並舉，黼畫之物，謂五采色也，組就之物謂五采絲也。《考工記》畫績之事，後素功。畫績亦二事，畫事以章物，采旂常黼扆之類，先有粉地爲質，而後加五采之畫也，繪事以章服采，先以素絲爲質，而後爲五采之繪也。經典無衣服用畫之文。《魯語》王后親織玄紞。《葛覃》疏云，紞，縣瑱之物，織五采爲之，著，箋云，人君五色，獨言玄者，以玄爲尊。非畫也。《月令》季夏，命婦官染采，黼黻文章必以法，未聞衣服用畫者也。《玉藻》諸侯緇布冠，繢緌，緌亦織采爲緌，與玄紞同類。《深衣》衣純以繢。鄭注：並云繢畫也。緌而畫之無，乃迂而不近情乎。至以畫施天子之冕服，尤爲未協，衣裳有上下之分，裳用繡，而衣用畫，非情也。天子祭昊天上帝，享先王、先公，禮大物博，而畫衣以爲祭服，豈染人不足於染，絲人不足於織與。然則會者合也，作繪者合五采絲爲之織，功也，絺繡者，刺五采絲爲之，箴功也。衣以繪，裳以繡，上下相變，其爲采色彰施，則同也。繪繡對文異義，散則通如《爾雅》曰黼黻彰也，通釋經傳中黼黻之事，非專釋十二章之黼黻，猶言五采彰施於五色也。《論語》言繪事，亦通言黼黻文章之事，非專言畫也。讀書者勿以辭害意，豈惟說詩之法，宜爾哉。

《周禮·春官》司服掌王之吉凶衣服，辨其名物，與其用事。王之吉服，祀昊天上帝，則服大裘而冕，祀五帝亦如之，享先王則衮冕，享先公則鷩冕，祀四望山川則毳冕，祭社稷五祀則希冕，祭羣小祀則玄冕。希，讀爲絺，陟里切，刺，繡也。

綿初案，大裘爲冬至祀天之服，其時必裘，故特言之，若他祭則有春秋四時，故變文言，衮服倘值冬月，裘可知也。禮不表裘，大裘不裼，則大裘之上被以龍衮，可知。經於祀天不言衮，享先王不言裘，互相備也，祀五帝亦如之。承上文，言與祀昊天同服，倘值夏月，則衮冕而已，至大裘即衮冕之中衣，亦無六服。

鄭注：古天子冕服十二章，王者相變，至周而以日月星辰畫於旌旗。所謂三辰旂旗，昭其明也，而冕服九章，登龍於山，登火於宗彝，尊其神明也。九章，初一曰龍，次二曰山，次三曰華蟲，次四曰火，次五曰宗彝，皆畫以爲繢。次六曰藻，次七曰粉米，次八曰黼，次九曰黻，皆絺以爲繡。享先王則衮冕，以龍爲首，衮之衣五章，裳四章，凡九也。享先公饗射則鷩冕，鷩畫以雉，華蟲爲首，其衣三章，裳四章，凡七也。祀四望山川，則毳冕，毳畫虎蜼，宗彝爲首，其衣三章，裳二章，凡五也。祭社稷五祀則絺冕，絺刺粉米，無畫也，其衣一章，裳二章，凡三也。祭羣小祀則玄冕，玄者，衣無文，裳刺黻而已。是以謂玄焉。

綿初案，注謂古天子冕服十二章，至周而冕服九章，其說無據。凡車服旂章，天子以十二爲節。公以九爲節。侯伯以七爲節。子男以五爲節。禮有明文。天子玉藻十二旒，則冕服亦十二章矣。公之冕九旒，九就，則冕服亦九章矣。若天子而同於公之冕服，是謂下替。若公而同於王之冕服，是謂上逼。而曰天子畫龍一升一降，諸公降龍而已，以此爲別，不亦細乎。鄭以《虞書》冕服，龍在次五，而周曰龍衮，則是龍章爲首，以日月星升之於旌旗，而引《左傳》三辰旂旗以實之，今案旂章與章服兩事，虞夏之旂旗，何嘗不畫日月乎。日月星不可以名服，故以龍衮爲名。而統十二章，猶《論語》言黻冕，舉一章以該他章，不當因龍衮之名，而謂無日月星也。天子冕服十二章，仰則天數，周又尚文，夫子特取周冕，以其文之備，而等威辨也。豈廢古之十二章，而同於諸公之冕服九章耶。賈公彦云，九章無正文，竝鄭以意解之，然則鄭氏之說，未可即以爲周公之禮矣。

衛正叔《禮記集說》載秦溪楊氏曰，前乎康成，如漢明帝用歐陽說，天子備十二章，三公諸侯山龍九章，九卿七章，用周禮也，自鄭氏始有天子九章之說，行之後世，卒不厭於人心，遂並古制，而去之，可勝歎哉。

《郊特牲》祭之日，王被衮以象天，戴冕，璪十有二旒，則天數也。

鄭注：被衮象天，有日月星辰之章，蓋魯禮也。

綿初案，此記爲周制冕服十二章之明據。王謂天子也。鄭云魯禮，何耶，天之大數不過十二，王者則天。《左傳》周之王也，制禮上物不過十二，尤爲明證也。

《戴氏遺書》冕服記服章之次，經無明文。鄭君合校《尚書》、《周官》、《左氏》而爲是說。余謂，祭宗廟或九章，至於郊祀，何必廢古之十二章不用也。《玉藻》天子玉藻十有二旒，龍衮以祭。《郊特牲》祭之日，王被衮

以象天，戴冕，璪十有二旒。禮文雖闕天子郊祀，衮冕見於此矣，衣之舉衮，猶裳之舉黻，皆以其文特顯，而龍章爲至焕，則加日月於上，無嫌。以衮名之大裘，不言衮，其餘冕服不言裘，互文錯見也。

《樂記》散軍郊射，而貫革之射，息也。裨冕搢笏，而虎賁之士説劍也。又曰，食三老五更於大學，天子冕而總干，所以教諸侯之孝也。注冕而總干，親在舞位也。疏此冕當鷩冕，享先公及饗射養老之類。

又《諸侯以下冕服》《周禮》司服職，公之服，自衮冕而下，如王之服。侯伯之服，自鷩冕而下，如公之服。子男之服，自毳冕而下，如侯伯之服。孤之服，自絺冕而下，如子男之服。卿大夫之服，自玄冕而下，如孤之服。士之服自皮弁而下，如大夫之服。其齊服有玄端素端。注：自公衮冕至卿大夫之玄冕，皆其朝聘天子及助祭之服。疏：此陳諸侯及其臣貴賤不同之事也。凡服，上得兼下，下不得僭上。

大行人職，上公之禮，冕服九章。侯伯之禮，冕服七章。子男之禮，冕服五章。

綿初案司服職，公自衮冕而下，如王之服。大行人職，上公之禮，冕服九章。然則天子之衮冕十二章，異於上公之九章矣。古制雖遠，證以經文猶信。

公朝覲助祭於天子，服衮冕，所不同者，天子冕十二旒，繅玉五采，公九旒，繅玉三采。天子冕服十二章，龍章一升一降。公冕服九章，降龍而已。《覲禮》注：上公衮無升龍。《覲禮》疏引《白虎通義》曰，天子升龍，諸侯降龍。侯伯朝覲助祭於天子，服鷩冕。子男服毳冕。大國之孤，朝聘助祭於天子，服絺冕。卿大夫有事於天子，服玄冕。孤卿大夫助祭於君，亦申冕服。《雜記》大夫冕而祭於公。

《詩・唐風》豈曰無衣七兮，不如子之衣，安且吉兮。傳，侯伯七命，冕服七章。箋云，武公初并晉國，心不自安，故以得命服爲安。又曰，豈曰無衣六兮，不如子之衣，安且燠兮。傳，天子卿六命，車旗衣服以六爲節。箋云，變七言六者，不敢必當侯伯，得受六命之服，猶愈乎不。

《詩・王風》大車檻檻，毳衣如菼，大車啍啍，毳衣如璊。傳，毳衣，大夫之衣，菼，鵻也，蘆之始生者也。天子大夫四命，出封五命，如子男之服，璊，赬也。箋云，古者天子大夫服毳冕，衣繢而裳繡，皆有五色焉，其青者如鵻。疏云，繢、繡皆五色，其青者如鵻，其赤者如璊。二章各舉其一耳。

綿初案，天子、卿大夫冕服，禮文文不具，故列《詩》言，以識其概。

凡諸侯、卿大夫之冕服，禮謂之裨冕。《覲禮》侯氏裨冕，釋幣於禰。注：裨冕者，衣裨衣，而冠冕也。裨之爲言埤也。公衮，侯伯鷩，子男毳，孤絺，卿大夫玄。疏：裨取裨陪之義，天子無裨義，公衮以下皆爲裨。《玉藻》諸侯裨冕以朝。注：朝，朝天子也，裨冕，公衮，侯伯鷩，子男毳也。《曾子問》君薨，而世子生，大祝裨冕，執束帛告於殯。又曰，三日，大宰、大宗、大祝皆裨冕。注：裨冕者，接神則祭服也。諸侯、卿大夫所服裨冕，絺冕也，玄冕也。《曾子問》諸侯適天子，必告於祖奠於禰，裨冕出視朝。注：聽國事也。諸侯朝天子，必裨冕，爲將廟受也。

《覲禮》注：天子六服，大裘爲上，其餘爲埤，以事尊卑服之。而諸侯亦服焉。

綿初案，裨者，陪也，凡諸侯及卿大夫，當助祭朝覲天子之時，皆所以陪侍於天子，故章服非一，總以裨冕括之，當云，天子衮冕爲上，其餘爲裨。注云，大裘爲上，未晰。

諸侯祭宗廟之服，下助祭天子一等。《玉藻》注：諸侯祭宗廟之服，惟魯與天子同。疏：《明堂位》君衮冕立於阼，夫人副褘立於房中，是也。依《司服》所次，公自祭服鷩冕，侯伯祭宗廟服毳冕，子男祭宗廟服絺冕。大國之孤祭其祖廟服玄冕，以下則雜記備之。《雜記》大夫冕而祭於公，弁而祭於己。士弁而祭於公，冠而祭於己。

綿初案，諸侯祭服，下助祭天子一等與。注疏：諸侯玄冕祭之説異，從經也。由諸侯下至於士，無不合者。注疏説，諸侯祭己之宗廟，皆玄冕，此因《玉藻》諸侯玄端以祭。注云，端當爲冕，所以致誤，今必疏通《玉藻》之文，而後其義可明也。

《玉藻》天子玉藻，十有二旒，前後邃延，龍卷以祭。玄端而朝日於東門之外，聽朔於南門之外，閏月則闔門左扉立于其中。皮弁以日視朝，遂以食日中，而餕奏而食，卒食，玄端而居。動則左史書之，言則右史書之，年不順成，則天子素服。諸侯玄端以祭，裨冕以朝，皮弁以聽朔於大廟，朝服以日視朝於内朝。又朝服以食，夕深衣，年不順成，君衣布，搢本。

綿初案，此經叙次，天子諸侯之禮服，明辨晳也，諸侯每下天子一等，惟

端爲誤字無疑。注謂，端當爲冕，亦未確説，具下。

注：端當爲冕，字之誤也。玄衣而冕，冕服之下祭，祭先君也。諸侯玄端以祭，端亦當爲冕，諸侯祭宗廟之服，惟魯與天子同。朝，朝天子也。裨冕，公衮，侯伯鷩，子男毳也。疏：端亦當爲冕者，以玄端賤於皮弁，下文皮弁，聽朔於大廟，不應玄端以祭先君，故知，亦當爲玄冕。

綿初案，曩謂，天子朝日，諸侯自祭，皆玄冕。本鄭注《玉藻》之文，衆論紛紜，遂成不解之惑，今疏證其義，《玉藻》天子玄端而朝日於東門之外，聽朔於南門之外。又曰，諸侯玄端以祭，下又曰，天子卒食，玄端而居，下又曰，朝玄端，夕深衣，則未知玄端者，同與，異與，何若是之無辨也。凡經有疑義，必依於注：注云端當爲冕，注以玄端在五冕之外，朝日中祭不當以玄端，諸侯祭宗廟當冕服，不當以玄端，故謂玄端當爲玄冕，夫以端爲字誤是也。但玄冕冕服之下，依經注所次，衣無文，裳刺黻而已。祭羣小祀用之。《周禮・春官》典瑞職曰，王搢大圭，執鎮圭，繅藉五采五就，以朝日。《覲禮》天子載大旆，象日月、升龍、降龍出，拜日於東門之外。《魯語》天子大采朝日，少采夕月。注：大采衮職也，少采黼衣也。《掌次》職，朝日，祀五帝，則設大次、小次。《小司徒》注：小祭祀，王玄冕所祭也。合觀諸文，朝日與祀五帝同，豈以祭羣小祀之玄冕乎。卿大夫助祭猶服玄冕，諸侯有九命，有七命，有五命，侯國以宗廟爲大祭，既不得申其上服，又不得申其次服，而五等諸侯，同用冕服之下，何以昭寵錫辨等威也。又所有鷩、毳、絺者，竟何所用乎。或曰，朝日玄端，蓋非周禮也。鄭氏誤會周禮，故易端爲冕。若然，下經，諸侯玄端以祭，天子玄端而居，朝玄端，夕深衣，皆非周禮乎。注疏之説，每至於難爲，則歸之於夏殷，未爲通證也。或曰《樂記》魏文侯端冕而聽古樂，則端固施於冕矣。謹案端冕，猶言端委，下言欲卧在朝，非在廟也，且魏文侯當戰國時，典禮廢缺，亦不可以爲據。或曰朝祭之服，皆正幅，玄端以正幅爲名，即指龍衮，然於諸侯玄端及凡言玄端者，又何以別與。《論語》曰，必也，正名乎。舉天子諸侯大夫士之禮服，而通謂之玄端，所謂名正言順者，何在唐長孫無忌，以帝祭日月服，玄冕旒三章，公卿貴賤無分，於是天子遂止服衮，而他冕盡廢，皆解經者滋之惑也。余沈思積久，竊爲之補注云，端當爲衮字之譌也。《詩》曰，玄衮赤舄。又曰玄衮及黼。《玉藻》衮字作卷，讀禮者多聞玄端，寡聞玄卷，由是誤云，玄卷，謂裨衣，自衮、鷩以下，蓋卷者，卷曲之名，繪象卷曲於衣，則謂之卷。鄭注《王制》云，卷，俗讀，其通曰衮也。天子謂之龍衮，其餘九章、七章亦通謂之衮，衣對龍衮，故謂之玄衮，依《玉藻》經文所序，天子龍衮，爲祭天享先王之服，玄衮爲朝日之服，爲視朔之服，皮弁爲視朝之服，玄端爲燕居之服，次第秩然也。諸侯玄端以祭，亦當作衮，諸侯祭服下天子一等，而五等又各不同，故統以元衮該之，猶下言裨冕也，上言天子龍衮以祭，下言諸侯玄衮以祭，上下對文，明如皦日。玄衮以祭，裨冕以朝，亦互文見義。蓋祭用玄衮。首服裨冕也。朝用裨冕，身衣玄衮也。依《玉藻》經文所序，諸侯玄衮，爲祭宗廟朝天子之服。皮弁爲聽朔之服。緇衣爲視朝之服。深衣爲燕居之服，次第秩然也。至於玄端，別是一服，天子以燕居，諸侯大夫士以爲齊服，條分而縷析矣。或曰注疏：皆以衮爲龍章，玄衮之説，於何徵之。曰韓奕之詩不云乎，王錫韓侯，淑旂綏章，簟茀錯衡，玄衮赤舄，韓國侯氏也，豈錫以天子之旂旗冕服，如後世魏晉之所爲乎，若以爲上公之衮服。《采菽》詩曰，何以予之，玄衮及黼。諸侯來朝，獨上公一人乎。若猶有侯伯，而皆以龍衮予之乎。在下者，不當用而用，謂之僭。在上者，不當予而予，謂之濫。上濫下僭，不可以訓。衛大夫請曲縣繁纓，君子以爲非禮。晉文公請隧於周，襄王不許，謂名器之不可假也，烏有。周之盛時，天子輒以龍衮錫諸侯，而雅詩稱美之，若是必不然矣。故曰，玄衮謂衮，鷩以下也，非特此也。凡黻冕皆章服也，章服皆可謂之衮衣，《詩》美周公曰，是以有衮衣兮。魯人歌孔子曰，衮衣章甫，爰得我所，皆非龍衮也，皆衮衣也。《爾雅・釋言》曰，衮，黻也，又曰黼黻，彰也，凡衮也，黼黻也，文章也，析言之，則字各有義，散則通皋陶言，五服五章，單舉章字。《論語》言黻冕，單舉黻字。《孟子》言文繡，後世或言繡衣，或言華衮，皆一意也。是以天子曰龍衮，曰衮冕，曰衮，皆龍章也。自諸侯大夫言之，凡章服皆衮衣也。冕旒之制，自天子達，則衮之章，亦自天子達。但天子衮冕並言，諸侯大夫言冕，不稱衮，言衮不稱冕，而等差度數，更不容假借耳。自秦人裂冠毁冕，考古者依經立義，又誤以畫龍者始謂之衮，如秦以後，天子稱朕之例，一言衮服，必是龍章，而周公衮衣，孔子衮衣之文，皆有所礙。馬、鄭諸儒，曾無先覺，加以文字流傳，轉寫訛誤，非傅會，則穿鑿，而經於是乎益難治矣。

又《朝聘聽朔之服》 朝，謂視朝也。有天子視朝，有諸侯視朝，有諸

侯自相朝，有大夫士私朝。聘，謂諸侯自相聘。天子聽朔以冕服，此下，專言諸侯之聽朔。

清・焦廷琥《冕服考》卷一 冕作於黄帝。

《説文》冕，大夫以上冠也。邃延，垂瑬，紞、纊。从冃，免聲。古者黄帝初作冕。絻，冕或从糸。

《世本》黄帝作冕。

廷琥按《一切經音義》卷一引作黄帝作冕。《太平御覽》卷六百八十六，引作，黄帝作旃冕。宋均曰，通帛爲旃，冕冠之有旃。《左氏桓二年傳》疏引《世本》宋注云，冠之有旒者。

《後漢書》上古穴居而野處，衣毛而冒皮，未有制度。後世聖人，易之以絲麻，觀翬翟之文，榮華之色，乃染帛以效，始作五采，成以爲服，見鳥獸有冠角頿胡之制，遂作冠冕纓緌，以爲首飾。

又 大裘之冕無旒。

《弁師》掌王之五冕。注：冕服有六，而言五冕者，大裘之冕，蓋無旒，不聯數也。疏云，弁師所掌冕，以旒爲主，祭天用大裘，取質，其冕亦當無旒爲質，故此不數之。

廷琥按，大裘無旒之説，舊説也。宋陸佃以爲，冕服有六，弁師掌王之五冕，則大裘與衮同冕。先儒或謂，周祀天地，皆服大裘，而大裘之冕無旒，非是。陳祥道曰，司服之服六，而弁師之冕五者，大裘、衮衣同冕，猶后首服同副也。楊復曰，愚按六服而冕，注説恐未安，當從陳氏大裘、衮衣同冕之説。馬端臨曰，冕之無旒者，乃一命之服，蓋子男之國爲大夫者服之，以天子祀天之冕，下同於子男之大夫，可乎。諸説皆主大裘與衮衣同冕之説，惟元豐時禮部員外郎何洵直，辨陸佃之説曰，《周禮》節服氏掌祭祀朝覲衮冕六人，維王之太常郊祀裘冕二人，既云衮冕，又云裘冕，是衮與裘各有冕，乃云裘與衮同冕，當以衮襲之裘，既無冕，又襲於衮中裘，而表衮何以示裘、衮之别哉。諸儒或言，臨燔柴，脱衮冕，著大裘，或云脱裘服衮，蓋裘衮無同冕兼服之理，此用鄭義也。舊説以爲祀天尚質，古制或然，故仍因之。而諸儒之異説，亦舉其大略如右。

又 一命之大夫亦無旒。

《弁師》諸侯及孤卿大夫之冕，各以其等爲之。注云，一命之大夫，冕而無旒。士變冕爲爵弁。疏云，冕旒所以爲文飾，一命若有，則止一旒一玉而已，非華美。又一命大夫衣無章，士又變冕爲爵弁，若一命大夫有旒，士則不須變冕爲爵弁，直服無旒之冕矣。若然，則爵弁制如冕，但無旒爲異，則無旒之冕，亦與爵弁不殊，但無旒之冕，亦前低一寸，故亦得冕名也。

又 玄衣身中二尺二寸，要上下闊一尺，衽當旁，上正一尺，下有燕尾，袂三尺三寸，袪一尺八寸。

《喪服記》衣帶，下尺。衽，二尺有五寸。袂，屬幅衣，二尺有二寸。袪，尺二寸。注云，衣帶下尺者，要也，廣尺足以揜裳上際也，衽所以揜裳際也。二尺五寸，與有司紳齊也，上正一尺，燕尾二尺五寸，凡用布三尺五寸，屬猶連也，連幅謂不削，言衣者，明與身參齊二尺二寸，其袖足以容中人之肱也。衣自領至要二尺二寸，倍之四尺四寸，加闊中八寸，而又倍之，凡衣用布一丈四寸。袪，袖口也，尺二寸，足以容中人之併兩手也。吉時拱尚左手，喪時拱尚右手。疏云，衣帶下尺者，據上下闊一尺，云足以揜裳上際也者，若無要，則衣與裳之交際之閒，露見表衣，有要，則不露見，故云揜裳上際也，言上際對兩旁有衽，揜旁兩廂下際也。又云上正一尺者，取布三尺五寸，廣一幅，留上一尺爲正，正者正方不破之言也，一尺之下，從一畔旁入六寸，乃向下邪向下一畔一尺五寸，去下畔亦六寸，横斷之，留下一尺爲正，如是則用布三尺五寸，得兩條衽，衽各二尺五寸，兩條共用布三尺五寸也。然後兩旁皆綴於衣，垂之向下，揜裳際。此謂男子之服，婦人則無，以其婦人之服連衣裳。故鄭上斬章注云，婦人之服，如深衣，則衰無帶下，又無衽是也。又云屬幅者，謂整幅二尺二寸，凡用布爲衣物及射侯，皆去邊幅一寸，爲縫殺，今此屬連其幅，則不削去其邊幅，取整幅爲袂，必不削幅者，欲取與下文衣二尺二寸同縱横，皆二尺二寸，正方者也。故深衣云，袂中可以運肘，二尺二寸，亦足以運肘也。又云，衣即身也，兩旁袂與中央身總三事，下與畔皆等，故變袂言衣，欲見袂與衣齊三也，故云與身參齊，云衣自領以下云云者。鄭欲計衣之用布多少之數，自領至要，皆二尺二寸者，衣身有前後，今且據一相而言，故云衣二尺二寸，倍之爲四尺四寸，總前後計之，故云倍之爲四尺四寸也，云加闊中八寸者，闊中謂闊去中央安項處，當縫，兩相總闊去八寸，若去一相，止去四寸，若前後據長而言，則一相各長八寸，通前兩身，四尺四寸，總五尺二寸也。云而又倍之者，更以一相五尺二寸並計之，

故云又倍之，云凡衣用布一丈四寸者，此唯計身，不計袂與袪及負衽之等者，彼當丈尺寸自見，又有不合幅者，故皆不言也。

《周禮・司服》注：鄭司農云，衣有襦裳者爲端玄，謂端者，取其正也。士之衣袂皆二尺二寸，而屬幅，是廣袤等也，其袪尺二寸。大夫已上侈之，侈之者，蓋半而益一焉，半而益一，則其袂三尺三寸，袪尺八寸。

廷琥按，古之衣制，惟《喪服》注：可見其制，衣用布一丈四寸，計身中及闊中之數也。兩袂縱横方二尺二寸，前後共計八尺八寸，袪尺二寸，前後共計四尺八寸，帶下尺以兩幅裁之，前後共廣四尺，兩衽各上廣二尺二寸，當旁各長二尺五寸，當要長一尺，旁人廣六寸，斜向下一尺五寸，下畔亦廣六寸，中屈之，在前後衽上，各廣一尺一寸，兩衽共用布三尺五寸，通計衣中央及袪袂要衽，共用布一丈九尺一寸，大夫以上侈袂，袂長三尺三寸，袪長一尺八寸，即冕服之衣也。武進張太史惠言《儀禮圖》中，有裁衽圖、端衣圖，極明析。

又 纁裳，前三幅，後四幅，辟積無數。

《喪服記》鄭注云，祭服、朝服，辟積無數，凡裳，前三幅，後四幅。疏云，祭服者，衮冕與爵弁爲祭服，凡服，唯深衣、長衣之等，六幅破爲十二幅，狹頭向上，不須辟積，其餘要間已外，皆辟積無數，不似喪服三辟積，有數也。前爲陽，後爲陰，故前三後四，各象陰陽也。唯深衣之等，連衣裳，十二幅以象十二月也。

《顧命》王，麻冕黼裳。卿、士、邦君，麻冕蟻裳。太保、太史、太宗，皆麻冕彤裳。傳云，蟻裳名色玄，彤，赤也。疏云，蟻以色玄如蟻，故以蟻名之。禮，祭服皆纁裳，此獨云玄裳者，卿、士、邦君於此無事，不可全與祭同，改其裳，以示變於常也。彤，赤也。纁，赤色之淺者，故以彤爲纁。

《玉藻》衣正色，裳間色。注云，謂冕服玄上纁下。疏云，纁是地色，赤黑之雜，故爲間色。

《論語》非帷裳，必殺之。注：王肅曰，衣必有殺縫，唯帷裳無殺也。疏云，謂朝祭之服，上衣必有殺縫，其餘服之裳，則亦有殺縫，故深衣之制，要在縫半下，齊倍要。喪服之制，裳内削幅，注云，削猶殺也。

江氏永《鄉黨圖考》云，帷裳對深衣及長衣中衣之裳言之，深衣等，裳無辟積，其當旁之衽，須斜裁，謂之殺。朝服、祭服、喪服，皆用帷裳，有辟積，則前三幅，後四幅，皆以正裁，有辟積，故無殺。王注乃對上衣言之，誤矣。衣身與袂，俱以二尺二寸之正幅，各去邊一寸縫之，安得有殺。疏：既知舉深衣裳有殺矣，仍曲徇王説，又舉喪服之裳内削服者爲殺，誤甚。喪服正是帷裳，其云内削幅者，謂布廣二尺二寸，縫時各削一寸，向内縫之，不若衰衣縫耳，與此殺字義異，此殺謂斜裁，彼削謂倒摺一寸，注雖以殺訓，削義實不同。《集注》不用舊説，須參合深衣考之。又云，朝祭服及喪服，皆衣與裳殊，大夫以上侈袂，士玄端服衣袂皆用正幅，不侈袂，而狹其袂，帶下及衽，見《儀禮喪服》帷裳七幅，皆用正幅，前三，後四，喪服每幅三辟積，朝祭服辟積無數。

廷琥按，《論語》帷裳，鄭氏以爲朝祭之服，其制正幅如帷，非帷裳者，謂餘衣也。殺之者，削其縫，使縫齊倍要者也。後人多主此説，自不可易。王肅之注：江氏辨之謂，帷裳有辟積，對深衣、長衣、中衣言之，王注乃對上衣言之，誤矣。辨證極確，然細釋王注：肅固不以帷裳爲朝祭之服，邢疏誤解之耳。王注云，衣必有殺縫，唯帷裳無殺也，未以衣爲上衣也。皇侃《義疏》申其義云，帷裳，謂帷幔之屬也，殺，謂縫之也，若非帷幔，裳則必縫殺之，以縫殺之面置裏，不殺之面在外，而帷裳但刺連之，如今服帊，不有裏外殺縫之異也。所以然者，帷幔内並爲人所見，必須飾，故刺連之而已也。所以喪服云，凡裳内削幅，裳外不削幅。鄭注云，削，猶殺也，而鄭注此云帷裳，謂朝祭之服，其制正幅，如帷也，非者謂餘衣也，殺之者，削其幅，使縫齊倍要者也。皇疏申王肅注義，又引鄭注：以見鄭王之不同，是王肅固不以帷裳爲朝祭之服也。其説雖不必然，而邢疏誤解，則非王義矣。爲正之。

又卷二 夏殷章數不可詳。

《王制》三公一命卷。注云，虞夏之制，服有日月星辰。又有虞氏皇而祭。注云，有虞氏十二章，周九章，夏殷未聞。

《禮器》禮有以文爲貴者，天子龍衮，諸侯黼，大夫黻，士玄衣纁裳。疏：周禮上公亦衮，侯伯鷩，子男毳，孤卿絺，大夫元，士爵弁，玄衣纁裳。今言諸侯黼，大夫黻，雜明夏殷禮也。但夏殷衣有日月星辰，今云龍衮者，舉多文爲貴耳。

廷琥按，鄭注《王制》既謂虞夏服有日月星辰，又曰夏殷未聞。疏：調停其説，謂舜與禹相接，事相關穿，故堯舜禹之書謂之。虞夏書，伏生《書

傳》有虞夏傳，以皋陶謨，是虞夏之書，故云虞夏之制，其實虞也。《禮器》疏又謂，夏殷衣有日月星辰，與《王制》疏兩相矛盾，按夏殷章數，雖無文，然夏因虞制，此可以意考之。《郊特牲》王被衮以祭天。鄭注云，謂有日月星辰之章，此魯禮也。又云，設日月，畫於旂上，素車殷路也，魯公之郊，用殷禮也，則日月星辰亦殷禮歟。《尚書·益稷篇》疏引《郊特牲》文，及鄭注：且曰要，其文稱，王被服衮冕，非魯事也，或當二代，天子衣上亦畫三辰，自龍章爲首，而使衮統名耳。禮文殘缺不可得詳，合諸説考之，則夏殷之服當亦十二章也。

又 周制，天子冕服九章，大裘祀天，尚質，其衣無文。衮冕九章，衣五章，曰龍、曰山、曰華蟲、曰火、曰宗彝，裳四章，曰藻、曰粉米、曰黼、曰黻。鷩冕七章，衣三章，曰華蟲、曰火、曰宗彝，裳四章，曰藻、曰粉米、曰黼、曰黻。毳冕五章，衣三章，曰宗彝、曰藻、曰粉米，裳二章，曰黼、曰黻。絺冕三章，衣一章，曰粉米，裳二章，曰黼、曰黻。玄冕一章，衣無文，裳刺黻。

《司服》王之吉服，祀昊天上帝，則服大裘而冕，祀五帝亦如之。享先王則衮冕。享先公，饗射，則鷩冕。祀四望山川，則毳冕。祭社稷五祀，則希冕。祭羣小祀，則玄冕。注云，六服同冕者，首飾尊也。先公謂，后稷之後，太王之前，不窋，至諸盩饗食，饗食賓客，與諸侯射也。羣小祀，林澤墳衍，四方百物之屬。鄭司農云，大裘，羔裘也，衮，衮龍衣也。鷩，裨衣也。毳，罽衣也。元謂書曰，予欲觀古人之象，日、月、星辰、山、龍、華蟲，作繢。宗彝、藻、火、粉米、黼、黻，希繡。此古天子冕服十二章。舜欲觀焉。華蟲，五色之蟲。繢人職曰，鳥、獸、蛇，雜四時五色以章之，是也。希讀爲絺，或作黹字之誤也。王者相變，至周而以日、月、星辰、畫於旌旗，所謂三辰旂旗，昭其明也。而冕服九章，登龍於山，登火於宗彝，尊其神明也。九章，初一曰龍，次二曰山，次三曰華蟲，次四曰火，次五曰宗彝，皆畫以爲繢。次六曰藻，次七曰粉米，次八曰黼，次九曰黻，皆希以爲繡。則衮之衣五章，裳四章，凡九也。鷩畫以雉，謂華蟲也，其衣三章，裳四章，凡七也。毳，畫虎蜼，謂宗彝也，其衣三章，裳二章，凡五也。希，刺粉米，無畫也，其衣一章，裳二章，凡三也。玄者，衣無文，裳刺黻而已，是以謂玄焉。凡冕服，皆玄衣纁裳。疏云，華蟲名鷩者，以其頭似鷩，以有兩翼，則曰鳥，以其體有鱗，似蛇，則曰蛇，以其有五色成章，則曰雉。冕服九章者，據周法而已，既去日、月、星三章，明有九章在也，云登龍於山者，周法皆以蟲獸爲章，首若不登龍於山，則當以山爲章首，何得猶名衮龍乎，明知登龍於山，取其神也。又知登火於宗彝者，宗彝則毳也，若不登火在宗彝上，則毳是六章之首，不得以毳爲五章之首，故知登火於宗彝，取其明也。云九章，初一曰龍，至凡五也，此無正文，竝鄭以意解之，以其衣是陽，從奇數，裳是衣，從偶數，云希，則粉米無畫也者。衣是陽，應畫。今希冕三章在裳者，自然刺繡，但粉米不可畫之物，今雖在衣，亦刺之不變，故得希名，故鄭特言粉米也，然則毳冕之粉米，亦刺之也。云玄者，衣無文，裳刺黻而已者，以其祭服衣，本是玄，今玄冕一章，仍以玄爲名，明衣上無畫，一章者，刺黻於裳而已，是以謂玄焉。

《左昭二年傳》衮冕黻珽。注云，衮，畫衣也。疏云《詩》稱玄衮，是玄衣而畫以衮龍，衮之言卷也，謂龍首卷然。《玉藻》曰，龍衮以祭。知謂龍首衮也。

又火龍黼黻。注云，火，畫火也，龍，畫龍也。白與黑謂之黼，形若斧。黑與青謂之黻，兩己相戾。

又三辰旂旗。注云，三辰，日、月、星也。畫於旂旗，象天之明。疏云，《春官神仕》掌三辰之法。鄭玄亦以爲日、月、星也，謂之辰。辰，時也，日以照晝，月以照夜，星則運行於天，昏明遞帀而正，所以示民早晚，民得取爲時節，故三者皆爲辰也。九旗之物，唯日月爲常，不言畫星者，蓋大常之上，又畫星也。《穆天子傳》稱，天子葬盛姬，建日月七星，蓋畫北辰七星也。

《左昭二十五年傳》爲九文。注云，謂山、龍、華蟲、藻、火、粉米、黼、黻也。華若草，華藻，水草。火，畫火。粉米若白米。黼若斧。黻若兩己相戾。

王氏鳴盛《尚書後案》云，《昭二十五年左傳》子太叔對趙簡子曰，禮爲九文，此即鄭注《春官·司服》之九章也。而杜預則謂，山也，龍也，華也，蟲也，藻也，火也，粉米也，黼也，黻也，以此爲九愚。謂華既爲草，華藻又爲水草，九章之中，何以取於草者獨多，其謬一。蟲類甚多，但舉蟲之一言，將何所指，其謬二。山在龍上，安在其爲衮冕，華蟲爲二，安在其爲鷩冕，除去宗彝，又安在其爲毳冕，揆之《司服》之文，輾轉不合，其謬三。諸説總當以鄭爲正。

廷琥按，九章自以鄭氏之次爲正。杜注九章，不數宗彝，山在龍上，既

與鄭異，合粉米爲一，亦與孔義殊也。王光禄《尚書後案》辨之極確，載其說於右。

楊氏復曰，先儒謂大裘之上有玄衣，玄衣之上有十二章，周止九章，其說皆非，是愚。即《司服》經文熟讀而詳玩之，則知有虞氏十二章，周亦十二章，昭然甚明。公之服自袞冕而下，侯伯之服自鷩冕而下，夫袞冕九章，鷩冕七章，公之服自袞冕而下，推而上之，則天子之服有日月星辰之章可知。公之服九章，則天子之服十二章可知。此不待旁引別證而知，鄭說之非矣。又曰，先王制禮，必本天理人情之公，自上古至於周天子，仰則天數，路十二就，常十二斿，馬十二閑，圭尺二寸，繅十二旒，而冕服之章，莫不皆然。鄭氏謂，周以日、月、星辰畫於旌旗，故冕止九章，不知龍登於旂，山登於俎，黼登於扆，九章亦可損乎，前乎康成，如漢明帝用歐陽說，義天子備十二章，三公諸侯用山龍九章，九卿以下用華蟲七章，其說猶用周制也。林氏之奇曰，夫子於四代禮樂，特曰服周之冕，取其文之備，尊卑之有辨也。何得至周，反去三辰之飾，蓋不過據左氏三辰旂旗之文，左氏謂旗有三辰，何嘗謂衣無三辰耶。上公九章，而王亦九章，將何所別。周公制禮，防亂萬世，乃至於無別。《郊特牲》云，祭之日，王被袞以象天，則十二章備矣。鄭氏謂有日月星辰之章，此魯禮也。夫被袞以象天，周制固然也，何魯之足云，豈有周制止九章，魯乃加以十二章之理乎。

秦氏蕙田云，案諸家破鄭氏周袞九章之說，當矣。袞既十二章，差次以降，則鷩當九章，毳當七章，絺當五章，元當三章，其諸侯於天子降殺以兩。上公雖與天子同袞冕，而服止九章，冕止九旒。以此推之，則侯伯鷩冕者服七章，冕七旒。子男毳冕者服五章，冕五旒。孤絺冕者服三章，冕三旒。卿大夫玄冕者服一章，冕無旒。即《弁師》所謂諸侯及孤卿大夫之冕，各以其等爲之。是也。

廷琥按，楊氏、林氏，破鄭氏周袞九章之說，秦尚書取其說，載於《五禮通考》。然嘗即楊氏之，說三復之，固不足以破鄭義也，其說以周制皆則天數，冕服當十二章，舉路十二就，常十二斿，馬十二閑，圭尺二寸爲證。然周制之取數於九者，亦非一端。如天子之制，堂則九尺，內有九室，外有九室，祭有九獻，樂有九變，司常掌九旗，匠人營國方九里，國中九經九緯，王射樂以騶虞九節，王大射共虎侯虎侯九十弓，以及九夏之奏，九德之歌，九磬之舞，凡取數于九者甚多，楊氏又何以解乎。又謂漢明帝用歐陽氏說，天子服十二章爲用周制，然歐陽氏傳今文尚書，則其十二章之說，正虞制之十二章，不得據此以爲周制也。林氏謂《左傳》言旂有三辰，未嘗言衣無三辰，亦屬擬度之辭，秦尚書據此以爲，袞冕十二章，鷩冕九章，毳冕七章，絺冕五章，玄冕三章，是說，竊所未敢信也。婺源江氏《鄉黨圖考》云，三代制禮，有益有損，天子用物雖得備十二，然冕戴於首，既有十二旒，十二玉，以則天數，冕服之章，以九爲尊，取陽數之極，禮尚相變也。古用十二章，周損爲九章，日月星唯畫于太常，正是監前代損益之精意，倘有益無損，則制度彌文，伊于胡底乎。鄭說允當，有謂周冕服亦用十二章者，非也，此說得之。

又 大裘而冕，爲祀昊天上帝之服。

《司服》祀昊天上帝，則服大裘而冕。注云，六服同冕者，首飾尊也。鄭司農云，大裘，羔裘也。疏云，司裘文，先鄭注云，大裘，黑羔裘，然則凡祭之同羔裘，義具於《司裘》也。

《司裘》掌爲大裘，以共王祀天之服。注：鄭司農云，大裘，黑羔裘，服以祀天，示質。疏云，言大者，以其祭天地之服，故以大言之，非謂裘體侈大，則義同於大射也。以共王祀天之服者，謂四時所有祀天之事，皆共之，不限六天之大小，直言祀天。案《孝經》緯鉤命決云，祭地之禮，與天同牲，玉皆不同。言同者，唯據衣服，則知崐崘神州，亦用大裘，可知。先鄭知大裘黑羔裘者，祭服皆玄上纁下，明此裘亦羔裘之黑者。又云，服以祀天，示質者，以其袞以下，皆有采章，惟此大裘更無采章，故云質。案《鄭志》，大裘之上又有玄衣，與裘同色。《家語》郊問，天子大裘，以黼之，被裘象天，服袞戴冕，璪十有二旒，則天數也。

陳氏祥道《禮書》云，《周官》司裘，掌爲大裘，以共王祀天之服。司服，祀昊天上帝，則服大裘而冕，祀五帝亦如之，享先王則袞冕。《禮記》曰，郊之祭，王被袞以象天，戴冕，藻十有二旒，則天數也。鄭司農云，大裘，黑羔裘，服以祀天，示質也。然則合《周官》、《禮記》而言之，王之祀，內服大裘，外被龍袞，袞衣所以襲大裘也。《記》曰裘之裼也，見美也，服之襲也，充美也。禮不盛，服不充，故大裘不裼，則襲裘，可知也。議者，以司裘言大裘祀天，而不及袞，《司服》言大裘而冕，祀昊天上帝，在袞冕之上。又《節服氏》袞冕六人，維王之太常裘冕二人，執戈送逆尸，是袞冕與裘冕不同，

謂之大裘而冕，則不加衮矣。是不知先王祀天，以冬至之日爲正，而裘又服之本也，故取大裘以名之，猶之朝服緇衣羔裘，而《詩》獨稱羔裘如濡、羔裘豹袪、羔裘逍遥。燕服玄端，蜡服黄衣，皆狐裘。而《詩》獨稱，狐裘以朝、狐裘蒙茸、狐裘黄黄，則裘之上，未嘗無衣也。裘之上，未嘗無衣，而衣之下，有不用裘。故《屨人》曰，凡四時之祭祀，以宜服之，則凡春夏秋之祀，不必服裘，所以適時之宜而已。由是觀之，衮冕以維太常者，不有裘，裘冕以送逆尸者，必有衣也。《記》曰，尸襲而不裼，送逆尸者象之，則裘冕加衮，又可知也。古者，犬羊之裘不裼，必襲之也。表裘不入公門，必裼之也。是裘，有裼之而不襲，有襲之而不裼，未有表之而不裼襲者，則徒服大裘，而無襲，非禮意也。語曰，褻裘長，則凡行禮之裘短矣，果徒服大裘而加長焉，其與褻裘奚異哉。《鄭志》謂，大裘之上，又有玄衣，此尤無據也。《禮記》惟君黼裘，以誓省。大裘非古也，則戒誓省眂用黼裘，而後世服大裘焉。故記者譏之。《家語》謂，大裘黼文，以象天，王至泰壇，脱裘服衮。張融又易之以爲，王至泰壇，脱衮服裘。蓋王肅託孔子，以信其説。張融疑王肅以變其論，然《記》曰，郊之日，王皮弁以聽祭報，則前祭未嘗服大裘也。又大裘無文，與黼不同，二者之説異矣。夫先王祀天，有文，以示外心之勤，有質，以示内心之敬。故因丘埽地，陶匏藁秸。疏：鼏樿杓素，杓素，車之類，此因其自然，以示内心之敬者也。執鎮圭，繅藉五采五就，旂龍章，而設日月，四圭有邸，八變之音，黄鍾大吕之鈞，此致其文飾，以示外心之勤者也。然則，内服大裘，以因其自然，外被襲，龍衮戴冕，以致其文飾，不以内心廢外心，不以自然廢文飾，然後事天之禮盡矣。

聶氏崇義《三禮圖》云，王祀昊天、上帝、五帝、崐侖、神州，皆服大裘。

秦氏蕙田云，祭莫大於昊天，先王而宗廟，時享在四仲之月，禘以孟夏，祫以孟冬，大饗在季秋，祈在春夏，祭地在夏至，祀五帝以迎氣時，皆非嚴寒，不必用裘。惟圜丘祀昊天上帝在冬至之日，《詩》所稱一之日觱發者，周之都在西北，圜丘之壇在南郊，祭之時在平旦，其霜氣凜冽，較之祭於屋下爲更甚，故司裘特制大裘，以爲祀天之服，蓋專爲冬至南郊設，而他祭不用也。云大裘而冕，見雖服大裘，而必戴冕。冕與衮相稱，王之冕以衮爲盛，戴冕則被衮可知，禮意甚明，若冕而不衮，成何體制，豈所謂盛服者耶。康成拘泥裘冕衮冕句法，遂創爲有冕無旒，裘上有玄衣之説，後世難以信從，異説紛起，踵訛襲謬，至有盛暑服裘，必不可行，而廢親祀者。

廷琥按，大裘之説，紛紛不一，統核之，則大裘者，乃天子冬至祭南郊之服也。賈氏《周禮》疏謂，崐侖神州，亦服大裘，蓋據《孝經》緯鉤命決之一言，然祭天地之禮，牲玉皆不同，獨衣服同乎。聶氏《三禮圖》亦因其説。而《天官・司裘》特標其職曰，掌爲大裘，以共王祀天之服，未言祀地也。先王制禮，必因四時之所宜，祀地在夏至，豈有服裘之理，後人踵其謬説，遂有因夏不可服裘，而不親祀者。遂有因夏不可服裘，而天地合祭者。豈先王制禮之意哉。然則大裘之專爲冬至祀天，可無疑也。禮有以素爲貴者，祀天尚質，大裘而加玄衣，示以質也。議者以《周禮》祀天服大裘。《郊特牲》又言，被龍衮以象天。兩處不合。王肅遂謂臨燔柴，脱裘服衮。張融則謂，脱衮服裘。陳氏《禮書》謂皮弁聽報，祭郊服大裘，而襲以衮衣，以强合《周禮》、《郊特牲》之義。吾謂，此王肅、張融之調人耳，非經義也。《周禮》明言祀天上帝服大裘而冕，明言爲大裘以共王祀天之服，未言衮也，特爲大裘以祀天，豈容臨燔柴，綴祭乃服，亦豈容臨祭轉脱之理。大裘玄衣示質，舊説自不易也，若《郊特牲》被衮象天，此魯禮也。鄭注明言之矣，鄭注何以謂魯禮也。上文明言，郊之用辛也，周之始郊日，以至曰周之始郊，明魯無冬至祀圜丘之事，第孟春祈穀之郊也。然則《郊特牲》之郊，非圜丘祀天之郊也。鄭云，魯侯之服，自衮冕而下，明魯侯得服衮冕。《郊特牲》孔疏云，《周官》之制，祭天圜丘，其禮王服大裘而冕，乘玉路，建太常。《明堂位》云，魯君以孟春祀帝於郊，服衮服，乘素車，龍旂，衣服、車旗，皆自不同，何得以諸侯之郊，説天子之圜丘。此申鄭義，以郊丘爲二，而以魯郊，非天子圜丘之祭，則是也。議者解大裘、衮冕，不難合而一之。後世踵其説，遂有行祈穀之禮，而不行圜丘之事者，遂有行用辛之郊，而不行冬至之郊者。鄭以魯郊用殷禮，孔穎達亦以被衮象天爲二代天子之服，何必以此被衮一言，强合於周禮，而紛紛聚訟也哉。秦尚書謂，春夏秋之祀，俱不服裘，甚允當，而謂裘上襲衮衣，則仍陳氏之説也。

又 又爲祀五帝之服。

《司服》祀昊天上帝，則服大裘而冕，祀五帝亦如之。

《王制》天子將出，類乎上帝。注云，帝謂五德之帝，所祭於南郊者。

《祭法》有虞氏禘黄帝。注云，此禘謂祭昊天於圜丘也，祭上帝於南郊，

曰郊。

《大傳》不王不禘。注云，大祭其先祖，所由生，謂郊祀天也。王者之先祖，皆感大微五帝之精以生，皆用正歲之正月，郊祭之。

《禮器》魯人將有事於上帝。注云，上帝，周所郊祀之帝，謂蒼帝，靈威仰也。

《大司樂》賈疏云，禮天神必於冬至者，以天是陽，冬至一陽生，還於陽生之日，祭之也。至於郊天，必於建寅者，以其郊所感帝，以祈穀，實取三陽爻生之日，萬物出地之時。

《曲禮》孔疏云，天神有六，祭之一歲有九。昊天上帝，冬至祭之，一也。蒼帝，靈威仰立，春日祭之於東郊，二也。赤帝，赤熛怒，立夏日祭之於南郊，三也。黃帝，含樞紐，季夏六月土，王之日，亦祭之於南郊，四也。白帝，白招拒，立秋日祭之於西郊，五也。黑帝，汁光紀，立冬日祭之於北郊，六也。王者各稟五帝之精氣，而王天下，於夏正之月，祭於南郊，七也。四月，龍星見而雩，總祭五帝於南郊，八也。季秋，大饗五帝於明堂，九也。

《郊特牲》孔疏云，王肅以郊丘是一，而鄭氏以爲二者，案《大宗伯》云，蒼璧禮天。《典瑞》又云，四圭有邸，以祀天，是玉不同。《宗伯》又云，牲幣，各放其器之色，則牲用蒼也。《祭法》又云，燔柴於泰壇，用騂犢，是牲不同也。又《大司樂》云，凡樂，圜鐘爲宮。黃鐘爲角。太蔟爲徵。姑洗爲羽。冬日，至於地上之圜丘，奏之，若樂六變，則天神皆降。上文云，乃奏黃鐘，歌大吕，舞雲門，以祀天神，是樂不同也。故鄭以云，蒼璧、蒼犢、圜鐘之等，爲祭圜丘所用，以四圭有邸，騂犢及奏黃鐘之等，以爲祭五帝及郊天所用。

《掌次》朝日祀五帝，則掌大次、小次。注：鄭司農云，五帝，五色之帝。疏云，祀五帝者，謂四時迎氣。

陳氏祥道《禮書》云，五帝與昊天同稱帝，不與昊天同稱天，猶諸侯與天子同稱君，不與天子同稱王。《周官》祀五帝之禮，有與天同，以極其隆，有與天異，以致其辨，故皆禋祀，皆服大裘，此其所同也。祀帝於圜丘，兆五帝於四郊，此其所異也。鄭氏之徒謂，四圭之玉，黃鐘大吕之樂，夏正以祀，感帝於南郊。蒼璧之玉，六變之樂，冬日至禮，天皇大帝，在北極者，於圜丘，天皇大帝，耀靈寶也，五帝太微之帝也。分郊與丘，以異其祀。別四帝與感帝，以異其禮。王肅嘗攻之矣，然肅合郊丘而一之，則是以五帝爲人帝，則非夫有天地，則有五方，有五方，則有五帝。《月令》之五人帝，伏犧、神農、黃帝、少昊、顓頊而已。果以是爲五帝，則前此，其無司四時者乎。

楊氏復曰，注疏正月，郊謂，祭感生帝，孫奭，正月，郊謂，祈穀，二說不同，何也。祭感生帝，出於緯書，正月祈穀，經有明證，學者以聖經爲信，可也。

秦氏蕙田云，疏謂，天神有六，祭之一歲有九。夫祈穀、雩祀、大饗所祀者上帝，非五帝，五時迎氣祭五帝，非祭上帝也，既誤以祭上帝，爲祭五帝，而五帝之祭有八，上帝之祭止一。又誤以祭五帝爲祭上帝，而上帝之祭，一歲有九，況《小宗伯》明言，兆五帝於四郊。何得以五帝之祭，混於祭天。

廷琥按，《周禮》言昊天上帝，又言五帝。鄭氏謂，冬至祭昊天上帝於圜丘，夏正之祭太微五帝於南郊，即感生之帝也。《小宗伯》兆五帝於四郊，則五時迎氣之祭，春祭靈威仰，夏祭赤熛怒，中央土，祭黃樞紐，秋祭白招拒，冬祭汁光紀，是也。孔氏《曲禮》疏言之甚詳，後人以其出於緯書，攻之不遺餘力，然以郊丘爲一祀，五帝爲迎氣之祭，而《司服》文，大裘祀昊天上帝，祀五帝亦如之，又何以解焉。若謂祀五帝爲迎氣之祭，則祭赤帝於孟夏，祭黃帝於季夏，祭白帝於孟秋，皆無服大裘之理，此義諸儒所未及，則祀五帝者，不專以迎氣言之也。愚謂，南郊之祭，自與圜丘爲二，圜丘冬至之祭，南郊祈穀之祭。賈公彦《大司樂》疏：孔穎達《月令》疏：皆謂郊所感帝以祈穀。楊信齊謂，注疏不以正月爲祈穀之郊，非也。祈穀之祭，以建寅之月，亦王者之大祭，故與祭昊天上帝同服大裘。祈穀祀，感生帝，古制當然，亦何必譊譊聚訟也。陳氏《禮書》謂五帝非天，亦承王肅之說，乃《司裘》掌爲大裘，以共王祀天之服。《司服》祀昊天上帝，與祀五帝，同服大裘。則不得謂五帝非天矣，陳氏又曰，祀帝於圜丘，兆五帝於四郊，不知祀五帝服大裘，實非迎氣之祭，迎氣之祭，豈能與圜丘之祭並稱乎。《掌次》朝日祀五帝，以五帝與朝日並言。《小宗伯》兆五帝於四郊，四望四類亦如之，以五帝對四望四類，言此迎氣之祭也，朝日服玄冕，四望服毳冕，迎氣之祭，未必服大裘。鄭司農注《掌次》云，五帝，五色之帝，注《大宗伯》亦云五祀，五色之帝，則以五帝即五祀也。《大宗伯》五祀在社稷下，《司服》祭社稷五祀則希冕，五祀亦在社稷下，則迎氣之祭服絺冕矣。祈穀南郊，祀感生帝，趙東山主其說曰，六天之說，陰主化育，著爲星象，下應人事，

北辰居中，御極而五帝隨天運轉，以散精布氣於四時，與闓闢之初五天之精，感爲帝王之祖，皆非有得於化原，有見於古初者，信不足以及之，然中垣太微，昭布森列，不可誣也。況周人立閟宫，以祭姜嫄，《大司樂》享先妣，序於先祖之上，則南郊祀感生帝，何必異乎。緯書焚於隋河圖洛書，至宋始大顯，使無陳、邵二公，亦妖妄之類耳。學者初不見全書，往往望風詆排。按趙氏此説，謂不必詆斥緯書是也。秦尚書以迎氣之祭，不得混於祭天，甚是。而謂祀五帝止屬迎氣之祭，則必欲易鄭氏之説，而不知祀五帝服大裘，明爲祈穀之祭言之，且《司裘》言祀天，《司服》以上帝、五帝並言。經文固彰彰可考矣。

又 又爲節服氏從尸之服。

《夏官·節服氏》郊祀裘冕，二人執戈，送逆尸，從車。注：裘冕者，亦從尸服也。裘，大裘也。凡尸服，卒者之上服，從車，從尸車送逆之往來。《春秋傳》曰，晉祀夏郊，董伯爲尸。疏云，尸服與王同，大裘，節服氏亦大裘，故二人皆裘冕，執戈送逆尸。

又 衮冕，爲享先王之服。

《司服》享先王則衮冕。

《玉藻》天子玉藻，十有二旒，前後邃延，龍卷以祭。注云，祭先王之服也。雜采曰藻，天子以五采藻爲旒，旒十有二，前後邃延者，言皆出冕前後，而垂也，天子齊肩。延，冕上覆也。玄表纁裏，龍卷，畫龍於衣，字或作衮。

又 又爲會同賓客之齊服。

《旅賁氏》凡祭祀，會同賓客，則服而趨。注云，會同賓客，王亦齊服，服衮冕。

又 又爲受覲之服。

《覲禮》天子衮冕，負斧扆。注：衮衣者，裨之上也。繢之繡之爲九章。其龍，天子有升龍，有降，衣此衣而冠冕南鄉而立，以俟侯見。

又 又爲大昏親迎之服。

《哀公問》冕而親迎，不已重乎。孔子愀然作色而對曰，合二姓之好，以繼先聖之後，以爲天地、宗廟、社稷之主，君何謂已重乎。孔疏云，冕則祭服也，天子則衮冕，諸侯以下各用助祭之服，故《士昏禮》主人爵弁服是也。昏禮迎婦，二傳不同，《春秋公羊》説，自天子至庶人皆親迎。《左氏》説，天子至尊無敵，故無親迎之禮，諸侯有故，若疾病，則使上卿，迎上公臨之。許氏謹按，高祖時，皇太子納妃，叔孫通制禮以爲，天子無親迎，從左氏義。元駁之云，太姒之家，在渭之涘，文王親迎於渭。即天子親迎明矣。引《禮記》冕而親迎，繼先聖之後，以爲天子、宗廟、社稷主，非天子則誰乎。如鄭此言，從《公羊》義也。又《詩説》云，文王親迎於渭，紂尚南面，文王猶爲西伯耳。以左氏義爲長，鄭駁未定。

《士昏禮》主人爵弁，纁裳緇袘。注云，爵弁而纁裳，玄冕之次，大夫以上親迎，冕服。疏云，士家自祭服玄端，助祭用爵弁，今爵弁用助祭之服，親迎一爲攝盛，則卿大夫朝服以自祭，助祭用玄冕親迎，亦當玄冕攝盛也。若上公有孤之國，孤絺冕，卿大夫同玄冕。侯伯子男無孤之國，卿絺冕，大夫玄冕也，孤卿大夫士爲臣卑，復攝盛，取助祭之服以親迎，則天子諸侯爲尊，則衮矣，不須攝盛。宜用家祭之服，則五等諸侯，玄冕以家祭，則親迎不過玄冕，天子親迎當服衮冕矣。

廷琥按，左氏説諸侯不親迎，公羊説天子亦親迎。許氏異義，從左氏説，鄭氏駁之，從公羊説。《儀禮》《禮記》疏謂，天子親迎，服衮冕。鄭義也。趙氏謂，王者之尊，海内莫敵，無屈萬乘之尊，而行親迎之禮文王親迎，時爲西伯，不足爲天子親迎之證。陳氏《禮書》從之《禮記》孔疏亦謂，以左氏説爲長，固不以鄭氏爲然也。然孔子曰，合二姓之好，以繼先聖之後，以爲天地、宗廟、社稷之主，天地非諸侯所能當也。又云，内以治宗廟之禮，足以祀天地之神明。又云，昔三代明王之政，必敬其妻子也。有道曰，三代明王，亦非爲諸侯言也，意文王親迎於渭，造舟爲梁，後遂以造舟爲天子之舟，安知不因先王之制，而有親迎之禮乎。東周以降，典制已非西京之舊，數千年後，正不可以臆測也。

又 鷩冕，爲享先公之服。

《司服》享先公，饗射，則鷩冕。注云，先公謂后稷之後，太王之前，不窋至諸盩。疏云，后稷雖是公，不謚爲王，要是，周之始祖，感神靈而生，文武之功，因之而就，故特尊之，與先王同是。以《尚書·武成》云，先王建邦啟土，尊之，亦謂之先王也。是以鄭云，后稷之後，太王之前，不數后稷。不窋，后稷子，諸盩，太王父，二者之間，並爲先公矣。《周本紀》云，后稷卒，子不窋立，不窋卒，子鞠立，鞠卒，子公劉立卒，子慶節立卒，子皇僕立卒，

子羌弗立卒，子毀榆立卒，子公非立卒，子高圉立卒，子亞圉立卒，子公祖類立，公祖類即紺，亦曰諸盩也，大祫於太祖后稷廟中，尸服衮冕，王服亦衮冕也。

陳氏祥道《禮書》云，先公尊矣，所服止於此者，非卑之於先王，以爲祭，則各以其服受尸，尸服如是，而王服衮以臨之，非所以爲敬，故弗敢也。

又 又爲饗食賓客之服。

《司服》享先公，饗射，則鷩冕。疏云，饗食，則《大行人》云，上公三饗三食之等，是也，但饗食在廟，故亦服鷩冕也。

又 又爲大射之服，賓射亦如之。

《司服》享先公，饗射，則鷩冕。注云，饗食，饗食賓客，與諸侯射也。疏云，此大射，在西郊虞庠中，亦服鷩冕也。若燕射在寢，則朝服。若賓射在朝，則皮弁服。

陳氏祥道《禮書》云，饗射亦以鷩冕者，王朝覲諸侯以衮冕，朝饗與賓射，以鷩冕。祭祀，以衮冕。故大射亦以鷩冕。以饗與賓射，殺於朝覲。而大射，殺於祭祀。故也。燕射於寢，則皮弁而已。賈公彦謂，賓射服皮弁，燕射服朝服。然鄭氏釋《司服》謂，鷩冕饗射者，饗食賓客與諸侯射，則賓射，不以皮弁矣。又皮弁，即王之朝服耳。離而二之，其説誤也。

廷琥按，陳氏謂，賓射亦鷩冕。據鄭注也。又謂燕射服皮弁，亦確。諸侯在朝，朝服，在路寢，亦朝服。天子在朝皮弁，在路寢亦皮弁。陳氏謂，皮弁，即王之朝服，是也。賈疏離而二之，誤矣。

又 又爲食三老，五更，於太學之服。

《樂記》食三老，五更，於太學，天子袒而割牲，執醬而饋，執爵而酳，冕而總干，所以教諸侯之弟也。疏云，冕而總干者，謂天子親自著冕，手持干盾，而親舞也。此冕當鷩冕，享先公，以饗射，養老之類。

又 毳冕，爲祀四望山川之服。

《司服》祀四望山川，則毳冕。

《大宗伯》注：鄭司農云，四望日月星海，元謂四望五嶽、四鎮、四瀆。疏云，禮無祭海之文，又山川稱望，故《尚書》云，望秩於山川，是也。言四望者，不可一往就祭，當四向望，而爲壇，遥祭之，故云四望也。

《小宗伯》注：鄭司農云，四望道氣，出入元，謂四望五嶽、四鎮、四竇。疏云，天子四望，諸侯三望，境内山川。案《僖三十一年》夏四月，猶三望。服氏，云三望分野星國中山川。又上文，先鄭云，四望日月星海。後鄭必知，望祭中無天神者。案《哀六年》云，初楚昭王有疾，卜曰，河爲祟，王弗祭，大夫請祭，諸郊王曰，三代命祀，祭不越望江漢，唯漳楚之望也。《爾雅》又云，梁山晉望。又案《尚書》云，望於山川，則知，望祭中，無天神可知，若天神日月之等，當入四類之内也。若然，《尚書》云，望於山川，必知四望非山川，是五嶽四瀆者。以其下云，兆山川邱陵之等，山川既在下，故知此四望是五嶽之屬，山川之大者也。

《大司樂》注云，四望五嶽、四鎮、四竇，此言祀者司中、司命、風師、雨師，或亦用此樂與。

《舞師》注云，四方之祭祀，謂四望也。

廷琥按，望以名山大川，言之不兼上下之神。陳氏《禮書》以爲，兼上下之神，非也。

又 絺冕，爲祭社稷、五祀之服。

《司服》祭社稷、五祀，則希冕。

《大宗伯》以血祭，祭社稷、五祀、五嶽。注云，陰祀自血起，貴氣臭也。社稷，土穀之神，有德者，配食焉。共工氏之子曰句龍，食於社。有厲山氏之子，曰柱，食於稷。湯遷之，而祀棄。鄭司農云，五祀五色之帝，於王者宫中，曰五祀。元謂此五祀者，五官之神，在四郊，四時迎五行之氣，於四郊，而祭五德之帝，亦食此神焉。少昊氏之子曰重爲句芒，食於木。該爲蓐收，食於金。脩及熙爲元冥，食於水。顓頊氏之子曰黎，爲祝融后土，食於火。疏云，先鄭云，五祀五色之帝，於王者宫中，曰五祀者，先鄭意此五祀，即掌次云，祀五帝一也。後鄭不從者，案《司服》云，祀天與五帝，皆用大裘，當在圜丘與四郊上，今退在社稷之下，於王者宫中，失之遠矣。且五帝天神，當在上經陽祀之中，退在陰祀之内，亦何陋也。

廷琥按，祀五帝，服大裘，不指四時迎氣之祭，前已詳之。後鄭云，四時迎五行之氣於四郊，而祭五德之帝，亦食此神焉。則迎氣服絺冕可知。

又 玄冕，爲祭羣小祀之服。

《司服》祭羣小祀，則玄冕。注云，羣小祀，林、澤、墳、衍四方百物之屬。疏云，羣小祀，林、澤、墳、衍，四方百物者，此據地之小祀，以血祭祭社稷爲

中祀，埋沈以下爲小祀也。若天之小祀，則司中、司命、風師、雨師，鄭不言者，義可知。

又 又爲齊戒親迎之服。

《郊特牲》玄冕齊戒鬼神陰陽也。注云，玄冕，祭服也。陰陽，謂夫婦也。疏云，著祭服而齊戒，親迎是敬，此夫婦之道，如事鬼神，故云鬼神陰陽也。

陳氏祥道《禮書》云，《周官·司服》其齊服有玄端。《記》曰，太古冠布，齊則緇之。又曰，玄冠丹組纓，諸侯之齊冠也。玄冠綦組纓，士之齊冠也。又曰齊之元也，以陰幽思也。又曰，玄冕齊戒鬼神陰陽也。荀卿曰，玄端玄裳，絻而乘路者，志不在合葷。蓋太古之齊冠以緇，後世齊冠以玄，天子齊則玄冕玄端，所謂端衣元裳絻而乘路是也。諸侯而下，則玄冠玄端，所謂玄冠丹組纓是也。諸侯之齊於婚，以天子之玄冕攝盛故也。然諸侯與士之於祭祀，其齊則同，故皆玄冠，以一其誠，其分則異，故殊組纓，以辨其守。天子、諸侯、大夫齊祭異服，士齊祭則一於冠端玄而已。其玄冠，蓋與朝服之冠同，其所異者，組纓而已。丹者，正陽之色，諸侯以爲組纓，以其純於德，故也。綦者，陰陽之雜，士以爲組纓，以其未純於德，故也。綦，黄艾色也。《詩》綦巾爲女巾。《書》與《詩》以綦弁爲士弁，禮以綦組佩，爲世子之組，則綦者，卑者之飾也。《儀禮》曰，玄端、玄裳、雜裳可也。鄭氏謂，上士玄裳，中士黄裳，下士雜裳，前玄後黄，於義或然。然齊之飾，不特如此而已，其明衣布，其韠爵，其佩綪結，其車羔幦鹿幦。

又 又爲朝日之服，聽朔之服。

《玉藻》玄端而朝日，於東門之外，聽朔於南門之外，閏月則闔門左扉，立於其中。注云，端，當爲冕字之誤也。玄衣而冕，冕服之下朝日，春分之時也。東門、南門皆爲國門也。天子廟及路寢，皆如明堂制，明堂在國之陽，每月就其時之，堂而聽朔焉。卒事，反宿路寢，亦如之。閏月，非常月也，聽其朔於明堂，門中還處路寢門，終月。疏云，按《魯語》云，大采朝日，少采夕月，孔晁云，大采謂衮冕，少采謂黼衣，而用玄冕者，孔氏之説非也。故韋昭云，大采謂玄冕也，少采夕月，則無以言之。諸侯皮弁聽朔，朝服視朝，令天子皮弁視朝，若玄端聽朔，則聽朔之服卑於視朝，且聽朔大，視朝小，故知端當爲冕。

《魯語》是故，天子大采，朝日。韋注云，虞説云，大采衮織也。昭謂禮《玉藻》天子玄冕以朝日，玄冕冕服之，下則大采非衮織也。周禮，王搢大圭，執鎮圭，藻五采五就，以朝日，則大采謂此也。

廷琥按，鄭氏謂，端當爲冕，以玄冕爲朝日、聽朔之服。韋昭注《國語》引《玉藻》即作玄冕。疏謂，孔晁以爲衮冕朝日。韋注引作虞氏説，則虞、孔之説同，韋氏駁之，是也。韋氏，以大采爲圭繅五采五就，少采爲圭繅三采三就，夕月之禮，固殺於朝日矣。

又 六冕服冬裘，皆用羔。

《玉藻》君子狐青裘，豹褎，玄綃衣以裼之。注：君子，大夫、士也。疏云，六冕皆有裘。此云玄謂六冕及爵弁也，則天子諸侯皆然，而云大夫、士者，君用純狐青，大夫士雜以豹褎。熊氏又以内外諸侯朝服皆緇衣，以羔爲裘，不用狐青也。劉氏云，凡六冕之裘，皆黑羔裘也。故《司服》云，祭昊天大裘而冕。以下冕，皆不云裘，皆用羔裘也。又《論語》緇衣羔裘，皆祭於君之服，是祭服用羔裘也。

《詩·羔羊》孔疏云，按《月令》孟冬始裘。天子祭天，則大裘而冕。注：大裘，黑羔裘是也。其五冕之裘，亦同黑羔裘。若天子視朝，及諸侯朝天子，皆以狐白裘，知者以《玉藻》云，君衣狐白裘，錦衣以裼之。又《秦詩》云，君子至止，錦衣狐裘，以裘象衣色，皮弁服，白布衣，故也，其卿大夫在朝及聘問，亦衣狐白裘。知者《玉藻》云，士不衣狐白，故也。士則麛裘、青豻褎，以狐白之外，惟麛裘素也。其諸侯視朝，及卿大夫等同，用黑羔裘，若諸侯視朔，君臣同用麛裘，其臣則青豻褎，絞衣爲裼。若兵事，既用韎韋，衣則用黄衣狐裘及貍裘，象衣色，故也。傳云，臧之狐裘，敗我於狐駘。又云晳幘，而衣貍製是也。若天子以下田獵，則羔裘，緇衣以裼之。其天子諸侯燕居，同服玄端，則亦同服羔裘矣。凡裘，君則用全，臣則褎飾爲異。故《詩》云，羔裘豹祛。鄭云，卿大夫之服，是也。

廷琥按，大裘爲羔裘。《周禮》六冕，大裘以下，不言裘，則六冕皆羔裘矣。孔疏言裘制極詳，備載之。其謂天子視朝，及諸侯朝天子，皆以狐白裘者非謂諸侯朝覲之禮也。諸侯朝覲，服裨冕，不服皮弁服。皮弁者，諸侯在王朝之服。《詩·會弁如星》疏云，又相於周，故爲在王朝之服，是也。

又 冕服有裼襲之制。

《玉藻》禮不盛，服不充，故大裘不裼。注：禮盛者，服充，大事不崇曲敬，大裘不裼，謂祭天也。疏云，郊禮盛服大裘，則無別衣裼之，是不見美也。

鄭氏《聘禮》注云，裼者，免上衣見裼衣。疏云，凡服，四時不同，假令，冬有裘，襯身有襌衫，又有襦袴，襦袴之上有裘，裘上有裼衣，裼衣之上有上服。皮弁，祭服之等，若夏以絺綌，絺綌之上，則有中衣，中衣之上，復有上服。皮弁，祭服之等，若春秋二時，則衣袷褶，袷褶之上，加以中衣，中衣之上，加以上服也。云見裼衣者，謂開襟，前上服見裼衣也，故《玉藻》云，裘之裼也，見美也。襲者，掩之，故云襲充美也。

《詩・羔羊》孔疏云，天子諸侯，朝祭之服，先著明衣，又加中衣，又加裘，裘外又加裼衣，裼衣之上，乃加朝祭之服。

廷琥按，孔疏之說，與賈疏合，考裼襲極詳確。《曲禮》孔疏：則謂裘上有裼衣，裼衣上有襲衣，襲衣上有常著之服，則皮弁之屬。此以裼衣上，多一重衣，而自異其説，信乎。詩禮正義，非出一人之手也。江氏永辨之，見《鄉黨圖考》。

又卷三　衮冕以下至玄冕，公侯卿大夫降服有差，皆謂之裨冕。

《覲禮》侯氏裨冕。注云，裨冕者，衣裨衣，而冠冕也。裨之爲言埤也。天子六服，大裘爲上，其餘爲裨，以事尊卑服之，而諸侯亦服焉。上公衮無升龍，侯伯鷩，子男毳，孤絺，卿大夫玄，此差司服所掌也。疏云，裨讀從《詩》政事一埤益我。取裨陪之義，天子六冕，以大裘爲上，無裨義，衮冕以下皆爲裨云。

《玉藻》裨冕以朝。注云，朝天子也，裨冕，公衮，侯伯鷩，子男毳也。

《樂記》裨冕搢笏。注云，裨冕，衮之屬也。

《曾子問》大祝裨冕。注云，裨冕，絺冕、玄冕也。

廷琥按，公侯卿大夫之冕，皆謂之裨冕。鄭注：裨之言埤也。賈疏以爲，取裨陪之義。《荀子・富國篇》大夫裨冕。注云，裨之爲言卑也，以事尊卑服之。《禮論篇》云，裨冕、黼黻、文織。注：裨之言卑也。天子六服，大裘爲上，其餘爲卑。《左傳》裨諶。《漢書》古今人表，作卑諶，則裨之義，通於卑也。鄭司農，第以鷩冕爲裨衣，與經不合，宜陳用之，以爲拘也。

又　上公自衮冕九章而下，其服五，衮冕有降龍，無升龍。

《典命》上公九命爲伯，其國家、宮室、車旗、衣服、禮儀皆以九爲節。

《司服》公之服，自衮冕而下，如王之服。

鄭氏《覲禮》注：上公衮，無升龍。疏云，上公衮無升龍者，《白虎通》引《禮記》曰，天子乘龍，載大旗，象日月，升龍。傳曰，天子升降，諸侯降龍，以此言之，上得兼下，下不得僭上，則天子升降俱有，諸侯直有降龍而已。若然，彼升龍，文承大旗之下，知不施於旌旗，而據衣服者。案《司常》云，交龍爲旂，又云，諸侯建旂。注云，諸侯畫交龍，一象其升朝，一象其下復，則旌旗升降俱有，而《白虎通》云，諸侯降龍者，據衣服而言。

又　公之衮冕，衣五章，裳四章，爲將覲釋幣於禰之服。

《覲禮》侯氏裨冕，釋幣於禰。注云，禰，謂行主遷主矣，而云禰親之也。釋幣者，告將覲也，其釋幣，如聘大夫將受命，釋幣於禰之禮，既則祝藏其幣，歸乃埋之於祧西階之東。疏云，案《玉藻》諸侯玄冕以祭，不得服衮冕，以下而此裨冕，釋奠於禰者，以將入天子之廟，故服之也。

又　爲朝覲之服。

《玉藻》裨冕以朝。注云，朝天子也，裨冕，公衮，侯伯鷩，子男毳也。

又　爲從王大祭祀服。

《司服》公之服，自衮冕而下，如王之服。注云，自公之衮冕，至卿大夫之玄冕，皆其朝聘天子及助祭之服。

又　又爲魯祭文王周公之服。又爲二王之後自祭之服。又爲二王後，與魯祭天之服。

《司服》注云，諸侯非二王後，其餘皆玄冕而祭於己。疏云，案《玉藻》注云，諸侯祭宗廟之服，惟魯與天子同。此注云，諸侯非二王後，其餘皆玄冕祭於己。彼不言二王後，此不言魯者，彼此各舉一邊而言，其實相兼，乃具也。魯雖得與天子同，唯在周公文王廟中，得用衮冕，若餘廟，亦玄冕，或可依《公羊傳》魯公與羣公別牲，而用騂剛，則其服宜用鷩冕可也。其二王後，唯祭受命王得用衮冕，其餘廟亦用玄冕也。

《節服氏》賈疏云，諸侯，惟二王後與魯，得祭天服衮冕，其餘諸侯，惟得祭宗廟，服玄冕。

《玉藻》注云，諸侯祭宗廟之服，唯魯與天子同。疏云，唯魯與天子同者，《明堂位》云，君卷冕立於阼，夫人副褘立於房中，是也。此謂祭文王

周公之廟，得用天子之禮，其祭魯公以下，則亦玄冕。

又 公之鷩冕，衣三章，裳四章，爲從王享先公，饗射之服。

楊信齊《儀禮旁通圖》云，上公自衮冕而下，其服五，侯伯自鷩冕而下，其服四，子男自毳冕而下，其服三。若助祭，則隨事用之，如王祭羣小祀玄冕，則助祭者亦玄冕是也。若朝王，則各服其服，如上公衮冕，侯伯鷩冕，是也。

又 又爲魯，祭魯公之服。

見《司服》疏。

公之毳冕，衣三章，裳二章，爲從王中祭祀之服。公之希冕，衣一章，裳二章，爲從王祭社稷、五祀之服。

又 公之玄冕，衣無文，裳刺黻，爲從王羣小祀之服。又爲自祭宗廟之服。

《玉藻》諸侯玄端以祭。注云，祭先君也，端，亦當爲冕字之誤也。

又 又爲親迎之服。

《昏禮》鄭注云，大夫以上親迎冕服。疏云，士家自祭服玄端，助祭用爵弁，今爵弁用助祭之服，親迎一爲攝盛，則卿大夫朝服以自祭，助祭用玄冕，亦當以冕攝盛也。若上公有孤之國，孤絺冕，卿大夫同玄冕。侯伯子男無孤之國，卿絺冕，大夫玄冕也。孤卿大夫士爲臣卑，復攝盛，取助祭之服以親迎，則天子諸侯爲尊，則衮矣。不須攝盛，宜用家祭之服，則五等諸侯玄冕以家祭，則親迎不過玄冕，天子親迎，當服衮冕矣。《郊特牲》玄冕齊戒鬼神陰陽也。疏云，案昏禮，士用上服以爵弁，爵弁是士服之上者，則天子以下皆用上服，以五冕色俱玄，故總稱玄冕也。

廷琥按，賈疏以五等諸侯，不過玄冕。孔疏以爲，天子以下，皆用上服之冕，與賈不同。

又 侯伯自鷩冕七章而下，其服四。

《典命》侯伯七命，其國家、宫室、車旗、衣服、禮儀，皆以七爲節。

《司服》侯伯之服，自鷩冕而下，如公之服。

又 侯伯之鷩冕，爲朝天子之服，又爲將覲釋幣於禰之服，又從王鷩冕以上之服。侯伯之毳冕，從王服，侯伯之絺冕從王服，侯伯之玄冕從王服，又爲自祭宗廟之服，又爲親迎之服。

又 子男自毳冕五章而下，其服三。

《典命》子男五命，其國家、宫室、車旗、衣服、禮儀，皆以五爲節。

《司服》子男之服，自毳冕而下，如侯伯之服。

又 子男毳冕，爲朝天子之服，又爲將覲釋幣於禰之服，又爲從王毳冕以上之服。子男絺冕從王服，子男玄冕從王服，又爲自祭宗廟之服，又爲親迎之服。

又 王之三公服鷩冕而下，其服四，若加一等，得服衮冕。其鷩冕爲助王祭之服，其毳冕爲從王射之服，其絺冕亦從王服。

《典命》王之三公，八命，其卿六命，其大夫四命，及其出封，皆加一等。

《王制》三公一命卷，若有加則賜也。注云，三公八命矣，復加一命，則服龍衮，與王者之後同。多於此，則賜非，命服也。疏云，言王者制度，三公八命，身著鷩冕，若加一命，則爲上公，與王者之後齊同，而著衮冕，故云一命衮。又云，三公《司服》無文，按射人，三公執璧，與子男同，則服毳冕也。

陳氏祥道《禮書》云，大射，王服七章之鷩冕，故三公執五命子男之璧，執五命子男之璧，則五章之毳冕矣。王降衮冕以接賓，三公降鷩冕以從王，卿大夫而下不降，故執其等之摯，服其等之服。又云，王之三公鷩冕，繅八就，前後各八旒，旒八玉，用玉一百二十八，執圭，射則執璧。《書》曰，周公秉圭，以冕覲之，蓋執信圭。先儒曰，執桓圭。又云，王之三公八命，其卿六命，其大夫四命，及其出封，皆加一等，蓋八命加一等，則是三公一命卷，而衣服以九爲節也。其未出封，則八命，與侯伯同七章之命矣。公與侯伯同七章之服，則卿六命，與子男同五章之服矣。觀《司服》孤之服，自希冕而下，如子男之服。卿大夫之服，自玄冕而下，如孤之服。公之孤四命，而服三章之希冕。大國之卿，三命大夫再命，而服一章之玄冕。則王之公卿大夫，其衣服各降命數一等，可知也。

又 其玄冕爲親迎之服，又爲從王聽朔之服，又爲郊勞諸侯之服。

王之孤卿毳冕，其服三，若加一等，得服鷩冕。其毳冕、希冕，皆從王服，其玄冕爲親迎之服，又爲從王聽朔之服。

《典命》賈疏云，孤亦得名卿，故匠人云，外有九室，九卿朝焉，是并六卿與三孤爲九卿，亦得名卿者，以其命數同也。

廷琥按，《典命》卿六命不言孤，孤亦卿也。陳氏《禮書》孤卿同毳冕。

楊信齊之説亦同。近武進張太史惠言《儀禮圖》王之孤，服希冕，王之卿大夫服玄冕。合卿大夫爲一，與《周禮》六命、四命之文，相戾矣。王之卿大夫玄冕，與諸侯之卿大夫同一制乎。説多不合，當以陳氏之説爲是。

又 王之大夫絺冕，其服二，絺冕爲從王助祭之服，玄冕爲親迎之服，又爲從王聽朔之服。若加一等，則得服毳冕。

《詩・大車》毳衣如菼。《毛傳》云，天子大夫四命，其出封五命，如子男之服。

又 諸侯入爲王官，仍服其服。

《詩・大車》毳衣如菼。鄭箋云，古者天子大夫服毳冕，以巡行邦國，而決男女之訟。則是子男入爲大夫者。疏云，古天子大夫服毳冕，以決訟，則是其人於禮，自得服之。緣此服之，貴賤準其官之尊卑，解得服之所由。故云，則是子男入爲大夫者也。王朝之卿大夫，出封於畿外，褒有德，加一等，使卿爲侯伯，大夫爲子男，其諸侯，入於王朝，爲卿大夫者，以其本爵仍存，直以入仕爲榮耳，不復更加其命數。故侯伯入爲卿，子男入爲大夫，諸侯之數衆，王朝之官少，或亦侯伯爲大夫，非唯子男耳。《左傳》曰，滕侯曰我，周之卜正。《顧命》孔安國注云，齊侯吕伋爲天子。虎賁氏，是侯伯入爲大夫者也。以其本爵，先尊服其本國之服，故《鄭志》答趙商云，諸侯入爲卿大夫，與在朝仕者異，各依本國，如其命數，是由尊諸侯，使之以其命，此陳，子男爲大夫，仍得服毳冕也。

又 公之孤希冕，其服二。

《司服》孤之服，自希冕而下，如子男之服。

《典命》公之孤四命，以皮帛視小國之君，其卿三命，其大夫再命。注云，視小國之君者，列於卿大夫之位，而禮如子男也。鄭司農云，九命上公，得置孤卿一人。《春秋傳》曰，列國之卿，當小國之君，固周制也。

又 孤之希冕，爲聘於王朝之服，又爲助祭之服。

《司服》注云，自公之衮冕，至卿大夫之玄冕，皆其朝聘天子，及助祭之服。疏云，卿大夫聘天子，受之在廟，及助祭，亦申冕服，可知。故鄭，君臣朝聘，並言也。

廷琥按，《司服》注明言，自衮冕至玄冕，皆其朝聘天子及助祭之服，則孤卿之冕服，爲聘於天子及助祭之服，明矣。孤卿大夫，助祭於公，用玄冕，不得用希冕，若非助祭於天子，則希冕將何用乎。張太史惠言《儀禮圖》不知希冕爲聘於天子之服，又謂次國之卿助君祭不得希冕，未聞所用，誤矣。

又 孤之玄冕，爲助君祭之服。

《雜記》大夫冕而祭於公，弁而祭於己。

又 又爲親迎之服，侯伯子男之卿，亦如之。

《昏禮》賈疏云，上公有孤之國，孤絺冕，卿大夫玄冕，侯伯子男無孤之國，卿絺冕，大夫玄冕也。

廷琥按，張太史惠言《儀禮圖》以次國之卿，與孤並言，用賈疏也，又以子男卿大夫同服玄冕，不已。自異其説乎。

又 公之卿大夫服玄冕，爲聘於天子與助祭之服，又爲助祭於公之服，又爲親迎之服，侯伯大夫再命亦如之。子男大夫一命，亦服玄冕而無旒。

又 冕服有韍，韍制與韠同，長三尺，下廣二尺，上廣一尺，天子直，公侯前後方，大夫前方後挫角，士前後正，天子之士則直，諸侯之士則方。其色，天子朱韍，諸侯黄朱，大夫素，若大夫助祭於君，則用玄冕，則赤韍，士無韍，若助祭於君，服爵弁，則緼韍，而韎韐也。韍色，皆如其裳之色。

《玉藻》君韠朱，大夫素，士爵韋。注云，此玄端服之韠也。又圜殺直。注云，目韠制。又天子直。注云，四角直，無圜殺。又公侯前後方。注云，殺四角使之方，變於天子也。所殺者，去上下各五寸。又大夫前方後挫角。注云，圜其上角，變於君也。韠以下爲前，以上爲後。又士前後正。注云，士賤，與君同，不嫌也。正直，方之間語也。天子之士則直，諸侯之士則方。又韠，下廣二尺，上廣一尺，長三尺，其頸五寸，肩革帶博二寸。注云，頸五寸，亦謂廣也，頸中央，肩兩角，皆上接革帶，以繫之，肩與革帶，廣同，凡佩繫於革帶。疏云，經云，圜則下文。大夫前方，後挫角，則圜也。經云殺，則下文。公侯前後方，方則殺也。經云直，則下文云，天子直，是目韠制也。經云，前後方，是殺四角也，上下各去五寸，所去之處，以物補飾之，使方，變於天子也。云所殺者，去上下各五寸者，按《雜記》云，韠，會上去五寸，是上去五寸。又云，紕以爵韋六寸，不至下五寸，是下去五寸。鄭注《雜記》云，會，謂上領縫也，領之所用，蓋與紕同，如鄭此言，即上去五寸，是領也。以爵韋爲領，故云領之所用，與紕同，下云所去五寸，紕以素，故鄭注《雜記》

云，純紕所不至者，五寸，然則上去五寸是領也，下去五寸是純也。若然，唯去上畔，下畔而云殺四角者，蓋四角之處別異之，使殊於餘邊也。其會之下，純之上，兩邊皆紕以爵韋，素裏，各三寸。故《雜記》云，韠長三尺，下廣二尺，上廣一尺，會去上五寸，紕以爵韋六寸，不至下五寸，純以素，紃以五采，韠制大略如此。

又一命緼韍幽衡，再命赤韍幽衡，三命赤韍葱衡。注云，此玄冕爵弁服之韠，尊祭服，異其各耳。緼，赤黄之間色，所謂韎也。《周禮》公侯伯之卿三命，其大夫再命，其士一命，子男之卿再命，其大夫一命，其士不命。疏云，諸侯黄朱，色淺亦名赤，韍則大夫赤韍，色又淺耳。

《明堂位》有虞氏服韍。夏后氏山，殷火，周龍章。注云，韍，冕服之韠也。舜始作之，以尊祭服。禹湯至周，增以畫文，後王彌飾也。山取其仁，可仰也。火取其明也。龍取其變化也。天子備焉。諸侯火，而下卿大夫山，士韎韋而已。韍或作黻。疏云，有虞氏服韍者，直以韋爲韍，未有異飾，故云服韍。夏后氏畫之以山，殷人增之以火，周人加龍，以爲文章。

《雜記》韠長三尺，下廣二尺，上廣一尺，會去上五寸，紕以爵韋六寸，不至下五寸，純以素，紃以五采。注云，會，謂領上縫也，領之所用，蓋與紕同，在旁曰紕，在下曰純，素生帛也，紕六寸者，中執之，表裏各三寸也，紕純所不至者五寸，與會去上同。

《詩》朱芾斯黄。鄭箋云，芾者，天子純朱，諸侯黄朱。

《左氏桓二年傳》衮冕黻珽。注云，黻韋，韠以蔽膝也。疏云，黻、韠制同，而名異。鄭詩箋云，芾，大古蔽膝之象也，冕服謂之芾，其他服謂之韠，以韋爲之，故云黻韋韠也。《詩》云，赤芾在股。則芾當是當股之衣，故云以蔽膝也。鄭氏《易緯・乾鑿度》注云，古者田漁而食，因衣其皮，先知蔽前，後知蔽後。後王易之以布帛，而獨存其蔽前者，重古道，而不忘本也。是説黻韠之元由也。《明堂位》云，有虞氏服韍，言舜始作韍也，尊祭服而異其名耳。未必此時始，存象也，知冕服謂之黻者。《易》云，朱紱方來，利用享祀，知他服謂之韠者。案《士冠禮》士服皮弁、玄端，皆服韠，是他服謂之韠，以冕爲主，非冕謂之他，此欲以兩服相形，故謂黻爲韋韠，黻之與韠，祭服，他服之異名耳。其體制則同。《玉藻》説玄端服之韠云，韠，君朱，大夫素，士爵韋。發首言韠，句末言韋，明皆以韋爲之，凡韠皆是裳色，言君朱，大夫素，則尊卑之。韠直色別而已，無他飾也，其韍則有文飾焉。《明堂位》云，有虞氏服韍，夏后氏山，殷火，周龍章。鄭氏云，韍，冕服之韠也。舜始作之，以尊祭服，禹湯至周，增以畫文，後王彌飾也，山取其仁，可仰也，火取其明也，龍取其變化也，天子備焉，諸侯火，而下卿大夫山，士韎韋而已，是説韍之飾也。《玉藻》曰，韠，下廣二尺，上廣一尺，長三尺，其頸五寸，肩革帶博二寸。鄭氏云，頸五寸，亦謂廣也，頸中央肩，兩肩，皆上接革帶，以繫之。肩與革帶廣同，是説韠之制也。記傳更無黻制，皆是韠義，明其制與韠同。經傳作黻，或作韍，或作芾，音義同也。徐廣《車服儀制》曰，古者韍，如今之蔽膝。戰國連兵，以韍非兵飾，去之。漢明帝復制韍，天子赤皮蔽膝，蔽膝古韍也，然則漢世蔽膝，猶用赤皮。魏晉以來，用絳紗爲之，是其古今異也。

《説文》，市，韠也，上古衣蔽前而已。市以象之，天子朱市，諸侯赤市，大夫葱衡。篆文作韍。士無市有韐，制如榼，缺上四角。爵弁服，其色，韎賤，不得與裳。司農云，裳纁色，韐或从韋。

廷琥按，《玉藻》一命緼紱幽衡，再命赤韍幽衡，三命赤韍葱衡。鄭注：此玄冕爵弁服之韠。《明堂位》有虞氏服韍。鄭注：韍，冕服之韠也。則韍之制與韠同矣。《玉藻》韠，君朱，大夫素，士爵韋。鄭氏《詩》箋云，芾，君朱，諸侯黄朱，此天子以下韍之色也。《玉藻》一命緼韍，再命、三命赤韍，大夫有三命，再命，一命，士有一命，大夫不以素，士不以爵韋者，此以助祭言之。卿大夫朝服以自祭，助祭用玄冕，士助祭服爵弁，故大夫得有赤韍，士得有緼韍也。緼韍即韎韐，合韋爲之，染以茅蒐，因以名焉。韍之色，如裳之色，冕服之裳，俱用纁，故韍用赤，再命、三命服赤芾，諸侯亦赤芾。《詩》赤芾在股，赤芾金舄。以其皆纁裳也。但天子朱韍，色深，黄朱則略淺，赤則更淺耳。《玉藻》韠下廣二尺，上廣一尺，長三尺，頸廣五寸，肩革帶博二寸。《雜記》韠長三尺，下廣二尺，上廣一尺，會去上五寸，紕以爵韋六寸，不至下五寸，純以素，紃以五采，此天子以下韠制之尺寸，韍亦如之也。領上縫曰會，會去上五寸，此五寸謂之領，在下曰純，凡五寸，會之下，純之上，兩旁曰紕，紕表裏各三寸，韠三尺，去上五寸爲領，去下五寸爲純，則中央長二尺，天子朱，諸侯黄朱，大夫素，即此二尺之色耳。《雜記》言紕以爵韋。鄭氏謂，領之所用，與紕同，則亦以爵韋也。《雜記》言，純以素。鄭注：素，

生帛也。此諸侯以上之飾也。素韠、爵韠則不然。張太史惠言云，冠禮，朝服素韠。《特牲記》云，朝服、玄冠、緇帶、緇韠。既同是朝服，不應於韠有殊，據緇帶者，實練帶紕之以緇，謂之緇帶，則緇韠，蓋素韠而純以緇也。由是差之，大夫素韠，紕以緇純，以爵士，爵韠，紕純皆以緇，與《玉藻》云天子直，公侯前後方，大夫前方後挫角，士前後正。鄭氏謂，天子四角直，無圜殺，公侯殺四角，使之方，變於天子也。所殺者，去上下各五寸，大夫圜其上角，變於君也。韠，以下爲前，以上爲後，士賤與君同，不嫌也。正，直方之閒語，也。按，殺四角使之方，殺者，削也，於上領下純之四角，削之，使前純、後領方也。天子不殺，則前純、後領不方，前後方，則四角必削之，而以物補飾之，補處有縫。故孔疏云，別異之，使殊於餘邊也。大夫前方後挫角，前方與公侯之前方同，後挫角，角本直也，挫而使之圜，則上兩角爲圜形，天子直則不圜。故鄭云，圜其上角，變於君也。孔疏謂，別異之者，指公侯前後方而言，前方則第前兩角，別之後兩角，既挫而爲圜形，不必以物補飾，無所謂別異之也。張太史惠言謂，大夫後兩角亦別異之，誤矣。其所作大夫前方後挫角圖，上角不圜，亦與經注不合。《説文》士無市有帢，製如榼，缺四角，爵弁服。《玉藻》士前後正。鄭注：天子之士則直，諸侯之士則方。孔疏云，直而不衺謂之正，方而不衺亦謂之正。陳氏《禮書》云，缺四角，則與後挫者不同，所以其體正也，士缺上下，諸侯方而不挫，天子直而不方，此尊卑之辨也。《明堂位》有虞氏服韍，夏后氏山，殷火，周龍章。天子繪龍火山，諸侯繪火山，大夫繪山，則又天子以下所繪之不同也。

又 其帶有大帶。天子素帶朱裏終辟，諸侯素帶終辟，大夫素帶辟垂。

《玉藻》天子素帶朱裏終辟，而素帶終辟，大夫素帶辟垂，士練帶率下辟，居士錦帶，弟子縞帶。並紐約用組，三寸長，齊於帶紳，長制，士三尺，有司二尺有五寸。子游曰，參分帶下，紳居二焉，紳、韠、結，三齊。大夫大帶四寸，雜帶，君朱緑，大夫玄黃，士緇辟二寸，再繚四寸。凡帶有率，無箴功。注云，而素帶終辟，謂諸侯也，諸侯不朱裏，合素爲之，率，繂也，士以下皆禪，不合而繂積，如今作幧頭爲之也。辟，讀如裨冕之裨，裨謂以繒采飾其側，人君充之，大夫裨其紐及末，士裨其末而已。三寸，謂約帶紐組之廣也，長齊於帶，與紳齊也。結約餘也，結或爲衿，雜猶飾也，即上之裨也。君裨帶，上以朱，下以緑，終之，大夫裨垂，外以玄，内以華，華黄色也。士裨垂，垂下，外内皆以緇，是謂緇帶。大夫以上以素，皆廣四寸，士以練，皆廣二寸，再繚之。凡帶，有司之帶也，亦繂之，如士帶矣。無箴功，則不裨之，士雖繂帶，裨亦用箴功，凡帶不裨，下士也。疏云，天子素帶朱裏者，以素爲帶，用朱爲裏，終辟，辟，則裨也，終，竟帶身在要及垂，皆裨，故云終辟。而素帶終辟者，謂諸侯也，以素爲帶，不以朱爲裏，亦用朱緑終裨。大夫素帶辟垂者，大夫亦用素爲帶，不終裨，但以玄華裨其身之兩旁，及屈垂者。士練帶率下辟者，士用孰帛練爲帶，其帶用禪帛，兩邊繂而已，繂謂緶緝也，下裨者，但士帶帶至者，必反屈向上，又垂而下。大夫則總皆裨之，士則用緇，唯裨向下一垂者。居士錦帶者，用錦爲帶，尚文也。弟子縞帶者，用生縞爲帶，尚質也。並紐約用組者，紐謂帶之交結之處，以屬其紐約者，謂以物穿紐，約結其帶。謂天子以下，至弟子之等，其所紐約之物，並用組爲之。故云，並紐約用組三寸者，謂紐約之組闊三寸也。長齊於帶者，言紐組餘長三尺，與帶垂者齊，故云長齊於帶。子游曰三分帶下，紳居二焉。記者，引子游之言，證紳之長短，人長八尺，大帶之下四尺五寸，分爲三分，紳居二分焉，紳長三尺也。紳、韠、結，三齊者，紳謂紳帶，韠謂蔽膝，結謂約紐餘組，三者俱長三尺，故云三齊。大夫大帶四寸，謂合素爲之，廣四寸。士緇辟二寸，再繚四寸，謂用單練，廣二寸，繚繞也，再度繞要，亦四寸。凡帶謂有司之帶，有繂，謂其帶既禪，亦以箴緶緝其側，但繂襵之而已，無別裨襵之箴功。

《雜記》率帶，諸侯大夫皆五采，士二采。注云，此謂襲尸之大帶，率，繂也，繂之不加箴功，大夫以上，更飾以五采，士以朱緑。疏云，率謂爲帶也，但攝帛邊，而熨殺之，不加箴功，異於生也。衛氏《集説》引山陰陸氏云，言大夫以襲尸，其帶皆以五采率之，即非襲尸無率也，據士練帶率下辟。

《大戴禮》黄帝黼黻，衣大帶。

《左氏桓二年傳》鞶厲游纓。注云，鞶，紳帶也，一名大帶，厲大帶之垂者。疏云，大帶之垂，名之曰紳，紳是帶之名，厲是垂之貌。賈、服等，説鞶厲，皆與杜同，唯鄭氏獨異。《禮記·内則》注：以鞶爲小囊，讀厲如裂繻之裂，言鞶囊，必裂繒緣之，以爲飾。案《禮記》稱，男鞶革，女鞶絲，鞶是帶之別稱，遂以鞶爲帶名，言其帶革帶絲耳。鞶，非囊之號也。《禮記》又

云，婦事舅姑，施鞶袠，袠是囊之別名，今人謂裹書之物爲袠，言其施帶施囊耳。其鞶亦非囊也。若以鞶爲小囊，則袠是何器，若袠亦是囊，則不應帶二囊矣，以此知鞶即是紳帶，爲得其實。

廷琥按，凡帶有率，無箴功。鄭氏謂，率，繂也，士以下皆襌不合，而繂積如今作幧頭也，曰繂積，則織時爲之，有自然之積，故不須箴綫縫合之功。士帶率下辟，率處無箴功，而辟處尚有箴功，惟下士則不裨，故無箴功也。《説文》幧，斂髮也，蓋如今俗之所謂包頭者，其織處有蹙起之積，即鄭氏所謂繂積也。孔疏以繂爲緶，緝有司之帶，以箴緶緝其側，但繂褔之而已，無別裨飾之箴功，夫既緶緝之，則有縫合之迹，何謂無箴功，若謂無裨飾之箴功，亦屬添飾。陳氏《禮書》亦謂率縫合之，皆非鄭義也。衛正叔《集説》引嚴陵方氏云，率者，謂循其經緯而攝之也。又云，凡帶，率之而已，故無用箴之功，以縫之也。近張太史惠言云，按疏云，率者縫旁邊，非也。唯裨用箴功，則繂不縫，明矣。注云，繂積者，謂織帶時，以兩條繩置其邊，而織之，故破率爲繂，以如碑繂也。二説，於繂積之義爲合。

清・林昌彝《三禮通釋》卷一八《冕旒》 《周禮・夏官》弁師掌王之五冕，皆玄冕朱裏，延紐。鄭注：冕服有六，而言五冕者，大裘之冕蓋無旒，不聯數也。延，冕之覆，在上，是以名焉。紐，小鼻，在武上，笄所貫也。又弁師，五采繅十有二就，皆五采玉十有二，玉笄，朱紘。注：繅，襍文之名也，合五采絲爲之繩，垂於延之前後，各十二，所謂邃延也。就，成也，繩之每一匝，而貫五采玉十二旒，則十二玉也。每就間蓋一寸。按鄭氏謂，旒垂於延之前后，各十二説，誤。按冕制，前圓後方，前有十二旒，而後無旒。按，每旒十二玉，若二十四旒之重，豈首之所能勝耶。韓信同及江永、金榜，力辨前後各有十二旒之非，説詳於後。朱紘，以朱組爲紘也，紘一條，屬兩端於武，繅不言皆，有不皆者。又弁師，諸侯之繅斿九就，瑉玉三采，其餘如王之事，繅斿皆就玉瑱、玉笄。注：侯，當爲公字之誤也。三采，朱、白、蒼也。其餘謂延紐皆玄覆朱裏，與王同也。繅斿皆就，皆就皆三采也。每繅九成，則九旒也，公之冕，用玉百六十二，玉瑱，塞耳者，故書瑉作琘。鄭司農云，繅當爲藻。繅，古字也，藻，今字也。琘，惡玉名。又弁師，王之皮弁，會五采玉璂象邸，玉笄。注：故書會作膾。鄭司農云，讀如馬會之會，謂以五采束髮也。《士喪禮》曰，檜用組乃笄檜，讀與膾同，書之異耳。説曰，以組束髮乃著笄，謂之檜，沛國人謂反紒爲膾，會，縫也。璂、綦通，結也。皮弁之縫中，每貫結五采玉十二，以爲飾，謂之綦。《詩》云會弁如星。又曰，其弁伊綦。是也。邸，下柢也，以象骨爲之。又弁師，王之弁絰，弁而加環絰。注：弁絰，王弔所服也，其弁如爵弁，而素，所謂素冠也，加環絰者，大如緦之麻絰，纏而不糾。又弁師，諸侯及孤卿大夫之冕，韋弁、皮弁、弁、弁絰，各以其等爲之，而掌其禁令，注：各以其等，繅斿、玉璂如其命數也。冕則侯伯繅七就，用玉九十八。子男繅五就，用玉五十，繅玉皆三采。孤繅四就，用玉三十二。三命之卿，繅三就，用玉十八。再命之大夫，繅再就，用玉八，藻玉皆朱緑。金氏榜《禮箋》云，司服，王之吉服，有裘冕、衮冕、鷩冕、毳冕、希冕、玄冕，凡六冕而云五者。經云，掌王之五冕，皆玄冕。明此五冕內，不數玄冕，承上五冕云，五采繅，十有二就。句。皆五采玉，十有二，明据一旒言之，其采就與玉之數，五冕皆同。賈氏以就字屬下，讀釋曰，五采藻十有二，據衮冕十二旒而言，就皆五采玉十有二，據一旒而言，此誤讀也。經蒙上，王之五冕立文，不得明一冕，此言五采繅十有二就，下言諸侯之繅斿九就，其讀足以明矣。此皆據一斿爲説，先陳就數，次陳玉數，于玉言，皆互文也。則是玄冕無斿也。《玉藻》天子玉藻，十有二旒。《郊特牲》祭之日，王被衮以象天，戴冕，藻十有二旒，則天數也，天子裘冕，十有二旒，衮冕九旒，鷩冕七旒，毳冕五旒，希冕三旒，是其旒數之差。注謂裘冕無旒者，失之。凡自上以下，降殺以兩，諸公以九爲節，諸侯諸伯以七爲節，諸子諸男以五爲節。經云，諸侯之繅斿九就，據諸公言也，不言七就、五就，差之可知。注云，侯當爲公字之誤也。考經，凡言諸公，皆與侯伯子男對文，此經上下兩皆諸侯，知侯，非誤文也。諸公自衮冕而下，如王之服，其繅斿皆九就，故云其餘如王之事，繅斿皆就。賈氏云，以一冕冠五服，蓋沿熊安生之誤。孔穎達《王制》正義云，公衮冕九旒，鷩冕七旒，毳冕五旒，希冕三旒，玄冕蓋無旒，旒皆九玉，侯伯鷩冕七旒，以下與公同。旒皆七玉，子男毳冕五旒，以下與公同。旒皆五玉，其言五等，諸侯旒數就數之等。如此經云，諸侯及孤卿大夫之冕，各以其等爲之，而掌其禁令，是其旒數雖不具，於經，依其等求之經文，固未嘗不賅具也。《記》言，天子之冕十有二旒，由是差之，諸公九旒，侯伯七旒，子男五旒，《後漢書・輿服志》孝明皇帝永平二年初，詔有下司，采《周官》《禮記》《尚書・皋陶篇》，乘輿服，從歐陽氏説。公卿以從大小夏侯氏説。冕前圓後方，前垂四寸，後垂三寸，三公諸侯及卿大夫，皆有前

無後。榜按《玉藻》天子玉藻，十有二旒，前後邃延，則歐陽氏説所本也。《大戴禮・子張問入官篇》古者，冕而前旒，所以蔽明也。《東方朔答客難》本于此。《禮緯》旒垂目，纊塞耳，王者，示不聽讒，不視非也。則大小夏侯氏説所本也。鄭君釋《周官》、《禮記》用歐陽氏説，榜聞之師曰，前旒義取蔽明，則無後旒可知。記言十二旒，未嘗謂前後皆有也。《玉藻》所云前後邃延者，謂延之前後，出于武者，皆深邃耳。前後據延言，不據延之垂者言，斯言可正諸儒相傳之誤。右冕旒之制，當從大小夏侯氏説。今謹按《玉藻》十有二旒，前後邃延。《禮器》天子之冕，朱緣藻，十有二旒。諸侯九。上大夫七，下大夫五，士三。鄭注《玉藻》及《弁師》注：誤以旒十有二，前後邃延，言皆出冕前後而垂，孔疏又从其誤，而説者皆謂，衮冕二十四旒，用玉二百八十八，非也。甯德韓氏信同《三禮圖説》云，按《郊特牲》戴冕璪十有二旒，則天數也，則天子前後，無二十四旒之理。婺源江氏永云，按《大戴禮》及《東方朔答客難》皆云冕而前旒所以蔽明，則無後旒可知。後旒何所取義乎。鄭謂，前後皆深有旒，此因《玉藻》前後邃延而誤耳。前後邃延，謂版長尺六寸，自延端重武前後皆深邃，非謂後亦有旒也。《玉藻》言十有二旒，未嘗言前後皆十有二旒也。據疏引《漢禮器制度》亦云，垂於延之前後，豈叔孫通失之，與抑所引者，非《禮器制度》之原文與。且衮冕二十四旒，用玉二百八十八，如此繁重，恐首不能勝。夫子論爲邦，何爲取於周冕乎。鄭所計用玉，每冕皆當去其半。

又卷一九《上公龍衮》 公卿大夫之命，以四，以六，以八，陰數也。公侯伯子男之命，以五，以七，以九，陽數也。《典命》上公九命，衣服以九爲節。《司服》所謂，公之服，自衮冕而下，如王之服，是也。侯伯七命，衣服以七爲節。《司服》所謂，侯伯之服，自鷩冕而下，如公之服，是也。王之三公八命，其卿六命，其大夫四命，及其出封，皆加一等。蓋八命加一等，則是三公一命衮，而衣服以九爲節也。其未出封，則八命，與侯伯同，七章之服矣。公與侯伯同七章之服。則卿六命與子男同，五章之服矣。觀《司服》孤之服，自希冕而下，如子男之服。卿大夫之服，自玄冕而下，如孤之服。公之孤四命，而服三章之希冕。大國之卿三命大夫再命，而服一章之玄冕。則王之公卿大夫，其衣服各降命數一等，可知也。《詩》言，周大夫之服毳衣，則王之上大夫卿也。《雜記》曰，大夫冕而祭於公，則希冕、玄冕也。然則，上公自衮冕而下，其服五。侯伯自鷩冕而下，其服四。子男自毳冕而下，其服三。孤自希冕而下，其服二。服雖不同，而冕同。賈公彦曰，諸公繅玉同文，惟有一冕以冠五服，其説是也。《弁師》諸侯繅斿九就，瑁玉三采，其餘如王之事，繅斿皆就，玉瑱，玉笄。諸侯及孤卿大夫之冕，各以其等爲之。鄭氏謂，上公繅九就，用玉八十一，侯伯用玉四十九，子男繅五就，玉二十五，繅皆三采。《弁師》瑁玉三采。鄭氏曰，瑁，故書作璑。《説文》璑，三采玉。孤繅四就，玉十六，三命之卿，繅三就，玉九，再命之大夫，繅再就，玉八，繅玉皆朱緑。冕前有旒，後無旒，考之《聘禮》諸侯朝天子，圭繅，朱、白、蒼。大夫問諸侯，圭繅朱緑，則朱、白、蒼者。君之繅，朱緑者，臣之繅，冕繅之別，蓋亦如此。鄭説，是也。希冕三章，鄭氏謂，孤繅四就，蓋孤四命，其宫室、車旗、衣服，各視其命之數，則服雖三章，而冕四斿，斿四就，無害其與服章異也。晉武公之臣，請服于周，始曰無衣七兮，次曰無衣六兮，以示不敢上視侯伯，姑請六命之服，列于天子之卿，猶愈乎不也。孔穎達謂，卿從車六乘，旌旗六旒，弁飾六玉，冠六辟積，然則卿服雖五章，而冕繅六斿，斿六就，猶大夫之服三章，而繅四斿，斿四就也。不特人臣之冕如此，王服九章，而繅十有二斿，斿十有二就，是繅斿與服章不必同也。鄭氏又曰，一命之大夫冕而無斿，然《典命》言，各視其命之數，果一命之冕無斿，則視其命之數，云者爲虚言也。夫冕之有斿，爲蔽明也，繅之就數，固雖不同，蓋皆其垂過目，而每就非止一寸，每就一寸，殆王之十有二就者，然也。賈公彦曰，每玉相去一寸，十二玉則十二寸，就，成也，以一玉爲一成，結之，使不相并也。《射人》三公執璧，執璧則服毳冕而已。蓋王饗射，降而服鷩冕，則公於王射降，而服毳冕矣。鄭氏曰，諸侯人爲卿大夫，各服本國服章，與在朝仕者不同。然卿大夫出，則伸而加一等，入則屈而降一等，則各服本國服章之説，無是理也。《書》曰周公秉圭，《射人》三公執璧，蓋圭乃公之常禮，璧特射時所執也。王之卿大夫，其所執亦羔雁，特其飾，與諸侯之卿大夫不同。

又《繅》 《弁師》掌王之五冕，五采繅十有二就，皆五采玉。注：繅，雜文之名也，合五采絲爲之繩，垂於延之前。案經謂，前後邃延者，指板邃言也。就，成也。繩每一匝，而貫五采玉十二，斿則十二玉也，每就間蓋一。朱紘，是以朱組爲紘也，紘一條，屬兩端於武。衮衣之冕十二斿，則用玉一百四十四。鷩衣之冕繅九斿，用玉一百又八。毳衣之冕七斿，用玉八十四。希衣之冕五斿，用玉六十。玄衣之冕三斿，用玉

三十六。諸侯之繅斿九就，瑉玉三采，其餘如王之事，繅斿皆就玉瑱、玉笄。注：侯，當爲公字之誤也，三采朱、白、蒼也，其餘謂延紐，皆玄覆朱裏，與王同也。繅斿皆就，皆三采也。每繅九成，則九旒也。案公之冕，用玉八十一，玉瑱塞耳者，故書瑉作璑。鄭司農云，繅當作藻，繅古字也。藻今字也，同物同音。璑，惡玉名。諸侯及孤卿大夫之冕、韋弁、皮弁、弁絰，各以其等爲之，而掌其禁令。注：各以其等，繅斿玉璂，如其命數也。案，冕則侯伯繅七就，玉四十九。子男繅五就，用玉二十五，繅玉皆三采。孤繅四就，用玉四十六。三命之卿，繅三就，用玉九。再命之大夫，繅再就，用玉四，繅玉皆朱緑，韋弁、皮弁，則侯伯璂飾七。子男璂飾五，玉亦三采。孤則璂飾四。三命之卿璂飾三。再命之大夫璂飾二，玉亦二采。《典絲》凡祭祀，共黼畫組就之物。注：以給衣服、冕旒及盥巾之屬。《禮器》曰，天子之冕朱緑藻，十有二旒，諸侯九，上大夫七，下大夫五，士三，此以文爲貴也。注：朱緑，以夏商禮。《郊特牲》曰，王被衮以象天，戴冕，璪十有二旒，則天數也。注：天之大數，不過十二。《玉藻》曰，天子玉藻十有二旒，前後邃延，龍卷以祭。注：雜采曰藻，天子以五采藻爲旒，旒十有二，前後邃延者，言皆出冕前後，而垂也。鄭注誤。《弁師》王之五冕，五采繅，十有二就。諸侯之繅斿九就，瑉玉三采，其餘如王之事，繅斿皆就。諸侯及孤卿大夫之冕，各以其等爲之，掌其禁令。鄭氏曰，繅，雜文之名也，合五采絲爲之繩，垂於延之前，後無之。所謂邃延者，以板之深邃言也。繩每一匝，貫五采玉，諸侯繅旒皆就，皆三采也，每繅九成，則九旒也。侯伯繅七就，子男繅五就，孤繅四就，卿繅三就，大夫繅再就。然冕五而已，未有不設繅斿者。鄭氏謂，大裘之冕無旒，爵弁如冕，亦無旒，此不可考。《禮器》天子之冕朱緑藻，十有二旒，諸侯九，上大夫七，下大夫五，士三，其制與弁師不同，異代之禮也。蓋藻潔而文衆采，如之，故曰藻。水流趨下旗，冕之垂者如之，故曰旒。藻或作繅，以絲爲之，或作璪，以玉貫之也，繅旒或謂之繁露，以其象然也。漢制天子繅旒，前長後短，非古也。若諸臣繅旒有前無後，則合于古也。

又卷二一《大裘而冕》 古者，冕弁服皆有裘。《司服》王之吉服，祀昊天上帝，則服大裘而冕，祀五帝亦如之，享先王則衮冕，享先公，饗射，則鷩冕，祀四望山川，則毳冕，祭社稷、五祀則希冕，祭羣小祀，則玄冕。鄭司農云，大裘，黑羔裘，服以祀天，示質。《鄭志》謂，大裘之上，又有玄衣，非也。金榜《禮箋》云，玄衣，更有上衣。《玉藻》大裘不裼，言不得免上衣，見裼衣也。大裘，上衣十二章。《郊特牲》王被衮以象天，戴冕，璪十有二旒，則天數也。旂十有二旒，龍章，而設日月以象天，天之大數，不過十二，王者祀天之服象焉。《覲禮》天子載大旂，象日月、升龍、降龍，與《記》言龍章而設日月相應。說冕服者，未嘗于大常畫龍致疑。于龍衮，顧據三辰旂旗之文，決其不得列于冕服爲十二章，斯不察之說也。十二章、九章之服，通名衮，故于祀天言大裘，以示殊異。《司裘》掌爲大裘，以共王祀天之服。《節服氏》掌祭祀，衮冕六人，維王之大常，郊祀，裘冕二人執戈，送逆尸從車，是衮冕九章以下，不得服大裘，可知也。凡冕服、爵弁服，皆玄上纁下。《玉藻》君子狐青裘、豹褎，玄綃衣以裼之。注云，狐青裘，蓋玄衣之裘，熊氏謂，五冕及爵弁也。皇氏以玄衣爲玄端，則玄綃衣，以裼爲以帛裏布矣。君用純狐青，大夫士褋以豹褎，近得其實，爵弁服，大夫士之祭服，天子以爲弔服，《司服》凡弔事，弁絰服。《弁師》王之弁絰，弁而加環絰。《檀弓》天子之哭諸侯也，爵弁絰紂衣，故王之吉服凡九，而爵弁服不與焉。《司服》凡兵事韋弁服，視朝則皮弁服，凡甸，冠弁服。以《玉藻》校之，君衣狐白裘，錦衣以裼之。麛裘，青豻褎，絞衣以裼之，此皮弁服之裘也。羔裘豹飾，緇衣以裼之，此冠弁服之裘也。凡田，君親誓省之服，黼裘。《郊特牲》季春，出火爲焚也，然後簡其車，賦而歷其卒伍，而君親誓省。今本省作社，誤。注云，社，或作省。王以習軍旅。《玉藻》唯君有黼裘，以誓省。大裘，非古也，據金氏說是。王服冠弁服，以田，不用羔裘，所以辟祀天之服也。諸侯以冠弁服爲朝服，說者謂，其田亦韋弁服，與兵事同。《王制》正義，引《左傳》衛獻公射鴻于圃，不釋皮冠，而與孫林父言。又《昭十二年》楚子侍于州來，皮冠豹舄。韋弁服之裘，經記無可考，見鄭注：韋弁，以韎韋爲弁，又以爲衣裳。援《春秋傳》晉郤至衣韎韋之跗注爲證。韎者，赤黃之間色。見《玉藻》注。故孔穎達云，兵事既用韎韋衣，則用黃衣狐裘。《春秋傳》臧之狐裘，敗我于狐駘。是也。見《詩·羔羊》正義。據此，則冕弁所服裘，備具于《玉藻》之記，其闕大裘不著者，《記》主裼衣言也。鄭氏，疑黃衣狐裘，爲大蜡時，臘祭先祖之服，與《郊特牲》黃衣黃冠而祭，爲一事。金榜辨之云，《郊特牲》黃衣爲祭服，《玉藻》黃衣爲裼衣，是殊服異事。《月令》孟冬，臘先祖五祀，周人享先王衮冕，享先公鷩冕，祭五祀希冕，不服黃衣黃冠。《周官》籥章國祭蜡則歈。《豳頌》擊士鼓，以息老物。《郊特牲》亦云，既蜡而收，民息已故，既蜡君子不興功，

是黃衣黃冠而祭，以息田夫爲蜡祭甚明，肆師歲時祭祀，則令國人祭郊。《特牲》四方年不順成，八蜡不通，以謹民財也。順成之方，其蜡，乃通以移民也。《雜記》子貢觀于蜡，曰一國之人皆若狂，明國人咸得與于蜡。皮弁素服，在位者之祭服也。黃衣黃冠，庶人之祭服也。故曰野夫黃冠黃冠，草服也。天子諸侯蜡祭，飲酒于廟。《禮運》仲尼與于蜡賓事畢，出遊于觀之上，是也。庶人則飲酒于序黨。正國索鬼神而祭祀，則以禮屬民，而飲酒于序，以正齒位是也。

又卷二二《王冕服赤舄》

《周禮》屨人掌王及后之服屨，爲赤舄、黑舄，赤繶、黃繶、青絇，素屨、葛屨。辨外內命夫命婦之命屨、功屨、散屨，凡四時之祭祀，以宜服之。《士冠禮》屨，夏用葛，玄端黑屨，青絇繶純，純博寸。素積白屨，以魁柎之，緇絇繶純，純博寸。爵弁纁屨，黑絇繶純，純博寸。冬皮屨可也。不屨繐屨。《士喪禮》夏葛屨，冬白屨，皆緇絇繶純，組綦，結于踵。綦，屨係也。所以拘止屨也。《詩》云，玄衮赤舄，又曰赤芾金舄，又曰赤舄几几。案《說文》引《詩》凡三見，一作几几，一作掔掔，一作曡曡。《檀弓》曰，有子絲屨。《春秋傳》曰楚子豹舄。《莊子》曰，屨方履者，知地形。《漢書》曰，孝文革舄。《東方朔傳》。鄭氏釋《周禮》謂，複下曰舄，禪下曰屨，凡屨舄，各象其裳之色。舄有三等，赤舄爲上，冕服之舄，下有白舄、黑舄。后維祭服有舄，褘衣之舄，下有青舄、赤舄，鞠衣以下皆屨耳。陳氏《禮書》云，絇繶純者同色。今云赤繶、黃繶、青絇，雜元言之，明舄屨眾多，反覆以見之。凡舄之飾，如繢之次，赤繶者，王黑舄之飾，黃繶者，王后玄舄之飾，青絇者，王白舄之飾，言繶必有絇純，言絇亦有繶純，三者相將。王及后之赤舄皆黑飾，后之青舄皆白飾。凡屨之飾如繡次也，據陳氏說，是黃屨白飾，白屨黑飾，黑屨青飾也。陳氏《禮書》又云，古者衣象裘色，韠象裳色。而《士冠禮》三屨皆象其裳之色，則王及后之舄屨，各象其裳之色，可知也。玄黃、青白、赤黑，對方者，爲繢次。青赤、赤白、白黑、黑青比方者，爲繡次，而《冠禮》黑屨青絇繶純，白屨緇絇繶純，皆比方之色，特爵弁，纁屨黑絇繶純。絇，拘也，以爲行戒，狀如刀衣，鼻在屨頭，繶縫中紃也，純即緣也。蓋尊祭服之屨，故飾從對方之色。爵弁，韍不曰韠，而曰韎韐，衣不以布，而以純，蓋皆尊祭服之故也。則凡舄之飾如繢次，屨之飾如繡次，可知也。絇青緇黑，而繶純如之，則繶從絇色，可知也。由是推之，王之吉服九，而舄三，赤舄配冕服，而黑絇繶純。白舄配皮弁服，而青絇繶純。黑舄配冠弁服，而赤絇繶純。謹案舄與屨畧同，而尊於屨。鄭釋《屨人》複下曰舄，單下曰屨，此杜注：舄複，屨所本。屨人掌王及后之服屨，爲赤舄、黑舄，赤繶、黃繶、青絇，注：凡屨舄皆象裳色。王舄三，冕服赤舄爲上，下有白舄、黑舄。疏：白舄配韋弁、皮弁，黑舄配冠弁服，蓋冕服皆纁裳，皮弁、素積，冠弁，玄裳也。《詩》玄衮赤舄。又云赤芾金舄。鄭謂，金誤黃朱，則諸侯冕服亦用赤舄，而不純朱，亦如芾之天子純朱，諸侯黃朱耳。鄭謂，天子、諸侯吉事皆舄，餘惟服冕、衣翟者，著舄，則諸侯弁服之舄，當與王同。鄭云，王后褘衣玄舄，下有青舄、赤舄，鞠衣以下皆屨。按，婦人不殊裳，故舄屨皆象衣色，揄狄青，闕狄赤，鞠衣黃，展衣白，褖衣黑，其舄屨色亦如之。侯伯夫人自青舄以下，子男夫人自赤舄以下矣。屨人辨外內命夫命婦之命屨、功屨。注：命夫之命屨纁屨，命婦之命屨黃屨，以下考《士冠禮》爵弁纁屨，皮弁白屨，玄端黑屨，是。凡士皆得纁屨爲命屨，白屨、黑屨爲功屨。侯伯之大夫、子男之卿與王朝中士、同再命，亦以纁屨爲命屨。若王之公鷩冕，孤卿毳冕，大夫希冕，外視諸侯，得有赤舄爲命舄。經，命夫不兼此而言。由《士冠禮》推之王朝公卿大夫弁服玄端亦當用三屨。孤妻九嬪黃屨爲上，世婦內子白屨爲上，女御士妻黑屨而已，不得服翟，則亦無舄也。凡舄飾如繢次，屨飾如繡次，其飾，著屨頭爲行戒曰絇，縫中紃曰繶，邊緣曰純，絇繶純同色，屨人約舉而明之，其結於跗爲屨繫者曰綦，以組爲之，自天子至士，皆以夏葛冬皮爲常居之屨，若素屨、散屨皆去飾，則大祥所著耳。案，后之吉服六，而舄屨各三，玄舄配褘衣，而黃絇繶純。青舄配揄狄，而白絇繶純。赤舄配闕狄，而黑絇繶純。黃屨配鞠衣，而白絇繶純。白屨配展衣，而黑絇繶純。黑屨配褖衣，而青絇繶純。司服，言舄止於赤黑，言繶止於赤黃，言絇止於青，有素屨而無飾屨，有葛屨而無皮屨。鄭氏謂，雜玄反覆以見之，理固然也。觀《弁師》於王言冕之表裏延紐，而不及玉瑱，言繅而不言斿於諸侯，言玉瑱而不及冕之表裏延紐，言繅斿而不及玉數，言繅斿皆就而不及采數。《大宗伯》祀有昊天，而無五帝。有司中司命，而無司民、司祿。祭有社稷，而無大。示有五嶽而無四瀆。有山林川澤而無邱陵墳衍。享有先王，而無先公。凡此類者不可勝舉。而禮皆約辭以互發之。則舄屨之辨，如鄭氏之說，信矣。陳祥道謂韋弁衣、素裳，白舄，不可考，是也。案《內司服》辨外內命婦之服鞠衣、展衣、褖衣，

屨人辨内外命婦之命屨、功屨、散屨，鄭氏謂，命夫之命屨纁屨，命婦之命屨黄屨，以下功屨次命屨，於孤卿大夫則白屨黑屨，九嬪内子亦然，世婦命婦以黑屨爲功屨，女御士妻命屨而已。蓋禮一命受職，再命受服，公侯伯之大夫，子男之卿，王之中士，皆再命，其妻再命鞠衣則纁屨，爵弁而上之屨也。黄屨，鞠衣之屨，孤卿大夫之功屨白屨、黑屨，以其服皮弁、冠弁，故也。九嬪與孤妻内子功屨，亦白屨、黑屨，以其服展衣褖衣故也。女御士妻以黑屨爲命屨，以其所服者惟褖衣故也。《詩》云赤舃几几、玄衮赤舃、赤芾金舃，周公及諸侯冕服之舃也。赤舃謂之金舃者，鄭氏謂，金舃，黄朱色也，考之於禮，周尚赤，而灌尊黄彝，纁裳赤、黄馬、黄朱，而諸侯之芾，亦黄朱。鄭氏釋《斯干》詩曰，芾，天子純朱，諸侯黄朱。則舃用黄朱宜矣。唐制以金飾屨，與鄭氏之所傳者異也。

又卷三二《衮冕》 弁師，掌王之五冕，皆玄冕朱裏，延紐，五采繅十有二就，皆五采玉十有二，玉笄，朱紘。諸侯之繅斿九就，旒，《説文》作瑬。瑉玉三采，其餘如玉之事，繅斿皆就，玉瑱，玉笄。鄭氏謂，繅不言皆，有不皆者。則衮冕十二斿，鷩冕九斿，毳冕七斿，希冕五斿，玄冕三斿。觀《弁師》于玉，言冕之表裏延紐，而不及玉瑱，于諸侯言玉瑱，而不及冕之表裏延紐。于王，言繅，不言斿。于諸侯，言繅斿，不言玉數。止言瑉玉三。言繅斿皆就，而不言采數。公之五冕，皆三采。言玉笄，而不言紘，是皆約辭以互發之，則玉采繅十有二就，不言皆者，其斿如康成之説。信矣。《春秋傳》曰，上物不過十二。《郊特牲》曰，戴冕，璪十有二旒，則天數也。《玉藻》曰，天子玉藻，十有二旒，龍卷以祭。是王之衮冕，十有二旒也。《典命》曰，上公以九爲節，則上公之衮冕，九旒，九玉也。《弁師》言繅十有二就，以見斿亦十有二，言繅斿九就，以見斿與玉亦九。于王舉衮冕，于諸侯舉上公之冕，皆指其盛者言之也。孔子曰麻冕禮也，《記》曰，《玉藻》前後邃延。案，前後邃延以版之深邃，言非以旒言也。漢孫叔通之冕制，版廣八寸，而長倍之，後方前圜，後仰前俛，則版質而麻飾之。上玄爲延，下朱爲裏，約之以紐，貫之以笄，固之以紘，五采玉，則朱、白、蒼、黄、玄也。皇氏、沈氏，謂五采玉飾，依射侯之次，從上而下，初以朱，次白，次蒼，次黄，次玄，五采玉貫徧，周而復始。其三采者，先朱，次白，次蒼。二色者，先朱後緑。玉十有二，則每玉間以寸也，其玄朱、方圜、俛仰，如此。先儒謂前低寸。而辨物之德，應物之事，不變之體，無方之用，莫不該存乎。其間，命之曰冕者，禮爲應物而設，故也。陳祥道云，服飾於下，陰也，故司服之服，六冕飾於上陽也。故弁師之冕五而已。猶王后之服六，而追師之首飾三而已，副、編、次。則大裘衮衣同冕，猶三翟同副也。康成謂，大裘無衮，其冕無旒，于經無據。《玉藻》曰，龍卷以祭，其文，在朝曰聽朔，之上則祭昊天、五帝、先王之類，皆以《玉藻》龍卷，此又與《郊特牲》象天則天數之説合矣。蓋先王祭服，其内明衣，加以中衣，中衣繡黼丹朱，然後加裘、衮焉。則大裘之所著，見者領而已。衮服玄衣纁裳而九章，則龍也，山也，華蟲也，火也，宗彝也，繪于衣。藻也，粉米也，黼也，黻也，繡于裳。謹案前後邃延，前十二旒，其玉百二十。邃延以前，言後無旒也。其韍朱韍，其帶素帶，朱裏，朱緑終辟，執鎮圭，搢大圭，朝諸侯，則執瑁圭。佩白玉，而玄組綬，赤舃。

又《鷩冕》 鷩冕七章，鷩，雉也，雉之爲物，五色備，而成章，故曰夏翟，亦曰華蟲，猶中國謂之夏，亦謂之華也。司服又謂之鷩者，别其名也。《考工記》曰，鳥獸蛇，鳥而類子獸，蛇者指其文也。鄭氏曰，華蟲之毛鱗有文采者。鷩冕以祀先公，饗射，然先公尊矣。所服止於此者，非卑之於先王以爲祭，則各以其服授尸。尸服如是，而王服衮以臨之，非所以爲敬，故弗敢也。其制，亦五采繅十有二就，五采玉十有二，前九旒，共玉一百八，玄衣纁裳，繪於衣者，華蟲、火、宗彝也。繡于裳者，藻、粉米、黼、黻也。紱帶圭佩綬，舃與衮冕同，然則饗射亦以鷩冕者，王朝覲諸侯以衮冕，故饗與賓射以鷩冕，祭祀以衮冕，故大射亦以鷩冕，以饗與賓射殺，于朝覲而大射殺，于祭祀故也。燕射于寢，則皮弁而已。賈公彦謂，賓射服皮弁，燕射服朝服。陳氏《禮書》云，鄭氏釋《司服》謂鷩冕，饗射者，饗食賓客與諸侯射，則賓射，不以皮弁矣。又皮弁即王之朝服耳，離而二之，其説誤也。《左傳》曰，五雉爲五工正，《爾雅》有鸐，諸雉，鷂雉，鷮雉，鳪音卜。雉，鷩雉，秩秩海雉，翟山雉，翰汗。雉，鵫雉，翬雉，南方曰翯，儔。東方曰鶅，北方曰鵗，西方曰鷷，而衣章之所取者，特鷩與翬鷂耳。以其文尤著，故也。

又《毳冕》 毳冕五章。《説文》毳，獸細毛也，宗彝有虎蜼之飾，而毳衣有宗彝之章，故書謂之宗彝，周禮謂之毳冕。毳冕，王所祀四望山川之服也。五采繅，十有二就，五采玉，有十二，前後皆七旒，共玉八十四，繪于衣則宗彝、藻、粉米也。繡于裳則黼、黻也，韍帶圭佩綬，舃與鷩冕同。《詩》

曰毳衣如菼。菼之初生其色玄則如菼，言其衣也。又曰毳衣如璊。璊之爲玉，其色赤。《説文》璊玉赬色。則如璊，言其裳也。劉熙《釋名》以毳爲藻文。鄭司農，以毳爲罽衣，與宗彝之制不合。不足信也。《爾雅》曰蜼卬鼻而長尾。郭璞曰，蜼似猴而色黑，尾數尺，鼻上向，雨則以尾若兩指窒其鼻，蓋虎取其義，蜼取其智。

又《希冕》 希冕三章，王祭社稷五祀之服，非卑之于饗射也，以社稷五祀之所上，止於利人，故衣粉米而已。謂之希，以其章少，故也。陳氏《禮書》云，鄭氏以希爲絺，以絺爲刺，謂希刺粉米無畫。然畫陽事也，在衣繡陰功也，在裳希衣之粉米，固亦畫矣，繡而不畫，則與餘章之在衣者不類，其説非也。唐以希冕爲繡冕，蓋亦襲鄭氏之失歟。謹案希冕，亦五采繅十有二就，五采玉十有二，前五旒，玉六十。賈公彦謂，天子九章，侯伯七章，大章也，章各依命數，數章也，則九章，章皆十二，七章，章皆七。若然，則舜十二章之服，日月星辰之類，皆十二乎，必不然也。考之于禮，升龍降龍爲一章，虎彝蜼彝爲一章，則山火而下，蓋皆左右畫繡之也。

又《玄冕》 玄冕一章，王祭羣小祀之服，其衣玄而無文，裳黼而已。其章不足道也，故以玄名之，玄冕亦五采繅，十有二就，五采玉，十有二，前後三旒，共玉三十六。而王之齊服亦用焉。荀卿曰，絻而乘路，即玄冕也。諸侯之齊以玄冠不以玄冕，又親迎，則玄冕齊戒攝盛，故也。宗彝，于十二章之服，在裳，于九章之服，在衣，粉米，于七章之服在裳，于五章之服在衣，蓋次服之首章，上服固已升之矣。陳祥道云，乾居西北，而天事武，故黼之色白、黑，艮居東北，而成始終，故黻之色青、黑。天下之理歸于所斷，成于所辨，故服章以黻終焉。觀陰陽之相，代歸于復小，而辨于物，卦象之相推，終于未濟之辨物，居方舜命九官，終于黜陟分。北周官六計，終于廉辨，皆六服終黻之意也。然剛斷者，先王之所沈潛，非嚮而上之也。故黻扆設于後席，用黼純設于下，而中衣繡黼設于中，皆六服後黼之意也。《詩》曰，玄衮及黼。黻衣繡裳。常服黼冔。《書》曰麻冕黼裳，語曰致美乎黻冕。《記》曰，諸侯黼，大夫黻。《爾雅》曰，衮黻也。凡此皆舉其章之末者，則餘章著矣。

又《禆冕》 《覲禮》侯氏禆冕。《曾子問》曰，太祝禆冕，執束帛。又曰，大宰、大宗、大祝，皆禆冕。《玉藻》曰諸侯禆冕以朝。《樂記》曰，禆冕搢笏，而虎賁之士説劍也。《荀卿》曰大夫禆冕。陳祥道云，鄭康成釋《覲禮》曰，禆，之言埤也。天子大裘爲上，其餘爲禆。釋《玉藻》曰，禆冕，公衮，侯伯鷩，子男毳，是也。鄭司農釋《周禮》特以鷩爲禆衣拘矣。

清·黃以周《禮書通故》卷三《衣服通故一》 鄭玄説，古天子冕服十二章，至周而以日月星辰畫于旂旗，而冕服九章。王肅説，舜時三辰畫于旌旗，不在衣，天子山龍華蟲耳。鄭鍔、楊復説，《司服》謂公之服自衮冕而下，推而上之，則天子之服有日月星辰之章可知。公之服九章，則天子之服十二章可知。如鄭之説，則龍登于旂山登于俎，黼登于扆，九章亦可損乎。以周案，冕十二旒，服十二章，郊祀之裘冕也。冕九旒，服九章，廟祀之衮冕也。周人宗廟所用冕服，止用九章九旒。至于郊天，冕之旒十有二，《記》有明文，則服亦未必廢古之十二章不用也。《郊特牲》王被衮以象天，鄭注云，謂有日月星辰之章。是郊天之衮十二章，鄭亦有其説矣。但鄭以此為魯禮，與《記》文王被相違。且即為魯禮，豈周天子反降虧魯邪。此鄭之失也。如剛中、信齊説，天子祀先王之衮服亦十二章，則《司服》言公之服自衮冕而下，是九命之公亦可十二章乎。何命數章數之不同也。如謂公之衮冕自服九章九旒，則同一衮冕，而公與天子異數，《司服》又何以云公之服如王之服乎。肅説尤錯。

《周官·司服》鷩冕、毳冕、希冕，鄭衆云，鷩，禆衣也。毳，罽衣也。鄭玄云，鷩畫以雉，毳畫虎蜼，希刺粉米，無畫也。以周案，五等諸侯衮毳希不同，而《覲禮》曰，侯氏禆冕，統名為禆，則禆不獨鷩也。鄭注：禆之言埤也。天子大裘為上，其餘為禆。禆冕者，衣禆衣而冠冕也。罽一作繝，西胡毳布，斷非法服。後鄭説升火于宗彝以合毳衣之為虎蜼，實與《虞書》相戾。《釋名》云，毳冕，毳，芮也。畫藻文于衣，象水草之毳芮温煖而潔也。劉氏此説，可以訂鄭之誤。毳衣五章，藻火粉米黼黻，《虞書》本文自順。《詩》毳衣如菼，言藻色之蒼白，毳衣如璊，言火色之赬赤。凡衣陽皆畫，裳陰皆綉。鄭説希衣刺米無畫，與餘章之在衣者別。《釋名》作黹冕，云，黹，紩也，畫黺紩米于衣也。劉氏此説，參用黺畫粉絲，繡文為聚米之義。今本《釋名》舛譌不成文義，係後人妄改，畢校本亦非。粉米二事為一章，與宗彝虎蜼同。陳用之説，希為章之少者，亦用畫。

《虞書》日、月、星、山、龍、華蟲，宗彝、藻、火、粉米、黼、黻，以為五服

五章，而《周官・大行人》則云，上公九章，侯伯七章，子男五章。以周案，《虞書》五章言其色，《周禮》九章言其物，章物十二以施五色。《伏傳》天子用五，諸侯用四，其文上無日月星辰，下無粉米黼黻，但舉華蟲黄，作繢黑，宗彝白，藻火赤，山龍青，明是章色，非章物也。嚴鐵橋申《伏傳》，語甚背戾。

鄭玄云，玄冕衣無文，裳刺黻而已。是以謂玄焉。孔廣森云，冕之制，以麻衣延，玄表纁裏，故《弁師》言王之五冕皆玄冕。自希以上，各有取義，惟玄冕從其正名，非以玄衣故也。玄冕止一章，猶升黻于衣。《詩》曰，君子至止，黻衣繡裳。此黻有在衣者，非玄冕之服而何。以周案，孔說玄冕是，升黻非。黻衣猶曰衮衣，《爾雅》衮，黻也。

鄭玄云，凡冕服皆玄衣纁裳。孔廣森云，《大戴禮》端衣玄裳絻而乘路者，志不在于食葷，《顧命》卿士邦君麻冕蟻裳，豈得言冕服唯有纁裳。《荀子》天子絑裷衣冕，諸侯玄裷衣冕。《采菽》之詩，王錫諸侯，玄衮及黼。然則天子冕服朱衣朱裳，諸侯冕服玄衣玄裳，其上玄下纁者，惟大夫耳。故《喪大記》大夫以玄赬，明玄衣赬裳，大夫專之。其義君以純，臣以雜。以周案，《顧命》亦云，大保、大史、大宗麻冕彤裳。某傳云，彤裳，執事異其色。其意麻冕以玄裳為正，大保、大史、大宗以執事別異之，非正服，與孔說合。鄭意衣象冠色，無絑衮。《禮器》士玄衣纁裳，《顧命》大保彤裳，彤赤色，赤淺于朱，纁亦淺于朱，其色相等，故云凡以統之。其實天子冕服，本非一色。朱衮見《荀子》，說必有據。蓋衮冕朱衣朱裳以享先王，鷩冕玄衣蟻裳以享先公。《大戴》玄裳絻以齊言，《小戴》言玄冕齊戒，則是齊服玄冕玄衣玄裳，故曰齊之玄也。公衮冕朱衣彤裳，諸侯鷩冕玄衣蟻裳。鄭注蟻玄色，然玄裳配玄冕，蟻裳同鷩。《說文》有驣無蟻，云驣，駿驣也。駿，駿驣，鷩也。鷩，赤雉也。三字相次。《司服》侯伯之服自鷩冕而下，《顧命》卿士邦君麻冕蟻裳。蟻之色蓋同鷩，赤色。大夫以玄赬，赬亦赤色。上玄下纁，唯士爾，《禮器》文可據。

舊說繅斿玉瑱如其命數，三公八命，服八章，冕八旒。卿六命，服六章，冕六旒。大夫四命，服四章，冕四旒。難者云，如此，則通大裘、衮、鷩、毳、希、玄共為九冕矣。九冕未聞。以周案，九命為衮冕，八命從衮，七命為鷩冕，六命從鷩，五命為毳冕，四命從毳。惟六命從鷩，四命從毳，故曰天子之卿視伯，大夫視子男。惟六命從鷩而非鷩，四命從毳而非毳，故其出封必加一等，斯同正爵。《司服》詳述冕服，不及公卿大夫，以從公侯伯子男之例，原無九等冕服之可分。

《周官・典命》王之三公八命，其卿六命，其大夫四命，及其出封，皆加一等。公之孤四命，其卿三命，其大夫再命，其士一命，衣服禮儀各視其命之數。《司服》不言公卿大夫之冕服，而云孤之服希冕，卿大夫之服玄冕。鄭玄云，出封大夫為子男，卿為侯伯，其在朝廷，則亦如命數耳。賈公彥云，舊說天子九章，據大章而言，其章別小章，章依命數，則皆以十二為節。上公亦九章，與天子同，無升龍，有降龍。其小章章別皆九而已。鷩冕毳冕以下皆然。必知有小章者，若無小章，絺冕三章，則孤有四命、六命卿大夫玄冕一章，卿大夫中則有三命、二命、一命，天子之卿六命，大夫四命，明中有小章，乃可得依命數。陳祥道云，王之公卿出封加一等，其未出封，則公八命，與侯伯同七章之服，卿六命，與子男同五章之服。觀《司服》文，公之孤四命，而服三章之希冕，大國之卿三命，大夫再命，而服一章之玄冕，則王之公卿大夫其衣服各降命數一等可知也。以周案，《詩》曰豈曰無衣六兮，明有六命章服，則八命四命亦可知已。衣之章數如命數，《周禮》言之甚悉。八命之公，固不得下同七章之服，三命之卿尤不得下同一章之服。《典命》公之孤四命，卿三命，據上公之國言之耳。《司服》概舉侯國言之，故曰孤希冕，卿大夫玄冕。侯伯亦有孤卿，三命。賈疏大章小章之判，固屬未當。如陳氏說，公八命同七章服，則章命異數。且公出封九命衮冕，是加二等矣，《典命》何以云加一等，又云衣服各視命數乎。

《毛詩》說，豈曰無衣六兮，天子之卿六命，車旗衣服以六為節。鄭衆說，大夫出為子男五命，子男入為卿六命。賈公彥云，先鄭出加入亦加，毛君則出加入減，後鄭之義出加入不減，依其在國。《詩》云六兮者，不敢必當七命之服也。以周案，諸儒未審出封加一等之由，故所說多違，賈說鄭義是也。戴侗據《玉藻》諸侯裨冕以朝之文，謂諸侯入朝降服其次，亦誤。天子裘冕十二旒為正，衮冕以下為裨。諸侯次于天子，故冕服通稱裨冕。賈疏誤會《毛傳》說詳《職官門》。

賈公彥云，三公執璧，與子男同，則三公亦毳冕。陳祥道云，三公服鷩冕，王饗射降而服鷩冕，則公降而服毳冕矣。金鶚云，三公八命服鷩冕，加

一命九命且得服衮，安得以毳冕概之。陳云公服鷩冕得之。禮君臣同服最多。三公從王饗射亦可服鷩冕，陳云公降服毳，非也。

鄭衆云，鷩，裨衣也。鄭玄云，裨冕，衣裨衣而冠冕也。裨之言埤也。天子六服，大裘為上，其餘為裨。以周案，兩鄭説異。先鄭以裨冕為鷩以下，後鄭則謂衮以下。敖君善從先鄭説，《覲禮》侯氏裨冕為公鷩，侯伯毳，子男希，與《大行人》文違，不可從。或據《覲禮》注有衮衣者裨之上也，一語謂兩鄭意同，裨冕當指鷩冕以下，不知衮衣者裨之上，謂衮冕為裨冕之首也。《曾子問》諸侯適天子，冕而出視朝注：《玉藻》裨冕以朝注：并云裨冕者，公衮，侯伯鷩，子男毳也。《樂記》裨冕搢笏，注云，裨，衮之屬也。皆可證。盛氏云，裨冕本諸侯之上服也。而謂之裨者，據王而言，猶金路而下為偏駕，是也。裨字之義亦當從注訓為埤，不當如楊倞訓為卑。

《記·禮器》言天子龍衮諸侯黼，大夫黻，士玄衣纁裳。天子之冕朱緑藻十有二旒，諸侯九，上大夫七，下大夫五，士三。鄭玄云，朱緑似夏殷禮也。周禮天子五采藻。孔穎達云，周禮上公亦衮，侯伯鷩，子男毳，孤卿希，大夫玄，士爵弁。諸侯以下旒數隨命數，士但爵弁無旒。此并雜夏殷禮。江永云，記者《雜記》異代之冕制。天子用朱緑二采，太卑。諸侯有五等，一用九旒，無别。七旒、五旒，用之大夫已僭。士冕三旒，亦太尊。以此觀之，知周冕之善，夫子所以取之。以周案，《左氏傳》曰，火龍黼黻，昭其文也。《禮器》特舉文之顯者，以明差别，欲見諸侯無龍，大夫無黼，士無黻也。《弁師》王冕五采藻，此獨舉朱緑者，殆諸侯亦無此色與。注疏説藻采本無明文。諸侯九與《弁師》諸侯之繅斿九就本合。《典命》王之三公八命，其卿六命，其大夫四命，及其出封，皆加一等，衣服各視其命之數。天子之公八命，出封加衮九旒，上大夫六命，出封加鷩冕七旒，下大夫四命，出封加毳冕五旒。《孟子》曰，天子之卿視伯，大夫視子男。伯冕七旒，子男五旒。

阮諶云，鷩冕天子九旒，侯伯服以助祭七旒。毳冕天子七旒，子男服以助祭四旒。四當作五。黹冕天子五旒，孤卿服以助祭四旒。玄冕天子四旒，諸侯服以祭其宗廟三旒。以周案，凡鷩冕皆七旒，毳冕皆五旒，黹冕皆三旒，玄冕皆無旒。阮説非。

孔穎達云，《禮器》冕旒，諸侯九，上大夫七，下大夫五，士三，言夏殷也。周家旒數隨命數，又士但爵弁，無旒也。《曾子問》大祝裨冕，注：諸侯之卿大夫所服，裨冕，絺冕也，玄冕也。士服爵弁服。陸佃云，王之上士三命服玄冕，一命大夫不冕。鄭鍔云，王之上士玄冕，中士爵弁，下士皮弁，故諸侯之士自皮弁為首。任大椿云，卿大夫以玄冕為命服，爵弁以下其次也。士以爵弁為命服，皮弁以下其次也。次服所施等殺，或視乎命數。若命服高下，則惟視乎爵，不視命數。如天子之士雖三命，與諸侯之卿同，而三命之士惟得爵弁。子男之大夫一命，與天子之下士同，而一命之大夫得服玄冕。《弁師》諸侯及孤卿大夫之冕各以其等為之，言冕之等止及大夫，不及士，則雖三命之士，不冕明矣。《司服》士之服自皮弁而下如大夫之服，言士不得如大夫服玄冕也。《禮器》士三，鄭注以為夏殷禮，以周制士不得有三旒之冕故也。《説文》冕，大夫以上冠，《荀子》云，大夫裨冕，均不及士。以周案，經傳言大夫冕士弁，據中諸侯為文。子男之大夫一命，似不得服冕服。如一命大夫可服冕，三命上士不得服冕，亦失差等矣。《大宗伯》再命受服，注云，此受玄冕之服。列國之大夫再命，于子男為卿。卿大夫自玄冕而下如孤之服。王之中士亦再命，則爵弁服。據鄭此注：冕服不及一命大夫，爵弁則舉王之中士，明再命受冕服，至大夫而止，再命之士不得服，止受爵弁，則三命上士固亦受冕服也。但上士三命服玄冕，無旒。《禮器》云，士三，蓋亦以出封視附庸與。鄭注《弁師》云，一命大夫冕而無旒，其意蓋謂一命大夫雖不受冕服，其爵為大夫，可從大夫例服冕。此説終嫌未確。右冕服。

清·閻鎮珩《六典通考》卷三四《宮政考·服飾》 屨人，掌王及后之服屨，為赤舄、黑舄，赤繶、黄繶，青句，素屨，葛屨。屨自明矣，必連言服者，著服各有屨也。複下曰舄，禪下曰屨。古人言屨，以通於複，今世言屨，以通於禪。俗易語反與。舄屨有絇、有繶、有純者，飾也。鄭司農云，赤繶、黄繶，以赤黄之絲為下緣。《士喪禮》曰，夏葛屨，冬皮屨，皆繶緇純，禮家説繶，亦謂以采絲礫其下，玄謂，凡屨舄各象其裳之色。《士冠禮》曰，玄端，黑屨，青絇繶純。素積白屨，緇絇繶純。爵弁纁屨，黑絇繶純。是也。王吉服有九，舄有三等，赤舄為上，冕服之舄。《詩》云，王錫韓侯，玄衮赤舄。則諸侯與王同，下有白舄、黑舄。王后吉服六，雖祭服有舄，玄舄為上，褘衣之舄也，下有青舄、赤舄，鞠衣以下皆屨耳。句當為絇，聲之誤也。絇繶純者，同色，今云赤繶、黄繶、青絇，雜互言之，明舄屨衆多，反覆以見之。凡舄之飾，如繢之次，赤繶者，王黑舄之飾，黄繶者，王后玄舄之飾，青絇者，王白舄之飾。言繶必有絇純，言絇亦有繶純，三者相將。王

及后之赤舄，皆黑飾，后之青舄白飾。凡屨之飾，如繡次也，黃屨白飾，白屨黑飾，黑屨青飾。絇謂之拘，著舄屨之頭，以為行戒。繶縫中紃，純緣也，天子諸侯，吉事皆舄，其餘唯服冕衣翟著舄。□士爵弁，纁屨黑絇繶純，尊祭服之屨，飾從繢也，素屨者，非純吉，有凶去飾者，言葛屨，明有用皮時。郝敬曰，服屨，禮服之屨，王用赤舄，象陽，后用黑舄，象陰。繶，牙底接處，以小絛綴其際為飾，王赤舄赤繶，象純陽矣。后黑舄黃繶，雜象陰也。絇以絛著屨頭為鼻，拘，束行履也。王與后，舄絇用青，象東方，帝出之生氣也。青、黃、赤、黑，四者，四方之正色，故王與后吉屨用之，白不用，近凶，周所勝色也。素屨，燕居之屨，無繶絇文采之飾。葛屨當暑，王、后皆用之。辨內外命夫命婦之命屨、功屨、散屨。命夫之命屨纁屨，命婦之命屨黃屨，以下功屨，次命屨，於孤卿大夫，則白屨、黑屨，九嬪內子亦然，世婦命婦以黑屨為功屨，女御士妻命屨而已。士及士妻，謂再命受服者散屨，亦謂去飾。凡四時之祭祀以宜服之。祭祀而有素屨、散屨者，唯大祥時。

右履。《禮書》古者衣象裘色，韠象裳色，而《士冠禮》三屨皆象其裳之色，則王及后之舄屨，各象其裳之色，可知也。玄黃，青白，赤黑，對方者，為繢次，青赤，赤白，白黑，黑青，比方者，為繡次。而《冠禮》黑屨青絇繶純。白屨緇絇繶純。皆比方之色。特爵弁，纁屨黑絇繶純。絇，拘也，以為行戒，狀如刀衣，鼻在屨頭。繶，縫中紃也，純即緣也。蓋尊祭服之屨，故飾從對方之色。爵弁，韍不曰韠，而曰韎韐，衣不以布，而以純，蓋皆尊祭服之故也。則凡舄之飾，如繢次，屨之飾，如繡次，可知也。絇青緇黑，而繶純如之，則繶從絇色，可知也。由是推之，王之吉服九，而舄三。赤舄配冕服，而黑絇繶純。白舄配皮弁服，而青絇繶純。黑舄配冠弁服，而赤絇繶純。后之吉服六，而舄屨各三，玄舄配褘衣，而黃絇繶純。青舄配揄狄，而白絇繶純。赤舄配闕狄，而黑絇繶純。黃屨配鞠衣，而白絇繶純。白屨配展衣，而黑絇繶純。黑屨配褖衣，而青絇繶純。屨人言舄，止于赤黑，言繶止于赤黃，言句止于青。有素屨，而無飾屨，有葛屨，而無皮屨。鄭氏謂雜互反覆以見之，理固然也。禮，一命受職，再命受服，公侯伯之大夫，子男之卿，王之中士，皆再命，其妻再命，鞠衣則纁屨，爵弁而上之屨也。黃屨，鞠衣之屨。孤卿大夫之功屨，白屨、黑屨，以其服皮弁、冠弁，故也。九嬪與孤妻內子功屨，亦白屨、黑屨，以其服展衣、褖衣故也。女御士妻，以黑屨為命屨，所服唯褖衣故也。

圖表

宋・陳祥道《禮書》卷一《禮書圖》

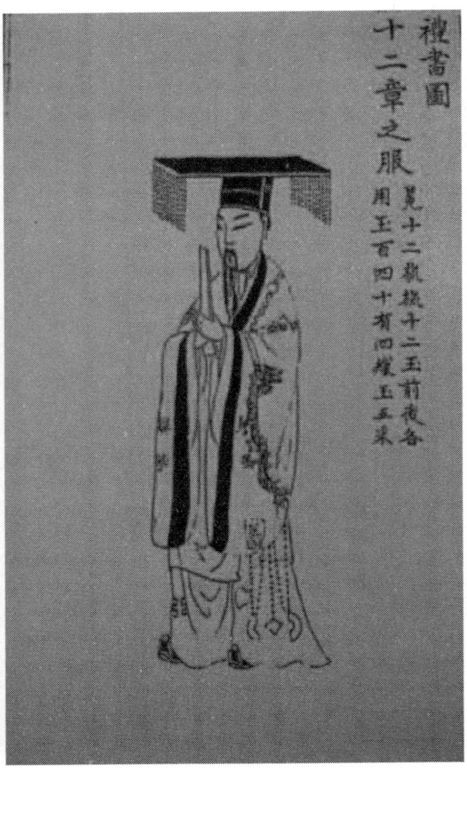

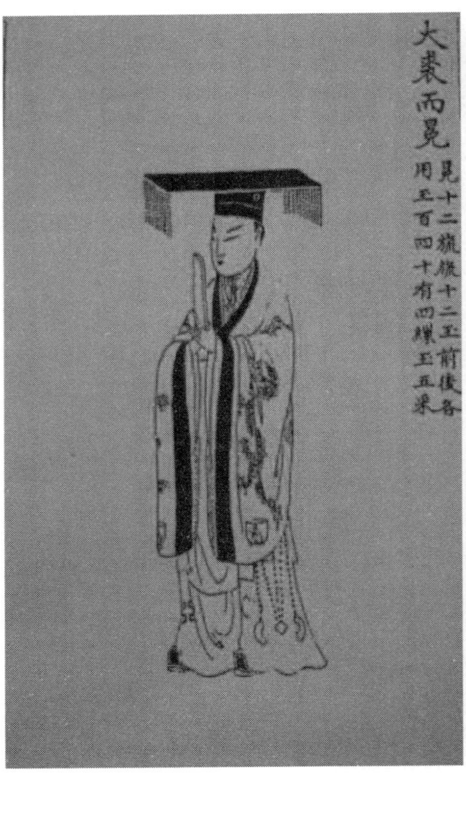

衮冕
冕十二旒旒十二玉前後各用玉百四十有四繅玉五采

鷩冕
冕九旒旒十二玉共玉二百一十六繅玉五采

又卷二《禮書圖》

禮書圖
毳冕
冕七旒旒十二玉共玉百六十八繅玉五采

希冕
冕五旒旒十二玉共玉百二十繅玉五采

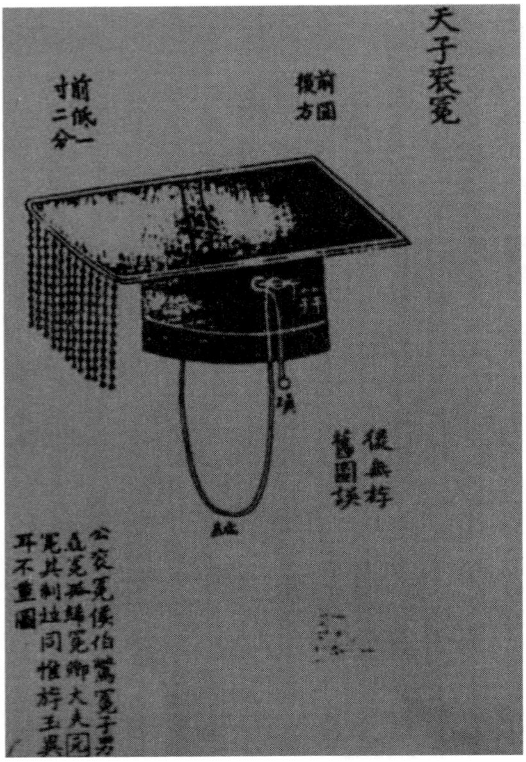

清・黃以周《禮書通故》卷四九《名物圖》

弁服

題解

清・顧棟高《毛詩類釋》卷一三《釋衣服》　會弁如星。綦。《曹風》今本作騏。箋。弁，皮弁也。會謂弁之縫中飾之以玉，皪皪而處，若星明也。疏：《周禮》弁師，王之皮弁，會五采玉璂。注：會縫中也，皮弁之縫中，每貫結五采玉十二以為飾，謂之璂。璂讀如綦，綦，結也。《詩》會弁如星。又曰，其弁伊綦是也。諸侯及孤大夫之皮弁，各以其等為之。侯伯璂飾七，子男璂飾五，玉亦三采，武公本畿外諸侯，入相于周，自以本爵為等，則玉三采，而璂飾七也。

臣謹案《周禮》六冕，王大裘而冕，十有二，疏：上公衮冕九旒，即《詩》所謂衮衣也。侯伯鷩冕七旒，子男毳冕五旒，即《詩》所謂毳衣也。絺冕三旒，大夫玄冕一旒，士無冕，用爵弁。弁，冕之次，其色赤而微黑，黑如爵頭，然其制與冕同，而其前不俛。六冕之外有三弁，從事韋弁服，田獵冠弁服，二者俱不常用，唯視朝皮弁服，則君臣同服之。其制以白鹿皮為冠，其形員，其縫如旒數，每貫之玉亦如之，天子前後十二旒，則弁前後亦十二縫，每縫貫十二玉。上公九旒，則弁前後九縫，每縫九玉，玉有五采三采之別。弁冕之制，大略如此。

載弁俅俅。疏：載，戴也。弁謂爵弁，士祭于王之服。禮有冠弁、韋弁、皮弁，皆不以絲為衣，且非祭服。《記》云，士弁而祭于公，冠而祭于己。《士冠禮》有爵弁，服纁衣，與此絲衣相當，故知此弁是爵弁也。

有頍者弁。傳，弁，皮弁也。王者日視朝之服，燕同姓，亦服之。疏：賓之初筵三章。箋云，此祭末，王與族人燕。而經云，側弁之俄，是燕同姓用皮弁之事也，言此皮弁之冠欲何為乎，宜當服之以燕，而幽王何以久不為，責之之辭也。許氏曰，頍即古規字，規為員者，是弁之貌。

綜　述

宋・聶崇義《三禮圖集注》卷一《韋弁服》

韋弁服者，王及諸侯卿大夫之兵服。後鄭云，韋弁以韎韋為弁，又以為衣裳。《春秋傳》曰晉郤至衣韎韋之跗注是也。今時伍伯緹衣，古兵服之遺色矣。其跗注：賈、服等以跗為足跗，注為注袴，而屬於跗。後鄭讀跗為幅，注為屬。以韎韋如布帛之幅，而連屬以為衣而表裳。賈疏云，伍，行也，伯，長也。謂鄭見漢時宿衛者之行長，服此重赤之衣，是古兵服赤色之遺象也。天子亦以五采玉十二飾弁之縫。諸侯已下，各依命數玉飾之，皮弁玉飾亦然。

又《皮弁服》

《士冠禮》皮弁服，素積，緇帶，素韠。注云，以白鹿皮為冠，象上古也。此明上古未有布帛，衣其羽皮也。又云，積猶辟也。以素為裳，辟蹙其要中也。亦用十五升布為衣，以象弁色。蓋天子素帶，素韠，朱裏，朱緑，終辟，佩白玉，白舄，青約繶純。又《弁師》云，王之皮弁，會五采玉琪，象邸玉笄。注云，會，縫中也。琪，讀為綦。綦，結也。邸謂下柢。梁正、張鎰圖云，弁縫十二。賈疏引《詩》會弁如星，謂於弁十二縫中結五采玉，落落而處，狀似星也。又於弁內頂上以象骨為柢。至三王重質不變，故王服之以日視朝，燕諸公，甥舅，視學，祭菜，皆服焉。賈疏云，皮弁，韋弁同，但色異耳。

又《冠弁服》

田獵則冠弁服。後鄭云，冠弁，委貌也。委，安也。服之所以安正容體也。若以色言之，則曰玄冠。故《士冠禮》云，主人玄冠、朝服、緇帶、素韠。其注云，玄冠，委貌也。朝服，則十五升緇布衣，素裳，白舄。養老，燕羣臣亦服之。其諸侯不限畿內畿外，視朝行道皆服之。天子諸侯之卿大夫祭其廟，亦皆同服之，但白屨為別。然則周之委貌，殷之章甫，夏之母追，并用緇布為之，故有玄冠之名。三代諸侯各為朝服以行道。

又《爵弁》

爵弁制如冕，但無旒為異。《士冠禮》注云，爵弁者，冕之次。謂尊卑次冕也。張鎰退於韋弁之下，亦非宜也。其弁板亦廣八寸，長尺六寸，前圓後方。弁上覆大冕，俱用三十升布。其色赤而微黑，如爵頭，然裏亦纁色。一命大夫之冕亦無旒，其制與爵弁不殊。得名冕者，一命大夫之冕雖無旒，亦前低一寸二分，故得冕稱。其爵弁則前後平，故不得冕名。又《士冠禮》云，爵弁服，纁裳、純衣、緇帶、韎韐。注云，此與君祭之服。如自祭廟則服玄冠、玄端。純衣，絲衣也。衣皆用布，唯冕與爵弁服用絲耳。韎韐，緼韍也。士緼韍、幽衡，合韋為之，士染以茅蒐，因以名焉。又士佩瓀玟玉，而緼組綬、纁屨、黑絇繶純。

又《皮弁》

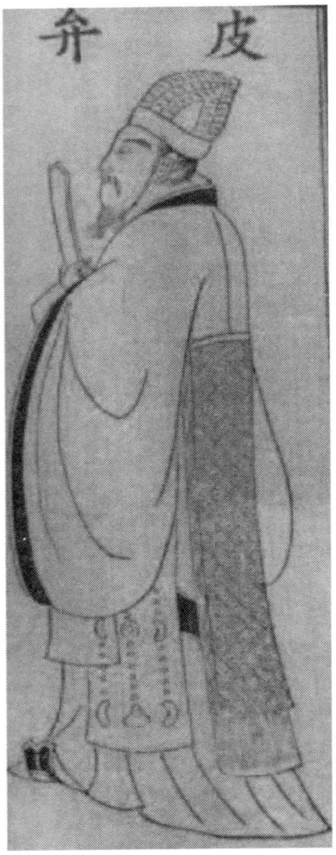

《司服》云：士之服，自皮弁而下。又《弁師》注云，韋弁、皮弁之會無結飾。《士冠禮》云，皮弁服，素積、緇帶、素鞸。與君視朔之服同。《玉藻》云，佩瓀玟玉而緼組綬。又云，士笏，竹本，象可也。若上公韋弁、皮弁，璂飾九玉，侯伯七玉，子男五玉，皆三采。孤四命，璂飾四，三命之卿，璂飾三，再命之大夫，璂綦飾二。皆二采。諸侯皮弁、白布衣、素裳、白鞸、素帶、朱緑、終裨、佩山玄玉、白舄、青絇繶純。卿大夫則白屨。諸侯朝王及自相朝視朔則服之。王朝之臣亦服朝王。其韋弁服既為軍容，君臣同服。制度已見於上，更不別圖。

又卷三《皮弁》

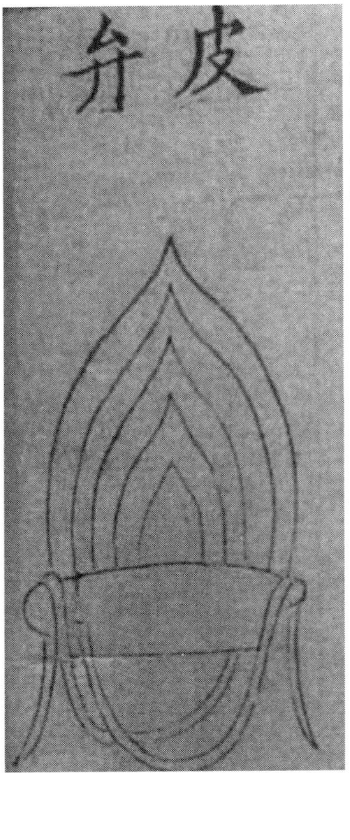

《士冠禮》注云，皮弁以白鹿皮為之，象太古。又舊《圖》云，以鹿皮淺毛黃白者為之。高尺二寸。《周禮》王及諸侯、孤、卿、大夫之皮弁，會上有五采、三采、二采，玉琪象邸。唯不言士之皮弁有此等之飾。凡於《圖》中重見者，以其本旨不同也。此解《士冠禮》三加，次加皮弁，是以重出。他皆類此。

又《爵弁》

爵弁，鄭云，冕之次也。其色赤而微黑，如爵頭然。用三十升布為之，亦長尺六寸，廣八寸。前圓後方，無旒而前後平。

宋·陳祥道《禮書》卷六《皮弁》 縫中貫玉以為飾，其衣用布十五升，而裳素積。《司服》眡朝則皮弁服。視朝，視內外朝之事。皮弁之服十五升，白布衣，積素以為裳，王受諸侯朝覲於廟則袞冕。《弁師》王之皮弁，會五采玉璂，象邸，玉笄。故書會作膾，鄭司農云，讀如馬會之會，謂以五采束髮也。玄謂會，讀如大會之會，會縫中也。璂，讀如薄借綦之綦。綦，結也，皮弁之縫中，每貫結五采玉十二，以為飾，謂之綦。《詩》云會弁如星，又曰，其弁伊綦，是也。邸，下柢也，以象骨為之。諸侯及孤、卿、大夫之冕、韋弁、皮弁、弁絰，各以其等為之，而掌其禁令。韋弁、皮弁。則侯伯璂飾七，子男璂飾五，玉亦三采，孤則璂飾四，三命之卿，璂飾三，再命之大夫璂飾二，玉三采。《掌皮》掌秋斂皮，冬斂革，春獻之，遂以式法頒皮革于百工。《士冠禮》皮弁服：素積，緇帶，素韠。此為君視朔之服也。皮弁者，以白鹿皮為冠，象上古也。積，猶辟也，以素為裳，辟蹙其要中，皮弁之衣用布亦十五升，其色象焉。皮弁笄，爵弁笄，緇組紘，纁邊；同篋。賓受皮弁，右執項，左執前，進。周弁，殷冔，夏收。弁名出於槃，大也，言所以自光大也。三王共皮弁素積。質不變。《聘禮》賓皮弁聘，服皮弁者，朝聘主，相尊敬也。諸侯視朝皮弁服。公側受宰玉；裼，降立。《玉藻》曰，裘之裼也，見美也。又曰，麛裘青豻褎，絞衣以裼之。《論語》曰，素衣麛裘，皮弁時或素衣，其裘同，可知也。君使卿韋弁，歸饔餼五牢。變皮弁服韋弁，敬也。韋弁，韎韋之弁，兵服也。而服之者，皮弁同類，取相近耳，其服蓋韎布以為衣，而素裳。君使卿皮弁，還玉于館。玉，圭也，君子於玉比德焉，以之聘，重德也。還之者，德不可取於人，相切厲之義也。《覲禮》至於郊，王使人皮弁用璧勞，侯氏亦皮弁迎于帷門之外，再拜。《士喪禮》陳襲事于房中，爵弁服，純衣皮弁服。《詩·淇澳》曰，會弁如星。皮弁所以會髮，箋云，會謂弁之縫中，飾之以玉，皪皪而處狀似星也。天子之朝服皮弁，以日視朝。《鳲鳩》其弁伊騏。箋云，騏當作璂，以玉為之。《頍弁》有頍者弁，實維伊何。箋云，禮天子諸侯朝服以宴，天子之朝，皮弁以日視朝。《賓之初筵》側弁之俄，屢舞傞傞。《禮記·檀弓》周人弁而葬，商人冔而葬。《曾子問》諸侯相見皮弁。《禮運》冕、弁、兵革，藏於私家，非禮也。《郊特牲》祭之日，王皮弁以聽祭報，示民，嚴上也。皮弁素服而祭，素服以送終也。《玉藻》天子，皮弁以日視朝，遂以食。三王共皮弁素積。諸侯，皮弁以聽朔於太廟。皮弁下天子也。君衣狐白裘，錦衣以裼之。天子狐白之上衣皮弁服與。《明堂位》朱干玉戚，冕而舞大武。皮弁素積裼而舞大夏。《小記》諸侯吊，必皮弁錫衰。《學記》大學始教，皮弁祭菜，示敬道也。皮弁，天子之朝服也。祭菜，禮先聖先師。《雜記》大夫卜宅與葬日，有司麻衣，布衰，布帶，因喪屨緇布冠不蕤。占者皮弁。有司，占人也。麻衣白布深衣而著衰焉，及布帶，緇布冠，此服非純吉，亦非純凶。皮弁則純吉之尤者也。子羔之襲也；皮弁一、爵弁一。孔子曰：尸弁冕而出，卿、大夫、士皆下之。《祭義》君皮弁，素積，朔月、月半，君巡牲，古者天子、諸侯，必有公桑、蠶室。大昕之朝，君皮弁素積，卜三宮之夫人、世婦之吉者，使入于蠶室。《書》曰，王與大夫盡弁，以啓金縢之書。四人綦弁，執戈上刃，夾兩階戺。綦文鹿子皮弁亦士。《後漢·輿服志》委貌冠、皮弁冠，同。制長七寸，高四寸，制如覆杯，前高廣，後卑鋭，所謂夏之母追，商之章甫者也。委貌以皂絹為之，皮弁以鹿皮為之。行大射禮於辟雍，公卿諸侯大夫行禮者，冠委貌，衣玄端素裳，執事者冠皮弁，衣緇麻衣，皂領袖，下素裳，所謂皮弁素積者。《周禮·弁師》王之皮弁，會五采玉璂，象邸，玉笄。諸侯及孤、卿、大夫之冕，韋弁、皮弁、弁絰，各以其等為之。《儀禮士冠》爵弁服：纁裳，純衣，緇帶。皮弁笄，爵弁笄，緇組紘，纁邊，同篋。賓受皮弁，右執項，左執前。鄭康成曰，皮弁者，以白鹿皮為之。蓋皮弁存毛，順物性而制之，文質具焉。韋弁去毛，違物性，而又染之文而已。凡在下者為是基，可以託宿者為邸，玉璂則縫中貫玉而施於下者也，象邸則下柢用象而託以皮者也。《爾雅》邸，謂之柢，賈公彦曰，邸，下柢也。謂於弁內頂上，以象骨為柢，然謂之柢，不特施於項上。魏臺訪議曰，邸以象骨周緣，弁下根柢。然則魏武所作弁柢，或古之遺制歟。諸侯及孤、卿、大夫之韋弁、皮弁，各以其等為之。鄭康成曰，侯伯璂飾七，子男璂飾五，玉亦三采。孤璂飾四，三命之卿璂飾三，再命大夫璂飾二，玉亦二采。於理或然，推此則公之玉九，天子之五十有二，又可知也。《詩》曰，會弁如星，言其玉也。《說文》引《詩》膾弁如星，謂骨擿之可會髮者，此不可據。又曰，其弁伊騏。《書》曰，綦弁執戈，言其文也。毛氏曰騏文也。孔安國曰，綦文鹿子皮，《說文》綦蒼艾色。蓋綦者，陰陽之雜。

故禮以綦組纓為士之齊冠，綦組綬為世子佩，《詩》以綦巾為女巾，皆其未成德者之服也，則士弁以綦宜矣。《弁師》言，卿大夫之冕弁，各以其等為之，則士弁無玉飾。康成讀玉瑧為綦，以綦為結，是臆説也。《記》曰，三王共皮弁，素積。《語》曰，素衣麑裘，則素衣其衣也，素積其裳也。《士冠禮》皮弁，素積，緇帶。《禮記》雜帶，君朱緑，大夫玄華，士緇辟，則士之皮弁、緇帶，與君、大夫皮弁之帶異矣。《士冠禮》皮弁笄，爵弁笄，緇組紘纁邊。《弁師》王朱紘。《禮記》天子朱紘，諸侯青紘，則士皮弁緇組紘，與天子諸侯皮弁之紘亦異矣。蓋皮弁，天子以視朝，以宴。《詩》曰側弁之俄。以聽祭報，以舞大夏。諸侯以聽朔，以巡牲，以卜夫人世婦，以迎王之郊勞，以待聘賓。卿大夫以王命勞。侯氏以聘於鄰國，以卜宅。士以冠學士，以釋菜。凡大夫、士之朔月，皆皮弁服，則皮弁之所施者衆矣。蓋人為者多變，自然者不易。皮弁因其自然而已，此所以三王共皮弁素積，而周天子至士共用之也。然《喪服小記》諸侯吊必皮弁，錫衰。《郊特牲》大蜡，皮弁、素服、葛帶、榛杖，以送終，則弁雖與吉禮同，而服與吉服不同。

又《韋弁》　爵弁。鄭云，冕之次也，其色赤而微黑，如爵頭然。用三十升布為之，亦長尺六寸，廣八寸，前圓後方，無旒，而前後平。《周禮·司服》凡兵事，韋弁服。韋弁以韎韋為弁，又以為衣裳。《春秋傳》曰，晉郤至衣韎韋之跗注：是也。今時五伯緹衣，古兵服之遺色。《弁師》諸侯及孤卿大夫之冕、韋弁、皮弁、弁絰，各以其等為之，而掌其禁令。韋弁，皮弁，則諸侯瑧飾七，子男瑧飾五，玉亦三采，孤則瑧飾四，三命之卿瑧飾三，再命之大夫瑧飾二，玉亦二采。《聘禮》君使卿韋弁歸饔餼。變皮弁，服韋弁，敬也，其服蓋韎布以為衣，而素裳。夕夫人，使下大夫韋弁歸禮。《荀子》曰，士韋弁。《士冠禮》爵弁服，纁裳、純衣、緇帶、韎韐。此君與祭之服。《雜記》曰，士弁而祭於公，爵弁者，冕之次，其色赤而微黑，如爵頭然；或謂之緅，其布三十升。皮弁笄，爵弁笄，緇組紘纁邊，同篋，爵弁、皮弁、緇布冠，各一匴。《昏禮》主人爵弁、纁裳、緇袘。《書》曰，二人雀弁執惠立于畢門之内。爵韋弁。《禮記·檀弓》天子之哭諸侯也，爵弁絰，紂衣。《雜記》大夫冕而祭於公，弁而祭於己，士弁而祭於公，冠而祭於己。弁，爵弁也，冠，玄冠也。祭於公，助君祭也，大夫爵弁而祭于己，唯孤爾。士弁而親迎，然則士弁而祭於己，可也。子羔之襲也，皮弁一，爵弁一，公襲爵弁二，成廟則釁之其禮，祝宗人、宰夫、雍人，皆爵弁，純衣。《喪大記》復士以爵弁。《後漢輿服志》爵弁一名冕，廣八寸，長尺二寸，如爵形，前小後大，繒其上，似爵頭色，有收特笄，所謂夏收、商冔者也。《弁師》諸侯及孤卿大夫之冕，韋弁、皮弁、弁絰，各以其等為之。《司服》凡兵事，韋弁服。《聘禮》，君使卿韋弁歸饔餼。鄭氏釋《周禮》謂以韎韋為衣裳。《春秋傳》曰，晉郤至衣韎韋之跗注：是也。釋《聘禮》謂，韎布以為衣，而素裳，既曰韎韋為衣，又曰韎布為衣，既曰韎韋為裳，又曰素裳，蓋以軍國之容不同，故也。然賈、服之徒，謂韎韋之跗注者，袴屬於足跗也，袴屬於足跗，則非衣也。《詩》於兵服曰，制彼裳衣，與子同袍，與子同裳，載是常服。《春秋傳》曰，袀服振振，則兵事上下同服矣，詳不可知也。或曰《周禮》有韋弁，無爵弁。《書》與《冠禮》《禮記》有爵弁，無韋弁，士之服，止於爵弁。而《荀卿》曰，士韋弁。孔安國曰，雀，韋弁也。劉熙《釋名》亦曰，以爵韋為之，謂之韋弁，則爵弁即韋弁耳。觀《弁師·司服》韋弁先於皮弁。《書》雀弁先於綦弁。孔安國曰，綦弁，皮弁也。《士冠禮》次加皮弁，三加爵弁，而以爵弁為尊。《聘禮》主卿贊禮服皮弁及歸饔餼，服韋弁而以韋為敬，則皮弁之上，非韋弁，則爵弁耳，此所以疑其為一物也。爵弁，士之祭服，而王服之者，王哭諸侯，服爵弁，而即戎服之弁。《士冠禮》爵弁服，纁裳、純衣、緇帶。《昏禮》主人爵弁、纁裳、緇袘。《檀弓》天子哭諸侯，爵弁，紂衣。《書》二人雀弁，執惠，立于畢門之内。《雜記》復，諸侯以褒衣，冕服，爵弁服。子羔之襲，皮弁一，爵弁一，玄冕一。釁廟，祝、宗人、宰夫、雍人，皆爵弁、純衣。則爵弁雖士之祭服，而天子、諸侯、大夫皆服之。鄭氏謂，爵弁，冕之次，制如冕，但無繅耳，其布三十升。然古文弁，象形，則其制上鋭，若合手，然非如冕也。韋，其質也，爵，其色也。其笄、紘、玉飾，各以其等為之，如皮弁制。鄭氏釋《士冠禮》謂爵弁赤而微黑，如爵頭然，則赤多黑少矣。釋巾車又曰，雀飾黑多赤少，然雀之色，固赤多而黑少。鄭氏為之二説，是自惑也。其言韋弁赤，亦無據。

宋·魏了翁撰、元·方回補輯《古今考》卷七《附廣玉考上》　此玉路建大常以祀，則必服衮冕玉旒。故書以次五冕之後玉弁。《周禮·春官·司服》所謂王眂朝，則皮弁服是也。后之《内司服》在《天官》，王之《司服》在《春官》，不可曉。《弁師》王之皮弁，會五采玉瑧，象邸玉笄。皮弁者，以

白鹿為之，不去毛，會縫中也。縫中每貫結五采玉十有二，以為之飾，謂之綦，玉璂讀曰綦。《詩》曰，會弁如星。又曰，其弁伊騏。皆謂弁之有玉飾也。其衣用十五升白布為之，裳則素積。王眂內外朝，以宴，以吊，以聽，以郊，以禮大夏，以朔月，月半，巡牲，以公桑，謂之皮弁素積。陳祥道《禮書》辨玉璂之綦，據孔安國《書傳》綦弁執戈，綦文也，鹿子皮。《説文》綦，蒼艾色。不當訓為結玉之結，亦通。諸侯、卿大夫，亦各有皮弁，即夏之毋追、商之章甫，云耳。自王以降，又有韋弁，熟皮而染韎，以臨兵事。鄭玄謂，韋弁，侯伯璂飾七，子男璂飾五，玉亦三采，孤璂飾四。三命之卿璂飾三，再命大夫璂飾二，玉亦二采。推此，則公之玉九，天子之玉十有二。惟《士冠禮》皮弁，弁而親迎，則無玉飾。《書》、《儀禮》、《禮記》又有爵弁，《周禮》無之，意者，爵弁即韋弁與。孔氏《傳》雀，韋弁也。劉熙《釋名》亦曰以爵韋為之，謂之韋弁。然則天子、諸侯、卿大夫皆有皮弁為弁，皆飾以玉耳。韎，音妹，韻書注：茅蒐染韋也。又十六怪韎，莫拜切。注：赤韋，古雀爵，二字通用，雀頭色赤，即韋弁之赤云。又考王之皮弁，象邸，玉笄，以象骨為弁之下抵，以玉為簪，諸侯而下，亦嘗有玉笄，而玉佩，視冕服等差之數。所謂君子無故玉不去身者，謂佩也。士無玉笄，而佩瓀玟，有事男女異，見《內則》在內。有德佩，謂玉也在外。《左傳僖公十八年》楚子玉，自為瓊弁玉纓，非周禮也。

清·江永《鄉黨圖考》卷五《弁服考爵弁為冕之次，亦兼考之》《士冠禮》爵弁服，纁裳，純衣，緇帶，韎韐。注：此與君祭之服。《雜記》曰，士弁而祭於公。爵弁者，冕之次。其色赤而微黑，如爵頭然，或謂之緅，其布三十升。三十升之説，非是，疏謂取冠倍之義，以喪冠為證，前已辨之。纁裳，淺絳裳，凡染絳，一入謂之縓，再入謂之赬，三入謂之纁，朱則四入與。純衣，絲衣也，餘衣皆用布，唯冕與爵弁服用絲耳。先裳後衣者，欲令下近緇，明衣與帶同色。韎韐，緼韍也，士緼韍而幽衡，合韋為之士。染以茅蒐，因以名焉。韍之制似韠。冠弁者，不與衣陳而言，於上，以冠名服耳。疏，凡冕以木為體，長尺六寸，廣八寸，績麻三十升布，上以玄，下以纁，前後有旒。爵弁制大同，唯無旒，又為爵色為異。又冕者俛也，低前一寸二分，爵弁則前後平，故不得冕名，其尊卑次於冕。以纁入黑則為紺，以紺入黑則為緅，是三入赤再入黑，爵頭赤多黑少，故以爵頭為喻也。以紺再入黑汁，與爵同，故取鍾氏緅色解之。從一染至三染，皆謂之淺絳。《爾雅》及鍾氏皆無四入之文，經有朱色，故鄭約之，若以纁入黑則為紺，若以纁入赤則為朱也。朝服、皮弁服、玄端服及深衣、長衣之等，皆以布為之。《祭統》云，王后蠶於北郊，以供純服，爵弁服是冕服之次，故知亦用絲也。茹藘茅蒐一名蒨，可以染絳。周公時，名蒨草為韎，以此韎染韋，合之為韐，因名韍為韎韐也。

又皮弁笄、爵弁笄、緇組紘纁邊。注：笄今之簪，有笄者屈組為紘，垂為飾，纁邊組，側赤也。

《詩》，絲衣其紑，載弁俅俅。《傳》，絲衣，祭服也。紑，絜鮮貌。俅俅，恭順貌。箋，載，猶戴也。弁，爵弁也。爵弁而祭於王，士服也。疏，《雜記》云，士弁而祭於公。《士冠禮》有爵弁服，純衣，與此絲衣相當，故知此弁是爵弁，士服之，以助君祭也。

《雜記》大夫冕而祭於公，弁而祭於己，士弁而祭於公，冠而祭於己。注：弁，爵弁也。冠，玄冠也。祭於公，助君祭也，大夫爵弁而祭於己，唯孤爾。

又士弁而親迎，然則士弁而祭於己，可也。注：緣類欲許之也，親迎雖亦己之事，攝盛服爾，非常也。疏：大夫謂孤也，冕，絺冕也。《少牢》上大夫自祭，用玄冠，此與《少牢》異，故知是孤，知非卿者。以《少牢》禮，有卿賓尸，明卿亦玄冠，不爵弁，作記之人以己，既爵弁親迎，則士亦當用爵弁，自祭於己廟記者。緣士類欲許之，其理不可親迎配偶，一時之極，故許其攝盛服，祭祀常所供養，故須依其班序。

按《周禮》無爵弁，王之吊服有素爵弁，於弁絰服見之，士之爵弁無等，故《弁師》不言。《司服》亦不言爵弁者。疏云，爵弁之服，唯承天變時，及天子哭諸侯乃服之，所服非常，故列天子吉服不言之。今以次轉相加，不得輒於士，上加爵弁，故以皮弁服為首也。公襲有爵弁二，則爵弁又為諸侯始受命之服。

《士冠禮》記，三王共皮弁素積。注：質不變。《郊特牲》注：所不易於先代。

《弁師》王之皮弁，會五采玉璂象邸，玉笄，注：會縫中也。璂讀如綦，綦，結也。皮弁之縫中，每貫結五采玉十二以為飾，謂之綦。《詩》云，會弁

如星。又曰，其弁伊綦，是也。邸，下柢也，以象骨為之，疏，謂於弁內頂上以象骨為邸。

又諸侯及孤卿大夫之韋弁、皮弁，各以其等為之，而掌其禁令。注：玉璂如其命數，韋弁、皮弁，侯伯璂飾七，子男璂飾五，玉亦三采，孤則璂飾四。三命之卿，璂飾三。再命之大夫，璂飾二，玉亦二采。一命之大夫及士，韋弁、皮弁之會，無結飾。疏：天子與公不言韋弁，此言之，亦是互見之義。

《詩》有斐君子充耳琇瑩，會弁如星。《傳》充耳謂之瑱，琇瑩美石也。天子玉瑱，諸侯以石。弁，皮弁，所以會髮。箋，會，謂之縫中，飾之以玉，皪皪而處，狀似星也。天子之朝服，皮弁以日視朝。疏：其韋弁飾，與皮弁同。

又，其帶伊絲，其弁伊騏。箋，騏當作璂，以玉為之。疏《顧命》士之騏弁，是青黑色，此言諸侯常服，故知騏當作璂。

《司服》凡兵事韋弁服。注韋弁以韎韋為弁，又以為衣裳。《春秋傳》曰，晉郤至，衣韎韋之跗注：是也。今時伍伯緹衣，古兵服之遺色。疏：韎，是蒨染，謂赤色也。跗，謂足跗，注：屬也。袴而屬於跗。鄭此注：裳亦用韎韋，至《雜問志》裳用素者，從白舄之義。《聘禮》卿韋弁歸饔餼。注云，韋弁，韎韋之弁，蓋韎布為衣，而素裳，與此又不同者，彼非兵事，入廟不可純如兵服，故疑用韎布為衣也。言素裳者，亦從白舄為正也。伍伯，謂宿衛者之行長。

又，眡朝則皮弁服，注：視朝，視內外朝之事，皮弁之服，十五升白布衣，積素以為裳。

又士之服，自皮弁而下，如大夫之服，注：諸侯之自相朝聘，皆皮弁服，此天子日視朝之服，疏：皮弁是士助君視朔之服也。天子之士，從王視朝，亦服皮弁。諸侯相朝，其服雖無文，《聘禮》主君待聘者，皮弁明待，諸侯朝亦皮弁，可知。

《玉藻》天子皮弁，以日視朝，遂以食。

又諸侯皮弁以聽朔于大廟，注：皮弁下天子也，疏：以天子用玄冕，諸侯用皮弁，故云下天子也。

《士冠禮》皮弁服，素積，緇帶，素韠，注：此與君視朔之服也。皮弁者，以白鹿皮為冠，象上古也，績，猶辟也，以素為裳，辟蹙其要中。皮弁之衣用布，亦十五升，其色象焉。疏《鄉黨》說孔子之服，云，素衣麑裘，鄭云，視素之服，視朔時，君臣同服也。三皇時，以白鹿皮冒覆頭，鉤領繞項，此象，上古謂象，三皇時，以五帝為大古，以三皇為上古也。云以素為裳者，經典云，素者有三義，若以衣裳言素者，謂白繒也。亦云白素絹。即此文之等是也。此素雖是白繒而衣仍用布，素衣麑裘之素，衣恐只是白布衣，若用白繒，則有以帛裏布之嫌。畫繢言素者，謂白色，即《論語》繪事後素之等是也。器物無飾亦曰素，則《檀弓》奠以素器之等，是也。知皮弁之服亦用十五升布者。《雜記》云，朝服十五升，此皮弁，亦天子之朝服，故亦十五升布也。《喪服》注云，祭服、朝服，辟積無數，則祭服皮弁，皆辟積無數，餘不云者，舉皮弁可知也。

清・雷鐏《古經服緯》卷上 弁，有爵弁，韎弁，素弁，皆柔皮爲之。故通曰皮弁，亦曰韋弁。皮弁之有飾者，曰綦弁，一曰會弁。

此一節，述弁之異名也。《書顧命》曰，二人雀弁執惠。傳云，雀韋弁。疏云，雀弁制如冕，黑色，但無旒耳。《周禮・弁師》疏：亦云無旒之冕，與爵弁不殊。鄭康成《士冠禮》注：謂爵弁之色，赤而微黑，如爵頭，然或謂之緅，其布三十升。阮諶《三禮圖》，亦云用布。劉熙《釋名》，則云用韋。今《服緯》，不從鄭說者，因爵弁，乃士之上服，故冠禮之三加，昏禮之親迎，皆爵弁服。而《周禮・司服》云，士之服，自皮弁而下。《荀子》曰，大夫裨冕，士韋弁爵弁，既又稱皮弁韋弁，是其制以熟皮爲之，不用布矣。孔疏賈疏：知爵弁制如冕者，《王制》以夏收、殷冔、周冕並稱。《士冠禮》以周弁、殷冔、夏收並記，可知《王制》之所謂冕，即《士冠禮》之爵弁。故《漢書・輿服志》曰，爵弁一名冕，《說文》有覍字，訓曰冕也，即專指爵弁言。制既如冕，謂之弁者。賈疏云，前後平，故不得冕名。此即王侯一命不命之士祭於公，及侯國卿大夫，王之上士中士，祭於己之服也。爵，雀，古字通。韎弁，即《周禮・司服》之韋弁，弁與衣裳，皆用韎韋爲之。故此或專得韋弁之名。何休《公羊傳》注曰，皮弁武冠，以征不義。《孝經》注曰，田獵戰伐，冠皮弁，是韋弁，亦或稱皮弁矣。蓋皮是大名，揉之使柔，則曰韋，故又爲通稱。鄭氏禮注：謂韋弁服有二，聘禮之卿，韋弁歸饔餼，注謂其服，以韎布爲衣，而素裳，其說不見經傳，此因誤以韋弁爲韎弁之專稱，不知雀弁，亦名韋弁也，故《服緯》不用。素弁者，王國之朝服，以白鹿皮爲之，不加采染，

故禮經專名。此爲皮弁，從其質也，吉凶皆有之。而凶禮之皮弁無飾，吉禮之皮弁有飾，以采玉，飾弁之縫中，謂之玉□。《周禮》弁師掌王之皮弁，會五采玉□是也。是曰，綦弁，一曰會弁。《書》曰，四人綦弁，執戈上刃。《詩》曰，會弁如星，此之謂已。書僞傳及馬鄭王注：解綦字，各不同，於經傳，無佐證。《服緯》謂綦弁，即□弁，猶《説文》之會弁，作䯤弁矣。【略】

凡爵弁玄，韋弁韎，皮弁白，弁形上鋭，皮弁象邸，會飾以□，□玉如冕旒之等，笄紘亦如冕。玄冠曰，委即委貌也，古縮縫，周衡縫，代異制也，田冠以皮，朝冠以布，旁綴兩纓，結于頷下，餘爲緌，天子朱組纓，諸侯丹組纓，士綦組纓，緇布冠缺項，青組纓，屬于缺，無緌。

此二節，述弁與冠之制飾形色也。爵弁玄者，古之爵色，今曰天青，燕尾青，乾鵲之翼，玄鳥之尾，其色即古之天玄也。韋弁韎者，以朱染韋爲韎，故字从韋。《士冠禮》注：謂合韋爲之，染以茅蒐，爲韎韐，茅蒐即茹藘，一名蒨茜，今之紅花是也。皮弁白者，古禮衣冠同色。《弁師》注云，皮弁之服，以十五升白布爲衣。《士冠禮》注云，皮弁以白鹿皮爲冠，象上古也。此三弁之色，各異也，其形制無明文。《漢書・輿服志》曰，弁長七寸，高四寸。《隋書》引《五經通義》曰，弁高五寸。《太平御覽》引《三禮冠弁圖》曰，高尺二寸，未詳孰是。《釋名》以字形釋之，謂如兩手相合抃時，蓋其形上鋭，特爵弁又加覆板耳。《周禮》謂王之皮弁有象邸，注云，邸，下邸也，以象骨爲之，王用象骨爲邸，則餘者或竹木矣。故《詩》曰，有頍者弁，頍字从支从頁，言著於首上，有邸幹支之，不若冠貌之委下也。賈疏專以象邸，爲弁內頂上，未確。會飾以□，□玉如冕旒之等者。《周官・弁師》云，王之皮弁，會五采玉□。又曰，諸侯及孤卿大夫之冕，韋弁、皮弁、弁經，各以其等爲之。注云，會縫中也，□，結也，皮弁之縫中，每貫結五采玉十二以爲飾，謂之綦。《詩》云，會弁如星。又曰，其弁伊綦，是也。侯伯□飾七，子男□飾五，玉亦三采，孤則□飾四，三命之卿，□飾三，再命之大夫，□飾二，玉亦二采，此即所謂如冕旒之等矣。蓋旒之繅玉，有三采二采，九玉至二玉之差。此弁之□飾，亦各依其數也。紘笄亦如冕者，天子亦朱紘玉笄，諸侯亦青紘玉笄，孤卿大夫士，皆緇紘象笄也。惟士之爵弁無旒，故皮弁亦無□飾。玄冠曰，委即委貌也，詳見上。《漢書・輿服志》，謂委貌冠，長七寸，高四寸，制如覆杯，與皮弁同，前高廣，後卑鋭。《禮記・檀弓》曰，古者冠縮縫，今也衡縫，故喪冠之反吉，非古也。注云，縮，從也，今禮制，衡讀爲橫，今冠橫縫，以其辟積，多按經注之義。蓋古冠之辟積，皆直綴，周制，皆橫縫。東周以後，吉冠橫縫，而凶冠直縫。故曰非古也。《喪服》疏云，喪冠三辟積，吉冠辟積無數，田冠以皮，朝冠以布者。《周禮・司服》曰，凡甸冠弁服，注云，甸田獵也，冠弁委貌，其服緇布衣，亦積素以爲裳，諸侯以爲視朝之服。按此鄭氏，誤合皮冠玄冠爲一也。皮冠以田獵，諸經具有明文，不聞田獵者著朝冠，亦未聞視朝者著皮冠也。《公羊傳》注：合韋弁冠弁爲一，固誤。《周禮》注：合田冠朝冠爲一，亦誤。蓋皮冠之制飾形色，與玄冠皆同，但皮與布異耳，朝服與玄端之衣冠皆同，但裳或各異耳。故《服緯》止辨田冠朝冠之殊，不復紀玄端服之冠制，旁綴兩纓，結于頷下，餘爲緌者，此玄冠之通制也。纓以組爲之，組即絛也。凡冕弁皆屈一組，繞於頷下，結其組於笄之兩端以爲固，是謂之紘冠，則左右各綴一組於武下，由耳後垂之，結於頷下以爲固，是謂之纓，垂其餘而委之，是謂之緌。《詩》曰，冠緌雙止，是也。緌一作蕤，《玉藻》曰，玄冠朱組纓，天子之冠也，緇布冠繢緌，諸侯之冠也，玄冠丹組纓，諸侯之齊冠也，玄冠綦組纓，士之齊冠也。此即冠纓之各有其等矣。緇布冠者，以黑麻布爲之。《漢・輿服志》曰，進賢冠，古緇布冠也，文儒者之服，前高七寸，後高三寸，長八寸。《士冠禮》曰，緇布冠缺項，青組纓，屬於缺。注云，缺讀如有頍者弁之頍，緇布冠無笄者，著頍圍髮際，結項中隅爲四綴，以固冠也，項中有綴，亦由頍爲之耳。又云，有笄者，屈組以爲紘，垂爲飾，無笄者，纓而結其絛。此謂緇布冠，無笄紘以爲固，結頍於項，綴兩纓於頍，垂而結之於頷下也，無緌者。《玉藻》曰，自天子下達，有事然後緌。《雜記》曰，大白冠，緇布之冠，皆不蕤，委武玄縞，而後蕤。《郊特牲》曰，始冠之，繢布之冠也，大古冠布，齊則緇之，其緌也。孔子曰，吾未之聞也，冠而敝之可也。據此，是緇布冠，古本無緌，東周後，諸侯或加繢緌，此非禮之禮，故孔子曰，未之聞。《玉藻》注：乃謂繢緌是尊者之飾，亦非經義。

清・任大椿《弁服釋例》卷一《爵弁服上》 爵弁爲天子、卿大夫及諸侯之孤，祭於己之服。

《司服》卿大夫之服，自元冕而下，如孤之服。注：《雜記》曰，大夫冕而祭於公，弁而祭於己。士弁而祭於公，冠而祭於己。大夫爵弁自祭家

廟。惟孤爾，其餘皆元冠，與士同。疏：諸侯除孤用爵弁之外，卿大夫等皆用元冠，與士同，故《少牢》是上大夫祭用元冠朝服。又云，其天子、大夫四命，與諸侯之孤同，亦以爵弁自祭。

《王制》制三公一命卷。疏：公之孤，爵弁以自祭。故《雜記》云，大夫冕而祭於公，弁而祭於己，士弁而祭於公，冠而祭於己。鄭注云，爵弁而祭於己，惟孤爾，其天子、卿大夫則無文。諸侯當元冕以祭，其孤卿之等，當爵弁也，大夫則皮弁，知者，諸侯大夫朝服自祭，故知天子大夫，亦用朝服自祭。朝服則皮弁。

《郊特牲》繡黼丹朱中衣。疏：案禮，公之孤四命，則爵弁自祭也，則天子大夫四命，亦當爵弁自祭。

《玉藻》元冠丹組纓，諸侯之齊冠也。元冠綦組纓，士之齊冠也。疏：其天子之士，與諸侯上大夫同，故《深衣目録》云，士祭以朝服，謂天子之士也。祭用朝服，與諸侯大夫同。然則天子、大夫與諸侯、孤同，亦爵弁祭元冠齊，此是熊氏之説也。皇氏以爲，天子大夫與諸侯大夫同，但朝服以祭，便與鄭注四命以上齊祭異冠，於文爲妨皇氏之説，非也。

《雜記》大夫冕而祭於公，弁而祭於己。注：弁，爵弁也。又云，祭於公，助君祭也，大夫爵弁而祭於己，惟孤爾。疏：知弁爵弁也者，與士弁連文，士弁祭於公，爵弁，故知大夫弁者，亦爵弁也。云大夫爵弁而祭於己，惟孤爾者。以《儀禮・少牢》上大夫自祭用元冠，此亦云弁而祭於己者，與《少牢》異，故知是孤，知非卿者。以《少牢禮》有卿賓尸，下大夫不賓尸，明卿亦元冠，不爵弁。

案《司服》注：及《雜記》注：明云大夫爵弁而祭於己，惟孤爾，則諸侯之卿祭於己，不得爵弁，明矣。《司服》及《雜記》疏：最合注義。《王制》疏：謂公之卿亦爵弁而祭，於《雜記》疏自相刺謬。

又案《王制》疏云，天子孤卿及公之孤卿，爵弁而祭，不知天子之卿當爵弁而祭。若孤則當元冕而祭，蓋天子之孤六命，諸侯之孤四命。命既異，則家祭之服亦當有異也。天子之卿六命，與諸侯之卿三命不同，天子大夫四命，與諸侯大夫再命不同。故天子卿大夫家祭用爵弁，諸侯卿大夫家祭用朝服。天子上士三命與諸侯上士一命不同，故天子上士家祭用朝服，諸侯上士家祭用元端。由此推之，則天子之孤與諸侯之孤家祭之服必有異也。若然，天子之孤六命，天子之卿六命，命既同，而天子之卿家祭以爵弁，孤則元冕者。考《司服》孤之服，自希冕而下，如子男之服，卿大夫之服，自元冕而下，如孤之服。希冕玄冕皆謂助祭之服，天子之孤以希冕助祭，則當以玄冕家祭。天子之卿大夫以元冕助祭，即當以爵弁家祭也。若然，諸侯之孤與天子之孤，亦同以希冕助祭。而諸侯之孤，不得與天子之孤，同以元冕家祭者，以爵同爲孤。故祭於公之服，不得不同，而天子之孤六命，又王臣也。諸侯之孤四命，又曾臣也。故祭於私之服，節不得盡同。同之於公，別之於私，此同爵辨命，重內輕外也。若然，天子之卿六命，又王臣也，諸侯之孤四命，又曾臣也。而諸侯之孤，家祭得與天子之卿同爵弁者，天子之卿元冕助祭爵弁，家祭止殺一等。諸侯之孤希冕助祭爵弁，家祭則殺二等矣。此又同而異也。或謂《禮運》冕弁兵革藏於私家非禮也，公孤卿大夫以下，皆私家也，若公孤以冕服家祭，則是冕得藏於私家矣。似與禮悖。今考《禮運》注：冕弁君之尊服，兵革君之武衛及軍器也。疏：冕是衮冕，弁是皮弁。蓋衮冕爲天子祭先王及覲諸侯之服，皮弁爲天子視朝、諸侯視朔之服，皆君之尊服，私家藏，此則疑於脅君。若玄冕爲五冕之最下，非君之尊服，六命之孤，以元冕家祭，與藏衮冕於私家，顯異，何所疑於脅君也。至《春秋傳》齊莊公以崔子之冠賜人，劉炫云，崔子之冠元冕也。孔穎達曰，非禮也。《禮運》冕弁兵革不藏私家，則冕在公府，非助君祭，不得服之。孔以崔子諸侯之卿，卿大夫以元冕助祭，即不得以元冕藏私家。若天子六命之孤既以希冕助祭，惟不得以希冕藏私家。元冕非助祭之冕，又何嫌乎入已廟也。諸侯之孤亦以希冕助祭，乃不得以元冕家祭者，以其四命止。同於天子之大夫，天子之大夫家祭以爵弁，則諸侯之孤，不得踰之也。

又案《王制》疏：謂天子大夫自祭當皮弁。與《郊特牲》及《玉藻》疏：天子大夫自祭亦爵弁之説，自相矛盾。竊謂，爵弁自祭之義，勝於皮弁。《王制》疏：謂天子大夫自祭皮弁，徒以諸侯大夫自祭朝服，因是以推天子大夫自祭亦朝服。朝服則皮弁，不知行禮於朝，則以朝服爲正。故《王制》疏引《燕禮》記，燕朝服於寢，證天子燕於寢，亦當朝服，則皮弁是也。行禮於廟，即以祭服爲正，諸侯大夫家祭，雖朝服，義不係於朝也，何得以諸侯大夫家祭用朝服，即以例天子大夫家祭謂亦朝服哉。諸侯大夫上服元冕，既以助祭，次則爵弁。考王朝三命之士，助祭君廟，無過爵弁。諸侯大夫再

命，僅當王朝中士，故不敢以助祭君廟之服。自祭己廟，爵弁之下，則有皮弁。皮弁又爲君蜡祭之服，亦不敢以入己廟，故降而服朝服耳。若天子大夫四命，尊與諸侯之孤同，孤得爵弁自祭，則天子大夫亦得爵弁自祭，可知。故當以《郊特牲》及《玉藻》疏爲正。

又爲士助祭齊服。

《郊特牲》周弁、殷冔、夏收。注：齊所服而祭也。疏：若三命以下齊祭同冠，四命以上齊祭則異冠。

《玉藻》元冠丹組纓，諸侯之齊冠也。元冠綦組纓，士之齊冠也。注：言齊時所服也。四命以上齊祭異冠。疏云，四命以上齊祭異冠者，以諸侯元冕祭，元冠齊，孤則爵弁祭，亦元冠齊，是齊祭異冠也。其三命以下大夫，則朝服以祭。士則元端以祭，皆元冠也。此云元冠綦組纓，士之齊冠，是齊祭同冠也。又曰，此云四命齊祭異冠者，謂自祭也，若助祭於君，則齊祭同冠。故《鄭志》答趙商問云，以《雜記》云，大夫冕而祭於公，弁而祭於己，士弁而祭於公，冠而祭於己，是爲三命以下齊祭異冠，何但四命以上也。觀注：似若，但施於己，祭不可通之也。鄭答云齊祭，謂齊時一冠，祭時又一冠，四命乃然。大夫冕，士弁，而祭於君，齊時服之，祭時服之，何以亦異。如鄭此言是助祭齊祭同冠，故云何以亦異若。然士之助祭，齊服應服爵弁，而鄭注《旅賁氏》云，王齊服，服衮冕，則士之齊服服元端，不服爵弁者。熊氏云，若士助王祭祀服爵弁，若助王受朝覲，齊服則服元端，義或然也。

案《士冠禮》記及《郊特牲》云，周弁、殷冔、夏收。注：均云齊所服而祭也。《郊特牲》疏云，言齊及祭時所服也。若三命以下齊祭同冠，四命以上齊祭異冠。今考《玉藻》注：四命以上齊祭異冠，蓋指大夫以下元冠祭、元冠齊，孤以上爵弁祭玄冠齊也。專爲祭於己言之也。若祭於公，則大夫冕而祭，士弁而祭。如皆元冠齊，即是三命以下齊祭皆異冠，不當云四命以上矣。故趙商亦疑《玉藻》注：若但施之於己祭，不可通於助祭。康成答，以大夫冕，士弁，而祭於君，齊時服之，祭時服之，何以亦異，明《玉藻》注：四命以上齊祭異冠，非爲助祭言之也。《士冠禮》記及《郊特牲》注：於經文周弁之下，云齊所服，而祭謂齊祭同冠，爵弁也。專據士助祭之服也。即《鄭志》所云，士弁而祭於君，齊時服之，祭時服之。孔《玉藻》疏所云，助祭齊祭同冠者也。而《郊特牲》疏：以三命以下齊祭同冠解注：齊所服，而祭是以大夫士自祭之服，齊祭同冠玄冠，釋士助祭之服齊祭同冠，爵弁非惟義例不合，且以冠釋弁，尤易淆雜，不可不辨。凡助祭，士齊祭，同服爵弁，孤卿大夫齊祭，同服冕，鄭於《士冠禮》記及《郊特牲》周弁之下注云，齊所服而祭，固爲士助祭言之，亦可通之於四命以上，蓋助祭，則四命以上齊祭皆同冠也。如《郊特牲》疏云，三命以下齊祭同冠，四命以上齊祭異冠，全與注意相反。

又案《隋志》梁天監三年，祠部郎沈宏議，竹葉冠是高祖爲亭長時所服，安可緜代爲祭服哉。禮士弁而祭於公，請令太常丞博士，奉齊之服，宜改用爵弁，明山賓同宏議，宏此議與《鄭志》所云，士爵弁助祭，即爵弁以齊，隱相合，而司馬褧，沮之，由於不明鄭義爾。

又爲士助祭之服。

《緇衣》載弁俅俅。箋，弁，爵弁也。爵弁而祭於王，士服也。疏：此弁是爵弁，士服之以助君祭也。

《士冠禮》爵弁服。注：此與君祭之服。《雜記》曰，士弁而祭於公。爵弁者，冕之次。

《士喪禮》商祝襲祭服。注：祭服，爵弁服、皮弁服，皆從君助祭之服。

《王制》制三公一命卷。疏：有孤之國，其孤則希冕，卿大夫玄冕，士爵弁，此皆謂助君祭服也。無孤之國，卿希冕，大夫玄冕。以注《玉藻》云，諸侯之臣，皆分爲三等，其夫卿也，則服鞠衣，其夫大夫，則服襢衣，其夫士，則服褖衣。以此言之，卿希冕，大夫元冕，士爵弁也。此服皆謂助君祭也。

《雜記》士弁而祭於公。注：弁，爵弁也，祭於公，助君祭也。

《公羊昭二十五年傳》不腆先君之服。注：士爵弁，黻衣裳，以助公祭。

案《曾子問》太祝裨冕。注：諸侯之卿、大夫所服裨冕，絺冕也，元冕也。士服爵弁服，太祝裨冕，則大夫疏：以天子太祝是大夫，諸侯則無文。若是士，則爵弁。今經云，太祝裨冕，故云。則大夫據此，則諸侯之太祝裨冕，不爵弁，即與天子太祝同，爲大夫，但考《左氏襄二十五年傳》祝佗父祭於高唐，不說弁，而死於崔氏。杜注：爵弁，祭服，爵弁乃士助祭之服。《周禮》太祝爲下大夫，小祝爲士，祝佗父服爵弁，而祭於高唐，則爲天子小祝之服矣，豈祝佗父本爲小祝歟。

又案《隋志》爵弁，玄纓無旒，從九品以上，助祭則服之。即所謂士弁

而祭於公。

又爲繹祭，士眂滌濯之服。

《采蘩》被之僮僮，夙夜在公。箋，公事也，早夜在事，謂視濯溉饎爨之事。《禮記》主婦髲髢。疏：夫人於其國，與王后同展衣，以見君，褖衣御序於君，此雖非正祭，亦爲祭事，宜與見君相似，故綠衣。士視壺濯，猶爵弁，則此，夫人視濯溉，蓋展衣，否則褖衣也。知非祭服者。《郊特牲》曰，王皮弁以聽祭報。又曰，祭之日，王被衮以象天，王非正祭，不服衮，夫人非正祭，不服狄衣，明矣。且狄首服副，非被所當配耳。

《絲衣》絲衣其紑，載弁俅俅。傳，絲衣，祭服也，紑，絜鮮貌。箋，弁，爵弁也，爵弁而祭於王，士服也。繹禮輕，使士升門堂，視壺濯及籩豆之屬，降往於基，告濯具，又視牲從羊之牛，反告充已，乃舉鼎冪告絜，禮之次也。疏：傳雖不解弁，亦當以爲爵弁，爵弁之服，玄衣纁裳，皆以絲爲之，故云絲衣也。

案，士助祭之服爵弁，知視滌濯，亦爵弁者，考視滌濯，與祭同服。《少牢饋食禮》明日主人朝服，即位於廟門之外，東方南面，視滌濯也。《特牲》記注謂，賓及兄弟，筮日筮尸，視濯皆元端，然則主人視濯，亦元端，明矣。此大夫、士家祭，視滌濯之服，且與正祭同。助祭重於家祭，知助祭爵弁服，視滌濯當亦同也。《詩·采蘩》夫人視濯溉，服髲髢之服，不得與正祭同。以夫人與君竝尊，非助祭所得擬也。

又爲天子諸侯，先祖爲士者，之尸服。

《守祧》若將祭祀，則各以其服授尸。注：尸當服卒者之上服。疏《曾子問》云，尸弁冕而出，卿大夫士皆下之。注云，弁冕者，君之先祖，或有爲大夫士者，則是先君之先祖爲士。尸服卒者上服，不服元端，而服爵弁者，爵弁本以助祭。在君廟，君先祖雖爲士，今爲尸還在君廟中，故服爵弁，不服元端。《曾子問》尸弁冕而出，卿大夫士皆下之。注：爲君尸，或弁者先祖，或有爲大夫士者。疏案《士虞禮》云，尸服卒者之上服。以君之先祖有爲士者，當著爵弁以助君祭，故子孫祭之，尸得服爵弁也。若以助君祭服言之，大夫著冕，此云大夫者，因士連言大夫耳。案《儀禮·特牲》尸服玄端。《少牢》又云，尸服朝服，尸皆服在家自祭之服，不服爵弁及冕者，大夫士卑屈於人君，故尸服父祖自祭之上服，人君禮伸，故尸服助祭之上服也。

《喪服小記》父爲士，子爲天子諸侯，則祭以天子諸侯，其尸服以士服。疏：尸服以士服者，謂尸服玄端，若君之先祖爲士大夫，則服助祭之服。故《曾子問》云，尸弁冕而出，是爲君尸有著弁者，有著冕者，若爲先君，士尸則著爵弁，若爲先君大夫，尸則著玄冕是也。若大夫士之尸，則服家祭之服。故鄭注《士虞禮》尸服卒者之上服。士玄端是也。

《雜記》尸弁冕而出，卿大夫士皆下之。注：冕兼言弁者，君之尸或服士大夫之服也。

又爲釁廟遷廟，祝、宗人、宰夫、雍人及從者入廟之服。

《雜記》成廟則釁之其禮，祝、宗人、宰夫、雍人，皆爵弁、純衣。疏：初受命於寢門内之時，君與祝、宗人、宰夫、雍人等，皆著元服，謂朝服，緇衣、素裳等。其祝、宗人、宰夫、雍人等，皆入廟之時，則爵弁、純衣。

案《大戴禮》諸侯釁廟，君元服立於寢門内南向，祝、宗人、宰夫、雍人皆元服。宗人曰，請令以釁某廟，君曰諾，遂入。據此，未入廟祝、宗人等，皆元服，未著元服爲何服，盧注以爲爵弁。孔《雜記》疏：知其非爵弁者。《大戴》云，君元服於寢門内，寢門内爲燕朝地，則元服爲朝服可知。君在朝，服朝服，則祝、宗人等，在朝亦朝服，可知。爵弁，祭服也，必如《雜記》疏所云，祝、宗人、宰夫、雍人等，皆入廟之時，乃服之耳。

又案《大戴》諸侯遷廟禮，君元服，從者皆元服。盧辯注云，下未即吉，故略同，爵弁也。下字當謂從者，蓋從者中，兼有卿大夫，即當裨冕，但時未即吉，故殺其服爲爵弁。《雜記》釁廟禮，祝、宗人、宰夫、雍人，服爵弁純衣，此遷廟禮，從者當亦與之同。《大戴》此篇所云，君元服似當爲元冕。但考《詩》韎韐有奭，箋，此諸侯世子也，除三年之喪，服士服而來，謂爵弁服，緇衣而纁裳，據此，則諸侯未遇爵命，雖朝天子，而不得服冕，此遷廟方在練後。《士虞記》注：練而後遷廟，盧辯此篇注：亦同鄭説。未受爵命之時，亦不得服冕，審矣。然則君元服，亦當爲爵弁也。盧注謂，下未即吉，略同爵弁，謂略同於君之爵弁也。

又爲士冠三加之服。

《士冠禮》賓降三等，受爵弁，加之服纁裳、韎韐。

《郊特牲》三加彌尊，喻其志也。注：始加緇布冠，次皮弁，次爵弁冠。益尊，則志益大也。

《冠義》三加彌尊，加有成也。注：冠者，初加緇布冠，次加皮弁，次加爵。弁每加益尊，所以益成也。

案《大戴禮・公冠篇》元端與皮弁皆韠，朝服素韠。公冠四加元冕。無爵弁。考元冕，祭冕也。皮弁爲諸侯視朔及在王朝之服。朝服以朝，元端以燕，敬天尊祖，心是袞職，於此四加焉，寓之，若爵弁爲世子未受爵命之服。見《白虎通》及鄭『韎韐有奭』詩箋。今既爲公侯始行冠禮，乃反用未受爵命之服，於義未合。又爵弁，爲天子哭諸侯及承天變之服，諸侯以爲復服。《雜記》復，諸侯以褒衣，冕服，爵弁服是也。又以爲襲服，《雜記》公襲爵弁二，是也。此皆用之於凶事，不以即吉，公冠無爵弁，亦猶《司服》於王之服不列爵弁，以其不在祭、朔、朝、燕、吉服之數。士三加爵弁，與公冠異，亦各有所指也。

又爲士親迎之服。

《追師》注：昏禮，女次，純衣，攝盛服耳。主人爵弁以迎。疏：案昏禮云，女次，純衣，純衣則褖衣，據士服爵弁親迎，攝盛，則士之妻服褖衣，首服次，亦攝盛。

《士昏禮》主人爵弁，纁裳，緇袘。注：主人，壻也，壻爲婦主，爵弁而纁裳，元冕之次。大夫以上親迎冕服，冕服迎者，鬼神之。鬼神之者，所以重之，親之纁裳者，衣緇衣，不言衣與帶，而言袘者，空其文，明其與袘，俱用緇袘謂緣袘，之言施以緇緣裳，象陽氣下施。

《郊特牲》元冕齊戒鬼神陰陽也。注：元冕，祭服也。疏：案士昏用上服以爵弁，爵弁是士服之上者，則天子以下皆用上服，以五冕色俱元，故總稱元冕也。

《雜記》士弁而親迎。注：雖亦己之事，攝盛服爾，非常也。

《穀梁桓八年傳》注：《禮記・哀公問》曰，冕而親迎，不已重乎。疏：案《士昏禮》士衣爵弁，是助祭之服，則大夫以上及五等諸侯冕而親迎，亦當用助祭之服也。

案《唐六典》凡冕服及爵弁服，助祭、親迎則服之。一品服袞冕，九旒九章。二品服鷩冕，八旒七章。三品服毳冕，七旒五章。四品服絺冕，六旒三章。五品服元冕，五旒無章。六品至九品服爵弁。考六品至九品，古之士也，故親迎服爵弁。《唐六典》又載，三品已上，有公爵者，嫡子昏，聽假絺冕。五品已上，孫九品已下，子及五等爵昏，皆假以爵弁服。庶人昏假，以絳公服。又《政和新儀》品官服本職冕服，品官子孫娶婦，三品已上，有公爵，其嫡子昏，聽假以四品冕服。五品已下，九品已上，假以爵弁。此皆謂士之子孫親迎，亦假以士服。考《士昏禮》乘墨車。賈疏：士之子冠與父同，則昏亦同，但嫡子則然，庶子宜降一等。據此，則士之子得爵弁親迎，惟嫡子耳。故《唐六典》及《政和新儀》子攝父服，皆以嫡子言之，本賈疏也。士之庶子親迎，尚不得服爵弁服，其庶人之子，雖攝盛不得服爵弁服，可知。《明集禮》品官子孫昏娶，聽假用九品冠服，餘竝皂衫、折上巾。與《唐六典》庶人昏娶，假以絳公服。義正同。

又爲諸侯始命之服。

瞻彼洛矣，韎韐有奭。箋，此諸侯世子也，除三年之喪，服士服而來，未遇爵命之時。時有征伐之事，天子以其賢，任爲軍將，使代卿士，將六軍而出。韎韐者，茅蒐染也，茅蒐，韎韐聲也，韎韐，祭服之韠，合韋爲之，其服爵弁服，紂衣，纁裳也。疏：以序言爵命諸侯，故知此謂諸侯世子也，若在三年喪中，則凶服，不得有韎韐耳。若已爵命，則當服諸侯之赤韍，不得服士服，故知除三年之喪服，士服而來也。《王制》云，諸侯之世子，未賜爵，視天子之元士，以君其國，此又言韎韐，故知世子未賜爵命，服士服也。若然，《春官・典命》云，凡諸侯之適子，誓於天子，攝其君，則下其君之禮一等，未誓，則以皮帛繼子男。此以代父君國，反服士服者。周禮之文謂，父在，代父行禮，故有執圭璧皮帛之禮。未誓尚比卿，今此雖已除父喪，非代父行禮，不得復繼於父，又不敢自成爲君，故服士服也。世子雖服士服，待之同於正君。《雜記》云，君薨，太子號稱，子待猶君也。彼注：謂未踰年者，尚然，況除服後乎，待之固如成君，何但下一等而已。

《大司馬》軍將皆命卿。疏：是以《詩》云，韎韐有奭，以作六師。鄭云，諸侯世子，除三年之喪，未遇爵命，服士服而來，時有征伐之事，天子以其賢，任爲軍將，是代爲軍將之事，則王朝之官有武德者，皆可代爲軍吏也。

《王制》天子之縣內，諸侯禄也。疏：若畿外諸侯，父死未賜爵，亦視元士。以《詩》韎韐有奭，以作六師。是諸侯世子，未爵，命服士之韎韐之服也。

《雜記》公襲爵弁二。疏：此是始命之服，重本，故二通也。

案《白虎通》世子上受爵命，衣士服，何謙不敢自專也。故《詩》曰，韎韐有赩，世子始行也。云士服爵弁服也。後儒以韎韐有奭爲韋弁，戎服，不從。鄭箋而不知孟堅釋《詩》已與鄭合，以是知漢儒釋經，各有師傳也。

又案《周語》晉侯端委以入。韋昭注曰，説云，衣元端，冠委貌，諸侯祭服也。昭謂，此士服也，諸侯之子，未受爵命，服士服也。今考諸侯助祭裨冕，自祭元冕，不以元端委貌爲祭服，或説非也。韋昭，以諸侯之子，未受爵命，服士服，士服則元端與。鄭箋所云，諸侯之子，未受爵命，服爵弁。二説不同。考《詩》韎韐有奭，乃諸侯世子初免喪服，是韎韐之服，見天子也。準以諸侯見天子之服，當服上服，上服則裨冕。今世子以士服見天子，士之上服爵弁，當諸侯之裨冕，故彼以爵弁服爲士服也。《周語》襄王賜晉文公，命文公受之於武公之廟。考士入君廟，服爵弁，入己廟，則服元端。文公既依士服入己廟，得爵弁也，蓋世子未爵命，不服冕，故同於士。但見天子則爵弁，入己廟則端委服，以事異，而其爲士服則一，故鄭箋韋注：異而同也。

又案《續漢志》及《晉志》均云，爵弁，祠天地、五郊、明堂，雲翹舞樂人服之。禮曰，朱干玉鏚，冕而舞大夏，此之謂也。遂專以爵弁爲樂人舞服。考《隋志》三公之服，九六曰爵弁。三孤之服，八五曰爵弁。公卿之服，七四曰爵弁。上大夫之服，六三曰爵弁。中大夫之服，五亦三曰爵弁。則後世尚以爵弁爲公卿大夫之命服，與《雜記》公襲爵弁二，義正相合。

又爲士之命服。

《大宗伯》再命受服。注謂，受元冕之服，列國之大夫，再命於子男爲卿，卿大夫，自元冕而下，如孤之服。王之中士，亦再命則爵弁服。疏凡言士者，無問天子士，諸侯士，例皆爵弁以助祭也。

《屨人》辨外内命夫命婦之命屨。注：命夫之命屨纁屨。疏：大夫以上衣冠，則有命舄，無命屨。故知命屨中惟有屨而已，士之命服爵弁，則纁屨，故云命屨纁屨而已。

《禮器》諸侯九，上大夫七，下大夫五，士三。注：此祭冕服也。朱綠似夏殷禮也。周禮，天子五采藻。疏：周禮，上公亦衮，侯伯鷩，子男毳，孤卿絺，大夫元，士爵弁，元衣纁裳。今言諸侯黼，大夫黻，雜明夏殷禮也。又云，諸侯九，上大夫七，下大夫五，士三者，言夏殷也。周家旒數隨命數。又，士但爵弁，無旒也。《曾子問》太祝裨冕。注：諸侯之卿大夫，所服裨冕，絺冕也，元冕也，士服爵弁服。

案，卿大夫以元冕爲命服，爵弁以下其次也。士以爵弁爲命服，皮弁以下其次也。《大宗伯》再命受服。鄭注謂，大夫元冕，士爵弁，蓋專以大夫士之上服爲命服也。次服所施等殺，或眡乎命數。如天子大夫四命，則以爵弁家祭。諸侯大夫再命，則以朝服家祭。以爵弁、朝服，皆大夫次服，故也。若命服高下，則惟眡乎爵，不眡命數。如天子之士，雖三命，與諸侯之卿同。而三命之士，惟得爵弁。子男之大夫一命，與天子之下士同。而一命之大夫，得服元冕，於此見命服，從爵不從命數。大夫士命服，惟助祭得服之，雖朝朔及家祭，皆用命服之次，故命服差等尤嚴。山陰陸氏謂，王之上士三命，服元冕，一命大夫不冕，如此則命服不以爵異，專以命異，説殊不經。陸氏據禮器士三之文。《弁師》諸侯及孤卿大夫之冕，各以其等爲之。言冕之等，止及大夫，不及士，則雖三命之士，不冕明矣。《司服》士之服，自皮弁而下，如大夫之服。言士不得如大夫服元冕也。《禮器》天子之冕，朱綠藻，十有二旒。諸侯九。上大夫七。下大夫五。士三。鄭注以爲夏殷禮，以周制，士不得有三旒之冕，故也。《説文》冕大夫以上冠。《荀子·富國篇》及《大略篇》皆云大夫裨冕，獨斷三公及諸侯之祠者，朱綠九旒，青玉珠。卿大夫七旒，黑玉珠。《淮南子·齊俗訓》尸祝袀元大夫裨冕，言冕均不及士。《白虎通》諸侯九旒，大夫七旒，士爵弁無旒，明士止得爵弁也。《士冠禮》爵弁爲三加之服。而《冠義》云，三加彌尊，則士之尊服，至爵弁而止。今陸氏必以《禮器》士三旒，爲士得服冕之證，誤矣。陸氏又謂，一命之下大夫不冕。而《禮器》明云，上大夫七，下大夫五，則無論上大夫下大夫皆冕，而不弁。陸氏何得云下大夫不冕乎。此又可以禮器折之矣。

又案，陸氏謂三命之士，以元冕爲命服。據《禮器》士三之文，康成以爲夏殷之制，蓋實有所據。考《尚書大傳·虞傳》天子衣服，其文華蟲作繢，宗彝、璪火、山龍，諸侯作繢，宗彝璪火山龍，子男宗彝璪火山龍，大夫璪火山龍，士山龍。故《書》曰，天命有德，五服五章哉。又曰，山龍青也，華蟲黄也，作繢黑也，宗彝白也，璪火赤也。天子服五，諸侯服四次，國服三，大夫服二，士服一。《大傳》此二節，乃釋《皋陶謨》五服五章之文，則爲唐虞之制。《禮器》謂，士三旒，雖與《大傳》所云士冕服相近，而《禮器》謂士元衣纁裳，與《大傳》士山龍之文，究不相合，則既非周制，又非唐虞

之制，故注以爲夏殷禮也。合《周禮》、《禮器》注及《尚書大傳》考之，士之服在唐虞則服山龍，至夏殷則降而元冕，至周則降而爵弁。易代改秩，差等畫然，而陸氏以異代之，禮遂謂三命之士以元冕爲命服，不明鄭義而斥之，是妄而已矣。

又案《司服》卿大夫之服，自元冕而下，如孤之服。鄭鍔謂，此言卿大夫元冕，則指諸侯之卿大夫，故服一章之冕，元衣纁裳，蓋大國卿，雖三命大夫，雖再命，惟與王之上士中士同。據此則王之上士、中士，得以元冕爲命服矣。又《司服》士之服，自皮弁而下，如大夫之服。鍔又謂，元冕下有爵弁，又有皮弁，王之上士元冕，中士爵弁，下士皮弁，故諸侯之士，自皮弁爲首。今考《司服》公之服，自衮冕而下一節，據天子之侯服言之也，孤之服自希冕而下一節，據天子之孤卿大夫言之也。士之服自皮弁而下一節，據天子之士言之也。蓋《司服》本掌王朝班服。今鍔指此二節，皆爲侯國之制。是略王朝，而詳侯服。既失司服職掌，又考《周頌》絲衣其紑，載弁俅俅。箋，弁，爵弁也，爵弁而祭於王，士服也。據此箋云祭於王，則省祝視濯，不得謂非天子之士，乃經止云載弁俅俅，則天子之士，與諸侯之士，均不得服冕，明矣。乃鍔又云，天子之上士元冕，中士爵弁，然豈得謂此載弁俅俅者，止爲中士、下士，其中不得有上士乎。鍔之説，蓋不待辨，而自窮矣。

又案《大宗伯》再命受服。注：鄭司農云，受服，受祭衣服，爲上士元，謂此受元冕之服。列國之大夫，再命於子男，爲卿，卿大夫自元冕而下，如孤之服。王之中士，亦再命，則爵弁服。據此，則再命受服，兼含士受爵弁服。又考屨人，辨外内命夫命婦之命屨。注：命夫之命屨，纁屨。又云士及士妻，謂再命受服者，疏：士之命服爵弁，則纁屨，此皆謂士受爵弁，爲再命以上之士。但考《玉藻》一命緼韍幽衡，注謂，公侯伯之士一命，疏謂緼韍，當爵弁、韎韐。《大宗伯》疏謂，無問天子士，諸侯士，例皆爵弁以助祭。據此，則諸侯之上士一命，天子之下士一命，皆得服爵弁矣。又何待再命之士也。今考《月令》孟夏蠶事畢，后妃獻繭，乃收繭税，以桑爲均，貴賤長幼如一，以給郊廟之服。疏謂，夫助祭之服，當公家所爲，故禮再命受服，其夫亦當有祭服，官家所給，故輸繭税，以供造之，但税寡少，然則爵弁郊廟之服，必再命之士，乃得受繭於公家，其一命之士，雖得服爵弁，而《典絲》不以絲物授之，即不得云受服也。又考《内司服》凡命婦共其衣服。注：臣之命者，再命以上受服，則下士之妻不共也。疏：此約《大宗伯》男子之服，彼云一命受職，再命受服，則天子上士三命，中士再命，乃受服，天子下士一命，則不受，故鄭云，下士則不共，然則不受服者，公家不供其服，非不得服也。又考《典命》子男之卿，再命，其大夫一命，其士不命，其宫室、車旗、衣服，禮儀各眡其命之數，夫再命之卿，一命之大夫，其宫室車旗之類，固有可眡之命，若不命之士，將安所眡，亦必比附一命之士，而爲之，儀不命，可以比附一命，猶之爵同爲士一命之，得服爵弁，可以比附再命也。

又爲諸侯之復服。

《雜記》復，諸侯以褒衣，冕服、爵弁服。

又爲士之復服。

《夏采》疏：以爵弁者，凡復者，皆用上服，故用士助祭之服。《士喪禮》復者一人，以爵弁服，簪裳於衣，左何之，扱領於帶。注：禮以冠名服，簪連也。疏鄭言此者，欲見復時，惟用緇衣纁裳，不用爵弁。而經言爵弁服，是禮以冠名服也。

《既夕禮》記，復者朝服，左執領，右執要。疏：左執領，謂爵弁服也。

《雜記》大夫、士死於道，則升其乘車之左轂，以其綏復。如於館死，則其復，如於家。注：大夫復於家，以元冕。士以爵弁服。《喪大記》士以爵弁。注：復用死者之祭服，以其求於神也。疏：士以爵弁者，士亦用助祭上服以招魄。六冕則以衣名冠。諸侯爵弁，則以冠名衣，今言爵弁者，但用其衣，不用其弁也。

又爲公之襲服。

《雜記》公襲，卷衣一，元端一，朝服一，素積一，纁裳一，爵弁二，元冕一，褒衣一。疏：爵弁二者，元衣纁裳二通也。

又爲大夫之襲服。

《雜記》子羔之襲也，繭衣裳與税衣纁袡爲一，素端一，皮弁一，爵弁一，元冕一。疏：此明大夫死者襲衣稱數也。又曰爵弁一者，第四稱也。

又爲士之襲服。

《士喪禮》爵弁服，純衣。注：謂生時爵弁所衣之服也。

又爲公之襚服。

《雜記》襚者降，受爵弁服於門内霤。

又爲天子承天變及哭諸侯之服。

《金縢》王與大夫盡弁，以啓金縢之書。傳，皮弁質服，以應天。疏：鄭元以爲，爵弁者，承天變降服。

《大宗伯》再命受服。賈疏：《司服》不見爵弁者，以其王吉服有九，自公以下，轉相如其爵弁，於天子諸侯，非吉所用，故不言。

王哭諸侯亦如之。注：哭諸侯者，謂薨於國，爲位而哭之。《檀弓》曰，天子之哭諸侯也，爵弁絰紂衣。疏云，哭諸侯者，謂薨於國，爲位而哭之者。若來朝薨於王國，則王爲之緦麻，不應直哭之而已。故引《檀弓》云，天子之哭諸侯也爵弁絰紂衣，案彼注云，麻不加於采經，衍字，以其遥哭諸侯，著爵弁紂衣而已，不合加麻絰於紂衣，爵弁之上也。

《司服》疏：士之助祭服爵弁。不言爵弁者，以共爵弁之服，惟有承天變時，及天子哭諸侯，乃服之。所服非常，故列天子吉服，不言之。今以次轉相，如不得輒，於士上加爵弁，故以皮弁爲首。

《檀弓》天子之哭諸侯也，爵弁絰紂衣。注：服士之祭服，以哭之，明爲變也，天子至尊，不見尸柩不吊，服麻不加於采，此言絰，衍字也，時人間有弁絰，因言之耳。周禮，王吊諸侯，弁絰緦衰也。疏：諸侯以下，雖不見尸柩，仍吊服也。

《王制》制三公一命卷。疏：哭諸侯，則爵弁，故《檀弓》云，天子之哭諸侯也，爵弁紂衣。

《穀梁文十二年傳》男子二十而冠。注：《書》稱，成王十五而冠，著在金縢。疏案《尚書》金縢無成王十五而冠，故彼鄭注云，天子諸侯十二而冠，成王此年十五於禮已冠。而爵弁者，承天變故降服也。

案《金縢》王與大夫盡弁。孔傳以爲皮弁，鄭注以爲爵弁。考《獨斷》周曰爵弁，《周書》曰，王與大夫盡弁，古者皆以布，中古以絲，則亦以金縢之弁，爲爵弁矣。天子哭諸侯爵弁紂衣，可知天子以爵弁爲哭服，皮弁則爲天子常朝吉服，發金縢而服皮弁，仍是服其常服，何以示變耶。故鄭注較確。

又案，爵弁加於錫，疑緦三衰，則得絰以三衰，非采也。又變爵弁而素，則非吉弁，故可加絰，哭諸侯爵弁紂衣，紂衣元，故云采，若加絰，則是麻加於采矣。又此爵弁爲吉弁，與素弁異，故不絰，此天子哭服，所以異於吊服也。

又案《檀弓》注云，天子至尊，不見尸柩，不吊服。疏：諸侯以下，雖不見尸柩，仍吊服。今考哭服與吊服有殊，文王世子公素服，不舉爲之變，如其倫之喪無服。注云，君雖不服，臣卿大夫死，則皮弁錫衰以居，往吊當事則弁絰，於士蓋疑衰，同姓則緦衰，以吊之，今無服者，不往吊也。故文王世子又云，弗吊弗爲服，然則哭而不吊，不爲吊服也。又吊，視主人當事不當事之節，往有常期，即有常服，哭或出於倉卒，主於盡哀，不暇辨服，在吉則或以吉服往，在喪則或以喪服往。《梁書》天監十八年，武帝春祠二廟，既出宫，有左將軍馮道根訃聞，帝問中書舍人朱異曰，吉凶同日可乎，對曰，昔者衛獻公，聞柳莊死，不釋祭服，而往哭之，道根有勞王室臨之禮也，帝即幸其宅，哭之，是在吉，則吉服往者也。《雜記》三年之喪，雖功衰不吊，自諸侯達諸士，如有服而將往哭之，則服其服而往，哭服新死者之服，則期以下也。《檀弓》子張死，曾子有母之喪，齊衰而往哭之，曾子曰，我弔也與哉。此以喪服往者也。蓋吊事弁絰服，己身有喪，不得釋重服而服弁絰，故不弔也，哭異於弔，不行弔禮，不必定從弔服，故不得吊者，或得哭也。宋崔凱《服節》曰，有不弔者三，謂畏厭溺死也，欲弔者不變服，哭之矣，是弔則必變服，哭不必變服之證也。據《檀弓》天子哭諸侯，不見尸柩，則爵弁紂衣，是哭，又以見尸柩與不見尸柩異其服，然則哭以弔服，或不以弔服，各因其變，非若弔服之有常也。

又案《魏書》太和十五年，高麗王死。詔曰，古者同姓哭廟，異姓隨其方，皆有服制，今既久廢，不可卒爲之。衰且欲素委貌，白布深衣，於城東，爲盡一哀，以見其死者，此即《檀弓》注所云，天子哭諸侯不見尸柩者也。服素委貌、白布深衣，蓋未考爵弁紂衣之制耳。詳考詔義，似以天子哭諸侯，古有服衰之制，特因久廢，不得卒爲之。然不見尸柩，概用衰服。不見於經，或禮家相傳如是乎。

又案《白虎通》引《檀弓》曰，天子哭諸侯，爵弁紂衣，無絰字。則康成以爵弁絰紂衣，絰爲衍字，《白虎通》是其明證。

爵弁重於皮弁。

《士冠禮》疏：此皮弁服，卑於爵弁，故陳之次，在爵弁之南。《雜

記》縰者降，受爵弁服於門内霤，將命。子拜稽顙如初。受皮弁服於中庭。疏：爵弁受於内霤，皮弁受於中庭，朝服受於西階，元端受於堂。既受處不同，則陳於壁北，亦重者在南。

有雀韋弁。

《顧命》二人雀弁，執惠，立於畢門之内。傳，士衛殯與在廟同，故雀韋弁。疏：士入廟助祭，乃服雀弁，於此服雀弁者，士衛王殯與在廟同，故爵韋弁也。鄭元云，赤黑曰雀，言如雀頭色也。雀弁同如冕，黑色，但無藻耳，然則雀弁所用，當與冕同。阮諶《三禮圖》云，雀弁以三十升布爲之，此傳言雀韋弁者，蓋以《周禮・司服》云，凡兵事韋弁服。此人執兵，宜以韋爲之，異於祭服，故言雀韋弁，下云綦弁，孔言鹿子皮爲弁，然則下言冕，執兵者，不可以韋爲冕，未知孔意如何。

案《釋名》以爵韋爲之，謂之爵弁，即《顧命傳》所云雀韋弁也。爵弁一名，而有用布，用韋之異。凡經傳所稱爵弁，皆三十升布爲之者也，惟此《孔傳》及《釋名》有爵韋之制。陳祥道諸家，遂以爵弁爲韋弁，其説之誤，詳辨於後。

有素爵弁。

《司服》凡弔事，弁絰服。注：弁絰者，如爵弁而素，加環絰。【略】

有布爵弁。【略】

一曰冕。

文王常服黼冔。傳，冔，殷冠也。夏后氏曰收。周曰冕。疏：《郊特牲》及《士冠禮》皆云周弁、殷冔、夏收。故知，冔，殷冠也。既以冔爲殷冠，更取二代以明之，故言，夏后氏曰收，周曰冕也。彼云周弁，此云冕者，以周自大夫以上，祭服皆用冕服。故傳以冕言之，實冕而謂之弁者。《周禮・弁師》注云，弁，古冠之大號，官名弁師，職掌五冕，故知弁是大名也。

案《郊特牲》及《士冠禮》皆云周弁、殷冔、夏收。《後漢志》爵弁，所謂殷冔、夏收者也。冔、收之制，不可詳，以爵弁推之，似亦爵弁之類也。但考《王制》有虞氏皇而祭，夏后氏收而祭，殷人冔而祭，周人冕而祭，注：皇，冕屬也，畫羽飾焉。凡冕服，皆元上纁下，有虞氏十二章，周九章，夏殷未聞。是鄭注：明以皇、冔、收爲冕服。故《史記》裴駰集解引太古冠冕圖，亦曰夏名冕曰收，據此，則冔、收即夏殷之冕。馬端臨因經傳，冔、收多與周弁對舉，遂以冔、收爲弁，且謂夏殷之祭用弁，以弁爲殺於冕。不知《論語》惡衣服而致美乎黻冕。孔安國曰，損其常服，以盛祭服也。此夏祭用冕之證。太甲中，伊尹以冕服奉嗣王，歸於亳。奉嗣王尚以冕，祭必以冕可知。故《禮器》天子之冕朱緑藻。注：此祭冕服也。朱緑似夏殷禮，然則夏殷祭服未嘗不以冕也。鄭注：兼以冕制釋冔、收，其義最合。而《士冠禮》、《郊特牲》云周弁、殷冔、夏收，皆以夏殷之冕與周弁對舉者。《論語》服周之冕。包氏曰，冕，禮冠也，周之禮文而備也，取其黈纊塞耳，不任視聽也。皇侃義疏：周既文，故冕服前後垂旒以亂眼，左右兩邊垂瑱以塞耳，示不任視聽也。據此，則冕至周，始稱文而備，可知夏殷之前，尚未文而備也。爵弁本冕之次，特冕備文飾，弁不備文飾耳。冔、收不備文飾，即類周弁，故《士冠禮》、《郊特牲》曰，周弁、殷冔、夏收，正明周之弁，似夏殷之冕，豈以冔、收爲弁乎。《詩》常服黼冔。爲殷卿士助祭之服，則冕服也。《白虎通》引《詩》曰，厥作祼將，常服黼冔。言微子服殷之冠，助祭於周也。《白虎通》麻冕者何，周宗廟之冠也，則冕通言冠。微子爵爲公侯，助祭安得非冕黼冔之黼，即元衮及黼之黼。常服黼冔，疏：周冕無繢繡之飾，則殷冔亦不以黼爲飾，自衣服之所有也。《禮器》云，冕諸侯九旒。注云似夏殷制，則殷之諸侯祭服，亦九章而下，不止於黼而已。舉一章而表之耳。《爾雅》衮，黻也。疏謂《詩》止言元衮及黼，不言黻。此更言黻，明有黼必有黻，然則《詩》云黼冔，亦黼黻俱備，知黼冔爲黼黻，而加冔，即知冔爲冕也。故《毛傳》曰，夏后氏曰收，周曰冕，以周之冕，決夏之收，殷之冔，皆爲冕也。《士冠禮》、《郊特牲》以夏收、殷冔，對周弁，言冔、收之制，近乎周之弁也。《王制》以夏收、殷冔對周冕，言冔、收在夏殷爲冕，猶夫周之冕也。《毛傳》夏曰收，周曰冕，蓋專據《王制》夏后氏收而祭，周人冕而祭之文耳。孔疏因《士冠禮》、《郊特牲》既明有周弁之文，今《毛傳》乃不云周弁，而云周冕，遂竝疑周弁之文乃實冕，而通言弁，豈知《士冠禮》、《郊特牲》所云周弁，專釋士冠三加之爵弁，非冕也，安得云實冕而通言弁乎。委貌，周道也。章甫，殷道也。母追，夏后氏之道也。此一條謂，周之冠與夏殷之冠，名異實同也。周弁、殷冔、夏收一條，謂周之爵弁似夏殷之冕也。三王共皮弁素積一條，謂周之皮弁，與夏殷名實俱同也。又考《檀弓》周人弁而葬，殷人冔而葬。所謂周人弁而葬，即上文弁絰葛而葬也。上文鄭注云，冠素弁，以葛

爲環絰。素弁即素爵弁。然則周弁雖與殷冔對舉，而周弁鄭自解爲素爵弁，其不得因冔、收爲冕，而竝指周弁爲冕，此其證也。馬端臨因《士冠禮》、《郊特牲》殷收、夏冔與周弁竝舉，則謂冔、收亦爲弁。孔穎達《詩》疏：因《王制》夏收、殷冔與周冕竝舉，因謂冔、收亦爲冕，孔疏是也。但冔、收既爲冕，而《士冠禮》、《郊特牲》乃以冔、收對周弁，似非其類。故孔《詩》疏又以周弁之弁，乃實冕，而通言弁，不知冔、收自爲冕。故《王制》曰，夏收而祭，殷冔而祭，周冕而祭。周弁自爲爵弁，因其與夏殷之冕制度相近。周弁有冕無旒。何休、應劭、皇侃之流，皆謂夏殷之冕無旒，則制相近也。故《士冠禮》、《郊特牲》皆連類而書，曰周弁、殷冔、夏收耳。解此，則二家之惑可釋矣。

或曰韋弁。

案陳祥道、鄭鍔、易祓諸家謂，韋弁即爵弁。今考司服云，凡兵事，韋弁服，眡朝，則皮弁服。凡甸，冠弁服。又曰，士之服，自皮弁而下，如大夫之服。疏：此文以上公，自衮冕以下，差次如之，上得兼下，下不得僭上也。蓋謂，公之服，自衮冕以下，皆得服衮冕，而上大裘，則不得服也。故曰，下不得僭上，以此例之，則士之服，自皮弁而下，始得服皮弁，之上，不特大夫之元冕不得服，即韋弁亦不得服矣。《聘禮》賈疏《司服》先云兵事韋弁服，後云眡朝皮弁服，則韋弁尊於皮弁。蓋上文明以皮弁次韋弁，此文於士之服，但以皮弁爲首，則皮弁之上韋弁，不得服，可知。又考《弁師》諸侯及孤卿大夫之冕、韋弁、皮弁、弁絰，各以其等爲之。《司服》於士，惟言皮弁，《弁師》於孤卿大夫，始兼言韋弁。則大夫以上得韋弁，士不得韋弁之確證也。故《荀子·富國篇》云，士皮弁。以《司服》不云士之服自韋弁而下，止云自皮弁而下，故也。《呂氏春秋·上農篇》庶人不冠弁。高誘注：弁，鹿皮冠，《詩會》弁如星。誘此注：蓋因《司服》士之服自皮弁而下。故謂庶人并不得皮弁。《秋興賦》斑鬢髟以承弁兮，素髮颯以垂領。李善注引《周禮》曰士弁服。《白虎通》曰，皮弁，冠名。李善引《周禮》士弁服，而以《白虎通》皮弁作證，則以《司服》士之弁服，止自皮弁而下也。李善，詞人，尚識此義，如諸家之説，韋弁即爵弁，然則士以爵弁爲命服，即以韋弁爲命服矣。《司服》當云，士之服自韋弁而下，如大夫之服。不得云自皮弁而下如大夫之服也。乃又云《禮記》但言爵弁，不言韋弁。《周禮》但言韋弁，不言爵弁。以爵弁即韋弁也。然此又何解於《儀禮》既言爵弁，又言韋弁乎。乃又云《詩》韎韐有奭，爲將六師之服，云韎韐則爵弁也，將六師服爵弁，可知爵弁即兵事韋弁服矣。不知此諸侯世子除父喪三年，服此爵弁始命之服，以來朝，非韋弁服也。鄭箋明云，其服爵弁服、紂衣、纁裳，則不得以韎韐爲韋弁服矣。蓋世子未受命，猶同於士，故服士服以聽君任將之命耳。《左氏宣十六年傳》晉侯請於王，戊申以黻冕，命士會將中軍，云黻冕則命爲卿之服也，豈亦得以其將軍而指爲韋弁服乎。況爵弁如爵頭色，赤而微黑，所謂五入爲緅者也。韋弁以韎染，乃淺赤色，所謂一入爲縓者也。縓、緅二色顯異，而諸家謂爵韎同色，何耶。或又引《顧命》雀弁。孔傳雀韋弁爲證。彼文孔疏：已不從孔傳，且即以雀韋爲之，亦止得曰雀弁，不得曰韋弁。《釋名》曰，以雀韋爲之謂之雀弁，以韎韋爲之謂之韋弁。二語最爲分析，況爵弁用布，見於《白虎通》、《獨斷》、《漢禮器制度》、《續漢書志》、《三禮新舊圖》及鄭注可爲典要，而以韋爲之，特別説耳，安足據以爲證乎。又案《荀子·大略篇》天子山冕，諸侯元冠，大夫裨冕，士韋弁，禮也。楊倞注韋弁，謂以爵韋爲韠，而載弁也。倞不以此士韋弁，爲《司服》韋弁者，以《司服》但云士之服自皮弁而下，則士不得韋弁，故以韋韠戴弁解之。又考《荀子·富國篇》明云士皮弁，與《司服》經文，士之服自皮弁而下，如大夫之服，相合。不應於《大略篇》别云士韋弁，然則《大略篇》之韋弁，實《富國篇》之皮弁，皮弁而名韋弁。孔疏云，皮、韋同類，故通稱也。蓋對文，則皮、韋異稱，《司服》之韋弁、皮弁是也。散文則皮、韋通稱。《荀子·富國篇》之皮弁，《大略篇》之韋弁，是也。《淮南子·覽冥訓》夫道之與德，若韋之與革，遠之則邇，近之則遠。蓋謂皮韋之相似也。《考工記》攻皮之工，函、鮑、韗、韋、裘，而統名以攻皮，則皮、韋通名也。《弁師》冠弁服疏、《王制》疏、《左氏昭十二年傳》疏：皆以皮弁爲韋弁之通稱，則《荀子》士韋弁，實即皮弁，非韋弁，明矣。明乎士止得皮弁，不得韋弁，則知爵弁之非韋弁矣。蓋士不得韋弁，而得爵弁，故也。

考《坊記》注：在軍同服。《左氏僖五年傳》均服振振。注：戎事上下同服。《公羊成元年傳》逢丑父頃公之車右也，面目與頃公相似，衣服與頃公相似，即在軍，君臣同服之證。然考《左氏成十六年傳》有韎韋之跗注。疏：在軍之服，其色皆同，所謂均服振振，上下同色。郤至與衆同服，所以

獨見識者。禮法雖有此服，軍士未必盡然。然則韋弁惟卿大夫以上得服，此爲確據。如士以下皆得韋弁，則在軍之士甚多，韎韋之跗注亦甚多，卻至又何獨以此衣著異而見識耶。

爵弁無旒與無旒之冕同，惟不俛爾。

《弁師》掌王之五冕。注：延，冕之覆，在上。疏：以爵弁前後平，則得弁稱。冕則前低一寸餘，得冕名。

諸侯及孤卿大夫之冕、韋弁、皮弁、弁絰，各以其等爲之。注：一命之大夫，冕而無旒，士變冕爲爵弁。疏：一命之大夫冕而無旒，此亦無文。鄭知然者，凡冕旒可以爲文飾，一命若有，則止一旒一玉而已，非華美。又見一命大夫，衣無章，士又避之，變冕爲爵弁。若一命大夫有旒，士則不須變冕爲爵弁，直服無旒之冕矣，故知一命大夫無旒也。若然，爵弁制如冕，但無旒爲異，則無旒之冕，亦與爵弁不殊，得謂之冕者，但無旒，亦前低一寸餘，故亦得冕名也。

《士冠禮》爵弁服。疏：又名冕者，俛也，低前一寸二分，故得冕稱。其爵弁，則前後平，故不得冕名。

爵弁、皮弁、緇布冠，各一匴。注：爵弁者，制如冕，黑色，但無繅耳。

《公羊宣元年傳》已練，可以弁冕。注：夏曰收，殷曰冔，周曰弁，加旒曰冕。疏：何氏以爲弁冕之形制一耳，但加旒爲異矣。

案，爵弁既以弁名，則其狀當似弁，不特弁下無旒及前後延平異於冕也。考《釋名》弁如兩手相合抃時也。以爵韋爲之謂之爵弁，以鹿皮爲之謂之皮弁。以韎韋爲之謂之韋弁也。然則此三弁皆作合手狀矣，其延下當上鋭下圓。又考《後漢・輿服志》冕制皆前圓後方，則與下圓上鋭者異。疑爵弁與冕雖同，有上延，而爵弁延下則爲合手之形，與冕狀别。

又卷二《爵弁服下》 爵弁，以三十升布爲之，赤色而微黑，上古以布，中古以絲，廣八寸，長尺六寸，或曰高八寸，長尺二寸。

《七月》載元載黄。疏：緅，今《禮記》作爵，言如爵弁色也。

《司服》凡弔事，弁絰服。疏：爵弁之形，以木爲體，廣八寸，長尺六寸，以三十升布，染爲爵頭色，赤多黑少。

鍾氏五入爲緅。注：染纁者，三入而成，又再染以黑，則爲緅。緅，今禮俗文作爵，言如爵頭色也，又復再染以黑，乃成緇矣。鄭司農云，以《論語》曰，君子不以紺緅飾。又曰，緇衣羔裘。《爾雅》曰，一染謂之縓，再染謂之赬，三染謂之纁。《詩》云，緇衣之宜兮。元，謂此同色耳。染布帛者，染人掌之，凡元色者，在緅緇之閒，其六入者與。

《士冠禮》爵弁服。注：爵弁者，冕之次，其色赤而微黑，如爵頭然，或謂之緅，其布三十升。疏云，爵弁者，冕之次者，凡冕以木爲體，長尺六寸，廣八寸，績麻三十升布，上以元，下以纁，前後有旒，其爵弁制大同，惟無旒，又爲爵色爲異。又曰，其色赤而微黑，如爵頭然，或謂之緅者，七入爲緇，若以纁入黑，則爲紺，以紺入黑，則爲緅，是三入赤，再入黑，故云赤而微黑也。云如爵頭然者，以目驗爵頭，赤多黑少，故以爵頭爲喻也。以紺再入黑汁，與爵同，故取鍾氏緅色解之，故鄭注鍾氏云，緅，今禮俗文作爵，言如爵頭色也。鄭此言赤者，對文爲赤，若將緅比纁，則又黑多矣。故《淮南子》云，以涅染紺，則黑於涅，況更一入黑爲緅乎，故《巾車》云雀飾。鄭云，雀黑多赤少之色是也。云其布三十升者，取冠倍之義。是以喪服衰三升，冠六升，朝服十五升，故冕三十升也。

《記》周弁、殷冔、夏收。疏：案《漢禮器制度》弁、冕，周禮弁冕相參，考之冕，以木爲體，廣八寸，長尺六寸，績麻三十升布爲之，上以元，下以纁，前後有旒，尊卑各有差等。

《喪服記》朋友麻。注：弁絰者，如爵弁而素。疏言，爵弁者制如冕，以木爲中幹，廣八寸，長尺六寸，前低一寸二分，以三十升布，上元下纁，爵弁之體，廣長亦然，亦以三十升布，但染作爵頭色，赤多黑少之色，置之於版上。

《王制》制三公一命卷。疏：爵弁者，如雀頭色。

案《後漢志》注：引蔡邕《獨斷》曰，殷，黑而微白，前大而後小。夏，純黑而赤，前小而後大，皆以三十六升漆布爲之。《詩》云，常服黼冔。《書》曰，王與大夫盡弁，上古皆以布，中古以絲。孔子曰，麻冕，禮也，今也純儉。則是布，用三十六升，與鄭注異。考八十縷曰升，三十升則二千四百縷也。古布闊二尺二寸，當今尺三寸有奇，若容三十升，二千四百縷，則今尺一分之地，幾容十八縷，已恐過密難成。若《後漢志》注所引《獨斷》云，以三十六升漆布爲之，則一分之地，幾容二十一縷有奇，更爲細密難成矣。今考《獨斷》本文，但云三十升布，不云三十六升，則《後漢書》注中，六字

當爲衍文。又考班固《食貨志》布廣二尺二寸，《後魏書》舊制人間所織絹布等，皆幅廣二尺二寸，長四十尺爲一端，與鄭此注同。《淮南子・天文訓》黄鐘之律，修九寸物，以三生，三九二十七，故幅廣二尺七寸。注：古者幅比皆然也，據此則幅又不止二尺二寸矣。《淮南子》高誘，皆漢人，其説似亦有據，古冕弁用布，每幅容麻三十升，或幅廣之度，不盡如班志及鄭注所云乎。

又案《左氏桓二年傳》衮冕黻珽。疏：引阮諶《三禮圖》、《漢禮器制度》云，冕制皆長尺六寸，廣八寸，天子以下皆同。沈引董巴《輿服志》云，廣七寸，長尺二寸。應劭《漢官儀》云，廣七寸，長八寸。沈又云，廣八寸，長尺六寸者，天子之冕。廣七寸，長尺二寸者，諸侯之冕。廣七寸，長八寸者，大夫之冕。《司服》疏謂，爵弁之形，以木爲體，廣八寸，長尺六寸。《士冠禮》疏。以冕制參考弁制，謂皆廣八寸，長尺六寸。《三禮圖》所載舊圖亦同，則與《漢禮器制度》冕制合。又《後漢志》及《獨斷》、《晉志》均云爵弁高八寸，長尺二寸。《初學記》引董巴《輿服志》爵弁，廣八寸，長尺二寸，則爵弁大小尺寸，傳述又異。豈廣八寸長尺六寸者爲天子爵弁。廣八寸長尺二寸者爲諸侯以下爵弁。亦如沈氏所云，諸侯天子之冕大小各異乎。但《左氏桓二年傳》疏引董巴《輿服志》謂冕廣七寸，長尺二寸。《初學記》引董巴《輿服志》爵弁廣八寸，長尺二寸，則是爵弁反廣於冕一寸，似與冕弁大小之制未合也。

又案《士冠禮》爵弁、皮弁、緇布冠各一匴。注：爵弁者制如冕，黑色，與前爵弁服注：赤而微黑，似小有異。考染法，三入以前，全以丹秫染赤，至四入染黑乃爲紺，紺更染黑乃爲緅，是赤已三入黑，方再入赤。深黑，淺爲青。《廣雅》云碧縹紺綼緜緅，總蒼青也。青亦爲黑。《記》曰或素或青，夏造殷因，則以青爲黑也。蓋緅爲淺黑，故緅爲青黑，亦爲青，爵、緅同色，此色以赤爲體，則曰赤而微黑，以黑變赤則曰黑色。鄭《士冠禮》前後二注：互相成也。又考《説文》纔字下云，帛雀頭色，一曰微黑色，如紺纔淺也、蓋四入爲紺，五入爲緅，緅雖黑，深於紺，尚與紺相近，故《説文》云如紺，而比之六入之元，七入之緇，則淺矣。師古《文帝紀》注：纔，少也，淺與少同，玩纔字之義，可以知爵色矣。

又案《獨斷》曰，冕弁上古以布，中古以絲，則鄭注《士冠禮》所云三十升布，據上古也。孔子曰今也純儉，據中古也。《後漢志》及《晉志》釋爵弁，皆云繒其上，則不以布矣。皆法中古也。

又案《後漢志》載爵弁之制云，有收持笄，所謂夏收、殷冔者也。考《玉海》引《三禮圖》周弁、殷冔、夏收之制云，三冠下皆有收。注云，如笠下收，則收之一物，在弁之下，又以持笄，則兩旁皆有之，豈亦如皮弁之邸，有周緣之象，如魏臺訪議所云乎。又《後漢志》載幘制云，崇其巾爲屋，合後施收，又云《尚書》幘收方三寸，則收之，廣長皆三寸，其形方正。考《隋志》烏紗帽，即幘之遺制，今所傳烏紗帽，別以漆纚方二三寸，施帽後，其即合後施收歟，以幘之收，求弁之收，未知合否。古制既湮，終不可以臆測也。

天子玉笄朱組紘。諸侯玉笄青組紘。大夫士象笄皆緇組紘。纁邊。韋弁、皮弁，笄同。

《葛覃》傳，公侯夫人紘綖。疏：紘者，纓之無緌，從下而上者也。《祭義》曰，天子冕而朱紘。諸侯冕而青紘。此諸侯當以青爲組，在冕下，仰屬之。故《士冠禮》注云，有笄者，屈組爲紘，垂爲飾。無笄者，纓而結其條，是也。

《弁師》玉笄朱紘。注：朱紘，以朱組爲紘也。紘一條，屬兩端於武，疏謂，以一條繩，先屬一頭於左旁笄上，以一頭繞於頤下，至向上於右，相笄上繞之。是以鄭注《士冠禮》云，有笄者屬組以爲紘，垂爲飾。無笄者，纓而結其條。彼有笄，據皮弁爵弁，此五冕皆有笄，與彼同，此言屬於武者，據笄貫武，故以武言之其，實在笄。

《士冠禮》皮弁笄、爵弁笄、緇組紘，纁邊。注：笄，今之簪。有笄者，屈組爲紘，垂爲飾，無笄者，纓而結其條，纁邊，組側赤也。疏：案《周禮・弁師》云，掌五冕，而云，玉笄朱紘。則天子以玉爲笄，以朱爲紘。又案《祭義》云，天子，冕而朱紘，諸侯，冕而青紘。諸侯之笄，亦當用玉矣。又案《弁師》韋弁與皮弁同科，皮弁有笄，則二者亦有笄矣。又云，其大夫紘。案《禮器》云，管仲鏤簋朱紘。鄭注云，大夫、士、當緇組紘纁邊是也。其笄亦當用象耳。

《喪服傳》吉笄者，象笄也。疏：傳明吉時之笄，以象骨爲之。據大夫、士而言，案《弁師》天子諸侯笄皆玉也。

《雜記》管仲鏤簋，而朱紘。注：冠有笄者爲紘，紘在纓處，兩端上屬，

下不結。

《左氏桓二年傳》衡紞紘綖。注：紘，纓從下而上者。疏：紘、纓皆以組爲之，所以結冠於人首也。纓用兩組，屬之於兩旁，結之於頷下，垂其餘也。紘用一組，從下屈而上，屬之於兩旁，垂其餘也。紘、纓同類，以之相形，故云紘、纓從下而上者。《弁師》掌王之五冕，皆玉笄朱紘。《祭義》稱，諸侯冕而青紘。《士冠禮》稱緇布冠青組纓，皮弁笄、爵弁笄，緇組纓。鄭元云，有笄者屈組爲紘，垂爲飾，無笄者纓而結其絛，以其有笄者用紘力少，故從下而上屬之。無笄者用纓力多，故從上而下結之。冕弁皆有笄，故用紘，緇布冠無笄，故用纓也。《魯語》稱公侯夫人織紘綖，知紘亦織而爲之。《士冠禮》言組纓組紘，知天子諸侯之紘，亦用組也。

案《禮器》管仲鏤簋朱紘。謂管仲冕用朱紘，同於天子之冕。故注云，天子之冕朱紘。管仲，大夫也，大夫之冕，經文未著何紘，彼注謂，大夫、士，當緇組紘纁邉。疏引《士冠禮》爵弁之紘爲證。《雜記》疏：亦謂大夫之冕緇組紘，亦據《士冠禮》爵弁之紘也。即知大夫之冕與爵弁之紘同。至於天子諸侯爵弁，經文亦未著何紘，《士冠禮》疏：引《祭義》天子冕而朱紘，諸侯冕而青紘，以證天子諸侯爵弁之紘，則知天子諸侯大夫冕弁之紘皆同也。

又案《弁師》王之皮弁玉笄。則爵弁笄亦以玉，明矣。諸侯爵弁笄用玉，雖無明文，《弁師》諸侯冕用玉笄，爵弁爲冕之次，其用玉笄，當亦如冕。故《士冠禮》疏云，諸侯之笄，當用玉。喪服吉笄尺二寸。注亦云，天子諸侯之后夫人用玉爲笄，夫人玉笄，則諸侯亦玉笄，審矣。《三禮圖》梁正阮氏圖云，士以骨，大夫以象。《士冠禮》疏謂，大夫士均用象。考《儀禮喪服記》子折笄首。傳曰，吉笄者，象笄也。疏傳，明吉時之笄，以象骨爲之。據大夫士而言，然則士之吉笄，亦得以象也。

又案《弁師》皆元冕朱裏延紐。注：紐，小鼻在武上，笄所貫也。今時冠卷當簪者，廣袤以冠縱，其舊象歟，此言冕制也。弁亦有笄，則與冕制同，冠卷有紐以貫笄，其設紐之處，但言廣袤，以冠其制已明，必兼言縱者，蓋注云，袤之言乎前後圍也。冠内之縱，以髻爲圍，設紐之處，雖當武之中，不當縱之中，即不當髻之中矣。故袤必以冠縱之中爲中也，廣以言乎上下也。縱以韜髮，其上下當與髻齊，紐在武上，必當縱上下之中，乃當髻上下之中，故廣亦以縱言之。惠氏《禮説》據一本云，今時冠卷當簪者，廣袤似冠縱其遺象歟。謂以字當作似字，幘之制，旁有耳，上有屋，下有帽，帽亦如之，垂帽覆帽，蓋韜髮之遺象，故曰廣袤。似冠縱其遺象與。漢之幘梁，似古之冠縱，今考鄭此，注本以釋五冕之紐，上云，紐小鼻在武上，笄所貫也。下因釋紐在武上，當以冠縱之中爲中，故舉漢時冠紐，釋冕弁之紐也。紐在卷上，故舉卷當簪之處，釋紐當簪之處也。注云，冠卷當簪者即爲紐耳。漢時冠卷或以鐵爲之，或以漆紗爲之，其狀如圈。惠氏謂，冠卷當簪之處，如幘之有帽，幘似冠纚，則冠卷當簪之處，亦似冠纚，不知漢時幘下有帽，冠卷之下無帽。注：何得云冠卷當簪之處，同於幘之有帽，且同於幘之似纚乎。況鄭此注：專釋經文紐字耳，與幘之似纚何涉。如惠氏説，則此注乃釋幘制，非釋紐制也。與上注：紐小鼻在武上，笄所貫也數句，全不相接矣。賈疏：釋注：亦作廣袤，以冠縱云古之紐武，笄貫之處，若今漢時冠卷當簪所貫者，於上下之廣，及隨縱之袤，以冠縱者，貫笄之處，當冠縱之中央。據此，則注内以字不誤。惠氏所見《周禮》縱有善本，而賈疏所據，則唐以前本也，何必似字之是，而以字之非乎。又案《弁師》疏：紐者，綴於冕，兩旁垂之。《廣雅》紐謂之鼻，鄭注：以冕之紐，爲小鼻，蓋形制如環，其圍僅可容笄，故云小鼻耳。與幘及冠纚，垂帽覆帽，豈可比象歟。

天子、諸侯，瑱用玉。諸侯、卿大夫、士，瑱用石。韋弁、皮弁、朝服、元端同此。

《淇奧》充耳琇瑩，會弁如星。傳，充耳，謂之瑱。琇瑩，美石也。天子玉瑱，諸侯以石。弁，皮弁，所以會髮。

《君子偕老》玉之瑱也。傳，瑱塞耳也。疏：《既夕》記云，瑱，塞耳、充耳是也。或曰充耳。《淇澳》云，充耳琇瑩，是也。

《追師》追衡笄。注：追，猶治也。《詩》云，追琢其璋。王后之衡笄，皆以玉爲之，惟祭服有衡，垂於副之兩旁，當耳，其下以紞縣瑱。《詩》云玼兮玼兮，其之翟也。鬒髮如雲，不屑鬄也。玉之瑱也，是之謂也。疏：其紞之采色，瑱之玉石之别者，婦得服翟衣者。紞用五采，瑱用玉。自餘鞠衣以下，紞則三采，瑱用石。知義然者，案著《詩》云，充耳以素。鄭彼注云，謂從君子而出，至於著君子揖之時也。我視君子，則以素爲充耳。謂所以縣瑱者，或名爲紞，織之。人君五色，臣則三色而已。此言素者，目所先見而

云，下云尚之以瓊華。注云，美石彼下。經又云，充耳以青，充耳以黄，據臣三色，故云人君五色矣。《詩》云，玉之瑱，據君夫人云用玉，則臣之妻與夫同美石，彼毛注以素，爲象瑱。鄭不從者，若素是象，瑱文何以更云瓊華、瓊英之事乎。故鄭以爲紞也。

《士喪禮》瑱用白纊。注：瑱充耳，纊新緜。疏案下記云，瑱塞耳。《詩》云充耳，充即塞也。生時，人君用玉，臣用象。又著《詩》云，充耳以素，充耳以黄，之等。注云，所以縣瑱，則生時以黄，以素，又以玉、象等爲之，示不聽讒。今死者直用纊塞耳而已，異於生也。

案，充耳琇瑩。《毛傳》以充耳爲瑱。漢魏以下，諸儒多以充耳爲瑱，即鄭《士喪禮》注：亦以充耳爲瑱，惟充耳以素乎。而箋謂，充耳所以縣瑱，即紞也，非瑱也。考《晏子春秋・外篇》纊紘琉耳，《玉篇》充耳亦作琉耳。《説文》珥，瑱也。《列子》周穆王釋文珥，瑱也。則充耳之字，又從玉也。琉、珥二字皆從玉，則充耳當即瑱也。《既夕》禮記，瑱，塞耳。注：塞，充窒然，則塞耳，即充耳。《記》明以瑱爲塞耳，則瑱不得與充耳爲二物矣。鄭於著《詩》釋充耳爲縣瑱之紞，因充耳有黄、素、青之不同，似不當爲玉，故望文生義耳。

又案《隋志》載《禮圖》無旒，有纊。考著《詩》俟我於著乎。箋，充耳謂所以縣瑱者，或名爲紞，又云飾之以瓊華者，謂縣紞之末所謂瑱也。小序以此詩爲陳親迎之禮，傳以首章言士親迎。親迎服爵弁服，而有充耳瓊華。又《士喪禮》瑱用白纊，爲襲言之也。以襲服、爵弁、皮弁、褖衣皆有瑱，則知士生時爵弁以下服皆有瑱矣。《詩》會弁如星，謂皮弁也。上云，充耳琇瑩，則皮弁有瑱明矣。《檀弓》練衣黄裏，縓緣，葛要絰，繩屨無絇，角瑱。注：瑱，充耳也，吉時以玉，人君有瑱。疏：吉時，君、大夫、士皆有瑱。此惟云人君有瑱者，以經云角瑱。故鄭云，吉時以玉，據人君，吉時又云人君有瑱。故知人臣凶時無瑱。據此，則大夫、士凶時無瑱，吉時皆有瑱，可知。人君練冠尚有瑱，則自元冠以上皆有瑱，可知。《説文》紞，冕冠塞耳者，言冕，兼言冠，則冠亦有紞，有紞即有瑱矣。又考著《詩》箋謂，瑱，士用石，天子用玉，諸侯卿大夫玉石雜。《毛傳》謂，士瑱用象。《士喪禮》注謂，人臣用象，與《毛傳》合，與箋互異。王肅以士瑱用象，飾之以石，則謂充耳以素，爲素象，尚之以瓊華，爲飾以石，其説與下二章不可通。詳見孔疏。又考《楚語》靈王虐白公子，張驟諫王，病之曰，子復語不穀，雖不能用吾憖置之於耳。對曰，賴君之用也。故言。不然，巴浦之犀犛兕象其可盡乎。其又以規爲瑱也，似諸侯之瑱，又用角。又著《詩》箋，紞所以縣瑱，人君五色，臣則三色。人君或兼諸侯言之乎。

純衣。

《絲衣》絲衣其紑。傳，絲衣，祭服也。疏：《士冠禮》有爵弁服，純衣。與此絲衣相當。

《士冠禮》純衣。注：純衣，絲衣也。餘衣皆用布，惟冕與爵弁服用絲耳。疏：案鄭解，純字，或爲絲，或爲色，兩解不同者，皆望經爲注。若色理明者，以絲解之，若絲理明者，以色解之。此經元衣與纁裳相對，上元下纁，色理自明。絲理不明，則以絲解之。《昏禮》女次純衣。注云，絲衣以下文，有女從者，畢袗元。色理自明，則亦絲理不明，故亦以絲解之。《周禮・媒氏》云，純帛無過五兩。注：純，實緇字也，古緇以才爲聲，納幣用緇，婦人陰也，以經云純帛，絲理自明，故爲色解之。《祭統》云，蠶於北郊，以共純服，絲理自明，故鄭亦以色解也。《論語》云，麻冕禮也，今也純儉。以純對麻，絲理自明，故鄭亦以色解之，是純有不同之事。但古緇紂二字竝色，若據布爲色者，則爲緇字，若據帛爲色者，則爲紂字。但緇布之緇，多作本字不誤，紂帛之紂則多誤爲純。云餘衣皆用布者，此據朝服、皮弁服、元端服，及深衣、長衣之等，皆以布爲之。是以《雜記》云，朝服十五升布。元端亦朝服之類，則皮弁亦是天子朝服。深衣或名麻衣，故知用布也。云冕與爵弁服用絲耳者。《祭統》云，王后蠶於北郊，以供純服。爵弁服是冕服之次，故知亦用絲也。

《檀弓》紂衣疏：紂衣，絲衣也。

《雜記》皆爵弁、純衣。疏：純衣者，謂絲衣，則元衣纁裳也。

案，爵弁絲衣，與冕服同。《士冠禮》、《士喪禮》、《雜記》皆作爵弁純衣。《史記》黄收純衣。注引鄭元曰，純衣，士之祭服，亦謂絲衣也。又案，緇衣，爲絲布通名。《士冠禮》純衣。注：純衣，絲衣也。疏：古緇、紂二字竝色，若據布爲色者，則爲緇字，若據帛爲色者，則爲紂字，但緇布之緇，多作本字，不誤。紂帛之紂則多誤爲純。但考《士昏禮》主人爵弁纁裳。注：纁

裳者，衣緇衣，爵弁，絲衣也。鄭注：亦云緇衣則絲衣，又通名緇衣矣。《説苑・臣術篇》晏子衣緇布之衣，是布以緇名者也。《戰國・楚策》令尹子文緇帛之衣，是帛以緇名者也。又《呂氏春秋・淫辭篇》昔吾所亡者，紡緇也。今子之衣禪緇也，以禪緇，當紡緇，子豈不得哉。《聘禮》賄用束紡。注：紡，絲爲之，今之絹也。然則紡緇，密絲絹也，禪緇，禪絲絹也。是帛亦名緇之證也。

又案《三禮圖》載《衣服令》凡冕制，羅爲之，其服以紬，爵弁用紬爲之，其服以繒爲之。考《説文》紬，大絲繒也。《急就篇》絳緹絓紬絲絮綿。師古注：抽引麤繭，緒紡而織之，曰紬。《淮南子・齊俗訓》有詭文繁繡弱緆羅紈。注：羅縠，師古《江充傳》注：輕者爲紗，縐者爲縠，故方空縠又名方空紗。冕有旒，有旒則加重，重故以細薄之羅表之。爵弁無旒，無旒則加輕，輕故以麤緒之紬表之，各眡其輕重爲之制也。至於繒非一類，故師古《匈奴傳》注：繒，帛之總名。師古《急就篇》注：帛，總言諸繒。《三禮圖》云，爵弁服以繒爲之，不著何繒，或各從所適也。

天子諸侯，素帶終裨。大夫裨垂，士練帶。裨末是曰大帶，申加革帶之上。皮弁、朝服、元端同，《詩》其弁伊騏。疏謂，韋弁服不用絲帶，其以革帶歟。

《鳲鳩》其帶伊絲。箋，其帶伊絲，謂大帶也。大帶用素絲，有雜色飾焉。疏《玉藻》説大帶之制，云，天子素帶，朱裏，終辟。諸侯素帶終辟。大夫素帶辟垂。士練帶率下辟。是大夫以上大帶用素，故知其帶伊絲，謂大帶用素絲，故言絲也。《玉藻》又云，雜帶，君朱緑，大夫元華，士緇辟，是其有雜色飾焉。

《周禮・典瑞》王晉大圭。鄭司農云，晉讀爲搢紳之搢，謂臿於紳帶之間，若帶劒也。疏：大帶，大夫以上用素，士用練，即紳也。又有革帶，所以珮玉之等。

《士冠禮》爵弁服，纁裳，純衣，緇帶，韎韐。注：先裳後衣者，欲令下近緇，明衣與帶同色。

《士喪禮》緇帶。注：黑繒之帶。疏：上雖陳三服，同用一帶者，以其士惟有此一帶而已。案《玉藻》云士練帶緇辟，是黑繒之帶。據裨者而言也。但生時著服，不重各設帶，此襲時三服，俱著共一帶，爲異也。

設韐帶搢笏。注：韐帶，韎韐緇帶，不言韎緇者，省文亦欲見韐自有帶，韐帶用革。

《玉藻》而素帶，終辟。大夫素帶，辟垂。士練帶，率下辟。居士錦帶，弟子縞帶。竝紐約用組。注：而素帶終辟，謂諸侯也，諸侯不朱裏，合素爲之，如今衣帶爲之，下天子也，大夫亦如之，率，繂也。士以下皆禪，不合而繂積，如今作幧頭爲之也。辟讀如裨冕之裨，謂以繒采飾其側，人君充之，大夫裨其紐及末，士裨其末而已。居士，道藝處士也。此自而素帶亂脱在是耳。宜承朱裏終辟。

大夫大帶四寸，雜帶。君朱緑，大夫元華。士緇，辟二寸，再繚四寸，凡帶有率，無箴功。注：雜猶飾也，即上之裨也。君裨帶，上以朱，下以緑終之。大夫裨垂，外以元，内以華，華，黄色也。士裨垂之下，外内皆以緇，是謂緇帶。大夫以上以素，皆廣四寸，士以練廣二寸，再繚之。凡帶，有司之帶也，亦繂之。如士帶矣，無箴功，則不裨之。士雖繂帶，裨亦用箴功，凡帶不裨，下士也。此又亂脱在是，宜承紳韠，結三齊。疏：崔氏、熊氏并云，飾帶外邊，上畔以朱，下畔以緑。熊氏云，近人爲内，遠人爲外。

肩革帶，博二寸。注：肩與革帶，廣均。

天子素帶，朱裏，終辟。注：謂大帶也。

三寸長，齊於帶，紳長制，士三尺，有司二尺有五寸。子游曰，參分帶下，紳居二焉，紳、韠、結三齊。注：三寸，謂約帶紐組之廣也，長齊於帶，與紳齊也，紳帶之垂者也，言其屈而重也。《論語》曰，子張書諸紳，有司府史之屬也。三分帶下，而三尺，則帶高於中也，結約餘也。此又亂脱在是，宜承約用組。

《左氏桓二年傳》帶裳幅舄。注：帶，革帶也。疏：下有鞶，是紳帶，知此帶爲革帶。《玉藻》革帶博二寸。鄭云凡佩繫於革帶。《白虎通》云，男子有鞶革者，示有金革之事。

鞶厲游纓。注：鞶，紳帶也，一名大帶。厲，大帶之垂者。疏：《玉藻》稱，天子素帶，朱裏，終辟。諸侯素帶不朱裏。大夫素帶，辟垂。帶皆博四寸，士帶博二寸，再繚四寸，緇辟下垂。賈、服等説鞶厲，皆與杜同。

案《玉藻》天子、諸侯、卿大夫，大帶獨有素帶而已，則通冕弁服共此一帶。故晉《輿服志》載，冕服素帶，廣四寸，朱裏，以朱緑裨飾其側。《宋

書》、《南齊書》、《隋書》、《輿服志》皆同，其時未嘗無他弁服，而惟載冕服之帶，以通用素帶故也。《士喪禮》緇帶疏云，上雖陳三服，同用一帶者，以其士，惟此練帶而已。以此推天子、諸侯、卿大夫，冕弁諸服，惟有素帶，則爵弁不得與他服異帶矣。《通典》載，隋制，爵弁服從九品以上，助祭則服之。練帶紕其垂，内外以緇，紐約用青組，從九品以上，古之士也。士爵弁緇帶，蓋本《士冠禮》及《士喪禮》爾。

又案《魯語》，卿之内子爲大帶。韋昭注：大帶，緇帶也。考《玉藻》大夫素帶，裨垂，又曰雜帶。大夫元華，士緇辟，然則緇帶，士帶也。故《士冠禮》、《士喪禮》陳士帶，皆曰緇帶。卿之内子所爲之帶，當素帶，辟以元華。昭云緇帶，誤也。

又案《通典》，隋採東齊之法，乘輿冕服，革帶，玉鉤鰈，大帶素帶，朱裏，紕其外，上以朱，下以緑。皇太子冕服，革帶，金鉤鰈，大帶素帶，不朱裏，亦紕以朱緑。王公以下，冕服，革帶，鉤鰈，大帶。王三公及公侯伯子男，素帶，不朱裏，皆紕其外，上以朱，下以緑。正三品以下，從五品以上，素帶，紕其垂，外以元，内以黄，約皆用青組。爵弁服，從九品以上，助祭則服之，其制，服元衣纁裳，無章，革帶，大帶，練帶紕其垂，内外以緇，紐約用青組。據此，爵弁，大帶用緇緣。六品以下，九品以上，古之士，惟有緇帶，故也。若天子、諸侯、卿大夫服爵弁服，則亦素帶矣。《儀禮・士冠禮》爵弁、皮弁、元端，同用緇帶。則知大夫以上冕弁服皆同用素帶矣。又以《隋志》推之，爵弁與冕服同有革帶，則知《士冠禮》之爵弁、皮弁、元端，但云緇帶，不云革帶，文不備也。故《士喪記》設韐帶，注：韐帶，韎韐緇帶。不言韎韐，省文，亦欲見韐自有帶，韐帶用革韎韐，據爵弁也。可知，爵弁，兼具緇帶、革帶矣。《三禮圖》載《衣服令》爵弁革帶，鉤鰈，大帶，練紕其垂，内外以緇，約紐用青組，是二帶兼備之證。以爵弁推他弁服，蓋亦二帶俱備，故《士冠禮》緇帶爵韠疏。不言革帶者，大帶所以束衣，革帶所以繫韠及佩，舉韠，則有革帶可知，是元冠亦有革帶矣。舉爵弁元端，則皮弁可知，故《衣服令》王皮弁，革帶，鞶囊，小綬，雙佩，最合古制。《論衡・謝短篇》服革於腰，佩刀於右，舞劒於左，云服革於腰，即革帶也。佩刀舞劒，皆於革帶之左右，則賈疏所云革帶繫佩之證。又考大帶在革帶之上。《左傳》鞶厲游纓。疏：以帶束腰，垂其餘以爲飾，謂之紳，上帶爲革帶，謂革帶在大帶之上也。不知鄭注喪服，要絰，象大帶，又有絞帶，象革帶。《左傳》疏：以革帶爲上帶，然則絞帶豈亦在要絰之上乎。《内則》端韠紳，疏：冠畢，然後服元端，著韠，又加大帶也。考韠繫於革帶，故服元端之後，必先著革帶，而後能著韠，既著韠，然後加大帶，則大帶在革帶之上矣。《漢書》叙傳，今吾子幸遊帝王之世，躬帶冕之服。師古曰，帶，大帶也，夫大帶至與冕竝稱，則大帶重，革帶輕矣。大帶在革帶之上，亦輕重之序也。《雜記》申加大帶於上。注：申，重也，革帶以佩韍，必言，重加大帶者，明雖有變，必備此二帶也。據此，則《雜記》明云申加大帶於革帶之上，彼文孔疏亦云謂，於革帶之上，重加大帶，象生時大帶最合《雜記》經注。《韓非子・外儲説》書曰，紳之束之，宋人有治者，因重帶自紳束也。云重自紳束，亦對革帶爲重，大帶既重於革帶，則在革帶之上可知。與《雜記》中加之義正同。孔於《雜記》疏：則云，大帶在革帶之上。於《左傳》疏則又以革帶爲上帶，亦復自相矛盾。蓋必知大帶在革帶之上，而後知《喪服》要絰在絞帶之上。知要絰在絞帶之上，而後知鄭《喪服》注：要絰象大帶，絞帶象革帶，之説爲確鑿也。又考大帶有組約，革帶有鉤。故《左氏僖二十四年傳》齊桓公置射鉤，而使管仲相。注：乾時之役，管仲射桓公，中帶鉤。《戰國・趙策》黄金師比。《楚詞・大招》小腰秀頸，若鮮卑。只注鮮卑，衮帶頭也。《匈奴傳》曰黄金飭具帶一，黄金犀毗一。師古注犀毗，亦言鮮卑，亦謂師比即鉤帶。《隋志》作鉤鰈。《後漢書・楊賜傳》詔賜御府衣一襲，自所服冠幘綬玉壺革帶金錯鉤佩，亦謂革帶之鉤，以金錯爲之也。《三國吴志・諸葛恪傳》諸葛恪蘆葦單衣，篾鉤落。鉤落者，校飾韋帶，世謂之鉤絡帶。凡冕弁，冠皆具此二帶，以下韋弁、皮弁、朝服諸篇，不復詳載，載於此。

又案《士喪禮》設韐帶，搢笏。注以爲，韐自有帶，韐帶用革。考《荀子・禮論篇》説褻衣襲三稱，縉紳而無鉤帶矣。注：紳大帶也，又云《士喪禮》曰設韐帶。考大帶，有組約，不用鉤，鉤帶則革帶也。唐《衣服令》爵弁革帶鉤鰈是也。《荀子》謂，士襲三稱，無鉤帶，是無革帶矣。似與《士喪禮》設韐帶異。楊倞注、謂，襲衣不復解脱，故不設鉤，然則士襲，非不設革帶也，乃不設鉤耳。所云無鉤帶，謂無著鉤之帶也。倞此等注：真通於禮經者也。

天子佩白玉，元組綬。公侯佩山元玉，朱組綬。大夫佩水蒼玉，純組

綬。世子佩瑜玉，綦組綬。士佩瓀玟，緼組綬。一命再命幽衡，三命葱衡。韋弁、皮弁、朝服、元端，皆同。《後漢志》載，五伯兵戰，猶有綬紱。然則戎服亦有佩矣。考《詩》服其命服，朱芾斯皇，有瑲葱珩。傳，三命葱珩。箋，命服者，命爲將受王命之服也。天子之服，韋弁服，朱衣裳也。疏：謂方叔受此韋弁命服，而經云葱珩，則韋弁服亦有玉佩矣。

《雞鳴》雜佩以贈之。傳，雜佩者，珩、璜、瑀、琚、衝牙之類。疏：《玉藻》説佩有黝珩。《列女傳》稱，阿谷之女，佩璜而澣，下云，玉佩瓊琚。《丘中有麻》云，貽我佩玖。則琚、玖與瑀，皆是石次玉，玖是佩，則瑀亦佩也。故云雜佩，珩、璜、琚、瑀衝牙之類。《玉藻》又云，天子佩白玉，公侯佩山元玉，大夫佩水蒼玉，世子佩瑜玉，士佩瓀玟玉，則佩玉之名，未盡於此，故言之類以包之。《天官・玉府》云，共王之服玉、佩玉、珠玉。注引《詩傳》曰，佩玉，上有葱珩，下有雙璜，衝牙、蠙珠，以納其閒下。《傳》亦云，佩有瑀琚，所以納間。謂納衆玉於珩上下之間。

《子衿》青青子佩。《毛傳》佩，佩玉也，士佩瓀珉，而青組綬。疏：案《玉藻》士佩瓀玟，而緼組綬。此云青組綬者，蓋毛讀《禮記》作青字，其本與鄭異也。

《玉府》共王之服玉，佩玉，珠玉。注：天子佩白玉，而元組綬。《詩傳》曰，佩玉，上有葱衡，下有雙璜，衝牙，蠙珠，以納其間。疏：引《詩傳》曰，謂是《韓詩》，佩玉有葱衡者，衡，横也，謂葱玉爲横梁，下有雙璜、衝牙者，謂以組，懸於衡之兩頭，兩組之末，皆有半璧，曰璜，故曰雙璜。又以一組，懸於衡之中央，於末著衝牙，使前後觸璜，故言衝牙。案《毛詩傳》衡璜之外，別有瑀琚，其瑀琚所置，當於懸衝牙組之中央，又以二組穿於瑀琚之内角，斜繫於衝之兩頭，於組末繫於璜，云蠙珠以納其間者，組繩有五，皆穿珠於其間，故云以納其間。《集傳》左右佩玉，上横曰珩。下繫三組，貫以蠙珠，中組之半，貫一大珠，曰瑀。末懸一玉，兩端皆鋭，曰衝牙。兩旁組半，各懸一玉，長博而方，曰琚。其末各懸一玉，如半璧而内向，曰璜。又以兩組貫珠，上繫珩，兩端下交貫於瑀，而下繫於兩璜，行則衝牙觸璜，而有聲也。

《玉藻》一命緼韍幽衡，再命赤韍幽衡，三命赤韍葱衡。注：衡，佩玉之衡，幽讀爲黝，黑謂之黝，青謂之葱。《周禮》公侯伯之卿三命，其大夫再命，其士一命。子男之卿再命，其大夫一命，其士不命。

天子佩白玉，而元組綬。公侯佩山元玉，而朱組綬。大夫佩水蒼玉，而純組綬。世子佩瑜玉，而綦組綬。士佩瓀玟，而緼組綬。注：玉有山元、水蒼者，視之文色所似也。綬者所以貫佩玉，相承受者也。純當爲緇字，或作絲旁才，綦文雜色也，緼赤黄。

案《玉藻》一命緼韍幽衡。注：此元冕弁服之韠。爵弁，緼韍，兼言幽衡，則爵弁之佩，見於經者也。又云朝則結佩，則朝服之佩，見於經者也。又云齊則綪結佩。齊服元端，則元之佩見於經者也。又云，凡帶必有佩玉。注凡謂天子以至士，然則，士服自元端以上，無不佩玉。惟庶人深衣不佩玉。故注釋經文凡字，止及士。

又案《詩》雜佩以贈之。疏傳云，雜佩，珩、璜、瑀、琚衝牙之類。《玉藻》又云，天子佩白玉，諸侯佩山元，大夫佩水蒼，世子佩瑜玉，士佩瓀玟玉，則佩玉之名，未盡於此，故言之類以包之。孔此疏以衡、璜、瑀、琚、衝牙之外，又有白玉、山元、水蒼、瑜、瓀、玟諸名，不知珩、璜、瑀、琚、衝牙言玉之狀，衡言其横，璜言半璧，瑀言其方，琚言長方，衝牙形似牙也。白玉、山元、水蒼、瑜、玟、瓀，言玉之質。天子珩、璜、瑀、琚、衝牙以白玉爲之，公侯之珩、璜、瑀、琚、衝牙以山元玉爲之，大夫世子士則以水蒼、瑜、玟、瓀爲之。非於珩、璜、瑀、琚、衝牙之外，又有白玉、山元以下諸種也。《大戴・保傳》及《鄭箋》與《玉藻》經文，互相備，非玉名有異同也。

又案《玉藻》佩玉有衝牙。孔疏：凡佩玉必上繫於衡，下垂二道，穿以蠙珠，下端前後以縣於璜，中央下端，縣以衝牙，動則衝牙前後觸璜，而爲聲，所觸之玉，其形似牙，故曰衝牙。考《大戴禮・保傅篇》上有雙衡，下有雙璜，衝牙玭珠，以納其間，瑀琚以雜之。蓋佩上有衡，衡之中一組，中貫一玉曰瑀，下貫一玉曰衝牙，旁二組各中貫一玉曰琚，下貫一玉曰璜，其間皆以組貫玭珠。如《玉藻》疏：但云，上繫於衡，下垂二道，穿以蠙珠，下端前後以縣於璜，中央下端，垂以衝牙，則是佩玉上有衡，下止有璜與衝牙，不復有瑀琚間其中矣。考《保傅篇》先言葱衡及雙璜衝牙，特舉上下兩端也。上下玉名既著，於是始言上下之間，貫以玭珠。而玭珠之中，又間以瑀琚之玉。其云瑀琚以雜之，猶云瑀琚以間之也。《鄭風》佩玉瓊琚。《毛傳》佩有琚瑀。所以納間，間猶中也，謂瑀琚納在衡璜衝牙之中也。蓋自衡至瑀琚，玭珠在衡及瑀琚之間。自瑀琚至璜衝牙，玭珠又在瑀琚及璜衝牙之

間，是玭珠不僅在衡璜之間也。《大戴禮》注：亦謂玭珠納衡璜之間，不及瑀琚，蓋彼注以瑀琚爲玭珠别名，非玉也。則佩上下惟有珩璜二玉，欲明玭珠納玉間，惟得云納於衡璜之間耳。今考雜佩以贈之，傳，雜佩，珩、璜、瑀、琚，衝牙之類，珩璜衝牙，與瑀琚竝舉，珩璜衝牙既爲玉，則瑀琚亦爲玉，明矣。故《説文》、《玉篇》皆云，瑀石之似玉者。《説文》云琚瓊琚。《玉篇》亦云琚，玉也。《續漢志》孝明皇帝，乃爲大佩，衝牙雙瑀璜，皆以白玉，然則《漢志》明以白玉爲瑀琚，則瑀琚不得爲玭珠矣。又《保傅篇》注：衡在中，牙在旁，考《玉藻》佩玉有衝牙，注：居中央，以前後觸也。鄭，明以衝牙在中央，與《保傅》注異。朱子以《大戴禮》注爲鄭注：恐鄭必不自相刺謬也。又或疑衡下組綬三條，所以繫玉珠孔細，非組綬可貫。今考《後漢・輿服志》佩印上合絲，乘輿以縢貫白珠，赤罽𧢼，據此則珠貫以縢，《玉篇》縢，繩也。《急就篇》注：以組爲絛類。《廣韻》絛，編絲繩，則組亦繩也，珠以貫縢，亦可貫組矣。《晉志》載，漢明帝，制天子之冕，前後旒用真白玉珠。魏明帝改以珊瑚珠，過江飾以翡翠、珊瑚、雜珠，侍中顧和奏改用白璇珠，此則魏晉以來組可貫珠之證也。蓋貫珠者，特用組之小者耳。《前漢・禮樂志》曳阿錫佩珠玉，兼云佩珠，則組貫玭珠也，安得云專繫玉耶。

又案《大戴禮》注：以瑀琚皆爲珠。《續漢志》引《纂要》瑀琚所以納間，今白珠也。與《大戴禮》注同《詩集傳》以瑀爲珠。考《初學記》引《三禮圖》曰，凡玉佩，上有雙衡，衡長五寸，博一寸，下有雙璜，璜徑三寸，衝牙蠙珠以納其間，上下爲衡。下字當爲平字之誤。半璧爲璜，璜中横以衝牙，以蒼珠爲瑀，《詩集傳》獨以瑀爲珠，蓋本諸此。然瑀琚之爲玉，當以《説文》、《續漢志》及《玉篇》爲正。又《韓詩》但有衡、璜、衝牙之名，不見瑀琚。《初學記》所引《三禮圖》但有衡、璜、瑀、衝牙之名，不見琚。而《初學記》引《魏略》云有雙璜、雙珩、琚瑀、衝牙、琨珠爲佩者，與《毛傳》所云珩、璜、琚、瑀、衝牙合。《月令章句》亦曰佩，上有雙衡，下有雙璜，瑀琚以雜之，衝牙蠙珠以納其間。見《玉海》。蓋皆本於《保傅篇》，故當以《保傅篇》爲正。又《月令章句》、《大戴禮》、《三禮舊圖》、《魏略》、《文選・思玄賦》、《雜伎藝》以爲珩，注引《大戴禮》皆作雙衡，惟《韓詩》作蔥衡。考衡之爲義，惟一梁上横。《周禮・追師》之衡，《輈人》之衡，與佩上之衡，名義相似，蓋以一衡爲上端，下屬三組，中組以貫瑀衝牙，旁組以貫兩琚及雙璜也。若有兩衡，何以貫三組乎。況《三禮舊圖》明云衡長五寸，若雙衡，則一尺矣，佩繫身旁，而容一尺之衡，其不適於體，甚明。故雙之作蔥，當以《韓詩》爲正。又玭珠，《魏略》作琨珠，琨字，或爲玭字之譌。《説文》琨，石之美者，若以琨爲珠，則即《獨斷》所云青玉珠、黑玉珠矣，與玭珠異質。

又案《玉藻》注：玉有山元、水蒼者，視之文色所似。考《山海經》崟山生元玉，注：言玉膏中又出黑玉也。《淮南子道應訓》於是散宜生，乃以千金，求天下之珍怪，得騶虞雞斯之乘，元玉百工。《漢書・楊雄傳》、《甘泉賦》元瓚觩䚯。服虔注：以元玉飾，故曰元瓚。則元玉，亦玉之可珍者，故公侯用之。《晉書・羅憲傳》泰始初入朝，詔給鼓吹，又賜山元玉佩劒。王祥傳，賜山元玉佩，蓋襲古公侯之佩也。又考《急就篇》璧碧珠璣玫瑰甕。師古注：碧，縹玉也。王伯厚補注引《説文》碧，石之青美者。《子虛賦》注：碧，謂玉之青白色者。《山海經》耿山多水碧。《廣志》曰，碧有縹碧，有緑碧，今考郭璞注水碧曰，亦水玉類。《南山經》堂庭之山，多水玉。郭璞注曰，水玉，今水精也。相如《上林賦》曰，水玉磊砢。郭璞注：水玉水精。郭璞《江賦》水碧潛瑶。注：以水碧及潛瑶，皆水玉類。又選詩，金膏滅明光，水碧輟流溼。注：水碧，水玉。杜陽編，水玉腰帶，可以解暑。水蒼之與水碧，不特蒼碧色同，其明澈似水，當亦同。《王會篇》王元繚碧基十二注：此下三碧皆玉，《西山經》高山其下，多青碧。注：碧亦玉類也。今越巂會稽縣東山，出碧，青碧，蓋即《廣志》所云緑碧。《廣雅》釋玉有云，碧瓐公孫龍子通，變論木賊金者碧。蓋碧爲青白色，水亦青白色，水蒼玉，似水之蒼色，與碧相當，尤與水碧相類，其碧之最良者歟。《公羊》注：諸侯用含玉，大夫用碧，大夫佩玉用水蒼，與含玉用碧，義相準也。又考《説文》玟，火齊玟瑰也，一曰石之美者，珉石之美者。《玉篇》珉石似玉，亦作碈，或作玟，又與瑶同。引《禮記》云，君子貴玉而賤瑶。《子虛賦》其石則赤玉玫瑰，琳瑶昆吾。張揖曰，瑶者，石之次玉者，則玟珉瑶碈一也。《類篇》以瑶爲一字，珉玟同爲一字，訓皆爲石次玉。士不得佩玉，佩石次玉者，亦猶卿大夫以下瑱用石也。又《玉篇》瑌，美石，白者如水，半有赤色。《子虛賦》碝石碔砆。張揖注：碝石碔砆，皆石之次玉者。碝石，白者如水，半

有赤色。碔砆，赤地白采。《類篇》瑀瑱爲一字，訓云，珉也，瑀與珉同物，即與玟同物，以珉玟實一字也。《類篇》玟本音眉貧切，與珉同音，蓋《説文》玟本以文爲聲也。而《玉篇》於玟字下，一訓火齊珠，一訓石之美者，同作莫杯切，所云石之美者，即玟瑀之玟也。然則玟瑀之玟，又與玟瑰之玟，音同轉也。玟瑀同物，瑀半有赤色，則玟可知。天子佩白玉，公侯佩元玉，卿大夫佩蒼玉，士佩瑀玟，則淺赤石也，此不特玉石異質，竝異色矣。故《玉篇》瑀字之訓，與《玉藻》此節經義，隱相發明也。

纁裳。

《七月》我朱孔陽，爲公子裳。傳，朱，深纁也，陽明也。祭服元衣纁裳。疏：《士冠禮》云，爵弁服，纁裳。注云，凡染纁，一入謂之縓，再入謂之赬，三入謂之纁，朱則四入與。以上染，朱入數，書傳無文，故約之，以爲四入也，三則爲纁，四入乃成朱色，深於纁。故云，朱，深纁也。

《士冠禮》爵弁服，纁裳。注：纁裳，淺絳裳。凡染絳，一入謂之縓，再入謂之赬，三入謂之纁，朱則四入與。疏云纁裳淺絳裳者，絳則一染至三染同云淺絳。《詩》云，我朱孔陽。《毛傳》云，朱，深纁也。故從一染至三染皆謂之淺絳也，云朱則四入與者。《爾雅》及鍾氏皆無四入之文，經有朱色，故鄭約之。若以纁入黑則爲紺，若以纁入赤則爲朱，無正文，故云與，以疑之也。

《士昏禮》主人爵弁、纁裳、緇袘。注：袘謂緣，袘之言，施以緇緣，裳象陽氣下施。

《士喪禮》爵弁服、純衣。注：純衣者，纁裳。疏：纁裳者，《士冠禮》文禮器士元衣纁裳。疏：士爵弁元衣纁裳。

《雜記》爵弁一，疏：元衣纁裳也。

案《爾雅》三入爲纁。注：纁，絳也。《廣雅》纁，謂之絳。《釋名》紅，絳也，白色之似絳者也。又曰，絳，工也，染之難得色，以得色爲工也。然則紅爲白色之似絳者，猶非絳也，至於絳，則染紅而得色者矣。故《釋名》絳，工也，以得色爲工。郭注以纁爲絳，則纁爲深紅色矣。《通典》載東晉制，納徵用元纁帛二匹，則纁與絳又異。考鄭《士冠禮》注：纁，淺絳也，凡染絳，一入謂之縓，再入謂之赬，三入謂之纁，朱則四入與。據此注：凡染絳，三字直貫，至四入爲朱，則朱亦絳也。淺絳爲纁，則深絳當爲朱矣。《九嘆》張絳幃以襜襜兮，風邑邑而蔽之。王逸注：言君張朱幃，則以朱訓絳也，蓋自大同，言之纁，亦爲絳。以細別言之，則絳又深於纁矣。

又案《書・顧命》太保、太宗。皆麻冕彤裳、孔傳。彤、纁也。禮《祭服》纁裳，纁是赤色之淺者。考《説文》彤，丹也。《廣雅》彤，赤也。鄭注：三入曰纁，四入曰朱，則朱深於纁。《斯干》朱芾斯皇。疏：《乾鑿度》以爲天子之朝朱紱，諸侯之朝赤紱。朱深於赤，然則朱深於赤，猶朱深於纁，纁赤相當。《廣雅》訓彤爲赤。《顧命》傳訓彤爲纁，一也，故纁裳通作彤裳。又考《九嘆》建黄纁之總旄。王逸注：黄纁，赤黄也，天氣元黄，故曰黄纁也。然則纁近於黄，朱芾斯皇，箋以朱芾爲純朱，赤芾爲黄朱，則赤亦通於黄，故纁赤相當也。考《爾雅》再染謂之赬，郭注云染赤。《詩・汝墳》疏：引璞注云，淺赤，考三染之纁，始與赤相當，則再染之赬，猶爲淺赤也。染赤，當爲淺赤之誤。

又案《爾雅》再染謂之赬，三染謂之纁，自其細別言之也。如以大略言之，則纁又通名赬。《喪大記》大夫以元赬。注：赬，赤也。元衣赤裳，所謂卿大夫自元冕而下之服也。則元赬即元衣纁裳也。《閒居賦》注：水挂赬鯉。注引《詩傳》曰，赬，赤也。

又案《通典》載，後周制，士則，祀弁，爵弁，元冠，皆元衣。其裳，上士以元，中士以黄，下士雜裳。似祀弁，爵弁、元冠，皆通服元衣、元裳、黄裳、雜裳者。與古爵弁、纁裳不合。考《隋志》云，士，祀弁，爵弁，元冠。注云，元冠，皆元衣，其裳，上士以元，中士以黄，下士則雜裳。則是專據元冠之衣裳耳。不承祀弁、爵弁爲文也。《通典》删去《隋志》注中元冠二字，而於祀弁、爵弁、元冠之下，統接云，皆元衣，其裳，上士以元，中士以黄，下士以雜裳。遂使爵弁亦通用元端之服矣。甚矣。删節之宜慎也。

韎韐。

《候人》彼其之子，三百赤芾。傳，芾，韠也。一命緼芾黝珩，再命赤芾黝珩，三命赤芾蔥珩，大夫以上赤芾乘軒。疏《桓二年左傳》云，衮冕黻珽，則黻是配冕之服。《易・困卦》九五，困於赤芾，利用享祀。則芾服祭祀所用也。《士冠禮》陳服皮弁、素韠、元端、爵韠，則韠之所用，不施於祭服矣。《玉藻》説韠之制云，下廣二尺，上廣一尺，長三尺，其頸五寸，肩革帶博二寸。《書傳》更不見芾之别制，明芾之形制，亦同於韠，但尊祭服，異其名耳。

言芾、韠者，以其形制大同，故舉類以曉人，其體別言之，則祭服謂之芾，他服謂之韠，二者不同也。一命緼芾黝珩，再命赤芾黝珩，三命赤芾蔥珩，皆《玉藻》文。彼注云，元冕爵弁服之韠，尊祭服，異其名耳。韍之言蔽也，緼，赤黄之間色。

瞻彼洛矣，韎韐有奭，以作六師。傳，韎韐者，茅蒐，染草也。一曰韎韐，所以代韠也。箋，韎韐者，茅蒐染也。茅蒐，韎韐聲也。韎韐，祭服之韠，合韋爲之，其服爵弁服。紂衣、纁裳也。疏：一曰韎韐，所以代韠者。案《爾雅》云，一染謂之縓，再染謂之赬，三染謂之纁，此曰韎韐，即一入曰韎韐，是縓也。定本云，一入曰韎韐，是以他服謂之韠，祭服則謂之韎韐，以此韎韐代他服之韠。大夫以上祭服謂之韍，士無韍名，謂之韎韐。士言韎韐，亦猶大夫以上之言韍也。若然。《玉藻》云，一命緼韍黝珩。注云，侯伯之士一命，則士亦名韍矣。言韎韐者，彼注亦云，子男大夫一命，則一命緼韍，以子男大夫爲文，故言韍耳，其實，士正名韎韐。《士冠禮》爵弁服，韎韐不言芾者，是也。又云，言古人之道，茅蒐，其聲如韎韐，故名此衣爲韎韐也。《士冠禮》注云，韎韐者，緼韍而黝衡，合韋爲之，士染以茅蒐，因以名焉。今齊人名蒨爲韎韐，又駁異義云，韎，草名，齊魯之閒言韎韐，聲如茅蒐，字當作韎，陳留人謂之蒨，是古人謂蒨爲茅蒐，讀茅蒐，其聲爲韎韐，故云茅蒐，韎韐聲也。又解代韠之意，士朝服謂之韠，祭服謂之韎韐，駁異義云，有韎韐無韠，有韠無韎韐，是韎韐必代韠也。其禮合韋爲之，此韎韐是蔽膝之衣耳。

《采菽》赤芾在股。箋，冕服謂之芾，其他服謂之韠。疏以士之有爵弁，猶大夫以上有冕也，士有韎韐，猶大夫以上有芾也。《士冠禮》陳服於房中，爵弁韎韐，皮弁素韠，元端爵韠。《雜記》云，士弁而祭於公，即爵弁也。士服爵弁，以韎韐配之，則服冕者以芾配之，故知冕服謂之芾，士服皮弁、元端皆服韠，是他服謂之韠。

《士冠禮》韎韐注：韎韐，緼韍也。士緼韍而幽衡，合韋爲之，士染以茅蒐，因以名焉。今齊人名蒨爲韎韐，韍之制似韠。疏云，韎韐，緼韍也者。此經云，韎韐，玉藻云緼韍，二者一物，故鄭合爲一物解之也。云士緼韍而幽衡者，《玉藻》文言幽衡者，同繫於革帶，故連引之也。云合韋爲之者，鄭即因解明緼韍之事，言韐者，韋旁著合，謂合韋爲之，故名韐也。云士染以茅蒐，因以名焉者。案《爾雅》云，茹藘茅蒐。孫氏注：一名蒨，可以染絳，若然，則一草有此三名矣。但周公時名蒨草爲韎草，以此韎染韋，合之爲韐，因名韍爲韎韐也。云韍之制似韠者，案上注已釋韠制，其韍之制亦如之，但有飾無飾爲異耳。祭服謂之韍，其他服謂之韠。《易・困卦》九二，困於酒食，朱韍方來，利用享祀，是祭服之韍也。又案《明堂位》云，有虞氏服韍，夏后氏山，殷火，周龍章。鄭云，後王彌飾，天子備焉，諸侯火而下，卿大夫山，士韎韋而已。是韍有與韠異，以制同，飾異，故鄭云韍之制似韠也。

《士喪禮》韎韐注：一命緼韍。疏《士冠禮》元端爵韠，皮弁素韠，爵弁服韎韐。今亦三服，其設韎韐者，以其重服，亦如帶矣。《王制》天子之縣內諸侯，禄也。疏：諸侯父死，未賜爵，亦視元士，以《詩》韎韐有奭，以作六師。是諸侯世子，未爵命，服士之韎韐之服，是也。

《玉藻》一命緼韍幽衡，再命赤韍幽衡，三命赤韍蔥衡。注：此元冕爵弁服之韠，尊祭服，異其名耳。韍之言亦蔽也，緼，赤黄之間色，所謂韎也。疏以上經云，君朱，大夫素，士爵韋，是元端服之韠，故云。此元冕爵弁服之韠，言異於上也。此據有孤之國，以卿大夫，雖三命、再命，皆著元冕，若無孤之國，則三命、再命之卿大夫，皆絺冕，不得惟元冕也。爵弁，則士所服，云尊祭服，異其名耳者。他服稱韠，祭服稱韍，是異其名，韍、韠皆言爲蔽，取蔽鄣之義也。知祭服稱韍者，案《易・困卦》九二，朱紱方來，利用享祀，是祭服稱韍也。案《詩毛傳》天子純朱，諸侯黄朱，黄朱色淺，則亦名赤韍也。則大夫赤韍，色又淺耳。有虞氏以前，直以皮爲之，後王漸加飾焉，故《明堂位》云，有虞氏服韍，夏后氏山，殷火，周龍章。彼注云，天子備焉，諸侯火而下，卿大夫山，士韎韋而已。云緼，赤黄之間色，所謂韎也者。案此云，一命緼韍，一命謂公侯伯之上《士冠禮》爵弁，韎韐。此緼韍，則當彼韎韐，故云所謂韎也。《毛詩》云，韎韐，茅蒐染，齊人謂茅蒐，爲韎韐聲也。茅蒐則蒨草也，以蒨染之，其色淺赤，則緼爲赤黄之間色，若子男大夫，但名緼韍，不得爲韎韐也。以其非士故耳。

《明堂位》有虞氏服韍，夏后氏山，殷火，周龍章。注：韍，冕服之韠也，舜始作之，以尊祭服。又曰，諸侯火而下，卿大夫山，士韎韋而已。疏案《士冠禮》士韎韐，是士無飾。推此，即尊者飾多，此有四等，天子至士亦爲四

等，故知卿大夫加山，諸侯加火，天子加龍。

案《詩》茹藘在阪。傳，茹藘，茅蒐也。疏：茹藘，茅蒐，釋草文。李巡曰，茅蒐，一名茜，可以染絳。陸璣疏云，一名地血。齊人謂之茜，徐州人謂之牛蔓。《廣雅》地血，茹藘，蒨也。《本草圖經》茜根，一作蒨，生喬山之谷，今近處皆有之，染緋草也。考鍾氏染羽，以朱湛丹秫，三月而熾之。鄭司農云，丹秫赤粟下云，三入爲纁。注引《爾雅》曰，一染謂之縓，再染謂之竀，三染謂之纁。疏：此三者，皆以丹秫染之。《詩》韎韐有奭。《毛傳》一入曰韎韐，與《爾雅》一入曰縓，正相當。《廣雅》縓，謂之紅，以丹秫染之，與以韎草染雖不同物，而一入之色，則皆紅也。《釋名》紅，絳也，白色似絳也。《招魂》紅壁沙版。王逸注：紅，赤白色也。《急就篇》烝栗絹紺縉紅繎。注：紅藍，然則染紅者，曰丹秫，曰韎草，曰紅藍，不一類。而染爵弁之韍，則獨用韎草，因曰韎韐。《說文》綪，赤繒也，以蒨染，故謂之綪，猶以韎染，故謂之韎也。《貨殖傳》巵茜千石，亦比千乘之家。謂凡染絳，有丹秫、紅藍數類，而用茜爲多，故蒔茜之利最厚，比於千乘家也。《吴都賦》綸組紫絳。劉淵林注：絳，絳草也，出臨賀郡，可以染。考《廣雅》纁，謂之絳，絳則色之三入者，與《毛傳》一染之韎韐不同，然則韎草、絳草，所用亦各有深淺之宜。

又案《隋志》爵弁服，爵韠。考爵韠，爲士元端之韠，韎韐其色，當一入之縓，爵赤而微黑，即五入之緅。爵弁之韠，不以韎，而以爵，是韠與裳不同色矣。與禮典迕。

又案《說文》士無市，有韐。制如榼，缺四角，爵弁服，其色韎，賤不得與裳同色。司農曰，裳，纁色。考爵弁，祭服，尊於皮弁、朝服、元端，故韠曰韎韐，屨飾以繢次，以其次於冕也。皮弁、朝服、元端，其韠且與裳同色，何爵弁反云賤，不得與裳同色乎。考韎淺赤，纁亦淺赤，故韎韐與纁裳色略同。《說文》賤不二字，與淺赤二字，形相近。賤不，當爲淺赤之譌，蓋謂韎韐其色韎，句。淺赤，句。得與裳同色耳。

天子諸侯爵弁之舄無明文。大夫士纁屨，黑絇繶純。

《狼跋》赤舄几几。傳，赤舄，人君之盛屨也。几几，絇貌。疏：屨順裳色，爵弁之屨，以黑爲飾，爵弁尊其屨飾，以繢次，云几几，絇貌，謂舄頭飾之貌，以爵弁祭服之尊，飾之以繢次，屨色纁，而絇用黑，則冕服之舄，必如繢次，舄色赤，則絇亦黑也。屨人掌王及后之服屨，爲赤舄、黑舄、赤繶、黄繶、青句。注：屨自明矣，必連言服者，著服各有屨也。複下曰舄，禪下曰屨。又曰，士爵弁，纁屨，黑絇繶純，尊祭服之屨飾，從繢也。疏：黑與纁，南北相對，尊祭，故對方爲繢次也。

辨外内命夫命婦之命屨。注：命夫之命屨，纁屨。疏：命夫之命屨者，以其經不云舄，惟云屨，大夫以上衣冠則有命舄，無命屨。故知命屨中，惟有士屨而已。士之命服爵弁，則纁屨，故云命屨纁屨而已。

《士冠禮》爵弁，纁屨，黑絇繶純，純博寸。注：爵弁屨，以黑爲飾，爵弁，尊其屨飾，以繢次。疏：案《冬官》畫繢之事云，青與白相次，赤與黑相次，元與黄相次。鄭云，此言畫繢六色所象，及布采之第次，繢以爲衣。又云，青與赤謂之文，赤與白謂之章，白與黑謂之黼，黑與青謂之黻。鄭云，此言刺繡采所用，繡以爲裳，此是對方爲繢次，比方爲繡次。案鄭注屨人云，凡舄之飾，如繢之次，凡屨之飾，如繡之次也。此即上黑屨以青爲絇繶純，白屨以黑爲絇繶純，則白與黑，黑與青，爲繡次之事也。今次爵弁纁屨，纁南方之色，赤不以西方白爲絇繶純，而以北方黑爲絇繶純者，取對方繢次爲飾，與舄同者。尊爵弁是祭服，故飾與舄同也。

《左氏桓二年傳》帶裳幅舄。疏：其士皆著屨，纁屨者，爵弁之屨，又云其卿大夫服冕者，亦赤舄，餘服則屨。

案《周禮·屨人》注：複下曰舄，禪下曰屨。王伯厚《急就篇》補注、惠氏《禮說》皆引《方言》中有木者謂之複舄，禪者謂之鞮，作證。今考《曲禮》注：鞮，無絇之菲也。《少儀》國家靡敝，君子不履絲屨。疏：絲屨謂絇繶純不以絲飾，故云，不履絲屨也。《士喪禮》連絇，疏：若無絇則謂之鞮屨，蓋謂鞮屨不飾。《鹽鐵論》古者，庶人賤騎，繩控革鞮，皮薦而已，言乎革鞮之異於絲屨也。《釋名》齊人謂韋屨曰扉，皮作之。郭璞釋鞮曰，韋鞮，韋即皮也，鞮即扉也。《周禮·鞮鞻氏》注：四夷舞者所扉也，今時，倡蹋鼓沓行者，自有扉鞮。扉，通名，皆不以絲爲飾。故《曲禮》注：謂鞮爲無絇扉也。《方言》云，禪者謂之鞮，自指無絇之扉，即所謂扉屨也。《屨人》注云，禪下曰屨，乃有絇繶純者也，即所謂絲屨也。二屨顯異。《急就篇》補注及《禮說》乃引《方言》釋屨人，注者《方言》本節云，扉屨，麤屨也，與下文爲目，下文中有木者，謂之複舄，禪者謂之鞮，謂扉屨之複者禪者也。

《屨人》注：複下曰舃，襌下曰屨，謂絲屨之複者襌者也。絲屨、屝屨雖殊，而襌複之制則一，故《方言》可與《屨人》注互證也。《釋名》複其下曰舃，舃者，腊也，行禮久立地，或泥溼故複其末下，使乾腊也。《古今注》舃以木置屨下，乾腊不畏泥溼也，蓋舃以革爲底，而以木爲重底，置在屨下，故《釋名》謂複其末下。《古今注》亦云，木置屨下也。革柔，故以革親足，木堅，可以禦泥溼，故以木著地也。舃既以木爲複底，菲屨雖麤屨，亦以木爲複底，同於舃制，故《方言》釋屝屨之複者，亦通曰複舃。其襌者，則但以革爲底，不重以木，故《玉篇》既以鞮爲襌屨，又以鞮爲革底，是鞮爲屝屨之襌者也。絲屨之襌複，與屝屨之襌複，制略同也。

又案天子諸侯自冕服外，雖朝服、元端，皆用舃，惟天子爵弁當用屨。《屨人》注：天子諸侯吉事皆舃，爵弁爲天子哭諸侯及承天變之服，非吉事也，似不當舃。諸侯未遇爵命，服士服而來，則服爵弁，雖非凶事，但既服士服，似亦當從士屨。

又案《士冠禮》夏用葛。又曰，冬皮屨可也。則履，皮屨其常制也。皮屨，即革屨也，惟考《漢書・東方朔傳》足履革舃，以韋帶劒。《後漢・馬援傳》綈袍韋舃。《王符傳》躬衣弋綈，革舃韋帶。皆以履革舃爲儉損者，蓋革屨而飾約繶純，則名絲屨。《士冠禮》所云皮屨，謂以絲飾皮也。諸列傳所云韋舃，其即禮所云鞮屨不約者乎。

中衣用素。

《郊特牲》繡黼丹朱中衣，大夫之僭禮也。注：繡黼丹朱，以爲中衣領緣也。繡，讀爲綃，綃，繒名也。《詩》云素衣朱綃。又云素衣朱襮。襮，黼領也。疏云，繡黼丹朱以爲中衣領緣也者，中衣謂冕及爵弁之中衣，以素爲之，繡黼爲領，丹朱爲緣，云繡，讀爲綃，綃，繒名也者。案注《昏禮》引《詩》云，素衣朱綃。《魯詩》亦以爲綃，綃，綺屬，以《魯詩》既爲綃字，又五色備曰繡，白與黑曰黼，繡黼不得其爲一物，故以繡爲綃也，謂於綃上而刺黼文也。引《詩》云素衣朱綃者，證以繡爲綃，又引《詩》素衣朱襮者，證黼領也。案《釋器》黼領謂之襮，故云襮，黼領也。案《玉藻》云，以帛裏布，非禮也。此素衣是絲，當爲冕及爵弁之中衣，禮朝燕之服，皆以布爲之，皇氏云，此素爲中衣，兼爲朝燕服之中衣，非也。案禮，公之孤四命，則爵弁，自祭也，則天子大夫四命，亦當爵弁自祭，則中衣得用素，但不得用綃黼爲領，丹朱爲緣耳。熊氏云，此云大夫僭，謂非四命而著素衣，爲僭，今爲四命得著素衣，但以綃黼丹朱猶爲僭也。其大夫士助祭於君，服爵弁以上，雖中衣用素，亦不得用綃黼丹朱，以爲領緣，以其是諸侯之服，故《唐詩・揚之水》刺晉昭公微弱云，素衣朱綃，從子於鵠。國人欲進此服，去從桓叔，爲諸侯也。

《玉藻》以帛裏布，非禮也。注：中外宜相稱也。冕服絲衣也，中衣用素。皮弁服、朝服、元端，麻衣也，中衣用布。

元綃衣以裼之。疏：皇氏又云，凡六冕及爵弁無裘，先加明衣，次加中衣，冬則次加袍繭，夏則不袍繭，用葛也，次加祭服。

《爾雅・釋器》黼領謂之襮。注繡刺黼文以褗領。疏：注繡刺黼文以褗領者，《詩・唐風》云，素衣朱襮。《毛傳》云，襮，領也，諸侯繡黼丹朱中衣，毛言繡黼者，謂於繒之上，繡刺以爲黼，非訓繡爲黼，郭氏取毛爲説也。

案《後漢・輿服志》長冠，祀宗廟諸祀則冠之，皆服袀元，絳緣領袖爲中衣，絳袴袜。又云，今下至賤更小史，皆通制袍，單衣皂緣領袖中衣爲朝服。此言朝祭之服，皆有中衣也。與《玉藻》經義最合。《唐六典》朝服絳紗單衣，白紗中單，皂領褾襈裾，白裙襦，公服絳紗單衣，白裙。據此，則朝服、公服之別，繫乎中單之有無，故中單與表衣竝有差等也。隋高祖制乘輿衮冕，白紗内單，黼領，青褾襈裾。朝服通天冠，白紗内單，皂領襈裾。王公以下衮冕、鷩冕、毳冕，白紗内單，黼領，青褾襈裾。絺冕以下，内單，青領朝服，白紗内單，皂領襈裾。大業元年，制乘輿以平冕，白紗内單，黼領，青褾襈。通天冠，朝服，白紗内單，皂領褾襈裾。皇太子衮冕，白紗内單，黼領，青褾襈裾。遠遊冠，白紗内單，皂領褾襈裾。進賢冠，朝服，白紗内單，皂領袖，皂襈。唐武德初《衣服令》大裘，白紗中單，皂領，青褾襈裾。褾，音必小反，袖端也。襈，士眷切，垂裾也。衮冕，白紗中單，黼領，青褾襈裾。上公衮冕，白紗内單，黼領，青褾裾襈。爵弁，白紗中單，青領褾襈裾。《唐六典》几百官朝服，白紗中單，皂領褾襈。考晉宋以後，祭服、朝服，皆用絳紗及皂紗，則絲衣也。其中衣皆白紗，即注所謂絲衣用素也。中衣緣領袖，或以絳，或以青，或以元，或以黼黻。歷代制度不同，而以黼黻爲至尊，即諸侯以上繡黼之遺制也。孔疏謂，大夫士服爵弁，亦得以素爲中衣，但不得用黼領。《衣服令》載，爵弁青領，異於冕服，特爲大夫士言之也。諸侯以上

服爵弁，而素中衣，其亦得從繡黼丹朱之制乎。又裼衣與上服同色，中衣與上服不同色，故冕服及爵弁皆元衣，而中衣用素。《莊子・讓王篇》子貢乘大馬，中紺而素衣。注：李云，紺爲中衣，加素爲表，則亦中衣、素衣異色之一證也。

又案馬縞《中華古今注》汗衫，蓋三代之襯衣也，禮曰中單。考《漢書・萬石君傳》竊問侍者，取親中帬、廁牏，身自澣洒。晉灼曰，今世謂反門小袖衫爲侯牏。師古曰，中帬若今言中衣也，廁牏者，近身之小衫，若今汗衫也。據此，則中衣與汗衫不同。《釋名》中衣言在小衣之外，大衣之中。汗衣近身，受汗垢之衣也。《詩》謂之澤，受汗澤也，或曰鄙袒，或曰羞袒，作之用六尺裁，足覆胷背，言羞鄙於袒，而衣此耳。《詩・無衣》與子同澤。傳云，澤，潤澤也。箋云，襗，褻衣，近汗垢，然則汗衫即澤也，亦即《釋名》所謂小衣也。中衣在汗衫之上，故《釋名》謂，中衣在小衣之外，不得合中衣汗衫爲一也。如中衣即汗衫，則汗澤沾濡，近身最褻，豈尚以丹朱爲緣，同於禮衣之盡飾乎。

羔裘。

《羔羊》羔羊之革，素絲五緎。疏：《司裘》職云，掌爲大裘，以供王祀天之服。更不別言衮冕已下之裘，明六冕與爵弁，同用黑羔裘。又云《司服》職云，王祀昊天上帝，則服大裘而冕。以下冕，不復云裘。《司裘》職云，掌爲大裘，以供王祀天之服。亦不別言衮冕以下之裘。明六冕與爵弁，同用大裘之羔裘矣。案《玉藻》云，君子狐青裘，豹褎，元綃衣以裼之。注云，君子，大夫、士，狐青裘，蓋元衣之裘。然衮冕與元衣，知不用狐青裘者。以《司裘》職云，季秋獻功裘，以待頒賜。注云，功裘，人功微麤，謂狐青、麛裘之屬。鄭以功裘以待頒賜，大夫、士，明非冕服之裘矣。

《司裘》疏：《玉藻》云羔裘。注：引孔子緇衣羔裘。鄭注《論語》云，君之視朝之服，亦卿、大夫、士祭於君之服。若然，卿大夫助祭用冕服，士用爵弁，君朝服，冕服羔裘，卿大夫士弁冕，用羔裘，至於朝服，亦用羔裘，即是君臣祭服，朝服，同服羔裘也。《玉藻》君子狐青裘，豹褎，元綃衣以裼之。注：君子，大夫、士也。綃，綺屬也，染之以元，於狐青裘相宜，狐青裘蓋元衣之裘。疏：皇氏云，元衣謂元端也，皇氏又云，畿内諸侯朝服用緇衣，畿外用元衣，此狐青又是畿外諸侯朝服之裘。又云，熊氏云，六冕皆有裘，此云元衣，謂六冕及爵弁也，則天子諸侯皆然，而云大夫、士者，君用純狐青，大夫、士雜以豹褎。熊氏又以内外諸侯，朝服皆緇衣，以羔爲裘，不用狐青也。狐青既是冕服之裘。《周禮・司裘》謂之功裘者，以在冕服之内，人功微麤，不如黼裘大裘之美，以故謂之功耳。劉氏云，凡以六冕之裘，皆黑羔裘也。故《司服》云，祭昊天大裘而冕。以下冕皆不云裘，是皆用羔裘也。又《論語》注：緇衣羔裘，皆祭於君之服，是祭服用羔裘也。劉氏又以此元衣爲元端，與皇氏同。今刪定三家之説，雖各有通塗，皆有長短。皇氏以畿内諸侯緇衣，畿外諸侯元衣。案《王制》直云，元衣而養老，不辨内外之異，又《詩・唐風》羔裘豹袪，卿大夫之服。《檜風》曰，羔裘逍遥。鄭元云，朝、燕之服也。《論語》云，緇衣羔裘。注云，諸侯之朝服羔裘者，必緇衣爲裼。唐、檜、魯，非畿内之國，何得竝云羔裘。若此，元衣爲畿外諸侯，則鄭注此，何得云君子大夫士也。又祭服無裘，文無所出，皇氏之説非也。劉氏以六冕皆用大裘，案《鄭志》，大裘之上有元衣，則與元冕無異，是以小祭與昊天服同此，則劉氏之説非也。今彼此商量，以熊氏之説踰於二家。

案《玉藻》犬羊之裘不裼。《淮南子・説山訓》被羊裘而賃，固其事也。貂裘而負籠，甚可怪也。然則羊裘，賤者之服，羔裘亦羊裘也，冕弁之服，皆用之者。《説文》羔，羊子也，羊初生，其毛柔細，最深煖也，故爲良裘。《淮南子・齊俗訓》晉文君大布之衣，牂羊之裘。《墨子・兼愛篇》昔者，晉文公好士之惡衣，故文公之臣，牂羊之裘，韋以帶綫考《廣雅》牝羊一歲曰牸䍮，三歲曰牂羊，至三歲則齒極長，其毛麤大不及羔羊矣。故牂羊之裘爲惡衣，與麤布之衣相配。《玉藻》所云，犬羊之裘，蓋謂此也。羊裘不裼，而羔爲羊子，即用之於冕弁服，猶鹿裘爲喪服之裘，而麛爲鹿子，則用之於皮弁服也。

又案《玉藻》君子狐青裘。鄭注：蓋元衣之裘。元衣二字，爲冕弁及朝服元端同稱。而皇氏獨以爲元端之裘者，蓋合鄭《論語》注：決之也。《司裘》疏引《論語》緇衣羔裘，鄭注云，君之視朝之服，亦卿大夫士祭於君之服，卿大夫助祭於君，元冕也，即知冕服用羔裘。士助祭於君，爵弁也。即知爵弁用羔裘，君臣視朝之服，朝服也，即知朝服用羔裘。此外惟元端不見所用之裘，則《玉藻》狐青裘注所云，元衣之裘即爲元端之裘，無疑矣。熊氏以此注元衣，爲六冕及爵弁之裘，然則卿大夫士祭於君，當服元冕爵弁，

即當用狐青裘，不用羔裘矣。何以《論語》注又云羔裘爲卿大夫士祭於君之服乎。鄭必不自相刺謬如此。故知此注：元衣專謂元端矣。熊氏誤解《玉藻》注元衣二字，由未參考《論語》注耳。孔又謂，六冕若皆用大裘，《鄭志》大裘之上有元衣，則與元冕無異，是以小祭與昊天上帝同服，此則劉氏之説非也。今考鄭《司裘》注云，大裘，黑羔裘。《論語》注謂，冕、爵弁、朝服，皆用黑羔裘，不嫌與大裘同者。《玉藻》云，禮不盛，服不充，故大裘不裼。注：大裘不裼，謂祭天也，孔疏大裘，則無别衣，蓋謂此也。其他冕服及爵弁、朝服，雖亦用羔裘，而於羔裘之上，加裼衣，裼衣之上加正服，即異於天子之大裘不裼矣。至《鄭志》大裘之上加元衣，蓋僅於裘之外加元衣，元衣之内更無裼衣，即《玉藻》所云大裘不裼也。與元冕裼裘迥異。而孔氏謂大裘與元冕無殊，尤未深考《玉藻》注元衣二字，未明著何服，故熊氏意爲六冕及爵弁之裘，而鄭《論語》注以卿大夫士祭於君之服用羔裘，則爵弁之用羔裘《論語》注有明文矣，故一以彼注爲斷。孔《玉藻》疏謂，六冕及爵弁之裘，用狐青裘。而《詩》羔羊之革，疏又謂六冕與爵弁同用黑羔裘，則仍從劉氏之説矣。

又案《玉藻》羔裘豹飾，緇衣以裼之。疏《論語》注云，緇衣，祭於君之服者，謂助君祭，朝服而祭也，亦卿大夫祭於君之服也。今考諸經傳注：載卿大夫助祭之服，無用朝服者，疏謂朝服亦卿大夫祭於君之服，全無根據。《司裘》疏曰，鄭注《論語》云，君之視朝之服，亦卿大夫士祭於君之服，若然，卿大夫助祭用冕服，士用爵弁，君朝服冕服羔裘，卿大夫士弁冕用羔裘，至於朝服亦用羔裘，即是君臣祭服同服羔裘也。賈此疏謂，卿大夫士助祭冕弁服，同服羔裘，最善體會鄭注：但羔裘必以緇衣爲裼。考賈《儀禮》疏云，據布爲色者，則爲緇字，據帛爲色者，則爲紂字，此云緇衣、羔裘，即爲緇布衣。若卿大夫以冕弁助祭，上服絲衣，而裼用緇布衣，即是以布裹帛矣，於制未合，似鄭注所云，緇衣羔裘，亦卿大夫士助祭於君之服，不指元冕爵弁，不知以帛裹布非禮也。本謂中衣，不謂裼衣，辨見《深衣考》。即以緇衣考之，據布爲色即爲緇字，即據帛爲色亦或爲緇字。《國策》令尹子文衣緇帛及麛裘之衣，《吕氏春秋・淫辭篇》及《子華子・神器篇》昔吾所亡者紡緇也。《管子・七臣七祖篇》夫男不田，女不緇。注云，緇繒此皆以緇爲帛也，均不作紂字，可知絲衣亦得名緇衣。然則卿大夫士冕弁祭服以緇衣，裼羔裘，蓋用緇帛也，故鄭於緇衣羔裘之下。注云，君之視朝之服，亦卿大夫祭於君之服也。又考禮，不特冕弁絲衣，其裼衣當用帛，即朝服布衣，其裼衣多用帛。《玉藻》君子狐青裘，元綃衣以裼之。又曰，君衣狐白裘，錦衣以裼之。又《論語》素衣麛裘。考狐青裘，元端之裘也。狐白裘及麛裘，皆皮弁之裘也。元端皮弁，上服布衣，以元綃錦衣素衣爲裼，則是上衣用布，裼衣多用帛也。蓋裼衣與中衣不同，中衣爲裏衣，與褻衣相近，上衣用布，則中衣必不用帛也。自孔穎達誤以以帛裏布，非禮也。二語爲指裼衣，遂謂上衣用布，則裼衣不得用帛，不知《玉藻》以帛裏布，注明謂中衣，不謂裼衣，如謂裼衣，不得以帛裏，然則錦衣，素衣，何以裼皮弁。《士冠禮》賈疏：若以衣裳言素者，謂白繒也。引《論語》注：素用繒，《詩》孔疏亦云未有以素爲布者。元綃何以裼元端乎。《論語》素衣麛裘。所云素衣，謂皮弁服之裼衣，白布衣，十五升，則皮弁服之上服也。《論語》緇衣羔裘。所云緇衣，則朝服之裼衣。以素衣麛裘，推緇衣羔裘，素衣以素帛爲裼衣，則緇衣當以緇帛爲裼衣。《詩》緇衣之宜兮。則緇布衣十五升，朝服之上衣也。

又卷三《韋弁服》 韋弁爲聘禮卿歸賓饔餼之服。

《六月》載是常服。疏《聘禮》君使卿韋弁，歸饔餼。注云，韋弁，韎韋之弁，其服蓋韎布以爲衣，素裳不韎。皮爲衣者，以卿之歸饔餼，當用皮弁，以權事之宜，而用韋弁。故彼注云，兵服也，而服之者，皮韋同類也，取相近耳。以皮弁衣，故彼韋弁衣用赤布也。

《聘禮》君使卿韋弁，歸饔餼五牢。注：變皮弁，服韋弁，敬也。韋弁，韎韋之弁，兵服也。而服之者，皮韋同類，取相近耳。其服蓋韎布以爲衣，而素裳。疏鄭注《司服》云，韋弁，以韎韋爲弁，又以爲衣裳。又晉卻至，衣韎韋之跗注。《鄭志》解此跗注：以跗爲幅，以注爲屬，謂制韋如布帛之幅，而連屬爲衣及裳。今此鄭云，以韎布爲衣而素裳，全與兵、服異者，鄭以意量之，此爲賓館於大夫士之廟，既爲入廟之服，不可純如兵服，故爲韎布爲衣，而素裳。《鄭志》兵服，以其與皮弁同白舄，故以素裳解之，此言素裳，又與《鄭志》同，若然惟變其衣耳。

案《詩・六月》疏云，以皮弁衣。故彼韋弁衣用赤布。皮弁衣三字，似有脱誤。大意謂，戎服以韎韋爲衣裳，此聘服，則用赤布衣者，蓋聘禮當

服皮弁，皮弁則布衣也。此歸饔餼，雖變皮弁爲韋弁，然其衣，則還依皮弁布衣爲之，特變白布爲赤布耳。案文義，以皮弁衣句，皮弁二字下，當脱白布二字。

又案《詩・采芑》朱芾斯皇。疏言，受王命之時，王以此服命之，故方叔服之，而受命也。知者《春官・司服》云，凡兵事，韋弁服。注云，以韎韋爲弁，又以爲衣裳，是朱之淺者，故得以朱表之。《周禮》注云，韋弁素裳，此連言朱裳者，以經云朱芾，芾從裳色，故知裳亦朱也。不用戎服，素裳者，以其命將非在軍，不可純如之也。亦變爲美，故雜以祭服之飾焉。據此，則孔謂韋弁服以素裳，爲正變素裳，爲朱裳，即非在軍之戎服。然則《司服》注：以韎韋爲衣，竝以爲裳，竝非戎服之正矣。而《左傳成十六年》疏：引《聘禮》注：謂彼非戎事，當爲素裳，則又以素裳非戎服之正。與《采芑》疏戎服素裳互異。《詩》、《春秋》疏皆出穎達之手，何以自相剌謬也。

又案《司服》注：韎韋爲弁，又以爲衣裳。《聘禮》注：蓋韎布以爲衣，而素裳。戎事用韋者，以韋、革同類，服以臨軍，取其堅也，聘異於戎，故不用韋。《聘禮》正服皮弁，或以朝服衣，皆十五升布，此韋弁，當亦用十五升布爲衣，特以韎染，異於皮弁、朝服之布耳。

又案鄭《聘禮》注：韋弁服，蓋韎布以爲衣，而素裳。《雜問志》韎韋之跗注：亦謂衣同韎韋，裳則素也。獨《司服》韋弁服注云，韎韋以爲弁，又以爲衣裳，下引韎韋之跗注：又似以韎韋爲裳者，與《雜問志》及《聘禮》注所云素裳均異。賈疏以爲兩解，竊疑《詩》朱芾斯皇，箋云，天子之服韋弁服朱衣裳。特别曰天子之服，惟天子得朱裳耳。非天子則素裳，故《聘禮》卿韋弁，歸饔餼。注云，素裳，以其爲卿，故下天子也。《雜問志》釋韎韋之跗注：以爲素裳，亦據郤至晉卿，與《聘禮》之卿，同也。元端，天子朱裳，大夫素裳，然則韋弁服天子朱裳，卿大夫素裳，亦與元端同也。但考《屨人》疏：引《鄭志》趙商問《司服》王后六服之制，答曰，大裘、衮衣、鷩衣、毳衣、絺衣、元衣，此六服皆纁裳，赤舄。韋弁衣以韎，皮弁衣以布，此二弁皆素裳，白舄。據此志釋《司服》，韋弁則專據天子之韋弁矣，而云素裳、白舄，是鄭又明以天子之韋弁爲素裳矣。《雜問志》或鄭氏未定之説。要當以《司服》注及《采芑》朱芾斯皇箋爲正。

又爲下大夫《聘禮》歸介饔餼，及介，受禮之服。

《聘禮》下大夫韋弁，用束帛致之。上介韋弁以受，如賓禮。注：介不皮弁者，以其受大禮，似賓不敢純如賓也。

又爲《聘禮》夫人，使下大夫歸禮之服。

《聘禮》夕，夫人，使下大夫，皮弁歸禮。

又爲天子、諸侯、大夫，兵事之服。

《六月》載是常服。傳，常服，戎服也。箋，戎車之常服，韋弁服也。疏言，載之者，以戎服，當戰陣之時，乃服之。在道未服之。《司服》云，凡兵事韋弁服。注云，韋弁以韎韋爲弁，又以爲衣裳。《春秋》晉郤至，衣韎韋之跗注。是也。《周禮》云，韋弁、皮弁服，皆素裳，白舄。又《雜問志》云，韎韋之不注。不，讀如幅，注：屬也。幅有屬者，以淺赤韋爲弁，又以爲衣，而素裳，白舄也。知淺赤者，以《詩》言韎韐有奭。以韎韐茅蒐染之，而奭爲赤貌，若不淺則絳，故知淺赤也。又云，以皮韋同類，故《孝經》注曰，田獵戰伐，冠皮弁。《援神契》云，皮弁，素積，軍旅也，皆以皮弁統韋言之。若分别言之，戰伐用韋，不用皮也。此所載者，據將帥服耳。其餘軍士之服，下章言既成我服是也。通皆韋弁，故《坊記》注云，惟在軍同服耳。知者僖五年《左傳》曰，均服振振，取號之旂，是同也。禮在朝，及齊祭，君臣有同服多矣。鄭獨言在軍者爲，僕右無也，以君各以時服，僕右恒朝服，至在軍則同，故言唯耳，不謂通於他事。

《采芑》服其命服，朱芾斯皇。傳，朱芾，黄朱芾也。箋，命服者，命爲將受王命之服也。天子之服韋弁服，朱衣裳也。疏《春官・司服》云，凡兵事韋弁。注云，韋弁以韎韋爲衣，又以爲裳，是朱之淺者，故得以朱表之。《周禮》志云，韋弁素裳，此連言朱裳者，以經云朱芾，芾從裳色，故知裳亦朱也。不用戎服素裳者，以其命將非在軍，不可純如之也，亦變爲美，故雜以祭服之飾焉。此本或云，天子之服韋弁服朱衣纁裳者，誤定本無纁字。

《司服》凡兵事，韋弁服。注：韋弁，以韎韋爲弁，又以爲衣裳。《春秋傳》曰，晉郤至，衣韎韋之跗注。是也。今時伍伯緹衣，古兵服之遺色。疏：《左傳成十六年》楚子曰，韎韋之跗注：君子也，使工尹襄問郤至以弓，若賈、服等説。跗，謂足跗，注：屬也。袴而屬於跗，若據鄭《雜問志》則以跗爲幅，注亦爲屬，以韎韋幅如布帛之幅，而連屬，以爲衣而素裳，既與諸家不同，又與此注裳亦用韎韋，有同異者。鄭君兩解，此注與賈、服同，裳亦

用韎韋也，至彼《雜問志》裳用素者，從白舄之義。若然案《聘禮》云，卿韋弁歸饔餼。注云，韋弁，韎韋之弁，蓋韎布爲衣而素裳。與此又不同者，彼非兵事，入廟，不可純如兵服，故疑用韎布爲衣也，言素裳者，亦從白屨爲正也。

《巾車》革路，龍勒，條纓五就，建大白，以即戎。注：即戎，謂兵事。疏：《司服》兵事，韋弁服。車服相配，俱是即戎，故云謂兵事也。戎僕正其服。注：服，謂衆乘車者之衣服。疏：鄭注《坊記》云僕右恒朝服，據非在軍時，若在軍，則服韋弁服。衆乘戎車者之衣服，謂此也。

《桃氏》疏：武王克商，在軍皆韋弁。韋弁兵服，克商還，皆裨冕，裨冕則五冕。

《王制》一命卷。疏：故《司服》云，凡兵事韋弁服。注云，韋弁以韎韋爲弁，又以爲衣裳。《詩・采芑》注云，韋弁服，朱衣裳，則韎韋也。其事同《鄭志》，又以韋弁爲素裳，未知孰是。又云，其諸侯則皮弁以視朔，朝服以視朝，韋弁以即戎，與天子同。諸侯田獵，亦用韋弁。故《左傳》衛獻公射鴻於囿，不釋皮冠，而與孫林父言。又《昭十二年》楚子狩於州，來皮冠豹舄。《月令》季秋，天子乃厲飾，執弓挾矢以獵。注：厲飾，謂戎服，尚威武也。疏：熊氏云，謂戎服者，韋弁服也。以秋冬之田，故韋弁服，若春夏，則冠弁服。故《司服》云，凡甸，冠弁服，義或然也。《左氏僖五年傳》均服振振。注：戎事上下同服。疏周禮《司服》職云，凡兵事韋弁服。鄭元云，韋弁，以韎韋爲弁，又以爲衣裳，今時伍伯緹衣，古兵服之遺色，然則，在兵之服皆韋弁。均服者，謂兵戎之事，貴賤上下均同此服也。

《左氏成三年傳》齊侯曰服改矣。注：戎、朝，異服也。疏：鄭元云，韋弁，以韎韋爲弁，又以爲衣裳。《春秋傳》曰，晉郤至，衣韎韋之跗注。是也。

《左氏僖二十八年傳》賜之大輅之服，戎輅之服。疏《周禮・司服》侯伯之服，自鷩冕而下，凡兵事韋弁服，金輅，祭祀所乘。其大輅之服，當謂鷩冕之服，戎輅之服，當謂韋弁服也。

《左氏成十六年傳》方事之殷也，有韎韋之跗注。注曰，韎，赤色，跗注：戎服若袴，而屬於跗，與袴連。疏：鄭元《詩》注曰，韎，茅蒐染也，韎，聲也。韋昭云，茅蒐，今絳草也，急疾呼茅蒐成韎也，茅蒐，即今之蒨也。賈逵曰，一染曰韎。《釋器》云，一染謂之縓，謂一入赤，爲淺赤色也。跗注：兵戎之服，自腰以下，而注於脚跗，謂屬袴，於下與跗相連。《周禮・司服》凡兵事韋弁服。鄭元云，韋弁以韎韋爲弁，又以爲衣裳。晉郤至韎韋之跗注：是也。鄭以跗當爲幅，謂裁韋若布帛之幅，相逢屬。鄭言以爲衣裳，則衣裳不連。《聘禮》君使卿韋弁，歸饔餼。鄭元云，其服蓋韎布以爲衣，而素裳。鄭以彼非戎事，當爲素裳。明衣裳不連跗注：杜言連者，爲腰脚連耳。

《左氏襄二十五年傳》鄭子産獻捷於晉，戎服將事。注：戎服，軍旅之衣，異於朝服。疏《周禮・司服》云，凡兵事韋弁服。鄭元云，韋弁，以韎韋爲弁，又以爲衣裳也。諸侯之朝服，元冠，緇布衣，素積以爲裳。是戎服異於朝服也。

案《司服》注云，今時伍伯緹衣，古兵服之遺色。考《漢書・鼂錯傳》四里一連，連有假五百。服虔曰，五百，帥名也。《後漢書・宦者傳》曹節弟破石爲越，騎校尉越騎營，五百妻，有美色。注：韋昭辨《釋名》曰五百字本爲伍，伍，當也，伯，道也，使之導引，當道陌中，以驅除也。案今俗呼行杖人爲五百也。又考《古今注》伍伯，一伍之伯也，五人曰伍，伍長爲伯，故稱伍伯。漢制，兵吏五人，一户竈，置一伯，故户伯，亦曰火伯，以爲一竈之主也。漢諸公行，則户伯率其伍，以導引也。古兵士服韋弁，今户伯服赤幘、纁衣，則以户伯爲古之兵士也。

又案《司服》凡兵事韋弁服。《考工記》函人爲甲，犀甲七屬，兕甲六屬，合甲五屬，蓋韋弁服在兵事中，與三革竝用。《詩》价人維藩。箋，价，甲也，被甲之人，謂卿士掌軍事者。《晉語》康叔射兕於徒林。殪以爲大甲，是兵事用革甲也。郤至，韎韋之跗注：是兵事用韋弁服也。考《春秋傳》楚子重伐吴，組甲三百，被練三千。注：漆甲成組，文被練，練袍。練袍非革也。組甲止三百，練袍三千，蓋組甲工，多練袍工少，工少者易成，故被練多。可知當時臨戎之服，不專用革甲。韋弁與革甲，既同爲兵服，則或用革，或用韋，各有宜也。考《漢書・韓延壽傳》騎士被甲鞮鍪。《霍去病傳》發屬國元甲軍。《尹賞傳》被鎧扞。注：鎧，甲也，扞，臂衣也。當時將士既皆用鎧甲。及考《光武紀》光武，絳衣大冠。其云絳衣，即韎服之制也。《東觀漢紀》光武起義，衣絳單衣，赤幘。又曰，段熲滅羌，詔賜赤

幘大冠。其云赤幘，則韋弁之遺象。《通典》載魏杜布議，古者軍禮，韋弁冠，今者，赤幘是其證也。《西京賦》武士赫怒，緹衣韎韐。云緹衣，即《司服》注所云緹衣，武士即《司服》注所云伍百也。又《後漢書·陳俊傳》注引《華嶠書》曰，拜俊爲强弩偏將軍，賜絳衣九百領。衣中堅同心士。云中堅同心士，即伍百之類也。云賜絳衣九百領，即緹衣也。然則漢時，絳衣、赤幘，與介甲竝用，可證《司服》之韋弁服，與函人之革甲，竝用矣。又考《晉馬隆傳》隆討西羌，夾道累磁石，賊負鐵鎧，行不得前，隆卒，悉被犀甲無畱礙賊以爲神鐵。鎧雖堅於犀甲，然躡險當輕疾，故利用犀甲之輕，不利鐵鎧之重。革甲雖堅於韋弁，然韋弁之用，或有時便於革甲，則用革又不如用韋矣。當以《馬隆傳》參之天子，兵事用韋弁服，或以尊服尚輕，且異於親禦矢石，故也。《漢書·東方朔傳》足履革舄。師古曰，革，生皮也，不用柔韋，言儉率也。然則，韋重於革，以韋爲服，猶之以革爲甲耳。即以韋弁服，爲尊者之甲，可也。又考《哀七年傳》邾茅夷鴻，以束帛乘韋，自請救於吴。韋帛相配，與庭實之皮幣同貴，故請救以之爲賂，非生革所能竝也，故尊者之甲，用之耳。

又案韋弁服，通名甲胄。《成十六年傳》有韎韋之跗注：君子也，謂郤至也。其下曰，郤至見客，免胄承命，曰，君之外臣至，從寡君之戎事，以君之靈，間蒙甲胄，不敢拜命。據此，衣韎韋之跗注：而云免胄，則韋弁亦得名胄也。云間蒙甲胄，則韎韋之衣亦名甲矣。

又案鄭《司常》注：屬謂徽號，今城門僕射所被，及亭長著絳衣，皆其舊象。《詩》織文鳥章。箋云，織，徽，織鳥章，鳥隼之文章，將帥以下，衣皆著焉。疏謂，以絳爲縿，畫爲鳥隼。又絳爲旒，引《司常》注作證。今考《續漢·輿服志》卻非冠，制似長冠，下促宮殿門吏，僕射冠之，負赤幡青翅燕尾，諸僕射幡皆如之。僕射負赤幡，即《司常》注所云，城門僕射所被也。絳衣赤幡，戎事皆尚赤也。又考《後漢書·杜喬傳》喬故掾陳留，楊匡聞之號泣，星行到洛陽，乃著故赤幘，託爲夏門亭吏守衛，尸喪云，亭吏著赤幘。即《司常》注所云，亭長，絳衣也。亭長絳衣、赤幘，近於古之韋弁服矣。亭長於《周禮》爲比閭族黨之官，六鄉起軍，比閭族黨，皆有將軍之職，故亭長亦從兵服耳。又《續漢書·禮儀志》大喪，校尉赤幘，不冠，絳科單衣。校尉，武士也，雖送喪，亦絳衣、赤幘，則武士雖不臨戎，亦必戎服。漢世嚴於兵服如此。

又案《吴越春秋》方陣而行。中校之軍，皆白裳、白髦、素甲、素羽之矰，望之若荼王，親秉鉞戴旗，以陣而立。左軍皆赤裳、赤髦、丹甲、朱羽之矰，望之若火。右軍皆元裳、元髦、黑甲、烏羽之矰，望之如墨。據此，則兵事不必皆韋弁服。唐，武藏庫所藏，五色袍襦，未必不沿此制。既云白裳、赤裳、元裳，又云素甲、丹甲、黑甲，則所謂裳者，即《函人》疏所云，甲下旅爲裳。《左氏宣十二年傳》得其甲裳。《吕覽·去尤篇》云，爲甲裳，以帛，是也。《左氏定九年傳》犂彌辭曰，有先登者，臣從之，皙幘，而衣貍製，則戎服又有素裘者矣。

又案《後漢志》不載韋弁。《晉志》有之。《宋書·禮志》凡兵事總謂之戎。《尚書》云，一戎衣，而天下定。《周禮》革路以即戎。又曰，兵事，韋弁服，以韎韋爲弁，又以爲衣裳。《春秋左傳》戎服將事。又云，晉郤至，衣韎韋之跗注。先儒云，韎，絳色，今時伍伯衣。說者云，五霸兵戰，猶有緌紱冠纓，漫胡，則戎服非袴褶之制，未詳所起。近代車駕親戎，中外戒嚴之服，無定色，冠黑帽，綴紫褾，褾以繒爲之，長四寸，廣一寸，腰有絡帶，以代鞶革，中官紫褾，外官絳褾，又有纂嚴戎服，而六綴褾行畱，文武悉同。據此，帽異於弁，黑帽異於韎韋，褾以紫絳，豈以紫絳與韎色相近歟。又《宋書·禮志》泰始四年詔，又以肅冕，三采繅，朱衣裳，乘革路，征伐不賓，講武校獵。則宋之戎服，猶朱衣裳，惟用肅冕、黑冠爲異。《隋志》禡類，武弁朱衣裳，與泰始四年詔同。冠則武弁，即古惠文冠也，亦異韋弁。而《隋志》又載後周之制，諸公服九七曰韋弁，諸侯服八六曰韋弁，諸伯服七五曰韋弁，諸子服六四曰韋弁，諸男服五三曰韋弁，三公、三孤、卿、上大夫、中大夫與公侯伯子男五等相準。《隋志》又載後周，巡兵即戎，則服韋弁，以韎韋爲弁，又以爲衣裳，此則後世戎服，用周禮韋弁服，惟後周爲然耳。

又案《玉海》載宋皇祐二年詔，問冠韋弁何服，所執何玉。禮院奏，韋弁爲戎服，於經無執玉之文，《三禮圖》繪爲執玉，誤也。今考《典瑞》牙璋以起軍旅，以治兵事。注：鄭司農云，瑑以爲牙，牙齒兵象，故以牙璋發兵，若今以銅虎符發兵，元謂牙璋，亦王使之瑞節。玉人牙璋，中璋七寸，射二寸，厚寸，以起軍旅，以治兵守。夫此起軍旅，治兵守者，既在軍戎，必服韋弁服矣。所執瑞節，有中璋、牙璋。《樂記》武王郊射，裨冕搢笏。《淮南

子•齊俗訓》武王勝殷，搢笏杖殳，以臨朝。夫射，戎事也，杖殳臨朝，未亡武也，而均搢笏，則戎服誓師，秉持瑞節，或亦執玉之類乎。

韋弁重於皮弁。

《聘禮》君使卿韋弁，歸饔餼。注：變皮弁，服韋弁，敬也。疏：案《周禮•春官•司服》王之吉服有九，祭服之下，先云兵事韋弁服，後云視朝皮弁服，則韋弁尊於皮弁。今行聘享之事等，皆皮弁，至歸饔餼，則韋弁。故云敬也。

形制似皮弁，廣狹之度，當似後世武弁。

案《晉志》韋弁，制似皮弁，頂上尖，韎草染之，色如淺絳，然則形狀似皮弁矣。又考《三禮圖》皮弁高尺二寸，爵弁廣八寸，長尺六寸，惟不載韋弁尺寸，大約韋弁長廣必大於他冠，蓋武士之冠最大，故《後漢志》武冠，亦曰武弁大冠，諸武官冠之。《晉公卿禮秩》曰，大司馬、大將軍、太尉、驃騎、車騎、衛將軍、諸大將軍，開府位，從公者，著武冠，俗謂之大冠，環纓無蕤。《莊子》云，武士之服，即謂此大冠也。《漢書•蓋寬饒傳》寬饒，初拜爲司馬，冠大冠，帶長劍。漢之武冠，比《司服》之韋弁，又《三禮圖》云《衣服令》武弁，當比韋弁處。然則韋弁高廣之度，當不異於武弁大冠矣。

天子、諸侯、孤卿、大夫、韋弁，會皆有玉璂，璂數與玉采，各以其等。

《淇奧》會弁如星。疏：其韋弁飾與皮弁同。

《玉府》共王之服玉、佩玉、珠玉。注：鄭司農云，服玉，冠飾十二玉。疏：弁師又有皮弁、韋弁、冠弁，亦皆十二玉，故云冠飾十二玉也。

《弁師》諸侯及孤卿大夫之冕、韋弁、皮弁、弁絰，各以其等爲之。注：韋弁、皮弁，則侯伯璂飾七，子男璂飾五，玉亦三采，孤則璂飾四，三命之卿璂飾三，再命之大夫璂飾二，玉亦二采。

《王制》三公一命卷。疏：皮弁縫中，亦五采玉十二，故《弁師》云，王之皮弁，會五采玉璂。鄭注云，會，縫中也，縫中每貫結五采玉十二，以爲飾。韋弁亦然，故《弁師》云，諸侯及孤卿大夫之冕、韋弁、皮弁、弁絰，各以其等爲之。則知天子韋弁與皮弁同也。又云，若熊氏之義，分以下諸冕，其旒竝依命數，不減其韋弁、皮弁、冠弁，縫中之玉，各依命數，玉皆三采，朱、白、蒼也。孤希冕而下，共旒及玉皆二采，朱綠各依命數，其皮弁、韋弁、冠弁，玉亦二采，各依其命數。

朱裳。

一曰素裳，見上。

韠與爵弁同。

案《西京賦》韎衣，韎韐。李善注：韎衣韎韐，武士之服，然則，韋弁亦當以韎韐爲韠也。《詩》韎韐有奭。自爲爵弁之韠，蓋爵弁纁裳，纁色赤，武士韎衣，韎亦赤，故皆以韎韐爲韠也。以此推韋弁，則韋弁之韠亦赤矣。又考《詩》朱芾斯皇。疏謂，韋弁服朱裳，芾象裳色，則韋弁用韍，同於冕服。蓋韋弁，本尊於爵弁，故惟卿大夫以上乃服之，又天子特以此服賜方叔，或變韎韐，言朱芾，以寵異之歟。

天子、諸侯舄無明文。大夫白屨，黑約繶純。

《屨人》注：青約者，王白舄之飾。疏：白舄配韋弁、皮弁。又云案《司服》注：韋弁以韎韋爲弁，又以爲衣裳，則韋弁其裳，以韎之赤色韋爲之。今以白舄配之，其色不與裳同者。《鄭志》及《聘禮》注：韋弁服皆云以素爲裳，以爲正文。鄭自兩解不定，故得以白舄配之。

辨外內命夫命婦之命屨、功屨、散屨。注：功屨次命屨，於孤卿大夫，則白屨、黑屨。疏：案《司服》孤希冕，卿大夫元冕，皆以赤舄爲命舄，以下仍有韋弁白屨，冠弁黑屨，故云次命屨。命屨，據婦人而言，其實孤卿大夫身則功屨，次命舄也。又云《鄭志》，韋弁衣以韎，皮弁衣以布，此二弁，皆素裳白舄。

案《采芑》朱芾斯皇。箋及《司服》注：皆以天子韋弁服，朱衣，朱裳，裳舄同色，朱裳當用赤舄，而《屨人》賈疏：又獨據《雜問志》素裳之説，謂當白舄，似非定論。蓋鄭本兩解故也。

裘用狐裘。

《羔羊》羔羊之革，素絲五緎。疏：若兵事，既用韎韋，衣則用黄衣，狐裘及貍裘，象衣色，故也。又《襄四年傳》云，臧之狐裘，敗我於狐駘。又《定九年傳》云，皙幘，而衣貍製，是也。

又卷四《皮弁服上》 皮弁，爲天子郊天聽祭報之服。

《郊特牲》祭之日，王皮弁以聽祭報。注：報，白也。夙興朝服，以待白祭祀者，乃後服祭服，而行事也。疏：郊日之朝，天子早起，皮弁服，以聽之。小宗伯，告時日早晚，及牲事之備具也。未郊，故未服大裘而冕，當且

服日視朝之服也。

《王制》一命卷。疏：又郊祭之前服之，以聽祭報，故《郊特牲》云，皮弁以聽祭報。

又爲大學有司祭菜之服。

《樂記》大學始教，皮弁祭菜，示敬道也。注：皮弁，天子之朝朝服。疏謂，天子使有司服皮弁，祭先聖先師，以蘋藻之菜也。又云，崔氏云，著皮弁，祭菜蔬，竝是質素，示學者，以謙敬之道矣。

案，天子視學，使有司釋菜，服皮弁服。若親臨釋奠，則當冕服。考《司服》享先公，饗射，則鷩冕。注謂，與諸侯射。疏：此大射在西郊虞庠中。又考《祭義》養三老五更於大學，天子袒而割牲，執醬而饋，執爵而酳，冕而總干，一以合諸侯，一以養更老行禮於學，尚服冕服，況先聖先師，豈諸侯更老，所得竝尊乎。齊王儉議，釋奠先聖先師，方之七廟則輕，此之五祀則重。《司服》祭五祀尚絺冕，況重於五祀者乎。《後漢・鮑昱傳》子德爲南陽太守時，郡學久廢，德乃修起横舍，備俎豆，黼冕，行禮奏樂。黼冕，亦謂釋奠服也。《初學記》引齊王儉，侍皇太子釋奠，晏詩，隆冕上庠升晏東，序引陳徐伯陽，皇太子釋奠頌，云，青槐陰市，元冕飛纓。此皆以冕服釋奠。《隋志》載後周之制，乘與臨太學，服鷩冕七章，最合禮義。《學記》皮弁祭菜。祭菜禮輕，又使有司爲之，故但用皮弁耳。《漢書・韓延壽傳》於是令文學校官諸生，皮弁執俎豆。即《學記》所云，皮弁祭菜，使有司爲之者也。

又爲君巡牲之服。

《祭義》君皮弁素積，朔月月半，君巡牲。注：君朔月月半，巡視之，君召牛納而視之。疏：皮弁，諸侯視朔之服。朔月月半，君服此衣而巡牲。

案，君巡牲，既於朔月，又於月半，古制月半與月朔竝重，故《士喪禮》朔月奠。注云，朔月，月朔日也，自大夫以上，月半又奠。《漢書・蘇武傳》以武著節，老臣令朝朔，望號稱祭酒。《三國魏志》黄初五年五月，有司以公卿朝朔望日，因奏疑事，聽斷大政，論辨得失。《北魏書・穆亮傳》載，晉令朔望，集公卿於朝堂，而論政事。《通典》貞觀二十六年十月，令百僚朔望，服袴褶以朝，然則奠事朝事，皆以朔望爲重，巡牲既以月朔，又以月半，亦此義也。巡牲月朔，皮弁服，視朔之服也，月半皮弁，蓋視月朔之服也。

又案《莊子・達生篇》祝、宗人，元端以臨牢筴，《說彘》曰，汝奚惡死，吾將三月豢汝，十日戒，三日齊，藉白茅。此所喻，似爲有司巡牲之禮，月令乃命宰、祝巡行犧牲，即此文所云，祝、宗人臨牢筴也。此文下云，牢筴之中，則豢牲處也。本文曰，臨牢筴，又云吾將豢汝，則似初卜牲後，祝、宗又臨牢筴而巡視之也。元端以臨，降於君服皮弁矣。此雖寓言，而未嘗不依附典制也。

又爲君卜夫人、世婦養蠶之服。

《瞻卬》婦無公事，休其蠶織。傳，及大昕之朝，君皮弁素積，卜三宫之夫人、世婦之吉者，使入蠶於蠶室。注：大昕，季春朔日之朝也。

又爲君蜡祭之服。

《檜・羔裘》狐裘以朝。箋，大蜡而息民，則有黄衣狐裘。疏：人君以歲事成熟，搜索羣神，而報祭之，謂之大蜡。又臘祭先祖五祀，因令民得大飲，農事休息，謂之息民。於大蜡之後，作息民之祭，其時則有黄衣狐裘也。大蜡之祭，與息民異也。息民用黄衣狐裘，大蜡則皮弁素服，二者不同，以其大蜡之後，始作息民之祭，息民大蜡，同月，其事相次，故連言之耳。

《士喪禮》商祝襲祭服。注：祭服，爵弁服，皮弁服，皆從君助祭之服。大蜡，有皮弁、素服而祭，送終之禮也。疏云，大蜡有皮弁素服而祭，送終之禮也者。《郊特牲》文引之者，證皮弁之服有二種，一者皮弁，時白布衣，素積爲裳，是天子朝服，亦是諸侯及臣聽朔之服。二者皮弁，時衣裳皆素，葛帶、榛杖，大蜡時送終之禮，凶服也。此士之襲及《士冠禮》與聽朔者，不用此素服，引者欲見《郊特牲》皮弁素服，是大蜡送終之服，非此襲時所用者也。

《月令》天子乃祈來年於天宗，大割祠於公社及門閭。臘先祖五祀，注：此周禮所謂蜡祭也。又云，或言祈年，或言大割，或言臘，互文。疏：此等之祭，總謂之蜡，若細別言之，天宗、公社、門閭，謂之蜡，其祭則皮弁、素服、葛帶、榛杖。其臘先祖五祀，謂之息民之祭，其服則黄衣黄冠。鄭注《郊特牲》云，息民與蜡異也。

《郊特牲》皮弁素服而祭。素服，以送終也。葛帶、榛杖，喪殺也。蜡之祭，仁之至，義之盡也。注：送終喪殺，所謂老物也。素服衣裳皆素。

黄衣黄冠而祭，息田夫也。注：祭謂既蜡，臘先祖五祀也。於是勞農以休息之。《論語》曰，黄衣狐裘。疏：上云蜡，此云祭，故知既蜡，臘先祖

五祀，對文，蜡、臘有别，總其祭，俱名蜡也。故《月令》孟冬祈來年於天宗，大割祠於公社及門閭。臘先祖五祀。鄭注云，此周禮所謂蜡是也。

素衣麑裘。皇侃《義疏》或云，大蜡，祭百物之神，皮弁素服也。故鄭元注《郊特牲》云，皮弁素服而祭，以送終也。注云素服，衣、裳皆素也。

案《詩》狐裘以朝。箋，大蜡而息民，則有黄衣狐裘。孔疏以爲，大蜡服皮弁，息民服黄衣狐裘。今箋云，大蜡而息民，則有黄衣狐裘，息民大蜡同其事，相次，故連及之。但考狐裘黄黄，箋及緇衣，注皆云黄衣，則狐裘大蜡之服。考黄衣，息民之服，而箋云大蜡之服，則直以息民爲蜡矣。蓋息民雖在大蜡之後，日而實統於蜡，故鄭氏於息民多言蜡。《月令》祈來年於天宗，大割祠於公社及門閭。臘先祖五祀。據疏：天宗、公社、門閭謂之蜡，其祭則皮弁、素服、葛帶、榛杖，其臘先祖五祀，謂之息民之祭，其服則黄衣黄冠。而注通云此大蜡之祭，則息民亦得名大蜡，非第如狐裘以朝，疏所云連言之也。《論語》黄衣狐裘，皇侃《義疏》此服謂蜡祭宗廟五祀也，歲終大蜡報功，象物色黄落，故著黄衣黄冠也。亦通以息民爲蜡，蓋本鄭箋。狐裘黄黄。箋云，黄衣則狐裘大蜡之服，所謂大蜡之服，猶云息民之服耳。解此，則黄衣狐裘雖得竝稱大蜡之服，而與大蜡之皮弁服，究未嘗混也。

又案陳祥道謂《司服》祭羣小祀則元冕。注：羣小祀，林澤墳衍，四方百物之屬。《大宗伯》以貍辜祭四方百物。注謂磔攘及蜡祭，然則《司服》注所云，四方百物之屬，即蜡祭。王蜡祭當服元冕矣。《郊特牲》云，皮弁，或謂有司助祭之服。今考《大宗伯》注：雖以蜡爲四方百物之祭，其實四方百物之祭，非獨蜡也。《大宗伯》注云，貍而祭之，謂磔攘及蜡祭。考《月令》九門磔攘，又十二月大難時，亦磔攘，此二者，均爲四方百物之祭，故鄭以磔攘與蜡祭并舉，又《牧人》凡外祭毁事，用尨可也。注：毁謂貍辜侯禳，毁除殃咎之屬。賈疏謂《宗伯》云，貍辜祭四方百物，而引九門磔攘。《小祝》職云，將事侯、禳。然則四方百物，兼据侯禳之祭。《牧人》賈疏。尤爲明確。又考《大司馬》遂以獮田羅弊，致禽以祀祊。注：祊當爲方，秋田主祭四方報成萬物。《詩》云以社以方。又《鼓人》云凡祭祀百物之神，鼓兵舞、帗舞者。疏云案下舞師，山川用兵舞，社稷用帗舞，今此小神等，若義近山川者，舞兵舞，近社稷者，舞帗舞。據此則禮經凡稱四方百物，所該實廣，《司服》元冕，祭羣小祀。注：雖以羣小祀，兼四方百物，亦第以大判言之，非必以蜡在四方百物之列，亦必與四方百物，概從元冕也。蓋蜡主送終，故服殺於喪，與凡四方百物有異。《郊特牲》附蜡於郊，則天子之服，達於下者也。而祥道謂，天子元冕，有司皮弁，殊爲臆説。《儀禮》經傳通解，續以蜡爲一祭，百物别爲一祭。最確。

又爲舞大夏之服。

《明堂位》皮弁，素積，裼而舞大夏。疏：皮弁，三王之服也，裼，見美也。大夏，夏禹之樂也。王又服皮弁，裼而舞夏后氏之樂也。六冕是周制，故用冕以舞周樂，皮弁是三王服，故用皮弁以舞夏樂也。而周樂是武，武質故不裼，夏家樂文，文故裼也。若諸侯之祭，各服所祭之冕而舞，故《祭統》云，諸侯之祭也，與竟内樂之。冕而總干，率其羣臣，以樂皇尸。是知用冕服舞也。

《王制》一命卷。疏又著，以舞大夏，故《明堂位》云，皮弁，素積，以舞大夏。雖是魯禮，王所同之。

案《祭統》及入舞，君執干戚就舞位。君爲東上，冕而總干，率其羣臣，以樂皇尸。與此皮弁以舞大夏異者，經文云，朱干玉戚，以舞大武。八佾以舞大夏。然則君執干戚冕而總干，乃舞大武也。大武，周樂用冕，尊時制也。大夏，古樂，故用皮弁，尚質。

又爲士冠再加之服。

《士冠禮》降二等，受皮弁。右執項，左執前，進祝。加之如初。《郊特牲》三加彌尊，喻其志也。注：始加緇布冠，次皮弁，次爵弁冠，益尊，則志益大也。疏言，三加者，初加緇布冠，次加皮弁，是益尊，至三加爵弁，是彌尊。又曰，初加緇布冠，欲其尚質重古，次加皮弁，欲其行三王之德，後加爵弁，欲其行敬事神明，是志益大也。

《冠義》三加彌尊，加有成也。注：冠者，初加緇布冠，次加皮弁，次加爵弁，每加益尊，所以益成也。

案《後漢書・禮儀志》乘輿加元服，初緇布、進賢，次爵弁，次武弁，次通天，此緇布爵弁，與士冠相當，惟加通天冠爲異，又易皮弁爲武弁。考《公羊宣元年傳》已練，可以弁冕。何休注：弁，所謂皮弁、爵弁也。皮弁武冠，爵弁文冠。據此則皮弁本武弁之類，以其同類，故以武弁大冠易皮弁，漢制近古，此其一端。

又爲天子視朝之服。

《淇奥》會弁如星。箋，天子之朝服，皮弁以日視朝。疏：此皮弁，天子視朝之服。《玉藻》云，天子皮弁，以日視朝，是也。在朝，君臣同服，故言天子之朝也。

《緇衣》緇衣之宜兮。箋，天子之朝服，皮弁服也。疏：卿、士旦朝於王，服皮弁，不服緇衣。

《頍弁》有頍者弁。傳，頍弁，貌弁，皮弁也。箋，天子之朝，皮弁以日視朝。疏：弁者，冠之大名，稱弁者多矣。但爵弁則士之祭服，韋弁則服以即戎，冠弁則服以從禽，非常服也。惟皮弁上下相通服之，故知皮弁也。傳，興理不明，王肅云，言無常也，興有德者，則戴頍，然之弁矣。下章云，言勉，其在人之無期也。其意以傷王無德，將不戴弁。孫毓以皮弁非惟王者所服，雖陪臣、卿大夫，皆得服之，不足以爲王者，廢興之喻，以王説爲非。案《昭九年左傳》王使詹桓伯辭於晉，曰我在，伯父猶衣服之有冠冕。《僖八年穀梁傳》曰，弁冕雖舊，必加於首，周室雖衰，必先諸侯。然則王者之在上位，猶皮弁之在人首，故以爲喻也。

《司服》眡朝則皮弁服。注：眡朝，視內外朝之事。又云，王受諸侯朝覲於廟，則衮冕。疏：天子三朝，外朝一，內朝二，皆用皮弁，故經總云，眡朝則皮弁服也。又云，案《覲禮》云，天子衮冕，負黼扆。《節服氏》云，祭祀朝覲衮冕，六人維王之太常。注云，服衮冕者，從王服，故知朝覲在廟，王服衮冕，若然，春夏受贄在朝，則是眡朝，皮弁服也。其受享於廟，與覲同，衮冕。故於廟，連言朝也。

《司士》王入，內朝皆退。注：《玉藻》曰，朝服以日視朝於內朝。朝，辨色始入。君日出而視之，退適路寢聽政。使人視大夫，大夫退，然後適小寢釋服。謂諸侯也，王日視朝皮弁，其禮則同。

《士冠禮目録》天子之士，朝服、皮弁、素積。

《士冠禮》主人元冠，朝服，緇帶、素韠。注：天子與其臣，元冕以視朔，皮弁以日視朝。

《王制》一命卷。疏《司服》又云，眡朝則皮弁服。鄭注云，眡朝，視內外朝之事。又云，其天子、卿、大夫、士，以皮弁爲朝服。

元衣而養老。注：天子皮弁，以日視朝也。疏：天子皮弁，以日視朝也者，《玉藻》文引之者，證天子與諸侯朝服之別。

《月令》衣青衣。注：又《玉藻》曰，天子龍衮以祭，元端而朝日，皮弁以日視朝，與此皆殊。

《玉藻》皮弁，以日視朝。

《公羊昭二十五年傳》景公曰，寡君有不腆先君之服，未之敢服。注：天子朝皮弁，夕元端，朝服以聽朝，元端以燕。

案《漢書》如淳注：雖有五時服，至朝皆朝服，皂衣，然則當時仍以皮弁爲尊服。《漢書・孝平王皇后傳》太師孔光、大司徒馬宫等四十九人，賜皮弁、素績。《王莽傳》莽再拜受衮冕、句履、皮弁、素積。朱户納陛云，衮冕，即所謂一命衮也，云皮弁，則所謂眡朝皮弁服也。當時賜服皮弁，與衮冕相亞。《論衡・恢國篇》周時，被髮椎髻，今戴皮弁。《淮南子・齊俗訓》越王句踐，劗髮文身，無皮弁搢笏之服。蓋重言乎，王朝之正服也。《荀子》士皮弁。考《司服》士之服，自皮弁而下，如大夫之服。《荀子》據《司服》言之，蓋亦謂，天子之士，正朝之服也。漢制，朝服皂衣，皆沿諸侯之朝服耳。

又案《三國魏志》裴松之注：及《宋志》載魏文帝黄初三年詔，賜漢太尉楊彪几杖，待以客禮，延請之日，使挾杖入朝，又令著鹿皮冠，彪辭讓不受，竟著布單衣，皮弁以見。考天子之朝，皮弁以視朝，自漢以後，皆冠通天冠服，與深衣同制。文帝尊禮，楊彪不欲其以朝儀見，故特命冠皮弁，欲比於幅巾，雅服。而不知皮弁正爲天子之朝朝服，於以知《司服》眡朝之服，湮於魏晉時矣。

又案，天子之朝名朝服者，或非皮弁。《周書・王會篇》天子南面立，絻無繁露，朝服八十物，唐叔、荀叔、周公在左，太公望在右，皆絻，亦無繁露，朝服七十物。堂下之右，唐公、虞公南面立焉，堂下之左，殷公、夏公立焉，皆南面，絻有繁露，朝服五十物，相者太史魚、大行人皆朝服，有繁露，堂下之東面，郭叔掌爲天子菉幣焉，絻有繁露。考此爲王朝朝服，云冕無繁露，有繁露，則大朝覲會，同之冕服也。非常朝之服也。此亦通名朝服。

又案，漢以後，天子朝服，皆本深衣制度。《通典》載，漢明帝永平中，議乘輿冠通天冠，服衣，深衣制，有袍，隨五時色。梁劉昭《續漢志》注：今下至賤吏、小史，皆通制袍，單衣，皂緣領袖，中衣，爲朝服，袍制，即深衣

之連衣裳者也。《後漢・馬援傳》故孝文皇帝，綈袍革舄。《明帝紀》注：續漢表，三老五更，皆服絺紵大袍，單衣皂緣。《鍾離意傳》賜尚書以下帷被皂袍。則漢時已以袍爲朝服矣。袍色以皂，則猶襲古緇衣之制。《通典》又載，晉制，朝服，通天冠，絳紗袍。宋明帝泰始四年詔，以通天冠、朱紗袍，爲聽政之服。齊梁以後朝服，朱紗、絳紗，更變不一，而皆以袍。又考齊建武中，通天冠，絳紗袍，乘輿臨朝所服，臣下皆同，仍本在朝，君臣同服古制。又考《晉志》云，漢氏承秦，改六冕之制，但元冠絳衣而已。魏已來，名爲五時朝服，又有四時朝服，又有朝服，自皇太子以下，隨官受給百官，雖服五時朝服，據今止給四時朝服，缺秋服，三年一易。《宋志》朝服一具，冠幘各一，絳緋袍、皂緣中單衣、領袖各一，領、革帶、袷袴各一，舄韈各一。量簪導，餉自副。四時朝服者，加絳絹黄緋青、緋皂、緋袍、單衣各一領。五時朝服者，加給白絹袍單衣一領。秩最尊者，給五時朝服，次者給四時朝服，次者給單衣，又次者給科單衣及構。陳制，皇太子舊有五時朝服，自梁天監之後，則朱服，諸王朝服，朱衣絳紗袍，皂緣中衣。開國公、侯伯子男，竝朝服，紗朱衣。餘文官朝服、武賁中郎將、羽林監，絳紗縠單衣。州刺史，絳朝服。直閤將軍、諸殿主帥，朱服，正直絳衫，從則裲襠衫。太子衛率、率更令丞，皂朝服。殿中將軍、員外將軍、州郡都尉、司馬、中通事舍人、太子通事等，竝朱服、元衣。赤幘、袴褶，太子二傅所服。武冠絳構，殿前威儀、武賁、散給使、閤將、鼓吹、士帥、副太子鹵簿戟吏所服。於是朝服貴賤異秩，其制始詳。《唐志》貞觀四年制，三品以上服紫，四品五品以上服緋，六品七品以上緑，八品九品以上青，於是朝服貴賤異色，其制始詳。考《隋志》通天冠，絳紗袍，天子元會臨軒服之，皮弁服，視朝聽訟服之。則天子常朝皮弁，古制尚存於隋。又考《通典》唐以皮弁爲朔日視朝之服，則以諸侯視朔之服，爲朔日之朝服。《開元禮》載，朔日視朝。儀云，皇帝弁服。所謂弁服，即所謂皮弁也。特絳紗袍與白布衣異耳。《漢書・外戚王皇后傳》師古注：皮弁朱衣而素裳，皮弁用朱衣，師古蓋據絳袍之制言之，非古也。通考載詳定正旦御殿儀注所言，《周官・司服》王眡朝，則皮弁服。鄭氏注：眡朝，眡内外朝之事。王受諸侯朝覲於廟，則衮冕。賈公彦曰，《覲禮》天子衮冕，負黼扆。故知朝覲在廟，王服衮冕，而春夏受贄在朝，則皮弁。孔穎達曰，天子朝服，立於路門之外，諸侯朝服，執贄入應門。漢制，百官賀正旦，天子服通天冠。自晉以來，天子郊祀天地、明堂、宗廟、元會、臨軒，介幘，通天冠，平冕，皂單表，朱緑裏，加於通天冠，上衣畫，而裳繡，凡爲日月星辰十二章，自此元日受朝，始用祭服。梁及隋唐，既以因襲，而本朝亦用衮冕，臣等以謂周禮朝覲，若春夏受摯於朝，則君臣皆朝服，秋冬受摯於廟，則君臣皆祭服。今元會，行禮於朝，而天子服祭服，羣臣服朝服，未合禮意。其元日，受朝賀，宜服通天冠、絳紗袍。然則常朝正旦朝服，皆用絳紗袍。而《隋志》常朝之服皮弁，唐制朔日之服皮弁。至宋概不復存。

又案，諸侯之朝朝服，緇衣、素裳，亦或名皮弁爲朝服。《論語》吉月，必朝服而朝。孔曰，吉月，月朔也，朝服皮弁服。皇侃義疏：吉月者，月朔也。朝服者，凡言朝服，惟是元冠、緇布衣、素積裳。今此之朝服，謂皮弁十五升白布衣，素積裳也。所以亦謂朝服者，天子用之以日視朝。今云朝服，是從天子受名也。諸侯用之以視朔，孔子魯臣，亦得與君同服，故月朔必服之也。然魯，自文公不視朔，故子貢欲去告朔之餼羊。而孔子是哀公之臣，應無隨君視朔之事，而云必服之者，當是君雖不視朔，而孔子月朔必服而以朝，是我愛其禮也。邢疏：魯自文公不行視朔之禮，孔子恐其禮廢，故每於月朔，必衣此視朔之服，而朝於君。考皮弁，在天子之朝，乃曰朝服，孔子以吉月朝，則在魯國，乃亦以皮弁爲朝服者。考《曾子問》諸侯相見必告於禰。朝服而出視朝。熊氏謂，此朝服爲皮弁服。據《聘禮》諸侯相聘皮弁服，則相朝亦皮弁服，此以皮弁服爲朝服，亦在侯國，可與孔傳相證。

又爲天子常食之服。

《王制》一命卷。疏：又以食，故《玉藻》云，皮弁以日視朝，遂以食。《玉藻》皮弁以日視朝，遂以食。日中而餕，奏而食。疏：所以敬養身體，故著朝服。

又朝服以食。疏：此經云，朝服以食，爲釋服之後，將食之時。又者，又如朝時，服朝服以食。然則上天子云，遂以食者，亦退於小寢，釋服，至將食之時，又朝服，互相明也。

案此疏：謂天子至將食之時，又朝服，則皮弁也，但謂諸侯釋服，服元端，未知天子釋皮弁用何服。考天子諸侯皆以元端爲燕服，諸侯釋朝服，服元端，至食又服朝服。天子釋皮弁，亦當服元端，至食又服皮弁也。

又爲諸侯在王朝之服。

《淇奥》會弁如星。疏：諸侯亦皮弁以視朝。以序云，又相於周，故爲在王朝之服。

又爲諸侯視朔之服。

《士冠禮》主人元冠、朝服、緇帶、素韠。注諸侯與其臣，皮弁以視朔。皮弁服。注：此與君視朔之服也。疏案《玉藻》云，諸侯皮弁聽朔於太廟。又案《鄉黨説》孔子之服，云素衣麑裘，鄭云視朔之服，視朔之時，君臣同服也。

《聘禮》賓皮弁。注：諸侯視朔，皮弁服。疏：知此皮弁是諸侯視朔服者。以其《玉藻》云，諸侯皮弁以聽朔於太廟。是也。

《既夕記》載，皮弁服。注：皮弁服者，視朔之服。

《王制》一命卷。疏：其諸侯，則皮弁以視朔。

《玉藻》皮弁以聽朔於太廟。注：皮弁下天子也。

卒朔，然後服之。注：諸侯視朔皮弁服。疏：卒朔，謂卒告朔之時，服皮弁，告朔禮終，脱去皮弁，而後服朝服也。

元端而朝日於東門之外，聽朔於南門之外。注：端當爲冕。疏：知端當爲冕者，凡衣服皮弁，尊次，以諸侯之朝服，次以元端。案下諸侯皮弁聽朔，朝服視朝，是視朝之服，卑於聽朔。今天子皮弁視朝，若元端聽朔，則是聽朔之服，卑於視朝。與諸侯不類，且聽朔大，視朝小，故知端當爲冕，謂元冕也。

《雜記》素積一。疏：素積一者，皮弁之服，公視朔之服也。

占者皮弁，注：大夫、士，朔服皮弁。

案《論語》素衣麑裘。皇侃《義疏》素衣，謂衣、裳竝用素也。謂國有凶荒，君素服，則羣臣從之。故孔子魯臣亦服之也。鄭元注《郊特牲》云，皮弁素服而祭。以送終也。注云，素服，衣、裳皆素也。皇氏以素衣麑裘爲凶荒之服，非視朔之服，與鄭異義。蓋皮弁服有二，一是白布衣，素帛以爲裳，乃諸侯視朔之服。一是衣裳皆用素帛，此大蜡時，送終之禮，凶服也。見《士喪禮》賈疏。皇氏以素衣麑裘既名素衣，則衣裳皆素，與《郊特牲》之皮弁素服同，故云凶荒之服也。不知《郊特牲》皮弁素服，謂正服也。《論語》此節，緇衣、素衣、黄衣，皆指裘上之裼衣，非指裼衣上之正服也。此麑裘裼衣以素，其正服仍衣白布也。故鄭氏以爲視朔之服，皇氏易之，非也。中衣不得以帛裏布，裼衣則得以帛裏布。又案《家語》季康子朝服以縞。曾子問於孔子，曰禮乎。孔子曰，諸侯皮弁以告朔，然後服之以視朝，若此禮者也，是諸侯以皮弁視朔，視朔訖，亦即以皮弁視朝，與常日視朝之服有異。考《玉藻》皮弁以聽朔於太廟，朝服以日視朝於内朝，云以日者，謂每日視朝皆朝服，不謂朔日獨異也。又云，孔子曰，朝服而朝，卒朔然後服之。疏：卒朔，謂卒告朔之時，服皮弁，告朔禮終，脱去皮弁，而後服朝服。據此經文，雖朔日視朝，亦服朝服，不服皮弁，詞義鑿鑿。《家語》顯違禮經，不足爲據。

又爲天子燕同姓之服。

《頍弁》有頍者弁，實維伊何。傳，頍弁，貌弁，皮弁也。箋，實猶是也。言幽王服是皮弁之冠，是維何爲乎。言其宜以宴，而弗爲也。禮，天子諸侯朝服以宴，天子之朝，皮弁以日視朝，疏此詩責王不燕而舉皮弁，是天子燕用皮弁明矣。若然《王制》云，周人冕而祭，元衣而養老。注云，凡養老之服，皆其時與羣臣燕之服，周人脩而兼用之。元衣素裳，其冠委貌，諸侯以天子之燕服爲朝服，如彼注：則天子之燕用元衣，此言皮弁者，蓋天子燕服有二，燕羣臣用元冠，親同姓用皮弁，賓之初筵三章。箋云，此祭末，王與族人燕。而經云，側弁之俄，是燕同姓用皮弁之事也。

《王制》一命卷。疏其皮弁又以燕諸公，故《詩》云，有頍者弁。注云，弁，皮弁。詩人責王不以皮弁燕諸公，此則朝服燕也。

元衣而養老。疏：案《詩》頍弁注云，禮，天子諸侯朝服以燕，天子之朝服，以皮弁服，燕不用元衣者。《詩》所謂，燕同姓諸公，及異姓諸舅等，故用皮弁，尚質故也。若燕其諸侯，則用元衣，明諸侯則朝服，以日視朝，服則元衣素裳也。

案《頍弁》次章曰，豈伊異人，兄弟具來。即小序所謂燕樂同姓也。共末章曰，豈伊異人，兄弟甥舅。箋，謂吾舅者，吾謂之甥，然則頍弁不止燕同姓也。賓之初筵，側弁之俄。箋，亦以王與族人燕，竝及異姓，乃二詩皆用燕同姓之弁服者。《文王世子》曰，公若與族燕，則異姓爲賓。注曰，宗無相賓客之道，然則頍弁及賓之初筵，雖及異姓或以異姓爲賓。見賓之初筵。要皆以族燕爲主，故用燕同姓之弁服也。《周禮·大宗伯》以飲食之禮，親宗族兄弟。注：人君有食宗族飲酒之禮。疏《文王世子》曰，族食，世

降一等者。鄭彼注云，親者稠，疏者稀，假令親兄弟歲四度，從父昆弟歲三度，從祖昆弟歲二度，族昆弟歲一度，是皆與族人燕之事，雖或以異姓爲賓，然則重在親宗族，則皮弁服可知。《文王世子》曰，公與族燕則以齒，而孝弟之道達矣。屈公之尊，至與父兄齒，與常燕羣臣大異，故不用常燕朝服，而用皮弁，以皮弁尊於朝服，示加敬也。《燕禮》小臣戒與者。注：君以燕禮勞使臣，若臣有功，故與羣臣樂之，此主於燕異姓矣。而《記》曰，燕，朝服於寢。此燕異姓，用朝服之證也。《燕禮》記注：謂今辟雍十月，行此燕禮，元冠而衣皮弁服，此漢禮之誤，要其用皮弁服之故，在誤以王燕同姓之服，概施諸辟雍燕禮耳。

又爲天子賓射、燕射及諸侯在竟賓射之服。

《司服》疏：若燕射在寢則朝服。若賓射在朝，則皮弁服。

《王制》制，三公一命卷。疏：其賓射、燕射時亦皮弁也。案《射人》職，賓射在朝，故知用朝服也。《燕禮》記云，燕，朝服於寢。明天子燕，亦以朝服。故知賓射、燕射亦皮弁也。

《射義》故天子之大射謂之射侯。疏：天子賓射則在朝，故《射人》云，諸侯在朝，則皆北面。是也。其服皮弁服矣。又云，其諸侯賓射，若在國，則亦在朝，與天子同。若在國外相會，則在竟。故《鄉射》記云，於竟，則虎中。鄭注云，謂與鄰國君射也，其服亦皮弁服也。以《聘禮》君受聘，皮弁故也。

案《王制》疏：燕射亦皮弁。引《燕禮》記，諸侯燕於寢，朝服，證天子燕於寢，亦朝服。天子朝服，則皮弁也，燕以皮弁，則燕射亦皮弁，義例最確。賈《司服》疏：謂天子賓射在朝，皮弁，燕射在寢，則朝服，不知諸侯在朝，朝服，在路寢亦朝服。《玉藻》經文可據，以諸侯例天子，則天子在朝皮弁明，在路寢亦當皮弁，燕射在寢，其爲皮弁，明矣。賈《司服》疏殊誤。

又案《射義》疏：諸侯賓射有在國、在竟之異。在竟則從《聘禮》皮弁服。在國則與天子在朝同，天子朝服，皮弁服也。諸侯朝服則緇衣素裳矣。

又案《司服》享先公饗射則鷩冕。注：饗射，饗食賓客與諸侯射也。疏：此大射在西郊虞庠中，亦服鷩冕也。又《射義》疏：其射宫所在，天子大射必先習於澤宫，而後射於射宫，此則《射義》文也。其射宫，天子則在廟也。故《司服》云，享先公饗射則鷩冕。司几筵云，大朝覲，大饗射，依前南鄉，是也。其服鷩冕。考《漢書・郊祀志》至奉高，梁父，令侍中儒者皮弁搢紳，射牛行事。《後漢・禮儀志》上始帥羣臣躬養三老、五更於辟雍，行大射之禮。注袁山松曰，天子皮弁、素積，親射大侯。又《後漢書・張純傳》封禪儀，令侍中皮弁搢紳，射牛行事。據此，則漢制天子大射亦皮弁，與《司服》及《射義》疏所云鷩冕異。又考《輿服志》，行大射禮於辟雍，公卿諸侯大夫行禮者，冠委貌，衣元端，素裳。執事者冠皮弁，衣緇麻衣，皂領袖，下素裳，所謂皮弁、素積者也。據此，則漢大射禮，公卿諸侯大夫用朝服，與《郊祀志》及《張純傳》注所云皮弁、搢紳、射牛行事不同。豈封禪大射與辟雍大射，禮有隆殺，故服亦有異歟。又考皮弁用白布衣，而《輿服志》辟雍大射執事者，雖皮弁、素積，而衣用緇布，則又與禮經皮弁服不同。唐《開元禮》天子大射服武弁、服皮弁、亦武冠也。大射用武弁與用皮弁意相近。

又案《鄉射禮》注：今郡國，行此鄉射禮，皮弁服與禮異，以鄉射當用朝服，元衣、素裳，若皮弁則爲天子燕射、賓射之朝服矣。蓋相承而誤。

又爲諸侯大射之服。

《射義》故天子之大射謂之射侯。疏：是其諸侯大射，不顯畿内畿外之異。案《儀禮・大射》云，公入鶩射畢而云，入謂從郊入國也，謂射在郊學也。故《鄉射記》云，於郊則閭中。鄭注云，大射於大學。《儀禮》所陳，多據畿外諸侯，即畿内諸侯或亦然也。其服無文，故用皮弁，以射在學宫。《樂記》云，皮弁祭菜。故也。

又爲天子受朝宗之服。

《大行人》上公之禮，執桓圭九寸，繅藉九寸，冕服九章。疏：執桓圭九寸，繅藉九寸，此主行朝禮，於朝所執，其服則皮弁。若行三享，則執璧瑞，自冕服九章已下，至將幣三享，見行三享已前之事。

案《曲禮》天子當依而立，諸侯北面而見，曰覲。天子當宁而立，諸公東面，諸侯西面，曰朝。鄭氏謂，春朝，受贄於朝，受享於廟，秋覲，一受之於廟。賈氏《大行人》疏謂，行朝禮於朝，則皮弁。行享禮於廟，則冕服。陳祥道謂，皮弁，王日視朝之禮，非受諸侯朝覲之服也。《行人》之職，統言朝覲之禮，上公冕服九章，侯伯冕服七章，子男冕服五章，而繼之以廟中，將

幣，則未將幣之前，受朝於朝，未聞不以冕服也。今考《大行人》冕服九章以下經文，康成注云，朝先享不言朝者，朝正禮不嫌有等也。則是此節專言朝後享禮，不言朝禮也，此節經文云，建常九斿，樊纓九就，即《覲禮》所云偏駕也。如以爲受朝之禮，則下云，立當車軹，是偏駕入公門矣。又此一節云，其朝位，賓主之閒九十步，謂迎賓也。如以爲受朝之禮，則覲禮，天子不下堂而見諸侯，朝禮，天子反出門而見諸侯矣。於制皆不可通。故鄭注、賈疏：以冕服九章已下皆爲朝，後行享之禮最確。祥道徒以廟中將幣，文在冕服九章諸文之後，遂謂冕服，爲未將幣之前，受朝於朝之服。今考此節有云，禮九牢，謂饔餼大禮，朝享後，乃陳於館，文亦在廟中，將幣之前，豈遂得謂致饔餼在未將幣之前乎。又此節云三問三勞，文乃在廟中，將幣之後，豈遂得謂行享後始郊勞乎。故經文序有順逆，不得盡以文之前後，定節次之前後也。蓋冕服九章以下諸文，與廟中將幣之文爲目，謂廟中將幣，其車服擯介迎送之儀如此，不謂受朝亦冕服也。祥道又以《節服氏》掌祭祀、朝覲衮冕，六人維王之太常者，從王之服，而春朝秋覲皆然。不知天子受朝於朝，雖皮弁，朝訖，而享與覲禮皆衮冕，故《節服氏》從王不特於覲服衮冕，即朝訖行享亦服衮冕也。朝訖行享要爲朝事，故《節服氏》統以朝言之，非謂享前之朝亦衮冕也。祥道又謂，冕服亦施於朝。《司服》王，饗射，則鷩冕。《射人》三公北面，執璧。孤東面，執皮帛。卿西面，執羔。大夫西面，執雁。諸侯在朝，亦北面。鄭氏謂，饗射，饗食賓客與諸侯射也，射人不言士者，此與諸侯之賓射，士不與也，然則與諸侯之賓射，固在朝矣。王鷩冕，三公執璧則毳冕，而諸侯亦冕服可知。今考《司服》享先公、饗射，則鷩冕。賈疏謂，此大射在西郊虞庠中。又孔《射義》疏：其射宫，天子則在廟也。故《司服》云享先公、饗射，則鷩冕。《司几筵》云，大朝覲、大饗射，依前南鄉。是也。其服鷩冕，據此則《司服》所云饗射之射，乃大射也，其服鷩冕，本不在朝，不得引爲在朝服冕之證。至於射人所掌，乃賓射之制，與《司服》饗射之射不同，孔《射義》疏及賈《司服》疏：均謂天子賓射在朝，皮弁服。而祥道既誤以《司服》饗射之射，爲賓射，遂誤以賓射在朝，亦鷩冕。宜乎。其謂受朝於朝，并得服冕也。祥道又引康王在朝冕，服此尤變禮之禮，不足以證。常典易祓，又曰《玉藻》裨冕以朝。注謂，公衮，侯伯鷩，子男毳，乃冕服之制，如此則知，命圭五等，以至繅藉冕服之三等，皆朝禮也。今考朝覲通稱《覲禮》曰，諸侯前朝，前朝猶云前覲。《玉藻》所云，裨冕以朝，亦猶云裨冕以覲耳。受朝皮弁，受覲裨冕，裨冕祭服，盛於皮弁，經言朝王盛服，故多舉《覲禮》言之。

又案《詩・韓奕》云，韓侯入覲。又云元衮赤舄。《覲禮》云天子衮冕，負斧依。又云，侯氏裨冕。是覲乃服冕也。《司服》眡朝則皮弁服。統云眡朝，則每日常朝，及六服朝王，皆括在眡朝二字之内。故鄭、賈，以受朝，於朝服、皮弁服也。《通典》載，周制，諸侯遣使，聘天子，行聘之禮，至大門外下車，王服皮弁服，受聘時，賓亦服皮弁，受訖，王更服衮冕，入廟當扆而立，賓入次，改服裨冕而入。此皆以朝禮言之，受聘於朝。皮弁，即賈疏所云，受朝於朝，皮弁也。聘訖而享，王衮冕，賓裨冕，即賈疏所云，受享於廟冕服也。杜佑明於注疏：故約舉之儀，皆合典要，非若宋後諸儒之説也。

又爲覲禮，勞侯氏之服。

《覲禮》至於郊，王使人皮弁用璧勞。侯氏亦皮弁迎於帷門之外。注：皮弁者，天子之朝朝服也。

《曲禮》天子當依而立，諸侯北面而見天子，曰覲。疏：天子當依而立，是秋於廟受覲禮也。諸侯來朝至於近郊，王使大行人，皮弁，用璧，以迎勞之諸侯，亦皮弁，從使者以入。

又爲諸侯相朝之服。

《司服》注：自公之衮冕，至卿大夫之元冕，皆其朝聘天子及助祭之服。諸侯之自相朝聘，皆皮弁服。

《聘禮》公皮弁，迎賓於大門内。疏：案司儀，諸公相爲賓，公皮弁，交擯車，迎拜辱出大門。

《曾子問》諸侯相見，必告于禰。朝服而出視朝。注：朝服爲事故也。疏：朝服爲事故者，或會或吊之事。諸侯朝服，元冠、緇衣、素裳。以上文，諸侯朝天子，冕而出視朝，爲將廟，受尊敬，天子習其禮，故著冕服。諸侯相朝，雖亦在廟，受降下天子，不敢冕服，惟著臨朝聽事之服。故云朝服爲事故也。熊氏曰，此朝服謂皮弁服，以天子用以視朝，故謂之朝服。《論語》云，吉月，必朝服而朝。注云，朝服，皮弁服是也。必知朝服皮弁服者，聘禮，諸侯相聘，皮弁服。明相朝，亦皮弁服。此義爲勝。

《左氏成三年傳》晉侯享齊侯，視韓厥，韓厥曰，君知厥也乎。齊侯曰，服改矣。疏：聘禮賓皮弁，聘公皮弁迎賓，迎聘賓尚以皮弁，迎朝賓必皮弁矣。在朝君臣同服，公當皮弁，則韓厥於時亦皮弁也。

案《聘禮》疏：司儀，諸公相爲賓，公皮弁。考《司儀》經注：均不著諸侯相朝之服。公皮弁三字，蓋賈以意推之耳。《曾子問》諸侯相見朝服，熊氏以爲皮弁服，賈《聘禮》疏：蓋本熊氏。

又爲聘禮賓主人之服。

《聘禮》賓皮弁聘。注：服皮弁者朝聘，主相尊敬也。諸侯視朔皮弁服。疏：《周禮・大行人》諸侯朝天子，各服冕服，廟中將幣三享。《覲禮》亦云，侯氏裨冕，在廟覲天子，此諸侯待四方朝聘，皆皮弁者，入天子廟，得申其上服，入已廟，不可以冕服，又不可服常朝之服，故服天子之朝服，諸侯以爲視朔之服，在廟視朝聘之賓，是相尊敬，故也。

公皮弁，迎賓於大門內。注：於是賓主人皆裼。

《王制》制，三公一命卷。疏：諸侯又以皮弁受聘享，故《聘禮》公皮弁。

案《韓詩外傳》孔子曰，賜爾何如。對曰，得素衣縞冠，使於兩國之間。據聘禮，當云皮弁，此云縞冠者，皮弁色白，縞冠以象其色，用皮用縞，有異耳。縞冠素衣，非吉服也，即《司服》所謂素端。聘服用此，不合禮制。又考素衣即素積，蓋素裳亦通名素衣。《詩》庶見素衣兮。箋，以素衣釋素裳，《韓詩外傳》所云素衣，其即謂皮弁服之素裳歟。

又爲賓及上介受饔餼之服。

《聘禮》賓皮弁，迎大夫於外門外，再拜。

《宰夫》朝服牽牛以致之。疏：決上賓與上介皮弁。

又爲歸饔餼，賓拜賜之服。

《聘禮》明日，賓拜於朝，拜，饔與餼，皆再拜稽首。注：此拜亦皮弁服。疏：此拜亦皮弁者，以其受時皮弁，故知此拜亦皮弁也。故《公食大夫》云，若不親食，使大夫各以其爵、朝服，以侑幣致之。賓朝服以受明日，賓朝服以拜賜於朝。故朝服受還，朝服拜，則知此皮弁，受亦皮弁拜可知。

又爲卿還玉及賓受玉之服。

《聘禮》君使卿皮弁還玉於館。注：皮弁者，始以此服受之，不敢不終也。疏：始謂受聘享在廟時。

賓皮弁，襲迎於外門外。

又爲諸侯田獵之服。

《孝經》注：田獵、戰伐，冠皮弁。

《左氏襄十四年傳》不釋皮冠，而與之言。注：皮冠，田獵之冠也。既不釋冠，又不與食。疏：此公射鴻於囿，而冠皮冠，明皮冠是田獵之冠也。且虞人掌獵。《昭二十年傳》曰，皮冠以招虞人。又《十二年傳》言，雨雪，楚子皮冠以出，出，田獵也。是諸侯之禮，皮冠以田獵。《周禮・司服》云，凡甸，冠弁服。鄭元云，甸，田獵也，冠弁，委貌也，其服緇布衣，素積以爲裳，是服，諸侯視朝之服也，彼天子之禮，故以諸侯朝服，而田異於此也。《左氏昭二十年傳》皮冠以招虞人。疏：諸侯服皮冠以田，虞人掌田獵，故皮冠以招虞人也。

《公羊成二年傳》衣服與頃公相似。注：禮，皮弁以征。疏：時王之禮。即《昭二十五年》注云，皮弁以征不義，是也。《韓詩傳》亦有此文。

《昭二十五年傳》寡人有不腆先君之服，未之敢服。注：皮弁以征不義，取禽獸行射。

案《白虎通》王者征伐，所以必皮弁素積何，伐者凶事素服，示有悽愴也。伐者質，故衣古服。禮曰，三王共皮弁，素積服亦皮弁，素積。又招虞人亦皮弁，知伐亦皮弁，與《孝經》注及《公羊》注：同考《弁師》凡兵事韋弁服。與皮弁異，則皮弁亦不用之於兵事矣。《左氏成三年傳》齊侯曰，服改矣。注：戎、朝，異服也。疏：公迎朝賓當皮弁，則韓厥於時亦皮弁也，與戎服韋弁異，故云服改。若《白虎通》云，戎事皮弁，則韓厥在軍當皮弁迎朝，賓服亦皮弁，二服正同，齊侯又安得云服改乎。《隋志》巡兵即戎，則服韋弁，謂以韎韋爲弁，又以爲裳，衣猶守戎事韋弁之制。惟《左氏襄十四年傳》衛侯戒孫文子甯惠，子食而射鴻於囿，二子從之，公不釋皮冠，可爲田獵用皮弁之證。然獻公軼制之服，不足以證禮，況彼文孔疏明云，《司服》云，凡甸，冠弁服。鄭元云，甸，田獵也。冠弁，委貌也。彼天子之禮，故以諸侯朝服而田，然則，天子田獵之服，不得以獻公皮冠作證也。《呂覽》季秋紀，天子乃厲服，厲飭，執弓操矢，以射。高誘注云，《周禮・司服》章，凡田，冠弁服，亦以天子田獵，當冠弁也。又考《左氏昭二十年傳》皮冠以招虞人，臣不見皮冠，故不敢進。仲尼曰，守道不如守官。疏：

諸侯服皮冠以田，虞人掌田獵，故皮冠以招虞人。獻公射鴻皮冠，或不足以證田獵正服，而孔子，以虞人不見皮冠不敢進爲守官，則不得謂皮冠非田獵之正服矣。孔疏謂，天子冠弁，諸侯皮弁，則孔子所謂守官，亦僅就諸侯之制言之耳。與《司服》凡甸冠弁服，不相妨也。《隋志》田獵行鄉畿，則服皮弁，蓋本《左氏傳》所載諸侯之制。又考《通典》宋明帝泰始四年詔以繡冕、朱衣裳，征伐講武校獵。朱衣裳，韋弁服之遺制也，校獵服此，可與賈疏正田韋弁服互證。後周巡兵即戎，則韎韋爲衣裳，乃從《弁師》經文，不從《孝經》、《公羊傳》注及《白虎通》，而田獵皮弁、白布衣、素裳，則與之合。後沿述各殊，仍以《弁師》經文爲正。

又卷五《皮弁服下》 皮弁重於朝服。

《雜記》受皮弁服於中庭，自西階受朝服。疏：爵弁受於內霤，皮弁受於中庭，朝服受於西階，元端受於堂。既受處不同，則陳於壁北，亦重者在南。

弁以鹿皮淺毛爲之，天子諸侯孤卿大夫會中玉璂，與韋弁同。天子諸侯玉笄、象邸，大夫象笄、象邸，士象笄，與爵弁同。

《顧命》四人綦弁。傳，綦文鹿子皮。疏：鄭元云，青黑曰綦。王肅云，綦，赤黑色。孔以爲綦文鹿子皮。各以意言，無正文也。

《淇奧》會弁如星。箋，會謂弁之縫中，飾之以玉，皪皪而處，狀似星也。疏：《弁師》云，王之皮弁，會五采玉璂。注云，會，縫中也，皮弁之縫中，每貫結五采玉十二以爲飾，謂之綦。《詩》云會弁如星。又曰，其弁伊綦。是也。此云弁，武公所服，非爵弁，是皮弁也。皮弁而言會，與弁師皮弁之會同。故云謂弁之縫中也。《弁師》上云，王之皮弁，會五采玉璂。又曰，諸侯及孤卿大夫之皮弁，各以其等爲之。注云，皮弁，則侯伯璂飾七，子男璂飾五，玉亦三采。武公本畿外諸侯，入相於周，自以本爵爲等，則玉用三采，而璂飾七，故云飾之以玉，皪皪而處，狀似星。若非外土諸侯事王朝者，則卿璂飾六，大夫璂飾四，諸侯卿大夫各依命數，竝玉用二采。

《鳲鳩》其弁伊騏。傳，騏，騏文也，弁，皮弁也。箋，騏當作璂，以玉爲之。疏：《夏官・弁師》云，王之皮弁，會五采玉璂。注云，會縫中也，璂，結也，皮弁之縫中，每貫結五采玉以爲飾，謂之綦，引此《詩》云，其弁伊綦。又云，諸侯及孤卿大夫之皮弁，各以其等爲之。注云，皮弁，侯伯綦飾七，子男綦飾五，玉用采如彼《周禮》之文，諸侯皮弁，有綦玉之飾。此云，其弁伊騏，知騏當作璂，以玉爲之，以此，故易傳也。孫毓云，皮弁之飾，有玉璂，而無綦文，綦文非所以飾弁。箋，義爲長若然。《顧命》云四人綦弁，執戈，注云，青黑曰騏，不破騏字爲玉綦者，以《顧命》之文，於四人騏弁之上云，二人爵弁，執惠，身服爵弁，則是士也。於爵弁之下，次云騏弁，明亦是士。《弁師》之文，上云孤卿大夫之皮弁，各以其等爲之，不言士之皮弁，則士之皮弁，無璂飾矣。故《弁師》注云，士之皮弁之會無結飾，以士之皮弁無玉璂之飾，故知《顧命》士之騏弁，正是弁作青黑色，非璂玉之皮弁矣。禮無騏色之弁，而《顧命》有之者，以新王即位，特設此服，使士服此騏弁執兵衛王，非常服也。此言諸侯常服，故知騏當作璂。

《玉府》共王之服玉、珮玉、珠玉。注：鄭司農云，服玉，冠飾十二玉。疏：《弁師》又有皮弁、韋弁、冠弁，亦皆十二玉，故云冠飾十二玉也。

《弁師》王之皮弁，會五采玉璂，象邸、玉笄。注：會，讀如大會之會，會，縫中也。璂讀如薄借綦之綦，綦，結也，皮弁之縫中，每貫結五采玉十二以爲飾，謂之綦。《詩》云，會弁如星，又曰，其弁伊綦，是也。邸，下柢也，以象骨爲之。疏云，謂會，如大會之會，漢曆有大會小會之語，取會聚之義，故爲縫中。又云璂讀如薄借綦之綦，綦，結也者。漢時有薄借綦之語，故讀從之，亦取結義，薄借之語未聞。云皮弁之縫中，每貫結五采玉十二以爲飾，謂之綦者，天子以十二爲節，約同冕旒也。引《詩》會弁如星者，《衛詩》彼注云，會謂弁之縫中，飾之以玉，皪皪而處，狀似星也，與經義合，故爲證也。又曰，其弁伊綦，是也者，璂既爲玉，又得爲結義，得兩合耳。云邸，下柢也者，謂於弁內頂上，以象骨爲柢。

諸侯及孤卿大夫之冕、韋弁、皮弁、弁絰，各以其等爲之，而掌其禁令。注：皮弁則侯伯璂飾七，子男璂飾五，玉亦三采，孤則璂飾四，三命之卿璂飾三，再命之大夫璂飾二，玉亦二采。疏：此文既承諸侯之下，故鄭以爲，諸侯之孤卿大夫，解之也。

《士冠禮》皮弁服。注：皮弁者，以白鹿皮爲冠，象上古也。

爵弁、皮弁、緇布冠，各一匴。注：《周禮》王之皮弁，會五采玉璂，象邸，玉笄，諸侯及孤卿大夫之冕、皮弁，各以其等爲之，則士之皮弁，又無玉、象邸飾。

《王制》制，三公一命卷。疏：皮弁縫中，亦五采玉十二，故《弁師》云，王之皮弁，會五采玉璂。鄭注云，會，縫中也，縫中每貫結五采玉十二，以爲飾。又云，韋弁、皮弁，則侯伯璂飾七，子男璂飾五，玉亦三采，孤則璂飾四，三命之卿璂飾三，再命之大夫璂飾二，玉亦二采，一命之大夫冕而無旒，士變冕爲爵弁，其韋弁、皮弁之會，無結飾，不言冠弁，冠弁兼於韋弁、皮弁是也。士不得有韋弁，辨見韋弁服。

《左氏成二年傳》，棺有翰檜。注：翰，旁飾，檜，上飾。疏《詩》云，會弁如星，鄭元云，會謂弁之縫中，言其際會之處也，會在弁之上，知此檜亦在上。

《左氏僖二十八年傳》初楚子玉，自爲瓊弁玉纓。注：弁以鹿子皮爲之，瓊，玉之别名。次之，以飾弁及纓。《詩》云，會弁如星。孟子敢問，招虞人，何以曰以皮冠。注：皮冠，弁也。疏：案《士冠禮》注云，皮弁，以白鹿爲之，象上古也。《禮圖》云，以鹿皮淺毛黄白者爲之，高尺二寸，今虞人以皮弁者，皮弁以田，故也。

案《漢書·外戚王皇后傳》賜皮弁、素績。師古注：皮弁，以鹿皮爲冠，形如人手之弁合也。蓋本《釋名》兩手合抃之義。《甘延壽傳》試弁爲期門。師古亦注曰，弁，手搏。《王莽傳》子甚弁焉。師古注曰，弁，撫手也。然則，拚手之拚，通作弁冠形如合手，故名弁也。

又案《弁師》玉璂。注：讀薄借綦之綦，綦又作騏，故《顧命》釋文，綦，本作騏。《詩·鳲鳩》疏：引《顧命》亦作四人騏弁，又作璂。《詩》其弁伊騏。箋曰，當作璂。《説文》璂、璂重文，而璂、璂又與騏、綦通，故鄭於《詩》以璂破騏，於《周禮》以綦破璂。璂、璂、綦三字義相近，騏則假借字耳。《東京賦》珩紞紘綖，玉笄綦會。李善注引鄭元曰，會，縫中，璂讀如綦，綦謂結於皮弁縫中，每貫結五采玉十二，以爲飾，謂之綦。會綦之從絲，璂璂之從玉，以絲貫玉故也。然則會弁如星，言會而璂，可見。其弁伊騏，言綦而會，可見也。《弁師》先言會，而後言璂，言會中有璂也。《東京賦》先言綦，而後言會，言綦飾於會也。又考《弁師》注：必讀璂爲綦者。《漢書·楊雄傳》帶鉤矩而佩衡兮，履欃槍以爲綦。《班婕妤傳》俯視兮丹墀，思君兮履綦。師古注曰，綦履下飾。《内則》屨著綦。注：綦，屨繫。《廣雅》其紟謂之綦。曰繫，曰紟，皆可以貫結者也，蓋履下以絲貫鉤謂之綦，弁上以絲貫玉亦謂之綦。鄭注：薄借，綦。陸佃謂，即不借綦。惠氏《禮説》亦同。以履綦之綦，通綦之義，則知璂之當爲綦，亦取義於貫結也。

又案《左氏僖二十八年傳》注：引《詩》云會弁如星。釋文會，亦作璯。《隋志》引《詩》亦作璯弁如星。璯雖從玉，亦與會同義。考《儀禮·士喪禮》鬠笄用桑。疏：以髻爲會，取以髮會聚之義。《左氏成二年傳》棺有翰檜。疏引會弁如星之會，訓檜字，謂檜爲際會之處。《昭十一年傳》衣有襘。注：襘領會。《説文》膾，骨擿之，可會髮者，从骨，會聲。《詩》曰，膾弁如星。《説文》訓會弁之會，作骨擿，雖與鄭異，而以膾爲會髮，則亦取義於會也。凡此以會爲聲，聲多兼義，故知璯弁之璯，亦以會爲義也。考《釋名》以皮弁爲合手之形，下廣上鋭，其制當取鹿皮一幅，分解之，每片廣頭向下，狹頭向上，片片縫合，自成合手鋭頂之狀，縫中曰會，蓋皮之分解者，必以箴功會合之也。《戰國·趙策》鯤冠秫縫。注：秫，綦鍼，言女工之粗。《史記·趙世家》作却冠秫絀。徐廣曰《戰國策》作秫縫絀，亦縫紩之别名，秫者，綦鍼也。此言其女工箴縷之粗蓋以冠，無論麤細，必有箴縷之迹，於其有箴縷之處，飾以綦玉，則不見箴縷矣。故不特皮弁有璂，即凡冠弁，皆當有璂也。《詩》羔羊之皮，素絲五紽。箋，古者素絲以英裘，然則皮弁之縫，亦線縷爲之，與裘略同，縫中線以絲組飾之，弁縫中線，以璂玉飾之，其義同也。又考《弁師》注：故書會作膾。鄭司農云，讀如馬會之會，謂以五采束髮也。《士喪禮》曰，檜用組，乃笄檜，讀與膾同，書之異耳。説曰以組束髮，及著笄，謂之檜。沛國人，謂反紒爲膾。然則會、檜、膾通爲一字。司農訓膾爲組束髮，與許氏訓膾爲骨擿不同，叔重以會弁如星爲骨擿如星，於比象既不合，司農以會爲組束髮，亦與皮弁無涉也。

又案《後漢志》委貌冠、皮弁冠，同制。長七寸，高四寸，制如覆杯。《三禮舊圖》謂，以鹿皮淺毛黄白色者爲之，高尺二寸。《晉志》皮弁以鹿皮淺毛黄白色者爲之。禮，王皮弁，會五采玉璂，象，玉邸，玉笄，其縫中名曰會，以采玉，朱爲璂，璂，結也。天子五采，諸侯三采，天子則縫十二，公侯伯七，子男五，孤四，卿大夫三，全本《弁師》注。《隋志》弁之制，《五經通義》高五寸，前後玉飾。《詩》云，璯弁如星。董巴曰，以鹿皮爲之。《通典》大業中，所造，通用烏漆紗，前後二旁如蓮葉，四閒空處，又安拳花，頂上當縫安金梁，梁上加璂，天子十二璂珍珠爲之，皇太子及一品九璂，二品八璂，下

六品各殺其一，以玉爲之，六品以下無璂，後制鹿皮者，以賜近臣。大唐因之，以鹿皮爲之，玉簪導，十二璂，餘制同隋。自一品至五品以上，皆有璂，自六品以下無璂，則大夫有璂，士無璂，之遺制也。惟隋爲蓮葉拳花之形，則有邊葉矣。考《論語》素衣麑裘，皇侃義疏云，皮弁以鹿皮爲弁形，如今祭酒道士扶容冠，而無邊葉也。據此，則皮弁不得有邊葉，又以烏漆紗爲之，尤乖古制。至《唐六典》載皮弁服，朱衣及絳紗衣，則全易皮弁素服之舊矣。

又案《三國魏志·武帝紀》裴松之注引傅子曰，魏太祖，以天下凶荒，資財乏匱，擬古皮弁，裁縑帛以爲帢。《晉志》作幍，《梁志》作帢。合乎簡易隨時之義，於是皮弁，變而爲幍，幍之形仍象皮弁，特變皮爲縑帛，故云簡易耳。

又案《隋志》皮弁之制，《禮圖》有結纓，而無笄導。少府少監何稠，請施象牙簪導，詔許之，弁加簪導，自兹始也。考笄，天子諸侯以玉，大夫以下用象，此皮弁概以象爲簪導，雖不盡合乎古，而猶不失《士冠禮》皮弁笄之遺制。又考《通典》大業制，一品至五品犀簪導，六品至九品象簪導，則與《隋志》所云惟弁用白牙笄導，又異焉。

又案《初學記》載，魏臺訪議，邸以象骨，周緣弁下根柢，如魏武帝所作弁柢。據此，則邸在弁下，有周緣之形，其象冠之有武歟。賈疏謂，於弁內頂上以象骨爲柢，不特與魏臺訪議不合，即注：亦明云下邸，則邸在弁下明矣。賈疏以爲在頂上，亦與下邸二字迕。考《爾雅·釋器》邸，謂之柢，郭璞注：根柢皆物之邸，邸即底通語也。疏言，凡物之柢，必在底下，因名云也。《釋言》又曰，邸，本也，郭璞謂根本，故羽本謂之翮，郭注亦云鳥羽根也，根柢皆在下之稱。賈疏謂邸在弁之頂上，何解於邸即爲底也。《周禮·典瑞》云，四圭有邸。鄭司農云，於中央爲璧，著四圭一玉，俱成此象邸，周緣弁，下爲弁之邸，與璧爲四圭之邸，名義正同。

衣用十五升布，素積，素韠。大夫以上素帶。士緇帶與爵弁同。

《鳲鳩》其帶伊絲，其弁伊騏。傳，騏，騏文也。弁，皮弁也。箋，其帶伊絲，謂大帶也。大帶用素絲，有雜色飾焉。疏：知此是皮弁者，以其韋弁以即戎，冠弁以從禽，弁絰又是吊凶之事，非諸侯常服也，且不得與絲帶相配。惟皮弁是諸侯視朔之常服，又朝天子亦服之，作者美其德，能養民，舉其常服，知是皮弁也。

《司服》注：皮弁之服，十五升白布衣，積素以爲裳。疏：知皮弁之服，十五升白布衣，積素以爲裳者。案《禮記·雜記》云，朝服十五升。《士冠禮》云，皮弁，素積，故知義然也。

《士冠禮》皮弁服，素積，緇帶，素韠。注：積，猶辟也，以素爲裳，辟蹙其要中，皮弁之衣，用布亦十五升，其色象焉。疏云，積猶辟也，以素爲裳，辟蹙其要中者。經典云，素者有三義，若以衣裳言素者，謂白繒也，即此文之等是也。畫繢言素者，謂白色，即《論語》云，繪事後素之等，是也。器物無飾，亦曰素，則《檀弓》云，奠以素器之等是也。是以鄭云，以素爲裳，辟蹙其要中也。知皮弁之衣，亦用十五升布者。《雜記》云，朝服十五升，此皮弁亦天子之朝服，故亦十五升布也。然《喪服》注云，祭服、朝服，辟積無數，則祭服皮弁，皆辟積無數，餘不云者，舉皮弁可知，不竝言也。惟喪服裳幅三袧，有數耳。云其色象焉者，謂象皮弁之色，用白布也。

《士冠禮》記，三王其皮弁，素積。

《聘禮》裼，降立。疏：案《雜記》云，朝服十五升布，皮弁亦天子朝服，與諸侯朝服同，用十五升布亦同，素積以爲裳。

《士喪禮》皮弁服。注：其服白布衣，素裳也。

《月令》衣青衣。疏：皮弁白布衣。

《王制》制，三公一命卷。疏：皮弁之服，十五升白布衣，積素以爲裳。

《玉藻》注：皮弁服皆素韠。疏云，皆者，君與大夫、士，皮弁皆然。《雜記》皮弁一。疏：十五升白布爲衣，素積爲裳也。

《論語》素衣麑裘。皇侃《義疏》身著十五升白布衣，素積裳，而頭著皮弁也。

《左氏成三年傳》服改矣。疏：皮弁之服，十五升白布衣。素積以爲裳。

案敖繼公《士冠禮》注謂，皮弁亦以素絲爲衣，與裳同。今考《士冠禮》云，皮弁服，素積。注謂，積，猶辟也，以素爲裳，辟蹙其要中。《白虎通》曰，要中辟積。《釋名》素積，素裳也。辟積其要中，使蹴，因以名之也。故經文素積，專謂裳，不兼衣也。繼公謂，皮弁以素爲裳，竝以爲衣，即於《士冠禮》經文積字不合。《郊特牲》皮弁素服而祭。注：素服，衣裳皆素。《文

王世子》公素服不舉。注：素服亦皮弁矣。疏謂衣裳皆素，皮弁服，衣不用十五升白布，而用素，惟此二事爲變禮，蓋大蜡爲送終之祭，故衣裳皆素，公族在辟，公爲之變服，亦服素衣裳。《司服》加以元端、素端，素端，即素服也。均於凶災服之。皮弁爲天子常朝、諸侯視朔之吉服，其衣裳不應同於素端，且《郊特牲》及《文王世子》曰，素服不曰素積，則以服字統括衣裳，故注疏以爲衣裳皆素。《士冠禮》明云素積，不云素服，而繼公以素服之義解之。由於經文不遂字求之爾。

又案《史記》、《禮書》曰，皮弁布裳。考素積，以素絲爲裳，而《禮書》云布裳與禮制未合。《史記》因衣用白布，而謂裳與衣同。繼公因裳用素絲，而謂衣與裳同，其失均也。又案《爾雅》裳削幅謂之纀。注：削殺其幅，深衣之裳，自冕弁服至元端，皆爲帷裳，前三後四，不削幅也。若不襞積，則一丈四尺之要中，何以被體乎，故自深衣外，無不積之裳。《漢書孝平王皇后傳》賜皮弁素績。師古曰，素績謂素裳也，績字或作積，積，謂襞積之，若今之襆爲也。考《雜記》注如今袿袍，襆重繒矣。《玉篇》襆，重繒也。蓋襞積之縫，與喪服之袧同，皆屈攝裳幅，內外重疊，其象近於重繒之襆。《唐六典》訓襆爲垂裾，別爲一義。師古以襆喻襞積，特取重繒之義，非誤以積爲垂裾。惠氏非之，但知其一耳。司馬相如《子虛賦》襞積褰縐。又曰，紆徐委曲，鬱撓谿谷。張揖曰，襞積，猶簡齰也，褰，縮也，縐，裁也，其縐中文理茀鬱，有似於谿谷也。師古曰，襞積，即今之帬襵，古所謂皮弁素積，即謂此也。言襞積文理，隨身所著，或褰縐，委屈如谿谷。相如此數語，已盡襞積之狀。師古，以襵訓積襵，即積之轉也。埤蒼，襵，韏衣也。《通俗文》曰，褈縫曰襵。《字林》襞，韏衣也。襵訓韏，韏訓襞，即所謂襞積也。《釋名》⿰車聶，複也，重複非一言之也，故襵、⿰車聶義亦通。《士昏禮》記納徵執皮攝之。注：攝，猶辟也，謂中屈其皮而疊折之也。義亦與襵通。《檀弓》置翣。注：以布衣木，如襵與，即《國語》屏攝之攝也。則攝即襵也。《楚詞》哀時命衣攝葉，以儲與兮，左袪挂於榑桑。王逸注：攝葉，儲與，不舒展貌。洪興祖補注曰，攝之葉，反曲折也，惟曲折，故不舒展，即襞積也。《廣雅》僷疊襵冤⿰扌⿱癶土韏結，詘也。僷疊之爲襞積，猶攝葉之爲襞積也。襵⿰車聶僷疊攝葉，皆一音相轉，其義皆通於襞積也。《呂氏春秋·仲秋紀》冠帶有常。高誘注：皮弁服者，鹿皮冠，素幘也。古皮弁無幘，則幘爲積之誤。

天子諸侯，白舄，青絇繶純。大夫士，白屨，緇絇繶純，純博寸。

《屨人》爲赤舄、黑舄，赤繶、黃繶，青句。注：凡屨舄，各象其裳之色。《士冠禮》曰，素積，白屨，緇絇繶純。又曰，青絇者，王白舄之飾。疏：青句者，與王及諸侯爲白舄之飾。又曰云素積白屨者，皮弁服，素積以爲裳。故白屨也，云緇絇繶純者，亦飾從繡次也。又曰，白舄配韋弁、皮弁。

辨外、內命夫、命婦之命屨、功屨、散屨。疏：《鄭志》韋弁衣以韎，皮弁衣以布，此二弁，皆素裳、白舄。

《司服》疏：以其屨從裳色。天子諸侯白舄，大夫士白屨，皆施於皮弁，故也。

《士冠禮》素積，白屨，以魁柎之，緇絇繶純，純博寸。注：魁，蜃蛤。柎，注也。

《聘禮》裼，降立。疏云，皮弁亦天子朝服。又曰，白舄，臣用白屨也。

《士喪禮》夏葛屨，冬白屨，皆緇絇繶純，組綦繫於踵。注：冬皮屨，變言白者，明夏時用葛，亦白也。此皮弁之屨。《士冠禮》曰素積，白屨，以魁柎之，緇絇繶純，純博寸。綦，屨係也，所以拘止屨也。綦，讀如馬絆綦之綦。

《左氏桓二年傳》帶裳幅舄。疏：白舄者，皮弁之舄。又曰，白屨者，皮弁之屨。白舄者，皮弁之舄，謂天子諸侯。白屨者，皮弁之屨，謂卿大夫士也。

案《㡛氏》湅帛，以欄爲灰，渥淳其帛，實諸澤器，淫之以蜃。清其灰而盝之，而揮之。而沃之，而盝之。而塗之，而宿之。明日，沃而盝之。蓋湅帛之法，取其熟，而白，既塗之以蜃，又揮之，而沃之，既盝之，而又塗之，如是者數周，則熟而且白矣。屨用皮葛，皮葛無湅法，故白屨用蜃，但柎之而已。《㡛氏》淫之以蜃。注：引鄭司農曰，《士冠禮》素積，白屨，以魁柎之，說曰，魁，蛤也。《周官》亦有白盛之蜃，蜃，蛤也，蓋以此文之魁，釋彼文之蜃耳。其實，彼云淫之，此云柎之，義各有殊。鄭注曰，淫薄粉之，令帛白，蓋蜃粉與欄灰及水參相和，則浸淫漸漬而善入，粉必薄乃善入也，云淫者，浸潤之，使易徹也。若白屨，則惟於皮葛之外，塗柎，取其厚，與薄粉不同，鄭以柎爲注：注當讀爲韎韋之跗注：謂與皮葛相柎屬也。又考《王會篇》東越海蛤，且甌文蜃。注：蜃，大蛤，魁，亦訓大。《呂氏春秋·勸

學篇》不疾學而能爲魁士名人者，未之嘗有也。注：魁，大也。《淮南子・氾論訓》古者，剡耜而耕，摩蜃而耨。注：蜃大蛤，摩令利用之耨，謂蜃體最大，摩之即可以耨也。《晉語》韋昭注：小曰蛤，大曰蜃，木草魁蛤。《爾雅》魁、陸，皆以魁爲大者也。鄭司農於《幠氏》及《地官・掌蜃》共白盛之蜃。注：皆引此經之魁，釋蜃，與此康成注釋，魁爲蜃蛤同。蓋蛤粉本白，魁蜃則蛤之尤大者，爲尤白也，取以柎屨，其白厚當與常蛤殊，匠人曰盛。注：蜃，灰也，盛之言成也。以蜃灰堊牆，以堊牆之物柎屨，其光澤爲何如耶。

一曰素積。

《士冠禮》皮弁服，素積，緇帶，素韠。

《雜記》公襲素積一。疏：素積一者，皮弁之服，公視朔之服也。

案，素積一者，皮弁也，服以冠名者，皮弁、爵弁之類，是也。以衣名者，朝服、元端之類，是也。以裳名者，《雜記》素積纁裳是也。

或曰素端。

《雜記》子羔之襲也，繭衣裳與稅衣纁袡爲一，素端一，皮弁一，爵弁一，元冕一。疏：素端一者，此第二稱也。盧云，布上素，下皮弁服。賀瑒云，以素爲衣裳也。

案盧說非也。若素端即是皮弁，則不得與下皮弁一，別爲一稱矣。考《司服》士服加以元端，素端，子羔之祿衣，既當元端，則此素端，即《司服》之素端，明矣。賀瑒云以素爲衣裳，則以白絹爲衣裳也。賀說爲勝。

中衣用布。朝服、元端同。

《唐・揚之水》素衣朱襮。疏：《玉藻》云，以帛裏布，非禮也。士祭以朝服，中衣以布明矣。又云《少牢饋食》之禮，是大夫自祭家廟，其服用朝服，朝服以布爲之，則中衣亦用布矣。

《玉藻》以帛裏布非禮也。注：中外宜相稱也。冕服，絲服也，中衣用素，皮弁服、朝服、元端，麻衣也。中衣用布。疏：以帛裏布非禮也者，若朝服用布，中衣不得用帛也。皮弁服、朝服、元端服，麻衣也，中衣用布，三衣用麻，麻即十五升布，故中衣并用布也。又云，而小祥褎裏熟帛中衣者，吉凶異故也。

天子視朝，三公及諸侯在王朝，服皮弁，用狐白裘，錦衣裼。

《羔羊》羔羊之革，素絲五緎。疏：若天子視朝，及諸侯朝天子，皆以狐白裘，知者以《玉藻》云，君衣狐白裘，錦衣以裼之。又《秦詩》曰，君子至止，錦衣狐裘。

《終南》君子至止，錦衣狐裘。傳，錦衣，采色也，狐裘，朝廷之服。箋云至止者，受命服於天子而來也。諸侯狐裘，錦衣以裼之。疏：狐裘，朝廷之服，謂狐白裘也。白狐皮爲裘，其上加錦衣以爲裼，其上又加皮弁服也。《玉藻》云，君衣狐白裘，錦衣以裼之。注云，君衣狐白毛之裘，則以素錦爲衣覆之，使可裼也，袒而有衣曰裼，必覆之者，裘褻也。《詩》云，衣錦褧衣，裳錦褧裳。然則，錦衣復有上衣，明矣。天子狐白之上衣，皮弁服，與凡裼衣象裘色也。是鄭以錦衣之上，有皮弁服也。正以錦文太著，上有衣，衣象裘，裘是狐白，則上服亦白，皮弁服以白布爲之衣，衣之白者，唯皮弁服耳。故言，天子狐白之上衣皮弁服與，明諸侯狐白，亦皮弁服，以無正文，故言與，疑之辭也。《玉藻》又云，錦衣狐裘，諸侯之服也。此箋云，諸侯狐裘，錦衣以裼之。引《玉藻》爲說，以明爲裘之裼衣，非裼上之正服也。又云，此言狐裘爲朝廷之服者，謂諸侯在天子之朝廷服此服耳。其歸在國，則不服之。曾子問云，孔子曰，天子賜諸侯冕弁服於太廟，歸設奠服賜服。然則諸侯受天子之賜，歸則服之，以告廟而已。於後不復服之。知視朔受聘服麑裘，此美其受賜而歸，故云錦衣狐裘耳。

《玉藻》君衣狐白裘，錦衣以裼之。注：君衣狐白毛之裘，則以素錦爲衣覆之，使可裼也。袒而有衣曰裼，必覆之者，裘褻也。《詩》云，衣錦絅衣。然則，錦衣復有上衣，明矣。天子狐白之上衣，皮弁服與，凡裼衣，象裘色也。疏：天子視朝，服皮弁服，則天子皮弁之下，有狐白錦衣也。諸侯於天子之朝亦然。故《秦詩》云，君子至止，錦衣狐裘。此經云君，則天子兼諸侯也，凡在朝，君臣同服，然則三公在天子之朝執璧，與子男同，則皮弁之下狐白錦衣，與子男同也。又云，諸侯朝天子，受皮弁之裼，歸來鄉國，則亦錦衣狐裘以告廟，告廟之後，則不服之。

錦衣狐裘，諸侯之服也。注：非諸侯，則不以錦衣爲裼。

案《白虎通》天子狐白，諸侯狐黃，大夫蒼，士羔裘，亦因別尊卑也。則是狐白裘，自諸侯以下，皆不得服矣，與禮經異制。《淮南子・說山訓》狐白之裘，天子被之，而坐廟堂。似亦唯天子得狐白者。《說山訓》又曰，

天下無粹白之狐，而有粹白之裘，掇之衆白也。《吕氏春秋•用衆篇》亦同。《墨子•親士篇》千鎰之裘，非一狐之白也。然則，狐白之裘，非一狐白之所能成，故狐白之裘最貴。《漢書•匡衡傳》是有狐白之裘而反衣之也。師古曰，狐白，謂狐掖下之皮，其毛純白，集以爲裘，輕柔難得，故貴也。又曰，今人則以背毛爲裘，而棄其白，然則狐白獨取掖毛爲之。又《管子•輕重篇》狐白應陰陽之變，六月而一見。又曰，代人果去其本處山林之中，求狐白之皮，二十四月而不得一。此皆謂白狐也，得之尤不易，非若狐掖下之白凡狐皆有，特爲裘，則須集衆掖耳。《晏子春秋•諫上篇》景公之時，雨雪三日而不霽。公被狐白之裘，坐堂側陛。晏子入見。其云坐堂側陛，則路寢内朝也。諸侯在本國燕朝，得衣狐白，此又未可以禮制拘也。

諸侯在國視朔及受聘，享服皮弁，則素衣麑裘。

《羔羊》羔羊之革，素絲五緎。疏：若諸侯視朔，君臣用麑裘。知者，鄭注《論語》云，素衣麑裘，諸侯視朔之服，其臣則青豻褎，絞衣爲裼。《終南》君子至止，錦衣狐裘。傳，錦衣，采衣也，狐裘，朝廷之服。箋，至止者，受命服於天子而來也。諸侯狐裘，錦衣以裼之。疏：若然鄭於《坊記》注：在朝君臣同服。《士冠禮》注云，諸侯與其臣，皮弁以視朔，朝服以日視朝。《論語》云，素衣麑裘。云素衣，諸侯視朔之服。《聘禮》云，公側授宰玉，裼，降立。注引《論語》曰，素衣麑裘，皮弁，時或素衣，其裘同，可知也。然則，諸侯在國視朔，及受鄰國之聘，其皮弁服，皆服麑裘，不服狐白。

《檜•羔裘》羔裘逍遥，狐裘以朝。疏：此經直云狐裘，何知非狐白、狐青，而必知是黄衣狐裘者，以諸侯之服狐白裘，唯在天子之朝耳。在國視朔之服，則素衣麑裘，無狐白裘矣。

《司裘》季秋，獻功裘，以待頒賜。注：功裘，人功微麤，謂狐青麛裘之屬。鄭司農云，功裘卿大夫所服。疏：案《玉藻》君子狐青裘，豹褎，麛裘，青豻褎。彼云君子，鄭云，君子，大夫、士也。以其彼云豹褎、青豻褎、褎用雜，故爲大夫、士，若君則用純。又云，鄭彼注：引孔子素衣麑裘，謂是君臣視朔之服。

《聘禮》公側受宰玉，裼，降立。注《玉藻》曰，麛裘，青豻褎，絞衣以裼之。《論語》曰，素衣麛裘。皮弁時，或素衣，其裘同，可知也。疏：鄭一并引二文者，欲見諸侯與其臣，視朔與行聘禮，皆服麛裘。但君則麛裘，還用麛褎，臣則不敢純如君麛裘，則青豻褎，裼衣，君臣亦有異時。若在國視朝，君臣同素衣爲裼，故《鄉黨》云，素衣麑裘。彼一篇，孔子行事，鄭兼言君臣視朔之服，是其君臣同用素裼，可知。若《聘禮》亦君臣同用麛裘，但主君則用素衣爲裼，使臣則用絞衣爲裼。是以鄭總云，皮弁時，或素衣，其裘同，可知也。言或素衣者，在國則君臣同素衣，聘時，主君亦素衣，惟臣用絞衣爲裼也。

素衣麑裘。疏：素衣麑裘，則在國視朔之服也，卿、大夫、士亦皆然。故鄭元注：此云素衣麑裘，視朔之服是也。其受外國聘享，亦素衣麑裘。故《聘禮》云，裼，降立。注引《玉藻》云，麛裘青豻褎，絞衣以裼之。又引此云，素衣麛裘，皮弁時，或素衣。如鄭此言，則裼衣，或絞，或素，不定也。

《玉藻》君衣狐白裘。疏：其在國視朔，則素衣麑裘。卿、大夫、士亦皆然。故《論語》注云，素衣麑裘，視朔之服是也。其受外國聘享，亦素衣麑裘。故《聘禮》云，裼，降立。注引《玉藻》云，麛裘青豻褎，絞衣以裼之。又引《論語》云，素衣麛裘，皮弁時，或素衣。如鄭此言，則裼衣，或絞或素，不定也。熊氏云，君用絞，臣用素。皇氏云，素衣爲正。記者亂言絞耳。

案，素衣麑裘，皇侃《義疏》麑，鹿子也。鹿子色近白，與素微相稱也。謂國有凶荒，君素服，則羣臣從之。故孔子魯臣亦服之也。《喪服》則大鹿爲裘也。故《檀弓》云，鹿裘横長袪是也。此凶荒之服，既輕，故裘用鹿子，鹿子文勝於大鹿也。考羔裘之革，疏：諸侯視朔，君臣用麑裘。《聘禮》裼降立。注引《論語》云，素衣麑裘，則麑裘用之聘朔，皇氏以麑裘爲凶荒之服，惟較輕於大鹿之裘。考《韓子•五蠹》堯之王天下也，茅茨不翦，采椽不斲，糲粢之食，藜藿之羹，冬日麑裘，夏日葛衣，雖監門之服養不虧於此矣。然則，麑裘乃最下之裘，皇氏以爲凶荒君所服之裘，似亦有據。竊以古今文質不同，古以狐白麑裘爲上，故天子以朝，諸侯以朔，韓子之世，至以麑裘爲監門之服，則世風之變也。皇氏固不得據後世，以疑周制也。

天子卿大夫，及諸侯卿大夫，在天子之朝，亦皮弁，狐白裘，素衣裼。

《羔羊》羔羊之革，素絲五緎。疏：其卿大夫，在朝及聘問，亦衣狐白裘。知者《玉藻》云，士不衣狐白，故也。其裼，蓋用素衣，知者以鄭注《玉藻》云，非諸侯則不用素錦爲裼，故也。

《司裘》季秋，獻功裘。疏：案《玉藻》仍有狐白裘，據天子之朝，大夫已上所服，亦入此功裘之中。

《玉藻》君衣狐白裘，錦衣以裼之。疏：其天子卿大夫，及諸侯卿大夫，在天子之朝，亦狐白裘。以下云，士不衣狐白。則卿大夫，得衣狐白也。其裼則不用錦衣，故下注云，非諸侯則不用錦衣爲裼。熊氏云當用素衣爲裼也。

錦衣狐裘，諸侯之服也。注：非諸侯，則不用錦衣爲裼。

天子之士，及諸侯之士，在天子之朝，皮弁麑裘。

《羔羊》羔羊之革，素絲五緎。疏：士則麛裘，青豻褎，以狐白之外，惟麛裘素也。

《玉藻》士不衣狐白。注：辟君也，狐之白者少，以少爲貴也。疏：其天子之士，及諸侯之士，在天子之朝，既不衣狐白。熊氏云，用麛裘、素裼也。

麛裘，青豻褎，絞衣以裼之。注：孔子曰，素衣麛裘。

案《晏子春秋外篇》景公賜晏子狐白之裘，元豹之茈，此字疑。其貲千金，使梁邱據致之，晏子辭而不受，三反。晏子曰，君服之上，而使嬰服之，於下不可以爲教。云君服之上，謂君以狐白裘爲上服也，云嬰不得服之，於下則是諸侯之大夫亦不得衣狐白矣。與《玉藻》士不衣狐白異制。晏子嘗示，惟卿爲大夫，此不受狐白之賜，或自比於天子之士。以云貶抑乎。

清・宋綿初《釋服》卷上《爵弁》 爵弁與皮弁，冠弁類也。在此者，大夫以爲自祭之服，士以爲與君祭之服，禮尊祭服，故次冕後。

《士冠禮》注：爵弁者，冕之次，其色赤而微黑，如爵頭然；或謂之緅，其布三十升。疏：凡冕以木爲體，長尺六寸，廣八寸，績麻三十升布，上玄下纁，有旒。爵弁制大同，惟無旒，又爲爵色爲異。又冕者，俛也，低前一寸二分，爵弁則前後平，故不得冕名，其尊次於冕也。大夫自祭服爵弁，士助君祭服爵弁，其制有武，有緇、組、紘，垂爲飾。

又《爵弁服》 《士冠禮》爵弁服纁裳，純衣，緇帶，韎韐。注：纁裳淺絳裳。純衣絲衣。先裳後衣者，欲令下近緇明衣，與帶同色。韎韐，緼韍也。

《士昏禮》主人爵弁，纁裳緇袘。注不言衣與帶者，明其與袘俱用緇，袘謂緣裳也。疏《士冠禮》陳爵弁服云緇衣緇帶，此文有緇袘無衣，帶欲見袘與衣帶同色，故云俱用緇也。

爵弁，祭服也，王朝，士服以助祭於天子。《詩》曰，絲衣其紑，載弁俅俅。侯國大夫服以祭其祖，士服以助祭其君。《雜記》大夫冕而祭於公，弁而祭於己。士弁而祭於公，冠而祭於己。士弁而親迎，然則士弁而祭於己，可也。注：弁，爵弁也，冠，玄冠也，士弁而祭於己可也者，緣類欲許之也。親迎雖亦己事，攝盛服爾，非常也。《詩・小雅》箋，韎韐，祭服之韠，合韋爲之，其服爵弁服、紂衣、纁裳也。疏：大夫以上祭服謂之韍，《玉藻》一命緼韍，則士亦名韍，正名韎韐。

綿初案《士冠禮》注：謂爵弁專爲士服。愚謂，天子祭先王以衮冕，諸侯祭先君以其命服之韍冕，依次推之，大國之孤卿自祭以玄冕，大夫自祭當弁服矣。《雜記》大夫弁而祭於己，非其證與弁，惟爵弁爲祭服，則大夫自祭當爵弁服也。諸儒以《少牢》有大夫朝服即位之文，謂大夫祭用十五升布衣。祭服自天子至士皆用絲衣，何獨大夫自祭以布。《雜記》注又云，大夫爵弁而祭於己，唯孤爾。此義亦非孤卿自祭服玄冕，《雜記》以士弁而親迎，緣類，許其自祭，則大夫之自祭爵弁無疑矣。今據《雜記》辨正。大夫朝服委貌，即弁也，故《少牢》大夫祭以朝服。又案《士冠禮》爵弁服謂之純衣。注：純衣，絲衣也。《詩・小雅》箋，爵弁服謂之紂衣。《周禮・地官・媒氏》純帛不過五兩。《詩傳》作紂帛，箋云，純，實緇字也，古緇以才爲聲。《說文》緇，黑色帛也。據此諸文，則純衣即緇衣也。古者以緇衣爲朝服，其常朝之服用布。《雜記》所謂朝服十五升布者，是若有朝會之典，如《玉藻》所云，狐白裘則錦衣以裼之，狐青裘則玄綃衣以裼之，麛裘絞衣以裼之，羔裘緇衣以裼之，狐裘黃衣以裼之。義主文飾，其緇衣則當以帛爲之，即爵弁服之純衣。《禮記集說》方氏曰，言綃則錦衣以降，裼皆用綃。可知其說是也。《詩》美緇衣，曰宜、曰好、曰蓆，其非布服亦可想見矣。又考《小雅・瞻彼洛矣》箋云，諸侯世子未遇爵，命服士服而來朝，其服爵弁，服紂衣、纁裳、韎韐。然則爵弁服，古亦謂之朝服矣。儒者泥於朝服十五升布之文，一言朝服必是布衣，而經旨多不可通，其爲拘文牽義，不已甚乎。

又《皮弁》 大古時，以白鹿皮冒覆頭，鉤領繞項。皮弁者，以皮爲冠，象上古也，其服次於冕，縫中謂之會縫。中結玉爲飾，謂之璂。《詩·衛風·淇奥篇》會弁如星。注：會謂弁之縫中，飾之以玉，皪皪然而處，狀似星也。又《曹風·鳲鳩篇》其弁伊騏。《傳》騏，騏文也，弁，皮弁也。疏云，馬青黑色謂之騏，弁色如其文也。《書·顧命篇》四人綦弁。注：青黑曰綦，弁有下柢，謂之邸，所以維持弁者，謂之笄，繫弁者謂之紘，塞耳者謂之瑱。《周禮·弁師》王之皮弁，會五采玉璂，象邸玉笄。注：璂讀如綦，結也，皮弁之縫中，每貫結五采玉十二，以爲飾，謂之璂，邸，下柢也。於弁内頂上轃處，以象骨爲柢也。璂《説文》作瑧，云弁飾往往置玉也。騏、綦、璂、瑧音義竝同。諸侯以下，則弁師各以其等爲之，而掌其禁令。公之璂飾九，侯伯之璂飾七，子男之璂飾五，玉皆三采。天子朱紘，諸侯青紘，琇瑩美石爲充耳。《詩傳》充耳謂之瑱，琇瑩美石也。天子玉瑱，諸侯以石，孤則璂飾四，三命之卿璂飾三，再命之大夫璂飾二，玉皆二采，一命之大夫及士，皮弁之會，無結飾，有笄，有緇組紘。

緜初案《冠禮》注：皮弁以白鹿皮爲冠，象上古也。愚謂上古容有白鹿皮之冠，後王日趨於文，未必仍以白鹿皮也，鄭注無據，但以衣當從冠色耳，辨見後。

又《皮弁服》 皮弁之服，天子諸侯以素錦爲衣。《詩》曰，君子至止，錦衣狐裘。《傳》云，錦衣，采衣也，狐裘，朝廷之服。疏謂，諸侯在天子之朝服此服，錦衣即皮弁之正服，大夫士以素繒爲衣。《論語》謂之素衣，《禮記》謂之縞衣，亦皮弁服也。其裳積素爲之。積猶辟也，以素爲裳，辟積其要中。《喪服》注：朝服祭服辟積無數，素白繒也。上下竝同冠。《禮記》三王共皮弁素積，言不改制也。天子日視朝服皮弁，天子朝食服皮弁。《司服》職眡朝則皮弁服。《玉藻》天子皮弁以日視朝，遂以食，疏：食所以敬養身體，故著朝服，是天子視朝、朝食，服皮弁也。天子燕羣臣服皮弁。郊祭之前聽祭報服皮弁。舞大夏服皮弁。賓射燕射服皮弁。大學釋菜服皮弁。《詩·小雅》有頍者弁，實維伊何。注：弁，皮弁也，言王服皮弁之服，是維伊何乎。言其宜以宴，而弗爲也。禮天子諸侯朝服以燕。《釋文》頍，缺婢切，著弁貌。《小雅·賓之初筵篇》側弁之俄。注：側，傾也，俄傾，貌是燕服皮弁也。《郊特牲》祭之日，天子皮弁以聽祭報，示民嚴上也。注：報，猶白也，夙興朝服，以待白祭事者，乃後服祭服，而行事也。是聽祭報，服皮弁也。《明堂位》皮弁素積以舞大夏，是舞大夏服皮弁也。賓射、在朝、燕禮，朝服天子俱用皮弁也。《學記》大學始教皮弁釋菜，示敬道也。注：釋菜，禮先聖先師，是釋菜服皮弁也。諸侯自相朝聘服皮弁。諸侯聽朔於太廟服皮弁。天子之士從王視朝服皮弁。諸侯之大夫士從君視朔亦服皮弁。《鄉黨》記孔子之服云，素衣麑裘。鄭注：視朔之服，君臣同服也。《聘禮》賓皮弁聘。《論語》疏云：受外國聘享，亦素衣麑裘也。其帶則緇，其韠則素，其屨則白。《冠禮》皮弁服素積、緇帶、素韠。又曰，素積白屨，以魁柎之。魁，蜃蛤，柎，注也，謂以蛤灰，注縷使白。緇絇繶純，純博寸。《司服》職注：皮弁之服，十五升白布衣，積素以爲裳，王受諸侯朝覲于廟，則衮冕。

緜初案鄭注皮弁以白鹿皮爲冠，皮弁之服十五升白布衣，是説相沿已久，而不知其非禮之大者也。説緇布冠者云，大古之時，吉凶同服白布冠。《雜記》所謂大白冠也。齊則緇之。三代改制，以白布冠爲喪冠，惟始冠之時，重古，始冠而冠其齊冠，然既冠不復用者何也，以古今文質不同，故也。若大古以白鹿皮爲冠，後王重其始冠，亦存其用皮之意可矣，不當仍以白鹿皮也，白布之冠，士不可用之於吉禮，白鹿皮之冠，天子用之於朝廷乎。云白布冠爲喪冠，則白布衣爲喪衣矣，未聞吉禮賓禮之服用白布者也。天子視朝，天下之所仰望也，諸侯自相朝聘，大禮也，諸侯聽朔於大廟，王章也，大夫士從君視朔，朝儀也。而白皮冠、白布衣、素裳、素韠、白屨以臨之，天子諸侯百辟，卿士上下衣冠盡白者，何也。或曰古禮不合人情者多，是又不然，古之人情，猶今之人情也。父母在冠衣不純素，孤子當室冠衣不純采，則采與素非可漫然者矣。禮惟年不順成，則君有素服，大夫士去國，則素衣素冠素裳。孟明之喪師也，秦伯郊迎而素服，然所謂素服者，竝以白繒爲之，非白布也。戰國時荆軻入秦爲刺客，士大夫白衣冠以送之，此或用白布未可知，以憂危而用凶服也。而謂朝聘、視朔之服，皆白皮冠、白布衣、而素裳，禮乎。考之於經《顧命》四人綦弁，注云，青黑曰綦，字亦作騏，《詩·鄭風》縞衣綦巾。《傳》云，綦，蒼艾色。疏云，蒼艾即青艾，謂青而微白爲艾，草色也。《説文》亦云綦，蒼艾色也。《玉藻》世子佩瑜玉而綦組綬。注云，綦文雜色也。《詩》其弁伊綦，《毛詩》作騏。

傳，騏，騏文也。疏云，馬之青黑者謂之騏，此弁色如其文也。然則，綦者素黑之名，字或作騏，義正同也。故愚謂，皮弁者，染皮爲之，其色蒼，艾青而微白，如玄冕黑中有赤之義，青近於黑，而有白，故曰文雜色也。凡冕也弁也、冠也，主於上覆，其義取法乎天，故色亦象乎天。天之夜色玄，故玄冕以玄黑而有赤，取幽深之義，天之晝色蒼，故皮弁以蒼青而有白，取昭明之義。冕服之以玄者，與神明相交，取其幽玄也。皮弁服之以蒼者，與天下相見取其顯明也。冕有《玉藻》，以垂爲飾，謂之旒，弁有會玉，以結爲飾，謂之琪。冕服之有黼黻，質而有文也，弁服之有文繡，素以爲絢也。故皮弁服者冕服之亞也。《詩秦風》君子至止，錦衣狐裘。又曰，黻衣繡裳，非皮弁服與奚爲而白布也。深衣爲善衣之次，燕居之服猶飾之以采，中衣以繡黼爲領，丹朱爲緣，則皮弁之上服可知也。屨雖以白，其飾則采，純爲繞口緣邊，其廣一寸，則約繶之繁飾又可知也。士屨之飾以緇，則天子諸侯之有赤繶、黄繶、青絇，又可知也。注疏因《中庸》引尚絅之詩，而謂錦文大著其上，必有衣，不知君在則裼，正以盡飾爲義，而反惡其文之著乎。所謂言各有當也。夫先王制服并有微義。冕服用之郊廟者也，皮弁服用之朝廷者也。《司服》王視朝皮弁。注：王受諸侯朝覲于廟，則衮冕是也，惟明於朝廷之服，義尚文采，而後皮弁之服可得，而言後世君臣，泥於白皮冠、白布衣之説，而以皮弁爲吊服，失之遠矣。

又案《唐風揚之水篇》素衣朱纀，從子于沃。素衣朱繡，從子于鵠。《爾雅》黼領謂之纀，孫注：繡，刺黼文以褗領，是纀爲領也。焦贛《易林》否之，師曰，揚水潛鑿，使石絜白，衣素表朱，戲遊皋沃。王懷祖給事云，此文皆出揚之水篇衣素表朱，即素衣朱纀，纀之爲言表也。《吕氏春秋·忠廉篇》臣請爲纀。高誘注：纀，表也。《新序節士篇》作臣請爲表，是纀爲表也。愚謂《爾雅》釋其名，《易林》訓其義，其實一而已矣。言纀，言繡，正謂繡刺黼文。《爾雅》以黼領釋之，是纀爲領也。言朱者衣以丹朱爲緣也。朱纀、朱繡，即禮所云繡黼丹朱也。纀之爲言表也。黼領朱緣，所以章明服采，故纀又爲表也。

《周禮·司服》職，大札、大荒、大烖素服。注：大札疫病也，大荒飢饉也，大烖水火爲害。君臣素服縞冠，若晉伯宗哭梁山之崩。疏云，《玉藻》年不順成，則天子素服，乘素車，食無樂，義與此合。又曰，年不順成，則君衣布。搢本。荒年衣布，則有年不衣布矣。

綿初案，疏義最爲分曉。素服即素端，祈禱之服也。衣布，若衛文公大布之衣，常時之服也。與皮弁素積之義不同。當辨。凡經言素衣者，飾以采，言素服者，飾以素。

或問皮弁素積何也，曰其質素也。禮言蜡祭皮弁素服以送終，何也，曰禮自别有素服也，不曰皮弁送終，而曰皮弁素服以送終，其義可思矣。

《玉藻》朝服之以縞也，自季康子始也。孔子曰，朝服而朝卒朔，然後服之。注：朝服而朝卒朔，然後服之，謂諸侯與羣臣也，諸侯視朔皮弁服，《家語》季康子朝服以縞。曾子曰禮乎，孔子曰，君臣視朝，上下同服，緇衣羔裘，惟諸侯皮弁，以告朔卒，朔然後服縞，以視朝。言非卒朔，不服縞。

綿初案《小爾雅》繒之精者曰縞，《廣雅》縞，細繒也，縞衣之上飾以文采，非是純白，凡無飾之衣則謂之襤褸。漢世猶然。凡謂素服者，飾以素，不以采也。器物之無飾者亦謂之素。詳觀《玉藻》之文，則卒朔然後服縞，而以白布爲皮弁服者，信乎，其非矣。

又《韋弁服》

《司服》職，凡兵事韋弁服。注：韋弁以韎韋爲弁，又以爲衣裳。《春秋傳》晉郤至，衣韎韋之跗注。今時伍伯緹衣，古兵服之遺色。疏云，以赤色爲弁。《左傳成十六年》楚子曰，有韎韋之跗注：君子也。跗，謂足跗，注：屬也，袴而屬於跗。伍伯云云，舉漢事以爲況，伍伯謂行長，見服纁赤之衣，是古兵服遺象也。

《聘禮》卿韋弁歸饔餼，注：韋弁，韎韋之弁，蓋韎布爲衣，而素裳。疏云，與《司服》注不同者，非兵事入廟不可純如兵服，故疑用韎布爲衣，而素裳也。

戴氏《冕弁冠記》周官經無爵弁，鄭氏謂爵弁制如冕，殆非也。陳用之曰，或謂爵弁即韋弁耳。韋其質也，爵其色也，斯言蓋近之。

綿初案，爵弁、韋弁，蓋因事而異其名。以爲祭服則謂之爵弁，以爲文事則謂之韋弁，以爲兵服則謂之韎韋。《詩》韎韐有奭，注以爲爵弁，服韎韐即韎韋也。

又《冠弁服》

《司服》職，凡甸，冠弁服。注：甸，田獵也。冠弁委貌，其服緇衣，亦積素以爲裳，諸侯以爲視朝之服。王服此以田。

綿初案，鄭注：冠弁委貌，則委貌是弁。疏以爲，玄冠者非也。玄冠用

之於齊，委貌用之於朝，向來此義未晰。弁《説文》作□，象形，云或作弁，大抵皮弁、韋弁、冠弁、形狀略同。皆以皮爲之，而皮色、冠飾不同耳。天子以皮弁日視朝，諸侯以委貌日視朝，其意亦相似也。

戴氏《冕弁記》周官經，六冕之下，韋弁、皮弁、冠弁，王之皮弁，會五采玉璂，象邸玉笄，諸侯及卿大夫之韋弁皮弁，各以其等爲之。鄭氏曰，冠弁委貌，又曰或謂委貌爲玄冠，余以謂冠弁之名，則弁而非冠也。《漢輿服志》言委貌皮弁同制。《晉語》范文子退朝，武子擊之以杖，折委笄，委之有笄，其爲弁制明矣，然則委貌玄冠異也，朝服，大夫以上委貌，士玄冠與。

綿初案，同一祭服也，而天子、諸侯、大夫、士各有其等。然則同一朝服，而天、子諸侯、大夫、士亦必各有其等矣。天子以冕服聽朔，以皮弁五采玉璂日視朝。諸侯以皮弁三采視朔，其服皆錦衣也。諸侯以冠弁日視朝，又謂之委貌，其服緇衣也，又謂之紂衣，與爵弁之純衣同。卿大夫以皮弁二采，從君視朔，其服縞衣也，以冠弁服從君日視朝。《玉藻》言羔裘緇衣以裼之，蓋卿大夫之朝服，《少牢饋食》爲大夫自祭，曰主人朝服，不言冠，大夫朝服委貌。《雜記》言，大夫弁而祭於己，則委貌之爲弁，非其明證，與《特牲饋食》士禮也云，主人冠端玄，則士玄冠以祭，明矣。周制祭服士爵弁，而大夫以上冕。朝服士玄冠，而大夫以上委貌，天子始冠玄冠用士服也，經典言羔裘玄冠者，皆士服也。戴氏云，朝服大夫以上委貌，士玄冠，與此義實前儒所未發，故備録之。余又以義例推之，大夫士祭於己，視助祭於公，則降焉。諸侯朝服降於天子，然則大夫士之視私朝，視從君視朝，亦降焉。大夫從君視朝，上下同服緇衣，其緇衣當以繒爲之，黑色帛也，與祭服之玄衣相次，大夫士視私朝，蓋緇布衣也。與齊祭之玄端相次。《雜記》所云朝服十五升者，是與降，是則夕服之深衣，深衣亦十五升布爲之，雖非朝祭所用然規矩繩權衡，五法具備，故曰善衣之次也。

《士冠禮》筮于廟門，主人玄冠朝服緇帶素韠，即位于門東西面。注：主人，將冠者之父兄也。緇帶，黑繒帶也。疏：經不言裳者，裳與韠同色。

綿初案，經文於朝服上，特言玄冠，此爲士朝服以玄冠之確證。凡禮之通例，帶從衣色，言緇帶，則緇衣見。韠從裳色，言素韠，則素裳見。緇帶爲黑繒帶，則緇衣之爲黑繒衣，亦見。然則士之朝服緇衣、緇帶、素裳、素韠，與大夫同，不同者，大夫以上委貌，士玄冠耳。凡經典，言玄黄，言玄纁縞，言緇幣，言素衣，竝皆絲帛之名。《詩》言，緑兮衣兮，緑衣黄裳。下云，緑兮絲兮，則衣裳皆以絲爲之矣。蓋古者大夫、士禮服，皆以絲，惟庶人之吉服，深衣而已。故《漢書·賈山傳》、《淮南子·修務訓》竝言布衣韋帶之人有由來也。深衣爲善衣之次，實以十五升布爲之。禮言諸侯夕深衣，大夫士莫夕於君，亦深衣，則深衣亦可謂之朝服。故曰，可以擯相，可以治軍旅，意《雜記》之朝服十五升者，此耳。《雜記》者，《雜記》喪服之制也，布至十五升，乃爲吉布。原文云，朝服十五升，去其半，而緦加灰，錫也，主言喪服用布之麤細，不爲朝服明等威也。云朝服十五升，猶云深衣十五升也。經典別無朝服用布之文，而鄭注謂，天子、諸侯、卿、大夫、士之朝服，通用十五升之布衣，其果然也與。

《司服》職，冠弁服。賈疏：凡甸冠弁服，據習兵之時，若正田時，則當戎服。《左傳》衛獻公不釋皮冠。皮弁韋弁同，但色異耳。是正田用韋弁也。

綿初案，皮弁、爵弁、韋弁、冠弁，其質大同，爲大夫以上之朝服，故通謂之弁。士唯助祭於公用爵弁，從君視朔服皮弁，若朝服，則玄冠矣。猶諸侯以上之祭服，通謂之冕，大夫唯助祭於君服冕，若自祭於己，則弁服矣。弁質，大同、猶冕體之大同也。但用弁處，多上下殊等，朝祭異地，文武異事，其色或爵或韎，其裳韠或素或纁，其名曰皮曰韋。而弁飾之等差，更各有不同，禮文雖缺，當以意消息之耳。

清·張惠言《冕弁冠服圖·弁》《周禮·弁師》王之皮弁，會五采玉璂，象邸玉笄。諸侯及孤卿大夫，各以其等爲之。注：會，縫中也。璂，讀如薄借綦之綦，結也。皮弁之縫中，每貫結五采玉十二以爲飾，謂之綦。《詩》曰，會弁如星。又曰，其弁伊綦。是也。邸，下柢也，疏：弁內頂上。以象骨爲之。侯伯璂飾七，子男璂飾五，玉亦三采，孤則璂飾四，三命之卿璂飾三，玉亦二采，一命之大夫及士，皮弁之會無結飾。鄭義，韋弁、皮弁，同制。韋弁則以韎韋爲之，皮弁以白鹿皮爲之，異耳。《詩》曰充耳琇瑩，則亦有瑱。

天子弁。

又《爵弁》《士冠禮》注云，爵弁者，冕之次，其色赤而微黑，如爵頭然，或謂之緅，其布三十升。又云，爵弁者，制如冕，黑色，但無繅耳。疏云，冕者俛也，低前一寸二分，其爵弁則前後平，故不得冕名。《詩》充耳以素，

則亦有瑱。

天子有爵弁，以哭諸侯。《周官·司服》所謂弁絰。鄭注以爲如爵弁而素。《禮箋》以爲，正爵弁，非素也。鄭注《弁師》云，弁絰之弁，其辟積，如冕繅之就，蓋以天子至卿大夫士，皆有素爵弁之弁絰服。故爲辟積之差等，其實天子即以爵弁，君大夫即以皮弁，爲弁絰，其爵弁不得有辟積也。

弁亦冠之總名，玄冠玄端，天子謂之冠弁。

清·黃以周《禮書通故》卷三《衣服通故一》 鄭玄云，《士冠禮》，爵弁服，纁裳，純衣，緇帶，韎韐。爵弁者，冕之次，其色赤而微黑，如爵頭然，或謂之緅。纁裳，淺絳裳。純衣，絲衣也。餘衣皆用布，惟冕與爵弁用絲耳。先裳後衣者，欲令下近緇，明衣與帶同色。賈公彦云，凡衣與冠同色者，先言衣，後言裳。今爵弁與衣異，故退純衣于下，使與帶同色。以周案，爵古通雀。《爾雅》黧黄楚雀，黧黑而黄，謂之爵弁。鄭以緅釋爵，其意色以赤為體，而更染之以黑，與緇相近，正明爵弁衣冠同色也。賈疏非。凌氏沿其謬。爵弁服緇衣纁裳，其裘狐青，玄綃衣以裼之。見疏引熊氏。《司服》凡兵事韋弁服，以韎韋為弁，又以為衣裳。見鄭注。韎為赤黄，其裘狐黄，黄衣以裼之。見《詩·羔羊》疏。其帶，大夫以上素，士以緇。其韠韎韐，《隋志》云爵韠，誤以玄端之韠當之。《通典》云，士則祀弁爵玄冠，皆玄衣，其裳上士以玄，中士以黄，下士雜裳。又誤以玄端之衣裳當之。皆非。

禮家舊説大祝禅冕，或云大祝爵弁純衣。以周案，禅冕本《曾子問》文，爵弁本《雜記》文，此蓋天子諸侯之别。也天子大祝下大夫，諸侯降一等則士也。士以爵弁。詳《職官門》。

又 《記》云，周弁，殷冔，夏收。《毛詩傳》云，冔，殷冠也。夏后氏曰收。周曰冕。《獨斷》云，周曰爵弁，殷曰冔，夏曰收，皆以三十升漆布為殼。周黑而赤，前小後大。殷黑而微白，前大後小。夏純黑而赤，前小後大。孔穎達云，彼云周弁，此云冕者，以周自大夫以上祭服皆用冕服，故傳以冕言之。實冕而謂之弁者，《周禮·弁師》注云，弁，古冠之大號，官名弁師，職掌五冕，故知弁是大名也。馬端臨云，經傳冔收多與周弁對舉，冔收亦弁也。夏殷之祭用弁。任大椿云，夏收殷冔皆冕服。《史記集解》引《大古冠冕圖》夏名冕曰收。《白虎通》引《詩》常服黼冔，言微子服殷之冠，助祭于周也。微子爵為公侯，助祭安得非冕。黼冔之黼，即玄衮及黼之黼。黼冔為黼黻而加冔，即知冔為冕也。故《毛傳》曰，夏后氏曰收，周曰冕，以周之冕決夏之收、殷之冔皆為冕也。《士冠禮》、《郊特牲》以夏收殷冔對周弁言。冔收之制近于周之弁也。《王制》以夏收殷冔對周冕言，冔、收在夏殷為冕，猶夫周之冕也。冕至周始稱文備，弁本冕之次，冔收不備文飾，即類周弁。以周案，《士冠記》、《郊特牲》兩文，首委貌節言，三加始加之冠。次周弁節言，弟三所加之冠。次三王共皮弁素積言，弟二所加之冠。委貌即冠弁，時亦稱緇布冠為委貌。蔡邕《獨斷》云，緇布冠即委貌冠，委貌周道也，章甫殷道也，毋追夏后氏之道也。言周之緇布冠，其制同于夏殷朝服之冠也。鄭注云，爵弁制如冕，周弁，殷冔，夏收。謂周之爵弁同于夏殷祭服之冕也。三王共皮弁素積，言三代同制。任氏彌縫《記》文、《毛傳》之異，可謂允當。右爵弁服。

又 《白虎通義》云，王者皮弁素積，伐者凶事素服，示有凄愴也。鄭玄説《司服》，凡兵事韋弁服，以韎韋為弁，又以為衣裳。《春秋傳》曰，晉郤至衣韎韋之跗注：是也。《聘禮》君使卿韋弁歸饔餼，變皮弁服韋弁，其服蓋韎布以為衣而素裳。以周案，凡兵事韋弁服，經有明文，《白虎通義》不足據。凡經典中或舉冠以明衣，或舉衣以明冠，此通例也。亦有舉冠而非其衣者，大蜡之皮弁，其衣素端是也。亦有舉衣而非其冠者，除喪之祭朝服，其冠縞冠是也。《聘禮》卿韋弁歸饔餼，易其弁爾，其服仍皮弁服。自此例不明，解者多誤，而韋弁服遂有韋布二制，非也。其裘狐黄，其裼黄衣，其裳黄裳，詳見下。鄭注《司服》云韎裳，注《聘禮》云素裳，皆誤。

陳祥道説，韋弁服即爵弁服。江永、戴震等説，《詩》言，方叔將兵，朱芾斯皇。又云，韎韐有奭，以作六師，皆爵弁之韠也。郤至衣韎韋之跗注：即朱芾韎韐之謂，是爵弁即戎弁之證。任大椿云，《司服》以皮弁次韋弁，云士之服自皮弁而下，則韋弁不得服矣。《弁師》諸侯及孤卿大夫之冕、韋弁、皮弁、弁絰，各以其等為之，始兼言韋弁，則大夫以上乃得韋弁也。士不得韋弁而得爵弁，則爵弁非韋弁明矣。《荀子·富國篇》云，士皮弁，據《司服》文。《大略篇》云，士韋弁，楊倞注謂以爵韋為韠而戴弁也。倞不以為即《司服》韋弁者，以《司服》但云士之服自皮弁而下，不得韋弁也。然則《大略篇》之韋弁，實《富國篇》之皮弁。孔疏云皮韋同類，故通稱也。或據

韎韐有奭，以為爵弁即兵弁，鄭箋明云其服爵弁，始命之服以來朝，非韋弁服也。金鶚説，《儀禮》一書，《士冠》、《士昏》皆言爵弁，《聘禮》言韋弁，可知其為二物。士助祭服爵弁，與冕等重。韋為孰皮，與皮弁一類。皮弁惟用以朝聘，不得入廟助祭，則韋弁不得為祭服，非爵弁。《詩》言朱芾，即《玉藻》赤韍，非韎韐。韎韐有奭鄭箋是。以周案，韋弁非爵弁，任、金説是。韋弁為兵事之服，亦曰袀服，謂上下同之也。任謂士不得韋弁，非。荀子士韋弁，不必如楊倞説。右韋弁服。

又 盧植云，布上素下皮弁服。鄭玄云，冕與爵弁服用絲衣，皮弁之衣用布，亦十五升，以素為裳。賀瑒云，以素為衣裳。敖繼公云，皮弁服亦絲衣，而色如其裳。孔廣森云，皮弁素積，白布為裳，要有辟積也。金鶚云，以帛裹布，非禮也。《玉藻》狐白裘錦衣裼，鄭注上衣皮弁服。錦衣為裹，上服必非布。以周案，《士冠禮》、《郊特牲》皆云，皮弁素積，素句，積句，素兼衣裳言，謂衣裳皆白繒，而裳有辟積也。《雜記》云，襲衮衣一，玄端一，朝服一，素積一。素積必非專是裳。又上文爵弁服纁裳純衣，下文玄端玄裳黃裳雜裳，皆并舉衣裳，又明其色，則皮弁言素，謂衣裳之色可知。自注家以素積專言裳，又以衣裳言素者為白繒，又以此于裳言素，則其衣用布，于是有布上素下之説。其實經文但明衣裳同用白繒，非以裳之繒別衣之為布也。《史記》、《禮書》皮弁布裳，雜言古制質樸如此，以上下本文參之自見。或者據以説皮弁服，亦非。皮弁絲衣，其用白布為之者，謂之皮弁素服，本吊服也。説詳《喪禮門》。其服與素端亦異，素端與玄端同，袂皆屬幅。凡弁服皆侈袂。《郊特牲》皮弁素服而祭，素服以送終也。皮弁絲衣純吉，非送終之服。素服送終，即用其白布衣之皮弁，非純吉服，故記文備述之曰皮弁素服，又申之曰，素服以送終，明非絲衣服也。鄭注誤以素服當皮弁之正服，則下又言葛帶榛杖，豈亦皮弁服之制乎。凡首服與衣裳別者，經典中多備記之，以明其異。而説者乃據其異者為本服之制，致不可通。

《周官・弁師》王之皮弁會五采玉璂。故書會作膾。鄭衆云，膾讀如馬會之會，謂以五采束髮也。《士喪禮》云，檜用組乃笄，檜讀與膾同，書之異耳。璂讀如綦車轂之綦。鄭玄云，會讀如大會之會。會，縫中也。璂讀為薄借綦之綦。綦，結也。皮弁之縫中，每貫結五采玉十二以為飾，謂之綦。詩曰，會弁如星，又曰，其弁伊綦。陳祥道云，《詩》云會弁如星，言其玉也。又曰，其弁伊騏。《書》曰，綦弁執戈，言其文也。康成讀玉璂為綦，以綦為結，臆説。以周案，仲師讀經皮弁膾五采句，其字从膾，義取會合。康成不從，蓋以經五采玉，即上文説冕之五采玉十有二也，不當斷其句。且五采束髮，與皮弁亦無涉，字依今文作會，義訓縫中，是也。《説文》弁飾冒玉謂之璂，或作璂，此璂字似不必改讀為綦。鄭箋《曹風》其弁伊騏，又破讀為璂。《書》四人綦弁，又不破讀。鄭意《顧命》綦弁文在爵弁下，是為士服，士之弁會無玉飾，故從本字。《曹風》弁騏本不謂士。《毛傳》云，騏，綦文也。但言結文，似為無玉之弁，故改讀為璂，以明用玉。此經既言五采玉，則璂之為玉可不待言。且但言縫中五采玉璂，不言所結義亦不了，故改讀為綦，以明所結。此鄭君注經最精密處也。段懋堂云，司農注馬會即馬儈，會儈古今字。鄭君注薄借綦，即《説文糸部》之不借綥。不借，麤屨也，齊人曰薄腊，薄不語之轉。綦，繫也，今之鞋帶，所以結鞋使不脱。

宋緜初云，禮服未聞有用白布者也。《顧命》綦弁注云，青黑曰綦。《詩》縞衣綦巾。傳云，綦，蒼艾色。疏云，蒼艾即青艾，謂青而微白，為艾草色也。《詩》其弁伊綦，《毛詩》作騏。傳，騏，騏文也。疏云，馬之青黑者謂之綦，此弁色如其文也。然則皮弁者染皮為之，其色蒼艾，青而微白，如冕黑中有青之義。以周案，宋氏謂皮弁蒼而微白，其説有據。必謂朝聘聽朔上下衣冠盡白為非禮制，亦泥。皮弁絲衣非凶服，白為正色，古人尚之。宋氏忌白，世俗之見也。

《五經通義》云，弁之制，高五寸，前後玉飾。《後漢續志》云，委貌冠皮弁冠同制，長七寸，高四寸，制如覆杯。《三禮舊圖》云，皮弁，以鹿皮淺毛黃白色者為之，高尺二寸。以周案，諸説各異，未知孰是。右皮弁服。

又《衣服二》 鄭玄云，《金縢》王與大夫盡弁。弁，爵弁。僞孔傳云，皮弁。任大椿云，天子哭諸侯爵弁紂衣，可知天子以爵弁為哭服，皮弁則天子常朝吉服。發金縢而服皮弁，何以示變，鄭注較確。以周案，任説是。

雜録

明・焦竑《焦氏類林》卷七《冠服》 魏晉以來，皮弁有纓無笄導。

何稠曰，此古田服也，既以入朝，宜變其制。故弁施象牙簪。又從省之服無佩綬。何稠曰，此乃晦朔小朝之服，安有人臣謁帝，而除去印綬，無佩玉之節乎。乃加獸頭小綬及佩一隻。

圖表

清・黃以周《禮書通故》卷四九《名物圖》

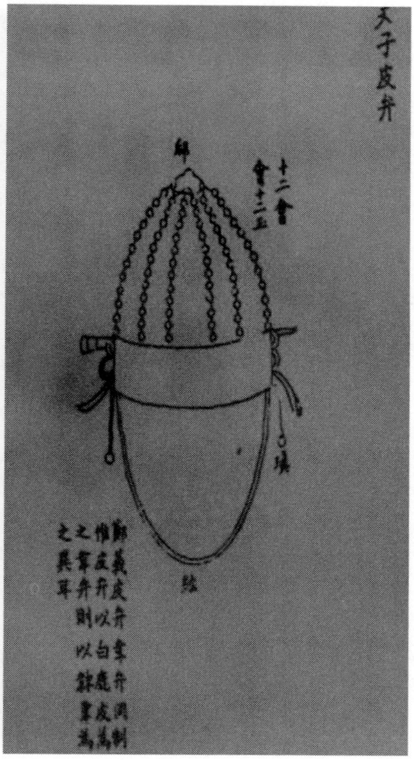

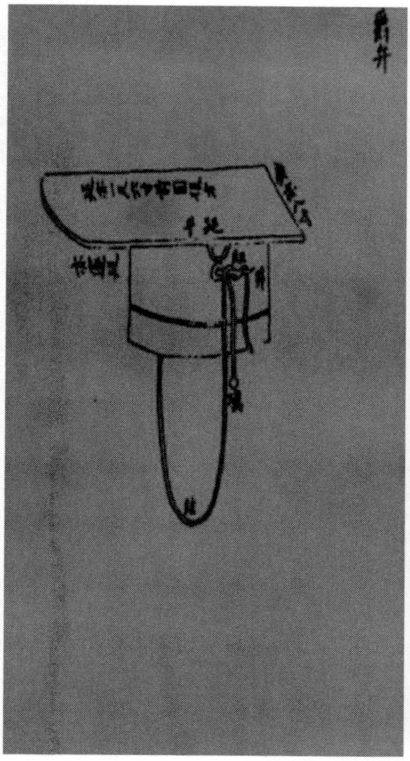

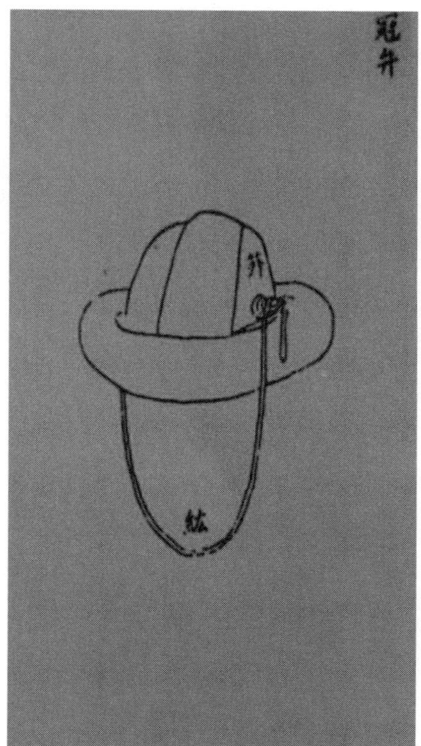

朝服

綜述

清・任大椿《弁服釋例》卷六《朝服上》　朝服爲釁廟禮成，君聽反命之服。

《雜記》反命於寢，君南鄉於門內，朝服。注：君朝服者，不至廟也。疏：謂君受命之時，南鄉於路寢門內，南面而立，身著朝服，即《大戴禮》云，元衣以不入廟，故朝服。

又爲大夫家祭，筮日之服。

《少牢饋食禮》筮旬有一日。筮於廟門之外。主人朝服，西面於門東。史朝服，左執筮，右抽上韇，兼與筮執之，東面受命於主人。疏：主人朝服者，爲祭而筮，還服祭服，是以上篇《特牲》筮亦服祭服，元端，以此而言，天子諸侯爲祭卜筮，亦服祭服。案《司服》云，享先王則衮冕。《祭義》云，

易抱龜南面，天子袞冕北面，雖有明知之心，必進斷其志焉。是爲祭而卜還服祭服，則諸侯爲祭卜筮，服祭服可知。若爲他事卜筮，則異於此。《孝經》注云，卜筮，冠皮弁，衣素積，百王同之，不改易。《士冠》主人朝服。注云，尊蓍龜之道，是也。

又爲大夫家祭，宗人請期之服。

《少牢饋食禮》宗人朝服，北面。曰請祭期。

又爲大夫家祭，視殺視濯之服。

《少牢饋食禮》明日，主人朝服，即位於廟門之外，東方南面。宰、宗人西面，北上，牲北首東上。司馬刲羊，司士擊豕。宗人告備，乃退。疏：自此盡束榮，論視殺視濯之事。

主人朝服，即位於阼階東，西面。疏云，自北盡革順論，祭時將至布設，舉鼎七載之事。

又爲大夫家祭尸服。

《曾子問》尸弁冕而出，卿大夫士皆下之。疏：少牢又云，尸服朝服。尸皆服在家自祭之服，不服爵弁及冕者，大夫士卑屈於人君，故尸服父祖自祭之上服，人君體伸，故尸服助祭之上服也。

《喪服小記》父爲士，子爲天子、諸侯，則祭以天子、諸侯。其尸服以士服。疏：若大夫士之尸，則服家祭之服。

又爲諸侯大夫及天子之士正祭之服。

《葛覃》服之無斁。傳，大夫命婦成祭服，士妻朝服。疏：大夫命婦成祭服者，大夫助祭服元冕，受之於君，故《大宗伯》再命受服是也。妻所成者，自祭之服。《少牢禮》朝服，元冠、緇布衣、素裳。韋昭云，祭服元衣纁裳，謂作元冕之服。非也。士妻朝服者，作朝於君，服亦元冠、緇衣、素裳也。又云，列士之妻，加之以朝服，則爲祭服，又爲朝服，皆下兼上也。

《采蘩》被之僮僮。疏：《少牢》注：侈綃衣之袂。《追師》注：引《少牢》衣侈袂以爲侈，褖衣之袂，不同者，鄭以《特牲禮》士妻綃衣，大夫妻言侈袂，對士而言，故侈綃衣之袂。以無明文，故《追師》之注：更別立説，見士祭元端，其士妻綃衣，大夫祭朝服，其妻亦宜與士異，故爲侈褖衣之袂也。

《司服》卿大夫之服，自元冕而下，如孤之服。注：大夫爵弁，自祭家廟，惟孤爾。其餘皆元冠與士同。元冠自祭其廟者，其服朝服元端。疏云，其餘皆元冠與士同者，諸侯除孤用爵弁之外，卿大夫等皆用元冠，與士同，故《少牢》是上大夫祭用元冠朝服。又云，天子之士，宜與諸侯上大夫同，用朝服也。

《少牢饋食禮》主人朝服，即位於阼階東，西面。注：爲將祭也。《王制》一命卷，疏：若其自祭，則皆降焉。諸侯士則元端，大夫則朝服，故《儀禮特牲》士祭元端，《少牢》上大夫祭朝服。

《玉藻》元冠綦組纓，士之齊冠也。疏：天子之士與諸侯上大夫同，故《深衣目録》云，士祭以朝服，謂天子之士也，祭用朝服，與諸侯大夫同。

《深衣目録》士祭以朝服。

《公羊昭二十五年傳》景公曰，寡人有不腆先君之服，未之敢服。注：大夫冕服，而助君祭。朝服而祭其祖禰。

案經傳言，祭服者多據冕弁服。《周禮・内宰》始蠶於北郊，以爲祭服。《祭義》遂朱緑之，元黄之，以爲祭服，謂冕服也。《士喪禮》祭服次，散衣次。《喪大記》小斂之衣，祭服不倒。謂爵弁、皮弁也，諸經傳言，祭服大類如此。《魯語》命婦成祭服，列士之妻加之以朝服。祭服明與朝服對舉，則祭服非朝服可知。故《月令》乃命司服，具飭衣裳，文繡有恒。注：此謂祭服也。下文曰，衣服有量。注：此謂朝、燕及他服。《郊特牲》注：朝服以待白祭事者，乃後服祭服而行事也。此皆祭服與朝服對舉，則祭服非朝服之通例，故《國語》韋昭注釋，命婦成祭服謂，祭服爲元衣纁裳，則大夫助祭之服，即元冕也。釋，列士之妻，加之以朝服，則曰，既成祭服，又加之以朝服也。蓋列士助祭之服爵弁，亦元衣纁裳，士之妻既織此爵弁服，而又加之以朝服。加之二字，蒙上成祭服，爲文謂，士妻不僅如大夫命婦成祭服而已。是祭服、朝服二文對舉，顯爲二服，而孔氏《葛覃》疏：乃謂大夫以朝服自祭。故《國語》云，命婦成祭服，乃成朝服非元冕。竟不知此文下明云，加之以朝服，正以異祭服於朝服也。孔氏徒以大夫助祭冕服，士助祭爵弁服，皆當受之於公家，其妻不應自織，故强指祭服爲朝服。今考《典絲》，凡上之賜予，亦如之。注：王以絲物賜人。又曰，凡祭祀，共黼畫組就之物。注：以給衣服冕旒。疏云，以給衣服者，經云其據王而言。注云，給，據臣而言，鄭欲見尊卑，皆授絲物也。然則冕弁受於公家，亦僅受絲物於公家，而自織之以成祭服，非必公家制成祭服而授之也。又《月令》乃收繭税。注：收繭

税者，收於外命婦，外命婦雖就公桑蠶室而蠶，其夫亦當有祭服以助祭，收以近郊之税耳。皇氏云，外命婦既就公家之桑而養蠶，則繭當悉輸於公，所以惟皆税其蠶，餘得自入者，以其夫當有祭服以助王祭，故令繭得自入，以供造也。據此則命夫之受祭服，乃僅受繭於公，仍須自織可知也。

又爲士家祭，賓及兄弟之服。

《特牲饋食禮》夙興，主人服如初注。主人服如初，則其餘有不元端者。

《記》特牲饋食，其服皆朝服，元冠、緇帶、緇韠。注：於祭服，此也皆者，謂賓及兄弟，筮日筮尸視濯亦元端。至祭而朝服，朝服者，諸侯之臣與其君日視朝之服，大夫以祭，今賓兄弟，緣孝子，欲得嘉賓尊客，以事其祖禰，故服之緇韠者。下大夫之臣，夙興，主人服如初，則固元端。

案《記》云，其服皆朝服，元端，緇帶，緇韠。注云，皆者，謂賓及兄弟，主人服如初，則固元端。敖繼公謂皆之一字，兼主人言之，則士祭亦朝服，與大夫同。今考《士冠禮》主人元冠、朝服，緇帶、素韠，此士祭如衣朝服，當如《士冠禮》緇帶素韠。今不云素韠，而云緇韠，則知非主人之服矣。疏云，大夫之臣朝服素韠，此緇韠。故云下大夫之臣，蓋此經主人，大夫之臣也，賓及兄弟不敢同於大夫之臣，故降而緇韠。繼公謂皆朝服，文統主人，蓋未求緇韠二字之義耳，蓋《記》補經文之未具。此經，於筮日云，主人冠端元於正祭日，云，夙興，主人服如初，則主人祭服元端，經有明文矣。其餘助祭，經無明文。《記》云皆朝服者，專據經文無明文者，言之也。

又爲餔禜社之服。

《周禮·鄉師》正歲稽其鄉器，比共吉凶二服。注：吉服者，祭服也。

疏：當比內無祭事，其於族祭、餔黨祭、禜州祭社之等，無過用朝服。

又爲裼祭之服。

《郊特牲》鄉人裼，孔子朝服立於阼，存室神也。注：裼，强鬼也。疏：所以朝服者，大夫朝服以祭，故用祭服以依神。

《論語》鄉人儺，朝服而立於阼階。孔注：儺，驅逐疫鬼也，恐驚先祖，故朝服立廟之阼階也。皇侃《義疏》春是一年之始，彌畏災害，故命國民，家家悉儺。八月儺陽，陽是君法，臣民不可儺，君故稱，天子乃儺也。十二月，儺雖是陰，既非一年之急，故民亦不得同儺也。今云鄉人儺，是三月也。又云阼階，東階主人之階也，孔子聞鄉人逐鬼，恐見驚動宗廟，故著朝服而立於阼階，以侍先祖爲孝之心也。朝服者，元冠，緇布衣、素積裳，是卿大夫之祭服也。

《月令》命有司大難。疏云，今鄭注《論語》鄉人儺云，十二月，命方相氏，索室中，驅疫鬼。鄭既分明云十二月鄉人難，而皇氏解季冬難云，不及鄉人，不知何意如此。

案《匡謬正俗》云，鄉人裼，孔子朝服立於阼階。鄭元注云，裼，强鬼也，謂時儺，索室驅疫，逐强鬼也。裼，或爲獻，或爲儺，而徐仙，音裼爲儺，今讀遂，不可言裼，亦失之也。考《郊特牲》注既云，裼，强鬼也。則裼，自爲强鬼之名。《論語》鄉人儺，注云，敺逐疫鬼，即《月令》所謂儺陰氣也，則儺自爲攘祭之名。《郊特牲》言鄉人裼，言於儺時，驅逐疫鬼，又兼敺逐裼鬼，故即以裼名祭也。《説文》裼，道上祭也。考《急就篇》謁裼塞禱鬼神寵。顏師古注：裼，道上之祭也。王伯厚補注：一曰道神。《周禮》注：衍祭羨之道中，如今祭殤司巫。注：就巫下裼音傷。《郊特牲》鄉人裼。注：裼，强鬼。據伯厚此注：則《郊特牲》所云裼，强鬼，與《説文》所云，裼，道上祭同。蓋敺逐强鬼而祭之於道上也。《九歌·國殤》王逸注謂，死於國事者。又引《小爾雅》曰，無主之鬼，謂之殤，殤與裼通，鬼無主則爲厲，故曰强鬼。《國殤》之辭曰，帶長劍兮挾秦弓，首身離兮心不懲。蓋言其厲也。鄉人裼，此强鬼凶厲之氣，隨感而發恐，其震驚先祖，而朝服臨廟，固其宜也。《鄉黨》之儺，主於儺陰氣，張平子《東京賦》煌火馳而星流，逐赤疫於四裔。注引《續漢書》曰，儺，持火炬，送疫出端門外，騶騎傳炬出宮五營，騎士傳火棄洛水中，云出端門、棄洛水，則亦儺之於道上矣。與《郊特牲》之裼名義雖殊，而敺强鬼與敺疫鬼則一也。《郊特牲》但云存室神，不云於寢於廟。孔《論語》注則云，立於廟之阼階，蓋廟有寢室，先祖之神在寢室中，故云存室神也，室神猶云廟神也。《月令》季冬命有司大難。疏言大者，以季春惟國家之難，仲秋惟天子之難，此則下及庶人，故云大難，然則季冬之儺，始得及鄉人。此朝服而於阼階，當爲季冬之儺，士入廟，元端，大夫入廟朝服，孔子爲少司寇，故得以大夫之服入廟也。

又爲士冠，筮日筮賓之服。

《士冠禮》筮於廟門。主人元冠、朝服、緇帶、素韠，即位於門東，西面。注：冠必筮日於廟門者，重以成人之禮，成子孫也。又云，筮必朝服，尊著

龜之道。疏：入廟常服元端，今此筮亦在廟，不服元端，故云尊著龜之道。

有司，如主人服，即位於西方，東面，北上。

前期三日，筮賓，如求日之儀。

又爲士冠，宿賓及夕爲期之服。

《士冠禮》乃宿賓。賓如主人服。注：主人朝服。疏云，主人朝服者見上文，筮日時朝服，至此無改服之文，則知皆朝服。

厥明夕，爲期於廟門之外。主人立於門東，兄弟在其南，少退。西面，北上。有司皆如宿服，立於西方，東面，北上。注：宿服，朝服。疏：以其宿服，如筮日之服，筮日朝服，轉相如故，知是朝服也。

又爲諸侯視朝之服。

《葛覃》服之無斁。傳，士妻朝服。疏：士妻朝服者，作朝於君服，亦元冠、緇衣、素裳也。

《緇衣》緇衣之宜兮。疏：此緇衣，即《士冠禮》所云，主人元冠、朝服，緇帶、素韠，是也。諸侯與其臣，服之以日視朝，故禮通謂此服爲朝服。

《蜉蝣》麻衣如雪。箋，諸侯之朝，朝服，朝夕，則深衣也。

《屨人》疏：冠弁服，則諸侯視朝之服，是以燕禮。《記》云燕，朝服。鄭云，諸侯與其羣臣，日視朝之服也。

《司服》凡甸，冠弁服。注：諸侯以爲視朝之服。《詩·國風》曰，緇衣之宜兮。疏：《士冠禮》云，元冠朝服。注云，天子與其臣，元冕以視朔，皮弁以日視朝。諸侯與其臣，皮弁以視朔，朝服以日視朝，是也。引《詩·國風》曰者，是鄭《緇衣》之詩引之，證鄭伯是諸侯服，緇衣爲朝服之義也。

《司常》道車載旞。疏：案《巾車》云，象路，建大赤，以朝。朝所以行道，故謂象路爲道車，是以《士冠禮》及《郊特牲》皆云，牟追，夏后氏之道也。章甫，殷道。委貌，周道。是與在朝服乘者，皆從道。

《司士》王入內朝。注：王日視朝，皮弁服，其禮則同。疏：王日視朝皮弁服者，《司服職》文對，諸侯視朝朝服，則元冠、緇布衣、素裳、緇帶、素韠也。

《士冠禮目録》主人元冠朝服，則是仕於諸侯。

《王制》一命卷。疏：諸侯卿大夫士，以元冠、緇衣、素裳爲朝服。

《玉藻》朝服以日視朝於內朝。注：朝服，冠元端、素裳也。此內朝路寢門外之正朝也。

孔子曰，朝服而朝，卒朔，然後服之。注謂，諸侯與羣臣也。疏：卒朔，謂卒告朔之時，服皮弁。告朔禮終，脱去皮弁，而後服朝服也。

《雜記》公襲朝服一。疏：朝服一者，公日視朝之服也。

《左氏昭十年傳》晏平仲，端委，立於虎門之外。注：端委，朝服。疏：端委是在公之服，故云朝服。鄭元云，諸侯與其臣，皮弁以視朔，朝服以視朝，其朝服元冠，緇布衣、素積以爲裳也。《公羊昭二十五年傳》景公曰，寡人有不腆先君之服，未之敢服。注：諸侯，朝朝服，夕深衣。

《穀梁僖三年傳》陽穀之會，桓公委端，搢笏，而朝諸侯。諸侯皆諭乎桓公之志。疏：桓公會諸侯，因使諸侯朝已，故服朝服也。

《穀梁哀十三年傳》欲因魯之禮，因晉之權，而請冠端，而襲。注：襲衣冠，端元端。疏：元端者，謂元端衣而端幅制之，即諸侯視朝之服也。諸侯視朝之服，緇布衣、素積裳。緇、元一也。

案，諸侯視朝之服，曰朝服。后夫人以下侍君之服，亦曰朝服。《內則》公庶子生，就側室。三月之末，其母沐浴朝服見於君。《尚書大傳》古者，后夫人將侍君前，息燭後，舉燭至於房中，釋朝服，襲燕服，然後入御於君。注：朝服，展衣，亦以其服，是以朝君也。《説苑·正諫篇》左伏楊姬，右擁越姬，左裯衽，右朝服，皆是也。

又案《越絶書》越王句踐，衣服純素，不袀不元，袀元，朝服也。朝服不袀元，而純素，變服也。考《國策》素服而聽。注：兵敗，以喪禮自居也。《淮南子人閒訓》魯君聞之，撤鐘鼓之縣，縞素而朝。《逸周書》大匡解及期日質明，王麻衣以朝，朝中無采衣，麻衣，白布衣也。元黄曰采，朝中無采衣，則因國荒，變服也。越王之不袀元，蓋釋緇衣，而素端矣。

又案，侯國以緇衣爲朝服，常制也。惟考《玉藻》朝服之以縞，自季康子始也。注：亦僭宋王者之後，則宋之朝服以縞。又《王制》縞衣而養老。疏：宋既朝服以縞，杞當朝服以元。考夏尚黑，元衣則衣裳皆元也。《王制》注：夏而改之尚黑，而黑衣裳。是皆非侯國朝服常制，然爲王者之後，則變而合乎禮矣。《詩》羔裘逍遥，狐裘以朝。箋，諸侯之朝服，緇衣、羔裘。大蜡而息民，則有黄衣狐裘，今以朝服、燕、祭服，朝見君之志，不能自强於政治。又《説苑·君道篇》師經援琴而撞文侯，不中，中旒，潰之。

師經之侍文侯，當在燕朝之地，撞中文侯之旒，則冕服也，非朝服也。又《淮南子·主術訓》楚文王好服獬冠，楚國效之。趙武靈王貝帶鵕鸃而朝，趙國化之。又《亢倉子·兵道篇》景主一拜，再舉斂黼袥端珪，抑首而坐。又《説苑·善説篇》林既衣韋衣而朝。齊景公曰，此君子之服、小人之服也，不衣布而衣韋，則失制之甚者也。蓋當時朝服制度，列國不同，上既易制，下亦相襲矣。又考漢魏以後朝服，多用絳紗袍，其制蓋有所自昉。韓非《外儲説》齊王好紫衣，齊人皆好也。齊國五素不得一紫。齊王患紫貴。傅説王曰，《詩》云，不躬不親，庶民不信。今王欲民無衣紫者，請自解紫衣而朝。然則齊之朝服，先是皆用紫衣，紫衣則絳袍之類也。又《墨子·公孟篇》楚莊王鮮冠組纓，絳衣博袍，以治其國。云絳衣，又云博袍，則即通天冠、絳袍矣。凡此皆侯國易制，競尚麗飾。而漢晉遂以爲王朝之服，蓋亦習尚之相襲也。

又爲卿大夫莫夕於朝之服。

《士冠禮》疏：若卿大夫莫夕於君，當亦朝服矣。

《玉藻》朝元端。疏：若大夫莫夕，蓋亦朝服。

又爲王朝卿士，退朝治事之服。

《緇衣》緇衣之宜兮。傳，緇，黑色，卿士聽朝之正服也。箋，緇衣者，居私朝之服也。天子之朝服，皮弁服也。疏：美武公善爲司徒，而經云緇衣，則緇衣卿士所服也。而天子與其臣皮弁以日視朝，則卿士旦朝於王，服皮弁，不服緇衣，故知是卿士聽朝之政服。謂既朝於王，退適治事之館，釋皮弁而服，以聽其所朝之政也。

又爲天子、諸侯養老及宴羣臣之服。

《檜·羔裘》羔裘逍遥。疏：逍遥翱翔，是遊戲晏樂，故言燕耳，非謂行燕禮，與羣臣燕也。《禮記》云，燕朝服於寢，若依法設燕，則服羔裘可矣。今用以遊燕，故大夫刺之遊燕之服，於禮無文，不過用元端、深衣而已，必不得用朝服，故刺其服羔裘也。

頍弁，有頍者弁。疏《王制》云，周人冕而祭，元衣而養老。注云，凡養老之服，皆其時與羣臣燕之服，周人循而兼用之，元衣素裳，其冠委貌，諸侯以天子之燕服爲朝服。如彼注：則天子之燕用元衣，此言皮弁者，蓋天子燕服有二，燕羣臣用元冠，親同姓用皮弁也。

《燕禮》記，燕，朝服於寢。注：謂冠元端，緇帶、素韠、白屨也。燕於路、寢，相親昵也。今辟雍十月行此燕禮，元冠而衣皮弁服，與禮異也。疏知，燕於寢者，以其饗在廟。明燕在寢，私處可知也。引漢法，欲見與古異者，周時元冠，服則緇布衣。今衣皮弁服，是其異也。

《王制》周人冕而祭，元衣而養老。注：凡養老之服，皆其時與羣臣燕之服。又云，諸侯以天子之燕服爲朝服。《燕禮》曰燕，朝服，服是服也。疏云，諸侯以天子之燕服爲朝服者，以燕禮諸侯燕臣子用朝服，明天子之燕亦朝服也。引《燕禮》曰燕，朝服者，證朝、燕同云服是服也者，言燕時服，是元衣素裳之服。崔氏云，天子燕畿内諸侯以緇衣，燕畿外諸侯以元冠，諸侯各以爲朝服，事無明文，不可依也。

案《通典》載，北齊制，仲春令辰，陳養老禮，皇帝進賢冠、元紗袍。考《王制》夏后氏，燕衣而養老。殷人縞衣而養老。周人，元衣而養老。注：周人修，而兼用之元衣素裳。《通典》所云進賢冠，古之元冠也，元紗袍近於緇衣時，不用素裳，與兼用元縞之義未合，然朝服遺制猶存彷彿。

又爲公食，大夫、公及賓之服。

《公食大夫禮》賓朝服即位於大門外，如聘。注：於是朝服，則初時元端。如聘，亦入於次俟。疏云，於是朝服，則初時元端者，初時，謂賓發館時，服元端，若鄉射，主人朝服，乃速賓。鄭注云，射，賓輕色，戒時元端，以此言之，前賓在館，拜所戒大夫，即元端，賓遂從大夫，至君大門外，入次，乃去元端，著朝服，出次即位也。云，如聘，亦入於次俟者。案聘禮賓皮弁，聘至於朝，賓入於次。注云，入於次者，俟辨，則此入次，亦俟主人辨也。若然，聘禮重賓，發館即皮弁，此食禮輕，及大門乃朝服。

公如賓服，迎賓于大門内。

《左氏襄十四年傳》衛獻公戒孫文子甯惠子食，皆朝服而朝。疏：諸侯每日視朝，其君與臣，皆服元冠、緇布衣、素積以爲裳，禮通謂此爲朝服，宴食雖非大禮，要是以禮見君，故服朝服。公食大夫之禮，賓朝服，則臣於君，雖非禮食，亦當服朝服也。

又爲公食，大夫賓拜賜之服。

《公食大夫禮》明日，賓朝服拜賜于朝。

又爲公食大夫不親食，使大夫致侑幣，及賓受賜拜賜之服。

《公食大夫禮》若不親食，使大夫各以其爵，朝服，以侑幣致之。賓朝服以受，如受饔禮。又云，明日賓朝服，以拜賜於朝。

又爲大夫相食，不親食，致侑幣之禮。

《公食大夫禮》大夫相食，又云，若不親食，則公作大夫朝服，以侑幣致之。注：作使也，大夫有故，君必使其同爵者爲之，致禮列國之賓來，榮辱之事君臣同。

又爲諸侯常食之服。

《王制》一命卷。疏：諸侯亦以朝服食，夕則深衣。故《玉藻》云，朝服以食，夕深衣，祭牢肉。

《玉藻》使人視大夫，大夫退，然後適小寢，釋服。又朝服以食。注食必復朝服，所以敬養身也。疏：此經云朝服以食，謂釋服之後，將食之時。又者，又如朝時，服朝服以食。

又爲諸侯燕射之服。

《射義》故天子之大射謂之射侯。疏：天子燕射則在寢，以諸侯燕於小寢，天子路寢之朝，謂之燕朝者，故知天子諸侯燕射在寢。故《鄉射》記云，君，國中射，則皮樹中。鄭注云，謂燕射也，其服則元冠、緇衣、素裳也，諸侯以爲朝服。《燕禮》云，燕，朝服於寢。

又爲諸侯在國賓射之服。

《射義》故天子之大射謂之射侯。疏：其諸侯賓射，若在國，則亦在朝，與天子同。

案，諸侯在朝，與天子在朝，均服朝服。天子在朝，皮弁服。諸侯在朝，則緇衣、素裳矣。

又爲鄉飲酒，戒賓、速賓之服。

《鄉飲酒》記，鄉，朝服而謀賓、介，皆使能，不宿戒。注：鄉，鄉人，謂鄉大夫也，朝服，冠元端，緇帶，素韠，白屨。今郡國行鄉飲酒之禮，元冠而衣皮弁服，與禮異。

《鄉射禮》主人朝服，乃速賓。疏：《鄉飲酒》戒速俱不言服，知皆朝服者，下記云，鄉朝服而謀賓介是也。

又爲鄉飲酒，賓主人之服。

《鄉飲酒禮》明日，賓鄉服以拜賜。注：鄉服，昨日與鄉大夫飲酒之朝服也。不言朝服，未服以朝也。

又爲鄉飲酒，賓主人拜賜拜辱之服。

《鄉飲酒禮》明日，賓鄉服以拜賜，主人如賓服，以拜辱。

又爲鄉射速賓之服。

《鄉射禮》主人朝服，乃速賓。賓朝服出迎。注：今郡國行此鄉射禮，皮弁服，與禮爲異。疏：此主人與賓俱朝服。案《鄉飲酒》賓主俱不言服者，以彼賓禮重，故戒與速賓俱朝服，故不言此，習射禮輕，是故戒時元端，召時乃朝服，故須言之也。

又爲鄉射，賓主人之服。

案《鄉射禮》明日，賓朝服以拜，賜于門外。考《鄉飲酒》禮云，明日賓鄉服以拜賜。注：鄉服，昨日與鄉大夫飲酒之服也。此拜賜之服與彼同，彼拜賜之服，即用昨日飲酒之服，則此拜賜之服，亦用昨日之射服，可知。然則射服亦朝服矣。

又案《獨斷》曰，鄉射行禮，公卿冠委貌，衣元端。《晉輿服志》行鄉射禮，則公卿委貌冠。與《獨斷》同。皆沿鄉射朝服之遺制。

又爲鄉射，賓主人拜賜、拜辱之服。

《鄉射禮》明日，賓朝服以拜賜于門外，主人不見。如賓服，遂從之，拜辱于門外。乃退。

又爲士負世子之服。

《內則》卜士負之，吉者宿齊，朝服寢門外，詩負之。

又爲君名世子之服。

《內則》世子生，則君沐浴朝服，夫人亦如之，皆立於阼階，西鄉。世婦抱子升自西階，君名之，乃降。

案賈誼《新書》古之聖帝，將立世子，則帝自朝服，昇自阼階上西鄉，於妃，妃抱世子，自房出東鄉，太史奉書，西上堂，當兩階之間，北面立，曰世子名，曰某者三。此文與《內則》君名世子儀節略同，惟是《內則》舉諸侯之制，朝服，緇布衣、素裳。《新書》舉天子之制，則所稱朝服，其爲皮弁服乎。

又爲命使於君之服。

《曲禮》若使人於君所，則必朝服而命之。疏：敬君，故朝服命使也。

然命使者，言朝服，則君言至亦朝服受之，互言也。

又爲乘路、馬之服。

《曲禮》乘路、馬，必朝服。注：路馬，君之馬。疏：乘路馬必朝服者，謂臣行儀習禮，獨行時也。路馬，君之車馬，臣雖得乘之，猶不可慢，故必朝服，而自御乘之也。

又爲僕右之服。

《坊記》子曰，君不與同姓同車，與異姓同車不同服，示民不嫌也。注：僕右恒朝服。疏：僕右恒朝服者，謂僕及車右身衣朝服。又云，其朝服之內，則有虎裘狼裘。故《玉藻》云，君之右虎裘，厥左狼裘。是也。

又爲聘禮，使者夕幣之服。

《聘禮》及期，夕幣。使者朝服，帥衆介夕。

又爲聘禮，君展幣之服。

《聘禮》宰入，告具于君。君朝服出門左，南鄉。史讀書展幣。

又爲聘禮，賓及介，釋幣于禰之服。

《聘禮》厥明，賓朝服釋幣于禰。注：賓，使者謂之賓，尊之也。上介，釋幣亦如之。

又爲聘禮，君進使者，授圭璧之服。

《聘禮》使者載旜，帥以受命於朝。君朝服，南鄉。卿、大夫西面北上。君使卿進使者。又云，宰執圭屈繅，自公左授使者。使者受圭，同面，垂繅以受命。

又爲聘禮，肄儀之服。

《聘禮》未入竟，壹肄。又云，朝服無主，無執也。

又爲聘禮，入竟展幣之服。

《聘禮》入竟，斂旜，乃展。布幕，賓朝服立於幕東，西面。介皆北面，東上。賈人北面，坐拭圭，遂執展之。上介北面視之。

又爲聘禮，請事、請行、郊勞之服。

《聘禮》賓至於近郊，張旜。君使下大夫請行，反。君使卿朝服，用束帛勞。注：請行，問所之也。雖知之謙，不必也，士請事大夫，請行，卿勞彌尊賓也。其服皆朝服。疏：知皆朝服者，以卿勞禮重，尚朝服，明以外士大夫，輕者朝服，可知也。故舉後以明前也。

又爲聘禮，宰夫設飧之服。

《聘禮》宰夫朝服設飧。

又爲聘禮，賓辭受饔餼之服。

《聘禮》君使卿韋弁，歸饔餼五牢。上介請事，賓朝服禮辭。注：朝服，示不受也，受之當以尊服。疏：賓皮弁迎大夫，是受之用皮弁爲尊服，明此著朝服，朝服卑於皮弁，是示不受，言示不受，終受之也。

又爲聘禮，宰夫致士介餼，及士介受餼之服。

《聘禮》宰夫朝服，牽牛以致之。士介朝服，北面再拜稽首受。注：致命，朝服無束帛亦略之。疏云，朝服無束帛，亦略之者。決上賓與上介，皮弁、韋弁有束帛，故以爲略之也。

又爲聘禮，問卿，賓主人之服。

《聘禮》賓朝服問卿。注：不皮弁，别於主君。疏：對上文，行聘享，私覿，皆皮弁，此朝服降一等，故鄭注云，别於主君。

大夫朝服迎于外門外。

又爲聘禮，上介問下大夫之服。

《聘禮》上介朝服、三介，問下大夫。

又爲聘禮，不親食，使大夫致侑幣之服。

《聘禮》若不親食使，大夫各以其爵、朝服致之以侑幣。

又爲聘禮，卿歸及郊請，反命之服。

《聘禮》使者歸，及郊，請反命。朝服，載旜。注：行時稅舍於此郊，今還至此，正其故行，服以俟君命，敬也。

又爲聘禮，卿有私喪，反命之服。【略】

又爲天子田獵之服。

《司服》凡甸，冠弁服。注：甸，田獵也。又云，謂王服此，以田。疏言，凡甸，冠弁服。據習兵之時，若正四時，則當戎服。是以《月令》季秋，天子乃教於田獵，以習五戎，司徒搢扑，北面以誓之。天子乃厲飾，執弓挾矢以獵。注云，厲飾，謂戎服，尚威武也。以此觀之，習五戎，司徒誓之，不戎服，著冠弁可知。

《王制》一命卷。疏：司農又云，凡甸，冠弁服。注云，甸，田獵也，冠弁，委貌，其服緇布衣，亦素積以爲裳。

《左氏襄十四年傳》不釋皮冠，而與之言。疏云，是諸侯之禮皮冠以田獵。《周禮・司服》云，凡甸冠弁服。鄭元云，甸，田獵也，冠弁委貌也，其服緇布衣，素積以爲裳。是服，諸侯視朝之服也，彼天子之禮，故以諸侯朝服而田，異於此也。

又爲君視疾有疾者見君之服。【略】

又爲養親疾之服。【略】

又爲將死者新加之服。【略】

又爲始死復者之服。【略】

又爲宰受含之服。【略】

又爲公之襲服。【略】

又爲公之襚服。【略】

又爲小斂前後弔者之服。【略】

又爲下大夫及士筮宅占者之服。【略】

又爲既夕道車所載之服。【略】

又爲大祥筮日筮尸視濯之服。【略】

又爲大祥夕期及祥祭之服。【略】

又爲既祥受贈賵之服。【略】

又爲踰月吉祭之服。【略】

朝服重於元端。

《雜記》自西階受朝服，自堂受元端。疏：爵弁受於内，皮弁受於中庭，朝服受於西階，元端受於堂。既受處不同，則陳於壁北，亦重者在南。

朝服一曰元衣。

《王制》元衣而養老。注：元衣、素裳。疏：《儀禮》朝服，緇布衣，素裳。緇則元，故爲元衣素裳。

一曰緇衣。

《緇衣》緇衣之宜兮。疏：即《士冠禮》所云，主人元冠、朝服，緇帶、素韠。是也。

《檜・羔裘》羔裘逍遥。疏：朝服，衣色元，元即緇色之小別。

《禮記・緇衣》好賢如緇衣。疏：緇衣者，諸侯朝服。故《論語》曰緇衣羔裘。注云，諸侯之朝服。

案，緇衣，一曰黑衣。《戰國・趙策》願令補黑衣之數。《史記・趙世家》願得補黑衣之缺。《論衡・謝短篇》吏衣，黑衣，宫闕赤，單一曰皂衣。蔡邕《獨斷》公卿、侍中、尚書，衣皂而朝，曰朝臣。又曰，先帝故事所至，見長吏三老官屬，親臨軒作樂，賜食、皂帛、越巾、刀、珮、帶。又《漢書・蕭望之傳》備皂衣二十餘年。如淳曰，雖有五時服，至朝皆著皂衣。《谷永傳》擢之皂衣之吏，厠之争臣之末。《儒林・梁邱賀傳》夜元服入廟，居郎閒。師古曰，郎皆皂衣，故章元服以厠也。《後漢・鍾離意傳》賜尚書以下帷被、皂袍。考《廣雅》皂、元、緇、黑也。又曰，緇謂之皂。漢人以緇衣爲皂衣，名實最核。

又案《戰國・楚策》令尹子文，緇帛之衣以朝。《説苑・臣術篇》晏子衣緇布之衣。帛與布雖異質，而其爲緇衣，則一也。朝服不用緇布，而用緇帛，蓋《國策》疏於禮。典故所傳，或異。

一曰元端。

《士冠禮》乃易服，服元冠元端。疏：以其俱正幅，故朝服亦得端名，然六冕皆正幅，故亦名端。是以《樂記》云魏文侯端冕而聽古樂。又《論語》曰端章甫。鄭云，端，元端，諸侯視朝之服，則元端以朝，得爲名爲元端也。

《特牲禮》及筮日，主人冠端元。疏：《論語》云端章甫。鄭云，端，元端也。諸侯日視朝之服，以端是正幅，非直，朝服稱端，六冕亦有端稱。故《禮記》魏文侯曰，吾端冕而聽古樂，則惟恐卧。是冕服正幅，亦名端也。

《王制》一命卷。疏：凡在朝，君臣上下同服，但士服則謂之元端，袂廣二尺二寸，故也。其大夫以上，則皆侈袂，袂三尺三寸，故也。其大夫以上所論元端者，皆其制與士同。

《玉藻》朝服以日視朝。注：朝服，冠元端，素裳也。疏：此朝服素裳，皆得謂之元端，故《論語》云，端章甫。注云，端元端，諸侯朝服，若上士以元爲裳，中士以黄爲裳，下士以雜色爲裳，天子諸侯以朱爲裳，則皆得謂之元端，不得名爲期服也。

《論語》端章甫。鄭元注：端，元端也。衣元端，冠章甫，諸侯日視朝服也。小相謂相君禮者。皇侃《義疏》章甫，殷冠也。然周家諸侯日視朝之服，服緇布衣、素積裳、冠委貌。此云元端日視朝者，容是周末禮亂者也。

案《左氏昭元年傳》劉定公曰，吾與子，弁冕端委以治民，臨諸侯。《昭

十年傳》晏平仲，端委立於虎門之外。《哀七年傳》太伯，端委，以治周禮。《周語》晉侯端委，以入武宮。《晉語》端委韠帶以隨宰人。《魯語》列士之妻，加之以朝服。韋昭注：諸侯之士，元端委貌。《晏子春秋・雜上篇》景公飲酒夜，移於晏子，前驅款門曰，君至，晏子被元端立於門。《説苑・正諫篇》亦同，此，皆朝服也。而以端稱，則朝服、元端同制也。《荀子・不苟篇》君子審後王之道，而論於百王之前，若端拜而議。楊倞注：端，元端，朝服也。亦以元端爲朝服。《論語》云端章甫。鄭元注：日視朝之服。則明以元端爲緇布素裳之朝服。皇侃謂，元端視朝，爲周末禮亂。不知元端爲朝服通名。鄭注云，元端視朝，猶云朝服視朝也。皇侃誤會鄭注：故以爲周末禮亂耳。惟是宗廟助祭，大夫冕，士弁，無以朝服者，會同擯相，服皮弁，亦不以朝服。此言宗廟，會同元端、朝服，與禮似有未合，子華亦舉其略耳。

一曰鄉服。

《鄉飲酒禮》明日賓鄉服以拜賜。注：鄉服，昨日與鄉大夫飲酒之朝服，不言朝服，未服以朝也。

又卷七《朝服下》 朝服元端，冠皆元冠。元冠制詳於此，元端服卷内不復載。

《司服》注元冠，自祭其廟者，其服朝服元端。

《士冠禮》主人元冠朝服。

《特牲饋食禮》及筮日，主人冠端元。注：冠端元，元冠。元端下言元者，元冠有不元端者。疏：不元端，則朝服。下記云，助祭者朝服，謂緇布衣而素裳。然則，元端一冠，冠兩服也。

《左氏哀七年傳》大伯端委以治。《周禮》注：端委，禮衣也。疏：王肅云，委貌之冠，元端之衣也。

元冠，一曰委貌。

《士冠禮》主人元冠。注：元冠，委貌也。

《記》委貌，周道也。注：或謂委貌爲元冠。委，猶安也，所以安正容貌。

《王制》元衣而養老。注：其冠則牟追、章甫、委貌也。疏：案《儀禮》朝服首著元冠，元冠即委貌。以此推之，則殷之朝服，皆著章甫之冠。夏之朝服，著牟追。

《郊特牲》委貌，周道也。注：或謂委貌爲元冠也。疏：此云委貌，而《儀禮》記稱元冠，故云，或謂委貌爲元冠也。

《玉藻》元冠，朱組纓。注：元冠，委貌也。

《論語》羔裘元冠不以弔。注：元冠委貌。

《穀梁僖三年傳》注：委，委貌之冠也，端，元端之服。

案《士冠禮》記，委貌周道，章甫殷道，牟追夏后氏之道。注云，皆所常服以行道。考道，右注：王行道德之車道。僕注：王朝，朝莫夕，主御王，以與諸臣，行先王之道。《司常》道車，載旞疏：案《巾車》云，象路建大赤以朝，朝所行以道，故謂象路爲道車。《士冠禮》及《郊特牲》皆云，牟追夏后氏之道，章甫殷道，委貌周道。與道僕道右《司常》經文道字可以相證。考《白虎通》委貌者，何謂也，周朝廷理政事，行道德之冠。引《士冠》經曰，委貌周道，章甫殷道，毋追夏后氏之道，《士冠禮》賈疏：以行道德，釋注行道二字，蓋本於《白虎通》。

又案《後漢書・輿服志》注：引《石渠論》元冠朝服。戴聖曰，元冠，委貌也。《士冠禮》鄭注：或謂委貌爲元冠，蓋據此也。又蔡邕《獨斷》緇布冠，即委貌冠。《宋書・輿服志》太古冠，布齊則緇之。夏曰牟追，殷曰章甫，周曰委貌，蓋以布爲之，則爲緇布冠，以繒爲之則爲元冠，其質異，其狀同，故《獨斷》謂，緇布冠，即委貌也。

又案《郊特牲》委貌周道也，章甫殷道也，毋追夏后氏之道也。周弁、殷冔、夏收，三王共皮弁、素積。疏：委貌一條，論三加始加之冠，周弁一條，論第三所加之冠。皮弁一條，論第二所加之冠。《儀禮》始加緇布冠。《郊特牲》不言緇布冠，而言委貌，亦以委貌本即緇布冠，特變布爲繒耳。故緇布冠通言委貌，以其安正容貌，名義同也。或曰《玉藻》元冠朱組纓，天子之冠也。緇布冠繢緌，諸侯之冠也。是諸侯始加用緇布，而天子始加則用元冠委貌。《郊特牲》始加之冠言委貌，豈據天子歟。不知公冠四加，則《郊特牲》三加，爲士言之也。

廣二寸。

《喪服傳》冠六升，外畢。疏：冠廣二寸，落頂前後兩頭，皆在武下。

案《三禮圖》、《檀弓》曰，古者冠縮縫，今也衡縫。注云，縮，從也，衡，讀爲横。孔疏云，縮，直也，古謂殷已上質，吉凶冠皆直縫，直縫者，辟積襵

少，故一一前後直縫之。以上孔疏：其冠廣三寸，落頂前後兩頭皆在武下，向外出反屈之，縫於武，辟積三，皆厭伏。今即周也，周世文冠多辟積，不復一一直縫，但多作襵，而并横縫之，故周吉冠多辟襵，爲横縫，又以冠兩頭皆在武上，向内反屈縫之，既吉凶相變，其喪冠質猶疏辟襵，而盡直縫之，以兩頭皆在武下向外反屈，縫於武，故得厭伏之名。其吉冠，則多辟襵，而横縫之。詳此文義法式，顯然梁正言大小之制，未聞一何固也。據崇義此説，前引孔疏：古者吉凶皆直縫，下統承云，其冠三寸，則謂吉凶二冠，皆廣三寸也。至周，吉冠改古，不過改直縫爲横縫，外屈爲内屈，而所云冠廣三寸，則未嘗改也。崇義以吉凶冠皆廣三寸，考《喪服傳》賈疏則謂喪冠廣二寸，以喪冠推吉冠，則吉冠亦當廣二寸矣。崇義以爲三寸，未知所從。《漢書・杜欽傳》迺爲小冠，高廣財二寸。當時以二寸者爲小冠，而不知其與古合也。蓋牟追、章甫、委貌，惟委貌爲最小。《白虎通》、《士冠經》曰，委貌周道，章甫殷道，毋追夏后氏之道，所以謂之委貌何，周統十一月爲正，萬物始萌小，故爲冠飾最小，故曰委貌，委貌者，言委曲有貌也。殷統十二月爲正，其飾微大，故曰章甫，章甫者，尚未與極其本相當也。夏統十三月爲正，其飾最大，故曰毋追，毋追者，言其追大也。據此，則牟追爲最大，章甫次之，委貌爲最小。委貌即元冠，以賈疏所云廣二寸，與《白虎通》相證，則二寸者爲最小矣。《史記・秦本紀》始皇法冠六寸，始變周制而加廣。而漢時猶以小冠爲儒冠。《漢書・酈食其傳》諸客冠儒冠來者，沛公輒解其冠溺其中。考蓋寬饒初拜爲司馬，冠大冠，帶長劍。《後漢・禮儀志》武吏布幘大冠。《輿服志》武弁大冠，諸武官冠之。據此，武冠大，則儒冠小，明矣。蓋當時儒者猶存古元冠之制，而高祖輕儒尚武，斯見儒冠而惡之也。《後漢・梁冀傳》埤幘狹冠折上巾，蓋冀性尚矜飾，故小其冠以自托於古儒者之服耳。元冠既廣二寸，則不能圍頂而全覆之。《隋志》宋齊之閒，天子晏私，著白高帽，士庶以烏，其制不定，或有卷荷，或有下裙，或有紗高屋，或有烏紗長耳。後周之時，咸著突騎帽。又文帝，項有瘤疾，不欲人見，每常著焉。相魏之時，著而謁帝。據此則著帽可掩項後，是舉全首而蒙之，與古二寸之冠，僅可覆紒者，大小全異。又《隋志》引董巴云，幘起於秦人，初爲絳袙，至漢孝文時，乃加以高顔。孝元帝額有壯髮，不欲人見，乃始進幘，幘之可以覆額，與帽之可以覆項同，蓋帽之制本於幘也。又《隋志》巾，方言云，趙魏之閒謂之承露。《郭林宗傳》曰，林宗常行遇雨，巾沾角折。又袁紹戰敗，幅巾渡河。此則野人及軍旅服也。制有二等，今高人道士所著，是林宗折角，庶人農夫常服，是袁紹幅巾。故，事用全幅皂，而向後襆髮，俗人謂之襆頭。自周武帝裁爲四脚，今通於貴賤矣。據此則曰冒、曰幘、曰巾、曰襆頭，與後世遠遊、進賢之類，文質異制，而覆冒額項則同，與古委貌吉冠財廣二寸者全異也。又考《石林燕語》云，余見大父時，家居及燕見賓客，率多頂帽，帽下戴小冠，簪以帛，作横幅約髮，號額子。處室中，則去帽見冠簪，或用頭巾也。據此，則冠在帽下，帽可覆冠可知。宋時，燕居之冠猶最小，與古冠委貌廣二寸者相近，亦可以證冠與帽之異同矣。

又案，委貌之委，有卑下之義。《荀子・仲尼篇》委然成文，以示之天下。注：委然，俯就之貌。委貌云者，謂其貌委然，卑小也。蓋牟追最大，委貌最小。《通典》謂，委貌形如委穀，言其如穀委地，曳而不起也。《白虎通》謂委貌，委曲有貌，云委貌，則與直上高大者異。又《荀子・非十二子篇》吾與汝學者之嵬，其冠絻，其纓禁緩，其容簡連。注：訓絻爲俛，謂低俯也。委貌乃古學士之冠，其狀委然，低俛，即荀子所云學者之嵬。其冠絻也，絻之訓爲俛，猶委之訓爲俯也。《後漢・輿服志》委貌高四寸，雖未必全合乎古，而高下當不相遠，蓋委貌廣二寸，以二寸之廣，直縫之，其辟積自少約四寸之高，横縫之，其辟積自多。而《白虎通》謂委貌爲最小，蓋比之牟追、章甫，又爲卑下矣。

又案《莊子・盜跖篇》使子路去其危冠，解其長劍。李云，危，高也。《吴都賦》危冠而出，竦劒而趨。亦以高冠爲危冠也。鄭《士冠禮》委貌注：委，猶安也。蓋冠形過高則危，故曰危冠，小而委然者，與危冠異，故鄭訓委貌之委，爲安也。

又案《後漢志》委貌高四寸，蓋約髻之大小爲之。《士喪禮》笄用桑，長四寸，蓋安髻之笄也。安髻之笄，長四寸，則髻廣不及四寸矣。以髻廣不及四寸，可以知髻之高矣。委貌高四寸，則髻高亦當在四寸以内，蓋冠以冒髻，冠之高廣必過於髻，而後能覆韜之也。《朱子家禮》緇冠。注：糊紙或用烏紗加漆爲之，裁一長條，其長一尺四寸許，其高寸許，圍以爲武。其圍之兩旁各廣三寸，前後各長四寸，又用一長條，廣四寸，長八寸，上襞積以爲

五梁。縫皆向左彎，其一跨頂前後，下著於武，屈其兩端各半寸，自外向内，而黑漆之。又於武之兩旁，半寸之上，爲竅，以受笄，笄用白骨或象牙爲之。據此冠梁前後長八寸，中屈之，則約高四寸矣。蓋本《後漢志》委貌高四寸之遺制。

以繒爲之。

《彼都人士》臺笠緇撮。疏：案《郊特牲》云，太古冠布，齊則緇之，冠而敝之可也。注云，此重古而冠之耳。三代改制，齊冠不復用布。《玉藻》云，始冠緇布冠，自諸侯下達，冠而敝之可也。則此應始冠而敝之，今都人以爲常服者，士以上冠而敝之，庶人則雖得服委貌，因而冠之，而儉者服緇布，故詩人舉而美焉。故《論語》今也純儉。注云，純當爲緇，則緇亦得爲紂帛，何知非紂帛爲元冠，而言緇布者，以緇雖古布、帛兩名，但字從才者爲帛，從甾者爲布，此言緇，故知非帛，且若是帛爲元冠，則有制度，不得言撮。

案《詩》疏：《郊特牲》云，太古冠布，齊則緇之。冠而敝之可也。則此應始冠而敝之，今都人以爲常服者，士以上冠而敝之，庶人則雖得服委貌，因而冠之，而儉者服緇布，故詩人舉以美焉。蓋自士以上，惟得以帛爲元冠，不復冠緇布，故曰冠而敝之，庶人則元冠得與緇布冠竝用。《隋志》載，後周諸公之服九，九曰元冠，諸侯服八，八曰元冠，諸伯服七，七曰元冠，諸子服六，六曰元冠，諸男服五，五曰元冠，三公、三孤、公卿、上大夫、中大夫、下大夫與五等相準士之服三，三曰元冠，庶士之服，一曰元冠，庶士即所謂庶人在官者也，則是隋庶人亦得元冠，與《詩・彼都人士》疏同，彼疏所云庶人，或即《隋志》所云庶士乎。

又案元冠，繒冠也。《後漢志》委貌以皂繒爲之。最合古制。《士冠禮》及《郊特牲》皆言緇布冠既冠而敝，則知，士常冠不用緇布矣。《玉藻》縞冠元武，子姓之冠也，元冠縞武，不齒之服也。《廣雅》縞，細繒也，縞冠元武，冠用白繒，則武用黑繒，明矣。元冠縞武，武用白繒，則冠用黑繒，明矣。以冠武不異質也。又以吉、凶冠制，參考之，詩庶見素冠兮。箋，既祥祭而縞冠素紕。據此則縞素二冠，皆爲繒，冠凶冠尚用繒，吉冠豈反以布乎。又考禫而纖，鄭云黑，經，白緯爲纖，蓋喪至小祥，冠練冠以變麻用布，至大祥縞冠即變布用繒，然尚用白繒，不即元也。至禫，則用白緯黑經之繒，蓋兼乎白黑二繒之間，至踰月吉祭之後，全用黑繒矣。所謂元冠也，若元冠用布，是除喪已易布爲繒，吉時轉易繒爲布，是無序也。《戰國・秦策》後子死，身布冠而拘於秦。高誘注：太子見殺，故布冠，而拘執於秦。《吕覽・不屈篇》故惠王布冠，而拘於鄄，齊威王幾弗受。據此皆以布冠爲貶降，可知常制當用繒矣。又《趙策》公子魏牟過趙，趙王迎之，顧及至坐前有尺帛，且令工人以爲冠。此尤元冠用帛之顯證也。《墨子・兼愛篇》昔者，晉文公好士之惡衣，故文公之臣，皆牂羊之裘，韋以帶綫，練帛之冠，入以見於君。夫惡衣尚以練帛爲冠豈元冠爲禮冠，反以布乎。《詩・彼都人士》疏：太古冠布，齊則緇之。三代改制，齊冠不復用布，所謂齊冠，即元冠也。然則元冠用繒，《詩》疏最確。《郊特牲》疏：謂章甫、牟追、委貌，皆用緇布，與《詩》疏自相牴牾，未足爲據。《三禮圖》亦襲《郊特牲》疏之誤。

又案，冠，古以布爲之，太古冠布，是也。至委貌，則易之以繒，其後有以竹木爲之者。《後漢・輿服志》長冠，制如板，以竹爲裏。高祖微時，以竹皮爲之，謂之劉氏冠。《莊子・讓王篇》原憲，華冠、縱履、杖藜，而應門。《音義》華冠，以華木皮爲冠，是也。然要皆以竹木爲質，而表之以繒，故《輿服志》載竹皮冠，以漆纚三十升布爲之，則是纚爲表，而竹爲裏矣。華冠、竹冠，大略相似。

□飾與韋弁、皮弁同。

《玉府》共王之服玉、佩玉、珠玉。注：鄭司農云，服玉，冠飾十二玉。疏：《弁師》又有皮弁、韋弁、冠弁，亦皆十二玉，故云冠飾十二玉也。

《弁師》諸侯及孤卿大夫之冕、韋弁、皮弁、弁絰，各以其等爲之，而掌其禁令。注：不言冠弁，冠弁，兼於韋弁、皮弁矣。謂兼於韋弁、皮弁之冠飾也。

《王制》制，三公一命卷。疏：諸侯韋弁、皮弁、冠弁，縫中之玉，各依命數，玉皆三采，朱、白、蒼也。孤，皮弁、韋弁、冠弁，玉亦二采，各依其命數。

《穀梁哀十三年傳》大矣哉，夫差未能言冠，而欲冠也。注：不知冠有差等，惟欲好冠。疏：冕有旒數不同，則冠亦有差等之别。吴爲子爵，其冠之飾，必不得與公侯同等，但未知若爲差等爾。

案，朝服元端，古皆用元冠一冠，非若後世之有通天、遠遊、進賢冠，各異等也。又元冠横縫，非若後世之有三梁、兩梁、一梁，别貴賤也。而范注

謂冠有差等者，考《玉府》注鄭司農云，冠飾十二玉。《王制》疏云，諸侯韋、皮，冠弁，縫中之玉，各依命數，冠弁，即元冠也。吳爲子爵，其冠璂之數，當亦如《弁師》注所云，皮弁璂，子男璂飾五，差等較然，而《穀梁》疏謂，不知差等，未之考爾。

又案《莊子・盜跖篇》爾作言造語，妄稱文武冠枝木之冠，帶死牛之脅。注：司馬云，冠多華飾，如木之枝繁，此盜跖謂孔子也，枝木之冠，謂儒冠也。冠多華飾，則璂玉之類也。

衡縫。

《檀弓》古者冠縮縫，今也衡縫，故喪冠之反吉，非古也。注：今冠橫縫，以其辟積，多解時人之惑。喪冠縮縫，古冠耳。疏：殷以上質，吉凶冠皆直縫，直縫者，辟積襵少，故一一前後直縫之，但多作襵，而并横縫之。周吉冠文，故多積襵而橫縫，若喪冠質猶疏：辟而直縫，是喪冠與吉冠相反，而時人因謂，古時亦喪冠，與吉冠反，故記者釋云，非古也。正是周世如此耳，古則吉、凶冠同從縫。

内畢。

《喪服傳》冠六升，外畢。注：外畢者，冠前後屈，而出縫於武也。疏：冠廣二寸，落頂前後，兩頭皆在武下，鄉外出，反屈之，縫於武，而爲之，兩頭縫畢鄉外，故云外畢。案《曲禮》云，厭冠不入公門。鄭注云，厭，猶伏也。喪冠厭伏，是五服同名，由在武下，出反屈之，故得厭伏之名。《檀弓》云，古者，冠縮縫，今也衡縫，故喪冠之反吉，非古也。是吉冠，則辟積無殺橫縫，亦兩頭皆在武上，鄉内反屈，而縫之，不得厭伏之名。

《既夕禮》記，冠六升，外縪。注：縪，謂縫著於武也，外之者，外其餘也。疏：武，謂冠卷，以冠前後皆縫著於武，若吉冠，則從武上鄉内縫之，縪餘在内，謂之内縪，若凶冠，從武下鄉外縫之，謂之外縪，故云外之者，外其餘也。

案《淮南子・人間訓》兵橫行天下，而無所綣。注：綣，屈也。結曰卷，卷與綣通，故汜論訓古者，有鍪而綣領，綣領即卷領也，冠卷，以一條繒爲之，無屈義，乃名爲卷者，凶冠外縪，吉冠内縪，皆以冠落兩武，凶冠則由武内反屈之鄉外，吉冠則由武外反屈之鄉内，其屈處皆以武爲質，故武得卷名也。

緣邊。

《玉藻》縞冠素紕，既祥之冠也。注：紕，緣邊也。紕，讀如埤益之埤。疏：緣邊者，謂緣冠兩邊及冠卷之下畔，其冠與卷，身皆用縞，但以素緣耳。

案，此凶冠也，吉冠之制，當亦有緣。

居冠屬武，非燕居，則冠與武别。

《玉藻》居冠屬武，自天子下達，有事然後緌。注謂，燕居冠也，著冠於武，少威儀，燕無事者去飾。疏：燕居之冠，冠武相連屬，燕居率略少威儀，故也。又不加緌。若非燕居，則冠與武别，臨著乃合之。

案《玉藻》云居冠屬武。與下文，有事然後緌。互文也。居冠屬武，則有事不屬武矣。有事然後緌，則居冠不緌矣。注謂，燕居著冠於武。疏謂，有事臨著乃合之。最傳互文義例，乃或謂，吉冠内畢，如冠不屬武，則内畢之冠，臨時未易連合，倘連合，不固行禮，冠脱，必至大失威儀。今考疏云有事臨著乃合之，謂事未至，先冠常著之冠，以待事，其時，當别具一未著新冠，以備行禮，其未著新冠，必臨時乃合冠於武。郊之祭，始至先冠皮弁，至祭所，乃服大裘而冕，可知古之禮冠，必臨時乃著，蓋取新潔也。臨著乃合武，尤以明敬。《晏子春秋・外篇》公曰，善請易衣、革冠，更受命，晏子避走立乎門外。革冠，謂改冠也，蓋景公聞晏子之言，爲之加禮，故改其常冠，而别冠新冠，以見臨事屬冠於武，謂新冠之武，臨時綴合，正以見整容修禮也。其云晏子避走，立乎門外，蓋景公方改易衣冠，故避之，使有間也。古者行禮，多有待事之次。《聘禮》賓入於次。《公食大夫禮》公朝服，即位於大門外。如《聘》注云，如聘，亦入於次，蓋未事皂至，恐後時也。待事，必須爲次，以息之。可知事前之暇，豫矣。然則，整冠屬武，豈遂無間，而何慮其未易連合乎。且服以冠爲重，冠以武爲固，行禮之冠，即使前此，久著於武，猶必臨時展視，或恐縫合未周，致有失墜。故冠武異材，久合不如新合之故也。注：義以爲多威儀，多威儀所以昭恪慎也。《喪大記》弔者襲裘加武。蓋謂，加武於冠也，於來弔之時，始云加武，則臨事乃屬武，有明據矣。

冠武異材，冠纓異材。

《喪服傳》冠繩纓，條屬，右縫。注：屬，猶著也，通屈一條繩，爲武垂下，爲纓著之冠也。《雜記》曰，喪冠條屬，以别吉凶，三年之練冠，亦條屬，

右縫。小功以下左縫。疏：案《禮記》云，喪冠條屬以別吉凶，若然，吉冠則纓武別材，凶冠則纓武同材。又云，引《雜記》者，證條屬是喪冠，若吉冠，則纓武異材。云三年之練冠亦條屬者，欲見條屬，以至大祥除衰杖，大祥除喪之際，朝服縞冠，當纓武異材，從吉法也。

《既夕禮》記，纓條屬厭。注：纓條屬者，通屈一條繩，爲武垂下爲纓，屬之冠，厭，伏也。疏：吉冠則纓武別材，凶冠則纓武同材，以一條繩，從前額上，以兩頭鄉項後，交通至耳，各綴之於武，使鄉下纓結之。云屬之冠者，先爲纓武，訖乃後以冠屬，著武，故云屬也。又云以其冠在武下過，鄉上反縫著冠，冠在武下，故云厭也。

《玉藻》縞冠元武，子姓之冠也。注：武，冠卷也，古者冠卷殊。疏：武用元，元是吉。冠用縞，縞是凶。吉而雜凶，故云不純吉也。卷用元而冠用縞，冠卷異色，故云，古者冠卷殊。如鄭此言，則漢時冠卷共材。

《雜記》喪冠條屬，以別吉凶，三年之練冠，亦條屬。注：別吉凶者，吉冠不條屬也。條屬者，通屈一條繩，若布爲武，垂下爲纓，屬之冠，象太古喪事略也。吉冠，則纓武異材焉。

案鄭《玉藻》注：古者，冠卷殊，謂冠與卷殊材，非冠與卷殊色也。注謂，父有喪服，子爲之不純吉，則冠之變制也。不可謂，凡冠皆與武異色也。鄭注：上云，武，冠卷也，下云，古者冠卷殊，則冠卷殊三字。惟釋武制，謂古者，冠自爲冠，武自爲武，本不共材。故縞冠而武或用元，元冠而武或用縞。子姓之冠，元冠得用縞武，由於古者冠卷殊耳。若後世，冠卷同材，則色不得異矣。孔疏不達此義，以鄭注古者冠卷殊，爲冠卷殊色，則豈以元冠，皆當用縞武耶。果如此，則經不獨云子姓之冠矣，不惟不通經，竝不通注。此等恐不出穎達手也。

又案《玉藻》元冠縞武，縞冠元武，縞，繒也。則知元亦繒矣。古者冠卷雖異材，然冠以繒，卷亦當以繒也。《逸周書·器服解》元冠，組武，卷組纓，則是元冠纓用組，卷亦以組矣。組緶，絲絛爲之，非繒也。《逸周書》所云，組武卷，或以絲絛聯綴卷武，故以名與。

天子朱組纓，諸侯丹組纓，大夫士綦組纓。

《玉藻》元冠，朱組纓，天子之冠也。元冠，丹組纓，諸侯之齊冠也。元冠綦組纓，士之齊冠也。

《檀弓》蓋既祥，而絲屨組纓。疏：《玉藻》文素紕，當用素爲纓，未用組，今用素組爲纓，故譏之。若其綦組爲纓，則當以元色爲冠，若既祥元冠，則失禮之甚，不應直譏組纓也。

案，天子冕而朱紘，諸侯冕而青紘，此云元冠朱組纓，天子之冠也，則天子纓與紘同色。又云元冠丹組纓，諸侯之齊冠也。則諸侯纓與紘異色。大夫元冠未知著何纓。考《禮器》管仲鏤簋朱紘。注謂，大夫當緇組紘，纁邊，是大夫與士紘，同用緇。此云元冠綦組纓，士之齊冠也。則大夫與士纓亦當同用綦也。惟緇布冠之纓，與元冠之纓不同。《士冠禮》緇布冠缺項，青組纓。士元冠則綦組纓。《玉藻》釋文，綦，雜色也。青與綦異色也。又考天子元冠朱組纓，是言始冠之冠，諸侯元冠丹組纓、士綦組纓，是言齊時之冠，若他事用元冠，其纓色當亦同。今以紘制推之，《弁師》掌王之五冕，皆朱紘也，不以事異也。然則天子元冠朱組纓，用之於始冠朱纓也。即以甸、以燕、以養老、以燕羣臣，亦莫不朱纓也。諸侯齊用丹組纓，士齊用綦組纓，雖以齊言之，即他事，亦靡不眡諸齊。考《玉藻》疏云，元冠綦組纓，士之齊冠，是齊祭同冠也。據此，則元冠以綦組爲纓，不特用之於齊，亦用之於祭矣。又考《隋志》各如其綬色，以此推之，《玉藻》天子元組綬，則元冠當元組纓，與此節所云朱組纓不合。公侯朱組綬，則元冠當朱組纓，與此節所云丹組纓不合。士縕組綬，則元冠當縕組纓，與此節所云綦組纓不合。然，則纓綬同色之制，不可以通之於禮也。

纓之有飾者曰緌。

《士冠禮》記，始冠，緇布之冠也。太古冠布，齊則緇之。其緌也，孔子曰，吾未之聞也，冠而敝之可也。注：緌，纓飾。未之聞，太古質無飾。疏：孔子時有緌者，故非時人緌之，諸侯則得著緌。故《玉藻》云，緇布冠，繢緌，諸侯之冠也。鄭云，尊者飾也，士冠不得緌也。

《檀弓》喪冠不緌。注：去飾。

《內則》子事父母，雞初鳴，咸盥漱，櫛、縰、笄、總、拂髦、冠、緌纓、端、韠、紳、搢笏。注：緌，纓之飾也。疏：結纓頷下，以固冠，結之餘者，散而下垂，謂之緌。

《玉藻》緇布冠，繢緌，諸侯之冠也。注：諸侯緇布冠，有緌，尊者飾也。繢，或作繪，緌或作蕤。疏：《郊特牲》及《士冠記》皆云，其緌也，吾未之聞，

謂大夫士也。此云緌，諸侯之冠，故云緇布冠有緌，尊者飾也。又云，諸侯惟繢緌爲異，其頍項青組纓等，皆與士同。

居冠屬武，自天子下達，有事然後緌。注：燕，無事者，去飾。

大帛不緌。注：帛當爲白，大帛，謂白布冠也，不緌。凶服去飾。

元冠紫緌，自魯桓公始也。注：蓋僭宋王者之後服也。緌當用繢。

疏：緌當用繢者，以上文云，緇布冠繢緌，諸侯之冠，故知也。

《雜記》大白冠、緇布之冠，皆不蕤。委武元縞而后蕤。注：不蕤，質無飾也。大白冠，大古之布冠也。委武，冠卷也。秦人曰委，齊人曰武，元，元冠也，縞，縞冠也。疏云，元、縞二冠，既有先別卷，後乃可蕤，故云，而后蕤也。而大祥縞冠，亦有蕤，何以知之，前既云練冠亦條屬，右縫，則知縞不條屬，既別安卷，灼然有蕤也。

案《玉藻》緇布冠，繢緌，諸侯之冠也。疏：諸侯惟繢緌爲異，其頍項、青組纓等，皆與士同。據此，則是諸侯始冠緇布冠，仍用士之青組纓，特加以繢緌耳。故《通典》載，太子冠儀，緇布冠亦青組纓，同於士。《三禮圖》謂《玉藻》始加皆青組纓，繢緌，即孔疏所謂，諸侯之冠，亦用青組纓也。但繢緌，乃繪畫五采，與青組纓不同。元冠紫緌。注謂，諸侯緌當用繢，是諸侯本丹組纓，緌當別以繢也。陳祥道謂，元冠朱組纓，則緌可知，緇布冠繢緌，則纓可知，是謂纓緌同色，與注異義。《内則》疏謂，結纓頷下，以固冠，結之餘者，散而下垂，謂之緌。蓋結頷下者爲纓，所謂青組纓、丹組纓是也。於其下垂處，加以繪畫，則所謂繢緌，是也。嚴陵方氏謂，纓用組，緌用帛，則纓緌異質矣。考鄭《内則》注：緌，纓之飾也，注以緌爲纓之飾，則緌即纓也，特纓不垂，而緌垂，纓不繢，而緌繢，是纓不飾，而緌飾，而要之，緌亦纓之餘，故云緌，纓之飾也。非謂纓外別有一緌也。《玉藻》注緌，或作蕤，考《漢書·律曆志》蕤，繼也，冠緌之通名蕤，謂蕤即繼纓而加長者也，若纓外別有一緌，則不與纓相繼矣，與義即不相附。又《江充傳》冠飛翮之纓。蘇林曰，析翠鳥羽以作蕤也。此注以蕤解纓，可知蕤即纓之餘也。《楊雄傳》鸞鳳紛其御蕤。師古曰，蕤蕤車之垂飾，纓蕤也。亦以纓釋蕤，故纓蕤決不異物。《南齊志》遠遊冠，太子諸王所冠，太子朱纓、翠羽緌、珠節，是於朱纓之外，別以翠羽爲緌飾，於朱纓之上，則纓緌異質矣，與孔疏垂纓爲緌，別爲一義。組纓爲糾繩以爲纓蕤，謂纓末之不糾者，冠緌之緌，與旌旗之緌，同狀。旌旗之緌，著旄毛牛尾於橦上，以散垂爲飾。《釋名》緌，有虞氏之旌也。注：旄，竿首，其形燊燊然也，燊燊，言其散垂也。

又案《記》不云元縞委武而後蕤。而云，委武元縞而後蕤。則蕤不由於有委武，由於元縞也。疏謂，別安冠卷，灼然有蕤，是有蕤由於有武，不知有武者不必有蕤。考《士冠禮》緇布冠有武也。《喪服傳》注：首絰，象緇布冠之頍項，今以其制推之，喪冠不著於首絰之上，即知緇布冠，不著於缺項之上。喪冠，以一條繩爲武，而別加首絰，即知，緇布冠，先自有武，而更綴頍項也。《士冠禮》注：雖不言緇布冠有武，而其義見於《喪服》注矣。大白、緇布同制緇布冠，有武，則大白冠，可知大白、緇布俱有武。而孔子曰，其緌也，吾未之聞。則可知有緌，不因別安冠卷也。《記》謂大白、緇布冠不蕤，非謂其無委武也。其下云，委武元縞而後蕤言緇布、大白雖同有委武，然必元縞二冠乃蕤也。委武二字，乃承上大白、緇布之文，起下元縞之文，謂大白、緇布用布質，故無蕤，元縞二冠，以繒帛爲之，異於大白、緇布之用布，始得加緌，以盡飾耳。

又案，緌者，纓之垂爲飾者也。有事無不緌，有事不緌，則從貶殺者也。《管子·小匡篇》管仲詘纓插衽，使人操斧而立其後。公曰，垂纓下衽，寡人將見。蓋纓本當下垂以爲飾，管仲始以就刑之人詘纓不垂，從貶殺也。禮衣委地，禮冠委緌，皆所云文德尚褎長也。《魏志·崔季珪傳》裴松之注：引《續漢書》曰，今天下纓緌，搢紳之士言纓，必兼言緌，纓以緌重也。惟武士之冠纓而不緌。《後漢輿服志》云，諸冠皆有纓蕤，執事及武吏，皆縮纓垂五寸，云，縮纓即管子所謂詘纓也。縮、詘，皆謂屈結之不垂蕤也。《後漢輿服志》又曰，武冠俗謂之大冠，環纓無蕤。注引《莊子說劍篇》吾王所見劍士，皆蓬頭突鬢垂冠，縵胡之纓，短後之衣。證環纓無蕤，則知武士不蕤矣。然纓雖以垂爲飾，而長短有度，垂緌五寸爲惰游之士，則五寸爲踰節矣。

有安髻之笄，無固冠之笄，有纚、有總、有髦。

《鄘·柏舟》髧彼兩髦，實維我儀。箋，禮世子昧爽而朝，亦櫛、纚、笄、總、拂髦、冠、緌纓。疏：《内則》注云，纚，所以韜髮者也。笄，今之簪，則著纚，乃以簪約之，又著總，又拂髦，而著之。故《内則》注云，拂髦，振去

塵而著之，既著髦，乃加冠，又著緌纓，又云《士冠禮》曰，皮弁笄，爵弁笄。注云，有笄者屈組爲紘，無笄者緌而結其條。然則，此冠言緌纓，則無笄矣。上言纚笄者，爲纚而著笄也。《問喪》曰，親始死，雞斯。注云，雞斯，當爲笄纚，是著纚必須笄也。

《士冠禮》緇布冠缺項，青組纓。注：無笄者纓，而結其條。

《内則》子事父母，雞初鳴，咸盥漱，櫛、縰、笄、總、拂髦、冠、緌纓、端、韠、紳、搢笏。注：縰，韜髮者也。總，束髮也，垂後爲飾。拂髦，振去塵著之髦，用髮爲之，象幼時鬌，其制未聞也。疏：笄者，著縰既畢，以笄插之。熊氏曰，此笄謂安髻之笄，以縰韜髮作髻，既訖，横施此笄於髻中，以固髻也。故《士喪禮》云，笄用桑，長四寸，纋中是也，纋中，謂殺其中使細。非固冠之笄，故文在冠上，其元冠有纓約，《士冠禮》有纓者，無笄。《問喪》云，親始死，雞斯之時，去元冠，而有笄縰，是知笄縰，不得爲冠總者，裂練繒爲之，束髮之本，垂餘於髻後，故以爲飾也。此經所陳皆依事先後，櫛訖加縰，縰訖加笄，笄訖加總，然後加髦著冠，冠畢，然後服元端，著韠，又加大帶也。又云，縰，韜髮者也。盧云，所以裹髻，承冠，以全幅疊而用之。

《問喪》親始死，雞斯。注：雞斯，當爲笄纚，聲之誤也。親始死，去冠二日，乃去笄纚，括髮也。今時始喪者，邪巾貊頭，笄纚之存象也。

案《士冠禮》緇布冠缺項，青組纓屬於缺。緇纚，廣終幅，長六尺。皮弁笄，爵弁笄，緇組紘，纁邊。注：纚，今之幘梁也。終，充也。纚一幅，長六尺，足以韜髮而結之矣。考此纚，爲緇布冠言之也。士冠，以緇布冠代元冠，故經文，以纚繫緇布冠之下，其實元冠有纚，與緇布冠同也。《内則》子事父母，端、韠、紳，所謂端，元端也，所謂冠，緌纓，即元冠也。彼文纚笄與冠連文，則元冠有纚也。又考《士冠禮》緇纚廣終幅之文，在緇布冠之下，皮弁笄、爵弁笄之上，則上承緇布冠，下起皮弁、爵弁也。蓋髮非纚不韜，髮不韜不可以屬冠，與弁，即推之六冕皆然也。《荀子・禮論篇》薦器則冠有鍪，而無縰。蓋惟薦器，乃無縰，雖襲時尚有縰也。鄭《士冠禮》注謂，纚今之幘梁，謂其狀似漢之幘梁，其實漢制縰自爲縰，幘自爲幘。《漢書・元帝紀》齊三服官。李斐曰，齊國舊有三服之官，春獻冠、幘、縰爲首服，冠與幘與縰各爲一物，則知縰非幘也。《釋名》纚以韜髮者也，蓋先以長六尺之縰，裹髮乃爲髻，則纚韜髮於未成髻之先，非覆髻於既成髻之後也。若幘，則可以覆冒全首。《方言》絡頭，帞頭也。紗績鬢帶，今之偏疊幧頭。鬃帶，鬃亦結。帑，音綪亦千。幧，幧頭也。覆結，謂之幘巾，或謂之承露，或謂之覆鬃，今結籠是也。《士喪禮》鄭注：免如今幧頭，自頂中而前，交於額上，卻繞紒，此幘之狀也。蓋漢時，冠猶存古委貌遺制，不同武士大冠，故冠下必藉以幘，方不露髮。《後漢書・魯丕傳》帝善丕説罷朝，特賜冠幘履韈。《楊賜傳》詔賜御府衣一襲，自所服冠幘。當時賜冠，必兼幘，以冠必得幘，乃能覆冒全首耳。又案鄭《内則》注：纚韜髮，總束髮，束之與韜制各不同。孔《内則》疏謂，既以纚韜髮乃爲髻，既爲髻，又以繒束髮之本，而垂其餘，於後明。劉績《三禮圖》以總爲幘巾，髻籠所以韜髻，與束髮之制全異。考纚似幘梁，見《士冠禮》注：未聞總似幘也。《檀弓》蓋榛以爲笄，長尺而總八寸。注：總束髮垂爲飾，齊衰之總八寸，如云韜髻，安得垂其餘乎。《巾車》王后之五路，有朱總、績總、鷖總。鄭司農云，以繒爲之，總著馬勒，直兩耳與兩鑣。疏：謂若婦人之總，亦既繫其本又垂爲飾。故翟車用組總，組則垂者也。以《巾車》之總，推總制，則知總，皆以垂爲飾也。《詩・干旄》曰，素絲組之。傳曰，總以素絲而成組也。《管子・弟子職》錯總之法，横於坐所。注：總，設燭之束也。《急就篇》承塵户幭絛績總。顔師古注：總以絲縷爲之，所以束髮也。《説文》總，聚束也。《廣雅》總，結也。《文選・藉田賦》垂髻總髮。李善引《毛萇詩傳》總角，結髮也。凡言總者，皆以結束爲義。而劉績謂，總以覆髻如幘梁，由於鄭注束髮之訓，未旁求耳。

一曰冠弁。

《司服》凡甸，冠弁服。注：冠弁，委貌。

有素委貌。

《弁師》諸侯及孤卿大夫之弁絰，各以其等爲之。注：庶人弔者，素委貌。【略】

衣用十五升緇布，素裳、緇帶、素韠或緇韠。

《素冠》庶見素衣兮。箋，除成喪者，其祭也，朝服、縞冠。朝服，緇衣、素裳。然則，此言素衣者，謂素裳也。

庶見素韠兮。箋，祥祭，朝服素韠者，韠從裳色。

《士冠禮》主人元冠，朝服，緇帶，素韠。注：朝服者，十五升布衣，而素裳也。衣不言色者，衣與冠同色也。又云緇帶，黑繒帶也，士帶，博二寸，

再繚四寸，屈垂三尺。又云素韠，白韋韠也，長三尺，上廣一尺，下廣二尺，其頸五寸，肩革帶博二寸。疏：案《玉藻》云，韠，君朱，大夫素，士爵韋，是韠色不同。下云韋者，是君大夫同用韋也，但彼是元端服之韠。此士，用素韋爲之，故鄭云，白韋韠也。

《司服》凡甸，冠弁服。注：其服緇布衣，亦素積以爲裳。疏：《士冠禮》云，主人元冠朝服，緇帶，素韠。注云，衣不言色者，衣與冠同，裳又與韠同色，是其朝服緇布衣，亦如皮弁，積素以爲裳也。

《聘禮》主人長衣練冠以受。注：吉時在裏爲中衣，中衣長衣繼皆揜尺，表之曰深衣。疏：鄭言此者，欲廣解長衣、中衣、深衣三者之義，此三者之衣皆用朝服十五升。

《特牲饋食記》特牲饋食，其服皆朝服，元冠、緇帶、緇韠。注：緇韠者，下大夫之臣。疏：《士冠禮》云，主人元冠，朝服，緇帶，素韠。韠與裳同色，大夫之臣朝服素韠，此緇韠，故云下大夫之臣。

《王制》布帛精麤不中數。疏：若朝服之布十五升，斬衰三升，齊衰四升，之類是也。

元衣而養老。注：有虞氏質，深衣而已，夏而改之，尚黑，而黑衣裳，殷尚白，而縞衣裳，周則兼用之，元衣素裳。疏：縞，白色生絹，亦名爲素。

《雜記》朝服十五升。疏：朝服精細，全用十五升布爲之。

《喪大記》絞紟如朝服。注：如朝服者，謂布精麤朝服十五升。《禮記・緇衣》好賢如緇衣。疏：其服緇布衣，而素裳，緇帶，素韠。故《士冠禮》云，主人元冠，朝服，緇帶，素韠。注云，朝服者十五升布衣，而素裳也。知朝服十五升者。《雜記》文，知用布者。《雜記》云，朝服十五升，去其半而緦，故知布也。知素裳者，以《冠禮》云，素韠，韠從裳色，故知裳亦素也。若士之助祭者，則韠用緇，不與裳同色。

《論語》緇衣羔裘。皇侃《義疏》緇衣服者，元冠，十五升緇布衣，素積裳也。素積者，用素爲之，襞積攝之無數，故云素積也。

案《晏子春秋・雜下篇》晏子相齊，衣十升之布，脱粟之食，五卯苔菜而已。又《說苑・臣術篇》八升之布，一豆之食，足矣，亦謂晏子也。八升十升之布，不及朝服十五升，或夕深衣，爲大夫士之燕服，用此麤大之布耳。《晏子春秋・問上篇》曰，衣冠不中，不敢以入朝。然則，朝服必十五升，乃中度也。晏子雖儉，其敢以不中度之服入朝乎。

天子、諸侯，白舄，青約繶純。大夫、士，白屨，黑約繶純。

《屨人》注：青約者，王白舄之飾。疏：黑舄配冠弁服。又云，冠弁服，則諸侯視朝之服，是以《燕禮》記云，燕，朝服。鄭云，諸侯與其羣臣，日視朝之服也。謂冠元端、緇帶、素韠、白屨也。

《燕禮》記，燕、朝服於寢。注謂，冠元端、緇帶、素韠、白屨也。疏案《屨人》注：天子諸侯吉事皆舄，諸侯朝服，素裳、素韠、應白舄。而云白屨者，引《士冠禮》成文。其實，諸侯當白舄，其臣則白屨也。

案冠弁，即朝服也。天子諸侯朝服，皆素裳，舄從裳色。《燕禮記》疏謂，諸侯朝服當白舄，則天子冠弁，亦當白舄。《屨人》疏謂，黑舄，配冠弁服，未合。

凡朝服，君臣皆羔裘，臣則豹袖。

《羔羊》羔羊之皮，素絲五紽。注：大夫羔裘以居，疏謂，居於朝廷，非居於家也。《論語》曰，狐貉之厚以居。注云，在家所以接賓客，則在家不服羔裘矣。《論語》注又云，緇衣羔裘，諸侯視朝之服，卿大夫朝服，亦羔裘，惟豹袪與君異耳。明此爲朝服之裘，非居家也。

羔裘之革，素絲五緎。疏：其諸侯視朝，乃卿大夫等，同用黑羔裘。以《玉藻》云，羔裘，緇衣以裼之。又云，天子以下，田獵則羔裘，緇衣以裼之。又鄭注《論語》云，緇衣羔裘，諸侯視朝之服是也。知者《司服》云，凡甸，冠弁服。注云，冠弁、委貌，則諸侯朝服故也。

《鄭・羔裘》羔裘如濡。箋，緇衣羔裘，諸侯之朝服也。疏《玉藻》云諸侯朝服，以日視朝。故知緇衣羔裘，是諸侯之朝服也。

羔裘豹飾。傳，豹飾，緣以豹皮也。疏《唐風》云，羔裘豹袪，羔裘豹袖，然則緣以豹皮，謂之爲袪袖也。禮，君用純物，臣下之，故袖飾異皮。

《唐・羔裘》羔裘豹袪。箋，在位卿大夫之服也。

《檜・羔裘》小序，好絜其衣服。疏：首章言，狐裘以朝，謂視路門外之朝也。二章云，狐裘在堂，謂在路寢之堂也。視朝之服，即服之於路寢，不更易服。《玉藻》云，君朝服，以日視朝於內朝，退適路寢聽政，服視朝之服，是在朝、在堂，同服羔裘。今檜君變易衣服，用狐裘在朝，因用狐裘在堂。

羔裘逍遥，狐裘以朝。傳，羔裘以游燕，狐裘以適朝。箋，諸侯之朝服，緇衣羔裘，大蜡而息民，則有黄衣狐裘，今以朝服燕祭服朝，是其好絜衣服也。疏：《論語》説孔子之服云，緇衣羔裘。《玉藻》亦云，羔裘，緇衣以裼之，是羔裘裼用緇衣，明其上正服亦緇色也。《論語》又曰，羔裘元冠不以弔。是羔裘所用配元冠，羔裘之上必用緇布衣，爲裼，裼衣之上正服亦是緇色，又與元冠相配，明是朝服可知。故云，諸侯之朝服，緇衣羔裘也。

《司裘》疏：鄭《玉藻》羔裘注：引孔子緇衣羔裘。鄭注《論語》云，君之視朝之服，亦卿大夫士祭於君之服。若然，卿大夫助祭用冕服，士用爵弁，君朝服冕服羔裘，卿大夫士弁冕用羔裘，至於朝服，亦用羔裘，即是君臣祭服、朝服，同服羔裘也。《玉藻》羔裘豹飾，緇衣以裼之。注：飾猶褎也，孔子曰緇衣羔裘。疏：皇氏以畿内諸侯緇衣，畿外諸侯元衣。案《王制》直云元衣而養老。不辨内外之異。又《詩・唐風》羔裘豹袪，卿大夫之服。《檜風》云，羔裘逍遥。鄭元云朝燕之服也。《論語》云，緇衣羔裘。注云，諸侯之朝服羔裘者，必緇衣爲裼。唐、檜、魯，非畿内之國，何得竝云羔裘，若此元衣爲畿外諸侯，則鄭注此何得云君子士大夫也。

《論語》緇衣羔裘。皇侃《義疏》緇，染黑七入者也，元則六入色也。羔者，烏羊也邢。疏《玉藻》亦云，羔裘，緇衣以裼之。是羔裘，裼用緇衣，明其上正服，亦緇色也。下文又曰，羔裘元冠不以弔，是羔裘所用配元冠，羔裘之上，必用緇布衣爲裼，裼衣之上正服，亦是緇色，又與元冠相配，故知緇衣羔裘，是諸侯君臣日視朝之服也。

案《越絕書・吴内傳》蔡昭公，南朝楚，被羔裘。被羔裘，則必緇衣，諸侯相朝，當皮弁麛裘，而蔡昭侯被羔裘，則同於在國視朝之服矣。非制也。《左氏昭二十九年傳》公賜公衍羔裘。《中論・審大臣篇》魯人，見仲尼之好讓，而不争也，亦謂之無能爲之。謡曰，素韠羔裘，求之無尤。羔裘素韠，求之無戾。云素韠，則朝服素裳也。此亦朝服羔裘之證也。《韓非子・外儲説》孫叔敖相楚，棧車牝馬，糲餅菜羹，枯魚之膳，冬羔裘，夏葛衣，面有飢色，則良大夫也。其儉偪下。考羔裘於《司裘》爲良裘，孫叔敖以爲朝服之裘，正合禮制，而韓非以爲儉偪，下則韓非子之時，風俗夸靡，不以羔裘爲上，故指爲儉服也。《漢書・貨殖傳》狐貂裘千皮，羔羊裘千石。師古曰，狐貂貴，故計其數，羔羊賤，故稱其量，然則賤羔裘，後世之制，不可以此疑禮經也。《晏子春秋・雜下篇》及《説苑・臣術篇》晏子衣緇布之衣，麋鹿之裘，棧軫之車，而駕駑以朝，所謂以緇布之衣，則朝服緇衣也。而用麋鹿之裘，不衣羔裘，則降於良裘矣。或以示儉，非常制也。麋鹿《説苑》作麛鹿。

又案《詩》羔裘逍遥，狐裘以朝。箋，今以朝服，燕祭朝服，是其好絜衣服，其必以狐裘，爲黄衣狐裘者，蓋黄衣狐裘祭服也。鄭欲釋《小序》好絜衣服，則服祭服以朝，乃爲好絜。今考《小序》謂，檜君逍遥遊宴，不能自强於政治，則變易典制，輕重任心，不僅在於好絜衣服也。考《玉藻》卒食元端而居。《公羊昭二十五年傳》注：諸侯元端以燕。《王制》一命卷疏：天子諸侯亦以元端燕居，《詩》所謂逍遥乃燕居時也。又考羔裘如濡，箋，緇衣羔裘，諸侯之朝服也。《詩》狐裘蒙戎疏：及《司裘》疏：皆以狐蒼裘，爲元端之裘，然則此詩所云狐裘以朝，爲狐蒼裘也。蓋緇衣羔裘，視朝之正服，元端狐青裘，燕居之正服。今檜君燕居，反服朝服，故詩人以羔裘爲刺，視朝反服燕居之服，故詩人以狐裘爲刺，言其重所輕，其輕所重也。如謂檜君好絜衣服，故服祭服以朝，不知息民之祭，於祭爲輕，黄衣狐裘亦祭服之最輕者，服以視朝，未足以炫盛飾也。《詩・彼都人士》狐裘黄黄。疏：謂庶人得服黄狐之裘，非貴服也，然則檜君眡朝，欲侈盛服，必不服庶人所服之裘，明矣。

又案大夫羔裘豹袖，固以不純用羔，下於諸侯，而豹亦飾之最盛者。《管子・大匡》諸侯之禮，令齊以豹皮往，小侯以鹿皮報，齊以馬往，小侯以犬報。注：往重報輕，蓋幣以鹿皮爲重，而豹皮又重於鹿皮，故《揆度篇》令諸侯之子將委質者，皆以雙虎之皮，卿大夫豹飾，列大夫豹襜。注：卿大夫，上大夫也，列大夫，中大夫也。然則非上大夫及中大夫，且不得以豹爲飾矣。又《淮南子・説林訓》豹裘而雜，不若狐裘之粹，然則豹裘不雜，且勝於狐裘之粹矣。故羔爲良裘，其可爲羔飾者，莫重於豹也。

清・黄世發《羣經冠服圖考》卷二 衷服第二。衷，善也，正也，適也。《左傳》服之不衷。

朝服之布十五升。承仕案，衣之布，皆十五升，非獨朝服。

《雜記》朝服十五升，鄭注《喪服》，布八十縷爲升，古布幅闊二尺二寸，十五升，則一千二百縷。

天子之朝服，色白，皮弁服也。

《玉藻》天子皮弁，以日視朝，遂以食。《士冠禮》皮弁，素積。又三王共皮弁，素積。注：皮弁者，以白鹿皮爲冠象上古也。積，猶辟也，以素爲裳，辟蹙其要中。皮弁之衣，用布亦十五升，其色象焉，是天子之朝服，色白也，諸侯與其卿大夫士亦皮弁，聽朔，則其衣色亦白，但非朝，故不謂之朝服也。

諸侯、卿、大夫、士玄，玄冠服也。

《玉藻》諸侯朝服，以日視朝于内朝。又朝服以食。又孔子曰，朝服而朝，卒朔，然後服之，皆不言色。《士冠禮》云，主人玄冠，朝服，緇帶，素韠。注：朝服者十五升布，衣而素裳也。衣不言色者，衣與冠同也。諸侯與其臣，朝服以日視朝。疏：禮之通例，衣與冠同色，裳與韠同色，兼言臣者，在朝君臣同服，是諸侯卿大夫士之朝服，皆玄也。

凡朝服之衣，皆正幅，二尺有二寸，袂屬幅，大夫已上侈袂，凡三尺三寸，袪尺八寸，士之袂，二尺二寸，袪尺二寸。承仕案，衣裳制作之法，本於《喪服記》是爲禮服通制，此乃專指朝服而言，亦不可解。

《司服》其齊服有玄端、素端。鄭注：端者，取其正也，士之衣袂，皆二尺二寸，而屬幅，是廣袤等也。其袪尺二寸，大夫已上侈之，侈之者，蓋半而益一焉，半而益一，則其袂三尺三寸，袪尺八寸。疏云，士之衣袂，皆二尺二寸，而屬幅，是廣袤等也者云，衣袂二尺二寸。《喪服記》文，故彼云，衣二尺有二寸。注云，此謂袂中也，言衣者明與身參齊，是玄端之身長二尺二寸，今兩邊袂亦各屬一幅，幅長二尺二寸，上下亦廣二尺二寸，故云屬幅，廣袤等，袤則長也，言皆者，皆玄端、素端二者同也。云其袪尺二寸者，據《玉藻》深衣之袪，尺二寸，而言也。云大夫已上侈之，侈之者，蓋半而益一焉，半而益一，則其袂三尺三寸，袪尺八寸者，此亦無文。案《禮記・雜記》云，凡弁經服，其衰侈袂。《少牢》主婦衣綃衣，亦云侈袂，侈，大也。鄭以侈爲大，即以意爲半而益一以解之也。孔子大袂單衣，亦如此也。

凡朝服之衣，皆有衽，長二尺五寸。

《喪服》衽二尺有五寸。注：衽所以掩裳際也。上正一尺，燕尾二尺五寸，凡用布三尺五寸。《玉藻》言深衣衽當旁。注：凡衽者，或殺而下，或殺而上，衽屬衣，則垂而放之屬裳，則縫之以合，前後上下相變。疏：皇氏云，言凡衽非一之辭，非獨深衣也，或殺而下，謂喪服之衽，廣頭在上，狹頭在下，或殺而上，謂深衣之衽，寬頭在下，狹頭在上。熊氏大意，與皇氏同。或殺而下，謂朝祭之服耳。云衽屬衣，則垂而放之者，謂喪服。及熊氏朝祭之衽云，屬裳，則縫之以合。前後者，謂深衣之衽，云上下相變者，上體是陽，陽體舒散，故垂而下，下體是陰，陰主收斂，故縫而合之，是朝服有衽也。

凡朝服皆素裳。

《司服》注：冠弁、委貌，其服緇布衣，亦積素以爲裳，諸侯以爲視朝之服。《王制》周人玄衣而養老。注：玄衣素裳，天子之燕服，爲諸侯朝服，是玄衣以素爲裳，即是朝服也。《屨人》疏引《鄭志》，冠弁服，黑衣裳。而黑舄，則冠弁之裳，與朝服之裳異，其説與《司服》背，姑存以備考。

若玄裳、黄裳、雜裳、朱裳，則皆謂之玄端。

《士冠禮》玄端、玄裳、黄裳、雜裳，可也。注：此莫夕於朝之服，玄端，即朝服之衣，易其裳耳。上士玄裳，中士黄裳，下士雜裳。雜裳者，前玄後黄。《易》曰，夫玄黄者，天地之雜色，天玄而地黄。《玉藻》韠，君朱，大夫素，士爵韋。注：此玄端之韠也，凡韠以韋爲之，必象裳色，則天子諸侯，玄端朱裳，大夫素裳，士玄裳、黄裳、雜裳也。疏：大夫玄端，以素爲裳，故素韠，大夫既以素裳爲朝服，又以爲玄端服，禮窮則同。按此，是大夫無玄端服。故《士冠禮》疏：謂玄端，爲士夕見君之朝服，其大夫夕仍朝服也。

凡朝服，亦稱玄端。

鄭釋《玉藻》云，朝服，冠玄端，素裳。釋《論語》云，□案見《先進篇》。端諸侯視朝之服。釋《燕禮》云朝服者，冠玄端，緇帶，素韠，白屨也。釋《士冠禮》云，玄端，即朝服易其裳耳。是朝服亦稱玄端，以其衣皆正幅爲之，故曰端。其實大夫以上之玄衣侈袂，非如士獨得端稱也。《雜記》曰，公襲朝服一玄端一褖禮，自西階受朝服，自堂受玄端，仍是以裳爲別也。

士素衣稱素端，以其袂下于大夫也。《司服》曰其齊服有玄端、素端，蓋謂士也。

《司服》士之服，自皮弁而下，如大夫之服，其齊服有素端、玄端。疏：士齊有素端者，亦爲札荒有所禱請者。然上文已云素服，士既轉相如已有素服矣。今於經別云，玄端素端爲士設文者，以其大夫已上侈袂同，惟士不

得侈袂，以端爲之，故經別見端文也。若然，士之素端言齊者，見禱請也，則上文素服亦是齊服禱請，可知也。上文云，大札大荒大災素服。注：素服縞冠，若晉伯宗哭山之崩。

凡大夫士私朝服玄端，凡士莫夕于君服玄端。

《士冠禮》玄端、玄裳、黄裳、雜裳，可也。緇帶，爵韠。注：此莫夕於朝之服玄端，即朝服之衣，易其裳耳。疏云，此莫夕於朝之服者，當是莫夕於君之朝服也。案《玉藻》云，君朝服以日視朝于内朝，夕深衣，祭牢肉，是君朝服朝服，夕服深衣矣。下又云，朝玄端，夕深衣，朝時所服，與君不同。故鄭注云，謂大夫士也，則彼朝玄端，夕深衣，是大夫士家私朝也。若然，大夫士既服玄端、深衣，以聽私朝，衣此服。注云，莫夕于朝之服，是士向莫之時夕君之服，必以爲莫夕者朝禮，備夕禮簡放，以夕言之也。若卿大夫莫夕于君，當亦朝服矣。

諸侯之朝服，天子以燕，以田。

《詩·頍弁》箋，禮，天子諸侯，朝服以宴，天子之朝，皮弁以日視朝。疏：天子皮弁以日視朝。《玉藻》文燕禮者，諸侯燕臣子之禮，經云，燕朝服，諸侯云朝服燕，則天子亦自以朝服燕也。且此詩責王不燕而舉皮弁，是天子燕用皮弁，明矣。若然，《王制》云，周人冕而祭，玄衣而養老。注云，凡養老之服，皆其時與羣臣燕之服。周人修而兼用之，玄衣素裳，其冠委貌，諸侯以天子之燕服爲朝服，如彼注：則天子之燕用玄衣，此言皮弁者，蓋天子燕服有二，燕羣臣用玄冠，親同姓用皮弁也。賓之初筵三章，箋云，此祭末，王與族人燕，而經云，側弁之俄，是燕同姓，用皮弁之事也。按《王制》注：直言天子燕用玄衣素裳，爲諸侯朝服。疏：則兼言皮弁，此疏：以同姓、異姓爲分，然比詩末章，有甥舅在，是亦有異姓也，故《王制》疏：又謂燕同姓諸公，及異姓甥舅等，用皮弁。若燕其諸侯，則用玄衣。今第以《王制》鄭注爲主也，天子田，用諸侯朝服者，《司服》甸，冠弁服。鄭注：冠弁，委貌，其服緇布衣，亦積素以爲裳，諸侯以爲視朝之服。《詩·國風》曰，緇衣之宜兮。謂王服此以田，鄭氏此言，亦非確解也。

諸侯之玄端，天子以居。

《玉藻》天子卒食，玄端而居。注：天子服玄端，燕居也。按諸侯玄衣素裳爲朝服，朱裳爲玄端，天子玄端亦朱裳，是諸侯之玄端，天子以居也。

諸侯卒食，則深衣。

朝服之以縞，自季康子始也。

《玉藻》文注：亦僭宋王者之後。疏云亦者，亦上玄冠綏，是僭宋王者之後，知宋朝服以縞者，按《王制》云，殷人縞衣而養老，燕服則爲朝服，宋是殷後，故朝服以縞。

端服

綜述

清·林昌彝《三禮通釋》卷二四《玄端素端》《周禮·司服》云，士之服，自皮弁而下，如大夫之服，其齊服有玄端、素端。按古者，自天子達於大夫、士，皆有端之用，端衣者，玄衣也。天子朝服以素，諸侯朝服以緇布衣。《考工記》六入爲玄，七入爲緇，此其別也。朝服十五升，端衣正幅無殺，又其殊也。《儀禮》大夫筮日以朝服，士筮日以玄端。《冠禮》主人朝服既冠，冠者服玄端。《雜記》公襲，朝服一，玄端一。禭，禮，自西階受朝服，自堂受玄端，明言有玄端，更有朝服，未嘗謂玄端即朝服也。自鄭康成注《儀禮》謂玄端即朝服之易其裳。朱子又以諸侯常服則用玄端。皆非是也。按衣玄者，裳不必玄。《玉藻》云，韠，君朱，大夫素，士爵韋。注云，此玄端之韠也。凡韠必象裳色，則天子諸侯玄端朱裳，大夫素裳，惟士玄裳、黄裳、雜裳也。《士冠禮》玄端玄裳、黄裳、雜裳可也。注上士玄裳，中士黄裳，下士雜裳。襍裳者，前玄後黄。此端衣之裳之別也。其或玄冠而服之則曰玄端，或冕而服之則曰端冕，或委貌而服之則曰端委，或章甫而服之則曰端章甫，此端之冠之別也。《張鎰圖》端衣有佩白玉玄玉之殊，有服赤舄黑絇繶純、黑舄赤絇繶純之別。有緇帶、素帶之分，此端衣之可考者也。按《周禮·司服》謂，齊服有玄端、素端。齊之有玄端者，《記》所云齊之玄也，以陰幽思也。是以祭之冕服，皆以玄齊之端衣，亦以玄。若有大

荒、大札，則以素端。鄭氏云，士齊有素端者，爲札荒有所禱請，蓋札荒服素服，齊則服素端也。惟天子之齊服則端而加冕。《大戴記》武王齊三日，端冕而受丹書。《荀子》端衣玄裳，冕而乘輅者，志不在於茹葷，此天子之制也。其爲諸侯以下之齊服，則端而加玄冠。《玉藻》玄冠，丹組纓，諸侯之齊冠也。玄冠綦組纓，士之齊冠也。此則端衣爲齊服之證也。《玉藻》諸侯端衣以祭。鄭氏謂，端當爲冕字之誤。不知祭雖玄冕而衣固端衣，不得改端爲冕。竊按端衣而元冕，乃爲諸侯之祭服也。《特牲》主人冠端玄。注：冠端玄，玄冠玄端，則端衣而玄冠，爲士之祭服也。此則端衣爲祭服之證也。《玉藻》天子，卒食，玄端而居。注：天子服玄端燕居，則爲天子之燕服。《内則》子事父母，端韠、紳、搢笏。注：端，玄端，士服也，則爲士之燕服。此則端衣爲燕服之證也。《玉藻》朝玄端。疏謂，大夫、士早朝在私，朝服玄端。《士冠禮》注：玄端，士莫夕於朝之服，此則端衣爲大夫士私朝之服之證也。《士冠禮》始加緇布冠服玄端，既冠服玄冠玄端。《玉藻》玄冠，朱組纓，天子之冠也。緇布冠，繢緌，諸侯之冠也。鄭氏謂，皆始冠之禮，則緇布冠而服玄端，士始冠之服也。緇布冠繢緌而服玄端，諸侯始冠之服也。玄冠朱組纓而服玄端，天子始冠之服也。此則端衣爲始冠之服之證也。《士冠禮》贊者玄端。魯論端章甫，此端衣爲擯相之服之證也。蓋自天子達於大夫、士，皆有端，惟不得以爲諸侯之朝服也。故先鄭云，衣有□裳者爲端。後鄭云，端取其正也。則端衣不據□裳，據正幅也。正幅者，衣與袂廣長皆正也。鄭氏云，士之衣袂皆二尺二寸而屬幅，是廣袤等矣。此據《喪服》記衣二尺有二寸言也。其袪尺二寸，此據《玉藻》《深衣》之袪尺二寸言也。袂並衣言是衣長亦二尺二寸，兩邊袂各屬一幅，長二尺二寸，上下亦廣二尺二寸，是衣袂廣袤，皆端矣。鄭言端衣之制不誤。又云大夫已上侈之，侈之者，蓋半而益一，則其袂三尺三寸，袪尺八寸。按此説非也，若大夫已上侈其袂，則是士之衣可言端，大夫已上不可言端。況深衣之袂圓，長衣之袂長，弔祭及餘衣之袂侈，則端衣之袂端，可知也。或曰袂屬於衣，袂之侈無害於衣之端。若然，大夫已上之袂三尺三寸宜，若見於禮，今禮無明文，豈可據以爲説乎。

明・程良孺《讀書考定》卷二二《服飾・玄端》《周禮》玄端，朝服也。《司服》注，鄭司農云，衣有玄裳者爲端。鄭玄謂，取其正。又《樂記》端冕而朝，凡冕服皆正幅袂二尺二寸，故稱端。《禮記・玉藻》朝服，注云，冠，玄端，素裳也。疏案《王制》云，周人玄衣而養老。注云，玄衣素裳，天子之燕服，爲諸矦朝服，彼注云，玄衣，則此玄端也，朝服素裳，皆得謂之玄端，若上士以玄爲裳，中士以黄爲裳，下士以雜色爲裳，天子、諸侯以朱爲裳，則皆謂之玄端，不得名爲朝服矣。

清・任大椿《弁服釋例》卷八《元端》元端，爲諸侯、大夫、士齊服。

《司服》其齊服有元端、素端。

《旅賁氏》凡祭祀，會同賓客，則服而趨。注：會同賓客，王亦齊服，服衮冕，則此士之齊服，服元端。疏：此士之齊服，服元端者，若士助祭服爵弁，齊服服元端。

《王制》一命卷。疏：故鄭注云，四命以上齊祭異冠。

案《玉藻》云，元冠丹組纓，諸侯之齊冠也。諸侯既用元冠而齊，則孤卿大夫竝用元冠齊也。諸侯元冕而祭，天子孤卿及公之孤卿爵弁而祭。天子大夫皮弁而祭，皆與齊時元冠不同。故云四命以上齊祭異冠，其三命以下元冠齊，元冠祭，是齊、祭同冠。

《玉藻》元冠丹組纓，諸侯之齊冠也。元冠綦組纓士之齊冠也。注言，齊時所服也。四命以上齊祭異冠。疏：四命以上齊祭異冠者，以諸侯元冕祭，元冠齊，孤則爵弁祭亦元冠齊，是齊祭異冠也。必知孤亦元冠齊者，以諸侯尚元冠齊，明孤亦元冠齊也。其三命以下大夫則朝服以祭，士則元端以祭，皆元冠也。此云元冠綦組纓士之齊冠，是齊祭同冠也。其天子之士與諸侯上大夫同，故《深衣目録》云，士祭以朝服，謂天子之士也。祭用朝服，與諸侯大夫同，然則天子大夫與諸侯孤同，亦爵弁祭，元冠齊，此是熊氏之説也。皇氏以爲，天子大夫與諸侯大夫同，但朝服以祭，便與鄭注四命以上齊祭異冠，於文爲妨。皇氏之説非也。

《郊特牲》齊之元也，以陰幽思也。疏解齊服所以用元冠元衣義也，元，陰色，鬼神尚幽陰，故齊者元服，以表心思幽陰之理。

《論語》鄉人儺，朝服而立於阼階。皇侃《義疏》禮惟孤卿爵弁自祭，若卿大夫以下悉元冠以自齊祭，齊祭不異冠服也。

案，朝服及元端冠皆元冠。《玉藻》所云元冠丹組纓、元冠綦組纓，則皆元端之冠也。鄭《旅賁氏》注：士之齊服服元端。《司服》云，士之服，

自皮弁而下，如大夫之服，其凶服亦如之，其齊服有元端素端。注云，齊有素端者，亦爲札荒有所禱請。據此注：以素端爲士之齊服，則元端亦爲士之齊服，其大夫以上齊服，經典但稱元冠，無元端明文。考《文王世子》注：齊元，元冠、元端，孔疏引《玉藻》元冠丹組纓諸侯之齊冠作證，則以諸侯之齊元冠，亦元端也，與世子齊冠同。又《玉藻》齊則綪結佩，而爵韠。熊氏、皇氏竝謂諸侯以下皆以元端齊，據此則齊服凡稱元冠者，皆元端通乎上下也。

又案《後漢·輿服志》長冠，一曰齊冠，祀宗廟諸祀則冠之，皆服袀元。注：《吴都賦》注曰，袀，皂服也，又云宗廟以下祠祀，皆冠長冠，皂繒袍。據此則漢惟以長冠爲齊冠，長冠以當元冠，袀元皂繒袍以當元端。

又案《鄭志》，大夫冕，士弁而祭，於君齊時服之，祭時服之何以亦異，則是士以爵弁助祭，即以爵弁齊。《旅賁氏》賈疏謂，以爵弁祭，元冠齊。與《鄭志》不合。

又爲士祭、筮日、筮尸、視濯、賓主人及子姓兄弟、有司、羣執事之服。【略】

又爲宿尸宿賓尸及賓主人之服。【略】

又爲大夫士之尸服。【略】

又爲士家祭視殺及正祭之服。【略】

又爲士祭祝佐食之服。【略】

又爲有司免牲之服。【略】

又爲士冠初加之服。

《士冠禮》冠者興。賓揖之適房，服元端爵韠，出房南面。

《郊特牲》三加彌尊，喻其志也。疏：往西階，至第一等，受取緇布冠，還至冠席前跪，爲冠者身著冠畢。冠者身起，入東房，著元端元裳，士子皆隨其父朝夕之服，朝用元衣素裳，夕用上士元裳，中士黄裳，下士雜裳，雜裳前黄後元，若大夫以上至天子，當用上士元裳也。

又爲士冠賓主人之服。

《士冠禮》主人元端爵韠。注：元端，士入廟之服也。疏《特牲》士禮祭服用元端，此亦士之加冠在廟，故與祭同服。

賓如主人服。

又爲士冠兄弟之服。

《士冠禮》兄弟畢袗元。注：兄弟，主人親戚也。畢，猶盡也。袗，同也。元者，元衣、元裳也。緇帶韠。疏：元衣、元裳，而緇帶韠，是同元也。

又爲士冠擯者贊者之服。

《士冠禮》擯者元端，負東塾。疏：擯者是中士，若下士當服黄裳、雜裳。故別言元端，不如主人服也。

賓如主人服，贊者元端從之。

案，擯者元端，負東塾。疏：擯者是中士，若下士當服黄裳、雜裳。故別言元端。不如主人服也。考疏謂擯者與主人服異，據裳言之，不據韠言之，則是上文，主人元端爵韠，乃元裳而爵韠，擯者元端乃黄裳、雜裳，而爵韠也。下云，賓如主人服，則是亦元端、元裳而爵韠矣。別云，贊者元端，則是贊與賓服亦異，當與擯者元端同。《士冠禮》賓主人之服，準上士，擯者於主人既爲降等。則贊者於賓，亦當爲降等。擯與主人雖同服元端，而裳不同。則贊與賓雖同服元端，而裳亦不得同也。《通典》，晉太子冠，臨軒，使司徒加冠，光禄大夫贊冠。齊武帝從王儉議，使太常加冠，大鴻臚爲贊。《唐志》，皇太子加元服，司徒爲賓，卿爲贊。是贊者尊卑不得與賓同。故此經賓元端得云，如主人服，贊降於賓，當服中下士之裳，故不云如賓服也。王肅《家語》頌，公冠，則以卿爲賓，公自爲主。又曰，皆元端，皆字固據賓主人言之，共實贊、賓者亦統乎賓也。公冠雖不言贊者，而贊者之服，當以皆元端三字括之矣。

又爲冠者見君及鄉大夫鄉先生之服。

《士冠禮》乃易服，服元冠、元端、爵韠，奠摯見於君，遂以摯見於鄉大夫、鄉先生。注：易服，不朝服者，非朝事也。《初學記》引此云，乃易服，元端爵弁，弁字爲韠字之誤。疏云，易服者，爵弁既助祭之服，不可服見君與先生等，故易服，服元端也。云，易服不朝服者，非朝事也者，此乃因加冠以成人之禮，見君非立朝之節，故不朝服。經直云元端，則兼元冠矣。今更言元冠者，以初冠時服元端爲緇布冠服，緇布冠非常著之冠，冠而敝之。易服宜服元冠配元端，故兼云元冠也。

《冠義》元冠、元端，奠摯於君，遂以摯見於鄉大夫、鄉先生。以成人見也。注：鄉先生，謂鄉老而致仕者。服元冠元端，異於朝也。《公羊僖五年

傳》與其子俱來朝也。注：因其與子俱來。禮，外孫初冠，有朝外祖之道。疏：正以《士冠禮》，冠訖，見於母，見於兄弟，入見於姑姊，乃易服，元冠元端爵韠，奠摯，見於君，遂以摯見於鄉大夫、鄉先生。鄭氏云，易服，不朝服者，非朝事也。摯，雉也。鄉先生，鄉中老人，爲卿大夫致仕者，然先生猶尚見之，況其外祖乎。故言外孫初冠有朝外祖之道。

案《士冠禮》注：見於君，不朝服，非朝事。《公羊傳》注：外孫初冠，有朝外祖之禮。則杞伯姬之子以初冠見，似異於朝，但經云杞伯姬來朝，其子則統於朝事也，雖以初冠而來，似不得服元端服矣。

又爲士昏、納采，賓主人之服。

《士昏禮》，使者元端至。注：使者，夫家之屬，若羣吏使往來者。元端，士莫夕之服，又服以事其廟。有司緇裳，疏緇裳者，即元裳者矣。

案，使爲士之羣吏，元端之裳同於上士元裳者，下達納采，婚姻之始，重其禮優其服也。

主人如賓服，迎於門外。

又爲親迎從者及主人之服。

《士昏禮》，從者畢元端。

主人元端，迎於門外。

案敖繼公謂，此時賓爵弁服而主人元端，不嫌於服異者，主人不正與賓爲禮，特迎而道之入廟耳。今考士入己廟正服元端，主人迎婿元端，以其在己廟也。婿親迎服爵弁服，攝盛之服也。蓋婚禮得攝盛者，惟婿及婦。考《特牲禮》士妻入廟，惟得纚笄宵衣。據《特牲禮》。士婚禮，女次純衣，即褖衣，同於大夫命婦之服，亦攝盛也。婚禮特重判合，故於婿及婦身備崇儀飾。上云，主人爵弁，纁裳。注：主人，婿也。不云婿而云主人，言婚禮以婿爲主，故得攝盛，他人不得同之也。繼公謂，主人元端不爵弁，以不正與賓爲禮，然即正與賓爲禮，又豈得同於攝盛之服乎。《雜記》士弁而親迎，惟據親迎者得服弁耳。如主人亦弁服以迎，又何以爲親迎者別異耶。

又爲天子諸侯燕居之服。

《司服》凡甸，冠弁服。注：王卒食而居，則元端。

小臣，正王之燕服位。注謂，燕居時也。《玉藻》曰，王卒食，元端而居。疏：謂在路寢中聽事訖，適後小寢燕居之時，故引《玉藻》卒食，元端而居爲證。彼在路寢中食訖，退適燕寢，服元端朱裳而居之。

《王制》一命卷。疏：王卒食而居則元端。此元端亦緇衣朱裳，故《玉藻》注云，天子諸侯，元端朱裳。又云，天子諸侯亦以元端燕居，故《玉藻》注云，天子諸侯，元端朱裳，是也。

《玉藻》卒食，元端而居。注：天子服元端，燕居也。

朝，辨色始入，君日出而視之，退適路寢聽政，使人視大夫。大夫退，然後適小寢，釋服。注：小寢，燕寢也。釋服，服元端。疏：此經文據君，故服元端也。若卿、大夫釋服，服深衣也。

《公羊昭二十五年傳》景公曰，寡人有不腆先君之服。注：諸侯朝朝服，夕深衣，元端以燕，禆冕以朝。

案《司服》注云，王卒食而居則元端，即《玉藻》所云，卒食，元端而居。注：所云天子服元端，燕居也。考元端爲朝服通稱。鄭注《論語》端，元端，諸侯朝服是也。賈《司服》疏釋注：卒食而居則元端。知爲元端朱裳者。考《司服》凡甸，冠弁服。注云，冠弁，委貌。其服緇布衣，亦素積以爲裳，諸侯以爲視朝之服。《詩・國風》曰，緇衣之宜兮。謂王服此以居。王卒食而居則元端。此注大意以冠弁、委貌爲朝服，及元端通用之冠，冠雖通用而服則異。注云，其服，謂各有其服也。其緇衣素裳者爲朝服，服以視朝，及甸，若王卒食而居，則別用元端。注云，卒食則元端，玩一則字特明此元端與朝服異也。疏故知其爲元衣朱裳也。

又案《詩》羔裘逍遥。疏：遊燕之服，於禮無文，不過用元端、深衣而已。考《玉藻》使人視大夫。大夫退，然後適小寢，釋服。注：釋服，服元端。蓋大夫退則朝無事矣，無事則爲逍遥燕閒之時，故釋朝服而元端。《詩》孔疏謂，經無明文，何耶。

又爲大夫士私朝之服。

《玉藻》朝元端，夕深衣。注：謂大夫士也。疏：朝元端，夕深衣者，謂大夫、士早朝在私朝，服元端，夕服深衣，在私朝及家也。又云，上文云，君朝服，日出而視朝。夕深衣，祭牢肉。此云，朝元端，與君不同，故知是大夫、士也，以視私朝，故服元端。若朝君之時，則朝服也。

又爲士夕於君之服。

《士冠禮》元端、元裳、黄裳、雜裳可也。注：此莫夕於朝之服。

《玉藻》，朝元端。疏：大夫莫夕蓋亦朝服，其士則用元端。故《士冠禮》注云，元端，士莫夕於朝之服，是也。

又爲世子事親之服。

《鄘·柏舟》髧彼兩髦。箋，禮，世子昧爽而朝，亦櫛、纚、笄、總、拂髦、冠、緌、纓。疏：《内則》云，子事父母，雞初鳴，咸盥漱，櫛、纚、笄、總、拂髦、冠、緌、纓、端、韠、紳、搢笏。謂命士以上，父子異宫，昧爽而朝，更不言衣服之異，則纚笄以下同，故云，亦櫛、纚、笄、總、拂髦、冠、緌、纓也。《禮記·文王世子》云，親疾，世子親齊元冠而養。蓋亦元端矣。不并引端、韠、紳、搢笏者，以證經之兩髦，故盡首服而已。

又爲子事父母之服。

《内則》子事父母，雞初鳴，咸盥漱，櫛、縰、笄、總、拂髦、冠、緌、纓、端、韠、紳、搢笏。注：端，元端，士服也。庶人深衣。疏：《特牲禮》士祭服元端。故云，士服也。

案《士冠禮》，元端，此莫夕於朝之服。子於雞初鳴，服元端以見其父母，是用夕於君之服也。事君則夕服元端，事父母則朝服元端，父母之尊不敢竝君也。朝見父母雖元端，既退則當深衣。《玉藻》朝元端，夕深衣。疏：朝元端，在私朝及家也。然則在家恒深衣，特以朝見父母必服私朝之朝服，以著敬耳。

又爲公食大夫戒賓、賓拜辱之服。

《鄉射禮》主人朝服，乃速賓。注：戒時元端。疏：必知此戒時元端者，見《公食大夫》云，賓朝服，即位於大門外，如聘。注云，於是朝服，則初時元端。宜與彼同，皆是戒時不言服，後速時朝服，故知此亦戒時元端矣。

《公食大夫》賓朝服，即位於大門外，如聘。注：於是朝服，則初時元端。如聘，亦入於次俟。疏：初時，謂賓發館時服元端。若《鄉射》主人朝服乃速賓，鄭注云，射，賓輕也。戒時元端。以此言之，亦賓在館拜所戒大夫即元端，賓遂從大夫至君大門外，入次，乃去元端，著朝服，出次，即位也。

又爲鄉飲酒息司正之服。

《鄉飲酒》主人釋服，乃息司正。注：釋朝服，更服元端也。疏：以其昨日正行賓舉飲酒之禮相尊敬，故朝服。此乃燕私輕，故元端也。

又爲鄉射戒賓之服。

《鄉射》主人朝服，乃速賓。注：戒時元端。疏：案《鄉飲酒》賓主俱不言服者，以彼賓禮重，故戒與速賓俱朝服，故不言。此習禮輕，是故戒時元端，召時乃朝服，故須言之也。必知此戒時元端者，見《公食大夫》云，賓朝服，即位於大門外，如聘。注云，於是朝服，則初時元端。宜與彼同，皆是戒時不言服，後速時朝服，故知此亦戒時元端矣。

又爲鄉射息司正之服。

《鄉射禮》主人釋服，乃息司正。注釋服，説朝服，服元端也。

又爲大夫去國之服。

《玉藻》不貳采。注：大夫去位，宜服元端元裳。疏：大夫去國，三月之内服素衣素裳，三月之後則服此元端元裳。以經云，不貳采，是有采色，但不貳耳。采色之中，元最貴也。

又爲世子親齊養疾之服。【略】

又爲疾者及養疾者之服。【略】

又爲公襲二稱之服。【略】

又爲公之襚服。【略】

又爲士喪卜日族長及宗人之服。【略】

又爲士虞尸服。【略】

又爲禫祭及禫祭後之服。【略】

又爲踰月吉祭後燕居之服。【略】

又爲殤除喪祭之服。【略】

士元端大夫以上侈袂。

《司服》其齊服有元端、素端。注：鄭司農云，衣有襦裳者，爲端元，謂端者，取其正也。士之衣袂皆二尺二寸而屬幅，是廣袤等也，其袪尺二寸，大夫以上侈之，侈之者，蓋半而益一，則其袂三尺三寸，袪尺八寸。

《王制》一命卷。疏：謂之端者，已外之服，其袂三尺三寸，其袪尺八寸，其元端則二尺二寸，袪尺二寸，端正也，以幅廣二尺二寸，袪廣二尺二寸，與之正方，故云元端也。又云，凡在朝君臣上下同服，但士服則謂之元端，袂廣二尺二寸，故也。其大夫以上則皆侈袂，袂三尺三寸，故也。其大

夫以上所論元端者，皆其制與士同。

《雜記》端衰，喪車皆無等。注：衣衰言端者，元端吉時常服，喪之衣衰當如之。疏：吉時元端服身與袂同，以二尺二寸爲正，而喪衣亦如之。又云，案《喪服記》袂二尺二寸，袪尺一寸，其制正幅，故云端，此云端衰，則與元端同也。

凡弁絰，其衰侈袂，注侈猶大也，弁絰服者，弔服也，其衰錫也，緦也，疑也，袂之小者二尺二寸，大者半而益之，則侈袂三尺三寸。疏：《周禮》司服有元端素裳。注云，變素服言素端者，明異制，大夫以上侈之，明士不侈，故稱端。

《文王世子》則世子親齊元而養。疏：元端，其衣則緇布衣也，謂之端者，端正也，其制正幅，袂二尺二寸，袪尺二寸。

《左氏昭元年傳》吾與子弁冕端委，以治民，臨諸侯。疏：《周禮・司服》於士服之下，云其齊服，有元端素端。鄭元云，謂之端者，取其正也，謂士之衣袂，皆二尺二寸，而屬幅，是廣袤等也，其袪尺二寸，大夫以上侈之，侈之者，蓋半而益一焉，半而益一，則其袂三尺三寸，袪尺八寸。如鄭此言，惟士服當端制，大夫以上不復端也，服虔曰，禮衣端正無殺，故曰端，文德之衣尚褒長，故曰委。

案吉凶服，皆大夫以上侈袂，侈袂而猶稱端，但據衣身廣長皆二尺二寸言之，若衣與袂皆正方惟士耳，《王制》一命卷，疏：謂之端者，已外之服，其袂三尺三寸，其袪尺八寸，其元端則二尺二寸，袪尺二寸，而不知鄭司服。注謂，士之元端衣袂皆二尺二寸，大夫以上元端，半而益一，則是元端一服，其袪袂已有大夫士之異，不特元端已外之服，始袂三尺三寸，袪尺八寸也。

又案楊信齊《儀禮旁通圖》於元端圖後附二類，一元端而冕者，引《樂記》端冕《大戴》武王端冕作證，一元端而緇布冠，引《士冠禮》作證。今考魏文侯問於子夏曰，吾端冕而聽古樂。注：端，元衣也。疏：端元衣者，謂元冕也，凡冕服皆其制，正幅袂二尺二寸，袪尺二寸，故稱端也。《大戴禮・踐阼篇》王端冕，皇氏《禮疏》以武王端冕謂衮冕，魏文侯端冕謂元冕。《保傳篇》有司參夙興端冕，見之南郊。《楚語》聖王正端冕，以其不違心。《尚書大傳》皆莫不依紳、端、冕以奉祭祀者，皆謂冕服也，非元端而冕也，惟《楚語》聖王正端冕。韋昭注云，端，元端之服，冕大冠，韋誤以端冕爲元端之服，信齊之説，遂本於此。

士妻宵衣之袂皆正方，與士元端同。大夫命婦侈袂亦與大夫同。

《采蘩》被之僮僮。疏：《少牢》云，主婦衣侈袂。注云，衣，綃衣而侈其袂耳，侈者，蓋半，士妻之袂以益之，衣三尺三寸，袪尺八寸。

《少牢饋食禮》主婦被錫衣，侈袂。注：大夫妻尊，亦衣綃衣，而侈其袂耳。侈者，蓋半，士妻之袂以益之，衣三尺三寸，袂尺八寸。疏：士妻之袂二尺二寸，袪尺二寸三分，益一，故衣三尺三寸，袂尺八寸也。

元端連衣裳，則曰褖衣。

《緑衣》緑兮衣兮。箋，緑兮衣兮者，言褖衣，自有禮制也。又云褖衣黑，疏：褖衣黑者，以《士冠禮》陳服於房中，爵弁服、皮弁服、元端及《士喪禮》陳襲事於房中，爵弁服、皮弁服、褖衣，以褖衣當元端，元端黑，則褖衣亦黑也。

《君子偕老》其之展也。疏：《士冠禮》爵弁服、皮弁服之下，有元端，無褖衣。《士喪禮》爵弁服、皮弁服之下，有褖衣，無元端，則褖衣當元端，元端當黑，則褖衣亦黑矣。以男子之褖衣黑，知婦人之褖衣亦黑。

《内司服》緣衣注：《雜記》曰，夫人服税衣揄狄，又《喪大記》曰，士妻以褖衣，言褖者甚衆，字或作税，此緣衣者，實作褖衣也。褖衣，御於王之服，亦以燕居，男子之褖衣黑，則是亦黑也。疏：男子褖衣黑，禮雖無文，案《士冠禮》陳服於房，爵弁服、皮弁服、元端服。至於《士喪禮》陳襲事於房，亦云爵弁服、皮弁服、褖衣，褖衣當元端之處，變言之者，生時元端、衣裳別，及死襲時，元端連衣裳，與婦人褖衣同。故雖男子之元端亦名褖衣。又見《子羔》襲用褖衣、纁袡，譏襲婦服纁袡，與元衣相對之物，則男子褖衣黑矣，男子褖衣既黑，則是此婦人褖衣亦黑。可知。

《士喪禮》褖衣。注：黑衣裳赤緣謂之褖。疏：元端有三等裳，此喪禮質略同元裳而已。但此元端連衣裳，與婦人褖衣同，故變名褖衣也。

《雜記》子羔之襲也繭衣裳，與税衣纁袡爲一。注：税衣，若元端而連衣裳者也。疏：元端多種，今衣裳連是元端，元端元裳也。

案，子羔之襲也税衣纁袡，注云，税衣，若元端而連衣裳，則裳亦黑也，袡者，緣也。《士昏禮》女次純衣纁袡。注：袡，亦緣也，乃敖繼公注《士昏禮》謂，袡者，連裳於衣，而異其色之稱，此緇衣而纁裳，故纁袡也。據此

則《雜記》子羔之襲也褖衣纁衻，豈亦得謂之纁裳乎。男子殊衣裳，婦人連衣裳，連衣裳者，其裳色必與衣同。義見綠衣黃裳箋。子羔褖衣，既連衣裳，則衣裳盡黑可知。纁衻又與婦人純衣纁緣同，故云襲婦人服，若訓衻爲裳，纁衻爲纁裳，則是衣裳殊色，非婦人服制。子羔褖衣纁衻，又何云襲婦人服乎。考以衻爲裳，古無此訓。《玉篇》衻，緣也。《方言》蔽膝，齊魯之郊謂之衻。昌詹反。襦蓋蔽膝在下，形如下襦，其旁有紕，上下有緣。故云衻襦，言蔽膝似襦，而有緣者也。《淮南子說山訓》弊箄甑瓾在衻茵之上。《韓非子十過篇》縵帛爲茵，蔣席頯緣，蓋茵席也，茵必有緣，故曰衻茵，此皆衻之當訓爲緣者。又考《公羊定九年》龜青純注：純，緣也，謂緣甲頿也。《說文》䶂龜甲邊也䶂即《公羊傳》云緣甲頓也。千歲之龜青髯頓，衻皆從冉聲，皆訓爲緣，聲相通者，義相貫也。又《士昏禮》婦車亦如之有裧。《雜記》其輤有裧。注：裧謂鼈甲邊緣，云鼈甲邊緣，即《公羊》注之緣甲頿也。《玉篇》以裧爲襜裧之重文。《類篇》以衻襜裧爲重文，則衻裧二字通也。《類篇》衻、裧竝雖占切。裧有緣義，則衻亦有緣義。鄭注訓衻爲緣，不可易也。繼公不通訓詁，以衻爲裳。考《士昏禮》此文上云，主人爵弁纁裳緇袘。注云，袘之言施以緇緣，裳象陽氣下施也。此文云，女次純衣纁衻，注云，衻之言任也，以纁緣其衣，象陰氣上任也。玩上下二注：字字相對，蓋主人纁裳，則以緇爲緣，女元衣則以纁爲緣，陽主於施，故主人以緇緣下裳，爲陽氣下施，陰主於任，故女以纁緣上衣，爲陰氣上任，袘施音相近，衻轉爲任，皆因聲會義也。繼公於上文緇袘，知其以緇緣裳，於此文纁衻，則不知以纁緣衣，由未合二注字字對參耳。解此，則子羔襲服褖衣纁衻，亦不疑於纁裳矣。

又案惠氏《禮說》謂褖衣當元端，褖衣黑。引傳本《夏小正》元校傳云，元也者，黑也，校也者，若褖色然。今考《儀禮經傳通解》及元校本、永樂大典本，俱作綠色。然考《玉藻》麛裘青犴褎，絞衣以裼之。注：絞，蒼黃之色也。《後漢禰衡傳》著岑牟單絞之服。注：亦以絞爲蒼黃之色。又考《說文》綠帛，青黃色也。鄭訓絞，亦爲青黃色，則絞即綠也。《夏小正》傳既云，絞爲綠色，則校即絞也。《考工記》今夫茭解中有變焉，故校鄭司農云，校讀爲絞，而婉之絞然，則校、絞二字本通，以傳文綠色二字，決經文之校，即絞以經文校字，決傳文，必當作綠色，傳本作褖色者，誤也。惠氏以綠色當作褖色，由不知綠色二字，本解經文校字，非解元字也。

衣用十五升黑布，天子諸侯元端朱裳，大夫素裳，士元裳、黃裳、雜裳。天子諸侯朱韠，大夫素韠，士爵韠，或以緇韠。

《司服》凡甸，冠弁服。注：王卒食而居，則元端。疏：案《玉藻》韠，君朱，大夫素，士爵韋。鄭注云，天子諸侯元端朱裳，以其云朱韠，韠同裳色，故也。又云，大夫素韠則素裳，其士韠言爵，爵是不純之名，以其《士冠禮》上士元裳，中士黃裳，下士雜裳。雜裳者，前三幅元，後四幅黃，故爵韠也。

《士冠禮》元端、元裳、黃裳、雜裳可也。注：元端，即朝服之衣，易其裳耳。上士元裳，中士黃裳，下士雜裳。雜裳者，前元後黃。《易》曰，夫元黃者天地之雜也。天元而地黃，士皆爵韋爲韠，其爵同，不以元冠名服者，是爲緇布冠，陳之。《玉藻》曰，韠君朱，大夫素，士爵韋。疏：朝服之衣者，指上章筮日之朝服，易其裳者，彼素裳，而此易以三等之裳也。所引《玉藻》之文，彼注以爲元端之韠，韠同裳色，士裳三等，爵亦雜色，故同用之，若然大夫之元端素韠，則當爲素裳，乃與朝服不異，禮窮則同也。

兄弟畢袗元。注：元者，元衣元裳也，緇帶韠。又云古文袗，爲均也。

《士昏禮》使者元端至。注云，使者夫家之屬，若羣吏使往來者。又云，有司緇裳。疏：即元裳。

《特牲饋食記》惟尸祝佐食，元裳、黃裳、雜裳可也，皆爵韠。注《周禮》士之齊服，有元端、素端。然則元裳上士也，黃裳中士，雜裳下士。疏：欲見士之齊服有一元端，而裳則異。故鄭云，然則元裳以下見一元端，而裳有三也。士冠亦有元端，三等裳，而引《司服》者，以此《特牲》祭祀時，彼將據齊時，四命已上齊祭異冠，大夫齊祭同冠，故就此祭祀，引齊時冠服爲證也。

《王制》一命卷。疏：王卒食而居，則元端，此元端，亦緇衣朱裳。故《玉藻》注云，天子諸侯元端朱裳。

《玉藻》韠君朱，大夫素，士爵韋。注此元端服之韠也，韠之言蔽也。凡韠以韋爲之，必象裳色，則天子諸侯元端朱裳，大夫素裳，惟士元裳、黃裳、雜裳也。皮弁服，皆素韠。疏：以韠從裳色，君既用朱，故知裳亦朱色也。然天子諸侯祭服元衣纁裳，知此朱韠，非祭服韠者，若其祭服，則君與

大夫士無別，同是赤色，何得云大夫素，士爵韋。且祭服之韠，大夫以上謂之韍，士爵弁謂之韎韐，不得稱韠也。又云，此則大夫士朝君之服，大夫既以素裳爲朝服，又以元端服，禮窮則同，故也。案注云，皮弁服皆素韠，考朝服亦素裳素韠。注：不言者，以朝服又有下大夫之臣緇韠，則皆素韠者，惟皮弁一服耳。鄭特言此，欲見皮弁、朝服、元端三等之中，惟皮弁無論尊卑獨有一韠。

齊則綪結佩而爵韠。注：爵韠者，齊服元端。疏：而爵韠者，謂士元端齊，故爵韋爲韠也。而熊氏、皇氏竝謂，諸侯以下皆以元端齊，而爵韋爲韠同。士禮以其齊，故不用朱韠，素韠也。義或然也。

《爾雅·釋器》衣蔽前謂之襜。注：今蔽膝也。疏：注今蔽膝者，《方言》云，蔽厀，江淮南楚之間謂之褘，或謂之袚。音弗。魏宋南楚之間謂之大巾，自關東西謂之蔽厀，齊魯之郊謂之衻。昌詹切。襦，又名韠。《禮記·玉藻》云，韠，君朱，大夫素，士爵韋。圜殺直，天子直，公侯前後方，大夫前方後挫角，士前後正。韠下廣二尺，上廣一尺，長三尺，其頸五寸，肩革帶博二寸。是也。

《左氏桓二年傳》衮冕韍珽。疏：《玉藻》説元端服之韠云，韠，君朱大夫素，士爵韋。發首言韠，句末言韋，明皆以韋爲之，凡韠皆象裳色。言君朱，大夫素，則尊卑之韠，直色别而已，無他飾也。其韍則有文飾焉。

案《士冠禮》兄弟畢袗元。注：袗，同也，元者，元衣元裳也，緇帶、韠。古文袗爲均也。疏引《左氏僖五年傳》均服振振，亦以均同之義，訓袗考同與畢一訓也。經文既云畢，鄭又以袗爲同者，葢畢字之義，謂衆兄弟畢元端也，袗之義，謂元端不特衣色元，即裳亦與帶、韠皆元也。《士冠》主人元端、元裳、爵韠，惟賓服得與主人同，其他若擯贊者，則皆黄裳、雜裳矣。如兄弟元端、元裳，亦用爵韠，即與賓主人無别，故變爵韠爲緇韠，使異於賓主人。賓主人衣裳及帶，雖皆元，而韠爲爵色，則有不元者矣，惟兄弟衣、裳、帶、韠四者無不同元，故云袗元。袗元二字，專以别於服爵韠者也。鄭注訓袗爲同，確得經意。《士昏禮》女從者，畢袗元。亦謂褖衣之制，衣裳上下，無一不元，故袗竝訓爲同。敖繼公不會此意，謂袗如袗絺綌之袗，及被服之别稱。今考《曲禮》及《玉藻》云，袗絺綌。鄭注：袗，單也。《論語》袗絺綌。孔傳云，暑則單服。皇侃《義疏》亦曰，袗，單也。邢昺疏同，皆不以袗絺綌之袗，爲被服之别稱。其他訓袗者，若《孟子》趙岐注：袗，畫也。《説文·玉篇》皆云袗，袨服也。《類篇》於袗字下，作之人切者，曰衣同也，葢用鄭《儀禮》注：均同之義，作止忍切者，曰元服。葢本《説文》，此二訓最合袗字本義。均不以袗爲被服之稱也。敖繼公不知經文注義，不明訓詁，而易鄭注：其弊如此。

又案，古文袗爲均，袗與均通，均與袀通。《左氏僖五年傳》均服振振。釋文引字書均作袀。《吴都賦》六軍袀服。注引《左氏傳》袀服振振，袀同也。然則，袀與均，皆訓爲同，古文袗，既作均，則袗、均同訓，可知。《淮南子·齊俗訓》尸祝袀袨。高誘曰，袀，純服。《漢書·王莽傳》曰，時莽紺袀服。師古曰，袀，純也，純爲紺服也。太元經，陽氣袀睟，清明，注言，是時，陽純袀睟。《考工記》玉人，案，十有二寸，棗、栗十有二列，諸侯純九，大夫純五。注：純，猶皆也。然則袀猶純也，純猶皆也，與袗之訓爲同一義也。以均、袀之義與袗相證，即知鄭訓袗爲同，最確。

又案，大夫元端素裳，與朝服素裳同。《玉藻》疏謂，禮窮則同，甚得禮意。今考朝服以緇布爲之，故《詩》緇衣之宜兮，傳以爲，卿士聽朝之正服。《禮記·緇衣》疏：緇衣者，諸侯朝服，是朝服色緇。《考工記》五入爲緅，七入爲緇。康成謂，六入爲元，則元淺於緇，元端以元稱，朝服以緇稱，是朝服、元端雖同用黑布，似當有淺深之異。鍾氏疏：緇與元相類，故禮家每以緇布衣爲元端，是緇布元端名或可通，實則有别。《喪大記》大夫元冒，士緇冒。又云，大夫元紐二，士緇紐二。《玉藻》雜帶，大夫元華，士緇辟。《士昏禮》笄，緇被纁裏。《聘禮》笄，元被纁裏。《公食大夫禮》司宫具几與蒲筵，常緇布純，加萑席，尋元帛純，布與帛對，緇與元對，尤不可混，此皆同爲一物，而等秩之殊，全在緇元之異。考元緇二色，康成以六入、七入分淺深。《爾雅》以緇爲皂。《釋名》曰，緇，滓也，泥之黑者曰滓，此色然也。又曰皂，早也。日未出時，早起視物皆黑，此色如之，此二條最合緇之本色。又考《詩》載元載黄。傳元，黑而有赤也。《顧命》卿士邦君，麻冕蟻裳。傳，蟻裳名，色元。疏：此蟲色黑，裳色元如蟻。又《夏小正》元駒，賁。傳，元駒也者，蟻也，葢蟻黑淺於泥，故元六入似蟻，緇七入似泥滓也。又《淮南子·俶真訓》今以涅染緇則黑，於涅以藍染青，則青於藍，然則緇又深於涅矣，涅當近於元也。然則元端之以元名朝服之，以緇名異其名，未嘗不異

其實也。衣果異色，則大夫元端素裳，與朝服素裳，又何嘗無別歟。案《士冠禮》注云，士皆以爵韋爲韠，其爵同。朱子《儀禮經傳》通解云，其爵同，三字未詳。今考天子諸侯元端朱裳朱韠，大夫素裳素韠，韠色既皆隨裳色，士元裳黃裳雜裳，則韠亦宜有三等之異，而同爲爵韠者，以天子諸侯與大夫爵等懸殊，故異其裳，亦異其韠，上、中、下士雖異裳，而爵既同爲士，則韠亦同。注云，其爵同，專爲異裳，同韠解也。朱子以爲未詳，蓋欲深求其義，轉以爲未詳耳。

又案《玉藻》齊則綪結佩，而爵韠。注：爵韠者，齊服元端。考《玉藻》此文未嘗專言士，或統諸侯以下言之，但諸侯朱韠，大夫素韠，此但著爵韠。皇氏、熊氏謂諸侯大夫同用爵韠，以其齊也。考諸侯大夫祭以冕服爲上，士祭以爵弁服爲上，皆元衣纁裳，爵韠之色，則介乎元纁之間。凡染，一入謂之縓，再入謂之赬，三入謂之纁，以纁入黑謂之紺，又以紺入黑謂之緅，緅與爵同色，士元端之裳色兼元黃，故用爵韠。諸侯大夫齊以元端，亦用爵韠者。以爵兼三入之纁，六入之元，與祭服元纁相配，齊祭同類，故齊韠特用之也。更以冕弁推之，冕色元，上纁下爵，弁則不分上下，但合二色而兼染之，故爵弁爲冕之次，諸侯大夫齊之用爵，韠亦取其合元纁而有之也。

又案《荀子哀公篇》端衣元裳，絻而乘路者，志不在於食葷。注：路，王者之車，亦車之通名，云絻而乘路，則非士矣，端衣而云元裳，則爲上士之裳矣。考冕服亦通名端，魏文侯端冕而聽古樂，是也。然冕服通名端，則當纁裳。《哀公篇》云元裳，則又非冕服之裳，荀子精於禮制，而所言多與禮經不合，大率類此。

天子諸侯黑舄，赤絇繶純。大夫士黑屨，青絇繶純。

《屨人》注：元謂，凡屨舄各象其裳之色。《士冠禮》曰，元端黑屨，青絇繶純。又曰，赤繶者王黑舄之飾。疏：黑舄者，天子諸侯元端服之舄。又曰，赤繶者，是天子諸侯黑舄之飾。又曰云，元端黑屨者，凡元端有上士元裳，中士黃裳，下士雜裳。今云黑屨者，據元裳爲正也云，青絇繶純者，屨飾從繡次也。又曰，天子諸侯舄有三等，元端即不能與祭服同赤舄，若與韋弁皮弁同白，則黑舄無所施，故從上士元裳爲正，而黑舄也。大夫元端素裳，亦從元裳黑屨矣。

《士冠禮》元端黑屨，青絇繶純，純博寸。注：屨者順裳色，元端黑屨，以元裳爲正也。絇之言拘也，以爲行戒，狀如刀衣鼻，在屨頭，繶，縫中紃也，純，緣也，三者皆青博廣也。疏云，元端黑屨，以元裳爲正也者，以其元端有元裳、黃裳、雜裳，故云以元裳爲正也。云絇之爲言拘也，以爲行戒者，以拘者自拘持之意，故云以爲行戒也。云狀如刀衣鼻，在屨頭者，今之屨頭，見有下鼻如刀衣鼻，故以爲況也。云繶，縫中紃也者，謂牙底相接之縫中有絛紃也。云緣，純也者，謂繞口緣邊也。云皆青者，以經三者同云青也。云博廣也者，謂純所施廣一寸也。

《左氏桓二年傳》帶裳幅舄。疏：黑舄者，元端之舄，又云黑屨者，元端之屨。黑舄者，元端之舄，謂天子諸侯也，黑屨者，元端之屨，謂大夫士也。

案《士冠禮》注：刀衣二字，孔疏未詳。考《周禮·巾車》曰，小服皆疏注服讀爲箙，小箙，刀劍短兵之衣，即此注所云刀衣也。《既夕記》云，大服。鄭彼注云，笭閒兵服，以犬皮爲之，《釋名》亦曰，以皮曰箙，然則刀劍皆有衣，即箙也。《少儀》曰，劍則啟櫝，蓋襲之，加夫襓，與劍焉。注：夫襓，劍衣也。疏引熊氏説，謂以木爲劍衣，若今刀榼，又云襓字從衣，當以繒綿爲之。《廣雅》袂襓袾，劍衣也。拾室郭，劍削也。是劍衣與劍削爲二物，今本《廣雅》作袂襓袾，劍衣也。《少儀》疏：熊氏云，《廣雅》夫襓，木劍衣，然則今本袂字，乃夫字之譌，袾字乃木字之譌，疏以劍衣用繒，不用木，其説爲長。則刀衣亦當與刀削爲二物，豈削以木爲之，而衣以繒綿，或以韋爲之，衣又所以韜削歟。此注云，刀衣鼻，即環也。《釋名》曰，劍旁鼻曰鐔，鐔，尋也，帶所以貫尋也。《廣雅》劍珥，謂鐔珥環一類，劍環可以貫帶，故《釋名》曰鼻，然刀環可以貫帶，故鄭注亦曰鼻也。絇，屈絲條爲環，綴於屨頭，以貫屨綦。刀衣環與之相似，故鄭舉以相況耳。又考《晏子春秋·諫下篇》良玉之絇其長尺，與《漢書》孟康注絇出履一二寸，不合，故晏子以爲作服不當也。

又案《曲禮》疏：引《隱義》云，古者屨頭，鼻綦繩相連結之。據此則有絇者，必有綦，而有綦者，不必有絇。故《曲禮》鞮屨注：鞮屨者，無絇之菲也。《檀弓》曰，繩屨無絇。《玉藻》童子不屨絇，是也。雖無絇，若亦無綦，則繫屨無物，屨必易脱，無絇之綦，其交結於踝前乎。鄭注薄借綦，即不借綦也。故《鹽鐵論》曰，綦下不借，不借，草屨也，不得有絇，而亦有

綦，則無絇者不必無綦明矣。蓋絇爲行戒，所以飾也。《漢書・王莽傳》句履。孟康曰，今齊祀，履舄頭飾也，句即絇也。蔡邕《獨斷》佩玉佩，履絇履。《後漢・明帝紀》衣裳、玉佩、絇屨，以行事。注：絇屨鼻頭，夫屨飾甚多，獨稱絇屨，則以爲屨之重飾也，不飾則無絇，而有綦。惟《古今注》曰，履者，屨之不帶者也。則有無絇之屨，似又有無綦之屨。考《小爾雅》在足謂之履，履，尊者曰達履，謂之金舄，而金絇也。然則舄亦通名屨，《古今注》謂，不帶爲屨説，不可通。又考《漢書・班倢伃傳》俯視兮，丹墀，思君兮，履綦。師古曰，綦，履下飾也。《晏子春秋・諫下篇》景公爲履，黄金之綦，飾以銀，連以珠，然則，屨明有綦，何得云屨不帶耶。又考屨綦，一曰繫，《内則》屨著綦。注：綦，屨繫也。韈亦有繫。《漢書・哀帝紀》及賜食於前，後飽起，下襪係解。《張釋之傳》王生老人曰，吾韈解，顧謂釋之，爲我結韈。釋之跪而結襪。師古，結，讀曰係。是襪有繫也。《韓非子・外儲説》晉文公與楚戰，至黄鳳之陵，履繫解，因自結，是履以繫名者也。又《韓非子》文王伐崇至鳳黄墟，韈繫解。《子華子・孔子贈篇》周之六師壓郊，而陳武王韈係解焉。此韈以繫名者也。馬縞《古今注》三代及周，著角襪，以帶繫於踝。是襪繫結於踝，而屨繫穿於絇，二繫又交相須也。

元端狐青裘，或曰羔裘。

《羔羊》羔羊之革，素絲五緎。疏：其天子諸侯燕居，同服元端，則亦同服羔裘矣。

《旄丘》狐裘蒙戎。傳，大夫狐蒼裘。疏：《玉藻》云，君子狐青裘，豹褎，元綃衣以裼之。青蒼色同，與此一也。大夫息民之服，有黄衣狐裘，又狐貉之厚，以居在家之服。傳以此刺其徒服其服，明非蜡祭與在家之服，知爲狐蒼裘也。蒼裘所施，禮無明文。惟《玉藻》注云，蓋元衣之裘，禮無元衣之名。鄭見元綃衣以裼，因言蓋元衣之裘，兼無明説，蓋大夫士元端之裘也。大夫士元端，裳雖異，衣皆元，裘象衣色，故皆用狐青。是以《玉藻》注云，君子，大夫士也。此傳亦云，大夫當是，大夫元端之裘也。

《司裘》季秋，獻功裘。注：功裘，人工微麤，謂狐青、麛裘之屬。鄭司農云，功裘，卿大夫所服。疏：狐青裘者。鄭《玉藻》注云，蓋元衣之裘，天子下士，元端之服，皆服之。

《玉藻》君子狐青裘，豹褎，元綃衣以裼之。注：君子，大夫士也。又云，狐青裘，蓋元衣之裘。疏：皇氏云，元衣，謂元端也。又云劉氏又以此元衣爲元端，與皇氏同。

案《詩・羔裘》疏：《玉藻》君子狐青裘，豹褎，元綃衣以裼之。注云，君子，大夫士，狐青裘，蓋元衣之裘。然衮冕與元衣，知不用狐青裘者。注以《司裘》職云，季秋獻功裘，以待頒賜。注云，功裘，人功微麤，謂狐青、麛裘之屬。鄭以功裘以待頒賜，大夫士明非冕服之裘矣。據此則狐青裘，既非冕服之裘。《詩》羔裘如濡。箋，緇衣羔裘，諸侯視朝之服，則狐青裘，又非朝服之裘，故《玉藻》疏：引皇氏、劉氏之説，謂狐青裘，爲元端之裘。皇氏、劉氏之説是也。而《玉藻》疏：乃非之。與《詩》狐裘蒙戎疏：何自相刺謬也。

又案，狐裘蒙戎。箋謂，大夫狐蒼裘。據疏：爲元端之裘。黎之臣子，責衛大夫之爲昏亂之行，不舉朝服之裘，而舉元端之裘者，考《玉藻》朝元端，夕深衣，注謂大夫士也。疏謂，大夫早朝，在私朝服、元端，然則，元端者，私朝之服也。衛大夫昏亂，但知私家恝，置朝事，故不能佐其君，修方伯連率之政，黎臣作詩，特舉私朝之服，蓋原其志，而譏之耳。

清・宋綿初《釋服》卷上《玄端服》 玄端，齊服也。《周禮・春官・司服》歷叙諸侯卿大夫士之吉服、凶服，下曰，其齊服有玄端、素端。玄端者，玄冠之服，以絲爲之，非布衣也，其衣裳皆正幅，故曰端，其衣裳之色皆玄，故曰玄端。祭服通上下，皆玄衣纁裳，齊服通上下，皆玄衣玄裳。玄者何，《記》曰齊之玄也，以陰幽思也。天子齊玄冕服，則以玄端爲燕居之服。《玉藻》言，天子卒食，玄端以居。是諸侯、大夫、士以爲齊服，其韠皆以爵韋爲之。《玉藻》齊則綪結佩。而爵韠，是諸侯以下既冠之後，亦玄端而爵韠。凡玄端、緇帶、黑屨。《士冠禮》玄端玄裳、緇帶、爵韠。又曰，玄端、黑屨、青絇繶純，純博寸。注：屨順裳色，玄端，黑屨，以玄裳爲正也。《特牲饋食》禮，筮日，主人冠端玄。注：玄冠玄端也，祭日夙與興，主人服如初。

《玉藻》諸侯朝服，視朝。注：朝服，玄端素裳也。

陳氏《禮書》齊之玄也，以陰幽思也。故祭之冕服皆玄，齊之端衣，亦玄。《儀禮・少牢饋食》大夫祭以朝服。《特牲饋食》士祭以玄端。《冠禮》冠者皆服玄端。《雜記》公襲，朝服一，玄端一。禭禮，自西階受朝服，自堂

受玄端，則朝服、玄端異矣。玄端皆玄裳，或黄裳、雜裳可也。未聞以素裳也。鄭注：朝服，冠玄端，素裳。此説無據。

又《玉藻》朝玄端，夕深衣。

注謂，大夫，士也。疏：上文，君朝服，日視朝，夕深衣。此云朝玄端與君不同，故知大夫、士也，大夫以視私朝，故服玄端，若朝君，則朝服也。士莫夕於君，用玄端，其私朝及在家，大夫、士皆夕深衣也。

綿初案，朝玄端，夕深衣，此言諸侯、大夫、士之齊服，如此也。禮致齊三日，散齊七日。凡齊日，朝玄端，夕深衣。上文，君朝服，日視朝，夕深衣，諸侯日視朝，朝夕之服也。此言，諸侯、大夫、士齊戒之日，朝夕之服也。朝服與玄端不同，未聞大夫、士私朝用玄端也。而注謂，大夫、士朝君以朝服，視私朝服玄端，豈經意乎。又案，古以緇布冠爲齊冠，始冠者重古，始冠冠其齊冠玄端，周之齊服，齊之爲言齊也，所以齊一共心志，冠禮之以齊服及天子燕居服玄端，義並取於此，玄端他無所用，惟士以爲祭服。《特牲》冠玄端是也。大夫以上齊祭，異冠異服，士禮窮，則同。

又《端服》 端《説文》作褍，云衣正服，从衣，耑聲。

端服，即朝服也。其衣正幅，故謂之端。以其爲諸侯以下視朝之服，故謂之朝服。冠委貌，而衣端服，故曰端委，其服緇衣而素裳也。素裳，鄭氏説。其帶緇，其韠素，諸侯以爲日視朝之服，大夫以爲從君視朝之服，爲視私朝之服。士以爲從君視朝之服，爲視私朝之服，爲擯相之服。《士冠禮》主人朝服及《論語》所記之朝服，皆此服也。

《玉藻》諸侯朝服，以日視朝於内朝，朝辨色始入，君日出而視之，退適路，寢聽政，使人視大夫，大夫退，然後適小寢，釋服，又朝服以食，夕深衣。

注：朝服，冠玄端素裳也。此内朝路寢門外之正朝也。小寢，燕寢也，釋服，服玄端，食必復朝服，所以敬養身也。

綿初案，上言適小寢釋服，服深衣也，下言夕深衣，適小寢，釋服也。此爲互相挾深衣善衣之次，故釋朝服，服深衣。天子皮弁視朝，玄端以燕居，皮弁爲尊，玄端次之也。諸侯朝服視朝，深衣燕居，朝服爲尊，深衣次之也。注：合朝服、玄端爲一，誤也。又云釋服服玄端，天子玄端燕居，諸侯無玄端燕居之禮。

后服

綜述

宋・聶崇義《三禮圖集注》卷二 内司服掌王后之六服，禕衣、褕狄、闕狄、鞠衣、展衣、褖衣。此上六服皆以素紗為裏，使之張顯。但婦人之服不殊裳，上下連，則此素紗亦上下連也。王之吉服有九，韋弁、皮弁、玄端三等，裳服與後鞠衣已下三服同。但王祭服有六，后祭服唯有三翟耳。何者。天地、山川、社稷之等，后、夫人皆不與，故三服而已。必知外神后、夫人不與者，按《内宰》云，祭祀祼獻，則贊。天地無祼，唯宗廟有内宗、外宗，佐后皆云宗廟，不云外神。故知后於外神不與，以其婦人無外事故也。若然，哀公問孔子云，以為天地社稷主者，彼見夫婦一體而言也。又按後鄭云，六服備於此者，以諸經傳言婦人之服多矣，文皆不備，其六服唯此文為備。鄭言此者，亦欲推次六服之色故也。是以下云闕翟赤、褕翟青、禕衣玄者，以王后六服其色無文，故須推次其色。言推次以鞠衣象鞠塵，其色黄。褖衣與男子褖衣同，其色黑。二者為本，以五行之色從下向上以次推之，水色既黑，褖衣象之黑矣。水生於金，褖衣上有襢衣，則襢衣象之，金色白。金生於土，土色黄，鞠衣象之黄矣。土生於火，火色赤，鞠衣上有闕翟，則闕翟象之赤矣。火生於木，木色青，闕翟上有褕翟象之青矣。五行之色已盡，六色唯有天色玄，禕衣最在上，象天色玄。是自下推次其色然也。三翟唯禕言衣者，禕衣是六服之首，故以衣目之也。案《漢志》，皇后謁廟服，紺上皂下，蠶，上青下縹，皆深衣制。徐廣曰，即單衣也。隱領袖，緣以絛。假結，步摇，簪珥。上太皇太后、皇太后首飾云，翦氂蔮結，簪珥。耳當垂珠也。簪以瑇瑁為擿，長一尺，端為華勝，上為鳳皇爵，以翡翠為毛羽，下有白珠，垂黄金鑷。左右一横簪之，以安蔮結。諸簪珥皆同制。其擿有等級焉。下云，夫人魚須擿，《詩風》以象骨為擿，是其等級與。擿又作摘，音竹革反。

步搖以黃金為山題，貫白珠為桂枝相繆，一爵九華，熊、虎、赤羆、天祿、辟邪、南山豊大特六獸。《詩》所謂副笄六珈者也。爵、獸皆以翡翠為毛羽，金題白珠，璫繞以翡翠為華云。副若今步搖。《釋名》曰，皇后副其上，有垂珠，步則搖也。《續漢志》云，乘輿黃赤綬，四采，黃赤縹紺，淳黃圭，長二丈九尺九寸五分，五百首。太皇太后、皇太后其綬皆與乘輿同。蔡邕《獨斷》曰，皇后赤綬。後漢鄧皇后賜馮貴人赤綬，又加賜步搖、環佩各一具。凡先合單紡為一絲，四絲為一扶，五扶為一首，五首成文。文采淳為一圭。首多者絲細，少者絲粗，廣尺六寸。案《周禮》，追師掌後首服，為副、編、次。名制有三等，雖代有沿革，稽諸典禮，參於舊圖，以意求之，則古今之法，仿髴而見矣。其委貌形制、古屨舄各於六服之下圖而解之。

又《褘衣》

褘衣，翬雉衣也。其色玄。後鄭以為素質五采，刻為翬雉之形。五色畫之綴衣上，以為文章。后從王祭先公王則服，上公二王後、魯夫人助君祭宗廟皆服之。首飾亦副。《周禮》追師掌王后之首服，為副。注云，副者，后夫人之首飾，編髮為之。笄，衡笄也。珈，笄飾之冕最盛者，所以別尊卑也。後鄭云，副之言覆也，所以覆首為之飾，珈之言加也，今步搖上飾也。古之制所有未聞。孔疏云，王后之衡笄皆以玉為之，唯祭服有衡，垂於副之兩傍，當耳。其下以五色紞懸玉瑱。若編、次則無衡。其笄言珈者，以玉飾笄，后夫人首服尤尊者。此別及衡笄以珈，唯后夫人有之，卿大夫已下則無。故云別尊卑也。又云，珈之言加者，以珈字從玉，由副既笄而加此飾，故謂之珈。漢之步搖如周副之象，故可以相類也。古今之制不必盡同，故古制得有未聞者。以言六珈，必飾之有六。但所施不可言。據此言六，則侯伯夫人為六。王后雖多少無文，以侯伯夫人推之，宜十二。今但圖六，則餘法可知。又《屨人》注云，玄舄為上，褘衣之舄也。凡舄與裳同色。此與衣同色者，以婦人尚專一，德無所兼，故連衣裳，不異其色。故云玄舄為上，褘衣之舄也。既玄舄配褘衣，則青舄配揄翟，赤舄配闕翟。又云鞠衣以下皆屨者，六服之三翟既以三舄配之，則下文命夫命婦唯言屨不言舄，故知鞠衣已下皆屨也。又云舄屨有絇有繶有純飾也者，言繶是牙底相接之縫，綴黃絛於其中。絇謂屨頭，以黃絛為口緣。絇，拘也。取拘持為行戒，使人低目不妄視也。純謂以黃絛為緣。凡舄之飾如繢次，玄舄、黃絇繶純者，玄黃天地色相對，為繢次之飾也。赤絇繶純者，王黑舄之飾也。赤黑南北相對，亦繢次之飾也。黑絇繶純者，王赤舄之飾也。青絇繶純者，王白舄之飾也。青白東西對方，亦繢次之飾也。后之赤舄亦黑飾，后之青舄亦白飾也。若然，爵弁纁屨黑絇繶純，黑與纁南北相對，用繢次為屨飾者，尊祭服也。凡屨之飾如繡次，此約皮弁、白屨、黑絇繶純為飾，白與黑西北次方，為繡次之飾。又后黃屨白絇繶、白屨、絇繶純、黑屨青絇繶純，此三者鞠衣已下之屨也。然則屨舄王有三等，后有六等也。上公已下夫人得服褘衣者亦玄舄也。

又《揄翟》

後鄭讀揄狄為搖翟，雉名，青質五采。故刻繒為揄翟之形，而五采畫之，綴於衣上以為文章。然則揄翟之衣其色青，后從王祭先公則服之，首飾佩綬與褘衣同，青舄、白絇、繶、純。侯伯夫人助君祭宗廟亦服之，首飾亦副。

又《闕狄》

按褘、揄二翟皆刻繒為雉形，又以五色畫之，綴於衣。此亦刻繒為雉形，不以五色畫之，故云闕翟。其衣色赤，俱刻赤色之繒為雉形，間以文綴於衣上。後鄭云，今世有圭衣，蓋三翟之遺俗者。鄭君見漢時有圭衣，刻為圭形綴於衣上，是由周禮有三翟，別刻繒為雉形，綴於衣上，漢俗尚有，故云三翟之遺俗也。首飾佩綬一如二翟，赤舄、黑絇繶純。其子男夫人從君祭宗廟亦皆服之。

又《鞠衣》

鞠衣者，后告桑之服也。按後鄭云，鞠衣，黄桑之服，色如鞠塵，象桑葉始生。《月令》三月，薦鞠衣於先帝，告桑事。又彼注云，先帝，太昊之屬。知非天帝者，以其言先不言上，故知非天。春時唯祭太昊之屬，薦鞠衣於神坐，為蠶求福也。以蠶功既大，總祭五方帝於明堂，故云之屬以該之。又孔、賈疏云以季春將蠶，后服之告先帝，養蠶之服。鞠者，草名，華色黄。故季秋之月云菊有黄華。是鞠衣黄也。又云鞠塵，不為麴者，古字通用也。又云象桑葉始生者，以其桑葉始生則養蠶，故服色象之。其首服用編，後鄭云，謂編列髮為之，其遺象若今假紒矣。其佩綬如三翟，黄屨、白絇繶純。屨之與舄，形制大同，惟禪底為異耳。故《屨人》注云，複下曰舄，禪下曰屨。複，重也。下謂底也。然則禪底者名屨，重底者名舄。孤之妻從夫助君祭宗廟亦皆服之。但紞用三采，瑱用美石為異。三采，素、青、黄也。知然者，《齊風・著》直居切。《詩》云，俟我於著乎而，充耳以素乎。而後鄭云，我，嫁者自謂也。待我於著，謂從君子出至於著。我視君子則以素為充耳。謂懸瑱之紞為素色。下又云，充耳以青、充耳以黄，據人臣三色，妻亦然也。又云尚之以瓊華。尚，飾也。瓊，美石。華，石色。故知人臣用美石也。彼毛以素為象瑱，鄭不從者，必君素是象瑱，下文何得更云瓊英之事乎。故鄭以素、青、黄皆為紞色也。或曰鞠衣已下，后紞亦三采。

又《展衣》

展衣色白。后以禮見王及賓客之服，佩綬如上。上首服亦編，白屨黑絇繶純。後鄭云，展當為襢者，按《喪大記》云，世婦襢衣。襢之言亶也。亶，誠也。按《詩・墉風・君子偕老》及此文皆作展，並是正經。鄭必讀為襢者，以襢從衣而有衣義。《爾雅》亶、展雖同訓為誠，展者言之誠，亶者行之誠，貴行賤言。襢字以亶為聲，有行誠之義，故從襢也。此亦卿大夫之妻從夫助君祭宗廟得服之。按《祭義》曰，君牽牲，夫人奠盎，君獻尸，夫人薦豆，卿大夫相君，命婦相夫人。是也。

又《褖衣》

褖衣色黑。后接禦見王之時，則服褖衣及次。按《追師》注云，次者，次第髮長短為之，所謂髲髢也。賈疏云，所謂《少牢》主婦髲鬄，即此次也。鬄、髢同音地，彼注云，古者或剔賤者、刑者之髮而為之。按魯哀公十七年説衛莊公自城上見己氏之妻髮美，使髡之，以為吕姜髢。杜云，吕姜，莊公夫人。髢，髮也。以此言之，是取他髮為髢也。則有不用他髮為髢自成紒者。故《鄘風・君子偕老》詩曰，鬒髮如雲，不屑髢也。傳云，鬒，黑髮也。如雲，言長美。屑，絜也。箋云，髢，髲也。不絜髲者不用髲為善也。是不用他髮為髲同合己髮絜為紒者也。《漢志》説，大手紒，蓋謂此也。其佩綬如上而黑屨，白絇繶純。士妻從夫助祭亦服之。婦人褖衣之黑始因男子之玄端，亦名褖衣。知者，按《士冠禮》陳服于房，爵弁服、皮弁服、玄端服。至於《士喪禮》陳襲事于房亦云，爵弁服、皮弁服、褖衣。此褖衣當玄端處，所以變言之者，冠時玄端，衣裳别，及死而襲，玄端連衣裳，與婦人褖衣同，故雖男子玄端亦名褖衣也。又見子羔襲用褖衣纁袡。鄭注《士昏禮》云，袡亦緣也。褖衣纁緣是婦人嫁時之服，亦非裳衣也。今子羔襲之，故譏用婦服。但纁袡與玄衣相對之物，則男子褖衣既黑，則婦人褖衣黑可知矣。

又《純衣》

纁袡，當嫁之女所服也。《士昏禮》云，女次，純衣纁袡，立于房中，南面。注云，次，首飾，今之髲也。《周禮》追師掌為副、編、次，純衣，絲衣也。此衣亦玄色。袡，緣也。袡之為言任也。以纁緣其絲衣，象陰氣上注於陽也。取交接有依之義。凡婦人不常施袡之衣，盛昏禮為此服耳。《喪大記》曰，複不以袡，明非常衣也。《詩》武王女下嫁齊侯之子，車服不繫其夫，下王后一等，乘厭翟，服褕翟，加纁袡，首飾亦副。

又《宵衣》

此師姆母所著之衣也。《士昏禮》云，姆纚笄宵衣，在其右。注云，姆，婦人年五十，無子而出，不復嫁，或以婦道教人者。若今時乳母矣。纚，韜髮纚也。笄，今時簪也。纚，亦廣終幅，長六尺。宵，讀為素衣朱綃之綃。魯《詩》以綃為綺屬。姆，亦玄衣。即褖衣也。以綃為領，因以為名，且相别耳。姆在女右，當詔以婦禮。賈公彦釋曰，婦人年五十陰道絶，無子出之，此七出之中餘六出是無德行不堪教人者，故取無子

而出不復嫁能以婦道教人者，留以為姆。既使教女，因從女向夫家也。纚亦如冠，韜髮又纚以繒，廣終幅，長六尺，以韜髮而紒之。姆所異於女，有纚有次，姆則有纚無次。宵讀為《詩》素衣朱綃之綃。按《詩・晉風》云素衣朱繡。鄭箋破繡為綃，此注據彼箋破字之義，故直云素衣朱綃以為證也。姆亦玄衣，以綃為領，因以為名者。此衣雖言綃衣，以亦與純衣同是褖衣用綃為領故，因得名綃衣也，且相別耳。謂上文女曰純衣，此姆曰宵衣，雖同是褖衣，而純衣、宵衣名相別也。姆在女右，當詔以婦禮者，按《禮記・少儀》云，贊幣自左，詔辭自右。地道尊右之義，故姆在女右也。

宋・葉時《禮經會元》卷三下《冕服》 而內司服言，王后與外內命婦之服，豈可無辨者歟。褘衣謂畫五色翬雉於文也。揄狄則畫青質搖雉於衣也。闕狄則刻繒為赤雉之形而不畫也。此三者王后之祭服也。鄭氏謂，從祭先王則服褘衣，從祭先公則服揄狄，從羣小祀則服闕狄。愚謂當從王之祭服也。鞠衣謂之黃衣，告桑事之服也。展衣謂之襢衣，其色白，見王及賓客之服。褖衣謂之緣衣，其色黑，御于王之服也。此三者后與命婦同服也。素紗者，鄭司農謂為赤衣，鄭康成謂為白摶，二說不同。大抵素紗日所常服，非章服也，不預六服之數，猶王《司服》不以皮弁預六服之數也。然《內司服》只言外內命婦之服，自鞠衣而下，案記《祭統》則曰，君卷冕，夫人副、褘，則夫人得服褘衣矣。《喪大記》曰，朝服君以卷，夫人以闕狄，則夫人得服闕狄矣。《玉藻》曰，王后褘衣，夫人揄狄，則夫人得服揄狄矣。三說不同，惟《玉藻》之說為得。今鄭康成謂內命婦，則九嬪鞠衣，世婦展衣，女御緣衣。外命婦，則孤之妻鞠衣，卿大夫之妻展衣，士之妻緣衣，王之三夫人及公之妻其自揄狄以下乎。侯伯夫人揄狄，子男夫人闕狄，惟二王之後夫人褘衣。然此在《周禮》無明文，鄭氏揣為之說爾。愚謂《春官司服》掌王六服，自衮冕而下，為公侯孤卿之服。《天官內司服》掌后六服，則自揄狄而下，豈不可為公侯卿大夫妻之服乎。以此推之，公之夫人得服揄狄，猶公服衮冕也。侯伯之夫人得服闕狄，猶侯服鷩冕也。子男之夫人得服鞠衣，猶子男服毳冕也。如是則孤之妻當服展衣，猶孤服希冕也。卿大夫之妻當服緣衣，猶卿大夫之服玄冕也。士之妻當服素紗，猶士之服弁服也。今《周禮》所謂命婦，女御猶元士，世婦猶大夫，九嬪猶孤卿。外之命婦，其孤卿大夫元士之妻乎。其服自鞠衣而下，意者，三公之夫人與三夫人近后，宜屈當服鞠衣，三孤之妻當服展衣，卿大夫之妻當服緣衣，九嬪世婦猶孤卿大夫之妻，亦服展衣、緣衣，女御猶士妻，亦服素紗，故自鞠衣而下也。若夫《雜記》所謂，內子以鞠衣，下大夫以襢衣，其餘如士。《喪大記》所謂士妻以稅衣，皆漢儒之臆說也。夫《內司服》猶王《司服》也，《追師》猶王《弁師》也。追師掌王后之首服，其制豈可無辨者歟。案王后首服，有副、編、次，追衡笄之名。則是六者各有次序矣。副，謂覆首之飾，鄭氏謂若漢步摇，服以從王祭祀。編，謂比髮為之，鄭氏謂若漢假紒，服以告喪。次，謂次第髮之長短為之，鄭氏謂猶《詩》所謂髲髢服，以見王及燕居，此三者，服三翟之服，則服之。愚謂當與三服同用也。追，謂琢玉為之，如《詩》所謂玉之瑱也。衡，謂維持冠者，如《左傳》所謂衡紞紘綖也。笄，謂卷髮者，如記所謂纚笄總也。此三者后與內外命婦同服之，是衣鞠衣、襢衣、緣衣之服也。然鄭氏謂內外命婦衣鞠衣展衣者服編，衣緣衣者服次，是服卑而首飾尊，其說非也。又曰，凡諸侯夫人於其國，衣服與王后同，吁諸侯不可與王同服，而謂夫人可與后同服乎。彼徒見《祭統》有曰君衮冕立于阼，夫人副、褘立于東房，則是夫人得為王后之首飾，此禮之失者也，而可以為證乎。案《衛國風之詩》曰，副笄六珈，說者謂夫人既為副矣，奈何以王后亦副乎，夫人既為笄矣，柰何以王后亦笄乎。不知《衛詩》之言，蓋言古者后夫人首飾之盛，如此有其德稱，其服則可與《君子偕老》豈專以為夫人之服乎。烏可以刺詩之言，而疑周禮也。鄭氏又引《少牢饋食禮》曰，主婦髲髢，昏禮女次純衣，說者謂主婦髲髢即為編矣，王后亦編可乎。女純衣亦得為次矣，而王后亦次可乎。不知《饋食禮》之言，蓋亦如《士昏禮》所謂攝盛服爾。饋昏之時，姑攝其服以為盛飾，豈常為主婦士女之服乎。烏可以傳記之言，而疑周禮也。夫先王之制服飾，所以言尊卑等級之辨，苟如先儒傳注之謬，與後儒議論之惑，則周禮為非全書，而先王制度不可考矣。是故，唐長孫無忌請祀天地停喪服衮，而以周禮為非，豈非鄭氏大裘無章之說啟之乎。虞世南謂，天子譬日德在照，臨辰為正位，月為正后，正此三物，令德齊明，而以周禮為未可知，豈非鄭氏冕服九章之說誤之乎。漢永平中，定冕服，天子冕系白玉珠十二旒，三公諸侯青玉珠七旒，卿大夫黑玉珠五旒，是王侯冕旒之制，不復如周禮矣。隋開皇中，皇后首飾十二鈿，公夫人八鈿，侯伯夫人七鈿，是后夫人首服之飾不復如周禮矣。嗚呼，先王制

度幸猶有周禮在，而儒者不知考先儒，妄為臆説，後儒肆為異論，而使時君世主得肆意為之，無復先王舊制，豈不可惜也哉。

宋・魏了翁撰、元・方回補輯《古今考》卷七《附廣玉考上》 王后玉衡笄，瑱，纚笄。《周禮》王后有六服，身之服也。而首服有三，曰副，曰編，曰次。身之服，曰禕衣，禕音輝，畫衣也。《祭統》曰，君袞冕立于阼，夫人副、禕立于東房，此兼身服、首服言之也。曰瑜狄，揄音摇，狄當作翟，雉名也。伊雒而南，素質，五色皆備成章，曰翬，即揄也。江淮而南，青質五色成章皆備，曰摇，摇即揄也，亦作鷂。曰闕狄，闕《禮記》作屈，亦音闕，王后之服，刻繒為雉形，而彩畫之，綴於衣以為文章。禕衣畫翬者，揄翟畫摇者，闕狄刻而不畫。此三者皆祭服，從王祭先王服禕衣，祭先公服揄翟，祭羣小祀服闕狄。鄭玄謂，今世有圭衣者，蓋三翟之遺俗。首服之一曰副者，言覆也，所以覆首為之飾。若今之步摇，王后惟祭服有衡，垂於副之兩旁，當耳，其下以紞懸瑱。孔穎達曰，王后衡笄，皆玉為之，惟祭服有衡，垂於副之兩旁，副者以配禕衣，禮所謂副禕是也。《詩》所謂副笄六珈，後夫人皆以配揄狄，珈謂以玉飾之副笄，六珈謂夫人也，王后未之知也。首服二曰編者，列髮為之，其遺象若今假紒矣，服之以桑。首服之三曰次者，次，髢髮長短為之，所謂髪髢，今之頭髢，乃其類，服之以見王。陳祥道之説如此，編為鞠衣、襢衣之配，其色黄，蠶則服之，襢衣以禮見王及賓客服之，其下有緣衣，或作褖，吐亂反。其色黑，燕居及御至王則服之，然則編、次二物，無玉衡、玉瑱，惟玉笄則恐有之。《儀禮》纚笄宵衣，纚者以帛韜髮，宵衣者以綃為衣，染以黑，王后燕居亦有此服，《士昏禮》姆《特牲禮》主婦皆然，笄有玉不玉，《士禮》恐異也，后夫人首服有玉，又以殿乎。玉路之后夫人以下，六服降而五，而四，而三，而二，而一，凡六等。

明・俞汝楫《禮部志稿》卷六三《冕服備考・乘輿以下冠服》 考古定冠服制。皇妃冠服，古者，王后之下為夫人，次嬪，次世婦，次御女，則夫人即皇妃之位也。周制，内司服掌六服，禕衣、揄翟、闕翟之下，嬪服鞠衣，世婦服展衣，女御服褖衣。鄭玄以為，九嬪服鞠衣，則夫人服闕翟乎。闕翟者，王后第三等服也，玄以九嬪服鞠衣，故以類推，而以夫人服闕翟，周制無明文可見。漢貴人，首飾皆大首髻，黑玳瑁，加簪珥，妃以上，又得服錦綺羅縠，采十二色，重緣袍。唐首飾，兩博鬢，飾以寶鈿，花釵九樹，翟衣九等，青質繡翟，編次於衣及裳，重為九等，青紗中單，黼領，朱縠褾襈裾，蔽膝隨裳色，青衣，革帶，青韈舄，佩綬。宋首飾，大小花各九株，兩博鬢，冠飾以九翬四鳳。褕翟青羅繡為摇雉之形，編次於衣，青質，五色九等，素紗中單，黼領，羅縠褾襈裾，蔽膝隨裳色。褕翟為章二等，以緅為領緣，大帶隨衣色，朱裏，紕其外，上以朱錦，下以緑錦，紐約用青組，青衣，革帶，白玉雙佩，黑組，雙大綬，小綬三，間施三玉環，青韈舄，舄加金飾。今擬皇妃九翬四鳳冠，大花釵九樹，小花如大花之數，兩博鬢，九鈿。翟衣青質，繡翟編次於衣及裳，重為九等。青紗中單，黼領，朱縠褾襈裾，蔽膝如裳色，加文繡，重雉為章二等，以緅為領緣，大帶隨衣色，玉革帶，青韈舄。佩綬。凡受册、助祭、朝會諸大事則服之。其燕居則服鸞鳳冠，首飾、釧鐲用金玉珠寶翠，諸色團衫，金繡鸞鳳，不用黄束帶，用金、玉、犀。

皇太子妃王妃冠服，凡受册、助祭、朝會諸大事，與皇妃同，惟王妃以素紗中單為別，其燕居則服犀冠，刻以花鳳，餘與皇妃同。皆參酌唐宋之制而定之。

清・顧棟高《毛詩類釋》卷一三《釋衣服》 附録。禕衣、褕翟、闕翟、鞠衣、展衣、褖衣，此王后之六服也。其色經傳無文，孫毓、鄭玄，各有同異，要皆臆説，難信其見，於《詩》則《葛覃》之澣衣，毛以為副禕盛服，鄭以為自禕至褖皆是也。《采蘩》之被，音佩。展褖二衣之首飾也。《邶》之《緑衣》鄭以為褖衣也。《君子偕老》之副笄，禕衣褕翟之首飾也，象服，鄭以為褕翟，闕翟也。其之翟，亦此二翟也，其之展展，衣也。惟鞠衣弗及焉。

清・黄以周《禮書通故》卷三《衣服通故四》 鄭玄云，鞠衣、襢衣服編，緣衣服次。外内命婦非王祭祀賓客佐後之禮，自於其家則亦降焉。《少牢饋食禮》，主婦髲鬄衣侈袂，《特牲饋食禮》，主婦纚笄宵衣，是也。《昏禮》，女次純衣，攝盛服耳。主人爵弁以迎。侈袂緣衣之袂，凡諸侯夫人于其國衣服與王后同。以周案，《鄭志》三，翟首服副，鞠衣首服編，展衣、緣衣首服次。展衣即襢衣，服次，此云襢衣服編，與《鄭志》異。鄭注《追師》云，次，服之以見王，注《内司服》云，展衣以禮見王。見王展衣首服次，《鄭志》為長。后夫人緣衣宜服被，不以次。男子之服有冕服、弁服、朝服之差，婦人六服，準此而判。王后夫人以三狄配六冕，首服以副。鞠衣為奠繭特服，首服編。展衣配二弁，首服次。褖衣配朝服玄端，首服被。孤卿以下之妻，

祇服鞠衣、展衣、褖衣，《特牲禮》之宵衣即褖衣。以褖衣纚笄逆推之，則鞠衣次，展衣被，其首服遞降一等。鄭所謂外内命婦於其家則降是也。《士昏禮》女次純衣，女從者被。次純衣即展衣之以次，女從者被即褖衣之以被，直用后夫人之下服，不用展衣被、褖衣纚笄之本制。故鄭云，攝盛服耳，注義自精。後人不知孤卿以下在家遞降，説愈紛拏不可理。

又《毛詩》説，象服，尊者所以為飾。鄭箋云，象服，謂揄翟、闕翟也。人君之象服，則舜所云予欲觀古人之象，日月星辰之屬。孔穎達云，下傳褕翟羽飾衣，則象非畫羽也。言服則非揥，明以象骨飾服。象骨飾服，書傳之所未聞。一説象服即吉笄，象與褖通。《玉篇》褖，首飾也，《廣韻》褖，未笄冠者之首飾也。一説象服即象揥，佩猶服也，謂著於首。以周案，象與褖通。《説文》褖，飾也。《漢書・外戚傳》褖飾將醫往問疾。師古曰，褖飾，盛飾也。毛傳，揄翟闕翟羽飾衣，謂畫翟羽以飾衣。此云，象服尊者所以為飾，謂有褕闕之盛飾，傳箋義同。陳碩甫云，象服即褘衣。鄭司農注：褘衣，畫衣，《説文》褘衣，畫袍，《明堂位》《祭統》君卷冕，夫人副褘，《祭義》君皮弁素積，夫人副褘，皆夫人有褘之證。此説亦非。侯國夫人有副褘，惟二王后及魯為然，衛夫人不得有此。《毛詩》説，翟，褕翟、闕翟，羽飾衣也。鄭衆云，褘衣，畫衣也。揄翟闕翟畫羽飾。《喪大記》夫人以屈狄，屈者音聲與闕相似。鄭玄云，狄當為翟。翟，雉名。伊洛而南，素質，五色皆備成章曰翬。江淮而南，青質，五色皆備成章曰摇。王后之服，刻繒為之形而采畫之，綴於衣以為文章。褘衣畫翬者，揄翟畫摇者，闕翟刻而不畫。此三者皆祭服，從王祭先王則服褘衣，祭先公則服揄翟，祭群小祀則服闕翟。今世有圭衣者，蓋三翟之遺俗。以周案，褘揄摇屈狄皆偺字，翬褕闕翟為正字。褘褕闕為三翟，皆以雉為飾。褘畫翬，褕畫摇，皆刻繒而畫之。闕刻而不畫。《説文》、《釋名》並從先鄭，以褘衣為畫衣，未是。禮，王后褘衣，夫人褕翟。衛夫人不得有褘衣，故《毛詩》釋，其之翟也，祇舉褕闕翟，云羽飾衣者，謂刻畫之也。孫毓誤以羽飾衣為真以翟羽飾衣，駁毛申鄭。後之申毛者，又引楚王翠被、襄成君翠衣以為證，胥失之矣。陳碩甫云，毛傳，羽飾衣，羽即翟。飾衣，畫衣也。鄭司農言畫羽飾，與毛傳不異。褕之言揄，揄猶揚也。闕與屈有短義。闕翟畫短羽，褕翟則畫長羽與。此説亦未是。褕闕有畫刻之分，毛傳渾言之，止得曰羽飾衣。如皆用畫，毛傳當云畫羽以為飾。林薌溪云，狄者，染夏之總名。《染人》鄭注云，染夏者，染五色也。謂之夏者，其色以夏狄為飾。《禹貢》曰，羽畎夏狄，是其總名，其類有翬有摇。則褘衣、褕狄、闕狄非刻畫翟雉，乃染夏而成服色也。此説亦非。鄭説夏為染翟之總名，不謂狄是染夏之總名。經文不言夏，何由知其染也。又案，鄭注圭衣字本作袿。袿有兩義，一曰袿衣，為婦人上服，其制如袍。一曰衣袿，乃深衣中之一物，前已詳之。注引袿衣以況三翟，明三翟皆袍制也。《雜記》注云，六服皆袍制，不禪，如今袿袍襈重繒矣。謂袿即袍之有緣而不禪者也。《廣雅》云，長襦，袿衣。長襦亦袍。中鄭義者，謂刻畫三翟如圭形固非，或據深衣之衣袿以申袿衣，亦未是。

又《毛詩》説，禮有展衣者，以丹縠為衣。鄭衆云，展衣，白衣也。《喪大記》曰，世婦以襢衣，音聲襢與展相似。鞠衣，黄衣也。素沙，赤衣也。鄭玄云，鞠衣，黄桑服也，色如鞠塵。賈疏：鞠、麴字通，孔疏：鞠為草華。案，鞠，華不得言塵。賈疏為長。象桑葉始生。《月令》三月薦鞠衣於先帝，告桑事。展衣，以禮見王及賓客之服。字當為襢，襢之言亶。亶，誠也。《雜記》曰，夫人服稅衣、揄狄。《喪大記》曰，士妻以褖衣，言褖者甚衆，字或作稅。此緣衣者，實作褖衣也。褖衣，御于王之服，亦以燕居。男子之褖衣黑，則是亦黑也。褘揄狄展聲相近，緣字之誤也。以下推次其色，則闕狄赤，揄狄青，褘衣玄。婦人連衣裳，不異其色。素沙者，今之白縳也。六服皆袍制，以白縳為裏，使之顯張。孫毓説，褘衣赤，闕翟黑，展衣赤。段玉裁云，毛、許、馬融皆云展丹縠衣，蓋舊説。周禮鞠衣黄，緑衣。不改字。緑，素沙白，則展衣為丹衣矣。《詩・緑衣・正義》云，此緑衣與《内司服》緑字同。内司服掌王之六服，五服不言色，惟緑衣言色，明其誤。然則《周禮》經文作緑甚明，故鄭定為字之誤。若本是緣字，當云聲誤。以周案，展衣之丹或白，皆無明文。然《詩》曰，瑳兮瑳兮，其之展也。《説文》瑳，玉色鮮白，似先鄭説為長。展字亦作襢。《釋名》襢衣，襢，坦也，坦然正白，無文采也。是則褘衣玄，褕翟青，闕翟赤，鞠衣黄，展衣白，褖衣黑。六服備五色，其裏一以素沙。沙古紗字。先鄭注：素沙赤衣，赤衣乃裏字之誤衍。賈疏以七服駁之，非。六服皆以素沙為裏，素沙白縠非衣。後鄭説是。

鄭玄云，内命婦之服，鞠衣九嬪也，展衣世婦也，褖衣女御也。外命婦之服，其夫孤也，則服鞠衣。其夫卿大夫也，則服展衣。其夫士也，則服褖

衣。三夫人及公之妻，其闕狄以下乎。又曰，侯伯夫人揄狄，子男夫人亦闕狄，惟二王后禕衣。金榜云，《玉藻》王后禕衣，夫人褕狄。注云，夫人，三夫人，亦侯伯之夫人也。據夫人褕狄推之，則九嬪屈狄，世婦鞠衣，女御展衣可知也。《喪大記》複，夫人以屈狄，世婦以襢衣，注謂子男夫人。則侯伯夫人以褕狄者，世婦宜以鞠衣可知也。《周官》追師，為九嬪及外內命婦之首服，明內命婦中不數九嬪。《玉藻》惟世婦命於奠繭，其他皆從男子，明內命婦數自世婦以下。鞠衣，黄桑服也。《月令》，季春薦鞠衣於先帝，為蠶求福，及奠繭，命世婦以其服，世婦服鞠衣，此其箸也。內司服所辨外內命婦之服，更有褖衣，為外命婦言之耳。以周案，內命婦服，三夫人褕翟，九嬪闕翟，金説是也。世婦本展衣，鄭注是。王后親蠶，卜世婦之吉者，使入蠶室，世婦卒蠶獻繭，乃命之以鞠衣，故曰惟世婦命於奠繭。鄭注云，凡世婦以下蠶事畢，獻繭，乃命之以其服，謂命以鞠衣也。鄭注《內司服》云，鞠衣黄桑服也，象桑葉始生。《月令》三月薦鞠衣於先帝，告桑事，謂將以命世婦也。但《玉藻》云，惟世婦命於奠繭，明它不命。鄭注云，世婦以下，顯與《記》文違異。鞠衣為世婦之奠繭者命服，其本服展衣可知。世婦展衣，則女御褖衣可知。如金説褖衣專為外命婦言之，內命婦無褖衣，誤矣。鄭説外命婦服是。云，三夫人及公之妻闕翟，在侯伯夫人下，亦誤。《玉藻》言夫人褕狄，則三夫人褕狄可知也。《王制》言三公一命衮，本服鷩冕，其妻褕狄可知也。

《記·明堂位》《祭統》言夫人副禕，《雜記》言夫人揄狄，《玉藻》言夫人揄狄，君命屈狄，《喪大記》言夫人屈狄。鄭玄云，《喪大記》公以衮，夫人以屈狄，互言耳。上公以衮，夫人禕衣，侯伯以鷩，夫人揄狄，子男以毳，夫人乃用屈狄矣。《玉藻》，夫人揄狄，三夫人亦侯伯之夫人也。王者之後夫人亦禕衣。君命屈狄，再命禕衣，一命襢衣，士褖衣。君，女君也。此子男之夫人及其卿大夫士之妻命服也。禕當為鞠字之誤也。子男之卿再命而妻鞠衣，則鞠衣、襢衣、褖衣者，諸侯之臣皆分為三等，其妻以次受此服也。公之臣孤為上，卿大夫次之，士次之。侯伯子男之臣卿為上，大夫次之，士次之。孔穎達云，《典命》云，子男之卿再命，其大夫一命，其士不命。此云，再命禕衣，一命襢衣，士褖衣。又承闕狄之下，正與子男同，故知據子男夫人及卿大夫士之妻也。孔廣森云，婦人從夫之服位，男子冕弁九等，婦服亦九等。《司服》惟見六服，《禮經》所見尚有襢衣、税衣、錫衣、宵衣。鄭以襢展為一，税褖為一，近强合耳。今差次之，禕衣視衮冕，揄狄視鷩冕，闕狄視毳冕，鞠衣視希冕，襢衣視玄冕，税衣視爵弁，展衣視皮弁，錫衣視冠弁，宵衣視玄端。以周案，鄭注比傅經義，尚未盡當。夫人副禕，惟魯為然，非通制。夫人揄狄為上公之制，惟宋為然。其餘平諸侯之夫人，衹有闕狄耳。《玉藻》云，王后禕衣，夫人揄狄，舉後夫人以别平諸侯之服也。夫人謂三夫人及上公之妻。云，君命闕狄，舉侯國之君夫人，以明平諸侯之通制也。君謂侯伯子男之國君，以别下文之大夫士。云，再命鞠衣，一命襢衣，舉小國大夫士之妻，以明凡為大夫士之通制也。云，惟世婦命於奠繭，明鞠衣為世婦奠繭之加服，大夫妻之本服實亦襢衣一服，與平諸侯之君夫人同也。云，其他則皆從男子，明其夫為國君者服闕狄，其夫為大夫者服襢衣，其夫為士者服褖衣，婦人之命服皆從君大夫士之名而别也。三狄配六冕，展衣即襢，配爵皮弁，褖衣配朝服玄端。王祭六冕，后以三狄配之。鄭注《內司服》云，祭先王則服禕衣，祭先公則服揄翟，祭群小祀則服闕狄，是也。禕衣配裘衮，揄狄配鷩毳，闕狄配希玄。上公自祭得服毳，故夫人以揄狄，侯伯自祭得服希，子男自祭得服玄，故夫人並以闕狄。鄭注以為上公夫人禕衣，侯伯夫人揄狄，殊失《記》意。展衣配弁，褖衣配朝服，説詳下錫衣宵衣本條。孔巽軒牽强附會更不足信。

清·林昌彝《三禮通釋》卷三六《禕衣　揄狄　闕狄　鞠衣　展衣　緣衣　素衣》

《周禮·天官》內司服掌王后之六服，禕衣、揄狄、闕狄、鞠衣、展衣、緣衣，素沙。注，鄭司農云，禕衣，畫衣也。《祭統》曰，君卷冕立于阼，夫人副、禕立于東房。揄狄、闕狄，畫羽飾。展衣，白衣也。《喪大記》曰，復者，朝服。君以卷，夫人以屈狄，世婦以襢衣。屈者，音聲與闕相似，襢與展相似，皆婦人之服。鞠衣，黄衣也。素沙，赤衣也。元謂狄當爲翟。翟，雉名。伊雒而南，素質，五色皆備成章，曰翬。江淮而南，青質，五色皆備成章，曰摇。王后之服，刻繒爲之形，而采畫之，綴于衣，以爲文章。禕衣畫翬者，揄翟畫摇者，闕翟刻而不畫。此三者皆祭服，從王祭先王則服禕衣，祭先公則服揄翟，祭羣小祀則服闕翟。今世有圭衣者，蓋三翟之遺俗。鞠衣，黄桑服也，色如鞠塵，象桑葉始生。《月令》三月，薦鞠衣于先帝，告桑事。展衣，以禮見王及賓客之服，字當爲襢，襢之言亶。亶，誠也。《詩·

國風》曰，玼兮玼兮，其之翟也。下云，胡然而天也，胡然而帝也，言其德當神明。又曰，瑳兮瑳兮，其之展也。下云，展如之人兮，邦之媛也。言其行配君子，二者之義與禮合矣。《雜記》曰，夫人服稅衣、揄狄。又《喪大記》曰，士妻以褖衣，言褖者甚衆，字或作税。此緣衣者，實作褖衣也。褖衣，御于王之服，亦以燕居，男子之褖衣黑，則是亦黑也。六服備于此矣。禕、揄、狄、展，聲相近，緣字之誤也。以下推次，其色，則闕狄赤，揄狄青，禕衣玄。婦人尚專一德無所兼，連衣裳，不異其色。素沙者，今之白縳也。六服皆袍制，以白服爲裏，使之張顯。今世有沙縠者，名出于此。又《内司服》辨外内命婦之服，鞠衣、展衣、緣衣、素沙。注，内命婦之服，鞠衣九嬪也，展衣世婦也，緣衣女御也。外命婦者，其夫孤也則服鞠衣，其夫卿大夫也則服展衣，其夫士也則服緣衣，三夫人及公之妻，其闕狄以下乎。侯伯之夫人揄狄，子男之夫人亦闕狄，唯二王後禕衣。秦蕙田案，九嬪服鞠衣，若中宮無后，以九嬪中賢而長者攝行，后事當服闕狄也。侯伯夫人得服揄狄，而王朝三公之夫人止服闕狄，以近尊而降也，蓋亦如公卿大夫之服，其出封皆加一等矣。又《内司服》凡祭祀，共后之衣服，及九嬪、世婦，凡命婦共其衣服。引何氏楷曰，翟，山雉尾長者，取以爲衣名。郝敬云闕狄，《喪大記》作屈狄，栖伏曰屈狄，有揄屈，猶衮龍有升降也。鄭玄云，三翟，以翟雉之形爲飾，不用真羽。展，《玉藻》作襢，《説文》作䘸，云丹縠衣也。《毛傳》亦云，禮有展衣者，以丹縠爲衣，與《説文》合，當從之。禮見王及賓客之服，緣當作褖，御于王之服，色黑，此后六服也。又案鄭司農謂，禕衣玄，揄狄青，闕狄赤，展衣白，鞠衣黄，褖衣黑。而孫毓以爲禕衣赤，闕狄黑，展衣赤，其揄狄、鞠衣、褖衣同，俱未詳所出，姑兩存以備考。此翟依鄭説，則揄狄、闕狄也。與上章言副，皆祭祀之服。《禮記・玉藻》王后禕衣，夫人揄狄。注，禕讀如翬，揄讀如摇。翬、摇皆翟雉名也。刻繒而畫之，著于衣以爲飾，因以爲名也，後世作字異耳。夫人、三夫人，亦侯伯之夫人也，王者之後夫人，亦禕衣。陳氏《禮書》九者，陽之窮，故王之吉服九，六者陰之終，故后之吉服六。王之服九，而祭服六。后之服六，而祭服三。以婦人不與天地、山川、社稷之祭故也。王之服衣裳之色異，后之服連衣裳而其色同，以婦人之德本末純一故也。王之服襌而無裏，后之服裏而不襌，以陽成于奇，陰成于耦故也。素質義也，青質仁也，五色皆備成章，禮也。有仁義以爲質，有禮以爲文，后之德如此而已。然地道尚義，故禕衣爲上，揄狄次之，言禕衣則知揄之爲狄。闕狄，《周禮》謂之闕，《禮記》謂之屈，則其制屈於揄、禕而已。三狄蓋皆畫之於衣，如王冕服。鄭、賈之徒，謂褖衣黑而象水，水生於金，故展衣白，金生於土，故鞠衣黄，土生於火，故闕狄赤，火生於木，故揄狄青，五色之上，則玄而已。故禕衣玄。祭先王服禕衣，祭先公服揄狄，祭羣小祀服闕狄，蠶則服鞠衣，以禮見王及賓客服展衣，燕居及御於王則服褖衣。崔靈恩謂，王后三狄，數皆十二，王者之後諸侯夫人、三公而下夫人雉數如命數，於理或然。《詩》曰其之翟也，而繼之以胡然而天，胡然而帝，則德當神明可知矣。曰其之展也，而繼之以展如之人，邦之媛也，則行配君子可知矣。然謂三狄刻繒畫之綴於衣，闕狄刻之而不畫，其説無據。夫黄者陰之盛色，蠶而服之，以其帥外内命婦而蠶，使天下之嬪婦取中焉，后事之盛也。白者陰之純色，見王及賓客服之，以其見王及賓客無事乎飾，一于誠焉，后禮之懿也。黑者陰之正色，纁者陰之上達，則循褖之也，燕居及御於王服之，以其體貴至正，以上達爲循褖而已，后行之盛也。《玉藻》所謂夫人揄翟，君命屈狄，再命鞠衣，士褖衣者，《周官・内司服》辨外内命婦之服，鞠衣、展衣、褖衣，鄭氏以爲内命婦之服鞠衣九嬪也，展衣世婦也，褖衣女御也。外命婦者，其夫孤也則鞠衣，卿大夫也則展衣，士也則褖衣，三夫人及公之妻，其闕狄以下乎。侯伯之夫人揄狄，子男之夫人亦闕狄，唯二王後禕衣。然《記》言士褖衣，則明婦命眡夫也。言君命，則明再命、一命非女君也。蓋子男之夫人闕狄，侯伯之夫人揄狄，公之夫人禕衣。《記》稱夫人副、禕是也。再命鞠衣，則上公至於四命可知也。鄭氏謂侯伯之夫人揄狄，子男之夫人屈狄，孤鞠衣，卿大夫展衣，士褖衣，而改禕爲鞠，其説是也。謂三夫人及公之妻闕狄，誤矣。《王制》言三公一命衮，則三公在朝鷩冕，其妻揄狄可知也。《玉藻》言夫人揄狄，則三夫人揄狄可知也。公之夫人禕衣，而《明堂位》言魯夫人副、禕者，魯侯得用衮冕，則夫人副、禕可知也。《少牢》夫人之妻衣侈袂，則其上至后夫人之袂皆侈，特士妻褖衣之袂不侈。謹案闕狄即闕翟，諸儒言之均未得其确。鄭注《周宫》謂闕翟，刻而不畫，亦作屈狄。陳氏《禮書》謂屈之義，取其屈於禕揄。是矣。《釋名》云闕翟，翦闕繒爲翟雉形，以綴衣也。《詩・碩人》云其之翟也，《毛傳》云闕翟，羽飾衣。孫毓謂羽施於旌旂則可，施於衣裳則否。蓋以翟羽附人

身，身動則卷舒，殊爲不便。鄭注刻繒爲雉形，其説較《毛傳》爲長，然皆未得其實。謹案狄者，爲染夏之總名，《染人職》云秋染夏，鄭注云，染夏者，染五色也。謂之夏者，其色以夏狄爲飾。《禹貢》曰，羽畎夏狄，是其總名，其類有翬，有摇，其毛羽五色皆備成章，染者擬以爲深淺之度，是以取名焉。則知褘衣、揄狄、闕狄皆以狄名，非刻畫翟雉，乃染夏而成服色也。陳氏《禮書》謂三翟皆畫於衣，本肊斷之論。案褘衣之服色取於翬，則玄也，揄狄之服色取於鷂，則青也，闕狄則取鸐雉之色。《爾雅・釋鳥》鸐，山雉，郭注，長毛者，未詳其色。蓋山雉之色，别於翬鷂，則闕狄在《玉藻》爲屈狄，謂屈於褘揄，而其色似爲淺青。如賈疏謂闕狄爲赤色，案赤色非祭服所宜，三翟皆取象乎翟色，而染爲服色，不取五采相錯也，何必刻畫爲文哉。

清・林頤山《經述・釋王后六服一》《周禮》王后六服，先後鄭説雖有異同，大致不遠。但先鄭説展衣素沙有譌文。賈疏不能是正反誤，謂其以素沙爲服名，不幾誣先鄭記六服而爲七耶。又後鄭以圭衣譬況三翟，最當發揮其意，亦略而不與證明。今爲訂定上二事，補證下一事，分爲三釋。曰，内司服掌王后六服，褘衣、揄狄、闕狄、鞠衣、展衣、緣衣，素沙。注：鄭司農云，褘衣畫衣。《祭統》曰，夫人副褘，揄狄，闕狄，畫羽飾，展衣白衣。《喪大記》曰，復者，夫人以屈狄，世婦襢衣。屈者，音聲與闕相似，襢與展相似，皆婦人之服。鞠衣黄衣，素沙赤衣。謹案《説文・衣部》褘，《周禮》王后之服褘衣，謂畫袍，六服皆袍制。應先鄭與許同，不自後鄭始。又云，褕，褕翟，羽飾衣。《詩・鄘・君子偕老》傳，褕翟，闕翟，羽飾衣。《正義》孫毓云，衣裳非可以羽飾，乃孫毓誤解《毛》義。據先鄭宗《毛》義，則是畫羽飾衣，而《説文》又以褘衣畫袍，與褕翟羽飾衣互文，則三翟皆是畫羽飾衣。《正義》又云，褕翟、闕翟羽飾衣，褘衣亦羽飾衣，褘衣以翬羽，褕翟以摇羽，闕翟次褕翟，亦用摇羽，但闕少耳。據《左昭十七年傳》正義，賈逵云，南方曰翟雉，則翬翟、摇翟、翟雉，各爲一種，説詳後鄭注。然則六服皆袍制，先鄭與後鄭同，三翟畫羽飾於衣，與後鄭刻繒綴衣異也。又《詩・君子偕老》傳，禮有展衣者，以丹縠爲衣。《邶・緑衣》釋文，展字亦作襢，王后之服五曰襢衣，毛氏、馬融皆云色赤，《説文・衣部》𧝝，丹縠衣。《重修玉篇・衣部》𧝝，丹縠衣。襢同上。據許、馬宗毛義並以展衣爲丹縠衣，色赤，先鄭亦應以展衣爲赤衣，今本作展衣白衣。《詩正義》引同，乃是隋唐以前傳寫者與下句素沙赤衣互誤，展衣既是赤衣，因知先鄭讀緣衣素沙四字絶句，以緣衣素沙自爲一服，如是白衣。然雖自爲一服，而緣字沙字則統屬六服言耳。《釋名・釋衣服》婦人以絳作衣裳，上下連，四起施緣，曰袍。緣裙，裙施緣。緣襡，襡施緣。《周禮》言緣衣，猶《釋名》言緣裙、緣襡，其制則如《釋名》所言緣袍，而以沙爲之。《後漢・章紀》注，《釋名》縠，紗也，沙、紗古今字。揄狄、闕狄言狄，則褘衣亦是狄。可知緣衣以素縠爲衣而施緣，則展衣亦以丹縠爲衣而施緣，鞠衣亦以黄縠爲衣而施緣，可知即後鄭《雜記》注所謂袿袍，襈也。《詩・鄘》正義引孫毓推毛義，褘衣赤，褕翟青，闕翟黑，鞠衣黄，展衣赤，褖衣黑，則赤黑二色，複而無玄白二色。以意推之，先鄭宗毛義當是褘衣玄，揄狄青，闕狄黑，鞠衣黄，展衣赤，緣衣素沙白。後鄭改爲褘衣玄，揄狄青，闕狄赤，鞠衣黄，展衣白，緣衣黑，而六服皆袍制，仍宗先鄭等舊義。《續漢・輿服志下》太皇太后、皇太后入廟，服紺上皂下，蠶，青上縹下，皆深衣制。皇后謁廟，服紺上皂下，蠶，青上縹下，皆深衣制。劉注，徐廣曰，即單衣，漢制入廟謁廟服當《周禮》三翟，從王祭祀，蠶服，當《周禮》鞠衣，告桑皆單衣，而不爲袍制，已失六服遺俗矣。故後鄭别借圭衣、袿袍、襈以況之。

又《釋王后六服二》 注，玄謂狄當爲翟。翟，雉名。伊洛而南素質，五色皆備成章曰翬。江淮而南青質，五色皆備成章曰摇。王后之服，刻繒爲之形而采畫之，綴於衣以爲文章。褘衣畫翬者，揄翟畫摇者，闕翟刻而不畫。今世有圭衣者，蓋三翟之遺俗。謹案《禮記・玉藻》褘衣、揄狄注：褘，讀如翬，揄，讀如摇，翬、摇皆翟雉名，刻繒而畫之，著於衣以爲飾。又屈狄注：屈，《周禮》作闕，闕謂刻繒爲翟，不畫也。《書鈔》一百二十八《三禮圖》褘衣服者，王后從王祭先王服也。揄翟，從王祭先公服也，刻青翟形，采畫雉綴於衣是也。闕狄，從王祭羣小祀服也，刻赤繒爲翟形，不采畫，綴於衣也。《爾雅》釋鸐，山雉。《説文・羽部》翟，山雉尾長者。《書鈔》引後鄭舊圖褘衣條有脱句。循例以推，則後鄭改先鄭義，當是褘衣刻素繒爲翬翟形，而畫以五采，綴於衣。揄狄刻青繒爲摇翟形，而畫以五采，綴於衣。闕翟刻赤繒爲翟雉形，而不畫五采，以綴於衣。又繼之云，今世有圭衣，蓋三翟之遺俗。疏釋注義，刻爲圭形，綴於衣。但僅刻繒爲圭形，與三翟形制全不相類。注所舉以況三翟者，當舉圭衣中離袿有襳者言之也。然欲考離

袿有纖之制，必先考圭衣之制。《釋名・釋衣服》婦人上服曰袿，其下垂者，上廣下狹如刀圭。圭衣實由是而得名。又《漢・江充傳》充衣沙縠單衣，曲裾，後垂交輸。張晏注，曲裾如婦人衣。蘇林注，交輸如今新婦袍上挂全幅繒角割，名曰交輸裁。如淳注交輸，割正幅，使一頭狹若燕尾，垂之兩旁，見於後，是《禮・深衣》續衽鉤邊。賈逵謂之衣圭，以《禮記・深衣》注校之，頗不相合，其故由於此注王后六服連衣裳是深衣制。《續漢・輿服志下》太皇太后、皇太后、皇后服皆深衣制，而賈逵注《禮記・深衣》續衽鉤邊，乃兼及婦人所服深衣。張晏云，曲裾如婦人衣，可當深衣之鉤邊。蘇林、如淳云，新婦袍上交輸裁，垂之兩旁若燕尾。賈逵稱爲衣圭，可當深衣之續衽。雖與《禮記・深衣》注不合，而《喪大記》注衽小要，《正義》謂燕尾，亦參用賈逵注衣圭義。舊義蓋自其所垂偏旁而言，交輸裁一頭濶一頭狹，故《釋名》云形如刀圭。賈逵又云，衣圭自其垂之兩旁而言，兩旁尖長，中尖漸殺而短，故蘇林云交輸裁，如淳又云若燕尾。凡此特論漢制圭衣，而圭衣中離袿有纖，又當循序以考其制。《文選》司馬長卿《子虛賦》蜚纖垂髾。郭璞注，司馬彪曰，纖，袿飾。髾，燕尾。燕尾即上所論圭衣。《漢・司馬相如傳》張揖注纖離袿，即司馬彪注所云袿飾。《易・離》釋文，離，鄭作麗。《爾雅・釋天》釋文，縿本或作纖。離袿纖，又即《續漢志》麗圭襂。《續漢志》自皇后以下，皆不得服麗圭襂。依例以推，唯太皇太后、皇太后得服麗圭襂。圭衣爲婦人上服，麗圭襂尤爲圭衣中上服。《續漢志》劉注，司馬相如《大人賦》垂旬始以爲襂，注，葆下旒襂之容如旌旒。《漢・司馬相如傳下》襂作幓，張揖注，旒也。又《司馬相如傳上》顏注纖，袿衣長帶。離袿纖，是圭衣長帶，其形制若旌旒。《文選》司馬長卿《上林賦》眇閻易以卹削。郭璞注，卹削，言如刻畫作之。《史記・司馬相如傳》卹削作戌削。《集解》，徐廣曰，閻易，衣長貌。戌削，言如刻畫作之。郭、徐所謂如者，蓋如後鄭所謂，王后之服，刻繒爲之形而采畫之，綴於衣以爲文章是也。《廣韻・齊部》袿，《廣雅》曰長襦。圭衣既是長襦，離袿纖若旌旒，又是長帶。《上林賦》云閻易狀圭衣之長，卹削乃狀離袿纖之刻畫，其制果否刻畫翟雉形，及今已不得而知。但觀其蜚纖若旌旒，而三翟刻繒綴衣，猶可想見其大略。《爾雅・釋器》衣旒謂之視，注，或曰袿衣之飾。衣旒，亦取若旌旒之義，知圭衣之飾，有離袿纖，自是三翟遺俗由來舊矣。蓋自《釋名・釋衣服》禕衣鷸翟宗先鄭義，闕翟又宗後鄭義，聶氏《三禮圖集注》又增損阮諶等舊圖，俾先後鄭三翟異義，幾至蒙混不可以究詰。而後鄭舉圭衣以況三翟義，蘊諸先儒，從未有見及此者，兹特申明後鄭所況義如此。

又《釋王后六服三》 注，素沙，今之白縳也。六服皆袍制，以白縳爲裏，使之張顯。今世有沙縠者，名出於此。謹案此注與《禮記・雜記》注互文，彼注詳六服以素沙爲裏，是袍制，此注則僅言素沙形質耳。《釋文》縳，劉音絹，《聲類》以爲今作絹字。《說文・糸部》縠，細縳。《廣雅・釋器》縠，絹也。絹本作縳，其細者謂之縠。《古文苑》宋玉《諷賦》披白縠之單衫。《漢・賈誼傳》白縠之表。白縠即注所稱白縳。《漢・江充傳》充衣紗縠單衣。漢時因周禮，素沙舊名稱爲沙縠，後又別造紗字，改稱紗縠。《釋名・釋綵帛》縠又謂之沙縠，踧踧如沙也。《續大藏音義》五紗縠，《切韻》絹屬，《考聲》似絹而輕者。注意以漢時沙縠白縳，與《周禮》素沙形質相似。而《文選》曹子建《七啓》黼黻之服，紗縠之裳。《續漢・輿服志下》五官，左右虎賁、羽林五中郎將、羽林左右監，皆衣紗縠單衣。《漢・江充傳》顏注，《漢官儀》虎賁中郎將，衣紗縠單衣。凡言紗縠者，皆非婦人之服，又是單衣，有表無裏，非袍制。《雜記上》素沙注，若今紗縠之帛，亦言沙縠，與素沙形質相似。又云，六服皆袍制不襌，以素沙裏之，如今袿袍襈重繒矣。《正義》袍制，謂連衣裳，有表有裏，則知此注六服皆袍制，以白縳爲裏，乃是指袿袍襈重繒而言。《釋名・釋衣服》袍，苞也。苞，内衣也。婦人以絳作衣裳，上下連，四起施緣，亦曰袍。襈，撰也。撰青絳謂之緣，以其袍制有緣，謂之袿袍。襈，《續漢・輿服志下》劉注，蔡邕《表志》曰，永平初詔書，中宮服重繒。《漢舊儀下》皇后稱中宮。皇后服重繒，即服袿袍襈重繒，以其袍制，有表有裏而不襌，又謂之袿袍襈重繒。王后六服皆袍制，以素沙爲裏，注舉袿袍襈重繒以相況。《宋・禮志五》漢制，太后入廟祭神，服紺上皂下，皆深衣，即單衣。皇后謁廟，服紺上皂下。今皇后謁廟，服袿襡大衣，謂之禕衣。王后六服，禕衣等三翟，刻繒綴衣。注又舉袿襡大衣有纖者以相況。互詳《禮記・雜記上》。

清・閻鎮珩《六典通考》卷三四《宮政考・服飾》 《内司服》掌王后之六服，禕衣、揄狄、闕狄、鞠衣、展衣、緣衣，素沙。鄭司農云，禕衣，畫衣也。《祭統》曰君卷冕立于阼，夫人副、禕立于東房。揄狄、闕狄畫羽飾。展衣白衣也。《喪大

記》曰，復者朝服，君以卷，夫人以屈狄。世婦以襢衣，屈者音聲與闕相似，襢與展相似，皆婦人之服。鞠衣黃沙也。素沙，赤衣也。玄謂狄當為翟，翟雉名，伊洛而南素質五色皆備成章曰翬，江淮而南青質皆備成章曰摇，王后之服刻繒為之形，而采畫之，綴於衣以為文章，褘衣畫翬者，揄翟畫摇者，闕翟刻而不畫。此三者皆祭服，從王祭先王則服褘衣，祭先公則服揄翟，祭群小祀則服闕翟。今世有圭衣者，蓋三翟之遺俗。鞠衣，黃桑服也，色如鞠塵，象桑葉始生。《月令》三月薦鞠衣於先帝，告桑事。展衣以禮見王及賓客之服，字當為襢，襢之言亶。亶，誠也。《詩・國風》曰，玼兮玼兮，其之翟也。下云，胡然而天也，胡然而帝也，言其德，當神明。又曰，瑳兮瑳兮，其之展也。下云，展如之人兮，邦之媛也，言其行配君子。二者之義，與禮合矣。《雜記》曰夫人服税衣、揄狄。又《喪大記》曰士妻以褖衣，言褖者甚衆，字或作税。此緣衣者，實作褖衣也。褖衣御于王之服，亦以燕居，男子之褖衣黑，則是亦黑也。六服備於此矣。褘、揄狄，展聲相近，緣字之誤也。以下推次，其色則闕狄赤，揄狄青，褘衣玄婦人尚專一德，無所兼，連衣裳不異其色。素沙者，今之白縳也，六服皆袍制，以白縳為裏，使之張顯，今世有沙縠者，名出於此。賈公彥曰，王后六服無文，鞠衣象麴塵其色黃，褖衣與男子褖衣同其色黑，二者為本以五行之色。從下向上，水色黑，褖衣象之。水生於金，褖衣上有展衣，象金色，故先鄭云展衣白衣也。金生於土，土色黃，鞠衣象之。土生於火，火色赤，鞠衣上有闕翟象之。火生於木，木色青，闕狄上有揄狄象之。天色玄，褘衣最在上，象天色。婦人衣裳連，非袍而云袍制者，取衣複不單，與袍制同。漢時有圭衣，刻為圭形，綴於衣。由周禮有三翟别刻繒，綴於衣。漢俗尚有，故云三翟遺俗。漢時縠衣，有沙縠之名，出於周禮素沙也。

后用六服，惟北齊與周制同。漢則服二而已，入廟紺上皂下，蠶與朝服青上縹下，皆深衣制。徐廣云單衣也。魏蠶服以文繡。晉入廟純皂，蠶純青。後周雖用六服，其名詭異。隋則四等。唐后服三，褘衣深青，織成而畫翬。受册助祭朝會大事之服。鞠衣黃羅為之，不畫。蠶服。禮衣用雜色，亦不畫。燕見賓客之服。宋存此三名，而不用，但服龍鳳珠翠冠，霞帔耳，章獻明肅皇太后謁太廟始服褘衣，乘輅又制衮衣，以行禮。衮衣如天子，減宗彝及藻二章。皇太妃皇后則服禮衣，以緋羅為之，皆異古制，其册后則褘衣，如唐之禮。明制褘衣、翟衣皆深青，鞠衣紅色，而親蠶用禮服，僅見於嘉靖之時。則周之六服，後世罕能兼用，其來久矣。

辨外內命婦之服，鞠衣、展衣、緣衣、素沙。內命婦之服，鞠衣九嬪也，展衣世婦也，緣衣女御也。外命婦者，其夫孤也則服鞠衣，其夫卿大夫也則服展衣，其夫士也則服緣衣，三夫人及公之妻其闕狄以下乎。侯伯之夫人揄狄，子男之夫人亦闕狄，唯二王後褘衣。鄭鍔曰，或謂在內有公卿大夫士，在外有公侯伯子男三等之衣，上不及王公之妻，外不及諸侯之妻，何也。竊以為，諸侯之妻從其夫之命數，而三公之妻不可以常制論。以君子偕老之《詩》觀之，衛侯爵耳，詩人言夫人之服，則曰其之翟也。其之展也，上三衣有翟，下三衣有展，其下王后一等，無褘衣而已。三公之妻，蓋如是，方其在朝屈于王，則服子男之服，其妻亦服子男之妻闕狄耳，出封則宜加。《禮記》曰，夫人屈狄，又曰夫人副、褘、屈狄者，指三夫人言之，副、褘者，指上公之妻，或又謂九嬪而上有三夫人，自夫人至女御，凡四等，此所辨止三服何也。竊以為，三夫人之服，自褘衣而下二等，有時揄狄，亦有時闕狄，經列九嬪、世婦、女御於內官，而無三夫人之職，蓋尊之也。故中宮有后，則夫人屈而服闕狄，與三公之妻在朝從子男之妻之服同。中宮或闕，則夫人伸而服揄狄，與侯伯出封其妻則服揄狄之服同。然婦人以純素為本，故皆素紗。凡祭祀賓客，共后之衣服，及九嬪、世婦，凡命婦，共其衣服。凡者，凡女御與外命婦也。言及言凡，殊貴賤也，春秋之義，王人雖微者，猶序乎諸侯之上，所以尊尊也。臣之命者，再命以上受服，則下士之妻不共也。外命婦唯王祭祀賓客以禮佐后，得服此上服，自於其家則降焉。《王氏詳説》曰，命婦之服，助祭于王與夫朝覲，他則否。命婦之服，助祭於后，與夫相后見賓客，他則否。《玉藻》曰，諸侯玄端以祭，裨冕以朝，是諸侯命服不得私用。《雜記》曰，大夫冕而祭於公，弁而祭於己，士弁而祭於公，冠而祭於己，是諸侯命服，不得私用，命婦之服禮亦如之。《玉藻》王后褘衣，夫人揄狄。褘讀如翬，揄讀如摇，翬揄皆翟雉名也。刻繒而畫之，著於衣以為飾，因以為名也，後世作字異耳。夫人、三夫人、亦侯伯之夫人也，王者之後夫人，亦褘衣也。君命屈狄，再命褘衣，一命襢衣，士褖衣。君，女君也，屈，《周禮》作闕，謂刻繒為翟不畫也。此子男之夫人及其卿大夫士之妻，命婦也。褘，當鞠字之誤也，禮，天子諸侯命其臣，后夫人亦命其妻以衣服，所謂夫尊于朝，妻榮于室也，子男之卿再命，而妻鞠衣，則鞠衣、襢衣、褖衣者，諸侯之臣皆分為三等，其妻以次受此服也。公之臣，孤為上，卿大夫次之，士次之。侯伯子男之臣，卿為上，大夫次之，士次之，褖作税。《王氏詳説》曰，《玉藻》云，惟世婦命於奠繭，其他則從男子。鄭氏以意約而解之，謂世婦命以奠繭之文，宜在夫人揄狄之下。蓋前所謂夫人揄狄，謂王后夫人，下所謂君命屈狄者，

謂子男之夫人，且六服之制，王后禕衣，夫人而下無復有禕衣矣。《明堂位》謂，夫人副、禕云者，直謂魯設耳，魯為上公之後，得用此禮，與二王之後禮一同。夫人揄狄，則内之三夫人與夫諸侯之夫人，亦揄狄矣。侯伯之夫人揄狄，則子男之夫人屈狄矣，此所以知君命，屈狄為子男之夫人言也，子男之卿再命，故其妻鞠衣，大夫一命，故其妻襢衣，其士不命，故其妻褖衣，等而上之。上公之國，孤之妻當屈狄，卿之妻當鞠衣，大夫之妻當襢衣，士之妻當褖衣矣。侯伯之國，上卿之妻當屈狄，下卿之妻當鞠衣，大夫之妻亦當襢衣，士之妻亦當褖衣矣。但秦火之後，經無正文，故説禮者亦無定論，要之可以義起。《雜記》夫人税衣、揄狄，狄税素沙，内子以鞠衣、褒衣、素沙，下大夫以襢衣，其餘如士。言其招魂用税衣，上至揄狄也，狄税素沙，言皆以白沙縠為裏，内子，卿之適妻也，下大夫謂下大夫之妻襢，周禮作展。王后之服六，唯上公夫人亦有禕衣，侯伯夫人自揄狄而下，子男夫人自闕狄而下，卿自鞠衣而下，大夫妻自展衣而下，士妻税衣而已。素沙若今沙縠之帛也，六服皆袍制，不禪，以素沙裹之，如今袿袍，襈重繒矣。褒衣者，始為命婦見加賜之衣也，其餘如士之妻，則亦用税衣。《喪大記》夫人以屈狄，世婦以襢衣，士妻以税衣。上公以衮，則夫人用禕衣，而侯伯以鷩，其夫人用揄狄，子男以毳，其夫人乃用屈狄矣，其世婦亦以襢衣。《詩・葛覃》為絺為綌，服之無斁。精曰絺，粗曰綌，斁，厭也。古者王后織玄紞，公侯夫人紘綖，卿之内子大帶，大夫命婦成祭服，士妻朝服，庶士以下，各衣其夫。《緑衣》衛莊姜傷己也。箋，緑當為緣，今轉作緑字之誤也。緑兮衣兮，緑衣黄裏。箋，緑兮衣兮者，言褖自有禮制也。諸侯夫人，祭服之下，鞠衣為上，展衣次之，褖衣次之。鞠衣黄，展衣白，褖衣黑，皆以素沙為裏，今褖衣反以黄為裏，非其禮制也。《鄘風》玼兮玼兮，其之翟也。玼，鮮盛貌。揄翟、闕翟羽飾衣。箋，侯伯夫人之服，自揄翟而下，如王后焉。瑳兮瑳兮，其之展也。蒙彼縐絺，是紲袢也。《禮》有展衣者，以丹縠為衣蒙覆也，絺之靡者為縐，是當暑袢延之服也。箋，后妃六服之次展衣，宜白縐，絺，絺之蹙蹙者，展衣夏則裏衣縐稀，此以禮見於君及賓客之盛服也。展衣字誤，《禮記》作襢衣。何楷曰，翟，山雉尾長者，取以為衣，名闕狄。《喪大記》作屈狄栖伏，曰屈狄有揄屈，猶衮龍有升降也。展，《玉藻》作襢，《説文》作褒，云丹縠也。《毛傳》亦云禮有展衣，以丹縠為衣，與《説文》合，禮見王及賓客之服。緣，當作褖，御于王之服，色黑，此后六服也。鄭司農云，禕衣玄，闕狄赤，展衣白。而孫毓以為，禕衣赤，闕狄黑，展衣赤。俱未詳所出，姑兩存以備考。此翟依鄭説，則揄狄、闕狄也。周禮六服之外，原有素沙。鄭注謂，素沙為六衣之裏。據《雜記》云，復用素沙，其非衣裏明矣。所謂蒙彼縐絺，乃展衣上加縐絺蒙之，即素沙也。古婦人盛服，以薄綃蒙於外，凡繒薄細者，皆稱絺，即今方目紗之類，不獨葛也。

右服。禮書，王之服九，祭服六，后之服六，祭服三，以婦人不預天地、山川、社稷之祭故也。内宰大祭祀祼獻則贊，而天地無祼。内宗、外宗掌宗廟之祭祀，佐王后而不及外神，是不與天地、山川、社稷之祭也。王衣裳之色異后服，連衣裳而其色同，以婦人之德本末純一，故也。《喪服》言，女子髽衰而不言裳者，《禮》言女次純衣，而不及裳，則婦人連衣裳而同色可知。王之服禪而無裏，后之服裏而不禪，以陽成於奇，陰成於偶，故也。《爾雅》曰，伊洛而南素質五色皆備成章曰翬。江淮而南青質五色皆備成章曰鷂，素質義也。青質仁也，五色皆備成章禮也，仁義以為質，禮以為文，后德如此而已。然地道尚義，故禕衣為上，揄狄次之，言禕衣則知揄之為翟。闕狄，《周禮》謂之闕，《禮記》謂之屈，三翟蓋皆畫之於衣。如王冕服祭先王，服禕衣，祭先公服揄狄，祭群小祀服闕翟，蠶則服鞠衣，以禮見王及賓客服展衣，燕居及御于王則服緣衣。崔靈恩謂，王后三翟，數皆十二，王者之後，諸侯夫人、三公而下夫人，雉數如命數，於理或然。然謂二翟，刻繒畫之綴於衣，闕翟刻之而不畫，其説無據。夫黄者，陰之盛色，蠶而服之，嬪婦取中焉，后事之盛也。白者陰之純色，見王及賓客服之，無事乎飾一於誠焉，后禮之懿也。黑者陰之正色，纁者陰之上達，緣則循緣之也，燕居及御于王服之。體貴至正以上達，為循緣而已，后行之盛也。《玉藻》所謂夫人揄翟，君命屈狄，再命鞠衣，士褖衣，言君命，則明再命一命非女君也。《坊記》曰，大夫不稱君，則其妻不稱女君，可知。蓋子男之夫人屈狄，侯伯之夫人揄狄，上公之夫人禕衣。《記》稱夫人副、禕是也。再命鞠衣，則至於四命，可知。鄭氏謂，侯伯之夫人揄狄，子男之夫人屈狄，孤鞠衣，卿大夫展衣，士褖衣，而改禕為鞠，其説是也。謂三夫人及公闕狄，誤矣。《王制》言三公一命衮，則三公在朝鷩冕，其妻揄狄可知。《玉藻》言夫人揄狄，則三夫人揄狄可知。《明堂位》言，魯夫人副禕，魯侯得用衮冕，則夫人副禕可知。《少牢》大夫之妻衣侈袂，則其上至后夫人之袂皆侈，特士褖衣之袂不侈。《爾雅》曰，赤緣謂之褖。《内司服》言緣衣。《玉藻》言褖衣。《士喪禮》襲服，亦言褖衣。《雜記》、《喪大記》

之復服，言稅衣，則緣、褖、稅同，實而異名也。鄭氏釋《周禮》曰，褖衣御于王之服，亦以燕居，男子緣衣黑，是亦黑也。釋《士喪禮》曰，黑衣裳赤緣謂之褖，褖之言緣，以表袍也。《士冠》陳三服，有玄端，無褖衣。《士喪》陳三服，有褖衣，無玄端。則褖衣所以當玄端也。然玄端之裳三，褖衣連衣裳，玄端無緣，褖衣有緣，此其所以異也。子羔之襲繭衣裳，與稅衣纁袡《曾子》譏之曰不襲婦服。鄭氏曰，稅衣，若玄端而連衣裳者也。蓋丈夫褖衣緣以赤，婦人褖衣緣以纁，古文褖為緣，鄭氏亦曰褖之言緣，則褖衣未嘗無緣也。特赤與纁，正間之色異耳。賈公彥曰《爾雅》釋婦人褖衣，鄭氏以士之褖衣雖不緣，而其名同。故引而證之，此臆論也。《士昏禮》女次純衣纁袡。《喪大記》曰，婦人復不以袡。鄭氏曰，凡婦人不常施袡之衣，盛昏禮為此服耳，復衣不以袡，明非常也。然純衣，褖衣也，士妻助祭，乃得服之，則服純衣猶士之爵弁服也。復衣不以袡，則明凡褖衣皆有袡也。

裼衣

論說

清・江永《鄉黨圖考》卷六《考袒裼裘之異》《聘禮》：公側授宰玉。裼，降立。受玉時，襲既受以玉，授宰，裼而降立，以待享。注：裼者，免上衣見裼衣。凡襢裼者左。袒，出左袖也。疏：凡服四時不同。假令冬有裘，襯身有禪衫，又有襦袴，襦袴之上有裘，裘上有裼衣，裼衣之上有上服，皮弁祭服之等。若夏以絺綌，絺綌之上則有中衣，中衣之上復有上服，皮弁祭服之等。若春秋二時，則衣袷褶，袷褶之上加以中衣，中衣之上加以上服也。聘禮不必行於冬，故四時皆有裼襲，不止施於裘，中衣即裼衣也。云見裼衣者，謂開衿前，上服見裼衣也。開衿方可袒出袖，其實是見左袖裼衣。故《玉藻》云：裘之裼也，見美也。襲者掩之，故云襲充美也。言凡襢裼者，左者吉凶皆袒左是也。是以《士喪禮》主人左袒。大射亦左袒，若受刑則袒右。故《覲禮》侯氏袒右受刑，是也。

清・宋綿初《釋服》卷下《裼襲之制》《樂記》：升降上下周旋。裼襲禮之文也。《表記》：裼襲之不相因也，欲民之毋相瀆也。注：不相因者，以其或以裼爲敬，或以襲爲敬，禮盛者以襲爲敬，執玉龜之屬是也。禮不盛者，以裼爲敬，受享是也。疏：《聘禮》賓襲執圭，至受享之時，賓裼奉束帛，行享是其事也。

《玉藻》：犬羊之裘不裼。不文飾也，不裼，裘之裼也，見美也。君在則裼，盡飾也。又曰，君衣狐白裘，錦衣以裼之。君子狐青裘，豹褎，玄綃衣以裼之，麛裘、青豻褎，絞衣以裼之。羔裘、豹飾，緇衣以裼之。狐裘，黃衣以裼之。注：凡裼衣象裘色也。《論語》：緇衣羔裘。素衣麑裘。黃衣狐裘。孔注：服皆中外之色相稱也。《集注》：衣以裼裘，欲其相稱。

綿初案，裼之爲言見也，見美也。裘必裼者，《玉藻》：表裘不入公門。注：表裘，褻也。《說文》表下注云，古者衣裘，以毛爲表，表从衣从毛，表裘其上無衣。私居褻服則可，若有事見賓，則裘上有衣。君卿大夫有狐白、狐青之等，禮以文爲貴者，必以衣裼裘見美也，盡飾也。經文言裼衣，止此錦衣，即皮弁，正服其上，更無他衣。

又《曲禮》孔疏：凡衣近體，有袍襗之屬，其外有裘，夏月則衣葛，其上有裼衣，裼衣上有襲衣，襲衣上有常著之服，則皮弁之屬也。掩而不開謂之襲，若開此皮弁服，及中衣左袒，出其裼衣，謂之裼，故《聘禮》注云，裼者，左袒也。

綿初案，《玉藻》注謂，錦衣復有上衣、皮弁服。已爲重疊。而此疏謂，裘上有裼衣，裼衣上復有襲衣，襲衣之上乃爲皮弁之屬，則又多一重襲衣矣。禮當襲者，乃有襲衣。今云凡衣皆然，而以襲衣爲中衣，則是必不可少之服，其上又有正服，裼衣之上，襲而又襲。何古人之不憚煩如是。及其裼時，既開其上服，又開其中之襲衣，然後袒而露其裼衣。其爲迂拙益甚。所謂愈解而愈失其真者也。

《聘禮》賈疏：凡服四時不同，如冬月祭服，先著明衣親身，次加袍繭，袍繭之上有裘，裘上加裼衣，裼衣之上爲上服，皮弁祭服之等。若夏，則明衣上有禪衫，禪衫之上有絺綌，絺綌之上裼衣，裼衣之上復有上服皮弁、祭服之等。若春秋則衣袷褶，袷褶之上裼衣，裼衣之上加上服也。

綿初案，賈疏謂，親身先著明衣，是也。其謂裼衣上復有上服，辨已見前。至云祭服内先著裼衣，則又賈氏之誤也。祭禮無裼襲之文，如天子大裘，其上則襲衮，故《玉藻》曰，大裘不裼。裼襲者，辨於朝會、聘享賓客、弔賀之際，因有裼，乃有襲。裼，見美也，盡飾也。祭祀不主見美盡飾，何裼之有。既無裼，則亦不言襲矣。

綜述

漢・戴聖《禮記・玉藻第十三》 君衣狐白裘，錦衣以裼之。君之右虎裘，厥左狼裘。士不衣狐白，君子狐青裘豹褎，玄綃衣以裼之。麛裘青豻褎，絞衣以裼之。羔裘豹飾，緇衣以裼之。狐裘，黄衣以裼之。錦衣狐裘，諸侯之服也。犬羊之裘不裼，不文飾也，不裼，裘之裼也，見美也，弔則襲，不盡飾也。君在則裼，盡飾也。服之襲也，充美也，是故尸襲。執玉龜，襲，無事則裼，弗敢充也。

清・林昌彝《三禮通釋》卷二一《中衣　裼衣》 《禮》有中衣、裼衣之名。據鄭康成《深衣目録》云，有表謂之中衣。大夫以上祭服之中衣用素，士祭以朝服中衣用布。《玉藻》以帛裏布非禮也。注云，冕服絲衣也，中衣用素，皮弁服、朝服、玄端，麻衣也。中衣用布。是中衣上加冕服，皮弁服，朝服，玄端，故曰有表謂之中衣也。《玉藻》君衣狐白裘，錦衣以裼之。注云，君衣狐白毛之裘，則以素錦爲衣覆之，使可裼也，袒而有衣曰裼，必覆之者，裘褻也。《詩》曰，衣錦絅衣，裳錦絅裳。然則錦衣復有上衣，明矣。《詩》箋云，中衣，裳用錦，而上加襌縠也。天子狐白之上衣皮弁服歟。《聘禮》注云，裼考，免上衣，見裼衣。《玉藻》曰，麛裘，青豻褎，絞衣以裼之。《論語》曰，素衣，麛裘，皮弁，時或素衣，其裘同，可知也。此錦衣、絞衣、素衣，皆在皮弁服之裏，即中衣也，掩合上衣，謂之中衣，袒而露見，謂之裼衣。《檀弓》練，練衣黄裏，縓緣。鹿裘衡長袪，袪裼之可也。練時，服鹿裘，練，中衣以裼之，則素衣也。注云，《玉藻》曰，麛裘，青豻褎，絞衣以裼之。鹿裘亦用絞乎，蓋練，布染以絞色，説亦得通。其上衣功衰，中衣裼衣，異名同物，著於此矣。服之有裼、襲也，不以寒暑異節。《玉藻》曰，振絺、綌不入公門，表裘不入公門。注云，二者形且褻，皆當表之，乃出。《論語》曰，當暑，袗絺綌，必表而出之。孔注云，必表而出，加上衣也。緇衣羔裘，素衣麛裘，黄衣狐裘，明裘葛之上皆有衣覆之，使可裼也。《論語》于裘不言裼者，蒙上表而出之，省文。《聘禮》注云，凡當盛禮者，以充美爲敬，非盛禮者，以見美爲敬，禮尚相變也。寒暑之服，冬則裘，夏則葛，凡袒裼者左。賈疏云，凡服四時不同，假令冬有裘。襯衣，單衫，又有襦袴，襦袴之上有裘，裘上有裼衣，裼衣之上又有上服，皮弁祭服之等，若夏以絺綌，絺綌之上則有中衣，中衣之上復有上服，皮弁祭服之等，若春秋二時，則衣袷褶，袷褶之上，加以中衣，中衣之上，加以上服也。其説與鄭義合。崔靈恩等則云，中衣外加裘，裘外又加裼衣。《玉藻》正義引皇氏説同。二劉等又謂，中衣在裼衣上。《曲禮》正義説同，俱見《詩・羔羊》正義。蓋因鄭注皮弁服中衣用布，裼衣或用錦，分中衣裼衣爲二，遂成岐誤。《玉藻》云，以帛裏布，非禮也，文承，朝玄端，夕深衣，主於大夫、士。又云，君衣狐白裘，錦衣以裼之。錦衣狐裘，諸侯之服也。注云，非諸侯則不用錦衣爲裼。是諸侯皮弁服之裏，得用錦衣不嫌以帛裏布，明矣。《玉藻》有錦衣、玄綃衣、絞衣、緇衣、黄衣。《論語》又有素衣，皆中衣也，諸侯又以綃黼丹朱爲領緣焉，其制同深衣，繼袂揜一尺，則與長衣同。

冠制

綜述

宋・聶崇義《三禮圖集注》卷三 梁正修阮、鄭等圖，以童子之服繫冕弁之末，不連緇布、皮弁等服。張鎰圖以童子服連緇布冠。下盡殷冔、夏收。以通天、遠遊已下為不出三禮經義，別編於下卷。今案《士冠禮》云，將冠者采衣紒。其將冠者，即童子二十者也。將行冠禮，始加緇布，次加皮弁，次加爵弁。若本其行事，敘將冠之服，列於緇布之上，於理為當。

今依而次之，仍升童子之服為卷首。下梁之古冠，庶得兩從，知禮之自也。

又《童子服》

童子采衣，紒。故《士冠禮》云，將冠者采衣，紒。注云，采衣，未冠者所服。《玉藻》云，童子之節也，緇布衣，錦緑，錦紳，並紐，錦束髮，皆朱錦也。紒，結髮也。賈疏云，將冠者，即童子二十者也。以其冠事未至，故言將冠。童子既不帛襦袴，不裘裳，故以錦為緇布衣，緑飾。又以錦為大帶及結紳之紐，故云錦紳並紐也。紐長與紳齊。又以錦為之束髮，總此釋。紒謂結髮也。《詩》云，總角之草是也。皆用朱錦飾者，以童子尚華，示將成人有文德，故皆用錦。示一文一質之義。衣襦袴並緇布是質也。黑屨，無絇，青繶純。又盧植云，童子紒似刀環。

又《緇布冠》

舊圖云，始冠，緇布。今武士冠，則其遺象也。大小之制未聞。

又《太古冠》 梁正又云，師說不同，今《傳》《疏》二冠之象，又下有進賢，皆云古之緇布冠之遺象。其張鎰重修亦云，舊圖有此三象。其本狀及制之大小未聞。此皆不本經義，務在相沿，疾速就事。今別圖于左，庶典法不墜。

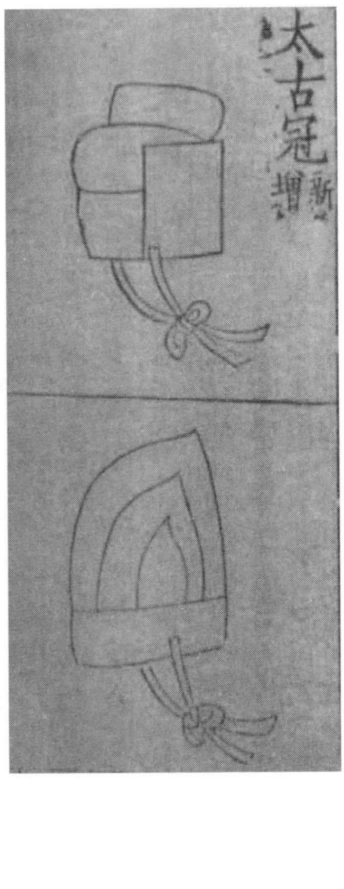

又《緇布冠》

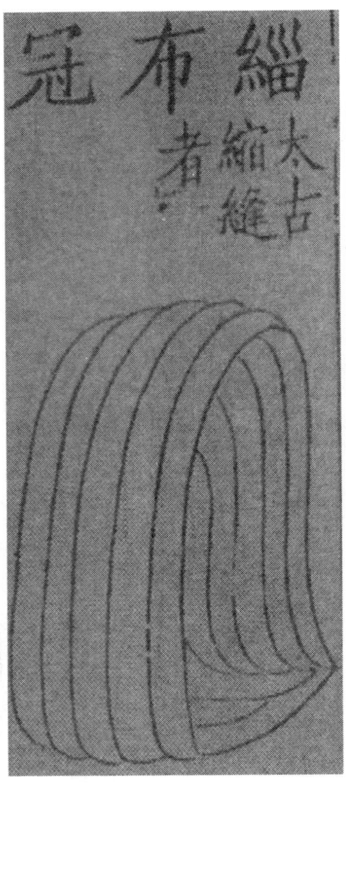

緇布冠，始冠之冠也。《記》曰，太古冠布，齊則緇之。其緌也，孔子曰，吾未之聞也。此主謂大夫士無緌耳。諸侯始加緇布冠，繢緌，其頍項，青組纓，則與士同。其士以青組纓結於頤下，無緌。自士已上，冠訖則弊去之，不復著也。然庶人猶著之。故《詩》云，彼都人士，臺笠緇撮。謂彼都邑人有士行者，以緇布為冠，撮持其髮。

又《周制》

《檀弓》曰，古者冠縮縫，今也衡縫。注云，縮，從也。衡，讀為横。孔疏云，縮，直也。古，謂殷已上質，吉凶冠皆直縫。直逢者，辟積少，故一一前後直縫之。其冠廣三寸，落頂前後，兩頭皆在武下，向外出反屈之，縫于武，辟積三，皆厭伏。今即周也。周尚文，多辟積，不復一一直縫。但多作襵，音輒。並横縫之。又以冠兩頭皆在武上，向内反屈縫之。既吉凶相變其，喪冠質猶疏辟襵，而右直縫之。以兩頭皆在武下，向外反屈縫于武，故得厭伏之名。其吉冠則左辟襵，而横縫之。詳此文義，法式顯然。梁正言大小之制未聞，一何固也。張鎰棄古今之順説，斯焉捨諸。今依經疏述而圖之。

又《頍項》

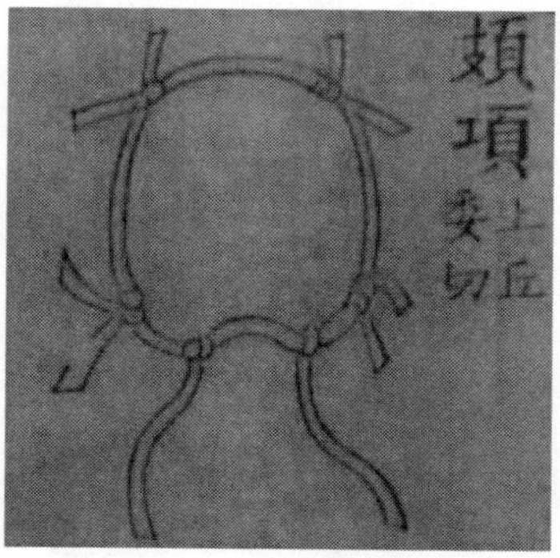

頍，經作缺。注：讀如有。頍者，弁之頍。緇布冠無笄，著頍，圍髮際結項中，隅為四綴，以固冠也。項中有緪亦由固頍為之。

又《青組纓》

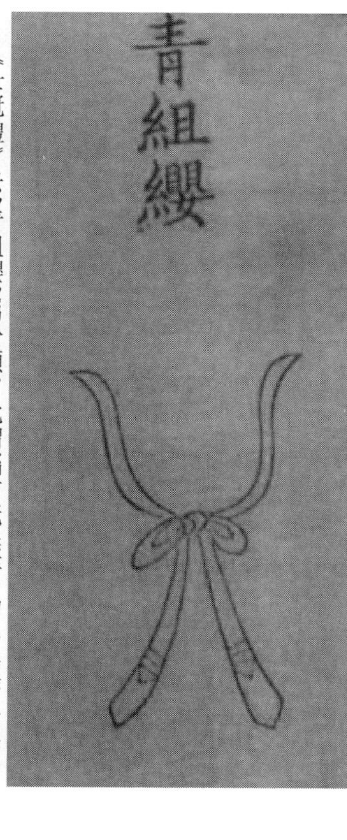

《士冠禮》云，青組纓，屬於頍。此謂緇布冠無笄，乃以二條之組兩廂屬於頍。既屬訖，則以所垂條者於頤下結之。故注云，無笄者纓，而結其條也。

又《委貌》

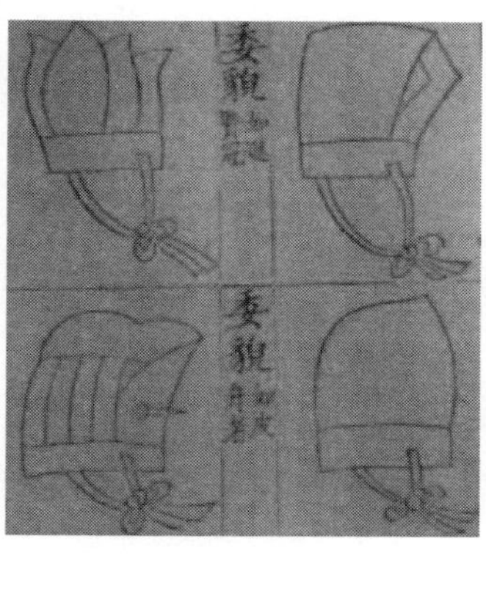

委貌，一名玄冠。故《士冠禮》云，主人玄冠，朝服。注云，玄冠，委貌也。舊圖云，委貌，進賢冠其遺象也。《漢志》云，委貌與皮弁冠同制。案張鎰圖諸侯朝服之玄冠，士之玄端之玄冠，諸侯之冠弁，此三冠與周天子委貌形制相同。則與進賢之遺象，皮弁之同制者，遠相異也。其梁正因阮氏之本，而圖委貌與前三法形制又殊。臣崇義詳此委貌之四狀，蓋後代變亂法度，隨時造作，古今之制或見乎文。張氏僅得之矣。今並圖之于右，冀來

哲所擇。

又《毋追　章甫》

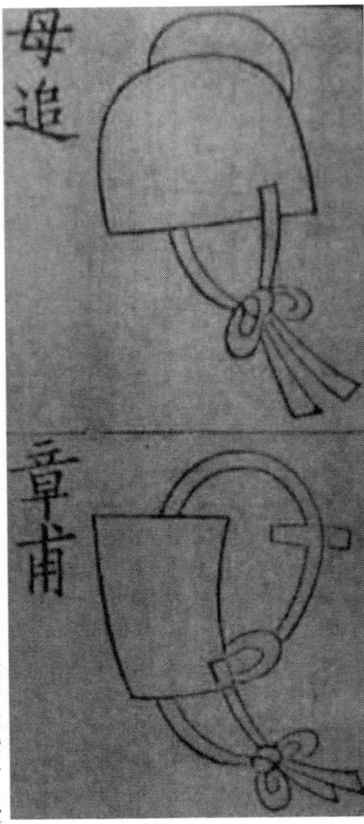

舊圖云，夏曰毋追，音牟堆。殷曰章甫，周曰委貌。委貌制已見上。後代轉以巧意改新而易其名耳。其制相比，皆以漆布為殼，以緇縫其上。前廣四寸，高五寸後廣四寸，高三寸。章甫，委大章其身也。毋追，制與周委貌同。殷冠委大臨前，夏冠委前小損。臣崇義按《郊特牲》曰，委貌，周道也。章甫，殷道也。毋追，夏後氏之道也。孔疏云，三代恒服行道之冠，俱用緇布，其形自別。既言俱用緇布為之，則緇布冠是委貌等矣。蓋布有粗縟，各為一名。又《漢志》云，長七寸，高四寸，制如覆杯，前高廣，後卑鋭。所謂夏之毋追、殷之章甫者也。毋追有覆杯之狀。但古法難識，依文觀象，備圖於右，庶合遺制。他皆類此。

又《周弁》

按《王制》疏與舊圖云，周曰弁，殷曰冔，夏曰收。三冠之制相似而微異，俱以三十升布漆為之，皆廣八寸，長尺六寸，前圓後方，無旒，色赤而微黑，如爵頭然，前小後大。殷冔黑而微白，前小後大。收純黑，亦前小後大。三冠下皆有收，如東道笠下收矣。又《後漢志》云，爵弁，一名冕。廣八寸，長六寸。如爵形，前小後大。繒，其上似爵頭色，有收持笄。所謂夏收、殷冔者也。祠天地、五郊、明堂、雲翹舞樂人服之。《禮》曰，朱幹玉戚，冕而舞大夏。此之謂也。又案《士冠禮》云，周弁、殷冔、夏收。注云，其制之異未聞。謂夏殷禮亡，其制與周異同未聞。故下不圖夏殷二冠之象，張鎰亦略而不取。

又《通天冠》

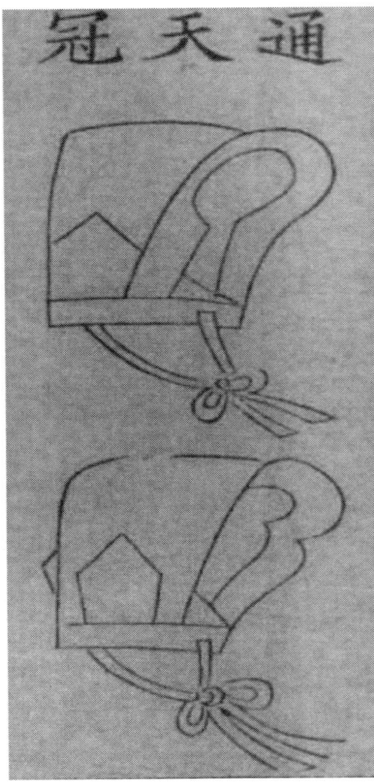

《後漢志》云，通天冠高九寸，正豎，頂少斜卻，乃直下為鐵卷梁，前有山，有展筒，乘輿常服。服深衣，制有袍隨五時色。漢受于秦，禮無文。或曰周公袍成王燕居，故施袍。兩存者，圖制或殊，更存一法，他皆類此。

又《遠遊冠》

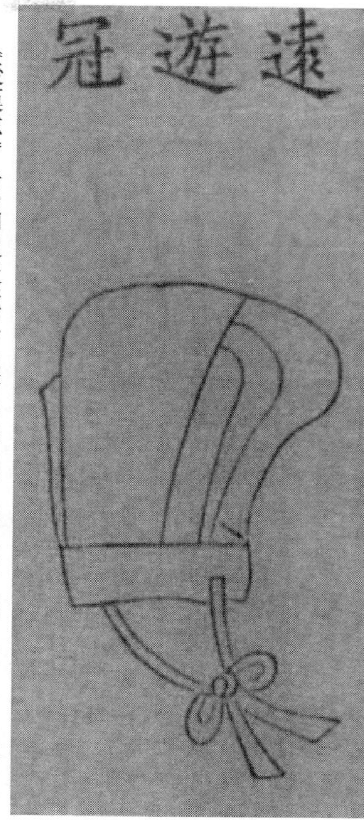

《後漢志》云，如通天冠，有展筒，無山。述又按《唐典》云，遠遊三梁冠，黑介幘，青緌，諸王服之。若太子及親王即加金附蟬九，首施珠翠纓，翠緌，犀簪導。

又《高山冠》

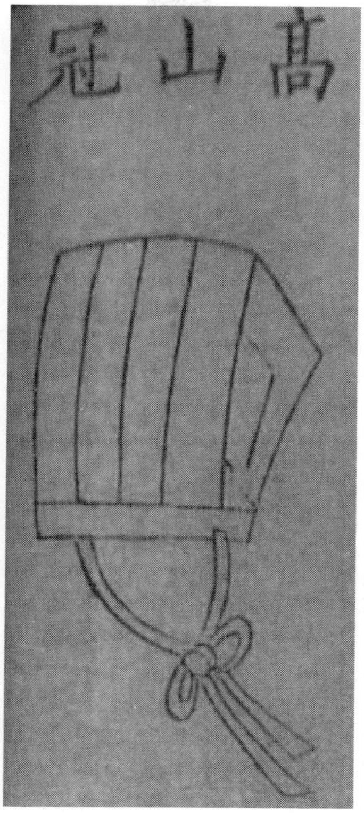

《漢志》曰，高山冠，一曰側注。冠制如通天，頂不斜卻，直豎，無山述題展筒。蔡邕《獨斷》曰，鐵為卷梁，高九寸。胡廣曰，高山冠，蓋齊王冠也。秦滅齊以其君冠賜近臣。謁者服之，又《史記》酈生謁高祖其冠側注。漢《舊儀》曰，乘輿冠高山冠幘耳。赤丹紈裏。丹色之纓。

又《長冠》

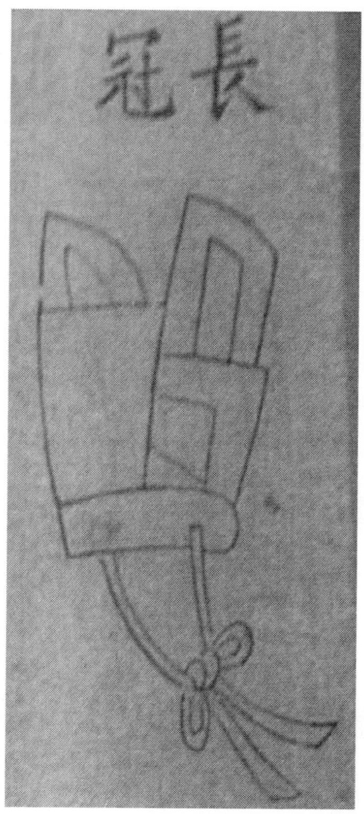

《後漢志》云，長冠，一曰齊冠，前高七寸，廣三寸，而後促。漆纓為之。制如版，以竹為裏。初高帝微時以竹皮為之。謂之劉氏冠。楚冠制也，祀宗廟諸祀則冠之。皆袀玄。袀，居匀反。《獨斷》曰，紺繒也。《吴都賦》注云，袀，卓服也。

又《法冠》

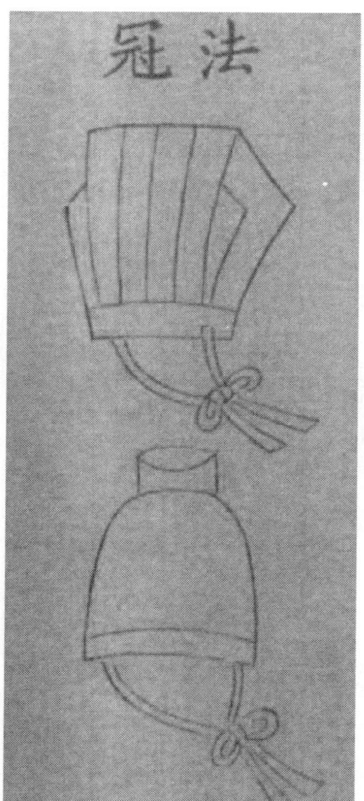

法冠。《後漢志》，一曰柱後冠。高五寸，以纚為之，展筒，以鐵為卷柱。取其直而不橈也。又《唐志》云，法冠，一名獬豸冠。以鐵為柱，上施珠二枚。或曰獬豸，神羊。取別曲直。楚王獲之，故以為。秦滅楚，以其君服賜執法者。侍御史、廷尉、正監平皆服之。

又《建華冠》

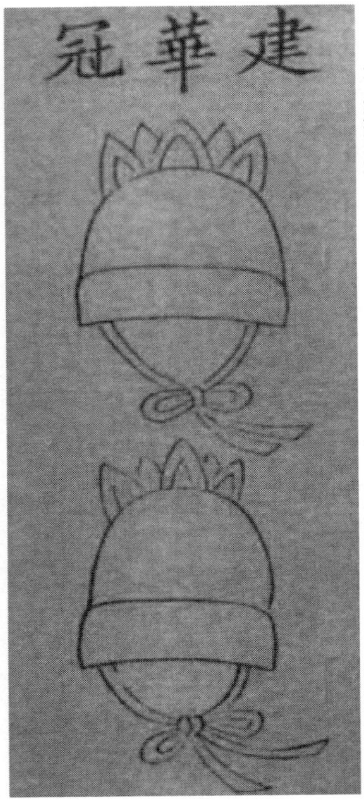

建華冠。《後漢志》云，以鐵為柱卷，貫大銅珠九枚，前圓。又飾以鷸羽於頂。祀天地、五郊、八佾舞人服之。

又《武弁大冠》

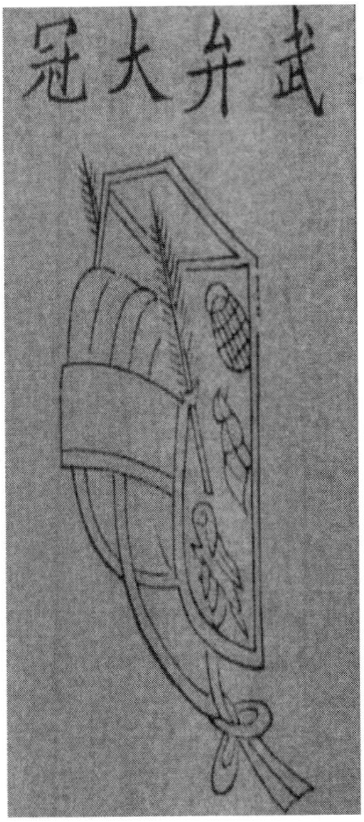

武冠，《後漢志》云，一曰武弁大冠，武官冠之。其制古緇布之象也。侍中、中常侍加黃金璫，附蟬為文，貂尾為飾。胡廣曰，趙武靈王效胡服，以金璫飾首，前插貂尾，為貴職。秦滅趙以其冠賜近臣。以金蟬貂尾飾者，金取堅剛，百煉而不耗。蟬取居高，飲露而不食。貂取內勁捍而外溫潤，毛采紫得而不就灼。

又《術氏冠》

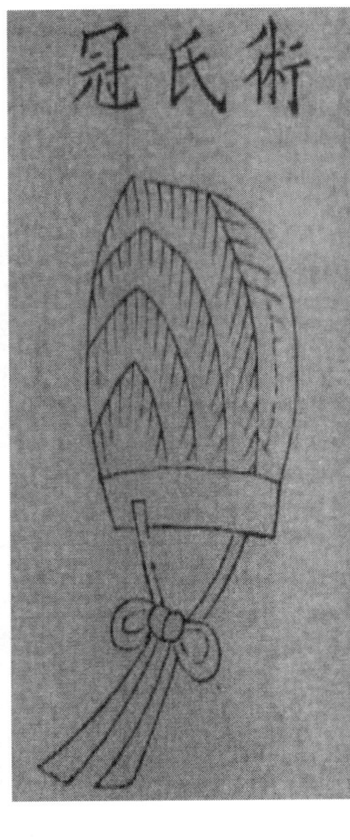

術氏冠即鷸冠也。《前漢書・五行志》注云，鷸知天將雨之鳥也，故司天文者冠鷸冠。吴制差池四重，高下取術，畫鷸羽為飾，紺色。又注云，此術氏冠，即鷸冠也。新圖誤題為術士冠。太子詹事尹拙議云，舊圖皆為術氏冠。仍按顏師古《刊謬正俗》云，鄭子華之弟子臧奔宋，好聚鷸冠。刊字本與御名同，不欲斥之。故改焉。又云，鷸，水鳥，天將雨則鳴。古人以知天時乃為冠象，此鳥形使掌天文者冠之。故《逸禮記》曰，知天文者冠鷸冠，此其證也。鷸，音聿，亦術。蔡邕《獨斷》謂為術氏冠，亦因鷸音轉為術耳，非道術之謂也。今謂於術士冠下添云，亦謂之術士冠。工部尚書竇儀議曰，臣儀今詳術士冠，已依舊圖改為術氏冠。

又《方山冠》

方山冠，《後漢志》云，制似進賢。前高七寸，後高三寸，纓長八寸，似

進賢冠，五采縠為之。祠宗廟、天子、八佾、四時、五行，樂人服之。冠衣各如其行方之色。又《景帝紀》云，高廟奏武德、文始、五行之舞。《禮樂志》曰，武德，高帝所作也。文始，舜舞也。五行，周舞也。武德者，舞人執干戚舞也。文始者，舞人執羽籥舞也。五行舞者，舞人冠冕衣服法五行色也。

又《巧士冠》

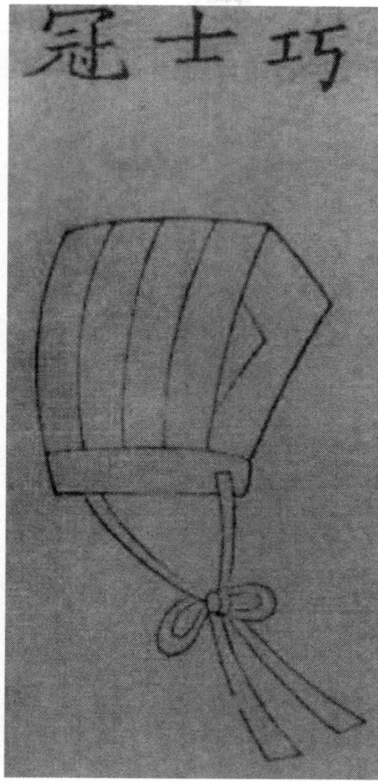

巧士冠，《後漢志》云，前高七寸，本或作五寸。要後相通，直豎。不常服，唯郊天，黄門從官四人冠之。在鹵簿中，次乘輿前，以備宦者四星也。

又《卻非冠》

卻非冠，《後漢志》云，制似長冠，下促。宮殿門吏、僕射冠之。舊圖云高五寸。

又《樊噲冠》

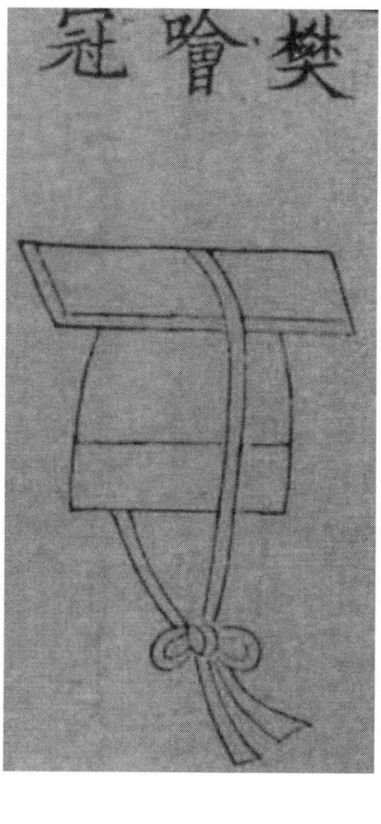

樊噲冠，《後漢志》云，樊噲造次所冠，以入項羽軍之冠也。廣八寸，前後各出四寸，制似冕。司馬、殿門衛士服之。或曰樊噲常持鐵楯，聞項羽有意殺漢王，噲裂裳裹楯，冠之入羽軍，立漢王側，視項羽。舊圖如巧士冠，既違《漢志》，不敢依從。

又《卻敵冠》

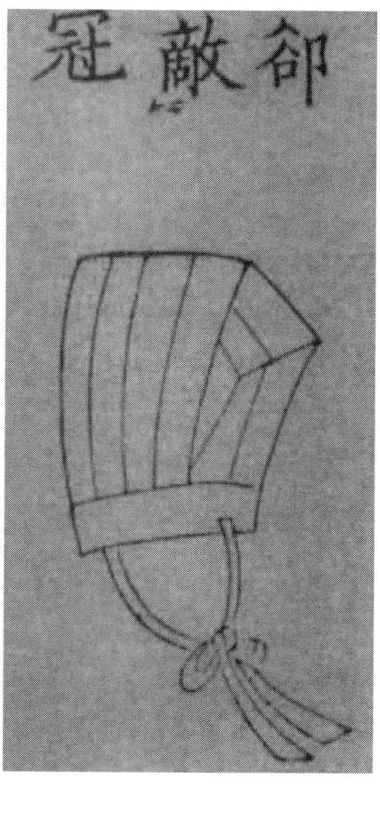

卻敵冠，《後漢志》云，前高四寸，後高三寸，通長四寸。注舊圖通作纓。制似進賢、衛士服之。《禮》無明文。

又《章甫冠》

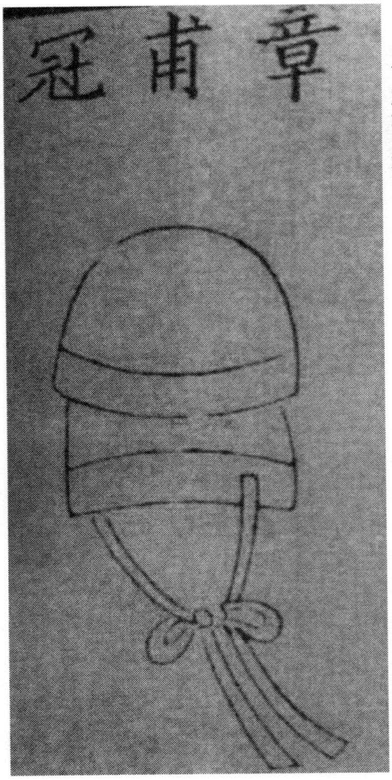

舊圖云，章甫，殷冠，亦名冔。紵中冒上，黑屋。十月行禮，服之。臣崇義桉《王制》云，夏後氏收而祭，殷人冔而祭，周人冕而祭。又《郊特牲》云，委貌，周道也。章甫，殷道也。毋追，夏後氏之道也。然則章甫是殷之行道之冠，冔是殷之祭冕。朝祭異服，顯有明文。而梁正等皆云章甫亦名冔，誤之甚也。言行道及朝皆冠章甫，不可更名冔也。今依紵中冒上，以黑屋之制，別存章甫之一法。不可更有冔名。兼諸狀雜亂亦不重出。

又《進賢冠》

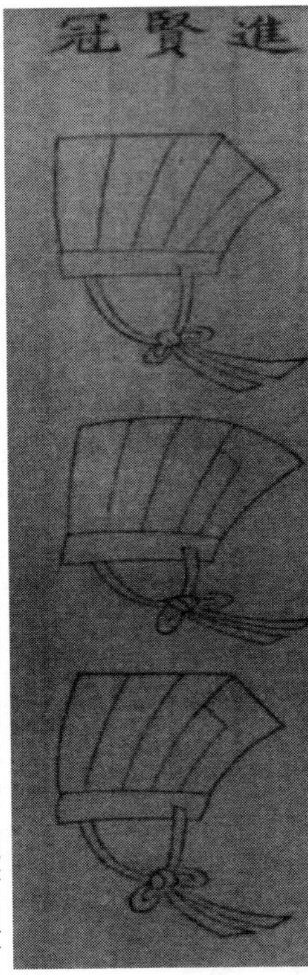

舊圖云，古三冠梁數雖異，俱曰進賢。前高七寸，纓長八寸，後高三寸。一梁，下大夫一命所服。兩梁，再命大夫二千石所服。三梁，三命上大夫公侯所服。《禮》不記。今按《唐典》，三品已上三梁，五品已上兩梁，九品已上一梁。臣崇義按，漢明帝永平二年春正月辛未，宗祀光武皇帝于明堂，帝及公卿列侯始服冠冕、衣裳、玉佩、絇屨以行事。又《漢官儀》曰，天子冠通天，諸王冠遠遊，三公諸侯冠進賢，三梁。卿大夫、尚書二千石、博士冠兩梁。千石以下至小吏冠一梁。天子、公卿、特進、諸侯祀天地、明堂皆冠平冕，天子十二旒，三公九旒，卿大夫諸侯士，其纓各如綬色，玄衣，纁裳。董巴《輿服志》曰，顯宗初服冕旒衣裳以祀天地，上玄下纁。乘輿備文日月星辰十二章，三公諸侯用山龍已下九章，卿已下用華蟲七章，皆五采。乘輿刺繡，公卿已下皆織成，陳留襄邑獻之。徐廣《車服注》云，漢明帝按古禮備其服章。天子郊廟衣，皂上絳下，前三幅後四幅，衣畫而裳繡。

宋・陳祥道《禮書》卷三《諸侯及孤卿大夫之服》

上公龍衮。繅九就，前後九旒，旒九玉，共玉百六十二，繅玉三采，朱白蒼，執桓圭。

侯鷩冕。繅七就，前後七旒，旒七玉，共玉九十八，繅玉皆三采，執信圭。

伯鷩冕。繅七就，前後各七旒，旒七玉，共玉九十八，繅玉皆三采，執躬圭。

子毳冕。繅五就，前後各五旒，旒五玉，用玉五十，繅玉皆三采，執穀璧。

男毳冕。繅玉采如子之數，執蒲璧。

王之三公鷩冕。繅八就，前後各八旒，旒八玉，用玉百二十八，執圭，射則執璧，《書》曰，周公秉圭，以冕覲之，蓋執信圭，先儒曰執桓圭。

王之孤毳冕。繅六就，前後各六旒，旒六玉，用玉七十二，執皮帛。

王之卿毳冕。繅六就，前後各六旒，旒六玉，用玉七十二，繅玉皆朱綠，執羔。

王之大夫希冕。繅四就，前後各四旒，旒四玉，用玉三十二，繅玉皆朱綠，執鴈。

諸侯之孤希冕。繅玉采，如王之大夫執，皮帛。

諸侯之卿玄冕。繅三就，前各三旒，旒三玉，用玉十八，執羔。

諸侯之大夫玄冕。再命之大夫，繅再就，用玉八，一命之大夫，繅一就，用玉二，執鴈。

又卷八《冠制》

荀卿稱，魯公問舜冠於孔子，孔子曰，古者有務，而拘領。《書大傳》務作冒，拘作句。《漢・輿服志》曰，上古衣毛而冒皮，後世聖人，見鳥獸有冠角頓胡之制，遂作冠冕纓緌以為首飾，則古者冒而已，及冠冕纓緌之作，皆有所象也。《雜記》曰，三年之練冠，亦條屬，右縫。吉冠不條屬者，通屈一條繩，若布為武，垂下為纓，屬之冠，吉冠則纓武異材，右縫者，右辟而縫之。小功以下左。左辟象吉，輕也。蓋一幅之材，順經為辟，積則少而質順，緯為辟積，則多而文，順經為縮縫，順緯為衡縫，古者吉凶之冠皆縮縫，今吉冠衡縫，而喪冠

縮縫，是喪冠與吉反矣，故記者譏之，右為陰，左為陽，凶，陰事也，大功以上右辟而縫之，所以明凶也。吉，陽禮也，小功以下左辟而縫之，所以趨吉也，其飾有緣，其貫有笄，其束有武，其係有纓，其垂有緌。《記》曰，素冠徹緣。又曰，縞冠素紕，則冠有緣矣。《國語》曰，范文子擊其子，折委笄，則冠有笄矣。居冠屬武，則凡非居冠不屬矣。喪冠不緌，則凡吉冠皆緌矣。古之冠其飾不過纓、武、緣，其名不過毋追、章甫、委貌，而已。後世有長冠、通天、遠遊、高山、竹皮、進賢、方山、巧士、卻非、卻敵之制，而其異，有若鷸冠、鷸冠，其怪者有漉酒、墊角之類，非古也。

又《毋追冠》《郊特牲》、《士冠禮》記曰，委貌周道也，章甫商道也，毋追夏后氏之道也。鄭氏謂，委，猶安也，言所以安正容貌，章明也，所以表明大丈夫也，毋發聲也，追猶堆也，夏后氏質，以其形名之，三冠皆所服以行道。《白虎通》曰，夏，十三月為正，其飾最大，故曰毋追，毋追，言其追大也。商，十二月為正，其飾微大，故曰章甫，章甫者，尚未與極，其本相當也。周，十一月為正，萬物萌小，冠飾最小，故曰委貌，委貌，委曲有貌也。《漢·輿服志》曰，委貌冠、皮弁冠同，制長七寸，高四寸，制如覆杯，前高廣，後卑鋭。所謂夏之毋追，商之章甫者也。委貌以皂繒為之，然考《白虎通》所言，則三冠之制異，《輿服志》所言，則三冠之制同。禮文殘缺，其制度名義，莫究其詳。大抵，吉冠左辟，喪冠右辟，吉冠内畢，喪冠外畢，吉冠圜，喪冠厭，吉冠玄，喪冠素，吉冠不條屬，喪冠條屬，吉冠緣，喪冠不緣，吉冠玄，喪冠不緣，居冠屬武，非居冠不屬武。此其略也。禮圖謂，毋追有覆杯之狀，於義或然。鄭司農釋《周禮》，言夏后氏之牟追，蓋古者牟母，通用也。《内則》有敦以牟，卮匜而牟，乃食器，則覆杯之説，蓋有所傳也。《記》曰，大古冠布，則毋追、章甫、委貌不以布矣。孔穎達謂三冠皆緇布為之，誤也。漢用皂繒。《記》曰，幼名冠字五十，以伯仲死謚，周道也。毀宗躐行，出於大門，商道也；直情而徑行，戎狄之道也。則所謂委貌周道，章甫商道，母追夏後氏之道者，義亦若此。鄭氏謂，服以行道，誤也。

又《章甫冠》《論語》曰，端章甫。《儒行》曰，孔子冠章甫之冠。《莊子》曰，孔子冠枝木之冠，蓋枝木之冠即章甫也，枝木其邸也。古者，喪冠厭而無邸，吉冠邸而不厭。章甫之邸枝木，猶皮弁之邸象鯱。

又《委貌冠》《論語》曰，羔裘玄冠不以吊。《左傳》劉定公謂，趙孟吾與子弁、冕、端委，以治民，臨諸侯。晏平仲端委立於虎門。《國語》晉侯端委以入武宮。董安于曰，臣端委以隨宰人，蓋端衣、委貌，士以為祭服，大夫、士，以為朝服。私朝服之。天子至士亦以為齊服，故劉定公、晉侯董安于，皆得以服之。范文子，以杖擊其子，折委笄。《士冠禮》緇布冠有纓無笄，則委貌與緇布異矣。

又《緇布冠　後世緇布冠》《儀禮》緇布冠，缺項，青組纓，屬於缺，賓筵前坐，正纚，右手執項，左手執前。《郊特牲》曰，太古冠布，齊則緇之，其緌也。孔子曰，吾未之聞也，冠而敝之可也。《玉藻》曰，始冠緇布冠，諸侯下達，曰緇布冠繢緌，諸侯之冠。《雜記》曰，大白緇布之冠不蕤。又曰大夫卜宅與葬日緇布冠，不蕤。《詩》曰，彼都人士，臺笠緇撮。蓋緇布冠，有前，有項，纓屬於缺，無緌焉。後世以尊者，不可以無飾，故加繢緌。《玉藻》曰，緇布冠，繢緌，諸侯之冠，則卑者無緌，可知也。緇布冠，蓋用之於始冠，及大夫之卜宅與葬日而已。庶人或以為常服也。用之於始冠，則玄端、玄裳、黄裳、雜裳、緇帶、爵韠。用之於卜宅與葬日，則有司麻衣、布衰、布帶、因喪屨，若庶人，則深衣焉。賈氏曰，庶人雖服委貌，而儉者服緇布，其詳不可考也。鄭氏謂，緇布缺項者，缺讀如有頍者弁之頍，緇布冠無笄者，著頍，圍髮際，結項，中隅為四綴，以固冠。然《詩》以頍為弁之貌，則頍非缺資項矣。鄭氏説缺項之制，蓋有所傳，讀缺項為頍，無所經見，緇布冠謂之緇撮，則無梁矣。《漢志》謂，緇布冠為進賢冠，公侯三梁，中二千石至博士兩梁，私學弟子一梁。唐制天子五梁，三品以上三梁，五品以上二梁，九品以上一梁。非古也。

又卷九《天子始冠之冠　諸侯始冠之冠》《玉藻》曰，玄冠朱組纓，天子之冠也。緇布冠繢緌，諸侯之冠也。鄭氏曰，皆始冠之冠，考之於禮，始冠緇布冠，自諸侯下達，則諸侯所以異于大夫士者，繢緌耳。天子始冠，不以緇布，而以玄冠，然其子，則猶士而已，以天下無生而貴也。《唐志》天子始冠緇布冠，五梁，非古也。玄冠朱組纓，則緌可知也。緇布冠繢緌，則纓可知也。朱以著正陽之色，繢以備五采之文，五采雖美，不若正陽之純，純其飾，所以異也。《國語》委貌有笄，《士冠禮》緇布冠無笄，則天子始冠之冠有笄，諸侯始冠之冠無笄，明矣。《家語》、《大戴禮》公冠四加玄冕，賈公彦謂天子宜五加衮冕。觀成王加元服，其頌曰，去幼志心衮職，則五加衮冕可知。

又《諸侯齊冠　士齊冠》《周官・司服》其齊服有玄端、素端。《記》曰，太古冠布，齊則緇之。又曰齊之玄也，以陰幽思也。又曰，齊玄而養。又曰，玄冕齊戒鬼神，陰陽也。又曰，玄冠，丹組纓，諸侯之齊冠也。玄冠綦組纓，士之齊冠也。荀卿曰，端衣，玄裳，絻而乘路者，志不在於食葷。蓋太古之齊冠以緇，周之齊冠以玄，天子齊則玄冕，而端玄，所謂絻而乘路是也。諸侯而下，玄冠、玄端而已。所謂玄冠丹組纓，玄冠綦組纓是也。然則，諸侯與士之齊，則同，而尊卑之分則異，同故皆玄冠。以一其誠，異故組纓朱色，以辨其等。諸侯丹組纓，則陽而已，以其純於德，故也。士綦組纓，則陰陽雜矣，以其不純於德，故也。《說文》綦，作綥，綦，蒼艾色也。《詩》以綦巾為女巾，《書》與《詩》以騏弁為士弁，《禮》以綦組為世子之佩綬，皆德未成者之禮也。孔子佩象環，而綦組纓綬，則其義異此矣。天子諸侯、大夫齊祭異服，特天子玄冕以祭羣小祀，其冕蓋與齊同，而其異者，玄服玄端而已。士之齊祭，一於冠端玄，其冠蓋與朝服之冠同，其異者組纓之色而已。然則，武王端冕以奉丹書，則天子齊而端冕，信矣。諸侯《昏禮》玄冕齊戒，魏文侯端冕聽古樂，則昏以玄冕，攝盛也。魏文侯之端冕，非攝盛，則僭也。鄭康成釋旅賁謂，會同賓容，王亦齊服，服衮，釋冕。《司服》以齊服玄端為士禮，此說非是。

又《子姓冠》《國語》言，帥其子姓，及國子姓。《詩》言，振振公姓。《喪大記》言，子姓立於西方。《玉藻》言，縞冠玄武，子姓之冠。蓋孫之傳姓，謂之子姓，子姓之于大父母，服綦而已。縞冠玄武，以父之喪未終，而子不敢純吉，故也。以縞為之，則無緌可知。

又《既祥冠》《玉藻》曰，縞冠素紕，既祥之冠也。《喪服小記》曰，除成喪者，其祭也，朝服縞冠。《雜記》曰，祥，主人之除也，於夕為期，朝服。又曰，既祥，雖不當縞者，必縞，然後反。《服問傳》曰，大祥素縞麻衣，則是大祥之祭。縞冠，朝服，而有嚮於吉。既祥，則素縞麻衣。而未忘乎哀，則祥與既祥之冠同，而其服異。

又卷一〇《惰遊冠》《玉藻》曰，縞冠素紕，垂緌五寸，惰遊之士也。《玉藻》縞冠素紕，既祥之冠也。《小記》曰，除成喪者，其祭也，朝服，縞冠，蓋士之失位曰喪人，其服飾則素衣，其相見則吊。惰遊，失業之士也，縞冠，素紕，垂緌五寸，宜矣。先王之於民，縣正趨其稼事，而賞罰之。載師，凡宅不毛者，有里布田不耕者，出屋粟無職事者，出夫家之征閭師不畜者，祭無牲不耕者，祭無盛不樹者，無椁不蠶者，不帛不績者，不衰夫，旌之以賞，困之以罰，阨之以禁，亦已至矣。又垂緌五寸，所以深激而勸之也。《周官》司寇，以野刑上功糾力，士師有野禁，漢世有田律，然則縞冠，素紕，垂緌五寸，蓋野刑之類也。

又《不齒冠》《周禮・大司寇》以圜土聚教罷民，凡害人者，寘之圜土而施職事焉，以明刑恥之。其能改者，反於中國，不齒三年。其不能改而出圜土者，殺。司圜掌收教罷民，凡害人者弗使冠飾，而加明刑焉，任之以事而收教之，能改者，上罪三年而舍，中罪二年而舍，下罪一年而舍。其不能改而出圜土者，殺。雖出，三年不齒。不齒者，不得以年次列于平民。《王制》將出學、小胥、大胥、小樂正，簡不帥教者，以告於大樂正，大樂正以告于王，王命三公九卿大夫元士皆入學，不變，王親視學不變，王三日不舉，屏之遠方，西方曰棘，東方曰寄，終身不齒。《玉藻》曰玄冠縞武，不齒之服也。

惰遊之責，輕於不齒。縞冠素紕垂緌五寸，重于玄冠縞武，惰遊之辱則重，而不齒之辱則輕，何也，蓋惰遊者一時之過，不齒之辱不特一時而已。苟變惰遊，以趨職事，則縞冠垂緌，棄之可也。若夫玄冠縞武，或服之終身，或服之三年，先王豈忍重其辱于悠久哉。然則以重馭暫義也，以輕馭久仁也，義，故民畏其威仁，故民懷其德，夫是孰不勵業而遷善乎。子姓之縞冠玄武，則凶其上，不齒之玄冠縞武，則凶其下，凶其上，以父之有服，故也。凶其下，以下之自貽，故也。

又《大白冠》《喪禮》成服布冠，小祥練布冠，大祥縞冠布冠。《春秋》傳所謂大白之冠是也。縞冠《詩》所謂素冠是也。《雜記》曰，喪冠條屬，以別吉凶。又曰，大白冠、緇布之冠，不蕤。委武玄冠而後蕤。是條屬則不委，武不委，武則不蕤。委武玄縞而後蕤。則《玉藻》所謂大帛不緌者，乃《雜記》所謂大白也。鄭氏以帛為白，於說是也。

又《黄冠　黄衣》《記》曰，皮弁素服而祭，素服以送終也。葛帶榛杖，喪殺也。黄衣黄冠而祭，息田夫也，野夫黄衣黄冠，草服也。然則皮弁素服而祭者，蜡祭四方百物也。黄衣黄冠而祭者，臘先祖五祀也。蜡以息老物，故服送終之服，而以皮弁、素服、葛帶、榛杖，臘以息民，故服田夫之服，而以黄衣黄冠。然《周禮・司服》王祭羣小祀，則玄冕。鄭氏曰，羣小

祀，林澤墳衍，四方百物之屬也。《大宗伯》以疈辜祭四方百物。鄭氏曰，四方百物磔禳及蠟祭也。王於蜡服玄冕，而有素服，與黄冠者，葢執事者之服歟。《史記》堯有黄收，漢有黄頭郎。葢黄收，冕也。黄頭，賤者之帽也。

清・黄以周《禮書通故》卷三《衣服通故一》《白虎通義》云，周十一月為正，萬物萌小，冠飾最小，故曰委貌。委貌，委曲有貌也。殷十二月為正，其飾微大，故曰章甫。章甫者，尚未與極，其本相當也。夏十三月為正，其飾最大，故曰毋追，言其追大也。《漢輿服志》云，委貌冠制如覆杯，前高廣，後卑鋭，所謂夏之毋追、殷之章甫者也。以周案，二説各異，未詳孰是。毋追一作牟追，牟毋通用。鄭注毋，發聲。追，堆也。一説《内則》有敦牟卮匜，牟乃食器，此覆杯之説所由傳也。《續漢志》委皃以皂繒為之。孔疏云，三冠皆緇布為之，蓋非。《記》曰，大古冠布，則毋追、章甫、委貌不以布矣。

又《衣服通故二》《禮・士冠》緇布冠，缺項，青組纓屬於缺。鄭玄云，缺讀如有頍者弁之頍。緇布冠無笄者著頍，圍髮際，結項中，隅為四綴，以固冠也。項中有緪，亦由固頍為之耳。今未冠笄者，著卷幘，頍象之所生也。滕、薛名簂為頍。敖繼公云，下經言，賓受冠，右手執項，左手執前，則是冠後亦謂之項也。此缺項者，别以緇布一條圍冠而後不合，謂當冠項之處則缺也。其兩端有緪，别以物貫穿而連結之以固冠，其兩相又以纓屬之而結於頤下以自固，太古之制如此。後世冠縫著于武，亦因缺項之法而為之。以周案，皮弁、爵弁有笄，而緇布冠無笄，故别制缺項綴四隅以固冠。缺讀如頍，義與冠與缺項非一物，故此經陳缺項組纓於篋，陳緇布冠於匴。《釋名》云，簂，恢也，恢廓覆髪上也。魯人曰頍。頍，傾也，著之傾近前也。義即本鄭，鄭知缺即簂者，以經云，青組纓屬於缺，知之。江慎修、戴東原並從敖説，讀缺項如字，吴仲林、蔡宸錫因之，謂冠後兩開不相屬為缺項。胡竹村曰，如其説，缺項即指冠言之，下青組纓屬於缺，即屬於冠，何以冠在匴而纓在篋乎。胡説得之。胡培翬云，缺項四隅綴于武以固冠，唯緇布冠有之，玄冠則不用矣。纓屬於缺，謂著於缺項兩旁。一説凡冠皆有缺項，而纓屬於武。以周案，冠之有缺項，纓之屬於缺，惟緇布冠為然。胡氏云，缺項唯緇布冠有之，是已。《釋名》著頍傾近前，故纓得屬於缺，交垂頤下結之。胡氏云，著缺兩旁，猶沿敖謁。

《士冠記》言緇布之冠有緌，孔子以為未之聞，明無緌也。而《記・玉藻》云，緇布冠繢緌，諸侯之冠也。鄭玄云，有緌，尊者飾。皇侃云，大夫士無緌，諸侯位尊盡飾，故有緌。或説《玉藻》所言非古制。以周案，緌者，系屬冠武之物也。緇布冠有缺項以固冠，又何緌為。或説蓋是。上云，始冠緇布冠，自諸侯下達。其緌也，孔子曰，吾未之聞也。孔子之言，晐諸侯以下言。如諸侯本有緌，則士冠有緌，亦僭而已，何以曰未之聞。繢緌説詳下《衣服三》。

又鄭玄云，緇布冠，今小吏冠其遺象也。以周案，《後漢・續志》云，進賢冠，古緇布冠也，文儒者之服也。公侯三梁，中二千石以下至博士兩梁，自博士以下小吏私學弟子皆一梁。鄭意古冠祇用一梁，故舉漢小吏為文。後世以梁之多寡分吉冠之尊卑。又以之分喪冠之隆殺，非古也。賈公彦云，冠廣二寸，落頂前後兩頭皆在武下。聶崇義云，冠廣三寸。以周案，《後漢・續志》進賢冠，古緇布冠，文儒者之服也。前高七寸，後高三寸，長八寸。《漢・杜欽傳》乃為小冠，高廣才二寸。漢時進賢冠大，故以二寸為小也。

又《石渠論》云，玄冠朝服。戴聖云，玄冠，委貌也。朝服，布上素下，緇帛帶，素韋韠。鄭玄云，冠弁，委貌。或謂委貌為玄冠。聶崇義委貌圖，一本阮諶禮圖云今，之進賢冠，其遺象。一引《漢志》委貌皮弁同制，一引張鎰圖玄冠委貌同制。以周案，《冠禮》緇布冠無笄，皮弁笄，爵弁笄。鄭注：有笄者，屈組為紘，垂為飾，無笄者，纓而結其絛。此冠與弁之制異也。冠弁者冠而如弁，其去延板而大委武，同玄冠，其設笄施紘又同皮弁，故經謂之冠弁，《記》謂之委貌，《左傳》亦稱其服謂之端委，《穀梁》謂之委端，《國語》亦稱其笄謂之委笄。皮弁會五采玉璂象邸，與委貌異，則《漢志》謂委貌皮弁同制，失其傳矣。其無笄紘者，謂之玄冠。玄冠無笄，亦與委貌異，則小戴委貌即玄冠之説，亦未之覈矣。天子之冠，弁諸侯以為朝服，故諸侯會同朝服用冠弁，如《論語》所謂端章甫小相，《穀梁》所謂陽穀之會，桓公委端而朝是也。亦有用玄冠者，如《特牲禮》所謂朝服玄冠是也。鄭謂冠弁委貌，而以委貌為玄冠者為或説，是鄭本分冠弁玄冠為二也。戴東原云，冠之所以異於弁者，左右不合故有紕，弁則左右合而會之，所謂如覆杯矣。冠無笄而冕弁有笄，笄所以貫之於左右，是以冠無之。凡無笄者纓，

故委貌與玄冠別。

舊説玄冠用繒，或曰以布。以周案，冠之用布者，曰大古冠，曰緇布冠，以麻為之。其餘冠皆用絲，不用麻。麻冕，特以麻布為板之表裏，其冒於首者，亦用繒也。

鄭玄云，古者冠卷殊。燕居著冠于武，少威儀。孔穎達云，燕居之冠，冠武相連屬，又不加緌。若非燕居，則冠與武別，臨著乃合之。江永説，行禮者必先衣冠，豈以臨時著冠于武為多威儀邪。且吉冠内畢，如冠不屬武，恐行禮而冠脱也。詳此經之意，居冠屬武，對下有事然後緌而言，謂燕居之冠，但結纓頷下，使冠與首相著而已，不更用緌。以周案，《喪大記》吊者襲裘加武，武系後加，則冠武不屬明甚。《記》曰，居冠屬武，明非燕居武不屬冠也。鄭注為長。冠武異材，以緌聯之，緌非纓飾。

鄭玄云，縞冠玄武，武，冠卷也。古者冠卷殊。孔穎達云，卷用玄而冠用縞，冠卷異色，故云冠卷殊。以周案，古冠高廣有定制，其大小由於武，故禮冠冠武皆異材。鄭注冠卷殊。謂殊材，非謂殊色也。疏誤。

鄭玄云，大帛不緌，帛當為白，聲之誤也。大帛謂白布冠也。不緌，凶服去飾。宋緜初云，帛讀如字。大帛蓋繒之麤者，其色當亦用緇，但質無飾耳。《左傳》言衛文公初建國，為大帛之冠，大布之衣，正是此服，非有取於喪冠也。以周案，宋氏此説可通。右冠制

清・江永《鄉黨圖考》卷五《四代祭服之冠考》《王制》，有虞氏皇而祭，夏後氏收而祭，殷人冔而祭，周人冕而祭。注：皇，冕屬也，畫羽飾焉。凡冕屬其服，皆玄上纁下，有虞氏十二章，周九章，夏殷未聞。

疏，以皇與下冕相對，故為冕屬周禮。皇邸、皇舞，皆為鳳皇之字，鳳羽五采，故云畫羽飾之。

《士冠禮》記周弁、殷冔、夏收。注：弁名出於槃，槃大也，言所以自光大也。冔名出於幠，言所以自覆飾也。收所以收斂髮也，齊所服而祭也，其制之異未聞，疏：弁者古冠之大號，非直言爵弁，亦兼六冕於其中。

又《冠考》《士冠禮》記，始冠緇布之冠也，大古冠布，齊則緇之，其緌也。孔子曰，吾未之聞也，冠而敝之可也。注：大古唐虞以上，緌纓飾未之聞。大古質，無飾，重古始冠。冠其齊冠白布，冠今之喪冠是也。《郊特牲》注云，大古無飾，非時人緌也。《雜記》云，大白緇布之冠不緌，大白即太古白布冠，今喪冠也，齊則緇之者，鬼神尚幽闇也，此重古而冠之耳。三代改制，齊冠不復用也，以白布冠質，以為喪冠也。疏：緇布冠，孔子時有緌者，故非時人緌之，諸侯則得著緌，尊者飾也。冠而敝之，攄士以上，冠訖不復用，若庶人猶著之。故《詩》云，彼都人士台笠緇撮，是用緇布冠籠其髮，是庶人常用之矣。《詩》箋云，都人之士以臺皮為笠，緇布為冠，儉且節也。太古時，吉凶同服白布冠，三代有牟追之等，則以白布冠為喪冠。

按太古冠布齊則緇之，言後世之玄冠用繒，不用布，故始冠之緇布冠，既冠可敝，注疏未明言玄冠用繒，則可敝之義不明，當補。

《士冠禮》緇布冠缺項，青組纓屬於缺，緇纚廣，終幅長六尺。注：缺讀如有頍者弁之頍，緇布冠無笄者，著頍圍髮際，結項中隅為四，綴以固冠也。項中有緬，亦由固頍為之耳。今未冠笄者，著卷幘，頍象之所生也，屬猶著纚，今之幘梁也。終，充也，纚一幅長六尺，足以韜髮而結之矣。無笄者，纓而結其絛。疏云，著頍圍髮際者，無正文，約漢時卷幘亦圍髮際，故知也。隅為四綴，亦無正文，既武以下別有頍項明於首，四隅為綴，上綴于武，然後頍項得安穩也。項中有緬，亦無正文，頍之兩頭皆為緬，別以繩穿緬中，結之，然後頍得牢固也。人髮之長者，不過六尺，纚六尺，足以韜髮，既云韜髮，乃云結之則韜，訖乃為紒矣。紒，結髮也。

按，頍者，弁之貌，不可以此釋缺項，缺當讀如字。敖繼公云，冠後亦謂之項，缺項者，別以緇布一條圍冠，圍髮際而綴于武，非圍冠。而後不合，故名缺項，謂其當冠項之處，當人之項。則缺也。此説是後既不合，宜有繩結之，乃得固。敖氏謂結之以固冠，則非。敖氏又謂大古始為冠之時其制如此。此説亦是著緇布冠有缺項存古也。若玄冠，則不用缺項，而纓屬於武矣。是以《内則》不言缺項，又疑注隅為四綴之説未必，然固冠自有纓，不藉缺項而固，則冠武與缺項不必連綴，是以玄冠無缺項亦固也。纚即《内則》之縱，古人不露髮，必韜而結之，繞為髻，乃著冠，冠無笄，而安髻有笄。

又委貌周道也，章甫殷道也，毋追，音牟堆。夏後氏之道也。注：或謂委貌為玄冠，委，猶安也，言所以安正容貌，章明也。殷質，言以表明丈夫也，甫或為父母發聲也，追，猶堆也，夏後氏質，以其形名之，三冠皆所常服以行道也，其制之異同，未之聞。疏，三代皆言道，是諸侯朝服之冠，在朝以行道德者也。

按《雜記》言，委武玄縞。傳言，太伯端委以治周禮，又云，弁冕端委以治民。又晏平仲端委立於虎門，則委貌亦單言委公西華，言端章甫猶云端委，未必有取于殷冠。孔子言，少居魯，衣逢掖之衣，長居宋，冠章甫之冠，似章甫與委貌亦有微異，魯人歌，袞衣章甫，爰得我所。又似當時章甫與委貌亦通行，可通稱，未必夫子以殷人常服章甫也。

《檀弓》古者冠縮縫，今也衡縫，故喪冠之反吉，非古也。注：今冠横縫，以其辟積多，解時人之惑，喪冠縮縫，古冠耳。疏，殷以上質，言凶冠皆直縫，直縫者，辟積少，故一一前後直縫之。周世文冠多辟積，不復一一直縫，但多作襵而並横縫之。周吉冠文，故多辟積，而横縫若喪冠，質猶疏：辟積而直縫，是喪冠與吉冠相反，而時人因謂古時亦喪冠與吉冠反，故記者釋云非古也。正是周世如此耳，古則吉凶冠皆從縫。

按，今時之喪冠，與古吉冠略相似，冠以梁得名，冠圈謂之武，梁屬於武，但古喪冠用繩為武，今用布為武耳。古吉冠以黑繒為梁，亦以黑繒為武。梁之廣無正文，喪冠廣二寸，見《喪服篇》。賈疏：則吉冠當亦如之，非若後世之帽，盡舉頭而幪之也。吉冠之異於喪冠者，吉用繒，而喪用麻布也。吉冠之武用繒，而喪冠之武以繩也。吉冠之梁兩頭皆在武上，從外向内及屈而縫之，不見其畢，喪冠外畢，前後兩頭皆在武下，自外出反屈而縫之，見其畢謂之厭冠也。吉冠纓武異材，喪冠纓武同材也。喪冠三辟積於二寸之梁上縮縫之，大功已上右縫，小功以下左縫。殷以上吉冠亦三辟積，向左縫，周始變為横縫，辟積無數，冠形穹隆，當長尺有數寸，横縫可十餘辟積。此章須識古之冠制，乃知縮縫横縫之解，後儒既不知古冠用繒，則緇布冠何以既冠而可敝，又謂一幅之材，順經而辟積則少，順緯而辟積則多，又謂一幅布為冠頂，窄于武，故於其上為辟積，使上狹下寬，皆由不識古冠之廣止二寸，非用一幅之材舉頭而幪之也，其失亦有所由來。聶崇義《三禮圖》喪冠廣三寸，已非古制矣。秦始皇自謂以水德，王改冠六寸。見《史記・本紀》。於是冠梁始闊，至漢又增為七寸，故《漢・輿服志》云，委貌冠、皮弁冠同制，長七寸，高四寸，制如覆杯，前高廣，厚卑鋭，此以委貌同皮弁，如後世之帽，於是古制盡失，猶賴有喪冠存古制之彷佛，今人鮮有能考究者矣。

《雜記》大白冠，緇布之冠，皆不蕤，委武玄縞而後蕤。注：不蕤質無飾也。大白冠，大古之布冠也，委武冠，卷也，秦人曰委，齊人曰武，玄，玄冠也。縞，縞冠也。疏：玄、縞二冠，既先有别，卷後乃可蕤，故云而後蕤也。大祥縞冠亦有蕤，何以知之，前既云，練冠亦條屬右縫，則知縞不條屬，既别安卷，灼然有蕤也。

按委，委貌也，武，冠卷也。委貌之制，以冠委于武，故云委武，非謂武有二名也。委貌，即玄冠下，又云，玄者委武之制，有玄有縞，故以委武總於上下，分玄縞二冠也。蕤所以為飾大白緇布之冠，皆用布，故有纓無蕤，玄冠用黑繒，縞冠用生絹，故垂蕤為飾，非謂别安冠卷之故也。鄭注：本明疏不善隅，反徒求之别安冠卷，則大白緇布冠何嘗不别安冠卷乎，後人不識玄冠與緇布冠之别，由疏失之。

《玉藻》始冠緇布冠，自諸侯下達，冠而敝之可也。注：本大古耳，非時王之法服也。

又玄冠朱組纓，天子之冠也，緇布冠繢緌，諸侯之冠也。注：皆始冠之冠也。玄冠委貌也，諸侯緇布冠有緌，尊者飾也。繢或作繪，緌或作蕤，疏：諸侯唯繢緌為異，其頍項青組纓等，皆與士同。

又玄冠丹組纓，諸侯之齊冠也。玄冠綦組纓，綦，雜色也。士之齊冠也。注言齊時所服也，四命以上齊祭異冠。疏：諸侯玄冕祭，玄冠齊，孤則爵弁祭，亦玄冠齊，是齊祭異冠也。三命以下大夫則朝服以祭，士則玄端以祭，皆玄冠也。此云玄冠綦組纓。士之齊冠，是齊祭同冠也。天子大夫與諸侯孤同，亦爵弁祭，玄冠齊。

又縞冠玄武，子姓之冠也。注：謂父有喪服，子為之不純吉也。武，冠卷也，古者冠卷殊。疏：姓，生也，孫是子所生，故云子姓。玄吉縞凶，吉而雜凶，故云不純吉也。卷用玄，而冠用縞，冠卷異色，故云古者冠卷殊。如鄭此言，則漢時冠卷共材。

按注：言古者冠卷殊，謂冠與卷不相連，至著冠時，始合之，對下文居冠屬武耳。疏：以冠卷異色解之，誤矣。冠卷異色，唯此縞冠玄武，與玄冠縞武二冠耳。非此二冠，則玄冠玄武，縞冠縞武，不異色也。注：冠卷殊之説，亦非是，説見下。

又縞冠素紕，既祥之冠也。注：紕，緣邊也。既祥之冠，已祥祭而服之。

又垂緌五寸，惰遊之士也。注：惰遊，罷民也，亦縞冠素紕，凶服之象也，垂長緌，明非既祥。

又玄冠縞武，不齒之服也。注：所放不帥教者。

又居冠屬武，自天子下達，有事然後緌。注謂，燕居冠也，著冠于武，少威儀，燕無事者，去飾。疏：燕居之冠，冠武相連屬，燕居率略少威儀，又不加緌，若非燕居，則冠與武别，臨著乃合之，有儀飾故也。

按，冠必與武先縫合，乃可著，且行禮者，必先衣冠，不於行禮時，始著冠，何必以臨時著冠于武為多威儀耶。又吉冠内畢，如冠不屬武，則内畢之冠，未易連合，倘連合不固，行禮而冠脱，大失威儀。古人當不如是迂拙也。詳此經之意，居冠屬武，對下有事然後緌而言。謂燕居之冠，但以纓結於頷下，使冠與首相著而已，更不用垂緌屬武，是結纓而武連於首，非謂冠梁屬於武也。

又大帛不緌。注：帛當為白，大帛謂白布冠也，不緌，凶服去飾。疏：《左傳》衛文公大布之衣，大帛之冠，白繒冠也，與大布相對，與此異也。

又玄冠紫緌，自魯桓公始也。注：蓋僭宋王者之後服也。緌當用繢。

按王者之後，未見用紫之事，蓋當時尚紫之漸耳。

清·顧棟高《毛詩類釋》卷一三《釋衣服》附録。冠亦謂之委貌，其服謂之朝服，緇衣素裳。

清·林昌彝《三禮通釋》卷二一《虞皇　夏收　商冔》《世本》云，黄帝造冕。《史記》云，堯，黄收純衣。《王制》云，有虞氏皇而祭。夏后氏收而祭。商人冔而祭。《郊特牲》與《冠禮》記云，周弁，商冔，夏收。鄭氏釋《王制》謂，皇，冕屬也，畫羽飾焉。釋《冠禮》記謂，弁名出於槃，槃，大也。言所以自光大也。冔名出於幠，幠，覆也，言所以自覆飾也。收言所以收斂髮也。《白虎通》曰，弁，攀也，攀持其髮。此雖不可考，然《周禮》掌次之皇邸，樂師之皇舞，皆以鳳凰之羽為之，則皇冕畫羽飾可知也。《王制》以皇、收、冔，對冕言之。又孔子稱，禹，致美乎黻冕。《詩》稱，商之孫子，常服黼冔，黼冔云者，猶所謂黼冕也。《冠禮》記與《郊特牲》以收、冔，對弁言之者，三王共皮弁素積，則夏商而上非無弁也。然世之文質煩簡不同，故夏商之用冕者，或用弁而已。《檀弓》曰，周人弁而葬，商人冔而葬。范氏曰，爵弁一名冕，廣八寸，長尺二寸，繪其上似爵頭色，有收，特笄，所謂夏收、殷冔者也。其説不可考。

又卷二六《冠制》　荀卿稱，魯公問舜冠於孔子，孔子曰，古者有務而拘領。伏生《尚書大傳》務作冒，拘作句。《漢·輿服志》曰，上古，衣毛而冒皮，後世聖人，見鳥獸有冠角□頓胡之制，遂作冠冕纓緌，以為首飾。則古者冒而已，及冠冕纓緌之作，皆有所象也。《檀弓》曰，古之冠也縮縫，今也衡縫，故喪冠之反吉，非古也。《雜記》曰，三年之練冠，亦條屬右縫。古冠不條屬者，通屈一條繩，若布為武，垂下為纓，屬之冠，吉冠則纓武異材，右縫者，右辟而縫之。小功以下左。左辟象吉，輕也。蓋一幅之材，順經為辟積則少而質，順緯為辟積則多而文，順經為縮縫，順緯為衡縫。陳氏《禮書》云，古者吉凶之冠皆縮縫，今吉冠衡縫，而喪冠縮縫，是喪冠與吉反矣，故記者譏之。右為陰，左為陽。凶，陰事也，大功以上右辟而縫之，所以明凶也。吉，陽禮也，小功以下左辟而縫之，所以趨吉也。其飾有緣，其貫有笄，其束有武，其係有纓，其垂有緌。《記》曰，素冠徹緣，又曰，縞冠素紕，則冠有緣矣。《國語》曰，范文子擊其子折委笄，則冠有笄矣。居冠屬武，則凡非居冠不屬矣。喪冠不緌，則凡吉冠皆緌矣。古之冠，其飾不過纓、武、緣，其名不過毋追、章甫、委貌而已。後世有長冠、通天、遠遊、高山、竹皮、進賢、方山、巧士、卻非、卻敵之制，而其異有若鷸冠、鶡冠，其怪者有漉酒、墊角之類，非古也。

又《毋追冠》《郊特牲》《士冠禮》記曰，委貌，周道也，章甫，殷道也，毋追，夏后氏之道也。鄭氏謂，委，猶安也，言所以安正容貌，章明也，所以表明大丈夫也，毋，發聲也，道，猶堆也。夏后氏質，以其形名之。三冠皆所服以行遊。《白虎通》曰，夏，十三月為正，其飾最大，故曰毋追，毋追言其追大也。殷，十二月為正，其飾微大，故曰章甫，章甫者，尚未與極其本相當也。周，十一月為正，案三正之説本伏生《尚書大傳》。萬物萌小，冠飾最小，故曰委貌。委貌，委曲有貌也。《漢·輿服志》曰，委貌冠、皮弁冠同制，長七寸，高四寸，制如覆杯，前高廣，後卑鋭，所謂夏之毋追，殷之章甫者也。委貌，以皂繒為之，然考《白虎通》所言，則三冠之制，異《輿服志》所言，則三冠之制同。禮文殘缺，其制度名義莫究其詳。大抵吉冠左辟，喪冠右辟，吉冠内畢，喪冠外畢，吉冠圜，喪冠厭，吉冠元，喪冠素，吉冠不條屬，喪冠條屬，吉冠緌，喪冠不緌，吉冠緣，喪冠不緣，居冠屬武，非居冠不屬武，此其略也。《禮圖》謂，毋追有覆杯之狀，於義或然。鄭司農釋

《周禮》言夏后氏之牟追，蓋古者牟、毋進用也。《内則》有敦、牟、巵、匜，而牟乃食器，則覆杯之説，蓋有所傳也。《記》曰，太古冠布，則毋追、章甫、委貌不以布矣。孔穎達謂，三冠皆緇布為之，誤也。漢用皂繒。《記》曰，幼名，冠字，五十以伯仲，死謚，周道也。毀宗躐行，出於大門，殷道也。直情而徑行，戎狄之道也。則所謂委貌周道，章甫殷道，毋追夏後后之道者，義亦若此。鄭氏謂服以行道，誤也。

又《章甫冠》《論語》曰，端章甫。《儒行》曰，孔子，冠章甫之冠。《莊子》曰，孔子，冠枝木之冠。蓋枝木之冠，即章甫也。枝木，其邸也。古者喪冠厭，而無邸，吉冠，邸而不厭，章甫之邸枝木，猶皮弁之邸象歟。

又《委貌冠》《論語》曰，羔裘元冠不以弔。《左傳》劉定公謂趙孟，吾與子弁冕端委以治民。臨諸侯，晏平仲端委立於虎門。《國語》晉侯端委以入武宫。董安于曰，臣端委，以隨宰人。蓋端衣委貌，士以為祭服，大夫、士以朝服，私朝之服。天子至士亦以為齊服，故劉定公、晉侯、董安于，皆得以服之。范文子以杖擊其子，折委笄。《士冠禮》緇布冠有纓無笄。則委貌與緇布異矣。

又《緇布冠　後世緇布冠》《儀禮》緇布冠，缺項，青組纓，屬於缺。賓筵前坐，正纚。右手執項，左手執前。《郊特牲》曰，太古冠布，齊則緇之。其緌也，孔子曰，吾未之聞也，冠而敝之可也。《玉藻》曰，始冠緇布冠，諸侯下達。緇布冠，繢緌，諸侯之冠。《雜記》曰，大白緇布之冠，不蕤。又曰，大夫卜宅與葬日，緇布冠不蕤。《詩》曰，彼都人士，臺笠緇撮。蓋緇布冠有前，有項，纓屬子缺，無緌焉。後世，以尊者不可以無飾，故加繢緌。《玉藻》曰，緇布冠，繢緌，諸侯之冠。則卑者無緌可知也。緇布冠，蓋用之於始冠，及大夫之卜宅與葬日而已。庶人或以為常服也。用之於始冠，則元端、元裳、黄裳、雜裳、緇帶、爵韠。用之於卜宅與葬日，則有司麻衣、布衰、布帶，因喪屨。若庶人服深衣焉。賈氏曰，庶人雖服委貌，而儉者服緇布。其詳不可考也。鄭氏謂，緇布缺項者，缺，讀如有頍者弁之頍，緇布冠無笄者，著頍，圍髪際，結項中隅為四綴，以固冠。然《詩》以頍為弁之貌，則頍非缺，資項矣。案鄭氏説，缺項之制尚未分曉，考《説文》笄，先也。俗本《説文》作簪，非。無冠笄，而冕弁有笄，笄所以貫之於其左右，是以冠無之，凡無笄者纓。冕制，延前圓，垂旒，後方，延有紐，自延左右，垂笄貫之，以為固。紘以組，自頤屈而上，左右屬之笄，垂其餘，凡冕弁笄，有笄者紘。《記》曰，天子冕而朱紘，諸侯冕而青紘。《士冠禮》皮弁笄，爵弁笄，朱組紘纁邊，是也。《漢志》謂緇布冠為進賢冠，公侯三梁，中二千石至博士兩梁，私學弟子一梁。唐制天子五梁，三品以上三梁，五品以上二梁，九品以上一梁，非古也。

又《天子始冠之冠　諸侯始冠之冠》《玉藻》曰，元冠朱組纓，天子之冠也。緇布冠，繢緌，諸侯之冠也。鄭氏曰，皆始冠之冠。考之於禮，始冠緇布冠，自諸侯下達，則諸侯所以異于大夫、士者，繢緌耳。天子始冠，不以緇布，而以元冠，然其子，則猶士而已，以天下無生而貴也。《唐志》天子始緇布冠，五梁冠，古非也。元冠朱組纓，則緌可知也。朱以若正陽之色，繢以備五采之文，五采雖美，不若正陽之純，純其飾，所以異也。《國語》委貌有笄。《士冠禮》緇布冠無笄，則天子始冠之冠有笄，諸侯始冠之冠無笄，明矣。《家語》、《大戴禮》公冠，四加元冕。賈公彦謂，天子宜五加袞冕。觀成王加元服，其頌曰，去幼志，心袞職，則五加袞冕可知。

又《諸侯齊冠　士齊冠》《周官·司服》其齊服有元端素端。《記》曰，太古冠布，齊則緇之。又曰，齊之元也，以陰幽思也。又曰，齊元而養。又曰，元冕齊戒鬼神陰陽也。又曰，元冠丹組纓，諸侯之齊冠也。元冠綦組纓，士之齊冠也。荀卿曰，端衣、元裳、絻而乘路者，志不在於食葷。蓋太古之齊冠以緇，周之齊冠以元，天子齊，則元冕而端元，所謂絻而乘路是也。諸侯而下元冠元端而已。所謂元冠丹組纓、元冠綦組纓是也。然則諸侯與士之齊則同，而尊卑之分則異。同，故皆元冠，一以其誠，異，故組纓殊色，以辨其等。諸侯丹組纓，則陽而已，以其純於德，故也。士綦組纓，則陰陽雜矣，以其不純於德，故也。《説文》綦，作綥，綦，蒼艾色也。《詩》以綦布為女巾，《書》與《詩》以騏弁為士弁。《禮》以綦組為世子之佩綬，皆德未成者之禮也。孔子佩象環，而綦組綬，則其義異此矣。天子、諸侯、大夫，齊祭異服，特天子元冕以祭羣小祀，其冕蓋與齊同，而其異者，元服元端而已。士之齊祭一於冠端，元其冠，蓋與朝服之冠同，其異者組纓之色而已。然則武王端冕以奉丹書，則天子齊而端冕信矣。諸侯昏禮元冕齊戒，魏文侯端冕聽古樂，則昏以元冕攝盛也。魏文侯之端冕非攝盛則僭也。鄭康成

釋旅賁謂，會同賓客，王亦齊服，服衮冕，釋《司服》以齊服元端為士禮，此說非是。

又《子姓冠》《國語》曰，帥其子姓及國子姓。《詩》言振振公姓。《喪大記》言，子姓立于四方。《玉藻》言，縞冠元武，子姓之冠。蓋孫之傳姓，謂之子姓，子姓之于大父母，服期而已。縞冠元武，以父之喪服未終，而子不敢純吉，故也。以縞為之，則無緌可知。

又《既祥冠》《玉藻》曰，縞冠，素紕，既祥之冠也。《喪服小記》曰，除成喪者，其祭也朝服、縞冠。《雜記》曰，祥，主人之除也。於夕為期，朝服。又曰，既祥，雖不當縞者，必縞，然後反服。《閒傳》曰，期而大祥，素縞，麻衣。則是大祥之祭，縞冠，朝服，而有嚮於吉。既祥，則素縞，麻衣，而未忘乎哀。則祥與既祥之冠同，而其服異。

又《惰遊冠》《玉藻》曰，縞冠，素紕，垂緌五寸，惰遊之士也。《玉藻》縞冠，素紕，既祥之冠也。《小記》曰，除成喪者，其祭也朝服、縞冠。蓋士之失位曰喪人，其服飾則素衣，其相見則弔，惰遊，失業之士也。縞冠，素紕。垂緌五寸，宜矣。陳祥道云，先王之於民縣，正趨其稼事，而賞罰之載師。凡宅不毛者，有里布田不耕者，出屋粟無職事者，出夫家之征閭師不畜者，祭無牲不耕者，祭無盛不樹者，無椁不蠶者，不帛不績者，不衰夫旌之，以賞困之，以罰阨之，以禁亦已至矣，又垂緌五寸，所以深激而勸之也。《周官・司寇》以野刑，上功糾力，士師有野禁。漢世有田律，然則縞冠素紕，垂緌五寸，蓋野刑之類也。

又《不齒冠》《周禮・大司寇》以圜土聚教罷民，凡害人者，置之圜土而施職事焉，以明刑恥之。其能改者，反於中國，不齒三年，其不能改而出圜土者，殺。司圜，掌收教罷民。凡害人者，弗使冠飾，而加明刑焉，任之以事而收教之。能改者，上罪三年而舍，中罪二年而舍，下罪一年而舍。其不能改而出圜土者，殺。雖三年不齒。不齒者，不得以年次列于平民。《王制》將出學，小胥，大胥，小樂正簡不帥教者，以舍於大樂正，大樂正以告于王。王命三公、九卿、大夫、元士，皆入學，不變，王親視學，不變，王三日不舉，屏之遠方，西方曰棘，東方曰寄，終身不齒。《玉藻》曰，元冠，縞武，不齒之冠也。陳氏《禮書》云，隋遊之責，輕於不齒，縞冠素紕，垂緌五寸。重於元冠縞武，惰遊之辱則重，而不齒之辱則輕，何也，蓋惰遊者一時之過，不齒之辱不特一時而已。苟變惰遊以趨職事，則縞冠垂緌，棄之可也。若夫元冠縞武，或服之終身，或服之三年，先王豈忍重其辱於是、悠久哉。然則以重馭暫，義也，以輕馭久，仁也，義，故民畏其威，仁，故民懷其德，夫是孰不勵業而遷善乎。子姓之縞冠元武，則凶其上，不齒之元冠縞武，則凶其下，凶其上，以父之有服，故也。凶其下，以下之自貽，故也。

又《大白冠》《喪禮》成服布冠，小祥練布冠，大祥縞冠、布冠。《春秋傳》所謂大白之冠是也。縞冠《詩》所謂素冠是也。《雜記》曰，喪冠條屬，以告吉凶。又曰，大白冠，緇布之冠，不蕤。委武元縞而後蕤，是條屬則不委武，不委武則不蕤，委武元縞而後蕤，則《玉藻》所謂大帛不緌者，乃《雜記》所謂大白也。鄭氏以帛為白，於說是也。

又《黃冠　黃衣》《記》曰，皮弁、素服而祭。素服以送終也，葛帶、榛杖、喪殺也。黃衣、黃冠而祭，息田夫也。野夫黃衣黃冠，草服也。然則皮弁素服而祭者，蠟祭四方百物也。黃衣黃冠而祭者，臘先祖五祀也。蠟以息老物，故服送終之服，而以皮弁、素服、葛帶、榛杖，臘以息民，故服田夫之服，而以黃衣黃冠然。《周禮・司服》王祭羣小祀，則元冕。鄭氏曰，羣小祀，林澤墳衍，四方百物。《大宗伯》以疈辜祭四方百物。鄭氏曰，四方百物，磔禳及蠟祭也。王於蠟服元冕，而有素服與黃冠者，蓋執事者之服歟。《史記》堯有黃收，漢有黃頭郎，蓋黃收，冕也，黃頭，賤者之帽也。

又卷三六《衡紞紘綖》《左傳》桓二年傳，衡、紞、紘、綖。杜解云，衡，維持冠者。紞，冠之垂者。紘，纓從下而結上者。綖，冠上覆。《正義》云，衡者，冠由此以得支。紞者，縣瑱之繩，垂於冠之兩旁。紘者，用一組，從下屈而上，屬之於兩旁。綖者，冕以木為幹，以元布衣其上也。案《周官》追師掌王后之首服，為副，編、次，追衡笄。注云，衡笄，皆以玉為之，惟祭服有衡，垂於副之兩旁，當耳，其下，以紘縣瑱。據此，則衡與笄非一物。江氏永以為，衡即笄。不知《周官》追師既言衡，複言笄，衡與笄別。江氏之說，誤也。《魯語》敬姜曰，王后親織元紞。別經中言，紞者惟見於此。《詩・齊風・著篇》充耳以素乎。而鄭箋云，以素為充耳，所以縣瑱，或名為紞。則鄭己以充耳為紞。而《衛風・淇奥篇》充耳琇瑩。箋云，充耳謂之瑱。《周禮》弁師，諸侯之繩斿九就，玉瑱。注云，瑱，塞耳者。《士喪禮》瑱用白纊。注云，瑱，充耳。《禮記・檀弓》練，角瑱。注云，瑱，充耳也。皆與《齊風》

箋異。考，紘為縣瑱之組，充耳即名為瑱，而不可名為紘。鄭氏《三禮》注及《衛風·淇奧》箋皆是。而《齊風》箋，所解非也。《周禮》弁師掌王之五冕，朱紘。《禮記·祭義》天子為籍千畝，冕而朱紘，諸侯為籍百畝，冕而青紘。《士冠禮》緇布冠缺項，青組纓，屬子缺。皮弁笄、爵弁笄，緇組紘、纁邊。《玉藻》元冠，朱組纓。諸經所云，惟冕、弁用紘，而冠乃用纓也。《士冠禮》注云，有笄者，屈組為紘，垂為飾。無笄者，纓而結其條，然則紘為有笄而設。疏所謂以一條組，繫於左笄，上遶頤而上仰，屬於左笄，屈繫之是也。而《弁師》朱紘，注謂，紘以一條，屬兩端于武，則非屬於笄，不屬於笄，何以為有笄而設乎。弁師五冕，皆元冕朱裏，延紐。注云，延，冕之覆，在上。疏謂，古者，績麻三十升布為之，上以元，下以朱，衣之於冕，則延即上元者。可知。《玉藻》天子十有二旒，前後邃延。注謂，天子以五采藻為旒，旒十有二。前後邃延者，言皆出冕前後，而垂也。《大戴禮·子張問入官篇》古者，冕而前旒，所以蔽明。然則《記》言十二旒，未嘗謂前後皆有玉藻，前後邃延，謂延之前後出於武，皆深邃耳。前後據延言，不據延之垂者言，此可證鄭之誤也。

清·宋綿初《釋服》卷上《玄冠》　玄冠，縞冠、居冠、緇布冠類也。玄冠在此者，士以為自祭之服，諸侯以下以為齊服，齊祭相因，故次爵弁。玄冠其服玄端，故玄冠、玄端為一義。

玄冠，齊冠也。《郊特牲》齊之玄也，以陰幽思也。疏：解齊服所以用玄冠，玄衣之義也。《記》又曰，上古冠布，齊則緇之，蓋太古之齊冠以緇布也。尚質，周之齊冠，以玄繒也。尚文冠桊也，所以桊髮。詳見下篇《冠制》。

天子之齊服冕。《記》曰，玄冕，齊戒是也。惟始冠玄冠與諸侯以下始冠用緇布冠者，同義。燕居亦玄冠諸侯以下以為齊冠。《玉藻》曰，玄冠朱組纓，天子之冠也。謂始冠之冠。玄冠丹組纓，諸侯之齊冠也。玄冠青組纓，大夫之齊冠也。玄冠綦組纓，士之齊冠也。諸侯以下既冠之，後亦冠玄冠。見《士冠禮》。

又卷下《冠制》《白虎通義》冠者，帣也，所以帣持其髮也。帣通作桊。《說文》冠，桊也，所以桊髮，弁冕之總名。《釋名》冠，貫也，所以貫韜髮也。

《檀弓》古者冠縮縫，今也衡縫，故喪冠之反吉，非古也。

鄭注：縮，從也，衡讀為橫。疏：古謂殷以上上質，吉凶冠前後直縫之。今，周也，世文冠多辟積，作襵，而橫縫之，周之吉冠如此，喪冠猶直縫，與吉冠相反，此周世如此耳，故曰非古也。

《鄉黨圖考》按今時之喪冠，與古吉冠略相似。冠以梁得名，冠圈謂之武，梁屬於武，但古喪冠用繩為武，今喪冠用布為武，古吉冠以黑繒為梁，亦以黑繒為武。梁之廣，無正文，喪冠廣二寸，見《喪服篇》。賈疏：則吉冠當亦如之，非如後世之帽，盡舉頭而蒙之也。吉冠之異於喪冠者，吉用繒，而喪用麻布也。吉冠之武用繒，而喪冠之武以布也。吉冠之梁兩頭皆在武上，從外向內，反屈縫之，不見其畢。喪冠外畢，前後兩頭皆在武下，向外出，反屈而縫於武，縫畢向外，見其畢。故《儀禮》云，斬衰外畢，而謂之厭冠也。吉冠纓武異材，喪冠纓武同材也。喪冠三辟積，於二寸之梁上，縮縫之。殷以上吉冠，亦三辟積，周始變為橫縫，辟積無數，冠形穹窿，當長尺有數寸，橫縫可十餘辟積。此章須識古之冠制，乃知縮縫橫縫之解。後儒既不知玄冠用，繒則緇布冠何以既冠而可敝。又謂一幅之材，順經而辟積則少，順緯而辟積則多，又謂一幅布為冠頂，窄于武，故於其上為辟積，使上狹下寬，皆由不識古冠之廣止二寸，非謂用一幅之材，舉頭而蒙之也。其失亦有所由來。聶崇義《三禮圖》，喪冠廣三寸，已非古制。秦始皇自謂以水德，王改冠六寸。見《史記·本紀》。於是冠梁始闊。至漢又增為七寸，故《漢·輿服志》云，委貌冠、皮弁冠同制，長七寸，高四寸，制如覆杯，前高廣，後卑銳，此以委貌同皮弁，如後世之帽，於是盡失古制。猶賴有喪冠存古制之仿佛，今人鮮有能考究者矣。

又《緇布冠》　大古時，吉凶同服白布冠。《雜記》所謂大白冠也。齊則緇之，以鬼神尚幽闇。《雜記》所謂緇布冠也。三代改制，以白布冠為喪冠，吉冠用繒，不用布，惟始冠之時，重古，始冠，冠其齊冠，士以上冠，訖不復用，故《士冠》、《禮記·玉藻》、《郊特牲》、《冠義》皆曰，始冠，緇布之冠也。冠而敝之，可也，若庶人則以為常著之冠。《詩》曰，彼都人士，台笠緇撮。箋云，都人士以緇布為冠，儉且節也。

《士冠禮》記，始冠，緇布之冠也，大古冠布，齊則緇之，其緌也，孔子曰，吾未之聞也。冠而敝之可也。注：緌，纓飾也。《郊特牲》注：大古無飾，

非時人緌也。《雜記》大白緇布之冠不緌。大白即大古白布冠，今喪冠也。齊則緇之，鬼神尚幽闇也。此重古，而冠之耳。三代改制，齊冠不復用也，以白布冠質，以為喪冠也。

《士冠禮》緇布冠缺項，青組纓屬於缺，緇纚，廣終幅，長六尺。缺如字讀。敖繼公曰，冠後謂之項，缺項者，別以緇布一條，圍髮際，綴于武，而後不合，謂之缺項，謂其當人之項處，則缺也。後不合，有纓屬於缺而結之，以固冠也。此太古始為冠時如此，故緇布冠有缺項，存古也。所以韜髮者，謂之纚。《內則》謂之縰，古人不露髮，必韜而結之，繞為髻，乃著冠。《士冠禮》注：纚一幅長六尺，足以韜髮而結之矣。笄，今之簪。有笄者，屈組為紘，垂為飾。無笄者，纓而結其絛。疏：人髮長不過六尺，纚六尺足以韜髮，既韜髮又云結之，則韜訖乃為紒也。紒，髮結也。有笄者皮弁、爵弁是也，屈組為紘者，以一條組，於左笄上繫定，遶頤下右，向上，仰屬於笄，屈繫之，有餘，因垂為飾也。緇布冠無笄，則以二條組，兩相屬於缺，既屬訖，以所垂絛，於頤下結之，故曰纓，而結其絛。

綿初案，鄭注：缺，讀如有頍者弁之頍，謂著頍圍髮際也，頍為弁之貌，以釋缺項未安。玄冠無缺項之制。緇布冠纓屬於缺，玄冠纓屬於武。

諸侯始冠用緇布冠，有緌尊者飾也。亦既冠而不用，大夫無冠禮。《士冠禮》三加，初加緇布冠，無緌，其服玄端。再加皮弁、素積。三加爵弁，纁裳。既冠之後，乃易服，服玄冠玄端。緇布者，古冠也，皮弁者，朝廷之服，爵弁者，宗廟之服。故曰，三加彌尊，玄冠玄端，齊戒之服也，既冠服齊服者，所以齊一其心志，即初加之緇布冠，玄端服，而以玄冠易緇布冠耳。其義一也。

《玉藻》始冠緇布冠，自諸侯下達，冠而敝之可也。玄冠朱組纓，天子之冠也。緇布冠繢緌，諸侯之冠也。皆始冠之冠也，諸侯唯繢緌為異，其缺項青組纓等與士同。玄冠丹組纓，諸侯之齊冠也。玄冠綦組纓，士之齊冠也。縞冠玄武，子姓之冠也。縞冠素紕，既祥之冠也。垂緌五寸，惰遊之士也。玄冠縞武，不齒之服也。

《雜記》大白冠，緇布之冠不蕤。委武玄縞而後蕤。注，不蕤，質無飾也。大白冠，大古之布冠也。委武，冠卷也。秦人曰委，齊人曰武。玄，玄冠也，縞，縞冠也。

《戴氏遺書》冕弁冠，記古之為冠者，辟而縮縫，所以覆乎前後，為之冠，其下圍髮際者，自前而後及項，有編以結之，缺而不周，謂之缺項。《士冠禮》緇布冠缺項，青組纓，屬於缺，是也。鄭氏曰，隅為四綴，以固冠，謂上與冠為固也。《記》曰，大白冠、緇布冠，皆不蕤。委武玄縞而後蕤。然則，古者冠無武，缺項，武之始也，是以惟緇布冠有之。後王之制，法大古冠以為喪冠，而吉冠辟積無數，易之以衡縫，有冠卷而去缺項，冠卷謂之武，或謂之委，纓以組二屬於武，結頤下，既纓飾以緌。記又曰，居冠屬武，屬武者纓也，不言纓者，以緌見之，是故省其文也。

綿初案，戴氏云，古者冠無武，缺項武之始也。《發明經》注：實前儒所未道敘，釋冠制，原委亦獨見清析，故詳載之。

《玉藻》居冠屬武，自天子下達，有事然後緌。

注：著冠于武，少威儀。又注：古者冠卷殊。疏：燕居，冠武相連屬，若非燕居，則冠與武別臨，著乃合之，有儀飾，故也。

綿初案，此亦戴氏說是。屬武者，謂以纓兩頭屬於武，而下結於頸，不垂緌也，故下曰有事然後緌。注：謂冠卷殊，誤解屬字之意，冠梁兩頭，皆在武上，向內屈而縫之，不見其畢，必先縫合，乃可著。若冠與武不連臨，著時匆匆合之，則惟傾側之是，虞尚何儀飾之有。

《玉藻》大帛不緌。

注：帛當為白聲之誤也。大帛，謂白布冠也。不緌，凶服去飾。綿初案，古帛與白通，故鄭氏改帛為白。愚以謂，帛讀如字，大帛，蓋繒之麤者，其色亦當以緇，但質無飾耳。《左傳》言，衛文公初建國，憂勤民事，故為大帛之冠，大布之衣，正是此服，非有取於喪冠也，與大白冠不同。注改帛為白，云凶服去飾，失之。

清・焦廷琥《冕服考》卷一 有紐，所以貫笄。

《弁師》王之五冕延紐。注云，紐，小鼻在武上，笄所貫也，今時冠卷當簪者，廣袤以冠縰，其舊象歟。

惠氏士奇《禮說》云，《士冠禮》緇纚，廣終幅，長六尺。康成云，纚，今之幘梁也，韜發而結之，蓋全幅迭用，所以貫髻承冠。徐爰曰，古者有冠無幘，冠下有纚，以繒為之，後世施幘於冠，因裁纚為帽，然則古曰纚，漢曰幘，晉宋曰帽。案幘之制，旁有耳，上有屋，下有裙，帽亦如之，垂裙覆帽，蓋

韜髮之遺象也，故曰廣袤似冠縰。其遺象與言漢之幘梁，似古之冠。縰，縱廣充幅，袤六尺，其遺象存焉。俗本似誤，為以賈疏不明，故正之。【略】任氏大椿《弁服釋例》云，設紐之處，雖當武之中，不當縰之中，即不當髻之中矣，故袤必以冠縰之中為中也。廣以言乎，上下也，縰以韜其上，下當與髻齊，紐在武上，必當縰上下之中，乃當髻上下之中，故廣亦以縰言之。惠氏《禮説》據一本云，今時冠卷當簪者，廣袤似冠縰，其遺象與，謂以字當作似字。幘之制旁有耳，上有屋，下有裙，帽亦如之，垂裙覆帽，蓋韜髮之遺象，故曰廣袤似冠縰，其遺象與漢之幘梁，似古之冠縰。今考鄭此注：本以釋五冕之紐，上云紐，小鼻在武上，笄所貫也，下因釋紐在武上，當以冠縰之中為中，故舉漢時冠紐，釋冕弁之紐也。紐在卷上，故舉卷當簪之處，釋紐當簪之處也。注云，冠卷當簪者，即為紐耳。漢時冠卷，或以鐵為之，或以漆紗為之，其狀如圈，惠氏謂冠卷當簪之處，如幘之有裙，幘似冠纚，則冠卷當簪之處，亦似冠纚，不知漢時幘下有裙，冠卷之下無裙。注：何得云冠卷當簪之處，同於幘之有裙，且同於幘之似纚乎。况鄭此注：專釋經文紐字耳，與幘之似纚何涉。如惠氏説，則此注乃釋幘制，非釋紐制也。與上注紐小鼻在武上，笄所貫也數句，全不相接矣。賈疏釋注：亦作廣袤以冠縰云，古之紐武笄貫之處，若今漢時冠卷，當簪所貫者，於上下之廣，及隨縰之袤，以冠縰者，貫笄之處，當冠縰之中央，據此則注内以字不誤。惠氏所見《周禮》縰有善本，而賈疏所據則唐以前本也。何必似字之是，而以字之非乎。

廷琥按，惠氏謂鄭注廣袤，以冠縰為廣袤，似冠縰之誤。漢之幘梁，似古之冠縰，任氏駁之，謂紐在武上，以冠縰之中為中，故舉漢時冠紐，釋冕弁之紐，注内以字不誤，任説為長。《士冠禮》緇布冠纚廣終幅，長六尺。注：纚今之幘梁也，蓋纚亦作縰，所以裹髮而後成髻，既成髻以幘冒之。《説文》髮有巾曰幘。《獨斷》云，元帝額有壯髮，不欲使人見，始進幘服之，羣臣皆隨焉，然尚無巾，如今半幘而已。《通俗文》云，幘裹曰纚，則幘、纚為二。《獨斷》又云，法冠，楚冠也，一曰柱後惠文冠，高五寸，以纚裹鐵柱卷。秦制，執法服之，則冠亦有纚。《漢書・元帝紀》齊有三服官。注李斐云，齊有三服之官，春獻冠幘縰，則漢時有幘，又有纚。《獨斷》又云，無巾者曰半幘，王莽無髮施巾，故語曰，王莽秃，幘施屋。《續漢書》曰，童子幘無屋。示未成人也。半頭幘，即空頭幘也，其上無屋。《釋名》云，幘，蹟也，下齊眉蹟，然也。蓋纚為幘裏。鄭曰，今之幘梁者，舉漢法以况之耳，非謂漢之幘即古之纚也。

又 有衡，以玉為之，束於冠之兩旁。

杜氏《春秋桓二年左傳》注云，衡，維持冠者。疏云，《周禮》追師掌王后之首服，追衡笄。鄭司農云，衡，維持冠者。鄭康成云，祭服有衡，垂於副之兩旁，當耳，其下以紞懸瑱，彼婦人首服有衡，别，男子首服亦然，冠由此以得支立，故云維持冠者。追者，治玉之名，王后之衡，以玉為之，故追師掌焉。弁師掌王之五冕，弁及冕皆用玉笄，則天子之衡亦用玉。其諸侯以下衡之所用，則未聞。

又 有紘，從下屈而上，屬於兩旁。天子用朱紘，諸侯青，大夫緇組紘，纁邊。

杜氏預《左傳》注云，紘，纓從下而上者。疏云，紘，纓皆以組為之，所以結冠於人首也。纓用兩組，屬之於兩旁，結之於頷下，垂其餘。紘用一組，從下屈而上，屬之於兩旁，垂其餘也。紘纓同類，以之相形，故云紘纓，從下而上者。弁師，掌王之五冕，皆玉笄朱紘。《祭義》稱，諸侯冕而青紘。《士冠禮》稱緇布冠青組纓，皮弁笄、爵弁笄，緇組纓。鄭氏曰，有笄者，屈組為紘，垂為飾，無笄者，纓而結其絛，以其有笄者用紘力少，故從下而上屬之，無笄者用纓力多，故從上而下結之。冕弁皆有笄，故用紘，緇布冠無笄，故用纓也。《魯語》稱公侯夫人織紘綖，知紘亦織而為之。《士冠禮》言組纓組紘，知天子諸侯之紘，亦用組也。

《祭義》天子為藉千畝，冕而朱紘。諸侯為藉百畝，冕而青紘。

《禮器》管仲鏤簋，朱紘。注云，朱紘，天子冕之紘也。諸侯青組紘。大夫士當緇組紘，纁邊。

《雜記》管仲鏤簋，而朱紘。注：冠有笄者為紘，紘在纓處，兩端上屬，下不結。

《詩・葛覃》毛傳夫人紘綖，釋文紘纓之無緌者，從下仰，屬於冠。

《國語》公侯之夫人，加之以紘綖。注云，紘，纓之無緌者也，從下而上，不結。

《説文》紘，冠卷也。

陳氏祥道《禮書》云，弁師，王之五冕，皆朱紘。《禮記》天子為藉，

冕而朱紘。諸侯為藉，冕而青紘。《士冠禮》緇布冠青組纓，皮弁笄、爵弁笄、緇組紘，纁邊。卿大夫冕弁之紘，無所經見。《禮器》曰，管仲鏤簋、朱紘，君子以為濫。鄭氏謂，大夫、士當緇組紘，纁邊。理或然也。一組繫于左笄，遶頤而上，屬於右笄，垂餘以為飾，謂之紘。二組屬於笄，順頤而下，結之，謂之纓，纓之垂餘，謂之緌。喪冠緇布冠，纓而不緌，冕弁紘而不纓。春秋之時，楚子玉瓊弁玉纓，自漢以來，冕纓各象其綬色，冕弁而有纓，非古制也。

廷琥按，纓以兩組，屬於兩旁，順頤而下，結之，故從上而下。紘以一組，屈而上，屬於兩旁，故從下而上，兩旁皆有垂餘，以為飾也。陳氏《禮書》云，一組系于左笄，遶頤而上，屬於右笄，垂餘以為飾，語尚未明。

又 有笄，以玉為之，長尺二寸。

《士冠禮》皮弁笄、爵弁笄同篋。

《夏官》弁師，掌王之五冕，玉笄。注：笄，卷髮者，玉為之，長尺二寸。

陳氏祥道《禮書》云，《左傳》言衡，則繼以紞，弁師，《士冠禮》言笄則繼以紘，是衡有紞，笄有紘也。弁師，掌王之五冕，五采繅，十有二就，皆玉笄。諸侯繅斿皆就玉笄。士冠皮弁笄、爵弁笄，則冕弁有笄也。《國語》范文子以杖擊其子，折委笄。則冠有笄也。《士喪》服，婦人吉笄有首，尺二寸，吉笄，象笄也。男子之笄，亦或尺二寸，大夫、士之笄，亦或象為之與。又曰，古者笄亦謂之簪，《易》曰朋盍簪。鄭氏謂，笄，今之簪是也。

廷琥按，笄有二，有安髮之笄，有固冠之笄，安髮之笄在紒內，固冠之笄在冠外，固冠之笄，皮弁、爵弁及六冕皆有之，緇布冠則無，若安髮之笄，則緇布冠亦有之也。有固冠之笄，則有紘。《士冠禮》皮弁笄、爵弁笄、緇組紘，纁邊。此固冠之笄也，必屈組為紘，以一條組繫于左笄，繞頤下而右上，屬於笄，而垂之，以為飾。無固冠之笄，則有缺項，與纓。《士冠禮》緇布冠，缺項，青組纓屬於缺，此無固冠之笄，則以二條組，兩相屬於頍，結其絛，是之謂纓，固冠之笄，惟男子有之。安髮之笄，則男子、婦人俱有之。《士冠禮》櫛訖設笄。《士昏禮》姆纚笄。《特牲饋食禮》主婦纚笄。是也。

又案《國語》范文子以杖擊其子，折委笄，則冠亦有笄，無笄者，蓋指緇布冠言之。

又 有武。

《玉藻》縞冠元武，子姓之冠也。注：武，冠卷也。古者，冠卷殊。疏云，卷用玄，而冠用縞，冠卷異色，故云古者冠卷殊。如鄭此言，則漢冠卷共材。

廷琥按，冠卷殊者，武不屬於冠也，非第冠卷異色之謂。冠自為冠，武自為武，戴冠而以武約之，非子姓不齒之冠，則皆同色也。玄冠縞武，人或疑冠武相屬何以異色，故鄭云，古者冠卷殊，以明之，其實即同色，亦冠與卷殊也。詳見陳氏《禮書》。

陳氏祥道《禮書》云，弁師五冕皆紐。鄭云，紐，小鼻在武上，笄所貫也，蓋武冠卷也。古者居冠屬武，則非燕居武不屬於冠也。喪冠條屬，則非有喪者纓武異材也。子姓之冠，縞冠玄武，不齒之冠，玄冠縞武。則非子姓與不齒者，冠武同色也。《雜記》曰，委武玄縞而後蕤。鄭氏謂，秦人曰委，齊東曰武，則武亦謂之委，以其若冠之足，故曰武，以其委於下，故曰委。蓋古者施冠於首，然後加武以約之。觀《喪大記》吊者襲裘加武，則武之設，所以約冠也。紐垂於冕之兩旁，其長及武，笄以貫之。

惠氏士奇《禮說》云，武者冠卷，一名委。《晉語》范文子退朝，武子擊之以杖，折委笄，蓋笄貫於委，故曰委笄。古之笄，猶漢之簪，所謂冠卷當簪者，冕之紐也。秦人名武曰委，《晉語》亦云，韋注云，委，委貌失之。

又 有繅，有旒，天子衮冕，繅斿十有二，鷩冕九，毳冕七，希冕五，玄冕三，每斿玉旒皆十二繅，玉皆五采。諸公繅九斿，侯伯七斿，子男五斿，旒玉各如其斿之數，繅玉皆三采。孤卿四斿，三命之卿三斿，再命之大夫再斿，旒玉亦各如其斿之數，繅玉皆朱緑。

《弁師》五采繅十有二就，皆五采玉。注云，繅，雜文之名也，合五采絲為之繩，垂於延之前後，各十二，所謂邃延也。就，成也，繩之一帀，而貫五采玉十二斿，則十二玉，每就間，蓋一寸，繅不言皆，有不皆者，此為衮衣之冕，十二斿，則用玉二百八十八。鷩衣之冕繅九斿，用玉二百一十六。毳衣之冕七斿，用玉一百六十八。希衣之冕五斿，用玉一百二十。玄衣之冕三斿，用玉七十二。疏云，謂合五采絲為藻繩，十二道，為十二旒，皆五采玉，十有二者，此各據一旒而言。玉有五色，以青、赤、黃、白、黑於一旒之上，以此五色玉貫於藻繩之上，每玉間相去一寸，十二玉則十二寸，就，成也，以一玉為一成，結之，使不相並也。王之五冕，繅則有十二，有九，有七，有五，有

三，其玉旒皆十二，故繅不言皆，有不皆者，則九旒以下是也。玉言皆，則五冕旒皆十二玉也。

又諸侯之繅，斿九就，瑉玉三采，其餘如王之事，繅斿皆就玉瑱玉笄。諸侯及孤卿大夫之冕、韋弁、皮弁、弁絰，各以其等為之。注云，侯，當為公字之誤也。三采，朱、白、蒼也，其餘謂延紐，皆玄覆朱裏，與王同也，出此則異，繅斿皆就，皆三采也，每繅九成，則九旒也。公之冕用玉一百六十二，各以其等，繅斿以其命數也。侯伯繅七就，用玉九十八。子男繅五就，用玉五十，繅玉皆三采。孤卿四就，用玉三十二。三命之卿，繅三就，用玉十八。再命之大夫，繅再就，用玉八，繅玉皆朱綠。一命之大夫，冕而無旒。士變冕為爵弁。疏云，鄭計一冕為九旒，旒各九玉，據冕九旒，不別計。鷩冕以下，以其一冕而已冠五服，故也。已下侯、伯、子男，亦皆一冕冠數服也。

《玉藻》天子玉藻，十有二旒，前後邃延。注云，天子以五采藻為旒，旒十有二，前後邃延者，言皆出冕前後而垂也，天子齊肩。疏云，天子之旒，十有二就，每一就貫以玉，就間相去一寸，則旒長尺二寸，天子齊肩。則諸侯以下，各有差降，九玉者九寸，七玉者七寸，以下皆依旒數，垂而長短為差。旒垂五采玉，依飾射侯之次，從上而下，初以朱，次白，次蒼，次黃，次玄，五采玉既貫編，周而復始。三采者，先朱，次白，次蒼。二色者，先朱，次綠。

《禮器》禮有以文為貴者，天子之冕，朱綠藻，十有二旒，諸侯九，上大夫七，下大夫五，士三。注此祭冕服也，朱綠似夏殷禮也，周禮天子五采藻。疏云，諸侯九，上大夫七，下大夫五，士三者，言夏殷也。周家旒數隨命數，又士但爵弁，無旒也。

《大戴禮》冕而前旒，所以蔽明。

《五經通義》冕，緇布在上，五采組，十二冕。按冕當為玉字，或旒字之誤。夏殷之制，如周制矣，其旒色異，夏旒黑白赤組旒，殷冕黑黃青組。《太平御覽》六百八十六。

應劭《漢官儀》周冕與古冕略等，周加垂旒，天子前後垂白珠各十二。

廷琥按，《玉藻》天子十有二旒，朱綠藻，諸侯九，上大夫七，下大夫五，士三。鄭注以為夏殷之禮，《五經通義》謂夏殷如周制，惟旒色異，夏旒黑白赤組，殷旒黑黃青組，與鄭注朱綠藻稍異。然則夏殷之冕亦有旒，不始于周。應劭謂，周加垂旒，非也。又謂旒用白珠，此亦漢制，非周制，周之旒以玉為之。

崔豹《古今注》云，牛亨問曰，冕旒如繁露，何也。答曰，綴而下垂，如露之繁多，故曰繁露。

《說文》瑬，垂玉也，冕飾。

《釋名》冕，猶俛，俛，平直貌也。玄上纁下，前後垂珠，有文飾也。

陸氏釋文，鄭云《玉藻》以其記服冕之事也，冕之旒，以藻紃貫玉為飾，因以名之。藻，本又作璪，音早。

陳氏祥道《禮書》云，藻，潔，而文，眾采如之，故曰藻。水流趨下，旗冕之垂者如之，故曰旒。藻或作繅，以絲為之，或作璪，以玉貫之也。繅旒或謂之繁露，以其象然也。漢制，天子繅旒，前長後短，諸臣繅旒有前無後，非古制也。

江氏永《鄉黨圖考》、《大戴禮》及《東方朔答客難》皆云，冕而前旒，所以蔽明，則無後旒可知，後旒何所取義乎。鄭謂，前後皆有旒，此因玉藻前後邃延而誤耳。前後邃延，謂版長尺六寸，自延端至武前後，皆深邃，非謂後亦有旒也。《玉藻》言十有二旒，未嘗言前後皆十有二旒也。據疏引《漢禮器制度》亦云垂於延之前後，豈叔孫通失之歟。抑所引者，非禮器制度之原文歟，且袞冕二十四旒，用玉二百八十八，如此繁重，恐首不能勝，夫子論為邦，何為取于周冕乎。鄭所計用玉，每冕皆當去其半。

金氏榜《禮箋》云《後漢書・輿服志》孝明皇帝永平二年初，詔有司采《周官》、《禮記》

《尚書・皋陶謨》乘輿服，從歐陽氏說，公卿以下，從大小夏侯氏說。冕前圜後方，前垂四寸，後垂三寸，三公諸侯及卿大夫，皆有前無後。榜案《玉藻》天子玉藻十有二旒，前後邃延，則歐陽氏說所本也。《大戴禮・子張問入官篇》古者冕而前旒，所以蔽明也。《禮緯》旒垂目，纊塞耳，王者示不聽讒，不視非也。則大小夏侯氏說所本也。鄭君釋《周官》、《禮記》用歐陽氏說，榜聞之師曰，前旒義取蔽明，則無後旒可知，《記》言十二旒，未嘗謂前後皆有也。《玉藻》所云前後邃延者，謂延之前後，出於武者，皆深邃耳，前後據延言，不據延之垂者言，斯言可正諸儒相傳之誤。古冕旒之制，當從大小夏侯氏說。

廷琥按，冕制前後有旒，舊說皆如此，江氏永據《大戴禮》以駁之，謂

冕止前旒，無後旒。考《漢禮制度》云，凡冕，以版廣八寸，長尺六寸，上玄下朱覆之，乃以五采繅繩，貫五采玉，垂於延前後，謂之邃延。《後漢書・輿服志》永平二年初，詔有司采《周官》、《禮記》、《尚書・皋陶篇》天子冕服，從歐陽氏説，三公九卿以下，從夏侯氏説。天子前後垂旒，則歐陽氏説也。公卿以下，有前無後，則夏侯氏説也。按禮器制度，作于叔孫通、歐陽氏傳，伏生《尚書》之説，皆在鄭氏之前，其説自非無據。陳氏《禮書》以漢制，天子繅旒前長後短，諸臣繅旒有前無後，非古制，其説是也。江氏以叔孫通為失，竊所未安，録其説，以為考古者核焉。江又謂二十四旒，用玉二百八十八，恐繁重，首不能勝，然漢明帝冕服前後十二旒，用白玉珠，魏明帝因漢故事，改用珊瑚珠，晉宋以至隋唐皆因之，或用珊瑚珠，或用白玉珠，或用白珠，宋制衮冕廣一尺二寸，長二尺四寸，前後十二旒，貫真珠，又有翠旒十二，碧鳳銜之，在珠旒外，後神宗定制，不用珠用玉，以青黃赤白黑五色之玉，為前後二十四旒，凡此皆載之史册，彰明顯著者也。凡此皆前後有旒，或用珠，或用玉，皆二百八十八也，不聞以其繁重，不能勝，而減之也。江氏以意解經，於制不合。

又 有紞所以懸瑱者，人君五色，臣三色，有瑱，天子諸侯皆以玉。

《弁師》諸侯之繅斿九就，瑉玉三采，其餘如王之事，繅斿皆就玉瑱、玉笄。注云，玉瑱，塞耳者。疏云，王不言玉瑱，於此言之者，王與諸侯互見為義，是以王言玄冕朱裏，延紐及朱紘，明諸侯亦有之。諸公言玉瑱，明王亦有之，是其互有也。

《詩・衛風》充耳琇瑩。傳云，琇瑩，美石也。天子玉瑱，諸侯以石。疏云，案《冬官》玉人職云，天子用金，上公用龍，侯用瓚，伯用將。鄭注云，公侯四玉一石，伯子男三玉二石。由此言之，此傳云，諸侯以石，謂玉石雜也。《詩・齊風》充耳以素乎而，尚之以瓊華乎而。傳云，素象瑱，瓊華美石，士之服也。箋云，我視君子，則以素為充耳，謂所以懸瑱者，或名為紞，織之，人君五色，臣則三色而已，此言素者，目所先見而云。飾之以瓊華者，謂懸紞之末，所謂瑱也，人君以玉為瓊華，石色似瓊也。疏云，毛以為，我見君子塞耳之瑱，以素象為之乎而，又見其身之所佩飾之以瓊華之石乎而。鄭以為，我見君子充耳以素絲為之，其末飾之以瓊華之石，言用素絲為紞，以懸瓊華之石為瑱也。又云，毛以此章陳士，蓋士以象為瑱也。又云，人君五色，臣則三色，直言人君與臣不辨尊卑之異。蓋天子諸侯皆五色，卿大夫士皆三色，其色無文，正以人君位尊，備物當具五色，臣則下之，宜降殺以兩耳。此詩刺不親迎，宜陳人臣親迎之事，經有素青黃三色，故為人臣三色。又解三色而獨言素者，以其素色分明，目所先見，故先言之。壻受女於堂，從堂而後至庭，至著目所先見，當在堂，見素而以素配，著為章者，取其韻句故耳。或庭先見青，堂先見黃，以為章次。王肅云，王后織玄紞，紞一玄而已，何云具五色乎。王基理之云，紞今條，豈有一色之條，色不雜不成為條，王后織玄紞者，舉夫色尊者言之耳，義或當然。又云，毛以士賤直言美石，故下章乃言似玉。王肅云，以美石飾象瑱。案瑱之所用，其物小耳，不應以石飾象，共為一物。王氏之說，未必得傳旨也。瓊華、瓊瑩、瓊英，其文相類，傳以此章為士服，二章為卿大夫之服，卒章為人君之服者，以序言時，不親迎，則於貴賤皆不親迎，故以每章為一人耳，非以瓊華、瓊瑩、瓊英之文，而知其異人也。但陳尊卑，不親迎之事，以大夫居位尊於士，其石當美於士服，故言似玉耳，其實三者皆美石也。又云，箋，既言人君以玉，即云瓊華美石，二章箋云石色似瓊似瑩，皆以為似，則鄭意，三章同說人臣親迎，非人君也。上箋唯言臣，則三色不辨臣之尊卑，蓋三章總言卿大夫士也。又云孫毓云，案禮之名，充耳是塞耳，即所謂瑱懸當耳，故謂之塞耳，懸之者別謂之瑱，不得謂之充耳，猶瑱不得名之為紞也，故曰玉之瑱兮。夫設纓以為冠，不得謂冠是纓之飾，結組以懸佩，不可謂佩所以飾組。今獨以瑱為紞之飾，謬於名，而失於實，非作者之意，以毛、王為長，斯不然矣。言充者，固當謂瑱為充耳，非謂紞也，但經言充耳以素，素絲懸之，非即以素為充耳也。既言充耳以素，未言充耳之體，又言飾之以瓊華，正謂以瓊華作充耳，人臣服之，以為飾，非言以瓊華飾紞，何當引冠纓組佩以為難乎。經言飾之，必有所飾，若云不得以瓊華飾紞，則瓊華又何所飾哉。即如王肅之言，以美石飾象瑱，象骨賤于美石，謂之飾象何也。下傳以青為青玉，黃為黃玉，又當以石飾玉乎。以經之文勢，既言充耳以素，即云飾之以瓊華，明以瓊華為充耳，懸之以素絲，故易傳，以素絲為紞，瓊華為瑱也。

《大戴禮》黈纊塞耳，所以揜聰。

《士喪禮》瑱用白纊。

《漢書・東方朔傳》黈纊充耳，所以塞聰。注：如淳曰，謂以玉為瑱，

用黈纊懸之也。師古曰，如說非也，黈，黃色也，纊，綿也，以黃綿為丸，用組懸之於冕，垂兩耳旁，示不外聽，非玉瑱之懸也。

《白虎通》纊塞耳，示不聽讒也。

杜氏預《左傳》注云，紞，冠之垂者。疏：紞者，懸瑱之繩，垂於冠之兩旁，故云冠之垂者。

陳氏祥道《禮書》云，瑱以充耳，紞以垂瑱。《周官·弁師》王之五冕，皆玉瑱。《詩》于衛夫人，言玉之瑱也。于衛武公，言充耳琇瑩。於衛之臣，言褎如充耳。《詩》言，充耳以素、以青、以黃，尚之以瓊華、瓊瑩、瓊英，則瑱不特施於男子也，婦人亦有之，不特施於冕也，弁亦有之。故《詩》言充耳琇瑩，繼之以會弁如星。喪禮士無冕，而瑱用白纊，即《詩》所謂充耳以素者也。人君用黈纊，即《詩》所謂充耳以黃者也。毛氏以充耳以素為士之服，充耳以青為卿大夫之服，充耳以黃為人君之服，於說是也。然以素為象瑱，青為青玉，黃為黃玉，而用瓊華以飾象，則是士瑱用二物，與餘瑱不類，非禮意也。鄭氏以素為素紞，青為青紞，黃為黃紞，人君五色，人臣三色，然《魯語》王后織玄紞，夫人加紘、綖，內子為大帶，命婦成祭服，列士之妻加以朝服。則夫人以至士妻，特有所加而已。其織玄紞，一矣，未聞有五色三色之別也。又紞所以垂充耳，而充耳不在紞，謂紞為充耳，非也。《春秋傳》曰，縛之如一瑱，則縛纊以為瑱，自古然也，其制蓋皆玄紞以垂之，瓊玉以承之。《詩》所謂尚之也。梁制，垂以珠瑱。《班固賦》曰，雕玉瑱以居楹，礎石亦謂之瑱，則瑱居纊下可知也。賈公彥曰，古者瑱不用纊，士死則用白纊，然士之襲禮，皮弁、褖衣、緇帶、韎韐、竹笏之類，皆用生時之物，孰謂瑱用白纊，特死者之飾哉。《檀弓》小祥用角瑱。《楚語》曰，巴浦之犀犛、兕、象其可盡乎。其又以規為瑱，則古者之瑱，亦以象與角為之。何氏楷《詩經世本古義》云，愚以周禮玉端弁冕制度仿佛求之，則《詩》所云素青黃三色者，乃正諸侯之紞也。《典瑞》職云，王圭，繅藉五采五就。公侯伯圭，繅三采三就。子男璧，繅二采二就。《弁師》職云，王五冕皆五采玉，諸侯三采，孤卿大夫之冕各以其等為之。夫天子之繅與玉，既俱用五采，諸侯之繅與玉既俱用三采，則懸瑱之紞，何獨不然。《詩》詠素、青、黃三色，其為魯侯之服，無疑。所以取此三色。素，西方之色，於時屬秋，青，東方之色，於時屬春。春秋乃陰陽之中氣，而黃又中央土之正色，是或其所以取之之義也。若天子則位尊，備物當具五色矣。篇中於著，見素於庭，見青於堂，見黃但取韻，叶孔謂青色分明，目所先見，故先言之，此迂謬無理之甚也。又《周禮》注云，一命之大夫冕而無旒，士變冕為爵弁。疏云，無旒之冕，與爵弁不殊，但前低一寸餘，故亦得冕名。今按充耳，惟冕服有之，弁則否，則是自一命而下，皆不得有充耳，亦可知，其非民間親迎之常服也。或又謂古者《士昏禮》攝盛，故士得攝大夫冕服。今考《儀禮》云，主人爵弁、纁裳、緇拖，從者畢玄端，乘墨車，從車二乘。注謂，大夫墨車，士淺車，今墨車，大夫已上有二車，士無二，今從車二乘，所謂攝盛也，亦不聞有主人服冕之說。張子厚云，充耳非一物，先以纊塞，後以玉加之。瓊《說文》云，赤玉也。按毛解，充耳琇瑩，謂天子用玉，諸侯用石。據《周禮》弁師職，但云玉瑱，絕無用玉用石之別，而或又解琇為玉名，此瓊華，當即是用玉，鄭以為石，色似瓊，殊費解。

廷琥按，《詩·旄丘篇》鄭箋，充耳，盛飾也。《偕老篇》毛傳瑱，塞耳也，充，即塞也，塞耳所以止聽也。《大戴禮》黈纊塞耳，所以掩聰。《說文》瑱，以玉充耳也。蓋古者充耳以纊，後世日趨於文，易纊為玉。惟《士喪禮》死者之服仍用纊，纊色則用白，即其經文繹之曰，瑱用白纊，明用纊，不用玉也，明生者之瑱，不用白纊也。陳氏《禮書》據此謂，充耳以素為白纊，蓋指士言，不知士用白纊，非生者之服也。

又按陳氏《禮書》駁《毛傳》瓊華飾象之說，甚是。但瓊華飾象，乃王肅之說，《毛傳》第云素象瑱，不必謂以瓊華飾象也。陳氏又以紞為玄之一色，又以素、青、黃為纊色，非紞色，瑱居纊下。然《大戴禮》黈纊塞耳。《白虎通》纊塞耳。《漢書·東方朔傳》黈纊充耳。言纊者多不言瑱。《詩》玉之瑱也。《弁師》玉瑱，《檀弓》象瑱。言瑱者，多不言纊。即《喪禮》瑱用白纊，亦謂瑱之不以玉，而以纊也，是瑱與纊不並用。此求諸經文，及前人傳注：可見蓋冕之為制，紞繫於衡，充耳懸於紞末。陳氏舉班固賦及梁制，謂紞下有纊，纊下又有玉，不足據也。又舉《左傳》縛之如一瑱。謂縛纊以為瑱，自古然也。按《左氏昭公二十六年傳》云，申豐從女賈，以幣錦二兩，縛一如瑱。其時昭公處鄆，齊侯將納公，命無受魯貨。豐賈二人，皆季氏家臣，以幣錦二兩，縛之如瑱。縛，卷也，二兩者，二匹也，以二匹縛之為一，故曰縛一。縛者，縛錦也，如瑱者，卷之使如充耳，易於懷藏也。傳

言，縛一如瑱，未言縛纊以為瑱，陳氏因一縛字，遂牽合之，以為瑱在纊下，豈足據乎。

又按，鄭解《著篇》以素、青、黃為紞之色，以瓊華、瓊瑩、瓊英為瑱，人君紞用五色，人臣三色。《正義》謂，天子諸侯五色，卿大夫三色。《毛》以素為象瑱，青為青玉，黃為黃玉，下又加之瓊華、瓊瑩、瓊英，是二瑱矣。《正義》不能通，遂以瓊華等為身之所佩。然不如鄭之解以紞也。

又按《檀弓》練衣，角瑱。鄭注云，瑱，充耳，吉時以玉，人君有瑱，《正義》人臣凶時無瑱。《弁師》諸公，玉瑱。《淇奧》詠衛武公，亦曰，充耳琇瑩。是天子諸侯，瑱皆以玉。《齊風》鄭箋，人君玉瑱，人臣用石，色似玉者。人臣，指卿大夫以下言之也。鄭以人臣，瑱不用玉，因以瓊華為美石，色似瓊，瓊瑩為石色，似瓊似瑩。《説文》瓊，赤玉也，瑩，玉色也，瓊本玉名。鄭以《著篇》充耳屬之人臣，强以似瓊解之，似字，添設迂曲，其實天子諸侯，紞用五色，卿大夫三色。天子諸侯瑱用玉，卿大夫用石，自無可疑。《著篇》三章，著，素庭，青堂，黃取其叶韻，不必專言人臣親迎也。

又按，何氏楷謂《著篇》充耳為諸侯之服，謂瓊華即是用玉，非似玉，於《著》見素於庭，見青於堂，見黃為取韻叶。説經甚詳博，近理，惟以弁服無瑱，則不然。《詩》詠充耳琇瑩，即繼之曰會弁如星。弁何嘗不有瑱乎。又以素、青、黃取義於東方之色，西方之色，中央之色，亦迂。

明・黃廣《禮樂合編》卷一六《冠制之禮統紀一》 緇布冠，一曰進賢，為始冠之冠，前高七寸，後高三寸，長八寸。公侯三梁，中二千石以下至博士兩梁，門郎小吏一梁。梁因之，為乘輿宴會之服，則五梁。唐親王，則加金，附蟬，為餙。

牟追冠，以皂繒為之，長七寸，高四寸，廣五寸，後廣二寸，制如覆杯。漢大射、辟雍，諸公卿大夫冠之。

通天冠，本秦制，高九寸，正竪頂，少邪卻迺直，下為鐵卷，梁前有山展筩為述，駁犀簪導，乘輿所常服。晉如金博山，宋加黑介幘，齊改用玉簪導，梁加冕為平天冠。隋加附蟬十二，首施珠翠。唐改翠緌，朝會、祭祀則服之。述即鷸，鷸知天雨，故冠像焉。

長冠，漢高帝制曰劉氏冠，以竹皮為之，高七寸，廣三寸，為享廟服。晉去竹用漆纚，救日蝕諸祀冠之。梁沈宏議竹葉冠，不可為祭服，改爵弁。

遠遊冠，似通天而無山述。漢天子五梁，太子三梁，諸侯王通服之，翠羽為緌，綴以白珠。隋制，皇太子元朔入朝釋奠服之。

高山冠，亦名側注冠。中外謁者、僕射、行人、使者所服。魏明帝以制，似通天、遠遊，除去卷筩。

法冠，秦滅楚，獲其君冠，賜御史，以纚為展筩，鐵為柱梁，一名柱後惠文冠，執法者服之，或謂之獬豸冠，隋加二真珠，為獬豸角形。大業中改制一角，獬豸神羊一角，能別曲直故也。

建華冠，漢制，以鐵為柱卷，貫大銅珠九枚，形似縷鹿，鄭子臧好聚鷸冠，建華是也。舞人服之。

趙惠文冠，趙武靈王效胡服，以金璫餙首，前插貂尾，其冠文細如蟬翼，故名惠文。

方山冠，漢制似進賢，以五采縠為之，樂人服之，冠衣各如其方之色。

巧士冠，漢制，高七寸，似高山，惟郊天。黃門從官四人冠之。在鹵簿中，次乘輿前。

卻非冠，漢制，似長冠，縮垂五寸，有纓緌，宫殿門吏、僕射、亭長服之。

樊噲冠，噲入項羽軍，裂裳裹楯，造次冠而人，制似平冕，後代殿門司馬衛士服之。

術氏冠。漢制，前圓，差池四重，趙武靈王好服之。

卻敵冠。晉制，似進賢，殿門衛士服之。

翼善冠。唐太宗常以幞頭起於後周，便武事者也，方天下偃兵，採古制為翼善冠，自服之。

皇。其制無文，蓋爵弁之類，夏後氏因之，曰收，純墨，前小後大。殷因之曰冔，黑而微白，前大後小。周因制爵弁，赤而微墨，如爵頭然，前小後大，廣八寸，長尺二寸，如冕無旒，皆三十升布為之。《士冠禮》三加，成人服之。皮弁，《士冠禮》三王共皮弁，以鹿皮為之，其服用等級。隋大業中，用烏漆紗加璂天子十二真珠，皇太子及一品九璂，三品八璂，下至六品，各殺其一。六品以下，無璂。惟天子用金椄。後制鹿皮賜近臣。

韋弁。晉以韋為之，頂上少尖。為車駕親戎，中外戒嚴之服。

幘，古者有冠無幘，秦加武將首為絳袙，以表貴賤，後稍稍作顔題。漢孝文續之為耳，崇其巾為屋，文者長耳，武者短耳，謂之介幘，謂之平上幘，

稱其冠也。《尚書》幘收三寸，名曰納言，以忠正明近職也，迎氣五郊，各如其色，從章服也。武吏常赤幘，成其威也。未冠童子幘無屋，示未成人也。喪幘卻摞反本禮也，制紺幘以齊，青幘以耕，緗幘以獵，貴賤通服之。

幍，魏武擬古皮弁，裁縑帛以為幍，以色別其貴賤，因道以慶吊。

帽，古人上有帽而勾額。魏管寧常著帛帽。宋制黑帽綴紫標。陳制高頂帽，天子及庶人通冠之。皇太子，在上省則烏紗帽，在永福省，則白紗。後周著突騎帽。唐宋制烏紗帽，聽訟、宴賓服之。

葛巾，東晉制，以葛為之，形如帢，尊卑其服，亦名為角巾。

幅巾，後漢末，王公名士以幅巾為雅。袁紹、崔豹之徒，雖為將帥，皆服之。趙魏間謂之承露，郭林宗謂之角折，用全幅帛，而向後襆髮，俗人謂之襆頭。

纓，天子玄冠玄纓，諸侯素纓，士大夫以下皆皂冠皂纓。

簪，以瑇瑁為擿，長一尺，端為華勝，上為鳳凰爵，以翡翠為毛羽，下有白珠垂，黃金鑷，左右一，橫簪之，以安蔮結，諸簪珥皆同制，其擿有等級焉。

貂蟬，《漢官儀》侍中左蟬右貂。蟬居高食潔，口在翼下，貂內勁悍，而外溫潤。已上《通志略》，參《輿服志》。

又《冠制之禮統紀二》　上古衣毛而冒皮，見鳥獸有冠角髯胡之制，遂作冠、冕、纓、緌。

黃帝造冕旒，始用布帛，唐虞以上，冠布無緌。

黃帝作冕，垂旒，目不邪視也。充纊，示不聽讒言也。

夏後以牟追，以收，商章甫，或以冔，周冕弁。

楚莊王好觟冠，楚國仿之。《淮南子》。

酈食其謁沛公，衣儒衣，冠側注。《史記》。

秦獄法吏，冠柱後惠文冠，及張敞弟武為梁相。敞遣使送之，曰何以治梁，武曰馭黠馬利其銜策，當以柱後惠文彈治之爾。《漢書》。

鶡冠子居深山，以鶡為冠。劉向《別録》。

宋康王為無頭冠，以示勇。《戰國策》。

宋鈃尹文為華山冠，以自表。《莊子》。

魏牟見趙王，王方使冠工制冠於前，問治國于牟，對曰誠能重國若此二尺縰，則國治且安，王曰社稷至重，而比之二尺縰，何也。牟曰，大王制冠，不使親近，而必求良工者，非為其敗縰，而冠不成歟。《桓子新書》。

哀公問孔子曰，昔舜何冠。孔子不對。公曰有問於子不對，何也。對曰，舜之為君，好生惡殺，任賢授能，賢君舍是不遵而冠，是問是以緩對。《家語》。

成王問周公曰，舜之冠何也。周公曰，古人有冒皮而勾頓，然鳳凰巢其樹，麒麟聚其域也。《尚書大傳》。

龍逢諫桀曰，臣觀君之冕，非冕冠危石，君之履非履，履春冰未有冠危，石而不壓，蹈春冰而不陷者也。《符子》。

冕旒如繁露，何也。答曰，綴而下垂，如露之繁多，故曰繁露。崔豹《古今注》。

漢元元帝額有壯髮，不欲使人見，使進幘服之，羣臣皆隨焉。王莽頭秃，因施巾，故里語曰，王莽秃，幘施屋。蔡邕《獨斷》。

何汶為謁者，持赤幘，同僚問之曰，日當食，至脯日果食。《益部耆舊傳》。

鄒君好服長纓，左右皆作纓，甚貴，鄒君患之，問左右，對曰君服之，百姓亦多服，故貴。鄒君因自斷其纓，國中皆不服長纓。《韓子》。

石乞盂黶敵子路，以戈擊之，斷纓。子路曰，君子死，冠不免，結纓而死。《左傳》。

楚莊王賜羣臣酒，日暮酒酣燈滅，有引美人衣者，美人絶其冠纓，告王取火來視，王曰賜人酒使醉失禮，柰何欲顯婦人節而辱士乎。乃命左右曰，今日與寡人飲，不絶纓者不歡，羣臣皆絶冠纓，盡歡而罷。《説苑》。

魏文帝遣使於吳，求通犀簪，羣臣曰，貢有常典，魏所求非法，宜勿與。孫權曰，彼在諒闇中，所求若此，寧可復與之，言禮以簪付使。《江表傳》。

齊伐楚，子發將軍當之，其三卻，齊師逾强，有善偷者，夜出取幘，明夕取枕，明夕又取簪，悉歸之，齊師大駭，今夕不去，楚軍恐，取吾首，還師去之。《淮南子》。

陶潛在家郡將候，潛值酒熟，取葛巾漉酒，漉酒畢，復還著之。沈約《宋書》。

大將軍何進，禮鄭玄甚優，玄不受朝服，惟服幅巾一，宿而去。《别傳》。

沈慶之隨宗慤伐沔北諸山蠻，大破之，慶之患頭風，好著狐皮帽，羣蠻惡之，號曰蒼頭公。

何尚之在家，常著鹿皮帽，及拜開府，沈慶之於殿前戲之曰，尚之何不著鹿皮帽。《漢書》。

高昂轉司徒，好著小帽，世因稱司徒帽。《後魏書》。

獨孤信在秦州嘗因獵，日暮馳馬入城，其帽微側，詰旦吏人咸慕信而側帽。《後周書》。

陸遜破曹休于石亭還，上脱翠帽賜遜。《吴志》。

石虎皇后出，以女騎一千為鹵簿，冬日皆著紫綸巾。《鄴中記》。

冠之在首，玄武之象也，玄武貌之最嚴威者。《繁露》。

太古冠布，齊則緇之，後以為冠，冠之始也。今武冠則其遺象。《三禮圖》。

冠雖弊，禮加之於首，履雖新法，踐之於地。《六韜》。

履雖鮮，弗以加枕，冠雖弊，弗以苴履。《新書》。

清・雷鐏《古經服緯》卷上　冠弁者，玄冠也，或皮或布。皮者曰皮冠，布者曰委貌，殷曰章甫，夏曰毋追，弁髦者，緇布冠也，一曰緇撮。自公侯至於士，始冠用之，燕居服之，凡尊者之冠曰弁。

此一節，述吉冠之異名也，吉冠有三，曰皮冠，曰玄冠，曰緇布冠，皮冠之色亦元，即冠弁也。《周禮・司服》云，凡甸冠弁服。《左傳》記衛楚諸君之田射，皆皮冠，即此是矣。《公羊傳》注云，天子皮弁以征不義，取禽獸行射，合韋弁皮冠為一，非是。韎弁，赤而韋服，皮冠，玄而布服，其制各殊，不容强合，且冠之中有皮冠，其材同弁，猶弁之中有爵弁，其制同冕也，布冠以玄色之布為之，是曰玄冠，周曰委貌，合衣冠言之，則曰端委，亦曰玄端，又曰委端。《左傳》大伯端委以治。周禮《少牢饋食》主人冠端玄。《玉藻》，天子卒食，玄端而居，《穀梁傳》，桓公委端搢笏，以朝諸侯，即是此服，是為侯國之朝冠，其三代異名者。《儀禮》鄭注云，委猶安也，言所以安正容貌，章明也。殷質，言以表明文夫也，甫或作父，今文作斧，毋發聲也，追猶堆也，夏後氏質，以形名之，其制之異同未聞。劉熙《釋名》曰，委貌上小下大也，毋作牟，以二説稽之，其形製尚可想見，大抵殷制博大，夏周俱鋭上寬下耳。緇布冠，形與之同，故一名緇撮，此庶人之上服也。其異于玄冠者，玄冠，有辟積與緌，以玄布為之。緇布冠，缺項無緌，以緇布為之，其色既殊，其制亦異。《左傳》謂之弁髦者，諸侯至於士，始冠，皆用之，既冠，去其緌，猶之人子事親，笄總拂髦，親没則不髦也。蓋緇布冠，古本不緌，東周時，諸侯之冠禮，或加繢緌，故孔子曰，其緌也，吾未之聞也，冠而敝之，可也。敝，謂敝其緌，即傳之弁髦也，言冠緌雙止，猶人子之髧彼兩髦耳。經文謂皮冠，曰冠弁，緇布冠，曰弁髦，衰冠，曰服弁，吊冠，曰弁絰。故《服緯》曰，凡尊者之冠曰弁，因冠之形制，皆上小下大，與弁相似，故通得弁名已。

又　凡冠者，櫛縰笄總，親在者髦，自天子至於士，冠禮皆三加，天子始加玄冠，諸侯以下，皆緇布冠，再加皆皮弁，大夫及再命以上者，三加皆玄冕，士之一命不命者爵弁，庶人無冠禮，以喪冠者，雖三年之喪可也。凡冕與冠之布，皆三十升，武與冠同色，居冠屬武，不緌，凡冠與武，皆有紕。

此一節，述著冠之敘，始冠之禮，及冠布之升數武飾也，禮《内則》曰，雞鳴，咸盥漱，櫛緌笄總，拂髦，冠緌纓，此即每日夙興後著冠之序也。盥漱以後，先以櫛梳髮，次以縰韜髮。《士冠禮》曰，緇，纚廣終緇，長六尺，注云，足以韜髮而結之，即此縰也。次為髻，而以笄安之，此笄，即鬠笄也。次乃以黑繒束髮，垂其餘於髻後，以為飾，是之謂總。次又拂拭兩髦，髧於左右，在前者齊眉以為飾，是之謂髦。古禮，凡親没三日，則主人脱髦。《詩・大雅》曰，譽髦斯士。又曰，髦士攸宜，言人主愛才，及其親在之時，使早成名譽，而禄祿位以寵之。故《爾雅》曰，髦士官也，著髦之後，乃加冠，而結纓於頷下，此即常冠之次第也。自天子至於士，冠禮皆三加者。《大戴禮》公冠曰，公冠四加，玄冕，天子儗焉。盧注云，四當為三，今按古文三三皆積畫，故三訛作三，首服止有冕弁冠三等，不得有四加也。玄冕乃五冕之大名，其繅玉章服各異，即《周禮・弁師》玄冕朱裏之玄冕也，非《司服》之玄冕矣。《儀禮》賈疏：四加。《禮記》孔疏五加之説，皆誤。天子始加玄冠，諸侯以下，皆緇布冠者。《玉藻》曰，始冠緇布冠，自諸侯下達，冠而敝之可也。玄冠朱組纓，天子之冠也，緇布冠，繢緌，諸侯之冠也。注云，皆始冠之冠。《郊特牲》曰，大古冠布，齊則緇之，此緇冠，乃冠之始制，故用為始，加重本之義也。再加皆皮弁者，禮曰，三王共皮弁素積，自天子至於士，皆得服之，故以為再加之首服。三加皆玄冕，士之一命不命，皆爵弁者，此各用其上服，以為終加之禮也。《司服》曰，大夫之服，自玄冕而下，士之服，自皮弁而下。又《大宗伯》之九儀曰，再命受服，蓋凡為大夫及士之再命以上者，皆得冕

服，用於冠禮之三加，其藻玉章服，則各依其等。惟一命及不命之士，止用爵弁。爵弁有延，實亦冕之形制，故其服，亦純衣而纁裳，蓋古制冠禮之卒加，婚禮之親迎，無不服其上服者。故公冠曰，三加玄冕，天子擬焉，太子與庶子，其禮與士同，合以十七篇內之士冠禮，此即古所傳天子公侯及士之冠禮也，而獨缺大夫。故《冠禮》記曰，無大夫冠禮。近時《大戴禮》傳本，天子擬焉，或作太子擬焉，殊誤。下文明云，太子禮與士同，《冠禮》記亦云，天子之元子，猶士也，天下無生而貴者也，則太子安得擬公侯乎。庶人無冠禮者，禮不下庶人也，以喪冠者，雖三年之喪可也。禮《雜記》文武王崩時，成王年十三，《書金縢》曰，王與大夫盡弁，是王已冠矣。《竹書紀年》，謂成王元年秋，王加玄服，此即在喪行冠禮之證。凡冕與冠之布，皆三十升，武與冠同色者，《周書》、《論語》麻冕注：並云，冕用麻布三十升。《儀禮》疏：謂三十升者，取冠倍之義，今按《雜記》曰，朝服十五升，《禮》鄭注云，深衣用十五升布，夫朝服深衣，皆用十五升布，而冠倍之，是玄冠緇布冠，皆用三十升布可知。《喪服》鄭注云，八十縷為升，然則冕與冠之布，其經縷皆二千四百矣。以二尺二寸之幅，用二千四百縷為之，其細密費工可知。故《論語》曰，麻冕禮也，今也純儉，吾從眾。古惟喪冠象刑，或與武異色，吉冠皆同色也，詳見下，居冠屬武，不緌者。《玉藻》曰，居冠屬武，自天子下達，有事然後緌。注云，謂燕居冠也。蓋禮冠與武別，既著，合之而委其纓，以為飾，燕居之冠，則與武相連屬，亦不垂其纓，以為緌不盡飾也。凡冠與武，皆有紕者。《玉藻》曰，縞冠玄武，子姓之冠也。縞冠素紕，既祥之冠也。垂緌五寸，惰遊之士也。玄冠縞武，不齒之服也。注云，紕緣邊也。疏云，謂緣冠兩邊，及冠卷之下畔，蓋縞冠玄武，玄冠縞武，及居冠垂緌者，此凶服及象刑也。吉冠之紕與武，必與冠同色，其居冠皆屬武，不緌也。

清·吴榮光《吾學録初編》卷八《制度門·冠服·冠制》《會典》：冬冠，青緞表布裏，簷上仰。朝冠，上綴朱絨，長出簷，梁二，在頂左右。吉服冠、常服冠，上綴朱緯，長及于簷，梁一，亘頂上，兩旁垂帶，交領下。女冬朝冠，後有護領，垂條二。吉服冠，無垂帶，餘制皆同。夏冠，織玉草或藤絲、竹絲為質，表以羅，簷敞，內加以圈。朝冠，緣石青片金二層，裏用紅片金，或紅紗，上綴朱絨。吉服冠、常服冠，石青片金緣，紅紗裏，上綴朱緯。行冠，上綴朱氂，梁帶均如冬冠，帶屬於圈。女夏朝冠，如冬朝冠，每歲春季換用涼朝帽，秋季換用暖朝帽。

又《民公侯伯子男冠服》《通禮》民公冬朝冠，熏貂為之，十一月朔至上元，用青狐，頂鏤花金座，中飾東珠四，上銜紅寶石。【略】吉服冠，頂用珊瑚。【略】雨冠雨衣及裳，均用紅色。【略】侯朝冠頂鏤花金座，中飾東珠三，上銜紅寶石。【略】餘皆如公。伯朝冠，頂鏤花金座，中飾東珠二，上銜紅寶石，【略】餘皆如侯。子朝冠頂鏤花金座，中飾東珠一，上銜紅寶石，補服前後繡麒麟。吉服冠，頂用珊瑚，餘皆視一品。男朝冠頂，鏤花金座，中飾小紅寶石一，上銜珊瑚，補服前後繡獅。吉服冠，頂用鏤花珊瑚，餘皆視二品。

又《品官冠服》《通禮》：文一品朝冠，頂鏤花金座，中飾東珠一，上銜紅寶石。【略】餘皆如公。武一品補服，前後繡麒麟，餘皆如文一品。雨衣、雨冠，均用大紅色。文二品冬朝冠，熏貂為之，十一月朔至上元用貂尾，頂鏤花金座，中飾小紅寶石一，上銜珊瑚。【略】吉服冠，頂鏤花珊瑚。雨冠，紅色。【略】餘皆如文一品。武二品補服，前後繡獅，餘皆如文二品。文三品朝冠，頂鏤花金座，中飾小紅寶石一，上銜藍寶石。【略】吉服冠，頂用藍寶石。【略】餘皆如文二品。武三品冬朝冠，熏貂為之。【略】餘皆如文三品。【略】一等侍衛戴孔雀翎。【略】餘皆如武三品。雨冠，用大紅色。【略】文四品冬朝冠，熏貂為之，頂鏤花金座，中飾小藍寶石一，上銜青金石。【略】吉服冠，頂用青金石。【略】雨冠，紅色，前加緣二寸五分，後五寸，青色。四品以下，在內廷行走及講官，雨冠均用紅色。【略】餘皆如文三品。武四品補服，前後繡虎，餘皆如文四品。二等侍衛，戴孔雀翎。【略】餘皆如武四品。雨冠，御前侍衛、乾清門侍衛，皆用紅色。【略】文五品朝冠，頂鏤花金座，中飾小藍寶石一，上銜水晶。【略】吉服冠，頂用水晶。【略】餘皆如文四品。武五品補服，前後繡熊，餘皆如文五品，惟無朝珠。三等侍衛戴孔雀翎。【略】餘皆如武五品。文六品朝冠，頂鏤花金座，中飾小藍寶石一，上銜硨磲。【略】吉服冠，頂用硨磲。【略】餘皆如文五品，惟無朝珠。【略】武六品補服，前後繡彪，餘皆如文六品。藍翎侍衛戴藍翎。【略】餘皆如武六品。雨冠，紅色青緣。【略】文七品朝冠，頂縷花金座，中飾小水晶一，上銜素金。【略】吉服冠，頂用素金。【略】雨冠，青色，前加緣二寸五分，後

五寸，紅色。【略】餘皆如文六品。武七品補服制如武六品，餘皆如文七品。文八品朝冠，鏤花陰文金頂，無飾。【略】吉服冠，鏤花陰文金頂。【略】餘皆如文七品。武八品補服，前後繡犀牛，餘皆如文八品。文九品朝冠，鏤花陽文金頂。【略】吉服冠，鏤花陽文金頂。【略】餘皆如文八品。武九品補服，前後繡海馬，餘皆如文九品。未入流冠服，制如文九品。雨冠，青色紅緣。【略】凡文武侯補候選官，頂帶均與現任同，七品以上官，得用諸花繒，八九品官用雜花及素繒，舉人視七品，貢監生員視八品。【略】《會典》：一二品大臣，有賜紅絨結頂冠者，不得如式更制。【略】文武官上朝及坐班，如非下雨，戴雨帽者糸處。【略】《通禮》：品官曾祖父母、祖父母、父母、妻受封者，冠服皆得如所封之品。本身加級受封，冠服均從本任。惟致仕後，得照所封之品服用。革職留任之員，准用原品頂戴。其因公革職，未追封誥者，祇許用原品頂戴。《會典》：商賈捐納職銜者，冠服各從其品，無職銜者不得僭用。

又《士民冠服》《通禮》：會試中式貢士，朝冠鏤花金頂，上銜金三枝九葉。狀元金頂，上銜水晶，授職後，各視其品。舉人公服冠，頂鏤花銀座，上銜金雀。【略】吉服冠頂銀座，上銜素金。貢生吉服冠，鏤花金頂，餘皆如舉人。監生吉服冠，素銀頂，餘皆如貢生。生員公服冠，頂鏤花銀座，上銜銀雀。【略】吉服冠，制如監生。外郎耆老，頂以錫。民人冬夏帽上，不得用絨纓大結。考職吏員在籍，止用頂帽，不得用補服。供事書吏，非年滿考職者，不得用金頂。奴僕、優伶、皂隸【略】冬帽用染騷鼠、狐貉、獺皮，不得用貂。

又《民公侯伯子男夫人冠服》《通禮》：民公夫人冬朝冠，熏貂為之，頂鏤花金座，中飾東珠四，上銜紅寶石，前綴金簪三，飾以珠寶，護領絛用石青色，金約青緞為之，中綴鏤金火焰，飾珍珠一，左右金龍鳳各一，後垂青緞帶二，紅片金裏，耳飾左右各三，每具金雲銜珠各二。【略】吉服冠，熏貂為之，頂用珊瑚。【略】侯夫人朝冠，頂鏤花金座，中飾東珠三，上銜紅寶石，餘皆如民公夫人。伯夫人朝冠，頂鏤花金座，中飾東珠二，上銜紅寶石，餘皆如侯夫人。子夫人朝冠，頂鏤花金座，中飾東珠一，上銜紅寶石，餘皆如伯夫人。男夫人朝冠，頂鏤花金座，中飾紅寶石一，上銜珊瑚。吉服冠，頂鏤花珊瑚，餘皆如子夫人。

又《命婦冠服》《通禮》：一品命婦朝冠，頂鏤花金座，中飾東珠一，上銜紅寶石，餘皆如民公夫人。二品命婦朝冠，頂鏤花金座，中飾紅寶石一，上銜珊瑚。吉服冠，頂鏤花珊瑚，餘皆如一品命婦。三品命婦朝冠，頂鏤花金座，中飾紅寶石一，上銜藍寶石，吉服冠頂用藍寶石，餘皆如二品命婦。四品命婦朝冠，頂鏤花金座，中飾小藍寶石一，上銜青金石。【略】吉服冠，頂用青金石，【略】餘皆如三品命婦。五品命婦朝冠，頂鏤花金座，中飾小藍寶石一，上銜水晶。吉服冠，頂用水晶，餘皆如四品命婦。六品命婦朝冠，頂鏤花金座，中飾小藍寶石一，上銜硨磲。吉服冠，頂用硨磲，餘皆如五品命婦。七品命婦朝冠，頂鏤花金座，中飾小水晶一，上銜素金。吉服冠，頂用素金，【略】餘皆如六品命婦。

又《賞翎》《會典》：六品以下官藍翎，五品以上花翎，其雙眼者則奉特賞。若軍功，若射布靶之賞翎者，准常戴。及升陞調他職，亦得戴用。若職任之戴翎者，如巡撫兼提督銜，准戴翎之類。離任則除。

又《品官生監常用頂戴》《會典》：凡平時所戴暖帽、涼帽，一品大臣珊瑚頂。二品官用起花珊瑚頂。三品官用藍寶石頂，或用藍色明玻璃。四品官用青金石頂，或用藍色捏玻璃。五品官用水晶頂，或用白色明玻璃。六品官用硨磲頂，或用白色捏玻璃。七品官用素金頂。八品官用起花金頂。九品官用起花銀頂。未入流與九品同。侯補候選與現任同。凡八品之讀祝、贊禮、鳴贊、序班，俱用八品起花金頂。進士、舉人、貢生，俱用金頂。生員監生俱用銀頂。

又《冠服禁制》《會典》：軍民僧道人等，服飾器用，俱有定制。【略】三品以下官員，概不得僭用紅色雨衣雨帽。違者照違制論。惟內廷行走之員，不論品級，雨帽俱戴大紅。

又《軍裝·盔制》即胄。《會典》：胄以革髹漆，或浴鐵。前後有梁，梁前橫鐵謂之遮眉。遮眉上，謂之舞擎。舞擎下，謂之護額。胄上，謂之覆椀。椀上仰者，謂之盔盤。盤以植管，管以受槍。槍周以纓，垂於後者，謂之護項，左右謂之護耳，其下謂之護頸，皆敷以棉或鐵鍱。總督、巡撫、提督胄，頂植鶡翎二，銜鏤花金葉，寶蓋盤座，俱髹漆鋄金花，及雲龍，周垂貂尾，纓十二，梁及舞擎，亦髹漆，鋄金雲龍，護項、護耳、護頸皆石青緞表，藍布裏，通繡蟒五，中敷鐵鍱，外布銀釘，系石青緞帶二，盔襯石青緞表，藍綢裏，

頂綴紅絨。總兵官盔，頂植熏獺尾，副將盔，頂植獺尾，皆周垂朱犛，寶蓋盤座，前後樑及舞擎，俱鋄銀雲龍，餘並如提督制。条將以下盔，垂朱犛，不鋄飾，護耳、護項、護頸不加繡文。武狀元盔，煉銅為之，不鏤花文，頂植三梁，下為圓珠，貫槍植管，周垂朱犛，前後樑加鳳首，旁為鳳翼，護頂、護耳俱貝文銅鍱，紅片金緣，紅布裏。緑營兵盔，護項、護耳俱青布表，月白裏，緣如表色，不加采繡。

圖表

宋・陳祥道《禮書》卷三《禮書圖》

子毳冕
繅五就前後各五旒旒五玉用玉五十繅玉皆三采執穀璧

男毳冕
繅玉采如子之數執蒲璧

王之三公鷩冕
繅八就前後各八旒旒八玉用五百二十八執圭射則執璧書曰周公秉圭以見覲之益執信圭先儒曰執桓圭

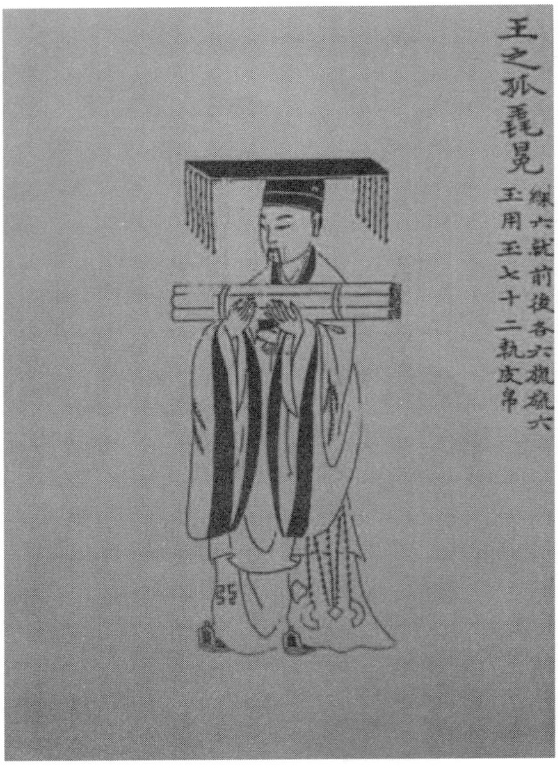
王之孤毳冕
繅六就前後各六旒旒六玉用玉七十二執皮帛

王之大夫希冕
繅四就前後各四旒旒四玉用
玉三十二繅玉皆朱綠執鴈

王之卿毳冕
繅六就前後各六旒旒六玉用
玉七十二繅玉皆朱綠執羔

諸侯之卿玄冕
繅三就前後各三旒旒
三玉用玉十八執羔

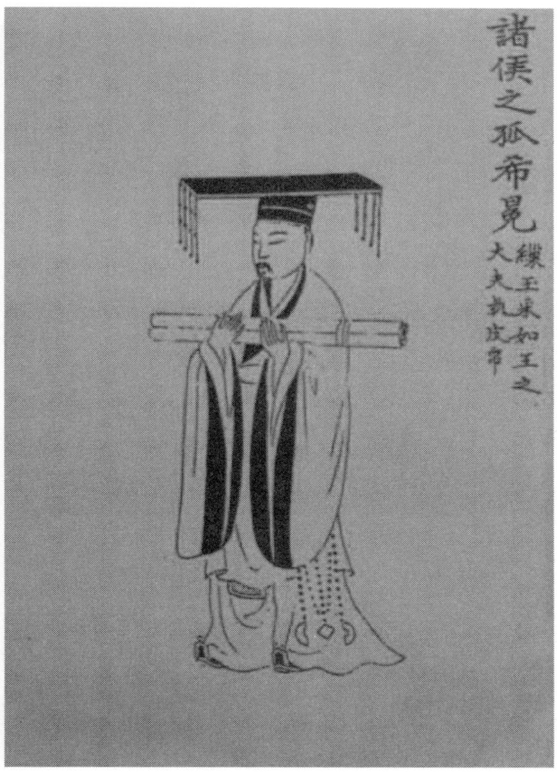
諸侯之孤希冕
繅玉采如王之
大夫執皮帛

又卷八《禮書圖》

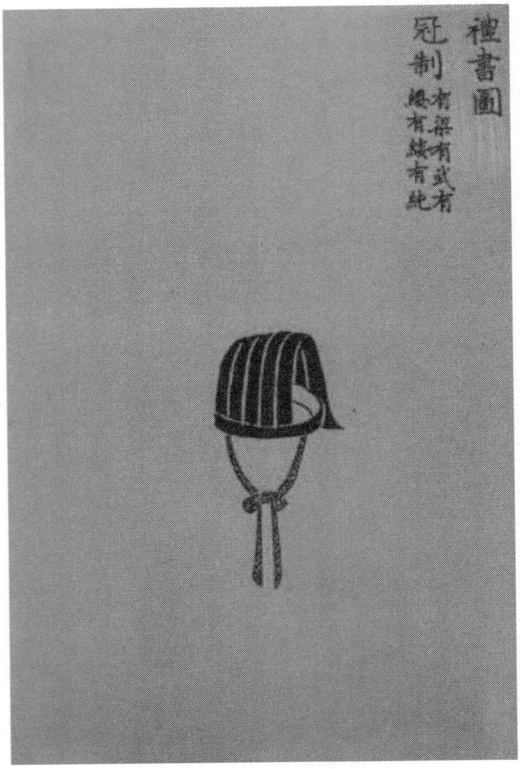
禮書圖
冠制
有梁有武有
緌有綫有紕

諸侯之大夫玄冕
再命之大夫繅再就用玉八一
命之大夫繅一就用玉二執鴈

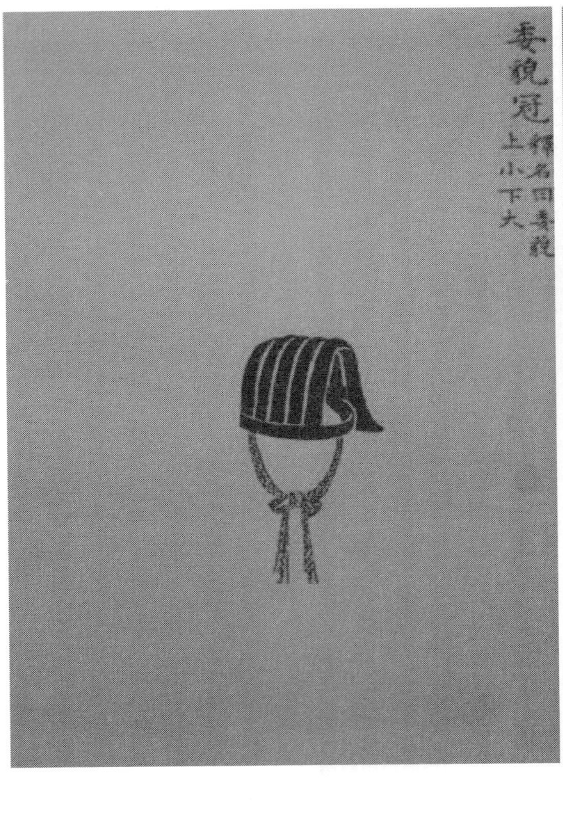
委貌冠
釋名曰委貌
上小下大

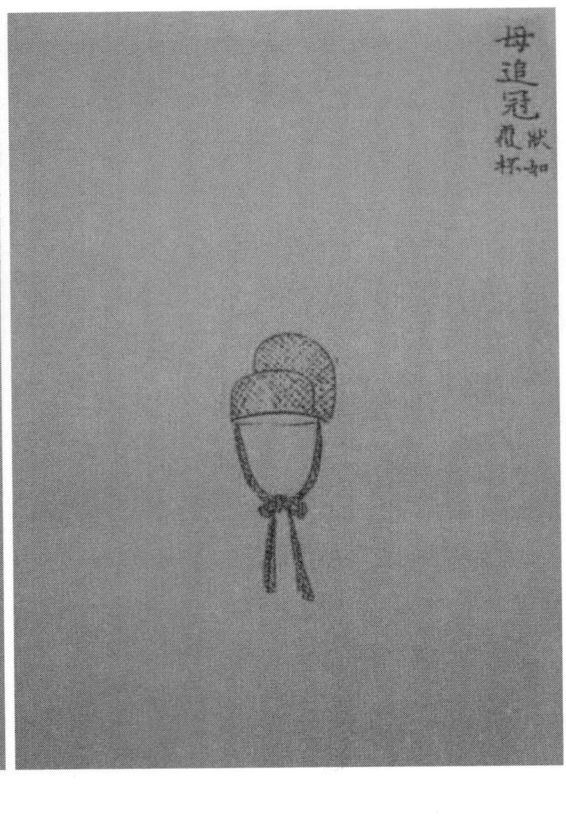
毋追冠
狀如
覆杯

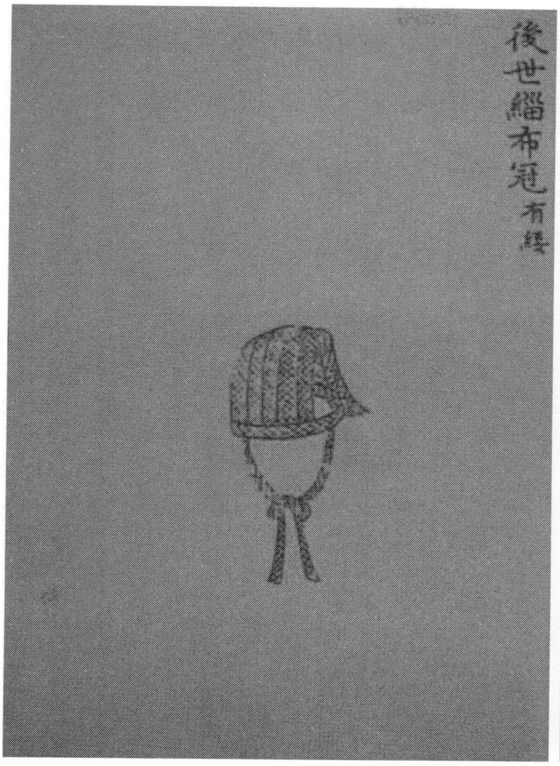

又卷九《禮書圖》

士齊冠
玄冠綦組纓
綦蒼艾色

諸侯齊冠
玄冠丹組纓

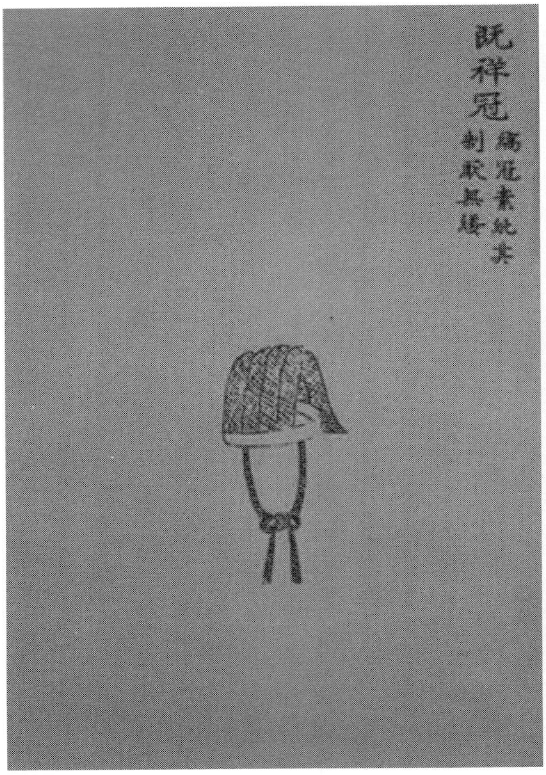
既祥冠
縞冠素紕其
制同無緌

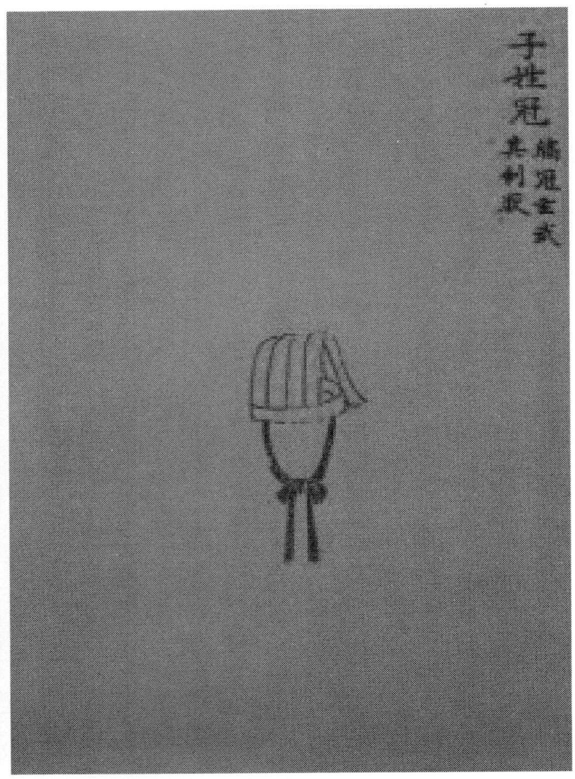
子姓冠
縞冠玄武
其制同

又卷一〇《禮書圖》

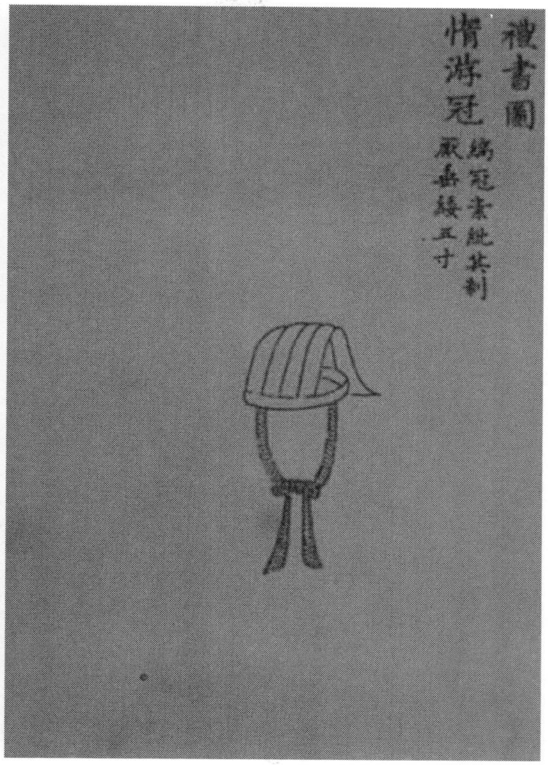

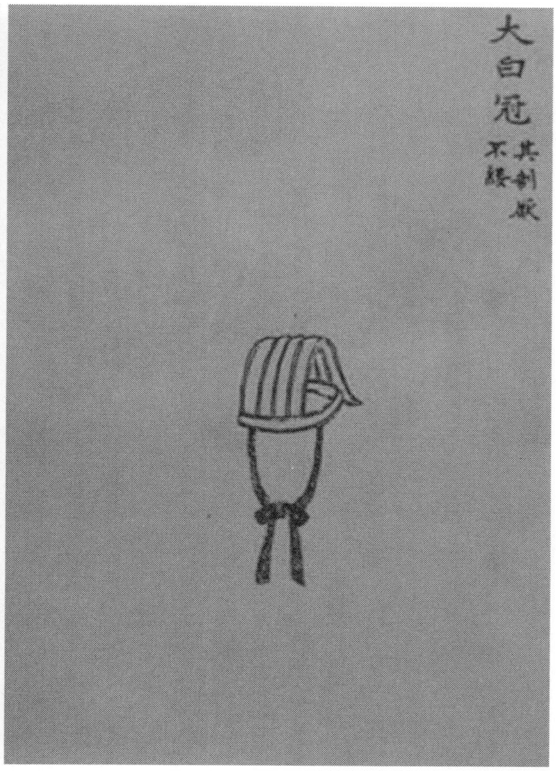

裘制

綜述

宋・陳祥道《禮書》卷一二《黼裘》 《周禮》獻皮以掌皮。攻皮以裘氏。獻裘以司裘。司裘為大裘，以共王祀天之服。中秋獻良裘，季秋獻功裘。鄭氏曰，良裘因其良，時而用之。所謂黼裘與功裘，人功微麤，謂狐青麛裘之屬。黼裘以羔與狐白雜為黼文。然則良裘其質美，功裘其功多，良裘非特黼裘，而功裘非特狐青、麛裘。古者行禮之裘必，以羔與麛。燕居之裘，必以狐與貉。故《詩》以羔裘逍遥，狐裘以朝刺不自强於政治。則黼裘不雜以狐白矣。惟君黼裘以誓省，後世有用大裘，故記者譏之，曰非古也。何則祀天，尚道故以大裘誓省，尚義故以黼裘。誓則前期十日，太宰帥執事，卜日遂戒是也。省則前祭一日，大宰及執事眂滌濯，宗伯大祭祀省牲，眂滌濯是也。司寇大祭祀，納享前王。《郊特牲》卜之日王立于澤，親聽誓命，則王於誓省皆與之也。先王制禮盥重於既，薦幣貴於未將，則禮常嚴於未然之前。祭祀，治官以治之，刑官以涖之，則義常肅於行禮之際，則黼裘以誓省宜矣。《家語》合大裘黼裘為一，則曰，大裘黼之以象天。鄭氏改省為獮，則曰黼裘以誓獮田。然大裘純色，無白黑之文，獮田在秋，非用裘之日，二者之說，誤矣。

又《羔裘》 王大裘以祀天，諸侯羔裘以朝先儒，皆曰黑羔裘也。蓋羔取其有禮。羣而不黨，乳而必跪，贄之不鳴，殺之不號。黑取其合道，以道行禮，以禮成道，固先王之所尚也。然大裘尚質，羔裘有文，故《詩》曰，羔羊之皮，素絲五紽。羔羊之革，素絲五緎。羔羊之縫，素絲五總。毛氏曰，古者素絲以英裘，紽，總數也。《爾雅》曰，緎，縫也。孫炎曰，緎，界也。蓋羔裘以素絲為組，施於縫中，以為英飾，其界有緎、有殺、有縫，其別有紽，其聚為總，而又飾之以豹，此所以與大裘異也。羔裘豹飾，狐青裘豹褎，麛裘青豻褎，何也。豹取其武而有文，青豻取其仁而能守，武而有文，諸侯視朝之事也，仁而能守，天子視朝之事也，狐青以燕居，褎亦以豹，則武而有文，亦非燕居之所可忘也。《詩》曰，羔裘豹飾，孔武有力。又曰，羔裘豹袪，自我人居，居其託物，同而意異者，義德一也。善用之則為武，不善用之則為暴，大言豈一端而已哉。先儒謂凡裘，天子諸侯用全，其臣則褎飾異焉。然天子諸侯之用全，特狐白裘而已，欲其純白之備也，至於麛裘羔裘，則上下之所同，非無飾也。若曰裘以用全為貴，則狐黃之裘無異褎犬羊之裘，無異飾而賤者，或服之何耶。

又《麛裘》 《爾雅》曰，鹿牡麚牝，麀其子麛，麛即麑也。《詩》曰，呦呦鹿鳴，食野之苹。又曰，鹿斯之奔，維足伎伎。則鹿之為物，善接其類，而麛尤出於天性，故先王取焉。《玉藻》曰，麛裘青豻褎，絞衣以裼之。孔子曰，素衣麑裘。鄭氏釋《聘禮》曰，麑裘皮弁。然則皮弁素積，而麑裘素衣以裼之，則絞衣，素衣也。鄭氏釋《禮記》又曰，絞，蒼黃之色。其説無據。《記》曰，裘之裼也，見美也，服之襲也，充美也，則袒而見裘曰裼，揜而充裘曰襲，素衣麑裘，則麑裘之上，素衣其正服也。緇衣羔裘，則羔裘之上，緇衣其正服也。黃衣狐裘，錦衣狐裘，蓋亦若此。鄭氏，崔靈恩之徒以為，袒而有衣曰裼，若然，裘之上有裼衣，裼衣之上又有正服，則是裼襲在衣不在裘。而經言裼裘、襲裘何耶。《檀弓》曰練，練衣黃裏縓緣，鹿裘衡長袪，袪裼之可也。其裼之也，亦裼受服，以見鹿裘之美而已。鄭氏曰，鹿裘之裼，亦用絞乎。是鄭氏亦自疑，而不必其説也。《詩》曰，衣錦尚褧。蓋惟錦加絅以惡文，著餘衣固不然也。昔衛侯戒渾良夫食良犬，紫衣狐裘，至袒裘而食，則所袒者紫衣耳。哀十七年，未聞紫衣之外復有衣也。

又《鹿裘》 《禮記》練，鹿裘衡長袪，袪，裼之可也。《列子》曰，孔子見榮啟期行乎郕之野，鹿裘，素帶。啟期之服，固不足論。練，用鹿裘何也，禮始喪則居廬，自屏，既練，則可以接物，鹿善接其類者也，故裘用焉。《周禮》既練，乘藻車鹿淺複，與此同義。鹿裘袪裼之，則裼其袪而已，非若餘衣之袒也。鄭氏曰，有袪而裼之，備飾也。鹿裘亦用絞乎，理不然也。

又卷一三《狐白裘　狐青裘　黃衣狐裘》 《詩》曰，羔裘逍遥，狐裘以朝。又曰，狐裘蒙茸，匪車不東。又曰，取彼狐狸，為公子裘。又曰，彼都人士，狐裘黃黃。《語》曰，狐貉之厚以居。又曰，黃衣狐裘。蓋狐善疑，貉

善睡，疑斯戒睡，斯安燕息者之事也。故燕居與蜡，服之。然則《玉藻》所謂，君衣狐白裘，錦衣以裼之，君子狐青裘，豹褎，玄綃衣以裼之，燕服也。狐裘，黄衣以裼之，蜡與燕服也。《玉藻》曰，天子卒食，玄端而居。諸侯夕深衣，祭牢肉。《王制》言養老之禮，虞氏深衣，夏后氏燕衣，商人縞衣，周人玄衣，於夏言燕衣，則深縞與玄皆燕衣也。鄭氏以此為燕羣臣之服，然周人燕禮，天子皮弁，諸侯緇衣，不以玄衣。蓋天子齊則玄端而冕，燕則玄端而冠，卒食玄端，則夕不必玄端也。諸侯夕深衣，則非夕不必深衣也。故《周官》小臣掌正王之燕服位，而不言所服，則王之燕服，豈特玄端而已哉，此所以有狐白裘錦衣也。《終南》之詩言，錦衣狐裘，繼之以黻衣繡裳，蓋始言燕服，而繼以祭服也。鄭康成以狐裘為行禮之服，謂狐白之上衣皮弁歟。非《詩》、《論語》之意也，君子狐青裘，豹褎，玄綃衣以裼之，蓋大夫士之燕服也。何則狐白所以象德之成，狐青所以象仁之發。故狐白錦衣為人君之服，狐青而下為君子之服，言君子之服則大夫士同之也。夫天下無粹白之狐，而有粹白之裘，則狐白裘天下之尤難得者也。觀紂，以狐白免西伯田子方，以狐白禮子思田文，以狐白脱秦患，則狐白之貴可知矣。士不衣狐白裘，不特以其德之未成也，蓋亦不敢以賤服貴歟。古者所貴不過狐白裘而已，後世有黑貂、青鳳、鸘鷫、雉頭、鶴氅之侈，此不可與言禮也。

又《貍裘》 《詩》曰，取彼狐貍，為公子裘。《左傳》曰，晳幘而衣貍製。《定九年》。夫公子無豫於事而貍裘，東郭即戎而貍製，則貍裘非禮服之裘也。《傳》又曰，臧之狐裘，敗我於狐駘。《襄四年》。則春秋之時，戎服亦以狐裘也。

又《虎裘　狼裘》 人之手足，右强於左，獸之勇摯，虎過於狼。右虎裘，左狼裘，則武士之衛君，手足之衛身也。蓋君之所以制服人者，不特恃夫道德之威而已，故士謂之虎士，門謂之虎門，旗有熊虎之文，車有虎幦之飾，則左右虎狼之裘宜矣。《周官》虎賁氏，掌先後王而趨以卒伍。旅賁氏掌執戈盾夾王車而趨。左右皆八人，然則君之左右，蓋旅賁之類也。《爾雅》狼牡貛牝其子獥。舍人曰，狼牡名貛牝名。《説文》曰，狼似犬，鋭頭，白頰，高前廣後。陸機曰，善為小兒啼。《禮記》有狼臅膏。

又《熊裘》 《周禮》穴氏掌攻猛獸，各以其物火之。以時獻其珍異皮革。鄭氏曰，蟄獸，熊羆之屬，冬藏者。《爾雅》曰，羆如熊，黄白文。《詩》曰，舟人之子，熊羆是裘。則熊羆亦裘之美者也。

清·黄以周《禮書通故》卷三《衣服通故二》

《周官·司服》，祀昊天服大裘而冕，而《記·郊特牲》云，王被袞以象天。鄭玄云，袞有日月星辰之章，此魯禮也。周禮則大裘而冕。陸佃説，服之襲也，充美也。禮不盛，服不充，故大裘不裼，則大裘襲可知。王被袞以象天，則大裘襲袞可知。《玉藻》有尸襲之義，《周禮》裘冕。注云，從尸服。夫尸服大裘而襲，則王服大裘而襲可知。何洵直云，《周禮·節服氏》，祭祀袞冕，郊祀裘冕，是袞與裘各有冕。乃云裘袞同冕，當以袞襲之裘而表袞，何以示袞裘之別。諸儒或言臨燔柴脱袞冕著大裘，或云脱裘服袞，蓋裘袞無同冕兼服之理，今乃以二服合為一，可乎。孔廣森云，大裘而冕，是日至圜丘之祭。被袞象天，則上辛祈穀之祭。以周案，王郊天被袞，《郊特牲》有明文。鄭注以此為魯禮，于天子王之文不可通。《玉藻》，龍袞以祭。其文在，朝日聽朔，之上，則祭昊天五帝皆以玉藻龍袞，與《郊特牲》正合，陸氏大裘襲袞之説是矣。然陸説大裘冕即袞冕，又無分曉。《司服》，大裘而冕祀昊天上帝，在袞冕之上。《節服氏》，祭祀袞冕六人，維王之大常。郊祀裘冕二人，執戈送逆尸。是袞冕與裘冕不同，有明證也。夫衣之舉袞者，以其文之特顯，而龍章為至煥，則加日月于上，亦無嫌以袞目之。《郊特牲》、《玉藻》之所記，渾言之也。而冕與服必相稱，袞冕袞九章則冕九旒，大裘之冕十二旒，則其袞亦十二章。九章十二章之服通名袞，故《司服》、《節服氏》于祀天郊祀別言裘冕，以示殊異。孔説大裘祀圜丘，袞祀祈穀，與《周禮》亦不合。《司服》云，祀昊天上帝則服大裘而冕，祀五帝亦如之。是祈穀郊亦用大裘之證。《司裘》祀五帝，專以祈穀言。祀五帝可服大裘，惟祈穀一祭。《節服氏》郊祀裘冕與祭祀袞冕對言，祭祀謂祭先王，郊祀謂圜丘祈穀兩郊。

鄭衆云，大裘，黑羔裘。服以祀天，示質。《鄭志》云，大裘之上又有玄衣，與裘同色，但無文耳。陸佃云，大裘不裼，則襲可知。大裘襲袞。何洵直云，大裘不裼，謂無別衣以裼之。蓋他服之裘褻，故表裘不入公門。事天以報本反始，故露質見素，不為表襮，而冕亦無旒。以周案，凡裘之上有裼衣，裼衣之上有襲衣，惟大裘有襲而無裼。《玉藻》詳述狐青元裼，麛裘絞裼，羔裘緇裼，狐裘黄裼，獨不及大裘，為大裘不裼也。又曰，服之襲也，充美也。禮不盛，服不充，故大裘不裼。是大裘之不裼，固有襲之者也。大裘

襲衮，陸説為長。何説大謬。

王肅説，天子大裘黼文以象天，至泰壇脱裘服衮。張融説，王至泰壇乃脱衮服大裘。何洵直云，古者齊服降祭服一等，昊天及五帝以裘冕祭，則衮冕齊。故鄭氏云，王齊服衮冕，是衮冕者，祀天之齊服也。唐《開元》及《開寶禮》并以衮冕為齊服，裘冕為祭服，與張融義合。以周案，王肅作《家語》，托其説于孔子，張融反之，并為《郊特牲》與《司服》二文不合，故牽説爾。詳《郊祀門》。《周官》節服氏掌祭祀朝覲衮冕，六人維太常，郊祀裘冕，二人執戈送逆尸。鄭玄説，衮冕從王服，裘冕從尸服。裘，大裘也。王應電説，衮冕，王之盛服，乃衣之以維太常，裘冕尤至尊，乃衣之以執戈，何其褻黷之甚。夫所謂節者，掌其服而有品節之云爾。以周案，衮冕，裘冕，皆句絶。右裘冕服。

又 鄭玄云，惟君有黼裘以誓省。黼裘，以羔與狐白雜為黼文也。省當為獮。獮，秋田也。陳祥道云，誓，前期十日，卜日遂戒是也。省則前祭一日，省牲，視滌濯是也。獮田在秋，非用裘之日。鄭説誤。以周案，陳説亦備一義。觀《周官》、《司裘》疏：鄭注自通。

鄭衆云，中秋獻良裘，王乃行羽物。季秋獻功裘，以待頒賜。良裘，王所服也。功裘，卿大夫所服。鄭玄云，良裘，《玉藻》所謂黼裘與。功裘，人功微麤，謂狐青麛裘之屬。賈公彦云，《月令》孟冬，天子始裘。此良裘若是王之所服裘，何得在中秋，故後鄭不從。後鄭謂黼裘者，《玉藻》唯黼裘以視獮，獮是仲秋田獵之名，與此獻良裘同時，故知與黼裘一也。功裘之等臣所服，見人功麤。良裘君所服，鍼功細密。

鄭玄云，君子狐青裘，豹袖，元綃衣以裼之。君子，大夫士也。綃，綺屬。狐青裘，蓋玄衣之裘。皇侃云，凡六冕及爵弁無裘。玄衣玄端也。畿內諸侯朝服用緇衣，畿外用玄衣。狐青又是畿外諸侯朝服之裘。熊安生云，內外諸侯朝服皆緇衣，以羔為裘，不用狐青也。此謂六冕及爵弁也。孔穎達云，天子諸侯皆然，而云大夫士者，君用純狐青，大夫士雜以豹袖。孔穎達云，《詩・唐風》，羔裘豹袪，卿大夫之服。《檜風》，羔裘逍遥，鄭云朝燕之服。《論語》，緇衣羔裘。注云，諸侯之朝服，羔裘者必緇衣為裼。唐、檜、魯非畿內之國，何以并云羔裘。若此玄衣為畿外諸侯，則鄭注此何得云大夫士也。祭服無裘，文無所出。劉氏以六冕皆用大裘，亦非。江永云，冕服止用緇衣羔裘，記者蓋廣言他國冕服有此。戴震云，天子諸侯玄端以居，狐青裘。以周案，凡裘，君用全，大夫雜。羔裘豹袖，為大夫服，則此孤裘豹袖不關天子諸侯甚明。且朝服非玄端，玄端朝服皆麻衣，以綃衣裼，是以帛裏布矣。皇説殊謬。六冕爵弁無裘，尤為臆説，熊孔斥之，當已。但六冕之裘皆黑羔裘，不用狐青爵弁之説近是。嘗聞諸先君子曰，《玉藻》君子狐青裘豹袖，元綃衣以裼之，麛裘青豻袖，絞衣以裼之，皆謂士服。大夫羔裘豹袖，不敢用純羔以避君，士用狐青裘豹袖宜也。

《白虎通義》云，天子狐白，諸侯狐黄，大夫狐倉，士羔裘。孔穎達云，天子卿大夫及諸侯卿大夫在天子之朝亦狐白裘，以下云士不衣狐白，則卿大夫得衣狐白也。其裼則不用錦衣，故下注云，非諸侯則不用錦衣以裼。熊氏云，當用素衣，皇氏用《白虎通義》，并與經傳不同。以周案，《玉藻》云，錦衣狐裘，諸侯之服也，謂狐白裘。《白虎通義》謂惟天子用狐白，誤。《論語》述孔子之服曰，黄衣狐裘，是狐黄亦不獨諸侯矣。《玉藻》，云士不衣狐白，雖據士立文，其實大夫亦不得衣狐白。《玉藻》云，君子狐青裘豹袖，鄭注：君子謂大夫士，明大夫士止服狐青也。《晏子春秋》云，景公賜晏子狐白之裘，晏子辭曰，君服之上，而使嬰服之下，不可以為教。晏子意狐白裘為君服，卿大夫不得服之也。孔疏謂諸侯大夫在天子朝衣狐白，臆説也。狐白以錦衣裼，熊云素衣，亦無見文。

《詩・檜風》羔裘逍遥，狐裘以朝。鄭玄云，諸侯之朝，緇衣羔裘，大蜡而息民，則有黄衣狐裘。今以朝服燕，祭服朝，是好潔其衣服也。蘇軾云，錦衣狐裘，所以朝天子之服也。任大椿云，《詩》狐裘蒙戎疏及《司裘》疏，皆以狐蒼裘為玄端之服。《詩》，狐裘以朝，為狐蒼裘，謂檜君視朝反服燕居之服。以周案，狐裘有青，有白，有黄，此《詩》不指何色，鄭以為狐黄，蘇以為狐白，任以為狐青。三説不同，當從蘇。《論語》，素衣麑裘，《玉藻》，麛裘絞衣裼。鄭玄説，或絞或素，無一定。《儀禮》注。熊安生説，臣用絞，君用素。皇侃説，素衣為正，記者亂言絞爾。一説絞當讀為縞，絞縞聲相近。以周案，《論語》所言，大夫之皮弁服，《玉藻》蓋言玄端之制。玄端有朱裳、素裳、元裳、黄裳、雜裳，或者兼用羔裘緇裼、狐裘黄裼、麑裘絞裼與。注：絞，蒼黄之色也。蒼黄即緑色。《説文》緑，帛青黄色也。《夏小正》，玄校，傳云，校也者，若緑色然。校即絞之借字。今本作緣色，誤。

鄭玄云，黃衣則狐裘，大蜡之服。或説黃衣狐裘，玄端服。以周案，《論語》緇衣羔裘，為大夫之冕服朝服。素衣麑裘，為大夫之皮弁服。黃衣狐裘，當為大夫之韋弁服。凡兵事韋弁，以韎韋為之，韎赤黃色。《詩・羔羊》疏云，兵事韎韋衣則黃衣，襄四年傳云，臧之狐裘，敗我于狐駘。是韋弁服用黃衣狐裘之證。《詩・都人士篇》，狐裘黃黃，賈誼《新書・等齊篇》引作，黃裳，是黃衣狐裘其裳用黃之證。天子韋弁服朱裳，大夫韋弁服黃裳。黃裳為禮服之最重者，故《易》于《坤》五特著其占。如鄭《禮》注爵弁纁裳，皮弁素裳，朝服亦素裳，而黃裳獨不見用于禮服，惟玄端為禮服之下，間或用之，而以元裳為正，是黃裳于禮幾無用之矣，豈其然哉。《郊特牲》黃衣黃冠為草服，鄭以之解論語，解緇衣，皆誤。其注司服，以韋弁為韎裳，注《聘禮》又以為素裳，注《詩》又以為天子之服朱裳，説尤屢易。而疏家申之，以為戎事韎裳，禮事素裳，更屬杜撰。蜡臘服，説詳《羣祀門》。右裘服。

又 鄭玄云，天子與其臣，玄冕以視朔，皮弁以視朝。諸侯與其臣，皮弁以聽朔，朝服以視朝。皆君臣同服。以周案，此據外服言，而內衣與裘不同。如天子朝服錦衣狐裘，其大夫則素衣狐裘，士則素衣麑裘。諸侯朝服緇衣羔裘，用純物，其大夫則羔裘豹飾，不純。陳用之説，天子朝服麑裘青豻袖，諸侯朝服羔裘豹飾，上下同之。誤。

清・閻鎮珩《六典通考》卷一三四《禮器考・服冕》 司裘掌為大裘，以共王祀天之服。大裘，黑羔裘。中秋獻良裘。中秋鳥獸毨毨，因其良時而用之。良裘，《玉藻》所謂黼裘與。季秋獻功裘，以待頒賜。功裘，人功微麤，謂狐青麛裘之屬。歲終則會，唯王之裘不會。《玉藻》唯君有黼裘，以視省。天子祭上帝則大裘而冕。黼裘以羔與狐白雜為黼文。省當為獮。大裘非古也。禮不盛，服不充。禮盛者，服充。大事不崇曲敬。故大裘不裼。謂祭天也。天子玉藻，十有二旒，前後邃延，龍卷以祭。祭先王之服也，龍卷，畫龍于衣，字或作衮，疑畫蟠龍，故謂之卷。玄端而朝日、聽朔。端當為冕，玄衣而冕，冕服之下。皮弁，以日視朝，遂以食卒，食玄端而居。天子素帶，朱裏，終辟。謂大帶也。有虞氏服韍，夏后氏山，殷火，周龍章。韍，冕服之韠也，舜始作之，以尊祭服。禹湯至周，增以畫文，後王彌飾也。山取其仁，可仰也。火取其明也。龍取其變化也。韠圓殺直。目韠制。天子直。四角直圓無殺。《詩》韎韐有奭，以作六師。韎，茅蒐所染色也。韐，韠也，合韋為之。奭，赤貌。

清・江永《鄉黨圖考》卷六《緇衣羔裘考》 疏云，緇衣羔裘者，謂朝服也。《玉藻》云，諸侯朝服，以日視朝於內朝。《士冠禮》云，主人玄冠、朝服、緇帶、素韠。注云，玄冠委貌，朝服者十五升布衣，而素裳。布八十縷為升。不言色者，衣與冠同也。是朝服色玄，玄即緇衣之小別。五入為緅，六入為玄。《玉藻》亦云，緇衣以裼之。是羔裘用緇衣明其上，正服亦緇色也，下云羔裘玄冠，不以弔，是羔裘所用，配玄冠，羔裘之上，必用緇布衣為裼，裼衣之上正服，亦是緇色。又與玄冠相配，故知緇衣羔裘，是諸侯君臣日視朝之服也。在朝君臣同服，俗解緇衣取象，臣北面，君南面，亦緇衣，又何以説乎。

按緇衣羔裘，又為祭服，邢疏不備，補考於後。《王制》三公一命卷。疏云，諸侯、大夫、士自祭，士則玄端，大夫則朝服。故《儀禮・特牲》士祭玄端。《少牢》大夫祭朝服。

《儀禮・少牢饋食禮》云，筮於廟門之外，主人朝服。疏云，為祭而筮，還服祭服。是以上篇《特牲》筮亦服祭服。

又明日，主人朝服，即位於廟門之外。

按大夫以朝服，為祭服如冬月必是緇衣、羔裘、玄端，即朝服之衣，易其裳韠。如夫子未為大夫，以玄端祭，亦必是緇衣羔裘，兼朝《祭義》始備。俗解遺祭服者，非。

又《素衣麑裘考》 疏云，素衣麑裘，在國視朔之服也。卿大夫、士，亦然。其受外國聘享，亦素衣麑裘。故《聘禮》云，裼，降立。注引《玉藻》云，麛裘，青豻褎，絞衣以裼之。豻，胡犬。絞音爻，蒼黃之色。又引此云，素衣麛裘，皮弁時或素衣。如鄭此言，則裼衣，或絞或素，不定也。熊氏云，臣用絞，君用素。皇氏云，素衣為正，亂言絞耳。皇氏説是。

《聘禮》賓皮弁聘。注云服皮弁者，朝聘，主相尊敬也。諸侯視朔，皮弁服。視朔重於視朝，以視朔服朝聘，是相尊敬也。疏云，諸侯朝天子服冕服，此待四方朝聘，皆皮弁者，入天子廟，得伸其上服，入己廟，不可以冕服。太重。又不可服常朝之服，太輕。故服天子之朝服。天子以皮弁服視朝。諸侯以為視朔之服，在廟視朝聘之賓，是相尊敬，故也。君以皮弁服受聘享，故聘使亦皮弁服。

又云，公皮弁，迎賓於大門內。

按注疏：解聘禮，所以服皮弁服之意最明，既服皮弁，則必素衣麑裘矣。自是服制尊卑相次，當如此，並無白色上取義之意。俗解，白以昭忠信，陋矣。聘享又必兼視朔，義始備。俗解遺視朔，非。

兼考君臣諸裼裘制。

《玉藻》表裘不入公門。注：并振絺綌不入公門。解之云，振讀為袗，袗，襌也，表裘外衣也，二者形且褻，皆當表之，乃出。謂裘葛外，必有裼衣，且有上服也。

又襲裘不入公門。注云，衣裘必當裼也。謂袒出左袖。疏云，裼裘襲裘，但據露裼衣，不露裼衣為異。袒袖則露裼衣，不袒則不露。

又，君衣狐白裘，錦衣以裼之。注云，君衣狐白毛之裘，則以素錦為衣覆之，使可裼也，袒而有衣曰裼。此語最分明。必覆之者，裘褻也。嘗聞之程憟也。太史云，今人服裘，或以毛向外，古人正是如此，故有皮之不存毛將安傅之説，又有虞人反裘而負薪之喻。《詩》云，衣錦絅衣，裳錦絅裳，然則錦衣復有上衣，明矣。天子狐白之上衣皮弁服與，凡裼衣象裘色也。

又，士不衣狐白。注云，辟君也，狐之白者少，以少為貴也。疏云，必知狐白上加皮弁服者，以狐白，既白皮弁服，亦白錦衣。白，三者相稱，皆為白也，天子視朝用皮弁服，則天子皮弁之下，有狐白錦衣也。諸侯於天子之朝亦然。故秦《詩》云，君子至止，錦衣狐裘。此經云君，則兼天子諸侯也。凡在朝君臣同服，然則三公在天子之朝執璧，與子男同，則皮弁之下狐白錦衣，與子男同也。其天子卿大夫及諸侯卿大夫，在天子之朝，亦狐白裘。以下云，士不衣狐白，則卿大夫得衣狐白也，其裼則不用錦衣，見下注。熊氏云，當用素衣為裼，其天子之士及諸侯之士，在天子之朝，既不衣狐白，用麛裘素裼也。諸侯在國視朔，則素衣麑裘，其受外國聘享，亦素衣麑裘。《玉藻》麛裘，青豻褎，絞衣以裼之。皇氏謂，素衣為正，記者亂言絞也。

按《玉藻》云，以帛裏布非禮也。皮弁服之布，而用錦衣裼狐白，得無以帛裏布之嫌與。嘗聞之太史程憟也，云凡言錦衣非通身用錦也，惟以錦為緣耳，婦人衣錦尚絅者，亦然。衣錦尚絅，大夫以上婦人始嫁之服也，行道禦風塵，當覆以絅衣，《士昏禮》謂之景，《中庸》惡其文之著斷章取義耳。此説可補先儒所未及，然則錦衣仍是素衣，但以素錦飾領及袂耳。又絞、素二衣，熊皇異説，皇説為優，《聘禮》疏云，鄭引《玉藻》、《論語》二文者，欲見諸侯與其臣視朔與行聘皆服麛裘，但君則麛裘還用麛褎，臣則不敢純，如君麛裘，則青豻褎，裼衣。君臣亦有異時，若在國視朔，君臣同用素衣為裼，若聘禮，則君臣同用麛裘，但主君則用素衣為裼，使臣則用絞衣為裼也。按此説，未知是否又按聘時，介裼而不襲，盛禮不在於已也。介既然為擯者，亦當然，臣從君不得服朝服也。而《論語》云，端章甫，願為小相，似朝服，又似玄端服，豈公西華謙退言之與。

又君子狐青裘，豹褎，玄綃衣以裼之。注云，君子，大夫士也，綃，綺屬也，染之以玄，於狐青裘相宜，狐青裘蓋玄衣之裘。疏：熊氏云，六冕皆有裘，此云玄，謂六冕及爵弁也。則天子諸侯皆然，而云大夫士者，君用純狐青，大夫士雜以豹褎。熊氏又以内外諸侯朝服，皆緇衣，以羔為裘，不用狐青也。劉氏云，凡六冕之裘，皆黑羔裘也。故《司服》云，祭昊天大裘而冕，以下冕皆不云裘，皆用羔裘也。又《論語》緇衣羔裘，皆祭於君之服，是祭服用羔裘也。劉氏又以此玄衣為玄端，與皇氏同三家之説，雖各有通途，皆互有長短。熊氏之説，踰於二家。《論語》注云，緇衣祭於君之服者，謂助君祭，朝服而祭也，亦卿大夫祭於君之服也。

按以帛裏布非禮，綃是綺屬，則上服必是絲衣，皇、劉以為玄端，誤矣。但冕服之裘，既當用玄綃衣，裼狐青，天子亦嘗為。大夫服冕助君祭，何以止有緇衣羔裘，而無玄綃狐青。又似如劉氏説，冕服皆羔裘，意當時魯君之祭，皆是緇衣羔裘。故夫子亦無狐青，而記者廣言他國冕服有此裘，與疏解《論語》鄭注謂，助君祭，朝服而祭，言此緇衣羔裘為朝服之裘，非謂玄衣素裳之朝服也。助君祭當服冕服玄衣用緣。又按鄭注，專言助君祭，亦未備自祭家廟以朝服，亦當緇衣羔。

又，麛裘，青豻褎，絞衣以裼之。注：豻，胡犬也，絞，蒼黃之色也。孔子曰素衣麛裘。

又，羔裘豹飾緇衣以裼之。注：飾，猶褎也。孔子曰緇衣羔裘。

按麛裘疏説見前，疑此亦是記者廣言之，夫子無此裘，蓋未製此裘也。凡魯人有麛裘之謗，詳見一卷。胡犬之色，當是蒼黃，故以蒼黃之色裼之。凡裼者，袒出左袖，故裼衣但象其袖，不論其裘身，以豹飾狐青，飾羔而裼，皆以黑色，蓋豹亦用黑色也。《詩・鄭風》羔裘豹飾。傳云，緣以豹皮也。疏云《唐風》羔裘豹袪，羔裘豹袖，然則緣以豹皮為袪袖也。禮君用純物，臣

下之，故袖飾異皮，按此説是。然則夫子羔裘麑裘，亦當有他皮飾袖，《論語》不言者，省文耳。

又《黃衣狐裘考》 邢疏黃衣狐裘，謂大蜡息民之祭服也。人君以歲事成熟搜索羣神而報祭之，謂之大蜡，又臘祭先祖五祀，因令民大飲，農事休息，謂之息民。俱詳見十卷。於大蜡之後，作息民之祭，其時則有黃衣狐裘也。大蜡之祭與息民異，息民用黃衣狐裘，大蜡則皮弁素服，二者不同，以其息民大蜡同月，其事相次，故連言之耳。知者《郊特牲》云，蜡者索也，歲十二月，合聚萬物而索饗之也。皮弁素服而祭，素服以送終，葛帶榛杖喪殺也，是大蜡之祭用素服也。其下又云，黃衣黃冠而祭，息田夫也。注云謂，既蜡，臘先祖五祀也，於是勞農以休息之，是息民之祭用黃衣也。此説孔子之服云黃衣狐裘。《玉藻》云，狐裘，黃衣以裼之。以此知大蜡息民，則有黃衣狐裘也。俗解蜡祭服者謬。

《玉藻》狐裘黃衣以裼之。注：黃衣，大蜡時，臘先祖之服也。孔子曰，黃衣狐裘。疏：此息民謂之臘，故《月令》孟冬云臘先祖五祀。

《郊特牲》黃衣黃冠而祭，息田夫也。注：祭謂既蜡，臘先祖五祀也，於是勞農以休息之。

又，野夫黃冠，黃冠，草服也。注：言祭以息民，象其時物之色，季秋而草木黃落。

按三裘之色，羔麑緇素，服制差次當如此，不以色取義，惟黃衣狐裘象其時，草木黃落，此説得之俗解，謂報土功者，臆説也。草木黃落在季秋，孟冬亦當其時，稍有早晚耳。

又《裘制雜考》 《召南·羔羊序》召南之國，化文王之政，在位皆節儉正直，德如羔羊也。疏：詩人因事記意，見在位者，裘得其制，德稱其服。《春官宗伯》注云，羔取其羣，而不失其類。《士相見》注云，羔取其羣，而不黨。《公羊傳》何休云，羔取其執之不鳴，殺之不號，乳必跪而受之，死義生禮者，此羔羊之德也。《詩》羔羊之皮，素絲五紽，退食自公，委蛇委蛇。傳，小曰羔，大曰羊，素白也，紽，數也，古者素絲以英裘，不失其制。大夫羔裘以居，公，公門也。箋，委蛇委，曲自得之貌。疏：大夫之裘，宜直言羔，兼言羊者，以羔亦是羊，故連言以協句，此言紽數，下言總之數有五，非訓紽總之數也。大夫羔裘以居，謂居於朝，非居於家也。《論語》狐貉之厚以居。注云，在家所以接賓客，則在家不服羔裘矣。《論語》注：又云，緇衣羔裘，諸侯視朝之服，卿大夫朝服，亦羔裘，唯豹祛，與君異耳，明此為朝服之裘，非居家也。

又，羔羊之革，素絲五緎。傳，革，猶皮也，緎，縫也。疏《説文》獸皮治去其毛，曰革，革，更也。對文言之異，散文則皮革通。《爾雅》釋訓云，緎，羔裘之縫也。孫炎曰，緎之為界，緎然則縫合羔羊皮為裘，縫即皮之界，緎因名裘縫為緎，五緎既為縫，則五紽、五總，亦為縫也。織素絲為組紃，以英飾裘之縫中，若線，則所以縫裘，非飾也。

又，羔羊之縫，素絲五總。傳：縫，言縫殺之大小，得其制，總數也。疏：首章言羔羊之皮，卒章言羔羊之縫，互見其用皮為裘，縫殺得制也。依《月令》孟冬始裘，天子祭天則大裘而冕。注：大裘，黑羔裘是也。其五冕之裘亦同黑羔裘。若天子視朝，及諸侯朝天子，皆以狐白裘。知者以《玉藻》云，君衣狐白裘，錦衣以裼之。又秦《詩》曰，君子至止，錦衣狐裘。以裘象衣色，皮弁服，白布衣，故也。其卿大夫在朝及聘問，亦衣狐白裘，知者《玉藻》云，士不衣狐白，故也。士則麛裘，青豻褎，以狐白之外，惟麛裘素也。其諸侯視朝，及卿大夫等同用黑羔裘。若諸侯視朔，君臣同用麑裘，其臣則青豻褎，絞衣，為裼，若兵事，既用韎韋衣，則用黃衣狐裘及貍裘，象衣色故也。傳云，臧之狐裘，敗我於狐駘。又云，晳幘而衣狸，製是也。若天子以下田獵，則羔裘，緇衣以裼之。其天子諸侯燕居同服玄端，則亦同服羔裘矣。凡裘，君則用全，其臣則褎飾為異。故《詩》云，羔裘豹祛。鄭云，卿大夫之服是也。天子諸侯朝祭之服，先著明衣，又加中衣，又加裘，裘外又加裼衣，裼衣之上乃加朝祭之服。

《鄭風》羔裘如濡，洵直且侯，彼其之子，舍命不渝。羔裘豹飾，孔武有力，彼其之子，邦之司直。羔裘晏兮，三英粲兮，彼其之子，邦之彦兮。傳，如濡，潤澤也。侯，君也。豹飾，緣以豹皮也。晏，鮮盛貌。《集傳》云，三英裘飾，粲明也。

《唐風》羔裘豹祛。又云，羔裘豹褎。傳，祛，袂也。疏：袂是袖之大名，祛是袖頭之小稱，其通皆為袂。

《檜風·羔裘序》，國小而迫君不用道，好潔其衣服。逍遥遊，燕而不能自强於政治，故作是詩也。《詩》羔裘逍遥，狐裘以朝。傳，羔裘以遊燕，狐

裘以適朝。箋云，諸侯之朝服，緇衣、羔裘。大蜡而息民，則有黃衣狐裘，今以朝服、燕、祭服朝，是其好潔衣服也。疏知，非狐白狐青，必知是黃衣狐裘者，以諸侯之服狐白裘，唯在天子之朝，在國視朔之服，則素衣麑裘，無狐白裘矣。狐青乃人功粗惡之裘，檜君好潔，必不服之。

又，羔裘翱翔，狐裘在堂。傳，堂，公堂也，疏：上言以朝，謂日出視朝。此云在堂，謂正寢之堂，人君日出視朝，乃退適路寢，以聽大夫所治之政，二者於禮，同服羔裘，今檜君皆用狐裘，故二章各舉其一。

又，羔裘如膏，日出有曜。疏：檜君所服羔裘，衣色潤澤如脂膏，然日出有光照曜之時，觀其裘色如脂膏也。

《天官》司裘掌為大裘，以共王祀天之服。中秋獻良裘，季秋獻功裘，以待頒賜。注：大裘，黑羔裘，服以祀天，示質良裘，王所服也。《玉藻》所謂黼裘與功裘，人功微麤，謂狐青麛裘之屬，功裘，卿大夫所服。疏：祭服皆玄上纁下，明此裘亦羔裘之黑者。《鄭志》大裘之上，又有玄衣，與此裘同色，亦是無文采。《玉藻》君子狐青裘，豹褎，麛裘，青豻褎。注云，君子，大夫士也，引此，證功裘中有此，以待頒賜。《玉藻》仍有羔裘、狐裘，亦是臣之所服，裘不引之者，之屬中含之矣。

《玉藻》唯君有黼裘，以誓省大裘，非古也。注：僭天子也，天子祭上帝則大裘而冕，大裘，羔裘也，黼裘，以羔與狐白雜為黼文也，省當為獮，獮，秋田也。國君有黼裘，誓獮田之禮時，大夫猶有大裘也。疏：禮唯許諸侯服黼裘，以誓軍衆田獵耳，不得用大裘，當時非但諸侯用大裘，又有大夫僭用大裘者，故譏之。

又，君之右虎裘，厥左狼裘，注：衛尊者宜武猛。

《檀弓》練，鹿裘，衡長袪，袪，裼之可也。注：練，小祥。父母之喪期年也。衡當為橫，袪謂褎緣袂口也，練而為裘，橫廣之，又長之，又為袪，則先時狹短無袪可知。吉時麛裘，裼，表裘也。有袪而裼之，備飾也。疏：喪雖有裘，裘上未有裼衣，至小祥，裘既橫長，又有袪為吉轉文，故加裼之，可也。

《小雅》西人之子，粲粲衣服，舟人之子，熊羆是裘。傳，舟人，舟楫之人。熊羆是裘，言富也。

又《褻裘狐貉考》《爾雅》貍、狐、貒、音湍。貈，即貉字。醜其足蹯，音煩。其跡內。音鈕。注：皆有掌蹯，內指頭處。疏：此四獸之類皆有掌蹯。《左傳》熊蹯是其類也，其指頭著地處名內。按《說文》狐有三德，其色中和，小前大後，死則邱首。貈似狐，善睡，獸王褒云，襲狐貉之煖者不憂，至寒之淒滄。《莊子》云，豐狐文豹，棲於山林，不免陷阱之患，其皮為之災也。《埤雅》狐性好疑，貉性好睡，故狐貉之厚以居。

《豳風》一之日于貉，取彼狐狸，為公子裘。箋，于貉，往搏貉，以自為裘也。狐狸以共尊者。疏：以經，狐狸以下，為公子裘。明于貉，是自為裘也。禮無貉裘之文，唯孔子服狐貉裘以居，明狐貉賤，故也。《左傳》稱，齊大夫東郭書衣貍製。服虔云，貍製，貍裘也。禮言狐裘多矣，知狐裘以共尊者。

《小雅》彼都人士，狐裘黃黃，其容不改，出言有章，行歸于周，萬民所望。箋，古明王時，都人之有士行者，冬則衣狐裘，黃黃然，取溫裕而已。疏：息民之祭服，此狐裘則是尊貴之服，庶人得服之者，彼狐之黃者，多黃狐之衣，非貴服也。《玉藻》云，犬羊之裘不裼，則庶人止服犬羊，此衣狐裘者，以禮不下庶人也。以庶人服犬羊，不裼，故此狐裘亦不裼，取其溫裕而已。

《左傳》衛右宰穀曰，余狐裘而羔褎。注：言一身盡善，唯少有惡，喻己雖從君出，其罪不多。疏《玉藻》君衣狐白裘。又曰，錦衣狐裘，是狐裘貴於羔。按，天子大裘，亦是黑羔裘，狐裘庶人得服，未必狐貴於羔，此蓋喻始惡而終美，言始從君是狐裘，今來歸補過，似羔袖也。

《邶風》狐裘蒙戎。傳，蒙戎，亂貌。《左傳》士蔿賦曰，狐裘尨茸，亦亂貌。

《檀弓》晏子一狐裘三十年。

按，褻裘，即狐貉之裘。《玉藻》云，犬羊之裘不裼。注謂，庶人無文飾，然則犬羊是庶人之裘，宜非君子所服也，唯宜狐貉而已。禮服之狐裘，欲其文其毛，當與褻服之狐裘異，褻裘長，則禮服之裘宜短，以其行禮時，有升降上下，長則不便於行禮也。褻裘之外，當服深衣，深衣即所以襲裘者，犬羊之裘不裼，則褻裘亦不裼也。

清・顧棟高《毛詩類釋》卷一三《釋衣服》錦衣狐裘。疏：諸侯在國，服麑裘，不服狐白。狐裘，為諸侯在天子之朝所服，諸侯受天子之賜歸，則服之，以告廟，于後不復服之。馮氏曰，古人之裘，最重狐白，故天子

以為朝服，諸侯以為賜服，凡在朝君臣同服，而唯卿大夫得衣之，又別其裼衣。天子諸侯以錦，大夫以以素，禮服之重者也。

臣謹案《檜風》云，羔裘逍遥，狐裘以朝。蘇氏轍曰，緇衣羔裘，諸侯之朝服，錦衣狐裘，諸侯朝天子之服。今檜君以朝服，燕而以其朝天子之服，朝則其耽細娱，而無遠慮，可知矣。

狐裘黄黄。箋，黄黄然，取温裕而已，不求奢淫也。疏：狐色不一等，狐白非君不服，狐青乃小而美者，則可以供公子，《詩》取彼狐狸，為公子裘，是也。若黄狐，非貴服，息人臘祭服之，季秋草木黄落，象其時物之色。《郊特牲》云，野夫黄冠黄衣，黄衣蓋狐裘也，是通庶人，皆得服之。

臣謹案第二章云，臺笠緇撮，以此例之，則黄狐非貴服，可知矣。錦衣狐裘，言其美也，狐裘黄黄，言其儉也，同狐裘，而以色殊貴賤，如此，非注疏孰能發此義。

羔裘豹袪、豹褎、豹飾。疏：君純羔，大夫以豹飾，袂是袖之大名，袪是袖頭。《鄭風》云羔裘豹飾，亦謂以豹皮飾，袂袖其實一也。袪，詩緝曰，緇衣羔裘，諸侯日視朝之服，卿大夫朝服亦服之。所異者，君則純色，臣則以他物飾其袖，所謂豹袪、豹褎是也。

又 素絲五紽、五緎、五總。疏：織素絲為組紃，以英飾裘之縫中，若線，則凡衣用非可美，故素絲以英裘非線也。縫合羔羊皮為裘，縫即裘之界域，因名為緎。五緎既為縫，則五紽、五總，亦為縫也。《補傳》曰，合五羊之皮為一裘，循其合處以素絲，為英飾也。百里奚衣五羊之皮，蓋倣古制。錢氏曰，兩皮之縫不易合，故織白絲為紃，施之縫中，連屬兩皮，因以為飾。

又 附録。裘，有狐裘，有羔裘，有麑裘，有貉，有貍，而羔裘之用最多。大裘而冕，黑羔裘也。五冕之服、爵弁服、冠弁服，皆黑羔裘，天子諸侯燕居玄端服亦黑羔裘。《詩》之羔裘，皆冠弁服也，君用純，臣異，其褎飾故有豹袪、豹褎、豹飾之稱焉。狐裘有三，其一狐白裘，天子視朝皮弁服用之，諸侯朝天子亦同，皆裼以錦衣，卿大夫在王朝，亦衣狐白裘，惟裼用素衣為異。其二黄衣狐裘，蜡祭後息民之祭及兵事韋弁服用之。其三狐青裘，大夫士玄衣之裘也。《玉藻》玄綃衣以裼之，是也。玄衣即玄端服，與天子、諸侯服同，而裘異矣。見《秦風・終南》者狐白裘也。見《檜・羔裘》及《小雅都人士》者黄衣狐裘也。見《邶・旄丘》者狐青裘也。《豳風》取貍貉為裘，貉裘以燕居。《論語》狐貉之厚以居是也，貍裘以從戎。《左傳》定九年。東郭書皙幘，而衣貍製，是也。

清・林昌彝《三禮通釋》卷三〇《良裘　功裘　黼裘》

《周禮・天官》司裘，中秋獻良裘，王乃行羽物。季秋獻功裘，以待頒賜。注：良，善也，中秋鳥獸毴毨。釋文毴音毛，《集韻》毛或作毴，按釋文毴音毛，舊本舊音不誤。近惠氏棟謂毴爲髦之誤，非也。金壇段氏《尚書撰異》辨之。因其良時而用之。鄭司農云，良裘王所服也。玄謂良裘。《玉藻》所謂黼裘。與此羽物，小鳥、鶉雀之屬，鷹所擊者，中秋鳩化爲鷹，中春鷹化爲鳩，順其始殺，與其將止，而大班羽物。功裘，人功微麤，謂狐青、麛裘之屬。鄭司農云，功裘，卿大夫所服。賈疏云，先鄭意，良裘王所服，故仲秋獻之，羣臣所服裘。季秋獻功裘是也。後鄭不從者，《月令》云，孟冬天子始裘，此良裘若是王之所服，裘何得在仲秋，故後鄭不從。後鄭謂，黼裘者，《玉藻》唯君有黼裘，以誓獮，獮是仲秋田獵之名，與此獻良裘同時，故知與黼裘一也。白與黑謂之黼，謂狐白與黑羔，合爲黼文。《玉藻》唯君有黼裘，以誓省。大裘，非古也，鄭注云，僭天子也，天子祭上帝則大裘而冕，大裘，羔裘也。黼裘以羔與狐白雜爲黼文也。省當爲獮，獮，秋田也，國君有黼裘，誓獮田之禮，時大夫猶有大裘也。陳氏《禮書》讀省爲省牲之省，疑獮田在秋，非用裘之日，謂鄭氏之説爲誤。不知《周禮》明言中秋獻良裘，季秋獻功裘，若非用裘之日，則獻之何也。陳氏之論淺矣。按誓獮，用軍禮。君之裘有黼文，所以取上下有別識也。近儒姚氏鼐云，若省耕省歛，偶值寒而裘，則君固當衣狐白矣。按姚氏之説，足正陳氏之誤。謂之良裘者，功裘之等臣所服，見人功麤，良裘與大裘，皆君所服，鍼功細密，故得良裘之名。又云，《玉藻》君子狐青裘豹褎，麛裘青豻褎。鄭云，君子大夫士也，褎用雜，故爲大夫士，若君則用純。注引此者，證功裘中有此狐青麛裘，以待頒賜。《玉藻》仍有羔裘、狐裘，亦是臣之所服，裘不引之者，之屬中含之矣。狐青裘者，注《玉藻》謂爲玄衣之裘，天子下士玄端之服，皆服之。又云麛裘者，鄭彼注：引孔子素衣麑裘，謂是君臣視朔之服，彼云羔裘，注引孔子緇衣羔裘。鄭注《論語》云，君之視朝之服，亦卿大夫士祭於君之服，若然，卿大夫助祭用冕服，士用爵弁，君朝服冕服，羔裘，卿大夫士弁冕，用羔裘。至於朝服，亦用羔襲，即是君臣，祭服、朝服同服羔裘也。狐裘者，鄭注《玉藻》

引孔子黄衣狐裘，謂是十月農功畢，臘祭先祖之服。四種裘君臣同有，經云以待頒賜，唯據其臣，若據天子諸侯，除大裘之外，亦入功裘之中。《玉藻》仍有狐白裘，據天子之朝大夫已上所服，亦入此功襲之中。按賈疏：於注義外，並言羔裘、狐裘及狐白裘皆爲功裘，不知狐白裘非即功裘。考司裘大裘注引鄭司農云，黑羔裘《詩・召南・羔羊》正義云，司服職，王祀昊天上帝則服大裘而冕，以下冕不復云裘。司裘職掌爲大裘，以供王祀天之服，亦不別言衮冕以下之裘。是六冕與爵弁明爲同用大裘之羔裘矣。賈疏既以大裘爲良裘，則羔裘即良裘也。《説文・羊部》云羔，羊子也。按羊之初生，其毛柔細，最爲深煖，故爲良裘。《玉藻》犬羊之裘不裼，羊裘賤者之肥，而羔爲羊子，即用之於冕弁服，猶鹿裘爲喪服之裘，而麛爲鹿子，則用之於皮弁，服也。羔裘貴於麛裘，而良裘功裘，皆就裘之質，別之，若謂君所服之羔爲良裘，臣所服之羔爲功裘，非也。任大椿《弁服釋例》云，羔裘於司裘爲良裘，謹案任説最精，夫黑羔與狐白合爲黼裘，鄭氏以黼裘當良裘，則黑羔與狐白不言可知，蓋黑羔爲良裘，狐白亦爲良裘，疏以狐白爲功裘，失之矣。按狐裘，惟白者爲最貴。《淮南子・説山訓》云，貂裘而白雜，不若狐裘而粹。高注云，粹，純也。又云天下無粹白狐，而有粹白之裘，掇之衆白也。《墨子・親士篇》千鎰之裘，非一狐之白也。顔師古注《漢書・匡衡傳》云，狐白，謂狐腋下之皮，其毛純白，集以爲裘，輕柔難得，故貴也。按顔注：以狐白獨取腋毛爲之，於説是矣。賈疏又引《玉藻》狐裘以證功裘，蓋指狐黄而言，不知狐黄所用最廣，不得專指功裘也。按《詩》衛之《旄丘》，檜之《羔裘》，豳之《七月》，小雅之《彼都人士》及《左傳》賦之狐裘，渾良夫之紫衣狐裘，《檀弓》晏子一狐裘三十年，皆是也。而《鄉黨》言狐貉之厚以居，此爲貴賤皆服之裘，而非爲頒賜所用也。賈疏誤按鄭注：功裘惟言狐青、麛裘，賈疏所據，非鄭氏之義也。又狐青裘者，《詩》狐裘蒙戎疏及《司裘》疏，皆本皇氏説，以爲玄端服之裘，鄭注《玉藻》狐青裘云，蓋玄衣之裘，謹案玄衣二字爲冕弁及朝服，玄端同偁，而皇氏獨以爲玄端之裘者，蓋合鄭《論語》注決之《司裘》疏引《論語》緇衣羔裘。鄭注云，君之視朝之服，亦卿大夫士祭於君之服，朝服用冠弁服，卿大夫助祭於君玄冕，士助祭於君爵弁，此外惟玄端不見所用之裘，故知《玉藻》狐青裘注所云玄衣之裘，專謂玄端矣。熊氏誤解《玉藻》注玄衣二字，謂六冕及爵弁用狐青，由未參考《論語》注耳。考《玉藻》正義及《召南・羔羊》、《秦風・終南》正義，皆云諸侯在王朝皮弁服，用狐白裘，錦衣裼。《玉藻》正義又謂，其天子卿大夫，及諸侯卿大夫，在天子之朝，亦狐白裘。以士不衣狐白，則卿大夫得衣狐白也。其裼則不用錦衣，是以注謂，非諸侯，則不用錦衣爲裼。熊氏云，當用素衣爲裼，是也。然則玄端服、皮弁服用狐，則取青白二裘，亦是裘從衣色，自説者不得其解，皆以衣配裘，不知黑羔爲上，麛白次之，狐黄又次之，不與三衣輕重之等相當，正古人文質相雜，適均之義也。若《韓子・五蠹》以麑裘爲監門之服。《漢書・貨殖傳》狐貂裘千皮，羔羊裘千石。顔師古云，狐貂貴，故計其數，羔羊賤，故偁其量，此乃隨時異尚之制，非周制也。俗儒執之，以疑周禮，非也。

又《貍裘　虎裘　狼裘　熊裘　羆裘》《詩》曰，取彼狐貍，爲公子裘。《左氏文公九年傳》曰，晳幘而貍製，夫公子無豫於事，而貍裘。東郭即戎而貍裘，非禮服之裘也。《襄公四年傳》又曰，臧之狐裘，敗我於狐駘。則春秋之時，戎服亦以狐裘也。陳氏《禮書》云，人之手足，右强於左，獸之勇摯，虎過於狼。右虎裘，左狼裘，則武士之衛君，手足之衛身也。案君之所以制服人者，不特恃夫道德之威而已。故臣曰虎臣，士曰虎士，賁曰虎賁，門曰虎門，韔曰虎韔，旗有熊虎之文，車有虎幦之飾，則左右虎狼之裘宜矣。《周官》虎賁氏，掌先後王而趨以卒伍，旅賁氏，掌執戈盾，夾王車而趨，左右皆八人，然則君之左右，蓋旅賁之類也。《爾雅》釋獸，狼牡，貛牝，其子徼舍人曰，狼牡名，貛牝名。許氏《説文》狼似犬，鋭頭，白頰，高前廣後。陸機曰，善爲小兒啼。《禮記》有狼臅膏。《山海經・東山經》北號之山，有獸焉，其狀如狼，赤首鼠目，其音如豚，名曰猲狙，是食人。按，猲也當爲獦狚。《玉篇》《廣韻》引並作獦狚，可證今本之誤。《周禮》穴氏，掌攻猛獸，各以其物火之，以時，獻其珍異虎革。鄭氏曰，蟄獸，熊羆之屬，冬藏者。《爾雅》曰，羆如熊，黄白文。《詩》曰，舟人之子，熊羆是裘。則熊羆，亦裘之美者也。

又卷三七《裘制》《周禮》司裘掌爲大裘，以供王祀天之服。大裘，黑羔裘，服以祀天，示質。中秋獻良裘，王乃行。羽物。注：良，善也，良裘，王所服也。季秋獻功裘，以待頒賜。注：功裘，人功微麤，謂狐青麛裘之屬。鄭司農云，功裘，卿大夫之服也。又曰，大喪廞，裘飾皮車。注：皮

車遺車之革路，故書廞爲淫，鄭氏云，淫裘，陳裘也。凡邦之皮事，掌之，歲終則會，唯王之裘，與其皮事，不會。《司服》祀昊天上帝，則服大裘而冕。注：大裘，羔裘也。又曰，郊祀，裘冕二人，執戈，送逆尸，從車。注裘，大裘也。《記》曰，童子不衣裘裳。曾子襲裘而弔，子游裼裘而弔，曾子指子游而示人曰，夫，夫也，爲習於禮者如之何，其裼裘而弔也。主人既小斂，袒，括髮，子游趨而出，襲裘，帶絰，而入。曾子曰，我過矣，我過矣，夫，夫是也。夫子曰，始死，羔裘玄冠者，易之而已，羔裘玄冠不以弔。不以士吉服弔喪。練鹿裘，衡長袪，袪裼之可也。裼，表裘也，有袪而裼之。《玉藻》惟君黼裘以誓省，大裘非古也。大裘，羔裘也。黼裘，以羔與白，雜爲黼文也。省當爲獮。狐，君衣狐白裘，錦衣以裼之，君之右虎裘，厥左。狼裘，士不衣狐白，君子狐青裘豹褎，玄綃衣以裼之。麛裘青豻褎，絞衣以裼之。羔裘豹飾，緇衣以裼之。狐裘，黄衣以裼之。錦衣狐裘，諸侯之服也。犬羊之裘不裼，不文飾也。不裼。裘之裼也，見美也。服之襲也，充美也。弔則襲，不盡飾也。君在則裼，盡飾也。無事則裼，弗敢充也。童子不衣裘帛。禮不盛，服不充。故大裘不裼。《學記》良冶之子，必學爲裘。《喪大記》弔者襲裘，加武，帶絰，與主人拾踊。《詩・羔羊》曰，羔羊之皮，素絲五紽。紽，數也。古者素絲以英裘。羔羊之革，素絲五緎。緎，縫也。羔羊之縫素絲五總。總，數也。《旄丘》責衛伯也，狐襲蒙戎，匪車不東。《鄭・羔襲》刺朝也，羔襲如濡，洵直且侯。羔裘豹飾，孔武有力。羔裘晏兮，三英粲兮。三英，三德也。《晉・羔裘》刺時也，羔裘豹袪，自我人居居。箋，羔豹袪，在位卿大夫之服。羔裘豹褎，自我人究究。《蒹葭》曰，君子至止，錦衣狐裘。毛曰，狐裘，朝廷之服。《檜・羔裘》曰，羔裘逍遥，狐裘以朝。羔裘翱翔，狐裘在堂。羔裘如膏，日出有曜。《豳・七月》一之曰，取彼狐狸，爲公子裘。《都人士》曰，彼都人士，狐裘黄黄。《大東》曰，舟人之子，熊羆是裘。毛曰，舟，舟楫之人。鄭曰舟當作周，裘當作求。《荀子》曰，若挈裘領，詘五指，而頓之順者，不可勝數也。《淮南子》曰，夏之不被裘，非愛之也，燠有餘於適也。冬之不用翣，非簡之也，清有餘於適也。《左傳》曰，東郭書皙幘，而貍製。又曰，臧之狐裘，敗我於狐駘。又曰，蔡昭侯如楚，持羔裘二。又曰，渾良夫紫衣羔裘。列子曰，榮啓期被裘帶索，林類底春被裘，拾遺穗。又曰，北國之人，鞨巾而裘，中國之人，冠冕而裳。

又《羔裘》 王大裘以祀天，諸侯羔裘，以朝先儒，皆曰黑羔裘也。蓋羔取其有禮。羣而不黨，乳而必跪，縶之不鳴，殺之不號。黑取其合道，以道行禮，以禮成道，固先王之所尚也。然大裘尚質，羔裘有文，故《詩》曰，羔羊之皮，素絲五紽。羔羊之革，素絲五緎。羔羊之縫，素絲五總。《毛傳》謂，古者素絲以英裘，紽，總數也。《爾雅》曰，緎，縫也。孫炎曰，緎，界也。蓋羔裘以素絲爲組，施於縫中，以爲英飾，其界有緎，有殺，有縫，其別爲紽，其聚爲總，而又飾之以豹，此所以與大裘異也。羔襲豹飾，狐青裘豹褎，麛裘青豻褎，何也。豹取其武而有文，青豻取其仁，而能守武，而有文，諸侯視朝之事也。仁而能守，天子視朝之事也。狐青以燕居，褎亦以豹，則武而有文，亦非燕居之所可忘也。《詩》曰，羔裘豹飾，孔武有力。又曰，羔裘豹袪，自我人居居，其託物同，而意異者，義德一也。善用之則爲武，不善用之則爲暴。先儒謂，凡裘，天子諸侯用全，卿大夫則褎飾，異焉。陳祥道謂，天子諸侯之用全，特狐白裘而已，欲其純白之備也。至於麛裘、羔裘，則上下之所同，非無飾也。若曰裘以用全爲貴，則狐黄之裘無異褎，犬羊之裘無異飾，而賤者或服之矣。

又《麛裘》 《爾雅》曰，鹿牡，麚牝，麀其子麛，麛即麑也。《詩》曰，呦呦鹿鳴，食野之苹。又曰，鹿斯之奔，維足伎伎。則鹿之爲物，善接其類。而麛尤出於天性，故先王取焉。《玉藻》曰，麛裘青豻褎，絞衣以裼之。孔子曰，素衣麑裘。鄭氏釋《聘禮》曰，麑裘、皮弁，然則皮弁素積，而麑裘素衣以裼之，則絞衣、素衣也。鄭氏釋《禮記》又曰，絞，蒼黄之色，其説無據。《記》曰，裘之裼也，見美也，服之襲也，充美也。則袒而見裘曰裼，揜而充裘曰襲。素衣麑裘，則麑裘之上素衣，其正服也。緇衣羔裘，則羔裘之上，緇衣其正服也。黄衣狐裘，錦衣狐裘，蓋亦若此。鄭康成、崔靈恩，皆以袒而有衣曰裼，若然，裘之上有裼衣，裼之上又有正服，則是裼襲，在衣不在裘，而經言裼裘、襲裘何耶。陳氏《禮書》駮之矣。《檀弓》曰，練，練衣黄裏縓緣，鹿裘衡長袪，袪裼之可也。其裼之也，亦裼受服以見鹿裘之美而已。鄭氏曰，鹿裘之裼，亦用絞乎。是鄭氏亦自疑，而不必其説也。《詩》曰，衣錦尚褧，蓋惟錦加絅，以惡文，著餘衣固不然也。昔衛侯戒渾良夫食，良夫紫衣狐裘，至袒裘而食，則所袒者紫衣耳。哀十七年。未聞紫衣之外，復有衣也。

又《鹿裘》《禮記》練，鹿裘衡長袪，袪裼之可也。列子曰，孔子見榮啓期行乎郕之野，鹿裘素帶。啓期之服，固不足論，練用麑裘何也。禮，始喪，則居廬自屏，既練，則可以接物，鹿善接其類者也，故裘用焉。《周禮》既練，乘藻車鹿淺禊，與此同義。鹿裘袪裼之，則裼其袪而已，非若餘衣之袒也。鄭氏曰，有袪而裼之，備飾也，鹿襲亦用絞乎，理不然也。陳氏《禮書》亦駮之。

又《狐白裘　狐青裘》《詩》曰，羔裘逍遥，狐裘以朝。又曰，狐裘蒙茸，匪車不東。又曰，取彼狐貍，爲公子裘。又曰，彼都人士，狐襲黄黄。《語》曰，狐貉之厚以居。又曰黄衣狐裘。蓋狐善疑，貉善睡，疑斯戒睡斯安，燕息者之事也。故燕居與蜡服之。然則《玉藻》所謂，君衣狐白裘，黄衣以裼之。君子狐青裘豹褎，玄綃衣以裼之。燕服也。狐裘黄衣以裼之，黄衣狐裘，別詳他卷。蜡與燕服也。《玉藻》曰，天子卒食，玄端而居。諸侯夕深衣，祭牢肉。《王制》言養老之禮，虞氏深衣，夏后氏燕衣，商人縞衣，周人玄衣，於夏言燕衣，則深縞與玄皆燕衣也。鄭氏以此爲燕羣臣之服，然周人燕禮，天子皮弁，諸侯緇衣，不以玄衣。蓋天子齊則玄端而冕，燕則玄端而冠，卒食玄端，則夕不必玄端也。諸侯夕深衣，則非夕不必深衣也。故周官小臣，掌正王之燕服，位而不言所服，則王之燕服豈特玄端而已哉。此所以有狐白襲錦衣也。《終南》之詩言錦衣狐裘，繼之以黻衣繡裳，蓋始言燕服，而繼以祭服也。鄭康成以狐裘爲行禮之服，謂狐白之上衣皮弁歟。非《詩》、《論語》之意也。君子狐青裘豹褎，玄綃衣以裼之，蓋大夫士之燕服也。何則狐白所以象德之成，狐青所以象仁之發，故狐白錦衣爲人君之服，狐青而下爲君子之服，言君子之服，則大夫士同之也。夫天下無粹白之狐，而有粹白之裘，則狐白裘天下之尤難得者也。觀紂以狐白免西伯，田子方以狐白禮子思，田文以狐白脱秦患，則狐白之貴可知矣。士不衣狐白裘，不特以其德之未成也，蓋亦不敢以賤服貴歟。古者所貴不過狐白裘而已。後世有黑貂、青鳳、鸘鷞、雉頭、鶴氅之侈，此不可與言禮也。《史記》李兑遺蘇秦黑貂裘，王子周使王以青鳳毛爲二裘，司馬相如服鸘鷞裘，晉武帝焚雉頭裘，王恭被鶴氅衣。

又《貍裘》《詩》曰，取彼狐貍，爲公子裘。《左傳》曰晳幘，而貍製。定九年。夫公子無豫於事，而貍裘。東郭即戎，而貍裘。則貍裘非禮服之裘也。傳又曰，臧之狐裘，敗哉於狐駘。襄四年。則春秋之時，戎服亦以狐裘也。

又《虎裘　狼裘》人之手足，右强於左，獸之勇摯，虎過於狼。右虎裘，左狼裘，則武士之衞君，手足之衞身也。蓋君之所以制服人者，不特恃大道德之成而已。故士謂之虎士，門謂之虎門，旗有熊虎之文，車有虎幦之飾，則左右虎狼之襲宜矣。《周官》虎賁氏，掌先後王，而趨以卒伍。旅食氏，掌執戈盾，夾王車而趨，左右皆八人，然則君之左右蓋旅賁之類也。《爾雅》狼牡，貛牝其子獥舍，人曰狼牡，名貛牝名。《説文》曰，狼似犬，鋭頭，白頬，高前廣後。陸機曰，善爲小兒啼。《禮記》有狼臅膏。

又《熊裘　羆裘》《周禮》穴氏，掌攻猛獸，各以其物火之，以時獻其珍異皮革。鄭氏曰，蟄獸，熊羆之屬，冬藏者。《爾雅》曰羆如熊，黄白文。《詩》曰，舟人之子，熊羆是裘。則燕羆亦裘之美者也。

又《狐白褋羔裘》《周禮》獻皮以掌皮，攻皮以裘氏，獻裘以司裘。司裘爲大裘，以共王祀天之服，中秋獻良裘，季秋獻功裘。鄭氏曰，良裘，因其良時而用之，所謂黼裘與。功裘，人裘微麤，謂狐青麛裘之屬。黼裘以羔與狐白雜爲黼文。然則，良裘其質美，功裘其功多，良裘非特黼裘，而功裘非特狐青麛裘。陳氏《禮書》云，古者行禮之裘，必以羔與麛，燕居之裘，必以狐與貉。故《詩》以，羔裘逍遥，狐裘以朝。刺不自强於政治，則黼裘不雜以狐白矣。惟君黼裘以誓省。後世有用大裘，故記者譏之曰非古也。何則祀天尚道，故以大裘，誓省尚義，故以黼裘。誓，則前期十日，大宰帥執事，卜日遂戒，是也。省，則前祭一日大宰及執事眂滌濯，宗伯大祭祀省牲，眂滌濯是也。司寇大祭祀，納亨前，王《郊特牲》卜之日，王立于澤，親聽誓命，則王於誓、省，省與之也。先王制禮，盥重於既薦，幣貴於未將，則禮常嚴於未然之前，祭祀，治宫以治之，刑官以涖之，則義常肅於行禮之際，則黼裘以誓省，宜矣。《家語》合大裘、黼裘爲一，則曰大裘黼之以象天。鄭氏改省爲獮，則曰黼裘以誓獮田。然大裘純色，無白黑之文，獮田在秋，非用裘之日，二者之説誤矣。

清・宋綿初《釋服》卷下《天子之裘》　天子祀天之服，名曰大裘。其上服則龍衮。《司服》職，王祭昊天上帝，則服大裘而冕。《司裘》職，掌爲大裘，以供王祀天之服，中秋獻良裘，王乃行羽物，季秋獻功裘，以待頒賜。注：良裘，王所服。《玉藻》所謂黼裘與功裘，人功微麤，卿大夫所服。

宋神宗問陸佃大裘，佃對以《記》曰，裘之裼也，見美也。服之襲也，充美也。禮不盛，服不充。故大裘不裼，則襲裘可知。又《郊特牲》曰，郊之日，王被衮以象天，戴冕璪十有二旒，則天數也，是則大裘襲衮可知。大裘襲衮，則戴冕，璪十有二旒，可知。神宗稱善。

綿初案，《司裘》曰，祀天該羣祭而言。《司服》言，昊天大裘，而冕以下，冕不言裘，知祭值冬月，皆用裘也。大裘注云，黑羔裘也。説見下文。又案《司裘》疏引《鄭志》，大裘之上有玄衣，與裘同色，如此則與《玉藻》所謂羔裘，緇衣以裼之者同。郊天之服，恐不如此，且據鄭義，衣不服衮，則謂大裘不裼者，又何以説耶。

《天官・掌皮》職掌秋斂皮，冬斂革，春獻之，遂以式灋頒皮革於百工。凡連毛者，曰皮，裘材也。去毛者，曰革。練治之革，曰韋。此云革，蓋兼韋言之，冠與帶之材也。裘材以冬取者爲上，此云秋斂皮者，春夏之皮，亦弗棄也。百二若《冬官》裘氏、韋氏、函人之類，凡用皮者皆是。

天子以狐白裘爲視朝之服，内服狐白裘，其上則錦衣以裼之，即皮弁服也。《玉藻》君衣狐白裘，錦衣以裼之，君之右虎裘，厥左狼裘，士不衣狐白。注士不衣狐白，辟君也，狐之白者，以少爲貴也。疏此經言君兼天子諸侯也。

天子燕居服狐青裘，其上則玄端服。《玉藻》狐青裘，玄綃衣。下注云，綃，綺屬也，染之以玄，於狐青裘相宜，狐青裘，蓋玄衣之裘。疏云玄則弁冕皆然，君用純狐青，大夫士豹褎。天子田獵服羔裘，其上則緇衣以裼之，即《弁師》之冠弁服。

綿初案，緇衣、羔裘，皆黑羔裘也。注謂，大裘爲黑羔裘。《詩・召南》羔裘疏謂，五冕之裘，同黑羔裘。未聞其審。

又《諸侯之裘》 諸侯祭服之裘，經注文不具。

《玉藻》惟君有黼裘以誓省，大裘非古也。誓省，謂將祭之時，有聽誓命，省牲，滌濯之事。

注：天子大裘，黑羔裘也。黼裘，以羔與狐白雜爲黼文也。省當爲獮，秋田也。國君有黼裘，誓獮田之禮時，大夫猶有大裘也。疏：禮惟諸侯服黼裘，以誓軍衆田獵耳，不得用大裘。當時非但諸侯用大裘，又有大夫僭用大裘者。故譏之。又曰冬姑裘，而秋云裘者，爲秋殺，始誓衆須威，故秋而用黼爲裘也。

綿初案，《禮》言大裘，不言裘質，注爲黑羔裘，歷代因之，其所以異於諸侯大夫之羔裘者，亦無以明之也。詳觀禮服，羔裘通於上下，狐白裘至大夫而止，則狐白尊於羔裘矣。天子以緇衣羔裘爲田獵之冠弁服，以狐青裘爲燕居玄端之服，以狐白裘爲視朝皮弁之服。等而上之，則祭昊天冕服之裘，必又尊於狐白，掌之司裘，而名曰大裘，諸侯不得僭焉，意其爲難得可貴之物。司裘有良裘、功裘。注：良裘，王所服，而首言，司裘掌爲大裘，以共祀天之服，則又尊於良裘，可知。但經無明文不敢臆爲之説，姑記其所疑於此。

諸侯以狐白裘爲在天子朝之服，素錦爲衣以裼之。《詩》曰，君子至止，錦衣狐裘。《玉藻》錦衣狐裘，諸侯之服也。

諸侯以羔裘爲視朝之服，其上服則緇衣而素裳。《玉藻》疏：熊氏云，内外諸侯朝服，皆緇衣，以羔爲裘，諸侯以麑裘爲在國視朔之服，素衣以裼之，又以爲外國聘享之服。《聘禮》賓皮弁聘。疏：諸侯朝天子服冕服，此待四方朝聘，皆皮弁者。入天子廟，得伸其上服，入己廟，不可以冕服，又不可以常朝之服，故服天子之朝服，諸侯以爲視朔之服，在廟視朝聘之賓，是相尊敬故也。

綿初案，孟冬始裘，秋田無服裘之禮。疏謂，誓殺須威，故用黼裘。此與祭地方澤亦當用大裘之説同繆。《玉藻》曰，誓省，禮自有祭前誓戒省牲之事，不當改字，黼裘無考，蓋毛色之有文采者也。曰惟君有，則大夫不得用也。曰大裘非古，則國君誓省，不得僭用大裘也。詳觀經意，黼裘爲大裘之次，天子亦有黼裘也。《詩傳》云，大夫狐蒼裘，則是大夫冕服得用狐青裘，時大夫僭用黼裘，諸侯僭用大裘，故《玉藻》特辨之曰，惟君有黼裘以誓省，大裘非古也。若以黼裘用之獮田，而與昊天之大裘相次，豈經旨耶。

又《卿大夫之裘》 卿大夫在天子朝，亦衣狐白裘，其裼則不用錦衣。

《玉藻》熊氏云，當素衣以裼之。

《邶風・旄丘》傳，大夫狐蒼裘。疏：《玉藻》君子狐青裘，豹褎。青、蒼同也。蒼裘所施無文，唯《玉藻》注云，蓋玄衣之裘。

綿初案，大夫冬月祭當用狐青裘，其上衣則爵弁服。《玉藻》君子狐青裘，豹褎，玄綃衣以裼之。注：謂大夫士也。疏：君用純狐青，大夫、士雜

以豹褎。案此當爲大夫助祭於君之服，又以爲齊服，齊服玄端也。證之經傳，往往而合。《論語》記夫子之服無狐青者，詞有不備耳。

大夫以羔裘爲朝服，緇衣以裼之。禮，諸侯在朝，君臣同服，凡裘君用全，臣則褎飾爲異。《詩》羔裘豹祛。注：鄉大夫之服也。《論語》緇衣羔裘。疏云，是朝服也。大夫又以爲自祭之服。

卿大夫從君視朔，素衣麑裘。贊君受外國之聘享，亦素衣麑裘。《論語》疏《聘禮》注引《玉藻》曰，麛裘，青豻褎，絞衣以裼之。又引此云，素衣，麑裘，皮弁。時或素衣。如鄭此言，則裼衣，或絞或素，不定也。素，皇氏云，素衣爲正，亂言絞耳。豻，胡犬，絞音爻，蒼黃之色。

卿大夫兵事韎韋衣，則用黃衣狐裘及貍裘，象裘色也。《襄四年傳》臧之狐裘，敗我於狐駘。又《定九年傳》皙幘，而衣貍製。見《召南・羔羊》疏。

孟冬之月，息民之祭，亦黃衣狐裘。《郊特牲》黃衣黃冠而祭，息田夫也。又曰，黃衣、黃冠，草服也。注言，祭以息民，象其時物之色，季秋而草木黃落。俗解謂，報土功者，誤。《玉藻》狐裘，黃衣以裼之。注：臘先祖之祭也，疏：息民謂之臘。

《檜風・羔裘》疏：人君以歲事成熟，搜索羣物，而報祭之，謂之大蜡。又臘祭先祖五祀，《月令》孟冬。因令民大飲，農事休息，謂之息民。於大蜡之後，作息民之祭，其時則有黃衣狐裘也。大蜡之祭與息民異，息民用黃衣狐裘，大蜡則皮弁、素服，二者不同。以息民、大蜡同月，其事相次，故連言之知者。《郊特牲》云，蜡者，索也，歲十二月，合聚萬物，而索饗之也。皮弁素服而祭，素服以送終，葛帶，榛杖，喪殺也。是大蜡之祭，用素服也。下云黃衣黃冠而祭，息田夫也。注謂，臘先祖五祀也，於是勞農以休息之，是息民之祭，用黃衣也。《論語》黃衣狐裘。《玉藻》狐裘，黃衣以裼之。以此知，息民，則有黃衣狐裘也。

右疏：明晰，《論語》邢疏：用之俗解，黃衣狐裘爲蜡祭服者，謬。狐裘又爲兵服。孔子在魯，未與軍旅之事，然《論語》論衣服之制，則其義，又未嘗不備也。

又《**士裘**》士朝服緇衣，其裘亦羔裘也。士助祭於君用爵弁服，狐青裘、豹褎、玄綃衣以裼之。若自祭其先，則羔裘而上加玄端之服。諸侯之士，在天子之朝，用麛裘、素衣以裼之。《玉藻》士不衣狐白。

庶人服犬羊之裘。《玉藻》犬羊之裘不裼。注：庶人無文飾也。

前言，羔裘有裼。羔乃羊子，貴者服之。此羊裘賤也。

君子家居之裘，以狐貉爲之，禮服無貉裘，惟孔子服狐貉裘以居，狐貉賤也。《小雅・彼都人士》狐裘黃黃。箋云，都人，人之有士行者，冬衣狐裘，黃黃然，取溫裕而已。疏云，庶人服犬羊不裼，故此狐裘亦不裼，取其溫裕而已。《檀弓》晏子一狐裘，三十年。

《鄉黨圖考》褻裘，即狐貉之裘，庶人服犬羊，非君子所宜，唯宜狐貉而已。禮服狐裘，欲其文其毛，當與褻裘之狐異。褻裘長，則禮服之裘宜短，以其行禮，則有升降上下，長則不便也。褻裘之外，當服深衣，深衣即所以襲裘者，犬羊之裘不裼，則褻裘亦不裼也。

綿初案，禮服之狐裘，曰狐白，曰狐青，輕煖之衣也。褻服之狐裘，以狐貉爲之，厚重之服也。天下無粹白之狐，而有粹白之裘，則狐白裘，天下之尤難得者，狐青次之。《論語》言輕裘。《孟子》言輕煖，謂此若狐貉之色，黃者爲多，但取溫裕而已。故曰，狐貉之厚以居。厚，謂厚重也。《論語》衣敝縕袍，與衣狐貉者，立一貧寒，一溫裕，所以相形致愧，以狐貉爲貴。介之服者，非是貴賤，章服有定，何恥之有。又案褻裘者，表裘也，禮，表裘不入公門。注：表裘，褻也，今人服裘，亦有以毛向外者。古人正是如此，故有皮之不存，毛將安附。又有反裘負薪之喻。但行禮見賓之時，裘上必有衣，表裘則其上無衣，以此入公門爲不敬，惟私居則可耳。故褻裘者，表裘也。若加深衣，則有事見客之服。深衣，善衣之次也。

《曲禮》童子不衣裘裳。注：裘大溫，消陰氣，使不堪苦，不衣裳便易。疏云，童子體熱，不宜著裘，又給役著裳不便，故童子竝緇布襦袴也。

圖表

宋·陳祥道《禮書》卷一二《禮書圖》

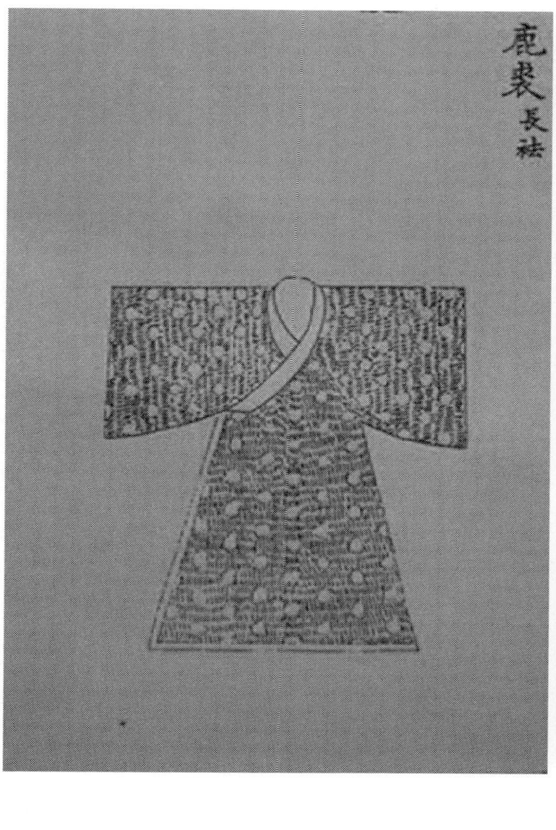

禮書圖

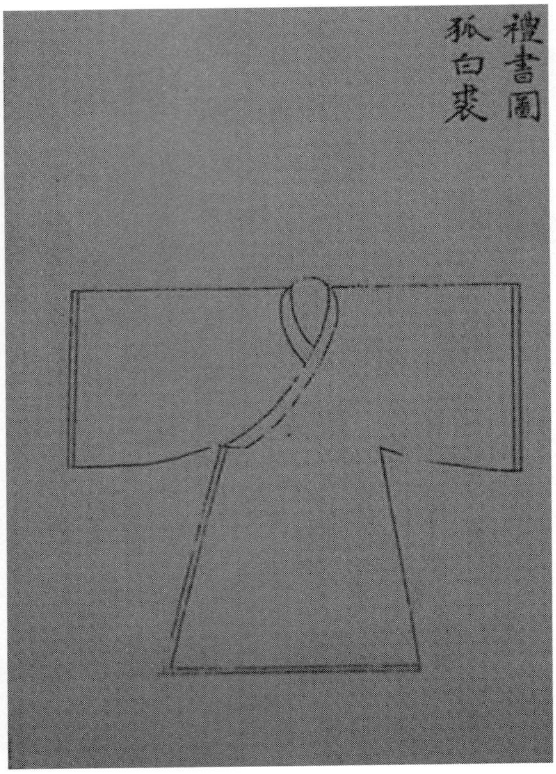
狐白裘

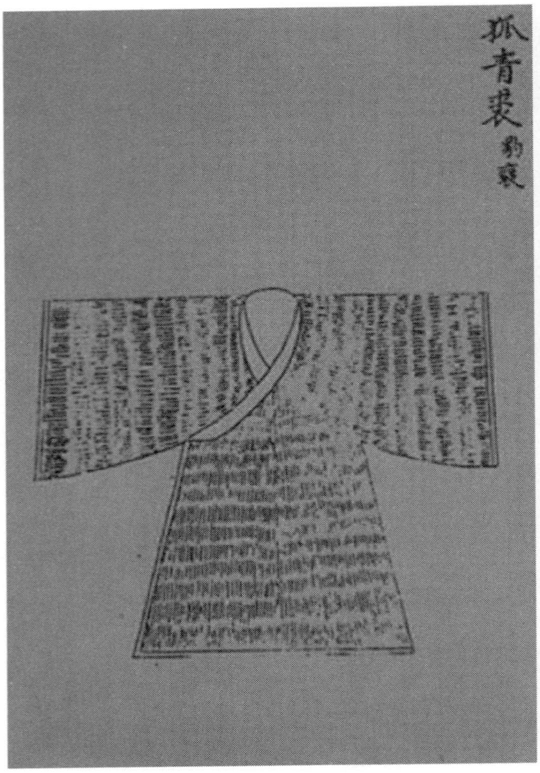
狐青裘 豹褎

黃衣狐裘

貍裘 青

虎裘
黃

狼裘
黃

熊裘
緇色

羆裘

帶制

綜述

宋・陳祥道《禮書》卷一四《天子素帶　諸侯素帶　大夫素帶　士練帶》《大戴禮》曰，黄帝黼黻衣，大帶。《詩》曰，其帶伊絲，又曰，垂帶而厲。《晉語》曰，内子為大帶。《荀子》曰，逢衣淺帶。淺帶，博帶。《雋不疑傳》曰，褒衣博帶。《釋名》曰，帶，蔕也。《内則》子事父母，韠、紳、搢笏。婦事舅姑，笄、總、衣紳。《玉藻》曰，天子素帶，朱裏終辟。而素帶終辟。大夫素帶，辟垂。士練帶，率下辟。居士錦帶，弟子縞帶。并紐約用組。三寸，長齊于帶。紳長制，士三尺，有司二尺有五寸。《子游》曰，三分帶下，紳居二焉。紳、韠、結，三齊。大夫大帶四寸，雜帶，君朱緑，大夫玄華，士緇辟，二寸，再繚四寸。凡帶有率無箴功。《雜記》曰，公襲，卷衣一，朱絲帶，申加大帶於上。朱緑帶者，襲衣之帶，飾之，雜以朱緑，異於生也，此帶亦以素為之。申，重也，重於革帶也。革帶以佩韍，必言重加大帶者，明雖有變，必備此二帶也。又曰，率帶，諸侯大夫皆五采。此襲尸之帶。《左傳》曰，鞶厲游纓，昭其度也。《左桓二年》。《深衣》曰，帶，上毋厭髀，下毋厭脅，當無骨者。《左傳》曰，樂桓子，請帶於季武子，武子召使者裂裳帛，與之，曰帶其褊矣。昭元年。古者革帶大帶皆謂之鞶。《内則》所謂男鞶革帶也。《春秋傳》所謂鞶厲，大帶也。《易》言鞶帶。《揚子》言鞶帨。以至許慎、服虔、杜預之徒，皆以鞶為帶，特鄭氏，以男鞶革為盛帨之囊，誤也。《詩》言，垂帶而厲。毛萇、杜預之徒，皆以厲為帶之垂者，特鄭氏以而厲為如裂，亦誤也。辟，猶冠裳之辟積也，率，縫合之也。天子諸侯，大帶終辟，則竟帶之身辟之，大夫辟其垂，士辟其下而已，雜飾也。飾，帶君朱緑，大夫玄華，士緇，故《儀禮・士冠》主人朝服，緇帶，冠者爵弁、皮弁、緇布冠，皆緇帶，則士帶練而飾以緇也。士辟下二寸，則所辟其下端二寸也。再繚四寸，則結處再繚屈之四寸也。天子至士帶皆合帛為之，或以素，或以練，或終辟，或辟垂，或辟下。其飾，或朱緑，或玄華，蓋素得於自然，練成於人功，終辟則所積者備辟垂，辟下則所積者少。朱者，正陽之色，緑者，少陽之雜。《禮器》冕朱緑璪。《雜記》公襲朱緑帶。《聘禮》問諸侯，朱緑必皆取正色。玄與緇者，陰之體，華者，文之成，天子體陽，而兼乎下，故朱裏而裨以朱緑，諸侯雖體陽，而不兼乎上，故飾以朱緑，而不朱裏。大夫體陰而有文，故飾以玄華。士則體陰而已，故飾以緇。然於大夫言帶廣四寸，則其上可知，而士不必四寸也。於士言紳三尺，則其上可知，而有司止於二尺五寸也。凡帶有率，無箴功，則帶繂而已，無刺繡之功也。以至并紐約組三寸，再繚四寸，紳韠結三齊，皆天子至士所同也。夫所束長於所飾，則失之太拘，所飾長於所束，則失之太文，紳韠結三齊。叔向曰，衣有襘，帶有結。然後為稱，則有司之約韠，蓋亦二尺五寸歟。古者，於物言華，則五色備矣。《書》云，華蟲華玉。於文稱凡，則衆禮該矣。鄭氏，以華為黄，以凡帶為有司之帶，以率為士與有司之帶，以辟為裨，以二寸為士帶廣，以至大夫以上用合帛，士以下禪而不合，皆非經據之論也。《隋志》曰，乘輿大帶，素帶朱裏，紕其外，上以朱，下以緑。正三品已上，帶紕其垂，外以玄，内以黄，紐約皆用青組。王公侯伯子男素帶，不朱裏，皆紕其外，上以朱，下以緑。唐《開元禮儀》羅白大帶，三品巳上青帶，不朱裏，皆紕其外，上以朱，下以緑。五品已下，紕其垂，外以玄，内以黄，紐約皆用青組。六品已下，練帶，紕其垂，内外以緇，約用青組。其制多襲鄭氏之説。

又《革帶》《内則》曰，男鞶革。《莊子》曰，帶，死牛之脅。《玉藻》曰，革帶博二寸。《士喪禮》韐帶，搢笏。鄭氏曰，韐帶，韎韐，緇帶不言韎，緇者，欲見韐，自有帶，韐帶用革，笏搢於帶之右旁。然則革帶，其博二寸，其用以繫佩韍，然後加以大帶，而佩繫於革帶，笏搢於二帶之間矣。《晉語》寺人勃鞮曰，乾時之役，申孫之矢集於桓鉤，鉤近於袪，而無怨言。則革帶有鉤以拘之，後世謂之鉤艓。丑列。阮諶云，艓，螳蜋鉤以相拘帶，謂之鉤艓，唐以玉為鉤艓，與古異矣，然革帶用於吉而已。《荀卿》曰，搢紳而無鉤帶，是也。古者裼衣象裘色，韠、屨象裳色，而革帶與韠其用相因，則革帶豈亦與韠同色歟。

又《居士錦帶　弟子縞帶》《書大傳》曰，古之帝王，必有命民，能敬

長憐孤，取舍好讓，舉事力者，命於其君，然後得乘飾車、駢馬，衣文錦。民之未命者，不得衣，不得乘，乘者有罰。鄭氏釋之曰，居士錦帶。然則，所謂居士，即命民也。居士錦帶，以其有備成之文也。弟子縞帶，以其有受道之質也。縞，薄繒也，與素帶不同。吴季札以縞帶遺子産，蓋吴地之所宜者，縞也。荀卿曰，古之處士，德盛者也，知命者也。今之處士，無能而云能者也，離蹤而跂訾者也。然則，處士即居士也，古之所謂處士，有守節而不仕者，有成材而未仕者。《鄉飲酒》禮，主人就先生而謀賓介。鄭氏謂，賓介，處士也。《鄉射禮》徵唯所欲，以告於先生君子可也。鄭氏謂，君子，處士也。此蓋處士之未仕者歟。

又卷一五《深衣帶》 深衣曰帶，下毋厭髀，下毋厭脅，當無骨者。《玉藻》曰：紳三尺，三分帶下，紳居二焉。然則人長八尺，紳三尺而居帶下之二，則大帶以高為貴，而帶下四尺五寸矣。《考工記》車人之事，一柯有半謂之磬折。鄭氏曰：大帶以下四尺五寸，磬折立，則上俛，故《玉藻》曰三分帶下，紳居二焉。深衣之帶，當無骨者，以適便為貴，則其下無四尺五寸。《儀禮》士朝祭皆緇帶，則天子、諸侯、大夫朝祭無異帶矣。深衣之帶，其飾蓋若大帶歟。

又《童子錦紳》 《玉藻》曰，童子，錦紳，并紐，肆束及帶，勤者有事則收之，走則擁之。然則童子之帶，非必全錦也，錦紳而已。錦紳，非以其有備成之文也，親在致飾而已。肆，伸之也，束，組紐也。紳束及帶，所以為容，有事則收之，走則擁之，所以便事。鄭氏以肆為肄。

又《鞶鑑》 《内則》曰，婦事舅姑，衣紳。又曰女鞶絲。《左傳·桓二年》：王予鄭伯，以后之鞶鑑。《定六年》：衛公叔文子曰，定之鞶鑑。杜預曰，鞶帶以鏡為飾，今西方羌胡猶有之。然則漢孝惠時，郎侍中，皆貝帶，其飾蓋類婦人歟。

又《率帶》 《雜記》率帶，諸侯大夫皆五采，士二采。鄭氏曰，此謂襲尸之大帶，襲事成，於帶變之，所以異於生。

又《布帶》 《雜記》曰：大夫卜宅與葬日，有司麻衣、布衰、布帶，因喪履，緇布冠。鄭氏曰：有司，卜人也。麻衣，白布深衣而著衰焉，及布帶、緇布冠。此服非純吉，亦非純凶也。蓋非純吉，故布衰，因喪履，布帶。非純凶，故深衣、緇布冠。斬衰，腰絰象大帶，絞帶象革帶，公、士大夫之衆臣為其君斬衰。絰布帶，齊衰，衰以下皆絰布帶。以衆臣厭於天子，諸侯齊衰以下輕於斬衰，故象革帶者布而已。

明·黄廣《禮樂合編》卷一六《帶韠之禮本紀》 天子素帶，朱裏，終辟。侯素帶，終辟。大夫素帶，辟垂。士練帶，率下辟。居士錦帶，弟子縞帶。

并紐約用組。三寸，長齊於帶。紳長制，士三尺，有司二尺有五寸。子游曰，參分帶下，紳居二焉。紳、韠、結三齊。大夫大帶四寸。雜帶，君朱緑，大夫玄華，士緇辟。二寸，再繚四寸。

凡帶有率，無箴功。

肆束及帶，勤者有事則收之，走則擁之。

韠，君朱，大夫素，士爵韋。圜，殺，直。天子直。諸侯前後方。大夫前方，後挫角。士前後正。韠，下廣二尺，上廣一尺，長三尺，其頸五寸，肩、革帶慱二寸。

一命緼韍幽衡，再命赤韍幽衡，三命赤韍葱衡。已上《玉藻》。

又《帶韠之禮統紀》 革帶，古之鞶帶也，謂之鞶革。文武衆官，牧守，丞令，下至驧寺，皆服之。其有囊綬，則以綴於革帶，其戎服，則以皮絡帶代之。八座尚書荷紫，以生紫爲袷囊，綴之服外，加於左肩。

辟，猶冠裳之辟積也，率，縫合之也。天子諸侯，大帶終辟，則竟帶之身辟之，大夫辟其垂，士辟其下而已。

凡帶有玉，有金，有銀，有犀，其下銅鐵角石墨玉之類，各有差等。玉帶不許施於公服，犀非品官，通犀非特旨，皆禁，重名器也。

陳祥道曰，天子至士帶，皆合帛爲之，或以素，或以練，或終辟，或辟垂，或辟下。其餙皆朱緑或玄華。蓋素得於自然，練成於人功，終辟則所積者，備辟垂辟下，則所積者少。朱者正陽之色，緑者少陽之雜，玄與緇者，陰之體，華者，文之成。天子體陽，而兼乎下，故朱裏，而裨以朱緑。諸侯雖體陽，而不兼乎上，故餙以朱緑，而不朱裏。大夫體陰，而有文，故餙以玄華。士則體陰而已，故餙以緇。

舜始作韍，以尊祭服，禹湯至周，增以畫文。

天子朱韍，諸侯赤韍，貴者以朱芾，卑者以韎韐。

天子之韠直，其會龍火與山。諸侯前後方，其會火與山。大夫前方挫

角，其會山。士韍韋。

韍長三尺，象三才，頸五寸，象五行，上廣一尺，象天，下廣二尺，象地。

冕服謂之韍，他服謂之韠，以韋爲之。

韍、韠，所以蔽前也，婦人蔽膝亦如之。

《士冠禮》於皮弁玄端，皆言韠。《特牲》於爵弁，言韎韐。《詩》於素韠言韠，於朱芾、赤芾，言芾。是韠者，芾之通稱，而芾於韎韐，異其名，尊祭服也。

韠之作也，在衣之先。其服也，在衣之後。其色則視裳而已。君祭玄衣纁裳，故朱韠。大夫祭緇衣，素裳，故素韠。士祭玄端、玄裳、黄裳、雜裳，故爵韠。已上《要義》。

清・林昌彝《三禮通釋》卷三一《天子素帶　諸侯素帶　大夫素帶　士練帶》

《大戴禮》曰，黄帝黼黻衣，大帶。《詩》曰，其帶伊絲。又曰，垂帶而厲。《魯語》曰，内子爲大帶。《荀子》曰，逢衣淺帶。淺帶，博帶。《雋不疑傳》曰，褒衣博帶。《釋名》曰，帶，蔕也。《内則》子事父母韠、紳、搢、笏。婦事舅姑笄、總、衣、紳。《玉藻》曰，天子素帶，朱裏終辟。而諸侯，素帶終辟，大夫素帶，辟垂。士練帶，率下辟。居士錦帶。弟子縞帶。並紐約，用組。三寸，長齊於帶。紳長制，士三尺，有司二尺有五寸。子游曰，三分帶下，紳居二焉。紳、韠、結，三齊。大夫大帶四寸，雜帶，君朱緑，大夫元華，士緇辟，二寸，再繚四寸。凡帶有率無箴功。《雜記》曰，公襲，卷衣一，朱緑帶，申加大帶於上。朱緑帶者，皆襲衣之帶飾之，雜以朱緑，異於生也，此帶亦以素爲之。申，重也，重於革帶也，革帶以佩韍，必言重加大帶者，明雖有變，必備此二帶也。又曰率帶，諸侯大夫皆五采。此襲尸之帶。《左傳》曰鞶厲游纓，昭其度也。左桓二年。《深衣》曰，帶，上毋厭髀，下毋厭脅，當無骨者。《左傳》曰，欒桓子請帶於叔孫穆叔。叔孫，召使者裂裳帛與之，曰，帶其褊矣。昭元年。陳祥道云，古者革帶大帶皆謂之鞶。《内則》所謂男鞶革帶也。《春秋傳》所謂鞶厲大帶也。《易》言鞶帶，《楊子》言盤帨，以至許慎、服虔、杜預《左傳》注：皆以鞶爲帶，特鄭氏曰以男鞶革爲盛帨之囊，誤也。《詩》言，垂帶而厲。毛萇、杜預，皆以厲爲帶之垂者，特鄭氏以而厲，爲如裂，亦誤也。辟，猶冠裳之辟積也，率，縫合之也。天子諸侯大帶終辟，則竟帶之身辟之，大夫辟其垂，士辟下而已，雜傳也。案陳説殊誤。考《禮》有革帶，有大帶，革帶束衣無飾，大帶則禮所重，杜注專指革帶，恐礙下鞶厲之文耳。《玉藻》韠，頸五寸，肩、革帶博二寸。注：頸肩皆上接革帶繫之，凡佩繫於革帶。《士喪禮》韐帶注：韐自有帶，用革。韐即韠也，則革帶繫韠及佩。韠與裳同色，革帶當亦與韠同色。其上加以大帶。《玉藻》

天子、諸侯、大夫，皆素帶，惟天子朱裏。士練帶，率。注：諸侯、大夫，皆合素爲之，士以下禪，不合而緶積，天子諸侯終辟。鄭謂以繒采飾側，竟帶身上朱下緑，大夫裨其紐及末垂者，外玄内華，士裨末二寸以緇，下士有司率之不裨。陳祥道以辟爲辟積，然帶之辟積，無文可徵，而鄭讀如裨，尤與下雜帶相合，鄭説爲長。飾帶君朱緑，大夫元華，士緇。故《儀禮士冠》主人朝服，緇帶，冠者，爵弁、皮弁、緇布冠，皆緇帶，則士帶練而飾以緇也。士辟下二寸，則所辟其下端二寸也。再繚四寸，則結處再繚屈之四寸也。天子至士，帶則合帛爲之，或以素，或以練，或終辟，或辟垂，或辟下，其飾，或朱緑，或元華。蓋素得於自然，練成於人功，終辟則所積者備，辟垂，辟下則所積者少。朱者正陽之色，緑者少陽之褋。《禮器》冕朱緑璪。《雜記》公襲，朱緑帶。《聘禮》問諸侯，朱緑繅。皆取正色。元與緇者陰之體，華者文之成，天子體陽，而兼乎下，故朱裏而辟以朱緑，諸侯雖體陽，而不兼乎上，故飾以朱緑，而不朱裏。大夫體陰而有文，故飾以元華。士則體陰而已，故飾以緇。然於大夫言帶廣四寸，則其上可知，而士不必四寸也。於士言紳三尺，則其上可知，而有司止於二尺五寸也。陳氏《禮書》云，帶有率，無箴功。則帶緶而已，無刺繡之功也。以至并紐約組三寸，再繚四寸，紳、韠、結，三齊，皆天子至士所同也。夫所束長於所飾，則失之太拘，所飾長於所束，則失之太文。紳韠結三齊叔向曰，衣有襘，帶有結。然後爲稱，則有司之約韠，蓋亦二尺五寸歟。古者，於物言華，則五色備矣。《書》云華蟲、華玉。於文稱凡，則眾禮該矣。鄭氏，以華爲黄，以凡帶爲有司之帶，以率爲士與有司之帶，以辟爲裨，以二寸爲士帶廣，以至大夫以上用合帛，士以下禪而不合，皆非經據之論也。案陳説誤，陳氏以天子至士皆有率，皆用合帛，不知士惟禪，故有率合帛，則不用率矣。《雜記》率帶，諸侯大夫皆五朱，士二采，謂襲衣大帶，故諸侯大夫亦率，不謂生時大帶有率也。若生時大帶，據《玉藻》君大夫止二采，士止一采，此所以特多耶。

襲衣亦有革帶，《雜記》公襲朱緑帶，申加大帶於上。注：申者，重於革帶，是也。彼朱緑亦謂襲衣小帶，與《玉藻》君朱緑之大帶不同。居士錦帶，弟子縞帶，及童子錦紳，并紐，蓋無率，亦無裨也。帶交結處曰紐，組穿紐以約帶，曰約其垂，餘曰結帶之垂，曰紳與韠、結齊三尺，有司二尺五寸。《詩》垂帶而厲，《毛傳》及此傳鞶厲杜注：皆以厲爲帶之垂者，是紳又名厲，三分帶下紳。居士，據士以上言之，紳三尺，則帶下四尺五寸，《深衣》帶取適便，故下無厭髀，上無厭脅而已。《隋志》曰，乘輿大帶，素帶朱裏，紕其外，上以朱，下以緑。王公侯伯子男素帶，不朱裏，皆紕其外，上以朱，下以緑。正三品已上，帶紕其垂，外以元，内以黄，紐約皆用青組。唐《開元禮儀》羅白大帶，三品已上青帶，不朱裏，皆紕其外，上以朱，下以緑。五品以下紕其垂，外以元，内以黄，紐皆用青組。六品已下練帶，紕其垂，内外以緇，約用青組。其制多襲鄭氏之説。謹案，古人無事則緩帶，有事則束帶。《説字篇》云，在腰爲腰帶，在胸爲束帶，腰帶低緩，束帶高緊。《論語》記公西華束帶立朝，蓋當有事之際，倉卒立談可以服强鄰，即折衝尊俎之間，意泛作禮服者，非是。

又《革帶》《内則》曰，男鞶革。《莊子》曰，帶，死牛之脅。《玉藻》曰，革帶博二寸。《士喪禮》韐帶，搢笏。鄭氏曰，韐帶，韎韐，緇帶不言韎，緇者，欲見韐自有帶，韐帶用革。笏搢於帶之右旁，然則革帶其博二寸，其用以繫佩韍，然後加以大帶，而佩繫於革帶，笏搢於二帶之間矣。《晉語》寺人勃鞮曰，乾時之役，申孫之矢，集於桓鉤，鉤近於袪，而無怨言。則革帶有鉤以拘之，後世謂之鉤鰈。丑列。阮諶云，鰈，螳蜋鉤以相拘帶，謂之鉤鰈，唐以玉爲鉤鰈，與古異矣。然革帶用於吉而已。荀卿曰，搢紳而無鉤帶，是也。古者，裼衣象表色，韠屨象裳色，而革帶與韠其用相因，則革帶豈有與韠同色歟。

又《居士錦帶　弟子縞帶》《書大傳》曰，古之帝王，必有命民，能敬長憐孤，取舍好讓。舉事力者，命於其君，然後得乘飾車駢馬，衣文錦。民之未命者，不得衣，不得乘，乘者有罰。鄭氏釋之曰，居士錦帶，然則所謂居士，即民命也。居士錦帶，以其有備成之文也。弟子縞帶，以其有受道之質也。縞，薄繒也，與素帶不同。吳季札，以縞帶遺子産，蓋吳地之所宜者，縞也。荀卿曰，古之處士，德盛者也，知命者也，今之處士無能，而云能者也，離蹤而跂，訾者也，然則處士，即居士也。古之所謂處士，有守節而不仕者，有成材而未仕者。《鄉飲酒》禮，主人就先生，而謀賓介。鄭氏謂賓介，處士也。《鄉射禮》徵唯所欲，以告於先生，君子可也。鄭氏謂君子，處士也。此蓋處士之未仕者歟。

又《深衣帶》《深衣》曰，帶，下毋厭髀，上毋厭脅，當無骨者。《玉藻》曰，紳三尺，三分帶下，紳居二焉。然人長八尺，紳二尺，而居帶下之二，則大帶以高爲貴，而帶下四尺五寸矣。《考工記》車人之事云，一柯有半，謂之磬折。鄭氏曰，大帶以下四尺五寸，磬折，立則上俛。故《玉藻》曰三分帶下，紳居二焉。深衣之帶，當無骨者，以適便爲貴，則其下無四尺五寸。《儀禮》士朝祭皆緇帶，則天子、諸候、大夫，朝祭無異帶矣。深衣之帶，其飾蓋若大帶歟。

又《童子錦帶》《玉藻》曰，童子錦紳，并紐，肆、束及帶。勤者，有事則收之，走則擁之。然則童子之帶，非必全錦也，錦紳而已。錦紳，非以其有備成之文也，親在致飾而已。肆，伸之也，束，組紐也，紳、束及帶，所以爲容。有事則收之，走則擁之，所以便事。鄭氏以肆爲肄。

又《鞶鑑》《内則》曰，婦事舅姑，衣紳。又曰，女鞶絲。《左傳》莊公二十一年，王子鄭伯，以后之鞶鑑。定六年，衛公叔文子曰，定之鞶鑑。杜預曰，鞶帶，以鏡爲飾。今四方羌胡猶有之。然則漢孝惠時，郎侍中，皆貝帶，其飾，蓋類婦人歟。

又《率帶》《雜記》率帶，諸侯大夫皆五采，士二采。鄭氏曰，此謂襲尸之大帶，襲事成於帶，變之所以異於生。

又卷四二《韍韎韐韠》《禮記・明堂位》云，有虞氏服韍，夏后氏山，殷火，周龍章。鄭注云，韍，冕服之韠也，舜始作之，以尊祭服。禹湯至周，增以畫文，後王彌飾也。《玉藻》云，韠，君朱，大夫素，士爵韋，下廣二尺，上廣一尺，長三尺，其頸五寸，肩革帶博二寸。注云，此元端服之韠，韠之言蔽也。《玉藻》又云，一命緼韍幽衡，再命赤韍幽衡，三命赤韍蔥衡。注云，此元冕爵弁服之韠，尊祭服，異其名耳。韍之言亦蔽也。《白虎通義》云，天子朱紼，諸侯赤紼，大夫蔥衡，士韎韐。《廣雅》釋器大巾、褘、袡、襜、被、蔽，絜也，韍謂之縪。《釋名》云，韠，蔽也，所以蔽膝前也，婦人蔽膝亦如之，齊人謂之巨巾，田家婦女出至田野，以覆其頭，故因以爲名也。又曰跪

襜，跪時襜襜然張也。《方言》蔽厀，江淮之間謂之褘。按《漢書·東方朔傳》館陶公主目執宰敝膝，敝膝與蔽厀同。或謂之祓，魏宋南楚之間，謂之大巾，自關東西，謂之蔽厀。齊魯之邦謂之袡。按，袡、襜，一字也。《爾雅》衣蔽前謂之襜。釋文，襜，《方言》作袡，同，昌占反。《小雅》不盈襜。《毛傳》與《爾雅》同。《正義》引李巡《爾雅》注云，衣，蔽前衣，蔽膝也。凡言襜者，皆障蔽之意，衣蔽前謂之襜，牀前謂之襜，車裳、帷謂之幨，幰謂之幨，其義一也。謹按，祓、韍一字也。《説文》作市，云，从巾，象其連帶之形。《易》作紱，《詩》作芾，《禮記》作韍，《左傳》作黻，《方言》作紱，《易·乾鑿度》作茀，《白虎通》作紼。並字異而義同。《齊風·載驅篇》簟笰朱鞹。傳云，束之蔽曰笰，義與韍同。縪本作韠，即蔽膝之合聲。蔽、韠、韍，又一聲之轉。《説文》篳，藩落也。引襄十年《左傳》篳門圭窬。《爾雅》畢，堂牆。李巡注云，厓似堂，牆曰畢，其謂之畢者，皆取障蔽之意，與韠同也。《小雅·采菽篇》赤芾在股。鄭箋云，芾，太古蔽膝之象也，冕服謂之芾，其他服謂之韠，以韋爲之。《正義》引《乾鑿度》注云，古者田漁而食，因衣其皮，先知蔽前，後知蔽後，王易之以布帛，而猶存其蔽前也，重古道不忘本也。《太平御覽》六百九十一卷，引《五經異義》云，韍者，大帶之飾，非韠也。《毛詩》瞻彼洛矣，《正義》引鄭駁《異義》云，靺，草名，齊魯之間言靺韐，聲如茅蒐，字當作靺。陳留人謂之蒨。又《毛詩》瞻彼洛矣，引鄭駁《異義》云，有靺韐無韠，西有韠無靺韐。陳氏壽祺云，靺韐者，《毛詩》瞻彼洛矣，靺韐有奭。傳，靺韐者，茅蒐染東也。按《毛詩》傳，茅蒐染韋，非染草，此殆俗本之譌，《毛傳》所引，亦無也字，今正。且異本又引作染革，更爲謬誤。一入曰靺，今本無入字，《正義》曰，定本云一入曰靺韐。韐所以代韠也。鄭箋，靺韐者，茅蒐染也，茅蒐，靺韐聲也。靺韐，祭服之韠，合韋爲之，其服爵弁服，緇衣纁裳也。又按傳，靺韐者，韐字衍草當爲韋，一入曰靺，當斷句。箋，靺韐者，靺韐聲也，兩韐字，衍靺韐，祭服之韠，靺字衍。段氏玉裁《儀禮漢讀考》始正其譌。考《説文》第五下《韋篇》靺，茅蒐染韋也，一入曰靺，从韋，末聲。《國語·晉語》韋昭注曰，三君云，一染曰靺。後鄭司農説以爲，靺，茅蒐染也。靺，聲也。按靺聲也，上當有茅蒐二字。昭謂，茅蒐，今絳草也，急疾呼之成靺也。《左氏傳》成十六年正義引賈逵云，一染曰靺，又引鄭玄《詩》注云，靺，茅蒐染也，靺聲也。此可證今詩傳箋之誤。《儀禮·士冠禮》曰，爵弁服，纁裳，純衣，緇帶，靺韐。鄭注：此與君祭之服，靺韐，緼韍也。士緼韍而幽衡，合韋爲之，士染以茅蒐，因以名焉。今齊人，名蒨爲靺韐。

清·宋綿初《釋服》卷上《冕服之帶》 凡禮服之上，有大帶，大帶謂之鞶，《易》曰或錫之鞶帶。凡大帶，皆素絲爲之。《詩》曰，其帶伊絲。《玉藻》言，天子、諸侯、大夫，皆素帶。士練帶，而采飾不同。冕服之大帶，蓋亦如此。大帶之上有革帶，所以繫韍與佩。凡帶佩制，竝詳後。

又卷下《大帶》 大帶謂之鞶，又謂之紳。《説文》鞶，大帶也。《易》或錫之鞶帶。又曰紳，大帶也。帶之垂者，亦謂之紳，又謂之厲。《左傳》云鞶厲。《詩》垂帶而厲。傳厲帶之垂者也。《小爾雅》帶之垂者爲厲，是也。凡帶垂者，必反屈向上，又垂而下。紳，重也，重屈而舒申也。《論語·子張》書，諸紳，凡大帶，合素絲爲之，惟采飾有降殺。

凡帶之交結處，謂之紐，合并其紐用組，穿紐以約，結之，使其不可解也。約之餘者，謂之結，長齊於紳。紳也、韠也、結也，三者長如一，凡此紳結之餘，若有勤勞之事，則收斂在手，凡侍於君，磬折而紳，以爲敬。

凡帶以下約。《玉藻》文《玉藻》言，帶韠韍衣服等，差其文雜陳，又上下爛脱，依鄭注：次第如左。

《玉藻》天子素帶，朱裏終辟。闕。而素帶終辟。大夫素帶辟垂。士練帶率下辟。居士錦帶。弟子縞帶。并紐約用組三寸長，齊於帶，紳長，制士三尺，有司二尺有五寸。子游曰，參分帶下，紳居二焉。紳韠結三齊。大夫大帶四寸。雜帶，君朱緑，大夫玄華，士緇辟二寸，再繚四寸。凡帶有綷，無箴功。肆束及帶，勤者有事則收之，走則擁之。注：而素帶終辟，謂諸侯不朱裏，下天子也。率，綷也，辟，讀裨，謂以繒采飾其側，人君充之，大夫裨其紐及末，士裨其末而已。三寸，謂約帶紐組之廣也，長齊於帶與紳，齊也，雜猶飾也，華黄色也。君裨帶，上朱下緑，大夫裨垂外玄内黄，士裨垂之，下以緇，是謂緇帶、素帶。大夫以上皆廣四寸，士二寸，再繚之。凡帶，有司之帶也，亦綷之，如士帶，無箴功。則不裨之，肆，讀爲肆。肆，餘也，餘束約紐之餘，組也。疏云，參分帶下，紳居二者。人長八尺，大帶之下四尺五寸，分爲三分，紳居二分，是紳長三尺也。

又《革帶》 大帶之上，所以繫韠韍與雜佩者爲革帶。博二寸。注凡

佩繫於革帶。疏云，鄭以韠繫於革帶，恐佩繫於大帶，故云。然以大帶用紐約，其物細小，不堪縣韠佩，故也。

清・焦廷琥《冕服考》卷三 又有革帶，所以懸佩與韍。

《玉藻》肩革帶，博二寸。注云，肩與革帶廣同，凡佩，懸於革帶。疏云，以大帶用紐約，其物細心，不堪懸韠佩。故也。

《左氏桓二年傳》帶、裳、幅、舄。注云，帶，革帶也。疏云，下有鞶，是紳帶，知此帶是革帶。

陳氏祥道《禮書》云，《内則》曰，男子鞶革。《莊子》曰，帶，死牛之脅。《玉藻》曰，革帶，博二寸。《士喪禮》韐帶，搢笏。鄭氏曰，韐帶韎韐，緇帶不言韎，緇者欲見韐，自有帶，韐帶用革，笏搢於帶之右旁。然則，革帶其博二寸，其用以繫佩韍，然後加以大帶，而佩繫於革帶，笏搢於二帶之間矣。《晉語》寺人勃鞮曰，乾時之役，申孫之矢，集於桓鉤鉤近於袪，而無怨言。則革帶有鉤，以拘之，後世謂之鉤鞢。阮諶云，鞢，螳蜋鉤，以相拘帶，謂之鉤鞢。唐以玉爲鉤鞢矣。然革帶用於吉而已。荀卿曰，搢紳而無鉤帶是也。古者裼衣象裘色，韠屨象裳色，而革帶與韠，其用相因，則革帶豈亦與韠同色與。

清・雷鐏《古經服緯》卷上 帶，有大帶，有革帶。革帶謂之鞶，博二寸，其飾謂之鑒，有差，其拘謂之鉤，有鞢，其餘謂之厲，有飾。大帶以素，或以練，或以縞。天子素帶，朱裏終辟，諸侯合素終辟，皆以朱緑大夫合素辟，垂以玄華皆博四寸，士練帶不合，博二寸，綷之再繚，爲四寸，紳之下辟，以緇，曰緇帶，有司及庶人有綷，無箴功。居士錦帶，弟子縞帶。凡紐約用組，博三寸，謂之結，童子之結用朱錦，帶之垂者，謂之紳，長三尺，有司二尺五寸，結之餘，與紳齊，凡素帶以帛，練縞以布，錦帶者，錦緯也。

此一節述帶之等也。禮《内則》云，男鞶革，女鞶絲，鞶即革帶，故字从革。《左傳》曰，帶裳幅舄，昭其度也，鞶厲游纓，昭其鞶也。杜注從《説文》服虔之説，以帶爲革帶，鞶爲大帶，非是。革帶，《荀子》謂之鉤帶，因帶上有鉤鞢，故名。傳所謂管仲射桓公中鉤也，周末名鉤鞢，爲師比，趙武靈王，賜紹興帶，黃金師比，是也。見《戰國策》。《史記》作胥紕，《漢書》作犀毗，《楚辭》作鮮卑，其帶上之飾，謂之鑑，鑑下有環，以繫佩物。《左傳》王以后之鞶鑑與鄭伯，又曰，定之鞶鑑，即此。後代謂鑑爲胯，周穆王舍於珠澤，賜黃金之環三五，朱帶貝飾三十，又賜赤烏之人貝帶五十。唐高祖賜李靖七方六刓胯，各附金環。《玉藻》曰，革帶，博二寸。注云，凡佩，繫於革帶，此其證已。厲者，革帶之末，古亦垂之，而飾以美觀，後代謂之鉈尾。《遼史》所謂玉鶻七鉈尾者，是蓋大帶之垂者爲紳，言其形申申如也。故傳云，昭度，革帶之垂者爲厲。言雖垂之，形不委下，厲然如魚尾之分。故《詩》曰垂帶而厲，且鑑環之多寡，人各有差。故傳曰，昭數也。大帶之制，詳見《玉藻》，文多脱次，當從鄭讀。天子素帶，朱裏終辟，而素帶終辟，大夫素帶辟垂，士練帶率下辟，居士錦帶，弟子縞帶。并紐約用組三寸，長齊于帶，紳長制，士三尺，有司二尺五寸。子游曰，參分帶下，紳居二焉。紳、韠、結三齊，大夫大帶四寸，雜帶，君朱緑，大夫玄華，士緇辟二寸，再繚四寸，凡帶有率，無箴功。鄭注云，而素帶終辟，謂諸侯也，諸侯不朱裏，合素爲之，下天子也，大夫亦如之。率，綷也，士以下，皆禪，不合而綷，積辟，讀如裨冕之裨，裨謂以繒采飾其側，人君充之，大夫裨其紐及末，士裨其末而已。居士，道藝處士也。三寸，謂約帶紐組之廣也，長齊于帶，與紳齊也。紳，帶之垂者也，有司、府史之屬也。結，約餘也，雜，猶飾也，即上之辟也。君裨帶，上以朱，下以緑終之，大夫裨垂，外以玄，内以華，華黃色也，士裨垂之下，外内皆以緇，是謂緇帶。大夫以上以素，皆廣四寸，士以練，廣二寸，再繚之。凡帶，有司之帶也，亦綷之，如士矣。疏云，繚，繞也，再度繞，要亦四寸也。緇帶，見《士冠禮》，凡紐至朱錦，亦見《玉藻》。《左傳》所謂衣有禬，帶有結矣。按士與有司居士，皆練帶，弟子及童子，皆縞帶。但士與有司，裨紳以緇，居士及童子，裨紳以錦，唯弟子，仍裨以縞耳。鄭解《儀禮》之袗玄曰，緇帶韠，可知有司之帶如士，其異於士處，在無箴功。士之緇帶，止於綷下辟，可知居士之錦帶，亦止裨其紳，其異於童子處，在結用組。《玉藻》曰，童子之節也，緇布衣，錦緣錦紳，并紐錦束髮，皆朱錦也。此錦紳，即是錦帶，猶士以緇帛裨練帶之紳，而謂之緇帶已。箴功，是既縫著之，又以綫緝爲花文。使所裨者，著實，且美觀也。注以無箴功，爲不裨，非是。疏解練縞緇錦，謂即以帛與錦爲帶，亦非是。故《服緯》正之曰，凡素帶以帛，練縞以布，錦帶者，錦緣也。不然，錦與縞練，皆較素精美，豈尊者降用苦，而卑者反用良乎。《詩》有云，其帶伊絲。此即因帶之用布者多，而伊已躋於大夫，而用絲，故矜美之。凡《詩》之言伊者，皆此類。如云，其鑲伊黍，其弁伊騏，悉

是矜美之義，謂鑲者多以稷，而伊則黍，弁者多無文，而伊則□也。或曰，凡帶者，承上諸帶，言無箴功，即《揚子法言》，不可繡其鞶帨之義，説亦通。

清・張惠言《冕弁冠服圖・帶》《玉藻》曰，天子素帶，朱裏，終辟。而素帶，終辟。大夫素帶，辟垂。士練帶，率下辟。居士錦帶，弟子縞帶。并紐約用組，三寸長，齊于帶紳，長制，士三尺，有司二尺有五寸。子游曰，三分帶下，紳居二焉。紳、韠、結，三齊。大夫大帶，四寸。雜帶，君朱緑，大夫玄華，士緇辟二寸，再繚四寸。凡帶有率，無箴功。注：謂大帶也。而素帶終辟，謂諸侯也。諸侯不朱裏，合素爲之，下天子也。大夫亦如之，率，繂也，士以下皆禪不合，而繂積，如今作幧頭爲之也。辟，讀如裨冕之裨，謂以繒采飾其側，人君充之，大夫裨其紐及末。疏云，裨其身之兩旁及屈垂者。《儀禮》賈疏云，大夫不裨，其繞要者，直裨，垂之三尺，屈而垂者，案賈説是。士裨其末而已。疏云，裨其一條下垂者。《儀禮》疏云，士裨其末，繞三尺，所垂者不裨。案孔以爲，條下垂者是謂帶之下端而已。然雜帶注云，内外皆緇，若唯下端不得云内外。賈以爲裨末繞，則從其末而繞出兩旁，然天子以至大夫皆言上下，内外，無兩端之文，則兩端蓋不裨。士裨末者，應是垂之半以下耳。三寸謂約帶紐組之廣也。長齊于帶，與紳齊也。紳帶之垂者也，言其屈而重也。凡紳，上屬于帶，當紐處，必反屈，乃得正垂，故重也。三分帶下，而三尺則帶高于中也，結約餘也。疏云，以物穿紐約，結其帶組，餘三尺與與帶垂者齊。雜，猶飾也，即上之裨也。君裨帶，上以朱，下以緑，終之。大夫裨垂，外以玄，内以華，華，黄色也。士，裨垂之下，外内皆以緇，是謂緇帶。熊氏云，上下據要爲正，近人爲内，遠人爲外。大夫以上以素，皆廣四寸，士以練廣二寸，再繚之。凡帶，有司之帶也。亦繂之，如士帶矣。無箴功，則不裨之。士雖繂帶，裨亦用箴功，凡帶不裨，下士也。案疏云，率者縫旁邊，非也。唯裨用箴功，則繂不縫明矣。注云，繂積者，謂織帶時，以兩條繩置其邊，而織之，故破率爲繂，以如碑繂也。

圖表

宋・陳祥道《禮書》卷一四《禮書圖》

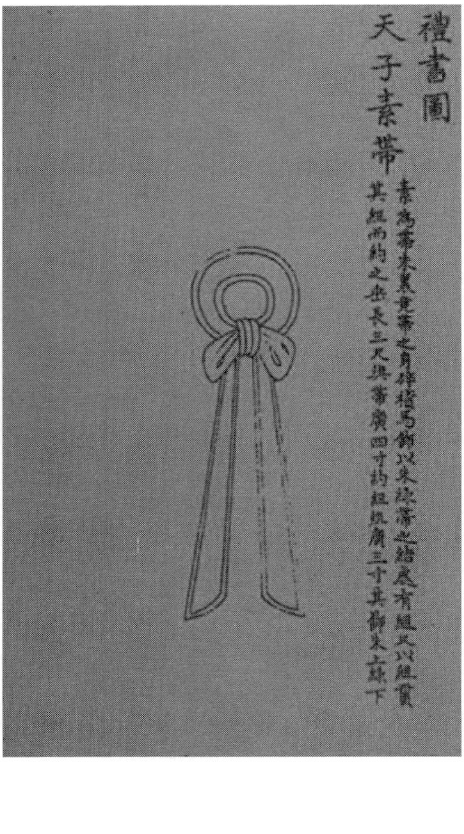

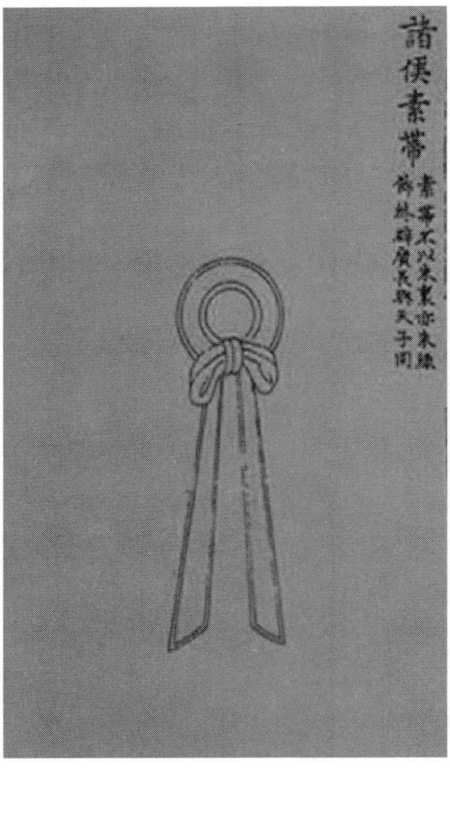

士練帶

練帶辟積其末三寸其廣不至四寸紳組長三尺鄭氏謂士以下皆禪兩邊紕緣記於諸侯亦言率帶則率不待施於禪也

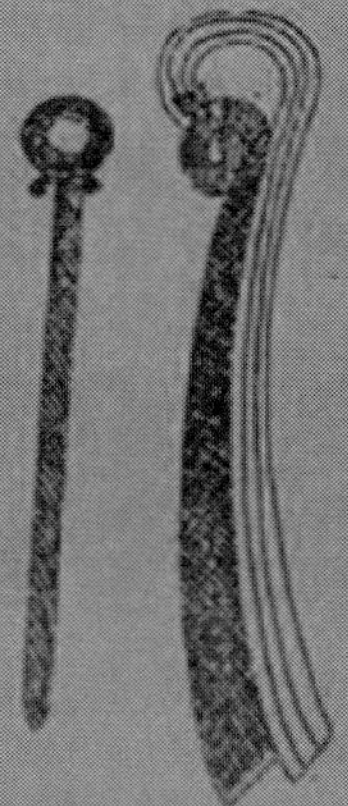

大夫素帶

素帶不終辟飾以玄華大夫以上素帶士練帶弟子縞帶皆帛爲之

居士錦帶

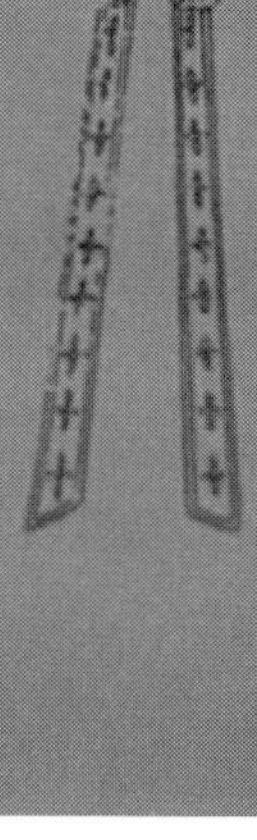

革帶

又卷一五《禮書圖》

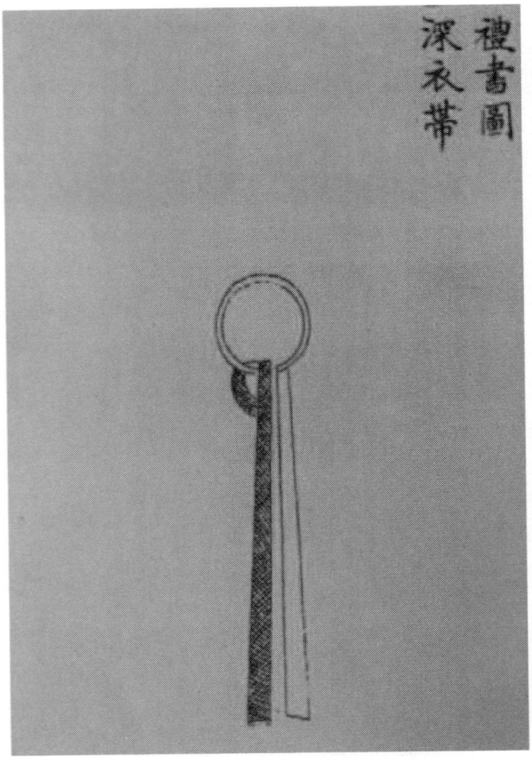

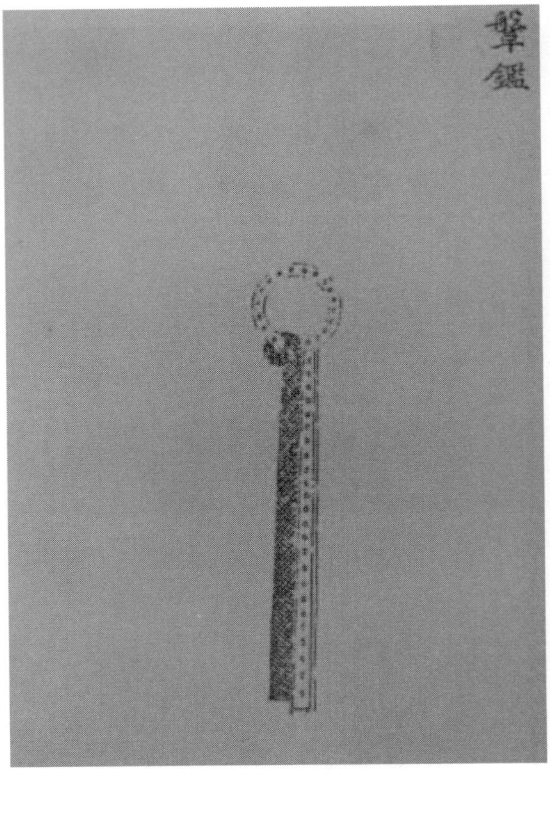

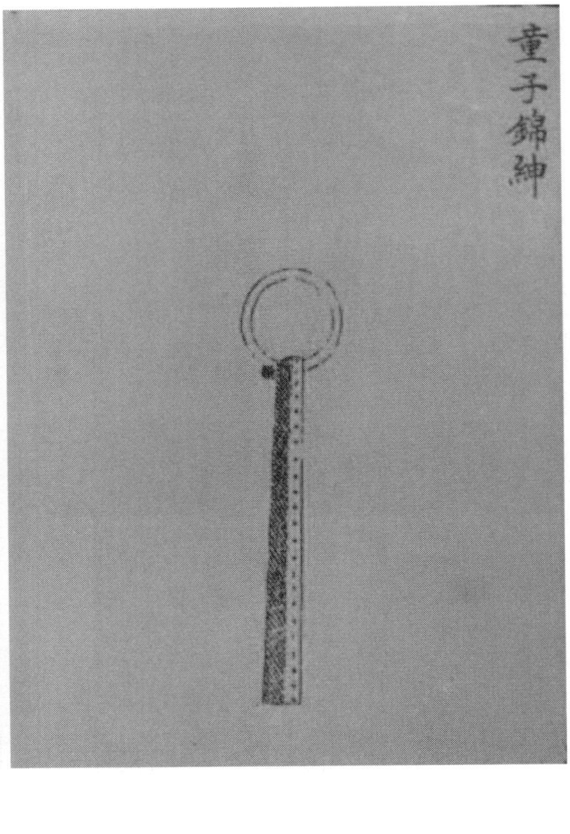

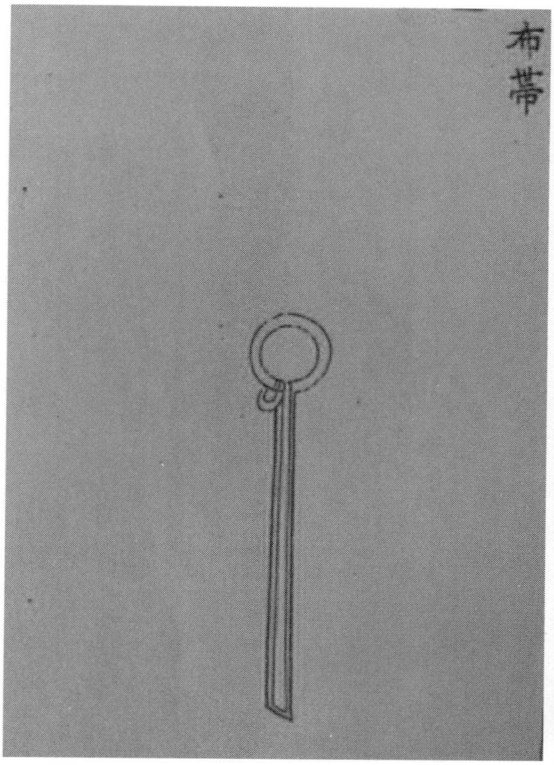

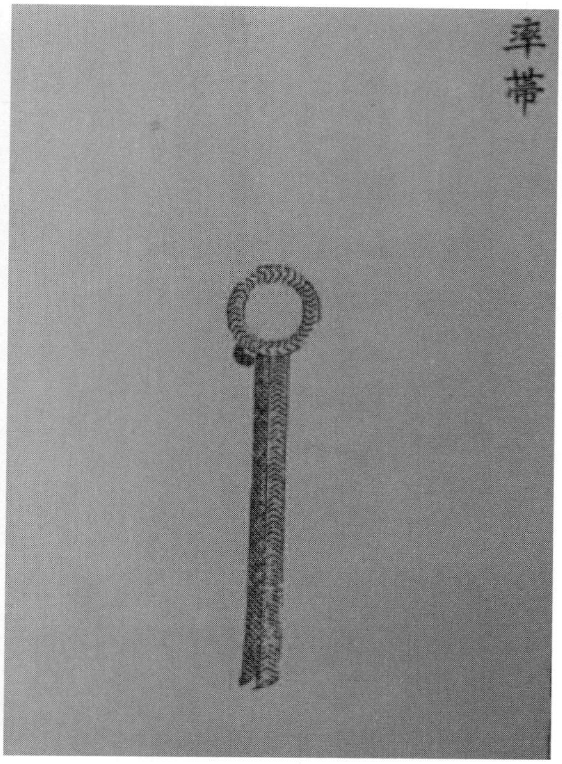

韍類

綜述

宋·陳祥道《禮書》卷二三《天子韍》 色朱而體直，其繪龍火山，上有頸肩，旁與上有紕，下有純，中有紃。紕不至下，五寸，繪去上五寸，則中二尺矣。鄭氏曰，直謂四角直，無圜殺。孔穎達曰，禮圖，天子韠制，形如要鼓，今參驗，不附人情。

又《諸侯韍》 諸侯在國，則未朝王，則赤韍，其體前後方，其繪火山，頸肩紕純紃，與天子同。鄭氏曰前後方謂殺四角，使之方，變於天子也，所殺者，去上下各五寸。孔穎達曰，方則殺也，所殺之處，以物補飾之，使方變於天子。然《考工記》曰，大琮十有二寸，射四寸，地體方，而四隅有維。則射四寸者，其隅也，韍之前後方，蓋亦類此，所以異於天子直也。毛氏釋《詩》曰，韍天子純朱，諸侯黃朱，考之禮，周尚赤而尊黃彝，纁裳赤黃馬黃，朱舄金舄，則韍固有黃朱者矣。

又《大夫韍》《詩》曰三百赤韍。則大夫之韍其色赤，其體前方後挫角，其繪山。此助祭冕服之韍也。若祭於己，則朝服，用素韍。

又《士韎韐》 士前後正。鄭氏曰，士賤與君同不嫌也，正直方之間語也，天子之士則直，諸侯之士則方。孔穎達曰，正不袤也，直而不袤謂之正，方而不袤亦謂之正。考之《說文》，士無芾，有韐制如榼缺四角，缺四角則與前方後挫者不同，所以其體正也。士缺上下，諸侯方而不挫，天子直而不挫，天子直而不方，此尊卑之辨也。

又《素韠 爵韠》《詩》曰，朱芾斯皇，三百赤芾，赤芾金舄，赤芾在股，庶見素韠兮。箋，祥祭朝服，素韠。《易》曰，朱紱方來，困于赤紱。《玉藻》曰，韠，君朱，大夫素，士爵韋。此玄端服之韠也，韠必象裳色。天子諸侯玄端朱裳，大夫素裳，士玄裳、黃裳、雜裳。圜，殺直。天子直。公侯

前後方。殺四角使之方，變於天子。大夫前方，後挫角。圜其上角者，變於君也。韠以下為前，以上為後。士前後正。士賤，與君同，不嫌也。正直，方之間語也。天子之士則直，諸侯之士則方。韠，下廣二尺，上廣一尺，長三尺，其頸五寸，肩、革帶博二寸。又曰，一命緼紱，再命赤韍，三命赤韍。此玄冕爵弁服之韠，尊祭服異其名耳。又曰，齊則綪結佩，而爵韠。《明堂位》曰，有虞氏服韍，夏后氏山，商火，周龍章。《雜記》曰，韠，長三尺，下廣二尺，上廣一尺。會去上五寸，紕以爵韋六寸，不至下五寸，純以素，紃以五采。鄭氏曰，會謂上領縫也，領之所用，蓋與紕同，在旁曰紕，在下曰純。素生白也，紕六寸者，中執之，表裏各三寸也，純紕所不至者五寸，與會去上同，紃施諸縫中，若今時絛也。《詩》曰韎韐有奭。箋云，此諸侯世子也，除三年之喪服，士服而來未遇爵命之時，有征伐之事，天子使代卿士，將六軍而出。《士冠禮》爵弁服，韎韐。鄭氏曰，韎韐，緼韍也，士緼韍而幽衡，合韋為之，染以毛蒐，因以名焉，今齊人名蒨為韎韐。皮弁服，素韠。玄端，爵韠。《特牲饋食》其服皆朝服，玄端，緇韠。唯尸、祝、佐食玄端，玄裳、黄裳、雜裳可也，皆爵韠。緇韠者，下大夫之服。《左傳》曰，袞冕黻珽，昭其度也。杜預曰，黻，韋韠。鄭康成曰，古者田漁而食之，衣其皮，先知蔽前，後知蔽後，後王易之以布帛，而獨存其蔽前者，不忘本也。《爾雅》曰，蔽膝謂之襜。《釋名》曰，韠，蔽也，所以蔽前也，婦人蔽膝亦如之也。是知韠之作也，在衣之先，其服也，在衣之後，其色則視裳而已。《禮記》言，君朱，大夫素，士爵韋者，祭服之韠也。蓋君祭以冕服，冕服玄衣纁裳，故朱韠。大夫祭以朝服，緇衣素裳，故素韠。士祭以玄端，玄端、玄裳、黄裳、雜裳可也。故爵韠。《周官・典命》公侯伯之士一命，而士之助祭以爵弁，弁而祭公。爵弁纁裳，故緼韍。緼赤黄之間色。所謂一命緼韍是也。公侯伯之卿三命，大夫再命，而卿大夫助祭，聘王以玄冕。《司服》孤之服自希冕而下。鄭氏以為卿大夫之服自玄冕而下。鄭氏以為，助祭聘王之服，蓋孤希冕祭於公，弁而祭於己。卿大夫玄冕祭於公，冠而祭於己。玄冕纁裳，故赤韍，所謂再命三命赤韍是也。韠之為物，以其茀前，則曰韍，以其一巾足矣。故曰韠以色則曰緼，以緼質則曰韎韐。古人謂蒨為茅蒐，謂茅蒐為韎韐。考之《士冠禮》於皮弁玄端皆言韠，特於爵弁言韎韐。《詩》於素韠言韠於朱芾，赤芾乃言芾是韠者，芾之通稱，而芾與韎韐異其名，所以尊祭服也。君韠雖以朱，而諸侯朝王亦赤芾。《詩》曰赤芾在股，赤芾金舄，是也。士雖以爵，凡君子之齊服，皆爵韠。《記》曰，齊則綪結佩，而爵韠是也。《采芑》言方叔之將兵，韍亦以朱。《瞻彼洛矣》言作六師，而韍以韎韐者，蓋兵事韋弁服，韋弁服纁裳，故貴者以朱芾，卑者以韎韐，韎韐即所謂緼韍也。韠長三尺，所以象三才，頸五寸，所以象五行，下廣二尺，象地也，上廣一尺象天也，會去上五寸，紕以爵韋六寸，不至下五寸，純以素紃，以五采會，猶《書》所謂作會也。紕裨其上與旁也，純緣其下也，去會與純合五寸，則其中餘二尺也。紕六寸，則表裏各三寸也。天子之韠直，其會龍火與山，公侯前後方，其會火以下，大夫前方後挫角，其會山而已。鄭氏謂，山取其仁，火取其明，龍取其變，天子備焉。諸侯火而下，卿大夫山，士韍韋。以禮推之，周人多以近世之禮待貴者，遠世之禮待卑者，則鄭氏之説是也。周以虞庠為小學，以夏序商學為大學，以商人棺槨葬長殤，以夏之堲周葬中殤，虞氏之瓦棺葬無服之殤，皆待卑者以質略也。然韠自頸肩而下則其身也，鄭氏以其身之五寸為領，而會為領縫，是肩在領上矣。衣之上韠猶尊，上玄酒俎，上生魚也。鄭氏謂衣之上韠者，執事以蔽裳為敬，與不忘其本之説戾矣。古者喪服用韠，無所經見。《詩》曰，庶見素韠，是祥祭有韠也。劉熙曰，韠以蔽前，婦人蔽膝亦如之，唐志婦人蔽膝，皆如其夫，是婦人有韠也。《荀子》曰，共艾畢，説者曰蒼白之韋，是罪人有韠也。及戰國連兵韍，非兵飾，去之。明帝復制韍，天子赤皮蔽膝，魏晉以來用絳紗為之，故字或作紱。徐廣《車服儀制》云。

又《邪幅》《詩》曰，赤芾在股，邪幅在下。《左氏》曰，帶裳幅舄。《内則》曰，偪屨著綦。綦，屨繫也。鄭康成謂，偪束其脛，自足至膝，故曰在下。蓋以幅帛邪纏於足，故謂之邪幅，邪幅所以自偪束也，故謂之偪，偪即縢約之也，故漢謂之行縢。《内則》男子事父母有偪。《詩》諸侯朝天子有邪偪，則凡行皆有偪，特婦人不用焉，故《内則》婦事舅姑無偪。

明・程良孺《讀書考定》卷二二《服飾・韍韠》 韠，一命緼韠，再命赤韠。從韋，畢聲，古者席地而坐，以臨俎豆，故設蔽膝，以權濡漬。《禮記》、《玉藻》注，韠之言蔽也。《詩・采菽》注，韍、韐、韠俱是蔽膝之象，制同名異。然韐乃合韋，韠不合。有不同者，《記》解陳氏曰，以其茀前，則曰韍，以其一巾足矣。故曰韠，以色則曰緼，質則曰韎韐。又一説，冕服謂之韍，

他服謂之韠，與此說異。

清・黄以周《禮書通故》卷三《衣服通故二》 禮家說，衣順冠色，帶同衣色，屨象裳色，韍色皆赤，韠色同裳。金榜說，屨同裳色，是也。以經記核之，冕弁纁裳同，而韍之為韞為赤不同。朝服素裳同，而韠之為素為緇不同。玄端玄裳黄裳同，而韠之為朱為素為爵不同。謂韠象裳色，是未審矣。以周案，冕服名韍，弁冠名韠。《玉藻》韠，君朱，大夫素，士爵韋，鄭注以為玄端服。而士禮玄端玄裳，黄裳、雜裳可也，韠有朱素而無朱裳、素裳，裳有玄黄而無玄韠、黄韠，是裳與韠不同色者，玄端服也。冕弁纁裳，纁赤色，故大夫以上皆赤紱。朝服素裳，故大夫以上皆素韠。《說文》帢賤不得與裳同，據士言。士賤故纁裳以緼韍，素裳以緇韠。玄端服為服之下，故裳韠亦異色。韠象裳色，鄭、許皆云然，是師說相傳如此。凡韠有與裳異色者，經即別言以著之。屨之不盡同裳色，說詳下。舊說衣順冠色，故經或舉冠以明衣，或舉衣以明冠，不備言其色。異者即別言之，如《士冠禮》爵弁純衣是也。凡韠屨異色者，當依此例通之。

邢昺云，致美乎黻冕。鄭注云，黻是祭服之衣，冕其冠也。《左傳》晉侯以黻冕命士會，亦當然也。黻，蔽膝也。祭服謂之黻，其他謂之韠。敝色皆赤，天子純朱，諸侯黄朱，大夫赤。以周案，蔽膝之黻，以韍為正，字亦作紱。《論語》《左傳》之黻冕，以章服言。《爾雅》衮黻也同，章服終黻，以繡于裳。曰黻冕者，下舉裳之卒章，上舉其冠，而中統之矣。邢疏既引鄭注：又以蔽膝解之，誤。朱子《集注》沿邢疏。當以鄭為正。

《異義》云，韍者，大帶之飾，非韠也。以周案，許說非，鄭駁未見。《詩箋》云，芾，大古蔽膝之象也。冕服謂之芾，其他服謂之韠。《禮記注》云，韠，上接革帶以繫之。許以革帶即大帶，故云大帶之飾。《說文》云，市，韠也，从巾，象其連帶之形。市，易作紱，《詩》作芾《記》作韍，《左傳》作黻，《白虎通》又作紼。

鄭玄云，韠制，天子直，四角直，無圜殺。公侯前後方，殺四角使之方，變于天子也。所殺者，去上下各五寸。大夫前方後挫角，圜其上角，變于君也。韠以下為前，以上為後。士前後正，士賤，與君同，不嫌也。正、直、方之間語也。天子之士則直，諸侯之士則方。頸五寸，亦謂廣也。頸中央、肩兩角，皆上接革帶以繫之。肩與革帶廣同。凡佩，繫于革帶。孔穎達云，去上下各五寸者，即《雜記》云韠會去上五寸，紕以爵韋，不至下五寸也。惟去上畔下畔，而云殺四角使之方者，既殺而補之使方，蓋四角之處別異之，使殊于餘邊也。段玉裁云，《說文》帢制如榼，缺四角，正謂如公侯殺四角使之方也。殺四角使之方者，合上下成八角之形。方之言柧也。《正義》非是。張惠言云，如疏說，則《雜記》為諸侯制也。然韠之上領下純旁紕，宜為通制。疏以為上下所殺之五寸，非也。若謂四角別異之，則當然。蓋若前後殺而方，則上下同廣，非韠制矣。以此言之，挫角者，亦當角處別異之。其別異惟在領與純，故注云所殺者去上下各五寸也。以周案，《玉藻》云，圜殺直，目韠制，天子直，諸侯殺，大夫又圜之，皆據其首言，非其身有殺圜法也。天子韠身又直，直者非正方也，諸侯則正方其身之上下。凡上曰前，下曰後。如笏，諸侯前屈後直，大夫前屈後屈是也。鄭注顛倒言之，非經例。韠上廣一尺，下廣二尺，其身斜直，而得上下方者，上方以會，下方以純，會純所不至者，其形方也。大夫前方後挫角，亦謂下方之角，又為純掩，以避其君也。《雜記》云，會去上五寸，以為頸之長，其頸五寸，兼承上廣長為文，亦非止言廣也。會去上五寸，而頸肩之形畢見。肩在頸下，即會去上之處。張皋文圖誤，段說更鑿。詳見後圖說。

《毛詩傳》云，芾，韠也。一命緼芾黝珩，再命赤芾黝珩，三命赤芾葱珩。鄭玄云，冕服謂之芾，其他服謂之韠。以周案，芾，總名也，故韠可謂之芾。《玉藻》一命緼韍，韍即韠，非一命可服冕韍也。《詩》朱芾斯皇，謂韋弁之韠。毛傳，芾，韠也。《說文》市，韠也，皆韠有韍稱之證。鄭注韠芾之分固是，其釋《玉藻》以赤韍為玄冕服，緼韍為爵弁，即所謂韎韐，亦是。其下引《周禮》公侯伯之卿三命，其大夫再命，其士一命，子男之卿再命，其大夫一命，其士不命，明再命以上服冕韍，一命服弁韠也。而疏家謂士一命服冕韍，固謬。謂大夫一命服冕韍，亦未是。

鄭駁《異義》云，有韎韐無韠，有韠無韎韐。以周案，許說不見。《說文》云，韠，韐也。所以蔽前，以韋為之。下廣二尺，上廣一尺，其頸五寸。一命緼韠，再命赤韠。又云，市，韠也。上古衣蔽前而已，市以象之。天子朱市，諸侯赤市，大夫葱衡。从巾，象其連帶之形。篆文韍，从韋从犮。又云，帢，士無市有帢，制如榼，缺四角。爵弁服其色韎，賤不得與裳同。司農曰，裳纁色。帢或從韋。許意三命以上稱市，再命一命稱韠。不命之士賤，

以帢代市，其制圜殺如榼，缺其四角，與韠略異。市韠帢乃尊卑之別名，非以服殊也。今以禮文考之，冕服謂之韍，爵弁、韋弁謂之韎韐，皮弁、朝服謂之韠。故鄭駁《異義》云然。鄭《禮注》云，古者先知蔽前，後知蔽後，後王易之以布帛，而獨存其蔽前也。《北堂書鈔》引《要義》云，太古之時，知蔽前，未知蔽後。至舜冕服始備，而復制之。二説亦微異。

鄭玄云，《詩》韎韐有奭，此諸侯世子也。除三年之喪，服士服而來，未遇爵命之時，時有征伐之事，天子使代卿士，將六軍而出，韐祭服之韠，其服爵弁服，紂衣纁裳。或説韎韐有奭是韋弁戎服，鄭注非。以周案，當從鄭箋。《白虎通義》云，世子未受爵命，衣士服，何謙不敢自專也。故《詩》曰，韎韐有赩，世子始行也。云士服，爵弁服也，士之命服爵弁。此為鄭箋所本。

鄭玄云，《玉藻》韠，君朱，大夫素，士爵韋，此玄端服之韠也。凡韠必象裳色，則天子諸侯玄端朱裳，大夫素裳，唯士玄裳、黄裳、雜裳也。陸佃云，朱爵弁之韠，素皮弁之韠，爵玄端之韠。以周案，爵弁為君、大夫、士之通服，何得以當君朱。金氏云，凡服雖可兼用，而必有其正。冕、弁、冠，尊卑之差等也。冕服為天子諸侯之正，皮弁、朝服為大夫之正，玄端服為士之正。故以朱韠屬之君，素韠屬之大夫，爵韠屬之士。其説較通。右韠韍。

又 賈逵、服虔説，韎韋之跗注者，袴屬于足跗也。鄭玄説，韎韋之不注：不讀如幅，注亦為屬，謂制韋如布帛之幅，而連屬以為衣而素裳。以周案，鄭説見孔、賈二疏引《雜問志》。據《司服》注引《左傳》裳亦以韎韋為之，説自兩歧。賈、服説跗注是，云袴非也。韎韋即韎韐。古戎服不廢韍，故《詩》言方叔將兵，朱芾斯皇。又云，韎韐有奭，以作六師。其後以韍不便于戰，去之。故《詩》又曰，鞙鞙佩璲，不以其長。謂去其跗注之韋也。郤至猶被古服，故師中屬目焉。《毛詩傳》云，鞙鞙，佩璲，鞙鞙，玉皃。璲，瑞也。鄭箋云，佩璲者，以瑞玉為佩，佩之鞙鞙然。以周案，鞙鞙，璲皃。《説文》無璲字，《毛詩》讀為瑞。司馬彪《續漢志》佩璲條注：引徐廣曰，今名璲為綖。綖者，古佩之璲綬也。不以其長，長即《左傳》所謂韎韋之跗注：謂留其佩之璲綬，而去其跗注之韎韋不用也。《續漢志》云，古者君臣佩玉，尊卑有度，上有韍，貴賤有殊。威儀之制，三代同之。五霸迭興，戰兵不息，佩非戰具，韍非兵旗，于是解去韍佩，留其系璲，以為章表。故《詩》曰，鞙鞙佩璲，此之謂也。司馬所云，蓋本三家詩説，實勝于毛。右佩璲、跗注。

清・江永《鄉黨圖考》卷五《冕服之韍考兼考笏舄》《左傳》衮冕黻珽。注：黻，韋韠以蔽膝也。珽，玉笏也。疏：黻、韠制同而名異。鄭《詩》箋云，芾，大古蔽膝之象也，冕服謂之芾，其他服謂之韠，以韋為之。《詩》云，赤芾在股，則芾是當服之衣，故云以蔽膝也。鄭氏《易緯・乾鑿度》注云，古者田漁而食，因衣其皮，先知蔽前，後知蔽後，後王易之以布帛而獨存，其蔽前者，重古道，而不忘本也。是説黻韠之元由也。《明堂位》云，有虞氏服韍，言舜始作韍也，尊祭服異其名耳，未必此時始存象也。凡韠皆是裳色，其黻則有文飾焉。《玉藻》曰，韠下廣二尺，上廣一尺，長三尺，其頸五寸，肩革帶博二寸，鄭云，頸五寸，亦謂廣也。頸中央，肩兩角，皆上接革帶，以繫之，肩與革帶，廣同。是説韠之制也。記傳更無韍制，皆是韠義，明其制與韠同，經傳作黻，或作韍，或作芾，音義同也。

按黻與韍不同，黻是裳上之章，以青與黑之文，繡作兩己相背之形，韍是韋，蔽膝，此衮冕黻。珽當作韍，乃與下黼黻之黻同，轉寫之誤耳。若《論語》禹致美乎黻冕。《左傳》晉侯以黻冕命士，會與冕連文，皆當為黼黻之黻。故鄭注《論語》云，黻是冕服之衣，冕其冠也，明黻是冕服之章，舉後一章，以該他章耳。邢疏既引鄭注：乃解黻為蔽膝，邢説誤，今集注亦承其誤。

《明堂位》有虞氏服韍，夏后氏山，殷火，周龍章。注：韍，冕服之韠也，舜始作之，以尊祭服。禹湯至周，增以畫文，後王彌飾也，山取其仁可仰也，火取其明也，龍取其變化也，天子備焉，諸侯火而下，卿大夫山，士韎韋而已。疏《士冠禮》士韎韐，是士無飾，推此則尊者飾多，此有四等，天子至士亦為四等，故知卿大夫加山，諸侯加火，天子加龍。

《詩》朱芾斯皇。鄭箋，芾者，天子純朱，諸侯黄朱。疏：芾從裳色，祭時服纁裳，故芾用朱赤，但芾所以明尊卑，雖同色而有差降，朱深於赤，對文，則朱赤深淺有異，散文則皆謂之朱。

又赤芾在股。箋見前。

《玉藻》一命縕韍幽衡，再命赤韍幽衡，三命赤韍葱衡。注：此玄冕爵弁服之韠，尊祭服，異其名耳。韍之亦言蔽也，縕，赤黄之間色，所謂韎也。衡，佩玉之衡也，幽讀為黝，黑謂之黝，青謂之蔥。疏：一命謂公侯伯之士，

《士冠禮》爵弁韎韐，此緼韍則當彼韎韐也。諸侯黄朱色淺，亦名赤韍，則大夫赤韍色又淺耳。

《左傳》衮冕黻珽。注：珽，玉笏也。疏：天子之笏以玉為之。《管子》云，天子服玉笏以朝日，是有玉笏之文也。《釋名》曰，笏，忽也，君有命則書其上，備忽忘也。或曰，笏可以簿疏物也。徐廣《車服儀制》曰，古者貴賤皆執笏，即今手板也。

按笏者，古人以為服飾，常插之於帶間，有事出之，無事仍插之。禮經皆言搢笏，後世謂之簿，又謂之手板，不插而執之，乃有持簿、執手板之事。又有垂紳正笏之文，皆非古制，疏中凡言執笏者，皆誤也。今作文當言垂紳搢笏，不得用垂紳正笏。

《玉藻》天子搢珽，方正於天下也。注：此亦笏也，謂之珽，珽之言珽然無所屈也。或謂之大圭，長三尺，杼上終葵首，終葵首者，於杼上又廣其首，方如椎頭，是謂無所屈，後則恒直。

又諸侯荼前詘後，直讓於天子也。注：荼讀為舒遲之荼，舒，懦者所畏在前也，詘謂圜殺其首，不為椎頭，諸侯唯天子詘焉，是以謂笏為荼。

又大夫前詘後詘，無所不讓也。注：大夫奉君命出入者也，上有天子，下有己君，又殺其下而圜。

按，珽與大圭不同。天子冕弁，諸服常搢珽，唯朝日搢大圭，故《典瑞》特言之。若大圭即珽，平時皆搢，不必於《典瑞》見之矣。《考工・玉人》言，大圭長三尺，杼上終葵首，謂圭殺，又別為椎頭，若珽則無終葵首之制，且《玉藻》下文言笏度，二尺有六寸，尊卑皆然，亦不長三尺也。笏插於帶，以上為前，下為後。詘者，曲也，非圜殺之謂珽。通身皆直荼，則上曲而下直，大夫之笏，曲其中央，則上與下皆有彎環之形，後世之笏，作曲形，正前詘後，詘之謂也。鄭誤以大圭為珽，并詘字之義，亦失之。《管子》言天子服玉笏以朝日，此玉笏為大圭。

又，笏天子以球玉，諸侯以象，大夫以魚須、音班。文竹、士竹、本象可也。注：球，美玉也，文猶飾也，大夫士飾竹以為笏，不敢與君並用純物也。疏：謂以魚須文飾其竹。前言將適公所史進象笏，則大夫亦用象。熊氏云，謂有地大夫。

又凡有指畫於君前用笏，造受命於君前，則書於笏，笏畢用也，因飾焉。

笏度二尺有六寸，其中博三寸，其殺六分而去一。笏中廣而上下殺，尊卑皆同，但所用物異耳。鄭誤以大圭杼上終葵首為天子之珽，注文不録。

《詩》赤芾金舄。複下曰舄，此冕服之舄也，金者，黄朱色。屨制詳見《天官・屨人》。

清・宋綿初《釋服》卷上《冕服之韍》

韍，韠也。韠，蔽也，所以蔽膝前也，以韋爲之。《禮・明堂位》作韍，《易》作紱。困九二，朱紱方來，利用享祀。《詩》作芾。箋云，芾，大古蔽膝之象也。冕服謂之芾，其他服謂之韠。《詩》云，赤芾在股，則芾是當股之衣，故云以蔽膝也。《易緯・乾鑿度》注：古者田漁而食，因衣其皮，先知蔽前，後知蔽後。後王易之以布帛，而獨存其蔽前者，不忘本也。《左傳》作黻。衮冕黻珽。注：黻，韋韠，以蔽膝也。《説文》作市，云，市，韠也，从巾，象其連帶之形，篆文从韋，从犮。《白虎通》義作紼。黻、紱、芾、紼，字異義同，各隨文讀之。

綿初案，先儒謂祭服謂之韍，他服謂之韠，此對文爲異耳。散則通，是以陳用之云，韍不獨祭服也。服其命服，朱芾斯皇，見於《方叔》。赤芾金舄，又歌於會東都之諸侯。

《明堂位》有虞氏服紱，夏后氏山，殷火，周龍章。注：韍，冕服之韠，舜始作之，禹湯至周，後王彌飾也，天子備焉。諸侯火而下，卿大夫山，士韎韋。疏：士無飾，卿大夫山，諸侯加火。

《玉藻》一命緼韍幽衡，再命赤韍幽衡，三命赤韍蔥衡。注：韍之言亦蔽也。緼，赤黄之間色，所謂韎也。衡，佩玉之衡也。幽，讀爲黝，黑謂之黝，青謂之蔥。疏：一命謂公侯伯之士。《毛詩傳》天子純朱，諸侯黄朱，黄朱色淺，則亦名赤韍也。大夫赤韍色又淺耳。《士冠禮》爵弁韎韐，此緼紱，當彼韎韐。故云所謂韎也。

綿初案，幽不必改字。《小雅・隰桑篇》其葉有幽。傳，幽，黑色也。《爾雅》青，謂之蔥。

《玉藻》曰，韠，君朱，大夫素。士爵韋，圜殺直，天子直，公侯前後方，大夫前方後挫角，士前後正。

鄭注：君朱，大夫素，士爵韋，此玄端之韠也。凡韠必象裳色。天子諸侯玄端朱裳，大夫素裳，惟士玄裳、黄裳、雜裳也。皮弁皆素韠。

綿初案，經文此節，言朝服之韠，所用緣飾之異，及裁縫之制度也。注

云，君朱，大夫素，此玄端服之韠，經無明文，玄端服，上下皆爵韠。《玉藻》齊則綪結佩而爵韠，不獨士也，何有君朱、大夫素之别，古人服必有飾，謂緣邊爲飾也。《雜記》謂之紕，注云，旁緣曰紕，此經，君朱，大夫素，士爵韋，是韠之紕也。君韠以朱緣，大夫以素緣，士以爵韋緣。《雜記》以爵韋爲紕，正是《士禮》、《玉藻》韠不言紕者，蓋上下文言大帶裨綷之類，故省文爾。注以爲韠身，謂之朱韠、素韠、爵韠，誤也。

鄭注：圜殺直目，韠制天子四角直，無圜殺。公侯殺四角，使之方，變於天子也。所殺者，去上下各五寸，大夫前方後挫，角圜其上角，變於君也。韠以下爲前，以上爲後，士前後正，士賤，與君同，不嫌也。正直方之間語也。

草廬吴氏云，韠制長三尺，上廣一尺，下廣二尺。天子自上之左右角廣一尺處，斜裁至下之左右角，廣二尺處，盡其所裁，一直而無所屈，故曰直。諸侯自上之左右角，正裁而下，至五寸止處，亦廣一尺，自下之左右角正裁而上，至五寸止，止處亦廣二尺，又自上五寸之下，廣一尺處，斜裁至下五寸之上，廣二尺處止，上下各有五寸，皆不斜裁，故方。大夫自下之左右角，正裁而上，至五寸止，止處廣二尺，就此廣處，左右皆斜裁之，至上左右角，廣一尺處，盡其上端之左右，及左右之兩邊，各剡一寸，去其兩角，其下端裁方，與諸侯同，上端不裁方，但剡其兩角而已。故圜士之，下端左右角，亦裁方，上至五寸而止，止處廣二尺，亦就止處，斜裁至上端廣一尺處，盡如大夫，但不剡圜二角，蓋後直而前方，故曰前後正。

《玉藻》韠下廣二尺，上廣一尺，長三尺，其頸五寸，肩革帶博二寸。

鄭注：頸五寸，亦謂廣也，頸中央，肩兩角，皆上接革帶，以繫之，肩與革帶，廣同，凡佩繫於革帶。

綿初案，此節乃是論韠之正身廣長之度，及頸肩革帶之制也。故又言韠以起之。注云，頸五寸，亦謂廣也。今案韠下廣二尺，上廣一尺，言韠身之廣也，先下後上者，韠以下爲前，以上爲後也。長三尺，言韠身之長也。其頸五寸，其字承上之辭，其頸五寸，因長爲文，言韠長三尺，其頸長五寸也。下云肩革帶博二寸，變文言博，則其頸因長爲文，可知中紐謂之頸兩旁，紐謂之肩，皆平繫於革帶，頸長五寸，則肩亦長五寸矣，不言肩長，以頸明之也。肩博二寸，則頸亦博二寸，不言頸博，以肩明之也。頸肩繫於革帶，故並及革帶，而言博二寸焉，古人之文，縝密如此，後人昧之久矣。

又案，冕服謂之韍，他服謂之韠，前文詳矣。古者貴賤，皆有此服，通謂之蔽厀，或謂之襜，又謂之大巾，婦人亦有之。《爾雅》衣蔽前謂之襜。《釋文》襜，方言作䄡，同昌占反。《小雅・采緑篇》不盈一襜。《毛傳》與《爾雅》同，《正義》引李巡云，衣蔽前，衣蔽膝也。《方言》蔽厀，江淮之間謂之褘，或謂之袚，魏宋南楚之間謂之大巾，自關東西謂之蔽厀，齊魯之郊謂之衻。《釋名》韠，蔽膝也，婦人蔽膝亦如之。齊人謂之巨巾，田家婦女出至田野，以覆其頭，故因以爲名也。又曰跪襜，跪時襜襜然，張也。

清・張惠言《冕弁冠服圖・韠韍》

《玉藻》曰，韠，君朱，大夫素，士爵韋。圜殺直。天子直，公侯前後方，大夫前方後挫角，士前後正。韠下廣二尺，上廣一尺，長三尺，其頸五寸，肩革帶博二寸。注：此玄端服之韠也。凡韠，以韋爲之，必象裳色。此不然，《禮箋》正之。則天子諸侯玄端朱裳，大夫素裳，唯士玄裳、黄裳、雜裳也。皮弁服，皆素韠，圜殺直目。韠制，天子直四角，直無圜殺。公侯前後方，殺四角，使之方。變于天子也。所殺者，去上下各五寸。大夫前方後挫角，圜其上角。變于君也。韠以下爲前，以上爲後，士前後正，士賤，與君同，不嫌也。正直方之間語也。天子之士則直，諸侯之士則方，頸五寸，亦謂廣也。頸中央肩兩角，皆上接革帶，以繫之。肩與革帶廣同，凡佩繫于革帶。疏云，去上下各五寸者，即《雜記》云，韠會去上五寸，紕以爵韋，不至下五寸也，唯去上畔，下畔而云殺四角，使之方者，蓋四角之處别異之，使殊于餘邊也。《雜記》曰，韠長三尺，下廣二尺，上廣一尺，會去上五寸，紕以爵韋六寸，不至下五寸，純以素，紃以五采。注：會謂領上縫也。頸下曰領。領之所用，蓋與紕同，在旁曰紕，在下曰純，素生帛也。亦宜用韋，生帛恐非。紕六寸者，中執之表裏各三寸也。古者紕飾，表裏如一，故深衣緣廣寸半，注云，表裏共三寸矣。純紕所不至者五寸，與會去上同。會去上之上，謂韠中，朱之。上畔非上廣一尺之上。紃施諸縫中，若今時條也。

如《玉藻》疏説，則《雜記》爲諸侯韠制也。然韠之上領、下純、旁紕，宜爲通制。疏以爲，上下所殺之五寸非也，若其言四角之處别異之，則當然。蓋若前後殺而方，則上下同廣，非韠制矣。以此言之，挫角者，亦當角處，别異之，其别異，唯在領與純，故注云，所殺者去上下各五寸也。此紕

用爵，純用素，蓋指人君朱韠而言，其素韠、爵韠，紕、純所用，案《冠禮》朝服素韠。《特牲》記云，朝服玄冠、緇帶、緇韠，既同是朝服，不應于韠有殊，據緇帶者，實練帶紕之以緇，謂之緇帶，則緇韠蓋素韠而純以緇也。由是差之，大夫素韠，紕以緇，純以爵。士爵韠，紕純，皆以緇歟。

圖表

宋・陳祥道《禮書》卷二三《禮書圖》

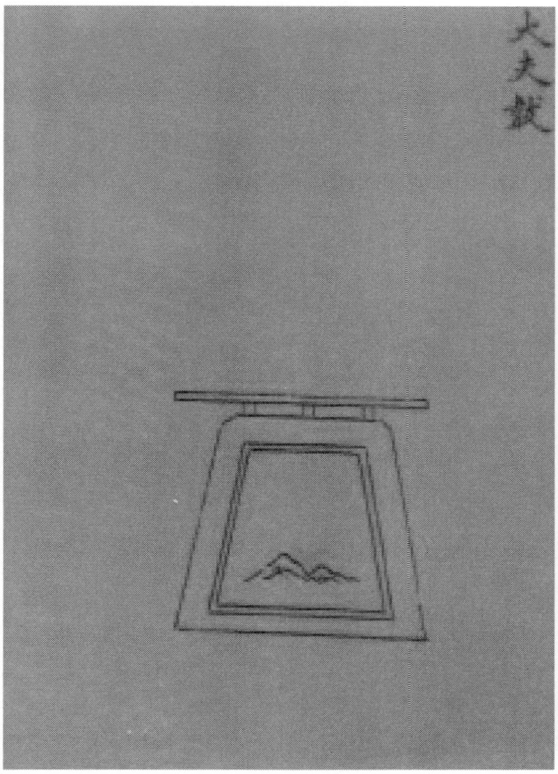

士靺韐

素韠

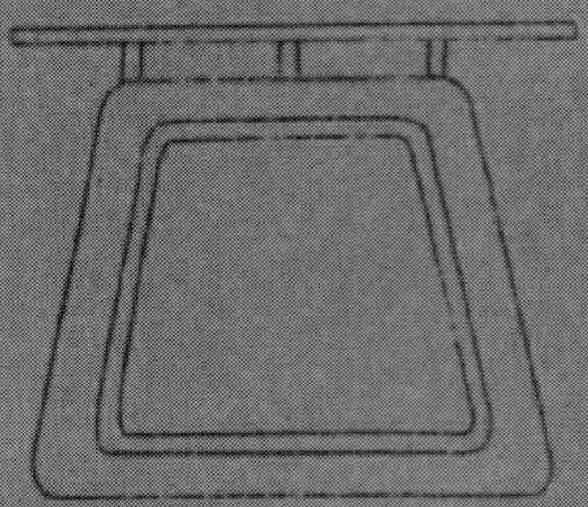

爵韠

邪幅 朱色

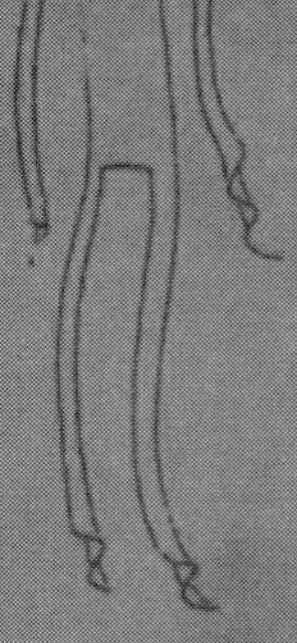

履類

綜　述

宋・陳祥道《禮書》卷一五《王冕服赤舄黑絇繶純　**皮弁服白舄**青絇繶純　**冠弁服黑舄**赤絇繶純　**后褘衣玄舄**黃絇繶純　**揄狄青舄**白絇繶純　**闕狄赤舄**黑絇繶純　**鞠衣黃屨**白絇繶純　**展衣白屨**黑絇繶純　**褖衣黑屨**青絇繶純**》**　《周禮》屨人掌王及后之服屨。為赤舄、黑舄，赤繶、黃繶，青句，素屨，葛屨。辨外内命夫、命婦之命屨、功屨、散屨。凡四時之祭祀，以宜服之。《士冠禮》屨，夏用葛。玄端黑屨，青絇繶純，純博寸。素積白屨，以魁柎之，緇絇繶純，純博寸。爵弁纁屨，黑絇繶純，純博寸。冬，皮屨可也。不屨繐屨。《士喪禮》夏葛屨，冬皮屨，皆緇絇繶純，組綦結于踵。綦，屨係也，所以拘止屨也。《詩》云，玄衮赤舄，又曰赤芾金舄，又曰赤舄几几。《檀弓》曰，有子絲屨。《春秋傳》曰，楚子豹舄。《莊子》曰，履方屨者，知地形。《漢書》曰，孝文革舄。《東方朔傳》。鄭氏釋《周禮》謂，複下曰舄，禪下曰屨。凡屨舄各象其裳之色。舄有三等，赤舄為上。冕服之舄，下有白舄、黑舄。后惟祭服有舄。褘衣之舄，下有青舄、赤舄。鞠衣以下，皆屨耳。絇繶純者同色，今云赤繶黃繶青絇雜玄，言之，明舄屨衆多，反覆以見之，凡舄之飾，如績之次。赤繶者，王黑舄之飾，黃繶者，王后玄舄之飾，青絇者，王白舄之飾。言繶必有絇純，言絇亦有繶純。三者，相將王及后之赤舄，皆黑飾，后之青舄皆白飾，凡屨之飾如繡次也，黃屨白飾，白屨黑飾，黑屨青飾。古者，衣象裘色，韠象裳色。而《士冠禮》三屨皆象其裳之色，則王及后之舄屨，各象其裳之色，可知也。玄黃青白赤黑，對方者為績次，青赤、赤白、白黑、黑青，比方者為繡次，而《冠禮》黑屨青絇繶純，白屨緇絇繶純，皆比方之色。特爵弁纁屨黑絇繶純，絇，拘也，以為行戒，狀如刀衣，鼻在屨頭，繶縫中紃也，純即緣也。蓋尊祭服之屨，故飾從對方之色。爵弁，韍不曰韠，而曰韎韐，衣不以布，而以純，蓋皆尊祭服之故也。則凡舄之飾如績次，屨之飾如繡次，可知也。絇青緇黑而繶純如之，則繶從絇色可知也。由是推之，王之吉服九，而舄三。赤舄配冕服而黑絇繶純。白舄配皮弁服而青絇繶純。黑舄配冠弁服而赤絇繶純。后之吉服六，而舄屨各三。玄舄配褘衣而黃絇繶純。青舄配揄狄而白絇繶純。赤舄配闕狄而黑絇繶純。黃屨配鞠衣而白絇繶純。白屨配展衣而黑絇繶純。黑屨配褖衣而青絇繶純。《司服》言，舄止於赤黑，言繶止於赤黃，言句止於青，有素屨而無飾。屨有葛屨，而無皮屨。鄭氏謂雜玄反覆以見之，理固然也。觀《弁師》於王，言冕之表裏延紐，而不及玉瑱，言繅而不言斿，於諸侯，言玉瑱而不及冕之表裏延紐，言繅斿而不及玉數，言繅斿皆就而不及采數。

又卷一六《絇》　《屨人》作句。《士冠》、《士喪禮》作絇，《説文》曰，纑，布縷也，纑繩，絇也。鄭釋《屨人》曰，絇謂之拘，狀如刀衣，鼻著屨舄之頭，以為行戒釋。《士喪禮》曰，綦結于跗，連絇者，絇在屨頭，以餘組連之，止足折也。賈公彦曰，絇謂屨頭，以絛為鼻，或謂用繒一寸，屈之為絇，絇所以受繫穿貫者也。蓋絇以絲為之，所以自拘戒，猶幅所以自福束也。童子不絇，未能戒也。喪屨無絇，去飾也。鄭氏曰，小功以下吉屨無絇。人臣去國，鞮屨不絇，以喪禮處之也。

又《純》　《儀禮》曰，純博寸。鄭康成曰，純，緣也。《正義》曰，純以為口緣。

又《綦》　《儀禮》組綦，繫于踵。又曰，綦結于跗，連絇。《内則》曰，屨著綦。莊周曰，正緳繫履。鄭氏曰，綦，屨繫也，所以絇止屨也。綦讀如馬絆綦之綦，蓋綦屬于跟後，以兩端嚮前而結之。特死者連絇，止足折也。

又《鞮屨》　鞮屨，以革為之。《周禮》有鞮屨氏。《曲禮》曰，鞮屨素簚。鄭氏曰，鞮屨，無絇之菲也。

又《韈》　《左傳》曰，韈而登席。則屨有韈矣。《史》曰，張釋之為王生結韈。《傳》曰，文王左右，無結韈之士。則韈有繫矣。梁天監間《尚書》叅議按禮跣韈，事由燕坐，今極恭之，所莫不皆跣，清廟崇嚴，既絶常禮，凡有禮行者，應皆跣韈，蓋方是時有不跣韈者，故議者及之。

清・黃以周《禮書通故》卷三《衣服通故二》　鄭玄云，屨人掌王后之服屨，屨必連言服者，著服各有屨也。複下曰舄，禪下曰屨。舄屨有絇有

繶有純者，飾也。鄭司農云，赤繶黃繶，以赤黃之絲為下緣。玄謂，凡屨舃皆象其裳之色。王吉服有九，舃有三等。赤舃為上冕服之舃，下有白舃、黑舃。王后吉服六，惟祭服有舃，玄舃為上禕衣之舃也，下有青舃、赤舃，鞠衣以下皆屨耳。絇繶純同色，今云赤繶黃繶青絇，雜互言之，明舃屨衆多，反復以見之。凡舃之飾如繢之次，赤繶者王黑舃之飾，黃繶者王后玄舃之飾，青絇者王白舃之飾。言繶必有絇純，言絇亦有繶純，三者相將。王及后之赤舃皆黑飾，后之青舃白飾。凡屨之飾如繡次，黃屨白飾，白屨黑飾，黑屨青飾。絇謂之拘，著舃屨頭，以為行戒。繶，縫中紃。純，緣也。天子諸侯吉事皆舃，其餘惟服冕衣翟著舃耳。士爵弁纁屨黑絇繶純，尊祭服之屨，飾從繢也。賈公彥云，白舃配韋弁皮弁，黑舃配冠弁服。冕服有六，其裳同，故以一舃配之。后翟三等，連衣裳而色各異，故三翟三等之舃配之。玄舃配禕衣，則青舃配揺翟，赤舃配闕翟可知。或云，如注疏言，屨人職文太不完，不如順文次之，王赤舃赤繶，后黑舃黃繶，其絇皆青。以周案，冠弁素裳素韠，宜用白舃，與韋弁皮弁同。凡曰弁，皆白舃。天子舃有三等，赤舃以配冕，白舃以配弁，黑舃以配冠，大夫以下則用屨。天子爵弁纁裳白舃，韋弁韎裳白舃，諸侯玄端朱裳，大夫玄端素裳，士玄端玄裳、黃裳、雜裳，而一用黑屨。鄭注謂屨象裳色，亦不可泥。絇繶純皆一色。凡舃用繢次，赤黑、白青、玄黃之對方，凡屨用繡次，黃白、白黑、黑青之比方。此無見文，亦注疏家以意言之，與爵弁纁屨用黑絇繶純例有不合。尊祭服之說，亦未敢信。

皇侃、孔穎達云，綦，屨繫也。屨頭施繫，以為行戒。或著屨之時，屨上自有繫，以結于足也。故鄭注《士冠禮》青絇云，絇之言拘也。賈公彥云，繶在牙底相接之縫中，絇在屨鼻，純為緣口，皆以條為之。綦當屬于跟後，以兩端向前，與絇相連，于踵足之上合結之。以周案，《士喪禮》云，綦結于跗連絇，則綦與絇別，賈疏為長。右屨。

清・林昌彝《三禮通釋》卷二四《染五色間色》《周禮・春官》染人掌染絲帛。凡染，春暴練，夏纁玄，秋染夏，冬獻功。注：暴練，練其素而暴之。鄭司農云，纁謂絳也，夏，大也，秋乃大染玄。謂纁玄者，天地之色，以為祭服。石染當及盛暑熱潤，始湛研之，三月而後可用。《考工記》鍾氏則染纁，術也。染玄則史傳缺矣。染夏者染五色。謂之夏者，其色以夏翟為飾。《禹貢》曰羽畎夏翟，是其總名。其類有六，曰翬曰揺曰鸐曰甾曰希曰蹲。其毛羽五色，皆備成章。染者擬以為淺深之度，是以放而取名焉。《冬官・考工記》東方謂之青，南方謂之赤，西方謂之白，北方謂之黑，天謂之玄，地謂之黃。青與白相次也，赤與黑相次也，玄與黃相次也。注：此言畫繢六色所象及布采之弟次以為衣。鍾氏染羽以朱湛丹秫，三月而熾之，注：鄭司農云，湛，漬也。丹秫，赤粟。玄謂湛，讀如漸車帷裳之漸。熾，炊也。淳而漬之。注：淳，沃也，以炊下湯沃其熾，烝之以漬羽。漬猶染也。三入為纁，五入為緅，七入為緇。注：染纁者三入而成，又再染以黑為緅。緅，今禮俗文作爵，言如爵頭色也。又復再染以黑，乃成緇。《爾雅》一染謂之縓，再染謂之䞓，《考工記》先鄭引經作竀，唐石經釋文作赬。按赬䞓正字，竀假借字。《說文》䞓，赤色。杜注《哀十七年傳》如魚竀尾云，竀，赤色，魚勞則尾赤。此用假借字。三染謂之纁。《爾雅》之義與《考工記》同，《考工記》無四入六入之文，鄭君約之以朱為四入，玄為六入。見《士冠禮》注。其說是也。

又卷三五《絇》《屨人》作句。《士冠》、《士喪禮》作絇。《說文》曰，纑，布縷也，纑，繩絇也。鄭釋《屨人》曰，絇，謂之拘，狀如刀衣，鼻著屨舃之頭，以爲行戒。釋《士喪禮》曰，綦結于跗，連絇者，絇在屨頭，以餘組連之，止足折也。賈公彥曰，絇，謂屨頭，以絛爲鼻，或謂用繒一寸屈之爲絇。絇所以受繫穿貫者也。葢絇以絲爲之，所以自拘戒，猶幅所以自偪束也。童子不絇，未能戒也。喪屨無絇，去飾也。鄭氏曰，小功以下吉屨無絇。人臣去國，鞮屨不絇，以喪禮處之也。

又《純》《儀禮》曰，純博寸。鄭康成曰，純，緣也。《正義》曰，純以爲口緣。《爾雅》緣，謂之純。郭注：衣緣飾也。案緣者，《說文》云，衣純也，純者《曲禮》注：純，緣也。《玉藻》注：緣，飾邊也。按飾邊者，《深衣》云，純，袂緣。純邊廣各寸半。鄭注：純，謂緣之也。緣，緆也，緣邊，衣裳之側，廣各寸半。《釋文》引鄭注：《既夕禮》云，飾衣領、袂口，曰純。裳邊，側曰綼，下曰緆也。是則衣裳皆有純，但言衣純，足以包之。又冠屨亦有純，《玉藻》云，縞冠素紕。鄭注：紕，緣邊也。《士冠禮》云，黑屨，青絇繶純。鄭注：純，緣也。是則冠屨之緣，亦皆曰純。《爾雅》所言，止謂衣純耳。

又《綦》《儀禮》組綦，繫于踵。又曰，綦結于跗，連絇。《内則》曰，屨著綦。《莊周》曰，正緳繫屨。鄭氏曰，綦，屨繫也。所以拘止屨也。綦讀如馬絆綦之綦，葢綦屬于跟後，以兩端鄉前而結之。特死者連絇，止足

折也。

又卷三五《童子屨白屨無絇》《玉藻》童子，緇布衣，錦緣，錦紳，并紐，錦束髮，皆朱錦也。肆束及帶，勤者有事則收之，走則擁之。童子不裘，不帛，不屨絇，無緦服，聽事不麻。見先生從人而入。然則童子緇布衣錦緣，此《冠禮》所謂采衣也，不裘，爲其消陰氣也，不衣裳，爲其未預事也，不屨絇，未拘之以行戒也，無緦服，聽事不麻絰，未責之以盡恩也。

又《鞮屨》《曲禮》鞮屨，素簚。注：簚，覆笭也。簚，或爲幕。鄭氏云，鞮屨，無絇之菲也。按《曾子問》不杖不菲，注：菲，草屨。孔穎達《正義》鞮屨，謂無絇飾屨也。屨以絇爲飾，凶故無絇也。《士冠禮》云玄冠黑屨，青絇博寸。鄭云，絇之言拘也。以爲行戒，狀如刀衣，鼻在屨頭，故解者云，古絇，以物繫之，爲行戒，故用繒一寸屈之爲絇。絇，爲拘，著屨頭，以容受繫穿毌也，其屈之形，似漢時刀衣鼻也。其色或青，或黑，不同。而《冠禮》屨夏用葛，冬用皮，又各隨裳色，今素裳，則屨白色也。按《周禮》屨人，屨舃皆有絇、繶、純。按鞮屨，無絇繶之文，故知是無絇之菲也。按孔説，是也。《周禮·春官》有鞮鞻氏，按《説文》作鞮𩍗。鄭康成云，鞻讀如屨也，鞮屨，四夷舞者所扉者。阮氏《周禮校勘記》云，余本嘉靖本，閩、監、毛本同，此本扉作扉，與《漢制考》所引同誤也。今訂正。《文選·魏都賦》注：引此無所字，按《釋文》出所扉二字，則無所作扉者，皆非《説文》扉履也，所扉猶云所履也，按無所字者，自是古本。今時倡蹋鼓，沓行者自有扉。賈公彦云，漢時倡優作樂，蹋地之人並擊鼓，沓沓作聲者，行自有扉屨，四夷舞者，亦自有扉，與中國者不同也。按《説文》革部，鞮，革履也。《周禮釋文》云，許慎曰，鞮，屨也。吕忱曰，鞮，革屨也。與今本《説文》異，徐堅、玄應引，與今本同。胡人履連脛，謂之絡鞮。按胡人至絡鞮九字，據段氏《説文》增。許謂，絡鞮者，鞾也，與鞮屨别，故曰胡人履連脛者。《釋名》云，鞾本胡服，趙靈武所服也。按鞮屨以革爲之，許所謂革履也。《説文》厺部，𧻓𩍗，四夷之舞各自有曲。段氏云，曲當作屨聲之誤也。按《説文》革部之鞮，乃是常用之屨，厺部之𧻓𩍗，乃是四夷舞之屨，四夷之舞，各自有屨。是許説與鄭氏同。段氏云，許意當亦𩍗讀爲屨。

清·宋綿初《釋服》卷上《冕服之舃》《周官》屨人注：複下曰舃，單下曰屨。下謂底，複，重底。《釋名》複下曰舃，舃，腊也，行禮久立地，或泥溼，故複其下，使乾腊也。天子、諸侯，吉事皆舃，赤舃爲上。《詩傳》赤舃，人君之盛屨也。《周禮》屨人掌王及后之服屨，爲赤舃、黑舃、赤繶、黄繶、青句。句，讀爲絇。注：絇謂之拘，著舃屨頭，以爲行戒。繶，縫中紃也。鄭司農云，赤繶、黄繶，以赤黄之絲，爲下緣也。疏云，繶是牙底相接之縫，綴絛於其中。絇謂屨頭，以絛爲鼻也。諸侯冕服亦赤舃，又謂之金舃。《詩》曰，玄衮赤舃，又曰，赤芾金舃。箋，金舃，黄朱色也。大夫唯服冕著舃。疏謂加金爲飾，非是。

綿初案，注：王吉服有九，舃有三等，赤舃爲上，冕服之舃，下有白舃、黑舃。疏：白舃配韋弁、皮弁。黑舃配冠弁服。愚謂屨人但言赤舃、黑舃，不言白舃。又謂，凡屨舃象其裳之色，然《司服》注：韋弁以韎韋，爲弁又以爲衣裳，則是赤色，今云以白舃配之，燕《禮記》燕，朝服，注謂冠玄端、緇帶、素鞸、白屨也，冠弁服即此今云以黑屨配之，未聞其審。

又卷下《屨》屨者，履之大名也。《説文》履，足所依也。《釋名》履，禮也，飾足所以爲禮也。亦曰屨，屨，拘也，所以拘足也。凡屨之飾，有繶、有純、有絇。

《士冠禮》屨，夏用葛，玄端、黑屨、青絇、繶、純，純博寸，素積白屨，以魁柎之。緇絇繶純，純博寸，爵弁，纁履，黑絇繶純，純博寸。冬，皮屨可也。注：屨者順裳色，玄端黑屨，以玄裳爲正也。絇之言拘也，以爲行戒，狀如刀衣，鼻在屨頭。繶，縫中紃也，純，緣也，三者皆青，博，廣也。疏：狀如刀衣，鼻者，今之屨頭，見有下鼻，似刀衣鼻，故以爲況也。繶謂牙底相接之縫中，有絛紃也，純緣，謂繞口緣邊也。魁蜃蛤，柎注也。爵弁屨，以黑爲飾。疏：魁即蜃蛤，云柎注者，以蛤灰塗注於上，使色白也。

古人服制，衣與冠同色，欲其上體稱也。屨與裳同色，欲其下體稱也。帶亦象衣，韠韍亦象裳，屨之飾，或比方之色爲次，或對方之色爲次，其詳未聞。

《周禮·屨人》掌王及后之服屨，爲赤舃、黑舃、赤繶、黄繶、青屨、素屨、葛屨，辨内外命夫命婦之命屨、功屨、散屨，凡四時之祭祀，以宜服之。《士喪禮》夏葛屨，冬皮屨，皆緇繶純。禮家説繶，謂以采絲礫其下。素屨非純吉，有凶去飾者。言葛屨，明有用皮時。命夫之命屨、纁屨，命婦之命屨、黄屨、功屨，次命屨、散屨、亦謂去飾。凡屨舄謂之綦，《内則》屨著綦。注：綦，屨繫也。以宜服之者，隨其時與事之宜，而服之，若夏則葛履，冬則皮

屨，此隨時之宜。若吉祭用赤舄、黑舄、命屨，喪祭有素髮散屨，此隨事之宜。凡屨之名類不一，《僖四年左傳》供其資糧屝屨。疏：引《方言》絲作者謂之履，麻作者謂之屝。杜注：屝，草屨也。《説文》鞮，鞮屬也。躧，舞履也。《孟子》猶棄敝蹝。趙注：蹝，草履可蹝者也。字又作屣，竝字異而義同。《急就篇》注：鞮，薄革小履也。《周官・鞮鞻氏》注：鞻讀如屨鞮，屨四夷舞者，所屝也。《曲禮》注：鞮屨，無絇之屝也。

清・林頤山《經述・釋屨履》 經注屨、履二字，易於互□，讀者難之，今爲訂定一二，以便隅反。《周禮》屨人掌王及后之服屨，爲赤舄、黑舄，赤繶、黄繶，青句，素屨，葛屨。注：複下曰舄，禪下曰屨，古人言屨，以通於複，今世言屨，以通於禪，俗易語反與。謹案《北堂書鈔》一百三十六《三禮圖》曰，複底曰舄，單底曰履。《隋・禮儀志七》履舄圖云，複下曰舄，單下曰履。據《後漢・明紀》注《三禮圖》曰，屨，複下曰舄，則知《書鈔》、《隋志》引《三禮圖》履皆是屨之誤。《漢・鮑宣傳》衣敝履空。服虔注：履猶屨也。《漢書》履爲通語，猶《周禮》屨爲通語，即知此注：今世言屨，以通於禪屨，又是履之誤。注謂，古人言禪下者爲屨，而複下者亦得通稱爲屨，今世言複下者履，而禪下者亦得通稱爲履，則義始可通矣。《方言》四，屨，履也。自關而西謂之屨，中有木者謂之複舄，自關而東謂之複履，履其通語也。漢時關西尚存古語，禪下爲屨，複下爲舄，關東則變複舄爲複履，而覆又爲禪下之通語。注云，今世言履以通於禪者，據後漢都雒陽，在函谷關東之方言也。《漢・王莽傳》莽受緑韍、衮冕、衣裳、句履。孟康注：今齊祀履舄，頭飾出履三寸。《後漢・王喬傳》得一隻舄，詔上方診視，則所賜尚書官屬覆。《續漢・輿服志》下顯宗初服旒冕、衣裳文章、赤舄絇屨，屨當依下文作履。又云公卿臣下赤舄絇履，凡冠衣諸服，赤舄絇履。崔豹《古今注・輿服》舄以木置履下，履者，屨之不帶也。是漢世言複舄爲履之證，其言履通於禪者，則兩漢言履，猶《周禮》言屨。班、范書，疊見不止，《鮑宣傳》一證矣。

清・雷鐏《古經服緯》卷上 凡冕服皆韍舄，天子朱韍，畫山火龍，餘皆赤韍，諸侯山火，大夫山。舄，則天子純朱，諸侯金舄。弁服冠服，韠無章，君舄臣屨。爵弁純衣，纁裳纁屨，曰玄服，韎弁韎衣，韎裳鞮屨，曰均服是二者，皆韎韐，爵弁者，一曰緼韍爵弁，紂衣者，如玄冠朝服，皆緇衣素裳。皮弁素積者，皆素衣素履，玄端服，亦玄冠緇衣，君朱裳朱韠，大夫素裳素韠，士玄裳爵韠，諸侯之中士黄裳，下士雜裳，皆爵韠。私臣庶人緇韠，凡衣與冠同色，韠履與裳同色，上服皆用純，戎服用韋，朝服以下，皆用布。

此二節，述冕服韍舄之等，及弁服冠服之衣裳韠履也，韍一作芾，《詩・采菽》曰，赤芾在股，箋云，芾太古蔽膝之象也。冕服謂之芾，其他服謂之韠，以韋爲之。疏引鄭君易緯注云，古者佃漁而食，因衣其皮，先知蔽前，後知蔽後，後王易之以布帛，而猶存其蔽前者，重古道不忘本。據此，是蔽膝之制，兆於上古，舜作章服，始定其制，名爲韍耳。故《明堂位》曰，有虞氏服韍，夏后氏山，殷火，周龍章。鄭注云，韍，冕服之韠也，舜始作之，以尊祭服，禹湯至周，增以畫文，後王彌飾也。山取其仁，可仰也，火取其明也，龍取其變化也，天子備焉，諸侯火而下，卿大夫山，士韎韋而已。《禮・玉藻》曰，韠，君朱，《詩・候人》曰，三百赤芾，故鄭氏《禮》注：及《五經要義》，謂君朱臣赤。舄者，冕服之履也，《周官・屨人》注云，複下曰舄，單下曰屨。《方言》曰，履中有木者，謂之複舄。《古今注》曰，舄以木置履下，乾腊不畏泥溺，此舄之義也。赤舄見《周禮》，金舄見《詩・車攻》，箋云，金舄，黄朱色也，賈氏禮疏：謂《詩》之金舄，即《禮》之赤舄，蓋金之純者，色亦赤，所謂七青、八黄、九紫、十赤也，故《豳風》及《韓奕》之詩，皆云赤舄，可知人君皆赤舄矣，《屨人》注云，凡舄之飾，如繢之次，凡屨之飾，如繡次也，一命以下之士，雖爵弁，其屨亦用繢次，所以尊祭服也。故首有覆板，衣亦用純，其餘則冕者皆舄，惟臣之冠弁者，皆著屨也。爵弁至緼韍，此述爵弁韎弁二服也。《士冠禮》曰，爵弁，服纁裳純衣，緇帶韎韐。又曰爵弁纁裳，纁屨，黑絇繶純。《小戴禮・雜記》，謂釁廟之禮，爵弁純衣，《大戴記》，謂釁廟遷廟之禮，君臣皆玄服，可知爵弁純衣者，一名玄服矣。《司服》曰，凡兵事韋弁服，注云，韎弁，以韎韋爲弁，又以爲衣裳。疏云，韎是舊染，謂赤色也。《戰國策》曰，甲盾鞮鍪，《説文》曰，鞮革屨也，今按鞮字，古通瓶，瓶是革屨，鞮从緹，省，乃革屨之赤色者。《成十六年左傳》曰，韎韋之跗，注君子也，郤氏連綺韤竝用韎韋，則在軍之屨，亦用赤革可知，上下無殊色，故曰均服。《僖五年左傳》曰，均服振振，《襄二十五年傳》曰，戎服將事，此之謂矣。知戎服亦韎韐者。《詩》云，韎韐有奭，以作六師。《管子》曰，輕罪入蘭，盾合韐二戟，蓋戎服之衣裳，皆用韋，其甲、皆用革，又以合韐

當心，以合韋當帶下也。《士冠禮》注云，合韋爲之，染以茅蒐，謂之韎韐，不得謂戎服獨無韠也。董巴《輿服志》云，五霸迭興，戰兵不息，韍非兵飾。于是去韍，此乃東周以後之事。鄭箋以《詩》之韎韐，爲世子之服，未足取審。獨爵弁之韎韐，又名緼韍者，所以尊祭服也。故《玉藻》曰，一命緼韍。惟爵弁紂衣者，如玄冠朝服，皆緼衣素裳，此明爵弁有二服，一即上所述之吉服，一則天子哭諸侯之服。即《檀弓》云，天子之哭諸侯也，爵弁緼紂衣者，是已。《士冠禮》疏曰，古緇紂二字並行，據此，是紂衣即緇衣，用玄冠之朝服，而易其冠耳。因弁有環，絰麻不加於采，故用布衣素裳，與哭禮相稱也。惟其有二服，故《雜記》載，公之襲衣，獨爵弁有二稱。鄭注每誤紂爲純。故賈疏：有據帛爲色之説，非是。鄭不知爵弁，一名韋弁，而反謂韋弁服，有韎布爲衣，而素裳者，此則《聘禮》注之誤。説又謂田獵者，玄冠朝服，此則《司服》注之誤説也。凡侯國之朝服，皆玄冠緇衣、素裳、素履。《士冠禮》曰，主人，玄冠、朝服、緇帶、染韐。又曰，素積白屨，以魁柎之，緇約繶純。注云，朝服者，十五升布衣而素裳也。又《司服》注云，委貌，其服緇布衣，亦積素以爲裳，諸侯以爲視朝之服，此即玄冠朝服之證矣。皮弁至緇韠，此述皮弁服，及玄端服也。《士冠禮》曰，皮弁服，素積、緇帶、素韠。注云，積，猶辟也，以素爲裳，辟蹙其要間，皮弁之衣，用布亦十五升，其色象焉。禮又曰，素積白屨，蓋凡皮弁，皆素衣、素裳、素韠。凡素裳者，皆白屨也，君舄臣屨，帶則各依其等，惟士禮用緇帶也。又《士冠禮》曰，玄端、玄裳、黄裳、雜裳、可也，緇帶、爵韠。又曰，玄端，黑屨，青約繶純。注云，玄端，即朝服之衣，易其裳耳。上士玄裳，中士黄裳，下士雜裳。雜裳者，前玄後黄，皆爵韋爲韠。屨者，順裳色，玄端，黑屨，以玄裳爲正也。《玉藻》曰，韠，君朱，大夫素，士爵韋。鄭注云，此玄端服之韠也，凡韠以韋爲之，必象裳色，則天子、諸侯，玄端朱裳，大夫素裳，唯士，玄裳、黄裳、雜裳也。私臣庶人、緇韠者，此即上所言之袗玄也。《士冠禮》曰，兄弟畢袗玄，《士昏禮》曰，從者畢玄端。又曰，女從者，畢袗玄。鄭注云，畢、猶盡也，袗、同也，玄者、玄衣、玄裳也，緇帶韠，不爵韠者，降於主人也。古文，袗爲均也，從者，有司也，女從者，姪娣也，袗、同也，同玄者，上下皆玄。又《玉藻》曰，紳長制，士三尺，有司二尺五寸。鄭注云，有司，府史之屬也，儀禮賈疏：以從者，爲士之僕隸。據此，是凡私臣庶人，皆得袗玄矣，但易其韠以緇耳。以此類推，緇韠者，亦當緇布冠，蓋玄冠、緇布冠，皆有二服，其緇衣而素裳者，爲朝服，緇衣而朱韠爵韠者，爲玄端服，緇撮而端衣者，爲庶人之禮服。自諸侯以下，始冠皆用之，在庶人，即袗玄也，緇撮而深衣者，爲庶人之褌服。自諸侯以下，燕居皆用之，所謂朝玄端，夕深衣也。鄭注：以袗爲同，是從古文均玄之義，其實袗之本義，應訓爲襌，即袗絺綌之袗。故《服緯》云，袗玄者，以玄端之襌衣被之也，因庶人不得朝衣朝冠，故易以緇撮緇韠，嘉其行禮而進之，故又被以玄端之襌衣也。《禮》注同玄之説，未確。古制，婦人之衣如袍，制不分上下，安得謂上下皆玄乎。凡衣與冠同色，韠履與裳同色者，此古制服色之大凡，使各從其類也。凡禮文不具者，皆可以此求之，天色爲玄，而位於北，故爵與緇同類，地色爲黄，而位於南，故纁與朱同類。《周官・屨人》疏：謂韎韋之衣裳，亦白屨，此實誤耳。上服皆用帛，戎服用韋，已詳見上。朝服以下，皆用布者，朝服，即皮弁服、玄冠服也。《玉藻》曰，天子皮弁，以日視朝，諸侯朝服，以日視朝。注云，朝服冠，玄端素裳也。蓋自皮弁以下，若玄冠，若緇布冠，其服皆十五升之布爲之也。

清・黄世發《羣經冠服圖考》卷三 雜服第三。

複下曰舄，襌下曰屨。

《周禮》屨人。鄭注文疏：下謂底，複重底，重底者名曰舄，襌底者名屨。無正文，鄭目驗而知也。

舄，屨也。屨，舄也。

舄屨亦通稱。鄭注《屨人》云，古人言屨以通于複，今世言屨以通于襌。俗易語反與。疏云，古人言屨以通于複者，首直云《屨人》不言舄及經舄、屨兩有，是屨通及舄。周公即古人也，故云古人言屨以通於複也。云今世言屨以通於襌者，謂漢時爲今世。但漢名複下者爲屨，并通得下襌之屨，故云俗易語反與。云與者，無正文，鄭以意解之，故云與以，疑之也。

夏用葛，冬用皮。

《士冠禮》文疏：春宜從夏，秋宜從冬。

凡舄屨，各象其裳之色。

鄭義引《士冠禮》曰：玄端黑屨，青約、繶、純。素積白屨，緇約、繶、純。爵弁纁屨，黑約、繶、純，是也。疏：鄭謂凡屨舄各象其裳之色者，屨舄與裳俱在下體，其色同，制舄屨與裳色同也。引《士冠禮》者，驗屨同裳色

云：玄端黑屨者，凡玄端有，上士玄裳，中士黄裳，下士雜裳。今云黑屨者，據玄裳爲正也。云青絇、繶、純者，屨飾從繡次也。云素積白屨者，皮弁素積以爲裳。故白屨也，云緇絇、繶、純者，亦飾屨從繡次也。云爵弁纁屨黑絇、繶、純者，鄭云尊祭服，飾從繢次，言是也者，是屨從裳色之義也。

皆有絇、有繶、有純爲飾。

絇，《周禮》作句。鄭云，句當爲絇字之誤也。舄屨有絇、有繶、有純者，飾也。鄭司農云，繶以絲爲下緣。《士喪禮》曰，夏葛屨，冬皮屨，皆繶緇純。禮家説繶，亦謂以采絲礫其下。玄謂絇，謂之拘，著舄屨之頭，以爲行戒。繶，縫中紃。純，緣也。疏云，句當爲絇，知者以此屨舄無取句之義。《士冠禮》皆云絇，故知當爲絇也。云舄屨皆有絇、有繶、有純者，飾也者，言繶是牙底相接之縫，綴絛於其中。言絇謂屨頭以絛爲鼻。純以絛爲口緣。鄭司農云，繶爲下緣，此即牙底相接之縫也。引《士喪禮》者，證繶爲下緣，云皆繶緇純者，葛屨、皮屨皆有繶也。云絇謂之拘，著於舄屨之頭，以爲行戒者。鄭注《士冠禮》亦云，絇之言拘也，以爲行戒，狀如刀衣，鼻在屨頭。《曲禮》鞮屨注云，無絇之菲也，疏引《士冠禮》注云，絇之言拘也。古屨以物繫之，爲行戒，故用繒一寸，屈之爲絇，著屨頭以受穿貫，□尤顯。言拘，取自拘持，爲行戒者，謂使抵目下妄顧視也。案先鄭謂繶爲以絲下緣，禮家同鄭破之，謂繶爲縫中紃，純爲緣，疏以下緣爲即縫中，不能申鄭意殊，疏又《詩・葛屨》疏：凡屨，冬皮，夏葛，無用絲之時，而《少儀》云，國家靡敝，君子不履絲，屨者謂皮屨以絲爲飾也，是屨飾皆以絲，附識於此。

純，博寸。

《儀禮・士冠禮》記，黑屨、白屨、纁屨，皆言純博寸，博，廣也，言緣口邊，其廣一寸也。

皆有綦組爲繫。

《内則》云，屨著綦。又云，綦屨。鄭注：綦，屨繫。疏：皇氏云，屨頭施繫，以爲行戒，未知然否，或可著屨之時，屨上自有繫，以結於足也。故鄭注《士冠禮》黑屨青絇云，絇之言拘也，以爲行戒。《曲禮》解屨，不敢當階。疏：解屨，解，繫也。《隱義》云，古者屨頭鼻綦繩相連結之，將升堂解之也。案《士喪禮》云，綦，繫于踵。疏：綦繫于踵，則綦當屬于跟後，以兩端向前，與絇相連于脚跗，踵足之上，合結之，名爲繫于踵也。又云，乃屨綦結于跗，連絇，注：跗足上也。絇，屨飾，如刀衣，鼻在屨頭，以餘組連之，止足坼也，是綦在屨跟，前結于足背，又前連于絇。疏：謂連兩屨之絇，使兩足不相離，非也。

凡舄之飾，如繪之次。

鄭義疏云，凡舄之飾，如繢之次者，無正文。此約皮弁白屨，黑絇、繶、純，白黑比方爲繡次。爵弁纁屨，黑絇、繶、純，黑與纁南北相對，尊祭服，故對方爲繢次也。以此而言，則知凡舄皆不與屨同，而爲繢次可知。

屨之飾如繡之次。

鄭義疏云，凡屨之飾，如繡次也者，亦約《士冠禮》白屨，黑絇、繶、純之等，而知也。云黄屨白飾，白屨黑飾，黑屨青飾者，此據婦人之屨，鞠衣已下之屨，故有黄屨、黑屨也，以屨從繡次，故知義然也。黄屨白飾三句，亦鄭注禮屨從繡次也，天子之舄三，赤、白、黑，后舄亦三，玄、青、赤，又有三屨黄、白、黑，后舄屨□下内服。案繢次、繡次者，義本《考工記》繢人畫繢之事云，青與白相次，赤與黑相次，玄與黄相次。鄭云此言畫繢六色所象，及布采之第次，繢以爲衣，又云青與赤謂之文，赤與白謂之章，白與黑謂之黼，黑與青謂之黻。鄭云，此刺繡采所用，繡以爲裳。此是對方爲繢次，比方爲繡次。

凡絇、繶、純，皆同色。

鄭義《士冠禮》三冠，絇、繶、純皆同色。故鄭云，然《屨人》云，爲赤舄、黑舄，赤繶、黄繶，青句。與《士冠禮》不同者，鄭云雜，互言之，明舄屨衆多，反覆以見之。疏以其男子有三等屨舄，婦人六等屨舄，若具言其屨舄于文煩，故雜互見之，明其衆多也。

凡天子諸侯吉事皆舄。天子吉服九，舄有三等，赤舄爲上，冕服之舄也。《詩》云，王錫韓侯，玄衮赤舄。是諸侯與王同也。下有白舄、黑舄。

鄭義疏：吉事句不釋。蓋天子五冕三弁，皆舄，弁經服以下始屨，故云吉事皆舄，若卿大夫，則命舄而外，弁服皆屨。士不服冕，則有命屨，無命舄，知天子弁經服以下用屨者。喪服有管屨、繩屨、白屨之等，此經有素屨，注雖不言，按文推之，可知也。疏又釋云，云王吉服有九者，則《司服》六冕與韋弁、皮弁、冠弁，是也。云舄有三等者，謂赤舄、黑舄、白舄也。云赤舄爲上，冕服之舄者，此經先言赤舄是舄中之上，是六冕之舄也。引詩者，是韓侯之詩也，玄衮者冕服，皆玄上纁下，而畫以衮龍，云赤舄者象纁裳故

也。引之者證諸侯得與王同有三等之舄，赤舄爲上也，云下有白舄、黑舄者，白舄配韋弁、皮弁，黑舄配冠弁服。《司服》注：韋弁以韎韋爲弁，又以爲衣裳，則韋弁其裳，以韎之赤色韋爲之，今以白舄配之，其色不與裳同者，《鄭志》及《聘禮》注韋弁服，皆云以素爲裳，以無正文，鄭自兩解不定，故得以白舄配之。冠弁服則諸侯親朝之服，是以《燕禮記》云，燕朝服，鄭云諸侯與羣臣日視朝之服也，謂冠玄端、緇帶、素韠、白屨也。白屨，即與皮弁、素積、白屨同。今以黑舄配之，不與裳同色者，朝服與玄端大同小異，皆玄冠緇布衣，而裳有異耳。若朝服則索裳白屨，若玄端之裳，則《玉藻》云，韠，君朱，大夫素，士爵韋，是韠從裳色，則天子諸侯朱裳，大夫素裳，皆不與裳同色者。但天子諸侯舄有三等，玄端既不得與祭服同，赤舄若與韋弁、皮弁同白，則黑舄無所施，故從上士玄裳爲正，而黑舄也。案冠與衣同色，裳與韠、屨同色，此鄭氏釋經之通例。玄端有玄裳、黄裳、雜裳之異，雜裳前玄後黄，固不可以爲屨色，黄裳當黄屨，又疑於婦服，故從玄裳爲正，皆用黑屨。《士冠禮》玄端黑屨，不分玄裳、黄裳、雜裳，是其證也。若諸侯朝服，玄冠素裳，自宜白屨，鄭誤釋天子冠弁爲玄冠而以諸侯朝服當之，謂皆素裳白屨，而答趙商問。見《屨人》疏。又云，冠弁服黑衣裳而黑舄，與《弁師》之注異，夫黑衣裳而黑舄，是玄端服矣。天子以玄端服田，於理不可，故彼注仍從朝服爲正文，疏亦忘引此志問答，而此志處又自爲立説，以黑舄配朝服，竟若玄端朝服爲一。又引《士冠禮》而不取《鄭志》，未知何意，以理論之，天子玄端以居，玄端以黑舄爲正，士既不分玄裳、黄裳、雜裳，皆黑舄，則天子朱裳亦得黑舄，大夫素裳亦得黑舄，如此則大夫之玄端，亦不與朝服相混。朝服自白屨，玄端自黑屨，諸屨皆應裳色，獨玄端不應裳色，其爲天子居服，大夫私朝服，士自祭服，服輕故可隨意相配。《士冠禮》於玄端曰，玄裳、黄裳、雜裳可也，明無一定之意，天子有玄端之時，則亦有黑舄之時，又何必慮黑舄之無所施，而爲此附會之説哉。

卿大夫唯服冕著舄，其餘皆服屨。

鄭注《屨人》云，天子諸侯吉事皆舄，其餘唯服冕，衣翟，著舄。疏云，服冕謂后以下婦人也，似有脱誤。以意推之，當云服冕，謂王及諸侯以下諸臣。衣翟謂后以下婦人方是。蓋王以下有六命之卿，服毳冕以下，四命之大夫服希冕以下，侯國之孤四命，服希冕以下，其大夫服玄冕，若無孤之國，則上大夫服希冕，下大夫服玄冕，皆赤舄，其皮弁、爵弁之冠，皆服屨，猶之后以下，惟三夫人及公之妻闕狄有舄，其世婦以下皆屨也。

士無命舄，而有命屨。命屨，繶屨也，次命屨爲功屨，功屨，白屨黑屨也。

《屨人》有辯外内命夫、命婦之命屨、功屨文。注：命夫之命屨、功屨、次命屨，於孤卿大夫，則白屨、黑屨。疏云，命大夫之命屨者，以其經不云舄，唯云屨，大夫以上衣冠則有命舄，無命屨。故知，命屨中，唯有繶屨而已。士之命服爵弁，則繶屨。故云，命屨繶屨而已。云功屨，次命屨，於孤卿大夫，則白屨、黑屨者。《司服》孤絺冕，卿大夫玄冕，皆以赤舄爲命舄。以下仍有韋弁白屨，冠弁黑屨。故云次命屨。命屨據婦人而言，其實，孤卿大夫，身則功屨，次命舄也。案白屨，當是皮弁服、韋弁服之屨，黑屨當是玄端服之屨。如此説是孤卿大夫雖有命舄，無命屨。然大國之孤，爵弁自祭，亦當繶屨，是亦有命屨矣。

士爵弁，纁屨，黑絇、繶、純，尊祭服，飾從繪也。

《士冠禮》記鄭義，詳見上。

童子不屨絇，未成人不盡飾也。

《玉藻》義。

夏葛屨，冬皮屨，變從時也，朝祭則夏仍用皮也。

《士冠禮》云，屨，夏用葛，冬皮屨可也。《士喪禮》云，夏葛屨，冬白屨。注云，冬皮屨，變言白者，明夏時葛亦用白也。《詩·葛屨》疏云，夏日之有葛屨，猶絺綌所以當暑，特爲便於時耳。非行禮之服，若行禮之服，雖夏猶當用皮。鄭於《周禮》注及志言，朝祭屨舄，各從其裳之色，明其不用葛也。

大夫士去國，則鞮屨。

《曲禮》文注：鞮屨，無絇之菲也。疏：知鞮是無絇之屨者，案《周禮·屨人》屨舄皆有絇、繶、純，案鞮屨氏無絇、繶之文，故知是無絇之菲也。屨以絇爲飾，凶故無絇也。注言以喪禮自處也。

素屨不純吉，凶去飾也。卿大夫以下謂之散屨。

《屨人》有素屨、散屨之文。注：釋之如此。疏素屨者，大祥時所服，去飾。散屨，據臣言，即上之素屨，皆無飾也。案王、后之服，《周禮》多分職，而屨舄獨掌以一官。疏：首服在上，尊又是陽，多變，是以追師、弁師，

男子、婦人，各别官掌之。屨舃在下，卑又是陰，少變，故男子、婦人同官掌之。屨舃陰物，掌以一職，理自可通，今只詳男服，其王后之屨，詳見於《内服篇》使以類相從焉。經中言屨者，多言舃甚少。《狼跋》、《韓奕》皆言赤舃，與此同，惟《車攻》言赤芾金舃。傳，諸侯赤芾金舃，舃達屨。箋，金舃，黄朱色也。疏：金舃，赤舃也，謂之達屨者，屨之最上達者，白舃、黑舃，猶有在其上者，爲尊未達，其赤舃則所尊莫過，故云達屨，是天子諸候，雖同赤舃，實則天子色朱，諸侯黄朱，猶之赤芾雖同，而其中自有淺深之異也。康成説屨舃，補苴聯合，可謂密矣，然謂經文爲雜，互言之，明舃屨衆多，反覆以見，似《周官》一經，惟此職之文最無條理。友人林樾亭云，屨人掌王及后之服屨，爲赤舃、黑舃，赤繶、黄繶，青句。素屨、葛屨。蓋王與后皆爲二舃，一赤舃服之以祭，一黑舃服之以朝，赤繶以飾赤舃，黄繶以飾黑舃，青句則二舃皆同，若燕居，則王及后皆不爲舃，而爲屨，是爲素屨，其暑則亦服葛屨焉。至於外内命夫命婦，則無舃皆屨，祭以命屨，朝以功屨，燕居以散屨，以其有飾，則曰功無飾，則曰散，不言其色，與繶句者，與王后同也。觀《士冠禮》亦三屨，黑屨、白屨、纁屨、其纁而不赤者，赤爲周人所尚，臣下避王后，故以黄赤之色代之，此外無屨也。鄭氏泥於冠禮，玄端黑屨，皮弁白屨，爵弁纁屨，以爲屨皆從其裳色，而天子之吉服九，后之吉服六，疑皆有屨，因創爲王、后舃皆三等，于赤、黑二舃之外，又有白、玄、青三色之舃，而屨又有纁、黄二色，且云舃之飾如繢之次，屨之飾如繡之次，此於經無明文，固爲臆造之説。郝京山，又以王用赤舃象陽，后用黑舃象陰，而燕居則同爲素屨，是亦附會之詞。夫禮服之屨，既别陰陽，燕居何以無别，且經文云，掌王及后之服屨，則王、后同服可知。況禮服之冕衣，皆朝、祭不同，則舃亦不容不異也。説甚精確，但余謂素屨即白屨，乃皮弁服之屨，非燕居所服，王燕居，自服玄端服，黑屨，經專言朝、祭之服，故不及之，此經有繶、絇、無純，《儀禮》三者兼備，竊謂舃屨之别，即在於此，蓋舃有繶、有絇、無純。屨則有純，故《士冠禮》特言純博一寸，計屨之博不過二寸，是純已分其半，不止如繶、絇之僅取一條爲飾而已。舃無純，則所用惟一物。《車攻》傳云，舃達屨，乃專釋舃字，言舃如屨形，但上下通達，惟一物不如屨有純，則上下判，故謂舃爲達屨，疏以達屨爲釋，金舃謂上達最尊，説殊迂曲。然先儒之業已久，今仍依之，而附載林説于此，以廣異聞焉。

清・張惠言《冕弁冠服圖・舃屨》《士冠禮》記曰，屨，夏用葛。玄端，黑屨，青絇繶純，純博寸。素積白屨，以魁柎之，緇絇繶純，純博寸。爵弁纁屨，黑絇繶純，純博寸。冬皮履可也。注：屨者順裳色，玄端黑屨，以玄裳爲正也。絇，之言拘也，以爲行戒，狀如刀衣，鼻在屨頭。《屨人》疏：云以絛爲之。繶，縫中紃也。疏謂牙底相接之縫中，有絛紃也。純，緣也。疏：繞口緣邊。三者皆青，博，廣也。魁，蜃蛤柎注也。

《周禮》屨人掌王及后之服屨，爲赤舃、黑舃，赤繶、黄繶，青句，素屨、葛屨。辨外内命夫命婦之命屨、功屨、散屨。注複下曰舃，《古今注》舃以木置屨下。禪下曰屨，絇繶純者同色。今云赤繶、黄繶，青絇，雜互言之，明舃屨衆多，反覆以見之。凡舃之飾，如繢之次，相對也。凡屨之飾，如繡次也。相比也。天子諸侯，吉事皆舃，其餘，唯服冕衣翟，著舃耳。士爵弁，纁屨，黑絇繶純，尊祭服之屨飾，從積也。素屨者，非純吉，有凶去飾者，言葛屨。明有用皮時，散屨亦謂去飾。

《内則》偪屨著綦。注：偪，行縢，綦，屨繫也。疏云，皇氏云屨頭施繫，以爲行戒，未知然否，或可著屨之時，屨上自有繫，以結于足也。案，當是以繫穿于絇中，而結于足。《玉藻》曰，童子不屨絇。

清・宋綿初《釋服》卷上《冕服之幅》《詩》曰，邪幅在下。傳：幅，偪也。所以自偪束也。箋：邪幅，如今行縢也，偪束其脛，自足至膝，故曰在下。《左傳》衮冕黻珽、帶裳幅舃、衡紞紘綖，昭其度也。幅即《詩》之邪幅，與衮冕之屬尊卑，各有差。《内則》作偪。

戴東原《詩考正》幅，偪字異者，古音幅，與偪同。鄭注《内則》云，偪，行縢。是偪與行縢一物。而箋《詩》云，邪幅，如今行縢，不以爲一物者，行縢無尊卑之異，止可當《内則》庶人所服之偪。《詩》以邪幅配赤芾，諸侯之盛服，其制漢時已亡，姑就行縢言之耳。

圖表

宋・陳祥道《禮書》卷一五《禮書圖》

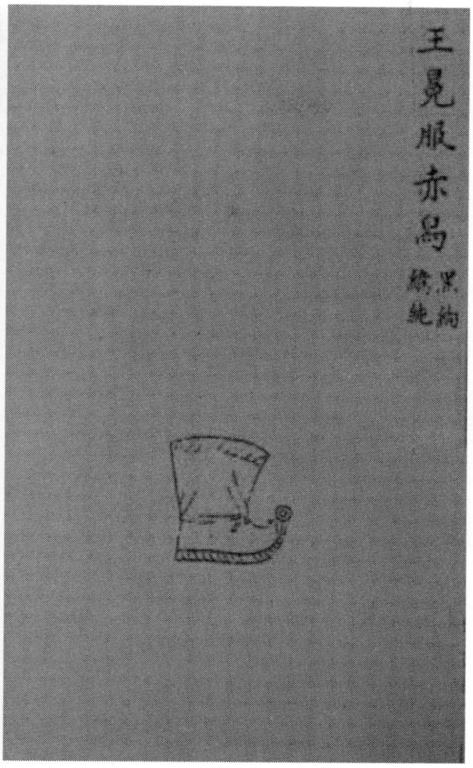

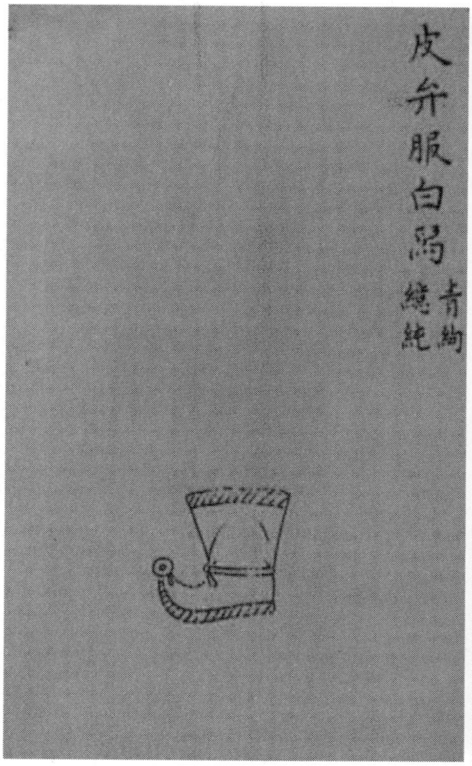

揄狄青舄
白絇
繶純

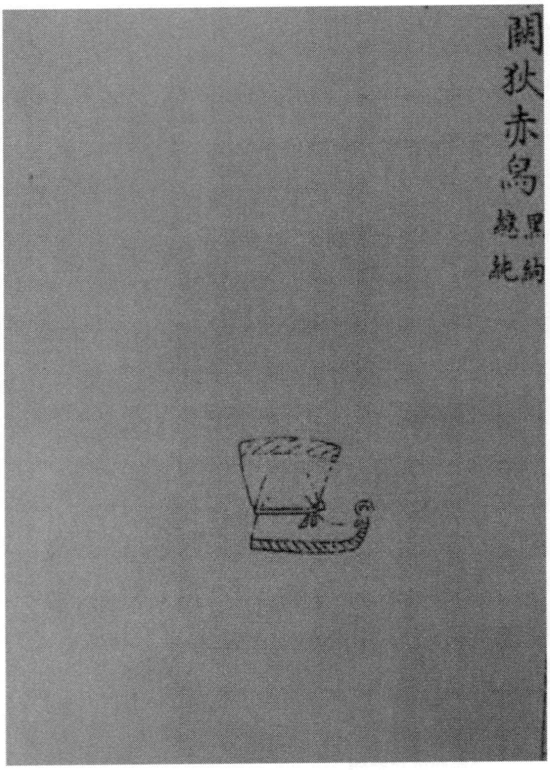
闕狄赤舄
黑絇
繶純

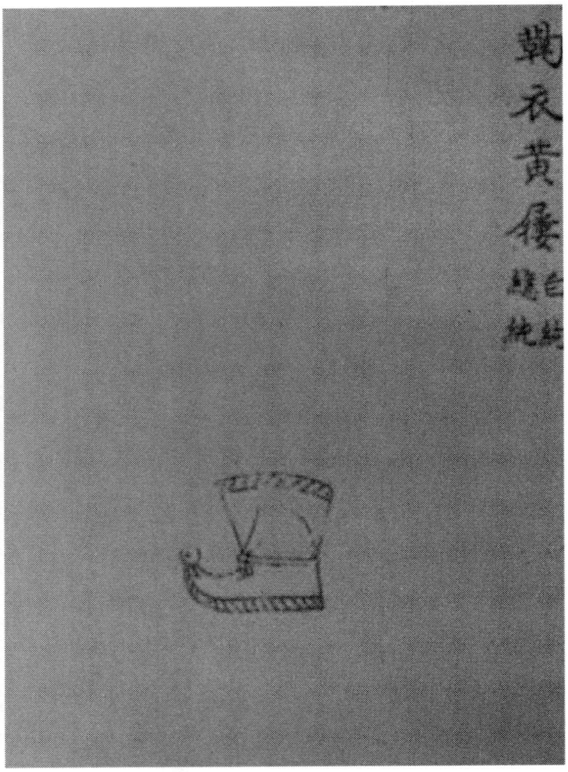
鞠衣黃屨
白絇
繶純

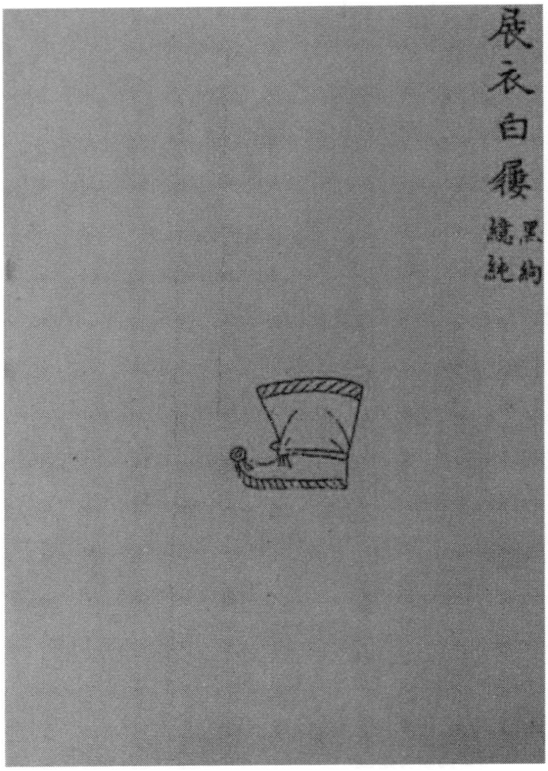
展衣白屨
黑絇
繶純

又卷一六《禮書圖》

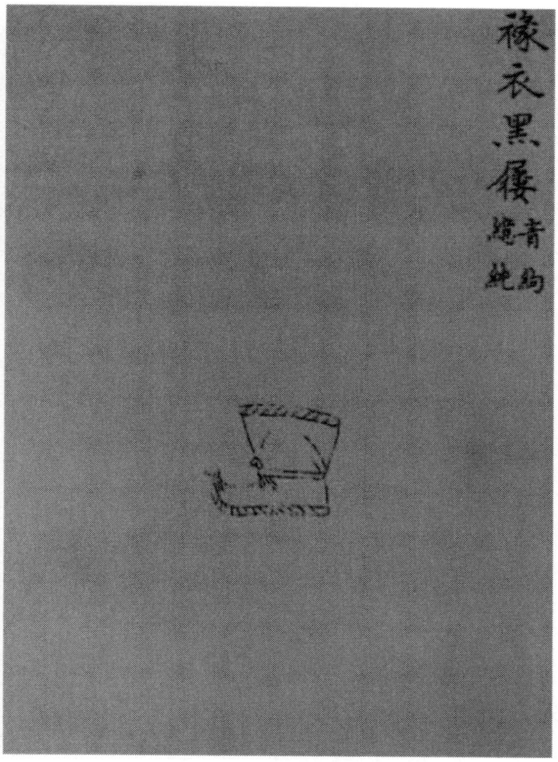

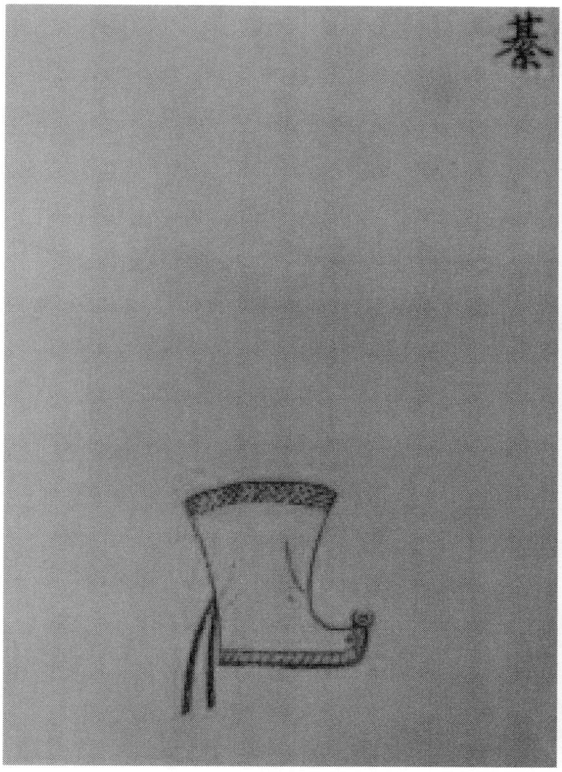

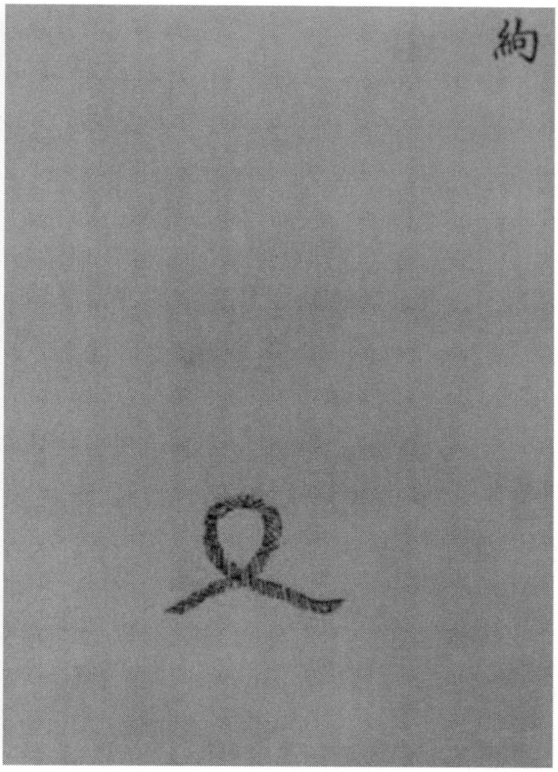

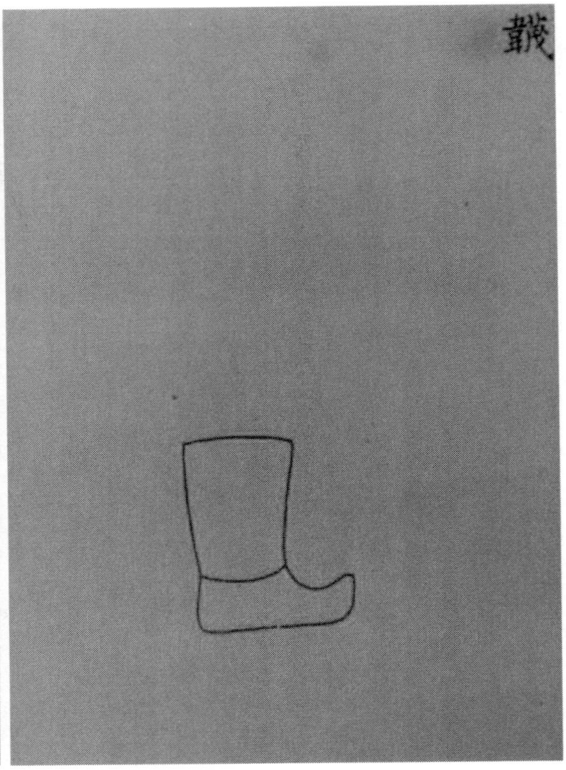

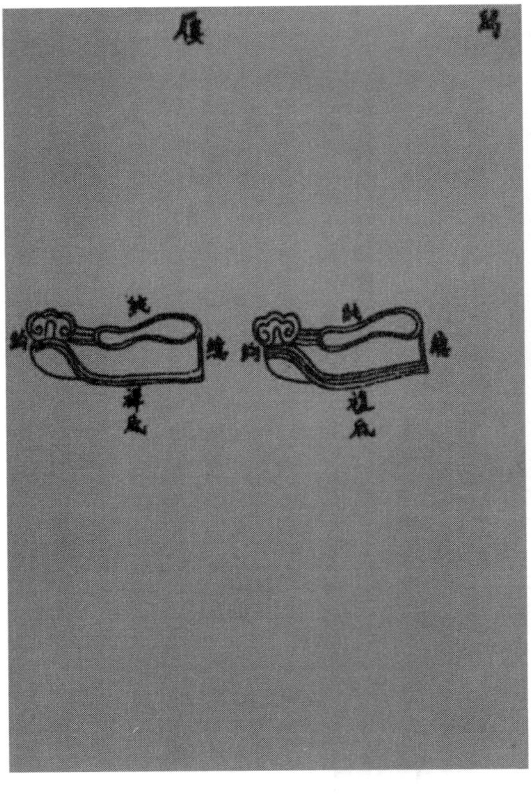

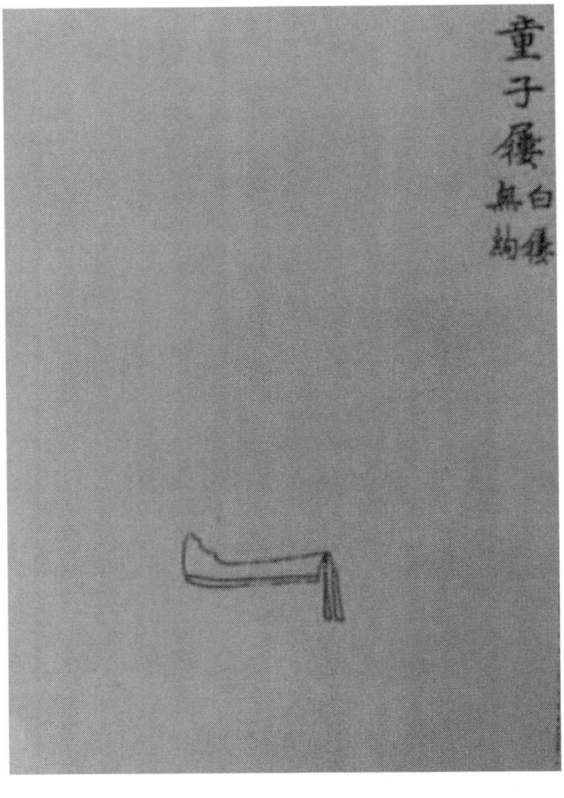

清·黃以周《禮書通故》卷四九《名物圖》

佩飾

綜述

宋・聶崇義《三禮圖集注》卷三《纚》

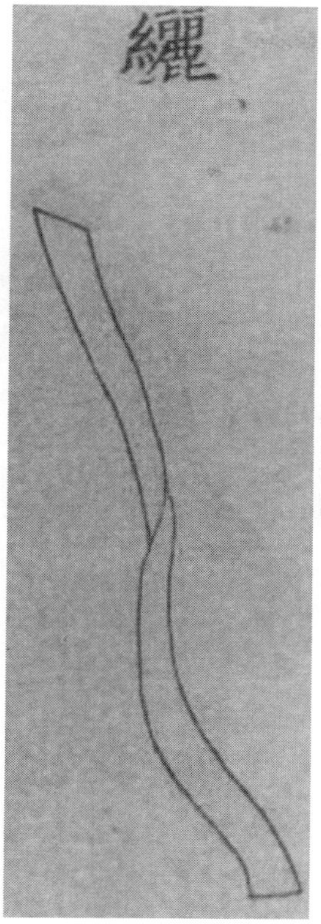

《士冠禮》曰，緇纚，廣終幅，長六尺。注云，纚一幅長六尺，足以韜髮而結之。此謂用纚韜髮訖，乃為紒矣。

又《笄》

《士冠禮》云，皮弁笄，爵弁笄。注云，笄今之簪也。梁正、阮氏《圖》云，士以骨，大夫以象。

又《紘》

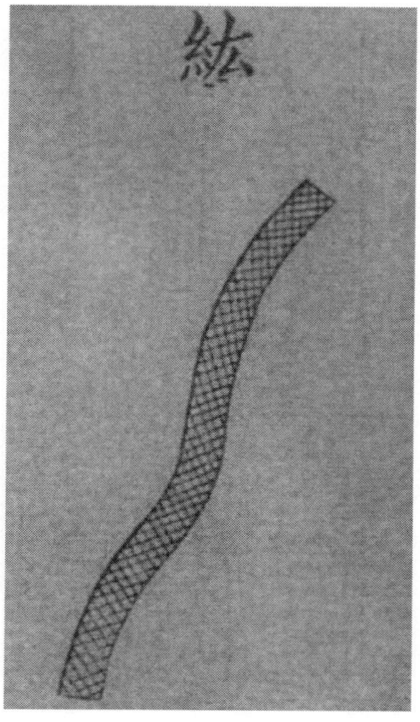

《士冠禮》云，緇組紘，纁邊。此謂皮弁、爵弁皆有笄，故設此紘也。先以組一頭於左笄上繫定，乃繞頤下，右廂向上屬於笄，屈繫之，垂餘為飾。纁邊者，以緇為中，以纁為邊，側而織之也。《舊圖》紘兩頭別出細帶，甚誤。

又《篋》

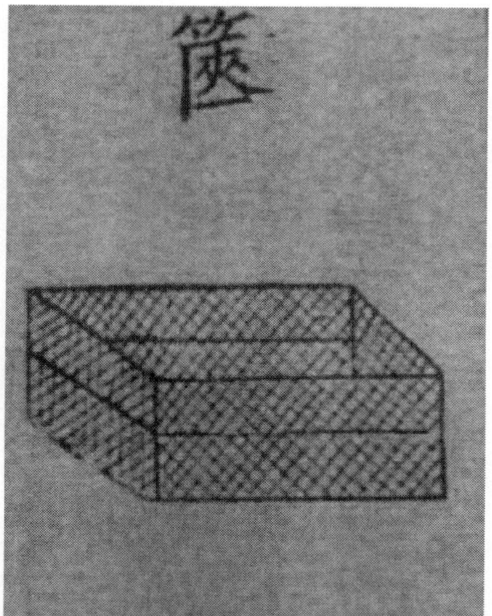

《士冠禮》注云，隋方曰篋。謂方而殺其角也。又經云，同篋。鄭以緇布冠已下凡六物同篋。故賈釋云，緇布冠屬于頍，共為一物。緇纚長六尺，二物也。皮弁笄三物也。爵弁笄四物也。其緇組紘纁邊、皮弁爵弁各有

一，則為二物。通四為六物也。

又《簞》

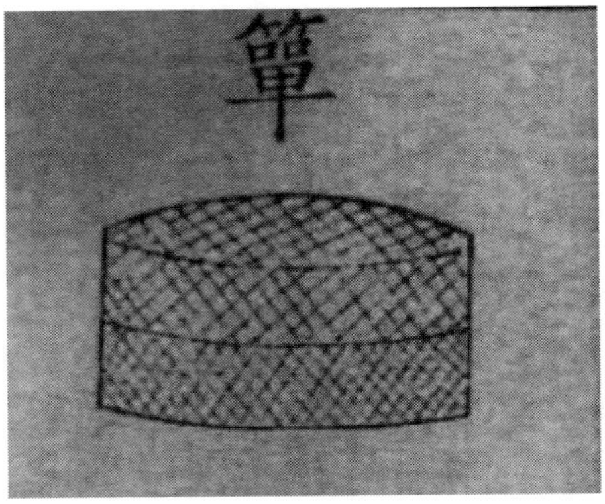

《士冠禮》云，櫛實于簞。注云，簞，笥也。又《曲禮》注云，圓曰簞，方曰笥，笥與簞方圓有異。此云，簞，笥也，共為一物者，鄭舉其類也。

又《匴》

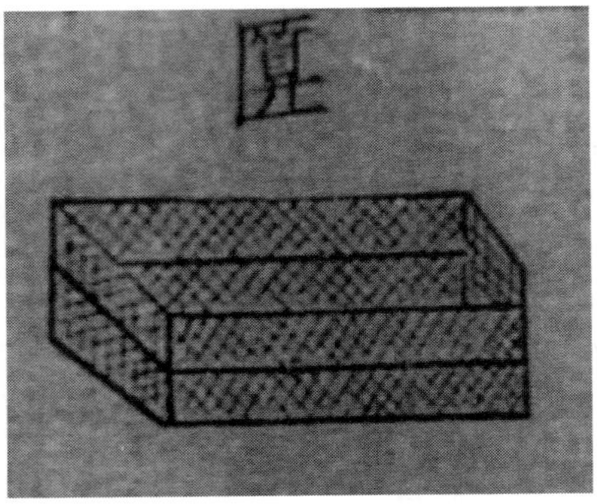

《士冠禮》云，爵弁、皮弁、緇布冠各一匴，執以待於西坫南。注云，匴，竹器名。今之冠箱也。舊《圖》畫而圓，梁正改而方。舊匴在爵弁之下，今依經次於簞後。

宋・陳祥道《禮書》卷四《綖》《弁師》掌王之五冕，皆玄冕朱裏，延紐。《禮記》天子玉藻十有二旒，前後邃延。《左傳》曰，衡紞紘綖。《國語》曰，夫人織紘綖。先儒謂，延，冕上覆，古者績麻三十升布，上玄下朱，以表裏，冕版三十升，則麻之尤精者也。《書》稱康王麻冕黼裳，卿士邦君麻冕蟻裳，太保、太史、太宗皆麻冕彤裳。孔子曰，麻冕禮也，今也純儉。顏淵問為邦，孔子曰，服周之冕。則古者五冕皆麻，至孔子時，乃去麻用純，然郊冕猶用麻，所以示復本也。故荀卿曰，郊之麻冕，喪服之先，散麻一也。

又《武　紐》《弁師》五冕皆紐。鄭氏曰，紐，小鼻在武上，笄所貫也。蓋武，冠卷也。古者居冠屬武，則非燕居武不屬於冠也。喪冠條屬，則非有喪者，纓武異材也。鄭氏曰，條屬者，通屈一條繩，若布為武，垂下為纓，屬之冠。子姓之冠，縞冠玄武。不齒之冠，玄冠縞武，則非子姓與不齒者，冠武同色也。《雜記》曰，委武玄縞而后蕤。鄭氏謂，秦人曰委。齊東曰武。則武亦謂之委，以其若冠之足，故曰武。以其委於下，故曰委。蓋古者施冠於首，然後加武以約之。觀《喪大記》弔者襲裘加武，則武之所設，所以約冠也。紐垂於冕之兩旁，其長及武，笄以貫之。

又《繅》《弁師》掌王之五冕，五采繅十有二就，皆五采玉。繅，雜文之名也。合五采絲為之繩，垂於延之前後，各十二，所謂邃延也。就，成也，繩之一匝，而貫五采玉十二，斿則十二玉也。每就間蓋一寸。朱紘，以朱組為紘也，紘一條，屬兩端於武。繅不言皆有不皆者。此謂衮衣之冕，十二斿則用玉二百八十八。鷩衣之冕，繅九斿，用玉二百一十六。毳衣之冕七斿，用玉百六十八。希衣之冕五斿，用玉百二十。玄衣之冕三斿，用玉七十二。諸侯之繅斿九就，瑉玉三采，其餘如王之事，繅斿皆就，玉瑱玉笄。侯，當為公字之誤也。三采朱白蒼也，其餘謂延紐，皆玄覆朱裏，與王同也。出此則異，繅斿皆就，皆三采也，每繅九成，則九旒也。公之冕，用玉百六十二。玉瑱，塞耳者，故《書》瑉作璑。鄭司農云，繅當為藻。繅，古字也，藻，今字也，同物同音。璑，惡玉名。諸侯及孤卿大夫之冕、韋弁、皮弁、弁絰，各以其等為之，而掌其禁令。各以其等，繅斿玉璂，如其命數也，冕則侯伯繅七就，用玉九十八。子男繅五就，用玉五十，繅玉皆三采。孤繅四就，用玉三十二。三命之卿繅三就，用玉十八。再命之大夫繅再就，用玉八，繅玉皆朱綠。韋弁、皮弁，則侯伯璂飾七，子男璂飾五，玉亦三采。孤則

瑱飾四。三命之卿瑱飾三。再命之大夫瑱飾二，玉亦二采。《典絲》，凡祭祀，共黼畫組就之物。以給衣服、冕旒及盥中之屬。《禮器》曰，天子之冕朱緑藻，十有二旒，諸侯九，上大夫七，下大夫五，士三。此以文為貴也。朱緑似夏商禮。《郊特牲》曰，王被衮以象天，戴冕，璪十有二旒，則天數也。天之大數，不過十二。《玉藻》曰，天子玉藻，十有二旒，前後邃延，龍卷以祭。雜采曰藻，天子以五采藻為旒，旒十有二，前後邃延者，言皆出冕前後而垂也，天子齊肩。

《弁師》王之五冕，五采繅十有二就。諸侯之繅斿九就，瑉玉三采，其餘如王之事，繅斿皆就。諸侯及孤卿大夫之冕，各以其等為之，掌其禁令。鄭氏曰，繅，雜文之名也，合五采絲為之繩，垂於延之前後，各十二，所謂邃延也。繩每一匝，貫五采玉，諸侯繅斿皆就，皆三采也，每繅九成，則九旒也。侯伯繅七就，子男繅五就，孤繅四就，卿繅三就，大夫繅再就，理或然也。然冕五而已，未有不設繅斿者。鄭氏謂，大裘之冕無旒。爵弁如冕，亦無旒。此不可考。《禮器》天子之冕朱緑藻，十有二旒，諸侯九，上大夫七，下大夫五，士三。其制與《弁師》不同，異代之禮也。蕰藻潔而文，衆采如之，故曰，藻水流趨下旗，冕之垂者如之。故曰旒，藻或作繅，以絲為之，或作璪，以玉貫之也。繅旒或謂之繁露，以其象然也。漢制，天子繅旒，前長後短，諸臣繅旒，有前無後，非古也。

又卷五《紘　纓》《弁師》掌王之五冕，朱紘。朱紘，以朱組為紘也。紘一條，屬兩端於武。《士冠禮》緇布冠缺項，青組纓屬于缺。皮弁笄，爵弁笄，緇組紘纁邊。缺，讀如有頍者弁之頍，緇布冠無笄者著，頍圍髮際結項中隅為四綴，以固冠也。項中有緬，亦由固頍為之耳。今未冠笄者著卷幘，頍象之所生也。滕薛名蔮，為頍屬，猶著。有笄者屈組為紘，垂為飾，無笄者纓而結其條，纁邊，組側赤也。《禮器》曰，管仲鏤簋、朱紘，君子以為濫矣。朱紘，天子冕之紘也，諸侯青組紘，大夫士當緇組紘，纁邊。《祭義》曰，天子為藉千畝，冕而朱紘，躬秉耒。諸侯為藉百畝，冕而青紘，躬秉耒。《玉藻》曰，玄冠朱組纓，天子之冠也。緇布冠繢緌，諸侯之冠也。玄冠丹組纓，諸侯之齊冠也。玄冠綦組纓，士之齊冠也。《説文》曰，紘，冠卷也。纓，冠系也。緌，系冠纓也。《左傳》桓二年，衡紞紘綖，昭其度也。僖二十八年，楚子玉瓊弁玉纓。哀十五年，子路結纓而死。《喪禮》斬衰繩纓，齊衰以下布纓，大功長殤絰纓，緦澡纓。《後漢・輿服志》聖人見鳥獸有冠角頓胡之制，遂作冠冕纓緌，以為首飾，旒冕皆以其綬色為組纓。乘輿黃赤綬，諸侯王赤綬，公侯將軍紫綬，九卿青綬，千石六百石黑綬，百石青紺綬。唐制天子大裘冕，組帶纓色如其綬。衮冕朱組帶為纓。皇太子衮冕紅組為纓。羣臣之服，皆以組為纓，色如其綬。

又《緌》《詩》曰，葛屨五兩，冠緌雙止。《檀弓》曰，范則冠，而蟬有緌。緌，謂蜩蟓，長在腹下。《郊特牲》曰，太古冠布，齊則緇之其緌也。孔子曰，吾未之聞也。《玉藻》曰，緇布冠繢緌，諸侯之冠也。縞冠素紕，既祥之冠也。垂緌五寸，惰游之士也。自天子下達，有事然後緌，大帛不緌。玄冠紫緌，自魯桓公始也。《雜記》曰，大白冠，緇布之冠，皆不蕤，委武，玄縞而蕤。秦人曰委，齊東曰武。《内則》子事父母冠緌纓。

《弁師》王之五冕皆朱紘。《禮記》天子為藉，冕而朱紘，諸侯為藉，冕而青紘。《士冠禮》緇布冠，青組纓，皮弁笄，爵弁笄，緇組紘纁邊。蓋朱者正陽之色，天子以為紘，青者少陽之色，諸侯以為紘，緇者陰之色，而士以為紘。卿大夫冕弁之紘，無所經見。《禮器》曰，管仲鏤簋、朱紘，君子以為濫。鄭氏謂，大夫士，當緇組紘纁邊，理或然也。一組繫於左笄，遶頤而上，屬於右笄，垂餘以為飾，謂之紘。二組屬於笄，順頤而下，結之，謂之纓。纓之垂餘，謂之緌。《檀弓》曰，蟬有緌。鄭氏曰，緌謂蜩蟓，長在腹下。喪冠、緇布冠，纓而不緌，冕弁紘而不纓，春秋之時，楚子玉，瓊弁玉纓。自漢以來，冕纓各象其綬色，冕弁而有纓，非古制也。夫縣鐘磬者亦謂之紘，繫車蓋者亦謂之紘，佩容臭者亦謂之纓，馬之膺飾亦謂之纓，旌旗之旒亦謂之緌，禪被之識亦謂之紞，則紘纓緌之名，非特施於冠冕也。

又《天子諸侯瑱　卿大夫瑱　士瑱》《周禮・弁師》諸侯之繅，斿九就，玉瑱、玉笄。《詩・旄丘》曰，叔兮伯兮，褎如充耳。《君子偕老》曰，玉之瑱也。瑱，塞耳也。《淇奧》曰，有匪君子，充耳琇瑩，會弁如星。充耳謂之瑱，琇瑩，美石也。天子玉瑱，諸侯以石。《著》曰，俟我於著乎而，充耳以素乎而，毛曰，素象瑱。鄭曰，以素為充耳，謂所以懸瑱者，或名為紞。人君五色，臣則三色，此言素者，自所先見而云。尚之以瓊華乎而。毛曰，瓊華美石，士之服也。鄭曰，飾之以瓊華者，謂縣紞之末，所謂瑱也。人君以玉為之，瓊華，石色似瓊也。俟我於庭乎而，充耳以青乎而，毛曰青，青玉。鄭曰青，紞之青。尚之以瓊瑩乎而。毛曰，瓊瑩不似玉，卿大夫之服也。鄭曰，石色似瓊瑩也。俟我於堂乎而，充耳以黃乎而，毛曰黃，黃玉。鄭曰黃，紞之黃。尚之以瓊英乎而。毛曰，瓊英，美石似玉者。人君

之服也。《禮記·檀弓》曰，練角瑱。瑱，充耳也，吉時以玉，人君有瑱。《士喪禮》瑱用白纊。《既夕》記曰，瑱，塞耳。《楚語》楚靈王虐白公子，張驟諫王曰，不穀雖不能用，吾憖瑱寘之於耳。憖，猶願也。對曰，賴君用之也，故言。賴，特也。不然，巴浦之犀犛兕象，其可盡乎。其又以規為瑱也。犛，犛牛也。規，諫也。瑱，所以塞耳。言四獸之牙角，可以為瑱難盡，而又以規諫為之乎。《魯語》曰，王后親織玄紞。紞，所以懸瑱，當耳者也。《左傳》曰，衡紞紘綖，昭其度也。又曰，縛之如一瑱。《家語》、《大戴》皆曰，紞絖塞耳。《東方朔傳》曰，黈纊塞耳。《禮緯》曰，旒垂目，纊塞耳，示不聽讒，不視非也。《後漢·輿服志》曰，旁垂黈。《釋名》曰，瑱，鎮也，不使妄聽，自鎮重也。《吴語》吴王斬有罪者以徇，曰，莫如此，以環瑱相問也。

瑱以充耳，紞以垂瑱。《周官·弁師》王之五冕皆玉瑱。《詩》於衛夫人，言玉之瑱也。於衛武公，言充耳琇瑩。於衛之臣，言褎如充耳。齊《詩》言，充耳以素，以青，以黃，尚之以瓊華、瓊瑩、瓊英，則瑱不特施於男子也，婦人亦有之。不特施於冕也，弁亦有之。故《詩》言充耳琇瑩，繼之以會弁如星。《喪禮》士無冕，而瑱用白纊，則弁亦有之，可知也。士瑱用白纊，即《詩》所謂充耳以素者也。人君用黈纊，即《詩》所謂充耳以黃者也。毛氏，以充耳以素為士之服，充耳以青為卿大夫之服，充耳以黃為人君之服。鄭氏以素為素紞，青為青紞，黃為黃紞，然以素為象瑱，青為青玉，黃為黃玉，而用瓊華以飾象，則是士瑱用二物與，餘瑱不類，非禮意也。然《魯語》王后織玄紞，夫人加紘綖，內子為大帶，命婦成祭服，列士之妻加以朝服，則夫人以至士妻，特有所加而已。其織玄紞一矣，未聞有五色、三色之别也。又紞所以垂充耳，而充耳不在紞，謂紞為充耳，非也。《春秋傳》曰，縛之如一瑱，則縛纊以為瑱，自古然也，其制蓋皆玄紞以垂之，瓊玉以承之。承之，《詩》所謂尚之也。梁制垂以珠瑱。班固賦曰，雕玉瑱以居。楹礎石亦謂之瑱，則瑱居纊下可知也。賈公彦曰，古者瑱不用纊，士死則用白纊，然士之襲禮皮弁褖衣緇帶韎韐竹笏之類，皆用生時之物，孰謂瑱用白纊，特死者之飾哉。《檀弓》小祥用角瑱。《楚語》曰，巴浦之犀犛兕象，其可盡乎。其又以規為瑱，則古者之瑱，亦以象與角為之。

又《衡》《周官》追師掌王后之首服，為副、編、次，追衡笄。《左傳》曰，衡紞紘綖，昭其度也。鄭司農曰，衡，維持冠者。鄭康成曰，王后之衡笄，皆玉為之，惟祭服，有衡垂于副之兩旁，當耳，其下以紞垂瑱。孔穎達曰，婦人首服有衡，則男子首服亦然。王后之衡以玉，則天子之衡亦玉，諸侯以下未聞。然則《左傳》言衡則繼以紞，《弁師》、《士冠禮》言笄，則繼以紘，是衡有紞，笄有紘也。

又《笄 鬠笄》《禮記·內則》，子事父母，櫛縰笄總。《弁師》掌王之五冕，玉笄，諸侯之繅旒九就，玉弁。《士冠禮》皮弁笄，爵弁笄，同篋。笄，今之簪。有笄者屈組為紘，垂為飾。無笄者纓而結其絛。《士喪禮》鬠笄用桑，長四寸，纋中。長四寸，不冠故也。纋，笄之中央以安髮。鬠用組，乃笄。《國語》范武子以杖擊其子，折其委笄。《荀子》曰，鬠而不笄。

又《婦人笄》《曲禮》曰，女子許嫁，笄而字。以許嫁為成人。《檀弓》南宫縚之妻之姑之喪，夫子誨之，髽，蓋榛以為笄，長尺。《內則》，婦事舅姑，櫛縰笄總。男女未冠笄者，櫛纚，拂髦。女子十有五而笄，二十而嫁。其未許嫁，二十則笄。《喪服小記》齊衰，惡笄以終喪，男子冠，而婦人笄。《雜記》女雖未許嫁，年二十而笄，禮之婦人執其禮。雖未許嫁，年二十，亦為成人矣，禮之酌以成之，言婦人執其禮，明非許嫁之笄。燕則鬈首。既笄之後去之，猶古之女有鬌紒也。《問喪》親始死，雞斯徒跣。雞斯，當為笄纚，聲之誤也。親始死，去冠二日，乃去笄纚括髮也。今時始喪者，邪巾貊頭，笄纚之存象也。《追師》掌王后之首服，為副、編、次，追衡笄。《士昏禮》女次，純衣纁袡，立于房中，南面。姆纚笄，宵衣，在其右。女從者畢袗玄，纚笄，被穎黼，在其後。夙興，婦沐浴，纚笄，宵衣以見舅姑。記女子許嫁，笄而禮之，稱字。許嫁，已受納徵禮也。笄女之禮，猶冠男也，使主婦女賓執其禮。《喪服》女子在室，為父箭笄。女子適人者，為其父母，婦為舅姑，惡笄有首以髽，卒哭，子折笄首，以笄布總。言以髽，則髽有著笄者，明矣。《傳》曰，笄有首者，惡笄之有首也，惡笄者櫛笄也，折笄首者，折吉笄之首也，吉笄者象笄也。何以言子折笄首，而不言婦終之也。櫛笄者，以櫛之木為笄，或曰榛笄有首者，若今時刻鏤摘頭矣，卒而喪之大事，卑女子可以歸於夫家，而著吉笄，吉笄尊變，其尊者婦人之義也。折其首者，為其大飾也，據在夫家，宜言婦終之者，終子道于父母之恩。《士喪記》其母之喪，則內御者浴鬠無笄。無笄，猶大夫之不冠也。《特牲饋食禮》主婦纚笄宵衣。《詩·君子偕老》副笄六珈。笄，衡笄也。珈，笄飾之最盛者，所以别尊卑。《楚語》司馬子期欲以妾為內子，訪

之左史，倚相曰，吾有妾而願欲笄之，其可乎。《弁師》掌王之五冕，五采繅十有二就，皆玉笄。諸侯繅旒皆就玉笄，士冠皮弁，爵弁笄，則冕弁有笄也。《國語》范文子以杖擊其子，折委笄，則冠有笄也。《士喪服》婦人吉笄有首，尺二寸，吉笄，象笄也。男子之笄，亦或尺二寸，大夫士之笄，亦或象為之歟。《禮》王祀以玉，路朝以象路，王玉爵，諸侯象觚，王玉笏，諸侯象笏，皆象次于玉。然則諸侯玉笄，大夫士用象可知。賈公彦釋《士冠禮》大夫士笄當用象。鄭氏釋《士冠禮》謂，有笄者，屈組為紘，垂為飾，無笄者纓而結其絛。無笄蓋指緇布冠言之也。《雜記》曰，緇布不蕤，則緇布非特無笄，又纓而不緌矣。古者，笄亦謂之簪。《易》曰，朋盍簪。鄭氏謂，笄，今之簪是也。荀卿《鍼賦》曰簪以為父，則簪形似鍼，而巨也。考之《士喪禮》鬠笄用桑，長四寸，纋中，其母之喪，内御者浴鬠無笄，則鬠笄與冠弁之笄異矣。鬠笄四寸，所以安髮，男子婦人皆有之，男子死有髻笄，而無冠弁之笄，以其不冠，故也。婦人死不特無冠弁之笄，亦無鬠笄，以其不以髮，為猶男子之冠，故也。《家語》曰，孔子之喪，襲而冠。此王肅附會之論也。荀子亦曰鬠而不笄。

又卷一一《纚》《内則》子事父母，雞初鳴，咸盥漱，櫛縰笄總，拂髦，冠緌纓。男女未冠笄者，漱，櫛縰，拂髦，總角。《士冠禮》緇纚廣終幅，長六寸。贊者坐，櫛設纚，賓坐正纚。《特牲禮》主婦纚笄宵衣。鄭氏曰，纚，今之幘梁也，纚一幅，長六尺，足以韜髦而結之。蓋櫛以理髦，而後纚以纚為紒，然後笄。古之言纚笄者，未有先笄而後纚也。《問喪》曰，親始死，雞斯徒跣，蓋雞斯云者，哭聲然也。鄭氏改雞斯為笄纚，恐不然也。纚亦作縰。

又《髦角羈》《詩》曰，髧彼兩髦。毛氏曰，髧者，兩髦之貌。髦者，髮至眉，子事父母之飾。《内則》子事父母，櫛縰笄總，拂髦，冠緌纓。男女未冠笄者，櫛、縰、拂髦、總角。髦，用髮為之，象幼時鬌，其制未聞。子生三月之末，擇日剪髮為鬌，男角，女羈，否則男左女右。鬌，所遺髮也，夾囟曰角，午達曰羈。《揚子》曰，羈角哺果。許慎曰，髦髮至眉。《左傳》曰，豈若弁髦，因而敝之。《玉藻》曰，親没不髦。《喪大記》曰，諸侯小斂，脱髦。《既夕禮》士既殯，脱髦。孔穎達曰，髦者，事父母之飾也。父母有先死者，於死三日，脱之服闋，又著之。若父母俱没，則因去之子之幼也。父母翦髮為之鬌，及其長也，因以為飾，謂之髦。幼存而不忍棄，所以順父母之心，長而不忘幼，所以示人子之禮。及親死始而猶幸其生焉。未忍脱之，三日之後，則幸生之心已矣，脱之可也。故《喪大記》諸侯小斂，脱髦。《既夕禮》士既殯，脱髦。髦，毛長而特出者也。故凡物長毛皆謂之髦。《禮記》所謂髦長，《詩》所謂譽髦，皆長毛也。

又《總》《内則》曰，櫛纚笄總。則，纚，韜髮也。總，束髮也。《玉藻》曰，童子錦束髮。喪服，女子子在室，為父布總六寸。女子子適人者，為其父母，婦為舅姑，妾為女君，君之長子，布總。《檀弓》曰南宫縚之妻，為姑總八寸。《士喪禮》鬠用組，乃笄。然則，總或以錦，或以布，或以組。吉凶之禮異也。謂之總，以既束其本，又總其末也。孔穎達曰，朞總八寸，大功總亦八寸，緦麻小功同一尺。吉總當尺二寸，此不可考。

又卷一八《副編次》笄獸翠羽為飾。副者，翟之配，以配褘翟，則禮所謂副褘是也。以配揄狄，則《詩》所謂副笄六珈，其之翟也是也。褖衣之配，禮所謂女次純衣是也。然則編為鞠衣、展衣之配，可知矣。禮，男子冠，婦人笄，男子免，婦人髽，婦人之飾，不過以髮與笄而已。則副之覆首，若步摇。編之編髮，若假紒。次之次第，其髮為髲髢。云者蓋有所傳，然也。《莊子》曰，禿而施髢。《詩》曰，鬒髮如雲，不屑髢也。《左傳》曰，衛莊公髡己氏之妻髮，以為吕姜髢。《説文》曰，髲益髮也，蓋髢所以益髮，而鬒髮者不屑焉。《詩》曰，被之僮僮，則被之者，不特髲鬄也。《少牢》曰，主婦被錫衣，侈袂，則被錫者，非髲髢也。鄭氏皆以為髲髢，非是。

又《纚笄》婦人首飾，副也，編也，次也，纚笄也。觀《士昏禮》，女次純衣，姆纚笄宵衣，《特牲禮》主婦纚笄宵衣，則副編次之下，纚笄其飾也。《楚語》司馬子期，欲以妾為内子，訪之左史，倚相曰，吾有妾，而愿欲笄之，其可乎。蓋古之為妾者不笄。士姆纚笄，亦攝盛也。鄭氏曰，王后之燕居，亦纚笄總而已。此不可考。

又《象揥》《詩》曰，象之揥也。又曰，佩其象揥。毛氏曰，所以摘髮也。劉熙曰，揥，摘也。孔穎達曰，以象骨搔首，因以為飾名之，曰揥。蓋有事則因以為飾，無事則佩之。

又卷一九《天子佩　諸侯佩　大夫佩》《周官》玉府掌共王之佩玉。《詩·木瓜》曰，報之以瓊琚。瓊，美玉。琚，佩玉也。瓊瑶、瓊玖。《丘中有麻》曰，貽我佩玖。玖，石次玉。《女曰雞鳴》曰，雜佩以贈之。雜佩者，珩、璜、琚、瑀、衝牙之類。《有女同車》曰，佩玉瓊琚。佩有琚瑀，所以納間。《渭陽》曰，瓊瑰

玉佩。瓊瑰，石次玉。《采芑》曰，服其命服，有瑲葱珩。《大東》曰，鞙鞙佩璲。《公劉》曰，何以舟之，維玉及瑤。《爾雅》曰，璲，瑞也。緌，綬也。佩衿謂之褑。《玉藻》曰，將適公所，既服，習容觀，玉聲，乃出，揖私朝，煇如也。古之君子必佩玉，右徵角，左宫羽。君在不佩玉，齊則綪結佩，而爵韠。凡帶必有佩玉，惟喪否，佩玉有衝牙。天子佩白玉，而玄組綬。公侯佩山玄玉，而朱組綬。大夫佩水蒼玉，而純組綬。世子佩瑜玉，而綦組綬。士佩瓀玫，而緼組綬。綬者所以貫佩玉，相承受者也。一命緼韍幽衡，再命赤韍幽衡，三命赤韍葱衡。《經解》曰，行步則有環佩之聲。《左傳》曰，佩衷之旗，又季平子卒，陽虎將以璵璠歛仲。梁懷曰，改步改玉。定五年。申叔儀曰，佩玉蘂兮。昭十二年。《晉語》曰，白玉之珩六雙。珩似磬而小。《楚語》曰，楚之白珩猶在乎。《大戴禮》曰，下車以佩玉為度，上有雙衡，下有雙璜，衝牙玭珠以納其間，琚瑀以雜之。《説文》云，淮水中出玭珠。《荀子・賦篇》璇玉瑤珠，弗知佩也。璇亦玉。《韓詩外傳》曰，阿谷之隧，處子佩璜。又曰蠙珠以納其間。

古之君子，必佩玉，其制上有折衡，下有雙璜，中有琚瑀，下有衡牙，貫之以組綬，納之以蠙珠，而其色有白、蒼、赤之辨，其聲有角徵宫羽之應，其象有仁、智、禮、樂、忠、信、道、德、之備。《禮記》曰，昔者君子比德於玉焉，温潤而澤，仁也。縝密以栗，知也。廉而不劌，義也。垂之如隊，禮也。叩之其聲清越以長，其中詘然，樂也。瑕不揜瑜，瑜不揜瑕，忠也。孚尹旁達，信也。氣如白虹，天也。精神見于山川，地也。天下莫不貴者，道也。或結或垂，所以著屈伸之理，或設或否，所以適文質之儀。此所以純固之德不内遷，非僻之心無自入也。蓋衡以平其心，璜以中其德，琚欲其有所安，牙欲其有所制，右徵角所以象事與民，左宫羽所以象君與物，趨以采薺，行以肆夏，所以比於樂，周還中規，折還中矩，所以比於禮，進則揖之於前，退則揚之於後，則佩之為物奚適而非道耶。蓋民為貴，君為輕，事為先，物為後，能治民，然後能安君，能應事，然後能生物。此所以事與民在所右，而物與君在所左也。《春秋傳》曰，改步改玉，則自天子至士，步固不同，而玉亦隨異。故天子佩白玉，公侯佩山玄玉，大夫佩水蒼玉，世子佩瑜玉，士佩瓀玫。蓋玉之貴者莫如白。晉以白珩賂秦，而楚寶白珩以聞於晉，則白玉之貴可知。賤者莫如瓀玫。山玄以象君德之静，水蒼以象臣職之動，山玄水蒼其文也，瑜與瓀其質也。世子佩瑜，則士佩瓀矣。士佩瓀，則世子而上佩堅矣。瑜或作礝，以其多石故也。玫或作珉，以其賤，故也。

又《**衡**》《詩》曰，有蒼葱衡。《晉語》曰，白玉之衡六雙。《楚語》曰，楚之白珩，猶在乎。《大戴禮》曰，上有雙衡。《玉藻》曰，一命幽衡，再命幽衡，三命葱衡。韋昭曰，珩似磬而小。孔穎達曰，佩玉，上繫於衡，下垂三道，穿以蠙珠，前後下端，垂以璜，中央下端垂以衝牙。觀《晉語》、《大戴禮》皆言雙珩，則珩雙設矣。珩貴白而賤幽，綬貴玄而賤素。方叔，非止三命，而佩葱衡者，孔穎達曰，《玉藻》累一命，而上於三命，自三命以至九命，皆葱衡也。以理或然，何則方叔所乘者路車，所服者朱芾，則所佩者，豈特三命之衡哉。《爾雅》曰，青謂之葱。

又《**褑**》《爾雅》曰，衿謂之袸，佩衿謂之褑，則衿衣之小帶也，褑，佩之衿也。鄭氏謂，凡佩繫於革帶，則繫於革者褑也。

又《**璜**》肉倍好謂之璧，半璧謂之璜。《韓詩外傳》曰，阿谷之女佩璜。《大戴禮》曰，下有雙璜，璜居前後，而牙衝之，然後有宫角徵羽之音。

又《**衝牙**》《玉藻》曰，佩玉有衝牙。鄭氏謂，牙居中央，以為前後觸。皇氏謂，衝居中央，牙是兩端之璜，然璜非牙也。當從鄭説。

又《**琚瑀**》《説文》曰，珩，佩上玉也。璜，半璧也。琚，佩玉名。瑀，玫石，次玉也。考之於《詩》曰，報之以瓊琚，又曰佩玉瓊琚。《大戴禮》曰，上有雙衡，下有雙璜，衝牙玭珠，以納其間，琚瑀以雜之。《毛氏詩傳》曰，雜佩者，珩、璜、瑀、衝牙之類，則居中央，而瑀為之也。《纂要》曰，琚瑀所以納間，在玉之間，今白珠也，此不可考。《禮記》曰，行步有環佩之聲。又孔子佩象環，衛南子環佩璆然。魯昭公賜仲環而佩之。昭四年。漢制，縌綬之間，得施玉環鐍。缺環曰鐍。蓋古者佩玉有環矣。

又卷二〇《**組綬**》《玉藻》：天子佩白玉而玄組綬，諸侯佩山玄玉而朱組綬，大夫佩水蒼玉而純組綬，世子佩瑜玉而綦組綬，士佩瓀玫而緼組綬。鄭氏曰，綬者所以貫佩玉相承受也，純當為緇。《詩》曰，青青子佩。毛氏曰，士佩瓀珉玉而青組綬。《爾雅》曰，璲，瑞也。緌，綬也。《漢志》曰，縌者，佩璲也。然則組綬之佩謂之綬，以其貫玉相承受也。謂之璲，以其貫璲玉也。謂之縌，以其貫玉相迎也。其飾，天子玄，諸侯朱，大夫純，世子綦，士緼。玄者道也。朱者事也，蒼白者德之雜，赤黄者事之雜，純則素而已。此天子

至士佩綬之辨也。鄭氏，以大夫純綬為緇綬。毛氏，以青為士佩，豈其所傳者異歟。《禮》紳韠結三齊，特佩綬之長無所經見。漢制，貴者縌長三尺二寸，卑者縌長三尺，古者之佩蓋亦類此，然秦以采組連結於璲，光明章表轉相結受，故謂之綬。漢承秦制，加之以雙印、佩刀之飾。天子黄赤綬，四采，黄赤、紺、縹、淳黄，圭長丈九尺九寸，五百首。諸侯王，赤綬四采，赤黄、縹、紺，淳赤，圭長二丈一尺，三百首。諸國貴人相國，皆緑綬三采，緑、紫紺，淳緑，圭長二丈一尺，二百四十首。公侯將軍，紫綬二采，紫白，淳紫，圭長丈七尺，百八十首。九卿、中二千石、二千石，青綬三采，青白、紅，淳青，圭長丈七尺，百二十首。千石、六百石，黑綬三采，青、赤紺，淳青，圭長丈六尺，八十首。四百石、三百石，長同四百石。三百石、二百石，黄綬，淳黄，圭一采，長丈五尺，六十首。百石，青紺綸一采，宛轉繆織，長丈二尺，凡先合單紡為一系，四系為一扶，五扶為一首，五首成一丈，丈采淳為一圭首，多者系細，少者系麤。皆廣尺六寸。唐制，天子白玉，雙佩，黑組，大雙綬，黑質，黑黄赤白縹緑為純，廣一尺，長二丈四尺，五百首，紛廣二寸四分，長六尺四寸，色如綬。又有小雙綬，長二尺六寸，色如大綬，而首半之。皇太子瑜玉雙佩，朱組，雙大綬，朱質，赤白縹紺為純，長一丈八尺，廣九寸，三百二十首，紛長六尺四寸，廣二寸四分，色如大綬。羣臣，一品衮冕，山玄玉，佩緑綟綬，緑質，緑紫黄赤色為純，長一丈八尺，廣九寸，二百四十首。二品鷩冕，佩水蒼玉，紫綬，紫質紫黄赤為純，長一丈六尺，廣八寸，一百八十首。三品毳冕，紫綬如二品。自三品以下，皆青綬，青質，青白紅為純，長一丈四尺，廣七寸，一百四十首。五品玄冕，黑綬，紺質，青紺為純，長一丈二尺，廣六寸，一百二十首。進賢冠，紛長六尺四寸，廣四寸，色如其綬。遠游冠，纁朱綬，朱質，赤黄縹紺為純，長一丈八尺，廣九寸，二百四十首。然大綬之飾，於古無有，特後世之制也。

又《玭珠》 《玉府》共王之服玉佩玉、珠玉。《大戴禮》曰，玭珠以納其間。《韓詩傳》亦曰，蠙珠以納其間。蠙者，蚌也，玭，即蠙也。然荀卿《賦》曰，璇玉瑶珠，弗之佩也。謂之瑶珠，則以玉為珠，非蚌珠也。謂之蠙珠，蓋其狀若蚌珠然。

又《象環》 《爾雅》曰，肉好若一謂之環。《玉藻》曰，天子佩象環五寸，而綦組綬。《家語》稱，孔子之喪，公西赤掌殯葬焉，襲衣十一稱，佩象環而綦組綬，夫孔子其服也，鄉，其冕也，從衆，以為大夫也，不敢舍車而徒，以無臣也，不敢為有臣而葬，然佩，不以大夫之水蒼玉，而以象，綬不以大夫之純，而以綦者，孔子制行有從衆者，有違衆者，要適於義而已。考之於禮，象次於玉，象路次玉路，象笏次玉笏。綦下於純，則象環綦綬，聖人之謙德也。

又《婦人佩》 《竹竿》詩曰：佩玉之儺。《有女同車》詩曰：佩玉瓊琚。衛之南子環佩璆然，阿谷之女佩璜而澣，皆婦人佩也。其等衰不可以考，或亦眂其夫而為之度歟。漢制，太皇太后、皇太后、皇后綬與乘輿同，公主綬與諸侯王同。唐制，亦皇后佩綬如天子，公主、王妃佩綬同諸王。然其所謂綬者，非古綬制也。

又《綪結佩》 《玉藻》曰，齊則綪結佩。鄭氏曰，綪，屈也，結，又屈之，思神靈不在事也。蓋齊所以致精明之德，佩既結矣。又從而屈之。不以徵角、宫羽之聲，散其志也。況敢聽樂乎。《儀禮》之陳服器，有順，有綪。順則直，綪則屈，故《士喪禮》陳襲事于房中西領南，上不綪。陳衣于房南領西，上綪。《士虞禮》曰，器西南上綪。《既夕禮》乃奠豆南，上綪，俎二南，上不綪。鄭氏曰，綪，讀為綪，綪，屈也。江沔之間謂縈，收繩索為綪。

宋·魏了翁撰、元·方回補輯《古今考》卷八《附廣玉考下》 玉笏，《玉藻》曰，笏，天子以球玉。注：球，美玉也。又曰天子搢珽四十一迴，他鼎切。注：玉名，《禮記》他頂切。注：笏也，天子方正於天下，無所屈，豈即所謂王搢大圭者歟。《玉人》曰，大圭長三尺，杼上終葵首，天子服之。鄭玄注《玉藻》珽，亦笏也，或謂之大圭。注：《玉人》大圭或謂之珽，然《玉藻》注：笏度二尺有六寸，與《玉人》所云不同，諸侯有桓圭、信圭、躬圭、穀璧、蒲璧，又有象笏，大夫有魚須文竹之類，豈所執者玉，以進於天子，合冒圭，以驗羣瑞，即去手所執，然後取笏，而執之歟。陳祥道《禮書》繪大圭，而不繪玉笏，以為一物故也。

王大圭尺寸見前。《典瑞》王搢大圭，執鎮圭，五采五就，以朝日。又《玉人》大圭長三尺，杼上終葵首，天子服之。注：終葵，椎也。《禮器》曰，大圭不琢，與玉笏一物耳。注：或謂之珽，王鎮圭。《大宗伯》以玉作六瑞。王執鎮圭。注：鎮，安也。所以鎮安四方。鎮圭者，蓋以四鎮之山為緣飾，長尺有二寸。郊天祭后土、宗廟，大朝覲用之，會同用之。

公執桓圭，公，二王之後及王之上公，雙植，謂之桓，桓，宮室之象，桓圭，豈亦以桓為瑑飾，圭長九寸，繅三采三就。朱、白、蒼。

侯執信圭，鄭注：信，讀為身，字之誤也。身圭與下文躬圭，蓋皆以人形為瑑飾，文有麤縟，欲其行，以保身，皆長七寸。

伯執躬圭，見上，皆三采三就。《爾雅》曰，身，我也，躬，身也，屈身為躬，信躬為身。鄭改信圭為身，似贅讀作平聲可耳。魏鶴山《要義》亦不然，玄之破此字。

子執穀璧，穀所以養人，以穀瑑飾。

明·黄廣《禮樂合編》卷一六《珮玉之禮本紀》 天子佩白玉，而玄組綬。公候佩山玄玉，而朱組綬。大夫佩水蒼玉，而純組綬。世子佩瑜玉，而綦組綬。士佩瓀玫，而縕組綬。

孔子佩象環，五寸，而綦組綬。

君在不佩玉，左結佩，右設佩，居則設佩，朝則結佩，齊則綪結佩，而爵韠。

凡帶，必有佩玉，惟喪否。

君子無故，玉不去身。

古之君子必佩玉，右徵角，左宮羽，趨以采齊，行以肆夏，周還中規，折還中矩，進則揖之，退則揚之，然後玉鏘鳴也。故君子在車，則聞鸞和之聲，行則鳴珮玉，是以非辟之心，無自入也。已上《玉藻》。

子貢問孔子曰，敢問君子貴玉，而賤碈者，何也。爲玉之寡，而碈之多與。孔子曰，非爲碈之多，故賤之也，玉之寡，故貴之也。夫昔者，君子比德於玉焉。温潤而澤，仁也。縝密以栗，知也。廉而不劌，義也。垂之如隊，禮也。叩之其聲清越，以長其終，詘然，樂也。瑕不掩瑜，瑜不揜瑕，忠也。孚尹旁達，信也。氣如白虹，天也。精神見於山川，地也。圭璋特達，德也。天下莫不貴者，道也。《詩》云，言念君子，温其如玉，故君子貴之也。經解。

古之君子必佩玉，其制上有折衡，下有雙璜，中有琚瑀，下有衝牙，貫之以組，綬納之以蠙珠。而其色有白、蒼、赤之辨，其聲有角、徵、宮、羽之應，其象有仁、智、禮、樂、忠、信、道、德之備。《大戴禮》。

又《圭璧之禮本紀笏附》 《大宗伯》以玉作六瑞，以等邦國，王執鎮圭，公執恒圭，侯執信圭，伯執躬圭，子執穀璧，男執蒲璧。

以玉作六器，以禮天地四方，以蒼璧禮天，以黄琮禮地。以青圭禮東方，以赤璋禮南方，以白琥禮西方，以玄璜禮北方。

《典瑞》掌玉瑞、玉器之藏，辨其名物，與其用事，設其服飾。

王晉大圭，執鎮圭，繅藉五采五就以朝日。

公執桓圭，侯執信圭，伯執躬圭，繅皆三采三就，子執殺璧，男執蒲璧，繅皆二采再就，以朝覲宗遇會同于王。諸侯相見亦如之。

瑑圭璋璧琮，繅皆二采一就，以頫聘。

四圭有邸，以祀天，旅上帝。兩圭有邸，以祀地，旅四望。祼圭有瓚，以肆先王，以祼賓客。圭璧以祀日月星辰。璋邸射以祀山川，以造贈賓客。

土圭以致四時日月，封國則以土地。

珍圭以徵守，以恤凶荒。牙璋以起軍旅，以治兵守。璧羨以起度。

穀璧以和難，以聘女。琬圭以治德，以結好。琰圭以易行，以除慝。

駔圭璋璧琮琥璜之渠眉，疏璧琮，以斂尸。已上《周禮》。

鎮圭尺有二寸，天子守之。命圭九寸，謂之桓圭，公守之。命圭七寸，謂之信圭，侯守之。命圭七寸，謂之躬圭，伯守之。

天子執冒四寸以朝諸侯。

天子用全，上公用龍，侯用瓚，伯用將，子男執皮帛。

天子圭中繅四圭，尺有二寸以祀天，大圭長三尺，杼上終葵首，天子服之。

土圭尺有五寸，祼圭尺有二寸，琬圭九寸，而繅以象德，琰圭九寸，璧羨度尺，好三寸，以爲度。已上《儀禮》。

笏，天子以球玉，諸侯以象，大夫以魚須文竹，士竹，本象可也。

見於天子與射無説笏，入太廟説笏，非禮也。小功不説笏，當事免則説之，既搢必盥，雖有執於朝，弗有盥矣。

凡有指畫，於君前用笏，造受命於君前，則書於笏，笏畢用也，因飾焉。

笏度二尺有六寸，其中博三寸，其殺六分而去一，天子搢珽，方正於天下也，諸侯荼前詘後直，讓於天子也，大夫前詘後詘，無所不讓也。已上《玉藻》。

又《圭璧之禮統紀》 天子名玉曰冒者，言德能覆蓋天下也。

六瑞之制，有圭之鋭，璧之圓以象天之體，用其名有鎮、桓、信、躬、穀、

蒲，以別君德之隆殺，信躬之名則取諸身而象之，鎮桓穀蒲之名，則取諸物而象之也。

繅有五采之文，所以薦玉，木爲中幹，用韋衣而畫之。就，成也，五就，五幣也。

玉多則重，石多則輕，公侯四玉一石，伯子男三玉二石。

肉陪好謂之璧，好陪肉謂之瑗，肉好若一，謂之環。

諸侯執所受圭以朝天子，無過者，給使歸國，有過，畱其圭三年。

封建則有圭璧，徵召則有符節，二者皆重器，故俱以玉爲之。

諸侯之朝天子，有圭璧以爲信，有馬幣以爲贄，並陳于庭，圭璧則合而還之，馬幣則受之。

《大宗伯》作六瑞，自王以下皆言執。《小行人》掌六瑞，自王以下皆言用，則執者自人言之也。用者，自王言之也，執之所以行禮用之，所以合符。

古人用玉，皆象其美，若鎮圭以召諸侯，以恤凶荒，用其仁也。齊有食玉，用其智也。牙璋以起軍旅，用其義也。國君相見以瑞，相享以璧，用其禮也。樂有鳴球，服有佩玉，用其樂也。邦國玉節，用其信也。琬以結好，琰以除慝，用其忠也。兩圭祀也，黄琮禮地，用其能達於地也。四圭祀天，蒼璧禮天，用其能達於天也。圭璋特達，用其能達於德也。

古人之度，在樂則起於黄鍾，在禮則起於璧羨。璧之圓，凡九寸，以其旁之一寸，而羨其上下，則横徑八寸，而袤十寸。以十寸之尺，而起度，則十尺爲丈，十丈爲引。以八寸之尺，而起度，則八寸爲尋。倍尋爲常，使度或不存天下後世，因璧羨而可考。己上圭璧疏。

古者貴賤皆執圭，書君上之政令，有事則搢之腰帶中。五代來，惟八座尚書執笏者，白筆綴手板，頭以紫囊裹之，其餘王公卿士但執手板，板主於敬，不執笏，示非記事官也。

笏，忽也，君有命則書其上，備忽忘也。

玉德之美，象義之辨，竹禮之節，天子尚德，諸侯貴義，大夫士則循禮而已。此笏所以異也，魚須文竹，竹而以魚須文之也，竹本象可也，竹本而象餙之也，大夫近尊，而其勢屈，士遠尊，而其禮仲，此餙所以異也。

笏只在君前記事，恐事多，須以紙粘笏上，君前不可手指人物，用笏指中之，常插在腰，不手執。

圭鎮，賓也。笏服，餙也。圭則執之以爲信，笏則執之以爲餙。

天子笏玉，爲之制，似圭，天子與公侯伯之圭，上鋭下方，形類笏，故後人誤以圭爲笏。然笏非執則搢，不可須臾去身。若圭，則天子以禮神，諸侯以朝見天子，不過於當事時暫捧，而即奠之，不常執也。己上《笏記》。

明·淩迪知《左國腴詞》卷八《珍寶類·改玉篇》 改玉。先王有言曰改玉，改行玉佩，玉所以節行步也。君臣尊卑，遲速有節，言服其服器，行其禮以言。晉侯在臣位，不宜有隊也。《周語》。金玦。佩之金塊，玦如環而缺，以金爲之。載璧。子犯授公子載璧。載，祀也，授，還也。《晉語》。憲藏。憲法也，取善惡之法。白珩。楚之白珩，猶在乎佩上之横者。龜珠齒角。龜所以備吉，凶珠，所以禦火灾，角所以爲弓弩，齒象齒，所以爲弭。先王之玩。玩，玩弄之也。《楚語》。名寶。鄭人以名寶，行成名寶、重寶。

明·程良孺《讀書考定》卷二二《服飾·翬揄》 《禮記》揄狄。《玉藻》注，揄，讀爲搖，翟，雉名。疏云，青質五色皆備成章曰搖。《爾雅》注，翬、揄，皆雉名，伊洛而南，素質，五色皆備，曰繇。謂刻畫此雉形，以爲后夫人服也。

清·黄以周《禮書通故》卷三《衣服通故一》 玉府共王之服玉、佩玉、珠玉。鄭玄云，《詩傳》曰，佩玉，上有葱衡，下有雙璜，衝牙蠙珠，以納其閒。鄭司農云，珠玉，冠飾，十二玉。以周案，服玉統辭，佩玉珠玉別辭。先鄭注釋珠玉，非釋服玉。今本作服字，誤。阮氏《校勘記》未正。玩先鄭意，《弁師》五采繅十有二就，皆五采玉十有二，謂就皆用五采之玉，就各一玉，十二就，有十二玉也。康成不用其説，故注《弁師》云，合五采絲為繩，每一匝而貫五采玉十二，斿則十二玉也。暗斥先鄭注義。其實依先鄭注：五采玉為一玉有五采，三采玉為一玉有三采，就各一玉，制與瑱同，亦足備一解。

《弁師》瑉玉三采，故書瑉作璑。鄭衆云，璑，惡玉名。鄭玄云，三采，朱白蒼也。許慎云，璑，三采玉也。江沅云，惡玉者，亞次之玉也。古惡亞字通。《廣雅》玉類有璑。段玉裁云，璑珉皆石之次玉者。璑玉三采，謂以璑雜玉備三采。許云誤矣。以周案，璑為亞玉，江申鄭是。璑玉三采，謂取次玉之成三采者，義蓋本先鄭。先鄭以璑玉三采為一玉，非以璑雜玉成三

采也。段氏據後鄭注義，故疑許説為誤。其實《説文》之有乖鄭義者，多本諸先鄭，此其一也。

鄭玄云，天子衮衣之冕十二斿，則用玉二百八十八。鷩衣之冕九斿，用玉二百一十六。毳衣之冕七斿，用玉百六十八。希衣之冕五斿，用玉百二十。玄衣之冕三斿，用玉七十二。公之冕繅九就，用玉百六十二。侯伯繅七就，用玉九十八。子男繅五就，用玉五十。孤繅四就，用玉三十二。三命之卿繅三就，用玉十八。再命之大夫繅再就，用玉八。一命大夫冕而無旒。陸佃説，《弁師》諸侯九斿，則上公當十二斿。王應電説，王五冕，并十二旒，其玉皆一百四十四枚，諸公之斿九就，亦每旒玉十二。以周案，服視命數，鄭注所説公侯伯子男、孤卿大夫之旒數是也。天子五冕，旒數亦當同此，而玉則每旒十二，與諸侯别，鄭注亦是也。冕無後旒，天子裘冕十二旒，用百四十四玉，衮冕九旒，用百有八玉。《周官》、《禮記》并言天子繅旒十二，非前後垂繅有二十四旒也。陸説上公亦十二旒，混天子裘冕之制。王説天子五冕同旒，則五冕實止一冕，《弁師》掌王冕，何必别言五采繅十有二，亦須言皆矣。鄭玄云，《弁師》五采繅十有二，不言皆，有不皆者。以周案，鄭意上文皆玄冕，下文皆五采玉，明五冕之同。繅十有二不言皆，專指衮冕言，鷩以下不皆。自王應電謂五冕皆十二旒。金輔之從其説，宋敞園并議天子三旒五旒為下替。如其説，天子希元諸服亦宜十二章乎。

又《弁師》五冕。諸侯之繅斿九就，瑉玉三采，繅斿皆就。鄭玄云，侯當為公字之誤也。繅斿皆就，皆三采也。每繅九成，則九旒也。以周案，諸侯繅數視其命數，而每繅以九成，不必九旒之公然也，故曰繅斿皆就。皆者，皆諸侯也。無煩改字。戴東原云，此經概舉諸侯，又申之曰，繅斿皆就者，明九旒至虧三旒，其就數九，公侯伯子男無降差，同也。賈疏公一冕冠五服，解義殊舛。凡繅玉天子五采，諸侯三采，孤卿大夫二采，繅貫以玉，字或作璪，亦作藻。《説文》云，璪，玉飾如水藻之文。别一義。

又 鄭玄云，朱紘，以朱組為紘也。紘一條，屬兩端于武。以周案，紘之兩端，屬笄不屬武。《弁師》注有字誤。《士冠禮》注：有笄者屈組為紘，垂為飾，無笄者纓而結其條。是。紘，天子以朱，諸侯以青，大夫士以緇。參考《弁師》、《祭義》、《士冠禮》自見。

又《衣服二》 鄭玄云，緌，纓之飾也。許慎云，緌，系冠纓也。孔穎達云，結纓頤下以固冠，結之餘者，散而下垂，謂之緌。以周案，喪冠之纓屬于武，緇布冠之纓屬于屈，玄冠之纓屬于緌，故注家釋緌多以纓明之。纓以組為之，一采。緌不一采，故鄭云緌，纓之飾也。《玉藻》居冠屬武，與，有事然後緌，相對為文，居冠屬武，明有事不屬武也。有事然後緌，明居冠屬武無待用緌也。冠武既别，易于散脱，故用緌以結之。緌者，所以系聯冠武，而垂其組以為纓，非謂纓之結餘也。如孔疏居冠與有事對文，緌與屬武文不相對矣。《士冠記》云，始冠，緇布之冠也。其緌也，孔子曰，吾未之聞也，冠而敝之可也。緇布冠亦冠武各别，本有缺項固冠。而當時有以緌固之者，孔子以為緇布冠古不用緌，為于加冠時一冠之而已，雖冠後冠武散脱可也。敝之謂散脱，如孔疏緌為纓餘，非以固冠，則冠而敝之句，與上不緌之義不相貫矣。喪冠亦屬武，故《檀弓》云，喪冠不緌，亦謂無待用緌以為固也。《玉藻》云，大帛不緌，注：帛讀為白。大帛亦喪冠。《雜記》云，大帛冠緇布之冠皆不蕤，委武玄縞而后蕤。蕤即緌字，古通用。太白冠為冠武連屬，不緌，緇布冠為冠而敝之可也，不緌。而玄縞二冠，為平時有事之冠，其冠與委武不屬，恐有事時冠武散脱，然後用緌以固之，與《玉藻》有事然後緌義同。緌為冠武别材而設，故下言，而后蕤，上先舉委武以明之，與《玉藻》言有事然後緌，上先舉居冠屬武以别之，意亦相同。如孔疏緌是纓餘，則上舉委武，反似贅文矣。《内則》冠緌纓并舉，其文皆緌在纓上，為冠先結緌以固武，然後結纓以固冠也。《内則》所陳，皆依事先後。如孔疏先結纓而後垂緌，則《内則》緌纓失其序矣。其疏《雜記》云，既别安卷，灼然有蕤，是亦知蕤由于武矣，較《内則》《玉藻》諸疏為通。而任氏《釋例》反據《内則》、《玉藻》疏以駁《雜記》疏：又自知冠武異材，無物以連屬之，易于散脱，遂謂古人别具一冠武異材之新冠，以備行禮，臨事乃縫合之，緟貤紕繆。

又《毛詩傳》云，瑱，塞耳也。充耳以素，素象瑱。瓊華，美石，士之服也。青，青玉。瓊瑩，不似玉，卿大夫之服也。黄，黄玉。瓊英，美石似玉者，人君之服也。案《毛傳》以素為瑱，不當復出瓊華。故陳碩甫疏以為佩玉以圓其説。鄭玄云，以素為充耳，謂所以縣瑱者，或名為紞，織之，人君五色，臣則三色。此言素者，目所先見而云。尚，猶飾也。飾之以瓊華者，

謂縣紞之末，所謂瑱也。人君以玉為之。瓊華謂石色似瓊也。青，紞之青。黄，紞之黄。以周案，充耳或作琉珥。《説文》珥，瑱也。《既夕禮》記，瑱塞耳，則充耳即瑱也。而紞所以縣瑱，古亦謂之充耳。《大戴記》、《家語》皆曰，紞絖塞耳，是也。《詩》之充耳為紞瑱之總名，故下繼之以素以瓊華。素者紞之色，瓊華其玉也。素青黄以紞言。箋義較傳為長。素為士服，青為卿大夫服，黄為諸侯服，傳言自不可易，故箋從之。凡冕弁冠皆有瑱。

陳祥道云，天子諸侯玄紞黄纊，大夫玄紞青纊，士玄紞素纊。士瑱用白纊，即《詩》所謂，充耳以素。人君用黈纊，即《詩》所謂，充耳以黄。毛説是。鄭氏謂紞，人君五色，人臣三色。然《魯語》王后親織玄紞，夫人以至士妻特有所加，其織元紞一也。未聞有五色三色之别也。孔廣森云，《大戴》黈絖塞耳，黈，黄色也。絖，綿也。縣絖之絛謂之紞。天子元絖，諸侯黄，大夫青，士素。以周案，《子張問入官篇》，紞絖塞耳，宋本作統絖，誤。陳氏《禮書》引作紞絖，是也。《東方朔傳》作黈纊，《玉篇》作黈纊，皆後起字。紞為絡絖之絛，絖為著紞之絮。據鄭箋紞色有異，據陳氏説絖色有異，而紞皆以元，其説依據《魯語》。云士瑱用白纊，本《士喪禮》文。云人君用黄纊，與《大戴》盧注亦合。孔氏改元紞為元絖，豈紞絖一色乎。金誠齊同孔説，又謂纊即紞之織綫，非實纊，尤為臆説。

又《大戴記》，玉佩上有雙衡，下有雙璜，衝牙玭珠以納其間，琚瑀以雜之。《毛詩傳》云，雜佩者，珩璜琚瑀衝牙之類，琚瑀所以納間。《韓詩傳》云，佩玉上有葱珩，下有雙璜，衝牙蠙珠以納其間。阮湛《禮圖》云，凡玉佩上有雙衡，衡長五寸，博一寸。《初學記》引作博三寸，《太平御覽》及聶氏《禮圖》并云博一寸。下有雙璜，璜徑三寸。《初學記》、《御覽》并同。聶圖作二寸，誤。衝牙蠙珠以納其間，衝牙長三寸。此句據聶圖補。上平為衡。《御覽》平作下，誤。半璧為璜，璜中横以衝牙，以蒼珠為琚。魚豢《魏略》云，有雙璜、雙珩、琚瑀、衝牙、琨珠為佩者，乃漢明帝采古文始制也。以周案，衡與珩通。《説文》珩，佩上玉，所以節行止也。古者佩分左右，上各一珩，下各一璜，相准行步，下則雙璜與衝牙成聲，上則珩與珩成聲。《韓詩》為《采芑》，有瑲葱珩，立訓故云葱珩不言雙。《毛傳》云，瑲，珩聲，即謂雙珩之聲，是詩禮兩家本同也。或據《韓傳》，以改《大戴》雙珩為葱珩，未是。三命則葱衡也，天子白珩，諸侯有之僭也。《大戴記》天子之珩，不畀為葱珩，明矣。阮氏《禮圖》，珩長五寸，雙珩相去，當亦寸許，組設珩中，兩組相去約六寸餘。恐其兩組外越，不相觸而成聲，故又于其間設組，交午為之，上耑亦貫于珩中，下耑結于璜。于其交午處貫以玭珠。更設一組下垂，以縣衝牙。《禮圖》衝牙長三寸，其距兩璜各寸餘，使可相觸。間之言中也，兩旁組之中間，納以玭珠，以拘捍珩之衺組，故上兩珩畀成聲，下兩璜亦畀成聲。曰上有雙珩，下有雙璜，明其為左右佩也。曰納其間，明左右佩之相屬也。

又　鄭玄云，天子素帶朱裏終辟，謂大帶也。而素帶終辟，謂諸侯也。諸侯不朱裏，合素為之，如今衣帶為之，下天子也。大夫素帶，辟垂亦如之。士練帶率下辟。率，繂也。士以下皆襌，不合而繂積，如今作幧頭為之。辟讀如裨冕之裨，謂以繒采飾其側，人君充之，大夫裨其紐及末，士裨其末而已。雜帶，雜猶飾也，即上之裨也。君裨帶，上以朱，下以緑，終之。大夫裨垂，外以元，内以華。華，黄色也。士裨垂之下，外内皆以緇，是謂緇帶。大夫以上以素，皆廣四寸。士以練，廣二寸，再繚之。凡帶，有司之帶也，亦繂之如士帶矣。無箴功，則不裨之。士雖繂帶，裨亦用箴功。凡帶不裨，下士也。陳祥道云，辟猶冠裳之辟積也。率，縫合之也。天子諸侯大帶終辟，則竟帶之身辟之。大夫辟其垂，士辟下而已。凡帶有率無箴功，則帶率而已，無刺繡之功也。古者于物言華，則五色備矣。于文言，凡則衆禮晐矣。鄭氏以華為黄，以凡帶為有司之帶，以率為士與有司之帶，以辟為裨，以二寸為士帶廣，以大夫以上用合帛，士以下襌而不合，皆非經據之言。以周案，陳氏議鄭，皆不足據，惟釋凡帶有率無箴功，可以正鄭之失。合帛率積皆有箴功，云無箴功，以黹繡言。云凡帶，統天子以下。鄭讀辟為裨，與下雜帶相合。陳説帶用辟積，于文無徵。士惟襌，故有率，合帛則不用率。《雜記》，率帶，諸侯大夫皆五采，士二采，謂襲尸之大帶，故諸侯大夫亦率，不謂生時大帶有率也。若生時大帶，據《玉藻》君大夫止二采，士止一采。陳説天子至士皆有率有合帛，亦誤。記于大夫言帶廣四寸，明其上同而下有别，故于士帶又曰二寸也。于士言紳三尺，亦明其上同而下有别，故于有司又曰二尺有五寸也。鄭説二寸為士帶廣，又何可議。陳以二寸為辟積數，亦非。注云繂積者，謂織帶時以兩條繩置其邊而織之，故破率為繂，以如碑繂也。

孔穎達云，率者，縫旁邊。張惠言云，唯裨用箴功，則繂不縫明矣。注

孔穎達云，大夫裨其紐及末，謂裨其身之兩旁及屈垂者。士裨其末，謂裨其一條下垂者。賈公彦云，大夫不裨其繞要者，直裨垂之三尺屈而垂者。士裨其末繞，三尺所垂者不裨。張惠言云，孔以為一條下垂者，是謂帶之下端而已。然，雜帶，注云，内外皆緇，若惟下端，不得云内外。賈以為裨末繞，則從其末而繞出兩旁，然天子以至大夫皆言上下内外，無兩端之文，則兩端蓋不裨。士裨末者，應是垂之半以下耳。

陳祥道云，古者革帶大帶皆謂之鞶，《内則》所謂男鞶革，革帶也。《春秋傳》所謂鞶厲，大帶也。許慎、服虔、杜預皆以鞶為帶，特鄭氏以男鞶革為盛帨之囊，誤也。《詩》言，垂帶而厲，毛萇、杜預皆以厲為帶之垂者，特鄭氏以而厲為如裂，誤也。以周案，陳氏此説似有據矣，而亦非也。《易》，鞶帶，虞注、《左傳》，鞶厲，賈、服、杜注及許君《説文》并曰，鞶，大帶也。鄭君注《内則》云，鞶，小囊盛帨巾者，男用韋，女用繒，有飾緣之，則是鞶裂與。《詩》曰，垂帶而厲，紀子帛名裂繻，字雖今異，意實同。其注《易》箋《詩》悉同此説。鄭意大帶，天子諸侯大夫皆用素，士用練，皆不用革，故不訓鞶為大帶。厲與裂聲最近，烈山氏亦曰厲山氏，故訓鞶厲為鞶裂。凡大帶用帛以束衣，革帶用革以佩玉佩及事佩之等。鞶字從革，決非大帶。注家誤以革帶為大帶，故遂以大帶釋鞶，此皆義之短于鄭者，不得據此以難鄭。

孔穎達云，以帶束要，垂其餘以為飾，謂之紳。上帶為革帶。以周案，《雜記》，申加大帶于上。注：申，重也。革帶以佩韍，必言重加大帶者，明雖有變，必備此二帶也。據此，則大帶在革帶之上也。孔疏虧此亦云，于革帶之上重加大帶，《左傳》疏以革帶為上帶，與《記》疏自違戾。

孔穎達云，并紐約用組。并，並也，並天子以下至弟子。以周案，并，合也。紐以合帶，謂之并紐。并紐連文，下文亦云童子錦紳并紐，可證。約謂約帶，并紐所以約帶使不散。鄭注下三寸云，三寸謂約帶紐組之廣，可證。并紐句，約句，用組三寸句。鄭注云，此又亂脱在是，宜承約用組，亦并紐連讀之證。疏讀未是。右帶。

又《衣服四》 《毛詩》説，副者，后夫人之首飾，編髮為之。笄，衡笄也。珈，笄飾之最盛者。鄭箋云，珈之言加也。副，既笄而加飾，如今步摇上飾。古之制所有未聞。以周案，《鄭志》云三翟之首服副，鞠衣首服編，展衣、褖衣首服次。其注《追師》副編次云，副之言覆，所以覆首為之飾，其遺象若今之步摇，服之以從王祭祀。編，編列髮為之，其遺象若今之假紒，服之以桑也。次，次弟髮長短為之，所謂髲髢，服之以見王。此以假紒專屬之編，與毛傳副編髮為之説異。

又 鄭玄云，追師，追猶治也。詩曰，追琢共章。王應麟云，追以纚作髻如堆，讀如毋追之追，亦為首服之一。林昌彝云，追師非攻玉之官，何以追琢為號。蓋婦人首服加飾為副，為編，為次，不加飾則直是纚笄而為追。據鄭注王后之燕居亦纚笄總，則王説為确。蓋追師之命名，以首服之最下者，猶《弁師》名官不以冕。而衡笄二字，亦是總括四物，猶《弁師》之五冕皆以玉笄也。以周案，林申王説可通。但經文，為副編次追，五字連讀，追亦追師所為，則追當讀如女從者被之被。被在副編次之下，纚之上，《士昏禮》有明文。《特牲禮》，主婦纚笄，《少牢禮》，主婦被，亦其差也。林氏申王直以纚當追，仍未是。

清・閻鎮珩《六典通考》卷三四《宮政考・服飾》 追師掌王后之首服，為副編次，追衡笄。為九嬪及外内命婦之首服，以待祭祀、賓客。鄭司農曰，追，冠名。《士冠禮》記曰，委貌，周道也。章甫，殷道也。毋追，夏后氏之道也。追師掌冠冕之官，故并主王后之首服。副者，婦人之首服。《祭統》曰，君卷冕立于阼，夫人副褘，立于東房。衡，維持冠者。《春秋傳》曰，衡紞紘綖。元謂，副之言覆，所以覆首為之飾，其遺象若今步繇矣，服之以從王祭祀。編，編列髮為之，其遺象若今假紒矣，服之以桑也。次，次第髮長短為之，所謂髲髢，服之以見王。王后之燕居，亦纚、笄、總而已。追，猶治也。《詩》云，追琢其璋。王后之衡笄，皆以玉為之，唯祭服有衡，垂于副之兩旁，當耳，其下以紞懸瑱。《詩》云，玼兮玼兮，其之翟也。鬒髮如雲，不屑髢也。玉之瑱也，是之謂也。笄，卷髮者。外内命婦衣鞠衣、襢衣者，服編。衣緣衣者，服次。外内命婦，非王祭祀、賓客，佐后之禮，自於其家，則亦降焉。《少牢饋食禮》曰，主婦髲鬄，衣侈袂。《特牲饋食禮》曰，主婦纚笄綃衣是也。昏禮女次純衣，攝盛服耳。主人爵弁以迎。侈袂，褖衣之袂，凡諸侯夫人於其國，衣服與王后同。賈公彦曰，王之祭服六，首服皆冕，后之祭服三，首服皆副。昏禮女次純衣，純衣則褖衣，褖衣首服次，其中亦有編，明配鞠衣、展衣也。以禮朝見於王與見賓客同，則服展衣與編，接御見王，則褖衣與次也。燕居謂不至王所，自在燕寢時。《齊國風・雞鳴》毛傳云，東方明，則夫人纚笄而朝。此經注云，副、編、次，以待祭祀、賓客。明燕

居不得著次，自然著纚笄。而毛云以朝，必別有所見。王昭禹曰，后之服六，首服三，以一當二，副配褘、揄，編配闕、鞠，次配展、褖。《明堂位》夫人副、褘，立于房中。副者，飾也。《詩》云，副笄六珈。《周禮》追師掌王后之首服，為副、褘，王后之上服。唯魯及王者之後夫人服之，諸侯夫人則自揄翟而下。《祭統》夫人副、褘，立于東房。侯伯夫人揄狄，子男夫人闕狄，并立東房，以俟行事。尸既入之後，轉就西房，故《禮器》云，夫人在房雖不云東西，然下云，夫人東酌罍尊，則知在房謂西房也。《采蘩》被之僮僮，夙夜在公。被之祁祁，薄言還歸。被，首飾也。箋，公事也，早夜在事，謂視濯溉饎爨之事。《禮記》主婦髲鬄，祭祀畢，夫人釋祭服，而去髲鬄，其威儀祁祁，然而安舒無罷倦之失。《鄘風》君子偕老，副笄六珈。副者，后夫人之首飾，編髮為之笄，衡笄、珈笄，飾之最盛者，所以別尊卑。箋，珈之言加也，副既笄而加飾，如今步摇上飾。古之制所有未聞。何楷曰，《周禮》追師掌王后之首服，副、編、次，追衡笄。副以覆首為之飾。編者編列他髮為之。次者，鬄他髮，而次弟其長短，與己髮相合為紒。追者，治玉石之名，謂治玉為衡笄，即《詩》追琢其章之追。衡笄，鄭玄以為二物，其制皆以玉為之，謂祭服有衡，垂于副之兩旁當耳，其下以紞懸瑱。孔氏以《左傳》衡紞紘綖證之，謂紞與衡連文，以橫貫為橫，此衡垂在兩旁當耳。據人身而言，豎為從，則此衡為橫，其衡下，乃以紞懸瑱也。鄭衆、杜預解衡，但謂維持冠者。愚意《左傳》言衡，直是指笄，而《周禮》衡、笄連文，亦謂笄橫貫在頭上，故名之。男子之笄以維持冠，婦人之笄以固髮，知后笄用玉者，以《弁師》王之笄以玉，故知后與王同也。侯夫人無考。珈，《說文》云，婦人首飾。《毛傳》云，珈，笄飾之最盛者。鄭箋云，珈之言加也。孔云以珈字從玉，則珈為笄飾，繇，副既笄而加此飾，故謂之珈，如漢之步摇之上飾也。言六珈，必飾之有六。據此侯夫人為六，王后則多少無文也。季云，笄本婦人之常飾，唯副之珈，則后夫人有之，卿大夫以下妻所無也。錢氏云，今人步摇加飾，以珠飾之，少者六，多者倍蓰至三十六。據《詩》云六珈，然則古玉數凡六也。按《後漢書·輿服志》云，皇后步摇，以黄金為山題，貫白珠為桂枝相繆，一爵九華，熊、虎、赤羆、天鹿、辟邪、南山豐大特六獸。《詩》所謂副笄六珈者，諸爵獸皆翡翠為毛羽，金題白珠璫繞以翡翠為華云，疑未必古制也。

右首服。禮書，副者，翟之配，以配褘翟，禮所謂副、褘是也。以配揄翟，《詩》所謂副笄六珈，其之翟也是也。褖衣之配禮，所謂女次純衣是也。然則，編為鞠衣、展衣之配，可知禮男子冠，婦人笄，男子免，婦人髽，婦人之飾，不過以髮與笄而已。《莊子》曰，秃而施髢。《詩》曰，鬒髮如雲，不屑髢也。《左傳》曰，衛莊公秃己氏之妻髮以為呂姜髢。《說文》曰，髲，益髮也。《詩》曰被之僮僮。被之者，不特髲鬄也。《少牢》曰，主婦被裼衣，侈袂。被錫者，非髲髢也。鄭氏皆以為髲髢，非是。纚笄婦人首飾。《士昏禮》女次純衣，姆纚笄宵衣。《特牲禮》主婦纚笄宵衣，則副編次之下纚笄，其飾也。《楚語》司馬子期，欲以妾為內子，訪之左史，倚相曰，吾有妾，而願欲笄之，其可乎。蓋古之妾不笄，士姆纚笄，亦攝盛也。鄭氏曰，王后之燕居，亦纚、總。此不可考。孔穎達曰，王后衡笄，皆玉為之，惟祭服有衡，垂于副之兩旁當耳，其下以紞垂瑱，若編、次，則無衡，於笄言珈，以玉飾之，惟后夫人有焉。夫人六珈，后之多寡無文。漢之步摇，以金為鳳，下有鵰，前有笄，綴五采玉，以垂下，行則摇動。魏晉因之，隋改為花樹之數。唐加大花十二樹，象衮冕十二旒。司馬《續漢志》云，步摇有黄山題，貫白珠為桂枝相糾，八雀九華，赤羆天鹿，笄獸，翠羽為飾。

《儀禮·士昏禮》女次純衣纁袡，立于房中南面。次，首飾也，今時髲也。《周禮》追師掌為副編次。純衣，絲衣。女從者畢袗玄，則此衣亦玄矣。袡亦褖也，袡之言任也。以纁緣其衣象，陰氣上任也。凡婦人不常施袡之衣，盛昏禮為此服。《喪大記》曰，復衣不以袡，明非常。姆纚笄宵衣在其右。姆，婦人年五十無子，出而不復嫁，能以婦道教人者，若今時乳母。纚，韜髮笄，今時簪也。纚亦廣充幅，長六尺。宵讀為《詩》素衣朱綃之綃。魯《詩》以綃為綺屬也。姆亦玄衣，以綃為領，因以為名，且相別耳。姆在女右，當詔以婦禮。女從者畢袗玄，纚笄，被纇黼，在其後。女從者謂侄娣也，袗，同也，同玄者，上下皆玄也。纇，襌也。《周禮》曰白與黑謂之黼。卿大夫之妻刺黼以為領，如今偃領矣。士妻始嫁，施襌黼于領上，假盛飾耳。言被，明非常服。《特牲饋食禮》主婦纚笄宵衣，立于房中南面。主婦，主人之妻，雖姑存猶使之，主祭祀，纚笄，首服。宵，綺屬也。此衣染之以黑，其繒本名曰宵。《詩》有素衣朱宵。《記》有玄宵衣。凡婦人助祭者，同服也。《少牢饋食禮》主婦被錫衣，侈袂。主婦贊者一人，亦被錫衣，侈袂。被錫讀為髲鬄，古者或剔賤者刑者之髮，以被婦人之紒為飾，因名髲鬄焉。此《周禮》所謂次也，不纚笄者，大夫妻，尊亦衣綃衣，而侈其袂耳。侈者，蓋半士妻之袂，以益之，衣三尺三寸，袪尺八寸。今文錫為緆。《衛風》碩人其頎，衣錦褧衣。

頎，長貌。錦，文衣也。夫人德盛，而尊嫁，則錦衣加褧襜。箋，碩大也，言莊姜儀表長麗佼好，頎頎然。褧，襌也。國君夫人，翟衣而嫁，今衣錦者，在塗之所服也。尚之以襌衣，為其文之太著。

右宵衣、景衣。《禮書・玉藻》士褖衣，或作税衣。曾子譏子羔之襲、税衣，纁衻，則女次純衣，纁衻者，褖衣也。《昏禮》之姆《特牲》禮之主婦，皆纚笄宵衣，則宵衣不以純矣。《少牢禮》之主婦，與贊者一人，被錫衣，侈袂，則錫衣非宵衣矣。《玉藻》曰王被衮。《士昏禮》曰，女從者畢袗玄，纚笄被潁黼。孟子曰，被袗衣，則被者服之也。鄭以被為首飾，以《少牢》之被錫，為髲鬄。以《詩》被之僮僮，為髲鬄，誤矣。且其釋《追師》則以侈袂為侈褖衣之袂，釋《少牢》則以侈袂為侈宵衣之袂。釋《昏禮》謂姆宵衣，以綃為領，釋《特牲》謂主婦宵衣，以綃為衣。禮文殘缺。鄭氏自惑學者，據經可也。禮有錫衰，錫冪，史有阿錫，蓋錫布之細者。《少牢》大夫朝服以布，則其妻以錫，不亦宜乎。《詩》云，素衣朱襮。《爾雅》黼領謂之襮。《考工記》曰，白與黑謂之黼。天子諸侯后夫人狄衣，卿大夫之妻刺黼以為領，如今偃領矣。士妻始嫁，施襌黼於領上，假盛飾也。然《論語》、《曲禮》皆曰袗絺綌。孟子曰，被袗衣，則袗設飾也。《説文》曰褧，檾也。臬屬潁，與褧檾通用，則袗玄者，設飾以玄也。潁黼者，潁臬為領而刺黼也。玄而黼領，此表衣耳，與黼領之中衣異也。《士冠禮》主人之兄弟，與《昏禮》婦人從者，均於畢袗玄。鄭氏以袗為同。《曲禮》曰袗絺綌。鄭氏又以袗為襌，是自戾也。《士昏禮》女次純衣，乘婦以几，姆加景，乃驅。鄭氏曰，景之制，蓋如明衣，加之以為行道，禦塵令衣鮮明，景亦明也。然則乘車加之以景，猶衣錦加之以褧也。景以禦塵，褧以晦其文。《玉藻》曰，襌為褧，則景亦襌歟。衣錦尚絅，夫人始嫁之服，庶人始嫁，亦有服之者，攝盛也。《唐志》景作憬。

《内司服》后之喪，共凡内具之物。内具，紛帨，綫纊，鞶袠之屬。《内則》婦事舅姑，鷄初鳴，咸盥漱，櫛，縰，笄，總，衣紳。笄，今簪也。衣紳，衣而著紳。左佩紛帨、刀、礪、小觿、金燧，右佩箴、管、綫、纊，施縏袠，大觿、木燧。縏，小囊也，縏袠言施明為箴管、綫纊有之。衿纓綦屨。衿，猶結也。婦人有纓，示繫屬也。將御者，齊漱浣，慎衣服，櫛、縰、笄、總角、拂髦、衿、纓、綦屨。其往如朝也。角，衍字也。拂髦，或為繆髦也。

右内具衿纓。《禮書》紛帨。《詩》曰，無感我帨。《内則》曰，女子設帨於門右。《昏禮》姆施衿，設帨。《内司服》注：内具紛帨之屬。則帨，佩巾也。佩巾，女子之事，男子亦有之。故禮曰，子事父母，左佩紛悅。鄭氏曰，紛帨，拭物之巾也。今齊人有言紛者，蓋自巾言之，謂之紛與帉同義。先儒曰，巾謂之帉。自拭物言之，謂之帨，與捝同義。《儀禮》既祭，皆捝手。唐制，天子紛，廣二寸四分，長六尺四寸，色如綬。皇太子公服紛，廣二寸四分，長六尺四寸，色如綬。群臣進賢冠者，紛廣四寸，長六尺六寸，色如綬。此又因以為飾者也。纓。《曲禮》曰，女子許嫁，纓。《内則》曰，婦事舅姑，衿纓。男女未冠笄者，鷄初鳴，衿纓皆佩容臭。《詩》曰，親結其縭。《士昏禮》女嫁，母施衿結帨。《爾雅》曰，婦人之褘，謂之縭，縭，緌也。又曰，衿謂之袸。郭璞曰，縭，香纓也，褘邪交落帶，繫於體。又曰袸，衣小帶也。蓋纓帶曰衿。《昏禮》所謂施衿，是也。帶結而垂，曰縭。《爾雅》所謂縭，緌是也。鄭氏曰，衿，猶結也。則《詩》所謂親結其縭。為衿纓，可知也。孔穎達曰，縭，帨巾也。然《詩》言紼纚維之。《爾雅》作紼縭，亦曰縭，緌也。則縭非帨巾矣。《内則》男女事父母，婦事舅姑，皆有纓，以佩容臭，則與女子許嫁之纓不同。鄭氏曰，婦人有纓，示有繫屬，誤矣。何則許嫁已，纓將嫁，無所復施，既嫁，夫説之矣，無所復用，則事舅姑之衿纓，非許嫁之纓也。鄭氏曰，許嫁之纓，蓋以五采為之，然則，事父母舅姑之纓，亦五采歟。縏袠，鄭云，小囊也，袠言施，明為箴管綫纊有之。《内司服》注：内具縏袠之屬。熊氏曰，袠，刺也，刺袠而為囊，故曰縏袠。然則《士昏禮》所謂衿鞶者，蓋此也。鄭氏以衿縏，為盛帨巾之屬，然《内則》左佩帨巾，右佩縏袠，而帨巾不聞有鞶，唐志，婦人帨巾亦不施鞶。

清・江永《鄉黨圖考》卷六《佩考》

《玉藻》古之君子必佩玉。注比德焉。君子，士已上。

又，右徵角，左宮羽。注玉聲所中也。徵角在右，事也，民也，可以勞。宮羽在左，君也，物也，宜逸。《周禮》三大祭之樂無商調，此亦無商音，似有所避。

又，趨以采齊。注：路門外之樂節，至應門謂之趨齊，當為楚薺之薺。疏：讀為楚茨之茨，音同耳。其義則異。

又，行以肆夏。注登堂之樂節。

又，周還中規。注：反行也，宜圜。

又，折還中矩。注：曲行也，宜方。

又，進則揖之，退則揚之，然後玉鏘鳴也。注：揖之謂小俛，見於前也。揚之謂小仰，見於後也。鏘，聲貌。

又，故君子在車，則聞鸞和之聲，行則鳴佩玉，是以非辟之心，無自入也。注：鸞在衡，和在式，自由也。

按《大戴禮》、《韓詩內傳》皆言在衡為鸞，在軾為和，非也。軾非設鈴之所，軾若有和，車行與軾相觸，不成聲矣。《左傳》錫鸞和鈴。杜注：鸞在鑣，和在衡，此説是。疏云，衡之所容，唯兩服馬。《詩》每言八鸞，當謂馬有二鸞，若在衡，安得置八鸞乎，以此知鸞必在鑣，和當在衡。和不言數，當是衡端各一和。

《大戴禮・保傅篇》上車以和鸞為節，下車以佩玉為度。上有蔥衡，下有雙璜，衝牙、玭珠以納其間，琚瑀以雜之，行以采茨，趨以肆夏。一句與《玉藻》異。步環中規，折還中矩，進則揖之，退則揚之，然后玉鏘鳴也。注：衡，平也。半璧曰璜，衡在中，牙在傍，玭珠納於衡璜之間。玭亦作蠙，總曰玭珠，而赤者曰琚，白者曰瑀。或曰，瑀，美玉，琚，石次玉。

《玉藻》君在不佩玉，左結佩，右設佩。注謂，世子也，出所處而君在焉，則去德佩，而設事佩。辟德，而示即事也。結其左者，若於事有未能也。結者，結其綬，不使鳴焉。疏：臣對君，恒佩玉，備儀盡，飾當佩玉，今云君在不佩玉，故知非臣，是世子也。

又，居則設佩。注謂所處而君不在焉。

又，朝則結佩。注：朝於君，亦結左。疏：亦皆謂世子。

又，齊則綪結佩而爵韠。注：綪，屈也，結，又屈之，思神靈不在事也。爵韠者，齊服玄端。疏：此謂凡應佩玉之人。

又，凡帶必有佩玉，唯喪否。注：喪主於哀，去飾也。凡謂天子以至士。

又，佩玉有衝牙。注：居中央以前後觸也。疏：凡佩玉必上繫於衡，下垂三道，穿以蠙珠，下端前後以縣於璜中央，下端縣以衝牙，動則衝牙前後觸璜，而為聲。所觸之玉，其形似牙，故曰衝牙。

又，君子無故，玉不去身，君子於玉比德焉。注：謂喪與災眚。

又，天子佩白玉而玄組綬，公侯佩山玄玉而朱組綬，大夫佩水蒼而純組綬，世子佩瑜玉而綦組綬，士佩瓀玟而緼組綬。注玉有山玄、水蒼者，視之文色所似也。綬者所以貫佩玉，相承受者也。純，當為緇，綦文，雜色也。緼，赤黄。疏：瑜，玉之美者，瓀玟，石次玉者。

按，組綬所以懸衡上，繫于革帶，衡下組綬有三條，皆以懸玉，若珠孔細，非組綬可貫。鄭注《大戴》謂，琚瑀皆為玭珠，又謂是玉石。其説不定，後人作圖，以組貫小珠，未必確也。又，孔子佩象環五寸而綦組綬。注：謙不比德，亦不事也。象，有文理者也。環，取可循而無窮。疏：孔子以象牙為環，廣五寸，以綦組為綬也。所以然者失。魯司寇故謙，不復佩德佩及事佩，示已無德事也，象牙有文理，言已有文章也。為環者，示已文教所循環無窮也，五寸，法五行也。

按《論語》言，去喪無所不佩，則瓀玟之玉，觿燧之屬，皆當佩之矣。佩象環在去魯之後，或當如疏説。

《鄭風》知子之來之，雜佩以贈之。傳，雜佩者，珩璜琚瑀衝牙之類。疏：珩，佩上玉也，璜，半璧也，琚，佩玉名也，瑀，玖石次玉也。衝牙亦玉為之，其狀如牙，以衝突前後也。《集傳》左右佩玉，上横曰珩，下繫三組，貫以蠙珠，中組之貫一大珠曰瑀，末懸一玉，兩端皆鋭，曰衝牙。兩旁組半各懸一玉，長博而方曰琚。其末各懸一玉，如半璧而内向，曰璜。又以兩組貫珠，上繫珩，兩端下交，貫於瑀，而下繫於兩璜，行則衝牙觸璜而有聲也。按，瑀當是玉。

《内則》子事父母，左右佩用，左佩紛帨、刀、礪、小觿、金燧，右佩玦捍、管遰、音逝。大觿、木燧。注：必佩者備尊者使令也。紛帨，拭物之佩巾也。刀、礪，小刀及礪礱也。小觿，解小結也，觿貌如錐，以象骨為之。金燧，可以取火於日。捍，謂拾也，言可以捍弦也。管，筆彄也，遰，刀鞞也。木燧，鑽火也。

《曲禮》立則磬折垂佩。主佩倚，則臣佩垂，主佩垂，則臣佩委。注：君臣俛仰之節，倚謂附於身，小俛則垂，大俛則委於地。疏：帶佩於兩邊，臣則身宜僂折，如磬之背，佩從兩邊出，懸垂於前，主君若重慎，折身而佩垂，則臣彌曲，故佩委於地。此謂執玉幣授受之時。

清・顧棟高《毛詩類釋》卷一三《釋衣服》附佩玉。古之君子必佩

玉，亦用以充耳。然惟天子純用玉，下此皆雜用玉石，其見於《詩》者，如《鄘風》玉之瑱也。《衛風》充耳琇瑩，《小雅》充耳琇實，皆充耳也。《鄭風》佩玉瓊琚，《王風》貽我佩玖，《秦風》瓊瑰玉佩，《大雅》何以舟之，維玉及瑶，毛云，舟，帶也，鄭云玉瑶，容刀之飾。皆佩也。著《詩》之瓊華、瓊英、瓊瑩，毛以為佩，而鄭以為充耳也。《木瓜》瓊琚、瓊瑶、瓊玖，經雖不言所用，然其見於他詩者，皆以為佩，則此三者亦佩也。今考之《毛傳》惟瓊云玉之美者，琚、玖俱云玉名，其餘皆云美石，又云石次玉，然則《詩》言瑱、佩，止瓊琚是全玉耳，餘皆石也。但諸名俱合瓊為文，則玉石兼用可知。蓋古制如此。黄公紹强，為之解，以英為玉之最貴，華為玉之方成，實為玉之既成，與草木一例，不免穿鑿。

清・林昌彝《三禮通釋》卷三四《副　編　次》 追師掌王后之首服，爲副、編、次，追衡笄。爲九嬪及外内命婦之首服，以待祭祀、賓客。《詩》曰，副笄六珈。《左傳》曰，衡紞紘綖。《禮記》曰，夫人副、褘，立于東房。《士昏禮》女次純衣。鄭氏曰，副之言覆，所以覆首爲之飾，其遺象若今步摇矣。服之以從王祭祀。編，列髮爲之，其遺象若今紒矣，服之以桑也。次，次第髮長短爲之，所謂髲髢，服之以見王。王后之燕居，亦纚笄而總。王后惟祭服有衡，垂于副之兩旁當耳，其下以紞垂瑱。外内命婦，衣鞠衣、襢衣者，服編。衣褖衣者，服次。孔穎達曰，王后衡笄，皆玉爲之，惟祭服有衡，垂于副之兩旁當耳，其下以紞垂瑱。若編、次，則無衡，於笄言珈，以玉飾之，惟后夫人焉。夫人六珈，后之多寡無文。漢之步摇，以金爲鳳，下有邸，前有笄，綴五采玉，以垂下行，則動摇。魏晉因之。隋改爲花樹之數，唐加大花十二樹，象衮冕十二旒。司馬彪《續漢志》云，步摇，有黄山題，貫白珠爲桂枝相糾，八雀九華，赤熊、天鹿、笄獸翠羽爲飾。陳氏《禮書》云，副者，翟之配，以配褘翟，則禮所謂副、褘是也。以配揄翟，則《詩》所謂副笄六珈，其之翟也是也。褖衣之配，禮所謂女次純衣是也。然則，編爲鞠衣、展衣之配可知矣。禮，男子冠，婦人笄，男子免，婦人髽，婦人之飾，不過以髮與笄而已。則副之覆首若步摇，編之編髮若假紒，次之次第其髮爲髲髢，云者蓋所傳然也。《莊子》曰，秃而施髢。《詩》曰，鬒髮如雲，不屑髢也。《左傳》曰，衛莊公髡己氏之妻髮，以爲吕姜髢。《説文》曰，髲，益髮也，蓋髲所以益髮，而鬒髮者，不屑焉。《詩》曰，被之僮僮，則被之者，不特髲鬄。《少牢》曰，主婦被錫衣侈袂，則被錫者，非髲髢也。鄭氏皆以爲髲髢，非是。謹案，追師掌王后之首服，爲副、編、次，追衡笄。鄭注謂，副之言覆，所以覆首，其遺象若步摇。編列髮爲之，遺象若假紒。次，次第髮長短爲之，所謂髲鬄。追猶治也，衡笄，皆以玉爲之，是追之爲名，取追琢之義。然追師所掌者，后之首服，非攻玉之官，何以專以追琢爲號。王氏應麟謂，追以纚作髻，如堆，是追爲毋追之追，亦爲首服之一。今考《特牲禮》主婦纚笄。《昏禮》姆及女從者，皆纚笄。《内則》婦事舅姑，櫛、縰、笄、總，縰即纚，蓋以黑繒韜髮，結而盤之，而貫笄以爲固。案夏后氏之冠，取名毋追，亦是取象於此，則追即纚而加笄之謂。婦人首服加飾，則爲副，爲編，爲次，不加飾，則直是纚笄，而爲追。據鄭氏注謂，王后之燕居，亦纚笄總，則王氏之説爲确。蓋追師之命名，直以王后首服之最下者名之，猶之弁師，掌王之五冕三弁，而其名官亦以弁，不以冕。而衡笄二字，亦是總括四物，猶弁師之五冕，皆以玉笄。據此言之，益知衡笄只是一物，而鄭氏所云祭服，有衡垂於副之兩旁，與笄爲兩物，皆以玉爲之，其誤可不攻而破矣。

又《男子事佩　女子事佩》《詩・芄蘭》曰，童子佩觿，童子佩韘。《瞻彼洛矣》曰，鞞琫有珌。《公劉》曰，鞞琫容刀。《内則》曰子事父母，左佩紛帨、刀、礪、小觿、金燧，右佩玦、捍、管、遰、大觿、木燧。婦事舅姑，如事父母，左佩紛帨、刀、礪、小觿、金燧，右佩箴、管、線、纊，施縏袠，大觿、木燧。《詩》曰，無感我帨兮。又曰，佩其象揥。《士昏禮》母施衿，結帨。《玉藻》曰，君在不佩玉，左結佩，右設佩。鄭氏曰，世子出所處，而君在焉，則去德佩，而設事佩，結其左者，若於事有未能也。古者有德佩，有事佩。德佩則左右皆玉，事佩則左紛帨、右玦捍之類。左佩皆五，右佩皆六，以左陽而奇，右陰而偶，故也。左佩者小，右佩者大，以左手足，不如右强，故也。先設事佩，次加德佩，以事成而下，德成而上，故也。詩言佩觿、佩韘，乃言容兮、遂兮，是先設事佩，後設德佩也。君在不設佩，左結佩，右設佩，居則設佩，朝則結佩。鄭氏以爲世子之禮，是也。臣於君，所佩必垂委，而相必鳴玉，是與世子之禮異也。考之《内則》男女未冠笄，衿纓佩容臭而已。則佩者，成人之服也。《衛詩》以惠公驕而無禮，故譏以童子佩觿、童子佩韘，以言無成人之德，而服成人之服也。《子衿詩》曰，青青子佩，蓋亦指成人者言之。

又卷四三《觿》《衛詩》曰，童子佩觿。傳曰，所以解結，成人之佩也。

故鄭注《内則》曰，小觿解小結也。與毛傳畧同。夫《芄蘭》之詩，刺惠公以童子服成人之飾，惠公稺年即位，無知之甚，故詩刺之，以其已服成人之服也，則觿爲成人之佩，非童子之飾，可知。《内則》男子未冠笄者，但佩容臭而已，與左佩小觿，右佩大觿，分別言之，是觿明爲成人之佩也。子華子曰，晏子聞善言，請刻諸佩觿，以志不忘，此觿非童子所佩之證。劉向云，知天道者冠鉥，知地道者履蹻，能治煩決亂者佩觿，能射御者佩韘能，正三軍者榗笏，衣必荷規，而承矩，負繩而准下，故君子衣服，中而容貌，得接其服，而象其德，故望玉貌，而能行有所定矣。《詩》曰芄蘭之枝，童子佩觿。説能行也。按觿，貌如錐，以象骨爲之，鄭説是也。沈括云，芄蘭生莢枝，出於葉間，垂之，正如解結錐。此沈氏以喻義解之也。《周禮》眡祲十煇，三曰鑴。鄭注云，鑴讀如童子佩鑴之鑴，謂日旁氣刺日者。近段氏玉裁云，鄭注當云讀爲童子佩觿之觿，轉寫誤也。此《周禮》假鑴爲觿也。觿如錐，故有刺之義。《説文・角部》觿下云，佩角鋭耑，可以解結。是與諸説皆合。

又《韘》《詩・衞風》曰，童子佩韘。《毛傳》曰，韘，決也，能射御，則帶韘。《小雅車攻》傳曰，決，所以鉤弦也。鄭注《鄉射禮》、《大射儀》云，決，猶闓也，以象爲之，箸右大巨指，以鉤弦闓體。即今之扳指。注《周禮》云，抉挾矢時，所以持弦飾也。其箋《詩》云，韘之言沓，所以彄沓手指，此以禮經之極釋，韘也。注大射朱極三云，極猶放也，所以韜指，利放弦也，以朱韋爲之。食指、將指、無名指各一，小指短則不用也。然則鄭意，以韘極沓三字雙聲，亦謂之韘，且韘字從韋，故謂以韋爲之。韘以韋爲之，則極即韘而用韋可知。毛公《衞風》詩傳云，韘，玦也。《小雅・車政》傳曰，決所以鉤弦也。案，決以象骨爲之。毛公以決釋韘。非也。韘用韋，而非用角也。《説文》云，韘，射決也，所以拘弦，以象角句。韋系，句。箸右巨指，從韋。案，許從毛説，非是。鄭氏則以禮無以韘爲玦者，故云韘之言沓也，所以彄沓手指放弦，令不挈也。孔疏云，巨指箸玦，右臂加拾，右手指又箸沓，此孔本鄭説也。《内則》言，右佩玦，捍而不及韘者，以三物皆發矢時所用，舉二以該之耳。鄭注《鄉射禮》、《大射儀》云，決猶闓也，以象骨爲之，箸右大巨指，以飾弦，按闓體，即今之扳指也。其注《周禮》云，抉挾矢，所以持弦，飾也。又《繕人》注云，《士喪禮》抉用正王棘若檡棘。段氏玉裁云，用棘，蓋施諸死者，疑生者，用象，若骨，故《鄉射》大射禮注：皆云用象骨。段説是也。韘非即決，不如鄭孔之説爲是。又按《士喪禮》纊極二則，韘生者以韋，而死者以纊矣。此陳氏《禮書》之義也。

又《捍》《禮》曰，右佩玦捍。捍，韝臂也，以韋爲之，可以捍弦，亦謂之拾，亦謂之遂，則捍、拾、遂，一物而三名，其詳見《射禮》。

又《紛帨》《詩・召南》曰，無感我帨。《毛傳》云，帨，佩巾也。《説文・巾部》云，帥，佩巾也，从巾自聲。帨、帥或从兑聲。《又部》云，㕞，拭也，从又，持巾在尸下。《刀部》云，刷，从刀，㕞省聲，《禮》有刷巾。段氏玉裁《説文》注云，帥帨㕞刷，皆音同，通用字率帥，古今字之異。按《左傳》藻率之率，即帥巾之假借字。故服虔注：左訓率爲巾。孔氏正義，疑率訓巾，爲無據，誤矣。按鄭注《周官・樂師》云，故書帥爲率。注：《聘禮》云，古文帥皆作率，且《韓詩》帥時農夫。《毛詩》作率，此皆佩巾本字。自後儒不諳古文，通借以帨訓爲巾，以帥別爲將帥，而古文晦矣。按服注：言禮有刷巾。許書亦言禮有刷巾。《儀禮・鄉飲》、《鄉射》、《燕禮》、《大射》、《公食大夫》、《有司徹》等篇，皆言挩手。注云，古文挩作帨，帨，拭也。帨手者於帨。帨，佩巾。今注疏本，帨誤爲説，當據朱本作帨爲正。《釋文》云，挩，始鋭反，拭也。注：帨同。並無作説字可證。然則古文帨，手字即作帨，挩乃今字耳。帨之帨手於巾，與㕞之从手持巾意同。許、鄭説並符合《説文》人部佩下云佩，必有巾，故从巾，巾謂之飾，巾部飾下云飾，刷也，是刷巾者，本以拭物，前因以爲佩飾。《内則》曰，左佩紛帨。注：紛帨，拭物之巾也。賈公彦於《鄉飲酒》、《公食大夫》二疏：知經注皆作帨，別無挩字，於識精矣。按《内則》盥卒授巾。注云，巾以帨手，蓋即用《儀禮》之帨，手字也。劉熙《釋名・釋衣服》云，佩，倍也，言其非一物有倍貳也。有珠、有玉、有容刀、有帨，刀有觿之屬也。記言紛帨，此但言帨巾者，帨是巾之大名，故傳亦舉率，以該其餘耳。此刷巾之可考者，不得以事無所出爲疑也。唐制，天子紛廣二寸四分，長六尺四寸，色如綬。皇太子公服紛廣二寸四分，長六尺四寸，色如綬。羣臣進賢冠者，紛廣四寸，長六尺六寸，色如綬。惟其制之同異，經無明文，不得其詳。然《曲禮》云尊卑垂帨。據此，則上下皆有佩巾。據《周官・幂人》言，祭祀以疏布巾，幂人尊以畫布巾，幂六彝，凡王巾皆黼之，則自天子至大夫士，佩巾之華質異尚可知也。據此，記言爲天子削瓜巾，以絺推之，則自天子至大夫士，佩巾之精麤異用可知也。據《燕禮》、《大射儀》幂用綌，若

錫，注謂冬夏之異，推之，則自天子至大夫士，佩巾之冬夏異宜可知也。《法言·寡見篇》云，非徒爲之華藻也，又從而繡其鞶帨，然則帨巾之美，蓋有繡之爲飾者矣。按率導將帥字，《説文》作達作衛，而非作帥作率，而書之作帥作率者，假借之用，非本義也。

又《褑》《爾雅·釋器》曰，衿謂之袸，佩衿謂之褑。郭注《爾雅》謂，衿爲衣小帶，謂褑爲佩玉之帶，上屬。《釋名》云，襟，禁也，交於前，所以禁禦風寒也。衿亦禁也，禁使不能解散也。按《士昏禮》云，施衿結褵。又云，視諸衿鞶。《説文·系部》云，紟，衣系也。紟、衿通。蓋謂聯合衣襟之帶。《玉篇》謂，衿爲結帶。應劭《漢書》注云，衿，帶也，此皆以衿爲衣小帶也。若《説文》衣部裣交衽也。古衿謂之交。段氏《説文》注云，裣之字一變爲衿，再變爲襟，字一耳。而《爾雅》之襟，《毛傳》、《方言》之衿，皆非《説文》所謂裣也。此與訓衿爲衣小帶，義異。郭氏以衿爲衣小帶，以褑爲佩玉之帶，則衣小帶與佩帶劃然二物，似不可以。褑即衣小帶也。《玉篇》云，褑佩裣也。説亦詳纓考。陳氏《禮書》云，衿爲衣小帶，謂褑亦爲佩之衿。鄭氏謂，凡佩繫於革帶，則繫於革帶者褑也。按《方言》佩衿謂之裎。郭氏注云，所以系玉佩帶也。蓋裎即褑之異名，是褑明非衣小帶矣。《釋名》云，佩，倍也，言其非一物有倍貳也，有珠，有玉，有容刀，有帨巾，有觿，有鞢之屬也。

又《礪》《禮》曰，左佩刀礪。《詩》曰，取厲取鍛。《書》曰，礪砥砮丹。又曰，若金用汝作礪。鄭氏曰，礪，礱也。案，礪亦謂之硎。《莊子》新發於硎，是也。亦謂之砥。孔安國謂砥細於礪，是也。

又《遰》《禮》曰，右佩遰。遰，刀鞞也。《瞻彼洛矣》詩曰，鞞琫有珌。《公劉》詩曰，鞞琫容刀。《左氏傳》曰，藻率鞞鞛。《毛傳》云，鞞，刀室也。劉熙《釋名》釋刀，室曰削，是削也，鞞也，遰也，一物而三名也。陳氏《禮書》云，削亦作鞘、韒。

又《金燧　木燧　鑒》古者，燧人取火。《周官》司烜氏，掌以夫遂，取明火於日，以鑒取明水於月，以共祭祀之，明齍明燭共明水。《内則》左佩金燧，右佩木燧。《考工記》曰，金錫半，謂之鑒，燧之齊。《淮南子》曰陽燧見日，則然而爲火，方諸見月，則津而爲水。王充《論衡》曰，陽燧取火於日，方諸取水於月。相去甚遠，而火至水，來者氣感之也。鄭司農釋《周禮》謂，夫發聲。鄭康成謂，夫遂，陽遂也。鑒，鏡屬，世謂之方諸，或以爲老蚌殼爲之。本高誘大蛤爲説也。鑒以金爲之，則夫遂亦金爲之也。《内則》以夫遂爲金遂，是也。陳氏《禮書》云，鑒之體方，則夫遂圜矣。世謂鑒爲方諸，是也。蓋離者，陽中之陰，於物爲火，坎者，陰中之陽，於物爲水，以金遂取火，則以陽召陰。以方諸取水，則以陰召陽。以陽召陰，夫道也。故謂之夫夫，能遂事，故事之遂。夫遂，以義言鑒，以體言於取火。言夫遂於取水，言鑒互相備也。高誘曰，方諸陰燧，大蛤也。熟摩向月，則水生，以銅盤受之，下水數石。《漢舊儀》飲酎夕牲，以鑒諸取水於月，以陽燧取火於日。劉氏《唐志》，李恭真嘗八九月中，取蛤尺二寸試之，得水數斗。案，蛤即蚌也，蚌大蛤小，吾閩人嘗以蚌殼試之。則取水亦以大蛤矣。蛤無如許大。或謂之方珠，蓋其類也。《莊子》曰，木與木相摩則然。文子曰，木中有火，不鑽不發，故四時變國火者，春取榆柳，夏取棗杏，季夏取桑柘，秋取柞楢，冬取槐檀，而木燧取火，蓋不必然。先儒謂，晴則取火以金燧，陰則取火以木燧，然金燧以取明火，特施於致嚴之時，而已。則凡取火皆木燧耳。孰謂木燧有間於陰晴耶。

清·宋綿初《釋服》卷下《簪纓之制》簪即笄也。凡冕弁有笄，所謂固冠之笄也。其制，自外穿紐入武，貫纚與髮，使其牢固也。居冠、玄冠之類，則無固冠之笄，故曰無笄。然固冠無笄，而安髻有笄，其制於未冠之先，以縰韜髮作髻，既訖，横施此笄於髻中，以固髻也。此笄短而細。故《士喪禮》笄用桑，長四寸，纋中是也。纋中謂殺其中，使細也。冠無固冠之笄，而有固冠之纓。纓，冠繫也，凡在冕弁者謂之紘，以一條組爲之。《雜記》注：冠有笄者，爲紘，紘兩端上屬，下不結。《葛覃》詩疏云，紘者纓之無緌，從下而上者也。若無笄者爲纓，玄冠則有纓矣。纓以兩條組爲之，上屬於武而結於頤下。故鄭注云，有笄者屈組以爲紘，無笄者纓而結其絛，是也。無事結之而屬武，有事則垂其所結之餘，以爲飾謂之緌。

《内則》子事父母，雞初鳴，咸盥漱，櫛縰笄總，拂髦，冠緌纓，端韠紳，搢笏。注：縰，韜髮者也。總，束髮也，垂後爲飾。拂髦，振去塵，著之髦，用髦爲之，象幼時鬌，其制未聞也。緌，纓之飾也，端，士服也，庶人深衣。紳，大帶，所以自紳約也。搢，扱也，扱笏所以記事也。疏云，笄者，著縰既畢，以笄插之。熊氏云，此笄謂安髻之笄，非固冠之笄，故文在冠上。總者，裂練繒爲之，束髮之本，垂餘於髻後，因以爲飾也。此經所陳，皆依事先後。

櫛訖加縰，縰訖加笄，笄訖加總，然後加髦，著冠畢，然後服端，著韠，又加大帶也。

又《佩》 《說文》佩，从人，从凡，从巾。佩必有巾，巾謂之飾。陳氏《禮書》古者有德佩，有事佩，德佩則左右皆玉，事佩，則左紛帨，右玦捍之類。

又《德佩》 德佩者，玉佩也，《玉藻》古之君子必佩玉，右徵角，左宫羽，趨以《采齊》，行以《肆夏》，周還中規，折還中矩，進則揖之，退則揚之，然後玉鏘鳴也。故君子在車則聞鸞和之聲，行則鳴佩玉，是以非辟之心，無自入也。注：君子，士以上也。徵角在右，事也，民也。宫羽在左，君也，物也。此謂玉聲所中也。

《玉藻》凡帶必有佩玉，唯喪否。佩玉有衝牙。君子無故玉不去身。君子於玉，比德焉。注：凡謂天子以至士，衝牙居中央，以前後觸也。疏：凡佩玉，必上繫於衡，下垂三道，穿以蠙珠，下端前後以縣於璜，中央下端縣以衝牙，動則衝牙前後觸璜而爲聲，所觸之玉其形似牙，故曰衝牙。

佩玉有尊卑之辨。所以貫玉者，謂之綬。《玉藻》疏：尊者玉色純，公侯以下色漸雜，士惟論玉質而已。不論玉色。《玉藻》，天子佩白玉，而玄組綬。公侯佩山玄玉，而朱組綬。大夫佩水蒼玉，而純組綬。世子佩瑜玉，而綦組綬。士佩瓀玟，而緼組綬。孔子佩象環五寸，而綦組綬。注：玉有山玄、水蒼者，視其文色所似也。綬者，所以貫佩玉，相承受者也。純當爲緇，綦文雜色，緼赤黄，象有文理，環取可循環而無窮。

綿初案，綦，蒼艾色，即青雜色也。士佩緼組綬，緼亦當作綦。《詩》青青子佩。傳，士佩瓀珉，而青組綬，以綦者，青色之小别，故言青耳。蓋古本《禮記》作綦，今本因士緼韍而誤。象環五寸蓋以代衡。

綬亦名襚。《爾雅》襚，綬也。郭注：即佩玉之組，所以連繫瑞玉者。《後漢輿服志》古有佩韍五伯，迭興戰争不息，於是解去韍佩，留其係襚，以爲章采。徐廣云，今名襚，爲綖也。

古者佩玉，有綬，以上系於衡，衡上復有綬，以系於革帶，謂之佩紟。紟，通作衿，《爾雅》佩衿謂之褑。郭注：佩玉之帶，上屬。《方言》佩衿謂之裎，郭注：所以系玉佩帶也。

佩玉之式，《大戴禮・保傅篇》佩玉，上有蔥衡，下有雙璜，衝牙玭珠以飾其間，琚瑀以雜之。注：衡，平也，半璧曰璜，衡在中，牙在旁，玭珠納於衡、璜、衝牙之間，總曰玭珠。赤者爲琚，白者爲瑀。或曰，瑀美玉，琚石次玉。《晉語》韋昭注：珩，佩上飾也。珩形似磬而小。《楚語》楚之白珩，注：佩上之横者珩，《禮通》作衡。《詩傳》雜佩者，珩、璜、琚、瑀、衝牙之類。《有女同車》佩玉瓊琚。《木瓜》詩傳，琚，佩玉名，琚，瓊琚也。《説文》瑀，石之似玉者。《鄭風・女曰雞鳴》疏：《説文》珩，佩上玉也。璜，半璧也。琚，佩玉名也。瑀玖石次玉也。則琚瑀皆是石，次玉。《有女同車詩》傳，佩有琚、瑀，所以納閒。

綿初案，《大戴禮》上有蔥衡，下有雙璜，衝牙此言玉也，玭珠以納其閒，此言珠也，又言琚瑀以雜之。琚瑀亦玉也，珠玉相雜，故曰雜佩。注云，總曰玭珠，赤者爲琚，白者爲瑀。又云，玉石其説不定，今考《鄭風》曰佩玉瓊琚。證以《毛傳》、《説文》，則琚瑀之爲佩玉，審矣。

又《事佩》 事佩者，所以備勞役之事。《内則》左右佩用：左佩紛帨、拭物之巾。《曲禮》尊卑垂帨。注：佩巾也。刀、小刀。礪、礪礱。小觿、解小結。觿貌如錐，以象骨爲之。金燧。取火於日。右佩玦、捍、捍，謂拾也，言可以捍弦也。管、筆彄。遰、刀鞞。大觿、木燧。

陳氏《禮書》考之《内則》男女未冠笄，衿纓佩容臭而已，則佩者成人之服也。《衛詩》以惠公驕而無禮，故譏以童子佩觿、童子佩韘，以言無成人之德，而服成人之服也。《子衿》詩曰，青青子佩。蓋亦指成人者言之。《玉藻》齊則綪結佩，而爵韠。注：綪，屈也。結，又屈之。思神靈不在事也。爵韠者，齊服玄端。

《禮書》佩，既結矣，又從而屈之，不以徵角、宫羽之聲散其志也。況敢聽樂乎。《儀禮》之陳器服，有順有綪，順則直，綪則屈，故《士喪禮》陳襲事于房中，西領，南上，不綪。陳衣于房南領，西上，綪。《士虞禮》曰，器西南上，綪。《既夕禮》乃奠豆南上，綪。俎二南上，不綪。鄭氏曰，綪讀爲綪，屈也。

《曲禮》立則磬折垂佩，主佩倚，則臣佩垂，主佩垂，則臣佩委。注：君臣俛仰之節，倚謂附於身，小俛則垂，大俯則委於地。

此謂執玉幣授受之時。

清・焦廷琥《冕服考》卷三 有佩。

《玉藻》古之君子必佩玉。注云，君子，士已上。又右徵角左宫羽。注

云，玉聲所中也。又趨以采，齊行以肆，夏周還中規，折還中矩，進則揖之，退則揚之，然後玉鏘鳴也。故君子在車，則聞鸞和之聲，行則鳴佩。玉是以匪僻之心，無自入也。君在不佩玉，左結佩，右設佩。注云，謂世子也，結者，結其綬，不使鳴焉。又居則設佩。注云，謂所處，而君不在焉。又朝則結佩，注云，朝於君，亦結。又齊則綪結佩，而爵韠。注云，綪，屈也，結，又屈之，思神靈不在事也。又凡帶必有佩玉，唯喪否。注云，凡，謂天子以至士。又佩玉有衝牙。注云，居中央，以前後觸也。又君子無故玉不去身，君子於玉比德焉，天子佩白玉，而元組綬，公侯佩山元玉，而朱組綬，大夫佩水蒼玉，而純組綬，世子佩瑜玉，而綦組綬，士佩瓀玟，而緼組綬。注云，玉有山元、水蒼者，視之文色所似也，綬者，所以貫佩玉，相承受者也。純當爲緇，古文緇字或作絲旁才。綦文，雜色也，緼，赤黄。疏云，凡佩玉，必上繫於衡，垂三道，穿以蠙珠，下端前後以懸於璜，中央下端懸以衝牙，動則衝牙前後觸璜，而爲聲，所觸之玉，其形似牙，故曰衝牙。皇氏謂，衝居中央，牙是外畔，兩邊之璜，以衝牙爲二物，若如皇氏説，鄭何獨得云牙居中央，以爲前後觸也。玉色似山之元，而雜有文，似水之蒼，而雜有文，故云文色所似，但尊者，玉色純，公侯以下玉色漸雜，而世子及士唯論玉質，不明玉色，則玉色不定也。又，一命緼韍幽衡，再命赤韍幽衡，三命赤韍葱衡。注云，衡，佩玉之衡也，幽讀爲黝，黑謂之黝，青謂之葱。

《詩·鄭風》雜佩以贈之。注云，雜佩者，珩、璜、琚、瑀、衝牙之類。疏云，珩佩，上玉也，璜，半璧也。琚，佩玉名也，瑀，玖石，次玉也，衝牙亦玉爲之，其狀如牙，以衝突前後也。

朱子《詩集傳》云，右佩玉，上横曰珩，下繫曰組，貫以蠙珠，中組之，貫一大珠，曰瑀。末懸一玉，兩端皆鋭，曰衝牙。兩旁組半，各懸一玉，長博而方，曰琚。其末各懸一玉，如半璧，而内向，曰璜。又以兩組貫珠，上繫珩兩端，下交貫於瑀，而下繫於兩璜，行則觸牙觸璜，而有聲也。

《詩·秦風》瓊瑰玉佩。疏云，佩玉之制，唯天子用純，諸侯以下，則玉石雜用。

《詩·小雅》服其命服，朱芾斯皇，有瑲葱珩。注云，三命葱珩。疏云，三命以上，皆葱珩也，故云三命葱衡，明至九命，皆葱珩，非謂方叔唯三命也。

《晉語》白玉之珩，六雙。韋昭云，珩，似磬而小。

《大戴禮·保傅篇》下車，以佩玉爲度，上有葱衡，下有雙璜、衝牙，玭珠以納其閒，琚瑀以雜之。注云，衡，平也，半璧曰璜，衝在中，牙在旁，玭珠納於衡璜之間。玭亦作蠙，總曰玭珠，而赤者曰琚，白者曰瑀。

廷琥按，佩制，上有玉，曰衡，如磬而小，天子用白衡，三命以至九命用葱衡，一命再命幽衡，衡下垂三道，皆穿以玭珠，中一道之中，繫以玉，曰瑀。下垂繫以玉，曰衝牙。其狀如牙，兩端皆鋭，左右衡下，中繫以玉，曰琚，下垂曰璜，璜半璧也，又以兩組貫珠，上繫衡兩端，下交貫於瑀下，繫於兩璜。衡上有佩衿，曰緌，上繫於革帶，此佩之制也。天子、諸侯、大夫皆如此，唯天子用白玉，諸侯用山元玉，大夫用水蒼玉，其貫珠之組綬，天子元，諸侯朱，大夫純，此大夫以上冕服之佩也。下此，世子之佩用瑜玉，組綬用綦。士之佩用瓀玟，組綬用緼，世子當君在，則結佩，結其綬，不使鳴也。齊則綪結佩，綪，屈也，既結而又屈之也。臣於君所，佩必垂委，而相必鳴玉，是與世子之禮異。《内則》男子左佩紛帨、刀、礪、小觿、金燧，右佩玦、捍、管、遰、大觿、木燧。婦左佩紛帨、刀、礪、小觿、金燧，右佩箴、管、綫、纊、施鞶袠、大觿、木燧。《詩》童子佩觿韘，觿所以解結，以象骨爲之。韘，射決也。紛帨，拭物之巾也。晴則取火於金燧，陰則取火於木燧。捍即拾也，可以捍弦。管，筆彄也。遰，刀鞞也。以上諸佩，因考冕服之佩，而附載之。

又 有笏。天子以球玉，杼上終葵首，一曰珽，或謂之大圭。諸侯以象，前詘後直。大夫以魚須文竹，前詘後詘。凡笏皆搢於帶閒，臣於君前將有指畫，或書以記事，則執之。

《玉藻》天子搢珽，方正於天下也。注云，此亦笏也，謂之珽，珽之言珽然，無所屈也。或謂之大圭，長三尺，杼上終葵首。終葵首者，於杼上又廣其首，方如椎頭，是謂無所屈，後則恒直。《相玉書》曰，珽玉六寸，明自炤。

又諸侯荼前詘後，直讓於天子也。注云，荼讀爲舒遲之舒，舒懦者所畏，在前也。詘，謂圜殺其首，不爲椎頭，諸侯惟天子詘焉，是以謂笏爲荼。又大夫前詘後詘，無所不讓也。注云，大夫奉君命，出入者也。上有天子，下有己君，又殺其下而圜。

又笏，天子以球玉，諸侯以象，大夫以魚須文竹，士竹，本象可也。見於天子與射，無説笏，入太廟説笏，無禮也，小功不説笏，當事免則説之，既

搢必盥，雖有執於朝，弗有盥矣。凡有指畫於君前，用笏造，受命於君前，則書於笏，笏畢用也，因飾焉。笏度，二尺有六寸，其中博三寸，其殺六分而去一。注云，凡吉事無所説笏也，殺，猶杼也，天子杼上終葵首，諸侯不終葵首，大夫士又杼其下，首廣二寸半。疏云，言既搢笏，必盥者，謂有執事於朝，須預潔浄，故既搢笏於帶，必盥洗，其手於後，雖有執事於朝，更不須清潔，不須盥矣。造受命，謂造詣君前而受命，則書記於笏，笏畢用也者，畢，盡也，謂事事盡用笏記之。其中博三寸者，天子諸侯，上首廣二寸半，其天子椎頭不殺也。大夫士下首，又廣二寸半，唯笏之中央，同博三寸，故云其中博三寸也。其殺六分而去一者，天子諸侯，從中以上，稍稍漸殺，至上首六分三寸而去其一分，餘有二寸半在。大夫士，又從中以下，漸漸殺至下首，亦六分而去一。

又年不順成，君衣布搢本。注云，搢本，去珽荼，佩士笏也。士以竹爲笏，飾本以象。

又將適公所宿，齊戒居外寢，沐浴，史進象笏，書思、對、命。注云，思所思念，將以告君者也。對所以對君者也，命所受君命者也，書之於笏，爲失忘也。疏云，史謂大夫，亦有史官也。熊氏曰，按下大夫不得有象笏，有象字者誤也。

《典瑞》王搢大圭，執鎮圭，繅就五采五就，以朝日。

《玉人》大圭長三尺，杼上終葵首，天子服之。注云，大圭或謂之珽。杼，殺也，終葵，椎也，爲椎於杼上，明無所屈也。疏云，齊人謂椎，爲終葵。

《禮器》大圭不琢。

《左氏桓二年傳》衮冕黻珽。注云，珽，玉笏也。

《内則》子事父母，韠紳、搢笏。

《樂記》武王散軍而郊射，裨冕搢笏，而虎賁之士説劒也。

《儀禮》士緇帶、靺韐、竹笏。

《説文》曶，一曰佩也，象形。

《釋名》笏，忽也。君有命則書其上，備忽忘也。

陳氏《禮書》云，天子之於天下，體無所屈，故珽必方正。諸侯之於天子，則謹度以臣之，於臣民則制節以君之，故荼必前屈後直。大夫於其君，則爲臣於天子，則爲陪臣，故笏必前屈後屈。士笏之制，無所經見，觀其飾之以象，則亦前屈後直與。又云，《玉藻》言，笏度二尺有六寸，其中博三寸，其殺六分而去一。然天子之笏長三尺而六寸，爲椎首而計之，則於二尺六寸爲有餘，去椎首而計之，則於二尺六寸爲不足。蓋《玉藻》所言非天子之笏。孔穎達曰，二尺六寸，短於天子，蓋諸侯以下，度分皆然。又云，大夫之笏，以魚須文竹。鄭氏曰，文猶飾也。庾氏曰，以鮫魚須飾竹，以成文。考之《書大傳》曰，東海魚須，目鄭氏，魚須今以爲簪。司馬相如賦曰，靡魚須之橈旃。張揖曰，以魚須爲旃柄。則大夫以之飾笏，宜矣。

馬氏端臨云，圭，鎮寶也。笏，服飾也。圭則執之以爲信，笏則執之以爲飾。晦菴言，笏只是君前記事指畫之具，不當執之於手。然古者天子亦有笏，豈亦藉此以記事指畫乎，蓋朝章之服飾也。但天子之笏，以玉爲之，其制以圭，而天子與公侯伯之圭，上鋭下方，其形類笏，故後人或誤以圭爲笏。然笏者，非執則搢，不可須臾去身者也。若圭則天子以禮神，諸侯以朝見天子，不過於當事之時，暫捧之，而即奠之，不常執也。嘗見繪禮圖者，繪上公衮冕執桓圭在手，如秉笏之狀是矣。至卿大夫無圭璧，則端冕盛服而執所謂羔鴈者在手，殊爲可笑。蓋誤以圭爲笏，誤以鎮信之具爲服飾之具故也。

清・林頤山《經述・釋王后首服一》

《周禮・追師》職説，王后首服，先後鄭異義，賈疏意主從後鄭，故於先鄭説從略。往往未及省照，誤會其意。然從後鄭，而於後鄭即當日目驗譬況古制，亦往往從略，未及考證，不能使後人彷彿見其遺像。今爲正其所誤，補其所略。曰《天官》追師，掌王后之首服，爲副、編、次，追衡笄。注：鄭司農云，追，冠名。《士冠禮》記，牟追，夏后氏之道也。先鄭意，蓋以夏之毋追，證官名追師之義，亦即以該下衡笄，上追字義，亦類此，故下文不別爲説。賈疏誤會先鄭意，以爲下一追字，先後鄭同義，故直略而不爲申釋。後儒亦未有爲先鄭申釋者，謹案《續漢・輿服志下》太皇太后、皇太后，翦氂蔮，簪［珥］。左右一横簪之，以安蔮結。又云，古者有冠無幘，其戴也，加首有頍，故《詩》曰，有頍者弁。《儀禮・士冠禮》缺項注：缺讀如有頍者弁之頍，著頍，圍髮際，滕薛名蔮爲頍。據漢時方言，滕薛名蔮爲頍義，取婦人之蔮，象男子之頍，由是知，《續漢志》簪以安蔮結。髻，結，古今字，髻露蔮上，以簪貫之，則蔮髻俱安，蔮所以覆著圍髮際，有似於頍。《釋名・釋首飾》蔮，恢也，恢廓覆髮上也。

魯人曰頍，頍，傾也，著之傾近前也。聶圖集注《三禮圖》云，毋追制與周委貌同，殷冠委大臨前，夏冠委前小損，蔮似頍制，傾側略近於前，與夏冠毋追，較殷冠委前小損脗合。先鄭引記牟追，以釋王后首服之追，其即以追爲漢制太皇太后等首服之蔮，可知《魏志》明紀注：魏氏春秋，亮致巾幗婦人之飾。《孟子》西子蒙不潔，趙注巾幗作巾帽，帽即是冠，男子有冠又有頍，婦人無冠即以蔮爲冠。《周禮》追制不可考，翦氂蔮或其遺制與。

又《釋王后首服二》　司農又云，副者婦人之首服。《祭統》曰，夫人副、禕。先鄭單證副，不及編與次者，其意以副編聯文爲句，次自爲句，宗詩《毛傳》舊讀，即用其義，不與後鄭析副、編、次爲三句。同賈疏：亦略而不申釋。謹案《詩鄘·君子偕老》副笄六珈，傳，副者，后夫人之首飾，編髮爲之，笄衡笄。先鄭宗《毛傳》義，王后首服分爲四，不分爲五，副編一，次一，追一，衡笄一，此云副婦人首服，亦宗《毛傳》編髮爲之，合副、編爲一物。《後漢·東平憲王蒼傳》光烈皇后假紒。注：《周禮》追師掌王后之首服，爲副編。鄭玄云，副，婦人首服，三輔謂之假紒。校後鄭注：無副婦人首服五字，鄭玄是鄭衆之誤。後漢注：讀追師爲副編，絶句，又引先鄭注以申之，曰三輔謂之假紒。但三輔爲漢人舊稱，此條注文，非章懷所自撰，知是承用《漢書》應劭、服虔等注：據三輔方言，以申先鄭宗《毛傳》所釋副編之義，即後鄭所云編，編列髮爲之，其遺象若今假紒是也。重修《玉篇》髟部，鬠本又作副。《廣雅》釋器，假結謂之鬠，假結即假紒，廣亦據三輔方言變副爲鬠，鬠是副之正字。《説文·髟部》，髲是次之正字，副、編、次獨編無正字。則知古字書止分副、編，與次爲二物，其分爲三物者，乃後鄭改定義，後鄭以前所未有也。假紒形制，於釋首服五，申釋後鄭注言之詳矣。

又《釋王后首服三》　先鄭又云，衡維持冠者。《春秋傳》曰，衡紞紘綖。先鄭以副編與次爲王后所獨，追與衡笄爲王及王后所同，故其自申己説曰，追師掌冠冕之官，故并主王后之首服，其意以爲，王后首服有追，舍蔮無足以當之者，可不言自知。其説衡，引《左氏傳》亦單證衡，而不及笄，亦宗《毛傳》二字聯文爲句，如説副，單證副，而不及編之例，不如後鄭分衡與笄爲二也。先鄭既合衡笄爲一，故得與王之冕弁冠笄相例，謹案《續漢志》太皇太后、皇太后入廟，翦氂蔮，簪珥，耳璫垂珠，簪以瑇瑁，爲擿長一尺，端爲華勝，上爲鳳皇，爵以翡翠爲毛羽，下有白珠，垂黄金鑷，左右一横簪之，以安蔮結。《釋名》釋首飾，華勝，華象，草木華也，勝言，人形容正等，一人著之則勝也。爵叉叉頭，反上施爵也。鑷，攝也，攝取髮也。漢世簪制，左右各一，横簪之，簪端有華勝，上有鳳皇，爵下有黄金鑷。簪飾有三，左右二簪合爲六。《詩》副笄六珈。傳，笄，衡笄，珈，笄飾之最盛者。《考工記》玉人衡。注：衡，古文横。《儀禮·士冠》注：笄，今之簪，衡笄即《續漢志》所云横簪。簪飾最盛即是華勝、鳳皇爵，黄金鑷左右各三，合爲六，故云六珈。六珈是衡笄之飾，與後鄭所云步摇上飾不同。

又《釋王后首服四》　注玄謂，副之言覆，所以覆首，爲之飾，其遺象若今步繇矣，服之以從王祭祀。後鄭分王后首服副、編、次爲三物，追衡笄爲二物。先鄭以副編爲假紒，後鄭乃以假紒單屬於編，而副則當漢之步摇。謹案《後漢·和熹鄧皇后紀》頭上步摇一具，注《周禮》王后首服爲副。所以副首爲飾，若今步摇，其所以改副爲步摇者，實因《詩》副笄六珈傳，以六珈爲笄飾，未必六者確有主名，改爲步摇，則步摇上加飾，具有六者可數。《禮記·明堂位》副、禕注：副，首飾，今步摇。《詩》云，副笄六珈。《周禮》追師掌王后首服爲副，《詩》副笄六珈，箋，珈之言加，副既笄而加飾，如今步摇上飾，古制所有未聞。《續漢·輿服志下》皇后謁廟，假結步摇，簪珥步摇，以黄金爲山題，貫白珠，爲桂枝相繆，一爵九華，熊、虎、赤羆、天鹿、辟邪、南山豐大特六獸。《詩》所謂副笄六珈者，據《輿服志》引《詩》有頍者弁，頍爲幘類，鞘鞘佩璲，璲爲綬類，皆用三家義，不用毛義，知此條引《詩》副笄六珈，亦是三家義。副爲假結，即假紒，笄爲簪珥，即衡笄、横簪，與毛傳合。獨六珈爲步摇上所飾六獸，與《毛傳》以六珈爲簪飾不合。《御覽·服用十七》引《續漢志》一爵九華，作八爵九華，《宋·禮志五》亦作八雀九華，當是今本《續志》之誤，《隋·禮儀志六》步摇俗謂之珠松。《釋名·釋首飾》步摇上有垂珠，步則摇，因其貫白珠爲桂枝相繆，故八爵九華六獸列於黄金山題之上，行步則摇，珈之言加八爵、九華、六獸，皆步摇上加飾。《詩》不言八珈九珈，而言六珈者，八爵九華，形質較小，六獸則大而張顯，《詩》言六珈，舉大該小三家義，或如是也。後鄭注《禮》箋《詩》不純用三家義，而徑改副爲步摇，笄即横簪，垂於步摇兩旁，惟六珈爲步摇上飾，而云古制所有未聞者，《古文苑》宋玉《諷賦》止言垂珠步摇，未詳八

爵九華六獸之制。後鄭嫌八爵九華究與六獸混，因疑《周禮》古制有否八爵九華，故云未聞。

又《釋王后首服五》　注編。編，列髮爲之，其遺象若今假紒，服之以告桑。依《詩正義》引，補告字。謹案《續漢・輿服志下》皇后謁廟，假結。《隋禮儀志六》皇后謁廟，首飾則假髻，即注所稱假紒。《後漢・東平憲王蒼傳》光烈皇后假紒。《文選》謝玄暉《齊敬皇后哀策文》注，《東觀漢記》光烈皇后，假結，金樓子，立言上光烈皇后假髻。《左襄四年傳》釋文，髻本作紒，又作結，通用字。《宋・禮志五》漢制，皇后謁廟，首飾假髻。《晉・先蠶儀》注：皇后大手髻，假髻改稱大手髻，則假髻形制，必大於真髻。《宋・五行志二》晉海西太和以來，大家婦女，緩鬢傾髻，爲盛飾，用髲既多，乃先作假髻，傾髻是真髻，用髲雖多，終不及假髻之大。《後漢馬廖傳》長安語曰，城中好高髻，四方高一尺。《御覽・服用九》晉令，士卒百工，不得著假髻。晉承漢制，自佐史以上，其婦女得著假髻爲盛飾。長安語，髻高一尺，亦指假髻而言，因其真髻上又覆以假髻，髻高幾近於一尺，然則編列髮爲假髻，其形制大而且高，今猶可想象得之也。

又《釋王后首服六》　注次。次第，髮長短爲之，所謂髲髢，服之以見王，王后之燕居，亦纚笄總而已。謹案《儀禮》昏禮，女次。注：次，首飾，今時髲。《少牢禮》主婦被錫。注：被錫，讀爲髲鬄。古者或剔賤者刑者之髮，以被婦人之紒爲飾，因名髲鬄焉，此周禮所謂次也。《詩・召南》采蘩，被之僮僮。傳，被首飾，箋，《禮記》主婦髲髢。《鄘・君子偕老》鬒髮如雲，不屑髢也。箋，髢，髲也。《正義》釋編次，所以異以爲編，列他髮，假作紒形，次亦鬄他髮與己髮相合爲紒。如《正義》説，則纚笄總以己髮爲髻，次鬄他髮與己髮相合爲髻，次與纚笄總僅以髮之多少爲别，設有髮多不屑髢者，不幾冒服次乎，此不可通之論也。《禮記・曲禮上》斂髮毋髢。注：髢，髲也，毋垂餘髮如髲。《正義》古人重髮，以纚韜之，不使垂，由是知次與纚笄總所以異，當以《曲禮正義》爲依據。纚笄總者，己髮僅可作髻，而無餘以纚韜之，别無餘髮垂於後。次即髲髢，以已髮與他髮相合，則髮長而作髻有餘，以纚韜之，纚外尚有餘髮垂於後，其遺制，若漢代之髾。《漢・司馬相如傳上》垂髾。張揖注：髾，髻後垂，又下曳彗星而爲髾。張揖注：髾，燕尾。《史記・司馬相如傳》集解，郭璞曰髾髻。髾，髾在髻後，下垂作燕尾形，適與《曲禮》注垂餘髮如髲合。《宋・五行志二》緩鬢傾髻用髲既多，鬢亦在纚外，但不可以言垂，與《曲禮》注垂餘髮如髲不合。蓋用髲多，既可爲鬢，又可爲髾。《周禮》之次，則與髾相近矣。《儀禮・士喪禮》注：婦人露紒是凶禮，髻韜以纚，不露髻，而露髲，循例以推服編者，假髻亦不使露纚，當韜於假髻之上，副爲步摇，又加於纚上。《漢・江充傳》充冠禪纚步摇。服虔注：冠禪纚，故行步則摇，言纚高亦有步摇之象。副、編、次三物，迭加，其所以改先鄭舊注分而爲三者，《禮記・玉藻》正義、《鄭志》三狄首服。副，副所以覆首爲飾，其遺象若今步繇。鞠衣首服編，編列髮爲之，其遺象若今假紒。展衣首服次，次第髮長短爲之，所謂髲髢。《内司服》王后六服，既分從王祭祀、告桑、見王及賓客爲三事，合褖衣燕居爲四事，《追師》王后首服，亦應分從王祭祀、告桑、見王爲三事。合纚笄總燕居爲四事，不惟此也。《巾車》王后五路注：又分從王祭祀、告桑、見王及賓客爲四事，合燕居爲五事矣。後鄭改先鄭舊注於禮經，自是融會貫通，豈得與後世鄉壁虛造者等量齊觀耶。

又《釋王后首服七》　注：追，猶治也。《詩》云，追琢其章。王后之衡笄，皆以玉爲之。唯祭服有衡，垂於副之兩旁當耳，其下以紞縣瑱，笄卷髮者。謹案後鄭改先鄭舊義，以追連下衡笄讀，説追爲治玉，猶言追玉衡、玉笄，即《追師》所以名官，而分衡與笄爲二物。《續漢・輿服志下》太皇太后、皇太后入廟，簪珥，耳璫垂珠，簪左右一横簪之，諸簪珥皆同制。皇后謁廟，步摇簪珥，衡即左右横簪之横，衡、横古今字，其下懸珥。《周禮》弁師謂之瑱。《説文》玉部，珥，瑱也。《衆經音義》八《蒼頡篇》珥珠在耳也，耳璫垂珠者也。《續志》耳璫垂珠，是言珥之制。《釋名・釋首飾》穿耳施珠曰璫。此本出於蠻夷所爲，今中國人傚之。漢制珥亦名璫，穿耳施珠懸於耳下。《周禮》之瑱則懸於衡下，左右各一，適當副，即步摇之兩旁。《春秋傳》衡紞紘綖。天子諸侯横簪，單稱衡，王后首服横、簪，亦得單稱衡，故《毛傳》合衡笄以當横簪。後鄭則單屬於衡，而别以卷髮之笄爲笄，猶《毛傳》合副編以當假紒，後鄭則單屬於編，而别以步摇爲副也。卷髮之笄，即安髮之笄。《儀禮・士喪禮》疏：笄有二種，一是安髮之笄，男子婦人俱有。一是冠笄，唯男子有，而婦人無。此注明云，王后祭服有衡，則男子婦人並有二笄，賈疏特省之，不熟耳。然追師名官注：引《詩・大雅・棫僕》追

琢其章，下又云，金玉其相。傳，追，彫也，金曰彫，玉曰琢。箋《周禮·追師》掌追衡笄，則追亦治玉，追師名官，後鄭實兼治金、治玉言之，追師治玉，注有明文，其治金則不言自知。《續漢志》步摇目黄金爲山題，副即步摇，自是治金。《御覽·服用九·江表傳》孫皓使尚方以金作步摇假髻，知假髻中有模範，必須以金作之，再以髮髢編列，而假髻始安而不動，近俗作假髻用鐵線作模範，此其遺制也。《晉·五行志二》緩鬢傾髻用髮既多，乃先作假髻，假髻既是髮髢所爲，次即爲假髻之髮髢，外此，别無所飾，故追師爲編，有治金之事，編與次，皆用髮髢，次亦連類而及。後鄭注義，縝密類如此。

清·雷鐏《古經服緯》卷上

佩，有玉佩，有事佩，皆繫于鞶，繫以衿，謂之緌。玉佩衡珩，雙璜衝牙，玭珠以納其間。琚瑀以雜之，環玦唯所欲。天子佩白玉，而玄組綬。公侯佩山玄玉，而朱組綬。大夫佩水蒼玉，而緇組綬。世子佩瑜玉，而綦組綬。士佩瓀玟，而緼組綬。故天子白珩，九命以下者葱衡，再命以下者幽衡。事佩左紛帨、刀礪、小觿、金燧，右玦捍、管遰、大觿、木燧，或加劒焉。人君佩玉佩劒，不佩用，餘者，左玉佩，右事佩。侍于尊者，左結佩，右設佩，齊則結之，喪則去之，童子佩容臭而已。

此一節，述佩之等也。德佩事佩，皆繫於鞶，見《玉藻》注疏。繫以衿，謂之緌者，《爾雅》云，衿謂之袸，佩衿謂之緌。郭注云，佩玉之帶上屬，即謂繫屬於鞶帶也。《詩·鄭風》曰，青青子衿，青青子佩，當即謂此。此衿字，即施衿衿纓之衿，皆指繫屬之小帶言。《毛傳》以衿爲領，孔疏以衿爲襟，皆未確。《毛傳》引《禮》云，士瓀玟而青組綬，與今《玉藻》文亦不同，未知是古本一作青，抑毛公解緼爲青也，學子之佩衿。綬用青，亦可補禮文之缺。衡珩至雜之，述佩玉之名制。《大戴禮·保傅篇》引青史氏之記曰，上有雙衡，下有雙璜，衝牙玭珠，以納其間，琚瑀以雜之。《周禮·玉府》注：《毛詩·鄭風》疏引《韓氏詩傳》，與此小異，雙衡作葱衡，玭珠作蠙珠，琚瑀作琚玖。解釋者，義各不同，謂佩止一珩，横繫於上下，爲三道，上屬於珩，中道之末，繫以衝牙，左右二道末，皆繫璜衝牙，璜珩之間，其組綬上，皆納以蠙珠，雜以琚瑀，此毛韓《詩傳》之義也。謂瑀琚亦佩名，非佩飾，在三道之中，此鄭箋孔疏之義也。謂衝牙是二物，牙即璜玭，珠即琚瑀之總名，赤者曰琚，白者曰瑀，此皇氏《禮疏》及《大戴禮》盧注之義也。今按詩傳，皆本於青史之記，而韓《傳》易雙衡爲葱衡，易玭瑀爲蠙玖，此則韓《傳》爲是。珩既横懸，故名衡，則一佩不容有二珩，《服緯》易爲衡珩，衡古横字，珩之爲佩，横在上也，方叔爲周之牧伯，而《詩》曰，有瑲葱珩，《玉藻》又云，三命葱衡，則公侯至於三命者，皆葱衡可知。《禹貢》之蠙珠，古本或作蚍珠，蚍从蜫省，蜫蠙音相近，《大戴記》誤蚍作玭，盧注遂以玭珠爲琚瑀之總名。漢時必有誤作琨者，故《白虎通》以琨爲佩名，魚豢《魏略》亦云琨珠爲佩，此與《詩箋》謂琚爲佩者，皆誤也。玖字，古音同瑀，《詩》云，貽我佩玖，當是齊魯韓毛四家之異文矣。雜佩之外，見於古經之玉佩，止有環玦二物，不聞有佩琨琚者。象環金玦，亦止此物，但不以玉爲之耳，故曰環玦唯所欲。《太平御覽》引古《三禮圖》云，衡長五寸，博一寸，下有雙璜，徑三寸，以蒼珠爲瑀。據此，則琚瑀非佩名，尤可徵信。天子至幽衡，述佩玉之等也，緼組綬以上。《玉藻》文，緇本作純。鄭注云，玉有山玄水蒼者，視其文色所似也。綬者，所以貫佩玉，相承受者也。純、當爲緇，古文緇字，或作絲旁才，綦、文雜色也。緼、赤黄，《正義》云，公侯以下，玉色漸雜。瓀玟，石次玉者。又《玉藻》云，一命緼韍幽衡，再命赤韍幽衡，三命赤韍葱衡。注云，衡、佩玉之衡也，幽讀黝，黑謂之黝青謂之葱。夫佩有三物，《禮》獨舉衡者，衡在佩上，下覆璜，與衝牙共成一佩，舉上則下自見。珩字从玉从衡省，《國語》之白珩，即天子之佩白玉也，《詩》言牧伯之佩，與《禮》之三命者，皆葱黝，猶禮言再命以上，至於公侯，皆赤韍矣。此亦互文見義，前之葱衡，即後之水蒼玉，《詩》之葱珩，即《禮》之山玄玉。一命再命之幽衡，即士之瓀玟，石之次玉者，蓋一統舉其色，一析言其名耳。事佩至木燧，《禮記·内則》文注云，必佩者，備尊者使令，紛帨，拭物之佩巾也。刀、礪，小刀及礪礱也。小觿，解小結也。觿貌如錐，以象骨爲之。金燧，可取火於日。捍謂拾也，言可以捍弦也。管，筆彄也。遰，刀鞞也。木燧，鑽火也。《音義》云，金燧火鏡。《正義》云，皇氏以左旁用力不便，故佩小物，右廂用力爲便，故佩大物。晴則以金燧取火於日，陰則以木燧鑽火也。遰，刀鞞也者，此刀大於左廂刀也。今按觿字从角，本或从金，蓋或以角及金爲之，不專用象骨。玦捍，即《詩》之決拾，《禮》之決遂也。《詩》毛傳曰，決，鉤弦也，拾遂也。《鄉射禮》注云，決猶闓也，以象骨爲之，著右大擘指，以鉤弦闓體也。遂，射韝也，以韋爲之，所以遂弦者也。其非射時，

則謂之拾。又《大射禮》注云，遂，射鞲也，以朱韋爲之，著左臂。《釋文》謂夬，本又作決，或作抉。據此，是夬抉，乃鉤弦放弦之本義。決抉皆假借字，古無以玉石爲射抉者，亦非事佩内雜以玉抉也。《詩》云，童子佩韘，《傳》曰，韘，決也，能射御，則佩韘。箋云，韘之言沓，所以彄沓手指。《正義》謂即《禮》之朱極，今按拾與極，皆以韋爲之，故抉捍。《賈子新書》作抉靬，韘字既从韋，則謂之爲極，不若謂之爲拾，義尤允洽。蓋決極，皆以飾右手，決在大指，極在食指、將指、無名指，而拾則以飾左臂，所以捍弦遂弦，兼之御時執轡，便於磬控，可使袛袖不敝也。故《毛傳》曰，能射御，則佩韘也。言韘則決極自見，言決拾則極自見。因決極，止用以執射，拾則兼射御而皆用之也。故《内則》止言抉捍，而《詩》止言韘，此猶之言衡，而衡璜自見，言遰，而刀劒自見。非是刀有鞞，而劒無鞞，不得以鞞琫容刀一語過泥。注義《詩》，鞞琫有珌。傳云，天子玉琫而珧珌，諸侯璗琫而璆珌，大夫璙琫而璆珌，士珕琫而珕珌，此即遰之等差。蓋遰，即刀劒之室，一名爲鞞，又名爲鞘。琫乃鞘口之飾，珌則鞘末之飾也。左之小刀，即所謂削已。人君佩玉以下，並見《禮記・玉藻》曰，古之君子必佩玉，左徵角，右宫羽，君在不佩玉，左結佩，右設佩，居則設佩，朝則結佩，齊則綪結佩。而爵韠，凡帶必有佩玉，唯喪否，佩玉有衡牙，君子無故，玉不去身，君子於玉比德焉。《正義》云，不佩玉者，示已無德也。結左邊玉佩，設右邊事佩。《内則》曰，男女未冠笄者，皆佩容臭。注云，容臭，香物也。

凡此，皆吉服之有等者也。

此結上文中衣、齊服、裘襦、帶佩之等。

又卷中 王后夫人，及外内命婦之首服三等，曰副，曰編，曰次。副者，覆也，覆于首，而有衡笄焉，以珈爲飾。編者，編髮之長者爲之。次者，次第髮之長短者爲之，即被髢也。王后夫人，及九嬪内子，紞五采，玉瑱、玉笄。世婦命婦以下，紞三采，石瑱，象笄，皆象揥。

此一節，述内之首服也。《周官》，追師掌王后之首服，爲副、編、次，追衡笄，爲九嬪及外内命婦之首服。鄭司農注云，衡，維持冠者。《春秋傳》曰，衡、紞、紘、綎。鄭康成注云，副之言覆，所以覆首，爲之飾。其遺象，若今步摇矣，服之以從王祭祀。編，編列髮爲之，其遺象若今假紒矣，服之以桑也。次，次第髮長短爲之，所謂髲髢，服之見王。王后之燕居，亦纚笄總而已。王后之衡笄，皆以玉爲之。唯祭服有衡，垂於副之兩旁當耳，其下以紞縣瑱。《詩・鄘風》曰，君子偕老，副笄六珈。《毛傳》云，副者，后夫人之首飾，編髮爲之。笄，衡笄也。珈，笄飾之最盛者，所以别尊卑。鄭箋云，珈之言加也，副既笄，而加飾，如今步摇上飾，古之制所有，未聞。今按諸説，毛公以副爲編髮之物，與副貳之義，編次之名，皆相類。以衡笄爲一物，珈爲笄飾，亦古之舊訓也。司農據《左傳》，以衡爲王冕之飾，與禮文不相應。追師，專掌内之首服。康成注：謂副是首服之下覆者，衡笄珈瑱，皆副上之飾。蓋鄭意以副擬冕，以珈擬旒，以衡爲副旁之懸紞瑱者，王之六冕無衡也。此三説，各有取義，《服緯》於副從後鄭。故曰，副者覆也。於衡從毛公，因古經不云冕旁有衡。《左傳》之衡，即笄之别稱矣。《詩》疏謂公侯夫人六珈，王后則多少無文。此是申明箋義，謂六珈非最盛者，亦臆度，非有據也。被髢並見《詩・召南》曰被之僮僮，《鄘風》曰不屑髢也。鄭箋並以《周禮》之次釋之，蓋三名一物，而《儀禮・少牢饋食》注：又謂之髲鬄也。紞瑱之等，皆與男子同。據《追師》之文，止云追衡笄，則瑱之玉石，止是飾於骨角可知。至周末名瑱爲珥，始純以玉爲之。故《韓非子》謂威王有十美人，薛公欲知其所愛，獻十珥，而美其一。淳于髡亦曰，前有墮珥，此非古制。象揥，見《詩・鄘風》、《魏風》，《毛傳》曰，揥所以摘髮也。

凡副者，褘衣、揄狄、闕狄。編者，鞠衣、展衣。次者，緣衣。衣皆袍制無袘，表以純帛，裏以素沙。凡命婦，皆侈袂黼領，褘衣玄，揄青，闕赤，鞠黄，展白，緣黑，此六者，當冕服爵弁服。褘畫翬，揄畫鷂，皆備五采，闕者屈也，畫雉不備采，鞠色如鞠。展曰襢，緣曰褖，一曰税衣。凡狄者舄，衣者屨，舄屨之色如其服。

此一節，述内之上服也。《周官・内司服》掌王后之六服，褘衣、揄狄、闕狄、鞠衣、展衣、緣衣、素沙。鄭康成注謂，狄當爲翟，翟雉名，褘衣畫翬雉，揄翟畫摇雉，皆備五色，闕翟刻而不畫，三翟皆祭服，唯祭服有副衡。闕翟赤，揄翟青，翬衣玄，鞠衣黄，桑衣也。展當爲襢，白衣也。此二者，首服編。緣衣，實褖衣，或作税衣，黑衣也，首服次。此爲王后之六服，六服皆袍制，不禪連，衣裳不異色，以素紗裏之，此於諸經之文，皆可參證。故《服緯》從之，惟刻繒之説，於經無徵，故用鄭司農，屈狄畫羽飾之義。《爾雅》謂翬雉、鷂雉備五采，則屬鷂鶅鷷之闕而不備可知。云皆袍制無袘者，古制婦人

之服，不分上衣下裳，通裁如男子之袍。故要無帶下尺，亦無旁衽，因無可揜也。《士昏禮》之纁裳緇袘，袘即帶下尺，及旁衽之總名，屬於衣之下齊，而下揜乎裳，故袘之言施，言其下施也。鄭氏以緇袘纁袡爲衣裳緣飾之名，並非是。古之上服，經無云有緣飾者，况纁袡之義，顯與詩雅相戾乎，故《服緯》正之。凡命婦，皆侈袂黼領者，《少牢饋食》曰，主婦被錫衣侈袂。注云，侈者，蓋半士妻之袂以益之，衣三尺三寸，袪尺八寸。又《士昏禮》曰，女從者，畢袗玄，纚笄，被潁黼。注云，天子諸侯后夫人，卿大夫之妻，皆刺黼以爲領。士妻始嫁，施襌黼於領上，假盛飾耳，言被服非常也。今按《少牢饋食》乃一命之士禮，故冠而祭。《特牲饋食》及《士冠禮》、《士昏禮》，乃不命之士禮，故裳無章。據禮文，是凡受命者，皆得侈袂黼領，唯不命之士，其妻於嫁時被黼領耳。注以《少牢》篇，爲大夫禮，未確。六服當冕服爵弁服者，禕衣當衮冕，揄狄當鷩冕，闕狄當毳冕，鞠衣當絺冕，展衣當玄冕，緣衣當爵弁也。《禮》曰，君衮冕立于阼，夫人副禕立于東房，復，諸侯以冕服爵弁，夫人以税衣至揄狄，卿之内子以鞠衣，大夫之妻以襢衣，士爵弁純衣而親迎，士妻亦被次純衣，俟于房中，此其證已。賈疏因褖黑之説，謂褖衣當玄端服，非是。褖乃緇衣之異名，爵弁服，玄冠服，衣色皆緇，故《士喪禮》以褖名玄冠之端衣，非是。褖衣之用純，當玄端之用布也，當玄端者，乃宵衣，詳見下。凡狄者舄，衣者屨，舄屨之色如其服者。《周官》屨人注云，王后吉服六，唯祭服有舄，玄舄爲上，禕衣之舄也，下有青舄、赤舄。鞠衣以下，皆屨耳。疏云玄舄配禕衣，則青舄配揄狄，赤舄配闕狄可知。據此則内服之舄屨，皆與服同色矣。

六服之外，有錫衣，當玄冠服，加綃領焉，曰宵衣。當玄端服，袗玄者，庶人之上服也，即均玄加錦緣焉，曰錦衣，即采衣也。凡此者，皆玄衣。又其次，曰縞衣，當深衣。此五者，皆以布。凡錫衣者，被宵衣以下，皆纚笄，褧衣中衣，或布或帛，各如其上服。凡嫁者，必施袡袡即襜也。衣蔽前，謂之襜，一謂之巾。綦巾者，緑衣也，茹藘者，纁袡也。中帶者，親身只禮服也。

此一節，述内之襌衣也。《少牢饋食》曰，主人朝服，主婦被錫衣侈袂，此被，即被之僮僮之被。《周禮》所謂次也，錫衣，是錫布之衣，即《大射禮》用冪錫若絺。注云，錫，細布者是也，今文錫作緆。《説文》曰，緆，細布也。《特牲饋食》曰主人冠端玄，主婦纚笄宵衣，此宵衣，與《士昏禮》之姆纚笄宵衣同。彼注云，宵，讀爲《詩》素衣朱綃之綃。《魯詩》以綃爲綺屬也，姆亦玄衣，以綃爲領，因以爲名。據此，是錫衣宵衣，皆玄緇之布衣可知。特錫衣則有事其布，治令滑易，宵衣則無布，其布加綃領耳。故禮文，以當朝服玄端服。鄭注於《饋食》二篇，不用前義，謂宵衣，是以玄綃爲衣，讀被錫，作髲鬄，以錫字屬上爲句，謂即《周禮》之次，言少牢之主婦亦宵衣，但其衣侈袂耳。此非經義，按古之外服内服，皆止六服用帛，六服之外，雖是上服，無不用布者，觀於朝服玄端服之用布，則錫衣宵衣可知。豈有其夫緇布衣，而妻皆玄綃衣者。况同一《饋食禮》，何《少牢》篇，獨不著主婦之衣名乎。此可知鄭説之誤。故《服緯》從前義。袗玄者，庶人之上服也，即均玄，詳見上。《士昏禮》謂女從者亦袗玄也，其爲玄色之襌衣則同，其衣之制，則男女各異，加錦緣焉。曰錦衣，即采衣也者。《詩・鄭風》曰，衣錦褧衣，裳錦褧裳。箋謂是庶人妻之嫁服，蓋即此玄衣而錦緣者也。玄緇，一類童子之緇布衣，錦緣者，謂之采衣。故此之錦衣，亦采衣也。嫁而著采衣者，非敢饋諸侯夫人之禮，見之子猶是女童，謙示無知之義也。箋謂以錦爲衣裳，亦非是。天子諸侯之皮弁服，其裼衷亦止用布，而緣以錦，則庶人嫁時之錦衣可知，况有采衣可相證乎。凡此者，皆玄衣著其色也，外之朝服，玄端服，皆緇衣，其袗玄，亦緇帶韠，而内之錫衣、宵衣、錦衣，皆玄者，天帝之神，託位於北，女子之義，依歸於夫，故緇與玄同類，可相配也。又其次曰，縞衣當深衣者，《詩・鄭風》曰，縞衣著巾。《傳》云，錫衣，白色男服也，綦巾，蒼艾色女服也。箋云，皆作者之妻服。此二説，箋義是。蓋縞之名，義取於飾，及衣之色，布衣而飾以縞帛，故曰縞衣。此與男子之白布深衣正相配，乃婦人燕居之服也，故曰當深衣。此五者，皆以布，詳上，凡錫衣者，被宵衣以下，皆纚笄，即上所引《饋食》二篇之禮文，是其證。《内則》言婦事舅姑，咸盥漱櫛縱笄總。《周官》注：言王后之燕居，亦纚笄總而已。可知纚笄，是貴賤之通制。褧衣中衣，或布或帛，各如其上服，已詳見上。凡嫁者以下，釋襜巾之異名也。《士昏禮》曰，女次純衣纁袡，立于房中，注以袡爲衣緣。《雜記上》注亦同，今按袡襜古通，《小雅》曰，終朝采藍，不盈一襜。《爾雅》曰，衣蔽前謂之襜。郭注云，今蔽膝也。疏引《方言》曰蔽厀，江淮南楚之間，謂之禕，或謂之袚，魏朱南楚之間，謂之大巾，自關而

東，謂之蔽厀，齊魯之郊，謂之袡禱。又名韠，據此是蔽膝一物，在男子謂之韍韠，在婦人謂之襜巾，袚即韍之異字，襜即袡之本字也。韍字，《詩》作芾，《説文》作巿，曰巿韠也。上古衣蔽前而已，巿以象之，从巾，象連帶之形。然則《詩》之綦巾，傳箋皆訓爲女服，即此蔽膝矣。男子服於前，但繫於帶下，故字作巿。象見帶形，婦人則通上著之，以蔽其前，不見帶形，故字作巾。名之爲襜，通作袡，即《鄭風》之綦巾，《方言》之大巾是也。以後代之名釋之，即漢之帍裱，今之圍帬矣。《方言》曰帍裱謂之被巾。注云，婦人領巾也。今之帷帬上端，亦紐屬於領，此即古之襜巾可知。《説文》亦以蔽膝爲褘，又作襴，云重衣貌，今圍帬之稱始此。知綦巾即緑衣，茹藘即纁袡者。《毛傳》以綦巾，爲蒼艾色女服，疏以青色微白釋之。《夏小正》曰，八月元校。戴《傳》曰，校也者，若緑色，然婦人未嫁者衣之。蓋校絞，古字通，其色青多而黄少，即今之緑色也，與《詩傳》之蒼艾色正相似，且茹藘爲茅蒐之染巾，而茅蒐正是染纁之物。然則《詩》之綦巾，即緑衣，女子許嫁後，縞衣綦巾也。《詩》之茹藘，即纁袡，女子既嫁後，則縞衣纁袡也。《詩》二章之分，義即在此。故《小雅》曰，終朝采藍，不盈一襜。禮亦云，婦人復不以袡，所謂袡者，皆是衣名，不得以爲衣緣矣。中帶，見《儀禮·士喪》記注云，若今之禪襂，蓋猶男子之明衣，而□制，亦親身之禮服也。

其袒服，則褰襦澤韈，與男子同，大帶曰紳，鞶帶以絲。其佩，則左紛帨、刀、礪、小觿、金燧，右箴、管、線、纊、施鞶袠、大觿、木燧，衿纓。女子十五許嫁，纓笄而字。未字者，二十則笄。未笄者，櫛縰總角拂髦，衿纓佩容臭，十年執麻枲，治絲繭，織紝組紃，學女事，以共衣服。其衣緣紳紐，束髮如男子，既許嫁，則縞衣綦巾也。

此一節，述婦女之常服也。袒服，即褻服纓袴之類，見《左傳》。《禮·內則》曰，婦事舅姑，如事父母，雞初鳴，咸盥漱，櫛縰笄，總衣紳。又曰，男鞶革，女鞶絲，此言男女之鞶帶，其取材異也，故別有縏字。注疏：以此鞶爲小囊，盛帨巾者，非是。紛帨在左，字从巾，下垂之象也。故一名佩巾，古時不聞有囊盛之，若果有囊，何以《士昏禮》先結帨，後施鞶乎。男子之有鞶囊，自漢代始。蓋擬於婦人之縏袠而爲之者，非經義鞶縏二字，即男女鉤帶之異名，其飾亦同。故《左傳》有后之鞶鑒，左紛帨至衿纓，皆《內則》文，左佩與男子同，右佩無玦捍管遰，而有箴管線纊，皆盛於縏袠中。故鄭注云，縏袠言施，明爲箴管線纊有之。箴，古鍼字，謂之縏袠者，袠是小囊之名。故《説文》以爲書衣，《類篇》以爲劍衣。《漢書·楊厚傳》曰，吾綈袠中，有先祖所傳秘記，此其證已。蓋以囊盛四物，而并係於縏，故曰鞶袠，或又專名爲鞶，《昏禮》之施鞶是也，因袠以革爲之，而繫於縏，故又名縏袠爲鞶，四物所以備補綴者也。故《內則》曰，衣裳綻裂，紉箴請補綴，衿纓者。注云，衿猶結也，婦人有纓，示繫屬也。《曲禮》曰，女子許嫁纓。注云，女子許嫁系纓，有從人之端也。疏云，纓有二時，一是少時常佩香纓，二是許嫁時繫纓。《內則》云，男女未冠笄，衿纓，鄭以爲佩香纓，不云纓之形制，《士昏禮》主人入，親説婦纓。鄭注云，婦人十五許嫁，笄而禮之因著纓，明有繫也，蓋以五采爲之，其制未聞。以此而言，故知有二纓也。然則此婦人所衿者，即許嫁時所繫之五采儀已。一名爲縭，《豳詩》曰，親結其縭，《爾雅》曰婦人之褘，謂之縭，縭緌也，《毛傳》據《儀禮》，以縭爲施衿結帨之帨。郭注據《內則》衿纓，《儀禮》説纓等文，以縭爲香纓，謂是繫於體之邪交絡帶。《詩》疏從《毛傳》，而反議郭注：今按帨纓並見於禮，而纓之繫屬，尤重於帨，女子必許嫁後，始衿此纓，嫁至夫家，夫又自爲脱之，其重可知。禮之重者，不待至門，始爲佩結，且《詩》云，親結其縭，九十其儀，可知結帨施鞶之先。所以正其儀者，已有數次，不止於鞶帨矣。親結親説，《詩》、《禮》之文，正相關照，皆示重之義也。況緌與纓，古本一物，纓與緯，今亦互稱。《爾雅》之褘，即今之緯也，古時衣旁糸旁字，多互用。故郭注：解爲繫屬之纓，較毛傳實勝，物景純又合婦人及童子之纓爲一，而謂之香纓，亦少誤耳。女子許嫁至則笄，此言女子笄纓之年歲也。《曲禮上》曰，女子許嫁纓，又曰女子許嫁，笄而字。《內則》曰，十有五年而笄，二十而嫁。《雜記下》曰，女雖未許嫁，年二十而笄，禮之婦人執其禮，燕則鬈首。注疏：謂既笄以後，燕居則去笄，仍分髮爲鬌紒也，鬈一作卷。《詩》云卷髮如蠆，鬈謂髦髮之垂者，向上也。未笄至以共衣服，皆《內則》文，此下，皆言女子之佩飾衣物也。鄭注以容臭爲香物，謂以所衿之纓佩之。故《曲禮》疏：以此爲香纓，執麻枲者學爲布，治絲繭者學爲帛。學此二者，先皆織紝組紃，以熟習其法也。《正義》云，薄闊爲組，似繩者爲紃，衣服紳，紐束髮，如男子者。謂亦用朱錦，如男童也。既許嫁，縞衣綦巾者。既許嫁，則笄纓，喪服逆降。故遇有禮事，則縞衣綦巾，燕居當亦采衣鬈首也。

詳見上。

王后及上公、諸公、方伯之夫人，皆緯衣。以下，三夫人及三公、牧伯、侯伯、之夫人，皆揄狄。以下，九嬪及九卿、子男之夫人，皆闕狄。以下世婦及四命者，皆鞠衣。以下女御及王之上士、中士、侯國大夫之妻，皆展衣。以下，王朝下士之妻，諸侯之妾及凡侯國之士妻，皆緣衣。以下，庶人之妻，袗玄縞衣，衻巾布褩。

此一節，述內服之等也。《周官》內司服，掌王后之六服，褘衣、揄狄、闕狄、鞠衣、展衣、緣衣素沙，辨外內命婦之服，鞠衣、展衣、緣衣素沙。《玉藻》曰，王后褘衣，夫人揄狄，君命屈狄，再命褘衣，一命襢衣，士褖衣，唯世婦命於奠繭，其他則從男子。鄭注《周禮》云，侯伯之夫人揄狄，子男之夫人闕狄，唯二王後褘衣。注《玉藻》云，夫人三夫人，亦侯伯之夫人也，王者之後夫人，亦褘衣。屈，《周禮》作闕。又謂一命襢衣二句，是子男大夫士妻之命服。世婦是王之內世婦，及凡侯國之臣妻，皆於獻繭時，命之，以其服，其他是天子之后夫人，九嬪及諸侯之夫人，夫在其位，則妻得服其服，此皆説之合於經者也。其《喪大記》注文，與此亦合。至《周禮》、《禮記》注：疑三夫人及公之妻，闕狄以下，九嬪及王之三孤妻，皆鞠衣。王之卿大夫妻，皆展衣。王之士妻，皆緣衣。諸侯之臣妻，皆分鞠衣、展衣、緣衣三等。公之孤爲上卿，大夫次之，士次之。侯伯子男之臣，卿爲上，大夫次之，士次之，其妻皆以次受服。故《雜記》內子以鞠衣，注引《春秋傳》，叔隗爲內子之文以證之。《玉藻》再命褘衣一句，亦改褘爲鞠，謂是子男卿妻之服，此皆説之異於經者也。何則，《雜記上》曰，凡婦人從其夫之爵位，又曰，復，諸侯以褒衣冕服爵弁服，夫人稅衣揄狄狄稅素沙，內子以鞠衣，下大夫以襢衣，其餘如士，按從夫之爵。此句乃禮之大綱，餘皆錯舉一端，互文見義也。諸侯以冕服，夫人以揄狄，此專舉七命之侯禮而言。據揄狄之文，可知冕服，是鷩冕以下，因下文，別有公襲卷衣一節，方是言諸公之禮，據衮衣之文，亦可知其妻之復與襲用褘衣矣。《玉藻》明云，夫人揄狄，然則三夫人，及三公之夫人，安得又云闕狄乎。《喪大記》曰，復者朝服，君以卷，夫人以屈狄，大夫以玄頳，世婦以襢衣，士以爵弁，士妻以稅衣，此亦各舉一端，互文見義也。於冕服，舉其最尊者，於狄服，舉其最次者，於大夫士妻，則皆舉其最次者，以見相配之義。鄭注：君以衮二句，與經義甚符，謂上公以衮，則夫人用褘衣，侯伯以鷩，其夫人用揄狄，子男以毳，其夫人乃用屈狄。據此順推，可知玄頳襢衣，是內外諸侯之卿大夫禮，而王之大夫及大國之孤，不與也。爵弁稅衣，是王之下士，及凡侯國士妻之服，而王之上士中士，不與也。蓋王之上大夫卿，六命毳冕，其妻屈狄，王之下大夫及大國之孤，四命絺冕，其妻鞠衣，王之上士，與公侯伯之卿同，皆三命。玄冕三章，王之中士，與公侯伯之大夫，子男之卿，同皆再命。玄冕一章，其妻皆展衣，唯子男之大夫，雖一命，因其從政，亦得冕服，故其妻亦襢衣。《司服》所謂其卿大夫，皆玄冕以下，《玉藻》所謂一命襢衣也，至於王之下士，公侯伯之上士，雖亦受命，不得冕服。止爵弁一章，其妻首次而褖衣，公侯伯之中士及凡子男之士，雖亦爵弁，而裳無章，其妻亦被次而褖衣，此所謂從其夫之爵位也。君命屈狄，再命褘衣二句此與三公一命衮同義。故大戴禮盧注云，其夫爲君，則命其妻以屈狄，加再等之命，則上公夫人乃褘衣矣。唯世婦命於奠繭二句，與《周官》辨外內命婦之服同義，謂王之內世婦及王朝侯國之大夫妻以下，必皆於獻繭時命之，始得服其上服。其他如三夫人，九嬪及內外侯之夫人，皆服崇三狄，有君道焉，非臣下之所得辨，故不待受命，即可依禮而服。《周官》之辨服，止云鞠衣展衣緣衣，即是此義。《雜記》內子以鞠衣三句，似與鄭注三等之説合矣。然《周官》明云，其卿大夫，皆玄冕以下，可知服分三等者，止是有孤之國，其餘皆止二等也。且禮，唯王之九卿及大國之孤，其妻稱內子，下此，凡展衣者，曰命婦，曰世婦，魯爲諸公之國，故敬姜曰，卿之內子爲大帶，命婦成祭服。晉文公受命爲方伯，趙衰相之，已陟孤卿。故叔隗爲內子，其後士會叔向，皆爲太傅。魯亦有太傅太宰，是其明證。《雜記》云，內子以鞠衣，下大夫以襢衣，其間尚有上大夫卿一層，經不言者，以下大夫統之，即《周官》所謂卿大夫，皆玄冕而下也。夫玄冕，則妻襢衣，安得謂卿之妻，皆稱內子，而鞠衣乎。不但此也，古制，不惟王后，及上公之夫人，褘衣，凡方伯及諸公之夫人，皆得服之，因其夫皆衮衣也。故《祭純》、《明堂位》，並有夫人副褘之文，鄭君三禮注於衣服之制，每多臆説。故《服緯》悉爲釐正，庶人之妻以下，詳見前。

此內服之大凡也。

此結上五節。

《記》曰，大公爲周，立九府圜法。凡布帛，廣二尺二寸爲幅，長四丈

爲匹，故曰倍丈謂之端，倍端謂之兩，兩端相向，卷而合之，謂之純。純與匹兩，皆四丈也，或曰制幣丈八尺，純四糿，其吉凶異制與。

此一節，述布帛長廣之數，以著衣裳裁製之法也。《周禮・内宰》凡建國，佐后立市，出其度、量、淳、制。鄭注云，故書，淳作敦。杜子春，讀敦爲純。純謂幅廣也，制謂匹長。《王制》曰，布帛精麤不中數，幅廣狹不中量，不粥於市。蓋古者布帛之精麤長廣，皆有定制，如帛有縑紗綃絹之分，布有三升至三十升之異，皆是帛之升數，今已失傳。其幅之廣狹，匹之長短，《漢書・食貨志》引古記云，太公為周立九府圜法，布帛廣二尺二寸為幅。四丈爲匹，此與諸經言衣裳之制者皆合。《小爾雅》云，倍丈謂之端，倍端謂之兩。《周官・媒氏》云，凡嫁子娶妻，入幣純帛，無過五兩。注云，五兩十端也，每端二丈。《雜記下》曰，納幣一束，束五兩，兩五尋。注云，十个爲束，貴中數兩，兩卷合其卷，是謂五兩。八尺曰尋，一兩五尋，則每卷二丈也，合之則四十尺也。今謂之匹。《戰國策》曰，錦繡千純，純即兩端卷合之謂。《説文》曰，匹四丈也。此皆説之可以互證者。《媒氏》之純帛，純當讀如字，古時昏禮之納幣，貴賤各有一定之束數，而每束則無過五兩，所以法天之中數也。故《雜記》曰束五兩，即此義。每束之率，類皆三玄二纁，雖凶禮之襚贈尚然，豈有昏之嘉禮，純用緇帛者。鄭注讀純爲緇，非是。或曰以下，述布帛廣長之異説也。《聘禮》曰，釋幣制玄纁束。注云，凡物十曰束，玄纁之率，玄居三，纁居二，朝貢禮云，純四只，制丈八尺。《既夕禮》曰，襚贈，用制幣玄纁束，注云，丈八尺曰制。又《周官・内宰》注：引天子巡狩禮云，制幣，丈八尺，純四糿。據此，則制幣，幅廣三尺二寸，長一丈八尺，爲一匹也。《説文》曰，八寸爲咫，咫與只糿，古今字。《雜記》曰，魯人之贈也，三玄二纁，廣尺長終幅，言止用廣一尺，長三尺二寸之幣，記儉不中禮也。又《鄭志》答趙商曰，咫八寸，四咫三尺二寸，太廣，四當爲三，三八二十四，二尺四寸幅廣也。古三四積畫，是以三誤爲四。據此，則制幣長丈八尺，廣二尺四寸，爲一匹也。巡狩朝貢喪，紀皆用制幣，故《三禮義疏》謂惟《昏禮》之納幣，用九府法，然經無明文。故《服緯》疑是吉凶異制，因昏是吉禮，襚贈是凶禮也。《淮南子》謂幅廣二尺七寸，非是。

凡衣長二尺二寸，前襟後裾曲袷，右衽有紐，袼高二尺二寸，袪尺二寸，屬幅，不削邊，不邪殺，不圜袂，不繼揜，不侈袂謂之端。故端衣，衡長八尺八寸，當左掖者屬之，當右袼者别之，施衿紐焉，以繫之齊下，續衽四，上廣終幅，尺以下旁廣半幅，是之謂袉。深衣圜袂，不屬幅，故衡長八尺，長中繼袂揜一尺，故衡長一文。凡衣裳分製而外著者，皆有續衽，非端衣尺以下，邪殺之。

此一節述端、深、長、中四衣之形制也。凡衣至右衽有紐，此四衣之通制。《周官・司服》云，其齊服有玄端、素端。《玉藻》云，諸侯玄端以祭。《樂記》云，端冕而聽古樂。《雜記》云，端衰惡車皆無等。《特牲饋食》曰，主人冠端玄。《穀梁傳》曰，桓公委端搢笏，以朝諸侯。蓋古時朝祭及衰服，皆屬幅不削，其制端正也。故《司服》注云，端者取其正也，衣袂皆二尺二寸，是廣袤等也。疏謂注：據《喪服記》文知之，按《喪服篇》曰，袂屬幅，衣二尺有二寸，袪尺二寸。鄭注云，屬猶連也，連幅，謂不削，衣謂袂中也。言衣者，明與身三齊。袪，袖口也。又《玉藻》言，長衣、中衣，與深衣同制，但繼袂揜一尺耳。言長中繼袂，則端衣深衣之不繼袂可知。朝祭及衰服，皆稱端，則袂與衣之廣長，皆二尺二寸可知。深衣長中之袂，雖與端不同，而身中之長則同。故曰，凡衣皆長二尺二寸，前襟後裾、曲袷右衽者。《爾雅・釋器》曰，衣眥謂之襟，衱謂之裾。《説文》曰，襟，交衽也。《釋名》曰，襟，禁也，交於前，所以禁禦風寒也，裾，倨也，倨倨然，直言在後常見踞也。《曲禮》曰，天子視，不上于袷。《深衣》曰，曲袷，如矩以應方，注云，袷交領也。《曲禮》疏：謂朝祭之服皆曲領。《論語》曰，微管仲，吾其被髮左衽矣。疏云，衽，衣襟，即《説文》所云交衽也。蓋身前兩襟，其交際處謂之眥，言如目眥之開啟也。以一衽屬於左襟，向右揜之，是曰右衽。袷謂之襋，亦謂之襘，見《毛詩》《左傳》。衱謂人在後者，皆望及之，其中縫謂之裻，見《國語》。有紐者，此即右衽邊上之衣帶，與右肩之小帶，相挽結之，使衽得存住。故《爾雅》云，衿謂之袸，郭注云，衣小帶也。《喪大記》言，斂服皆左衽，結絞不紐，則生時之右衽，紐可知矣。袼高至是之謂袉，此專是端衣之制，深衣至衡，長一丈，此言深長中衣之制也。袼高二尺二寸，袪尺二寸者，端衣之袂，既與身三齊，則袼之屬幅處，自亦二尺二寸，但袂之外邊下縫一尺，止留一尺二寸爲袖口耳。深衣之袪，雖亦尺二寸，然袂既胡其下，則袼之高下，不能如端衣矣。故《深衣篇》止云可以連肘，言雖殺其袼，而肘亦可運也。注云，袼，衣袂當掖之縫也，蓋古者布帛，皆廣二尺二

寸，凡衣皆四幅裁制，中兩幅當身，旁兩幅則袂也，每幅兩邊不削，而連綴之，謂之屬幅，是爲端衣之制。兩幅之邊，各屈一寸，縫而合之，謂之削幅，齊下之衽，偏斜裁之，謂之邪殺，是爲深長中衣之制。袂不與身參齊，而胡其下，此則深衣之圜袂也，再以半幅繼於袂端，此則長中之繼揜尺也，三分袂之長而益一，此則弁絰，及内服之侈袂，《少牢饋食》所謂主婦被錫衣侈袂，《雜記》所謂，凡弁絰，其衰侈袂者是也。凡朝祭之服，及齊服衰衣，不削幅，不邪殺，不圜袂，不繼揜，不侈袂，其衣衡長八尺八寸，每幅長廣皆二尺二寸，四角方正，故謂之端，即端冕、端委、端衰、玄端、素端是也。餘衣之袂，皆不得方正，深衣削幅，衡長八尺，長中繼揜，衡長一丈，侈袂者，又順長三尺三寸，故皆不稱端也。凡衣之下齊，必續以四衽，其制上廣終幅長一尺，垂於帶下，所以掩裳之上際也。其下旁廣半幅，端衣則正裁之，而不偏，餘衣則邪殺之，而不正，當左掖者，當右袼者，前後二衽縫屬之，前後二衽分紩之，綴衿紐焉，以鉤結之，所以掩前後裳之交裂也。《士昏禮》曰，纁裳緇袘，《喪服》經曰，衣帶下尺，衽二尺有五寸。《玉藻》曰，衽當旁，《深衣》曰，續衽鉤邊，此之謂也。後馬周倣三代深衣之制，於帶下著襴，名曰襴衫，以爲上士之服，即本於此。後之名爲襴者，即古之所謂袘也。袘字从施，省在衣上，而下施於裳，故因以爲名。蓋古制，凡衣裳分上下別裁者，皆有三等，續衽在衣之前襟者，曰右衽。斂衣亦左衽。在衣之下齊者，曰旁衽，在裳之兩旁邪殺者，曰裳衽。此三者，皆可以續衽當旁解之，唯帷裳皆正幅，無衽也。鄭氏司服注：謂大夫以上皆侈袂，故改《玉藻》之玄端爲玄冕。《士昏禮》注：謂袘是衣緣，《喪服》注：謂衰裳之旁衽，作燕尾形，《深衣》注謂，續衽鉤邊，專言裳衽，皆非是。凡衣裳以下，此言深衣長衣之續衽也，端衣無不外著者，故其衣衽，皆正裁之，非端衣而外著。又衣裳分製者，止有深衣長衣，其衣之下齊，皆有此續衽，但一尺以下，悉邪殺之耳。所以掩衣裳分製之縫，及裳之左右開處也，至於中衣明衣，皆有上服掩之，當或無此袘矣。

凡端衣之裳，前三幅，後四幅，要有辟積無數，謂之帷裳。凡端衣帷裳不飾，非帷裳，屬于衣，皆六幅，破之爲十二幅，前後各六。當身者，正破之，當旁者，邪殺之，要無辟積，是之謂纀。凡裳之長，毋被土，以身爲度。

此一節，述裳之制也。《喪服篇》曰，凡衰，外削幅，裳，内削幅，幅三袧。鄭注云，削，猶殺也，袧者，謂辟兩側，空中央也。祭服朝服，辟積無數。凡裳，前三幅，後四幅也。《論語》曰，非帷裳，必殺之。《爾雅》曰，裳削幅，謂之纀。郭注云，削殺其幅，深衣之裳，禮《玉藻》曰，深衣三袪，縫齊倍要。鄭注云，三袪者，要中之數也，袪尺二寸，圍之二尺四寸，三之七尺二寸，縫，紩也，紩，下齊倍要，中齊丈四尺四寸。又《深衣》曰，制十有二幅，以應十有二月。注云，裳六幅，幅分之，以爲上下之殺，此古注之舊説也。今按帷裳七幅，每幅兩邊，各屈紩之，縫去一寸，七幅共去一尺四寸，則要中下齊，各得一丈四尺，故要有辟積無數，各適其體而止。惟衰裳，幅三袧，共積二十一襞，每袧處，積二寸三分，餘縫要半下，此即帷裳之制也。其深衣等裳，皆以六幅，破之爲十二幅，是先以四幅正破，而中分之，爲八幅，是爲前後之正幅。以上當襟裾，每幅廣一尺一寸，兩邊各削一寸，屈紩之，則每幅止餘九寸，八九七尺二寸，此即要中三袪之數也。其餘二幅，皆邪殺之，分爲四幅，皆狹頭廣二寸，闊頭廣二尺，分爲前後裳之左右衽，以當衣旁之兩袂，皆狹頭向上，闊頭在下，兩邊各屈紩一寸，則上無所得，仍是三袪之數。下之闊，每幅各餘一尺八寸，一四，四八共爲七尺二寸，此所謂衽當旁也。以此裳衽之殺而上者，與衣衽之殺而下者相當，適成小要之象。《檀弓》稱釘棺之小要爲衽，即取義於此。以裳下四衽之數，合於正幅之七尺二寸，是下齊共得一丈四尺四寸，此所謂要縫半下，縫齊倍要，是已。注及孔疏：謂六幅皆交，解之爲十二幅，皆狹頭向上，此於衽當旁之義不協，故《服緯》不從，再《喪服篇》之裳削幅内，殺其幅之邊也，《爾雅》之裳削幅邪，殺其幅之中也，其義各殊，不可牽混。纀者，樸也。《既夕》注云，不辟，質也。疏云，辟積其要間示文，此可知裳之削幅不辟者，義取質樸矣。凡端衣帷裳不飾者，經於明衣深衣中衣采衣，及冠帶韠屨之有飾者，必皆明著之，以辨其異，獨於端衣帷裳，絶無言及。可知《昏禮》注：謂緇袘纁袡，是衣裳之緣者，誤已。且鄭注云，婦人服不常施袡，三狄三衣，尚不飾，則端衣帷裳之不飾，尤可徵信。凡裳之長毋被土者，身之高下不齊，衣有定制，皆二尺二寸，裳則各以其身爲度，但長毋被土而已。

凡澤襦無裳，婦人及童子之衣，如袍制，袍之言包也，衣裳不分，包體深邃，無袘，亦無纀。

此一節，述襦與袍澤及婦人童子之衣制也。襦，即今之小襖。澤，即今

之汗衫。故《説文》曰，襦短衣也，一曰㬝衣。《釋名》曰，襦，煗也，言温煗也，婦人之衣如袍制。《周官·司服》注文，衣無帶下尺，又無衽，《喪服篇》注文，《曲禮》曰，童子不衣裘裳，衣既無裳，是采衣亦如袍制，但少短耳。又《喪服》注云，婦人不殊裳，如深衣，此則少誤。深衣之裳雖屬於衣，猶分裁之，中有連屬之横縫，故掩之以袘袍，與婦人之衣，止如今之裏袍，上下通製而不分，唯當旁之兩掖處，皆有上殺之衽，初無裳之名也。故古禮，凡言婦人之服，皆不云有裳。《詩》之裳錦褧裳，是因衣之在帶下者，旁有邪衽，與裳相似，故强以裳名之，而實非裳也。《詩》之緑衣黄裳，緑字當從箋説，乃禒衣之訛，禒衣是緇衣之通稱，故《士喪禮》，謂男子之玄端爲禒衣，此即侯國朝服之緇布衣也。緇衣而黄裳，乃中士之玄端服，非諸侯所宜，猶之絺綌不可外著以當風，禒衣不可用絲而黄裏也。時莊公或嘗服此，故莊姜見之，刺其非禮，且自傷也。箋謂此是婦人之禒衣，亦未確，至禮注黑衣赤緣之説，則尤無據矣。

韠之制長三尺，下廣二尺，上廣一尺，其頸五寸，肩二寸，天子直，諸侯方，大夫前方後挫角，士前後正。上會五寸，旁紕六寸，以爵韋下純以素，亦五寸，皆紃以五采。凡襜巾之制上及于領，下與紳齊。

此一節，述韠袡之制也。凡冕服之韠，謂之韍。《論語》作黻，《詩》作芾，《白虎通》作紱，《説文》作市，从巾，象連帶之形。故婦人之袡，亦謂之巾。皆象形之稱，服之蔽前者也。韠之制，至肩二寸，此釋韠之通制。天子直，至前後正，此釋韠之異等。上會至五采，此亦韠飾之通制。其章采，已詳見前。凡襜巾以下，釋婦人襜巾之制也。禮《玉藻》曰，韠，下廣二尺，上廣一尺，長三尺，其頸五寸，肩革帶，博二寸，蓋以韋爲韠，繫於革帶，長與紳結三齊，其廣則上一尺，下二尺，當膝處漸寬，故名蔽膝。一尺之上，中爲頸，旁爲肩，以兩肩繫於革帶，肩與帶，皆博二寸，不以頸繫者，革帶有厲與鉤鰈，不可掩襲也。注謂頸肩，皆上接革帶，頸其掩置於帶後歟。此頸肩不在三尺之數，三尺謂皆在帶下者，其象則天子直，四角無圜殺，公侯方，四角微殺，大夫下方上圜，士各如君。故《玉藻》曰，天子直，公侯前後方，大夫前方後挫角，士前後正。鄭注云，殺四角使之方，變於天子也，大夫圜其上角，變於君也。韠以下爲前，以上爲後，天子之士則直，諸侯之士則方，士賤，與君同，不嫌也，其飾則上謂之會，下謂之純，兩旁謂之紕。會博五寸，紕各三寸，皆以爵韋，純博五寸，以素，凡韠飾交際處，皆以五采紃條飾之。故《雜記下》曰，會去上五寸，紕以爵韋六寸，不至下五寸，純以素，紃以五采。注謂方，是上下各殺五寸，肩，即上之兩角，非經義，殺至五寸，則不得方矣。若肩即兩角，則挫角者，將何以繫著襜巾，已詳見上。上及於領，故一名領巾，下與紳齊，故曰蔽前。

履則複下曰舄，單下曰屨。凡舄屨各象其裳之色，舄之飾，如繢之次，屨之飾，如繡之次。惟爵弁之屨，用繢次也，素屨、散屨無飾。飾在前者謂之約，在口者謂之純，縫中之紃，謂之繶，三者同色，純博寸，童子不約。夏葛屨，冬皮屨。舄與吉屨，皆以絲，年不順成，則君子不履絲屨。凡革屨謂之鞮，草屨謂之菲，一謂之屝，亦謂之屩。屨系謂之綦，刖者之屨曰踊。

此一節，述舄屨之制也。履者，足踐之通稱也，兼舄、屨、鞮、屝，皆在内，複下至無飾，詳見前。飾在前至謂之繶，見《周官·屨人》注。屨人云，赤繶黄繶青句，注曰舄屨、有約、有繶、有純者、飾也。約，謂之拘，著舄屨之頭，以爲行戒，繶、縫中紃，純、緣也，三者同色，純博寸者，三飾皆同色，惟舄屨之口，飾博一寸也。《士冠禮》曰，玄端黑屨，青約繶純，純博寸。素積白屨，以魁柎之，緇約繶純，純博寸。爵弁纁屨，黑約繶純，純博寸。以三屨類推，則餘可知矣。夏葛屨，至絲屨。此言屨以時易，雖貴者亦或麻屨也。《士冠禮》曰，夏葛屨，冬皮屨可也。不履繐屨，此見屨以絲枲爲正，或織麻爲之，或織絲爲之，各有其制。雖冬夏可以不易，然夏或葛屨，冬或皮屨，亦非禮制所禁，故曰可也。但舄與吉屨，必以絲，常用之屨，亦可以麻，惟麻屨不可過麄，同於功衰之繐屨耳。《左傳》雖有豹舄，乃人君田獵之服，與皮冠取稱者，不可以證，祭服有子之絲屨，禮以爲譏，可知絲屨，是純吉之物。少儀曰，國家靡敝，則君子不履絲屨。《曲禮》謂，年不順成，則君必布衣素服，是貴者非喪弔，亦有麻屨時矣。凡革屨至末。此釋諸屨之異名也。《曲禮》，謂大夫士去國，鞮屨。《周官》有鞮鞻氏。鄭注皆以鞮爲無約之屝。《説文》、《字林》並以鞮爲革屨，字既从革，自是革屨無約也。《孟子》曰，舜視棄天下，猶棄敝屣也。《説文》謂屣亦鞮屬。趙注則云，屣，草屨也。《僖公四年左傳》曰，供其資糧屝屨。《釋名》曰，草屨曰屝，故字通作菲。《喪服》傳曰，薦蒯之菲是也。《釋名》，謂屩亦草屨，即趙相虞卿，躡屩擔簦説孝成王者，字一作蹻。故《戰國策》曰，蘇秦羸縢履蹻，屨係謂之綦者。《内則》曰，

屨著綦，注云，綦屨繫也。《士喪禮》曰，組綦繫于踵，是綦用組矣。刖者之屨曰踊，見《昭公三年左傳》。

古以布帛生熟采色之異，經緯粗細多寡之殊，及物質之形象新，故區分之而異其名。亦有假借爲稱者，則布類尤衆。凡織絲而成之曰帛，采帛曰繒，始成曰素，薄曰綃，熟曰練，白曰縞，輕曰沙，縐曰穀。凡織麻而成之曰布，細者曰紵，四升以上曰疏：加功而鍛治之爲布，微治其縷，曰大功。大功者，七升以上，細治其縷曰小功。小功者，十升以上，治縷如小功，而四升有半，曰繐，治其縷，細如絲曰緦，治其布，使滑易，曰錫。緦與錫，皆十五升，抽其半，織成而不加治焉，曰素，生而加素功焉，曰縞，熟曰練，細曰纖。凡經縷八十爲一升，吉服之布，皆十五升，冠皆三十升，縷細如絲，故假絲之名，以著其別也。凡織葛而成之曰綌，精曰絺，再精者曰縐絺，褐罽之屬，曰織皮，錦綺之屬，曰織文，采棉之屬，曰織貝，直曰經，衡曰緯，紕曰線，糾而合之，曰繩，三股曰徽，兩股曰纆，比而合之，曰綸，大繩曰綍，綍紼縉綸也。黂麻曰苴，牡麻曰枲，練麻曰纑，亂麻曰絮，亂絲曰緜，新緜曰纊，絮著衣，曰緼，敝衣曰藍縷，其甚者曰衣袽。

此一節，述服物之異名也。古以至其名，言名之所以異者，由此，亦有至尤衆，言布類而絲名者甚多，凡織絲至縐曰穀，此即帛之異名也。繒帛皆大名，而帛从白，繒从曾，白者而增以采色焉，則繒之義也。縞素綃，皆生帛之名，素朴素也，織成即用，不復加功治焉，曰素。故《小爾雅》曰，縞之麤者曰素，《雜記》注云，素生帛也，織成而加素功焉曰縞，縞者皜也，故《小爾雅》曰，繒之精者曰縞，綃則生帛之疏者，見《急就章》顔注：今俗謂布帛之薄者，尚曰綃。《周禮》之素沙，後世字作紗，言其孔可漏沙也，此帛類之至疏者，故注以漢之白縛釋之，《釋名》曰，縛薄也，《漢書•江充傳》注曰，輕者爲紗，縐者爲穀，蓋疏者質必薄，薄者質必輕，疏而尤細靡者，縷必縐，其義亦相因也。熟曰練者，取生者湅治之古法，湅絲止以水，湅帛或以灰，掌於㡛氏，後代始有湅煮之法。故《釋名》曰，練，爛也，煑使委爛也。湅麻湅葛之法，古人亦必煮之，使其靡軟，故《葛覃》曰，是刈是濩。《毛傳》曰，濩，煮之也。凡織麻至細，曰纖，此言布之異名也。古無木棉，以麻爲布，苧麻性柔，其色最白，緝以爲縷，細可如絲，故字或从絲作紵，《禹貢》曰，厥貢漆枲絺紵。《周官•典枲》掌布緦縷紵之麻草之物，注云，白而細疏曰紵，蓋此乃布之異等者，故子産見季札，獻紵衣焉。其餘之布，皆用牡麻，牡麻者，枲麻也，苧爲麻母，多子而不柔忍，故斬衰之絰帶用之。牡麻皮堅，煮而績之，易以成縷，故凡布多用之。《周禮》，帛物皆掌於典絲，布物皆掌於典枲，即此義。凡布縷必以灰鍛治之，略施功焉，曰大功，細施功焉，曰小功，否則不柔不潔，齊衰之疏是也，見《儀禮•喪服》注。《禮間傳》曰，斬衰，三升，齊衰，四升五升六升，大功，七升八升九升，小功，十升十一升十二升，是大功布，自七升以上，小功布自十升以上也，小功之縷，已柔潔已，而未能匀細，用小功之縷，而以四升半成之，是之謂繐。《喪服傳》曰，繐衰者，何以小功之繐也，《記》曰，繐衰四升有半，緦者，治其縷，細如絲也。故《喪服傳》曰，緦者，十五升，抽其半，有事其縷，無事其布，蓋繐，止加功於成縷之後，緦，且有事於成縷之前，若仍用小功之繐，升數如緦，既成布，而治令滑易，此則弔服之錫布矣。《喪服傳》曰，錫者，十五升，抽其半，無事其縷，有事其布，曰錫。注曰，謂之錫者，治其布，使之滑易也。錫一作緆，燕禮，冪用綌若錫。注云，今文錫爲緆是也。《説文》訓緆爲細布，此謂吉服十五升以上之錫。《少牢饋食篇》所謂錫衣者，是此，於布縷皆有事，非弔服七升半之錫矣。古時吉服之布，皆十五升以上，故十四升之布，尚曰疑衰。然則吉服，無用十四升以下者已。吉服之布既成，而不加功治者，謂之素。《釋名》曰，素，朴素也，已織則供用，不復加巧飾也。凡經之言素冠素衣者，皆此。成布而復加以粉飾焉，曰縞，《説文》曰，縞，鮮色也，凡經之言縞冠縞衣者，即此。蓋錫以素加巧，縞以素加飾，此即錫與縞素之辨，其不加巧飾，而但以素湅之使熟，則曰練。升數愈多，而縷愈加細，則曰纖。凡經之言練冠練衣，纖冠纖縞者，皆是，不得因字从系旁，遂誤爲帛也。許氏《五經異義》，以緦爲絲布，《喪服傳》注駁之，謂朝服用布，何衰用絲乎，此爲正論。凡經縷，至著其別也，此申明布以升別，及布得絲名之義也。《喪服傳》注曰，布八十縷爲升，升字當爲登，登成也。疏云，此無正文，師師相傳言之，是以今亦云八十縷謂之宗，宗即古之升也，蓋注所引者，漢代語，疏所稱者，唐時語。按《史記》漢景帝，後元二年，今徒隸，衣七緵布，《正義》云，緵，八十縷也。然則升登宗緵，皆聲之轉矣。凡織葛至織貝，釋葛罽錦棉之類也。《詩•周南》毛傳曰，精曰絺，麤曰綌，《衛詩》傳曰，絺之靡者爲縐，已詳見前。褐罽之屬，曰織皮，《豳詩》曰，無衣無褐，何以卒歲。《孟子》曰，

不受於褐寬博，朱注云，褐，毛布，寬博，寬大之衣，賤者之服也。《爾雅·釋言》曰，氂罽也。《禹貢》梁州厥貢織皮，蓋織獸皮之毛以爲布，而製爲衣也，今之褐子多羅呢，洋條絳片，皆是錦綺之屬。曰織文者，經有素錦朱錦，綺者，文敧邪，故字从敧省。《禹貢》，兖州厥篚織文，《傳》云，錦綺之屬。《説文》曰，綺，文繒也，采棉之屬，曰織貝者，此即今之木棉矣。木棉本裔産，《禹貢》揚州島夷卉服，厥篚織貝，此與織皮織文同義，不得如傳説，獨分織貝爲二物也。蓋木棉本名吉貝，自唐虞時，已織充貢篚，故《詩》有貝錦。《南史》謂林邑國，有斑布，今滇省夷民，亦有染木棉之縷，織爲五采錦文者，當即此類。直曰經，至末，釋絲麻絮袽之名也，凡布帛之直縷爲經，横縷爲緯，線，古綫字，見《考工記》注：讀爲綫，謂縫革之縷也。故今時，亦曰洒線，糾而合之爲繩。《説文》曰，三股曰徽，兩股曰纆，皆索名，比而令之爲綸，緡亦綸類，而差細，綍與紼，則大繩也。故《詩》曰，其釣維何，維絲伊緡，又《采緑》曰，之子于釣，言綸之繩，《傳》曰，綸，釣繳也。又《禮記·緇衣》曰，王言如絲，其出如綸，王言如綸，其出如綍。此即緡與綸綍之異等已。《禮》注云，綸，今有職嗇夫所佩也，蓋鄭讀綸，如《爾雅》之綸，似綸此是佩綬，與釣綸各異。緜絮緼纊，舊無定解。《説文》曰，絮，敝緜也。《玉篇》曰，緜，新絮也。《廣韻》曰，精曰緜，麤曰絮。緼，枲麻也，《漢書·蒯通傳》注：以緼爲亂麻，獨《玉藻》鄭注：以緼爲新緜及舊絮，今按絮字，从如系，則非絲可知。故《服緯》從顔注亂麻之説，蓋緼，即絮著於衣之名也。於文如絲曰絮，帛之餘絲曰緜，以絮而裝著於衣曰緼，故緼有藏蓄歷久之義。緼之既久，乃黄赤也，以緜而擘著於衣曰纊，故纊有擴充推廣之義，緜繭性緊，須洴擗，乃可著也。竇麻曰苴，牡麻曰枲，詳上及下卷，練麻曰纑，見《孟子》注。藍縷者，衣敝而垂縷，見《左傳》，衣袽者，敝已甚，而衣絮不分，止可塞漏舟矣，故字从如衣，見《周易》。

凡衣冠必正色，裳履或間色，玄、黄、青、赤、白、黑此天與五行之正色也。燕、爵、緅、皇、華、鞠、蒼、葱、校、朱、赬、竀、縞、素、幽、緇，此正色之異名也。惟天統五方，玄統五色，幽深宏括，與物無間，故稱玄焉。其餘纁薰丹彤金緼，則黄赤也。綦緑，則青黄也。青赤，謂之綪。深青揚赤，謂之紺。赤而駁，謂之蟻。赤而白，謂之紅。紅謂之縓，赤而黑，謂之紫。韋染玄，謂之爵。染赤，謂之韎。淺赤，謂之緹。凡染帛，謂之采。畫文，謂之繢。五色備，謂之繡。凡繢畫之事，後素功。

此一節，述服色之異名也。《玉藻》曰，衣正色，裳間色。《儀禮》、《禮記》鄭注：謂衣與冠同色，韠屨與裳同色。此皆言服之大凡，其實裳履不盡間色也，故或之，已詳見前。皇氏《玉藻》疏云，正，謂青赤黄白黑，間謂緑紅碧紫駵黄，此專以五方之正間言之，其説未備。此之所述，凡古經之言服色者具焉，其見於經而非服色者，不具録。玄黄，至異名也，此言正色之本名别稱，有如此者，《考工記》曰，畫繢之事雜五色，東方謂之青，南方謂之赤，西方謂之白，北方謂之黑，天謂之玄，地謂之黄，此即天與五方之正色也。正色有六而止云雜五色者，玄統五色，不與相雜，所以尊天也。燕爲玄鳥，衣象其色，故夏后氏尚之。爵頭玄色，以爲弁韠，故士之上服用之。《考工記》曰，三入爲纁，五入爲緅，七入爲緇。注謂緅，今禮俗文作爵，言如爵頭色也。《士冠禮》爵弁注：亦云，其色赤而微黑，如爵頭然，或謂之緅，其巾車雀飾注：又云，爵色，黑多赤少。今按《淮南子·俶真訓》曰，以涅染緅，則黑於緅，此與黑多赤少之義符合。然則緅與爵，即今之所謂天青、燕尾青，古之所謂玄矣。蓋染於韋，則爲爵，染於帛，則爲緅，染於布，則爲玄。玄冕、玄冠、玄裳，皆布之色也。而玄衣、玄纁，則帛亦或假名焉。《考工記》注：分玄緅爲二色，《士昏禮》注謂爵色，赤而微黑，俱未確。有虞氏，皇而祭，皇雖冠名，色即象焉。《詩》云皇駁，《雅》有皇鳥，則虞氏仍用黄收之色矣。鞠無黄華，士不稼穡，故内之桑衣，臣之裨帶，皆用之。蒼爲深青，葱爲淺青，玉色天成，固不如染之齊一。校乃木之正色，故戴君《傳》曰，若緑色然，特染於帛，則謂之絞耳。凡裼衣之飾，皆用正色，不應絞，獨爲間也。赤色亦有淺深，而朱爲正赤，經爲淺赤。故《爾雅》曰，一染謂之縓，再染謂之赬，三染謂之纁。縓是赤之白者，經則又少赤矣，經赬竀三字，古通，故《詩》、《禮》、《左傳》互見，縞素已詳上。幽、黝古文通，衡以青玉爲之，故《爾雅》曰，青謂之葱，黑謂之黝，緇衣、緇帶、緇布冠，皆謂色之黑者也。惟天至玄焉，此專釋玄之名義也，天爲五行之統，故玄爲五色之統，其色幽深宏括，難得指名，故謂之玄。玄實五色皆備，無一不具者也。故五色皆有間，而玄獨無間。蓋天之氣化，無物不周，亦大而無偶，既無偶矣，安有間哉。其餘至謂之紫，此釋服之間色，諸見於經者也。纁裳薰襦，丹朱彤裳，金舄緼組，此黄與赤之間也。緣衣綦巾，此青與黄之間也。《左傳》之

緖茷，杜注及《説文》謂是大赤，然字既从青，則《廣韻》謂爲青赤者較妥。何晏《論語》注：以紺爲玄，不如《説文》深青揚赤色之説確矣。蓋緖與紺，皆今之紅青，而緖，則青少於赤耳，赤而駁三句，並詳見上。緅即今之水紅色也，乃金木之間色，紫則水火之間色也，五色惟赤黑最顯，能揜蔽諸色，緣天極棲神於丑位，地極託象於未宮，故玄色近於黑而難名，纁色近於赤以象地。緅爵亦五色皆備之名，但他色不著，惟顯黑赤，而赤又含於黑耳。試以燕鵲之羽，静室視之，止見其烏，照以日光，五采眩目，此亦玄備五色之明驗矣。韋染三句，此皆染韋之異名也，因物易色，故亦因色易稱。凡染帛謂之采，即禮之貳采雜采是也，畫文謂之繢，《深衣篇》所謂純以繢矣。五采備，謂之繡二句，《考工記》文，古制以繢畫爲繡，三代後始有刺繡之箴工，凡繢畫之事，必先加采色，後施素功，以界畫之，因素色易污，故特施於後也。

古之盛世創制顯庸，不僭不濫，不敢怠荒，奉行既久，後乃少替，于是純冕繢緌，瓊弁玉纓，有以奢而失禮者。臺笠緇撮，贈襲玄纁，廣尺長終幅，則有以儉而失禮者。玄冠而紫緌，朝服而以縞，袷衰繐裳，帷殯髽弔，則有以變而失禮者。燕于君，韠而登席，見執政，不釋皮冠，則有以慢而失禮者。至若諸侯而大裘以祭，狐裘以朝，大夫而朱紘繡黼，丹朱中衣，僭端見矣，可勿惕乎。

此一節述服之變亂也。純冕見《論語》及《祭統》，繢緌，見《玉藻》。古禮，緇布冠不緌，瓊弁玉纓，見《僖公二十八年左傳》。臺笠緇撮，見詩序云，刺衣服無常也，玄纁廣尺長終幅，見《雜記》。玄冠紫緌，自魯桓公始也，朝服以縞，自季康子始也，見《玉藻》。袷衰縛裳，非古也，帷殯，非古也，魯婦人之髽而弔也，自敗於臺鮐始也，見《檀弓》。褚師聲子韠而登席見《哀公二十五年左傳》。古燕禮必跣，故曰堂上無跣，燕則有之。杜注云，古者見君解韠，非是。不釋皮冠而與之言，見《襄公十四年左傳》。大裘，非古也，見《玉藻》。狐裘以朝見《詩・鄶風》。管仲鏤簋朱紘，見《禮器》。繡黼丹朱中衣，大夫之僭禮也，見《郊特牲》。古制自大夫以上，非祭祀昏冠大朝覲，不得純衣，庶人之昏祭，止用袗玄。女子之始嫁，止布衣錦緣，人非七十以上，衣不得帛襦袴。天子諸侯，每日視朝皆布衣，燕居則玄端深衣。無衣帛者，況於其下者乎。自周末文盛，習俗侈靡，衛文公爲大布之衣，季文子無衣帛之妾，經傳以爲美談，則餘之不然可知。齊桓之高冠博帶，楚莊之絳衣博袍，田文之後宮蹈綺縠之衣，春申之上客皆躡珠履，其侈靡之日甚，更可想見。故《王制》、《内則》皆謂七十者，非帛不煖，而《孟子》述王政曰，五十者，可以衣帛，其引君當道之心，殆不欲矯枉過正乎。夫奢者取其美觀，儉者取其不費，變者取其自便，慢者無所矜式，僭竊者有無君之心。凡此雖同爲失禮，而奢與僭竊，實亂之見端，其所由來者漸，豈可以不加惕乎。

是故後聖有作，必申明禁令曰，凡庶民不蠶者不帛，不績者不衰。布帛精麤不中數，幅廣狹不中量，不粥于市。姦色亂正色，不粥于市。錦文不粥于市，衣服不粥于市。君子無故，玉不去身，長民者，衣服不貳，祭器衣服不假，燕衣不踰祭服，雖寒不衣祭服，非列采不入公門，重素振袷綌，不入公門，苞屨扱衽厭冠，不入公門，表裘襲裘，不入公門。大裘不裼，大夫不坐羊，士不坐犬，士不衣織，不衣狐白。國家靡敝，君子不履絲屨，君在不佩玉，齊則綪結佩，羔裘玄冠不以弔，齊衰不以弔，士唯公門説齊衰，喪冠不緌，大帛不緌，緇布之冠不緌，犬羊之裘不裼，不文飾也，不裼，袍必有表不襌，以帛裏布非禮也。無君者不貳采，散民不敢服襍采，百工商賈，不得服長鬈貂。在父母姑舅之所，衣毋撥，冠毋免，勞毋袒，暑毋褰裳，寒不敢襲，不有敬事，不敢袒裼，不涉不撅，褻衣衾不見裏，男女不通衣裳，不同椸架，不敢縣于夫之楎，不敢藏于夫之篋笥。親没不髦，父母存，衣冠不純素，孤子當室，衣冠不純采，童子不衣裘裳，衣不帛襦袴，不屨絇，無緦服，庶人非老耋，不衣絲帛，齊衰不以邊坐，大功不以服勤，冠者不肉袒，傴者不袒，秃者不免不髽。無從匪彝，無即慆淫。儀式既定，故制用大備焉。

此一節，述服之禁令也，凡庶民二句，見《周官・閭師》，此罰之以導其源也。布帛至衣服不粥于市，見《王制》，此壹其淳制，防姦亂及奢侈也。君子無故，玉不去身，見《玉藻》，佩玉所以節行，故不去。長民者，衣服不貳，見《緇衣》。衣無常，則彼都興刺，服不稱，則赤芾貽譏，故君子必戒慎焉。祭器三句，見《曲禮》及《王制》，所以尊祭服也。非列采至襲裘不入公門，見《曲禮》及《玉藻》，皆以廣敬也。大裘不裼，見《玉藻》，凡服裘加中衣，袒左袖，謂之裼，裼上加上服，不袒謂之襲，故《禮》曰，裘之裼也，見美也，服之襲也。完美也，禮不盛服不充。大裘，乃郊祀之服，其盛可知，故襲而不裼也。大不夫坐羊二句，見《坊記》，既食其肉，不復寢處其皮，不

盡利之道也。士不衣織二句，見《玉藻》，染縷而成之，謂之織，此與狐白，皆貴者之服，士始仕，防奢僭，故不衣。國家靡敝二句，見《少儀》，國奢，則示之以儉，年不順成，則君布衣，故不絲屨也。君在不佩玉四句，並見《玉藻》，玉以比德，不敢於君及鬼神，自居以德，齊以陰幽思，并不敢問以事也。羔裘玄冠不以弔，見《論語》，君子服其服，則有其容，故衰絰則有哀色，端冕則有敬色，吉服而弔，是不稱矣。齊衰不以弔二句，見《檀弓》，所以尊君親也。喪冠不緌，見《檀弓》。大帛不緌，見《玉藻》。緇布之冠不緌，見《雜記》。犬羊之裘二句，並見《玉藻》。凶冠非吉，太古無飾，故皆不緌裼，所以見美也，犬羊非裘之美者，何裼乎。袍必有表不禪，見《喪大記》。不以褻服外著也，以帛裹布，非禮也，見《玉藻》，不以賤蔽貴也。自君子無故至此，天子至於士之禮也。無君者不貳采，見《玉藻》，此以下庶人亦有禁焉。散民二句，見《管子·立政篇》。庶人之上服，則袗玄緇撮，裨服，則深衣裋褐，犬羊鹿裘，安有采服而貂製者，故禁之。在父母至不見裏，見《曲禮》《內則》，皆所以著敬也。男女至篋笥，並見《內則》，所以遠嫌，別內外也。親没不髦，見《玉藻》，志永感也。父母存四句，見《曲禮》，不純素，所以表慶，不純采，即不髦之義。童子不衣裘裳，見《曲禮》。衣不帛襦袴，見《內則》。不屨絇無緦服，見《玉藻》，戒童子於初服，所以防奢侈之漸，不遽責以成人之道也。庶人非老耋，不衣絲帛。《鹽鐵論》述古制語，七十者，非帛不煖，故惟老者可以衣帛。齊衰二句見《檀弓》。冠者三句，見《問喪》及《喪服四制》。禮欲其可行，傴者肉袒，秃者免髦，是形人之疾，而反以致旁觀之失禮也，故禁之。凡袒之禮有四，裘者，袒裼衣見美，射者袒中衣見襦，喪與割牲，袒臂見肉，皆左袒。惟有罪者右袒，見臂左右俱袒，曰裎不衣冠，曰裸從匪彝，即慆淫。若鷸冠瓊弁，紫緌朱紘之類，皆是制用大備，即下之服裘是已。

清·俞樾《玉佩考》 古之君子必佩玉，右徵角，左宫羽，趨采薺行，肆夏周規，折矩，進揖，退揚，而玉鏘鳴焉，所謂車中，則有鸞和之聲，行步則有環佩之音，非僻之心，無自入也。戰國尚武，始廢佩玉之制。西漢之世，因循不復，漢明帝永平二年正月辛未，宗祀光武皇帝於明堂，帝及公卿列侯，始服冠冕衣裳，玉佩，絇屨以行事。及漢末，而玉佩之制又廢。魏王粲之祖父龔，父暢，皆爲漢三公，故多識舊儀。魏國既建，粲拜侍中，興造制度，粲恒典之。《三國志·王粲傳》注：引摯虞之書曰，漢末喪亂，絶無玉佩，魏侍中王粲，識舊佩，始復作之。今之玉佩，受法於粲也。《隋書·禮儀志》亦云，漢明帝始復制佩，而漢末又亡絶，魏侍中王粲識其形，乃復造焉，然粲所爲玉佩，其制不傳。《隋志》止言開國公佩山玄玉，開國侯伯子男佩水蒼玉，如此之類而已。唐制，天子白玉雙佩，皇太子瑜玉雙佩，羣臣之服則有山玄玉佩、水蒼玉佩之别，然於古制，則愈無可言矣。夫古人佩，王詠於詩，載於禮，而其制，則經無明文，雖大儒如鄭康成，然其言佩玉之制略矣。韓退之云，惜乎，吾不及其時，進退揖讓於其閒，吾蓋於玉佩之制，尤歎息焉，因掇拾古義，稍附己意，著於篇。

又《毛詩説弟一》 《鄭風·女曰鷄鳴篇》知子之來之，襍佩以贈之。《傳》曰，襍佩者，珩、璜、琚、瑀、衝牙之類。

《有女同車篇》佩玉瓊琚。《傳》曰，佩有琚瑀，所以納間。

按毛之言，蓋甚略矣，然賴其言，至今知有珩、璜、琚、瑀之名。又因有納間二字，而至今可以考見琚瑀之用，其説詳後。

又《韓詩説弟二》 《周官》玉府職其王之佩玉。鄭注：引《詩》傳云，佩玉，上有蔥衡，下有雙璜、衝牙、蠙珠以納其間。

按鄭注：不言何詩之傳，賈疏則云韓詩也。毛言以琚瑀納間，不言蠙珠。韓言以蠙珠納間，不言琚瑀，此毛韓之異也。愚謂，蠙珠之貢，雖見於夏書，然古人所謂珠者，實皆有白玉爲之，不用蠙珠，漢世猶然。《隋書·禮儀志》云，陳永定元年，武帝即位，徐陵白所定乘輿御服，皆採梁之舊制，又以爲冕旒，後漢用曰玉珠。晉過江，服章多闕，遂用珊瑚、襍珠，飾以翡翠。侍中顧和奏，今不能備玉珠，可用白琁，從之。蕭驕子云，白琁，蚌珠是也。帝曰，今天下初定，務從節儉，應用繡織成者，並可彩畫，金色宜塗珠玉之飾，任用蚌也。以此言之，則珠用蚌珠，乃六朝以後，苟簡之制，三代以上必不以蚌珠爲佩，韓詩乃云蠙珠以納其間，何歟。《東觀漢記》云，孝明帝作蠙珠之佩，以郊祀天地。據此，則漢佩固用蠙珠，然漢制冕旒，天子用白玉珠，不用蠙珠，何以於佩用之。佩必以組，蠙珠之孔，豈組所能貫，而可以代琚瑀歟。考《説文》玉部有玭篆，其説解曰，石之次玉者，以爲系璧，從玉丰聲，讀若《詩》曰瓜瓞菶菶，一曰若盦蚌，乃知古人以玭爲璧系。古人佩玉，亦必以玭爲系琢而圓之，是曰玭珠。而玭字讀若盦，雖蚌與玭字形聲皆

易相混，後人知有蚌珠，不知有玤珠，於古書言玤珠者，以爲即蚌珠也。傳寫遂易以蠙珠矣，非韓嬰原文也。漢明帝時亦當用玤珠，不用蚌珠，即冕旒所用之白玉珠也，其言蠙珠者，亦自後人言之也。惟佩玉自以珩、璜、琚、瑀、衝牙爲主，玤珠非所重，毛公略而不言，未爲闕略，韓説舉玤珠而遺琚瑀，於義稍疏矣。

又《大戴禮説弟三》《大戴禮記・保傅篇》曰，上車以和鸞爲節，下車以佩玉爲度，上有雙衡，下有雙璜，衝牙、玭珠以納其間。琚瑀以襍之，行以《采茨》，趨以《肆夏》，步還中規，折還中矩，進則揖之，退則揚之，然後玉鏘鳴也。

按《大戴》之説，則兼玭珠、琚瑀而言之矣，所謂玭珠者，其實亦玤珠也，至雙衡之説，疑必有誤，當如韓詩傳，作上有蔥衡也。《禮記・玉藻篇》一命緼韍幽衡，再命赤韍幽衡，三命赤韍蔥衡。是衡之制，以蔥衡爲貴，故舉蔥衡言之也。蔥與雙音相近，又涉雙璜之文，因誤爲雙矣。璜有雙，衡不得有雙，故知其誤也。惟鄭注釋蔥衡，但曰，衡，佩玉之衡也，青謂之蔥。據下文，天子佩白玉，公侯佩山玄玉，大夫佩水蒼玉，所謂蔥衡者，其即水蒼玉歟。

又《鄭氏禮記注弟四》《玉藻》篇，一命緼韍幽衡，再命赤韍幽衡，三命赤韍蔥衡。注曰，衡，佩玉之衡也，幽讀爲黝，黑謂之黝，青謂之蔥。

按，衡即珩也，《説文》玉部，珩，佩上玉也，所以節行止也。蓋古人佩玉以爲行止之節，故從玉從行。《國語・楚語》楚之白珩猶在乎。韋注曰，珩，佩上之横者，惟其爲佩上之横者，故或即以衡爲之，非止聲近，義亦近焉。至幽衡，蔥衡，鄭説甚略。愚謂蔥衡者，即水蒼玉也，幽衡者，即瓀玟也。《周易》説卦，傳，震爲蒼筤，竹九家。《易》曰，蒼筤，青也，故水蒼玉爲蔥衡矣。瓀玟則后也，后之色，澤不能如玉之光明，故爲幽衡矣。

又曰，佩玉有衝牙，注曰，居中央，以前後觸也。

皇氏謂，衝居中央，牙是外畔，兩邊之璜，分衝與牙爲二物，則牙即是璜矣。《毛詩》古説，何以言璜，又言衝牙乎。皇説不可從，孔疏但執鄭義以駁之，猶未盡也。

又曰，天子佩白玉而玄組綬，公侯佩山玄玉而朱組綬，大夫佩水蒼玉而純組綬，世子佩瑜玉而綦組綬，士佩瓀玟而緼組綬。注曰，玉有山玄、水蒼者，視之文色所似也，綬者，所以貫佩玉，相承受者也。

按鄭君於佩玉之制，言之不詳，讀其注：知衡爲佩玉之衡，衝牙居中央，以前後觸，所以貫佩玉者，謂之綬，如是而已。以鄭君爲禮學之宗，故録其説，以存鄭義，至於右徵角，左宮羽，及結佩、設佩諸説，姑略而弗及焉。

又《孔氏穎達説弟五》《禮記・玉藻篇》佩玉有衝牙。孔氏《正義》曰，凡佩玉必上繫於衡，下垂三道，穿以蠙珠，下端前後以縣於璜，中央下端縣以衝牙，動則衝牙前後觸璜，而爲聲。所觸之玉，其形似牙，故曰衝牙。

按疏云，上繫於衡，當作上繫於衡，阮氏校勘記已及之矣，其云下端前後以縣於璜，猶云前後下端縣以璜，與中央下端縣以衝牙，一律疏家文法喜拙，故其言如此。自孔疏始詳言玉佩之制，後之説玉佩者，皆本此。然孔氏有蠙珠，而無琚瑀，於佩制，固未全也。

又《賈氏公彦説弟六》《周官》玉府職注：引韓詩説，賈氏疏之曰，佩玉上有蔥衡者，衡，横也，謂蔥玉爲横梁，上有雙横，衝牙者，謂以組縣於衡之兩頭，兩組之末，皆有半璧曰璜，故曰雙璜。又以一組縣於衡之中央，於末著衝牙，使前後觸璜，故曰衝牙。案《毛詩》傳，衡璜之外，別有琚瑀，所置當於縣衝牙組之中央，又以二組，穿於琚瑀之内角，斜繫於衡之兩頭，於組末繫於璜，云蠙珠以納其間者，蠙蚌也。珠出於蚌，故言蠙珠。納其間者，組繩有五，皆穿珠於其間，故云以納其間。

按賈氏之説，視孔爲詳矣。其説蔥衡及衝牙與璜，皆與孔疏無殊，惟有琚瑀，有蠙珠，各有所施，則爲孔氏所未及，而玉佩之制全矣。然竊以爲，得之琚瑀，失之蠙珠。《説文》組綬屬其小者，以爲冕纓，今姑弗論其爲綬屬，即以冕纓言之，天下有蠙珠之孔，可貫冕纓者乎，此非徑寸之珠，不可矣。至縣衝牙之組，止一組耳，何以有琚又有瑀。賈疏亦不言其故，蓋玉佩久已失傳，賈公彦未見其物，以意言之，故不能無失也。

又《司馬彪續漢書説弟七》《續漢書・輿服志》曰，古者，君臣佩玉，尊卑有度，上有韍。案《隋書・禮儀志》云，上下施韍，疑此脱下字。貴賤有殊，五伯迭興，戰兵不息，佩非戰器，韍非兵旗，《隋志》云，韍非戰儀。於是解去韍佩，留其係璲，以爲章表。故《詩》曰，鞙鞙佩璲，此之謂也。韍佩既廢，秦乃以采組，連結於璲，光明章表，轉相結受，故謂之綬。漢承秦制，用而弗改，故加之以雙印、佩刀之飾。至孝明皇帝，乃爲大佩，衝牙、雙

瑀、璜皆以白玉，乘輿落以白珠，公卿諸侯以采絲，其視冕旒爲祭服云。

按三代以下，惟漢明帝爲玉佩，東漢一代遵用之，當時必有紀載，而司馬彪採入續漢之書。夫漢去古未遠，彪，晉人，去漢未遠，所言當得其實。然則，欲求三代以上玉佩之制，舍此何觀矣。夫佩必有衡，而《續漢志》不言，何也。曰，此制自周至漢，相承未廢，明帝但承其舊，不煩更作，故不言也。何以知其未廢也，曰上文言，解去韍佩，留其係璲。然則先時所去者，韍佩而已，其所繫之璲，固在也。司馬氏引鞙鞙佩璲之《詩》以證之，鄭箋解佩璲爲以瑞玉爲佩，夫以玉係韍佩，是璲即衡也。秦以采組連結於璲，則以往時空有玉璲，而無所係，故以采組係之，稍稍復古矣。漢又加之以雙印，佩刀之飾，則以往時空有采組，而無所縣，故以雙印、佩刀縣之，雖無瑀、璜、衡牙之屬，而亦有其物矣。蓋戰争之世，務從簡便，及處平國，又趣於文，亦人情也。明帝慨然復古，乃改刀印之類，而仍從衡牙、瑀、璜之舊。至於衡，則舊所有者，故言衡牙瑀璜，不言衡也。夫古制有琚，有瑀，漢制無琚，而言雙瑀，何也。曰瑀與琚，古音爲同部字，愚疑琚瑀一也。蓋於縣衡牙組之中央，以兩玉夾之，分而言之，則一面謂之琚，一面謂之瑀，合而言之，則曰雙瑀可也，即曰雙琚，亦可也。《漢志》有瑀無琚，然曰雙瑀，則兼琚言之矣。乃别爲兩組，其上端繫於衡之兩頭，其下端繫於璜，而其中間，納於琚瑀之中，依《漢志》言之，則爲納於雙瑀之中，如此則三組相連屬，而周旋折旋之時，不致太離遠矣。夫佩玉之制，本取其聲，以爲行止之節，故前後之璜，中央之衝牙，乃其主也。璜與衝牙，必以組繫之，組必上有所屬，於是乎有衡，上有衡，下有衝牙，有璜則所以爲佩者，已具矣。然猶慮行步之間，兩璜或太前太後，而不能適與衝牙相觸也，則此三組者，必有以維繫之。於是乎有琚瑀，琚瑀所置，在縣衝牙之組之中央，賈公彦説，已得之矣。又爲兩組，上屬於衡，下屬於璜，而中穿琚瑀之内，賈公彦説，亦得之矣。愚謂此兩組者，古蓋有間之名，以其間以三組也，或即謂之間組，毛傳云，佩有琚瑀，所以納間，蓋謂納此間也，後人乃謂納間者，以在衡、璜、衝牙之間，果爾，則當云以納其間，不當云所以納間也。今觀《續漢志》所言，佩玉之制，參以賈孔之疏：而古制粲然復明，所惜者，珩、璜、琚、瑀、衝牙、之形制，不得其詳耳。姑以意言之，衡者平也，其形必平衡，牙之用在乎前後相觸，又其名爲牙，其兩端必鋭，璜爲半璧，則賈疏已言之，或衝牙亦爲半璧形，但與璜有横豎之分耳，惟琚、瑀，則無可説考之。《毛傳》琚無異文，而瑀則有異。《女曰鷄鳴》傳，其字爲瑀，《有女同車》傳其字或作玖，見《女曰鷄鳴》疏。阮氏校勘記謂，此傳以作玖者爲是，然則琚瑀當作琚玖矣。《説文》玖讀若芑，或曰若人句脊之句。以讀若句言之，疑琚玖之名，得之於倨句。琚者，倨也，玖者，句也，古書言倨句者，多矣。晰言之，則《樂記》曰倨中矩，句中鉤，大判言之，則《考工記》冶氏曰，倨句中矩，蓋皆曲之形也，琚瑀之制，其如矩乎，今輒圖之如左。【略】

此就一面圖之也，此面謂之瑀，則彼面謂之琚，圖其一面，不言琚而言瑀者，從《漢志》也。然則何以無珠也，曰用珠之制，當據《漢志》定之。賈公彦謂，五組繩皆穿珠者，非也，《漢志》謂，乘輿落以白珠，公卿諸侯以采絲，其曰乘輿，斥天子也。天子以白珠，公侯以采絲，采絲可以代白珠，則白珠之用，與采絲同矣。落者，絡也，《漢書・西域傳》贊，造甲乙之帳，落以隨珠和璧。師古曰，落與絡同，是其義也。佩，以玉爲主，珠者其絡而已矣。《毛傳》稱琚瑀所以納間，而《韓傳》云，蠙珠以納其間，則珠必與琚瑀同設，蓋即於琚瑀之兩端，綴以白玉之珠，以爲之飾，而公卿諸侯則不用珠，但用采絲也。《志》云，其視冕旒，當作其色視冕旒，上文言冕旒之制，天子白玉珠，三公諸侯青玉珠，卿大夫黑玉珠，此言色視冕旒者。三公諸侯用青絲，卿大夫用黑絲也。然則乘輿落以白玉，自即冕旒所用之白玉珠，而非蠙珠，亦可決矣。

又《盧氏辯大戴禮注弟八》　盧氏注《大戴禮》衡牙曰，衡在中，牙在旁。

按此即皇氏之説，辨見前矣。

又注玭珠以納其間，曰總，曰玭珠，而赤者曰琚，白者曰瑀，或曰瑀美玉，琚后次玉。

按《周官》注引韓詩作蠙珠，而此作玭珠，據《説文》則玭、蠙一字也。然竊謂，許君於玭珠二篆，蓋失其本義。夫珠從玉，玭亦從玉，自是玉之類，古人所謂玭珠者，即吾所謂玤珠也，非蚌珠也。許君隸珠篆於玉部，而其説以爲，蚌之陰精，隸玭篆於玉部，而以蠙爲其重文，疑失之矣。《大戴記》之玭珠，必非蠙珠，或皆以玉爲之，而赤者爲琚，白者爲瑀。盧氏之説，其有所受之乎。

圖　表

宋・陳祥道《禮書》卷四《禮書圖》

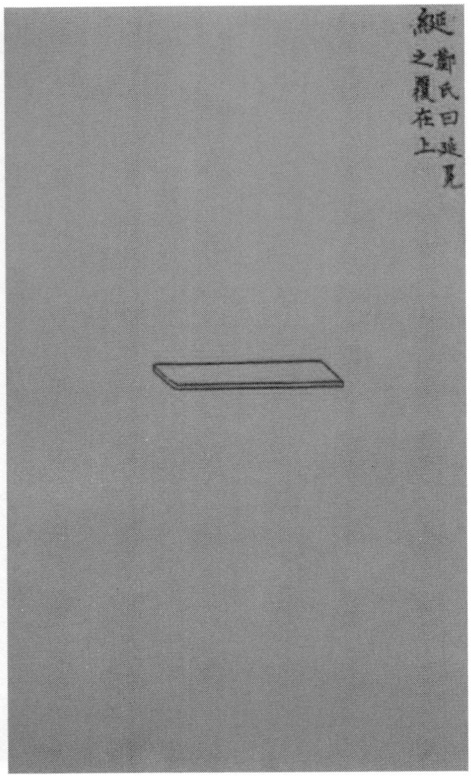

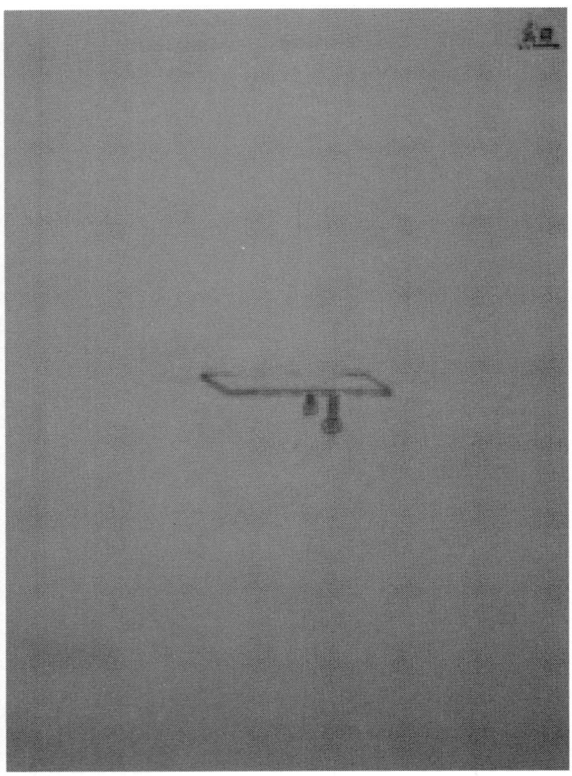

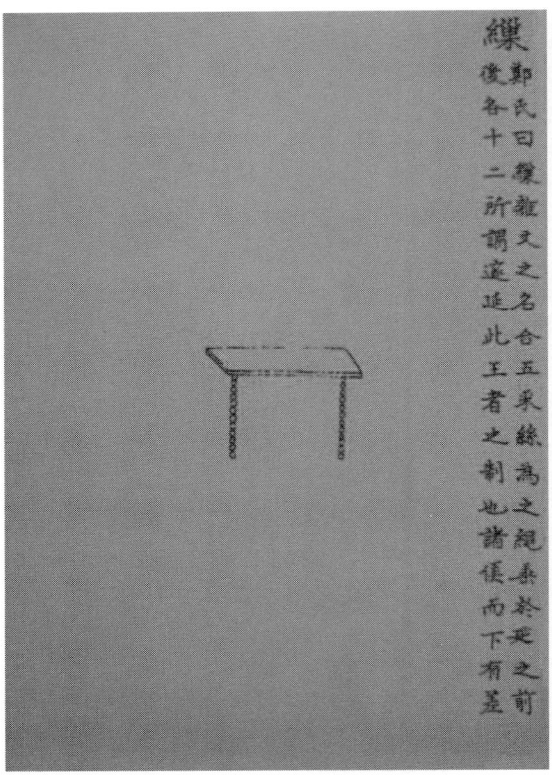

又卷五《禮書圖》

禮書圖

紘 鄭氏曰屈組爲紘垂爲飾

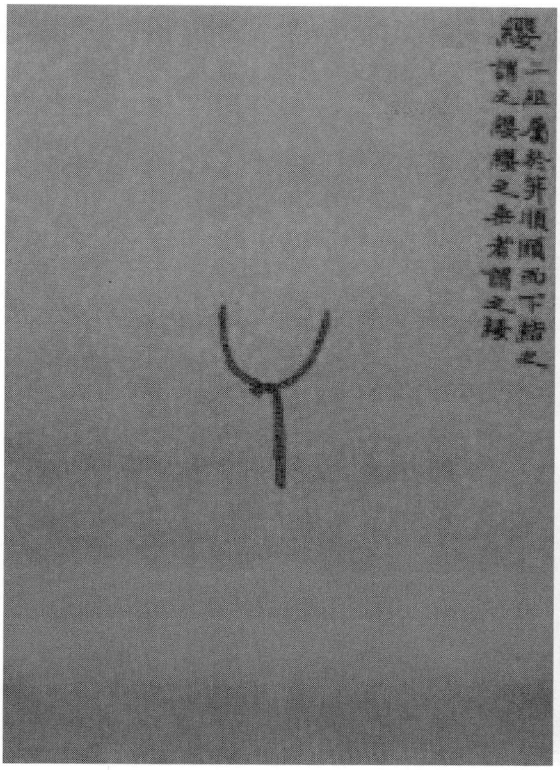

纓 二組屬於笄順頤而下結之謂之纓纓之垂者謂之緌

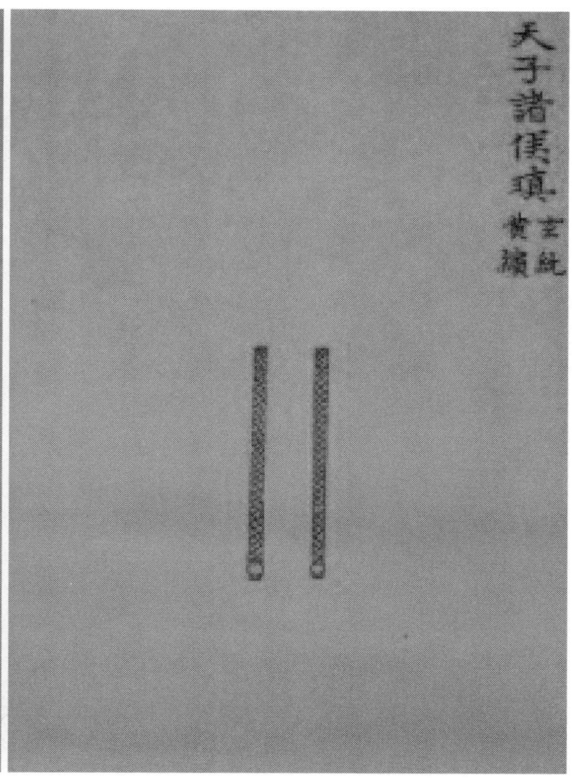

天子諸侯瑱 玄紞黄纊

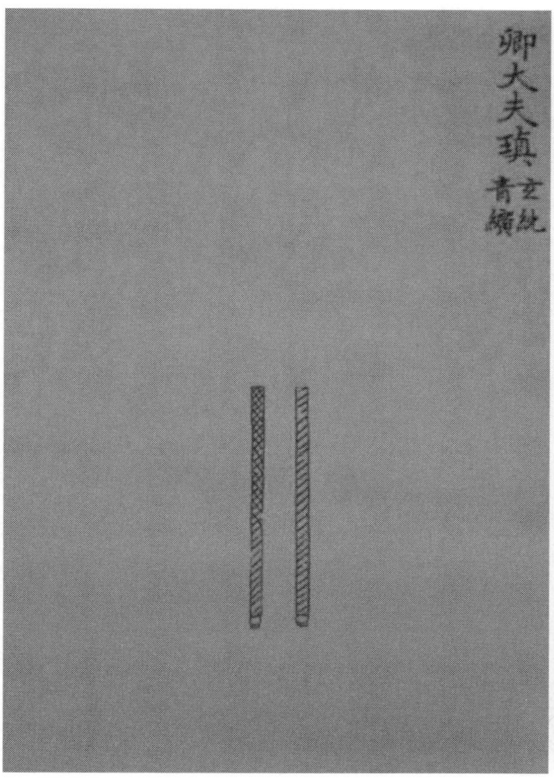

卿大夫瑱 玄紞青纊

衡

鄭氏曰衡玉爲之祭服有衡垂于副之兩旁當耳其下以紞懸瑱

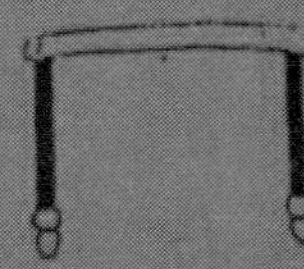

士瑱

玄紞素纊

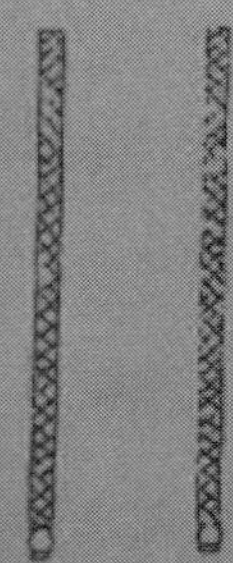

鬠笄

桑爲之長四寸纋中

笄

鄭氏曰笄簪髮者玉爲之長尺二寸

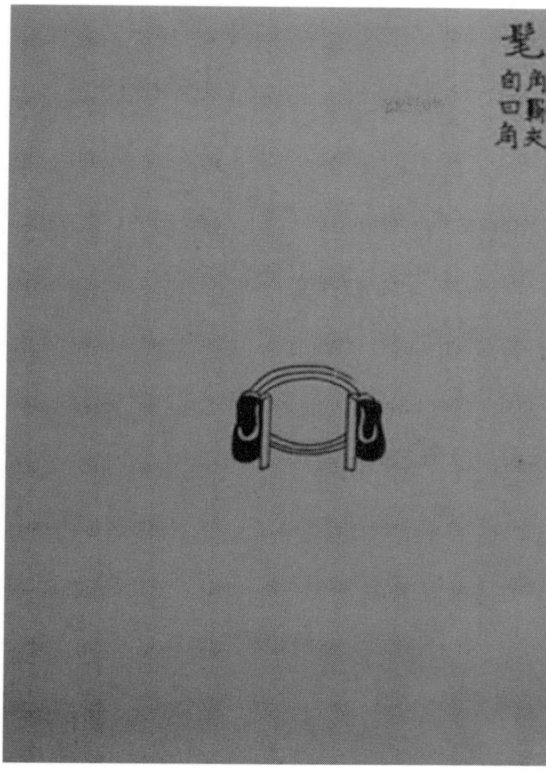
髦
角鬌夾
囟曰角

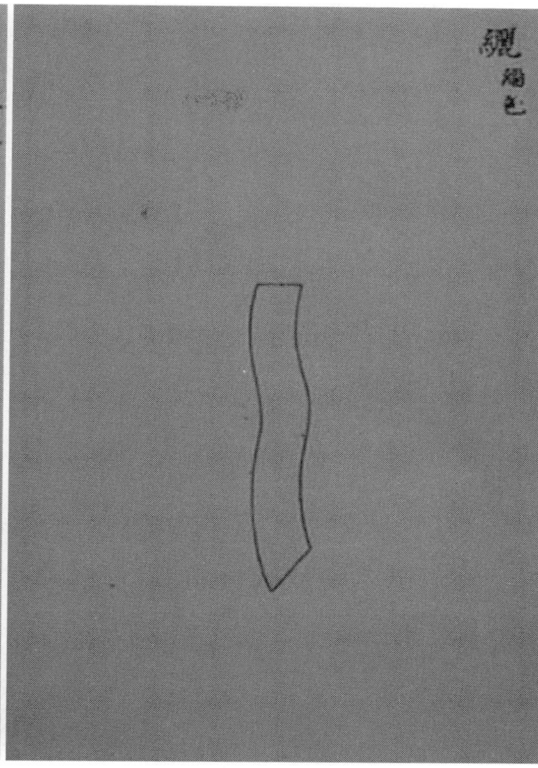
纚
韜髮

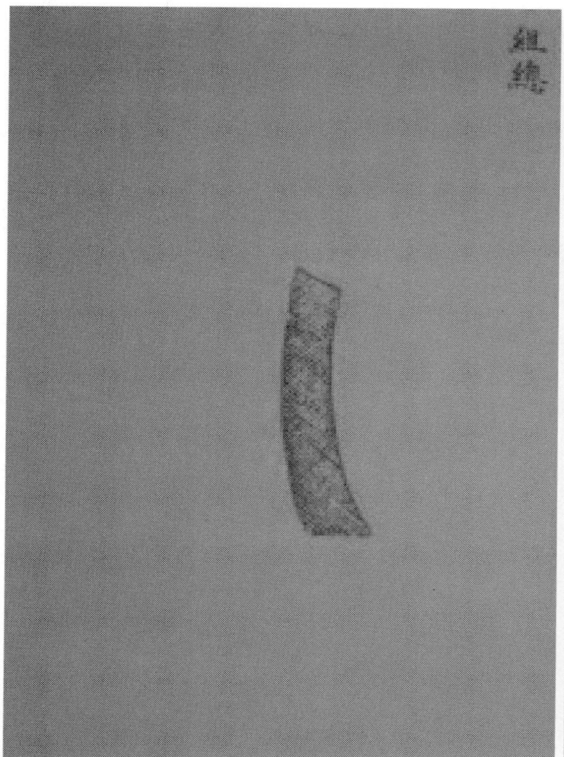
組紘

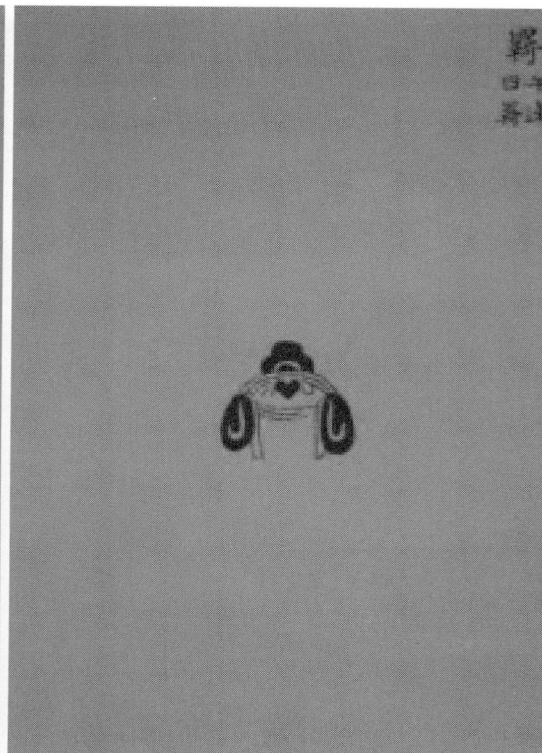
羈
午達
曰羈

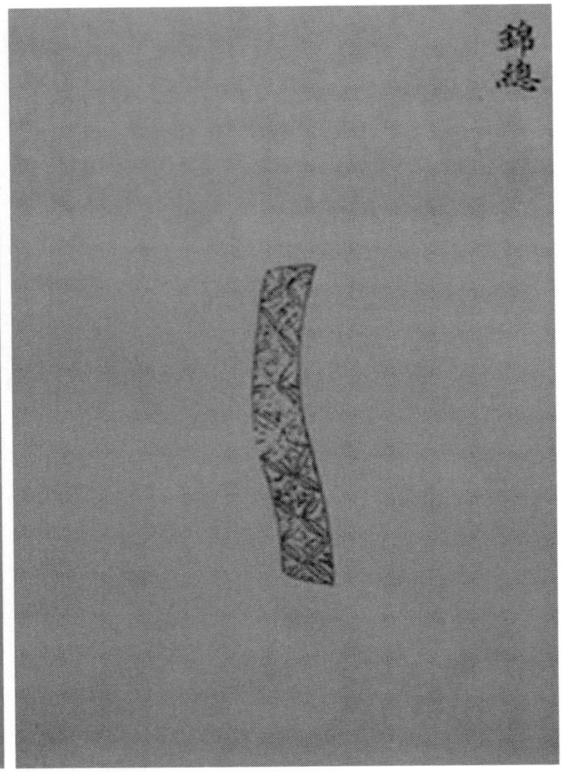

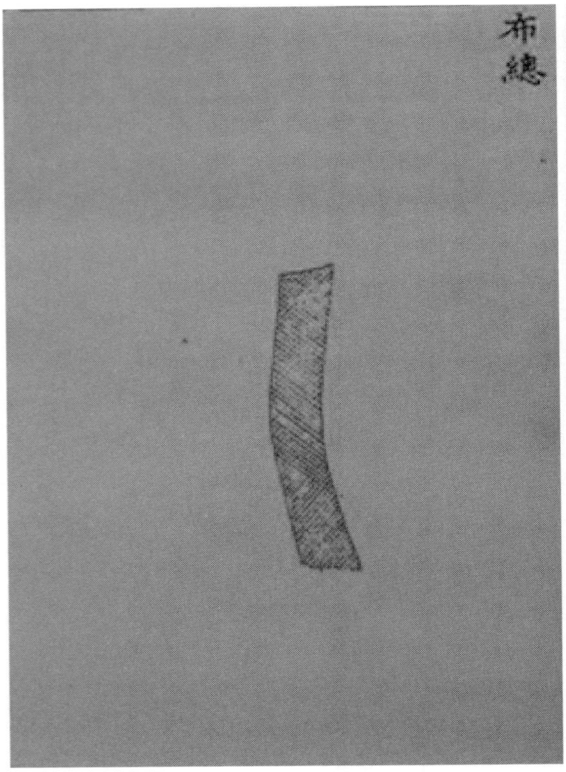

又卷一八《禮書圖》

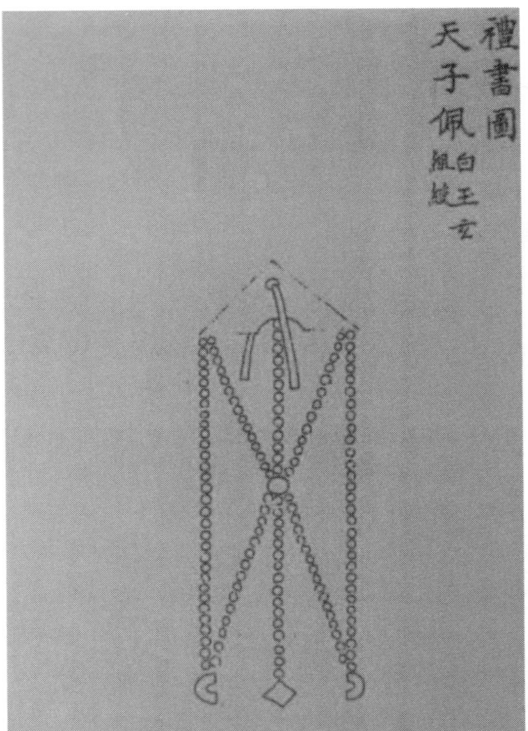

又卷一九《禮書圖》

諸侯佩 山玄玉朱組綬

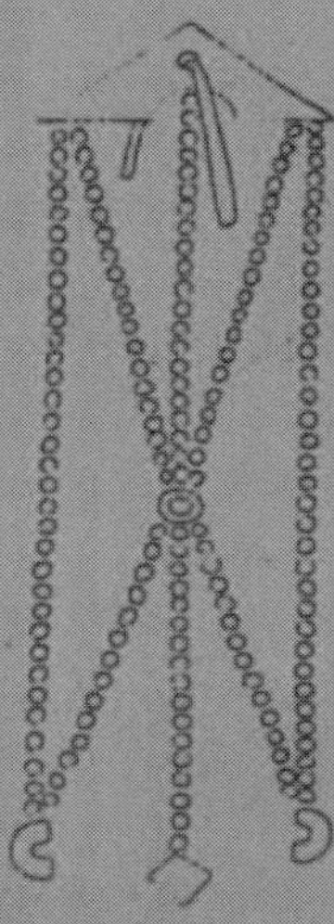

大夫佩 水蒼玉世子至士佩制亦然特玉與組之色不同

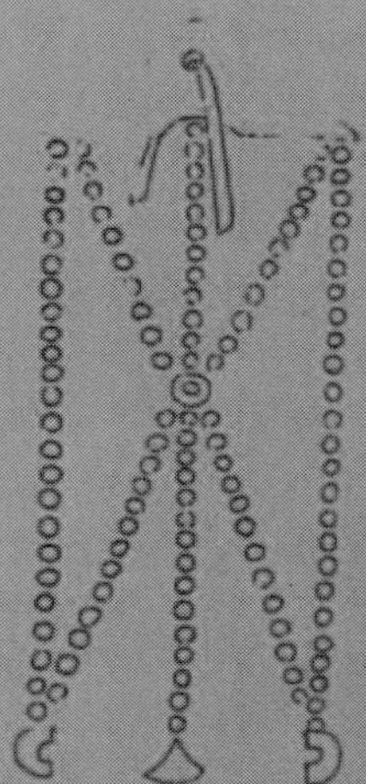

衡 亦作珩韋昭曰珩似磬而小

褑

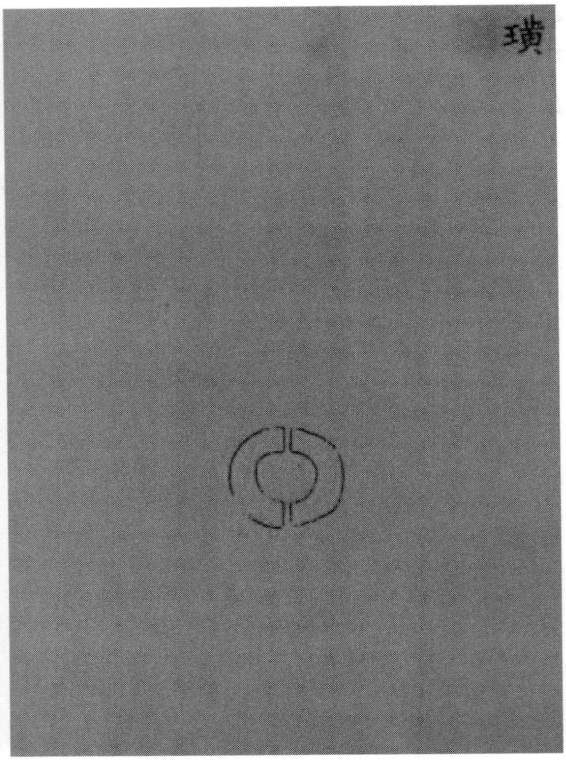

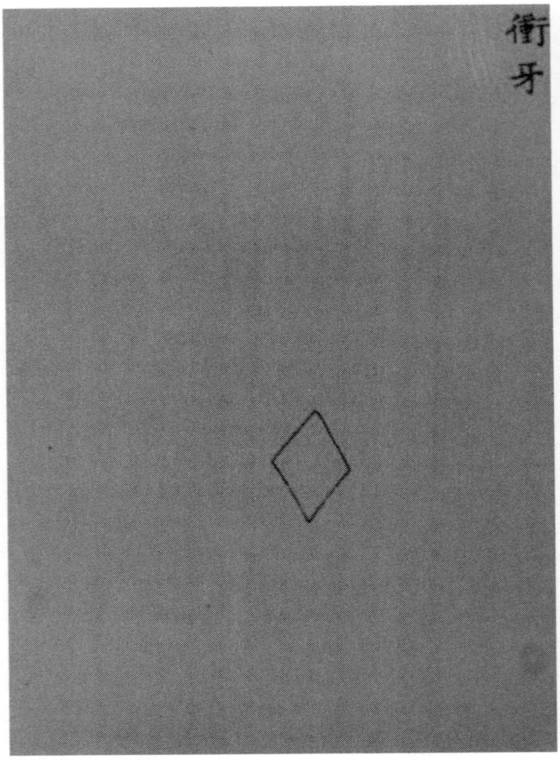

又卷二〇《禮書圖》

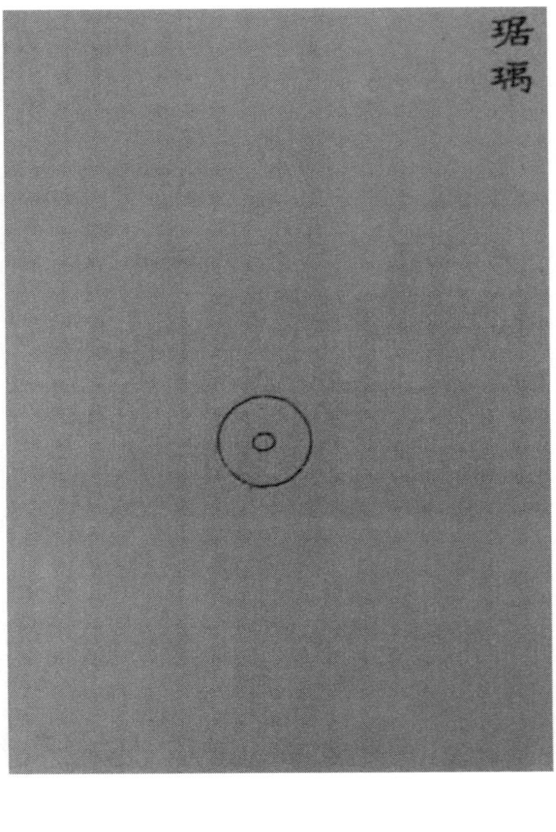

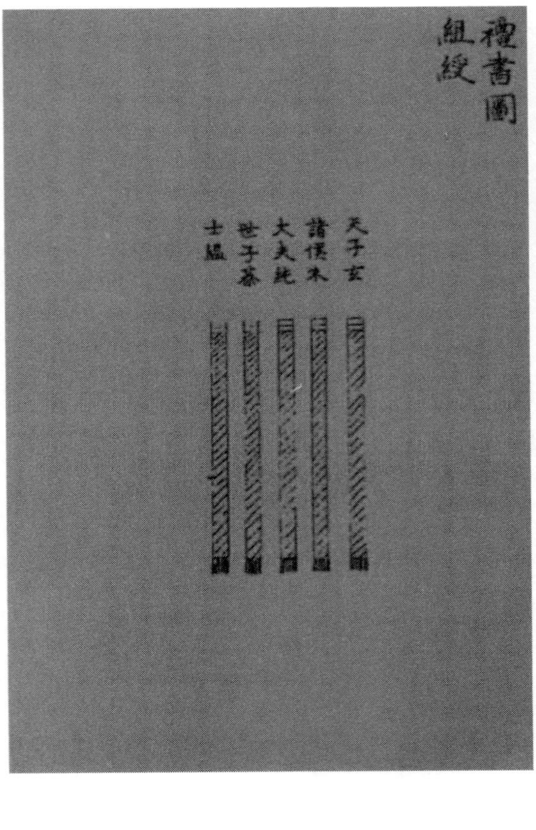

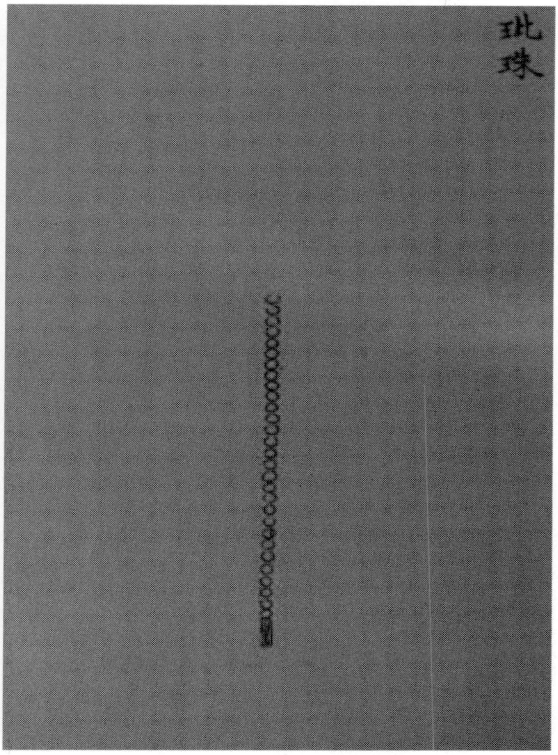
玭珠

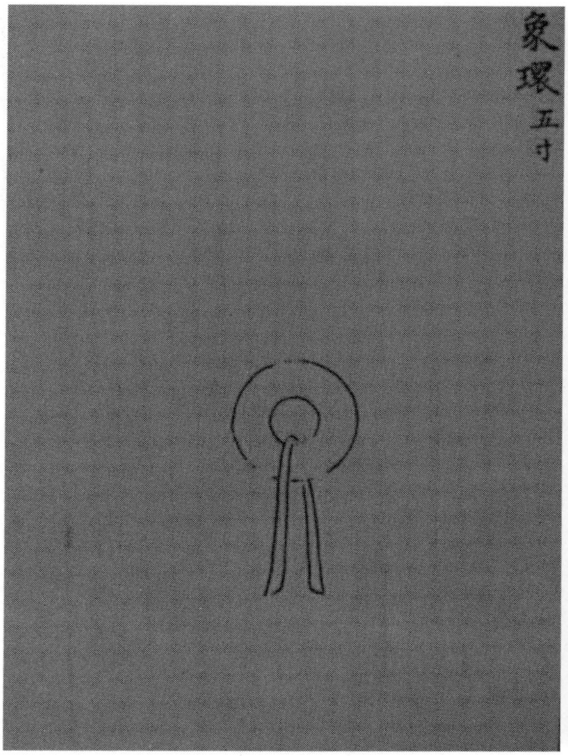
象環
五寸

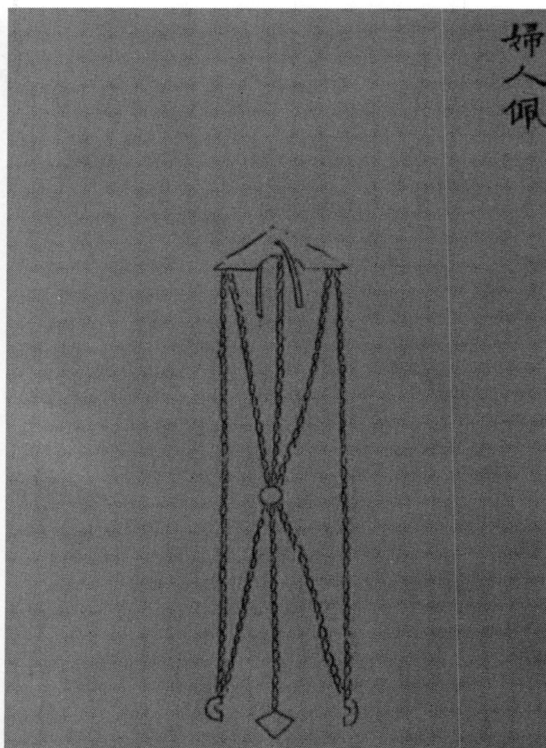
婦人佩

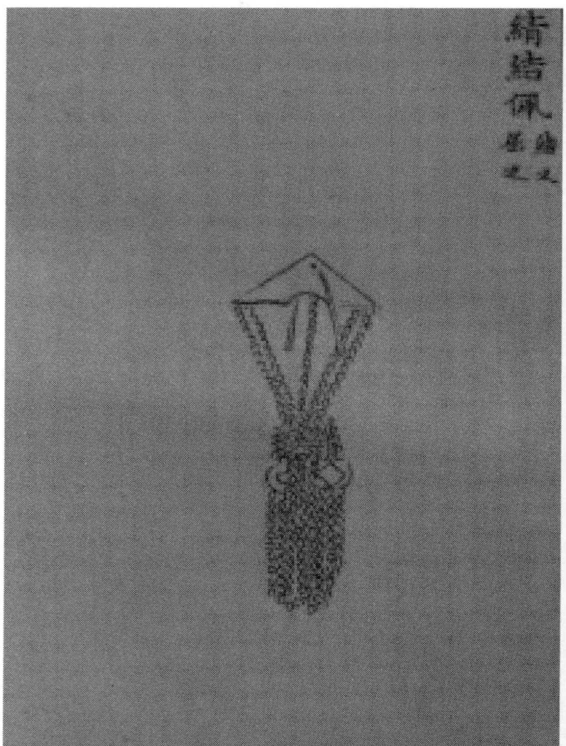
綪結佩

附录

主要引用書目

《方言》　漢・揚雄　文淵閣《四庫全書》本
《南北郊冕服議》　漢・劉蒼　上海圖書館藏清王仁俊輯稿本
《周禮注疏》　漢・鄭玄注、唐・孔穎達疏　文淵閣《四庫全書》本
《儀禮注疏》　漢・鄭玄注、唐・孔穎達疏　文淵閣《四庫全書》本
《大戴禮記》　漢・戴德　文淵閣《四庫全書》本
《釋名》　漢・劉熙　文淵閣《四庫全書》本
《玉篇》　南朝梁・顧野王　《叢書集成初編》本
《匡謬正俗》　唐・顔師古　文淵閣《四庫全書》本
《一切經音義》　唐・釋玄應　《續修四庫全書》本
《三禮圖集注》　宋・聶崇義　文淵閣《四庫全書》本
《太常因革禮》　宋・歐陽修　《續修四庫全書》本
《禮書》　宋・陳祥道　文淵閣《四庫全書》本
《詩集傳名物鈔》　元・許謙　文淵閣《四庫全書》本
《尚書通考》　元・黄鎮成　文淵閣《四庫全書》本
《禮樂合編》　明・黄廣　《四庫全書存目叢書》本
《家禮儀節》　明・丘濬　《四庫全書存目叢書》本
《毛詩類釋》　清・顧棟高　文淵閣《四庫全書》本
《鄉黨圖考》　清・江永　文淵閣《四庫全書》本
《考工記圖》　清・戴震　清乾隆紀氏閲微草堂刻本
《説文解字注》　清・段玉裁　清嘉慶二十年經韻樓刻本
《釋繒》　清・任大椿　《皇清經解》本
《廣雅疏證》　清・王念孫　清嘉慶元年刻本
《古經服緯》　清・雷鐏　《叢書集成初編》本
《釋服》　清・宋綿初　《續修四庫全書》本
《羣經冠服圖考》　清・黄世發　民國上海世界書局《戊寅叢編》本
《大雲山房十二章圖説》　清・惲敬　《叢書集成初編》本
《品官家儀考》　清・林伯桐　清《修本堂叢書》本
《士人家儀考》　清・林伯桐　清《修本堂叢書》本
《冕服考》　清・焦廷琥　《續修四庫全書》本
《三禮通釋》　清・林昌彝　北京圖書館出版社點校本
《禮書通故》　清・黄以周　清光緒十九年刻黄氏試館本
《史記》　漢・司馬遷　中華書局點校本
《漢書》　漢・班固　中華書局點校本
《漢官舊儀》　漢・衛宏　文淵閣《四庫全書》本
《東觀漢記》　漢・劉珍　文淵閣《四庫全書》本
《漢官儀》　漢・應劭　《續修四庫全書》本
《高士傳》　晉・皇甫謐　文淵閣《四庫全書》本
《南方草木狀》　晉・嵇含　文淵閣《四庫全書》本
《鄴中記》　晉・陸翽　文淵閣《四庫全書》本
《後漢書》　南朝宋・范曄　中華書局點校本
《宋書》　南朝梁・沈約　中華書局點校本
《南齊書》　南朝梁・蕭子顯　中華書局點校本
《荆楚歲時記》　南朝梁・宗懔　文淵閣《四庫全書》本
《洛陽伽藍記》　北魏・楊衒之　文淵閣《四庫全書》本
《魏書》　北齊・魏收　中華書局點校本
《北齊書》　唐・李百藥　中華書局點校本
《周書》　唐・令狐德棻　中華書局點校本
《隋書》　唐・魏徵　中華書局點校本
《晉書》　唐・房玄齡　中華書局點校本
《唐開元禮》　唐・蕭嵩　文淵閣《四庫全書》本
《唐六典》　唐・李林甫　文淵閣《四庫全書》本
《通典》　唐・杜佑　文淵閣《四庫全書》本
《東觀奏記》　唐・裴庭裕　中華書局點校本

書名	作者	版本
《蠻書》	唐・樊綽	文淵閣《四庫全書》本
《舊唐書》	五代・劉昫	中華書局點校本
《唐會要》	宋・王溥	文淵閣《四庫全書》本
《五代會要》	宋・王溥	文淵閣《四庫全書》本
《新唐書》	宋・歐陽修	中華書局點校本
《熙寧新定時服式》	宋・佚名	復旦大學藏清方絢輯《方氏叢鈔》稿本
《通志》	宋・鄭樵	文淵閣《四庫全書》本
《東京夢華録》	宋・孟元老	文淵閣《四庫全書》本
《入蜀記》	宋・陸游	文淵閣《四庫全書》本
《桂海虞衡志》	宋・范成大	中華書局點校本
《中吴紀聞》	宋・龔明之	文淵閣《四庫全書》本
《武林舊事》	宋・周密	文淵閣《四庫全書》本
《嶺外代答》	宋・周去非	文淵閣《四庫全書》本
《諸蕃志》	宋・趙汝适	文淵閣《四庫全書》本
《西漢會要》	宋・徐天麟	文淵閣《四庫全書》本
《東漢會要》	宋・徐天麟	文淵閣《四庫全書》本
《歲時廣記》	宋・陳元靚	文淵閣《四庫全書》本
《夢粱録》	宋・吴自牧	文淵閣《四庫全書》本
《西湖老人繁勝録》	宋・西湖老人	《續修四庫全書》本
《金集禮》	金・佚名	文淵閣《四庫全書》本
《西使記》	元・劉郁	文淵閣《四庫全書》本
《文獻通考》	元・馬端臨	清乾隆武英殿刻本
《通制條格》	元・拜柱	《續修四庫全書》本
《宋史》	元・脱脱	中華書局點校本
《遼史》	元・脱脱	中華書局點校本
《金史》	元・脱脱	中華書局點校本
《蜀錦譜》	元・費著	文淵閣《四庫全書》本
《元史》	明・宋濂	中華書局點校本
《明集禮》	明・徐一夔	文淵閣《四庫全書》本
《諸司職掌》	明・翟善	《續修四庫全書》本
《明會典》	明・申時行	明萬曆内府刻本
《王國典禮》	明・朱勤美	《四庫全書存目叢書》本
《明典禮志》	明・郭正域	明萬曆四十一年劉汝康刻本
《明典彙》	明・徐學聚	《四庫全書存目叢書》本
《酌中志》	明・劉若愚	清《海山仙館叢書》本
《禮部志稿》	明・俞汝楫	文淵閣《四庫全書》本
《七國考》	明・董説	文淵閣《四庫全書》本
《舊京遺事》	明・史玄	清退山氏鈔本
《罪惟録》	清・查繼佐	《續修四庫全書》本
《明書》	清・傅維鱗	清康熙三十四年本誠堂刻本
《明史》	清・張廷玉	中華書局點校本
《清會典則例》	清・允祹	文淵閣《四庫全書》本
《清朝禮器圖式》	清・允禄	文淵閣《四庫全書》本
《續通志》	清・嵇璜	文淵閣《四庫全書》本
《續文獻通考》	清・嵇璜	文淵閣《四庫全書》本
《清朝文獻通考》	清・嵇璜	文淵閣《四庫全書》本
《續通典》	清・嵇璜	文淵閣《四庫全書》本
《清朝通典》	清・嵇璜	文淵閣《四庫全書》本
《清朝通志》	清・嵇璜	文淵閣《四庫全書》本
《歷代職官表》	清・紀昀	上海古籍出版社點校本
《八旗通志》	清・紀昀	吉林文史出版社點校本
《嶺南雜記》	清・吴震方	清乾隆《龍威秘書》本
《帝京歲時紀勝》	清・潘榮陛	清乾隆二十三年刻本
《滇海虞衡志》	清・檀萃	《叢書集成初編》本
《宸垣識略》	清・吴長元	清乾隆池北草堂刻本
《揚州畫舫録》	清・李斗	清乾隆六十年自然盦刻本
《宋會要輯稿》	清・徐松	上海古籍出版社點校本
《南朝宋會要》	清・朱銘盤	上海古籍出版社點校本
《南朝齊會要》	清・朱銘盤	上海古籍出版社點校本
《南朝梁會要》	清・朱銘盤	上海古籍出版社點校本

《南朝陳會要》 清・朱銘盤 上海古籍出版社點校本
《秦會要》 清・孫楷 上海古籍出版社點校本
《清會典圖》 清・崑岡、劉啓端 《續修四庫全書》本
《燕京歲時記》 清・富察敦崇 北京出版社點校本

《急就篇》 漢・史游 文淵閣《四庫全書》本
《博物志》 晉・張華 文淵閣《四庫全書》本
《古今注》 晉・崔豹 文淵閣《四庫全書》本
《世説新語》 南朝宋・劉義慶 文淵閣《四庫全書》本
《齊民要術》 北魏・賈思勰 文淵閣《四庫全書》本
《顔氏家訓》 隋・顔之推 文淵閣《四庫全書》本
《廣弘明集》 唐・釋道宣 《四部叢刊》影明本
《隋唐嘉話》 唐・劉餗 明嘉靖顧氏夷白齋刊本
《封氏聞見記》 唐・封演 文淵閣《四庫全書》本
《唐國史補》 唐・李肇 文淵閣《四庫全書》本
《唐新語》 唐・劉肅 中華書局點校本
《衣冠盛事》 唐・蘇特 宛委山堂《説郛》本
《酉陽雜俎》 唐・段成式 文淵閣《四庫全書》本
《靚妝録》 唐・温庭筠 宛委山堂《説郛》本
《歷代名畫記》 唐・張彦遠 明《津逮秘書》本
《桂苑叢談》 唐・馮翊 文淵閣《四庫全書》本
《杜陽雜編》 唐・蘇鶚 上海古籍出版社點校本
《釵小志》 唐・朱揆 宛委山堂《説郛》本
《妝樓記》 五代・張泌 宛委山堂《説郛》本
《唐摭言》 五代・王定保 文淵閣《四庫全書》本
《開元天寶遺事》 五代・王仁裕 文淵閣《四庫全書》本
《中華古今注》 五代・馬縞 文淵閣《四庫全書》本
《兼明書》 五代・丘光庭 文淵閣《四庫全書》本
《北夢瑣言》 宋・孫光憲 文淵閣《四庫全書》本
《太平御覽》 宋・李昉 文淵閣《四庫全書》本
《南部新書》 宋・錢易 文淵閣《四庫全書》本
《涑水記聞》 宋・司馬光 文淵閣《四庫全書》本
《春明退朝録》 宋・宋敏求 中華書局點校本
《夢溪筆談》 宋・沈括 文淵閣《四庫全書》本
《澠水燕談録》 宋・王闢之 文淵閣《四庫全書》本
《麈史》 宋・王得臣 文淵閣《四庫全書》本
《東坡志林》 宋・蘇軾 文淵閣《四庫全書》本
《孫公談圃》 宋・孫升 文淵閣《四庫全書》本
《吕氏雜記》 宋・吕希哲 文淵閣《四庫全書》本
《珩璜新論》 宋・孔平仲 文淵閣《四庫全書》本
《青箱雜記》 宋・吴處厚 文淵閣《四庫全書》本
《文昌雜録》 宋・龐元英 文淵閣《四庫全書》本
《鐵圍山叢談》 宋・蔡絛 文淵閣《四庫全書》本
《畫史》 宋・米芾 文淵閣《四庫全書》本
《近事會元》 宋・李上交 文淵閣《四庫全書》本
《邵氏聞見録》 宋・邵伯温 文淵閣《四庫全書》本
《圖畫見聞志》 宋・郭若虚 文淵閣《四庫全書》本
《侯鯖録》 宋・趙令時 中華書局點校本
《泊宅編》 宋・方勺 中華書局點校本
《石林燕語》 宋・葉夢得 中華書局點校本
《春渚紀聞》 宋・何薳 文淵閣《四庫全書》本
《雞肋編》 宋・莊綽 中華書局點校本
《楊公筆録》 宋・楊彦齡 文淵閣《四庫全書》本
《曲洧舊聞》 宋・朱弁 文淵閣《四庫全書》本
《東軒筆録》 宋・魏泰 文淵閣《四庫全書》本
《唐語林》 宋・王讜 文淵閣《四庫全書》本
《西溪叢語》 宋・姚寬 文淵閣《四庫全書》本
《嬾真子》 宋・馬永卿 文淵閣《四庫全書》本
《默記》 宋・王銍 文淵閣《四庫全書》本

《萍洲可談》 宋·朱彧 文淵閣《四庫全書》本
《邵氏聞見後録》 宋·邵博 文淵閣《四庫全書》本
《演繁露》 宋·程大昌 文淵閣《四庫全書》本
《容齋隨筆》 宋·洪邁 文淵閣《四庫全書》本
《老學庵筆記》 宋·陸游 文淵閣《四庫全書》本
《張氏可書》 宋·張知甫 文淵閣《四庫全書》本
《續博物志》 宋·李石 文淵閣《四庫全書》本
《清波雜志》 宋·周煇 文淵閣《四庫全書》本
《揮麈録》 宋·王明清 文淵閣《四庫全書》本
《野客叢書》 宋·王楙 文淵閣《四庫全書》本
《能改齋漫録》 宋·吴曾 文淵閣《四庫全書》本
《賓退録》 宋·趙與時 文淵閣《四庫全書》本
《古今考》 宋·魏了翁 文淵閣《四庫全書》本
《學齋佔畢》 宋·史繩祖 文淵閣《四庫全書》本
《四朝聞見録》 宋·葉紹翁 文淵閣《四庫全書》本
《鶴林玉露》 宋·羅大經 文淵閣《四庫全書》本
《雲麓漫鈔》 宋·趙彦衛 文淵閣《四庫全書》本
《困學紀聞》 宋·王應麟 文淵閣《四庫全書》本
《癸辛雜識》 宋·周密 文淵閣《四庫全書》本
《野服考》 宋·方鳳 《四庫存目叢書》本
《女紅餘志》 元·龍輔 《四庫存目叢書》本
《誠齋雜記》 元·林坤 宛委山堂《説郛》本
《山居新話》 元·楊瑀 文淵閣《四庫全書》本
《釋氏稽古略》 元·釋覺岸 《大正新修大藏經》本
《北軒筆記》 元·陳世隆 文淵閣《四庫全書》本
《南村輟耕録》 元·陶宗儀 《四部叢刊三編》本
《静齋至正直記》 元·孔齊 清毛氏鈔本
《多能鄙事》 明·劉基 明嘉靖四十二年范惟一刻本
《草木子》 明·葉子奇 清乾隆五十一年刻本
《菽園雜記》 明·陸容 《中華書局》點校本
《七修類稿》 明·郎瑛 上海書店出版社點校本
《丹鉛餘録》 明·楊慎 文淵閣《四庫全書》本
《秇林伐山》 明·楊慎 明嘉靖三十五年王詢刻本
《儼山外集》 明·陸深 文淵閣《四庫全書》本
《便民圖纂》 明·鄺璠 明嘉靖二十三年刻藍印本
《物原》 明·羅欣 《叢書集成初編》本
《古今事物考》 明·王三聘 明嘉靖四十二年刻本
《四友齋叢説》 明·何良俊 明萬曆七年張仲頤刻本
《戒菴老人漫筆》 明·李詡 明萬曆刻本
《風月堂雜識》 明·姜南 廣東人民出版社點校本
《留青日札》 明·田藝蘅 明萬曆重刻本
《觚不觚録》 明·王世貞 文淵閣《四庫全書》本
《疑耀》 明·李贄 明萬曆三十六年刻本
《三才圖會》 明·王圻 《四庫全書存目叢書》本
《焦氏筆乘》 明·焦竑 明萬曆三十四年謝與棟刻本
《焦氏類林》 明·焦竑 明萬曆十五年王元貞刻本
《考槃餘事》 明·屠隆 明《陳眉公訂正秘笈》本
《典故紀聞》 明·余繼登 清《畿輔叢書》本
《穀山筆麈》 明·于慎行 明萬曆于緯刻本
《名義考》 明·周祈 文淵閣《四庫全書》本
《少室山房筆叢》 明·胡應麟 明萬曆刻本
《湧幢小品》 明·朱國禎 明天啓二年刻本
《太平清話》 明·陳繼儒 《四庫全書存目叢書》本
《説略》 明·顧起元 文淵閣《四庫全書》本
《五雜俎》 明·謝肇淛 明萬曆四十四年潘膺祉如韋館刻本
《萬曆野獲編》 明·沈德符 中華書局點校本
《長物志》 明·文震亨 文淵閣《四庫全書》本
《廣博物志》 明·董斯張 文淵閣《四庫全書》本
《天工開物》 明·宋應星 明崇禎初刻本
《長安客話》 明·蔣一葵 北京古籍出版社點校本

《事物初略》 明・吕毖 《四庫全書存目叢書》本
《識小録》 明・徐樹丕 《涵芬樓秘笈》影稿本
《昨非菴日纂》 明・鄭瑄 廣東人民出版社點校本
《讀書考定》 明・程良孺 《四庫全書存目叢書》本
《巵林》 明・周嬰 文淵閣《四庫全書》本
《棗林雜俎》 清・談遷 清鈔本
《物理小識》 清・方以智 清光緒寧静堂刻本
《閑情偶寄》 清・李漁 清康熙刻本
《博物要覽》 清・谷應泰 清《函海》本
《廣東新語》 清・屈大均 清康熙水天閣刻本
《事物考辯》 清・周象明 《四庫全書存目叢書》本
《筠廊偶筆》 清・宋犖 清康熙刻本
《池北偶談》 清・王士禛 中華書局點校本
《堅瓠集》 清・褚人穫 清康熙刻本
《天禄識餘》 清・高士奇 《四庫全書存目叢書》本
《廣陽雜記》 清・劉獻廷 清同治四年鈔本
《人海記》 清・查慎行 清光緒正覺樓叢刻本
《虞初新志》 清・張潮 清康熙三十九年刻本
《在園雜志》 清・劉廷璣 清康熙五十四年刻本
《淥水亭雜識》 清・納蘭性德 廣東人民出版社點校本
《不下帶編》 清・金埴 中華書局點校本
《觚賸》 清・鈕琇 清康熙臨野堂刻本
《柳南隨筆》 清・王應奎 清《借月山房彙鈔》本
《書隱叢説》 清・袁棟 清乾隆刻本
《棉花圖》 清・方觀承 清乾隆石刻拓印本
《龍城札記》 清・盧文弨 清《抱經堂叢書》本
《茶餘客話》 清・阮葵生 清光緒十四年本
《陔餘叢考》 清・趙翼 清乾隆五十五年湛貽堂刻本
《水曹清暇録》 清・汪啓淑 清乾隆五十七年汪氏飛鴻堂刻本
《西清筆記》 清・沈初 清《功順堂叢書》本
《札樸》 清・桂馥 清嘉慶十八年李宏信小李山房刻本
《四時對雪樓雜録》 清・陳登龍 廣東人民出版社點校本
《木棉譜》 清・褚華 清《藝海珠塵》本
《履園叢話》 清・錢泳 清道光十八年述德堂刻本
《榆巢雜識》 清・趙慎畛 中華書局點校本
《讀書叢録》 清・洪頤煊 清道光二年富文齋刻本
《鄉言解頤》 清・李光庭 清道光刻本
《歸田瑣記》 清・梁章鉅 清道光二十五年刻本
《癸巳類稿》 清・俞正燮 清道光日益齋刻本
《癸巳存稿》 清・俞正燮 清《連筠簃叢書》本
《重論文齋筆録》 清・王端履 清道光二十六年授宜堂刻本
《嘯亭雜録》 清・昭槤 清鈔本
《兩般秋雨盦隨筆》 清・梁紹壬 清道光振綺堂刻本
《養吉齋叢録》 清・吴振棫 清光緒刻本
《南浦秋波録》 清・華胥大夫 廣東人民出版社點校本
《冷廬雜識》 清・陸以湉 清咸豐六年刻本
《水窗春囈》 清・歐陽兆熊、金安清 廣東人民出版社點校本
《茶香室叢鈔》 清・俞樾 清光緒二十五年刻《春在堂全書》本
《茶香室續鈔》 清・俞樾 清光緒二十五年刻《春在堂全書》本
《茶香室三鈔》 清・俞樾 清光緒二十五年刻《春在堂全書》本
《茶香室四鈔》 清・俞樾 清光緒二十五年刻《春在堂全書》本
《金壺七墨》 清・黄鈞宰 清同治十二年刻本
《霞外攟屑》 清・平步青 民國六年刻《香雪崦叢書》本
《郎潛紀聞》 清・陳康祺 清光緒刻本
《淞南夢影録》 清・黄協塤 廣東人民出版社點校本
《畏廬瑣記》 清・林紓 廣東人民出版社點校本
《天咫偶聞》 清・震鈞 清光緒甘棠精舍刻本
《香閨鞋襪典略》 清・蘇馥 清光緒五年海寧鄒氏師竹友蘭室鈔本

《秋澗集》　元·王惲　文淵閣《四庫全書》本
《古詩類苑》　明·張之象　上海古籍出版社點校本
《弇州四部稿》　明·王世貞　文淵閣《四庫全書》本
《陶菴夢憶》　明·張岱　清乾隆五十九年王文誥刻本
《舜水先生文集》　明·朱之瑜　日本正德二年刻本
《兼濟堂文集》　清·魏裔介　中華書局點校本
《大雲山房文稿》　清·惲敬　《四部叢刊》影清同治本
《半巖廬遺集》　清·邵懿辰　清光緒三十四年邵章刻本

《中華大典》辦公室

主　任：于永湛

副主任：伍　傑

　　　　姜學中

編　審：趙含坤

　　　　崔望雲

　　　　馮寶志

　　　　宋志英

　　　　谷笑鵬

裝幀設計：章耀達

《中華大典·藝術典》工作委員會

主　任：易言者

副主任：王德亞

成　員：曾德明　尹松平

　　　　馬美著　王文西

《中華大典·藝術典·服飾藝術分典》

責任編輯：孫世傑　王文西

責任校對：黃金武

特邀編輯：廖承良　聶雙武

蔡志斌　趙振興

圖書在版編目（CIP）數據

中華大典．藝術典．服飾藝術分典／李之檀主編．
—長沙：岳麓書社，2017.11
ISBN 978-7-5538-0348-7

Ⅰ.①中… Ⅱ.①李…Ⅲ.①百科全書一中國
②服飾藝術一藝術史一中國 Ⅳ.① Z227 ② TS941.092

中國版本圖書館 CIP 數據核字（2015）第 056088 號

中華大典·藝術典·服飾藝術分典

編纂：《中華大典》工作委員會
　　　《中華大典》編纂委員會
分典主編：李之檀
責任編輯：孫世傑　王文西
責任校對：黄金武
出版發行：岳麓書社
　　　（長沙市愛民路 47 號　電話：0731-88884129　郵政編碼：410006）
排版：北京中易中標電子信息技術有限公司
　　　（北京市北四環東路 108 號千鶴家園 1004 室　郵政編碼：100029）
印刷：湖南天聞新華印務有限公司
　　　（長沙市銀星路 8 號湖南出版科技園　郵政編碼：410219）
開本：787×1092　1/16
印張：98.25　字數：3119 千字
2017 年 11 月第 1 版　2017 年 11 月第 1 次印刷
印數：1—1000 册
書號：ISBN 978-7-5538-0348-7
定價：560.00 圓